Hier finden Sie die Musterverträge zum Download:

http://ch.beck.de/Marly_Mustervertraege

Geben Sie bitte in das dafür vorgesehene Eingabefeld diesen persönlichen Freischaltcode ein:

538F-E06D-B3F7

Bei Fragen stehen wir Ihnen gerne zur Verfügung. Sie erreichen uns per E-Mail unter hotline@beck.de.

Jochen Marly
Praxishandbuch Softwarerecht

Praxishandbuch Softwarerecht

Rechtsschutz und Vertragsgestaltung

Urheberrecht · Patentrecht · Pflichtverletzungen
Vertragsgestaltung
Allgemeine Geschäftsbedingungen

Musterverträge zum
Download

von

Dr. Jochen Marly

Professor an der Technischen Universität
Darmstadt

7., vollständig überarbeitete Auflage
2018

www.beck.de

ISBN 978 3 406 71166 4

© 2018 Verlag C. H. Beck oHG
Wilhelmstraße 9, 80801 München

Druck und Bindung: Kösel GmbH & Co. KG,
Am Buchweg 1, 87452 Altusried-Krugzell
Satz und Umschlaggestaltung: Druckerei C. H. Beck, Nördlingen

Gedruckt auf säurefreiem, alterungsbeständigem Papier
(hergestellt aus chlorfrei gebleichtem Zellstoff)

Für Evelyn,
die ich während der Ausarbeitung
dieses Handbuchs sehr vermisste.

Vorwort

Das Softwarerecht ist ständig im Wandel. Nicht nur die technologische Weiterentwicklung, sondern auch die immer wieder neuen Rechtsfragen scheinen keinen Stillstand zu kennen. Dies machte es erforderlich, das vorliegende Handbuch nach drei Jahren umfassend zu überarbeiten und auf den neusten Stand zu bringen.

Nach wie vor ist das Softwarerecht eine Querschnittsmaterie, die mannigfaltige Gesetze berührt und nicht auf einen Teilaspekt reduziert werden kann. Rückblickend auf die vergangenen drei Jahre kann als Schwerpunkt der juristischen Diskussion das Urheberrecht auf der einen und das Recht der Allgemeinen Geschäftsbedingungen auf der anderen Seite benannt werden. Während die urheberrechtlichen Fragen vornehmlich entstanden sind, weil das Urheberrechtsgesetz den technoligschen Herausforderungen nicht immer eine sofort einsichtige Antwort zu liefern vermag, gilt dies für das AGB-Recht nicht. Dort ist eher der klassische Konflikt zwischen einseitiger Interessenwahrnehmung eines Klauselverwenders und schutzbefürtigem Kunden Auslöser mannigfaltiger Streitigkeiten. Insbesondere die sogenannten Global-Player US-amerikanischer Herkunft scheinen sich diesbezüglich besonders hervorzutun. Das Wort „Vertragspartner" wird manchmal sehr einseitig ausgelegt und ist von einem partnerschaftlichen Interessenausgleich weit entfernt. Darüberhinaus führen unterschiedliche Sprachen des Herstellers und seiner Kunden mitunter dazu, dass Verträge an fremde Spachen und fremde Rechtsordnungen angepasst werden müssten. Dass sich selbst wirtschaftlich starke Marktteilnehmer dieser Herausforderung mitunter verweigern, zeigen teils maschinelle Übersetzungen von Verträgen mit sinnlosen Wortkreationen wie „Gesetzsprechung" und ähnlich Absurditäten. Die juristischen Probleme werden hierduch jedenfall nicht kleiner.

Wie immer wurde versucht, nicht nur der technologischen Weiterentwicklung Rechnung zu tragen, sondern auch den Stand von Rechtsprechung und Schrifttum umfassend wiederzugeben. Hervorzuheben ist an dieser Stelle erneut die große Bedeutung der Rechtsprechung des Europäischen Gerichtshofs auch im Softwarerecht. Mehrere Entscheidungen zum Urheberrecht bedurften umfassender Berücksichtigung. Auch die schon seit Jahren tobende Diskussion über den sogenannten Handel mit Gebrauchsoftware ging weiter und musste eingearbeitet werden. Gleiches gilt etwa für das Cloud Computing und insbesondere für die Apps für Smartphones und Tablet-Computer, deren wirtschaftliche Bedeutung dank unvorstellbarer Wachtumsraten beachtlich ist. Digitale Plattformen rücken immer mehr in das Zentrum der Marktstrukturen und verdrängen klassische einseitige Märkte.

In die Darstellung eingearbeitet wurde das „Gesetz zur Reform des Bauvertragsrechts und zur Änderung der kaufvertraglichen Mängelhaftung", das für alle ab dem 1.1.2018 geschlossenen Verträge gilt. Die neu ins BGB aufgenommenen Vorschriften strahlen auch ins Softwarevertragsrecht aus. Da die vor diesem Zeitpunkt geschlossenen Verträge noch nach altem Recht zu beurteilen sind, wurden jeweils beide Fassungen zitiert. Hierdurch leidet mitunter der Lesefluss etwas, aber zu vermeiden war dies nicht.

Um den Umfang der Darstellung nicht unnötig anwachsen zu lassen, wurden zahlreiche alte Passagen gekürzt und auch viele Fundstellenangaben von alten Angaben befreit, selbst wenn sie inhaltlich noch zutreffend waren.

Die Musterverträge finden sich nun nicht mehr auf einer beigefügten CD, sondern werden zum Download bereitgestellt. Die gesetzlichen Vorschriften und zahlreiche Urteile können mit Hilfe von „JLaw – Gesetze und Urteile", einer vom Autoren dieses Handbuchs herausgegebenen App, auch mobil nachgelesen werden. JLaw kann unentgeltlich im Apple App Store sowie bei Google Play geladen werden.

Die Neubearbeitung des Werks wurde im Oktober 2017 abgeschlossen. Rechtsprechung und Schrifttum sind bis zu diesem Stand berücksichtigt.

Die Veröffentlichung eines derart umfassenden Werks zum schnelllebigen Softwarerecht ist für einen Einzelautor eine große Herausforderung, die ohne Unterstützung nicht bewältigt werden kann. Dank für wochenlanges Lesen des Manuskripts schulde ich meinen Mitarbeitern, Frau Anna-Lena Wirz sowie Herrn RA Matthias Prinz. Besonderer Dank gilt aber wie immer meiner Sekretärin, Frau Vera Heine. Trotz außerordentlich schwieriger äußerer Umstände hat sie – souverän wie immer – das chaotische Manuskript in eine vorzeigbare Form gebracht. Aus der Sicht des Autors ist es eine Katastrophe, dass sie nach langjähriger Zusammenarbeit demnächst in den (wohlverdienten) Ruhestand geht. Alles Gute!

Mainhausen, im Oktober 2017   *Jochen Marly*

Inhaltsübersicht

Teil 1: Technische, terminologische und ökonomische Grundlagen

Teil 2: Rechtsschutz für Computersoftware

I. Einführung 15
II. Urheberrechtsschutz 29
III. Patentrechtsschutz 198
IV. Wettbewerbsrechtlicher Schutz 237
V. Markenrecht 252
VI. Designschutz 275
VII. Halbleiterschutz 279

Teil 3: Allgemeines Softwarevertragsrecht

I. Die Interessen der Vertragsparteien und der Zweck der Softwareüberlassung 287
II. Die Rechtsnatur der Softwareüberlassungsverträge 289

Teil 4: Sondererscheinungen und Sonderprobleme der Softwareverträge

I. Besonderheiten beim Softwareleasing 325
II. Softwareüberlassung mittels Telekommunikation, insbesondere des Internets ... 344
III. Gekoppelte Hard- und Softwareverträge 365
IV. Verträge über Freeware und Shareware 378
V. Verträge über Open Source Software 388
VI. Schutzhüllenverträge und sonstige Sonderformen des Vertragsschlusses ... 425
VII. Grenzüberschreitende Softwareüberlassungen 438
VIII. Verträge über die Pflege von Computersoftware 446
IX. Vertriebsverträge (Distributorverträge) 462
X. Application Service Providing (ASP) und Software as a Service (SaaS) ... 472
XI. Outsourcing und Cloud Computing 487
XII. Apps für Smartphones und Tablet-Computer 497
XIII. Lizenzmetriken 517

Teil 5: Das Recht der Leistungsstörungen

I. Allgemeines zu Leistungsstörungen bei Computersoftware 523
II. Leistungsstörungen bei der Softwareüberlassung auf Dauer 526
III. Leistungsstörungen bei der Softwareüberlassung auf Zeit 572
IV. Leistungsstörungen bei der Herstellung und Überlassung von Individualsoftware . 585
V. Mängel der Computersoftware 608
VI. Typische Softwaremängel 622

Teil 6: Softwarespezifische Vertragsbestandteile

I. Die Vervielfältigungsverbote 643
II. Die Weitergabeverbote 660
III. Das Verbot der Nutzung auf verschiedenen Computern 689
IV. Das Verbot der Nutzung im Netzwerk und der Mehrfachnutzung 700
V. Die verschiedenen Programmänderungsverbote 709

VI. Aktivierungs- und Registrierungspflichten	721
VII. Schutzrechtsklauseln	733
VIII. Kontroll- und Besichtigungsrechte, Softwareauditierung	735
IX. Die Vereinbarung von Informationspflichten	739
X. Konkurrenzverbote	741
XI. Hinterlegungsvereinbarungen	745

Teil 7: Nicht softwarespezifische, aber häufig auftretende Probleme und vielfach verwendete vertragliche Regelungen

I. Mängelhaftungsklauseln	753
II. Schadensersatzklauseln	766
III. Mängelrügepflichten und Ausschlussfristen für Mängelanzeigen	797
IV. Abnahme- und Mängelfreiheitsbestätigungen sowie andere Tatsachenbestätigungen	812
V. Das Sprachenproblem und die Verwendung von Fachtermini bei Softwareüberlassungsverträgen	816
VI. Hinweis-, Kenntnisnahme- und Einverständnisklauseln	820
VII. Schriftformklauseln	834
VIII. Geheimhaltungsklauseln	838
IX. Die Vereinbarung einer Vertragsstrafe	841
X. Rechtswahlklauseln	849
XI. Gerichtsstandsklauseln	854
XII. Schiedsgerichts- und Schiedsgutachterklauseln	860
XIII. Salvatorische und vergleichbare Klauseln	867

Stichwortverzeichnis 881

Teil 8: Musterverträge zum Download

Inhaltsverzeichnis

Abkürzungsverzeichnis XXIX
Literaturverzeichnis XXXV

Teil 1: Technische, terminologische und ökonomische Grundlagen

1. Die Computerhardware 2
2. Die Computersoftware 3
3. Juristische und informationswissenschaftliche Definition der Computersoftware 4
4. Die verschiedenen Formen der Computerprogramme 7
   a) Befehle und Programme 7
   b) Die für das Programm verwendeten Programmiersprachen 7
      aa) Maschinenorientierte Programmiersprachen 8
      bb) Problemorientierte Programmiersprachen 9
5. Die Abgrenzung der Computerprogramme von reinen Daten 10
6. Computerprogramm und Algorithmus 11

Teil 2: Rechtsschutz für Computersoftware

I. Einführung

1. Die Notwendigkeit eines angemessenen Rechtsschutzes 15
2. Die grundlegenden Interessen eines Softwareherstellers 16
3. Weitere zu berücksichtigende Interessen 20
   a) Das Allgemeininteresse 20
   b) Die Interessen konkurrierender Softwarehersteller 22
   c) Die Interessen der Anwender 23
   d) Die Rechtssicherheit als Sonderkriterium 23
      aa) Das Entstehen von Produktpiraterie bei fehlender Rechtssicherheit 24
      bb) Die wettbewerbsverzerrende Wirkung der Rechtsunsicherheit 25
      cc) Weitere negative Auswirkungen der Rechtsunsicherheit 26
4. Die historische Entwicklung des Rechtsschutzes für Computersoftware im Abriss 25

II. Urheberrechtsschutz

1. Die Entwicklung des Urheberrechtsschutzes für Computersoftware im Abriss ... 32
2. Die Systematik des urhebergesetzlichen Softwareschutzes 34
3. Der Schutzgegenstand (Was wird geschützt?) 36
   a) Programme in jeder Gestalt gem. § 69a Abs. 1 UrhG 36
   b) Die Ausdrucksformen eines Computerprogramms gem. § 69a Abs. 2 UrhG ... 42
      aa) Der Schutz der Bildschirmoberfläche 44
      bb) Der Schutz von Programmfunktionen 46
      cc) Der Schutz der Programmiersprachen und Dateiformate 49
      dd) Der Schutz der Benutzerhandbücher 50
      ee) Der Schutz der Schnittstellen und der APIs 50
   c) Die Abgrenzung vom Rechtsschutz für Datenbanken 51
4. Schutzvoraussetzungen (Wann greift der Schutz ein?) 52
   a) Die allgemeinen Voraussetzungen 52
      aa) Das Entstehen des Urheberrechtsschutzes 52
      bb) Urhebervermerke und Parteivereinbarungen 52
   b) Die softwarespezifischen Schutzvoraussetzungen, insbesondere die Individualität 53

5. Die Rechtsinhaberschaft (Wer wird geschützt?)	61
a) Der Alleinprogrammierer	61
b) Programmerstellung im Arbeits- und Dienstverhältnis	62
c) Programmerstellung durch freie Mitarbeiter	65
aa) Allgemeines	65
bb) Das Sonderproblem des Rückrufs wegen Nichtausübung gem. § 41 UrhG	66
d) Programmerstellung im Team	68
aa) Die Miturheberschaft gem. § 8 UrhG	68
bb) Die Werkverbindungen gem. § 9 UrhG	70
e) Die Vermutung der Urheberschaft	71
aa) Voraussetzungen	71
bb) Die Rechtsfolgen der Urhebervermutung	72
cc) Der Copyright-Vermerk (©)	73
f) Die Implementierung fremder Programmteile	74
g) Der Begriff der Rechtsinhaberschaft bei §§ 69a ff. UrhG	75
6. Die einzelnen Rechte des Rechtsinhabers	75
a) Die grundlegende Systematik der zustimmungsbedürftigen Handlungen	75
b) Die zustimmungsbedürftigen Handlungen gem. § 69c UrhG	76
aa) Das Vervielfältigungsrecht des § 69c Nr. 1 UrhG	76
bb) Das Bearbeitungsrecht des § 69c Nr. 2 UrhG	82
(1) Die von § 69c Nr. 2 UrhG erfassten Handlungen	85
(a) Die Übersetzungen	85
(b) Die Bearbeitungen	85
(2) Die Bearbeiterurheberrechte	86
cc) Das Verbreitungsrecht des § 69c Nr. 3 UrhG	86
(1) Allgemeines	86
(2) Die sog. Erschöpfung des Verbreitungsrechts gem. § 69c Nr. 3 S. 2 UrhG	88
(3) Die Beschränkung des Erschöpfungsgrundsatzes durch das sog. Vermietrecht	94
(4) Die Erschöpfung bei der Online-Übertragung	97
(5) Der Handel mit sog. „Gebrauchtsoftware"	104
α) Die unterschiedlichen Varianten	107
β) Vorfrage: Weitergabe welcher Programmversion?	108
γ) Aktivitäten des Gesetzgebers und ökonomische Gesichtspunkte	108
δ) Dieses Vervielfältigungsstück" oder Analogie	109
ε) Besonderheiten und Lösungen	110
ζ) Ausblick	115
dd) Das Recht der öffentlichen Wiedergabe gem. § 69c Nr. 4 UrhG	116
c) Ausnahmen von den zustimmungsbedürftigen Handlungen gem. § 69d UrhG	119
aa) § 69d Abs. 1 UrhG	119
bb) § 69d Abs. 2 UrhG	124
cc) § 69d Abs. 3 UrhG	125
d) Die Ausnahme des § 69e UrhG – Dekompilierung	126
aa) Grundlegendes und Entstehung des Gesetzes	126
bb) Technischer Hintergrund	127
cc) Die sich entgegenstehenden Interessen	128
dd) Zulässigkeitsvoraussetzungen	129
ee) Die Beschränkungen der Ergebnisverwertung	130
ff) Offene Fragen	131
(1) Dekompilierung auch zur Herstellung von Interoperabilität von Hardware?	131
(2) Zulässigkeit der unveränderten Übernahme von Schnittstellen?	131
gg) Die Bedeutung von § 69e Abs. 3 UrhG	132
hh) Generelle Kritik	132
7. Ansprüche bei Rechtsverletzungen	133
a) Der softwarespezifische Vernichtungsanspruch gem. § 69f UrhG	133
b) Die allgemeinen Vorschriften zu Rechtsverletzungen	135

aa) Der Anspruch auf Unterlassung, Beseitigung und Schadensersatz gem. § 97 UrhG	135
(1) Aktiv- und Passivlegitimation	136
(2) Unterlassung gem. § 97 Abs. 1 UrhG	143
(3) Beseitigung gem. § 97 Abs. 1 S. 1 UrhG	148
(4) Ersatz des materiellen Schadens gem. § 97 Abs. 2 S. 1 bis 3 UrhG	148
(5) Ersatz des immateriellen Schadens gem. § 97 Abs. 2 S. 4 UrhG	155
bb) Der Anspruch auf Vernichtung, Rückruf und Überlassung gem. § 98 UrhG	156
cc) Die Haftung des Unternehmensinhabers gem. § 99 UrhG	157
dd) Der Auskunftsanspruch gem. § 101 UrhG	158
ee) Der Anspruch auf Vorlage und Besichtigung gem. § 101a UrhG	163
ff) Die Durchsetzung der Ansprüche	167
(1) Die Abmahnung gem. § 97a UrhG	167
(2) Rechtsweg und Zuständigkeiten für Urheberrechtsstreitsachen, §§ 104, 104a, 105 UrhG	174
(3) Probleme mit dem Klageantrag gem. § 253 Abs. 2 Nr. 2 ZPO	176
(4) Die Wirksamkeit einer im Verfahren des vorläufigen Rechtsschutzes durch Urteil erlassenen Verbotsverfügung	178
(5) Die Verjährungsregelung des § 102 UrhG	179
8. Die Schutzdauer	180
9. Der strafrechtliche Schutz der Computersoftware	180
10. Urheberrechtsverletzungen mit internationalem Bezug	182
a) Die internationale Zuständigkeit deutscher Gerichte bei Urheberrechtsstreitigkeiten mit Auslandsbezug	183
b) Das Internationale Privatrecht (IPR) des Urheberrechts	187
c) Die Anwendung des deutschen Urheberrechts auf deutsche und ausländische Urheber	190
aa) Deutsche Staatsangehörige und gleichgestellte Personen	190
bb) Miturheber	191
cc) Ausländische Staatsangehörige	192
(1) Das Übereinkommen über handelsbezogene Aspekte der Rechte des geistigen Eigentums (TRIPS-Übereinkommen)	193
(2) Die Berner Übereinkunft zum Schutz von Werken der Literatur und Kunst (RBÜ)	194
(3) Der WIPO-Urheberrechtsvertrag (WCT)	195
(4) Das Welturheberrechtsabkommen (WUA)	197

III. Patentrechtsschutz

1. Grundlegendes	200
2. Die Patentierbarkeit von Computersoftware	201
a) Die allgemeinen Erfordernisse	201
b) Die softwarespezifischen Probleme	202
c) Europäische Aktivitäten	206
3. Die Rechtsinhaberschaft (Wem steht das Recht zu?)	207
4. Der Schutzbereich des Patents	211
a) Zeitlicher Schutzbereich	211
b) Sachlicher Schutzbereich	211
5. Die Wirkungen des Patents	212
6. Ansprüche bei Rechtsverletzungen	214
7. Internationale Aspekte	217
8. Überblick über die grundlegenden Entscheidungen zur Patentfähigkeit von Computersoftware	218
a) Die Entscheidungen des BGH	218
b) Die Entscheidungen des BPatG seit dem Jahr 2000	224
c) Die Entscheidungen des EPA seit dem Jahr 2000	230
9. Richtlinien für die Prüfung der Patentfähigkeit von Computersoftware	232

    a) Auszug aus den Richtlinien für die Prüfung von Patentanmeldungen (Prüfungsrichtlinien) beim Deutschen Patent- und Markenamt 232
    b) Richtlinien für die Prüfung im Europäischen Patentamt 235

IV. Wettbewerbsrechtlicher Schutz

1. Grundlegendes 237
    a) Schutzzweck des UWG und das Verhältnis zum Sonderrechtsschutz 239
    b) Anspruchsberechtigte 240
    c) Schuldner der Abwehransprüche 241
2. Ergänzender Leistungsschutz 241
    a) Die Nachahmung von Waren oder Dienstleistungen 241
    b) Die wettbewerbliche Eigenart 242
    c) Die Unlauterkeit der Nachahmung begründende besondere Umstände 243
        aa) Vermeidbare Herkunftstäuschung gem. § 4 Nr. 3 Buchst. a) UWG 243
        bb) Unangemessene Ausnutzung oder Beeinträchtigung der Wertschätzung gem. § 4 Nr. 3 Buchst. b) UWG 244
        cc) Unredliche Erlangung von Kenntnissen und Unterlagen gem. § 4 Nr. 3 Buchst. c) UWG 245
        dd) Allgemeine Behinderung 245
    d) Dauer des ergänzenden Leistungsschutzes 246
3. Geheimnisschutz gem. §§ 17 ff. UWG 247
4. Ansprüche bei Rechtsverletzungen 248
5. Internationaler Schutz 249

V. Markenrecht

1. Grundlegendes 252
2. Geschützte Kennzeichen (Was ist geschützt?) 254
    a) Marken gem. § 3 Abs. 1 MarkenG 254
    b) Geschäftliche Bezeichnungen gem. § 5 MarkenG 256
        aa) Unternehmenskennzeichen gem. § 5 Abs. 2 MarkenG 256
        bb) Werktitel gem. § 5 Abs. 3 MarkenG 256
3. Die Rechtsinhaberschaft (Wer wird geschützt?) 257
4. Rechtsentstehung (Wann greift der Schuz ein?) 257
    a) Markenschutz 257
    b) Geschäftliche Bezeichnungen 258
        aa) Unternehmenskennzeichen gem. § 5 Abs. 2 MarkenG 258
        bb) Werktitel gem. § 5 Abs. 3 MarkenG 258
5. Die einzelnen Rechte des Kennzeicheninhabers 260
6. Die Schutzdauer 265
7. Ansprüche bei Rechtsverletzungen 265
8. Internationaler Schutz 267
9. Einzelfälle aus der Rechtsprechung zur Verwechslungsgefahr 268
    a) Entscheidungen des BGH 270
    b) Entscheidungen anderer Gerichte 271

VI. Designschutz

1. Grundlegendes 275
2. Geschützte Designs (Was ist geschützt?) 276
3. Rechtsentstehung (Wann greift der Schutz ein?) 277
4. Die Rechtsinhaberschaft (Wer wird geschützt?) 278
5. Ansprüche bei Rechtsverletzungen 278
6. Internationaler Schutz 279

VII. Halbleiterschutz

1. Grundlegendes	280
2. Einzelne Besonderheiten des Halbleiterschutzes	281
3. Ansprüche bei Rechtsverletzungen	282

Teil 3: Allgemeines Softwarevertragsrecht

I. Die Interessen der Vertragsparteien und der Zweck der Softwareüberlassung — 288

II. Die Rechtsnatur der Softwareüberlassungsverträge

1. Die Einteilung nach dem Kreis der Anwender	290
2. Die Einteilung nach der Überlassungszeit	291
3. Die Einordnungen bei der Softwareüberlassung auf Dauer	292
a) Individualsoftware	293
aa) Die Bestimmung des Vertragstyps vor der Schuldrechtsmodernisierung	293
bb) Die Bestimmung des Vertragstyps nach modernisiertem Schuldrecht	293
cc) Das Sonderproblem der Quellcodeherausgabe	299
dd) Die weitere Programmverwertung	300
b) Standardsoftware	300
aa) Die die Sachqualität befürwortenden Stellungnahmen	301
bb) Die die Sachqualität verneinenden Stellungnahmen	302
(1) Die Überlassung im Rahmen eines Lizenzvertrags	302
(2) Exkurs: Inhalt, Rechtsnatur und anwendbare gesetzliche Regelungen bei Lizenzverträgen	303
(3) Standardsoftware und Lizenzvertrag	304
(4) Die Einordnung als Know-how-Lizenzvertrag	304
(5) Die Einordnung als zusammengesetzter Sach- und Rechtskauf	305
(6) Die Rechtsprechung des EuGH	307
4. Ausgewählte Vorfragen zur vertragstypologischen Einordnung der Softwareüberlassungverträge	308
a) Computerprogramme als Sache gem. § 90 BGB	309
aa) Gedruckte Programmlistings	309
bb) Computerprogramme auf CDs, DVDs und anderen körperlichen Gegenständen	310
cc) „Unkörperliche" Programmüberlassungen	312
dd) Software als „sonstiger Gegenstand"	314
ee) Ergebnis	316
b) Die Unbeachtlichkeit der Urheberrechtsfähigkeit von Computersoftware für die vertragstypologische Einordnung	317
5. Konsequenzen der gefundenen Ergebnisse für die vertragstypologische Einordnung bei der Softwareüberlassung auf Dauer	318
6. Die Einordnungen bei der Softwareüberlassung auf Zeit	322
7. Softwareüberlassung und die Vorschriften über Finanzierungshilfen zwischen einem Unternehmer und einem Verbraucher	323

Teil 4: Sondererscheinungen und Sonderprobleme der Softwareverträge

I. Besonderheiten beim Softwareleasing

1. Die verschiedenen Erscheinungsformen des Softwareleasings	325
a) Finanzierungsleasing	327
b) Operating-Leasing	328
c) Mietkauf	328
2. Softwareleasing und das Urheberrecht	329
3. Die Zurechnung des Lieferantenverhaltens	329
a) Das Verhalten während der Vertragsverhandlungen	330
b) Das Verhalten während der Vertragserfüllung	330

4. Die Überwälzung der Sach- und Preisgefahr 332
5. Probleme mit der Übernahmebestätigung 333
6. Mängelhaftung beim Softwareleasing 335
   a) Mängelhaftung beim Finanzierungsleasing 335
   b) Mängelhaftung beim Operating-Leasing 337
7. Das Ende des Vertragsverhältnisses 337
   a) Die Kündigung 337
   b) Die Vereinbarung einer Verfallklausel 339
   c) Abschlusszahlungen bei Teilamortisationsverträgen 340
   d) Rückgabe und/oder Löschungsvereinbarungen 342
8. Die Koppelung von Hard- und Software beim Leasing 342

II. Softwareüberlassung mittels Telekommunikation, insbesondere des Internets

1. Die verschiedenen Wege der Softwareüberlassung mittels Telekommunikation 344
   a) Vertragsschluss ohne Einsatz von Telekommunikationsmitteln 345
   b) Vertragsschluss unter Einsatz von Telekommunikationsmitteln 345
2. Die vertragstypologische Einordnung des Softwaredownloads 346
3. Die urheberrechtlichen Fragen des Softwaredownloads 349
4. Der Vertragsschluss im elektronischen Geschäftsverkehr 350
5. Die Einbeziehung Allgemeiner Geschäftsbedingungen 352
   a) Der ausdrückliche Hinweis gem. § 305 Abs. 2 Nr. 1 BGB 353
   b) Die Möglichkeit zumutbarer Kenntnisnahme gem. § 305 Abs. 2 Nr. 2 BGB 353
6. Die Einhaltung von Formvorschriften 356
7. Die Sonderregelungen über besondere Vertriebsformen gem. §§ 312 ff. BGB 357
   a) Die Informationspflichten 358
   b) Das Widerrufs- und Rückgaberecht und sein Ausschluss 362

III. Gekoppelte Hard- und Softwareverträge

1. Die Unterscheidung zwischen Koppelungen zur Absatzförderung und mängelhaftungsrechtlichen Koppelungen 365
2. Kartellrechtliche und wettbewerbsrechtliche Beurteilung der Koppelung zur Absatzförderung 366
   a) Das Koppelungsverbot nach Art. 101 AEUV 367
   b) Koppelungsverbote nach deutschem Recht 368
3. Hard- und Software als einheitlicher Vertragsgegenstand 369
   a) Ein einheitlicher Vertrag über Hard- und Software 369
      aa) Einheitlichkeit des Vertragsgegenstandes nach § 93 BGB 372
      bb) Als zusammengehörend gelieferte Hard- und Software 373
      cc) Das Sonderproblem der abweichenden Verjährung 376
   b) Getrennte Verträge über Hard- und Software bei identischem Lieferanten 377
      aa) Einheitliches Rechtsgeschäft trotz getrennter Vertragsurkunden 377
      bb) Selbstständige Rechtsgeschäfte 377
   c) Verträge mit unterschiedlichen Vertragspartnern 377

IV. Verträge über Freeware und Shareware

1. Terminologie dieser Sonderformen der Softwareüberlassung 379
2. Freeware 379
   a) Gründe des Freeware-Herstellers (Public Domain-Softwareherstellers) für den Verzicht auf ein Nutzungsentgelt 380
   b) Freeware und Urheberrecht 381
   c) Die unterschiedlichen Formen des Freeware-Vertriebs 384
   d) Der Bezug von Freeware via Internet 385
   e) Die Weitergabe der Freeware durch Private 385

3. Shareware 385
   a) Zielsetzung des Shareware-Konzepts 385
   b) Vertragstypologische Einordnung 386
   c) Shareware und Urheberrecht 387
   d) Allgemeine Geschäftsbedingungen der Sharewareautoren 388

V. Verträge über Open Source Software

1. Terminologie und tatsächlicher Hintergrund 390
2. Open Source Software und Urheberrecht 395
   a) Die Anwendbarkeit des deutschen UrhG 395
   b) Die Urheberschaft/Rechtsinhaberschaft an der Open Source Software 395
      aa) Das Bearbeiterurheberrecht gem. § 3 UrhG 397
      bb) Die Miturheberschaft gem. § 8 UrhG 397
      cc) Die Werkverbindungen gem. § 9 UrhG 399
   c) Die Einräumung von Nutzungsrechten und deren Beschränkungen 399
3. Der Vertrag zwischen Überlassendem und Anwender 402
4. Der Vertrag zwischen Programmautor und Anwender 403
5. Einige Einzelheiten zur GPL 408
   a) Die Frage nach der jeweils einschlägigen GPL-Version 408
   b) Folgen des fehlenden Einbezugs der GPL in den Vertrag mit dem Rechtsinhaber 409
6. Einzelne Vorschriften der GPL Vers. 2 411
   a) Urheberrechtsrelevante Vorschriften 411
      aa) Das Vervielfältigungsrecht 411
      bb) Das Recht zur Umarbeitung 412
      cc) Das Recht zur Verbreitung 412
   b) Haftungs- und Mängelhaftungsklauseln 417
7. Einzelne Vorschriften der GPL Vers. 3 418
   a) Urheberrechtsrelevante Vorschriften 418
   b) Das Verhältnis zum Patentrecht 422
   c) Die Kompatibilität zu anderen Open Source-Lizenzverträgen ... 423
   d) Die Haftungs- und Mängelklauseln 423

VI. Schutzhüllenverträge und sonstige Sonderformen des Vertragsschlusses

1. Die verschiedenen Erscheinungsformen 427
2. Sonderfall: Überlassungsvertrag zwischen Softwarehersteller und Anwender 429
3. Vertragsverhältnisse bei Zwischenschaltung eines Softwarehändlers 430
   a) Vertragsschluss durch schlüssiges Verhalten bei Schutzhüllen- und Gebrauchsverträgen 432
   b) Rechtsfolgen beim Scheitern direkter Vertragsbeziehungen 436

VII. Grenzüberschreitende Softwareüberlassungen

1. Grenzüberschreitende Softwareüberlassung und UN-Kaufrecht ... 439
   a) Anwendungsbereich und allgemeine Bestimmungen 439
   b) Vertragsschluss 442
   c) Die Einbeziehung Allgemeiner Geschäftsbedingungen 442
   d) Primärpflichten der Vertragsparteien 443
   e) Rechte der Vertragsparteien 443
   f) Der Schadensersatzanspruch 445
2. Grenzüberschreitende Softwareüberlassung ohne Anwendung des UN-Kaufrechts .. 445

VIII. Verträge über die Pflege von Computersoftware

1. Leistungsgegenstand und terminologische Abgrenzung 447
2. Vertragsrechtliche Einordnung 451

3. Die Verpflichtung zum Abschluss eines Pflegevertrags 453
   a) Vertraglicher Abschlusszwang 453
   b) Außervertraglicher Abschlusszwang 455
4. Kollision eines Pflegevertrags mit Mängelhaftungsvorschriften 455
5. Vertragsbeendigung und Vertragsübernahme 457
   a) Die Vertragslaufzeit 457
   b) Die Kündigung 458
   c) Die Vertragsübernahme durch Dritte 460
6. Weitere Einzelfragen 461

IX. Vertriebsverträge (Distributorverträge)

1. Erscheinungsformen und Rechtsnatur eines Vertriebsvertrags (Distributorvertrags) ... 463
2. Besondere zu berücksichtigende Vorschriften 464
   a) Anwendbarkeit der Vorschriften über Allgemeine Geschäftsbedingungen 464
   b) Die Anwendbarkeit des GWB sowie der Art. 101, 102 AEUV 464
   c) Urheberrechtliche Aspekte insbesondere bei OEM-Verträgen und vergleichbaren Verträgen 465
3. Probleme der Vereinbarung einer Mindestabnahmepflicht 469
   a) Die Begründung einer Mindestabnahmepflicht 469
   b) Die Nichterfüllung der Mindestabnahmepflicht 470
4. Die Beendigung des Vertragsverhältnisses 471

X. Application Service Providing (ASP) und Software as a Service (SaaS)

1. Erscheinungsformen und tatsächlicher Hintergrund 473
2. ASP/SaaS und Urheberrecht 476
   a) Die Programmnutzung durch den Anwender 477
   b) Die Programmverwertung durch den Anbieter 478
      aa) Die Vervielfältigung 478
      bb) Die Vermietung 478
      cc) Die öffentliche Zugänglichmachung 479
3. Der Vertrag zwischen Anbieter und Anwender 481
4. Die Beteiligung Dritter 484
5. Datenschutzrechtliche Probleme 485
6. Besondere Formen der Streitschlichtung 486

XI. Outsourcing und Cloud Computing

1. Erscheinungsformen und tatsächlicher Hintergrund 488
2. Abgrenzung gegenüber anderen Formen der Softwarenutzung 491
3. Spezielle rechtliche Fragen 493

XII. Apps für Smartphones und Tablet-Computer

1. Terminologie und tatsächlicher Hintergrund 498
2. Das Urheberrecht der Apps 504
3. Die Vertragsbeziehungen 505
   a) Der Vertrag zwischen Plattformbetreiber und Anbieter 505
   b) Der Vertrag zwischen Plattformbetreiber und Anwender 509
   c) Der Vertrag zwischen Anbieter und Anwender 511
   d) Der Vertrag zwischen Anbieter und Entwickler 512
   e) Der Vertrag zwischen Anbieter und Content-Lieferant 512
   f) Der Vertrag zwischen Anwender und dem Anbieter von realen oder virtuellen Zusätzen 513
4. Datenschutzrechtliche Probleme 515
5. Sonstige rechtliche Probleme 515

XIII. Lizenzmetriken

1. Terminologie und tatsächlicher Hintergrund	517
2. Die Kontrollfähigkeit von Preisabreden und Preisnebenabreden	518
3. Das Transparenzgebot	520

Teil 5: Das Recht der Leistungsstörungen

I. Allgemeines zu Leistungsstörungen bei Computersoftware

1. Die Frage nach dem anwendbaren Mängelhaftungsrecht	523
2. Anpassung des Mängelrechts an die Besonderheiten der Computersoftware?	524
a) Die Forderung nach einer Anpassung des kaufvertraglichen Mängelrechts	524
b) Die Forderung nach einer Anpassung des mietvertraglichen Mängelrechts	525
c) Stellungnahme	526

II. Leistungsstörungen bei der Softwareüberlassung auf Dauer

1. Vorvertragliche Pflichtverletzungen	527
a) Das Verhältnis zwischen culpa in contrahendo und Mängelhaftungsansprüchen	528
b) Der Umfang der Aufklärungs- und Beratungspflichten des Softwarelieferanten	529
aa) Die Pflicht des Verkäufers zu eigeninitiativer Aufklärung	530
bb) Die Pflicht zur erbetenen Beratung	533
(1) Der Abschluss eines selbstständigen Beratungsvertrags	533
(2) Die aus dem vertragsähnlichen Vertrauensverhältnis herzuleitenden Beratungspflichten	534
cc) Einzelfälle aus der Rechtsprechung	535
c) Rechtsfolgen einer Verletzung der Aufklärungs- und Beratungspflicht	538
aa) Haftungsumfang	538
bb) Verjährung	539
cc) Fragen zur Beweislast	539
2. Nichterfüllung wegen Unmöglichkeit	540
a) Die Formen der Unmöglichkeit	540
b) Die Rechtsfolgen einer Unmöglichkeit	542
aa) Die primäre Leistungspflicht	542
bb) Die Sekundärrechte des Gläubigers	543
3. Verzug	545
a) Der Verzug des Softwarelieferanten	545
b) Der Verzug des Anwenders	549
4. Sonstige Pflichtverletzungen	550
a) Allgemeines	550
b) Die Pflichtverletzung durch Schlechtleistung	550
c) Die Verletzung von Nebenpflichten	552
aa) Leistungstreuepflichten	552
bb) Schutzpflichten	553
cc) Mitwirkungspflichten	554
dd) Auskunfts- und Beratungs- sowie Schulungspflichten	554
ee) Weitere Nebenpflichten	555
d) Rechtsfolgen einer sonstigen Pflichtverletzung	556
e) Verjährung der Ansprüche wegen einer sonstigen Pflichtverletzung	556
5. Kaufvertragliche Mängelhaftung	556
a) Die Mängelrechte des Käufers im Überblick	557
b) Der Nacherfüllungsanspruch gem. §§ 439, 437 Nr. 1 BGB	558
c) Das Recht zum Rücktritt gem. §§ 440, 437 Nr. 2 1. Alt. BGB	562
d) Das Recht zur Minderung gem. §§ 441, 437 Nr. 2 2. Alt. BGB	563
e) Das Recht auf Schadensersatz gem. §§ 440, 280, 281, 283, 311a, 437 Nr. 3 1. Alt. BGB	564

f) Das Recht auf Ersatz vergeblicher Aufwendungen gem. §§ 284, 437 Nr. 3 2. Alt. BGB 566
g) Der Ausschluss der Mängelhaftung gem. § 442 BGB 566
h) Die Verjährung der Mängelansprüche gem. § 438 BGB 567
i) Der Regress des Verkäufers gem. §§ 445a, 445b BGB (§§ 478, 479 BGB a. F.) 568
j) Die Besonderheiten des Verbrauchsgüterkaufs gem. §§ 474 ff. BGB 570
   aa) Allgemeines 570
   bb) Die Gefahrtragung 571
   cc) Die Einschränkung der vertraglichen Gestaltungsfreiheit gem. § 478 BGB (= § 475 BGB a. F.) 571
   dd) Die Beweislastumkehr § 477 BGB (= § 476 BGB a. F.) 571
   ee) Die Sonderbestimmungen für Garantien in § 479 BGB (= § 477 BGB a. F.) ... 572

III. Leistungsstörungen bei der Softwareüberlassung auf Zeit

1. Die Pflichten aus dem Mietverhältnis 573
  a) Die Pflichten des Softwarevermieters 573
  b) Die Pflichten des Softwaremieters 574
2. Inhalt und Grenzen des mieterlichen Gebrauchsrechts 577
3. Die Rechte des Mieters bei Nicht- oder Schlechterfüllung der Vermieterpflichten 578
  a) Die Vorenthaltung oder der Entzug des Gebrauchs 578
  b) Mängel der Mietsache 579
  c) Die Verletzung von Nebenpflichten 581
4. Die Rechte des Vermieters bei Nicht- oder Schlechterfüllung der Mieterpflichten 582
  a) Die Zahlungspflichtverletzung 582
  b) Überschreitungen des vertragsgemäßen Gebrauchs 582
  c) Die Verletzung der Rückgabe- oder Löschungspflicht 583
  d) Die Verletzung sonstiger Nebenpflichten, insbesondere der Obhutspflicht 584

IV. Leistungsstörungen bei der Herstellung und Überlassung von Individualsoftware

1. Vertragsrechtliche Einordnung und grundsätzliche Probleme 585
  a) Allgemeines 585
  b) Probleme infolge unzulänglicher Softwarespezifikation 586
2. Vorvertragliche Pflichtverletzungen 589
3. Die Nicht- oder Schlechterfüllung durch den Softwarehersteller 590
  a) Rechtsmängel 590
  b) Sachmängel 591
   aa) Die Pflicht zur mangelfreien Herstellung 591
    (1) Der Erfüllungsanspruch bis zur Abnahme 591
    (2) Der Nacherfüllungsanspruch nach der Abnahme 592
   bb) Rücktritt und Minderung 594
   cc) Schadensersatz 595
    (1) Voraussetzungen des Schadensersatzanspruchs 595
    (2) Der Inhalt des Schadensersatzanspruchs 596
4. Die Verjährung der Mängelansprüche 597
5. Die verspätete Herstellung des Werks 598
6. Ansprüche wegen sonstiger Pflichtverletzungen des Softwareherstellers 600
7. Pflichtverletzungen des Anwenders 601
  a) Die Nichterfüllung der Abnahmepflicht 601
  b) Die Verletzung vertraglicher Nebenpflichten 604
8. Vorzeitige Beendigung des Vertragsverhältnisses 605
  a) Die Kündigung des Bestellers 605
  b) Die Kündigung des Softwareherstellers 606
9. Änderungen der vereinbarten Leistungen 606

V. Mängel der Computersoftware

1. Die Diskussion über den Einfluss des Fehlerbegriffs der Informatik auf das Sachmängelrecht 609
2. Die Bedeutung der nicht zu verhindernden Fehlerhaftigkeit von Computersoftware 609
3. Der kauf- und werkvertragliche Softwaremangel 611
   a) Die Abweichung von der vereinbarten Beschaffenheit 612
   b) Die Eignung für die nach dem Vertrag vorausgesetzte Verwendung 613
   c) Die Eignung zur gewöhnlichen Verwendung und die übliche Beschaffenheit 613
   d) Aussagen in der Werbung 614
   e) Die unsachgemäße Montage gem. § 434 Abs. 2 S. 1 BGB 615
   f) Die mangelhafte Montageanleitung nach § 434 Abs. 2 S. 2 BGB 615
   g) Die Falschlieferung und die Lieferung einer Mindermenge gem. §§ 434 Abs. 3, 633 Abs. 2 S. 3 BGB 615
4. Der mietvertragliche Sachmangel 616
   a) Die Abweichung der Tauglichkeit zum vertragsgemäßen Gebrauch gem. § 536 Abs. 1 S. 1 BGB 616
   b) Das Fehlen einer zugesicherten Eigenschaft gem. § 536 Abs. 2 BGB 616
      aa) Die Zusicherungserklärung 616
      bb) Die Abgrenzung von der bloßen Beschaffenheitsangabe 617
         (1) Werbung und Zusicherung von Eigenschaften 618
         (2) Die Verwendung von güte- und sonstigen qualitätsbezogenen Kennzeichen 618
5. Rechtsmängel 619
6. Unerhebliche Mängel 619
7. Fragen der Beweislast 621

VI. Typische Softwaremängel

1. Funktionsmängel 623
   a) Umschreibung des Mangeltyps 623
   b) Einzelbeispiele aus der Rechtsprechung 624
2. Funktionsdefizite 625
   a) Umschreibung des Mangeltyps 625
   b) Einzelbeispiele aus der Rechtsprechung 626
3. Fehlende Zukunftsfähigkeit 626
   a) Umschreibung des Mangeltyps 627
   b) Einzelbeispiel aus der Rechtsprechung 628
4. Inkompatibilität 628
   a) Umschreibung des Mangeltyps 628
   b) Einzelbeispiele aus der Rechtsprechung 628
5. Kapazitätsmängel 629
   a) Umschreibung des Mangeltyps 629
   b) Einzelbeispiele aus der Rechtsprechung 629
6. Geringe Arbeitsgeschwindigkeit 630
   a) Umschreibung des Mangeltyps 630
   b) Einzelbeispiele aus der Rechtsprechung 630
7. Virenverseuchte Software 631
   a) Beschreibung der Computerviren und ähnlicher Sabotageprogramme ... 631
   b) Sabotageprogramme und Sachmängelhaftung 632
   c) Einzelbeispiel aus der Rechtsprechung 632
8. Vorkehrungen zur Verhinderung unberechtigter Programmnutzung 633
   a) Umschreibung des Mangeltyps 633
   b) Einzelbeispiele aus der Rechtsprechung 634
9. Sicherheitslücken 635
10. Fehlende Bedienerfreundlichkeit 636
    a) Umschreibung des Mangeltyps 636
    b) Einzelbeispiele aus der Rechtsprechung 636

11. Unzureichende Dokumentation 637
    a) Umschreibung des Mangeltyps 637
    b) Einzelbeispiele aus der Rechtsprechung 639
12. Fehlende Robustheit gegenüber Bedienungsfehlern 640
    a) Umschreibung des Mangeltyps 640
    b) Einzelbeispiel aus der Rechtsprechung 641
13. Fehlende Pflege- und Migrationsfreundlichkeit 641
14. Fehler beim Entwurf der Software 641
    a) Umschreibung des Mangeltyps 641
    b) Einzelbeispiel aus der Rechtsprechung 641
15. Sonstige Mängel 642

Teil 6: Softwarespezifische Vertragsbestandteile

I. Die Vervielfältigungsverbote

1. Der Begriff der Vervielfältigung und das Erfordernis der Zustimmung gem. §§ 69c
   Nr. 1, 69d Abs. 1 UrhG 646
2. Das Zustimmungserfordernis als Problemlösungsansatz 646
3. Die Herstellung der verschiedenartigen Vervielfältigungen von Computersoftware
   und die jeweilige Zustimmung des Urheberrechtsinhabers 647
    a) Notwendige Vervielfältigungen in den Arbeitsspeicher und auf Massenspeicher .. 647
    b) Nicht notwendige, sondern lediglich gebotene Vervielfältigungen 649
        aa) Das Vorhandensein einer ausdrücklichen vertraglichen Kopiererlaubnis 650
        bb) Das Fehlen einer ausdrücklichen vertraglichen Regelung 650
        cc) Vertragliches Kopierverbot und Kopierschutz 652
4. Die Anfertigung überzähliger Vervielfältigungsstücke 657
5. Kopierverbote bei urheberrechtlich nicht geschützter Computersoftware 657
6. Kopierverbote für Benutzerhandbücher 658
    a) Urheberrechtliche Aspekte 658
    b) Vertragsrechtliche Aspekte 659

II. Die Weitergabeverbote

1. Weiterveräußerungsverbote 661
    a) Verfügungsunterlassungsregelungen und das UrhG 664
    b) Vertraglich vereinbarte Weiterveräußerungsverbote 667
        aa) Weiterveräußerungsverbote und § 305c Abs. 1 BGB 668
        bb) Die Kontrollfähigkeit nach § 307 Abs. 3 BGB 669
        cc) Die Inhaltskontrolle nach § 307 Abs. 2 Nr. 1 BGB 670
        dd) Die Inhaltskontrolle nach § 307 Abs. 2 Nr. 2 BGB 672
        ee) Die Rechtfertigung der grundsätzlich unwirksamen Weiterveräußerungs-
            verbote durch besondere Interessen des Softwareherstellers 674
        ff) Bedingte Weiterveräußerungsverbote 675
2. Weitervermietungsverbote 679
    a) Weitervermietungsregelungen und das UrhG 681
    b) Vertraglich vereinbarte Weitervermietungsverbote 683
        aa) Das Verbot der Erwerbszwecken dienenden Vermietung 683
        bb) Das Verbot der keinen Erwerbszwecken dienenden Vermietung 683
        cc) Inhaltskontrolle nach § 307 Abs. 2 Nr. 1 und 2 BGB 684
    c) Weitervermietungsverbote in zeitlich befristeten Softwareüberlassungsverträgen 686
3. Verleihverbote 687
4. Sonstige Gebrauchsüberlassungsverbote 688

III. Das Verbot der Nutzung auf verschiedenen Computern

1. Systemvereinbarungen und das UrhG 692
    a) Die bisher vertretenen Auffassungen 692
    b) Kritik 692
    c) Typenbezogene Systemvereinbarungen 694

2. Die schuldrechtliche Wirkung der Systemvereinbarungen	695
a) Die Inhaltskontrolle nach § 307 Abs. 2 Nr. 1 und 2 BGB	696
b) Die Rechtfertigung der grundsätzlich unwirksamen Systemvereinbarungen durch besondere Interessen des Softwareherstellers	696
c) Systemvereinbarungen bei zeitlich befristeten Softwareüberlassungsverträgen	699

IV. Das Verbot der Nutzung im Netzwerk und der Mehrfachnutzung

1. Technischer Hintergrund dieses Klauseltyps	701
2. Die Interessen der Softwarehersteller	702
3. Der Einsatz von Software im Netzwerk und das UrhG	702
a) Die beim Netzwerkeinsatz anfallenden Vervielfältigungen	702
b) Der urheberrechtliche Vervielfältigungsbegriff und das Erfordernis der Zustimmung gem. § 69c Nr. 1 UrhG	703
aa) Das Vorhandensein einer ausdrücklichen Netzwerkerlaubnis	703
bb) Das Fehlen einer ausdrücklichen vertraglichen Regelung	704
cc) Vertragliche Netzwerkverbote und technische Schutzmechanismen	706
4. Netzwerkverbote bei urheberrechtlich nicht geschützter Software	707
5. Preisgebundene Netzwerkklauseln	708

V. Die verschiedenen Programmänderungsverbote

1. Grundlegendes	711
2. Programmänderungen ohne Dekompilierung	711
a) Die Regelung des § 69d Abs. 1 UrhG im Hinblick auf Programmänderungen	711
aa) Das Fehlen besonderer vertraglicher Bestimmungen	712
bb) Bearbeitungen und Umgestaltungen gem. § 23 UrhG	713
cc) Änderungen des Werks gem. § 3a UrhG	714
b) Die vertragliche Festlegung der bestimmungsgemäßen Programmnutzung gem. § 69a Abs. 1 UrhG	715
3. Die Wirksamkeit vertraglicher Programmänderungsverbote	716
4. Die Entfernung von Urhebervermerken	720

VI. Aktivierungs- und Registrierungspflichten

1. Tatsächlicher Hintergrund	722
a) Die Interessen der Softwarehersteller	722
b) Die Technik der Softwareaktivierung	723
2. Urheberrechtliche Probleme der Softwareaktivierung	725
3. Vertragsrechtliche Probleme der Softwareaktivierung	728
a) AGB-rechtliche Probleme	728
b) Rechtsfolgen des Aktivierungserfordernisses	730
aa) Die Zwangsaktivierung als Mangel	730
bb) Die Selbstvornahme der Sperrenbeseitigung	731
4. Deliktische Verantwortlichkeit des Herstellers	732
5. Weitere rechtliche Probleme	732

VII. Schutzrechtsklauseln 733

VIII. Kontroll- und Besichtigungsrechte, Softwareauditierung 735

IX. Die Vereinbarung von Informationspflichten 739

X. Konkurrenzverbote

1. Erscheinung und wirtschaftliche Relevanz	742
2. Vertragsrechtliche Zulässigkeit	743

XI. Hinterlegungsvereinbarungen 745

Teil 7: Nicht softwarespezifische, aber häufig auftretende Probleme und vielfach verwendete vertragliche Regelungen

I. Mängelhaftungsklauseln

1. Die Inhaltskontrolle bei der Softwareüberlassung auf Dauer 758
   - a) Der Verbraucherverkehr 758
   - b) Der Unternehmensverkehr 762
2. Die Inhaltskontrolle bei der Softwareüberlassung auf Zeit 763
   - a) Der Verbraucherverkehr 763
   - b) Der Unternehmensverkehr 764
3. Kostenklauseln 764

II. Schadensersatzklauseln

1. Einführung 772
2. Exkurs: Abriss über die außervertragliche Haftung für fehlerhafte Computerprogramme 772
   - a) Die Haftung nach dem ProdHG 774
     - aa) Computerprogramme als Produkt gem. § 2 ProdHG 775
     - bb) Fehler eines Produkts gem. § 3 ProdHG 775
     - cc) Die Rechtsfolgen nach dem ProdHG 778
   - b) Die Haftung nach den Grundsätzen der Produzentenhaftung ... 779
   - c) Die wichtigsten Abweichungen zwischen Produkt- und Produzentenhaftung im Überblick 781
3. Besondere Anforderungen an die transparente Vertragsgestaltung 781
4. Schadensersatzklauseln bei der Softwareüberlassung auf Dauer 783
   - a) Klauseln zur verschuldensunabhängigen Haftung 783
     - aa) Schadensersatzklauseln und das Fehlen der garantierten Beschaffenheit 784
       - (1) Der Verbraucherverkehr 784
       - (2) Der Unternehmensverkehr 784
     - bb) Schadensersatzklauseln zur Produkthaftung 784
   - b) Klauseln zur verschuldensabhängigen Haftung 785
     - aa) Der Verbraucherverkehr 785
       - (1) Das Klauselverbot gem. § 309 Nr. 7a) BGB 785
       - (2) Das Klauselverbot gem. § 309 Nr. 7b) BGB 786
       - (3) Haftungsklauseln für leichte Fahrlässigkeit 787
     - bb) Der Unternehmensverkehr 791
5. Schadensersatzklauseln bei der Softwareüberlassung auf Zeit 792
   - a) Klauseln zur verschuldensunabhängigen Haftung 792
     - aa) Der Verbraucherverkehr 792
     - bb) Der Unternehmensverkehr 793
   - b) Klauseln zur verschuldensabhängigen Haftung 793
6. Sonderprobleme bei pauschalierten Schadenersatzansprüchen des Softwarelieferanten 794
   - a) Allgemeines 794
   - b) Das Verbot überhöhter Pauschalen gem. § 309 Nr. 5a) BGB ... 795
   - c) Das Verbot des Abschneidens des Gegenbeweises gem. § 309 Nr. 5b) BGB ... 795
   - d) Besonderheiten im Unternehmensverkehr 795
7. Die Folgen der Unwirksamkeit von Haftungsklauseln 796

III. Mängelrügepflichten und Ausschlussfristen für Mängelanzeigen

1. Vertraglicher Anwendungsbereich und Zweck derartiger Regelungen ... 798
2. Mängelrügepflichten bei beidseitigem Handelsgeschäft 800
3. Vertragliche Mängelanzeigepflichten unter Kaufleuten 803
   - a) Verschärfungen gegenüber § 377 HGB 803
   - b) Erleichterungen gegenüber § 377 HGB bei Einkaufsbedingungen ... 805
4. Ausschlussfristen für Mängelanzeigen im Verbraucherverkehr 805
5. Sonderproblem: Rügepflichten beim Softwareleasing 808

a) Die Abtretung der Mängelhaftungsansprüche im Dreiecksverhältnis zwischen
Leasinggeber, Leasingnehmer und Lieferanten 809
b) Das Problem der Einbeziehung in den Vertrag 810
  aa) Die Einbeziehung im Unternehmensverkehr 810
  bb) Die Einbeziehung im Verbraucherverkehr 810
c) Die Rügeobliegenheiten des Leasingnehmers 811

IV. Abnahme- und Mängelfreiheitsbestätigungen sowie andere Tatsachenbestätigungen

1. Tatsachenbestätigungen im Verbraucherverkehr 813
2. Tatsachenbestätigungen im Unternehmensverkehr 815

V. Das Sprachenproblem und die Verwendung von Fachtermini bei Softwareüberlassungsverträgen

1. Der Hinweis nach § 305 Abs. 2 Nr. 1 BGB 817
2. Die zumutbare Kenntnisnahme gem. § 305 Abs. 2 Nr. 2 BGB 817
3. Besonderheiten im Unternehmensverkehr 819

VI. Hinweis-, Kenntnisnahme- und Einverständnisklauseln

1. Zielsetzung dieses Klauseltyps 821
2. Die Verwendung im Verbraucherverkehr 822
  a) Hinweisklauseln 822
    aa) Das Hinweiserfordernis nach § 305 Abs. 2 Nr. 1 BGB 822
    bb) Hinweisbestätigungen und § 309 Nr. 12b) BGB 824
  b) Kenntnisnahmeklauseln 825
    aa) Die Möglichkeit zumutbarer Kenntnisnahme nach § 305 Abs. 2 Nr. 2 BGB .. 825
    bb) Bestätigungen zumutbarer Kenntnisnahme 827
  c) Das Einverständnis des Kunden 828
3. Die Verwendung im Unternehmensverkehr 829
  a) Die Nichtanwendbarkeit des § 305 Abs. 2 BGB 829
  b) Die Voraussetzungen für eine rechtsgeschäftliche Einbeziehung 830
4. Kollidierende Allgemeine Geschäftsbedingungen 831
  a) Das Zustandekommen des Vertrags 832
  b) Der jeweilige Vertragsinhalt 832
    aa) Übereinstimmende Klauseln 833
    bb) Sich widersprechende Klauseln 833
    cc) Einseitige Regelungen 833
    dd) Der Sonderfall der Eigentumsvorbehaltsklauseln 834

VII. Schriftformklauseln

1. Der Inhalt der einzelnen Klauseltypen 836
2. Die Wirksamkeit der individualvertraglich vereinbarten Schriftform 836
3. Schriftformklauseln in Formularverträgen 837

VIII. Geheimhaltungsklauseln

1. Die Interessen der Vertragsparteien 839
2. Die zu regelnden Fragen 840
3. Probleme 841

IX. Die Vereinbarung einer Vertragsstrafe

1. Allgemeines 842
  a) Der Zweck von Vertragsstrafen 843
  b) Abgrenzung zu ähnlichen Erscheinungen 844
2. Vertragsstrafen im Verbraucherverkehr 845

a) Fallgruppen unzulässiger Vertragsstrafen	845
b) Vertragsstrafen des Klauselverwenders	846
3. Vertragsstrafen im Unternehmensverkehr	847

X. Rechtswahlklauseln

1. Die Vereinbarung deutschen Rechts	851
2. Die Vereinbarung ausländischen Rechts	852
3. Die Anwendung der Regelungen über Allgemeine Geschäftsbedingungen nach §§ 305 ff. BGB trotz der Vereinbarung ausländischen Rechts	852

XI. Gerichtsstandsklauseln

1. Zivilprozessuale Prorogationsverbote	855
a) Gerichtsstandsvereinbarungen vor Klageerhebung	855
b) Gerichtsstandsvereinbarungen nach Klageerhebung	858
2. Gerichtsstandsvereinbarungen und die Regelungen über Allgemeine Geschäftsbedingungen nach §§ 305 ff. BGB	858
a) Der Vorrang der EuGV-VO vor §§ 305 ff. BGB	858
b) Die Kontrolle nach §§ 305 ff. BGB	859

XII. Schiedsgerichts- und Schiedsgutachterklauseln

1. Terminologie und praktische Notwendigkeit	862
2. Zivilprozessuale Wirksamkeitsvoraussetzungen einer Schiedsvereinbarung	864
3. Wirksamkeitsvoraussetzungen nach den Vorschriften über Allgemeine Geschäftsbedingungen gem. §§ 305 ff. BGB	865
a) Schiedsgerichtsvereinbarungen	865
b) Schiedsgutachterklauseln	866

XIII. Salvatorische und vergleichbare Klauseln

1. Vertragswirksamkeitsklauseln	867
2. Teilwirksamkeitsklauseln	869
3. Relativierende Klauselzusätze	871
4. Salvatorische Klauseln mit Ersetzungsbefugnis des Verwenders	875
5. Salvatorische Klauseln mit konkreten Ersatzregelungen	876
6. Salvatorische Klauseln mit Verpflichtung zur Vereinbarung einer Ersatzregelung oder Ersatzregelungsfiktion	878

Stichwortverzeichnis	881

Teil 8: Musterverträge zum Download

Muster I. Softwareüberlassung auf Dauer im Verbraucherverkehr

Muster II. Softwareüberlassung auf Dauer im Unternehmensverkehr

Muster III. Softwareüberlassung auf Dauer bei Massensoftware mit Online-Registrierungspflicht und Lizenzschlüssel

Teil I. Software-Kaufvertrag zwischen Händler und Anwender
Teil II. Benutzungsvertrag zwischen Hersteller und Anwender bei der Online-Registrierung

Muster IV. Softwareüberlassung auf Dauer mittels Download beim Hersteller

Muster V. Überlassung von Individualsoftware im Unternehmensverkehr mit Quellcodeüberlassung

Muster VI. Softwareüberlassung auf Zeit im Verbraucherverkehr (ohne Systembindung)

Muster VII. Softwareüberlassung auf Zeit im Unternehmensverkehr (mit Systembindung)

Muster VIII. Softwarepflegeverträge mit Unternehmern

Muster IX. Softwareüberlassung an eine Leasinggesellschaft

Muster X. Softwarevertrieb bei nicht verkaufsfertig gelieferten Softwareexemplaren sowie Online-Vertrieb über eine Plattform
Muster XI. Software as a Service

Anhang zum Software as a Service Vertrag: Service Level Agreement

Muster XII. Nutzungsrechtsvereinbarung mit einem angestellten Programmierer

Muster XIII. Nutzungsrechtsvereinbarung mit einem freien Mitarbeiter

Muster XIV. Nutzungsrechtsvereinbarung mit einem Content-Lieferanten

Muster XV. Abmahnung

Muster XVI. Strafbewehrte Unterlassungserklärung

Abkürzungsverzeichnis

A
a. A.	anderer Ansicht
a. a. O.	am angegebenen Ort
a. E.	am Ende
a. F.	alte Fassung
a. M.	anderer Meinung
ABl.	Amtsblatt, insb. Amtsblatt der Europäischen Union
Abs.	Absatz
abw.	abweichend
AG	Amtsgericht
AGB	Allgemeine Geschäftsbedingungen
allg.	allgemein
allg. M.	allgemeine Meinung
Alt.	Alternative
amtl.	amtlich
Anh.	Anhang
Anm.	Anmerkung
App	Application, engl. Application software; im deutschen Sprachgebrauch meist Anwendungssoftware für Mobil-Geräte etwa Smartphones
Art.	Artikel
ASP	Application Service Providing
Auff.	Auffassung
Aufl.	Auflage
ausf.	ausführlich

B
BB	Betriebs-Berater
Bd.	Band
Begr.	Begründung
Beil.	Beilage
BGB	Bürgerliches Gesetzbuch
BGB-InfoV	Verordnung über Informations- und Nachweispflichten nach bürgerlichem Recht
BGBl. I (II, III)	Bundesgesetzblatt Teil I (II, III)
BGH	Bundesgerichtshof
BGHZ	Amtliche Sammlung der Entscheidungen des BGH in Zivilsachen
BR-Drucks.	Bundesrats-Drucksache
BT-Drucks.	Bundestags-Drucksache

C
CI	Computerrecht Intern, jetzt ITRB
CISG	Convention on Contracts for the International Sale of Goods (auch als Wiener Kaufrecht oder UN-Kaufrecht bezeichnet)
CMOS	Complementary Metal Oxide Semiconductor
Copyright	offizielles Publikationsorgan der WIPO, englische Ausgabe
CPU	Central Processing Unit
CR	Computer und Recht
CR Int.	Computer und Recht International

D
d. h.	das heißt
ders.	derselbe

DIN	Deutsche Industrienorm
Diss.	Dissertation
DPMA	Deutsche Patent- und Markenamt
DV	Datenverarbeitung
DVD	Digital Versatile Disk

E

ECR	Entscheidungen zum Computerrecht (Zahrnt Hrsg.)
EDV	Elektronische Datenverarbeitung
EG	Europäische Gemeinschaft
EGV	Vertrag zur Gründung der Europäischen Gemeinschaft (früher Vertrag zur Gründung der Europäischen Wirtschaftsgemeinschaft)
einh.	einhellig
einh. M.	einhellige Meinung
Einl.	Einleitung
einsch.	einschränkend
Entsch.	Entscheidung
entspr.	entsprechend
EPA	Europäisches Patentamt
EPÜ	Europäisches Patentübereinkommen
EU	Europäische Union
EuG	Gericht erster Instanz der Europäischen Gemeinschaft
EuGH	Europäischer Gerichtshof
EuGVÜ	Übereinkommen der Europäischen Gemeinschaften über die gerichtliche Zuständigkeit und die Vollstreckung gerichtlicher Entscheidungen in Zivil- und Handelssachen
EuGV–VO	Verordnung (EU) Nr. 1215/2012 über die gerichtliche Zuständigkeit und die Anerkennung und Vollstreckung von Entscheidungen in Zivil- und Handelssachen
EVB-IT	Ergänzende Vertragsbedingungen für die Beschaffung von IT-Leistungen; EVB-IT Kauf, EVB-IT Typ A, EVB-IT Typ B, EVB-IT Instandhaltung, EVB-IT Dienstleistung
EWG	Europäische Wirtschaftsgemeinschaft
EWiR	Entscheidungen zum Wirtschaftsrecht
EWR	Europäischer Wirtschaftsraum

F

f.	folgende Seite
ff.	folgende Seiten
FS	Festschrift
FuR	Film und Recht
Fußn.	Fußnote

G

G	Gesetz
GBl.	Gesetzblatt
GebrMG	Gebrauchsmustergesetz
gem.	gemäß
GEMA	Gesellschaft für musikalische Aufführungs- und mechanische Vervielfältigungsrechte
ggf.	gegebenenfalls
GlNr.	Gliederungsnummer
GNU	Gnu is not Unix
GPL	General Public License
grdl.	grundlegend
grds.	grundsätzlich
GRUR	Gewerblicher Rechtsschutz und Urheberrecht (mit Zusatz Int.: Auslands- und internationaler Teil)
GWB	Gesetz gegen Wettbewerbsbeschränkungen

H
h. A.	herrschende Ansicht
h. M.	herrschende Meinung
HalblSchG	Gesetz über den Schutz der Topographien von mikroelektronischen Halbleitererzeugnissen (Halbleiterschutzgesetz)
Halbs.	Halbsatz
Hbd.	Halbband
Hdb.	Handbuch
HGB	Handelsgesetzbuch
Hrsg., hrsg.	Herausgeber, herausgegeben
HTML	Hypertext Markup Language

I
i. d. F.	in der Fassung
i. d. R.	in der Regel
i. e. S.	im engeren Sinne
i. Erg.	im Ergebnis
i. S. d.	im Sinne des
ISO	International Organization for Standardization
i. S. v.	im Sinne von
i. V. m.	in Verbindung mit
insb.	insbesondere
int.	international
IPRax	Praxis des internationalen Privat- und Verfahrensrechts
IT	Informationstechnik
ITRB	Der IT Rechts-Berater
IuR	Informatik und Recht

J
jur-pc	Zeitschrift „jur-pc" (nur noch elektronisch)
JuS	Juristische Schulung
JZ	Juristenzeitung

K
K, KB	Kilobyte
Kap.	Kapitel
KG	Kammergericht
Komm.	Kommentar
krit.	kritisch
K&R	Kommunikation und Recht

L
LAN	Local Area Network
LG	Landgericht
LGPL	Lesser General Public License
LM	Lindenmaier-Möhring, Nachschlagewerk des BGH
LMK	Lindenmaier-Möhring, Kommentierte BGH-Rechtsprechung
Ls.	Leitsatz

M
MarkenG	Gesetz über den Schutz von Marken und sonstigen Kennzeichen
MarlyRC	Marly, Rechtsprechung zum Computerrecht, Entscheidungssammlung
m. E.	meines Erachtens
m. w. N.	mit weiteren Nachweisen
MDR	Monatsschrift für Deutsches Recht
Mitt.	Mitteilungen der deutschen Patentanwälte

MMR	MultiMedia und Recht
MünchKomm	Münchener Kommentar zum BGB

N

n.F.	neue Fassung, neue Folge
NJOZ	Neue Juristische Online Zeitschrift
NJW	Neue Juristische Wochenschrift
NJW-RR	NJW-Rechtsprechungs-Report

O

o.	oben
OEM	Original Equipment Manufacturer
OLG	Oberlandesgericht
OLGZ	Entscheidungen der OLGe in Zivilsachen
OSD	Open Source Definition

P

PatG	Patentgesetz
PC	Personal Computer
PD	Public Domain
PDF	Portable Document Format
PHI	Produkthaftpflicht International (Zeitschrift)

R

RAM	Random Access Memory
RBÜ	Revidierte Berner Übereinkunft zum Schutze von Werken der Literatur und Kunst
Rdn.	Randnummer
RDV	Recht der Datenverarbeitung
RG	Reichsgericht
RGZ	Entscheidungen des Reichsgerichts in Zivilsachen
RIW	Recht der Internationalen Wirtschaft
Rom I-VO	Verordnung (EG) Nr. 593/2008 des Europäischen Parlaments und des Rates vom 17.6.2008 über das auf vertragliche Schuldverhältnisse anzuwendende Recht
Rom II-VO	Verordnung (EG) Nr. 864/2007 des Europäischen Parlaments und des Rates vom 11.7.2007 über das auf außervertragliche Schuldverhältnisse anzuwendende Recht
Rsp.	Rechtsprechung

S

s.	siehe
S.	Seite, Satz (bei Rechtsnormen)
st.	ständig

T

teilw.	teilweise
TRIPS	Agreement on Trade-Related Aspects of Intellectual Property Rights, including Trade in Counterfeit Goods
Tz.	Textziffer

U

u.	unten
u.a.	unter anderen (m), und andere
u.ö.	und öfter
u.U.	unter Umständen
UFITA	Archiv für Urheber-, Film-, Funk- und Theaterrecht
UKlaG	Unterlassungsklagengesetz

umstr.	umstritten
UrhG	Urheberrechtsgesetz
Urt.	Urteil
UWG	Gesetz gegen den unlauteren Wettbewerb

V

v.	vom, von
VersR	Versicherungsrecht
vgl.	vergleiche
Vorb.	Vorbemerkung

W

WCT	WIPO Copyright Treaty
WIPO	World Intellectual Property Organization (Weltorganisation für geistiges Eigentum, Genf; franz. Abk.: OMPI)
WPPT	WIPO Performance and Phonograms Treaty
WRP	Wettbewerb in Recht und Praxis
WUA	Welturheberrechtsabkommen
WWW	World Wide Web

Z

z. B.	zum Beispiel
z. T.	zum Teil
ZPO	Zivilprozessordnung
ZUM	Zeitschrift für Urheber- und Medienrecht, früher: Film und Recht
zust.	zustimmend

Literaturverzeichnis

Auswahl aus der einschlägigen Literatur in Buchform. Weitere Literaturangaben finden sich am Anfang des jeweiligen Abschnitts.

Ahlberg/Götting	Beck'scher Online-Kommentar, 2017 (zit.: BeckOK Urheberrecht/Bearbeiter)
Auer-Reinsdorff/Conrad	Handbuch IT- und Datenschutzrecht, 2. Aufl. 2016 (zit: Auer-Reinsdorff/Conrad/Bearbeiter)
Bamberger/Roth	Kommentar zum Bürgerlichen Gesetzbuch, 43. Edition 2017 (zit.: Bamberger/Roth)
Baumgartner/Ewald	Apps und Recht, 2. Aufl. 2016
Benkard	Patentgesetz, 11. Aufl. 2015
Benkard	EPÜ. Europäisches Patentübereinkommen, 2. Aufl. 2012
Bisges	Handbuch Urheberrecht, 2016
Borges/Meents	Cloud Computing, 2016 (zit.: Borges/Meents/Bearbeiter)
Bräutigam/Rücker	E-Commerce, 2017 (zit.: Bräutigam/Rücker/Bearbeiter)
Dreier/Schulze	Urheberrechtsgesetz, 5. Aufl. 2015
Dreier/Vogel	Software- und Computerrecht, 2008
Dreyer/Kotthoff/Meckel	Urheberrecht, 3. Aufl. 2013
Fezer	Markenrecht, 4. Aufl. 2009
Fromm/Nordemann	Urheberrecht, 11. Aufl. 2014 (zit.: Fromm/Nordemann/Bearbeiter)
Haase	Die Patentierbarkeit von Computersoftware, 2003
Köhler/Bornkamm	Gesetz gegen den unlauteren Wettbewerb – UWG, 35. Aufl. 2017
Hoeren	Softwareüberlassung als Sachkauf, 1989 (zit.: Hoeren, Softwareüberlassung)
Hoeren	IT-Vertragsrecht, 2. Aufl. 2012 (zit.: Hoeren, IT-Vertragsrecht)
Hoeren	Internet- und Kommunikationsrecht, 2. Aufl. 2012
Jaeger/Metzger	Open Source Software, 4. Aufl. 2016
Kilian/Heussen	Computerrechts-Handbuch, 1990 ff. (zit.: Computerrechts-Handbuch/Bearbeiter)
Kraßer/Ann	Lehrbuch des Patentrechts, 7. Aufl. 2016
Leupold/Glossner	Münchener Anwaltshandbuch IT-Recht, 3. Aufl. 2013 (zit.: Leupold/Glossner/Bearbeiter)
Loewenheim	Handbuch des Urheberrechts, 2. Aufl. 2010 (zit.: Loewenheim/Bearbeiter)
Marly	Urheberrechtsschutz für Computersoftware in der Europäischen Union, 1995 (zit.: Marly, Urheberrechtsschutz)
Möhring/Nicolini	Urheberrechtsgesetz, 3. Aufl. 2014 (zit.: Möhring/Nicolini/Bearbeiter)
Münchener Kommentar/Bearbeiter	Bürgerliches Gesetzbuch, 7. Aufl. 2015 f.
Palandt/Bearbeiter	Bürgerliches Gesetzbuch, 76. Aufl. 2017
Rauda	Recht der Computerspiele, 2013
Redeker	IT-Recht, 6. Aufl. 2017
Rehbinder/Peukert	Urheberrecht, 17. Aufl. 2015
Schneider	Handbuch des EDV-Rechts, 5. Aufl. 2017
Schneider/v. Westphalen	Software-Erstellungsverträge, 2. Aufl. 2014 (zit.: Schneider/v. Westphalen/Bearbeiter)
Schricker/Loewenheim	Urheberrecht. Kommentar, 5. Aufl. 2017
Schwarz/Kruspig	Computerimplementierte Erfindungen – Patentschutz von Software?, 2011

Staudinger/Bearbeiter	Kommentar zum Bürgerlichen Gesetzbuch, 2005 ff.
Ullrich/Lejeune	Der internationale Softwarevertrag nach deutschem und ausländischem Recht, 2. Aufl. 2006 (zit.: Ullrich/Lejeune/Bearbeiter)
Ulmer/Brandner/Hensen	AGB-Recht, Kommentar, 12. Aufl. 2016
Wandtke/Bullinger	Urheberrecht. Kommentar, 4. Aufl. 2014 (zit.: Wandtke/Bullinger/Bearbeiter)
Weitnauer	Beck'sches Formularbuch IT-Recht, 4. Aufl. 2017 (zit.: Weitnauer/Bearbeiter)
v. Westphalen	Vertragsrecht und AGB-Klauselwerke, 1993 ff. (zit.: Bearbeiter in: v. Westphalen)
Wolf/Lindacher/Pfeiffer	AGB-Recht. Kommentar, 6. Aufl. 2013 (bis 4. Aufl. Wolf/Horn/Lindacher, AGB-Gesetz)

Teil 1: Technische und terminologische Grundlagen[1]

Inhaltsübersicht

	Rdn.		Rdn.
1. Die Computerhardware	2	b) Die für das Programm verwendeten Programmiersprachen	17
2. Die Computersoftware	6	aa) Maschinenorientierte Programmiersprachen	18
3. Juristische und informationswissenschaftliche Definition der Computersoftware	8	bb) Problemorientierte Programmiersprachen	22
4. Die verschiedenen Formen der Computerprogramme	15	5. Die Abgrenzung der Computerprogramme von reinen Daten	25
a) Befehle und Programme	16	6. Computerprogramm und Algorithmus	28

Schrifttum: *Horns,* Anmerkungen zu begrifflichen Fragen des Softwareschutzes, GRUR 2001, 1 ff.; *Obst,* Computerprogramm und Datenbank. Definition und Abgrenzung im Urheberrecht, 2003.

Eine der zahlreichen Ursachen für die Probleme bei der rechtlichen Behandlung von Computersoftware liegt seit jeher darin begründet, dass der **Begriff der Computersoftware** seit seiner erstmaligen Verwendung[2] zwar häufig benutzt wird, seit der Schuldrechtsmodernisierung 2002 sogar im BGB[3], er aber nicht eindeutig und abschließend definiert vorliegt[4]. Dementsprechend fällt es schon schwer, das Bezugsobjekt des vorliegenden Handbuchs zu bestimmen. Auch die niemals förmlich aufgehobene, aber mittlerweile ziemlich betagte DIN 44300 (1988)[5] mit ihren Definitionen[6] änderte an dieser begrifflichen Unklarheit nichts. Verschärft wird das definitorische Defizit darüber hinaus durch eine technische Entwicklung, die die traditionelle Trennung zwischen Hardware* und Software* verwischt, indem einzelne Faktoren eines Computers sowohl durch Hardware* als auch durch Software* realisiert werden können. Dennoch erscheint eine zumindest einen groben Rahmen vorgebende begriffliche Umschreibung der Computersoftware nicht unmöglich und für die nachfolgende Abhandlung gewinnbringend[7]. Dabei kann immer noch auf die bereits erwähnte scheinbar antiquierte DIN 44300 (1988) zurückgegriffen werden,

1

---

[1] Die in diesem Abschnitt mit einem * versehenen Begriffe sind in DIN 44300 Teil 1 bis Teil 9 vom November 1988 definiert.

[2] Deren Datierung ist umstritten. Genannt werden die Jahre 1953 und 1958 (so *Heydn* CR 2010, 765 mit Verweisen) sowie 1959 (so *Buxmann/Diefenbach/Hess,* Die Softwareindustrie, 2. Aufl. 2011, S. 2).

[3] Vgl. § 312d Abs. 4 Nr. 2 BGB, wo von „Software" gesprochen wird.

[4] *Hoeren* GRUR-RR 2010, 238 hält dies für einen „Fehler" der EU-Softwareschutzrichtlinie; vgl. ferner *Marly* GRUR 2012, 773, 774.

[5] Etwa spricht *Obst* S. 24 davon, diese DIN enthalte formal noch gültige, aber veraltete Definitionen.

[6] In DIN 44300 Teil 1 Nr. 1.13 wird Software als Gesamtheit oder Teil der Programme für Rechensysteme verstanden, wobei die Programme zusammen mit den Eigenschaften der Rechensysteme den Betrieb der Rechensysteme, die Nutzung der Rechensysteme zur Lösung gestellter Aufgaben oder zusätzliche Betriebs- und Anwendungsarten der Rechensysteme ermöglichen.

[7] A. A. *Schricker/Loewenheim,* 2. Aufl. 1999, § 69a Rdn. 2, wo eine feste Begriffsbestimmung als für die Praxis entbehrlich gehalten wird. Wie hier aber *Obst* S. 18. Speziell für den juristischen Leser konzipiert die umfassende und auch über 25 Jahre nach ihrem Erscheinen immer noch lesenswerte Beschreibung der technischen Grundlagen, Begriffe und Definitionen bei *König,* Das Computerprogramm im Recht, 1991, Rdn. 71 ff.

weil sich die hier zu diskutierenden technischen Grundlagen selbst im Zeitalter der Programmierung von Apps für Smartphones nicht wesentlich verändert haben.

1. Die Computerhardware

Typische Klausel: „Persönlicher Computer" oder „PC" bezeichnet ein Gerät, das insbesondere zum Betrieb verschiedenster von Fremdanbietern bereitgestellter Produktivitäts-, Unterhaltungs- und sonstiger Softwareanwendungen entwickelt und vertrieben und mit einem zum jeweiligen Zeitpunkt zum Betrieb von universellen tragbaren Rechnern, Arbeitsplatzrechnern, Servern und großformatigen Tablet-PCs weit verbreiteten Vollbetriebssystem betrieben wird."[8]

„b. Gerät. In diesem Vertrag ist „Gerät" ein Hardwaresystem (sowohl physisch als auch virtuell) mit einer internen Speichervorrichtung, das fähig ist, die Software auszuführen. Eine Hardwarepartition oder ein Blade wird als Gerät betrachtet."[9]

2 Den Ausgangspunkt der Definition der Computersoftware bildet üblicherweise eine Beschreibung dessen, was dem Sammelbegriff der Hardware* unterfällt. Dieser wird zu Recht als einfacher zu erläutern empfunden und angesichts der unbestrittenen Terminologie dahingehend, dass Hardware* und Software* die komplementären, für das Funktionieren eines Computersystems notwendigen Elemente eines solchen Systems darstellen, ist mit einer Definition der Hardware* bereits eine **negative Begriffsbestimmung der Software*** erreicht.

3 Mit dem Sammelbegriff der Computerhardware wird allgemein die gesamte **technische Anlage eines Computers** (früher häufig synonym auch als Datenverarbeitungsanlage* bezeichnet) umschrieben. Hierzu zählen sämtliche physikalischen – sowohl mechanischen als auch elektronischen – Bestandteile, aus denen sich das Computersystem zusammensetzt und die man schlechthin als Geräte bzw. Gerätebestandteile (materielle Komponenten eines Computersystems) bezeichnen kann. Beispielhaft seien hier nur genannt: die **Eingabegeräte*** (Tastatur, Maus, Scanner, Mikrofon, Joystick, Touchscreen), die **Zentraleinheit***, die die anfallenden Operationen ausführt, der **Speicher***, der die auszuführenden Programme und zu verarbeitenden Daten speichert, und die **Ausgabegeräte***, zu deren bekanntesten Vertretern die Bildschirme in ihrer darstellenden Funktion und Drucker zählen. Moderne Bildschirme haben aber längst sowohl eine Ein- als auch Ausgabefunktion.

4
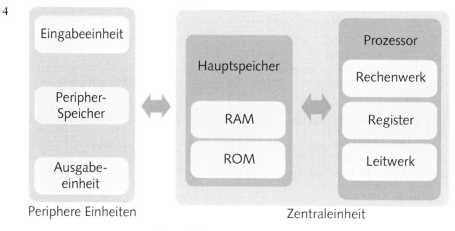

Abb. 1: Aufbau eines Universalrechners

---

[8] Vgl. den Adobe PC-Softwarelizenzvertrag (2016).
[9] Vgl. die Micosoft-Software-Lizenzbestimmungen.Windows (Dezember 2016).

In funktioneller Hinsicht kann die Hardware* im Einklang mit DIN 44300 (1988) als **Geräteausstattung eines Computers**[10] umschrieben werden, die die durchzuführenden Einzeloperationen ausführt, für die der Computer eingesetzt wird. Hardware* allein kann somit für verschiedene Zwecke eingesetzt werden, bedarf jedoch zur Nutzung entsprechender Anweisungen, weshalb die Hardware* ohne derartige Anweisungen zur Aufgabenausführung bereit steht, aber noch keine Problembeziehung zu den durchzuführenden konkreten Problemlösungen aufweist. Diese Problembeziehung wird erst durch die genaue Vorgabe der durchzuführenden Einzeloperationen geschaffen, die für den jeweiligen Einsatz der Hardware* erforderlich sind und die als Computerprogramm bezeichnet werden können.

2. Die Computersoftware

Abb. 2: Schalenmodell zur Computersoftware

Gleichwie der Begriff der Hardware* verschiedene Bestandteile umfasst, weshalb er als Sammelbegriff bezeichnet wurde, kommt auch dem oben eingeführten Begriff des Computerprogramms die **Funktion eines Oberbegriffs** zu, der ebenfalls unterschiedliche Elemente beinhaltet. Dies folgt notwendigerweise daraus, dass sich für die erforderliche Problembeziehung zwischen Hardware* und zu bewältigender Aufgabenstellung verschiedene Näherungsgrade ergeben[11]. Dem juristisch geschulten Leser lässt sich dies am besten durch eine Parallele zum allgemeinen und besonderen Teil eines Gesetzes erläutern. Auch hinsichtlich der Steueranweisungen eines Computers lassen sich allgemeine Anweisungen, die lediglich die interne Steuerung der einzelnen Funktionseinheiten* übernehmen, von den besonderen Anweisungen unterscheiden, die der Lösung konkreter Aufgabenstellungen des jeweiligen Anwenders (= Computer-Benutzers) dienen. Natürlich lassen sich auch innerhalb dieser beiden Gruppen weitere Untergliederungen je nach dem Grad der Problembeziehung treffen[12], jedoch erscheint dies im Rahmen einer juristischen Abhandlung nicht

---

[10] DIN 44300 Teil 1 Nr. 1.12 definiert Hardware als Gesamtheit oder Teil der apparativen Ausstattung von Rechensystemen. So auch die EG-Kommission in ihrer Entscheidung vom 24.3.2004, COMP/C-3/37.792 Microsoft C(2004)900 final Rdn. 21: „The word hardware refers to the set of physical components that can constitute computer systems (such as e.g. a display, a keyboard, a hard disk or a processor".
[11] Vgl. *Buxmann/Diefenbach/Hess*, Die Softwareindustrie, 2. Aufl. 2011, S. 4.
[12] Vgl. *Lichtenberg* CR 1986, 521.

notwendig, weshalb im nachfolgenden lediglich zwischen den dem unmittelbaren Betrieb des Computers dienenden Systemprogrammen und den problembezogenen Anwenderprogrammen unterschieden werden soll, wobei zur letztgenannten Gruppe etwa auch die sog. Apps für Smartphones und Tablet-Computer[13] zählen. Die Zusammenhänge zwischen Hardware*, System- und Anwendungsprogrammen können anhand des oben abgebildeten Schalenmodells veranschaulicht werden, das verdeutlicht, dass zum Betrieb der Computerhardware Systemprogramme notwendig sind, die wiederum für die Benutzung von Anwenderprogrammen unerlässlich sind.

3. Juristische und informationswissenschaftliche Definition der Computersoftware

Typische Klausel: „„Software" umfasst (a) den gesamten Inhalt der Dateien (gleich ob elektronisch oder auf physischen Datenträgern bereitgestellt), der Diskette(n) oder eines anderen Datenträgers, mit dem dieser Vertrag geliefert wird. Dazu gehören unter anderem (i) Computerinformationen oder Software von Adobe oder Dritten, einschließlich Acrobat Reader® („Reader"), Adobe® AIR® („Adobe AIR"), Adobe Flash® Player, Shockwave® Player und Authorware® Player (Adobe AIR und Flash, Shockwave und Authorware Player zusammenfassend als „Adobe Runtimes" bezeichnet); (ii) dazugehörige Begleitmaterialien oder Dateien („Dokumentation"); sowie (iii) Schrifttypen; und (b) alle Upgrades, modifizierten Versionen, Updates, Ergänzungen sowie deren Kopien, die Ihnen Adobe zu irgendeinem Zeitpunkt zur Verfügung stellt (zusammenfassend „Updates")."[14]

8 Eine allgemein anerkannte abschließende Definition des Begriffs der Computersoftware konnte immer noch nicht herausgearbeitet werden[15], worauf bereits hingewiesen wurde. Weitgehend zugestimmt wird jedoch nach wie vor der Begriffsbestimmung, die sich in den von der Weltorganisation für geistiges Eigentum (WIPO) 1977 veröffentlichten **Mustervorschriften**[16] findet. Dieser in § 1 (i) gegebenen Definition zufolge ist ein Computerprogramm eine Folge von Befehlen*, die nach Aufnahme in einen maschinenlesbaren Träger fähig sind zu bewirken, dass eine Maschine mit informationsverarbeitenden Fähigkeiten eine bestimmte Funktion oder Aufgabe oder ein bestimmtes Ergebnis anzeigt, ausführt oder erzielt. Neben dem Computerprogramm zählen zur Computersoftware nach Auffassung der WIPO aber auch die sog. Programmbeschreibung und das Begleitmaterial, § 1 (iv). Dabei wird von der WIPO gem. § 1 (ii) unter Programmbeschreibung eine vollständige prozedurale Darstellung in sprachlicher, schematischer oder anderer Form verstanden, deren Angaben ausreichend sind, um eine Folge von Befehlen festzulegen, die ein ihr entsprechendes Computerprogramm darstellen. Als Begleitmaterial werden gem. § 1 (iii) alle Unterlagen bezeichnet, die nicht ein Computerprogramm oder eine Programmbeschreibung darstellen und die dazu bestimmt oder geeignet sind, das Verständnis oder die Anwendung eines Computerprogramms zu fördern, z.B. Problembeschreibungen und Benutzungsanweisungen.

---

[13] Vgl. zu diesen Sondererscheinungen unten Rdn. 1137 ff.
[14] Vgl. den Adobe PC-Softwarelizenzvertrag (2016).
[15] Vgl. zum terminologischen Durcheinander in Frankreich und Belgien *Beysen*, Der privatrechtliche Schutz des Softwareherstellers vor Programmpiraterie, S. 14.
[16] Vgl. die englische Originalfassung in Ind.Prop. 1977, 259 ff. und Copyright 1978, 6 ff.; in französischer Sprache in Prop.ind. 1977, 271 ff. und DdA 1978, 7 ff. Eine deutsche Übersetzung findet sich in GRUR Int. 1978, 286 ff.

3. Juristische und informationswissenschaftliche Definition der Computersoftware 5

Der dargelegten Definition sind weite Teile des Schrifttums[17], die deutschen Gerichte[18] sowie im Wesentlichen die Gesetzgeber[19] zahlreicher Nationen gefolgt. Mit dieser sehr weitgehenden, über die eigentlichen Computerprogramme hinausgehenden Umschreibung soll der Tatsache Rechnung getragen werden, dass insbesondere auch die Programmbeschreibung und das Begleitmaterial schutzbedürftig sind.

Ähnlich weitgehend wie die Mustervorschriften der WIPO ist die Definition nach DIN 44300 (1988), derzufolge das **Computerprogramm**[20] als eine nach den Regeln der verwendeten Sprache festgelegte syntaktische Einheit aus Anweisungen und Vereinbarungen definiert wird, welche die zur Lösung einer Aufgabe notwendigen Elemente umfasst. Dabei wird es als zulässig erachtet, die zugehörige Dokumentation als Bestandteil der Software anzusehen[21], was bei der Hardware ausdrücklich abgelehnt wird[22].

Anders als die Mustervorschriften der WIPO und die genannte DIN-Vorschrift beinhaltete bereits der aus dem Jahre 1989 stammende Richtlinienvorschlag der EG-Kommission zum Rechtsschutz von Computerprogrammen[23] keine Begriffsbestimmung der Computersoftware, weil die Kommission dem Rat von IT-Sachverständigen folgend davon ausging, dass eine Definition infolge der zu erwartenden künftigen Technologie zwangsläufig sehr bald überholt sein würde. Dem ist 1991 der Rat der Europäischen Gemeinschaften in der von ihm erlassenen Richtlinie gefolgt, gleichwie sich auch der deutsche Gesetzgeber 1993 bei der Umsetzung der Richtlinie im Rahmen des Zweiten Gesetzes zur Änderung des Urhebergesetzes[24] dieser Einschätzung ausdrücklich angeschlossen hat[25]. Auch die neue Richtlinie 2009/24/EG über den Rechtsschutz von Computerprogrammen[26], mit deren Art. 10 Abs. 1 die alte Softwarerichtlinie aufgehoben wurde, hat diesbezüglich keine Änderungen gebracht. Nach dem während der Ausarbeitung der ersten Softwarerichtlinie

9

10

11

---

[17] Statt vieler *Schricker/Loewenheim/Spindler* § 69a Rdn. 2; *Dreier/Schulze* § 69a Rdn. 12; *Wandtke/Bullinger/Grützmacher* § 69a Rdn. 3 allerdings mit einer Unterscheidung von Computerprogramm und Computersoftware; *Brüggemann* CR 2015, 697, 699; *Nebel/Stiemerling* CR 2016, 61, 62 f.

[18] Vgl. *BGH*, 9.5.1985, I ZR 52/83, NJW 1986, 192, 196; *KG Berlin*, 17.3.2010, 24 U 117/08, CR 2010, 424; *OLG Karlsruhe*, 8.7.1988, 10 U 8/88, NJW 1989, 2630, 2631; *LG Hamburg*, 3.5.2016, 408 O 46/16, MMR 2016, 782, 783.

[19] Vgl. zu den jeweiligen nationalen Gesetzen die kostenlose und frei zugängliche Datenbank der WIPO „Collection of Laws for Electronic Access (CLEA)" unter www.wipo.int/cela/en/. Eine deutschsprachige Darstellung der Rechtslage in den Ländern China, England, Frankreich, Indien, Israel, Italien, Japan, Niederlande, Polen, Russland, Schweden, Schweiz, Spanien und USA findet sich bei *Ullrich/Lejeune*.

[20] Vgl. DIN 44300 Teil 4 Nr. 4.1.9.

[21] Vgl. DIN 44300 Teil 1 Nr. 1.13.

[22] Vgl. DIN 44300 Teil 1 Nr. 1.12.

[23] Vgl. Vorschlag für eine Richtlinie des Rates der Europäischen Gemeinschaften über den Rechtsschutz von Computerprogrammen, ABl.EG Nr. C 91 vom 12.4.1989, S. 4 ff.; vgl. ferner die Richtlinie des Rates vom 14.5.1991 über den Rechtsschutz von Computerprogrammen, ABl.EG Nr. L 122 vom 17.5.1991, S. 42 ff.

[24] BGBl. 1993 Teil I, S. 910.

[25] Vgl. Begründung des Regierungsentwurfs BT-Drucks. 12/4022 vom 18.12.1992, S. 9. *OLG Frankfurt*, 22.3.2005, 11 U 64/04, MMR 2005, 705 führt aus, der Gesetzgeber habe „offen gelassen, welche ‚digitalen Datenanhäufungen' unter dem Begriff des Computerprogramms gefasst werden können". Der Regierungsbegründung zustimmend *Schricker/Loewenheim/Spindler* § 69a Rdn. 2, wo ausgeführt wird, die Praxis könne auch ohne feste Begriffsbestimmung auskommen. Dem kann sich nur anschließen, wer keinen Wert auf Rechtssicherheit und –klarheit legt.

[26] Vgl. Richtlinie 2009/24/EG des Europäischen Parlaments und des Rates vom 23.4.2009 über den Rechtsschutz von Computerprogrammen, ABl.EU Nr. L 111 vom 5.5.2009, S. 16 ff.

und insoweit unveränderten Stand der Technik versteht die Kommission unter dem Begriff „Computerprogramm" das in jeder Form, Sprache und Notation oder in jedem Code* gewählte Ausdrucksmittel für eine **Folge von Befehlen***, die dazu dient, einen Computer zur Ausführung einer bestimmten Aufgabe oder Funktion zu veranlassen. Von diesem Verständnis von Computersoftware ging die EG-Kommission auch bei ihrer Entscheidung im Missbrauchsverfahren gegen Microsoft im Jahre 2004 aus[27]. Nach diesem Verständnis sollen alle menschlich wahrnehmbaren und maschinenlesbaren Formen von Programmen* erfasst sein, aus denen das Programm*, das die Maschine zur Ausführung ihrer Funktion veranlasst, entwickelt wurde oder entwickelt werden kann. Darüber hinaus sollen auch das vorbereitende Material und Entwurfsmaterial[28] sowie Ablaufdiagramme oder Beschreibungen von Schrittfolgen in Klarschrift erfasst werden, gleichwie Verkörperungen des Programms* in der Hardware* selbst, die deren ständiger Bestandteil sind oder die entfernt werden können, unter diesen Begriff fallen sollen. Demgegenüber werden Material wie Bedienungsanleitungen oder Wartungshandbücher nicht als Teile oder Ausdrucksformen des Computerprogramms angesehen. Nur wenn wesentliche Teile des Computerprogramms darin wiedergegeben werden, sollen diese Auszüge des Programms* urheberrechtlich im Rahmen des Programmschutzes unabhängig von etwaigen Rechten am Handbuch oder sonstigen Unterlagen geschützt sein.

12   Das **Begleitmaterial** zu einem Computerprogramm besteht in der Regel aus Schriftwerken im Sinne des § 2 Abs. 1 Nr. 1 UrhG, ohne dass ein Unterschied zu herkömmlichen wissenschaftlichen Werken im Sinne dieser Vorschrift festgestellt werden könnte[29]. Aus diesem Grund besteht insoweit kein besonderes Schutzbedürfnis, das den Einbezug in die Definition der Computersoftware erforderlich machte.

13   Gleiches gilt jedoch auch für die **Programmbeschreibungen,** gleichgültig ob es sich hierbei um sprachlich ausformulierte Werke handelt, die ebenfalls dem Schutzbereich des § 2 Abs. 1 Nr. 1 UrhG unterfallen[30], oder ob diese Programmbeschreibungen in grafischer Form oder gar als Mischung aus Schrift und Grafik vorliegen. Wenngleich über die urheberrechtliche Einordnung einer aus grafischen Symbolen bestehenden Programmbeschreibung Streit besteht und sowohl ein Unterfallen unter § 2 Abs. 1 Nr. 1 UrhG als auch unter § 2 Abs. 1 Nr. 7 UrhG vertreten wird, besteht zwischen den verschiedenen Auffassungen im Ergebnis kein wesentlicher Unterschied, weil hinsichtlich der allein entscheidenden Einstufung als persönliche geistige Schöpfung identische Kriterien anzulegen sind[31].

---

[27] Vgl. die Entscheidung der EG-Kommission vom 24.3.2004, COMP/C-3/37.792 Microsoft C(2004)900 final Rdn. 21: „The word software refers to the instructions that direct the hardware operations."

[28] Nach dem 7. Erwägungsgrund zur Softwarerichtlinie umfasst der Begriff des Computerprogramms „auch Entwurfsmaterial zur Entwicklung eines Computerprogramms, sofern die Art der vorbereitenden Arbeit die spätere Entstehung eines Computerprogramms zulässt".

[29] Vgl. *Dreier/Schulze* § 69a Rdn. 15, die allein auf § 2 Abs. 1 Nr. 7 UrhG abstellen; *Wandtke/Bullinger/Grützmacher* § 69a Rdn. 13; *Schricker/Loewenheim/Spindler* § 69a Rdn. 6; *Karger* CR 2001, 357, 358.

[30] Vgl. *Karger* CR 2001, 357, 358; vgl. auch unten Rdn. 75.

[31] Vgl. *OLG Karlsruhe,* 9.2.1983, 6 U 150/81, GRUR 1983, 300, 306; *Preuß,* Der Rechtsschutz von Computerprogrammen, S. 143 Fußn. 18; *Ulmer/Kolle* GRUR Int. 1982, 489, 494; *v. Gamm* WRP 1969, 96, 98. Ein Unterschied kann sich im Einzelfall höchstens daraus ergeben, dass bei Gebrauchszwecken dienenden Schriftwerken auf den geistig-schöpferischen Gesamteindruck abzustellen ist und nicht die bei Darstellungen wissenschaftlicher und technischer Art im Sinne des § 2 Abs. 1 Nr. 7 UrhG anzuwendenden geringen Anforderungen an die Schutzfähigkeit gelten; hierzu

Festgehalten werden kann hier deshalb zunächst, dass eine **Notwendigkeit** für den Einbezug des Begleitmaterials und der Programmbeschreibungen in die Definition der Computersoftware aus Gründen besonderer Schutzbedürftigkeit **nicht anerkannt** werden kann[32]. Wenn im nachfolgenden dennoch an der weit verbreiteten Unterscheidung zwischen Computersoftware und Computerprogrammen festgehalten wird, so soll damit ein weiterer unnötiger terminologischer Kleinkrieg vermieden werden, der möglicherweise dann eintreten könnte, wenn der stark ausgeweitete Begriff nunmehr auf seinen eigentlichen Inhalt zurückgeführt würde.

4. Die verschiedenen Formen der Computerprogramme

Unabhängig davon, ob dem Begriff der Computersoftware die Programmbeschreibung und das Begleitmaterial unterzuordnen sind, bedarf der Begriff des Computerprogramms einer kurzen, über die oben abgegebenen Definitionen hinausgehenden Beschreibung. Erst die Klärung einiger technischer Gegebenheiten ermöglicht eine zutreffende rechtliche Würdigung in den nachfolgenden Abschnitten.

a) Befehle und Programme

Ausgangspunkt für die Betrachtung der Computerprogramme ist die bereits im Rahmen der Softwaredefinition deutlich hervorgetretene Aufgabe der Computerprogramme, ein Daten verarbeitendes Gerät zu steuern. Diese Steuerung geschieht mittels sog. **Befehle**[33], die aus einem alpha-numerischen Wort mit speziellen **Steuerfunktionen** bestehen. Der Computer führt jedoch nur solche Befehle unmittelbar aus, die der von seiner technischen Architektur abhängigen Befehlsstruktur entsprechen und die in binärer* Form vorliegen. Befehle, die diese Voraussetzungen nicht erfüllen[34], müssen zunächst umgewandelt werden. Da jedoch jeder Befehl nur die Durchführung einer Operation veranlasst und die Aufgabenstellung, zu der der Computer eingesetzt wird, in der Regel umfassender ist, werden mehrere dieser Einzel-Instruktionen derart zu einem Programm zusammengesetzt, dass sie nacheinander ausgeführt werden, wobei sich die Zahl, die Art und die Reihenfolge der Operationen aus der konkreten Aufgabenstellung und dem vom Programmierer eingeschlagenen Lösungsweg ergeben.

b) Die für das Programm verwendeten Programmiersprachen

Die für die Erstellung eines Programms verwendbaren Befehle werden in einer sog. Programmiersprache* vorgegeben. Die Zahl der auf dem Markt zu findenden verschiedenen Programmiersprachen ist kaum zu überblicken. Die Programmiersprachen lassen sich in zwei Hauptgruppen, die maschinenorientierten und die problemorientierten Programmiersprachen, unterteilen.

BGH, 17.1.2002, VII ZR 490/00, NJW-RR 2002, 1568, 1569; *BGH*, 10.10.1991, I ZR 147/89, NJW 1992, 689, 691; *Dreier/Schulze* § 2 Rdn. 228.

[32] Eine besondere Schutzbedürftigkeit sieht auch *Nordemann* ZUM 1985, 10, 11 nicht.

[33] In DIN 44300 Teil 4 Nr. 4.1.3 wird der Begriff des Befehls als eine elementare Anweisung definiert, die insofern auf eine bestimmte Funktionseinheit bezogen ist, als sie von dieser unmittelbar oder nach einer Codierung unmittelbar ausgeführt werden kann.

[34] Zur Unterscheidung dieser Befehle wird häufig von unmittelbar ausführbaren Maschinenbefehlen einerseits und zunächst zu übersetzenden Anweisungen andererseits gesprochen.

aa) Maschinenorientierte Programmiersprachen

18   Wie bereits erwähnt führt ein Computer einen Befehl nur dann unmittelbar aus, wenn dieser Befehl mit der aus der technischen Architektur des Prozessors* vorgegebenen individuellen Befehlsstruktur übereinstimmt und in binärer* Form vorliegt[35]. Unmittelbar ausführbare Befehle werden mit dem Begriff des **Maschinenbefehls** belegt, die Gesamtheit der zur Verfügung stehenden Maschinenbefehle wird als Maschinensprache*, ein in Maschinensprache erstelltes Programm als Maschinenprogramm*[36] bezeichnet. Jeder Maschinenbefehl setzt sich aus einem Operationsteil* und mindestens einem Adressteil*[37] zusammen, wobei sämtliche Teile in binärer Form aufgebaut sind.

19   Nachteil des binären Aufbaus ist jedoch die große **Unübersichtlichkeit und Umständlichkeit**[38] bei der Programmierung. Aus diesem Grunde werden bei anderen maschinennahen Programmiersprachen entweder der Operationsteil durch Symbole und der Adressteil durch Dezimalzahlen ersetzt oder findet neben einem symbolischen Operationsteil auch ein symbolischer Adressteil Verwendung. Im ersten Fall spricht man von **Symbolsprachen** mit mnemotechnischem Operationsteil, im zweiten Fall von **Assemblersprachen**. Beiden Fällen gemein ist jedoch, dass sämtliche der zur Verfügung stehenden Befehle in direktem Zusammenhang mit dem jeweiligen Prozessortyp stehen, auf dem das fertige Programm eingesetzt werden soll.

20   Sowohl bei den Symbolsprachen mit mnemotechnischem Operationsteil als auch bei den Assemblersprachen ist es erforderlich, die verwendeten Symbole in binäre Maschinensprache* umzuwandeln, damit sie vom Computer ausgeführt werden können. Dies geschieht bei den Symbolsprachen mit mnemotechnischem Operationsteil durch ein einfaches Lese-/Übersetzungsprogramm und bei den Assemblersprachen durch den sog. Assemblierer*. Sämtliche Computerprogramme, die nicht in Maschinensprache erstellt werden, sondern zunächst in diese übersetzt werden müssen, werden als **Quellprogramme (Sourcecode)**[39] bezeichnet. Hierdurch werden sie von den unmittelbar ausführbaren **Objektprogrammen** unterschieden.

---

[35] Zutreffend die Entscheidung der EG-Kommission vom 24.3.2004, COMP/C-3/37.792 Microsoft C(2004)900 final Rdn. 22: „When run on a computer, software is as a rule in „binary" form, which means that it can be described as a list of „0"s and „1"s. When it is in this binary form, software is described as „binary code" (also called „object code" or „machine code").

[36] Maschinenprogramme werden auch als Objektprogramm, Zielprogramm, Objektcode, Maschinencode oder Zielcode bezeichnet.

[37] Bei einer sog. Einadress-Maschine folgt dem Operationsteil nur eine Adresse, während bei einer sog. Zweiadress-Maschine dem Operationsteil zwei Adressen folgen.

[38] Bei Maschinensprachen sind nur wenige Strukturelemente und Datenstrukturen verfügbar, weshalb insoweit eine besondere Unübersichtlichkeit und Fehleranfälligkeit zu verzeichnen ist.

[39] Quellprogramme werden auch als Quellcode Primärprogramme oder Ursprungsprogramme bezeichnet.

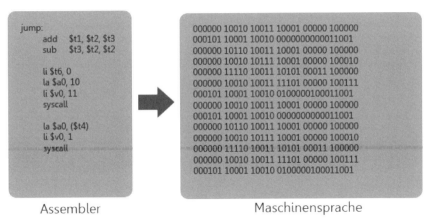

Abb. 3: Teilausschnitte aus einem Assemblercode und Maschinensprache in Binärcode

bb) Problemorientierte Programmiersprachen

Anders als die maschinenorientierten Programmiersprachen steht der Befehlsvorrat einer problemorientierten Programmiersprache nicht in direktem Zusammenhang mit einem bestimmten Prozessortyp, sondern ist an der Aufgabenstellung orientiert, für die die jeweilige Programmiersprache eingesetzt werden soll. Die problemorientierten Programmiersprachen entfernen sich dementsprechend von dem binären Maschinencode noch weiter als die Symbolsprache mit mnemotechnischem Operationsteil oder den Assemblersprachen und orientieren sich mehr an der mathematischen Formelsprache oder der menschlichen Umgangssprache. Aus diesem Grund werden problemorientierte Programmiersprachen häufig auch als **höhere Programmiersprachen** bezeichnet.

Die wesentlichen Vorteile der problemorientierten Programmiersprachen bestehen in der besseren Verständlichkeit und Übersichtlichkeit dieser Sprachen und infolge der nicht an einen bestehenden Prozessortyp gebundenen Befehle in der vielseitigeren Einsetzbarkeit. Da auch die einzelnen Befehle der höheren Programmiersprachen nicht in binärer Form aufgebaut sind, sondern aus alpha-numerischen Symbolen bestehen und deshalb vom Computer nicht unmittelbar ausgeführt werden können, ist es auch hier erforderlich, diesen Code* in einen für den jeweiligen Prozessortyp **ausführbaren maschinenlesbaren Binärcode** umzuwandeln[40]. Dies geschieht entweder unter Zuhilfenahme eines **Kompilierers***, der das Gesamtprogramm in ein ablauffähiges Maschinenprogramm umwandelt oder mittels eines **Interpretierers***, der die einzelnen Befehle erst beim jeweiligen Programmlauf der Reihe nach umwandelt und sofort ausführen lässt und deshalb kein eigenständiges, ablauffähiges Maschinenprogramm erzeugt. Aus den in einer höheren Programmiersprache geschriebenen Computerprogrammen wird somit nur dann ein Objektprogramm erstellt, wenn es mittels eines Kompilierers über meist mehrere Zwischencodes in ein ablauffähiges Programm umgesetzt wird.

---

[40] Vgl. die Entscheidung der EG-Kommission vom 24.3.2004, COMP/C-3/37.792 Microsoft C(2004)900 final Rdn. 23.

24
```
1 public static void main(String[] args) {
2   int a = 2;
3   int b = 5;
4   int result = a * b;
5   System.out.println("Das Ergebnis von " + a + " * " + b + " ist: " + result);
6 }
7
8
9
```

Abb. 4: Java Programm (Objektorientierte Programmiersprache)

5. Die Abgrenzung der Computerprogramme von reinen Daten

25 Computerprogramme dienen der Steuerung eines Computers und bestehen entsprechend den obigen Darlegungen aus einzelnen Befehlen, die die notwendigen Steuerfunktionen auslösen. Hiervon streng zu unterscheiden sind die Daten*. Daten repräsentieren wie die Befehle bestimmte Informationen („logisch gruppierte Informationseinheiten") und können ebenfalls wie die Befehle im Hauptspeicher oder einem peripheren Speicher in binärer Form aufbewahrt werden[41]. Gespeicherte Computerprogramme werden speichertechnisch solange gleich reinen Daten behandelt, wie sie nicht selbst die Steuerung des Computers veranlassen, sondern andere Programme ablaufen.

26 Damit enden nach dem informationswissenschaftlichen Verständnis die Gemeinsamkeiten von Daten und Befehlen als Einzelbestandteilen der Computerprogramme. Anders als den Befehlen kommt den Daten somit **keine Steuerungsfunktion** zu, sondern ihre Funktion besteht allein in der Bereitstellung von Ordnungs- und Mengeninformationen als Bezugsobjekt der Datenverarbeitung[42]. Die teilweise Gleichbehandlung bei der speichertechnischen Handhabung ändert nichts an diesem grundsätzlich bestehenden funktionellen Unterschied. Vor diesem Hintergrund ist es folgerichtig, **Buchhaltungs-** oder **Grafik-Dateien**[43], Klangdateien (sog. Presets), die zur Erzeugung elektronischer Musik verwendet werden können[44] sowie abgespeicherte **Spielstände eines Computerspiels**[45] mangels Steuerungsfunktionen nicht als Computerprogramm zu qualifizieren. Den Initialisierungsdaten, die in sog. **INI-Dateien** gespeichert sind, kommt gegebenenfalls Steuerungsfunktion zu, weshalb sie als Teil des Programms geschützt sein können[46].

---

[41] *Zech* GRUR 2015, 1151, 1153 möchte sogar ganz generell nur von Daten sprechen, wenn es sich um maschinenlesbar codierte Information handelt.

[42] In DIN 44300 Teil 2 Nr. 2.1.13 sind Daten als Gebilde aus Zeichen oder kontinuierliche Funktionen definiert, die aufgrund bekannter oder unterstellter Abmachungen Informationen darstellen, vorrangig zum Zwecke der Verarbeitung oder als deren Ergebnis. Zutreffend *OLG Rostock*, 27.6.2007, 2 W 12/07, MMR 2008, 116; *OLG Frankfurt*, 13.6.1983, 6 W 34/83, GRUR 1983, 753; *OLG Frankfurt*, 21.7.1983, 6 U 16/83, GRUR 1983, 757; *OLG Frankfurt*, 4.8.1983, 6 U 19/83, GRUR 1984, 509; *Wandtke/Bullinger/Grützmacher* § 69a Rdn. 17; *Nebel/Stiemerling* CR 2016, 61, 63.

[43] Vgl. *Obst* S. 43; *Wandtke/Bullinger/Grützmacher* § 69a Rdn. 17.

[44] Vgl. *LG Rottweil*, 18.3.2001, 3 Qs 172/00, ZUM 2002, 490, 491.

[45] Vgl. *OLG Düsseldorf*, 12.7.1999, 20 U 40/99, MMR 1999, 602; *OLG Hamburg*, 12.3.1998, 3 U 226/97, NJW-RR 1999, 483 f.; *Wandtke/Bullinger/Grützmacher* § 69a Rdn. 17; *Dreier/Schulze* § 69a Rdn. 16.

[46] Vgl. *Nebel/Stiemerling* CR 2016, 61, 66; a. A. bis zur 6. Aufl. *Marly* Rdn. 27 m. w. N.

Die in der juristischen Literatur[47] und Teilen der Rechtsprechung[48] vor einigen Jahren anzutreffenden Wortprägungen wie „**Datenprogramme**", „**Buchstabenprogramme**", „**Befehlsprogramme**" und „**Steuerungsprogramme**" sind entsprechend den dargelegten Definitionen der Befehle, Programme und Daten entweder tautologisch wie die letztgenannte Wortschöpfung oder schlichtweg widersprüchlich wie die ersten beiden neu geprägten Begriffe. Von der Verwendung dieser Begriffe sollte Abstand genommen werden. Sowohl in der Literatur als auch in der Rechtsprechung werden die technischen Begriffe mittlerweile aber in der Regel zutreffend verwendet. Eine unrühmliche Ausnahme macht hier nur das *OLG Frankfurt*[49], das Computerprogramme als „urheberrechtlich geschützten Datenbestand als solchen" bezeichnet.

27

6. Computerprogramm und Algorithmus

Bereitet schon die exakte Definition der Computersoftware dem juristischen Schrifttum und den Gerichten mitunter erhebliche Schwierigkeiten, wie dies oben dargelegt wurde, so gilt dies in noch gesteigertem Maße für den Begriff des **Algorithmus**. Bemerkenswert ist, dass selbst in den Veröffentlichungen der Informatik gelegentlich ausgeführt wird, die Erläuterung dessen, was ein Algorithmus sei, sei eine eher philosophische Frage, auf die keine präzise Antwort gegeben werde[50]. Gleichwohl findet sich dieser Terminus, dessen begrifflicher Inhalt als geradezu nebulös bezeichnet werden kann, in fast sämtlichen Abhandlungen über den Rechtsschutz von Computersoftware[51] einschließlich der grundlegenden Entscheidung des BGH zur Urheberrechtsfähigkeit von Computersoftware[52], weil der Algorithmus – anders als die Computersoftware – dem Urheberrecht nicht zugänglich sein soll und deshalb gegenüber der Computersoftware abgegrenzt werden muss.

28

Etymologisch lässt sich der Begriff des Algorithmus auf den arabischen Sprachgebrauch zurückführen und ein Weg über das Mittellateinische in den heutigen Sprachgebrauch nachzeichnen[53]. Gleichzeitig kann ein Bedeutungswandel[54] dieses Begriffs von einer Rechenart mit Dezimalzahlen über eine Rechenregel zur Lösung eines mathematischen Problems hin zu einem **vollständigen Satz wohldefinierter Regeln zur Lösung eines Problems in einer endlichen Zahl von Schritten** festgestellt werden[55]. Diese letztgenannte Definition kann hier dahingehend präzisiert werden, dass folgende Eigenschaften erfüllt sein müssen, damit das Problemlösungsverfahren

29

---

[47] Vgl. *Reuther* IuR 1988, 477 f.; *Rutkowsky/Gerhard*, Leitfaden des Computerrechts, S. V; erneut wieder *Diegmann/Kuntz* NJW 2010, 561 „Softwaredaten".
[48] Vgl. *BFH*, 5.2.1988, III R 49/83, CR 1989, 199 f.
[49] Vgl. *OLG Frankfurt*, 12.11.2013, 11 U 32/12, BeckRS 2015, 16185.
[50] Vgl. *Ottmann/Widmayer*, Algorithmen und Datenstrukturen, 4. Aufl. 2002, S. 1.
[51] Vgl. *KG Berlin*, 18.3.2001, 3 Qs 172/00, ZUM 2002, 490, 491.
[52] Vgl. etwa auch bei *KG Berlin*, 17.3.2010, 24 U 117/08, CR 2010, 424, 425; *Dreier/Schulze* § 69a Rdn. 22; *Ensthaler* GRUR 2010, 1 ff.
[53] Vgl. *Duden* Bd. 7 sowie Bd. 5 „Algorithmus"; vgl. ferner *Herberger* jur-pc 1991, 979.
[54] Vgl. zum Bedeutungswandel *Kullmann*, Der Schutz von Computerprogrammen und -chips, S. 30 m. w. N.; *v. Hellfeld* GRUR 1989, 471, 477.
[55] Vgl. *Cormen/Leiserson/Rivest/Stein*, Algorithmen, 2. Aufl. 2007, S. 5; vgl. ferner aus dem juristischen Schrifttum *Haase*, Die Patentierbarkeit vom Computersoftware, S. 19 m. w. N.; *Wandtke/Bullinger/Grützmacher* § 69a Rdn. 28; *Ohst* S. 36 ff. Ähnlich auch die EG-Kommission in der Begründung ihres Richtlinienvorschlags über die Patentierung computerimplementierter Erfindungen: „Der Begriff ‚Algorithmus' bezeichnet im weitesten Sinne jede detaillierte Handlungsfolge, die der Erfüllung einer bestimmten Aufgabe dient." Vgl. KOM (2002) 92 endg. vom 20.2.2002, S. 8.

als Algorithmus bezeichnet werden kann: 1. Die Beschreibung des Verfahrens (der Regelsatz) muss vollständig sein; 2. die Beschreibung muss eindeutig sein; 3. das Verfahren muss effektiv durchführbar sein; 4. das Verfahren muss variable Daten besitzen, die als Inhalt Elemente aus einer vorher zu bestimmenden Menge annehmen können.

30   Mit der so gegebenen Definition erweist sich der Begriff des Algorithmus aber als weit umfassender als er von weiten Teilen des juristischen Schrifttums und auch der Rechtsprechung gebraucht wird, denn nicht nur mathematische „Rechenregeln" oder „mathematische Anwendungen"[56] werden erfasst, sondern **Verfahren aus den verschiedensten Bereichen,** von denen hier exemplarisch nur Kochrezepte, Schnittmuster, Gebrauchs- und Bauanleitungen sowie Anleitungen zur Durchführung von Spielen genannt werden sollen[57]. Zutreffend formuliert der *BGH* nunmehr auch, Algorithmen seien „Verarbeitungsvorschriften, die nach festen Regeln ablaufen"[58], während das *KG Berlin* meint, Algorithmen seien eine „präzise Verarbeitungsvorschrift, die von der Maschine ausgeführt werden kann"[59].

31   Allen Algorithmen gemein ist indes, dass sie infolge der strengen Regelvorgabe **ohne Ausnahme maschinell ausgeführt** werden können[60], weshalb vereinzelt ausgeführt wird, der Begriff des Algorithmus beschreibe das „Automatisierbare"[61]. Hieraus folgt jedoch für die hier untersuchte Computersoftware, dass jedes Computerprogramm grundsätzlich einen Algorithmus darstellt[62]. Dabei kann es an dieser Stelle dahingestellt bleiben, ob der Algorithmusbegriff nur den für die unmittelbare Steuerung der Hardware erforderlichen Teil des Computerprogramms umfasst und der im Quellcode häufig enthaltene „überschießende" Teil wie etwa Kommentarzeilen und sonstige Informationen nicht erfasst wird, denn das lauffähige, maschinenlesbare Computerprogramm steht im Mittelpunkt des Interesses und sämtliche für den Lauf nicht unbedingt notwendigen Bestandteile stellen ein nicht weiter interessierendes Beiwerk dar[63]. Auch auf die Frage der urheberrechtlichen Schutzfähigkeit von Algorithmen im allgemeinen soll an dieser Stelle nicht näher eingegangen werden[64]. Die EG-Richtlinie über den Rechtsschutz von Computerprogrammen verwendet den Begriff des Algorithmus weder in der Fassung von 1991 noch in der Neufassung von 2009. Sie spricht in Art. 1 Abs. 2 von nicht schutzfähigen Ideen und Grundsätzen[65]. Lediglich im 11. Erwägungsgrund zur EG-Richtlinie wird ausgeführt, dass Ideen und Grundsätze, die den Algorithmen zugrunde liegen, nicht geschützt werden sollen. Eine Definition des Algorithmusbegriffs wird aber auch an

---

[56] Vgl. etwa *Ensthaler* GRUR 2013, 666, 667.
[57] Vgl. zu weiteren Beispielen *Rechenberg,* Was ist Informatik, S. 90.
[58] Vgl. *BGH,* 30.4.2009, Xa ZR 56/05, GRUR 2009, 743, 745 Tz. 27.
[59] Vgl. *KG Berlin,* 17.3.2010, 24 U 117/08, CR 2010, 424, 425 unter Berufung auf *Dreier/Schulze* § 69a Rdn. 22.
[60] Vgl. *Schricker/Loewenheim/Spindler* § 69a Rdn. 12; *Dreier/Schulze* § 69a Rdn. 22; *Albert/Ottmann,* Automaten, Sprachen und Maschinen für Anwender, S. 199, 205 ff.; wohl auch *Hotz* jur-pc 1991, 981, 984.
[61] Vgl. *v. Hellfeld* GRUR 1989, 471, 477.
[62] Vgl. *Schricker/Loewenheim/Spindler* § 69a Rdn. 12; *Dreier/Schulze* § 69a Rdn. 22.
[63] In dieser Richtung auch *v. Hellfeld* GRUR 1989, 471, 472 Fußn. 7.
[64] Vgl. hierzu *Obst* S. 36 f.; *Jersch,* Ergänzender Leistungsschutz und Computersoftware, S. 158 ff.
[65] Vgl. Richtlinie 2009/24/EG des Europäischen Parlaments und des Rates vom 23.4.2009 über den Rechtsschutz von Computerprogrammen, ABl.EU Nr. L 111 vom 5.5.2009, S. 16 ff.; die alte EG-Richtlinie über den Rechtsschutz von Computerprogrammen von 1991 ist abgedruckt im Anhang der 1. Aufl. S. 498 ff.

dieser Stelle nicht gegeben[66]. Dieser Vorgehensweise der Vermeidung einer Verwendung des Algorithmusbegriffs bei der Formulierung von Normen folgten sowohl der deutsche als auch viele andere der mitgliedstaatlichen Gesetzgeber bei der Umsetzung der EG-Richtlinie. In ihrem Vorschlag für eine Richtlinie des Europäischen Parlaments und des Rates über die Patentierbarkeit computerimplementierter Erfindungen hat die EG-Kommission aber später anerkannt, dass die bloße Existenz eines Algorithmus kein brauchbares Kriterium liefert, um patentierbare von nicht patentierbaren Gegenständen zu unterscheiden[67].

Zusammenfassend kann festgehalten werden, dass der Versuch, aus dem Begriff des Algorithmus konkrete Rechtsfolgen abzuleiten, einen Irrweg darstellt. Zu Recht ist daher zwischenzeitlich auch im deutschen Schrifttum darauf hingewiesen worden, dass es letztendlich nicht um Begrifflichkeiten gehen sollte, sondern um die **Berücksichtigung der technischen Gegebenheiten** und deren rechtliche Bewertung[68]. Auch die oben[69] bereits angeführten gesetzlichen Algorithmus-Definitionen in Japan und Korea zeigen, dass es der Sache nach um eine Abgrenzung **schutzfähiger Computerprogramme** von **schutzunfähigen Methoden der Programmierung** geht. Was jedoch zur geschützten Form im Sinne des § 69a Abs. 2 S. 1 UrhG und was zum ungeschützten Inhalt im Sinne des § 69a Abs. 2 S. 2 UrhG zählt, ist mittels reiner Begrifflichkeiten nicht zu begründen, sondern in jedem Einzelfall[70] durch die Rechtsprechung[71] zu entscheiden.

32

---

[66] *Möhring/Nicolini/Hoeren* § 69a Rdn. 12 bezeichnet den Grund für die Auslassung dieses Themas in der Richtlinie als unklar.
[67] Vgl. KOM (2002) 92 endg. vom 20.2.2002, S. 8.
[68] So zutreffend Computerrechts-Handbuch/*Harte-Bavendamm*/*Wiebe* Glnr. 51 Rdn. 17.
[69] Vgl. hierzu oben Rdn. 29 Fußn. 55.
[70] Vgl. *Dreier/Schulze* § 69a Rdn. 20.
[71] So ausdrücklich die Begründung des Regierungsentwurfs zur Urheberrechtsnovelle 1993 BT-Drucks. 12/4022 vom 18.12.1992, S. 9.

Teil 2: Rechtsschutz für Computersoftware

I. Einführung

Inhaltsübersicht

	Rdn.		Rdn.
1. Die Notwendigkeit eines angemessenen Rechtsschutzes	33	dd) Das Entstehen von Produktpiraterie bei fehlender Rechtssicherheit	55
2. Die grundlegenden Interessen eines Softwareherstellers	34	bb) Die wettbewerbsverzerrende Wirkung der Rechtsunsicherheit	56
3. Weitere zu berücksichtigende Interessen	45	cc) Weitere negative Auswirkungen der Rechtsunsicherheit	57
a) Das Allgemeininteresse	46	4. Die historische Entwicklung des Rechtsschutzes für Computersoftware im Abriss	59
b) Die Interessen konkurrierender Softwarehersteller	50		
c) Die Interessen der Anwender	51		
d) Die Rechtssicherheit als Sonderkriterium	53		

Schrifttum: *Beysen*, Der privatrechtliche Schutz des Softwareherstellers vor Programmpiraterie, 2003; *Blind/Edler/Nack/Straus*, Mikro- und makroökonomische Implikationen der Patentierbarkeit von Softwareinnovationen: Geistige Eigentumsrechte in der Informationstechnologie im Spannungsfeld von Wettbewerb und Innovation, Forschungsprojekt im Auftrag des Bundesministeriums für Wirtschaft und Technologie, 2001; *Gantner*, Der Schutz von Computerprogrammen in Patent-, Urheber und Wettbewerbsrecht, 1998; *Haase*, Die Patentierbarkeit von Computersoftware, 2003; *Lehmann*, TRIPS/WTO und der internationale Schutz von Computerprogrammen, CR 1996, 2 ff.; *Ohst*, Computerprogramm und Datenbank. Definition und Abgrenzung im Urheberrecht, 2003; *Zech*, Information als Schutzgegenstand, 2012; *ders.*, Vom Buch zur Cloud, Zeitschrift für geistiges Eigentum 2013, 368 ff.

1. Die Notwendigkeit eines angemessenen Rechtsschutzes

Die **grundsätzliche Schutzbedürftigkeit** der Computersoftware gegenüber der durch mannigfaltige Handlungen drohenden unberechtigten Leistungsausbeute wurde bereits in den sechziger Jahren des vorigen Jahrhunderts erkannt[1]. Streitig waren und sind auch heute nicht die **Notwendigkeit eines angemessenen Rechtsschutzes**[2] sowie einer **angemessen Vergütung**[3], sondern allein die für den angemessenen Rechtsschutz zu wählende gesetzliche Verankerung sowie die hiermit verknüpften Fragen nach der genauen Umschreibung des Schutzgegenstands sowie dem notwendigen, aber auch hinreichenden Schutzumfang[4]. Die Bewertung der Angemessenheit eines Rechtsschutzes setzt indes voraus, dass die zu berücksichtigenden Interessen benannt und möglichst präzise beschrieben werden. Hieran fehlte es bei vielen Stellungnahmen insbesondere im deutschen Schrifttum[5], obwohl die Frage

[1] Vgl. etwa *Öhlschlegel* GRUR 1965, 465 ff. sowie die US-amerikanische Untersuchung von *Rackman* 38 New York University Law Review 891 ff.
[2] Vgl. *BGH*, 20.9.2012, I ZR 90/09, GRUR 2013, 509, 510 Tz. 27.
[3] Vgl. *EuGH*, 3.7.2012, C-128/11, NJW 2012, 2565, 2568 Tz. 63 – UsedSoft; *Hoppen* CR 2013, 9, 10.
[4] Vgl. *Heydn* CR 2010, 765, 766 f.; *Weyand/Haase* GRUR 2004, 198, 199; *Dreier/Schulze* § 69a Rdn. 2.
[5] Eine Balance zwischen dem öffentlichen Interesse am gewerblichen Rechtsschutz und den Interessen des Anmelders fordert auch die US-amerikanische Federal Trade Commission (FTC) in ihrem

schon früh aufgeworfen wurde, was mit einem solchen Rechtsschutz erreicht werden und wem er nützen soll[6]. Erst im Zusammenhang mit der um die Jahrtausendwende erneut aufgekommenen Diskussion über den patentrechtlichen Schutz für Computerprogramme wurde auch diese Problematik umfassend diskutiert[7]. Dem muss auch in der vorliegenden Abhandlung Rechnung getragen werden, auch wenn dies für ein Praxishandbuch eher akademisch anmutet. Nur **die Offenlegung der Interessen** der Beteiligten vermeidet **Fehlschlüsse** und beugt **interessengeleiteter Manipulation** vor.

2. Die grundlegenden Interessen eines Softwareherstellers

34   Einen wichtigen Ausgangspunkt zur Auffindung und Beschreibung der verschiedenen Interessen liefert die Betrachtung der im gesamten Bereich der Computerindustrie vorzufindenden **Wettbewerbssituation.** Diese kann zusammenfassend dahin gehend umschrieben werden, dass die Nachfrage nach einer beständig steigenden Leistungsfähigkeit des Produkts sowohl im Hinblick auf die Arbeitsgeschwindigkeit bzw. den Datendurchsatz als auch im Hinblick auf den Umfang der funktionalen Fähigkeiten eine mitentscheidende Rolle spielt. Im Wettbewerb stehende Firmen müssen in regelmäßigen und häufig sehr **kurzen Abständen neue Produkte** auf den Markt bringen, deren Leistung verbessert, deren Funktionsumfang erweitert und deren Handhabung gegenüber der Vorgängerversion vereinfacht wurde, möchten sie ihre Kunden nicht verlieren[8]. Derartige Wettbewerbsverhältnisse lassen sich treffend mit dem Begriff des **Innovationswettbewerbs**[9] belegen, bei dem deutlich zutage tritt, dass das Kriterium der Innovation eine besondere, wenn nicht sogar die maßgebende Rolle spielt[10]. Dementsprechend ist nicht zu verkennen, dass es sich beim Rechtsschutz für Computersoftware in wesentlichen Teilen um einen **Schutz der zur Herstellung von Software erforderlichen Investitionen** handelt[11]. Computerprogramme sind auch nach Auffassung des deutschen Gesetzgebers **Industrieprodukte,** die sich von den traditionell durch das Urheberrecht geschützten Werkarten unterscheiden[12].

Bericht To Promote Innovation: The Proper Balance of Competition an Patent Law and Policy, http://www.ftc.gov/os/2003/10/innovationrpt.pdf sowie http://www.ftc.gov/os/2003/10/innovationrptsummary.pdf, auszugsweise übersetzt von *Betten* CR 2004, 320.

[6] Vgl. *Öhlschlegel* GRUR 1968, 679, 681.

[7] Vgl. etwa die Studien von *Blind/Edler/Nack/Straus*, Mikro- und makroökonomische Implikationen der Patentierbarkeit von Softwareinnovationen, 2001 und *Lutterbeck*, Sicherheit in der Informationstechnologie und Patentschutz für Software-Produkte – ein Widerspruch?, 2000; ferner der Vorschlag der EG-Kommission für eine Richtlinie über die Patentierbarkeit computerimplementierter Erfindungen, KOM (2002) 92 endg. vom 20.2.2002. Siehe auch den interfraktionellen Antrag des Bundestags an die Bundesregierung „Wettbewerb und Innovationsdynamik im Softwarebereichsichern – Patentierung von Computerprogrammen effektiv begrenzen", BT-Drucks. 17/13086 vom 16.4.2013.

[8] *Blind/Edler/Nack/Staus* S. 2 heben hervor, dass es im Softwarebereich verglichen mit anderen Bereichen des Dienstleistungssektors zwar nicht häufiger Marktneuheiten gibt, aber deutlich häufiger sog. „inkrementelle" Weiterentwicklungen.

[9] Vgl. *Clapes/Lynch/Steinberg* jur-pc 1989, 218, 223.

[10] Ähnlich *Blind/Edler/Nack/Staus* S. 2.

[11] Vgl. die Erwägungsgründe 2 und 3 der EG-Richtlinie zum Softwareschutz, ABl.EG Nr. L 122/42 ff. vom 17.5.1991; ferner *Dreier/Schulze* § 69a Rdn. 1; *Wandtke/Bullinger/Grützmacher* Vor §§ 69a ff. Rdn. 3, 5 ff.; allgemein zum Investitionsschutz des Urheberrechts *Leistner/Hansen* GRUR 2008, 479 ff.

[12] Vgl. die Begründung des Regierungsentwurfs BT-Drucks. 12/4022 vom 18.12.1992, S. 7; zustimmend *Wandtke/Bullinger/Grützmacher* Vor §§ 69a ff. Rdn. 6; *Leistner/Hansen* GRUR 2008, 479 für Computerprogramme und Datenbanken.

Im Bereich der Computersoftware bestehen die für Innovationen erforderlichen 35
Entwicklungsanstrengungen im Wesentlichen aus der erforderlichen **Planungs- und
Programmierzeit**, sei es, um den Programmablauf erstmalig zu entwickeln oder in
zeitlicher Hinsicht zu optimieren, sei es, um neue Programmfunktionen zu realisieren oder in ein bestehendes Programm einzuarbeiten. Dabei lässt sich das für die
Entwicklung eines Computerprogramms aufzuwendende Können grundsätzlich in
zwei Komponenten aufteilen. Zum einen das **fachspezifische Können** im Bereich des
geplanten Programmeinsatzes, etwa buchhalterische Kenntnisse bei der Schaffung
eines Finanzbuchhaltungsprogramms, zum anderen das für die Umsetzung des fachspezifischen Könnens in ein ablauffähiges Computerprogramm erforderliche **konzepterarbeitende und programmierungstechnische Können**. Gleichzeitig lässt sich
das für die Programmschaffung aufzuwendende Gesamtwissen als das im fertigen
Computerprogramm enthaltene Know-how bezeichnen, das der Softwarehersteller
zumindest im Bereich der sog. proprietären Software[13] meist nicht preisgeben möchte.

Die Platzierung innovativer und wegen ihres innovativen Charakters erfolgreicher 36
Produkte am Markt beschert dem Innovator einen monopolistischen Wettbewerbsvorsprung im Sinne einer Periode der **konkurrenzlosen Marktstellung** („lead
time")[14]. Infolge der zu erwartenden Gewinne werden Reaktionen potenzieller
Konkurrenten hervorgerufen, die in drei Hauptkategorien eingeteilt werden können.
Zum einen kann der Mitbewerber passiv bleiben und sein Marktverhalten unverändert lassen. Dies führt indes dazu, dass er nicht länger konkurrenzfähig ist und infolgedessen früher oder später aus dem Wettbewerb ausscheidet. Die zweite Kategorie umfasst die Fälle, in denen der Mitbewerber eine eigenständige Entwicklung von
gleichwertigen oder gar verbesserten Produkten anstrebt und dadurch selbst zum
Innovator wird. In die dritte Kategorie lassen sich die Fälle eingruppieren, in denen
das erfolgreiche Produkt lediglich nachgeschaffen und ein imitatorischer Wettbewerb gegenüber dem Innovator begründet wird[15]. Auch dieser Reaktion kommt
mitunter eine positive, wettbewerbsstimulierende Wirkung zu, die zu technologischem Fortschritt führen kann. Durch das technologische Aufschließen der Konkurrenten verliert der Innovator seinen Vorsprung und wird zu weiteren Neuerungen
angeregt.

Nicht mehr wirtschaftsstimulierend, sondern mittel- und langfristig kontraproduktiv sind indes solche Imitationsreaktionen von Mitbewerbern, deren Produkte 37
ohne Aufwendung jeglicher schöpferischer Anstrengungen durch bloße Reproduktion geschaffen wurden. Hier ist die Grenze zur unerwünschten **Produktpiraterie**[16]
überschritten.

Unter dem gesamtwirtschaftlichen Gesichtspunkt bestmöglicher Förderung des 38
technologischen Fortschritts ist es erforderlich, Anreize zu innovativer Tätigkeit zu
geben. Diese Anreize können durch eine Sicherung des zeitlichen Vorsprungs gegeben werden, den der Innovator bei der Vermarktung seines Produkts bis zum Erscheinen gleichwertiger oder verbesserter Konkurrenzprodukte genießt[17]. Dabei

---

[13] Vgl. zur Abgrenzung gegenüber Open Source Software unten Rdn. 909.
[14] Vgl. *Weyand/Haase* GRUR 2004, 198, 199; *Haase* S. 14.
[15] Vgl. *Baumann* WRP 1975, 693, 695.
[16] Der Begriff der Piraterie ist nicht präzise. Verschiedentlich werden ihm auch solche Handlungen zugeordnet, die zwar rechtmäßig sind, die aber aus Sicht der Rechtsinhaber nicht wünschenswert sind; vgl. *Rigamonti* GRUR Int. 2005, 1, 2; *Hoeren* MMR 2003, 217, 218. Nachfolgend wird
nur bei rechtswidrigen Handlungen von Piraterie gesprochen.
[17] *Weyand/Haase* GRUR 2004, 198, 199 gehen davon aus, dass im Bereich der Computersoftware Wettbewerber und Nachahmer nur kurze Zeit zur Imitation einer Fremdsoftware benötigen.

wäre eine rechtliche **Absicherung des Innovationsvorsprungs** dann keine notwendige Voraussetzung des Softwareschutzes, wenn der zeitliche Vorsprung durch **Selbstschutz und Datensicherung** in Form von Geheimhaltung neuer Entwicklungen und Produktdetails vor und soweit wie möglich auch nach Auslieferung des Produkts erreicht werden könnte. In der Tat kommt der Computersoftware eine gewisse doppelgleisige **Befähigung zum Selbstschutz** zu, die ohne besonderes Zutun aus ihrem Wesen folgt. Zunächst ist festzustellen, dass Computersoftware ohne die vom Programmhersteller mitzuliefernde **Programmdokumentation, Instruktion und Installationsunterstützung** nur bedingt benutzbar ist, gleichwie eine **fehlende Pflege des Programms** durch den Hersteller den Einsatz der Computersoftware ebenfalls mitunter stark beeinträchtigen kann[18]. Diese Art der Selbstschutzcharakteristik stellt jedoch keinen umfassenden Schutzmechanismus dar.

39   Der zweite Wesenszug zum Selbstschutz richtet sich vornehmlich gegen die Nachschaffung durch potenzielle Mitbewerber am Markt und begründet sich durch die Tatsache, dass Computersoftware in der Regel lediglich im **Objektcode**[19] ausgeliefert wird, der einen unmittelbaren Rückschluss auf die Funktionsweise des Programms nicht zulässt[20]. Wegen des großen Aufwands des Reverse-Engineering[21] und der damit verbundenen erheblichen Anstrengung für eine eigenständige Nachentwicklung ergibt sich eine gewisse **Nachschaffungsfeindlichkeit,** die es bei zahlreichen Programmen wirtschaftlich unzweckmäßig erscheinen lässt, diese zu analysieren und sodann frei nachzuentwickeln[22]. Unwirksam ist diese Art des Selbstschutzes jedoch gegenüber der vollständigen Leistungsübernahme durch bloßes Kopieren des Objektcodes, sodass die keinerlei schöpferische Anstrengungen entfaltende Produktpiraterie nicht verhindert wird. Auch die verschiedenen Möglichkeiten der Datensicherung durch technische Maßnahmen bieten keine hinreichende Gewähr des Innovationsschutzes, wie die Erfahrungen der vergangenen Zeit mit den verschiedenen Kopierschutzmechanismen gezeigt haben[23].

40   Unrealistisch erscheint es jedoch auf der anderen Seite, die Möglichkeiten der Datensicherung völlig zu vernachlässigen und den Schutz der Innovatoreninteressen allein durch rechtliche Schutzmechanismen erreichen zu wollen. Den präventiv wirkenden Maßnahmen der Datensicherung kommt daher auch nach Schaffung eines angemessenen rechtlichen Schutzsystems eine nicht zu unterschätzende Bedeutung zu[24]. Der Rechtsschutz tritt dementsprechend eher unterstützend und ergänzend hinzu. Diese bereits vor vielen Jahren gemachte Feststellung hat nach wie vor Gültigkeit[25].

41   Trotz der oben dargelegten Relativierung der Leistungsfähigkeit rechtlichen Softwareschutzes darf die Bedeutung eines angemessenen Rechtsschutzes aber auch nicht unterschätzt werden. Wenngleich entsprechend den obigen Ausführungen der

---

[18] Vgl. zum Abschlusszwang eines Pflegevertrags unten Rdn. 1044 ff.
[19] Vgl. zur Umschreibung des Objektcodes oben Rdn. 20.
[20] Vgl. ausführlich oben Rdn. 19 ff. m. w. N.
[21] Vgl. zur Beschreibung des Reverse-Engineering unten Rdn. 257 ff.
[22] Zweifel an der Effektivität dieses Selbstschutzes hegt *Haase* S. 16.
[23] Auch der *BGH*, 2.10.2008, I ZR 18/06, GRUR 2009, 53, 55 Tz. 20 erkennt an, dass bei digitalen Werken die unberechtigte Vervielfältigung durch technische Maßnahmen zwar nicht immer verhindert werden kann, betont aber, dass diese Handlungen zumindest erschwert würden.
[24] Ähnlich *Nagel/Schuster* CR 1994 133, 139 für das insoweit parallel liegende Problem des Schutzes von Datenbanken.
[25] Vgl. *Wittmer,* Der Schutz von Computersoftware, 1981, S. 145; *Schwaiger/Kockler,* Zum Rechtsschutz und zur Verkehrsfähigkeit von Rechenprogrammen, 1973, S. 361; *Braun* DB 1971, 1343, 1347.

rechtliche Softwareschutz eher unterstützend eingreifen wird, und auch die Investitionsbereitschaft nicht allein durch günstige Verwertungsrechte stimuliert wird, besteht doch die für den Regelfall anzuerkennende Tendenz, dass die Investitionsbereitschaft in Forschung und Entwicklung durch rechtlich abgesicherte Verwertungschancen positiv beeinflusst wird[26]. **Technischer Fortschritt** ist daher nicht untrennbar an das Bestehen **ausschließlicher Verwertungsrechte** gekoppelt. Er wird durch deren Vorhandensein aber mitunter maßgeblich gefördert[27].

Diese für das Patentwesen schon seit vielen Jahren empirisch abgesicherte Erkenntnis[28] kann ohne Vorbehalte auf den Bereich der Computersoftware übertragen werden, denn angesichts der zum Teil sehr hohen Entwicklungskosten greifen hier die gleichen Überlegungen zum Schutzbedürfnis ein, ohne dass eine diesbezügliche besondere Typizität des Patentrechts ersichtlich wäre oder eine Vorentscheidung über die Art des der Computersoftware zu gewährenden Rechtsschutzes getroffen würde. Vielmehr lässt sich das Schutzbedürfnis der Computersoftware im Hinblick auf die angestrebte Stimulation der technologischen Fortentwicklung rechtsgebietsneutral mit den seit Jahrzehnten aus dem Patentrecht bekannten **Naturrechts-, Belohnungs-, Anreiz- und Vertragstheorien**[29] begründen[30]. Sämtliche dieser gedanklichen Ansätze lassen sich auf die Grundüberlegung zurückführen, dass dem Schöpfer die Chance von Erträgen für die investierten Anstrengungen und Finanzmittel eingeräumt werden soll.

42

Die durch die digitale Technik eröffnete Möglichkeit, **ohne Qualitätsverlust Kopien** eines Softwareprodukts anzufertigen und gegebenenfalls zu verbreiten[31], und die außerordentliche Preisgünstigkeit des Kopier- und Verbreitungsvorgangs[32] setzen die Verwertungschancen der Softwarehersteller einer besonderen Gefahr aus, die ebenfalls als **Gefährdung der Absatzchancen** bezeichnet werden kann, aber nicht von Konkurrenten am Markt oder kommerziell arbeitenden Produktpiraten, sondern vom Softwareanwender droht. Dieser wird angesichts der Leichtigkeit des Kopierens und der bereits erwähnten zu vernachlässigenden Kopierkosten häufig versucht sein, die von ihm benötigte Software nicht vom Hersteller oder Händler zu beziehen, sondern andere, die Entlohnung des Herstellers aussparende Wege einzuschlagen oder, sofern er Bedarf für einen Mehrfacheinsatz der Software hat, diese nur einmal zu erwerben und sodann selbstständig weitere Kopien anzufertigen und mit diesen zu arbeiten[33].

43

---

[26] Vgl. *Haase* S. 16.
[27] Vgl. EG-Kommission, Vorschlag für eine Richtlinie über die Patentierbarkeit computerimplementierter Erfindungen, KOM (2002) 92 endg. vom 20.2.2002, S. 2.
[28] Vgl. *Oppenländer* GRUR 1977, 362, 363 ff.
[29] Vgl. hierzu *Machlup* GRUR Int. 1961, 373, 377 ff.
[30] Allein die Anreizfunktion betonend *Dreier/Schulze* § 69a Rdn. 1; ähnlich *Grzeszick* MMR 2000, 412, 413.
[31] Vgl. *OLG Stuttgart*, 3.11.2011, 2 U 49/11, MMR 2012, 834, 836; *Hoppen* CR 2013, 9; *Dreier/Schulze* § 69a Rdn. 1. Die leichte und kostengünstige Vervielfältigung und Verbreitung ist kein Spezifikum der Computersoftware, sondern ein Problem aller digitalen Produkte, insbesondere etwa der Musik- und Filmbranche. Hierauf muss aber im Rahmen der vorliegenden Abhandlung nicht eingegangen werden; vgl. hierzu *Zech* S. 117 ff., *ders.* Zeitschrift für Geistiges Eigentum 2013, 368, 393.
[32] Die Auswirkungen der Vervielfältigungsmöglichkeiten ohne Qualitätsverlust und zu geringen Kosten auf die Preisstrategien von Softwareanbietern untersuchen *Lehmann/Buxmann* Wirtschaftsinformatik Heft 6/2009, S. 1 ff.
[33] *Dreier/Schulze* § 69a Rdn. 1 folgert hieraus ein Bedürfnis des Softwareherstellers nach möglichst weitgehender Kontrolle des Endnutzers.

44 Die fehlende Kontrollmöglichkeit des Softwareherstellers, bestimmte Anwender an der Benutzung der in Verkehr gebrachten Software zu hindern, kann als **Nicht-Ausschließbarkeit vom Konsum** bezeichnet werden. Die fehlende Eigenschaft der Software, nur durch einen Anwender alleine dauerhaft oder temporär benutzt werden zu können, kann als **Nicht-Rivalität im Konsum** bezeichnet werden[34]. Das gleichzeitige Vorhandensein beider Eigenschaften führt zu einem für den Softwarehersteller gefährlichen Marktversagen.

3. Weitere zu berücksichtigende Interessen

45 Den somit hinreichend ausgebreiteten Interessen eines Softwareherstellers an einer ungestörten wirtschaftlichen Verwertung seiner Arbeitsleistung sind die teils gleichgerichteten, teils entgegengesetzten Interessen **anderer Softwarehersteller,** der **Softwareanwender** sowie der **Allgemeinheit** gegenüberzustellen[35], will man nicht durch eine einseitige Interessenbetonung einen zu weitgehenden Softwareschutz herbeiführen.

a) Das Allgemeininteresse

46 Berücksichtigt werden muss zunächst, dass das oben umschriebene Bedürfnis nach Schaffung und Aufrechterhaltung eines Marktes für Schöpfer und Vermittler von Softwareprodukten nicht allein im Interesse der Softwarehersteller, sondern auch im Interesse der Allgemeinheit liegt[36]. Das Allgemeininteresse kann daher zunächst etwas vereinfacht dahingehend umschrieben werden, **gesellschaftlichen Nutzen** aus der Prosperität und Weiterentwicklung dieses Wirtschaftszweigs zu ziehen[37]. Damit umfasst das Allgemeininteresse zugleich aber auch das Bedürfnis nach dem **größtmöglichen Zugang zu den Innovationen für die Öffentlichkeit**[38], denn nur bei hinreichender Befriedigung dieses Bedürfnisses wird eine wettbewerbspolitisch unerwünschte Behinderung oder gar Ausschaltung potenzieller Wettbewerber vermieden sowie eine möglichst weite Verbreitung von Innovationen erreicht[39]. Konkretisiert auf den Bereich der Computersoftware bedeutet die letztgenannte, für alle Werke geltende Überlegung ein grundsätzliches **Freihaltebedürfnis** des der Software

---

[34] Vgl. *Zech* S. 118.

[35] So schon für das gesamte Urheberrecht die EG-Kommission in ihrem Grünbuch über Urheberrecht und die technologische Herausforderung, KOM (88) 172 endg. vom 23.8.1988, S. 5. Ferner *Obst* S. 19.

[36] Vgl. *EuGH*, 2.5.2012, C-406/10, GRUR 2012, 814, 815 Tz. 40 – SAS Institute. Nach dem US-amerikanischen Verständnis des Copyright-Systems reicht das Allgemeininteresse sogar noch weiter. Aus Artikel I Sec. 8 Klausel 8 der Verfassung vom 17.9.1787, demzufolge der Kongress das Recht hat, den Fortschritt von Kunst und Wissenschaft dadurch zu fördern, dass Autoren und Erfindern für beschränkte Zeit das ausschließliche Recht an ihren Publikationen und Entdeckungen gesichert wird, schließt der US Supreme Court, die hinter dieser Regelung stehende ökonomische Philosophie beruhe auf der Überzeugung, dass die Ansporung des Einzelnen durch persönliche Vorteile den besten Weg zur Förderung des öffentlichen Wohlstands darstelle (vgl. Mazer v. Stein, 347 U. S. 201, 219). Der einem Autor gewährte Vorteil in Gestalt von Ausschließlichkeitsrechten ist dementsprechend ein „zweitrangiges" Anliegen (vgl. United States v. Paramount Pictures, Inc., 334 U. S. 131, 158), während die Förderung des im Allgemeininteresse liegenden kulturellen Fortschritts das Primärziel („the ultimate aim") darstelle (vgl. Twentieth Century Music Corp. v. Aiken, 422 U. S. 151, 156).

[37] Ähnlich *Schricker/Loewenheim* Einl. Rdn. 19.

[38] Vgl. allgemein für urheberrechtliche Werke *Loewenheim/Loewenheim* § 1 Rdn. 7; *Dreier/Schulze* Einl. Rdn. 1; *Aschenfeld/Hohnekamp* ZRP 2004, 247; *Oman* GRUR Int. 1988, 467.

[39] Bezogen auf das Urheberrecht *Leistner/Hansen* GRUR 2008, 479, 484.

zugrundeliegenden **wissenschaftlich-technischen Gedankenguts**[40] bei gleichzeitigem Schutzbedürfnis der auf diesem Gedankengut notwendigerweise aufbauenden innovativen Tätigkeit eines Softwareherstellers. Weit stärker als bei anderen urheberrechtlich geschützten Werken, etwa literarischen Werken im engeren Sinne, besteht bei der Schaffung eines Computerprogramms das Bedürfnis, auf bereits bekanntem Gedankengut aufzubauen, indem beispielsweise bewährte Programmiermethoden, aber auch standardisierte Programmbausteine für allgemeine Funktionen verwendet werden[41]. Damit zeichnet sich bereits bei der hier vorgenommenen Herausarbeitung der verschiedenen zu berücksichtigenden Bestandteile des Allgemeininteresses ein „**Paradoxon des Softwareschutzes**" ab, das die Notwendigkeit einer wohlausgewogenen, widersprüchliche Teilinteressen vereinenden rechtlichen Regelung kennzeichnet[42]. Der gedankliche Rückgriff auf das Allgemeininteresse führt folglich insgesamt zu dem Schluss, dieses nicht nur für die Erarbeitung der notwendigen Schranken des zu gewährenden Ausschließlichkeitsrechts im Sinne einer Begrenzung heranzuziehen, sondern dieses Interesse darüber hinaus auch bei der Bestimmung der **optimalen Reichweite des Rechtsschutzes** zur **Förderung des Fortschritts** zu berücksichtigen[43].

Meist findet sich als Begründung für die Notwendigkeit eines Ertragsschutzes schöpferischer Tätigkeit der etwas pauschale und auch im Rahmen der Darstellung der Interessen der Softwarehersteller oben nicht weiter differenzierte Hinweis darauf, dass sowohl die Bereitschaft als auch die Möglichkeit zu schöpferischer, schaffender oder generell produktiver Betätigung von der **Ertragssicherung** abhänge[44] oder aber von der Aussicht auf Ertragssicherung zumindest verbessert würde[45]. Anzuerkennen ist zwar, dass auch im Bereich der Computersoftware zahlreiche Programmschöpfungen unabhängig vom Wunsch nach finanzieller Entschädigung oder gar Gewinnstreben vorgenommen werden, wie etwa die Produkte der Open Source Software belegen, jedoch wird dabei der Bereich der aus kommerziellen Motiven geschaffenen Software übergangen, der einen weit größeren Marktanteil umfasst. 47

Die **Anspornwirkung** der Exklusivrechte[46] ist für die Gesellschaft **jedoch nicht kostenfrei**. Vielmehr kann sie nur dann noch als nützlich für die Gesellschaft bezeichnet werden, wenn hierdurch Schöpfungen getätigt werden, die ohne diesen äußeren Anreiz nicht geschaffen worden wären, und wenn darüber hinaus die mit den zusätzlichen Schöpfungen verbundenen Vorteile für die Gesellschaft größer sind als die Nachteile, die infolge der dem Schöpfer zugestandenen Verbreitungskontrolle eintreten. Insoweit ist an dieser Stelle erneut darauf hinzuweisen, dass sich immaterielle Güter von körperlichen Gegenständen auch dadurch unterscheiden, dass sie sowohl zeitgleich an mehreren Orten als auch durch unterschiedliche Personen ge- 48

---

[40] Auf eine Gefahr für den technischen Fortschritt und die industrielle Entwicklung verweist *EuGH*, 2.5.2012, C-406/10, GRUR 2012, 814, 815 Tz. 40 – SAS Institute.

[41] *Blind/Edler/Nack/Straus* S. 2 betonen, dass die Rate der Code-Wiederverwendung (Sequenzialität) sehr hoch ist und auch bei eigenentwickelter Software ungefähr ein Drittel ausmacht.

[42] So ausdrücklich auch Richter *Walker* in Computer Associates International, Inc., v. Altai, Inc., 982 F. 2d 693, 696 (2nd Cir. 1992), der von der Suche nach einem schwierig zu erreichenden Gleichgewicht spricht.

[43] Ähnlich *EuGH*, 2.5.2012, C-406/10, GRUR 2012, 814, 815 Tz. 40 – SAS Institute; *Dreier/Schulze* Einl. Rdn. 39.

[44] Vgl. *Dreier/Schulze* Einl. Rdn. 14; *Haase* S. 122.

[45] Vgl. *Schricker/Loewenheim* Einl. Rdn. 19.

[46] Kritisch gegenüber dem Anreizmodell im Urheberrecht *Leistner/Hansen* GRUR 2008, 479, 483 ff.

nutzt werden können⁴⁷, also eine Nicht-Rivalität im Konsum besteht⁴⁸. Vor diesem Hintergrund kann das Urheberrecht auch als künstliche Hemmung der Werkverbreitung bezeichnet werden. Etwas verkürzt, aber dennoch zutreffend kann daher zusammengefasst werden, dass der Rechtsschutz für Computersoftware auch nicht zu einer nicht mehr gerechtfertigten Bremse für die Weiterentwicklung ausgebaut werden darf⁴⁹, was zu negativen Folgen für die Innovationsdynamik und den Arbeitsmarkt führen würde. Schlussendlich ist auch noch darauf hinzuweisen, dass ein Allgemeininteresse an **Sicherheit in der Informationstechnologie** anzuerkennen ist, zu dessen wesentlichen Bestandteilen die **Prüfbarkeit von Software auf ihre Sicherheit** zählt⁵⁰.

49 Zusammenfassend kann festgehalten werden, dass der von Exklusivrechten ausgehende Ansporn der Programmhersteller zur Schaffung innovativer Computersoftware solange im Interesse der Allgemeinheit liegt, als die **gesellschaftlichen Kosten** der mit dem Exklusivrecht einhergehenden Verbreitungsbeeinträchtigung **geringer** sind als der infolge der Anspornung entstandene Nutzen⁵¹.

b) Die Interessen konkurrierender Softwarehersteller

50 Neben dem Allgemeininteresse weist bei näherer Untersuchung auch das Interesse der Softwarehersteller einen durchaus **ambivalenten Charakter** auf. Diese Ambivalenz ist darauf zurückzuführen, dass die Softwarehersteller keine homogene Gruppe mit gleichlaufenden Interessen bilden. Vielmehr verfolgen die unterschiedlichen Softwarehersteller mitunter entgegengesetzte Interessen, da Computersoftware häufig an die Produkte anderer Hersteller angepasst werden soll und hierfür bestimmte **Zugriffsmöglichkeiten auf Informationen** über die betroffenen Produkte erforderlich sind. Auch auf europäischer Ebene ist anerkannt, dass bei der Ausgestaltung des Urheberrechtsschutzes zwischen den „verschiedenen Kategorien von Rechtsinhabern" ein angemessener Rechts- und Interessenausgleich gesichert werden muss⁵². Es ist aber diesbezüglich festzuhalten, dass sich die Interessen zumindest eines Teils der Softwarehersteller insoweit mit dem oben ausführlich dargestellten Allgemeininteresse am größtmöglichen Zugang zu den Innovationen decken, als die Verbindung verschiedener Elemente eines Computersystems ermöglicht werden soll, auch wenn sie von unterschiedlichen Herstellern stammen⁵³. Zu Recht hat daher der Bund Deutscher Unternehmensberater (BDU) schon vor langer Zeit darauf hingewiesen, dass die eigenständige Entwicklung eines kompatiblen Programms großer Anstrengungen bedarf und dem Wettbewerb dient. Voraussetzung für die Entwicklung kom-

---

⁴⁷ Vgl. statt vieler *Dreier/Schulze* Einl. Rdn. 14. Auch der Wirtschafts- und Sozialausschuss der EG wies in seiner Stellungnahme zum Vorschlag der EG-Kommission für eine Richtlinie über die Patentierung computerimplementierter Erfindungen daraufhin, dass Wissen ohne Wertverlust geteilt, verbreitet und weitergeleitet werden kann, vgl. ABl.EU Nr. C 61/154 vom 14.3.2003, S. 157.

⁴⁸ Vgl. oben Rdn. 44.

⁴⁹ Vgl. *EuGH*, 2.5.2012, C-406/10, GRUR 2012, 814, 815 Tz. 41 – SAS Institute; für das urheberrechtliche Verbot der Weiterentwicklung und Programmverbesserung durch den Anwender etwa *Weyand/Haase* GRUR 2004, 198, 200.

⁵⁰ *Lutterbeck* S. 8.

⁵¹ Im Ergebnis ähnlich auch *Wandtke/Bullinger/Grützmacher* Vor §§ 69a ff. Rdn. 7.

⁵² Vgl. *EuGH*, 1.12.2011, C-145/10, GRUR 2012, 166, 171 Tz. 132 – Painer – unter Hinweis auf den 31. Erwägungsgrund zur Richtlinie 2001/29/EG zur Urheberrechtsharmonisierung.

⁵³ So auch im interfraktionellen Antrag des Bundestags an die Bundesregierung „Wettbewerb und Innovationsdynamik im Softwarebereich sichern – Patentierung von Computerprogrammen effektiv begrenzen", BT-Drucks. 17/13086 vom 16.4.2013, S. 2.

patibler Programme ist aber die **Offenlegung der sog. Schnittstellen**[54] durch den Hersteller des Ausgangsprodukts oder die legale Analyse dieses Produkts durch den Entwickler des kompatiblen Programms. Zu Recht hat der *EuGH* daher darauf hingewiesen, dass der Rechtsschutz für Computerprogramme nicht zu einer Monopolisierung von Ideen führen dürfe, sondern dass genügend Spielraum bleiben müsse, um anderen Urhebern die Schaffung ähnlicher oder sogar identischer Programme zu ermöglichen, sofern sie die Werke anderer nicht kopierten[55].

c) Die Interessen der Anwender

Softwareanwender erwarten als Gegenleistung für das von ihnen entrichtete Entgelt ein einsatzfähiges und für die Lösung der konkreten Aufgabenstellung geeignetes Computerprogramm, das sie im Rahmen der **bestimmungsgemäßen Nutzung** verwenden können. Dabei entspricht es dem berechtigten Anliegen eines Anwenders, in seiner Gebrauchsmöglichkeit nicht durch Auflagen, Kontrollen oder ähnliche Erschwernisse behindert zu werden, gleichwie eine Änderung der zunächst geplanten Verwendung möglich sein muss, soll nicht die **Handlungsfreiheit** über Gebühr eingeschränkt werden[56]. Gleiches gilt für die Übertragung der Gebrauchsmöglichkeit auf einen anderen Anwender, wenn der erste Anwender das Computerprogramm nicht mehr benutzen möchte. Schließlich ist auch das schon im Zusammenhang mit dem Allgemeininteresse erwähnte Bedürfnis nach „**sicherer" Computersoftware** anzuführen, denn auch der einzelne Anwender hat hieran natürlich ein eigenes Interesse.

51

Wichtig ist aus der Sicht eines Anwenders aber auch, sich auf die **Rechtsinhaberschaft seines Vertragspartners** verlassen zu können. Ist dies nicht der Fall, müsste der Anwender befürchten, die Benutzung der Software durch Dritte verboten zu bekommen, etwa weil sich der Softwarehersteller nicht alle Nutzungsrechte von angestellten oder beauftragten Programmierern übertragen ließ. Dem Anwender ist es jedoch in der Regel nicht möglich, diesbezügliche Nachforschungen anzustellen, sodass insoweit ein Bedürfnis nach Vertrauensschutz für den Anwender in die Rechtsinhaberschaft des Softwareherstellers besteht.

52

d) Die Rechtssicherheit als Sonderkriterium

Abschließend kann sämtlichen der dargestellten Interessengruppen ein gemeinsames Teilinteresse zugeordnet werden, das **Interesse an Rechtssicherheit**. Wenn-

53

---

[54] Nach DIN 44300 Nr. 1.10 ist eine Schnittstelle (interface) ein gedachter oder tatsächlicher Übergang an der Grenze zwischen zwei gleichartigen Einheiten, wie Funktionseinheiten, Baueinheiten oder Programmbausteinen, mit den vereinbarten Regeln für die Übergabe von Daten oder Signalen. Das *LG Hamburg*, 8.7.2016, 310 O 89/15, GRUR-RS 2016, 13761 Tz. 6 definiert Schnittstelle wie folgt: „Als Schnittstelle bezeichnet man eine Komponente, die die Kommunikation anderer Komponenten ermöglicht; im Hardware-Bereich mag das eine bestimmte Steckverbindung sein, im Softwarebereich mögen dies bestimmte Programmierungsanforderungen sein. Als eine abstrakte oder stabile Schnittstelle kann dabei eine solche bezeichnet werden, deren Konfiguration bzw. Anforderungen sich auch bei einer Weiterentwicklung der kommunizierenden Komponenten nicht ändert."

[55] Vgl. *EuGH*, 2.5.2012, C-406/10, GRUR 2012, 814, 815 Tz. 40f. – SAS Institute. Monopolisierungstendenzen werden auch im interfraktionellen Antrag des Bundestags an die Bundesregierung „Wettbewerb und Innovationsdynamik im Softwarebereich sichern – Patentierung von Computerprogrammen effektiv begrenzen", BT-Drucks. 17/13086 vom 16.4.2013, S. 2 befürchtet.

[56] Vgl. *Wandtke/Bullinger/Grützmacher* Vor §§ 69a ff. Rdn. 7, der einen Schutz des berechtigten Programmnutzers vor „Ausuferungen der Urheberrechte" fordert.

gleich dieses kein softwarespezifisches Interesse[57] ist, kommt ihm doch auch hier eine nicht zu unterschätzende Bedeutung zu. Nur ein hinreichend verlässliches und klar gefasstes Rechtsschutzsystem für Computersoftware vermag den verschiedenen Gruppen der Softwarehersteller und den Anwendern die notwendige **Planbarkeit ihrer Handlungen** zu gewährleisten[58] sowie den wirtschaftlichen und sozialen Nutzen fortschreitender technologischer Entwicklung fördernd zu begleiten. Rechtssicherheit ist dementsprechend auch hier Voraussetzung wirtschaftlicher und sozialer Sicherheit.

54 Das generell zu berücksichtigende Kriterium der Rechtssicherheit lässt sich jedoch für den Bereich der Computersoftware näher konkretisieren. Von besonderer Relevanz ist, dass der Berechtigte die ihm durch die Rechtsordnung eingeräumten Möglichkeiten zur wirtschaftlichen Verwertung seiner Leistung und zum Schutz derselben gegenüber einer unberechtigten Ausbeutung durch Dritte nur dann optimal nutzen kann, wenn die **Reichweite und Durchsetzbarkeit seiner Rechte** für ihn **überschaubar** sind. Bestehen Defizite hinsichtlich der Verlässlichkeit oder der Klarheit des Rechtsschutzes, steht der Softwarehersteller vor dem Problem, zu versuchen, unsichere Rechtspositionen durchzusetzen oder aber die ihm möglicherweise zustehenden Rechte aufzugeben.

aa) Das Entstehen von Produktpiraterie bei fehlender Rechtssicherheit

55 Die aufgezeigte Konsequenz, unsichere Rechtspositionen durchsetzen zu müssen oder möglicherweise bestehende Rechte nicht geltend zu machen, ist nicht nur unter dem Gesichtspunkt der **Bewährung der materiellen Rechtsordnung** höchst bedauerlich. Die vielfach beklagte Rechtsunsicherheit leistet aber auch der Produktpiraterie Vorschub, da Produktpiraten auf die **Unterlassung der Durchsetzung** der einem Softwarehersteller **zustehenden Rechte** bauen können, etwa weil die Reichweite des Rechtsschutzes nicht feststeht.

bb) Die wettbewerbsverzerrende Wirkung der Rechtsunsicherheit

56 Berücksichtigt werden muss im Hinblick auf die oben angeführte, infolge Rechtsunsicherheit unterlassene Rechtsdurchsetzung darüber hinaus, dass die beschriebene Rechtsunsicherheit zwar sämtliche Softwarehersteller trifft, diese sich aber je nach der Entschluss-, insbesondere aber auch Wirtschaftskraft des jeweiligen Herstellers unterschiedlich auswirkt. Die hier angesprochenen Auswirkungen der Rechtsunsicherheit treffen daher insbesondere **wirtschaftlich schwache Geschädigte,** für die ein Prozess zur existenziellen Frage werden kann, sodass eine durch Rechtsunsicherheit hervorgerufene **Wettbewerbsverzerrung** zugunsten **wirtschaftlich starker Softwarehersteller** zu verzeichnen ist[59].

---

[57] Im Interesse des Nutzerschutzes fordern *Leistner/Hansen* GRUR 2008, 479, 487 einen Abbau von Verständnisbarrieren und die Erhöhung von Transparenz für das gesamte Urheberrecht.
[58] Bereits in der Begründung zu den von der WIPO erarbeiteten Mustervorschriften für den Schutz von Computersoftware wurde das Bedürfnis nach Rechtssicherheit im Interesse problemloser Geschäftsbeziehungen zwischen Verkäufer und Käufer von Computersoftware sowie des Handelsverkehrs insgesamt betont; vgl. GRUR Int. 1978, 286, 287. Die besondere Bedeutung von Rechtssicherheit auch für andere Softwareentwickler wird im interfraktionellen Antrag des Bundestags an die Bundesregierung „Wettbewerb und Innovationsdynamik im Softwarebereich sichern – Patentierung von Computerprogrammen effektiv begrenzen", BT-Drucks. 17/13086 vom 16.4.2013, S. 1 f. hervorgehoben.
[59] Zustimmend *Obst* S. 18.

cc) Weitere negative Auswirkungen der Rechtsunsicherheit

Neben dem bereits dargelegten negativen Effekt unsicheren Rechtsschutzes für den jeweiligen Softwarehersteller müssen zwei weitere bedeutungsvolle Auswirkungen fehlender Verlässlichkeit und Klarheit des Rechtsschutzsystems berücksichtigt werden, deren Bestand auch ohne empirischen Beleg einsichtig erscheint. Zunächst kann Rechtsunsicherheit nicht nur von Produktpiraten gegenüber Softwareherstellern ausgenutzt werden. Vielmehr kann eine unsichere Rechtslage einzelne Softwarehersteller bei entsprechender wirtschaftlicher Standfestigkeit auch dazu verleiten, potenzielle **Konkurrenten vom Markt zu drängen,** indem sie diesen unter Berufung auf in Wirklichkeit nicht existente Rechte und gegebenenfalls der zusätzlichen Androhung kostspieliger Gerichtsverfahren den Wettbewerb erschweren oder gar unmöglich machen[60]. 57

Daneben könnten Softwarehersteller eine unsichere Rechtslage auch gegenüber Anwendern von Computerprogrammen in ungerechtfertigter Weise ausnutzen, indem sie, ebenfalls bei entsprechender Marktmacht, die legitimen Nutzungsbedürfnisse der Anwender über Gebühr einschränken oder von **ungerechtfertigten** oder **unangemessenen Vergütungsleistungen** abhängig machen. Anwender von Computersoftware haben daher ein erhebliches Interesse daran, sicher beurteilen zu können, ob sie ein Programm erwerben, das durch ein Ausschließlichkeitsrecht geschützt ist und wie weit dieses reicht. Beide Gesichtspunkte verdeutlichen daher die Notwendigkeit, Rechtssicherheit nicht nur im Hinblick auf den notwendigen Minimalrechtsschutz der Computersoftware zu schaffen, sondern auch hinsichtlich der Grenzen **extensiver Schutzrechtsbehauptungen.** Auch die EG-Kommission hat diesen Gedanken überzogener Schutzrechtsbehauptungen im Rahmen der Diskussion über „Patentrechte geringer Qualität" für Computersoftware und Geschäftsmethoden anerkannt[61]. Der Deutsche Bundestag hat eine vergleichbare Stellungnahme abgegeben[62]. 58

4. Die historische Entwicklung des Rechtsschutzes für Computersoftware im Abriss

Es wurde bereits eingangs dieses Abschnitts erwähnt, dass nicht die grundsätzliche Schutzbedürftigkeit der Computersoftware, sondern von Anfang an allein die für einen angemessenen Rechtsschutz zu wählende gesetzliche Verankerung sowie weitere damit verknüpfte Folgefragen umstritten waren. Diesbezüglich konzentrierte sich die zunächst nur im Schrifttum geführte Diskussion in den sechziger und siebziger Jahren des vergangenen Jahrhunderts im wesentlichen zuerst auf das **Patentrecht** und später auf das **Urheberrecht**[63]. Gegenüber anderen Möglichkeiten des 59

---

[60] Vgl. zu den beachtlichen Kosten US-amerikanischer Patentverletzungsprozesse *Haase* S. 146 ff. sowie zu den existenzbedrohenden Auswirkungen auf kleine und mittlere Unternehmen *ders.* S. 149 ff. Aus deutscher Sicht ist auf das Verfahren von acht Einzelfirmen aus dem Bereich der Musikwirtschaft gegen den Softwarehersteller S. A. D. hinzuweisen. S. A. D führte das Verfahren trotz eines positiven Rechtsgutachtens nicht weiter, nachdem der Streitwert auf 1 Million Euro festgesetzt worden war; vgl. CHIP 9/2004, S. 117 „Streitwert eine Million: Recht haben ist eine Frage des Geldes". Zu Recht wird auf diese Gefahr auch im interfraktionellen Antrag des Bundestags an die Bundesregierung „Wettbewerb und Innovationsdynamik im Softwarebereich sichern – Patentierung von Computerprogrammen effektiv begrenzen", BT-Drucks. 17/13086 vom 16.4.2013, S. 1 f. abgestellt.
[61] Vgl. Mitteilung der Kommission „Eine europäische Strategie für gewerbliche Schutzrechte", KOM (2008) 465 endg. vom 18.8.2008.
[62] Vgl. den interfraktionellen Antrag des Bundestags an die Bundesregierung „Wettbewerb und Innovationsdynamik im Softwarebereich sichern – Patentierung von Computerprogrammen effektiv begrenzen", BT-Drucks. 17/13086 vom 16.4.2013, S. 1 f.
[63] Vgl. *Heydn* CR 2010, 765, 767.

Rechtsschutzes, wie etwa dem wettbewerbsrechtlichen Schutz[64], wurde dem Patent- und Urheberrecht der Vorzug gegeben, weil so ein absolut wirkender ausschließlicher Schutz erreicht werden konnte, während die anderen Möglichkeiten einschließlich des Vertragsrechts gegenüber Dritten keinen hinreichenden Schutz versprachen. Ein international diskutierter Sonderrechtsschutz etwa nach den 1977 vorgelegten **Mustervorschriften der Weltorganisation für geistiges Eigentum** (WIPO) fand in der bundesdeutschen Diskussion nur wenig Beachtung[65], gleichwie sich diese Alternative auf Grund massiver Einflussnahmen der USA[66] auch international letztendlich nicht durchzusetzen vermochte. Vor allem die Softwareindustrie drängte auf einen **leicht** und **ohne Einhaltung administrativer Verfahren zu erlangenden** und über die internationalen Konventionen auch international abgesicherten **Schutz durch das Urheberrecht**[67]. Nachdem sich ein Ausschuss von Regierungsexperten aus den wichtigsten Industriestaaten nicht nur des damaligen Westens, sondern auch des Ostens im Juni 1983 mit großer Mehrheit gegen ein Abkommen über den sondergesetzlichen Schutz der Computersoftware aussprach, wurde dieser Weg nicht weiterverfolgt[68]. Insgesamt überwogen im weiteren Verlauf der Diskussion im Schrifttum die den Urheberrechtsschutz befürwortenden Stimmen, während die Befürworter des Patentschutzes ins Hintertreffen gelangten. Die kaum zu bestreitende Tatsache, dass die extrem langen Laufzeiten des Urheberrechtsschutzes für Computersoftware gar nicht passen, wurde meist schlichtweg ausgeblendet.

60 In Deutschland wurde Computersoftware unter dem Begriff „Programme für die Datenverarbeitung" erstmals mit der Urheberrechtsnovelle vom 24.6.1985[69] im UrhG erwähnt[70]. Ausweislich der Begründung des Rechtsausschusses[71] sowie des Berichts der Bundesregierung über die Auswirkungen der Urheberrechtsnovelle 1985[72] wurde mit der ausdrücklichen Aufnahme der Programme für die Datenverarbeitung in den Katalog der geschützten Werke **keine Neuregelung,** sondern lediglich eine **Klarstellung** bezweckt. Zweifel konnten seitdem allenfalls darüber bestehen, ob Programme für die Datenverarbeitung zu den Sprachwerken zählten[73] oder eine eigenständige Werkart darstellten[74].

61 Obwohl in der Diskussion über die „richtige" Verankerung des Softwareschutzes im Rechtssystem immer betont wurde, das Urheberrecht garantiere einen interna-

---

[64] Vgl. hierzu bereits *v. Gamm* WRP 1969, 96 ff.
[65] Einen Sonderrechtsschutz hatte auch *Öhlschlegel* GRUR 1965, 465, 468 vorgeschlagen.
[66] Die scharfe Kritik der USA an einem von Japan geplanten Sonderrechtsschutz und die in Aussicht gestellten wirtschaftlichen Pressionen schildern *Pilny* GRUR Int. 1988, 26, 27; *Kitagawa* GRUR Int. 1985, 173, 176; *Rahn* GRUR Int. 1984, 217, 219.
[67] Vgl. *Dreier/Schulze* § 69a Rdn. 3.
[68] Dem lag die von den meisten Ausschussteilnehmern geteilte Auffassung zugrunde, Computersoftware werde bereits durch die Urheberrechtsgesetze in hinreichendem Maße geschützt, gleichwie die bestehenden Urheberrechtskonventionen den internationalen Rechtsschutz sicherstellen sollten; vgl. den Bericht in Ind.Prop. 1983, 287.
[69] Vgl. BGBl. I S. 1137 ff.
[70] § 2 Abs. 1 UrhG a. F. lautete: „Zu den geschützten Werken der Literatur, Wissenschaft und Kunst gehören insbesondere: 1. Sprachwerke, wie Schriftwerke, Reden und Programme für die Datenverarbeitung".
[71] Vgl. Beschlussempfehlung und Bericht des Rechtsausschusses des Bundestags BT-Drucks. 10/3360 vom 17.5.1985, S. 18.
[72] Vgl. BT-Drucks. 11/4929 vom 7.7.1989, S. 41.
[73] So die h. M.; vgl. statt vieler *Schricker/Loewenheim*, 1. Aufl. 1987, § 2, Rdn. 3.
[74] So etwa *Preuß,* Der Rechtsschutz von Computerprogrammen, 1987, S. 150; *König*, Das Computerprogramm im Recht, 1991, Rdn. 475 f.; wohl auch *Waltl,* Geschützte und nicht geschützte Computerprogramme, 1990, S. 62 ff.

tionalen Schutz, bestanden lange Zeit erhebliche Zweifel daran, ob die **Revidierte Berner Übereinkunft** zum Schutz von Werken der Literatur und Kunst (RBÜ) deren Mitgliedstaaten dazu verpflichtete, den Schutz für schöpferische literarische Werke gem. Art. 2 Abs. 1 RBÜ auch auf Computersoftware zu erstrecken[75]. In diesem Zusammenhang war auch umstritten, ob der Grundsatz der Inländerbehandlung nach Art. 5 Abs. 1 RBÜ dazu führte, dass Softwarehersteller, deren Heimatland Computersoftware als nicht erfasst behandelten, sich in solchen Ländern auf den Urheberrechtsschutz berufen konnten, die Computersoftware als erfasst ansahen[76]. Für die Mitgliedstaaten der Europäischen Gemeinschaft wurde der Streit über die urheberrechtliche Verankerung des Softwareschutzes mit der **Richtlinie** des Rates vom **14.5.1991 über den Rechtsschutz von Computerprogrammen** (91/250/EWG)[77] beendet. Gem. Art. 1 Abs. 1 der Richtlinie schützen die Mitgliedstaaten Computerprogramme urheberrechtlich als **literarische Werke** im Sinne der RBÜ. Hieran hat sich auch durch die neue Richtlinie über den Rechtsschutz von Computerprogrammen vom 23.4.2009 (2009/24/EG)[78] nichts geändert. Der Deutsche Bundestag spricht im Hinblick auf die vom europäischen Gesetzgeber mit der Softwarerichtlinie ausgedrückte Zielsetzung vom „copyright approach" des Softwareschutzes[79].

Über die europäischen Grenzen hinaus war von Bedeutung, dass die USA und andere Industriestaaten Fragen des geistigen Eigentums im Rahmen der Uruguay-Runde des General Agreement on Tariffs and Trade (GATT) verhandelten. Das am 15.12.1993 in Genf gebilligte Gesamtpaket der Verhandlungsergebnisse der Uruguay-Runde des GATT enthielt neben den Abkommen über den Warenhandel und den Dienstleistungshandel auch ein eigenes Abkommen über handelsrelevante Aspekte des Schutzes des geistigen Eigentums, das sog. „TRIPS-Abkommen"[80]. Sämtliche Abkommen sind unter dem administrativen Dach der mit dem Übereinkommen zur Errichtung der Welthandelsorganisation vom 15.4.1994[81] ebenfalls neu geschaffenen Welthandelsorganisation (WTO = World Trade Organisation) zusammengefasst. **Art. 10 Abs. 1 des TRIPS-Abkommens** sieht dabei ausdrücklich vor, dass **Computerprogramme als Werke der Literatur** nach der RBÜ (1971) geschützt werden, unabhängig davon, ob sie in Quellcode oder in Maschinenprogrammcode ausgedrückt sind. Gleichzeitig werden die WTO-Vertragsstaaten gem. Art. 9 Abs. 1 des TRIPS-Abkommens verpflichtet, die handelspolitisch relevanten Vorschriften der RBÜ (1971) unter Ausschluss des Urheberpersönlichkeitsrechts gem. Art. 6 bis RBÜ zu befolgen[82]. Alle TRIPS-Mitgliedstaaten müssen daher Computerprogramme als Werke der Literatur schützen und haben kein Spielraum bei der Ausgestaltung des Schutzes oder bei der Schutzfrist[83].

---

[75] Vgl. *Dreier/Schulze* § 69a Rdn. 3; *Schricker/Loewenheim/Spindler* Vor §§ 69a ff. Rdn. 16; vgl. auch unten Rdn.
[76] Vgl. *Dreier/Schulze* § 69a Rdn. 3.
[77] Vgl. ABl.EG Nr. L 122 vom 17.5.1991, S. 42 ff.
[78] Vgl. ABl.EU Nr. L 111 vom 5.5.2009, S. 16 ff.
[79] Vgl. den interfraktionellen Antrag des Bundestags an die Bundesregierung „Wettbewerb und Innovationsdynamik im Softwarebereich sichern – Patentierung von Computerprogrammen effektiv begrenzen", BT-Drucks. 17/13086 vom 16.4.2013, S. 2.
[80] Agreement on Trade-Related Aspects of Intellectual Property Rights, Including Trade in Counterfeit Goods; vgl. hierzu ausführlich unten Rdn. 392 ff.
[81] Vgl. BGBl. II S. 1443, 1625.
[82] Vgl. zum TRIPS-Abkommen und dem internationalen Schutz von Computersoftware ausführlich unten Rdn. 374 ff.
[83] Vgl. *Schricker/Loewenheim/Spindler* Vor §§ 69a Rdn. 17.

63 Zeitgleich bemühte sich auch die WIPO darum, eine Anpassung der RBÜ an die Anforderungen der technologischen Entwicklungen und insbesondere auch der Computersoftware zu erreichen. Über einen Entwurf von Mustervorschriften für die Gesetzgebung auf dem Gebiet des Urheberrechts, der 1989 und 1990 von einem Expertenkomitee beraten wurde, sowie ein Memorandum zu einem künftigen Protokoll zur RBÜ aus dem Jahre 1991, das einige besondere Regelungen zum Softwareschutz enthielt[84], kam es am 20.12.1996 zum Abschluss des **WIPO-Urheberrechtsvertrags** (WCT = WIPO Copyright Treaty). **Art. 4 S. 1 WCT** stellt klar, dass Computerprogramme als **Werke der Literatur** im Sinne von Art. 2 RBÜ geschützt werden. Art. 4 S. 2 WCT ordnet an, dass dieser Rechtsschutz für Computerprogramme ungeachtet der Art oder Form des Ausdrucks gilt. Damit war die Diskussion über die grundsätzliche Frage der urheberrechtlichen Verankerung des Softwareschutzes auch auf internationaler Ebene beendet. Spätestens seit dieser Zeit liegt auch der Schwerpunkt des Softwareschutzes in der Praxis eindeutig im Bereich des Urheberrechts[85], was sich auch im Darstellungsumfang im Rahmen der vorliegenden Abhandlung dokumentiert. Nicht übersehen werden darf aber, dass Art. 8 Abs. 1 der EG-Richtlinie zum Softwareschutz sowie die sachlich übereinstimmende Regelung des § 69g Abs. 1 UrhG ausdrücklich die **Anwendung sonstiger Rechtsvorschriften** auf Computerprogramme **unberührt** lässt, insbesondere über den Schutz von Erfindungen, Topographien von Halbleitererzeugnissen, Warenzeichen und den Schutz gegen unlauteren Wettbewerb einschließlich des Schutzes von Geschäfts- und Betriebsgeheimnissen sowie schuldrechtliche Vereinbarungen.

64 Seit einigen Jahren wird die Frage nach der **Patentierbarkeit** von Software erneut verstärkt diskutiert. Dies ist wesentlich auf Entwicklungen in den USA zurückzuführen. Patentschutz für Computerprogramme wurde in den USA in den sechziger Jahren des vergangenen Jahrhunderts zwar nicht generell ausgeschlossen, aber vielfach zurückhaltend bis ablehnend beurteilt. So schlug etwa IBM im November 1966 vor, dass Programme für herkömmliche Computer unpatentierbar sein sollten[86]. Im gleichen Jahr schloss eine Kommission des US-Präsidenten eine Studie über das Patentsystem ab, die dem Patentschutz für Computersoftware überwiegend negativ gegenüberstand und zur Verabschiedung eines restriktiven Gesetzentwurfs führte. Der Gesetzentwurf trat jedoch nicht in Kraft[87]. Die spätere Entwicklung war großzügiger hinsichtlich der Patentierbarkeit. Dies führte zu entsprechenden Aktivitäten auch in Europa. Der Deutsche Bundestag hat sich sehr kritisch zum Problem softwarebezogener Patente geäußert[88].

---

[84] Vgl. Copyright 1992, 30 ff. sowie 66 ff. Ausführlich zum WCT unten Rdn. 409 ff.
[85] Vgl. *Dreier/Schulze* § 69a Rdn. 5.
[86] Vgl. *Hanifin*, Memorandum of International Business Machines Corporation, zitiert bei *Hauptmann* CR 1991, 592, 596.
[87] Vgl. *Hauptmann* CR 1991, 592, 597 mit Nachw.
[88] Vgl. den interfraktionellen Antrag des Bundestags an die Bundesregierung „Wettbewerb und Innovationsdynamik im Softwarebereich sichern – Patentierung von Computerprogrammen effektiv begrenzen", BT-Drucks. 17/13086 vom 16.4.2013, S. 1 ff.

II. Urheberrechtsschutz

Inhaltsübersicht

	Rdn.
1. Die Entwicklung des Urheberrechtsschutzes für Computersoftware im Abriss	65
2. Die Systematik des urhebergesetzlichen Softwareschutzes	69
3. Der Schutzgegenstand (Was wird geschützt?)	73
a) Programme in jeder Gestalt gem. § 69a Abs. 1 UrhG	73
b) Die Ausdrucksformen eines Computerprogramms gem. § 69a Abs. 2 UrhG	84
aa) Der Schutz der Bildschirmoberfläche	90
bb) Der Schutz von Programmfunktionen	93
cc) Der Schutz der Programmiersprachen und Dateiformate	97
dd) Der Schutz der Benutzerhandbücher	98
ee) Der Schutz der Schnittstellen und der APIs	100
c) Die Abgrenzung vom Rechtsschutz für Datenbanken	102
4. Schutzvoraussetzungen (Wann greift der Schutz ein?)	103
a) Die allgemeinen Voraussetzungen	103
aa) Das Entstehen des Urheberrechtsschutzes	103
bb) Urhebervermerke und Parteivereinbarungen	104
b) Die softwarespezifischen Schutzvoraussetzungen, insbesondere die Individualität	105
5. Die Rechtsinhaberschaft (Wer wird geschützt?)	120
a) Der Alleinprogrammierer	120
b) Programmerstellung im Arbeits- und Dienstverhältnis	123
c) Programmerstellung durch freie Mitarbeiter	129
aa) Allgemeines	129
bb) Das Sonderproblem des Rückrufs wegen Nichtausübung gem. § 41 UrhG	131
d) Programmerstellung im Team	135
aa) Die Miturheberschaft gem. § 8 UrhG	135
bb) Die Werkverbindungen gem. § 9 UrhG	140
e) Die Vermutung der Urheberschaft	142
aa) Voraussetzungen	143

	Rdn.
bb) Die Rechtsfolgen der Urhebervermutung	145
cc) Der Copyright-Vermerk (©)	146
f) Die Implementierung fremder Programmteile	148
g) Der Begriff der Rechtsinhaberschaft bei §§ 69a ff. UrhG	151
6. Die einzelnen Rechte des Rechtsinhabers	152
a) Die grundlegende Systematik der zustimmungsbedürftigen Handlungen	152
b) Die zustimmungsbedürftigen Handlungen gem. § 69c UrhG	154
aa) Das Vervielfältigungsrecht des § 69c Nr. 1 UrhG	154
bb) Das Bearbeitungsrecht des § 69c Nr. 2 UrhG	166
(1) Die von § 69c Nr. 2 UrhG erfassten Handlungen	174
(a) Die Übersetzungen	174
(b) Die Bearbeitungen	176
(2) Die Bearbeiterurheberrechte	177
cc) Das Verbreitungsrecht des § 69c Nr. 3 UrhG	178
(1) Allgemeines	178
(2) Die sog. Erschöpfung des Verbreitungsrechts gem. § 69c Nr. 3 S. 2 UrhG	181
(3) Die Beschränkung des Erschöpfungsgrundsatzes durch das sog. Vermietrecht	190
(4) Die Erschöpfung bei der Online-Übertragung	196
(5) Der Handel mit sog. „Gebrauchtsoftware"	209
α) Die unterschiedlichen Varianten	211
β) Vorfrage: Weitergabe welcher Programmversion?	221
γ) Aktivitäten des Gesetzgebers und ökonomische Gesichtspunkte	223
δ) „Dieses Vervielfältigungsstück" oder Analogie	224
ε) Besonderheiten und Lösungen	226
ζ) Ausblick	236

	Rdn.
dd) Das Recht der öffentlichen Wiedergabe gem. § 69c Nr. 4 UrhG	238
c) Ausnahmen von den zustimmungsbedürftigen Handlungen gem. § 69d UrhG	243
aa) § 69d Abs. 1 UrhG	243
bb) § 69d Abs. 2 UrhG	251
cc) § 69d Abs. 3 UrhG	253
d) Die Ausnahme des § 69e UrhG – Dekompilierung	255
aa) Grundlegendes und Entstehung des Gesetzes	255
bb) Technischer Hintergrund	257
cc) Die sich entgegenstehenden Interessen	261
dd) Zulässigkeitsvoraussetzungen	265
ee) Die Beschränkungen der Ergebnisverwertung	268
ff) Offene Fragen	271
(1) Dekompilierung auch zur Herstellung von Interoperabilität von Hardware?	272
(2) Zulässigkeit der unveränderten Übernahme von Schnittstellen?	273
gg) Die Bedeutung von § 69e Abs. 3 UrhG	275
hh) Generelle Kritik	276
7. Ansprüche bei Rechtsverletzungen	277
a) Der softwarespezifische Vernichtungsanspruch gem. § 69f UrhG	277
b) Die allgemeinen Vorschriften zu Rechtsverletzungen	282
aa) Der Anspruch auf Unterlassung, Beseitigung und Schadensersatz gem. § 97 UrhG	283
(1) Aktiv- und Passivlegitimation	285
(2) Unterlassung gem. § 97 Abs. 1 UrhG	294
(3) Beseitigung gem. § 97 Abs. 1 S. 1 UrhG	302
(4) Ersatz des materiellen Schadens gem. § 97 Abs. 2 S. 1 bis 3 UrhG	304
(5) Ersatz des immateriellen Schadens gem. § 97 Abs. 2 S. 4 UrhG	316
bb) Der Anspruch auf Vernichtung, Rückruf und Überlassung gem. § 98 UrhG	319
cc) Die Haftung des Unternehmensinhabers gem. § 99 UrhG	321

	Rdn.
dd) Der Auskunftsanspruch gem. § 101 UrhG	324
ee) Der Anspruch auf Vorlage und Besichtigung gem. § 101a UrhG	330
ff) Die Durchsetzung der Ansprüche	338
(1) Die Abmahnung gem. § 97a UrhG	338
(2) Rechtsweg und Zuständigkeit für Urheberrechtsstreitsachen, §§ 104, 104a, 105 UrhG	351
(3) Probleme mit dem Klageantrag gem. § 253 Abs. 2 Nr. 2 ZPO	356
(4) Die Wirksamkeit einer im Verfahren des vorläufigen Rechtsschutzes durch Urteil erlassenen Verbotsverfügung	359
(5) Die Verjährungsregelung des § 102 UrhG	361
8. Die Schutzdauer	363
9. Der strafrechtliche Schutz der Computersoftware	364
10. Urheberrechtsverletzungen mit internationalem Bezug	368
a) Die internationale Zuständigkeit deutscher Gerichte bei Urheberrechtsstreitigkeiten mit Auslandsbezug	370
b) Das Internationale Privatrecht (IPR) des Urheberrechts	377
c) Die Anwendung des deutschen Urheberrechts auf deutsche und ausländische Urheber	385
aa) Deutsche Staatsangehörige und gleichgestellte Personen	386
bb) Miturheber	388
cc) Ausländische Staatsangehörige	389
(1) Das Übereinkommen über handelsbezogene Aspekte der Rechte des geistigen Eigentums (TRIPS-Übereinkommen)	392
(2) Die Berner Übereinkunft zum Schutz von Werken der Literatur und Kunst (RBÜ)	397
(3) Der WIPO-Urheberrechtsvertrag (WCT)	403
(4) Das Welturheberrechtsabkommen (WUA)	408

Schrifttum: *Alpert*, Befehlssätze für Computersoftware. Zum urheberrechtlichen und ergänzenden wettbewerbsrechtlichen Leistungsschutz, CR 2003, 718 ff.; *Barnitzke/Möller/Nordmeyer*, Die

Schutzfähigkeit grafischer Benutzeroberflächen nach europäischem und deutschem Recht, CR 2011, 277 ff.; *Beysen*, Der privatrechtliche Schutz des Softwareherstellers vor Programmpiraterie. Eine Untersuchung der Rechtsgrundlagen nach deutschem, französischem und belgischem Recht, 2003; *Bleckat*, Urheberrechtsschutz von Browsergames, K&R 2016, 794 ff.; *Brüggemann*, Urheberrechtlicher Schutz von Computer- und Videospielen, CR 2015, 697 ff.; *Bullinger/Czychowski*, Digitale Inhalte: Werk und/oder Software? Ein Gedankenspiel am Beispiel von Computerspielen, GRUR 2011, 19 ff.; *Conraths*, Der urheberrechtliche Schutz gegen Cheat-Software. Die Veränderung eines Spielkonzepts eines Online-Games als Urheberrechtsverletzung, CR 2016, 705 ff.; *Cychowski*, Der BGH und Computerspiele: Es verbleiben noch offene Fragen, GRUR 2017, 362 ff.; *Duisberg/Picot*, Recht der Computer- und Videospiele, 2013; *Fiedler*, Der Computerprogrammschutz und die Schutzrechtskumulation von Urheber- und Patentrecht, 2013; *Härting/Kuon*, Designklau. Webdesign, Screendesign, Look and Feel im Urheberrecht, CR 2004, 527 ff.; *Heinemeyer/Nordmeyer*, Super Marios, Kratos` und des Master Chiefs Erzfeind – Die Legalität der Modchips und Softwaremods für Videokonsolen, CR 2013, 586 ff.; *Hofmann*, Urheberrechtlicher Schutz für Konzepte von Medienprodukten – It's all inside, CR 2013, 485 ff.; *ders.*, Die Schutzfähigkeit von Computerspielsystemen nach Urheberrecht, CR 2012, 281 ff.; *Karl*, Der urheberrechtliche Schutzbereich von Computerprogrammen, 2009; *Katko/Maier*, Computerspiele – die Filmwerke des 21. Jahrhunderts, MMR 2009, 306 ff.; *Kilian*, Entwicklungsgeschichte und Perspektiven des Rechtsschutzes von Computersoftware in Europa, GRUR Int. 2011, 895 ff.; *Kreutzer*, Computerspiele im System des deutschen Urheberrechts. Eine Untersuchung des geltenden Rechts für Sicherungskopien und Schutz technischer Maßnahmen bei Computerspielen, CR 2007, 1 ff.; *Lambrecht*, Der urheberrechtliche Schutz von Computerspielen, 2006; *Marly*, Der Schutzgegenstand des urheberrechtlichen Softwareschutzes, GRUR 2012, 773 ff.; *ders.*; Der Urheberrechtsschutz grafischer Benutzeroberflächen von Computerprogrammen, GRUR 2011, 204 ff.; *ders.*, Urheberrechtsschutz für Computersoftware in der Europäischen Union, 1995; *Nebel/Stiemerling*, Aktuelle Programmiertechniken und ihr Schutz durch § 69a UrhG, CR 2016, 61 ff.; *Oswald*, Erschöpfung durch Online-Vertrieb urheberrechtlich geschützter Werke, 2005; *Rauda*, Recht der Computerspiele, 2013; *Royla/Gramer*, Urheberrecht und Unternehmenskauf. Reichweite von Zustimmungserfordernis und Rückrufsrecht des Urhebers von Computerprogrammen, CR 2005, 154 ff.; *Spindler*, Grenzen des Softwareschutzes, CR 2012, 417 ff.; *Werner*, Eingriff in das (Rollen-) Spielsystem. Spielregeln und regelwidrige Drittprogramme bei Online-Spielen, CR 2013, 516 ff.

Deutschsprachige Literatur zum urheberrechtlichen Softwareschutz im Ausland nach Ländern:
Belgien: *Beysen*, Der privatrechtliche Schutz des Softwareherstellers vor Programmpiraterie. Eine Untersuchung der Rechtsgrundlagen nach deutschem, französischem und belgischem Recht, 2003
Brasilien: *Baiocchi*, Die Bekämpfung von Marken- und Produktpiraterie in Brasilien unter besonderer Berücksichtigung der Softwarepiraterie, GRUR Int. 2005, 876 ff.
China: *Erd*, Durchsetzungsprobleme beim gewerblichen Rechsschutz in China, in: Taeger/Wiebe, Inside the Cloud – Neue Herausforderungen für das Informationsrecht, 2009, S. 331 ff.; *Söbbing*, Besonderheiten des chinesischen Softwarerechts für die Gestaltung von IT-Verträgen, ITRB 2011, 45 ff.
England: *Dohrmann*, Rechtsschutz für Computerprogramme und Software in Indien: Ein Vergleich mit dem englischen Recht unter Berücksichtigung des TRIPS-Abkommens, 2001.
Frankreich: *Beysen*, Der privatrechtliche Schutz des Softwareherstellers vor Programmpiraterie. Eine Untersuchung der Rechtsgrundlagen nach deutschem, französischem und belgischem Recht, 2003; *Dujardin/Lejeune*, Einführung in das französische Softwarevertragsrecht: Urheberrecht, ITRB 2011, 136 ff.
Indien: *Dohrmann*, Rechtsschutz für Computerprogramme und Software in Indien: Ein Vergleich mit dem englischen Recht unter Berücksichtigung des TRIPS-Abkommens, 2001.
Polen: *Badowski*, „Kleine Novelle" zum polnischen Urheberrechtsgesetz von 1994, GRUR Int. 2001, 291 ff.
Russland (ehemalige Sowjetunion): *Gulbis/Neurauter*, Der Schutz von Computerprogrammen in der Russischen Föderation, GRUR Int. 2011, 93 ff.; *Hoeren*, Das neue russische Urheberrecht, GRUR Int. 2008, 557 ff.
Schweiz: *Straub*, Informatikrecht. Einführung in Softwareschutz, Projektverträge und Haftung, Schweiz 2004; *ders.*, Der Sourcecode von Computerprogrammen im schweizerischen Recht und in der EU-Richtlinie über den Rechtsschutz von Computerprogrammen, UFITA 2001, 807 ff.; *Stutz/Ambühl*, Rechte an Computerprogrammen, geschaffen im öffentlich-rechtlichen Arbeitsverhältnis – eine Schweizer Sonderlösung, GRUR-Int. 2010, 667 ff.

USA: *Bischof/Witzel,* Besonderheiten des US-Urheberrechts für die Gestaltung von IT-Verträgen, ITRB 2010, 260 ff.

Englischsprachige Literatur zum urheberrechtlichen Softwareschutz im Ausland: *Donat/Maisner/Polcak,* Software Protection. A Comparative Perspective, 2011.

1. Die Entwicklung des Urheberrechtsschutzes für Computersoftware im Abriss

65   Erste deutsche Gerichtsurteile zum Problem der Schutzfähigkeit der Computerprogramme nach dem Urheberrechtsgesetz ergingen im Jahre 1981. Einerseits lehnte das *LG Mannheim*[89] die urheberrechtliche Schutzfähigkeit von Computerprogrammen mit der Begründung apodiktisch ab, es fehle den Computerprogrammen der **notwendige geistig-ästhetische Gehalt,** weil sie keine das ästhetische Empfinden ansprechenden Merkmale aufwiesen. Demgegenüber befürwortete das *LG Kassel*[90] den Urheberrechtsschutz, ohne seine Entscheidung jedoch näher zu begründen. Das Urteil des *LG Mannheim* wurde später im Instanzenweg vom *OLG Karlsruhe*[91] aufgehoben. Die kategorische Ablehnung der Urheberrechtsschutzfähigkeit von Computersoftware wurde **seitdem von keinem Gericht mehr ausgesprochen.** Vielmehr wurde in den zahlreichen zeitlich nachfolgenden Entscheidungen[92] die Schutzfähigkeit nach dem UrhG im Grundsatz ausnahmslos bejaht, ja es wurde sogar ausgeführt, Computerprogramme ließen sich zwanglos den Sprachwerken nach § 2 Abs. 1 Nr. 1 UrhG[93] zuordnen[94]. Nach Auffassung etwa des *OLG Nürnberg*[95] war Urheberrechtsschutz dann zu bejahen, wenn die gestellte Aufgabe mehrere Lösungen zuließ, die Auswahl dem Programmurheber einen gedanklich weiten Spielraum ließ und die Entwicklung und Gestaltung der Software daher den Schluss auf eine persönliche geistige Schöpfung eröffneten.

66   Eine Zäsur der dargestellten Entwicklung brachte die Grundsatzentscheidung des *BGH* – Inkassoprogramm – im Jahre 1985[96], die später in ihren Grundzügen bestätigt wurde[97]. Wenngleich auch der *BGH* in dieser Entscheidung die grundsätzliche Schutzfähigkeit der Computerprogramme nach dem UrhG nicht in Abrede stellte, sondern ausdrücklich darlegte, dass das Erfordernis eines geistig-ästhetischen Gehalts bei Computerprogrammen erfüllt wird, stellte er für das Eingreifen des Urheberrechtsschutzes Forderungen an den notwendigen Grad der schöpferischen Eigentümlichkeit im Sinne des § 2 Abs. 2 UrhG, die nur von den wenigsten Programmen

---

[89] Vgl. *LG Mannheim,* 12.6.1981, 7 O 143/80, BB 1981, 1543.
[90] Vgl. *LG Kassel,* 21.5.1981, 8 O 84/80, BB 1983, 992.
[91] Vgl. *OLG Karlsruhe,* 9.2.1983, 6 U 150/81, BB 1983, 986.
[92] Vgl. *BAG,* 13.9.1983, 3 AZR 371/81, BB 1984, 871; *OLG Frankfurt,* 13.6.1983, 6 W 34/83, BB 1983, 1745; *OLG Frankfurt,* 21.7.1983, 6 U 16/83, BB 1983, 1748; *OLG Frankfurt,* 4.8.1983, 6 U 19/83, WRP 1984, 79; *OLG Frankfurt,* 6.11.1984, 14 U 188/81, BB 1985, 139; *OLG Karlsruhe,* 9.2.1983, 6 U 150/81, BB 1983, 986; *OLG Koblenz,* 13.8.1981, 6 U 294/80, BB 1983, 992; *OLG Nürnberg,* 8.5.1984, 3 U 652/83, BB 1984, 1252; *OLG Hamburg,* 31.3.1983, 3 U 192/82, GRUR 1983, 436; *LG Mosbach,* 13.7.1982, KfH O 35/82, BB 1982, 1443; *LG München I,* 21.12.1982, 7 O 2490/82, BB 1983, 273; *LG Düsseldorf,* 28.11.1984, 12 O 403/84, CR 1986, 133.
[93] In der Fassung vor Inkrafttreten der Urheberrechtsnovelle von 1985.
[94] Vgl. *LG Düsseldorf,* 28.11.1984, 12 O 403/84, CR 1986, 133, 134 unter Berufung auf *BAG,* 13.9.1983, 3 AZR 371/81, GRUR 1984, 429, 430 sowie *Ulmer/Kolle* GRUR Int. 1982, 489, 494.
[95] Vgl. *OLG Nürnberg,* 8.5.1984, 3 U 652/83, BB 1984, 1252.
[96] Vgl. *BGH,* 9.5.1985, I ZR 52/83, NJW 1986, 192 ff. „Inkasso-Programm"-Entscheidung.
[97] Vgl. *BGH,* 4.10.1990, I ZR 139/89, NJW 1991, 1231 ff. „Betriebssystem"-Entscheidung.

erfüllt werden⁹⁸. Nach Auffassung des *BGH* musste die Prüfung des schöpferischen Eigentümlichkeitsgrads in zwei Schritten erfolgen. Zunächst war ein **Gesamtvergleich gegenüber vorbestehenden Gestaltungen** anzustellen. Dieser Vergleich enthalte aber keine für die Urheberrechtsschutzfähigkeit unerhebliche Neuheitsprüfung, sondern beantworte die Frage, ob der konkreten Formgestaltung gegenüber den vorbekannten Gestaltungen individuelle Eigenheiten zukommen (Individualitätsprüfung). Auszugehen sei dabei von den jeweils vorbekannten Programmen, deren Arbeitsergebnissen sowie den üblichen Anordnungen, Systemen, Aufbau- und Einteilungsprinzipien. Sämtliche in deren Nähe bleibende Gestaltungsformen sollten keinen hinreichenden schöpferischen Eigentümlichkeitsgrad aufweisen, insbesondere sei die bloß mechanisch-technische Fortführung und Entwicklung des Vorbekannten nicht ausreichend. Lag nach den benannten Beurteilungskriterien eine schöpferische Eigenheit vor, war diese in einem zweiten Prüfungsschritt dem **Schaffen eines Durchschnittsprogrammierers** gegenüberzustellen (Prüfung der Gestaltungshöhe). Das Können eines Durchschnittsprogrammierers, das rein Handwerksmäßige, die mechanisch-technische Aneinanderreihung und Zusammenfügung des Materials lag außerhalb jeder Schutzfähigkeit. Erst in einem erheblich weiteren Abstand begann nach Auffassung des *BGH* die untere Grenze der Urheberrechtsschutzfähigkeit. Diese setzte ein deutliches Überragen der Gestaltungstätigkeit in Auswahl, Sammlung, Anordnung und Einteilung der Informationen und Anweisungen gegenüber dem allgemeinen Durchschnittskönnen voraus. Diese Entscheidung des *BGH* ist im Schrifttum heftig kritisiert worden⁹⁹.

Am 5.1.1989 legte die **Kommission der Europäischen Gemeinschaften** einen Vorschlag für eine Richtlinie des Rates über den Rechtsschutz von Computerprogrammen¹⁰⁰ vor. In Art. 1 Abs. 4a) dieses Vorschlags wurde ausdrücklich festgelegt, dass Computerprogramme dann geschützt werden, wenn sie hinsichtlich der Individualität die gleichen Voraussetzungen wie andere Werke der Literatur erfüllen. Hiermit wurde den vom *BGH* aufgestellten überdurchschnittlichen Anforderungen eine klare Absage erteilt. Auf Grund verschiedener Verbesserungsvorschläge, insbesondere des Europäischen Parlaments, legte die EG-Kommission ein Jahr später einen neuen, verbesserten Vorschlag für eine Richtlinie des Rates über den Rechtsschutz von Computerprogrammen vor¹⁰¹. Dort wurde in Art. 1 Abs. 3 festgelegt, dass Computerprogramme dann geschützt werden, wenn sie individuelle Werke in dem Sinne darstellen, dass sie das Ergebnis der eigenen geistigen Schöpfung ihres Urhebers sind und dass zur Bestimmung ihrer Schutzfähigkeit **keine anderen Kriterien** anzuwenden sind. Hierin zeigte sich eine noch klarere Lösung von der Auffassung des *BGH*. Im Schrifttum wurde daher bereits nach Vorlage des verbesserten Richtlinienvorschlags die Hoffnung geäußert, dass spätestens mit Inkrafttreten der EG-Richtlinie die Rechtsprechung des *BGH* korrigiert werde¹⁰². Die später erlassene EG-Richtlinie

67

---

⁹⁸ Der damalige Vorsitzende des zuständigen I. Zivilsenats, *v. Gamm*, schätzte, dass nur 5 % aller Computerprogramme persönliche geistige Schöpfungen im Sinne des § 2 Abs. 2 UrhG seien, vgl. *v. Gamm* GRUR 1986, 731; ähnlich *Röttinger* IuR 1986, 12, 15; *Mehrings* DB 1987, 1405, 1407; etwas zuversichtlicher *Ullmann* CR 1986, 564, 565, der von mindestens 20 % sprach.
⁹⁹ Vgl. etwa *Röttinger* IuR 1986, 12 ff.; *Bauer* CR 1985, 5, 9 ff.; *Haberstumpf* GRUR 1986, 222 ff.; *Schricker/Loewenheim*, 1. Aufl., 1987, § 2 Rdn. 80 m. w. N.; *Lehmann/Schneider* NJW 1990, 3181 f., die von einer verfehlten Rechtsprechungsentwicklung sprachen; ähnlich *Lehmann* CR 1990, 94, 95, wo von einem „hoffentlich singulären Fehlurteil" die Rede war.
¹⁰⁰ Vgl. ABl.EG Nr. C 91/4 vom 12.4.1989.
¹⁰¹ Vgl. Geänderter Vorschlag für eine Richtlinie des Rates über den Rechtsschutz von Computerprogrammen vom 18.10.1990; KOM (90) 509 endg. – SYN 183.
¹⁰² Vgl. *Lehmann/Schneider* NJW 1990, 3181 f.

über den Rechtsschutz von Computerprogrammen[103] stimmt in Art. 1 Abs. 3 mit dem geänderten Richtlinienvorschlag überein. Die aktualisierte Softwarerechtlinie vom 23.4.2009 bringt diesbezüglich keine Änderungen[104].

68   Der deutsche Gesetzgeber setzte die EG-Richtlinie (1991) mit der Urheberrechtsnovelle von 1993[105] im Wege einer **en bloc-Transformation** in deutsches Recht um, indem er einen neuen Achten Abschnitt des UrhG mit dem Titel „Besondere Bestimmungen für Computerprogramme" schuf. Mit dieser Vorgehensweise sollte die Charakteristik der softwarespezifischen Normen als Sonderregelungen betont und eine Ausstrahlung dieser auf das Industrieprodukt Computersoftware zugeschnittenen Regelungen auf das „klassische" Urheberrecht möglichst vermieden werden[106]. Die urheberrechtliche Systematik sollte nicht im Interesse einer Werkart geändert werden, die an der Grenze zwischen Urheberrecht traditioneller Art und anderen Rechtssystemen des geistigen Eigentums liegt. Gleichzeitig wurde § 2 Abs. 1 Nr. 1 UrhG neu gefasst und damit einerseits klargestellt, dass Computerprogramme als literarische Werke geschützt sind. Zur Anpassung des Sprachgebrauchs an die international übliche Terminologie, die sich auch im modernen Sprachgebrauch Deutschlands durchgesetzt hatte, wurde andererseits der Begriff „Programme für die Datenverarbeitung" durch „Computerprogramme" ersetzt[107]. Vor dem Hintergrund der schon vom deutschen Gesetzgeber anerkannten Tatsache, dass der Softwareschutz in wesentlichen Teilen einen **Investitionsschutz** sicherstellen will, wird auch Jahre nach der Neuschaffung der softwarespezifischen Regelungen noch über deren Sinnfälligkeit diskutiert. So wird etwa ausgeführt, es hätte Sinn gemacht, ähnlich der Unterscheidung zwischen Datenbankwerken und Datenbanken zwischen Computerprogrammwerken und einfachen Computerprogrammen zu unterscheiden, wobei erste urheberrechtlich und zweite durch ein **Sui-generis-Recht** geschützt würden[108]. Verschiedentlich wird auch eine Aussonderung der Computerprogramme aus dem Kreis der urheberrechtlichen Werke und die Einführung eines eigenständigen Schutzsystems gefordert[109].

2. Die Systematik des urhebergesetzlichen Softwareschutzes

69   Es wurde bereits darauf hingewiesen, dass mit der Urheberrechtsnovelle von 1993 entsprechend der Vorgabe von Art. 1 Abs. 1 S. 1 der EG-Richtlinie zum Softwareschutz (1991) mit der Neufassung von **§ 2 Abs. 1 Nr. 1 UrhG** nicht nur eine sprachliche Modernisierung erfolgen sollte, sondern dass gleichzeitig klargestellt werden sollte, dass Computerprogramme als literarische Werke im Sinne der RBÜ (Sprachwerke) geschützt sind[110]. Die weiteren softwarespezifischen Regelungen fin-

---

[103] Vgl. EG-Richtlinie über den Rechtsschutz von Computerprogrammen vom 14.5.1991, ABl.EG Nr. L 122/42 ff. vom 17.5.1991.
[104] Vgl. Richtlinie 2009/24/EG des Europäischen Parlaments und des Rates vom 23.4.2009 über den Rechtsschutz von Computerprogrammen, ABl.EU Nr. L 111 vom 5.5.2009, S. 16 ff.
[105] Vgl. Zweites Gesetz zur Änderung des Urheberrechtsgesetzes vom 9.6.1993, BGBl. 1993 I S. 910 f.
[106] Vgl. die Begründung des Regierungsentwurfs BT-Drucks. 12/4022 vom 18.12.1992, S. 7.
[107] Vgl. die Begründung des Regierungsentwurfs BT-Drucks. 12/4022 vom 18.12.1992, S. 8.
[108] Vgl. *Dreyer/Kotthoff/Meckel* § 69a Rdn. 2.
[109] Vgl. *Dietrich*, Neue Justiz 2014, 194, 197 f.
[110] Insofern ist es zumindest mißverständlich, wenn das OLG Frankfurt, 27.1.2015, 11 U 94/13, GRUR 2015, 784, 787 Tz. 35 ausführt, Computerprogramme seien Werke der Wissenschaft i. S. d. § 1 UrhG und daher dem Schutz als Schriftwerk (§ 2 Abs. 1 Nr. 1 UrhG) oder als Darstellung wissenschaftlicher oder technischer Art (§ 2 Abs. 1 Nr. 7 UrhG) zugänglich.

den sich sodann fast ausnahmslos im **Achten Abschnitt** des 1. Teils des UrhG mit dem Titel „Besondere Bestimmungen für Computerprogramme".

Allein § 137d UrhG enthält schließlich noch eine **softwarespezifische Übergangs-** 70 **vorschrift** mit Rückwirkungsfunktion. Die Vorschriften des Achten Abschnitts sind auch auf Computerprogramme anzuwenden, die vor dem Inkrafttreten der Urheberrechtsnovelle am 24.6.1993 geschaffen worden sind. Damit sind die betreffenden **Altprogramme** nicht mehr nach den Kriterien der früheren Rechtsprechung des *BGH* zu messen[111], sondern wie später geschaffene Software allein nach § 69a Abs. 3 UrhG zu beurteilen[112]. Auch für Altprogramme, die in Arbeits- und Dienstverhältnissen geschaffen werden, gilt trotz einiger verfassungsrechtlicher Bedenken rückwirkend der neue § 69b UrhG und nicht mehr der zuvor anwendbare § 43 UrhG[113]. Auch § 69d Abs. 1 UrhG ist auf Altprogramme anwendbar, weshalb ein Zweiterwerber eines Programmes infolge Erschöpfung des Verbreitungsrechts selbst dann berechtigt zur Programmnutzung ist, wenn der Ersterwerber den Softwareüberlassungsvertrag vor dem Inkrafttreten der Urheberrechtsnovelle abgeschlossen hat[114]. Lediglich für das Vermietrecht gem. § 69c Nr. 3 UrhG ist zu berücksichtigen, dass sich dieses gem. § 137d Abs. 1 S. 2 UrhG nicht auf Vervielfältigungsstücke eines Programms erstreckt, die ein Dritter vor dem 1.1.1993 zum Zwecke der Vermietung erworben hat[115]. Schließlich ist § 69g Abs. 2 UrhG, nicht aber der Rest des Achten Abschnitts, auch auf Altverträge über Computerprogramme anzuwenden, die vor dem 24.6.1993 abgeschlossen wurden[116].

Die Systematik des Achten Abschnitts des 1. Teils des UrhG lässt sich folgender- 71 maßen umreißen: Die §§ 69a und 69b UrhG regeln den **Schutzgegenstand** und die **Schutzvoraussetzungen** sowie die **Rechtsinhaberschaft**. Dabei beginnt § 69a Abs. 1 UrhG mit einer Umschreibung der Computerprogramme, wobei in § 69a Abs. 2 UrhG eine Abgrenzung der geschützten Ausdrucksformen von den ungeschützten Ideen und Grundsätzen erfolgt. Die Schutzvoraussetzungen werden sodann in § 69a Abs. 3 UrhG festgelegt, während § 69a Abs. 4 UrhG für den Fall fehlender Spezialregelungen auf die allgemeinen für Sprachwerke geltenden Bestimmungen zurückverweist. Schließlich erklärt der mit der Urheberrechtsnovelle von 2003 neu eingeführte § 69a Abs. 5 UrhG die im Ersten Abschnitt des 4. Teils des UrhG niedergelegten „Ergänzenden Schutzbestimmungen" über den Schutz technischer Maßnahmen gem. §§ 95a bis 95d UrhG für auf Computerprogramme nicht anwendbar. § 69b UrhG regelt die Frage der Rechtsinhaberschaft an solchen Computerprogrammen, die in Arbeits- und Dienstverhältnissen geschaffen wurden.

---

[111] Vgl. hierzu oben Rdn. 66.
[112] Vgl. *BGH*, 20.9.2012, I ZR 90/09, GRUR 2013, 509, 510 Tz. 25; *BGH*, 14.7.1993, I ZR 47/91, NJW 1993, 3136, 3137, wo ausgeführt wird, die Rückwirkung erstrecke sich jedoch nicht auf die vor diesem Zeitpunkt liegenden Verletzungshandlungen, die grundsätzlich nach altem Recht zu beurteilen seien. So auch *Dreier/Schulze* § 137d Rdn. 3.
[113] Vgl. *BGH*, 24.10.2000, X ZR 72/98, NJW-RR 2001, 626, 627f.; *Schricker/Loewenheim/Katzenberger/Spindler* § 137d Rdn. 3; ablehnend *Dreier/Schulze* § 137d Rdn. 7; *Wandtke/Bullinger/Braun/Jani* § 137d Rdn. 5.
[114] Vgl. *BGH*, 5.3.2015, I ZR 128/14, MMR 2015, 673, 674 Tz. 8.
[115] *Dreier/Schulze* § 137d Rdn. 5 sehen hierin einen Verstoß gegen Art. 9 Abs. 2 der EG-Richtlinie zum Softwareschutz.
[116] Diese bedenkliche rückwirkende Einflussnahme auf das Vertragsrecht hielt der Gesetzgeber für zulässig, „weil die Rechtslage insoweit noch nicht geklärt ist und sich ein schutzwürdiges Vertrauen auf den Fortbestand einer bestimmten Rechtslage nicht entwickeln konnte", vgl. die Begründung des Regierungsentwurfs BT-Drucks. 12/4022 vom 18.12.1992, S. 15.

72 **§§ 69c und 69d UrhG** sowie – aus dem Blickwinkel der Praxisrelevanz – in vermindertem Umfang auch § 69e UrhG haben für das Software-Vertragsrecht **fundamentale Bedeutung**[117]. In Übereinstimmung mit der EG-Richtlinie zum Softwareschutz werden zunächst mittels einer weitreichenden Grundsatzregelung die Ausschließlichkeitsrechte des Rechtsinhabers am Computerprogramm benannt und sodann in Folgeregelungen Beschränkungen der Grundsatzregelung festgelegt. § 69c Nr. 1 bis 4 UrhG benennen die dem Rechtsinhaber zustehenden Ausschließlichkeitsrechte, während die §§ 69d und 69e UrhG die korrespondierenden Schrankenregelungen[118] darstellen. Abschließend enthält § 69f UrhG noch eine Regelung zur **Vernichtung rechtswidriger Vervielfältigungsstücke** sowie entsprechender Hilfsmittel und § 69g Abs. 1 UrhG klärt das Verhältnis der Vorschriften des Achten Abschnitts zu sonstigen Vorschriften außerhalb des UrhG. Zu erwähnen ist diesbezüglich insbesondere, dass sich der urheberrechtliche Schutz der Computersoftware und der Schutz nach dem Patentrecht nicht ausschließen, sondern ergänzen. Ein und dasselbe Programm kann daher **sowohl** durch das **Patent-** als auch durch das **Urheberrecht** geschützt werden[119]. Die dem Urheber bzw. Patentinhaber zustehenden Ausschließlichkeitsrechte sind aber nicht deckungsgleich. Schließlich erklärt § 69g Abs. 2 UrhG die §§ 69d Abs. 2 und 3 und § 69e UrhG für **zwingendes Recht,** von dem durch **vertragliche Bestimmungen** nicht abgewichen werden darf.

3. Der Schutzgegenstand (Was wird geschützt?)

a) Programme in jeder Gestalt gem. § 69a Abs. 1 UrhG

73 Gem. § 69a Abs. 1 UrhG sind Computerprogramme im Sinne des UrhG Programme in jeder Gestalt, einschließlich des Entwurfsmaterials. Reduziert man den Satz auf seinen Kerngehalt, wird „Computerprogramm" durch „Programm" erläutert, was nicht weiterhilft. Eine gehaltvolle gesetzliche Definition fehlt daher im deutschen UrhG ebenso wie in der Softwarerichtlinie. Dies stellt sowohl auf europäischer als auch auf deutscher Ebene kein Versehen dar, sondern eine bewusste Entscheidung sowohl des europäischen Richtliniengebers als auch des deutschen Gesetzgebers, weil jeweils befürchtet wurde, eine Definition werde infolge der zu erwartenden künftigen Technologien zwangsläufig sehr bald überholt sein[120]. Mit einer etwas saloppen, aber zutreffenden Formulierung hat das *OLG Frankfurt*[121] ausgeführt, der Gesetzgeber habe offen gelassen, welche „digitalen Datenanhäufungen" unter den Begriff des Computerprogramms gefasst werden können.

74 In Deutschland hat sich eine von *BGH*[122] und weiten Teilen des Schrifttums[123] ähnlich formulierte Umschreibung durchgesetzt, die in § 1 (i) der von der WIPO

---

[117] So zu Recht *Loewenheim/Lehmann* § 76 Rdn. 2.

[118] Die exakte dogmatische Einordnung der Vorschriften ist umstritten. Für eine Schrankenregelung *Schricker/Loewenheim/Spindler* § 69d Rdn. 1 sowie § 69c Rdn. 2; von einer Inhaltsnorm sprechen *Wandtke/Bullinger/Grützmacher* § 69d Rdn. 3; von einer Mischform zwischen gesetzlicher Lizenz und vertraglicher Auslegungsvorschrift sprechen *Dreier/Schulze* § 69d Rdn. 2.

[119] Vgl. *Ullrich/Lejeune/Moufang* S. 100 Rdn. 76.

[120] Vgl. hierzu ausführlich oben Rdn. 11.

[121] Vgl. *OLG Frankfurt*, 22.3.2005, 11 U 64/01, GRUR-RR 2005, 299, 300.

[122] Vgl. *BGH*, 9.5.1985, I ZR 52/83, NJW 1986, 192, 196; *KG Berlin*, 17.3.2010, 24 U 117/08, CR 2010, 424, 425; *OLG Köln*, 8.4.2005, 6 U 194/04, CR 2005, 624, 625; wohl auch *OLG Frankfurt*, 22.3.2005, 11 U 64/04, GRUR-RR 2005, 299.

[123] Vgl. *Dreier/Schulze* § 69a Rdn. 12; *Fromm/Nordemann/Czychowski* § 69a Rdn. 5; *Schricker/Loewenheim/Spindler* § 69a Rdn. 2; *Wandtke/Bullinger/Grützmacher* § 69a Rdn. 3; BeckOK Urheberrecht/*Kaboth/Spies* § 69a Rdn. 2; *Loewenheim/Lehmann* § 9a Rdn. 49; *Hoppen* CR 2013, 9; *Ulmer/Hoppen* CR 2008, 681. Trotz eigener Definition im Ergebnis ähnlich auch *Ohst* S. 36.

ausgearbeiteten Mustervorschriften für den Schutz von Computersoftware[124] enthalten ist, sich in DIN 44300 Teil 4 Nr. 4.1.9 wiederfindet, und einer Erläuterung entspricht, die seitens der EG-Kommission zu dem von ihr ausgearbeiteten Richtlinienvorschlag abgegeben wurde[125]: **Computerprogramme sind das in jeder Form, Sprache und Notation oder in jedem Code gewählte Ausdrucksmittel für eine Folge von Befehlen, die dazu dient, einen Computer zur Ausführung einer bestimmten Aufgabe oder Funktion zu veranlassen.** Damit liegt dem europäischen Softwarerecht ein Verständnis des Computerprogramms zugrunde, das weitgehend auch der Definition des US-amerikanischen Copyrights entspricht. Auch bei 17 United States Code § 101[126] wird auf die maschinensteuernde Funktion eines Computerprogramms abgestellt und lediglich auf den Einbezug des Entwurfsmaterials verzichtet. Gleiches gilt für die Definition des „Programms" in Art. 2 Abs. 1 (xbis) japanisches UrhG[127] oder Sect. 2 (f) (ffc) indisches UrhG[128]. Es kann daher als Zwischenergebnis festgehalten werden, dass die WIPO-Mustervorschriften mit ihrer Bezugnahme auf die Steuerungsfunktion von Computerprogrammen auch heute noch aktuell sind und einem Begriffsverständnis entsprechen, das von den für den Softwaremarkt maßgeblichen Nationen geteilt wird. Die erwähnten Befürchtungen des Gesetzgebers hinsichtlich des schnellen Überholtseins einer Definition haben sich daher nicht bewahrheitet.

Vielfach werden die Begriffe **Computersoftware** und **Computerprogramm** synonym gebraucht[129]. Im Bereich des Urheberrechts wird jedoch zwischen einem Computerprogramm im Sinne der oben dargelegten Definition und Computersoftware dahingehend unterschieden, dass letztere auch das Begleitmaterial[130] sowie die Programmbeschreibungen[131] umfasst, während dies beim Begriff des Computerprogramms nicht der Fall sein soll. **Begleitmaterial** und **Programmbeschreibungen** werden jedoch gegebenenfalls als Schriftwerke im Sinne des § 2 Abs. 1 Nr. 1 UrhG oder als Darstellungen wissenschaftlicher oder technischer Art im Sinne des § 2 Abs. 1 Nr. 7 UrhG geschützt, sofern es sich um persönlich geistige Schöpfungen gem. § 2 Abs. 2 UrhG handelt[132]. 75

Gem. § 69a Abs. 1 letzter Halbs. UrhG ausdrücklich zum Schutzgegenstand der Computerprogramme hinzugerechnet wird indes das **Entwurfsmaterial.** Schon die Mustervorschriften der WIPO sowie der Vorschlag der EG-Kommission für die spä- 76

---

[124] Vgl. hierzu oben Rdn. 8.
[125] Vgl. Vorschlag für eine Richtlinie des Rates der Europäischen Gemeinschaften über den Rechtsschutz von Computerprogrammen, ABl.EG Nr. C 91 vom 12.4.1989, S. 5.
[126] 17 U.S.C. § 101 lautet: „A ‚computer program' is a set of statements or instructions to be used directly or indirectly in a computer in order to bring about a certain result." Die Definition wurde 1980 durch das Public Law No. 96–517, 94 Stat. 3015, 3028 erstmals im Gesetz aufgenommen und 2002 durch das Public Law No. 107–273, 116 Stat. 1758, 1909 an die heutige Stelle versetzt.
[127] Die Vorschrift lautet: „‚Program' means an expression of combined instructions given to a computer so as to make it function and obtain a certain result."
[128] Die Vorschrift lautet: „‚Computer programme' means a set of instructions expressed in words, codes, schemes or in any other form, including a machine readable medium, capable of causing a computer to perform a particular task or achieve a particular result."
[129] Vgl. hierzu oben Rdn. 11.
[130] Vgl. hierzu oben Rdn. 12.
[131] Vgl. hierzu oben Rdn. 13.
[132] Vgl. oben Rdn. 12 f.; aus dem Schrifttum *Dreier/Schulze* § 69a Rdn. 15; *Wandtke/Bullinger/Grützmacher* § 69a Rdn. 13; auch der *BGH*, 6.7.2000, I ZR 244/97, NJW 2000, 3571, 3572 unterscheidet zwischen geschütztem Programm und Benutzerhandbuch, musste dies in der genannten Entscheidung aber nicht vertiefen.

tere EG-Richtlinie zum Softwareschutz (1991) beabsichtigten, das vorbereitende Material und Entwurfsmaterial sowie Flussdiagramme, Ablaufdiagramme oder Beschreibungen von Schrittfolgen in Klarschrift dem softwarespezifischen Urheberrechtsschutz zu unterstellen[133]. Der deutsche Gesetzgeber folgte dem unter ausdrücklicher Bezugnahme auf den 7. Erwägungsgrund zur Softwarerichtlinie, demzufolge das Entwurfsmaterial zur Entwicklung eines Computerprogramms dann unter den Begriff des Computerprogramms zu rechnen ist, wenn die Art der vorbereitenden Arbeit die spätere Entstehung eines Computerprogramms zulässt[134]. Die in den Schutz einbezogenen Materialien müssen daher vor oder während der Programmierung angefertigt worden sein und nicht erst während der Installation oder Programmpflege[135]. Das sog. **Pflichten- oder auch Lastenheft**[136] zählt in der Regel nicht zum Entwurfsmaterial, weil es meist noch keinen detaillierten Bezug zur späteren Entstehung eines Programms im Sinne eines maschinensteuernden Programmcodes zulässt[137]. Die Grenze ist allerdings fließend. Insgesamt ist aber darauf hinzuweisen, dass der Einbezug noch unfertiger Vorstufen eines erst später oder sogar gar nicht vollendeten Werks in den Urheberrechtsschutz auch außerhalb des Softwareschutzes existiert[138].

77 Computerprogramme werden nach der Formulierung des § 69a Abs. 1 UrhG „in jeder Gestalt" erfasst. Diese Formulierung weicht von Art. 1 Abs. 1 der EG-Richtlinie zum Softwareschutz ab und ist nicht eindeutig[139]. In der Begründung des Regierungsentwurfs ist unter erneuter Bezugnahme auf den 7. Erwägungsgrund zur Softwarerichtlinie der Hinweis enthalten, dass Programme „in jeder Form" erfasst sind, auch solche, die **in die Hardware integriert** sind[140]. Der *EuGH* hat dies zwischenzeitlich ausdrücklich bestätigt[141]. Sicher ist damit zunächst, dass auch sog. **Firmware** und **embedded-Software** als Computerprogramme geschützt sein können[142], jedoch bezieht sich der Schutz nur auf das Programm und nicht auf die Hardware selbst[143]. Obwohl es sich bei in Firmware abgelegten Programmen meist nicht um ein einzelnes Programm handelt, sondern um eine ganze Gruppe eigenständiger Programme mit eigenständigen Funktionen, ist es wenig überzeugend, Firmware als Sammelwerk im Sinne von § 4 Abs. 1 UrhG zu schützen[144]. Dies würde dem Softwareschutz nicht gerecht. Zum einen bestehen alle komplexen Programme nicht aus „einem Programm", sondern aus einer Vielzahl von Programmen,

---

[133] Vgl. Vorschlag für eine Richtlinie des Rates der Europäischen Gemeinschaften über den Rechtsschutz von Computerprogrammen, ABl.EG Nr. C 91 vom 12.4.1989, S. 9.
[134] Vgl. die Begründung des Regierungsentwurfs BT-Drucks. 12/4022 vom 18.12.1992, S. 9; *OLG Karlsruhe*, 14.4.2010, 6 U 46/09, GRUR-RR 2010, 234, 235; *OLG Köln*, 8.4.2005, 6 U 194/04, CR 2005, 624, 625.
[135] Vgl. *Obst* S. 19 f.
[136] Vgl. zu diesen Begriffen unten Rdn. 1377.
[137] Vgl. *Wandtke/Bullinger/Grützmacher* § 69a Rdn. 9; *Schricker/Loewenheim/Spindler* § 69a Rdn. 5; *Bartsch* CR 2012, 141, 142; großzügiger *Obst* S. 25; *Fromm/Nordemann/Czychowski* § 69a Rdn. 24.
[138] Vgl. etwa *BGH*, 23.6.2005, I ZR 227/02, GRUR 2005, 854, 856 für den digitalen Datenbestand der Vorstufe eines Stadtplans.
[139] Kritisch bereits *Marly* jur-PC 1992, 1620, 1624.
[140] Vgl. die Begründung des Regierungsentwurfs BT-Drucks. 12/4022 vom 18.12.1992, S. 9.
[141] Vgl. *EuGH*, 22.12.2010, C-393/09, GRUR 2011. 220, 220 Tz. 32 – BSA/Kulturministerium.
[142] Vgl. *OLG Köln*, 10.7.2015, 6 U 195/14, BeckRS 2016, 09601 Tz. 16 und 19; *Dreier/Schulze* § 69a Rdn. 13; *Schricker/Loewenheim/Spindler* § 69a Rdn. 4.
[143] Vgl. *Schricker/Loewenheim/Spindler* § 69a Rdn. 4.
[144] So *LG Berlin*, 8.11.2011, 16 O 255/10, CR 2012, 152, 153; ablehnend *Kreutzer* CR 2012, 146, 148 f.

was etwa am Beispiel eines Betriebssystems besonders deutlich wird. Dann liefen aber die softwarespezifischen Regelungen der §§ 69a ff. UrhG leer, wollte man in all diesen Fällen auf § 4 Abs. 1 UrhG abstellen. Zum anderen geht es beim Softwareschutz meist gar nicht um die bei Sammelwerken allein geschützte Auswahl oder Anordnung der einzelnen Elemente im Sinne von Einzelprogrammen, sondern um den Rechtsschutz für den Programmcode.

Im übrigen ist aber unklar, weshalb der Gesetzgeber in § 69a Abs. 1 UrhG den Begriff der **Gestalt** und in § 69a Abs. 2 S. 1 UrhG den Begriff der **Ausdrucksform** verwendet hat. Die Terminologie ist nicht eindeutig abgrenzbar, obwohl die Bezugnahmen auf die geschützte Ausdrucksform althergebrachten urheberrechtlichen Grundsätzen sowie dem Wortlaut von Art. 1 Abs. 2 der Softwarerichtlinie entspricht. Unstreitig ist allein, dass es für den Urheberrechtsschutz irrelevant sein soll, in welcher **Programmiersprache** das Programm geschaffen wurde[145], ob es im **Quellcode**[146] oder dem ausführbaren **Objektcode**[147] vorliegt. Dieses Ergebnis lässt sich sowohl § 69a Abs. 1 UrhG als auch § 69a Abs. 2 S. 1 UrhG entnehmen und wird im Schrifttum bei beiden Regelungen diskutiert[148]. Für die Praxis kann die exakte gesetzliche Verankerung dahinstehen. Dem Terminus der Gestalt im Sinne des § 69a Abs. 1 UrhG ist aber zu entnehmen, dass es auch unerheblich ist, ob es sich bei dem Programm um ein **Standard-** oder ein **Individualprogramm** handelt[149], ob das Programm ein **System-** oder **Anwendungsprogramm** darstellt[150], oder in welcher Branche und zu welchem Zweck das Programm eingesetzt wird. Auch **Apps für Smartphones und Tablet-Computer** sind daher Computerprogramme im Sinne des Urheberrechts[151]. 78

Schutzfähig können grundsätzlich auch **einzelne Teile eines Computerprogramms** sein, sofern diese Teile die schutzbegründenden Voraussetzungen erfüllen[152]. Insoweit besteht kein Unterschied zu anderen urheberrechtlich geschützten Werken, bei denen ebenfalls geprüft wird, ob übernommene Teile für sich genommen als persöniche geistige Schöpfung im Sinne des § 2 Abs. 2 UrhG geschützt wären[153]. Berück- 79

---

[145] Vgl. *OLG Hamburg*, 29.2.2012, 5 U 10/10, MMR 2012, 832, 833.
[146] Vgl. *EuGH*, 22.10.2010, C-393/09, GRUR 2011, 220, 222 Tz. 34 – BSA/Kulturministerium; *OLG Hamburg*, 29.2.2012, 5 U 10/10, MMR 2012, 832, 833; *OLG Karlsruhe*, 14.4.2010, 6 U 46/09, GRUR-RR 2010, 234, 235; *OLG Köln*, 8.4.2005, 6 U 194/04, CR 2005, 624, 625; zu diesem Begriff oben Rdn. 20.
[147] Vgl. *EuGH*, 22.10.2010, C-393/09, GRUR 2011, 220, 222 Tz. 34 – BSA/Kulturministerium; *OLG Frankfurt*, 27.1.2015, 11 U 94/13, GRUR 2015, 784; *OLG Hamburg*, 29.2.2012, 5 U 10/10, MMR 2012, 832, 833; *OLG Karlsruhe*, 14.4.2010, 6 U 46/09, GRUR-RR 2010, 234, 235; zu diesem Begriff oben Rdn. 18 ff.
[148] Vgl. etwa *Dreier/Schulze* § 69a Rdn. 12 sowie Rdn. 19; *Schricker/Loewenheim/Spindler* § 69a Rdn. 10; *Ohst* S. 41 f.; *Ulmer/Hoppen* CR 2008, 681, 682.
[149] Vgl. *Dreier/Schulze* § 69a Rdn. 12; *Schricker/Loewenheim/Spindler* § 69a Rdn. 3; zu den Begriffen und der Abgrenzung unten Rdn. 671 f.
[150] Vgl. *BGH*, 6.7.2000, I ZR 244/97, NJW 2000, 3571 ff. (Betriebssystem); *BGH*, 14.7.1993, I ZR 47/91, NJW 1993, 3136 ff. (Anwendungsprogramm); *OLG Köln*, 8.4.2005, 6 U 194/04, CR 2005, 624, 625; *Dreier/Schulze* § 69a Rdn. 12; *Dreyer/Kotthoff/Meckel* § 69a Rdn. 22; *Schricker/Loewenheim/Spindler* § 69a Rdn. 3.
[151] Vgl. zu diesen Sondererscheinungen ausführlich unten Rdn. 1137 ff.
[152] Vgl. *BGH*, 20.9.2012, I ZR 90/09, GRUR 2013, 509, 510 f. Tz. 29; *BGH*, 23.1.2003, I ZR 18/00, GRUR 2003, 786, 787; *OLG Frankfurt*, 27.1.2015, 11 U 94/13, GRUR 2015, 784, 788 Tz. 37; *OLG Frankfurt*, 29.10.2013, 11 U 47/13, CR 2014, 506, 507; *OLG Köln*, 8.4.2005, 6 U 194/04, CR 2005, 624, 625; *OLG Hamburg*, 11.1.2001, 3 U 120/00, CR 2001, 434, 435; *Wandtke/Bullinger/Grützmacher* § 69a Rdn. 12; *Schricker/Loewenheim/Spindler* § 69a Rdn. 11; *Dreier/Schulze* § 69a Rdn. 12.
[153] Vgl. *BGH*, 16.4.2015, I ZR 225/12, GRUR 2015, 1189, 1192 Tz. 43 m. w. N.

sichtigt man in diesem Zusammenhang, dass die einzelnen Wörter eines Sprachwerks keine vom Urheberrechtsschutz erfassten Bestandteile darstellen[154], gilt dies auch für einzelne Programmbefehle eines Computerprogramms. Wie bei einem allgemeinen Sprachwerk aber bestimmte einzelne Sätze oder Satzteile des betreffenden Texts eine geistige Schöpfung darstellen können[155], kann dies auch bei einzelnen Programmmodulen, Unterroutinen oder sonstigen Programmteilen der Fall sein. Zu berücksichtigen ist diesbezüglich aber, dass die Gerichte bei der Geltendmachung eines Urheberrechtsschutzes für Programmteile im Gegensatz zum Schutz komplexer Programme **keinen Beweis** des **ersten Anscheins für die Schutzfähigkeit** annehmen. Vielmehr werden insoweit **höhere Anforderungen** gestellt und wird vom vorgeblichen Rechtsinhaber verlangt, die Schutzfähigkeit gerade des betreffenden Programmteils darzulegen und gegebenenfalls zu beweisen[156].

80 Gegenstand des Schutzes kann auch die **Be-, Um-** und **Einarbeitung** vorbekannter Elemente und Formen sein[157].

81 Nicht nach den softwarespezifischen Vorschriften geschützt werden demgegenüber bloße **Daten**[158] und **Datensammlungen,** weil sie keine Befehls- und Steuerungsfunktion besitzen[159]. Eine gewöhnliche XML-Datei allein kann daher nicht als Computerprogramm, sondern allenfalls als sonstiges Sprachwerk im Sinne des § 2 Abs. 1 Nr. 1 UrhG geschützt sein[160]. Soweit die entsprechenden Dateien aber aus dem Programmcode ausgelagerte Definitionen von Datenstrukturen, ausgelagerte Konstanten oder sonstige Informationen enthalten, die sich auf die Funktionalität des Programms auswirken, sind sie genauso Teil des ausführenden Computerprogramms wie programminterne Konstanten[161]. Ein zur **Schaffung eines Datenbankwerks eingesetztes Computerprogramm** oder ein zum Datenbankbetrieb eingesetztes Programm zählt gem. § 4 Abs. 2 S. 2 UrhG nicht zum Datenbankwerk und wird nicht nach den für diese Werke geltenden Vorschriften geschützt, sondern nur nach den softwarespezifischen Regelungen der §§ 69a ff. UrhG.

82 **Computerspiele** können urheberrechtlich geschützte Computerprogramme sein[162], sofern sie die für alle Programme geltenden Voraussetzungen erfüllen. Dies gilt auch dann, wenn sie auf sog. **Modchips** für Spielekonsolen fest gespeichert sind[163]. **Abgespeicherte Spielstände** eines Computerspiels sind mangels Steuerungsfunktion jedenfalls keine Computerprogramme im Sinne von § 69a UrhG[164]. Bei Computerspielen

---

[154] Vgl. *EuGH*, 16.7.2009, C-5/08, GRUR 2009, 1041, 1044 Tz. 46 – Infopaq.
[155] Vgl. *EuGH*, 16.7.2009, C-5/08, GRUR 2009, 1041, 1044 Tz. 47 – Infopaq.
[156] Vgl. *OLG Frankfurt*, 29.10.2013, 11 U 47/13, CR 2014, 506, 507; *KG Berlin*, 17.3.2010, 24 U 117/08, CR 2010, 424, 425; *Dreier/Schulze* § 69a Rdn. 29. Zur Darlegungs- und Beweislast unten Rdn. 117 f.
[157] Vgl. *BGH*, 20.9.2012, I ZR 90/09, GRUR 2013, 509, 510 Tz. 28; *OLG Köln*, 10.7.2015, 6 U 195/14, BeckRS 2016, 09601 Tz. 22.
[158] Zum Begriff oben Rdn. 25.
[159] Vgl. *OLG Rostock*, 27.6.2007, 2 W 12/07, MMR 2008, 116; für eine XML-Datei *LG Frankfurt*, 8.11.2012, 2–03 O 269/12, CR 2013, 286, 287; *Dreier/Schulze* § 69a Rdn. 12; *Fromm/Nordemann/Czychowski* § 69a Rdn. 12; *Ohst* S. 42.
[160] Vgl. *LG Frankfurt*, 8.11.2012, 2–03 O 269/12, CR 2013, 286, 287.
[161] Vgl. *Nebel/Stiemerling* CR 2016, 61, 65 f.
[162] Vgl. *BGH*, 6.10.2016, I ZR 25/15, GRUR 2017, 266, 269 Tz. 34; *LG Köln*, 30.11.2011, 28 O 482/10, ZUM 2012, 350, 351; *Cychowski* GRUR 2017, 362; *Brüggemann* CR 2015, 697; *Heinemeyer/Nordmeyer* CR 2013, 586, 589; *Rauda* Rdn. 33 ff.; *Hofmann* ZUM 2013, 279, 282; *Schröder* MMR 2013, 80, 82; *Werner* CR 2013, 516, 521; *Bullinger/Czychowski* GRUR 2011, 19, 21.
[163] Vgl. *Schröder* MMR 2013, 80, 82; *Rauda* Rdn. 72. Zur Bedeutung des Begriffs „Mods" *Heinemeyer/Nordmeyer* CR 2013, 586, 587.
[164] Vgl. *OLG Düsseldorf*, 12.7.1999, 20 U 40/99, MMR 1999, 602; *Rauda* Rdn. 76.

können die **audiovisuellen Darstellungen** aber als persönlich geistige Schöpfungen im Sinne von § 2 Abs. 2 UrhG zu qualifizieren sein[165], die diese Darstellungen zum **Filmwerk** oder **filmwerkähnlich** geschaffenen Werk im Sinne des § 2 Abs. 1 Nr. 6 UrhG werden lässt[166]. Denkbar ist auch ein Schutz der Spielmelodie als Werk der Musik gem. § 2 Abs. 1 Nr. 2 UrhG[167]. Die Einzelbilder eines Computerspiels können als Werke der bildenden Kunst gem. § 2 Abs. 1 Nr. 4 UrhG geschützt sein[168]. Gleiches gilt für die einzelnen Spielfiguren, die analog zu Comicfiguren zu behandeln sind[169]. Der *BGH* formuliert dies dahingehend, Videospiele bestünden aus Sprach-, Musik-, Lichtbild- und Filmwerken sowie Laufbildern und darüber hinaus aus Computerprogrammen[170]. Die Computerspiele müssen dann aber die Voraussetzungen des § 2 Abs. 2 UrhG erfüllen. Die reduzierten Schutzvoraussetzungen des § 69a Abs. 3 UrhG sind nicht anwendbar[171]. Die an anderer Stelle[172] noch vertretene gegenteilige Auffassung wird hier ausdrücklich aufgegeben. Denkbar ist auch ein Schutz als Laufbild im Sinne der §§ 94, 95 UrhG[173].

Im Übrigen ist das gegenüber Nachahmungen durchaus anfällige **Spielsystem** urheberrechtlich nur sehr eingeschränkt schützbar[174], wenngleich die kreative Leistung vielfach nicht in Abrede gestellt werden kann[175]. Soweit Computerspiele als Programme im Sinne des § 69a UrhG zu qualifizieren sind, ist bei der Umgehung von Kopierschutzmechanismen wegen § 69a Abs. 5 UrhG auf § 69f UrhG und nicht auf § 95a UrhG abzustellen[176]. Da diese Zuordnung bei kombinierten („hybriden") Produkten nicht eindeutig ist, hatte der *BGH* die Frage dem *EuGH* zur Vorabentscheidung vorgelegt[177]. Der *EuGH* möchte bei Computerspielen, die nicht nur Compu-

83

---

[165] Vgl. *BGH*, 6.10.2016, I ZR 25/15, Tz. 34.
[166] Vgl. *BGH*, 6.10.2016, I ZR 25/15, Tz. 34; *BGH*, 6.2.2013, I ZR 124/11, GRUR 2013, 1035, 1036 Tz. 11; *BGH*, 12.7.2012, I ZR 18/11, NJW 2013, 784 Tz. 14; *BayObLG*, 12.5.1992, 4 St RR 64/92, GRUR 1992, 508; *OLG Köln*, 18.10.1991, 6 U 58/91, GRUR 1992, 312, 313; *LG Berlin*, 11.3.2014; 16 O 73/13, CR 2014, 291; *LG Hamburg*, 11.3.2009, 308 O 75/09, CR 2009, 656, 657; *Conraths* CR 2016, 705, 706; *Brüggemann* CR 2015, 697, 698; *Rauda* Rdn. 98 f.; *Schröder* MMR 2013, 80, 82; *Hofmann* ZUM 2013, 279, 280; *Bullinger/Czychowski* GRUR 2011, 19, 21; *Barnitzke/Möller/Nordemeyer* CR 2011, 277, 280; *Wemmer/Bodensiek* K&R 2010, 16, 17; *Katko/Maier* MMR 2009, 306, 307 f.; *Poll/Brauneck* GRUR 2001, 389, 390; *Schricker/Loewenheim* § 2 Rdn. 217; *Dreier/Schulze* § 2 Rdn. 207.
[167] Vgl. *BGH*, 6.10.2016, I ZR 25/15, Tz. 34; *BGH*, 6.2.2013, I ZR 124/11, GRUR 2013, 1035, 1036 Tz. 11; *Brüggemann* CR 2015, 697, 698; *Rauda* Rdn. 85 f.; *Förster* in: Duisberg/Picot Kap. 2 Rdn. 9 f.; *Hofmann* ZUM 2013, 279, 280; *Bullinger/Czychowski* GRUR 2011, 19, 24.
[168] Vgl. *BGH*, 6.10.2016, I ZR 25/15, Tz. 34; *Hofmann* ZUM 2013, 279, 280; *Bullinger/Czychowski* GRUR 2011, 19, 23.
[169] Vgl. *Brüggemann* CR 2015, 697, 698; *Rauda* Rdn. 83 f.; *Bullinger/Czychowski* GRUR 2011, 19, 23.
[170] Vgl. *BGH*, 27.11.2014, I ZR 124/11, MMR 2015, 460, 461 Tz. 40 – Nintendo II; inzident auch BGH, 2.3.2017, I ZR 273/14, NJW-RR 2017, 676, 678 Tz. 20 – Nintendo III.
[171] Vgl. *OLG Karlsruhe*, 14.4.2010, 6 U 46/09, GRUR-RR 2010, 234, 235; *OLG Rostock*, 27.6. 2007, 2 W 12/07, MMR 2008, 116; *OLG Köln*, 18.10.1991, 6 U 58/91, GRUR 1992, 312, 313; *Schricker/Loewenheim/Spindler* § 69a Rdn. 7; a.A. *Möhring/Nicolini/Hoeren* § 69a Rdn. 6.
[172] Vgl. *Marly*, Urheberrechtsschutz, S. 143 ff.
[173] Vgl. *BGH*, 6.10.2016, I ZR 25/15, Tz. 34; *BGH*, 6.2.2013, I ZR 124/11, GRUR 2013, 1035, 1036 Tz. 11; *Rauda* Rdn. 103 ff.; *Schröder* MMR 2013, 80, 82.
[174] Vgl. *OLG Köln*, 13.7.2012, 6 U 225/08, CR 2013, 493, 494.
[175] Ausführlich zum Schutz von Computerspielsystemen *Rauda* Rdn. 33 ff.; *Förster* in: Duisberg/Picot Kap. 2 Rdn. 1 ff.; *Conraths* CR 2016, 705 ff.; *Hofmann* CR 2012, 281 ff.; *Bullinger/Czychowski* GRUR 2011, 19 ff.
[176] Vgl. *Heinemeyer/Nordmeyer* CR 2013, 586, 589 f.
[177] Vgl. *BGH*, 6.2.2013, I ZR 124/11, GRUR 2013, 1035 ff.; der *BGH* hat sein Vorabentscheidungsersuchen zurückgenommen, nachdem die Frage vom *EuGH*, 23.1.2014, C-355/12 – Ninten-

terprogramme, sondern auch grafische und klangliche Bestandteile umfassen, auf das Gesamtwerk abstellen[178]. Der *BGH* legt dies so aus, dass wirksame technische Maßnahmen zum Schutz eines Computerspiels, das sowohl aus einem Computerprogramm als auch aus anderen urheberrechtlich geschützten Werken besteht („**hybrides Werk**"), **auch** nach Art. 6 der Harmonisierungsrichtlinie und der diese Bestimmung ins nationale Recht umsetzenden Regelung des § 95a UrhG geschützt sind[179]. Im Ergebnis bedeutet dies, dass die weniger strenge Regelung des § 69f UrhG[180] wohl nur selten Anwendung finden wird, weil sich der Rechtsinhaber immer auf die strengeren Regelungen des § 95a berufen kann. Ein Anwendungsbereich dürfte allein § 69f Abs. 2 UrhG hinsichtlich der Vernichtung von Umgehungshilfsmitteln behalten[181]. Auch § 69d Abs. 3 UrhG ist allein auf Computerprogramme und nicht auf andere Werke anwendbar. Die Vervielfältigung eines Computerspiels, das als hybrides Werk zu qualifizieren ist, ist daher hinsichtlich der Vervielfältigung der anderen Werke oder Leistungen nicht nach § 69d Abs. 3 UrhG zulässig[182]. Soweit der hybride Charakter der Spielesoftware betont wird, kommt auch eine parallele Anwendung von § 23 UrhG und § 69c UrhG in Betracht.

b) Die Ausdrucksformen eines Computerprogramms gem. § 69a Abs. 2 UrhG

84   Die Frage, was zum urheberrechtlich geschützten Computerprogramm zählt, und was ungeschützt bleibt, – oder anders formuliert die Abgrenzung der **geschützten** von den **ungeschützten Elementen** eines Computerprogramms – findet sich in § 69a Abs. 2 UrhG angesprochen. Nach § 69a Abs. 2 S. 1 UrhG gilt der gewährte Schutz für alle Ausdrucksformen eines Computerprogramms. Hierdurch wird zunächst klargestellt, dass es für den Urheberrechtsschutz irrelevant sein soll, in welcher Programmiersprache das Programm geschaffen wurde, ob es im Quellcode[183] oder dem ausführbaren Objektcode vorliegt[184]. Dieses Ergebnis lässt sich auch dem Terminus des Programms „in jeder Gestalt" des § 69a Abs. 1 UrhG entnehmen, worauf oben bereits hingewiesen wurde[185]. Die erneute gesetzliche Klarstellung schadet andererseits auch nicht.

85   Problematischer stellt sich demgegenüber § 69a Abs. 2 S. 2 UrhG dar. Diese Vorschrift wiederholt den allgemeinen urheberrechtlichen Grundsatz, dass nur die **Form und der Ausdruck** eines Werkes geschützt werden, nicht aber die zugrundeliegende

---

do/PC Box u.a. in einem anderen Verfahren beantwortet wurde, vgl. *EuGH*, 7.5.2014, C-458/13 – Nintendo/PC Box.

[178] Vgl. *EuGH*, 23.1.2014, C-355/12, NJW 2014, 761, 762 Tz. 22 f. – Nintendo/PC Box; zustimmend *LG Berlin*, 11.3.2014, 16 O 73/13, CR 2014, 291, 292; *Hilgert* CR 2014, 354, 356; kritisch *Brüggemann* CR 2015, 697, 699.

[179] Vgl. *BGH*, 2.3.2017, I ZR 273/14, GRUR 2017, 541, 542 Tz. 20 – Nintendo III; *BGH*, 27.11.2014, I ZR 124/11, MMR 2015, 460, 462 Tz. 44 – Nintendo II.

[180] *Pfeifer* GRUR 2015, 682 spricht von „großzügigeren Bestimmungen der Softwarerichtlinie"; *Roth* MMR 2015, 466 sieht einen „eingeschränkten Schutz nach § 69f UrhG"; *Brüggemann* CR 2015. 697, 702 „enger gefasst".

[181] So hinsichtlich der Vernichtung der Adapterkarten für die Nintendo Spielekonsole im Ergebnis *BGH*, 27.11.2014, I ZR 124/11, MMR 2015, 460, 466 Tz. 108 – Nintendo II.

[182] Vgl. *BGH*, 27.4.2017, I ZR 167/15, BeckRS 2017, 109829 Tz. 2; *BGH*, 27.4.2017, I ZR 44/16, BeckRS 2017, 109594 Tz. 2; *BGH*, 6.10.2016, I ZR 25/15, GRUR 2017, 266, 273 Tz. 67.

[183] Vgl. *OLG Frankfurt*, 11.8.2015, 11 U 94/13, BeckRS 2015, 19875 Tz. 32; *OLG Köln*, 8.4.2005, 6 U 194/04, CR 2005, 624, 625.

[184] Vgl. *OLG Frankfurt*, 11.8.2015, 11 U 94/13, BeckRS 2015, 19875 Tz. 32; *Dreier/Schulze* § 69a Rdn. 19.

[185] Vgl. hierzu oben Rdn. 78.

Idee[186]. Dieses verschiedentlich auch als Grundsatz der Ideenfreiheit bezeichnete Prinzip[187] ist zwar auch international anerkannt, jedoch bezieht sich diese Aussage allein auf das grundlegende Prinzip. Im Übrigen gehen die Meinungen sowohl national als auch international weit auseinander, was zu den ungeschützten Ideen und was zur geschützten Ausdrucksform zählt.

Bedauerlicherweise enthalten auch die beiden Fassungen der EG-Richtlinie zum Softwareschutz sowie deren Materialien keine konkreten Aussagen zu diesem Problem. Hier liegt eine wesentliche Schwachstelle der Softwarerichtlinie, deren Übernahme durch den deutschen Gesetzgeber bereits vor vielen Jahren kritisiert wurde[188]. Die Abgrenzung zwischen Idee und Ausdruck hätte, selbst wenn sie zum damaligen Zeitpunkt mittels abstrakter Kriterien für nicht abschließend normierbar gehalten wurde, zumindest in der Gesetzesbegründung anhand konkreter Beispiele präzisiert werden sollen. Der Gesetzgeber war schon vor über 20 Jahren aufgefordert, etwa folgende Problemkreise zu regeln[189]: Schutz des **konkreten Programmcodes**[190]; Schutz gegenüber **sklavischer Nachschaffung** des Programmcodes; Schutz gegenüber **Funktionsnachschaffungen**; Schutz gegenüber der Nachahmung von **Befehlssätzen**[191] und **Tastenbelegungen**; Schutzfähigkeit von **Programmiersprachen** und **Makrosprachen**, Schutz **grafischer Benutzeroberflächen**, Schutz von **Schnittstellen**[192].

86

Auf Kosten der **Rechtssicherheit** hat der Gesetzgeber die Lösung des Form-Idee-Problems ausdrücklich der Rechtsprechung überlassen[193]. Eine Aussage darüber, wo die Rechtsprechung die Schutzgrenzen im Einzelfall zieht, ist immer noch schwierig[194]. Aus diesem Grund wird unten die Rechtsprechung des *EuGH* ausführlich dargestellt. Die These, in der Praxis lasse sich, wie die Erfahrung zeige, ohne weiteres ohne eine feste Begriffsbestimmung des Computerprogramms auskommen[195], geht vor dem Hintergrund von Streitwerten in Milliardenhöhe sowie der nicht unerheblichen Verfahrenszahl jedenfalls seit Jahren völlig an der Realität vorbei. Zutreffend hat der Generalanwalt beim *EuGH Bot* in seinen Schlussanträgen im Verfahren SAS/World Programming darauf hingewiesen, dass die Vorlagefragen des britischen *High Court of Justice* in Wahrheit Fragen nach dem Gegenstand und dem Umfang des von der Softwarerichtlinie gewährten Schutzes seien[196]. Bevor aber auf

87

---

[186] Vgl. die Begründung des Regierungsentwurfs BT-Drucks. 12/4022 vom 18.12.1992, S. 9 unter Berufung auf die Erwägungsgründe 13–15 der EG-Richtlinie zum Softwareschutz; *OLG Köln*, 13.7.2012, 6 U 225/08, CR 2013, 493, 494; *KG Berlin*, 6.9.2010, 24 U 71/10, BeckRS 2011, 25380; *KG Berlin*, 17.3.2010, 24 U 117/08, CR 2010, 424, 425; *OLG Köln*, 8.4.2005, 6 U 194/04, CR 2005, 624, 625; *Schricker/Loewenheim* § 2 Rdn. 73; *Dreier/Schulze* Einl. Rdn. 2; *Wandtke/Bullinger/Grützmacher* § 69a Rdn. 27.

[187] So etwa *Möhring/Nicolini/Hoeren* § 69a Rdn. 9.

[188] Vgl. *Marly*, jur-pc 1992, 1620, 1624.

[189] Vgl. hierzu ausführlich *Marly*, Urheberrechtsschutz, S. 137 ff.; *ders.*, NJW-CoR 4/1993, S. 21; *ders.*, jur-pc 1992, 1620, 1624.

[190] Vgl. hierzu das Urteil des *LG Nürnberg-Fürth*, 16.5.1991, 1 HK O 3060/90, CR 1993, 145, in dem ein urheberrechtlicher Schutz nur hinsichtlich des konkreten Programmcodes für einschlägig gehalten wird. In dieser Richtung wohl auch *OLG Hamburg*, 11.1.2001, 3 U 120/00, CR 2001, 434, 436.

[191] Vgl. *Alpert* CR 2003, 718 ff.

[192] Vgl. *Marly* NJW-CoR 4/1993, 21.

[193] Vgl. die Begründung des Regierungsentwurfs BT-Drucks. 12/4022 vom 18.12.1992, S. 9.

[194] Vgl. *Fiedler* EuZW 2012, 588.

[195] Vgl. *Schricker/Loewenheim/Spindler* § 69a Rdn. 2.

[196] Vgl. die Schlussanträge des Generalanwalts *Yves Bot* in der Rechtssache C-406/10, BeckRS 2011, 81702 Rdn. 41.

die einzelnen Streitpunkte im Detail eingegangen werden kann, sollen nachfolgend einige grundlegende und allgemeingültige Aspekte herausgestellt werden.

88 Zu Recht wird im Schrifttum hervorgehoben, die Abgrenzung stelle keine ontologische Frage dar, sondern müsse wertend nach dem Freihaltebedürfnis beantwortet werden[197]. Grundsätzlich muss berücksichtigt werden, dass der Urheberrechtsschutz nur die Ausdrucksform schützt und **keinen Schutz bestimmter Programmfunktionen** bezweckt. Auch muss die Notwendigkeit der Verhinderung einer Monopolisierung von abstrakten Gedanken und Ideen[198] sowie der erwünschten Standardisierung in die Betrachtung mit einbezogen werden[199], zumal der 9. Erwägungsgrund zur EG-Richtlinie ausdrücklich hervorhebt, dass sich die Gemeinschaft zur Förderung der internationalen Standardisierung verpflichtet fühlt. **Nicht schutzfähig** sind daher etwa **übliche Formen der Mensch-Maschine-Kommunikation** wie eine allgemein verbreitete **Menü-, Masken- oder Fenstertechnik** oder eine **Tastaturbelegung**. Ein Schutz konkreter Gestaltungsformen kommt erst dann in Betracht, wenn etwa nicht nur einzelne Menüs, sondern die Verknüpfung verschiedener Menüs zu einer Menüstruktur übernommen wird, da der Nachschaffende hierdurch erhebliche Autorenanstrengungen einspart, ohne dass ihm ein rechtfertigender Grund für die Übernahme zur Seite steht.

89 Der **konkrete Programmcode** ist gegenüber einer sog. **1 : 1-Kopie,** also einer Vervielfältigung ohne Abänderung (identische Übernahme), unstreitig **geschützt**[200]. Aber auch bei einer sklavischen Nachschaffung, bei der die **prägenden Programmstrukturen und Komponenten** und sonstige wesentliche inhaltliche Strukturelemente, die Sammlung, die Auswahl und die Gliederung der Befehle übernommen werden, greift der urheberrechtliche Schutz des Ausgangsprogramms ein[201]. Die Tatsache, dass das nachgeschaffene Programm in einer anderen Programmiersprache geschrieben wurde als das Vorlageprogramm erlaubt keinen Schluss darauf, es seien auch keine urheberrechtlich geschützten Elemente übernommen worden[202]. Unbrauchbar für die Abgrenzung von ungeschützter Idee und geschützter Ausdrucksform eines Computerprogramms ist demgegenüber die Bezugnahme auf den Begriff des **Algorithmus**[203]. Dies hat auch die EG-Kommission im Hinblick auf die parallele Problematik der Abgrenzung von patentierten und nicht patentierten Gegenständen erkannt[204].

aa) Der Schutz der Bildschirmoberfläche

90 Umstritten war lange Zeit, ob die sog. Bildschirmoberfläche schutzfähig ist[205]. Die Bildschirmoberfläche als Ausgabe von Information auf dem Bildschirm wird durch

---

[197] Vgl. *Möhring/Nicolini/Hoeren* § 69a Rdn. 10.
[198] Vgl. *EuGH*, 2.5.2012, C-406/10, GRUR 2012, 814, 815 Tz. 40 – SAS Institute; *Wandtke/Bullinger/Grützmacher* § 69a Rdn. 27; *Schricker/Loewenheim/Spindler* § 69a Rdn. 9.
[199] Ähnlich *Möhring/Nicolini/Hoeren* § 69a Rdn. 10.
[200] Vgl. *BGH*, 20.9.2012, I ZR 90/09, GRUR 2013, 509, 511 Tz. 30; *OLG Frankfurt*, 11.8.2015, 11 U 94/13, BeckRS 2015, 19875 Tz. 34; *Fiedler* EuZW 2012, 588; *Dreier/Schulze* § 69a Rdn. 21.
[201] Vgl. *EuGH*, 2.5.2012, C-406/10, GRUR 2012, 814, 815 Tz. 43 – SAS Institute; *OLG Karlsruhe*, 14.4.2010, 6 U 46/09, GRUR-RR 2010, 234, 238; *Wandtke/Bullinger/Grützmacher* § 69a Rdn. 24; *Dreier/Schulze* § 69a Rdn. 21.
[202] Vgl. *OLG Karlsruhe*, 14.4.2010, 6 U 46/09, GRUR-RR 2010, 234, 238.
[203] Vgl. hierzu ausführlich unten Rdn. 28 ff.
[204] Vgl. den Vorschlag der EG-Kommission für eine Richtlinie über die Patentierung computerimplementierter Erfindungen, KOM (2002) 92 endg. vom 20.2.2002, S. 8. Nicht überzeugend daher *Ensthaler* GRUR 2013, 666, 667.
[205] Bejahend *KG Berlin*, 17.3.2010, 24 U 117/08, CR 2010, 424, 425; *OLG Karlsruhe*, 13.6.1994, 6 U 52/94, NJW-RR 1995, 176, 177; *Härting/Kuon* CR 2004, 527, 529 f.; *Möhring/*

das ablaufende Computerprogramm erzeugt. Sie ist daher das Ergebnis des Programmablaufs und dementsprechend vom steuernden Programm zu trennen[206]. Zutreffend kann insoweit von einer **urheberrechtlichen Doppelnatur** gesprochen werden[207]. Der *EuGH* hat zu dieser Frage im Rahmen eines Vorabentscheidungsersuchens Stellung genommen[208]. In diesem Urteil hob er zunächst hervor, dass die Softwarerichtlinie den Begriff „alle Ausdrucksformen von Computerprogrammen" nicht definiere und dieser Begriff deshalb im Hinblick auf den Wortlaut und den Zusammenhang des Art. 1 Abs. 2 der Softwarerichtlinie, in dem er enthalten sei, sowie im Licht der Ziele sowohl der gesamten Richtlinie als auch des Völkerrechts zu definieren sei. Daher sei auf Art. 10 Abs. 1 TRIPS-Übereinkommen Bezug zu nehmen, wonach Computerprogramme als Werke der Literatur nach der RBÜ geschützt werden, gleichviel, ob sie in Quellcode oder in Objektcode[209] ausgedrückt sind. Dementsprechend möchte der *EuGH* den durch die Softwarerichtlinie geregelten Schutzgegenstand auf **alle Ausdrucksformen** eines Computerprogramms erstrecken, die es erlauben, es in den verschiedenen Datenverarbeitungssprachen, **wie Quellcode** und **Objektcode,** zu vervielfältigen. Insoweit begann der *EuGH* seine Ausführungen ohne die in der Vergangenheit immer im Zentrum der Betrachtung stehende maschinensteuernde Funktion anzuführen und wich damit von der Diskussion der vergangenen 25 Jahre ab.

Der *EuGH* kam jedoch auf diesen Gesichtspunkt im weiteren Gang seiner Entscheidung zurück. Er verwies zunächst auf den siebten Erwägungsgrund der Softwarerichtlinie, demzufolge der Begriff „Computerprogramm" auch das Entwurfsmaterial zur Entwicklung eines Computerprogramms umfasst, sofern die Art der vorbereitenden Arbeit die spätere Entstehung eines Computerprogramms zulässt. Dann bezog er sich auf die Schlussanträge des Generalanwalts[210] und bemühte damit ein Argument, das in der europäischen Diskussion zuvor noch nicht besonders hervorgehoben worden war: Jede Ausdrucksform eines Computerprogramms müsse ab dem Moment geschützt sein, ab dem ihre Vervielfältigung die Vervielfältigung des Computerprogramms zur Folge hätte und auf diese Weise der **Computer zur Ausführung seiner Funktion** veranlasst werden könne. Die grafische Benutzerober-

91

Nicolini/Hoeren § 69a Rdn. 6; *Fromm/Nordemann/Vinck,* 9. Aufl., § 69a Rdn. 2; verneinend *OLG Karlsruhe,* 14.4.2010, 6 U 46/09, GRUR-RR 2010, 234, 235 unter ausdrücklicher Aufgabe seiner früheren Auffassung; *OLG Frankfurt,* 22.3.2005, 11 U 64/04, MMR 2005, 705 f.; *OLG Hamburg,* 11.1.2001, 3 U 120/00, CR 2001, 434, 436; *OLG Düsseldorf,* 12.7.1999, 20 U 40/99, MMR 1999, 602; *LG Köln,* 20.6.2007, 28 O 798/04, CR 2008, 61, 62; *LG Frankfurt,* 23.8.2006, 2-06 O 272/06, CR 2007, 424 f.; *Leupold/Glossner/Wiebe* Teil 3 Rdn. 30; *Schricker/Loewenheim/Spindler* § 69a Rdn. 7; *Alpert* CR 2003, 718, 719; *Dreier/Schulze* § 69a Rdn. 16; *Wandtke/Bullinger/Grützmacher* § 69a Rdn. 14; *Fromm/Nordemann/Czychowski* § 69a Rdn. 27; BeckOK Urheberrecht/*Kaboth/Spies* § 69a Rdn. 6; *Heutz* MMR 2005, 567, 570.

[206] Vgl. *OLG Karlsruhe,* 14.4.2010, 6 U 46/09, GRUR-RR 2010, 234; *OLG Frankfurt,* 22.3.2005, 11 U 64/04, MMR 2005, 705; *OLG Düsseldorf,* 12.7.1999, 20 U 44/99, MMR 1999, 602; *OLG Düsseldorf,* 29.6.1999, 20 U 85/98, MMR 1999, 729, 730; *Dreier/Schulze* § 69a Rdn. 16; *Schricker/Loewenheim/Spindler* § 69a Rdn. 7; *Barnitzke/Möller/Nordemeyer* CR 2011, 277, 278 f.; *Kreutzer* CR 2007, 1, 2; *Heutz* MMR 2005, 567, 569 f.

[207] So für Computerspiele *Poll/Brauneck* GRUR 2001, 389, 390; von einem „Hybrid-Werk" spricht *Kreutzer,* CR 2007, 1, 2.

[208] Vgl. *EuGH,* 22.12.2010, C-393/09, GRUR 2011, 220 ff. – BSA/Kulturministerium; ausführliche Besprechung *Marly* GRUR 2011, 204 ff.

[209] Art. 10 Abs. 1 TRIPS spricht nicht vom Objektcode, sondern synonym von Maschinenprogrammcode.

[210] Schlussanträge des Generalanwalt *Yves Bot* in der Rechtssache C-393/09 vom 14.10.2010, BeckRS 2010, 91196, Rdn. 61–65.

fläche ermögliche es nicht, das Computerprogramm zu vervielfältigen, sondern stehe als Interaktionsschnittstelle zwischen dem Computerprogramm und dem Benutzer. Sie stelle lediglich ein **Element dieses Programms** dar, mittels dessen die Benutzer die Funktionen des Programms nutzen können. Dementsprechend sei sie auch unter diesem Gesichtspunkt keine Ausdrucksform eines Computerprogramms im Sinne von Art. 1 Abs. 2 der Softwarerichtlinie[211]. Im Ergebnis kann das Verständnis des *EuGH* von einem Computerprogramm also doch als **vom Steuerungselement geprägt** bezeichnet werden.

92   Benutzeroberflächen können daher auch nach der Rechtsprechung des *EuGH*, der auf diese Möglichkeit ausdrücklich hingewiesen hat[212], urheberrechtlich gegebenenfalls als **Sprachwerke** gem. § 2 Abs. 1 Nr. 1 UrhG[213], als **Werk der bildenden Künste** gem. § 2 Abs. 1 Nr. 4 UrhG[214] oder auch als **Darstellung wissenschaftlicher oder technischer Art** gem. § 2 Abs. 1 Nr. 7 UrhG[215] geschützt sein. Häufig wird bei Bildschirmmasken zwar nicht vollständig, aber doch ganz überwiegend durch sachliche Erfordernisse vorgegeben sein, welche Komponenten enthalten sein müssen. Eine schöpferische Leistung kann im Wesentlichen nur in der **Gestaltung der Maske,** insbesondere der Anordnung der Felder liegen[216]. Eine lediglich zweckmäßige Gestaltung einer Bildschirmseite stellt keine persönliche geistige Schöpfung dar[217]. Gleiches gilt für nur alltägliche grafische Gestaltungen[218]. Die softwarespezifischen Vorschriften wie etwa § 69b UrhG sind nicht anwendbar, wenn eine Rechtsverletzung nach allgemeinem Urheberrecht zu beurteilen ist. Unter Umständen ist wie bei der Gestaltung der Benutzeroberfläche einer Webseite auch ein **Designschutz** in Erwägung zu ziehen[219].

bb) Der Schutz von Programmfunktionen

93   In einer weiteren Entscheidung musste der *EuGH* darüber entscheiden, ob die **Funktionalität** eines Computerprogramms zur geschützten Ausdrucksform im Sinne des Art. 1 Abs. 2 der Softwarerichtlinie zählt. Die Beklagte des Ausgangsverfahrens hatte, ohne den Programmcode der Klägerin zu übernehmen, ein eigenes Programm mit gleicher Funktionalität geschaffen, nachdem sie das Erstprogramm ausgiebig beobachtet und untersucht hatte. Der *EuGH* widmet der unter wirtschaftlichem Gesichtspunkt herausragend bedeutsamen Frage nach dem Funktionsschutz nur drei Randziffern mit insgesamt knapp 15 Zeilen[220]. Unter Berufung auf die Ents-

---

[211] Vgl. *EuGH*, 22.12.2010, C-393/09, GRUR 2011, 220, 222 Tz. 38 ff. – BSA/Kulturministerium.

[212] Vgl. *EuGH*, 22.12.2010, C-393/09, GRUR 2011, 220, 222 Tz. 44 ff. – BSA/Kulturministerium.

[213] Vgl. *OLG Karlsruhe*, 14.4.2010, 6 U 46/09, GRUR-RR 2010, 234, 235.

[214] Vgl. *OLG Karlsruhe*, 14.4.2010, 6 U 46/09, GRUR-RR 2010, 234, 235; *OLG Rostock*, 27.6.2007, 2 W 12/07, MMR 2008, 116; *LG Köln*, 20.6.2007, 28 O 798/04, CR 2008, 61, 62.

[215] Vgl. *OLG Karlsruhe*, 14.4.2010, 6 U 46/09, GRUR-RR 2010, 234, 235; *LG Frankfurt*, 23.8.2006, 2–06 O 272/06, CR 2007, 424, 425.

[216] Vgl. *OLG Karlsruhe*, 14.4.2010, 6 U 46/09, GRUR-RR 2010, 234, 235.

[217] Vgl. *LG Frankfurt*, 23.8.2006, 2–06 O 272/06, CR 2007, 424, 425.

[218] Vgl. *LG Köln*, 20.6.2007, 28 O 798/04, CR 2008, 61, 62; für die Gestaltung einer Webseite *LG Düsseldorf*, 26.6.2013, 12 O 381/10, BeckRS 2013, 19906.

[219] Zum Designschutz einer Webseite *LG Düsseldorf*, 26.6.2013, 12 O 381/10, BeckRS 2013, 19906.

[220] Vgl. *EuGH*, 2.5.2012, C-406/10, GRUR 2012, 814, 816 Tz. 39–41 – SAS Institute. Insofern überrascht die harsche Kritik des Vorlagegerichts gegenüber der Entscheidung des *EuGH* nicht: „The language in which the court expressed its judgment was, at times, disappointingly compressed, if not obscure. Moreover, although the judge had referred specific and detailed questions to the

cheidung BSA/Kulturministerium wiederholt er, dass der Quellcode und der Objektcode eines Computerprogramms dessen Ausdrucksform sind, die nach der Softwarerichtlinie Schutz verdient. Dieser Rückverweis ist aber verkürzt. Unter Tz. 35 des zitierten Urteils[221] ist nämlich festgestellt, Schutzgegenstand der Softwarerichtlinie seien alle Ausdrucksformen des Programms, die es erlauben, es in den verschiedenen Datenverarbeitungssprachen, wie **Quellcode und Objektcode** zu vervielfältigen. Quellcode und Objektcode sind damit nur zwei **beispielhaft genannte** („wie") **Ausdrucksformen** eines Programms, zu denen weitere hinzutreten können. Die geschützte Ausdrucksform von Computerprogrammen beschränkt sich folglich nicht auf den Quell- und Objektcode. Sie kann in Anlehnung an § 1 (ii) der WIPO-Musterstrafvorschriften dahingehend umschrieben werden, dass **jede prozedurale Darstellung** in sprachlicher, schematischer oder sonstiger Form zur **Ausdrucksform** zählt, deren Angaben ausreichend sind, um eine informationsverarbeitende Maschine in entsprechender Weise zu steuern. Dies können der Quell- und Objektcode sein, aber auch andere Formen der Programmbeschreibung kommen in Betracht[222].

Auch bei diesem nicht allein auf den Programmcode abstellenden, sondern quasi erweiterten Verständnis der Ausdrucksform eines Computerprogramms zählt aber die Funktionalität nicht zum Schutzgegenstand. Dem steht entgegen, dass sie grundsätzlich nur vorgibt, welche **Aufgaben** die informationsverarbeitende Maschine ausführen soll. Von diesen Aufgaben kann aber nicht unmittelbar auf die **konkrete Umsetzung** der Aufgabenstellung durch **prozedurale Schritte** geschlossen werden. Die Art und Weise, wie diese prozeduralen Einzelschritte ausgewählt und zusammengefügt werden, bilden aber die Ausdrucksform eines Computerprogramms und nur diese Art und Weise ist als eigene geistige Schöpfung urheberrechtlich geschützt[223]. Dieses Ergebnis ergibt sich schon aus der Entscheidung BSA/Kulturministerium, sodass die sehr knappe Begründung des *EuGH* im späteren Urteil letztendlich folgerichtig ist.

94

Zu begrüßen ist, dass der *EuGH* nicht bei dieser eher begrifflichen Argumentation stehen bleibt, sondern sodann – wie dies oben gefordert wurde – noch zwei weitere Argumente bemüht, um sein Ergebnis einer wertenden Kontrolle zu unterziehen. Zunächst hebt er unter Berufung auf die Schlussanträge des Generalanwalts beim *EuGH Bot* hervor, ein urheberrechtlicher Schutz der Funktionalität würde zum **Schaden des technischen Fortschritts** und der industriellen Entwicklung die Möglichkeit eröffnen, **Ideen zu monopolisieren**[224]. Daneben betont der *EuGH*, dass

95

CJEU, the CJEU refrained from answering them, but instead answered its own paraphrase. This led to a disagreement about whether the court had actually given answers to all the questions posed. It would, perhaps, be more helpful if in response to a national court asking for help the CJEU, in the performance of its duty of sincere co-operation, answered the questions it was asked unless there are cogent reasons not to." *Court of Appeal* (Civil Division), 21.11.2013, [2013] EWCA Civ 1482 = GRUR Int. 2014, 289, 290 Tz. 5.

[221] Vgl. *EuGH*, 22.12.2010, C-393/09, GRUR 2011, 220, 222 Tz. 35 – BSA/Kulturministerium.

[222] In den Schlussanträgen des Generalanwalts *Yves Bot* in der Rechtssache C-406/10, BeckRS 2011, 81702 Rdn. 50 war dies so formuliert, dass sich der Schutz eines Computerprogramms nicht auf die Textelemente dieses Programms beschränkt, d. h. auf den Quellcode und den Objektcode, sondern er erstrecke sich „auf jedes sonstige Element, in dem sich die Kreativität des Urhebers ausdrückt".

[223] Schlussanträge des Generalanwalts *Yves Bot* in der Rechtssache C-406/10, BeckRS 2011, 81702 Rdn. 55.

[224] Vgl. *EuGH*, 2.5.2012, C-406/10, GRUR 2012, 814, 816 Tz. 40 – SAS Institute, unter Bezugnahme auf die Schlussanträge des Generalanwalts *Yves Bot* in der Rechtssache C-406/10, BeckRS 2011, 81702 Rdn. 57; Zustimmend wohl *LG Hamburg*, 3.5.2016, 408 O 46/16, CR 2016, 782, 783 f.

es der Zielsetzung der Softwarerichtlinie entspricht, die Schaffung **ähnlicher** oder sogar **identischer** Programme durch andere Urheber zu ermöglichen, sofern diese die Ausgangswerke **nicht kopieren**. Hierin wurde während der Ausarbeitung der Softwarerichtlinie ein Hauptvorteil des urheberrechtlichen Schutzes von Computerprogrammen gesehen[225]. Dieser Hauptvorteil darf nicht durch den Einbezug der Funktionalität in den Schutzgegenstand konterkariert werden. Damit zeigt sich aber auch hier, dass die außerordentlich knappe Begründung des *EuGH* nicht nur eine konsequente Fortsetzung der eigenen Spruchpraxis darstellt, sondern auch dem gebotenen **Freihaltebedürfnis** im Interesse der Allgemeinheit[226] und anderer Anbieter[227] gerecht wird.

96 Weiterer Präzisierung bedarf aber noch die Formulierung des *EuGH*, Zweitanbieter dürften ein funktionsidentisches Programm schaffen, „sofern sie die Werke anderer nicht kopieren". Sicher ist, dass die **Übernahme fremden Programmcodes** grundsätzlich **unzulässig ist.** Allein für den Fall, dass eine Funktion nur durch einen bestimmten Code ausgeführt werden kann, ist im Interesse des Freihaltebedürfnisses und der Verhinderung von Monopolen eine **Ausnahme** anzuerkennen[228]. Der *EuGH* **verneint** in einem solchen Fall das **Kriterium der Originalität** mit dem Argument, die Möglichkeiten der Umsetzung seien so beschränkt, dass Idee und Ausdruck zusammenfielen[229]. Eine Urheberrechtsverletzung wird aber dann zu bejahen sein, wenn der Zweithersteller das Ausgangsprogramm **sklavisch nachschafft,** indem er die prägenden Programmstrukturen und sonstige wesentliche inhaltliche Strukturelemente wie Sammlung, Auswahl und Gliederung der Befehle übernimmt. Auch in diesem Fall erspart sich der Zweithersteller in erheblichem Umfang eigene Autorenanstrengungen hinsichtlich des Planungs- und Entwicklungsaufwands[230], ohne dass dies durch die Ziele der Softwarerichtlinie, die Förderung des technischen Fortschritts oder die Verhinderung von Monopolen gerechtfertigt wäre. Als **Zwischenergebnis** kann daher festgehalten werden, dass es beispielsweise **zulässig** wäre, wenn ein Zweithersteller nach dem Besuch einer Computermesse ein Programm schafft, das funktionsidentisch zu demjenigen eines Ausstellers ist. Auch wenn der Zweithersteller ein Programmexemplar erwirbt, um das Erstprogramm zu testen und untersuchen, kann der **Ersthersteller** eine Nachschaffung nicht in seinen **Lizenzbedingungen** verbieten[231]. Voraussetzung ist lediglich, dass der Zweithersteller nur Handlungen vornimmt, die in den Lizenzbestimmungen erlaubt werden oder er lediglich solche Handlungen zum Laden oder Ablaufen des Programms vornimmt, die für die Programmbenutzung erforderlich sind[232]. Auch dürfen die Handlungen nicht vorgenommen werden, um die geschützte Ausdrucksform des Erstprogramms zu übernehmen[233].

---

[225] Vgl. *EuGH*, 2.5.2012, C-406/10, GRUR 2012, 814, 816 Tz. 41 – SAS Institute, unter Bezugnahme auf Nr. 3.7 der Begründung des Vorschlags der EG-Kommission für eine Richtlinie des Rates der Europäischen Gemeinschaften über den Rechtsschutz von Computerprogrammen, ABl.EG Nr. C 91 vom 12.4.1989, S. 7.
[226] Vgl. hierzu oben Rdn. 46 ff.
[227] Vgl. hierzu oben Rdn. 50.
[228] Im Ergebnis auch Oracle America Inc. vs. Google Inc., *District Court for the Northern District of California*, BeckRS 2012, 11940.
[229] Vgl. *EuGH*, 22.12.2010, C-393/09, GRUR 2011, 220, 222 Tz. 49 – BSA/Kulturministerium.
[230] Vgl. hierzu oben Rdn. 85; *Wandtke/Bullinger/Grützmacher* § 69a Rdn. 24; *Dreier/Schulze* § 69a Rdn. 21.
[231] Vgl. *EuGH*, 2.5.2012, C-406/10, GRUR 2012, 814, 815 Tz. 47 ff. – SAS Institute.
[232] Vgl. *EuGH*, 2.5.2012, C-406/10, GRUR 2012, 814, 816 Tz. 59 – SAS Institute.
[233] Vgl. *EuGH*, 2.5.2012, C-406/10, GRUR 2012, 814, 816 Tz. 63 – SAS Institute.

cc) Der Schutz der Programmiersprachen und Dateiformate

Nach der Ablehnung eines Rechtsschutzes für die Funktionalität von Computerprogrammen wendet sich der *EuGH* in der Entscheidung SAS Institute der Frage zu, ob Programmiersprachen und Dateiformate urheberrechtlichen Schutz genießen. Ob Programmiersprachen[234] im Sinne der jeweiligen für die Erstellung eines Programms verwendbaren Befehle[235] schutzfähig sind, ist umstritten. Im Ausland sind sie teilweise ausdrücklich vom Urheberrechtsschutz ausgenommen[236]. Es gibt durchaus Gründe, die Programmiersprachen als **allgemeines Ausdrucks- und Kommunikationsmittel** für nicht schutzfähig zu erklären, wie dies verschiedentlich auch für sonstige Kunstsprachen geschieht[237]. In der genannten Entscheidung musste der *EuGH* hierzu aber nicht allgemein Stellung nehmen. Entschieden werden musste, ob die von einem Erstprogramm dem Anwender angebotene **Skriptsprache (Makrosprache)**, die es dem Anwender ermöglicht, eigene Anwendungsprogramme zu schreiben und ausführen zu lassen, zum Schutzgegenstand des Erstprogramms zählt. Das Zweitprogramm der Bekl. des Ausgangsverfahrens war ohne Rückgriff auf den Code des Erstprogramms so gestaltet, dass die Anwender unter Verwendung der ihnen geläufigen Befehle weiterhin Anwendungsprogramme schreiben und alte Anwendungsprogramme ablaufen lassen konnten. Auch konnten die Anwender solche Dateien, die sie mit dem Erstprogramm erstellt hatten, mit dem Zweitprogramm weiterverarbeiten. Der wirtschaftliche Hintergrund dieser Vorgehensweise von Anbietern von Zweitprogrammen liegt darin, dass nur so potentielle Kunden zum Softwarewechsel bewegt werden können, weil die Anwender sonst mit hohem Aufwand eine neue Programmiersprache lernen, ihre Anwendungsprogramme neu schreiben und ihre alten Daten neu erfassen müssten (sog. „Switching Costs"). Wegen dieser Kosten kann von einem sog. „Lock-in-Effekt" zugunsten des Erstprogramms gesprochen werden[238]. Der *EuGH* sieht in dieser Vorgehensweise der Zweitanbieter nur eine Vervielfältigung der **ungeschützten Funktionalität** des Erstprogramms und verneint folglich den softwarespezifischen Urheberrechtsschutz. Er weist aber darauf hin, dass sowohl die Programmiersprache als auch das Dateiformat nach dem **allgemeinen Urheberrecht** geschützt sein können, sofern es sich um eine geistige Schöpfung handelt[239]. Anders als bei an den Menschen gerichteten Kunstsprachen sind bei Computerprogrammen und Dateiformaten in der Regel technische Erwägungen, Regeln und Zwänge ausschlaggebend für die Ausgestal-

97

---

[234] Vgl. zum Begriff oben Rdn. 17 mit Verweis auf DIN 44300 Teil 4 Nr. 4.1.6: „Eine zum Abfassen von Programmen geschaffene Sprache."

[235] Vgl. zum Begriff oben 4), Rdn. 16 mit Verweis auf DIN 44300 Teil 4 Nr. 4.1.3: „Eine elementare Anweisung, die insofern auf eine bestimmte Funktionseinheit bezogen ist, als sie von dieser unmittelbar oder nach einer Codierung unmittelbar ausgeführt werden kann."

[236] Vgl. etwa Art. 10 Abs. 3 japanisches UrhG: „The protection granted by this Law to works mentioned in paragraph (1), item (ix) shall not extend to any programming language, rule or algorithm used for making such works."

[237] Vgl. *Schricker/Loewenheim/Spindler* § 69a Rdn. 12; *Wandtke/Bullinger* § 2 Rdn. 46 für die Sprache Esperanto; a. A. *Dreier/Schulze* § 69a Rdn. 24; differenzierend *Wandtke/Bullinger/Grützmacher* § 69a Rdn. 30.

[238] Vgl. *Buxmann/Diefenbach/Hess*, Die Softwareindustrie, S. 31.

[239] Vgl. *EuGH*, 2.5.2012, C-406/10, GRUR 2012, 814, 816 Tz. 45 – SAS Institute. Ob es sich hierbei um eine eigene geistige Schöpfung nach § 2 Abs. 2 UrhG handeln muss oder wegen der Richtlinie 2001/29/EG des Europäischen Parlaments und des Rates vom 22.5.2001 zur Harmonisierung bestimmter Aspekte des Urheberrechts und der verwandten Schutzrechte in der Informationsgesellschaft, ABL.EG Nr. L167 vom 22.6.2001, S. 10 ff., lediglich eine eigene geistige Schöpfung vorzuliegen hat, kann hier nicht weiter vertieft werden.

tung. Daher besteht, wie dies der *EuGH* in vergleichbaren Fällen verlangt[240], nahezu kein Raum für freie oder kreative Entscheidungen. Eine persönlich geistige Schöpfung wird somit nur selten zu bejahen sein.

dd) Der Schutz der Benutzerhandbücher

98 Bedienungsanleitungen, **Benutzerhandbücher** oder **Wartungshandbücher** sind, da mit ihnen das Computerprogramm grundsätzlich nicht vervielfältigt werden kann, nach den Vorgaben des *EuGH* nicht als Ausdrucksformen des Computerprogramms anzusehen. Nur wenn im Einzelfall etwa wesentliche Teile des Programmcodes wiedergegeben werden, könnte anders zu entscheiden sein. Dies wird jedoch wohl kaum vorkommen. Gegebenenfalls sind die betroffenen Werke aber als **Schriftwerke** im Sinne des § 2 Abs. 1 Nr. 1 UrhG oder als **Darstellungen wissenschaftlicher** oder **technischer Art** im Sinne des § 2 Abs. 1 Nr. 7 UrhG geschützt, sofern es sich um persönlich geistige Schöpfungen gem. § 2 Abs. 2 UrhG handelt[241].

99 Für einen Urheberrechtsschutz des Handbuchs oder Teilen davon nach dem allgemeinen Urheberrecht ist aber zu berücksichtigen, dass die einzelnen beschriebenen Elemente wie etwa die Syntax, die Befehle oder die Voreinstellungen aus Wörtern, Zahlen und Konzepten bestehen, die **einzeln keine geistige Schöpfung** des Urhebers darstellen. Erst die **Auswahl**, die **Anordnung** und die **Kombination** dieser Wörter, Zahlen oder mathematischen Konzepte vermag eine geistige Schöpfung des Urhebers zu begründen[242]. Der Urheber eines Zweitprogramms darf dementsprechend diese Schöpfung des Herstellers des Erstprogramms nicht vervielfältigen und in sein Handbuch übernehmen. Sofern im Handbuch auch Fotografien enthalten sind, kommt auch ein Lichtbildschutz nach § 72 UrhG in Betracht[243].

ee) Der Schutz der Schnittstellen und der APIs

100 Umstritten ist schließlich noch der Schutz der sog. **Schnittstellen.** Weder der Text der EG-Richtlinie zum Softwareschutz noch der Text des UrhG noch die Begründung des Gesetzesentwurfs enthalten eine Definition dieses Begriffs. Der deutsche Gesetzgeber bezog sich allein auf den 11. Erwägungsgrund zur Softwarerichtlinie (1991), in dem eine Schnittstelle aus dem Blickwinkel ihrer Funktion umschrieben ist[244]: „Die Teile des Programms, die eine solche Verbindung und Interaktion zwischen den Elementen von Software und Hardware ermöglichen sollen, sind allgemein als Schnittstellen bekannt."[245] Die Kenntnis der Schnittstellen ist folglich für

---

[240] Für Benutzeroberflächen *EuGH*, 22.12.2010, C-393/09, GRUR 2011, 220, 222 Tz. 48 ff. – BSA/Kulturministerium; für Datenbanken *EuGH*, 1.3.2012, C-604/10, GRUR 2012, 386, 388 Tz. 39 – Football Dataco/Yahoo!; für Sportereignisse *EuGH*, 4.10.2011, C-403, 429/08, GRUR 2012, 156, 160 Tz. 98 – Football Assocciation/Murphy; für Porträtfotos *EuGH*, 1.12.2011, C-145/10, GRUR 2012, 166, 168 Rdn. 92 – Painer/Standard.

[241] Vgl. oben Rdn. 12 f.; aus dem Schrifttum *Dreier/Schulze* § 69a Rdn. 15; *Wandtke/Bullinger/Grützmacher* § 69a Rdn. 13; auch der *BGH*, 6.7.2000, I ZR 244/97, NJW 2000, 3571, 3572 unterscheidet zwischen geschütztem Programm und Benutzerhandbuch, musste dies in der genannten Entscheidung aber nicht vertiefen.

[242] Vgl. *EuGH*, 2.5.2012, C-406/10, GRUR 2012, 814, 816 Tz. 67 – SAS Institute; für eine Bedienungsanleitung *OLG Frankfurt*, 26.5.2015, 11 U 18/14, BeckRS 2015, 10631 Tz. 20. Für Sprachwerke allgemein *OLG Köln*, 12.6.2015, 6 U 5/15, GRUR-RR 2016, 59, 60 Tz. 26; allgemein für Gebrauchszwecken dienende Schriftwerke *OLG Köln*, 12.6.2015, 6 U 5/15, NJW-RR 2016, 165, 166 Rdn. 26.

[243] Vgl. *OLG Frankfurt*, 26.5.2015, 11 U 18/14, BeckRS 2015, 10631 Tz. 21.

[244] Vgl. die Begründung des Regierungsentwurfs BT-Drucks. 12/4022 vom 18.12.1992, S. 9. In der aktuellen Richtlinienfassung findet sich auch die Passage in Satz 3 von Erwägungsgrund 10.

[245] Das *LG Hamburg*, 8.7.2016, 310 O 89/15, GRUR-RS 2016, 13761 Tz. 6 definiert Schnittstelle wie folgt: „Als Schnittstelle bezeichnet man eine Komponente, die die Kommunikation anderer

die an anderer Stelle ausführlich problematisierte **Interoperabilität**[246] notwendig. Soweit die jeweilige Schnittstelle das Ergebnis der eigenen geistigen Schöpfung ihres Urhebers im Sinne des § 69a Abs. 3 S. 1 UrhG darstellt, ist sie als selbstständig geschützt zu qualifizieren[247]. Zu berücksichtigen ist hier aber in besonderem Maße, dass Schnittstellen noch mehr durch technische Notwendigkeiten, vereinheitlichte Spezifikationen und Standardisierungen bestimmt sind als dies bei Computerprogrammen schon grundsätzlich der Fall ist. Darüber hinaus gilt auch hier, dass die einer Schnittstelle zugrundeliegenden Ideen und Grundsätze nicht geschützt sind, was § 69a Abs. 2 S. 2 UrhG ausdrücklich klarstellt. Zu Recht wird daher im Schrifttum davon ausgegangen, dass der **Schutz von Schnittstellen** eher die **Ausnahme** bildet[248] gleichwie das *OLG Frankfurt*[249] zutreffend zwischen **Schnittstellendefinition** und allein schutzfähigem **Programm** trennt.

Es stellt sich daher die Frage, wie der *EuGH* den Rechtsstreit Oracle vs. Google[250] über den Rechtsschutz von Schnittstellen zur Anwendungsprogrammierung, kurz APIs (**Application Programming Interfaces**) entschieden hätte, wäre dieser nicht in den USA, sondern in Europa ausgetragen worden. Nach den Vorgaben des *EuGH* scheidet ein softwarespezifischer Urheberrechtsschutz für Schnittstellen grundsätzlich aus, sodass nur ein Schutz nach dem allgemeinen Urheberrecht in Betracht kommt. Zu berücksichtigen ist hier aber erneut, dass Schnittstellen noch stärker durch äußere Vorgaben bestimmt sind als dies bei Computerprogrammen ohnehin schon der Fall ist. Es ist daher davon auszugehen, dass der *EuGH* einen Urheberrechtsschutz **mangels Originalität** verneinen würde[251], wenngleich nicht zu verkennen ist, dass die **Prüfung der allgemeinen Schutzvoraussetzungen** Sache der **nationalen Gerichte** ist. Aber selbst wenn die Originalität zu bejahen sein sollte, käme der *EuGH* wohl zu dem Ergebnis, dass die Programmierschnittstellen im Rahmen der **Erforderlichkeit** übernommen werden dürfen, weil die Entwicklung ähnlicher oder funktionsidentischer Programme durch andere Urheber zur Vermeidung von Monopolen ausdrücklich möglich sein soll[252]. Insoweit stimmt die zu erwartende Rechtsprechung des *EuGH* mit der US-amerikanischen Rechtsprechung überein, denn auch dort wurde die Urheberrechtsverletzung verneint.

101

c) Die Abgrenzung vom Rechtsschutz für Datenbanken

Gem. § 4 Abs. 2 S. 2 UrhG zählt ein zur Schaffung des Datenbankwerkes oder zur Ermöglichung des Zugangs zu dessen Elementen verwendetes Computerpro-

102

Komponenten ermöglicht; im Hardware-Bereich mag das eine bestimmte Steckverbindung sein, im Softwarebereich mögen dies bestimmte Programmierungsanforderungen sein. Als eine abstrakte oder stabile Schnittstelle kann dabei eine solche bezeichnet werden, deren Konfiguration bzw. Anforderungen sich auch bei einer Weiterentwicklung der kommunizierenden Komponenten nicht ändert."

[246] Vgl. hierzu unten Rdn. 265.
[247] Vgl. *Dreier/Schulze* § 69a Rdn. 23; *Schricker/Loewenheim/Spindler* § 69a Rdn. 13; *Wandtke/Bullinger/Grützmacher* § 69a Rdn. 31. Davon geht auch das *OLG Frankfurt*, 11.8.2015, 11 U 94/13, BeckRS 2015, 19875 Tz. 36 aus.
[248] Vgl. *Schricker/Loewenheim/Spindler* § 69a Rdn. 13.
[249] Vgl. *OLG Frankfurt*, 11.8.2015, 11 U 94/13, BeckRS 2015, 19875 TZ. 36.
[250] Vgl. Oracle America Inc. vs. Google Inc., *District Court for the Northern District of California*, becklink 1020209; Berufungsinstanz US Court of Appeals for the Federal Circuit, 9.5.2014, GRUR Int. 2014, 711 ff.
[251] So im Ergebnis auch die überwiegende Meinung im deutschen Schrifttum; vgl. *Schricker/Loewenheim/Spindler* § 69a Rdn. 13; *Wandtke/Bullinger/Grützmacher* § 69a Rdn. 31.
[252] Vgl. *EuGH*, 2.5.2012, C-406/10, GRUR 2012, 814, 816 Tz. 41 – SAS Institute.

gramm (§ 69a) **nicht** zu den **Bestandteilen des Datenbankwerkes.** Die betreffende Software bleibt folglich ein **eigenständiger Schutzgegenstand**[253]. Der Rechtsschutz für Datenbankwerke sowie derjenige der eingesetzten Software richten sich dementsprechend nach unterschiedlichen Regelungen. Unter softwarespezifischen Gesichtspunkten ist darauf hinzuweisen, dass der **Hersteller der Datenbank** zunächst die notwendigen **Nutzungsrechte** für die Software benötigt, die er bei der Schaffung der Datenbank einsetzt. Darüberhinaus muss er auch für den Betrieb der Datenbank über die notwendigen Nutzungsrechte an der Datenbanksoftware verfügen und diese Nutzungsrechte gegebenenfalls dem **Datenbanknutzer** verschaffen. Ohne Nutzungsrechte an der betreffenden Datenbanksoftware sind die Datenbankanwender grundsätzlich nicht in der Lage, die Datenbank zu benutzen[254]. Ein Vertrag über die Benutzung einer Datenbank beinhaltet somit neben der Einräumung eines Nutzungsrechts am Datenbankinhalt auch eine Einräumung eines Nutzungsrechts an der betreffenden Datenbanksoftware[255].

4. Schutzvoraussetzungen (Wann greift der Schutz ein?)

a) Die allgemeinen Voraussetzungen

aa) Das Entstehen des Urheberrechtsschutzes

103   Der Urheberrechtsschutz greift ab dem **Zeitpunkt der Entstehung des Werkes**[256] ein, ohne dass irgendwelche **Formalien** eingehalten werden müssen wie etwa eine Anmeldung beim Patentamt, eine Hinterlegung bei einem Copyright Office[257] oder eine Bekanntgabe an die Öffentlichkeit. Hierin sah die Softwareindustrie Ende der siebziger Jahre des vorigen Jahrhunderts einen entscheidenden Vorteil des urheberrechtlichen Softwareschutzes gegenüber anderen Schutzsystemen insbesondere gegenüber dem Patentrecht. Auch ein noch im Schaffensprozess befindliches Werk ist automatisch geschützt, sofern nur bereits das Kriterium der Individualität erfüllt ist[258], das bei Computerprogrammen gemäß der unten ausführlich erörterten Vorschrift des § 69a Abs. 3 UrhG als eigene geistige Schöpfung zu verstehen ist. Geschützt ist daher etwa auch der ängstlich **geheim gehaltene Programmcode** oder das noch stark fehlerbehaftete Programm einer frühen Entwicklungsstufe. Gleiches gilt für das vorbereitende Material und **Entwurfsmaterial** sowie **Ablaufdiagramme** oder Beschreibungen von Schrittfolgen in Klarschrift[259].

bb) Urhebervermerke und Parteivereinbarungen

104   Das Anbringen von **Urhebervermerken,** dem Copyright-Zeichen (©) oder sonstigen Hinweisen begründet keinen Urheberrechtsschutz. Auch sind solche Hinweise nicht notwendig[260]. Nicht möglich ist ferner, den Urheberrechtsschutz eines Werks durch **Parteivereinbarung** begründen zu wollen[261], weil das Urheberrecht allein von

---

[253] Vgl. *Dreier/Schulze* § 4 Rdn. 21.
[254] Vgl. *Wandtke/Bullinger/Marquardt* § 4 Rdn. 10.
[255] Vgl. *Dreier/Schulze* § 4 Rdn. 21.
[256] Vgl. *Dreier/Schulze* § 2 Rdn. 245.
[257] Auch in den USA ist seit deren Beitritt zur RBÜ im Jahre 1989 keine Anmeldung und Hinterlegung eines Werks beim Register of Copyrights mehr erforderlich, um Urheberrechtsschutz zu erlangen.
[258] Vgl. *BGH,* 23.6.2005, I ZR 227/02, GRUR 2005, 854, 856; *BGH,* 9.5.1985, I ZR 52/83, NJW 1986, 192, 195; *Dreier/Schulze* § 2 Rdn. 15; *Wandtke/Bullinger* § 2 Rdn. 41.
[259] Vgl. hierzu oben Rdn. 76.
[260] Vgl. *Dreier/Schulze* § 2 Rdn. 246.
[261] Vgl. hierzu ausführlich unten Rdn. 1759 ff.

der Schaffung eines urheberrechtsschutzfähigen Werks abhängig ist. Das Bestehen der Schutzvoraussetzungen ist vom Gericht von Amts wegen zu prüfen[262]. Aus diesem Grund ist es irrelevant, wenn der Prozessgegner den Urheberrechtsschutz für das streitgegenständliche Programm nicht in Abrede stellt[263].

b) Die softwarespezifischen Schutzvoraussetzungen, insbesondere die Individualität

Die der Umsetzung der EG-Richtlinie (1991) dienende Urheberrechtsnovelle von 1993[264] führte in § 69a Abs. 3 UrhG eine Regelung ein, die Art. 1 Abs. 3 der EG-Richtlinie sowie dem auf diesen Problemkreis ausgerichteten 8. Erwägungsgrund zur EG-Richtlinie entspricht. Nach S. 1 der Regelung werden Computerprogramme geschützt, wenn sie **individuelle Werke** in dem Sinne darstellen, dass sie das Ergebnis der **eigenen geistigen Schöpfung** ihres Urhebers sind. Der *EuGH* verwendet anstatt des Begriffs der Individualität denjenigen der **Originalität**[265]. Nach § 69a Abs. 3 S. 2 UrhG sind zur Bestimmung der Schutzfähigkeit **keine anderen Kriterien** heranzuziehen, insbesondere nicht qualitative oder ästhetische. Damit unterscheidet sich § 69a Abs. 3 UrhG entscheidend vom Prüfungsmaßstab des § 2 Abs. 2 UrhG, der für alle anderen urheberrechtlich geschützten Werke das Vorliegen einer persönlichen geistigen Schöpfung verlangt. Eigene geistige Schöpfung im Sinne des § 69a Abs. 3 UrhG und persönliche geistige Schöpfung im Sinne des § 2 Abs. 2 UrhG sind nicht deckungsgleich[266].

105

Bezüglich der **softwarespezifischen Individualität** nach § 69a Abs. 3 UrhG enthält der Regierungsentwurf zur Urheberrechtsnovelle 1993 die Begründung[267], die Bestimmungen der EG-Richtlinie führten dazu, dass Urheberrechtsschutz von Computerprogrammen die Regel und fehlende Schöpfungshöhe die Ausnahme seien. Die Rechtsprechung des *BGH* in der „Inkassoprogramm-"[268] und der „Betriebssystem-"[269] Entscheidung stünden **nicht in Einklang mit der Richtlinie**. Diese erfordere auch den Schutz der einfachen persönlichen Schöpfung, der sog. „kleinen Münze". Der ein Urheberrecht geltend machende Kläger müsse darlegen, dass sein Programm nicht lediglich das Werk eines anderen nachahme, sondern dass es eine **eigene geistige Schöpfung** sei. Nur wenn ernsthafte Anhaltspunkte bestünden, dass ein Programm sehr einfach strukturiert sei, solle eine nähere Darlegung des **Inhalts des Programms**[270] verlangt werden[271]. Nötig seien Erleichterungen der Darlegungslast,

106

---

[262] Vgl. *BGH*, 3.2.1988, I ZR 142/86, GRUR 1988, 812, 814; *Dreier/Schulze* § 2 Rdn. 250.

[263] A.A. wohl *OLG Düsseldorf*, 29.6.2009, I-20 U 247/08, MMR 2009, 629 unter fehlerhafter Berufung auf § 2 Abs. 2 UrhG und nicht auf § 69a Abs. 3 UrhG; *LG Düsseldorf*, 26.11.2008, 12 O 431/08, CR 2009, 221, 222; *LG München I*, 12.7.2007, 7 O 5245/07, CR 2008, 57.

[264] Vgl. Zweites Gesetz zur Änderung des Urheberrechtsgesetzes vom 9.6.1993, BGBl. I S. 910 f.

[265] Vgl. *EuGH*, 23.1.2014, C-355/12, NJW 2014, 761, 762 Tz. 21 – Nintendo/PC Box: „Werke wie Computerprogramme sind urheberrechtlich geschützt, sofern sie Originale sind, das heißt eine eigene geistige Schöpfung ihres Urhebers darstellen."

[266] Vgl. *Wandtke/Bullinger/Grützmacher* § 69a Rdn. 33; *Möhring/Nicolini/Hoeren* § 69a Rdn. 13; keinen prinzipiellen Unterschied sehen *Schricker/Loewenheim/Spindler* § 69a Rdn. 14; *Ohst* S. 32 sowie 152. Terminologisch falsch daher *LG Berlin*, 11.3.2014, 16 O 73/13, CR 2014, 291.

[267] Vgl. BT-Drucks. 12/4022 vom 18.12.1992, S. 9.

[268] Vgl. *BGH*, 9.5.1985, I ZR 52/83, NJW 1986, 192 ff.

[269] Vgl. *BGH*, 4.10.1990, I ZR 139/89, NJW 1991, 1231 ff.

[270] Nur am Rande sei erwähnt, dass das Abstellen auf den Inhalt eines Werks zur Begründung des Urheberrechtsschutzes einen klaren Bruch mit dem klassischen deutschen Urheberrechtsverständnis darstellt; vgl. *Marly*, Urheberrechtsschutz, S. 120 f. Dies übersieht auch *Ohst* S. 36.

[271] Dies übersehen *OLG Hamburg*, 29.11.2001, 3 U 288/00, CR 2002, 485; *LG München I*, 28.8.1998, 7 O 3114/98, CR 1998, 655.

die eine globale, pauschale Beschreibung des Umstandes ermöglichten, dass ein Programm **nicht völlig banal** und zumindest als „kleine Münze" geschützt sei[272].

107 Diese Ausführungen des Gesetzgebers stehen mit der langjährigen Rechtsprechung des *BGH* auch im nicht softwarespezifischen Urheberrecht im Einklang. Wer sich etwa im Verletzungsprozess auf eine urheberrechtlich schutzfähige Leistung beruft, hat dieser Rechtsprechung zufolge regelmäßig nicht nur das betreffende Werk vorzulegen, sondern grundsätzlich auch die **konkreten Gestaltungsmerkmale** darzulegen und gegebenenfalls zu beweisen, aus denen sich die urheberrechtliche Schutzfähigkeit ergeben soll[273]. Die Frage, welche Anforderungen im Einzelfall zu stellen sind, hängt aber wesentlich von der konkreten Werkart ab[274]. Während etwa bei Werken der bildenden Kunst keine überhöhten Anforderungen an die Darlegungslast zu stellen sind, da bei ihnen die Schwierigkeit nicht zu verkennen ist, ästhetisch wirkende Formen überhaupt mit Mitteln der Sprache auszudrücken[275], sind nähere Darlegungen auch bei anderen Werken entbehrlich, wenn sich die maßgeblichen Umstände schon bei einem bloßen Augenschein erkennen lassen[276].

108 Konkrete Kriterien zur Beantwortung der nach alledem für die Computersoftware entscheidenden Frage, wann ein Programm mehr als „völlig banal" ist, nannte der deutsche Gesetzgeber aber ebenso wenig, wie sie in der EG-Richtlinie enthalten sind. Auch der *BGH* hat in seiner ersten nach Inkrafttreten der Urheberrechtsnovelle zu diesem Problemkreis getroffenen Entscheidung[277] lediglich ausgeführt, künftig seien bei Computerprogrammen geringere Schutzanforderungen zu stellen[278]. Konkretisiert hat der *BGH* diese geringeren Schutzanforderungen indes zunächst nicht[279]. Da jedoch die Gewährung eines Urheberrechts nur gerechtfertigt ist, wenn der Urheber zumindest eine bescheidene geistig-schöpferische Leistung erbracht hat[280], kann quasi eine negative Umschreibung der Schutzvoraussetzungen vorgenommen werden, die dahin geht, allein die ohne schöpferische Anstrengungen ge-

---

[272] Vgl. *OLG Köln*, 10.7.2015, 6 U 195/14, BeckRS 2016, 09601 Tz. 22; *KG Berlin*, 6.9.2010, 24 U 71/10, BeckRS 2011, 25380; *LG Berlin*, 11.3.2014, 16 O 73/13, CR 2014, 291. Dies übersieht das *LG München I*, 28.8.1998, 7 O 3114/98, CR 1998, 655. Dem *LG München I* hat das *OLG München*, 27.5.1999, 6 U 5497/98, CR 1999, 688, 689 in diesem Punkt ausdrücklich widersprochen. Erneut in dieser Richtung aber *OLG Hamburg*, 29.11.2001, 3 U 288/00, CR 2002, 485.
[273] Vgl. *BGH*, 14.11.2002, I ZR 199/00, NJW 2003, 665, 667; *BGH*, 7.6.1990, I ZR 191/88, NJW 1991, 1484, 1485.
[274] Vgl. *BGH*, 14.11.2002, I ZR 199/00, NJW 2003, 665, 667.
[275] Vgl. *BGH*, 14.11.2002, I ZR 199/00, NJW 2003, 665, 667 mit Verweis auf *BGH*, 4.10.1990, I ZR 139/89, NJW 1991, 1231.
[276] Vgl. *BGH*, 14.11.2002, I ZR 199/00, NJW 2003, 665, 667.
[277] Vgl. *BGH*, 14.7.1993, I ZR 47/91, NJW 1993, 3136, 3137.
[278] So auch *OLG München*, 27.5.1999, 6 U 5497/98, CR 1999, 688, 689; *OLG Karlsruhe*, 13.6.1994, 6 U 52/94, NJW-RR 1995, 176, 177. Von einem „Minimum an Individualität" spricht *OLG Hamburg*, 11.1.2001, 3 U 120/00, CR 2001, 434, 435; so auch *Schricker/Loewenheim/Spindler* § 69a Rdn. 19.
[279] Verschiedentlich ist der *BGH* (z.B. *BGH*, 24.2.2000, I ZR 141/97, NJW 2000, 3212, 3213) dazu übergegangen, nur noch auszuführen, das streitgegenständliche Computerprogramm erfülle die Voraussetzungen des § 69a Abs. 3 UrhG (bzw. Art. 1 Abs. 3 der EG-Richtlinie), ohne dies zu begründen. Auch in der Entscheidung *BGH*, I ZR 244/97, BGHZ 145, CR 2000, 651, 652 wird lediglich ausgeführt, die streitgegenständlichen Programme seien „überaus komplex". Komplexität und Variabilität lässt das *OLG Hamburg*, 29.11.2001, 3 U 288/00, CR 2002, 485 jedoch ausdrücklich nicht genügen. Das *LG München I*, 19.1.2006, 7 O 23237/05, MMR 2006, 175, 176 lässt es genügen, dass der Urheberrechtsschutz von der Gegenseite nicht bestritten wird.
[280] In dieser Richtung auch *OLG Düsseldorf*, 27.3.1997, 20 U 51/96, CR 1997, 337; *Wandtke/Bullinger/Grützmacher* § 69a Rdn. 34; *Fromm/Nordemann/Czychowski* § 69a Rdn. 16.

schaffenen Computerprogramme auszuschließen[281]. Diese lassen sich in die beiden Gruppen der **bloß kopierten Computerprogramme**[282] sowie der sog. **Banalprogramme**[283] unterteilen. Zur Gruppe der kopierten Programme zählen unveränderte (1:1) sowie nachgeahmte Programme[284], während die Banalprogramme aus nur wenigen Programmbefehlen oder der bloßen Hintereinanderschaltung allgemein bekannter Programmbausteine bestehen. Der *BGH* formuliert zwischenzeitlich dahingehend, lediglich die einfache, routinemäßige Programmierleistung, die jeder Programmierer auf dieselbe oder ähnliche Weise erbringen würde, sei schutzlos[285]. Folgt man der Rechtsprechung des *OLG Frankfurt*[286], kann von der Auszeichnung einer Software mit dem Innovationspreis auf der CeBIT und der hierdurch dokumentierten Anerkennung in den Fachkreisen darauf geschlossen werden, dass es sich nicht um ein ungeschütztes Banalprogramm handelt. Diese Tendenz wurde vom *BGH* sinngemäß bestätigt, indem er bei **komplexen Computerprogrammen** von einer **tatsächlichen Vermutung** für eine hinreichende Individualität der Programmgestaltung ausgeht[287]. Urheberrechtlich geschützt sind daher entgegen den in zahlreichen Veröffentlichungen verwendeten Formulierungen alle Computerprogramme, die durch den **Aufwand von Können und/oder Mühe** geschaffen wurden[288], was nach bisherigem kontinentaleuropäischem Urheberrechtsverständnis zur Begründung des Urheberrechtsschutzes nicht ausreichend war[289] und trotz des möglicherweise in eine andere Richtung weisenden Ansatzes des *EuGH* auch zukünftig nicht ausreichen soll-

---

[281] Vgl. zum Folgenden ausführlich *Marly*, Urheberrechtsschutz, S. 118 ff.
[282] Vgl. *BGH*, 20.9.2012, I ZR 90/09, GRUR 2013, 509, 510 Tz. 28; *OLG Hamburg*, 29.2.2012, 5 U 10/10, MMR 2012, 832, 833; *KG Berlin*, 6.9.2010, 24 U 71/10, BeckRS 2011, 25380; *Dreier/Schulze* § 69a Rdn. 27 „bloße Übernahme".
[283] Zustimmend *BGH*, 20.9.2012, I ZR 90/09, GRUR 2013, 509, 510 Tz. 28; *OLG Karlsruhe*, 14.4.2010, 6 U 46/09, GRUR-RR 2010, 234, 235; *OLG Frankfurt*, 11.8.2015, 11 U 94/13, BeckRS 2015, 19875 Tz. 48; *OLG Hamburg*, 29.2.2012, 5 U 10/10, MMR 2012, 832, 833; *KG Berlin*, 6.9.2010, 24 U 71/10, BeckRS 2011, 25380; *Schricker/Loewenheim/Spindler* § 69a Rdn. 20; *Wandtke/Bullinger/Grützmacher* § 69a Rdn. 34; *Dreier/Schulze* § 69a Rdn. 27.
[284] Vgl. *KG Berlin*, 6.9.2010, 24 U 71/10, BeckRS 2011, 25380.
[285] Vgl. *BGH*, 20.9.2012, I ZR 90/09, GRUR 2013, 509, 510 Tz. 24; *BGH*, 3.3.2005, I ZR 111/02, NJW-RR 2005, 1403, 1404; *OLG Frankfurt*, 27.1.2015, 11 U 94/13, GRUR 2015, 784, 787 Tz. 36; ähnlich *Dreier/Schulze* § 69a Rdn. 27; *Schricker/Loewenheim/Spindler* § 69a Rdn. 20.
[286] Vgl. *OLG Frankfurt*, 9.9.1997, 11 U 6/97, CR 1998, 525, 526.
[287] Vgl. *BGH*, 20.9.2012, I ZR 90/09, GRUR 2013, 509, 510 Tz. 24; *BGH*, 3.3.2005, I ZR 111/02, NJW-RR 2005, 1403, 1404; *BGH*, 6.7.2000, I ZR 244/97, NJW 2000, 3571, 3572; *OLG Frankfurt*, 11.8.2015, 11 U 94/13, BeckRS 2015, 19875 Tz. 48; *OLG Köln*, 10.7.2015, 6 U 195/14, BeckRS 2016, 09601 Tz. 22; *OLG Frankfurt*, 27.1.2015, 11 U 94/13, GRUR 2015, 784, 787 Tz. 36; *OLG Frankfurt*, 29.10.2013, 11 U 47/13, CR 2014, 506, 507; *KG Berlin*, 6.9.2010, 24 U 71/10, BeckRS 2011, 25380; *KG Berlin*, 17.3.2010, 24 U 117/08, CR 2010, 424, 425; *OLG Hamm*, 7.8.2007, 4 U 14/07, CR 2008, 280, 281; *OLG Düsseldorf*, 25.11.2008, I-20 U 72/06, CR 2009, 214; *LG Hamburg*, 3.5.2016, 408 O 46/16, MMR 2016, 782, 783; *LG Berlin*, 11.3.2014, 16 O 73/13, CR 2014, 291; *LG Frankfurt*, 6.1.2010, 2–6 O 556/09, BeckRS 2010, 87025; wohl auch *LG Frankfurt*, 19.11.2008, 2/6 O 437/08, CR 2009, 142; ferner *Wandtke/Bullinger/Grützmacher* § 69a Rdn. 37.
[288] Zustimmend allein *Dreyer/Kotthoff/Meckel* § 69a Rdn. 22. Im Ergebnis auch *OLG Hamm*, 7.8.2007, 4 U 14/07, CR 2008, 280, 281 „von einer Mehrzahl von Programmierern im Zuge jahrelanger Arbeit und Fortentwicklung entwickelt"; ferner *LG Frankfurt*, 19.11.2008, 2/6 O 437/08, CR 2009, 142 „unter enormem Einsatz von Konzeptionierungs- und Entwicklungsstunden und großem finanziellen Aufwand entwickelt".
[289] So ausdrücklich noch *BGH*, 9.5.1985, I ZR 52/83, NJW 1986, 192, 196 – Inkassoprogramm – sowie *BGH*, 4.10.1990, I ZR 139/89, NJW 1991, 1231, 1233 – Betriebssystem. Zur hiervon abweichenden „skill or labour"-Anforderung im britischen Recht *Morton* CRi 2011, 8, 11.

te[290]. Zu Recht hat der *EuGH* für die Begründung einer eigenen geistigen Schöpfung eines Datenbankherstellers eine **Originalität** verlangt. Diese hat er dahingehend präzisiert, dass eine **freie** und **kreative Entscheidung** des Urhebers vorliegen müsse, sodass eine „persönliche Note" vorliege. Demgegenüber sollen ein **bedeutender Arbeitsaufwand** sowie eine **bedeutende Sachkenntnis** des Urhebers irrelevant sein[291].

109 Wenn demgegenüber von verschiedenen Stimmen im Schrifttum vorgetragen wird, allein der Kommissionsentwurf zur EG-Richtlinie vom 5. 1. 1989 sei von einem solchen anglo-amerikanischen Rechtsverständnis der Schutzvoraussetzungen geprägt gewesen, während sich bis zum endgültigen Erlass der Richtlinie eine **deutliche Verschiebung** zugunsten des überlieferten **kontinentaleuropäischen Verständnisses** ergeben habe[292], mag dies dem Wunsch kontinentaleuropäischer Urheberrechtler entsprechen. Zu überzeugenden Ergebnissen führt ein entsprechender Ansatz indes nicht. Diese Feststellung bedarf näherer Begründung:

110 Schon im Rahmen der Darlegungen zur juristischen und informationswissenschaftlichen Definition der Computersoftware[293] sowie bei der Beschreibung der verschiedenen Formen der Computerprogramme[294] wurde deutlich, dass die Steuerung eines Computers auf Grund seiner technischen Natur mittels binär codierter Befehle erfolgt, wobei nicht nur auf der Stufe des fertigen Computerprogramms im Sinne eines unmittelbar ausführbaren Maschinenprogramms, sondern bereits auf der Vorstufe der Erstellung des Quellcodes eine **streng formale Notation** zur Anwendung kommt. Die Programmierung, d.h. im hier angesprochenen Zusammenhang der Vorgang der Programmerstellung, erfolgt unter Zuhilfenahme syntaktisch sowie semantisch eindeutig definierter Programmiersprachen. Ohne exakte Festlegung des formalen Aufbaus einer Programmiersprache (Syntax) und ohne exakte Festlegung der inhaltlichen Bedeutung der einzelnen Sprachbestandteile sowie deren Verknüpfung (Semantik) kann die notwendige Eindeutigkeit bei der Programmierung nicht erzielt werden. Zu Recht ist daher auch im juristischen Schrifttum bereits vor vielen Jahren und mehrfach darauf hingewiesen worden, dass bei der Herstellung eines Computerprogramms in einer Programmiersprache **keine Formfreiheit** besteht[295]. Dies gilt nach wie vor und für alle Programmiersprachen.

111 Die streng formalen Programmiersprachen unterscheiden sich von den der menschlichen Kommunikation dienenden Allgemeinsprachen insbesondere durch das feste endliche Grundvokabular, die feste Syntax und Semantik sowie durch die hieraus folgende **fehlende Möglichkeit individueller Verwendung.** Anders als bei der Allgemeinsprache können bei Programmiersprachen weder einzelne Sprachbestandteile verändert werden, noch darf die Anordnung der Bestandteile variiert werden, soll keine Funktionsbeeinträchtigung eintreten[296].

112 Damit wird jedoch deutlich, dass sich die für den urheberrechtlichen Schutz erforderliche Individualität im Sinne eigener geistiger Schöpfung bei der Herstellung

---

[290] Vgl. *Metzger* GRUR 2012, 118, 122 mit Darstellung der einzelnen Entscheidungen des *EuGH* zum Begriff der eigenen geistigen Schöpfung.
[291] Vgl. *EuGH*, 1.3.2012, C-604/10, MMR 2012, 828, 830 Tz. 37 ff.
[292] So etwa *Haberstumpf* in: Lehmann, Rechtsschutz und Verwertung von Computerprogrammen, S. 119 Rdn. 88. Wie hier aber *Möhring/Nicolini/Hoeren* § 69a Rdn. 13, der ausführt, § 69a Abs. 3 UrhG breche mit klassischen Kategorien des Urheberrechtsschutzes.
[293] Vgl. hierzu oben Rdn. 8 ff.
[294] Vgl. hierzu oben Rdn. 15 ff.
[295] Vgl. *v. Hellfeld* GRUR 1989, 471 f.; *König* Rdn. 448.
[296] Vgl. *König* Rdn. 448. Nicht überzeugend insoweit *Ohst* S. 33, die lediglich „gewisse Vorgaben bezüglich Syntax und Semantik" sieht.

eines Computerprogramms nicht in der Sprachgestaltung ausdrücken kann, wie dies bei anderen Sprachwerken der Fall ist. Vielmehr erbringt der Programmhersteller seine Leistung durch die Analyse des zu lösenden Problems sowie die daran anschließende Umsetzung der Problemlösung in eine strengen formalen Regeln unterliegende Form. Demgegenüber besteht infolge der **fehlenden Formfreiheit** sowie der **Zweckgebundenheit eines Computerprogramms** (die Bewältigung der gestellten Aufgabe) bei der Umsetzung in die formale Programmiersprache wenig Raum für eine durch die Individualität des Programmautoren geprägte Eigentümlichkeit[297]. Was sich aus der Natur der Aufgabenstellung und aus rein funktionalen Erwägungen ergibt, soll aber schutzlos sein[298].

Keinesfalls wird es jedoch den Leistungen eines Programmherstellers gerecht, die persönliche geistige Schöpfung unter Zugrundelegung dieses als klassisch kontinentaleuropäisch zu bezeichnenden Urheberrechtsverständnisses allein anhand der im Quellprogramm enthaltenen **Leerzeilen, Einrückungen** und **Kommentare** zu begründen[299] oder die Vergabe von Variablennamen[300] als individuelle Schöpfung einzustufen[301], denn diesem Verständnis zufolge ist Gegenstand des Urheberrechtsschutzes nur das durch individuelle Schöpfung Geprägte. Schutzfähig sind dementsprechend nur die Teile eines Werks, die auf der schöpferischen Fantasie des Urhebers beruhen und seine Individualität zum Ausdruck bringen, während die übrigen Teile nicht zum urheberrechtlichen Schutzbereich zählen[302]. Aus diesem Grund ist es auch nicht überzeugend, einer Software zur Herstellung digitalisierter Schriften Urheberrechtsschutz mit dem Argument zuzusprechen, die korrekten Parameter hätten nach künstlerischen und ästhetischen Gesichtspunkten entwickelt werden müssen[303]. 113

Betrachtet man vor diesem Hintergrund die wenigen Konkretisierungsversuche zur Umschreibung des Eigenschöpferischen bei der Programmherstellung etwas genauer, tritt deren Unzulänglichkeit rasch hervor. Wenn ausgeführt wird, die persönliche geistige Schöpfung liege beispielsweise in der Organisation des Programmablaufs[304], in der Feinkonzeptionierung, in der konkreten Anordnung der einzelnen Befehle, Befehlsgruppen und Unterprogramme[305], in der Art und Weise der Zuordnung der einzelnen Elemente zueinander[306], in der Art der technischen Umsetzung durch die gewählte Programmiersprache[307], so wird hierbei zunächst übersehen, dass die feste Syntax und Semantik eine individuelle Anordnung von Befehlen und 114

---

[297] Vgl. *Schulze* GRUR 1990, 103, 104; *v. Hellfeld* GRUR 1989, 471, 472 f.; *König* Rdn. 459; *Betten* Mitt. 1984, 201, 206.
[298] Vgl. *KG Berlin*, 6.9.2010, 24 U 71/10, BeckRS 2011, 25380.
[299] So aber *Waltl* S. 202; kritisch *Jersch* S. 147 f. Wie hier *Ohst* S. 34.
[300] So etwa auch *Haberstumpf* in: Lehmann, Rechtsschutz und Verwertung von Computerprogrammen, S. 121 Rdn. 92 unter Bezugnahme auf das Urteil des *OLG Frankfurt*, 6.11.1984, 14 U 188/81, NJW-RR 1986, 126 ff.
[301] *König* GRUR 1989, 559, 564 sieht in Kommentaren, Erläuterungen sowie Variablen- und Adressenbezeichnungen den oftmals ausschlaggebenden Ansatzpunkt für eine persönliche geistige Schöpfung, jede schöpferische Eigenart ablehnend aber *ders.* Rdn. 454 ff.
[302] *Schulze*, Rechtsprechung zum Urheberrecht, BGHZ, 26.9.1980, I ZR 17/78, Nr. 338 S. 10; *ders.*, BGHZ, 8.2.1980, I ZR 32/78, Nr. 268 S. 4; Schricker/Loewenheim/Spindler § 69a Rdn. 20; *König* Rdn. 465; *v. Hellfeld* GRUR 1989, 471, 472.
[303] So *LG Köln*, 12.1.2000, 28 O 133/97, CR 2000, 431, 432.
[304] Vgl. *KG Berlin*, 17.3.2010, 24 U 117/08, CR 2010, 424, 425.
[305] Vgl. *KG Berlin*, 17.3.2010, 24 U 117/08, CR 2010, 424, 425.
[306] Vgl. *Wandtke/Bullinger/Grützmacher* § 69a Rdn. 35; *Ohst* S. 34 ff. Hierauf will auch *OLG Hamburg*, 29.11.2001, 3 U 288/00, CR 2002, 485 entscheidend abstellen.
[307] Vgl. *OLG Hamm*, 7.8.2007, 4 U 14/07, CR 2008, 280, 281.

Befehlsgruppen gar nicht zulässt. Darüber hinaus wird übersehen, dass Unterprogramme nicht auf der Grundlage persönlicher Züge des Programmierers angeordnet werden[308], sondern die Anordnung durch **Zweckmäßigkeitsüberlegungen** bestimmt wird, was von den Vertretern dieser Auffassung an anderer Stelle ausdrücklich als einem individuellen Schaffen entgegenstehend bezeichnet wird[309].

115 Nicht überzeugend ist auch, dass es als Indiz für das Vorhandensein von Individualität zu werten sein soll, wenn das Programm einen **großen Umfang** und **große Komplexität** aufweist[310] und durch **intensiven Arbeitseinsatz** qualifizierter Programmierer geschaffen wurde[311], auf Einfallsreichtum und planerisch-konstruktivem Denken beruht[312], wenn die Abläufe zeit- und energiesparender gestaltet werden[313], wenn die Aufgabenstellung neu war[314], wenn das Programm am Markt Erfolg hat[315], der Quellcode für einen hohen Preis veräußert wurde[316], marktgängig[317] und streckenweise einzigartig ist[318] oder gar seitens der Fachwelt Auszeichnungen erfährt[319]. Auch soll die Tatsache, dass eine Vielzahl von Programmierern ein unterschiedliches Programm entwickeln würde, zwar noch nicht das Vorhandensein einer eigenschöpferischen Werkherstellung belegen, jedoch zeige dies das Vorhandensein einer Gestaltungsfreiheit bei der Programmentwicklung auf, weshalb der Hersteller nur noch belegen müsse, hiervon Gebrauch gemacht zu haben[320].

---

[308] Vgl. zur allgemeinen Voraussetzung eines Spielraums für die Entfaltung persönlicher Züge zur Begründung von Individualität *Schricker/Loewenheim* § 2 Rdn. 56; *Wandtke/Bullinger/Grützmacher* § 69a Rdn. 35.

[309] Vgl. *Schricker/Loewenheim/Spindler* § 69a Rdn. 19; *Wandtke/Bullinger/Grützmacher* § 69a Rdn. 35.

[310] Vgl. *BGH*, 20.9.2012, I ZR 90/09, GRUR 2013, 509, 510 Tz. 24; *BGH*, 3.3.2005, I ZR 111/02, NJW-RR 2005, 1403, 1404; *BGH*, 6.7.2000, I ZR 244/97, CR 2000, 651, 652; *OLG Frankfurt*, 11.8.2015, 11 U 94/13, BeckRS 2015, 19875 Tz; 48; *OLG Köln*, 10.7.2015, 6 U 195/14, BeckRS 2016, 09601 Tz. 22; *OLG Frankfurt*, 27.1.2015, 11 U 94/13, GRUR 2015, 784, 787, Tz. 36; *OLG Frankfurt*, 29.10.2013, 11 U 47/13, CR 2014, 506, 507; *KG Berlin*, 17.3.2010, 24 U 117/08, CR 2010, 424, 425; *OLG Hamm*, 7.8.2007, 4 U 14/07, CR 2008, 280, 281; *OLG Hamburg*, 12.3.1998, 3 U 228/97, CR 1999, 298, 299; *LG Leipzig*, 2.6.2015, 05 O 1531/15, MMR 417, 418; *LG Berlin*, 11.3.2014, 16 O 73/13, CR 2014, 291; *LG Köln*, 2.6.2010, 28 O 77/06, CR 2010, 576, 577; *LG Frankfurt*, 31.3.2011, 2–03 O 331/10, CR 2011, 566, 567; *LG Frankfurt*, 6.1.2010, 2–6 O 556/09, BeckRS 2010, 87025; *LG München I*, 16.1.1997, 7 O 15354/91, CR 1997, 351, 352 „überdurchschnittlich komplex"; *Wandtke/Bullinger/Grützmacher* § 69a Rdn. 37; *Dreier/Schulze* § 69a Rdn. 29; *Fromm/Nordemann/Czychowski* § 69a Rdn. 20; *Erdmann/Bornkamm* GRUR 1991, 877, 878 f. Ablehnend etwa *OLG Hamburg*, 29.11.2001, 3 U 288/00, CR 2002, 485 f.

[311] Vgl. *OLG Hamm*, 7.8.2007, 4 U 14/07, CR 2008, 280, 281 „von einer Mehrzahl von Programmierern im Zuge jahrelanger Arbeit und Fortentwicklung entwickelt"; *Haberstumpf* in: Lehmann, Rechtsschutz und Verwertung von Computerprogrammen, S. 123 Rdn. 97 m.w.N.; ablehnend *OLG Hamburg*, 29.11.2001, 3 U 288/00, CR 2002, 485, 486.

[312] Vgl. *OLG München*, 25.11.1999, 29 U 2437/97, NJW-RR 2000, 1211, 1213; *Schricker/Loewenheim/Spindler* § 69a Rdn. 19.

[313] Vgl. *Ohst* S. 35.

[314] Vgl. *OLG München*, 27.5.1999, 6 U 5497/98, CR 1999, 688, 689.

[315] Einen „nicht unerheblichen Marktwert" berücksichtigt *BGH*, 3.3.2005, I ZR 111/02, NJW-RR 2005, 1403, 1404; *OLG Frankfurt*, 27.1.2015, 11 U 94/13, GRUR 2015, 784, 787, Tz. 36. Vgl. ferner *Schulze* CR 1986, 779, 785.

[316] Vgl. *BGH*, 20.9.2012, I ZR 90/09, GRUR 2013, 509, 510 Tz. 25; sogar auf den „Gebrauchtpreis" abstellend *LG Frankfurt*, 6.1.2010, 2–6 O 556/09, BeckRS 2010, 87025.

[317] Vgl. *OLG Hamm*, 7.8.2007, 4 U 14/07, CR 2008, 280, 281.

[318] Vgl. *LG München I*, 16.1.1997, 7 O 15354/91, CR 1997, 351, 352.

[319] Vgl. *OLG Frankfurt*, 9.9.1997, 11 U 6/97, CR 1998, 525, 526.

[320] Vgl. *OLG München*, 27.5.1999, 6 U 5497/98, CR 1999, 688, 689. In dieser Richtung auch *Ohst* S. 34 f.

Bezüglich dieser auf vermeintlich althergebrachtem Urheberrechtsverständnis beruhenden Ausführungen ist anzumerken, dass früher weitestgehend unbestritten war, dass weder die **objektive Neuheit des Werks**[321] noch dessen quantitativer Umfang[322], noch der Aufwand oder die Kosten, mit denen die Leistung erbracht wurde[323], und erst recht nicht der Markterfolg oder Auszeichnungen durch die Fachwelt als urheberrechtsrelevante Kriterien betrachtet wurden. Auch war zumindest nach dem früheren deutschen Verständnis von der erforderlichen Werkqualität die Tatsache, dass verschiedene Personen bei gleicher Aufgabenstellung unterschiedliche Programme entwickeln würden, nicht ausreichend zur Begründung einer eigenschöpferischen Leistung[324]. Allein die statistische Einmaligkeit in dem Sinne, dass mit hoher Wahrscheinlichkeit kein anderer das gleiche Werk schaffen würde, begründete nach h. M. keine Individualität[325]. Wenn daher nunmehr diese Tatsache das **Vorhandensein von Wahlmöglichkeiten** belegen soll, die der Hersteller nur noch auszuüben habe, um den geringen Anforderungen persönlich geistiger Schöpfung im Sinne der „kleinen Münze" zu genügen, so bedeutet dies im Ergebnis nichts anderes als ein rein softwarespezifisches Urheberrechtsverständnis, denn es wird noch nicht einmal der Versuch einer Erklärung unternommen, welche Auswahlen für und welche gegen eine eigenschöpferische Leistung sprechen sollen[326], weshalb es wohl immer bei der dem „Indiz" zu entnehmenden Vermutung bleibt.

116

Die **Darlegungs- und Beweislast** für das Bestehen des Urheberrechtsschutzes einschließlich der Individualität des Programms trägt nach den allgemeinen Grundsätzen derjenige, der sich auf die Verletzung des Urheberrechts beruft[327]. Grundsätzlich hat daher im Verletzungsprozess der Kläger alle anspruchsbegründenden Sachverhaltselemente darzulegen, also auch die Tatsachen, in denen die Verletzung des geschützten Gegenstands besteht. Der Beklagte muss dem Kläger diese Darstellung grundsätzlich nicht erleichtern, sondern kann sich im Rahmen von § 138 Abs. 4 ZPO auf ein Bestreiten der die Rechtsverletzung begründenden Tatsachen mit

117

---

[321] Vgl. *BGH*, 9.5.1985, I ZR 52/83, NJW 1986, 192, 196; *Schricker/Loewenheim* § 2 Rdn. 64 m. w. N.

[322] Vgl. *BGH*, 9.5.1985, I ZR 52/83, NJW 1986, 192, 196; *OLG Frankfurt*, 13.6.1983, 6 W 34/83, BB 1983, 1745; *OLG Frankfurt*, 21.7.83, 6 U 16/83, BB 1983, 1748; *Schricker/Loewenheim* § 2 Rdn. 68.

[323] Vgl. *BGH*, 9.5.1985, I ZR 52/83, NJW 1986, 192, 196; für das bis zur Urheberrechtsnovelle von 1993 auch für Computersoftware geltende Urheberrecht hat dies das *LG Oldenburg*, 29.5. 1996, 5 O 2881/92, CR 1997, 292 (Ls.) nochmals ausdrücklich hervorgehoben. Vgl. grundsätzlich auch *Schricker/Loewenheim* § 2 Rdn. 69.

[324] Vgl. *BGH*, 9.5.1985, I ZR 52/83, NJW 1986, 192, 196 unter Verweis auf *OLG Frankfurt*, 13.6.1983, 6 W 34/83, GRUR 1983, 753, 755; a. A. wohl *Waltl* S. 202 f.

[325] Vgl. *OLG Hamburg*, 29.11.2001, 3 U 288/00, CR 2002, 485; *OLG Frankfurt*, 13.6.1983, 6 W 34/83, BB 1983, 1745; *OLG Frankfurt*, 21.7.83, 6 U 16/83, BB 1983, 1748; aus dem Schrifttum: *Schricker/Loewenheim* § 2 Rdn. 58 m. w. N.; sowie § 69a Rdn. 19; *Fromm/Nordemann/ Nordemann* § 2 Rdn. 29; a. A. etwa *Kummer*, Das urheberrechtlich schützbare Werk, S. 30 ff.

[326] So in der Tat das *OLG München*, 27.5.1999, 6 U 5497/98, CR 1999, 688, 689 ferner das *OLG Hamburg*, 12.3.1998, 3 U 228/97, CR 1999, 298 sowie *OLG Hamburg*, 12.3.1998, 3 U 226/97, CR 1998, 332, 333, das unter Berufung auf *Fromm/Nordemann/Vinck*, 8. Aufl., § 69a Rdn. 4, ausführt, bei Computerprogrammen sei der Begriff der Individualität eher als statistische Einmaligkeit zu verstehen. Zuvor schon *Müller-Broich*, Autodistributive Computersoftware, S. 43. Gegen die Berücksichtigung statistischer Einmaligkeit aber wiederum *OLG München*, 25.11.1999, 29 U 2437/97, NJW-RR 2000, 1211, 1213.

[327] Vgl. *OLG Köln*, 10.7.2015, 6 U 195/14, BeckRS 2016, 09601 Tz. 22; *OLG Frankfurt*, 29.10.2013, 11 U 47/13, CR 2014, 506, 507; *OLG Hamburg*, 29.2.2012, 5 U 10/10, MMR 2012, 832, 833; *KG Berlin*, 17.3.2010, 24 U 117/08, CR 2010, 424, 425; *Schricker/Loewenheim/Spindler* § 69a Rdn. 22; *Dreier/Schulze* § 69a Rdn. 29.

Nichtwissen beschränken[328]. Anderes gilt nur, wenn und soweit den Beklagten gem. § 138 Abs. 2 ZPO eine sekundäre Darlegungslast trifft. Eine spezielle Regelung dieser Problematik für Computerprogramme wollte der Gesetzgeber nicht schaffen, insbesondere lehnte der Gesetzgeber eine verschiedentlich geforderte gesetzliche Vermutung der urheberrechtlichen Schutzfähigkeit von Computerprogrammen ausdrücklich ab[329]. Der Gesetzgeber begründete diese Entscheidung mit der Erwägung, eine solche Vermutung sei der Systematik des Schutzes des geistigen Eigentums fremd. Es sei Aufgabe der Rechtsprechung, in praxisgerechter Weise dem Umstand, dass Urheberrechtsschutz für Computerprogramme nunmehr die Regel sei, bei der Beurteilung der Frage Rechnung zu tragen, welche Anforderungen an die Darlegungslast zur Schöpfung zu stellen seien. Der Kläger werde darzulegen haben, dass sein Programm nicht lediglich das Werk eines anderen nachahme, dass es eine eigene geistige Schöpfung sei. Nur wenn **ernsthafte Anhaltspunkte** bestünden, dass ein Programm **sehr einfach strukturiert** sei, solle eine nähere **Darstellung des Inhaltes des Programms** verlangt werden. Nötig seien Erleichterungen der Darlegungslast, die eine globale, pauschale Beschreibung des Umstandes ermöglichten, dass ein Programm nicht völlig banal und zumindest als „kleine Münze" geschützt sei. Die Möglichkeit einer einstweiligen Verfügung oder die Grenzbeschlagnahme (§ 111b UrhG) dürfe nicht durch zu hohe Anforderungen an die Darlegung der Werkqualität eines Computerprogramms erschwert werden, mit der Folge, dass diese Verfahrensweisen praktisch kaum handhabbar wären.

118   Aus diesen Ausführungen des Gesetzgebers wird ganz überwiegend gefolgert, es bestehe zwar keine gesetzliche Vermutung des Urheberrechtsschutzes für Computerprogramme, die geringen Anforderungen an die Schutzfähigkeit führten aber **bei komplexen Programmen** zu einem **Beweis des ersten Anscheins** für die Schutzfähigkeit, es bestehe also zumindest eine **tatsächliche Vermutung** für eine hinreichende Individualität der Programmgestaltung[330]. In derartigen Fällen muss daher der Prozessgegner dartun, dass das streitgegenständliche Programm nur eine gänzlich banale Programmierleistung ist oder lediglich das Programmschaffen eines anderen Programmierers übernimmt[331], falls er die Urheberrechtsschutzfähigkeit des Programms in Abrede stellen möchte. Möglich ist aber auch, dass der mögliche Verletzer vorträgt, das Programm sei lediglich aus vorgefertigten Modulen von Programmbibliotheken zusammengestellt. Trägt der Anspruchsgegner hinreichend substanziiert vor, dann liegen die vom Gesetzgeber angesprochenen **ernsthaften Anhaltspunkte fehlender Schutzfähigkeit** vor. In diesem Fall muss der potenzielle Rechtsinhaber die schöpferischen Elemente seines Programms näher darlegen. Dies gilt grundsätzlich

---

[328] Vgl. *BGH,* 7.9.2009, Xa ZR 2/08, NJW-RR 2010, 110, 111 Tz. 15 für den patentrechtlichen Verletzungsprozess.

[329] Vgl. Begründung des Regierungsentwurfs, BT-Drucks. 12/4022 vom 18.12.1992, S. 9.

[330] Vgl. *BGH,* 20.9.2012, I ZR 90/09, GRUR 2013, 509, 510 Tz. 24; *BGH,* 3.3.2005, I ZR 111/02, NJW-RR 2005, 1403, 1404; dies wird für ein Betriebssystem ungeprüft unterstellt von *OLG Frankfurt,* 22.12.2016, 11 U 108/13, MMR 2017, 419, 420, Tz. 10; *OLG Köln,* 10.7.2015, 6 U 195/14, BeckRS 2016, 09601 Tz. 22; *OLG Frankfurt,* 27.1.2015, 11 U 94/13, GRUR 2015, 784, 787 Tz. 36; *KG Berlin,* 6.9.2010, 24 U 71/10, BeckRS 2011, 25380; *OLG Düsseldorf,* 25.11.2008, I-20 U 72/06, CR 2009, 214; *Dreier/Schulze* § 69a Rdn. 29; *Wandtke/Bullinger/Grützmacher* § 69a Rdn. 37; *Schricker/Loewenheim/Spindler* § 69a Rdn. 22.

[331] Vgl. *BGH,* 20.9.2012, I ZR 90/09, GRUR 2013, 509, 510 Tz. 24 sowie 28; *BGH,* 3.3.2005, I ZR 111/02, NJW-RR 2005, 1403, 1404; *OLG Köln,* 10.7.2015, 6 U 195/14, BeckRS 2016, 09601 Tz. 22; *OLG Frankfurt,* 27.1.2015, 11 U 94/13, GRUR 2015, 784, 787 Tz. 36; *KG Berlin,* 17.3.2010, 24 U 117/08, CR 2010, 424, 425; *OLG Düsseldorf,* 25.11.2008, I-20 U 72/06, CR 2009, 214.

auch im einstweiligen Verfügungsverfahren, in dem die Schutz begründenden Voraussetzungen dann glaubhaft zu machen sind[332]. Nach der ausdrücklichen Aufforderung des Gesetzgebers an die Gerichte dürfen aber hierbei wie etwa auch bei der Grenzbeschlagnahme nach § 111b UrhG keine hohen Anforderungen gestellt werden[333]. In der Regel werden jedoch die schutzbegründenden Elemente eines Computerprogramms ohne Vorlage des Quellcodes nicht dargelegt werden können, gleichwie eine Übernahme dieser Elemente durch ein anderes Programm grundsätzlich nicht ohne dessen Quellcode darzulegen ist[334]. Meist wird der Verletzte daher zunächst einen Anspruch auf Besichtigung des Quellcodes durch einen zur Geheimhaltung verpflichteten Sachverständigen gem. § 809 BGB geltend machen mussen, dessen Anforderungen der *BGH* nicht zu hoch angesetzt wissen möchte[335]. Keinen Unterschied macht es insoweit, ob eine unberechtigte Übernahme des gesamten Programms oder nur einzelner Programmteile im Streit steht[336].

Einen Unterschied soll es aber hinsichtlich der tatsächlichen Vermutung hinreichender Individualität insoweit geben als diese **Vermutung nicht eingreifen** soll, wenn nicht die Übernahme des gesamten Programms im Streit steht, sondern nur eine **Rechtsverletzung an einzelnen Programmteilen** geltend gemacht wird. Unstreitig sind zwar auch Programmteile eigenständig schutzfähig, sofern sie das Ergebnis einer eigenen geistigen Schöpfung des Urhebers darstellen[337]. Auch bei anderen Sprachwerken kann kleinen Teilen urheberrechtlicher Schutz zukommen[338]. Bei der Geltendmachung eines Urheberrechtsschutzes von Programmteilen wird aber verschiedentlich verlangt, die Schutzfähigkeit gerade des übernommenen Teils darzulegen und gegebenenfalls nachzuweisen. Verlangt wird etwa ein Vortrag zur **Länge der betreffenden Programmteile** und der **Komplexität der zu bewältigenden Aufgaben**[339]. 119

5. Die Rechtsinhaberschaft (Wer wird geschützt?)

a) Der Alleinprogrammierer

Keinerlei Probleme bereitet die Fallgestaltung, dass ein **einzelner Programmierer** seine Software völlig **selbstständig** schafft. Nach § 69a Abs. 4 i. V. m. § 7 UrhG ist derjenige Urheber, der die eigene geistige Schöpfung nach § 69a Abs. 3 UrhG tätigt, hier also der Programmierer[340] (sog. Schöpferprinzip). Nach deutschem Urheberrecht kann Urheber nur eine **natürliche Person** sein[341]. Art. 2 Abs. 1 der EG-Richtlinie zum Softwareschutz lässt eine Rechtsinhaberschaft juristischer Personen zwar ausdrücklich zu, jedoch hat der deutsche Gesetzgeber von einer diesbezüglichen 120

---

[332] Vgl. *OLG Hamburg*, 29.11.2001, 3 U 288/00, CR 2002, 485.
[333] Vgl. die Begründung des Regierungsentwurfs BT-Drucks. 12/4022 vom 18.12.1992, S. 10.
[334] Vgl. *BGH*, 20.9.2012, I ZR 90/09, GRUR 2013, 509, 511 Tz. 30; *KG Berlin*, 17.3.2010, 4 U 117/08, CR 2010, 424, 425; zustimmend *Redeker* CR 2010, 426 f.
[335] Vgl. *BGH*, 20.9.2012, I ZR 90/09, GRUR 2013, 509, 510 Tz. 21 ff.
[336] Vgl. *BGH*, 20.9.2012, I ZR 90/09, GRUR 2013, 509, 510 Tz. 26.
[337] Vgl. *BGH*, 16.4.2015, I ZR 225/12, MMR 2015, 824, 826 Tz. 43; *OLG Frankfurt*, 29.10.2013, 11 U 47/13, MMR 2014, 661, 662.
[338] Vgl. *BGH*, 1.12.2010, I ZR 12/08, NJW 2011, 761, 767 Tz. 54.
[339] Vgl. *OLG Frankfurt*, 29.10.2013, 11 U 47/13, MMR 2014, 661, 662.
[340] Vgl. *OLG Köln*, 8.4.2005, 6 U 194/04, CR 2005, 624, 625; *Hilber* CR 2008, 749, 754; *Deike* CR 2003, 9, 15.
[341] Implizit *BGH*, 27.9.1990, I ZR 244/88, NJW 1991, 1480, 1481; ausdrücklich *OLG Frankfurt*, 3.5.2014, 11 U 62/13, GRUR 2014, 863, 864; *OLG Frankfurt*, 17.9.2002, 11 U 67/00, MMR 2003, 45, 47; Loewenheim/*Hoeren* § 10 Rdn. 1; *Dreier/Schulze* § 7 Rdn. 2.

Umsetzung ins nationale Recht bewusst abgesehen[342]. Auch für Computersoftware bleibt es daher bei der allgemeinen Regel, dass juristische Personen (GmbH, AG etc.) nicht Urheber sind[343]. Sofern **technische Hilfsmittel** eingesetzt werden, wie etwa Programmierwerkzeuge oder Software-Generatoren, ist regelmäßig der Schöpfer des Hilfsmittels und/oder der dieses Hilfsmittel einsetzende Nutzer, niemals aber das Hilfsmittel selbst Urheber. Entscheidend ist, von wem die schöpferische Leistung stammt[344]. Die **Darlegungs- und Beweislast** für die Urheberschaft trägt derjenige, der sich auf die Verletzung seines Urheberrechts beruft. Er kann den Nachweis auch durch Indizien führen[345].

121 Auch ein **Auftraggeber**[346], **Ideenanreger**[347], **Besteller** oder **Gehilfe**[348] ist grundsätzlich nicht Urheber des geschaffenen Computerprogramms, weil in der Regel kein schöpferischer Beitrag zum Werk geleistet wird[349]. Im Einzelfall kann dies aber durchaus anders zu beurteilen sein, etwa wenn der Softwarebesteller konkrete Vorgaben für die Programmgestaltung macht, die in das Programm einfließen und einen schöpferischen Beitrag zum Gesamtwerk darstellen[350]. Es kann insoweit auf die Ausführungen zur Miturheberschaft verwiesen werden[351].

122 Vor dem Hintergrund, dass die wirtschaftliche Verwertung eines Computerprogramms vielfach nicht vom **Urheber** vorgenommen wird, der das Programm geschaffen hat, sondern von einer Person, die die entsprechenden Verwertungsrechte inne hält, verwendet der Gesetzgeber in den softwarespezifischen Vorschriften der §§ 69a ff. UrhG nicht den Begriff des Urhebers, sondern den des **Rechtsinhabers.**

b) Programmerstellung im Arbeits- und Dienstverhältnis

Schrifttum: Bayreuther, Zum Verhältnis zwischen Arbeits-, Urheber- und Arbeitnehmererfindungsrecht. Unter besonderer Berücksichtigung der Sondervergütungsansprüche des angestellten Softwareherstellers, GRUR 2003, 570 ff.; *Brandi-Dohrn,* Arbeitnehmererfindungsschutz bei Softwareerstellung, CR 2001, 285 ff.; *Brandner,* Zur Rechtsstellung des angestellten Programmierers, GRUR 2001, 883 ff.; *Loos,* Das Urheberrecht des Arbeitnehmers an Computerprogrammen, 2006; *Stutz/Armbühl,* Rechte an Computerprogrammen, geschaffen im öffentlich-rechtlichen Arbeitsverhältnis – eine Schweizer Sonderlösung?, GRUR Int. 2010, 667 ff.; *Wimmers/Rode,* Der angestellte Softwareprogrammierer und die neuen urheberrechtlichen Vergütungsansprüche, CR 2003, 399 ff.

Typische Klausel:
„§ 7 „Eigentumsvorbehalt" des Arbeitsvertrages:
(1) Alle vom Arbeitnehmer während seiner Tätigkeit für den Arbeitgeber entwickelten Konzepte, Ideen, Grafiken, Animationen, Sounds, Soundeffekte, Musiken, Programmcode, Programmroutinen und alle anderen Werke, gehen automatisch in das Eigentum des Arbeitgebers über. Dabei spielt es keine Rolle, ob diese Arbeiten in direktem Zusammenhang mit der ihm übertragenen Aufgabe ste-

---

[342] Vgl. die Begründung des Regierungsentwurfs BT-Drucks. 12/4022 vom 18.12.1992, S. 10.
[343] Fehlerhaft daher etwa *LG Frankfurt,* 19.11.2008, 2/6 O 437/08, CR 2009, 142, das ausführt, Adobe Systems Incorporated stehe das Urheberrecht an bestimmten Computerprogrammen zu.
[344] Vgl. *Schricker/Loewenheim/Spindler* § 69a Rdn. 24; *Dreier/Schulze* § 69a Rdn. 26.
[345] Vgl. *OLG Frankfurt,* 13.5.2014, 11 U 62/13, GRUR 2014, 863, 865.
[346] Vgl. *OLG Köln,* 8.4.2005, 6 U 194/04, CR 2005, 624, 625.
[347] Vgl. *BGH,* 14.11.2002, I ZR 199/00, NJW 2003, 665, 667.
[348] Vgl. *BGH,* 26.2.2014, I ZR 121/13, GRUR 2014, 772, 773 Tz. 9; *OLG Frankfurt,* 13.5.2014, 11 U 62/13, GRUR 2014, 863, 864.
[349] Vgl. *BGH,* 26.2.2014, I ZR 121/13, GRUR 2014, 772, 773 Tz. 9; *Dreier/Schulze* § 7 Rdn. 4; *Schricker/Loewenheim/Peifer* § 7 Rdn. 6 ff.
[350] A. A. *OLG Köln,* 8.4.2005, 6 U 194/04, CR 2005, 624, 625 f., das immer nur den Programmierer als Urheber qualifiziert.
[351] Vgl. hierzu unten Rdn. 135 ff.

hen und ob diese Werke mit Maschinen und/oder Wissen entstanden sind, auf die der Arbeitgeber ein Urheber-, Nutzungs- oder Eigentumsrecht hat.
(2) Für das Projekt mit dem Arbeitstitel „3DTT", ein Transportsimulationsspiel auf der Basis einer vom Arbeitnehmer bereits vor Vertragsschluss begonnenen Darstellungsengine, gelten Sonderbestimmungen, die in einem Vertrag schriftlich festzulegen sind."[352]

Computersoftware wird schon infolge der ständig wachsenden Komplexität immer seltener von einzelnen Programmierern geschaffen, sondern zunehmend im **Arbeitsverhältnis**[353], von **freien Mitarbeitern** oder im **Team**. Die hierbei zu verzeichnenden Besonderheiten sind nur teilweise gesetzlich geregelt. Zu den Aufgaben eines angestellten Programmierers zählt es, Computerprogramme zu erstellen. Hierfür erhält er das vereinbarte Entgelt[354]. Zutreffenderweise sieht das Gesetz in § 69b Abs. 1 UrhG[355] als Folge dieses Arbeitens für den Arbeitgeber die wirtschaftliche Ausbeute des geschaffenen Produkts durch den Arbeitgeber vor, indem diesem das **Recht zur Ausübung aller vermögensrechtlichen Befugnisse** zugesprochen wird. Der Arbeitgeber wird folglich **Rechtsinhaber** der betreffenden Ausschließlichkeitsrechte[356]. Eine Einschränkung wie bei der allgemeinen Regelung des § 43 UrhG, derzufolge Nutzungsrechte nur übergehen, soweit sich aus dem Inhalt oder dem Wesen des Arbeits- oder Dienstverhältnisses nichts anderes ergibt, existiert für Software nicht. § 69b UrhG ist gegenüber § 43 UrhG **lex specialis**[357]. Der angestellte Programmierer ist daher, **sofern keine abweichende vertragliche Regelung** getroffen wurde[358], von der Verwertung „seines" Programms ausgeschlossen[359]. Ob die sog. Bestsellervorschriften der §§ 32, 32a UrhG auf den angestellten Programmierer anwendbar sind, ist umstritten[360]. Eine höchstrichterliche Entscheidung liegt diesbezüglich nicht vor. Gegen eine Anwendung spricht, dass es sich bei § 69b UrhG um eine gesetzliche Lizenz handelt und nicht um eine vertragliche Einräumung von Nutzungsrecht im Sinne von § 32 UrhG.

123

Für die Rechtsinhaberschaft des Arbeitgebers ist es unerheblich, ob das Programm während der **regulären Arbeitszeit** geschaffen wurde oder in der Freizeit, denn § 69b Abs. 1 UrhG verlangt allein eine Programmschöpfung des Arbeitnehmers in Wahrnehmung seiner Aufgaben oder nach den Anweisungen seines Arbeitgebers[361]. Auch die Örtlichkeit der Programmschöpfung ist irrelevant.

124

---

[352] Vgl. *OLG Düsseldorf*, 25.11.2008, I-20 U 72/06, CR 2009, 214.
[353] Schon *Öhlschlegel* GRUR 1968, 679, 681 hat darauf hingewiesen, dass Programmierer meist in einem Arbeitsverhältnis stünden.
[354] Vgl. *Koch* CR 2000, 333, 341; mehr auf die Einräumung von urheberrechtlichen Nutzungsrechten abstellend *Deike* CR 2003, 9, 17. Beides betont *Bayreuther* GRUR 2003, 570, 572.
[355] Das Arbeitnehmererfindungsgesetz ist hinsichtlich des Urheberrechtsschutzes auf die Entwicklung von Computersoftware nicht anwendbar, vgl. *Möhring/Nicolini/Hoeren* § 69b Rdn. 13; a. A. wohl nur *LG München I*, 16.1.1997, 7 O 15354/91, ZUM 1997, 659. Sofern zugleich ein Patentschutz besteht, ist das Arbeitnehmererfindungsgesetz insoweit anwendbar. BeckOK Urheberrecht/*Kaboth/Spies* § 69b Rdn. 3a; Nicht überzeugend ist aber, das Arbeitnehmererfindungsgesetz als lex specialis gegenüber § 69b UrhG zu qualifizieren; so aber *Bayreuther* GRUR 2003, 570, 579.
[356] Vgl. *Hilber* CR 2008, 749, 750; *Deike* CR 2003, 9, 17.
[357] Vgl. *Wandtke/Bullinger/Grützmacher* § 69b Rdn. 1; *Wandtke* GRUR 2015, 831, 834.
[358] Vgl. *KG Berlin*, 28.1.1997, 5 W 6232/96, NJW-RR 1997, 1405 fordert eine ausdrückliche Vereinbarung.
[359] Vgl. *Dreier/Schulze* § 69b Rdn. 2.
[360] Dafür *Wandtke/Bullinger/Grützmacher* § 69b Rdn. 24; dagegen etwa *Bräutigam/Huppertz*, IT-Outsourcing und Cloud Computing, 3. Aufl. 2013, Teil 4 B Rdn. 17.
[361] Vgl. *OLG Köln*, 24.3.2005, 6 U 4696/04, MMR 2005, 616; *Dreier/Schulze* § 69b Rdn. 8; *Hoeren* CR 2005, 773, 775.

125 Die Rechtsfolgen des § 69b UrhG treten aber dann nicht ein, wenn der Arbeitnehmer in seiner **Freizeit** ein Programm schafft, ohne dass dies nach den Anweisungen des Arbeitgebers geschieht oder in die Aufgaben des Programmschaffenden fällt[362]. Eine Anbietungspflicht des Arbeitnehmers, wie sie etwa § 19 ArbNErfG im Bereich des Patentrechts vorsieht[363], existiert im Urheberrecht nicht. Auch wenn der Arbeitnehmer für ein in der Freizeit geschaffenes Programm Arbeitsmittel und/oder Know-how des Arbeitgebers eingesetzt hat, ist eine Anbietungspflicht grundsätzlich nicht anzuerkennen. Lediglich in seltenen Ausnahmefällen kann unter Rückgriff auf die arbeitsvertragliche Treuepflicht nach § 242 BGB ausnahmsweise anders zu entscheiden sein[364].

126 Die **Urheberpersönlichkeitsrechte** bleiben demgegenüber beim Arbeitnehmer, beispielsweise das Recht auf Anerkennung seiner Urheberschaft am Werk nach § 13 UrhG. Der Arbeitnehmer kann daher etwa auf einer Anbringung einer Urheberbezeichnung bestehen, die so gestaltet sein muss, dass ihm das Werk ohne weiteres zugeschrieben wird[365]. Dies kann etwa im Benutzerhandbuch oder mit dem weit verbreiteten „Info"- oder „Über"-Button geschehen. Auch kann sich der Arbeitnehmer ausweislich der Gesetzesbegründung[366] jeder Entstellung, Verstümmelung, sonstiger Änderung oder Beeinträchtigung des Werkes widersetzen, die seiner Ehre oder seinem Ruf nachteilig sein könnten. Da dies bei Computerprogrammen allerdings höchst selten der Fall sein wird, führt die Zuordnung der vermögensrechtlichen Befugnisse zum Arbeitgeber dazu, dass diesem das umfassende Recht der Bearbeitung zusteht[367], gleichwie er der Verwertung durch Dritte zustimmen kann. Die **Beendigung des Arbeitsverhältnisses** führt nicht dazu, dass die vermögensrechtlichen Befugnisse an den Arbeitnehmer zurückfallen[368] oder auf den neuen Arbeitgeber übergehen. Der nunmehr ausgeschiedene Arbeitnehmer muss daher die Ausschließlichkeitsrechte des alten Arbeitgebers auch bei seiner neuen Tätigkeit berücksichtigen[369]. Die Rechtsfolgen des § 69b UrhG können folglich dahingehend umschrieben werden, dass der Arbeitgeber unbefristet, unwiderruflich und unbeschränkt die ausschließlichen Nutzungsrechte zur Verwertung des Programms erhält[370].

127 Weder die EG-Richtlinie zum Softwareschutz noch § 69b UrhG enthalten eine Definition des **Begriffs des Arbeitnehmers.** Die Frage, wer Arbeitnehmer im Sinne des § 69b UrhG ist, richtet sich nach den im Arbeitsrecht sowie zu § 43 UrhG entwickelten Rechtsgrundsätzen[371]. Dementsprechend sind **Scheinselbständige** und Leiharbeitnehmer im Sinne des Gesetzes über die Arbeitnehmerüberlassung von § 69b UrhG erfasst[372]. Demgegenüber findet § 69b UrhG auf Vorstände, Geschäftsführer und Mitgesellschafter von Unternehmen keine Anwendung[373]. Für diese Per-

---

[362] Vgl. *KG Berlin*, 28.1.1997, 5 W 6232/96, NJW-RR 1997, 1405.
[363] Vgl. hierzu unten Rdn. 441.
[364] Vgl. *Dreier/Schulze* § 69b Rdn. 8; großzügiger *Hilber* CR 2008, 749, 750 Fußn. 4; *Wandtke/Bullinger/Grützmacher* § 69b Rdn. 34 f.
[365] Vgl. allgemein *OLG Hamm*, 17.11.2015, 4 U 34/15, BeckRS 2016, 02113 Tz. 149.
[366] Vgl. BT-Drucks. 12/4022 vom 18.12.1992, S. 10.
[367] Vgl. *Wandtke/Bullinger/Grützmacher* § 69b Rdn. 44.
[368] So ohne ausdrückliche Klarstellung auch *LG Köln*, 9.6.2004, 28 O 286/03, BeckRS 2005, 12457.
[369] Vgl. *Dreier/Schulze* § 69b Rdn. 11; *Wandtke/Bullinger/Grützmacher* § 69b Rdn. 10.
[370] Vgl. *Hoeren* CR 2005, 773, 775.
[371] Vgl. die Begründung des Regierungsentwurfs BT-Drucks. 12/4022 vom 18.12.1992, S. 11.
[372] Vgl. *Wandtke/Bullinger/Grützmacher* § 69b Rdn. 2.
[373] Vgl. *Wandtke/Bullinger/Grützmacher* § 69b Rdn. 3.

sonen ist mangels spezieller Vorschriften auf die Ausführungen zur Programmerstellung durch freie Mitarbeiter zurückzugreifen.

Obige Darlegungen gelten gem. § 69b Abs. 2 UrhG auch für solche Computerprogramme, die von einer Person geschaffen werden, die in einem Dienstverhältnis steht. Dabei werden von dieser Vorschrift nur **öffentlich-rechtliche Dienstverhältnisse** der Beamten, Richter und Soldaten erfasst, nicht solche nach den dienstvertraglichen Regelungen des BGB[374]. Auch wenn der Gesetzgeber dies nicht ausdrücklich festgelegt hat, folgt dieses Verständnis des Begriffs des Dienstverhältnisses aus der Tatsache, dass auch bei § 43 UrhG lediglich von Dienstverhältnissen gesprochen wird, nach herrschender Auffassung aber nur öffentlich-rechtliche Dienstverhältnisse gemeint sind[375].

c) Programmerstellung durch freie Mitarbeiter

aa) Allgemeines

Zweckmäßig wäre es grundsätzlich auch gewesen im Zusammenhang mit § 69b UrhG eine entsprechende Regelung für das Verhältnis zwischen **Auftraggeber** und **Auftragnehmer** außerhalb eines Arbeitsverhältnisses zu schaffen. Die Interessenlage ist durchaus vergleichbar. Die zunächst in Art. 2 Abs. 3 des Entwurfs zur EG-Richtlinie enthaltene Regelung wurde jedoch wegen einer befürchteten Kollision mit der Revidierten Berner Übereinkunft zum Schutze von Werken der Literatur und Kunst (RBÜ) sowie des Welturheberrechtsabkommens (WUA) vom Rat der Europäischen Gemeinschaft nicht übernommen. Auch der deutsche Gesetzgeber hat keine entsprechende Regelung verabschiedet. Die Softwareerstellung durch freie Mitarbeiter, arbeitnehmerähnliche Personen, Praktikanten, Vorstände und Geschäftsführer[376] werden daher von § 69b UrhG nicht erfasst[377]. **Ausdrückliche vertragliche Vereinbarungen** mit freien Mitarbeitern und sonstigen Personen, die nicht im Rahmen eines Arbeitsverhältnisses tätig werden, über die Frage, wem die vermögensrechtlichen Befugnisse an neu geschaffenen Computerprogrammen zustehen sollen, sind daher **geradezu zwingend**.

Im Zweifel ist nach dem allgemeinen urheberrechtlichen Grundsatz der **Zweckübertragungslehre** gem. § 31 Abs. 5 UrhG davon auszugehen, dass der Programmierer Rechte nur in dem Umfang überträgt, der für die Erreichung des Vertragszwecks erforderlich ist. Zur Bestimmung desselben ist etwa auf besondere Regelungen für Änderungen und Fehlerbeseitigungen abzustellen, jedoch bedarf es nach Auffassung des *BGH*[378] einer Auslegung des Vertrages im jeweiligen Einzelfall. Die grundlegende Entscheidung des *BGH* zur Herausgabepflicht hinsichtlich des Quellcodes ist insoweit immer noch von maßgeblicher Bedeutung, da von einem **Gleichlauf zwischen Eigentum am Quellcode und vermögensrechtlichen Befugnissen** am Computerprogramm auszugehen ist. Das Urteil des *BGH* wird jedoch an anderer Stelle ausführ-

---

[374] Vgl. *Wandtke/Bullinger/Grützmacher* § 69b Rdn. 3; *Dreier/Schulze* § 69b Rdn. 12.
[375] Vgl. *Schricker/Loewenheim/Rojahn* § 43 Rdn. 10; *Dreier/Schulze* § 43 Rdn. 7; *Wandtke/Bullinger/Wandtke* § 43 Rdn. 14; *Fromm/Nordemann/Nordemann* § 43 Rdn. 11.
[376] Vgl. *BGH*, 3.3.2005, I ZR 111/02, NJW-RR 2005, 1403, 1404.
[377] Vgl. *Wandtke/Bullinger/Grützmacher* § 69b Rdn. 3; *Dreier/Schulze* § 69b Rdn. 4; *Loewenheim/Lehmann* § 9 Rdn. 53; *Bullinger/Czychowski* GRUR 2011, 19, 25; *Hilber* CR 2008, 749, 750; *Heymann* CR 2005, 857.
[378] Vgl. *BGH*, 30.1.1986, I ZR 242/83, NJW 1987, 1259 f.; zur Zweckübertragungsregel *BGH*, 6.10.2016, I ZR 25/15, GRUR 2017, 266, 270 Tz. 44; *BGH*, 31.5.2012, I ZR 73/10, GRUR 2012, 1031, 1035 Tz. 15 ff.

lich diskutiert[379], sodass hier auf eine erneute Darstellung verzichtet werden kann. In einer späteren Entscheidung hat der *BGH* darauf abgestellt, wer das fertige Programm bestimmungsgemäß vermarkten soll[380].

bb) Das Sonderproblem des Rückrufs wegen Nichtausübung gem. § 41 UrhG

Schrifttum: *Pahlow,* Von Müttern, Töchtern und Enkeln. Zu Rechtscharakter und Wirkung des urheberrechtlichen Rückrufs, GRUR 2010, 112 ff.

131 Sofern ein **Mitgesellschafter** einer später in Insolvenz gefallenen Gesellschaft dieser ein ausschließliches Nutzungsrecht an einem von ihm geschaffenen Computerprogramm eingeräumt hat, steht ihm gegebenenfalls die Möglichkeit des **Rückrufs wegen Nichtausübung** gem. § 41 UrhG zu. In der vollständigen Einstellung des Geschäftsbetriebs ist eine Nichtausübung des betreffenden ausschließlichen Nutzungsrechts im Sinne des § 41 Abs. 1 S. 1 1. Alt. UrhG zu sehen[381], die gleichzeitig auch die für ein Rückrufsrecht erforderliche erhebliche Verletzung der berechtigten Interessen des Urhebers darstellt[382], denn der Urheber hat ein berechtigtes Interesse an einer Verbreitung und Nutzung seines Werks. Der Rückruf kann gem. § 41 Abs. 2 UrhG nicht vor Ablauf von zwei Jahren seit Rechtseinräumung oder -übertragung erklärt werden. § 41 Abs. 3 UrhG sieht grundsätzlich eine Nachfristsetzung vor, die aber im Falle der Einstellung des Geschäftsbetriebs nicht erforderlich ist. Der Rückruf ist eine einseitige empfangsbedürftige Willenserklärung, die dem Inhaber des ausschließlichen Nutzungsrechts gegenüber erklärt werden und nach § 130 BGB zugehen muss[383]. Eine bestimmte Form ist nicht vorgeschrieben, jedoch empfiehlt sich aus Beweisgründen in der Regel die Schriftform. Im Falle der **Miturheberschaft** muss der Rückruf grundsätzlich von allen Miturhebern erklärt werden[384]. Notfalls muss ein nicht gewillter Miturheber zunächst auf Zustimmung zum Rückruf verklagt werden[385].

132 Problematisch ist, welche Rechtsfolgen ein wirksamer Rückruf eines ausschließlichen Nutzungsrechts auf gegebenenfalls vom betreffenden Nutzungsrechtsinhaber zwischenzeitlich an Dritte eingeräumte Nutzungsrechte hat. Dies ist ein Unterfall der allgemeinen Frage, ob beim **Erlöschen eines** vom Urheberrecht (dem „Mutterrecht") **abgespaltenen** ausschließlichen oder einfachen Nutzungsrechts (des „Tochterrechts") die davon **abgeleiteten** ausschließlichen oder einfachen Nutzungsrechte (die „Enkelrechte") **gleichfalls erlöschen** oder bestehen bleiben. Diese allgemeine Frage ist umstritten. Der Gesetzgeber hat für den Fall, dass der Inhaber des Rechts, der das Nutzungsrecht eingeräumt hat, auf sein Recht **verzichtet,** mit der durch das Gesetz zur Stärkung der vertraglichen Stellung von Urhebern und ausübenden Künstlern vom 22.3.2002 eingefügten Regelung des § 33 S. 2 UrhG bestimmt, dass die von ihm eingeräumten ausschließlichen und einfachen Nutzungsrechte **wirksam bleiben.** Dem Vorschlag des so genannten Professorenentwurfs, darüber hinaus in § 33 S. 3 UrhG zu regeln, dass im Übrigen die Nutzungsrechte erlöschen, wenn das Recht, auf Grund dessen sie eingeräumt worden sind, wegfällt[386], hat der Gesetzge-

---
[379] Vgl. hierzu unten Rdn. 688.
[380] Vgl. *BGH,* 3.3.2005, I ZR 111/02, NJW-RR 2005, 1403, 1404.
[381] Vgl. *OLG Köln,* 8.4.2005, 6 U 194/04, CR 2005, 624, 625.
[382] Vgl. *OLG Köln,* 8.4.2005, 6 U 194/04, CR 2005, 624, 625.
[383] Vgl. *Wandtke/Bullinger/Wandtke* § 41 Rdn. 4.
[384] Vgl. *LG Köln,* 16.11.2005, 28 O 349/05, BeckRS 2007, 15111; *Dreier/Schulze* § 41 Rdn. 32; *Wandtke/Bullinger/Wandtke* § 41 Rdn. 4.
[385] Vgl. *Dreier/Schulze* § 41 Rdn. 32.
[386] Vgl. Vorschläge für einen Entwurf eines Gesetzes zur Stärkung der vertraglichen Stellung von Urhebern und ausübenden Künstlern, GRUR 2000, 765, 766, Begründung auf S. 775.

ber nicht entsprochen. Die Streitfrage, ob Nutzungsrechte späterer Stufe bestehen bleiben, wenn das Nutzungsrecht früherer Stufe erlischt, sollte nicht präjudiziert werden, sondern der Rechtsprechung zur Klärung überlassen bleiben[387]. In der Rechtsprechung und im Schrifttum werden zu dieser Frage gegensätzliche Auffassungen vertreten[388].

Für ein Erlöschen der Enkelrechte wird angeführt, der das Urheberrecht beherrschende und dem Urheberschutz dienende **Zweckbindungsgedanke** gebiete es, dass mit dem ausschließlichen Nutzungsrecht auch die abgeleiteten Nutzungsrechte an den Urheber zurückfallen müssten. Dies folge sowohl aus der **Übertragungszweckregel** des § 31 Abs. 5 UrhG[389] als auch aus der Erkenntnis, dass ein Fortbestehen der abgeleiteten Nutzungsrechte die Rechte des Urhebers gegenüber den Rechten der Nutzungsberechtigten schwächen würde. Schließlich folge aus dem Grundsatz, dass niemand **mehr Rechte vergeben** könne, als er **selbst besitze**, und dem Umstand, dass es im Urheberrecht **keinen gutgläubigen Erwerb** von Rechten gebe[390], dass mit der Berechtigung des Inhabers des ausschließlichen Nutzungsrechts auch die Berechtigung des Inhabers des abgeleiteten Nutzungsrechts ende. Der Sublizenznehmer werde durch einen Wegfall seiner Nutzungsrechte nicht unzumutbar benachteiligt. Da der Vertrag mit seinem Lizenzgeber trotz des Wegfalls des Nutzungsrechts bestehen bleibe, könne er dem Zahlungsanspruch des Lizenzgebers die Einrede des nichterfüllten Vertrags entgegenhalten und gegebenenfalls Schadensersatz wegen Nichterfüllung verlangen. 133

Jedenfalls für den Fall des **wirksamen Rückrufs** eines ausschließlichen Nutzungsrechts nach § 41 UrhG hat sich der *BGH* der Ansicht angeschlossen, dass die vom ausschließlichen Nutzungsrecht abgeleiteten **einfachen** Nutzungsrechte **nicht** an den Urheber **zurückfallen**[391]. Er hat zunächst darauf hingewiesen, dass die Vorschrift des § 41 Abs. 5 UrhG allein regele, dass mit dem Wirksamwerden eines Rückrufs das zurückgegebene Nutzungsrecht erlösche. Demgegenüber werde in § 41 UrhG nicht ausdrücklich bestimmt, ob auch die aus dem zurückgerufenen Nutzungsrecht abgeleiteten Nutzungsrechte erlöschen oder fortbestehen[392]. Es müsse daher eine Abwägung der Interessen des Urhebers einerseits und des Sublizenznehmers andererseits vorgenommen werden. Die der Regelung des § 41 UrhG zu entnehmende gesetzliche Wertung spreche jedoch dafür, dass die abgeleiteten einfachen Nutzungsrechte bestehen bleiben. Das Rückrufsrecht wegen Nichtausübung nach § 41 UrhG diene dem ideellen Interesse des Urhebers am **Bekanntwerden seines Werks** und seinem materiellen Interesse an dessen **Verwertung.** Ein einfaches Nutzungsrecht versperre dem Urheber aber nicht eine anderweitige Nutzung und stehe daher weder einer Verwertung noch einem Bekanntwerden des Werks entgegen[393]. Gegenüber einem **abgeleiteten ausschließlichen Nutzungsrecht** kann der Urheber aber den Rückruf erklären. Mit dem Wirksamwerden des Rückrufs fällt ein solches ausschließliches Nutzungsrecht weiterer Stufe **unmittelbar** an den Urheber **zurück**[394]. 134

---

[387] Vgl. Begründung des Gesetzentwurfs, BT-Drucks. 14/6433 vom 26.6.2001, S. 16.
[388] Vgl. die umfassenden Hinweise bei *BGH*, 26.3.2009, I ZR 153/06, GRUR 2009, 946 Tz. 10 sowie 947 Tz. 15.
[389] Der *BGH*, 17.10.2013, I ZR 41/12, NJW 2014, 1949, 1950 Tz. 11 m.w.N. spricht von „Übertragungszwecklehre".
[390] Vgl. *BGH*, 3.2.2011, I ZR 129/08, MMR 2011, 305, 307 Tz. 15; *BGH*, 26.3.2009, I ZR 153/06, MMR 2009, 838, 839 Tz. 19.
[391] Vgl. *BGH*, 26.3.2009, I ZR 153/06, GRUR 2009, 946, 947 Tz. 17 ff.; *OLG Köln*, 14.7.2006, 6 U 224/05, CR 2007, 7 f.; *LG Köln*, 16.11.2005, 28 O 349/05, BeckRS 2007, 15111.
[392] Vgl. *BGH*, 26.3.2009, I ZR 153/06, GRUR 2009, 946, 948 Tz. 21.
[393] Vgl. *BGH*, 26.3.2009, I ZR 153/06, GRUR 2009, 946, 948 Tz. 23.
[394] Vgl. *BGH*, 26.3.2009, I ZR 153/06, GRUR 2009, 946, 948 Tz. 22.

d) Programmerstellung im Team

Schrifttum: *Meyer*, Miturheberschaft bei freier Software: Nach deutschem und amerikanischem Sach- und Kollisionsrecht, 2011; *ders.*, Miturheberschaft und Aktivlegitimation bei freier Software, CR 2011, 560 ff.; *Thielecke/v. Bechtolsheim*, Urheberrecht für die Mitwirkenden an komplexen Werken?, GRUR 2003, 754 ff.

aa) Die Miturheberschaft gem. § 8 UrhG

135 Angesichts der beständig zunehmenden Komplexität insbesondere der kommerziell erstellten Computerprogramme werden diese zunehmend im Team entwickelt, das häufig auch grenzüberschreitend zusammengesetzt ist[395]. Dementsprechend ist die in § 8 UrhG geregelte **Miturheberschaft** bei Computerprogrammen die Regel[396], auch wenn dies in den urheberrechtlichen Vorschriften nicht zum Ausdruck kommt. Eine Miturheberschaft besteht dann, wenn mehrere ein Werk gemeinsam schaffen, ohne dass sich ihre Anteile gesondert verwerten lassen[397]. Ist eine gesonderte Verwertung der Anteile möglich, werden mehrere Urheber selbst dann nicht zu Miturhebern, wenn sie diese Anteile zur gemeinsamen Verwertung im Sinne des § 9 UrhG miteinander verbinden[398]. Dies wird bei Computerspielen und der integrierten Musik regelmäßig der Fall sein[399].

136 Die Miturheber bilden gem. § 8 Abs. 2 S. 1 UrhG eine Gesamthandsgemeinschaft[400]. Erforderlich für die Begründung einer Miturheberschaft ist daher, dass das Werk von mehreren gemeinsam geschaffen wird, wobei **jeder Beteiligte** einen **schöpferischen Beitrag** leisten muss, der in das gemeinsame Werk einfließt[401]. Für die Annahme einer Miturheberschaft kann auch ein geringfügiger Beitrag ausreichen[402]. Nicht notwendig ist demgegenüber, dass jeder einzelne Beitrag zum Gesamtwerk gemeinsam erbracht wird. Vielmehr können auch schöpferische Einzelbeiträge geleistet werden, sofern sie nur in Unterordnung unter die gemeinsame Gesamtidee vorgenommen werden[403]. Eine Miturheberschaft liegt daher etwa auch dann vor, wenn mehrere Personen zunächst ein Werk gemeinsam entworfen (z.B. in einem „workshop") und zu diesem sodann in gegenseitiger Unterordnung unter die gemeinsame Gestaltungsidee für sich genommen selbstständige und voneinander unabhängige schöpferische Einzelbeiträge geleistet haben[404]. Nicht ausreichend ist demgegenüber, wenn der Dritte keine schöpferische Tätigkeit entfaltet, sondern nur fremde Kreativität fördert[405].

---

[395] Vgl. zur Frage ausländischer Miturheber unten Rdn. 388.
[396] Vgl. *Deike* CR 2003, 9, 15; *Loewenheim/Lehmann* § 76 Rdn. 4.
[397] Vgl. *BGH*, 16.4.2015, I ZR 225/12, MMR 2015, 824, 825 Tz. 15; *BGH*, 26.2.2009, I ZR 142/06, GRUR 2009, 1046, 1049 Tz. 38; *BGH*, 14.11.2002, I ZR 199/00, NJW 2003, 665, 668; *Meyer* CR 2011, 560, 561; *Thielecke/v. Bechtolsheim* GRUR 2003, 754, 755 und 756.
[398] Vgl. *BGH*, 26.2.2009, I ZR 142/06, GRUR 2009, 1046, 1049 Tz. 38.
[399] Vgl. *Brüggemann*, CR 2015, 697, 701.
[400] Vgl. *OLG Düsseldorf*, 25.11.2008, I-20 U 72/06, CR 2009, 214.
[401] Vgl. *BGH*, 14.11.2002, I ZR 199/00, NJW 2003, 665, 668; *OLG Frankfurt*, 17.9.2002, 11 U 67/00, MMR 2003, 45, 46; *Thielecke/v. Bechtolsheim* GRUR 2003, 754, 756; *Dreier/Schulze* § 8 Rdn. 6; *Wandtke/Bullinger/Thum* § 8 Rdn. 4.
[402] Vgl. *BGH*, 26.2.2009, I ZR 142/06, GRUR 2009, 1046, 1050 Tz. 43; *OLG Frankfurt*, 12.11.2013, 11 U 48/08, GRUR 2014, 991, 992.
[403] So bereits *BGH*, 3.3.1959, I ZR 17/58, GRUR 1959, 335, 336; später *BGH*, 3.3.2005, I ZR 111/02, NJW-RR 2005, 1403, 1405; *BGH*, 14.11.2002, I ZR 199/00, NJW 2003, 665, 668; *BGH*, 14.7.1993, I ZR 47/91, NJW 1993, 3136, 3137; *Meyer* CR 2011, 560, 561; *Thielecke/v. Bechtolsheim* GRUR 2003, 754, 756, *Dreier/Schulze* § 8 Rdn. 3; speziell für Open Source Software *Deike* CR 2003, 9, 15.
[404] Vgl. *BGH*, 26.2.2009, I ZR 142/06, GRUR 2009, 1046, 1049 Tz. 38.
[405] Vgl. *OLG Frankfurt*, 17.9.2002, 11 U 67/00, MMR 2003, 45, 46.

Unerheblich ist, **in welchem Stadium** der oftmals langfristigen Programmentwicklung der einzelne Beitrag geleistet wird, solange die betreffende Handlung nur einen Beitrag zum einheitlichen Schöpfungsprozess darstellt und in das gemeinsame Werk einfließt[406]. Bei zeitlich gestaffelten Beiträgen ist, wie bei allen Fällen der Miturheberschaft, ein entsprechender „natürlicher Handlungswille für eine einheitliche Schöpfung" zu verlangen[407]. Hieran fehlt es, wenn spätere Ergänzungen und Verbesserungen vom Handlungswillen des ursprünglichen Programmierers nicht umfasst sind. Eine Miturheberschaft liegt dann nicht vor[408]. Eine Miturheberschaft scheidet auch dann aus, wenn der Dritte erst nach vollständiger Entwicklung der Software tätig wird und lediglich kundenspezifische Auswertungen erstellt, ohne dabei Zugriff auf den Quellcode der Software zu haben[409]. 137

Gem. § 8 Abs. 2 S. 3 UrhG ist jeder Miturheber berechtigt, **Ansprüche aus Verletzungen des gemeinsamen Urheberrechts** geltend zu machen; er kann jedoch nur **Leistung an alle Miturheber** verlangen. Ein Miturheber kann daher allein etwa einen Unterlassungsanspruch geltend machen[410]. Auskunftsansprüche bezüglich erzielter Erlöse beim Verkauf dieser Software können demgegenüber nur gemeinsam geltend gemacht werden[411]. Die Geltendmachung von Schadensersatzansprüchen muss gemeinschaftlich erfolgen und erfordert die vielfach schwierige und manchmal sogar unmögliche Benennung sämtlicher Miturheber[412]. Grundsätzlich müssen auch sämtliche Urheber gemeinsam den Rückruf wegen Nichtausübung oder unzureichender Ausübung eines ausschließlichen Nutzungsrechts gem. § 41 UrhG[413] erklären, damit dieser wirksam werden kann[414]. Das Erfordernis gemeinschaftlichen Vorgehens greift jedoch nicht, wenn Miturheber zugunsten anderer auf die Verwertung ihrer Rechte nach § 8 Abs. 4 S. 1 UrhG verzichtet haben[415]. Auf das Verhältnis zwischen Miturheber und nur schuldrechtlich Nutzungsberechtigtem ist die Erleichterung der Prozessführung gem. § 8 Abs. 2 S. 3 UrhG auch nicht analog anwendbar[416]. 138

Die **Gewichtung der jeweiligen Mitwirkung** am Gesamtwerk ist für die Beurteilung der Miturheberschaft zunächst unerheblich[417]. Auch bei einem nur geringfügigen Schaffensbeitrag entsteht eine Miturheberschaft[418]. Die Gewichtung wird erst 139

---

[406] Vgl. *BGH*, 3.3.2005, I ZR 111/02, NJW-RR 2005, 1403, 1405; *BGH*, 14.11.2002, I ZR 199/00, NJW 2003, 665, 668; *BGH*, 14.7.1993, I ZR 47/91, NJW 1993, 3136, 3137; *Wandtke/Bullinger/Thum* § 8 Rdn. 9; *Dreier/Schulze* § 8 Rdn. 3; *Dreyer/Kotthoff/Meckel* § 8 Rdn. 7; *Bartsch* CR 2012, 141, 142.

[407] Vgl. *BGH*, 3.3.2005, I ZR 111/02, NJW-RR 2005, 1403, 1404.

[408] Vgl. *BGH*, 3.3.2005, I ZR 111/02, NJW-RR 2005, 1403, 1404.

[409] Vgl. *OLG Frankfurt*, 27.1.2015, 11 U 94/13, GRUR 2015, 784, 788 Tz. 38.

[410] Vgl. *OLG Düsseldorf*, 25.11.2008, I-20 U 72/06, CR 2009, 214; *Meyer* CR 2011, 560.

[411] Vgl. *OLG Düsseldorf*, 25.11.2008, I-20 U 72/06, CR 2009, 214.

[412] Vgl. *Meyer* CR 2011, 560, 562.

[413] Das Rückrufsrechts des § 41 UrhG wegen Nichtausübung oder unzureichender Ausübung eines ausschließlichen Nutzungsrechts darf nicht mit dem Rückrufsanspruch gem. § 98 Abs. 2 UrhG verwechselt werden. Der Rückrufsanspruch des § 98 Abs. 2 UrhG stellt einen speziellen Beseitigungsanspruch dar. Rückruf im Sinne des § 98 Abs. 2 UrhG bedeutet Rückforderung der Vervielfältigungsstücke.

[414] Vgl. *LG Köln*, 16.11.2005, 28 O 295/05, GRUR-RR 2006, 357.

[415] Vgl. *OLG Düsseldorf*, 25.11.2008, I-20 U 72/06, CR 2009, 214.

[416] Vgl. *OLG Frankfurt*, 17.9.2002, 11 U 67/00, MMR 2003, 45, 47; bestätigt in *OLG Frankfurt*, 12.11.2013, 11 U 48/08, GRUR 2014, 991, 992.

[417] Vgl. *BGH*, 14.7.1993, I ZR 47/91, NJW 1993, 3136, 3138; *Dreier/Schulze* § 8 Rdn. 6; *Wandtke/Bullinger/Thum* § 8 Rdn. 22; *Thielecke/v. Bechtolsheim* GRUR 2003, 754, 756.

[418] Vgl. *BGH*, 26.2.2009, I ZR 142/06, GRUR 2009, 1046, 1050 Tz. 43.

bei der Verteilung der aus der Werknutzung gezogenen Erträgnisse relevant, da hierfür gem. § 8 Abs. 3 UrhG auf den jeweiligen Mitwirkungsumfang abgestellt werden muss, sofern zwischen den Miturhebern keine abweichende Vereinbarung getroffen wurde. Bei Fehlen einer ausdrücklichen Vereinbarung muss folglich der Umfang der Mitwirkung an der Schöpfung des Werkes ermittelt werden, wobei sämtliche Entstehungsphasen einschließlich der notwendigen Vorarbeiten zu berücksichtigen sind, sofern die Beiträge nur schöpferischer Art sind. Lässt sich der Umfang der Mitarbeit nicht mehr ermitteln, so kommt bei Vorliegen ausreichender Anhaltspunkte eine **Schätzung nach Billigkeit** in Betracht. Im Zweifel sind gleiche Anteile anzunehmen[419]. Soweit die Miturheber **Arbeitnehmer** im Sinne des § 69b UrhG sind oder in einem öffentlich-rechtlichen Dienstverhältnis stehen, ist auch hier der Arbeitgeber zur Ausübung aller vermögensrechtlichen Befugnisse am Computerprogramm berechtigt, sofern nichts anderes vereinbart ist. Haben neben Arbeitnehmerurhebern **auch freie Mitarbeiter** an der Programmschöpfung mitgewirkt, deren vermögensrechtliche Befugnisse nicht nach § 69b UrhG auf den Arbeitgeber übergehen, ist eine entsprechende Gesamthandsgemeinschaft zwischen dem Arbeitgeber und den freien Mitarbeitern anzunehmen[420].

bb) Die Werkverbindungen gem. § 9 UrhG

140 Sofern einzelne Programme oder Programmteile unabhängig voneinander geschaffen werden und unabhängig voneinander verwertbar sind, liegt keine Miturheberschaft nach § 8 UrhG vor[421]. Der Anteil eines beteiligten Urhebers ist gesondert verwertbar, wenn er selbstständig verkehrsfähig ist. Dies setzt voraus, dass er sich aus dem gemeinschaftlichen Werk herauslösen lässt, ohne dadurch unvollständig oder ergänzungsbedürftig zu werden[422]. Entscheidend für diese Beurteilung sind nicht die subjektiven Vorstellungen der verschiedenen Schöpfer, sondern allein die **objektive Möglichkeit** einer **gesonderten Verwertung** der jeweiligen Anteile[423]. Vielfach werden nur **eigenständig lauffähige Programme** sowie **Bibliotheken** von Programmmodulen mit offengelegten Schnittstellen gesondert verwertbar sein, weil für nicht eigenständig ablauffähige Module kein Markt zu finden sein wird[424]. Bei Computerspielen ist die meist vorhandene Musik in der Regel gesondert verwertbar[425].

141 Liegt keine Miturheberschaft vor, ist es aber möglich, dass die verschiedenen Entwickler ihre Programme bzw. Programmteile zu einer gemeinsamen Verwertung im Sinne von § 9 UrhG miteinander verbinden[426]. Dann entsteht keine Gesamthandsgemeinschaft wie bei der Miturheberschaft, sondern mit der Werkverbindung wird zwischen den einzelnen Entwicklern eine **BGB-Gesellschaft** nach §§ 705 ff. BGB begründet, deren Gesellschaftsziel die gemeinsame Verwertung des Gesamtprogramms oder der Programmanteile darstellt. Nach §§ 709, 714 BGB steht den beteiligten Entwicklern die Geschäftsführung und Vertretung **gemeinschaftlich** zu. Deshalb müsste insbesondere auch die **Verfolgung von Rechtsverletzungen** grund-

---

[419] Vgl. *Dreier/Schulze* § 8 Rdn. 24; *Wandtke/Bullinger/Thum* § 8 Rdn. 36; *Schricker/Loewenheim/Peifer* § 8 Rdn. 19.
[420] Vgl. *Wandtke/Bullinger/Thum* § 8 Rdn. 22.
[421] Vgl. *BGH*, 26.2.2009, I ZR 142/06, GRUR 2009, 1046, 1049 Tz. 38.
[422] Vgl. *BGH*, 26.2.2009, I ZR 142/06, GRUR 2009, 1046, 1049 Tz. 39; *Wandtke/Bullinger/Thum* § 8 Rdn. 7.
[423] Vgl. *BGH*, 26.2.2009, I ZR 142/06, GRUR 2009, 1046, 1049 Tz. 39.
[424] Vgl. *Meyer* CR 2011, 560, 561.
[425] Vgl. *Brüggemann* CR 2015, 697, 701.
[426] Vgl. *Meyer* CR 2011, 560, 561; *Deike* CR 2003, 9, 15.

sätzlich gemeinschaftlich erfolgen[427]. Eine dem § 8 Abs. 2 S. 3 UrhG vergleichbare Regelung besteht bei der Werkverbindung nicht. Dennoch bejaht der *BGH* das Recht eines jeden Urhebers verbundener Werke, allein gegen Rechtsverletzungen vorzugehen[428]. Die Verbindung ändert an der **Selbstständigkeit** der einzelnen Werke auch hinsichtlich der Fragen des Internationalen Urheberrechts **nichts**. Jeder Beteiligte kann daher grundsätzlich sein Werk auch außerhalb der Verbindung verwerten.

e) Die Vermutung der Urheberschaft

Schrifttum: *Riesenhuber*, Die Vermutungstatbestände des § 10 UrhG, GRUR 2003, 187 ff.

Oftmals ist es im Bestreitensfall schwer, den Nachweis der Urheberschaft zu führen. Wird die Urheberschaft substantiiert behauptet, genügt es nicht, sie mit Nichtwissen zu bestreiten, sondern der Verletzer muss substantiiert darlegen, wer denn sonst Urheber sein soll[429]. Um dem Urheber darüber hinaus Erleichterung zu verschaffen[430], wird gem. § 10 Abs. 1 UrhG derjenige bis zum Beweis des Gegenteils als Urheber des Werkes angesehen, der auf den Vervielfältigungsstücken eines erschienenen Werkes in der üblichen Weise als Urheber bezeichnet ist. Die Nennung einer Person in einer anderen Funktion führt nicht dazu, dass zugunsten dieser Person auch die Urheberschaft vermutet wird[431]. Die in der üblichen Weise erfolgte Urheberbezeichnung begründet folglich eine **tatsächliche Vermutung** dafür, dass der solchermaßen Bezeichnete der Urheber ist, das heißt der Schöpfer des Werkes im Sinne des § 7 UrhG[432]. Für die Inhaber ausschließlicher Nutzungsrechte, zu denen der Gesetzgeber ausdrücklich diejenigen Softwarehersteller zählt, die ihre Rechte kraft vertraglicher Vereinbarung erwerben[433], gilt gem. § 10 Abs. 3 UrhG die Vermutung des § 10 Abs. 1 UrhG.

142

aa) Voraussetzungen

Die Vermutungswirkung setzt nur bei **erschienenen** Werken gem. § 6 Abs. 2 UrhG ein, sodass mit Zustimmung des Berechtigten Vervielfältigungsstücke des Werkes **nach ihrer Herstellung** in genügender Anzahl der Öffentlichkeit angeboten oder in Verkehr gebracht worden sein müssen. Sofern ein Programm zum **Download** durch eine Vielzahl von Personen bereitgestellt wurde, fehlt es zwar an der vorherigen Herstellung entsprechender Vervielfältigungsstücke, jedoch ist es interessengerecht, entweder die Vervielfältigung auf den Server als ausreichend zu qualifizieren oder § 6 Abs. 2 S. 2 UrhG analog anzuwenden[434].

143

Es wurde bereits darauf hingewiesen, dass nach deutschem Urheberrecht nur eine oder mehrere **natürliche Personen** Urheber sein können[435]. Die Vermutungsregelung des § 10 Abs. 1 UrhG kann daher ebenfalls nur zugunsten von natürlichen Personen

144

---

[427] Vgl. *Schricker/Loewenheim/Peifer* § 9 Rdn. 11; a.A. *Dreier/Schulze* § 9 Rdn. 22.
[428] Vgl. *BGH*, 16.4.2015, I ZR 225/15, GRUR 2015, 1189, 1192 Tz. 39 – Goldrapper.
[429] Vgl. *OLG Köln*, 12.6.2015, 6 U 5/15, NJW-RR 2016, 165, 166 Rdn. 23.
[430] Vgl. *BGH*, 11.6.2015, I ZR 19/14, GRUR 2016, 176, 177 Tz. 20; *BGH*, 26.2.2009, I ZR 142/06, GRUR 2009, 1046, 1048 Tz. 25.
[431] Vgl. *LG Mannheim*, 15.12.2006, 7 O 129/06, MMR 2007, 335, 336.
[432] Vgl. *BGH*, 14.7.1993, I ZR 47/91, NJW 1993, 3136, 3138; *BGH*, 7.6.1990, I ZR 191/88, NJW 1991, 1484.
[433] Vgl. Begründung der Bundesregierung BT-Drucks. 16/5048 vom 20.4.2007, S. 47.
[434] Vgl. *LG Frankfurt*, 20.2.2008, 2/6 O 247/07, CR 2008, 534; zum diesbezüglichen Streit *Dreier/Schulze* § 6 Rdn. 16.
[435] Vgl. hierzu oben Rdn. 120.

eingreifen[436]. Ausreichend sind aber auch Initialen, Decknamen, Kürzel, Pseudonyme etc., solange nur die Identifizierung möglich ist. Der volle bürgerliche Name muss daher nicht angegeben werden[437]. Wird eine juristische Person angegeben, was in der Praxis weit verbreitet und unter anderem auf § 69b UrhG sowie internationalen Gepflogenheiten zurückzuführen ist, kommt für die genannte Person nur die Vermutung der Rechtsinhaberschaft gem. § 10 Abs. 2 und 3 UrhG in Betracht[438], etwa bei einem Unternehmen als Herausgeber eines Computerspiels[439]. Die Bezeichnung muss **in der üblichen Weise** erfolgen[440]. Ausreichend sind bei Computersoftware die Initialen des Programmierers in der Kopfleiste der Maskenausdrucke[441] sowie in der Fußzeile des Benutzerhandbuchs[442]. Auch eine Bezeichnung auf dem Datenträger[443] oder sonstigem Begleitmaterial ist ausreichend[444]. Gleiches gilt für eine Bezeichnung im Quellcode[445], wie dies bei Musik-Files für die Urheberbezeichnung in den sog. ID3-Tags anerkannt ist[446]. Ausreichend für die Vermutung der Rechtsinhaberschaft ist gegebenenfalls auch eine Registrierung des Programms bei der WIPO[447].

bb) Die Rechtsfolgen der Urhebervermutung

145   Vermutet wird die **Urheberschaft** des Genannten[448]. Sind **mehrere Personen** bezeichnet, wird deren **Miturheberschaft** vermutet[449]. Die Vermutung wirkt bis zum Beweis des Gegenteils (§ 292 ZPO)[450] und erstreckt sich allein auf die Eigenhändigkeit der Werkschöpfung durch den Bezeichneten[451], nicht aber darauf, dass es sich bei dem Computerprogramm auch um eine eigene geistige Schöpfung im Sinne des § 69a Abs. 3 S. 1 UrhG handelt[452]. Das Bestehen der Schutzvoraussetzungen ist daher vom Gericht von Amts wegen zu prüfen. Ob es sich terminologisch um eine tatsächliche Vermutung[453], um eine gesetzliche Tatsachenvermutung[454] oder um eine

---

[436] Vgl. *BGH*, 18.9.2014, I ZR 76/13, GRUR 2015, 258, 261 Tz. 41; *LG Frankfurt*, 20.2.2008, 2/6 O 247/07, CR 2008, 534; *LG Berlin*, 4.8.2005, 16 O 83/05, CR 2005, 894, 895.
[437] Vgl. *BGH*, 18.9.2014, I ZR 76/13, GRUR 2015, 258, 261 Tz. 40; *BGH*, 14.7.1993, I ZR 47/91, NJW 1993, 3136, 3138; *Dreier/Schulze* § 10 Rdn. 9; *Wandtke/Bullinger/Thum* § 10 Rdn. 4.
[438] Vgl. *BGH*, 18.9.2014, I ZR 76/13, GRUR 2015, 258, 261 Tz. 41; *LG Berlin*, 4.8.2005, 16 O 83/05, CR 2005, 894, 895; *Dreier/Schulze* § 10 Rdn. 8.
[439] Vgl. *BGH*, 12.7.2012, I ZR 18/11, NJW 2013, 784 Tz. 14.
[440] Vgl. *BGH*, 18.9.2014, I ZR 76/13, GRUR 2015, 258, 260 Tz. 37; *OLG Hamm*, 7.6.2011, I-4 U 208/10, MMR 2012, 119, 120.
[441] Vgl. *BGH*, 14.7.1993, I ZR 47/91, NJW 1993, 3136, 3138.
[442] Vgl. *BGH*, 14.7.1993, I ZR 47/91, NJW 1993, 3136, 3138.
[443] So wohl *LG Frankfurt*, 6.1.2010, 2–6 O 556/09, BeckRS 2010, 87025.
[444] Vgl. *LG Köln*, 30.11.2011, 28 O 482/10, ZUM 2012, 350, 351; *Dreier/Schulze* § 10 Rdn. 11.
[445] Vgl. *LG Frankfurt*, 6.9.2006, 2–06 O 224/06, CR 2006, 729, 730.
[446] Vgl. *OLG Köln*, 21.4.2011, 6 W 58/11, MMR 2012, 184, 185.
[447] Vgl. *LG Köln*, 13.1.2010, 28 O 603/09, ZUM 2011, 88, 89.
[448] Vgl. *LG Köln*, 30.11.2011, 28 O 482/10, ZUM 2012, 350, 351; *LG München I*, 14.1.2009, 21 S 4032/08, MMR 2009, 274.
[449] Vgl. *BGH*, 26.2.2009, I ZR 142/06, GRUR 2009, 1046, 1048 Tz. 25; *BGH*, 14.7.1993, I ZR 47/91, NJW 1993, 3136, 3138; vgl. ferner *LG Frankfurt*, 6.9.2006, 2–06 O 224/06, CR 2006, 729, 730; *Dreier/Schulze* § 10 Rdn. 24.
[450] Vgl. *BGH*, 26.2.2009, I ZR 142/06, GRUR 2009, 1046, 1048 Tz. 25; *OLG Frankfurt*, 9.1.2009, 11 U 51/08, GRUR 2010, 221, 222.
[451] Vgl. *BGH*, 7.6.1990, I ZR 191/88, NJW 1991, 1484.
[452] Allgemein für alle urheberrechtlichen Werke *BGH*, 11.12.1997, I ZR 170/95, NJW 1998, 1393, 1394; *Wandtke/Bullinger/Thum* § 10 Rdn. 25; *Dreier/Schulze* § 10 Rdn. 18.
[453] So *BGH*, 14.7.1993, I ZR 47/91, NJW 1993, 3136, 3138; *BGH*, 7.6.1990, I ZR 191/88, NJW 1991, 1484.
[454] So *Wandtke/Bullinger/Thum* § 10 Rdn. 23.

Rechtsvermutung⁴⁵⁵ handelt, mag hier dahinstehen. Sicher ist, dass es nicht genügt, den ersten Anschein der Urheberschaft zu erschüttern oder die Möglichkeit der Unrichtigkeit der Vermutung aufzuzeigen, sondern dass der **volle Gegenbeweis** erbracht werden muss⁴⁵⁶. Behauptet daher etwa ein Miturheber, eine andere der bezeichneten Personen sei gar kein Miturheber, muss er dafür den vollen Beweis erbringen⁴⁵⁷. Eine Einschränkung der Urhebervermutung kann sich aber aus zusätzlichen Angaben zu der als Urheber bezeichneten Person im Werkstück ergeben. Ist beispielsweise neben dem Namen nur ein bestimmter Teil des Werks oder eine bestimmte Funktion der Person bei der Werkherstellung angegeben, so beschränkt sich die Vermutung darauf, dass diese Person diesen Teil des Werks geschaffen oder in dieser Funktion bei dessen Herstellung tätig geworden ist⁴⁵⁸.

cc) Der Copyright-Vermerk (©)

Von der die Vermutung der Urheberschaft begründenden Bezeichnung des Urhebers im Sinne des § 10 Abs. 1 UrhG zu unterscheiden ist der sog. Copyright-Vermerk. Gem. **Art. III des Welturheberrechtsabkommens (WUA)** vom 6.9.1952 hat ein Vertragsstaat dieses Abkommens, dessen innerstaatliche Rechtsvorschriften als Voraussetzung für den Urheberrechtsschutz die Erfüllung von Förmlichkeiten wie Hinterlegung, Registrierung, Vermerk, notarielle Beglaubigung, Gebührenzahlung, Herstellung oder Veröffentlichung in seinem eigenen Hoheitsgebiet, fordern, diese Erfordernisse für jedes durch das WUA geschützte und zum ersten Mal außerhalb seines Hoheitsgebiets veröffentlichte Werk, dessen Urheber nicht Angehöriger dieses Staates ist, als erfüllt anzusehen, wenn alle Werkstücke, die mit Erlaubnis des Urhebers oder eines anderen Inhabers des Urheberrechts veröffentlicht worden sind, von der ersten Veröffentlichung des Werkes an das **Kennzeichen ©** in Verbindung mit dem **Namen des Inhabers des Urheberrechts** und der **Jahreszahl** der ersten Veröffentlichung tragen. In der Praxis wird neben dem Copyright-Kennzeichen aber nicht der Urheber genannt, sondern der die Nutzungsrechte innehabende Verwerter⁴⁵⁹, also vielfach eine juristische Person, die nach deutschem Urheberrecht gar nicht Urheber sein kann und sich daher auch nicht auf die Vermutung der Urheberschaft gem. § 10 Abs. 1 UrhG berufen kann. Sofern jedoch eine natürliche Person benannt wird, kann die Urheberschaft dieser Person vermutet werden⁴⁶⁰.

146

Das Vorhandensein des Copyright-Vermerks war **früher** in den **USA** zur Erlangung des vollen Urheberrechts **erforderlich**. Auch in den USA ist seit deren Beitritt zur RBÜ im Jahre 1989 aber weder eine Anmeldung und Hinterlegung eines Werks beim Register of Copyright noch ein Anbringen des Copyright-Vermerks notwendig⁴⁶¹.

147

---

⁴⁵⁵ Vgl. *Schricker/Loewenheim/Peifer* § 10 Rdn. 1; *Dreyer/Kotthoff/Meckel* § 10 Rdn. 2.
⁴⁵⁶ Vgl. *BGH*, 26.2.2009, I ZR 142/06, GRUR 2009, 1046, 1048 Tz. 25; *Dreier/Schulze* § 10 Rdn. 25; *Wandtke/Bullinger/Thum* § 10 Rdn. 24; *Dreyer/Kotthoff/Meckel* § 10 Rdn. 33.
⁴⁵⁷ Vgl. *BGH*, 26.2.2009, I ZR 142/06, GRUR 2009, 1046, 1048 Tz. 25.
⁴⁵⁸ Vgl. *BGH*, 26.2.2009, I ZR 142/06, GRUR 2009, 1046, 1049 Tz. 34.
⁴⁵⁹ Vgl. *Dreier/Schulze* § 10 Rdn. 13.
⁴⁶⁰ Vgl. *LG Frankfurt*, 20.2.2008, 2/6 O 247/07, CR 2008, 534; *Dreier/Schulze* § 10 Rdn. 13; zurückhaltend *Wandtke/Bullinger/Thum* § 10 Rdn. 58.
⁴⁶¹ Sofern ein Urheberrechtsverletzungsprozess geführt oder die Erstattung von Anwaltskosten durchgesetzt werden sollen, sind die Formalia aber nach wie vor einzuhalten; vgl. *Dreier/Schulze* § 2 Rdn. 247 sowie United States Copyright Office, Copyright Basics, S. 7 (www.copyright.gov/circs/circ1.pdf).

f) Die Implementierung fremder Programmteile

148 Den Ausgangspunkt für die Betrachtung der Zulässigkeit einer Implementierung fremder Programmteile in ein eigenes Computerprogramm bildet die Feststellung, dass außer den Banalprogrammen praktisch alle Computerprogramme urheberrechtlich geschützt sind. Dementsprechend ist es **ohne Zustimmung** des Rechtsinhabers **nicht zulässig,** fremden Programmcode in ein eigenes Programm zu integrieren, da hierbei in die ausschließlichen Rechte des Programmherstellers nach § 69c Nr. 1 und 2 UrhG (Vervielfältigungs- und Bearbeitungsrecht) eingegriffen wird[462]. Ein in einem solchen Fall vom Rechtsinhaber geltend gemachter Unterlassungsanspruch kann dazu führen, dass das eigene Programm zumindest bis zur Umprogrammierung nicht weiter vertrieben werden kann. Selbst gegenüber den Kunden drohen Unterlassungsansprüche, da diese kein Nutzungsrecht gutgläubig erwerben konnten. Sowohl der wirtschaftliche Schaden als auch der Imageschaden sind daher mitunter immens. Dies gilt grundsätzlich auch für Open Source Software[463]. Der Einsatz von Open Source Software, insbesondere von Programmen, die dem Copyleft-Modell[464] unterstellt sind, ist daher für den Hersteller schnell und billig, urheberrechtlich aber höchst problematisch. Er kann auch dazu führen, dass das eigene Programm ebenfalls als Open Source Software vertrieben werden muss. Auch Freeware und Shareware kann nicht ohne Zustimmung des Rechtsinhabers implementiert werden. Irrelevant ist jedenfalls, ob der fremde Programmcode überhaupt eine Funktion ausübt und ob das eigene Programm auch ohne den fremden Teil lauffähig wäre[465].

149 Die Frage nach den Rechten desjenigen, der eine Umarbeitung, Übersetzung oder Bearbeitung eines Computerprogramms[466] vornimmt, ist weder in der softwarespezifischen Vorschrift des § 69c Nr. 2 S. 1 UrhG noch in der allgemeinen Vorschrift des § 23 UrhG geregelt. Diese Vorschriften betreffen bezogen auf Computersoftware allein die Frage, wem das Recht zusteht, ein Computerprogramm umzuarbeiten[467]. Hinsichtlich des Schutzes einer solchen Person, die ein Computerprogramm umarbeitet, verweist § 69c Nr. 2 S. 2 UrhG auf die allgemeinen urheberrechtlichen Regelungen und damit auf **§ 3 UrhG.** Umarbeitungen eines Computerprogramms, die eine persönliche geistige Schöpfung darstellen, werden daher gegen eine unberechtigte Verwertung durch Dritte wie selbstständige Werke geschützt[468]. Zur Vermeidung eines Wertungswiderspruchs mit § 69a Abs. 3 UrhG ist jedoch auch bei Bearbeitungen keine persönlich geistige Schöpfung erforderlich, sondern eine **eigene geistige Schöpfung** ausreichend[469], weil andernfalls die Schutzvoraussetzungen bei Bearbeitungen höher liegen würden als bei der Schaffung des Ausgangsprogramms.

150 Soweit eine schutzbegründende Bearbeitung vorliegt, ist sowohl das vorbestehende Programm als auch die Weiterentwicklung urheberrechtlich **selbstständig geschützt.** Schutzgegenstand des Bearbeiterurheberrechts ist jedoch nur die Bearbeitung, während der Bearbeiter am Ursprungswerk keinerlei Rechte erwirbt. Da nun die Verwertung des umgearbeiteten Programms die Benutzung des Ursprungspro-

---

[462] Vgl. *LG Hamburg*, 14.6.2013, 308 O 10/13, CR 2013, 498.
[463] Vgl. *LG Bochum*, 10.2.2011, I-8 O 293/09, CR 2011, 289, 290; zur Open Source Software unten Rdn. 908 ff.
[464] Vgl. hierzu unten Rdn. 928.
[465] Vgl. *LG Bochum*, 10.2.2011, I-8 O 293/09, CR 2011, 289, 290.
[466] Vgl. zu den einzelnen Begriffen unten Rdn. 168.
[467] Vgl. *Schricker/Loewenheim* § 23 Rdn. 1 sowie § 3 Rdn. 2.
[468] Im Ergebnis wie hier *Deike* CR 2003, 9, 15.
[469] Vgl. zur Unterscheidung oben Rdn. 105 f.

gramms zwingend voraussetzt, ist für sie sowohl die Zustimmung des Bearbeiters als auch die Zustimmung des Rechtsinhabers des Ursprungsprogramms erforderlich. Das Bearbeiterurheberrecht stellt dementsprechend ein sog. **abhängiges Urheberrecht** dar, der Bearbeiter ist auf die Zustimmung des Ursprungsurhebers angewiesen[470]. Infolge der Selbstständigkeit des Schutzes von Bearbeitung und Ursprungswerk ist auch hinsichtlich der Fragen des Internationalen Urheberrechts jeweils für jedes Werk eine getrennte Prüfung vorzunehmen[471].

g) Der Begriff der Rechtsinhaberschaft bei §§ 69a ff. UrhG

Gem. § 7 UrhG ist der Schöpfer des Werkes **Urheber.** Hiervon zu unterscheiden ist der Begriff der Rechtsinhaberschaft, der an verschiedenen Stellen des UrhG verwendet wird, neben den §§ 69c, d, e und f UrhG namentlich in den ergänzenden Schutzbestimmungen nach den §§ 95a, b und c UrhG. Eine gesetzliche Definition des Begriffs des Rechtsinhabers existiert nicht. § 95c Abs. 2 S. 2 UrhG spricht vom „Urheber oder jedem anderen Rechtsinhaber", woraus der Schluss gezogen werden kann, dass es sich beim Terminus des Rechtsinhabers um den **Oberbegriff** für alle Personen handelt, die originäre oder derivative Inhaber von Ausschließlichkeitsrechten sind[472]. Zu diesen Personen zählen zunächst die **Urheber** des Werkes, daneben aber auch sämtliche Miturheber[473]. Darüber hinaus unterfällt unter den Voraussetzungen des § 69b UrhG im Hinblick auf die vermögensrechtlichen Befugnisse auch der **Arbeitgeber** dem Begriff des Rechtsinhabers[474]. Schließlich sind all diejenigen Personen Rechtsinhaber, denen **ausschließliche Nutzungsrechte am Programm durch Rechtsgeschäft übertragen** wurden[475]. Demgegenüber sind einfache Programmnutzer grundsätzlich nicht als Rechtsinhaber im Sinne der §§ 69c ff. UrhG zu qualifizieren, obwohl sie nach der hier vertretenen Auffassung etwa ein Recht zur Vervielfältigung haben und unter diesem Gesichtspunkt auch als Rechtsinhaber bezeichnet werden könnten. Der Gesetzgeber verwendet insoweit aber etwa in § 69d UrhG die etwas langatmige Formulierung des „zur Verwendung eines Vervielfältigungsstücks des Programms Berechtigten".

6. Die einzelnen Rechte des Rechtsinhabers

a) Die grundlegende Systematik der zustimmungsbedürftigen Handlungen

Bereits der von der EG-Kommission vorgelegte Vorschlag zur Softwarerichtlinie war so aufgebaut, dass zunächst mittels einer **weitreichenden Grundsatzregelung** die Ausschließlichkeitsrechte des Rechtsinhabers am Computerprogramm bestimmt und sodann in einer Folgevorschrift eine **Beschränkung dieser Grundsatzregelung** festgelegt wurde[476]. Diese Gesetzessystematik findet sich sowohl in der Endfassung der EG-Richtlinie als auch im deutschen Umsetzungsgesetz wieder, wobei eine wei-

---

[470] Allgemein zum Bearbeiterurheberrecht *Schricker/Loewenheim* § 3 Rdn. 35 ff.
[471] Vgl. *Schricker/Loewenheim/Katzenberger/Metzger* § 120 Rdn. 12.
[472] Ähnlich *Loewenheim/Peukert* § 34 Rdn. 14.
[473] Vgl. *Wandtke/Bullinger/Grützmacher* § 69c Rdn. 3.
[474] Vgl. *Wandtke/Bullinger/Grützmacher* § 69c Rdn. 3.
[475] Vgl. *Dreyer/Kotthoff/Meckel* § 69c Rdn. 4.
[476] Vgl. Art. 4 („Zustimmungsbedürftige Handlungen") und 5 („Ausnahmen zu den zustimmungsbedürftigen Handlungen") des Richtlinienvorschlags der EG-Kommission, ABl.EG Nr. C 91/14 vom 12.4.1989.

tere Ausnahmevorschrift zur Dekompilierungsproblematik aufgenommen wurde. § 69c und §§ 69d und e UrhG lassen sich daher systematisch nur schwer trennen und müssen immer im Zusammenhang betrachtet werden[477].

153 Der Rechtsinhaber hat gem. § 69c UrhG das ausschließliche Recht, die in § 69c Nr. 1 bis 4 UrhG aufgezählten Handlungen **vorzunehmen** oder **zu gestatten**. Damit setzt die urheberrechtsrelevante Nutzung von Computerprogrammen früher ein als nach der allgemeinen Regelung des § 15 UrhG, in der ein solches „**Gestattungsrecht**"[478] nicht vorgesehen ist. Gegen dieses Recht wird bereits verstoßen, wenn ein Nichtberechtigter über die in § 69c Nr. 1 bis 4 UrhG genannten Rechte verfügt[479] und die betreffenden Handlungen „gestattet", wobei es irrelevant ist, ob der vermeintliche Erwerber des betreffenden Nutzungsrechts die Nutzungshandlungen auch wirklich vornimmt[480].

b) Die zustimmungsbedürftigen Handlungen gem. § 69c UrhG

aa) Das Vervielfältigungsrecht des § 69c Nr. 1 UrhG

154 Gem. § 69c Nr. 1 S. 1 UrhG wird das Recht zur Anfertigung einer dauerhaften oder vorübergehenden **Vervielfältigung** eines Computerprogramms (ganz oder teilweise) mit jedem Mittel und in jeder Form dem Rechtsinhaber vorbehalten. Jede andere Person bedarf daher für die Vornahme einer entsprechenden Handlung der Zustimmung des Rechtsinhabers. § 69c Nr. 1 S. 2 UrhG beinhaltet keine darüber hinausgehende Regelung[481], sondern stellt lediglich klar, dass dies auch dann gilt, soweit das Laden, Anzeigen, Übertragen oder Speichern des Computerprogramms eine Vervielfältigung erfordert.

155 Leider wurde der **Begriff** der Vervielfältigung in § 69c Nr. 1 UrhG **nicht gesetzlich definiert,** obwohl es sich im Bereich des softwarespezifischen Urheberrechts um einen zentralen Rechtsbegriff[482] handelt, der an mannigfaltigen Stellen von streitentscheidender Bedeutung ist. Dabei zählt die Frage, wann eine Vervielfältigung beim Umgang mit Computersoftware vorliegt, zu den am meisten umstrittenen Folgeproblemen der urheberrechtlichen Anerkennung von Computerprogrammen. Es ist deshalb auf die allgemeine Begriffsbestimmung des § 16 UrhG zurückzugreifen[483]. Ausgehend von der gesetzlichen Definition des Vervielfältigungsrechts in § 16 Abs. 1 UrhG a. F. als dem Recht, Vervielfältigungsstücke des Werkes herzustellen, gleichviel in welchem Verfahren und in welcher Zahl, bestand seit jeher Einigkeit in

---

[477] Vgl. *Loewenheim/Lehmann* § 76 Rdn. 5, der von einem „dialektischen Regel-Ausnahmeverhältnis" dieser Vorschriften spricht.

[478] Diesen Begriff verwenden *LG München I*, 1.9.2015, 33 O 12440/14, CR 2016, 219, 222; *LG Frankfurt*, 31.3.2011, 2–03 O 331/10, MMR 2011, 683, 684; *LG Frankfurt*, 19.11.2008, 2–6 O 437/08 BeckRS 2009, 09347; *Rosemann* MMR 2016, 696, 697; *Dreier/Schulze* § 15 Rdn. 22. Das *OLG Frankfurt*, 5.4.2016, 11 U 113/15, BeckRS 2016, 08579 Tz. 19 spricht von „Gestattungshandlungen".

[479] Vgl. *Dreier/Schulze* § 15 Rdn. 22.

[480] Vgl. *LG München I*, 1.9.2015, 33 O 12440/14, CR 2016, 219, 222; *Rosemann* MMR 2016, 696, 697; a. A. wohl *OLG München*, 22.9.2016, 29 U 3449/15, BeckRS 2016, 110811 Tz. 35 allerdings ohne eingehende Begründung.

[481] *Dreier/Schulze* § 69c Rdn. 5 bezeichnen die Regelung tautologisch; so auch *Schricker/Loewenheim/Spindler* § 69c Rdn. 7.

[482] Vgl. *Wandtke/Bullinger/Grützmacher* § 69c Rdn. 4 „wirtschaftlich bedeutendstes Recht".

[483] Vgl. *KG Berlin*, 6.9.2010, 24 U 71/10, BeckRS 2011, 25380; *LG Hamburg*, 3.5.2016, 408 O 46/16, CR 2016, 782, 784; *Dreier/Schulze* § 69c Rdn. 6.

Rechtsprechung[484] und Schrifttum[485] lediglich darüber, dass eine Vervielfältigung jedenfalls dann vorliegt, wenn das Computerprogramm von einem Datenträger auf einen anderen übertragen wird und damit als Speicherinhalt eines **selbstständig verkehrsfähigen** und **maschinenlesbaren Datenträgers** (Magnetplatte, CD-ROM, DVD, USB-Stick etc.[486]) erneut vorhanden ist. In diesen Fällen ist offensichtlich, dass die allgemein akzeptierte Definition eines Vervielfältigungsstücks als einer **körperlichen Festlegung des Werks**[487], die geeignet ist, das Werk den menschlichen Sinnen auf irgendeine Art mittelbar oder unmittelbar wahrnehmbar zu machen[488], erfüllt ist. Letztendlich beruht diese Einstufung auf der unten[489] dargestellten und ausführlich begründeten Erkenntnis, dass den auf einem Datenträger gespeicherten Computerprogrammen Sachqualität im Sinne des § 90 BGB zukommt, wie dies von weiten Teilen der Lehre und der überwiegenden Rechtsprechung vertreten wird.

Dementsprechend ist unstreitig, dass die unveränderte Kopie von einem Datenträger auf einen anderen (sog. 1:1-Kopie), die Installation eines Programms auf den Massenspeicher eines Computersystems[490] sowie grundsätzlich jedes Überspielen eines Computerprogramms auf einen peripheren Speicher eine Vervielfältigung im Sinne der §§ 69c Nr. 1, 16 UrhG darstellen, gleichgültig ob dieser Vorgang aus Gründen der Datensicherung (**Sicherungskopien**) oder zur Vorbereitung des Programmlaufs (**Arbeitskopie**) erfolgt[491], denn im Hinblick auf den mit dem Kopieren verfolgten Zweck ist der Vervielfältigungsbegriff des § 16 UrhG neutral[492]. Eine Vervielfältigung ist daher auch dann gegeben, wenn ein Anwender die Software **vom Server eines Anbieters herunterlädt**[493] oder wenn die Software für einen Download

156

---

[484] Vgl. *BGH*, 3.2.2011, I ZR 129/08, GRUR 2011, 418, 419 Tz. 12.

[485] Vgl. *Dreier/Schulze* § 69c Rdn. 7; *Wandtke/Bullinger/Grützmacher* § 69c Rdn. 4; BeckOK Urheberrecht/*Kaboth/Spies* § 69c Rdn. 5; *Haberstumpf* CR 1987, 409, 411; *ders.* GRUR 1982, 142, 148; *Schricker/Loewenheim/Spindler* § 69c Rdn. 6; *Fromm/Nordemann/Dustmann* § 16 Rdn. 12.

[486] Vgl. *BGH*, 3.2.2011, I ZR 129/08, GRUR 2011, 418, 419 Tz. 11 f.; *BGH*, 12.11.2009, I ZR 166/07, GRUR 2010, 616, 619 Tz. 36 m.w.N.; *OLG Frankfurt*, 18.12.2012, GRUR 2013, 279, 282 m. Anm. *Marly*.

[487] Vgl. *BGH*, 6.10.2016, I ZR 25/15, GRUR 2017, 266, 269 Tz. 38; *BGH*, 18.9.2014, I ZR 76/13, GRUR 2015, 258, 260 Tz. 34.

[488] Ständige Rechtsprechung seit *BGHZ* 17, 266, 269 f., bestätigt durch *BGH*, 23.2.2017, I ZR 92/16, BeckRS 2017, 114508 Tz. 41; *BGH*, 6.10.2016, I ZR 25/15, GRUR 2017, 266, 269 Tz. 38; *BGH*, 3.2.2011, I ZR 129/08, GRUR 2011, 418, 419 Tz. 12; und einhellige Auffassung in der Literatur; vgl. nur *Dreier/Schulze* § 16 Rdn. 6; *Schricker/Loewenheim* § 16 Rdn. 5 sowie *Schricker/Loewenheim/Spindler* § 69c Rdn. 5 m.w.N.; vgl. auch die Begründung des Regierungsentwurfs zum Urheberrechtsgesetz, BT-Drucks. 4/270 vom 23.3.1962, S. 47.

[489] Vgl. unten Rdn. 712 ff.

[490] Vgl. *BGH*, 20.1.1994, I ZR 267/91, NJW 1994, 1216, 1217 „Einspeicherung des Programms auf die Computeranlage"; „Vorinstallation" auf einem Computer *OLG Frankfurt*, 22.12.2016, 11 U 108/13, MMR 2017, 419, 420 Tz. 11; *OLG Karlsruhe*, 23.4.2008, 6 U 180/06, CR 2009, 217, 220; *Haberstumpf* CR 2009, 345; *Hoeren* CR 2006, 573, 574; *Junker* NJW 2003, 2792, 2794; *Hoeren/Schuhmacher* CR 2000, 137, 139; *Baus* MMR 2002, 14, 15; *Dreier/Schulze* § 69c Rdn. 7; *Wandtke/Bullinger/Grützmacher* § 69c Rdn. 4.

[491] Vgl. *Hoeren* CR 2006, 573, 574.

[492] Vgl. *BGH*, 3.7.1981, I ZR 106/79, GRUR 1982, 102, 103; *Dreier/Schulze* § 16 Rdn. 8; *Schricker/Loewenheim* § 16 Rdn. 13.

[493] Vgl. *EuGH*, 12.10.2016, C-166/15, EuZW 2016, 866, 869 Tz. 49 – Weiterverkauf einer Sicherungskopie m. Anm. *Marly/Prinz*; *EuGH*, 3.7.2012, C-128/11, NJW 2012, 2565, 2569 Tz. 75, 81 sowie 85 – UsedSoft; *BGH*, 19.3.2015, I ZR 4/14, NJW 2015, 3576, 3580 Tz. 43 – Green-IT; *BGH*, 17.7.2013, I ZR 129/08 – UsedSoft II; *BGH*, 3.2.2011, I ZR 129/08, GRUR 2011, 418, 419 Tz. 12; *OLG München*, 1.6.2017, 29 U 2554/16, CR 2017, 495, 498; *OLG Frankfurt*, 27.5.2016, 6 W 42/16, CR 2016, 711; *OLG Frankfurt*, 18.12.2012, GRUR 2013, 279, 282 m. Anm. *Marly*;

auf einem **Internet-Server abgelegt** (hochgeladen) wird[494]. Ferner liegt eine Vervielfältigung auch dann vor, wenn der Programmcode auf dem Drucker **ausgedruckt** wird[495], denn der dabei vorgenommene Formwechsel von der elektronischen Speicherungsform zur Festlegung auf Papier ist im Rahmen des Vervielfältigungsbegriffs ebenfalls unbeachtlich[496]. Keine Vervielfältigung liegt nach einhelliger Auffassung in Deutschland indes dann vor, wenn das Computerprogramm nicht ausgedruckt, sondern lediglich am **Bildschirm** ausgegeben wird, weil es hierbei mangels Schaffung eines körperlichen Gegenstandes an der erforderlichen körperlichen Festlegung des Werkes im Sinne des § 16 UrhG fehlt[497]. Der *EuGH* hat die Wiedergabe von Fußballübertragungen auf einem Fernsehbildschirm zu den Vervielfältigungen im Sinne von Art. 2 Buchst. a der Harmonisierungsrichtlinie gezählt[498], jedoch ist unklar, ob dies auch für Computerprogramme gelten soll. Der *BGH* sieht in der Entscheidung des *EuGH* keine Abweichung von seiner eigenen Rsp., weil die flüchtigen Fragmente des auf dem Bildschirm gezeigten Werkes im Satellitendecoder vorübergehend körperlich festgelegt seien[499]. Da jedoch die Bildschirmanzeige bei modernen Geräten immer in internen Zwischenspeichern festgelegt wird, bestehen Zweifel, ob die Differenzierung des *BGH* weiterhin haltbar ist.

157 Verschiedene Meinungen bestehen jedoch hinsichtlich der Beantwortung der Fragen, ob eine Vervielfältigung vorliegt, wenn das Computerprogramm in den **Arbeitsspeicher** des Computers geladen wird und ob auch der eigentliche **Programmlauf** als Vervielfältigung zu qualifizieren ist.

158 Eine höchstrichterliche zivilgerichtliche Stellungnahme zu diesem Problem war lange Jahre nicht ergangen. Der *BGH* hatte diese Frage sowohl in der Betriebssystem-Entscheidung[500], die noch zur alten Rechtslage vor Inkrafttreten der Urheberrechtsnovelle von 1993 erging, als auch in seiner ersten Entscheidung nach dieser Novelle[501] ausdrücklich offengelassen. In der Literatur wurden zur angesprochenen Problematik im wesentlichen drei Auffassungen vertreten. Eine Meinung ging dahin, sowohl im Laden der Computersoftware in den Arbeitsspeicher (Einspeichern) als auch im Programmlauf eine urheberrechtsrelevante Vervielfältigung[502] zu sehen, während die Gegenmeinung dies weder für das Einspeichern noch für den Pro-

---

OLG Stuttgart, 3.11.2011, 2 U 49/11, CR 2012, 299, 301; *KG Berlin*, 6.9.2010, 24 U 71/10, BeckRS 2011, 25380; *LG Leipzig*, 2.6.2015, 05 O 1531/15, MMR 2016, 417, 418; *LG München I*, 19.1.2006, 7 O 23237/05, MMR 2006, 175, 176.

[494] So für eine Bilddatei *BGH*, 18.9.2014, I ZR 76/13, GRUR 2015, 258, 260 Tz. 35; für Videodateien *BGH*, 11.1.2017, 5 StR 164/16, CR 2017, 405, 406 Tz. 12; für ein Sprachwerk *OLG Köln*, 12.6.2015, 6 U 5/15, GRUR-RR 2016, 59, 61 Tz. 33; softwarespezifisch *OLG Frankfurt*, 27.1.2015, 11 U 94/13, NJW-RR 2015, 999, 1002.

[495] Vgl. *BGH*, 4.10.1990, I ZR 139/89, NJW 1991, 1231, 1234; *Hoeren* CR 2006, 573, 574; *Schricker/Loewenheim/Spindler* § 69c Rdn. 6; *Wandtke/Bullinger/Grützmacher* § 69c Rdn. 4; *Dreier/Schulze* § 69c Rdn. 7.

[496] Vgl. *BGH*, 4.5.2000, I ZR 256/97, GRUR 2001, 51, 52; *Hoeren* CR 2006, 573, 577; *Schricker/Loewenheim* § 16 Rdn. 7; *Dreier/Schulze* § 16 Rdn. 11.

[497] Vgl. *BGH*, 6.10.2016, I ZR 25/15, GRUR 2017, 266, 267 Tz. 38; *Bisges* MMR 2012, 574, 577; *Schricker/Loewenheim* § 16 Rdn. 5 m.w.N. sowie § 69c Rdn. 9; *Dreier/Schulze* § 69c Rdn. 8; *Wandtke/Bullinger/Grützmacher* § 69c Rdn. 8.

[498] Vgl. *EuGH*, 4.10.2011, C-403, 429/08, GRUR 2012, 156, 163 Tz. 159; ablehnend *Hoeren/Bilek* CR 2011, 735, 740.

[499] Vgl. *BGH*, 6.10.2016, I ZR 25/15, GRUR 2017, 266, 269 Tz. 38.

[500] Vgl. *BGH*, 4.10.1990, I ZR 139/89, NJW 1991, 1231, 1234.

[501] Vgl. *BGH*, 20.1.1994, I ZR 267/91, NJW 1994, 1216, 1217.

[502] Vgl. *Sahin/Haines* CR 2005, 241, 242; *Baus* MMR 2002, 14, 15.

grammlauf anerkannte⁵⁰³. Schließlich qualifizierte eine dritte Meinung lediglich das Laden der Computersoftware von einem externen Datenträger in den Arbeitsspeicher, nicht aber den eigentlichen Programmlauf als Vervielfältigung im Sinne der §§ 69c Nr. 1, 16 UrhG⁵⁰⁴. Zwischenzeitlich liegen aber verschiedene Urteile des *EuGH* sowie des *BGH* zu dieser Frage vor, in deren Folge der Streit **für die Praxis** als **entschieden** bezeichnet werden kann.

Die Richtlinie 2001/29/EG zur Harmonisierung bestimmter Aspekte des Urheberrechts⁵⁰⁵ definiert zwar weder den von ihr verwendeten Begriff der Vervielfältigung noch den der teilweisen Vervielfältigung, gleichwie auch die Softwarerichtlinie keine Definition enthält. Dennoch betont der *EuGH*, dass es sich um einen **unionsrechtlichen Begriff** handelt, der in der gesamten Union autonom und einheitlich auszulegen ist⁵⁰⁶. Vor dem Hintergrund der in der Harmonisierungsrichtlinie verwendeten Wendungen wie „unmittelbar oder mittelbar", „vorübergehend oder dauerhaft", „auf jede Art und Weise" und „in jeder Form", der Zielsetzung der genannten Richtlinie sowie des Völkerrechts möchte der *EuGH* den Begriff weit verstanden wissen⁵⁰⁷ und zählt auch Speicherungen in flüchtigen Medien wie etwa dem Speicher eines Satellitendecoders oder auf einem Bildschirm zu den Vervielfältigungshandlungen⁵⁰⁸. Dieser Sichtweise entspricht auch die Rechtsprechung des *BGH*, der ausdrücklich darauf hingewiesen hat, dass zwar nicht jeder technische Kopiervorgang vom Vervielfältigungsrecht erfasst wird. Das Speichern eines Programms, das – wie das **Laden eines Programms in den Arbeitsspeicher** eines Computers – eine zusätzliche Nutzung des Programms durch weitere Programmkopien ermöglicht, stellt aber nach Auffassung des *BGH* eine Vervielfältigung dar, deren Vornahme nach Art. 4 Abs. 1 Buchst. a S. 2 der Softwarerichtlinie und § 69c Nr. 1 S. 2 UrhG der Zustimmung des Rechtsinhabers bedarf⁵⁰⁹. Dies gilt auch beim mehrfachen Laden bei Virtualisierung⁵¹⁰.

Nicht erforderlich ist, dass das gesamte Computerprogramm in den Arbeitsspeicher geladen wird, um vom Vervielfältigungsbegriff umfasst zu sein. Ohnehin wird bei modernen Programmen nicht sofort der gesamte Programmcode in den Arbeitsspeicher geladen, sondern zunächst nur ein Startmodul und je nach abgerufenen Funktionen weiterer Code nachgeladen⁵¹¹. Ausweislich des insoweit eindeutigen Gesetzestextes ist sowohl das **ganze** als auch das **teilweise** Vervielfältigen von § 69c Nr. 1 UrhG erfasst. Zustimmungspflichtig ist daher schon das Laden einzelner Programmteile, jedoch greift das Vervielfältigungsrecht erst dann ein, wenn die betref-

---

⁵⁰³ Vgl. *Hoeren* CR 2006, 573, 576; *Hoeren/Schuhmacher* CR 2000, 137, 141 ff.; *Schuhmacher* CR 2000, 641, 645.
⁵⁰⁴ Vgl. *Grützmacher* CR 2011, 677, 700; *Deike* CR 2003, 9, 15 f.; *Dreier/Schulze* § 69c Rdn. 8; *Wandtke/Bullinger/Grützmacher* § 69c Rdn. 5 ff.
⁵⁰⁵ Vgl. Richtlinie 2001/29/EG des Europäischen Parlaments und des Rates vom 22.5.2001 zur Harmonisierung bestimmter Aspekte des Urheberrechts, ABl.EG Nr. L 167 vom 22.6.2001, S. 10 ff.
⁵⁰⁶ Vgl. *EuGH*, 4.10.2011, C-403, 429/08, GRUR 2012, 157, 163 Tz. 154 unter Verweis auf *EuGH*, 16.7.2009, C-5/08, GRUR 2009, 1041, 1043 Tz. 27.
⁵⁰⁷ Vgl. *EuGH*, 16.7.2009, C-5/08, GRUR 2009, 1041, 1044 Tz. 41.
⁵⁰⁸ Vgl. *EuGH*, 4.10.2011, C-403, 429/08, GRUR 2012, 156, 163 Tz. 159.
⁵⁰⁹ Vgl. *BGH*, 6.10.2016, I ZR 25/15, GRUR 2017, 266, 269 Tz. 38; *BGH*, 3.2.2011, I ZR 129/08, GRUR 2011, 418, 419 Tz. 13 = LMK 2011, 316761 m.Anm. *Marly/Nestler;* zustimmend *LG Hamburg*, 3.5.2016, 408 O 46/16, CR 2016, 782, 784; *LG Frankfurt*, 27.4.2011, 2–06 O 428/10, MMR 2010, 617, 618; *Werner* CR 2013, 516, 521; *Dreier/Schulze* § 16 Rdn. 13 sowie § 69c Rdn. 8; *Diedrich* CR 2012, 69, 70; *Bisges* MMR 2012, 574, 576 sowie 577.
⁵¹⁰ Vgl. *Grützmacher* ITRB 2011, 193 f.
⁵¹¹ Vgl. *Metzger/Hoppen* CR 2017, 625, 627.

fenden Teile überhaupt die den Urheberrechtsschutz begründenden Voraussetzungen erfüllen[512].

161 Vorübergehende Vervielfältigungen, wie sie beim Laden in den Arbeitsspeicher anfallen, sind jedoch gegebenenfalls nach **§ 44a UrhG** zulässig. Ob diese Vorschrift auf Computerprogramme überhaupt anwendbar ist, ist zwar nicht unstreitig. § 44a UrhG beruht auf Art. 5 Abs. 1 der Harmonisierungsrichtlinie, nach deren 20. Erwägungsgrund die Bestimmungen der Harmonisierungsrichtlinie unbeschadet derjenigen der Softwarerichtlinie gelten sollen gleichwie nach Art. 1 Abs. 2 Buchst. a der Harmonisierungsrichtlinie die Regelungen der Softwarerichtlinie unberührt bleiben. Insofern müsste ausschließlich auf die softwarespezifischen Schrankenregelungen der §§ 69d und e UrhG bzw. Art. 5 und 6 der Softwarerichtlinie zurückgegriffen werden. Vor dem Hintergrund der insoweit identischen Interessenlage bei Computerprogrammen und allen anderen urheberrechtlich geschützten Werken ist § 44a UrhG jedoch auch bei Computerprogrammen anzuwenden[513]. Nach der Rechtsprechung des *EuGH* ist eine Vervielfältigungshandlung gem. Art. 5 Abs. 1 der Harmonisierungsrichtlinie vom Vervielfältigungsrecht ausgenommen, wenn sie fünf eng auszulegende Voraussetzungen erfüllt:
– sie ist vorübergehend;
– sie ist flüchtig oder begleitend;
– sie stellt einen integralen und wesentlichen Teil eines technischen Verfahrens dar;
– alleiniger Zweck der Handlung ist es, eine Übertragung in einem Netz zwischen Dritten durch einen Vermittler oder eine rechtmäßige Nutzung eines geschützten Werkes oder eines sonstigen Schutzgegenstands zu ermöglichen, und
– die Handlung hat keine eigenständige wirtschaftliche Bedeutung[514].

162 Der *BGH* verneint das Eingreifen der Ausnahmeregelung des § 44a UrhG beim Laden in den Arbeitsspeicher mit dem Argument, dieses Laden habe eine **eigenständige wirtschaftliche Bedeutung,** was schon daraus folge, dass für die Erteilung einer Lizenz zu dieser Nutzung eine Vergütung verlangt werde[515]. Auch wenn diese Argumentation mit dem Verlangen einer Vergütung kritisch zu betrachten ist[516], ist dem *BGH* im Ergebnis zuzustimmen, da das Laden in den Arbeitsspeicher grundsätzlich geeignet ist, die berechtigten Verwertungsinteressen des Rechtsinhabers zu beeinträchtigen. Es mag nach alledem eine gewisse Neuigkeit im Urheberrecht sein, dass das Laden eines Computerprogramms in den Arbeitsspeicher als reine Werknutzung zugleich eine Vervielfältigung darstellt[517], ein unüberwindbarer Widerspruch ist dies indes nicht. Hierauf haben bereits vor Jahrzehnten die Weltorganisation für geistiges Eigentum (WIPO) in der Begründung der von ihr erarbeiteten

---

[512] Wie hier auch *EuGH*, 16.7.2009, C-5/08, GRUR 2009, 1041, 1044 Tz. 39; *Dreier/Schulze* § 69c Rdn. 10.

[513] Vgl. *Dreier/Schulze* § 44a Rdn. 2; *Schricker/Loewenheim* § 44a Rdn. 4; a. A. *Wandtke/Bullinger/v. Welser* § 44a Rdn. 23; ausdrücklich offen gelassen *BGH*, 3.2.2011, I ZR 129/08, GRUR 2011, 418, 419 Tz. 17 = LMK 2011, 316761 m. Anm. *Marly/Nestler*, unentschieden auch *LG Hamburg*, 3.5.2016, 408 O 46/16, CR 2016, 782, 784.

[514] Vgl. *EuGH*, 26.4.2017, C-527/15, NJW 2017, 1933, 1936, Tz. 60 – Medienabspieler; *EuGH*, 17.1.2012, C-302/10, MMR 2013, 45, 48 Tz. 50; *EuGH*, 4.10.2011, C-403, 429/08, GRUR 2012, 156, 164 Tz. 161; *EuGH*, 16.7.2009, GRUR 2009, 1041, 1045 Tz. 54.

[515] Vgl. *BGH*, 3.2.2011, I ZR 129/08, GRUR 2011, 418, 419 Tz. 19 = LMK 2011, 316761 m. Anm. *Marly/Nestler*.

[516] So etwa *Hoeren/Bilek* CR 2011, 735, 740.

[517] *Grützmacher* CR 2011, 485, 487 spricht insoweit von einem „althergebrachten Prinzip" m. w. N.

Mustervorschriften[518] sowie die EG-Kommission in ihrem Grünbuch über Urheberrecht und die technologische Herausforderung[519] hingewiesen. Sinngemäß wurde dies auch im Gesetzgebungsverfahren zur Urheberrechtsnovelle von 1993 anerkannt, denn in der Begründung des Regierungsentwurfs wurde ausgeführt, ohne Art. 5 Abs. 1 der EG-Richtlinie (1991) schlössen Art. 4 lit. a) und b) jede Benutzung eines Computerprogramms aus[520].

163 Wenngleich die Benutzung von Computersoftware in der Regel mit dem Laden des Programms in den Arbeitsspeicher beginnt, sodass insoweit obige Ausführungen zum Vervielfältigungsbegriff eingreifen, ist dies nicht notwendigerweise der Fall. Möglich ist auch, dass sich das Computerprogramm noch von einer vorangegangenen Benutzung im Arbeitsspeicher befindet[521] oder dass das Programm in einem internen Festwertspeicher abgelegt ist. Ist aber die Computersoftware bereits **im Hauptspeicher vorhanden,** so kann eine Vervielfältigung des Computerprogramms bei der weiteren Nutzung durch den Anwender nur in der Abarbeitung des Programms durch den Mikroprozessor gesehen werden.

164 Für eine solche durch den Mikroprozessor vorgenommene Vervielfältigung könnte nun angeführt werden, dass die einzelnen Programmbefehle entsprechend der vom Computerprogramm vorgegebenen Reihenfolge vom Steuerwerk über den sog. Datenbus in den Prozessor übertragen werden. Dort wird der Befehl zunächst in einem Befehlsregister abgelegt, decodiert und erst dann durch entsprechende Steuersignale ausgeführt. Daten, die aus dem Arbeitsspeicher in den Prozessor übertragen werden, werden dort zunächst im Akkumulator oder in einem Register für allgemeine Zwecke abgelegt, bevor sie verarbeitet werden. Dementsprechend wird die Computersoftware bei jedem Programmlauf nach und nach vor der eigentlichen Ausführung zunächst in verschiedenen Registern abgelegt, d.h. kopiert, sodass über den gesamten Lauf des Programms gesehen eine **vollständige Kopie** erfolgt.

165 Berücksichtigt man jedoch, dass der Mikroprozessor in seinen verschiedenen Registern **keinen ausreichenden Platz** zur Speicherung eines Computerprogramms oder auch nur eines wesentlichen Teils hiervon hat, sondern immer nur einzelne Befehle in seinen Registern ablegt, so wird deutlich, dass im Mikroprozessor zu keinem Zeitpunkt eine körperliche Festlegung vorhanden ist, die geeignet ist, das Werk oder einen wesentlichen Teil desselben[522] den menschlichen Sinnen auf irgendeine Weise

---

[518] Dort führte die WIPO aus, grundsätzlich könne der Gebrauch eines urheberrechtlich geschützten Werks nicht auf Grund des Urheberrechts verhindert werden. Dies sei jedoch anders, wenn der Gebrauch eines Computerprogramms dessen Vervielfältigung im jeweiligen Speicher des Computers bedinge. Da die WIPO indes befürchtete, dass unter Umständen nicht alle Gerichte diesen Schluss ziehen würden, es aber andererseits für entscheidend gehalten wurde, dass die Benutzung eines Programms von den Rechten an der Computersoftware erfasst wird, schlug die WIPO urheberrechtlich ausgestaltete Sondervorschriften vor, um die befürchteten Grenzen des Urheberrechtsschutzes zu überwinden; vgl. GRUR Int. 1978, 286, 288.

[519] Vgl. KOM (88) 172 endg. vom 23.8.1988, S. 190 ff. Auf S. 191a führt die EG-Kommission sogar zusammenfassend aus: „Kurz, ein umfassendes Nutzungsrecht, entweder als solches formuliert oder als Folge von Rechten für die Genehmigung von Reproduktion, Mieteinnahmen, Bearbeitung und Übersetzung, erscheint angesichts der Art, wie Software in der Praxis verwendet wird, angemessen." Die englischsprachige Fassung verwendet den Begriff „use-right".

[520] Vgl. BT-Drucks. 12/4022 vom 18.12.1992, S. 12.

[521] Vgl. *Metzger/Hoppen* CR 2017, 625, 627 sowie 628.

[522] Zu Recht betont *König* Rdn. 550, dass auch mehrere nacheinander vorgenommene Teilkopierungen nur dann zu einem Festlegungsexemplar führen können, wenn die jeweiligen zuvor angefertigten Teilduplikate noch existieren und somit zu irgendeinem Zeitpunkt das Duplikat eines entsprechend großen wesentlichen Programmteils vorhanden ist. Dies ist jedoch nicht der Fall.

wahrnehmbar zu machen[523]. Dies gilt auch für solche Mikroprozessoren, bei denen zugunsten einer besseren Busausnutzung mehrere Befehle in einem schnellen prozessorinternen Pufferspeicher zwischengelagert und in eine Befehlswarteschlange eingereiht werden, denn in einer solchen Befehlswarteschlange lassen sich zwar einzelne Programmteile ablegen, diese sind jedoch bei prozessorinterner Cache-Technik so klein, dass sie ebenfalls nicht geeignet sind, das Werk den menschlichen Sinnen wahrnehmbar zu machen. Deshalb kann die Abarbeitung eines Computerprogramms durch den Mikroprozessor nicht als urheberrechtliche Verwertungshandlung im Sinne des Vervielfältigungsbegriffs angesehen werden[524]. Dieses Ergebnis kann auch durch einen Rückgriff auf die Regelung des § 44a Nr. 2 UrhG begründet werden. Selbst wenn man entgegen der oben vertretenen Auffassung den Programmlauf im Sinne der Abarbeitung der Befehle durch den Prozessor als Vervielfältigung qualifizieren wollte, wären **sämtliche Voraussetzungen** des § 44a UrhG **erfüllt**. Die Vervielfältigung wäre daher zulässig.

bb) Das Bearbeitungsrecht des § 69c Nr. 2 UrhG

Schrifttum: *Geiger*, Das Umarbeitungsrecht des Softwareanwenders, 2007.

166   Gem. § 69c Nr. 2 UrhG zählen auch die Übersetzung, die Bearbeitung, das Arrangement und andere Umarbeitungen eines Computerprogramms sowie die Vervielfältigung der erzielten Ergebnisse zu den dem Rechtsinhaber vorbehaltenen Rechten[525]. Damit spricht diese Vorschrift einen Regelungsbereich an, der dem **gesetzlichen Schutzumfang des Urheberrechts** zuzurechnen ist und für andere Werkarten durch § 23 UrhG geregelt wird. Wie bei § 23 UrhG wird gem. § 69c Nr. 2 UrhG die Zulässigkeit bestimmter Änderungen des Werks im Sinne abhängiger Nachschöpfung ausdrücklich an das Zustimmungserfordernis des Rechtsinhabers gebunden. Es bestehen jedoch gegenüber § 23 UrhG wesentliche Abweichungen. § 69c Nr. 2 UrhG ist im Verhältnis zu § 23 UrhG **lex specialis**[526].

167   Dies trifft auf das Verhältnis zu der ebenfalls zu berücksichtigenden Vorschrift des § 39 UrhG nicht zu. Das generelle Änderungsverbot des § 39 Abs. 1 UrhG gilt zwar über seinen Wortlaut hinaus nicht nur gegenüber dem Inhaber eines Nutzungsrechts, sondern gegenüber jedermann[527], steht jedoch im Zusammenhang mit dem Entstellungsverbot des § 14 UrhG und hat dementsprechend **vornehmlich** eine **urheberpersönlichkeitsrechtliche Zielsetzung**[528]. Dies kommt auch darin zum Ausdruck, dass das Recht des § 39 UrhG dem Urheber zusteht, während § 69c Nr. 2 UrhG als vornehmlich vermögensrechtliche Befugnis auf den Rechtsinhaber abstellt. § 39 UrhG ist daher **neben** § 69c Nr. 2 UrhG anwendbar[529]. Mangels breiter Betroffenheit schutzwürdiger urheberpersönlichkeitsrechtlicher Interessen ist der Anwendungsbereich des § 39 UrhG bei Computersoftware indes begrenzt[530]. Ein Recht des

---

[523] Vgl. zur Definition eines Vervielfältigungsstücks oben Rdn. 155 f.
[524] Vgl. *Metzger/Hoppen* CR 2017, 625, 628; *Haberstumpf* CR 1987, 409, 413; zweifelnd *Wandtke/Bullinger/Grützmacher* § 69c Rdn. 7; ablehnend *Leupold/Glossner/Wiebe* Teil 3 Rdn. 35.
[525] Vgl. *LG Köln*, 16.11.2005, 28 O 295/05, GRUR-RR 2006, 357, 358.
[526] Vgl. *KG Berlin*, 6.9.2010, 24 U 71/10, BeckRS 2011, 25380; *Dreier/Schulze* § 69c Rdn. 14; a. A. für Computerspiele *Conraths* CR 2016, 705, 707.
[527] Vgl. *Dreier/Schulze* § 39 Rdn. 2.
[528] Vgl. *Wandtke/Bullinger/Grützmacher* § 69c Rdn. 23; *Dreier/Schulze* § 69c Rdn. 14.
[529] Ohne ausdrückliche Klarstellung *LG Köln*, 16.11.2005, 28 O 349/05, BeckRS 2007, 15111; wie hier *Wandtke/Bullinger/Grützmacher* § 69c Rdn. 23; *Dreier/Schulze* § 69c Rdn. 14.
[530] Vgl. *Marly*, Urheberrechtsschutz, S. 211; *Wandtke/Bullinger/Grützmacher* § 69c Rdn. 23.

Anwenders zur Vornahme von Programmänderungen kann § 39 UrhG jedenfalls nicht entnommen werden[531].

Während im Rahmen von § 23 UrhG der Begriff der Umgestaltung als Oberbegriff verwendet wird, der Bearbeitungen sowie andere Umgestaltungen erfasst, weicht § 69c Nr. 2 UrhG von dieser Terminologie ab. Die neuere Vorschrift des § 69c Nr. 2 UrhG verwendet den Begriff der **Umarbeitung als Oberbegriff,** der die Unterfälle der Übersetzung, der Bearbeitung[532], des Arrangements sowie der anderen Umarbeitungen umfasst und weit zu verstehen ist[533]. Eine Notwendigkeit für eine solche Abweichung von der bisher im UrhG verwendeten Terminologie bestand jedoch bei der Schaffung des § 69c Nr. 2 UrhG zwecks Umsetzung der EG-Richtlinie zum Softwareschutz nicht, da beiden Oberbegriffen der gleiche Inhalt zukommt. Auch die EG-Richtlinie forderte die Einführung eines neuen Begriffs in das deutsche UrhG nicht, was an anderer Stelle ausführlich begründet wurde[534]. Dem Begriff des Arrangements kommt bei Computerprogrammen keine praktische Bedeutung zu[535]. Mangels unterschiedlicher Rechtsfolgen kann eine genaue Zuordnung zu dem einen oder anderen Unterbegriff in der Praxis unterbleiben und immer auf den Oberbegriff der Umarbeitung abgestellt werden[536]. Wie bei allen anderen urheberrechtlich geschützten Werken auch stellt jede Umarbeitung nach Auffassung des *BGH* **zugleich** auch eine **Vervielfältigung** dar, soweit sie körperlich festgelegt ist[537]. 168

Ein wesentlicher inhaltlicher Unterschied des § 69c Nr. 2 UrhG gegenüber § 23 UrhG besteht darin, dass bereits die **Vornahme** der einzelnen Handlungen selbst dem Zustimmungserfordernis unterstellt wird, während nach § 23 S. 1 UrhG nicht die Umgestaltung des Werks, sondern erst die Veröffentlichung oder Verwertung des umgestalteten Werks zustimmungsbedürftig sind[538]. § 69c Nr. 2 UrhG sieht daher eine zeitliche Vorverlegung des Zustimmungserfordernisses vor, wie sie bislang nur für die in § 23 S. 2 UrhG ausdrücklich genannten Fälle bestand und die sich durch die besondere Schutzbedürftigkeit der Computerprogramme rechtfertigen soll. Im Wesentlichen werden hierfür drei Argumente angeführt, die schon bei der Ausarbeitung des mit § 69c Nr. 2 UrhG inhaltsgleichen Art. 4 lit. b) der EG-Richtlinie zum Softwareschutz (1991) angeführt wurden. 169

Zunächst führte die EG-Kommission in der Begründung des von ihr ausgearbeiteten Richtlinienvorschlags aus, eine Programmänderung durch den Anwender könne **Probleme bei Gewährleistungs- und Wartungsvereinbarungen** schaffen[539]. Gegen diese Argumentation spricht jedoch, dass das Problem der Mängelhaftung und Wartung bei allen veränderbaren Sachen auftritt und schuldrechtlich als längst bewältigt bezeichnet werden kann[540]. Der Softwarelieferant muss nur darlegen und gegebenenfalls beweisen, dass der Anwender in den Programmcode eingegriffen hat, was mittels eines Datenvergleichs leicht möglich ist. 170

---

[531] Vgl. *Wandtke/Bullinger/Grützmacher* § 69c Rdn. 23; *Dreier/Schulze* § 69c Rdn. 14.

[532] Vgl. *KG Berlin*, 6.9.2010, 24 U 71/10, BeckRS 2011, 25380.

[533] Vgl. *OLG Hamburg*, 13.4.2012, 5 U 11/11, CR 2012, 503, 504; *KG Berlin*, 6.9.2010, 24 U 71/10, BeckRS 2011, 25380; *LG Hamburg*, 3.5.2016, 408 O 64/16, CR 2016, 782, 783.

[534] Vgl. *Marly* jur-pc 1992, 1652, 1654.

[535] Abweichend *Wandtke/Bullinger/Grützmacher* § 69c Rdn. 19, wo das „Neuarrangieren" einzelner Module eines Programms als Anwendungsbeispiel erwähnt wird.

[536] Vgl. *Dreier/Schulze* § 69c Rdn. 15.

[537] Vgl. allgemein *BGH*, 16.5.2013, I ZR 28/12, NJW 2013, 3789, 3791 Tz. 36.

[538] Vgl. *LG München I*, 27.5.2015, 37 O 11673/14, CR 2015, 738, 744.

[539] Vgl. ABl.EG Nr. C 91 vom 12.4.1989, S. 12; zustimmend *Dreyer/Kotthoff/Meckel* § 69c Rdn. 12; kritisch *Wandtke/Bullinger/Grützmacher* § 69c Rdn. 17.

[540] Vgl. unten Rdn. 1799.

171 Nach dem vermeintlichen Problem der Gewährleistungs- und Wartungsarbeiten zog die EG-Kommission noch die Überlegung in Betracht, ein dem Anwender zugesprochenes generelles Umgestaltungsrecht könne von diesem dazu benutzt werden, **Kopierschutzroutinen** zu beseitigen. Auch könnten programminterne Zählroutinen entfernt werden, die einige Programmhersteller in ihre Computerprogramme einbauen, um ihre Lizenzgebühren an der Zahl der das Programm benutzenden Anwender auszurichten[541]. Auch diese Überlegungen vermögen aber im Ergebnis nicht zu überzeugen. Zunächst ist zu berücksichtigen, dass die Entfernung entsprechender Mechanismen im Einzelfall als Fehlerbeseitigung zur Ermöglichung bestimmungsgemäßer Programmbenutzung notwendig sein kann[542]. Daneben vermag diese Argumentation lediglich ein Verbot der Entfernung von Kopierschutz- und Zählroutinen, nicht aber ein generelles Umgestaltungsverbot zu rechtfertigen, weil andernfalls die berechtigten Interessen eines redlichen Anwenders übergangen würden.

172 Auch das ferner vorgetragene Argument, die Programmwartung müsse dem Rechtsinhaber vorbehalten bleiben, weil es seinem **wirtschaftlichen Partizipationsinteresse** entspreche, an der Auslieferung jeder neuen Programmversion mitverdienen zu können[543], ist im Ergebnis nicht haltbar. Bereits auf den ersten Blick erscheint es schlichtweg nicht nachvollziehbar, weshalb dem Rechtsinhaber derartige Verdienstmöglichkeiten eingeräumt werden sollen. Dies soll anhand eines weiteren Beispiels verdeutlicht werden: Niemand käme auf die Idee, dem Käufer eines Pkws das eigenständige Anbringen eines Zusatzteils oder die Vornahme eines Motorentunings zu verbieten und ihn auf das wirtschaftliche Partizipationsinteresse des Herstellers zu verweisen. Derartige Ausführungen würden zu Recht als absurd zurückgewiesen. Computerprogramme unterscheiden sich jedoch auch diesbezüglich nicht von anderen Produkten.

173 An der Unzulänglichkeit der Argumentation mit den vermeintlich berechtigten wirtschaftlichen Partizipationsinteressen vermögen auch solche Ausführungen nichts zu ändern, die dem Anwender die Befugnis zu einer eigenständigen Programmänderung wenigstens für die Fälle absprechen wollen, in denen diese Handlung für ihn lediglich wirtschaftlich vorteilhaft in dem Sinne ist, dass die Kosten einer ansonsten vom Rechtsinhaber entgeltpflichtig durchgeführten Programmpflege eingespart werden könnten[544]. Hier drängt sich der Verdacht auf, der Urheberrechtsschutz werde dazu missbraucht, den Programmanwender zum Abschluss meist kostenintensiver Programmpflegeverträge zu zwingen[545]. Bereits 1987 hat das *LG München I*[546] darauf hingewiesen, ein Verbot von Programmänderungen, wozu expressis verbis auch Programmverbesserungen gezählt wurden, würde im Ergebnis zu einem **Kontrahierungszwang** mit dem Hersteller führen, der dann sogar die beanspruchte Vergütung ohne Rücksicht auf Marktverhältnisse diktieren könne. Dies führe im Einzelfall zu untragbaren wirtschaftlichen Konsequenzen und widerspre-

---

[541] Vgl. ABl.EG Nr. C 91/12 vom 12.4.1989, S. 12.
[542] Vgl. zur Einordnung von Vorkehrungen zur Verhinderung unberechtigter Programmnutzung als Sachmangel unten Rdn. 1520 ff.
[543] So *Lehmann* GRUR Int. 1991, 327, 333; wortgleich *ders.* NJW 1991, 2112, 2115; ferner *ders.* NJW-CoR 5/1993, 30; in diese Richtung auch *OLG Hamburg*, 13.4.2012, 5 U 11/11, CR 2012, 503, 504; *LG Hamburg*, 3.5.2016, 408 O 46/16, CR 2016, 782, 783.
[544] Vgl. *Czarnota/Hart* S. 58.
[545] Kritisch auch *Grapentin/Ströbl* CR 2009, 137, 139 f.; *Wandtke/Bullinger/Grützmacher* § 69c Rdn. 17.
[546] Vgl. *LG München I*, 17.2.1987, 21 O 7260/86, CR 1988, 379, 380.

che den Grundsätzen von Treu und Glauben. Diesen Ausführungen hat später das *OLG München*[547] ausdrücklich zugestimmt.

(1) Die von § 69c Nr. 2 UrhG erfassten Handlungen

(a) Die Übersetzungen

Zu den von § 69c Nr. 2 UrhG erfassten Übersetzungen zählen zunächst sämtliche **Änderungen der Codeform** dergestalt, dass eine Programmiersprache durch eine andere ersetzt wird[548]. Dementsprechend zählt etwa die Kompilierung des Quellcodes ebenso zu den Übersetzungen im Sinne dieser Vorschrift wie die Übertragung des Quellcodes von einer höheren Programmiersprache in eine andere. Auch die Dekompilierung des Maschinenprogramms unterfällt dem Begriff der Übersetzung[549], jedoch findet sich diesbezüglich in § 69e UrhG eine Spezialregelung. Ausreichend zur Erfüllung der Voraussetzungen dieses Tatbestandsmerkmals ist wie bei allen Bearbeitungen im Sinne dieser Vorschrift die bloße Veränderung des Originalwerks, wohingegen nicht erforderlich ist, dass die entsprechende Codeumsetzung eine eigene geistige Schöpfung darstellen muss[550].

174

Da gem. § 69a Abs. 1 UrhG auch das **Entwurfsmaterial** den Computerprogrammen zuzurechnen ist, liegt eine Übersetzung im Sinne des § 69c Nr. 2 UrhG darüber hinaus auch dann vor, wenn dieses Material übersetzt wird, etwa von der englischen in die deutsche Sprache, oder wenn ein Flussdiagramm oder eine vergleichbare Symbolik durch eine andere ersetzt wird.

175

(b) Die Bearbeitungen

Eine Bearbeitung im Sinne des § 69c Nr. 2 UrhG, die keine Übersetzung darstellt, liegt etwa dann vor, wenn das Ausgangsprogramm nicht durch bloße Übersetzung von einer Codeform in eine andere umgewandelt wird, sondern darüber hinausgehende Änderungen vorgenommen werden. Dies ist etwa bei der sog. **Portierung** oder **Migration** von Computerprogrammen oftmals notwendig, bei denen das Programm auf einer Hardware anderen Typs und/oder unter einem anderen Betriebssystem eingesetzt werden soll[551]. In diesen Fällen sind neben der reinen Codeumsetzung weitere Anpassungen erforderlich. Zu den Bearbeitungen zählen darüber hinaus Programmänderungen, mit denen Funktionsmängel beseitigt[552] oder zusätzliche Funktionen hinzugefügt werden sollen[553], also sämtliche Handlungen, die unter dem Schlagwort der Programmpflege oder auch -wartung zusammengefasst werden können[554]. Ob eine Umarbeitung in Gestalt einer Bearbeitung einen **Eingriff in die**

176

---

[547] Vgl. *OLG München*, 27.10.1987, 13 U 2458/86, CR 1988, 378.

[548] Vgl. *Wandtke/Bullinger/Grützmacher* § 69c Rdn. 18.

[549] Vgl. die Begründung der EG-Kommission zu ihrem geänderten Richtlinienvorschlag KOM (90) 509 endg. – SYN 183 vom 18.10.1990 S. 3; *Raue*, NJW 2017, 1841, 1842; *Fromm/Nordemann/Czychowski* § 69c Rdn. 21; *Schricker/Loewenheim/Spindler* § 69c Rdn. 13; *Wandtke/Bullinger/Grützmacher* § 69c Rdn. 18; *Dreier/Schulze* § 69c Rdn. 16; *Werner* CR 2013, 516, 522.

[550] Vgl. *OLG Hamburg*, 13.4.2012, 5 U 11/11, CR 2012, 503, 504; *Schricker/Loewenheim/Spindler* § 69c Rdn. 14.

[551] Vgl. *Dreier/Schulze* § 69c Rdn. 16; *Wandtke/Bullinger/Grützmacher* § 69c Rdn. 20; *Möhring/Nicolini/Hoeren* § 69c Rdn. 8; *Loewenheim/Lehmann* § 76 Rdn. 10.

[552] *Raue*, NJW 2017, 1841, 1842. Offengelassen von *OLG Frankfurt*, 29.10.2013, 11 U 47/13, CR 2014, 506, 510.

[553] Vgl. *OLG Hamburg*, 13.4.2012, 5 U 11/11, CR 2012, 503, 504; *LG Hamburg*, 3.5.2016, 408 O 46/16, CR 2016, 782, 783.

[554] Vgl. *Wandtke/Bullinger/Grützmacher* § 69c Rdn. 20. Der *BGH*, 24.2.2000, I ZR 141/97, NJW 2000, 3212, 3213 hat die Frage offengelassen, ob das Hinzufügen eines Programmmoduls im Rahmen einer Portierung eine Umarbeitung im Sinne des § 69c Nr. 2 UrhG darstellt.

Substanz des Programmcodes erfordert, ist umstritten. Während im Schrifttum teilweise ein Substanzeingriff gefordert wird[555], hat das *OLG Hamburg*[556] dies für den Fall abgelehnt, dass ein zweites Programm zwar nicht in den Programmcode des Erstprogramms (einer Spielsoftware) eingreift, auf den Ablauf des Programms aber dadurch Einfluss nimmt, dass der Inhalt des Arbeitsspeichers gezielt verändert wird. Dem Anwender war es hierdurch möglich, bestimmte Spielfunktionen auszuführen, die das Spiel beim regulären Spielverlauf erst zu einem späteren Zeitpunkt freigegeben hätte. Das *OLG Hamburg* sieht hierin nicht lediglich eine Veränderung der urheberrechtlich nicht geschützten Spielidee, sondern einen unzulässigen Eingriff in die bei Computerprogrammen urheberrechtlich geschützte Gliederung des Programmablaufs, die Anordnung der Programmelemente und deren Zusammenwirken. Hiergegen ist aber zu Recht darauf hingewiesen worden, dass die Art und Weise der Werknutzung („wie" ein Nutzer das Werk benutzt) außerhalb des Urheberpersönlichkeitsrechts vom Urheber nicht bestimmt werden[557] kann. Das *LG München I*[558] ist dem *OLG Hamburg* daher zu Recht nicht gefolgt und verlangt einen Substanzeingriff. Auch das *LG Hamburg*[559] folgt dem *OLG Hamburg* nicht.

(2) Die Bearbeiterurheberrechte

177   Nicht durch § 69c Nr. 2 S. 1 UrhG geregelt wird die Frage nach den Rechten desjenigen, der eine Umarbeitung vornimmt. Vielmehr regelt diese Vorschrift wie auch § 23 UrhG allein die Frage, wem das Recht zusteht, ein Computerprogramm umzuarbeiten[560]. Hinsichtlich des Schutzes einer solchen Person, die ein Computerprogramm umarbeitet, verweist § 69c Nr. 2 S. 2 UrhG auf die allgemeinen Regelungen und damit auf § 3 UrhG. Umarbeitungen eines Computerprogramms, die eine persönliche geistige Schöpfung darstellen, werden daher gegen eine unberechtigte Benutzung durch Dritte **wie selbstständige Werke** geschützt. Ob dabei das Erfordernis der persönlichen geistigen Schöpfung in Anlehnung an § 69a Abs. 3 UrhG durch das Erfordernis der eigenen geistigen Schöpfung ersetzt werden muss, wofür vieles spricht, kann dabei an dieser Stelle dahingestellt bleiben[561]. Bei der Geltendmachung eines Bearbeiterurheberrechts an einem Computerprogramm muss substantiiert dargelegt werden, welche Teile des Programms vom Bearbeiter stammen, dass diese Teile urheberrechtlich geschützt sind und dass diese Bearbeitungen vom Verletzer übernommen wurden[562].

cc) Das Verbreitungsrecht des § 69c Nr. 3 UrhG

(1) Allgemeines

178   Die in § 69c Nr. 3 UrhG normierte Regelung des Verbreitungsrechts entspricht Art. 4 Abs. 1 lit c) der Softwarerichtlinie. Die Abweichungen zwischen diesen beiden Regelungen sind rein sprachlicher Natur[563]. § 69c Nr. 3 UrhG stellt einen **Mittelweg**

---

[555] Vgl. *Spindler* CR 2012, 417, 420; a. A. *Conraths* CR 2016, 705, 707 f.; *Werner* CR 2013, 516, 520.
[556] Vgl. *OLG Hamburg*, 13.4.2012, 5 U 11/11, CR 2012, 503, 504 f.
[557] So *Spindler* CR 2012, 417, 420.
[558] Vgl. *LG München I*, 27.5.2015, 37 O 11673/14, CR 2015, 738, 744.
[559] Vgl. *LG Hamburg*, 3.5.2016, 408 O 46/16, CR 2016, 782, 783.
[560] Vgl. *Schricker/Loewenheim* § 23 Rdn. 1 sowie § 3 Rdn. 2.
[561] Für eine Heranziehung von § 69a Abs. 3 UrhG *Wandtke/Bullinger/Grützmacher* § 69c Rdn. 22; *Dreyer/Kotthoff/Meckel* § 69c Rdn. 16; *Galetzka/Otto* MMR 2016, 742; dagegen *Schricker/Loewenheim/Spindler* § 69c Rdn. 19.
[562] Vgl. *LG Hamburg*, 8.7.2016, 310 O 89/15, MMR 2016, 740, 741.
[563] Vgl. die Begründung zum Regierungsentwurf BT-Drucks. 12/4022 vom 18.12.1992, S. 11.

zwischen der Zulassung jeglicher Weiterverbreitung und deren vollständigem Verbot dar. Auch eine Abweichung zur allgemeinen Regelung des Verbreitungsrechts in § 17 Abs. 1 UrhG ist nicht beabsichtigt. Der Begriff der Verbreitung ist in den §§ 69c Nr. 3 und 17 Abs. 1 UrhG inhaltsidentisch[564]. Angesichts der Formulierung „jede Form" der Verbreitung ist der Begriff weit auszulegen[565]. Das Verbreitungsrecht ist nach § 17 Abs. 1 UrhG das Recht, das Original oder Vervielfältigungsstücke des Werkes **der Öffentlichkeit anzubieten** oder **in Verkehr zu bringen**[566]. Hierbei ist für das Inverkehrbringen das Heraustreten des Anbieters aus der internen Sphäre in die Öffentlichkeit zu verlangen[567]. Dementsprechend kann auch der Weitervertrieb von Computerprogrammen an **rechtlich selbstständige Konzernunternehmen,** an Nachfolgeunternehmen nach einer Insolvenz und an **Kooperationspartner** eine Verbreitung im Sinne der §§ 69c Nr. 3, 17 UrhG darstellen[568], während eine **Weitergabe im Privatbereich,** also an Freunde und Familienangehörige nicht erfasst ist[569]. Im Hinblick auf sonstige Bekannte ist anhand der in § 15 Abs. 3 S. 2 UrhG enthaltenen allgemeingültigen Definitionen der Öffentlichkeit[570] zu untersuchen, ob eine Verbundenheit durch persönliche Beziehungen vorliegt. Eine rein „technische Verbundenheit" wie bei File-Sharing-Systemen soll für eine persönliche Verbundenheit nicht ausreichen[571]. Innerhalb einer Vertriebskette greift jeder Verletzer durch das unbefugte Inverkehrbringen erneut in das ausschließlich dem Rechtsinhaber zugewiesene Verbreitungsrecht ein[572]. Irrelevant ist, ob die Software allein oder etwa installiert auf einem Hardwaresystem, weiterverbreitet wird[573].

Der Begriff des **Anbietens** im Sinne des § 17 Abs. 1 UrhG ist nicht deckungsgleich mit demjenigen des BGB[574]. Auch Vorbereitungshandlungen der Verbreitung wie Prospekte, Tauschanzeigen in Computerzeitschriften[575] oder Werbung im Internet genügen einem Anbieten gem. § 17 Abs. 1 UrhG[576]. Gleiches gilt für ein „Einzelangebot" per Brief oder Mail, das sich nicht an eine Vielzahl von Personen richtet[577] oder etwa auch das Einrichten eines Testzugangs zur Software im Internet[578]. Im

179

---

[564] Vgl. *OLG Frankfurt*, 11.8.2015, 11 U 94/13, BeckRS 2015, 19875, Tz. 68; *Spindler* CR 2008, 69, 70; *Sosnitza* K&R 2006, 206, 207; a. A. wohl nur *Ulmer/Hoppen* CR 2008, 681, 682.
[565] Vgl. *Dreier/Schulze* § 69c Rdn. 20; unter Berufung auf Art. 6 Abs. 1 WCT auch *OLG Frankfurt*, 11.8.2015, 11 U 94/13, BeckRS 2015, 19875, Tz. 70.
[566] Vgl. *BGH*, 23.2.2017, I ZR 92/16, BeckRS 2017, 114508, Tz. 20.
[567] Vgl. *BGH*, 22.1.2009, I ZR 148/06, BeckRS 2009, 19749 Tz. 16; *BGH,* 13.12.1990, I ZR 21/89, NJW 1991, 1234; *OLG Frankfurt*, 4.11.2014, 11 U 106/13, NJW-RR 2015, 673, 675 Tz. 37.
[568] Vgl. *BFH*, 25.11.2004, V R 26/04, CR 2006, 12, 13 f.; *LG Köln*, 2.6.2010, 28 O 77/06, CR 2010, 576, 577.
[569] Vgl. *Dreier/Schulze* § 17 Rdn. 8; *Wandtke/Bullinger/Grützmacher* § 69c Rdn. 27.
[570] Obwohl diese Vorschrift dem Wortlaut nach nur unkörperliche Wahrnehmbarmachungen des Werks zu regeln scheint, entsprach es dem Willen des Gesetzgebers, eine allgemeingültige Regelung zu schaffen; vgl. die Begründung des Regierungsentwurfs zur UrhG-Novelle 2003 BT-Drucks. 15/38, S. 17; *Dreier/Schulze* § 15 Rdn. 38; *Wandtke/Bullinger/Heerma* § 15 Rdn. 18.
[571] Vgl. *Dreier/Schulze* § 15 Rdn. 44 unter Berufung auf die Begründung des Regierungsentwurfs zur UrhG-Novelle 2003, BT-Drucks. 15/38, S. 17.
[572] Vgl. *BGH*, 14.5.2009, I ZR 98/06, NJW 2009, 3722, 3729 Tz. 69.
[573] Vgl. *LG Köln*, 2.6.2010, 28 O 77/06, CR 2010, 576, 577.
[574] Vgl. *BGH*, 11.4.2013, I ZR 91/11, GRUR 2013, 1137, 1139 Tz. 20; *BGH*, 15.2.2007, I ZR 114/04, GRUR 2007, 871, 873.
[575] Vgl. *BGH*, 13.12.1990, I ZR 21/89, NJW 1991, 1234, 1235.
[576] Vgl. *BGH*, 5.11.2015, I ZR 91/11, NJW 2016, 2335, 2337 Tz. 32 ff.; *OLG Frankfurt*, 11.8.2015, 11 U 94/13, BeckRS 2015, 19875 Tz. 69; *Dreier/Schulze* § 17 Rdn. 11.
[577] Vgl. *BGH*, 13.12.1990, I ZR 21/89, NJW 1991, 1234, 1235.
[578] Vgl. *OLG Frankfurt*, 11.8.2015, 11 U 94/13, BeckRS 2015, 19875 Tz. 67; generell zum Anbieten auf einer Homepage *LG Hannover*, 21.7.2015, 18 O 159/15, CR 2016, 430.

Hinblick auf das Tatbestandsmerkmal des Anbieters ist nämlich nicht entscheidend, ob sich die Handlung auf die Übertragung des Eigentums bezieht, sondern ob sie zu dessen Erwerb anregt[579]. Hinsichtlich des Anbietens zum Download ist aber zu berücksichtigen, dass die Online-Übermittlung grundsätzlich zu den unkörperlichen Werkverwertungen gezählt wird, sodass nicht eine Verbreitung, sondern ein Fall der öffentlichen Zugänglichmachung gem. § 69c Nr. 4 UrhG vorliegt[580].

180 Das **Inverkehrbringen** kann durch Veräußerung, Verschenken, Vermieten, Verleihen, Tausch oder vergleichbare Formen vorgenommen werden[581]. Entscheidend ist irgendeine Form der Eigentums- und/oder Besitzerlangung auf Seiten des Empfängers[582]. Wenn der *EuGH* indes im Rahmen von Art. 4 Abs. 1 der Richtlinie zur Harmonisierung des Urheberrechts argumentiert, dass eine Verbreitung des Originals eines Werks oder eines Vervielfältigungsstücks davon nur bei einer Übertragung des Eigentums an diesem Gegenstand vorliegt[583], kann dem nicht zugestimmt werden, weil diese Sichtweise auf einer Überbewertung des Wortlauts von Art. 6 WCT beruht[584]. Hinsichtlich der Verbreitungsform des Vermietens ist deren Ausnahme vom unten dargestellten Erschöpfungsgrundsatz gem. § 69c Nr. 3 letzter Teilsatz UrhG zu beachten. Unerheblich ist bei allen Verbreitungen, ob der Verbreitende die Programmkopie zum Zeitpunkt seines Angebots bereits hergestellt hatte oder erst später anfertigte oder anfertigen wollte[585]. Eine Verbreitung an die (deutsche) Öffentlichkeit liegt bei einem ausländischen Händler dann vor, wenn er sein Angebot auch an deutsche Kunden richtet und eine Lieferung nach Deutschland ermöglicht[586].

(2) Die sog. Erschöpfung des Verbreitungsrechts gem. § 69c Nr. 3 S. 2 UrhG

Schrifttum: *Bräutigam/Wiesemann*, Der BGH und der Erschöpfungsgrundsatz bei Software, CR 2010, 215 ff.; *Hoeren/Jakopp*, Der Erschöpfungsgrundsatz im digitalen Umfeld, MMR 2014, 646 ff.; *Hoeren*, Der Erschöpfungsgrundsatz bei Software. Körperliche Übertragung und Folgeprobleme, GRUR 2010, 665 ff.; *Redeker*, Das Konzept der digitalen Erschöpfung – Urheberrecht für die digitale Welt, CR 2014, 73 ff.; *Senftleben*, Die Fortschreibung des urheberrechtlichen Erschöpfungsgrundsatzes im digitalen Umfeld, NJW 2012, 2924 ff.; *Wiebe*, The Principle of Exhaustion in European Copyright Law and the Distinction Between Digital Goods and Digital Services, GRUR Int. 2009, 114 ff.; *Wöstehoff*, Die First Sale Doktrin und der U.S.-amerikanische Softwaremarkt, 2008.

181 Ausgehend von der in § 69c UrhG festgeschriebenen Regel, dass der Urheber das ausschließliche Recht hat, sein Werk in den verschiedenen Formen zu verwerten, wozu insbesondere auch das hier diskutierte Verbreitungsrecht zählt, wird dem Urheber im Normalfall aber lediglich die **Erstverbreitung** vorbehalten, da andernfalls zum einen eine übermäßige Belastung des Rechtsverkehrs befürchtet wird (sog.

---

[579] Vgl. *EuGH*, 13.5.2015, C-516/13, GRUR 2015, 665, 666 Tz. 28 sowie 32; *BGH*, 23.2.2017, I ZR 92/16, BeckRS 2017, 114508, Tz. 21; *BGH*, 5.11.2015, I ZR 91/11, NJW 2016, 2335, 2337 Tz. 33; *BGH*, 5.11.2015, I ZR 88/15, NJW 2016, 2341 Tz. 13; *OLG Frankfurt*, 11.8.2015, 11 U 94/13, BeckRS 2015, 19875 Tz. 69.

[580] A.A. wohl *LG Hannover*, 21.7.2015, 18 O 159/15, CR 2016, 430.

[581] Vgl. *Dreier/Schulze* § 17 Rdn. 15; *Wandtke/Bullinger/Grützmacher* § 69c Rdn. 24 f.

[582] Vgl. *Schricker/Loewenheim* § 17 Rdn. 17.

[583] Vgl. *EuGH*, 22.1.2015, C-419/13, NJW-RR 2015, 1255, 1257 Tz. 46; *EuGH*, 17.4.2008, C-456/06, GRUR 2008, 604, 605 Tz. 41; dem *EuGH* folgend *BGH*, 28.11.2013, I ZR 76/12, GRUR 2014, 549, 550 Tz. 18; *BGH*, 11.4.2013, I ZR 91/11, GRUR 2013, 1137, 1138 Tz. 12; *BGH*, 22.1.2009, I ZR 247/03, NJW 2009, 2960, 2961 Tz. 21; anders aber am gleichen Tag *BGH*, 22.1.2009, I ZR 19/07, GRUR 2009, 942, 944 Tz. 28. Dem *EuGH* folgend auch *OLG Frankfurt*, 4.11.2014, 11 U 106/13, NJW-RR 2015, 673, 675 Tz. 37.

[584] Wie hier *Dreier/Schulze* § 17 Rdn. 4a m.w.N.; wohl auch *BGH*, 11.4.2013, I ZR 91/11, GRUR 2013, 1137, 1139 Tz. 18.

[585] Vgl. *BGH*, 13.12.1990, I ZR 21/89, NJW 1991, 1234, 1235.

[586] Vgl. *BGH*, 5.11.2015, I ZR 76/11, NJW 2016, 2338, 2340 Tz. 42.

Verkehrssicherungstheorie)[587]. Der *EuGH* umschreibt diesen Aspekt des Erschöpfungsgrundsatzes zum einen dahingehend, die Einschränkung der Werkverbreitung sei auf das zum Schutz des spezifischen Gegenstands des betreffenden geistigen Eigentums Erforderliche zu begrenzen, um eine **Abschottung der Märkte** zu vermeiden[588]. Den Interessen des Urhebers soll zum anderen aber auch damit hinreichend Rechnung getragen werden, dass er seine für die Erstverbreitung erforderliche Zustimmung von der Entrichtung eines Entgelts abhängig machen kann (sog. **Belohnungstheorie**). Der *EuGH* formuliert diesen zweiten Gedanken mit den Worten, der Rechtsinhaber habe beim Erstverkauf die Möglichkeit gehabt, eine dem **wirtschaftlichen Wert der Kopie seines Werks entsprechende Vergütung** zu erhalten[589].

Die für eine Erschöpfung des Verbreitungsrechts erforderliche Zustimmung des Berechtigten zum Inverkehrbringen des Werkstücks kann nicht nur im Voraus (als Einwilligung), sondern auch im Nachhinein (als Genehmigung) erteilt werden[590]. Allein in der Geltendmachung und Entgegennahme von Schadensersatz ist jedoch grundsätzlich keine Genehmigung des unbefugten Inverkehrbringens zu sehen[591]. Ist jedoch das Werk, sei es im Original oder in Form eines Vervielfältigungsstücks, mit Zustimmung des Berechtigten im Gebiet der Europäischen Union oder eines anderen Vertragsstaats des EWR im Wege der Veräußerung in den Verkehr gebracht worden, so ist gem. § 69c Nr. 3 S. 2 UrhG die **Weiterverbreitung** des betreffenden Originals bzw. des jeweiligen Vervielfältigungsstücks zulässig (sog. **Erschöpfungsgrundsatz**). Die Anknüpfung des Erschöpfungsgrundsatzes an das Inverkehrbringen im Gebiet der Europäischen Gemeinschaft oder eines anderen Vertragsstaates des Abkommens über den Europäischen Wirtschaftsraum trägt dem **Postulat des freien Warenverkehrs** nach Art. 34 AEUV Rechnung. Sind also die Voraussetzungen der Regelung des § 69c Nr. 3 S. 2 UrhG erfüllt, ist das Verbreitungsrecht an den entsprechenden Werkstücken EWR-weit[592] „erschöpft". Eine Erschöpfung scheidet daher von vornherein aus, wenn die Erstverbreitung außerhalb der EU oder eines EWR-Vertragsstaates erfolgte, etwa in China[593]. Eine globale Erschöpfung gibt es unstreitig nicht, weshalb der *EuGH* auch von Gemeinschaftserschöpfung spricht[594].

---

[587] Vgl. *BGH*, 11.12.2014, I ZR 8/13, NJW-RR 2015, 1138, 1140 Tz. 36; *BGH*, 11.2.2010, I ZR 178/08, NJW 2010, 2661, 2663 Tz. 20; *OLG Düsseldorf*, 29.6.2009, I-U 247/08, MMR 2009, 629; *LG Berlin*, 11.3.2014, 16 O 73/13, CR 2014, 291, 292; *LG Düsseldorf*, 26.11.2008, 12 O 431/08, MMR 2009, 216 (Ls.) = BeckRS 2008, 25162; *LG München I*, 19.1.2006, 7 O 23237/05, MMR 2006, 175, 177; *Schricker/Loewenheim* § 17 Rdn. 36; *Bröckers* MMR 2011, 18, 21; *Spindler* CR 2008, 69, 70; *Huppertz* CR 2006, 145, 146. Daneben lässt sich auch auf das Allgemeininteresse am freien Warenverkehr abstellen, vgl. *Sack* GRUR Int. 2000, 610 f.; *Metzger* GRUR 2001, 210, 212 sowie 113; *Marly*, Urheberrechtsschutz, S. 253 ff.

[588] Vgl. *EuGH*, 3.7.2012, C-128/11, NJW 2012, 2565, 2568 Tz. 62 – UsedSoft; wiederholend *EuGH*, 12.10.2016, C-166/15, EuZW 2016, 866, 868 Tz. 28 – Weiterverkauf einer Sicherungskopie m. Anm. *Marly/Prinz*; zustimmend *Hoeren/Jakopp* MMR 2014, 646, 647.

[589] Vgl. *EuGH*, 3.7.2012, C-128/11, NJW 2012, 2565, 2567 ff. Tz. 49, 63 sowie 88 – UsedSoft; zustimmend *BGH*, 19.3.2015, I ZR 4/14, NJW 2015, 3576, 3579 Tz. 36 – Green-IT.

[590] Vgl. *BGH*, 14.5.2009, I ZR 98/06, NJW 2009, 3722, 3728 Tz. 64.

[591] Vgl. *BGH*, 14.5.2009, I ZR 98/06, NJW 2009, 3722, 3728 Tz. 64; *BGH*, 5.7.2001, I ZR 311/98, NJW 2002, 896, 899.

[592] Bemerkenswerterweise kennt das schweizerische Urheberrecht keine bloß regionale Erschöpfung, sondern eine internationale Erschöpfung, sodass auch im Ausland rechtmäßig in Verkehr gebrachte Computerprogramme in der Schweiz weiterveräußert werden dürfen, vgl. *Straub* UFITA 2001, 807, 817 f. Zur nationalen Begrenzung der First Sale Doctrine in den USA *Zimmermann* CRi 2011, 150 ff.

[593] Vgl. *OLG München*, 1.6.2017, 29 U 2554/16, CR 2017, 495, 498.

[594] Vgl. *EuGH*, 12.9.2006, C-479/04, GRUR Int. 2009, 237, 238 Tz. 26.

183 Übertragen auf den Verkauf eines Computerprogramms bedeutet dies, dass der Anwender dasselbe grundsätzlich weiterverbreiten, also auch weiterveräußern darf, weil das entsprechende Verbreitungsrecht des Softwareherstellers nach § 69c Nr. 3 S. 2 UrhG erschöpft ist. Ein dennoch vertraglich vereinbartes Weiterveräußerungsverbot ist unabhängig davon, ob es individualvertraglich oder in Allgemeinen Geschäftsbedingungen vereinbart wird, **urheberrechtlich ohne Belang**[595]. Dies gilt auch für Verbote, die von einer besonderen Zustimmung des Herstellers oder einer sonstigen Bedingung abhängig gemacht werden sollen, denn der Eintritt der Erschöpfungswirkung am in den Verkehr gebrachten Werkexemplar ist bedingungsfeindlich und eine Regelung, die eine solche dingliche Wirkung herbeiführen soll, mit § 69c Nr. 3 S. 2 UrhG unvereinbar[596]. Deshalb kann das Recht eines Programmerwerbers zur Weiterveräußerung auch nicht mit gegenständlicher Wirkung auf das Recht beschränkt werden, die Kopie nur an Erwerber einer früheren Version des gleichen Programms – als sog. Update[597] – oder nur gemeinsam mit neuer Computerhardware[598] zu veräußern. Der *EuGH* begründet diese Ergebnisse mit der Erwägung, dass sich der zweite und jeder weitere Erwerber einer Nutzungslizenz auf die Erschöpfung des Verbreitungsrechts gem. Art. 4 Abs. 2 der Softwarerrichtlinie (= § 69c Nr. 3 S. 2 UrhG) berufen kann und somit als **rechtmäßiger Erwerber einer Programmkopie** im Sinne von Art. 5 Abs. 1 der Softwarerrichtlinie (= § 69d Abs. 1 UrhG) anzusehen ist. Daher sei er nach letztgenannter Vorschrift auch berechtigt, das betreffende Computerprogramm zu vervielfältigen, um es bestimmungsgemäß zu benutzen[599].

184 Der Erschöpfungsgrundsatz greift aber nur bei einer **Veräußerung** des Werkstücks ein, die nach überwiegendem Verständnis und der Rechtsprechung des *EuGH*[600] nur

---

[595] Vgl. *EuGH*, 3.7.2012, C-128/11, NJW 2012, 2565, 2569 Tz. 77 und 84 – UsedSoft; wiederholend *EuGH*, 12.10.2016, C-166/15, EuZW 2016, 866, 868 Tz. 28 – Weiterverkauf einer Sicherungskopie m. Anm. *Marly/Prinz*; *BGH*, 19.3.2015, I ZR 4/14, NJW 2015, 3576, 3579 f. Tz. 38 – Green-IT; *BGH*, 11.12.2014, I ZR 8/13, NJW-RR 2015, 1138, 1140 Tz. 36; *BGH*, 24.10.2002, I ZR 3/00, NJW 2003, 2014, 2015; *BGH*, 6.7.2000, I ZR 244/97, NJW 2000, 3571, 3572; *OLG Frankfurt*, 5.11.2013, 11 U 92/12, BeckRS 2014, 09012; *OLG Frankfurt*, 18.12.2012, GRUR 2013, 279, 282 m. Anm. *Marly*; *OLG Düsseldorf*, 15.2.2005, 20 U 126/04, CR 2006, 17, 18; *Malevanny*, CR 2013, 422, 425; *Senftleben* NJW 2012, 2924, 2927; *Hilber* CR 2008, 749, 750; *Schuppert/Greissinger* CR 2005, 81, 82; *Baus* MMR 2002, 14, 17; *Koch* CR 2002, 629, 630; *Schuhmacher* CR 2000, 641, 648; *Schricker/Loewenheim/Spindler* § 69c Rdn. 33.

[596] Vgl. *BGH*, 19.3.2015, I ZR 4/14, NJW 2015, 3576, 3579 f. Tz. 38 – Green-IT; *OLG Frankfurt*, 12.11.2013, 11 U 32/12, BeckRS 2015, 16185; *OLG Hamburg*, 30.4.2013, 5 W 35/13, CR 2013, 700, 701; *OLG Düsseldorf*, 15.2.2005, 20 U 126/04, CR 2006, 17, 18; *LG Hamburg*, 25.10. 2013, 315 O 449/12, BeckRS 2013, 21251, Tz. 36; *Koch* CR 2002, 629, 632; *Wandtke/Bullinger/Grützmacher* § 69c Rdn. 38.

[597] Vgl. *OLG Frankfurt*, 3.11.1998, 11 U 20/98, CR 1999, 7 ff.; *OLG München*, 12.2.1998, 29 U 5911/97, NJW 1998, 1649 f.; a. A. *Fromm/Nordemann/Vinck* § 69c Rdn. 6.

[598] Vgl. *BGH*, 6.7.2000, I ZR 244/97, NJW 2000, 3571, 3572 unter Berufung auf § 17 Abs. 2 UrhG; *Schricker/Loewenheim/Spindler* § 69c Rdn. 30; *Dreier/Schulze* § 69c Rdn. 26; a. A. *KG Berlin*, 27.2.1996, 5 U 8281/95, NJW 1997, 330, 331; *Fromm/Nordemann/Czychowski* § 69c Rdn. 50; *Polley* CR 1999, 345, 347 f.

[599] Vgl. *EuGH*, 3.7.2012, C-128/11, NJW 2012, 2565, 2568 Tz. 73 sowie 88 – UsedSoft; wiederholend *EuGH*, 12.10.2016, C-166/15, EuZW 2016, 866, 869 Tz. 48 ff. – Weiterverkauf einer Sicherungskopie m. Anm. *Marly/Prinz*; *BGH*, 19.3.2015, I ZR 4/14, NJW 2015, 3576, 3580 Tz. 46 – Green-IT; *BGH* 5.3.2015, I ZR 128/14, MMR 2015, 673, 674 Tz. 8; *OLG Frankfurt*, 18.12.2012, GRUR 2013, 279, 282 m. Anm. *Marly*; *Malevanny* CR 2013, 422, 424.

[600] Vgl. *EuGH*, 3.7.2012, C-128/11, NJW 2012, 2565, 2566 Tz. 42 sowie 49 – UsedSoft; bestätigt *EuGH*, 12.10.2016, C-166/15, 12.10.2016, C-166/15, EuZW 2016, 866, 868 Tz. 28 – Weiterverkauf einer Sicherungskopie m. Anm. *Marly/Prinz*; *EuGH*, 17.4.2008, C-456/06, GRUR 2008,

dann vorliegt, wenn das **Eigentum an dem Werkstück** in Erfüllung eines Kaufvertrags oder eines sonstigen auf die endgültige Entäußerung des Eigentums gerichteten Rechtsgeschäfts wie z. B. einem Tausch oder einer **Schenkung** übertragen wird[601]. Gleiches muss aber auch für den Fall gelten, dass ein Individualprogramm im Rahmen eines Werkvertrags endgültig überlassen wird[602]. Demgegenüber greift § 69c Nr. 3 S. 2 UrhG bei **zeitlich befristeten** Überlassungsverträgen (**Dauerschuldverhältnissen**) nicht ein[603]. Aus diesem Grund kann der Softwarehersteller unter urheberrechtlichem Gesichtspunkt einer Weiterverbreitung seines Produkts dann entgegentreten, wenn der Anwender die Computersoftware im Wege der **Miete** oder der **Leihe** überlassen bekam[604]. Auch die Überlassung einer auf 30 Tage beschränkten Testversion führt nicht zur Erschöpfung[605]. Vor diesem Hintergrund stellen verschiedene Softwarehersteller ihren Vertrieb zunehmend auf **Mietmodelle** und **Cloud Computing**[606] um. Regelmäßig nicht anwendbar ist der Erschöpfungsgrundsatz auch im Fall des **Softwareleasings,** weil sich auch hier der Softwarehersteller der Verfügungsmöglichkeit über das Werkstück noch nicht endgültig begeben hat[607]. Eine abweichende Beurteilung kommt beim Softwareleasing allenfalls dann in Betracht, wenn der spätere Eigentumserwerb bereits bei Vertragsschluss dinglich vereinbart wird oder dem Leasingnehmer ein Erwerbsrecht eingeräumt wird, das er wegen bereits geleisteter oder noch zu erbringender hoher Gesamtzahlungen oder aus sonstigen Gründen sinnvollerweise ausüben wird. In diesen Fällen ist eine Entscheidung nach den jeweiligen Umständen des konkreten Einzelfalls notwendig.

Besondere Berücksichtigung müssen in diesem Zusammenhang noch die **Lizenzverträge** finden, denn vereinzelte Stimmen im älteren Schrifttum vertreten die Auffassung, in diesen Fällen greife der Erschöpfungsgrundsatz niemals ein[608]. Dies ist schon insofern nicht überzeugend, als unten[609] ausführlich dargelegt wird, dass Softwareüberlassungsverträge in der Regel in die klassische Vertragstypologie des BGB eingeordnet werden können und keine Lizenzverträge darstellen. Auch im Rahmen des Erschöpfungsgrundsatzes ist es unerheblich, welche (gegebenenfalls **irreführende**) **Bezeichnung** die Vertragsparteien für das Vertragsverhältnis auswählten[610]. Der *EuGH* hat vor Jahren ausdrücklich festgestellt, die praktische Wirksam-

185

604, 605 Rdn. 33 ff.; *OLG Frankfurt,* 22.12.2016, 11 U 108/13, CR 2017, 295, 296; *OLG Frankfurt,* 18.12.2012, GRUR 2013, 279, 282 m. Anm. *Marly*.

[601] Vgl. *BGH,* 23.2.1995, I ZR 68/93, NJW 1995, 1556, 1557, wo der Charakter des zugrunde liegenden Kausalgeschäfts für unerheblich erklärt wird; ferner *Schricker/Loewenheim/Spindler* § 69c Rdn. 35.

[602] Vgl. *OLG Bremen,* 13.2.1997, 2 U 76/96, CR 1997, 609, 610; Bedenken hiergegen äußert *Haberstumpf* CR 2012, 561, 568 f.

[603] Vgl. *BGH,* 24.10.2002, I ZR 3/00, NJW 2003, 2014, 2016; *OLG Frankfurt,* 22.12.2016, 11 U 108/13, CR 2017, 295, 296; *Intveen* ITRB 2012, 53; *Hilber* CR 2008, 749, 754; *Schuppert/ Greissinger* CR 2005 81, 82; *Polley* CR 1999, 345, 348; *Schricker/Loewenheim/Spindler* § 69c Rdn. 40; *Dreier/Schulze* § 69c Rdn. 22; *Wandtke/Bullinger/Grützmacher* § 69c Rdn. 30.

[604] Vgl. *LG Köln,* 2.6.2010, 28 O 77/06, CR 2010, 576; *Hilber* CR 2008, 749, 754; *Schuppert/ Greissinger* CR 2005 81, 82; *Schuhmacher* CR 2000, 641, 648; unter Beschränkung auf die Miete auch *Hoeren,* AGB, S. 65 Rdn. 11; *ders.,* Softwareüberlassung, Rdn. 168.

[605] Vgl. *OLG Frankfurt,* 22.12.2016, 11 U 108/13, CR 2017, 295, 296.

[606] Vgl. hierzu unten Rdn. 1117.

[607] Vgl. *Hilber* CR 2008, 749, 750.

[608] Vgl. etwa *Ulmer/Kolle* GRUR Int. 1982, 489, 499.

[609] Vgl. unten Rdn. 661 ff., insbesondere auch Rdn. 736 ff.

[610] So zu Recht schon *OLG Frankfurt,* 25.6.1996, 11 U 4/96, NJW-RR 1997, 494; *LG Düsseldorf,* 26.11.2008, 12 O 431/08, MMR 2009, 216 (Ls.) = BeckRS 2008, 25162; *Möhring/ Nicolini/Hoeren* § 69c Rdn. 14; *Dietrich* UFITA 2012, 69, 82.

keit des Erschöpfungsgrundsatzes dürfe nicht dadurch beeinträchtigt werden, dass der Softwarelieferant den Vertrag lediglich als Lizenzvertrag statt als Kaufvertrag einstufen müsste, um die Erschöpfungsregel zu umgehen und gegenstandslos zu machen[611].

186   Als zu eng erweist sich in diesem Zusammenhang aber auch die oben wiedergegebene Definition der Veräußerung als auf die **endgültige Entäußerung des Eigentums** gerichtetes Rechtsgeschäft. Berücksichtigt man die Begründung des Regierungsentwurfs zum UrhG[612], so wird deutlich, dass **nicht die formale Eigentumszuordnung** das entscheidende Kriterium darstellt, sondern die Frage, ob „der Urheber zu erkennen gegeben hat, dass er die **Kontrolle über den Verbleib der Werkstücke** behalten will"[613] oder im umgekehrten Fall mit der Veräußerung **die Herrschaft über das Werkexemplar** aufgibt und es **zur weiteren Benutzung frei gibt**[614]. Auch bei einem Dauerschuldverhältnis, bei dem der Anwender lediglich ein befristetes Nutzungsrecht eingeräumt erhält[615], muss nicht zwingend auf eine fehlende Veräußerung im Sinne des § 69c Nr. 3 S. 2 UrhG geschlossen werden[616], was sich schon in der vorstehenden Randnummer bei der Beurteilung von Lizenzverträgen abzeichnete. Als entscheidendes Kriterium ist folglich **nicht das schuldrechtliche Verpflichtungsgeschäft** heranzuziehen[617], sondern ob wirtschaftlich ein **endgültiger Austausch von Leistungen** angestrebt ist, wobei die Leistung des Anwenders durchaus in Teilbeträgen zu entrichten sein darf. Ein endgültiger Leistungsaustausch[618] liegt aber auch in den (seltenen) Fällen vor, in denen der Softwareüberlassungsvertrag wirklich als Lizenzvertrag zu qualifizieren ist, zugleich aber etwa die vorgesehene, nicht durch eine ordentliche Kündigung beendbare Vertragslaufzeit länger ist als die **voraussichtliche wirtschaftliche Lebenszeit** eines Computerprogramms[619]. Letztere wird durch das Erscheinen verbesserter Programmversionen oder neuer Programmentwicklungen sowie die allgemeine technologische Weiterentwicklung auch im Bereich der Computerhardware begrenzt. Als grobe Richtschnur können vorbehaltlich besonderer Umstände des Einzelfalls insoweit etwa drei bis vier Jahre angesetzt werden. Anders mag etwa bei jährlich zu aktualisierender Software zur Berechnung der Steuer zu entscheiden sein[620] oder bei einem Virenschutzprogramm, das häufig sogar innerhalb weniger Monate veraltet und dann keinen wirtschaftlichen Wert mehr hat[621]. Unzweifelhaft auf einen endgültigen Leistungsaustausch ge-

---

[611] Vgl. *EuGH*, 3.7.2012, C-128/11, NJW 2012, 2565, 2567 Tz. 49 – UsedSoft.
[612] Vgl. Begründung des Regierungsentwurfs BT-Drucks. IV/270 vom 23.3.1962, S. 48.
[613] Der *BGH*, 23.2.1995, I ZR 68/93, NJW 1995, 1556, 1557 bringt dies terminologisch dadurch zum Ausdruck, dass er den Begriff der Veräußerung nicht im engen Sinne eines Verkaufs nach §§ 433 ff. BGB versteht, sondern in der Regel jede Übereignung bzw. Entäußerung des Eigentums erfasst sieht. Vom Begeben der Verfügungsmöglichkeit spricht *Schricker/Loewenheim/Spindler* § 69c Rdn. 35.
[614] Vgl. *BGH*, 28.6.1984, I ZR 65/82, NJW 1985, 435, 436.
[615] A. A. *Lehmann* NJW 1993, 1822, 1825.
[616] Vgl. *OLG Frankfurt*, 12.11.2013, 11 U 32/12, BeckRS 2015, 16185 „die Überlassung des Programms auf Zeit steht einer Erschöpfung nicht entgegen".
[617] Vgl. *BGH*, 23.2.1995, I ZR 68/93, NJW 1995, 1556, 1557; *Schricker/Loewenheim* § 17 Rdn. 24.
[618] Das *OLG Nürnberg*, 20.6.1989, 3 U 1342/88, NJW 1989, 2634, 2635 stützt sich auf die „dauernde Überlassung".
[619] Im Ergebnis wohl auch *Dreier/Schulze* § 69c Rdn. 22; *Wandtke/Bullinger/Grützmacher* § 69c Rdn. 30; für wettbewerbsrechtliche Belange *Scholz/Wagener* CR 2003, 880, 884.
[620] Vgl. *Weisser/Färber* MMR 2014, 364, 365 f.
[621] Vgl. *OLG Frankfurt*, 12.11.2013, 11 U 32/12, BeckRS 2015, 16185.

richtet ist jedenfalls ein für Computersoftware in der Regel völlig irrealer Nutzungszeitraum von 20 Jahren[622].

Auch der *EuGH* verwendet bei seiner Definition des „Verkaufs" zwar die Formulierung, das Eigentum an der Programmkopie müsse übertragen worden sein. Er stellt bei der Beantwortung dieser Frage aber nicht auf den deutschen Eigentumsbegriff an Sachen gem. § 903 S. 1 BGB ab[623]. Vielmehr will er alle Formen der Vermarktung erfasst wissen, wobei die beiden Fragen entscheidend seien, ob der Rechtsinhaber ein **Entgelt** erhält, das eine dem wirtschaftlichen Wert der Programmkopie entsprechende Vergütung darstellt, und ob dem Anwender das Programm **dauerhaft nutzbar** gemacht wird[624]. Der *EuGH* verwendet diesbezüglich die Formulierung, dem Anwender müsse ein „unbefristetes Nutzungsrecht an einer Programmkopie" eingeräumt werden[625] bzw. der Anwender müsse das Recht erhalten, „diese Kopie ohne zeitliche Begrenzung zu nutzen"[626].

187

Eine dem § 69c Nr. 3 S. 2 UrhG genügende Veräußerung bejaht der *BGH* sogar für den Fall, dass der Softwarelieferant das Recht zur Programmnutzung nur für eine **begrenzte Servicelaufzeit** einräumt, das Programm nach Ablauf dieser Zeit aber automatisch deaktiviert und funktionsunfähig wird[627]. Begründet wird dies durch die Überlegung, dem Anwender werde somit das Recht zur Programmnutzung **für die gesamte Zeit der Funktionsfähigkeit der Software** eingeräumt. Die Rechte am Programm würden damit „**dauerhaft und endgültig**" abgetreten[628]. Dem widerspricht aber, dass der Softwarehersteller in vielen Fällen begrenzter „Servicelaufzeit" gerade keine unbefristete Nutzungsrechtseinräumung möchte und die zeitliche Begrenzung **lediglich technisch abzusichern** versucht. Dies stellt der *BGH* indes auf den Kopf[629]. Dennoch ist dem *BGH* im konkreten Fall im Ergebnis zuzustimmen, weil es sich um ein Virenschutzprogramm handelte. Wie oben bereits ausgeführt kommt es nach der Rechtsprechung des *EuGH* entscheidend darauf an, ob der Rechtsinhaber ein **Entgelt** erhält, das eine dem wirtschaftlichen Wert der Programmkopie entsprechende Vergütung darstellt, und ob dem Anwender das Pro-

188

---

[622] Aus diesem Grund ruft der Versuch von *Geissler/Pagenberg* in: Lehmann, Rechtsschutz und Verwertung von Computerprogrammen, S. 678 Rdn. 72, mit einer entsprechenden Klausel für PC-Software (!) einen „Kernbereich der lizenzvertraglichen Regelungen" zu schaffen, schon fast Rührung hervor.

[623] Vgl. *Heydn* MMR 2012, 591.

[624] Vgl. *EuGH*, 12.10.2016, C-166/15, EuZW 2016, 866, 868 Tz. 28 – Weiterverkauf einer Sicherungskopie m.Anm. *Marly/Prinz*; *EuGH*, 3.7.2012, C-128/11, NJW 2012, 2565, 2566 Tz. 45 – UsedSoft; der *BGH*, 17.7.2013, I ZR 129/08, – UsedSoft II spricht davon, dem Ersterwerber müsse das Recht eingeräumt worden sein, die Programmkopie „ohne zeitliche Begrenzunng zu nutzen". Dem *EuGH* folgend *OLG Frankfurt*, 22.12.2016, 11 U 108/13, MMR 2017, 419, 421 Tz. 20; *OLG Frankfurt*, 17.11.2016, 6 U 167/16, MMR 2017, 263, 264; *OLG Hamburg*, 16.6.2016, 5 W 36/16, CR 2016, 642, 643; *OLG Frankfurt*, 12.11.2013, 11 U 32/12, BeckRS 2015, 16185; *OLG Frankfurt*, 18.12.2012, GRUR 2013, 279, 280 f. m. Anm. *Marly*.

[625] Vgl. *EuGH*, 12.10.2016, C-166/15, EuZW 2016, 866, 868 Tz. 28 – Weiterverkauf einer Sicherungskopie m.Anm. *Marly/Prinz*; *EuGH*, 3.7.2012, C-128/11, NJW 2012, 2565, 2567 Tz. 49 – UsedSoft.

[626] Vgl. *EuGH*, 12.10.2016, C-166/15, EuZW 2016, 866, 868 Tz. 28 – Weiterverkauf einer Sicherungskopie m.Anm. *Marly/Prinz*; *EuGH*, 3.7.2012, C-128/11, NJW 2012, 2565, 2568 Tz. 72; dem *EuGH* zustimmend, *BGH*, 19.3.2015, I ZR 4/14, NJW 2015, 3576, 3579 Tz. 33 – Green-IT.

[627] Vgl. *BGH*, 19.3.2015, I ZR 4/14, NJW 2015, 3576, 3579 Tz. 37 – Green-IT.

[628] In der Berufungsinstanz zuvor schon *OLG Frankfurt*, 12.11.2013, 11 U 32/12, BeckRS 2015, 16185 mit der wenig glücklichen Formulierung, der Anwender habe die „alleinige Verfügungsgewalt".

[629] Zu Recht kritisch daher auch *Stieper/Henke*, NJW 2015, 3548, 3550.

gramm **dauerhaft nutzbar** gemacht wird[630]. Bei Verträgen mit begrenzter „Servicelaufzeit" aus dem Bereich Virenprogramme erhält der Anwender für einen von vornherein festgelegten Zeitraum eine dem wirtschaftlichen Wert der Nutzung entsprechende Vergütung. Demgegenüber begibt sich der Rechtsinhaber auch endgültig der Verfügungsmöglichkeit, denn das Programm wird – sofern der Anwender nach Ablauf der Servicezeit keine Verlängerung wünscht – gelöscht und nicht an die Klägerin zurückgegeben. Ohne die erforderlichen Aktualisierungen – den Service – ist ein Virenschutzprogramm nach Vertragsablauf veraltet und nutzlos. Ist aber davon auszugehen, dass das Programm nach Ablauf der vereinbarten Zeit in der veralteten Fassung keinen wirtschaftlichen Wert mehr verkörpert, dann erlangt der Anwender während der Nutzung des Programms die alleinige Verfügungsgewalt[631]. Damit überwiegen bei dieser Fallgestaltung die Kauf- bzw. veräußerungsrechtlichen Elemente, sodass die **Überlassung** des Programms **auf Zeit** einer **Erschöpfung nicht entgegensteht**[632]. Damit zeigt sich, dass entgegen der Argumentation des *BGH*, nicht die künstlich herbeigeführte begrenzte Funktionsfähigkeit des Programms das ausschlaggebende Kriterium darstellt, sondern die vollständige und dauerhafte wirtschaftliche Verwertungsmöglichkeit auf Seiten des Anwenders. Aus urheberrechtlicher Sicht ist der Charakter des dieser Verwertungsmöglichkeit zugrundeliegenden schuldrechtlichen Kausalgeschäfts irrelevant.

189   Nicht ausreichend für eine dem § 69c Nr. 3 S. 2 UrhG genügende Veräußerung ist jedenfalls die Überlassung einer 30-Tage-Testversion, denn dann soll die Nutzung zeitlich begrenzt sein[633].

(3) Die Beschränkung des Erschöpfungsgrundsatzes durch das sog. Vermietrecht

190   Seit Erlass der Softwarerichtlinie (1991) und der Umsetzung der darin enthaltenen Vorgaben in deutsches Recht ist der vor Jahren geführte heftige Streit über das Verbot der Weitervermietung entschieden. Gem. Art. 4 Abs. 1 lit. c) der Softwarerichtlinie erschöpft sich zwar mit dem Erstverkauf einer Programmkopie in der Gemeinschaft durch den Rechtsinhaber oder mit seiner Zustimmung das Recht auf die Verbreitung dieser Kopie. Hiervon ausgenommen wurde jedoch im letzten Halbsatz dieser Vorschrift das **Recht auf Kontrolle der Weitervermietung** des Programms oder einer Kopie davon. Trotz der unglücklichen Wortwahl des Rates wird dem Rechtsinhaber mit dieser Regelung nicht nur eine rein kontrollierende Funktion im Sinne einer bloßen Beobachtung eingeräumt, sondern ausweislich der ausführlichen Begründung der EG-Kommission zu dem der Richtlinie zugrundeliegenden Entwurf[634] ein umfassendes **Verbietungsrecht** der Weitervermietung zugestanden, weshalb verbreitet von der Einführung eines ausschließlichen „**Vermietrechts**"[635] gesprochen wurde. Dieses Vermietrecht ist wie das seit 1995 für alle urheberrechtlich geschützten Werke geltende allgemeine Vermietrecht des § 17 Abs. 2 und 3 UrhG

---

[630] Vgl. *EuGH*, 12.10.2016, C-166/15, EuZW 2016, 866, 868 Tz. 28 – Weiterverkauf einer Sicherungskopie m. Anm. *Marly/Prinz*; *EuGH*, 3.7.2012, C-128/11, NJW 2012, 2565, 2566 Tz. 45 – UsedSoft.
[631] Vgl. *OLG Frankfurt*, 12.11.2013, 11 U 32/12, BeckRS 2015, 16185 „die Überlassung des Programms auf Zeit steht einer Erschöpfung nicht entgegen".
[632] Vgl. *OLG Frankfurt*, 12.11.2013, 11 U 32/12, BeckRS 2015, 16185 „die Überlassung des Programms auf Zeit steht einer Erschöpfung nicht entgegen".
[633] Vgl. *OLG Frankfurt*, 22.12.2016, 11 U 108/13, MMR 2017, 419, 421 Tz. 20.
[634] Vgl. Vorschlag der EG-Kommission für eine Richtlinie des Rates über den Rechtsschutz von Computerprogrammen, ABl.EG Nr. C 91/4 ff. vom 2.4.1989.
[635] Vgl. § 137d Abs. 1 S. 2 UrhG; zuvor bereits die Begründung des Regierungsentwurfs BT-Drucks. 12/4022 vom 18.12.1992, S. 11.

eine Besonderheit des UrhG und trägt der besonderen Situation im Urheberrecht Rechnung. Seit der Neufassung des § 17 Abs. 2 UrhG ist die zuvor nur für Computerprogramme eingeführte Sonderregelung des § 69c Nr. 3 UrhG eigentlich obsolet[636]. Ein auf andere gewerbliche Schutzrechte, etwa das Markenrecht übertragbarer Rechtsgedanke liegt dem aber nicht zu Grunde[637].

Es besteht kein Gleichlauf zwischen dem bürgerlichrechtlichen und dem urheberrechtlichen Begriff des Vermietens. Während das BGB eine Besitzverschaffung nicht zwingend voraussetzt, sondern lediglich eine Gebrauchsgewährung erfordert[638], folgt aus der Zuordnung des Vermietrechts als Unterfall des Verbreitungsrechts zur Gruppe der **körperlichen Werkverwertungen** im Sinne des § 15 Abs. 1 UrhG, dass eine Vermietung im Sinne des Urheberrechts die körperliche Überlassung eines Werkstücks an den Nutzer erfordert[639]. Der *EuGH*[640] folgert dieses Ergebnis aus der Überlegung, dass der in Art. 1 Abs. 1 lit. a) der Vermiet- und Verleihrichtlinie[641] definierte Begriff der Vermietung diesbezüglich zwar keine ausdrückliche Regelung enthält. Die Richtlinie dürfe jedoch nicht im Widerspruch zu internationalen Übereinkommen stehen und müsse dementsprechend im Licht des WCT ausgelegt werden. Nach der vereinbarten Erklärung im Anhang des WCT zu dessen Art. 6 und 7 beziehe sich das Vermietrecht ausschließlich auf Vervielfältigungsstücke, die als körperliche Gegenstände in Verkehr gebracht werden können. Aus diesem Grund sei der Begriff der Vermietung so zu verstehen, dass unter ihn nur körperliche Gegenstände fallen. Demgegenüber sei dies beim Begriff des Verleihens nicht der Fall. Die Begriffe seien bewusst getrennt definiert und der WCT enthalte keine entsprechende Regelung wie beim Vermieten. Das Verleihen sei daher auch unkörperlich möglich, weil das Urheberrecht an die neuen wirtschaftlichen Entwicklungen angepasst werden müsse[642].

Abschließend zur urheberrechtlichen Betrachtung von Weitervermietungsverboten kann daher festgehalten werden, dass das mit § 69c Nr. 3 S. 2 UrhG eingeführte Vermietrecht für Computerprogramme dazu führt, dass der Anwender eines Computerprogramms für jede Erwerbszwecken dienende **zeitweilige Überlassung** dieses Computerprogramms die Zustimmung des Rechtsinhabers benötigt[643]. Eine zeitlich begrenzte Gebrauchsüberlassung im Sinne des § 17 Abs. 3 S. 1 UrhG ist nach Auffassung des *BGH* jedenfalls dann anzunehmen, wenn der Mietgegenstand dem Vertragspartner für eine bestimmte Zeit in der Weise zur freien Verfügung übergeben wird, dass ihm eine uneingeschränkte und wiederholbare Werknutzung ermöglicht wird. Dabei soll von einer zeitlichen Begrenzung der Gebrauchsüberlassung bei wirtschaftlicher Betrachtung nicht nur dann auszugehen sein, wenn die Mietsache innerhalb einer bestimmten Zeit zurückgegeben werden muss, sondern auch dann, wenn sie innerhalb einer bestimmten Zeit lediglich zurückgegeben werden kann, wie bei einem Kauf auf Probe gem. § 454 BGB[644] oder bei einer sonstigen Rückga-

---

[636] Vgl. *Fromm/Nordemann/Nordemann*, 9. Aufl., § 17 Rdn. 1.
[637] Vgl. *BGH*, 15.2.2007, I ZR 63/04, CR 2007, 653, 654.
[638] Vgl. *BGH*, 15.11.2006, XII ZR 120/04, NJW 2007, 2394, 2395 Tz. 19.
[639] Vgl. *Schricker/Loewenheim* § 17 Rdn. 6; *Fromm/Nordemann/Dustmann* § 17 Rdn. 8; *Dreier/Schulze* § 17 Rdn. 5; *Wandtke/Bullinger/Heerma* § 17 Rdn. 12.
[640] Vgl. *EuGH*, 10.11.2016, C-174/15, NJW 2017, 461, 462, Tz. 31 ff.
[641] Vgl. ABl.EG Nr. L 376 vom 27.12.2006, S. 28 ff.
[642] Vgl. *EuGH*, 10.11.2016, C-174/15, NJW 2017, 461, 463, Tz. 45; kritisch *Marly/Wirz* EuZW, 2017, 16, 18; ebenso kritisch *v.Ungern-Sternberg* GRUR 2017, 217, 219.
[643] Vgl. *Vander* CR 2011, 77, 78 sowie 81.
[644] Vgl. *BGH*, 7.6.2001, I ZR 21/99, NJW 2001, 3789, 3791; *Dreier/Schulze* § 17 Rdn. 44.

bemöglichkeit wie einem Umtauschvorbehalt. Auch **Leasingverträge** fallen infolge ihrer grundsätzlich mietvertraglichen Ausrichtung unter das Vermietrecht des § 69c Nr. 3 UrhG[645]. Auch wenn kein Gleichlauf zwischen dem bürgerlichrechtlichen und dem urheberrechtlichen Begriff des Vermietens besteht, folgt dies daraus, dass im Rahmen eines Leasinggeschäfts dem Leasingnehmer eine zeitlich begrenzte Gebrauchsmöglichkeit eingeräumt wird, wie dies in § 17 Abs. 3 S. 1 UrhG verlangt wird.

193 Dies gilt auch für das **Finanzierungsleasing.** Wenn hiergegen im Schrifttum vereinzelt vorgebracht wird, beim Finanzierungsleasing stehe die Finanzierungsfunktion im Vordergrund, es sei nicht auf eine sukzessive Mehrfachüberlassung gerichtet und eröffne keine der üblichen Vermietung vergleichbare Gefährdungslage der Urheberinteressen[646], vermag dies im Ergebnis nicht zu überzeugen. Dem steht entgegen, dass das urheberrechtliche Vermietrecht nicht darauf verkürzt werden darf, nur eine sukzessive Mehrfachüberlassung verhindern zu sollen. Vielmehr obliegt die Entscheidung, ob das urheberrechtlich geschützte Werk überhaupt im Wege der Vermietung verwertet werden soll, allein dem Rechtsinhaber. Aus diesem Grund ist jede Gebrauchsüberlassung erfasst, die eine uneingeschränkte und wiederholbare Werknutzung ermöglicht[647].

194 Nicht vom Vermietrecht erfasst ist aber die Vermietung von Gegenständen nebst Software, wenn diese gar **nicht** den **wesentlichen Bestandteil der Gebrauchsüberlassung** darstellt, sondern eher „nebenbei" mitenthalten ist. Dies kann etwa bei allen eingebetteten Programmen wie bei Kraftfahrzeugen, Fernsehgeräten, Flugzeugen, Waschmaschinen oder fast allen Geräten der Unterhaltungselektronik der Fall sein[648]. Begründet werden kann diese notwendige Beschränkung des Anwendungsbereichs von § 69c Nr. 3 UrhG neben dem Hinweis auf die praktischen Notwendigkeiten des Wirtschaftslebens mit Art. 11 S. 3 TRIPS[649], demzufolge das von den Mitgliedstaaten zu schaffende Vermietrecht keine Anwendung finden soll, wenn bei der betreffenden Vermietung das Programm selbst nicht den „wesentlichen Gegenstand der Vermietung" darstellt. Eine identische Regelung findet sich auch in Art. 7 Abs. 2 Buchst. i) WCT[650]. Ein Pkw mit Bordcomputer darf daher vermietet werden, auch wenn der Softwarehersteller hierzu keine Zustimmung erteilt hat[651].

195 Erörterungsbedürftig ist insoweit allein noch die Frage, wann eine **Vermietung zu Erwerbszwecken** vorliegt. Diesbezüglich fehlt eine Definition innerhalb der softwarespezifischen Regelungen gleichwie sich auch keine abschließende Definition in der EG-Richtlinie zum Vermietrecht und Verleihrecht[652] findet. Es muss diesbezüglich aber auf die Vorgaben des allgemeinen Urheberrechts zurückgegriffen werden, denn § 17 Abs. 3 UrhG enthält eine Legaldefinition für das gesamte Urheberrechtsgesetz[653]. Nicht definiert ist aber der in § 17 Abs. 3 S. 1 UrhG verwendete Begriff

---

[645] Vgl. *OLG Hamm*, 28.11.2012, 12 U 115/12, CR 2013, 214, 215 f.
[646] So *Vander* CR 2011, 77, 83 f.
[647] Vgl. *BGH*, 7.6.2001, I ZR 21/99, NJW 2001, 3789, 3790; *Schricker/Loewenheim* § 17 Rdn. 62.
[648] Vgl. *Vander* CR 2011, 77, 79.
[649] Vgl. hierzu unten Rdn. 392 ff.
[650] Vgl. hierzu unten Rdn. 403 ff.
[651] Vgl. *Wandtke/Bullinger/Grützmacher* § 69c Rdn. 48; *Vander* CR 2011, 77, 80.
[652] Vgl. die Richtlinie 92/100 EWG des Rates vom 19.11.1992 zum Vermietrecht und Verleihrecht sowie zu bestimmten dem Urheberrecht verwandten Schutzrechten im Bereich des geistigen Eigentums, ABl.EG Nr. L 346 vom 27.11.1992, S. 61 ff., neu kodifiziert mit der Richtlinie 2006/115/EG vom 12.12.2006, ABl.EG Nr. L 376 vom 27.12.2006, S. 28 ff.
[653] Vgl. *Vander* CR 2011, 77, 81; *Dreier/Schulze* § 17 Rdn. 43; *Schricker/Loewenheim* § 17 Rdn. 61; a. A. *Wandtke/Bullinger/Grützmacher* § 69c Rdn. 42, der aber dennoch keine unterschiedliche Auslegung befürwortet.

des Erwerbszwecks. Nach herrschendem Verständnis[654] wird mit einer Handlung ein Erwerbszweck verfolgt, wenn die Handlung den wirtschaftlichen Interessen der betreffenden Person dient[655]. Dies ist indes insoweit missverständlich, als jedes Entgelt den wirtschaftlichen Interessen einer Person dient. Bezieht man jedoch das allgemein anerkannte Gegenbeispiel in die Betrachtung mit ein, die infolge (geringer) Gebühren entgeltliche, aber keinen Erwerbszwecken dienende Gebrauchsüberlassung durch öffentliche Bibliotheken, dann wird deutlich, dass der Begriff des Erwerbszwecks durch den des **geschäftsmäßigen Handelns mit Gewinnerzielungsabsicht**[656] umschrieben werden kann. Diesem Verständnis entspricht auch die in Art. 2 Abs. 1 lit. a) der EG-Richtlinie zum Vermietrecht und Verleihrecht vorzufindende Umschreibung, derzufolge die zeitlich begrenzte Gebrauchsüberlassung zu unmittelbarem oder mittelbarem wirtschaftlichen oder kommerziellen Nutzen zu erfolgen hat[657]. Dies wird man auf die softwarespezifischen Regelungen übertragen müssen. Von § 69c Nr. 3 S. 2 UrhG erfasst und daher zustimmungspflichtig ist also nur die mit Gewinnerzielungsabsicht geschäftsmäßig betriebene Softwarevermietung. Dies hat Konsequenzen für die vertragsrechtliche Ausgestaltung von Weitervermietungsverboten. Unerheblich ist jedenfalls, ob der wirtschaftliche Nutzen nur mittelbar erzielt wird, etwa indem mit der Überlassung für das sonstige Warenangebot geworben und dadurch der Gewinn gesteigert werden soll[658].

(4) Die Erschöpfung bei der Online-Übertragung

Schrifttum: *Dietrich*, Von UsedSoft II und dessen Folgen. Die „Online-Erschöpfung" nach dem Urteil des BGH im deutschen Recht, Neue Justiz 2014, 194 ff.; *ders.*, Die Online-Erschöpfung bei Computerprogrammen, UFITA 2012, 69 ff.; *Hoeren*, Die Online-Erschöpfung im Softwarebereich. Fallgruppen und Beweislast, MMR 2010, 447 ff.; *ders.*, Der urheberrechtliche Erschöpfungsgrundsatz bei der Online-Übertragung von Computerprogrammen, CR 2006, 573 ff.; *Koehler*, Der Erschöpfungsgrundsatz des Urheberrechts im Online-Bereich; 2000; *Koppe*, Die urheberrechtliche Erschöpfung, 2004; *Schack*, Rechtsprobleme der Online-Übermittlung, GRUR 2007, 639 ff.; *Ulmer/Hoppen*, Was ist das Werkstück des Software-Objektcodes? Ein technisch fundierter Ansatz zur Erschöpfungs-Debatte bei Online-Übertragungen, CR 2008, 681 ff.; *Wiebe*, The Principle of Exhaustion in European Copyright Law and the Distinction Between Digital Goods and Digital Services, GRUR Int. 2009, 114 ff.; *Witte*, Online-Vertrieb von Software. Möglichkeiten der Erschöpfung des Verbreitungsrechts bei der Online-Übertragung von Software, ITRB 2005, 86 ff.; *Zecher*, Zur Umgehung des Erschöpfungsgrundsatzes bei Computerprogrammen, 2004.

Im Zusammenhang mit dem Erschöpfungsgrundsatz ist schon seit vielen Jahren heftig umstritten, ob dieser Grundsatz auch im Fall der **Softwareüberlassung mittels Telekommunikation** eingreift. Zunächst wurde der Streit vornehmlich über die Frage geführt, ob diese Form der Programmüberlassung als unkörperliche Werkverwertung zu qualifizieren ist und etwa dem Senderecht gem. § 20 UrhG unterfällt, ob es sich um eine gesetzlich nicht expressis verbis genannte Form der unkörperlichen

196

---

[654] Zu den Auslegungsschwierigkeiten, die dieser Begriff bereitet, *BVerfG*, 11.10.1988, 1 BvR 743/86, NJW 1992, 1307.
[655] Vgl. *BGH*, 10.3.1972, I ZR 140/71, NJW 1972, 1270, 1271; *Schricker/Loewenheim* § 17 Rdn. 66.
[656] Auf die Kriterien gewerblich/nicht gewerblich wird entgegen *Schuhmacher* CR 2000, 641, 649 nicht abgestellt, um Implikationen des deutschen Gewerbebegriffs auszuschließen; vgl. auch *v. Lewinski* GRUR Int. 1991, 104, 108; Art. 11 S. 1 des Übereinkommens über handelsbezogene Aspekte der Rechte des geistigen Eigentums (TRIPS) verwendet demgegenüber den Begriff der gewerblichen Vermietung von Computerprogrammen. Wie hier *Polley* CR 1999, 345, 349. Von kommerzieller Nutzung spricht *Dreier/Schulze* § 17 Rdn. 45.
[657] So auch *BGH*, 7.6.2001, I ZR 21/99, NJW 2001, 3789, 3790.
[658] Vgl. *BGH*, 7.6.2001, I ZR 21/99, NJW 2001, 3789, 3791.

Werkwiedergabe handelt, oder ob sie eine besondere Form der Werkverbreitung im Sinne des § 17 UrhG darstellt. Obwohl vieles dafür sprach, die Online-Übertragung als Verbreitung zu qualifizieren[659], muss diese Frage mittlerweile als entgegengesetzt entschieden bezeichnet werden[660]. In Art. 8 WCT[661] sowie Art. 10 und 14 WPPT[662] wurde 1996 das bis dahin „unbekannte ausschließliche Online-Recht"[663] der Urheber niedergelegt, die öffentliche Wiedergabe ihrer Werke mit oder ohne Draht zu gestatten, **einschließlich der öffentlichen Zugänglichmachung** ihrer Werke in einer Weise, die es Angehörigen der Öffentlichkeit erlaubt, an einem von diesen individuell gewählten Ort und zu einer von diesen individuell gewählten Zeit Zugang zu diesen Werken zu haben. Die Einführung eines solchen Ausschließlichkeitsrechts kann nur so gedeutet werden, dass zwischen Online-Übertragung und Werkverbreitung unterschieden werden muss[664].

197 Dieses Verständnis findet sich auch in Art. 3 der **EG-Richtlinie zur Harmonisierung bestimmter Aspekte des Urheberrechts** und der verwandten Schutzrechte in der Informationsgesellschaft[665]. Mit dieser Richtlinie sollte die große Mehrzahl der WIPO-Verpflichtungen aus WCT und WPPT auf Gemeinschaftsebene umgesetzt werden, da neben den EG-Mitgliedsstaaten auch die Europäische Gemeinschaft als solche den Beitritt zu diesen WIPO-Abkommen beschlossen hatte[666]. Das gleiche Verständnis liegt aber auch der deutschen **Urheberrechtsnovelle** von 2003 zugrunde, mit der sowohl die genannte EG-Richtlinie als auch die WIPO-Verträge in deutsches Recht umgesetzt werden sollten[667]. Mit ihr wurde das Recht der öffentlichen Zugänglichmachung in § 19a UrhG neu eingefügt und die Geltung des ausschließlichen Rechts der öffentlichen Wiedergabe einschließlich der öffentlichen Zugänglichmachung in § 69c Nr. 4 UrhG auch für Computerprogramme klargestellt[668]. Der **Stand der internationalen Rechtsvereinheitlichung** hinsichtlich der öffentlichen Zugänglichmachung sollte mit dieser Gesetzesänderung **abgebildet** werden. Hierdurch wird bestätigt, dass auch der deutsche Gesetzgeber davon ausgeht, zwischen körperlicher Verbreitung und unkörperlicher Online-Verwertung trennen zu müssen[669].

198 Überraschenderweise nimmt der deutsche Gesetzgeber zu dieser Problematik aber nicht ausdrücklich Stellung, sondern belässt es bei der Aussage, unabhängig von der Frage der genauen Qualifizierung bestehe Einigkeit darüber, dass das **Vorhalten urheberrechtlich geschützter Werke zum Abruf** im Ergebnis einem ausschließlichen Verwertungsrecht des Urhebers unterfallen soll. **Maßgebliche Verwertungshandlung**

---

[659] Vgl. *Marly*, Urheberrechtsschutz S. 252; *Kotthoff* GRUR 1997, 597, 600; *Schwarz* GRUR 1996, 836, 837 f.; *Mäger* CR 1996, 522, 524; differenzierend *Hoeren* CR 1996, 517 ff.
[660] A. A. wohl nur noch *Zecher* S. 236 ff.
[661] Vgl. zum WCT unten Rdn. 403 ff.
[662] WIPO-Vertrag über Darbietungen und Tonträger vom 20.12.1996.
[663] So die Denkschrift zum WIPO-Urheberrechtsvertrag zu Art. 8, BT-Drucks. 15/15 vom 25.10.2002, S. 45.
[664] Vgl. *Wandtke/Bullinger/Grützmacher* § 69c Rdn. 28.
[665] Vgl. ABl.EG Nr. L 167 vom 22.6.2001, S. 10 ff., abgedruckt auch GRUR Int. 2001, 745 ff.
[666] Beschluss des Rates vom 16.3.2000 über die Zustimmung – im Namen der Europäischen Gemeinschaft – zum WIPO-Urheberrechtsvertrag und zum WIPO-Vertrag über Darbietungen und Tonträger (2000/278 EG) ABl.EG Nr. L 189 vom 11.4.2000, S. 6. Der WCT ist seitens der EU am 14.12.2009 ratifiziert worden und am 14.3.2010 in Kraft getreten, vgl. www.wipo.int/treaties/en/remarks.jsp?cnty_id=3P.
[667] Vgl. die Begründung des Regierungsentwurfs BR-Drucks. 684/02 vom 16.8.2002, S. 1.
[668] Vgl. die Begründung des Regierungsentwurfs BR-Drucks. 684/02 vom 16.8.2002, S. 36, 51.
[669] Unter rechtspolitischem Gesichtspunkt kritisch zu dieser Unterscheidung *Hartmann* GRUR Int. 2012, 980, 983.

sei bereits das **Zugänglichmachen** des Werks für den interaktiven Abruf[670], wodurch ein **frühzeitiger Schutz** des Urhebers sichergestellt werden soll.

Problematisch an dieser gesetzgeberischen Zurückhaltung ist aber, dass sich dem Zugänglichmachen im Sinne des Vorhaltens zum Abruf vielfach eine Übertragung des Werks anschließt, die an anderer Stelle dieses Handbuchs ausdrücklich als Sachübergabe qualifiziert wird[671] und die zur **Anfertigung eines neuen Werkexemplars** im Sinne einer Vervielfältigungshandlung gem. § 69c Nr. 1 UrhG führt[672]. Aus der Sicht des Empfängers ist es im Ergebnis unerheblich, ob ihm die Software auf einem Datenträger übergeben wird oder ein neues Werkexemplar bei ihm entsteht, weshalb vielfach zutreffend die wirtschaftliche Äquivalenz beider Überlassungsformen hervorgehoben wird[673]. Damit stellt sich die vom deutschen Gesetzgeber nicht beantwortete Frage, ob die in **beiden Fällen** gegebene **dauerhafte Verfügbarkeit** einer Werkvervielfältigung dazu führt, die Fälle auch urheberrechtlich gleich zu behandeln. Dann müsste auch der Online-Erwerber das neue Werkexemplar unter Berufung auf das Erschöpfungsprinzip gem. §§ 69c Nr. 3 S. 2, 17 Abs. 2 UrhG weiterverbreiten dürfen, sofern die weiteren dort genannten Voraussetzungen vorliegen. Sollte das Recht der Zugänglichmachung aber quasi überlagernd in dem Sinne zu verstehen sein, dass die Zugänglichmachung auch die sich anschließende Übertragung erfasst[674], wäre dies ausgeschlossen, denn dann wäre kein Raum für eine Anwendung des Erschöpfungsgrundsatzes. Konsequenz dieser Vorgehensweise wäre aber, dass der Erwerber von Software mittels Download schlechter gestellt wäre, als der Erwerber eines klassischen Datenträgers. Der *EuGH* hält ein solches Ergebnis für mit dem **Gleichbehandlungsgrundsatz** unvereinbar[675], während einzelne Stimmen im Schrifttum sogar ausführen, das betreffende Urteil des *EuGH* verstoße gegen den am 14.3.2010 in der EU in Kraft getretenen WCT[676]. Der *BGH* hat dieses Argument aber zwischenzeitlich ausdrücklich verworfen[677].

Vor dem Hintergrund, dass der deutsche Gesetzgeber lediglich ein Abbild der internationalen Rechtsvereinheitlichung schaffen wollte[678], kommt aber sowohl der EG-Richtlinie zur Harmonisierung bestimmter Aspekte des Urheberrechts sowie den WIPO-Verträgen eine besondere Bedeutung zu. Auch hinsichtlich der **EG-Harmonisierungs-Richtlinie** ist jedoch die Frage der kurz „Online-Erschöpfung" genannten Problematik umstritten. Nach Art. 3 Abs. 3 der EG-Richtlinie erschöpft sich das Recht der öffentlichen Wiedergabe einschließlich der öffentlichen Zugänglichmachung durch die Wiedergabe bzw. Zugänglichmachung nicht. Damit wird nach dem

---

[670] Vgl. die Begründung des Regierungsentwurfs BR-Drucks. 684/02 vom 16.8.2002, S. 36.
[671] Vgl. hierzu ausführlich unten Rdn. 720 ff.
[672] Vgl. *LG Frankfurt*, 31.3.2011, 2–03 O 331/10, CR 2011, 566, 567; *LG München I*, 19.1.2006, 7 O 23237/05, MMR 2006, 175, 176; *Vianello* MMR 2012, 139, 140; *Bröckers* MMR 2011, 18, 21.
[673] Vgl. *EuGH*, 3.7.2012, C-128/11, NJW 2012, 2565, 2567 Tz. 61 – UsedSoft; *BGH*, 19.3.2015, I ZR 4/14, NJW 2015, 3576, 3579 Tz. 34 – Green-IT; BGH, 11.12.2014, I ZR 8/13, NJW-RR 2015, 1138, 1140 Tz. 32 – UsedSoft III; *OLG Frankfurt*, 18.12.2012, GRUR 2013, 279, 281 m. Anm. *Marly*; *Hartmann* GRUR Int. 2012, 980, 984; *Baus*, S. 82 f.; *Dreier/Schulze* § 69c Rdn. 24.
[674] Vgl. zum Streitstand *Zecher* S. 241 ff. m. w. N.
[675] Vgl. *EuGH*, 3.7.2012, C-128/11, NJW 2012, 2565, 2567 Tz. 61 – UsedSoft; dem *EuGH* folgend *BGH*, 19.3.2015, I ZR 4/14, NJW 2015, 3576, 3579 Tz. 34 – Green-IT; *OLG München*, 1.6.2017, 29 U 2554/16, CR 2017, 495, 499; *OLG Hamburg*, 16.6.2016, 5 W 36/16, CR 2016, 642, 643.
[676] Vgl. *Heydn* MMR 2012, 591.
[677] Vgl. *BGH*, 17.7.2013, I ZR 129/08, NJW-RR 2014, 360, 364 Tz. 38 ff. – UsedSoft II.
[678] Vgl. oben Rdn. 197.

bloßen Wortlaut der Vorschrift jedoch keine Regelung über die Frage der Weiterverbreitung des körperlichen Vervielfältigungsstücks getroffen. Auch der vielfach in diesem Zusammenhang zitierte 29. Erwägungsgrund hilft nicht entscheidend weiter, da in ihm lediglich ausgeführt wird, die Frage der Erschöpfung stelle sich weder bei Dienstleistungen allgemein noch bei Online-Diensten im Besonderen, was ausweislich von S. 2 des 29. Erwägungsgrunds ausdrücklich auch für materielle Vervielfältigungsstücke eines Werks gelte, die durch den Nutzer eines solchen Dienstes mit Zustimmung des Rechtsinhabers hergestellt seien[679]. Dass sich „die Frage nicht stellt", ist aber gerade nicht der Fall, weshalb im Schrifttum ausgeführt wird, **die Frage sei in der Richtlinie** trotz einiger einschlägiger Passagen, etwa auch in der **Gemeinsamen Erklärung** zu **Art. 6 und 7 WCT** wohl tatsächlich **nicht geregelt** worden[680]. Darüber hinaus ist darauf hingewiesen worden, dass die deutsche Übersetzung dieses Erwägungsgrunds vom englischen, französischen, italienischen und spanischen Text abweicht[681].

201 Auch der Wortlaut des bereits oben erwähnten **Art. 8 WCT**[682] regelt die Frage der Online-Erschöpfung **nicht ausdrücklich**[683]. In der Denkschrift zum WIPO-Urheberrechtsvertrag ist Art. 8 WCT jedoch dahingehend erläutert, das Recht der öffentlichen Wiedergabe im Sinne dieser Regelung sei der Erschöpfung nicht unterworfen[684]. Weiter wird im folgenden Satz ausgeführt, dass das Werk vom Endempfänger ohne Erlaubnis des Urhebers nicht an die Öffentlichkeit weiter übertragen und verbreitet werden darf, wenn die öffentliche Wiedergabe bei ihm mit einer Vervielfältigung verbunden war. Durch die Zugänglichmachung trete eine Erschöpfung in Bezug auf das Verbreitungsrecht nicht ein.

202 Damit scheint das Ergebnis der hier dargestellten Diskussion auf den ersten Blick festzustehen, jedoch wird die vermeintliche Eindeutigkeit bei näherem Hinsehen erschüttert. So ist etwa in Bezug auf die parallel liegende Situation bei Art. 3 Abs. 3 der EG-Richtlinie und dem bereits erwähnten 29. Erwägungsgrund zur Richtlinie

---

[679] Vgl. zur diesbezüglichen Auslegung der EG-Richtlinie *Spindler* CR 2008, 69, 71; *ders.* GRUR 2002, 105, 109 f.; *Zecher* S. 241 ff.; *Koppe* S. 184 f.; *Knies* GRUR Int. 2002, 314, 315.

[680] Vgl. *Malevanny* CR 2013, 422, 423 f.; *Sosnitza* K&R 2011, 243, 244; *Hilber* CR 2008, 749, 752; *Hoeren* CR 2006, 573, 574; *Sosnitza* K&R 2006, 206, 208; *Knies* GRUR Int. 2002, 314, 316; wohl auch *Reinbothe* GRUR Int. 2001, 733. 737; *Spindler* CR 2008, 69, 71 „nicht eindeutig" auch hinsichtlich des fast wortgleichen 33. Erwägungsgrunds der Richtlinie 96/9/EG des Europäischen Parlaments und des Rates vom 11.3.1996 über den rechtlichen Schutz von Datenbanken, ABl.EG Nr. L 077 vom 27.3.1996, S. 20 ff.; a.A. *LG Berlin*, 11.3.2014, 16 O 73/13, CR 2014, 291, 292; *Koch* ITRB 2013, 38, 39; *Heydn* MMR 2012, 591; *Dietrich* UFITA 2012, 69, 86; *ders.*, Neue Justiz 2014, 194, 195.

[681] Vgl. *Hoeren* MMR 2010, 447.

[682] Art. 8 (Recht der öffentlichen Wiedergabe) WCT lautet: „Unbeschadet der Artikel 11 Absatz 1 Nummer 2, 11 bis Absatz 1 Nummern 1 und 2, 11ter Absatz 1 Nummer 2, 14 Absatz 1 Nummer 2 und 14 bis Absatz 1 der Berner Übereinkunft genießen die Urheber von Werken der Literatur und Kunst das ausschließliche Recht, die öffentliche Wiedergabe ihrer Werke mit oder ohne Draht zu gestatten, einschließlich der öffentlichen Zugänglichmachung ihrer Werke in einer Weise, die es Angehörigen der Öffentlichkeit erlaubt, an einem von diesen individuell gewählten Ort und zu einer von diesen individuell gewählten Zeit Zugang zu diesen Werken zu haben."

[683] Vgl. auch *Rigamonti* GRUR Int. 2009, 14, 20 f., der die elektronische Übermittlung eines Softwareexemplars zwecks Veräußerung im Rahmen von Kauf, Tausch oder Schenkung dem Verbreitungsrecht des Art. 6 WCT unterordnet und deshalb Art. 8 WCT für insoweit nicht einschlägig betrachtet.

[684] Vgl. die Denkschrift zum WIPO-Urheberrechtsvertrag, Begründung zu Art. 8, BT-Drucks. 15/15 vom 25.10.2005, S. 45.

im Schrifttum ausgeführt, ein Erwägungsgrund, der **im Text** der Richtlinie **keinen Widerhall** gefunden habe, könne auch nicht zu deren Interpretation hinzugezogen werden[685]. Hinsichtlich Art. 8 WCT wird darauf hingewiesen, der WCT binde die Vertragsparteien nach allgemeiner Ansicht nur hinsichtlich des Umfangs des zu schaffenden Schutzes, nicht aber auch hinsichtlich seiner Ausgestaltung und seiner Einordnung unter verschiedene Nutzungsrechte[686]. In der Tat weist die Denkschrift zum WIPO-Urheberrechtsvertrag unmittelbar im Anschluss an die oben dargestellte Erläuterung zur Nicht-Erschöpfung des Rechts der öffentlichen Wiedergabe ausdrücklich darauf hin, Art. 8 WCT hindere die Vertragsparteien nicht, solche **Ausnahmen- und Schrankenregelungen aufrecht zu erhalten**, die bereits nach der RBÜ zulässig sind[687]. Da die RBÜ aber gar kein allgemeines Verbreitungsrecht enthält[688], wäre es durchaus zulässig, dieses Recht in allen Fällen der Erschöpfung zu unterwerfen, in denen dies angezeigt erscheint.

Als Ausgangspunkt der Streitentscheidung kann nach alledem festgehalten werden, dass es sowohl auf internationaler als auch auf nationaler Ebene beabsichtigt war, „die interaktive Übertragung, insbesondere in digitalen Netzen (on-demand-Dienste), in den Schutzbereich der Ausschließlichkeitsrechte einzubeziehen", wobei als „klassisches Beispiel" das **Einstellen des Werks in das Internet** angeführt wird[689]. Das hierfür neu geschaffene Recht der Zugänglichmachung, das zu den Werkverwertungen in unkörperlicher Form (Recht der öffentlichen Wiedergabe) zählt, überschneidet sich aus funktionaler und wirtschaftlicher Sicht mit der den körperlichen Werkverwertungen zuzurechnenden Werkverbreitung, soweit die Zugänglichmachung die **Vorstufe** zur **Anfertigung eines körperlichen Vervielfältigungsstücks** darstellt und damit zu einem **verbreitungsidentischen Ergebnis** führt[690]. Hierdurch entsteht ein gesetzlicher Widerspruch, da das Recht der Zugänglichmachung wie alle Rechte der unkörperlichen Werkverwertung nicht der Erschöpfung unterliegt[691], während dies beim Verbreitungsrecht der Fall ist.

203

Ein **Vorrang** eines der betroffenen Ausschließlichkeitsrechte oder eine abschließende Regelung dieser Problematik durch eines der Rechte ist jedoch **weder erkennbar noch** gesetzgeberisch **gewollt**[692]. Vielmehr ist entsprechend den allgemeinen Grundgedanken der urheberrechtlichen Verwertungsrechte davon auszugehen, dass bei mehrfach aufeinander folgenden Nutzungen grundsätzlich jeder einzelne Nutzungsvorgang unter die Verwertungsrechte fällt. Dementsprechend ist auch jeder Nutzungsvorgang nach den für das jeweilige Verwertungsrecht geltenden Grundsätzen zu behandeln. Hieraus folgt, dass der Empfänger eines online zugänglich gemachten Werks dieses nicht öffentlich zugänglich machen darf, indem er das Werk etwa selbst zum Abruf bereitstellt. Dem steht entgegen, dass das Recht der öffentli-

204

---

[685] Vgl. *Hartmann* GRUR Int. 2012, 980, 982; *Knies* GRUR Int. 2002, 314, 316.
[686] Vgl. *Zecher* S. 245 Fußn. 1303.
[687] Vgl. die Denkschrift zum WIPO-Urheberrechtsvertrag, Begründung zu Art. 8, BT-Drucks. 15/15 vom 25.10.2002, S. 45.
[688] Vgl. aber auch die Stellungnahme des Internationalen Büros der WIPO zu einem möglichen Protokoll zur RBÜ, Copyright 1993, 84, 86, wo ausgeführt wird, die RBÜ enthalte zwar kein generelles Verbreitungsrecht, aber ein Recht zum ersten Inverkehrbringen („right of first distribution" = „right of putting into circulation").
[689] Vgl. die Denkschrift zum WIPO-Urheberrechtsvertrag, Begründung zu Art. 8, BT-Drucks. 15/15 vom 25.10.2002, S. 45.
[690] Zustimmend *Dietrich*, UFITA 2012, 69, 96.
[691] Vgl. *EuGH*, 3.7.2012, C-128/11, NJW 2012, 2565, 2567 Tz. 50 – UsedSoft; *Schricker/Loewenheim/v. Ungern-Sternberg* § 15 Rdn. 40; *Dreier/Schulze* § 15 Rdn. 18.
[692] A. A. *Koppe*, S. 178, der § 19a UrhG für abschließend hält.

chen Zugänglichmachung nicht der Erschöpfung unterliegt[693]. Ist das Werk demgegenüber nicht nur der Öffentlichkeit zugänglich gemacht, sondern entspricht es dem Willen des Rechtsinhabers, dass die sich anschließende telekommunikative Übermittlung die Übersendung eines physischen Vervielfältigungsstücks ersetzt, und der Empfänger sich ein entsprechendes Werkexemplar selbst anfertigt[694], ist dieser Nutzungsvorgang **einschließlich der zwangsläufig enthaltenen Vervielfältigungshandlung**[695] **nach den Regeln des Verbreitungsrechts** einschließlich des Erschöpfungsgrundsatzes **zu bewerten**[696]. Der *EuGH* begründet dieses Ergebnis mit der Formulierung, dass eine „Handlung der öffentlichen Wiedergabe" im Sinne von Art. 3 der Harmonisierungsrichtlinie durch eine Eigentumsübertragung zu einer „Handlung der Verbreitung" im Sinne von Art. 4 der Softwarerichtlinie wird, wenn die Voraussetzungen der in Art. 4 Abs. 2 der Softwarerichtlinie geregelten Erschöpfung vorliegen[697]. Wendet man diese Vorgabe des *EuGH* an, darf der Erwerber nicht nur ein neues Vervielfältigungsstück herstellen[698], sondern er darf dieses auch weiterverbreiten. Dabei muss nicht zwingend das erste für die Anfertigung des Vervielfältigungsstücks verwendete Speichermedium, etwa die zunächst verwendete Festplatte, weitergegeben werden[699]. Vielmehr darf ein übergabefähiges Werkexemplar (z.B. CD, DVD, USB-Stick) angefertigt werden[700]. Gegebenenfalls kann diese Form der Weitergabe auch durch eine Programmüberlassung mittels Telekommunikation ersetzt werden[701].

205 Nicht überzeugend ist es auch, einen wesentlichen Unterschied des Downloads vom klassischen Erwerb mittels Datenträger darin zu sehen, dass **Original-CDs** wegen entsprechender **Aufkleber, Insignien etc.** die Berechtigung zur Programmnutzung **leicht sichtbar** dokumentieren[702], denn beim Software-Download können individuelle Merkmale mittels Digital Rights Management (DRM) oder digitale Wasserzeichen verwendet werden, sodass hinreichende Schutz- und Nachweismöglichkeiten bestehen, die dem Berechtigungsnachweis bei der klassischen Datenträgerübergabe zumindest ebenbürtig sind. Die Gefahr des Raubkopierens ist folglich hier nicht größer als beim körperlichen Vertrieb mittels klassischem Datenträ-

---

[693] Vgl. *Dreier/Schulze* § 69c Rdn. 24a; *Wandtke/Bullinger/Grützmacher* § 69c Rdn. 59.
[694] Vgl. *Malevanny* CR 2013, 422, 424 f.; *Schricker/Loewenheim//Spindler* § 69c Rdn. 37 will darüber hinaus die Zustimmung zur Weiterverbreitung des angefertigten Vervielfältigungsstücks verlangen.
[695] So für den Download von der Homepage eines Anbieters ausdrücklich *LG Düsseldorf*, 26.11.2008, 12 O 431/08, CR 2009, 221; *LG München I*, 19.1.2006, 7 O 23237/05, MMR 2006, 175, 176.
[696] Im Ergebnis wie hier *LG Düsseldorf*, 26.11.2008, 12 O 431/08, CR 2009, 221; *Malevanny* CR 2013, 422, 424 f.; *Rigamonti* GRUR Int. 2009, 14, 17 ff.
[697] Vgl. *EuGH*, 3.7.2012, C-128/11, NJW 2012, 2565, 2567 Tz. 52 – UsedSoft; ablehnend *Heydn* MMR 2012, 591.
[698] Dies unterscheidet die hier diskutierten Fälle von den Fällen, in denen lediglich der Träger des urheberrechtlich geschützten Werkes (Bilder auf Papierpostern werden auf Leinwand umkopiert) ausgetauscht wird wie in der Entscheidung des *EuGH*, 22.1.2015, C-419/13, CR 2015, 180 ff. – Allposters. Dies übersieht *Struwe* CR 2015, 182, 183.
[699] Vgl. *LG Düsseldorf*, 26.11.2008, 12 O 431/08, CR 2009, 221; *Rigamonti* GRUR Int. 2009, 14, 24; *Hilber* CR 2008, 749, 753; *Sosnitza* K&R 2006, 206, 210; a.A. *Heydn/Schmidl* K&R 2006, 74, 77.
[700] Wie hier *LG Düsseldorf*, 26.11.2008, 12 O 431/08, CR 2009, 221; *Wandtke/Bullinger/Grützmacher* § 69c Rdn. 36; *Hilber* CR 2008, 749, 753; *Sosnitza* K&R 2006, 206, 208.
[701] Vgl. *OLG Frankfurt*, 18.12.2012, GRUR 2013, 279, 282 m. Anm. *Marly*.
[702] Vgl. *LG München I*, 15.3.2007, 7 O 7061/06, MMR 2007, 328, 331; *Spindler* CR 2008, 69, 72.

ger⁷⁰³. Der *EuGH* hat ausdrücklich darauf hingewiesen, er sehe insofern keine Unterschiede, denn es stehe sowohl dem „herkömmlichen" als auch dem „digitalen" Vertreiber frei, technische Schutzmaßnahmen anzuwenden, etwa Produktschlüssel⁷⁰⁴. Auch der *BGH*⁷⁰⁵ hat – wenngleich in anderem Zusammenhang – schon früher betont, der Berechtigte habe es bei digitalen Werken anders als etwa bei Druckwerken in der Hand, diese Werke mit technischen Maßnahmen zu schützen und damit deren unberechtigte Vervielfältigung, wenn nicht zu verhindern, so doch zu erschweren⁷⁰⁶. Schließlich vermag auch das vielfach gegen eine Analogie angeführte Argument nicht zu überzeugen, es fehle ein der Verkörperung gleichwertiger Anknüpfungspunkt für die Verkehrsfähigkeit, denn etwa auch im Wertpapierrecht sei ein **gutgläubiger Rechtserwerb** nach wie vor an eine Verkörperung gebunden, ansonsten sei ein gutgläubiger Erwerb eines Rechts ausgeschlossen⁷⁰⁷. Gegen dieses Argument spricht, dass es beim Gebrauchtsoftwarehandel gar nicht um einen gutgläubigen Erwerb eines Nutzungsrechts seitens des Zweiterwerbers geht, sondern darum, dass der berechtigte Ersterwerber ein bestehendes Nutzungsrecht, das ihm auch zusteht, übertragen möchte. Entscheidungsrelevant ist daher die **Übertragbarkeit des Rechts** zur Programmnutzung durch den Nutzungsberechtigten und nicht ein gutgläubiger Erwerb vom Nichtberechtigten.

Dogmatisch abgesichert werden kann die Anwendung des Erschöpfungsgrundsatzes auf den Softwaredownload durch die Erwägung, dass die Anfertigung der entsprechenden Vervielfältigungsstücke bzw. die Weitergabe per Download bei Computersoftware zur **bestimmungsgemäßen Benutzung** im Sinne des § 69d Abs. 1 UrhG zählt, wenn sie vom Rechtsinhaber **mittels Telekommunikation vertrieben** wird⁷⁰⁸. Da der Online-Vertrieb von Computersoftware letztlich für beide Parteien nur einen bequemeren Weg der Softwareüberlassung darstellt, um das gleiche Ziel zu erreichen wie mit der früher zwingend erforderlichen Übergabe eines körperlichen Datenträgers⁷⁰⁹, wäre es auch nach Auffassung des *EuGH* nicht gerechtfertigt, den Erwerber hier schlechter zu stellen als beim Erwerb mittels klassischem Datenträger⁷¹⁰. Der *EuGH* stützt dieses Ergebnis zusätzlich noch auf das weitere Argument, dass die softwarespezifischen Vorschriften zur Erschöpfung **lex specialis** gegenüber den aus der **Harmonisierungsrichtlinie** zu entnehmenden allgemeinen Vorschriften zur öffentlichen Zugänglichmachung darstellen und diese daher verdrängen⁷¹¹. Dass

206

---

⁷⁰³ Vgl. *Wandtke/Bullinger/Grützmacher* § 69c Rdn. 31; *Rigamonti* GRUR Int. 2009, 14, 19 f.; *Hilber* CR 2008, 749, 752. Im Ergebnis auch *LG Düsseldorf*, 26.11.2008, 12 O 431/08, MMR 2009, 216 (Ls.) = BeckRS 2008, 25162.

⁷⁰⁴ So auch *LG Hamburg*, 25.10.2013, 315 O 449/12, NJW-RR 2014, 1072, 1073.

⁷⁰⁵ Vgl. *BGH*, 2.10.2008, I ZR 18/06, GRUR 2009, 53, 55 Tz. 20.

⁷⁰⁶ Natürlich ist der Rechtsinhaber aber nicht verpflichtet, Schutzmittel einzusetzen, vgl. *BGH*, 19.3.2015, I ZR 4/14, NJW 2015, 3576, 3581 Tz. 52 – Green-IT; *OLG München*, 1.6.2017, 29 U 2554/16, CR 2017, 495, 499.

⁷⁰⁷ Vgl. *BGH*, 3.2.2011, I ZR 129/08, MMR 2011, 305, 307 Tz. 15; *BGH*, 26.3.2009, I ZR 153/06, MMR 2009, 838, 839 Tz. 19; *OLG München*, 3.8.2006, 6 U 1818/06, MMR 2006, 748; *LG München I*, 15.3.2007, 7 O 7061/06, MMR 2007, 328, 331; *Spindler* K&R 2008, 565, 567.

⁷⁰⁸ Wie hier wohl auch *Dreier/Schulze* § 69c Rdn. 25.

⁷⁰⁹ Vgl. *EuGH*, 3.7.2012, C-128/11, NJW 2012, 2565, 2567 Tz. 61 – UsedSoft; *OLG Frankfurt*, 18.12.2012, GRUR 2013, 279, 281 m. Anm. *Marly*; so zu Recht bereits *Sosnitza* K&R 2006, 206, 210.

⁷¹⁰ Vgl. *EuGH*, 3.7.2012, C-128/11, NJW 2012, 2565, 2567 Tz. 61 – UsedSoft; *Redeker* Rdn. 60a; *Hartmann* GRUR Int. 2012, 980, 983 f.; *Vianello* MMR 2012, 13 9, 140; *Leistner* CR 2011, 209, 213; *Hoeren* MMR 2010, 447, 448.

⁷¹¹ Vgl. *EuGH*, 3.7.2012, C-128/11, NJW 2012, 2565, 2567 Tz. 51 – UsedSoft; zustimmend *OLG Frankfurt*, 18.12.2012, GRUR 2013, 279, 280 m. Anm. *Marly; Malevanny* CR 2013, 422, 425.

der Ersterwerber nach einer Weiterveräußerung des Computerprogramms sämtliche in seinem System oder auf externen Datenträgern vorhandenen Vervielfältigungsstücke **löschen** muss und **nicht mehr benutzen** darf, ist eine lediglich klarzustellende Selbstverständlichkeit[712].

207 Um so bedauerlicher ist es, dass der *BGH* unter fehlerhafter Berufung auf die entsprechenden Ausführungen des *EuGH* die beteiligten Personen austauscht. Während der *EuGH* in der vom *BGH* zitierten Rdn.[713] ausführt, dass der **Erstveräußerer** das Urheberrecht **verletzt,** wenn er seine Programmkopie nicht unbrauchbar macht, kommt der *BGH* zu dem Schluss, der **Nacherwerber** sei **nur berechtigt,** wenn die Programmkopie vom Ersterwerber ausgehändigt oder unbrauchbar gemacht wurde[714]. Dies ist nicht überzeugend.

208 Für den Nachweis der Nutzungseinstellung seitens des Erstkäufers hat das *OLG Frankfurt* die Vorlage einer entsprechenden „**Vernichtungserklärung**" des Ersterwerbers genügen lassen[715]. Der *BGH* steht demgegenüber sogar einem (auslegungsbedürftigen) Notartestat skeptisch gegenüber[716], jedoch soll diesbezüglich auf die Ausführungen zum Gebrauchtsoftwarehandel verwiesen werden[717].

(5) Der Handel mit sog. „Gebrauchtsoftware"

Schrifttum: *Bräutigam*, Second-Hand Software in Europe, CRi 2012, 1 ff.; *Bräutigam/Wiesemann*, Der BGH und der Erschöpfungsgrundsatz bei Software, CR 2010, 215 ff.; *Bröckers*, Software-Gebrauchthandel: Der Teufel steckt im Detail, MMR 2011, 18 ff.; *ders.*, Second Hand-Software im urheberrechtlichen Kontext, 2010; *de la Durantaye/Kuschel*, Der Erschöpfungsgrundsatz – Josef Kohler, UsedSoft and Beyond, ZGE 2016, 195 ff.; *Eilmannsberger*, Immaterialgüterrechtliche und kartellrechtliche Aspekte des Handels mit gebrauchter Software, GRUR 2009, 1123 ff.; *Feiler/Schuba*, UsedSoft-Urteil des EuGH – Nicht alle Fragen zum Handel mit Gebrauchtlizenzen sind „erschöpft", in: Taeger (Hrsg.), IT und Internet – mit Recht gestalten, 2012, 351 ff.; *Grützmacher*, Gebrauchtsoftware mit erzwungener Zustimmung – eine gangbare Alternative?, CR 2010, 141 ff.; *ders.*, Gebrauchtsoftware und Übertragbarkeit von Lizenzen, CR 2007, 549 ff.; *ders.*, Handel mit Gebrauchtsoftware, ZUM 2006, 302 ff.; *ders.*, Gebrauchtsoftware und Erschöpfungslehre: Zu den Rahmenbedingungen eines Second-Hand-Marktes für Software – Zugleich eine Anmerkung zu *LG München I*, Urteil vom 19.1.2006, ZUM 2006, 251; *Haberstumpf*, Der Handel mit gebrauchter Software im harmonisierten Urheberrecht, CR 2012, 561 ff.; *ders.*, Der Handel mit gebrauchter Software und die Grundlagen des Urheberrechts, CR 2009, 345 ff.; *Hantschel*, Softwarekauf und -weiterverkauf, 2011; *Hartmann*, Weiterverkauf und „Verleih" online vertriebener Inhalte, GRUR Int. 2012, 980 ff.; *Heckmann/Rau*, „Gebrauchtsoftware" im unternehmerischen Geschäftsverkehr. Klauseln für den Umgang mit der aktuellen Rechtslage, ITRB 2009, 208 ff.; *Heydn*, Verbot der Aufspaltung von Softwarelizenzen, K&R 2011, 707 ff.; *dies.*, Neueste Rechtsprechung zu Gebrauchtsoftware, in: Taeger/Wiebe, Inside the Cloud – Neue Herausforderungen für das Informationsrecht, 2009, S. 165 ff.; *Heydn/Schmidl*, Der Handel mit gebrauchter Software und der Erschöpfungsgrundsatz, K&R 2006, 74 ff.; *Hilber*, Die Übertragbarkeit von Softwarerechten im Kontext einer Outsourcingtransaktion. Im Lichte der aktuellen Rechtsprechung zum Handel mit gebrauchter Software, CR 2008, 749 ff.; *Hilgert*, Keys und Accounts beim Computerspielvertrieb – Probleme der Schöpfung beim Vertrieb hybrider Werke, CR 2014, 354 ff.; *Hoeren*, Die Online-Erschöpfung im Softwarebereich, MMR 2010, 447 ff.; *ders.*, Der urheberrechtliche Erschöpfungsgrundsatz bei der Online-Übertagung von Computerprogrammen, CR 2006, 573 ff.; *Hoeren/För-*

---

[712] Vgl. *EuGH*, 3.7.2012, C-128/11, NJW 2012, 2565, 2568 Tz. 70 – UsedSoft; *OLG Frankfurt*, 18.12.2012, GRUR 2013, 279, 282 m. Anm. *Marly*; ähnlich *LG München I* CR 2008, 416, 418.

[713] Der *BGH*, 19.3.2015, I ZR 4/14, NJW 2015, 3576 Tz. 49 –Green-IT unter Berufung auf *EuGH*, 3.7.2012, C-128/11, NJW 2012, 2565, 2567 Tz. 78 – UsedSoft.

[714] Vgl. *BGH*, 17.7.2013, I ZR 129/08, NJW-RR 2014, 360, 366 Tz. 64 – UsedSoft II stützt sich auf *Stieper* ZUM 2012, 668, 670. Dieser schreibt aber lediglich „Erwerber", nachdem er an anderer Stelle immer zwischen Erst-, Zwischen- und Zweiterwerber differenzierte.

[715] Vgl. *OLG Frankfurt*, 18.12.2012, GRUR 2013, 279, 282 m. Anm. *Marly*.

[716] Vgl. *BGH*, 17.7.2013, I ZR 129/08, NJW-RR 2014, 360, 366 Tz. 64 – UsedSoft II.

[717] Vgl. hierzu unten Rdn. 209 ff.

sterling, Onlinevertrieb „gebrauchter" Software, MMR 2012, 642 ff.; *Huppertz*, Handel mit Second Hand-Software. Analyse der wesentlichen Erscheinungsformen aus urheber- und schuldrechtlicher Perspektive, CR 2006, 145 ff.; *Koch*, Auswirkungen des EuGH-Urteils zum Gebrauchtsoftwarehandel auf das Urheberrecht – Teil 1, ITRB 2013, 9 ff.; *ders.*, Auswirkungen des EuGH-Urteils zum Gebrauchtsoftwarehandel auf das Urheberrecht – Teil 2, ITRB 2013, 38 ff.; *Leistner*, Gebrauchtsoftware auf dem Weg nach Luxemburg, CR 2011, 209 ff.; *Kubach/Hunzinger*, Wer hat das Recht an der Rechtekette? Gebrauchte Softwarelizenzen in der Praxis (Teil I), CR 2016, 14 ff. (Teil II), CR 2016, 213 ff.; *Loewenheim*, Software aus zweiter Hand, in: FS für Pfennig, 2012, S. 65 ff.; *Malevanny*, Die UsedSoft-Kontroverse: Auslegung und Auswirkungen des EuGH-Urteils, CR 2013, 422 ff.; *Marly*, Der Handel mit Gebrauchtsoftware, CR 2014, 145 ff.; *ders.*, Der Handel mit sogenannter „Gebrauchtsoftware", EuZW 2012, 654 ff.; *Moos/Gallenkemper/Volpers*, Rechtliche Aspekte von gebrauchter Hardware, CR 2008, 477 ff.; *Moritz*, Eingeschränkte Zulässigkeit der Weiterveräußerung gebrauchter Software, K&R 2012, 456 ff.; *ders.*, Keine Nutzungsberechtigung für ein gebrauchtes Computerprogramm nach Art. 5 Abs. 1 der RL 2009/24/EG ohne Zustimmung des Rechtsinhabers, K&R 2011, 240 ff.; *Nordmeyer*, Lizenzantiquitätenhandel: Der Handel mit „gebrauchter" Software aus kartellrechtlicher Perspektive, GRUR Int. 2010, 489 ff.; *Ohrtmann/Kuß*, Der digitale Flohmarkt – das EuGH-Urteil zum Handel mit Gebrauchtsoftware und dessen Auswirkungen, BB 2012, 2262 ff.; *Overdijk/van der Putt/de Vries/Schafft*, Exhaustion and Software Resale Rights. A comparison between the European exhaustion doctrine and the U.s. first sale doctrine in the light of recent case law, CRi 2011, 33 ff.; *Pahlow*, Lizenzen als handelbare Güter? Nutzungsrecht und Nutzungsgegenstand im Softwareverkehr, ZGE 2016, 218 ff.; *Rath/Maiworm*, Weg frei für Second-Hand-Software?, WRP 2012, 1051 ff.; *Rigamonti*, Der Handel mit Gebrauchtsoftware nach schweizerischem Urheberrecht, GRUR Int. 2009, 14 ff.; *Royla/Gramer*, Urheberrecht und Unternehmenskauf. Reichweite von Zustimmungserfordernis und Rückrufsrecht des Urhebers von Computerprogrammen, CR 2005, 154 ff.; *Rüffler*, Ist der Handel mit gebrauchter Software urheberrechtlich zulässig? Österreichische Blätter für gewerblichen Rechtsschutz und Urheberrecht 2008, 52 ff.; *Schneider*, Rechnerspezifische Erschöpfung bei Software im Bundle ohne Datenträgerübergabe, CR 2009, 553 ff.; *Schneider/Spindler*, Der Erschöpfungsgrundsatz bei „gebrauchter" Software im Praxistest, CR 2014, 213 ff.; *dies.*, Der Kampf um die gebrauchte Software – Revolution im Urheberrecht? CR 2012, 489 ff.; *Scholz*, Nutzung und Weitergabe digitaler Werke nach der UsedSoft-Entscheidung des EuGH, ITRB 2013, 17 ff.; *Schuppert/Greissinger*, Gebrauchthandel mit Softwarelizenzen. Wirksamkeit vertraglicher Weitergabebeschränkungen, CR 2005, 81 ff.; *Senftleben*, Die Fortschreibung des urheberrechtlichen Erschöpfungsgrundsatzes im digitalen Umfeld, NJW 2012, 2924 ff.; *Sosnitza*, „Gebrauchte Software": Licht und Schatten auf dem Weg von Karlsruhe nach Luxemburg, K&R 2011, 243 ff.; *ders.*, Gemeinschaftsrechtliche Vorgaben und urheberrechtlicher Gestaltungsspielraum für den Handel mit Gebrauchtsoftware, ZUM 2009, 521 ff.; *ders.*, Die urheberrechtliche Zulässigkeit des Handels mit „gebrauchter Software", K&R 2006, 206 ff.; *Spindler*, Der Handel mit Gebrauchtsoftware – Erschöpfungsgrundsatz quo vadis, CR 2008, 69 ff.; *Stieper/Henke*, Reichweite des Erschöpfungsgrundsatzes beim isolierten Verkauf von Produktschlüsseln – Neues vom Handel mit Softwarelizenzen, NJW 2015, 3548 ff.; *Ulmer/Hoppen*, Die UsedSoft-Entscheidung des EuGH: Europa gibt die Richtung vor, ITRB 2012, 232 ff.; *dies.*, Was ist das Werkstück des Software-Objektcodes? Ein technisch fundierter Ansatz zur Erschöpfungs-Debatte bei Online-Übertragungen, CR 2008, 681 ff.; *Vianello*, Handel mit gebrauchter Software für Schüler, Studenten und Lehrkräfte, MMR 2012, 139 ff.; *Weisser/Färber*, Weiterverkauf gebrauchter Software – UsedSoft-Rechtsprechung und ihre Folgen, MMR 2014, 364 ff.; v. *Welser*, Weiterverkauf gebrauchter Software ist zulässig, GRUR-Prax 2012, 326; *Wiebe*, The Principle of Exhaustion in European Copyright Law and the Distinction Between Digital Goods and Digital Services, GRUR Int. 2009, 114 ff.; *Wiebe*, Von der Erschöpfung der „virtuellen Kopie" zur Erschöpfung der Lizenz, ZUM 2017, 44 ff.; *Wiebe/Appl*, Urheberrechtliche Zulässigkeit des Erwerbs von „Gebrauchten" Softwarelizenzen in Österreich, medien und recht 2007, 186 ff.; *Wöstehoff*, Die First Sale Doktrin und der U.S.-amerikanische Softwaremarkt, 2008.

In den vergangenen Jahren hat der Handel mit sog. „Gebrauchtsoftware" zu einer Vielzahl gerichtlicher Entscheidungen[718] und noch mehr Urteilsanmerkungen

---

[718] Vgl. *EuGH*, 3.7.2012, C-128/11, NJW 2012, 2565 – UsedSoft; *BGH*, 19.3.2015, I ZR 4/14, NJW 2015, 3576 – Green-IT; *BGH*, 11.12.2014, I ZR 8/13, NJW-RR 2015, 1138 – UsedSoft III; *BGH*, 17.7.2013, I ZR 129/08, NJW-RR 2014, 360 – UsedSoft II; *BGH*, 3.2.2011, I ZR 129/08, MMR 2011, 305 – UsedSoft; *OLG München*, 1.6.2017, 29 U 2554/16, CR 2017, 495; *OLG*

und Aufsätzen im Schrifttum geführt. Angesichts der Tatsache, dass sich Software durch ihren Gebrauch **nicht abnutzt,** wurde schon vor vielen Jahren davon gesprochen, dass eigentlich auch keine gebrauchte Software existiert, sondern diese immer als **neu** zu qualifizieren ist[719]. Dennoch hat sich der Begriff der **Gebrauchtsoftware** für die Weiterveräußerung von Software von einem Anwender (in der Regel **Ersterwerber**) meist über einen **Händler** an einen anderen Anwender (**Zweiterwerber**) auch international[720] weitestgehend durchgesetzt. Der Begriff soll daher auch hier Verwendung finden. Gelegentlich wird auch vom Handel mit **Second Hand-Software** gesprochen[721]. Der *EuGH*[722] sowie der *BGH*[723] sprechen vom Handel mit „gebrauchten Softwarelizenzen" bzw. vom Handel mit „gebrauchter Software"[724] oder auch nur „Handel mit Computersoftware"[725], das *OLG Frankfurt* etwas allgemeiner vom „Weiterverkauf von Programmkopien"[726].

210   Das Geschäftsmodell der Gebrauchtsoftwarehändler[727] besteht darin, Software-Lizenzen von Unternehmen oder anderen Institutionen **anzukaufen,** wenn diese ihre Lizenzen **nicht mehr benötigen.** Die Gründe hierfür sind vielgestaltig und können beispielsweise auf Systemwechsel, Personalabbau, Aufgabe von Geschäftsbereichen, Insolvenz oder Unternehmensverkauf zurückzuführen sein. Die angekauften Lizenzen werden sodann an andere Anwender verkauft, die einen signifikanten Preisnachlass von bis zu 50 % gegenüber dem Händlerpreis „neuer" Software erhalten[728]. Der Zweiterwerber erhält eine notarielle Bestätigung der Rechtmäßigkeit des Lizenzerwerbs (Zertifikat der Nutzungsberechtigung) und gegebenenfalls ein Werkexemplar der Software auf Datenträger. Letzteres ist aber nicht zwingend und entfällt, falls der Zweiterwerber schon ein Programmexemplar besitzt und lediglich zu-

---

Frankfurt, 17.11.2016, 6 U 167/16, MMR 2017, 263; *OLG München,* 22.9.2016, 29 U 3449/15, CR 2017, 222; *OLG Düsseldorf,* 12.7.2016, 20 U 117/15, CR 2017, 223; *OLG Hamburg,* 16.6.2016, 5 W 36/16, CR 2016, 642; *OLG Frankfurt,* 5.4.2016, 11 U 113/15, BeckRS 2016, 08579; *OLG München,* 2.3.2015, 6 U 2759/07, MMR 2015, 397; *OLG Frankfurt,* 18.12.2012, GRUR 2013, 279, 282 m. Anm. *Marly; OLG Düsseldorf,* 29.6.2009, I-20 U 247/08, MMR 2009, 629; *OLG Frankfurt,* 12.5.2009, 11 W 15/09, CR 2009, 423; *OLG München,* 3.7.2008, 6 U 2759/07, CR 2008, 551; *OLG München,* 3.8.2006, 6 U 1818/06, CR 2006, 655; *OLG Hamburg,* 7.2.2007, 5 U 140/06, CR 2007, 355; *LG München I,* 1.9.2015, 33 O 12440/14, CR 2016, 219; *LG Düsseldorf,* 22.4.2009, 12 O 23/09, CR 2009, 357; *LG Düsseldorf,* 26.11.2008, 12 O 431/08, CR 2009, 221; *LG München I,* 30.4.2008, 33 O 7340/08, CR 2008, 414; *LG München I,* 28.11.2007, 30 O 8684/07, CR 2008, 416; *LG München I,* 15.3.2007, 7 O 7061/06, CR 2007, 356; *LG Hamburg,* 29.6.2006, 315 O 343/06, CR 2006, 812; *LG München I,* 19.1.2006, 7 O 23237/05, CR 2006, 159; *VK Münster,* 1.3.2016, VK 1–02/16, CR 2016, 227.

[719] Vgl. bereits *Hoeren* CR 1992, 257, 258; *Rigamonti* GRUR Int. 2009, 14, 15.

[720] Vgl. zur Schweiz *Rigamonti* GRUR Int. 2009, 14 ff.; zu Österreich *Wiebe/Appl* MR 2007, 186 ff.; *Rüffler* ÖBl 2008, 52 ff.; zu den USA die Entscheidung Vernor v. Autodesk, Inc., *Court of Appeals for the 9th Circuit,* 10.9.2010 No. 09–35969; D. C. No. 2:07-cv-01189-RAJ, CRi 2010, 145.

[721] Vgl. etwa *Huppertz* CR 2006, 145 ff.

[722] Vgl. *EuGH,* 3.7.2012, C-128/11, NJW 2012, 2565 – UsedSoft.

[723] Vgl. *BGH,* 17.7.2013, I ZR 129/08 – UsedSoft II; so auch *OLG München,* 2.3.2015, 6 U 2759/07, MMR 2015, 397, 398; *LG Hamburg,* 25.10.2013, 315 O 449/12, MMR 2012, 102.

[724] Vgl. *BGH,* 11.12.2014, I ZR 8/13, NJW-RR 2015, 1138 Tz. 2 – UsedSoft III; auch *OLG München,* 22.9.2016, 29 U 2449/15, CR 2017, 222.

[725] Vgl. *BGH,* 19.3.2015, I ZR 4/14, NJW 2015, 3576, 3577 Tz. 2 – Green-IT.

[726] Vgl. *OLG Frankfurt,* 18.12.2012, GRUR 2013, 279, 282 m. Anm. *Marly.*

[727] Vgl. etwa www.usedsoft.com/unternehmen/geschaeftsidee.html oder www.susensoftware.de/hintergrund/gebrauchte_software.php.

[728] Vgl. www.usedsoft.com/de/gebrauchte-software/lizenzen-kaufen; *Kubach/Hunzinger* CR 2016, 14, 15.

sätzliche Nutzungsrechte erwirbt oder das Programm mittels Telekommunikation auf den eigenen Computer übertragen erhält. Im Kern geht es beim Handel mit Gebrauchtsoftware daher immer um die **Weitergabe von Nutzungsberechtigungen** von einem Anwender, der sie nicht mehr benötigt, zu einem anderen Anwender, der die Software einsetzen und preisbewusst erwerben möchte[729].

α) Die unterschiedlichen Varianten

Insgesamt kann Gebrauchtsoftware in ganz unterschiedlichen Fallkonstellationen weiterveräußert werden, die auch unterschiedliche rechtliche Probleme aufwerfen: 211

Variante A: Der Ersterwerber veräußert ein **einzelnes Computerprogramm für einen Einzelplatzrechner,** das er auf einem selbstständigen **körperlichen Datenträger** übergeben bekam, mitsamt diesem „Original"-Datenträger weiter. 212

Variante B: Der Ersterwerber veräußert ein **einzelnes Computerprogramm** auf einem selbst angefertigten Datenträger weiter, das er sich mittels **Download** verschafft hat. Auch hier greift nach der oben[730] ausführlich begründeten Auffassung der Erschöpfungsgrundsatz des § 69c Nr. 3 S. 2 UrhG in analoger Anwendung ein, sodass im Ergebnis kein Unterschied zur Variante A besteht. 213

Variante C: Der Ersterwerber erwarb die Software „**vorinstalliert**" **auf Hardware,** fertigte ein Vervielfältigungsstück auf einem selbstständigen Datenträger an und veräußert diesen mitsamt Programm[731]. 214

Variante D: Der Ersterwerber erwarb die Software auf Datenträger, der jedoch später beschädigt, zerstört oder verloren gegangen ist. Der Ersterwerber veräußerst nun eine vor der Beschädigung etc. angefertigte Sicherungskopie an einen Zweitanwender[732]. 215

Variante E: Der Ersterwerber veräußert ein Computerprogramm, das er mittels **Download** überlassen bekam und für das er Berechtigungen zur **zeitgleichen Mehrfachnutzung** (sog. **Mehrfachlizenzen**) besitzt, mit einigen (**Aufspaltung der Nutzeranzahlberechtigungen**) oder allen Nutzungsberechtigungen weiter. 216

Variante F: Der Ersterwerber veräußert ein Computerprogramm, das er auf einem **Datenträger** (Master-Kopie) überlassen bekam und für das er eine Berechtigung zur **zeitgleichen** Mehrfachnutzung besitzt (**Volumenlizenzen** mit Master-Kopie). Veräußert werden entweder nur einige (Aufspaltung der Nutzeranzahlberechtigungen) oder alle Nutzungsberechtigungen gemeinsam. Diese Fallkonstellation unterscheidet sich von der oben dargestellten Variante E dadurch, dass der Ersterwerber mit der Master-Kopie einen körperlichen Datenträger übergeben bekam und er die für die Programmnutzung erforderlichen Vervielfältigungsstücke in der entsprechenden Anzahl mit Zustimmung des Rechtsinhabers selbst herstellen sollte. 217

Variante G: Der Ersterwerber veräußert **lediglich ein Zertifikat der Nutzungsberechtigung,** das sich auf eine oder auch eine bestimmte Anzahl von Lizenzen bezieht. Der Zweiterwerber **verfügt bereits über ein Programmexemplar** aus einem anderen Rechtsgeschäft und fertigt nun weitere Kopien entsprechend der Anzahl der erworbenen Lizenzen. 218

Variante H: Der Ersterwerber veräußert **lediglich ein Zertifikat der Nutzungsrechtsübertragung** und der Zweitanwender lädt sich das Programm von einem **frei zugänglichen Server des Softwareherstellers.** 219

---

[729] Ähnlich *Spindler* CR 2008, 69.
[730] Vgl. oben Rdn. 196 ff.
[731] So im Fall des *OLG Düsseldorf*, 29.6.2009, I-20 U 247/08, MMR 2009, 629.
[732] So im Fall *EuGH*, 12.10.2016, C-166/15, EuZW 2016, 866 – Weiterverkauf einer Sicherungskopie m. Anm. *Marly/Prinz*.

220 Variante I: Der Ersterwerber veräußert ein Computerprogramm, das auf dem **Client-Server-Prinzip** beruht und auf das eine bestimmte Anzahl von Nutzern zeitgleich zugreifen können, entweder als Gesamtpaket weiter, oder er **spaltet eine bestimmte Anzahl** von Nutzungslizenzen **ab** und vekauft diese an verschiedene Anwender oder behält eine entsprechend verringerte Anzahl für die **Eigennutzung.** Das Programm soll daher in diesen Fällen auf **mehreren Servern gleichzeitig** eingesetzt werden.

β) Vorfrage: Weitergabe welcher Programmversion?

221 Wegen der Schnelllebigkeit des Softwaremarkts und der meist sehr kurzen Produktlebenszyklen ist es bei allen Varianten möglich, dass zwischen dem Ersterwerb und der Weiterveräußerung **Programmänderungen** seitens des Softwareherstellers vorgenommen wurden, etwa zum Zwecke der Fehlerbeseitigung oder Weiterentwicklung (**updates**) oder im Rahmen eines Wartungsvertrags. Dann wird dem Zweiterwerber in der Regel die neue Programmversion überlassen und nicht die Ursprungsversion. In der Variante G läd der Zweiterwerber die neue Programmversion vom Server des Herstellers. Der *EuGH* löst dieses Problem der Programmänderungen, indem er einen untrennbaren Zusammenhang zwischen der Kopie auf der Internetseite des Urheberrechtsinhabers in der jeweils verbesserten und aktualisierten Version auf der einen Seite und dem entsprechenden Nutzungsrecht des Ersterwerbers auf der anderen Seite hervorhebt. Dementsprechend erstreckt sich der Weiterverkauf der Nutzungslizenz an den Zweiterwerber auf die jeweils aktuelle Programmversion und wird vom Erschöpfungsgrundsatz mit umfasst[733]. Der Zweiterwerber darf daher jeweils diejenige (gegebenenfalls neuste) Programmversion benutzen, die auch der **Ersterwerber im Zeitpunkt der Weiterveräußerung** benutzen durfte.

222 Unglücklich ist diesbezüglich, dass sowohl der *EuGH* als auch der *BGH* immer vom Vorliegen eines entsprechenden Wartungsvertrags zwischen Urheberrechtsinhaber und Ersterwerber sprechen[734]. Ein solcher Wartungsvertrag liegt aber im Bereich der PC-Software oder Apps für Smartphones in der Regel gar nicht vor und wird von manchen Softwareherstellern auch nicht angeboten[735]. Es ist daher **irrelevant,** weshalb die vom Zweiterwerber eingesetzte Programmversion **nicht identisch mit der ursprünglichen** Version ist, solange die neue Programmversion nur auf legalem Weg erlangt wurde, etwa weil der Softwarehersteller im Rahmen der Sachmängelhaftung, der Aktualisierung oder zur Schließung von Sicherheitslücken dem berechtigten Anwender eine Neuversion bereit stellte[736]. Sofern ein Wartungs- oder Pflegevertrag vorliegt, den der Erstanwender mit dem Rechtsinhaber abgeschlossen hat, geht dieser jedenfalls **nicht automatisch** auf den Zweitanwender **über.** Auch ist ein **Abschlusszwang** des Rechtsinhabers mit dem neuen Anwender grundsätzlich nicht anzuerkennen[737].

γ) Aktivitäten des Gesetzgebers und ökonomische Gesichtspunkte

223 Dem **Gesetzgeber** ist das Problem der Gebrauchtsoftware seit Jahren bekannt. In der Beschlussempfehlung und dem Bericht des Rechtsausschusses (6. Ausschuss) zu dem Gesetzentwurf der Bundesregierung für ein Zweites Gesetz zur Regelung des

---

[733] Vgl. *EuGH*, 3.7.2012, C-128/11, NJW 2012, 2565, 2568 Tz. 65 ff. sowie 84 f. – UsedSoft.
[734] Vgl. So erneut *BGH*, 19.3.2015, I ZR 4/14, NJW 2015, 3576, 3580 Tz. 40 – Green-IT.
[735] Vgl. *Schneider* CR 2015, 413, 418.
[736] So auch *Schneider* CR 2015, 413, 418; ähnlich auch *Stieper/Henke* NJW 2015, 3548, 3549 für kostenlose Updates.
[737] Vgl. hierzu unten Rdn. 1044 ff.

Urheberrechts in der Informationsgesellschaft wurde der Bundestag zur „**Prüfung einer Regelung** des Handels mit gebrauchter Software im Urheberrechtsgesetz" aufgefordert[738]. Der Bundestag hat die Beschlussempfehlung angenommen[739]. Eine Regelung sollte aber, sofern die Prüfung eine Regelungsnotwendigkeit ergibt, erst im sog. „dritten Korb" der Modernisierung des Urheberrechtsgesetzes erfolgen. Eine gesetzliche Regelung erfolgte aber bislang nicht[740]. Ob daher zur Zeit eine planwidrige Regelungslücke im Gesetz besteht, die mittels einer analogen Anwendung des Erschöpfungsgrundsatzes geschlossen werden muss, lässt sich insoweit nicht zwingend belegen[741]. Unter **ökonomischen Gesichtspunkten** lässt sich die Position der Softwarehersteller so erläutern, dass sie bei Nichtanwendung des Erschöpfungsgrundsatzes mehr Produkte absetzen können, da sie einen Markt für gebrauchte Software verhindern und dementsprechend auch nicht mit ihren eigenen gebrauchten Produkten konkurrieren müssen[742]. Darüberhinaus lässt sich so eine **optimale Preisdifferenzierung**[743] verwirklichen, die den größtmöglichen Gewinn verspricht, denn die auf unterschiedliche Marktteilnehmer zugeschnittenen Preise (etwa günstigere Programmversionen für Schüler und Studenten[744], Volumenrabatte etc.) können nicht dadurch unterlaufen werden, dass diese vergünstigten Produkte an andere Marktteilnehmer weitergegeben werden, die die Bedingungen der Vergünstigung nicht erfüllen[745]. Die Arbitrage im Sinne des Ausnutzens von Preisunterschieden für gleiche Waren auf verschiedenen Märkten kann so verhindert werden.

δ) „Dieses Vervielfältigungsstück" oder Analogie

Im zentralen Punkt geht es bei sämtlichen umstrittenen Varianten des Gebrauchtsoftwarehandels um die Frage, ob der Erschöpfungsgrundsatz, der in den §§ 69c Nr. 3 S. 2 und 17 Abs. 2 UrhG auf die Weiterverbreitung des mit Zustimmung des Rechtsinhabers in den Verkehr gebrachten **konkreten Vervielfältigungsstücks** abstellt (Variante A), analog auch auf solche Weitergaben anzuwenden ist, bei denen der Ersterwerber die weitergegebenen Vervielfältigungsstücke **selbst angefertigt** hat – wie beim Programmdownload (Variante B), der Vervielfältigung von der Master-Kopie (Variante D), der Verselbstständigung „vorinstallierter" Software (Variante C), der Weiterveräußerung von Sicherungskopien – oder sogar nur reine Nutzungsberechtigungen übertragen werden (Varianten G und H). Selbst im Fall eines vom Ersterwerber vorgenommenen **Programmupdates** ist das später weitergegebene Programm **nicht** mehr **identisch** mit dem zunächst erhaltenen Werkexemplar, sodass bei sehr wortgetreuer Auslegung („dieses" Vervielfältigungsstück) auch hier zur Recht-

224

---

[738] Vgl. BT-Drucks. 16/5939 vom 4.7.2007, S. 4.
[739] Vgl. Plenarprotokoll 16/108 vom 5.7.2007, S. 11158 (B).
[740] Der Entwurf eines Gesetzes zur Ermöglichung der privaten Weiterveräußerung unkörperlicher Werkexemplare seitens der Fraktion DIE LINKE, BT-Drucks. 17/8377 vom 18.1.2012 wurde nicht aufgegriffen. Ebensowenig der Vorschlag von *Kreutzer*, Verbraucherschutz im Urheberrecht. Vorschläge für eine Neuordnung bestimmter Aspekte des geltenden Urheberrechts auf Basis einer Analyse aus verbraucherschutzrechtlicher Sicht, S. 14 f. sowie 98 ff., abrufbar unter http://irights.info/userfiles/2011-05-03_Verbraucherschutz_im_Urheberrecht.pdf.
[741] Vgl. *OLG Düsseldorf*, 29.6.2009, I-20 U 247/08, MMR 2009, 629, 630 „nicht leicht zu beantworten"; siehe auch *Spindler* CR 2008, 69, 71, der eine entsprechende Annahme für „zumindest mutig" hält. *Dietrich* UFITA 2012, 69, 93 geht von einer gewollten Regelungslücke aus.
[742] Vgl. *Wöstehoff* S. 264.
[743] Zu den unterschiedlichen Preisstrategien von Softwareanbietern *Lehmann/Buxmann*, Wirtschaftsinformatik Heft 6/2009, S. 1 ff.
[744] Vgl. *OLG Frankfurt*, 18.12.2012, GRUR 2013, 279 ff., wo der Weiterverkauf von vergünstigter Software für Bildungseinrichtungen im Streit stand.
[745] Dies verkennt *Haberstumpf* CR 2012, 561, 569.

fertigung der Programmweitergabe die Regelung des § 69c Nr. 3 UrhG richtlinienkonform verstanden und der Erschöpfungsgrundsatz im Ergebnis analog angewendet werden muss[746], worauf oben[747] bereits hingewiesen wurde.

225 Hinsichtlich der Zulässigkeit der Weiterveräußerung im Wesentlichen unstreitig ist allein ein Teilaspekt von Variante A, denn hier greift hinsichtlich der reinen Weiterveräußerung des selbstständigen Werkexemplars der Erschöpfungsgrundsatz gem. §§ 69c Nr. 3 S. 2, 17 Abs. 2 UrhG ein[748]. Dass eine **datenträgergebundene Softwareüberlassung** auf Dauer gegen Einmalentgelt eine Veräußerung im Sinne der genannten Vorschriften darstellt, wurde in den letzten Jahren nicht mehr ernsthaft bestritten[749]. Selbst eine der Weiterveräußerung entgegenstehende Vertragsklausel kann diese nicht verhindern, weil eine entsprechende Klausel nach § 307 Abs. 2 Nr. 1 und 2 BGB unwirksam wäre[750]. Dennoch herrscht selbst bei Variante A im Ergebnis Streit, denn bei Computersoftware greifen **zwei Besonderheiten** ein, die es einem Hersteller ermöglichen könnten, den Erschöpfungsgrundsatz faktisch auszuhebeln.

ε) Besonderheiten und Lösungen

226 Zunächst ist in Erinnerung zu rufen, dass die **Programmbenutzung urheberrechtlich zustimmungspflichtig** ist, weil das Laden des Programms in den Arbeitsspeicher des Computers nach ganz herrschender Auffassung eine Vervielfältigungshandlung darstellt, die dem Ausschließlichkeitsrecht des Rechtsinhabers gem. § 69c Nr. 1 UrhG unterfällt[751]. Dies ist bei einem gedruckten Buch anders, weil das Lesen nicht von den urheberrechtlichen Ausschließlichkeitsrechten erfasst ist. Ein Softwarehersteller könnte daher zwar die Weiterveräußerung des Programms nicht verbieten, er könnte aber die **Weiterübertragung des Vervielfältigungsrechts** in seinen Lizenzbedingungen untersagen. Dies hätte zur Konsequenz, dass ein Zweiterwerber das Programm nicht benutzen dürfte[752]. Der *EuGH* hat das Problem so gelöst, dass jeder Erwerber, der sich auf eine Erschöpfung des Verbreitungsrechts berufen kann, gleichzeitig auch berechtigter Anwender im Sinne des Art. 5 Abs. 1 der Softwarerichtlinie (= § 69d Abs. 1 UrhG) ist. Aus diesem Grund ist der Anwender auch zur Anfertigung der **erforderlichen Vervielfältigungen berechtigt**[753].

---

[746] Von richtlinienkonformer Auslegung spricht *Heyden* MMR 2015, 400, 401, von Analogie *Stieper* GRUR 2014, 270, 271.

[747] Vgl. hierzu oben Rdn. 221.

[748] Als unstreitig bezeichnet dies auch *EuGH*, 12.10.2016, C-166/15, EuZW 2016, 866, 868 Tz. 29 – Weiterverkauf einer Sicherungskopie m. Anm. *Marly/Prinz*.

[749] Vgl. statt vieler *BGH*, 19.3.2015, I ZR 4/14, NJW 2015, 3576, 3579 Tz. 34 – Green-IT. *BGH*, 3.2.2011, I ZR 129/08, MMR 2011, 305, 307 Tz. 24 – UsedSoft; *BGH*, 11.2.2010, I ZR 178/08, NJW 2010, 2661, 2663 Tz. 19 ff. – Half-Life 2 mit Anm. *Marly* LMK 2010, 309245; *Sosnitza* K&R 2011, 243.

[750] Der *EuGH*, 12.10.2016, C-166/15, EuZW 2016, 866, 868 Tz. 30 – Weiterverkauf einer Sicherungskopie m. Anm. *Marly/Prinz*; *EuGH*, 3.7.2012, C-128/11, NJW 2012, 2565, 2569 Tz. 84 – UsedSoft folgert die Unwirksamkeit ohne Beschränkung auf Allgemeine Geschäftsbedingungen unmittelbar aus dem Erschöpfungsgrundsatz; dem EuGH folgend *BGH*, 19.3.2015, I ZR 4/14, NJW 2015, 3576, 3579 f. Tz. 38 – Green-IT; *BGH*, 11.12.2014, I ZR 8/13, NJW-RR 2015, 1138, 1140 Tz. 36 – UsedSoft III; *OLG Frankfurt*, 5.11.2013, 11 U 92/12, BeckRS 2014, 09012 Tz. 24.

[751] Vgl. *BGH*, 3.2.2011, I ZR 129/08, MMR 2011, 305, 306 Tz. 13 mit Anm. *Marly/Nestler* LMK 2011, 316761.

[752] Vgl. *BGH*, 3.2.2011, I ZR 129/08, MMR 2011, 305, 307 Tz. 15.

[753] Vgl. *EuGH*, 3.7.2012, C-128/11, NJW 2012, 2565, 2569 Tz. 81 – UsedSoft; dem *EuGH* folgend *BGH*, 19.3.2015, I ZR 4/14, NJW 2015, 3576, 3580 Tz. 46 – Green-IT; *Stieper/Henke* NJW 2015, 3548, 3549.

Die zweite hervorzuhebende Besonderheit bei Computersoftware besteht darin, 227
dass anders als etwa bei einem Buch, das der Leser ohne weiteres lesen kann, auch
wenn er das Exemplar antiquarisch erworben hat, es bei Software technisch möglich ist, die Nutzung etwa an die **Eröffnung eines Benutzerkontos** (user account) zu koppeln und in den Geschäftsbedingungen zwar nicht den Weiterverkauf des Programmexemplars, aber die Übertragung des Benutzerkontos zu untersagen. Es liegt in diesen Fällen also eine **technische Beschränkung der Programmweitergabe** vor, deren Zulässigkeit umstritten ist[754]. Der *BGH*[755] hatte vor einigen Jahren in einem solchen Fall entschieden, dass der urheberrechtliche Grundsatz der Erschöpfung des Verbreitungsrechts nicht berührt wird, wenn der Softwarehersteller ein auf DVD vertriebenes Computerspiel so programmiert, dass es erst nach der online erfolgten Zuweisung einer individuellen Kennung genutzt werden kann, und er sich vertraglich ausbedingt, dass diese Kennung nicht an Dritte weitergegeben werden darf. Dies sollte nach Auffassung des *BGH* selbst dann gelten, wenn die DVD mit dem Computerspiel wegen der ohne individuelle Kennung nicht bestehenden Spielmöglichkeiten vom Ersterwerber **praktisch nicht mehr weiterveräußert** werden kann[756].

Vor dem Hintergrund der Rechtsprechung des *EuGH* erscheint die These von der 228
Zulässigkeit des Verbots einer Weitergabe des Benutzerkontos nicht länger haltbar[757]. Es wurde oben[758] bereits darauf hingewiesen, dass der Erschöpfungsgrundsatz nach Auffassung des *EuGH* sowohl mit dem Gedanken der **Verkehrssicherung** als auch mit dem Gedanken der **Belohnung** gerechtfertigt wird. Nicht überzeugend ist daher zunächst, die Erhaltung der Verkehrsfähigkeit auf bereits zuvor vom Rechtsinhaber hergestellte Werkstücke zu reduzieren[759], denn es geht um die **Verkehrsfähigkeit der Ware Software,** die eben nicht an ein konkretes Werkstück gekoppelt ist. Vor diesem Hintergrund hat der *BGH* zu Recht entschieden, dass der Erschöpfungsgrundsatz auch dann Anwendung findet, wenn der Ersterwerber nicht die Software auf einem vom Rechtsinhaber erhaltenen Datenträger weitergibt, sondern die Weitergabe so gehandhabt wird, dass der Zweiterwerber lediglich einen der Software zugeordneten **Produktschlüssel** genannt bekommt und er sodann unter Einsatz dieses Schlüssels die Software vom Server des Herstellers lädt[760]. Dies wird man auf alle vergleichbaren Fälle wie der Weitergabe von **Seriennummern, License-Keys** und **ähnlichen Legitimationsmitteln** übertragen können. Ebensowenig über-

---

[754] Eine Unzulässigkeit bejahend *Weisser/Färber* MMR 2014, 364, 366; *Marly* EuZW 2012, 654, 657; *Haberstumpf* CR 2012, 561, 570; *Stieper* ZUM 2012, 668, 670; dagegen *Hoeren/Försterling* MMR 2012, 642, 645; differenzierend *Malevanny* CR 2013, 422, 425. Unentschlossen *Brüggemann* CR 2015, 697, 703.

[755] Vgl. *BGH*, Urt. v. 11.2.2010 – I ZR 178/08, NJW 2010, 2661 mit Anm. *Marly* LMK 2010, 309245.

[756] Vgl. *BGH*, 11.2.2010, I ZR 178/08, NJW 2010, 2661, 2663 Tz. 21 mit Anm. *Marly* LMK 2010, 309245.

[757] Vgl. *Schneider/Spindler* CR 2014, 213, 221; *Weisser/Färber* MMR 2014, 364, 366; *Stieper* ZUM 2012, 668, 670. A.A. *KG Berlin,* 27.8.2015, 23 U 42/14, CR 2016, 81, 82; *LG Berlin,* 21.1.2014, 15 O 56/13, CR 2014, 400, 402; *Hilgert* CR 2014, 354, 359.

[758] Vgl. oben Rdn. 181.

[759] Vgl. *LG Berlin,* 11.3.2014, 16 O 73/13, CR 2014, 291, 292; *LG Berlin,* 21.1.2014, 15 O 56/13, CR 2014, 400, 401 f.; *LG Düsseldorf,* 26.11.2008, 12 O 431/08, MMR 2009, 216 (Ls.) = BeckRS 2008, 25162; anders aber *LG München I,* 15.3.2007, 7 O 7061/06, MMR 2007, 328, 331; wohl auch *OLG Frankfurt,* 12.5.2009, 11 W 15/09, CR 2009, 423, 424; *Wiebe* GRUR Int. 2009, 114, 117.

[760] Vgl. *BGH,* 19.3.2015, I ZR 4/14, NJW 2015, 3576, 3579 Tz. 30– Green-IT; *OLG München,* 1.6.2017, 29 U 2554/16, CR 2017, 495; *OLG Frankfurt,* 17.11.2016, 6 U 167/16, MMR 2017, 263; *OLG Frankfurt,* 5.4.2016, 11 U 113/15, BeckRS 2016, 08579 Tz. 20.

zeugend ist es aber auch, bei Online-Spielen uneingeschränkt und vorbehaltlos zu argumentieren, es müssten gegebenenfalls auch Dienstleistungen oder sonstige Mitwirkungshandlungen des Spieleherstellers online erbracht werden, die keiner Erschöpfung unterfallen[761], denn es ist nicht generell zu erkennen, welche „im Mittelpunkt des Softwareprodukts" stehenden Dienste dies sein sollen, selbst wenn gegen andere Nutzer gespielt wird. Dies ändert sich aber dann, wenn der Spieleanbieter permanente Rechenleistung, Programmpflege oder Spielbetreuung anbietet, denn dann ist in der Tat nicht von einem Softwarekauf, sondern von einem Dauerschuldverhältnis auszugehen, das dem Erschöfpungsgrundsatz nicht unterfällt. Ansonsten muss auch bei Spielen der Gedanke des *EuGH* berücksichtigt werden, dass dem Erschöpfungsgrundsatz nicht die **praktische Wirksamkeit** genommen werden darf[762].

229 Technische Mittel der Nutzungskontrolle erklärt der *EuGH* nur für zulässig, sofern sie verwendet werden, um sicherzustellen, dass das Programm beim Verkäufer nach dem Verkauf nicht weitergenutzt wird[763]. Eine rechtmäßige Beschränkung der Weiterverkaufsmöglichkeit läßt sich hieraus indes **nicht entnehmen.** Entsprechende Beschränkungen sind wie alle anderen Programmsperren zu behandeln[764]. Dies gilt auch für solche Systemumgebungen, die eine Weiterübertragung von Software schlichtweg technisch nicht vorsehen, wie dies bei Smartphones und Tablet-PCs anzutreffen ist. Ein generelles Recht zur **Selbstbeseitigung** der technischen Beschränkung ist aber nicht anzuerkennen[765]. Vor diesem Hintergrund kommt es zu einem bedauerlichen Auseinanderfallen von rechtlicher Weiterverkaufsmöglichkeit und technischer Realisierbarkeit.

230 Hinsichtlich der Varianten der vom Ersterwerber selbst angefertigten Vervielfältigungsstücke (Varianten B, C und D) differenziert der *EuGH*. Solche Programme, die der Ersterwerber im Wege des **Downloads** bezog, darf er weiterveräußern, obwohl er die gegebenenfalls übergebenen Programmexemplare selbst angefertigt hat. Dies zählt für den *EuGH* zur bestimmungsgemäßen Nutzung. Hat der Ersterwerber das Programm aber auf einem gesonderten Datenträger überlassen bekommen, darf er eine hiervon angefertigte **Sicherungskopie** auch dann nicht weiterveräußern, wenn der Originaldatenträger zerstört, beschädigt oder verloren wurde. Dem soll entgegenstehen, dass eine Sicherungskopie nur für den Bedarf des Ersterwerbers hergestellt und benutzt, nicht aber an einen Dritten veräußert werden dürfe[766]. Damit der Ersterwerber das Programm trotzdem weiterveräußern kann und dem Erschöpfungsgrundsatz nicht die praktische Wirksamkeit genommen wird, spricht der *EuGH* dem Erwerber ein Recht zu, sich das Programm von der Webseite des Urheberrechtsinhabers herunterzuladen[767]. Er muss dann aber in einer nicht näher spezi-

---

[761] Vgl. *Malevanny* CR 2013, 422, 425; ähnlich Brüggemann CR 2015, 697, 703. A. A. *KG Berlin*, 27.8.2015, 23 U 42/14, CR 2016, 81, 82.
[762] Vgl. *EuGH*, 12.10.2016, C-166/15, EuZW 2016, 866, 870 Tz. 53 – Weiterverkauf einer Sicherungskopie m. Anm. *Marly/Prinz*; *EuGH*, 3.7.2012, C-128/11, NJW 2012, 2565, 2569 Tz. 83 – UsedSoft.
[763] Vgl. *EuGH*, 3.7.2012, C-128/11, NJW 2012, 2565, 2569 Tz. 79 und 87 – UsedSoft; dies betont auch *Malevanny* CR 2013, 422, 425.
[764] Vgl. zum Problem der Qualifizierung als Sachmangel unten Rdn. 1520 ff. sowie zu sonstigen vertragsrechtlichen Fragen unten Rdn. 1731 ff.
[765] Vgl. hierzu unten Rdn. 1755.
[766] Vgl. *EuGH*, 12.10.2016, C-166/15, EuZW 2016, 866, 869 Tz. 41 – Weiterverkauf einer Sicherungskopie m. *Anm. Marly/Prinz*.
[767] Vgl. *EuGH*, 12.10.2016, C-166/15, EuZW 2016, 866, 870 Tz. 54 – Weiterverkauf einer Sicherungskopie m. *Anm. Marly/Prinz*.

fizierten „geeigneten Form" nachweisen, dass er die Lizenz rechtmäßig erworben hat[768]. Gleiches wie bei Sicherungskopien wird für den Fall vorinstallierter Software zu gelten haben, wenn der Erstanwender Kopien anfertigt und diese losgelöst von der Hardware veräußert.

Hinsichtlich des Streits über die sog. **Aufspaltung von Volumenlizenzen** (Varianten E und F) ist schließlich darauf hinzuweisen, dass der Ersterwerber bei auf Einzelplatzrechnern ablaufenden Programmen sein Nutzungsrecht nicht „**aufspaltet**", sondern er eine entsprechende Anzahl von Nutzungsrechten inne hat, die er nun gegebenenfalls zahlenmäßig geteilt übertragen möchte[769]. Dies kann etwa auch für einen Insolvenzverwalter von Interesse sein, wenn er das Volumen der Lizenz an geänderte Verhältnisse anpassen möchte, etwa bei der Abtrennung von Firmenteilen[770]. Jedes dieser Nutzungsrechte ist daher als ein **eigenständig zu beurteilendes Recht** zu behandeln[771], das bei analoger Anwendung des Erschöpfungsgrundsatzes auch als eigenständig zu beurteilendes Vervielfältigungsstück zu behandeln ist und den Anwender dazu berechtigt, die entsprechende Zahl von Werkexemplaren selbst herzustellen (Varianten E und F)[772]. Dabei ist der Ersterwerber auch nicht in der Lage, mehr Nutzungsrechte zu übertragen als ihm selbst zustehen, da er dann als Nichtberechtigter einzuordnen wäre und ein gutgläubiger Rechtserwerb des Zweiterwerbers nicht möglich ist[773]. Die hier befürwortete Analogie vermeidet gesetzliche **Wertungswidersprüche**[774], denn es ist nicht überzeugend, den Online-Erwerber oder den Erwerber einer Master-Kopie im Interesse der meist degressiven Preispolitik vieler Softwarehersteller[775] schlechter zu stellen als den Erwerber klassischer Einzelträgermedien. Der Hinweis, dem Ersterwerber bleibe es ja unbenommen getrennte Datenträger statt einer Volumenlizenz zu erwerben oder einen Download so oft durchzuführen wie er Nutzungsberechtigungen benötige[776] ist nicht nur wenig überzeugend, sondern im Ergebnis würde dies sogar den technologischen Fortschritt behindern[777], indem juristisch informierte Softwareanwender etwa auf den Einsatz moderner Telekommunikation verzichten könnten. Darüber hinaus würde der Mehrfachdownload auch das vermeintliche Piraterierisiko nicht reduzieren.

231

---

[768] Vgl. *EuGH*, 12.10.2016, C-166/15, EuZW 2016, 866, 870 Tz. 56 – Weiterverkauf einer Sicherungskopie m. *Anm. Marly/Prinz.*

[769] Vgl. *BGH*, 11.12.2014, I ZR 8/13, NJW-RR 2015, 1138, 1141 Tz. 45 – UsedSoft III; a. A. *Hilber* CR 2008, 749, 753; *Heydn/Schmidl* K&R 2006, 74, 78.

[770] Vgl. *Schneider* CR 2015, 413, 419.

[771] Vgl. *BGH*, 11.12.2014, I ZR 8/13, NJW-RR 2015, 1138, 1141 Tz. 45 – UsedSoft III; *OLG Frankfurt*, 17.11.2016, 6 U 167/16, CR 2017, 82, 83; *LG Hamburg*, 29.6.2006, 315 O 343/06, CR 2006, 812, 813; im Ergebnis wie hier *Redeker* CR 2014, 73, 76.

[772] Vgl. *BGH* 11.12.2014, I ZR 8/13, NJW-RR 2015, 1138, 1142 Tz. 52 – UsedSoft III "adäquat verursachte Vervielfältigungen"; *LG München I*, 28.11.2007, 30 O 8684/07, CR 2008, 416, 417; zustimmend *Schneider* CR 2015, 413, 417; *Huppertz* CR 2008, 418; *Sosnitza* K&R 2006, 206, 209; *Hoeren* CR 2006, 573, 574; a. A. *OLG Frankfurt*, 12.5.2009, 11 W 15/09, CR 2009, 423, 424; *Wiebe* GRUR Int. 2009, 114, 117; *Hilber* CR 2008, 749, 753 f.

[773] Fehlgehend daher das Beispiel von *Heydn* CRi 2009, 24, 25; im Ergebnis wie hier *Rigamonti* GRUR Int. 2009, 14, 26 und auch *Schneider/Spindler* CR 2014, 213, 223.

[774] *EuGH*, 3.7.2012, C-128/11, NJW 2012, 2565, 2567 Tz. 61 – UsedSoft spricht vom Erfordernis des Gleichbehandlungsgrundsatzes.

[775] Zu diesem Argument *LG München I*, 19.1.2006, 7 O 23237/05, MMR 2006, 175, 177; *Haberstumpf* CR 2009, 345, 352; *Rigamonti* GRUR Int. 2009, 14, 26; *Sosnitza* K&R 2006, 206, 209; *Heydn/Schmidl* K&R 2006, 74, 78.

[776] So in der Tat *Spindler* CR 2008, 69, 73; wie hier aber *Rigamonti* GRUR Int. 2009, 14, 26.

[777] Wie hier *Hartmann* GRUR Int. 2012, 980, 983; *Rigamonti* GRUR Int. 2009, 14, 26; *Kreutzer*, www.irights.info/userfiles/2011-05-03_Verbraucherschutz_im_Urheberrecht.pdf., S. 103.

232 Der *EuGH* macht im Hinblick auf die Aufspaltung von Volumenlizenzen aber eine entscheidende Einschränkung. Er vertritt die Auffassung, dass der Erschöpfungsgrundsatz nur eingreift, wenn der weiterverkaufende Ersterwerber seine eigene Kopie unbrauchbar macht. Bei der damals streitgegenständlichen **Client-Server-Software** dürfe der Ersterwerber diese daher auch nicht für eine entsprechend verringerte Nutzeranzahl auf seinem Server belassen[778]. Dies ist für den speziellen Fall der Client-Server-Software überzeugend, da die Anzahl der Anwender schwerlich kontrollierbar wäre[779]. Noch am Tag der Urteilsverkündung wurde aber die Frage aufgeworfen, ob dies auch bei **Volumenlizenzen über Einzelplatzsoftware** gilt. Der *EuGH* hat diese Variante **nicht geprüft**. Seine Begründung zur Unzulässigkeit der Aufspaltung erfasst diese Fälle nicht[780], was in vielen Stellungnahmen zu diesem Urteil nicht berücksichtigt wurde.

233 Das *OLG Frankfurt*[781] hatte bezüglich des Streits über die Aufspaltung von Volumen-, Mehrfach- oder Paketlizenzen von Einzelplatzsoftware ausdrücklich und eindeutig Stellung bezogen. Bei diesen Lizenzen beruhe die Rabattierung nicht auf einem besonderen Verwendungszweck, sondern allein auf der hohen Absatzzahl. Das *OLG Frankfurt* erklärte eine Aufspaltung des Pakets und Einzelweiterverkauf im Einklang mit der hier vertretenen Auffassung **nur dann für unzulässig,** wenn die **Anzahl** der mit Willen des Rechtsinhabers in den Verkehr gebrachten **Programmkopien verändert** wird. Dies sei aber nicht der Fall, wenn ursprünglich zwar eine einheitliche Lizenz mit 40 Nutzungsrechten verkauft worden sei, der Ersterwerber beim Weiterverkauf aber nicht mehr als 40 eigenständige Nutzungsrechte für eigenständige Arbeitsplätze an verschiedene Zweiterwerber übertrage. Selbst eine **einheitliche Seriennummer** ändere hieran nichts, da die Seriennummer lediglich einem Schlüssel für die Installation gleiche, der Weiterverkauf der „aufgespaltenen" Lizenzen aber keine Veränderung der Gesamtsumme an Lizenzen beinhalte. Das insoweit nur auf den ersten Blick abweichende Urteil des *EuGH* beruht nach Auffassung des *OLG Frankfurt* auf einer abweichenden Sachverhaltskonstellation beim speziellen Fall sog. Client-Server-Software[782]. Der *BGH* hat das Urteil des *OLG Frankfurt* in der Revisionsentscheidung hinsichtlich des hier diskutierten Punkts bestätigt[783].

234 Für den **Nachweis der Nutzungseinstellung** seitens des Erstkäufers hat das *OLG Frankfurt* die Vorlage einer entsprechenden „Vernichtungserklärung" des Ersterwerbers genügen lassen[784]. Die Varianten G und H genügen daher den Anforderungen des *OLG Frankfurt*. Der *BGH* hat dies eingeschränkt. Er hat zunächst darauf hingewiesen, dass die **Darlegungs- und Beweislast für die Nutzungseinstellung** im Bestreitensfalle der Zweiterwerber bzw. der Gebrauchtsoftwarehändler zu tragen hat, der sich auf die Erschöpfung beruft[785]. Die Erfüllung dieser Voraussetzung er-

---

[778] Vgl. *EuGH*, 3.7.2012, C-128/11, NJW 2012, 2565, 2568 Tz. 70 – UsedSoft.
[779] Die Aufspaltung bei Client-Server-Software wird selbst von Gebrauchtsoftwarehändlern als „widersinnig" bezeichnet siehe www.usedsoft.com/de/presse/pressemeldungen/eugh-gibt-gruenes-licht-fuer-software-gebrauchthandel/.
[780] Vgl. *OLG Frankfurt*, 18.12.2012, 11 U 68/11, GRUR 2013, 279, 283 m. Anm. *Marly*; *Hoeren/Försterling* MMR 2012, 642, 645 f.
[781] Vgl. *OLG Frankfurt*, 18.12.2012, 11 U 68/11, GRUR 2013, 279, 282 m. Anm. *Marly*.
[782] Vgl. *OLG Frankfurt*, 18.12.2012, 11 U 68/11, GRUR 2013, 279, 283 m. Anm. *Marly*.
[783] Vgl. *BGH*, 11.12.2014, I ZR 8/13, NJW-RR 2015, 1138, 1141 Tz. 45 – UsedSoft III; ferner auch *OLG Frankfurt*, 17.11.2016, 6 U 167/16, MMR 2017, 263, 264.
[784] Vgl. *OLG Frankfurt*, 18.12.2012, GRUR 2013, 279, 282 m. Anm. *Marly*.
[785] Vgl. *BGH*, 19.3.2015, I ZR 4/14, NJW 2015, 3576, 3581 Tz. 49 – Green-IT; *BGH*, 11.12.2014, I ZR 8/13, NJW-RR 2015, 1138, 1141 Tz. 46 – UsedSoft III; *BGH*, 17.7.2013, I ZR 129/08, NJW-RR 2014, 360, 366 Tz. 56 und 64 – UsedSoft II; *OLG Frankfurt*, 22.12.2016, 11 U 108/13,

gebe sich nicht schon daraus, dass der Gebrauchtsoftwarehändler seinen Kunden ein **Notartestat** übergebe, aus der sich lediglich ergebe, dass dem Notar eine Erklärung des Ersterwerbers vorgelegen habe, wonach er Inhaber der Lizenz gewesen sei, diese nicht mehr benutze und den Kaufpreis vollständig bezahlt habe[786]. Leider präzisiert der *BGH* die für den Nachweis erforderlichen Kriterien nicht, gleichwie er sich auch nicht mit der Entscheidung des *OLG Frankfurt* auseinandersetzt[787]. Sicher ist nur, dass der nicht spezifizierte Parteivortrag die Vorgaben der höchstrichterlichen Rechtsprechung einzuhalten und der Ersterwerber habe seine Programmkopien im Zuge der Weiterveräußerung selbstverständlich unbrauchbar gemacht[788] nicht ausreicht. Ganz allgemein möchte der *BGH* eine **Vernichtungserklärung** des Ersterwerbers zum Nachweis der Entfernung der ursprünglichen Programmkopie **im Regelfall nicht ausreichen** lassen, wenn der Rechtsinhaber einen entsprechenden Vorgang bestreitet[789]. Im Schrifttum wird vereinzelt sogar ausgeführt eine Löschung- oder Deinstallationsbestätigung sei auch aus dem Grund nicht ausreichend, weil die Dateien jederzeit wieder hergestellt werden könnten, solange nur die üblichen Betriebssystembefehle verwendet würden[790]. Dies erscheint aber überzogen, weil es unterstellt, dass der Erstanwender sich an seine eigenen Bestätigungen nicht halten und das Urheberrecht verletzen will. In einer neueren Entscheidung verlangt auch das *OLG Frankfurt*, dass derjenige, der sich auf die Erschöpfung beruft, „hinreichend substantiiert" zur Erwerbskette vorträgt[791]. Die an den Nachweis der Nutzungseinstellung beim Ersterwerber bzw. den Erwerb des Nutzungsrechts des Zweiterwerbers zu stellenden konkreten Anforderungen sind daher derzeit nicht vollständig geklärt.

Eine Ausnahme wird im Rahmen der **grundsätzlichen Zulässigkeit der Aufspaltung** von Volumenlizenzen allein in den Fällen anzuerkennen sein, in denen der Ersterwerber eine zahlenmäßig nicht begrenzte „Unternehmenslizenz" erwirbt und diese dazu nutzt die Nutzerzahlen über die eigene Mitarbeiterzahl hinaus zu erhöhen, indem er die Unternehmenslizenz an ein größeres Unternehmen überträgt oder überzählig oft aufgeteilt abtritt[792]. Hier missbraucht der Ersterwerber den Erschöpfungsgrundsatz, sodass dieser Vorgehensweise der Einwand des **Rechtsmissbrauchs** entgegensteht[793]. 235

ζ) Ausblick

Ob die juristische Aufarbeitung des Handels mit Gebrauchtsoftware in ihrer jetzigen Form lange Bestand haben wird mag bezweifelt werden[794]. Zu erwarten ist, dass die Rechtsinhaber ihre Werke den Anwendern zukünftig **nicht mehr zur zeitlich** 236

CR 2017, 295, 297; *OLG Frankfurt*, 17.11.2016, 6 U 167/16, MMR 2017, 263, 264; *OLG München*, 22.9.2016, 29 U 3449/15, BeckRS 2016, 110811 Tz. 23 sowie 32; *LG München I*, 1.9.2015, 33 O 12440/14, CR 2016, 219, 220; *Kubach/Hunzinger* CR 2016, 14, 15 f.; *Stieper* ZUM 2012, 668, 670; *Hartmann* GRUR Int. 2012, 980, 985.

[786] Vgl. *BGH*, 17.7.2013, I ZR 129/08, NJW-RR 2014, 360, 366 Tz. 64 – UsedSoft II; bestätigt *BGH*, 11.12.2014, I ZR 8/13, NJW-RR 2015, 1138, 1141 Tz. 49 – UsedSoft III.

[787] Kritisch hierzu bereits *Marly* CR 2014, 145, 148; ferner *Kubach/Hunzinger* CR 2016, 213, 214 f.

[788] Vgl. *OLG München*, 2.3.2015, 6 U 2759/07, MMR 2015, 397, 400.

[789] Vgl. *BGH*, 11.12.2014, I ZR 8/13, NJW-RR 2015, 1138, 1141 Tz. 49 – UsedSoft III.

[790] Vgl. *Heyden* CR 2015, 400, 401.

[791] Vgl. *OLG Frankfurt*, 22.12.2016, 11 U 108/13, CR 2017, 295, 297.

[792] Vgl. *OLG Frankfurt*, 18.12.2012, 11 U 68/11, GRUR 2013, 279, 282 m. Anm. *Marly*.

[793] Vgl. *Marly* EuZW 2012, 654, 657; im Ergebnis wie hier *Sosnitza* K&R 2006, 206, 209 Fußn. 26; ähnlich auch *Schuppert/Greissinger* CR 2005, 81, 84 f.

[794] Vgl. *Dietrich* Neue Justiz 2014, 194, 196.

unbefristeten **Nutzung** überlassen werden, sondern etwa jährliche Nutzungsgebühren im Rahmen von Mietmodellen[795] verlangen. Vor dem Hintergrund der wenig überzeugenden Rechtsprechung des *BGH* zur Erschöpfung des Verbreitungsrechts bei Softwareüberlassungen mit begrenzter Servicelaufzeit und automatischer Deaktivierung[796] ist dies aber zu beobachten. Auch der Trend zum **Cloud Computing**[797] wird dazu führen, dass die Diskussion der vergangenen Jahre schnell überholt sein könnte. Zu erwarten ist auch, dass die Softwarenutzung an neue technische Zugangsbeschränkungen gekoppelt wird, um sicherzustellen, dass der veräußernde Anwender das Programm nicht weiter nutzt und die Software allein beim Zweiterwerber abläuft[798]. Ob eine automatisierte **Online-Anmeldung bei jedem Programmstart** verlangt werden kann, erscheint vor dem Hintergrund der Tatsache zweifelhaft, dass eine Online-Verbindung nicht immer und an allen Orten sichergestellt ist. Voraussichtlich werden Verbindungen zum Server des jeweiligen Rechtsinhabers in regelmäßigen oder unregelmäßigen Abständen hergestellt[799].

237 Nach Auffassung des *OLG Hamburg* benötigt ein Verbraucher im Rahmen des Erwerbs von Gebrauchtsoftware die Information, **wie die Rechte des Softwareanwenders beim Erwerb ausgestaltet sind.** Es soll sich um wesentliche Informationen i. S. d. § 5a Abs. 3 Nr. 1, Abs. 2 UWG handeln, die der Verbraucher benötigt, um eine geschäftliche Entscheidung treffen zu können. Sofern ein Verkäufer von Gebrauchtsoftware daher die Übermittlung eines Product-Keys anbietet, ohne den Verbraucher zu unterrichten, wie dessen Recht zur bestimmungsgemäßen Nutzung ausgestaltet ist und wie das Rechtsverhältnis zwischen Rechtsinhaber und dem Ersterwerber aussieht, handelt er unlauter und damit wettbewerbswidrig[800].

dd) Das Recht der öffentlichen Wiedergabe gem. § 69c Nr. 4 UrhG

Schrifttum: *Völtz*, Das Kriterium der „neuen Öffentlichkeit" im Urheberrecht. Implikationen der jüngsten EuGH-Rechtsprechung zum Recht der öffentlichen Wiedergabe, CR 2014, 721 ff.

238 § 69c Nr. 4 UrhG wurde mit der Urheberrechtsnovelle von 2003 in das Gesetz neu aufgenommen. Weder in der EG-Richtlinie zum Softwareschutz (1991) noch in § 69c UrhG a. F. war ein eigenständiges Recht zur öffentlichen Wiedergabe enthalten. Mit der Ergänzung beabsichtigte der Gesetzgeber lediglich eine **Klarstellung,** dass dieses Recht auch bei Computerprogrammen ausschließlich dem Rechtsinhaber zugewiesen ist[801]. Angesichts der in § 69a Abs. 4 UrhG enthaltenen Verweisung auf die für Sprachwerke geltenden Bestimmungen für den Fall fehlender softwarespezifischer Regelungen im 8. Abschnitt des UrhG hätte es der Regelung des § 69c Nr. 4 UrhG eigentlich nicht bedurft. Vor diesem Hintergrund ist es zutreffend, wenn der *BGH* ausführt, das Recht der öffentlichen Zugänglichmachung sei zwar erst mit Wirkung zum 13.9.2003 allgemein in § 15 Abs. 2 Nr. 4 i. V. m. § 19a UrhG und speziell für Computerprogramme in § 69c Nr. 4 UrhG ausdrücklich geregelt worden, habe aber schon zuvor bestanden[802].

---

[795] Vgl. *Weisser/Färber* MMR 2014, 364, 366 f.; *Marly* EuZW 2012, 654, 657; *Moritz* K&R 2012, 456, 458; *Stieper* ZUM 2012, 668, 670. Für alle digitalen Güter *Redeker* CR 2014, 73, 78.
[796] Vgl. hierzu auch oben Rdn. 193.
[797] Vgl. hierzu auch unten Rdn. 1737.
[798] Vgl. *Moritz* K&R 2012, 456, 458; *v. Welser* GRUR-Prax 2012, 326; *Hartmann* GRUR Int. 2012, 980, 985. Für Online-Spiele *Brüggemann* CR 2015, 697, 703.
[799] Vgl. hierzu unten Rdn. 1737.
[800] Vgl. hierzu unten Rdn. 1737.
[801] Vgl. *OLG Hamburg*, 16.6.2016, 5 W 36/16, MMR 2017, 344, 346 Tz. 27; wohl auch *OLG Frankfurt*, 29.9.2016, 6 U 110/16; BeckRS 2016, 19017 Tz. 18.
[802] Vgl. *BGH*, 20.5.2009, I ZR 239/06, NJW 2009, 3509 Tz. 16.

Inhaltlich erfasst sind von § 69c Nr. 4 UrhG alle Formen der öffentlichen Wiedergabe gem. §§ 15 Abs. 2, 19 ff. UrhG, jedoch ist allein die öffentliche Zugänglichmachung im Sinne von § 19a UrhG ausdrücklich genannt, was sich durch die geringere Bedeutung der übrigen Unterfälle der Werkverwertung in unkörperlicher Form rechtfertigt. Vereinzelt wird daher zutreffend davon gesprochen, § 19a UrhG stelle eine besondere Ausgestaltung des Rechts der öffentlichen Wiedergabe für den Onlinebereich dar[803]. Tatbestandlich ist die softwarespezifische Regelung der öffentlichen Zugänglichmachung **inhaltsgleich** mit derjenigen des § 19a UrhG[804]. 239

Eine öffentliche Wiedergabe eines Programms liegt dann vor, wenn es einer Mehrzahl von Mitgliedern der Öffentlichkeit in unkörperlicher Form wahrnehmbar oder zugänglich gemacht wird[805]. Dementsprechend hat der Begriff der öffentlichen Wiedergabe zwei kumulative Tatbestandsmerkmale, nämlich eine Handlung der Wiedergabe eines Werkes und die Öffentlichkeit dieser Handlung[806]. Dabei richtet sich die Beurteilung der Öffentlichkeit der Wiedergabe nach der allgemeinen Regelung des § 15 Abs. 3 UrhG. Der *EuGH* möchte den Begriff der öffentlichen Wiedergabe unter Berufung auf den 23. Erwägungsgrund zur Harmonisierungsrichtlinie im Urheberrecht weit verstanden wissen[807]. Ein Zugänglichmachen liegt dann vor, wenn Dritten der **Zugriff auf das** sich in der Zugriffssphäre des Vorhaltenden befindende **Werk** eröffnet wird[808]. Ausreichend für eine Zugänglichmachung ist die **Bereitstellung zum Abruf** durch Mitglieder der Öffentlichkeit[809], etwa das Ablegen des Programms auf einem der Öffentlichkeit zugänglichen Server[810] oder das Zugänglichmachen mittels einer Filesharing-Software in Peer-to-Peer-Netzwerken zum Download[811]. Nicht erforderlich ist demgegenüber, dass das Programm oder wesentliche Teile desselben auch übertragen werden[812], denn die von § 69c Nr. 4 UrhG 240

---

[803] Vgl. *LG München I*, 25.6.2009, 7 O 4139/08, CR 2010, 58, 59.
[804] In dieser Richtung *OLG München*, 1.6.2017, 29 U 2554/16, CR 2017, 495, 496.
[805] Vgl. *OLG München*, 1.6.2017, 29 U 2554/16, CR 2017, 495, 496; *OLG Köln*, 28.3.2017, III-1 RVs 281/16, GRUR 2017, 1039, 1040 Tz. 10.
[806] Vgl. *EuGH*, 14.6.2017, C-610/15 MMR 2017, 518, 519 Tz. 24 – The Pirate Bay; *EuGH*, 26.4.2017, C-527/15, NJW 2017, 1933, 1934 Tz. 29 – Medienabspieler; *EuGH*, 19.11.2015, C-325/14, GRUR 2016, 60, 61 Tz. 15 – SABAM; *EuGH*, 13.2.2014, C-466/12, NJW 2014, 759, 760 Tz. 16 – Hyperlinks; *BGH*, 23.2.2017, I ZR 267/15, MMR 2017, 610, 611 Tz. 21.
[807] Vgl. *EuGH*, 13.2.2014, C-466/12, NJW 2014, 759, 760, Tz. 17 – Hyperlinks; *EuGH*, 7.3.2013, C-607/11, GRUR Int. 2013, 380, 382 Tz. 20; *EuGH*, 22.10.2010, C-393/09, GRUR 2011, 220, 223 Tz. 54; *BGH*, 16.5.2013, I ZR 46/12, GRUR 2013, 818, 821 Tz. 26.
[808] Vgl. *BGH*, 9.7.2015, I ZR 46/12, GRUR 2016, 171, 172 Tz. 13; *BGH*, 16.5.2013, I ZR 46/12, GRUR 2013, 818 Tz. 8; *BGH*, 29.4.2010, I ZR 69/08, MMR 2010, 475, 476 Tz. 19; *OLG München*, 1.6.2017, 29 U 2554/16, CR 2017, 495, 496; *OLG Köln*, 28.3.2017, III-1 RVs 281/16, GRUR 2017, 1039, 1040 Tz. 12; *OLG Frankfurt*, 27.1.2015, 11 U 94/13, GRUR 2015, 784, 789, Tz. 47; *OLG Karlsruhe*, 3.12.2012, 6 U 92/11, MMR 2013, 258, 259.
[809] Vgl. *OLG Hamburg*, 28.1.2009, 5 U 255/07, MMR 2009, 405, 406; *LG Hamburg*, 14.6.2013, 308 O 10/13, CR 2013, 498; *LG Frankfurt*, 20.2.2008, 2/6 O 247/07, CR 2008, 534.
[810] Vgl. *BGH*, 23.2.2017, I ZR 267/15, MMR 2017, 610, 611 Tz. 24; *BGH*, 20.5.2009, I ZR 239/06, GRUR 2009, 864, 865 Tz. 17; *OLG München*, 1.6.2017, 29 U 2554/16, CR 2017, 495, 496; *OLG München*, 28.1.2016, 29 U 2798/15, MMR 2016, 833, 834; *OLG Frankfurt*, 27.1.2015, 11 U 94/13, GRUR 2015, 784, 789, Tz. 47; *Wemmer/Bodensiek* K&R 2010, 16; *Wandtke/Bullinger/Grützmacher* § 69c Rdn. 51.
[811] Vgl. *BGH*, 16.5.2013, I ZB 44/12, BeckRS 2013, 13001 Tz. 12; *LG Hamburg*, 11.3.2009, 308 O 75/09, CR 2009, 656, 657.
[812] Vgl. *OLG München*, 28.1.2016, 29 U 2798/15, MMR 2016, 833, 834; *OLG München*, 7.2.2008, 29 U 3520/07, CR 2009, 500, 501 f.; *LG Hamburg*, 14.6.2013, 308 O 10/13, CR 2013, 498; *Wandtke/Bullinger/Grützmacher* § 69c Rdn. 53; für Lichtbilder *OLG Hamburg*, 30.9.2009,

erfasste Handlung des Zugänglichmachens ist der zeitlich nachfolgenden Übertragungshandlung vorgelagert und nach der Systematik der urheberrechtlichen Verwertungsrechte selbstständig. Ein Erwerbszweck des zugänglich Machenden ist keine zwingende Voraussetzung einer öffentlichen Wiedergabe[813].

241 Zur **Öffentlichkeit** gehört gem. § 15 Abs. 3 S. 2 UrhG jeder, der nicht mit demjenigen, der das Werk verwertet, oder mit den anderen Personen, denen das Werk in unkörperlicher Form wahrnehmbar oder zugänglich gemacht wird, durch **persönliche Beziehungen** verbunden ist[814]. Für die nach § 15 Abs. 3 S. 1 UrhG erforderliche Mehrzahl von Mitgliedern der Öffentlichkeit reichen zwei Personen aus[815]. Im Zusammenhang mit einer öffentlichen Zugänglichmachung gem. Art. 3 Abs. 1 der Harmonisierungsrichtlinie (= § 19a UrhG) verlangt der *EuGH,* dass eine unbestimmte Zahl potenzieller Adressaten und eine ziemlich große Zahl von Personen vorliegen muss[816]. Die Wiedergabe müsse für Personen allgemein sein, also nicht auf besondere Personen beschränkt, die einer privaten Gruppe angehören[817]. Zur Bestimmung dieser Zahl von Personen sei die kumulative Wirkung zu beachten, die sich aus der Zugänglichmachung des Werks bei den potenziellen Adressaten ergebe. Dabei sei insbesondere von Bedeutung, wieviele Personen gleichzeitig und nacheinander Zugang zum Werk haben[818]. Auch das Application Service Providing (ASP) kann eine öffentliche Zugänglichmachung darstellen[819]. Das Übersenden eines Computerprogramms mittels Dateianhang einer E-Mail an einen Freund ist demgegenüber keine öffentliche Zugänglichmachung[820]. Das Setzen eines Hyperlinks **ohne eigene Speicherung** des Werks kann sich dann als öffentliche Zugänglichmachung darstellen, wenn hierdurch ein neues Publikum angesprochen wird, das der Rechtsinhaber nicht hatte erfassen wollen, als er das geschützte Werk zugänglich machte[821]. War das Werk jedoch mit Erlaubnis des Rechtsinhabers für alle Internetnutzer frei zugänglich, kann eine weitere Bereitstellung im Internet nicht als öffentliche Wiedergabe eingestuft werden, weil die Handlung nicht gegenüber einem neuen Publikum erfolgt[822]. Soweit das Programm jedoch **mit eigener Speicherung** auf dem

---

5 U 111/08, MMR 2010, 51, 52; für Hörbücher *OLG Hamm,* 15.5.2014, I-22 60/13, MMR 2014, 689, 691.
[813] Vgl. *BGH,* 23.2.2017, I ZR 267/15, MMR 2017, 610, 612 Tz. 39; *BGH,* 17.9.2015, I ZR 228/14, NJW 2016; 807, 810 Tz: 49; *BGH,* 9.7.2015, I ZR 46/12, GRUR 2016, 171, 174 Tz. 36.
[814] Vgl. auch *OLG Köln,* 28.3.2017, III-1 RVs 281/16, GRUR 2017, 1039, 1042 Tz. 26; *OLG Hamburg,* 28.1.2009, 5 U 255/07, MMR 2009, 405, 406.
[815] Vgl. *OLG Hamburg,* 28.1.2009, 5 U 255/07, MMR 2009, 405, 406; *Dreier/Schulze* § 15 Rdn. 40.
[816] Vgl. *EuGH,* 26.4.2017, C-527/15, NJW 2017, 1933, 1934 Tz. 32 – Medienabspieler; *EuGH,* 19.11.2015, C-325/14, GRUR 2016, 60, 61 Tz. 21 – SABAM; *EuGH,* 27.2.2014, C-351/12, MMR 2014, 755, 756 Tz. 27 – OSA; *EuGH,* 15.3.2012, C-135/10, GRUR 2012, 593, 596 Tz. 84 – SCF/Marco Del Corso; *BGH,* 23.2.2017, I ZR 267/15, MMR 2017, 610, 611 Tz. 26; *BGH,* 17.9.2015, I ZR 228/14, GRUR 2016, 71, 75 Tz. 45; *BGH,* 9.7.2015, I ZR 46/12, GRUR 2016, 171, 173 Tz. 24; *BGH,* 16.5.2013, I ZR 46/12, GRUR 2013, 818, 819 Tz. 17; *LG Köln,* 20.2.2015, 14 S 30/14, GRUR 2015, 885, 887.
[817] Vgl. *EuGH,* 15.3.2012, C-135/10, GRUR 2012, 593, 596 Tz. 84 – SCF/Marco Del Corso; *EuGH,* 15.3.2012, 162/10, GRUR 2012, 597, 598 Tz. 34.
[818] Vgl. *EuGH,* 26.4.2017, C-527/15, NJW 2017, 1933, 1935 Tz. 44 – Medienabspieler; *EuGH,* 7.3.2013, C-607/11, MMR 2013, 459, 460 Tz. 33 – ITV Broadcasting/TVC.
[819] Vgl. unten Rdn. 1101 ff.
[820] Vgl. *Leupold/Glossner/Wiebe* Teil 3 Rdn. 45.
[821] Vgl. *EuGH,* 13.2.2014, C-466/12, NJW 2014, 759, 760 Tz. 24 – Hyperlinks.
[822] Vgl. *EuGH,* 26.4.2017, C-527/15, NJW 2017, 1933, 1935 Tz. 47 – Medienabspieler; *EuGH,* 21.10.2014, C-348/13, NJW 2015, 148, 149 Tz. 15 f.; *BGH,* 9.7.2015, I ZR 46/14, GRUR 2016, 171, 173 Tz. 29.

eigenen Server angeboten wird, sieht das *OLG München* ein Zugänglichmachen gegenüber einem neuen Publikum, weil dem Rechtsinhaber andernfalls die Möglichkeit genommen wäre, die wirtschaftliche Verwertung seines Werkes zu steuern und eine angemessene Beteiligung an der wirtschaftlichen Nutzung seines Werkes sicherzustellen[823].

Obwohl die Fernsehausstrahlung eines Werkes grundsätzlich eine öffentliche Wiedergabe desselben darstellt, verneint der *EuGH* eine solche für den Fall, dass die **Bildschirmoberfläche** eines Computerprogramms **im Fernsehen gezeigt** wird. Er folgert dies aus der Überlegung, dass die grafische Oberfläche den Fernsehzuschauern nur passiv wiedergegeben wird, ohne dass sie die Möglichkeit zum Tätigwerden haben. Sie können die Funktion dieser Benutzeroberfläche nicht nutzen, die darin besteht, eine Interaktion zwischen dem Computerprogramm und dem Benutzer zu ermöglichen. Da die grafische Benutzeroberfläche durch die Fernsehausstrahlung nicht der Öffentlichkeit in dem Sinne zur Verfügung gestellt wird, dass die Personen, aus denen sich diese zusammensetzt, Zugang zu dem wesentlichen Merkmal der Schnittstelle haben, nämlich der Interaktion mit dem Benutzer, erfolge keine öffentliche Wiedergabe der grafischen Benutzeroberfläche[824]. Das Recht der öffentlichen Wiedergabe einschließlich des Rechts der öffentlichen Zugänglichmachung **unterliegt** als Form der unkörperlichen Werkverwertung **nicht dem Erschöpfungsgrundsatz**[825].

242

c) Ausnahmen von den zustimmungsbedürftigen Handlungen gem. § 69d UrhG

aa) § 69d Abs. 1 UrhG

Die für eine unbeeinträchtigte Benutzbarkeit des Programms durch den Anwender **notwendigen Einschränkungen** des § 69c UrhG erfolgen zunächst durch § 69d UrhG. Gem. § 69d Abs. 1 UrhG bedarf jeder zur Verwendung eines Vervielfältigungsstücks eines Computerprogramms **Berechtigte** für die in § 69c Nr. 1 und 2 UrhG genannten Handlungen der Vervielfältigung und Bearbeitung nicht der Zustimmung des Rechtsinhabers am Computerprogramm, soweit keine besonderen vertraglichen Bestimmungen vorliegen und die betreffenden Handlungen für die **bestimmungsgemäße Programmbenutzung** einschließlich der Fehlerberichtigung notwendig sind. Die dogmatisch korrekte Einordnung des § 69d Abs. 1 UrhG ist umstritten[826]. Während der Schaffung der EG-Richtlinie zum Softwareschutz (1991) ist im britischen Schrifttum zutreffend darauf hingewiesen worden, den Erwägungsgründen zur Richtlinie liege der Gedanke der **„implied use rights"** zugrunde[827]. Wichtiger als die Benennung des dogmatisch richtigen Terminus ist aber die Ableitung der aus § 69d Abs. 1 UrhG zu entnehmenden Rechtsfolgen[828], denn der Regelungsinhalt dieser Vorschrift erschließt sich nicht leicht[829]. § 69d Abs. 1 UrhG lässt

243

---

[823] Vgl. *OLG München*, 1.6.2017, 29 U 2554/16, CR 2017, 495, 497; im Ergebnis auch *BGH*, 23.2.2017, I ZR 267/15, MMR 2017, 610, 612 Tz. 38.
[824] Vgl. *EuGH*, 22.10.2010, C-393/09, GRUR 2011, 220, 223, Tz. 57.
[825] Vgl. *OLG München*, 1.6.2017, 29 U 2554/16, CR 2017, 495, 497; *Wandtke/Bullinger/Grützmacher* § 69c Rdn. 59; *Dreier/Schulze* § 19a Rdn. 11 sowie § 69c Rdn. 28; *Schricker/Loewenheim/Spindler* § 69c Rdn. 41.
[826] Vgl. hierzu auch unten Rdn. 245.
[827] Vgl. *Czarnota/Hart* S. 65; anders aber *Haberstumpf* CR 2009, 345, 346 f.; wieder anders *Grützmacher* CR 2011, 485, 486 f.
[828] So ausdrücklich auch *Dreier/Schulze* § 69d Rdn. 2.
[829] *Wandtke/Bullinger/Grützmacher* § 69d Rdn. 1 sprechen von der „wohl am schwersten zugänglichen Vorschrift" des Computerurheberrechts.

sich in insgesamt fünf Untersuchungsschwerpunkte zerlegen, die der Reihe nach behandelt werden sollen:
1. Wann liegen keine besonderen vertraglichen Bestimmungen vor?
2. Wie wird der zur Verwendung des Programmexemplars Berechtigte ermittelt?
3. Wie ist das „Benutzungsrecht" dogmatisch zu begründen?
4. Wie definiert sich die „bestimmungsgemäße Benutzung" eines Computerprogramms?
5. Bestehen Grenzen hinsichtlich der vertraglichen Festlegung der bestimmungsgemäßen Programmnutzung?

244 Zu 1.): Besondere vertragliche Bestimmungen im Sinne des § 69d Abs. 1 UrhG sind nur solche **Vereinbarungen zwischen den Vertragsparteien,** in denen die Art und Weise der gegenwärtigen oder zukünftigen Programmbenutzung geregelt ist, soweit bei diesen Vervielfältigungshandlungen im Sinne des § 69c Nr. 1 UrhG oder Übersetzungen, Bearbeitungen und andere Umarbeitungen des Programms sowie die Vervielfältigung der erzielten Ergebnisse im Sinne des § 69c Nr. 2 UrhG[830] vorgenommen werden. Enthält der Softwarevertrag keine solchen Vereinbarungen, ist diese Voraussetzung des § 69d Abs. 1 UrhG unzweifelhaft erfüllt. Gleiches muss aber in dem Fall gelten, in dem im Vertragsverhältnis zwischen Händler und Anwender keine solchen Vereinbarungen getroffen werden und ein vom Hersteller angestrebter zweiter Vertrag zwischen ihm und dem Anwender, der ebensolche Vereinbarungen enthält, nicht zustande kommt. Auch hier liegen im Ergebnis keine „vertraglichen" Bestimmungen vor, sondern lediglich Regelungen eines vom Anwender nicht angenommenen Vertragsangebots im Sinne des Versuchs einseitiger Beschränkungen[831].

245 Zu 2.): Eine Möglichkeit zur Bestimmung des **zur Verwendung des Programmexemplars Berechtigten** besteht darin, auf das Eigentum oder den rechtmäßigen Besitz am Programmexemplar abzustellen und der betreffenden Person über § 69d Abs. 1 UrhG automatisch ein entsprechendes Nutzungsrecht zuzusprechen[832]. Für diese Vorgehensweise könnte angeführt werden, dass die dem § 69d Abs. 1 UrhG zugrundeliegende Regelung des Art. 5 Abs. 1 der Softwarerichtlinie nicht von dem „zur Verwendung eines Vervielfältigungsstücks des Programms Berechtigten spricht", sondern vom „rechtmäßigen Erwerber"[833]. In der Tat werden **Eigentum** bzw. **rechtmäßiger Besitz** sowie die Inhaberschaft eines Nutzungsrechts in der Regel bei der gleichen Person liegen. Es erscheint aber nicht haltbar, dieses Ergebnis als zwingend zu qualifizieren[834]. Möglich ist etwa, dass das Programmexemplar samt Dokumentation von einem Besitzmittler, dem kein übertragbares gegenständliches Nutzungsrecht, sondern etwa nur eine rein schuldrechtliche Nutzungsbefugnis zusteht, an einen Dritten veräußert wird und dieser gutgläubig Eigentum erwirbt. Da ein gutgläubiger Erwerb des urheberrechtlichen Nutzungsrechts nicht

---

[830] Der Wortlaut des § 69c Nr. 2 UrhG erwähnt auch noch das „Arrangement" eines Computerprogramms, jedoch kommt diesem Begriff kein erschließbarer Inhalt zu; vgl. *Marly*, Urheberrechtsschutz, S. 213; *ders.* jur-pc 1992, 1652, 1655; bezeichnenderweise fehlten auch dem an der Ausarbeitung des Gesetzes beteiligten Referenten im Bundesministerium der Justiz konkrete Vorstellungen über den Inhalt dieses Begriffs, was er unumwunden zugab; vgl. *Schulte* CR 1992, 588, 592 Fußn. 24.

[831] Vgl. *Wandtke/Bullinger/Grützmacher* § 69d Rdn. 32; *Grützmacher* CR 2011, 485, 486.

[832] So tendenziell *Baus* MMR 2002, 14, 16; wohl auch *Hilber* CR 2008, 749, 750 f.

[833] Vgl. *Hilber* CR 2008, 749, 751; *Baus* MMR 2002, 14, 16; *Wandtke/Bullinger/Grützmacher* § 69d Rdn. 26; *Dreyer/Kotthoff/Meckel* § 69d Rdn. 9.

[834] So aber *Baus* MMR 2002, 14, 16; wie hier *Fromm/Nordemann/Czychowski* Vor § 69a Rdn. 10; *Moritz* MMR 2001, 94, 95.

möglich ist[835] und hier auch keine Rechtsscheinsgrundsätze eingreifen, fallen Eigentum und Nutzungsrecht auseinander. Es ist nicht ersichtlich, dass der Gesetzgeber insoweit mit althergebrachten Grundsätzen brechen und einen gutgläubigen Erwerb von Nutzungsrechten einführen wollte. Dementsprechend ist nicht auf Eigentum oder rechtmäßigen Besitz am Programmexemplar abzustellen, sondern darauf, ob der Anwender im Rahmen des von ihm abgeschlossenen Softwarevertrags von seinem Vertragspartner die **notwendigen Nutzungsrechte** übertragen bekam[836]. Dass es sich hierbei um eine nicht typenprägende Nebenpflicht des Softwarevertrags handelt[837], ist unerheblich.

Zu 3.): Unter Bezugnahme auf die vorstehenden Ausführungen zur Ermittlung des Berechtigten lässt sich die dogmatische Begründung des dem jeweiligen Berechtigten zustehenden „Benutzungsrechts" leicht liefern. § 69d Abs. 1 UrhG regelt keinen urheberrechtlichen Ausnahmefall, bei dem eine Zustimmungspflicht des Rechtsinhabers zu den Handlungen des § 69c Nr. 1 und 2 UrhG nicht besteht[838] und sieht auch keinen Erwerb eines Nutzungsrechts kraft Gesetzes vor[839]. Vielmehr geht § 69d Abs. 1 UrhG vom Vorliegen einer **Rechtsübertragung auf den Anwender** aus und konkretisiert deren Mindestinhalt dahingehend, dass die für die bestimmungsgemäße Programmbenutzung erforderlichen Rechte übertragen werden müssen[840]. Dies gilt auch für die Fallgestaltung des Scheiterns eines Zweitvertrags mit dem Hersteller. Der Hersteller kann dieses Ergebnis nicht verhindern, da auch in seinem Vertragsverhältnis zum Händler § 69d Abs. 1 UrhG berücksichtigt werden muss und der Händler folglich die betreffenden Mindestrechte weiterübertragen kann[841].

246

Zu 4.): Damit reduziert sich das hier behandelte Problem auf die Frage, wie die „**bestimmungsgemäße Benutzung**" im Sinne des § 69d Abs. 1 UrhG zu definieren ist, welche Handlungen der Anwender also vornehmen darf. Diesbezüglich ist zu Recht darauf hingewiesen worden, Maßstab für die Ermittlung der bestimmungsgemäßen Benutzung sei der zwischen den Parteien geschlossene Vertrag[842]. Insoweit kommt hier allein der Softwareüberlassungsvertrag zwischen dem Händler und dem Anwender in Betracht. Dieser ist ähnlich wie bei der Einräumung eines Nutzungsrechts gem. § 31 Abs. 5 UrhG auf seinen **Vertragszweck** zu untersu-

247

---

[835] *BGH*, 3.2.2011, I ZR 129/08, MMR 2011, 305, 307 Tz. 15; *BGH*, 26.3.2009, I ZR 153/06, MMR 2009, 838, 839 Tz. 19.
[836] Im Ergebnis wie hier *OLG Frankfurt*, 29.10.2013, 11 U 47/13, CR 2014, 506, 507 f.; *Dreier/Schulze* § 69d Rdn 6; *Fromm/Nordemann/Czychowski* § 69d Rdn. 10; *Schricker/Loewenheim/Spindler* § 69d Rdn. 4; a. A. *Wandtke/Bullinger/Grützmacher* § 69d Rdn. 24 und 26; *Grützmacher* CR 2011, 485, 487.
[837] Vgl. hierzu unten Rdn. 741 f.
[838] A. A. *Hilty* MMR 2003, 3, 14, der von einer gesetzlichen Schranke des Urheberrechts von Software spricht. So auch *Sahin/Haines* CR 2005, 241, 245.
[839] Vgl. *Müller-Broich*, Autodistributive Computersoftware, S. 69 ff.; anders *Wandtke/Bullinger/Grützmacher* § 69d Rdn. 26; ausdrücklich *FG Köln*, 29.9.2000, 7 K 1119/99, CR 2001, 300, 301 f. Von einer Mischform zwischen gesetzlicher Lizenz und vertraglicher Auslegungsvorschrift spricht *Dreier/Schulze* § 69d Rdn. 2.
[840] Vgl. *Müller-Broich*, Autodistributive Computersoftware, S. 77 f.
[841] Dies übersieht *Plaß* GRUR 2002, 670, 678 Fußn. 71.
[842] Vgl. *BGH*, 17.7.2013, I ZR 129/08, NJW-RR 2014, 360, 367 Tz. 67 – UsedSoft II; *OLG Frankfurt*, 29.10.2013, 11 U 47/13, CR 2014, 506, 507; *OLG Düsseldorf*, 29.5.2001, 20 U 166/00, NJW-RR 2002, 1049; *Metzger/Hoppen* CR 2017, 625, 629; *Marly* CR 2014, 145, 149; *Grützmacher* CR 2011, 485, 488; *Bröckers* MMR 2011, 18; *Haberstumpf* CR 2009, 345, 347; *Hilber* CR 2008, 749, 751; *Dreier/Schulze* § 69d Rdn. 7; *Wandtke/Bullinger/Grützmacher* § 69d Rdn. 6; *Schricker/Loewenheim/Spindler* § 69d Rdn. 7.

chen[843]. Wie bei jedem Vertrag ist dabei gem. §§ 157, 133 BGB auch auf die Verkehrssitte abzustellen[844]. Damit aber schließt sich der Kreis zur bereits in der 1. Auflage des vorliegenden Handbuchs vertretenen Auffassung. Der Anwender darf die Software benutzen, soweit sich diese Benutzung **im Rahmen des Üblichen** hält[845]. Die nähere Bestimmung des Üblichen, etwa hinsichtlich von Programmänderungen und ähnlichen Benutzungen, bleibt den jeweiligen Ausführungen zu diesen Spezialproblemen vorbehalten. Insoweit muss nach unten verwiesen werden[846]. Bereits an dieser Stelle muss lediglich darauf hingewiesen werden, dass nach der im ganzen Urheberrecht geltenden **Zweckübertragungslehre** des § 31 Abs. 5 UrhG der Urheber Nutzungsrechte im Zweifel nur in dem Umfang einräumt, den der Vertragszweck unbedingt erfordert[847]. Demgegenüber scheint das *OLG Frankfurt* die Fehlerbeseitigung generell zu den dem Benutzer erlaubten Tätigkeiten zu zählen[848].

248 Zu 5.): Größere Schwierigkeiten als die Umschreibung der bestimmungsgemäßen Benutzung eines Computerprogramms beim Fehlen spezifischer vertraglicher Vereinbarungen bereitet die Fallgruppe der vorhandenen vertraglichen Vereinbarungen. Unproblematisch sind lediglich die Fälle, in denen der Rechtsinhaber etwa seine **Zustimmung zu Programmänderungen** entweder ausdrücklich erteilt oder eine solche Zustimmung aus den äußeren Umständen der Programmüberlassung geschlossen werden kann, wie etwa die Überlassung des Quellcodes mitsamt Entwicklungs- oder Wartungsdokumentation[849]. Auch wenn Individualsoftware hergestellt wird, die ausschließlich der Besteller umfassend und dauerhaft nutzen soll, wird man von einer Übertragung uneingeschränkter Nutzungsrechte ausgehen können[850]. Im entgegengesetzten Fall, in dem der Rechtsinhaber indes versucht, Programmänderungen durch vertragliche Bestimmungen zu verbieten, treten Probleme bei der Beantwortung der Frage auf, wie weit die entsprechende vertragliche Bestimmung reichen darf. Insoweit ist zu berücksichtigen, dass § 69d Abs. 1 UrhG keine Grenzen einer durch vertragliche Vereinbarung herbeigeführten Nutzungsbeschränkung vorzugeben scheint und dementsprechend die bestimmungsgemäße Programmnutzung so stark eingegrenzt werden könnte, dass sowohl das Laden und Ablaufenlassen des betreffenden Computerprogramms als auch die Fehlerbeseitigung von der Zustimmung des Rechtsinhabers abhängig gemacht werden könnten. Es ist jedoch unbestritten, dass § 69d Abs. 1 UrhG einen zwingenden Kerngehalt aufweist, der einer

---

[843] Vgl. *BGH*, 22.11.2007, I ZR 12/05, GRUR 2008, 357, 359 Tz. 39; *OLG Frankfurt*, 29.10.2013, 11 U 47/13, CR 2014, 506, 507; *Schricker/Loewenheim/Spindler* § 69d Rdn. 8.

[844] Vgl. *Möhring/Nicolini/Hoeren* § 69d Rdn. 6; *Schricker/Loewenheim/Ohly* § 31 Rdn. 65; *Dreier/Schulze* § 31 Rdn. 107.

[845] Vgl. *OLG Düsseldorf*, 27.3.1997, 20 U 51/96, CR 1997, 337, 338 „gewöhnliche Verwendung eines Computerprogramms"; *Metzger/Hoppen* CR 2017, 625, 628 „eine dem wirtschaftlichen und technischen Nutzungszweck des betreffenden Programm entsprechende gewöhnliche Benutzung"; *Schricker/Loewenheim/Spindler* § 69d Rdn. 8; *Dreier/Schulze* § 69d Rdn. 7; *Müller-Broich*, Autodistributive Computersoftware, S. 89 möchte „gewisse Branchenübungen" berücksichtigen; *FG Köln*, 29.9.2000, 7 K 1119/99, CR 2001, 300, 302 spricht von einer „Mindestausstattung zur bestimmungsgemäßen Verwendung des Programms".

[846] Zu Programmänderungen unten Rdn. 1709 ff.

[847] Vgl. *BGH*, 6.10.2016, I ZR 25/15, GRUR 2017, 266, 270 Tz. 44; *OLG Frankfurt*, 22.12.2016, 11 U 108/13, CR 2017, 295; *Schricker/Loewenheim/Ohly* § 31 Rdn. 52; *Dreier/Schulze* § 31 Rdn. 114; *Wandtke/Bullinger/Wandtke/Grunert* § 31 Rdn. 39.

[848] Vgl. *OLG Frankfurt*, 29.10.2013, 11 U 47/13, CR 2014, 506, 510.

[849] Vgl. *Günther* CR 1994, 321, 328; *Haberstumpf* GRUR Int. 1992, 715, 723.

[850] Vgl. *OLG Frankfurt*, 29.10.2013, 11 U 47/13, CR 2014, 506, 508.

Disposition der Vertragsparteien entzogen ist[851]. Eine inhaltliche Bestimmung dieses **zwingenden Kerns** nahm der deutsche Gesetzgeber aber nicht vor, sondern verwies diese Aufgabe ausdrücklich an die Rechtsprechung[852], weshalb im Schrifttum zutreffend darauf hingewiesen wurde, dass hiermit letztendlich eine Auslegung des Art. 5 Abs. 1 sowie des 17. Erwägungsgrundes durch den *EuGH* erfolgen müsse und diese auf § 69d Abs. 1 UrhG durchschlage[853]. Auch der *BGH* hat den zwingenden Kern des § 69d Abs. 1 UrhG zwar anerkannt, aber nicht näher definiert[854].

Ausgangspunkt der Bestimmung des **nicht vertragsdispositiven Kerngehalts** des § 69d Abs. 1 UrhG muss zunächst der Gedanke von der lediglich begrenzten Aufspaltbarkeit urheberrechtlicher Nutzungsrechte sein. Aus diesem Grundsatz folgt, dass eine Aufspaltung urheberrechtlicher Verwertungsbefugnisse in gegenständliche Nutzungsrechte über den Umweg einer vertraglichen Festlegung der bestimmungsgemäßen Programmnutzung nicht weiterreichen kann als eine unmittelbare Beschränkung der Nutzungsrechte. Sofern die vertragliche Festlegung des bestimmungsgemäßen Gebrauchs hierüber hinausgeht, vermag sie allein schuldrechtliche Wirkungen zwischen den Vertragsparteien[855] zu entfalten, während ihr eine Wirkung gegenüber Dritten versagt bleibt, gleichwie eine Nichtbeachtung der Beschränkungen keine urheberrechtsgesetzlichen Sanktionen zur Folge hat[856]. Dementsprechend darf die vertragliche Festlegung des bestimmungsgemäßen Gebrauchs, möchte sie absolute Wirkung erzielen, nur solche Gebrauchsmöglichkeiten enthalten, die nach der Verkehrsauffassung als solche hinreichend klar abgrenzbar sind und sich wirtschaftlich-technisch als einheitlich und selbständig abzeichnen[857]. Derartige nach der Verkehrsauffassung zu unterscheidende Nutzungsarten lassen sich indes bei der Verwendung eines Computerprogramms zum eigenen Gebrauch nicht feststellen. Vielmehr kann entsprechend den Ausführungen zur bestimmungsgemäßen Programmnutzung ohne spezifische vertragliche Regelung einer Programmüberlassung nicht entnommen werden, unter welchen Bedingungen der Anwender das Programm einsetzen soll und welche Anpassungsarbeiten an die jeweiligen Bedürfnisse erforderlich sind.

Darüber hinaus hat die Bundesregierung bereits in der Begründung ihres Entwurfs des Urheberrechtsgesetzes von 1965 darauf hingewiesen, es sei nicht frei von Bedenken, die urheberrechtliche Zulässigkeit einer Bearbeitung von **subjektiven Voraussetzungen des Handelnden** abhängig zu machen, etwa darauf abzustellen, ob

---

[851] Vgl. die Begründung des Regierungsentwurfs zur Urheberrechtsnovelle 1993, BT-Drucks. 12/4022 vom 18.12.1992, S. 12; *BGH*, 24.10.2002, I ZR 3/00, NJW 2003, 2014, 2016; *BGH*, 24.2.2000, I ZR 141/97, NJW 2000, 3212, 3214 = LM H. 11–12/2000 § 1 UrhG Nr. 1 m. Anm. *Marly*; *OLG Düsseldorf*, 29.5.2001, 20 U 166/00, NJW-RR 2002, 1049; *Metzger/Hoppen* CR 2017, 625, 629; *Grützmacher* CR 2011, 485, 489; *Bröckers* MMR 2011, 18; *Bartsch* CR 2005, 1, 7; *Sahin/Haines* CR 2005, 241, 246; *Scholz/Haines* CR 2003, 393, 395; *Wiebe/Neubauer* CR 2003, 327; *Baus* MMR 2002, 14, 15; *Schuhmacher* CR 2000, 641, 645; *Fromm/Nordemann/Czychowski* § 69d Rdn. 4; *Schricker/Loewenheim/Spindler* § 69d Rdn. 13; *Dreier/Schulze* § 69d Rdn. 12; *Dreyer/Kotthoff/Meckel* § 69d Rdn. 10; *Wandtke/Bullinger/Grützmacher* § 69d Rdn. 33 f.
[852] Vgl. BT-Drucks. 12/4022 vom 18.12.1992, S. 12.
[853] Vgl. *Schulte* CR 1992, 648, 652.
[854] Vgl. *BGH*, 24.10.2002, I ZR 3/00, NJW 2003, 2014, 2016 f.; *BGH*, 24.2.2000, I ZR 141/97, NJW 2000, 3212, 3214.
[855] Vgl. *Grützmacher* CR 2011, 485, 490.
[856] Vgl. *Grützmacher* CR 2011, 485, 490.
[857] Vgl. *BGH*, 10.6.2009, I ZR 226/06, GRUR 2010, 62, 63 Tz. 18; *BGH*, 24.10.2002, I ZR 3/00, NJW 2003, 2014, 2015; *BGH*, 6.7.2000, I ZR 244/97, NJW 2000, 3571, 3572; *Grützmacher* CR 2011, 485, 490; *Schricker/Loewenheim/Ohly* § 31 Rdn. 8 sowie 28.

dieser die Bearbeitung nur zum persönlichen Gebrauch oder in der Absicht herstelle, die zur Verwertung der Bearbeitung erforderliche Einwilligung einzuholen. Hiergegen spreche entscheidend, dass die jeweilige Absicht vielfach schwer feststellbar sei[858]. Wenngleich gegen diese Argumentation vorgebracht wurde, die angestellten Praktikabilitätsüberlegungen überzeugten nicht[859], belegen sie doch, dass die Bedürfnisse des Rechtsverkehrs nicht unberücksichtigt bleiben dürfen, nicht mit beliebig zugeschnittenen Rechten konfrontiert zu werden, sondern nur mit den herkömmlichen Rechtsfiguren oder mit solchen Rechten, die zumindest klar abgrenzbar und durch vernünftige wirtschaftliche Bedürfnisse des Rechtsinhabers gerechtfertigt sind[860]. Dementsprechend kann zur Bestimmung des zwingenden Kernbereichs des § 69d Abs. 1 UrhG auf die Ausführungen zur bestimmungsgemäßen Programmnutzung beim Fehlen vertraglicher Vereinbarungen zurückgegriffen werden, da dort eine umfassende Interessenabwägung unter Berücksichtigung insbesondere auch der berechtigten wirtschaftlichen Partizipationsinteressen des Softwareherstellers vorgenommen wurde[861].

bb) § 69d Abs. 2 UrhG

251 Die Anfertigung von **Sicherungskopien** zählt zu den im Interesse des Anwenders an einer ungestörten Programmnutzung gebotenen Programmvervielfältigungen, jedoch nicht zu den für eine Programmbenutzung notwendigen Vervielfältigungshandlungen[862]. Dem tragen die urheberrechtlichen Vorschriften mit § 69d Abs. 2 UrhG Rechnung. Dieser Vorschrift zufolge darf in Übereinstimmung mit Art. 5 Abs. 2 der Softwarerichtlinie die Erstellung einer Sicherungskopie durch eine zur Programmbenutzung berechtigte Person vertraglich nicht untersagt werden. Ob „eine" Sicherungskopie als Zahlwort im Sinne von eine einzige Kopie zu verstehen ist, ist zweifelhaft[863]. Voraussetzung ist jedoch, dass die Herstellung der Sicherungskopie für die Sicherung künftiger Benutzung erforderlich sein muss. Die zweite Voraussetzung besteht darin, dass die Sicherungskopie von einer Person erstellt wird, die zur Programmnutzung berechtigt ist[864]. § 69d Abs. 2 UrhG ist **zwingendes Recht,** denn gem. § 69g Abs. 2 UrhG bzw. Art. 9 Abs. 1 der Softwarerichtlinie sind vertragliche Bestimmungen nichtig, die in Widerspruch zu dieser Regelung stehen[865]. Die Nichtigkeit erfasst aber nur die betreffende Vereinbarung, während das Rechtsgeschäft insgesamt wirksam bleibt[866].

252 Das Anknüpfen an die **Erforderlichkeit** bezweckt, einen Mittelweg zwischen den bislang geltenden internationalen Regelungen zu finden. Dem grundsätzlich anerkennenswerten Bedürfnis eines Anwenders an der Sicherstellung der jederzeitigen Funktionsfähigkeit seines Computers muss auch nach der Zielsetzung des § 69d Abs. 2 UrhG Rechnung getragen werden. Dies kann jedoch entweder dadurch ge-

---

[858] Vgl. BT-Drucks. IV/270 vom 23.3.1962, S. 51.
[859] Vgl. *Schricker/Loewenheim* § 23 Rdn. 22.
[860] Vgl. *Schricker/Loewenheim/Ohly* § 31 Rdn. 28; *Grützmacher* CR 2011, 485, 490.
[861] Einen Gleichlauf zwischen bestimmungsgemäßer Benutzung und zwingendem Kern sieht insoweit auch *Dreier/Schulze* § 69d Rdn 7; ähnlich ferner *Loewenheim/Lehmann* § 76 Rdn. 26 ff. sowie *Sahin/Haines* CR 2005, 241, 246.
[862] Vgl. hierzu unten Rdn. 1567.
[863] Eine Einordnung als Zahlwort bejahend etwa *Hoeren* MMR 2010, 447, 448.
[864] Vgl. *EuGH*, 12.10.2016, C-166/15, EuZW 2016, 866, 869 Tz. 40 – Weiterverkauf einer Sicherungskopie m. *Anm. Marly/Prinz.*
[865] Vgl. *EuGH*, 12.10.2016, C-166/15, EuZW 2016, 866, 869 Tz. 40 – Weiterverkauf einer Sicherungskopie m. *Anm. Marly/Prinz.*
[866] Vgl. *Schricker/Loewenheim/Spindler* § 69g Rdn. 3; *Dreier/Schulze* § 69g Rdn. 3.

schehen, dass der Hersteller die entsprechenden Vervielfältigungshandlungen erlaubt oder durch andere Maßnahmen die Anfertigung von Sicherheitskopien entbehrlich macht, etwa dem Anwender ein Recht einräumt, gegen Rücksendung des beschädigten, gelöschten oder sonst wie unbrauchbar gewordenen Originaldatenträgers ein Ersatzstück zu erhalten[867]. Möglich ist auch, dass dem Anwender eine Sicherungskopie von vornherein übergeben wird[868]. Einzelheiten werden an anderer Stelle erörtert[869]. Eine Sicherungskopie darf nur für den Bedarf des Nutzungsberechtigten hergestellt und benutzt werden. Der Berechtigte darf diese Kopie selbst dann nicht an einen Dritten veräußern, wenn der Originaldatenträger beschädigt, zerstört oder verloren wurde[870].

cc) § 69d Abs. 3 UrhG

§ 69d Abs. 3 UrhG gewährt in Umsetzung von Art. 5 Abs. 3 der Softwarerichtlinie dem zur Verwendung einer Programmkopie Berechtigten das Recht, das Funktionieren dieses Programms auch ohne Zustimmung des Rechtsinhabers zu beobachten, zu untersuchen oder zu testen, um die einem Programmelement zugrundeliegenden Ideen und Grundsätze zu ermitteln. Die Vorschrift ist daher richtlinienkonform auszulegen[871]. Mit dieser Regelung wurde eine dem Urheberrecht zuvor fremde sog. **Experimentierklausel**[872] aufgenommen, wie sie etwa in § 11 Nr. 2 PatG für patentierte Erfindungen besteht. Bemerkenswert an dieser Regelung ist zunächst schon, dass sie dem Anwender die Beobachtung dessen erlaubt, was urheberrechtlich ohnehin ungeschützt ist, denn die Ideen und Grundsätze, die einem Element eines Computerprogramms zugrunde liegen, sind nach § 69a Abs. 2 S. 2 UrhG ausdrücklich vom Rechtsschutz ausgenommen[873].

253

Die Untersuchungen und Beobachtungen dürfen darüber hinaus aber auch nur im Rahmen solcher Handlungen durchgeführt werden, zu denen der Benutzer **berechtigt** ist. Folglich darf der Anwender etwa das Vervielfältigungsrecht nicht unter Berufung auf die Notwendigkeit eines Ausdrucks des Programmcodes auf eine solche Handlung ausdehnen[874]. Insgesamt werden dem Anwender durch § 69d Abs. 3 UrhG daher keine zusätzlichen Rechte eingeräumt, da er das Computerprogramm ohnehin rechtmäßig benutzen können muss und folglich zwangsläufig Beobachtungen vornehmen kann[875]. Es ist daher auch nicht überzeugend, einen eigenständigen Anwendungsbereich des § 69d Abs. 3 UrhG darin zu sehen, dass ein Anwender das Programm allein zu Test- und Beobachtungszwecken laufen lassen darf und auch ein fremdes Programm auf die ungeschützten Ideen und Grundsätze hin beobachten, untersuchen und testen kann[876], denn in jedem Fall darf der Berechtigte ja nur

254

---

[867] Vgl. *Hoeren* MMR 2010, 447, 449; *Kreutzer* CR 2006, 804, 810; a.A. *Wolf/Lindacher/Pfeiffer* Klauseln Rdn. S 227.
[868] Die von *Lehmann* NJW 1993, 1822, 1823 aufgestellte Behauptung, diese Vorgehensweise sei in der Praxis häufig anzutreffen, ist kaum haltbar.
[869] Vgl. unten Rdn. 1575 ff.
[870] Vgl. *EuGH*, 12.10.2016, C-166/15, EuZW 2016, 866, 869 Tz. 43 – Weiterverkauf einer Sicherungskopie m. *Anm. Marly/Prinz*. Zum Gebrauchtsoftwarehandel oben Rdn. 209 ff.
[871] Vgl. *BGH*, 6.10.2016, I ZR 25/15, GRUR 2017, 266, 271, Tz. 54.
[872] Vgl. *Lehmann* GRUR Int. 1991, 327, 332.
[873] Vgl. *EuGH*, 2.5.2012, C-406/10, GRUR 2012, 814, 816 Tz. 52 – SAS Institute; *Schricker/Loewenheim/Spindler* § 69d Rdn. 21.
[874] Vgl. *Dreier/Schulze* § 69d Rdn. 22; *Loewenheim/Lehmann* § 76 Rdn. 19; *Schricker/Loewenheim/Spindler* § 69d Rdn. 23.
[875] Vgl. *Dreyer/Kotthoff/Meckel* § 69d Rdn. 19; *Schricker/Loewenheim/Spindler* § 69d Rdn. 23.
[876] So *Dreier/Schulze* § 69d Rdn. 22.

Handlungen vornehmen, „zu denen er berechtigt ist". Der praktische Wert dieser Vorschrift erscheint dementsprechend höchst zweifelhaft[877]. Er kann allenfalls daraus gefolgert werden, dass auch § 69d Abs. 3 UrhG gem. § 69g Abs. 2 UrhG **zwingendes Recht** ist. Ein vertragliches Verbot, die Ideen und Grundsätze zu ermitteln, ist daher unwirksam[878]. Der *EuGH* legt Art. 5 Abs. 3 der Softwarerichtlinie dahingehend aus, dass mit ihr gewährleistet werden soll, dass die einem Programmelement zu Grunde liegenden Ideen und Grundsätze nicht vom Urheberrechtsinhaber mittels eines Lizenzvertrags geschützt werden[879]. Er folgert hieraus, dass der Anwender die im Lizenzvertrag erlaubten Handlungen sowie diejenigen Handlungen zum Laden und Ablaufen vornehmen darf, die für die Benutzung des Programms erforderlich sind[880]. Der BGH[881] legt § 69d Abs. 3 UrhG dahingehend aus, dass der berechtigte Anwender zu Ideen und Grundsätzen auch dann ermitteln darf, wenn er hierbei gewerbliche oder berufliche Zwecke verfolgt und der Lizenzvertrag lediglich eine Programmnutzung zu privaten Zwecken gestattet. Sofern es sich beim untersuchten Programm jedoch um ein Computerspiel handelt, das auch audiovisuelle Bestandteile enthält, möchte der *BGH* die Untersuchungshandlungen nicht zulassen, weil § 69d Abs. 3 UrhG bzw. Art. 5 Abs. 3 der Softwarerichtlinie grundsätzlich nur für Computerprogramme, nicht aber für andere Werke gilt und das allgemeine Urheberrecht eine solche Regelung nicht enthält[882].

d) Die Ausnahme des § 69e UrhG – Dekompilierung

Schrifttum: *Bauer,* Reverse Engineering und Urheberrecht, CR 1990, 89 ff.; *Deville,* Quellcode und Dekompilierung als Vertragsinhalt, NJW-CoR 1997, 108 ff.; *Ernst,* Die Verfügbarkeit des Source Codes, MMR 2001, 208 ff.; *Haberstumpf,* Die Zulässigkeit des Reverse Engineering, CR 1991, 129 ff.; *Ilzhöfer,* Reverse-Engineering von Software und Urheberrecht. Eine Betrachtung aus technischer Sicht, CR 1990, 578 ff.; *Kindermann,* Reverse Engineering von Computerprogrammen, CR 1990, 638 ff.; *Lehmann,* Erwiderung. Reverse Engineering ist keine Vervielfältigung i. S. d. §§ 16, 53 UrhG, CR 1990, 94 ff.; *ders.,* Freie Schnittstellen („interfaces") und freier Zugang zu den Ideen („reverse engineering"), CR 1989, 1057 ff.; *Lietz,* Technische Aspekte des Reverse Engineering. Motivation, Hilfsmittel, Vorgehensweise, Nachweisbarkeit, CR 1991, 564 ff.; *Marly,* Zur Dekompilierung von Computerprogrammen – Das Recht in den USA und in Europa, NJW-CoR 1/1994, 40 ff.; *Nimmer,* Schnittstellen und Kompatibilität im amerikanischen Urheberrecht, (Teil I) CR 1992, 449 ff., (Teil II) CR 1992, 526 ff.; *Schnell/Fresca,* Reverse Engineering. Darstellung der Diskussion in der Bundesrepublik Deutschland und in den USA, CR 1990, 157 ff.; *Staffelbach,* Die Dekompilierung von Computerprogrammen gemäss Art. 21 URG, Bern 2003; *Ulmer,* Zwang zur Offenlegung geheimer Informationen. Missbrauch von Marktmacht durch Geheimhaltung, ITRB 2008, 255 ff.; *Vinje,* Die EG-Richtlinie zum Schutz von Computerprogrammen und die Frage der Interoperabilität, GRUR Int. 1992, 250 ff.; *Wiebe,* Reverse Engineering und Geheimnisschutz von Computerprogrammen, CR 1992, 134 ff.

aa) Grundlegendes und Entstehung des Gesetzes

255   Der ursprüngliche Vorschlag der EG-Kommission für eine Richtlinie zum Softwareschutz enthielt keine ausdrückliche Regelung zur Dekompilierungsproblematik. Die EG-Kommission vertrat zunächst die Auffassung, dass die Gewährleistung des Zugangs zu Informationen mit Mitteln gelöst werden müsste, die außerhalb des ur-

---

[877] Vgl. *Möhring/Nicolini/Hoeren* § 69a Rdn. 23.
[878] Vgl. *EuGH,* 2.5.2012, C-406/10, GRUR 2012, 814, 816 Tz. 53 – SAS Institute; *Schricker/Loewenheim/Spindler* § 69d Rdn. 21.
[879] Vgl. *EuGH,* 2.5.2012, C-406/10, GRUR 2012, 814, 816 Tz. 51 – SAS Institute.
[880] Vgl. *EuGH,* 2.5.2012, C-406/10, GRUR 2012, 814, 816 Tz. 59 – SAS Institute.
[881] Vgl. *BGH,* 6.10.2016, I ZR 25/15, GRUR 2017, 266, 272 Tz. 63.
[882] Vgl. *BGH,* 6.10.2016, I ZR 25/15, GRUR 2017, 266, 273 Tz. 66 f.

heberrechtlichen Rahmens der Softwarerichtlinie zu suchen seien[883]. Diesbezüglich berief sich die EG-Kommission ausdrücklich auf die **Wettbewerbsregeln** der Europäischen Gemeinschaft, insbesondere auf **Art. 81 und 82 EGV a. F.**[884] (Art. 101 und 102 AEUV). Auch die Bundesregierung hob in ihrem Entwurf des Umsetzungsgesetzes die Systemwidrigkeit einer solchen Regelung im Urheberrecht hervor[885], weshalb zusammenfassend von einem gesetzgeberisch bewusst in Kauf genommenen urheberrechtlichen Know-how-Schutz gesprochen werden kann[886], der kartellrechtliche Probleme aufwirft[887].

Die Regelung der Dekompilierungsproblematik in § 69e UrhG, mit dem der deutsche Gesetzgeber Art. 6 der Softwarerichtlinie (1991) ohne inhaltliche Änderung in innerdeutsches Recht umsetzte[888], ist außerordentlich komplex und detailreich[889], weshalb sie beim ersten Lesen kaum zu durchschauen ist. Nahezu jedem Regelungsteil ist eine ausgleichende oder einschränkende Gegenregelung im Sinne einer Serie von **checks and balances** gegenübergestellt, sodass nach der Einschätzung des deutschen Gesetzgebers die Auslassung oder Abänderung auch nur eines Elements den „höchst diffizilen Kompromiss"[890] aus dem Gleichgewicht bringen könnte. Insgesamt erscheint die praktische Bedeutung von § 69e UrhG wohl sehr gering zu sein. Seit dem Inkrafttreten der Vorschrift im Jahre 1993 sind **keine gerichtlichen Entscheidungen** veröffentlicht, in denen die Dekompilierungsproblematik entscheidend war. Eine einzige Entscheidung des *OLG Frankfurt*[891] erwähnt eine Urheberrechtsverletzung durch Dekompilierung und ordnet diese als Bearbeitung im Sinne des § 69c Nr. 2 UrhG ein[892]. Über die Gründe der geringen Bedeutung von § 69e UrhG in der Praxis lässt sich nur spekulieren[893]. Seit Jahren sind auch im juristischen Schrifttum keine Veröffentlichungen mehr zu verzeichnen. 256

bb) Technischer Hintergrund

Üblicherweise wird Computersoftware dem Anwender im ausführbaren Objektcode überlassen, dem kein für einen Menschen unmittelbar erkennbarer Informationsgehalt zukommt, weil die enthaltenen Binärkombinationen auch für Fachleute nicht ohne Weiteres verständlich sind. Nur in Ausnahmefällen, etwa bei Open Source Software, wird der Quellcode in einer frei einsehbaren Form überlassen und dem Anwender damit die Möglichkeit eingeräumt, ohne großen Aufwand das Programm zu ändern. Da ein Anwender jedoch gegebenenfalls Einsicht in Ergebnisse der Programmentwicklung nehmen möchte, wurden Möglichkeiten des sog. **Reverse-Engineering** entwickelt, um von einer späteren Entwicklungsphase auf eine frühere 257

---

[883] Vgl. ABl.EG Nr. C 91/8 vom 12.4.1989.
[884] Vgl. ABl.EG Nr. C 91/8 vom 12.4.1989.
[885] Vgl. BT-Drucks. 12/4022 vom 18.12.1992, S. 13 unter ausdrücklichem Hinweis darauf, Art. 4 der Richtlinie verleihe dem Rechtsinhaber die Befugnis, den Zugang zu den ungeschützten Ideen zu versperren, und ermögliche so im Endeffekt einen mittelbaren Schutz des Inhalts von Computerprogrammen, einen Know-how-Schutz.
[886] So im Ergebnis auch *Schulte* CR 1992, 648, 653, der von einem urheberrechtswidrigen Schutz von Ideen spricht. Ähnlich *Wandtke/Bullinger/Grützmacher* § 69e Rdn. 3.
[887] Vgl. *Dreier/Schulze* § 69e Rdn. 1.
[888] Vgl. die Begründung der Bundesregierung BT-Drucks. 12/4022 vom 18.12.1992, S. 13.
[889] *Lehmann* NJW 1991, 2112, 2116 spricht angesichts der minutiösen Festlegungen von „overregulation".
[890] So die Bundesregierung BT-Drucks. 12/4022 vom 18.12.1992, S. 13.
[891] Vgl. *OLG Frankfurt*, 27.1.2015, 11 U 94/13, NJW-RR 2015, 999 ff.
[892] Bemerkenswert ist, dass das Recht auf Bearbeitung im amtlichen Leitsatz auf § 69c Nr. 1 und 2 UrhG gestützt wird, also auch auf das Vervielfältigungsrecht.
[893] Zu verschiedenen Erklärungsversuchen *Dreier/Schulze* § 69e Rdn. 7.

zurückschließen zu können. Anders als die Begriffe der **Rekompilierung, Dekompilierung, Disassemblierung** und **Decodierung,** die lediglich die Rückumsetzung von ablauffähigem Maschinencode in eine Assemblersprache bzw. eine höhere Programmiersprache erfassen, ist der Begriff des Reverse-Engineering umfassender. Mit ihm werden sämtliche Rückentwicklungen erfasst, die eine Analyse des Programms bezwecken[894]. Angesichts der Tatsache, dass die Rückentwicklung auf eine Analyse des Programms gerichtet ist, wird vereinzelt der Begriff des „reverse analysing" zur Beschreibung dieser Tätigkeiten für zutreffender gehalten[895].

258 Bezüglich der **Erfolgsaussichten** eines Reverse-Engineering sind große Unterschiede festzustellen.

259 Meist beginnt das Reverse-Engineering mit der Umwandlung des Maschinencodes in einen Assemblercode. Dieser Vorgang ist technisch ohne weiteres möglich. Auch ist ein in Assemblersprache vorliegendes Computerprogramm für einen Fachmann grundsätzlich durchaus verständlich, jedoch sind hinsichtlich des durch Rückumwandlung gewonnenen Assemblercodes einige Einschränkungen gegenüber den im Wege des Forward-Engineering hergestellten Assemblerprogrammen zu verzeichnen. Da bei der Übersetzung eines Assemblerprogramms im ablauffähigen Maschinencode Kommentarzeilen des Programms entfernt werden und sinntragende Variablen- und Adressenbezeichnungen ebenfalls nicht erhalten bleiben, kann eine Rückübersetzung diese Elemente nicht enthalten, was für eine vollständige Erschließung des Programms jedoch mitunter von großer Wichtigkeit wäre. Aus diesem Grund können durch eine Deassemblierung nur bestimmte **Programmstrukturen** etwa in Form bestimmter auszuführender Lösungsschritte wiedergewonnen werden, nicht jedoch das ursprüngliche Quellenprogramm[896]. Trotz dieser Einschränkungen können die gewonnenen Informationen dazu benutzt werden, ein im Wesentlichen leistungsgleiches oder auch nur leicht modifiziertes Computerprogramm zu erstellen[897].

260 Noch schwieriger als die **Rückumwandlung** von Maschinen- in Assemblercode ist die Rückumwandlung eines Maschinenprogramms in ein Computerprogramm einer **höheren Programmiersprache.** Auch diesbezüglich bleibt anzumerken, dass in der Regel allenfalls die Grundstrukturen eines Programms wiedererschlossen werden können, jedoch bleibt andererseits die grundsätzliche Funktionsfähigkeit des rekompilierten Programms erhalten.

cc) Die sich entgegenstehenden Interessen

261 Die Interessen der Softwarehersteller lassen sich nicht pauschal als in einer bestimmten Richtung liegend beschreiben. Ein Teil der Softwarehersteller hält seit jeher ein **Verbot** des Reverse-Engineering für **unerlässlich.** Vom durch Reverse-Engineering erschlossenen Quellenprogramm könne mit einigem Aufwand auch auf die Ergebnisse der Entwurfsphase geschlossen werden. Damit würden aber zugleich die für die Bewältigung der Entwurfsphase erforderlichen **kreativen Leistungen** des Originalherstellers bekannt und es könnten darauf aufbauend Programme geschrieben werden, die dem Original kaum noch ähnelten, aber die gleichen Leistungen erfüllten. Der Nachschaffende könnte daher mit erheblich geringerem finanziellen Aufwand und geringeren eigenen Entwicklungsleistungen ein kompatibles Programm herstellen und entsprechend billiger auf den Markt bringen.

[894] Vgl. *Marly,* Urheberrechtsschutz, S. 269 m. w. N.
[895] Vgl. etwa *Vinje* GRUR Int. 1992, 250, 251; *Lehmann* CR 1990, 749.
[896] Vgl. *Ernst* MMR 2001, 208, 209.
[897] Vgl. *Ernst* MMR 2001, 208, 209.

Die Gegenmeinung innerhalb der Softwareindustrie fürchtet demgegenüber, dass 262
bei einem Verbot des Reverse-Engineering der **freie Zugang zu den Softwareschnittstellen** versperrt wird. Da es jedoch für die Herstellung interoperativer Computersysteme, sei es auf der Hardware-Software-Ebene, sei es auf der Software-Software-Ebene, notwendig ist, Informationen über Zugangsprotokolle und Schnittstellen zu besitzen, könnte ein zu weitgehender Schutz der Computersoftware Missbrauchsmöglichkeiten hinsichtlich des Ausschlusses anderer Mitbewerber am Markt eröffnen.

Wie bei der zweiten Gruppe der Softwarehersteller gehen auch die Interessen der 263
Anwender grundsätzlich dahin, in gewissem Umfang zum Reverse-Engineering berechtigt zu sein. Bei den Anwendern steht jedoch nicht der Wunsch nach einem freien Zugang zu den Schnittstellen im Vordergrund, vielmehr kann sich das Bedürfnis einer Rekonstruktion des Quellformats dann ergeben, wenn **Änderungen am Programm** vorgenommen werden sollen und der Softwarehersteller hierzu nicht in der Lage ist, etwa weil er zwischenzeitlich insolvent wurde, oder die gewünschte Änderung nicht[898] oder nur zu einem möglicherweise unangemessen hohen Preis vornehmen will. Möglich ist auch, dass der Anwender einen Fehler des Programms beheben[899] oder eine Funktionserweiterung oder -änderung vornehmen möchte und dies in Eigenarbeit erledigen will[900].

Nicht von den berechtigten Interessen eines Anwenders gedeckt ist jedoch ein 264
Reverse-Engineering, wenn es zum Zwecke einer **unberechtigten Vervielfältigung** und **anschließenden Weitergabe** vorgenommen wird. Daher kann etwa Reverse-Engineering zur Entfernung einer programminternen Seriennummer nicht zu den berechtigten Interessen eines Anwenders gezählt werden, solange diese Seriennummer die ordnungsgemäße Programmnutzung nicht beeinträchtigt, was jedoch auch nur schwer vorstellbar erscheint.

dd) Zulässigkeitsvoraussetzungen

Zulässig ist die ohne Zustimmung des Rechtsinhabers vorgenommene Dekompilierung eines Computerprogramms, bei der immer Vervielfältigungs- oder Umarbeitungshandlungen im Sinne von § 69c Nr. 1 und 2 UrhG vorgenommen werden[901], nur zum Zwecke der Herstellung der **Interoperabilität** eines unabhängig geschaffenen Computerprogramms mit anderen Programmen[902]. Dekompilierungen, mit denen andere Zwecke verfolgt werden, wie etwa Wartung oder Fehlerbeseitigung, sind daher ausnahmslos an die Zustimmung des Rechtsinhabers gebunden[903]. Auffallend ist, dass entgegen den Vorgaben des PatG, des HalblSchG sowie des wettbewerbsrechtlichen Geheimnisschutzes auch Dekompilierungen im **privaten**[904] oder **wissen-**

---

[898] So im Fall *BGH*, 24.2.2000, I ZR 141/97, NJW 2000, 3212.
[899] Vgl. *Raue* NJW 2017, 1841, 1842.
[900] Vgl. *Ernst* MMR 2001, 208, 209.
[901] Vgl. auf eine Bearbeitung abstellend *OLG Frankfurt*, 27.1.2015, 11 U 94/13, NJW-RR 2015, 999; ferner *OLG Düsseldorf*, 16.1.2001, 20 U 142/00, CR 2001, 371, 372; *Werner* CR 2013, 516, 521; *Dreier/Schulze* § 69e Rdn. 1.
[902] Eine ähnliche Zweckdefinition gibt *OLG Düsseldorf*, 16.1.2001, 20 U 142/00, CR 2001, 371, 372 unter Berufung auf *Schricker/Loewenheim*, 2. Auflage 1999, § 69e Rdn. 18; ferner *Dreyer/Kotthoff/Meckel* § 69e Rdn. 4.
[903] Vgl. *Raue* NJW 2017, 1841, 1842; *Grapentin/Ströbl* CR 2009, 137, 140; *Dreier/Schulze* § 69e Rdn. 12; *Wandtke/Bullinger/Grützmacher* § 69e Rdn. 7; *Dreyer/Kotthoff/Meckel* § 69e Rdn. 4; *Möhring/Nicolini/Hoeren* § 69e Rdn. 7; *BeckOK Urheberrecht/Kaboth/Spies* § 69e Rdn. 7.
[904] Vgl. *Wandtke/Bullinger/Grützmacher* § 69e Rdn. 7.

schaftlichen[905] Bereich verboten sind. Darüber hinaus werden durchaus lautere Interessen der Anwender an der Programmpflege[906] sowie die Interessen von nicht herstelleridentischen Serviceunternehmen übergangen, gleichwie selbst nach Einschätzung der Bundesregierung ein urheberrechtssystemwidriger **Schutz des Inhalts** von Computerprogrammen ermöglicht wird[907]. Auch zu Beweiszwecken im Rahmen der Vorbereitung oder Durchführung eines Verletzungsprozesses darf keine Dekompilierung vorgenommen werden, um zu überprüfen, ob das Programm eines Dritten Urheberrechte des Rechtsinhabers des Erstprogramms verletzt[908].

266   Über die Zweckfixierung zulässiger Programmdekompilierungen hinaus benennt § 69e Abs. 1 UrhG weitere Zulässigkeitsvoraussetzungen. Zunächst ist erforderlich, dass die bei der Dekompilierung vorgenommenen Vervielfältigungs- oder Übersetzungshandlungen **unerlässlich** für die Herstellung der Interoperabilität sind. Damit soll sichergestellt werden, dass überflüssige Dekompilierungen unterbleiben, weil dann gegebenenfalls das bei der Programmherstellung aufgewendete Know-how offengelegt würde. Auch wird durch dieses Tatbestandsmerkmal verdeutlicht, dass es sich bei der Dekompilierung nur um das als letztes zu wählende Mittel handeln soll, wenn andere Möglichkeiten zur Herstellung der Interoperabilität nicht zur Verfügung stehen oder deren Einsatz nicht angemessen ist[909].

267   Daneben ist nach § 69e Abs. 1 Ziff. 1 UrhG aber auch erforderlich, dass der Dekompilierende entweder selbst **zur Programmnutzung berechtigt** ist oder von einem berechtigten Programmnutzer zur Vornahme der entsprechenden Handlungen in dessen Namen ermächtigt sein muss. Ferner dürfen gem. § 69e Abs. 1 Ziff. 2 UrhG die für die Herstellung der Interoperabilität notwendigen Informationen dem Dekompilierenden noch nicht ohne weiteres zugänglich gemacht worden sein, etwa indem der Programmhersteller entsprechende Produktinformationen veröffentliche oder diese in der Benutzerdokumentation enthalten sind[910]. Schließlich müssen sich die Handlungen des Dekompilierenden gem. § 69e Abs. 1 Ziff. 3 UrhG auf die Programmteile beschränken, deren Dekompilierung zur Herstellung der Interoperabilität notwendig ist.

ee) Die Beschränkungen der Ergebnisverwertung

268   § 69e UrhG beinhaltet nicht nur zahlreiche Voraussetzungen für die Durchführung einer Dekompilierung, sondern regelt darüber hinaus auch die **Verwendung der** durch zulässige Dekompilierungen **erlangten Informationen**. Diese dürfen gem. § 69e Abs. 2 Ziff. 1 UrhG nicht zu anderen Zwecken als zur Herstellung der Interoperabilität des unabhängig geschaffenen Programms verwendet werden.

269   Die zweite, in § 69e Abs. 2 Ziff. 2 UrhG festgeschriebene Verwendungsbeschränkung der zulässig gewonnenen Informationen geht dahin, dass der Dekompilierende diese **nicht an Dritte weitergeben** darf, es sei denn, eine solche Weitergabe ist für die Interoperabilität des unabhängig geschaffenen Programms notwendig. Diese Be-

---

[905] Vgl. *Dreier/Schulze* § 69e Rdn. 12; *Dreyer/Kotthoff/Meckel* § 69e Rdn. 4; *Wandtke/Bullinger/Grützmacher* § 69e Rdn. 7; BeckOK Urheberrecht/*Kaboth/Spies* § 69e Rdn. 7.
[906] Auch für den Fall der Herstellerinsolvenz ist keine Ausnahme vorgesehen.
[907] Vgl. BT-Drucks. 12/4022 vom 18.12.1992, S. 13.
[908] Vgl. *Dreier/Schulze* § 69e Rdn 12; *Wandtke/Bullinger/Grützmacher* § 69e Rdn. 7 und 30; *Dreyer/Kotthoff/Meckel* § 69e Rdn. 4; *Schricker/Loewenheim/Spindler* § 69e Rdn. 10; wohl auch *Junker* in: FS für Kilian, S. 339, 343.
[909] Vgl. *Schricker/Loewenheim/Spindler* § 69e Rdn. 13; *Wandtke/Bullinger/Grützmacher* § 69e Rdn. 13.
[910] Für eine notwendige Kostenfreiheit des Informationszugangs *Schricker/Loewenheim/Spindler* § 69e Rdn. 15; *Wandtke/Bullinger/Grützmacher* § 69e Rdn. 14.

schränkung auf „das" unabhängig geschaffene Programm anstatt auf „ein" unabhängig geschaffenes Programm führt daher dazu, dass jeder Entwickler eines mit dem Erstprogramm interoperablen Programms die notwendige Programmdekompilierung selbst durchführen muss, da er sich die für die Herstellung der Interoperabilität erforderlichen Informationen nicht von solchen Herstellern beschaffen darf, die eine Dekompilierung bereits vorgenommen haben[911].

Die letzte Verwendungsbeschränkung der durch zulässiges Dekompilieren gewonnenen Informationen besteht nach § 69e Abs. 2 Ziff. 3 UrhG darin, dass diese Informationen nicht für die Entwicklung, Herstellung oder Vermarktung eines Programms mit im wesentlichen ähnlicher Ausdrucksform verwendet werden dürfen[912], gleichwie auch eine **Verwendung für andere urheberrechtsverletzende Handlungen** unzulässig ist. Ob dieser Regelung ein eigenständiger und interessengerechter Anwendungsbereich entnommen werden kann, ist fraglich[913]. 270

ff) Offene Fragen

Trotz der zahlreichen in § 69e UrhG ausdrücklich geregelten Detailfragen bestehen zwei bedeutende Regelungslücken sowie eine erhebliche Schwierigkeit, die Bedeutung von § 69e Abs. 3 UrhG zu ergründen. 271

(1) Dekompilierung auch zur Herstellung von Interoperabilität von Hardware?

Wenngleich sich der Text des § 69e UrhG allein auf die Herstellung der Interoperabilität eines unabhängig geschaffenen **Computerprogramms mit anderen Programmen** bezieht, ist umstritten, ob ein Computerprogramm auch dann dekompiliert werden darf, wenn dies nicht für die Herstellung eines anderen Computerprogramms, sondern für die Herstellung interoperabler Hardware erforderlich ist[914]. Vieles spricht für eine Ausweitung des Regelungsbereichs auf „alle Elemente eines Computersystems" wie es im 15. Erwägungsgrund zur Softwarerichtlinie angesprochen ist, also auch auf Hardware. 272

(2) Zulässigkeit der unveränderten Übernahme von Schnittstellen[915]?

Ein weiterer Streit über die Auslegung von § 69e UrhG bezieht sich auf die Zulässigkeit einer unveränderten Übernahme von Schnittstellen. Unstreitig ist, dass eine Rechtsverletzung dann nicht vorliegt, wenn lediglich die **Schnittstellenspezifikationen** im Sinne der einer Schnittstelle zugrundeliegenden Regeln und Methoden übernommen und in einen unabhängig geschaffenen Programmcode implementiert werden[916]. Dies folgt bereits aus dem hervorgehobenen Grundsatz der Schutzunfä- 273

---

[911] Vgl. *Wandtke/Bullinger/Grützmacher* § 69e Rdn. 21.
[912] Vgl. *EuGH*, 2.5.2012, C-406/10, GRUR 2012, 814, 816 Tz. 60 – SAS Institute.
[913] Vgl. in dieser Richtung auch *Wandtke/Bullinger/Grützmacher* § 69e Rdn. 22.
[914] Dafür: *Dreier/Schulze* § 69e Rdn. 11; dagegen: *Wandtke/Bullinger/Grützmacher* § 69e Rdn. 27; *Schricker/Loewenheim/Spindler* § 69e Rdn. 11.
[915] Nach DIN 44300 Nr. 1.10 ist eine Schnittstelle (interface) ein gedachter oder tatsächlicher Übergang an der Grenze zwischen zwei gleichartigen Einheiten, wie Funktionseinheiten, Bauelementen oder Programmbausteinen, mit den vereinbarten Regeln für die Übergabe von Daten oder Signalen. Das *LG Hamburg*, 8.7.2016, 310 O 89/15, GRUR-RS 2016, 13761 Tz. 6 definiert Schnittstelle wie folgt: „Als Schnittstelle bezeichnet man eine Komponente, die die Kommunikation anderer Komponenten ermöglicht; im Hardware-Bereich mag das eine bestimmte Steckverbindung sein, im Softwarebereich mögen dies bestimmte Programmierungsanforderungen sein. Als eine abstrakte oder stabile Schnittstelle kann dabei eine solche bezeichnet werden, deren Konfiguration bzw. Anforderungen sich auch bei einer Weiterentwicklung der kommunizierenden Komponenten nicht ändert."
[916] A.A wohl nur *OLG Frankfurt*, 11.8.2015, 11 U 94/13, BeckRS 2015, 19875 Tz. 26.

higkeit der einem Programm zugrundeliegenden Ideen und Grundsätze. Dessen Anwendung auch auf die einer Schnittstelle zugrundeliegenden Ideen und Grundsätze wurde in S. 1 des 11. Erwägungsgrunds zur Softwarerichtlinie ausdrücklich klargestellt.

274 Schwierigkeiten bereitet die Beurteilung jedoch, wenn die Verwertung der ungeschützten Ideen und Grundsätze für die Herstellung der Interoperabilität nicht vom geschützten Ausdruck getrennt werden kann, wenn die volle Funktionsfähigkeit also die Übernahme einzelner Teile des ursprünglichen **Programmcodes** voraussetzt. Besteht infolge funktionaler Codevorgabe keine Möglichkeit zur Abweichung, ist die Übernahme durch datenverarbeitungsspezifische Notwendigkeiten gerechtfertigt und stellt keine unzulässige Einsparung eigener Autorenanstrengungen dar. Die Ausschließlichkeitsrechte des Erstherstellers decken daher in einem solchen Fall ein Verbot der Codeübernahme nicht, worauf die EG-Kommission im Rahmen der Ausführungen zur Schnittstellenproblematik in der Begründung ihres ersten Richtlinienvorschlags auch ausdrücklich hingewiesen hat[917]. Der *EuGH*[918] hält das Kriterium der Originalität für nicht erfüllt, wenn Softwarekomponenten durch ihre technische Funktion vorgegeben sind. **Idee** und **Ausdruck** würden dann zusammenfallen. Eine eigene geistige Schöpfung des Urhebers liege nicht vor, weshalb auch **kein Urheberrechtsschutz** bestehe.

gg) Die Bedeutung von § 69e Abs. 3 UrhG

275 Der Inhalt dieser Vorschrift muss als in höchstem Maße **nebulös** bezeichnet werden. Zweifelhaft ist bereits, was mit dem Tatbestandsmerkmal der „normalen Auswertung des Werkes" gemeint sein soll. Computerprogramme werden nicht „ausgewertet", sondern benutzt, weshalb in Art. 6 der Softwarerichtlinie wenigstens noch von der „normalen Nutzung des Computerprogramms" gesprochen wurde. Insgesamt kann § 69e UrhG lediglich eine klarstellende Bedeutung zuerkannt werden, nochmals auf den notwendigen Interessenausgleich zwischen den Beteiligten hinzuweisen. Demgegenüber kann dieser Vorschrift keine Aussage über die konkrete Ausgestaltung des angestrebten Interessenausgleichs entnommen werden. Angesichts der Tatsache, dass die Zielsetzung der gesamten Softwarerichtlinie dahin geht, einen angemessenen Interessenausgleich sicherzustellen, erscheint Art. 6 Abs. 3 der Richtlinie und der nach den Vorstellungen des deutschen Gesetzgebers inhaltsgleiche § 69e Abs. 3 UrhG daher **überflüssig**[919].

hh) Generelle Kritik

276 Schließlich muss festgehalten werden, dass § 69e UrhG wie schon Art. 6 der Softwarerichtlinie **kleine und mittlere Softwarehersteller benachteiligt**. Darüber hinaus wird die Forschung und technologische Entwicklung nicht gefördert, sondern sogar behindert, insbesondere, weil die Freiheit der Wissenschaft in Abkehr von sämtlichen Vorgaben vergleichbarer Gesetze sowohl durch das Verbot der Forschungstätigkeit selbst als auch durch das Verbot der Veröffentlichung der erzielten Ergebnisse völlig übergangen wird.

---

[917] Vgl. ABl.EG Nr. C 91/8 vom 12.4.1989. Zurückhaltend *Dreier/Schulze* § 69e Rdn. 20; dagegen: *Wandtke/Bullinger/Grützmacher* § 69e Rdn. 11.
[918] Vgl. *EuGH*, 22.12.2010, C-393/09, GRUR 2011, 220, 222 Tz. 49 – BSA/Kulturministerium.
[919] Vgl. *Dreier/Schulze* § 69e Rdn. 22 „kaum eine eigenständige Bedeutung"; *Wandtke/Bullinger/Grützmacher* § 69e Rdn. 24 „konkreter Inhalt nicht zu entnehmen".

7. Ansprüche bei Rechtsverletzungen

a) Der softwarespezifische Vernichtungsanspruch gem. § 69f UrhG

Schrifttum: *Kämper,* Der Schadensersatzanspruch bei der Verletzung von Immaterialgüterrechten – Neue Entwicklungen seit der Enforcement-Richtlinie, GRUR Int. 2008, 539 ff.; *Raubenheimer,* Vernichtungsanspruch gem. § 69f UrhG, CR 1994, 129 ff.

Ein Hauptproblem des Rechtsschutzes für Computersoftware ist seit jeher dessen wirkungsvolle Durchsetzung. Im Interesse eines wirkungsvollen Rechtsschutzes sieht Art. 7 der Softwarerichtlinie zum Softwareschutz daher eine Verpflichtung der Mitgliedstaaten vor, gemäß ihren innerstaatlichen Rechtsvorschriften geeignete Maßnahmen gegen Personen vorzusehen, die eine der in Art. 7 Abs. 1 lit. a)–c) der Richtlinie aufgeführten Handlungen begehen[920]. Die an diese Vorgabe anknüpfende Regelung des § 69f Abs. 1 UrhG stimmt insofern mit der allgemeinen Regelung des § 98 Abs. 1 UrhG überein, als sie dem Rechtsinhaber ein **Vernichtungsrecht** gegenüber allen rechtswidrig hergestellten, verbreiteten oder zur rechtswidrigen Verbreitung bestimmten Vervielfältigungsstücken einräumt. Der Vernichtungsanspruch setzt **kein Verschulden** des Anspruchsgegners voraus[921]. Abweichend von § 98 UrhG besteht dieses Recht aber nicht nur gegenüber solchen Personen, die selbst Verletzer im Sinne der §§ 97 ff. UrhG sind, sondern auch gegenüber Personen, die das Computerprogramm **lediglich besitzen** bzw. dessen **Eigentümer** sind, ohne selbst Urheberrechtsverletzungen zu begehen. Die Abweichungen zum allgemeinen Urheberrecht werden jedoch etwas unscheinbar allein durch die Verwendung des Begriffs des Rechtsinhabers anstatt des in den §§ 97 ff. UrhG verwendeten Begriffs des Verletzten sowie durch den Verzicht auf das Tatbestandsmerkmal des Besitzes oder Eigentums des Verletzers zum Ausdruck gebracht[922]. Gerechtfertigt wird diese Erweiterung des Urheberrechtsschutzes bei Computerprogrammen mit der Erwägung, dass ein zur Programmnutzung nicht berechtigter Eigentümer oder Besitzer das Programmexemplar ohne Verstoß gegen § 69c UrhG gar nicht benutzen kann. Ihm soll daher die Grundlage für rechtswidrige Benutzungen entzogen werden[923].

277

Der **Vernichtungsanspruch** des § 69f Abs. 2 UrhG erfasst über die Vorgabe des Art. 7 Abs. 1 lit. c) der Softwarerichtlinie hinaus nicht nur den Erwerbszwecken dienenden Besitz solcher Mittel, die allein dazu bestimmt sind, die unerlaubte **Beseitigung** oder **Umgehung technischer Programmschutzmechanismen** zu erleichtern, sondern richtet sich wie schon Abs. 1 dieser Vorschrift gegen **jeden Besitzer.** Begründet wird diese Ausweitung mit dem Argument, die in Abs. 2 genannten Mittel stünden solchen Vorrichtungen im Sinne des § 99 UrhG a. F. (jetzt § 98 Abs. 1 S. 2 UrhG) gleich, die ausschließlich oder nahezu ausschließlich zur rechtswidrigen Herstellung von Vervielfältigungsstücken gebraucht werden oder dazu bestimmt seien[924]. Auch der Vernichtungsanspruch des § 69f Abs. 2 UrhG ist **verschuldensunabhängig**[925]. Neben § 69f UrhG finden die Vorschriften über die Umgehung technischer Schutzmaßnahmen gem. **§§ 95a ff. UrhG** grundsätzlich keine Anwendung, was

278

---

[920] Vgl. *BGH,* 6.2.2013, I ZR 124/11, GRUR 2013, 1035, 1036 Tz. 19.
[921] Vgl. *Dreier/Schulze* § 69f Rdn. 1; *Schricker/Loewenheim/Spindler* § 69f Rdn. 7; *Wandtke/Bullinger/Grützmacher* § 69f Rdn. 2.
[922] Vgl. die Begründung des Regierungsentwurfs BT-Drucks. 12/4022 vom 18.12.1992, S. 14; *Dreier/Schulze* § 69f Rdn. 6; *Wandtke/Bullinger/Grützmacher* § 69f Rdn. 2; *Schricker/Loewenheim/Spindler* § 69f Rdn. 3.
[923] Vgl. die Begründung des Regierungsentwurfs BT-Drucks. 12/4022 vom 18.12.1992, S. 14.
[924] Vgl. den Regierungsentwurf BT-Drucks. 12/4022 vom 18.12.1992, S. 14.
[925] Vgl. *Dreier/Schulze* § 69f Rdn. 10; *Schricker/Loewenheim/Spindler* § 69f Rdn. 15.

in § 69a Abs. 5 UrhG ausdrücklich angeordnet ist. Der Gesetzgeber befürchtete andernfalls erhebliche Probleme im Verhältnis zu § 69d Abs. 2 UrhG (Erstellung einer Sicherheitskopie) und § 69e UrhG (Dekompilierung)[926]. Bei den sogenannten hybriden Werken[927] ergeben sich indes Überschneidungen.

279 Infolge der Verweisung des § 69f Abs. 1 S. 2 UrhG auf § 98 Abs. 3 und 4 UrhG kann der Rechtsinhaber anstelle der Vernichtung auch die **Überlassung der Vervielfältigungsstücke** gegen eine angemessene Vergütung verlangen, welche die Herstellungskosten nicht übersteigen darf. Ebenso unterliegen sowohl der Vernichtungsanspruch als auch der vergütungspflichtige Überlassungsanspruch dem in § 98 Abs. 4 UrhG enthaltenen **Verhältnismäßigkeitsgebot**. Wegen des mitunter erheblichen Werts der Datenträger beschränkt sich der Vernichtungsanspruch daher gegebenenfalls auf einen Löschungsanspruch[928]. Der Gesetzgeber benennt insoweit ausdrücklich das Beispiel eines rechtswidrig im Arbeitsspeicher eines Computers gespeicherten Programms, bei dem der Anspruchsinhaber in der Regel nur die Löschung der Speicherung verlangen kann[929]. Gleiches wird aber etwa auch für den Fall zu gelten haben, dass sich eine rechtswidrige Programmkopie auf dem **Server** eines **Cloud-Anbieters** befindet.

280 Inhaltlich ist an § 69f Abs. 2 UrhG zu bemängeln, dass diese Vorschrift nicht nur weit über die allgemeine Regelung des § 98 UrhG hinausgeht[930], sondern über das berechtigte Ziel hinausschießt. So können Mittel, die der Beseitigung technischer Programmschutzmechanismen dienen, etwa auch zur **erlaubten Beseitigung** dieser Mechanismen eingesetzt werden. Die Entfernung von Programmschutzmechanismen ist nicht zustimmungsbedürftig, soweit sie der Fehlerberichtigung gem. § 69d Abs. 1 UrhG dient, etwa weil die entsprechende Programmroutine fehlerhaft ist[931]. Umgekehrt ist unstreitig, dass die Formulierung „allein dazu bestimmt" nicht streng wörtlich zu verstehen ist, weil dies weder vom europäischen Richtliniengeber bzw. dem deutschen Gesetzgeber gewollt war, noch sachgerecht ist[932]. Man wird diese Formulierung als „überwiegend" oder „mit dem Hauptzweck" zu interpretieren haben[933].

281 Problematisch ist auch, ob bei Werken mit Doppelnatur (**hybride Werke**), wie etwa Computerspielen, § 69f UrhG allein anzuwenden ist, oder ob trotz § 69a Abs. 5 UrhG daneben auch auf die Vorschriften der §§ 95a bis 95d UrhG zurückzugreifen ist. Der *BGH* hatte diese Frage dem *EuGH* zur Vorabentscheidung vorgelegt[934]. Der *EuGH*[935] möchte bei Computerspielen, die nicht nur Computerpro-

---

[926] Vgl. den Gesetzesentwurf der Bundesregierung für ein Gesetz des Urheberrechts in der Informationsgesellschaft, BR-Drucks. 648/02 vom 16.8.2002, S. 50 sowie die Gegenäußerung der Bundesregierung auf die kritische Stellungnahme des Bundesrats BT-Drucks. 15/38 vom 6.11.2002 S. 42; ferner *Dreier/Schulze* § 69a Rdn. 35; *Kreutzer* CR 2006, 804, 805; *Arlt* MMR 2005, 148, 154; *Ernst* CR 2004, 39, 42.
[927] Siehe hierzu oben Rdn. 83 sowie unten Rdn. 281.
[928] Vgl. *Dreier/Schulze* § 69f Rdn. 7; *Schricker/Loewenheim/Spindler* § 69f Rdn. 8; *Wandtke/Bullinger/Grützmacher* § 69f Rdn. 9.
[929] Vgl. die Begründung des Regierungsentwurfs BT-Drucks. 12/4022 vom 18.12.1992, S. 14.
[930] Vgl. *Möhring/Nicolini/Hoeren* § 69f Rdn. 1; *Dreyer/Kotthoff/Meckel* § 69f Rdn. 2.
[931] Vgl. zum diesbezüglichen Streit unten Rdn. 1727f.
[932] Vgl. *LG München I*, 13.3.2008, 7 O 16829/07, MMR 2008, 839, 841 m.w.N.
[933] Der BGH, 27.11.2014, I ZR 124/11, MMR 2015, 460, 466 Tz. 108 – Nintendo II hat dies nicht entschieden, sondern die Frage ausdrücklich zur Beantwortung durch das Berufungsgericht zurückgewiesen.
[934] Vgl. *BGH*, 6.2.2013, I ZR 124/11, GRUR 2013, 1035 ff.
[935] Vgl. *EuGH*, 23.1.2014, C-355/12, NJW 2014, 761 ff. – Nintendo/PC Box.

gramme, sondern auch grafische und klangliche Bestandteile umfassen, auf das Gesamtwerk abstellen. Der *BGH* legt dies so aus, dass wirksame technische Maßnahmen zum Schutz eines Computerspiels **auch** nach der strengeren Regelung des § 95a UrhG geschützt sind[936]. Dabei definiert § 95a Abs. 2 S. 1 UrhG **technische Maßnahmen** als Technologien, Vorrichtungen und Bestandteile, die im normalen Betrieb dazu bestimmt sind, geschützte Werke oder andere nach dem UrhG geschützte Schutzgegenstände betreffende Handlungen, die vom Rechtinhaber nicht genehmigt sind, zu verhindern oder einzuschränken. Zu diesen technischen Maßnahmen können etwa auch Speicherkarten mit speziellen Abmessungen zu zählen sein, die ausschließlich in spezielle Karten-Slots der darauf abgestimmten Hardware passen, sodass nur vom Hersteller freigegebene Karten benutzt werden können[937]. Die betreffenden technischen Maßnahmen sind nach § 95a Abs. 2 S. 2 UrhG **wirksam**, soweit durch sie die Nutzung eines geschützten Werkes oder eines anderen nach diesem Gesetz geschützten Schutzgegenstandes von dem Rechtsinhaber durch eine Zugangskontrolle, einen Schutzmechanismus wie Verschlüsselung, Verzerrung oder sonstige Umwandlung oder einen Mechanismus zur Kontrolle der Vervielfältigung, die die Erreichung des Schutzziels sicherstellen, unter Kontrolle gehalten wird. Dies hat der *BGH* für die oben genannten speziellen Speicherkarten in Verbindung mit den speziellen Karten-Slots der abspielenden Konsole ebenfalls bejaht[938]. Zu beachten ist jedoch, dass der *EuGH* ausdrücklich eine **Verhältnismäßigkeit** der entsprechenden Schutzmechanismen geprüft haben möchte, weil gegebenenfalls auch ein den Anwender weniger beschränkender technischer Schutz des urheberrechtlich geschützten Werks möglich ist. Die Maßnahmen müssen zur Verwirklichung dieses Ziels geeignet sein und dürfen nicht über das hierzu Erforderliche hinausgehen[939].

b) Die allgemeinen Vorschriften zu Rechtsverletzungen

Neben dem oben dargestellten softwarespezifischen Vernichtungsanspruch des § 69f UrhG kommen über die Verweisung des § 69a Abs. 4 UrhG bei Rechtsverletzungen die allgemeinen Regelungen der §§ 97–111b UrhG einschließlich der strafrechtlichen Vorschriften zur Anwendung[940]. Allein gegenüber § 98 Abs. 1 S. 1 UrhG kommt § 69f UrhG als speziellere Vorschrift **verdrängende Wirkung** zu[941]. Mangels softwarespezifischer Besonderheiten kann nachfolgend eine Darstellung im Abriss erfolgen, während für Details auf das allgemeine urheberrechtliche Schrifttum verwiesen werden muss. 282

aa) Der Anspruch auf Unterlassung, Beseitigung und Schadensersatz gem. § 97 UrhG

§ 97 UrhG normiert die grundlegenden zivilrechtlichen Rechtsfolgen einer widerrechtlichen Verletzung eines nach dem UrhG geschützten **absoluten Rechts** und ist damit eine die §§ 823, 1004 BGB zusammenfassende und diesen Vorschriften ähnliche Regelung[942]. Die Verletzung bloß **schuldrechtlicher Ansprüche**, die nicht gegen- 283

---

[936] Vgl. *BGH*, 27.11.2014, I ZR 124/11, MMR 2015, 460, 462 Tz. 44 – Nintendo II.
[937] Vgl. *BGH*, 27.11.2014, I ZR 124/11, MMR 2015, 460, 462 Tz. 48 – Nintendo II.
[938] Vgl. *BGH*, 27.11.2014, I ZR 124/11, MMR 2015, 460, 462 Tz. 49 – Nintendo II.
[939] Vgl. *EuGH*, 23.1.2014, C-355/12, NJW 2014, 761, 763 Tz. 32 ff. – Nintendo/PC Box u. a.; *BGH*, 27.11.2014, I ZR 124/11, MMR 2015, 460, 462 Tz. 49 – Nintendo II.
[940] Vgl. die Begründung des Regierungsentwurfs BT-Drucks. 12/4022 vom 18.12.1992, S. 15.
[941] Vgl. *Schricker/Loewenheim/Spindler* § 69a Rdn. 25; *Wandtke/Bullinger/Grützmacher* § 69f Rdn. 2; *Dreier/Schulze* § 69f Rdn. 2.
[942] Vgl. *Dreier/Schulze* § 97 Rdn. 1.

über jedem nicht berechtigten Dritten wirken, sondern nur gegenüber dem jeweiligen Vertragspartner, lösen die Rechtsfolgen des § 97 UrhG folglich nicht aus[943].

284 § 97 Abs. 1 UrhG gewährt dem Verletzten die **verschuldensunabhängigen** Ansprüche auf **Unterlassung** und **Beseitigung**. Der **verschuldensabhängige** Anspruch auf **Schadensersatz** ist in § 97 Abs. 2 UrhG geregelt. Er wird in § 97 Abs. 2 S. 2 UrhG durch einen Anspruch auf Ersatz der immateriellen Schäden ergänzt. Schließlich stellt § 102a UrhG klar, dass Ansprüche aus anderen gesetzlichen Vorschriften unberührt bleiben. Hierzu zählen namentlich **Bereicherungsansprüche** gem. §§ 812 ff. BGB in Gestalt der Eingriffskondition gem. § 812 Abs. 1 S. 1 2. Alt. BGB[944], Ansprüche wegen einer **unechten Geschäftsführung ohne Auftrag** in Gestalt der wissentlich angemaßten Eigengeschäftsführung gem. §§ 687 Abs. 2 S. 1, 681 S. 2, 667 BGB, Ansprüche aus **unerlaubter Handlung** gem. §§ 823 ff. BGB, soweit sie nicht durch die speziellen deliktischen Regelungen verdrängt sind, sondern darüber hinausgehen[945], und **wettbewerbsrechtliche Ansprüche** insbesondere nach § 3 UWG in Gestalt eines Anspruchs wegen unmittelbarer Leistungsübernahme und der sklavischen Nachahmung[946].

(1) Aktiv- und Passivlegitimation

Schrifttum: Bienert, Störerhaftung des Internetanschlussinhabers beim Filesharing, in: Taeger (Hrsg.), IT und Internet – mit Recht gestalten, 2012, S. 125 ff.; *Gräbig*, Aktuelle Entwicklungen bei Haftung für mittelbare Rechtsverletzungen, MMR 2011, 504 ff.; *Habermann*, Die zivilrechtliche Störerhaftung bei einer Verletzung von Immaterialrechtsgütern im Internet, 2016; *Leistner*, Störerhaftung und mittelbare Schutzrechtsverletzung, GRUR Beilage zu Heft 1/2010, S. 1 ff.; *Mühlberger*, Die Haftung des Internetanschlussinhabers bei Filesharing-Konstellationen nach den Grundsätzen der Störerhaftung, GRUR 2009, 1022 ff.; *Sandor*, Eltern haften für ihre Kinder? Störerhaftung des Anschlussinhabers für fremde Urheberrechtsverletzungen, ITRB 2010, 9 ff.; *Sesing*, Täterschaftliche Verantwortlichkeit von Anschlussinhabern, MMR 2016, 82 ff.; *Spindler*, Europarechtliche Rahmenbedingungen der Störerhaftung im Internet, MMR 2011, 703 ff.; *Verweyen*, Grenzen der Störerhaftung in Peer-to-Peer-Netzwerken, MMR 2009, 590 ff.

285 Die in § 97 UrhG niedergelegten Ansprüche kann „der Verletzte" geltend machen, dessen Urheberrecht oder dessen anderes nach dem UrhG geschütztes Recht widerrechtlich verletzt wurde. Eine Verletzung der bei Computersoftware wenig relevanten **Urheberpersönlichkeitsrechte**[947], etwa dem unerlaubten Entfernen des Copyright-Vermerks[948], kann grundsätzlich nur der Urheber geltend machen, auch wenn er einzelne oder alle Nutzungsrechte an einen Dritten übertragen hat[949]. Möglich ist etwa, dass der Nutzungsrechtsinhaber unberechtigt Hinweise auf die Urheberschaft des Programmherstellers entfernt, insbesondere etwa den Copyright-Vermerk. Hiergegen kann sich der Urheber wehren, wenn er in der Vereinbarung über die Einräumung der Nutzungsrechte nicht auf die Angabe der Urheberbezeichnung verzichtet hat[950].

---

[943] Vgl. die Begründung des Regierungsentwurfs BT-Drucks. IV/270 vom 23.3.1962, S. 103; *Dreier/Schulze* § 97 Rdn. 3.
[944] Vgl. *Dreier/Schulze* § 102a Rdn. 3; *Wandtke/Bullinger/v. Wolff* § 97 Rdn. 92.
[945] Vgl. *Dreier/Schulze* § 102a Rdn. 11; *Schricker/Loewenheim/Wimmers* § 102a Rdn. 4 sowie 6.
[946] Vgl. *Dreier/Schulze* § 102a Rdn. 13; *Schricker/Loewenheim/Wimmers* § 102a Rdn. 7; *Wandtke/Bullinger/v. Wolff* § 97 Rdn. 96.
[947] *Spindler* K&R 2008, 565, 566 spricht von einer „eher seltenen Frage, aber keineswegs ohne praktische Relevanz".
[948] Vgl. *OLG Hamm*, 7.8.2007, 4 U 14/07, CR 2008, 280, 281.
[949] Vgl. *OLG Hamm*, 7.8.2007, 4 U 14/07, CR 2008, 280, 281; *Dreier/Schulze* § 97 Rdn. 17.
[950] Vgl. *OLG Hamm*, 7.8.2007, 4 U 14/07, CR 2008, 280, 281.

Bei einer **Verletzung von Nutzungsrechten** ist zu unterscheiden. Auch hier ist zunächst der Urheber aktiv legitimiert[951]. Soweit jedoch **ausschließliche Nutzungsrechte** auf einen Dritten übertragen wurden, liegt die Aktivlegitimation beim betreffenden Rechtsinhaber[952]. Der Urheber ist daneben nur noch anspruchsberechtigt, soweit er ein eigenes schutzwürdiges Interesse an der Geltendmachung des Anspruchs hat, etwa weil seine Vergütung von den Einnahmen des Rechtsinhabers abhängt[953]. Der Inhaber eines **einfachen Nutzungsrechts** ist demgegenüber nicht aktivlegitimiert. Hier bleibt die Aktivlegitimation beim Urheber bzw. beim Inhaber eines ausschließlichen Nutzungsrechts[954]. Möglich ist natürlich auch eine **gewillkürte Prozessstandschaft**. Diese setzt eine **wirksame Ermächtigung** des Prozessstandschafters zur gerichtlichen Verfolgung der Ansprüche des Rechtsinhabers sowie ein **eigenes schutzwürdiges Interesse** des Ermächtigten an dieser Rechtsverfolgung voraus. Dieses Interesse kann sich aus den besonderen Beziehungen des Ermächtigten zum Rechtsinhaber ergeben, wobei wirtschaftliche Interessen zu berücksichtigen sind[955]. Wenn etwa eine amerikanische Muttergesellschaft ihrer europäischen Tochtergesellschaft eine Lizenz zum Softwarebetrieb in Europa erteilt hat, ist ein solches schutzwürdiges Interesse der Tochter bei einer Rechtsverletzung in Deutschland gegeben[956].

286

„Verletzer" im Sinne des § 97 UrhG und damit passivlegitimiert ist derjenige, der ein fremdes Urheberrecht oder ein anderes nach dem UrhG geschütztes Recht widerrechtlich verletzt. Für negatorische Ansprüche insbesondere auf Unterlassung gilt als Verletzer auch jeder sog. **Störer**[957]. Verletzer ist folglich zunächst neben dem handelnden **Täter jeder Teilnehmer**. Dabei ist hinsichtlich der Frage, ob sich jemand als Täter oder Teilnehmer in einer die zivilrechtliche Haftung begründenden Weise an der deliktischen Handlung eines Dritten beteiligt hat, auf die **im Strafrecht entwickelten Rechtsgrundsätze** abzustellen[958]. Täter ist danach derjenige, der die Zuwiderhandlung selbst oder in mittelbarer Täterschaft begeht (§ 25 Abs. 1 StGB)[959].

287

---

[951] Vgl. *LG Mannheim*, 18.5.2015, 7 O 81/15, MMR 2015, 836 Tz. 15.
[952] Vgl. *LG Mannheim*, 18.5.2015, 7 O 81/15, MMR 2015, 836 Tz. 15.
[953] Vgl. *BGH*, 6.10.2016, I ZR 25/15, GRUR 2017, 266, 269, Tz. 35; *Dreier/Schulze* § 97 Rdn. 19; *Wandtke/Bullinger/v. Wolff* § 97 Rdn. 9; *Schricker/Loewenheim/Leistner* § 97 Rdn. 44; *Dreyer/Kotthoff/Meckel* § 97 Rdn. 20.
[954] Vgl. *BGH*, 5.11.2015, I ZR 76/11, GRUR 2016, 487, 488 Tz. 26; *LG Mannheim*, 18.5.2015, 7 O 81/15, MMR 2015, 836 Tz. 15; *Dreier/Schulze* § 97 Rdn. 20; *Wandtke/Bullinger/v. Wolff* § 97 Rdn. 11; *Schricker/Loewenheim/Leistner* § 97 Rdn. 46; *Dreyer/Kotthoff/Meckel* § 97 Rdn. 19.
[955] Vgl. *BGH*, 12.1.2017, I ZR 253/14, GRUR 2017, 397, 399, Tz, 30; *BGH*, 6.10.2016, I ZR 25/15, GRUR 2017, 266, 268 Tz. 20.
[956] Vgl. *BGH*, 6.10.2016, I ZR 25/15, GRUR 2017, 266, 268 Tz. 21.
[957] Vgl. *BGH*, 24.11.2016, I ZR 220/15, GRUR 2017, 617 Tz. 11; *BGH*, 26.11.2015, I ZR 174/14, NJW 2016, 794, 795 Tz. 21; *BGH*, 12.7.2012, I ZR 18/11, NJW 2013, 784, 785 Tz. 19 = LMK 2013, 344517 m. Anm. *Marly*; *BGH*, 15.1.2009, I ZR 57/07, MMR 2009, 625, 626 Tz. 14; *OLG München*, 2.3.2017, 29 U 3735/16, CR 2017, 529, 532 Tz. 49; *OLG München*, 2.3.2017, 29 U 1797/16, CR 2017, 533, 536 *OLG München*, 22.9.2016, 29 U 3449/15, BeckRS 2016, 110811 Tz. 30; *OLG Köln*, 5.12.2014, 6 U 57/14, CR 2015, 307, 308; *OLG Frankfurt*, 22.3.2013, 11 W 8/13, NJW-RR 2013, 755; *KG Berlin*, 25.2.2013, 24 U 58/12, GRUR-RR 2013, 204, 205; *OLG Köln*, 16.5.2012, 6 U 239/11, MMR 2012, 549, 551; *OLG Düsseldorf*, 27.4.2010, I-20 U 166/09, MMR 2010, 483, 484; *LG München I*, 31.5.2016, 33 O 6198/14, CR 2017, 257, 260; *LG Düsseldorf*, 27.5.2009, 12 O 134/09, MMR 2009, 780.
[958] Vgl. *BGH*, 12.2.2015, I ZR 204/13, NJW 2015, 3380, Tz. 15; *BGH*, 5.2.2015, I ZR 240/12, MMR 2015, 674, 676 Tz. 35; *OLG München*, 22.9.2016, 6 U 5037/09, MMR 2017, 339, 341; *OLG München*, 28.1.2016, 29 U 2798/15, MMR 2016, 883, 834; *LG München I*, 31.5.2016, 33 O 6198/14, CR 2017, 257, 258.
[959] Vgl. *BGH*, 5.11.2015, I ZR 88/13, NJW 2016, 2341 Tz. 16; *OLG München*, 2.3.2017, 29 U 3735/16, CR 2017, 529 Tz. 28; *OLG München*, 2.3.2017, 29 U 1797/16, CR 2017, 533, 534.

Dies kann auch der handelnde Vertreter einer juristischen **Person** oder **Personengesellschaft** sein, es sei denn, er hat an den Rechtsverletzungen nicht teilgenommen und von diesen nichts gewusst. Insoweit trifft ihn aber zumindest eine sekundäre Darlegungslast dahingehend, wer für die Rechtsverletzung verantwortlich ist[960]. Entscheidend ist mithin, ob die Rechtsverletzung auf einem Verhalten beruht, das nach seinem äußeren Erscheinungsbild dem Geschäftsführer „anzulasten" ist[961]. Der Geschäftsführer einer GmbH haftet bei der Verletzung absoluter Rechte durch die von ihm vertretene Gesellschaft als Täter, wenn er das auf Rechtsverletzungen angelegte Geschäftsmodell selbst ins Werk gesetzt hat[962]. Das Organ eines Vereins kann gem. § 31 BGB einzustehen haben[963]. Allgemein besteht eine persönliche Haftung des Geschäftsführers für deliktische Handlungen der von ihm vertretenen Gesellschaft, wenn er daran entweder durch positives Tun beteiligt war oder wenn er sie auf Grund einer nach allgemeinen Grundsätzen des Deliktsrechts begründeten Garantenstellung hätte verhindern müssen[964]. Darüber hinaus kann ein Geschäftsführer bei einer Verletzung absoluter Rechte durch die von ihm vertretene Gesellschaft persönlich als Störer auf Unterlassung in Anspruch genommen werden, wenn er in irgendeiner Weise willentlich und adäquat kausal zur Verletzung des geschützten Rechts beiträgt und dabei zumutbare Verhaltenspflichten verletzt[965]. Die schlichte Kenntnis von Rechtsverletzungen scheidet als haftungsbegründender Umstand aus[966]. Ein Verschulden ist nicht Voraussetzung für die Annahme einer Täterschaft, vielmehr reicht das Erfüllen des objektiven Tatbestands einer Urheberrechtsverletzung aus[967].

288 Mittäterschaft ist gegeben, wenn mehrere Personen bei der Herbeiführung eines Erfolgs bewusst und gewollt zusammenwirken (§ 830 Abs. 1 S. 1 BGB)[968]. Die Verantwortlichkeit als Täter oder Teilnehmer geht der Störerhaftung grundsätzlich vor[969]. Im übrigen ist für die Störerhaftung zu prüfen, ob zwischen dem Verhalten und der Rechtsverletzung ein **adäquater Kausalzusammenhang** besteht, d.h., dass das Verhalten des Handelnden eine nicht hinweg zu denkende Bedingung des Verletzungserfolgs ist und der Eintritt dieses Erfolgs bei objektiver Beurteilung auch nicht außerhalb aller Wahrscheinlichkeiten liegt[970]. Zu berücksichtigen ist an dieser

---

[960] Vgl. *OLG Köln*, 5.12.2014, 6 U 57/14, CR 2015, 307, 308.
[961] Vgl. *BGH*, 27.11.2014, I ZR 124/11, MMR 2015, 460, 464 Tz. 83; *OLG München*, 22.9.2016, 6 U 5037/09, MMR 2017, 339, 341 f.
[962] Vgl. *BGH*, 6.10.2016, I ZR 25/15, GRUR 2017, 266, 273 Tz. 68.
[963] Vgl. *OLG Köln*, 5.12.2014, 6 U 57/14, CR 2015, 307, 308; *LG München I*, 10.12.2014, 21 S 2269/14, BeckRS 2015, 07964; *Dreier/Schulze* § 97 Rd. 35 sowie § 99 Rdn. 11.
[964] Vgl. *BGH*, 2.3.2017, I ZR 273/14, GRUR 2017, 541, 542 Tz. 25 – Nintendo III; *BGH*, 5.11.2015, I ZR 91/11, NJW 2016, 2335, 2338 Tz. 36; *BGH*, 5.11.2015, I ZR 76/11, NJW 2016, 2338, 2339 Tz. 34; *BGH*, 19.3.2015, I ZR 47/14, NJW 2015, 3576, 3582 Tz. 55 – Green-IT; *BGH*, 18.6.2014, I ZR 242/12, NJW-RR 2014, 1382, 1383 Tz. 17; *OLG München*, 22.9.2016, 29 U 3449/15, BeckRS 2016, 110811 Tz. 38; *OLG München*, 22.9.2016, 6 U 5037/09, MMR 2017, 339, 342.
[965] Vgl. *BGH*, 19.3.2015, I ZR 47/14, NJW 2015, 3576, 3582 Tz. 55 – Green-IT; *BGH*, 27.11.2014, I ZR 124/11, MMR 2015, 460, 464 Tz. 83 –Videospiel-Konsolen II.
[966] Vgl. *BGH*, 27.11.2014, I ZR 124/11, MMR 2015, 460, 464 Tz. 83 –Videospiel-Konsolen II; *OLG München*, 22.9.2016, 6 U 5037/09, MMR 2017, 339, 342.
[967] Vgl. *BGH*, 5.11.2015, I ZR 88/13, NJW 2016, 2341, 2342 Tz. 16.
[968] Vgl. *BGH*, 12.2.2015, I ZR 204/13, NJW 2015, 3380, Tz. 15; zum Urheberstrafrecht *OLG Köln*, 28.3.2017, III-1 RVs 281/16, GRUR 2017, 1039, 1041 Tz. 16.
[969] Vgl. *BGH*, 26.11.2015, I ZR 174/14, NJW 2016, 794, 795 Tz. 19.
[970] Vgl. *BGH*, 30.7.2015, I ZR 104/14, GRUR 2015, 1223, 1226, Tz. 46; *BGH*, 15.1.2009, I ZR 57/07, MMR 2009, 625, 626 Tz. 20; *BGH*, 11.3.2004, I ZR 304/01, NJW 2004, 3102, 3105;

Stelle, dass nach Auffassung des VI. Zivilsenats des *BGH* der Begriff des Störers im Sinne von § 1004 BGB von dem im Urheber- und Markenrecht entwickelten Begriffsverständnis des I. Zivilsenats abweicht[971]. Für die Frage etwa, wer **Hersteller einer Vervielfältigung** im Sinne des Urheberrechts ist, kommt es nach Auffassung des *BGH*[972] zunächst allein auf eine **technische Betrachtung** an, weil es sich bei einer Vervielfältigung als körperlicher Festlegung eines Werkes um einen rein technisch-mechanischen Vorgang handelt. Hersteller der Vervielfältigung und damit Verletzer ist daher derjenige, der die betreffende körperliche Festlegung technisch bewerkstelligt. Dabei ist es ohne Bedeutung, ob er sich dabei technischer Hilfsmittel bedient, selbst wenn diese von Dritten zur Verfügung gestellt werden. Der *BGH* benennt hierfür beispielhaft den Fall eines öffentlich zugänglich gemachten CD-Kopierautomaten, mit dem mitgebrachte CDs ohne Hilfestellung des Aufstellers auf ebenfalls mitgebrachte Leer-CDs kopiert werden. Hier sei nicht der Automatenaufsteller, sondern der Kunde als Hersteller der Vervielfältigungsstücke anzusehen[973]. Gleiches wird für den Fall zu gelten haben, dass der Dritte etwa lediglich Speicherplatz auf einem Internet-Server zur Verfügung stellt. Soweit daher der Dritte lediglich einen Beitrag zu einer Vervielfältigung durch den Softwareanwender geleistet hat, kommt lediglich eine Haftung als Teilnehmer oder **Störer** in Betracht[974].

Steht fest, dass von einer IP-Adresse ein geschütztes Werk, etwa ein Computerspiel[975], öffentlich zugänglich gemacht wurde (§ 69c Nr. 4 UrhG), spricht gegen den Anschlussinhaber eine **tatsächliche Vermutung**, für diese Rechtsverletzung verantwortlich zu sein[976]. Daraus ergibt sich eine **sekundäre Darlegungslast** des Anschlussinhabers, wenn er geltend macht, nicht er, sondern eine andere Person habe die Rechtsverletzung begangen[977]. Im Rahmen dieser sekundären Darlegungslast ist es nicht ausreichend, lediglich darauf zu verweisen, dass auch der Ehepartner die Rechtsverletzung begangen haben könne[978]. Vielmehr muss der Anschlussinhaber Tatsachen darlegen und gegebenenfalls beweisen, aus denen sich die ernsthafte Möglichkeit eines von der Vermutung abweichenden Geschehensablaufs ergibt. Hierfür sind konkrete Anhaltspunkte aufzuzeigen, die einen abweichenden Verlauf mindestens ebenso wahrscheinlich erscheinen lassen. Die nicht auszuschließende

---

KG Berlin, 25.2.2013, 24 U 58/12, GRUR-RR 2013, 204; *LG Berlin*, 14.11.2008, 15 O 120/08, NJW 2009, 787, 788; *Dreier/Schulze* § 97 Rdn. 23; *Dreyer/Kotthoff/Meckel* § 97 Rdn. 26; *Schricker/Loewenheim/Leistner* § 97 Rdn. 73.

[971] Vgl. *BGH*, 28.7.2015, VI ZR 340/14, NJW 2016, 56, 59 Tz. 34; dies sieht auch der I. Zivilsenat *BGH*, 30.7.2015, I ZR 104/14, GRUR 2015, 1223, 1226 Tz. 46.

[972] Vgl. *BGH*, 22.4.2009, I ZR 216/06, NJW 2009, 3511, 3513 Tz. 16.

[973] Vgl. *BGH*, 22.4.2009, I ZR 216/06, NJW 2009, 3511, 3513 Tz. 16; *OLG München*, 20.3.2003, 29 U 5494/02, GRUR-RR 2003, 365, 366.

[974] Allgemein *BGH*, 22.4.2009, I ZR 216/06, NJW 2009, 3511, 3513 Tz. 17.

[975] So im Fall *LG Köln*, 30.11.2011, 28 O 482/10, ZUM 2012, 350, 351.

[976] Vgl. *BGH*, 6.10.2016, I ZR 154/15, NJW 2017, 1961, 1962 Tz. 14; *OLG Köln*, 14.3.2014, 6 U 109/13, NJW-RR 2014, 1004, 1007.

[977] Vgl. *BGH*, 24.11.2016, I ZR 220/15, GRUR 2017, 617 Tz. 11; *BGH*, 12.5.2016, I ZR 48/15, NJW 2017, 78, 80, Tz. 33; *BGH*, 11.6.2015, I ZR 75/14, GRUR 2016, 191, 194 Tz. 37; *BGH*, 12.5.2010, I ZR 121/08, NJW 2010, 2061 Tz. 12; *OLG Köln*, 14.3.2014, 6 U 109/13, NJW-RR 2014, 1004, 1007; *OLG Köln*, 16.5.2012, 6 U 239/11, MMR 2012, 549; *LG Hamm*, 27.10.2011, 22 W 82/11, MMR 2012, 40; 550; *LG Düsseldorf*, 21.3.2012, 12 O 579/10, MMR 2013, 126, 127; *LG Düsseldorf*, 24.11.2010, 12 O 521/09, MMR 2011, 111; *LG Stuttgart*, 28.6.2011, 17 O 39/11, MMR 2011, 761, 762; *AG Frankfurt*, 29.1.2010, 31 C 1078/09–78, MMR 2010, 262.

[978] Vgl. *BGH*, 6.10.2016, I ZR 154/15, NJW 2017, 1961, 1962 Tz. 15; *LG Köln*, 30.11.2011, 28 O 482/10, ZUM 2012, 350, 351.

bloße Denkmöglichkeit eines anderen Geschehensablaufs reicht für die Erschütterung der tatsächlichen Vermutung nicht aus[979]. Gleiches gilt für pauschale Behauptungen und bloß theoretische Möglichkeiten[980].

290 Neben dem Täter oder Teilnehmer ist aber auch derjenige als Verletzer („**Störer**") erfasst, der die Verletzungshandlung zwar nicht selbst vorgenommen, sie aber in zurechenbarer Weise **veranlasst** hat oder einen sonstigen Grund für eine **adäquat kausale Verursachung** setzte[981], etwa indem er **zumutbare Prüfungspflichten** missachtete[982] oder aber eine Software bereitstellt, die Rechtsverletzungen durch Dritte ermöglicht[983]. Ausreichend kann auch der Betrieb eines ungesicherten WLAN-Netzes sein[984]. Für die Verletzung der Prüfpflichten trägt der Anspruchsteller die **Darlegungs- und Beweislast**[985]. Nur für die Tatsachen, die außerhalb des Wahrnehmungsbereichs des Anspruchstellers liegen, wie etwa die Frage nach einer Passwortsicherung beim Verletzer obliegt, diesem eine **sekundäre Darlegungslast**[986]. Ausreichen kann nach Auffassung des *EuGH*[987] auch die Tätigkeit als **Access-Provider**, denn die Mitgliedstaaten sind nach Art. 8 Abs. 3 der Richtlinie 2001/29/EG des Europäischen Parlaments und des Rates zur Harmonisierung bestimmter Aspekte des Urheberrechts und der verwandten Schutzrechte in der Informationsgesellschaft[988] verpflichtet, sicherzustellen, dass die Rechtsinhaber gerichtliche Anordnungen gegen Vermittler beantragen können, deren Dienste von einem Dritten zur Verletzung eines Urheberrechts oder verwandter Schutzrechte genutzt werden. Ein Access-Provider, der dem Kunden lediglich den Zugang zum Internet verschafft, ohne überhaupt weitere Dienste anzubieten oder eine rechtliche oder faktische Kontrolle über den genutzten Dienst auszuüben, stellt nach Auffassung des *EuGH* einen solchen Dienst bereit, der von einem Dritten genutzt werden kann, um ein Urheberrecht oder ein verwandtes Schutzrecht zu verletzen, da er dem Nutzer zu der Verbindung verhilft, die diesem die Verletzung solcher Rechte ermöglicht. Außerdem

---
[979] Vgl. *OLG Köln*, 14.3.2014, 6 U 109/13, NJW-RR 2014, 1004, 1007.
[980] Vgl. *BGH*, 12.5.2016, I ZR 48/15, NJW 2017, 78, 80, Tz. 33.
[981] Vgl. *BGH*, 24.11.2016, I ZR 220/15, GRUR 2017, 617 Tz. 11; *BGH*, 26.11.2015, I ZR 174/14, NJW 2016, 794, 795, Tz. 21; *BGH*, 30.7.2015, I ZR 104/14, GRUR 2015, 1223, 1226 Tz. 46; *BGH*, 12.7.2012, I ZR 18/11, NJW 2013, 784, 785 Tz. 19 = LMK 2013, 344517 m. Anm. *Marly*; *BGH*, 15.1.2009, I ZR 57/07, MMR 2009, 625, 626 Tz. 19; *BGH*, 15.10.1998, I ZR 120/96, NJW 1999, 1960; *OLG München*, 13.8.2009, 6 U 5869/07, 2010, 100, 102; *LG Düsseldorf*, 12.9.2008, 12 O 621/07, MMR 2008, 758, 760; *LG Berlin*, 14.11.2008, 15 O 120/08, NJW 2009, 787, 788; *LG Mannheim*, 30.1.2007, 2 O 71/06, MMR 2007, 459 f.; *LG München I*, 11.10.2006, 21 O 2004/06, MMR 2007, 128, 129; *LG Mannheim*, 29.9.2006, 7 O 76/06, MMR 2007, 267; *LG München I*, 11.1.2006, 21 O 2793/05, MMR 2006, 332, 333; *LG München I*, 8.12.2005, 7 O 16341/05, MMR 2006, 179, 180; Schricker/Loewenheim/Leistner § 97 Rdn. 73.
[982] Vgl. *BGH*, 26.11.2015, I ZR 174/14, NJW 2016, 794, 795, Tz. 21; *BGH*, 12.7.2012, I ZR 18/11, NJW 2013, 784, 785 Tz. 19 = LMK 2013, 344517 m. Anm. *Marly*; *BGH*, 15.1.2009, I ZR 57/07, MMR 2009, 625, 626 Tz. 19; *BGH*, 11.3.2004, I ZR 304/01, MMR 2004, 668, 671; *OLG Hamburg*, 2.7.2008, 5 U 73/07, MMR 2008, 823, 824 ff.; *LG München I*, 31.5.2016, 33 O 6198/14, CR 2017, 257, 260; *LG Düsseldorf*, 27.5.2009, 12 O 134/09, MMR 2009, 780; *LG Düsseldorf*, 12.9.2008, 12 O 621/07, MMR 2008, 759, 760; *LG Leipzig*, 8.2.2008, 5 O 383/08, MMR 2009, 219 (Ls.).
[983] Vgl. *OLG Hamburg*, 8.2.2006, 5 U 78/05, CR 2006, 299, 302 ff.
[984] Vgl. *BGH*, 24.11.2016, I ZR 220/15, GRUR 2017, 617, 618 Tz. 14; *LG Frankfurt*, 22.2.2007, 2–3 O 771/06, MMR 2007, 675, 676; *LG Mannheim*, 25.1.2007, 7 O 65/06, MMR 2007, 537; *LG Hamburg*, 26.7.2006, 308 O 407/06, CR 2007, 54, 55.
[985] Vgl. *BGH*, 24.11.2016, I ZR 220/15, GRUR 2017, 617, 618 Tz. 19.
[986] Vgl. *BGH*, 24.11.2016, I ZR 220/15, GRUR 2017, 617, 618 Tz. 19.
[987] Vgl. *EuGH*, 19.2.2009, C-557/07, GRUR 2009, 579, 583 Tz. 42 ff.
[988] Vgl. ABl.EG Nr. L 167 vom 22.6.2001, S. 10.

betont der *EuGH*, dass die Rechtsinhaber nach dem 59. Erwägungsgrund der Richtlinie 2001/29/EG die Möglichkeit haben sollen, eine gerichtliche Anordnung gegen einen Vermittler zu beantragen, der die Rechtsverletzung eines Dritten in Bezug auf ein geschütztes Werk oder einen anderen Schutzgegenstand in einem Netz überträgt. Es stehe fest, dass der Access-Provider durch die Gewährung des Internetzugangs die Übertragung solcher Rechtsverletzungen zwischen einem Kunden und einem Dritten ermögliche. Hieraus folgt, dass die Grundsätze über die deutsche Störerhaftung so auszulegen sind, dass die Inanspruchnahme von **Internetzugangsprovidern** möglich ist[989]. Für die Haftung eines Access-Providers ist die Neufassung des § 8 TMG zu beachten, die im letzten Quartal 2017 in Kraft treten soll[990]. Ein Verschulden muss bei Unterlassungsansprüchen nicht vorliegen[991]. Es ist noch nicht einmal eine Verschuldensfähigkeit notwendig[992].

Als **Mitwirkung** kann insoweit auch die Unterstützung oder Ausnutzung der Handlung eines **eigenverantwortlich handelnden Dritten** genügen, sofern der in Anspruch Genommene die rechtliche Möglichkeit zur Verhinderung dieser Handlung hatte[993]. Ob und inwieweit dem als Störer in Anspruch Genommenen eine Verhinderung der Verletzungshandlung des Dritten zuzumuten ist, richtet sich entsprechend der Rsp. des *BGH* nach den jeweiligen Umständen des Einzelfalls unter Berücksichtigung seiner Funktion und Aufgabenstellung sowie mit Blick auf die Eigenverantwortung desjenigen, der die rechtswidrige Beeinträchtigung selbst unmittelbar vorgenommen hat[994]. Eine urheberrechtliche Verantwortlichkeit trifft allerdings denjenigen nicht, der als bloße **Hilfsperson** tätig wird und daher keine Herrschaft über die Rechtsverletzung hat. Entscheidend für die Einordnung als **unselbstständige Hilfsperson** ist, dass dieser die verletzende Handlung in sozialtypischer Hinsicht nicht als eigene zugerechnet werden kann, weil sie aufgrund ihrer untergeordneten Stellung keine eigene Entscheidungsbefugnis hat[995]. Ausreichend für eine Inanspruchnahme als Verletzter ist aber etwa auch die Beauftragung eines Dritten mit der rechtsverletzenden Installation eines Computerprogramms auf dem eigenen Computersystem und die damit verbundene Systembereitstellung, denn hierin ist entweder eine Mittäterschaft oder jedenfalls eine Teilnehmerschaft zu sehen[996]. Ausreichend ist auch das **Zurverfügungstellen einer Webseite** zum rechtswidrigen Vertrieb von Software per Download, weil hierin ein adäquat kausaler Beitrag zur Urheberrechtsverletzung liegt[997]. Ausreichend kann etwa auch sein, wenn ein Zeitschriftenverlag in seiner Online-Berichterstattung nicht nur über

291

---

[989] Vgl. *BGH*, 26.11.2015, I ZR 174/14, NJW 2016, 794, 796, Tz. 22; *BGH*, 12.7.2012, I ZR 18/11, NJW 2013, 784, 785 Tz. 19 = LMK 2013, 344517 m.Anm. *Marly*; *Nordemann/Schaefer* GRUR 2009, 583, 584.

[990] Vgl. hierzu die Informationsseite des Bundesministeriums für Wirtschaft und Energie zum Dritten Gesetz zur Änderung des Telemediengesetzes (3. TMGÄndG) http://www.bmwi.de/Redaktion/DE/Artikel/Service/Gesetzesvorhaben/entwurf-telemediengesetz-drei.html.

[991] Vgl. *BGH*, 15.10.1998, I ZR 120/96, NJW 1999, 1960; *LG Leipzig*, 8.2.2008, 5 O 383/08, MMR 2009, 219 (Ls.); *LG München I*, 11.10.2006, 21 O 2004/06, MMR 2007, 128, 129.

[992] Vgl. *OLG Hamburg*, 13.9.2006, 5 U 161/05, MMR 2007, 533.

[993] Vgl. *BGH*, 15.10.1998, I ZR 120/96, NJW 1999, 1960; *LG Frankfurt*, 9.2.2017, 2–03 S 16/16, CR 2017, 537, 538.

[994] Vgl. *BGH*, 24.11.2016, I ZR 220/15, GRUR 2017, 617 Tz. 11; *LG Frankfurt*, 9.2.2017, 2–03 S 16/16, CR 2017, 537, 538.

[995] Vgl. *BGH*, 5.11.2015, I ZR 88/13, NJW 2016, 2341, 2342 Tz. 20.

[996] Vgl. *BGH*, 20.1.1994, I ZR 267/91, NJW 1994, 1216, 1217.

[997] Vgl. *LG München I*, 12.7.2007, 7 O 5245/07, CR 2008, 57; in dieser Richtung auch *OLG Hamburg* 13.5.2013, 5 W 41/13, MMR 2013, 533, 534.

rechtswidrige Computerprogramme im Sinne des § 95a UrhG berichtet, sondern in diesem Bericht **Hyperlinks** auf die Homepage des Herstellers entsprechender Kopierschutz-Umgehungsprogramme setzt[998]. Zu beachten ist aber, dass es einem Presseunternehmen nach Art. 5 Abs. 1 S. 2 GG, Art. 10 Abs. 1 EMRK sowie Art. 11 Abs. 1 und 2 EU-Grundrechtscharta möglich sein muss, auch über rechtswidrige Angebote im Internet zu berichten. Ob dann das Setzen eines Hyperlinks wirklich einen „zusätzlichen Service" bietet, der die erforderliche verfassungsrechtliche Beurteilung zu Ungunsten des Presseunternehmens ausfallen lässt, erscheint zweifelhaft[999].

292 Ausreichend für eine Störerhaftung ist ferner, wenn der Inhaber eines sowohl geschäftlich als auch privat genutzten Internetanschlusses **zumutbare Prüfpflichten** gegenüber **minderjährigen Familienangehörigen** verletzt. Dies kann etwa der Fall sein, wenn die Nutzung von Filesharing Software nicht untersagt wird, keine Nutzerkonten mit individuellen Nutzungsbefugnissen festgelegt werden und auch keine Firewall aktiviert wird[1000]. Man wird aber auch gegenüber Familienangehörigen keine ständige Überwachung verlangen können, sondern einen eindringlichen Hinweis (= Verbot) an minderjährige Kinder genügen lassen, keine Urheberrechtsverletzungen zu begehen[1001]. Der *BGH* bejaht darüber hinausgehende Überwachungspflichten in der Regel nur dann, wenn die Eltern Anhaltspunkte dafür haben, dass das Kind dem Verbot der Eltern zuwiderhandelt. Nur dann würden die Eltern ihre Aufsichtspflicht verletzen[1002]. Im Übrigen sieht der *BGH* einen Gleichlauf von Inhalt und Umfang der elterlichen Aufsichtspflicht mit den Prüfpflichten ihm Rahmen einer möglichen Störerhaftung[1003].

293 Bei einem **volljährigen Kind,** das nach allgemeiner Lebenserfahrung im Umgang mit Computern und dem Internet einen Wissensvorsprung vor seinen Eltern hat, bedarf es grundsätzlich keiner einweisenden Belehrung über die Nutzung des Internet[1004]. Unter Umständen hat der Inhaber eines Internetanschlusses aber auch Hinweis-, Aufklärungs- und Überprüfungspflichten gegenüber erwachsenen **Mitbewoh-**

---

[998] Vgl. *OLG München*, 28.7.2005, 29 U 2887/05, MMR 2005, 768; *LG München I*, 11.10. 2006, 21 O 2004/06, MMR 2007, 128, 129 f.; das *BVerfG*, 3.1.2007, 1 BvR 1936/05, NJW-RR 2007, 1684 f. hat die Verfassungsbeschwerde gegen die im einstweiligen Rechtsschutz ergangene Entscheidung des *OLG München* nicht zur Entscheidung angenommen, weil erst der Rechtsweg im Hauptsacheverfahren beschritten werden müsse. Das *OLG München*, 23.10.2008, 29 U 5696/07, MMR 2009, 118 ff. hat die Berufung gegen die Entscheidung des *LG München I* im Hauptsacheverfahren zurückgewiesen. Die Revision beim *BGH*, 4.10.2010, I ZR 191/08, NJW 2011, 2436, 2438 führte zur Aufhebung des Berufungsurteils. Der *BGH* hält das Setzen des Links für durch die Meinungs- und Pressefreiheit gerechtfertigt.

[999] Zweifelnd zu Recht auch *Hoeren* MMR 2005, 773. Bejahend aber *BGH*, 4.10.2010, I ZR 191/08, NJW 2011, 2436, 2438 Tz. 19.

[1000] Vgl. *LG Köln*, 22.11.2006, 28 O 150/06, CR 2008, 184, 185 f.; *LG Hamburg*, 21.4.2006, 308 O 139/06, MMR 2007, 131, 132; *LG Frankfurt*, 12.4.2007, 2/03 O 824/06, MMR 2007, 804, 805.

[1001] Vgl *BGH*, 15.11.2012, I ZR 74/12, NJW 2013, 1441, 1442 Tz. 23; *OLG Frankfurt*, 20.12. 2007, 11 W 58/07, CR 2008, 243, 244; weitergehend *OLG Köln*, 23.12.2009, 6 U 101/09, K&R 2010, 131, 132, wo neben elterlichen Verboten bei 10- und 13-jährigen Kindern die Ankündigung von Sanktionen für den Fall der Zuwiderhandlung für erforderlich gehalten wird.

[1002] Vgl. *BGH*, 11.6.2015, I ZR 7/14, GRUR 2016, 184, 186 f. Tz. 32; *BGH*, 15.11.2012, I ZR 74/12, NJW 2013, 1441, 1442 Tz. 23 f.

[1003] Vgl. *BGH*, 15.11.2012, I ZR 74/12, NJW 2013, 1441, 1444 Tz. 42.

[1004] Vgl. *LG Mannheim*, 30.1.2007, 2 O 71/06, MMR 2007, 459, 460; *LG Mannheim*, 29.9. 2006, 7 O 76/06, MMR 2007, 267, 268; a. A. *LG Düsseldorf*, 27.5.2009, 12 O 134/09, MMR 2009, 780, 781.

nern seines Haushalts[1005]. Ihm eine Kontrolle aber dergestalt abzuverlangen, den Computer auf das Vorhandensein von Software für Tauschbörsen zu untersuchen, erscheint überzogen[1006]. Für eine Störerhaftung des **Arbeitgebers** reicht es demgegenüber nicht aus, dass dem Arbeitnehmer ein **Computer mit Internetanschluss** überlassen wurde, sofern keine konkreten Anhaltspunkte für Urheberrechtsverletzungen durch den Mitarbeiter vorlagen[1007]. Auch ein **Wohnungsvermieter**, der seinem Mieter einen Internet-Zugang über WLAN bereitstellt, haftet nicht als Störer, wenn keine hinreichenden Anhaltspunkte für illegale Handlungen des Mieters vorlagen[1008]. Gleiches gilt für einen Wohnungsinhaber gegenüber **volljährigen Gästen** und **Mitbewohnern**[1009].

(2) Unterlassung gem. § 97 Abs. 1 UrhG

Der urheberrechtliche Unterlassungsanspruch gem. § 97 Abs. 1 UrhG dient als Teil des negatorischen Rechtsschutzes der Abwehr von Eingriffen in die durch das UrhG geschützten Immaterialgüterrechte. Er ist in die Zukunft gerichtet und soll im Fall der **Wiederholungsgefahr** (§ 97 Abs. 1 S. 1 letzter Teilsatz UrhG) oder als **vorbeugender Unterlassungsanspruch** ausweislich der 2008 ins Gesetz aufgenommenen Klarstellung des § 97 Abs. 1 S. 2 UrhG auch bei **erstmalig drohender Zuwiderhandlung** (Erstbegehungsgefahr) künftige Verletzungshandlungen unterbinden. Mit dieser Zielrichtung entspricht § 97 Abs. 1 UrhG dem Unterlassungsanspruch nach § 1004 BGB. Gegebenenfalls kann daher auf die Entscheidungen und Kommentierungen zum allgemeinen Zivilrecht einschließlich des UWG zurückgegriffen werden. Auch der urheberrechtliche Unterlassungsanspruch wird nach **§ 890 ZPO** vollstreckt[1010]. Der *BGH* wendet das Institut des Fortsetzungszusammenhangs auch in der Zwangsvollstreckung nicht mehr an. Mehrere Einzelakte, mit denen ein Schuldner gegen ein tituliertes Unterlassungsgebot verstößt, können daher nicht als fortgesetzte Handlung zu einer einheitlichen Tat zusammengefasst werden[1011].

294

Der Unterlassungsanspruch besteht gegenüber **allen widerrechtlichen Verletzungen** des Urheberrechts oder eines anderen nach dem UrhG geschützten Rechts. Erfasst sind daher sowohl die bei Computerprogrammen vergleichsweise seltenen Verletzungen der **Urheberpersönlichkeitsrechte** als auch die **vermögensrechtlichen Beeinträchtigungen**[1012]. Hinsichtlich der vermögensrechtlichen Befugnisse ist bei Computerprogrammen die Sondervorschrift des § 69b UrhG für Programmerstellungen in Arbeits- und Dienstverhältnissen zu beachten[1013]. Der vorbeugende Unterlassungsanspruch nach § 97 Abs. 1 UrhG erstreckt sich auch auf solche Maßnahmen, die eine **künftige Rechtsverletzung vorbereiten**. Erfasst ist daher etwa auch die **Werbung** für ein Computerprogramm mit der Aussage, dieses könne – auch – zur Verletzung urheberrechtlich geschützter Werke verwendet werden[1014]. Spätere Hin-

295

[1005] Vgl. *LG Hamburg*, 4.4.2014, 310 O 409/11, NJW-RR 2014, 1263, 1264f.; *OLG Frankfurt*, 22.3.2013, 11 W 8/13, NJW-RR 2013, 755; *OLG Köln*, 4.6.2012, 6 W 81/12, CR 2012, 533; *LG Köln*, 11.9.2012, 33 O 353/11, CR 2012, 821, 824.
[1006] So aber *OLG Köln*, 21.4.2011, 6 W 58/11, MMR 2012, 184, 185f.; wie hier wohl *OLG Frankfurt*, 22.3.2013, 11 W 8/13, NJW-RR 2013, 755.
[1007] Vgl. *LG München I*, 4.10.2007, 7 O 2827/07, CR 2008, 49, 51.
[1008] Vgl. *AG München*, 15.2.2012, 142 C 10921/11, CR 2012, 340.
[1009] Vgl. *BGH*, 12.5.2016, I ZR 86/15, NJW 2017, 333, 334, Tz. 20ff.
[1010] Vgl. *Dreier/Schulze* § 97 Rdn. 46.
[1011] Vgl. *BGH*, 18.12.2008, I ZB 32/06, NJW 2009, 921, 922 Tz. 14.
[1012] Vgl. *Dreier/Schulze* § 97 Rdn. 39; *Schricker/Loewenheim/Wimmers* § 97 Rdn. 215.
[1013] Vgl. hierzu oben Rdn. 123ff.
[1014] Vgl. *BGH*, 15.1.2009, I ZR 57/07, MMR 2009, 625, 626 Tz. 21.

weise an die Anwender, sich rechtstreu zu verhalten, können gegebenenfalls sogar als verdeckte Aufforderung zur Urheberrechtsverletzung zu qualifizieren sein[1015]. Daher darf der Anbieter entsprechender Programme diese so lange nicht in den Verkehr bringen, wie die von ihm geschaffene Gefahr von Rechtsverletzungen fortbesteht[1016]. Die Gefahrenbeseitigung kann etwa durch die dauerhafte Deaktivierung bestimmter Programmfunktionen geschehen.

296   Im Hinblick auf die **Wiederholungsgefahr** ist zunächst hervorzuheben, dass nach allgemeiner Auffassung eine bereits begangene Rechtsverletzung eine tatsächliche Vermutung für die Gefahr der Wiederholung des Verhaltens in der Zukunft begründet, die Wiederholungsgefahr in diesen Fällen „indiziert" ist[1017]. Die Vermutung der Wiederholungsgefahr erstreckt sich nicht nur auf die identische Verletzungsform, sondern auf alle **im Kern gleichen Verletzungshandlungen**[1018]. Das beanstandete Verhalten muss sowohl zum Zeitpunkt seiner Vornahme rechtswidrig gewesen sein als auch zum Zeitpunkt der gerichtlichen Entscheidung gegebenenfalls in der Revisionsinstanz auch noch rechtswidrig sein, was etwa bei einer Gesetzesänderung nicht der Fall sein kann[1019]. An den **Wegfall der Wiederholungsgefahr** werden regelmäßig strenge Anforderungen gestellt[1020]. Eine nicht gesicherte Absichtserklärung, in Zukunft keine Rechtsverletzungen mehr begehen zu wollen, reicht grundsätzlich nicht aus[1021]. Vielmehr muss eine uneingeschränkte, bedingungslose und unwiderrufliche Unterlassungserklärung abgegeben werden, deren Ernsthaftigkeit durch eine angemessen hohe Vertragsstrafe im Sinne des § 339 BGB dokumentiert ist (strafbewehrte Unterlassungsverpflichtung)[1022]. Aus diesem Grund ist auch eine Unterlassungserklärung nicht ausreichend, die unter einer Potestativbedingung abgegeben wird[1023]. Die Vertragsstrafe muss so bemessen sein, dass sie geeignet ist, eine ausreichende abschreckende Wirkung zu entfalten und den Verletzer von weiteren Verletzungshandlungen abzuhalten[1024]. Im Übrigen ist festzuhalten, dass die Parteien in der inhaltlichen Ausgestaltung eines Unterlassungsvertrags grundsätzlich frei sind[1025]. Für das Zustandekommen eines solchen Vertrags gelten die allgemeinen Vorschriften über Vertragsschlüsse[1026]. Die Sicherung der Unterlassungsver-

---

[1015] Vgl. *BGH*, 15.1.2009, I ZR 57/07, MMR 2009, 625, 627 Tz. 29.
[1016] Vgl. *BGH*, 15.1.2009, I ZR 57/07, MMR 2009, 625, 626 Tz. 21.
[1017] Vgl. *BGH*, 20.3.1013, I ZR 55/12, NJW 2014, 775, 776 Tz. 18 f.; *BGH*, 30.6.2009, VI ZR 210/08, MMR 2009, 752, 754 Tz. 29; *BGH*, 17.7.2008, I ZR 219/05, NJW 2008, 3565, 3568 Tz. 33; *LG Hannover*, 21.7.2015, 18 O 159/15, CR 2016, 430; *LG Bielefeld*, 4.5.2015, 4 O 211/14, CR 2015, 618, 619; *LG Köln*, 12.8.2009, 28 O 396/09, MMR 2010, 110; *LG Köln*, 22.11.2006, 28 O 150/06, CR 2008, 184, 186; *LG Berlin*, 4.8.2005, 16 O 83/05, CR 2005, 894, 896; *Schricker/Loewenheim/Wimmers* § 97 Rdn. 216 m.w.N.
[1018] Vgl. *BGH*, 20.3.1013, I ZR 55/12, NJW 2014, 775, 776 Tz. 18.
[1019] Vgl. *BGH*, 29.6.2016, I ZR 160/15, NJW-RR 2017, 549, 550 Tz. 18.
[1020] Vgl. *BGH*, 3.12.2009, III ZR 73/09, BeckRS 2009, 89259, Tz. 10.
[1021] Vgl. *BGH*, 17.7.2008, I ZR 219/05, NJW 2008, 3565, 3568 Tz. 33; *Schricker/Loewenheim/Wimmers* § 97 Rdn. 217; *Wandtke/Bullinger/v. Wolff* § 97 Rdn. 37.
[1022] Vgl. *BGH*, 17.7.2008, I ZR 219/05, NJW 2008, 3565, 3568 Tz. 33; *BGH*, 9.11.1995, I ZR 212/93, NJW 1996, 723, 724 m.w.N.; *OLG Köln*, 5.12.2014, 6 U 57/14, CR 2015, 307, 308; *OLG Frankfurt*, 9.12.2013, 11 W 27/13, BeckRS 2014, 10597; *OLG München*, 7.11.2013, 29 U 2019/13, CR 2014, 703; *OLG Hamburg*, 9.4.2008, 5 U 151/07, MMR 2009, 133, 134; *LG Hannover*, 21.7.2015, 18 O 159/15, CR 2016, 430; *LG Köln*, 22.11.2006, 28 O 150/06, CR 2008, 184, 186.
[1023] Vgl. *LG Hamburg*, 29.1.2013, 310 O 321/12, CR 2013, 257, 258 f.
[1024] Vgl. *OLG Frankfurt*, 9.12.2013, 11 W 27/13, BeckRS 2014, 10597.
[1025] Vgl. *BGH*, 11.11.2014, VI ZR 18/14, NJW 2015, 1246, 1247 Tz. 9.
[1026] Vgl. *BGH*, 4.5.2017, I ZR 208/15, GRUR 2017, 823 Tz. 12.

pflichtung kann gem. § 315 Abs. 1 BGB auch in der Form getroffen werden, dass für den Fall einer zukünftigen Zuwiderhandlung gegen die Unterlassungspflicht dem Gläubiger die **Bestimmung der Vertragsstrafenhöhe** nach seinem billigen Ermessen überlassen bleibt[1027]. Bei der Bemessung der Vertragsstrafe sind als maßgebliche Bemessungskriterien alle Umstände des Einzelfalls, wie etwa die Schwere und das Ausmaß der Zuwiderhandlung, das Verschulden des Verletzers oder auch ein nach der Verletzung gezeigtes Verhalten zu berücksichtigen[1028]. Die Beweislast für die Billigkeit der getroffenen Bestimmung trifft den Gläubiger[1029]. Darüber hinaus unterliegt diese Bestimmung hinsichtlich ihrer Angemessenheit der gerichtlichen Überprüfung gem. § 315 Abs. 3 BGB, sodass im Streitfall doch die Gerichte über die Höhe der Vertragsstrafe entscheiden.

Sofern demgegenüber ein **fester Betrag** für den Fall der Zuwiderhandlung vereinbart wird, summiert sich dies bei mehrfachen Zuwiderhandlungen leicht auf übermäßige Beträge, die der Schuldner gerichtlich auf ein angemessenes Maß herabsetzen lassen muss. Steht eine Vertragsstrafe in einem außerordentlichen Missverhältnis zur Bedeutung der Zuwiderhandlung, ist ihre **Herabsetzung** nach Auffassung des *BGH* nach dem Grundsatz von Treu und Glauben gem. § 242 BGB auch dann geboten, wenn eine Verringerung wegen unverhältnismäßiger Höhe nach § 343 BGB durch § 348 HGB ausgeschlossen ist. Die Vertragsstrafe ist dann aber nicht auf die nach § 343 BGB anvisierte angemessene Höhe zu reduzieren, sondern auf einen Betrag, der unter Würdigung aller Umstände im Einzelfall noch hingenommen werden kann. Einen Anhaltspunkt für die Bestimmung dieses Betrags kann das **Doppelte der nach § 343 BGB angemessenen Vertragsstrafe** bilden[1030]. Bei der Bestimmung der Höhe einer angemessenen Vertragsstrafe spielen die Gefährlichkeit der Zuwiderhandlung für den Gläubiger, auch etwa hinsichtlich der Auffindbarkeit der Dateien mittels Suchmaschinen, sowie die wirtschaftliche Bedeutung des Verletzers eine Rolle[1031]. Insgesamt ist daher auch eine strafbewehrte Unterlassungsverpflichtung für den Schuldner mit erheblichen finanziellen und prozessualen Risiken verbunden[1032].

Nicht ausreichend für den Wegfall der Wiederholungsgefahr ist es, wenn der Verletzer lediglich eine auf die konkrete Verletzung bezogene Unterlassungserklärung abgibt und eine **Verallgemeinerung** auf im Kern **gleichartige Verletzungen** ablehnt, denn die Wiederholungsvermutung umfasst auch diese im Kern gleichartigen Verletzungsformen[1033]. Auch Unterwerfungserklärungen sind jedoch, wie alle Willenserklärungen auslegungsfähig[1034]. Die Auslegung eines Unterlassungsvertrags richtet sich nach den allgemeinen für die Vertragsauslegung geltenden Grundsätzen. Maßgeblich ist somit in erster Linie der gewählte Wortlaut und der diesem zu entnehmende objektive Parteiwille[1035]. Diese Auslegung kann ergeben, dass sich die Formulierung der Unterwerfungserklärung nicht nur auf identische, sondern auch auf

---
[1027] Vgl. *BGH*, 13.11.2013, I ZR 77/12, GRUR 2014, 595, 596 Tz. 18; *BGH*, 30.9.1993, I ZR 54/91, NJW 1994, 45, 46 auch zu Bemessungskriterien bei der Bestimmung einer Vertragsstrafe.
[1028] Vgl. *OLG München*, 7.11.2013, 29 U 2019/13, CR 2014, 703.
[1029] Vgl. *OLG München*, 7.11.2013, 29 U 2019/13, CR 2014, 703.
[1030] Vgl. *BGH*, 17.7.2008, I ZR 168/05, NJW 2009, 1882, 1885, Tz. 41.
[1031] Vgl. *LG Leipzig*, 7.10.2009, 5 O 1508/8, BeckRS 2009, 28638.
[1032] Vgl. *Köhler*, GRUR 2010, 6, 7 mit dem Vorschlag zur Abgabe einer notariellen Unterwerfungserklärung als Alternative.
[1033] Vgl. *BGH*, 20.3.1013, I ZR 55/12, NJW 2014, 775, 776 Tz. 19.
[1034] Vgl. *BGH*, 9.11.1995, I ZR 212/93, NJW 1996, 723, 724; *BGH*, 20.6.1991, I ZR 277/89, NJW-RR 1991, 1318.
[1035] Vgl. *BGH*, 13.11.2013, I ZR 77/12, GRUR 2014, 595, 597 Tz. 28.

alle Handlungen erstrecken soll, die gleichfalls das Charakteristische der verletzenden Handlung aufweisen[1036]. Die Verpflichtung zur Unterlassung einer Handlung, durch die ein fortdauernder Störungszustand geschaffen wurde, ist mangels abweichender Anhaltspunkte regelmäßig dahin auszulegen, dass sie nicht nur die Unterlassung derartiger Handlungen, sondern auch die Vornahme möglicher und zumutbarer Handlungen zur **Beseitigung des Störungszustands** umfasst[1037]. Eine Unterlassungsverpflichtung erschöpft sich nicht im bloßen Nichtstun, sondern umfasst die Vornahme von Handlungen zur Beseitigung eines zuvor geschaffenen Störungszustands, wenn allein dadurch dem Unterlassungsgebot entsprochen werden kann[1038]. Je höher die vereinbarte Vertragsstrafe im Verhältnis zur Bedeutung des gesicherten Unterlassungsanspruchs ist, desto enger ist jedoch eine am Wortlaut des Unterlassungsvertrags festhaltende Auslegung vorzunehmen[1039]. Die Wiederholungsgefahr entfällt auch nicht, wenn ein Link auf eine rechtswidrig ins Internet gestellte Datei bereits vor Eingang einer Abmahnung entfernt wird, die verlinkte Datei jedoch weiterhin gespeichert ist, sodass sie bei Eingabe der direkten URL weiterhin abrufbar bleibt[1040]. Eine Wiederholungsgefahr entfällt ferner dann nicht, wenn der Verletzer seine Unterwerfungserklärung gegenüber der geforderten Formulierung einschränkt und lediglich eine **Teilunterwerfung** erklärt. Entsprechende Einschränkungen, zu denen auch **territoriale Beschränkungen** der Unterwerfungserklärung zählen[1041], sind allenfalls dann zulässig, wenn sie auf nachvollziehbaren Gründen beruhen und den Verletzten nicht einer Ungewissheit hinsichtlich der Anspruchsverwirklichung aussetzen, die seinen berechtigten Interessen entgegenläuft[1042].

299 Schwierigkeiten können auftreten, wenn der Verletzer einen **Rechtsnachfolger** hat. Wie bei jedem Vertragsstrafeversprechen kommt es dabei auch im Falle der Rechtsnachfolge entscheidend darauf an, dass die versprochene Verpflichtung geeignet erscheint, den Rechtsnachfolger wirklich und ernsthaft von Wiederholungen der Verletzungshandlung abzuhalten. Denn die Wiederholungsgefahr ist ein tatsächlicher Umstand, der nach den Verhältnissen in der Person des in Anspruch Genommenen zu beurteilen ist. Ob dies der Fall ist, muss in umfassender Würdigung aller hierfür in Betracht kommenden Umstände des Einzelfalls sorgfältig und unter Anlegung der gebotenen strengen Maßstäbe geprüft werden. Da der Rechtsnachfolger selbst keine Unterlassungserklärung abgegeben hat, sondern der Übergang des Vertragsstrafeversprechens auf Grund der Rechtsnachfolge eintritt, wird man darüber hinaus – wie bei einem von einem Dritten erwirkten Unterlassungstitel – verlangen müssen, dass sich der Rechtsnachfolger **auf den Rechtsübergang beruft** und dadurch zu erkennen gibt, dass das Vertragsstrafeversprechen auch diesen Streit regelt[1043].

300 Im Hinblick auf die **Erstbegehungsgefahr** ist zu bemerken, dass ein vorbeugender Unterlassungsanspruch nur existiert, soweit ernsthafte und greifbare tatsächliche Anhaltspunkte dafür vorhanden sind, der Verletzer werde sich in naher Zukunft in der näher bezeichneten Weise rechtswidrig verhalten[1044]. Dabei muss sich die Erst-

---

[1036] Vgl. *BGH*, 9.11.1995, I ZR 212/93, NJW 1996, 723, 724.
[1037] Vgl. *BGH*, 4.5.2017, I ZR 208/15, GRUR 2017, 823, 824 Tz. 26.
[1038] Vgl. *BGH*, 29.9.2016, I ZB 34/15, GRUR 2017, 208, 210 Tz. 24.
[1039] Vgl. *BGH*, 13.11.2013, I ZR 77/12, GRUR 2014, 595, 597 Tz. 28.
[1040] Vgl. *OLG Hamburg*, 9.4.2008, 5 U 151/07, MMR 2009, 133, 134.
[1041] Vgl. *OLG Hamburg*, 29.1.2009, 5 W 188/08, NJW-RR 2009, 1343, 1344.
[1042] Vgl. *OLG Hamburg*, 29.1.2009, 5 W 188/08, NJW-RR 2009, 1343, 1344.
[1043] Vgl. *OLG Karlsruhe*, 22.1.2014, 6 U 135/10, GRUR-RR 2014, 362, 363 f.
[1044] Vgl. *BGH*, 23.2.1017, I ZR 92/16, BeckRS 2017, 114508 Tz. 33; *BGH*, 4.5.2016, I ZR 58/14, GRUR 2017, 79, 82 Tz. 32; *BGH*, 19.3.2015, I ZR 4/14, NJW 2015, 3576, 3581 Tz. 53; *BGH*,

begehungsgefahr auf eine konkrete Verletzungshandlung beziehen. Die eine Erstbegehungsgefahr begründenden Umstände müssen die drohende Verletzungshandlung so konkret erscheinen lassen, dass sich für alle Tatbestandsmerkmale zuverlässig beurteilen lässt, ob sie verwirklicht sind[1045]. Eine Erstbegehungsgefahr kann auch vorliegen, wenn sich der potenzielle Verletzer des Rechts berühmt, bestimmte Handlungen vornehmen zu dürfen[1046]. Eine solche Berühmung, aus der die unmittelbar oder in naher Zukunft ernsthaft drohende Gefahr einer Begehung abzuleiten ist, kann unter Umständen auch in Erklärungen zu sehen sein, die im Rahmen der Rechtsverteidigung in einem gerichtlichen Verfahren abgegeben werden[1047]. Die Tatsache allein, dass sich ein Beklagter gegen die Klage **verteidigt** und dabei die Auffassung äußert, zu dem beanstandeten Verhalten **berechtigt zu sein**, ist jedoch nicht als eine Berühmung zu werten, die eine Erstbegehungsgefahr begründet[1048]. Dem steht entgegen, dass ein Beklagter andernfalls in der wirksamen Verteidigung seiner Rechte, zu der auch das Recht gehört, in einem gerichtlichen Verfahren die Rechtmäßigkeit bestimmter Verhaltensweisen klären zu lassen, und in seinem Recht auf rechtliches Gehör (Art. 103 Abs. 1 GG) beschränkt würde[1049]. Einem Beklagten, der sich gegen einen Anspruch, den er für unbegründet hält, verteidigt, kann auch nicht ohne weiteres unterstellt werden, er werde selbst eine gerichtliche Entscheidung, mit der die Rechtslage geklärt worden ist, nicht beachten. Die Verteidigung des Beklagten kann aber dann eine Erstbegehungsgefahr begründen, wenn nicht nur der eigene Rechtsstandpunkt vertreten wird, um sich die bloße Möglichkeit eines entsprechenden Verhaltens für die Zukunft offenzuhalten, sondern den Erklärungen bei Würdigung der Einzelumstände des Falles auch die Bereitschaft zu entnehmen ist, sich unmittelbar oder in naher Zukunft in dieser Weise zu verhalten[1050]. Es obliegt dem Beklagten, **zweifelsfrei deutlich** zu machen, dass es ihm nur um den Prozessgewinn geht[1051]. Wie jeder Unterlassungsanspruch kann sich auch der vorbeugende Unterlassungsanspruch nicht nur gegen den möglichen **Täter,** sondern auch gegen denjenigen richten, der als potenzieller **Teilnehmer** oder **Störer** eine Erstbegehungsgefahr für durch Dritte begangene Verletzungshandlungen begründet hat[1052].

An die **Beseitigung der Erstbegehungsgefahr** sind grundsätzlich weniger strenge Anforderungen zu stellen als an den Fortfall der durch eine Verletzungshandlung begründeten Gefahr der Wiederholung des Verhaltens in der Zukunft[1053]. Anders als für die durch einen begangenen Rechtsverstoß begründete Wiederholungsgefahr be-

301

27.11.2014, I ZR 124/11, MMR 2015, 460, 463 Tz. 63; *OLG München*, 1.6.2017, 29 U 2554/16, CR 2017, 495, 498; *OLG München*, 22.9.2016, 29 U 3449/15, BeckRS 2016, 110811 Tz. 30.
[1045] Vgl. *BGH*, 23.2.1017, I ZR 92/16, BeckRS 2017, 114508 Tz. 33; *BGH*, 13.3.2008, I ZR 151/05, NJW-RR 2009, 184, 185 Tz. 17.
[1046] Vgl. *BGH*, 31.5.2001, I ZR 106/99, NJW-RR 2001, 1483, 1484; *BGH*, 9.10.1986, I ZR 158/84, GRUR 1987, 125, 126.
[1047] Vgl. *BGH*, 31.5.2001, I ZR 106/99, NJW-RR 2001, 1483, 1484; *BGH*, 15.10.1998, I ZR 120/96, NJW 1999, 1960, 1961.
[1048] Vgl. *BGH*, 31.5.2001, I ZR 106/99, NJW-RR 2001, 1483, 1484; *BGH*, 24.1.1991, I ZR 133/89, NJW 1991, 2087, 2089; *OLG Frankfurt*, 5.11.2013, 11 U 92/12, BeckRS 2014, 09012, Tz. 33.
[1049] Vgl. *BGH*, 31.5.2001, I ZR 106/99, NJW-RR 2001, 1483, 1484.
[1050] Vgl. *BGH*, 31.5.2001, I ZR 106/99, NJW-RR 2001, 1483, 1484.
[1051] Vgl. *BGH*, 31.5.2001, I ZR 106/99, NJW-RR 2001, 1483, 1484.
[1052] Vgl. *BGH*, 19.3.2015, I ZR 4/14, NJW 2015, 3576, 3581 Tz. 53 – Green-IT; *OLG München*, 1.6.2017, 29 U 2554/16, CR 2017, 495, 498.
[1053] Vgl. *BGH*, 15.1.2009, I ZR 57/07, MMR 2009, 625, 627 Tz. 23; *BGH*, 13.3.2008, I ZR 151/05, NJW-RR 2009, 184, 187 Tz. 30; *BGH*, 31.5.2001, I ZR 106/99, NJW-RR 2001, 1483, 1485; *Kitz* NJW 2008, 2374.

steht für den Fortbestand der Erstbegehungsgefahr keine Vermutung[1054]. Die Abgabe einer strafbewehrten Unterlassungserklärung ist daher nicht in jedem Fall erforderlich. Vielmehr reicht eine einfache Unterlassungserklärung gegebenenfalls aus[1055]. Auch ein sonstiges, der Begründungshandlung entgegengesetztes Verhalten („actus contrarius") kann die Erstbegehungsgefahr beseitigen[1056].

(3) Beseitigung gem. § 97 Abs. 1 S. 1 UrhG

302 Der urheberrechtliche Beseitigungsanspruch gem. § 97 Abs. 1 S. 1 UrhG zählt dogmatisch zum negatorischen Rechtsschutz und richtet sich folglich ebenfalls gegen den Störer[1057]. Er ist wie der Unterlassungsanspruch **verschuldensunabhängig**. Voraussetzung des Beseitigungsanspruchs ist, dass die Rechtsverletzung zu einem fortdauernden störenden Zustand geführt hat[1058]. Bei Computersoftware greift jedoch bezüglich der rechtswidrigen Vervielfältigungsstücke sowie der Mittel zur Beseitigung oder Umgehung technischer Programmschutzmechanismen grundsätzlich der softwarespezifische Vernichtungsanspruch gem. § 69f UrhG ein, mit dem einem fortdauernden störenden Zustand wirksam begegnet werden kann. Für § 97 Abs. 1 S. 1 UrhG verbleibt bei Computersoftware daher nur ein **geringer Anwendungsbereich**[1059]. Relevant werden kann ein Beseitigungsanspruch aber etwa bei der Verletzung des Urheberpersönlichkeitsrechts, insbesondere im Hinblick auf Urheberbezeichnungen im Sinne des § 13 UrhG.

303 Eine Beseitigung muss nach Art und Umfang verhältnismäßig sein, also notwendig, geeignet und auch zumutbar. Es muss eine Interessenabwägung vorgenommen werden[1060]. Die Kosten der Beseitigung trägt – auch ohne gesonderte Anspruchsgrundlage – der Verletzer[1061]. Die **Vollstreckung** des Beseitigungsanspruchs erfolgt nach **§§ 887, 888 ZPO**[1062].

(4) Ersatz des materiellen Schadens gem. § 97 Abs. 2 S. 1 bis 3 UrhG

Schrifttum: *Groß*, Aktuelle Lizenzgebühren in Patentlizenz-, Knowhow- und Computerprogrammlizenz-Verträgen: 2011/2012, K&R 2013, 92 ff.; für 2009/2010, K&R 2011, 292 ff.; *Tetzner*, Der Verletzerzuschlag bei der Lizenzanalogie, GRUR 2009, 6 ff.; *Tilmann*, Gewinnherausgabe im gewerblichen Rechtsschutz und Urheberrecht, GRUR 2003, 647 ff.; *v. Ungern-Sternberg*, Einwirkung der Durchsetzungsrichtlinie auf das deutsche Schadensersatzrecht, GRUR 2009, 460 ff.; *Witte*, Schadensersatz für Urheberrechtsverletzungen in der Lizenzkette, ITRB 2010, 210 ff.

304 Nimmt der Verletzer die widerrechtliche Rechtsverletzung vorsätzlich oder fahrlässig vor, ist er dem Verletzten gem. § 97 Abs. 2 S. 1 UrhG zum Ersatz des daraus entstehenden Schadens verpflichtet. Während diese im Wesentlichen mit der allgemeinen Regelung des § 823 Abs. 1 BGB[1063] übereinstimmende Vorschrift früher in § 97 Abs. 1 S. 1 UrhG a. F. mit enthalten war, wurde der Schadensersatzanspruch

---

[1054] Vgl. *BGH*, 23.9.2015, I ZR 78/14, GRUR 2015, 1201, 1207, Tz. 56; *BGH*, 15.1.2009, I ZR 57/07, MMR 2009, 625, 627 Tz. 23; *BGH*, 13.3.2008, I ZR 151/05, NJW-RR 2009, 184, 187 Tz. 30; *BGH*, 31.5.2001, I ZR 106/99, NJW-RR 2001, 1483, 1485.
[1055] Vgl. *Wandtke/Bullinger/v. Wolff* § 97 Rdn. 41.
[1056] Vgl. *BGH*, 23.9.2015, I ZR 78/14, GRUR 2015, 1201, 1207, Tz. 56; *BGH*, 15.1.2009, I ZR 57/07, MMR 2009, 625, 627 Tz. 23; *BGH*, 13.3.2008, I ZR 151/05, NJW-RR 2009, 184, 187 Tz. 30.
[1057] Vgl. hierzu oben Rdn. 287.
[1058] Vgl. *Schricker/Loewenheim/Wimmers* § 97 Rdn. 235 m. w. N.
[1059] Ähnlich *Dreier/Schulze* § 97 Rdn. 52.
[1060] Vgl. *Schricker/Loewenheim/Wimmers* § 97 Rdn. 237.
[1061] Vgl. *Dreier/Schulze* § 97 Rdn. 53; *Wandtke/Bullinger/v. Wolff* § 97 Rdn. 44.
[1062] Vgl. *Dreier/Schulze* § 97 Rdn. 53.
[1063] Vgl. *Schricker/Loewenheim/Wimmers* § 97 Rdn. 243.

mit der Urheberrechtsnovelle 2008 in einem eigenständigen Absatz gefasst. Für die Beurteilung einer möglichen Schadensersatzpflicht kommt es aber allein auf die Rechtslage zum Zeitpunkt der behaupteten Rechtsverletzung an[1064], sodass durchaus auch noch altes Recht anzuwenden sein kann. In der Regel ist die Rechtslage aber inhaltsidentisch, weil die Gesetzesänderung nur redaktioneller Natur war[1065]. Für die Schadensberechnung gelten auch nach novelliertem Recht im Grundsatz die §§ 249 ff. BGB[1066] gleichwie im Hinblick auf das erforderliche Verschulden ebenfalls auf die allgemeinen zivilrechtlichen Vorschriften zurückzugreifen ist, insbesondere auf § 276 BGB. Bei Minderjährigen ist die Vorschrift des § 828 BGB zu beachten, wobei die Einsichtsfähigkeit für eine Urheberrechtsverletzung bei einem Hochladen eines Computerspiels in eine Tauschbörse bei einem zwölfjährigen Gymnasiasten wohl zu bejahen ist[1067].

Der herauszugebende Gewinn muss aus der Urheberrechtsverletzung gezogen worden sein. Jeder **ursächliche Zusammenhang** zwischen der Schutzrechtsverletzung und dem Gewinn reicht grundsätzlich aus. Dagegen ist der Gewinn nicht herauszugeben, soweit ein ursächlicher Zusammenhang zwischen der Verletzungshandlung und dem vom Verletzer erzielten Gewinn ganz oder teilweise fehlt[1068]. Wegen der Beweisschwierigkeiten des Verletzten hinsichtlich seines tatsächlich entstandenen Schadens einschließlich des entgangenen Gewinns waren von der Rechtsprechung schon zu Zeiten des *RG* drei Berechnungsmethoden entwickelt worden, die auch vom *BGH* im gesamten Immaterialgüterrecht in ständiger Rechtsprechung angewendet werden[1069] und mittlerweile gewohnheitsrechtlichen Rang haben. Die drei Berechnungsmethoden (konkrete Schadensberechnung einschließlich des entgangenen Gewinns, Herausgabe des Verletzergewinns, Zahlung einer angemessenen Lizenzgebühr) wurden vom Gesetzgeber mit der Urheberrechtsnovelle 2008 in den einzelnen Sätzen des § 97 Abs. 2 S. 1–3 UrhG festgeschrieben.

305

Die drei Berechnungsmethoden stehen nach der alten Rechtsprechung zur freien **Wahl des Verletzten**[1070], was auch nach neuem Recht weiter gilt[1071]. Er darf sein Wahlrecht auch während eines laufenden Prozesses ausüben, da es erst dann erlöschen soll, wenn der nach einer bestimmten Berechnungsweise geltend gemachte Anspruch erfüllt oder rechtskräftig zuerkannt worden ist[1072]. Stützt sich der Verletzte im Eventualverhältnis auf mehr als eine Berechnungsart, so ist die für ihn günstigere Berechnungsart anzuwenden, und zwar in vollem Umfang und ausschließlich[1073]. Dies folgt nach ständiger Rechtsprechung des *BGH* daraus, dass eine

306

[1064] Vgl. *BGH*, 26.3.2009, I ZR 44/06, NJW-RR 2009, 1053, 1054 Tz. 11; *BGH*, 18.12.2008, I ZR 63/06, GRUR 2009, 515, 517 Tz. 22 für das MarkenG unter Berufung auf Art. 170 EGBGB sowie einen entsprechenden allgemein anerkannten Grundsatz.
[1065] Vgl. *OLG Köln*, 14.3.2014, 6 U 109/13, NJW-RR 2014, 1004, 1005.
[1066] Vgl. *OLG Brandenburg*, 28.8.2012, 6 U 78/11, MMR 2013, 260, 263; *Kitz* NJW 2008, 2374.
[1067] Vgl. *LG Bielefeld*, 4.3.2015, 4 O 211/14, CR 2015, 618, 619.
[1068] Vgl. *BGH*, 25.3.2010, I ZR 130/08, MMR 2011, 45 Tz. 24.
[1069] Für das Urheberrecht *BGH*, 26.3.2009, I ZR 44/06, NJW-RR 2009, 1053, 1054 Tz. 13; zuvor bereits *BGH*, 30.1.1959, I ZR 82/57 GRUR 1959, 379, 383 „besondere Art der Berechnung für den geschuldeten Schadensersatz".
[1070] Vgl. *BGH*, 22.9.1999, I ZR 48/97, NJW-RR 2000, 185, 186; *BGH*, 2.2.1995, I ZR 16/93, NJW 1995, 1420, 1422.
[1071] Vgl. *OLG Köln*, 23.3.2012, 6 U 67/11, CR 2012, 397, 398; *LG Köln*, 14.9.2011, 28 O 482/05, CR 2012, 77, 80; *Dreier/Schulze* § 97 Rdn. 58.
[1072] Vgl. *BGH*, 22.9.1999, I ZR 48/97, NJW-RR 2000, 185, 186.
[1073] Vgl. *BGH*, 17.6.1992, I ZR 107/90, NJW 1992, 2753, 2755.

Verquickung der sog. objektiven Berechnungsweisen **nicht zulässig** ist („Verquickungsverbot")[1074]. Ob eine Mischberechnung im Sinne einer kumulativen Berücksichtigung der unterschiedlichen Berechnungsarten nicht doch zulässig sein sollte, oder durch die Richtlinie zur Durchsetzung der Rechte des geistigen Eigentums[1075] sogar europarechtlich gefordert wird[1076], beantwortet auch § 97 Abs. 2 UrhG nicht. Im Schrifttum wurde diesbezüglich darauf hingewiesen, die Neufassung des § 97 Abs. 2 UrhG trage die bisherige Rechtsprechung, sei aber auch entwicklungsoffen für eine kumulative Berechnung[1077]. Da eine solche kumulative Berechnung aber einem Strafschadensersatz ähneln würde, den das deutsche Schadensersatzrecht nicht kennt und der auch von der genannten Durchsetzungsrichtlinie nicht eingeführt werden sollte, erscheint es **nicht gerechtfertigt**, von der **alten Rechtsprechung** des *BGH* abzuweichen[1078].

307 Der Anspruch auf **Ersatz des konkreten Schadens** einschließlich des **entgangenen Gewinns** (§ 252 BGB) beruht auf dem Gedanken der Naturalrestitution, demzufolge der Verletzte so zu stellen ist, als ob die Rechtsverletzung niemals stattgefunden hätte. Es wird grundsätzlich nur der Schaden ersetzt, der dem Verletzten tatsächlich entstanden ist. **Gewinnabschöpfung, Genugtuung, Abschreckung** oder **Bestrafung** des Verletzers sind deshalb **irrelevante Faktoren**[1079]. Die Schwierigkeiten für den Verletzten bestehen in der Praxis darin, dem Gericht die konkret eingetretenen Mindereinnahmen zu belegen oder die Feststellung des Gewinns zu ermöglichen, der ohne die Urheberrechtsverletzung eingetreten wäre[1080]. Auch die freie Schadensermittlung des Gerichts gem. § 287 Abs. 1 S. 1 ZPO, die grundsätzlich einen großen Spielraum eröffnet[1081], und bei der die Besonderheiten des jeweiligen Einzelfalls zu berücksichtigen sind[1082] hilft häufig nicht weiter. Der Anwendungsbereich dieser Berechnungsart ist folglich begrenzt.

308 Der Anspruch auf **Herausgabe des Verletzergewinns** gem. § 97 Abs. 2 S. 2 UrhG basiert auf dem Gedanken, dass der Verletzte seinen entgangenen Gewinn regelmäßig nicht darlegen und beweisen kann und es unbillig wäre, dem Verletzer den Gewinn zu belassen[1083]. Es wird daher, um dem Ausgleichsgedanken des Schadensersatzrechts Rechnung zu tragen, fingiert, dass der Verletzte ohne die Verletzung durch die Verwertung seines Schutzrechts den gleichen Gewinn erzielt hätte wie der Verletzer[1084]. Die Gewinnabschöpfung beim Verletzer hat aber auch **Präventionscharakter**[1085].

[1074] Vgl. *BGH*, 29.7.2009, I ZR 87/07, GRUR 2010, 237, 238 Tz. 12.
[1075] Vgl. Richtlinie 2004/48/EG des Europäischen Parlaments und des Rates zur Durchsetzung der Rechte des geistigen Eigentums vom 29.4.2004, ABl.EU vom 2.6.2004 Nr. L 195, S. 16 ff.
[1076] Vgl. hierzu *Wandtke/Bullinger/v. Wolff* § 97 Rdn. 60.
[1077] Vgl. *Kitz* NJW 2008, 2374.
[1078] Wie hier auch *Wandtke/Bullinger/v. Wolff* § 97 Rdn. 61.
[1079] Vgl. *OLG Brandenburg*, 25.3.2012, 6 U 78/11, MMR 2013, 260, 263.
[1080] Vgl. hierzu *Dreier/Schulze* § 97 Rdn. 60; *Wandtke/Bullinger/v. Wolff* § 97 Rdn. 62.
[1081] Vgl. *BGH*, 11.6.2015, I ZR 19/14, MMR 2016, 121, 126 Tz. 57; *OLG Frankfurt*, 4.5.2004, 11 U 6/02, MMR 2004, 476, 477.
[1082] Vgl. *OLG Frankfurt*, 15.7.2014, 11 U 115/13, MMR 2014, 687, 688.
[1083] Vgl. *BGH*, 2.11.2000, I ZR 246/98, NJW 2001, 2173, 2174; *LG Köln*, 17.7.2014, 14 O 463/13, CR 2014, 704, 706; *Wandtke/Bullinger/v. Wolff* § 97 Rdn. 66.
[1084] Vgl. *BGH*, 2.11.2000, I ZR 246/98, NJW 2001, 2173, 2174.
[1085] Vgl. *BGH*, 2.11.2000, I ZR 246/98, NJW 2001, 2173, 2174; *LG Köln*, 17.7.2014, 14 O 463/13, CR 2014, 704, 706; *Wandtke/Bullinger/v. Wolff* § 97 Rdn. 66; *Bodewig/Wandtke* GRUR 2008, 220, 224.

Der Verletzergewinn ist unabhängig davon herauszugeben, ob der Verletzte einen 309
Gewinn hätte erzielen können[1086]. Der Verletzer kann aber seine **variablen** (d.h.
vom Beschäftigungsgrad abhängigen) **Kosten** vom erzielten Erlös abziehen, während
dies für Fixkosten (z.B. Mieten) nicht gilt[1087]. Der *BGH* umschreibt dies dahingehend, zur Ermittlung des Verletzergewinns sei der Gesamtgewinn des Verletzers um
sämtliche Kosten zu bereinigen, die der Herstellung und dem Vertrieb der urheberrechtsverletzenden Gegenstände unmittelbar zugerechnet werden können[1088]. In der
Praxis bereitet bei dieser Berechnungsmethode der Nachweis des Gewinns sowie der
Kausalität zwischen Rechtsverletzung und dem durch diese entstandenen Gewinn
Schwierigkeiten[1089]. Das *LG Köln*[1090] bejaht den hinreichenden Zusammenhang
auch hinsichtlich solcher Erlöse, die aus den einer Rechtsverletzung folgenden Kunden-, Support- und Serviceleistungen folgen. Ob der Verschuldensgrad bei der Bestimmung der Haftung auf Herausgabe des Verletzergewinns im Urheberrecht von
Bedeutung ist oder nicht und ob etwa ein geringes Verschulden dazu führt, die Höhe
des herauszugebenden Verletzergewinns ebenfalls gering anzusetzen, hat der *BGH*
bislang offen gelassen[1091]. Die Abschöpfung des Verletzergewinns dient jedenfalls
auch der Sanktionierung des schädigenden Verhaltens und auf diese Weise der **Prävention gegen eine Verletzung** der besonders schutzbedürftigen Immaterialgüterrechte[1092].

Gem. § 97 Abs. 2 S. 3 UrhG kann der Schadensersatzanspruch des Verletzten 310
auch auf der Grundlage des Betrags berechnet werden, den der Verletzer als angemessene Vergütung hätte entrichten müssen, wenn er die Erlaubnis zur Nutzung des
verletzten Rechts eingeholt hätte (**Zahlung einer angemessenen Lizenzgebühr,** sog.
Lizenzanalogie). Der Verletzer soll nicht besser stehen, als er im Fall einer ordnungsgemäß erteilten Zustimmung durch den Rechtsinhaber gestanden hätte[1093].
Die Berechnungsmethode stellt die einfachste und gebräuchlichste Art der Schadensberechnung dar und basiert auf der Fiktion, dass der Rechtsinhaber dem Verletzer eine Lizenz zu angemessenen Bedingungen eingeräumt hätte und dieser zur
Zahlung bereit gewesen wäre[1094]. Dabei dient die fiktive Lizenzgebühr dem Ausgleich der Einbußen, die der Rechtsinhaber durch den widerrechtlichen Eingriff in
die ihm zustehenden Verwertungsrechte erlitten hat[1095]. Schadensersatz nach der Lizenzanalogie kann überall dort eingeräumt werden, wo die Überlassung von Ausschließlichkeitsrechten zur Benutzung durch Dritte gegen Entgelt rechtlich möglich
und verkehrsüblich ist[1096]. Nicht von Bedeutung ist demgegenüber, ob der Verletzte

---

[1086] Vgl. *BGH*, 21.9.2006, I ZR 6/04, NJW 2007, 1524, 1527 Tz. 40; *Dreier/Schulze* § 97 Rdn. 66.
[1087] Vgl. *BGH*, 2.11.2000, I ZR 246/98, NJW 2001, 2173, 2174f.
[1088] Vgl. *BGH*, 14.5.2009, I ZR 98/06, NJW 2009, 3722, 3725 Tz. 36.
[1089] Vgl. *Bodewig/Wandtke* GRUR 2008, 220, 224.
[1090] Vgl. *LG Köln*, 17.7.2014, 14 O 463/13, CR 2014, 704, 706.
[1091] Vgl. *BGH*, 14.5.2009, I ZR 98/06, NJW 2009, 3722, 3727 Tz. 54; dafür *v. Ungern-Sternberg* GRUR 2009, 460, 465 unter Berufung auf die Vorgaben von Art. 13 der Richtlinie 2004/48/EG zur Durchsetzung der Rechte des geistigen Eigentums.
[1092] Vgl. *BGH*, 14.5.2009, I ZR 98/06, NJW 2009, 3722, 3729 Tz. 76; *LG Köln*, 17.7.2014, 14 O 463/13, CR 2014, 704, 706.
[1093] Vgl. *BGH*, 11.6.2015, I ZR 7/14, GRUR 2016, 184, 187 Tz. 42; *BGH*, 23.6.2005, I ZR 263/02, NJW-RR 2006, 184, 185.
[1094] Vgl. *BGH*, 11.6.2015, I ZR 19/14, GRUR 2016, 176, 182 Tz. 65; OLG Hamm, 17.11.2015, 4 U 34/15, MMR 2016, 549, 551 Tz. 142.
[1095] Vgl. *BGH*, 12.5.2016, I ZR 1/15, NJW 2017, 814, 817, Tz. 41.
[1096] Vgl. *BGH*, 23.6.2005, I ZR 263/02, NJW-RR 2006, 184, 186.

überhaupt bereit gewesen wäre, ein Nutzungsrecht einzuräumen[1097] und ob ein wirtschaftlicher Erfolg oder ein konkreter Schaden[1098] eingetreten ist.

311 Die **Berechnung der Lizenzgebühr** erfolgt unter Ermittlung des **objektiven Verkehrswerts** der Rechtsbenutzung. Es ist also darauf abzustellen, was bei vertraglicher Einräumung ein vernünftiger Lizenzgeber gefordert und ein vernünftiger Lizenznehmer gewährt hätte, wenn beide zum Zeitpunkt der Entscheidung die gegebene Sachlage gekannt hätten[1099]. Dabei sind bestehende Tarife mit Verkehrsgeltung ebenso zu berücksichtigen wie der jeweilige Marktsektor[1100], denn im Rahmen der Ermittlung des objektiven Werts der Benutzungsberechtigung, der für die Bemessung der Lizenzgebühr maßgebend ist, müssen die gesamten relevanten Umstände des Einzelfalls in Betracht gezogen und umfassend gewürdigt werden[1101]. Hat der Verletzte eigene Preislisten, sind diese im Rahmen der Schätzung einer angemessenen Lizenzgebühr zugrunde zu legen[1102]. Irrelevant ist demgegenüber, ob der Verletzer selbst bereit gewesen wäre, für seine Nutzungshandlungen eine Vergütung in dieser Höhe zu zahlen[1103]. Beim unberechtigten Verkauf gefälschter sog. **OEM-Software** ist daher zur Berechnung der Lizenzgebühr nicht auf den Preis für die gewöhnliche Einzelhandelsversion des betreffenden Programms abzustellen, sondern auf den Preis für die OEM-Version[1104]. Soweit es jedoch um einen „gewöhnlichen" rechtswidrigen Gebrauch eines Computerprogramms geht, ist auf den normalen Verkaufspreis des betreffenden Programms abzustellen. Dass auf dem Markt auch billigere OEM-Versionen dieser Software verfügbar sind, ist demgegenüber nicht zu berücksichtigen, denn es ist grundsätzlich von einem gesonderten Programmerwerb zum Normalpreis auszugehen, solange nicht Anhaltspunkte für eine abweichende Beurteilung bestehen und dargelegt sind[1105]. Bei der Berechnung des Schadensersatzes nach der Lizenzanalogie ist allein die Höhe der zu zahlenden angemessenen und üblichen Lizenzgebühr zu berücksichtigen[1106]. Die Frage, ob bei der Schadensberechnung in Form der Herausgabe des Verletzergewinns solche **Schadensersatzleistungen abzuziehen** sind, die der Verletzer seinen Abnehmern in einer Vertriebskette wegen deren Inanspruchnahme durch den Verletzten erbringt, stellt sich hier nicht[1107].

[1097] Vgl. *BGH*, 11.6.2015, I ZR 7/14, GRUR 2016, 184, 187 Tz. 41; *OLG Düsseldorf*, 15.2.2005, 20 U 126/04, GRUR-RR 2005, 213, 214; *LG Köln*, 5.3.2014, 28 O 232/13, CR 2014, 677, 679.

[1098] Vgl. *LG Düsseldorf*, 19.3.2008, 12 O 416/06, MMR 2009, 71 (Ls.) = BeckRS 2008, 12988.

[1099] Vgl. *BGH*, 16.3.2017, I ZR 35/15, MMR 2017, 528, 532 Tz. 67; *BGH*, 11.6.2015, I ZR 19/14, GRUR 2016, 176, 182 Tz. 65; *BGH*, 2.10.2008, I ZR 6/06, GRUR 2009, 407, 409 Tz. 22 sowie 29; *OLG Frankfurt*, 15.7.2014, 11 U 115/13, MMR 2014, 687, 688; *OLG Karlsruhe*, 23.4.2008, 6 U 180/06, CR 2009, 217, 218; *OLG Frankfurt*, 4.5.2004, 11 U 6/02, MMR 2004, 476, 477.

[1100] Vgl. *BGH*, 20.12.2007, I ZR 42/05, NJW 2008, 2346, 2350 Tz. 56 „branchenübliche Vergütung"; *BGH*, 6.10.2005, I ZR 266/02, NJW 2006, 615, 616 Tz. 27; *LG Frankfurt*, 20.2.2008, 2/6 O 247/07, CR 2008, 534, 535.

[1101] Vgl. *BGH*, 2.10.2008, I ZR 6/06, GRUR 2009, 407, 409 Tz. 25; *BGH*, 6.10.2005, I ZR 266/02, NJW 2006, 615, 616 Tz. 26; *LG Köln*, 5.3.2014, 28 O 232/13, CR 2014, 677, 679.

[1102] Vgl. *LG Köln*, 14.9.2011, 28 O 482/05, CR 2012, 77, 80.

[1103] Vgl. *BGH*, 2.10.2008, I ZR 6/06, GRUR 2009, 407, 409 Tz. 22; *BGH*, 6.10.2005, I ZR 266/02, NJW 2006, 615, 616 Tz. 23.

[1104] Vgl. *OLG Düsseldorf*, 15.2.2005, 20 U 126/04, GRUR-RR 2005, 213, 214.

[1105] Vgl. *OLG Karlsruhe*, 23.4.2008, 6 U 180/06, CR 2009, 217, 218.

[1106] Einen Überblick über übliche Lizenzgebühren gibt *Groß*, K&R 2013, 92 ff. sowie *ders.*, K&R 2011, 292 ff.

[1107] Vgl. *BGH*, 26.3.2009, I ZR 44/06, NJW-RR 2009, 1053, 1057 Tz. 39.

Gegenüber der Berechnungsmethode der Lizenzanalogie wird seit Jahren **Kritik** 312 geübt und auf gewisse Unzulänglichkeiten hingewiesen. Ausgangspunkt dieser Kritik ist, dass der Verletzer für den Fall, dass seine Rechtsverletzung bemerkt wird, lediglich so gestellt wird wie ein redlicher Lizenznehmer. Über die Nachzahlung der Lizenzgebühr hinaus bleibt der Verstoß also sanktionslos, worin ein gewisser Anreiz für die Begehung von Schutzrechtsverletzungen liegt gleichwie diese Behandlung des Verletzten konsequenterweise zu einer Art Zwangslizenz führt[1108].

Die Bezugnahme des § 97 Abs. 2 S. 3 UrhG auf Zahlung einer „angemessenen 313 Vergütung" eröffnet jedoch den Weg zu einem überzeugenden Problemlösungsansatz, ohne dass der Schadensersatz gleich als Strafschadensersatz US-amerikanischer Prägung verstanden werden muss. Während pauschale Bezugsgrößen wie etwa eine generelle fiktive **doppelte Lizenzgebühr**[1109] – mögen sie auch europarechtlich nicht zu beanstanden sein[1110] – eher skeptisch zu beurteilen sind, kann ein gerechter Schadensausgleich durch die Berücksichtigung zahlreicher Kriterien wie Dauer, Art, Ort und Umfang der Verletzungshandlung[1111], die Rufausbeutung, Marktverwirrung, Imageschädigung[1112] oder die gleichzeitige Verletzung des Urheberpersönlichkeitsrechts gem. § 13 UrhG[1113] erzielt werden. Es sind **alle Umstände** zu berücksichtigen, die auch bei freien Lizenzverhandlungen auf die Höhe der Vergütung Einfluss gehabt hätten[1114]. Der zu leistende Schadensersatz kann daher ohne weiteres auch **höher** liegen als die **einfache Lizenzgebühr** in anderen Fällen. Auf diese Möglichkeit hat auch der Gesetzgeber im Rahmen der Urheberrechtsnovelle 2008 ausdrücklich hingewiesen[1115]. Den Gerichten steht der Weg der **Schadensschätzung** gem. § 287 Abs. 1 ZPO offen[1116]. Im Rahmen der Schadensschätzung sind der Umfang der Nutzung, der Wert des verletzten Ausschließlichkeitsrechts sowie Umfang und Gewicht des aus einem geschützten Werk übernommenen Teils zu berücksichtigen[1117]. Im Rahmen der Schätzung können bei einem unerlaubten Zugänglichmachen eines Programms auf einem Server ferner auch die Zahl der Abrufe des Programms vom Server sowie die im Vertrieb geforderte Lizenzgebühr berücksichtigt werden[1118]. Die vom Tatrichter nach freiem Ermessen vorzunehmende Schadensschätzung unterliegt

---

[1108] Vgl. *Assmann* BB 1985, 15, 18.
[1109] Dies schlagen *Bodewig/Wandtke* GRUR 2008, 220, 225 ff. als Modell für das gesamte Immaterialgüterrecht vor. Der *BGH*, 16.11.1989, I ZR 15/88, GRUR 1990, 353, 355 lehnt einen generellen 100%igen Schadenszuschlag aber ausdrücklich ab. Zuvor bereits *BGH*, 22.1.1986, I ZR 194/83, NJW 1987, 1405, 1407 f.; ferner *OLG Frankfurt*, 4.5.2004, 11 U 6/02, MMR 2004, 476, 477. Einen 100%igen Zuschlag nehmen aber etwa *LG Düsseldorf*, 24.10.2012, 23 S 386/11, CR 2012, 819, 820; *LG München I*, 18.9.2008, 7 O 8506/07, MMR 2009, 137; *AG Düsseldorf*, 10.3. 2015, 57 C 8861/14, NJW-RR 2015, 882 883 vor. Das *KG Berlin*, 21.3.2012, 24 U 130/10, MMR 2013, 52, 55 hält einen Zuschlag von 50 % für nicht überhöht.
[1110] Vgl. *EuGH*, 25.1.2017, C-367/15, GRUR 2017, 264 ff.
[1111] Vgl. *Dreier/Schulze* § 97 Rdn. 63.
[1112] Vgl. *BGH*, 23.6.2005, I ZR 263/02, NJW-RR 2006, 184, 186 f.; *BGH*, 17.6.1992, I ZR 107/90, NJW 1992, 2753, 2756; *Tetzner* GRUR 2009, 6, 11.
[1113] Vgl. *LG Düsseldorf*, 19.3.2008, 12 O 416/06, MMR 2009, 71 (Ls.) = BeckRS 2008, 12988; *LG Frankfurt*, 20.2.2008, 2/6 O 247/07, CR 2008, 534, 535.
[1114] Vgl. *BGH*, 23.6.2005, I ZR 263/02, NJW-RR 2006, 184, 186.
[1115] Vgl. Begründung des Regierungsentwurfs BT-Drucks. 16/5048 vom 20.4.2007, S. 48.
[1116] Vgl. *BGH* 11.6.2015, I ZR 19/14, GRUR 2016, 176, 182 Tz. 57; *BGH* 11.6.2015, I ZR 75/14, GRUR 2016, 191, 195 Tz. 51; *BGH*, 20.5.2009, I ZR 239/06, NJW 2009, 3509, 3511 Tz. 39; *BGH*, 26.3.2009, I ZR 44/06, NJW-RR 2009, 1053, 1054 Tz. 13; *BGH*, 2.10.2008, I ZR 6/06, GRUR 2009, 407, 409 Tz. 23; *OLG Brandenburg*, 28.8.2012, 6 U 78/11, MMR 2013, 260, 263.
[1117] Vgl. *BGH*, 2.10.2008, I ZR 6/06, GRUR 2009, 407, 409 Tz. 29.
[1118] Vgl. *BGH*, 20.5.2009, I ZR 239/06, NJW 2009, 3509, 3511 Tz. 39.

nur einer beschränkten Nachprüfung durch das Revisionsgericht. Es ist jedoch revisionsrechtlich überprüfbar, ob der Tatrichter Rechtsgrundsätze der Schadensbemessung verkannt, wesentliche Bemessungsfaktoren außer Betracht gelassen oder seiner Schätzung unrichtige Maßstäbe zugrunde gelegt hat[1119].

314 Infolge der **Verschuldensabhängigkeit** des Schadensersatzanspruchs nach § 97 Abs. 2 S. 1 UrhG muss der Verletzer vorsätzlich oder fahrlässig gehandelt haben. Vorsätzlich handelt, wer mit Wissen und Wollen des Erfolgs unter Einschluss des Bewusstseins der Rechtswidrigkeit gehandelt hat[1120]. Dies trifft etwa die Fälle echter Raubkopierer, denen das Unrecht ihrer Handlungen klar ist.

315 Fahrlässig handelt nach der Definition des § 276 Abs. 2 BGB, wer die im Verkehr erforderliche Sorgfalt außer Acht lässt. Zu berücksichtigen ist diesbezüglich, dass die Rechtsprechung im Urheberrecht wie im gewerblichen Rechtsschutz und im Wettbewerbsrecht **strenge Anforderungen** an das **Maß der Sorgfalt** stellt[1121]. Wer etwa ein fremdes Computerprogramm nutzen möchte, muss sich über den Umfang seiner Nutzungsberechtigung Gewissheit verschaffen. Es besteht eine **Prüfungs- und Erkundigungspflicht**[1122]. Wer ein fremdes urheberrechtlich geschütztes Computerprogramm zum Download ins Internet einstellt, darf sich nach Auffassung des *BGH* nicht darauf verlassen, dass es sich dabei mangels entgegenstehender Anhaltspunkte um ein Programm handelt, mit dessen öffentlicher Zugänglichmachung der Berechtigte einverstanden ist. Vielmehr muss der Einstellende sorgfältig prüfen, ob der Berechtigte das Programm entsprechend freigegeben hat[1123]. Diese Grundsätze gelten auch für Minderjährige, jedenfalls ab dem 15. Lebensjahr[1124] und erst Recht für einen Softwarehändler, der OEM-Software weitervertreiben möchte[1125]. Gegebenenfalls verletzen daneben auch die Eltern fahrlässig ihre Aufsichtspflicht. Dann haften die Eltern neben dem Minderjährigen als Gesamtschuldner gem. §§ 832 Abs. 1 S. 1, 840 Abs. 1 BGB[1126]. Nach ebenfalls ständiger Rechtsprechung ist ein **Rechtsirrtum** nur dann entschuldigt, wenn der Irrende bei Anwendung der im Verkehr erforderlichen Sorgfalt mit einer anderen Beurteilung durch die Gerichte nicht zu rechnen brauchte. Bei einer **zweifelhaften Rechtslage,** über die der Irrende **keine einheitliche Rechtsprechung** zu finden vermag, führt dies aber nicht dazu, dass die Möglichkeit eines für den Handelnden ungünstigen Urteils ausgeschlossen sein muss[1127]. Durch strenge Anforderungen an die Sorgfalt des Handelnden möchte der *BGH* aber ver-

---

[1119] Vgl. *BGH* 11.6.2015, I ZR 19/14, GRUR 2016, 176, 182 Tz. 57; *BGH,* 26.3.2009, I ZR 44/06, NJW-RR 2009, 1053, 1054 Tz. 14; *BGH,* 9.12.2008, VI ZR 173/07, NJW 2009, 1066, 1067 Tz. 12 = LMK 2009, 280093 m. Anm. *Marly.*

[1120] Vgl. *Wandtke/Bullinger/v. Wolff* § 97 Rdn. 51; *Palandt/Grüneberg* § 276 Rdn. 10 f.

[1121] Vgl. *BGH* NJW 2009, 3509, 3510 Tz. 22; *BGH,* 23.4.1998, I ZR 205/95, NJW 1999, 139, 141; *BGH,* 18.12.1997, I ZR 79/95, NJW 1998, 2144; *LG Frankfurt,* 20.2.2008, 2/6 O 247/07, CR 2008, 534, 535.

[1122] Vgl. für eine Bildveröffentlichung *OLG München,* 15.1.2015, 29 W 2554/14, MMR 2015, 537, 538; ferner *LG Frankfurt,* 17.7.2014, 2–03 S 2/14, MMR 2015, 195, 196; *LG München I,* 19.6.2008, 7 O 16402/07, MMR 2008, 619, 620; *LG Frankfurt,* 20.2.2008, 2/6 O 247/07, CR 2008, 534, 535; *Dreier/Schulze* § 97 Rdn. 57; *Wandtke/Bullinger/v. Wolff* § 97 Rdn. 52.

[1123] Vgl. *BGH,* 20.5.2009, I ZR 239/06, NJW 2009, 3509, 3510 Tz. 22.

[1124] Vgl. *OLG Hamburg,* 13.9.2006, 5 U 161/05, MMR 2007, 533; *LG München I,* 19.6.2008, 7 O 16402/07, MMR 2008, 619, 620; wohl auch *AG Hannover,* 3.6.2008, 439 C 2674/08, MMR 2008, 783 (Ls.).

[1125] Vgl. *OLG Düsseldorf,* 15.2.2005, 20 U 126/04, GRUR-RR 2005, 213.

[1126] Vgl. *BGH* 11.6.2015, I ZR 7/14, GRUR 2016, 184, 186 Tz. 29 ff.; *BGH* 11.6.2015, I ZR 75/14, GRUR 2016, 191, 195 Tz. 44; *LG München I,* 19.6.2008, 7 O 16402/07, MMR 2008, 619, 621.

[1127] Vgl. *BGH,* 24.9.2013, I ZR 187/12, NJW-RR 2014, 733, 735 Tz. 19.

hindern, dass der Handelnde das Risiko der zweifelhaften Rechtslage dem anderen Teil zuschiebt[1128]. Fahrlässig handelt dementsprechend, wer sich **erkennbar** in einem **Grenzbereich des rechtlich Zulässigen** bewegt, in dem er eine von der eigenen Einschätzung abweichende Beurteilung der Rechtslage in Betracht ziehen muss[1129]. Ein Verstoß gegen die erforderliche Sorgfalt liegt aber nicht vor, wenn die Rechtslage schwierig ist und sich der Handelnde mangels gefestigter Rechtsprechung auf namhafte Vertreter im Schrifttum und/oder auf gerichtliche Entscheidungen berufen konnte[1130].

(5) Ersatz des immateriellen Schadens gem. § 97 Abs. 2 S. 4 UrhG

Gem. § 97 Abs. 2 S. 4 UrhG können Urheber, Verfasser wissenschaftlicher Ausgaben (§ 70 UrhG), Lichtbildner (§ 72 UrhG) und ausübende Künstler (§ 73 UrhG) auch wegen des Schadens, der nicht Vermögensschaden ist, eine Entschädigung in Geld verlangen, wenn und soweit dies der Billigkeit entspricht. Dieser Anspruch auf Ersatz des immateriellen Schadens ist wie derjenige auf Ersatz des materiellen Schadens **verschuldensabhängig,** auch wenn dies in Abweichung zur Vorgängervorschrift des § 97 Abs. 2 UrhG nicht mehr ausdrücklich klargestellt ist. Hinsichtlich des Verschuldens kann daher nach oben[1131] verwiesen werden. Der Anspruch besteht **neben** möglichen Ansprüchen gem. § 97 Abs. 2 S. 1–3 UrhG[1132]. 316

Die **Beschränkung auf den Urheber** sowie die anderen ausdrücklich genannten Personen folgt daraus, dass für einen Ersatz des immateriellen Schadens nur die Verletzung **urheberpersönlichkeitsrechtlicher Befugnisse** in Betracht kommt und diese nur dem Urheber bzw. den anderen genannten Personen zustehen[1133]. Ein **Programmierer** kann sich daher etwa wegen Verletzung seines Namensnennungsrechts (§ 13 S. 1 UrhG) auf § 97 Abs. 2 S. 4 UrhG berufen, während ein Lizenznehmer dies ebenso wenig kann wie der **Arbeitgeber,** dem lediglich die vermögensrechtlichen Befugnisse am Computerprogramm gem. § 69b UrhG zustehen. 317

Voraussetzung eines Anspruchs nach § 97 Abs. 2 S. 4 UrhG ist im Rahmen der Billigkeitsprüfung grundsätzlich das Vorliegen einer **schwerwiegenden und nachhaltigen Verletzung**[1134]. Auch darf die Beeinträchtigung nicht anders befriedigend ausgeglichen werden können[1135]. Die **Höhe des Schmerzensgeldes** richtet sich unter anderem nach dem Grad des Verschuldens und dem Ausmaß der Rechtsverletzung[1136]. Der Ersatz des immateriellen Schadens dient der **Genugtuung** und der **Prävention,** nicht aber der Abschöpfung eines durch die Verletzung des Urheberpersönlichkeitsrechts erzielten wirtschaftlichen Vorteils. Soweit die fehlende Urheberbezeichnung daher nicht zugleich zu einem Vermögensschaden geführt hat, etwa wegen entgan- 318

[1128] Vgl. *BGH,* 24.9.2013, I ZR 187/12, NJW-RR 2014, 733, 735 Tz. 19.
[1129] Vgl. *BGH,* 12.1.2017, I ZR 253/14, GRUR 2017, 397, 406 f. Tz. 107; *BGH,* 24.9.2013, I ZR 187/12, NJW-RR 2014, 733, 735 Tz. 19.
[1130] Vgl. *BGH,* 14.12.1995, I ZR 210/93, NJW 1996, 994, 997.
[1131] Vgl. hierzu oben Rdn. 314 f.
[1132] Vgl. *Dreier/Schulze* § 97 Rdn. 73; inzident *BGH,* 15.1.2015, I ZR 148/13, NJW 2015, 3165, 3168, Tz. 37.
[1133] Vgl. *Dreier/Schulze* § 97 Rdn. 73.
[1134] Vgl. *BGH,* 28.7.2016, I ZR 9/15, NJW 2017, 806, 811 Tz. 43; *BGH,* 15.1.2015, I ZR 148/13, NJW 2015, 3165, 3168, Tz. 38; *Dreier/Schulze* § 97 Rdn. 75; *Wandtke/Bullinger/v. Wolff* § 97 Rdn. 86; *Schricker/Loewenheim/Wimmers* § 97 Rdn. 301.
[1135] Vgl. *BGH,* 28.7.2016, I ZR 9/15, NJW 2017, 806, 811 Tz. 43; *Wandtke/Bullinger/v. Wolff* § 97 Rdn. 86.
[1136] Vgl. *BGH,* 28.7.2016, I ZR 9/15, NJW 2017, 806, 811 Tz. 44 sowie 812 Tz. 51; *OLG Frankfurt,* 4.5.2004, 11 U 6/02, CR 2004, 617, MMR 2004, 476, 478.

gener Folgeaufträge, kann der Verletzte seinen Anspruch nicht nach § 97 Abs. 2 S. 3 UrhG abrechnen, der nur für Vermögensschäden gilt[1137].

bb) Der Anspruch auf Vernichtung, Rückruf und Überlassung gem. § 98 UrhG

Schrifttum: *Jestaedt*, Die Ansprüche auf Rückruf und Entfernen schutzrechtsverletzender Gegenstände aus den Vertriebswegen, GRUR 2009, 102 ff.

319   Der softwarespezifische Vernichtungsanspruch nach § 69f UrhG wurde an anderer Stelle ausführlich dargestellt[1138]. Er verdrängt als **lex specialis** den allgemeinen Vernichtungsanspruch des § 98 Abs. 1 S. 1 UrhG[1139]. Für die Anwendung des ohnehin weniger weit reichenden allgemeinen Vernichtungsanspruchs verbleibt insoweit kein Raum. Soweit jedoch weder rechtswidrig hergestellte Vervielfältigungsstücke (§ 69f Abs. 1 UrhG) noch Mittel zur unerlaubten Beseitigung der Umgehung technischer Programmschutzmechanismen (§ 69f Abs. 2 UrhG) betroffen sind, sondern **Vorrichtungen,** die vorwiegend zur Herstellung dieser Vervielfältigungsstücke gedient haben, verbleibt ein gewisser Anwendungsbereich für § 98 Abs. 1 S. 2 UrhG auch bei Computerprogrammen. Namentlich können etwa CD- oder DVD-Brenner betroffen sein. Diese Geräte müssen aber **vorwiegend** zur **tatsächlich** vorgenommenen Vervielfältigung gedient haben. Anders als nach § 99 UrhG a. F. reicht es nicht aus, dass die Kopiervorrichtungen ausschließlich oder nahezu ausschließlich zur rechtswidrigen Herstellung von Vervielfältigungsstücken benutzt werden oder **hierfür bestimmt** waren.

320   Nach der mit der Urheberrechtsnovelle 2008 neu eingeführten Regelung des § 98 Abs. 2 UrhG, der auf Art. 10 Abs. 1 der sog. Enforcement-Richtlinie[1140] beruht, kann der Verletzte vom widerrechtlich handelnden Verletzer den **Rückruf** von rechtswidrig hergestellten, verbreiteten oder zur rechtswidrigen Verbreitung bestimmten Vervielfältigungsstücken verlangen oder deren **endgültiges Entfernen aus den Vertriebswegen.** Der Rückrufsanspruch des § 98 Abs. 2 UrhG stellt einen speziellen Beseitigungsanspruch dar[1141] und darf nicht mit dem Rückrufsrecht wegen Nichtausübung oder unzureichender Ausübung eines ausschließlichen Nutzungsrechts gem. § 41 UrhG verwechselt werden. Rückruf im Sinne des § 98 Abs. 2 UrhG bedeutet Rückforderung der Vervielfältigungsstücke[1142]. In der Regel kann dies auch im Wege des Vernichtungsanspruchs erreicht werden. Der praktische Nutzen des Rückrufs- und Entfernungsanspruchs wird daher selbst vom Gesetzgeber für gering gehalten[1143]. Der Gesetzgeber hielt die Schaffung eines solchen Anspruchs aber für europarechtlich zwingend. In jedem Fall muss der Verletzer die Kosten des Rückrufs tragen[1144]. Die Ansprüche nach § 98 Abs. 1–3 UrhG unterstehen – wie der Vernichtungsanspruch des § 69f Abs. 1 S. 1 UrhG über dessen Verweisung in § 69f Abs. 1 S. 2 UrhG – gem. § 98 Abs. 4 UrhG dem **Verhältnismäßigkeitsgrundsatz.**

[1137] Vgl. *BGH*, 15.1.2015, I ZR 148/13, NJW-2015, 3165, 3168 Tz. 39.
[1138] Vgl. hierzu oben Rdn. 277 ff.
[1139] Vgl. *LG Frankfurt*, 19.11.2008, 2–06 O 437/08, CR 2009, 142, 143; *Wandtke/Bullinger/Grützmacher* § 69f Rdn. 2; *Schricker/Loewenheim/Spindler* § 69a Rdn. 25.
[1140] Richtlinie 2004/48/EG des Europäischen Parlaments und des Rates zur Durchsetzung der Rechte des geistigen Eigentums vom 29.4.2004, ABl.EU vom 2.6.2004 Nr. L 195, S. 16 ff.
[1141] Vgl. *Fromm/Nordemann/Nordemann* § 98 Rdn. 23.
[1142] Vgl. *Fromm/Nordemann/Nordemann* § 98 Rdn. 25.
[1143] Vgl. Begründung des Regierungsentwurfs BT-Drucks. 16/5048 vom 20.4.2007, S. 38.
[1144] Vgl. *Kitz* NJW 2008, 2374, 2375 unter Berufung auf Art. 19 Abs. 2 der Richtlinie 2004/48/EG des Europäischen Parlaments und des Rates zur Durchsetzung der Rechte des geistigen Eigentums vom 29.4.2004, ABl.EU vom 2.6.2004 Nr. L 195, S. 16.

cc) Die Haftung des Unternehmensinhabers gem. § 99 UrhG

Sofern Rechte, die nach dem UrhG geschützt sind, in einem Unternehmen von einem Arbeitnehmer oder Beauftragten widerrechtlich verletzt worden sind, kann der Verletzte gem. § 99 UrhG die Ansprüche aus §§ 97 Abs. 1 und 98 UrhG auch gegen den Inhaber des Unternehmens geltend machen. Es handelt sich um eine eigenständige urheberrechtliche Zurechnungsnorm für fremdes Verhalten[1145]. Zweck der Vorschrift ist es, den Inhaber eines Unternehmens daran zu hindern, sich bei ihm zugute kommenden Urheberrechtsverletzungen von Angestellten oder Beauftragten auf das Handeln abhängiger Dritter zu berufen[1146]. Die Haftung des Unternehmensinhabers tritt **neben** die Haftung des Verletzers und führt zu einer Erweiterung des Personenkreises, die der Verletzte in Anspruch nehmen kann[1147]. Die Regelung schien dem Gesetzgeber notwendig, um dem Urheber bei Verletzung seiner Rechte innerhalb eines Unternehmens die **Durchsetzung seiner Ansprüche** auf Unterlassung, Vernichtung und ähnliche Maßnahmen **zu erleichtern**[1148]. Es ist **irrelevant,** ob die rechtswidrig verwendete Software auf einem **Computer des Arbeitgebers** oder des **Arbeitnehmers** installiert war. Letzteres kann insbesondere vor dem Hintergrund der Tatsache relevant werden, dass immer häufiger Mitarbeiter eigene Computer nicht nur mitbringen, sondern auch für arbeitgeberbezogene Aufgaben einsetzen (**Bring Your Own Device – BYOD**). Auch in einem solchen Fall greift die Haftung nach § 99 UrhG[1149].

Sowohl der Begriff des Unternehmers als auch derjenige des Arbeitnehmers sind weit auszulegen[1150]. Unternehmen im Sinne des § 99 UrhG sind daher etwa auch politische Parteien, Vereine, Bürgerinitiativen und Personengesellschaften[1151]. Auch Körperschaften des öffentlichen Rechts sind erfasst[1152]. Arbeitnehmer im Sinne des § 99 UrhG sind auch Volontäre[1153] und sonstige für das Unternehmen tätige Personen. Auch Beamte sind Arbeitnehmer im Sinne des § 99 UrhG[1154]. Es werden **alle Personen** erfasst, die aufgrund eines entgeltlichen oder unentgeltlichen Beschäftigungsverhältnisses zu Dienstleistungen verpflichtet sind[1155] oder diese ohne Rechtspflicht erbringen. Erforderlich ist aber, dass die Handlungen des Arbeitnehmers oder Beauftragten dem Unternehmensinhaber zugute kommen und nicht nur bei Gelegenheit der Arbeit, rein privat vorgenommen werden[1156].

[1145] Vgl. *OLG Frankfurt*, 9.5.2017, 11 U 153/16, BeckRS 2017, 111143 Tz. 18.
[1146] Vgl. *BGH*, 16.1.1992, I ZR 36/90, NJW 1992, 1310, 1311; *OLG Frankfurt*, 9.5.2017, 11 U 153/16, BeckRS 2017, 111143 Tz. 18.
[1147] Vgl. *Dreier/Schulze* § 99 Rdn. 1.
[1148] Vgl. Begründung des Regierungsentwurfs zum Urheberrechtsgesetz BT-Drucks. IV/270 vom 23.3.1962, S. 104; *LG München I*, 25.1.2006, 21 O 4177/04, CR 2006, 700.
[1149] Vgl. *Hernleben* MMR 2012, 205, 206; *Söbbing/Müller* ITRB 2012, 15, 16.
[1150] Vgl. *BGH*, 16.1.1992, I ZR 36/90, NJW 1992, 1310, 1311; *OLG Frankfurt*, 9.5.2017, 11 U 153/16, BeckRS 2017, 111143 Tz. 20.
[1151] Vgl. *Dreier/Schulze* § 99 Rdn. 4; *Schricker/Loewenheim/Leistner* § 99 Rdn. 2.
[1152] Vgl. *BGH*, 16.1.1992, I ZR 36/90, NJW 1992, 1310, 1311; *OLG Frankfurt*, 9.5.2017, 11 U 153/16, BeckRS 2017, 111143 Tz. 20.
[1153] Vgl. *LG München I*, 4.10.2007, 7 O 2827/07, CR 2008, 49, 51.
[1154] Vgl. *BGH*, 16.1.1992, I ZR 36/90, NJW 1992, 1310, 1311.
[1155] Vgl. *BGH*, 16.1.1992, I ZR 36/90, NJW 1992, 1310, 1311; *Söbbing/Müller* ITRB 2012, 15, 16.
[1156] Vgl. *OLG Frankfurt*, 9.5.2017, 11 U 153/16, BeckRS 2017, 111143 Tz. 22; *OLG München*, 7.12.2006, 29 U 3845/06, CR 2007, 389, 390; *LG München I*, 4.10.2007, 7 O 2827/07, CR 2008, 49, 51; *LG München I*, 25.1.2006, 21 O 4177/04, CR 2006, 700; *BGH*, 19.4.2007, I ZR 92/04, NJW 2008, 300, 301 Tz. 19 für die vergleichbare Regelung des § 8 Abs. 2 UWG.

323 Unerheblich ist, ob den Unternehmensinhaber ein **Verschulden** trifft. Das wegen eines Urheberrechtsverstoßes eines Angestellten ergangene Gebot an einen Unternehmer, künftig Urheberrechtsverletzungen zu unterlassen, sowie die Androhung von Ordnungsgeld und ersatzweise Ordnungshaft für den Fall des Zuwiderhandelns setzen auch von Verfassungs wegen kein schuldhaftes Handeln des Unternehmers voraus[1157]. Die verschuldensunabhängige Haftung nach § 99 UrhG erstreckt sich aber **nicht** auf verschuldensabhängige Schadensersatzansprüche[1158]. Eine weitergehende Haftung des Unternehmensinhabers aufgrund einer eigenständigen anderen Anspruchsgrundlage ist jedoch von § 99 UrhG nicht ausgeschlossen. Dies trifft etwa auf den allgemeinen Schadensersatzanspruch nach § 97 Abs. 2 UrhG wegen einer selbst vorgenommenen Verletzungshandlung zu, auf die Organhaftung nach § 31 BGB[1159], die Haftung für den Verrichtungsgehilfen gem. § 831 Abs. 1 S. 1 BGB[1160], aber auch auf den Amtshaftungsanspruch aus § 839 BGB i.V.m. Art. 34 GG, wenn ein Beamter seine Amtspflicht verletzt, indem er im Rahmen der Ausübung seines Amtes Urheberrechtsverstöße begeht[1161]. Dies kann etwa dann der Fall sein, wenn ein Fachhochschulprofessor rechtswidrig ein Computerprogramm zum Download auf dem Server der Fachhochschule bereitstellt[1162]. Der Geschäftsführer einer GmbH ist verpflichtet, dafür Sorge zu tragen, dass auf den Computern seines Unternehmens nur Computersoftware eingesetzt wird, für die entsprechende Nutzungsrechte bestehen[1163]. Der Geschäftsführer wird dieser Verpflichtung nach Auffassung des *OLG Karlsruhe*[1164] nicht gerecht, wenn er seine Mitarbeiter lediglich schriftlich darauf hinweist, nur lizenzierte Software zu installieren und einzusetzen. Vielmehr sei es erforderlich, dass etwa eine regelmäßige Kontrolle im Betrieb stattfinde oder eine technische Beschränkung eingeführt werde, mit der unkontrollierte Programminstallationen verhindert werden könnten. Der Geschäftsführer eines Sofwareunternehmens haftet nicht als Täter für eine in seinem Unternehmen begangene Urheberrechtsverletzung, wenn er im Rahmen seiner sekundären Darlegungslast denjenigen Mitarbeiter benennt, der die konkrete Verletzungshandlung begangen haben soll. Ein allgemeiner Rechtssatz dahingehend, dass der Geschäftsführer einer GmbH oder sonstigen Gesellschaft stets – entgegen dem Verschuldenserfordernis des § 97 Abs. 2 S. 1 UrhG – auch ohne Feststellung einer persönlichen Verantwortlichkeit auf Schadensersatz haftet, wenn im Bereich der Gesellschaft und dieser zurechenbar eine Urheberrechtsverletzung begangen wird, ist nicht anzuerkennen[1165].

dd) Der Auskunftsanspruch gem. § 101 UrhG

Schrifttum: *Bierekoven*, Das gewerbliche Ausmaß in § 101 UrhG, ITRB 2009, 158 ff.; *Bohne*, Zum Erfordernis eines gewerblichen Ausmaßes der Rechtsverletzung in § 101 Abs. 2 UrhG, CR 2010, 104 ff.; *Brüggemann*, Urheberrechtsdurchsetzung im Internet. Ausgewählte Probleme des Drittauskunftsanspruchs nach § 101 UrhG, MMR 2013, 278 ff.; *Czychowski*, Auskunftsansprüche gegenüber Internetzugangsprovidern „vor" dem 2. Korb und „nach" der Enforcement-Richtlinie

---

[1157] Vgl. *BVerfG*, 28.5.1996, 1 BvR 927/91, NJW 1996, 2567.
[1158] Vgl. *LG München I*, 4.10.2007, 7 O 2827/07, CR 2008, 49.
[1159] Vgl. *LG München I*, 4.10.2007, 7 O 2827/07, CR 2008, 49; für die Organhaftung nach § 43 GmbHG *Söbbing/Müller* ITRB 2012, 15, 16.
[1160] Vgl. *LG München I*, 4.10.2007, 7 O 2827/07, CR 2008, 49, 50.
[1161] Vgl. *BGH*, 20.5.2009, I ZR 239/06, NJW 2009, 3509.
[1162] Vgl. *BGH*, 20.5.2009, I ZR 239/06, NJW 2009, 3509.
[1163] Vgl. *Söbbing/Müller* ITRB 2012, 15, 16.
[1164] Vgl. *OLG Karlsruhe*, 23.4.2008, 6 U 180/06, CR 2009, 217, 220; zustimmend *Söbbing/Müller* ITRB 2012, 15, 16.
[1165] Vgl. *KG Berlin*, 25.2.2013, 24 U 58/12, GRUR-RR 2013, 204, 205 f.

der EU, MMR 2004, 514 ff.; *Gietl/Mantz,* Die IP Adresse als Beweismittel im Zivilprozess. Beweiserlangung, Beweiswert und Beweisverbote, CR 2008, 810 ff.; *Hoffmann,* Das Auskunftsverfahren nach § 101 Abs. 9 UrhG n. F., MMR 2009, 655 ff.; *Jüngel/Geißler,* Der neue Auskunftsanspruch aus § 101 UrhG unter Berücksichtigung der bisherigen Rechtsprechung, MMR 2008, 787 ff.; *Kitz,* Die Zukunft der Auskunft oder: Die abenteuerliche Karriere des § 101a UrhG, MMR 2005, 133 f.; *Klickermann,* Der Gerichtsstand des zivilrechtlichen Drittauskunftsanspruchs, K&R 2009, 777 ff.; *Kuper,* § 101 UrhG: Glücksfall oder Reinfall für Rechteinhaber?, ITRB 2009, 12 ff.; *Maaßen,* Urheberrechtlicher Auskunftsanspruch und Vorratsdatenspeicherung, MMR 2009, 511 ff.; *Mantz,* Die Rechtsprechung zum neuen Auskunftsanspruch nach § 101 UrhG, K&R 2009, 21 ff.; *Mundhenk,* Der Auskunftsanspruch gegen Access-Provider nach § 101 Abs. 2 UrhG und die Datenspeicherung auf Anordnung oder Zuruf, in: Taeger (Hrsg.), IT und Internet – mit Recht gestalten, 2012, 449 ff.; *Sieber/Höfinger,* Drittauskunftsansprüche nach § 101a UrhG gegen Internetprovider zur Verfolgung von Urheberrechtsverletzungen, MMR 2004, 575 ff.; *Spindler/Dorschel,* Auskunftsansprüche gegen Internet-Service-Provider CR 2005, 38 ff.

Wer im geschäftlichen Verkehr das Urheberrecht oder ein anderes nach dem UrhG geschütztes Recht widerrechtlich verletzt, kann gem. § 101 Abs. 1 UrhG vom Verletzten auf unverzügliche Auskunft über die **Herkunft** und den **Vertriebsweg der rechtsverletzenden Vervielfältigungsstücke** oder sonstigen Erzeugnisse in Anspruch genommen werden. Verletzter im Sinne des § 101 UrhG ist neben dem **Urheber** auch der **Inhaber eines ausschließlichen Nutzungsrechts.** Demgegenüber ist der **Inhaber eines einfachen Nutzungsrechts** nur dann aktivlegitimiert, wenn er ein eigenes Interesse an der Durchsetzung des Auskunftsanspruchs geltend machen kann und zur Geltendmachung des Anspruchs ermächtigt wurde[1166]. Nicht zu verwechseln ist der Auskunftsanspruch des § 101 UrhG mit dem allgemeinen und aus § 242 BGB abgeleiteten unselbstständigen **Auskunfts- und Rechnungslegungsanspruch** zur Vorbereitung von Schadensersatz- und Beseitigungsansprüchen. Aus § 242 BGB ergibt sich eine Auskunftspflicht, wenn die zwischen den Parteien bestehende Rechtsbeziehung es mit sich bringt, dass der Berechtigte in entschuldbarer Weise über Bestehen oder Umfang seines Rechts im Ungewissen ist und der Verpflichtete die zur Beseitigung der Ungewissheit erforderliche Auskunft unschwer geben kann. Bei der dafür erforderlichen Sonderverbindung kann es sich etwa um ein gesetzliches Schuldverhältnis handeln[1167]. Mit der Schaffung des § 101a UrhG a. F. durch das Produktpirateriegesetz von 1990, der Vorgängervorschrift des heutigen § 101 UrhG, wollte der Gesetzgeber demgegenüber eine verschuldensunabhängige Erweiterung der Auskunftsansprüche schaffen, und auf diesem Wege die Quellen und Vertriebswege der beim Verletzer aufgefundenen rechtsverletzenden Vervielfältigungsstücke offenlegen[1168]. Nicht zu verkennen ist aber, dass natürlich auch das Antragsverfahren nach § 101 Abs. 9 UrhG ein Vorschaltverfahren zu einem Auskunftsanspruch darstellt, durch den wiederum Unterlassungs- oder Schadensersatzansprüche gegen den zu ermittelnden Urheberrechtsverletzer vorbereitet werden[1169].

324

Anders als noch nach § 101a UrhG a. F. ist nach § 101 Abs. 1 UrhG aber keine Verletzung des Urheberrechts durch die Herstellung oder die Verbreitung von Vervielfältigungsstücken erforderlich. Nunmehr genügt **jede widerrechtliche Rechtsverletzung**[1170]. Anders als früher muss auch keine Rechtsverletzung im geschäftlichen

325

[1166] Vgl. *OLG Zweibrücken,* 30.4.2009, 4 W 23/09, 4 W 28/09, 4 W 29/09, MMR 2010, 45, 46; Wandtke/Bullinger/Bohne § 101 Rdn. 6; Dreier/Schulze, § 101 Rdn. 7.
[1167] Vgl. *LG Potsdam,* 21.11.2008, 1 O 175/08, CR 2009, 194, 197.
[1168] Vgl. die Begründung des Regierungsentwurfs zum Produktpirateriegesetz BT-Drucks. 11/4792 vom 15.6.1989, S. 30; *OLG Hamburg,* 9.1.2007, 5 W 147/06, CR 2007, 487 f.
[1169] Vgl. *OLG Köln,* 9.10.2008, 6 W 123/08, MMR 2009, 125.
[1170] Vgl. die Begründung des Regierungsentwurfs BT-Drucks. 16/5048 vom 20.4.2007, S. 49.

Verkehr vorliegen, sondern in **gewerblichem Ausmaß** gehandelt worden sein. Während das Handeln im geschäftlichen Verkehr nach § 101a Abs. 1 UrhG a. F. noch verlangte, dass es mit Erwerbstätigkeit und Berufsausübung des Verletzers zusammenhing, soweit es sich nicht nur um rein betriebsinterne Vorgänge handelte[1171], verlangt ein gewerbliches Ausmaß der Tätigkeit im Sinne des § 101 Abs. 1 UrhG **keinen Bezug zur Erwerbstätigkeit.** Vielmehr kann ein solches gewerbliches Ausmaß auch bei rein privatem Handeln vorliegen[1172]. Entscheidend ist gem. § 101 Abs. 1 S. 2 UrhG sowohl die **Anzahl** der Rechtsverletzungen als auch deren **Schwere,** es sind daher sowohl quantitative als auch qualitative Umstände zu berücksichtigen[1173]. Grundsätzlich zeichnen sich in gewerblichem Ausmaß vorgenommene Rechtsverletzungen dadurch aus, dass sie zwecks Erlangung eines unmittelbaren oder mittelbaren wirtschaftlichen oder kommerziellen Vorteils vorgenommen werden. Daher werden Handlungen, die in gutem Glauben vom **Endverbraucher** vorgenommen werden, grundsätzlich **nicht erfasst**[1174]. Auch kann im Einzelfall zu berücksichtigen sein, dass der Hersteller ein Computerspiel bewusst nicht mit einem Kopierschutz versieht und hierdurch die Anfertigung von Raubkopien erheblich vereinfacht[1175]. Ein gewerbliches Ausmaß hat das *OLG Köln* unter Berufung auf den hohen Wert bei einem Computerprogramm bejaht, dessen aktuelle Version 499,– Euro kostete und für dessen frühere Version der Nutzungsberechtigte kostenlose Upgrades zur Verfügung gestellt bekam[1176]. Das *OLG Köln*[1177] sowie das *LG Köln*[1178] haben ein gewerbliches Ausmaß bei einem einzigen Musik-Album bejaht, sofern dieses Album gerade erst veröffentlicht worden ist. Demgegenüber hat das *LG Frankenthal*[1179] entschieden, dass im Tausch von einem 25,– Euro teuren und drei Monate alten Computerspiel keine Urheberrechtsverletzung in gewerblichem Ausmaß zu sehen ist. Das *LG Frankfurt*[1180] hat das Vorliegen eines gewerblichen Ausmaßes beim Angebot mehrerer Programmlizenzen („5er/10er oder 20er Packs") in einem eBay-Angebot bejaht. Das *OLG Zweibrücken*[1181] hat die erforderliche Schwere der Rechtsverletzung auch für den Download einer vier Jahre alten Softwareversion bejaht, deren aktuelle Verkaufsversion einen Marktwert von über

---

[1171] Vgl. *Schricker/Wild,* 3. Auflage 2006, § 101a Rdn. 2; *Dreier/Schulze,* 2. Aufl., § 101a Rdn. 6; W*andtke/Bullinger/Bohne,* 2. Aufl., § 101a Rdn. 7.

[1172] Vgl. *Kitz* NJW 2008, 2374, 2375.

[1173] Vgl. die Beschlussempfehlung des Rechtsausschusses zur Urheberrechtsnovelle 2008, BT-Drucks. 16/8783 vom 9.4.2008, S. 50; *OLG München,* 17.11.2011, 29 U 3496/11, MMR 2012, 115, 116; *OLG München,* 26.7.2011, 29 W 1268/11, MMR 2011, 758, 759; *OLG Köln,* 27.12.2010, 6 W 155/10, MMR 2011, 246; *OLG Zweibrücken,* 2.2.2009, 3 W 195/08, MMR 2009, 702; *OLG Oldenburg,* 1.12.2008, 1 W 76/08, CR 2009, 104, 105; *LG Hamburg,* 11.3.2009, 308 O 75/09, CR 2009, 656, 657; *LG Kiel,* 6.5.2009, 2 O 112/09, MMR 2009, 643, 644; *LG Köln,* 17.12.2008, 38 OH 8/08, BeckRS 2009, 05260; *Dreier/Schulze* § 101 Rdn. 6.

[1174] Vgl. *OLG Zweibrücken,* 27.10.2008, 3 W 184/08, MMR 2009, 43, 45; *Dreier/Schulze* § 101 Rdn. 6.

[1175] Vgl. *OLG Zweibrücken,* 27.10.2008, 3 W 184/08, MMR 2009, 43, 45.

[1176] Vgl. *OLG Köln,* 27.12.2010, 6 W 155/10, MMR 2011, 246, 247 unter Berufung auf *OLG Köln,* 3.11.2008, 6 W 136/08, BeckRS 2009, 20505.

[1177] Vgl. *OLG Köln,* 21.10.2008, 6 Wx 2/08, MMR 2008, 820, 822; ausdrücklich bestätigt in *OLG Köln,* 9.2.2009, 6 W 182/08, MMR 2009, 334.

[1178] Vgl. *LG Köln,* 2.9.2008, 28 AR 4/08, MMR 2008, 761; im Ergebnis auch *LG Frankfurt,* 18.9.2008, 2–06 O 534/08, MMR 2008, 829, 830; *LG Oldenburg,* 15.9.2008, 5 O 2421/08, MMR 2008, 832.

[1179] Vgl. *LG Frankenthal,* 15.9.2008, 6 O 325/08, MMR 2008, 830.

[1180] Vgl. *LG Frankfurt,* 19.11.2008, 2–06 O 437/08, CR 2009, 142, 143.

[1181] Vgl. *OLG Zweibrücken,* 2.2.2009, 3 W 195/88, MMR 2009, 702.

400,– Euro hatte. Dieser Wert liege um ein Vielfaches höher als das vom Rechtsausschuss des Bundestags angeführte Beispiel eines Musikalbums auf CD. Das *OLG Frankfurt*[1182] hat ein gewerbliches Ausmaß bei einer vollständigen Film-DVD bejaht.

§ 101 Abs. 2 UrhG normiert einen Auskunftsanspruch auch gegenüber **Dritten, die nicht selbst Verletzer** sind. Durch diese Regelung wollte der Gesetzgeber ausdrücklich einen Auskunftsanspruch gegenüber Internet-Providern schaffen und dem Urheberrechtsinhaber eine Ermittlung des Rechtsverletzers im Bereich der Piraterie im Internet ermöglichen[1183]. Betroffen sind etwa die Tauschbörsen im Bereich Software, Musik und Filme. Die Diskussion über eine analoge Anwendung von § 101a UrhG a. F. ist daher mit der Neufassung beendet[1184]. Internet-Access-Provider zählen zu den erfassten Personen gem. § 101 Abs. 2 Nr. 3 UrhG[1185]. Der Drittauskunftsanspruch setzt neben der Erbringung der Dienstleistung in gewerblichem Ausmaß durch den Dritten aber nicht voraus, dass die Rechtsverletzung selbst in gewerblichem Ausmaß begangen wurde[1186]. Gem. § 101 Abs. 2 S. 3 UrhG kann der zur Auskunft Verpflichtete vom Verletzten den **Ersatz der für die Auskunftserteilung erforderlichen** Kosten verlangen. Hierzu zählen auch die im Vorfeld der Auskunftserteilung anfallenden Kosten der Speicherung wie etwa die entsprechenden Vorhaltekosten[1187]. Die in § 101 Abs. 2 UrhG genannten Personen können aber auch gem. § 101 Abs. 1 UrhG als Verletzer in Anspruch genommen werden, sofern sie **Störer** sind[1188]. 326

Erforderlich für den Auskunftsanspruch nach § 101 Abs. 2 UrhG ist aber, dass es sich entweder um einen Fall **offensichtlicher Rechtsverletzung** handelt oder dass der Verletzte gegen den Verletzer **Klage erhoben** hat. Offensichtlich ist eine Rechtsverletzung, wenn eine ungerechtfertigte Belastung eines Dritten ausgeschlossen erscheint, wobei Zweifel in tatsächlicher, aber auch in rechtlicher Hinsicht die Offensichtlichkeit der Rechtsverletzung ausschließen[1189]. Es gilt der Grundsatz der freien Beweiswürdigung[1190]. Ob nicht nur eine offensichtliche Rechtsverletzung vorliegen muss, sondern diese auch offensichtlich durch den Inhaber des jeweiligen Anschlusses begangen worden sein muss, ist umstritten[1191]. In den Fällen offensichtlicher 327

[1182] Vgl. *OLG Frankfurt*, 12.5.2009, 11 W 21/09, MMR 2009, 542. Ähnlich *OLG Karlsruhe*, 1.9.2009, 6 W 47/09, GRUR-RR 2009, 379, 381 f.
[1183] Vgl. die Begründung des Regierungsentwurfs BT-Drucks. 16/5048 vom 20.4.2007, S. 49.
[1184] Vgl. *Kitz* NJW 2008, 2374, 2375 Fußn. 39 mit Hinweisen zum entsprechenden Schrifttum.
[1185] Vgl. *BGH*, 15.5.2014, I ZB 71/13, NJW 2015, 70 Tz. 10; *LG München I*, 19.8.2016, 21 O 14088/16, MMR 2016, 776; *LG Hamburg*, 11.3.2009, 308 O 75/09, CR 2009, 656, 658.
[1186] Vgl. *BGH*, 16.5.2013, I ZB 44/12, BeckRS 2013, 13001 Tz. 8; *BGH*, 5.12.2012, I ZB 48/12, NJW-RR 2013, 751, 754 Tz. 30; *BGH*, 25.10.2012, I ZB 13/12, MMR 2013, 110, 111 Tz. 11; *BGH*, 19.4.2012, I ZB 80/11, MMR 2012, 689, 690 ff. Tz. 10 ff.; *OLG Köln*, 7.10.2013, 6 W 84/13, CR 2014, 671, 674; früher sehr streitig a. A. etwa *OLG München*, 17.11.2011, 29 U 3496/11, MMR 2012, 115, 116; *OLG Oldenburg*, 1.12.2008, 1 W 76/08, CR 2009, 104, 105; *OLG Zweibrücken*, 27.10.2008, 3 W 184/08, MMR 2009, 43, 44.
[1187] Vgl. *LG Hamburg*, 11.3.2009, 308 O 75/09, CR 2009, 656, 660.
[1188] Vgl. *OLG München*, 17.11.2011, 29 U 3496/11, MMR 2012, 115, 117.
[1189] Vgl. *LG München I*, 14.5.2009, 7 O 5535/09, MMR 2010, 111, 112; *LG Köln*, 30.4.2009, 9 OH 388/09, MMR 2009, 645, 646 sowie *LG Köln*, 17.12.2008, 38 OH 8/08, MMR 2009, 489 unter Berufung auf die Begründung des Regierungsentwurfs BT-Drucks. 16/5048 vom 20.4.2007, S. 39.
[1190] Vgl. *OLG Köln*, 20.4.2016, 6 W 37/16, MMR 2016, 773, 774; *OLG Köln*, 7.10.2013, 6 W 84/13, CR 2014, 671, 672.
[1191] Dafür *OLG Köln*, 20.4.2016, 6 W 37/16, MMR 2016, 773; *OLG Köln*, 7.10.2013, 6 W 84/13, CR 2014, 671, 672; *OLG Köln*, 10.2.2012, 6 W 5/11, MMR 2011, 322, 323; *OLG Köln*,

Rechtsverletzung kann die Verpflichtung zur Auskunftserteilung gem. § 101 Abs. 7 UrhG im Wege der einstweiligen Verfügung nach den §§ 935 bis 945 ZPO angeordnet werden[1192]. Die Rechtsverletzung muss zur Bejahung eines Auskunftsanspruchs im einstweiligen Verfügungsverfahren aber so eindeutig sein, dass eine Fehlentscheidung kaum möglich ist[1193]. Die Kosten der richterlichen Anordnung trägt nach § 101 Abs. 9 S. 5 UrhG der Verletzte. Er kann sie später aber „als Schaden gegenüber dem Verletzer" geltend machen[1194]. Das *OLG Hamburg*[1195] qualifiziert dies als materiell-rechtlichen Anspruch, der nicht zu den notwendigen Kosten der Rechtsverfolgung im Sinne des § 91 ZPO zählt und daher nicht im Kostenfestsetzungsverfahren festgesetzt werden kann. Dem hat der *BGH*[1196] widersprochen. Der *BGH* qualifiziert die Kosten anwaltlicher Vertretung in Verfahren nach § 101 Abs. 2 S. 1 Nr. 3 und Abs. 9 S. 1 UrhG als notwendige Kosten der Rechtsverfolgung im Sinne des § 91 Abs. S. 1 ZPO. Dies soll auch dann gelten, wenn das urheberrechtsberechtigte Unternehmen über eine eigene Rechtsabteilung verfügt und dem Auskunftverfahren vorgelagerte Ermittlungen selbst ausgeführt hat[1197].

328 Da es sich beim Antragsverfahren gem. § 101 Abs. 9 UrhG um ein Vorschaltverfahren zu einem Auskunftsanspruch handelt, durch den wiederum Unterlassungs- oder Schadensersatzansprüche gegen den zu ermittelnden Urheberrechtsverletzer vorbereitet werden, beträgt der **Gegenstandswert** des Verfahrens nur einen Teil des Interesses des Verletzten an der Durchsetzung der Hauptansprüche. Soweit keine Umstände vorliegen, die eine Abweichung rechtfertigen, kann auf den in § 30 Abs. 2 KostO vorgesehenen Regelwert von 3000,– Euro zurückgegriffen werden[1198]. Vor dem Hintergrund, dass § 101 Abs. 1 S. 2 UrhG auf die Anzahl der Rechtsverletzungen und deren Schwere abstellt, ist auch für die Bestimmung des Gegenstandswerts auf das verletzte Werk bzw. die Zahl der verletzten Werke abzustellen, nicht aber etwa auf die Anzahl der mitgeteilten IP-Adressen[1199]. Hat der Inhaber der urheberrechtlichen Nutzungs- und Verwertungsrechte eines Computerspiels in seinem Auskunftsersuchen gem. § 101 Abs. 9 UrhG **mehrere Anträge zusammengefasst** und liegen diesen Anträgen unterschiedliche Lebenssachverhalte zu Grunde, handelt es sich gebührenrechtlich um mehrere Anträge, die jeweils eine gesonderte Gebühr nach § 128c KostO auslösen[1200]. Ein wesentlicher Unterschied im Sachverhalt liegt jedenfalls dann vor, wenn Anhaltspunkte dafür vorliegen, dass die Verletzungshandlungen durch mehrere Personen unabhängig voneinander begangen wurden. Dies ist

---

20.1.2012, 6 W 242/11, MMR 2012, 483; *OLG Köln*, 7.9.2011, 6 W 82/11, MMR 2012, 41; *OLG Köln*, 21.10.2008, 6 Wx 2/08, MMR 2008, 820, 822; ausdrücklich gegen das OLG Köln *LG Frankenthal*, 6.3.2009, 6 O 60/09, MMR 2009, 487, 488.

[1192] Vgl. *OLG Hamburg*, 13.4.2012, 5 U 11/11, CR 2012, 503, 506; *LG Köln*, 17.12.2008, Az. 38 OH 8/08, BeckRS 2009, 05260; *LG Köln*, 2.9.2008, 28 AR 4/08, MMR 2008, 761, 762.

[1193] Vgl. *OLG Hamburg*, 13.4.2012, 5 U 11/11, CR 2012, 503, 506.

[1194] Vgl. Begründung der Bundesregierung, BT-Drucks. 16/5048 vom 20.4.2007, S. 49 unter Verweis auf die Begründung zu § 140b PatG auf S. 40.

[1195] Vgl. *OLG Hamburg*, 4.9.2013, 8 W 17/13, CR 2014, 476.

[1196] Vgl. *BGH*, 15.5.2014, I ZB 71/13, NJW 2015, 70 Tz. 9 ff.

[1197] Vgl. *BGH*, 26.4.2017, I ZB 41/16, BeckRS 2017, 112869 Tz. 13.

[1198] Vgl. *BGH*, 16.5.2013, I ZB 44/12, BeckRS 2013, 13001 Tz. 17; *OLG Köln*, 9.10.2008, 6 W 123/08, MMR 2009, 125.

[1199] Vgl. *OLG Frankfurt*, 15.4.2009, 11 W 27/09, MMR 2009, 551, 552; *OLG Düsseldorf*, 12.3.2009, I-10 W 11/09, MMR 2009, 476, 477; *OLG Köln*, 9.10.2008, 6 W 123/08, MMR 2009, 125.

[1200] Vgl. *OLG Karlsruhe*, 15.1.2009, 6 W 4/09, MMR 2009, 263; zustimmend wohl *OLG Köln*, 1.4.2009, 2 Wx 14/09, MMR 2009, 473 f.

etwa dann der Fall, wenn das Werk unter Verwendung unterschiedlicher eindeutiger Kennungen des verwendeten Client-Programms zum Download in einem **Peer-to-Peer-Netzwerk** angeboten wurde. Demgegenüber begründet der Umstand, dass das verletzte Werk unter Verwendung **unterschiedlicher IP-Adressen** zum Download angeboten wurde noch keinen wesentlichen Unterschied im genannten Sinne. Dem steht entgegen, dass aus der Verwendung unterschiedlicher IP-Adressen nicht sicher geschlossen werden kann, wie viele Personen eine Schutzrechtsverletzung begangen haben[1201]. Für den Erlass einer Anordnung nach § 101 Abs. 2 UrhG ist nach dessen S. 2 das Landgericht zuständig, in dessen Bezirk der zur Auskunft Verpflichtete seinen Wohnsitz, seinen Sitz oder eine Niederlassung hat, ohne Rücksicht auf den Streitwert. Der Begriff der Niederlassung ist anhand der zu § 21 ZPO entwickelten Grundsätze auszulegen[1202]. Es ist aber ein Gericht am Ort einer Niederlassung zu wählen, in der ein wesentlicher Beitrag zu den betreffenden Dienstleistungen vorgenommen wurde. Eine freie Wahl unter verschiedenen Niederlassungen ist nicht anzuerkennen[1203].

Die **Zwangsvollstreckung des Auskunftsanspruchs** nach § 101 UrhG erfolgt regelmäßig gem. § 888 Abs. 1 ZPO durch Zwangsgeld oder Zwangshaft. Die Festsetzung eines Zwangsmittels gem. § 888 Abs. 1 ZPO scheidet aber aus, wenn der Schuldner die geschuldete Auskunft gar nicht erteilen kann, und zwar auch dann, wenn er sein Unvermögen schuldhaft herbeigeführt hat[1204], etwa indem Unterlagen gelöscht oder vernichtet wurden. Verfügt der Schuldner nicht selbst über die Kenntnisse, die er für die Erteilung der geschuldeten Auskunft benötigt, sondern sind diese bei einem Dritten vorhanden, etwa weil Geschäftsunterlagen weitergegeben wurden, so muss der Schuldner alles ihm Zumutbare tun, um sich die Kenntnisse von dem Dritten zu beschaffen. Gegebenenfalls muss der Schuldner sogar den Rechtsweg gegen den Dritten beschreiten[1205].

329

ee) Der Anspruch auf Vorlage und Besichtigung gem. § 101a UrhG

Schrifttum: *Bork*, Effiziente Beweissicherung für den Urheberrechtsverletzungsprozess – dargestellt am Beispiel raubkopierter Computerprogramme, NJW 1997, 1665 ff.; *Frank/Wiegand*, Der Besichtigungsanspruch im Urheberrecht de lege ferenda, CR 2007, 481 ff.; *Hoppen*, Software-Besichtigungsansprüche und ihre Durchsetzung, CR 2009, 407 ff.; *Rauschhofer*, Quellcodebesichtigung im Eilverfahren – Softwarebesichtigung nach § 809 BGB, GRUR-RR 2006, 249 ff.; *Spindler/Weber*, Die Umsetzung der Enforcement-Richtlinie nach dem Regierungsentwurf für ein Gesetz zur Verbesserung der Durchsetzung von Rechten des geistigen Eigentums, ZUM 2007, 257 ff.; *dies.*, Der Geheimnisschutz nach Art. 7 der Enforcement-Richtlinie, MMR 2006, 711 ff.; *Tinnefeld*, Der Anspruch auf Besichtigung von Quellcode nach der Entscheidung „UniBasic-IDOS" des BGH, CR 2013, 417 ff.

§ 101a UrhG wurde mit der Urheberrechtsnovelle 2008 neu in das UrhG aufgenommen und dient der Umsetzung der Art. 6 und 7 der Richtlinie 2004/48/EG des Europäischen Parlaments und des Rates vom 29. 4. 2004 zur Durchsetzung der Rechte des geistigen Eigentums[1206]. Mit dieser Regelung wurde ein materiell-rechtlicher Anspruch auf Vorlage einer Urkunde oder Besichtigung einer Sache geschaf-

330

[1201] Vgl. *OLG Karlsruhe*, 15.1.2009, 6 W 4/09, MMR 2009, 263, 264.
[1202] Vgl. *LG Frankfurt*, 18.9.2008, 2–06 O 534/08, MMR 2008, 829.
[1203] Vgl. *OLG Düsseldorf*, 8.12.2008, I-20 W 130/08, MMR 2009, 186, 188; a. A. *Klickermann* K&R 2009, 777 f.
[1204] Vgl. *BGH*, 18.12.2008, I ZB 68/08, GRUR 2009, 794, 796 Tz. 20.
[1205] Vgl. *BGH*, 18.12.2008, I ZB 68/08, GRUR 2009, 794, 796 Tz. 21 für eine Verletzung eines Gebrauchsmusters.
[1206] Vgl. ABl.EU Nr. L 195 vom 2.6.2004, S. 16 ff.

fen. Die Vorlage oder Besichtigung muss nach der erklärten Zielsetzung des Gesetzgebers zur Begründung eines Anspruchs gegen den Verletzer aufgrund der Rechtsverletzung erforderlich sein. Durch diese Voraussetzung möchte der Gesetzgeber gewährleisten, dass der Anspruch nicht zur allgemeinen Ausforschung der Gegenseite missbraucht werden kann. Vielmehr soll er nur dann eingreifen, wenn der Verletzte die hierdurch gewonnene Kenntnis zur **Durchsetzung seiner Ansprüche** benötigt. Dies soll vor allem dann der Fall sein, wenn es darum geht, eine bestrittene anspruchsbegründende Tatsache nachzuweisen oder überhaupt erst Kenntnis von dieser Tatsache zu erlangen[1207]. § 101a UrhG gilt sowohl für die Beweisermittlung **im gerichtlichen Verfahren** als auch für die **vorprozessuale Beweissicherung**[1208].

331 Gem. § 101a Abs. 1 UrhG ist eine **hinreichende Wahrscheinlichkeit** einer widerrechtlichen Rechtsverletzung notwendig. Mit dieser Voraussetzung möchte der Gesetzgeber der europarechtlichen Vorgabe des Art. 6 der Richtlinie 2004/48/EG Rechnung tragen, derzufolge die Vorschrift der Gewinnung von Beweismitteln dient und somit in einem Stadium eingreift, in dem der Sachverhalt noch nicht feststeht. Im Interesse des Gegners möchte der Gesetzgeber berücksichtigen, dass der Anspruch nicht schon bei jedwedem Verdacht gewährt werden kann. Er knüpft daher ausdrücklich an die Rechtsprechung des *BGH* zu § 809 BGB an[1209]. In der vom Gesetzgeber angeführten Entscheidung hat der *BGH* nicht nur klargestellt, dass der Besichtigungsanspruch des § 809 BGB auch einem Urheber zustehen kann, sondern dass Voraussetzung eines entsprechenden Besichtigungsanspruchs stets das Bestehen eines **gewissen Grades an Wahrscheinlichkeit** für eine Rechtsverletzung ist[1210]. Der Rechtsinhaber muss daher glaubhaft machen, dass eine hinreichende Wahrscheinlichkeit für eine Verletzung seiner Rechte durch den Gegner besteht. Durch die Vorlage kann er dann auch Informationen zur weiteren Substanziierung seines Vortrages sammeln. **Indizien,** die für eine widerrechtliche Quellcodeübernahme angeführt werden können, sind etwa äußere Ähnlichkeiten der Bildschirmgestaltung, Identität von Funktionen, Übereinstimmungen in der Benennung von Dateinamen oder identische Dateiabfolgen. Derartige Indizien begründen eine gewisse Vermutung der Codeübernahme. Sie machen eine solche aber nicht in jedem Fall hinreichend wahrscheinlich im Sinne des § 101a Abs. 1 UrhG, denn es ist auch möglich, dass die Übereinstimmungen und Identitäten darauf beruhen, dass das zweite Programm in Anlehnung an die sichtbaren Informationen des Erstprogramms frei nachprogrammiert wurde[1211]. Eine hinreichende Wahrscheinlichkeit der rechtsverletzenden Quellcodeübernahme kann aber etwa daraus folgen, dass zu den genannten Indizien hinzukommt, dass ein früherer Mitarbeiter des Verletzten nun für den möglichen Verletzer tätig ist[1212]. § 101a Abs. 1 S. 2 UrhG erweitert die Verpflichtung bei hinreichender Wahrscheinlichkeit einer Rechtsverletzung in **gewerblichem Ausmaß** auf die Vorlage auch von Bank-, Finanz- oder Handelsunterlagen. Die Vorlageverpflich-

---

[1207] Vgl. die Begründung des Regierungsentwurfs BT-Drucks. 16/5048 vom 20.4.2007, S. 40.
[1208] Vgl. *Kitz* NJW 2008, 2374, 2376.
[1209] Vgl. die Begründung des Regierungsentwurfs BT-Drucks. 16/5048 vom 20.4.2007, S. 40.
[1210] Vgl. *BGH*, 2.5.2002, I ZR 45/01, NJW-RR 2002, 1617, 1619; so auch *OLG Frankfurt*, 17.1.2006, 11 W 21/05, MMR 2006, 820, 821; *LG Nürnberg-Fürth*, 26.5.2004, 3 O 2524/04, MMR 2004, 627, 628; bestätigt in *BGH*, 20.9.2012, I ZR 90/09, GRUR 2013, 509, 510 Tz. 20; zustimmend *OLG Köln*, 22.2.2017, 6 W 107/16, CR 2017, 293, 294; *Tinnefeld* CR 2013, 417, 419.
[1211] So für den Quellcode einer Webseite *LG Köln*, 16.6.2009, 33 O 374/08, MMR 2009, 640, 643.
[1212] Vgl. *LG Köln*, 16.6.2009, 33 O 374/08, MMR 2009, 640, 643, noch zu § 809 BGB bereits *BGH*, 2.5.2002, I ZR 45/01, NJW-RR 2002, 1617, 1620.

tung ist weit auszulegen, sodass sämtliche Geschäftsunterlagen vorzulegen sind, die dem Gläubiger eine Überprüfung der Verlässlichkeit der erteilten Auskunft und Rechnungslegung ermöglichen[1213].

§ 101a Abs. 1 S. 3 UrhG dient dem **Schutz der Geheimhaltungsinteressen.** Den Gerichten wird die Möglichkeit eingeräumt, den Vorlage- und Besichtigungsanspruch so zu fassen, dass der Schutz vertraulicher Informationen gewährleistet ist, soweit dies der vermeintliche Verletzer verlangt und dies nach den Umständen des Einzelfalls auch angemessen ist. Welche Maßnahmen das Gericht wählt, hat der Gesetzgeber ausdrücklich in das **Ermessen der Gerichte** gestellt und diese aufgefordert, die beiderseitigen Interessen zu beachten. Konkrete gesetzlicher Vorgaben hielt der Gesetzgeber wegen der jeweils zu berücksichtigenden Umstände des Einzelfalls für nicht sachdienlich. Unter Berufung auf die Rechtsprechung des *BGH*[1214] führte der Gesetzgeber aber aus, regelmäßig komme die Offenbarung lediglich gegenüber einem zur Verschwiegenheit verpflichteten Dritten, einem neutralen Sachverständigen, in Betracht. Dieser könne sodann darüber Auskunft geben, ob und gegebenenfalls in welchem Umfang die behauptete Rechtsverletzung vorliege[1215]. Das Gericht kann auch entscheiden, ob dem Besichtigungsgläubiger das Gutachten ganz, teilweise geschwärzt oder gar nicht ausgehändigt wird[1216]. Akteneinsicht kann dem Antragsgegner im Rahmen eines Verfahrens auf einstweilige Verfügung und Beweissicherung aber nicht verwehrt werden. Dem steht entgegen, dass die Verweigerung der Akteneinsicht seinen Anspruch auf rechtliches Gehör verletzt[1217].

Im Hinblick auf die **Art und Weise der Besichtigung** macht das Gesetz keine Vorgaben. Der Gesetzgeber hat lediglich darauf verwiesen, grundsätzlich könne der Verletzte die Art der Besichtigung verlangen, die zur Erlangung der Kenntnis erforderlich ist. Dies schließe im Rahmen der Verhältnismäßigkeit nach der Rechtsprechung des *BGH* zu § 809 BGB auch Eingriffe in die Substanz ein[1218]. Nicht ausdrücklich beantwortet ist damit aber die bei Urheberrechtsverletzungen von Computersoftware wichtige Frage, ob sich der Besichtigungsanspruch auch auf die **Besichtigung des Quellcodes** erstreckt. Mangels Kooperationsbereitschaft des möglichen Verletzers ist die Herausgabe des Quellcodes vorprozessual und streitfrei in der Regel nicht durchsetzbar. Gegebenenfalls ist eine richterliche Durchsuchungsandrohung gem. § 758a ZPO beim Vollstreckungsgericht am Sitz des Schuldners zu erwirken[1219]. Hierfür ist der amtliche Vordruck zu verwenden[1220].

Das Problem wurde bereits bei der Ausarbeitung der Urheberrechtsnovelle 1993 im Zusammenhang mit der damals neu geschaffenen Regelung des § 69e UrhG über die Dekompilierung von Computerprogrammen[1221] diskutiert. Damals vertrat der Gesetzgeber die Auffassung, sofern eine Urheberrechtsverletzung durch ein Konkur-

---

[1213] Vgl. *OLG Jena*, 8.6.2015, 1 W 17/15, NJW 2015, 1392, 1393 f. Rdn. 29 ff.
[1214] Vgl. *BGH*, 2.5.2002, I ZR 45/01, NJW-RR 2002, 1617 ff.
[1215] Vgl. die Begründung des Regierungsentwurfs BT-Drucks. 16/5048 vom 20.4.2007, S. 41. Zu den verschiedenen Möglichkeiten mit entsprechenden Sachverständigengutachten *OLG Köln*, 22.2.2017, 6 W 107/16, CR 2017, 293, 294; *Kitz* NJW 2008, 2374, 2376 f.; *Frank/Wiegand* CR 2007, 481, 485 f.
[1216] Vgl. *Frank/Wiegand* CR 2007, 481, 486; *Tinnefeld* CR 2013, 417, 421.
[1217] Vgl. *OLG Köln*, 22.2.2017, 6 W 107/16, CR 2017, 293, 294.
[1218] Vgl. die Begründung des Regierungsentwurfs BT-Drucks. 16/5048 vom 20.4.2007, S. 41 unter Verweis auf *BGH*, 2.5.2002, I ZR 45/01, NJW-RR 2002, 1617 ff.
[1219] Vgl. *Tinnefeld* CR 2013, 417, 421.
[1220] www.bmj.de/SharedDocs/Downloads/DE/pdfs/Antrag_Erlass_richterliche_Durchsuchungsanordnung.pdf.
[1221] Vgl. hierzu ausführlich oben Rdn. 256 ff.

renzprodukt im Streit stehe, könne sich die beweispflichtige Partei auf das Gutachten eines zur Verschwiegenheit verpflichteten **Sachverständigen** berufen, der die **Quellcodes** beider Programme miteinander **vergleichen** könne. Das Gericht könne dann dem Gegner aufgeben, entweder dem Sachverständigen den Quellcode zur Verfügung zu stellen oder in die Dekompilierung des eigenen Programms einzuwilligen. Weigere er sich, so könnten die Grundsätze der Beweisvereitelung Anwendung finden[1222]. Eine zwingende Notwendigkeit, die Dekompilierung des Programms zum Zwecke des Nachweises einer Urheberrechtsverletzung zuzulassen, bestand nach Auffassung des Gesetzgebers nicht[1223]. Aus diesen Ausführungen folgt indes, dass der damalige Gesetzgeber nicht von einem klagbaren Anspruch auf Besichtigung des Quellcodes ausging. Da der *BGH* später aber ebendies vertrat[1224] und sich der Gesetzgeber bei der Urheberrechtsnovelle 2008 im Rahmen der Schaffung von § 101a UrhG ausdrücklich auf die betreffende Entscheidung des *BGH* stützte, wird man nun davon ausgehen müssen, dass der Gesetzgeber von einer **Pflicht** des Verletzers zur **Herausgabe des Quellcodes** an einen neutralen Sachverständigen ausgeht[1225].

335 § 101a Abs. 2 UrhG schließt einen Vorlage- und Besichtigungsanspruch aus, sofern die Inanspruchnahme im Einzelfall **unverhältnismäßig** ist. Hierdurch soll nach dem erklärten Ziel des Gesetzgebers vermieden werden, dass bei geringfügigen Verletzungen umfangreiche Vorlageansprüche geltend gemacht werden können. Unverhältnismäßigkeit kann nach Auffassung des Gesetzgebers auch dann vorliegen, wenn das Geheimhaltungsinteresse des angeblichen Verletzers das Interesse des Rechtsinhabers an der Vorlage oder Besichtigung bei Weitem übersteigt und dem Geheimhaltungsinteresse auch nicht durch Maßnahmen nach § 101a Abs. 1 S. 3 UrhG angemessen Rechnung getragen werden kann[1226].

336 Die Vorlage und Besichtigung kann gem. § 101a Abs. 3 UrhG auch im Wege der **einstweiligen Verfügung** gem. §§ 935 bis 945 ZPO angeordnet werden, wie dies schon früher bei einem Vorgehen nach § 809 BGB der Fall war[1227]. Der Erlass einer einstweiligen Verfügung ist daher entgegen den Grundsätzen des vorläufigen Rechtsschutzes auch dann möglich, wenn hierdurch die **Hauptsache vorweggenommen** wird[1228]. § 101a Abs. 3 UrhG befreit den Rechtsinhaber allerdings nicht von der **Glaubhaftmachung** der weiteren Voraussetzungen für den Erlass einer einstweiligen Verfügung. § 101a Abs. 3 S. 2 UrhG ordnet aber an, dass das Gericht beim Erlass der einstweiligen Verfügung im Rahmen seines Ermessens (§ 938 ZPO) den möglichen Geheimhaltungsinteressen des Antragsgegners Rechnung tragen muss. Diese Ergänzung ist notwendig, weil nach § 101a Abs. 1 S. 3 UrhG der Schutz vertraulicher Informationen nur gewährleistet ist, wenn dies der Gegner verlangt. Die einstweilige Verfügung kann aber auch ohne vorherige Anhörung erlassen wer-

---

[1222] Vgl. die Begründung des Regierungsentwurfs zur Urheberrechtsnovelle 1993, BT-Drucks. 12/4022 vom 18.12.1992, S. 14.

[1223] Zur Frage, ob urheberrechtssystematische Überlegungen für eine Zulässigkeit des Dekompilierens bei gerichtlichen Verfahren sowie Schiedsgerichtsverfahren sprechen *Marly* jur-pc 1992, 1652, 1672.

[1224] Vgl. *BGH*, 2.5.2002, I ZR 45/01, NJW-RR 2002, 1617, 1620.

[1225] So bei § 809 BGB *BGH*, 20.9.2012, I ZR 90/09, GRUR 2013, 509, 511 Tz. 32; *Frank/Wiegand* CR 2007, 481, 482; *Tinnefeld* CR 2013, 417, 421.

[1226] Vgl. die Begründung des Regierungsentwurfs BT-Drucks. 16/5048 vom 20.4.2007, S. 41.

[1227] Vgl. *OLG Köln*, 9.1.2009, 6 W 3/09, CR 2009, 289; *LG Nürnberg-Fürth*, 26.5.2004, 3 O 2524/04, MMR 2004, 627, 628.

[1228] Vgl. *OLG Köln*, 9.1.2009, 6 W 3/09, CR 2009, 289; ferner die Begründung des Regierungsentwurfs BT-Drucks. 16/5048 vom 20.4.2007, S. 41; *Dreier/Schulze* § 101a Rdn. 9; *Tinnefeld* CR 2013, 417, 421.

den, sodass der Gegner sein Geheimhaltungsinteresse gar nicht geltend machen könnte[1229].

Gem. § 101a Abs. 4 UrhG i. V. m. § 811 BGB hat die Vorlegung bzw. Besichtigung an dem **Ort** zu erfolgen, an welchem sich die Sache befindet. Dabei kann die Besichtigung im Rahmen eines **selbstständigen Beweisverfahrens gem. §§ 485 ff. ZPO** durch einen vom Gericht bestellten Sachverständigen erfolgen. So kann etwa angeordnet werden, dass ein Sachverständiger die Server des vermeintlichen Verletzers daraufhin untersucht, ob das streitgegenständliche Computerprogramm trotz Beendigung des Nutzungsrechts dort noch gespeichert ist. Soweit bei dieser Untersuchung kein Zugriff auf Geschäfts- und Betriebsgeheimnisse erforderlich ist, besteht kein dieser Vorgehensweise entgegenstehendes Geheimhaltungsinteresse des Rechtsverletzers[1230]. Die **Gefahr** für etwaige Schäden sowie die **Kosten** gem. § 811 Abs. 2 S. 1 BGB trägt derjenige, der die Vorlegung bzw. Besichtigung verlangt. Das Beweisverwertungsverbot des § 101 Abs. 8 UrhG ist zu beachten. Der Vorlage- und Besichtigungsanspruch setzt nach § 101a Abs. 1 S. 1 UrhG eine hinreichende Wahrscheinlichkeit der widerrechtlichen Rechtsverletzung voraus. Ergeht später eine in der Verletzungsfrage abweisende Entscheidung, war die Anordnung der einstweiligen Verfügung nicht von Anfang an ungerechtfertigt, denn es lag ja eine hinreichende Wahrscheinlichkeit für die widerrechtliche Rechtsverletzung vor. Eine fehlende Berechtigung für die einstweilige Verfügung wäre aber für eine Schadensersatzpflicht nach § 945 ZPO erforderlich. Um zu vermeiden, dass der vermeintliche Verletzer auf seinem Schaden sitzen bleibt, enthält § 101a Abs. 5 UrhG für diesen Fall einen **eigenständigen Schadensersatzanspruch**[1231].

ff) Die Durchsetzung der Ansprüche

(1) Die Abmahnung gem. § 97a UrhG

Schrifttum: *Bohlen*, Der Streitwert im Rahmen der urheberrechtlichen Abmahnung, NJW 2017, 777 ff.; *Busch*, Zurückweisung einer Abmahnung bei Nichtvorlage der Originalvollmacht nach § 174 S. 1 BGB?, GRUR 2006, 477 ff.; *Debißelles/Elgert*, Abmahnung nur mit Originalvollmacht? K&R 2010, 77 ff.; *Ewert/v. Hartz*, Neue kostenrechtliche Herausforderungen bei der Abmahnung im Urheberrecht, MMR 2009, 84 ff.; *Faustmann/Ramsperger*, Abmahnkosten im Urheberrecht. Zur Anwendbarkeit des § 97a Abs. 2 UrhG, MMR 2010, 662 ff.; *Hartmann*, Neue Regeln gegen Abmahnmißbrauch im UrhG, GRUR-RR 2014, 97 ff.; *Hewicker/Marquart/Neurauter*, Der Abmahnkosten-Ersatzanspruch im Urheberrecht, NJW 2014, 2753 ff.; *Hoeren*, 100 € und Musikdownloads – die Begrenzung der Abmahngebühren nach § 97a UrhG, CR 2009, 378 ff.; *Kitz*, Beschränkung der Abmahnkosten im Urheberrecht – was verhindert den Missbrauch wirklich?, MMR 2007, 477 f.; *Mantz*, Die Risikoverteilung bei urheberrechtlichen Abmahnungen – Neue Wege mit § 97a UrhG, CR 2014, 189 ff.; *Reinholz*, Richtig abmahnen. Wie lassen sich Fehler bei der Abmahnung vermeiden?, ITRB 2009, 180 ff.; *Schmecke/Dierking*, Die Rechtsmissbräuchlichkeit von Abmahnungen, MMR 2009, 727 ff.

Gem. § 97a Abs. 1 UrhG soll der Verletzte den Verletzer vor Einleitung eines **gerichtlichen Verfahrens auf Unterlassung** abmahnen und ihm Gelegenheit geben, den Streit durch Abgabe einer mit einer angemessenen Vertragsstrafe bewehrten Unterlassungsverpflichtung beizulegen. Diese mit der Urheberrechtsnovelle 2008 geschaffene Regelung wurde mit der Gesetzesnovelle vom 9.10.2013 neu gefasst und entspricht inhaltlich der Vorschrift des § 12 Abs. 1 UWG, die 2004 in das UWG aufgenommen wurde. Im Ausgangspunkt verfolgte der Gesetzgeber mit den Regelungen zu Abmahnungen erklärtermaßen den Schutz des Urhebers und der Leis-

---

[1229] Vgl. die Begründung des Regierungsentwurfs BT-Drucks. 16/5048 vom 20.4.2007, S. 41.
[1230] Vgl. *OLG Koblenz*, 7.9.2012, 1 W 429/12, CR 2014, 510 (Ls.).
[1231] Vgl. die Begründung des Regierungsentwurfs BT-Drucks. 16/5048 vom 20.4.2007, S. 41.

tungsschutzberechtigten[1232]. Sie sollen sich gegen die Verletzung ihrer Rechte – auch im Internet – wehren und sich dabei anwaltlicher Hilfe bedienen können. Etwaige anfallende Kosten müssen grundsätzlich vom Verletzer getragen werden. Die **Kostentragung** wird in § 97a Abs. 3 und 4 UrhG geregelt. Für den Anspruch auf Erstattung von Abmahnkosten kommt es auf die **Rechtslage zum Zeitpunkt der Abmahnung** an[1233].

339 § 97a Abs. 1 UrhG erfasst **alle Abmahnungen,** die auf Grundlage des UrhG ausgesprochen werden. Nach der ausdrücklichen, aber nicht in das Gesetz aufgenommenen Definition des Gesetzgebers, ist eine Abmahnung „die Mitteilung eines Verletzten an einen Verletzer, dass er durch eine im Einzelnen bezeichnete Handlung einen Urheberrechtsverstoß begangen habe, verbunden mit der Aufforderung, dieses Verhalten in Zukunft zu unterlassen und binnen einer bestimmten Frist eine strafbewehrte Unterwerfungserklärung abzugeben"[1234]. Da aber § 97a Abs. 2 Nr. 4 UrhG seit seiner Neufassung im Jahre 2013 besondere Anforderungen an eine Abmahnung stellt, wenn darin eine Aufforderung zur Abgabe einer Unterlassungsverpflichtung enthalten ist, wird hieraus verschiedentlich gefolgert, dass eine solche Aufforderung nicht mehr zwingende Voraussetzung einer Abmahnung ist[1235]. Der Verletzer muss daher aus der Abmahnung erkennen können, welches Verhalten der Abmahnende als rechtsverletzend ansieht. Deshalb muss die Verletzungshandlung so konkret angegeben werden, dass der Abgemahnte erkennen kann, was genau ihm in tatsächlicher und rechtlicher Hinsicht vorgeworfen wird[1236]. Auf eine Abmahnung sind die Regeln über Willenserklärungen und ihre Auslegung gem. §§ 133, 157 BGB entsprechend anwendbar[1237]. Der Gesetzgeber sieht in der Abmahnung einen wichtigen Bestandteil des in der Praxis entwickelten und durch Richterrecht geformten Systems, **Streitigkeiten über Unterlassungspflichten,** nicht also etwa über Schadensersatzzahlungen etc., nach erfolgten Verletzungshandlungen ohne Inanspruchnahme der Gerichte zu regeln[1238]. Kommt der Abgemahnte der in der Abmahnung enthaltenen Aufforderung nach, so hat sich der Streit außergerichtlich erledigt, da der Abmahnende durch die strafbewehrte Unterlassungserklärung des Verletzers wirksam gegen eine Wiederholung des fraglichen Rechtsverstoßes geschützt ist[1239].

340 Eine **Pflicht zur Abmahnung** besteht indes **nicht**[1240], denn gem. § 97a Abs. 1 UrhG „soll" der Verletzte vor der Einleitung eines gerichtlichen Verfahrens eine Abmahnung aussprechen, um dem Verletzer Gelegenheit zu geben, den Streit durch Abgabe einer strafbewehrten Unterlassungserklärung beizulegen[1241]. Unterlässt der Verletzte die Abgabe einer möglichen und zumutbaren Abmahnung und erhebt sofort eine Unterlassungsklage, ist diese deshalb zwar weder unzulässig noch unbegründet, der

---

[1232] Vgl. die Begründung des Regierungsentwurfs BT-Drucks. 16/5048 vom 20.4.2007, S. 48.
[1233] Vgl. *BGH,* 24.11.2016, I ZR 220/15, GRUR 2017, 617 Tz. 9.
[1234] Vgl. die Begründung des Regierungsentwurfs BT-Drucks. 16/5048 vom 20.4.2007, S. 48.
[1235] Etwa *OLG Frankfurt,* 2.12.2014, 11 U 73/14, BeckRS 2015, 01669 Tz. 16; anders *Schricker/Loewenheim/Wimmers* § 97a Rdn. 20.
[1236] Vgl. *BGH,* 12.5.2016, I ZR 48/15, NJW 2017, 78, 83 Tz. 61 m.w.N.; *OLG Frankfurt,* 2.12.2014, 11 U 73/14, BeckRS 2015, 01669 Tz. 11.
[1237] Vgl. *OLG Frankfurt,* 2.12.2014, 11 U 73/14, BeckRS 2015, 01669 Tz. 17.
[1238] Ähnlich *BGH,* 24.11.2016, I ZR 220/15, GRUR 2017, 617 Tz. 10; *BGH,* 19.5.2010, I ZR 140/08, NJW-RR 2011, 335, 336 Tz. 15.
[1239] So für die Abmahnung nach § 12 UWG die Begründung des Regierungsentwurfs zur UWG-Novelle 2004, BT-Drucks. 15/1487 vom 22.8.2003, S. 25.
[1240] Vgl. die Begründung des Regierungsentwurfs BT-Drucks. 16/5048 vom 20.4.2007, S. 48; *Mantz* CR 2014, 189, 190.
[1241] Vgl. *BGH,* 24.11.2016, I ZR 220/15, GRUR 2017, 617 Tz. 10.

Kläger riskiert aber, dass er die Kosten zu tragen hat, wenn der nicht abgemahnte Beklagte den Anspruch nach § 93 ZPO sofort anerkennt[1242]. Die **Notwendigkeit einer Abmahnung** kann aber **entfallen**, wenn der Verletzte bei vernünftiger Abwägung aller Umstände, insbesondere des bisherigen Verhaltens des Verletzers, Grund zu der Annahme hat, er werde ohne gerichtliche Hilfe die sofortige Einstellung des urheberrechtswidrigen Verhaltens nicht erreichen[1243]. Dies kann etwa bei notorischen Raubkopierern der Fall sein. Die Abmahnung unterliegt grundsätzlich keinen Formerfordernissen. Aus Beweisgründen empfiehlt sich aber grundsätzlich **schriftlich** abzumahnen. Auch dürften sonst die formalen Anforderungen des § 97 Abs. 2 UrhG nicht zu erfüllen sein.

Abmahnngen, die **per E-Mail** übermittelt werden, sind zugegangen, wenn sie an eine vom Empfänger im geschäftlichen Verkehr verwendete E-Mail-Adresse geschickt wurden und in der entsprechenden Mailbox des Empfängers angekommen sind[1244]. Da es sich bei Abmahnungen um geschäftsähnliche Handlungen handelt, gelten die Regelungen über empfangsbedürftige Willenserklärungen einschließlich der **Zugangsregelung des § 130 BGB** entsprechend[1245]. Wenn die E-Mail daher in den Machtbereich des Empfängers gelangt ist, ist der Zugang für den Zeitpunkt anzunehmen, zu dem mit einer Kenntnisnahme üblicherweise gerechnet werden kann. Wird die Abmahnung von der Firewall des Abgemahnten aufgehalten, ist sie dennoch in dessen Machtbereich gelangt und folglich zugegangen. Der Abmahnende muss die genauen Umstände der Absendung der E-Mail vortragen und gegebenenfalls unter Beweis stellen[1246]. Demgegenüber trifft den Abgemahnten die Beweislast dafür, dass die Abmahnng bei ihm nicht zugegangen ist. Bei der Ausgestaltung dieser Darlegungs- und Beweislast ist allerdings zu berücksichtigen, dass es sich bei dem zu beweisenden Umstand um eine negative Tatsache handelt. Es besteht daher gegebenenfalls eine sekundäre Darlegungslast des Abmahnenden[1247]. Gelingt dem Abgemahnten der Beweis des Nichtzugangs, ist grundsätzlich Raum für eine Kostenentscheidung zu seinen Gunsten gem. § 93 ZPO[1248]. **341**

Ob dem Abgemahnten ein Zurückweisungsrecht gem. § 174 S. 1 BGB zusteht, wenn der Abmahnung **keine Originalvollmacht** beigefügt wurde, war lange umstritten[1249]. Gem. § 174 S. 1 BGB ist ein einseitiges Rechtsgeschäft, das ein Bevollmächtigter einem anderen gegenüber vornimmt, unwirksam, wenn der Bevollmächtigte eine Vollmachtsurkunde nicht vorlegt und der andere das Rechtsgeschäft aus diesem Grunde unverzüglich zurückweist. Sofern man daher eine direkte oder analoge Anwendbarkeit von § 174 S. 1 BGB auf eine Abmahnung bejaht[1250], könnte ein Abgemahnter die Abmahnung gegenüber einem abmahnenden Rechtsanwalt unter den **342**

[1242] So schon für die Abmahnung nach § 12 UWG die Begründung des Regierungsentwurfs zur UWG-Novelle 2004, BT-Drucks. 15/1487 vom 22.8.2003, S. 25.
[1243] Vgl. *Mantz*, CR 2014, 189, 190.
[1244] Vgl. *LG Hamburg*, 7.7.2009, 312 O 142/09, K&R 2010, 207, 208; *Köhler/Bornkamm* § 12 Rdn. 1.30.
[1245] Vgl. *OLG Frankfurt*, 2.12.2014, 11 U 73/14, BeckRS 2015, 01669 Tz. 17; *Hewicker/Marquart/Neurauter* NJW 2014, 2753, 2754.
[1246] Vgl. *BGH*, 21.12.2006, I ZB 17/06, GRUR 2007, 629, 630 Tz. 12; *Mantz*, CR 2014, 189, 190.
[1247] Vgl. *BGH*, 21.12.2006, I ZB 17/06, GRUR 2007, 629, 630 Tz. 12.
[1248] Vgl. *BGH*, 21.12.2006, I ZB 17/06, GRUR 2007, 629, 630 Tz. 13.
[1249] Vgl. statt vieler die umfangreichen Nachw. bei *Köhler/Bornkamm* § 12 Rdn. 1.25.
[1250] Vgl. *OLG Düsseldorf*, 15.9.2009, I-20 U 164/08, K&R 2010, 135, 136; *OLG Düsseldorf*, 11.8.2009, 20 U 253/08, GRUR-Prax 2009, 23 = BeckRS 2009, 28958; dagegen etwa *OLG Celle*, 2.9.2010, 13 U 34/10, MMR 2011, 95, 96.

Voraussetzungen des § 174 S. 1 BGB selbst dann unverzüglich zurückweisen, wenn er sich inhaltlich gegen die Abmahnung gar nicht zur Wehr setzen will oder kann. Der Abgemahnte könnte sich dann direkt gegenüber dem Verletzten (strafbewehrt) zur Unterlassung verpflichten und so eine Erstbegehungs- oder Wiederholungsgefahr ausräumen[1251]. Konsequenterweise bestünde auch **kein Anspruch auf Ersatz der Anwaltskosten** für die wegen fehlender Originalvollmacht zurückgewiesene Abmahnung[1252]. Darüber hinaus könnte dem Verletzten die Kostenfolge des § 93 ZPO drohen, falls der Abgemahnte nach der Zurückweisung der Abmahnung den daraufhin vom Verletzten gerichtlich geltend gemachten Anspruch sofort anerkennt[1253].

343 Bei einer strikten Anwendung von § 174 S. 1 BGB auf eine Abmahnung entstünde für die Praxis das Problem, dass keine Möglichkeit bestünde, in besonders dringenden Fällen **per Telefax, E-Mail** oder **Telefon** abzumahnen[1254]. Der *BGH* hat den Streit dahingehend entschieden, dass § 174 S. 1 BGB auf eine mit einer Unterwerfungserklärung verbundene Abmahnung **nicht anwendbar** ist[1255], sodass die Frage für die Praxis beantwortet sein dürfte.

344 Gem. § 97a Abs. 3 UrhG kann der Abmahnende **Ersatz der erforderlichen Aufwendungen** verlangen, soweit die Abmahnung **berechtigt** ist und den Anforderungen des § 97 Abs. 2 Nr. 1 bis 4 UrhG genügt. Zu berücksichtigen ist, dass die in den genannten Ziffern festgeschriebenen Voraussetzungen **kumulativ** erfüllt sein müssen[1256]. Unberechtigte Abmahnungen begründen daher keinen Kostenerstattungsanspruch[1257], weshalb der Abmahnende das **Risiko der Unwirksamkeit** vollumfänglich tragen muss[1258]. § 97a Abs. 3 UrhG ist **lex specialis** für die Kostenerstattung von Abmahnungen bei urheberrechtlichen Verletzungstatbeständen[1259]. Insofern ist auf den sonst anwendbaren Anspruch auf Erstattung der Abmahnkosten gem. §§ 677, 683 S. 1, 670 BGB[1260] nicht abzustellen[1261], gleichwie die Abmahnkosten auch nicht im Rahmen eines Schadensersatzanspruchs gem. § 97 Abs. 2 UrhG geltend gemacht werden können[1262]. Anders als § 12 UWG gilt § 97a Abs. 3 S. 1 UrhG auch bei privaten Rechtsverstößen außerhalb des geschäftlichen Verkehrs, jedoch sind die Einschränkungen des § 97a Abs. 3 S. 2 UrhG zu beachten. Die Kosten einer **Gegenabmahnung** des zunächst Abgemahnten unterfallen grundsätzlich § 97a Abs. 4 UrhG

[1251] Vgl. *Busch* GRUR 2006, 477 f.
[1252] Vgl. *OLG Düsseldorf*, 11.8.2009, 20 U 253/08, GRUR-Prax 2009, 23 = BeckRS 2009, 28958.
[1253] Vgl. *Busch* GRUR 2006, 477, 478.
[1254] Vgl. *Köhler/Bornkamm*, § 12 Rdn. 22 ff.
[1255] Vgl. *BGH*, 19.5.2010, I ZR 140/08, NJW-RR 2011, 335, 336 Tz. 14 f.
[1256] Vgl. *Mantz*, CR 2014, 189, 190.
[1257] So für eine rechtsmissbräuchliche Abmahnung *BGH*, 31.5.2012, I ZR 106/10, GRUR 2013, 176, 177 Tz. 20; für das Wettbewerbsrecht *BGH*, 31.5.2012, I ZR 45/11, GRUR 2012, 949, 952 Tz. 32 f.; *BGH*, 15.12.2011, I ZR 174/10, GRUR 2012, 730, 731 Tz. 13. Für § 97a UrhG *Mantz*, CR 2014, 189, 191.
[1258] Vgl. *Mantz*, CR 2014, 189, 192.
[1259] Vgl. die Begründung des Regierungsentwurfs BT-Drucks. 16/5048 vom 20.4.2007, S. 49; *OLG Brandenburg*, 3.2.2009, 6 U 58/08, MMR 2009, 258, 259.
[1260] Vgl. *BGH*, 12.5.2016, I ZR 48/15, NJW 2017, 78, 83 Tz. 58; *BGH*, 11.6.2015, I ZR 19/14, GRUR 2016, 176, 183 Tz. 67; *BGH*, 28.9.2011, I ZR 145/10, MMR 2012, 39 f. Tz. 11; *BGH*, 17.7.2008, I ZR 219/05, NJW 2008, 3565 Tz. 9 sowie 3568 Tz. 34; *OLG Düsseldorf*, 30.8.2005, I-20 U 42/05, MMR 2006, 559, 560; *LG Düsseldorf*, 19.1.2011, 23 S 359/09, MMR 2011, 326, 327; *LG Köln*, 23.11.2005, 28 S 6/05, MMR 2006, 412, 413; *AG Köln*, 23.1.2007, 124 C 375/06, MMR 2007, 469.
[1261] Dies übersieht *OLG Köln*, 15.1.2013, 6 W 12/13, BeckRS 2013, 04236.
[1262] Vgl. *Hewicker* NJW 2014, 2753 f.

und werden im Regelfall vom Anspruch aus Geschäftsführung ohne Auftrag gem. §§ 683 S. 1, 677, 670 BGB nicht erfasst[1263]. Letztgenannter Anspruch kann allenfalls dann eingreifen, wenn die erste Abmahnung in tatsächlicher und/oder rechtlicher Hinsicht auf offensichtlich unzutreffenden Annahmen beruhte, bei deren Richtigstellung mit einer Änderung der Auffassung des nur vermeintlich Verletzten gerechnet werden kann, oder wenn seit der Abmahnung ein längerer Zeitraum verstrichen ist und der Abmahnende in diesem Zeitraum entgegen seiner Androhung keine gerichtlichen Schritte eingeleitet hat[1264]. Grundsätzlich ist aber eine **Gegenabmahnung** zur Vermeidung der Kostenfolge des § 93 ZPO **nicht erforderlich**. Vielmehr kann der Abgemahnte sogleich eine negative Feststellungsklage erheben[1265] oder schlichtweg warten, ob der Abmahnende wirklich zu Gericht geht[1266]. Eine unberechtigte Abmahnung löst grundsätzlich auch keine Verpflichtung zur Aufklärung des Abmahnenden aus, weil die einseitige Zusendung einer (unberechtigten) Abmahnung kein entsprechendes Rechtsverhältnis schaffen kann, aus dem eine solche Pflicht entnommen werden könnte[1267].

Vor dem Hintergrund der ausufernden Abmahnpraxis der vergangenen Jahre[1268] wird der allgemeine Kostenerstattungsanspruch des § 97a Abs. 3 S. 1 UrhG aber gem. § 97a Abs. 3 S. 2 UrhG eingeschränkt. Der Gesetzgeber betonte, dass der privat handelnde Verletzer von Urheberrechten in **Bagatellfällen** ein berechtigtes Interesse habe, bei Abmahnungen für **erste Urheberrechtsverletzungen** keine überzogenen Anwaltshonorare bezahlen zu müssen. § 97 Abs. 3 S. 2 UrhG soll daher einen angemessenen Ausgleich der Interessen beider Seiten schaffen[1269]. § 97a Abs. 3 S. 2 UrhG findet in den anderen Gesetzen des Immaterialgüterrechts **keine Entsprechung**.

345

Gem. § 97a Abs. 3 S. 2 UrhG wird der auf die **Inanspruchnahme anwaltlicher Dienstleistungen** bezogene Teil des Aufwendungsersatzanspruchs auf 155,30 Euro beschränkt, indem ein Gegenstandswert von 1000,– Euro festgelegt wird. Dieser Betrag schließt Steuern und Auslagen wie Porto für den Abmahnvorgang mit ein. Soweit für die Ermittlung der Rechtsverletzung weitere Auslagen getätigt werden müssen, etwa für die Ermittlung der hinter einer IP-Adresse stehenden Person, zählen diese nicht hierzu[1270].

346

Die Beschränkung des § 97a Abs. 3 S. 2 UrhG greift nur ein, wenn die Rechtsverletzung von einer natürlichen Person für nicht gewerbliche oder selbstständige berufliche Zwecke begangen wurde. Die Beschränkung greift also etwa nicht ein, wenn der Verletzer das Programm beruflich verwendet[1271]. Bei einem Privatverkauf bei eBay kann die Beschränkung aber eingreifen[1272]. Gleiches wird bei den meisten Fällen des sog. File-Sharing gelten, auch wenn dort teilweise große Mengen an Dateien betroffen sind, denn vielfach wird nur das Ziel der eigenen Unterhaltung ver-

347

[1263] Vgl. *LG Hamburg*, 21.11.2008, 310 S 1/08, CR 2009, 131 (Ls.) = BeckRS 2008, 25118; *LG München I*, 4.10.2007, 7 O 2827/07, CR 2008, 49, 52 m. w. N.
[1264] Vgl. *BGH*, 29.4.2004, I ZR 233/01, GRUR 2004, 790; *LG München I*, 4.10.2007, 7 O 2827/07, CR 2008, 49, 52; *AG München*, 19.11.2012, 251 C 207/12, BeckRS 2012, 25076.
[1265] Vgl. *OLG Stuttgart*, 17.8.2011, 4 W 40/11, MMR 2011, 833; *Mantz*, CR 2014, 189, 192.
[1266] Vgl. *OLG Frankfurt*, 22.3.2013, 11 W 8/13, NJR-RR 2013, 755, 756.
[1267] Vgl. *BGH*, 1.12.1994, I ZR 139/92, NJW 1995, 715, 716 f. zum Wettbewerbsrecht; *Wandtke/Bullinger/Kefferpütz* § 97a Rdn. 46.
[1268] Vgl. *Ewert/v. Hartz* MMR 2009, 84, 85.
[1269] Vgl. die Begründung des Regierungsentwurfs BT-Drucks. 16/5048 vom 20.4.2007, S. 48.
[1270] Vgl. die Begründung des Regierungsentwurfs BT-Drucks. 16/5048 vom 20.4.2007, S. 49.
[1271] Für die unbefugte Verwendung von Landkartenausschnitten *Mantz*, CR 2014, 189, 193.
[1272] Vgl. *OLG Brandenburg*, 3.2.2009, 6 U 58/08, MMR 2009, 258, 259.

folgt oder ein möglichst großer Bestand der eigenen Datenbank angestrebt, es fehlen aber die notwendigen Geschäftzwecke[1273].

348 Der Kostenerstattungsanspruch wird grundsätzlich nur für die **erstmalige Abmahnung** beschränkt, weil andernfalls die Voraussetzungen des § 97a Abs. 3 S. 2 Nr. 2 UrhG vorliegen werden. Ob eine erstmalige Abmahnung vorliegt, ist aus Sicht des konkret betroffenen Verletzten zu beurteilen[1274]. Erfasst werden von § 97a Abs. 3 S. 2 UrhG zudem nur Urheberrechtsverstöße in **einfach gelagerten Fällen** mit nur einer **unerheblichen Rechtsverletzung,** denn sonst wird die Gebührenbeschränkung unbillig im Sinne von § 97a Abs. 3 S. 3 UrhG sein. Einfach gelagert ist ein Fall dann, wenn er nach Art und Umfang ohne größeren Arbeitsaufwand zu bearbeiten ist, also zur Routine gehört[1275] oder etwa das Vorliegen einer Rechtsverletzung auch für einen geschulten Nichtjuristen auf der Hand liegt[1276]. Eine unerhebliche Rechtsverletzung erfordert ein geringes Ausmaß der Verletzung in qualitativer wie quantitativer Hinsicht, wobei es auf die Umstände des Einzelfalls ankommt[1277]. Für das Vorliegen der Voraussetzungen des § 97a Abs. 3 S. 3 UrhG trägt der Rechtsinhaber die Beweislast[1278].

349 Die Vorschrift des § 97a Abs. 3 UrhG wird im Schrifttum kritisch beurteilt, etwa weil infolge der unbestimmten Rechtsbegriffe („besondere Umstände des Einzelfalls", „unbillig") einem möglichen **Abmahnmissbrauch** nicht wirksam begegnet wird. Auf der anderen Seite benachteiligt die Erstattungsbeschränkung einen redlichen Urheber[1279]. Die Frage, ob ein Abmahnungsmissbrauch vorliegt, ist wie jede Frage der Prozessvoraussetzungen auch in der Revisionsinstanz von Amts wegen zu prüfen[1280]. Ergeben sich in ausreichendem Umfang Indizien, die für einen Rechtsmissbrauch sprechen, so obliegt es dem Abmahnenden, diese Umstände zu widerlegen[1281]. Anhaltspunkte für einen Abmahnmissbrauch, bei dem das beherrschende Motiv des Gläubigers bei der Geltendmachung eines Unterlassungsanspruchs **sachfremde Ziele** sind, können sein[1282]: die erhebliche Zahl von Verfahren auch in branchenfernen Gebieten, das Zusammenarbeiten des Verfahrensbevollmächtigten mit einer Prozessfinanzierungsgesellschaft, die eine kostenfreie Verfolgung von Ansprüchen unter Einschaltung dieses Prozessbevollmächtigten mit hälftiger Teilung der anfallenden Vertragsstrafen bewirbt, sowie das gänzliche oder teilweise Freistellen des Auftraggebers vom Kostenrisiko. Zu berücksichtigen ist im Falle des Abmahn-

---

[1273] So auch *Ebke/Werner* CR 2009, 687, 688.
[1274] Vgl. die Begründung des Regierungsentwurfs BT-Drucks. 16/5048 vom 20.4.2007, S. 49; *Ewert/v. Hartz* MMR 2009, 84, 86.
[1275] Vgl. *BGH,* 12.5.2016, I ZR 1/15, NJW 2017, 814, 817 Tz. 49; *Ewert/v. Hartz* MMR 2009, 84, 87; *Ebke/Werner* CR 2009, 687, 688.
[1276] Vgl. *OLG Brandenburg* Urt. v. 3.2.2009, 6 U 58/08, BeckRS 2009, 05208.
[1277] Vgl. die Begründung des Regierungsentwurfs BT-Drucks. 16/5048 vom 20.4.2007, S. 49; BGH, 12.5.2016, I ZR 1/15, NJW 2017, 814, 818 Tz. 52; *OLG Frankfurt,* 15.7.2014, 11 U 115/13, MMR 2014, 687, 689; *OLG Brandenburg* Urt. v. 3.2.2009, 6 U 58/08, BeckRS 2009, 05208; *Ewert/v. Hartz* MMR 2009, 84, 87f; *Ebke/Werner* CR 2009, 687, 689; *Hoeren* CR 2009, 378, 379.
[1278] Vgl. *BGH,* 12.5.2016, I ZR 1/15, NJW 2017, 814, 817 Tz. 48; *Mantz* CR 2014, 189, 193.
[1279] Vgl. *Ewert/v. Hartz* MMR 2009, 84 ff.; *Kitz* NJW 2008, 2374, 2377.
[1280] Vgl. *BGH,* 20.12.2001, I ZR 215/98, GRUR 2002, 715, 717; *KG Berlin,* 8.7.2008, 5 W 34/08, MMR 2008, 742.
[1281] Vgl. *OLG Hamm,* 12.11.2009, 4 U 93/09, K&R 2010, 133, 135; a. A. wohl *Mantz* CR 2014, 189, 193, der allein auf die Beweislast des Abgemahnten verweist.
[1282] Vgl. *OLG Hamm,* 28.4.2009, 4 U 216/08, CR 2010, 122, 123; *KG Berlin,* 8.7.2008, 5 W 34/08, MMR 2008, 742; *LG Würzburg,* 21.10.2008, 14 O 1631/08, MMR 2009, 200, 201; *LG Bielefeld,* 5.11.2008, 18 O 34/08, MMR 2009, 364 (Ls.) = BeckRS 2009, 03630.

missbrauchs darüber hinaus, dass der zu Unrecht Abgemahnte gegebenenfalls einen Gegenanspruch nach § 97a Abs. 4 UrhG oder einen **Schadensersatzanspruch gegen den abmahnenden Rechtsanwalt** gem. § 823 Abs. 2 BGB i.V.m. §§ 263, 22, 27 StGB in Höhe der für die Abwehr des geltend gemachten unberechtigten Anspruchs entstandenen Anwaltskosten haben kann. Das *AG Karlsruhe* hat einen entsprechenden Anspruch wegen Beihilfe zu einem versuchten Betrug unter der Voraussetzung bejaht, dass der Anwalt selbst davon ausging, die geltend gemachten Ansprüche (sog. „Abo-Falle" im Internet) bestünden nicht. Die Belastung des Abgemahnten mit Anwaltskosten, die durch die entsprechende außergerichtliche Abwehr der Forderung entstanden sind, hat das *AG Karlsruhe* als adäquat kausal verursachten Schaden qualifiziert, den der Anwalt zu ersetzen habe[1283].

Soweit die Deckelung der Abmahnkosten nach § 97a Abs. 3 UrhG nicht eingreift, richtet sich die **Höhe der Anwaltskosten** nach § 2 Abs. 2 RVG i.V.m. Nr. 2300 des Vergütungsverzeichnisses und beträgt dementsprechend 0,5 bis 2,5 Geschäftsgebühren. Eine Gebühr von mehr als 1,3 kann nur gefordert werden, wenn die Tätigkeit umfangreich oder schwierig war. Demgegenüber wird eine Geschäftsgebühr von 1,3 bei einer urheberrechtlichen Streitigkeit vereinzelt schon deshalb für angemessen gehalten, weil urheberrechtliche Angelegenheiten regelmäßig einen vergleichsweise hohen Schwierigkeitsgrad haben[1284]. Im Falle eines Gerichtsverfahrens ist eine Anrechnung auf die Verfahrensgebühr nach Vorbem. 3 Abs. 4 zu Nr. 3100 des Vergütungsverzeichnisses zu berücksichtigen. Im Übrigen kann bei Urheberrechtsverletzungen, die mittels einer Tauschbörsensoftware im Internet begangen werden, von einem Gegenstandswert von 10 000,– Euro pro Musiktitel ausgegangen werden[1285]. Ob dies auf den Tausch von Software übertragen werden kann, ist wegen des vielfach geringeren Verbreitungsgrades von Software im Einzelfall zu überprüfen. Der *BGH* hält bei Computerprogrammen sogar einen höheren Gegenstandswert als bei Musiktiteln für regelmäßig gerechtfertigt[1286]. Bei Computerspielen wird vereinzelt sogar von einem Gegenstandswert von nicht unter 15.000 Euro ausgegangen[1287], teilweise werden aber auch 2.000 Euro für angemessen angesehen[1288]. Bei der Untersagung von Schutzrechtsverletzungen richtet sich der Streitwert gem. § 48 Abs. 1 GKG, § 3 ZPO nach der Gefährlichkeit und Schädlichkeit des zu unterbindenden Verhaltens. Der Gebührenstreitwert dient der Bestimmung angemessener Gerichts- und Rechtsanwaltsgebühren und darf nicht zu einem Mittel verfremdet werden, Zivilrechtsstreitigkeiten zwecks Abschreckung zu verteuern[1289]. Der Gegenstandswert einer Abmahnung wegen Verletzung eines Schutzrechts ist nach § 23 Abs. 3 S. 2 RVG nach billigem Ermessen zu bestimmen[1290]. Die Beurteilung der **Angemessenheit von Abmahnkosten** liegt im Ermessen des Tatrichters. Sie kann in der Revisionsinstanz nur eingeschränkt darauf überprüft werden, ob der Tatrichter von seinem Er-

---

[1283] Vgl. *AG Karlsruhe*, 12.8.2009, 9 C 93/09, NJW-RR 2010, 68, 69.
[1284] Vgl. *OLG Hamm*, 17.11.2015, 4 U 34/15, MMR 2016, 549, 553 Tz. 220.
[1285] Vgl. *LG Köln*, 18.7.2007, 28 O 480/06, MMR 2008, 126, 128; *AG Frankfurt*, 4.2.2009, 29 C 549/08–81, BeckRS 2009, 19667.
[1286] Vgl. *BGH*, 12.5.2016, I ZR 1/15, NJW 2017, 814, 819 Tz. 59.
[1287] Vgl. *OLG Schleswig*, 14.6.2016, 6 W 6/16, BeckRS 2016, 12412 Tz. 9; *OLG Köln*, 9.8.2011, 6 W 165/11, unveröffentlicht.
[1288] Vgl. *OLG Düsseldorf*, 17.12.2015, I-20 W 66/15, CR 2016, 753, 754.
[1289] Vgl. *OLG Saarbrücken*, 11.8.2016, 1 W 28/16, CR 2017, 272, 273; *OLG Celle*, 13.5.2016, 13 W 36/16, MMR 2016, 546 Tz. 7; *OLG Düsseldorf*, 4.2.2013, I-20 W 68/11, CR 2013, 538, 539.
[1290] Vgl. *BGH*, 12.5.2016, I ZR 1/15, NJW 2017, 814, 815 Tz. 30; *BGH*, 12.5.2016, I ZR 48/15, NJW 2017, 78, 84 Tz. 67.

messen einen rechtsfehlerfreien Gebrauch gemacht hat[1291]. Der Gegenstandswert eines Unterlassungsanspruchs bestimmt sich nach dem Interesse des Anspruchstellers an der Unterbindung weiterer gleichartiger Verstöße[1292]. Es wird maßgeblich durch die Art des Verstoßes, insbesondere seine Gefährlichkeit und Schädlichkeit für den Rechtsinhaber bestimmt[1293]. Wesentlicher Bemessungsfaktor ist der dem Rechtsinhaber aufgrund der Verletzungshandlung entstehende Schaden in Form entgangener Lizenzeinnahmen[1294].

(2) Rechtsweg und Zuständigkeiten für Urheberrechtsstreitsachen, §§ 104, 104a, 105 UrhG

351 Gem. § 104 S. 1 UrhG ist der **ordentliche Rechtsweg** für alle Rechtsstreitigkeiten gegeben, durch die ein Anspruch aus einem im UrhG geregelten Rechtsverhältnis (Urheberrechtsstreitsachen) geltend gemacht wird. Lediglich für solche Urheberrechtsstreitsachen aus Arbeits- oder Dienstverhältnissen, die **ausschließlich** Ansprüche auf Leistung einer vereinbarten Vergütung zum Gegenstand haben, bleibt gem. § 104 S. 2 UrhG der Rechtsweg zu den Arbeits- sowie Verwaltungsgerichten unberührt. Dies ist etwa dann nicht der Fall, wenn der Inhalt oder Umfang urheberrechtlicher Befugnisse betroffen ist, oder der Werkcharakter oder die Schöpfungshöhe zu bewerten sind. Dann sind die ordentlichen Gerichte zuständig[1295]. Der Rechtsweg zu den ordentlichen Gerichten ist auch dann eröffnet, wenn gegen ein Bundesland Ansprüche auf Schadensersatz aus § 839 Abs. 1 BGB i.V.m. Art. 34 S. 1 GG geltend gemacht werden, weil auf dem Server einer Hochschule unerlaubt ein Computerprogramm zum Download bereitgestellt wurde[1296]. Die ordentlichen Gerichte sind ferner zuständig, wenn Streit über die Angemessenheit der Vergütung für die Entwicklung einer Datenbank für den Arbeitgeber besteht und keine verbindliche Vereinbarung über die Vergütung getroffen wurde (§ 612 Abs. 2 BGB i.V.m. § 32 Abs. 1 S. 2 UrhG)[1297].

352 Generell kann von einer Urheberrechtsstreitsache immer dann gesprochen werden, wenn sich das Klagebegehren als **Folge eines Sachverhalts** darstellt, der **nach Urheberrecht zu beurteilen** ist[1298]. Eine Klage auf Zahlung des Rechtsanwaltshonorars für die Beratung und Vertretung in einer Urheberrechtssache stellt keine Urheberrechtsstreitigkeit im Sinne des § 104 S. 1 UrhG dar[1299]. Sofern es um Ansprüche nach dem UrhG geht, ist auch für Klagen der öffentlichen Hand oder gegen öffentlich-rechtliche Institutionen der ordentliche Rechtsweg zu beschreiten[1300]. Ein beam-

---

[1291] Vgl. *BGH*, 12.5.2016, I ZR 48/15, NJW 2017, 78, 84 Tz. 67; *BGH*, 12.5.2016, I ZR 1/15, NJW 2017, 814, 815 Tz. 30; Auslandsbezug*BGH*, 26.3.2009, I ZR 44/06, NJW-RR 2009, 1053, 1055 Tz. 22.
[1292] Vgl. *OLG Saarbrücken*, 11.8.2016, 1 W 2816, CR 2017, 272.
[1293] Vgl. *BGH*, 12.5.2016, I ZR 1/15, NJW 2017, 814, 815 Tz. 30; *BGH*, 12.5.2016, I ZR 48/15, NJW 2017, 78, 84 Tz. 68; *OLG Düsseldorf*, 17.12.2015, I-20 W 66/15, CR 2016, 753, 754.
[1294] Vgl. *OLG Saarbrücken*, 11.8.2016, 1 W 2816, CR 2017, 272; *OLG Celle*, 13.5.2016, 13 W 36/16, MMR 2016, 546 Tz. 6.
[1295] Vgl. *OLG Düsseldorf*, 9.1.2016, I-20 W 84/15, BeckRS 2016, 03722 Tz. 12; *Schricker/Loewenheim/Wimmers* § 104 Rdn. 4.
[1296] Vgl. *BGH*, 20.5.2009, I ZR 239/06, GRUR 2009, 864.
[1297] Vgl. *OLG Düsseldorf*, 7.1.2016, I-20 W 84/15, BeckRS 2016, 03722 Tz. 12.
[1298] Vgl. *BGH*, 17.1.2013, I ZR 194/12, NJW 2013, 2439, 2440 Tz. 7; *OLG Hamm*, 14.8.2015, 32 SA 37/15, NJW 2016, 172, 173 Tz. 12; *Dreier/Schulze* § 104 Rdn. 2.
[1299] Vgl. *BGH*, 17.1.2013, I ZR 194/12, NJW 2013, 2439, 2440 Tz. 8.
[1300] Vgl. *Dreier/Schulze* § 104 Rdn. 12.

II. Urheberrechtsschutz

teter Lehrer, der für seine Schule Computersoftware entwickelt, muss dementsprechend seine urheberrechtlichen Ansprüche gegebenenfalls vor den ordentlichen Gerichten durchsetzen. Bei einer Urheberrechtsverletzung, die ein im Landesdienst stehender Professor einer Hochschule in Ausübung seines Amtes begeht, ist ebenfalls der ordentliche Rechtsweg eröffnet[1301]. Gleiches gilt für den Fall, dass studentische Hilfskräfte einer Universität auf deren Internet-Präsenz Urheberrechtsverletzungen begehen[1302]. Zuständig sind grundsätzlich die Zivilgerichte[1303]. Zu den erfassten Folgesachen zählen ferner das Beschwerdeverfahren bei der Kostenfestsetzung[1304] sowie die Geltendmachung von Abmahnkosten[1305].

Für Urheberrechtsklagen gegen eine **natürliche Person** ist der ausschließliche Gerichtsstand des § 104a UrhG zu beachten. Diese auch im einstweiligen Verfügungsverfahren geltende Vorschrift[1306] begründet für den Regelfall einen ausschließlichen Gerichtsstand am Wohnsitzgericht der natürlichen Person. Insoweit wird die allgemeine Vorschrift des § 32 ZPO verdrängt[1307]. Es werden sowohl täterschaftliche Rechtsverletzungen als auch solche als Gehilfe oder Störer erfasst. Eine Reduzierung des Anwendungsbereichs nur auf täterschaftliche Rechtsverletzungen kann dem Tatbestandsmerkmal „verwendet" nicht entnommen werden[1308]. Für die Frage der gewerblichen oder selbstständigen beruflichen Tätigkeit gem. § 104a Abs. 1 S. 1 UrhG, für die keine Spezialzuständigkeit eröffnet ist, soll nach der Gesetzesbegründung auf die entsprechenden Begriffe der §§ 13 und 14 BGB sinngemäß zurückgegriffen werden[1309]. 353

Wie in verschiedenen anderen Gesetzen zum Immaterialgüterrecht[1310] ermöglicht § 105 UrhG eine Konzentration der Urheberrechtsstreitsachen bei bestimmten Gerichten, durch die eine einheitliche Rechtsprechung und Entscheidung urheberrechtlicher Streitigkeiten durch spezialisierte Richter erreicht werden soll[1311]. Von dieser Ermächtigung der Landesregierungen wurde in den Bundesländern umfassend Gebrauch gemacht. Eine Zusammenstellung der Gerichtszuständigkeiten in den einzelnen Bundesländern findet sich unter www.grur.org/de/grur-atlas/gerichte/gerichtszuständigkeiten.html. 354

Die aus § 105 UrhG folgenden Spezialzuständigkeiten berühren die Fragen nach der sachlichen, örtlichen oder auch internationalen Zuständigkeit **nicht,** soweit nicht für manche Gerichte räumlich erweiterte Bezirke geschaffen sind. Es gelten diesbezüglich die allgemeinen Vorschriften. Für Streitigkeiten mit einem Streitwert 355

[1301] Vgl. *BGH*, 16.1.1992, I ZR 36/90, NJW 1992, 1310.
[1302] Ohne ausdrückliche Klarstellung *OLG Hamburg*, 9.4.2008, 5 U 151/07, MMR 2009, 133.
[1303] Vgl. *Schricker/Loewenheim/Wimmers* § 104 Rdn. 2 mit Hinweis auf den Ausnahmefall des strafgerichtlichen Adhäsionsverfahrens.
[1304] Vgl. *Dreier/Schulze* § 104 Rdn. 3.
[1305] Vgl. *Dreier/Schulze* § 104 Rdn. 3.
[1306] Vgl. *OLG Hamburg*, 14.11.2013, 5 W 121/13, MMR 2014, 553.
[1307] Vgl. *OLG Hamburg*, 14.11.2013, 5 W 121/13, MMR 2014, 553; *LG Köln*, 6.5.2015, 14 O 123/14, BeckRS 2015, 11189 Tz. 3.
[1308] Vgl. *OLG Hamburg*, 14.11.2013, 5 W 121/13, MMR 2014, 553; *LG Hamburg*, 6.11.2013, 310 O 370/13, GRUR-RR 2014, 112; *LG Hamburg*, 25.10.2013, 310 O 370/13, GRUR-RR 2014, 110, 111.
[1309] Vgl. Bericht des Rechtsausschusses des Bundestags, BT-Drucks. 17/14216 vom 26.6.2013, S. 7; *LG Köln*, 6.5.2015, 14 O 123/14, BeckRS 2015, 11189, Tz. 10 ff.; *LG Hamburg*, 25.10.2013, 310 O 370/13, GRUR-RR 2014, 110, 111.
[1310] Vgl. § 140 Abs. 2 MarkenG, 143 Abs. 2 PatG, § 27 Abs. 2 GebrauchsMG, § 52 Abs. 2 GeschmMG, § 13 Abs. 2 UWG, § 89 GWB.
[1311] Vgl. *OLG Hamm*, 14.8.2015, 32 SA 37/15, NJW 2016, 172, 173 Tz. 15.

bis 5000,– Euro sind die Amtsgerichte, darüber hinaus die Landgerichte erstinstanzlich zuständig, §§ 23, 71 GVG. Für die örtliche Zuständigkeit ist gem. § 32 ZPO der **Begehungsort** ausschlaggebend, da Urheberrechtsverletzungen unerlaubte Handlungen im Sinne dieser Vorschrift darstellen[1312]. Urheberrechtsverletzungen können daher überall verfolgt werden, wo Verletzungsexemplare bestimmungsgemäß verbreitet werden, also etwa wo Computerprogramme im Internet zum Download abgerufen werden können[1313]. Sofern mehrere Begehungsorte vorliegen, hat der Verletzte die Wahl, an welchem dieser Orte er Klage erheben möchte. Einer uferlosen Ausdehnung des sog. „fliegenden Gerichtsstands" bei Internetdelikten ist im Hinblick auf das Willkürverbot durch einschränkende Kriterien Einhalt zu gebieten[1314]. Dem Ort der bestimmungsgemäßen Verbreitung kommt daher eine wichtige, wenngleich nicht allein ausschlaggebende Bedeutung zu[1315]. Eine **rechtsmissbräuchliche Ausnutzung** des fliegenden Gerichtsstands kann etwa dann vorliegen, wenn ein sog. „Massenabmahner" das Gericht allein danach aussucht, dass das Gericht weit vom Wohnsitz des Abgemahnten entfernt liegt, oder wenn die Wahl des angerufenen Gerichts alleine dazu dient, die Kosten des eigenen Prozeßbevollmächtigten gering zu halten[1316].

(3) **Probleme mit dem Klageantrag gem. § 253 Abs. 2 Nr. 2 ZPO**

356 Gem. § 253 Abs. 2 Nr. 2 ZPO muss eine Klageschrift die bestimmte Angabe des Gegenstandes und des Grundes des erhobenen Anspruchs, sowie einen bestimmten Antrag enthalten. Bei der **Geltendmachung** eines **Unterlassungsanspruchs,** etwa gem. § 97 Abs. 1 UrhG muss der entsprechende Unterlassungsantrag so bestimmt gefasst sein, dass der Streitgegenstand und der Umfang der Prüfungs- und Entscheidungsbefugnis des Gerichts klar umrissen sind und der Beklagte erkennen kann, wogegen er sich verteidigen soll und welche Unterlassungspflichten sich aus einer dem Unterlassungsantrag folgenden Verurteilung ergeben. Die Entscheidung darüber, was dem unterlegenen Beklagten verboten ist, darf nicht im Ergebnis dem Vollstreckungsgericht überlassen werden[1317]. Unterlassungsanträge, die lediglich den Gesetzeswortlaut wiederholen, erfüllen diese Voraussetzungen nur ausnahmsweise[1318]. Auch ein Unterlassungantrag, der auf Grund seiner zu weiten Fassung die gel-

---

[1312] Vgl. *BGH,* 21.4.2016, I ZR 43/14, MMR 2016, 767, 768 Tz. 17; *BGH,* 15.2.2007, I ZR 114/04, GRUR 2007, 871, 872; *OLG Schleswig,* 13.9.2013, 2 AR 28/13, NJW-RR 2014, 442; *LG Hamburg,* 8.7.2016, 310 O 89/15, GRUR-RS 2016, 13761 Tz. 54; *LG Frankfurt,* 18.7.2012, 2–06 S 3/12, MMR 2012, 764, 765; *LG Frankfurt,* 5.11.2009, 2/3 S 7/09, MMR 2010, 142, 143; *Dreier/Schulze* § 105 Rdn. 9.

[1313] Vgl. *OLG Schleswig,* 13.9.2013, 2 AR 28/13, NJW-RR 2014, 442, 443.

[1314] Kritisch zum fliegenden Gerichtsstand bei Internetstreitigkeiten *AG Frankfurt,* 13.2.2009, 32 C 2323/08–72, MMR 2009, 490 m. zust. Anm. *Solmecke/Müller* MMR 2009, 492 ff.

[1315] Vgl. *BGH,* 21.4.2016, I ZR 43/14, MMR 2016, 767, 768 Tz. 17; *OLG Schleswig,* 13.9.2013, 2 AR 28/13, NJW-RR 2014, 442, 443; *LG Köln,* 12.8.2009, 28 O 369/09, K&R 2010, 68, 69; *LG Frankfurt,* 5.11.2009, 2/3 S 7/09, MMR 2010, 142, 143; *LG Krefeld,* 14.9.2007, 1 S 32/07, MMR 2007, 798.

[1316] Vgl. *AG Frankfurt,* 13.2.2009, 32 C 2323/08–72, 2009, MMR 2009, 490, 491.

[1317] Vgl. *BGH,* 6.10.2016, I ZR 25/15, GRUR 2017, 266, 268 f. Tz. 29; *BGH,* 23.9.2015, I ZR 78/14, GRUR 2015, 1201, 1206 Tz. 41; *BGH,* 30.4.2015, I ZR 196/13, GRUR 2015, 1235 Tz. 10; *BGH,* 15.3.2012, I ZR 128/10, MMR 2012, 816, 817 Tz. 17; *OLG Frankfurt,* 11.8.2015, 11 U 94/13, BeckRS 2015, 19875 Tz. 28; *OLG Köln,* 12.6.2015, 6 U 5/15, GRUR-RR 2016, 59 Tz. 19; *OLG Frankfurt,* 27.1.2015, 11 U 94/13, GRUR 2015, 784, 786 Tz. 24.

[1318] Vgl. *BGH,* 21.5.2015, I ZR 183/13, GRUR 2015, 1237, 1238 Tz. 13; *BGH,* 30.4.2015, I ZR 196/13, GRUR 2015, 1235 Tz. 10.

tend gemachte konkrete Verletzungsform verfehlt, weil er auch erlaubte Verhaltensweisen erfasst, ist unbegründet[1319]. Aus Gründen der prozessualen Fairness kann es geboten sein, dem Kläger Gelegenheit zu geben, einen zu unbestimmten Antrag so zu fassen, dass er dem Bestimmtheitsgebot genügt[1320]. Ein Unterlassungsantrag, die Vervielfältigung eines Programms „zu gewerblichen Zwecken" zu unterlassen, kann bestimmt genug sein, etwa wenn das beantragte Verbot durch einen „insbesondere"-Zusatz konkretisiert wird[1321].

Für Anträge auf **Auskunftserteilung** und **Rechnungslegung** sowie auf **Feststellung der Schadensersatzpflicht** gelten diese Grundsätze entsprechend[1322]. Auch diese Klageanträge müssen nach § 253 Abs. 2 Nr. 2 ZPO so deutlich gefasst sein, dass bei einer den Klageanträgen stattgebenden Verurteilung die Reichweite des Urteilsausspruchs feststeht. Ein auf Auskunftserteilung gerichteter Klageantrag muss unter Bezugnahme auf die konkrete Verletzungshandlung so bestimmt gefasst sein, dass er auch für das Vollstreckungsgericht hinreichend klar erkennen lässt, worüber der Beklagte Auskunft zu erteilen und Rechnung zu legen hat[1323]. Bei einer **Feststellungsklage** nach § 256 ZPO muss der Antrag das Rechtsverhältnis, dessen Bestehen oder Nichtbestehen festgestellt werden soll, so genau bezeichnen, dass über dessen Identität und somit über den Umfang der Rechtskraft der Feststellung keinerlei Ungewissheit bestehen kann[1324].

Bei der **Bezeichnung** von Computerprogrammen oder Softwaremodulen reicht es nicht immer aus, lediglich die betreffenden Namen wie „Software XY" oder „Softwaremodul Z-View" zu verwenden, auch wenn beide Parteien wissen, welchen Inhalt das im Streit befindliche Programm samt Modul hat. Die Verwendung **auslegungsbedürftiger Begriffe** oder Bezeichnungen kann zwar auch bei der Bezeichnung von Computerprogrammen hinnehmbar oder im Interesse einer sachgerechten Verurteilung zweckmäßig oder sogar geboten sein, wenn über den Sinngehalt der verwendeten Begriffe oder Bezeichnungen kein Zweifel besteht, sodass die Reichweite von Antrag und Urteil feststeht[1325]. Sofern jedoch Programme existieren, deren Name identisch ist und diese vom Beklagten ebenfalls verwendet werden, muss der Programminhalt in einer Weise beschrieben werden, dass Verwechslungen mit anderen Computerprogrammen soweit wie möglich ausgeschlossen sind. Einer Beschreibung des Programminhalts bedarf es unter diesen Umständen selbst dann, wenn die Parteien nicht darüber streiten, ob dem Computerprogramm Urheberrechtsschutz zukommt. Denn die Beschreibung ist in diesen Fällen zwar nicht zur Darlegung der Schutzfähigkeit des Programms, wohl aber – im Hinblick auf die Anforderungen an die Bestimmtheit des Klageantrags und des Urteilsausspruchs – zur Individualisierung des Programms erforderlich. Dabei kann die gebotene Individualisierung des Computerprogramms mit Rücksicht darauf, dass der Inhalt eines Computerprogramms mit Worten oft nicht eindeutig zu beschreiben sein wird, auch durch Be-

---

[1319] Vgl. *BGH*, 22.1.2014, I ZR 164/12, NJW 2014, 1534, 1537 Tz. 47.
[1320] Vgl. *BGH*, 23.9.2015, I ZR 78/14, GRUR 2015, 1201, 1206 Tz. 45 m.w.N.
[1321] Vgl. *BGH*, 6.10.2016, I ZR 25/15, GRUR 2017, 266, 269, Tz. 32.
[1322] Für die Auskunftserteilung *OLG Frankfurt*, 27.1.2015, 11 U 94/13, GRUR 2015, 784, 786 Tz. 24; für die Rechnungslegung *OLG Frankfurt*, 11.8.2015, 11 U 94/13, BeckRS 2015, 19875.
[1323] Vgl. *BGH*, 22.11.2007, I ZR 12/05, GRUR 2008, 357, 358 Tz. 21; *BGH*, 15.2.2007, I ZR 114/04, GRUR 2007, 871, 872.
[1324] Vgl. *BGH*, 22.11.2007, I ZR 12/05, GRUR 2008, 357, 358 Tz. 21; *BGH*, 4.10.2000, VIII ZR 289/99, NJW 2001, 445, 447.
[1325] Vgl. *BGH*, 22.11.2007, I ZR 12/05, GRUR 2008, 357, 358 Tz. 22; *BGH*, 5.6.1997, I ZR 69/95, NJW-RR 1998, 835, 837.

zugnahme auf **Programmausdrucke** oder **Programmträger** erfolgen[1326]. Nicht ausreichend sind Listen, in denen lediglich der Name der jeweiligen Datei, ihre Größe in Bytes sowie die Daten der letzten Änderung enthalten sind, weil dann der Dateiinhalt unklar bleibt[1327]. Erforderlich ist vielmehr, dem Antrag einen Datenträger mitsamt den aufgelisteten Dateien beizufügen[1328]. Irrelevant ist es aber, ob der Datenträger das Programm im Quell- oder im Objektcode enthält[1329].

(4) Die Wirksamkeit einer im Verfahren des vorläufigen Rechtsschutzes durch Urteil erlassenen Verbotsverfügung

359 Der für ein Vorgehen im einstweiligen Verfügungsverfahren erforderliche **Verfügungsgrund** wird im Urheberrecht – anders als etwa nach § 12 Abs. 2 UWG – **nicht vermutet**[1330]. Die Frage, ob eine durch Urteil erlassene Verbotsverfügung **mit der Verkündung des Urteils wirksam** wird und vom Schuldner sofort zu beachten ist, war in Rechtsprechung und Schrifttum lange Zeit umstritten. Teilweise wurde angenommen, der Schuldner brauche eine mit einer Ordnungsmittelandrohung verbundene Verbotsverfügung noch nicht mit der Verkündung, sondern erst ab der Zustellung im Parteibetrieb zu beachten[1331]. Begründet wurde dies mit einer Schutzlücke auf Seiten des Schuldners, der das Verbot ansonsten bereits ab Verkündung beachten muss, wenn er nicht die Verhängung eines Ordnungsmittels riskieren will, aber noch nicht durch die Schadensersatzpflicht des Gläubigers nach § 945 ZPO geschützt ist, wenn sich die einstweilige Verfügung als von Anfang an ungerechtfertigt erweist. Nach der überwiegend vertretenen Gegenansicht, der sich der *BGH* nunmehr ausdrücklich angeschlossen hat, ist eine durch Urteil erlassene Verbotsverfügung mit der Verkündung des Urteils wirksam und kann Grundlage einer Ordnungsmittelfestsetzung sein, wenn die Ordnungsmittelandrohung im Urteil enthalten ist[1332]. Der Streit ist damit für die Praxis entschieden.

360 Der *BGH* rechtfertigt seine Haltung mit der Erwägung, dass ein Wertungswiderspruch zu der Schadensersatzpflicht nach § 945 ZPO nicht entsteht[1333]. Zwar dürfe die Schadensersatzpflicht aus § 945 ZPO nicht später einsetzen als die strafbewehrte Verbindlichkeit des Unterlassungsgebots für den Schuldner. Sobald dieser das Verbot beachten und im Fall einer Zuwiderhandlung mit der Verhängung von Ordnungsmitteln rechnen müsse, müsse er auch durch § 945 ZPO geschützt sein. Derjenige, der die Vollstreckung aus einem noch nicht endgültigen Titel betreibe, solle das Risiko tragen, dass sich sein Vorgehen nachträglich als unberechtigt erweise. Andererseits setze die Schadensersatzpflicht nach § 945 ZPO einen irgendwie gearteten Vollstreckungsdruck voraus, der aber bereits durch die Androhung von Ordnungsmitteln erreicht werden könne. Dazu genüge die **Androhung von Ordnungsmitteln** in einer mit der **Verkündung** wirksam werdenden **Urteilsverfügung**. Dem

---

[1326] Vgl. *BGH*, 22.11.2007, I ZR 12/05, GRUR 2008, 357, 359 Tz. 24; *BGH*, 23.1.2003, I ZR 18/00, NJW-RR 2003, 1279, 1280; *OLG Frankfurt*, 11.8.2015, 11 U 94/13, BeckRS 2015, 19875 Tz. 29; *OLG Köln*, 10.7.2015, 6 U 195/14, BeckRS 2016, 09601 im Tenor; *OLG Frankfurt*, 27.1.2015, 11 U 94/13, GRUR 2015, 784, 786 Tz. 27; *OLG Düsseldorf*, 25.11.2008, I-20 U 72/06, CR 2009, 214, 215 f.
[1327] Vgl. *BGH*, 23.1.2003, I ZR 18/00, NJW-RR 2003, 1279, 1280.
[1328] Vgl. *BGH*, 23.1.2003, I ZR 18/00, NJW-RR 2003, 1279, 1280; *OLG Köln*, 12.6.2015, 6 U 5/15, GRUR-RR 2016, 59 f. Tz. 19.
[1329] Vgl. *OLG Frankfurt*, 11.8.2015, 11 U 94/13, BeckRS 2015, 19875 Tz. 32.
[1330] Vgl. *OLG Köln*, 10.7.2015, 6 U 195/14, BeckRS 2016, 09601 Tz. 8.
[1331] Vgl. statt vieler MünchKomm/*Drescher*, ZPO, 4. Aufl., § 945 Rdn. 22.
[1332] Vgl. *BGH*, 22.1.2009, I ZB 115/07, GRUR 2009, 890, 891 Tz. 9 ff. m.w.N.
[1333] Vgl. *BGH*, 22.1.2009, I ZB 115/07, GRUR 2009, 890, 891 Tz. 16.

daraus folgenden Risiko für den Gläubiger, sich Schadensersatzansprüchen nach § 945 ZPO bereits ab dem Zeitpunkt der Urteilsverkündung auszusetzen, könne dieser auf verschiedene Weise begegnen. Er könne davon absehen, bereits im Erkenntnisverfahren eine Ordnungsmittelandrohung zu beantragen, oder er könne vor der Verkündung der mit der Ordnungsmittelandrohung versehenen Urteilsverfügung dem Schuldner gegenüber die Erklärung abgeben, dass er für einen bestimmten Zeitraum keine Rechte aus dem Vollstreckungstitel herleitet, etwa bis zur Zustellung der Urteilsverfügung. Vor der Abfassung des Verfügungsantrags muss der Rechtsinhaber folglich überlegen, welchen der vom *BGH* aufgezeigten Wege er beschreiten möchte. Bei unüberlegter Vorgehensweise riskiert der Antragsteller, sich dem verschuldensunabhängigen Schadensersatzanspruch des § 945 ZPO auszusetzen.

(5) Die Verjährungsregelung des § 102 UrhG

Gem. § 102 UrhG a. F. trat eine Verjährung der Ansprüche wegen Verletzung des Urheberrechts oder eines anderen nach dem UrhG geschützten Rechts nach drei Jahren ab Kenntnis der Verletzung ein. Diese Vorschrift wurde mit der Schuldrechtsmodernisierung 2002 an die Verjährungsregelungen des BGB angepasst. Nunmehr gelten gem. § 102 S. 1 UrhG auch für Verletzungen des Urheberrechts bzw. der Leistungsschutzrechte die **allgemeinen Regelung der §§ 194 ff. BGB**[1334]. Lediglich für den Fall, dass der Verpflichtete durch die Verletzung auf Kosten des Berechtigten etwas erlangt hat, findet gem. § 102 S. 2 UrhG die Vorschrift des § 852 BGB auf diesen sog. „deliktischen Bereicherungsanspruch"[1335] oder auch „Restschadensersatzanspruch"[1336] Anwendung[1337]. Nach den allgemeinen Regelungen verjähren insbesondere Unterlassungs-, Beseitigungs- sowie Schadensersatzansprüche, Ansprüche auf Vernichtung oder Überlassung, auf Entschädigung gem. § 100 UrhG sowie auf Drittauskunft gem. § 101a UrhG. Das Urheberrecht selbst ist kein Anspruch, sondern ein absolutes Recht, und wie etwa das Eigentum der Verjährung nicht unterworfen[1338]. Der Rechtsschadensersatzanspruch aus § 102 S. 2 UrhG, § 852 BGB kann in Fällen des widerrechtlichen öffentlichen Zugänglichmachens mittels einer fiktiven Lizenz berechnet werden[1339]. 361

Die regelmäßige Verjährungsfrist beträgt gem. § 195 BGB drei Jahre. Die Frist beginnt gem. § 199 Abs. 1 BGB mit dem **Schluss des Jahres** (Ultimo-Regel), in dem der Anspruch entstanden ist und der Gläubiger von den den Anspruch begründenden Umständen und der Person des Schuldners Kenntnis erlangte oder ohne grobe Fahrlässigkeit hätte erlangen müssen[1340]. In jedem für eine Programmbenutzung erforderlichen Laden des Programms in den Arbeitsspeicher liegt eine Vervielfältigungshandlung, die jeweils einen neuen Schadensersatzanspruch mit eigener Verjährungsfrist auslösen kann[1341]. Dies folgt daraus, dass der *BGH* bei einer rechtsverletzenden Dauerhandlung von fortlaufend neuen Schäden und neuen Ersatz- 362

[1334] Vgl. *BGH*, 15.1.2015, I ZR 148/13, NJW 2015, 3165, 3166 Tz. 21.
[1335] Diesen Begriff verwenden LG Frankfurt, 8.7.2015, 2–06 S 21/14, NJW-RR 2016, 424, 425; *Dreier/Schulze* § 102 Rdn. 7; *Wandtke/Bullinger/Bohne* § 102 Rdn. 10.
[1336] Vgl. *BGH*, 12.5.2016, I ZR 48/15, NJW 2017, 78, 86 Tz. 93; *LG Frankfurt*, 8.7.2015, 2–06 S 21/14, NJW-RR 2016, 424, 425.
[1337] Vgl. *AG Itzehoe*, 22.10.2014, 92 C 64/14, MMR 2015, 196, 197.
[1338] Vgl. *Schricker/Loewenheim/Wimmers* § 102 Rdn. 2.
[1339] Vgl. *BGH*, 12.5.2016, I ZR 48/15, NJW 2017, 78, 86 Tz. 96.
[1340] Vgl. *BGH*, 12.5.2016, I ZR 48/15, NJW 2017, 78, 84 Tz. 75; *BGH*, 15.1.2015, I ZR 148/13, NJW 2015, 3165, 3166 Tz. 21; *AG Itzehoe*, 22.10.2014, 92 C 64/14, MMR 2015, 196, 197.
[1341] Vgl. *OLG Karlsruhe*, 23.4.2008, 6 U 180/06, CR 2009, 217, 220.

ansprüchen ausgeht, die gedanklich in Einzelhandlungen aufzuspalten sind und für die jeweils eine gesonderte Verjährungsfrist läuft[1342]. Einen Beginn der Verjährung schon mit dem ersten Rechtsverstoß lehnt der *BGH* in vergleichbaren Fällen ausdrücklich ab[1343]. Selbst wenn man entgegen der hier vertretenen Auffassung des Laden in den Arbeitsspeicher nicht als Vervielfältigungshandlung qualifizieren würde[1344], würde mit der Programminstallation eine andauernde Beeinträchtigung der Urheberrechtts liegen, bei der die Verjährung nicht beginnt, solange der Eingriff noch andauert, das Programm also noch installiert ist[1345]. Mit Verjährungseintritt entsteht ein **dauerndes Leistungsverweigerungsrecht** (Einrede), das im Prozess nicht von Amts wegen zu berücksichtigen ist, sondern vom Schuldner geltend gemacht werden muss. Mangels softwarespezifischer Besonderheiten kann im Übrigen auf die allgemeine Literatur zum BGB verwiesen werden.

8. Die Schutzdauer

363   Gem. § 64 UrhG erlischt das Urheberrecht **siebzig Jahre** nach dem Tode des Urhebers. Bei Miturhebern erlischt das Urheberrecht gem. § 65 Abs. 1 UrhG siebzig Jahre nach dem Tode des längstlebenden Miturhebers. Die Schutzfrist beginnt mit dem 1. Januar des dem Tode folgenden Kalenderjahres zu laufen. Für Computersoftware führt dies angesichts der Schnelllebigkeit des IT-Markts zu einer Schutzdauer, die weit über die Dauer der wirtschaftlich sinnvollen Verwertbarkeit des jeweiligen Programms hinausgeht. Vor dem Hintergrund, dass kein Computerprogramm auch nur annähernd siebzig Jahre alt ist, kann noch für viele Jahre ohne nähere Prüfung davon ausgegangen werden, dass der Urheberrechtsschutz noch nicht erloschen sein kann.

9. Der strafrechtliche Schutz der Computersoftware

Schrifttum: Hansen/Wolff-Rojczyk/Eifinger, Die Strafbarkeit neuer Arten des Softwarevertriebs, CR 2011, 332 ff.

364   Die Verletzung des Urheberrechts an fremder Computersoftware hat nicht nur die oben ausführlich dargestellten zivilrechtlichen Konsequenzen zur Folge. Vielmehr wird der zivilrechtliche Rechtsschutz der Computersoftware durch den strafrechtlichen Schutz sowohl des allgemeinen Strafrechts als auch der speziellen strafrechtlichen Vorschrift des Urheberrechts ergänzt und vervollständigt. Die softwarespezifischen Regelungen der §§ 69a ff. UrhG haben insoweit **keine verdrängende Wirkung**. Dabei bezieht sich die strafrechtliche Sanktionierung von Urheberrechtsverletzungen aber gem. § 106 UrhG vornehmlich auf den Schutz der urheberrechtlichen Verwertungsrechte, während die Urheberpersönlichkeitsrechte nur beschränkt auf Werke der bildenden Künste gem. § 107 UrhG geschützt werden, sodass hierauf im vorliegenden Handbuch nicht weiter eingegangen werden muss. Ohnehin spielt das Strafrecht in der Praxis des Urheberrechts eine eher untergeordnete Rolle[1346]. Die strafrechtlichen Ermittlungsverfahren werden oftmals nur angestrengt, um auf strafprozessualer Grundlage durch Akteneinsicht des Rechtsanwalts des Verletzten

---

[1342] Vgl. *BGH*, 15.1.2015, I ZR 148/13, NJW 2015, 3165, 3166 Tz. 23.
[1343] Vgl. *BGH*, 11.1.2007, III ZR 302/05, NJW 2007, 830, 833 Tz. 27.
[1344] Vgl. hierzu ausführlich oben Rdn. 157 ff.
[1345] Vgl. *OLG Karlsruhe*, 23.4.2008, 6 U 180/06, CR 2009, 217, 220.
[1346] Vgl. Eine Ausnahme bildet insoweit die Verfolgung gewerbsmäßiger Gebrauchtsoftwarehändler, *AG Gießen*, 19.4.2016, 506 Ds 701 Js 23382/14, MMR 2016, 696.

gem. § 406e StPO an Informationen zu gelangen, die mit dem Zivilrecht schwieriger zu erlangen wären[1347]. Gegebenenfalls spielt auch das Drohpotenzial mit einem Strafverfahren eine Rolle. Nach Auffassung verschiedener Gerichte ist die Gewährung von Akteneinsicht nach § 406e StPO in Filesharing-Verfahren durch die Staatsanwaltschaft rechtswidrig, wenn dem ermittelten Anschlussinhaber zuvor kein rechtliches Gehör gewährt wurde, die erforderliche Interessenabwägung also allein nach Aktenlage vorgenommen wurde[1348].

Gem. § 106 Abs. 1 UrhG wird mit **Freiheitsstrafe bis zu drei Jahren** oder mit **Geldstrafe** bestraft, wer in anderen als den gesetzlich zugelassenen Fällen ohne Einwilligung des Berechtigten ein Werk oder eine Bearbeitung oder Umgestaltung eines Werkes vervielfältigt, verbreitet oder öffentlich wiedergibt. Dabei entspricht der Werkbegriff des § 106 Abs. 1 UrhG dem allgemeinen urheberrechtlichen Werkbegriff, sodass diesbezüglich nach oben[1349] verwiesen werden kann. Dem strafrechtlichen Schutz unterfällt bei Computersoftware daher auch das **Entwurfsmaterial** gem. § 69a Abs. 1 UrhG[1350].

365

Für die Tathandlungen des Vervielfältigens, des Verbreitens sowie der öffentlichen Wiedergabe ist grundsätzlich auf die allgemeinen zivilrechtlichen Definitionen dieser Begriffe in §§ 15 Abs. 1 und 2 sowie 69c Nr. 1, 3 und 4 UrhG zurückzugreifen. Es wird jedoch diskutiert, das **Laden in den Arbeitsspeicher** entgegen der h. M. bei §§ 69c Nr. 1, 16 Abs. 1 UrhG vom strafrechtlichen Vervielfältigungsbegriff auszuklammern, weil das Urheberstrafrecht ansonsten in systemwidriger Weise Verletzungen von Lizenzverträgen unter Strafe stellen würde und auch ein Verstoß gegen das Bestimmtheitsgebot des Art. 103 Abs. 2 GG zu verzeichnen wäre[1351]. Auch der Begriff des Verbreitens soll einzelnen Stellungnahmen zufolge enger als im Zivilrecht ausgelegt werden. Das **Anbieten an die Öffentlichkeit,** zumindest aber das Anbieten eines **noch nicht gegenständlich vorhandenen Vervielfältigungsstücks** sollen strafrechtlich allenfalls als Versuch oder gar nicht erfasst werden[1352]. Einigkeit herrscht aber darüber, dass der Begriff der öffentlichen Wiedergabe die öffentliche Zugänglichmachung gem. § 19a UrhG umfasst[1353]. Das Bereitstellen fremder Computersoftware zum Download ist daher bei Vorliegen der übrigen Voraussetzungen strafbar. Nach Auffassung des *AG Gießen*[1354] begeht derjenige, der unrechtmäßig Product-Keys von Computersoftware als angeblich gebrauchte Lizenzen verbreitet,

366

[1347] Vgl. zu diesem Argument auch *LG Stralsund*, 11.7.2008, 26 Qs 177/08, MMR 2009, 63, 64; *LG Darmstadt*, 12.12.2008, 9 Qs 573/08 – 721 Js 26995/08, MMR 2009, 290 (Ls.) = BeckRS 2009, 03268; *LG Köln*, 25.9.2008, 109-1/08, MMR 2009, 291 (Ls.) = *BeckRS 2008*, 23649; ferner Hansen/Wolff-Rojczyk/Eifinger CR 2011, 332; *Dreier/Schulze* § 106 Rdn. 2; *Wandtke/Bullinger/ Hildebrandt/Reinbacher* § 106 Rdn. 4 „Funktionalisierung" des Strafrechts. Zur verminderten Bedeutung des zeitweise so beliebten Wegs über das Strafverfahren *Solmecke* MMR 2008, 762, 763; *ders.* MMR Heft 7/2006, XXIII; *Gietl/Mantz* CR 2008, 810, 814.
[1348] Vgl. *LG Karlsruhe*, 25.9.2009, 2 AR 4/09, MMR 2010, 68, 69; *LG Krefeld*, 1.8.2008, 21 AR 2/08, MMR 2008, 835. Das *LG Saarbrücken* MMR 2009, 639, 640 bejaht Akteneinsichtsrecht außer in Bagatellfällen.
[1349] Vgl. hierzu oben Rdn. 105 ff.
[1350] Vgl. *Wandtke/Bullinger/Hildebrandt/Reinbacher* § 106 Rdn. 8.
[1351] Vgl. *Franzheim* NJW-CoR 1994, 160, 161; *Wandtke/Bullinger/Hildebrandt/Reinbacher* § 106 Rdn. 13.
[1352] Vgl. *KG Berlin*, 1.12.1982, (2) Ss 169/82 (30/82), NStZ 1983, 561, 562; zum Streit *Schricker/Loewenheim/Kudlich* § 106 Rdn. 16 sowie *Wandtke/Bullinger/Hildebrandt/Reinbacher* § 106 Rdn. 18 jeweils m. w. N.
[1353] Vgl. *Schricker/Loewenheim/Kudlich* § 106 Rdn. 23; *Wandtke/Bullinger/Hildebrandt/Reinbacher* § 106 Rdn. 20.
[1354] Vgl. *AG Gießen*, 19.4.2016, 506 Ds 701 Js 23382/14, MMR 2016, 696.

nicht nur eine strafbare Urheberrechtsverletzung, sondern auch einen Betrug zu Lasten der Kunden gem. § 263 StGB.

367 Gem. § 106 Abs. 2 UrhG ist bereits der **Versuch** unerlaubter Verwertungshandlungen strafbar. Die Handlungen müssen gem. § 15 StGB **vorsätzlich** begangen werden, da eine fahrlässige Urheberrechtsverletzung nicht ausdrücklich mit Strafe bedroht ist. Bedingter Vorsatz reicht aus[1355]. Gem. § 109 UrhG wird die Tat nur **auf Antrag** verfolgt, es sei denn, dass die Strafverfolgungsbehörde wegen des besonderen öffentlichen Interesses an der Strafverfolgung ein Einschreiten von Amts wegen für geboten hält. Gem. § 108a UrhG ist die Freiheitsstrafe auf bis zu fünf Jahre erhöht, sofern der Täter gewerbsmäßig handelt, dann ist auch kein Strafantrag erforderlich[1356]. Mit der Urheberrechtsnovelle 2003 ist der Straftatbestand des § 108b UrhG geschaffen worden, demzufolge die **Umgehung technischer Maßnahmen** im Sinne des § 95a UrhG sowie die **Entfernung** oder **Veränderung** von **Informationen für die Rechtewahrnehmung** im Sinne des § 95c UrhG unter Strafe gestellt wurden.

10. Urheberrechtsverletzungen mit internationalem Bezug

368 Auf die Möglichkeit, Software global verteilt zu entwickeln und zu vernachlässigbaren Kosten mittels Telekommunikation weltweit zu verteilen, wurde bereits an anderer Stelle hingewiesen[1357]. Die Zunahme grenzüberschreitender Entwicklung und Verbreitung von Software hat jedoch neben ihren ökonomischen Vorteilen mitunter große juristische Probleme zur Folge, die etwa durch die Komplexität des internationalen Privatrechts (IPR) des Urheberrechts oder die Ermittlung des Inhalts ausländischen Urheberrechts bedingt sind. Auch die Zunahme grenzüberschreitender Softwarepiraterie führt zu einer Verkomplizierung der Rechtslage. Zu Recht wird daher im Schrifttum darauf verwiesen, letztlich sei es „in vielen Fällen einfacher und zeitsparender, im Wege der Einschaltung eines **ausländischen Anwalts** direkt vor einem **ausländischen Gericht** ein **ausländisches Urteil** auf der Grundlage des dortigen nationalen materiellen Rechts zu erwirken und dieses nach den dortigen Regeln zu vollstrecken, als den ausländischen Teil der Verletzung vor einem inländischen Gericht unter Anwendung des deutschen IPR abzuhandeln und den auf diese Weise erwirkten Titel nach entsprechender Anerkennung im Ausland zu vollstrecken"[1358]. Dem ist unter der Prämisse nichts hinzuzufügen, dass im betreffenden Ausland die entsprechenden Urheberrechtsverletzungen überhaupt gerichtlich verfolgt werden können, was durchaus nicht weltweit garantiert ist. Weder existiert ein **einheitliches weltweites Urheberrecht** noch auch nur ein **europäisches Einheits-Urheberrecht**, denn die EU hatte lange Zeit keine eigenständige Kompetenz zur Gesetzgebung auf dem Gebiet des Urheberrechts und hat die mit dem Vertrag von Lissabon in Art. 118 AEUV geschaffene Kompetenzgrundlage bislang noch nicht genutzt[1359].

369 Vor diesem Hintergrund sind bei Urheberrechtsstreitigkeiten mit Auslandsbezug immer drei Frage getrennt voneinander zu prüft: Zunächst muss geklärt werden, welche nationalen Gerichte überhaupt zuständig sind (**internationale Zuständigkeit**). Sodann muss geprüft werden, welches Recht auf den betreffenden Fall mit Auslandsbezug Anwendung findet (**IPR des Urheberrechts**). Schließlich muss gegebenenfalls geklärt werden, inwieweit sich deutsche und ausländische Staatsangehö-

---

[1355] Vgl. *Wandtke/Bullinger/Hildebrandt/Reinbacher* § 106 Rdn. 29.
[1356] Vgl. *OLG Köln*, 28.3.2017, III-1 RVs 281/16, GRUR 2017, 1039, 1042 Tz. 28
[1357] Vgl. hierzu oben Rdn. 43.
[1358] Vgl. *Dreier/Schulze* Vor §§ 120 ff. Rdn. 3.
[1359] Vgl. *Dreier/Schulze* Einl. Rdn. 48.

rige auf den Schutz des deutschen Urheberrechts berufen können (**Fremdenrecht**). Diese Fragen sollen nachfolgend in dieser Reihenfolge dargestellt werden, wenngleich nicht zu verkennen ist, dass das IPR des Urheberrechts eigentlich im Zentrum der Urheberrechtsstreitigkeiten mit Auslandsbezug steht[1360].

a) Die internationale Zuständigkeit deutscher Gerichte bei Urheberrechtsstreitigkeiten mit Auslandsbezug

Schrifttum: *Alio*, Die Neufassung der Brüssel I-Verordnung, NJW 2014, 2395 ff.; *Berger*, Die internationale Zuständigkeit bei Urheberrechtsverletzungen in Internet-Websites aufgrund des Gerichtsstands der unerlaubten Handlung nach Art. 5 Nr. 3 EuGVO, GRUR Int. 2005, 465 ff.; *Laucken/Oehler*, Fliegender Gerichtsstand mit gestutzten Flügeln? Ein Beitrag zur Auslegung von § 32 ZPO und der Beschränkbarkeit des deliktischen Gerichtsstands bei Urheberrechtsverletzungen im Internet, ZUM 2009, 824 ff.; *Lundstedt*, Gerichtliche Zuständigkeit und Territorialitätsprinzip im Immaterialgüterrecht – Geht der Pendelschlag zu weit?, GRUR Int. 2001, 103 ff.; *Paulus/Pfeiffer/Pfeiffer*, Europäische Gerichtsstands- und Vollstreckungsverordnung (Brüssel Ia) 2017; *Picht/Kopp*, Die internationale Zuständigkeit für Immaterialgüterrechtsverletzungen im Internet nach den EuGH-Entscheidungen Hejduk und Pinckney, GRUR Int. 2016, 232 ff.; *Piltz*, Vom EuGVÜ zur Brüssel-I-Verordnung, NJW 2002, 789 ff.; *Reber*, Die Internationale gerichtliche Zuständigkeit bei grenzüberschreitenden Urheberrechtsverletzungen, Ein internationaler Überblick, ZUM 2005, 194 ff.; *Schack*, Internationale Urheber-, Marken- und Wettbewerbsrechtsverletzungen im Internet. Internationales Zivilprozessrecht, MMR 2000, 135 ff.; *Wernicke/Hoppe*, Die neue EuGVVO – Auswirkungen auf die internationale Zuständigkeit bei Internetverträgen, MMR 2002, 643 ff.

Soweit **mindestens eine Partei** ihren Wohnsitz im Hoheitsgebiet **eines Mitgliedstaats der EU** außer Dänemark hat, war seit dem 1.3.2002 die Verordnung (EG) **Nr. 44/2001** über die gerichtliche Zuständigkeit und die Anerkennung und Vollstreckung von Entscheidungen in Zivil- und Handelssachen vom 22.12.2000[1361] (sog. **EuGV-VO**) zu beachten. Die EuGV-VO, für die als Kurzbezeichnung auch **EuGV** oder **Brüssel-I-VO**[1362] verwendet wird, wurde durch die Verordnung Nr. **1215/2012** des Europäischen Parlaments und des Rates vom 12. Dezember 2012 über die gerichtliche Zuständigkeit und die Anerkennung und Vollstreckung von Entscheidungen in Zivil- und Handelssachen vom 12. Dezember 2012[1363] neu gefasst. Die Neufassung ist am 10.1.2015 in Kraft getreten. Die EuGV-VO hat das Übereinkommen der Europäischen Gemeinschaft über die gerichtliche Zuständigkeit und die Vollstreckung gerichtlicher Entscheidungen in Zivil- und Handelssachen (EuGVÜ)[1364] abgelöst, wobei jedoch die Systematik und weitgehend auch die Inhalte des EuGVÜ beibehalten wurden, sodass überwiegend auf die alten Anwendungsgrundsätze und Auslegungsregeln des EuGVÜ zurückgegriffen werden kann[1365]. Seit dem 1.7.2007 hat auch der in Art. 1 Abs. 3 EuGV-VO a. F. enthaltene Ausschluss Dänemarks we- 370

[1360] Vgl. *Wandtke/Bullinger/v. Welser* Vor §§ 120 ff. Rdn. 2.
[1361] Vgl. ABl.EG Nr. L 12 vom 16.1.2001, S. 1 ff.
[1362] Vgl. etwa *BGH*, 29.6.2016, I ZR 160/15, NJW-RR 2017, 549 Tz. 14; *BGH*, 12.3.2015, I ZR 188/13, MMR 2015, 446, 447 Tz. 11; *BGH*, 5.3.2015, I ZR 161/13, GRUR 2015, 1004, 1005 Tz. 9 ff.; *BGH*, 24.9.2014, I ZR 35/11, MMR 2015, 324, 325 Tz. 13. Von EuGVVO spricht aber etwa *BGH*, 13.9.2016, VI ZB 21/15, NJW 2017, 564 ff.
[1363] Vgl. ABl.EG Nr. L 351 vom 20.12 2012, S. 1 ff.
[1364] Vgl. BGBl. 1972 II S. 773 ff. Neben den ursprünglichen Vertragsstaaten Bundesrepublik Deutschland, Belgien, Frankreich, Italien, Luxemburg und den Niederlanden waren auch Dänemark, Griechenland, Irland, Portugal, Spanien und das Vereinigte Königreich Großbritannien dem Übereinkommen beigetreten.
[1365] Vgl. *EuGH*, 16.7.2009, C-189/08, NJW 2009, 3501 Tz. 19; *EuGH*, 23.4.2009, C-533/07, GRUR 2009, 753, 756 Tz. 51; *BGH*, 16.10.2015, V ZR 120/14, NJW 2016, 409 f. Tz. 7; *Paulus/Pfeiffer/Pfeiffer*, Einl. Rdn. 4.

gen eines Sonderabkommens zwischen der Europäischen Gemeinschaft und Dänemark praktisch keine Bedeutung mehr[1366]. Neben der EuGV-VO gilt ferner das Parallelübereinkommen von Lugano über die gerichtliche Zuständigkeit und die Vollstreckung gerichtlicher Entscheidungen in Zivil- und Handelssachen vom 30.10. 2007 (**LGVÜ** oder **Lugano-Übereinkommen II**[1367]). Es gilt im Verhältnis der EU-Mitgliedstaaten und Island, Norwegen sowie der Schweiz[1368]. Für die Auslegung der Vorschriften des Lugano-Übereinkommens II gelten im Wesentlichen dieselben Grundsätze wie für die Auslegung des der EuGV-VO und des Übereinkommens über die gerichtliche Zuständigkeit und die Vollstreckung gerichtlicher Entscheidungen in Zivil- und Handelssachen vom 16.9.1988 (LugÜ I), da sich die Unterzeichnerstaaten zu einer möglichst einheitlichen Auslegung der Bestimmungen verpflichtet haben[1369]. Auf reine Inlandssachverhalte ist aber weder die EuGV-VO noch das LGVÜ anwendbar[1370]. Bei mehreren Beklagten ist der besondere Gerichtsstand des Art. 8 Nr. 1 EuGV-VO zu beachten. Die internationale Zuständigkeit deutscher Gerichte ist **von Amts wegen zu prüfen**. Unter Geltung des § 545 Abs. 2 ZPO auch in der Revisionsinstanz[1371]. Nach ständiger Rechtsprechung des *EuGH* sind die Bestimmungen der EuGV-VO autonom unter Berücksichtigung ihrer Systematik und ihrer Zielsetzung auszulegen[1372].

371 Auch Art. 25 EuGV-VO (Art. 23 EuGV-VO a. F.) verdrängt wie schon **Art. 17 EuGVÜ in weitem Umfang das nationale Recht**[1373], sodass jeder Gerichtsstand innerhalb der Mitgliedstaaten der EU vereinbart werden kann[1374]. Die Gerichtsstandsvereinbarungen werden jedoch an anderer Stelle ausführlich dargestellt[1375]. Soweit Art. 25 EuGV-VO indes keine Anwendung findet, richtet sich die Zulässigkeitsfrage nach deutschem Internationalen Zivilprozessrecht[1376].

372 Gem. Art. 4 Abs. 1 EuGV-VO sind Personen, die ihren Wohnsitz im Hoheitsgebiet eines Mitgliedstaats haben, ohne Rücksicht auf ihre Staatsangehörigkeit vor den Gerichten dieses Mitgliedstaats zu verklagen (**allgemeiner Gerichtsstand**). Der *EuGH* bezeichnet diese Regelung als „tragenden Grundsatz" der Zuständigkeitsordnung der EuGV-VO, sodass alle Zuständigkeitsregelungen, die von diesem tra-

---

[1366] Vgl. Abkommen der Europäischen Gemeinschaft und dem Königreich Dänemark über die gerichtliche Zuständigkeit und die Anerkennung und Vollstreckung von Entscheidungen in Zivil- und Handelssachen, ABl.EU Nr. L 299 vom 16.11.2005, S. 62 ff. sowie die Unterrichtung über den Zeitpunkt des Inkrafttretens des Abkommens, ABl.EU Nr. L 94 vom 4.4.2007, S. 70.
[1367] Vgl. *BGH*, 12.3.2015, I ZR 188/13, MMR 2015, 446, 447 Tz. 11.
[1368] Vgl. *Zöller/Geimer*, ZPO, 31. Aufl. 2016, Art. 1 EuGVVO Rdn. 14; *Paulus/Pfeiffer/Pfeiffer*, Einl. Rdn. 119.
[1369] Vgl. *BGH*, 25.10.2016, VI ZR 678/15, NJW 2017, 827, 828 Tz. 16.
[1370] Vgl. *Dreier/Schulze* Vor §§ 120 ff. Rdn. 59; *Paulus/Pfeiffer/Pfeiffer*, Einl. Rdn. 98.
[1371] Vgl. *BGH*, 25.10.2016, VI ZR 678/15, NJW 2017, 827, 828 Tz. 15; *BGH*, 29.6.2016, I ZR 160/15, NJW-RR 2017, 549 Tz. 14; *BGH*, 5.11.2015, I ZR 91/11, NJW 2016, 2335, 2336 Tz. 13; *BGH*, 5.11.2015, I ZR 76/11, NJW 2016, 2338 Tz. 10.
[1372] Vgl. *EuGH*, 16.6.2016, C-12/15, NJW 2016, 2167, 2168 Tz. 25; *EuGH*, 21.4.2016, C-572/14, MMR 2016, 688, 689 Tz. 29; *EuGH*, 16.7.2009, C-189/08, NJW 2009, 3501 Tz. 17; *EuGH*, 23.4.2009, C-533/07, GRUR 2009, 753, 755 Tz. 20; *EuGH*, 2.10.2008, C-372/07, RR 2009, 405, 406 Tz. 17; zustimmend *BGH*, 25.10.2016, VI ZR 678/15, NJW 2017, 827, 828 Tz. 16.
[1373] Vgl. *BGH*, 20.3.1980, III ZR 151/79, NJW 1980, 2022; *OLG Celle*, 24.7.2009, 13 W 48/09, NJW-RR 2010, 136, 137; *OLG Celle*, 2.3.1984, 15 U 58/83, RIW 1985, 571, 572; *OLG München*, 11.2.1981, 7 U 3886/80, NJW 1982, 1951.
[1374] Vgl. *Piltz* NJW 2002, 789, 792.
[1375] Vgl. hierzu unten Rdn. 2012 ff.
[1376] Vgl. hierzu *Alio* NJW 2014, 2395, 2398.

genden Grundsatz abweichen, „strikt" auszulegen sind[1377]. Der Wohnsitz einer Partei bestimmt sich gem. Art. 62 Art. EuGV-VO nach dem Recht des angerufenen Gerichts. Der Wohnsitz von Gesellschaften und juristischen Personen bestimmt sich gem. Art. 63 Abs. 1 EuGV-VO nach dem satzungsgemäßen Sitz, der Hauptverwaltung oder der Hauptniederlassung[1378]. Art. 4 EuGV-VO regelt **nur die internationale Zuständigkeit. Die örtliche Zuständigkeit folgt aus §§ 12 ff. ZPO**[1379]. Bei einem **Geschäfts- und Wohnsitz** eines beklagten Softwareherstellers und Softwarehändlers im Bezirk eines deutschen Landgerichts ist dieses daher für einen Urheberrechtsstreit international zuständig[1380]. Gleiches gilt für den Teilnehmer an einer Filesharing-Tauschbörse, über die ein Computerspiel zum Download angeboten wurde[1381]. Die örtliche Zuständigkeit ist in beiden Fällen aber gesondert zu prüfen[1382].

Neben dem allgemeinen Gerichtsstand besteht gem. Art. 7 Nr. 2 EuGV-VO bzw. der inhaltsgleichen Vorschrift des Art. 5 Nr. 3 LGVÜ noch der **besondere Gerichtsstand der unerlaubten Handlung.** Art. 7 Nr. 2 EuGV-VO ist nach der Rsp. des *EuGH* nicht nur autonom, sondern als Ausnahmeregel auch eng auszulegen[1383]. Für Ansprüche aus unerlaubten Handlungen besteht gem. Art. 7 Nr. 2 EuGV-VO eine internationale Zuständigkeit an dem Ort, an dem das schädigende Ereignis eingetreten ist[1384]. Dies gilt auch für Schadensersatzansprüche aus der Verletzung von Immaterialgüterrechten[1385] unter Einschluss des Urheberrechts[1386] sowie Verletzungen des UWG[1387]. Gemäß der Rspr. des *EuGH* ist mit der Wendung „Ort, an dem das schädigende Ereignis eingetreten ist oder einzutreten droht" sowohl der Ort der Verwirklichung des Schadenserfolgs als auch der Ort des für den Schaden ursächlichen Geschehens gemeint, sodass der Bekl. nach Wahl des Kl. vor dem Gericht eines dieser beiden Orte verklagt werden kann[1388]. Das ursächliche Geschehen kann auch

373

[1377] Vgl. *EuGH*, 16.6.2016, C-12/15, NJW 2016, 2167, 2168 Tz. 25; *EuGH*, 21.4.2016, C-572/14, MMR 2016, 688, 689 Tz. 27 und 29; *EuGH*, 16.7.2009, C-189/08, NJW 2009, 3501, 3502 Tz. 20.

[1378] Vgl. *BGH*, 5.3.2015, I ZR 161/13, GRUR 2015, 1004, 1005 Tz. 12.

[1379] Vgl. *LG Hamburg*, 25.10.2013, 310 O 370/13, GRUR-RR 2014, 110; *Paulus/Pfeiffer/Pfeiffer*, Art. 4 EuGVVO Rdn. 3.

[1380] Vgl. *OLG Hamm*, 7.8.2007, 4 U 14/07 BeckRS 2007 17804, insoweit nicht abgedruckt in GRUR-RR 2008, 154 und CR 2008, 280.

[1381] Vgl. *LG Hamburg*, 25.10.2013, 310 O 370/13, GRUR-RR 2014, 110.

[1382] Vgl. *LG Hamburg*, 25.10.2013, 310 O 370/13, GRUR-RR 2014, 110.

[1383] Vgl. *EuGH*, 21.4.2016, C-572/14, MMR 2016, 688, 689 Tz. 29; *EuGH*, 22.1.2015, C-441/13, MMR 2015, 187, 188 Tz. 16.

[1384] Vgl. *EuGH*, 22.1.2015, C-441/13, CR 2015, 184 Tz. 18 – Hejduk/EnergieAgentur; *EuGH*, 16.7.2009, C-189/08, NJW 2009, 3501, 3502 Tz. 23; *BGH*, 5.3.2015, I ZR 161/13, GRUR 2015, 1004, 1005 Tz. 12; *BGH*, 12.12.2013, I ZR 131/12, GRUR 2014, 601, 602 Tz. 17 *BGH*, 9.7.2009, Xa ZR 19/08, NJW 2009, 3371 Tz. 11; *BGH*, 13.10.2004, I ZR 163/02, NJW 2005, 1435; *KG Berlin*, 13.7.2007, 5 W 173/07, MMR 2007, 652, 653; *LG Berlin*, 28.1.2014, 15 O 300/12, BeckRS 2014, 05045.

[1385] Vgl. *BGH*, 5.3.2015, I ZR 161/13, GRUR 2015, 1004, 1005 Tz. 12.

[1386] Vgl. *EuGH*, 22.1.2015, C-441/13, CR 2015, 184 Tz. 18 – Hejduk/EnergieAgentur; *BGH*, 5.11.2015, I ZR 91/11, NJW 2016, 2335, 2336 Tz. 16; *BGH*, 24.9.2014, I ZR 35/11, MMR 2015, 324, 325 Tz. 15; *OLG München*, 2.2.2012, 29 U 3538/11, BeckRS 2012, 08236; *OLG Köln*, 30.10.2007, 6 W 161/07, NJW-RR 2008, 359; *LG München I*, 17.12.2014, 37 O 8778/14, MMR 2015, 467, 468; *Österreichischer OGH* GRUR Int. 2000, 795 f. zur Parallelvorschrift des Art. 5 Nr. 3 LGVÜ; *Wandtke/Bullinger/v. Welser* Vor §§ 120 ff. Rdn. 31.

[1387] Vgl. *BGH*, 29.6.2016, I ZR 160/15, NJW-RR 2017, 549, 550 Tz. 15; *BGH*, 12.3.2015, I ZR 188/13, MMR 2015, 446, 447 Tz. 11.

[1388] Zustimmend *BGH*, 5.3.2015, I ZR 161/13, GRUR 2015, 1004, 1005 Tz. 13; *BGH*, 24.9.2014, I ZR 35/11, MMR 2015, 324, 325 Tz. 19; *LG München I*, 17.12.2014, 37 O 8778/14, MMR 2015, 467, 468.

im Auslösen der technischen Vorgänge liegen, die zur Rechtsverletzung führen[1389]. Der deliktische Gerichtsstand gilt ferner auch für **vorbeugende Unterlassungsklagen,** was unter der Geltung des EuGVÜ noch streitig war, durch die abweichende Formulierung des Art. 7 Nr. 2 EuGV-VO bzw. Art. 5 Nr. 3 LGVÜ („einzutreten droht") aber klargestellt ist[1390]. Die Anwendbarkeit deutschen Sachrechts ist keine Voraussetzung für die Eröffnung der internationalen Zuständigkeit nach Art. 7 Nr. 2 EuGV-VO[1391].

374 Grundsätzlich kann der Kläger im Bereich des besonderen Gerichtsstands der unerlaubten Handlungen bei sog. Distanz- und Streudelikten, bei denen **Handlungs- und Erfolgsort** auseinanderfallen, den Tatort frei wählen, da sämtliche Orte gleichberechtigt nebeneinander stehen[1392]. Da das Urheberrecht aber wie alle Immaterialgüterrechte real nirgends belegen ist, kann es hier **keinen** vom Handlungsort **abweichenden Erfolgsort** geben[1393].

375 Soweit EuGV-VO und LGVÜ **nicht eingreifen,** also etwa keine Partei ihren Wohnsitz im Hoheitsgebiet eines Mitgliedstaats der EU hat, was insbesondere für die Schweiz und die USA gilt, wird die internationale Zuständigkeit nach den nationalen Regeln über die örtliche Zuständigkeit gem. §§ 12 ff. ZPO bestimmt. Diesen Regelungen kommt daher eine Doppelfunktion zu[1394]. Für den Gerichtsstand der unerlaubten Handlung ist daher auf **§ 32 ZPO** abzustellen[1395].

376 Bei **Urheberrechtsverletzungen im Internet,** etwa dem rechtswidrigen öffentlichen Zugänglichmachen eines Computerprogramms im Sinne des § 19a UrhG, kann der Rechtsinhaber nach h. M. überall dort Klage erheben, wo die Software abrufbar ist[1396]. Dementsprechend besteht eine „Allzuständigkeit deutscher Gerichte für weltweite Streitigkeiten"[1397]. Dieser sog. **fliegende Gerichtsstand,** der dem Kläger ein **„forum shopping"** ermöglicht, mag zwar legal und legitim sein[1398], hinsichtlich seiner Sinnhaftigkeit bestehen aber Zweifel[1399]. Ob jeder, der das Internet nutzt, bil-

---

[1389] Vgl. *EuGH,* 22.1.2015, C-441/13, CR 2015, 184 Tz. 24 – Hejduk/EnergieAgentur.

[1390] Vgl. *BGH,* 25.10.2016, VI ZR 678/15, NJW 2017, 827, 828 Tz. 16; *LG Hamburg,* 25.10.2013, 310 O 370/13, GRUR-RR 2014, 110; *Wandtke/Bullinger/v. Welser* Vor §§ 120 ff. Rdn. 29a; *Dreier/Schulze* Vor §§ 120 ff. Rdn. 61.

[1391] Vgl. *BGH,* 9.7.2009, Xa ZR 19/08, NJW 2009, 3371 Tz. 13.

[1392] Vgl. *EuGH,* 16.6.2016, C-12/15, NJW 2016, 2167, 2168 Tz. 28; *EuGH,* 16.7.2009, C-189/08, NJW 2009, 3501, 3502 Tz. 23; *BGH,* 5.11.2015, I ZR 91/11, NJW 2016, 2335, 2336 Tz. 17; *Schack* MMR 2000, 135, 137.

[1393] Vgl. *Schack* MMR 2000, 135, 137; *Wandtke/Bullinger/v. Welser* Vor §§ 120 ff. Rdn. 29b.

[1394] Vgl. *LG Hamburg,* 8.7.2016, 310 O 89/15, GRUR-RS 2016, 13761 Tz. 54; *Berger* GRUR Int. 2005, 465; *Schack* MMR 2000, 135, 136; *Wandtke/Bullinger/v. Welser* Vor §§ 120 ff. Rdn. 32.

[1395] Vgl. *BGH,* 21.4.2016, I ZR 43/14, MMR 2016, 767, 768 Tz. 17; *BGH,* 29.3.2011, VI ZR 111/10, MMR 2011, 490 Tz. 6; *LG Hamburg,* 19.6.2015, 308 O 161/13, BeckRS 2015, 18942 Tz. 27; *Schricker/Loewenheim/Katzenberger/Metzger* Vor §§ 120 ff. Rdn. 168; *Dreier/Schulze* Vor §§ 120 ff. Rdn. 64.

[1396] Vgl. *OLG Schleswig,* 13.9.2013, 2 AR 28/13, NJW-RR 2014, 442, 443; *LG Köln,* 6.5.2015, 14 O 123/14, BeckRS 2015, 11189 Tz. 17 f.; *Wandtke/Bullinger/v. Welser* Vor §§ 120 ff. Rdn. 34 m. zahlreichen N.; a. A. *AG Krefeld,* 14.2.2007, 4 C 305/06, MMR 2007, 471, 472.

[1397] Vgl. *Wandtke/Bullinger/v. Welser* Vor §§ 120 ff. Rdn. 34.

[1398] So *LG Frankfurt,* 18.7.2012, 2–06 S 3/12, CR 2012, 682, 683 f.; *Schack* MMR 2000, 135, 139.

[1399] Vgl. *OLG Brandenburg,* 28.11.2016, 1 U 6/16, MMR 2017, 261, 262 Tz. 13 f.; *OLG München,* 2.2.2012, 29 U 3538/11, BeckRS 2012, 08236; *LG Berlin,* 1.6.2007, 16 O 409/07, MMR 2007, 608; *AG Krefeld,* 14.2.2007, 4 C 305/06, MMR 2007, 471, 472; nur bezogen auf den fliegenden Gerichtsstand innerhalb Deutschlands *AG Frankfurt,* 13.2.2012, 31 C 2528/11, CR 2012, 341, 342; dagegen ausdrücklich *LG Frankfurt,* 18.7.2012, 2–06 S 3/12, MMR 2012, 764, 765; siehe auch *AG Frankfurt,* 13.2.2009, 32 C 2323/08–72, MMR 2009, 490.

ligerweise eine **weltweite Gerichtspflichtigkeit** in Kauf nehmen muss[1400], erscheint auch im Hinblick auf das Willkürverbot[1401] und das Gebot des gesetzlichen Richters gem. Art. 101 GG[1402] doch einer näheren Hinterfragung wert[1403]. Zu Recht hat daher das *OLG Köln*[1404] unter Berufung auf die Rechtsprechung des *BGH* zu Wettbewerbsverletzungen im Internet[1405] auch bei einer unberechtigten öffentlichen Zugänglichmachung im Sinne des § 19a UrhG darauf abgestellt, an welchen **Kundenkreis** sich die Internetseiten **bestimmungsgemäß** richten[1406]. Bei einer Seite mit der Top-Level-Domain „uk" und einer **Korrespondenzsprache** allein in **Englisch** und anderen nicht-deutschen Sprachen ist Deutschland nicht Erfolgsort der Handlung. Anders kann aber selbst bei einem englischsprachigen Online-Spiel dann zu entscheiden sein, wenn das betreffende Spiel mit Textangeboten in deutscher Sprache beworben wird[1407]. Auch bei einem in deutscher Sprache gehaltenen Computerspiel ist von einer bestimmungsgemäßen Verbreitung im gesamten Bundesgebiet auszugehen[1408]. Der Standort des Servers ist jedenfalls irrelevant[1409].

b) Das Internationale Privatrecht (IPR) des Urheberrechts

Schrifttum: *Bollacher*, Internationales Privatrecht, Urheberrecht und Internet. Das auf länderübergreifende Sachverhalte anwendbare Recht, 2005; *Buchner*, Rom II und das Internationale Immaterial- und Wettbewerbsrecht, GRUR Int. 2005, 1004 ff.; *Heiss/Loacker*, Die Vergemeinschaftung des Kollisionsrechts der außervertraglichen Schuldverhältnisse durch Rom II, Juristische Blätter 2007, 613 ff.; *Junker, M.*, Anwendbares Recht und internationale Zuständigkeit bei Urheberrechtsverletzungen im Internet, 2002; *Muth*, Die Bestimmung des anwendbaren Rechts bei Urheberrechtsverletzungen im Internet, 2000; *Obergfell*, Das Schutzlandprinzip und „Rom II" – Bedeutung und Konsequenzen für das Internationale Urheberrecht, IPRax 2005, 9 ff.; *Plenter*, Internetspezifische Urheberrechtsverletzungen – eine kollisionsrechtliche Herausforderung an Europa?, 2003; *Schack*, Internationale Urheber-, Marken- und Wettbewerbsrechtsverletzungen im Internet. Internationales Privatrecht, MMR 2000, 59 ff.; *Spindler*, Die kollisionsrechtliche Behandlung von Urheberrechtsverletzungen im Internet, IPRax 2003, 412 ff.; *Thum*, Internationalprivatrechtliche Aspekte der Verwertung urheberrechtlich geschützter Werke im Internet. Zugleich ein Bericht über eine WIPO-Expertensitzung in Genf, GRUR Int. 2001, 9 ff.

[1400] So etwa *Wandtke/Bullinger/v. Welser* Vor §§ 120 ff. Rdn. 34; wohl auch *LG Frankfurt*, 18.7.2012, 2–06 S 3/12, CR 2012, 682, 683 f.

[1401] Vgl. *OLG Celle*, 17.10.2002, 4 AR 81/02, BeckRS 2002, 30288502; *LG Krefeld*, 14.9.2007, 1 S 32/07, MMR 2007, 798; *AG Frankfurt*, 1.12.2011, 30 C 1849/11, BeckRS 2012, 00425; *AG Krefeld*, 14.2.2007, 4 C 305/06, MMR 2007, 471, 472.

[1402] Vgl. *AG Frankfurt*, 1.12.2011, 30 C 1849/11, BeckRS 2012, 00425; *AG Krefeld*, 14.2.2007, 4 C 305/06, MMR 2007, 471, 472.

[1403] Ansätze zur Beschränkung der weltweiten Gerichtspflichtigkeit entwickelt etwa *AG Krefeld*, 14.2.2007, 4 C 305/06, MMR 2007, 471, 472; ferner *Berger*, GRUR Int. 2005, 465, 467 ff.

[1404] Vgl. *OLG Köln*, 30.10.2007, 6 W 161/07, NJW-RR 2008, 359.

[1405] Vgl. *BGH*, 29.6.2016, I ZR 160/15, NJW-RR 2017, 549, 550 Tz. 15; *BGH*, 12.12.2013, I ZR 131/12, GRUR 2014, 601, 602 Tz. 26; *BGH*, 30.3.2006, I ZR 24/03, NJW 2006, 2630 ff.

[1406] Anders *BGH*, 21.4.2016, I ZR 43/14, MMR 2016, 767, 768 Tz. 18; zuvor aber *BGH*, 5.3.2015, I ZR 161/13, GRUR 2015, 1004, 1005 Tz. 15; *OLG Brandenburg*, 28.11.2016, 1 U 6/16, MMR 2017, 261, 262 Tz. 13 ff.; *OLG Schleswig*, 13.9.2013, 2 AR 28/13, NJW-RR 2014, 442, 443; *OLG München*, 2.2.2012, 29 U 3538/11, BeckRS 2012, 08236; *LG München I*, 17.12.2014, 37 O 8778/14, MMR 2015, 467, 468; *LG Berlin*, 1.6.2007, 16 O 409/07, MMR 2007, 608; im Grundsatz zustimmend aber den konkreten Fall anders bewertend *KG Berlin*, 13.7.2007, 5 W 173/07, MMR 2007, 652, 653; ferner *LG Krefeld*, 14.9.2007, 1 S 32/07, MMR 2007, 798 f; *AG Frankfurt*, 13.2.2012, 31 C 2528/11, CR 2012, 341, 342; *Wemmer/Bodensiek* K&R 2010, 16, 18.

[1407] Vgl. *Wemmer/Bodensiek* K&R 2010, 16, 18.

[1408] Vgl. *LG Köln*, 6.5.2015, 14 O 123/14, BeckRS 2015, 11189 Tz. 17 f.

[1409] Vgl. *OLG Schleswig*, 13.9.2013, 2 AR 28/13, NJW-RR 2014, 442, 443; *OLG München*, 2.2.2012, 29 U 3538/11, BeckRS 2012, 08236.

377 Die §§ 120 ff. UrhG enthalten **keine Regelung des internationalen Privatrechts (IPR) des Urheberrechts**, bezeichnen also nicht das anwendbare Recht, das etwa auf Urheberrechtsverletzungen mit internationalem Bezug anwendbar ist. Die Frage, welches nationale Urheberrecht anzuwenden ist, beurteilt sich daher nach dem deutschen internationalen Privatrecht[1410]. Sie ist im gerichtlichen Verfahren von Amts wegen zu prüfen, auch in der Revisionsinstanz[1411].

378 Die für Urheberrechtsverletzungen wohl wichtigsten Vorschriften finden sich in der Verordnung (EG) Nr. 864/2007 des Europäischen Parlaments und des Rates vom 11.7.2007 über das auf außervertragliche Schuldverhältnisse anzuwendende Recht („Rom II")[1412]. Diese Verordnung trägt aus historischen und systematischen Gründen[1413] schon in ihrem offiziellen Titel den Namen „Rom II", weshalb sie vielfach nur als **Rom II-Verordnung** bezeichnet und Rom II-VO abgekürzt wird. Die Verordnung trat gem. Art. 32 Rom II-VO am **11.1.2009** in Kraft und ist gem. Art. 31 Rom II-VO auf alle schadensbegründenden Ereignisse anzuwenden, die nach ihrem Inkrafttreten eingetreten sind[1414]. Beachtet werden muss schon an dieser Stelle, dass der Begriff des Schadens gem. Art. 2 Rom II-VO **sämtliche Folgen einer unerlaubten Handlung,** einer **ungerechtfertigten Bereicherung,** einer Geschäftsführung ohne Auftrag oder eines Verschuldens bei Vertragsverhandlungen („culpa in contrahendo") umfasst. Die einheitliche Anknüpfung soll Zuordnungsprobleme vermeiden und einen Gleichlauf mit konkurrierenden Ansprüchen insbesondere wegen einer ungerechtfertigten Bereicherung sicherstellen[1415]. Art. 13 Rom II-VO bringt dies durch einen Rückverweis auf die Regelung des Art. 8 Rom II-VO zu Verletzungen von Rechten des geistigen Eigentums ausdrücklich zur Geltung.

379 Die Rom II-VO gilt gem. Art. 288 Abs. 2 AEUV **unmittelbar** in jedem Mitgliedstaat der EU, gem. Art. 1 Abs. 4 Rom II-VO aber mit Ausnahme Dänemarks. Mit dieser Einschränkung ist sie in allen Mitgliedstaaten der EU verbindlich. Ergänzt und vervollständigt wurde das europäische IPR durch die Verordnung (EG) Nr. 593/2008 des Europäischen Parlaments und des Rates vom 17. 6. 2008 über das auf **vertragliche Schuldverhältnisse** anzuwendende Recht („Rom I")[1416]. Gem. Art. 28 Rom I-VO wird diese Verordnung auf Verträge angewandt, die nach dem **17. Dezember 2009** geschlossen werden. Für die Frage nach der Anwendbarkeit des außervertraglichen Immaterialgüterrechts, also auch des Urheberrechts, enthält die Rom I-VO aber keine Regelung[1417].

380 Gem. Art. 8 Abs. 1 Rom II-VO ist auf außervertragliche Schuldverhältnisse aus einer Verletzung von Rechten des **geistigen Eigentums** das Recht des Staates anzuwenden, **für den** der **Schutz beansprucht wird**[1418]. Ausweislich des 26. Erwägungsgrundes zur Rom II-VO soll der Ausdruck „Rechte des geistigen Eigentums" dahin interpretiert werden, dass er neben den gewerblichen Schutzrechten auch **Urheberrechte**[1419], verwandte Schutzrechte und das Schutzrecht sui generis für Datenbanken

---

[1410] Vgl. *BGH,* 24.5.2007, I ZR 42/04, GRUR 2007, 691, 692 Tz. 21.
[1411] Vgl. *BGH,* 24.5.2007, I ZR 42/04, GRUR 2007, 691, 692 Tz. 21.
[1412] Vgl. ABl.EU Nr. L 199 vom 31.7.2007, S. 40 ff.
[1413] Vgl. hierzu *Junker* NJW 2007, 3675, 3676.
[1414] Vgl. *BGH,* 24.9.2014, I ZR 35/11, MMR 2015, 324, 326 Tz. 24; *LG Berlin,* 28.11.2014, 15 O 601/12, CR 2015, 74, 75.
[1415] Vgl. *Junker* NJW 2007, 3675, 3680.
[1416] Vgl. ABl.EU Nr. L 177 vom 4.7.2008, S. 6 ff.
[1417] Vgl. *Lejeune* ITRB 2010, 66, 67.
[1418] Vgl. *BGH,* 5.11.2015, I ZR 91/11, NJW 2016, 2335, 2337 Tz. 24; *LG Hamburg,* 17.6.2016, 308 O 161/13, BeckRS 2016, 12262 Tz. 38.
[1419] Vgl. *Werner* CR 2013, 516, 521; *Dreier/Schulze* Vor § 120 Rdn. 28.

umfasst. Damit deckt sich Art. 8 Abs. 1 Rom II-VO zugleich aber inhaltlich mit der bisherigen Rechtsprechung des *BGH*[1420] sowie der h. M. im Schrifttum[1421], denen zufolge schon bislang das sog. **Schutzlandprinzip** galt.

Nach dem Schutzlandprinzip beurteilen sich Urheberrechtsverletzungen nach dem Recht des Landes **für dessen Gebiet** der Verletzte gerichtlichen Schutz in Anspruch nimmt (lex loci protectionis), nicht aber etwa nach dem Land, **in dem** Schutz gesucht wird. Hergeleitet wird das Schutzlandprinzip sowohl aus Art. 5 Abs. 2 S. 2 Revidierte Berner Übereinkunft[1422] als auch meist aus dem sachrechtlichen **Territorialitätsprinzip**. Diesem Prinzip zufolge bleiben nationale Immaterialgüterrechte in ihrer Geltung auf das Gebiet desjenigen Landes beschränkt, das sie bei Vorliegen der nationalen gesetzlichen Voraussetzungen anerkennt[1423]. Folge dieses Prinzip ist es, dass der Urheber nicht ein einziges, einheitliches und länderübergreifendes Immaterialgüterrecht geltend machen kann. Ihm steht vielmehr ein „**Bündel nationaler Rechte**" zu, deren einzelne Voraussetzungen und Rechtsfolgen dem jeweiligen nationalen Recht zu entnehmen sind und die sich folglich in Inhalt, Umfang, Schutzdauer und sogar hinsichtlich der Rechtsinhaberschaft unterscheiden können[1424]. Wenn daher ein klagender Softwarehersteller einen anderen Softwarehersteller und -händler wegen des Vertriebs der Software in Deutschland in Anspruch nehmen möchte, ist deutsches Urheberrecht anwendbar[1425]. Die Frage, wer als Urheber und damit als Inhaber des Urheberrechts an dem Computerprogramm anzusehen ist, ist folglich ebenso nach deutschem Urheberrecht zu beurteilen, wie die Frage, ob urheberrechtliche Befugnisse übertragbar sind[1426]. Urhebervertragsrechtliche Fragen, wie etwa diejenige nach der durch Auslegung eines Vertrags zu klärenden Reichweite eines urheberrechtlichen Nutzungsrechts, sind demgegenüber grundsätzlich nicht nach dem Schutzlandprinzip, sondern nach dem **Vertragsstatut** zu beurteilen[1427].

Das **Universalitätsprinzip,** demzufolge das Urheberrecht ein im Ursprungsland entstandenes einziges Recht des Urhebers darstellt und dessen Wirkungen weltweit

---

[1420] Vgl. *BGH,* 24.9.2014, I ZR 35/11, MMR 2015, 324, 326 Tz. 24; *BGH,* 20.9.2012, I ZR 90/09, GRUR 2013, 509, 510 Tz. 22; *BGH,* 24.5.2007, I ZR 42/04, GRUR 2007, 691, 692 Tz. 22; zustimmend *OLG Frankfurt,* 13.5.2014, 11 U 62/13, GRUR 2014, 863, 864; *OLG Hamm,* 7.8.2007, 4 U 14/07 BeckRS 2007, 17804, insoweit nicht abgedruckt in GRUR-RR 2008, 154 und CR 2008, 280; *LG Mannheim,* 15.12.2006, 7 O 129/06, MMR 2007, 335, 336.

[1421] Vgl. *Dreier/Schulze* Vor §§ 120 ff. Rdn. 28; *Schricker/Loewenheim/Katzenberger/Metzger* Vor §§ 120 ff. Rdn. 113; *Wandtke/Bullinger/v. Welser* Vor §§ 120 ff. Rdn. 4; *Buchner* GRUR Int. 2005, 1004, 1005.

[1422] Vgl. *Wemmer/Bodensiek* K&R 2010, 16, 17; *Wandtke/Bullinger/v. Welser* Vor §§ 120 ff. Rdn. 9 ff.

[1423] Vgl. *EuGH,* 22.1.2015, C-441/13, CR 2015, 184 Tz. 22 – Hejduk/EnergieAgentur; *BGH,* 16.6.1994, I ZR 24/92, NJW 1994, 2888, 2889; *Dreier/Schulze* Vor §§ 120 ff. Rdn. 28; *Wandtke/Bullinger/v. Welser* Vor §§ 120 ff. Rdn. 5; *Schricker/Loewenheim/Katzenberger/Metzger* Vor §§ 120 ff. Rdn. 112; *Buchner* GRUR Int. 2005, 1004, 1005.

[1424] Vgl. *BVerfG,* 23.1.1990, 1 BvR 306/86, NJW 1990, 2189, 2191; *BGH,* 5.11.2015, I ZR 91/11, NJW 2016, 2335, 2337 Tz. 24; *BGH,* 24.9.2014, I ZR 35/11, NJW 2015, 1690, 1691 Tz. 24; *BGH,* 24.5.2007, I ZR 42/04, GRUR 2007, 691 Tz. 18; *LG Hamburg,* 17.6.2016, 308 O 161/13, BeckRS 2016, 12262 Tz. 38; *Schricker/Loewenheim/Katzenberger/Metzger* Vor §§ 120 ff. Rdn. 110; *Dreier/Schulze* Vor §§ 120 ff. Rdn. 28; *Wandtke/Bullinger/v. Welser* Vor §§ 120 ff. Rdn. 5; *Buchner* GRUR Int. 2005, 1004, 1005.

[1425] Vgl. *OLG Hamm,* 7.8.2007, 4 U 14/07 BeckRS 2007, 17804, insoweit nicht abgedruckt in GRUR-RR 2008, 154 und CR 2008, 280.

[1426] Vgl. *BGH,* 20.9.2012, I ZR 90/09, GRUR 2013, 509, 510 Tz. 22; *OLG Frankfurt,* 13.5.2014, 11 U 62/13, GRUR 2014, 863, 864; *KG Berlin,* 17.3.2010, 24 U 117/08, CR 2010, 424.

[1427] Vgl. *BGH,* 24.9.2014, I ZR 35/11, MMR 2015, 324, 327 Tz. 41.

anzuerkennen sind, findet sich in Art. 8 Rom II-VO nicht wieder. Die EG-Kommission hat sich in ihrem Richtlinienvorschlag vielmehr ausdrücklich auf das Territorialitätsprinzip berufen[1428].

383 Unter Geltung des Territorialitätsprinzips kann eine Urheberrechtsverletzung des jeweiligen nationalen Urheberrechts auch nur durch eine **im jeweiligen Inland begangene Handlung** verletzt werden, nicht aber durch eine ausschließlich im Ausland begangene Handlung[1429]. Die damit erforderliche „**territoriale Lokalisierung**"[1430] des Eingriffs in ein fremdes Urheberrecht bereitet mitunter erhebliche Schwierigkeiten, etwa bei der Bestimmung des Handlungsorts eines Eingriffs in das Recht der öffentlichen Zugänglichmachung gem. § 19a UrhG, etwa beim rechtswidrigen Bereitstellen von Software im Internet zum Download. In Betracht kommen der Standort des betreffenden Servers, der Ort des Hochladens oder jeder Ort, an dem das Programm abgerufen werden kann. Diese Frage wurde bereits bei der Bestimmung der internationalen Zuständigkeit deutscher Gerichte aufgeworfen[1431]. Sie ist durch Art. 8 Rom II-VO nicht beantwortet[1432]. Schließt man sich der im Schrifttum vor Inkrafttreten der Rom II-VO vertretenen einschränkenden autonomen Auslegung an, ist entscheidend, für welches Land oder welche Länder die Zugänglichmachung **intendiert** war[1433]. Dafür spricht, dass so die Anwendung der **sachnahen Rechtsordnung** erreicht wird[1434].

384 Unter Geltung des Art. 8 Abs. 3 Rom II-VO ist die frühere umstrittene Frage nach der **Zulässigkeit einer Rechtswahl** im Internationalen Immaterialgüterrecht nicht mehr offen[1435]. Von dem nach Art. 8 Abs. 1 und 2 Rom II-VO anzuwendenden Recht kann nicht durch eine Rechtswahlvereinbarung nach Art. 14 Rom II-VO **abgewichen werden**. Dem steht die ausdrückliche Regelung des Art. 8 Abs. 3 Rom II-VO entgegen. Art. 8 Rom II-VO ist daher **zwingendes Recht** und der Disposition der Parteien entzogen.

c) Die Anwendung des deutschen Urheberrechts auf deutsche und ausländische Urheber

385 Sofern die oben dargestellten Regelungen des IPR zur Anwendung des deutschen UrhG führen, ist bei Urheberrechtsverletzungen mit internationalem Bezug auf das sog. **Fremdenrecht** der §§ 120 ff. UrhG zurückzugreifen. Die **§§ 120 bis 123 UrhG** regeln die Fragen bezüglich der **Urheber,** die §§ 124 bis 128 UrhG enthalten die Regelungen für die Inhaber der verwandten Schutzrechte.

aa) Deutsche Staatsangehörige und gleichgestellte Personen

386 Den **vollen** urheberrechtlichen **Schutz** für alle ihre Werke unabhängig davon, ob und wo die Werke erschienen sind, genießen gem. § 120 Abs. 1 S. 1 UrhG **deutsche**

[1428] Vgl. den Vorschlag der Kommission der Europäischen Gemeinschaft für eine Verordnung des Europäischen Parlaments und des Rates über das auf außervertragliche Schuldverhältnisse anzuwendende Recht („Rom II") vom 22.7.2003, KOM (2003) 427 endg., S. 22, Begründung zu Art. 8.
[1429] Vgl. *BGH,* 24.5.2007, I ZR 42/04, GRUR 2007, 691, 692 f. Tz. 31; *BGH,* 16.6.1994, I ZR 24/92, NJW 1994, 2888, 2889; *Dreier/Schulze* Vor §§ 120 ff. Rdn. 32; *Schricker/Loewenheim/Katzenberger/Metzger* Vor §§ 120 ff. Rdn. 112; *v. Ungern-Sternberg* GRUR 2008, 193, 200.
[1430] Den Begriff verwendet *Buchner* GRUR Int. 2005, 1004, 1007.
[1431] Vgl. hierzu oben Rdn. 376.
[1432] So wohl auch *Buchner* GRUR Int. 2005, 1004, 1007.
[1433] Vgl. *Dreier/Schulze* Vor §§ 120 ff. Rdn. 42; *Buchner* GRUR Int. 2005, 1004, 1007.
[1434] Vgl. *Buchner* GRUR Int. 2005, 1004, 1007.
[1435] Zum alten Recht *BGH,* 24.5.2007, I ZR 42/04, GRUR 2007, 691, 692 Tz. 21 m. zahlreichen N.

Staatsangehörige. Dabei ist entscheidend auf die Staatsbürgerschaft des **ersten Urhebers**, bei Computersoftware also etwa auf die Staatsbürgerschaft des Programmierers abzustellen, nicht aber auf diejenige von Personen, die Rechte vom Urheber ableiten, wie beispielsweise Erben[1436] oder die Inhaber von Nutzungsrechten[1437]. Dies muss auch im Rahmen des Rechtsübergangs vom programmschaffenden **Arbeitnehmer** auf den Arbeitgeber gem. § 69b UrhG berücksichtigt werden.

Den deutschen Staatsangehörigen gleichgestellt sind gem. § 120 Abs. 2 Nr. 1 UrhG **Deutsche im Sinne des Art. 116 Abs. 1 GG,** die nicht die deutsche Staatsangehörigkeit besitzen. Gleichgestellt sind darüber hinaus gem. § 120 Abs. 2 Nr. 2 UrhG den deutschen Staatsangehörigen auch Staatsangehörige eines **anderen Mitgliedsstaates der Europäischen Union** oder eines anderen Vertragsstaats des **Abkommens über den Europäischen Wirtschaftsraum** (EWR)[1438]. Ein österreichischer und ein britischer Programmierer genießen daher den vollen Schutz des deutsches UrhG[1439]. Da Urheberrechte und verwandte Schutzrechte dem **Diskriminierungsverbot des Art. 18 Abs. 1 AEUV** unterfallen[1440], wäre eine Ungleichbehandlung mit EU-Recht unvereinbar, weshalb jeder EU-Angehörige wegen der unmittelbaren Geltung des Art. 18 AEUV in den Mitgliedstaaten[1441] Gleichbehandlung verlangen könnte[1442]. Ein mitgliedstaatlicher Vollzugsakt im Anschluss an die grundlegende Entscheidung des *EuGH*[1443] war daher eigentlich überflüssig. Die 1995 ins UrhG eingefügte Regelung des § 120 Abs. 2 Nr. 2 UrhG hat folglich nur klarstellende Funktion[1444]. Ein niederländischer Softwarehersteller fällt daher in den persönlichen Geltungsbereich des deutschen UrhG[1445]. Zu den ebenfalls der Gleichstellung unterworfenen **EWR-Staaten** zählen Island, Liechtenstein und Norwegen.

387

bb) Miturheber

Ist ein Werk von Miturhebern im Sinne des § 8 UrhG geschaffen, so genügt es gem. § 120 Abs. 1 S. 2 UrhG für das Eingreifen des vollen Schutzes des deutschen UrhG, wenn **ein Miturheber** deutscher Staatsangehöriger ist. Gleiches gilt, wenn auch nur ein Miturheber zum Kreis der Gleichgestellten gem. § 120 Abs. 2 UrhG zählt. Auch **ausländische Miturheber,** die eigentlich nicht gleichgestellt sind, können sich daher auf das deutsche UrhG berufen, sofern nur ein Miturheber die deutsche

388

[1436] Vgl. *BGH*, 30.3.2000, I ZR 133/97, GRUR 2000, 1020, 1022.
[1437] Vgl. *OLG Frankfurt*, 29.4.1997, 11 U 117/95, GRUR 1998, 47, 49; *Wandtke/Bullinger/v. Welser* § 120 Rdn. 1; *Dreier/Schulze* § 120 Rdn. 3; *Schricker/Loewenheim/Katzenberger/Metzger* § 120 Rdn. 10.
[1438] Vgl. *LG Leipzig*, 2.6.2015, 05 O 1531/15, MMR 2016, 417, 418.
[1439] Vgl. *LG Frankfurt*, 6.9.2006, 2–06 O 224/06, CR 2006, 729, 730; für einen britischen Fotografen *LG München I*, 18.9.2008, 7 O 8506/07, MMR 2009, 137.
[1440] Vgl. *EuGH*, 20.10.1993, Verb. Rechtssachen C-92/92 und C-326/92, GRUR Int. 1994, 53, 55 noch zur Vorläufervorschrift des Art. 7 Abs. 1 EWG-Vertrag; *BGH*, 6.10.1994, I ZR 155/90, NJW 1995, 868 zu Art. 6 Abs. 1 EGV; zu Art. 12 Abs. 1 EGV *BGH*, 30.3.2000, I ZR 133/97, GRUR 2000, 1020, 1021; *Schricker/Loewenheim/Katzenberger/Metzger* § 120 Rdn. 4; *Dreier/Schulze* § 120 Rdn. 8; *Wandtke/Bullinger/v. Welser* § 120 Rdn. 3.
[1441] Vgl. *Grabitz/v. Bogdandy*, Das Recht der Europäischen Union, Art. 12 EGV Rdn. 2.
[1442] Vgl. *BGH*, 21.4.1994, I ZR 31/92, NJW 1994, 2607, 2608.
[1443] Vgl. *EuGH*, 20.10.1993, Verb. Rechtssachen C-92/92 und C-326/92, GRUR Int. 1994, 53 ff. – Phil Collins.
[1444] Vgl. die Begründung des Regierungsentwurfs zur Urheberrechtsnovelle 1995, BT-Drucks. 13/781 vom 13.3.1995, S. 11.
[1445] Vgl. *OLG Hamm*, 7.8.2007, 4 U 14/07 BeckRS 2007, 17804, insoweit nicht abgedruckt in GRUR-RR 2008, 154 und CR 2008, 280.

Staatsangehörigkeit besitzt oder zum Kreis der Gleichgestellten zählt[1446]. Für **Werkverbindungen** gem. § 9 UrhG oder **Bearbeitungen** gem. § 3 UrhG gilt § 120 Abs. 1 S. 2 UrhG **nicht**[1447]. Daher ist etwa bei neuen Programmversionen (Bearbeitung gem. § 3 UrhG) gesondert zu prüfen, ob § 120 Abs. 1 S. 2 UrhG erfüllt ist. Auf die Vorversion kommt es diesbezüglich nicht an.

cc) Ausländische Staatsangehörige

389   Gem. § 121 Abs. 1 S. 1 UrhG genießen ausländische Staatsangehörige den urheberrechtlichen Schutz für ihre **im Geltungsbereich des UrhG erschienenen Werke**, es sei denn, dass das Werk oder eine Übersetzung des Werkes früher als dreißig Tage vor dem Erscheinen im Geltungsbereich des UrhG außerhalb dieses Gebiets erschienen ist. Gem. der Legaldefinition des Erscheinens in § 6 Abs. 2 S. 1 UrhG ist ein Werk erschienen, wenn mit Zustimmung des Berechtigten Vervielfältigungsstücke des Werks nach ihrer Herstellung in genügender Anzahl **der Öffentlichkeit angeboten** oder **in Verkehr gebracht** worden sind. Auch wenn der Wortlaut des § 6 Abs. 2 S. 1 UrhG („nach ihrer Herstellung") dafür zu sprechen scheint, dass ein Bereitstellen eines Computerprogramms im Internet zum **Download** kein Erscheinen darstellt, weil die Anwender die Vervielfältigung erst durch den Download anfertigen, ist dies im Ergebnis nicht zutreffend. Das Speichern auf dem Server bedingt die Herstellung eines Vervielfältigungsstücks, das anschließend der Öffentlichkeit angeboten wird, sodass ein Erscheinen im Sinne des § 6 Abs. 2 S. 1 UrhG zu bejahen ist[1448]. Bei geschlossenen Benutzergruppen kann dies mangels Öffentlichkeit anders zu beurteilen sein[1449].

390   Der oben dargestellte Schutz ausländischer Staatsangehöriger nach § 121 Abs. 1 UrhG kann gem. § 121 Abs. 3 UrhG durch Rechtsverordnung des Bundesministers der Justiz beschränkt werden. Von dieser Möglichkeit wurde aber bislang ebenso wenig Gebrauch gemacht wie von der Möglichkeit der Bekanntmachung entsprechenden Schutzes bestimmter ausländischer Staatsangehöriger gem. § 121 Abs. 4 UrhG[1450]. Gem. § 121 Abs. 6 UrhG genießen ausländische Staatsangehörige den urheberpersönlichkeitsrechtlichen Schutz der **§§ 12 bis 14 UrhG** auch dann, wenn die Voraussetzungen von § 121 Abs. 1 bis 5 UrhG nicht vorliegen. Die Urheberpersönlichkeitsrechte spielen bei Computersoftware aber eine völlig untergeordnete Rolle[1451].

391   **Im Übrigen,** also wenn kein Schutz nach § 121 Abs. 1 UrhG eingreift[1452], genießen ausländische Staatsangehörige gem. § 121 Abs. 4 S. 1 UrhG den urheberrechtlichen Schutz nach Inhalt der **Staatsverträge.** Die wichtigsten Staatsverträge im Sinne des § 121 Abs. 4 S. 1 UrhG stellen das Übereinkommen über handelsbezogene Aspekte der Rechte des geistigen Eigentums (**TRIPS-Übereinkommen**), die Berner Übereinkunft zum Schutz von Werken der Literatur und Kunst (**RBÜ**) unter Ein-

---

[1446] Vgl. *Dreier/Schulze* § 120 Rdn. 10; *Schricker/Loewenheim/Katzenberger/Metzger* § 120 Rdn. 11.

[1447] Vgl. *Wandtke/Bullinger/v. Welser* § 120 Rdn. 5; *Schricker/Loewenheim/Katzenberger/Metzger* § 120 Rdn. 12.

[1448] Vgl. *Dreier/Schulze* § 6 Rdn. 16; *Schricker/Loewenheim/Katzenberger/Metzger* § 6 Rdn. 55. Zum entsprechenden Problem der Veröffentlichung gem. Art. 3 Abs. 3 RBÜ *Thum* GRUR Int. 2001, 9, 10.

[1449] Vgl. *Schricker/Loewenheim/Katzenberger/Metzger* § 6 Rdn. 52.

[1450] Vgl. *Schricker/Loewenheim/Katzenberger/Metzger* § 121 Rdn. 9 sowie 12.

[1451] Vgl. hierzu oben Rdn. 285.

[1452] Vgl. *Schricker/Loewenheim/Katzenberger/Metzger* § 121 Rdn. 10 unter Hinweis auch auf den hier nicht relevanten § 121 Abs. 2 UrhG.

schluss des WIPO-Urheberrechtsvertrags (**WCT**) sowie das Welturheberrechtsabkommen (**WUA**) dar. Diese Verträge sind auch im Rahmen der Auslegung des europäischen Unionsrechts zu berücksichtigen, denn dieses ist nach Möglichkeit im Licht des Völkerrechts auszulegen[1453].

(1) **Das Übereinkommen über handelsbezogene Aspekte der Rechte des geistigen Eigentums (TRIPS-Übereinkommen)**

Schrifttum: *Lehmann*, TRIPS/WTO und der internationale Schutz von Computerprogrammen, CR 1996, 2 ff.; *Katzenberger*, TRIPS und das Urheberrecht, GRUR Int. 1995, 447 ff.

Das „Agreement on Trade-Related Aspects of Intellectual Property Rights, Including Trade in Counterfeit Goods"[1454] (**TRIPS**) wurde als Bestandteil des Übereinkommens zur Errichtung der Welthandelsorganisation vom 15.4.1994 abgeschlossen. Es ist als „Übereinkommen über handelsbezogene Aspekte der Rechte des geistigen Eigentums (TRIPS-Übereinkommen)" für die Bundesrepublik Deutschland zum **1.1.1995** in Kraft getreten[1455]. Zahlenmäßig ist es mit 164 Mitgliedern (Stand 29.7.2016)[1456] eines der größten internationalen Abkommen auf dem Gebiet des Urheberrechts.   392

Das TRIPS-Übereinkommen führt zu einem **Mindestschutz** im Bereich der Rechte des geistigen Eigentums, zu dem gem. Art. 9 bis 14 TRIPS auch das Urheberrecht und die verwandten Schutzrechte zählen. Gem. Art. 1 Abs. 1 S. 2 TRIPS dürfen die Mitglieder in ihrem Recht einen **umfassenderen** Schutz als den durch das TRIPS-Übereinkommen geforderten Schutz aufnehmen, soweit dieser Schutz nicht dem TRIPS-Übereinkommen zuwider läuft. Sie sind hierzu aber nicht verpflichtet. Gem. Art. 2 Abs. 2 TRIPS bleiben die Verpflichtungen der Mitglieder nach der RBÜ unberührt.   393

Gem. Art. 3 Abs. 1 TRIPS gewähren die Mitglieder den Angehörigen der anderen Mitglieder eine Behandlung, die nicht weniger günstig ist als die, die sie ihren eigenen Angehörigen in Bezug auf den Schutz des geistigen Eigentums gewähren (**Grundsatz der Inländerbehandlung**). Darüber hinaus müssen nach Art. 4 S. 1 TRIPS Vorteile, Vergünstigungen, Sonderrechte und Befreiungen, die von einem Mitglied den Angehörigen eines anderen Landes gewährt werden, sofort und bedingungslos den Angehörigen aller anderen Mitglieder gewährt werden (**Grundsatz der Meistbegünstigung**). Art. 18 Abs. 1 AEUV (Diskriminierungsverbot) soll hiervon aber ausgenommen sein[1457].   394

Gem. Art. 9 Abs. 1 TRIPS müssen die Mitglieder die **Art. 1 bis 21 der Berner Übereinkunft (1971)** und den Anhang dazu befolgen. Lediglich die urheberpersönlichkeitsrechtlichen Vorgaben des Art. 6bis RBÜ müssen nicht gewährt werden. Im Ergebnis müssen daher alle TRIPS-Mitgliedstaaten die RBÜ beachten[1458].   395

Für **Computerprogramme** stellt Art. 10 Abs. 1 TRIPS ausdrücklich fest, dass sie unabhängig davon, ob sie in Quellcode oder in Maschinencode ausgedrückt sind, als Werke der Literatur nach der RBÜ (1971) geschützt sind. Da dies für die RBÜ   396

[1453] Vgl. *EuGH*, 13.5.2015, C-516/13, MMR 2015, 604 Tz. 23; softwarespezifisch *EuGH*, 22.12.2010, C-393/09, GRUR 2011, 220, 222 Tz. 30 – BSA/Kulturministerium; *EuGH*, 16.7.2009, C-5/08, GRUR 2009, 1041, 1044 Tz. 32 – Infopaq.
[1454] Abgedruckt in GRUR Int. 1994, 128 ff.
[1455] Vgl. BGBl. II S. 1730.
[1456] Einen aktuellen Überblick über den Mitgliederstand bietet www.wto.org.
[1457] Vgl. *Katzenberger* GRUR Int. 1995, 447, 462 noch unter Bezugnahme auf Art. 6 Abs. 1 EGV.
[1458] Vgl. *Lehmann* CR 1996, 2, 3.

umstritten war[1459], basiert das TRIPS-Übereinkommen daher auf dem sog. Bernplus-Gedanken[1460]. Gem. Art. 11 S. 1 TRIPS werden die Mitglieder verpflichtet, zumindest für Computerprogramme ihren Urhebern und Rechtsnachfolgern das Recht zu gewähren, die **gewerbliche Vermietung** von Originalen oder Vervielfältigungsstücken ihrer urheberrechtlich geschützten Werke an die Öffentlichkeit zu gestatten oder zu verbieten. Diese Verpflichtung soll aber gem. Art. 11 S. 3 TRIPS keine Anwendung auf Vermietungen finden, bei denen das Programm selbst nicht den wesentlichen Gegenstand der Vermietung darstellt[1461]. Die Schutzdauer wird in Art. 12 TRIPS für alle urheberrechtlich geschützten Werke auf mindestens **50 Jahre** ab der gestatteten Veröffentlichung oder Herstellung des Werkes bzw. post mortem auctoris festgelegt. Gem. Art. 1 Abs. 1 der Richtlinie 2006/116/EG des Europäischen Parlaments und des Rates vom 12.12.2006 über die Schutzdauer des Urheberrechts und bestimmter verwandter Schutzrechte[1462] gilt in der EU aber ohnehin die Schutzdauer von 70 Jahren nach dem Tode des Urhebers.

(2) Die Berner Übereinkunft zum Schutz von Werken der Literatur und Kunst (RBÜ)

397 Der bedeutendste und älteste mehrseitige völkerrechtliche Vertrag auf dem Gebiet des Urheberrechts ist die Berner Übereinkunft zum Schutz von Werken der Literatur und Kunst vom 9.9.1886. Die Berner Übereinkunft wurde seither vielfach überarbeitet und angepasst. Sie wurde in **Paris** vervollständigt (4.5.1896), in **Berlin** überarbeitet (13.11.1908), in **Bern** vervollständigt (20.3.1914), in **Rom** überarbeitet (2.6.1928), in **Brüssel** überarbeitet (26.6.1948), in **Stockholm** überarbeitet (14.7.1967), in **Paris** überarbeitet (24.7.1971) sowie ergänzt am 29.9.1979[1463]. Seit der Berliner Revision im Jahre 1908 wird die Übereinkunft als „Revidierte Berner Übereinkunft" (**RBÜ**) bezeichnet[1464]. Vielfach wird jedoch auch von der Berner Übereinkunft mit Klammerzusatz einer Jahreszahl gesprochen, wodurch die jeweils gemeinte Konventionsfassung präzise bestimmt wird. Im TRIPS-Übereinkommen wird etwa von der **Berner Übereinkunft (1971)** gesprochen. Gem. Art. 9 Abs. 1 S. 1 TRIPS befolgen die TRIPS-Mitglieder die Art. 1 bis 21 der Berner Übereinkunft (1971) nebst Anhang. Da das TRIPS-Übereinkommen darüber hinausgehende Regelungen enthält, ist die RBÜ für die TRIPS-Mitglieder nicht mehr von der gleichen herausragenden Bedeutung wie früher. Die RBÜ wird aber auch hier weiter benötigt, da das TRIPS-Übereinkommen auf der RBÜ aufbaut[1465]. Insgesamt sind 174 Länder der Berner Übereinkunft beigetreten (Stand: 6.7.2017)[1466].

398 Die RBÜ ist ein mehrseitiger völkerrechtlicher Vertrag, auf dessen Vorschriften sich auch eine Privatperson unmittelbar berufen kann[1467]. Gem. Art. 1 RBÜ bilden die vertragsschließenden Länder einen Verbund zum Schutz der Rechte der Urheber an ihren Werken der Literatur und Kunst, weshalb in der RBÜ auch von den **Verbandsländern** gesprochen wird. Die Verwaltung der Berner Union wurde 1967 der

---

[1459] Vgl. *Vaver* GRUR Int. 1988, 191, 202 f.
[1460] Vgl. *Lehmann* CR 1996, 2, 3.
[1461] *Lehmann* CR 1996, 2, 4 sieht hierin eine gewisse Einschränkung gegenüber dem europäischen Vermietrecht.
[1462] Vgl. ABl.EU Nr. L 372 vom 27.12.2006, S. 12 ff.
[1463] Abgedruckt BGBl. 1985 II S. 81.
[1464] Vgl. *Schricker/Loewenheim/Katzenberger/Metzger* Vor §§ 120 ff. Rdn. 28.
[1465] Zum Bern-plus Gedanken oben Rdn. 396.
[1466] Einen aktuellen Überblick über den Mitgliederstand bietet die frei zugängliche Datenbank der WIPO unter www.wipo.int/treaties/en.
[1467] Vgl. *Wandtke/Bullinger/v. Welser* § 121 Rd. 6.

Weltorganisation für geistiges Eigentum (World Intellectual Property Organization – WIPO) mit Sitz in Genf[1468] übertragen. Die RBÜ hat **kein einheitliches Urheberrecht** für alle Verbandsländer geschaffen, sondern basiert auf dem Grundgedanken nationaler Verschiedenheit. Die Sicherstellung eines internationalen Urheberrechtsschutzes soll durch den in Art. 5 RBÜ enthaltenen Grundsatz der **Inländerbehandlung** sowie durch die Gewährung gewisser **Mindestrechte**[1469] erreicht werden.

Nach Art. 2 Abs. 1 RBÜ zählen zu den geschützten Werken der Literatur und Kunst **alle Erzeugnisse auf dem Gebiet der Literatur, Wissenschaft und Kunst,** ohne Rücksicht auf die Art und Form des Ausdrucks. Ob auch Computerprogramme erfasst sind, ist streitig[1470]. Auch wenn viele Verbandsländer Computerprogramme als Sprachwerke qualifizieren, könnte gegen einen Einbezug angeführt werden, dass beim Vertragsschluss 1886 ganz sicher niemand an Computersoftware dachte[1471] und die WIPO mit ihren Mustervorschriften für den Schutz von Computersoftware (1977)[1472] selbst zu erkennen gab, dass ein Einbezug in die RBÜ nicht zwingend ist[1473]. 399

Gem. Art. 3 Abs. 1 RBÜ werden bei **Urhebern, die einem Verbandsland angehören, alle** veröffentlichten und unveröffentlichten **Werke** geschützt, bei keinem Verbandsland angehörenden Urhebern nur Werke, die sie erstmals in einem Verbandsland oder gleichzeitig in einem verbandsfremden und in einem Verbandsland veröffentlichen. Gem. Art. 3 Abs. 2 RBÜ werden Urheber, die keinem Verbandsland angehören, jedoch ihren gewöhnlichen Aufenthalt in einem Verbandsland haben, einem Urheber **gleichgestellt,** der einem Verbandsland angehört. Die Definition der „veröffentlichten Werke" nach Art. 3 Abs. 3 RBÜ deckt sich weitgehend mit dem Begriff des Erscheinens im Sinne des § 6 Abs. 2 S. 1 UrhG.[1474] 400

Für die verbandseigenen Werke genießen die Urheber gem. Art. 5 Abs. 1 RBÜ **in allen Verbandsländern** mit Ausnahme des **Ursprungslandes** des Werkes die Rechte, die die nationalen Gesetze den jeweiligen **Inländern** gewähren. Die RBÜ schützt daher nicht den Inländer im Inland und gewährt verbandsangehörigen Urhebern grundsätzlich auch keinen Schutz im Ursprungsland, dessen Bestimmung der Definition des Art. 5 Abs. 4 RBÜ zu entnehmen ist und als „Land der Erstveröffentlichung" umrissen werden kann. Nach der RBÜ ist etwa ein deutscher Urheber in Frankreich nach französischem droit d'auteur geschützt, während ein französischer Urheber in Deutschland nach dem deutschen UrhG zu behandeln ist. Gem. Art. 5 Abs. 2 S. 1 RBÜ sind der Genuss und die Ausübung dieser Rechte **nicht** an die Erfüllung **irgendwelcher Förmlichkeiten gebunden,** wie dies etwa in den USA der Fall war, bevor diese am 1.3.1989 ebenfalls der RBÜ beitraten. 401

Gem. Art. 7 Abs. 1 RBÜ endet die Schutzfrist 50 Jahre nach dem Tod des Urhebers. Die Verbandsländer sind gem. Art. 7 Abs. 6 RBÜ befugt, eine längere Schutzdauer zu gewähren, wie dies in der EU der Fall ist[1475]. Gem. Art. 7 Abs. 8 RBÜ findet ein sog. **Schutzfristenvergleich** statt. Mangels Praxisrelevanz für Computerprogramme wird diesbezüglich auf eine Darstellung verzichtet. 402

[1468] WIPO, 34, chemin des Colombettes, Geneva, Schweiz; www.wipo.int.
[1469] Zum Umfang der Mindestrechte *Schricker/Loewenheim/Katzenberger/Metzger* Vor §§ 120 ff. Rdn. 32.
[1470] Vgl. *Vavant* GRUR Int. 1988, 191, 202 f.
[1471] Vgl. *Vavant* GRUR Int. 1988, 191, 202 m.w.N.
[1472] Vgl. hierzu bereits oben Rdn. 8.
[1473] Vgl. *Vavant* GRUR Int. 1988, 191, 203.
[1474] Vgl. *Schricker/Loewenheim/Katzenberger/Metzger* Vor §§ 120 ff. Rdn. 31; zum Erscheinen auch oben Rdn. 389.
[1475] Vgl. hierzu oben Rdn. 396.

(3) Der WIPO-Urheberrechtsvertrag (WCT)

403 Der WIPO-Urheberrechtsvertrag (WIPO Copyright Treaty – WCT) vom 20.12. 1996[1476] stellt gem. Art. 1 Abs. 1 ein **Sonderabkommen** im Sinne des Art. 20 S. 1 RBÜ dar, demzufolge in solchen Abkommen den Urhebern Rechte verliehen werden dürfen, die **über** die in der RBÜ enthaltenen Rechte **hinausgehen**. Die Bedingungen für das Inkrafttreten waren im Jahre 2002 erfüllt. Deutschland hat dem Vertrag durch Gesetz vom 10.8.2003[1477] zugestimmt. Dem WCT sind (Stand: 6.7.2017)[1478] 95 Vertragsstaaten beigetreten.

404 In Art. 1 Abs. 4 WCT verpflichten sich die Vertragsparteien, den Art. 1 bis 21 RBÜ (1971) nebst Anhang nachzukommen. In Art. 3 WCT werden die Vertragsparteien darüber hinaus verpflichtet, die Bestimmungen der Art. 2 bis 6 RBÜ auf den nach dem WCT gewährten Schutz entsprechend anzuwenden. Der WCT basiert folglich wie die RBÜ auf dem **Grundsatz der Inländerbehandlung** (Art. 5 Abs. 1 RBÜ), dem **Formalitätenverbot** (Art. 5 Abs. 2 S. 1 RBÜ) sowie dem Grundsatz der **Gewährung besonderer Mindestrechte** (Art. 5 Abs. 1 letzter Teilsatz RBÜ). Hervorzuheben ist, dass nach Art. 4 S. 1 WCT **Computerprogramme** ausdrücklich als **Werke der Literatur** im Sinne von Art. 2 RBÜ (1971) geschützt werden. Dieser Schutz gilt nach Art. 4 S. 2 WCT unabhängig von der Art und Form ihres Ausdrucks. Eine Bezugnahme nur auf die Formen des Quellcodes und des Maschinencodes, wie sie in Art. 10 Abs. 1 TRIPS enthalten ist, findet sich im WCT nicht. Andere Formen sind daher vom Schutz nicht ausgenommen[1479]. Für die Vertreter der Auffassung, dass Computerprogramme schon zuvor von Art. 2 RBÜ erfasst waren, hat Art. 4 WCT nur **deklaratorische Natur**[1480]. Gestützt werden kann diese Auffassung auf die unterschiedlichen Formulierungen im Entwurf und der späteren Endfassung des WCT. Während zunächst Computerprogramme nur wie Werke nach Art. 2 RBÜ geschützt werden **sollten** („shall be protected"), findet sich in der endgültigen Fassung die Formulierung „are protected", worin eine reine Klarstellung und keine Aufforderung für die Zukunft gesehen wird[1481]. Das **Entwurfsmaterial** wird aber anders als etwa in § 69a Abs. 1 UrhG weder in Art. 10 Abs. 1 TRIPS noch in Art. 4 WCT zum Computerprogramm hinzugezählt. Eine besondere Vorschrift zur Schöpfungshöhe (persönliche geistige Schöpfung gem. § 2 Abs. 2 UrhG oder eigene geistige Schöpfung gem. § 69a Abs. 3 S. 1 UrhG) findet sich weder im TRIPS-Übereinkommen noch im WCT. Gem. Art. 5 WCT werden auch **Datenbanken** geschützt, sofern sie aufgrund der Auswahl oder Anordnung ihres Inhalts geistige Schöpfungen darstellen.

405 Art. 6 Abs. 1 WCT enthält ein ausschließliches **Verbreitungsrecht**, das sich auf Vervielfältigungsstücke im Sinne materieller Gegenstände bezieht[1482]. Hinsichtlich der Frage einer Erschöpfung des Verbreitungsrechts konnte keine Einigung zwischen den Vertragspartnern erzielt werden[1483]. Art. 6 Abs. 2 WCT stellt daher klar, dass

---

[1476] In deutscher Fassung abgedruckt in GRUR Int. 2004, 112 ff., in englischer, französischer und deutscher Sprache in BGBl. II 2003 S. 754 ff.

[1477] Vgl. BGBl. II 2003 S. 754 ff.

[1478] Einen aktuellen Überblick über den Stand der Vertragsparteien bietet die frei zugängliche Datenbank der WIPO unter www.wipo.int/treaties/en/.

[1479] Vgl. *v. Lewinski* CR 1997, 438, 442; *dies.* GRUR Int. 1997, 667, 677.

[1480] So *v. Lewinski* CR 1997, 438, 442; *dies.* GRUR Int. 1997, 667, 677; *Wandtke/Bullinger/v. Welser* § 121 Rdn. 30.

[1481] Vgl. *v. Lewinski* CR 1997, 438, 442; *dies.* GRUR Int. 1997, 667, 677.

[1482] Vgl. *v. Lewinski* CR 1997, 438, 440; *dies.* GRUR Int. 1997, 667, 674.

[1483] Vgl. *v. Lewinski* CR 1997, 438, 440; *dies.* GRUR Int. 1997, 667, 673.

der WCT nicht die Freiheit der Vertragsparteien berührt, selbst zu bestimmen, unter welchen Voraussetzungen sich das Verbreitungsrecht nach dem ersten mit Erlaubnis des Urhebers erfolgten Verkauf des Originals oder eines Vervielfältigungsstücks oder der ersten sonstigen Eigentumsübertragung erschöpft.

Gem. Art. 7 Abs. 1i) WCT haben die Urheber von Computerprogrammen das ausschließliche Recht, die **gewerbsmäßige Vermietung** der Originale oder Vervielfältigungsstücke ihrer Werke an die Öffentlichkeit zu erlauben. Wie bei Art. 11 S. 3 TRIPS findet das Vermietrecht aber nach Art. 7 Abs. 2i) WCT keine Anwendung, wenn das Programm selbst nicht der wesentliche Gegenstand der Vermietung ist. 406

Gem. Art. 8 WCT haben die Urheber ferner das ausschließliche Recht, die **öffentliche** drahtlose oder drahtgebundene **Wiedergabe** ihrer Werke zu erlauben, einschließlich der **Zugänglichmachung** ihrer Werke in der Weise, dass sie Mitgliedern der Öffentlichkeit an Orten und zu Zeiten ihrer Wahl zugänglich sind. Mit diesem Recht der öffentlichen Zugänglichmachung, das vielfach als **Online-Recht** bezeichnet wird[1484] und für das es in der RBÜ keine unmittelbaren Vorläufer gibt[1485] geht der WCT **über die RBÜ hinaus**. Auch im TRIPS-Übereinkommen ist **keine entsprechende Regelung** enthalten. In Art. 11 und 12 WCT werden die Mitgliedstaaten schließlich verpflichtet, hinreichenden Rechtsschutz und wirksame Rechtsbehelfe gegen die Umgehung wirksamer technischer Schutzvorkehrungen sowie die Entfernung oder Änderung elektronischer Informationen für die Rechtewahrnehmung („electronic rights management information") zu schaffen. 407

(4) Das Welturheberrechtsabkommen (WUA)

Neben den TRIPS-Übereinkommen und der RBÜ nebst Sonderabkommen ist das Welturheberrechtsabkommen (WUA) vom 6.9.1952, revidiert in Paris am 24.7.1971[1486], ein weiterer mehrseitiger völkerrechtlicher Vertrag, der dem internationalen Schutz des Urhebers dient. Ursprünglich wurde mit dem WUA bezweckt, die USA trotz ihrer damals von der RBÜ divergierenden Urheberrechtsprinzipien in ein internationales Schutzsystem einzubinden. Seit dem Beitritt der USA sowohl zur RBÜ als auch zum TRIPS-Übereinkommen als auch zum WCT, dem Beitritt Chinas zu allen drei Verträgen sowie dem Beitritt der Russischen Föderation zur RBÜ und dem geplanten Beitritt auch zur WTO unter Einschluss des TRIPS-Übereinkommens[1487] hat das WUA **erheblich an Bedeutung verloren**. Zwar gehören dem WUA (Stand: 6.7.2017)[1488] 100 Vertragsstaaten an, jedoch sollte der allumfassende Name „Welturheberrechtsabkommen" nicht über die verhältnismäßig geringe Bedeutung täuschen. 408

Für das Verhältnis zwischen RBÜ und WUA ist auf Art. XVII Abs. 1 WUA abzustellen, demzufolge das WUA in keiner Weise die Bestimmungen der RBÜ berührt. Zur Ausführung dieses Artikels wurde gem. Art. XVII Abs. 2 S. 1 WUA eine Zusatzerklärung beigefügt, die unter Buchst. c) klarstellt, dass das WUA in den Beziehungen zwischen den Ländern der RBÜ auf den Schutz der Werke **nicht anwendbar** ist, die als **Ursprungsland** im Sinne des RBÜ ein **Land der Berner Union** haben. Daher 409

[1484] Vgl. *v. Lewinski* GRUR Int. 1997, 667, 674 f.; *dies.* CR 1997, 438, 440; *Wandtke/Bullinger/ v. Welser* § 121 Rdn. 32; *Schricker/Loewenheim/Katzenberger/Metzger* Vor §§ 120 ff. Rdn. 39.
[1485] Zum Streit über die Einordnung unter die bestehenden Verwertungsrechte *v. Lewinski* GRUR Int. 1997, 667, 674 f.
[1486] Vgl. BGBl. II 1995 S. 102 ff. sowie BGBl. II 1973 S. 1111 f.
[1487] Vgl. hierzu GRUR Int. 2008, 363.
[1488] Einen aktuellen Überblick über den Stand der Vertragsstaaten bietet www.unesco.org/la/convention.asp?KO=15381&language=E.

sind verbandseigene Werke der RBÜ auch in solchen Ländern, die gleichzeitig Vertragsstaat des WUA sind, **nur nach den Vorschriften der RBÜ** geschützt.

410 Gegenstand des Schutzes sind gem. Art. I WUA Werke der **Literatur, Wissenschaft und Kunst.** Computerprogramme werden schon wegen des Alters des WUA nicht erwähnt. Es gilt nach Art. II WUA der **Inländergrundsatz** gleichwie gewisse **Mindestrechte** gewährt werden, die aber hinter denen der RBÜ zurückbleiben. Urheberpersönlichkeitsrechte kennt das WUA nicht, wodurch auf die frühere Rechtslage in den USA Rücksicht genommen wurde[1489].

411 Anders als nach der RBÜ sind gem. Art. II WUA formelle Schutzvoraussetzungen, also die **Erfüllung von Förmlichkeiten** bei veröffentlichten Werken zulässig. Gem. Art. III Abs. 4 WUA ist den unveröffentlichten Werken Rechtsschutz ohne Einhaltung von Förmlichkeiten zu gewähren. Bei veröffentlichten Werken sind gem. Art. III Abs. 1 WUA zur Einhaltung national verlangter Förmlichkeiten alle Werkstücke, die mit Erlaubnis des Urhebers oder eines anderen Inhabers des Urheberrechts veröffentlicht worden sind, von der ersten Veröffentlichung des Werkes an mit dem **Kennzeichen** © in Verbindung mit dem **Namen** des Urheberrechtsinhabers und der **Jahreszahl** der ersten Veröffentlichung zu versehen. Dies muss in einer Weise und an einer Stelle erfolgen, die den Vorbehalt des Urheberrechts genügend zum Ausdruck bringen. Ist dies der Fall, gelten die nationalen Förmlichkeiten für jedes durch das WUA geschützte, außerhalb des betreffenden Hoheitsgebiets veröffentlichte Werk ausländischer Urheber als erfüllt.

III. Patentrechtsschutz

Inhaltsübersicht

	Rdn.		Rdn.
1. Grundlegendes	412	8. Überblick über die grundlegenden Entscheidungen zur Patentfähigkeit von Computersoftware	461
2. Die Patentierbarkeit von Computersoftware	414	a) Die Entscheidungen des BGH	461
a) Die allgemeinen Erfordernisse	414	b) Die Entscheidungen des BPatG seit dem Jahr 2000	491
b) Die softwarespezifischen Probleme	417	c) Die Entscheidungen des EPA seit dem Jahr 2000	516
c) Europäische Aktivitäten	427	9. Richtlinien für die Prüfung der Patentierfähigkeit von Computersoftware	525
3. Die Rechtsinhaberschaft (Wem steht das Recht zu?)	431	a) Auszug aus den Richtlinien für die Prüfung von Patentanmeldungen (Prüfungsrichtlinien) beim Deutschen Patent- und Markenamt	525
4. Der Schutzbereich des Patents	442		
a) Zeitlicher Schutzbereich	442		
b) Sachlicher Schutzbereich	444		
5. Die Wirkungen des Patents	447		
6. Ansprüche bei Rechtsverletzungen	453	b) Richtlinien für die Prüfung im Europäischen Patentamt	526
7. Internationale Aspekte	458		

Schrifttum: *Adam,* Der sachliche Schutzbereich des Patents in Großbritannien und Deutschland, 2003; *Anders,* Erfindungsgegenstand mit technischen und nichttechnischen Merkmalen, GRUR 2004, 461 ff.; *ders.,* Patentierbarkeit computerimplementierter Erfindungen nach der deutschen Rechtsprechung, ABl. EPA 2005, Sonderausgabe Nr. 4, S. 92 ff.; *ders.,* Wie viel technischen Charakter braucht eine computerimplementierte Geschäftsmethode, um auf erfinderischer Tätigkeit zu beruhen?, GRUR 2001, 555 ff.; *Bausen,* Softwareupdate in den USA und Deutschland, 2013; *Blind/Edler/Nack/Straus,* Software-Patente. Eine empirische Analyse aus ökonomischer und juristischer Perspektive, 2003; *Böcker,* Computerprogramme zwischen Werk und Erfindung, 2009; *Brandi-*

[1489] Vgl. *Schricker/Loewenheim/Katzenberger/Metzger* Vor §§ 120 ff. Rdn. 48.

Dohrn, Arbeitnehmererfindungsschutz bei Softwareerstellung. Zugleich Anmerkung zu BGH v. 24.10.2000 – X ZR 72/98 – Arbeitnehmer-Erfindervergütung für Wetterführungspläne, CR 2001, 285 ff.; *Brandner,* Zur Rechtsstellung eines angestellten Programmierers, GRUR 2001, 883 ff.; *Busche,* Softwarebezogene Erfindungen in der Entscheidungspraxis des Bundespatentgerichts und des Bundesgerichtshofs, Mitt. 2001, 49 ff.; *EPA,* Patente für Software? Rechtsgrundlagen und Praxis im Europäischen Patentamt, 2012; *Ensthaler,* Begrenzung der Patentierung von Computerprogrammen?, GRUR 2013, 666 ff.; *ders.,* Der patentrechtliche Schutz von Computerprogrammen nach der BGH-Entscheidung „Steuerungseinrichtung für Untersuchungsmodalitäten, GRUR 2010, 1 ff.; *Fiedler,* Der Computerprogrammschutz und die Schutzrechtskumulation von Urheber- und Patentrecht, 2013; *Förderverein für eine Freie Informationelle Infrastruktur,* Offener Brief für fünf Gesetzesinitiativen zum Schutz der informatorischen Innovation, 2003; *Gehring/Lutterbeck,* Softwarepatente im Spiegel von Softwarentwicklung und Open Source Software, in: FS für Kilian, S. 301 ff.; *Haase,* Die Patentierbarkeit von Computersoftware, 2003; *Hallstein/Loschelder,* Stellungnahme der GRUR zum interfraktionellen Antrag zu Softwarepatenten (BT-Drs. 17/13086), GRUR 2013, 704 f.; *Heide,* Softwarepatente im Verletzungsprozess. Prozessuale Strategien bei der Durchsetzung von Softwarepatenten, CR 2003, 165 ff.; *Hössle,* Dynamische Softwarepatentierung. Neue Spruchpraxis zur Patentierung computerimplementierter Erfindungen auf nationaler und europäischer Ebene, CR 2010, 559 ff.; *Horns,* Anmerkungen zu begrifflichen Folgen des Softwareschutzes, GRUR 2001, 1 ff.; *Howard,* Patentability of Computer-Implemented Inventions, CR Int. 2002, 97 ff.; *Hufnagel,* Software- und Business-Patente – Herausforderung für das juristische Risikomanagement, MMR 2002, 279 ff.; *Kamlah,* Softwareschutz durch Patent- und Urheberrecht, CR 2010, 485 ff.; *Keller,* Softwarebezogene Patente und die verfassungsrechtlichen Eigentumsrechte der Softwareautoren aus Art. 14 GG, 2009; *Kiesewetter-Köbinger,* Über die Patentprüfung von Programmen für Datenverarbeitungsanlagen, GRUR 2001, 185 ff.; *König,* Patentfähige Datenverarbeitungsprogramme – ein Widerspruch in sich, GRUR 2001, 577 ff.; *Kretschmer,* EU: Konsultation zu Software-Patenten, GRUR 2001, 38 ff.; *Kupzok,* Patente für computerimplementierte Erfindungen – Herausforderungen bei der Durchsetzung, in: Taeger (Hrsg.), Die Welt im Netz – Folgen für Wirtschaft und Gesellschaft, 2011, S. 129 ff.; *Laub,* Patentfähigkeit von Softwareerfindungen: Rechtliche Standards in Europa und in den USA und deren Bedeutung für den internationalen Anwender, GRUR Int. 2006, 629 ff.; *Lutterbeck,* Sicherheit in der Informationstechnologie und Patentschutz für Software-Produkte – ein Widerspruch? Kurzgutachten für das Bundesministerium für Wirtschaft und Technologie, 2000; *Metzger,* Softwarepatente im künftigen europäischen Patentrecht, CR 2003, 313 ff.; *Moritz/Brachmann,* Neue Runde: Patentierung von Software, CR 2004, 956 ff.; *Müller/Gerlach,* Softwarepatente und KMU, CR 2004, 389 ff.; *Nack,* Neue Gedanken zur Patentierbarkeit von computerimplementierten Erfindungen. Bedenken gegen Softwarepatente – ein déjà vu?, GRUR Int. 2004, 771 ff.; *ders.,* Die patentierbare Erfindung unter den sich wandelnden Bedingungen von Wissenschaft und Technologie, 2002; *Ohly,* Software und Geschäftsmethoden im Patentrecht, CR 2001, 809 ff.; *Perlzweig,* Die Patentwürdigkeit von Datenverarbeitungsprogrammen, 2003; *Pfeiffer,* Zur Diskussion der Softwareregelungen im Patentrecht. Zum Ausschluss von „Programmen für Datenverarbeitungsanlagen … als solche" von der Patentfähigkeit, GRUR 2003, 581 ff.; *Pierson,* Softwarepatente – Meilensteine und Kategorien im Spiegel der patentrechtlichen Rechtsprechung, JurPC Web-Dok 163/2004; *ders.,* Softwarepatente – technische und patentrechtliche Grundlagen, JurPC Web-Dok 181/2004; *ders.,* Softwarepatente – Meilensteine der patentrechtlichen Rechtsprechung, JurPC Web-Dok 182/2004; *ders.,* Softwarepatente – Kategorien aus patentrechtlicher Sicht, JurPC Web-Dok 182/2004; *Röttinger,* Patentierbarkeit computerimplementierter Erfindungen CR 2002, 616 ff.; *Schölch,* Softwarepatente ohne Grenzen, GRUR 2001, 16 ff.; *ders.,* Patentschutz für computergestützte Entwurfsmethoden – ein Kulturbruch? GRUR 2006, 969 ff.; *Schröder/Gross,* Neuere Rechtsprechung zur Patentierung computerimplementierter Erfindungen, in: Taeger/Wiebe, Aktuelle Entwicklungen im Informationstechnologierecht, 2007; *Schwarz/Kruspig,* Computerimplementierte Erfindungen – Patentschutz von Software, 2011; *Schwarz,* Rechtfertigen rechtsdogmatisch schwierige Fragen die Abschaffung von „Software-Patenten"?, GRUR 2014, 224 ff.; *Sedlmaier,* Die Patentierbarkeit von Computerprogrammen und ihre Folgeprobleme, 2004; *Teufel,* Aktuelles aus dem Bereich Softwarepatentierung, Mitt. 2009, 249 ff.; *Weyand/Haase,* Anforderungen an einen Patentschutz für Computerprogramme, GRUR 2004, 198 ff.; *Wiebe,* Softwarepatente und Open Source, CR 2004, 881 ff.; *Wiebe/Heidinger,* Ende der Technizitätsdebatte zu programmbezogenen Lehren? – Anmerkungen zur EPA-Entscheidung „Auktionsverfahren/Hitachi", GRUR 2006, 177 ff.; *Zoebisch,* Technische Schutzrechte bei der Digitalisierung der Wirtschaft – Softwarepatente in Europa und den USA, in: Taeger, Internet der Dinge, 2015, S. 695 ff.

Deutschsprachige Literatur zum Patentschutz im Ausland: *Adam*, Der sachliche Schutzbereich des Patents in Großbritannien und Deutschland, 2003; *Freischem/Claessen*, Computerimplementierte Erfindungen in Deutschland, Europa und den USA, ITRB 2010, 186 ff.; *Laub*, Patentfähigkeit von Softwareerfindungen: Rechtliche Standards in Europa und in den USA und deren Bedeutung für den internationalen Anwender, GRUR Int. 2006, 629 ff.; *Lejeune/Sieckmann*, Softwarepatente in den USA und die aktuelle Entwicklung in Deutschland und der EU, MMR 2010, 741 ff.; *Schauwecker*, Die Rechtssache Bilski und ihre Auswirkungen auf die Patentierbarkeit computerimplementierter Erfindungen in den USA (1. Teil) GRUR Int. 2010, 1 ff.; (2. Teil) GRUR Int. 2010, 115 ff.

1. Grundlegendes

412   Die Frage nach der Patentierbarkeit von Computersoftware beschäftigt die Rechtsprechung sowie das Schrifttum sowohl auf deutscher[1499] als auch auf internationaler Ebene fast schon Jahrzehnte[1500], ohne dass ein Ende der nur noch schwer überschaubaren Diskussion erreicht oder auch nur sicher vorhersehbar wäre. Die nachfolgende Darstellung kann daher nur einen groben Überblick geben, bei dem immer berücksichtigt werden muss, dass es sich nur um eine **Momentaufnahme des augenblicklichen Stands der Dinge** handeln kann. Die fast endlose Liste auch nur der deutschen (höchstrichterlichen) Rechtsprechung kann demgegenüber im Rahmen dieser Abhandlung nicht vollständig abgearbeitet werden. Um durch die Angabe von Parallelfällen in diesem nuancenreichen und komplexen Gebiet Anknüpfungspunkte für neue Sachverhalte zu liefern, erfolgt unten[1501] eine Zusammenstellung der zentralen bislang ergangenen Entscheidungen. Darüber hinaus werden die softwarespezifischen Teile der **Prüfungsrichtlinien für Patentanmeldungen** sowohl des **Deutschen Patent- und Markenamts**[1502] als auch des **Europäischen Patentamts**[1503] im Originalwortlaut wiedergegeben.

413   Besonders hervorzuheben gilt es an dieser Stelle, dass ein **doppelter Rechtsschutz** für Computersoftware, sowohl durch das Patentrecht als auch durch das Urheberrecht, möglich ist[1504]. Wenngleich diese Feststellung eigentlich kein Spezifikum der Computersoftware darstellt, sondern auch für andere Produkte gilt[1505], wird dies in § 69g Abs. 1 UrhG ausdrücklich klargestellt. Gem. 69g Abs. 1 UrhG lassen die Bestimmungen des 8. Abschnitts des UrhG die Anwendung sonstiger Rechtsvorschriften auf Computerprogramme unberührt, wobei die Vorschriften über den Schutz von Erfindungen, also des Patentrechts, ausdrücklich erwähnt werden. Der betreffende Rechtsschutz ist jedoch nach den jeweils geltenden Regeln zu prüfen, sodass insbesondere hinsichtlich der Schutzvoraussetzungen, der Rechtsinhaberschaft sowie der Schutzwirkungen **erhebliche Unterschiede** bestehen.

[1499] Die erste Entscheidung des *BGH* vom 22.6.1976, X ZB 23/74, NJW 1976, 1936 – Dispositionsprogramm, erging zu einer Patentanmeldung vom 20.12.1960.
[1500] Vgl. etwa das erste US-amerikanische Software-Patent US Patent Register Nr. 4, 270, 182 May, 1981 Asija, das am 30.12.1974 angemeldet wurde (Appl. No. 537 551), Current US Class 704/8; 707/1.
[1501] Vgl. hierzu unten Rdn. 461 ff.
[1502] Vgl. hierzu unten Rdn. 525.
[1503] Vgl. hierzu unten Rdn. 526.
[1504] Vgl. *Hallstein/Loschelder* GRUR 2013, 704, 705; *Ensthaler* GRUR 2013, 666, 669.
[1505] Vgl. *Kamlah* CR 2010, 485, 486.

2. Die Patentierbarkeit von Computersoftware

a) Die allgemeinen Erfordernisse

Patente werden gem. § 1 Abs. 1 PatG für **Erfindungen** auf allen Gebieten der Technik erteilt, die **neu** sind, auf einer **erfinderischen Tätigkeit** beruhen und **gewerblich anwendbar** sind. Die Bezugnahme des Patentrechts auf Erfindungen als Schutzobjekt ist nicht nur in Deutschland historisch begründet, sondern entspricht auch internationalem Konsens[1506]. Während jedoch als Gegenstand einer Erfindung nach ganz h. M. zum europäischen und deutschen Patentrecht nur **technische Lehren** in Betracht kommen[1507] und dies seit der Gesetzesnovelle 2007 auch ausdrücklich im Text von § 1 Abs. 1 PatG verankert ist[1508], fehlt dieses Technizitätserfordernis im US-amerikanischen Patentrecht[1509]. Während also in Europa die Technizität von Computersoftware geprüft werden muss, worauf wegen der erheblichen diesbezüglichen Schwierigkeiten unten ausführlich eingegangen wird, ist dies in den USA nicht der Fall. Dies ist der wohl wichtigste Grund für die **große Kluft** zwischen der **US-amerikanischen** und **europäischen** Praxis zur Patentierung von Computersoftware[1510]. 414

Wann eine Erfindung „neu" ist, wird in § 3 PatG festgelegt. Nach der Legaldefinition des § 3 Abs. 1 PatG gilt eine Erfindung als neu, wenn sie nicht zum **Stand der Technik** gehört. Dabei umfasst der Stand der Technik alle Kenntnisse, die vor dem für den Zeitrang der Anmeldung maßgeblichen Tag durch schriftliche oder mündliche Beschreibung oder in sonstiger Weise der Öffentlichkeit zugänglich gemacht worden sind. Anders als im Urheberrecht, wo die objektive Neuheit des zu schützenden Werks irrelevant ist[1511], herrscht im Patentrecht ein sog. „**absolut formeller Neuheitsbegriff**"[1512]. Eine Patentierung ist daher ausgeschlossen, wenn die Lehre objektiv zum Stand der Technik zählt, wofür die objektive Zugänglichkeit zur betreffenden Information für die Allgemeinheit zu prüfen ist. Für die öffentliche Zugänglichkeit von technischen Erkenntnissen oder Kenntnissen ist nicht der Nachweis erforderlich, dass ein bestimmter technischer Sachverhalt bestimmten fachkundigen Personen bekannt geworden ist. Es reicht aus, dass ein nicht begrenzter Personenkreis in der Lage war, die Kenntnis zu erlangen, etwa infolge einer Beschreibung in einem Computerhandbuch des Herstellers[1513]. Es sind sämtliche Veröffentlichungen in Betracht zu ziehen, selbst solche, die nur in einer dem Softwarehersteller nicht geläufigen Sprache vorliegen[1514]. Mit einem Patent belohnt werden nicht subjektive Anstrengungen, sondern ein objektiv wertvolles Ergebnis, das den (technischen) Fortschritt fördert[1515]. Softwarespezifische Besonderheiten bestehen aber insoweit nicht. 415

Gem. § 5 Abs. 1 PatG gilt eine Erfindung als **gewerblich anwendbar,** wenn ihr Gegenstand auf irgendeinem gewerblichen Gebiet einschließlich der Landwirtschaft hergestellt oder benutzt werden kann. Auch dieses Erfordernis der Patenterteilung 416

[1506] Vgl. *Ullrich/Lejeune/Moufang* S. 105 Rdn. 88.
[1507] Vgl. *Benkard/Bacher/Melullis* § 1 PatG Rdn. 45 m. w. N.
[1508] § 1 Abs. 1 PatG wurde mit Wirkung vom 13.12.2007 durch Gesetz vom 24.8.2007 (BGBl. I S. 2166) um die Worte „auf allen Gebieten der Technik" erweitert.
[1509] Vgl. *Ullrich/Lejeune/Moufang* S. 106 Rdn. 88.
[1510] Vgl. *Schwarz* GRUR 2014, 224, 225; *Ullrich/Lejeune/Moufang* S. 106 Rdn. 88.
[1511] Vgl. hierzu oben Rdn. 116.
[1512] Vgl. *Benkard/Melullis* § 3 PatG Rdn. 15.
[1513] Vgl. *BGH*, 15.10.2013, X ZR 41/11, GRUR 2014, 251, 252 f. Tz. 22 ff.
[1514] Vgl. *Kamlah* CR 2010, 485, 487.
[1515] Vgl. *Benkard/Melullis* § 3 PatG Rdn. 6; *Ullrich/Lejeune/Moufang* S. 103 Rdn. 83.

weist keine softwarespezifischen Besonderheiten auf. Computersoftware ist generell geeignet, in einem Gewerbebetrieb hergestellt oder benutzt zu werden.

b) Die softwarespezifischen Probleme

417 Programme für Datenverarbeitungsanlagen zählen gem. § 1 Abs. 3 Nr. 3 PatG nicht zu den Erfindungen, jedoch greift der Ausschluss der in § 1 Abs. 1 PatG genannten Gegenstände und Tätigkeiten gem. § 1 Abs. 4 PatG nur ein, soweit für sie „als solche" Schutz begehrt wird. Damit sind auch Computerprogramme nicht generell vom Patentschutz ausgenommen[1516], jedoch bereitet die Abgrenzung zwischen patentierbaren und nicht patentierbaren Programmen seit jeher große Schwierigkeiten. Der **Begriff der Erfindung** ist weder im deutschen noch im europäischen Patentrecht definiert. Eine abschließende terminologische Festlegung ist auch in Rechtsprechung und Schrifttum bislang nicht gelungen[1517]. Ein Grund hierfür ist darin zu sehen, dass die bereits erwähnte Bezugnahme auf **technische** Lehren dazu führt, den **Begriff der Technik** definieren zu müssen. Dabei ist zunächst festzuhalten, dass kein Gleichlauf zwischen den naturwissenschaftlichen und juristischen Technikdefinitionen besteht[1518]. Da der Technikbegriff des Patentrechts aber nach wohl unbestrittener Auffassung als nicht statisch, d.h. als nicht ein für allemal feststehend verstanden werden kann, sondern Modifikationen zugänglich ist, sofern die technologische Entwicklung und ein daran angepasster effektiver Rechtsschutz dies erfordern[1519], entzieht er sich einer präzisen und abschließenden Festlegung[1520]. Aus diesem Grund ist auch der Begriff der Erfindung **nicht abschließend definierbar.**

418 Noch in der Entscheidung „Logikverifikation"[1521] hatte der *BGH* ausgeführt, bevor geprüft werde, ob die Voraussetzungen des Ausschlusskatalogs erfüllt seien, müsse auch bei Computerprogrammen zunächst untersucht werden, ob sie die allgemeinen Voraussetzungen des § 1 Abs. 1 PatG erfüllten. Zu diesen allgemeinen Voraussetzungen zähle, dass es sich überhaupt um eine Erfindung handele. Hierfür sei, auch wenn insoweit im Gesetz keine näheren Einzelheiten geregelt seien, nach ständiger Rechtsprechung und allgemeiner Auffassung im Schrifttum erforderlich, dass es sich um eine **Lehre auf dem Gebiet der Technik** handele. Dementsprechend stelle die **Technizität** auch bei Computerprogrammen eine Voraussetzung für die Patentfähigkeit dar[1522]. Erst im Anschluss hieran müsse das Patentierungsverbot für Computerprogramme „als solche" überprüft werden. Von dieser eindeutigen Trennung verschiedener Merkmale rückte der *BGH* später in der Entscheidung „Suche fehlerhafter Zeichenketten"[1523] etwas ab. Er führte aus, dass bei der Bestimmung

---

[1516] Vgl. *BGH*, 26.2.2015, X ZR 37/13, GRUR 2015, 660, 662 Tz. 26 – Bildstrom; *Benkard/Bacher/Melullis* § 1 PatG Rdn. 105.

[1517] Vgl. *Benkard/Bacher* § 1 PatG Rdn. 42.

[1518] Vgl. *Ensthaler* GRUR 2010, 1, 5.

[1519] Vgl. *BGH*, 13.12.1999, X ZB 11/98, NJW 2000, 1953, 1956; *BGH*, 27.3.1969, X ZB 15/67, NJW 1969, 1713; *Benkard/Bacher* § 1 PatG Rdn. 46 m.w.N.; die zeitliche Wandelung des Technikbegriffs beschreibt *Schölch* GRUR 2006, 969, 970 ff.

[1520] Vgl. *BGH*, 11.5.2000, X ZB 15/98, NJW 2000, 3282, 3283.

[1521] Vgl. *BGH*, 13.12.1999, X ZB 11/98, NJW 2000, 1953 = LM H. 6/2000 § 1 PatG 1981 Nr. 12 m. Anm. *Marly*.

[1522] So etwa auch *BGH*, 29.11.2016, X ZR 90/14, BeckRS 2016, 116743 Tz. 22 f. und 26; *BGH*, 26.2.2015, X ZR 37/13, GRUR 2015, 660, 662 Tz. 22 ff. – Bildstrom; *BGH*, 22.4.2010, Xa ZB 20/08, GRUR 2010, 613, 616 Tz. 22; *BGH*, 20.4.2010, X ZR 27/07, MMR 2010, 553 Tz. 22; *BGH*, 20.1.2009, X ZB 22/07, GRUR 2009, 479 Tz. 8.

[1523] Vgl. *BGH*, 17.10.2001, X ZB 16/00, GRUR 2002, 143 = LM H. 4/2002 § 1 PatG 1981 Nr. 14 m. Anm. *Marly*.

des Patentierungsverbots ausgehend vom Gesetzeswortlaut der Sinn und Zweck der gesetzlichen Regelung entscheide und nicht etwa das Verständnis von Computerfachleuten hinsichtlich des Begriffs Computerprogramm. Ausgangspunkt der weiteren Betrachtung sei dementsprechend die aus dem Gesetzeszweck abzuleitende Erkenntnis, dass Computerprogramme weder schlechthin vom Patentschutz ausgenommen sind, noch für sie in jedem Fall Patentschutz erlangt werden kann. Allein die Tatsache, dass das Programm eine Datenverarbeitungsanlage bestimmte Anweisungen abarbeiten lässt, reiche für den Patentschutz nicht aus. Vielmehr müsse das Programm eine **darüber hinausgehende Eigenheit** aufweisen. Zur Bestimmung dieser notwendigen Eigenheit müsse berücksichtigt werden, dass das Patentrecht geschaffen wurde, um nicht naheliegende und gewerblich anwendbare Problemlösungen auf dem Gebiet der Technik zu fördern. Die Anweisungen der beanspruchten Lehre müssen folglich Anweisungen enthalten, die die Lösung eines technischen Problems mit technischen Mitteln zum Gegenstand haben[1524]. Diesem Verständnis von § 1 Abs. 3 Nr. 3, Abs. 4 PatG entspricht nach Auffassung des *BGH* auch Art. 52 Abs. 2 Buchst. c), Abs. 3 EPÜ[1525]. Im Europäischen Patentübereinkommen (EPÜ) wurde das Problem ebenfalls nicht eindeutig geregelt, sondern die Lösung der Rechtspraxis überlassen.

Die geforderte Problemlösung auf dem Gebiet der Technik liegt nach Auffassung des *BGH* grundsätzlich dann vor, wenn sie sich auf herkömmliche Gebiete der Technik bezieht, also insbesondere den Ingenieurwissenschaften, der Physik, der Chemie oder der Biologie. Ist dies nicht der Fall, muss die Eigenheit der Lehre nach der oben bestimmten Zielsetzung des Patentrechts eine Patentierbarkeit rechtfertigen[1526]. Für die hierbei anzustellende **Gesamtbetrachtung**[1527] kann, worauf der *BGH* in der Entscheidung „Suche fehlerhafter Zeichenketten" ausdrücklich hinweist, auf die früheren Entscheidungen zur **Technizität von Computerprogrammen** zurückgegriffen werden. Technizität und Rechtfertigung des Patentschutzes sollen damit parallel zu bestimmen sein. Dieser Rückgriff auf frühere Entscheidungen führt zur Notwendigkeit, eine Abgrenzung gegenüber der Entscheidung „Sprachanalyseeinrichtung"[1528] vorzunehmen, denn damals hatte der *BGH* den technischen Charakter einer Datenverarbeitungsanlage mitsamt Programm als patentierbare Vorrichtung bejaht, weil sich der Patentanspruch auf eine industriell herstellbare und gewerblich einsetzbare Vorrichtung bezog. Derartige vorrichtungsmäßigen Merkmale des zu beurteilenden Patentanspruchs sieht der *BGH* jedoch nicht als gegeben an, wenn das Computerprogramm lediglich auf einem herkömmlichen Datenträger gespeichert ist. Mangels Vorrichtung scheidet zwar eine Patentierung nicht zwangsläufig

419

[1524] Bestätigt in *BGH*, 30.6.2015, X ZB 1/15, GRUR 2015, 983, 984 Tz. 24; *BGH*, 26.2.2015, X ZR 37/13, GRUR 2015, 660, 662 Tz. 26 – Bildstrom; *BGH*, 24.2.2011, X ZR 121/09, GRUR 2011, 610, 612 Tz. 15; *BGH*, 26.10.2010, X ZR 47/07, GRUR 2011, 125, 126 f. Tz. 27; *BGH*, 22.4.2010, Xa ZB 20/08, GRUR 2010, 613, 616 Tz. 22; *BGH*, 20.1.2009, X ZB 22/07, GRUR 2009, 479, 480 Tz. 11.
[1525] Ohne ausdrückliche Klarstellung *BGH*, 29.11.2016, X ZR 90/14, BeckRS 2016, 116743 Tz. 23; *BGH*, 26.2.2015, X ZR 37/13, GRUR 2015, 660, 663 Tz. 35 – Bildstrom.
[1526] Dem *BGH* folgend *BPatG*, 12.11.2002, 17 W (pat) 41/01, GRUR 2003, 413, 415 f.; *BPatG*, 9.4.2002, 17 W (pat) 14/99, GRUR 2002, 869, 870; *BPatG*, 26.3.2002, 17 W (pat) 69/98, GRUR 2002, 871, 873; *BPatG*, 21.3.2002, 23 W (pat) 24/00, CR 2003, 18, 20.
[1527] Vgl. *BGH*, 20.1.2009, X ZB 22/07, GRUR 2009, 479, 480 Tz. 10. Dem *BGH* folgend *BPatG*, 20.5.2003, 17 W (pat) 44/02, CR 2004, 412, 413. Kritisch zur Gesamtbetrachtungslehre *Metzger* CR 2003, 313, 316.
[1528] Vgl. *BGH*, 11.5.2000, X ZB 15/98, NJW 2000, 3282 = LM H. 9/2000 § 1 PatG 1981 Nr. 13 m. Anm. *Marly*.

aus, jedoch muss dann das der Patentanmeldung zu Grunde liegende Verfahren den Patentschutz rechtfertigen.

420 In der Entscheidung „Sprachanalyseeinrichtung" wurde die Frage nach der Technizität von Computerprogrammen mittels der **Verbindung von Hard- und Software zu einer Einheit** und damit mittels eines Kunstgriffs beantwortet. Dieser sich vermeintlich abzeichnenden weiteren Öffnung des Patentschutzes für Computerprogramme hat der *BGH* in der späteren Entscheidung „Suche fehlerhafter Zeichenketten" einen Riegel vorgeschoben. Auch wenn dies im Ergebnis zu begrüßen ist, sind die entscheidenden Kriterien nach wie vor nicht präzise benannt. Wann die für entscheidend gehaltene Zielsetzung des Patentrechts eine Patentierbarkeit von Software rechtfertigt, war auch nach dieser Entscheidung nicht abschließend geklärt. Eine weitergehende Klärung und Präzisierung erfolgte erst in den Entscheidungen „Steuerungseinrichtungen für Untersuchungsmodalitäten"[1529], „Dynamische Dokumentengenerierung"[1530], „Wiedergabe topografischer Informationen"[1531], „Webseitenanzeige"[1532], „Web-to-Print"[1533], „Routenplanung"[1534], „Bildstrom"[1535], sowie „digitaler Datensatz"[1536]. Jedoch dürften auch diese Entscheidungen nur weitere Zwischenstationen auf dem langen Weg der Patentierung von Computersoftware darstellen. Zusammenfassend kann an dieser Stelle festgehalten werden, dass nach der Rechtsprechung des *BGH* eine Anmeldung, die ein Computerprogramm oder ein durch Software realisiertes Verfahren zum Gegenstand hat, über die für die Patentfähigkeit unabdingbare Technizität hinaus **verfahrensbestimmende Anweisungen** enthalten muss, welche die Lösung eines konkreten technischen Problems **mit technischen Mitteln** zum Gegenstand haben[1537]. Wegen des Patentierungsausschlusses von Computerprogrammen als solchen gem. § 1 Abs. 3 Nr. 3 PatG vermögen regelmäßig erst solche Anweisungen die Patentfähigkeit eines Verfahrens zu begründen, welche eine Problemlösung mit solchen Mitteln zum Gegenstand hat. Nicht der Einsatz eines Computerprogramms selbst, sondern die Lösung eines solchen Problems mit Hilfe eines (programmierten) Computers kann vor dem Hintergrund des Patentierungsverbotes eine Patentfähigkeit zur Folge haben[1538]. Ein technisches Mittel zur Lösung eines technischen Problems liegt etwa dann vor, wenn Gerätekomponenten modifiziert oder grundsätzlich abweichend adressiert werden[1539]. Gleiches kann dann gelten, wenn der Ablauf eines zur Problemlösung eingesetzten Computerprogramms durch technische Gegebenheiten außerhalb der Datenverarbeitungsanlage bestimmt wird oder wenn die Lösung gerade darin besteht, ein Programm so aus-

---

[1529] Vgl. *BGH*, 20.1.2009, X ZB 22/07, GRUR 2009, 479, 480 Tz. 11.
[1530] Vgl. *BGH*, 22.4.2010, Xa ZB 20/08, GRUR 2010, 613, 615 Tz. 16 ff.
[1531] Vgl. *BGH*, 26.10.2010, X ZR 47/07, GRUR 2011, 125, 126 Tz. 27.
[1532] Vgl. *BGH*, 24.2.2011, X ZR 121/09, GRUR 2011, 610, 612 Tz. 15 ff. *Schwarze* GRUR 2014, 224, 226 hält diese Entscheidung aus Informatiksicht in technischer Hinsicht für nicht nachvollziehbar.
[1533] Vgl. *BGH*, 22.3.2012, X ZR 46/09, CR 2012, 768, 770 Tz. 51.
[1534] Vgl. *BGH*, 18.12.2012, X ZR 3/12, GRUR 2013, 275, 278 Tz. 41.
[1535] Vgl. *BGH*, 26.2.2015, X ZR 37/13, GRUR 2015, 660, 662 Tz. 22 ff.
[1536] Vgl. *BGH*, 29.11.2016, X ZR 90/14, BeckRS 2016, 116743 Tz. 23 ff.
[1537] Vgl. *BGH*, 29.11.2016, X ZR 90/14, BeckRS 2016, 116743 Tz. 26; *BGH*, 30.6.2015, X ZB 1/15, GRUR 2015, 983, 984 Tz. 21; *BGH*, 25.8.2015, X ZR 110/13, GRUR 2015, 1184, 1186 Tz. 18; *BGH*, 26.2.2015, X ZR 37/13, GRUR 2015, 660, 662 Tz. 26.
[1538] Vgl. *BGH*, 24.2.2011, X ZR 121/09, GRUR 2011, 610, 612 Tz. 17; *BGH*, 22.4.2010, Xa ZB 20/08, GRUR 2010, 613, 616 Tz. 22; *BPatG*, 14.11.2012, 7 W (pat) 25/11, BeckRS 2012, 24610.
[1539] Vgl. *BGH*, 24.2.2011, X ZR 121/09, GRUR 2011, 610, 612 Tz. 21.

zugestalten, dass es auf die technischen Gegebenheiten der Anlage Rücksicht nimmt[1540]. Schließlich sollen die für die Patentfähigkeit unabdingbare Technizität hinaus notwendigen verfahrensbestimmenden Anweisungen selbst dann vorliegen, wenn ein virtuelles Zahnmodell angefertigt wird, indem ein Ausgangsdatensatz vom Zahntechniker am Bildschirm bearbeitet wird, anstelle ein herkömmliches Gipsmodell der Zähne zu bearbeiten[1541].

Eine weitere Konsequenz der dargelegten Vorgehensweise des *BGH* ist, dass bei der späteren Prüfung von **Neuheit** und **erfinderischer Tätigkeit** die technische Problemlösung erneut in den Blick zu nehmen ist. Außerhalb der Technik liegende Anweisungen genügen in diesem Zusammenhang den Kriterien der Neuheit und erfinderischen Tätigkeit grundsätzlich nicht. Sie sind nur in dem Umfang von Bedeutung, in dem sie auf die Lösung des technischen Problems mit technischen Mitteln Einfluss nehmen[1542]. Schutzfähig ist eine solche Lehre vielmehr erst dann, wenn die Lösung des konkreten technischen Problems neu ist und auf erfinderischer Tätigkeit beruht. Ausdrücklich klargestellt hat der *BGH* im Hinblick auf die Prüfung des Kriteriums der erfinderischen Tätigkeit, dass nur an dieser Stelle die Frage an Bedeutung gewinnen kann, inwiefern die technischen Lösungselemente die Erfindung „prägen". Er betont, dass aus der Entscheidung „Suche fehlerhafter Zeichenketten"[1543] nicht abgeleitet werden könne, nur einen Patentanspruch prägende technische Anweisungen seien geeignet, den Patentierungsausschluss zu überwinden[1544]. Vielmehr ist es ausreichend, dass die zu berücksichtigenden Anweisungen die Lösung des technischen Problems mit technischen Mitteln „bestimmen" oder „zumindest beeinflussen"[1545]. **421**

Beschränkt sich die **Mitteilung der beanspruchten Lehre** auf die Darstellung eines technischen Prinzips, das der Fachmann auf Grund seines Fachkönnens zur Erreichung des angestrebten Erfolgs praktisch verwirklichen kann, dann ist es nicht notwendig, ihm in der Anmeldung darüber hinaus weitere technische Einzelheiten zu vermitteln, die ihm ohnehin schon zur Verfügung stehen[1546]. Aus diesem Grund müssen auch nicht alle technischen Komponenten aufgezählt sein, etwa, wenn offenkundig ist, dass das Verfahren einen Einsatz eines Computers nebst Scanner und Monitor bedingt[1547]. **422**

Das Patentgesetz bietet daher keine Grundlage dafür, die in einer Patentanmeldung enthaltene Lehre nur dann als ausreichend offenbart anzusehen, wenn eine konkrete Ausführungsform in allen Einzelheiten angegeben ist. Erst recht kann kei- **423**

[1540] Vgl. *BGH*, 22.3.2012, X ZR 46/09, CR 2012, 768, 770 f. Tz. 51; *BGH*, 24.2.2011, X ZR 121/09, GRUR 2011, 610, 612 Tz. 22; *BGH*, 22.4.2010, Xa ZB 20/08, GRUR 2010, 613, 616 Tz. 27.
[1541] Vgl. *BGH*, 29.11.2016, X ZR 90/14, BeckRS 2016, 116743 Tz. 27.
[1542] Vgl. *BGH*, 13.9.2016, X ZR 64/14, GRUR 2017, 57, 60 Tz. 30; *BGH*, 30.6.2015, X ZB 1/15, GRUR 2015, 983, 984 f. Tz. 24 f.; *BGH*, 26.10.2010, X ZR 47/07, GRUR 2011, 125, 127 Tz. 30; *BGH*, 22.4.2010, Xa ZB 20/08, GRUR 2010, 613, 616 Tz. 23; *BGH*, 20.1.2009, X ZB 22/07, GRUR 2009, 479, 480 Tz. 11; *BPatG*, 16.5.2017, 12 W (pat) 37/14, BeckRS 2017, 113266 Tz. 21; *Schwarz* GRUR 2014, 224, 227.
[1543] Vgl. *BGH*, 17.10.2001, X ZB 16/00, GRUR 2002, 143.
[1544] Vgl. *BGH*, 14.4.2010, Xa ZB 20/08, GRUR 2010, 613, 616 Tz. 24 m.w.N.
[1545] Vgl. *BGH*, 13.9.2016, X ZR 64/14, GRUR 2017, 57, 60 Tz. 30; *BGH*, 30.6.2015, X ZB 1/15, GRUR 2015, 983, 984 Tz. 24; *BGH*, 26.2.2015, X ZR 37/13, GRUR 2015, 660, 663 Tz. 32; *BGH*, 26.10.2010, X ZR 47/07, GRUR 2011, 125, 127 Tz. 31.
[1546] Vgl. *BGH*, 8.12.1983, X ZR 15/82, GRUR 1984, 272, 273; *BPatG*, 8.7.2004, 17 W (pat) 8/02, GRUR 2004, 934, 935.
[1547] Vgl. *BGH*, 29.11.2016, X ZR 90/14, BeckRS 2016, 116743 Tz. 24.

ne rechtliche Grundlage dafür erkannt werden, bei technischen Erfindungen, die mit Mitteln der Datenverarbeitung realisiert werden, also computerimplementierten Erfindungen, die **Angabe des Quellcodes** als Voraussetzung für eine ausreichenden Offenbarung zu verlangen[1548].

424 Ähnliche Probleme wie im deutschen Recht bestehen bei der Behandlung von Computersoftware nach dem **Europäischen Patentübereinkommen (EPÜ)**. Ein Patentschutz für Programme für Datenverarbeitungsanlagen „als solche" ist gem. Art. 52 Abs. 2 Buchst. c), Abs. 3 EPÜ ebenso ausgeschlossen wie nach dem wortgleichen § 1 Abs. 3 Nr. 3, Abs. 4 PatG[1549], was schon deshalb nicht verwundert, weil § 1 Abs. 3 PatG infolge der Verpflichtung der Mitgliedstaaten zur Schaffung übereinkunftsentsprechenden Rechts dem Art. 52 Abs. 2 EPÜ nachgebildet wurde. Trotz der bindenden Wirkung des EPÜ für alle Mitgliedstaaten existiert daher kein einheitliches Recht, was vor dem Hintergrund bedauerlich ist, dass vom Europäischen Patentamt (EPA) und den nationalen Patentämtern Tausende von Patenten für **computerimplementierte Erfindungen** erteilt wurden und werden. Ein von der Europäischen Patentorganisation vor vielen Jahren vorgelegter Änderungsvorschlag, mit dem der Ausschluss der Computerprogramme von den patentfähigen Erfindungen beseitigt werden sollte[1550] wurde nicht angenommen[1551], weshalb die Akte zur Revision des Übereinkommens über die Erteilung europäischer Patente[1552] im Hinblick auf Programme für Datenverarbeitungsanlagen keine Neuregelungen enthält.

425 Zu den **Mitgliedsstaaten der Europäischen Patentorganisation (EPO)** zählen (Stand: 22.4.2013)[1553]: Albanien, Belgien, Bulgarien, Dänemark, Deutschland, Estland, Finnland, Frankreich, Griechenland, Irland, Island, Italien, Kroatien, Lettland, Liechtenstein, Litauen, Luxemburg, Malta, Mazedonien, Monaco, Niederlande, Norwegen, Österreich, Polen, Portugal, Rumänien, Schweden, Schweiz, Slowakei, Slowenien, Spanien, Tschechische Republik, Türkei, Ungarn, Vereinigtes Königreich, Zypern.

426 Staaten, in denen **europäische Patente** kraft einer **Vereinbarung** Wirkung entfalten (Erstreckungsstaaten): Bosnien und Herzegowina, Montenegro.

c) Europäische Aktivitäten

427 Die Europäische Kommission hatte am 20. 2. 2002 eine **Richtlinie über den Patentschutz computerimplementierter Erfindungen** vorgeschlagen[1554]. Mit der Richtlinie sollten Rechtsunsicherheiten und Unterschiede zwischen den Mitgliedstaaten beseitigt werden. Zur Vorbereitung des Kommissionsvorschlags waren seit 1997 Sondierungen durchgeführt worden[1555]. Im Internet wurde ein Sondierungspapier

---

[1548] Vgl. *BPatG*, 8.7.2004, 17 W (pat) 8/02, GRUR 2004, 934, 935; a.A. *Weyand/Haase* GRUR 2004, 198, 203.

[1549] Vgl. *BGH*, 26.2.2015, X ZR 37/13, GRUR 2015, 660, 662 Tz. 23.

[1550] Vgl. den Basisvorschlag für die Revision des Europäischen Patentübereinkommens vom 17.8.2000, (erster Entwurf CA/100/00; spätere Fassung MR/2/00), abrufbar über http://epo.org/patents/law/legal-texts/epc2000/diplomatic-conference-nov2000.html).

[1551] Vgl. den Bericht von *Noack/Philip* GRUR Int. 2001, 322, 323 f.

[1552] Abgedruckt GRUR Int. 2001, 309 ff.

[1553] Das aktuelle Mitgliederverzeichnis ist abrufbar unter www.epo.org/about-us/member-states_de.html.

[1554] Vgl. Vorschlag für eine Richtlinie des Europäischen Parlaments und des Rates über die Patentierbarkeit computerimplementierter Erfindungen, KOM (2002) 92 endg. vom 20.2.2002.

[1555] Vgl. Förderung der Innovation durch Patente – Grünbuch über das Gemeinschaftspatent und das Patentschutzsystem in Europa, KOM (1997) 314 endg. vom 24.6.1997; Förderung der Innova-

bereitgestellt[1556], zu dem 1447 Beiträge eingereicht wurden. Daneben wurde die Bedeutung des Patentschutzes für Computersoftware speziell für mittelständische Unternehmen in einer Studie untersucht[1557] und die Rechtslage in den USA sowie Japan zum Vergleich herangezogen.

Der Vorschlag der EU-Kommission basierte auf der grundlegenden Zielsetzung, den Patentschutz für Computerprogramme innerhalb der EU **harmonisieren, nicht aber ausdehnen** zu wollen, etwa durch eine Patentierbarkeit von Computerprogrammen „als solche"[1558]. Auf das Kriterium des technischen Beitrags sollte nicht verzichtet werden. 428

Das **Europäische Parlament** beschloss in erster Lesung zahlreiche Änderungsvorschläge zum Vorschlag der Kommission, mit denen die Patentierbarkeit von Software eingegrenzt werden und Ausnahmen von der Patentierbarkeit vorgesehen werden sollten. Ein später verabschiedeter **Gemeinsamer Standpunkt des Rates,** in dem etwa 25 Abänderungen des Parlaments aus erster Lesung enthalten waren, **scheiterte** in zweiter Lesung im Europäischen Parlament im Sommer 2005. Weitere Bestrebungen zur Regelung der Problematik hätten im Zusammenhang mit der Schaffung des Europäischen Patents mit einheitlicher Wirkung erfolgen können[1559], was jedoch nicht geschah, weshalb die Diskussion nicht wirklich beendet ist. 429

Am 7.6.2013 hat der Deutsche Bundestag einstimmig einen interfraktionellen **Antrag zur Begrenzung von Softwarepatenten**[1560] beschlossen. Die weitere Entwicklung bleibt abzuwarten. 430

3. Die Rechtsinhaberschaft (Wem steht das Recht zu?)

Schrifttum: *Bartenbach/Volz,* Die Novelle des Gesetzes über Arbeitnehmererfindungen 2009, GRUR 2009, 997 ff.

Im Rahmen der Darlegungen zum Urheberrechtsschutz von Computersoftware wurde ausführlich beschrieben, dass nach §§ 69a Abs. 4, 7 UrhG derjenige der Urheber eines Computerprogramms ist, der die eigene geistige Schöpfung nach § 69a Abs. 3 UrhG tätigt (sog. Schöpferprinzip). Für Programmerstellungen in Arbeits- und Dienstverhältnissen ist § 69b UrhG zu beachten[1561]. Die patentrechtlichen Regelungen hinsichtlich der Frage der Rechtszuordnung weisen einige **grundlegende Unterschiede zum Urheberrecht** auf. Aus diesem Grund ist es nicht möglich, die urheberrechtlichen Regelungen ungeprüft auf das Patentrecht zu übertragen. Sofern die Rechtsinhaberschaft am Patent und das Urheberrecht auseinanderfallen, was insbesondere bei von Arbeitnehmern geschaffenen Programmen der Fall sein kann, entsteht eine „Blockade der Schutzrechte"[1562]. Ein Vorrang eines Schutzrechts gegenüber dem anderen existiert nicht. 431

---

tion durch Patente – Folgemaßnahmen zum Grünbuch über das Gemeinschaftspatent und das Patentschutzsystem in Europa, KOM (1999) 42 endg. vom 5.2.1999.

[1556] Die Patentierbarkeit computerimplementierter Erfindungen – Sondierungspapier der Dienststellen der Generaldirektion Binnenmarkt, vom 19.10.2000.

[1557] Patent protection of computer programs (AuftragsNr. INNO-99-04), zitiert im Vorschlag der EG-Kommission. Einzelheiten zur Studie schildert *Metzger* CR 2003, 313, 314.

[1558] Vgl. *Metzger* CR 2003, 313, 314.

[1559] Vgl. *Taeger* NJW 2008, 3325, 3327.

[1560] Vgl. den interfraktionellen Antrag des Bundestags an die Bundesregierung „Wettbewerb und Innovationsdynamik im Softwarebereich sichern – Patentierung von Computerprogrammen effektiv begrenzen", BT-Drucks. 17/13086 vom 16.4.2013; dazu *Ensthaler* GRUR 2013, 666 ff.; *Hallstein/Loschelder* GRUR 2013, 704 f.

[1561] Vgl. hierzu oben Rdn. 123 ff.

[1562] Vgl. *Kamlah* CR 2010, 485, 489.

432 Gem. § 6 S. 1 PatG sowie Art. 60 Abs. 1 S. 1 EPÜ hat der **Erfinder** oder sein **Rechtsnachfolger** das **Recht auf das Patent.** Der Begriff des Erfinders ist gesetzlich nicht definiert. Allgemein wird als Erfinder derjenige bezeichnet, der den Erfindungsgedanken hatte und dessen schöpferischer Tätigkeit die Erfindung entspringt[1563]. Da zu einem schöpferischen Gedanken allein der Mensch befähigt ist, kann auch nur eine **natürliche Person** Erfinder sein. Juristische Personen kommen als Erfinder nicht in Betracht[1564]. Haben mehrere Personen gemeinsam eine Erfindung gemacht, stehen ihnen gem. § 6 S. 2 PatG das Recht auf das Patent gemeinschaftlich zu, sie sind Miterfinder[1565]. Hierfür ist erforderlich, dass jeder Beteiligte einen schöpferischen Beitrag zur gemeinschaftlichen Erfindung geleistet hat. Eine nur konstruktive Mithilfe an der Erfindung reicht für eine Miterfinderschaft nicht aus[1566]. Auch der Auftraggeber ist grundsätzlich weder Erfinder noch Miterfinder. § 6 S. 2 PatG weist auch die Möglichkeit die Erfindung zu nutzen, den Miterfindern[1567] zu. Dritte, die sich ohne Rechtsgrund in Widerspruch zu der durch § 6 S. 2 PatG gesetzlich normierten Zuweisung verhalten, insbesondere ohne Rechtsgrund die Erfindung benutzen, haften deshalb den Miterfindern jedenfalls nach Bereicherungsrecht. Da es um die Verletzung eines gemeinschaftlichen Rechts geht, steht auch dieser Anspruch den Miterfindern **nur gemeinschaftlich** zu. Dem ist auch bei bloßer Feststellung der Haftung Rechnung zu tragen. Die entsprechende Klage kann jedoch nicht nur von den Miterfindern gemeinsam, sondern auch von einem Miterfinder allein erhoben und durchgeführt werden. Das folgt aus § 432 Abs. 1 BGB, der bei Bruchteilsgemeinschaften von Miterfindern heranzuziehen ist, weil Miterfinder im Zweifel eine solche Gemeinschaft bilden[1568].

433 Das **Recht an der Erfindung** umfasst alle Rechte aus der Erfindung, die in einen vermögensrechtlichen Teil und einen persönlichkeitsrechtlichen Teil untergliedert werden können. Wichtigster Bestandteil des vermögensrechtlichen Teils ist das **Recht auf das Patent,** wichtigster Bestandteil des persönlichkeitsrechtlichen Teils ist das **Recht auf Erfinderbenennung** gem. § 37 Abs. 1 PatG. Das Recht auf das Patent wird durch die Patentanmeldung verwirklicht[1569]. Sofern mehrere Personen eine Erfindung unabhängig voneinander gemacht haben, ist das Patent demjenigen zu erteilen, der es zuerst beim Patentamt angemeldet hat. Anders als in den USA ist es irrelevant, wer die Erfindung zuerst getätigt hat[1570].

434 Bei **Erfindungen von Arbeitnehmern** greift das Gesetz über Arbeitnehmererfindungen (ArbEG). Diesem Gesetz unterliegen gem. § 1 ArbEG über die etwas verkürzte Gesetzesbezeichnung hinaus die Erfindungen und technischen Verbesserungsvorschläge von **Arbeitnehmern** im **privaten** und **öffentlichen Dienst,** von **Beamten** und **Soldaten.** Die urheberrechtliche Vorschrift über die Programmerstellung in Arbeits- und Dienstverhältnissen gem. § 69b UrhG schließt die Anwendung des ArbEG nicht aus, sondern beide Schutzsysteme sind **nebeneinander anwendbar**[1571]. Für die

---

[1563] Vgl. *Benkard/Mellulis*, PatG, § 6 Rdn. 30; *Benkard/Mellulis*, EPÜ, Art. 60 Rdn. 10; sinngemäß auch *BGH*, 18.5.2010, X ZR 79/07, GRUR 2010, 817, 819 Tz. 28.
[1564] Vgl. *Benkard/Mellulis*, PatG, § 6 Rdn. 30.
[1565] Vgl. *BGH*, 4.4.2006, X ZR 155/03, GRUR 2006, 754, 755 Tz. 10.
[1566] Vgl. *BGH*, 17.10.2000, X ZR 223/98, GRUR 2001, 226, 227.
[1567] Vgl. *BGH*, 4.4.2006, X ZR 155/03, GRUR 2006, 754, 755 Tz. 10; *BGH*, 21.12.2005, X ZR 165/04, GRUR 2006, 401, 403 Tz. 21.
[1568] Vgl. *BGH*, 4.4.2006, X ZR 155/03, GRUR 2006, 754, 755 Tz. 10.
[1569] Vgl. *Benkard/Mellulis*, PatG, § 6 Rdn. 14.
[1570] Vgl. *Ullrich/Lejeune/Moufang* S. 127 Rdn. 135.
[1571] Vgl. *Ullrich/Lejeune/Moufang* S. 129 Rdn. 140; *Dreier/Schulze* § 69a Rdn. 5.

Frage der Rechtsinhaberschaft an den vermögensrechtlichen Befugnissen kann daher etwa auf § 69b UrhG abzustellen sein, während ein Vergütungsanspruch des Arbeitnehmers wegen eines entsprechenden technischen Verbesserungsvorschlags gem. § 20 Abs. 1 ArbEG nach den Regelungen des ArbEG zu beurteilen ist[1572].

Gem. § 4 Abs. 1 ArbEG können Erfindungen von Arbeitnehmern **gebundene Erfindungen (Diensterfindungen)** oder **freie Erfindungen** sein. Nach der Definition des § 4 Abs. 2 ArbEG sind Diensterfindungen, die während der Dauer des Arbeitsverhältnisses gemachten Erfindungen, die entweder aus der dem Arbeitnehmer im Betrieb oder der öffentlichen Verwaltung obliegenden Tätigkeit entstanden sind oder die maßgeblich auf Erfahrungen oder Arbeiten des Betriebes oder der öffentlichen Verwaltung beruhen. Sonstige Erfindungen von Arbeitnehmern sind gem. § 4 Abs. 3 ArbEG freie Erfindungen. — 435

Gem. § 5 Abs. 1 S. 1 ArbEG ist der Arbeitnehmer, der eine **Diensterfindung** gemacht hat, verpflichtet, sie **unverzüglich** dem Arbeitgeber gesondert **schriftlich zu melden** und hierbei kenntlich zu machen, dass es sich um die Meldung einer Erfindung handelt. Die Meldung hat nach dem Gesetz „gesondert schriftlich" zu erfolgen. Zweck der Regelung ist es, den Arbeitgeber in die Lage zu versetzen, den Erfindungscharakter zu erkennen und sachgerecht über die Frage der Inanspruchnahme oder Freigabe, den etwaigen Inhalt einer Schutzrechtsanmeldung sowie über die Erfindervergütung zu entscheiden[1573]. Sowohl das Schriftformerfordernis als auch das Erfordernis der „gesonderten" Meldung sollen sicherstellen, dass dem Arbeitgeber klar und deutlich vor Augen geführt wird, dass er die genannten Entscheidungen – innerhalb der gesetzlich vorgesehenen Frist von vier Monaten – treffen muss, will er nicht Gefahr laufen, dass die Diensterfindung frei wird. Daher muss eine die Diensterfindung betreffende, für sich stehende und vom Arbeitnehmer unterzeichnete **Meldungsurkunde** übergeben werden[1574]. — 436

Die Informationspflicht des Arbeitnehmers nach § 5 Abs. 2 S. 3 ArbEG bezieht sich nicht nur auf die Mitteilung von **Miterfindern** und deren Anteil an der Erfindung, sondern auf **jede Beteiligung weiterer Mitarbeiter** an der Erfindung und Art und Umfang ihrer Mitarbeit. Wie der umfassende und wertneutrale Begriff „Mitarbeiter" verdeutlicht, sind darunter sowohl die Miterfinder im Sinne des § 6 S. 2 PatG als auch sonstige am Zustandekommen der Erfindung beteiligten Personen zu verstehen. Der Gesetzgeber hat den weiten Begriff gewählt, um die häufig schwierige Abgrenzung zwischen Miterfindern und Erfindungsgehilfen nicht dem anmeldenden Arbeitnehmer, sondern dem Arbeitgeber zu überlassen[1575], der hierzu durch die tatsächlichen Angaben des Arbeitnehmers in den Stand versetzt werden muss. Die Angaben über **Art und Umfang der Mitarbeit Dritter** und die Bewertung des Anteils der Mitarbeiter und des eigenen Erfinderanteils sollen dem Arbeitgeber eine abschließende Bewertung der Mitwirkung der Beteiligten ermöglichen. Die Mitteilung ist eine **reine Wissensvermittlung** und **keine Willenserklärung**, sodass die Regeln über mangelhafte Willenserklärungen nicht anwendbar sind[1576]. — 437

Innerhalb von vier Monaten ab Eingang der (ordnungsgemäßen) Erfindungsmeldung kann der Arbeitgeber die Diensterfindung gem. § 6 Abs. 1 ArbEG **unbeschränkt** oder **beschränkt** in Anspruch nehmen. Die Inanspruchnahme der Erfindung durch den Arbeitgeber ist eine **empfangsbedürftige rechtsgestaltende Willens-** — 438

[1572] Vgl. *BGH*, 23.10.2001, X ZR 72/98, GRUR 2002, 149, 150; *Dreier/Schulze* § 69a Rdn. 5.
[1573] Vgl. *BGH*, 4.4.2006, X ZR 155/03, GRUR 2006, 754, 757 Tz. 26.
[1574] Vgl. *OLG Frankfurt*, 22.1.2009, 6 U 151/06, GRUR-RR 2009, 291, 292.
[1575] Vgl. *BGH*, 18.3.2003, X ZR 19/01, GRUR 2003, 702, 704.
[1576] Vgl. *BGH*, 4.4.2006, X ZR 155/03, GRUR 2006, 754, 757 Tz. 26.

erklärung. Der Arbeitgeber muss durch eine an den Arbeitnehmererfinder gerichtete und diesem zugegangene schriftliche Erklärung den Willen zu einem bestimmten rechtlichen Erfolg zum Ausdruck bringen, nämlich dass er die Diensterfindung für sich in Anspruch nimmt. Insoweit gelten einschränkungslos die gesetzlichen Regeln für rechtsgeschäftliches Handeln. Eine Inanspruchnahme, die der Schriftform ermangelt, ist nach § 125 BGB nichtig. Eine schriftliche Inanspruchnahme, die nicht innerhalb der viermonatigen Frist erfolgt, bleibt, da verspätet, ohne den gewollten rechtlichen Erfolg. Denn bei der in § 6 Abs. 2 ArbEG normierten Frist handelt es sich um eine Ausschlussfrist, wie der Regelung in § 8 Abs. 1 Nr. 3 ArbEG entnommen werden kann[1577].

439   Bei einer **unbeschränkten Inanspruchnahme** gehen gem. § 7 Abs. 1 ArbEG **alle Rechte** an der Diensterfindung auf den Arbeitgeber über. Der Arbeitnehmer hat sodann gem. § 9 Abs. 1 ArbEG gegen den Arbeitgeber einen Anspruch auf angemessene Vergütung. Nach welchen Vorgaben die Vergütung bemessen werden soll, ist in § 9 Abs. 2 ArbEG normiert. Für die Bemessung der Vergütung des Arbeitnehmers sind die dort genannten Kriterien von besonderer Bedeutung[1578]. Dementsprechend ist zum einen die **Stellung des Arbeitnehmers im Betrieb,** zum anderen der **Anteil des Betriebs am Zustandekommen der Erfindung** und zum Dritten die **wirtschaftliche Verwertbarkeit** der Diensterfindung als maßgebliche Bemessungsgröße heranzuziehen[1579]. Bei einer Eigenverwertung der Erfindung durch den Arbeitgeber kann die Vergütung nach der konkreten Lizenzanalogie berechnet werden, bei der bereits vereinbarte Lizenzgebühren den vorrangigen Anhaltspunkt bilden, um den tatsächlichen Marktwert zu ermitteln. Dabei dürfen allerdings besondere, die Lizenzgebühren beeinflussende Umstände nicht außer Acht gelassen werden[1580].

440   Bei einer beschränkten Inanspruchnahme erwirbt der Arbeitgeber gem. § 7 Abs. 2 ArbEG nur ein **nichtausschließliches Recht zur Benutzung** der Diensterfindung. Der Arbeitnehmer hat gem. § 10 Abs. 1 ArbEG gegen den Arbeitgeber einen Anspruch auf angemessene Vergütung, sobald der Arbeitgeber die Diensterfindung nicht nur beschränkt in Anspruch genommen hat, sondern sie auch benutzt. Gibt der Arbeitgeber die Diensterfindung schriftlich frei oder liegt eine andere Variante des § 8 Abs. 1 Nr. 1 bis 3 ArbEG vor, wird die Diensterfindung frei und der Arbeitnehmer kann gem. § 8 Abs. 2 ArbEG unbeschränkt über sie verfügen.

441   Auch wenn der Arbeitnehmer keine Diensterfindung, sondern eine **freie Erfindung** getätigt hat, besteht für ihn eine **Mitteilungspflicht** gem. § 18 ArbEG sowie eine **Anbietungspflicht** gem. § 19 ArbEG. Gem. § 22 S. 1 ArbEG können die Vorschriften des ArbEG **zuungunsten des Arbeitnehmers nicht abbedungen** werden. Für **Arbeitnehmer im öffentlichen Dienst, Beamte** und **Soldaten** gelten die allgemeinen Vorschriften gem. §§ 40, 41 ArbEG mit den in § 40 Nr. 1 bis 5 ArbEG enthaltenen Abänderungen. Auch für **Erfindungen an Hochschulen** sind in § 42 ArbEG besondere Bestimmungen vorgesehen. § 42 ArbEG erfasst aber nur Erfindungen der an einer Hochschule Beschäftigten, nicht die Erfindungen der Studenten, sofern sie nicht als Hilfskräfte beschäftigt werden.

[1577] Vgl. *BGH*, 4.4.2006, X ZR 155/03, GRUR 2006, 754, 757 Tz. 27.
[1578] Vgl. *BGH*, 17.11.2009, X ZR 137/07, GRUR 2010, 223, 225 Tz. 21 unter Berufung auf die amtliche Begründung des Regierungsentwurfs eines Gesetzes über Arbeitnehmererfindungen, BT-Drucks. II/1648, S. 26.
[1579] Vgl. *BGH*, 17.11.2009, X ZR 137/07, GRUR 2010, 223, 225 Tz. 21.
[1580] Vgl. *LG München I*, 7.3.2011, 7 O 9760/05, CR 2012, 356.

4. Der Schutzbereich des Patents

a) Zeitlicher Schutzbereich

Die Patentdauer beträgt gem. § 16 Abs. 1 S. 1 PatG **zwanzig Jahre,** gerechnet ab dem Tag, der auf die Anmeldung der Erfindung folgt. Der Anmeldetag einer Patentanmeldung bestimmt sich nach § 35 Abs. 2 PatG. Die Dauer des Patentschutzes ist jedoch **immer kürzer** als die zwanzigjährige Laufzeit, weil die patentrechtlichen Schutzwirkungen nicht schon mit der Patentanmeldung eintreten[1581]. Bis zur Offenlegung der Anmeldung besteht noch kein patentrechtlicher Schutz[1582]. Ab der Veröffentlichung des Hinweises auf die Offenlegung der Anmeldung besteht gem. §§ 33 Abs. 1, 32 Abs. 5 PatG für die Benutzung des Anmeldegegenstands lediglich ein Entschädigungsanspruch[1583] und auch während der Zeit der Offenlegung der Anmeldung bis zur Patenterteilung sind Ansprüche auf Unterlassung und Schadensersatz ausgeschlossen[1584]. Die volle Schutzwirkung des § 9 PatG tritt vielmehr erst mit der Patenterteilung ein. Gem. Art. 63 Abs. 1 EPÜ beträgt die Laufzeit des **europäischen Patents** ebenfalls zwanzig Jahre ab dem Tag der Anmeldung. 442

Der **Patentschutz endet** mit Wirkung für die Zukunft mit dem Erlöschen des Patents, etwa durch Zeitablauf gem. § 16 PatG, durch Verzicht, nicht fristgerechte Erfinderbenennung oder Nichtzahlung der kontinuierlich steigenden Jahresgebühren, die für die Fortgeltung des Patents gezahlt werden müssen (§ 20 Abs. 1 Nr. 1 bis 3 PatG), ferner mit rückwirkender Wirkung etwa durch Widerruf gem. § 21 PatG oder Nichtigerklärung gem. § 22 PatG. 443

b) Sachlicher Schutzbereich

Gem. § 14 S. 1 PatG wird der (sachliche) Schutzbereich des Patents und der Patentanmeldung durch den **Inhalt der Patentansprüche** bestimmt. Gem. § 14 S. 2 PatG sind jedoch die Beschreibung und die Zeichnungen zur Auslegung der Patentansprüche heranzuziehen. § 14 PatG gibt dementsprechend nicht an, welche Gebrauchshandlungen patentrechtlich verboten sind[1585]. Diesbezüglich ist auf § 9 PatG zurückzugreifen, wo die Wirkung des Patents normiert ist. Der Schutzbereich umfasst die dem patentrechtlichen Ausschließlichkeitsrecht unterfallenden **Ausführungen** der patentierten Lehre[1586]. Dabei bildet der jeweilige Patentanspruch nicht nur den Ausgangspunkt für die Bestimmung des Schutzbereichs, sondern er stellt gleichzeitig dessen maßgebliche Grundlage dar[1587]. Für die Auslegung eines Patents ist nicht die sprachliche oder logisch wissenschaftliche Bedeutung der im Patentanspruch verwendeten Begriffe maßgeblich, sondern deren technischer Sinn, der unter Berücksichtigung von Aufgabe und Lösung zu bestimmen ist, wie sie sich objektiv aus dem Patent ergeben[1588]. 444

Für europäische Patente enthält Art. 69 Abs. 1 EPÜ eine dem § 14 PatG entsprechende Regelung. Gem. Art. 2 des Protokolls über die Auslegung des Art. 69 EPÜ ist bei der Bestimmung des Schutzbereichs des europäischen Patents solchen Elementen 445

[1581] Vgl. *Benkard/Grabinski*, PatG, § 16 Rdn. 3.
[1582] Vgl. *Benkard/Grabinski*, PatG, § 16 Rdn. 2.
[1583] Vgl. *Benkard/Schäfers*, PatG, § 33 Rdn. 3.
[1584] Vgl. *Benkard/Grabinski*, PatG, § 16 Rdn. 4.
[1585] Vgl. *Benkard/Scharen*, PatG, § 14 Rdn. 5.
[1586] Vgl. *Benkard/Scharen*, PatG, § 14 Rdn. 5; *Benkard/Scharen*, EPÜ, Art. 69 Rdn. 2.
[1587] Vgl. *BGH*, 12.3.2002, X ZR 168/00 GRUR 2002, 515, 517; *Benkard/Scharen*, PatG, § 14 Rdn. 5.
[1588] Vgl. *BGH*, 13.10.2015, X ZR 74/14, GRUR 2016, 169, 170 Tz. 16.

gebührend Rechnung zu tragen, die **Äquivalente** der in den Patentansprüchen genannten Elemente sind. Der Schutzbereich eines Patents kann daher über den durch Auslegung zu ermittelnden Gegenstand des Patentanspruchs hinausgehen und auch **Abwandlungen** umfassen[1589].

446 Die Einbeziehung einer vom Wortsinn des Patentanspruchs abweichenden Ausführungsform in den Schutzbereich eines Patents hat, auch wenn vielfach verkürzend nur von der äquivalenten Verwirklichung einzelner Merkmale gesprochen wird[1590], nach ständiger Rechtsprechung des *BGH*[1591] **drei kumulativ zu erfüllende Voraussetzungen: 1.** Das der Erfindung zu Grunde liegende Problem muss mit zwar abgewandelten, aber objektiv gleich wirkenden Mitteln bewirkt werden. **2.** Seine Fachkenntnisse müssen den Fachmann befähigen, die abgewandelten Mittel als gleich wirkend aufzufinden. **3.** Die Überlegungen, die der Fachmann hierzu anstellen muss, müssen derart am Sinngehalt der im Patentanspruch unter Schutz gestellten technischen Lehre orientiert sein, dass der Fachmann die abweichende Ausführung mit ihren abgewandelten Mitteln als gegenständlich gleichwertige Lösung in Betracht zieht.

5. Die Wirkungen des Patents

447 Die Wirkungen eines Patents sind in den §§ 9 bis 13 PatG normiert. Während die §§ 9 und 10 PatG[1592], die allein dem Patentinhaber vorbehaltenen (positives Benutzungsrecht) und Dritten ohne Zustimmung des Patentinhabers dementsprechend verbotenen Handlungen (negatorische Wirkung, Verbotsrecht) benennen, sehen die §§ 11 bis 13 PatG gewisse Ausnahmen von der Wirkung des Patents vor. Die Dritten grundsätzlich verbotenen **unmittelbaren Benutzungshandlungen** werden **abschließend** in § 9 S. 2 PatG aufgezählt[1593]. Als einzige Ausnahme kennt diese Vorschrift die Zustimmung des Rechtsinhabers. Von ausschlaggebender Bedeutung ist, ob ein **Erzeugnispatent** (§ 9 S. 2 Nr. 1 PatG) oder ein **Verfahrenspatent** (§ 9 S. 2 Nr. 2 und 3 PatG) vorliegt.

448 Sofern Gegenstand des Patents ein **Erzeugnis** ist, ist es Dritten verboten, dieses Erzeugnis **herzustellen, anzubieten, in Verkehr zu bringen** oder zu **gebrauchen** oder zu den genannten Zwecken entweder **einzuführen** oder zu **besitzen**. Hier ist unter Schutz gestellt, wie die Gestaltung, Konstruktion oder der Entwurf eines Erzeugnisses sein soll. Schutzgegenstand ist daher nicht das Erzeugnis als Sache, sondern die auf das Erzeugnis bezogene Lehre zum technischen Handeln[1594]. Auch Computerprogramme können als Erzeugnispatent geschützt sein, wenn sich das Patent auf eine **Vorrichtung** (Datenverarbeitungsanlage) bezieht, die in bestimmter Weise programmtechnisch eingerichtet ist, und nicht auf ein Verfahren oder ein Programm allein gerichtet ist[1595]. Dies kann insbesondere bei der sog. „embedded software" der Fall sein[1596].

[1589] Vgl. *Benkard/Scharen*, EPÜ, Art. 69 Rdn. 52 m. w. N.
[1590] Vgl. *Meier-Beck* GRUR 2008, 1033, 1036.
[1591] Vgl. *BGH,* 31.5.2007, X ZR 172/04, GRUR 2007, 1059, 1063 Tz. 34; *BGH,* 12.3.2002, X ZR 168/00, GRUR 2002, 515, 517.
[1592] Die Sonderregelungen für den Bereich der Biotechnologie gem. §§ 9a bis c PatG interessieren hier nicht.
[1593] Vgl. *Benkard/Scharen*, PatG, § 9 Rdn. 27.
[1594] Vgl. *Benkard/Scharen*, PatG, § 9 Rdn. 31.
[1595] Vgl. *BGH,* 11.5.2000, X ZB 15/98, NJW 2000, 3282 ff. = LM H. 9/2000 § 1 PatG 1981 Nr. 13 m. Anm. *Marly; Kamlah* CR 2010, 485, 486.
[1596] Vgl. *Redeker* Rdn. 151; *Heide* CR 2003, 165, 166.

Schwierigkeiten können bei Erzeugnispatenten hinsichtlich der Frage entstehen, **449** ob eine „Reparatur" etwa mittels **Fehlerbeseitigung** im Programmcode vorgenommen werden darf. Eine dem § 69d Abs. 1 UrhG vergleichbare Regelung, in der unter bestimmten Voraussetzungen die Fehlerberichtigung durch jeden zur Programmnutzung Berechtigten erlaubt wird, fehlt im PatG. Für Computersoftware entsteht das zusätzliche Problem, dass sie verschleißfrei ist[1597] und folglich bei strenger Betrachtungsweise auch nicht repariert werden muss. Für die Abgrenzung zwischen (zulässigem) bestimmungsgemäßen Gebrauch und (unzulässiger) Neuherstellung ist nach Auffassung des *BGH* maßgeblich[1598], ob die getroffenen Maßnahmen noch die Identität des bereits in den Verkehr gebrachten konkreten patentgeschützten Erzeugnisses wahren oder der Schaffung eines neuen erfindungsgemäßen Erzeugnisses gleichkommen. Zu dieser Beurteilung bedarf es nach Auffassung des *BGH* einer die Eigenart des patentgeschützten Erzeugnisses berücksichtigenden **Abwägung der schutzwürdigen Interessen des Patentinhabers** an der wirtschaftlichen Verwertung der Erfindung einerseits **und des Abnehmers am ungehinderten Gebrauch** des in den Verkehr gebrachten konkreten erfindungsgemäßen Erzeugnisses andererseits. Da dementsprechend auch im Patentrecht das Recht zum bestimmungsgemäßen Gebrauch und zur ungehinderten Nutzung der mit Zustimmung des Patentinhabers in den Verkehr gelangten Erzeugnisse alle üblichen Maßnahmen zur Inbetriebnahme, zum Inbetriebhalten und zur Pflege des geschützten Gegenstands einschließlich aller Ausbesserungen umfasst, soweit sie nicht unter den Begriff „Neuerstellung" fallen[1599], wird im Ergebnis eine Fehlerbeseitigung zulässig sein.

Sofern Gegenstand des Patents ein **Verfahren** ist, verbietet § 9 S. 2 Nr. 2 PatG zu- **450** nächst nur die **Anwendung des Verfahrens** und sofern die weiteren Voraussetzungen dieser Vorschrift vorliegen auch das **Anbieten des Verfahrens** zur Anwendung. Dabei wird nach üblicher Definition ein Verfahren dadurch angewendet, dass die geschützten Maßnahmen vollständig durchgeführt werden, insbesondere die zur Ausübung des Verfahrens dienende Vorrichtung in anspruchsgemäßer Weise benutzt wird[1600].

Unproblematisch ist insoweit allein, dass Computerprogramme meist als Verfah- **451** ren und nicht als Erzeugnis patentiert werden[1601]. Umstritten ist aber, ob das **Laden des Programms** in den Arbeitsspeicher bereits ein Anwenden des Verfahrens darstellt, oder ob dies erst beim eigentlichen Programmlauf der Fall ist[1602]. Sicher ist zunächst, dass das **bloße Kopieren** des Programms **kein Anwenden** des Verfahrens ist[1603]. Berücksichtigt man nun, dass die „Ertüchtigung einer Vorrichtung zur Benutzung des Verfahrens" kein Anwenden des Verfahrens ist, sondern noch nicht erfasste Vorbereitungshandlung[1604], dann wird man auch das Laden des Programms als noch nicht erfasst bezeichnen müssen. Auch ein **Ausdruck des Programmcodes** kann nicht als Erzeugnis der Verfahrensanwendung im Sinne des § 9 S. 2 Nr. 3 PatG ein-

---

[1597] Vgl. hierzu auch oben Rdn. 209.
[1598] Vgl. *BGH*, 27.2.2007, X ZR 38/06, GRUR 2007, 769, 772 Tz. 27; *BGH*, 3.5.2006, X ZR 45/05, GRUR 2006, 837, 836 Tz. 6.
[1599] Vgl. *BGH*, 3.5.2006, X ZR 45/05, GRUR 2006, 837, 838 Tz. 16; *Benkard/Scharen*, PatG, § 9 Rdn. 38.
[1600] Vgl. *Benkard/Scharen*, PatG, § 9 Rdn. 49 m. w. N.
[1601] Vgl. *Kamlah* CR 2010, 485, 486; *Redeker* Rdn. 151.
[1602] Für einen Einbezug bereits des Ladevorgangs *Kraßer* in: Lehmann, Rechtsschutz und Verwertung von Computerprogrammen, S. 275 Rdn. 119; dagegen *Benkard/Scharen*, PatG, § 9 Rdn. 49; *Ullrich/Lejeune/Moufang* S. 133 Rdn. 146; wohl auch *Kamlah* CR 2010, 485, 486.
[1603] Vgl. *Benkard/Scharen*, PatG, § 9 Rdn. 49.
[1604] Vgl. *BGH*, 19.11.1991, X ZR 9/89, GRUR 1992, 305, 308.

geordnet werden[1605]. Gegebenenfalls kann der Patentinhaber aber gegen das Anbieten und Liefern von Programmkopien an andere als zur Benutzung der patentierten Software berechtigte Personen nach § 10 PatG vorgehen, weil hierin eine mittelbare Patentverletzung gesehen werden kann[1606]. Bei einem Videobildcodierungsverfahren (MPEG-2) ist die codierte Folge von Videobilddaten als unmittelbar hergestelltes Verfahrensergebnis im Sinne des § 9 S. 2 Nr. 3 PatG zu qualifizieren. Vom Erzeugnisschutz wird daher auch ein Datenträger (DVD) erfasst, auf dem die Datenfolge gespeichert ist. Ist ein derartiger Datenträger mit Zustimmung des Patentinhabers in den Verkehr gebracht, hält sich auch die Herstellung weiterer Datenträger mit der betreffenden Datenfolge im Rahmen der aus der Erschöpfung des Patentrechts folgenden Befugnis zum bestimmungsgemäßen Gebrauch[1607]. Voraussetzung für einen solchen Schutz von Daten als Verfahrenserzeugnis ist aber zum einen, dass das Ergebnis des patentierten Verfahrens in einer üblichen Form wahrnehmbar gemacht und auf diese Weise wie ein körperlicher Gegenstand beliebig oft bestimmungsgemäß genutzt werden kann. Zum anderen muss auch in diesem Fall die das Verfahrensergebnis verkörpernde Datenfolge ihrer Art nach als tauglicher Gegenstand eines Sachpatents in Betracht kommen. Dies ist indessen nur dann der Fall, wenn sie sachlich-technische Eigenschaften aufweist, die ihr durch das Verfahren aufgeprägt worden sind. Die bloße Darstellung eines mittels eines patentgeschützten Verfahrens gewonnenen Untersuchungsbefunds und hieraus gewonner Erkenntnisse stellt als Wiedergabe von Informationen kein Erzeugnis dar, das Schutz nach § 9 S. 2 Nr. 3 PatG genießen kann[1608].

452 In den §§ 11 bis 13 PatG sind gewisse Ausnahmen von der Wirkung des Patents vorgesehen. Zu nennen sind insbesondere der Ausschlusstatbestand des § 11 Nr. 1 PatG, demzufolge Handlungen, die **im privaten Bereich zu nichtgewerblichen Zwecken** vorgenommen werden, von der Wirkung des Patents nicht erfasst werden. Gleiches gilt gem. § 11 Nr. 2 PatG für **Handlungen zu Versuchszwecken,** die sich auf den Gegenstand der patentierten Erfindung beziehen. Schließlich ist in diesem Zusammenhang noch § 12 PatG zu erwähnen, demzufolge die Wirkung des Patents gegen denjenigen nicht eintritt, der zur Zeit der Anmeldung bereits im Inland die Erfindung in Benutzung genommen oder die dazu erforderlichen Veranstaltungen getroffen hatte (**Vorbenutzung**).

6. Ansprüche bei Rechtsverletzungen

Schrifttum: *Grabinski,* Gewinnherausgabe nach Patentverletzung – zur gerichtlichen Praxis acht Jahre nach dem „Gemeinkostenanteil"-Urteil des BGH, GRUR 2009, 260 ff.

453 Sowohl die **straf-** als auch die **zivilrechtlichen** Folgen einer Verletzung des Patentrechts ähneln den oben ausführlich dargelegten Rechtsfolgen einer Urheberrechtsverletzung, sodass weitgehend nach oben verwiesen werden kann. Durch das Gesetz zur Verbesserung von Rechten des geistigen Eigentums wurden die vergleichsweise geringen Unterschiede weiter nivelliert, was auch vom Gesetzgeber so gesehen wurde.[1609]

[1605] Vgl. *Ullrich/Lejeune/Moufang* S. 133 Rdn. 146.
[1606] Vgl. *Kamlah* CR 2010, 485, 486.
[1607] Vgl. *BGH,* 21.8.2012, X ZR 33/10, GRUR 2012, 1230, 1234 Tz. 29.
[1608] Vgl. *BGH,* 27.9.2016, X ZR 124/15, GRUR 2017, 261, 263 Tz. 21 ff.
[1609] Vgl. die Begründung des Regierungsentwurfs, BT-Drucks. 16/5048 vom 20.4.2007, S. 47: „Die Änderungen des Urheberrechtsgesetzes entsprechen weitgehend den Änderungen des Patentgesetzes".

Ein Unterschied zwischen den urheberrechtlichen (§§ 97 ff. UrhG) und patent- 454
rechtlichen (§§ 139 ff. PatG) Vorschriften über die Folgen von Rechtsverletzungen
besteht darin, dass die urheberrechtlichen Regelungen eingreifen, wenn das „Urheberrecht oder ein anderes nach diesem Gesetz geschütztes Recht widerrechtlich verletzt" wird, während die patentrechtlichen Regelungen voraussetzen, dass „entgegen den §§ 9 bis 13 eine patentierte Erfindung benutzt" wird. Die Abweichung
begründet sich auf dem oben bereits dargelegten Unterschied, dass es nicht dem
klassischen Urheberrechtsverständnis entspricht, die **reine Benutzung** eines Werks
als urheberrechtlich relevanten Vorgang einzuordnen[1610]. Vielmehr knüpfen die Verwertungsrechte des Urhebers an die dem Werkgenuss vorgelagerten und ihn erst
ermöglichenden Nutzungshandlungen an[1611]. Demgegenüber liegt eine patentrechtliche Rechtsverletzung vor, wenn ein anderer diejenigen **„Benutzungshandlungen"**
vornimmt, die nach den §§ 9 bis 13 PatG dem Patentinhaber vorbehalten sind[1612],
wobei § 9 S. 2 PatG die unmittelbaren Benutzungshandlungen abschließend benennt, die Dritte grundsätzlich nicht vornehmen dürfen[1613]. Dieser charakteristische
Unterschied zwischen urheberrechtlichem und patentrechtlichem Schutz wird bei
Computerprogrammen aber dadurch eingeebnet, dass Software ohne urheberrechtlich relevante Vervielfältigungsvorgänge nicht benutzt werden kann[1614]. Aus diesem
Grund muss dieser Unterschied im Rahmen dieses Handbuchs auch nicht ausführlich erörtert werden.

Aktiv legitimiert zur Geltendmachung der Ansprüche nach §§ 139 ff. PatG ist der 455
„Verletzte". Dies ist grundsätzlich der Patentinhaber[1615]. Sofern der Patentinhaber
im Inland weder Wohnsitz, Sitz oder Niederlassung hat, muss er sich gem. § 25
Abs. 1 PatG einen Inlandsvertreter bestellen. Dem Inhaber eines ausschließlichen
Benutzungsrechts (ausschließlicher Lizenznehmer) stehen die Ansprüche wegen
Rechtsverletzungen selbstständig zu.

Passiv legitimiert ist bei § 139 PatG der „Verletzer" als Täter oder Teilnehmer im 456
Sinne des Deliktrechts, weil die Patentverletzung eine unerlaubte Handlung darstellt[1616]. Verletzer ist zunächst, wer die patentierte Erfindung **in eigener Person** im
Sinne des § 9 PatG unmittelbar benutzt oder wer als Teilnehmer im Sinne des § 830
Abs. 2 BGB eine fremde unmittelbare Benutzung ermöglicht oder fördert[1617]. Soweit
nicht ein Abwehranspruch, sondern ein Schadensersatzanspruch geltend gemacht
wird, fehlt es für einen Rückgriff auf den weiteren Begriff des „Störers" im Sinne
des § 1004 BGB nach Auffassung des für die Urheberrechtsstreitigkeiten zuständigen I. Zivilsenats des *BGH* an einer gesetzlichen Grundlage[1618]. Nach der Rechtsprechung des für Patentrechtsstreitigkeiten zuständigen X. Zivilsenats des *BGH*
setzt die Verantwortlichkeit für eine Patentverletzung nicht voraus, dass der in
Anspruch Genommene in seiner Person selbst eine der in § 9 S. 2 PatG bezeichneten Handlungen vornimmt[1619]. Schuldner sämtlicher Ansprüche auf Unterlassung,

---

[1610] Vgl. hierzu oben Rdn. 162.
[1611] Vgl. *Schricker/Loewenheim/v. Ungern-Sternberg* § 15 Rdn. 188.
[1612] Vgl. *Benkard/Grabinski/Zülch*, PatG, § 139 Rdn. 7.
[1613] Vgl. *Benkard/Scharen*, PatG, § 9 Rdn. 27.
[1614] Vgl. hierzu oben Rdn. 158 ff.
[1615] Vgl. *Benkard/Grabinski/Zülch*, PatG, § 139 Rdn. 16.
[1616] Vgl. *BGH*, 3.6.2004, X ZR 82/03, GRUR 2004, 845, 848; *Benkard/Grabinski/Zülch*, PatG, § 139 Rdn. 19.
[1617] Vgl. *BGH*, 17.9.2009, Xa ZR 2/08, NJW-RR 2010, 110, 112 Tz. 24; *BGH*, 3.6.2004, X ZR 82/03, GRUR 2004, 845, 848.
[1618] Vgl. *BGH*, 18.10.2001, I ZR 22/99, GRUR 2002, 618, 619.
[1619] Vgl. *BGH*, 17.9.2009, Xa ZR 2/08, NJW-RR 2010, 110, 113 Tz. 34.

Schadensersatz, Auskunft und Vernichtung der rechtsverletzenden Gegenstände kann nach dieser Auffassung **auch derjenige** sein, **der lediglich eine weitere Ursache für die Rechtsverletzung setzt,** indem er eine von ihm ermöglichte Rechtsverletzung durch einen Dritten nicht unterbindet, obwohl dies von ihm zu erwarten wäre[1620]. Sowohl für den Tatbestand des § 139 PatG als auch für denjenigen des Vernichtungs- und Rückrufanspruchs nach § 140a PatG ist die Unterscheidung zwischen eigener und ermöglichter fremder Benutzung für unerheblich erachtet worden. Der X. Zivilsenat des *BGH* begründet seine Auffassung mit der Erwägung, dass jeder Beteiligte gegebenenfalls neben anderen Nebentätern im Sinne des § 840 Abs. 1 BGB bereits für eine fahrlässige Patentverletzung einzustehen habe, und deshalb für die täterschaftliche Schadensersatzpflicht grundsätzlich jede vorwerfbare Verursachung der Rechtsverletzung einschließlich der ungenügenden Vorsorge gegen solche Verstöße ausreiche. Bei einem Fahrlässigkeitsdelikt setze die Täterschaft keine Tatherrschaft voraus, sodass der für Fahrlässigkeitsdelikte geltende einheitliche Täterbegriff eine Unterscheidung zwischen Täter und Gehilfen entbehrlich mache[1621]. Der Abweichung seiner eigenen Rechtsauffassung zu derjenigen des I. Zivilsenats ist sich der X. Zivilsenat bewusst[1622].

457 Stellt man die maßgeblichen Rechtsfolgen bei Rechtsverletzungen gegenüber, so ergibt sich das folgende Bild:

Rechtsfolgen bei Rechtsverletzung		
Anspruch	Urheberrecht	Patentrecht
Unterlassung	§ 97 Abs. 1 UrhG	§ 139 Abs. 1 PatG
Beseitigung	§ 97 Abs. 1 S. 1 UrhG	§ 1004 BGB, keine Sonderregelung
Schadensersatz – materieller Schaden – immaterieller Schaden	§ 97 Abs. 2 S. 1 bis 3 UrhG § 97 Abs. 2 S. 4 UrhG	§ 139 Abs. 2 PatG –
Bereicherungsansprüche	§§ 812 ff. BGB	§§ 812 ff. BGB
Sicherung der Schadensersatzansprüche	§ 101b UrhG	§ 140d PatG
Abmahnung	§ 97a	–
Softwarespezifische Vernichtung	§ 69f UrhG	–
Allgemeine Vernichtung etc.	§ 98 UrhG	§ 140a PatG
Haftung des Unternehmensinhabers	§ 99 UrhG	–
Auskunft, Drittauskunft	§ 101 UrhG	§ 140b PatG
Vorlage und Besichtigung	§ 101a UrhG	§ 140c PatG

[1620] Vgl. *BGH*, 17.9.2009, Xa ZR 2/08, NJW-RR 2010, 110, 113 Tz. 34; *BGH*, 18.5.1999, X ZR 156/97, NJW 2000, 213, 214.
[1621] Vgl. *BGH*, 17.9.2009, Xa ZR 2/08, NJW-RR 2010, 110, 113 Tz. 34.
[1622] Vgl. *BGH*, 17.9.2009, Xa ZR 2/08, NJW-RR 2010, 110, 114 Tz. 38. Die Frage war nicht streitentscheidend und wurde nicht dem Großen Senat für Zivilsachen nach § 132 GVG vorgelegt.

III. Patentrechtsschutz

Rechtsfolgen bei Rechtsverletzung		
Anspruch	Urheberrecht	Patentrecht
Urteilsbekanntmachung	§ 103 UrhG	§ 140e PatG
Strafrechtlicher Schutz	§ 106 UrhG	§ 142 PatG
Maßnahmen der Zollbehörden	§§ 111b, c UrhG	§§ 142a, b PatG

7. Internationale Aspekte

Patente unterfallen dem **Grundsatz der Territorialität,** der schon im Rahmen der Erörterungen zum Urheberrechtsschutz erläutert wurde[1623]. Dieser Grundsatz ist das maßgebliche Ordnungsprinzip auch des gewerblichen Rechtsschutzes[1624]. Patente entfalten daher ihre materielle Wirkung nur innerhalb der Grenzen des jeweiligen Erteilungsstaats[1625]. Ein deutsches Patent oder ein mit Wirkung für die Bundesrepublik Deutschland erteiltes europäisches Patent verbietet daher die Benutzung der geschützten Erfindung im Ausland nicht[1626]. Umgekehrt berührt die in Deutschland vorgenommene Benutzung einer nur im Ausland patentierten Erfindung das ausländische Patent nicht. 458

Auch mit dem **Europäischen Patentübereinkommen** (EPÜ) wurde zwar eine zentrale Erteilungsbehörde geschaffen, das in München ansässige **Europäische Patentamt** (EPA), nicht aber ein überstaatlich wirkendes einheitliches Schutzrecht. Das EPÜ durchbricht insoweit nicht den Grundsatz der Territorialität[1627]. Europäische Patente können daher als Bündel nationaler Patente bezeichnet werden. Gem. Art. 3 EPÜ kann die Erteilung des europäischen Patents für einen, mehrere oder alle Vertragsstaaten beantragt werden. In den ab dem 13.12.2007 eingereichten Patentanmeldungen gelten gem. Art. 79 Abs. 1 EPÜ alle Vertragsstaaten als genannt, die am betreffenden Einreichungstag dem EPÜ angehören. Die Benennung eines Vertragsstaats kann aber gem. Art. 79 Abs. 3 EPÜ bis zur Patenterteilung jederzeit zurückgenommen werden. Parallele Patente, die für dieselbe Erfindung in verschiedenen Staaten erteilt werden, sind rechtlich voneinander selbstständig. Die Errichtung eines supranationalen Patentsystems über die europäischen Grenzen hinaus ist in überschaubarer Zukunft nicht zu erwarten[1628]. Demgegenüber stellt das **EU-Patent** (**Europäisches Patent mit einheitlicher Wirkung**) kein bündel nationaler Patente dar, sondern gilt als **einheitliches Patent** für die gesamte Europäische Union sowie gegebenenfalls weitere benannte Staaten, die keine EU-Mitglieder sind, wie z.B. die Schweiz, die Türkei oder gegebenenfalls Großbritannien. Der Start des EU-Patents ist aber derzeit ungewiss. Das EU-Patent wird ein vom EPA nach den Regelungen des EPÜ erteiltes Patent sein und neben den nationalen und europäischen Patenten stehen. Die Recherche-, Prüfungs- und Erteilungstätigkeit des EPA bleibt beim einheitlichen EU-Patent also unberührt, weshalb insofern bei Rechtsfragen auf alte Entscheidungen des EPA uneingeschränkt zurückgegriffen werden kann. 459

Wie im Urheberrecht[1629] gilt auch im Patentrecht neben dem Territorialitätsgrundsatz das sog. **Schutzlandprinzip.** Gem. Art. 8 Abs. 1 Rom II-VO ist auf außer- 460

[1623] Vgl. oben Rdn. 381.
[1624] Vgl. *Benkard/Jestaedt/Kolle* EPÜ, Art. 3 Rdn. 6.
[1625] Vgl. *Benkard/Scharen*, PatG, § 9 Rdn. 8; *Benkard/Jestaedt/Kolle*, EPÜ, Art. 3 Rdn. 6.
[1626] Vgl. *Benkard/Scharen*, PatG, § 9 Rdn. 8 m.w.N.
[1627] Vgl. *Benkard/Jestaedt/Kolle*, EPÜ, Art. 3 Rdn. 6.
[1628] Vgl. *Ullrich/Lejeune/Moufang* S. 102 Rdn. 80.
[1629] Vgl. zum Schutzlandprinzip im Urheberrecht oben Rdn. 380.

vertragliche Schuldverhältnisse aus einer Verletzung von Rechten des geistigen Eigentums das Recht des Staates anzuwenden, **für den der Schutz beansprucht** wird. Ausweislich des 26. Erwägungsgrundes zur Rom II-VO soll der Ausdruck „Rechte des geistigen Eigentums" dahin interpretiert werden, dass er insbesondere auch die gewerblichen Schutzrechte erfasst. Hierzu zählt insbesondere das Patentrecht. Nach dem Schutzlandprinzip beurteilen sich Patentrechtsverletzungen nach dem Recht des Landes **für dessen Gebiet** der Verletzte gerichtlichen Schutz in Anspruch nimmt (lex loci protectionis). Die Handlungen des Verletzers müssen ihrem Begehungsort nach in die durch das Patent geschützte inländische Rechtssphäre fallen. Durch ausschließlich im Ausland vorgenommene Benutzungshandlungen wird weder ein deutsches Patent noch ein mit Wirkung für die Bundesrepublik Deutschland erteiltes europäisches Patent berührt[1630]. Die beanstandeten Handlungen müssen **wenigstens teilweise im Inland** vorgenommen worden sein. Für das einheitliche EU-Patent gilt das **Abkommen über ein einheitliches Patentgericht (EPG)**, das ausschließliche gerichtliche Zuständigkeit für Streitigkeiten in Bezug auf europäische Patente mit einheitlicher Wirkung hat. Das EPG wird seine Tätigkeit nicht vor 2018 aufnehmen.

8. Überblick über die grundlegenden Entscheidungen zur Patentfähigkeit von Computersoftware

a) Die Entscheidungen des BGH

461 *BGH* („**Dispositionsprogramm**")[1631]: Nicht patentfähig sind Organisations- und Rechenprogramme, die für elektronische Datenverarbeitungsanlagen zur Lösung von **betrieblichen Dispositionsaufgaben** bestimmt sind, wenn bei deren Anwendung lediglich von einer in Aufbau und Konstruktion bekannten Datenverarbeitungsanlage bestimmungsgemäß Gebrauch gemacht wird. Es fehlt an einem Einsatz beherrschbarer Naturkräfte zur Erreichung eines kausal übersehbaren Erfolgs.

462 *BGH* („**Straken**")[1632]: Obwohl das bei der Anwendung der Programme erzielte Ergebnis auf technischem Gebiet verwendbar ist, sind solche Rechenprogramme für elektronische Datenverarbeitungsanlagen nicht patentfähig, bei deren Anwendung lediglich von einer in Aufbau und Konstruktion bekannten Datenverarbeitungsanlage der **bestimmungsgemäße Gebrauch** gemacht wird.

463 *BGH* („**Prüfverfahren**")[1633]: Das erfinderisch Neue muss in den technischen Merkmalen liegen bzw. der erfinderische Kern muss auf technischem Gebiet liegen (**Kerntheorie**).

464 *BGH* („**Fehlerortung**")[1634]: Zur Frage der Patentfähigkeit eines Verfahrens zur Ortung eines Fehlers einer Datenverarbeitungsanlage: Eine Lehre, die sich im Wesentlichen in einer **Regel zur Auswahl, Gliederung und Zuordnung bestimmter Bedeutungsinhalte** erschöpft, ist selbst dann nicht technischer Art, wenn die Anwendung dieser Regel zweckmäßig oder auch ausschließlich unter Zuhilfenahme technischer Geräte (hier des Prüfgeräts) erfolgt. Dies gilt auch dann, wenn sich die Anwendung der Regel in Ergebnissen niederschlägt, die auf technischem Gebiet (hier bei der Aufdeckung und Beseitigung von Fehlern in Einheiten einer EDV-Anlage) verwendbar sind.

[1630] Vgl. *Benkard/Scharen*, PatG, § 9 Rdn. 10 m. w. N.
[1631] Vgl. *BGH*, 22.6.1976, X ZB 23/74, NJW 1976, 1936.
[1632] Vgl. *BGH*, 21.4.1977, X ZB 24/74 NJW 1977, 1636.
[1633] Vgl. *BGH*, 7.6.1977, X ZB 20/74, NJW 1977, 1635.
[1634] Vgl. *BGH*, 14.2.1978, X ZB 3/76, GRUR 1978, 420.

BGH („**Antiblockiersystem**")[1635]: Rechenvorschriften und Organisationsregeln 465
sowie daraus abgeleitete Computerprogramme zur Lösung von Aufgaben der Datenverarbeitung enthalten dann keine technische Lehre, wenn bei ihrer Anwendung von nach dem Stand der Technik in Aufbau und Konstruktion bekannten Datenverarbeitungsanlagen lediglich bestimmungsgemäß Gebrauch gemacht wird, da sie **bereits fertige Problemlösungen** darstellen, deren Anwendung nicht den Einsatz von Naturkräften erfordert. Dies gilt ebenso, wenn ihre Anwendung zweckmäßig oder sogar ausschließlich unter Einsatz von Datenverarbeitungseinrichtungen erfolgt, da eine technische Lehre nur dann vorliegt, wenn sie einen unmittelbaren Einsatz beherrschbarer Naturkräfte erfordert: Technische Mittel müssten daher zum Zwecke des angestrebten Erfolgs eingesetzt werden. Die Verwendung technischer Mittel darf nicht entfallen, ohne dass zugleich auch der Erfolg entfiele.

BGH („**Walzstabteilung**")[1636]: Selbst wenn mit Hilfe einer Datenverarbeitungsanlage 466
ein Herstellungs- oder Bearbeitungsvorgang **mit bekannten Steuerungsmitteln** unmittelbar **beeinflusst** wird, sind Rechenprogramme für diese elektronischen Datenverarbeitungsanlagen, bei deren Anwendung lediglich von einer in Aufbau und Konstruktion bekannten Datenverarbeitungsanlage der bestimmungsgemäße Gebrauch gemacht wird, nicht patentfähig.

BGH („**Flugkostenminimierung**")[1637]: Ein Verfahren (hier: Verfahren zur Mini- 467
mierung von Flugkosten), in dem sowohl von Naturkräften abgeleitete Messwerte als auch betriebswirtschaftliche Faktoren rechnerisch in der Weise miteinander verknüpft werden, dass das **Ergebnis der Rechnung einen Steuervorgang auslöst** (hier: Änderung des Treibstoffdurchsatzes), ist dann keine der Patentierung zugängliche technische Lehre, wenn die **markt- und betriebswirtschaftlichen Faktoren** den maßgeblichen Beitrag zur Erreichung des erstrebten Erfolgs liefern und die Bedeutung der eingesetzten Naturkräfte demgegenüber zurücktritt.

BGH („**Seitenpuffer**")[1638]: 1. Betrifft eine programmbezogene Lehre die Funk- 468
tionsfähigkeit der Datenverarbeitungsanlage als solche, ermöglicht sie damit das **unmittelbare Zusammenwirken ihrer Elemente** und ist technisch. 2. Ein Verfahren betrifft die Funktionsfähigkeit der Datenverarbeitungsanlage als solche, wenn das in der Erfassung und Speicherung der Information über den aktuellen Speicherbereich eines in einer Datenverarbeitungsanlage ablaufenden Rechenprozesses und in einer bestimmten Ladestrategie für einen dem bevorzugten Zugriff unterliegenden, aber nur eine Auswahl von Speicherseiten fassenden Speichers (Seitenpuffer) besteht; denn es enthält die Anweisung, die **Elemente einer Datenverarbeitungsanlage** beim Betrieb unmittelbar auf **bestimmte Art und Weise** zu benutzen. 3. Ob eine Lehre zum technischen Handeln vorliegt, ist nicht davon abhängig, ob die Lehre neu, fortschrittlich und erfinderisch ist.

BGH („**Chinesische Schriftzeichen**")[1639]: Es fehlt an einer Lehre zum technischen 469
Handeln, wenn der Erfolg der Lehre mit **gedanklichen Maßnahmen** des Ordnens der zu verarbeitenden Daten steht und fällt.

BGH („**Tauchcomputer**")[1640]: Werden Tiefenmesser, Zeitmesser, Datenspeicher, 470
Auswerte- und Verknüpfungsstufe, Wandlereinrichtung sowie Anzeigemittel nach einer bestimmten **Rechenregel** (Programm oder Denkschema), d.h. in Abhängigkeit

---

[1635] Vgl. *BGH*, 13.5.1980, X ZB 19/78, GRUR 1980, 849.
[1636] Vgl. *BGH*, 16.9.1980, X ZB 6/80, GRUR 1981, 39.
[1637] Vgl. *BGH*, 25.2.1986, X ZR 8/85, GRUR 1986, 531.
[1638] Vgl. *BGH*, 11.6.1991, X ZB 13/88, NJW 1992, 372.
[1639] Vgl. *BGH*, 11.6.1991, X ZB 24/89, NJW 1992, 374.
[1640] Vgl. *BGH*, 4.2.1992, X ZR 43/91, NJW 1993, 203.

der anzuzeigenden Gesamttauchzeit von durchtauchten Tiefen und Zeiten, betrieben und wird es zugleich ermöglicht, mit Hilfe von Messgeräten ermittelte Messgrößen in der Anzeigeeinrichtung automatisch **ohne Einschalten der menschlichen Verstandestätigkeit** anzuzeigen, stellt dies eine Lehre zum technischen Handeln dar.

471 *BGH* („Logikverifikation")[1641]: 1. Ob eine auf ein Programm für Datenverarbeitungsanlagen gerichtete Patentanmeldung die nach § 1 Abs. 1 PatG vorausgesetzte Technizität aufweist, ist durch eine **wertende Betrachtung** des im Patentanspruch definierten Gegenstands zu ermitteln. 2. Endet ein Lösungsvorschlag als Zwischenschritt im Prozess mit der Herstellung von (Silicium-)Chips, so ist er vom Patentschutz nicht deswegen ausgenommen, weil er – abgesehen von den im verwendeten elektronischen Rechner bestimmungsgemäß ablaufenden Vorgängen – den **unmittelbaren Einsatz von beherrschbaren Naturkräften nicht benötigt,** sondern die Fertigung tauglicher Erzeugnisse anderweitig, durch auf technischen Überlegungen beruhende Erkenntnisse, zu erzielen versucht.

472 *BGH* („Sprachanalyseeinrichtung")[1642]: 1. Einer Vorrichtung (Datenverarbeitungsanlage), die in bestimmter Weise programmtechnisch eingerichtet ist, kommt auch dann technischer Charakter zu, wenn auf der Anlage eine **Bearbeitung von Texten** vorgenommen wird. 2. Für die Beurteilung des technischen Charakters einer solchen Vorrichtung ist **nicht entscheidend,** ob mit ihr ein (weiterer) **technischer Effekt** erzielt wird, ob die Technik durch sie bereichert wird oder ob sie einen Beitrag zum Stand der Technik leistet. 3. Kommt bei einer solchen Vorrichtung ein **Eingreifen des Menschen** in den Ablauf des auf dem Rechner durchzuführenden Programms in Betracht, spricht dies nicht gegen den technischen Charakter.

473 *BGH* („Suche fehlerhafter Zeichenketten")[1643]: 1. Jede in computergerechte Anweisungen gekleidete Lehre ist nach dem Patentierungsverbot für Computerprogramme als nicht patentierbar zu erachten, wenn sie in irgendeiner Art und Weise über die **Bereitstellung der Mittel** hinausgeht, welche die Nutzung als Programm für Datenverarbeitungsanlagen erlauben. Insoweit müssen die prägenden Anweisungen der beanspruchten Lehre vielmehr der Lösung eines konkreten technischen Problems dienen. 2. Das Patentierungsverbot für Computerprogramme erfasst eine entsprechende Lehre auch, wenn sie in einer auf einem **herkömmlichen Datenträger** gespeicherten Form zum Patentschutz angemeldet wird.

474 *BGH* („Elektronischer Zahlungsverkehr")[1644]: Ein Verfahren, das der Abwicklung eines im Rahmen wirtschaftlicher Betätigung liegenden Geschäfts mittels Computer dient, ist nur patentfähig, wenn der Patentanspruch über den Vorschlag, für die Abwicklung des Geschäfts Computer als Mittel zur Verarbeitung verfahrensrelevanter Daten einzusetzen, **hinausgeht** und **weitere Anweisungen** enthält, denen ein konkretes technisches Problem zugrunde liegt. Denn nur so ist bei der Prüfung auf erfinderische Tätigkeit eine Aussage darüber möglich, ob eine Bereicherung der Technik vorliegt, die einen Patentschutz rechtfertigt.

475 *BGH* („Anbieten interaktiver Hilfe")[1645]: Vom Patentschutz nicht umfasst ist ein Verfahren zum Betrieb eines **Kommunikationssystems,** bei dem von einem Kunden an seinem Rechner vorgenommene Bedienhandlungen erfasst, an einen zentralen

---

[1641] Vgl. *BGH*, 13.12.1999, X ZB 11/98, NJW 2000, 1953.
[1642] Vgl. *BGH*, 11.5.2000, X ZB 15/98, NJW 2000, 3282.
[1643] Vgl. *BGH*, 17.10.2001, X ZB 16/00, GRUR 2002, 143.
[1644] Vgl. *BGH*, 24.5.2004, X ZB 20/03, GRUR 2004, 667.
[1645] Vgl. *BGH*, 19.10.2004, X ZB 33/03, GRUR 2005, 141.

Rechner gemeldet, dort protokolliert und mit Referenzprotokollen verglichen werden, um dem Kunden, wenn er voraussichtlich sonst keinen Auftrag erteilen wird, an seinem Rechner eine interaktive Hilfe anzubieten.

BGH („**Rentabilitätsvermutung**")[1646]: Ein Verfahren zur Errechnung der Rentabilität eines zweiten medizintechnischen Gerätes, bei dem **Betriebsdaten** mit Hilfe des ersten medizintechnischen Gerätes automatisch erfasst und an eine zentrale Datenbank **übertragen** sowie **Vergütungsdaten und kalkulatorische Kosten** ermittelt werden, ist als solches nicht dem Patentschutz zugänglich. 476

BGH („**Aufzeichnungsträger**")[1647]: Es steht dem Patentschutz nicht entgegen, dass ein Verfahren oder eine Vorrichtung die Wiedergabe von Informationen betrifft. Maßgeblich ist vielmehr, ob die beanspruchte Lehre Anweisungen enthält, die der Lösung eines konkreten technischen Problems mit technischen Mitteln dienen. Ist dies der Fall kommt es nicht darauf an, ob der Patentanspruch auch auf den Informationscharakter des Verfahrensergebnisses oder der beanspruchten Sache abstellt. 477

BGH („**Vorausbezahlte Telefongespräche**")[1648]: Bei dem im Patentanspruch beschriebenen Verfahren handelt es sich nicht um ein solches für gedankliche Tätigkeiten, für das gem. Art. 52 Abs. 2 Buchst. c) EPÜ Patentschutz nicht in Betracht kommt. Es enthält nämlich nicht nur den Vorschlag für die Abwicklung eines Geschäfts einen Computer als Mittel zur Verarbeitung verfahrensrelevanter Daten einzusetzen. Das Streitpatent betrifft vielmehr das technische Problem, im Voraus bezahlte Telefonanrufe zu ermöglichen, ohne dass dazu öffentliche Fernsprechapparate notwendig wären, die mit Kartenlesern ausgestattet sein müssen. Damit enthält das Streitpatent jedenfalls auch Anweisungen, denen ein konkretes technisches Problem zugrunde liegt, das mit technischen Mitteln gelöst werden soll. 478

BGH („**Steuerungseinrichtung für Untersuchungsmodalitäten**")[1649]: Jedenfalls dann, wenn das sich einer Datenverarbeitungsanlage bedienende Verfahren in den Ablauf einer technischen Einrichtung eingebettet ist (wie etwa bei der Einstellung der Bildauflösung eines Computertomografen), entscheidet über die Patentierung nicht das Ergebnis einer Gewichtung technischer und nichttechnischer Elemente. Maßgebend ist vielmehr, ob die Lehre bei der gebotenen Gesamtbetrachtung der Lösung eines über die Datenverarbeitung hinausgehenden konkreten technischen Problems dient. 479

BGH („**Windows-Dateiverwaltung**")[1650]: Die Dateiverwaltung von Microsoft-Windows enthält über die für die Patentfähigkeit unabdingbare Technizität hinaus verfahrensbestimmende Anweisungen, die die Lösung eines konkreten technischen Problems mit technischen Mitteln zum Gegenstand haben. Dies folgt daraus, dass die Lösung das technische Problem betrifft, wie bestimmte Dateien in einem Speicher von Datenverarbeitungsanlagen zum Zugriff für unterschiedliche Betriebssysteme abgelegt werden müssen, und löst es mittels einer bestimmten Anordnung der Speicherbelegung. 480

BGH („**Dynamische Dokumentengenerierung**")[1651]: Ein technisches Mittel zur Lösung eines technischen Problems liegt nicht nur dann vor, wenn Gerätekomponenten modifiziert oder grundsätzlich abweichend adressiert werden. Es reicht viel- 481

[1646] Vgl. *BGH*, 19.10.2004, X ZB 34/03, GRUR 2005, 143.
[1647] Vgl. *BGH*, 19.5.2005, X ZR 188/01, GRUR 2005, 749.
[1648] Vgl. *BGH*, 7.3.2006, X ZR 213/01, GRUR Int. 2006, 752.
[1649] Vgl. *BGH*, 20.1.2009, X ZB 22/07, GRUR 2009, 479.
[1650] Vgl. *BGH*, 20.4.2010, X ZR 27/07, MMR 2010, 553.
[1651] Vgl. *BGH*, 22.4.2010, Xa ZB 20/08, GRUR 2010, 613.

mehr aus, wenn der Ablauf eines Datenverarbeitungsprogramms, das zur Lösung des Problems eingesetzt wird, durch technische Gegebenheiten außerhalb der Datenverarbeitungsanlage bestimmt wird oder wenn die Lösung gerade darin besteht, ein Datenverarbeitungsprogramm so auszugestalten, dass es auf die technischen Gegebenheiten der Datenverarbeitungsanlage Rücksicht nimmt. Die zuletzt genannte Voraussetzung ist im vorliegenden Fall erfüllt. Die erfindungsgemäße Lehre betrifft, wie das *BPatG* rechtsfehlerfrei festgestellt hat, das grundsätzliche Konzept für die Generierung dynamischer Dokumente. Sie richtet sich deshalb **nicht an den Programmierer**, sondern an den **Systemdesigner**, der die **Gesamtarchitektur des Datenverarbeitungssystems im Auge** hat und die unterschiedlichen Eigenschaften und die Leistungsfähigkeit von Hard- und Softwarekomponenten berücksichtigt. Gerade deshalb betrifft sie den Einsatz technischer Mittel zur Lösung des zugrunde liegenden technischen Problems.

482   *BGH* („**Wiedergabe topografischer Informationen**")[1652]: 1. Ein Verfahren zur Erzeugung der perspektivischen Wiedergabe eines Teils einer topografischen Karte, die um verschiedene weitere Informationen erweitert ist, kann nur mit einem technischen Gerät ausgeführt werden und ist damit technischer Natur. 2. Die Auswahl einer für die Navigation eines Fahrzeugs zweckmäßigen (hier: zentralperspektivischen) Darstellung positionsbezogener topografischer Informationen bleibt als nicht-technische Vorgabe für den technischen Fachmann bei der Prüfung eines Verfahrens zur Wiedergabe topografischer Informationen auf erfinderische Tätigkeit außer Betracht.

483   *BGH* („**Webseitenanzeige**")[1653]: 1. Bei Erfindungen mit Bezug zu Geräten und Verfahren (Programmen) der elektronischen Datenverarbeitung ist zunächst zu klären, ob der Gegenstand der Erfindung zumindest mit einem **Teilaspekt auf technischem Gebiet** liegt (§ 1 Abs. 1 PatG). Danach ist zu prüfen, ob dieser Gegenstand lediglich ein Programm für Datenverarbeitungsanlagen als solches darstellt und deshalb vom Patentschutz ausgeschlossen ist. Der Ausschlusstatbestand greift nicht ein, wenn diese weitere Prüfung ergibt, dass die Lehre Anweisungen erhält, die der Lösung eines konkreten technischen Problems mit technischen Mitteln dienen. 2. Ein Verfahren, das der datenverarbeitungsmäßigen Abarbeitung von Verfahrensschritten in **netzwerkmäßig verbundenen technischen Geräten** (Server, Clients) dient, weist die für den Patentschutz vorauszusetzende Technizität auch dann auf, wenn diese Geräte ausdrücklich im Patentanspruch genannt sind. 3. Erschöpft sich die Leistung des Verfahrens darin, **Informationen über das Benutzerverhalten** zu erfassen, zu speichern und mit üblichen datentechnischen Verfahrensschritten in bestimmter Weise aufzubereiten, kann dies die Patentfähigkeit im Hinblick auf § 1 Abs. 3 Nr. 3 PatG jedenfalls nicht begründen.

484   *BGH* („**Web-to-Print**")[1654]: Ein Verfahren zur computergestützten Herstellung von Druckprodukten, bei dem ein Kunde an seinem Computer niedrigauflösende Bilder und zugehörige Texte bearbeitet und diese sodann über ein Datennetz, wie dem Internet, an einen Rechner in einer Druckzentrale sendet, ist nicht patentfähig, wenn ein Fachmann das Problem zusätzlich beanspruchter Übertragungskapazität mit Hilfe **vorveröffentlichter Aufsätze über Trends**, die sich aus der Verbreitung von Rechnernetzen ergeben, zu lösen vermag und das Verfahren deshalb **nicht auf einer erfinderischen Tätigkeit** beruht.

[1652] Vgl. *BGH*, 26.10.2010, X ZR 47/07, GRUR 2011, 125.
[1653] Vgl. *BGH*, 24.2.2011, X ZR 121/09, GRUR 2011, 610.
[1654] Vgl. *BGH*, 22.3.2012, X ZR 46/09, CR 2012, 768.

BGH („Routenplanung")[1655]: Anweisungen zur Auswahl von Daten, deren technischer Aspekt sich auf die Anweisung beschränkt, hierzu Mittel der elektronischen Datenverarbeitung einzusetzen, können jedenfalls bei der Beurteilung der erfinderischen Tätigkeit nicht berücksichtigt werden. Dies gilt auch dann, wenn solche **Anweisungen zu einer Verringerung der erforderlichen Rechenschritte** führen. 485

BGH („Audiowiedergabe von Straßennamen im Rahmen eines Navigationssystems – Fahrzeugnavigationssystem")[1656]: Die Anweisung an den Fachmann, bei der Sprachausgabe eines Navigationshinweises unter bestimmten Bedingungen bestimmte Detailinformationen (hier: Straßennamen) zu berücksichtigen, betrifft den Inhalt der durch das Navigationssystem **optisch oder akustisch wiedergegebenen Informationen** und ist bei der Prüfung der technischen Lehre des Patents auf erfinderische Tätigkeit **nicht zu berücksichtigen**. 486

BGH („Verfahren und System zur Anzeige eines Bildststroms – Bildstrom")[1657]: Anweisungen, die zwar die (**visuelle**) **Informationswiedergabe** betreffen, bei denen aber nicht die Vermittlung bestimmter Inhalte oder deren Vermittlung in besonderer Aufmachung im Blickpunkt steht, sondern die Präsentation von Bildinhalten in einer Weise, die auf die **physischen Gegebenheiten der menschlichen Wahrnehmung und Aufnahme von Informationen** Rücksicht nimmt und darauf gerichtet ist, die Wahrnehmung der gezeigten Informationen durch den Menschen in bestimmter Weise überhaupt erst zu ermöglichen, zu verbessern oder zweckmäßig zu gestalten, dienen der Lösung eines **technischen Problems mit technischen Mitteln**. 487

BGH („Entsperrung von Touchscreens – Entsperrbild")[1658]: 1. Um dem Patentierungsausschluss nach Art. 52 Abs. 2 Buchst. d Abs. 3 EPÜ angemessen Rechnung zu tragen, bleiben im Patentanspruch enthaltenen Anweisungen, die die Vermittlung bestimmter Inhalte betreffen und damit darauf zielen, auf die menschliche Vorstellung oder Verstandesfähigkeit einzuwirken, als solche ebenso außer Betracht, wie Anweisungen, die dahingehen, eine Datenverarbeitungsanlage in bestimmter Weise zu programmieren (Art. 52 Abs. 2 Buchst. c EPÜ). Anweisungen die Informationen betreffen, die nach der erfindungsgemäßen Lehre wiedergegeben werden sollen, können die Patentfähigkeit unter dem Gesichtspunkt der erfinderischen Tätigkeit nur insoweit stützen als sie die Lösung eines technischen Problems mit technischen Mitteln bestimmen oder zumindest beeinflussen (BGH, GRUR 2011, 125 – Wiedergabe topografischer Informationen: *BGH*, GRUR 2013, 909 Tz. 14 – Fahrzeugnavigationssystem; *BGH*, GRUR 2015, 660 Tz. 32 f. – Bildstrom). 2. Das Kriterium, dass solche Anweisungen insoweit zu beachten sind, als sie die Lösung eines technischen Problems jedenfalls beeinflussen, erfordert indessen, dass informationsbezogene Merkmale eines Patentanspruchs zu untersuchen sind, ob die wiederzugebende Information sich zugleich als Ausführungsform eines – im Patentanspruch nicht schon anderweitig als solches angegebenen – technischen Lösungsmittels darstellt. In einem solchen Fall ist das technische Lösungsmittel bei der Prüfung auf Patentfähigkeit zu berücksichtigen. 488

BGH („Kein derivativer Erzeugnisschutz für Datenfolge")[1659]: 1. Eine Datenfolge kommt nur dann als durch ein patentgeschütztes Verfahren unmittelbar hergestelltes Erzeugnis in Betracht, wenn sie sachlich-technische Eigenschaften aufweist, die ihr durch das Verfahren aufgeprägt worden sind, und die sie daher ihrer Art nach 489

[1655] Vgl. *BGH*, 18.12.2012, X ZR 3/12, GRUR 2013, 275.
[1656] Vgl. *BGH*, 23.4.2013, X ZR 27/12, GRUR 2013, 909.
[1657] Vgl. *BGH*, 26.2.2015, X ZR 37/13, GRUR 2015, 660.
[1658] Vgl. *BGH*, 25.8.2015, X ZR 110/13, GRUR 2015, 1184.
[1659] Vgl. *BGH*, 27.9.2016, X ZR 124/15, GRUR 2017, 261.

taublicher Gegenstand eines Sachpatents sein kann (im Anschluss an *BGH*, Urt. v. 21.8.2012, X ZR 33/10, BGHZ 194, 272 – MPEG-2-Videosignalcodierung). **2.** Die Darstellung eines mittels eines patentgeschützten Verfahrens gewonnenen Untersuchungsbefunds und hieraus gewonnener Erkenntnisse stellt als Wiedergabe von Informationen kein Erzeugnis dar, das Schutz nach § 9 S. 2 Nr. 3 PatG genießen kann.

490 *BGH* („Technizität elektronischer Datenverarbeitung")[1660]: **1.** Ein Verfahren, bei dem ein auf der Grundlage eines digitalen Ausgangsdatensatzes erstelltes Bild bearbeitet wird und daraus ein Datensatz hervorgeht, lehrt eine bestimmte Nutzung einer Datenverarbeitungsanlage und gibt damit eine Anweisung zum technischen Handeln, auch wenn die technischen Komponenten als solche im Patentanspruch nicht genannt sind, für den Fachmann aber offenkundig ist, dass dies den Einsatz einer Datenverarbeitungsanlage bedingt (Anschluss an *BGH* BeckRS 2015, 08719 – Bildstrom). (redaktioneller Leitsatz) **2.** Die Lehre, einen Computer für das Scannen und die Gewinnung eines Ausgangsdatensatzes einzusetzen, bedarf keine erfinderische Tätigkeit. (redaktioneller Leitsatz) **3.** Ein Verfahren, dessen Gegenstand die Abarbeitung von Verfahrensschritten mit Hilfe elektronischer Datenverarbeitung ist, genügt dem Technizitätserfordernis, wenn es der Verarbeitung, Speicherung oder Übermittlung von Daten mittels eines technischen Geräts dient; unerheblich ist, ob der Gegenstand des Patents neben technischen Merkmalen auch nichttechnische aufweist und ob diese die beanspruchte Lehre prägen (Fortführung von *BGH* BeckRS 2011, 00031 – Wiedergabe topografischer Informationen). (redaktioneller Leitsatz)

b) Die Entscheidungen des BPatG seit dem Jahr 2000

491 *BPatG* („Geschäftliche Tätigkeit")[1661]: Selbst wenn die **inhaltliche Bewertung** eines Dokuments und die davon abhängige **Auslösung geschäftlicher Aktivitäten** unter Einsatz eines Computers ausgeführt werden, liegen diese nicht auf technischem Gebiet.

492 *BPatG* („Suche fehlerhafter Zeichenketten/Tippfehler")[1662]: Eine Leistung auf technischem Gebiet besteht nicht in einer Suche fehlerhafter Zeichenketten (Wörter) in einem Text mit Hilfe von Zeichenketten, die sich aus wahrscheinlichem **menschlichen,** nicht aber technisch bedingtem **Fehlverhalten** bestimmen, selbst wenn die Suche computerimplementiert ausgeführt wird.

493 *BPatG* („Cyber-Cash-Verfahren")[1663]: **1.** Dient die anspruchsgemäße Anweisung der Lösung des technischen Problems, den elektronischen Zahlungsverkehr sicher auszubilden, geht sie insbesondere mit der sie – auch – prägenden Verwendung eines Identifizierungscodes und dessen Weitergabe an den Zahlungsempfänger über die **bloße Bereitstellung eines Rechnersystems hinaus,** so ist das beanspruchte Verfahren weder ein Verfahren für eine geschäftliche Tätigkeit als solches noch ein Plan oder eine Regel hierfür. Stehen beim beanspruchten Verfahren – auch – geschäftliche Inhalte im Vordergrund, kann dies allein ihm den erforderlichen Charakter einer technischen Erfindung nicht nehmen. **2.** Eine erfinderische Tätigkeit im Sinne von §§ 1 Abs. 1, 4 PatG kann nur auf einem technischen Beitrag zum Stand der Technik beruhen. Dies folgt aus dem Sinn und Zweck des Patentgesetzes sowie einschlägigen Entscheidungen des *BGH* und des EPA. Der beanspruchte **Erfindungsgegenstand**

[1660] Vgl. *BGH*, 29.11.2016, X ZR 90/14, BeckRS 2016, 116743.
[1661] Vgl. *BPatG*, 9.4.2002, 17 W (pat) 14/99, GRUR 2002, 869.
[1662] Vgl. *BPatG*, 26.3.2002, 17 W (pat) 69/98, GRUR 2002, 871.
[1663] Vgl. *BPatG*, 29.4.2002, 20 W (pat) 38/00, CR 2002, 559.

darf zur Ermittlung des technischen Beitrages **nicht zerlegt** und dann nur der Teil der Erfindung auf erfinderische Tätigkeit, d. h. Naheliegen, geprüft werden, der aus den technischen Merkmalen besteht. Der Gegenstand des Patentanspruchs ist vielmehr in seiner **Gesamtheit** unter Einschluss der an sich nichttechnischen Merkmale zur Ermittlung des technischen Beitrags zu erwägen. Sofern untechnische Bedeutungsinhalte keinen technischen Bezug aufweisen und auch mittelbar nicht zur Umschreibung eines technischen Merkmals des beanspruchten Gegenstands beitragen, bleiben sie außer Betracht.

BPatG („**Rentabilität eines medizinischen Geräts**")[1664]: 1. Ein Verfahren, bei dem aus Einsatzdaten des Geräts, der Vergütung des Betreibers und kalkulatorischen Kosten gezielt die **Rentabilität eines medizintechnischen** Geräts ermittelt wird, aber weder technische Einrichtungen überwacht oder Messgrößen aufgearbeitet werden, noch regelnd oder steuernd eingewirkt wird, sondern lediglich betriebswirtschaftliche Abläufe nachvollzogen werden, erschöpft sich in einer Regel für geschäftliche Tätigkeiten und ist nach § 1 Abs. 2 Nr. 3 PatG vom Patentschutz ausgeschlossen. 2. Die automatische Ermittlung von **betriebswirtschaftlichen Daten** kann zwar für sich genommen technisch sein, für die Lehre des hier beanspruchten Verfahrens stellt dies lediglich eine beiläufige Maßnahme dar. Das im Vordergrund stehende betriebswirtschaftliche Verfahren wird hierdurch nur weiter ausgestaltet, was in gleicher Weise auch für die vorliegend lediglich bestimmungsgemäße Nutzung einer Datenverarbeitungsanlage zur automatischen Ermittlung der Rentabilität zutrifft. 3. Eine Vorrichtung, die in bestimmter, näher definierter Weise eingerichtet ist, wie z. B. eine konkrete Vorrichtung im Sinne einer **physikalischen Entität,** die für einen bestimmten Zweck hergestellt wird, ist per se technisch, sodass ihr ohne weiteres technischer Charakter zukommt.

BPatG („**Eigenheit im Rahmen der Technizitätsprüfung**")[1665]: Die Lehre, bei der Abwicklung von Geschäften die Bedienhandlungen des Kunden auszuwerten, um eine **interaktive Hilfestellung** zu einem Zeitpunkt anzubieten, in dem die Zahl der Auftragserteilungen mit hoher Wahrscheinlichkeit erhöht wird, liegt auch dann nicht auf technischem Gebiet, wenn sie mittels eines Computers implementiert wird.

BPatG („**Preisgünstigste Telefonverbindung**")[1666]: 1. Aus dem Sinn und Zweck des Patentgesetzes folgt, dass eine erfinderische Tätigkeit im Sinne der §§ 1 Abs. 1, 4 PatG nur auf einem technischen Beitrag zum Stand der Technik beruhen kann. Denn die erfinderische Leistung muss auf **technischem Gebiet** liegen. 2. Ein Verfahren, welches an Stelle der Gesamtheit mehrerer Telefongespräche nunmehr für jedes Einzelgespräch unter Berücksichtigung auch seiner Dauer den **preisgünstigsten Tarif** zu ermitteln bezweckt, ist kein Beitrag zum Stand der Technik. Es liegt nicht auf technischem Gebiet, sondern fußt auf **bloßen geschäftlichen Überlegungen,** die die erfinderische Tätigkeit nicht stützen können.

BPatG („**Quellcode**")[1667]: Eine **Offenbarung des Quellcodes** ist zur Vollständigkeit einer Lehre auf dem Gebiet der Datenverarbeitung regelmäßig nicht erforderlich.

BPatG („**Strukturierungsprogramm, Kfz-Kürzel**")[1668]: 1. Eine Lehre, die darauf gerichtet ist, in einer Datenverarbeitungsanlage ein Programm zu speichern, das die Schritte des **Zuordnens und Auswählens spezifischer Inhalte des Internets** ausführen

494

495

496

497

498

[1664] Vgl. *BPatG,* 6.5.2003, 21 W (pat) 12/02, JurPC Web-Dok. 173/2004.
[1665] Vgl. *BPatG,* 20.5.2003, 17 W (pat) 44/02, CR 2004, 412, NJOZ 2004, 2463.
[1666] Vgl. *BPatG,* 10.5.2004, 20 W (pat) 314/02, GRUR 2004, 931.
[1667] Vgl. *BPatG,* 8.7.2004, 17 W (pat) 8/02, GRUR 2004, 934.
[1668] Vgl. *BPatG,* 3.3.2005, 2 Ni 49/03 (EU), CR 2005, 554.

kann, liegt nicht auf technischem Gebiet. 2. Die Zuordnung einer „übergeordneten Speicheradresse" nach Art eines Kfz-Kürzels zu Daten nach geografischen Gesichtspunkten verlangt eine von einem Benutzer zu erbringende **intellektuelle, mithin keine technische Leistung**. 3. Weist ein Datenverarbeitungsprogramm keine Merkmale auf, die der Lösung eines konkreten Problems mit technischen Mitteln dienen, wird es nicht allein dadurch, dass es als **„in einer Datenverarbeitungsanlage gespeichert"** beansprucht wird, zu einer Lehre auf technischem Gebiet.

499   *BPatG* („**Auswertung medizinischer Daten**")[1669]: Der Begriff „Datenverarbeitungssystem" ist in der Regel als **Einheit von Hardware- und Softwarekomponenten** eines Computers zu verstehen, d.h. er umfasst sowohl die gegenständliche Struktur eines solchen Systems als auch die zeitlichen Abläufe, die von dieser Struktur unter Programmsteuerung ausgeführt werden. Die Abfassung eines Anspruchs, der **sowohl die gegenständliche Struktur als auch die verfahrensmäßigen Abläufe** eines solchen Systems enthält, ist jedenfalls dann unbedenklich, wenn andere Anspruchsfassungen das Zusammenwirken dieser beiden Komponenten nicht vollständig zu beschreiben vermögen.

500   *BPatG* („**Bahnstrecke**")[1670]: Ein Computerprogramm, das im Rahmen der Planung einer Bahnstrecke zur Abstimmung des Folgeabstandes zweier Züge und deren Anzahl sowie der Positionen von Gleisabschnittsgrenzen (Anordnung von Signalen bzw. Isolierstößen) eines neu zu bauenden oder zu modernisierenden Streckenabschnitts dient, ist dann dem Patentschutz nicht zugänglich, wenn es hierzu in einem **Optimierungsalgorithmus** keine aktuellen Fahr- und Zugdaten der Züge auf dem Streckenabschnitt verarbeitet, sondern nur typische Fahrkurven von zwei Zügen verwendet.

501   *BPatG* („**Programmcode**")[1671]: Ein Patentanspruch, der auf ein Computerprogramm mit Programmcode zur Durchführung eines technischen Verfahrens gerichtet ist, ist dann zulässig, wenn zum Ausdruck kommt, dass das Programm **auf einem Computer ausgeführt** wird. Dies ist unabhängig davon, ob das Computerprogramm auf einem **maschinenlesbaren Träger** gespeichert ist.

502   *BPatG* („**Transaktion im elektronischen Zahlungsverkehr II**")[1672]: 1. Bei einem Anspruchsgegenstand, der technische und nichttechnische Aspekte umfasst, sind bei der Prüfung auf erfinderische Tätigkeit **lediglich die Anweisungen** zu Grunde zu legen, denen eine konkrete technische Problemstellung zu Grunde liegt. 2. Für die Prüfung eines Anspruchsgegenstands mit technischen und nichttechnischen Aspekten auf erfinderische Tätigkeit ist als zuständiger Fachmann derjenige anzusehen, der üblicherweise mit der Lösung der konkreten technischen Problemstellung betraut wird. 3. Die „Verwendung eines an sich bekannten elektronischen Zahlungssystems (electronic banking)" zur Übermittlung des (vervollständigten) Überweisungsdatensatzes vom Computer des Kunden an den Computer seines Kreditinstituts weist auf eine konkrete technische Problemstellung hin. Diese Anweisung lässt erkennen, dass sich das beanspruchte Verfahren nicht nur mit der Sicherung des Zahlungsverkehrs durch ein geschäftliches Zahlungsmodell befasst, sondern auch mit dem Aspekt der **Sicherung der zu übertragenden Daten** durch eine bestimmte technische Ausgestaltung der Übertragungswege, nämlich mit Verschlüsselungs- und Entschlüsselungseinheiten, wie sie beim „electronic banking" verwendet werden.

[1669] Vgl. *BPatG*, 8.7.2004, 17 W (pat) 8/02, GRUR 2004, 934.
[1670] Vgl. *BPatG*, 11.5.2005, 19 W (pat) 24/03, CR 2006, 85.
[1671] Vgl. *BPatG*, 12.12.2005, 19 W (pat) 61/03, LSK 2006, 320306.
[1672] Vgl. *BPatG*, 10.2.2005, 17 W (pat) 46/02, GRUR 2006, 43.

Dieser Aspekt des beanspruchten Verfahrens verlangt eine Auseinandersetzung mit der Frage, auf welchen der Übertragungswege zwischen den Computern von Anbieter, Kunden, Kreditinstitut und dem zentralem Server schützenswerte Daten übertragen werden und welche Maßnahmen in technischer Hinsicht zu deren Schutz getroffen werden können.

BPatG („Bedienoberfläche")[1673]: **1.** Der Wunsch, die Bedienung einer programmierbaren Daten verarbeitenden Einrichtung für eine Bedienperson möglichst einfach zu gestalten, und damit die Forderung nach einer ergonomischen, d.h. auf die Bedürfnisse und Fähigkeiten der Bedienperson zugeschnittenen Gestaltung der (Bedien-)Schnittstelle zwischen Mensch und technischer Einrichtung, kann nicht als konkrete technische Problemstellung anerkannt werden. Denn die ergonomische Gestaltung einer Bedienschnittstelle (Bedienoberfläche) orientiert sich an menschlichen Bedürfnissen und Eigenheiten und eben nicht daran, wie Bedienhandlungen auf einfache Weise mit technischen Mitteln implementiert werden können. **2.** Ist einer auf die Gestaltung einer Bedienschnittstelle (Bedienoberfläche) gerichteten Patentanmeldung keine anderweitige konkrete technische Problemstellung entnehmbar, die mit technischen Mitteln gelöst wird, kann allein die ergonomische Gestaltung der Bedienoberfläche die Patentfähigkeit der programmierbaren Einrichtung nicht begründen. 503

BPatG („**Systeme künstlicher Intelligenz**")[1674]: Programmmittel für Datenverarbeitungsanlagen, die aus eingegebenen Informationen nach logischen Regeln unter Benutzung von in Datenbanken gespeichertem Expertenwissen Schlüsse ziehen, so genannte Systeme mit künstlicher Intelligenz oder **Expertensysteme**, unterliegen dem Ausschlusstatbestand des § 1 Abs. 3 Nr. 3 i.V.m. Abs. 4 PatG. 504

BPatG („**Verfahren zum Erfassen von Computersabotage- und Spionageangriffen**")[1675]: **1.** Die Erteilung eines Patents, dessen Lehre der Informationsbeschaffung mittels eines Computersystems dient, kommt nur dann in Betracht, wenn der Patentanspruch über den Vorschlag hinaus, ein Computersystem als Mittel zur Erfassung, Speicherung, Anzeige bzw. Ausgabe von gewünschter Information einzusetzen, **weitere Anweisungen** enthält, denen ein konkretes technisches Problem zugrunde liegt, sodass eine Aussage darüber möglich ist, ob eine Bereicherung der Technik vorliegt. **2.** Welches technische Problem durch eine Erfindung gelöst wird, ist **objektiv** danach zu bestimmen, was die Erfindung tatsächlich leistet. Die angegebene Aufgabe ist demgegenüber als solche nicht maßgeblich, sondern lediglich ein Hilfsmittel für die Ermittlung des objektiven technischen Problems. **3.** Eine Verbesserung der technischen Mittel (Komponenten des verwendeten Computersystems) ist in der Lehre nicht erkennbar, wenn **lediglich ein als Abtastmechanismus bezeichnetes Programm** verwendet, mit dessen Hilfe das Internet kontinuierlich durch das Computersystem nach vorgegebene Begriffen abgetastet wird. 505

BPatG („**Verfahren zur technisch unterstützten Eingabe von Textnachrichten auf elektronischen Geräten**")[1676]: Die **fortlaufende Speicherung** der von einem Benutzer eingegebenen **Begriffe** in Abhängigkeit von Häufigkeit und Art und Sprache, der Vergleich von (teilweise) eingegebenen Begriffen mit den in Auswahllisten gespeicherten Begriffen bzw. Eingaben und das **Abrufen des entsprechenden Begriffes** verlangen vom Datenverarbeitungsfachmann nicht die Lösung einer konkreten technischen Problemstellung, also eine **Auseinandersetzung mit den zur Ausführung des** 506

[1673] Vgl. *BPatG*, 5.9.2006, 17 W (pat) 10/04, GRUR 2007, 316.
[1674] Vgl. *BPatG*, 17.4.2007, 17 W (pat) 6/04, GRUR 2008, 330.
[1675] Vgl. *BPatG*, 28.5.2009, 11 W (pat) 123/05, BeckRS 2009, 21601.
[1676] Vgl. *BPatG*, 14.4.2010, 17 W (pat) 27/05, BeckRS 2010, 10864.

Verfahrens verwendeten technischen Mitteln (elektronisches Gerät). Sie beruhen vielmehr letztlich auf der (nichttechnischen) Erkenntnis, dass Begriffe abhängig von der Art des Textes und der verwendeten Sprache verschieden häufig auftreten und folglich in einer der Art oder Sprache des Textes entsprechenden Auswahlliste – entsprechend einem Wörterbuch für Fremdsprache oder Geschäftssprache – treffgenauer zugeordnet und aufgefunden bzw. abgerufen werden können.

507 *BPatG* („**Verfahren zur Visualisierung dreidimensionaler Richtungsinformation**")[1677]: Eine **ergonomische Gestaltung der Bildausgabe** eines Datenverarbeitungssystems orientiert sich an menschlichen Bedürfnissen und Eigenheiten und nicht daran, wie eine Informationswiedergabe auf einfache Weise mit technischen Mitteln zu implementieren ist. Derartige ergonomische Erwägungen können nicht als konkrete technische Problemstellung anerkannt werden. An dieser Beurteilung ändert auch der Umstand nichts, dass die **farbliche Gestaltung des Referenzelements** mittels eines in der Datenverarbeitungseinrichtung abgelegten Programmmittels zur Verarbeitung von Daten wie Messdaten und/oder zur Bildverarbeitung vorgenommen wird, dass die Darstellung auf einem Bildausgabemittel (der Datenverarbeitungsanlage) erfolgt, und dass die Ausgangsdaten vorliegende „und/oder empfangene" (also ebenfalls vorliegende) **Messgrößen aus dem medizinischen Bereich** sind.

508 *BPatG* („**Verfahren zur rechnergestützten Konstruktion von Bauteilen und Bauteilsysteme**")[1678]: Der Vorschlag, ein CAD-System um eine (Form- und Größen-) Steuerungsfunktion für Komponenten zu erweitern und hierfür ein Konstrukt in Form einer Referenzfigur einzuführen, das die Steuerung bzw. Berechnung der einzelnen Größen bewirken oder jedenfalls erleichtern soll, beruht nicht auf technischer Leistung, sondern ist lediglich ein gedankliches Konzept.

509 *BPatG* („**Verfahren zur Herstellung der Lageübereinstimmung von 3D-Datensätzen in einem dentalen CAD/CAM-System**")[1679]: Die beanspruchte Lehre beruht lediglich auf mathematischen Überlegungen zu Zuordnungsverfahren für verschiedene 3D-Modelle. Die Lösung, die Zuordnung zweier Datensätze dadurch zu erreichen, dass mindestens drei in beiden Modellen bzw. Datensätzen (manuell) festlegbare Punkte ausgewählt werden, um daraus eine **geometrische Lagebeziehung** bzw. Transformation **zu berechnen,** verlangt keine technischen Überlegungen. Die Erkenntnis, dass mindestens drei Punkte aus den jeweiligen 3D-Modellen ausgewählt werden müssen, resultiert dabei allein aus einer **notwendigen mathematischen Bedingung** für die eindeutige Festlegung der **räumlichen Lage eines Objekts**.

510 *BPatG* („**Anpassungswerterzeugungsvorrichtung**")[1680]: Die Art der **Darstellung der Messdaten** sowie der Funktionsauswahl lassen keine technische Problemstellung erkennen, weil sich eine solche Darstellung allenfalls an der menschlichen Auffassungsgabe orientiert. Auch die Erzeugung und Übermittlung einer derartigen Darstellung an eine Anzeigeeinrichtung wird nicht etwa durch technische Parameter, sondern durch eine **Anforderung des Benutzers** ausgelöst, welche über herkömmliche Eingabemittel generiert wird.

511 *BPatG* („**System zur Wettbewerbsauswertung von mobiltelefonischen Textnachrichten**")[1681]: Es kann dahinstehen, ob es sich bei einer möglicherweise geschickteren Programmierung zum Aussortieren von Datensätzen überhaupt um eine Maßnahme handelt, die die Lösung eines technischen Problems mit technischen Mitteln

---

[1677] Vgl. *BPatG*, 23.9.2010, 17 W (pat) 47/06, BeckRS 2010, 26166.
[1678] Vgl. *BPatG*, 11.1.2011, 17 W (pat) 99/05, BeckRS 2011, 04781.
[1679] Vgl. *BPatG*, 19.1.2012, 17 W (pat) 97/06, BeckRS 2012, 06200.
[1680] Vgl. *BPatG*, 28.2.2012, 17 W (pat) 6/08, BeckRS 2012, 08998.
[1681] Vgl. *BPatG*, 2.4.2012, 2 Ni 32/11 (EP), BeckRS 2013, 06659.

bestimmt oder zumindest beeinflusst oder ob vielmehr eine zusätzliche Längenprüfung „über die außertechnischen Vorgänge der Sammlung, Speicherung, Auswertung und Verwendung von Daten" nicht hinausgeht.

BPatG („Adress-Datenbank und Adress-Auffindungssystem")[1682]: Die gedanklich-logische **Zuordnung von Regionalnamen zu den Knoten einer Baumstruktur** betrifft einzig und allein die Organisation von Datenelementen in einer speziellen Datenstruktur, was keinerlei Lösung einer technischen Problemstellung mit technischen Mitteln zum Gegenstand hat. 512

BPatG („Entsperrung eines Gerätes durch Wischbewegungen")[1683]: Welches technische Problem durch eine Erfindung gelöst wird, ist objektiv danach zu bestimmen, was die Erfindung tatsächlich leistet. Die in der Patentschrift angegebene Aufgabe ist demgegenüber als solche nicht maßgeblich. In Übereinstimmung mit der Beklagten sieht der Senat die Leistung der Erfindung darin, eine tragbare elektronische Vorrichtung mit einem berührungsempfindlichen Anzeigeschirm auf einfache, benutzerfreundliche und definierte Weise zu entsperren, und den Ablauf des Entsperrvorgangs zu signalisieren. Dem liegt insoweit eine technische Teil-Problemstellung zugrunde, als eine bestimmte Benutzereingabe erfasst und als Befehl zur Einleitung des Entsperrvorgangs erkannt wird, und dieser Entsperrvorgang dann durchgeführt werden muss; ein genereller Ausschlusstatbestand im Sinne des Art. 52 Abs. 2 i.V.m. Abs. 3 EPÜ liegt somit nicht vor. Hingegen richtet sich das Signalisieren des Ablaufs des Entsperrvorgangs durch das (Mit-)Bewegen des Entsperrbildes allein an den Benutzer, ohne in irgendeiner Weise ein technisches Problem zu lösen. Denn das Gerät selbst und seine technische Funktion werden nicht beeinflusst, vielmehr wird lediglich eine Information grafisch dargestellt: der Benutzer erhält ein „optisches Feedback", dass der Beginn einer Entsperrgeste vom Gerät erkannt wurde, und dass deren weitere Ausführung vom Gerät verfolgt wird. Irgendwelche „auf technischen Überlegungen beruhenden Erkenntnisse" liegen einer solchen Maßnahme nicht zugrunde. Dass ein Pfad vollständig angezeigt und ein graphisches interaktives Benutzerschnittstellenobjekt mit dem über die Berühroberfläche geführten Finger mitgeführt wird, orientiert sich allein an einer an die Auffassungsgabe des Benutzers besonders angepassten Darstellung, erzielt jedoch keinerlei technische Wirkung. 513

BPatG („Patentfähigkeit eines Verfahrens zum Erzeugen von Bildern")[1684]: Das beanspruchte Verfahren leistet es, Bilddaten und Buchstabenelemente so zu bearbeiten und zu einer Bilddatei zusammenzusetzen, dass beim Betrachten des der Bilddatei entsprechenden (z.B. ausgedruckten oder auf einem Bildschirm dargestellten) Bildes ein natürlicher Bildeindruck entsteht. Die Zielsetzung liegt somit darin, automatisiert eine für einen menschlichen Betrachter möglichst ansprechende Darstellung zu erzeugen. Dies stellt kein technisches Problem dar. Die zur Problemlösung eingesetzten Mittel erschöpfen sich in einem Datenverarbeitungsprogramm, das auf einem Computer mit üblichen Komponenten (einschließlich Schnittstellen der zu verarbeitenden Daten) ausgeführt wird. Zur Durchführung wird eine übliche Datenverarbeitungsanlage in bestimmungsgemäßer Weise genutzt; darüberhinausgehende technische Mittel werden nicht eingesetzt. Es wird auch in keiner Weise auf besondere technische Gegebenheiten außerhalb der Datenverarbeitungsanlage oder der Datenverarbeitungsanlage selbst Rücksicht genommen. Weder entfaltet das beanspruchte Verfahren eine Außenwirkung im Sinne einer Steuerung, noch wird in 514

[1682] Vgl. *BPatG*, 11.12.2012, 17 W (pat) 53/08, BeckRS 2013, 04540.
[1683] Vgl. *BPatG*, 4.4.2013, 2 Ni 59/11 und 2 Ni 64/11, BeckRS 2013, 14907.
[1684] Vgl. *BPatG*, 9.7.2013, 17 W(pat) 82/09, BeckRS 2013, 19913.

das Verfahren von außen her steuernd eingegriffen. Die beanspruchte Lehre führt zwar zu benutzerfreundlichen Verbesserungen bei der Informationswiedergabe, leistet jedoch keinen Beitrag zur Lösung eines technischen Problems.

515   *BPatG* („**Patentfähigkeit einer Datenverarbeitungsanlage**")[1685]: Ein Programm kann dann patentiert werden, wenn es in technische Abläufe eingebunden ist, etwa dergestalt, dass es Messergebnisse aufarbeitet, den Ablauf technischer Einrichtungen überwacht oder sonst steuernd bzw. regelnd nach außen wirkt. Vorliegend wird das Verfahren in (unmittelbarer) Verbindung des (Steuerungs-)Rechners mit einem technischen Gerät, nämlich der drucktechnischen Maschine ausgeführt, für deren rechnergesteuerten Betrieb die Freigabe der hierfür notwendigen Daten und Programme zwingend erforderlich ist. Im Fall der Steuerung unter Rückgriff auf die freigegebenen Daten oder Programme sind diese in den technischen Ablauf beim Betrieb der Druckmaschine eingebunden. Somit ist das beanspruchte Verfahren technischer Natur, weil die Steuerung der Maschine insoweit ein Teilaspekt der beanspruchten Lehre ist, als das allgemeine technische Problem des Maschinenbetriebs mit hierfür vorgesehenen Daten und Programmen bewältigt ist.

c) Die Entscheidungen des EPA seit dem Jahr 2000

516   *EPA* („**Steuerung eines Pensionssystems/PBS PARTNERSHIP**")[1686]: **1.** Dass eine Erfindung technischen Charakter aufweisen muss, um eine Erfindung im Sinne des Art. 52 Abs. 1 EPÜ zu sein, ist ein **implizites Erfordernis des EPÜ**. **2.** Verfahren, bei denen es lediglich um **wirtschaftsorientierte Konzeptionen** und **Verfahrensweisen für geschäftliche Tätigkeiten** geht, sind **keine Erfindungen** im Sinne des Art. 52 Abs. 1 EPÜ. Betrifft ein Verfahrensmerkmal die Verwendung technischer Mittel für einen rein nichttechnischen Zweck und/oder zur Verarbeitung rein nichttechnischer Informationen, verleiht es einem solchen Verfahren nicht zwangsläufig technischen Charakter. **3.** Eine Vorrichtung, die als eine physikalische Entität oder ein konkretes Erzeugnis anzusehen ist, ist eine Erfindung im Sinne des Art. 52 Abs. 1 EPÜ, selbst wenn sie sich zur Ausführung oder **Unterstützung einer wirtschaftlichen Tätigkeit** eignet. **4.** Das EPÜ bietet keine Grundlage, bei der Prüfung, ob die fragliche Erfindung als eine Erfindung im Sinne des Art. 52 Abs. 1 EPÜ anzusehen ist, zwischen „neuen Merkmalen" und Merkmalen der Erfindung, die nach dem Stand der Technik bekannt sind, zu unterscheiden. Daher gibt es auch keine Rechtsgrundlage, hierbei den sog. **Beitragsansatz** anzuwenden.

517   *EPA* („**Zwei Kennungen/COMVIK**")[1687]: **1.** Bei einer Erfindung, die aus einer Mischung technischer und nichttechnischer Merkmale besteht und als Ganzes technischen Charakter aufweist, sind in Bezug auf die Beurteilung des Erfordernisses der erfinderischen Tätigkeit alle Merkmale zu berücksichtigen, die zu diesem technischen Charakter beitragen, wohingegen Merkmale, die keinen solchen Beitrag leisten, das Vorliegen erfinderischer Tätigkeit nicht stützen können. **2.** Die zu lösende technische Aufgabe ist zwar nicht so zu formulieren, dass sie Lösungsansätze enthält oder die Lösung teilweise vorwegnimmt, doch scheidet ein Merkmal nur deshalb, weil es im Anspruch vorkommt, nicht automatisch für die Formulierung der Aufgabe aus. Insbesondere wenn der Anspruch auf eine Zielsetzung aus einem nichttechnischen Gebiet verweist, darf diese Zielsetzung bei der Formulierung der

---

[1685] Vgl. *BPatG*, 31.7.2013, 9 W(pat) 29/09, BeckRS 2013, 17864.
[1686] Vgl. *EPA*, 8.9.2000, T 931/95 – 3.5.1, GRUR Int. 2002, 87.
[1687] Vgl. *EPA*, 26.9.2002, T 641/00 – 3.5.1, GRUR Int. 2003, 852.

Aufgabe als Teil der Rahmenbedingungen für die zu lösende technische Aufgabe aufgegriffen werden, insbesondere als eine zwingend zu erfüllende Vorgabe.

EPA („**Auktionsverfahren/HITACHI**")[1688]: **1.** Ein Verfahren, das technische Mittel **umfasst,** ist eine Erfindung im Sinne des Art. 52 Abs. 1 EPÜ. **2.** Zum technischen Charakter des beanspruchten Gegenstands können Verfahrensschritte, die Änderungen einer **Geschäftsidee** zum Inhalt haben und dazu dienen, eine technische Aufgabe zu umgehen, anstatt sie mit technischen Mitteln zu lösen, **nicht beitragen.** 518

EPA („**Clipboardformate I/MICROSOFT**")[1689]: **1.** Die Anspruchskategorie des computerimplementierten Verfahrens unterscheidet sich von der des Computerprogramms. Auch wenn ein Verfahren, insbesondere ein Verfahren zum Betrieb eines Computers, mithilfe eines Computerprogramms umgesetzt wird, wird durch einen Anspruch auf ein solches Verfahren kein Computerprogramm in der Kategorie des Computerprogramms beansprucht (Nr. 5.1 der Entscheidungsgründe). **2.** Ein computerlesbares Medium ist ein technisches Produkt und weist daher Technizität auf (Nr. 5.3 der Entscheidungsgründe). 519

EPA („**Schaltkreissimulation I/INFINEON TECHNOLOGIES**")[1690]: Ein Computerprogramm hat ausreichendes Potenzial zu einer technischen Wirkung, die über die elementare Wechselwirkung von Hardware und Software in einem Standardrechner hinausgeht, wenn das in den Rechner geladene Programm die maschinelle Simulation und Auswertung rauschbehafteter Schaltkreise ermöglicht. 520

EPA („**Stellungnahme der großen Beschwerdekammer**")[1691]: Die gegenwärtige Position der Rechtsprechung sieht folglich so aus, dass ein Anspruch auf dem Gebiet der Programme für Datenverarbeitungsanlagen das Patentierungsverbot nach Art. 52 Abs. 2c) und (3) EPÜ allein schon dadurch überwinden kann, dass ausdrücklich die **Verwendung** einer Datenverarbeitungsanlage oder eines computerlesbaren Datenspeichermediums **erwähnt** wird. 521

EPA („**Classification method/COMPTEL**")[1692]: **1.** Auch nicht-technische Lösungen (wie beispielsweise mathematische Algorithmen) können ihren technischen Charakter **vom zu lösenden technischen Problem** ableiten. **2.** Eine höhere Arbeitsgeschwindigkeit eines Algorithmus im Vergleich zu anderen Algorithmen ist nicht ausreichend, um den technischen Charakter eines Algorithmus zu begründen. Wenn ein computer-implementierter Algorithmus schneller abläuft, stellt die hierdurch eintretende Energieeinsparung keinen **weiteren technischen Effekt** dar, der über die „normale" physikalische Wechselwirkung zwischen dem Programm (Software) und dem Computer (Hardware) hinausgeht. 522

EPA („**Datenanalyseverfahren/NOLL**")[1693]: Die Anmeldung zielt auf eine **schnelle Auswertung großer Datenmengen** und das Kenntlichmachen darin enthaltener wertvoller Informationen, z.B. Abhängigkeiten, Auffälligkeiten, Ähnlichkeiten, Muster, die dann zur Steuerung von (ungenannten) Verfahrensabläufen eingesetzt werden können, indem sie als Einflussgrößen in (irgend)einen Regelprozess eingebunden werden, um z.B. (irgend)ein **Herstellungsverfahren zu optimieren.** Zum 523

[1688] Vgl. *EPA,* 21.4.2004, T 258/03 – 3.5.1, GRUR Int. 2005, 332.
[1689] Vgl. *EPA,* 23.2.2006, T 424/03, GRUR Int. 2006, 851.
[1690] Vgl. *EPA,* 13.12.2006, T 1227/05, GRUR Int. 2008, 59.
[1691] Vgl. Stellungnahme der großen Beschwerdekammer, 12.5.2010, G 3/08 ABl. EPA 1/2011, S. 10ff.
[1692] Vgl. *EPA,* 21.9.2012, T 1784/06, www.epo.org/law-practice/case-law-appeals/pdf/t061784eu1.pdf.
[1693] Vgl. *EPA,* 18.12.2012, T 566/11, www.epo.org/law-practice/case-law-appeals/pdf/t110566du1.pdf.

Aufspüren von komplexen Ähnlichkeiten in großen Datenmengen werden die Daten nach abstrakten mathematischen Vorschriften verarbeitet. Die analytischen Informationssysteme sollen zur Lösung oder Untersuchung technischer Fragestellungen, aber auch für wirtschaftliche Abfragen, z.B. Analyse einer Einkaufsdatenbank, Wirtschaftsprognosen, Erstellung von Lieferanten- oder Kundenprofilen, dienen. Für das mathematische Verfahren und sein Ergebnis **nennt der Anspruch** jedoch **keine technische Anwendung.**

524 *EPA* („Bereitstellung produktspezifischer Daten II")[1694]: Die Anmeldung deutet zunächst zwar eine technische Aufgabe an, aber die Lösung wird auf administrativem Weg angestrebt, nämlich indem der Hersteller eines Produkts auch nach dessen Auslieferung eine ununterbrochene zentrale Kontrolle über den weiteren Werdegang des Produkts behält. Dieser Lösungsanteil ist eine administrative, organisatorische, geschäftliche oder rechtliche Maßnahme (wer darf was wann entscheiden, und wer verantwortet die Entscheidung; siehe die in der Beschwerdebegründung hervorgehobene Produkthaftung des Herstellers). Die Tatsache, dass das Produkt ein Fahrzeug ist, hat keine technische Auswirkung auf die Verwaltung oder Verarbeitung der zugehörigen Daten.

9. Richtlinien für die Prüfung der Patentfähigkeit von Computersoftware

a) Auszug aus den Richtlinien für die Prüfung von Patentanmeldungen (Prüfungsrichtlinien) beim Deutschen Patent- und Markenamt[1695]

525

4.3. Anmeldungen, die DV-Programme oder Regeln enthalten

4.3.3. Der technische Charakter der programmbezogenen Erfindung

Eine programmbezogene Erfindung hat technischen Charakter, wenn zur Lösung des der Erfindung zugrundeliegenden Problems von Naturkräften, technischen Maßnahmen oder technischen Mitteln (z.B. von hydraulischen Kräften, elektrischen Strömen in Schaltelementen und Regeleinrichtungen oder von Signalen in DV-Anlagen) Gebrauch gemacht wird oder wenn der Lösung technische Überlegungen zugrunde liegen (vgl. *BGH* in BlPMZ 2000, 273, 275 – Logikverifikation –)[1696].

Ob das der Fall ist, ist zunächst anhand der Merkmale des Patentanspruchs unter Berücksichtigung des Inhalts der genannten Anmeldungsunterlagen festzustellen.

Hierbei ist vom beanspruchten Gegenstand in seiner Gesamtheit auszugehen. Die einzelnen Merkmale sind nicht isoliert zu betrachten. Alle Merkmale, die zur Lösung des Problems gehören, d.h. alle Merkmale des Patentanspruchs, sind in die Betrachtung einzubeziehen, auch wenn es sich um nichttechnische Merkmale handelt (vgl. auch Abschnitt 3.3.3.2.4.). Der Bezug zur Technik muss aus dem Patentanspruch hervorgehen (vgl. *BGH* in BlPMZ 2000, 273, 274 – Logikverifikation –)[1697].

[1694] Vgl. *EPA*, 22.2.2013, T 946/08, www.epo.org/law-practice/case-law-appeals/pdf/t080946du1.pdf.

[1695] Die vollständigen Richtlinien vom 1.3.2004, Dok.-Nr. P 2796/11.06 sind abrufbar unter www.dpma.de/docs/service/formulare/patent/p2796.pdf.

[1696] Siehe hierzu oben Rdn. 471.

[1697] Siehe hierzu oben Rdn. 471.

Auf der Basis einer wertenden Betrachtung des im Patentanspruch definierten Gegenstands ist festzustellen, ob dabei ein auf ein Verfahren oder ein Programm für Datenverarbeitungsanlagen oder auf eine entsprechende Vorrichtung gerichteter Anmeldungsgegenstand den im § 1 Abs. 1 PatG vorausgesetzten technischen Charakter aufweist. Bei Vorliegen sachgerechter Gründe können dabei einzelne Anspruchsmerkmale unter Berücksichtigung ihres nach fachmännischem Verständnis gegebenen Zusammenhangs unterschiedlich zu gewichten sein. Die Wertung der Technizität darf in ihrem Ergebnis aber nicht davon abhängen, ob der zu beurteilende Vorschlag neu und erfinderisch ist. Sie darf auch nicht einseitig darauf abstellen, was bekannt war und was an der angemeldeten Lehre neuartig ist. Entscheidend ist, wie das, was nach der beanspruchten Lehre im Vordergrund steht, aus der Sicht des Fachmanns zum Anmeldezeitpunkt zu verstehen und einzuordnen ist (vgl. *BGH* in BlPMZ 2000, 273, 275 – Logikverifikation – m.w.N.)[1698]. Eine Untersuchung im Hinblick auf Unterschiede zum Stand der Technik findet nicht bereits bei der Prüfung des technischen Charakters des Gegenstands, sondern erst bei der Prüfung seiner Neuheit und der erfinderischen Tätigkeit statt.

4.3.4. Verfahren/Programm/Schaltung/Datenverarbeitungsanlage

Bei programmbezogenen Erfindungen ist der technische Charakter nicht davon abhängig, dass eine feste Schaltungsanordnung (Spezialschaltung) vorliegt. Derselbe Erfindungsgedanke, der einer solchen technischen Anordnung zugrunde liegt, kann auch als Verfahren und zwar als Zusammenwirken von Software mit programmierbarer Hardware patentfähig sein. Entscheidend ist, dass die Erfindung die Lösung des Problems unter Einsatz technischer Mittel oder technischer Überlegungen erfordert und lehrt (vgl. auch Abschnitt 4.3.3.).

Programmbezogene Erfindungen können daher auch dann technischen Charakter haben, wenn die zur Lösung herangezogenen technischen Mittel, also DV-Anlagen bzw. Rechner-, Schalt- oder Steuerelemente, bereits bekannt sind. Unschädlich ist, dass die Elemente für sich genommen jeweils in bekannter Weise arbeiten.

Auch der bestimmungsgemäße Gebrauch einer üblichen DV-Anlage steht dem technischen Charakter eines mittels Programm ausgeführten Verfahrens nicht entgegen. Die prägenden Anweisungen der beanspruchten Lehre müssen dabei der Lösung eines konkreten technischen Problems dienen. Unter diesen Voraussetzungen ist die beanspruchte Lehre dem Patentschutz auch dann zugänglich, wenn sie als Computerprogramm oder in einer sonstigen Erscheinungsform geschützt werden soll, die eine Datenverarbeitungsanlage nutzt (vgl. *BGH* in Mitt. 2001, 553, 555 – Suche fehlerhafter Zeichenketten –)[1699]. Dies gilt insbesondere für Herstellungs- und Steuerverfahren von technischen Anlagen, Maschinen und Geräten. So kann z.B. ein programmbezogenes Arbeitsverfahren für eine Steuervorrichtung technisch sein, wenn zur Lösung des Problems nach einer programmierten Anweisung arbeitende bekannte Steuerelemente eingesetzt werden müssen.

Insbesondere weist ein Programm eine technische Lehre auf, wenn es in technische Abläufe eingebunden ist, etwa dergestalt, dass es Messergebnisse aufarbeitet, den Ablauf von Vorgängen überwacht oder in anderer Weise steuernd oder regelnd wirkt. Das ist z.B. der Fall, wenn in einem Antiblockiersystem für Radbremsen

---

[1698] Siehe hierzu oben Rdn. 471.
[1699] Siehe hierzu oben Rdn. 473.

Messfühler und Ventile über Steuersignale entsprechend einem programmbezogenen Verfahren verknüpft werden, wobei ein durch das Verhalten eines überwachten Rades ausgelöstes Signal dazu benutzt wird, eine bestimmte Veränderung des Bremsdrucks durch Betätigung eines Ventils zu vollziehen (vgl. *BGH* in BlPMZ 1981, 70 – Antiblockiersystem –)[1700].

Auch wer die automatische Anzeige einer nach einer bestimmten Rechenregel durchgeführten Verknüpfung verschiedener messtechnisch ermittelter Parameter ermöglicht, gibt eine Lehre zum technischen Handeln (vgl. *BGH* in BlPMZ 1992, 255 – Tauchcomputer –)[1701].

Allgemein ist eine programmbezogene Lehre dem Patentschutz zugänglich, wenn sie die Funktionsfähigkeit der DV-Anlage als solche betrifft und damit das unmittelbare Zusammenwirken ihrer Elemente ermöglicht (vgl. *BGH* in BlPMZ 1991, 345 – Seitenpuffer –)[1702].

4.3.5. Formulierung der Lehre im Anspruch

Einer Vorrichtung (Datenverarbeitungsanlage), die in bestimmter Weise programmtechnisch eingerichtet ist, kommt aufgrund ihrer gegenständlichen Ausbildung grundsätzlich technischer Charakter zu. Dies gilt beispielsweise auch dann, wenn auf der Anlage eine Bearbeitung von Texten vorgenommen wird. Für die Beurteilung des technischen Charakters einer Vorrichtung kommt es nicht darauf an, ob mit ihr ein (weiterer) technischer Effekt erzielt wird, ob die Technik durch sie bereichert wird oder ob sie einen Beitrag zum Stand der Technik leistet (BGH in BlPMZ 2000, 276 – Sprachanalyseeinrichtung –)[1703].

Eine in einem gegenständlich formulierten Anspruch enthaltene Lehre ist aber nicht unbedingt schon dadurch patentfähig, dass der Anspruch auf einen körperlichen Gegenstand gerichtet ist. Die Frage der Patentfähigkeit des Anspruchsgegenstands ist nicht allein mit der gewählten Kategorie des Anspruchs zu beantworten. Entscheidend ist vielmehr, was nach der beanspruchten Lehre im Vordergrund steht. Eine vom Patentierungsverbot erfasste Lehre (Computerprogramm als solches) wird nicht schon dadurch patentierbar, dass sie in einer auf einem herkömmlichen Datenträger gespeicherten Form zum Patentschutz angemeldet wird (BGH in Mitt. 2001, 553 – Suche fehlerhafter Zeichenketten –)[1704].

Etwas anderes gilt, wenn in einem Patentanspruch vorrichtungsmäßig gekennzeichnete Merkmale der Lösung eines konkreten technischen Problems dienen (vgl. *BGH* in BlPMZ 2000, 276 – Sprachanalyseeinrichtung –, *BGH* in Mitt. 2001, 553, 556 – Suche fehlerhafter Zeichenketten –)[1705].

4.3.6. Behandlung von Zweifelsfällen

Zur Feststellung des technischen Charakters der Erfindung reicht es aus, wenn die Voraussetzungen der Technizität unter Berücksichtigung der oben genannten Grundsätze glaubhaft gemacht sind. Sprechen somit gute Gründe dafür, dass die Erfindung technisch ist, reichen verbleibende Zweifel zur Verneinung des technischen Charakters in der Regel nicht aus.

[1700] Siehe hierzu oben Rdn. 465.
[1701] Siehe hierzu oben Rdn. 470.
[1702] Siehe hierzu oben Rdn. 467.
[1703] Siehe hierzu oben Rdn. 472.
[1704] Siehe hierzu oben Rdn. 473.
[1705] Siehe hierzu oben Rdn. 473.

4.3.7. Darstellung der Anmeldung

Die Anmeldungen sind in der deutschen Fachsprache abzufassen. Sie können aber die üblichen fremdsprachigen Fachausdrücke aus dem Gebiet der Datenverarbeitung enthalten.

In den Patentansprüchen sind neben oder anstelle von Strukturangaben (schaltungstechnische Details) auch übliche wirkungs- und funktionsbezogene Angaben zulässig.

Die Beschreibung kann durch Diagramme, die den Ablauf der Verarbeitung von Daten betreffen, ergänzt sein. Sie kann einen Datenflussplan, in dem die zeitliche Folge zusammengehöriger Vorgänge an den Daten und den Datenträgern angegeben wird, und einen Programmablaufplan, in dem die Gesamtheit aller beim Programmablauf möglichen Wege dargestellt wird, enthalten.

Kurze Auszüge aus einem Programm für DV-Anlagen in einer üblichen, genau bezeichneten Programmiersprache können in der Beschreibung zugelassen werden, wenn sie der Verdeutlichung dienen.

b) Richtlinien für die Prüfung im Europäischen Patentamt[1706]

Teil G – Patentierbarkeit – Kapitel II-5

3.6 Computerprogramme

Erfindungen, die Computerprogramme umfassen, können in verschiedener Form als sogenannte „computerimplementierte Erfindungen" geschützt werden; mit diesem Ausdruck sollen Ansprüche abgedeckt werden, die Computer, Computernetze oder andere programmierbare Vorrichtungen umfassen, wobei prima facie eines oder mehrere der Merkmale der beanspruchten Erfindung durch ein Programm oder mehrere Programme realisiert werden. Solche auf computerimplementierte Erfindungen gerichtete Ansprüche können abgefasst sein, wie in F-IV, 3.9 und Unterpunkten beschrieben.

Für die Patentfähigkeit gelten bei auf Computerprogramme gerichteten Ansprüchen im Prinzip genau dieselben grundlegenden Kriterien wie bei anderen Gegenständen. Zwar sind auch „Computerprogramme" in Art. 52 (2) aufgeführt, hat der beanspruchte Gegenstand jedoch technischen Charakter, so ist er durch Art. 52 (2) und (3) nicht von der Patentierbarkeit ausgeschlossen.

Die Beurteilung des technischen Charakters sollte unabhängig vom Stand der Technik erfolgen (siehe T 1173/97, bestätigt durch G 3/08). Wie nachstehend ausgeführt, können Merkmale des Computerprogramms selbst (siehe T 1173/97) oder das Vorhandensein einer im Anspruch definierten Vorrichtung (siehe T 424/03 und T 258/03) dem beanspruchten Gegenstand unter Umständen technischen Charakter verleihen. Insbesondere in eingebetteten Systemen kann ein mit einem Computerprogramm implementierter Datenverarbeitungsprozess auch mittels spezieller Schaltkreise durchgeführt werden (z.B. durch Field Programmable Gate Arrays).

Ein allein beanspruchtes Computerprogramm ist nicht von der Patentierung ausgeschlossen, wenn das auf einem Computer laufende oder in einen Computer

---

[1706] Die vollständigen Richtlinien für die Prüfung im Europäischen Patentamt (Stand: November 2016) sind abrufbar unter www.epo.org/law-practice/legal-texts/guidelines_de.html. Siehe auch die Veröffentlichung des *EPA* „Patente für Software? Rechtsgrundlagen und Praxis im Europäischen Patentamt, 2013" abrufbar unter www.epo.org.

geladene Programm einen technischen Effekt bewirkt oder bewirken kann, der über die „normale" physikalische Wechselwirkung zwischen dem Programm (Software) und dem Computer (Hardware), auf dem es läuft, hinausgeht (T 1173/97 und G 3/08). Die normalen physikalischen Wirkungen der Ausführung eines Programms, z. B. elektrische Ströme, reichen allein noch nicht aus, um einem Computerprogramm technischen Charakter zu verleihen; eine weitere technische Wirkung ist erforderlich. Diese weitere technische Wirkung kann im Stand der Technik bekannt sein.

Desgleichen ist – auch wenn zugegebenermaßen jede Computerprogrammierung mit technischen Überlegungen einhergeht, da sie auf die Festlegung eines von einer Maschine ausführbaren Verfahrens gerichtet ist – dies allein nicht ausreichend, um dem aus der Programmierung hervorgehenden Programm technischen Charakter zu verleihen. Dazu muss der Programmierer technische Überlegungen angestellt haben, die über das „bloße" Ermitteln eines Computeralgorithmus zur Ausführung eines Verfahrens hinausgehen (G 3/08).

Eine weitere technische Wirkung, die einem Computerprogramm technischen Charakter verleiht, könnte z. B. in der Steuerung eines gewerblichen Verfahrens oder in der internen Funktionsweise des Computers selbst oder seiner Schnittstellen unter dem Einfluss des Programms zu finden sein und beispielsweise die Effizienz oder Sicherheit eines Verfahrens, die Verwaltung der erforderlichen Computerressourcen oder die Datenübertragungsgeschwindigkeit einer Kommunikationsverbindung beeinflussen. Ein Computerprogramm zur Umsetzung einer mathematischen Methode, die selbst einen technischen Beitrag leistet (siehe G-II, 3.3), gilt ebenfalls als Programm, das beim Ablauf auf einem Computer einen weiteren technischen Effekt bewirken kann.

Die Frage, ob ein Computerprogramm zum technischen Charakter des beanspruchten Gegenstands beitragen kann, ist oft unabhängig vom technischen Charakter der Hardwarekomponenten, die zur Ausführung des Computerprogramms definiert werden können. Verursacht ein Computerprogramm eine weitere technische Wirkung (T 1173/97), gilt es an sich als technisch und nicht von der Patentierbarkeit ausgeschlossen. Dagegen ist jeder beanspruchte Gegenstand, der technische Mittel definiert oder einsetzt, eine Erfindung im Sinne des Art. 52 (1) (siehe T 424/03 und T 258/03, bestätigt in G 3/08). Dies gilt auch dann, wenn die technischen Mittel allgemein bekannt sind; so verleiht die Aufnahme eines Computers, eines Computernetzwerks, eines lesbaren Mediums mit einem Programm usw. in einen Anspruch dem beanspruchten Gegenstand technischen Charakter.

Weist ein beanspruchter Gegenstand, der sich auf ein Computerprogramm bezieht, keinen technischen Charakter auf, so ist er entsprechend Art. 52 (2) und (3) zurückzuweisen. Ergibt die Prüfung dagegen, dass der Gegenstand technischen Charakter aufweist, hat der Prüfer als nächstes die Frage der Neuheit und der erfinderischen Tätigkeit abzuklären (siehe G-VI und VII).

Auf eine der verschiedenen Formen eines Anspruchs auf ein Computerprogrammprodukt kann ein Patent erteilt werden, wenn alle Erfordernisse des EPÜ erfüllt sind (siehe insbesondere Art. 84, 83, 54 und 56 sowie G-III, 3 unten). Solche Ansprüche sollten keine Programmlisten enthalten, sondern alle Merkmale angeben, die die Patentierbarkeit des beim Betrieb des Programms auszuführenden Verfahrens gewährleisten (siehe F-IV, 4.5.2, letzter Satz). Kleine Ausschnitte des Programms in der Beschreibung können akzeptiert werden (siehe F-II, 4.12).

IV. Wettbewerbsrechtlicher Schutz

Inhaltsübersicht

	Rdn.		Rdn.
1. Grundlegendes	527	bb) Unangemessene Ausnutzung oder Beeinträchtigung der Wertschätzung gem. § 4 Nr. 3 Buchst. b) UWG	545
a) Schutzzweck des UWG und das Verhältnis zum Sonderrechtsschutz	532		
b) Anspruchsberechtigte	534		
c) Schuldner der Abwehransprüche	535	cc) Unredliche Erlangung von Kenntnissen und Unterlagen gem. § 4 Nr. 3 Buchst. c) UWG	546
2. Ergänzender Leistungsschutz	536		
a) Die Nachahmung von Waren oder Dienstleistungen	537		
b) Die wettbewerbliche Eigenart	541	dd) Allgemeine Behinderung	548
c) Die Unterlauterkeit der Nachahmung begründende besondere Umstände	542	d) Dauer des ergänzenden Leistungsschutzes	549
aa) Vermeidbare Herkunftstäuschung gem. § 4 Nr. 3 Buchst. a) UWG	543	3. Geheimnisschutz gem. §§ 17 ff. UWG	551
		4. Ansprüche bei Rechtsverletzungen	556
		5. Internationaler Schutz	566

Schrifttum: *Ernst*, Die Verfügbarkeit des Source Codes – Richtlinie Know-how-Schutz bei Software und Webdesign, MMR 2001, 208 ff.; *Fezer/Büscher/Obergfell*, Lauterkeitsrecht, 3. Aufl. 2016; *Fischer*, Wie frei ist der freie Stand der Technik? Wettbewerbsrechtlicher Nachahmungsschutz bei technischen Erzeugnissen, GRUR 2015, 1160 ff.; *Harte-Bavendamm/Henning-Bodewig*, Gesetz gegen den unlauteren Wettbewerb: UWG, 4. Aufl. 2016; *Köhler/Bornkamm*, Gesetz gegen den unlauteren Wettbewerb: UWG, 35. Aufl. 2017; *Ohly/Sosnitza*, Gesetz gegen den unlauteren Wettbewerb, 7. Aufl. 2017; *Ullmann*, UWG. Gesetz gegen den unlauteren Wettbewerb, 4. Auflage 2016.

1. Grundlegendes

Die Darlegungen zum urheberrechtlichen und patentrechtlichen Rechtsschutz für 527 Computersoftware haben gezeigt, dass diese Gesetze einen umfassenden Schutz bereitstellen. Seit Inkrafttreten der Urheberrechtsnovelle von 1993, mit der die softwarespezifischen Vorschriften in das UrhG aufgenommen wurden[1707], ist die Bedeutung eines Rechtsschutzes für Computersoftware nach den Vorschriften des UWG stark zurückgegangen. Während bis 1993 in Deutschland Rechtsschutz für Computersoftware ganz überwiegend über das UWG erlangt werden konnte, hat sich dies mit der Urheberrechtsnovelle ins Gegenteil verkehrt. Das Urheberrecht und das Patentrecht stellen die **primären Schutzinstrumente** dar, während dem UWG nur noch **ergänzende** und **lückenfüllende Funktion** zukommt[1708].

Gem. § 69g Abs. 1 UrhG lassen die softwarespezifischen Vorschriften des 8. Abschnitts des UrhG die Anwendung sonstiger Rechtsvorschriften auf Computerprogramme unberührt, wozu ausdrücklich auch das UWG einschließlich des Schutzes von Geschäfts- und Betriebsgeheimnissen gezählt wird. Auch der *BGH* hat ausdrücklich anerkannt, dass etwa die Anwendung der wettbewerbsrechtlichen Generalklausel des § 1 UWG a. F. durch einen gegebenenfalls bestehenden Urheberrechtsschutz eines Computerprogramms nicht ausgeschlossen ist[1709]. Selbst heute noch 528

[1707] Vgl. hierzu ausführlich oben Rdn. 65 ff.
[1708] So schon bei Inkrafttreten der Urheberrechtsnovelle 1993 *Lehmann* in: Lehmann, Rechtsschutz und Verwertung von Computerprogrammen, S. 383 Rdn. 1.
[1709] Vgl. *BGH*, 9.11.1995, I ZR 220/95, NJW 1996, 197.

werden von einzelnen Stimmen die **Schutzvoraussetzungen** im Wettbewerbsrecht als **leichter darlegbar** bezeichnet als diejenigen des Urheberrechts[1710].

529 Anders als das Urheberrecht erfasst das Verbot unlauteren Wettbewerbs nach § 3 UWG aber nur unlautere **geschäftliche Handlungen**. Demgegenüber greifen die urheberrechtlichen Ausschließlichkeitsrechte auch bei **Handlungen im privaten Bereich** ein. Während diesbezüglich patentrechtlich der Ausschlusstatbestand des § 11 Nr. 1 PatG für Handlungen eingreift, die im privaten Bereich zu nichtgewerblichen Zwecken vorgenommen werden[1711], erfordert der wettbewerbsrechtliche Schutz entsprechend der Legaldefinition des § 2 Abs. 1 Nr. 1 UWG, dass ein Verhalten einer Person zugunsten des eigenen oder eines fremden Unternehmens vor, bei oder nach einem Geschäftsabschluss vorliegt, das mit der Förderung des Absatzes oder des Bezugs von Waren oder Dienstleistungen oder mit dem Abschluss oder der Durchführung eines Vertrags über Waren oder Dienstleistungen objektiv zusammenhängt. Unternehmer im Sinne von § 2 Abs. 1 Nr. 6 UWG ist jede natürliche oder juristische Person, die geschäftliche Handlungen im Rahmen ihrer gewerblichen, handwerklichen oder beruflichen Tätigkeit vornimmt, und jede Person, die im Namen oder Auftrag einer solchen Person handelt. Dabei setzt eine gewerbliche Tätigkeit ein selbstständiges und planmäßiges, auf eine gewisse Dauer angelegtes Anbieten entgeltlicher Leistungen am Markt voraus[1712]. Dies kann auch bei Tätigkeiten der öffentlichen Hand zu bejahen sein, wenn Dienstleistungen (auch) gegen Entgelt angeboten werden[1713]. Der (kommerzielle) Vertrieb von Software stellt grundsätzlich eine geschäftliche Handlung dar[1714]. Gleiches gilt für den Verkauf von Zusatzprodukten (In-App-Käufe) wie etwa Spielgeld für ein Online-Rollenspiel, wie dies bei (kostenlosen) Apps für Smartphones und Tablet-PCs vielfach der Fall ist. Auch wenn das Spiel selbst kostenfrei ist, erfolgt die Veräußerung der Zusatzprodukte im Zusammenhang mit der Förderung und des Absatzes von Waren oder Dienstleistungen[1715]. Das Angebot des Spiels selbst ist ebenfalls eine geschäftliche Handlung.

530 Handelt daher eine natürliche Person nicht in Ausübung eines Gewerbes oder einer selbstständigen beruflichen Tätigkeit, sondern **als Verbraucher im Eigeninteresse**, liegt keine Wettbewerbshandlung vor[1716]. **Käufe von Software für den privaten Bedarf** sowie **Verkäufe aus dem Privatvermögen** sind folglich nicht erfasst, auch wenn sie über öffentliche Kanäle wie die Internet-Plattform von eBay vorgenommen werden. Auch Handlungen Privater können aber das Tatbestandsmerkmal der Wettbewerbshandlung erfüllen, wenn das Handeln geeignet ist, den Wettbewerb eines fremden Unternehmens zu fördern, in dem etwa Empfehlungen der Produkte des einen oder Herabsetzung der Produkte des anderen Unternehmens ausgesprochen werden, z.B. im Rahmen eines Produktvergleichs. Die Absicht der Förderung fremden Wettbewerbs wird aber nicht vermutet, sondern muss im Einzelfall festgestellt werden. Für eine Förderungsabsicht spricht die Zahlung eines Entgelts oder die Gewährung sonstiger geldwerter Vorteile.

[1710] Vgl. *Redeker* Rdn. 178; wohl auch *BGH*, 9.11.1995, I ZR 220/95, NJW 1996, 197 wo der Urheberrechtsschutz eines Computerprogrammes offen gelassen wird mit dem Hinweis, es handele sich um ein „zumindest wettbewerblich eigenartiges Programm".
[1711] Vgl. hierzu oben Rdn. 452, auch zu Handlungen zu Versuchszwecken.
[1712] Vgl. *BGH*, 4.12.2008, I ZR 3/06, GRUR 2009, 871, 874 Tz. 33; *BGH*, 29.3.2006, VIII ZR 173/05, NJW 2006, 2250, 2251 Tz. 14.
[1713] Vgl. *OLG Frankfurt*, 4.2.2016, 6 U 156/15, MMR 2016, 535 f. für den Deutschen Wetterdienst.
[1714] Ohne Einschränkung auf Kommerzialität *Raue* NJW 2017, 1841, 1845.
[1715] Vgl. *LG Karlsruhe*, 25.5.2016, 18 O 7/16, CR 2017, 603 Tz. 37.
[1716] Vgl. *Köhler/Bornkamm* § 2 Rdn. 18.

Zu beachten ist schließlich, dass der **Streitgegenstand** nach ständiger Rechtsprechung des *BGH* durch den **Klageantrag** sowie durch den dazu **vorgetragenen Lebenssachverhalt** bestimmt wird[1717]. Dies ist etwa für den Umfang der materiellen Rechtskraft einer Unterlassungsverurteilung von herausragender Bedeutung, denn die materielle Rechtskraft erstreckt sich nur auf den Streitgegenstand, über den entschieden wurde, sodass grundsätzlich nur der geltend gemachte Anspruch im beantragten Umfang erfasst ist[1718]. Kommen nebeneinander Ansprüche aus **mehreren Schutzrechten** (z.B. Urheberrecht und Patent- oder Markenrecht) oder aus **einem Schutzrecht** sowie nach dem **UWG** in Betracht, so muss danach entschieden werden, ob sich der Kläger zur Begründung seiner Klage allein auf den das Schutzrecht betreffenden Lebenssachverhalt gestützt hat oder ob er – kumulativ oder alternativ – einen Lebenssachverhalt vorgetragen hat, der geeignet ist, einen Anspruch nach dem UWG zu begründen[1719]. Trägt der Kläger nur einen Sachverhalt vor, der auf den Tatbestand einer Schutzrechtsverletzung abgestellt ist, ist das Gericht wegen der Bindung gem. § 308 Abs. 1 S. 1 ZPO daran gehindert, die Verurteilung auf einen ergänzenden Leistungsschutz nach dem UWG zu stützen[1720]. Auf der anderen Seite hängt auch die Wirkung der Rechtskraft eines klageabweisenden Urteils davon ab, auf welchen Lebenssachverhalt die Klage gestützt war. Ist der Kläger (nur) mit dem auf das Urheberrecht gestützten Anspruch abgewiesen worden, steht die Rechtskraft dieses Urteils einer auf §§ 4 Nr. 3 oder 5 UWG gestützten weiteren Klage wegen wettbewerbswidriger Nachahmung oder Irreführung nicht entgegen[1721].

531

a) Schutzzweck des UWG und das Verhältnis zum Sonderrechtsschutz

Gem. § 1 UWG dient dieses Gesetz dem Schutz der Mitbewerber, der Verbraucherinnen und Verbraucher sowie der sonstigen Marktteilnehmer vor unlauterem Wettbewerb. Es schützt zugleich das Interesse der Allgemeinheit an einem unverfälschten Wettbewerb. Im Gegensatz zu den Immaterialgüterrechten gewährt das **UWG keine Ausschließlichkeitsrechte** an Leistungsergebnissen und damit auch **keinen absoluten Schutz** der schöpferischen Leistung als solche[1722]. Vielmehr schützt das Wettbewerbsrecht entsprechend der Definition des § 1 UWG die Mitbewerber, die Verbraucher, die sonstigen Marktteilnehmer und die Allgemeinheit gegen die Art und Weise der Verwertung einer fremden Leistung, also gegen ein bestimmtes Wettbewerbshandeln. Sofern daher ein Sonderrechtsschutz besteht, und dieser etwa ein nachahmendes Verhalten nicht verbietet, ist das betreffende Handeln nicht von vornherein, sondern nur bei Vorliegen besonderer Umstände als wettbewerbswidrig anzusehen[1723]. Bezogen auf die Verwertung fremder Leistungen kann dies mit dem **Grundsatz der Nachahmungsfreiheit** umschrieben werden[1724]. Eine gestalterische

532

[1717] Vgl. *BGH*, 21.10.2008, XI ZR 466/07, NJW 2009, 56 Tz. 15; *BGH*, 29.5.2008, I ZR 189/05, NJW 2008, 3711, 3712 Tz. 16; *BGH*, 23.2.2006, I ZR 272/02, NJW-RR 2006, 1118, 1120 Tz. 25.
[1718] Vgl. *BGH*, 23.2.2006, I ZR 272/02, NJW-RR 2006, 1118, 1120 Tz. 23 ff.
[1719] Vgl. *BGH*, 7.12.2000, I ZR 146/98, GRUR 2001, 755, 757 insoweit nicht abgedruckt bei CR 2001, 678.
[1720] Vgl. *BGH*, 7.12.2000, I ZR 146/98, GRUR 2001, 755, 757.
[1721] Vgl. *BGH*, 7.12.2000, I ZR 146/98, GRUR 2001, 755, 757 noch zu §§ 1 und 3 UWG a.F.
[1722] Vgl. *Köhler/Bornkamm* § 4 Rdn. 9.4; *Piper/Ohly/Sosnitza* § 4 Rdn. 9.3.
[1723] Vgl. *BGH*, 2.12.2015, I ZR 176/14, GRUR 2016, 730, 732 Tz. 21; *BGH*, 22.1.2015, I ZR 107/13, GRUR 2015, 909, 912 Tz. 23 m.w.N.
[1724] Vgl. *BGH*, 19.11.2015, I ZR 149/14, GRUR 2016, 725, 727 Tz. 18; *BGH*, 24.1.2013, I ZR 136/11, GRUR 2013, 951, 954 Tz. 20; *BGH*, 26.6.2008, I ZR 170/05, NJW-RR 2008, 1726, 1728 Tz. 32.

Grundidee, die keinem Sonderrechtsschutz zugänglich ist, kann daher auch nicht ohne das Hinzutreten besonderer Umstände im Wege des ergänzenden wettbewerbsrechtlichen Leistungsschutzes für einen Wettbewerber monopolisiert werden[1725].

533 Ein ergänzender Leistungsschutz nach § 4 Nr. 3 UWG kann nach alledem nur dann eingreifen, wenn **besondere Begleitumstände** vorliegen, die **außerhalb des sondergesetzlichen Tatbestands** liegen und die das Verhalten als unlauter erscheinen lassen[1726].

b) Anspruchsberechtigte

534 Die Ansprüche nach § 8 Abs. 1 UWG auf **Beseitigung** und **Unterlassung** stehen gem. § 8 Abs. 3 Nr. 1 bis 4 UWG jedem **Mitbewerber,** bestimmten Verbänden zur Förderung gewerblicher oder selbstständiger beruflicher Interessen, bestimmten qualifizierten Einrichtungen zum Schutz von Verbraucherinteressen sowie den Industrie- und Handelskammern oder den Handwerkskammern zu. Den **Schadensersatzanspruch** gem. § 9 UWG können **nur Mitbewerber** geltend machen. Auskunftsberechtigt nach § 8 Abs. 5 UWG sind neben den in § 8 Abs. 3 Nr. 3 und 4 UWG genannten auch Wettbewerbsverbände im Sinne des § 13 Abs. 5 UKlaG. Mitbewerber ist nach der Legaldefinition des § 2 Abs. 1 Nr. 3 UWG jeder Unternehmer, der mit einem oder mehreren Unternehmen als Anbieter oder Nachfrager von Waren oder Dienstleistungen in einem konkreten Wettbewerbsverhältnis steht. Ein konkretes Wettbewerbsverhältnis besteht, wenn beide Parteien gleichartige Waren oder Dienstleistungen innerhalb desselben Endverbraucherkreises abzusetzen versuchen mit der Folge, dass das konkret beanstandete Wettbewerbsverhalten des einen Wettbewerbers den anderen beeinträchtigen, d.h. im Absatz behindern oder stören kann[1727]. Erfasst sind also insbesondere andere Softwarehersteller[1728] oder -händler und nicht nur derjenige, dessen Software kopiert wurde[1729]. Möglich ist daher etwa, dass sich ein Softwarehersteller darauf beruft, sein Konkurrent setze unter Verstoß gegen eine Copyleft-Lizenz[1730] fremde Open Source Software ein[1731]. Im Interesse eines wirksamen wettbewerbsrechtlichen Individualschutzes sind an das Bestehen eines Wettbewerbsverhältnisses aber keine hohen Anforderungen zu stellen[1732]. Insbesondere ist eine **Branchengleichheit nicht erforderlich**[1733]. Da es für die wettbewerbsrechtliche Beurteilung regelmäßig nur um die konkret beanstandete Wettbewerbshandlung geht, genügt es, wenn die Streitparteien durch eine Handlung miteinander in Wettbewerb getreten sind, während sie im Übrigen unterschiedlichen Branchen angehören[1734].

[1725] Vgl. *BGH*, 2.4.2009, I ZR 144/06, NJW-RR 2009, 1703, 1704 Tz. 21.
[1726] Vgl. *BGH*, 22.1.2015, I ZR 107/13, GRUR 2015, 909, 912 Tz. 23; *BGH*, 24.1.2013, I ZR 136/11, GRUR 2013, 951, 954 Tz. 20; *Fischer* GRUR 2015, 1160, 1162.
[1727] Vgl. *BGH*, 12.1.2017, I ZR 253/14, MMR 2017, 394, 395 Tz. 45.
[1728] Vgl. *BGH*, 12.1.2017, I ZR 253/14, MMR 2017, 394, 395 Tz. 46.
[1729] Vgl. *Redeker* Rdn. 196; zu einem Rechtsstreit zwischen Softwarehändler und Softwarehersteller *OLG Hamburg*, 30.4.2013, 5 W 35/13, CR 2013, 700 f.
[1730] Vgl. hierzu unten Rdn. 955 ff.
[1731] Vgl. *Jaeger/Metzger* Rdn. 337; *Spindler*, Rechtsfragen, S. 128 Rdn. 133.
[1732] Vgl. *BGH*, 17.10.2013, I ZR 173/12, GRUR 2014, 573, 574 Tz. 17 m.w. N; *OLG Hamburg*, 30.1.2013, 5 U 228/11, BeckRS 2013, 66286.
[1733] Vgl. *BGH*, 17.10.2013, I ZR 173/12, GRUR 2014, 573, 574 Tz. 17; *BGH*, 24.6.2004, I ZR 26/02, NJW 2004, 3032, 3033; *OLG Hamburg*, 30.1.2013, 5 U 228/11, BeckRS 2013, 66286; *OLG Hamm*, 18.6.2009, 4 U 53/09, MMR 2010, 36, 37.
[1734] Vgl. *BGH*, 24.6.2004, I ZR 26/02, NJW 2004, 3032, 3033; *OLG Hamm*, 18.6.2009, 4 U 53/09, MMR 2010, 36, 37.

c) Schuldner der Abwehransprüche

Schuldner des Abwehranspruchs nach § 8 Abs. 1 UWG (Unterlassung und Beseitigung) ist zunächst jeder, der gegen das in § 3 UWG niedergelegte Verbot unlauteren Wettbewerbs verstößt. Das können entweder der **Täter**, der die Zuwiderhandlung als Adressat der jeweiligen wettbewerbsrechtlichen Verhaltensregelung selbst oder durch einen anderen (mittelbare Täterschaft) begeht, als auch der **Mittäter** sowie der **Teilnehmer** (Anstifter und Gehilfe) sein. Für den Bereich des Wettbewerbsrechts hat der *BGH* die früher anerkannte Rechtsfigur des Störers aufgegeben[1735]. 535

2. Ergänzender Leistungsschutz

Eine unlautere Wettbewerbshandlung im Sinne des § 3 UWG kann bei Computersoftware insbesondere dann vorliegen, wenn ein Marktteilnehmer Waren oder Dienstleistungen anbietet, die eine Nachahmung der Waren oder Dienstleistungen eines Mitbewerbers sind, und wenn die weiteren Voraussetzungen des § 4 Nr. 3 Buchst. a) bis c) UWG vorliegen. Üblicherweise wird dies unter dem Schlagwort des **ergänzenden Leistungsschutzes**, des wettbewerbsrechtlichen Leistungsschutzes[1736] oder auch **lauterkeitsrechtlichem Nachahmungsschutz** diskutiert[1737]. Ob seit der Reformierung des UWG überhaupt noch auf die Generalklausel des § 3 UWG für einen unmittelbaren Leistungsschutz zurückgegriffen werden kann, hat der *BGH* bislang ausdrücklich offengelassen[1738]. Der ergänzende Leistungsschutz nach § 4 Nr. 3 UWG setzt über die allgemeinen wettbewerbsrechtlichen Voraussetzungen der Wettbewerbshandlung im Sinne des § 2 Abs. 1 Nr. 1 UWG, des **zumindest potenziellen Wettbewerbsverhältnisses** sowie der **nicht nur unerheblichen Wettbewerbsbeeinträchtigung** hinaus voraus, dass 536

1. ein Marktteilnehmer das Leistungsergebnis eines Mitbewerbers **nachahmt** und auf dem Markt **anbietet**,
2. dieses Leistungsergebnis **wettbewerbliche Eigenart** aufweist und
3. **besondere Umstände** vorliegen, die das Verhalten als unlauter qualifizieren.

Ansprüche aus wettbewerbsrechtlichem Leistungsschutz wegen der Verwertung eines fremden Leistungsergebnisses können unabhängig von Ansprüchen aus einem Schutzrecht bestehen, wenn die erforderlichen besonderen Begleitumstände außerhalb des sondergesetzlichen Tatbestandes liegen[1739].

a) Die Nachahmung von Waren oder Dienstleistungen

§ 4 Nr. 3 UWG definiert den Begriff der Nachahmung nicht. Üblicherweise wird zwischen drei Formen der Nachahmung unterschieden: die **unmittelbare Leistungsübernahme**, die **fast** oder auch nahezu **identische Leistungsübernahme** sowie die 537

[1735] Vgl. *BGH*, 22.7.2010, I ZR 139/08, GRUR 2011, 152, 156 Tz. 48.
[1736] Vgl. *BGH*, 15.12.2016, I ZR 197/15, GRUR 2017, 734, 735 Tz. 14 ff.
[1737] Softwarespezifisch etwa *Dreier/Vogel* S. 110 ff.; *BGH*, 28.5.2009, I ZR 124/06, GRUR 2010, 80, 81 Tz. 18; *BGH*, 2.4.2009, I ZR 144/06, NJW-RR 2009, 1703 Tz. 12; allgemein *BGH*, 23.2.2017, I ZR 92/16, GRUR 2017, 793, 795 Tz. 24; *BGH*, 4.5.2016, I ZR 58/14, GRUR 2017, 79, 82 Tz. 37; *BGH*, 22.1.2015, I ZR 107/13, GRUR 2015, 909, 912 Tz. 23; *OLG Köln*, 30.10.2015, 6 U 84/15, NJW-RR 2016, 421, 422 Tz. 21; *OLG Nürnberg*, 20.5.2015, 3 U 1874/13, NJW-RR 2015, 38, 41; *Ullmann* § 4 Nr. 3 Rdn. 4.
[1738] Vgl. *BGH*, 4.5.2016, I ZR 58/14, GRUR 2017, 79, 89 Tz. 97.
[1739] Vgl. *BGH*, 15.12.2016, I ZR 197/15, GRUR 2017, 734, 736 Tz. 21; *BGH*, 4.5.2016, I ZR 58/14, GRUR 2017, 79, 82, Tz. 37; *BGH*, 22.1.2015, I ZR 107/13, GRUR 2015, 909, 912 Tz. 23.

nachschaffende Leistungsübernahme. Dabei kommt dieser Unterscheidung deshalb eine nicht zu unterschätzende Bedeutung zu, weil die Anforderungen an die weiteren wettbewerbsrechtlichen Umstände umso geringer sind, je mehr die Leistungsübernahme dem Ausgangsprodukt gleichkommt[1740].

538   Eine **unmittelbare Leistungsübernahme** liegt vor, wenn die fremde Leistung unverändert übernommen wird. Dies wird meist mit Hilfe technischer Vervielfältigungsverfahren geschehen[1741] und ist bei Computersoftware etwa bei der sog. **1 : 1-Kopie** von einem Datenträger auf einen anderen der Fall.

539   Eine **fast identische Leistungsübernahme** liegt vor, wenn die Nachahmung nur geringfügige, im Gesamteindruck **unerhebliche Abweichungen vom Original** aufweist[1742]. Dies ist etwa dann der Fall, wenn die übernehmende Software nach dem äußeren Erscheinungsbild[1743] oder der Befehlsstruktur praktisch keinerlei Unterschiede zum Vorlageprogramm aufweist.

540   Eine **nachschaffende Leistungsübernahme** liegt vor, wenn die fremde Leistung nicht unmittelbar oder fast identisch übernommen wurde, sondern lediglich **als Vorbild diente** und nachschaffend unter Einsatz eigener Leistung wiederholt wird[1744]. Dies ist etwa dann der Fall, wenn ein Programmierer nach einem Messebesuch ein fremdes Programm „nachprogrammiert". Diesbezüglich ist aber darauf hinzuweisen, dass der ergänzende Leistungsschutz sich immer nur auf die **konkrete Gestaltung** eines Erzeugnisses bezieht und nicht auf die dahinterstehende **gestalterische oder praktische Grundidee**. Solche Ideen können zwar gegebenenfalls als Geschäftsgeheimnisse wettbewerbsrechtlich geschützt sein, genießen aber weder Schutz nach dem UrhG[1745] noch ergänzenden Leistungsschutz nach dem UWG[1746].

b) Die wettbewerbliche Eigenart

541   Nur Leistungsergebnisse mit wettbewerbsrechtlicher Eigenart genießen Nachahmungsschutz nach § 4 Nr. 3 UWG. Sie liegt vor, wenn die konkrete Ausgestaltung oder bestimmte Merkmale des Erzeugnisses geeignet sind, die interessierten Verkehrskreise auf seine betriebliche Herkunft oder seine Besonderheiten hinzuweisen[1747]. Auch bei der wettbewerblichen Eigenart sind, wie schon beim oben dargestellten Grad der Nachahmung, **um so geringere Anforderungen** an die übrigen wettbewerbsrechtlichen Umstände zu stellen, **desto größer die wettbewerbliche Eigenart** ist[1748]. Bei Computersoftware ist die wettbewerbliche Eigenart, soweit das

---

[1740] *BGH*, 9.10.2008, I ZR 126/06, GRUR 2009, 79, 82 Tz. 27; *BGH*, 26.6.2008, I ZR 170/05, NJW-RR 2008, 1726, 1727 Tz. 18; *BGH*, 11.1.2007, I ZR 198/04, NJW-RR 2008, 124, 125 f. Tz. 22; *BGH*, 15.9.2005, I ZR 151/02, NJW-RR 2006, 45, 46 f. Tz. 19; *BGH*, 15.7.2004, I ZR 142/01, GRUR 2004, 941, 942.
[1741] Vgl. *BGH*, 6.5.1999, I ZR 199/96, NJW 1999, 2898, 2901; *Ullmann* § 4 Nr. 3 Rdn. 56.
[1742] Vgl. *BGH*, 21.9.2006, I ZR 270/03, GRUR 2007, 339, 343 Tz. 41; *BGH*, 8.12.1999, I ZR 101/97, NJW-RR 2001, 614, 616.
[1743] Vgl. *LG Frankfurt*, 23.8.2006, 2–06 O 272/06, BeckRS 2007, 19358 für eine weitgehend identische Bildschirmmaske; zustimmend *Barnitzke/Möller/Nordmeyer*, CR 2011, 277, 281.
[1744] Vgl. *BGH*, 21.3.1991, I ZR 158/89, GRUR 1992, 523, 524.
[1745] Vgl. hierzu oben Rdn. 85.
[1746] Vgl. *BGH*, 12.12.2002, I ZR 221/00, GRUR 2003, 359, 361; *BGH*, 21.2.2002, I ZR 265/99, NJW-RR 2002, 1261, 1264.
[1747] Vgl. *BGH*, 15.12.2016, I ZR 197/15, GRUR 2017, 734, 735 Tz. 19; *BGH*, 4.5.2016, I ZR 58/14, GRUR 2017, 79, 83 Tz. 44; *BGH*, 22.1.2015, I ZR 107/13, GRUR 2015, 909, 910 Tz. 10; *BGH*, 17.7.2013, I ZR 21/12, NJW-RR 2013, 1377, 1378, Tz. 18.
[1748] Vgl. *BGH*, 15.12.2016, I ZR 197/15, GRUR 2017, 734, 735 Tz. 16; *BGH*, 4.5.2016, I ZR 58/14, GRUR 2017, 79, 83 Tz. 40; *BGH*, 22.1.2015, I ZR 107/13, GRUR 2015, 909, 910

Programm nicht lediglich allgemeine Standards widerspiegelt, regelmäßig zu bejahen[1749]. Der *BGH* bejaht sie, ohne nähere Begründung[1750], das *LG Oldenburg* sieht sie bei allen „komplexeren" Programmen als gegeben an[1751] und leitet sie auch aus dem Vorsprung ab, den der Hersteller des Ausgangsprogramms im Wettbewerb genießt. **Technisch notwendige Merkmale,** also Merkmale, die bei gleichartigen Erzeugnissen aus technischen Gründen zwingend verwendet werden müssen, können nach Auffassung des *BGH* allerdings aus Rechtsgründen keine wettbewerbsrechtliche Eigenart begründen. Die Übernahme solcher nicht unter Sonderrechtsschutz stehender Merkmale ist mit Rücksicht auf den Grundsatz der Freiheit des Stands der Technik wettbewerbsrechtlich nicht zu beanstanden[1752]. **Technisch bedingte,** aber frei wählbare oder austauschbare Merkmale können demgegenüber einem Erzeugnis wettbewerbliche Eigenart verleihen[1753], sofern der Verkehr wegen dieser Merkmale auf die Herkunft der Erzeugnisse aus einem bestimmten Unternehmen Wert legt oder mit ihnen gewissen Qualitätserwartungen verbindet.

c) Die Unlauterkeit der Nachahmung begründende besondere Umstände

Zu den oben dargestellten Kriterien der Nachahmung von Waren oder Dienstleistungen mit wettbewerblicher Eigenart müssen für einen Vorwurf der Unlauterkeit noch besondere Umstände hinzutreten, die das betreffende Verhalten unlauter werden lassen[1754]. Das Gesetz führt in § 4 Nr. 3 Buchst. a) bis c) UWG einige dieser Umstände an, jedoch ist die Aufzählung **weder überschneidungsfrei noch abschließend**[1755]. 542

aa) Vermeidbare Herkunftstäuschung gem. § 4 Nr. 3 Buchst. a) UWG

Nach § 4 Nr. 3 Buchst. a) UWG liegt eine Unlauterkeit vor, wenn der Nachahmer eine vermeidbare Täuschung der Abnehmer über die betriebliche Herkunft der nachgeahmten Waren oder Dienstleistungen herbeiführt. Diese Beurteilung ist aus der Sicht des jeweils angesprochenen **Abnehmerkreises** vorzunehmen[1756]. Bei einer komplizierten Spezialsoftware für IT-Experten ist daher eine intensivere Beschäftigung des Anwenders mit dem Programm und seinem Hersteller zu erwarten als bei einem an das breite Publikum gerichteten einfachen Computerspiel[1757]. Die Gefahr einer Täuschung über die betriebliche Herkunft setzt, sofern nicht das Original und die Nachahmung nebeneinander vertrieben werden und der Verkehr damit beide Produkte unmittelbar miteinander vergleichen kann, voraus, dass das nachgeahmte 543

Tz. 9; *BGH,* 17.7.2013, I ZR 21/12, NJW-RR 2013, 1377, 1378 Tz. 15; *BGH,* 28.5.2009, I ZR 124/06, GRUR 2010, 80, 82 Tz. 21; *BGH,* 2.4.2009, I ZR 199/06, NJW-RR 2010, 53, 54 Tz. 10.

[1749] Vgl. *Dreier/Vogel* S. 111.
[1750] Vgl. *BGH,* 9.11.1995, I ZR 220/95, NJW 1996, 197.
[1751] Vgl. LG *Oldenburg,* 31.1.1996, 5 O 3578/93, CR 1996, 217, 223.
[1752] Vgl. *BGH,* 15.12.2016, I ZR 197/15, GRUR 2017, 734, 735 Tz. 19; *BGH,* 22.1.2015, I ZR 107/13, GRUR 2015, 909, 911 Tz. 18; *BGH,* 28.5.2009, I ZR 124/06, GRUR 2010, 80, 82 Tz. 27.
[1753] Vgl. *BGH,* 22.1.2015, I ZR 107/13, GRUR 2015, 909, 911 Tz. 19; *BGH,* 28.5.2009, I ZR 124/06, GRUR 2010, 80, 82 Tz. 27; *BGH,* 10.1.2008, I ZR 67/05, GRUR 2008, 790, 793 Tz. 36.
[1754] Vgl. *BGH,* 4.5.2016, I ZR 58/14, GRUR 2017, 79, 87 Tz. 77.
[1755] Vgl. *BGH,* 11.1.2007, I ZR 198/04, NJW-RR 2008, 124, 128 Tz. 50; *BGH,* 15.7.2004, I ZR 142/01, GRUR 2004, 941, 943.
[1756] Vgl. *Ullmann* § 4 Nr. 3 Rdn. 108.
[1757] Vgl. allgemein *BGH,* 14.12.1995, I ZR 240/93, GRUR 1996, 210, 212.

Erzeugnis eine gewisse Bekanntheit erlangt hat[1758]. Entscheidend für die Beurteilung dieser Frage ist der Zeitpunkt der Markteinführung der Nachahmung[1759]. Allein technisch bedingte Merkmale eines Programms haben keine Herkunftsfunktion[1760]. Sofern die Person des Softwareanwenders und die Person des Bestellers nicht identisch sind, was bei großen Unternehmen infolge der Arbeitsaufteilung häufig der Fall sein wird, kommt es nicht auf die Vorstellungen der Mitarbeiter an, die mit der betreffenden Software arbeiten, sondern auf diejenigen Personen, die über die Anschaffung der Software zu entscheiden haben[1761].

544 Bei technischen Erzeugnissen, also auch bei Computerprogrammen, ist im Hinblick auf das Tatbestandsmerkmal der **Vermeidbarkeit** zu berücksichtigen, dass der jeweilige Stand der Technik ungeschützt bleibt (**Grundsatz des freien Stands der Technik**)[1762] und das Interesse der Allgemeinheit an Standardisierung und Rationalisierung im technischen Bereich ein **Kompatibilitätsinteresse** der Softwareanwender mit sich bringt[1763]. Allein die Tatsache, dass ein nachahmendes Programm das Vorlageprodukt ersetzt, ergänzt oder mit diesem zusammenarbeitet, begründet folglich keinen Unlauterkeitsvorwurf. Eine Herkunftstäuschung ist aber dann vermeidbar, wenn sie durch **geeignete und zumutbare Maßnahmen** verhindert werden kann[1764].

bb) Unangemessene Ausnutzung oder Beeinträchtigung der Wertschätzung gem. § 4 Nr. 3 Buchst. b) UWG

545 Nach § 4 Nr. 3 Buchst. b) UWG liegt eine Unlauterkeit vor, wenn die Wertschätzung der nachgeahmten Ware oder Dienstleistung unangemessen ausgenutzt oder beeinträchtigt wird. Das nachgeahmte Produkt muss daher eine „Wertschätzung" genießen, womit der sog. **gute Ruf** oder auch das **Image** gemeint sind. Eine Ausnutzung der Wertschätzung (Rufausbeutung) liegt vor, wenn die angesprochenen Verkehrskreise die Wertschätzung des Originals auf die Nachahmung übertragen (Imagetransfer). Dies kann auch ohne Täuschung über die Herkunft der Fall sein[1765]. Auch genügt gegebenenfalls eine offene oder verdeckte Anlehnung an die fremde Leistung[1766]. Eine „Wertschätzung" setzt aber voraus, dass das Originalprodukt zumindest eine gewisse Bekanntheit bei den einschlägigen Verkehrskreisen genießt[1767]. Bei einem Marktanteil von 75 % ist dies sicher zu bejahen[1768].

[1758] Vgl. *BGH*, 9.10.2008, I ZR 126/06, GRUR 2009, 79, 83 Tz. 35; *BGH*, 21.9.2006, I ZR 270/03, GRUR 2007, 339, 343 Tz. 39; *BGH*, 15.9.2005, I ZR 151/02, GRUR 2006, 79, 80 Tz. 19; *LG Köln*, 16.6.2009, 33 O 374/08, MMR 2009, 640. 641.

[1759] Vgl. *BGH*, 9.10.2008, I ZR 126/06, GRUR 2009, 79, 83 Tz. 35; *BGH*, 21.9.2006, I ZR 270/03, GRUR 2007, 339, 343 Tz. 39; *LG Köln*, 16.6.2009, 33 O 374/08, MMR 2009, 640, 641.

[1760] Vgl. *BGH*, 15.12.2016, I ZR 197/15, GRUR 2017, 734, 737 Tz. 31; *Dreier/Vogel* S. 111.

[1761] Vgl. *OLG Karlsruhe*, 14.4.2010, 6 U 46/09, GRUR-RR 2010, 234, 236.

[1762] Vgl. *BGH*, 15.12.2016, I ZR 197/15, GRUR 2017, 734, 735 Tz. 19; *BGH*, 22.1.2015, I ZR 107/13, GRUR 2015, 909, 913 Tz. 35; *BGH*, 2.4.2009, I ZR 199/06, NJW-RR 2010, 53, 54 Tz. 10; *BGH*, 10.1.2008, I ZR 67/05, GRUR 2008, 790, 793 Tz. 36.

[1763] Vgl. generell *BGH*, 8.12.1999, I ZR 101/97, NJW-RR 2001, 614, 617; zur Standardisierung nicht softwarespezifisch *BGH*, 11.2.1977, I ZR 39/75, GRUR 1977, 666, 668; *Ullmann* § 4 Nr. 3 Rdn. 96.

[1764] Vgl. *BGH*, 22.1.2015, I ZR 107/13, GRUR 2015, 909, 913 Tz. 33; *BGH*, 2.4.2009, I ZR 199/06, NJW-RR 2010, 53, 54 Tz. 10; *BGH*, 21.9.2006, I ZR 270/03, GRUR 2007, 339, 344 Tz. 43; *BGH*, 15.7.2004, I ZR 142/01, GRUR 2004, 941, 943; *BGH*, 7.2.2002, I ZR 289/99, GRUR 2002, 820, 823.

[1765] Vgl. *BGH*, 17.7.2013, I ZR 21/12, NJW-RR 2013, 1377, 1380 Tz. 38; *BGH*, 10.4.2003, I ZR 276/00, NJW-RR 2003, 1551 ff.

[1766] Vgl. *BGH*, 6.5.1999, I ZR 199/96, NJW 1999, 2898, 2901.

[1767] Vgl. *LG Köln*, 16.6.2009, 33 O 374/08, MMR 2009, 640, 641.

[1768] Vgl. *OLG Karlsruhe*, 14.4.2010, 6 U 46/09, GRUR-RR 2010, 234, 237.

cc) Unredliche Erlangung von Kenntnissen und Unterlagen gem. § 4 Nr. 3 Buchst. c) UWG

Nach § 4 Nr. 3 Buchst. c) UWG liegt eine Unlauterkeit vor, wenn die für die Nachahmung erforderlichen Kenntnisse oder Unterlagen unredlich erlangt wurden. Dies ist immer dann der Fall, wenn die Kenntnisse und Unterlagen durch eine **strafbare Handlung** nach dem StGB oder §§ 17 und 18 UWG oder durch ein **Erschleichen** oder durch einen **Vertrauensbruch** erlangt wurden[1769]. Das Unlauterkeitsmerkmal des **Erschleichens** ist dadurch gekennzeichnet, dass sich der Nachahmer die für die Leistungsübernahme erforderlichen Kenntnisse vom fremden Vorbild in verwerflicher Weise verschafft hat[1770]. Vorsätzliches Handeln muss nicht vorliegen[1771]. Die unredliche Kenntniserlangung muss substantiiert vorgetragen werden. Befand sich der geheime Quellcode auf dem Web- und Datenbankserver des Verletzten, so muss dieser vortragen, wie der Verletzer hiervon Kenntnis erlangt haben soll. Der allgemeine Hinweis auf die Schwierigkeiten, sich vor Hackern und sonstigen rechtswidrigen Zugriffen zu schützen, sowie auf verbreitete Sicherheitslücken ist nicht ausreichend[1772].

Der Tatbestand des **Vertrauensbruchs** wird im Allgemeinen dadurch erfüllt, dass die Kenntnis im Rahmen eines Vertragsverhältnisses zunächst redlich erlangt und sodann durch Leistungsübernahme missbräuchlich ausgenutzt wird[1773]. Dies kann etwa bei **ehemaligen Mitarbeitern, freien Programmierern** oder **Subunternehmern** der Fall sein. Sobald kein nachvertragliches Wettbewerbsverbot vereinbart wurde, darf ein Mitarbeiter sein redlich erlangtes Wissen später für eigene Zwecke nutzen. Er darf dieses Wissen aber nicht durch die Mitnahme oder Entwendung von Unterlagen, Datenträgern oder ähnlichen Sicherungsmitteln „auffrischen" und das in diesen Unterlagen enthaltene Know-how für eigene Zwecke aufbewahren und weiterverwenden[1774].

dd) Allgemeine Behinderung

Die Behinderung ist als unlauterkeitsbegründendes Merkmal in § 4 Nr. 3 Buchst. a) bis c) UWG nicht ausdrücklich genannt. Da die gesetzliche Aufzählung aber nicht abschließend ist, konnte die Behinderung entsprechend der Rechtsprechung des *BGH* zu § 1 UWG a.F. zum Katalog der ausdrücklich aufgezählten Merkmale hinzugenommen werden[1775]. Im Interesse einer systematisch klaren Abgrenzung der in § 4 UWG geregelten Tatbestände entnimmt der *BGH* die unter dem Gesichtspunkt der Behinderung maßgeblichen Unlauterkeitsvoraussetzungen mittlerweile allein der Vorschrift des § 4 Nr. 4 UWG[1776]. Bei Nachahmungen ist eine Behinderung dann anzunehmen, wenn dem Schöpfer der nachgeahmten Ware oder Dienstleistung durch das Anbieten der Nachahmung die Möglichkeit genommen wird, sein Produkt in **angemessener Zeit** zu **vermarkten**. Dies ist etwa dann der Fall, wenn eine systematische Nachahmung kostspielige eigene Entwicklungsarbeit einspart und das

---

[1769] Vgl. *BGH*, 7.11.2002, I ZR 64/00, NJW-RR 2003, 618, 619; *LG Köln*, 16.6.2009, 33 O 374/08, MMR 2009, 640, 641.
[1770] Vgl. *BGH*, 7.11.2002, I ZR 64/00, NJW-RR 2003, 618, 619.
[1771] Vgl. *BGH*, 1.7.1960, I ZR 72/59, GRUR 1961, 40, 42.
[1772] Vgl. *LG Köln*, 16.6.2009, 33 O 374/08, MMR 2009, 640, 641.
[1773] Vgl. *BGH*, 7.11.2002, I ZR 64/00, NJW-RR 2003, 618, 619.
[1774] Vgl. *BGH*, 7.11.2002, I ZR 64/00, NJW-RR 2003, 618, 619.
[1775] Vgl. *BGH*, 26.6.2008, I ZR 170/05, NJW-RR 2008, 1726, 1728 Tz. 32; *BGH*, 11.1.2007, I ZR 198/04, NJW-RR 2008, 124, 128 Tz. 50; *OLG Karlsruhe*, 14.4.2010, 6 U 46/09, GRUR-RR 2010, 234, 237.
[1776] Vgl. *BGH*, 4.5.2016, I ZR 58/14, GRUR 2017, 79, 87 Tz. 79.

nachahmende Produkt deshalb preislich günstiger angeboten werden kann[1777]. Es ist aber hier zu berücksichtigen, dass der lauterkeitsrechtliche Nachahmungsschutz nicht generell gegenüber der Übernahme bestimmter Funktionalitäten schützt. Ideenschutz wird von § 4 UWG nicht gewährt[1778]. Insoweit liegt keine Abweichung von § 69a Abs. 2 UrhG vor[1779]. Eine **gezielte Behinderung** im Sinne des **§ 4 Nr. 4 UWG** kann unter Umständen darin zu sehen sein, dass den Mitbewerbern entgegen den Vorgaben einer Copyleft-Lizenz Weiterentwicklungen einer Open Source Software vorenthalten werden[1780]. Auch ein Ausspähen von Geschäftsgeheimnissen eines Mitbewerbers kann gegebenenfalls eine nach § 4 Nr. 4 UWG unlautere Behinderung darstellen[1781]. Gleiches gilt für das Anbieten von Automatisierungssoftware („Bots") für ein Mehrspieler-Online-Rollenspiel, mit der die Ziele des Spiels erheblich schneller erreicht werden können als ohne die automatisierte Hilfe[1782]. Insoweit ist zu berücksichtigen, dass der Reiz für einen „ehrlichen" Spieler ohne Bots erheblich eingeschränkt würde, wenn er wüsste oder annehmen würde, dass andere Spieler ihre Fertigkeiten nicht ebenso aufwendig oder langwierig erwerben müssen wie er selbst, weshalb nachteilige wirtschaftliche Auswirkungen für den Spielehersteller zu befürchten sind[1783]. Demgegenüber ist der Vertrieb von Zusatzprodukten zu einer Software, die zum Programm eines Wettbewerbers passen und den Anwendern einen zusätzlichen, durch die Software selbst nicht erreichbaren Nutzen schaffen, als solcher grundsätzlich nicht zu beanstanden[1784].

d) Dauer des ergänzenden Leistungsschutzes

549   Anders als bei den Sonderschutzgesetzen ist im UWG keine präzise zeitliche Begrenzung des ergänzenden Leistungsschutzes festgeschrieben. In der Rechtsprechung ist aber anerkannt, dass der wettbewerbsrechtliche Leistungsschutz in Relation zu den gesetzlichen Schutzrechten zu sehen ist und deshalb **nicht** ohne weiteres **schrankenlos** zugebilligt werden kann[1785]. Auch ist gesichert, dass feste zeitliche Grenzen etwa durch eine Parallelwertung zu den Sondergesetzen nicht eingeführt werden können, weil das Wesen sowie die Schutzgegenstände der Sondergesetze auf der einen und das UWG auf der anderen Seite zu unterschiedlich sind[1786]. Solange die wettbewerbliche Eigenart nicht verloren gegangen ist und auch die besonderen Unlauterkeitsumstände nicht weggefallen sind, kommt eine zeitliche Begrenzung grundsätzlich nicht in Betracht[1787]. Anders kann aber etwa bei der Nachahmung

---

[1777] Vgl. *BGH*, 7.2.2002, I ZR 289/99, GRUR 2002, 820, 823; *BGH*, 6.5.1999, I ZR 199/96, NJW 1999, 2898, 2902.
[1778] Vgl. *LG Köln*, 16.6.2009, 33 O 374/08, MMR 2009, 640, 642.
[1779] Vgl. hierzu oben Rdn. 85.
[1780] Vgl. *Jaeger/Metzger* Rdn. 339.
[1781] Vgl. *BGH*, 16.7.2009, I ZR 56/07, NJW-RR 2009, 1633, 1634 Tz. 20.
[1782] Vgl. *BGH*, 12.1.2017, I ZR 253/14, GRUR 2017, 397, 401 Tz. 50 f.; Vorinstanz *OLG Hamburg*, 6.11.2014, 3 U 86/13, CR 2015, 308, 312; *LG Hamburg*, 23.5.2013; 312 O 390/12, BeckRS 2013, 12538; *LG Hamburg*, 19.7.2012, 312 O 322/12, MMR 2013, 311, 313; *Werner* CR 2013, 516, 526.
[1783] Vgl. *BGH*, 12.1.2017, I ZR 253/14, GRUR 2017, 397, 401 Tz. 50; in der Vorinstanz *OLG Hamburg*, 6.11.2014, 3 U 86/13, CR 2015, 308, 313.
[1784] Vgl. *BGH*, 12.1.2017, I ZR 253/14, GRUR 2017, 397403 Tz. 74.
[1785] Vgl. *BGH*, 15.12.2016, I ZR 197/15, GRUR 2017, 734, 736 Tz. 22; *BGH*, 4.5.2016, I ZR 58/14, GRUR 2017, 79, 88 Tz. 91 ff.; *BGH*, 2.12.2004, I ZR 30/02, NJW-RR 2005, 983, 984; *BGH*, 14.1.1999, I ZR 203/96, NJW-RR 1999, 984, 986; *BGH*, 6.2.1986, I ZR 98/84, NJW-RR 1987, 160, 161; *OLG Frankfurt*, 12.11.2013, 11 U 48/08, GRUR 2014, 991, 994.
[1786] Vgl. *BGH*, 4.5.2016, I ZR 58/14, GRUR 2017, 79, 89 Tz. 94.
[1787] Vgl. *BGH*, 4.5.2016, I ZR 58/14, GRUR 2017,.79, 88 Tz. 93.

kurzlebiger Erzeugnisse zu entscheiden sein. Der *BGH* qualifiziert dies als Tatfrage, die im Einzelfall im Rahmen einer Gesamtwürdigung unter Abwägung der betroffenen Interessen zu beantworten ist[1788]. Maßgebend abzustellen ist auf den Zeitraum, der gewöhnlicherweise erforderlich ist, um die Entwicklungs- und Markterschließungskosten für das Original und einen angemessenen Gewinn zu erwirtschaften[1789].

Bei technikbezogenen Erzeugnissen wie Computerprogrammen kann in Anlehnung an § 16 Abs. 1 PatG eine **absolute Obergrenze** von **20 Jahren** gezogen werden[1790]. Im übrigen muss berücksichtigt werden, dass die Sicherung einer hinreichenden Amortisations- und Vermarktungszeit im schnelllebigen Softwaremarkt viel kürzer zu bemessen ist und bei einfachen Computerspielen bei einem halben bis einem Jahr liegen kann[1791], während bei Betriebssystemen wohl einige Jahre zu veranschlagen sind. 550

3. Geheimnisschutz gem. §§ 17 ff. UWG

Schrifttum: *Lejeune,* Die neue EU-Richtlinie zum Schutz von Know-How und Geschäftsgeheimnissen, CR 2016, 330 ff.

Ein wettbewerbsrechtlicher Softwareschutz kommt auch nach den Vorschriften über den Schutz von Geschäfts- und Betriebsgeheimnissen gem. §§ 17 ff. UWG in Betracht. Hierauf soll indes nur kurz eingegangen werden, da es sich um einen **strafrechtlichen Schutz** handelt. 551

§ 17 UWG schützt den Betriebsinhaber vor einer Verletzung seiner Geschäfts- und Betriebsgeheimnisse. Unter einem Geschäfts- oder Betriebsgeheimnis ist jede im Zusammenhang mit einem Betrieb stehende Tatsache zu verstehen, die nicht offenkundig, sondern nur einem eng begrenzten Personenkreis bekannt ist und nach dem bekundeten, auf wirtschaftlichen Interessen beruhenden Willen des Betriebsinhabers geheim gehalten werden soll[1792]. Während sich die **Geschäftsgeheimnisse** auf den **kaufmännischen Geschäftsbereich** beziehen[1793] und etwa auch Kundenlisten mit Daten von Kunden umfassen, zu denen Geschäftsbeziehungen bestehen[1794], beziehen sich **Betriebsgeheimnisse** auf die **technischen Daten** eines Unternehmens[1795] wie Konstruktionszeichnungen und -gedanken. Hierzu zählen etwa auch Datenflusspläne, Schaltungen, Layouts und vergleichbare Unterlagen der Softwareentwicklung. Für deren wettbewerbsrechtlichen Schutz als Betriebsgeheimnis ist es irrelevant, ob sie sich vom Stand der Technik abheben oder nicht, denn das patentrechtliche Kriterium der Neuheitsschädlichkeit ist im Rahmen von § 17 UWG nicht zu prüfen[1796]. 552

[1788] Vgl. *BGH,* 7.11.2002, I ZR 64/00, NJW-RR 2003, 618, 620; *BGH,* 14.1.1999, I ZR 203/96, NJW-RR 1999, 984, 987.
[1789] Vgl. *OLG Frankfurt,* 12.11.2013, 11 U 48/08, GRUR 2014, 991, 994.
[1790] Vgl. *Lehmann* in: Lehmann, Rechtsschutz und Verwertung von Computerprogrammen, S. 398 Rdn. 18; ähnlich für alle technischen Erzeugnisse *Köhler/Bornkamm* § 4 Rdn. 9.77.
[1791] Vgl. *OLG Frankfurt,* 21.7.1983, 6 U 16/83, GRUR 1983, 757, 758.
[1792] Vgl. *BGH,* 26.2.2009, I ZR 28/06, GRUR 2009, 603, 604 Tz. 13; *BGH,* 27.4.2006, I ZR 126/03, NJW 2006, 3424, 3425 f. Tz. 19; *BGH,* 7.11.2002, I ZR 64/00, NJW-RR 2003, 618, 620; *OLG Karlsruhe,* 29.1.2016, 2(6) Ss 318/15, CR 2016, 547; *Köhler/Bornkamm* § 17 Rdn. 4.
[1793] Vgl. *OLG Karlsruhe,* 29.1.2016, 2(6) Ss 318/15, CR 2016, 547.
[1794] Vgl. *BGH,* 27.4.2006, I ZR 126/03, NJW 2006, 3424, 3426 f. Tz. 19.
[1795] Vgl. *OLG Karlsruhe,* 29.1.2016, 2(6) Ss 318/15, CR 2016, 547.
[1796] Vgl. *BGH,* 13.12.2007, I ZR 71/05, NJW-RR 2008, 1214, 1215 Tz. 19; *BGH,* 7.11.2002, I ZR 64/00, NJW-RR 2003, 618, 620.

553 Auch **Computerprogramme selbst** können **Betriebsgeheimnisse** darstellen[1797]. Problematisch ist indes, ob der wettbewerbsrechtliche Geheimnisschutz auch davor schützt, dass ein im Objektcode in Verkehr gebrachtes Computerprogramm rückwärts entwickelt wird und ein Anwender so das im Quellcode enthaltene **Knowhow** des Herstellers in Erfahrung bringt. Die Möglichkeiten sowie die urheberrechtliche Bewältigung dieses sog. **Reverse-Engineering** wurden bereits an anderer Stelle ausführlich dargelegt[1798]. Angesichts der Tatsache, dass § 69e UrhG eine sehr detaillierte Sonderregelung dieser Problematik enthält, von der gem. § 69g Abs. 2 UrhG auch nicht durch vertragliche Vereinbarungen abgewichen werden kann, ist klar, dass jede nach § 69e UrhG zulässig gewonnene Information nicht „unbefugt beschafft" im Sinne des § 17 Abs. 2 UWG ist und auch nicht „unbefugt verwertet" nach eben dieser Vorschrift wird. Entgegen anderslautenden Stellungnahmen im Schrifttum ist der Quellcode eines öffentlich im **Objektcode** verbreiteten Programms immer noch als **geheim** zu qualifizieren[1799]. Offenkundig sind zwar Tatsachen auch dann, wenn für jeden an ihr Interessierten die Möglichkeit besteht, sich unter Zuhilfenahme lauterer Mittel ohne größere Schwierigkeiten und Opfer an Zeit-, Arbeits- oder Kostenaufwand von Ihnen Kenntnis zu verschaffen[1800]. Dies ist jedoch bei der Rückwärtsentwicklung von Computersoftware angesichts des großen Aufwands sowie der geringen Erfolgsaussichten häufig nicht der Fall[1801].

554 § 18 UWG regelt die **unbefugte Verwertung** oder **Mitteilung** von solchen **Vorlagen** oder **Vorschriften** technischer Art, die der betreffenden Person im geschäftlichen Verkehr anvertraut wurden. Zu den Vorlagen zählen solche Mittel, die als Grundlage oder Vorbild für die Herstellung neuer Sachen dienen sollen. Hierzu können etwa Datenflusspläne, Funktionsbeschreibungen sowie das gesamte Entwurfsmaterial im Sinne des § 69a Abs. 1 letzter Halbs. UrhG[1802] oder auch das Pflichten- oder Lastenheft[1803] zählen. **Vorschriften technischer Art** sind Anweisungen oder Lehren, die sich auf einen technischen Vorgang beziehen. Dies sollen vor allem auch Computerprogramme sein, soweit sie nicht schon als Vorlagen anzusehen sind[1804].

555 § 19 UWG erfasst das **Verleiten** sowie das **Erbieten zum Verrat** der in §§ 17 und 18 UWG geschützten Geheimnisse. Mit der Formulierung „zu bestimmen versucht" in § 19 Abs. 1 UWG ist der (erfolglose) Versuch der Anstiftung gemeint. Die Art und Weise, wie der Täter hierbei vorgeht, ist irrelevant. Der zu Verleitende muss aber als Täter einer Straftat nach §§ 17 und 18 UWG überhaupt in Betracht kommen.

4. Ansprüche bei Rechtsverletzungen

Schrifttum: *Solmecke/Dierking*, Die Rechtsmissbräuchlichkeit von Abmahnungen, MMR 2009, 727 ff.

[1797] Vgl. *BGH*, 20.9.2012, I ZR 90/09, GRUR 2013, 509, 511 Tz. 30; *BGH*, 10.11.1994, 1 StR 157/94, NJW 1995, 669, 670 für ein Programm zur Steuerung eines Geldspielautomaten; *Lejeune* CR 2016, 330, 333; *Werner* CR 2013, 516, 522; *Sasdi* CR 2005, 235, 238; *Köhler/Bornkamm* § 17 Rdn. 12a.
[1798] Vgl. hierzu oben Rdn. 256 ff.
[1799] Vgl. *Ohly* GRUR 2014, 1, 7; *Werner* CR 2013, 516, 522.
[1800] Vgl. *OLG Karlsruhe*, 29.1.2016, 2(6) Ss 318/15, CR 2016, 547; *OLG Hamburg*, 19.10.2000, 3 U 191/98, GRUR-RR 2001, 137, 139.
[1801] Vgl. *Werner* CR 2013, 516, 522; sowie oben Rdn. 257 f.
[1802] Vgl. hierzu oben Rdn. 76.
[1803] Vgl. *Bartsch* CR 2012, 141, 143.
[1804] Vgl. *Köhler/Bornkamm* § 18 Rdn. 10.

IV. Wettbewerbsrechtlicher Schutz

Die Ansprüche nach dem UWG bei Rechtsverletzungen weisen keine software- 556
spezifischen Besonderheiten auf, sodass weitestgehend auf die grafische Gegenüberstellung zu den urheberrechtlichen Ansprüchen verwiesen werden kann.

Im Hinblick auf den **Unterlassungsanspruch** nach § 8 Abs. 1 UWG ist für den Fall 557
des ergänzenden Leistungsschutzes darauf hinzuweisen, dass § 4 Nr. 3 UWG nur
das **Anbieten** einer Nachahmung erfasst. Dies schließt zwar das **Feilhalten** und **Bewerben** der Nachahmung ein, nicht aber den Import[1805] oder das Herstellen der
Nachahmung[1806].

Der Beseitigungsanspruch nach § 8 Abs. 1 UWG kann nur darauf gerichtet wer- 558
den, dass die Nachahmung **vom Markt genommen** wird, sofern sie sich in der Verfügungsgewalt des Anbieters befindet. Ein Anspruch auf **Vernichtung** bereits hergestellter Vervielfältigungsstücke **besteht nicht,** weil ja schon die Herstellung selbst
nicht als wettbewerbswidrig zu qualifizieren ist[1807].

Die Geltendmachung der Ansprüche nach § 8 Abs. 1 UWG ist gem. § 8 Abs. 4 559
UWG unzulässig, wenn sie unter Berücksichtigung der gesamten Umstände **missbräuchlich** ist. Im Fall der rechtsmissbräuchlichen Geltendmachung der betreffenden Ansprüche fehlt die **Klagebefugnis**, sodass eine Klage als unzulässig abzuweisen
ist[1808].

Von einem Missbrauch im Sinne des § 8 Abs. 4 UWG ist auszugehen, wenn sich 560
der Gläubiger bei der Geltendmachung eines Unterlassungsanspruchs **von sachfremden Motiven** leiten lässt[1809]. Diese müssen allerdings nicht das alleinige Motiv
des Gläubigers sein. Ausreichend ist, dass die sachfremden Ziele **überwiegen.** Anhaltspunkte für ein missbräuchliches Verhalten können sich unter anderem daraus
ergeben, dass ein Gläubiger bei einem einheitlichen Wettbewerbsverstoß getrennte
Verfahren anstrengt und dadurch die Kostenlast erheblich erhöht, obwohl eine Inanspruchnahme in einem Verfahren für ihn mit keinerlei Nachteilen verbunden
ist[1810]. Ob diese Maßstäbe auf die Beurteilung der Mehrfachverfolgung gleichartiger
oder ähnlich gelagerter Wettbewerbsverstöße zu übertragen sind, hatte der *BGH*
zunächst offengelassen[1811]. Die Übertragung dieser Maßstäbe auf gleichartige oder
ähnlich gelagerte Wettbewerbsverstöße jedenfalls zwischen denselben Parteien entspricht aber nach zwischenzeitlich ergangener Rechtsprechung des *BGH* dem
Normzweck des § 8 Abs. 4 UWG, Missbräuchen bei der Geltendmachung von Abwehransprüchen aus sachfremden, nicht schutzwürdigen Gründen entgegenzuwirken[1812].

Von einer rechtsmissbräuchlichen Rechtsverfolgung ist nicht auszugehen, wenn 561
berechtigte Gründe für die Verfolgung der betreffenden Wettbewerbsverstöße in
verschiedenen Prozessen vorlagen[1813]. Ein Rechtsmissbrauch kann demgegenüber
angenommen werden, wenn eine Vielzahl von Abmahnungen erfolgte, die **stets** den

---

[1805] Vgl. *KG Berlin,* 13.9.2002, 5 W 248/02, GRUR-RR 2003, 84, 86.
[1806] Vgl. *BGH,* 15.12.2016, I ZR 197/15, GRUR 2017, 734, 741 Tz. 74; *OLG Köln,* 9.11.2007, 6 U 9/07, NJW-RR 2008, 166, 169; *Fischer* GRUR 2015, 1160, 1162.
[1807] Vgl. *BGH,* 22.3.2012, I ZR 21/11, GRUR 2012, 1155, 1158 Tz. 36.
[1808] Vgl. *OLG Hamm,* 28.4.2009, 4 U 216/08, MMR 2009, 865; *OLG Hamm,* 24.3.2009, 4 U 211/08, MMR 2009, 474; *Solmecke/Dierking* MMR 2009, 727; nicht auf das Lauterkeitsrecht beschränkt *BGH,* 6.10.2016, I ZR 25/15, GRUR 2017, 266, 268 Tz. 23.
[1809] Allgemein *BGH,* 6.10.2016, I ZR 25/15, GRUR 2017, 266, 268 Tz. 23.
[1810] Vgl. *BGH,* 6.10.2016, I ZR 25/15, GRUR 2017, 266, 268, Tz. 23; *BGH,* 17.11.2005, I ZR 300/02, GRUR 2006, 243 Tz. 16.
[1811] Vgl. *BGH,* 20.12.2001, I ZR 15/98, GRUR 2002, 713, 714.
[1812] Vgl. *BGH,* 22.4.2009, I ZR 14/07, MMR 2009, 836, 837 Tz. 20.
[1813] Vgl. *BGH,* 22.4.2009, I ZR 14/07, MMR 2009, 836, 837 Tz. 20.

gleichen Wettbewerbsverstoß betrafen, eine nur **minimale Geschäftstätigkeit** des Abmahnenden gegeben ist und der abmahnende Anwalt der Neffe des Abmahnenden ist[1814].

562 Nach § 8 Abs. 3 Nr. 1 UWG stehen die Ansprüche aus § 8 Abs. 1 UWG **jedem Mitbewerber** zu, wobei dieser seine unternehmerische Tätigkeit zum Zeitpunkt der Verletzungshandlung bereits aufgenommen und sie zum Zeitpunkt der letzten mündlichen Verhandlung noch nicht beendet haben darf[1815]. Unter einem Mitbewerber ist entsprechend der Legaldefinition des § 2 Abs. 1 Nr. 3 UWG jeder Unternehmer zu verstehen, der mit einem oder mehreren Unternehmern als Anbieter und Nachfrager von Waren und Dienstleistungen in einem **konkreten Wettbewerbsverhältnis** steht. Der Begriff des Unternehmers ist **weit auszulegen**[1816]. Er erfordert lediglich eine auf Dauer angelegte, selbstständige wirtschaftliche Betätigung, die darauf gerichtet ist, Waren oder Dienstleistungen gegen Entgelt zu vertreiben. Bezüglich der zeitlichen Reichweite der Unternehmereigenschaft ist es ausreichend, wenn das Unternehmen konkrete Vorbereitungshandlungen zur Aufnahme des Geschäftsbetriebs getroffen hat, wie z.B. die Anmeldung zum Handelsregister, und ein Markteintritt dementsprechend unmittelbar bevorsteht[1817].

563 Auch für den Schadensersatzanspruch gem. § 9 S. 1 UWG kann auf die sog. **dreifache Schadensberechnung** zurückgegriffen werden. Wenngleich dies in § 9 UWG anders als etwa in § 97 Abs. 2 S. 2 und 3 UrhG nicht ausdrücklich im Gesetzestext verankert ist, entspricht dies wohl einhelliger Auffassung[1818].

564 Der allgemeine Bereicherungsanspruch in Gestalt der **Eingriffskondiktion** gem. § 812 Abs. 1 S. 1 2. Alt. BGB ist als verschuldensunabhängiger Anspruch gegenüber solchen Händlern von Bedeutung, die keine Kenntnis davon haben, dass die von ihnen vertriebenen Waren wettbewerbswidrige Nachahmungen sind[1819].

565 Stellt man die maßgeblichen Rechtsfolgen bei Rechtsverletzungen gegenüber, so ergibt sich das folgende Bild:

Rechtsfolgen bei Rechtsverletzung		
Anspruch	**Urheberrecht**	**Unlauterer Wettbewerb**
Unterlassung	§ 97 Abs. 1 UrhG	§ 8 Abs. 1 UWG
Beseitigung	§ 97 Abs. 1 S. 1 UrhG	§ 8 Abs. 1 UWG
Schadensersatz – materieller Schaden	§ 97 Abs. 2 S. 1 bis 3 UrhG	§ 9 UWG
– immaterieller Schaden	§ 97 Abs. 2 S. 4 UrhG	–
Bereicherungsansprüche	§§ 812 ff. BGB	§§ 812 ff. BGB

[1814] Vgl. *OLG Hamm*, 24.3.2009, 4 U 211/08, MMR 2009, 474.
[1815] Vgl. *BGH*, 12.7.1995, I ZR 85/93, NJW-RR 1995, 1379, 1380; *OLG Celle*, 29.1.2009, 13 U 205/09, MMR 2009, 483.
[1816] Vgl. *OLG Celle*, 29.1.2009, 13 U 205/09, MMR 2009, 483; *Köhler/Bornkamm* § 2 Rdn. 119a.
[1817] Vgl. *OLG Celle*, 29.1.2009, 13 U 205/09, MMR 2009, 483.
[1818] Vgl. *BGH*, 6.6.2002, I ZR 79/00, NJW-RR 2002, 1565, 1567; *Köhler/Bornkamm* § 9 Rdn. 1.36 ff. m.w.N.
[1819] Vgl. *Köhler/Bornkamm* § 4 Rdn. 3.84 unter Hinweis auf die entgegenstehende Entscheidung *BGH*, 23.5.1991, I ZR 286/89, GRUR 1991, 914, 916 f., wo ein subjektiv sittenwidriges Verhalten gefordert wird.

IV. Wettbewerbsrechtlicher Schutz

Rechtsfolgen bei Rechtsverletzung		
Anspruch	Urheberrecht	Unlauterer Wettbewerb
Sicherung der Schadensersatzansprüche	§ 101b UrhG	–
Abmahnung	§ 97a	§ 12 Abs. 1 UWG
Softwarespezifische Vernichtung	§ 69f UrhG	–
Allgemeine Vernichtung etc.	§ 98 UrhG	–
Haftung des Unternehmensinhabers	§ 99 UrhG	§ 8 Abs. 2 UWG
Auskunft, Drittauskunft	§ 101 UrhG	§ 8 Abs. 5 UWG i. V. m. UKlaG
Vorlage und Besichtigung	§ 101a UrhG	–
Gewinnabschöpfung	–	§ 10 UWG
Urteilsbekanntmachung	§ 103 UrhG	§ 12 Abs. 3 UWG
Strafrechtlicher Schutz	§ 106 UrhG	§§ 16 ff. UWG
Maßnahmen der Zollbehörden	§§ 11b, c UrhG	–

5. Internationaler Schutz

Die Anwendbarkeit des deutschen Lauterkeitsrechts folgt für alle Ansprüche, die ab dem 11.1.2009 entstanden sind, aus Art. 6 Abs. 1 und 2 der RomII-VO[1820]. Für Verletzungshandlungen bis zum 10.1.2009 greift Art. 40 Abs. 1 S. 1 EGBGB ein. Nach dieser Vorschrift unterliegen Ansprüche aus unerlaubter Handlung dem Recht des Gesetzes, in dem der Ersatzpflichtige gehandelt hat. Als Begehungsort in diesem Sinn ist bei marktbezogenen Wettbewerbshandlungen der Ort anzusehen, an dem die wettbewerblichen Interessen der Mitbewerber aufeinandertreffen[1821]. Nach dem auf alle neueren Fälle anwendbaren Art. 6 I RomII-VO ist auf außervertragliche Schuldverhältnisse aus unlauterem Wettbewerb das Recht des Staates anzuwenden, in dessen Gebiet die Wettbewerbsbeziehungen oder die kollektiven Interessen der Verbraucher beeinträchtigt worden sind oder wahrscheinlich beeinträchtigt werden. Danach ist der wettbewerbsrechtliche Unterlassungsanspruch wie schon bei Art. 40 Abs. 1 EGBGB nach dem jeweiligen Marktortrecht zu beurteilen[1822]. Entscheidend ist daher auch hier der **Ort der wettbewerblichen Interessenkollision**[1823]. Besteht die von einem Softwarehersteller geltend gemachte Verletzungshandlung in der gezielten Behinderung durch einen Mitbewerber, ist dies jedenfalls der Ort an dem die wettbewerblichen Interessen der Mitbewerber kollidieren. Daher kollidieren die wettbewerblichen Interessen eines US-amerikanischen Herstellers bei einer Behinde-

---
[1820] Vgl. zur RomII-VO oben Rdn. 378 f.
[1821] Vgl. *BGH*, 12.1.2017, I ZR 253/14, GRUR 2017, 397, 403 Tz. 40; *BGH*, 8.10.2015, I ZR 225/13, GRUR 2016, 513, 514 Tz. 14.
[1822] Vgl. *BGH*, 8.10.2015, I ZR 225/13, GRUR 2016, 513, 514 Tz. 16; *BGH*, 22.8.2012, GmS-OGB 1/10, NJW 2013, 1425, 1426 Tz. 15.
[1823] Vgl. *BGH*, 12.1.2017, I ZR 253/14, GRUR 2017, 397, 400 Tz. 42; *BGH*, 8.10.2015, I ZR 225/13, GRUR 2016, 513, 514 Tz. 16.

rung durch einen deutschen Mitbewerber auf dem deutschen Markt und ist deutsches Lauterkeitsrecht anwendbar[1824].

567 Beeinträchtigt ein unlauteres Wettbewerbsverhalten ausschließlich die Interessen eines bestimmten Wettbewerbers (ausschließlich betriebsbezogene Verstöße), ist nach Art. 6 Abs. 2 RomII-VO Art. 4 RomII-VO anwendbar. Sofern jedoch das deutsche Verhalten nicht nur den Mittbewerber trifft, sondern z. B. auch Anwender der Software verärgert und enttäuscht werden, liegt eine sogenannte „marktvermittelte Einwirkung" auf die Interessen des Mitbewerbers vor, für die es bei der Marktortregelung des Art. 6 Abs. 1 RomII-VO bleibt[1825].

V. Markenrecht

Inhaltsübersicht

	Rdn.		Rdn.
1. Grundlegendes	568	b) Geschäftliche Bezeichnungen	583
2. Geschützte Kennzeichen (Was ist geschützt?)	571	aa) Unternehmenskennzeichen gem. § 5 Abs. 2 MarkenG	583
a) Marken gem. § 3 Abs. 1 MarkenG	571	bb) Werktitel gem. § 5 Abs. 3 MarkenG	584
b) Geschäftliche Bezeichnungen gem. § 5 MarkenG	575	5. Die einzelnen Rechte des Kennzeicheninhabers	588
aa) Unternehmenskennzeichen gem. § 5 Abs. 2 MarkenG	576	6. Die Schutzdauer	598
bb) Werktitel gem. § 5 Abs. 3 MarkenG	577	7. Ansprüche bei Rechtsverletzungen	599
3. Die Rechtsinhaberschaft (Wer wird geschützt?)	578	8. Internationaler Schutz	604
4. Rechtsentstehung (Wann greift der Schutz ein?)	579	9. Einzelfälle aus der Rechtsprechung zur Verwechslungsgefahr	608
a) Markenschutz	580	a) Entscheidungen des BGH	610
		b) Entscheidungen anderer Gerichte	619

Schrifttum: *Berlit*, Markenrecht, 10. Aufl. 2015; *Bomba*, Neue Aspekte der Strafbarkeit des Parallelimports und des Vertriebs von Marken(soft)ware, GRUR 2013, 1004 ff.; *Fezer*, Markenrecht, 4. Aufl. 2009; *Grützmacher/Schmidt-Bogatzky*, Kompatibilitätshinweise bei Computersoftware und ihre kennzeichenrechtlichen Grenzen, CR 2005, 545 ff.; *Huppertz/Fritzsche*, Titelschutz für Software, ITRB 2011, 86 ff.; *Ingerl/Rohnke*, Markengesetz, 3. Aufl. 2010; *Lange*, Marken- und Kennzeichenrecht, 2. Aufl. 2012; *Marly*, Das Verhältnis von Urheber- und Markenrecht bei Open Source Software, GRUR-RR 2010, 457 ff.; *Zöllner/Lehmann*, Kennzeichen- und lauterkeitsrechtlicher Schutz für Apps, GRUR 2014, 431 ff.

1. Grundlegendes

568 Gegenüber dem Urheberrechtsschutz sowie dem Patentrechtsschutz tritt – wie schon der wettbewerbsrechtliche Rechtsschutz – der im MarkenG geregelte Schutz der **Marken** und **geschäftlichen Bezeichnungen,** der mit dem Oberbegriff des **Rechtsschutzes von Kennzeichen** belegt werden kann[1826] deutlich zurück[1827]. Der Kennzeichenschutz dient nicht unmittelbar dem Schutz der Erzeugnisse und Dienst-

---

[1824] Vgl. *BGH*, 12.1.2017, I ZR 253/14, GRUR 2017, 397, 400 Tz. 42.
[1825] Vgl. *BGH*, 12.1.2017, I ZR 253/14, GRUR 2017, 397, 400 Tz. 43.
[1826] Vgl. *Fezer* Einl. Rdn. 16.
[1827] Der ebenfalls im MarkenG geregelte Schutz geographischer Herkunftsangaben (§§ 1 Nr. 3, 126 ff. MarkenG) spielt bei Computersoftware keine Rolle und wird deshalb im vorliegenden Handbuch gar nicht dargestellt. Eine Ausnahme betrifft *BGH*, 17.1.2002, I ZR 290/99, NJW-RR 2002, 685 „EDV-Händlerwerbung Champagner".

leistungen von Unternehmen. Ein **Computerprogramm als solches** wird daher durch das MarkenG **nicht geschützt**[1828]. Vielmehr richtet sich der Kennzeichenschutz dagegen, dass andere durch die Benutzung des gleichen oder eines verwechslungsfähigen Kennzeichens Vorteile aus einer fremden unternehmerischen Leistung ziehen. Das Markenrecht bietet daher im Softwarerecht die Möglichkeit eines **flankierenden Rechtsschutzes**. Die Grundfunktion einer Marke, die Waren und Dienstleistungen eines Unternehmens von denjenigen anderer Unternehmen zu unterscheiden (**Unterscheidungsfunktion**)[1829] würde ohne Zeichenschutz unterlaufen. Kennzeichenrechte sind subjektive Ausschließlichkeitsrechte[1830], die der Unterscheidung von unternehmerischen Leistungen dienen, dies aber nicht durch den unmittelbaren Schutz dieser Leistungen erreichen, sondern immer nur in Relation zu diesen. Der Inhaber eines Kennzeichenrechts kann also etwa nicht die Herstellung oder Benutzung eines ihm zuzuordnenden Computerprogramms verbieten, sondern sein Kennzeichenrecht dazu verwenden, einen von ihm nicht genehmigten Vertrieb der Software unter Benutzung des betreffenden Kennzeichens zu untersagen[1831].

Obwohl Computersoftware durch das MarkenG nicht unmittelbar geschützt wird, kommt dem Kennzeichenschutz eine gewisse Bedeutung zu. Seine Vorzüge liegen darin, dass er grundsätzlich **einfach und leicht zu erhalten und zu beweisen** ist[1832]. Bis zur Urheberrechtsnovelle von 1993, mit der die urheberrechtlichen Schutzvoraussetzungen drastisch abgesenkt wurden, war dies ein nicht zu unterschätzender Vorteil, jedoch hat sich dies seither stark relativiert, da nun ohnehin fast alle Programme problemlos als urheberrechtlich geschützt anzusehen sind[1833]. Verblieben ist der Vorteil aber etwa hinsichtlich der leichteren Nachweisbarkeit in Fällen der Produktpiraterie bei Massensoftware, insbesondere wenn bei **Produkt- und Verpackungsfälschungen** ein **zollbehördliches Beschlagnahmeverfahren** nach § 146 MarkenG[1834] angestrengt wird.

Ein Problem des Markenschutzes für Computerprogramme wird im Schrifttum darin gesehen, dass ein Kennzeichen in der Weise in das Programm integriert werden müsse, dass es auf dem **Bildschirm** oder einem **Ausdruck** erscheine und das Inverkehrbringen identischer Programmkopien demzufolge eine Zeichenbenutzung darstelle. Da sich aber solche Zeichendarstellungen erfahrungsgemäß ohne allzu großen Aufwand aus dem Programm wieder entfernen ließen, biete das Kennzeichenrecht keine befriedigenden Schutzmöglichkeiten[1835]. Dem widerspricht jedoch schon in rein tatsächlicher Hinsicht, dass ein geschickt in den Programmcode integriertes Zeichen nur schwer entfernbar ist. Auch sog. Hologramme auf den Verpackungen erschweren die Entfernung der dort integrierten Kennzeichen erheblich[1836].

[1828] Vgl. *Redeker* Rdn. 162.
[1829] Vgl. *BGH*, 4.12.2008, I ZR 3/06, CR 2009, 753, 754 Tz. 20; *BGH*, 5.2.2009, I ZR 167/06, GRUR 2009, 484, 489 Tz. 60; zu den zahlreichen weiteren Funktionen einer Marke *Fezer* Einl. Rdn. 30 ff.
[1830] Vgl. *Fezer* Einl. Rdn. 16.
[1831] Vgl. So etwa im Fall *BGH*, 17.7.2013, I ZR 129/08, NJR-RR 2014, 360, 365 Tz. 47 ff. – UsedSoft II.
[1832] Vgl. *Redeker* Rdn. 162.
[1833] Vgl. hierzu oben Rdn. 105 ff.
[1834] Vgl. das Benutzerhandbuch des Zolls -Antragstellung- der Zentralstelle Gewerblicher Rechtsschutz (Stand: Januar 2014), abrufbar unter http://www.zoll.de. Der Beschlagnahmeantrag erfolgt online über das Zentrale Datenbanksystem zum Schutz Geistiger EigentumsRechte (ZGR-online).
[1835] Vgl. *Leupold/Glossner/Wiebe* Teil 3 Rdn. 150.
[1836] Microsoft spricht bei derartigen Etiketten von „Proof of License". Siehe auch *Bomba* GRUR 2013, 1004, 1008 zur Bedeutung der Echtheitszertifikate hinsichtlich des Markenschutzes.

2. Geschützte Kennzeichen (Was ist geschützt?)

a) Marken gem. § 3 Abs. 1 MarkenG

571 Marken sind **produktidentifizierende Unterscheidungszeichen**. Sie sollen Waren oder Dienstleistungen eines Unternehmens von den Waren oder Dienstleistungen eines anderen Unternehmens unterscheiden[1837]. Dies grenzt sie von den geschäftlichen Bezeichnungen ab. Als Marke können gem. § 3 Abs. 1 MarkenG **alle Zeichen**, insbesondere **Wörter** einschließlich Personennamen, **Abbildungen, Buchstaben, Zahlen**, Hörzeichen, dreidimensionale Gestaltungen sowie sonstige Aufmachungen einschließlich Farben und Farbzusammenstellungen geschützt werden. Voraussetzung ist die Eignung, die Waren oder Dienstleistungen eines Unternehmens von denjenigen anderer Unternehmen zu unterscheiden. Als Wortmarke sind etwa „WINDOWS"[1838], „ADOBE"[1839] oder auch „LINUX"[1840] dem breiten Publikum besonders bekannt.

572 Dem Markenschutz nicht zugänglich sind gem. § 3 Abs. 2 Nr. 1 bis 3 MarkenG solche Zeichen, die ausschließlich aus einer Form bestehen, die durch die Ware selbst bedingt ist, die zur Erreichung einer technischen Wirkung erforderlich ist oder die der Ware einen wesentlichen Wert verleiht. Darüber hinaus sind die in § 8 MarkenG aufgezählten **absoluten Schutzhindernisse** sowie die in § 9 MarkenG benannten **relativen Schutzhindernisse** zu beachten.

573 **Unterscheidungskraft** im Sinne von § 8 Abs. 2 Nr. 1 MarkenG ist die einer Marke innewohnende konkrete Eignung, vom Verkehr als Unterscheidungsmittel für die angemeldeten Waren und Dienstleistungen eines Unternehmens gegenüber solchen anderer Unternehmen aufgefasst zu werden[1841]. Die Unterscheidungskraft entspricht der Hauptfunktion der Marke, die Ursprungsidentität der gekennzeichneten Waren oder Dienstleistungen zu gewährleisten[1842]. Die Beurteilung der Unterscheidungskraft hat sich daher einerseits an den beanspruchten Waren und Dienstleistungen und andererseits an der Auffassung der **angesprochenen Verkehrskreise** zu orientieren[1843]. Sie ist im Hinblick auf jede der Waren oder Dienstleistungen, für die sie eingetragen ist, gesondert zu beurteilen[1844]. Dabei ist auf die mutmaßliche Wahrneh-

---

[1837] Vgl. *BGH*, 23.9.2015, I ZR 78/14, GRUR 2015, 1201, 1208 f. Tz. 68; *BGH*, 30.4.2008, I ZR 73/05, NJW-RR 2008, 1136, 1140 Tz. 60; *Fezer* § 3 Rdn. 10.

[1838] Vgl. die beim Deutschen Patent- und Markenamt eingetragene Wortmarke der Microsoft Corp., Registernummer 001691963.

[1839] Vgl. die beim Deutschen Patent- und Markenamt eingetragene Wortmarke der Adobe Systems Inc., Registernummer 1124720.

[1840] Vgl. die beim Deutschen Patent- und Markenamt eingetragene Wortmarke von Linus Torvalds, Registernummer 2088936.

[1841] Vgl. *EuGH*, 21.1.2010, C-398/08, GRUR 2010, 228, 229 Tz. 33 – Vorsprung durch Technik; *BGH*, 6.11.2013, I ZB 59/12, GRUR 2014, 565, 567 Tz. 12; *BGH*, 9.7.2009, I ZB 88/07, GRUR 2010, 138, 140 Tz. 23; *BGH*, 15.1.2009, I ZB 30/06, GRUR 2009, 411 Tz. 8; *BPatG*, 16.2.2012, 30 W (pat) 32/11, GRUR 2013, 72, 74.

[1842] Vgl. *BGH*, 10.11.2016, I ZR 191/15, GRUR 2017, 730, 732 Tz. 21; *BGH*, 6.11.2013, I ZB 59/12, GRUR 2014, 565, 567 Tz. 12: *BGH*, 9.7.2009, I ZB 88/07, GRUR 2010, 138, 140 Tz. 23; *BGH*, 15.1.2009, I ZB 30/06, GRUR 2009, 411 Tz. 8; *BPatG*, 17.8.2016, 24 W (pat) 558/14, BeckRS 2016, 18299.

[1843] Vgl. *EuGH*, 8.5.2008, C-304/06 P, GRUR 2008, 608, 611 Tz. 67 – EUROHYPO; *EuGH*, 15.9.2005, C-37/03 P, GRUR 2006, 229, 230 Tz. 27 f.; *EuGH*, 12.2.2004, C-363/99, GRUR 2004, 674, 675 Tz. 34; *BGH*, 10.11.2016, I ZR 191/15, GRUR 2017, 730, 732 Tz. 21; *BGH*, 15.1.2009, I ZB 30/06, GRUR 2009, 411 Tz. 8.

[1844] Vgl. *BGH*, 19.2.1014, I ZB 3/13, GRUR 2014, 569, 570 Tz. 11; *BGH*, 6.11.2013, I ZB 59/12, GRUR 2014, 565, 567 Tz. 13; *BGH*, 22.1.2009, I ZB 34/08, MMR 2009, 692, 693 Tz. 13.

mung eines normal informierten, angemessen aufmerksamen und verständigen Durchschnittsverbrauchers der fraglichen Waren oder Dienstleistungen abzustellen[1845]. Der Gesamteindruck, den die angesprochenen Verkehrskreise von Zeichen haben, kann anders ausfallen, wenn es sich bei diesen Verkehrskreisen um Fachkreise und nicht um Endverbraucher handelt. Dies kann etwa darauf beruhen, dass die Fachkreise eine größere Aufmerksamkeit bei der Erfassung der Zeichen aufwenden und kleinere Unterschiede zwischen den kollidierenden Zeichen besser in Erinnerung behalten als die Endverbraucher. Es kann aber nicht ohne weiteres angenommen werden, dass solche Unternehmensmitarbeiter, die sich mit der Beschaffung oder Wartung von Maschinen und Automaten beschäftigen, zugleich auch mit der Beschaffung und Wartung der zum Betrieb dieser Maschinen und Automaten erforderlichen Software befasst sind und insoweit über besondere Fachkunde verfügen[1846].

Gem. § 8 Abs. 3 MarkenG finden die Schutzhindernisse des § 8 Abs. 2 Nr. 1 bis 3 MarkenG aber keine Berücksichtigung, wenn die Marke sich vor dem Zeitpunkt der Entscheidung über die Eintragung infolge ihrer Benutzung in den beteiligten Verkehrskreisen durchgesetzt hat. Eine solche **Verkehrsdurchsetzung** setzt voraus, dass das Zeichen in Folge seiner kennzeichenmäßigen Verwendung, d. h. auf Grund der Benutzung des Zeichens als Marke, für die fraglichen Waren und Dienstleistungen von einem wesentlichen Teil der angesprochenen Verkehrskreise als von einem bestimmten Unternehmen stammend anerkannt wird[1847]. Maßgebliche Kriterien sind dabei nach der Rechtsprechung des *EuGH* insbesondere der von der Marke gehaltene Marktanteil, die Intensität, die geografische Verbreitung und die Dauer der Benutzung dieser Marke, der Werbeaufwand für die Marke, der Anteil der angesprochenen Verkehrskreise, der die Ware oder die Dienstleistung auf Grund der Marke als von einem bestimmten Unternehmen stammend erkennt sowie Erklärungen von Industrie- und Handelskammern oder anderen Berufsverbänden[1848]. Die Frage der Verkehrsdurchsetzung ist sodann im Wege einer Gesamtschau der genannten Einzelgesichtspunkte zu beantworten[1849]. Für die Feststellung des im Einzelfall erforderlichen Durchsetzungsgrads ist daher auch nicht von festen Prozentsätzen auszugehen[1850]. Die Tatsache, dass die angesprochenen Verkehrskreise die Ware oder Dienstleistung als von einem bestimmten Unternehmen stammend erkennen, muss auf der **Benutzung** des Zeichens **als Marke** beruhen, also einer Benutzung, die der Identifizierung der Ware oder Dienstleistung als von einem bestimmten Unternehmen stammend dient[1851]. Eine Verwendung des Kennzeichens als

574

[1845] Vgl. *EuGH*, 7.10.2004, C-136/02 P, GRUR Int. 2005, 135, 136 Tz. 35; *BGH*, 23.9.2015, I ZR 78/14, GRUR 2015, 1201, 1209 Tz. 68; *BGH*, 19.2.1014, I ZB 3/13, GRUR 2014, 569, 570 Tz. 11; *BGH*, 6.11.2013, I ZB 59/12, GRUR 2014, 565, 567 Tz. 13: *BGH*, 9.7.2009, I ZB 88/07, GRUR 2010, 138, 141 Tz. 33; *BGH*, 15.1.2009, I ZB 30/06, GRUR 2009, 411 Tz. 8; *BPatG*, 17.8.2016, 24 W (pat) 558/14, BeckRS 2016, 18299.

[1846] Vgl. *BGH*, 5.3.2015, I ZR 161/13, GRUR 2015, 1004, 1006 Tz. 29 f.

[1847] Vgl. *BGH*, 28.1.2016, I ZR 202/14, GRUR 2016, 939, 942 Tz. 42; *BGH*, 9.7.2009, I ZB 88/07, GRUR 2010, 138, 141 Tz. 33; *BGH*, 21.2.2008, I ZB 24/05, GRUR 2008, 710, 711 Tz. 23; *BPatG*, 13.8.2008, 29 W (pat) 146/06, GRUR 2009, 170, 172.

[1848] Vgl. *EuGH*, 22.6.2006, C-25/05 P, GRUR 2006, 1022, 1025 f. Tz. 75; *EuGH*, 18.6.2002, C-299/99, GRUR 2002, 804, 808 Tz. 60; *EuGH*, 4.5.1999, C-109/97, GRUR 1999, 723, 727 Tz. 51; *BGH*, 9.7.2009, I ZB 88/07, GRUR 2010, 138, 141 Tz. 38.

[1849] Vgl. *BGH*, 9.7.2009, I ZB 88/07, GRUR 2010, 138, 141 Tz. 38

[1850] Vgl. *BGH*, 9.7.2009, I ZB 88/07, GRUR 2010, 138, 140 Tz. 41; den Einzelfall will auch *BGH*, 28.1.2016, I ZR 202/14, GRUR 2016, 939, 943 Tz. 42 berücksichtigt wissen.

[1851] Vgl. *EuGH*, 18.6.2002, C-299/99, GRUR 2002, 804, 808 Tz. 64; *EuGH*, 4.5.1999, C-108/97, GRUR 1999, 723, 727 Tz. 49 und 54; *BGH*, 23.9.2015, I ZR 78/14, GRUR 2015, 1201, 1208 f.

bloße Beschreibung der Ware oder Dienstleistung ist demgegenüber nicht ausreichend[1852].

b) Geschäftliche Bezeichnungen gem. § 5 MarkenG

575 Als geschäftliche Bezeichnungen werden gem. § 5 Abs. 1 MarkenG sowohl Unternehmenskennzeichen als auch Werktitel geschützt. Im Gegensatz zu den Marken gem. § 3 MarkenG, bei denen es sich um produktidentische Unterscheidungszeichen handelt, stellen geschäftliche Bezeichnungen entweder **unternehmensidentifizierende Unterscheidungszeichen** (Unternehmenskennzeichen) oder **werkidentifizierende Unterscheidungszeichen** (Werktitel) dar[1853]. Im geschäftlichen Verkehr kann ein Zeichen aber zugleich die Funktionen verschiedener Arten von Kennzeichen erfüllen[1854]. Insoweit liegt keine Ausschließlichkeit vor.

aa) Unternehmenskennzeichen gem. § 5 Abs. 2 MarkenG

576 Gem. § 5 Abs. 2 S. 1 MarkenG sind Unternehmenskennzeichen solche Zeichen, die im geschäftlichen Verkehr als Name, als Firma oder als besondere Bezeichnung eines Geschäftsbetriebs oder eines Unternehmens benutzt werden. Gleichgestellt nach § 5 Abs. 2 S. 2 MarkenG sind solche Geschäftsabzeichen und sonstige betriebliche Unterscheidungszeichen, die innerhalb der beteiligten Verkehrskreise **als Kennzeichen des Geschäftsbetriebs** gelten.

bb) Werktitel gem. § 5 Abs. 3 MarkenG

577 Als Werktitel sind gem. § 5 Abs. 3 MarkenG die Namen oder besonderen Bezeichnungen von Druckschriften, Filmwerken, Tonwerken, Bühnenwerken oder sonstigen vergleichbaren Werken umschrieben. Zu diesen **sonstigen vergleichbaren Werken** zählen nach ständiger Rechtsprechung des *BGH* auch Computerprogramme[1855]. Dies gilt unabhängig von der Frage nach der Urheberschutzfähigkeit der Computersoftware, denn im Kennzeichenrecht gilt ein eigenständiger Werkbegriff, der nicht deckungsgleich mit demjenigen des UrhG ist[1856]. Werke im kennzeichenrechtlichen Sinn sind alle immateriellen Arbeitsergebnisse, die als Gegenstand des Rechts- und Geschäftsverkehrs nach der Verkehrsanschauung bezeichnungsfähig sind[1857]. Auch Apps für Smartphones und Tablet-Computer unterfallen dem mar-

---

Tz. 68; *BGH*, 9.7.2009, I ZB 88/07, GRUR 2010, 138, 141 Tz. 33; *BGH*, 14.5.2009, I ZR 231/06, GRUR 2009, 1055, 1058 Tz. 49; *BGH*, 21.2.2008, I ZB 24/05, GRUR 2008, 710, 711 Tz. 23; *OLG Frankfurt*, 10.7.2014, 6 U 98/13, MMR 2014, 837; *BPatG*, 13.8.2008, 29 W (pat) 146/06, GRUR 2009, 170, 172.

[1852] Vgl. *BGH*, 9.7.2009, I ZB 88/07, GRUR 2010, 138, 141 Tz. 33; *OLG Frankfurt*, 10.7.2014, 6 U 98/13, MMR 2014, 837; *KG Berlin*, 1.11.2013, 5 U 68/13, GRUR-RR 2014, 197, 198.

[1853] Vgl. *Fezer* § 5 Rdn. 2.

[1854] Vgl. *Fezer* § 5 Rdn. 7.

[1855] Vgl. *BGH*, 28.1.2016, I ZR 202/14, GRUR 2016, 939, 940 Tz. 15; *BGH*, 27.4.2006, I ZR 109/03, NJW-RR 2006, 982, 983 Tz. 16; *BGH*, 15.1.1998, I ZR 282/95, NJW-RR 1998, 1651, 1652; *BGH*, 24.4.1997, I ZR 44/95, NJW 1997, 3313, 3314; *BGH*, 24.4.1997, I ZR 233/94, NJW 1997, 3315, 3316; *OLG Köln*, 28.11.2014, 6 U 54/14, CR 2015, 567; *OLG Köln*, 5.9.2014, 6 U 205/13, GRUR 2014, 1111 Tz. 18; *OLG Hamburg*, 23.11.2000, 3 U 53/99, CR 2001, 298; *LG Hamburg*, 8.10.2013, 327 O 104/13, GRUR-RR 2014, 206; *Dreier/Vogel* S. 108; *Leupold/Glossner/Wiebe* Teil 3 Rdn. 99; *Redeker* Rdn. 173; *Huppertz/Fritzsche* ITRB 2011, 86; *Grützmacher/Schmidt-Bogatzky* CR 2005, 545, 546.

[1856] Vgl. *BGH*, 28.4.2016, I ZR 254/14, CR 2017, 114 Tz. 17; *BGH*, 28.1.2016, I ZR 202/14, GRUR 2016, 939, 940 Tz. 15; *BGH*, 23.1.2003, I ZR 171/00, NJW 2003, 1869, 1870.

[1857] Vgl. *BGH*, 28.4.2016, I ZR 254/14, CR 2017, 114 Tz. 17; *BGH*, 28.1.2016, I ZR 202/14, GRUR 2016, 939, 940 Tz. 15.

kenrechtlichen Werktitelschutz[1858], gleichwie auch Open Source Software dem Werktitelschutz unterfallen kann[1859].

3. Die Rechtsinhaberschaft (Wer wird geschützt?)

Inhaber von eingetragenen und angemeldeten Marken können gem. § 7 Nr. 1 bis 3 MarkenG **natürliche Personen, juristische Personen** oder **Personengesellschaften** sein, sofern letztere mit der Fähigkeit ausgestattet sind, Rechte zu erwerben und Verbindlichkeiten einzugehen. Markenrechtsfähige Personengesellschaften sind namentlich die OHG und KG. Vor dem Hintergrund der Rechtsentwicklung der letzten Jahre wird man aber auch die Gesellschaft bürgerlichen Rechts hinzuzählen können[1860]. Für die geschäftlichen Bezeichnungen fehlt eine dem § 7 MarkenG vergleichbare Regelung. Die Problematik lässt sich dahingehend lösen, dass nur markenrechtsfähige Rechtssubjekte Rechtsinhaber von geschäftlichen Bezeichnungen sein können. Faktisch läuft dies auf eine analoge Anwendung von § 7 MarkenG hinaus[1861].

578

4. Rechtsentstehung (Wann greift der Schutz ein?)

Im Kennzeichenrecht muss bei der Frage nach der Entstehung des Rechts danach unterschieden werden, ob es sich um eine Marke oder eine geschäftliche Bezeichnung handelt.

579

a) Markenschutz

Der Markenschutz entsteht grundsätzlich gem. § 4 Nr. 1 MarkenG durch die **Eintragung** des Zeichens als Marke in das vom Deutschen Patent- und Markenamt geführte **Markenregister.** Gem. § 32 Abs. 2 Nr. 2 und 3 MarkenG muss die Anmeldung nicht nur die Marke wiedergeben, sondern auch ein Verzeichnis der Waren oder Dienstleistungen umfassen, für die die Eintragung beantragt wird. Anhand dieses Verzeichnisses erfolgt die Einordnung der Waren und Dienstleistungen in bestimmte **Klassen,** bei den hier untersuchten Produkten meist in Klasse 9.

580

Daneben kann der Markenschutz aber gem. § 4 Nr. 2 MarkenG auch durch die Benutzung eines Zeichens im geschäftlichen Verkehr entstehen, soweit das Zeichen innerhalb der beteiligten Verkehrskreise als Marke **Verkehrsgeltung** erworben hat. Dies setzt voraus, dass ein jedenfalls nicht unerheblicher Teil der angesprochenen Verkehrskreise in dem Zeichen einen Hinweis auf die Herkunft der damit gekennzeichneten Ware oder Dienstleistung aus einem bestimmten Unternehmen sieht[1862].

581

Schließlich kann ein Markenschutz aber gem. § 4 Nr. 3 MarkenG auch durch die notorische Bekanntheit einer Marke im Sinne des Art. 6 bis der Pariser Verbandsübereinkunft zum Schutz des gewerblichen Eigentums begründet sein. Dies setzt

582

[1858] Vgl. *BGH,* 28.1.2016, I ZR 202/14, GRUR 2016, 939, 940 Tz. 16; *OLG Köln,* 5.9.2014, 6 U 205/13, GRUR 2014, 1111; *LG Hamburg,* 8.10.2013, 327 O 104/13, GRUR-RR 2014, 206 f.; *Zöllner/Lehmann* GRUR 2014, 431, 435.
[1859] Vgl. *OLG Köln,* 30.9.2016, 6 U 18/16, BeckRS 2016, 111699 Tz. 25.
[1860] Vgl. *LG Berlin,* 16.9.2008, 103 O 296/07, GRUR-RR 2009, 26; *BPatG,* 20.8.2004, 25 W (pat) 232/03, GRUR 2004, 1030, 1031; *Fezer* § 7 Rdn. 36; ablehnend *BGH,* 24.2.2000, I ZR 168/97, NJW-RR 2001, 114, 116.
[1861] Vgl. *Fezer* § 7 Rdn. 11.
[1862] Vgl. *BGH,* 28.1.2016, I ZR 202/14, GRUR 2016, 939, 943 Tz. 42; *BGH,* 26.6.2008, I ZR 190/05, NJW-RR 2009, 114, 117 Tz. 38; *BGH,* 4.9.2003, I ZR 23/01, NJW-RR 2004, 251, 253.

eine **Allbekanntheit** (sog. **Notorietät**) der Marke im Verkehr voraus[1863]. Erforderlich ist daher eine allgemeine Kenntnis von der Marke als eines produktidentifizierenden Unterscheidungszeichens innerhalb der beteiligten inländischen Verkehrskreise. Hierfür ist der Erwerb von Verkehrsgeltung im Sinne des § 4 Nr. 2 MarkenG noch nicht ausreichend, sondern eine darüber hinausgehende Bekanntheit zu fordern[1864].

b) Geschäftliche Bezeichnungen

aa) Unternehmenskennzeichen gem. § 5 Abs. 2 MarkenG

583   Der Kennzeichenschutz des **Namens**, der **Firma** und der **besonderen Geschäfts- oder Unternehmensbezeichnung** beginnt grundsätzlich mit der **Aufnahme der Benutzung** des Zeichens im geschäftlichen Verkehr. Sofern aber dem Namen, der Firma und der besonderen Geschäfts- oder Unternehmensbezeichnung nicht aus sich selbst heraus eine Unterscheidungskraft zukommt, entsteht der Kennzeichenschutz nicht schon mit der ersten Benutzungsaufnahme. Vielmehr beginnt der Schutz dann erst ab dem Zeitpunkt, ab dem den betreffenden Zeichen auf Grund des Erwerbs von Verkehrsgeltung Unterscheidungskraft zukommt. Der Kennzeichenschutz der **Geschäftsabzeichen** und **sonstigen betrieblichen Unterscheidungszeichen** im Sinne des § 5 Abs. 2 S. 2 MarkG beginnt nicht schon mit der ersten Benutzungsaufnahme, sondern erst zu dem Zeitpunkt, zu dem diese Zeichen innerhalb der beteiligten Verkehrskreise als **Kennzeichen des Geschäftsbetriebs gelten**.

bb) Werktitel gem. § 5 Abs. 3 MarkenG

584   Der Werktitelschutz nach § 5 Abs. 3 MarkenG entsteht grundsätzlich mit der **tatsächlichen Aufnahme der Benutzung** des Werktitels ohne förmliches Verfahren, vorausgesetzt, dieser besitzt die nötige Unterscheidungskraft[1865].

585   Unterscheidungskraft hat die Bezeichnung eines Werktitels im Sinne von § 5 Abs. 3 MarkenG, wenn ihr die Eignung zur Werkindividualisierung zukommt, d. h. zur Unterscheidung eines Werks von anderen Werken. Hierfür ist jedenfalls ein **Mindestmaß an Individualität** notwendig[1866], das dem Verkehr eine Unterscheidung von anderen Werken ermöglicht, was bei rein **beschreibenden Werktiteln** wie etwa Wetter-Apps nicht gegeben ist[1867]. Allerdings hat die Rsp. bei bestimmten Werkkategorien im Bereich des Titelschutzes auch stark beschreibenden oder farblosen Titeln noch eine ausreichende Kennzeichnungskraft zuerkannt. So werden an die Unterscheidungskraft von Zeitschriftentiteln nur geringe Anforderungen gestellt, weil auf dem Zeitungs- und Zeitschriftenmarkt schon immer Zeitungen und Zeitschriften unter mehr oder weniger farblosen Gattungsbezeichnungen angeboten worden sind. Ob eine solche Erleichterung für eine bestimmte Werkkategorie in Betracht kommt, hängt davon ab, ob es für das Produkt darauf ankommt, eine schlagwortartige Information über den Inhalt zu erhalten und ob der Verkehr sich darüber klar ist, dass er deshalb auf Unterschiede stärker achten muss. Im Bereich der **herkömmlichen Computersoftware** stehen indes reine Phantasiebezeichnungen (z. B. JAVA) neben assoziativen Bezeichnungen (WINDOWS) und beschreibenden Titeln (WORD), so-

---

[1863] Vgl. *Fezer* § 4 Rdn. 227.
[1864] Vgl. *Fezer* § 4 Rdn. 227.
[1865] Vgl. *BGH*, 22.3.2012, I ZR 102/10, MMR 2013, 112, 113 Tz. 19.
[1866] Vgl. *OLG Köln*, 28.11.2014, 6 U 54/14, CR 2015, 567.
[1867] Vgl. *BGH*, 28.1.2016, I ZR 202/14, GRUR 2016, 939, 943 Tz. 42 *OLG Köln*, 5.9.2014, 6 U 205/13, GRUR 2014, 1111, 1112 Tz. 23 f.

dass für diesen Bereich eine **Absenkung des Maßstabs abgelehnt** wird[1868]. Demgegenüber werden für das Marktsegment der **Simulationsspiele lediglich geringe Anforderungen** an die originäre Kennzeichnungskraft gestellt, weil dort die Identifizierung eines einzelnen Spiels anhand eines von sich aus wenig aussagekräftigen Titels geläufig sei und sich der Verkehr daran gewöhnt habe, dass die entsprechenden Spiele in verschiedenen Versionen auf dem Markt sind, wobei sich die Bezeichnungen der einzelnen Versionen entweder durch eine Versionsnummer oder durch die Zufügung einer Jahreszahl unterscheiden[1869].

Eine titelschutz-begründende Ingebrauchnahme des **deutschen Werktitels** kann nicht im Vertrieb der **englischsprachigen Version** dieses Programms gesehen werden. Dies gilt selbst dann, wenn hierbei eine deutsche Programmversion angekündigt wird[1870]. Notwendig für die Entstehung des Werktitelschutzes ist der Vertrieb des **fertigen,** mit der jeweiligen Bezeichnung versehenen **Produkts** oder eine der Auslieferung unmittelbar vorangehende werbende Ankündigung. Dagegen reichen rein intern bleibende Vorbereitungs- und Herstellungsmaßnahmen nicht aus[1871]. Auch in der Registrierung eines Internet-Domainnamens ist grundsätzlich noch keine Aufnahme der Benutzung des Werktitels zu sehen[1872]. Durch die anschließende Benutzung eines Domainnamens kann aber ein Werktitelschutz erworben werden, wenn der Verkehr in der als Domainnamen gewählten Bezeichnung ein Zeichen zur Unterscheidung eines Werks von einem anderen und nicht nur eine Adressbezeichnung sieht[1873]. In jedem Fall setzt der Schutz geschäftlicher Bezeichnungen nach § 5 MarkenG als ungeschriebenes Tatbestandsmerkmal einen **befugten Gebrauch** des Kennzeichens voraus[1874]. 586

Nach der Rechtsprechung des *BGH* wird die öffentliche Ankündigung des Werks unter seinem Titel der tatsächlichen Benutzungsaufnahme durch das Erscheinen des Werks gleichgestellt, wenn das Werk nach der Ankündigung in angemessener Frist unter dem Titel erscheint (sog. **Titelschutzanzeige**[1875]). Voraussetzung hierfür ist grundsätzlich, dass das Werk in branchenüblicher Weise öffentlich angekündigt wird. Dies erfolgt im Bereich der Druckschriften durch eine formalisierte Titelschutzanzeige, z.B. im Börsenblatt des Deutschen Buchhandels. Die Titelankündigung wird dann rechtlich bereits als Benutzung für das konkrete Werk gewertet[1876]. Es existiert aber keine einheitliche Praxis für Werktitelankündigungen in der Softwarebranche. **Redaktionelle Beiträge** in Computerzeitschriften reichen als öffentliche Ankündigungen jedenfalls nicht aus[1877]. Für eine öffentliche Titelankündigung an interessierte Mitbewerber reicht auch die bloße Angabe auf einer eigenen Internetseite der Werktitelschutz beanspruchenden Partei nicht aus[1878]. 587

[1868] Vgl. *BGH,* 28.1.2016, I ZR 202/14, GRUR 2016, 939, 940 Tz. 23 ff.; *OLG Köln,* 28.11.2014, 6 U 54/14, MMR 2015, 683, 684 Tz. 50; *OLG Köln,* 5.9.2014, 6 U 205/13, CR 2014, 824; *LG Hamburg,* 8.10.2013, 327 O 104/13, GRUR-RR 2014, 206, 207.
[1869] Vgl. *OLG Köln,* 28.11.2014, 6 U 54/14, MMR 2015, 683, 684 Tz. 52.
[1870] Vgl. *BGH,* 15.1.1998, I ZR 282/95, NJW-RR 1998, 1651, 1653.
[1871] Vgl. *BGH,* 24.4.1997, I ZR 233/94, NJW 1997, 3315, 3316.
[1872] Vgl. *BGH,* 14.5.2009, I ZR 231/06, GRUR 2009, 1055, 1057 Tz. 41.
[1873] Vgl. *BGH,* 18.6.2009, I ZR 47/07, GRUR 2010, 156, 157 Tz. 20.
[1874] Vgl. *BGH,* 18.6.2009, I ZR 47/07, GRUR 2010, 156, 157 Tz. 23.
[1875] Vgl. *BGH,* 22.6.1989, I ZR 39/87, NJW 1989, 3014, 3015 m.w.N.
[1876] Vgl. *BGH,* 22.6.1989, I ZR 39/87, NJW 1989, 3014, 3015.
[1877] Vgl. *BGH,* 15.1.1998, I ZR 282/95, NJW-RR 1998, 1651, 1653.
[1878] Vgl. *BGH,* 14.5.2009, I ZR 231/06, GRUR 2009, 1055, 1058 Tz. 45.

5. Die einzelnen Rechte des Kennzeicheninhabers

588 Der Inhaber einer Marke oder einer geschäftlichen Bezeichnung besitzt nach §§ 14 Abs. 1 bzw. 15 Abs. 1 MarkenG ein **ausschließliches Recht**. Dritten ist es untersagt, ohne Zustimmung des Rechtsinhabers das Kennzeichen **im geschäftlichen Verkehr** zu benutzen. Rein private Handlungen unterfallen nicht dem Anwendungsbereich des MarkenG. Ein Zeichen wird im geschäftlichen Verkehr verwendet, wenn seine Benutzung im Zusammenhang mit einer auf einen wirtschaftlichen Vorteil gerichteten kommerziellen Tätigkeit und nicht im privaten Bereich erfolgt[1879]. Dabei sind an dieses Merkmal im Interesse des Markenschutzes keine hohen Anforderungen zu stellen. Ein Handeln im geschäftlichen Verkehr liegt bei Fallgestaltungen nahe, bei denen ein Anbieter wiederholt mit gleichartigen, insbesondere auch neuen Gegenständen handelt. Auch wenn ein Anbieter zum Kauf angebotene Produkte erst kurz zuvor erworben hat, spricht dies für ein Handeln im geschäftlichen Verkehr[1880]. Die Tatsache, dass der Anbieter ansonsten gewerblich tätig ist, deutet ebenfalls auf eine geschäftliche Tätigkeit hin[1881]. Die einzelnen verbotenen Benutzungshandlungen sind in §§ 14 Abs. 2 bis 4 bzw. 15 Abs. 2 und 3 MarkenG aufgezählt. Die unten dargelegten Ansprüche bei Rechtsverletzungen[1882] knüpfen nach §§ 14 Abs. 5 bzw. 15 Abs. 4 MarkenG ausdrücklich an eine Verletzung dieser verbotenen Benutzungshandlungen an. Softwarespezifische Probleme bestehen insoweit nicht. Die zahlreichen Gerichtsentscheidungen hinsichtlich der Frage, **wann** eine **Verwechslungsfähigkeit** vorliegt, werden unten im Überblick zusammengestellt[1883].

589 Hinsichtlich der **Zusammengehörigkeit von Datenträgern und Echtheitszertifikaten** hat das *OLG Frankfurt*[1884] entschieden, dass § 24 Abs. 2 MarkenG zwar einem Markeninhaber nicht generell die Möglichkeit eröffnet, die Trennung von Einzelerzeugnissen zu unterbinden, die der Markeninhaber als Paket in den Verkehr gebracht hat. Vielmehr müsse eine Interessenabwägung stattfinden, die jedoch bezüglich der Zusammengehörigkeit von Datenträger und Zertifikat zugunsten des Markeninhabers ausfalle. Zum gleichen Ergebnis gelangt das *LG Frankfurt* für den Fall, dass ein Computerprogramm als „Box-Produkt" in einer geschlossenen Packung vertrieben wird und später lediglich eine Seriennummer ohne den in der Box enthaltenen Datenträger nebst weiteren Verkaufsunterlagen weitergegeben wird[1885]. Auch für den Fall, dass lediglich Echtheitszertifikate ohne Datenträger, Handbücher oder Lizenzverträge veräußert werden, hat das *LG Frankfurt* eine Markenrechtsverletzung bejaht[1886].

590 Der *BGH* hat hierzu ausgeführt, dass in derartigen Fällen grundsätzlich die Voraussetzungen der **Erschöpfung** gem. § 24 Abs. 1 MarkenG vorliegen und der Inhaber einer Marke einem Dritten nicht untersagen könne, die Marke für Waren zu benutzen, die unter dieser Marke von ihm oder mit seiner Zustimmung in den Verkehr

---

[1879] Vgl. *BGH*, 5.2.2015, I ZR 240/12, MMR 2015, 674, 675 Tz. 25; *BGH*, 4.12.2008, I ZR 3/06, CR 2009, 753, 754 Tz. 23.
[1880] Vgl. *BGH*, 11.3.2004, I ZR 304/01, MMR 2004, 668, 671.
[1881] Vgl. *BGH*, 30.4.2008, I ZR 73/05, GRUR 2008, 702, 705 Tz. 43; *BGH*, 19.4.2007, I ZR 35/04, NJW 2007, 2636, 2637 Tz. 23.
[1882] Vgl. unten Rdn.
[1883] Vgl. unten Rdn. 608 ff.
[1884] Vgl. *OLG Frankfurt*, 19.7.2007, 6 U 97/07, zitiert von *LG Frankfurt*, 19.11.2008, 2–06 O 437/08, CR 2009, 142, 143. Im Ergebnis bestätigt *OLG Frankfurt*, 22.12.2016, 11 U 108/13, MMR 2017, 419, 422 Tz. 33.
[1885] Vgl. *LG Frankfurt*, 31.3.2011, 2–03 O 331/10, CR 2011, 566, 567 f.
[1886] Vgl. *LG Frankfurt*, 27.9.2012, 2–03 O 27/12, CR 2012, 771, 772.

gebracht wurden¹⁸⁸⁷. Eine Erschöpfung nach § 24 Abs. 1 MarkenG scheidet aus, wenn das erste Inverkehrbringen außerhalb der EU oder eines Mitgliedstaates des Europäischen Wirtschaftsraums erfolgte, etwa in China¹⁸⁸⁸. Den Dritten trifft hinsichtlich Zustimmung bzw. Erschöpfung die Darlegungs- und Beweislast¹⁸⁸⁹. Der *BGH* weist aber ausdrücklich darauf hin, dass der Markeninhaber im Einklang mit der Rechtsprechung des *EuGH* gem. § 24 Abs. 2 MarkenG nach dem Inverkehrbringen rechtmäßig gekennzeichneter Ware solche Handlungen verbieten kann, die die Herkunfts- und Garantiefunktion seines Zeichens verletzen oder die die Unterscheidungskraft oder die Wertschätzung der Marke in unlauterer Weise ausnutzen oder beeinträchtigen¹⁸⁹⁰. Eine Beeinträchtigung sei insbesondere anzunehmen, wenn die Veränderung die Eigenart der Ware berühre. Davon sei auszugehen, wenn ihr Verwendungszweck oder solche Merkmale verändert würden, auf die sich die **Garantiefunktion der Marke** beziehe. Erforderlich sei insoweit eine Abwägung zwischen den berechtigten Interessen des Markeninhabers und des Wiederverkäufers. Diese Abwägung fällt nach Auffassung des *BGH* zugunsten des Markeninhabers aus, wenn vom Wiederverkäufer eine **Verbindung des Echtheitszertifikats** mit solchen Programmexemplaren vorgenommen wird, die gar nicht vom Markeninhaber stammen, wie etwa **selbst hergestellte Sicherungs-CDs.** Irrelevant ist hiebei nach Auffassung des *BGH,* dass durch diese Verbindung keine Verschlechterung der Funktion der Ware eintritt¹⁸⁹¹. Vor diesem Hintergrund kann auch die Verbindung eines Echtheitszertifikats mit einem Computer ohne Zustimmung des Markeninhabers dessen berechtigtes Interesse verletzen¹⁸⁹².

Die Bestimmung des § 24 Abs. 1 MarkenG stellt in ihrem Anwendungsbereich gegenüber § 23 Nr. 2 MarkenG eine **vorrangige Sonderregelung** dar, weshalb letztgenannte Vorschrift bei eingetretener Erschöpfung nicht heranzuziehen ist¹⁸⁹³. Soweit daher das Verbreitungsrecht des Urhebers in Bezug auf körperliche oder nichtkörperliche Kopien seines Computerprogramms erschöpft ist, ist grundsätzlich auch das Recht des Markeninhabers erschöpft, seine Marke für solche Produkte zu benutzen¹⁸⁹⁴. Nach Auffassung des *BGH* muss es aber der Markeninhaber nach § 24 Abs. 2 MarkenG (Art. 13 Abs. 2 GMV) nicht hinnehmen, dass seine Marke für den weiteren Vertrieb der von ihm oder mit einer Zustimmung in Verkehr gebrachten

591

---

¹⁸⁸⁷ Vgl. *BGH,* 17.7.2013, I ZR 129/08, NJW-RR 2014, 360, 365 Tz. 49f. – UsedSoft II; *BGH,* 6.10.2011, I ZR 6/10, NJW-RR 2012, 616f. Tz. 16.
¹⁸⁸⁸ Vgl. *OLG München,* 1.6.2017, 29 U 2554/16, CR 2017, 495, 500.
¹⁸⁸⁹ Vgl. *OLG Frankfurt,* 22.12.2016, 11 U 108/13, MMR 2017, 419, 422 Tz. 33. Sinngemäß *OLG München,* 22.9.2016, 29 U 3449/15, BeckRS 2016, 110811 Tz. 37; in der Vorinstanz *LG München I,* 1.9.2015, 33 O 12440/14, CR 2016, 219, 221.
¹⁸⁹⁰ Vgl. *BGH,* 6.10.2011, I ZR 6/10, NJW-RR 2012, 616, 617 Tz 19; zustimmend *Bomba* GRUR 2013, 1004, 1009.
¹⁸⁹¹ Vgl. *BGH,* 6.10.2011, I ZR 6/10, NJW-RR 2012, 616, 617 Tz 24; zustimmend *Bomba* GRUR 2013, 1004, 1009.
¹⁸⁹² Vgl. *OLG Frankfurt,* 22.12.2016, 11 U 108/13, MMR 2017, 419, 422 Tz. 34. Bei einer Verbindung mit gefälschten Datenträgern *LG Frankfurt,* 12.12.2016, 5/12 Kls-7430 Js 244607/14 (5/16), MMR 2017, 425, 426.
¹⁸⁹³ Vgl. *BGH,* 19.3.2015, I ZR 4/14, NJW 2015, 3576, 3582 Tz. 58 – Green-IT, für die Parallelvorschrift des Art. 13 Abs. 1 GMV; auch für § 24 Abs. 1 MarkenG *BGH,* 17.7.2013, I ZR 129/08, NJW-RR 2014, 360, 365 Tz. 52 – UsedSoft II; *LG München I,* 1.9.2015, 33 O 12440/14, CR 2016, 219, 223.
¹⁸⁹⁴ Vgl. *BGH,* 19.3.2015, I ZR 4/14, NJW 2015, 3576, 3582 Tz. 59 – Green-IT; *BGH,* 11.12.2014, I ZR 8/13, NJW-RR 2015, 1138, 1343 Tz. 75 – UsedSoft III; *BGH,* 17.7.2013, I ZR 129/08, NJW-RR 2014, 360, 365 Tz. 50 – UsedSoft II; *OLG Frankfurt,* 5.4.2016, 11 U 113/15, BeckRS 2016, 08579 Tz. 26.

Produkte verwendet wird, wenn dieser Vertrieb die **ernstliche Gefahr** begründet, dass der Erwerber des Produkts das **Urheberrecht** an diesem Produkt verletzt[1895].

592 Den aus einer Marke hergeleiteten Ansprüchen kann nach der Rechtsprechung des *BGH* einredeweise entgegengehalten werden, dass auf Seiten des Markeninhabers Umstände vorliegen, die die Geltendmachung des markenrechtlichen Schutzes als **sittenwidrig** im Sinne des § 826 BGB oder als **unlauter** im Sinne des § 3 UWG erscheinen lassen[1896]. Solche Umstände können insbesondere darin liegen, dass der Zeicheninhaber in Kenntnis eines schutzwürdigen Besitzstands des Vorbenutzers ohne hinreichenden sachlichen Grund für gleiche oder gleichartige Waren die gleiche oder eine zum Verwechseln ähnliche Bezeichnung mit dem Ziel der **Störung des Besitzstands** des Vorbenutzers oder in der Absicht, für diesen den **Gebrauch der Bezeichnung** zu sperren, als Kennzeichen hat eintragen lassen[1897]. Das wettbewerbsrechtliche Unlautere im Sinne der §§ 3, 4 Nr. 4 UWG kann auch darin liegen, dass ein Zeichenanmelder die mit der Eintragung des Zeichens kraft Zeichenrechts entstehende und wettbewerbsrechtlich an sich unbedenkliche Sperrwirkung zweckfremd als Mittel des Wettbewerbskampfes einsetzen will[1898].

593 Kennzeichenrechtlich problematisch ist im Bereich der Computersoftware aber der weit verbreitete Hinweis auf andere Softwareprodukte. Möglich ist etwa, dass ein Softwarehersteller darauf verweist, sein Programm **arbeite mit einem anderen Programm zusammen** oder sei **kompatibel zu Software XY**. Möglich ist auch, dass darauf hingewiesen wird, ein Programm könne auch die **Daten** der von einem anderen Hersteller stammenden Software Z **weiterverarbeiten**[1899], oder ein Gerät sei mit einem bestimmten Betriebssystem ausgestattet[1900]. Ob hier ein **markenmäßiger** bzw. **titelmäßiger Gebrauch** eines fremden Kennzeichens vorliegt ist ebenso unklar wie die Frage umstritten ist, ob eine marken- bzw. titelmäßige Benutzung überhaupt als ungeschriebene Tatbestandsvoraussetzung einer Kennzeichenverletzung vorliegen muss. Mit der ständigen Rechtsprechung des *EuGH*[1901] sowie des *BGH*[1902] ist dies jedoch zu bejahen, denn das ausschließliche Markenrecht ist kein Selbstzweck. Es wird gewährt, um dem Markeninhaber den Schutz seiner spezifischen Interessen zu ermöglichen und die Funktion einer Marke zu sichern. Die Ausübung des Ausschließlichkeitsrechts muss daher auf Fälle beschränkt bleiben, in denen die Benutzung des Zeichens durch einen Dritten die Funktionen der Marke und insbesondere ihre Hauptfunktion, d.h. „die **Gewährleistung der Herkunft** der Ware gegenüber den Verbrauchern, beeinträchtigt oder beeinträchtigen könnte"[1903]. Im Wettbewerbssystem der Europäischen Union muss es einem Marktteilnehmer möglich sein, Zeichen als Marken eintragen zu lassen, um die Kunden durch die Qualität der Wa-

---

[1895] Vgl. *BGH*, 19.3.2015, I ZR 4/14, NJW 2015, 3576, 3582 Tz. 59 – Green-IT; BGH, 6.10.2011, I ZR 6/10, NJW-RR 2012, 616, 617 Tz. 19 – Echtheitszertifikat.

[1896] Vgl. *BGH*, 12.7.2007, I ZR 148/04, GRUR Int. 2008, 519, 520 Tz. 18; *BGH*, 3.2.2005, I ZR 45/03, GRUR 2005, 414, 417 m.w.N.

[1897] Vgl. *BGH*, 12.7.2007, I ZR 148/04, GRUR Int. 2008, 519, 520 Tz. 18.

[1898] Vgl. *BGH*, 12.7.2007, I ZR 148/04, GRUR Int. 2008, 519, 520 Tz. 18; *BGH*, 20.1.2005, I ZR 29/02, GRUR 2005, 581, 582.

[1899] Vgl. die Fallbeispiele von *Grützmacher/Schmidt-Bogatzky* CR 2005, 545, 546.

[1900] Vgl. *OLG Düsseldorf*, 24.4.2012, I-20 U 176/11, CR 2012, 434.

[1901] Vgl. *EuGH*, 18.6.2009, C-487/07, GRUR 2009, 756, 761 Tz. 58.

[1902] Vgl. *BGH*, 3.11.2016, I ZR 101/15, GRUR 2017, 520, 522 Tz. 26; *BGH*, 31.5.2012, I ZR 135/10, GRUR 2012, 832, 834 Tz. 18 = LMK 2012, 339020 m.Anm. *Marly/Nestler*; für eine Unionsmarke *BGH*, 12.1.2017, I ZR 253/14, GRUR 2017, 397, 405 Tz. 92.

[1903] Vgl. *EuGH*, 19.12.2012, C-149/11, GRUR 2013, 182, 183 Tz. 29; *BGH*, 12.1.2017, I ZR 253/14, GRUR 2017, 397, 405 Tz. 92.

ren oder Dienstleistungen an sich zu binden. Einem Verbraucher muss es demgegenüber ermöglicht werden, diese Waren oder Dienstleistungen **ohne Verwechslungsgefahr** von denen anderer Herkunft **zu unterscheiden**[1904].

In den Fällen der **Kompatibilitätshinweise** ist grundsätzlich eine Benutzung im geschäftlichen Verkehr, aber **keine kennzeichenmäßige Benutzung** zu sehen[1905]. Es liegt eine markenfunktional neutrale Leistungsbeschreibung vor, deren Zielsetzung nicht kennzeichenrechtlichen Charakter hat[1906]. Dies folgt daraus, dass keine Verbindung zwischen der Marke und dem Programm dahingehend vorliegt, dass der angesprochene Verkehr den Hinweis als Bezeichnung des Ursprungs des Programms als beim Markeninhaber liegend versteht. Es wird nicht der Eindruck erweckt, das betreffende Programm selbst stamme vom Hersteller des anderen Programms. Auch besteht keine Verbindung des Zweitprogramms mit dem Programm des Markenrechtsinhabers, die über die technische Komponente des umschriebenen Einsatzbereichs hinausgeht, solange die Bezugnahme ausschließlich zur Umschreibung der besonderen Eigenschaften erfolgt.

594

Rein umschreibende Kompatibilitätshinweise („lauffähig unter dem Betriebssystem XY", „zur Bearbeitung von XY-Dateien") sind daher kennzeichenrechtlich nicht zu beanstanden. Der rein umschreibende Charakter kann aber etwa entfallen, wenn beschreibende Zusätze wie „für das Programm XY" fehlen und die Anwender daher meinen können, das Zweitprogramm stamme ebenfalls vom Markeninhaber[1907]. Der beschreibende Charakter kann ferner entfallen, wenn die fremde Marke **Teil des Namens des Zweitprogramms** ist, die fremde Marke mehr hervorgehoben wird als das eigene Programm, der Eindruck erweckt wird, der Markeninhaber unterstütze das Zweitprogramm in besonderer Weise oder eine sonstige nicht gerechtfertigte Bezugnahme auf die fremde Marke vorliegt. Auch die Verwendung der fremden Marke an prominenter Stelle des eigenen Leistungsangebots, die Verwendung der fremden Marke im Kopf eigener Internetseiten, die Anpreisung der eigenen Leistung als „Support Team" für die fremde Software sowie schlussendlich die Ankündigung eines „Updates" der mit fremder Marke bezeichneten Software sind mit der Funktion des Markenrechts nicht vereinbar und deshalb als Markenrechtsverletzung zu qualifizieren[1908].

595

Die oben dargelegten Überlegungen zu Kompatibilitätshinweisen gelten grundsätzlich auch für **Open Source Software**[1909]. Der Rechtsinhaber eines Open Source Programms hat ein berechtigtes Interesse daran, die Markenverwendung verbieten zu können, wenn bei den Verbrauchern der Eindruck entstehen könnte, das Pro-

596

[1904] Vgl. *EuGH*, 23.3.2010, C-236/08, NJW 2010, 2029, 2032 Tz. 77.
[1905] A. A. *Grützmacher/Schmidt-Bogatzky* CR 2005, 545, 548 ff.
[1906] Selbst wenn man dies anders entscheiden würde, wäre die Zeichenverwendung nach der Schutzschranke des § 23 Nr. 2 und 3 MarkenG zulässig, denn es liegt in diesen Fällen regelmäßig auch keine Sittenwidrigkeit vor. Entscheidend für eine Beurteilung nach § 23 Nr. 2 und 3 MarkenG ist, ob die betreffenden Kennzeichen als Angebote über Merkmale oder Eigenschaften der fremden Waren oder Dienstleistungen verwendet werden und diese Benutzung den anständigen Gepflogenheiten des Verkehrs entspricht. Dies ist bei reinen Kompatibilitätshinweisen zu bejahen; vgl. *LG Berlin*, 8.11.2011, 16 O 255/10, CR 2012, 152, 154. Für Art. 12 Abs. 1 lit. c, Abs. 2 UMV auch *BGH*, 12.1.2017, I ZR 253/14, GRUR 2017, 397, 406 Tz. 99.
[1907] Vgl. *BGH*, 12.1.2017, I ZR 253/14, GRUR 2017, 397, 405 Tz. 93.
[1908] Vgl. *OLG Düsseldorf*, 28.9.2010, I-20 U 41/09, CR 2011, 285 ff.; *Marly* GRUR-RR 2010, 457, 459.
[1909] Im Ergebnis wie hier, aber mit dem Argument, Open Source Software gleiche einem Werk, bei dem der Urheberrechtsschutz abgelaufen sei *OLG Düsseldorf*, 24.4.2012, I-20 U 176/11, CR 2012, 434, 435.

gramm stamme von ihm, obwohl das gar nicht der Fall ist. Gibt daher der Anwender das Programm **unverändert weiter**, stammt dieses **vom Rechtsinhaber**, auch wenn der Anwender die Herstellung des konkret weitergegebenen Vervielfältigungsstücks vorgenommen haben sollte. Dies begründet sich dadurch, dass die digitale Kopie außer in den seltenen Fällen der maschinellen Kopierfehler inhaltsidentisch zum Original ist. Hier muss der Anwender auch das Programm unter Verwendung der fremden Marke benennen dürfen. Wurden am Programm aber **Änderungen** vorgenommen, widerspricht eine Markenverwendung den Interessen des Rechtsinhabers, da die **Herkunftszuordnung gestört** ist. Das Programm stammt gar nicht von ihm, die Markenverwendung erweckt aber ebendiesen Eindruck. Dieses Ergebnis kann auch unter Berücksichtigung der Funktion einer Marke aus Verbrauchersicht bestätigt werden. Die Verbraucher haben in einem System des unverfälschten Wettbewerbs ein berechtigtes Interesse daran, dass alle Waren oder Dienstleistungen, die von einer Marke gekennzeichnet werden, unter der Kontrolle des Markeninhabers hergestellt oder erbracht worden sind, der für ihre Qualität verantwortlich gemacht werden kann[1910]. Dies ist bei der Weitergabe geänderter Programmversionen unter Verwendung der Marke des Herstellers des Ausgangsprogramms nicht der Fall.

597   Dieses Ergebnis entspricht auch den **Open Source Lizenzverträgen**. Soweit diese spezielle Regelungen über die Verwendung von Namens- und Markenrechten enthalten, wie etwa die Apple Public Source License Version 2.0[1911], wird regelmäßig ausdrücklich klargestellt, dass der Anwender keine Berechtigungen an Markenrechten eingeräumt bekommt[1912]. Insbesondere darf er den fremden Markennamen nicht bei geänderten Programmen („products derived from the Original") verwenden. Aber auch bei Open Source Lizenzverträgen, die keine entsprechenden Regelungen enthalten, gelangt man zum identischen Ergebnis. So enthält etwa die GPL Vers. 2 die Regelung, dass ein Anwender zwar ein Programm ändern und dieses auch weitervertreiben kann. Er ist dann aber nach Ziff. 2 Nr. 2 GPL verpflichtet, die veränderten Dateien mit einem **auffälligen Vermerk** zu versehen, der auf die vorgenommenen **Modifizierungen** und das Datum jeder Änderung **hinweist**[1913]. Die GPL Vers. 3 enthält eine inhaltsidentische Regelung in Nr. 5 lit. a. Mit derartigen Regelungen, die sich praktisch in allen Open Source Lizenzverträgen finden lassen, wird eine Störung der Herkunftszuordnung verhindert, gleichwie mögliche Qualitätsprobleme nicht zu Lasten des Rechtsinhabers am Ausgangsprogramm gehen können.

[1910] Vgl. *EuGH*, 11.9.2007, C-17/06, GRUR 2007, 971, 972 Tz. 27.
[1911] Der Vertrag ist abrufbar unter http://www.publicsource.apple.com/license/apsl/.
[1912] Die einschlägige Klausel im Vertrag der Apple Inc. lautet: „10. Trademarks. This License does not grant any rights to use the trademarks or trade names „Apple", „Mac", „Mac OS", „QuickTime", „QuickTime Streaming Server" or any other trademarks, service marks, logos or trade names belonging to Apple (collectively „Apple Marks") or to any trademark, service mark, logo or trade name belonging to any Contributor. You agree not to use any Apple Marks in or as part of the name of products derived from the Original Code or to endorse or promote products derived from the Original Code other than as expressly permitted by and in strict compliance at all times with Apple's third party trademark usage guidelines which are posted at http://www.apple.com/legal/guidelinesfor3rdparties.html."
[1913] Nr. 2 der GPL Vers. 2 lautet: „§ 2. Sie dürfen Ihre Kopien(n) des Programms oder eines Teils davon verändern, wodurch ein auf dem Programm basierendes Datenwerk entsteht; Sie dürfen derartige Bearbeitungen unter den Bestimmungen von Paragraph 1 vervielfältigen und verbreiten, vorausgesetzt, dass zusätzlich alle im Folgenden genannten Bedingungen erfüllt werden. 1. Sie müssen die veränderten Dateien mit einem auffälligen Vermerk versehen, der auf die von Ihnen vorgenommene Modifizierung und das Datum jeder Änderung hinweist."

6. Die Schutzdauer

Die Schutzdauer einer eingetragenen Marke beginnt gem. § 47 Abs. 1 MarkenG **598**
mit dem Anmeldetag im Sinne des § 33 Abs. 1 MarkenG und beträgt **zehn Jahre**. Sie
endet nicht taggenau, sondern nach Ablauf des Monats, in den der Anmeldetag fällt.
Die **Verlängerung der Schutzdauer** regelt sich nach § 47 Abs. 2 MarkenG. Der
Markenschutz kann um zehn Jahre verlängert werden und erfolgt durch Zahlung
einer **Verlängerungsgebühr** gem. § 47 Abs. 3 MarkenG. Die Verlängerung kann beliebig oft wiederholt werden, sodass die markenrechtliche Schutzdauer theoretisch
unbegrenzt ist.

7. Ansprüche bei Rechtsverletzungen

Eine Verletzung eines fremden Kennzeichens liegt nach §§ 14 und 15 MarkenG **599**
grundsätzlich vor, wenn ein Dritter das Kennzeichen ohne Zustimmung des Kennzeicheninhabers **im geschäftlichen Verkehr** benutzt. Ein Handeln im geschäftlichen
Verkehr ist jede wirtschaftliche Tätigkeit auf dem Markt, die der Förderung eines
eigenen oder fremden Geschäftszwecks zu dienen bestimmt ist[1914]. Eine rein private
Homepage im Internet wird nicht etwa dadurch geschäftlich, dass auf ihr mittels
Link auf die Seiten eines kommerziellen Internetanbieters verwiesen wird[1915]. Für
eine rechtsverletzende Benutzungshandlung ist es unerheblich, ob das verletzende
Zeichen in körperlicher oder aber in elektronischer Form mit der Ware verbunden
ist. Zudem liegt eine Markenverletzung auch dann vor, wenn das die Marke verletzende Zeichen erst nach dem Kauf der Ware wahrgenommen wird, etwa auf dem
Computerbildschirm[1916]. Liegt eine Rechtsverletzung vor, stehen dem Rechtsinhaber
insbesondere Unterlassungs- und Schadensersatzansprüche zu. Diese können gegenüber dem Täter und Teilnehmer geltend gemacht werden. Daneben greifen auch bei
Markenrechtsverletzungen die Grundsätze der Störerhaftung[1917]. Es kann diesbezüglich aber auf die untenstehende grafische Zusammenstellung sowie die ausführlichen Darlegungen zum Urheberrecht verwiesen werden. Gegebenenfalls sind auch
Löschungsansprüche nach §§ 50 ff. MarkenG in Erwägung zu ziehen, insbesondere
wegen einer Verwechslungsgefahr gem. § 9 Abs. 1 Nr. 2 MarkenG. Der markenrechtliche Schutz hat gegenüber dem Recht der vergleichenden Werbung keinen
grundsätzlichen Vorrang und verdrängt einen entsprechenden Unterlassungsanspruch nach dem UWG daher nicht[1918].

Eine Anwendung der **allgemeinen zivilrechtlichen Vorschriften** gegenüber einem **600**
Handeln im **privaten Rechtsverkehr** ist zwar im Hinblick auf die speziellen Bestimmungen des MarkenG nicht von vornherein ausgeschlossen[1919]. Der Schutz von
Marken nach der allgemeinen deliktsrechtlichen Vorschrift des § 823 Abs. 1 BGB
muss jedoch auf Ausnahmefälle beschränkt bleiben, weil der Schutz von Marken im
MarkenG spezialgesetzlich ausgestaltet und auf ein Handeln im geschäftlichen Verkehr zugeschnitten ist[1920]. Gleiches gilt etwa für einen Namensschutz aus § 12

[1914] Vgl. *BGH*, 4.12.2008, I ZR 3/06, MMR 2009, 538, 539 Tz. 23.
[1915] Vgl. *OLG Schleswig*, 21.5.2015, 6 U 12/14, MMR 2015, 812, 813 Tz. 13 ff.
[1916] Vgl. *BGH*, 2.3.2017, I ZR 273/14, GRUR 2017, 541, 543 Tz. 32 – Nintendo III.
[1917] Vgl. *BGH*, 11.3.2009, I ZR 114/06, MMR 2009, 391, 392 Tz. 16; *BGH*, 30.4.2008, I ZR 73/05, GRUR 2008, 702, 706 Tz. 50; *OLG Schleswig*, 22.3.2017, 6 U 29/15, MMR 2017, 480, 483, Tz. 28; *OLG München*, 13.8.2009, 6 U 5869/07, MMR 2010, 100, 101.
[1918] Vgl. *BGH*, 4.12.2008, I ZR 3/06, CR 2009, 753, 755 Tz. 30.
[1919] Vgl. *BGH*, 4.12.2008, I ZR 3/06, CR 2009, 753, 755 Tz. 37; *BGH*, 22.11.2001, I ZR 138/99, CR 2002, 525 f.
[1920] Vgl. *BGH*, 4.12.2008, I ZR 3/06, CR 2009, 753, 755 Tz. 37.

BGB[1921]. Allgemeine zivilrechtliche Bestimmungen können daher ergänzend nur dann herangezogen werden, wenn der Schutz nach dem MarkenG versagt[1922].

601 Wird die markenrechtliche Verletzungshandlung **in einem geschäftlichen Betrieb** von einem **Angestellten** oder **Beauftragten** begangen, so kann gem. § 14 Abs. 7 MarkenG der Unterlassungsanspruch und, soweit der Angestellte oder Beauftragte vorsätzlich oder fahrlässig gehandelt hat, der Schadensersatzanspruch auch gegenüber dem **Inhaber des Betriebs** geltend gemacht werden.

602 Für die Auslegung gem. § 14 Abs. 7 MarkenG ist nach der Rechtsprechung des *BGH*[1923] uneingeschränkt auf die zu § 8 Abs. 2 UWG geltenden Grundsätze einer **weiten Haftung des Geschäftsherrn** für Beauftragte zurückzugreifen, obwohl die markenrechtliche Zurechnungsnorm anders als § 8 Abs. 2 UWG auch für Schadensersatzansprüche gilt[1924]. Dem Inhaber eines Unternehmens werden danach Zuwiderhandlungen seiner Beauftragten **wie eigene Handlungen** zugerechnet, weil die arbeitsteilige Organisation des Unternehmens die Verantwortung für die geschäftliche Tätigkeit nicht beseitigen soll. Der Unternehmensinhaber, dem die Geschäftstätigkeit seiner Beauftragten zugute kommt, soll sich bei seiner Haftung nicht hinter den von ihm abhängigen Dritten verstecken können[1925]. Der innere Grund für die Zurechnung der Geschäftstätigkeit des Beauftragten liegt vor allem in einer dem Betriebsinhaber zugutekommenden Erweiterung des Geschäftsbetriebs und einer gewissen Beherrschung des Risikobereichs durch den Betriebsinhaber. Deshalb ist es unerheblich, wie die Beteiligten ihre Rechtsbeziehungen ausgestaltet haben[1926]. Der Unternehmensinhaber haftet daher gegebenenfalls auch für **ohne sein Wissen** und **gegen seinen Willen** von einem Beauftragten begangene Rechtsverstöße. Beauftragter kann auch ein **selbstständiges Unternehmen** sein. Entscheidend ist, dass der beauftragte Unternehmer in die betriebliche Organisation des Betriebsinhabers in der Weise eingegliedert ist, dass der Erfolg der Geschäftstätigkeit des beauftragten Unternehmens dem Betriebsinhaber zugute kommt und der Betriebsinhaber einen bestimmenden durchsetzbaren Einfluss auf diejenige Tätigkeit des beauftragten Unternehmens hat, in deren Bereich das beanstandete Verhalten fällt[1927]. Hinsichtlich der **persönlichen Haftung** eines Geschäftsführers eines markenrechtsverletzenden Unternehmens gelten die gleichen Überlegungen wie im Urheberrecht[1928].

603 Nach § 143 Abs. 1 MarkenG macht sich **strafbar**, wer im geschäftlichen Verkehr entgegen den einzeln aufgeführten Nummern der § 14 Abs. 2 und 4 sowie § 15 Abs. 2 und 3 MarkenG eine Marke oder geschäftliche Bezeichnung widerrechtlich nutzt, etwa, weil er auf einem gefälschten Datenträger ein Echtheitszertifikat eines anderen Softwareherstellers anbringt[1929]. Handelt der Täter **gewerbsmäßig,** so ist die Strafe gem. § 143 Abs. 2 MarkenG Freiheitsstrafe bis zu fünf Jahren oder Geldstrafe. Die Strafbarkeit des Versuchs erfolgt aus § 143 Abs. 3 MarkenG.

[1921] Vgl. *BGH*, 22.11.2001, I ZR 138/99, CR 2002, 525 f.; *OLG Nürnberg*, 14.5.2009, 3 U 418/09, MMR 2009, 768, 769.
[1922] Vgl. *BGH*, 4.12.2008, I ZR 3/06, CR 2009, 753, 755 f. Tz. 37.
[1923] Vgl. *BGH*, 7.10.2009, I ZR 109/06, MMR 2009, 827, 829 Tz. 21.
[1924] Vgl. *BGH*, 7.10.2009, MMR 2009, 827, 829 Tz. 21; *BGH*, 7.4.2005, I ZR 221/02, GRUR 2005, 864 f. m. w. N.
[1925] Vgl. *BGH*, 28.6.2007, I ZR 153/04, GRUR 2008, 186, 188 Tz. 22; *BGH*, 5.4.1995, I ZR 133/93, GRUR 1995, 605, 607.
[1926] Vgl. *BGH*, 7.10.2009, I ZR 109/06, MMR 2009, 827, 829 Tz. 21.
[1927] Vgl. *BGH*, 7.10.2009, I ZR 109/06, MMR 2009, 827, 829 Tz. 21.
[1928] Vgl. hierzu oben Rdn. 287; markenrechtlich *BGH*, 2.3.2017, I ZR 273/14, NJW-RR 2017, 676, 679 Tz. 38 – Nintendo III.
[1929] Vgl. *LG Frankfurt*, 12.12.2016, 5/12 Kls-7430 Js 244607/14 (5/16), MMR 2017, 425.

Rechtsfolgen bei Rechtsverletzung		
Anspruch	Urheberrecht	Markengesetz
Unterlassung	§ 97 Abs. 1 UrhG	§§ 14 Abs. 5, 15 Abs. 4 MarkenG
Beseitigung	§ 97 Abs. 1 S. 1 UrhG	–
Schadensersatz – materieller Schaden – immaterieller Schaden	§ 97 Abs. 2 S. 1 bis 3 UrhG § 97 Abs. 2 S. 4 UrhG	§§ 14 Abs. 6, 15 Abs. 5 MarkenG –
Bereicherungsansprüche	§§ 812 ff. BGB	§§ 812 ff. BGB
Sicherung der Schadensersatzansprüche	§ 101b UrhG	§ 19b MarkenG
Abmahnung	§ 97a UrhG	–
Softwarespezifische Vernichtung	§ 69f UrhG	–
Allgemeine Vernichtung etc.	§ 98 UrhG	§ 18 Abs. 1 MarkenG
Haftung des Unternehmensinhabers	§ 99 UrhG	§§ 14 Abs. 7, 15 Abs. 6 MarkenG
Auskunft, Drittauskunft	§ 101 UrhG	§ 19 MarkenG
Vorlage und Besichtigung	§ 101a UrhG	§ 19a MarkenG
Urteilsbekanntmachung	§ 103 UrhG	§ 19c MarkenG
Strafrechtlicher Schutz	§ 106 UrhG	§§ 143 ff. MarkenG
Maßnahmen der Zollbehörden	§§ 111b, c UrhG	§§ 146, 147 MarkenG

8. Internationaler Schutz

Auch im Kennzeichenrecht gilt der bereits im Rahmen der Darlegungen zum Urheberrecht[1930] erläuterte **Grundsatz der Territorialität**[1931]. Eine vom Deutschen Patent- und Markenamt eingetragene Marke genießt daher grundsätzlich nur in Deutschland Schutz gleichwie eine ausländische Marke nur im betreffenden Ausland geschützt ist. Soll daher ein länderübergreifender Schutz erlangt werden, muss die Marke parallel zur deutschen Anmeldung auch im jeweiligen Ausland angemeldet werden.

Eine Ausnahme besteht insoweit lediglich bei der Anmeldung einer **Unionsmarke** nach der **Unionsmarkenverordnung** (UMV)[1932], mit der die bis 23.3.2016 geltende **Gemeinschaftsmarkenverordnung** (GMV)[1933] umgenannt und abgeändert wurde.

[1930] Vgl. oben Rdn. 381.
[1931] Vgl. *BGH*, 6.12.2007, I ZR 169/04, GRUR 2008, 621, 623 Tz. 21; *BGH*, 12.7.2007, I ZR 148/04, GRUR Int. 2008, 519, 520 Tz. 19.
[1932] Vgl. die Verordnung (EG) Nr. 207/2009 des Rates vom 26.2.2009 über die Unionsmarke, ABl.EU Nr. L 78 vom 24.3.2009, S. 1 ff.; geändert durch die Verordnung (EU) 2015/2424 des Europäischen Parlaments und des Rates vom 16.12.2015, ABl.EU Nr. L 241 vom 24.12.2015, S. 21 ff. kodifiziert durch die Verordnung (EU) 2017/1001 des Europäischen Parlaments und des Rates vom 14.6.2017, ABl. EU Nr. L 154 vom 16.6.2017, S. 1 ff.
[1933] Vgl. die Verordnung (EG) Nr. 40/94 des Rates vom 20.12.1993 über die Gemeinschaftsmarke, ABl.EG Nr. L 11 vom 14.1.1994, S. 1 ff.

Das für die Verwaltung der Marken zuständige Amt der Europäischen Union für geistiges Eigentum (EUIPO) firmierte zuvor unter Harmonisierungsamt für den Binnenmarkt (HABM)[1934]. Beim EUIPO handelt es sich um die offizielle Agentur der Europäischen Union, die für die Eintragung von in allen EU-Mitgliedstaaten gültigen Unionsmarken und eingetragenen Gemeinschaftsgeschmacksmustern zuständig ist. Der räumliche Anwendungsbereich einer Unionsmarke lässt sich nicht auf den Schutz in einzelnen Mitgliedstaaten beschränken. Im Falle einer künftigen Erweiterung der EU erstrecken sich alle eingetragenen oder angemeldeten Gemeinschaftsmarken automatisch auch auf die neuen Mitgliedstaaten, ohne dass weitere Formalitäten oder Gebührenzahlungen erforderlich werden.

606 Nach Art. 9 Abs. 1 UMV erwirbt mit der Eintragung einer Unionsmarke ihr Inhaber ein **ausschließliches Recht** an ihr. Ihm stehen die in Art. 9 Abs. 2 UMV aufgeführten Verbotsrechte zu[1935]. Stellt ein Unionsgericht (Art. 95 UMV, § 125c MarkenG) fest, dass eine Unionsmarke verletzt wurde oder verletzt zu werden droht, so verbietet es nach Art. 102 Abs. 1 S. 1 UMV dem Beklagten die Handlungen, die die Unionsmarke verletzen oder zu verletzen drohen, fortzusetzen, sofern dem nicht besondere Gründe entgegenstehen. Auf **Schadensersatz** und **Auskunftsansprüche** ist gem. Art. 101 Abs. 2 UMV das nationale Recht anwendbar, da diese Fragen nicht in der Verordnung geregelt sind. Über Art. 8 Abs. 2 Rom II-VO gilt das Recht des Landes, in dem die Verletzung begangen wurde, weshalb **deutsches Recht** anwendbar ist, wenn **Begehungs- oder Handlungsort** in Deutschland liegen[1936].

607 Wegen des im Markenrecht geltenden Territorialitätsgrundsatzes ist es grundsätzlich rechtlich unbedenklich, wenn im **Inland** ein Zeichen als Marke in Kenntnis des Umstands angemeldet wird, dass ein anderer dasselbe Zeichen im **benachbarten Ausland** als Marke für **gleiche oder sogar identische Waren** benutzt[1937]. Nur wenn zur Kenntnis von der Benutzung im Ausland **besondere Umstände** hinzutreten, die das Verhalten des Anmelders als **wettbewerbswidrig** erscheinen lassen, steht der markenrechtliche Territorialitätsgrundsatz der Anwendung des inländischen Wettbewerbsrechts nicht entgegen[1938]. Die Anmeldung einer Marke kann als wettbewerbswidrig zu beurteilen sein, wenn der Anmelder den Inhaber eines wertvollen ausländischen Zeichens, der dieses demnächst auch auf dem inländischen Markt benutzen will, daran durch die mit der Eintragung der angemeldeten Marke verbundene zeichenrechtliche Sperre hindern will[1939]. Die Problematik der **Kompatibilitätshinweise** ist nach Art. 14 UMV zu beurteilen und entspricht im Ergebnis der Rechtslage nach dem deutschen MarkenG[1940]. Eine rein beschreibende Verwendung einer fremden Marke, die weder die Herkunftsfunktion noch die Markenfunktion beeinträchtigt, stellt keine Benutzung im Sinne von Art. 9 Abs. 2 lit b) UMV dar[1941].

[1934] Harmonisierungsamt für den Binnenmarkt (Marken, Muster und Modelle) Avenida de Europa 4, E-03008 Alicante, Spanien.
[1935] Vgl. *OLG München*, 1.6.2017, 29 U 2554/16, CR 2017, 495, 500.
[1936] Vgl. *BGH*, 12.1.2017, I ZR 253/14, GRUR 2017, 397, 406 Tz. 105 f.
[1937] Vgl. *BGH*, 12.7.2007, I ZR 148/04, GRUR Int. 2008, 519, 520 Tz. 19; *BGH*, GRUR 1987, 292, 294.
[1938] Vgl. *BGH*, 12.7.2007, I ZR 148/04, GRUR Int. 2008, 519, 521 Tz. 19.
[1939] Vgl. *BGH*, 12.7.2007, I ZR 148/04, GRUR Int. 2008, 519, 521 Tz. 21.
[1940] Vgl. *OLG Düsseldorf*, 24.4.2012, I-20 U 176/11, CR 2012, 434 f. noch zur GMV; zum deutschen MarkenG oben Rdn. 593 ff.
[1941] Vgl. *BGH*, 3.11.2016, I ZR 101/15, GRUR 2017, 520, 522 Tz. 26.

9. Einzelfälle aus der Rechtsprechung zur Verwechslungsgefahr

Der markenrechtliche Begriff der Verwechslungsgefahr, der bei den Ansprüchen 608
gegenüber Rechtsverletzungen nach § 14 Abs. 2 Nr. 2 MarkenG und im Eintragungsverfahren bei dem relativen Schutzhindernis des § 9 Abs. 1 Nr. 2 MarkenG übereinstimmend geregelt ist, gilt **einheitlich** im materiellen Markenrecht sowie in den Verfahren in Markenangelegenheiten[1942]. Auch für die Verwechslungsgefahr im Sinne von Art. 9 Abs. 2 lit. b) UMV gelten keine anderen Maßstäbe[1943]. Eine **Verwechslungsgefahr** liegt vor, wenn zwischen der prioritätsjüngeren Marke und der prioritätsälteren Marke für das Publikum die Gefahr von Verwechslungen besteht. Die Verwechslungsgefahr ist Folge einer Identität[1944] oder Ähnlichkeit der kollidierenden Marken und der Waren oder Dienstleistungen. Zur Verwechslungsgefahr gehört auch die Gefahr, dass die prioritätsjüngere Marke mit der prioritätsälteren Marke gedanklich in Verbindung gebracht wird. Ob eine Verwechslungsgefahr gem. § 9 Abs. 1 Nr. 2 MarkenG vorliegt, ist im Einzelfall unter Berücksichtigung aller maßgeblichen Faktoren, insbesondere der Identität bzw. Ähnlichkeit der Waren/Dienstleistungen, des Schutzumfangs der Widerspruchsmarke, des Grads der Ähnlichkeit der Zeichen sowie der Art der Waren/Dienstleistungen und der bei der Auswahl bzw. Auftragsvergabe zu erwartenden Aufmerksamkeit des beteiligten Verkehrs umfassend zu beurteilen[1945].

Die Verwechslungsgefahr ist ein **Rechtsbegriff**[1946] und keine Tatfrage. Zur Fest- 609
stellung der Verwechslungsgefahr ist daher ein Sachverständigenbeweis unzulässig. Da die Verwechslungsgefahr keinen empirischen Tatsachenbegriff, sondern einen normativen Begriff darstellt, kann das Vorliegen von Verwechslungsgefahr auch nicht mit demoskopischen Gutachten und Meinungsumfragen begründet werden. Derartige Gutachten können aber bei der rechtlichen Beurteilung mitberücksichtigt werden. Als Rechtsbegriff ist das Vorliegen einer Verwechslungsgefahr revisibel[1947]. Das Revisionsgericht ist an die vom Tatrichter getroffenen tatsächlichen Feststellungen gebunden. Die Beurteilung der Verwechslungsgefahr ist unter Berücksichtigung aller Umstände des Einzelfalls vorzunehmen[1948]. Bei zusammengesetzten Zeichen liegt die Beurteilung des Gesamteindrucks der sich gegenüberstehenden Zeichen im Wesentlichen auf tatrichterlichem Gebiet und kann im Revisionsverfahren nur eingeschränkt darauf überprüft werden, ob das Berufungsgericht den zutreffenden Rechtsbegriff zugrunde gelegt, bestehende Erfahrungssätze angewandt und den Sachvortrag umfassend gewürdigt hat[1949]. Gleiches gilt für die Frage, ob der Verkehr eine Bezeichnung als Herkunftshinweis versteht[1950].

[1942] Vgl. *Fezer* § 14 Rdn. 80.
[1943] Vgl. *BGH*, 5.6.2008, I ZR 208/05, NJW-RR 2009, 335, 336 Tz. 21.
[1944] Identität setzt grundsätzlich vollständige Übereinstimmung der kollidierenden Zeichen voraus. Sie liegt aber auch vor, wenn die Unterschiede so geringfügig sind, dass sie einem Durchschnittskunden entgehen können, vgl. *BGH*, 12.3.2015, I ZR 188/13, NJW-RR 2015, 931, 933 Tz. 22.
[1945] Vgl. *OLG Köln*, 28.11.2014, 6 U 54/14, MMR 2015, 683, 685 Tz. 54; *BPatG*, 19.6.2017, 27 W (pat) 12/16, BeckRS 2017, 116594; *BPatG*, 14.4.2011, 30 W(pat) 1/10, GRUR 2011, 1147, 1149.
[1946] Vgl. *BGH*, 27.4.2006, I ZR 109/03, NJW-RR 2006, 982 Tz. 15; *BGH*, 13.10.2004, I ZR 66/02, NJW-RR 2005, 185, 186; *BGH*, 13.1.2000, I ZR 223/97, GRUR 2000, 506, 509.
[1947] Vgl. *BGH*, 14.5.2009, I ZR 231/06, GRUR 2009, 1055, 1059 Tz. 62; *BGH*, 13.1.2000, I ZR 223/97, GRUR 2000, 506, 509.
[1948] Vgl. *BGH*, 5.2.2009, I ZR 167/06, GRUR 2009, 484, 486 Tz. 23.
[1949] Vgl. *BGH*, 14.5.2009, I ZR 231/06, GRUR 2009, 1055, 1056 Tz. 23.
[1950] Vgl. *BGH*, 3.11.2016, I ZR 101/15, GRUR 2017, 520, 522 Tz. 27 zu Art. 9 Abs. 2 UMV.

a) Entscheidungen des BGH

610   *BGH* („IPS/ISP")[1951]: Es kann der Erwägung nicht zugestimmt werden, dass der Buchstabe „J" bei Unternehmen der IT-Branche sehr häufig als Anfangsbuchstabe der Unternehmensbezeichnung vorkommt und von den angesprochenen Verkehrskreisen als Abkürzung für eine beschreibende Sachangabe und insbesondere als Hinweis auf die Tätigkeit des Unternehmens auf dem Gebiet der Informationstechnik verstanden wird.

611   *BGH* („HEITEC/HAITEC")[1952]: Die Beschränkung des Schutzumfangs eines an eine beschreibende oder sonst freizuhaltende Angabe angelehnten Zeichens (HEITEC) dient dazu, eine Monopolisierung der freizuhaltenden Angabe durch den Inhaber des Zeichens zu vermeiden. Im Verhältnis zu anderen Zeichen, die sich ebenfalls an die freizuhaltende Angabe anlehnen und diese verfremden (HAITEC), ist der Schutzumfang nicht begrenzt.

612   *BGH* („SmartKey")[1953]: Zwischen der für eine Computer-Software, mit der Textbausteine und Makros erstellt und verwaltet werden können, verwendeten Bezeichnung „SmartKey" und der Bezeichnung „KOBIL Smart Key" für eine Computer-Software zur Verwaltung von Schlüsseln zum Signieren und Verschlüsseln besteht keine Verwechslungsgefahr.

613   *BGH* („CompuNet/ComNet II")[1954]: Die Firmenbezeichnung „CompuNet" weist von Hause aus nur geringe Kennzeichnungskraft auf.

614   *BGH* („SoCo")[1955]: 1. An der Bezeichnung „SoCo" als Abkürzung des beschreibenden Firmenbestandteils „Software + Computersysteme" besteht schon deswegen ein Kennzeichenrecht, weil es sich bei diesem Bestandteil – ungeachtet einer Benutzung in Alleinstellung – um ein Firmenschlagwort handelt, das für sich genommen hinreichend unterscheidungskräftig und geeignet ist, dem Verkehr als Kurzbezeichnung zu dienen. 2. Dem Firmenschlagwort „SoCo" kommt nur eine geringe Kennzeichnungskraft zu. Es handelt sich um eine aussprechbare Abkürzung, wie sie für geschäftliche Bezeichnungen typisch ist. Da Unternehmen der EDV-Branche die Begriffe „Software" und „Computer" oder „Communication" häufig als beschreibende Firmenbestandteile verwenden, liegt es nahe, daraus eine Abkürzung wie „SoCo" zu bilden. 3. Bei Unternehmen, die im Bereich der Datenverarbeitung tätig sind, kann schon lange nicht mehr generell von einer Branchennähe ausgegangen werden. Denn im Hinblick auf die Vielfalt und Differenziertheit des Angebotes in diesem Bereich kann nicht ohne weiteres angenommen werden, dass sich die Parteien allein wegen des Bezugs zur Datenverarbeitung am Markt begegnen.

615   *BGH* („GeDIOS")[1956]: 1. Aus der Tatsache, dass eine Dienstleistung elektronisch gestützt erbracht wird, folgert der Verkehr nicht, dass mit dem Angebot der Dienstleistung zugleich die Software beworben und mit der Bezeichnung der Dienstleistung auch die genutzte Software benannt wird. 2. Ist dem Verkehr bekannt, dass die Vielfalt der Einsatzmöglichkeiten von softwaregestützten Rechnern auf der einen Seite und die Komplexität der Entwicklung von Betriebs- und Anwendersoftware auf der anderen Seite eine Arbeitsteilung zwischen Softwareunternehmen und dem sonstigen Dienstleistungs- und Handelsverkehr nach sich ziehen, liegt grundsätzlich

---

[1951] Vgl. *BGH*, 5.3.2015, I ZR 161/13, GRUR 2015, 1004, 1007 Tz. 38.
[1952] Vgl. *BGH*, 14.2.2008, I ZR 162/05, GRUR 2008, 803.
[1953] Vgl. *BGH*, 27.4.2006, I ZR 109/03, NJW-RR 2006, 982.
[1954] Vgl. *BGH*, 13.10.2004, I ZR 66/02, NJW-RR 2005, 185.
[1955] Vgl. *BGH,* 22.7.2004, I ZR 135/01, NJW 2005, 1198.
[1956] Vgl. *BGH*, 13.11.2003, I ZR 103/01, NJW-RR 2004, 765.

die Annahme fern, das Publikum könnte glauben, die betreffende Software und die Dienstleistung stammten aus demselben oder aus wirtschaftlich verbundenen Unternehmen. 3. Zur Waren-/Dienstleistungsähnlichkeit von Computersoftware und Finanzdienstleistung.

BGH („**ComNet/CompuNet**")[1957]: Zur Verwechslungsgefahr der Firmenbestandteile „ComNet" und „CompuNet" nach § 15 Abs. 2 MarkenG bei Firmen, deren Geschäftsgegenstand die Beschaffung, Installation und Wartung von PC-Netzwerken und der Vertrieb von PC-Hard- und Software insbesondere für den Netzwerkbetrieb ist. 616

BGH („**PowerPoint**")[1958]: Eine Verwechslungsgefahr zwischen der Marke bzw. dem prägenden Bestandteil „PAUR" auf der einen und „PowerPoint" auf der anderen Seite besteht nicht. Der Gesamteindruck, den der Verkehr von dem zusammengesetzten Kennzeichen „PowerPoint" gewinnt, wird durch die beiden gleichgewichtigen Elemente „Power" und „Point" dergestalt bestimmt, dass keines der beiden Bestandteile den Gesamteindruck prägt. Unter diesen Umständen kann die (klangliche) Übereinstimmung eines Bestandteils des Beklagtenzeichens („Power") mit dem Klagezeichen bzw. mit dem prägenden Bestandteil der Firma der Klägerin („PAUR") eine Verwechselungsgefahr nicht begründen. 617

BGH („**NetCom**")[1959]: Die abgekürzte englische Kennzeichnung „NetCom" verfügt in der Computerbranche über ursprüngliche Unterscheidungskraft. 618

b) Entscheidungen anderer Gerichte

BPatG („**combi/combit**")[1960]: Zunächst ist festzuhalten, dass die beiden Zeichen in den ersten fünf Buchstaben vollständig übereinstimmen und sich lediglich in dem weiteren Buchstaben „t" am Wortende der Widerspruchsmarke unterscheiden. Dennoch wird der Buchstabe „t" am Ende der zweisilbigen Widerspruchsmarke deutlich wahrgenommen, da der Buchstabe „t" selber als Plosivlaut und als Schlusslaut nach dem vorausgehenden Vokal „i" deutlich zu hören ist und da er zudem die Aussprache des vorausgehenden Vokals beeinflusst. 619

BPatG („**appsfactory**")[1961]: Das angemeldete Zeichen „appsfactory" stellt – für den an englischsprachige Begriffe gerade im Bereich von IT-bezogenen Waren und Dienstleistungen gewöhnten inländischen Verkehr ohne Weiteres ersichtlich – eine Wortkombination dar, bestehend aus dem im Inland allgemein verständlichen englischen Wortelement „app", Plural „apps" (Abkürzung für application (software) = Anwendungssoftware) und dem zum Grundwortschatz der englischen Sprache gehörenden Wort „factory" mit der Bedeutung „Fabrik(anlage), Werk, Betrieb, Produktionsstätte". Das Wortelement „factory" findet auch als Bezeichnung eines Standorts, an dem Dienstleistungen erbracht werden, Verwendung. In seiner Gesamtheit ist der angemeldeten Wortfolge die Bedeutung „Produktions-/Entwicklungsstätte für Anwendungssoftware" beizumessen, wobei die angesprochenen Verkehrskreise die angemeldete Wortkombination als Hinweis auf irgendeine beliebige Produktionsstätte für Software, nicht aber auf einen individuellen Betrieb in diesem Waren- und Dienstleistungssegment wahrnehmen werden. Die Kombination der vorgenannten Wortelemente ist dabei nicht als unüblich zu erachten, insbesondere 620

[1957] Vgl. *BGH*, 15.2.2001, I ZR 232/98, GRUR 2001, 1161.
[1958] Vgl. *BGH*, 24.4.1997, I ZR 44/95, NJW 1997, 3313.
[1959] Vgl. *BGH*, 21.11.1996, I ZR 149/94, NJW 1997, 1928.
[1960] Vgl. *BPatG*, 19.6.2017, 27 W (pat) 12/16, BeckRS 2017, 116594.
[1961] Vgl. *BPatG*, 17.8.2016, 24 W (pat) 558/14, BeckRS 2016, 18299.

auch nicht das Zusammenschreiben der Wortelemente mit Verwendung der Pluralform „apps". Es besteht kein merklicher Unterschied zwischen der Neuschöpfung und der bloßen Summe der beschreibenden Wortbestandteile. Hiervon ausgehend werden die angesprochenen allgemeinen Verkehrskreise die Wortkombination in Bezug auf die in den Klassen 35, 38, 41 und 42 beanspruchten Dienstleistungen nicht als betrieblichen Herkunftshinweis wahrnehmen.

621 *BPatG* („**DISWEB/DISOweb**")[1962]: Die Markenwörter „DISWEB" und „DISOweb" sind in sechs von sieben Buchstaben identisch und unterscheiden sich durch den in der Wortmitte der jüngeren Marke eingefügten Buchstaben „O". Dabei werden die Marken in ihrem schriftbildlichen Gesamteindruck maßgeblich durch den – bis auf das Endungs-O auf Seiten der angegriffenen Marke identischen – Wortanfang „DIS/DISO" und das in allen Buchstaben (bis auf die Groß/Kleinschreibung) identische Wortende „WEB" bzw. „web" geprägt. Die am besonders beachteten Wortanfang stehenden Wortbestandteile „DIS/DISO" unterscheiden sich nur geringfügig. Der zusätzliche Vokal „O" tritt bei visueller Wahrnehmung der angegriffenen Marke in ihrer Gesamtheit nicht so prägnant hervor, als dass er die weitgehend übereinstimmende Gesamtstruktur beider Markenwörter im Schriftbild wesentlich beeinflussen könnte, zumal Abweichungen in der Wortmitte erfahrungsgemäß ohnehin weniger auffallen. Die Abweichung alleine in einem Buchstaben in der weniger beachteten Wortmitte ist nicht geeignet, den Gesamteindruck einer jedenfalls durchschnittlichen schriftbildlichen Ähnlichkeit zu beseitigen.

622 *BPatG* („**DIC**")[1963]: Die Buchstabenfolge „CID" wird im Zusammenhang mit den hier beanspruchten Waren naheliegend und ohne Weiteres als Abkürzung für „computer integrated design", übersetzt computerintegriertes Design, wahrgenommen und ist mit dieser Bedeutung auch lexikalisch nachweisbar. Der Angabe „CID" fehlt für alle beanspruchten Waren und Dienstleistungen die notwendige Unterscheidungskraft.

623 *BPatG* („**TOLTEC/TOMTEC**")[1964]: Zwischen den Wortzeichen, die für auf Datenträgern gespeicherten Softwareprogrammen sowie Mikrobildmessgeräten eingetragen sind, besteht in klanglicher Hinsicht eine Verwechslungsgefahr.

624 *EuG* („**Presto! Bizcard Reader/Presto**")[1965]: Zwischen dem Wortzeichen „Presto! Bizcard Reader" und der Wort-Bild-Marke „Presto", die beide u.a. für Computerprogramme eingetragen sind, besteht Verwechslungsgefahr.

625 *OLG Düsseldorf* („**combit/Commit**")[1966]: Der Senat teilt die Ansicht des Landgerichts, dass in Deutschland eine Verwechslungsgefahr zwischen der Bezeichnung „combit" und dem Begriff „Commit" besteht, da die Bezeichnung „combit" hier durchschnittliche Kennzeichnungskraft hat und der durchschnittliche deutsche Verbraucher mit dem Begriff „Commit" keine konkrete Bedeutung verbindet. Das gilt nicht nur für Deutschland, sondern auch für die übrigen deutschsprachigen Länder der Europäischen Union. Für den englischen Sprachraum trifft dies nicht zu. Dort ist der durchschnittliche Verbraucher nicht nur mehr an die Verwendung von Abkürzungen – auch und gerade in Kombination – gewöhnt, weshalb die Klagemarke 3 als Zusammensetzung von „com" für Computer und „bit" für binary digit" bezüglich der geschützten Warenklassen dort nur geringe Kennzeichnungskraft hat. Er kennt zudem die Bezeichnung „commit" von dem im englischen in vielerlei Zu-

---

[1962] Vgl. *BPatG*, 11.2.2016, 30 W (pat) 5/15, BeckRS 2016, 04619.
[1963] Vgl. *BPatG*, 8.4.2014, 24 W (pat) 18/13, BeckRS 2014, 12861.
[1964] Vgl. *BPatG*, 14.4.2011, 30 W(pat) 1/10, GRUR 2011, 1147.
[1965] Vgl. *EuGH*, 22.5.2008, T-205/06, GRUR Int. 2009, 56.
[1966] Vgl. *OLG Düsseldorf*, 12.5.2015, I-20 U 5/14, BeckRS 2015, 09880.

sammenhang gebrauchten Verb „to commit", sodass in seinen Augen die klangliche Ähnlichkeit durch einen ohne weiteres erfassbaren Bedeutungsunterschied zu „combit" ausgeglichen wird.

OLG Düsseldorf („**Combit/ComIT**")[1967]: Der Bestandteil „Combit" der Geschäftsbezeichnung eines auf die Herstellung und Vermarktung von Soft- und Hardwaresystemen gerichteten Unternehmens wie auch die gleichlautende Marke für Datenverarbeitungsgeräte und Computer, Computerzubehör und Computerprogramme sind verwechslungsfähig mit dem Zeichen „ComIT" für einen Geschäftsbetrieb des Handels mit Hardware/Software-Produkten aus dem Computerumfeld, der Entwicklung von Hard- und Softwarekomponenten usw. und den entsprechenden Waren und Dienstleistungen. 626

OLG Hamburg („**Navigon/Nav N Go**")[1968]: Zwischen den Marken und Unternehmenskennzeichen „Navigon" und „Nav N Go", beide eingetragen bzw. benutzt u. a. für Navigationssoftware und Navigationsgeräte, besteht Verwechslungsgefahr. 627

OLG Hamburg („**SAP/BASAP**")[1969]: Der Bezeichnung „SAP" kommt im IT- und Softwarebereich gesteigerte Kennzeichnungskraft zu. Die Bezeichnung „BASAP" ist der Bezeichnung „SAP" ähnlich. Zwischen der Bezeichnung „SAP" und der Bezeichnung „BASAP" besteht im Hinblick auf die von beiden Parteien angebotenen Waren und Dienstleistungen im Bereich der informationstechnischen Unterstützung von Geschäftsprozessen mittelbare Verwechslungsgefahr. 628

OLG Hamburg („**VOBIS/FORIS**")[1970]: Die Bezeichnungen „VOBIS" für Personalcomputer und Zubehör sowie „FORIS finanziert Prozesse" für die Dienstleistung „Datenverarbeitung" sind trotz Branchen- bzw. Waren-/Dienstleistungsnähe nicht verwechselbar. 629

OLG Hamburg („**Conquest**")[1971]: 1. Titel von Computerspielprogrammen werden jedenfalls dann auch kennzeichenmäßig benutzt, wenn für den Verkehr durch den Zusatz „TM is a trademark of . . ." erkennbar wird, dass die Bezeichnung nicht mehr nur titelmäßig, sondern auch als Marke benutzt werden soll. 2. Der Verkehr neigt dazu, eine englischsprachige Mehrwortbezeichnung („Conquest oft the new world") auf ein Zeichenbestandteil zu verkürzen, wenn dieser im Unterschied zu den übrigen Zeichenbestandteilen wenig gebräuchlich ist und von Verkehrskreisen mit nur durchschnittlichen Englischkenntnissen nicht ohne weiteres verstanden wird. 630

OLG Hamm („**Explorer/FTP-Explorer**")[1972]: Die geschützte Marke „Explorer" besitzt wenigstens eine geringe Unterscheidungskraft. Das Zeichen „FTP-Explorer" ist hiermit verwechslungsfähig. 631

OLG Köln („**Farming Simulator 2013/Farm Simulator 2013**")[1973]: Zwischen den Bezeichnungen „Farming Simulator" und „Farm Simulator" besteht Werkidentität. Unterschiedliche Vertriebswege spielen für die Beurteilung ... keine Rolle. Der Verkehr ist daran gewöhnt, dass Computersoftware mittlerweile sowohl im Weg des Downloads als auch über physische Datenträger vertrieben wird. Auch wenn die Klägerin ihr Produkt unter der Bezeichnung „Farming Simulator" selber nur im 632

[1967] Vgl. *OLG Düsseldorf*, 14.3.2000, 20 U 61/99, GRUR-RR 2001, 49.
[1968] Vgl. *OLG Hamburg*, 16.4.2008, 5 U 198/07, CR 2008, 347.
[1969] Vgl. *OLG Köln*, 10.12.2001, 2 W 154/01, NJW-RR 2002, 345.
[1970] Vgl. *OLG Hamburg*, 26.7.2001, 3 U 54/01, GRUR-RR 2002, 220; vgl. auch *LG Hamburg*, 30.1.2001, 312 O 726/00, GRUR-RR 2002, 99.
[1971] Vgl. *OLG Hamburg*, 23.11.2000, 3 U 53/99, CR 2001, 298.
[1972] Vgl. *OLG Hamm*, 15.5.2001, 4 U 33/01, MMR 2001, 611.
[1973] Vgl. *OLG Köln*, 28.11.2014, 6 U 54/14, MMR 2015, 683.

Weg des Downloads vertrieben, besteht die Gefahr, dass der Kunde, der mit dem Datenträger der Beklagten konfrontiert wird, dieses Produkt für das der Klägerin in einer physischen Vertriebsform hält. Gerade bei Online-Handelsplattformen werden regelmäßig beide Formen nebeneinander angeboten. Aus Sicht der angesprochenen Verkehrskreise handelt es sich um das gleiche Werk, das nur über verschiedene Vertriebskanäle und für unterschiedliche Plattformen angeboten wird.

633 *OLG Köln* („**IPFNet**")[1974]: **1.** Lautlich nicht aussprechbaren Buchstabenkombinationen (hier: IPF als Bestandteil der Firma einer *KG* der elektronischen Datenverarbeitung) kommt nach neuem Markenrecht grundsätzlich originärer, d. h. nicht erst durch Verkehrsgeltung erworbener Kennzeichnungsschutz zu. **2.** Der allein kennzeichnende Firmenbestandteil IPF ist verwechselbar mit dem prioritätsjüngeren Firmenbestandteil IPFNet (bzw. IPF.Net oder IPF-Net) in der Firma eines Konkurrenzunternehmens.

634 *OLG München* („**Obelix/Mobilix**")[1975]: Hinsichtlich der Klagemarke OBELIX kann ohne weiteres davon ausgegangen werden, dass sie für die Entscheidung relevanten Waren – elektronische Spielapparate mit und ohne Bildschirm, Computer, Programm-Module und auf Datenträger aufgezeichnete Computerprogramme, insbesondere Videospiele – eine Marke von ursprünglich zumindest durchschnittlicher Kennzeichnungskraft ist. OBELIX ist ein einprägsames Kennzeichen, dass keine beschreibenden Anklänge enthält; die Anlehnung an Obelisk wird jedenfalls im Zusammenhang mit den erwähnten Waren übersehen, hat insbesondere für sie keinen beschreibenden Gehalt und ist daher für die Beurteilung der Kennzeichnungskraft ohne Bedeutung. „Obelix" und die Beklagtenmarke „Mobilix" sind als Marken für identische oder sehr ähnliche Waren verwechselbar.

635 *OLG München* („**Rainbow Arts Software/Rainbow Data**")[1976]: Zwischen den Firmennamen „Rainbow Arts Software" und „Rainbow Data" besteht eine Verwechslungsgefahr.

636 *OLG Stuttgart* („**AntiVir/AntiVirus**")[1977]: Die Klagemarke wird geprägt durch die charakteristische Verkürzung der Sachangabe „Antivirus" auf „AntiVir". Gerade insoweit fehlt es aber an einer Übereinstimmung mit der Marke der Beklagen, denn diese vertreibt ein Datenverarbeitungsprogramm, das der Aufdeckung von Computerviren dient, unter der Bezeichnung „AntiVirus".

637 *LG Bielefeld* („**Explorer/FTP-Explorer**")[1978]: **1.** Zwischen den Begriffen „Explorer" und „FTP-Explorer" besteht keine Verwechslungsgefahr. Dem Begriff „Explorer" kommt im Wesentlichen beschreibende Funktion und eine allenfalls schwache Kennzeichnungskraft zu. Das Element „FTP" hat eine mindestens gleichwertig prägende Bedeutung. Ein Hervortreten des Bestandteils „Explorer" gegenüber dem Element „FTP" kann jedenfalls nicht festgestellt werden. **2.** Der Inhaber der Marke kann sich den durch die Benutzung der Bezeichnung „InternetExplorer" durch die Firma Microsoft entstandenen Bekanntheitsgrad nicht zurechnen lassen, da der Firma Microsoft ein Fremdbenutzungswille fehlt.

638 *LG Düsseldorf* („**Exes**")[1979]: Zwischen der Dienstleistung „Unternehmensberatung auf der Basis ausgewählter internationaler Management-Informationen und

---

[1974] Vgl. *OLG Köln*, 5.11.1999, 6 U 43/99, MMR 2000, 161.
[1975] Vgl. *OLG München*, 23.1.2003, 29 U 4096/02, CR 2003, 723; Vorinstanz *LG München I*, 17.7.2002, 21 O 17363/01, CR 2002, 799.
[1976] Vgl. *OLG München*, 17.12.1992, 6 U 1727/92, CR 1993, 358.
[1977] Vgl. *OLG Stuttgart*, 16.2.2001, 2 U 112/00, BeckRS 2009, 10932.
[1978] Vgl. *LG Bielefeld*, 29.12.2000, 3 O 452/00, MMR 2001, 196.
[1979] Vgl. *LG Düsseldorf*, 3.8.2001, 38 O 38/01, MMR 2002, 489.

Management-Methoden" gem. Klasse 35 und der freiberuflichen Tätigkeit „Design und Programmierung" besteht keine die Gefahr von Verwechslungen begründende Ähnlichkeit.

LG München I („eBusiness People")[1980]: Die von einer Herstellerin und Händlerin von Software für den Waren- und Dienstleistungsabsatz über das Internet eingetragene Marke „eBusiness People" besitzt ausreichende Kennzeichnungskraft, obwohl sie aus zwei für sich gesehen beschreibenden Bezeichnungen besteht. Es handelt sich insoweit um ein in der deutschen Sprache ungebräuchliches Werbeschlagwort, das auf die Professionalität des Waren- und Dienstleistungsangebotes hinweisen soll, ohne dabei die Waren und Dienstleistungen selbst zu beschreiben. 639

VI. Designschutz

Schrifttum: *Eichmann/Kur*, Designrecht, 2009; *Eichmann/v. Falkenstein/Kühne*, Designgesetz, 5. Aufl. 2015; *Günther/Beyerlein*, Designgesetz, 3. Aufl. 2015; *Rehmann*, Designrecht, 2. Aufl. 2014.

Inhaltsübersicht

	Rdn.		Rdn.
1. Grundlegendes	640	4. Die Rechtsinhaberschaft (Wer wird geschützt?)	647
2. Geschützte Designs (Was ist geschützt?)	641	5. Ansprüche bei Rechtsverletzungen	649
3. Rechtsentstehung (Wann greift der Schutz ein?)	645	6. Internationaler Schutz	650

1. Grundlegendes

Mit der Gesetzesnovellierung vom 10.10.2013 zur „Modernisierung des Geschmacksmustergesetzes sowie zur Änderung der Regelungen über die Bekanntmachungen zum Ausstellungsschutz"[1981] wurde der zuvor verwendete Begriff „Geschmacksmuster" aufgegeben und durch Design ersetzt. Ausweislich der in § 1 Nr. 1 DesignG enthaltenen Definition ist ein Design die **zweidimensionale oder dreidimensionale Erscheinungsform** eines ganzen Erzeugnisses oder eines Teils davon, die sich insbesondere aus den Merkmalen der Linien, Konturen, Farben, der Gestalt, Oberflächenstruktur oder der Werkstoffe des Erzeugnisses selbst oder seiner Verzierung ergibt. Gegenüber dem Urheberrechtsschutz sowie dem Patentrechtsschutz tritt der Schutz von Computersoftware nach dem DesignG deutlich zurück, was schon daraus folgt, dass Computerprogramme nach der Definition des § 1 Nr. 2 DesignG **nicht als Erzeugnis gelten** und dementsprechend vom Schutz ausgenommen sind. Dennoch kommt dem Schutz nach dem DesignG mitunter eine **ergänzende Wirkung** zu, weil zwar nicht das Programm selbst, aber unter Umständen einzelne für die Bildschirmausgabe bestimmte Darstellungen geschütz werden können. Auch für Computersoftware gilt daher insoweit die allgemeine Regel, dass sich Urheberrechtsschutz und Designrechtsschutz nicht ausschließen, sondern **nebeneinander** bestehen können[1982], auch wenn dies in § 69g Abs. 2 UrhG nicht ausdrücklich klargestellt ist. 640

[1980] Vgl. *LG München I*, 30.8.2000, 1 HKO 12250/00, CR 2001, 48.
[1981] Vgl. BGBl. Teil I vom 16.10.2013, S. 3799 ff.
[1982] Vgl. *BGH*, 13.11.2013, I ZR 143/12, NJW 2014, 469, 473 Tz. 39 – Geburtstagszug.

2. Geschützte Designs (Was ist geschützt?)

641 **Bildschirmdarstellungen** können als Objekte mit zweidimensionaler Erscheinungsform eingeordnet werden, die den sonstigen Darstellungen grafischer Symbole ähnlich sind. Die Wiedergabe auf einem Bildschirm vermag keine Rechtfertigung einer unterschiedlichen Behandlung zu liefern[1983]. Auch die Schutzausnahme für Computerprogramme nach § 1 Nr. 2 DesignG steht einem Schutz für Bildschirmdarstellungen nicht entgegen, da im Einklang mit der Rsp. des *EuGH*[1984] zwischen steuerndem Programm und Ergebnis des Programmablaufs unterschieden werden muss, wie dies bereits bei der Darstellung der Urheberrechtsschutzfähigkeit der Bildschirmoberflächen dargelegt wurde. Die Sichtbarkeit einzelner Elemente eines Computerprogramms auf dem Bildschirm ist daher für die Designfähigkeit ausreichend[1985]. Icons, Menüs und einzelne Bildschirmgestaltungen können daher Designs sein, worauf schon bei der Ausarbeitung der dem deutschen Gesetz zugrunde liegenden EU-Richtlinie seitens der Europäischen Kommission hingewiesen wurde[1986]. Diese Auffassung wurde durch die deutsche Rsp. insofern bestätigt, als auch sonstige für den Bildschirm bestimmte Darstellungen wie z. B eine Webseite für designfähig gehalten werden[1987].

642 Das Design muss zum Zeitpunkt der Anmeldung **neu** im Sinne von § 2 Abs. 1 und 2 DesignG sein. Vor dem Anmelde- bzw. Prioritätstag darf kein identisches oder nur in unwesentlichen Merkmalen abweichendes Design offenbart worden sein. Eine Ausnahme von diesem Grundsatz bildet gem. § 6 DesignG die Neuheitsschonfrist. Nach dieser Vorschrift bleibt eine Veröffentlichung des Designs bis zu 12 Monate vor der Anmeldung durch den Entwerfer, seinen Rechtsnachfolger oder bestimmter Dritter unberücksichtigt. Das heißt, Vorveröffentlichungen sind unter diesen Voraussetzungen nicht neuheitsschädlich.

643 Weitere Voraussetzung des Designschutzes ist, dass das Design **Eigenart** im Sinne von § 2 Abs. 1 und 3 DesignG aufweist. Die Voraussetzungen der Eigenart nach dem DesignG und der wettbewerblichen Eigenart nach den Grundsätzen des wettbewerblichen Leistungsschutzes sind nicht deckungsgleich[1988]. Der Gesamteindruck des Designs muss sich von bereits bekannten Designs unterscheiden, weshalb der Begriff der Eigenart auch mit **Unterschiedlichkeit** umschrieben werden kann[1989]. Hierbei kommt es weder auf die Sicht eines Laien noch auf die eines Produktdesig-

---

[1983] Vgl. Eichmann/v. Falkenstein/Kühne § 1 Rdn. 26.
[1984] Vgl. *EuGH*, 22.12.2010, C-393/09, GRUR 2011, 220 ff. – BSA/Kulturministerium; ausführlich oben Rdn. 90 ff.
[1985] Vgl. Eichmann/v. Falkenstein/Kühne § 1 Rdn. 26; Eichmann/Kur § 2 Rdn. 22.
[1986] Vgl. Vorschlag der EG-Kommission für eine Richtlinie zum Designschutz, Explanatory Memorandum, COM (93) 342 final-COD 463 v. 3.12.1993 S. 11: „As far as computer programs are concerned, the exclusion may appear to be superfluous since computer programs as defined in the Directive on the legal protection of computer programs cannot be designed. It may be useful, however, to state explicitly that the copyright protection provided under the umbrella of the aforementioned Directive cannot be supplemented or reinforced by a protection of the "look and feel" of a computer program by way of design protection. This does not exclude the protection of specific graphic designs as applied, for example, to icons or menus provided the normal requirements for protection are met." Später *Wandtke/Ohst* GRUR Int. 2005, 91, 94.
[1987] Vgl. *LG Düsseldorf*, 26.6.2013, 12 O 381/10, BeckRS 2013, 19906.
[1988] Vgl. *BGH*, 18.10.2011, I ZR 109/10, BeckRS 2011, 25513; zur wettbewerblichen Eigenart oben Rdn. 541.
[1989] Vgl. *BGH*, 13.11.2013, I ZR 143/12, NJW 2014, 469, 473 Tz. 36 – Geburtstagszug; *BGH*, 22.4.2010, I ZR 89/08, GRUR Int. 2010, 1072, 1074 Tz. 32; Eichmann/v. Falkenstein/Kühne § 2 Rdn. 15; Eichmann/Kur § 2 Rdn. 68.

ners an. Entscheidend ist der bei einem informierten Benutzer hervorgerufene Gesamteindruck. Ein **besonderes Gestaltungsniveau** ist **nicht erforderlich**[1990]. Es wird allerdings berücksichtigt, ob auf dem entsprechenden Gebiet bereits eine Vielzahl von ähnlichen Designs existiert. Ist dies der Fall, sind die Anforderungen an den Unterscheidungsgrad entsprechend geringer. Bei Computersoftware ist aber besonders zu bedenken, dass technisch oder funktionell bedingte Erscheinungsmerkmale dem Designschutz nicht zugänglich sind und deshalb auch bei der Beurteilung der Unterschiedlichkeit unberücksichtigt bleiben[1991].

644

Design information
Design number: 000967427-0001
Filing date: 09/07/2008
Locarno class number: 14.04
Indication of the product: Graphical user interfaces for a display screen or portion thereof

Owner information
Owner name: Apple Inc.

Beispiel für ein eingetragenes Gemeinschaftsgeschmacksmuster

3. Rechtsentstehung (Wann greift der Schutz ein?)

Der Schutz eines **eingetragenen Designs** entsteht grundsätzlich gem. § 27 Abs. 1 DesignG mit der Eintragung in das Register für eingetragene Designs beim Deutschen Patent- und Markenamt (DPMA). Gem. § 27 Abs. 2 beträgt die Schutzdauer des eingetragenen Designs 25 Jahre, gerechnet ab dem Anmeldetag. Bei der Anmeldung wird von der Designstelle im Wesentlichen nur das Vorliegen der formellen Voraussetzungen geprüft (§§ 16, 18 DesignG). Die Designstelle prüft nicht, ob das angemeldete Design tatsächlich die sachlichen Schutzvoraussetzungen wie Neuheit und Eigenart erfüllt. Diese Voraussetzungen werden im Streitfall durch die Zivilgerichte oder im Rahmen eines Nichtigkeitsverfahrens vor dem DPMA geprüft. Ein Design wird daher auch bei Fehlen einer oder gar mehrerer sachlicher Schutzvoraussetzungen eingetragen. Es handelt sich daher um ein **materiell ungeprüftes Recht**[1992]. Den Anmeldeunterlagen ist eine grafische oder fotografische Wiedergabe der Bildschirmdarstellung[1993] beizufügen (§ 3 Abs. 1 Nr. 3, § 7 Abs. 1 DesignV[1994]), die entweder auf dem Wiedergabeformblatt aufgeklebt bzw. aufgedruckt oder als JPEG-Datei (*.jpg) auf einem elektronischen Datenträger (CD oder DVD) eingereicht wird.

645

[1990] Vgl. *BGH*, 13.11.2013, I ZR 143/12, NJW 2014, 469, 473 Tz. 37 – Geburtstagszug.
[1991] Vgl. *Eichmann/v. Falkenstein/Kühne* § 2 Rdn. 15.
[1992] Vgl. *Eichmann/Kur* § 7 Rdn. 34.
[1993] Vgl. *Eichmann/Kur* § 2 Rdn. 22.
[1994] Vgl. Verordnung zur Ausführung des Designgesetzes (Designverordnung – DesignV), vom 2. Januar 2014, BGBl. I S. 18; BlPMZ 2014, 34.

646 Für ein **nicht eingetragenes Design** (= nicht eingetragenes Gemeinschaftsgeschmacksmuster) gem. Art. 11 Abs. 1 Gemeinschaftsgeschmacksmuster-VO (GGV)[1995] ist keine Anmeldung notwendig. Der Schutz entsteht durch bloße Offenbarung, also wenn das Design der Öffentlichkeit in der Europäischen Union erstmals zugänglich gemacht wird. Dabei gilt das Geschmacksmuster als der Öffentlichkeit innerhalb der Gemeinschaft zugänglich gemacht, wenn es in solcher Weise bekannt gemacht, ausgestellt, im Verkehr verwendet oder auf sonstige Weise offenbart wurde, dass dies den in der Gemeinschaft tätigen Fachkreisen des betreffenden Wirtschaftszweigs im normalen Geschäftsverlauf bekannt sein konnte. Das nicht eingetragene Gemeinschaftsgeschmacksmuster wird gem. Art. 11 Abs. 1 GGV für eine Frist von drei Jahren geschützt, beginnend mit dem Tag, an dem es der Öffentlichkeit innerhalb der Gemeinschaft erstmals zugänglich gemacht wurde.

4. Die Rechtsinhaberschaft (Wer wird geschützt?)

647 Gem. § 7 Abs. 1 S. 1 DesignG steht das Recht auf das **eingetragene Design** dem **Entwerfer oder seinem Rechtsnachfolger** zu. Juristische Personen des Privatrechts und des öffentlichen Rechts können nicht Entwerfer sein, da sie die Designgestaltung als Realakt nicht erbringen können[1996]. Sie müssen sich das Recht daher übertragen lassen oder als Arbeitgeber erworben haben[1997].

648 Die Partei, die Rechte aus einem **nicht eingetragenen Gemeinschaftsgeschmacksmuster** ableitet, trägt die Darlegungs- und Beweislast dafür, dass sie Inhaberin des Rechts nach Art. 14 GGV ist. Zu ihren Gunsten streitet keine Vermutung für die Inhaberschaft, wenn sie das nicht eingetragene Gemeinschaftsgeschmacksmuster erstmalig der Öffentlichkeit innerhalb der Union im Sinne des Art. 11 GGV zugänglich gemacht hat[1998].

5. Ansprüche bei Rechtsverletzungen

649 Das eingetragene Design gewährt seinem Rechtsinhaber gem. § 38 Abs. 1 DesignG das **ausschließliche Recht,** es zu benutzen und Dritten zu verbieten, es ohne seine Zustimmung zu benutzen. Eine Benutzung schließt insbesondere die Herstellung, das Anbieten, das Inverkehrbringen, die Einfuhr, die Ausfuhr, den Gebrauch eines Erzeugnisses, in das das eingetragene Design aufgenommen oder bei dem es verwendet wird, und den Besitz eines solchen Erzeugnisses zu den genannten Zwecken ein. Die wichtigsten Ansprüche des Rechtsinhabers sind in § 42 DesignG geregelt.

Rechtsfolgen bei Rechtsverletzung	
Anspruch	Norm
Unterlassung	§ 42 Abs. 1 S. 1 DesignG
Beseitigung	§ 42 Abs. 1 S. 1 DesignG
Schadensersatz – materieller Schaden – immaterieller Schaden	§ 42 Abs. 2 DesignG –

[1995] Verordnung (EG) Nr. 6/2002 des Rates vom 12. Dezember 2001 über das Gemeinschaftsgeschmacksmuster, ABl.EG Nr. L 3 vom 5.1.2002, S. 1.
[1996] Vgl. *Eichmann/Kur* § 2 Rdn. 98.
[1997] Vgl. *Eichmann/Kur* § 2 Rdn. 105.
[1998] Vgl. *BGH*, 13.12.2012, I ZR 23/12, GRUR 2013, 830.

Rechtsfolgen bei Rechtsverletzung	
Anspruch	Norm
Sicherung der Schadensersatzansprüche	§ 46b DesignG
Abmahnung	–
Softwarespezifische Vernichtung	–
Allgemeine Vernichtung etc.	§ 43 Abs. 1 DesignG
Haftung des Unternehmensinhabers	§ 44 DesignG
Auskunft, Drittauskunft	§ 46 Abs. 1 und 2 DesignG
Vorlage und Besichtigung	§ 46a DesignG
Urteilsbekanntmachung	§ 47 DesignG
Strafrechtlicher Schutz	§ 51 DesignG
Maßnahmen der Zollbehörden	§ 55 DesignG

6. Internationaler Schutz

Das **eingetragene Gemeinschaftsgeschmacksmuster** ermöglicht mit einer einzigen Anmeldung einen einheitlichen Schutz für alle Mitgliedstaaten der Europäischen Union. Zuständig für die Eintragung ist das Amt der Europäischen Union für geistiges Eigentum (EUIPO) in Alicante. Die Schutzwirkungen des eingetragenen Gemeinschaftsgeschmacksmusters gleichen dem beim DPMA eingetragenen Design. 650

Eine Eintragung des Designs in ein **internationales Register** ist nach dem Haager Musterabkommen möglich. Das Haager System besteht aus verschiedenen Akten (Haager Akte, Genfer Akte), denen einzelne Länder, darunter Deutschland, aber auch die Europäische Union beigetreten sind. Der Schutz gilt nicht weltweit, sondern nur in den Mitgliedstaaten, die in der Anmeldung benannt wurden. Die internationale Anmeldung wird beim Internationalen Büro der Weltorganisation für geistiges Eigentum (WIPO) bearbeitet. Sie ist unabhängig von einer gegebenenfalls vorliegenden nationalen Anmeldung. 651

VII. Halbleiterschutz

Inhaltsübersicht

	Rdn.		Rdn.
1. Grundlegendes	652	3. Ansprüche bei Rechtsverletzungen	660
2. Einzelne Besonderheiten des Halbleiterschutzes	654		

Schrifttum: *Dreier*, Die Entwicklung des Schutzes integrierter Halbleiterschaltkreise, GRUR Int. 1987, 645 ff.; *Geissler*, Halbleiterschutzgesetz/Semiconductor Protection Act, 1988; *Heilein*, Die Bedeutung des Rechtsschutzes für integrierte Halbleiterschaltkreise in der Praxis – Prognose und Probleme eines sondergesetzlichen Schutzes, 2003; *Hoeren*, Der Schutz von Mikrochips in der Bundesrepublik Deutschland: kritische Überlegungen zum Halbleiterschutzgesetz vom November 1987, 1989; *ders.*, Das Washingtoner Abkommen zum Schutz des geistigen Eigentums an integrierten Schaltkreisen, NJW 1989, 2605 ff.; *Koch*, Rechtsschutz der Topographien von mikroelektronischen Halbleitererzeugnissen – Das Halbleiterschutzgesetz vom 22.10.1987, NJW 1988, 2446 ff.; *ders.*, Der Halbleiterschutz nach nationalem, internationalem und europäischem Recht, in: Lehmann, Rechtsschutz und Verwertung von Computerprogrammen, S. 333 ff.; *Massaguer-Fuentes/Pérez-Fri-*

as, Aktuelle Fragen zum Rechtsschutz für mikroelektronische Halbleitererzeugnisse, CR 1988, 368 ff.; *Werum*, Der Schutz von Halbleitererzeugnissen der Mikroelektronik im deutschen Rechtssystem, 1990; *Wippermann*, Der urheberrechtliche Schutz von Mikrochips, 1993.

1. Grundlegendes

652   Nach § 1 Abs. 1 S. 1 HalblSchG[1999] werden dreidimensionale Strukturen von mikroelektronischen Halbleitererzeugnissen (**Topographien**) nach Maßgabe dieses Gesetzes geschützt, wenn und soweit sie **Eigenart** aufweisen. Entsprechendes gilt nach S. 2 der genannten Vorschrift für selbstständig verwertbare Teile sowie Darstellungen zur Herstellung von Topographien. Nach § 1 Abs. 4 HalblSchG erstreckt sich der Schutz nicht auf die der Topographie zugrundeliegenden Entwürfe, Verfahren, Systeme, Techniken oder auf die in einem mikroelektronischen Halbleitererzeugnis gespeicherten Informationen, sondern nur auf die Topographie als solche. Der Topographieschutz des HalblSchG erstreckt sich demnach auch **nicht** auf **Computersoftware**. Er wird daher nachfolgend nur zur Abrundung und aus Gründen der Vollständigkeit behandelt. Auch die praktische Relevanz des HalblSchG ist gering und hat zu keinem Zeitpunkt die Erwartungen des Gesetzgebers erreicht. Ausweislich des Jahresberichts des Deutschen Patent- und Markenamts (DPMA) wurden im Jahre 2013 nur drei, in den Jahren 2014 und 2015 nur noch eine bzw. gar keine Neuanmeldungen registriert. 2016 wurden acht Neuanmeldungen registriert. Die Zahl der am Jahresende 2016 in Kraft befindlichen Eintragungen belief sich auf 25[2000].

653   Das deutsche HalblSchG ist letztlich auf **US-amerikanisches Recht** zurückzuführen. Wegen eines für unzureichend befundenen Schutzes der zur Entwicklung, Herstellung und Vermarktung eines neuen Mikro-Chips[2001] erforderlichen Investitionen erließ der US-amerikanische Gesetzgeber nach entsprechendem Druck der Industrie im Jahre 1984 einen sondergesetzlichen Schutz für Halbleiter[2002]. Der Sonderrechtsschutz wurde als neues Kapitel 9 in SEC. 302. Title 17, United States Code, innerhalb des Urheberrechts verankert. Geschützt wurden die „**mask works** fixed in a semiconductor chip product". Für Ausländer wurde der Zugang zum Rechtsschutz in den USA grundsätzlich von der **Verbürgung der Gegenseitigkeit** abhängig gemacht. In einer für die Europäische Gemeinschaft ganz ungewohnt kurzen Frist von knapp einem Jahr wurde noch kurz vor Jahresende 1986 die EG-Richtlinie 87/54/EWG über den Rechtsschutz der Topographien von Halbleitererzeugnissen verabschiedet[2003]. Diese Richtlinie wurde mit dem HalblSchG in deutsches Recht umgesetzt.

[1999] Gesetz über den Schutz der Topographien von mikroelektronischen Halbleitererzeugnissen (Halbleiterschutzgesetz) vom 22.10.1987, BGBl. I S. 2294.
[2000] Vgl. den Jahresbericht des Deutschen Patent- und Markenamts 2016, S. 93, abrufbar unter https://www.dpma.de/docs/service/veroeffentlichungen/jahresberichte/dpma-jahresbericht2016_nichtbarrierefrei.pdf.
[2001] Vgl. *Koch* NJW 1988, 2446, 2447.
[2002] Semiconductor Chip Protection Act of 1984, Public Law 98–620 vom 8.11.1984, Title III, 98 Stat. 3347 bis 3356; in deutscher Übersetzung abgedruckt in BlPMZ 1985, 131 ff.
[2003] Richtlinie 87/54/EWG des Rates der Europäischen Gemeinschaften vom 16.12.1986 über den Rechtsschutz der Topographien von Halbleitererzeugnissen ABl.EG Nr. L 24 vom 27.1.1987, S. 36 ff.

2. Einzelne Besonderheiten des Halbleiterschutzes

Das Schutzrecht **entsteht** gem. § 5 Abs. 1 HalblSchG entweder 1. an dem Tag der ersten nicht nur vertraulichen geschäftlichen Verwertung der Topographie, wenn sie innerhalb von zwei Jahren nach dieser Verwertung beim Patentamt angemeldet wird, oder 2. an dem Tag, an dem die Topographie beim Patentamt angemeldet wird, wenn sie zuvor noch nicht oder nur vertraulich geschäftlich verwertet worden ist, je nachdem welcher Zeitpunkt früher liegt. Entspricht die Anmeldung den Anforderungen des § 3 HalblSchG verfügt das DPMA nach der **formalen Ordnungsmäßigkeitsprüfung** die Eintragung. Die Topographiestelle prüft vor der Registrierung weder die Berechtigung des Anmelders noch die Richtigkeit der in der Anmeldung angegebenen Tatsachen noch die Eigenart der Topographie. 654

Der Schutz der Topographie **endet** gem. § 5 Abs. 2 HalblSchG mit **Ablauf des zehnten Kalenderjahres** nach dem Jahr des Schutzbeginns. Das Recht auf den Schutz der Topographie steht gem. § 2 Abs. 2 HalblSchG demjenigen zu, der die Topographie geschaffen hat. Haben mehrere gemeinsam eine Topographie geschaffen, steht ihnen das Recht gem. § 2 Abs. 2 S. 2 HalblSchG **gemeinschaftlich** zu. Ist die Topographie im Rahmen eines **Arbeitsverhältnisses** oder im Auftrag eines anderen geschaffen worden, so steht das Recht auf den Schutz der Topographie gem. § 2 Abs. 2 HalblSchG dem **Arbeitgeber** oder dem **Auftraggeber** zu, soweit durch Vertrag nichts anderes bestimmt ist. Die Rechtsinhaberschaft ist übertragbar. 655

Eine Topographie ist gem. § 1 Abs. 1 S. 1 HalblSchG schon dann schutzfähig, wenn und soweit sie „Eigenart" aufweist. Dies ist gem. § 1 Abs. 2 HalblSchG dann der Fall, wenn sie als Ergebnis geistiger Arbeit nicht nur durch bloße Nachbildung einer anderen Topographie hergestellt und nicht alltäglich ist. Besteht eine Topographie aus einer Anordnung alltäglicher Teile, so wird sie gem. § 1 Abs. 3 HalblSchG insoweit geschützt, als die Anordnung in ihrer Gesamtheit Eigenart aufweist. Schutzvoraussetzung ist daher weder Neuheit noch „Erfindungshöhe" („erfinderische Tätigkeit" im Sinne von § 1 Abs. 1 i.V.m. § 4 PatG oder „erfinderischer Schritt" im Sinne von § 1 Abs. 1 GebrMG)[2004]. Auch eine „Werkhöhe" im Sinne der **„persönlich geistigen Schöpfung"** gem. § 2 Abs. 2 UrhG muss nicht vorliegen. Vielmehr sind nur schlichte Kopien und in der Halbleiterindustrie alltägliche Mikro-Chips vom Schutz ausgenommen. Damit ähneln die Schutzvoraussetzungen der softwarespezifischen Voraussetzung der eigenen geistigen Schöpfung gem. § 69a Abs. 3 UrhG[2005]. Das Merkmal der „Eigenart" findet sich auch in § 2 Abs. 1 GeschmMG. 656

Der Schutz der Topographie hat gem. § 6 Abs. 1 S. 1 HalblSchG die Wirkung, dass allein der Inhaber des Schutzes befugt ist, sie zu **verwerten**. Gem. § 6 Abs. 1 S. 2 Nr. 1 und 2 HalblSchG ist es jedem Dritten verboten, ohne die Zustimmung des Rechtsinhabers die Topographie **nachzubilden** (Nr. 1) oder die Topographie oder das die Topographie enthaltende Halbleitererzeugnis anzubieten, **in Verkehr zu bringen** oder zu **verbreiten** oder zu den genannten Zwecken einzuführen (Nr. 2). 657

Die Wirkung des Schutzes der Topographie erstreckt sich gem. § 6 Abs. 2 Nr. 1 HalblSchG nicht auf Handlungen, die **im privaten Bereich zu nichtgeschäftlichen Zwecken** vorgenommen werden. Auch darüberhinaus entfaltet das HalblSchG keine Sperrwirkung. Nach § 6 Abs. 2 Nr. 2 und 3 HalblSchG erstreckt sich die Wirkung 658

[2004] Vgl. das Merkblatt des Deutschen Patent- und Markenamts für die Anmelder der Topographien von mikroelektronischen Halbleitererzeugnissen (Ausgabe 2014), S. 2 Nr. 2, abrufbar unter https://www.dpma.de/docs/service/formulare/topographie/t6604.pdf.
[2005] Vgl. hierzu oben Rdn. 105 ff.

des Schutzes einer Topographie nicht auf die **Nachbildung der Topographie** zum Zwecke der **Analyse**, der **Bewertung** oder der **Ausbildung** (Nr. 2) sowie die **geschäftliche Verwertung einer Topographie,** die das **Ergebnis einer Analyse** oder Bewertung nach Nr. 2 ist und Eigenart im Sinne von § 1 Abs. 2 HalblSchG aufweist. Anders als nach der urheberrechtlichen Regelung des § 69e UrhG für Computerprogramme ist daher das Reverse-Engineering bei mikroelektronischen Halbleitererzeugnissen nicht grundsätzlich ausgeschlossen[2006].

659 Ein **Rechtsschutz** für Produkte, die in Zusammenhang mit Mikro-Chips stehen, außerhalb des HalblSchG ist nicht ausgeschlossen. Nach Auffassung des *BPatG*[2007] sind auf dem Gebiet der Halbleitertechnik nicht nur das mikroelektronische Halbleitererzeugnis und das eigentliche Herstellungsverfahren selbst, sondern auch schon das sog. „Layout" von mikrominiaturisierten integrierten Halbleiterschaltungen dem **Patentschutz** zugänglich. Dies soll daraus folgen, dass die beim „Layout" vorgenommene Festlegung der Topographie der Halbleiterschaltung als abschließender Schritt des hardware-orientierten Schaltungsentwurfs und Schnittstelle zum eigentlichen Herstellungsprozess sowohl unter dem Gegenstands- als auch Verfahrensaspekt in aller Regel eine technische Lehre darstellt. Diese falle auch nicht unter eine der Ausnahmebestimmungen gem. § 1 Abs. 3 Nr. 3 i.V.m. § 1 Abs. 4 PatG. Auch der Umstand, dass für die Topographien von Halbleiterschaltungen weitere rechtliche Schutzmöglichkeiten nach dem Gebrauchsmustergesetz, dem Urheberrechtsgesetz und insbesondere auch dem HalblSchG zur Verfügung stehen, soll kein Hinderungsgrund für die Patentierung diesbezüglicher Erfindungen sein.

3. Ansprüche bei Rechtsverletzungen

660 Wer den Vorschiften des § 6 Abs. 1 HalblSchG zuwider den Schutz der Topographie verletzt, kann gem. § 9 Abs. 1 HalblSchG auf **Unterlassung** und im Verschuldensfall auf **Schadensersatz** in Anspruch genommen werden. Es kann diesbezüglich aber auf die untenstehende grafische Zusammenstellung sowie die ausführlichen Darlegungen zum Urheberrecht verwiesen werden.

Rechtsfolgen bei Rechtsverletzung	
Anspruch	Norm
Unterlassung	§ 9 Abs. 1 S. 1 HalblSchG
Beseitigung	–
Schadensersatz – materieller Schaden – immaterieller Schaden	§ 9 Abs. 1 S. 2 und 3 HalblSchG, § 24 Abs. 2 S. 2 und 3 GebrMG –
Sicherung der Schadensersatzansprüche	§ 9 Abs. 2 HalblSchG, § 24d GebrMG
Abmahnung	–
Softwarespezifische Vernichtung	–
Allgemeine Vernichtung etc.	§ 9 Abs. 2 HalblSchG, § 24a Abs. 1 GebrMG

[2006] Die Vorgänge des Reverse-Engineering von Mikro-Chips beschreiben *Massaguer-Fuentes/Pérez-Frias* CR 1988, 368, 376.
[2007] Vgl. *BPatG*, 18.2.1997, 23 W (pat) 51/95, GRUR 1997, 619 ff.

Rechtsfolgen bei Rechtsverletzung	
Anspruch	Norm
Haftung des Unternehmensinhabers	–
Auskunft, Drittauskunft	§ 9 Abs. 2 HalblSchG, § 24b GebrMG
Vorlage und Besichtigung	§ 9 Abs. 2 HalblSchG, § 24c GebrMG
Urteilsbekanntmachung	§ 9 Abs. 2 HalblSchG, § 24e GebrMG
Strafrechtlicher Schutz	§ 10 HalblSchG, § 25 GebrMG
Maßnahmen der Zollbehörden	§ 9 Abs. 2 HalblSchG, § 25a GebrMG

Teil 3: Allgemeines Softwarevertragsrecht

Schrifttum: *Adler*, Rechtsfragen der Softwareüberlassung, 2014; *Bartsch*, Rechtsmängelhaftung bei der Überlassung von Software, CR 2005, 1 ff.; *Baus*, Verwendungsbeschränkungen in Software-Überlassungsverträgen, 2004; *Bischof*, Der EVB-IT Erstellungsvertrag, CR 2013, 553 ff.; *Bydlinski*, Der Sachbegriff im elektronischen Zeitalter: zeitlos oder anpassungsbedürftig?, AcP 198 (1998), 287 ff.; *Frank*, Bewegliche Vertragsgestaltung für agiles Programmieren, CR 2011, 138 ff.; *Fritzemeyer*, Die rechtliche Einordnung von IT-Verträgen und deren Folgen, NJW 2011, 2918 ff.; *Fuchs/Meierhöfer/Morsbach/Pahlow*, Agile Programmierung – Neue Herausforderungen für das Softwarevertragsrecht? MMR 2012, 427 ff.; *Hilty*, Die Rechtsnatur des Softwarevertrags, CR 2012, 625 ff.; *ders.*, Der Softwarevertrag – ein Blick in die Zukunft. Konsequenzen der trägerlosen Nutzung und des patentrechtlichen Schutzes von Software, MMR 2003, 3 ff.; *Hilty/Köklü/Hafenbrädl*, Software Agreements: Stocktaking and Outlook – Lessons from the UsedSoft v. Oracle Case from a Comparative Law Perspective, IIC 2013, 263 ff.; *Hoeren*, Softwareüberlassung als Sachkauf, 1989; *Hoeren/Schuhmacher*, Verwendungsbeschränkungen im Softwarevertrag, CR 2000, 137 ff.; *Kath*, Softwareentwicklungsverträge, 2007; *ders.*, Softwareentwicklungsverträge, in: Taeger/Wiebe, Inside the Cloud – Neue Herausforderungen für das Informationsrecht, 2009, S. 143 ff.; *Kremer*, Gestaltung von Verträgen für die agile Softwareherstellung, ITRB 2010, 283 ff.; *Lenhard*, Vertragstypologie von Softwareüberlassungsverträgen, 2006; *Lutz*, Softwarelizenzen und die Natur der Sache. Eine vertragstypologische Einordnung von Softwareüberlassungsverträgen unter besonderer Berücksichtigung von Erschöpfungsgrundsatz und bestimmungsgemäßer Benutzung, 2009; *Malevanny*, Die UsedSoft-Kontroverse: Auslegung und Auswirkungen des EuGH-Urteils, CR 2013, 422 ff.; v. *Merveldt*, Zulässigkeit langfristiger Laufzeiten für Softwareüberlassungsverträge, CR 2006, 721 ff.; *Müller-Hengstenberg*, Vertragstypologie der Computersoftwareverträge, CR 2004, 161 ff.; *ders.*, Die Bedeutung des Kaufrechts für die Computersoftware, NJW 2000, 3545 ff.; *Plath*, Nießbrauch an Software, CR 2005, 613 ff.; *ders.*, Abnahme bei Individualsoftwareverträgen, ITRB 2002, 98 ff.; *Redeker*, Softwareerstellung im neuen Schuldrecht. Gestaltungsmöglichkeiten in Formularverträgen und allgemeinen Geschäftsbedingungen, ITRB 2002, 119 ff.; *ders.*, Abgrenzung zwischen Werk- und Dienstvertrag, ITRB 2001, 109 ff.; *Schassek*, Verträge über individuelle Software nach deutschem und spanischem Recht, 2017; *Schneider*, „Neue" IT-Projektmethoden und „altes" Vertragsrecht, ITRB 2010, 18 ff.; *Schweinoch/Roas*, Paradigmenwechsel für Projekte: Vertragstypologie der Neuerstellung von Individualsoftware, CR 2004, 326 ff.; *Söbbing*, Die rechtliche Betrachtung von IT-Projekten, MMR 2010, 222 ff.; *Spindler/Klöhn*, Neue Qualifikationsprobleme im E-Commerce, CR 2003, 81 ff.; *Stichtenoth*, Softwareüberlassungsverträge nach dem Schuldrechtsmodernisierungsgesetz, K&R 2003, 105 ff.; *Taeger*, Die Entwicklung des IT-Rechts im Jahr 2012, NJW 2013, 19 ff.; *Thewalt*, Softwareerstellung als Kaufvertrag mit werkvertraglichem Einschlag, CR 2002, 1 ff.; *Ulmer*, Der Bundesgerichtshof und der moderne Vertragstyp „Softwareüberlassung", CR 2000, 493 ff.; *Warnke*, Rechtsmangelhafte Software und Nacherfüllungsanspruch aus § 439 BGB, 2005; v. *Westphalen*, Der Software-Entwicklungsvertrag-Vertragstyp-Risikobegrenzung, CR 2000, 73 ff.

Die rechtliche Einordnung der Softwareüberlassungsverträge beschäftigt die Gerichte sowie das juristische Schrifttum bereits seit über 35 Jahren[1], ohne dass sich bislang eine der verschiedenen Auffassungen so weit durchgesetzt hat, dass sie als eindeutig herrschende oder auch nur überwiegende Meinung bezeichnet werden könnte. Auch außerhalb Deutschlands wird diese Frage kontrovers diskutiert[2]. Insgesamt kann daher als Ausgangspunkt der folgenden Darstellung zunächst festgehalten werden, dass der gesamte Meinungsstreit trotz stereotyp wiederholter gegenläufiger Behauptungen im Schrifttum **immer noch im Fluss**[3] ist.

661

---

[1] Vgl. etwa schon *Lauer* BB 1982, 1758 ff.
[2] Beispielhaft zur Einordnung in den USA Timothy Vernor v. Autodesk, Inc., *Court of Appeals 9th Circuit*, 10.9.2010, CRi 2010, 145; für die Niederlande De Beeldbrigade v. B. V. Hulskamp Group B. V., *Hoge Rad der Nederlanden*, 27.4.2012, CRi 2012, 123.
[3] Vgl. *OLG Stuttgart*, 3.11.2011, 2 U 49/11, CR 2012, 299, 300 „mehr oder weniger ungeklärt".

662 Dennoch sollte auch die Praxis den eher akademisch anmutenden Streit nicht als nebensächlich beiseite schieben, auch wenn die Gerichte mittlerweile ganz überwiegend die klassischen Vertragstypen des BGB für einschlägig halten[4] und auch der *EuGH* eine Softwareüberlassung auf Dauer als Kaufvertrag qualifiziert[5]. Etwa für die Inhaltskontrolle Allgemeiner Geschäftsbedingungen ist die **vertragstypologische Einordnung** von **entscheidender Bedeutung**[6], weil nur nach Beantwortung dieser Vorfrage entschieden werden kann, ob eine Klausel von den wesentlichen Grundgedanken einer gesetzlichen Regelung abweicht (§ 307 Abs. 2 Nr. 1 BGB) oder mit der Natur des Vertrags unvereinbar ist (§ 307 Abs. 2 Nr. 2 BGB). Relevant wird dieser Streit aber auch für die Frage nach dem anwendbaren Mängelrecht, denn für die Mängelhaftung greift nach der Systematik des BGB grundsätzlich das Recht des jeweiligen Vertragstypus ein[7]. Auch wenn das Mängelhaftungsrecht des Kauf- und Werkvertragsrechts durch die Schuldrechtsreform im Jahre 2002 weitgehend angeglichen wurde, bestehen nach wie vor Unterschiede. Vor diesem Hintergrund muss auch der im Schrifttum geäußerten Aussage uneingeschränkt zugestimmt werden, derzufolge für eine sinnvolle Behandlung der Materie der Softwareüberlassungsverträge eine Kategorisierung erforderlich ist[8]. Schließlich darf nicht übersehen werden, dass sich die vertragstypologische Einordnung auch bei der Beantwortung urheberrechtlicher Fragen auswirkt. So ist etwa bei der Frage nach der Erschöpfung des Verbreitungsrechts[9] zu prüfen, ob die überlassene Software „veräußert" wurde. Selbst im Insolvenzrecht muss die Frage nach der Rechtsnatur der Softwareverträge gestellt werden, weil beantwortet werden muss, ob die speziellen Vorschriften über Dauernutzungsverträge im Sinne der §§ 108, 112 InsO oder das Wahlrecht des Insolvenzverwalters gem. § 103 InsO anzuwenden sind[10]. Alle diese Beispiele verdeutlichen die große Bedeutung der typologischen Einordnung der Softwareüberlassungsverträge auch für die Beantwortung ganz konkreter Probleme der Praxis.

663 Die im Rahmen dieses Handbuchs verwendete **Terminologie der Überlassung** von Computersoftware[11] bedient sich eines Begriffs, dem **keine juristisch feststehende Bedeutung** zukommt[12], weshalb damit auch noch keine rechtliche Einordnung des untersuchten Vertragstyps verbunden ist. Darüber hinaus beinhaltet der Begriff der Softwareüberlassung auch keine Beschränkung dahingehend, dass lediglich die Überlassung sog. Standardsoftware oder sog. Individualsoftware[13] umfasst wird, gleichwie dieser Begriff keine Begrenzung oder Festlegung der zeitlichen Dauer der

---

[4] Vgl. *BGH*, 15.11.2006, XII ZR 120/04, NJW 2007, 2394.
[5] Vgl. *EuGH*, 3.7.2012, C-128/11, NJW 2012, 2565, 2566 Tz. 40 ff. – UsedSoft; kritisch hierzu *Hilty* CR 2012, 625 ff.
[6] Vgl. ausdrücklich zum Verkauf bzw. der zeitlich befristet überlassenen Computersoftware *BGH*, 11.2.2010, I ZR 178/08, NJW 2010, 2661, 2663 Tz. 16; *BGH*, 24.10.2002, I ZR 3/00, NJW 2003, 2014, 2016; *Wolf/Lindacher/Pfeiffer* Klauseln Rdn. S 211 sowie S 225; *Ulmer/Brandner/Hensen* Teil 2, Softwareverträge Rdn. 4 und 7; *Fritzemeyer* NJW 2011, 2918.
[7] Vgl. *Ulmer/Brandner/Hensen*, Teil 2, Softwareverträge Rdn. 4 und 7; *Wolf/Lindacher/Pfeiffer* Klauseln Rdn. S 233.
[8] Vgl. *Stichtenoth* K&R 2003, 105.
[9] Vgl. hierzu oben Rdn. 181.
[10] Vgl. zum Insolvenzrecht unten Rdn. 1788 ff.
[11] Die Terminologie findet sich etwa auch bei *BGH*, 15.11.2006, XII ZR 120/04, NJW 2007, 2394; *OLG Frankfurt*, 18.12.2012, 11 U 68/11, GRUR 2013, 279, 280 (m. Anm. *Marly*) „Überlassung der Nutzungsrechte"; *OLG Stuttgart*, 3.11.2011, 2 U 49/11, CR 2012, 299, 300; *OLG Köln*, 25.7.2003, 19 U 22/03 CR 2004, 173; *McGuire*, GRUR 2009, 13, 19.
[12] Vgl. *McGuire*, GRUR 2009, 13, 19; *Marly* jur-pc 1989, 54 Fußn. 64.
[13] Vgl. zu dieser Unterscheidung unten Rdn. 676, 680 ff., 690 ff.

Überlassung beinhaltet. Eine vertragstypologische Qualifikation des Softwareüberlassungsvertrags „an sich" ist dementsprechend gar nicht möglich[14]. Die Schwierigkeiten der vertragsrechtlichen Einordnung beruhen nur teilweise auf der Tatsache, dass Software wegen des immaterialgüterrechtlichen Schutzes schwer in das zweigleisige Schema des BGB von Sachen und Rechten einzuordnen ist. Ein Großteil der Verwirrungen lässt sich darauf zurückführen, dass die Bezugnahme auf den Vertragsgegenstand Software und nicht auf das Pflichtenprogramm der Vertragsparteien wenig aussagekräftig ist[15].

Bevor jedoch die einzelnen Formen der Überlassung dargestellt werden können, erscheint es notwendig, die sich gegenüberstehenden wirtschaftlichen Interessen der Vertragsparteien und den mit jeder Überlassung von Computersoftware intendierten **Überlassungszweck** zu umreißen. Beide Gesichtspunkte stellen bei der später vorzunehmenden Beurteilung der in der Praxis anzutreffenden Vertragsgestaltungen und dem Entwurf nicht zu beanstandender Standardverträge besonders wichtige Kriterien dar. Für den Überlassungszweck folgt dies daraus, dass die bei der Inhaltskontrolle gem. § 307 Abs. 2 Nr. 2 BGB zu bestimmende **Natur des Vertrags** durch dessen spezifische Zwecke bestimmt wird[16]. Die ausgeprägte Relevanz der Parteiinteressen zeigt sich insbesondere bei der Überprüfung einer gegebenenfalls festzustellenden unangemessenen Benachteiligung im Sinne des § 307 Abs. 1 BGB, denn eine solche liegt dann vor, wenn das rechtlich anerkannte Interesse einer Vertragspartei beeinträchtigt wird, ohne dass dies durch berechtigte Interessen der anderen Vertragspartei gerechtfertigt oder durch andere Vorteile ausgeglichen wird (sog. Kompensationsgedanke)[17].

I. Die Interessen der Vertragsparteien und der Zweck der Softwareüberlassung

Zur Umschreibung der Interessen der Vertragsparteien ist auf einen **softwaretypischen Interessengegensatz** abzustellen, der seinen Ursprung und seine besondere Schärfe darin findet, dass die Entwicklung und Herstellung von Computersoftware regelmäßig mit einem beachtlichen personellen und finanziellen Aufwand verbunden ist. Demgegenüber bedarf es für die Anfertigung von Vervielfältigungsstücken lediglich eines geringen Zeit- und Kostenaufwands. Die hohen Entwicklungskosten, die Leichtigkeit unberechtigter Vervielfältigungen und die drohenden großen finanziellen Verluste der Softwarehersteller führen daher zu einer allgemein anerkannten[18] **besonderen Verletzlichkeit** von Computersoftware gegenüber Piraterieakten. Zu Recht wird daher von weiten Teilen des Schrifttums das Hauptinteresse des Computersoftwareherstellers dahingehend beschrieben, im Softwareüberlassungsvertrag solche Regelungen zu treffen, die der Softwarepiraterie möglichst umfassend entgegentreten. Demgegenüber kann das Interesse des redlichen Anwenders etwas vereinfachend zunächst dahingehend beschrieben werden, ein Programm zu erhal-

---

[14] Vgl. *McGuire*, GRUR 2009, 13, 19.
[15] Dies hebt *McGuire*, GRUR 2009, 13, 19 zutreffend hervor, indem sie ausführt, aus der Tatsache, dass ein Auto den Vertragsgegenstand bilde, lasse sich kein Rückschluss auf den Vertragstypus ziehen; es könne sich um einen Tausch-, Schenkungs-, aber auch einen Leasing- oder Mietvertrag handeln. Nicht anders verhalte es sich aber bei Software.
[16] Vgl. hierzu allgemein *Wolf/Lindacher/Pfeiffer* § 307 Rdn. 134.
[17] Vgl. BGH, 30.3.2017, VII ZR 170/16, NJW 2017, 1941, 1942, Tz. 17; BGH, 16.2.2017, VII ZR 242/13, NJW 2017, 1669, 1670, Tz. 22; BGH, 17.9.2009, III ZR 207/08, NJW 2010, 57, 58 Tz. 18 m. w. N.
[18] Vgl. hierzu bereits oben Rdn. 43.

ten, das auf seinem Computer einsatzfähig ist und sich für die Lösung konkreter Aufgabenstellungen eignet.

666 Neben den damit grob umrissenen Parteiinteressen stehen in zunächst nicht unmittelbar zu erkennendem Zusammenspiel die Hauptleistungspflichten der Beteiligten. Die **Hauptleistungspflicht des Softwaregebers** (Hersteller oder Händler) besteht in der Überlassung der Computersoftware zur Programmnutzung[19], während die **Hauptleistungspflicht des Anwenders** darin besteht, die vereinbarte Vergütung zu entrichten. Ferner sind über die bezeichneten Hauptleistungspflichten hinaus in der Regel noch bestimmte weitere vertragliche Pflichten, insbesondere Nebenleistungspflichten sowohl des Softwaregebers als auch des Anwenders zu erbringen. So muss etwa der Softwaregeber dem Anwender üblicherweise eine **Benutzungsanleitung** zur Verfügung stellen, was angesichts der insbesondere bei komplexer Software sonst kaum gegebenen Benutzbarkeit zu Recht häufig zu den Hauptleistungspflichten gezählt wird[20]. Ferner können als Nebenleistungspflichten etwa die Einweisung des Anwenders[21], die Installation[22] der Software im Computer des Anwenders, die Pflege- und Weiterentwicklung der Software, eine umfassende Beratung und gegebenenfalls auch die Schulung von weiteren Mitarbeitern vereinbart sein[23]. Derartige Nebenleistungspflichten ändern aber grundsätzlich nichts an der vertragstypologischen Einordnung eines Softwareüberlassungsvertrags[24]. Dies gilt selbst dann, wenn die betreffende Pflicht nach dem Willen der Vertragsparteien für die Durchführung des Vertrags von wesentlicher Bedeutung ist und daher den Hauptleistungspflichten zugerechnet werden muss.

667 Auch den Anwender können bestimmte **Nebenleistungspflichten** treffen, wie etwa die Bereitstellung seines Computers zur Installierung der Software sowie das Unterlassen der Softwareweitergabe an andere Personen. Auch diese Nebenleistungspflichten beeinflussen jedoch die Natur des Softwareüberlassungsvertrags nicht, weshalb auf sie erst weiter unten eingegangen werden soll.

668 Eine nähere Umschreibung soll an dieser Stelle lediglich der **Begriff der Überlassung**[25] erfahren, da der mit der Überlassung angestrebte Zweck deckungsgleich mit dem Kernbereich eines Softwareüberlassungsvertrags ist[26]. Einen Nutzen aus der Softwareüberlassung kann der Anwender in allen Fällen, in denen er die Software **auf eigener Hardware** einsetzen soll nur dann ziehen, wenn er die Computersoftware in seinen Computer überträgt und anschließend ablaufen lässt[27]. Entscheiden

---

[19] Für die zeitlich unbefristete Überlassung von Standardsoftware gegen Zahlung eines einmaligen Entgelts führt *Loewenheim* in: FS für Kitagawa S. 949, 970 aus, die vom Verkäufer geschuldete Hauptleistung, die die Werknutzung (Programmbenutzung) durch den Käufer ermöglichen soll, bestehe in der Eigentumsverschaffung am Werkstück (Datenträger) und dessen Übergabe. So im Ergebnis auch *EuGH*, 3.7.2012, C-128/11, NJW 2012, 2565, 2566 Tz. 47 – UsedSoft.

[20] Vgl. *BGH*, 20.2.2001, X ZR 9/99, NJW 2001, 1718, 1719.

[21] Vgl. *LG Landshut*, 20.8.2003, 1 HK O 2392/02, CR 2004, 19, 20.

[22] Vgl. *OLG Brandenburg*, 4.6.2008, 4 U 167/07, CR 2008, 763, 765.

[23] Vgl. *OLG Brandenburg*, 4.6.2008, 4 U 167/07, CR 2008, 763, 765; *LG Landshut*, 20.8.2003, 1 HK O 2392/02, CR 2004, 19, 20.

[24] So für den auf die Softwareüberlassung eines ASP-Vertrags bezogenen Vertragsteil ausdrücklich *BGH*, 15.11.2006, XII ZR 120/04, NJW 2007, 2394, 2395 Tz. 21.

[25] Darauf, dass dieser Begriff keinen juristisch feststehenden Inhalt aufweist, wurde oben Rdn. 663 bereits hingewiesen.

[26] Ähnlich *Baus* MMR 2002, 14, 15.

[27] Der *BGH*, 18.10.1989, VIII ZR 325/88, NJW 1990, 320, 321 m.w.N. bezeichnet diese Nutzbarmachung der Software durch den Lieferanten als Endzweck des Vertrags. Auf die Ermöglichung der Nutzung stellt auch *BGH*, 15.11.2006, XII ZR 120/04, NJW 2007, 2394 Tz. 12 ab.

der Gesichtspunkt für die Überlassung von Computersoftware ist somit, dass die **Übernahme** der vom Hersteller gelieferten Software **in den Arbeitsspeicher** eines Computers einen notwendigen Bestandteil der Benutzung von Computersoftware darstellt. Die Einräumung dieser Befugnis seitens des Softwareherstellers ist deshalb nicht nur regelmäßig, sondern **notwendigerweise** im Softwareüberlassungsvertrag enthalten[28]. Der *EuGH* bezeichnet die Überlassung des Programmcodes gleichgültig ob im Wege des Downloads oder auf Datenträger sowie die Gestattung der Nutzung als „untrennbares Ganzes"[29].

Unter Berücksichtigung der technischen Gegebenheiten bedeutet dies aber zugleich, dass die Überlassung zur Nutzung mit einer Überlassung zu einem Kopiervorgang in den Arbeitsspeicher des Computers verbunden ist, ohne dass jedoch an dieser Stelle der angesprochene Kopiervorgang eine Einordnung als Vervielfältigung im Sinne des UrhG erfahren soll. Diese Fragestellung soll erst weiter unten in einem gesonderten Abschnitt behandelt werden. Der **Zweck eines jeden Softwareüberlassungsvertrags** kann somit dahingehend definiert werden, dass er dem Anwender die Nutzung eines Computerprogramms ermöglichen soll[30] und diese Nutzung in einem ganzen oder teilweisen Kopieren von maschinenlesbarem Programmcode in den Computer des Anwenders zum Zwecke der Abarbeitung der im Programmcode enthaltenen Befehle oder Verarbeitung der enthaltenen Daten besteht[31]. Dabei ist es irrelevant, ob das Programm urheberrechtlich geschützt ist oder nicht.[32]

669

II. Die Rechtsnatur der Softwareüberlassungsverträge

Inhaltsübersicht

	Rdn.		Rdn.
1. Die Einteilung nach dem Kreis der Anwender	671	aa) Die die Sachqualität befürwortenden Stellungnahmen	691
2. Die Einteilung nach der Überlassungszeit	673	bb) Die die Sachqualität verneinenden Stellungnahmen	694
3. Die Einordnungen bei der Softwareüberlassung auf Dauer	676	(1) Die Überlassung im Rahmen eines Lizenzvertrags	696
a) Individualsoftware	676	(2) Exkurs: Inhalt, Rechtsnatur und anwendbare gesetzliche Regelungen bei Lizenzverträgen	697
aa) Die Bestimmung des Vertragstyps vor der Schuldrechtsmodernisierung	676		
bb) Die Bestimmung des Vertragstyps nach modernisiertem Schuldrecht	677	(3) Standardsoftware und Lizenzvertrag	699
cc) Das Sonderproblem der Quellcodeherausgabe	688	(4) Die Einordnung als Knowhow-Lizenzvertrag	700
dd) Die weitere Programmverwertung	689	(5) Die Einordnung als zusammengesetzter Sach- und Rechtskauf	703
b) Standardsoftware	690		

---

[28] So ausdrücklich *OLG Bamberg*, 11.7.1994, 4 U 180/93, MarlyRC 1996 Nr. 1; *Baus* MMR 2002, 14, 15.
[29] Vgl. *EuGH*, 3.7.2012, C-128/11, NJW 2012, 2565, 2566 Tz. 44 sowie 47 – UsedSoft.
[30] In dieser Richtung auch *BGH*, 15.11.2006, XII ZR 120/04, NJW 2007, 2394 Tz. 12 f.; ausdrücklich in der gleichen Entscheidung auf S. 2395 Tz. 17.
[31] So auch *Baus* MMR 2002, 14, 15; *Hilty* MMR 2003, 3, 11.
[32] Vgl. *BGH*, 15.11.2006, XII ZR 120/04, NJW 2007, 2394, 2395 Tz. 17; *OLG Stuttgart*, 3.11.2011, 2 U 49/11, MMR 2012, 834, 835.

	Rdn.		Rdn.
(6) Die Rechtsprechung des EuGH	707	ee) Ergebnis	730
4. Ausgewählte Vorfragen zur vertragstypologischen Einordnung der Softwareüberlassungsverträge	709	b) Die Unbeachtlichkeit der Urheberrechtsfähigkeit von Computersoftware für die vertragstypologische Einordnung	731
a) Computerprogramme als Sache gem. § 90 BGB	712	5. Konsequenzen der gefundenen Ergebnisse für die vertragstypologische Einordnung bei der Softwareüberlassung auf Dauer	736
aa) Gedruckte Programmlistings	713		
bb) Computerprogramme auf CDs, DVDs und anderen körperlichen Gegenständen	715	6. Die Einordnungen bei der Softwareüberlassung auf Zeit	743
cc) „Unkörperliche" Programmüberlassungen	720	7. Softwareüberlassung und die Vorschriften über Finanzierungshilfen zwischen einem Unternehmer und einem Verbraucher	747
dd) Software als „sonstiger Gegenstand"	726		

670 Wenngleich sämtlichen Softwareüberlassungsverträgen der oben dargelegte Vertragszweck innewohnt, kann dieser nur als **Kernbestandteil** eines Überlassungsvertrags im Sinne eines Minimalelements anerkannt werden. Zu diesem Kernbestandteil treten bei jedem Softwareüberlassungsvertrag weitere Bestandteile, die dem jeweiligen Vertrag eine besondere Ausprägung verleihen und die es erlauben, die Softwareüberlassungsverträge in verschiedene vertragstypologische Kategorien einzuteilen.

1. Die Einteilung nach dem Kreis der Anwender

671 Den Ansatzpunkt für eine solche Einteilung bietet zunächst der jeweilige **Anwender- oder Adressatenkreis,** für den die betreffende Computersoftware entwickelt wurde[33]. So ist es leicht einsichtig, dass sich die rechtliche Grobstrukturierung danach vornehmen lässt, ob die entsprechende Computersoftware gleich einem vorgefertigten Massenprodukt quasi auf Halde produziert wird und keine vorgegebenen Anforderungen seitens des Anwenders berücksichtigt werden müssen oder ob die Computersoftware speziell für einen einzelnen Anwender entwickelt wurde und hierbei dessen besonderen Wünschen und Anforderungen im Einzelfall vom Softwarehersteller Rechnung getragen werden muss. Im ersten Fall, in dem die Anwender regelmäßig keine oder nur geringe Anpassungen des Programms an die jeweilige Hardware und sonstigen Einzelbedürfnisse vornehmen müssen, wird von **Standardsoftware**[34] gesprochen. Im zweiten Fall, in dem die Software für einen speziellen Verwendungs- und Aufgabenzweck eines konkreten Anwenders erstellt wird, handelt es sich um sog. **Individualsoftware**[35]. Zu Verwirrungen hat in diesem Zusammenhang der vom *BGH*[36] verwendete Begriff der **Spezialsoftware** geführt, die der

---

[33] Vgl. *BGH,* 4.3.2010, III ZR 79/09, NJW 2010, 1449, 1450f.Tz. 19; *OLG Frankfurt,* 15.5.2012, 11 U 86/11, CR 2012, 739, 741; *Stichtenoth* K&R 2003, 105.

[34] Vgl. auch die Begriffsbestimmungen der EVB-IT Überlassung Typ A (Version 2.0 vom 16.7.2015): „Standardsoftware". Softwareprogramme, Programm-Module, Tools etc., die für die Bedürfnisse einer Mehrzahl von Kunden am Markt und nicht speziell vom Auftragnehmer für den Auftraggeber entwickelt wurden, einschließlich der zugehörigen Dokumentation. Die EVB-IT sind abrufbar auf der Webseite des Beauftragten der Bundesregierung für Informationstechnik unter www.cio.bund.de Menüpunkt IT-Beschaffung. Einen Überblick gibt auch *Bischof* CR 2013, 553 ff.

[35] Vgl. zur Unterscheidung von Individual- und Standardsoftware unten Rdn. 676 ff.

[36] Vgl. *BGH,* 7.3.1990, VIII ZR 56/89, NJW 1990, 3011, 3012. Der *BGH,* 4.3.2010, III ZR 79/09, NJW 2010, 1449, 1451 Tz. 21 spricht von einer „speziellen", auf die Bedürfnisse des Auftraggebers abgestimmten Software.

Standardsoftware terminologisch gegenübergestellt wurde. Sprachlich lässt sich „Spezialsoftware" auch so verstehen, dass Software für spezielle Aufgaben im Gegensatz zu allgemeinen Aufgaben gemeint ist, sodass es auf die Frage nach dem Anwender- oder Adressatenkreis nicht ankäme. Zu Recht hat das *OLG Celle* in einer späteren Entscheidung[37] darauf hingewiesen, dass die Verwendung des Wortes „Spezialsoftware" in der genannten Entscheidung allein auf sachverhaltsbedingten Besonderheiten des dort zu entscheidenden Falles beruhte, in dem es um die Veräußerung von Hardware, Standardsoftware und einer besonderen auf den konkreten Abnehmer zugeschnittenen „Spezialsoftware" ging. Auch in dieser Entscheidung wurde inhaltlich auf die allgemeinen Kriterien zur Umschreibung von Individualsoftware abgestellt. Der bloße Umstand, dass ein Computerprogramm „speziell" zum Einsatz in Fleischereibetrieben bestimmt ist, macht dieses Programm daher noch nicht zu Individualsoftware, die auf die Bedürfnisse eines konkreten Anwenders zugeschnitten ist[38].

Abschließend soll die grundsätzliche Unterscheidung zwischen Individual- und Standardsoftware anhand eines nicht softwarebezogenen **Parallelbeispiels** verdeutlicht werden. Während ein speziell angefertigter Maßanzug (= Individualsoftware) nur einer bestimmten Person passen soll, ist dies bei Konfektionsbekleidung (= Standardsoftware) nicht der Fall. Letztere soll den Bedürfnissen mehrerer Personen gerecht werden. Nicht ausgeschlossen ist natürlich, dass der Maßanzug auch einer zweiten Person gut passt, gleichwie Individualsoftware den Bedürfnissen eines zweiten Anwenders durchaus gerecht werden kann[39]. Dies ist jedoch für die Beurteilung des entsprechenden Herstellungs- oder Überlassungsvertrags ohne Bedeutung. Erst wenn das entsprechende Programm tatsächlich noch weiteren Benutzern überlassen wird, sind diese Vertragsverhältnisse als Überlassung von Standardsoftware zu qualifizieren.

672

2. Die Einteilung nach der Überlassungszeit

Neben dem Unterscheidungsmerkmal des Anwenderkreises ergibt sich ein weiteres Zuordnungskriterium aus der **zeitlichen Dauer** der Softwareüberlassung. Für eine schuldrechtliche Vertragstypologie muss berücksichtigt werden, ob die Überlassung der Computersoftware **auf Zeit** angelegt ist oder ob eine Überlassung **auf Dauer** angestrebt wird[40]. Im ersten Fall muss dementsprechend zwischen den Vertragsparteien Einigkeit darüber bestehen, dass die Computersoftware vom Anwender ab einem gewissen Zeitpunkt nicht weiter benutzt werden darf, sei es, dass er die Software zurückgeben muss, sei es, dass der Anwender lediglich dazu verpflichtet ist, die Software zu löschen. Demgegenüber ist im zweiten der hier angesprochenen Fälle kein Zeitpunkt der Nutzungsbeendigung vereinbart, sondern beide Parteien möchten eine zeitlich unbegrenzte Nutzung seitens des Anwenders vereinbaren. Nicht verwechselt werden darf dieser letztgenannte Fall jedoch mit einer Nutzungs-

673

---

[37] Vgl. *OLG Celle*, 3.3.1992, 20 U 69/90, NJW-RR 1993, 432.
[38] Ähnlich *LG Bonn*, 31.10.2006, 11 O 170/05, CR 2007, 767.
[39] Dies übersieht das *LG Landshut* CR 2004, 19, 20, wenn es ausführt, Individualsoftware dürfe für eine anderweitige Nutzung nicht mehr verwendbar sein.
[40] Vgl. *BGH*, 15.11.2006, XII ZR 120/04, NJW 2007, 243, 244; *BGH*, 24.10.2002, I ZR 3/00, NJW 2003, 2014, 2016; *OLG Frankfurt*, 15.5.2012, 11 U 86/11, CR 2012, 739, 741; *OLG Stuttgart*, 3.11.2011, 2 U 49/11, MMR 2012, 834, 835; *Palandt/Weidenkaff* § 433 Rdn. 9; *Schneider/Spindler* CR 2014, 213, 214; *Mann* MMR 2012, 499; *Intveen* ITRB 2012, 93; *Heydn* CR 2010, 765, 772 f.; *v. Merveldt* CR 2006, 721, 722; *Stichtenoth* K&R 2003, 105; *Scholz/Haines* CR 2003, 393, 394.

vereinbarung auf **unbestimmte Zeit,** die grundsätzlich nicht auf eine dauerhafte Nutzung der Computersoftware seitens des Anwenders angelegt ist, sondern bei der lediglich der **genaue Zeitpunkt der Nutzungsbeendigung offengelassen** wurde; etwa indem dem Anwender ein Kündigungsrecht eingeräumt wird[41]. Eine derartige vertragliche Übereinkunft ist nicht der Kategorie der auf Dauer angelegten Softwareüberlassung zuzuordnen, sondern muss als Unterfall der Nutzungsüberlassung auf Zeit und damit der ersten der hier genannten Kategorien zugeordnet werden.

674   Ein schuldrechtlich als Überlassung auf Zeit zu qualifizierender Softwarevertrag liegt auch dann vor, wenn der Softwarelieferant das Recht zur Programmnutzung nur für eine **begrenzte Servicelaufzeit** einräumt und das Programm nach Ablauf dieser Zeit sodann automatisch deaktiviert und funktionsunfähig wird. Dem steht nicht entgegen, dass der *BGH* in einem solchen Fall eine dem § 69c Nr. 3 S. 2 UrhG genügende Veräußerung bejaht hat[42]. Der *BGH* begründete dies mit der Überlegung, dem Anwender werde das Recht zur Programmnutzung **für die gesamte Zeit der Funktionsfähigkeit der Software** eingeräumt, weshalb die Rechte am Programm „dauerhaft und endgültig" abgetreten würden[43]. Diese Argumentation bezog sich allerdings allein auf die urheberrechtliche Frage der Erschöpfung des Verbreitungsrechts infolge einer Veräußerung[44]. Sie kann nicht auf die schuldrechtliche Vertragstypologie übertragen werden, weil sie sich an anderen Kriterien orientiert. So entspricht es umgekehrt langjähriger Rechtsprechung des *BGH* auch außerhalb des Softwarerechts, dass zur Bestimmung einer Veräußerung im Sinne des § 17 Abs. 2 UrhG nicht auf das schuldrechtliche Kausalgeschäft zurückgegriffen werden kann[45]. Dies muss auch umgekehrt gelten, weshalb für die Bestimmung des schuldrechtlichen Vertragstyps das Bejahen einer urheberrechtlichen Veräußerung **nicht entscheidungsrelevant** ist.

675   Ausgehend von den hier dargelegten Unterscheidungskriterien, die im Schrifttum anerkannt sind[46] und auch vom *BGH* zumindest bei der Beurteilung schuldrechtlicher Fragen angewendet werden[47], finden sich die verschiedenartigsten vertragstypologischen Einordnungen der Softwareüberlassungsverträge, die nachfolgend dargestellt werden.

3. Die Einordnungen bei der Softwareüberlassung auf Dauer

Schrifttum: *Habel,* Software-Projektverträge: Werk- oder Dienstverträge?, in: Taeger, Internet der Dinge, 2015, S. 567 ff.; *Kremer/Buchalik,* Beherrschbarkeit agiler Softwareentwicklung in Dienstverträgen, in: Taeger, Internet der Dinge, 2015, S. 789 ff.

---

[41] Vgl. *Palandt/Weidenkaff* § 433 Rdn. 9.
[42] Vgl. *BGH,* 19.3.2015, I ZR 4/14, NJW 2015, 3576, 3579 Tz. 37 – Green-IT.
[43] In der Berufungsinstanz zuvor schon *OLG Frankfurt,* 12.11.2013, 11 U 32/12, BeckRS 2015, 16185 mit der wenig glücklichen Formulierung, der Anwender habe die „alleinige Verfügungsgewalt".
[44] Vgl. hierzu ausführlich oben Rdn. 188.
[45] Vgl. *BGH,* 23.2.1995, I ZR 68/93, NJW 1995, 1556, 1557; ferner *Schricker/Loewenheim* § 17 Rdn. 41; softwarespezifisch *Schricker/Loewenheim/Spindler* § 69c Rdn. 35.
[46] Vgl. *v. Merveldt* CR 2006, 721, 722; *Stichtenoth* K&R 2003, 105 sowie 108 ff.; *Scholz/Haines* CR 2003, 393, 394; *Hoeren/Schuhmacher* CR 2000, 137 f.
[47] Vgl. etwa *BGH,* 4.3.2010, III ZR 79/09, NJW 2010, 1449, 1450 f. Tz. 19 und 21; *BGH,* 15.11.2006, XII ZR 120/04, NJW 2007, 2394 Tz. 15; *BGH,* 24.10.2002, I ZR 3/00, NJW 2003, 2014, 2016.

a) Individualsoftware

aa) Die Bestimmung des Vertragstyps vor der Schuldrechtsmodernisierung

Wird die Computersoftware für einen speziellen Verwendungs- und Aufgabenzweck eines konkreten Anwenders erstellt und sodann diesem auf Dauer überlassen, lag nach nahezu einhelliger Rechtsprechung[48] und zahlreichen Stellungnahmen in der Literatur[49] zum nicht modernisierten Schuldrecht ein **Werkvertrag** gem. §§ 631 ff. BGB vor. Gleiches sollte gelten, wenn die Herstellung und Überlassung eines individuell auf die Bedürfnisse des Kunden zugeschnittenen Hard- und Software einschließenden IT-Systems geschuldet wurde[50]. Zur Begründung dieser Auffassung zog der *BGH* zunächst jeweils konkrete Einzelbestimmungen des jeweiligen Überlassungsvertrages heran[51] und folgerte aus diesen, dass ein Erfolg im Sinne eines Werkvertrags geschuldet wurde. Später verzichtete der *BGH* auf eine ausdrückliche Begründung seiner ständigen Rechtsprechung[52]. Möglich war auch, dass die **Individualsoftware** nur **auf Zeit** überlassen wurde. In diesem Fall lag eine gleichgewichtige Typenkumulation (Typenkombination) von Werk- und Mietvertrag vor[53]. Erfolgt die Vergütung im Rahmen einer **Abrechnung nach Aufwand,** ist dies für einen Werkvertrag zwar untypisch, steht jedoch der Qualifizierung des Vertrags als werkvertraglich nicht entgegen[54]. Auch in der Literatur wurde die Einordnung als Werkvertrag im Wesentlichen damit begründet, dass die Erstellung von Individualsoftware, mit der meist auch die Installation dieses Produkts im Computersystem des Anwenders einhergeht, als **Herbeiführung eines bestimmten Erfolgs** anzusehen ist.

676

bb) Die Bestimmung des Vertragstyps nach modernisiertem Schuldrecht

Schrifttum: *Bräutigam/Rücker,* Softwareerstellung und § 651 BGB – Diskussion ohne Ende oder Ende der Diskussion?, CR 2006, 361 ff.; *Frank,* IT-Projekt – § 651 BGB und kein Ende, ITRB 2011, 231 ff.; *Mankowski,* Die Neuerungen durch § 651 BGB und der Abschied vom Werklieferungsvertrag, MDR 2003, 854 ff.; *Maume/Wilser,* Viel Lärm um nichts? Zur Anwendung von § 651 BGB auf IT-Verträge, CR 2010, 209 ff.; *Redeker,* Softwareerstellung und § 651 BGB, CR 2004, 88 ff.; *Schmidl,* Softwareerstellung und § 651 BGB – ein Versöhnungsversuch, MMR 2004, 590 ff.; *Schassek,* Verträge über individuelle Software nach deutschem und spanischem Recht, 2017; *Schweinoch,* Geänderte Vertragstypen in Software-Projekten, CR 2010, 1 ff.

Der bei Softwareüberlassungsverträgen heftig diskutierte § 651 BGB in seiner bis 2002 geltenden Fassung zu Werklieferungsverträgen wurde mit der Schuldrechtsreform neu gefasst. Seither finden gem. § 650 S. 1 BGB (= § 651 S. 1 BGB a.F.) auf einen Vertrag, der die Lieferung herzustellender oder zu erzeugender beweglicher Sachen zum Gegenstand hat, die Vorschriften über den **Kauf** Anwendung. Dies hat nach der erklärten Absicht des Gesetzgebers zunächst zur Folge, dass der **gesonderte Typus des Werklieferungsvertrags** in seiner früheren Form **nicht mehr exis-**

677

---

[48] Vgl. statt vieler *BGH,* 23.1.1996, X ZR 105/93, NJW 1996, 1745, 1746 sowie die umfassenden Hinweise in der Vorauflage.
[49] Vgl. statt vieler *Palandt/Putzo,* 61. Aufl. 2002, § 433 Rdn. 5 und *Palandt/Sprau,* 61. Aufl. 2002, Einf. v. § 631 Rdn. 12; sowie die umfassenden Hinweise der Vorauflage.
[50] Vgl. *BGH,* 20.2.2001, X ZR 9/99, NJW 2001, 1718, 1719 m.w.N.
[51] Vgl. etwa *BGH,* 30.1.1986, I ZR 242/83, NJW 1987, 1259, wo auf Nr. 5 des dem Rechtsstreit zugrunde liegenden Vertrags abgestellt wurde. Dort hieß es: „Spätestens (zum Fertigstellungstermin) ist vom Programmierer das fertige Programm zu übergeben …".
[52] Vgl. *BGH,* 11.4.2000, X ZR 19/98, CR 2000, 424, 426.
[53] Vgl. *Karger* CR 2001, 357, 359.
[54] Vgl. *BGH,* 26.10.1999, X ZR 54/97, NJW-RR 2000, 1219; *LG Wiesbaden,* 30.11.2016, 11 O 10/15, CR 2017, 298; *LG Bonn,* 24.4.2001, 10 O 62/00, CR 2001, 824, 825.

tiert⁵⁵. Vielmehr soll auch bei der Herstellung und Lieferung nicht vertretbarer Sachen, auf die nach altem Recht Werksvertragsrecht anzuwenden war, Kaufrecht zur Anwendung kommen. Für Verträge über die Überlassung von Individualsoftware scheint dies zu bedeuten, dass sich eine radikale Änderung der Rechtslage ergibt⁵⁶. Im Schrifttum wurde die Hinwendung zum Kaufvertragsrecht höchst kritisch beurteilt⁵⁷. Dies sowie die Erkenntnis, dass die Einordnung als Kauf- oder Werkvertrag auch nach neuem Recht zu erheblichen Rechtsunterschieden führt, lässt es auch mehr als fünfzehn Jahre nach der Reform notwendig erscheinen, den Hintergrund der Neufassung des § 650 BGB (= § 651 BGB a. F.) näher zu beleuchten.

678 Die Bundesregierung⁵⁸ betrachtete die als unübersichtlich bezeichnete Verweisung des § 651 BGB (a. F. bis 2002) auf einzelne Vorschriften des Kauf- und Werkvertragsrechts als Mangel dieser Norm. § 650 BGB (= § 651 BGB a. F.) sollte deshalb völlig neu gefasst und stark vereinfacht werden. Zukünftig sollten bei **allen Lieferungen** herzustellender oder zu erzeugender beweglicher Sachen **allein kaufrechtliche Vorschriften** anwendbar sein, während die frühere Anwendung werkvertraglicher Vorschriften für entbehrlich gehalten wurde, weil insbesondere die Unterschiede der beiden Vertragstypen bei der Haftung für Sachmängel ohnehin in wesentlichen Punkten beseitigt werden sollten⁵⁹. Gleichzeitig sollte mit dem neuen § 650 BGB (= § 651 BGB a. F.) auch der Richtlinie 1999/44/EG des Europäischen Parlaments und des Rates vom 25.5.1999 zu bestimmten Aspekten des Verbrauchsgüterkaufs und der Garantien für Verbrauchsgüter⁶⁰ Rechnung getragen werden, in deren Art. 1 Abs. 4 festgelegt ist, dass auch Verträge über die Lieferung herzustellender oder zu erzeugender Verbrauchsgüter als Kaufverträge im Sinne dieser Richtlinie gelten. Eine Beschränkung auf Verbrauchsgüter wollte die Bundesregierung aber nicht vornehmen. Im übrigen wurde hervorgehoben, dass der neu gefasste § 650 BGB (= § 651 BGB a. F.) weitgehend **Art. 3 Abs. 1 CISG (UN-Kaufrecht) entspricht,** an dem sich auch die gesamte EG-Richtlinie zum Verbrauchsgüterkauf orientiert habe⁶¹.

679 Der *BGH* hat die Frage der Vertragszuordnung bei Software nicht abschließend geklärt, sondern lediglich ausgeführt, entsprechende Verträge seien „regelmäßig" als Werkvertrag, unter Umständen auch als Werklieferungsvertrag im Sinne von § 650

---

⁵⁵ Vgl. BT-Drucks. 14/6040 vom 14.5.2001, S. 268; *Canaris*, Schuldrechtsmodernisierung 2002, S. 914.

⁵⁶ So grundsätzlich zur Bedeutung des § 650 BGB (= § 651 BGB a. F.) *Kremer/Sander* CR 2015, 146, 151; *Mankowski* MDR 2003, 854. Anders wohl nur *Heussen* CR 2004, 1, 7, da er die Sachqualität von Software verneint.

⁵⁷ Vgl. *Bräutigam/Rücker* CR 2006, 361, 366 „nicht sach- und interessengerechte Ergebnisse"; *Bartsch* CR 2001, 649, 655 „falsche Einordnung", „nicht zu wünschen"; *Thewalt* CR 2002, 1, 7 „neue Abgrenzung unglücklich"; *Kotthoff* K&R 2002, 105, 110 „gewöhnungsbedürftig". Positiv demgegenüber *Mankowski* MDR 2003, 854, 855 „macht ökonomischen Sinn".

⁵⁸ Vgl. zur nachfolgenden Darstellung der Gesetzesentstehung BT-Drucks. 14/6040 vom 14.5. 2001, S. 267 f.; *Canaris*, Schuldrechtsmodernisierung 2002, S. 913 f.

⁵⁹ Zentral etwa folgender Satz: „Die weitgehende Angleichung der Mängelhaftung bei den Vertragstypen Kauf- und Werkvertrag, wie sie der Entwurf vornimmt, nimmt der Einordnung eines Vertrags ihre Bedeutung und lässt es in weit größerem Umfang als nach bisherigem Recht zu, auch Verträge mit einer Herstellungsverpflichtung dem Kaufrecht zu unterstellen." Vgl. BT-Drucks. 14/ 6040 vom 14.5.2001, S. 268; *Canaris*, Schuldrechtsmodernisierung 2002, S. 914.

⁶⁰ Vgl. ABl.EG Nr. L 171/12 vom 7.7.1999.

⁶¹ Zur Orientierung der EG-Institutionen am CISG die Begründung der EG-Kommission zu ihrem Richtlinienvorschlag ZIP 1996, 1845, 1846 ff.

BGB (= § 651 BGB a. F.) anzusehen[62]. Im Schrifttum wird die vertragstypologische Zuordnung unterschiedlich beurteilt. Während ein Teil der Literatur unter Berufung auf die ständige Rechtsprechung des *BGH* zur Gleichbehandlung von Software mit beweglichen Sachen auch auf die Herstellung von Individualsoftware grundsätzlich Kaufvertragsrecht anwenden will[63], wird dieses Ergebnis von anderen Autoren für nicht zwingend gehalten[64], gleichwie andere noch zurückhaltender sind und vereinzelt auch eine grundsätzliche Behandlung als Werkvertrag gefordert wird[65]. Nach dieser Auffassung soll ein Werkvertrag, auch soweit damit die Herstellung beweglicher Sachen verbunden ist, dann nicht unter § 650 BGB (= § 651 BGB a. F.) fallen, wenn etwa der geschuldete Erfolg nicht nur oder nicht in erster Linie in der Herstellung der beweglichen Sache und deren Übertragung zu Eigentum liegt, sondern wesentlich in einem **über diese Sache hinausgehenden Erfolg** besteht, der dem Vertrag das Gepräge gibt[66]. Dies soll etwa bei einer **geistigen Leistung** (z. B. der Planung einer Maschine) der Fall sein. Hier sollen die §§ 631 ff. BGB und nicht die kaufvertraglichen Vorschriften anwendbar sein, wenn die Planung, die Anpassung an die Bedürfnisse des Bestellers oder der Einbau im Vordergrund stünden. Demgegenüber sollen Montagepflichten für eine Anwendung des Werkvertragsrechts nicht ausschlaggebend sein, wenn nach dem Vertragsinhalt die Übertragung von Besitz und Eigentum im Vordergrund steht[67]. Es soll eine Gesamtschau der einzelnen Leistungen erfolgen, um den Schwerpunkt des Vertrags zu ermitteln[68]. Die Zulässigkeit der Anwendung von Werkvertragsrecht wird auch aus § 634a Abs. 1 Nr. 1 BGB geschlossen, der gerade für bewegliche Sachen gedacht sei. Namentlich der Fall speziell für den Besteller programmierter Software wird ausdrücklich dem Werkvertragsrecht zugeordnet, weil das Werk zwar in einer beweglichen Sache verkörpert sei, sein **Schwerpunkt** aber wie bei einem schriftlichen Gutachten, einem Werbedesign, einem Porträt oder einer Skulptur in der dort wiedergegebenen geistigen Leistung liege. Dieser Einschätzung entspricht die Rechtsprechung des *BGH* außerhalb des Softwarerechts. Der *BGH* qualifiziert einen Vertrag über die Lieferung einer Einbauküche dann als Werk- und nicht als Kaufvertrag, wenn der Lieferant auf der Grundlage seiner handwerklichen Fachkenntnisse durch Einbau und Anpassung in das Haus des Bestellers einen funktionalen Küchenraum schaffen soll und die dazu notwendigen Montage- und Bauleistungen dem Vertrag die maßgebliche Prägung geben[69]. Diese Gedanken können auf Softwareverträge übertragen werden.

In der Tat ist nicht zu bestreiten, dass bei Individualsoftware der Schwerpunkt der Leistungen des Softwareherstellers in der Regel nicht in der Herstellung und Lieferung des konkreten Werkexemplars liegt, sondern in der **Planung**, dem **Entwurf** sowie der **programmtechnischen Umsetzung**[70]. Damit stellen diese Verträge nicht das

680

---

[62] Vgl. *BGH*, 4.3.2010, III ZR 79/09, NJW 2010, 1449, 1451 Tz. 21. Ohne Diskussion Werkvertragsrecht anwendend *BGH*, 5.6.2014, VII ZR 276/13, MMR 2014, 591, 592 Tz. 13 f.; *BGH*, 25.3.2010, VII ZR 224/08, NJW 2010, 2200, 2201 Tz. 14.
[63] Vgl. *Kremer/Sander* CR 2015, 146, 151; *Schweinoch/Roas* CR 2004, 326, 330 f.; *Schneider* CR 2003, 1, 6; *ders.* CR 2003, 317, 322; *Kotthoff* K&R 2002, 105; *Thewalt* CR 2002, 1, 4.
[64] Vgl. *Diedrich* CR 2002, 473, 476 ff.
[65] Vgl. *Junker* NJW 2003, 2792, 2797; *Spindler/Klöhn* CR 2003, 81, 83; *Stichtenoth* K&R 2003, 105, 108 f.; differenzierend *Redeker* CR 2004, 88, 89 f.
[66] Vgl. *OLG Düsseldorf*, 25.7.2014, I-22 U 192/13, CR 2015, 215.
[67] Vgl. *OLG Düsseldorf*, 25.7.2014, I-22 U 192/13, CR 2015, 215 f.
[68] Vgl. *OLG Düsseldorf*, 25.7.2014, I-22 U 192/13, CR 2015, 215, 216.
[69] Vgl. *BGH*, 7.3.2013, VII ZR 162/12, NJW 2013, 1431 Tz. 18.
[70] Vgl. *Söbbing* MMR 2010, 222, 224.

typische auf Warenumsatz gerichtete Rechtsgeschäft dar, das der Gesetzgeber bei der Schaffung des § 650 BGB (= § 651 BGB a. F.) offensichtlich vor Augen hatte.

681 Trotz der Angleichung der Vorschriften über die Sachmängelhaftung im Kauf- und Werkvertragsrecht und trotz der Verweisung auf einzelne Vorschriften des Werkvertragsrechts ist die **vertragstypologische Zuordnung** der Verträge über die Herstellung und Überlassung von Individualsoftware von **erheblicher Praxisrelevanz**[71]. Hervorzuheben ist etwa, dass die werkvertragliche Vorleistungspflicht des Unternehmers durch einen **Anspruch auf Abschlagszahlungen** gem. § 632a BGB abgemildert wird, diese Entlastung dem Hersteller als Verkäufer mangels Anspruchsgrundlage aber grundsätzlich nicht zukommt[72]. Ein weiterer Unterschied besteht darin, dass die Vorschriften über die **Abnahme** nach § 640 BGB im Kaufrecht nicht eingreifen, sondern hier auf die **Ablieferung** abzustellen ist[73]. Der *BGH* trennt jedoch in ständiger Rechtsprechung zwischen kaufrechtlicher Ablieferung und werkvertraglicher Abnahme und hat einer „Verwischung der Unterschiede" ausdrücklich widersprochen[74]. Dies hat Auswirkungen auf den Fälligkeitszeitpunkt des Zahlungsanspruchs, den Beginn der Fristen der Verjährung der Mängelhaftung sowie den Übergang der Vergütungsgefahr. Schließlich wirkt sich die vertragstypologische Einordnung auch aus auf die Frage nach der Länge der **Verjährungsfristen für die Mängelhaftung**[75], der Anwendbarkeit der (kaufrechtlichen) **Untersuchungs- und Rügepflichten** der §§ 377, 381 Abs. 2 HGB[76], des Prüfungsmaßstabs bei einer **Inhaltskontrolle Allgemeiner Geschäftsbedingungen** insbesondere gem. § 307 Abs. 2 Nr. 2 BGB[77], dem werkvertraglichen **Recht auf Selbstvornahme** einer Mangelbeseitigung gem. § 637 BGB[78], sowie der Frage, ob der Werkunternehmer gem. § 635 Abs. 1 BGB die **Art der Nacherfüllung** bestimmt oder gem. § 439 Abs. 1 BGB der Käufer[79]. Ferner wirkt sich die vertragstypologische Einordnung auch bei der **Kenntnis des Kunden von einem Mangel** aus, da die Mängelansprüche des Käufers gem. § 442 Abs. 1 S. 1 BGB nur ausgeschlossen sind, wenn dieser den Mangel bei Vertragsschluss kennt, während im Werkvertragsrecht gem. § 640 Abs. 3 BGB (= § 640 Abs. 2 BGB a. F.) auf den Zeitpunkt der Abnahme abgestellt wird[80]. Auch sind bei Verträgen zwischen einem Unternehmer und einem Verbraucher bei Anwendung des Kaufrechts die Sonderregelungen über den **Verbrauchsgüterkauf** gem. §§ 474 ff. BGB zu berücksichtigen, während entsprechende Regelungen im Werkvertragsrecht nicht existieren[81].

---

[71] So auch *Fritzemeyer* NJW 2011, 2918, 2919; *Maume/Wilser* CR 2010, 209.
[72] Vgl. *Schmidl* MMR 2004, 590, 591; *Stichtenoth* K&R 2003, 105, 109.
[73] Vgl. *Fritzemeyer* NJW 2011, 2918; *Redeker* CR 2004, 88; *Schmidl* MMR 2004, 590, 591; *Spindler/Klöhn* CR 2003, 81; *Schneider* CR 2003, 317, 322; *Redeker* ITRB 2002, 119.
[74] Vgl. *BGH*, 22.12.1999, VIII ZR 299/98, NJW 2000, 1415, 1416 = LM H. 6/2000 § 377 HGB Nr. 42 m. Anm. *Marly*.
[75] Vgl. *Fritzemeyer* NJW 2011, 2918, 2919; *Redeker* CR 2004, 88; *Schweinoch/Roas* CR 2004, 326.
[76] Vgl. *Fritzemeyer* NJW 2011, 2918 f.; *Schmidl* MMR 2004, 590, 591.
[77] Vgl. *Spindler/Klöhn* CR 2003, 81, 82.
[78] Vgl. *Fritzemeyer* NJW 2011, 2918; *Schweinoch/Roas* CR 2004, 326; *Stichtenoth* K&R 2003, 105, 109. Zu den Rechtsfolgen einer eigenmächtig vom Käufer vorgenommenen Mangelbeseitigung *Lorenz* NJW 2003, 1417 ff.
[79] Vgl. *Fritzemeyer* NJW 2011, 2918, 2919; *Redeker* CR 2004, 88.
[80] Vgl. *Stichtenoth* K&R 2003, 105, 109. Zu Recht weist *Thewalt* CR 2002, 1, 6 f. darauf hin, dass die Mängelansprüche des Käufers einer noch herzustellenden Sache über § 442 Abs. 1 S. 1 BGB de facto kaum ausgeschlossen sein können, weil die Sache bei Vertragsabschluss noch gar nicht existierte. Denkbar wäre allenfalls, dass der Käufer einen bereits vorliegenden Planungsfehler kennt.
[81] Vgl. *Mankowski* MDR 2003, 854, 858.

Entscheidend für die Beurteilung der vertragstypologischen Einordnung ist die 682
bereits erwähnte, ausdrücklich geäußerte Zielsetzung des Gesetzgebers, mit § 650
BGB (= § 651 BGB a. F.) eine Regelung zu schaffen, die sowohl Art. 1 Abs. 4
der EG-Richtlinie zum Verbrauchsgüterkauf als auch Art. 3 Abs. 1 CISG entspricht[82].

Auch bei Art. 3 Abs. 1 CISG muss das kaufrechtliche Element in jedem Fall **über-** 683
wiegen[83]. Erfasst werden sollen daher nur solche Verträge, in denen die **Lieferung**
und **Entgeltzahlung** die **vertragswesentlichen Elemente** darstellen. Dies ist unter
Rückgriff auf die Rechtsprechung des *BGH* zur Definition von Werklieferungsverträgen immer dann der Fall, wenn der Warenumsatz im Sinne von Verschaffung von
Eigentum und Besitz der Ware im Mittelpunkt steht[84]. Dem Kunden ist es in diesen
Fällen gleichgültig, ob der Lieferant die Ware seinen Vorräten entnimmt oder durch
Dritte herstellen lässt[85].

Vergleicht man obiges Verständnis des Art. 3 CISG mit den von der Bundes- 684
regierung im Regierungsentwurf zur Schuldrechtsreform gegebenen Beispielen zur
Nichtanwendbarkeit des § 650 BGB (= § 651 BGB a. F.), stellt man einen vollständigen Gleichlauf fest.

Übertragen auf die Überlassung von Individualsoftware bedeutet dies, dass der 685
Vertrag dann nicht als kaufrechtlich zu behandelnder Werklieferungsvertrag im Sinne des § 650 BGB (= § 651 BGB a. F.) zu qualifizieren ist, wenn die Verpflichtung
des Softwareunternehmers substanziell anders einzuordnen ist. In diesem Fall ist
reines Werkvertragsrecht anwendbar[86]. Damit bleibt schlussendlich nur noch zu
klären, wann eine substanziell über die Lieferung hinausgehende und damit vertragstypenprägende Leistungspflicht vorliegt. Anzuknüpfen sein könnte insoweit an
das Merkmal des „wesentlichen Teils" im Sinne des Art. 3 Abs. 1 CISG[87]. Hiergegen
spricht aber, dass sich dieses Merkmal auf die vom Besteller zur Verfügung zu stellenden Stoffe bezieht und folglich schon deshalb nur bedingt einschlägig erscheint.
Ausschlaggebend gegen das Abstellen auf das Merkmal der Wesentlichkeit spricht
aber, dass dieser Teil des Art. 3 Abs. 1 CISG vom deutschen Gesetzgeber bewusst
nicht in § 650 BGB (= § 651 BGB a. F.) übernommen wurde[88]. Aus diesem Grund ist
unter Bezugnahme auf die Terminologie sowie die Entstehungsgeschichte des Art. 3
Abs. 2 CISG zu verlangen, dass der Vertrag nicht nur wesentlich, sondern **überwie-**

---

[82] Vgl. BT-Drucks. 14/6040 vom 14.5.2001, S. 268; *Canaris*, Schuldrechtsmodernisierung 2002, S. 914.

[83] Vgl. *Schlechtriem/Schwenzer/Ferrari*, Kommentar zum einheitlichen UN Kaufrecht, 6. Aufl. 2013, Art. 3 Rdn. 15.

[84] Vgl. *BGH*, 22.7.1998, VIII ZR 220/97, NJW 1998, 3197, 3198; *BGH*, 12.3.1986, VIII ZR 332/84, NJW 1986, 1927; *BGH*, 19.1.1977, VIII ZR 319/75, WM 1977, 365.

[85] Vgl. *Mankowski* MDR 2003, 854, 855.

[86] Vgl. *BGH*, 5.6.2014, VII ZR 276/13, MMR 2014, 591, 592 Tz. 13 f.; *BGH*, 25.3.2010, VII ZR 224/08, NJW 2010, 2200, 2201 Tz. 14; *BGH*, 4.3.2010, III ZR 79/09, NJW 2010, 1449, 1451 Tz. 21 „regelmäßig" Werkvertrag; zustimmend *OLG Düsseldorf*, 14.3.2014, I-22 U 134/13, CR 2015, 158; *OLG Hamm*, 26.2.2014, I-12 U 112/13, NJW-RR 2014, 878, 879; *Söbbing* MMR 2010, 222, 224; *Frank* ITRB 2011, 231, 232. Im Ergebnis wie hier *Stichtenoth* K&R 2003, 105, 109; *Schmidl* MMR 2004, 590, 592. Ohne dogmatische Begründung auch *Redeker* CR 2004, 88, 89 ff. A. A. *Kremer/Sander* CR 2015, 146, 151 f., die immer Kaufvertragsrecht anwenden wollen.

[87] In dieser Richtung wohl *Palandt/Sprau* § 651 Rdn. 4 „wesentlich in einem über die Sache hinausgehenden Erfolg, der dem Vertrag das Gepräge gibt".

[88] Vgl. BT-Drucks. 14/6040 vom 14.5.2001, S. 268; *Canaris*, Schuldrechtsmodernisierung 2002, S. 914. *Schweinoch* CR 2010, 1, 7 geht davon aus, dass Art. 3 CISG für die endgültige Fassung des § 650 BGB (= § 651 BGB a. F.) gar keine Rolle spielte.

gend⁸⁹ durch andere Pflichten als die Warenlieferung („the preponderant part of the obligations", „la part prépondérante de l'obligation") gekennzeichnet ist. Ob hingegen sogar ein deutliches Überwiegen der kauffremden Leistungen zu verlangen ist, ist im Schrifttum streitig. Der Wortlaut des Art. 3 Abs. 2 CISG spricht eher dagegen⁹⁰. Sicher ist, dass bei ungefährer Gleichwertigkeit der Vertragspflichten kein Überwiegen einer Pflicht festgestellt werden kann.

686 Die Grenze von Kauf- zum Werkvertragsrecht ist daher erst überschritten, wenn Planung, Erstellung eines Anforderungsprofils oder detaillierten Pflichtenhefts, Ausarbeitung von Datenflussplänen, Anwendung besonderer Programmiertechniken oder sonstige nicht auf den Warenumsatz gerichtete Pflichten des Softwareherstellers **überwiegen**⁹¹. Dies ist nicht schon dann der Fall, wenn geringfügige Änderungen an einem Standardprogramm vorgenommen werden, etwa indem fertige und bereits vorhandene Komponenten zu einem Gesamtsystem zusammengesetzt werden⁹², oder sonstige Arbeiten von „nur untergeordneter Bedeutung" vorgenommen werden⁹³, sondern erst, wenn die Änderungsarbeiten als überwiegende Leistungspflicht⁹⁴ zu bewerten sind. In nicht softwarespezifischem Zusammenhang spricht der *BGH* davon, eine Planungsleistung müsse gegenüber der späteren Lieferung so dominieren, dass sie den Schwerpunkt des Vertrags bildet und deshalb die Anwendung des Werkvertragsrechts erfordert. Bei der Erstellung und Bearbeitung von Individualsoftware unterstellt der *BGH* regelmäßig die Anwendbarkeit des Werkvertragsrechts, möchte aber „unter Umständen" abweichen, ohne jedoch diese Umstände zu präzisieren⁹⁵.

687 Ausgangspunkt der Untersuchung muss immer der von den Parteien vereinbarte **Vertragszweck** sein, wie er in der vertraglichen Leistungsbeschreibung und dem hieran anknüpfenden Parteiwillen, insbesondere auch in der verobjektivierten Kundenerwartung zum Ausdruck kommt⁹⁶. Während die **vollständige Neuentwicklung** eines Computerprogramms für die speziellen Bedürfnisse eines Anwenders grundsätzlich dem **Werkvertragsrecht** zuzurechnen ist, erscheint eine solche Regelvermutung für die Anpassung von Standardsoftware nicht zutreffend zu sein⁹⁷. Die Verpflichtung zur **Einstellung von Parametern** einer Standardsoftware wird im Regelfall **keine werkvertragliche Einordnung** rechtfertigen⁹⁸, jedoch ist dies bei großen modu-

---

⁸⁹ „Überwiegend" bedeutet mehr als „wesentlich", vgl. *Schlechtriem/Schwenzer/Ferrari*, Kommentar zum einheitlichen UN Kaufrecht, 6. Aufl. 2013, Art. 3 Rdn. 6.
⁹⁰ Zurückhaltend auch *Schlechtriem/Schwenzer/Ferrari*, Kommentar zum einheitlichen UN Kaufrecht, 6. Aufl. 2013, Art. 3 Rdn. 15.
⁹¹ Vgl. *Frank* ITRB 2011, 231, 232.
⁹² Vgl. *OLG Koblenz*, 9.11.2011, 1 U 1405/09, BeckRS 2016, 00847; *OLG Koblenz*, 19.9.2007, 1 U 1614/05, CR 2008, 148; das *OLG München*, 14.9.2006, 19 U 5248/03, CR 2008, 149, 150 spricht in einem solchen Fall von einem „Handelskauf mit Montageverpflichtung"; wie hier auch *Maume/Wilser* CR 2010, 209, 213.
⁹³ Vgl. *BGH*, 5.6.2014, VII ZR 276/13, MMR 2014, 591, 592 Tz. 14.
⁹⁴ Bei „umfangreicher" Softwareanpassung *BGH*, 25.3.2010, VII ZR 224/08, NJW 2010, 2200, 2201 Tz. 14; zustimmend *OLG Hamm*, 26.2.2014, I-12 U 112/13, NJW-RR 2014, 878, 879.
⁹⁵ Vgl. *BGH*, 4.3.2010, III ZR 79/09, NJW 2010, 1449, 1451 Tz. 21; ohne Diskussion Werkvertragsrecht anwendend *OLG Hamburg*, 16.8.2013, 9 U 41/11, CR 2013, 697 ff.; *AG Brandenburg*, 8.3.2016, 31 C 213/14, CR 2016, 713.
⁹⁶ Vgl. *BGH*, 4.3.2010, III ZR 79/09, NJW 2010, 1449, 1450 Tz. 16; *Fritzemeyer* NJW 2011, 2918, 2921.
⁹⁷ A. A. *Diedrich* CR 2002, 473, 478, der auch hier allein Werkvertragsrecht anwenden will.
⁹⁸ Vgl. *OLG Koblenz*, 9.11.2011, 1 U 1405/09, BeckRS 2016, 00847; *Schweinoch* CR 2010, 1, 4 f.; *Maume/Wilser* CR 2010, 209, 213; offengelassen von *Diedrich* CR 2002, 473, 479.

laren Anwendungen durchaus nicht ausgeschlossen[99]. Im Ergebnis ist daher etwa einem Urteil des *LG Köln*[100] zuzustimmen, demzufolge ein Vertrag, der im wesentlichen die Planung und Implementierung einer Netzinfrastruktur inklusive dazugehöriger Server zum Gegenstand hat, selbst dann einheitlich nach Werkvertragsrecht zu beurteilen ist, wenn erhebliche Hardwarelieferungen geschuldet werden. Auch wenn der vertragliche Schwerpunkt in der Installation und Anpassung der gelieferten Standard- und Individualsoftware liegt, ist Werkvertragsrecht anwendbar[101]. Der *BGH* folgert dies etwa aus der Tatsache, dass die Arbeiten zwei Arbeitsmonate in Anspruch nahmen[102]. Gleiches kann für den Fall gelten, dass zwar ein für vielfältige Anwender hergestelltes Warenwirtschaftsprogramm überlassen wird, für dieses aber fortlaufend weitere Programmvarianten nach einer Perspektivliste zu erstellen und auszuliefern sind sowie Einstellungen vorgenommen werden müssen, die jedenfalls zum Teil individuell auf die Bedürfnisse des Anwenders zugeschnitten sind[103]. Nicht überzeugend ist es demgegenüber, die Sachqualität der Software mit dem Argument zu verneinen, diese sei im Wege der Datenfernübertragung geliefert worden, und mangels beweglicher Sache § 650 BGB (= § 651 BGB a. F.) für nicht anwendbar zu erklären[104]. Wird ein bereits beim Anwender vorhandenes Programm lediglich an dessen spezielle Bedürfnisse angepasst, ist ebenfalls Werkvertragsrecht und nicht § 650 BGB (= § 651 BGB a. F.) anwendbar[105].

cc) Das Sonderproblem der Quellcodeherausgabe

Schrifttum: *Ernst*, Die Verfügbarkeit des Source Codes, MMR 2001, 208 ff.; *Hoeren*, Die Pflicht zur Überlassung des Quellcodes. Eine liberale Lösung des BGH und ihre Folgen, CR 2004, 721 ff.; *Schneider*, Neues zur Vorlage und Herausgabe des Quellcodes? Kritische Überlegungen zur Dissonanz zwischen vertraglicher und prozessualer Beurteilung des Quellcodes durch den BGH, CR 2003, 1 ff.

Eine weitere im Rahmen der Herstellung von Individualprogrammen viel diskutierte Frage geht dahin, ob der Hersteller auch den **Quellcode** an den Besteller übergeben muss. Unproblematisch ist die Beantwortung dieser Frage nur dann, wenn die Parteien eine ausdrückliche Regelung getroffen haben und kein Konflikt mit anderen Vereinbarungen etwa hinsichtlich der Programmwartung und Fehlerbeseitigung entsteht, für deren Vornahme grundsätzlich der Quellcode zur Verfügung stehen muss. Zur rechtzeitigen Regelung dieser Frage kann nicht eindringlich genug geraten werden. Fehlt eine ausdrückliche Regelung, ist seit einer Entscheidung des *BGH* aus dem Jahre 1986[106] wohl unstreitig, dass durch **Auslegung des Vertrags** sowie Herausarbeitung des jeweiligen **Vertragszwecks** ermittelt werden muss, ob eine entsprechende Herausgabepflicht besteht[107]. Dabei hat der *BGH* zu Recht dar-

688

---

[99] Vgl. *Müller-Hengstenberg/Krcmar* CR 2002, 549, 551.
[100] Vgl. *LG Köln*, 16.7.2003, 90 O 68/01, CR 2003, 724, 725.
[101] Vgl. *BGH*, 5.6.2014, VII ZR 276/13, MMR 2014, 591, 592 Tz. 14; *OLG München*, 23.12.2009, 20 U 3515/09, CR 2010, 156, 157; *OLG Brandenburg*, 4.6.2008, 4 U 167/07, CR 2008, 763, 765; *OLG Hamm*, 8.8.2007, 12 U 26/07, CR 2008, 77, 78; *OLG Köln*, 10.3.2006, 19 U 160/05, CR 2006, 440 f.
[102] Vgl. *BGH*, 5.6.2014, VII ZR 276/13, MMR 2014, 591, 592 Tz. 14; dem *OLG Hamm*, 26.2.2014, 12 U 112/13, CR 2015, 435, 436 genügen 12 Arbeitstage.
[103] Vgl. *LG Bonn*, 15.1.2008, 10 O 383/06, CR 2008, 767, 768.
[104] So aber *OLG München*, 23.12.2009, 20 U 3515/09, CR 2010, 156, 157; *Maume/Wilser* CR 2010, 209, 214.
[105] Vgl. *AG Brandenburg*, 8.3.2016, 31 C 213/14, CR 2016, 713.
[106] Vgl. *BGH*, 30.1.1986, I ZR 242/83, NJW 1987, 1259 f.
[107] Wieder zustimmend *BGH*, 16.12.2003, X ZR 129/01, CR 2004, 490, 491; *LG Köln*, 15.4.2003, 85 O 15/03, CR 2003, 484.

auf hingewiesen, dass die Übergabe des Quellcodes einschließlich einer Herstellerdokumentation häufig zum vertraglichen Leistungsumfang bei der Erstellung von Individualsoftware zählt. Entscheidend hat der *BGH* aber darauf abgestellt, welche Vertragspartei Programmänderungen und Fehlerbeseitigungen vornehmen soll[108]. Diese Partei müsse auch über die Quellcodes verfügen können, während der Einräumung eines ausschließlichen Nutzungsrechts allenfalls eine Hinweisfunktion zugesprochen werden könne. Dementsprechend kann auch aus der allgemeinen urheberrechtlichen Zweckübertragungslehre, derzufolge im Zweifel das entsprechende Recht soweit als möglich beim Urheber verbleibt[109], kein zwingendes Ergebnis hergeleitet werden, obwohl nicht zu verkennen ist, dass Änderungsbefugnis und Herausgabe des Quellcodes in der Regel parallel zu bewerten sind. Grundsätzlich zulässig ist es, die Herausgabe des Quellcodes **vertraglich ausdrücklich auszuschließen**. Dies kann auch in Allgemeinen Geschäftsbedingungen geschehen[110].

dd) Die weitere Programmverwertung

689   Eine ebenfalls im Rahmen von Verträgen über die Herstellung von Individualprogrammen auftretende Frage ist, ob der Besteller oder der Hersteller das Programm weiterverwerten darf. Etwa findet der Besteller einen weiteren Interessenten oder der Hersteller möchte zumindest wesentliche Programmteile für andere Aufträge wiederverwenden. Auch hier ist eine vertragliche Regelung dringend anzuraten. Fehlt eine solche, ist parallel zur Frage nach der Herausgabepflicht der Quellcodes zu entscheiden. Auch wenn dieses Ergebnis im Einzelfall nicht zwingend ist, kann doch eine Vermutungsregel dahingehend aufgestellt werden, dass die Vertragspartei, die über die Quellcodes verfügt, auch die **Weiterverwertung** soll betreiben können[111]. Hat der Hersteller daher die Quellcodes an den Besteller übergeben, darf er in der Regel dieses Programm nicht an weitere Interessenten überlassen. Unbenommen ist ihm aber, auf der Grundlage der urheberrechtsfreien Grundsätze und Ideen ein zweites Programm herzustellen, das deshalb wie jedes andere Programm verwertet werden kann. Zu weit gehen dürfte jedoch die Aussage, bei der Herstellung von Individualsoftware ganz allgemein und beim Vorliegen einer Auftragsarbeit im Besonderen von einer Übertragung uneingeschränkter Nutzungsrechte auszugehen[112].

b) Standardsoftware

690   Anders als bei Verträgen über Individualsoftware besteht bei der Überlassung von Standardsoftware hinsichtlich nahezu keiner der auftretenden Fragen Einigkeit[113]. Vielmehr steht seit Jahren fast alles im Streit. Für den nachfolgenden Überblick über die zahlreichen Auffassungen lässt sich zunächst eine Grobeinteilung in zwei Gruppen vornehmen. Einerseits diejenigen Stellungnahmen, die von der **Sachqualität** der Computersoftware ausgehen, andererseits diejenigen Darstellungen, bei denen die Computersoftware als „**geistiges Gut**" irgendeiner Art behandelt wird.

---

[108] In dieser Richtung auch *BGH*, 16.12.2003, X ZR 129/01, CR 2004, 490, 491.
[109] Vgl. *BGH*, 6.10.2016, I ZR 25/15, GRUR 2017, 266, 270 Tz. 44; *Schricker/Loewenheim/Ohly* § 31 Rdn. 52.
[110] Vgl. *LG Köln*, 15.4.2003, 85 O 15/03, CR 2003, 484.
[111] Unentschieden *Karger* CR 2001, 357, 365.
[112] So aber *OLG Frankfurt*, 29.10.2013, 11 U 47/13, MMR 2014, 661, 662.
[113] Diese Feststellung trifft auch *Lutz* S. 1.

aa) Die die Sachqualität befürwortenden Stellungnahmen

Soweit die Computersoftware als Sache im Sinne des § 90 BGB eingestuft wird[114], 691 wird bei einer auf Dauer angelegten Programmüberlassung eine Typisierung als **Kaufvertrag**[115], zumindest aber als **kaufähnlicher Vertrag**, vorgenommen, auf den die kaufvertraglichen Mängelhaftungsvorschriften entsprechend angewendet werden müssen[116]. Neben zahlreichen Stellungnahmen im Schrifttum wird diese Auffassung von vielen Gerichten geteilt[117]. Auch der Gesetzgeber hat im Rahmen der Schuldrechtsreform die ständige Rechtsprechung hinsichtlich der kaufvertraglichen Einordnung der Softwareverträge nicht nur erwähnt, sondern durch die Neuformulierung des § 453 Abs. 1 BGB gesetzlich bestätigen wollen[118]. Bereits früher war der *BGH*[119] ausdrücklich von einer zumindest analogen Anwendung kaufvertraglicher Vorschriften ausgegangen. Schon in einer Entscheidung aus dem Jahre 1993 hat der *BGH*[120] zum Streit über die Sachqualität von Computerprogrammen nochmals ausdrücklich Stellung bezogen und ausgeführt:

„Der Senat hat, woran festzuhalten ist, bereits mehrfach entschieden, dass eine 692 Standardsoftware als bewegliche Sache anzusehen ist (BGHZ 102, 135 [144] = NJW 1988, 406 = LM § 459 BGB Nr. 88; BGHZ 109, 97 [100 f.] = NJW 1990, 320 = LM § 1 AbzG Nr. 24). Gleiches hat zu gelten, wenn eine Software den speziellen Wünschen des Käufers/Bestellers angepasst und diesem in kauf- oder werkvertraglichen Formen endgültig überlassen wird. Entscheidend ist allein, dass es sich auch in

---

[114] Vgl. *Diegmann/Kuntz* NJW 2010, 561; *v. Merveldt* CR 2006, 721, 722; *Marly* BB 1991, 432 ff.; *LG Oldenburg*, 13.1.2016, 5 S 224/15, MMR 2016, 479, 480; *OLG Stuttgart*, 8.11.1988, 6 U 135/87, NJW 1989, 2635, 2636; zumindest für die Vermarktung von Standardprogrammen auch *BGH*, 4.11.1987, VIII ZR 314/86, NJW 1988, 406, 408 unter Berufung auf *BGH*, 2.5.1985, I ZB 8/84, GRUR 1985, 1055, 1056; unter Hervorhebung des Datenträgers auch *BGH*, 18.10.1989, VIII ZR 325/88, NJW 1990, 320, 321 diesem zustimmend *Palandt/Ellenberger* § 90 Rdn. 2.

[115] Vgl. *BGH*, 15.11.2006, XII ZR 120/04, NJW 2007, 2394 Tz. 15; *OLG Hamm*, 26.2.2014, 12 U 112/13, CR 2015, 435, 436; *Diegmann/Kuntz* NJW 2010, 561; *Schweinoch* CR 2010, 1, 2; *Sahin/Haines* CR 2005, 241; *Scholz/Haines* CR 2003, 393, 394; *Goldmann/Redecke* MMR 2002, 3.

[116] Vgl. *BGH*, 15.11.2006, XII ZR 120/04, NJW 2007, 2394 Tz. 15; *BGH*, 22.12.1999, VIII ZR 299/98, NJW 2000, 1415; *OLG Köln*, 10.3.2006, 19 U 160/05, CR 2006, 440; *OLG Düsseldorf*, 21.1.2000, 22 U 122/99, NJW-RR 2000, 1223; *OLG Frankfurt*, 4.7.1997, 24 U 215/95, NJW 1998, 84; *OLG Köln*, 26.10.1990, 19 U 28/90, NJW 1991, 2156; *OLG Düsseldorf*, 9.6.1989, 16 U 209/88, NJW 1989, 2627; *OLG Schleswig*, 6.11.1981, 11 U 117/80, ZIP 1982, 457; *OLG München*, 30.9.1987, 7 U 2373/87, CR 1988, 130; *OLG München*, 27.10.1987, 13 U 2458/86, CR 1988, 378; in diesem Sinne auch *OLG Nürnberg*, 20.6.1989, 3 U 1342/88, NJW 1989, 2634, 2635; *LG Bonn*, 16.5.2003, 10 O 102/02, CR 2004, 21; *AG Düren*, 14.4.2004, 45 C 332/00, CR 2004, 734.

[117] Die Sacheigenschaft ablehnend, aber Kaufvertragsrecht analog anwendend *OLG Köln*, 19.9.1994, 16 U 35/88, CR 1995, 218, 219; ohne erneute Diskussion auch *OLG München*, 14.9.2006, 19 U 5248/03, CR 2008, 149, 150; *OLG München*, 12.10.2000, 29 U 3680/00, MMR 2001, 395, 396; *LG Landshut*, 20.8.2003, 1 HK O 2392/02, CR 2004, 19, 20; *LG Bonn*, 31.10.2006, 11 O 170/05, CR 2007, 767.

[118] Vgl. die Begründung des Regierungsentwurfs zu § 453 Abs. 1, *Canaris*, Schuldrechtsmodernisierung 2002, S. 865.

[119] Vgl. *BGH*, 4.11.1987, VIII ZR 314/86, NJW 1988, 406 ff.; bestätigt in *BGH*, 18.10.1989, VIII ZR 325/88, NJW 1990, 320, 321 sowie *BGH*, 7.3.1990, VIII ZR 56/89, NJW 1990, 3011, 3012; zuletzt bestätigt *BGH*, 4.3.1997, X ZR 141/95, CR 1997, 470, 472; *BGH*, 10.10.1994, VIII ZR 295/93, NJW 1995, 187, 188.

[120] Vgl. *BGH*, 14.7.1993, VIII ZR 147/92, NJW 1993, 2436, 2437 f.; nochmals ausdrücklich als ständige Rechtsprechung bestätigt in *BGH*, 22.12.1999, VIII ZR 299/98, NJW 2000, 1415; *BGH*, 15.11.2006, XII ZR 120/04, NJW 2007, 2394 Tz. 15 „wiederholt entschieden".

diesem Falle um ein auf einem Datenträger verkörpertes Programm und damit um eine körperliche Sache (§ 90 BGB) handelt."

693 Nach dieser Entscheidung hätte der unvoreingenommene Leser erwarten können, der Streit sei nunmehr zumindest für die Praxis endgültig beigelegt, zumal der *BGH* in späteren Entscheidungen mehrfach hervorhob, diese Frage sei **bereits mehrfach entschieden**[121]. Einzelne Stimmen im Schrifttum betonen aber nach wie vor, der Streit sei nicht beendet[122].

bb) Die die Sachqualität verneinenden Stellungnahmen

694 Einen völlig anderen Weg als oben dargestellt gehen Teile des Schrifttums[123]. Gemeinsamer Ausgangspunkt dieser Auffassungen ist der Gedanke, dass die Überlassung von Computersoftware nicht die Überlassung einer Sache zum Typen prägenden Gegenstand hat, sondern dass die vereinbarte Überlassung andere Zwecke verfolgt, die gegebenenfalls auch eine andere als eine kaufvertragliche Behandlung erfordere. Über diesen recht vagen gedanklichen Ausgangspunkt hinaus bestehen indes nur wenige Übereinstimmungen zwischen den verschiedenen Stellungnahmen.

695 Verschiedentlich wird eine Einordnung der Überlassung von Standardsoftware auf Dauer gegen Einmalentgelt als **"zumindest kaufähnliches Rechtsgeschäft"**[124] befürwortet, sodass in der Regel im Ergebnis kein Unterschied zu der Auffassung besteht, die Computerprogramme als Sache qualifiziert, weshalb auf hier erwähnte Meinung nur noch gesondert eingegangen werden muss, soweit bei Einzelfragen gegebenenfalls Unterschiede zu verzeichnen sind. Verschiedentlich wird auch ausdrücklich auf § 453 Abs. 1 BGB verwiesen, demzufolge die Vorschriften über den Kauf von Sachen auf den Kauf von Rechten und sonstigen Gegenständen entsprechende Anwendung finden[125]. Standardsoftware muss nach dieser Auffassung nicht als Sache qualifiziert werden, um den für zutreffend gehaltenen Interessenausgleich zwischen den Parteien nach Kaufrecht zu erreichen.

(1) Die Überlassung im Rahmen eines Lizenzvertrags

Typische Klausel: "Softwareproduktlizenz. Das Softwareprodukt wird lizenziert, nicht verkauft."[126]

---

[121] Vgl. etwa *BGH*, 15.11.2006, XII ZR 120/04, NJW 2007, 2394 Tz. 15; *LG Oldenburg*, 13.1.2016, 5 S 224/15, MMR 2016, 479, 480; *Heussen* CR 2004, 1, 7 Fußn. 48 bezeichnet den Streit als nach wie vor vom *BGH* nicht entschieden. Demgegenüber führt *Müglich* CR 2004, 70, 71 aus, entsprechende Ausführungen von Computerrechts Handbuch/*Moritz* GlNr. 31 Rdn. 99 muteten „leicht anachronistisch" an. Nach *Müglich* folgt auch aus Ziff. 7.1 der EVB-IT Überlassung Typ A, dass der Sachbegriff des § 90 BGB auf Software anwendbar ist.

[122] Statt vieler *Hilty* CR 2012, 625, 636 f.

[123] Vgl. etwa *Hilty* CR 2012, 625, 636 f.

[124] Diese vom *BGH*, 4.11.1987, VIII ZR 314/86, NJW 1988, 406, 408 eingeführte Terminologie der „zumindest entsprechenden Anwendung der §§ 459 ff. BGB a. F." ist nicht nur sprachlich unschön, sondern darüber hinaus nichtssagend, denn entweder ist das Rechtsgeschäft kaufähnlich oder ein Kaufvertrag. Derartige Wortfüllsel ohne erschließbaren Informationsgehalt sollten nicht verwendet werden. Dem *BGH* ausdrücklich folgend aber etwa *Lutz* S. 29 Fußn. 140.

[125] So *Werner* CR 2013, 516, 518; *Bräutigam/Rücker* CR 2006, 361, 364; *Wolf/Lindacher/Pfeiffer* Klauseln Rdn. S 215; *Stichtenoth* K&R 2003, 105, 109; *Diedrich* CR 2002, 473, 476; unklar *Palandt/Weidenkaff* § 453 Rdn. 8.

[126] Vgl. die Lizenzbestimmungen von Oracle im Fall *EuGH*, 3.7.2012, C-128/11, NJW 2012, 2565 Tz. 23 – UsedSoft; ferner den Endbenutzer-Lizenzvertrag für Apple iOS 11 (EA 1491 vom 12.7.2017) Klausel 1(a). Ein begriffliches Durcheinander zwischen Lizenz und Kauf lag etwa auch im Fall *LG Düsseldorf*, 26.11.2008, 12 O 431/08, MMR 2009, 216 (Ls.) = BeckRS 2008, 25162 vor.

„1. Allgemeines. (a) Die Software (einschließlich Boot-ROM-Code, eingebetteter Software und Software von Drittanbietern), Dokumentation, Benutzeroberflächen, Inhalte, Schriften und sonstigen Daten, die du mit deinem iOS Gerät erhalten hast („Original iOS Software"), die ggf. durch von Apple bereitgestellte Funktionserweiterungen, Softwareaktualisierungen oder Systemwiederherstellungssoftware aktualisiert oder ersetzt wird („iOS Softwareaktualisierungen"), unabhängig davon, ob diese auf einem ROM, einem anderen Speichermedium oder in anderer Form gespeichert sind (die Original iOS Software und die iOS Softwareaktualisierungen werden im Folgenden gemeinsam als „iOS Software" bezeichnet), werden dir von Apple Inc. („Apple") für die Nutzung im Rahmen dieser Lizenz lizenziert, nicht verkauft."[127]

„b. Gerät. In diesem Vertrag ist „Gerät" ein Hardwaresystem (sowohl physisch als auch virtuell) mit einer internen Speichervorrichtung, das fähig ist, die Software auszuführen. Eine Hardwarepartition oder ein Blade wird als Gerät betrachtet."[128]

Weit verbreitet sind solche Stellungnahmen in Rechtsprechung und Schrifttum, in denen die Überlassung von Standardprogrammen als **Lizenzvertrag** bezeichnet wird[129]. Diese Bezeichnung findet sich darüber hinaus in einer großen Zahl der von den Softwarelieferanten verwendeten Allgemeinen Geschäftsbedingungen[130]. Da es sich bei einem Lizenzvertrag um einen gesetzlich zwar erwähnten[131], hinsichtlich seines Inhalts und seiner Ausgestaltung aber ungeregelten Vertragstypus handelt, besteht keine Klarheit darüber, welche Rechtsfolgen mit einer solchen Einordnung verbunden sind[132]. Dies lässt es notwendig erscheinen, zunächst den Typus des Lizenzvertrags im Hinblick auf das hier vornehmlich interessierende Urheberrecht[133] kurz zu erläutern, denn nur so lässt sich die dieser Auffassung zugrunde liegende Gedankenführung verstehen und weit verbreitete Missverständnisse vermeiden.

696

(2) Exkurs: Inhalt, Rechtsnatur und anwendbare gesetzliche Regelungen bei Lizenzverträgen

Die Umschreibung des Bedeutungsgehalts einer Lizenz und insbesondere die exakte Bestimmung der Rechtsnatur entsprechender Verträge haben die Rechtsprechung und das Schrifttum bereits ausgangs des vorletzten Jahrhunderts beschäftigt[134]. Insgesamt lässt sich eine Entwicklung der entstandenen Diskussion dahingehend feststellen, dass sich die Beurteilung der Lizenz von einem negativen Verbietungsrecht über verschiedene Mischformen hin zum positiven Benutzungsrecht wandelte. Wenngleich der Begriff der Lizenz[135] auch nach jahrzehntelanger Diskussion keine exakten Konturen aufweist[136], lässt sich doch eine weitestgehend aner-

697

---

[127] Vgl. den Apple iOS Softwarelizenzvertrag (EA1491 vom 12.7.2017).
[128] Vgl. die Micosoft-Software-Lizenzbestimmungen.Windows (Dezember 2016).
[129] Vgl. für die Überlassung „für eine beschränkte Zeit im Rahmen eines Dauerschuldverhältnisses" *BGH*, 24.10.2002, I ZR 3/00, NJW 2003, 2014, 2016; *Hilty* CR 2012, 625, 636f.; *ders.* MMR 2003, 3, 9ff.; *Metzger* NJW 2003, 1994, 1995; Bemerkenswert auch *OLG Frankfurt*, 12.5.2009, 11 W 15/09, MMR 2009, 544, 545, das ausführt Software werde erworben bzw. es werde eine Lizenz erteilt. Sehr dezidert *Weitnauer/Imhof*, 4. Aufl. 2017, Kap. B. 1Nr. 7 „unzutreffende Klausel".
[130] So etwa im vom *EuGH*, 3.7.2012, C-128/11, NJW 2012, 2565ff. – UsedSoft entschiedenen Fall.
[131] Vgl. etwa §§ 15 Abs. 2 und 3, 23, 24 PatG.
[132] Vgl. *Hilty* CR 2012, 625, 626.
[133] Vgl. grundsätzlich zur Lizenz im Urheberrecht *McGuire* GRUR 2009, 13, 20.
[134] Als erstes bedeutsames Urteil zur Rechtsnatur des Lizenzvertrags wird das Urteil des *Reichsgerichts* vom 17.12.1886, II 251/86, RGZ 17, 53ff., eingestuft.
[135] Etymologisch lässt sich das Wort Lizenz auf das lateinische „licet" mit der Bedeutung „es ist erlaubt" zurückführen.
[136] Vgl. *Lutz* S. 192; *McGuire* GRUR 2009, 13, 20; *Schricker/Loewenheim*, 4. Aufl. 2010, Vor §§ 28 ff. Rdn. 49 spricht von „schwankender Terminologie" und empfiehlt, den Begriff im Interesse

kannte Grobdefinition geben. Diese geht dahin, mit dem Begriff der Lizenz die Befugnis zu belegen, das **Immaterialgut** eines anderen zu benutzen[137]. Dabei ist es gleichgültig, ob für das betroffene Immaterialgut ein gesetzliches Schutzrecht oder eine sonstige rechtliche Sicherung durch Schutzgesetze besteht. Ausschlaggebend und kennzeichnend für alle Lizenzen ist allein, dass sich der Lizenzgeber im Lizenzvertrag verpflichtet[138], dem Lizenznehmer den Gebrauch eines nichtkörperlichen, geistigen Gutes im vereinbarten Umfang zu gewähren, und soweit dies erforderlich ist, entsprechende Rechte einzuräumen[139], ohne jedoch das Immaterialgut selbst aufzugeben.

698   Hinsichtlich der Rechtsnatur des Lizenzvertrags hat sich in Rechtsprechung[140] und Literatur[141] die Meinung durchgesetzt, der Lizenzvertrag sei ein gesetzlich nicht expressis verbis geregelter **Vertragstyp eigener Art,** der kauf-, pacht-, miet-, dienst- oder gesellschaftsvertragliche Elemente enthalten kann und bei dem je nach Lage des Einzelfalls die entsprechenden Regelungen aus den verschiedenen gesetzlich geregelten Vertragstypen analog herangezogen werden können. Unstreitig ist, dass es sich beim Lizenzvertrag um ein Dauerschuldverhältnis im Sinne des § 314 BGB handelt[142]. Ebenso unstreitig ist, dass der Lizenzvertrag einen gegenseitigen Vertrag darstellt, der den Bestimmungen zum Leistungsstörungsrecht nach den §§ 320 ff. BGB unterfällt[143].

(3) Standardsoftware und Lizenzvertrag

699   Für die hier allein interessierende Problematik der Überlassung von Standardsoftware folgt aus den Darlegungen zum Lizenzvertrag, dass eine Softwareüberlassungsvereinbarung auch dann als Lizenzvertrag eingestuft werden könnte, wenn das dem Vertragsverhältnis zugrunde liegende Computerprogramm kein urheberrechtlich geschütztes Werk darstellt. Ausreichend, aber auch erforderlich ist, dass es sich bei Standardsoftware um ein anerkanntes Immaterialgut handelt. Die Frage des materiellen oder immateriellen Charakters von Standardsoftware soll jedoch erst weiter unten[144] eingehend behandelt werden.

(4) Die Einordnung als Know-how-Lizenzvertrag

700   Eine der oben dargestellten Typisierung als Lizenzvertrag ähnliche ältere Einordnung geht dahin, Softwareüberlassungsverträge über Standardsoftware als Know-how-Lizenzverträge zu behandeln[145]. Unabhängig von der Frage, ob ein Rechts-

---

der Klarheit im Urheberrecht besser zu vermeiden. *Hilty* CR 2012, 625, 626 meint, im Lizenzrecht gebe es keine „rechtssichere Basis".

[137] Vgl. *McGuire* GRUR 2013, 1133, 1134; *Lutz* S. 192.

[138] Vgl. zum Erfordernis der Unterscheidung zwischen schuldrechtlichem Verpflichtungsgeschäft und Verfügungsgeschäft (= Einräumung) *Schricker/Loewenheim/Ohly* Vor §§ 31 ff. Rdn. 24 ff.; von dieser Unterscheidung geht auch *BGH*, 19.7.2012, I ZR 70/10, NJW 2012, 3301, 3302 Tz. 19 aus, sieht aber eine „stärkere kausale Verknüpfung von Verpflichtungs- und Verfügungsgeschäft" im Urheberrecht.

[139] Vgl. *Lutz* S. 192; *McGuire* GRUR 2009, 13, 20.

[140] Vgl. statt vieler *BGH*, 3.11.1988, I ZR 242/86, NJW 1989, 456.

[141] Vgl. *Palandt/Weidenkaff* Einf. vor § 433 Rdn. 22 sowie Einf. vor § 581 Rdn. 7; MünchKomm/*Harke* § 581 Rdn. 18; *Wolf/Lindacher/Pfeiffer* Klauseln Rdn. L 221; *McGuire* GRUR 2009, 13, 20.

[142] Vgl. *McGuire* GRUR 2009, 13, 20; *Hilty* MMR 2003, 3, 14 sowie 15. Der *BGH*, 17.11.2005, IX ZR 162/04, NJW 2006, 915, 916 Tz. 21 behandelt einen Lizenzvertrag entsprechend der Rechtspacht als Dauernutzungsvertrag im Sinne des §§ 108, 112 InsO.

[143] Vgl. *OLG München*, 25.7.2013, 6 U 541/12, GRUR 2013, 1125, 1130.

[144] Vgl. unten Rdn. 712 ff.

[145] Vgl. *Sickinger*, Vertrieb von Standardsoftware, 1993, S. 56 f.

schutz durch das Urheberrechtsgesetz bestünde, müsse Anwendersoftware stets als Geschäftsgeheimnis eingestuft und als solches relativ geschützt werden. Üblicherweise wird dem Anwender von Standardsoftware das bei der Entwicklung aufgewendete Wissen aber gar **nicht zugänglich gemacht,** da ihm nur der Objektcode zur Verfügung gestellt wird, der ohne Rückumsetzung als lediglich dem Fachmann verständliche Folge binären bzw. hexadezimal darstellbaren Codes ohne unmittelbar erkennbaren Informationsgehalt erscheint. In der Überlassung eines Computerprogramms allein im Objektcode kann daher die **konkludente Äußerung eines Geheimhaltungswillens** bezüglich des Aufbaus, der Arbeitsweise und der Problemlösungselemente der betreffenden Computersoftware gesehen werden.

Kennzeichen der meisten Softwareüberlassungen ist vielmehr der doppelgleisige Versuch, das bei der Erstellung des Programms angewandte **Wissen** sowohl durch **technische** als auch durch **rechtliche** Maßnahmen **zu schützen.** Technisch bietet sich hierfür die bereits erwähnte Überlassung des bloßen Objektcodes an, dem kein für einen Menschen unmittelbar erkennbarer Informationsgehalt zukommt, weil die enthaltenen Binärkombinationen auch für Fachleute nicht ohne weiteres verständlich sind. Neben diesen technisch ausgerichteten Maßnahmen des Wissensschutzes finden sich jedoch insbesondere in den Geschäftsbedingungen der großen Softwarehersteller Regelungen, die eine Wissenspreisgabe auf rechtlichem Wege verhindern sollen.

701

Eine Ausnahme vom oben dargelegten Regelfall muss lediglich für die Fälle gemacht werden, in denen das Quellformat ungeschützt und frei zugänglich überlassen wird[146]. Eine derartige Softwareüberlassung, die auch so ausgestattet sein kann, dass ein ablauffähiges Maschinenprogramm neben dem entsprechenden Quellenprogramm überlassen wird, findet sich nicht selten bei Software, die den Anwender dazu anregen soll, das gelieferte Programm eigenständig weiterzuentwickeln, es zur Entwicklung eigener Programme zu nutzen oder in seine eigenen Programme zu integrieren, wie dies etwa häufig bei **Schulungspaketen** zum Erlernen einer Programmiersprache der Fall ist. Zu nennen ist in diesem Zusammenhang auch der Sonderfall der sog. **Open-Source-Software** mit deren wohl bekanntester Erscheinung Linux. Hierbei handelt es sich jedoch um einen Sonderfall der Softwareüberlassung, der nicht verallgemeinerungsfähig ist und der an dem regelmäßig bestehenden Interesse des Softwareherstellers nichts ändert, sein bei der Herstellung eingesetztes Wissen nicht preiszugeben.

702

(5) Die Einordnung als zusammengesetzter Sach- und Rechtskauf

Eine weitere im Schrifttum anzutreffende Auffassung[147] geht dahin, bei einem auf den dauerhaften Erwerb von Software und eine dauerhafte Nutzungsmöglichkeit derselben gerichteten Softwareüberlassungsvertrag zunächst zwischen einem **materiellen** und einem **immateriellen Vertragsteil** zu trennen. Dabei soll sich der materielle Vertragsteil auf die sachenrechtlichen Gesichtspunkte im Hinblick auf die materielle Verkörperung von Software beziehen. Demgegenüber sollen im immateriellen Vertragsteil die urheberrechtlichen Gesichtspunkte im Hinblick auf die Ausschließlichkeitsrechte des Rechtsinhabers zu berücksichtigen sein[148].

703

Bei einer Softwareüberlassung auf Dauer soll der **materielle Vertragsteil** unabhängig davon, ob die Software körperlich oder unkörperlich übertragen wird, nach den **Regeln des Sachkaufs gem. §§ 433 ff. BGB** zu behandeln sein. Begründet wird dies damit, dass es bei der körperlichen Übertragung regelmäßig zu einer Übereig-

704

---

[146] Vgl. *Ernst* MMR 2001, 208, 209.
[147] Vgl. *Lutz,* Softwarelizenzen und die Natur der Sache, 2009.
[148] Vgl. *Lutz* S. 23.

nung der Sache komme[149]. Dies sei zwar bei einer unkörperlichen Übertragung so nicht der Fall, weil eine neue Sache geschaffen, die alte aber nur vervielfältigt und nicht übergeben würde, jedoch sei die Ähnlichkeit dieses Vertrags mit dem gesetzlichen Leitbild des Kaufvertrags so groß, dass auch hier Kaufvertragsrecht angewendet werden müsse[150].

705 Im Hinblick auf den **immateriellen Vertragsteil** wird zunächst betont, dass es dem Anwender nicht nur darum gehe das Eigentum an der materiellen Verkörperung der Software zu erwerben, sondern auch darum, die Software bestimmungsgemäß benutzen zu können. Da diese Nutzungsmöglichkeit aufgrund der Charakterisierung von § 69d Abs. 1 UrhG als sog. Inhaltsnorm voraussetzt, dass dem Anwender die entsprechenden Nutzungsrechte übertragen werden, gebe der Anwender mit dem Angebot zum käuflichen Erwerb der materiellen Vervielfältigung **gleichzeitig** ein Angebot zum **Erwerb entsprechender Nutzungsrechte** ab[151]. Auch hinsichtlich des immateriellen Vertragsteils bestehe deshalb eine hinreichende Ähnlichkeit mit dem gesetzlichen Leitbild des Rechtskaufs gem. §§ 453 Abs. 1, 433 Abs. 1 BGB. Der Inhalt dieses Rechtskaufs bestehe darin, dass sich der Verkäufer verpflichte, dem Käufer das entsprechende Recht zu verschaffen.

706 Im Rahmen einer **Gesamtbewertung** von Softwareüberlassungsverträgen wird schließlich hervorgehoben, es entspreche dem Willen der Vertragsparteien, dass die einzelnen materiellen und immateriellen Teilverträge miteinander stehen und fallen sollen. Hieraus folge, dass ein Softwareüberlassungsvertrag zum dauerhaften Erwerb von Standardsoftware grundsätzlich als **zusammengesetzter Vertrag** anzusehen sei, dessen materieller Teil sich nach den Regeln des Sachkaufs und dessen immaterieller Teil sich nach den Vorschriften des Rechtskauf beurteilten[152]. Es ist indes zweifelhaft, ob die ohnehin nur bei urheberrechtlich geschützter Computersoftware notwendige Einräumung einer Vervielfältigungserlaubnis gem. § 69c Nr. 1 UrhG[153] von so großer Bedeutung ist, dass ihr eine vertragstypenprägende Bedeutung zukommt[154]. Näher liegt, insoweit von einer nicht typenprägenden Erweiterung des Kaufvertrags über ein Computerprogramm auszugehen, denn die Mindestrechte eines Softwareanwenders sind über den zwingenden Kernbereich des § 69d Abs. 1 UrhG gesetzlich festgelegt[155], weshalb es nicht überzeugend wäre, diesen Nutzungsrechtseinräumungen vertragstypenprägenden Charakter zuzusprechen[156]. Dies kommt auch in der Rechtsprechung des *BGH* zum Ausdruck, der betont, es müsse zwischen der dem Anwender zur Nutzung des Computerprogramms überlassenen Werkverkörperung und dem urheberrechtlich geschützten Werk getrennt werden. Das urheberrechtlich geschützte Werk spiele für die Rechtsnatur des Softwareüberlassungsvertrags keine Rolle. Lediglich für ein urheberrechtlich geschütztes Programm bedürfe es „zusätzlich" der urheberrechtlich erforderlichen vertraglichen Vereinbarungen[157]. Die Notwendigkeit einer zusätzlichen Vereinbarung in Gestalt

---

[149] Vgl. *Lutz* S. 25.
[150] Vgl. *Lutz* S. 29 f.
[151] Vgl. *Lutz* S. 187.
[152] Vgl. *Lutz* S. 189.
[153] Dass diese Erwägung bei urheberrechtlich nicht geschützter Software nicht eingreift, hebt auch der *BGH*, 15.11.2006, XII ZR 120/04, NJW 2007, 2394, 2395 Tz. 17 hervor. Diesen Gesichtspunkt übersieht *Lutz* S. 186.
[154] Vgl. hierzu auch unten Rdn. 742.
[155] Vgl. hierzu oben Rdn. 248 f.
[156] Im Ergebnis auch *McGuire* GRUR 2009, 13, 20 f.
[157] Vgl. *BGH*, 15.11.2006, XII ZR 120/04, NJW 2007, 2394, 2395 Tz. 17.

eines **zusätzlichen (zweiten) Vertrags** sieht der *BGH* dann, wenn bei einem Online-Spiel der Anwender neben der Spiele-Software noch einen (entgeltpflichtigen) Zugang zum Server des Spieleherstellers benötigt, um auch gegen andere Mitspieler spielen zu können. Obwohl der *BGH* in einem solchen Fall zwei Verträge sieht, spricht er im Hinblick auf die Überlassung der Spiel-Software aber doch von einem „**Kaufvertrag mit dem Händler**", während der zweite Vertrag ein **Recht zur Spielteilnahme** einräume[158]. Die dieser Entscheidung zugrundeliegende Sonderkonstellation möchte der *BGH* aber nicht dahin verstanden wissen, dies stehe nicht im Einklang mit § 69d Abs. 1 UrhG. Er betont, dass die nach dieser Vorschrift zulässige Programmnutzung durch den Berechtigten allein die vom Händler erworbene Software betrifft[159]. Damit wird deutlich, dass auch die neuere Rechtsprechung des *BGH* nicht von der hier vertretenen Auffassung abweicht.

(6) Die Rechtsprechung des EuGH

Bereits im urheberrechtlichen Teil dieses Handbuchs wurde die Entscheidung des *EuGH* zum „Gebrauchssoftwarehandel" ausführlich dargestellt[160]. Im betreffenden Urteil hat der *EuGH*[161] die auf Dauer ausgerichtete Softwareüberlassung als Kauf qualifiziert, woraus gefolgert werden könnte, dass damit auch der **Streit** über die Rechtsnatur der Softwareverträge **europaweit entschieden** ist. Es wurde im deutschen Schrifttum aber schon kurz nach der Urteilsveröffentlichung darauf hingewiesen, dass sich die Erwägungen des *EuGH* gar nicht auf eine abstrakte Qualifikation des Softwarevertrages an sich beziehen, sondern nur auf die zu beantwortende Vorlagefrage, ob die in Art. 4 Abs. 2 der Softwarerichtlinie erwähnte Erschöpfung greift, die ihrerseits an den Begriff des Verkaufs anknüpft. Das Urteil dürfe daher nicht missverstanden werden[162]. In der Tat hat der *EuGH* unter Tz. 40 hinsichtlich des Begriffs des Verkaufs ausgeführt, der Begriff sei „**für die Anwendung dieser Richtlinie** als autonomer Begriff des Unionsrechts anzusehen", was als rein urheberrechtliche und nicht als auch schuldrechtliche Stellungnahme einzuordnen sein könnte[163]. Unter Tz. 42 beruft sich der *EuGH* aber auf eine „**allgemein anerkannte Definition**" des Verkaufs als eine **Vereinbarung**, nach der **eine Person ihre Eigentumsrechte** an einem ihr gehörenden **körperlichen oder nichtkörperlichen Gegenstand** gegen Zahlung eines **Entgelts** an eine **andere Person** abtritt. Insoweit bezieht sich der *EuGH* nicht auf urheberrechtliche Spezifika der Softwarerichtlinie, sondern auf allgemeine Prinzipien, weshalb die in diesem Teil des Urteils dargelegte Definition des Kaufvertrags einschließlich der sich anschließenden Erwägungen auch nicht als auf die Softwarerichtlinie beschränkt bezeichnet werden können[164].

Vielmehr sind, wie der *EuGH* in Tz. 44 und 47 ausführt, das Herunterladen einer Programmkopie vom Server des Anbieters durch den Anwender oder das Aushändigen einer Programmkopie auf einem Datenträger auf der einen Seite und der Abschluss eines Lizenzvertrags über die Programmnutzung auf der anderen Seite im Hinblick auf die allgemeine rechtliche Einordnung dieser **beiden Vorgänge** in ihrer **Gesamtheit** zu prüfen. Diese **Gesamtprüfung** führt den *EuGH* unter Tz. 45 für den Fall der unbefristeten Nutzungsrechtseinräumung und dauerhaften Nutzbarma-

---
[158] Vgl. *BGH*, 12.1.2017, I ZR 253/14, GRUR 2017, 397, 401 f. Tz. 57 ff.
[159] Vgl. *BGH*, 12.1.2017, I ZR 253/14, GRUR 2017, 397, 402 Tz. 60.
[160] Vgl. hierzu oben Rdn. 228 f.
[161] Vgl. *EuGH*, 3.7.2012, C-128/11, NJW 2012, 2565 ff. – UsedSoft.
[162] Vgl. *Malevanny* CR 2013, 422; *Hilty* CR 2012, 625, 627 Fußn. 17.
[163] Vgl. *Malevanny* CR 2013, 422; *Haberstumpf* CR 2012, 561, 562.
[164] Vgl. *Malevanny* CR 2013, 422.

chung des Programms zur Bejahung eines **Kaufvertrags,** wenn die Zahlung des Entgelts seitens des Anwenders es dem Urheberrechtsinhaber ermöglicht, eine dem wirtschaftlichen Wert der Kopie entsprechende Vergütung zu erzielen. Zwischen einer Veräußerung eines Programms auf CD-ROM oder DVD und einer Veräußerung im Wege des Programmdownloads möchte der *EuGH* nicht unterscheiden, weil beide Varianten wirtschaftlich gesehen vergleichbar sind und die Online-Übertragung funktionell der Aushändigung eines materiellen Datenträgers entspricht[165]. Im Ergebnis deckt sich damit die Rechtsprechung des *EuGH* mit der die Sachqualität von Software bejahenden Rechtsprechung des *BGH*[166].

4. Ausgewählte Vorfragen zur vertragstypologischen Einordnung der Softwareüberlassungsverträge

709   Für die vertragstypologische Einordnung der Softwareüberlassungsverträge stellt die h. M. zu Recht sowohl auf die Abgrenzung nach dem jeweiligen **Adressatenkreis** (Individual- oder Standardsoftware) und der **zeitlichen Dauer** der Softwareüberlassung (Überlassung auf Dauer oder auf Zeit) ab. Dies wurde oben[167] bereits dargelegt. Wenngleich auch bei diesen Abgrenzungskriterien Schwierigkeiten hinsichtlich der jeweiligen Zuordnung auftreten können, insbesondere etwa bei der Frage, ob Individual- oder Standardsoftware vorliegt[168], lassen sich mit den genannten Merkmalen im Regelfall sachgerechte Ergebnisse erzielen. Die angesprochenen Kriterien ermöglichen jedoch erst dann eine vertragstypologische Einordnung, wenn man sich einige Vorfragen gestellt und diese eindeutig entschieden hat, weshalb die erwähnten Merkmale lediglich als zweiter Zuordnungsschritt bezeichnet werden können. Erster Schritt und zunächst zu klärende Ausgangsfrage ist aber die Darstellung und Auflösung eines verschachtelten Konglomerats verschiedener Teilprobleme, die hier zunächst kurz umrissen und hinsichtlich ihrer Gesamtrelevanz erläutert werden sollen, bevor sie im Detail dargestellt werden.

710   Eines der wichtigsten, zugleich aber auch am heftigsten umstrittenen rechtlichen Probleme rund um die Computersoftware ist, ob diese als **Sache im Sinne des § 90 BGB** zu qualifizieren ist[169]. Den dies befürwortenden Stimmen, die infolge dieser Einordnung die gesetzlichen Regelungen des Kauf-, Miet- oder Werkvertrags anwenden, wird entgegengehalten, der Lauf eines Programms im Computer sei eine urheberrechtliche Werkverwertung, die einer zumindest stillschweigend erklärten Einräumung eines Nutzungsrechts gem. § 31 UrhG bedürfe.

711   Mit diesem Argument wird in den Streit über die Sachqualität der Computersoftware ein weiterer Streit eingeführt, der im Urheberrecht angesiedelt ist und im Wesentlichen aus **zwei Hauptstreitpunkten** besteht. Zunächst die Frage, unter welchen Voraussetzungen die jeweilige Computersoftware **Urheberrechtsschutz** genießt und inwieweit die Urheberrechtsfähigkeit auf die **vertragstypologische Einordnung durchschlägt.** Darüber hinaus der ebenfalls heftig umstrittene Problemkreis, ob und unter welchen Voraussetzungen die Nutzung von Computersoftware mit einer Vervielfältigung im Sinne der §§ 69c Nr. 1, 16 UrhG einhergeht und ob einem Anwen-

---

[165] Vgl. *EuGH,* 3.7.2012, C-128/11, NJW 2012, 2565, 2567 Tz. 61 – UsedSoft.
[166] Vgl. hierzu oben Rdn. 692.
[167] Vgl. oben Rdn. 673 ff. sowie unten Rdn. 729 ff.
[168] Vgl. zu den hierbei heranzuziehenden Beurteilungskriterien oben Rdn. 680.
[169] Vgl. hierzu unten Rdn. 712 ff.; zum Streit in Frankreich *Cour de cassation* GRUR Int. 2004, 1033 f. m. Anm. *Beysen.*

der daher entsprechende Nutzungsrechte eingeräumt werden müssen. Diesen Fragen soll nun, soweit dies möglich ist, voneinander getrennt nachgegangen werden.

a) Computerprogramme als Sache gem. § 90 BGB

> **Schrifttum:** *Bydlinski*, Der Sachbegriff im elektronischen Zeitalter: zeitlos oder anpassungsbedürftig?, AcP 198 (1998), 287 ff.; *König*, Zur Sacheigenschaft von Computerprogrammen und deren Überlassung, NJW 1990, 1584 ff.; *ders.*, Die Qualifizierung von Computerprogrammen als Sachen i.S. des § 90 BGB, NJW 1989, 2604 f.; *ders.*, Software (Computerprogramme) als Sache und deren Erwerb als Sachkauf, NJW 1993, 3121 ff.; *Kort*, Software – eine Sache?, DB 1994, 1505 ff.; *Löhr*, Der Sachbegriff des § 90 BGB und seine Erweiterung, 1940; *Marly*, Die Qualifizierung der Computerprogramme als Sache nach § 90 BGB, BB 1991, 432 ff.; *Maume/Wilser*, Viel Lärm um nichts? Zur Anwendung von § 651 BGB auf IT-Verträge, CR 2010, 209 ff.; *Minuth*, Besitzfunktion beim Mobilarerwerb im deutschen und französischen Recht, 1990; *Peukert*, Das Sacheigentum in der Informationsgesellschaft, in: FS für Schricker, 2005, S. 149 ff.; *Pfleghart*, Die Sachqualität der elektrischen Energie, Archiv für Bürgerl. Recht, Bd. 24 (1904), S. 300 ff.; *Zech*, Information als Schutzgegenstand, 2012.

Bevor auf den Streit über die Sachqualität von Computersoftware im Detail eingegangen wird, sollen zunächst einige grundsätzliche Überlegungen in Erinnerung gerufen werden. Wesentlich für den Sachbegriff ist gem. § 90 BGB die Körperlichkeit des Gegenstands. Sie verlangt das räumliche Zutagetreten von Materie, gleichgültig ob fest, flüssig oder gasförmig. Die Materie muss ein nach natürlicher Anschauung für sich bestehendes, im Verkehrsleben gesondert bewertetes und begrenztes Stück der beherrschbaren Natur darstellen[170]. Für diese **Beherrschbarkeit** ist grundsätzlich eine gewisse **Abgegrenztheit** erforderlich, die zugleich eine Zuordnungsmöglichkeit zu einer Person eröffnet[171]. Durch den Einbezug der natürlichen Anschauung und die Bewertung im Verkehrsleben weist der Sachbegriff eine **Anpassungsfähigkeit auch an den technischen Fortschritt** auf und ist nicht für alle Zeiten starr vorgegeben[172].

aa) Gedruckte Programmlistings

Die Überprüfung der strittigen Sachqualität von Computerprogrammen kann mit den sog. Programmlistings begonnen werden, weil insoweit die größte Nähe zu juristisch eindeutig geklärten Parallelfällen besteht. Unter Programmlisting wird hierbei die Auflistung der einzelnen in einem Computerprogramm enthaltenen Befehle verstanden. Dabei ist es unerheblich, in welcher Programmiersprache das betreffende Computerprogramm geschrieben wurde. Ebenso wenig wie der Begriff des Programmlistings nur bestimmte Programmiersprachen umfasst, wird von ihm das Medium der Auflistung bestimmt. So kann ein Programmlisting auf dem **Bildschirm** wiedergegeben werden, in **Büchern** oder **Zeitschriften** in gedruckter Form erscheinen oder sogar **handschriftlich** niedergelegt werden. Da die Wiedergabe auf dem Bildschirm insbesondere bei komplexen Computerprogrammen in der Regel einen nur unzureichenden Überblick über das Gesamtprogramm verschafft und deshalb meist nur von Programmierern benutzt wird, die das Programm bereits kennen und lediglich kleine Teilstücke überarbeiten wollen, kann diese Form des Listings nachfolgend vernachlässigt werden. Darüber hinaus bleibt diesbezüglich anzumerken,

---

[170] Vgl. hierzu auch *Peukert* in: FS für Schricker, S. 149, 151, der darauf hinweist, das BGB folge damit anders als etwa noch das Preußische Allgemeine Landrecht einem „engen Sachbegriff", der eben nicht alles umfasse, was „Gegenstand eines Rechts oder einer Verbindlichkeit sein kann". Auf die Anpassungsfähigkeit des Sachbegriffs geht er indes nicht ein.
[171] Ähnlich *Bydlinski* AcP 198 (1998) 287, 303.
[172] Vgl. *Bydlinski* AcP 198 (1998) 287, 303.

dass durch die Auflistung des Programms auf dem Bildschirm[173] oder die Projektion auf eine Leinwand[174] kein körperlicher Gegenstand geschaffen wird, weshalb auch keine Sachqualität im Sinne des § 90 BGB besteht.

714 Hinsichtlich der damit verbleibenden **Programmlistings auf Papier** kann indes festgestellt werden, dass sich insoweit keinerlei Unterschiede zu Büchern, Zeitschriften oder handschriftlich niedergelegten Texten ergeben. Hier wie dort kommt dem Papier als Informationsträger in der Regel **kein entscheidender wirtschaftlicher Wert** zu, weshalb vielfach zu Recht betont wird, dass das entsprechende Buch ausschließlich zum Zwecke des Erhalts seines geistigen Inhalts erworben wird[175]. Dies kann jedoch nicht dazu führen, die Sachqualität des Druckwerks zu negieren[176], denn der geistige Inhalt lässt sich nicht von seinem Informationsträger trennen, ohne dass sich dessen Charakteristik ändert[177]. So ist der geistige Inhalt eines Buches nur dann zeitlich unbefristet erneut zugänglich, wenn auf den Informationsträger Buch zurückgegriffen werden kann. Zutreffend wird deshalb in Rechtsprechung[178] und Literatur[179] darauf verwiesen, dass es bedeutungslos ist, worin der Wert einer Sache liegt. Aus diesem Grund kann hier festgehalten werden, dass auf Papier niedergelegte Programmlistings, gleichgültig ob handgeschrieben oder gedruckt, körperliche Gegenstände sind, wie dies auch der *BGH* bereits erkannt hat[180]. Sie besitzen deshalb Sachqualität im Sinne des § 90 BGB. Gleichgültig für die Beurteilung der Sachqualität ist ferner, ob das auf Papier niedergelegte Computerprogramm für einen bestimmten Anwender und dessen besondere Bedürfnisse entwickelt wurde, ob es sich also um sog. Individualsoftware handelt[181].

bb) Computerprogramme auf CDs, DVDs und anderen körperlichen Gegenständen

715 Anders als bei den auf Papier vorliegenden Programmlistings liegt bei den **IT-typischen Speicherungsformen** von Computerprogrammen auf DVDs, CDs, USB-Sticks, Magnetplatten und anderen körperlichen Gegenständen eine Parallele zu bereits bekannten Informationsträgern geistiger Inhalte nicht so offenkundig zutage wie bei den oben behandelten Programmlistings auf Papier. Wenngleich auch für die genannten IT-typischen Speicherungsformen eine Parallelität zu Büchern, CDs oder Videoaufzeichnungen behauptet[182] oder zumindest für Einzelfragen in Erwägung gezogen wird[183], so ist dies nicht unbestritten. Unter Berufung auf das oben bereits angeführte Argument, der wirtschaftliche Wert eines Computerprogramms ergebe sich aus den gespeicherten Informationen und Befehlsfolgen, also einem immateriellen Gut[184], wird die Sachqualität der Computerprogramme zumindest für die hier

---

[173] Vgl. hierzu oben Rdn. 156; ferner *BGH*, 4.10.1990, I ZR 139/89, NJW 1991, 1231, 1234; *Schricker/Loewenheim* § 16 Rdn. 5 sowie *Schricker/Loewenheim/Spindler* § 69c Rdn. 9.
[174] Vgl. *Schricker/Loewenheim* § 16 Rdn. 5.
[175] Vgl. *BGH*, 15.11.2006, XII ZR 120/04, NJW 2007, 2394, 2395 Tz. 16.
[176] Vgl. *BGH*, 15.11.2006, XII ZR 120/04, NJW 2007, 2394, 2395 Tz. 16.
[177] Dies übersieht *Stichtenoth* K&R 2003, 105, 107, wenn er den Datenträger mit einer bloß für den Transport erforderlichen Verpackung vergleicht.
[178] Vgl. *BGH*, 8.2.1978, VIII ZR 20/77, NJW 1978, 997; *BGH*, 14.3.1973, VIII ZR 137/71, NJW 1973, 843.
[179] Vgl. *Palandt/Weidenkaff* § 433 Rdn. 5; *Bydlinski* AcP 198 (1998), 287, 306.
[180] Vgl. *BGH*, 2.5.1985, I ZB 8/84, NJW-RR 1986, 219; a. A. *Heydn* CR 2010, 765, 770 mit der wenig überzeugenden These, Quellcode auf Papier oder einem Datenträger sei „nie nutzbar".
[181] Vgl. zu diesem Begriff und der Abgrenzung gegenüber Standardsoftware oben Rdn. 680.
[182] Vgl. *König* DB 1989 Beilage 13 S. 26, 28 f.; *ders.* CR 1989, 372, 374; *ders.* vorsichtiger NJW 1989, 2604, 2605; *Hoeren*, Softwareüberlassung, Rdn. 77.
[183] Vgl. *BGH*, 4.11.1987, VIII ZR 314/86, NJW 1988, 406, 408.
[184] Vgl. MünchKomm/*Stresemann* § 90 Rdn. 25.

behandelte Speicherungsform bestritten. Dies macht es erforderlich, auf deren Bedeutung ausführlich einzugehen.

Bereits oben[185] bei der Definition des Begriffs der Computersoftware wurde ausgeführt, dass ein Computerprogramm ein Ausdrucksmittel für eine Folge von Befehlen darstellt, die dazu dienen, einen Computer zur Ausführung einer bestimmten Aufgabe oder Funktion zu veranlassen. Insoweit kann etwas verkürzt, aber dennoch zutreffend davon gesprochen werden, dass Computerprogramme der **Steuerung** einer technischen Anlage in Form eines Computers dienen[186]. 716

Um jedoch die genannte Steuerungsfunktion übernehmen zu können, ist es nicht ausreichend, dass das Computerprogramm in irgendeiner nichtmateriellen Form vorliegt, etwa als „Computerprogramm als solches"[187] allein im Kopf ihres Schöpfers existiert. Vielmehr ist es eine unabdingbare und auch vom *BGH* längst anerkannte Voraussetzung der Programmnutzung, dass das Computerprogramm in einer **verkörperten Form** existiert[188], sei es nun auf einer DVD, CD, einer Festplatte oder einem anderen der in diesem Abschnitt behandelten Datenträger, zu denen hier ausdrücklich auch die **stromabhängigen Halbleiterspeicher** gezählt werden[189]. Wenn jedoch eine verkörperte Form vorliegen muss, damit die Computersoftware ihren Zweck erfüllen kann[190], dann ist es nicht richtig, die Verkörperung als bloßes Transportmittel für die Verkehrsfähigkeit eines geistigen Gutes zu bezeichnen[191], denn geistige Güter bedürfen zu ihrer Existenz nicht der notwendigen Verkörperung. Sie können ihre Funktion auch dann ausüben, wenn sie nicht materialisiert werden. Dies kann etwa am Beispiel des Know-how verdeutlicht werden, das vom Know-how-Empfänger eingesetzt wird, ohne dass er das erlangte Wissen zunächst in irgendeiner Form festlegen muss, wie dies bei Computerprogrammen der Fall ist, sollen sie auf einer Datenverarbeitungsanlage Anwendung finden. 717

Damit drängt sich aber erneut die bereits erwähnte Parallele zum Erwerb eines Buches auf. Auch das Buch ist Ergebnis einer schöpferischen Geistestätigkeit (und verschiedener weiterer überwiegend handwerklicher, technischer Tätigkeiten des Buchdrucks)[192]. Zweck eines Bucherwerbs ist nach herrschender Meinung neben der reinen Informationserlangung eine jederzeitige Rückgriffsmöglichkeit auf den Inhalt, die jedoch nur dann möglich ist, wenn der Inhalt verkörpert ist, sodass das Buch mitsamt seinem Inhalt einen körperlichen Gegenstand im Sinne des § 90 BGB darstellt[193]. Nicht entscheidend ist dementsprechend das Argument der überragenden wirtschaftlichen Bedeutung des geistigen Gutes gegenüber dem Informations- 718

---

[185] Vgl. oben Rdn. 8 ff.
[186] Vgl. *Ulmer/Hoppen* CR 2008, 681.
[187] Vgl. *Sedlmeier/Kolk* MMR 2002, 75, 77.
[188] Vgl. *BGH*, 15.11.2006, XII ZR 120/04, NJW 2007, 2394 Tz. 15; *LG Oldenburg*, 13.1.2016, 5 S 224/15, MMR 2016, 479, 480; aus dem Schrifttum *Schweinoch* CR 2010, 1, 2; *Schweinoch/Roas* CR 2004, 326, 328; *Peukert* in: FS für Schricker, S. 149, 152; *Sedlmeier/Kolk* MMR 2002, 75, 77; a. A. etwa *Haberstumpf* CR 2012, 561, 564.
[189] Wie hier *BGH*, 15.11.2006, XII ZR 120/04, NJW 2007, 2394 f. Tz. 16.
[190] Insoweit wie hier *BGH*, 15.11.2006, XII ZR 120/04, NJW 2007, 2394 f. Tz. 16; *Ulmer/Hoppen* CR 2008, 681, 684.
[191] So aber *Lutz* S. 30; *Ullrich/Lejeune* S. 210 Rdn. 280; wohl auch *Hilty* MMR 2003, 3, 7; wie hier *Schweinoch* CR 2010, 1, 2; *Taeger*, Außervertragliche Haftung für fehlerhafte Computerprogramme, S. 146.
[192] Vgl. *BGH*, 15.11.2006, XII ZR 120/04, NJW 2007, 2394, 2395 Tz. 16.
[193] Vgl. *BGH*, 15.11.2006, XII ZR 120/04, NJW 2007, 2394, 2395 Tz. 16; *Palandt/Weidenkaff* § 433 Rdn. 5.

träger[194], denn auch bei wirtschaftlicher Betrachtungsweise ist es nicht möglich, geistiges Gut und dessen Verkörperung voneinander zu trennen.

719 Auch die Rechtsprechung hat sich mittlerweile im Hinblick auf die auf einem Datenträger befindlichen Computerprogramme endgültig festgelegt. Wenngleich insbesondere der *BGH*[195] früher die Formulierung wählte, Datenträger mit dem darin verkörperten Programm stellten körperliche Sachen im Sinne des § 90 BGB dar, und damit vornehmlich auf die Sachqualität des Datenträgers abstellte, hat er in seinen jüngsten Entscheidungen formuliert, bei einem **auf einem Datenträger verkörperten Programm** handele es sich um eine körperliche Sache (§ 90 BGB)[196]. Festgestellt werden kann aber an dieser Stelle, dass dieser erst bei der Beurteilung der unten dargestellten „unkörperlichen" Programmüberlassung relevante Unterschied bei der hier diskutierten Fragestellung ohne Auswirkungen bleibt. Insoweit kann die Bejahung der Sachqualität von auf Datenträgern enthaltenen Computerprogrammen ohne weiteres als gefestigte Rechtsprechung bezeichnet werden[197].

cc) „Unkörperliche" Programmüberlassungen

720 Ebenso häufig wie der Hinweis auf den geringen Wert des Informationsträgers findet sich zur Begründung, weshalb Computersoftware keine Sachqualität zukomme, der Verweis auf die Möglichkeit einer „unkörperlichen" Übergabe des Computerprogramms durch den Softwarelieferanten[198]. Dieses Argument stellt darauf ab, dass es technisch natürlich möglich ist, das Computerprogramm **ohne Übergabe eines körperlichen Datenträgers** in das Computersystem des Anwenders zu übertragen.

721 Wenngleich der Argumentation mit der Möglichkeit einer „unkörperlichen" Programmüberlassung zugestanden werden muss, dass die Übertragung des Computerprogramms in sämtlichen der dargestellten Fälle durch zwischen den Geräten **fließende Ströme** erfolgt, die nach fast allgemeiner Ansicht keine Körperlichkeit im Sinne des § 90 BGB aufweisen[199], so ist es im Ergebnis aber zutreffend, die Gleichbehandlung dieser Programmüberlassung mit der Überlassung eines Datenträgers zu fordern[200]. Begründet werden kann dieses Ergebnis mit dem Hinweis auf die oben festgestellte **notwendige Verkörperung** bei jeder Speicherung von Computerprogrammen. So führt auch die Telekommunikation ihrer Zielsetzung nach dazu, dass

---

[194] Vgl. MünchKomm/*Stresemann* § 90 Rdn. 25; a. A. *Hilty* MMR 2003, 3, 15.

[195] Vgl. *BGH*, 18.10.1989, VIII ZR 325/88, NJW 1990, 320, 321 unter Hinweis auf die Entscheidungen *BGH*, 4.11.1987, VIII ZR 314/86, NJW 1988, 406 und *BGH*, 2.5.1985, I ZB 8/84, NJW-RR 1986, 219.

[196] Vgl. *BGH*, 15.11.2006, XII ZR 120/04, NJW 2007, 2394 Tz. 15; *BGH*, 14.7.1993, VIII ZR 147/92, NJW 1993, 2436, 2438.

[197] Wie hier auch der *BGH* selbst, vgl. *BGH*, 15.11.2006, XII ZR 120/04, NJW 2007, 2394 Tz. 15 „wiederholt entschieden"; *LG Oldenburg*, 13.1.2016, 5 S 224/15, MMR 2016, 479, 480; ferner Palandt/*Ellenberger* § 90 Rdn. 2; MünchKomm/*Stresemann* § 90 Rdn. 25.

[198] Vgl. *Haberstumpf* CR 2012, 561, 564; *Stichtenoth* K&R 2003, 105, 107; *Diedrich* CR 2002, 473, 475.

[199] Vgl. ständige Rechtsprechung seit *RG*, 10.11.1914, VII 267/14, RGZ 86, 12, 14; aus dem Schrifttum Palandt/*Ellenberger* § 90 Rdn. 2; MünchKomm/*Stresemann* § 90 Rdn. 24; *Haberstumpf* CR 2012, 561, 563. Zweifelnd *Bydlinski* AcP 198 (1998), 287, 292 sowie 320 mit dem Hinweis, dass Energie und insbesondere Elektrizität in Österreich schon seit Jahrzehnten als bewegliche und verbrauchbare Sachen qualifiziert werden.

[200] Vgl. *BGH*, 18.10.1989, VIII ZR 325/88, NJW 1990, 320, 321 unter Berufung auf *König* NJW 1989, 2604, 2605 und *Dörner/Jersch* IuR 1988, 137, 142; im Ergebnis wie hier auch *Vianello* MMR 2012, 139, 140; *Taeger*, Außervertragliche Haftung für fehlerhafte Computerprogramme, S. 145; gerade entgegengesetzt *Hilty* MMR 2003, 3, 12.

das zunächst nur auf dem übertragenden Computer verkörperte Programm später auch auf der Festplatte oder in den Halbleiterspeichern des Computers des Anwenders verkörpert wird[201]. Welche technischen Zwischenschritte dabei erforderlich sind, ist demgegenüber unbeachtlich[202], gleichwie die Veräußerung eines Programms auf CD-ROM oder DVD und die Veräußerung durch Download aus dem Internet wirtschaftlich gesehen vergleichbar sind. Die Online-Übertragung entspricht funktionell der Aushändigung eines materiellen Datenträgers[203]. Aus diesem Grund sollten sämtliche gesetzlichen Regelungen, die die Übergabe einer Sache voraussetzen, auf diese durch technischen Fortschritt ermöglichten Formen der Programmüberlassung Anwendung finden. Hierzu sollte der Begriff der Sachübergabe einer entsprechend weiten Auslegung zugeführt werden, wie es der *EuGH* für den Begriff des „Verkaufs" im Sinne von Art. 4 Abs. 2 der Softwarerichtlinie beim Problem der Erschöpfung des Verbreitungsrechts beim Softwaredownload fordert[204]. Hierdurch wird eine sonst festzustellende Lücke der gesetzlichen Regelungen vermieden und das Schließen dieser Lücke durch Analogien wird überflüssig.

Wenngleich gegen eine Subsumtion der hier diskutierten Form der Softwareüberlassung unter den sachenrechtlichen Begriff der Übergabe im Sinne des § 929 S. 1 BGB angeführt werden könnte, dass der bisherige Besitzer nach allgemeiner Ansicht seine tatsächliche Sachherrschaft über die Sache zunächst vollständig aufgeben muss[205] und dies hier nicht der Fall ist, weil der Übertragende seine Programmkopie behält[206], so erscheint ein Abstellen auf dieses Merkmal entbehrlich. Dies begründet sich aus der Überlegung, dass der Besitz bei beweglichen Sachen neben anderen Funktionen als **Publizitätsmittel** dafür dient, auf das mögliche Bestehen von Rechten aufmerksam zu machen[207]. Dem Gedanken der Publizität wird hier jedoch bereits durch die tatsächliche Sachherrschaft des Anwenders genüge getan, denn diese ist infolge der neu entstandenen Sache nicht mit dem Merkmal früherer Sachherrschaft einer anderen Person und anderer Publizität belastet. Vielmehr bleibt die tatsächliche Sachherrschaft über das kopierte Computerprogramm unberührt und es wird eine neue, zuvor nicht existente Sachherrschaft über die neu hergestellte Kopie des Computerprogramms begründet. Im Hinblick auf diese Kopie ist das sonst bei jeder Übergabe grundsätzlich erforderliche Kriterium völliger Besitzaufgabe auf Seiten des Veräußerers bedeutungslos, weshalb bei dieser Form der Softwareüberlassung die Besitzerlangung des Erwerbers in Vollziehung des zugrundeliegenden schuldrechtlichen Rechtsgeschäfts ausreicht, um sämtliche unabdingbare Voraussetzungen einer Sachübergabe zu erfüllen[208].

722

Der angesprochene besitzrechtliche Gedanke führt auch dazu mögliche Bedenken im Hinblick auf die Konkretheit des Vertragsgegenstands als nicht durchschlagend zu bezeichnen. Richtig ist zwar, dass nicht irgendeine Sache übergeben werden muss, sondern die den Vertragsgegenstand bildende. Richtig ist auch, dass die Fest-

723

---

[201] Dies übersieht *Zech* S. 335 bei seiner Bezugnahme auf die Softwareüberlassung in Netzwerken.
[202] Vgl. *BGH*, 18.10.1989, VIII ZR 325/88, NJW 1990, 320, 321; *Schweinoch* CR 2010, 1, 2.
[203] Vgl. *EuGH*, 3.7.2012, C-128/11, NJW 2012, 2565, 2567 Tz. 61 – UsedSoft.
[204] Vgl. *EuGH*, 3.7.2012, C-128/11, NJW 2012, 2565, 2567 Tz. 49 – UsedSoft.
[205] Ständige Rechtsprechung *BGH*, 22.2.2010, II ZR 286/07, NJW-RR 2010, 983, 984 Tz. 23 m. w. N.; vgl. aus dem Schrifttum *Palandt/Herrler* § 929 Rdn. 11.
[206] Vgl. *Hoppen* CR 2015, 802, 805, der zu Recht betont, dass dies bei jedem Vorgang einer Datenübertragung der Fall ist. Ferner *Lutz* S. 28; *Haberstumpf* CR 2012, 561, 565.
[207] Vgl. MünchKomm/*Joost* Vorbem. § 854 Rdn. 13.
[208] Vgl. *Warnke* S. 11 Rdn. 20, der ausführt, es sei unerheblich, ob die nur reflexartige Entreicherung des Verkäufers aufgrund der Eigenart von Software ausbleibe.

platte bzw. der gesamte Rechner, in den das Computerprogramm übertragen wird, im Hinblick auf Besitz und Eigentum unberührt bleiben[209]. Dennoch kann hieraus nicht gefolgert werden, das Überspielen sei nicht als Sachübergabe zu werten, sondern die aufgrund des Kaufvertrags geschuldete Übergabe werde durch eine Vereinbarung über eine Leistung an Erfüllungs statt gem. § 364 Abs. 1 BGB ersetzt. Dies ist bereits schuldrechtlich bedenklich, da die den Kaufvertrag charakterisierende **Hauptleistungspflicht der Sachübergabe** durch eine Verpflichtung zur Herstellung einer Programmkopie ersetzt würde, sodass nicht ersichtlich wäre, weshalb trotz dieser einschneidenden Änderung der vertraglichen Hauptleistungspflicht nach wie vor ein Kaufvertrag und nicht der sich dann aufdrängende Typ des Werkvertrags vorliegen soll.

724   In der Tat scheint bei dieser Betrachtungsweise ein Werkvertrag über eine **Umbildung eines Datenträgers** vorzuliegen, der den §§ 631, 950 Abs. 1 BGB zuzuordnen sein könnte[210]. Dies hätte zur Folge, dass die Programmüberlassung mittels Datenträger und die mittels Direkteinspeisung unterschiedlichen Rechtsfolgen etwa im Hinblick auf die anwendbaren Mängelhaftungsvorschriften unterworfen würden, ohne dass für den Veräußerer oder den Erwerber eine unterschiedliche Interessenlage zu erkennen wäre. Bei einer solchen Vorgehensweise würde zudem übersehen, dass das Überspielen des Computerprogramms auf einen Datenträger des Erwerbers derart im Vordergrund des beidseitigen Parteiinteresses steht, dass der Datenträger, der die Programmkopie speichern soll, im Hinblick auf das Parteiinteresse und die Zwecksetzung des entsprechenden schuldrechtlichen Rechtsverhältnisses **völlig in den Hintergrund** tritt. Dementsprechend kann nicht auf das bereits im Besitz des Programmerwerbers befindliche Trägermedium abgestellt werden, sondern auf das Computerprogramm als Vertragsgegenstand. Dieses wird jedoch durch das Kopieren in Vollzug des schuldrechtlichen Rechtsgeschäfts in die tatsächliche Sachherrschaft des Erwerbers verbracht, sodass entsprechend den obigen Ausführungen zur Verzichtbarkeit des Kriteriums völliger Besitzaufgabe seitens des Veräußerers in den Fällen der Neuschaffung tatsächlicher Sachherrschaft sämtliche Voraussetzungen einer Sachübergabe vorliegen. Auch das Argument der sog. „unkörperlichen" Programmüberlassung kann daher nicht dafür angeführt werden, die Sachqualität der Computerprogramme im Sinne des § 90 BGB in Abrede zu stellen.

725   Letztendlich kann die Frage der weiten Auslegung des Begriffs der Sachübergabe aber dahinstehen, weil durch die ebenfalls erwogene **analoge Anwendung** der Vorschriften über die Sachübergabe identische Ergebnisse erzielt werden[211].

dd) Software als „sonstiger Gegenstand"

726   Nachgegangen werden muss an dieser Stelle aber noch der Frage, ob sich hinsichtlich der oben ausführlich begründeten Qualifizierung von Computerprogrammen als Sache durch die **Schuldrechtsreform** eine Änderung ergeben hat. In der Tat wird im Schrifttum vereinzelt vertreten, eine solche Änderung sei des **§ 453 Abs. 1**

---

[209] Diesen Gedanken überbewerten *Haberstumpf* CR 2012, 561, 563; *Diedrich* CR 2002, 473, 475. Wie hier aber *Lutz* S. 28.
[210] Vgl. *BGH*, 10.7.2015, V ZR 206/14, NJW 2016, 317, 813 Tz. 11 ff.; *Lutz* S. 28 f.; wohl auch *Haberstumpf* CR 2012, 561, 563. Siehe auch die Erörterung einer Anwendung von § 950 BGB sowie § 947 BGB von *Bydlinski* AcP 198 (1998), 287, 317 ff., der zu dem nicht überraschenden Ergebnis gelangt, die vorhandenen Normen seien auf die neuesten elektronischen Entwicklungen nicht ausgelegt.
[211] So ausdrücklich auch *BGH*, 18.10.1989, VIII ZR 325/88, NJW 1990, 320, 321; ähnlich auch *Bydlinski* AcP 198 (1998), 287, 314; die Frage wird auch von *Lutz* S. 29 offen gelassen.

BGB zu entnehmen[212]. Dieser Vorschrift zufolge finden die Regelungen der §§ 433 ff. BGB über den Kauf von Sachen auf den Kauf von Rechten und **sonstigen Gegenständen** entsprechende Anwendung. Insgesamt existieren daher drei Gruppen von Kaufgegenständen: die Sachen, die Rechte sowie die sonstigen Gegenstände. Aus dieser Dreiteilung wird im Schrifttum nicht nur der Schluss auf die Notwendigkeit einer scharfen Trennung der einzelnen Gruppen gezogen, sondern darüber hinausgehend die These vertreten, die früher praktizierte großzügige Anwendung von § 433 Abs. 1 BGB a. F. auch auf Kaufgegenstände, die nur sachähnlich sind, sei nunmehr nicht mehr haltbar. Vielmehr habe der Gesetzgeber ausdrücklich eine nur entsprechende Anwendung der §§ 433 ff. BGB vorgesehen und daher den Begriff der Sache auf seinen auch sonst gültigen Bedeutungsgehalt zurückgeführt[213].

Auf den ersten Blick scheint dieser Auffassung für Softwareverträge **keinerlei Praxisrelevanz** zuzukommen, denn letztendlich, macht es keinen Unterschied, ob Softwareüberlassungsverträge auf Dauer unmittelbar nach den §§ 433 ff. BGB behandelt werden, oder ob die gleichen Vorschriften infolge der Verweisung des § 453 Abs. 1 BGB entsprechend anwendbar sind. Hierbei würde aber übersehen, dass die **Herausnahme der Computerprogramme aus dem Sachbegriff** allgemein und nicht nur für das schuldrechtliche Kaufrecht gelten soll[214]. Dies hätte etwa zur Konsequenz, dass die Softwareüberlassung auf Zeit nicht mehr mietvertraglich qualifiziert werden könnte, weil § 535 Abs. 1 S. 1 BGB eine Mietsache voraussetzt. Die entsprechenden Verträge wären allenfalls als mietähnlich einzuordnen und analog §§ 535 ff. BGB zu behandeln[215]. Darüber hinaus wäre bei der Überlassung von Individualsoftware hinsichtlich der Verjährung werkvertraglicher Mängelansprüche auf § 634a Abs. 1 Nr. 3 BGB abzustellen und nicht auf die verkürzte Verjährungsfrist des § 634a Abs. 1 Nr. 1 BGB[216]. Dies allerdings auch nur, sofern das Werkvertragsrecht trotz der Verweisung des § 650 S. 1 BGB (= § 651 BGB a. F.) (Herstellung beweglicher Sachen) auf die Vorschriften des Kaufvertragsrechts überhaupt anwendbar wäre. Schließlich wäre unklar, ob und nach welchen Vorschriften Computerprogramme zu übereignen wären[217].

727

Gegen diese These vom Aussagegehalt des § 453 Abs. 1 BGB für die Beurteilung der Sachqualität von Computerprogrammen spricht aber zunächst schon die **systematische Stellung der Regelung im Gesetz**. Unstreitig wäre das Kaufvertragsrecht der falsche Ort gewesen, hätte der Gesetzgeber ausdrücklich zur Sachqualität von Software Stellung nehmen wollen[218]. Ein entsprechender Regelungswille ergibt sich auch nicht aus dem gesamten rechtlichen Zusammenhang des § 453 Abs. 1 BGB[219]. Vielmehr ist das genaue Gegenteil der Fall. Hätte der Gesetzgeber eine allgemeine Regelung schaffen wollen mit Auswirkungen auch auf das Miet- und Werkvertrags-

728

---

[212] Vgl. *Bartsch* CR 2010, 553, 558; *Heydn* CR 2010, 765, 772 f.; *Stichtenoth* K&R 2003, 105, 106 ff.; *Plath* ITRB 2002, 98, 100 spricht von einer „gewissen Bestätigung" in der Begründung des neuen § 453 BGB. Eine solche Regelungsabsicht des Gesetzgebers bezweifeln *Schweinoch/Roas* CR 2004, 326, 327 sowie 329 f. unter Berufung auf die Neuformulierung des § 651 BGB a. F. an der Regelungsabsicht zweifelnd auch *Ullrich/Lejeune* S. 211 Rdn. 283.
[213] Vgl. *Stichtenoth* K&R 2003, 105, 106.
[214] Vgl. *Stichtenoth* K&R 2003, 105, 106 ff.
[215] Vgl. *Stichtenoth* K&R 2003, 105, 108.
[216] Vgl. *Stichtenoth* K&R 2003, 105, 109; a. A. *Bartsch* CR 2010, 553, 559 „wegen der Sachähnlichkeit".
[217] Diese Frage beantwortet *Stichtenoth* K&R 2003, 105 ff. nicht.
[218] Vgl. *Schweinoch/Roas* CR 2004, 326, 330; dies erkennt auch *Stichtenoth* K&R 2003, 105, 107 an.
[219] A. A. *Stichtenoth* K&R 2003, 105, 107.

recht sowie das Sachenrecht, wäre eine Regelung im Allgemeinen Teil des BGB notwendig gewesen. Daher folgt aus der Nennung der Software allein bei der Begründung des § 453 Abs. 1 BGB, dass hier eine auf „die Vorschriften des Kaufvertragsrechts" beschränkte Regelung erfolgen sollte, weshalb etwa auch nur das schuldrechtliche Verpflichtungsgeschäft angesprochen wird und die Einfügung des neuen Gegenstandsbegriffs nicht zu einem neuen Rechts- und Verfügungsobjekt führt[220]. Der Gesetzgeber sah sich allein zu einer Klarstellung der Geltung des Kaufrechts veranlasst[221], ohne dass der Gesetzesbegründung eine darüber hinausgehende Intention entnommen werden könnte. Der Streit über die Sachqualität der Computerprogramme im Sinne des § 90 BGB bleibt daher gesetzgeberisch nicht ausdrücklich entschieden. § 453 Abs. 1 BGB mitsamt Begründung enthält **keine allgemeine Grundregelung**.

729 Ebenso wenig überzeugend ist aber auch, von einer vollständigen Gleichrangigkeit der drei Gruppen von Kaufgegenständen auszugehen. Richtig ist, dass mit diesen drei Gruppen alle Gegenstände des (kaufrechtlichen) Rechtsverkehrs erfasst werden und § 453 Abs. 1 BGB die beiden Gruppen der Rechte und sonstigen Gegenstände ohne Rangfolge benennt[222]. Der **Oberbegriff der Kaufgegenstände** wird aber in zwei spezielle Untergruppen (Sachen und Rechte) und eine weitere Untergruppe als Auffanggruppe[223] für alle nicht erfassten handelbaren Wirtschaftsgüter untergliedert. Daher ist ein Gegenstand nur dann der dritten Gruppe zuzuordnen, wenn kein Fall der beiden speziellen Gruppen vorliegt, was schon aus dem Namen der dritten Gruppe („sonstige" Gegenstände) folgt. Soweit daher Software als Sache zu qualifizieren ist, was oben ausführlich diskutiert und begründet wurde, greift § 433 Abs. 1 BGB direkt ein und ist die Verweisungsvorschrift des § 453 Abs. 1 BGB nicht einschlägig[224]. Zusammenfassend kann daher festgehalten werden, dass § 453 Abs. 1 BGB nach der hier vertretenen Auffassung eine (nicht notwendige) **Klarstellung** für die Softwareüberlassungsverträge auf Dauer enthält, während dieser Regelung für die anderen Vertragsgestaltungen keine Bedeutung zukommt.

ee) Ergebnis

730 Abschließend kann zum Streit über die Sachqualität von Computerprogrammen folgendes festgehalten werden: Es entspricht ständiger Rechtsprechung des *BGH*, dass auf einem Datenträger verkörperte Programme körperliche Sachen im Sinne von § 90 BGB sind[225]. Da Computerprogramme wesensbedingt auf irgendeinem Informationsträger verkörpert sein müssen (Papier, DVD, Speicherchip etc.) stellen sie ausnahmslos eine körperliche Sache dar[226]. Ein hiervon unterscheidbares – immaterielles – Computerprogramm „als solches", das dem Anwender zur Benutzung überlassen werden könnte, existiert nicht[227].

---

[220] So für den ebenfalls von § 453 Abs. 1 BGB betroffenen Unternehmenskauf *Wolf/Kaiser* DB 2002, 411.
[221] Ähnlich *Schweinoch/Roas* CR 2004, 326, 327.
[222] Vgl. *Stichtenoth* K&R 2003, 105, 108.
[223] *Bamberger/Roth* § 453 Rdn. 23 spricht von „kaufrechtlichem Auffangtatbestand".
[224] Vgl. *Palandt/Weidenkaff* § 453 Rdn. 8 ausdrücklich für Computersoftware; a. A. *Ulmer/Hoppen* CR 2008, 681, 684; *Stichtenoth* K&R 2003, 105, 107 f.
[225] Vgl. *BGH*, 15.11.2006, XII ZR 120/04, NJW 2007, 2394 Tz. 15; *LG Oldenburg*, 13.1.2016, 5 S 224/15, MMR 2016, 479, 480.
[226] Vgl. *BGH*, 15.11.2006, XII ZR 120/04, NJW 2007, 2394 f. Tz. 16; a. A. etwa *Haberstumpf* CR 2012, 561, 564.
[227] A. A. *Hilty* CR 2012, 625, 629.

b) Die Unbeachtlichkeit der Urheberrechtsfähigkeit von Computersoftware für die vertragstypologische Einordnung

Einer verschiedentlich vertretenen Auffassung zufolge bedingt die in §§ 2 Abs. 1 Nr. 1, 69a ff. UrhG festgeschriebene Urheberrechtsfähigkeit von Computerprogrammen die Notwendigkeit, von einer Anwendung des Kaufvertragsrechts abzusehen. Begründet wird diese Auffassung mit dem Argument, bei Verträgen über die Überlassung urheberrechtlich geschützter Computerprogramme wolle der Urheber **kein Eigentum** an der Software übertragen, da das Urheberrecht an der Software gar nicht übergehen solle[228]. Möglich sei in diesen Fällen lediglich die **Übertragung eines Nutzungsrechts** gem. §§ 31 f. UrhG[229]. Diese Argumentation wirft indes die sehr grundsätzliche Frage auf, inwieweit das Urheberrecht auf schuldrechtliche Einstufungen durchschlägt. Erörtert wird dieser Problemkreis aber meist nur im Rahmen der Frage nach der Anwendbarkeit der Mängelhaftungsvorschriften bestimmter gesetzlich geregelter Vertragstypen. Deshalb soll auch hier zunächst auf diesen Problemkreis eingegangen werden, bevor anhand der dabei gefundenen Antworten die Auswirkungen auf die Rechtsnatur der Softwareüberlassungsverträge untersucht werden.

731

Bereits bei den oben angestellten allgemeinen Ausführungen zum Lizenzvertrag[230] wurde dargelegt, dass es sich bei diesem in der Regel auf ein **gesetzliches Schutzrecht** ausgerichteten Vertragstyp nach mittlerweile weit überwiegender Ansicht um einen Vertragstyp eigener Art handelt, der die verschiedensten Elemente gesetzlich geregelter Vertragstypen enthalten kann. Welche Elemente enthalten sind, richtet sich dabei danach, welchem gesetzlichen Vertragstyp der jeweilige Lizenzvertrag im Einzelfall am nächsten kommt, ob etwa Elemente der zeitlich begrenzten Gebrauchsüberlassung oder kaufvertragliche Elemente überwiegen. Unerheblich für die Bestimmung der Anwendbarkeit der in Frage kommenden Mängelhaftungsvorschriften ist aber, ob ein Schutzrecht überhaupt besteht und welches dies ist.

732

Folgerichtig führte auch der *BGH* schon in einer grundlegenden Entscheidung aus dem Jahre 1987 im Hinblick auf Mängelansprüche wegen Funktionsmängeln bei Computersoftware aus[231], dass sich die Mängelhaftung bei urheberrechtlich geschützter und urheberrechtlich ungeschützter Software nach **identischen rechtlichen Regeln** richten müsse, weil diese Frage mit dem Urheberrecht nicht in Zusammenhang stünde.

733

Über die **Unbeachtlichkeit des Urheberrechts** für die Bestimmung des einschlägigen Mängelhaftungsrechts hinaus ist jedoch festzuhalten, dass auch die Frage nach der Rechtsnatur eines Softwareüberlassungsvertrags nicht durch einen Rückgriff auf das Urheberrecht zu beantworten ist[232]. Dies folgt daraus, dass der mit dem Softwareüberlassungsvertrag verfolgte, oben ausführlich dargestellte Überlassungszweck[233] dahin geht, dem Anwender die Nutzung des betreffenden Computerprogramms zu ermöglichen, ohne dass insoweit ein Unterschied zwischen urheberrechtlich geschützten und ungeschützten Computerprogrammen zu verzeichnen wäre[234].

734

---

[228] Vgl. *Hilty* CR 2012, 625, 637.
[229] Vgl. *Hilty* CR 2012, 625, 637.
[230] Vgl. hierzu oben Rdn. 697 ff.
[231] Vgl. *BGH*, 4.11.1987, VIII ZR 314/86, NJW 1988, 406, 407; ausdrücklich bestätigt *BGH*, 15.11.2006, XII ZR 120/04, NJW 2007, 2394, 2395 Tz. 17.
[232] Vgl. *BGH*, 15.11.2006, XII ZR 120/04, NJW 2007, 2394, 2395 Tz. 17; ansatzweise auch *BGH*, 4.11.1987, VIII ZR 314/86, NJW 1988, 406, 407; a.A. *Lutz* S. 23; *Hilty* CR 2012, 625, 637.
[233] Vgl. oben Rdn. 669.
[234] So ausdrücklich *BGH*, 15.11.2006, XII ZR 120/04, NJW 2007, 2394, 2395 Tz. 17.

Da jedoch die Sinn- und Zwecksetzung eines Vertrags ausschlaggebend für dessen Rechtsnatur ist[235], wird offenbar, dass die gegebenenfalls entstehenden urheberrechtlichen Fragen die Rechtsnatur des Softwareüberlassungsvertrags nicht zu bestimmen vermögen, sondern der Vertrag allenfalls durch die Aufnahme entsprechender vertraglicher Nebenleistungspflichten, wie etwa die Erlaubnis zur Vervielfältigung im Sinne der §§ 69c Nr. 1, 16 Abs. 1 UrhG, eine **nicht typenprägende Erweiterung** erfährt[236]. Diese Sichtweise entspricht auch der oben ausführlich dargestellten Rechtsprechung des *EuGH*[237], denn die vom *EuGH* geforderte Gesamtbetrachtung der Softwareüberlassung wird auch nach Auffassung des *EuGH* nicht durch den nutzungsrechtlichen Teil geprägt, sondern durch die als Eigentumsübertragung zu qualifizierende Überlassung einer Programmkopie[238]. Der *BGH* verwendet diesbezüglich auch die Formulierung, den Anwendern der Software würde beim Abschluss des Kaufvertrags stillschweigend der Abschluss eines Lizenzvertrags über die Nutzung der Software und die Einräumung entsprechender Nutzungsrechte angeboten. Der Erwerb einer Software sei sinnlos, wenn sie von ihrem Besitzer nicht genutzt werden dürfte[239].

735   Vor diesem Hintergrund ist es auch folgerichtig, wenn die auf Dauer angelegten Softwareüberlassungsverträge umsatzsteuerrechtlich dem **regelmäßigen Steuersatz** unterworfen werden, soweit der wirtschaftliche Gehalt des Vertrags auf die Anwendung des Programms durch den Empfänger gerichtet ist. § 12 Abs. 2 Nr. 7 Buchst. c UStG, demzufolge sich die Steuer auf 7 v. H. der Bemessungsgrundlage für Umsätze ermäßigt, die sich aus der Einräumung, Übertrag und Wahrnehmung von Urheberrechten ergeben, ist hier nicht einschlägig[240]. Eine Ermäßigung kann aber dann eingreifen, wenn der Hauptzweck des Vertrags darin liegt, dem Vertragspartner ein Vertriebsrecht für die Software einzuräumen. Dass die erlaubte Weiterverbreitung dann lediglich an rechtlich selbstständige Konzernunternehmen und an Kooperationspartner erfolgen soll, steht dem nicht entgegen[241].

5. Konsequenzen der gefundenen Ergebnisse für die vertragstypologische Einordnung bei der Softwareüberlassung auf Dauer

736   Die oben ausführlich dargestellten Vorfragen zur vertragstypologischen Einordnung haben gezeigt, dass dem Computerprogramm als Objekt der Überlassungsverträge Sachqualität im Sinne des § 90 BGB zukommt und dass dem gegebenenfalls eingreifenden Urheberrechtsschutz für die Bestimmung der Rechtsnatur der Softwareüberlassungsverträge keine ausschlaggebende Bedeutung beigemessen werden

---

[235] Vgl. *Wolf/Lindacher/Pfeiffer* § 307 Rdn. 134.
[236] Vgl. *BGH*, 15.11.2006, XII ZR 120/04, NJW 2007, 2394, 2395 Tz. 17 „zusätzlich"; *BFH*, 25.11.2004, V R 25/04, V R 26/04, MMR 2005, 529, 530 („Nebenfolge"); zuvor bereits in einer Hilfsbegründung *BFH*, 13.3.1997, V R 13/96, CR 1997, 461, 462 sowie *BFH*, 27.9.2001, V R 14/01, CR 2002, 411, 412 („Nebenfolge", „Abrundung" des Vertrags durch die Übertragung der Nutzungsrechte); *BFH*, 17.1.2002, V R 13/01 NV, DStRE 2002, 777, 778 („Nebenfolge"); vgl. ferner *OLG Stuttgart*, 3.11.2011, 2 U 49/11, CR 2012, 299, 300; *FG Köln*, 29.9.2000, 7 K 1119/99, CR 2001, 300, 302 „Annex-Rechte"; aus dem Schrifttum *Wolf/Lindacher/Pfeiffer* Klauseln Rdn. S 215; *McGuire* GRUR 2009, 13, 20 f.
[237] Vgl. oben Rdn. 228.
[238] Vgl. *EuGH*, 12.7.2012, C-128/11, NJW 2012, 2565, 2566 Tz. 43 ff. – UsedSoft.
[239] Vgl. *BGH*, 6.10.2016, I ZR 25/15, GRUR 2017, 266, 270 Tz. 42; zuvor bereits *OLG Dresden*, 20.1.2015, 14 U 1127/14, MMR 2015, 402.
[240] Vgl. *BFH*, 25.11.2004, V R 25/04, V R 26/04, MMR 2005, 529, 530; *BFH*, 17.1.2002, V R 13/01 NV, DStRE 2002, 777 f.; *BFH*, 27.9.2001, V R 14/01, CR 2002, 411, 412.
[241] Vgl. *BFH*, 25.11.2004, V R 25/04, V R 26/04, MMR 2005, 529, 530 f.

kann. Entscheidend ist vielmehr der mit der Softwareüberlassung verfolgte Vertragszweck, der oben[242] allgemein dahingehend umschrieben wurde, dass dem Anwender die Nutzung eines Computerprogramms ermöglicht werden soll[243]. Für die hier angesprochene, auf Dauer angelegte Softwareüberlassung ist zu dem genannten allgemeinen Vertragszweck noch die infolge der auf Dauer angelegten einmaligen Überlassung zu verzeichnende Endgültigkeit der Nutzungsverschaffung hinzuzunehmen. Berücksichtigt man nun neben dieser Endgültigkeit die Sachqualität der Computersoftware und die mit der Überlassung verbundene Übergabe, so drängt sich als einschlägiger Vertragstyp unweigerlich der **Kaufvertrag** gem. §§ 433 ff. BGB einschließlich der Sondervorschriften über den **Verbrauchsgüterkauf** gem. §§ 474 ff. BGB[244] auf, wohingegen die sich nicht in einmaligen Leistungen erschöpfenden Vertragstypen der Dauerschuldverhältnisse als nicht einschlägig erscheinen. Mit dieser Einschätzung deckt sich die Vorstellung des Gesetzgebers, der im Rahmen der Schuldrechtsreform ausdrücklich die Anwendung der kaufrechtlichen Vorschriften auf Softwareverträge nicht nur erwähnte, sondern durch die Neuformulierung des § 453 Abs. 1 BGB gesetzlich bestätigen wollte[245].

Bevor jedoch endgültig der Typisierung als Sachkauf zugestimmt werden kann, ist es erforderlich zu überprüfen, ob dem Softwareanwender nach dem Überlassungsvertrag auch das **Eigentum** an der Sache im Sinne des § 433 Abs. 1 S. 1 letzter Halbs. BGB verschafft werden soll. Hierfür spricht zunächst die Überlegung, dass der Anwender die Computersoftware auf Dauer frei benutzen können soll, ihm also insoweit die uneingeschränkte Sachherrschaft eingeräumt wird, die ein wesentliches Charakteristikum des Eigentums an Sachen gem. § 903 BGB darstellt. Darüber hinaus umfasst der Softwareüberlassungsvertrag aber auch die Einräumung einer **Ausschließungsbefugnis** seitens des Anwenders, die es ihm ermöglicht, die Software ungestört zu benutzen und Dritte von jeder Einwirkung auszuschließen. Damit ist auch das zweite wesensbestimmende Kriterium der dem Eigentum innewohnenden Befugnisse erfüllt, sodass festgehalten werden kann, dass der auf Dauer angelegte Softwareüberlassungsvertrag darauf abzielt, dem Anwender Eigentum an der Sache Computersoftware zu verschaffen[246].

737

Bedenken gegenüber diesem Ergebnis könnten sich allenfalls aus der Überlegung ergeben, dass die Computersoftware gegebenenfalls urheberrechtlich geschützt ist, in vielen Softwareüberlassungsverträgen Nutzungs- und Verfügungsbeschränkungen vereinbart werden oder gar der **Eigentumsübergang** ausdrücklich **ausgeschlossen** wird[247]. Hinsichtlich der durch das UrhG oder vertraglich vereinbarten Nutzungs- und Verfügungsbeschränkungen muss jedoch darauf hingewiesen werden, dass es mit dem Prinzip des Privateigentums ohne weiteres vereinbar ist, dem Eigentümer einzelne Befugnisse zu entziehen und gewissen Einschränkungen durch Gesetz oder die Rechte Dritter zu unterwerfen, was auch im Wortlaut des § 903 S. 1 2. Halbs. BGB deutlich zum Ausdruck kommt. Diesbezüglich hat der *BGH* in anderem Zusammenhang (Beteiligung von Graffiti-Künstlern am Verkaufserlös der Berliner

738

---

[242] Vgl. oben Rdn. 669.
[243] Vgl. *BGH*, 15.11.2006, XII ZR 120/04, NJW 2007, 2394, 2395 Tz. 17.
[244] Vgl. ohne ausdrückliche Begründung bei Apps *LG Frankfurt*, 6.6.2013, 2–24 O 246/12, MMR 2013, 645, 646; im Ergebnis auch *Spindler/Klöhn* CR 2003, 81, 84 ff.
[245] Vgl. die Begründung des Regierungsentwurfs zu § 453 Abs. 1 BGB, *Canaris*, Schuldrechtsmodernisierung 2002, S. 865.
[246] Vgl. *EuGH*, 3.7.2012, C-128/11, NJW 2012, 2565, 2566 Tz. 46 – UsedSoft.
[247] So etwa im Fall des *EuGH*, 3.7.2012, C-128/11, NJW 2012, 2565, 2566 Tz. 43 – UsedSoft.

Mauer-Bilder) zu Recht ausdrücklich darauf hingewiesen[248], dass die Sachherrschaft des Eigentümers in der Regel dort ihre Grenzen findet, wo sie Urheberrechte verletzt. Aus diesem Grunde widerspricht es der Übertragung des Sacheigentums nicht, dass der Anwender die Computersoftware nur unter Berücksichtigung der urheberrechtlichen Einschränkungen benutzen darf, gleichwie auch schuldrechtliche Nutzungs- und Verfügungsbeschränkungen mit der Eigentümerstellung des Anwenders nicht grundsätzlich unvereinbar sind[249], sondern im Einzelfall auf ihre Zulässigkeit hin untersucht werden müssen[250]. Bei umgekehrter Betrachtungsweise gewährt auch das Urheberrecht dem Schöpfer nur Ausschließlichkeitsrechte am (immateriellen) geistigen Eigentum, nicht aber ein Recht auf Eigentum oder Besitz an den einzelnen Werkstücken. Die Berechtigung am Inhalt folgt anderen Regeln als das Eigentum am Speichermedium[251].

739 Untersucht werden muss an dieser Stelle aber noch, ob einer im Schrifttum gelegentlich geäußerten Auffassung zuzustimmen ist, die zwar die Möglichkeit der Einordnung von Softwareüberlassungsverträgen als Kaufverträge nicht grundsätzlich in Abrede stellt, dennoch aber einen „urheberrechtlichen Lizenzvertrag im engeren Sinne" annimmt, wenn etwa an die Überlassung der Software **besondere Bedingungen** geknüpft werden[252].

740 Hinsichtlich einer Würdigung dieser Ausführungen kann zunächst auf den allgemein anerkannten Ausgangspunkt hingewiesen werden, dass die **Bezeichnung eines Vertrags** etwa als „Softwarelizenzvertrag", aber auch als „Softwarekaufvertrag" für die Bestimmung des Vertragstyps nicht entscheidend ist[253]. Dies hat der *EuGH* im Hinblick auf die Anwendbarkeit des Erschöpfungsgrundsatzes betont[254], gleichwie auch nach Auffassung des *BGH* „die Begriffswahl keinen Einfluss auf die Rechtsnatur des Vertrages"[255] hat, sondern es auf die inhaltliche Ausgestaltung des Vertrags bzw. den tatsächlichen Inhalt der wechselseitigen Rechte und Pflichten ankommt. Ausschlaggebend sind nach Auffassung des *BGH* der Sinn und Zweck des Vertrags, dessen wirtschaftliche Bedeutung sowie die Interessenlage der Parteien[256]. Diese außerhalb des IT-Bereichs gefestigte Rechtsprechung kann mangels erkennbarer Gründe für eine Abweichung vorbehaltlos auf Softwareüberlassungsverträge übertragen werden.

741 Gleiches gilt daneben aber auch für die Rechtsprechung des *BGH* zu den sog. Vermittlerklauseln im Reisevertragsrecht[257]. Dort bejaht der *BGH* einen Verstoß gegen § 307 BGB mit dem Argument, eine solche Klausel stelle die Rechtslage unzutreffend dar und ermögliche auf diese Weise dem Verwender den Versuch, begründete Ansprüche unter Hinweis auf die Klauselgestaltung abzuwehren. Diese Erwägungen treffen auch auf einen Softwareverkäufer zu, der zum Zwecke der formularmäßigen Vereinbarung weitreichender Nutzungsbeschränkungen den Soft-

---

[248] Vgl. *BGH*, 23.2.1995, I ZR 68/93, NJW 1995, 1556 m. w. N.
[249] Vgl. *Bydlinski* AcP 198 (1998) 287, 297.
[250] Vgl. zur schuldrechtlichen Begründung etwa eines Weiterveräußerungsverbots unten Rdn. 1604 ff.
[251] Vgl. *BGH*, 10.7.2015, V ZR 206/14, GRUR 2016, 109, 110 Tz. 20.
[252] Vgl. *Pres* S. 47 und 175 f.
[253] Nicht softwarespezifisch *LG Mannheim*, 18.10.2016, 1 O 31/16, MMR 2017, 274, 275 Tz. 29.
[254] Vgl. *EuGH*, 3.7.2012, C-128/11, NJW 2012, 2565, 2567 Tz. 49 – UsedSoft.
[255] Vgl. *BGH*, 8.10.2009, III ZR 93/09, NJW 2010, 150, 151 Tz. 16.
[256] So auch *LG Mannheim*, 18.10.2016, 1 O 31/16, MMR 2017, 274, 275 Tz. 29; *Ulmer/Brandner/Hensen* § 307 BGB Rdn. 244.
[257] Vgl. *BGH*, 9.7.1992, VII ZR 7/92, NJW 1992, 3158, 3161.

wareüberlassungsvertrag zu einem Lizenzvertrag „umdefiniert"²⁵⁸ und etwa der Anwendung des urheberrechtlichen Erschöpfungsgrundsatzes entgehen möchte²⁵⁹. Die vorstehenden Erwägungen hat der *BGH* auch ausdrücklich für vorformulierte Softwareverträge bestätigt²⁶⁰. Er hat ausgeführt, dass Regeln in Allgemeinen Geschäftsbedingungen, wie schon § 307 BGB erkennen lasse, nicht zu einer inhaltlichen Änderung des nach den Erklärungen der Parteien anzunehmenden Vertragstyps führen können. Die Annahme einer Abweichung von einem im Gesetz bestimmten Regelfall eines Vertragstyps setze eine hierauf gerichtete Einigung unter den Parteien voraus, die nicht durch Regelungen in Allgemeinen Geschäftsbedingungen ersetzt werden könne. **Nicht der Inhalt der Allgemeinen Geschäftsbedingungen bestimme die Vertragsart;** von dieser hingen vielmehr Zulässigkeit und Wirksamkeit der von einer Seite einseitig aufgestellten Vertragsbedingungen ab. Diese könnten daher nur die beiderseitigen Verpflichtungen, die sich aus dem nach den Erklärungen der Beteiligten geschlossenen Vertragstyp ergäben, präzisieren und weiterbilden, nicht jedoch lasse sich aus einer solchen Bestimmung eine Veränderung eines Vertrags ableiten²⁶¹.

Schließlich kann auch auf die allgemeinen, nicht softwarespezifischen Überlegungen zur Rechtsnatur eines Vertrages hingewiesen werden, wie sie sich in den Kommentierungen zu § 307 Abs. 2 Nr. 2 BGB finden. Dort²⁶² wird ausgeführt, grundsätzlich seien für die Entwicklung eines typenspezifischen vertraglichen Leitbildes die individuellen Parteivereinbarungen ausschlaggebend, an deren Zielen und Zwecken sich die Bildung des Kontrollmaßstabes letztlich auszurichten habe. Fehle aber die individuelle Vereinbarung der vertragstypenprägenden Elemente, weil es sich um einen ausschließlich von der Verwenderseite in formularmäßiger Form entwickelten Vertragstyp handele, in dem die beiderseitigen Parteieninteressen keinen gleichgewichtigen Niederschlag gefunden hätten, könne sich der Maßstab der Typenbildung nicht mehr entscheidend auf die konkreten Parteivereinbarungen stützen. Vielmehr müsse dann auf die durch die Rechtsprechung präzisierten **typischen** und **berechtigten Parteiinteressen** zurückgegriffen werden, von den konkret getroffenen Vereinbarungen sei zu abstrahieren und auf die vertragstypenspezifischen Gerechtigkeitsvorstellungen des redlichen Geschäftsverkehrs abzustellen. Diese allgemeinen Überlegungen können uneingeschränkt auf die den Anwendern gestellten formularmäßigen Softwareverträge übertragen werden. Diese sind nicht geeignet, die oben umschriebene Natur des Vertrages abzuändern.

---

²⁵⁸ Bemerkenswert deutlich ist diesbezüglich die Entscheidung des *Österreichischen Obersten Gerichtshofs*, 23.5.2000, 4 Ob 30/00, GRUR Int. 2000, 1028, 1030: „Wird nun angemessen berücksichtigt, dass im Geschäftsverkehr im Zusammenhang mit Softwareüberlassungs- bzw. -nutzungsverträgen der Rechtsbegriff „Kauf(vertrag)" in aller Regel vermieden und durch zahlreiche andere, teils unbenannte und nicht sehr kennzeichnende Vertragsbezeichnungen (Nutzungsüberlassung, Nutzungskauf, Lizenzvertrag u. a.) „ersetzt" wird, dass jedoch bei wirtschaftlicher Betrachtung des Geschäftsfalles dem Erwerber die zeitlich unbegrenzte Verfügungsmacht über das „Werkstück" (die Computerprogrammkopie bzw. -diskette) eingeräumt wird, dann muss … eine derartige Softwareüberlassung … durchaus als ‚Sachkauf' beurteilt werden." Wie hier auch *Meyer-Spasche/Störing/ Schneider* CR 2013, 131, 132.
²⁵⁹ Vgl. *EuGH*, 3.7.2012, C-128/11, NJW 2012, 2565, 2567 Tz. 49 – UsedSoft.
²⁶⁰ Vgl. *BGH*, 4.3.1997, X ZR 141/95, CR 1997, 470, 472.
²⁶¹ Im Ergebnis auch *OLG Stuttgart*, 3.11.2011, 2 U 49/11, CR 2012, 299, 300; *Redeker* CR 2010, 579, 580; *Schneider* CR 2009, 553, 555.
²⁶² Vgl. zur folgenden Überlegung *Ulmer/Brandner/Hensen*, § 307 BGB Rdn. 244 ff.

6. Die Einordnungen bei der Softwareüberlassung auf Zeit

743 Anders als bei der Softwareüberlassung auf Dauer besteht bei den auf Zeit angelegten Überlassungsverträgen zwischen den Vertragsparteien Einigkeit darüber, dass die Computersoftware vom Anwender ab einem gewissen Zeitpunkt nicht weiter benutzt werden darf. Unter Berücksichtigung der oben ausführlich dargestellten Sachqualität der Computersoftware bietet sich den Vertragsparteien für die Ausgestaltung ihres Rechtsverhältnisses im Fall der Entgeltlichkeit der gesetzlich geregelte Vertragstyp des **Mietvertrags** an[263]. Im Fall der Unentgeltlichkeit handelt es sich um einen Leihvertrag[264].

744 Dabei ist es nach Auffassung des *BGH* irrelevant, ob dem Anwender die Software auf einem **Datenträger** überlassen wird, oder ob dem Anwender die Software zur **Online-Nutzung** etwa über das Internet bereitgestellt wird[265]. Zwar erlangt der Anwender bei der Online-Nutzung keinen Besitz an einem verkörperten Computerprogramm, jedoch setzt der Mietvertrag auch keine **Besitzverschaffung,** sondern lediglich eine **Gebrauchsüberlassung** voraus. Da sich die Art und der Umfang der Gebrauchsüberlassung nach den vertraglichen Vereinbarungen richten, gehört nach Auffassung des *BGH* der Besitz der Mietsache nur dann zur Gebrauchsgewährung, wenn der Gebrauch der Mietsache deren Besitz notwendigerweise voraussetzt[266]. Hieraus folgert der *BGH* für die Online-Nutzung von Software, dass eine Besitzverschaffung für den vertragsgemäßen Gebrauch nicht erforderlich ist, weil dem Anwender der Zugang zur Mietsache online verschafft wird[267].

745 Neben einem Mietvertrag besteht aber auch die Möglichkeit, etwa einen **Leasingvertrag**[268] über die betreffende Computersoftware zu schließen. Obwohl es einige Zeit nicht unstreitig war, ob Computersoftware wegen der umstrittenen Sacheigenschaft überhaupt als Leasinggut in Betracht kommen kann, ist diese Fragestellung für die Praxis entschieden. Seit einer Entscheidung des *BGH* aus dem Jahre 1984[269], in der die Leasingfähigkeit eines aus Hard- und Software bestehenden Gesamtsystems festgestellt wurde, geht auch das Schrifttum einhellig davon aus, dass Computerprogramme Gegenstand eines Leasingvertrags sein können[270].

746 Eine Abweichung ist lediglich im Hinblick auf die grundsätzlich gem. § 546 Abs. 1 BGB eingreifende **Rückgabepflicht** des Mieters zu verzeichnen. Da der Softwarehersteller das Computerprogramm nahezu kostenfrei kopieren kann und in der

---

[263] Vgl. *BGH*, 15.11.2006, XII ZR 120/04, NJW 2007, 2394, 2395 Tz. 15; *OLG Hamburg*, 15.12.2011, 4 U 85/11, MMR 2012, 740; *Kremer/Sander* CR 2015, 146, 152; *Diegmann/Kuntz* NJW 2010, 561, 562; *Scholz/Haines* CR 2003, 393, 394; *Wiebe/Neubauer* CR 2003, 327, 328; *Feil/Leitzen* CR 2002, 480; *Goldmann/Redeke* MMR 2002, 3 Fußn. 5; a. A. wohl nur *Hilty* CR 2012, 625, 636 f. Ausdrücklich gegen die Zulässigkeit von Mietverträgen *Heydn* CR 2010, 765, 773.

[264] Ein leihvertragliches Element sieht bei kostenlosen Online-Spielen auch das *AG Karlsruhe*, 19.5.2015, 8 C 377/14, MMR 2015, 514.

[265] Vgl. *BGH*, 15.11.2006, XII ZR 120/04, NJW 2007, 2394, 2395 Tz. 18 f.; *AG Karlsruhe*, 19.5.2015, 8 C 377/14, MMR 2015, 514; bei der Online-Nutzung über ein Internetportal zieht das *OLG Frankfurt*, 15.5.2012, 11 U 86/11, CR 2012, 739, 741 auch eine dienstvertragliche Einordnung in Erwägung.

[266] Vgl. *BGH*, 15.11.2006, XII ZR 120/04, NJW 2007, 2394, 2395 Tz. 19; *BGH*, 17.7.2002, XII ZR 86/01, NJW 2002, 3322, 3323.

[267] Vgl. *BGH*, 15.11.2006, XII ZR 120/04, NJW 2007, 2394, 2395 Tz. 19.

[268] Vgl. *BGH*, 29.10.2008, VIII ZR 258/07, NJW 2009, 575 f.

[269] Vgl. *BGH*, 6.6.1984, VIII ZR 83/83, NJW 1984, 2938; ohne erneute Diskussion *BGH*, 29.10.2008, VIII ZR 258/07, NJW 2009, 575 ff.

[270] Vgl. *Redeker* Rdn. 618.

Regel ein Exemplar einbehält, wird seine eigene Nutzungsmöglichkeit durch die Vermietung nicht beeinträchtigt. Darüber hinaus ist sein Interesse an einer Rückgabe mitunter gering, solange nur sichergestellt ist, dass der Anwender die Computersoftware nicht über die vereinbarte Mietzeit hinaus oder nach einer Kündigung des Mietverhältnisses nutzt. Letzteres kann indes nicht nur durch die Rückgabeverpflichtung, sondern auch durch eine Verpflichtung zur **Löschung** des auf dem Datenträger gespeicherten Programms und sämtlicher gegebenenfalls vorhandenen Sicherungskopien[271] oder durch eine sog. **Programmsperre** erreicht werden, die die Benutzung des Computerprogramms nach Ablauf der vereinbarten Mietzeit blockiert. Die Rückgabe der Originaldatenträger enthält die stillschweigende Erklärung, gegebenenfalls noch vorhandene Sicherheitskopien nicht mehr zu benutzen[272] und alsbald zu löschen.

7. Softwareüberlassung und die Vorschriften über Finanzierungshilfen zwischen einem Unternehmer und einem Verbraucher

Sofern der Softwareüberlassungsvertrag eine **Teilzahlungsabrede** enthält, sind gegebenenfalls die Vorschriften über Verbraucherdarlehensverträge und Finanzierungshilfen zu berücksichtigen. Voraussetzung für das Eingreifen dieser Vorschriften ist in **personeller Hinsicht** gem. §§ 491 Abs. 1, 506 BGB, dass die Teilzahlungsmöglichkeit von einem Unternehmer (§ 14 BGB) an einen Verbraucher (§ 13 BGB) gewährt wird. Keine Anwendung finden die Vorschriften gem. §§ 491 Abs. 2 Nr. 1, 506 Abs. 4 BGB in sachlicher Hinsicht auf Bagatellfälle bis 200,– Euro. 747

Liegen die Voraussetzungen für das Eingreifen der Sonderregelungen vor, sind im Rahmen von Softwareüberlassungsverträgen insbesondere die Vorschriften des § 492 BGB über die **Schriftlichkeit** des Vertrags und des § 495 BGB über das **Widerrufsrecht** zu beachten. Es ist aber festzustellen, dass Computersoftware wohl nur selten an Verbraucher im Sinne dieses Gesetzes überlassen wird. Hieran hat sich auch durch die Schuldrechtsreform nichts geändert. Diese Feststellung gilt trotz der Tatsache, dass zwischenzeitlich wohl alle großen Anbieter von Hard- und Software dazu übergegangen sind, Finanzierungsmöglichkeiten anzubieten. Meist wird aber bei auf Kredit angeschaffter Software eine gewerbliche oder selbstständige berufliche Tätigkeit des Anwenders vorliegen. Mangels softwarespezifischer Probleme wird insoweit auf die allgemeinen Kommentierungen verwiesen. 748

---

[271] Vgl. etwa die Nr. 7 des der Entscheidung *BGH*, 25.3.1987, VIII ZR 43/86, NJW 1987, 2004 ff. zugrundeliegenden Vertrags; ferner Ziffer 4.4 S. 1 EVB-IT Überlassung Typ B (v. 1.4.2002, noch nicht überarbeitet).

[272] Vgl. *LG Kleve*, 30.10.1986, III 82/86, CR 1987, 598, 599.

Teil 4: Sondererscheinungen und Sonderprobleme der Softwareverträge

I. Besonderheiten beim Softwareleasing

Inhaltsübersicht

	Rdn.		Rdn.
1. Die verschiedenen Erscheinungsformen des Softwareleasings	749	6. Mängelhaftung beim Softwareleasing	776
a) Finanzierungsleasing	752	a) Mängelhaftung beim Finanzierungsleasing	777
b) Operating-Leasing	755	b) Mängelhaftung beim Operating-Leasing	782
c) Mietkauf	756	7. Das Ende des Vertragsverhältnisses	783
2. Softwareleasing und das Urheberrecht	759	a) Die Kündigung	783
3. Die Zurechnung des Lieferantenverhaltens	760	b) Die Vereinbarung einer Verfallklausel	789
a) Das Verhalten während der Vertragsverhandlungen	761	c) Abschlusszahlungen bei Teilamortisationsverträgen	792
b) Das Verhalten während der Vertragserfüllung	762	d) Rückgabe und/oder Löschungsvereinbarungen	797
4. Die Überwälzung der Sach- und Preisgefahr	768	8. Die Koppelung von Hard- und Software beim Leasing	799
5. Probleme mit der Übernahmebestätigung	771		

Schrifttum: *Beckmann*, Aktuelle Rechtsfragen bei Finanzierungsleasinggeschäften, DStR 2006, 1329 ff.; *Harriehausen*, Der Gewährleistungsausschluss im Finanzierungsleasingvertrag, NJW 2013, 3393 ff.; *Leyens*, Leasing – Grenzen der formularmäßigen Risikoabwälzung vom Leasinggeber auf den Hersteller/Lieferanten, MDR 2003, 312 ff.; *Söbbing*, Besonderheiten des IT-Leasings, ITRB 2010, 236 ff.; *ders.*, Rücktrittsrecht bei Software-Leasing, K&R 2009, 170 ff.; *Vander*, Urheberrechtliche Implikationen des EDV-Leasings – „Rental Rights" im Blickpunkt, CR 2011, 77 ff.; *v. Westphalen*, Die Auswirkungen der Schuldrechtsreform auf die „Abtretungskonstruktion" beim Leasing, ZIP 2001, 2258 ff.

1. Die verschiedenen Erscheinungsformen des Softwareleasings

Die beständig steigende gesamtwirtschaftliche Bedeutung der Leasingverträge ist auch in der IT-Branche nicht zu übersehen[1]. Nach dem Kauf von Computerhardware stellt das Hardwareleasing wohl eine der Hauptformen der Hardwareverträge dar. Nicht zu unterschätzen ist jedoch auch die Bedeutung der Leasingverträge im Rahmen der Softwareüberlassung. Wenngleich im Bereich der Massensoftware für Personal und Home Computer Leasingverträge eher die Ausnahme bilden und allenfalls in Verbindung mit der Anschaffung der zugehörigen Hardware anzutreffen sind, ist ein Leasinggeschäft bei der Anschaffung **teurer Individualsoftware**[2] oder **teurer Standardsoftware**[3] für professionelle mittelgroße und große Rechnersysteme **nicht außergewöhnlich**.

749

---
[1] Vgl. *Söbbing* ITRB 2010, 236.
[2] Vgl. *BGH*, 5.6.2014, VII ZR 276/13, MMR 2014, 591 f.
[3] Im Fall des *BGH*, 16.9.2015, VIII ZR 119/14, NJW 2016, 397 ff. betrug das Entgelt für die überlassene Systemlösung 56.859 Euro; im Fall des *BGH*, 29.10.2008, VIII ZR 258/07, NJW 2009, 575 ff. (Vorinstanz *OLG Hamm*, 3.8.2007, 12 U 158/06, CR 2008, 8 ff.) betrug das Entgelt 400.000 Euro; im Fall des *OLG Koblenz*, 26.2.2015, 3 U 812/14, MMR 2015, 512 betrug das Entgelt 13.865 Euro; im Fall des *OLG Hamm*, 28.11.2012, 12 U 115/12, CR 2013, 214 betrug das

750 Als Vorteile des Softwareleasings werden seitens der Anbieter folgende Aspekte angeführt[4]: Der Anbieter investiert **ohne Kapitaleinsatz**. Er schont seine Liquidität, sein Eigenkapital, seine Kreditlinie. Seine bankmäßigen Sicherheiten bleiben unberührt. Durch konstante, fest vereinbarte Leasingzahlungen über die gesamte Laufzeit ist der Anwender unabhängig von Zinssteigerungen. Der Anwender hat eine **klare Planungs- und Kostengrundlage**, z.B. für innerbetriebliche Kalkulationen und Budgets. Die Laufzeit des Leasingvertrags entspricht im Regelfall der Nutzungsdauer der Investition. Aufgrund des parallelen Verlaufs von Leasingkosten und dem Ertrag/Nutzen aus dem Objekteinsatz kann der Anwender die Leasingraten aus dem laufenden Ertrag bezahlen (Grundsatz: „Pay as you earn"). Leasingzahlungen sind als **Betriebsaufwand** steuerlich voll absetzbar. Beim Anwender als Leasingnehmer fällt für den Leasinggegenstand keine Gewerbesteuern an. Leasing ist bilanzneutral. Investitionen über Leasing führen deshalb nicht zu einer Beeinträchtigung der Bilanz des Anwenders. Auf veränderte Marktverhältnisse kann der Anwender sofort **flexibel** mit Neuanschaffungen **reagieren**. Er muss nicht warten, bis beispielsweise Rücklagen aus Gewinnen eine Investition zulassen. „Leasing auf Zeit" steht im Gegensatz zu „Kauf auf ewig" und bewirkt somit ein sinnvolles Überdenken der technischen und wirtschaftlichen Aktualität des Betriebsvermögens.

751 Bei dem gesetzlich nicht geregelten Typus des Leasingvertrags weisen die in der Praxis vorzufindenden Vereinbarungen vielgestaltige Charakteristika auf, denen jedoch meist keine Typen prägende Bedeutung zukommt. Trotz der zahlreichen Abweichungen im Detail kann daher eine Rahmendefinition dahingehend gegeben werden, dass bei einem Leasingvertrag dem Leasingnehmer eine Sache vom Leasinggeber im Rahmen eines **Dauerschuldverhältnisses zum Gebrauch** überlassen wird. Die Gebrauchsüberlassungspflicht des Leasingobjekts an den Leasingnehmer ist nach ständiger Rechtsprechung des *BGH* grundsätzlich als vertragliche Hauptleistungspflicht des Leasinggebers zu qualifizieren[5]. Darüber hinaus ist leasingtypisch, dass der Leasinggeber in der Regel von der Gefahrtragung oder der Haftung für Instandhaltung, Sachmängel, Untergang und Beschädigung des Leasinggegenstands zu Lasten des Leasingnehmers freigestellt wird[6]. Der Leasinggeber tritt dem Leasingnehmer als Ausgleich für die **Überbürdung des Mängelhaftungsrisikos** seine Ansprüche gegenüber seinem Lieferanten ab[7]. Dies muss nicht im Leasingvertrag geschehen, sondern kann auch später erfolgen[8]. Ausgerichtet auf die Erfordernisse der Praxis besteht im Rahmen dieser Bandbreite eine Vielzahl von Möglichkeiten der Ausgestaltung, die durch Verwendung entsprechender Fachtermini gegeneinander abgegrenzt werden[9]. Häufig wird jedoch auch nur eine Grobeinteilung in **Finanzierungs-Leasing, Operating-Leasing** und **Mietkauf** vorgenommen, was auch im Rah-

---

Entgelt 45.036 Euro, im Fall des *LG Bonn*, 16.5.2003, 10 O 102/02, CR 2004, 21 betrug das Entgelt 37.037 Euro.

[4] Vgl. beispielhaft die Umschreibung des Software-Leasing der Deutsche Leasing AG unter www.deutsche-leasing.com.

[5] Vgl. *BGH*, 18.5.2011, VIII ZR 260/10, NJW-RR 2011, 1625, 1626 Tz. 13; *BGH*, 30.9.1987, VIII ZR 226/86, NJW 1988, 198, 199; *OLG Brandenburg*, 4.6.2008, 4 U 167/07, CR 2008, 763, 766; *OLG Hamm*, 3.8.2007, 12 U 158/06, CR 2008, 8, 11.

[6] Vgl. *BGH*, 31.10.2007, VIII ZR 278/05, NJW 2008, 989, 991 Tz. 19; *BGH*, 9.7.2002, X ZR 70/00, NJW-RR 2003, 51, 52.

[7] Vgl. *OLG Koblenz*, 26.2.2015, 3 U 812/14, MMR 2015, 512, 513 Tz. 22 „leasingtypische Abtretungskonstruktion"; ebenso *OLG Hamm*, 28.11.2012, 12 U 115/12, CR 2013, 214, 215.

[8] Vgl. *BGH*, 5.6.2014, VII ZR 276/13, MMR 2014, 591 Tz. 3.

[9] Vgl. zu den einzelnen Begriffen *Palandt/Weidenkaff* Einf. vor § 535 Rdn. 39 ff. sowie das Glossar der Deutsche Leasing AG unter www.deutsche-leasing.com/glossar.html.

men dieser Darstellung ausreichend ist. Allein der Begriff des **Spezial-Leasings** muss an dieser Stelle noch eine Erwähnung finden. Wird ein Leasinggegenstand so auf die speziellen Erfordernisse eines einzigen Leasingnehmers zugeschnitten, dass er nur von diesem wirtschaftlich sinnvoll genutzt werden kann, liegt Spezial-Leasing vor. Dies kann bei auf werkvertraglicher Grundlage erstellter Individualsoftware der Fall sein[10]. Anders als beim Finanzierungsleasing wird beim Spezial-Leasing der Leasingnehmer wirtschaftlicher Eigentümer, sodass in diesen Fällen die steuerrechtliche Zurechnung des Leasinggegenstands beim Leasingnehmer erfolgt[11].

a) Finanzierungsleasing

Bereits der Begriff des Finanzierungsleasings bringt hinreichend deutlich zum Ausdruck, dass hier ein Investitionsvorhaben des Leasingnehmers finanziert werden soll, sodass es sich um einen Vertrag über eine sonstige entgeltliche Finanzierungshilfe im Sinne des § 506 Abs. 1 BGB handelt, für den die in den §§ 358 bis 359a und 491a bis 502 BGB geregelten Besonderheiten gelten. Charakteristikum des Finanzierungsleasings ist dementsprechend, dass der Leasinggeber die **Finanzierung** des Leasinggegenstands übernimmt und der Leasingnehmer für die ihm eingeräumte Nutzungsmöglichkeit eine **Ratenzahlung** leisten muss, deren Höhe durch den Kaufpreis zuzüglich weiterer Kosten wie Zinsen, Kreditrisiko und Gewinn des Leasinggebers bestimmt wird[12]. Möglich ist, dass der Lieferant (Softwarehersteller oder -händler) selbst die Funktion des Leasinggebers übernimmt. Hier wird allgemein von **Herstellerleasing** gesprochen[13].

752

Auch im Bereich der Softwareüberlassung weiter verbreitet als das Herstellerleasing ist aber der Fall, dass der Anwender sich die Software beim Hersteller oder Händler eigenständig aussucht und sodann, da er die Überlassung der Software nicht selbst finanzieren kann oder will, einen Leasinggeber einschaltet, der die Software für ihn erwirbt und ihm anschließend zur Nutzung überlässt (sog. **Indirektes Leasing**), sodass ein für Leasingverträge typisches **Dreiecksverhältnis** zwischen Softwarelieferant, Leasinggeber und Leasingnehmer (= Anwender) vorliegt[14].

753

Die vertragsrechtliche Einordnung der zwischen den beteiligten Personen bestehenden Rechtsbeziehungen geht dahin, im Verhältnis Lieferant – Leasinggeber bei Lieferung von erst zu erstellender oder besonders einzurichtender Individualsoftware einen **Werkvertrag** im Sinne der §§ 631 ff. BGB anzunehmen[15]. Soweit dies nicht der Fall ist, findet über § 650 BGB (= § 651 BGB a. F.) Kaufrecht Anwendung, gleichwie bei Lieferung von Standardsoftware ein **Kaufvertrag** im Sinne der §§ 433 ff. BGB vorliegt[16]. Hinsichtlich des Vertragsverhältnisses zwischen Leasinggeber und Leasingnehmer liegt demgegenüber ein durch **mietvertragliche Grundelemente** geprägter Vertrag vor[17], was bereits begrifflich durch die in zahlreichen

754

---

[10] Vgl. *v. Westphalen* NJW 2008, 2234, 2240 f.
[11] Vgl. *BGH*, 29.10.2008, VIII ZR 258/07, NJW 2009, 575, 577 Tz. 31.
[12] Vgl. *BGH*, 21.12.2005, VIII ZR 85/05, NJW 2006, 1066, 1067.
[13] Vgl. *Palandt/Weidenkaff* Einf. vor § 535 Rdn. 42.
[14] So etwa im Fall *OLG Hamm*, 28.11.2012, 12 U 115/12, CR 2013, 214.
[15] Vgl. *BGH*, 5.6.2014, VII ZR 276/13, MMR 2014, 591, 592 Tz. 13; *OLG Brandenburg*, 4.6.2008, 4 U 167/07, CR 2008, 763, 765; *OLG Hamm*, 3.8.2007, 12 U 158/06, CR 2008, 8, 12 m. w. N.
[16] Vgl. *OLG Hamm*, 28.11.2012, 12 U 115/12, CR 2013, 214, 215.
[17] So die ganz überwiegende Meinung und ständige Rechtsprechung; vgl. *BGH*, 29.10.2008, VIII ZR 258/07, NJW 2009, 575, 577 Tz. 31; *OLG Brandenburg*, 4.6.2008, 4 U 167/07, CR 2008, 763, 766; *Palandt/Weidenkaff* Einf. vor § 535 Rdn. 38; *Harriehausen* NJW 2013, 3393.

Leasingverträgen verwendeten Termini der (unkündbaren) Grundmietzeit, der Mindestmietzeit oder ähnlichem deutlich wird. Die besonderen Regelungen der Gefahrtragung und die Abwälzung des Mängelhaftungsrisikos lassen sich jedoch dem gesetzlichen Leitbild eines Mietvertrags nicht unterordnen, sodass diese Eigenarten bei einer vertraglichen Inhaltskontrolle insbesondere nach den Vorschriften über Allgemeine Geschäftsbedingungen gem. §§ 305 ff. BGB eine besondere Berücksichtigung erfahren müssen.

b) Operating-Leasing

755   Operating-Leasing liegt dann vor, wenn der Leasinggeber den Leasinggegenstand dem Leasingnehmer lediglich zum **kurzfristigen Gebrauch** überlässt und der Leasingnehmer das Vertragsverhältnis unter Einhaltung entsprechender Kündigungsfristen jederzeit beenden kann[18], was bei Vereinbarung einer nicht unerheblichen Grundmietzeit wie beim Finanzierungsleasing nicht der Fall wäre. Als maßgebendes Unterscheidungskriterium zum Finanzierungsleasing kann daher die kurzfristige Laufzeit der Operating-Leasingverträge sowie die damit verbundene Zielsetzung des Leasinggebers dienen, das Leasingobjekt durch **mehrfache Vermietung** an **verschiedene Mieter** gewinnbringend einzusetzen[19]. Damit entsprechen Operating-Leasingverträge im Wesentlichen **mietrechtlichen Grundzügen**[20], was auch bei der Inhaltskontrolle derartiger Verträge zu berücksichtigen ist.

c) Mietkauf

756   Mietkaufverträge werden häufig mit Leasingverträgen in Zusammenhang gebracht, gelegentlich werden beide Begriffe sogar als identisch behandelt. Rechtliche Unterschiede ergeben sich jedoch zunächst dadurch, dass dem Mietkäufer im Mietkaufvertrag grundsätzlich das Recht eingeräumt wird, die Mietsache während der laufenden Mietzeit unter bestimmten Voraussetzungen zu kaufen (sog. Ankaufs- oder Erwerbsrecht), wobei die gezahlte Miete ganz oder zum Teil auf den Kaufpreis angerechnet wird[21]. Ein solches **Ankaufsrecht** wird bei Leasingverträgen nicht zwangsläufig eingeräumt. Leasingverträge können vielmehr mit oder ohne zusätzliche Option ausgestattet sein, wobei dieses Optionsrecht sowohl auf käuflichen Erwerb als auch auf eine Vertragsverlängerung gerichtet sein kann.

757   Grundlegende Gegensätze ergeben sich jedoch beim Vergleich des Leasings mit Mietkaufverträgen, bei denen entweder weit überhöhte Mietzahlungen zu leisten sind oder der Eigentumswechsel bereits im Voraus für den Augenblick vereinbart ist, da die Summe der Mietzahlungen den Kaufpreis erreicht. Ziel dieser Mietkaufverträge ist der **Eigentumserwerb** des Mietkäufers, was sich auch darin dokumentiert, dass der Mietkäufer wegen der bereits geleisteten hohen Zahlungen oder weil andernfalls die geleisteten Zahlungen nicht angerechnet werden, sich wirtschaftlich

---

[18] Vgl. *BGH*, 30.10.2002, VIII ZR 119/02, NJW 2003, 505, 507; *Wolf/Lindacher/Pfeiffer* Klauseln Rdn. L 38.
[19] Vgl. *BGH*, 30.10.2002, VIII ZR 119/02, NJW 2003, 505, 507; *Palandt/Weidenkaff* Einf. v. § 535 Rdn. 40.
[20] Vgl. *Palandt/Weidenkaff* Einf. v. § 535 Rdn. 40; MünchKomm/*Koch*, Finanzierungsleasing, Rdn. 5.
[21] So die Definition des *BGH*, 15.3.1990, I ZR 120/88, NJW-RR 1990, 1257, 1258. Möglich ist auch ein automatischer Eigentumsübergang bei Vertragsbeendigung, so etwa im Fall *BGH*, 12.9.2001, VIII ZR 109/00, NJW 2002, 133, wo ein „entschädigungsloser" Eigentumsübergang bei Beendigung des Mietkaufvertrags vereinbart war.

gezwungen sieht, das Ankaufsrecht auszuüben²². Demgegenüber bezwecken Leasingverträge, auch wenn dem Leasingnehmer eine Kaufoption eingeräumt wird, hauptsächlich die **Gebrauchsüberlassung** eines Gegenstands, weshalb grundsätzlich davon ausgegangen werden kann, dass der Mietkauf dem Kauf und das Leasing der Miete näherstehen.

Die für das Leasing typische **Abwälzung** der **Sach- und Preisgefahr** bei zufälligem Untergang der Mietsache in Abweichung von den §§ 537ff. BGB findet sich bei Mietkaufverträgen jedoch nicht. Vielmehr liegt bei allen Arten des Mietkaufs die **Gefahrtragung beim Vermieter.** Auch die Wartungs- und Instandhaltungspflicht ist beim Mietkauf grundsätzlich nicht auf den Mietkäufer abgewälzt²³. Mietkauf und Leasing sind daher trotz gewisser Parallelen nicht deckungsgleich²⁴, sondern unterscheiden sich grundsätzlich hinsichtlich der Gefahrtragung und je nach Ausgestaltung des Mietkaufvertrags auch hinsichtlich der jeweiligen Zielsetzung.

758

2. Softwareleasing und das Urheberrecht

Vor dem Hintergrund des oben dargestellten mietvertraglichen Charakters von Leasingverträgen muss berücksichtigt werden, dass der Leasinggeber regelmäßig in das Vermietrecht des Softwareherstellers gem. § 69c Nr. 3 UrhG eingreift. Für ein urheberrechtlich zulässiges Leasinggeschäft benötigt der Leasinggeber daher grundsätzlich die Zustimmung des Rechtsinhabers²⁵. Soweit der Softwarehersteller selbst am Leasinggeschäft beteiligt ist, ist dies unproblematisch. Ausreichend ist aber auch eine stillschweigende Billigung des Leasinggeschäfts durch den Softwarehersteller. Weist daher etwa der Leasingnehmer den Hersteller bei Gelegenheit des Softwareerwerbs darauf hin, der Vertrag werde durch Leasing übernommen, kann in der Auslieferung der Software an den Leasingnehmer und Rechnungsstellung an die Leasinggesellschaft eine stillschweigende Einräumung des Vermietungsrechts gesehen werden²⁶. Im übrigen kann an dieser Stelle aber auf die Ausführungen zum Urheberrecht im zweiten Teil dieser Darstellung verwiesen werden²⁷.

759

3. Die Zurechnung des Lieferantenverhaltens

Das für das Finanzierungsleasing typische Dreiecksverhältnis zwischen Softwarelieferant, Leasinggeber und Leasingnehmer (= Anwender) wirft mitunter insofern Probleme auf, als der Lieferant häufig Handlungen vornimmt oder unterlässt oder Versprechungen abgibt, die sich auf den Vertrag zwischen Leasingnehmer und Leasinggeber auswirken. Dies begründet sich durch die Tatsache, dass sich der Leasingnehmer oftmals ein Softwarehaus aussucht und die Einzelheiten im Verhältnis Softwarehaus/Anwender ausgehandelt werden und erst im Anschluss hieran die Leasinggesellschaft eingeschaltet wird²⁸. Hier muss geprüft werden, ob das **Verhalten des Lieferanten dem Leasinggeber zuzurechnen** ist. Aus Gründen der Übersicht-

760

---

²² Vgl. *BGH*, 24.4.1985, VIII ZR 73/84, NJW 1985, 1544, 1545.
²³ Vgl. *BGH*, 24.4.1985, VIII ZR 73/84, NJW 1985, 1544, 1545.
²⁴ Vgl. *Wolf/Lindacher/Pfeiffer* Klauseln Rdn. L 41; *Palandt/Weidenkaff* Einf. v. § 535 Rdn. 30.
²⁵ Vgl. *OLG Hamm*, 28.11.2012, 12 U 115/12, CR 2013, 214, 215; *Vander* CR 2010, 77.
²⁶ Vgl. *OLG Hamm*, 28.11.2012, 12 U 115/12, CR 2013, 214, 216.
²⁷ Vgl. hierzu oben Rdn. 190 ff.
²⁸ Vgl. etwa den Fall des *BGH*, 5.6.2014, VII ZR 276/13, MMR 2014, 591f. oder des *OLG Hamm*, 28.11.2012, 12 U 115/12, CR 2013, 214 oder des *OLG Brandenburg*, 4.6.2008, 4 U 167/07, CR 2008, 763 ff., in dem das Softwarehaus sogar den Leasingvertrag vermittelte.

330 Teil 4: Sondererscheinungen und Sonderprobleme der Softwareverträge

lichkeit wird im Rahmen dieser Darstellung zwischen dem Lieferantenverhalten vor oder bei Vertragsschluss und dem bei der Vertragserfüllung unterschieden.

a) Das Verhalten während der Vertragsverhandlungen

761 Nicht selten führt allein der Lieferant und nicht der Leasinggeber die Vertragsverhandlungen auch im Hinblick auf den Leasingvertrag und legt dem Leasingnehmer etwa auch die Vertragsformulare des Leasingvertrags vor. Der Leasingvertrag kommt dann entsprechend den Vertragsbedingungen des Leasinggebers durch eine innerhalb einer bestimmten Frist[29] abzugebende Annahmeerklärung des Leasinggebers zustande. Sofern der Lieferant jedoch während der Vertragsverhandlungen eine **Sorgfalts-, Aufklärungs-** oder **Hinweispflicht** verletzt, die der Leasinggeber bei eigener Verhandlungsführung hätte beachten müssen, muss der Leasinggeber nach § 278 BGB für das schuldhafte Verhalten des Lieferanten einstehen. Nicht erforderlich für das Eingreifen des § 278 BGB ist dabei eine enge oder gar beständige wirtschaftliche Verbindung zwischen Lieferant und Leasinggeber. Vielmehr reicht es auch ohne eine solche Verbindung aus, wenn der Lieferant im Rahmen der ihm vom Leasinggeber übertragenen Aufgaben mit dessen Wissen und Willen tätig wird, etwa weil der Lieferant die geleaste Software überlassen, anpassen und implementieren soll[30], oder ganz allgemein das geleaste Computersystem durch den Lieferanten übergeben werden soll[31]. Der über § 278 BGB eingreifenden Haftung für das Verhalten des Lieferanten kann der Leasinggeber auch nicht dadurch entgehen, dass er in seinen Geschäftsbedingungen eine **Haftung für Dritte** generell ausschließt. Eine derartige Klausel verstößt im Unternehmensverkehr gegen § 307 Abs. 2 Nr. 1 BGB[32] und im Verbraucherverkehr darüber hinaus gegen § 309 Nr. 7a) und b) BGB. Auch die Klausel „Der Lieferant ist nicht Erfüllungsgehilfe der Leasinggeber" vermag eine Qualifizierung als Erfüllungsgehilfe nicht zu beseitigen, wenn der Lieferant von Hard- und Software den Leasingvertrag vermittelte[33].

b) Das Verhalten während der Vertragserfüllung

762 Auch nach Abschluss des Leasingvertrags kann sich das Verhalten des Lieferanten auf das Leasingverhältnis auswirken, etwa indem der Lieferant infolge von **Leistungsunfähigkeit** oder **Leistungsunwilligkeit** nicht liefert oder in **Leistungsverzug** fällt. Scheitert ein Leasingvertrag ohne Verschulden des Leasingnehmers, weil der Lieferant die Leasingsache nicht liefert, so fehlt dem Leasingvertrag die Geschäftsgrundlage ebenso wie nach einem Rücktritt vom zwischen Lieferanten und Leasinggeber bestehenden Kaufvertrag. Der Wegfall der Geschäftsgrundlage ist allerdings nur gerechtfertigt, wenn das Ausbleiben der Lieferung endgültig feststeht[34]. Die Mitwirkung des Lieferanten an einer unrichtigen Übernahmebestätigung kann dem Leasinggeber aber nicht nach § 278 BGB zugerechnet werden, weil die Abgabe einer Übernahmebestätigung keine Verbindlichkeit des Leasinggebers ist[35]. Auch wenn der Lieferant die Software dem Anwender nach der Lieferung wieder wegnimmt

---

[29] Vgl. *Wolf/Lindacher/Pfeiffer* Klauseln Rdn. L 59.
[30] Vgl. *OLG Hamm*, 3.8.2007, 12 U 158/06, CR 2008, 8, 11.
[31] Vgl. *BGH*, 30.9.1987, VIII ZR 226/86, NJW 1988, 198, 199.
[32] Vgl. *BGH*, 3.7.1985, VIII ZR 102/84, NJW 1985, 2258, 2261; *Wolf/Lindacher/Pfeiffer* § 309 Nr. 7 Rdn. 43, 44.
[33] Vgl. *OLG Stuttgart*, 18.10.1988, 6 U 64/88, NJW-RR 1989, 1328, 1329.
[34] Vgl. *BGH*, 30.7.1997, VIII ZR 157/96, NJW-RR 1998, 123, 125.
[35] Vgl. *BGH*, 20.10.2004, VIII ZR 36/03, NJW 2005, 365, 366.

oder die Benutzung sonstwie unmöglich macht, ist dieses Verhalten des Lieferanten dem Leasinggeber nicht nach § 278 BGB zuzurechnen, weil der Lieferant im Hinblick auf die Pflicht des Leasinggebers zur Überlassung und Belassung des Gebrauchs weder Erfüllungsgehilfe noch Verrichtungsgehilfe (§ 831 BGB) ist[36].

Haben sich die Partner eines Finanzierungsleasingvertrags über Hard- und Software auf den Beginn der Vertragslaufzeit in Kenntnis dessen geeinigt, dass Teile der Software noch nicht in vertragsgemäßem Zustand vorhanden, aber nach Fertigstellung nachzuliefern sind, ist der Anspruch des Leasinggebers auf Zahlung der Leasingraten zunächst in voller Höhe fällig. Dem Leasingnehmer kann jedoch die Einrede des nicht erfüllten Vertrags nach § 320 BGB von dem Zeitpunkt an zustehen, an dem die Lieferung der fehlenden, für die Vertragserfüllung wesentlichen Softwareteile vereinbarungsgemäß zu erbringen war[37].

763

Auch eine Klausel in einem Finanzierungsleasingvertrag über die Überlassung, Anpassung und Implementierung einer Softwarelösung (sog. „Bundle-Lease über eine Systemlösung"), in der sich der Leasinggeber für den Fall des Scheiterns des Projekts bis zu einem von ihm selbst gesetzten späteren Fertigstellungszeitpunkt das Recht vorbehält, vom Leasingvertrag **zurückzutreten** und dem Leasingnehmer die erbrachten Lieferungen und Leistungen **anzudienen** und die den Leasingnehmer darüber hinaus verpflichtet, Vorfinanzierungsleistungen sowie an den Lieferanten erbrachte **Zahlungen** (Dienstleistungen, Anzahlungen) **zu erstatten** und wieder anstelle des Leasinggebers in die mit dem Lieferanten geschlossenen Verträge einzutreten, ist wegen Verstoßes gegen § 307 Abs. 2 Nr. 2 BGB unwirksam. Wesentliche Rechte des Leasingnehmers und Pflichten des Leasinggebers wären so sehr eingeschränkt, dass die Erreichung des Vertragszwecks gefährdet wäre und die Leasingnehmer rechtlos gestellt würden[38]. Die Unwirksamkeit einer solchen Klausel lässt sich auch mit einem Verstoß gegen § 307 Abs. 2 Nr. 1 BGB begründen, weil sie von den wesentlichen Grundgedanken des Mietrechts in Verbindung mit der gesetzlichen Regelung der Rücktrittsfolgen in §§ 346 ff. BGB ganz erheblich zum Nachteil des Leasingnehmers abweicht[39].

764

Das Gleiche gilt auch für die Fälle des vom Leasingnehmer nicht zu vertretenden **Lieferantenverzugs,** der im Ergebnis ebenfalls dem Leasinggeber zugerechnet wird, wofür abermals als Begründung auf § 278 BGB zurückgegriffen werden kann. Die Leistungsfähigkeit und Leistungswilligkeit des Lieferanten sind unabhängig davon, ob der Liefervertrag einen Kauf- oder einen Werkvertrag darstellt, keine Umstände, die allgemein vom Leasingnehmer besser beurteilt werden könnten als vom Leasinggeber[40]. Es besteht folglich auch diesbezüglich kein Grund, von einer Anwendung des § 278 BGB abzusehen. Schadensersatzansprüche des Leasingnehmers gegen den Leasinggeber wegen Verzugs nach § 280 Abs. 1 und 2 BGB kann dieser formularvertraglich nicht abbedingen. Dem steht § 307 Abs. 2 Nr. 1 BGB sowohl im Unternehmens- als auch im Verbraucherverkehr entgegen. Auch das Recht des Leasingnehmers, sich **vom Vertrag zu lösen,** sei es nach §§ 323 Abs. 1, 324, 326 Abs. 5 BGB oder nach § 542 BGB durch Kündigung, kann der Leasinggeber durch eine entsprechende Klausel nicht abbedingen. Eine dieses Ziel verfolgende Klausel verstößt im Verbraucherverkehr gegen § 309 Nr. 8a BGB, der auf alle gesetzlichen Lösungsrechte anwendbar ist, die nicht auf einen Mangel der Kaufsache oder des

765

---
[36] Vgl. *OLG Brandenburg*, 4.6.2008, 4 U 167/07, CR 2008, 763, 766.
[37] Vgl. *BGH*, 29.5.1991, VIII ZR 125/90, NJW 1991, 2135, 2137.
[38] Vgl. *OLG Hamm*, 3.8.2007, 12 U 158/06, CR 2008, 8 ff.
[39] Vgl. *BGH*, 29.10.2008, VIII ZR 258/07, NJW 2009, 575, 577 Tz. 30 ff.
[40] Vgl. *BGH*, 29.10.2008, VIII ZR 258/07, NJW 2009, 575, 577 Tz. 36.

Werkes beruhen[41]. Im Unternehmensverkehr folgt die Unwirksamkeit einer entsprechenden Klausel aus § 307 Abs. 2 Nr. 1 BGB, weil es gegen wesentliche Grundgedanken der gesetzlichen Regelungen sowohl der §§ 323 Abs. 1, 324, 326 Abs. 5 BGB als auch des § 542 BGB verstößt, dem Leasingnehmer trotz nicht rechtzeitiger Lieferung des Vertragsgegenstands ein Lösungsrecht zu verweigern[42].

766 Demgegenüber steht dem Leasinggeber eines aus Hard- und Software bestehenden Gesamtsystems hinsichtlich des Kaufpreisanspruchs des Lieferanten im Falle des Lieferverzugs ein **Leistungsverweigerungsrecht** gem. § 320 BGB zu. Dies gilt auch dann, wenn der Leasinggeber den Nacherfüllungsanspruch an den Leasingnehmer abgetreten hatte. Darüber hinaus kann der Leasinggeber gegenüber dem Lieferanten den Ersatz von Verzugsschäden gem. §§ 280 Abs. 1 und 2, 286 BGB sowie gegebenenfalls Schadensersatz statt der Leistung verlangen oder vom Vertrag zurücktreten. Der Leasinggeber eines IT-Systems kann sich aber nicht auf eine vorformulierte Klausel in seinem gegenüber dem Lieferanten abgegebenen „Kaufantrag" berufen, derzufolge er von allen Verpflichtungen frei bleibt, solange die Übernahmebestätigung des Leasingnehmers für die vom Lieferanten zu erbringende Leistung nicht vorliegt. Eine solche Klausel ist nicht als Vereinbarung einer Bedingung (§ 158 BGB) für die Wirksamkeit des Kaufvertrags auszulegen, sondern nur als Abrede einer Vorleistungspflicht des Lieferanten und als Fälligkeitsregelung für die Kaufpreiszahlung[43].

767 Auch in der **Phase der Vertragsbeendigung** kann der Lieferant als Erfüllungsgehilfe des Leasingnehmers auftreten und eine Zurechnung über § 278 BGB in Betracht kommen. Dies ist etwa dann der Fall, wenn der Lieferant vom Leasinggeber eingeschaltet wird, um den Leasinggegenstand nach Vertragsablauf wieder zurückzunehmen[44].

4. Die Überwälzung der Sach- und Preisgefahr

768 Bereits im Rahmen der Definition der Leasingverträge wurde dargelegt, dass die Überwälzung der Sach- und Preisgefahr vom Leasinggeber auf den Leasingnehmer zu den typischen Bestandteilen eines Leasingvertrags zählt[45]. Der Leasingnehmer muss daher infolge der leasingtypischen Gefahrenverlagerung auch eine von ihm **nicht verschuldete Unbenutzbarkeit** des Leasinggegenstands vertreten und ist entsprechend dem Rechtsgedanken des § 326 Abs. 2 BGB zur Fortsetzung der Zahlung der Leasingraten verpflichtet[46].

769 Eine Pflicht zur Fortzahlung der Leasingraten besteht darüber hinaus in den Fällen, in denen kein zufälliger, sondern ein vom Leasingnehmer allein oder weit überwiegend zu **vertretender Verlust der Gebrauchsmöglichkeiten** vorliegt wie etwa der Ausfall seiner Hardware oder die von ihm durch Fahrlässigkeit hervorgerufene Löschung sämtlicher Datenträger. Dieses Ergebnis folgt aus § 326 Abs. 2 BGB. Auch wenn ein Dritter die Datenträger an sich nimmt, liegt nicht zwangsläufig ein Fall zufälligen Verlusts vor, sondern muss geprüft werden, ob der Leasingnehmer die ihm obliegende Obhutspflicht am Leasinggut verletzt hat.

---

[41] Vgl. *Wolf/Lindacher/Pfeiffer* § 309 Nr. 8a Rdn. 1–9 sowie 14.
[42] Vgl. in einem Nebensatz *BGH*, 29.10.2008, VIII ZR 258/07, NJW 2009, 575, 576 Tz. 26 unter Berufung auf *BGH*, 20.3.2003, I ZR 225/00, NJW-RR 2003, 1056, 1060.
[43] Vgl. *BGH*, 17.2.1993, VIII ZR 37/92, NJW 1993, 1381, 1382 f.
[44] Vgl. *LG Dortmund*, 4.6.1997, 21 S 48/97, NJW-RR 1998, 707, 708.
[45] So auch *OLG Koblenz*, 26.2.2015, 3 U 812/14, MMR 2015, 512, 513 Tz. 23.
[46] Vgl. *BGH*, 25.3.1998, VIII ZR 244/97, NJW 1998, 2284, 2286; *OLG Brandenburg*, 4.6.2008, 4 U 167/07, CR 2008, 763, 767.

Wenngleich die Überwälzung der Sach- und Preisgefahr nach ständiger Rechtsprechung[47] und weit überwiegender Meinung in der Literatur[48] grundsätzlich nicht zu beanstanden ist, weil damit lediglich der käuferähnlichen Position des Leasingnehmers beim Finanzierungsleasing Rechnung getragen wird, gilt dieser Grundsatz nicht ohne Einschränkungen. Nicht zwingend notwendig für einen angemessenen Interessenausgleich ist, dass dem Leasingnehmer die **Ersatzansprüche** des Leasinggebers gegen einen den Leasinggegenstand beschädigenden Dritten oder eine gegebenenfalls eintretende Versicherungsgesellschaft **abgetreten** werden und diese Abtretung aus Gründen der Rechtsklarheit in den Allgemeinen Geschäftsbedingungen der Leasinggesellschaft enthalten ist[49]. Auch ohne eine derartige Abtretung ist der Leasinggeber jedoch verpflichtet, eine ihm von einem Versicherer geleistete Entschädigung an den Leasingnehmer abzuführen[50].

5. Probleme mit der Übernahmebestätigung

Obwohl es sich bei der sog. Übernahmebestätigung nicht um eine softwarespezifische Besonderheit eines Leasinggeschäfts handelt, treten beim IT-bezogenen Leasing im Zusammenhang mit Übernahmebestätigungen derart häufig Probleme auf[51], dass es notwendig erscheint, hierauf etwas näher einzugehen. In der Regel wird im Leasingvertrag vereinbart, dass der Leasingnehmer dem Leasinggeber bei Anlieferung des Leasingguts schriftlich bestätigt, dieses in **funktionsfähigem Zustand** und **frei von Mängeln** erhalten zu haben[52]. Oftmals soll diese Bestätigung auf einem vom Leasinggeber gestellten Formular abgegeben werden und die Laufzeit des Leasingvertrags mit dem bestätigten Übernahmedatum beginnen.

Hinsichtlich des Bestätigungsformulars ist zunächst anzumerken, dass der Leasinggeber keinen Anspruch auf die Bestätigung nur mit dem von ihm **vorformulierten Text** hat, wenn der Inhalt der vom Leasingnehmer abgegebenen Übernahmeerklärung der Sache nach demjenigen in der vom Leasinggeber verlangten Form entspricht[53]. Dieses Ergebnis begründet der *BGH* mit der Überlegung, dass die Übernahmebestätigung grundsätzlich eine Quittung im Sinne von § 368 BGB über die Auslieferung des Leasingguts darstellt. Als Schuldner der Gebrauchsüberlassung habe der Leasinggeber daher gem. § 368 S. 2 BGB nur dann einen Anspruch auf Erteilung der Quittung in einer bestimmten Form, falls er ein rechtliches Interesse daran habe. Ein solches Interesse sei aber nicht erkennbar.

Die Qualifizierung der Übernahmebestätigung als Quittung und nicht etwa als Schuldanerkenntnis gem. § 781 BGB über das Bestehen der Leasingratenzahlungspflicht oder Anerkennung der Vertragsgemäßheit des Leasinggegenstands oder Ver-

---

[47] Vgl. grundlegend *BGH*, 8.10.1975, VIII ZR 81/74, NJW 1977, 195, 196; später *BGH*, 21.12.2005, VIII ZR 85/05, NJW 2006, 1066, 1067 Tz. 11; *OLG Hamm*, 28.11.2012, 12 U 115/12, CR 2013, 214, 215; *OLG Brandenburg*, 4.6.2008, 4 U 167/07, CR 2008, 763, 764 sowie 767.
[48] Vgl. *Palandt/Weidenkaff* Einf. vor § 535 Rdn. 37 und 53.
[49] Vgl. *BGH*, 8.10.2003, VIII ZR 55/03, NJW 2004, 1041, 1042.
[50] Vgl. *BGH*, 8.10.2003, VIII ZR 55/03, NJW 2004, 1041, 1042.
[51] Vgl. etwa *BGH*, 5.6.2014, VII ZR 276/13, MMR 2014, 591 f.
[52] Typische Klausel: „Der Mieter ist verpflichtet, den Mietgegenstand bei Anlieferung für den Vermieter abzunehmen, ihn unverzüglich mit aller Sorgfalt auf Mangelhaftigkeit und Funktionsfähigkeit zu untersuchen, dem Vermieter die Übernahme schriftlich zu bestätigen und gegebenenfalls Mängel gegenüber dem Lieferanten fristgerecht zu rügen"; *OLG Koblenz*, 26.2.2015, 3 U 812/14, MMR 2015, 512.
[53] Vgl. *BGH*, 17.2.1993, VIII ZR 37/92, NJW 1993, 1381, 1383; bestätigt in *BGH*, 10.10.1994, VIII ZR 295/93, NJW 1995, 187, 188.

zicht auf etwaige Einwendungen entspricht ständiger Rechtsprechung[54] und h. M. im Schrifttum[55]. Hieraus folgt, dass nach Unterzeichnung der Übernahmebestätigung gem. §§ 368, 363 BGB eine **Beweislastumkehr** eintritt mit der Folge, dass der Leasingnehmer die Unrichtigkeit der Erklärung zu beweisen hat[56]. Unterzeichnet daher der Leasingnehmer bei Ablieferung eines aus Hard- und Software bestehenden Komplettsystems eine vom Lieferanten vorgelegte uneingeschränkte Übernahmebestätigung, so hindert dies den Leasingnehmer nicht, sich gegenüber dem Leasinggeber auf das Fehlen einer schriftlichen Dokumentation zur Hard- und Software zu berufen. Ihn trifft aber nunmehr die Darlegungs- und Beweislast[57]. Gleiches gilt für den Fall, dass die volle Funktionsfähigkeit der Software einschließlich der Durchführung geschuldeter Mitarbeiterschulungen bestätigt wird, und sich der Leasingnehmer später auf die Unrichtigkeit der Erklärung beruft[58].

774 Eine Übernahmebestätigung, die sich nur auf die angelieferte Hardware, nicht aber auf die ebenfalls übergebene Software bezieht, vermag jedoch eine Beweislastumkehr hinsichtlich des Fehlens der Softwaredokumentation nicht zu begründen[59]. Im Verhältnis zwischen Leasinggeber und Lieferant entfaltet die Übernahmeerklärung des Leasingnehmers aber grundsätzlich keine Wirkung, weil der Leasingnehmer lediglich Erfüllungsgehilfe für die Abnahme des Leasingguts, nicht aber zugleich Vertreter des Leasinggebers in dessen gesamter Vertragsstellung gegenüber dem Verkäufer ist[60]. Entsteht dem Leasinggeber aber infolge einer **falschen Übernahmebestätigung** des Leasingnehmers ein Schaden, etwa weil der Leasinggeber den Kaufpreis an den Lieferanten auszahlt und der Rückerstattungsanspruch infolge einer Lieferanteninsolvenz uneinbringlich ist, kann der Leasinggeber vom Leasingnehmer Schadensersatz wegen einer Pflichtverletzung gem. § 280 Abs. 1 BGB verlangen[61]. Dieser Schadensersatzanspruch besteht gegebenenfalls auch dann, wenn der Lieferant nicht zahlungsunfähig ist. Allerdings ist der Leasingnehmer gem. § 255 BGB zur Schadensersatzleistung nur Zug um Zug gegen Abtretung der Erstattungsansprüche des Leasinggebers gegenüber dem Lieferanten verpflichtet. Damit wird sichergestellt, dass der Leasinggeber den ihm entstandenen Schaden nicht doppelt ersetzt erhält[62].

775 Insgesamt kann dem Leasingnehmer im eigenen Interesse nur eindringlich geraten werden, **nicht voreilig umfassende Übernahmebestätigungen** zu unterzeichnen. Empfehlenswert sind etwa Formulierungen, denenzufolge nur die grundsätzliche Entgegennahme des Leasingguts bestätigt wird, während die Funktionstauglichkeit erst nach gehörigem Testen zumindest der wichtigsten Programmfunktionen im realitätsnahen Tagesgeschäft bestätigt werden sollte. Wird ein bestimmter Programmteil eines Gesamtpakets nicht geliefert, muss der Lieferant den Leasingnehmer gegebenenfalls auf die Notwendigkeit einer deutlichen Einschränkung der vorgefertigten

---

[54] Vgl. *BGH*, 20.10.2004, VIII ZR 36/03, NJW 2005, 365, 367; *OLG Brandenburg*, 4.6.2008, 4 U 167/07, CR 2008, 763, 764.
[55] Vgl. *Palandt/Weidenkaff* Einf. v. § 535 Rdn. 49.
[56] Vgl. *OLG Brandenburg*, 4.6.2008, 4 U 167/07, CR 2008, 763, 764.
[57] Vgl. *BGH*, 4.11.1992, VIII ZR 165/91, NJW 1993, 461, 463.
[58] Vgl. *OLG Brandenburg*, 4.6.2008, 4 U 167/07, CR 2008, 763, 764.
[59] Vgl. *BGH*, 4.11.1992, VIII ZR 165/91, NJW 1993, 461, 463.
[60] Vgl. *BGH*, 4.11.1992, VIII ZR 165/91, NJW 1993, 461, 463; *BGH*, 27.6.1990, VIII ZR 72/89, NJW-RR 1990, 1462, 1465.
[61] Vgl. *BGH*, 20.10.2004, VIII ZR 36/03, NJW 2005, 365, 366; ohne Benennung einer Anspruchsgrundlage auch *BGH*, 5.6.2014, VII ZR 276/13, CR 2014, 568, 569 Tz. 23 insoweit nicht abgedruckt in MMR 2014, 591; *OLG Brandenburg*, 4.6.2008, 4 U 167/07, CR 2008, 763, 764.
[62] Vgl. *OLG Düsseldorf*, 22.2.1990, 10 U 142/89, NJW-RR 1990, 666.

Übernahmebestätigung hinweisen. Unterlässt der Lieferant diesen Hinweis, muss sich der Leasinggeber dieses Versäumnis über § 278 BGB zurechnen lassen, wenn der Lieferant bei den Vertragsverhandlungen für ihn eingeschaltet war[63]. Dies darf aber nicht dahingehend verallgemeinert werden, der Lieferant, der bei Abgabe einer unrichtigen Übernahmebestätigung mitwirkt, sei immer als Erfüllungsgehilfe des Leasinggebers einzustufen. Vielmehr ist umgekehrt vom Grundsatz auszugehen, dass die Abgabe einer Übernahmebestätigung keine Verbindlichkeit des Leasinggebers, sondern eine solche des Leasingnehmers gegenüber dem Leasinggeber darstellt. Vor diesem Hintergrund scheidet eine Zurechnung der Mitwirkung des Lieferanten bei der Abgabe einer unrichtigen Übernahmebestätigung gegenüber dem Leasinggeber nach § 278 BGB regelmäßig aus[64]. Trotz aller Vorsicht darf der Leasingnehmer die Unterzeichnung der Übernahmebestätigung aber auch nicht unberechtigt hinauszögern. Zu Recht hat daher das *LG München I*[65] ausgeführt, es sei treuwidrig, wenn der Anwender die nach Abgabe einer Übernahmebestätigung eintretende Fälligkeit der Entgeltzahlung für die Lieferung und Installation von Computerhardware dadurch hinauszögere, dass er die Übernahmebestätigung nicht unterzeichne. Der Anwender müsse in diesem Fall den eingetretenen Verzögerungsschaden ersetzen. Diese Überlegungen gelten auch im Rahmen eines Leasingvertrags.

6. Mängelhaftung beim Softwareleasing

Die einzelnen Mängelhaftungsansprüche und die zu verzeichnenden Sonderprobleme jeglicher Mängelhaftung im Rahmen eines Softwareüberlassungsvertrags werden in einem eigenen Kapitel dargestellt[66], auf das insoweit verwiesen wird. Die für das Leasing typische Freizeichnung des Leasinggebers von seiner eigenen Mängelhaftung nach §§ 537 ff. BGB bedarf indes näherer Erörterung. 776

a) Mängelhaftung beim Finanzierungsleasing

Eine bedeutsame Vorentscheidung bei der Darlegung leasingvertraglicher Mängelhaftungsregelungen ist die Erkenntnis, dass § 309 Nr. 8b BGB trotz seines umfassenden Wortlauts („Lieferung neu hergestellter Sachen") auf Leasingverträge **keine Anwendung** findet[67]. Eine inhaltliche Kontrolle der im Leasingvertrag enthaltenen Mängelhaftungsregelungen erfolgt dementsprechend anhand § 307 BGB. 777

Auszugehen ist bei der vertraglichen Inhaltskontrolle vom grundsätzlichen Eingreifen mietrechtlicher Mängelhaftungsvorschriften nach §§ 536 ff. BGB. Diese kann der Leasinggeber zwar nach ständiger Rechtsprechung[68] und überwiegender Meinung in der Literatur[69] sowohl im Unternehmens- als auch im Verbraucherverkehr ausschließen, jedoch ist eine solche **Freistellung** nur solange nicht unangemessen, solange der Leasingnehmer **nicht völlig rechtlos** gestellt wird. Erforderlich ist daher, dass der Leasinggeber die ihm gegen den Lieferanten zustehenden Mängelhaftungs- 778

---

[63] Vgl. *OLG Hamm*, 14.2.1990, 31 U 115/89, CR 1990, 520, 521.
[64] Vgl. *BGH*, 20.10.2004, VIII ZR 36/03, NJW 2005, 365, 366.
[65] Vgl. *LG München I*, 18.2.1993, 7 O 14424/91, CR 1994, 32.
[66] Vgl. unten Rdn. 1202 ff.
[67] Vgl. *BGH*, 24.4.1985, VIII ZR 65/84, NJW 1985, 1547, 1549 f. mit zahlreichen Angaben zum Schrifttum; vgl. statt vieler *Wolf/Lindacher/Pfeiffer* Vorb § 309 Nr. 8b Rdn. 21.
[68] Vgl. *BGH*, 22.1.2014, VIII ZR 178/13, NJW 2014, 1519, 1520 Tz. 20; *BGH*, 21.12.2005, VIII ZR 85/05, NJW 2006, 1066, 1067 Tz. 11 sowie 17; *OLG Brandenburg*, 4.6.2008, 4 U 167/07, CR 2008, 763, 764.
[69] Vgl. *Wolf/Lindacher/Pfeiffer* Klauseln Rdn. L 107 f.; *Harriehausen* NJW 2013, 3393.

ansprüche mitsamt des Rücktrittsrechts an den Leasingnehmer endgültig, vorbehaltlos und unbedingt **abtritt**[70], wobei diese Abtretung durchaus nach Abschluss des Leasingvertrags erfolgen kann[71], oder diesen zumindest zu ihrer Geltendmachung **ermächtigt**[72]. Da jedoch hinsichtlich der letztgenannten sog. Ermächtigungskonstruktion vielfach Zweifel an deren Zulässigkeit geäußert werden, wird sie in der Praxis nur noch selten verwendet[73]. Die Rückabwicklung des Kaufvertrags erfolgt jedoch zwischen dem Leasinggeber und dem Lieferanten, sodass der Leasingnehmer im Falle des Rücktritts die Rückzahlung des Kaufpreises nicht an sich, sondern lediglich an den Leasinggeber verlangen kann[74]. Auch wenn der Leasinggeber zur eigenen Freizeichnung seine Mängelhaftungsansprüche gegen den Lieferanten an den Leasingnehmer abtritt, folgt hieraus aber nicht die Befugnis des Leasingnehmers, aus abgetretenem Recht den Rücktritt vom Vertrag wegen Nichterfüllung gem. § 323 Abs. 1 BGB zu erklären[75]. Werden dem Leasingnehmer indes sämtliche Ansprüche aus dem Kaufvertrag über das IT-System einschließlich des Rechts auf Rücktritt wegen nicht erbrachter Leistung abgetreten, bestehen gegen diese Abtretung keine Bedenken, weil hiermit alle Rechte aus den §§ 323, 324 BGB erfasst werden. Jedenfalls zusammen mit den anderen Vertragsrechten ist das Rücktrittsrecht übertragbar[76].

779   Die Zulässigkeit dieser sog. **Abtretungs- oder Ermächtigungskonstruktion** folgt aus der Überlegung, dass in der Regel der Leasingnehmer die Verbindung mit dem Lieferanten aufnimmt, den Leasinggegenstand aussucht und oft auch die Bedingungen des Kaufvertrags aushandelt. Darüber hinaus ist es sachgerecht, dass Leasingnehmer und Lieferant über die Berechtigung einer Mängelrüge verhandeln, weil sie über die nötige Sachkunde verfügen und in diesem Personenverhältnis die erforderliche Nähe zum Leasinggegenstand besteht[77]. Letztgenannter Gesichtspunkt trifft insbesondere im Hinblick auf die bei Computersoftware nicht immer einfache Mängelbeschreibung und Ursachengründung für Softwareprobleme zu.

780   Dem Leasingvertrag fehlt von Anfang an die Geschäftsgrundlage[78], wenn der Leasingnehmer mit rechtsgestaltender Wirkung zurücktritt, weil das Ziel des Leasingvertrages – die Gebrauchsüberlassung einer mangelfreien, zu diesem Zweck erworbenen Sache – nicht erreicht werden kann. Damit entfällt zugleich und mit **Rück-**

---

[70] So im Fall *OLG Koblenz*, 26.2.2015, MMR 2015, 512; *OLG Hamm*, 28.11.2012, 12 U 115/12, CR 2013, 214 sowie *OLG Brandenburg*, 4.6.2008, 4 U 167/07, CR 2008, 763; *LG Bonn*, 16.5.2003, 10 O 102/02, CR 2004, 21; allgemein *BGH*, 21.12.2005, VIII ZR 85/05, NJW 2006, 1066, 1067 f. Tz. 17. Die entsprechende Klausel im Fall des *OLG Hamm* lautete: „LG tritt LN alle Schadensersatzansprüche – gleich aus welchem Rechtsgrund – sowie alle Gewährleistungsrechte einschließlich des Rechts auf Rückgewähr und Rücktritt ab, die ihr gegen Lieferanten oder sonstige Dritte zustehen. LN nimmt die Abtretung an. LN ist also verpflichtet, nach Abnahme des Leasingguts etwaige Ansprüche – insbesondere Gewährleistungsansprüche – unmittelbar gegenüber dem Lieferanten des Leasingguts oder sonstigen Dritten geltend zu machen."
[71] Vgl. *BGH*, 5.6.2014, VII ZR 276/13, CR 2014, 568 Tz. 3.
[72] Vgl. *BGH*, 17.12.1986, VIII ZR 279/85, NJW 1987, 1072, 1073 m.w.N.; *OLG Koblenz*, 7.12.2000, 2 U 1685/99, CR 2001, 160, 161.
[73] Vgl. MünchKomm/*Koch* Finanzierungsleasing Rdn. 102.
[74] Vgl. *BGH*, 20.6.1984, VIII ZR 131/83, NJW 1985, 129, 130; *Palandt/Weidenkaff* Einf. vor § 535 Rdn. 58.
[75] Vgl. *OLG Köln*, 3.11.1995, 19 U 81/95, CR 1996, 298 (Ls.).
[76] Vgl. *OLG Köln*, 8.12.1995, 19 U 113/95, CR 1996, 346.
[77] Vgl. *BGH*, 24.4.1985, VIII ZR 65/84, NJW 1985, 1547, 1550; *Harriehausen* NJW 2013, 3393.
[78] Vgl. *BGH*, 16.9.2015, VIII ZR 119/14, NJW 2016, 397, 399 Tz. 28; *BGH*, 16.6.2010, VIII ZR 317/09, NJW 2010, 2798, 2800 Tz. 24.

wirkung die Verpflichtung des Leasingnehmers zur Zahlung der Leasingraten, jedoch ist ein angemessener Ausgleich für gezogene **Nutzungen** nach den Regeln des Bereicherungsrechts zu leisten[79]. Seine Vertragskosten, insbesondere die Zahlung des Kaufpreises an den Lieferanten, kann der Leasinggeber aber nicht bereicherungsmindernd geltend machen[80]. Streitig war lange Zeit, ob die genannten Rechtsfolgen auch dann eintreten, wenn der Lieferant den Rücktritt nicht akzeptiert. Dogmatisch ist das Rücktrittsrecht als Gestaltungsrecht ausgestaltet, sodass eine Zustimmung des Lieferanten nicht erforderlich ist. Bei einem Streit über die Berechtigung des Rücktritts kann der Leasingnehmer die Zahlung der Leasingraten aber dennoch erst dann verweigern, wenn er aus dem erklärten Rücktritt klageweise gegen den Lieferanten vorgeht. Bis zum Eintritt der Rechtskraft des betreffenden Urteils muss er aber nicht warten[81].

Sofern der Leasingnehmer nicht zurücktritt, sondern den Kaufpreis **mindert**, muss der Leasinggeber unter Berücksichtigung der Kriterien des § 441 BGB die Leasingraten im Verhältnis zur verminderten Gebrauchstauglichkeit herabsetzen[82]. Soweit der Leasingnehmer Nacherfüllung nach §§ 439, 437 Nr. 1 BGB verlangt, schlägt dies nicht auf die Geschäftsgrundlage des Leasingvertrags durch. Er bleibt daher zur Zahlung der unveränderten Leasingraten verpflichtet, selbst wenn die geleaste Sache erst später als erwartet genutzt werden kann. Dieses Risiko des Nutzungsausfalls muss der Leasingnehmer tragen, solange er nicht zurücktritt oder mindert[83].

781

b) Mängelhaftung beim Operating-Leasing

Beim Operating-Leasing ist die mietvertragliche Ausrichtung weit stärker ausgelegt als beim oben gehandelten Finanzierungsleasing. Aus diesem Grunde werden im Schrifttum verbreitet Zweifel darüber geäußert, ob eine **Abtretungs- und Ermächtigungskonstruktion** auch bei diesem Typus des Leasinggeschäfts zulässig ist[84]. Rechtsprechung zu dieser Frage liegt, soweit ersichtlich, nicht vor. Die Zulässigkeit derartiger Regelungen wird man jedoch nicht nur für den Fall, dass die Verjährungsfristen der Mängelansprüche gem. §§ 438, 634a BGB abgelaufen sind, sondern grundsätzlich verneinen müssen, weil angesichts der Dominanz des Mietrechts eine solche Regelung mit den wesentlichen Grundgedanken des Mietvertragsrechts nicht mehr zu vereinbaren ist[85]. Es liegt daher ein Verstoß gegen § 307 Abs. 2 Nr. 1 BGB vor.

782

7. Das Ende des Vertragsverhältnisses

a) Die Kündigung

In der Regel wird in Leasingverträgen eine sog. **Grundmietzeit** vereinbart, nach deren Ablauf der Leasingvertrag endet. Während der Grundmietzeit besteht kein

783

---

[79] Vgl. *BGH*, 10.11.1993, VIII ZR 119/92, NJW 1994, 576, 578; zustimmend *Palandt/Weidenkaff* Einf. vor § 535 Rdn. 58. Das *OLG Frankfurt*, 14.1.2009, 17 U 223/08, BeckRS 2009, 05390 möchte demgegenüber auf §§ 313 Abs. 3, 346 Abs. 1 BGB abstellen.
[80] Vgl. *BGH*, 25.10.1989, VIII ZR 105/88, NJW 1990, 314, 315 f.; *Palandt/Weidenkaff* Einf. v. § 535 Rdn. 58.
[81] Vgl. *BGH*, 16.9.2015, VIII ZR 119/14, NJW 2016, 397, 398 Tz. 21 ff.; *BGH*, 16.6.2010, VIII ZR 317/09, NJW 2010, 2798, 2800 Tz. 24 ff.
[82] Vgl. MünchKomm/*Koch* Finanzierungsleasing Rdn. 115.
[83] Vgl. *Palandt/Weidenkaff* Einf. v. § 535 Rdn. 58.
[84] Vgl. *Wolf/Lindacher/Pfeiffer* Klauseln Rdn. L 40.
[85] Vgl. *Wolf/Lindacher/Pfeiffer* Klauseln Rdn. L 40.

Recht zur **ordentlichen Kündigung** des Vertragsverhältnisses. Auch im Rahmen der sog. Teilamortisationsverträge, bei denen dem Leasingnehmer ausdrücklich ein ordentliches Kündigungsrecht eingeräumt wird, kann die ordentliche Kündigung erst nach Ablauf einer verkürzten, aber grundsätzlich einzuhaltenden Grundmietzeit erklärt werden. Diese speziellen Regelungen werden jedoch unter dem Stichwort der Abschlusszahlungen dargestellt.

784 Anders als die ordentliche Kündigung ist die **außerordentliche Kündigung** eines Leasingvertrags immer zulässig. Dies folgt schon aus dem auch auf Leasingverträge anwendbaren § 543 BGB. Der Leasinggeber kann daher etwa dann den Leasingvertrag fristlos kündigen gem. § 543 Abs. 1 und 2 S. 1 Nr. 3a) BGB, wenn der Anwender keinerlei Zahlungen auf den Leasingvertrag leistet[86]. Ein durch eine vertragliche Regelung herbeizuführen gesuchter völliger Ausschluss des außerordentlichen Kündigungsrechts ist unzulässig, da § 543 Abs. 1 BGB nicht abdingbar ist[87]. Möglich ist aber, das Kündigungsrecht des Leasingnehmers dahingehend einzuschränken, dass er bei ganz oder teilweise nicht rechtzeitiger Lieferung zunächst versuchen muss, die vollständige Lieferung durch den Lieferanten zu erhalten.

785 Auch eine Erweiterung des Rechts zur außerordentlichen Kündigung durch Erstreckung auch auf solche Gründe, die keinen wichtigen Grund im Sinne einer Unzumutbarkeit der Fortführung des Leasingvertrags darstellen, verstößt gegen die wesentlichen Grundgedanken der gesetzlichen Regelungen über das Mietverhältnis und ist daher nach § 307 Abs. 2 Nr. 1 BGB unwirksam. Sofern daher im Leasingvertrag Gründe genannt werden, die ein außerordentliches Kündigungsrecht begründen sollen, müssen diese daraufhin überprüft werden, ob sie wirklich für eine Unzumutbarkeit der Vertragsfortführung ausreichen. Dabei ist von den gesetzlich vorgegebenen Kündigungsgründen des **vertragswidrigen Gebrauchs** gem. § 543 Abs. 2 Nr. 1 BGB, der **Sorgfaltspflichtverletzung** gem. § 543 Abs. 2 Nr. 2 BGB und des **Zahlungsverzugs** gem. § 543 Abs. 2 Nr. 3 BGB auszugehen.

786 Nicht zu beanstanden wäre daher die Vereinbarung eines außerordentlichen Kündigungsrechts für den Fall, dass der Anwender die Software **unberechtigt vervielfältigt** und zeitgleich auf mehreren Computern einsetzt oder die Vervielfältigungsstücke weiterverteilt, weil insoweit lediglich eine vertragliche Konkretisierung eines auf unberechtigten Gebrauch gestützten Kündigungsrechts vorliegen würde.

787 Schwieriger gestaltet sich die Beurteilung der Fälle, in denen auf **wirtschaftliche Kriterien** Bezug genommen wird und einem erst zu befürchtenden Zahlungsverzug durch eine Vertragsbeendigung zuvorgekommen werden soll. Hier ist entscheidend darauf abzustellen, ob die Regelung an eine **hinreichend konkrete Gefährdung** des Zahlungsanspruchs des Leasinggebers anknüpft. Nicht zu beanstanden ist daher die Regelung, derzufolge ein außerordentliches Kündigungsrecht dann besteht, wenn eine wesentliche Verschlechterung in den wirtschaftlichen Verhältnissen des Leasingnehmers eintritt, insbesondere wenn nachhaltige Pfändungen oder sonstige Zwangsvollstreckungsmaßnahmen gegen ihn durchgeführt werden oder wenn gerichtliche oder außergerichtliche Insolvenzverfahren eröffnet werden[88]. Zu beachten ist aber, dass mit dem Antrag auf Eröffnung des Insolvenzverfahrens über das Vermögen des Leasingnehmers die Kündigungssperre des § 112 InsO eingreift[89].

---

[86] Vgl. *OLG Brandenburg*, 4.6.2008, 4 U 167/07, CR 2008, 763, 767.
[87] Vgl. BT-Drucks. 14/4553 vom 9.11.2000, S. 43.
[88] Vgl. *BGH*, 8.10.1990, VIII ZR 247/89, NJW 1991, 102, 104; *Palandt/Weidenkaff* Einf. vor § 535 Rdn. 61, 73.
[89] Vgl. *Palandt/Weidenkaff* Einf. vor § 535 Rdn. 73.

Nicht ausreichend ist jedoch, wenn eine Vermögensverschlechterung lediglich zu **befürchten** ist und keine Umstände vorliegen, die eine solche Verschlechterung bereits belegen[90]. Ebenso ist es mit § 307 Abs. 2 Nr. 1 BGB unvereinbar, wenn ein Recht zur fristlosen Kündigung bereits für das Vorliegen „sonstiger Umstände" vereinbart werden soll, aus denen sich eine wesentliche Verschlechterung oder eine erhebliche Gefährdung des Vermögens des Leasingnehmers ergibt. Dem steht entgegen, dass ungünstige Umstände hinsichtlich der Vermögensverhältnisse des Leasingnehmers noch nicht ohne weiteres dazu führen, dass dieser die fälligen Leasingraten nicht bezahlt. Trotz einer erheblichen Vermögensverschlechterung kann der Leasingnehmer **leistungswillig** und **leistungsfähig** geblieben sein, sodass der Bestandsschutz des Leasingverhältnisses und das Gebot der Leistungstreue ein Festhalten am Vertrag für den Leasinggeber zumutbar erscheinen lassen[91]. Interessengerecht ist es daher für die Fälle einer Vermögensverschlechterung auf Seiten des Leasingnehmers, wenn diesem durch eine vertragliche Regelung das Recht eingeräumt wird, die Fortsetzung des Leasingvertrags verlangen zu dürfen, sofern er **Sicherheit** in Höhe der noch ausstehenden Leasingraten und des gegebenenfalls zu berücksichtigenden Restwerts der Computersoftware leistet. Damit wird dem Softwareanwender die Möglichkeit gegeben, die unter Umständen für ihn betrieblich unersetzbare Software weiter einzusetzen und einem endgültigen Ruin zu entgehen. Den Interessen des Leasinggebers wird durch die Sicherheit hinreichend Rechnung getragen.

788

b) Die Vereinbarung einer Verfallklausel

Eng mit dem außerordentlichen Kündigungsrecht des Leasinggebers verknüpft sind die sog. **Verfallklauseln.** Grundsätzlich werden mit dem Begriff der Verfallklausel solche Regelungen belegt, denenzufolge unter den in der Klausel bestimmten Umständen der andere Vertragsteil seines Rechts unmittelbar verlustig gehen oder er zu einer Übertragung oder einem Verzicht auf ein Recht verpflichtet sein soll[92]. Im Rahmen der Leasingverträge finden sich Verfallklauseln der Art, dass der Leasinggeber insbesondere im Falle einer durch Zahlungsverzug begründeten außerordentlichen Kündigung berechtigt sein soll, die Leasingsache **zurückzunehmen** und die ausstehenden sowie alle künftigen Leasingraten **sofort fällig** stellen zu können. Derartige Klauseln sind wegen Verletzung des mietvertraglichen Äquivalenzverhältnisses und der Nichtberücksichtigung laufzeitabhängiger und damit ersparter Aufwendungen, etwa einer Abzinsung, unangemessen und verstoßen gegen § 307 Abs. 2 Nr. 1 BGB[93]. Mit § 307 BGB vereinbar ist es aber, wenn die Leasingbedingungen zwar einen Anspruch auf Zahlung der bis zum Ablauf der Gesamtleasingzeit noch ausstehenden Leasingraten vorsehen, dieser Anspruch aber in den Geschäftsbedingungen sodann dahin konkretisiert wird, dass eine Anrechnung ersparter Zinsen und sonstiger kündigungsbedingter Vorteile zugunsten des Leasingnehmers nach den gesetzlichen Vorschriften vorgenommen werde[94].

789

Kündigt der Leasinggeber wegen Zahlungsverzugs, so darf aus den obigen Darstellungen zur Problematik der Verfallklauseln jedoch nicht der Schluss gezogen werden, der Leasinggeber könne ohne eine derartige Klausel keinerlei Ansprüche

790

---

[90] Vgl. *OLG Hamm*, 14.3.1986, 4 U 197/85, NJW-RR 1986, 927, 929; *Wolf/Lindacher/Pfeiffer* Klauseln Rdn. L 166.
[91] Vgl. *BGH*, 8.10.1990, VIII ZR 247/89, NJW 1991, 102, 104.
[92] Vgl. *Wolf/Lindacher/Pfeiffer* Klauseln Rdn. V 21.
[93] Ständige Rechtsprechung seit *BGH*, 5.4.1978, VIII ZR 49/77, BGHZ 71, 196, 205 (dort noch unter Berufung auf § 242 BGB); aus dem Schrifttum *Palandt/Weidenkaff* Einf. vor § 535 Rdn. 71.
[94] Vgl. *OLG Brandenburg*, 4.6.2008, 4 U 167/07, CR 2008, 763, 767.

gegen den Leasingnehmer geltend machen. Unabhängig von einer solchen ausdrücklichen vertraglichen Vereinbarung steht dem Leasinggeber bei einer außerordentlichen Kündigung wegen Zahlungsverzugs nach § 543 Abs. 2 S. 1 Nr. 3 BGB ein **Schadensersatzanspruch** wegen seines **Nichterfüllungsschadens** zu[95]. Bei diesem Anspruch handelt es sich um einen Schadensersatzanspruch statt der Leistung, der § 281 BGB unterfällt. Der Leasinggeber hat einen Anspruch auf Ausgleich seines zum Kündigungszeitpunkt noch nicht amortisierten Gesamtaufwands[96]. Bei der Berechnung ist auf die Lage abzustellen, die bei ordnungsgemäßer Abwicklung des Vertrags eingetreten wäre. Damit umfasst der Schadensersatzanspruch grundsätzlich den **vollständigen Gewinn,** den der Leasinggeber erzielt hätte (§ 252 BGB). Ist dem Leasingnehmer ab einem gewissen Zeitpunkt das Recht zur ordentlichen Kündigung des Leasingvertrags eingeräumt, so ist der Gewinnanspruch auf den Zeitraum bis zur möglichen ordentlichen Vertragskündigung durch den Leasingnehmer begrenzt, weil in einem solchen Fall die Kausalität der fristlosen Kündigung für einen Gewinn verneint werden muss. Die infolge der vorzeitigen Vertragsbeendigung **ersparten Aufwendungen** sind ebenso in Abzug zu bringen wie etwaige **Veräußerungserlöse**[97]. Infolge des vorzeitigen Kapitalrückflusses ist auch eine **Abzinsung** der restlichen Leasingraten vorzunehmen[98].

791 Bei Leasingverträgen mit Verbrauchern darf eine Verfallklausel für den Verbraucher nicht ungünstiger sein als die in § 498 BGB enthaltenen Regelungen. Dem entgegenstehende Klauseln sind bereits nach §§ 506, 512 BGB unwirksam.

c) Abschlusszahlungen bei Teilamortisationsverträgen

792 Von einem **Teilamortisationsvertrag** wird dann gesprochen, wenn die Grundmietzeit so kurz bemessen ist, dass die vereinbarten Leasingraten die vom Leasinggeber aufzuwendenden Anschaffungskosten, eine kalkulatorisch zu berücksichtigende Kapitalverzinsung sowie einen entsprechenden Gewinn nicht abzudecken vermögen. Der verbleibende Restbetrag, der aus der Sicht des Leasinggebers noch fehlt, um das Geschäft wirtschaftlich sinnvoll werden zu lassen, soll in diesen Fällen durch einen Verkauf des Leasinggegenstands oder eine sog. Abschlusszahlung des Leasingnehmers eingebracht werden[99]. Aus diesem Grunde sind letztendlich auch die sog. Teilamortisationsverträge auf eine **volle Amortisation** des zur Beschaffung des Leasingobjekts durch den Leasinggeber eingesetzten Kapitals einschließlich des kalkulierten Gewinns ausgerichtet, weshalb der *BGH* die volle Amortisation als leasingtypisch und vertragsimmanent bezeichnet[100].

793 Besondere Anforderungen sind jedoch bei Abschlusszahlungsklauseln im Hinblick auf das **Transparenzgebot** zu stellen, wie es mit Wirkung auch außerhalb des Verbraucherverkehrs in § 307 Abs. 1 S. 2 BGB ausdrücklich normiert wurde. Die Berücksichtigung des Transparenzgebots bei der Inhaltskontrolle Allgemeiner Geschäftsbedingungen entsprach jedoch auch schon vor seiner ausdrücklichen Veran-

---

[95] Vgl. *BGH*, 28.10.1981, VIII ZR 302/80, *BGHZ* 82, 121, 129 f.; *OLG Koblenz*, 26.2.2015, 3 U 812/14, MMR 2015, 512, 513; *OLG Brandenburg*, 4.6.2008, 4 U 167/07, CR 2008, 763, 767; *Palandt/Weidenkaff* Einf. vor § 535 Rdn. 69.
[96] Vgl. *BGH*, 27.9.2006, VIII ZR 217/05, NJW 2007, 290, 292 Tz. 11; *BGH*, 8.10.2003, VIII ZR 55/03, NJW 2004, 1041, 1042.
[97] Vgl. *BGH*, 10.10.1990, VIII ZR 296/89, NJW 1991, 221, 224.
[98] Vgl. *BGH*, 8.3.1995, VIII ZR 313/93, NJW 1995, 1541, 1543; *OLG Brandenburg*, 4.6.2008, 4 U 167/07, CR 2008, 763, 767.
[99] Vgl. *Leyens* MDR 2003, 312.
[100] Vgl. *BGH*, 4.7.1990, VIII ZR 288/89, NJW 1990, 3016, 3018.

I. Besonderheiten beim Softwareleasing

kerung im Gesetz einer langjährigen ständigen Rechtsprechung[101]. Diesem Gebot ist zu entnehmen, dass eine Klausel, in der eine Abschlusszahlung geregelt wird, für den Leasingnehmer hinreichend durchschaubar sein muss[102]. Hierfür ist es erforderlich, dass der Leasingnehmer erkennen kann, welche Ausfälle und Nachteile der Leasinggeber bei einer ordentlichen Kündigung berechnet und welche diesen entstehenden Vorteile innerhalb der Gesamtrechnung berücksichtigt werden. Nicht ausreichend ist es, wenn die berücksichtigten Vor- und Nachteile lediglich in Prozentsätzen vom Anschaffungswert des Leasingobjekts angegeben werden, weil dem Leasingnehmer dann verborgen bleibt, wie diese Prozentsätze ermittelt wurden und ob die jeweilige Abschlusszahlung ihn stärker belastet als das Erfüllungsinteresse bei konkreter Berechnung[103].

Sofern die Regelung über die Abschlusszahlung unwirksam ist, steht dem Leasinggeber auch ohne ausdrückliche Vereinbarung im Leasingvertrag ein **vertraglicher Ausgleichsanspruch** zu[104]. Dieser ist nach Auffassung des *BGH* wie folgt zu berechnen: Zunächst muss festgestellt werden, welche Zahlungen der Leasingnehmer noch schulden würde, bestünde der Vertrag noch bis zur durch die Entrichtung der Leasingraten herbeigeführten vollen Amortisation, wobei diese die **Gesamtkosten** des Leasinggebers einschließlich seines **Gewinns** (§ 252 BGB) umfasst. Der Ersatz des Nichterfüllungsschadens ist der Höhe nach auf diese Summe begrenzt[105]. Sodann ist durch **Abzinsung** eine Wertstellung auf den Zeitpunkt des durch die ordentliche Kündigung herbeigeführten Vertragsendes vorzunehmen. Der sachgerechte Abzinsungssatz hängt dabei von den Umständen des konkreten Leasingverhältnisses ab. Von dem so ermittelten Betrag sind ferner 90 % des **Verwertungserlöses** abzurechnen.

794

Bei der Verwertung muss sich der Leasinggeber mit zumutbarer Sorgfalt um die **bestmögliche Verwertung** des Leasingobjekts bemühen[106], da andernfalls der Leasingnehmer einen Schadensersatzanspruch wegen einer Pflichtverletzung in Gestalt einer positiven Forderungsverletzung geltend machen kann. Dieser Schadensersatzanspruch gem. § 280 Abs. 1 BGB geht dahin, so gestellt zu werden, als hätte der Leasinggeber seine Verwertungspflicht nicht verletzt, sondern vielmehr den vollen Verkehrswert erzielt[107].

795

Schadensersatzleistungen, die der Leasingnehmer nach einer von ihm schuldhaft veranlassten außerordentlichen Kündigung des Leasingvertrags zu erbringen hat, sind **ohne Umsatzsteuer** zu berechnen[108]. Gleiches gilt für den leasingtypischen Ausgleichsanspruch des Leasinggebers, der auf Ausgleich seines noch nicht amortisierten Gesamtaufwands zum Zeitpunkt einer ordentlichen Kündigung, einer nicht durch den Leasingnehmer schuldhaft veranlassten außerordentlichen Kündigung oder einer einvernehmlichen vorzeitigen Beendigung des Leasingvertrags gerichtet ist[109]. Die Verwertung hat der Leasinggeber aufgrund der ihm obliegenden Scha-

796

---

[101] Vgl. hierzu *BGH*, 12.6.2001, XI ZR 274/00, NJW 2001, 2635, 2636.
[102] Ständige Rechtsprechung seit *BGH*, 28.10.1981, VIII ZR 302/80, NJW 1982, 870, 872.
[103] Vgl. *BGH*, 12.6.1985, VIII ZR 148/84, NJW 1985, 2253, 2255.
[104] Von einem leasingtypischen Ausgleichsanspruch spricht *BGH*, 14.3.2007, VIII ZR 68/06, NJW-RR 2007, 1066, 1068 Tz. 17 f.
[105] Vgl. *BGH*, 10.10.1990, VIII ZR 296/89, NJW 1991, 221, 223.
[106] Vgl. *BGH*, 4.6.1997, VIII ZR 312/96, NJW 1997, 3166, 3167; *OLG Koblenz*, 26.2.2015, 3 U 812/14, MMR 2015, 512, 513 Tz. 28; *OLG Dresden*, 7.8.2000, 8 W 2306/99, NJW-RR 2003, 194, 195.
[107] Vgl. *LG Halle*, 20.9.2002, 1 S 279/01, NJW-RR 2003, 121, 122.
[108] Vgl. *BGH*, 14.3.2007, VIII ZR 68/06, NJW-RR 2007, 1066, 1067 Tz. 14 ff.
[109] Vgl. *BGH*, 14.3.2007, VIII ZR 68/06, NJW-RR 2007, 1066, 1068 Tz. 17 f.

d) Rückgabe und/oder Löschungsvereinbarungen

797 Infolge der nahezu kostenfreien Kopiermöglichkeit bei Computersoftware wird die Nutzungsmöglichkeit des Softwareherstellers durch die Überlassung des Programms an Dritte nicht beeinträchtigt. Vielmehr kann er jederzeit weitere Kopien von seinem Originalexemplar ziehen. Darüber hinaus ist sein Interesse an einer Rückgabe mitunter gering, solange sichergestellt ist, dass der Anwender die Computersoftware nicht über die vertraglich vereinbarte Zeit hinaus nutzt. Letzteres kann indes nicht nur durch die grundsätzlich bestehende **Rückgabeverpflichtung** des Leasingnehmers nach § 546 Abs. 1 BGB erreicht werden, sondern auch durch eine Verpflichtung zur **Löschung** des auf dem gelieferten Datenträger gespeicherten Programms und sämtlicher gegebenenfalls vorhandener Sicherungskopien oder durch eine sog. **Programmsperre,** die die Benutzung nach Ablauf der vereinbarten Vertragsdauer blockiert. Insbesondere die letztgenannte Möglichkeit wird jedoch regelmäßig nur beim Herstellerleasing in Betracht kommen, denn in der Regel wird nur der Softwarehersteller die Möglichkeit haben, eine Programmsperre in den Programmcode einzubauen. Auch die nicht herstellenden Leasinggeber sind jedoch mitunter an der Rückgabe der Software nicht interessiert, weil diese infolge des raschen Fortschritts in der IT-Branche möglicherweise sehr schnell nicht weiterverwertet werden kann. Überholte Versionen von Computersoftware finden häufig keinen Markt mehr, sodass eine die Rückgabepflicht ersetzende Löschungsvereinbarung auch bei nicht mit dem Hersteller geschlossenen Leasingverträgen sinnvoll sein kann.

798 Sofern der Leasingnehmer die Software an den Leasinggeber zurückgeben muss, handelt es sich wie grundsätzlich im Mietrecht um eine Bringschuld[111], sodass eine Klausel, derzufolge die Rückgabe auf **Kosten und Gefahr** des Leasingnehmers zu erfolgen hat, nicht zu beanstanden ist. Auch die Auferlegung einer **Transportversicherungspflicht** für den Fall des Rücktransports durch Dritte, etwa die Post, ist angesichts der Tatsache nicht zu beanstanden, dass es sich bei geleaster Software in der Regel um wertvolle Produkte handelt, die nicht unkontrolliert in die Hände Dritter geraten sollen. Eine Klausel „Schicken Sie uns die Software nach Vertragsbeendigung frachtfrei zu, per UPS oder Postwertpaket mit € 1000,- versichert" ist dementsprechend zulässig. Verletzt der Leasingnehmer seine Rückgabepflicht und benutzt er die Software weiter, steht dem Leasinggeber ein Anspruch gem. § 546a Abs. 1 BGB zu. Eine Differenzierung zwischen Leasingverträgen und Mietverträgen ist insoweit nicht angebracht[112], sodass nach unten[113] verwiesen werden kann.

8. Die Koppelung von Hard- und Software beim Leasing

799 Die Frage nach der Einheit eines Hard- und Softwaregeschäfts im Rahmen eines Leasingverhältnisses hat die Rechtsprechung bereits mehrfach beschäftigt. Da zur Lösung dieses Problemkreises auf Überlegungen zurückgegriffen werden kann, die nicht nur für Leasingverträge, sondern generell eingreifen, kann hinsichtlich dieser

---

[110] Vgl. *BGH,* 10.10.1990, VIII ZR 296/89, NJW 1991, 221, 224; *OLG Dresden,* 7.8.2000, 8 W 2306/99, NJW-RR 2003, 194, 195.
[111] Vgl. MünchKomm/*Bieber* § 546 Rdn. 18.
[112] Vgl. *OLG Hamm,* 11.1.1999, 13 U 132/98, MDR 1999, 732, 733.
[113] Vgl. hierzu unten Rdn. 1372 ff.

allgemeingültigen Kriterien auf die diesbezüglichen in einem eigenständigen Gliederungspunkt angestellten Überlegungen[114] verwiesen werden. Besonderheiten ergeben sich im Rahmen der Leasingverträge lediglich insoweit, als hier besonders häufig „Komplettsysteme", „Problemlösungen", „Bundle-Lease über eine Systemlösung"[115] oder ähnlich umfassende Objekte den Vertragsgegenstand bilden, sodass der für die rechtsgeschäftliche Einheit entscheidende **Einheitlichkeitswille** der Vertragsparteien oft vorliegt. Eine rechtliche Einheit ist auch nicht dadurch von vornherein ausgeschlossen, dass nur die Hardware geleast wird, während der Anwender die Software direkt vom Hersteller bezieht[116]. Darüber hinaus kann mitgelieferte Software bei einem Finanzierungsleasingvertrag über ein komplettes Computersystem auch dann Leasinggegenstand sein, wenn nach den Formularbestimmungen des Leasingvertrags nur die Hardware Vertragsgegenstand sein soll. Ausschlaggebend ist insoweit, dass Individualabreden, etwa mit der Terminologie, geschuldet werde ein „Kanzleipaket, Buchhaltung", nach § 305b BGB Vorrang vor Allgemeinen Geschäftsbedingungen haben[117]. Liegt eine rechtliche Einheit vor, besteht bei Mangelhaftigkeit einer der verschiedenen Komponenten ein Gesamtrücktrittsrecht hinsichtlich des dem Leasingvertrag zugrundeliegenden Kaufvertrags zwischen Lieferanten und Leasinggeber. Folge des Rücktritts ist, dass dem Leasingvertrag von Anfang an die Geschäftsgrundlage fehlt und die Verpflichtung des Leasingnehmers zur Zahlung der Leasingraten rückwirkend entfällt. Insoweit gelten die allgemeinen Überlegungen zur leasingspezifischen Mängelhaftungsproblematik[118].

Liegt eine rechtsgeschäftliche Einheit von Hard- und Software im Rahmen eines Leasinggeschäfts vor und ist die Hard- und Software in ihrer jeweiligen technischen Funktionsfähigkeit nicht vom Vorhandensein des anderen Teils abhängig, so liegt eine **Teilleistung** und nicht etwa ein Mangel des Komplettsystems vor, wenn der Leasingnehmer nur eines der beiden Teile überlassen erhält. Dementsprechend greifen in einem solchen Fall auch nicht die Normen der Mängelhaftung oder die im Leasingvertrag darüber getroffenen vertraglichen Vereinbarungen ein, sondern die mietrechtlichen Regelungen über die Nichterfüllung. Der Leasingnehmer kann daher den Leasingvertrag beim Ausbleiben des noch geschuldeten Teils nach §§ 542, 543 BGB kündigen. Auf das Sachmängelrecht muss sich der Leasingnehmer dementsprechend nicht verweisen lassen[119]. Enthält der Leasingvertrag eine Klausel, derzufolge die Leasinggesellschaft im Falle des Scheiterns der Software-Systemlösung das Recht besitzt, vom Vertrag zurückzutreten und dem Leasingnehmer alle bis dahin vom Lieferanten erbrachten Lieferungen und Leistungen zum Selbstkostenpreis anzudienen, verstößt dies gegen § 307 Abs. 1 und Abs. 2 Nr. 1 BGB. Eine derartige Risikoverlagerung zu Lasten des Leasingnehmers ist mit dem gesetzlichen Leitbild des Mietvertragsrechts unvereinbar[120]. 800

---

[114] Vgl. unten Rdn. 844 ff.
[115] Vgl. *BGH*, 29.10.2008, VIII ZR 258/07, NJW 2009, 575 ff.
[116] Vgl. *OLG München*, 14.10.1987, 15 U 2757/83, MarlyRC 1987 Nr. 53.
[117] Vgl. *OLG Hamm*, 9.1.1995, 31 U 142/94, CR 1995, 535, 536.
[118] Vgl. hierzu oben Rdn. 777 ff.
[119] Vgl. *BGH*, 29.5.1991, VIII ZR 125/90, NJW 1991, 2135, 2137.
[120] Vgl. *BGH*, 29.10.2008, VIII ZR 258/07, NJW 2009, 575, 577 Tz. 32 ff.

II. Softwareüberlassung mittels Telekommunikation, insbesondere des Internets

Inhaltsübersicht

	Rdn.		Rdn.
1. Die verschiedenen Wege der Softwareüberlassung mittels Telekommunikation	801	5. Die Einbeziehung Allgemeiner Geschäftsbedingungen	819
a) Vertragsschluss ohne Einsatz von Telekommunikationsmitteln	802	a) Der ausdrückliche Hinweis gem. § 305 Abs. 2 Nr. 1 BGB	820
b) Vertragsschluss unter Einsatz von Telekommunikationsmitteln	803	b) Die Möglichkeit zumutbarer Kenntnisnahme gem. § 305 Abs. 2 Nr. 2 BGB	821
2. Die vertragstypologische Einordnung des Softwaredownloads	805	6. Die Einhaltung von Formvorschriften	827
3. Die urheberrechtlichen Fragen des Softwaredownloads	815	7. Die Sonderregelungen über besondere Vertriebsformen gem. §§ 312 ff. BGB	828
4. Der Vertragsschluss im elektronischen Geschäftsverkehr	816	a) Die Informationspflichten	831
		b) Das Widerrufs- und Rückgaberecht und sein Ausschluss	838

Schrifttum: *Brönneke*, Abwicklungsprobleme beim Widerruf von Fernabsatzgeschäften, MMR 2004, 127 ff.; *Busse*, Softwarevertrieb in Netzen, CR 1996, 389 ff.; *Ellbogen/Saerbeck*, Kunde wider Willen – Vertragsfallen im Internet, CR 2009, 131 ff.; *Ernst*, Beweisprobleme bei E-Mail und anderen Online-Willenserklärungen, MDR 2003, 1091 ff.; *Hoenike/Hülsdunk*, Die Gestaltung von Fernabsatzangeboten im elektronischen Geschäftsverkehr nach neuem Recht, MMR 2002, 415 ff.; *dies.*, Rechtliche Vorgaben für Fernabsatzangebote im elektronischen Geschäftsverkehr bei und nach Vertragsabschluß, MMR 2002, 516 ff.; *Horn*, Verbraucherschutz bei Internetgeschäften, MMR 2002, 209 ff.; *Mankowski*, Apps und fernabsatzrechtliches Widerrufsrecht, CR 2013, 508 ff.; *ders.*, Zum Nachweis des Zugangs bei elektronischen Erklärungen, NJW 2004, 1901 ff.; *Müller-Broich*, Autodistributive Computersoftware, 1998; *Peintinger*, Widerrufsrechte beim Erwerb digitaler Inhalte, MMR 2016, 3 ff.; *Roßnagel/Pfitzmann*, Der Beweiswert von E-Mail, NJW 2003, 1209 ff.; *Schirmbacher/Creutz*, Neues Verbraucherrecht: Änderungen beim Widerrufsrecht und erweiterte Informationspflichten für digitale Inhalte, ITRB 2014, 44 ff.; *Sobola*, Preisangaben bei Geschäften im Internet, ITRB 2009, 165 ff.; *Spindler*, Vertragsrecht der Internet-Provider, 2000; *Taeger/Kremer*, Recht im E-Commerce und Internet, 2017; *Towle*, Online Contract Formation by Conduct, CR Int. 2001, 97 ff.; *Ulmer*, Online-Vertragsschluss – ein Verfahren wird populär, CR 2002, 208 ff.; *Wildemann*, Vertragsabschluß im Netz nach US-amerikanischem Recht, CR Int. 2000, 109 ff.; *Willems*, Beweis und Beweislastverteilung bei Zugang einer E-Mail, MMR 2013, 551 ff.

1. Die verschiedenen Wege der Softwareüberlassung mittels Telekommunikation

801   Die zahlreichen Einsatzmöglichkeiten der modernen Telekommunikation umfassen nicht nur den Informationsaustausch im herkömmlichen, eher sprachbezogenen Sinn, sondern erlauben neben der mittels Telekommunikation abgegebenen Bestellung eines Produkts bei Computersoftware auch deren „Auslieferung" an den Kunden. Sprachlich wird vielfach zwischen den klassischen „**Box-Versionen**"[121] und den „**ESD-Versionen**" (Electronic Software Distribution) unterschieden. Bei den Boxen erhält man die Trägermedien (CDs etc.), einen gegebenenfalls notwendigen Lizenzschlüssel und eventuell Handbücher in einer kleinen Verpackung (Box). Bei ESD-Versionen muss man sich die Software und das Handbuch aus dem Internet laden. Lizenzschlüssel werden meistens per E-Mail übermittelt. ESD-Versionen sind viel-

---
[121] Vgl. *BGH*, 19.3.2015, I ZR 4/14, NJW 2015, 3576, 3577.

fach günstiger und die Software kann auch aktueller sein. Eine CD veraltet, die Download-Quellen werden hingegen ständig aktualisiert. Bei den aktuellen Internet-Bandbreiten und den weit verbreiteten Flatrates sind die Download-Zeit und die anfallenden Kosten meist vernachlässigbar.

a) Vertragsschluss ohne Einsatz von Telekommunikationsmitteln

Unter rechtlichen Gesichtspunkten bedarf die gezielte Übertragung von Computerprogrammen in den Computer des Anwenders **außerhalb des elektronischen Geschäftsverkehrs** keiner eingehenden Erörterung. Eine derartige **datenträgerlose Übergabe** ist trotz der technischen Problemlosigkeit im nichtelektronischen Geschäftsverkehr unüblich und deshalb nur dann zulässig, wenn Softwarelieferant und Anwender dies **ausdrücklich vereinbart** haben. Sollte eine entsprechende Vereinbarung vorliegen, ist in der Regel davon auszugehen, dass die Leistungspflicht des Lieferanten erst erlischt, wenn die Telekommunikation erfolgreich abgeschlossen ist. Angesichts der Leichtigkeit einer Wiederholung der Telekommunikation wäre es nicht angemessen, dem Kunden das Risiko einer **Übertragungsstörung** aufzuerlegen. § 447 BGB greift daher in diesen Fällen bei der Softwareüberlassung auf Dauer nicht ein.

802

b) Vertragsschluss unter Einsatz von Telekommunikationsmitteln

Sofern der Softwareüberlassungsvertrag unter Einsatz von Mitteln der Telemedien, also im sog. elektronischen Geschäftsverkehr geschlossen wird, müssen zwei Varianten unterschieden werden. Zunächst ist es möglich, dass allein der Vertrag elektronisch zustande kommt und die Software sodann **auf Datenträger** geliefert werden soll. In der vertragsrechtlichen Praxis wird diese Variante der Softwareüberlassung in Anspielung auf die Tatsache, dass die Software hier in der Regel in einer Schachtel verpackt ist, gelegentlich als Softwareüberlassung „im Boxen-Versand" oder als Erwerb einer „Box-Version"[122] bezeichnet. Dieser Fall wirft keinerlei softwarespezifische Probleme auf, da die Software wie jede andere auf diese Weise vertriebene Ware behandelt wird. Es liegt somit ein Vertrag über die Lieferung von Waren im Sinne der §§ 312c Abs. 1, 312i und 312j BGB vor. Wird die Software demgegenüber im Anschluss an einen elektronisch geschlossenen Vertrag auch **mittels Telekommunikation überlassen,** basiert dies grundsätzlich auf einer zumindest konkludent getroffenen Vereinbarung der Parteien über diese Form der datenträgerlosen Übergabe. Spezielle gesetzliche Regelungen zur Leistungserbringung im Wege der Telekommunikation existieren nur hinsichtlich des Widerrufsrechts gem. § 312g Abs. 2 Nr. 6 BGB. Auch hier erlischt die Leistungspflicht des Lieferanten aber erst, wenn der Übertragungsvorgang erfolgreich abgeschlossen ist. Dies rechtfertigt sich abermals durch die Leichtigkeit der Wiederholung des Übertragungsvorgangs, die es nicht angemessen erscheinen ließe, dem Kunden das Risiko einer Übertragungsstörung aufzuerlegen. § 447 BGB greift demzufolge auch hier nicht ein. Nicht ausreichend für die Bejahung ordnungsgemäßer Vertragserfüllung ist es auch, wenn dem Kunden zunächst lediglich ein Codewort überlassen wird, das ihm den Zugriff auf eine Programmdatenbank des Lieferanten ermöglicht oder wenn er zunächst nur einen Downloadlink übersendet bekommt. Dem steht erneut der Gedanke unangemessener Risikotragung seitens des Kunden entgegen[123]. Im Übrigen bestehen auch

803

---

[122] Vgl. *BGH,* 19.3.2015, I ZR 4/14, NJW 2015, 3576, 3577.
[123] A.A. *Gaul* MDR 2000, 549, 554 unter fehlerhafter Berufung auf *Junker* NJW 1999, 1294, 1298.

hier keine umfassenden softwarespezifischen Rechtsprobleme. Auch hier liegt ein Vertrag im Sinne der §§ 312c Abs. 1, 312i und j BGB vor.

804 Spezifische Probleme der Softwareüberlassung im Rahmen der Telekommunikation bestehen im Hinblick auf die vertragstypologische Einordnung des Softwaredownloads (unten unter 2.) sowie die urheberrechtlichen Fragen des Softwaredownloads (unten unter 3.). Eher allgemeiner Natur sind Probleme im Hinblick auf den **Vertragsabschluss**, die **Einbeziehung** von **Allgemeinen Geschäftsbedingungen**, die Einhaltung von **Formvorschriften**, das **Widerrufs- und Rückgaberecht** sowie schlussendlich die Frage nach dem anwendbaren Recht im Falle **grenzüberschreitender Softwareüberlassung**. Letzteres Problem wird indes in einem gesonderten Abschnitt behandelt, auf den an dieser Stelle verwiesen werden kann[124]. Bei den verbleibenden Fragen soll, soweit keine softwarespezifischen Probleme vorliegen, ein kurzer Problemaufriss genügen, während für Detailfragen auf das allgemeine Schrifttum zum elektronischen Geschäftsverkehr verwiesen werden muss.

2. Die vertragstypologische Einordnung des Softwaredownloads

805 Es wurde bereits dargelegt, dass bei einem Vertragsabschluss des Softwareüberlassungsvertrags unter Einsatz von Fernkommunikationsmitteln dann **keine softwarespezifischen Probleme** auftreten, wenn die Software anschließend **auf Datenträger geliefert** werden soll (Softwareüberlassung im Boxen-Versand). Für diese Variante der Softwareüberlassung kann problemlos auf die allgemeinen Ausführungen zur Softwareüberlassung auf Dauer verwiesen werden. Die einzige Besonderheit besteht in diesen Fällen darin, dass vor dem Bestellvorgang vereinzelt der Abschluss eines meist unentgeltlichen Vertrags über die Ermöglichung des Zugangs zum Downloadbereich verlangt wird. Dies wird als „Registrierung" bezeichnet, nach der der Kunde einen für die spätere Softwarebestellung erforderlichen Benutzernamen, ein Passwort sowie ein Benutzerkonto erhält. Diese Besonderheit hat aber keinen Einfluss auf den später abzuschließenden Softwareüberlassungsvertrag. Die Registrierung dient hier allein der vorweggenommenen Identifizierung des Vertragspartners sowie der Bestimmung und gegebenenfalls Überprüfung der Zahlungsmodalitäten. Sie ist nicht zu verwechseln mit der Registrierung beim Softwarehersteller im Rahmen der sog. Schutzhüllenverträge sowie den Registrierungspflichten[125].

806 Sofern jedoch die Software nicht nur mittels Telekommunikation bestellt, sondern auch auf diesem Weg überlassen wird, liegt der eigentliche Fall des **Softwaredownloads** vor. Dieser kann zwar auf eine Softwareüberlassung auf Dauer gerichtet sein, jedoch ist es auch möglich, dass die betreffende Software nur zeitlich befristet überlassen wird. In der vertragsrechtlichen Praxis wird diese Variante der Softwareüberlassung gelegentlich als „Software-Abonnement" bezeichnet. Auch hier ist manchmal zunächst eine „Registrierung" erforderlich.

807 Falls die Software auf einem **kommerziell** betriebenen, entgeltpflichtigen Server angeboten wird, liegt vielfach ein zwischen Server-Betreiber und Anwender geschlossener Vertrag vor. Unabhängig von der exakten terminologischen Eingrenzung dieses Vertragstyps können die entsprechenden Verträge im Wesentlichen als **Dienstvertrag** im Sinne des § 611 BGB klassifiziert werden. Dem kommerziellen Server-Betreiber obliegt bei einem Systemvertrag eine **Prüfungspflicht,** etwa auf eine mögliche Virenverseuchung der von ihm angebotenen Software oder eine sonstige Schadensgeneigtheit der angebotenen Dienste. Die Haftung bei einer Verletzung die-

---

[124] Vgl. unten Rdn. 1012 ff.
[125] Vgl. hierzu unten Rdn. 1731 ff.

ser Prüfungspflicht richtet sich nach § 280 Abs. 1 BGB, sodass eine Geschäftsbedingung des Server-Betreibers, mit der jegliche Haftung ausgeschlossen werden soll, an § 309 Nr. 7b) BGB gemessen werden muss und unzulässig ist. Klauseln in entsprechenden Verträgen wie „Der Betreiber haftet nicht für Schäden aller Art, die sich aus der Verwendung des Servers ergeben können" sind folglich unwirksam, weil auch der Download eines Computerprogramms zur bestimmungsgemäßen Nutzung eines Servers zählt, sofern der Betreiber entsprechende Programme bereitstellt[126].

Schwieriger gestaltet sich die Rechtslage in den Fällen, in denen der Server-Betreiber jedem Nutzer **unentgeltlich den Zugang** zu seinem System eröffnet, wie dies bei einigen **nichtkommerziell** betriebenen Systemen der Fall ist. Hier, aber auch in den Fällen kommerzieller Anbieter, in denen zwar eine Anmeldung zwecks Ermöglichung einer eindeutigen Personenidentifikation erforderlich ist, die Bereitstellung des Systems sodann aber ebenfalls unentgeltlich gewährt wird, ist es fraglich, ob grundsätzlich ein hinreichender **Rechtsbindungswille**[127] des Server-Betreibers zur Begründung eines rechtsgeschäftlichen Schuldverhältnisses vorliegt[128]. Wenngleich die Abgrenzung der ohne Rechtsbindungswillen zustande kommenden reinen Gefälligkeitsverhältnisse von den Gefälligkeitsschuldverhältnissen höchst streitig ist[129] und hier nicht im Detail wiedergegeben werden kann, kann doch ohne weiteres Eingehen auf diesen Streit davon ausgegangen werden, dass eine Abwägung sämtlicher Umstände sowie der beidseitigen Interessenlage erforderlich ist. Entscheidend ist daher nicht der innere Wille eines Beteiligten, der hier im Hinblick auf den Server-Betreiber häufig keinen Rechtsbindungswillen umfassen wird. Vielmehr kommt es ausschlaggebend darauf an, wie sich das Verhalten beider Beteiligter bei Würdigung aller Umstände einem objektiven Beobachter darstellt[130]. Dies führt angesichts der betroffenen nicht unerheblichen wirtschaftlichen Belange in Form meist teurer Hard- und Software sowie des beiderseitigen Interesses, keine Programme zu erhalten, die Schaden anrichten, zur Bejahung eines Rechtsbindungswillens. Dementsprechend wird zwischen Systembetreiber und -benutzer ein rechtsgeschäftliches Schuldverhältnis begründet, ohne dass es diesbezüglich auf eine Einordnung als kommerziell oder nichtkommerziell betriebenes System ankommt. 808

Ein Unterschied muss jedoch im Hinblick auf die vertragstypologische Klassifizierung eines Systemvertrags gemacht werden. Soweit die Bereitstellung des Systems und die sonstigen Dienstleistungen des Betreibers **unentgeltlich** erfolgen, scheidet eine Einordnung als Dienstvertrag gem. § 611 BGB aus, denn zu den unabdingbaren Merkmalen dieses Vertragstyps zählt die Entgeltlichkeit der Tätigkeit[131]. Die Verpflichtung zu einer fremdnützigen Tätigkeit ohne Entgelt ist nach der gesetzlichen 809

---

[126] Typisch etwa die Nutzungshinweise zu den Inhalten von www.chip.de (Stand: August 2017): „5.2 Haftung für fremde und verlinkte Inhalte. CHIP Digital unterzieht Programme, die auf den Websites zum Download angeboten werden, einer Virenprüfung. Die Nutzung der Website, insbesondere der Download von Programmen erfolgt gleichwohl auf eigene Gefahr. Eine Haftung für Schäden, Beeinträchtigungen, Datenverlust oder sonstige Schäden durch Computerviren oder sonstige Beeinträchtigungen übernimmt CHIP Digital daher nicht."
[127] Vgl. zum Erfordernis des Rechtsbindungswillens *Palandt/Grüneberg* Einl. vor § 241 Rdn. 7 ff.
[128] Vgl. etwa die Nutzungsbedingungen der CHIP Digital GmbH (Stand: August 2017): „2.1. Durch die bloße unentgeltliche Bereitstellung von Inhalten zum Abruf sowie durch einen entsprechenden Abruf seitens der Nutzer wird kein Vertragsverhältnis zwischen CHIP Digital und dem jeweiligen Nutzer begründet."
[129] Vgl. hierzu *Palandt/Grüneberg* Einl. vor § 241 Rdn. 7.
[130] Vgl. *BGH*, 21.10.2015, I ZR 173/14, GRUR 2016, 201, 202 Tz. 26; *Palandt/Grüneberg* Einl. vor § 241 Rdn. 7.
[131] Vgl. *Palandt/Weidenkaff* § 611 Rdn. 49.

Typisierung als **Auftrag im Sinne des § 662 BGB** zu werten, sodass auch die unentgeltliche Bereitstellung des Systems ein Auftragsverhältnis zwischen Betreiber und Anwender begründet. Dies gilt auch in den Fällen, in denen sich der Benutzer unter Angabe eines Fantasienamens in das System einloggt, wie dies weit verbreitet ist, denn der Name und die Identität des Benutzers spielen für den Betreiber im Hinblick auf den Abschluss und die Durchführung des Rechtsgeschäfts keine Rolle, wenn er derartiges Einloggen in sein System zulässt und auf eine nachprüfbare Identifizierung verzichtet.

810 Auch im Rahmen dieses Auftragsverhältnisses zwischen Server-Betreiber und Anwender treffen den Betreiber bestimmte **Nebenpflichten,** bei deren Verletzung er unter Umständen Schadensersatzansprüche des Benutzers begründet. Im Hinblick auf die hier besonders interessierende **Prüfungspflicht** eines Server-Betreibers muss jedoch berücksichtigt werden, dass der nichtkommerzielle Betreiber häufig nicht die gleiche Sachkenntnis und insbesondere auch nicht die gleichen technischen Möglichkeiten besitzen wird, sämtliche Programme auf ihre Funktionsfähigkeit, Vollständigkeit und in erster Linie auch Virenfreiheit hin zu prüfen, wie dies etwa von einem kommerziellen Betreiber erwartet werden kann. Für die kommerziellen Anbieter, die den Zugang zum System zwar unentgeltlich anbieten, sich hiervon aber spätere entgeltpflichtige Folgeverträge versprechen, gilt dieser Gedanke nicht. Sie sind daher wie Betreiber entgeltpflichtiger Systeme zu behandeln.

811 Unangemessen wäre es aber, bei den häufig aus Idealismus handelnden nichtkommerziellen Server-Betreibern den gleichen Maßstab anzulegen, der für kommerzielle Betreiber anzuwenden ist. Dies würde die nichtkommerziellen Anbieter einem für sie kaum kalkulierbaren Risiko aussetzen, ohne dass sie Aussicht auf eine finanzielle Entschädigung für diese Risikoübernahme erhielten. Aus diesem Grund ist es erforderlich, die oben eingeführte gedrängte Prüfungspflicht auf ein **absolutes Mindestmaß** zu begrenzen, das etwa nur die grundsätzliche Lauffähigkeit des jeweiligen Programms umfasst. Ein völliger Verzicht auf jegliche Prüfungsverpflichtung erscheint jedoch nicht gerechtfertigt, denn sonst liefe jeder Benutzer Gefahr, Software zu übernehmen, die sofort größten Schaden anrichtet, ohne vertragliche Ansprüche gegenüber der Person geltend machen zu können, von der er die Software erhalten hat, und die bei auch nur oberflächlichster Prüfung die mit dieser Software verbundene Gefahr hätte erkennen können. Begründet werden kann dieses Ergebnis mit einem Verweis auf § 276 Abs. 1 S. 1 BGB, demzufolge im Rahmen des Vertretenmüssens auch auf den Inhalt des Schuldverhältnisses abgestellt werden muss.

812 Soweit der nichtkommerzielle Betreiber Computersoftware zum Download bereithält, die nur auf einem System betrieben werden kann, der ihm selbst nicht zur Verfügung steht, und die er deshalb nicht testen kann, erscheint indes auch eine noch so gedrängte Prüfungspflicht nicht zumutbar. Um jedoch den Benutzer nicht ohne Vorwarnung der oben genannten Gefahr auszusetzen, muss dem Server-Betreiber in diesen Fällen eine **Warnpflicht** auferlegt werden, den Benutzern vor jedem Download der betreffenden Programme einen **Hinweis auf das Fehlen jeglicher Prüfung** zu übermitteln. Unterlässt der Betreiber diesen Warnhinweis, setzt er sich Schadensersatzansprüchen der geschädigten Anwender wegen einer Pflichtverletzung aus, sofern die Computersoftware Schäden hervorruft.

813 Hinsichtlich des **eigentlichen Downloads** wurde oben[132] ausführlich dargestellt, dass die „unkörperliche" Übergabe eines Computerprogramms durch den Softwarelieferanten **keinen Einfluss auf die vertragstypologische Zuordnung** hat. Nach der

---

[132] Vgl. oben Rdn. 720 ff.

hier vertretenen Auffassung folgt dies daraus, dass Software als Sache im Sinne des § 90 BGB zu qualifizieren ist, nach zahlreichen anderen Stellungnahmen daraus, dass sie einen sonstigen Gegenstand im Sinne des § 453 Abs. 1 BGB darstellt. Entscheidend für die Zuordnung zu einem Vertragstyp ist dementsprechend wie bei den allgemeinen Ausführungen zur Rechtsnatur der Softwareüberlassungsverträge dargelegt, ob **Standard-** oder **Individualsoftware auf Dauer** oder **auf Zeit** überlassen wird. Im Regelfall des auf dauerhafte Überlassung eines Standardprogramms gerichteten Softwaredownloads liegt folglich ein **Kaufvertrag** vor. Zutreffend wird daher in der vertraglichen Praxis auch vom „Verkauf von Software als Download" gesprochen[133]. Bei der zeitlich befristeten Überlassung von Standardsoftware ist im Einklang mit der Rechtsprechung des *BGH* zur Gewährung der Online-Nutzung von Software bei ASP[134] von einem **Mietvertrag** auszugehen[135].

Erfüllt ist der kaufrechtlich zu qualifizierende Softwaredownload, sobald sich die Software nach dem Herunterladen der vollständigen Programmdateien einschließlich der Installations- und Benutzungshinweise auf dem Computer des Anwenders befindet. Gleichfalls ist die Software auch erst abgeliefert im Sinne des § 438 Abs. 2 2. Alt. BGB, wenn sie vollständig auf dem Computer des Anwenders übertragen ist. Die bloße Bereitstellung zum Abruf oder das Mitteilen eines entsprechenden Downloadlinks nebst Lizenzschlüssel genügt nicht[136]. Bei der mietvertraglich zu qualifizierenden Online-Nutzung von Computersoftware genügt es, wenn dem Anwender der Zugang zur Mietsache verschafft wird, der auch online erfolgen kann[137]. 814

3. Die urheberrechtlichen Fragen des Softwaredownloads

Im Hinblick auf die urheberrechtlichen Fragen des Softwaredownloads ist im Wesentlichen auf die in § 69c Nr. 3 S. 2 UrhG festgeschriebene sog. Erschöpfung des Verbreitungsrechts einzugehen. Der Erschöpfungsgrundsatz einschließlich des Streits über die Erschöpfung bei der Online-Übertragung wurde oben[138] ausführlich dargestellt, sodass hier weitgehend nach oben verwiesen werden kann. Bei einem **mietvertraglich** zu qualifizierenden Softwaredownload greift der **Erschöpfungsgrundsatz** mangels Veräußerung **nicht** ein. Dementsprechend kann der Softwarelieferant die Weitergabe des Programms auch in Allgemeinen Geschäftsbedingungen weitestgehend ausschließen[139]. Bei einem **kaufvertraglich** zu qualifizierenden Softwaredownload greift nach der hier vertretenen Auffassung im Einklang mit der Rechtsprechung des *EuGH* der **Erschöpfungsgrundsatz** in **analoger** Anwendung des § 69c Nr. 3 S. 2 UrhG ein[140]. Der Anwender darf daher ein von ihm angefertigtes Programmexemplar weiterveräußern, muss dann aber sämtliche in seinem System oder auf externen Datenträgern vorhandenen Vervielfältigungsstücke löschen und darf das Programm nicht mehr benutzen. In der vertraglichen Praxis wird diesem Ergebnis verschiedentlich Rechnung getragen und dem Kunden die Weitergabe der Software einschließlich aller zur Softwarenutzung erforderlichen sog. Lizenzschlüssel 815

---

[133] Vgl. etwa die Erläuterung „Was ist Softwareload": „Softwareload ist ein Software-Download-Shop, bei dem Sie erworbene Software direkt herunterladen und sofort nutzen können". Vgl. www.softwareload.de Menüpunkt „Hilfe/Faq" (Stand: August 2017).
[134] Ausführlich zu ASP unten Rdn. 1087 ff.
[135] Vgl. *BGH*, 15.11.2006, XII ZR 120/04, NJW 2007, 2394 Tz. 13 ff.
[136] Vgl. hierzu unten Rdn. 1331.
[137] Vgl. *BGH*, 15.11.2006, XII ZR 120/04, NJW 2007, 2394, 2395 Tz. 19.
[138] Vgl. hierzu oben Rdn. 196 ff.
[139] Vgl. hierzu unten Rdn. 1616 f.
[140] Vgl. hierzu oben Rdn. 204.

ausdrücklich erlaubt. Seine Interessen kann der Softwarelieferant gegebenenfalls durch die Vereinbarung von an anderer Stelle ausführlich erörterten Informationspflichten[141] wahren.

4. Der Vertragsschluss im elektronischen Geschäftsverkehr

816 Hinsichtlich des Vertragsabschlusses besteht bei einer Softwareüberlassung mittels Telekommunikation kein grundsätzlicher Unterschied zur Bestellung sonstiger Waren. Auch enthalten die §§ 312 ff. BGB diesbezüglich keine speziellen Regelungen, sodass sich der Vertragsabschluss nach den allgemeinen Vorschriften des BGB vollzieht[142]. Die Präsentation der Waren durch den Hersteller oder Händler durch entsprechende Ausgaben auf dem Bildschirm des Kunden ist mit der wohl herrschenden Meinung[143] in der Regel nicht als Angebot ad incertas personas nach § 145 BGB zu werten, sondern lediglich als **invitatio ad offerendum**. Dies gilt auch für Internetseiten, die einen Softwaredownload ermöglichen[144]. Eine andere Beurteilung kann sich aber im Einzelfall aus der besonderen Gestaltung der Internetseite oder aus sonstigen Umständen ergeben[145]. Ob ein entsprechender Rechtsbindungswille vorliegt, ist durch Auslegung gem. §§ 133, 157 BGB zu ermitteln[146]. Ein von einzelnen Stimmen im Schrifttum für den Regelfall behaupteter abweichender objektiver Erklärungswert dahingehend, dass der Anschein erweckt werde, der Kunde habe direkten Zugriff auf das Warenlager des Anbieters, kann zumindest für die Fälle des Versands der Software auf einem Datenträger nicht festgestellt werden, weil nicht ersichtlich ist, worin der charakteristische Unterschied zwischen einem Katalog oder einem Schaufenster auf der einen und der Bildschirmpräsentation auf der anderen Seite liegen soll. Das somit auf elektronischem Wege übermittelte **Vertragsangebot des Kunden** an den Lieferanten, das unstreitig per E-Mail oder Mausklick abgegeben werden kann[147], und regelmäßig eine Willenserklärung unter Abwesenden darstellt, nimmt der Lieferant durch die ersten eindeutigen faktischen oder rechtlichen Dispositionen zur Erfüllung des Geschäfts an, etwa indem nach der gegebenenfalls automatisierten Überprüfung des Lagerbestands dem Kunden eine Bestätigung der Auftragsausführung und nicht nur des Eingangs der Bestellung geschickt wird[148]. Eine bloße Bestätigung, die eingegangene Bestellung werde bearbeitet, reicht indes ebenso wenig aus[149] wie eine Bestätigung des Angebotseingangs[150].

---

[141] Vgl. hierzu unten Rdn. 1768 ff.
[142] Vgl. *BGH*, 16.10.2012, X ZR 37/12, NJW 2013, 598, 599 Tz. 13.
[143] Vgl. *BGH*, 16.10.2012, X ZR 37/12, NJW 2013, 598, 599 Tz. 14; *BGH*, 3.5.2012, III ZR 62/11, NJW 2012, 2268, 2269 Tz. 11; *OLG Nürnberg*, 10.6.2009, 14 U 622/09, K&R 2010, 58, 59; *OLG Köln*, 24.8.2007, 6 U 60/07, MMR 2007, 713, 714; *OLG Stuttgart*, 12.7.2006, 12 U 91/06, MMR 2006, 819; *Palandt/Grüneberg* § 312c Rdn. 7; MünchKomm/*Busche* § 145 Rdn. 13.
[144] Vgl. MünchKomm/*Busche* § 145 Rdn. 13.
[145] Vgl. *BGH*, 16.10.2012, X ZR 37/12, NJW 2013, 598, 599 Tz. 14; *BGH*, 3.5.2012, III ZR 62/11, NJW 2012, 2268, 2269 Tz. 11; *OLG Düsseldorf*, 15.11.2012, I-3 W 228/12, NJW-RR 2013, 761; *Palandt/Grüneberg* § 312c Rdn. 7.
[146] Vgl. *BGH*, 16.10.2012, X ZR 37/12, NJW 2013, 598, 599 Tz. 17 f.
[147] Vgl. *BGH*, 7.11.2001, VIII ZR 13/01, NJW 2002, 363, 365; *Bdeiwi* K&R 2011, 22, 23; *Palandt/Ellenberger* Einf. v. § 116 Rdn. 1; zum Beweiswert einer E-Mail *Willems* MMR 2013, 551 ff.
[148] Vgl. *BGH*, 16.10.2012, X ZR 37/12, NJW 2013, 598, 599 Tz. 19; *BGH*, 26.1.2005, VIII ZR 79/04, NJW 2005, 976; *LG Gießen*, 4.6.2003, 1 S 413/02, NJW-RR 2003, 1206; *AG Hamburg-Barmbek* NJW-RR 2004, 412.
[149] Vgl. *OLG Nürnberg*, 10.6.2009, 14 U 622/09, K&R 2010, 58, 60.
[150] Vgl. *LG Hamburg*, 15.11.2004, 328 S 24/04, MMR 2005, 121; *LG Gießen*, 4.6.2003, 1 S 413/02, NJW-RR 2003, 1206; *LG Essen*, 13.2.2003, 16 O 416/02, NJW-RR 2003, 1207; *AG Wolfenbüttel*, 14.3.2003, 17 C 477/02, MMR 2003, 492.

Anders kann dann zu entscheiden sein, wenn dem Kunden nicht nur mitgeteilt wird, der Auftrag werde bestätigt, sondern alsbald „ausgeführt", denn die Ausführung im Sinne von Erledigung bzw. Erfüllung setzt die Annahme voraus[151]. Für die Beantwortung der Frage, ob eine Vertragsannahme des Verkäufers vorliegt, ist wie bei allen Willenserklärungen auf die Sicht eines verständigen Erklärungsempfängers (§§ 133, 157 BGB) abzustellen[152].

Zweifel[153] an der Sinnfälligkeit dieser Qualifizierung könnten indes für die Fälle entstehen, in denen die Software sofort durch einen vom Computer eingeleiteten Übertragungsakt mittels Telekommunikation übergeben wird. Da es sich hier um einen Kopiervorgang handelt und der Lieferant dementsprechend kein Exemplar aus seinem Lagerbestand verliert, der zunächst überprüft werden müsste, könnte eine **Parallele** zu einem Verkauf aus einem **Warenautomaten** vorliegen. Dort ist ganz h.M., dass das Aufstellen des Automaten, solange Waren enthalten sind, ein Angebot an jedermann (ad incertas personas) darstellt, das der Kunde gem. § 151 S. 1 BGB durch das Einwerfen der richtigen Münzen annimmt[154]. Für das sog. Herunterladen von Computerprogrammen von einem Server wird von einzelnen Stimmen im Schrifttum ausdrücklich eine Gleichbehandlung gefordert[155]. Zu bedenken ist jedoch die Erwägung, dass der Anbieter die Programmlieferung nur schulden möchte, wenn er das Programm überhaupt noch übertragen kann. Dies könnte etwa an einem technischen Defekt oder einem Überschreiten des Vertriebsrechts scheitern. Es erscheint daher interessengerecht, davon auszugehen, dass das Vertragsangebot vom Kunden ausgeht und die Annahme dieses Angebots durch die **Übertragung des Programms** oder die **Bereitstellung des Programms** auf dem Server zum Download[156] erfolgt, sodass kein Vertrag zustande kommt, wenn der Übertragungsvorgang oder die Bereitstellung der Leistung unterbleibt. Anders kann aber etwa dann zu entscheiden sein, wenn der Softwarelieferant sich in seinen Allgemeinen Geschäftsbedingungen hinsichtlich des Vertragsschlusses ausdrücklich auf die Bestellung und den Start des Downloadvorgangs durch den Kunden bezieht. Dann nimmt der Kunde das vom Lieferanten gemachte Angebot durch die Vornahme der entsprechenden Handlungen an.

Die **Beweislast** für das Vorliegen eines Antrags obliegt demjenigen, der sich auf den Antrag beruft[157], wobei nach Auffassung des *OLG Hamburg* weder ein Einzelgesprächsnachweis der Telekom noch ein Sendeprotokoll den Nachweis über den Inhalt einer elektronisch übermittelten Nachricht erbringt[158]. Wird im Rahmen einer Softwarebestellung mittels Telekommunikation ein Passwort oder ein sonstiges Identifizierungsmittel von einem unberechtigten Dritten benutzt, liegt ein Handeln

---

[151] Vgl. *LG Köln*, 16.4.2003, 9 S 289/02, MMR 2003, 481; *LG Hamburg*, 9.7.2004, 317 S 130/03, CR 2005, 227; *AG Hamburg-Barmbek* NJW-RR 2004, 412.
[152] Vgl. *BGH*, 16.10.2012, X ZR 37/12, NJW 2013, 598, 599 Tz 18 f.; *BGH*, 26.1.2005, VIII ZR 79/04, NJW 2005, 976.
[153] Offengelassen von *Tettenborn*, K&R 1999, 252, 257.
[154] Vgl. *Palandt/Ellenberger* § 145 Rdn. 7; *MünchKomm/Busche* § 145 Rdn. 12.
[155] Vgl. *Sester* CR 2000, 797, 804; allgemein gegen eine Parallele zum Warenautomaten *Ellbogen/Saerbeck* CR 2009, 131, 132.
[156] Für den Abruf von Datenbanken *Ellbogen/Saerbeck* CR 2009, 131, 133.
[157] Vgl. *LG Konstanz*, 19.4.2002, 2 O 141/01, MMR 2002, 835, 836; *Palandt/Ellenberger* § 145 Rdn. 4; *Roßnagel/Pfitzmann* NJW 2003, 1209, 1210.
[158] Vgl. *OLG Hamburg*, 13.6.2002, 3 U 168/00, MMR 2002, 677; das *AG Bonn* NJW-RR 2002, 1363 spricht E-Mail-Ausdrucken jeglichen Beweiswert ab; zum Beweiswert einer E-Mail *Roßnagel/Pfitzmann* NJW 2003, 1209 ff.; *Ernst* MDR 2003, 1091 ff. Grundsätzlich zum Nachweis des Zugangs elektronischer Erklärungen *Mankowski* NJW 2004, 1901 ff.

unter fremdem Namen seitens des Dritten vor[159]. Nach allgemeiner Ansicht gelten daher die §§ 164 ff. BGB, insbesondere die §§ 177, 179 BGB entsprechend, sodass ein Vertrag über die Programmlieferung des Anbieters mit demjenigen, dessen Passwort benutzt wurde, nur bei Genehmigung des Passwortinhabers (§ 177 Abs. 1 BGB) oder nach Rechtsscheinsgrundsätzen zustande kommt[160]. Unter missbräuchlicher Benutzung eines Passworts abgegebene Willenserklärungen sind dem Inhaber daher dann zuzurechnen, wenn er zurechenbare Ursachen für den Rechtsschein gesetzt hat. Dementsprechend trägt der Inhaber die Beweislast dafür, dass der Missbrauch nicht durch sein Zutun veranlasst wurde, wenn ausgeschlossen werden kann, dass unbefugte Dritte außerhalb des Einflussbereichs des Inhabers tätig waren[161], etwa „hackerähnlich" in das Datennetz eingedrungen sein könnten[162]. Insgesamt ist die entsprechende Entwicklung der Rechtsprechung noch im Fluss. Vertreten wird etwa auch, ein Geschäftspartner könne im anonymen Internetverkehr nicht berechtigterweise davon ausgehen, allein aufgrund eines verwendeten Passworts einen Vertragspartner zu erhalten[163].

5. Die Einbeziehung Allgemeiner Geschäftsbedingungen

819   Auch im elektronisch vermittelten Rechtsverkehr kommt den Allgemeinen Geschäftsbedingungen eine erhebliche Bedeutung zu. Die grundsätzlichen Fragen zur Einbeziehung Allgemeiner Geschäftsbedingungen sind durch die technologische Weiterentwicklung nicht in ihrem Wesen verändert, sodass auf diese alten Entscheidungen ohne Vorbehalt zurückgegriffen werden kann. Wie bei herkömmlich geschlossenen Verträgen werden die Allgemeinen Geschäftsbedingungen des Verwenders gem. § 305 Abs. 2 BGB nur dann Vertragsbestandteil, wenn der Kunde bei Vertragsabschluss auf die Geschäftsbedingungen **ausdrücklich hingewiesen** und dem Kunden darüber hinaus die Möglichkeit **zumutbarer Kenntnisnahme** eingeräumt wird. Demgegenüber scheidet hier die Möglichkeit eines Hinweises auf die Allgemeinen Geschäftsbedingungen durch einen Aushang am Ort des Vertragsschlusses nach § 305 Abs. 2 Nr. 1 2. Alt. BGB aus, weil ein einheitlicher Ort des Vertragsschlusses fehlt und die Gegenseite den Hinweis nicht sehen könnte. Im Übrigen ist schon an dieser Stelle darauf hinzuweisen, dass die zusätzlichen Pflichten im elektronischen Geschäftsverkehr gem. §§ 312i und 312j BGB die Obliegenheiten des § 305 Abs. 2 BGB **nicht verdrängen**. Vielmehr richtet sich die Frage, ob die Allgemeinen Geschäftsbedingungen wirksam in den Vertrag einbezogen werden, nach wie vor allein nach § 305 Abs. 2 BGB[164].

---

[159] Vgl. *OLG Hamm*, 16.11.2006, 28 U 84/06, NJW 2007, 611, 612; *OLG Köln*, 13.1.2006, 19 U 120/05, NJW 2006, 1676; *OLG München*, 5.2.2004, 19 U 5114/03, MMR 2004, 625; *OLG Oldenburg*, 11.1.1993, 13 U 133/92, NJW 1993, 1400; *LG Kassel*, 15.4.2008, 9 O 2539/06, BeckRS 2008, 23904; *LG Bonn*, 16.5.2003, 10 O 102/02, CR 2004, 218, 219; *AG Bremen*, 20.10.2005, 16 C 168/05, CR 2006, 136; *Palandt/Ellenberger* § 164 Rdn. 11.

[160] Vgl. *BGH*, 11.5.2011, VIII ZR 289/09, NJW 2011, 2421, 2422 Tz. 12; *OLG Hamm*, 16.11.2006, 28 U 84/06, NJW 2007, 611, 612; *LG Aachen*, 15.12.2006, 5 S 184/06, CR 2007, 605.

[161] Vgl. *OLG Köln*, 21.11.1997, 19 U 128/97, NJW-RR 1998, 1277; *OLG Köln*, 30.4.1993, 19 U 134/92, NJW-RR 1994, 177, 178; *OLG Oldenburg*, 11.1.1993, 13 U 133/92, NJW 1993, 1400; ähnlich *LG Aachen*, 31.10.1996, 8 O 244/96, CR 1997, 153, 154.

[162] Vgl. *AG Bremen*, 20.10.2005, 16 C 168/05, CR 2006, 137.

[163] Vgl. *OLG Köln*, 13.1.2006, 19 U 120/05, NJW 2006, 1676, 1677; *LG Bonn*, 16.5.2003, 10 O 102/02, CR 2004, 218, 220.

[164] Vgl. Begründung des Regierungsentwurfs, BT-Drucks. 14/6040 vom 14.5.2001, S. 172; *Palandt/Grüneberg* § 312i Rdn. 8; *Bdeiwi* K&R 2011, 22, 23.

a) Der ausdrückliche Hinweis gem. § 305 Abs. 2 Nr. 1 BGB

Hinsichtlich des Erfordernisses ausdrücklichen Hinweises auf die Allgemeinen 820
Geschäftsbedingungen ist im Rahmen von Vertragsabschlüssen mittels Telekommunikation vom Verwender zu verlangen, dass dieser auf **derselben Seite** auf seine Geschäftsbedingungen hinweist, die seine Aufforderung an den Kunden zur Abgabe der Bestellung enthält. Der Hinweis sollte daher bei einer gegebenenfalls vorgehaltenen Bestellmaske dort auffällig integriert sein oder etwa dem Bestell-Button unmittelbar vorangestellt werden[165]. Dabei muss der Hinweis **deutlich** sein und dem Kunden unzweifelhaft zu verstehen geben, dass ein Vertragsabschluss nur unter Einbeziehung dieser Geschäftsbedingungen zustande kommen soll. Demgegenüber reicht ein Hinweis auf einer anderen Seite ebenso wenig aus, wie dies für die Rückseite eines Formulars oder Lieferscheins anerkannt ist[166]. Ein Hinweis auf irgendeiner der meist zahlreichen Einzelseiten einer großen Webseite etwa nur im Hauptmenü der Homepage (Eröffnungsbildschirm) genügt deshalb nicht[167]. Unter dem Gesichtspunkt des ausdrücklichen Hinweises nicht zu beanstanden ist jedoch eine auf der zur Abgabe eines Angebots auffordernden Seite enthaltene Einblendung: „Alle Angebote und Geschäfte erfolgen auf Grundlage unserer unter der Adresse *XYZ* abrufbaren Allgemeinen Geschäftsbedingungen."[168] Kundenfreundlicher und im WWW problemlos zu realisieren ist demgegenüber, einen Link auf der Bestellseite anzubringen, der den Kunden zu den Allgemeinen Geschäftsbedingungen führt[169]. Nicht notwendig, aber aus Beweisgründen zu empfehlen ist, dass der Kunde durch Anklicken eines Kästchens vor dem Bestellvorgang seine Kenntnisnahmemöglichkeit bestätigen muss[170]. Nicht ausreichend sind demgegenüber Hinweise im Banner einer Seite oder einem PopUp-Fenster, weil dies vielfach lediglich als Werbeeinblendung wahrgenommen wird[171]. Wurde ein deutlicher Hinweis gegeben, kann sich der Kunde aber nicht darauf berufen, er habe die angebotenen Textseiten nicht abgerufen[172]. Aus der objektivierten Sicht des Verwenders hat der Anwender vielmehr schlüssig sein Einverständnis mit der Geltung der betreffenden Allgemeinen Geschäftsbedingungen erklärt[173].

b) Die Möglichkeit zumutbarer Kenntnisnahme gem. § 305 Abs. 2 Nr. 2 BGB

Sofern der erforderliche Hinweis auf die Allgemeinen Geschäftsbedingungen den 821
oben dargelegten Anforderungen des § 305 Abs. 2 Nr. 1 BGB entspricht, ist für eine Einbeziehung in den Vertrag weiterhin erforderlich, dass dem Kunden die Möglichkeit verschafft wird, in zumutbarer Weise von deren Inhalt Kenntnis zu nehmen. Dies ist in § 305 Abs. 2 Nr. 2 BGB festgeschrieben. Die **Abrufbarkeit über Bildschirm** beim Vertragsabschluss über Telekommunikation, sei es nach Eingabe einer gesonderten Adresse oder dem Folgen eines Hyperlinks, steht der Möglichkeit zu-

---

[165] Vgl. *OLG Hamburg*, 13.6.2002, 3 U 168/00, MMR 2002, 677, 678; *Bdeiwi* K&R 2011, 22, 24.
[166] Vgl. hierzu *BGH*, 18.6.1986, VIII ZR 137/85, NJW-RR 1987, 112, 114; *Wolf/Lindacher/Pfeiffer* § 305 Rdn. 73.
[167] Vgl. *Bdeiwi* K&R 2011, 22, 24.
[168] Im Ergebnis wie hier *Bdeiwi* K&R 2011, 22, 24.
[169] Vgl. *Bdeiwi* K&R 2011, 22, 24.
[170] So im Fall *BGH*, 28.10.2014, X ZR 79/13, NJW 2015, 687, 688 Tz. 21.
[171] Vgl. *Bdeiwi* K&R 2011, 22, 24.
[172] Vgl. *AG Kassel*, 16.2.1990, 81 C 5096/89, NJW-RR 1991, 1146, 1147.
[173] Vgl. *OLG Köln*, 21.11.1997, 19 U 128/97, NJW-RR 1998, 1277.

mutbarer Kenntnisnahme nicht grundsätzlich entgegen[174]. Diesbezüglich muss jedoch berücksichtigt werden, dass sich der Kunde die Allgemeinen Geschäftsbedingungen auch am Bildschirm durchlesen muss, was bei **sehr umfangreichen Texten** schon infolge der damit verbundenen großen Anstrengung für das menschliche Auge grundsätzlich nicht zumutbar ist[175]. Insoweit besteht nach wie vor ein großer Unterschied zwischen gedruckten Texten und solchen, die am Bildschirm ausgegeben werden, wobei selbst bei gedruckten Geschäftsbedingungen anerkannt ist, dass durch eine allzu detaillierte Regelung unübersichtliche und nur schwer durchschaubare Klauselwerke entstehen können, die dem Interesse des anderen Vertragsteils abträglich und deshalb unwirksam sind[176]. Diese Überlegung muss erst recht für Allgemeine Geschäftsbedingungen gelten, die auf einem Bildschirm ausgegeben werden.

822 Darüber hinaus wird der zulässige Textumfang auch dadurch beschränkt, dass die Aufnahmekapazität einer Bildschirmseite insbesondere bei Smartphones und Tablet-PCs stark begrenzt ist und der Kunde sich die nötigen Informationen über **laufenden Bildwechsel** beschaffen muss[177]. Der Kunde kann daher bei mehreren Bildschirmseiten umfassenden Texten immer nur einen Teilausschnitt des Gesamttextes einsehen. Ein synoptischer Vergleich ist in diesen Fällen nicht möglich, was sich auch durch die Möglichkeit des zeilenweise Weiterverschieben des Textes nicht ändert[178]. Werden hierdurch zusammengehörige Informationsteile voneinander getrennt, liegt keine zumutbare Kenntnisnahmemöglichkeit vor[179]. Eine zumutbare Kenntnisnahmemöglichkeit ist ferner dann zu verneinen, wenn die Allgemeinen Geschäftsbedingungen nur in einer kleinen Scroll-Box bereitgestellt werden, die das Lesen immer nur kleiner Textteile erlaubt[180].

823 Auch sofern keine zusammengehörigen Informationsteile getrennt werden, muss darüber hinaus berücksichtigt werden, dass sich Allgemeine Geschäftsbedingungen hinsichtlich ihres Umfangs einer der Bedeutung des Vertrags angemessenen Informationszeit zur Kenntnisnahme anpassen müssen. Erörtert werden muss an dieser Stelle aber auch, ob die Problematik der Darstellung langer Texte auf dem Bildschirm im Zeitalter des Internets nicht dadurch gelöst ist, dass der Nutzer die entsprechenden Seiten **mitspeichern** und in Ruhe **offline** lesen kann[181]. Auch ist es ihm grundsätzlich unbenommen, die Allgemeinen Geschäftsbedingungen **auszudrucken**[182]. Gegen diese Argumentation wurde in einer früheren Auflage[183] angeführt, dass § 305 Abs. 2 Nr. 2 BGB ausdrücklich dem Verwender Allgemeiner Geschäftsbedingungen die Obliegenheit zur Verschaffung der zumutbaren Kenntnisnahme auferlegt und der Kunde sich die Kenntnisnahmemöglichkeit nicht durch eine eigene Aktivität selbst verschaffen muss. Bei schriftlichen Allgemeinen Geschäftsbedingungen lässt es der *BGH* in ständiger Rechtsprechung etwa beim Einbezug der VOB/B in einem

---

[174] Vgl. *BGH*, 14.6.2006, I ZR 75/03, NJW 2006, 2976, 2977 Tz. 16; *Bdeiwi* K&R 2011, 22, 25.
[175] Vgl. *Busse* CR 1996, 389, 390; a. A. offenbar *Löhnig* NJW 1997, 1688, 1689; *Waldenberger* BB 1996, 2365, 2368.
[176] Vgl. *BGH*, 21.6.1990, VII ZR 308/89, NJW 1990, 3197, 3198; *Köhler* NJW 1998, 185, 189.
[177] In dieser Richtung auch *OLG Frankfurt*, 9.5.2007, 6 W 61/07, MMR 2007, 603.
[178] A. A. offenbar *Löhnig* NJW 1997, 1688, 1689; *Waldenberger* BB 1996, 2365, 2368.
[179] Vgl. *LG Freiburg*, 7.4.1992, 9 S 139/90, NJW-RR 1992, 1018; *LG Aachen*, 24.1.1991, 6 S 192/90, NJW 1991, 2159, 2160; *LG Bielefeld*, 20.2.1990, 18 S 295/89, NJW-RR 1991, 1145.
[180] Vgl. *OLG Frankfurt*, 9.5.2007, 6 W 61/07, MMR 2007, 603. Für Pflichtinformationen im elektronischen Geschäftsverkehr auch *LG Frankfurt*, 27.1.2009, 3–11 O 12/09, BeckRS 2009, 19470.
[181] Vgl. etwa *Hoenike/Hülsdunk* MMR 2002, 516.
[182] Vgl. *BGH*, 14.6.2006, I ZR 75/03, NJW 2006, 2976, 2977 Tz. 16; *OLG Hamm*, 14.12.2000, 2 U 58/00, NJW 2001, 1142; *Hoenike/Hülsdunk* MMR 2002, 516.
[183] Vgl. 3. Aufl., Rdn. 237.

Vertrag mit einem nicht in der Baubranche beheimateten Kunden nicht ausreichen, dass die Geschäftsbedingungen dem Kunden nur auf Wunsch ausgehändigt werden, selbst wenn dies kostenlos geschieht[184]. Der *BGH* will ausdrücklich verhindern, dass sich die Gewichte, wenn auch kaum merklich, zugunsten des Verwenders verschieben, wenn sich der Kunde um die Möglichkeit der unmittelbaren Kenntnisnahme kümmern müsse[185]. Dies legt es nahe, die Möglichkeit des Mitspeicherns und Ausdruckens als nicht ausreichend zu qualifizieren.

Spätestens seit Inkrafttreten der Schuldrechtsreform überzeugt der dargelegte Gedankengang aber nicht mehr. Durch § 312i Abs. 1 Nr. 4 BGB ist ein Unternehmer im elektronischen Geschäftsverkehr verpflichtet, seinem Kunden die Möglichkeit zu verschaffen, die Vertragsbestimmungen einschließlich der Allgemeinen Geschäftsbedingungen bei Vertragsschluss abrufen und in wiedergabefähiger Form speichern zu können. Diese Pflicht ist abgesehen vom Tatbestandsmerkmal der Zumutbarkeit schon sprachlich sehr ähnlich der Obliegenheit des § 305 Abs. 2 Nr. 2 BGB[186]. Zwar verdrängt § 312i BGB die Regelung des § 305 Abs. 2 BGB nicht[187], aber es ist den Materialien zur Schuldrechtsreform zu entnehmen, dass der Gesetzgeber es für die Einbeziehung von Allgemeinen Geschäftsbedingungen im Internet für ausreichend hält, wenn der Verbraucher sie „herunterladen (= abrufen) und speichern kann"[188]. Dieses Ergebnis steht durchaus auch im Einklang mit dem früheren Verständnis des § 2 Abs. 1 Nr. 2 AGBG a. F., denn zu dieser Vorschrift forderte der Gesetzgeber, dass der Verwender seine Allgemeinen Geschäftsbedingungen **offenlegt**[189]. Ein solches Offenlegen erfordert indes nicht zwingend die Aushändigung, sondern es genügt, wenn die Aushändigung angeboten wird und der Verwender hierzu bei Vertragsabschluss auch ohne weiteres in der Lage ist[190]. Übertragen auf die hier diskutierte Problematik bedeutet dies, dass ein Anbieten zum **Abruf und** zur **Speicherung** dem Erfordernis der Offenlegung **genügt,** solange dies dem Anwender problemlos möglich ist und die Kenntnisnahme nicht etwa durch ein ungebräuchliches Dateiformat oder vergleichbare Hemmnisse erschwert ist[191]. Ein solches Hemmnis kann bei langen Geschäftsbedingungen auch dann gegeben sein, wenn sie lediglich als HTML-Text abgerufen werden können. Dieses Dateiformat lässt sich zwar ausdrucken, ein technisch nicht versierter Kunde verliert hierbei aber zahlreiche Formatierungen, sodass die Übersichtlichkeit der Geschäftsbedingungen verloren geht. Gegen die Verwendung gängiger Formate der Textverarbeitung bestehen aber keine Bedenken[192]. Vor diesem Hintergrund ist es daher auch nicht überzeugend, bei einer Bekanntgabe der Allgemeinen Geschäftsbedingungen im Internet ganz allgemein eine besonders leichte Verständlichkeit und Übersichtlichkeit bei der Formulierung der Geschäftsbedingungen zu verlangen[193].

824

---

[184] Vgl. *BGH,* 10.6.1999, VII ZR 170/98, NJW-RR 1999, 1246, 1247; *BGH,* 9.11.1989, VII ZR 16/89, NJW 1990, 715, 716.

[185] Vgl. *BGH,* 10.6.1999, VII ZR 170/98, NJW-RR 1999, 1246, 1247.

[186] Auch die Begründung des Regierungsentwurfs, BT-Drucks. 14/6040 vom 14.5.2001, S. 172 spricht davon, dass sich die beiden Vorschriften entsprechen.

[187] Vgl. hierzu bereits oben Rdn. 819.

[188] Vgl. die Begründung des Regierungsentwurfs, BT-Drucks. 14/6040 vom 14.5.2001, S. 172.

[189] Vgl. die Begründung des Regierungsentwurfs, BT-Drucks. 7/3919 vom 6.8.1975, S. 17 f.

[190] Vgl. *Wolf/Lindacher/Pfeiffer* § 305 Rdn. 93.

[191] Vgl. *Spindler* CR 2004, 203, 205, der sogar bei PDF-Files Bedenken hat; ferner *Horn* MMR 2002, 209, 210; *Hoenike/Hülsdunk* MMR 2002, 516.

[192] Zurückhaltender *Bdeiwi* K&R 2011, 22, 25, der verlangt, das Dateiformat müsse dem der Darstellung der AGB im Internet entsprechen.

[193] A. A. *LG Köln,* 29.1.2003, 26 O 33/02, CR 2003, 697, 698.

825 Problematisch für die Einbeziehung von Allgemeinen Geschäftsbedingungen bei Vertragsabschlüssen mittels Telekommunikation könnte aber schließlich noch sein, dass die auf dem Bildschirm ausgegebenen Geschäftsbedingungen zwar bei Vertragsabschluss verfügbar sind, dies aber für die Zukunft nicht sichergestellt ist. So wird im Schrifttum darauf hingewiesen, der Verwender könne die Bedingungen jederzeit **nachträglich ändern,** was der Kunde nicht verhindern könne[194]. In der Tat wird für das Tatbestandsmerkmal der zumutbaren Kenntnisnahmemöglichkeit die Verfügbarkeit der Allgemeinen Geschäftsbedingungen bei und grundsätzlich auch nach Vertragsabschluss zu fordern sein. Es ist aber zu berücksichtigen, dass der unmittelbare Wortlaut des § 305 Abs. 2 Nr. 2 BGB in den Fällen der hier diskutierten Art erfüllt ist, demzufolge die Kenntnisnahmemöglichkeit **bei** Vertragsabschluss bestehen muss. Hinsichtlich des darüber hinaus gehenden Erfordernisses auch **nachträglicher Verfügbarkeit** greift der dieser Regelung zugrundeliegende Gedanke nicht in dieser Schärfe ein, dem Kunden die Abschätzung der Rechtsfolgen und Risiken des betreffenden Vertragsabschlusses[195] zu ermöglichen. Daher kann hinsichtlich der dauerhaften Verfügungsmöglichkeit von einem Kunden, der die Vorteile eines Vertragsabschlusses mittels Telekommunikation nutzen möchte, erwartet werden, dass er sich diese bei entsprechendem Interesse selbstständig ausdruckt[196]. Dass die Interessenabschätzung des Kunden in Kenntnis der entscheidungsrelevanten Tatsachen erfolgt, sichert Art. 246c Nr. 2 EGBGB sowie § 312f Abs. 1 Nr. 2 BGB. Nach diesen Vorschriften muss der Unternehmer den Kunden im elektronischen Geschäftsverkehr auch darüber informieren, ob der Vertragstext nach dem Vertragsschluss vom Unternehmer gespeichert wird und ob er dem Kunden zugänglich ist. Da die Allgemeinen Geschäftsbedingungen zum Vertragstext zählen, wird der Anwender mit dieser Information gleichzeitig darüber informiert, ob ein Bedürfnis für die eigene Archivierung der Allgemeinen Geschäftsbedingungen besteht.

826 Ein **Verzicht** des Kunden auf die Einräumung einer zumutbaren Kenntnisnahmemöglichkeit ist zwar nicht von vornherein ausgeschlossen[197], jedoch sollten an das Vorliegen einer Verzichtserklärung strengste Anforderungen gestellt werden, weil ein Verwender seinen Geschäftsverkehr nicht grundsätzlich so ausgestalten kann, dass er von allen Kunden die Abgabe einer Verzichtserklärung fordert[198]. Ein Verzicht in Allgemeinen Geschäftsbedingungen ist in jedem Fall unwirksam[199].

6. Die Einhaltung von Formvorschriften

827 Ein Formerfordernis kann aus § 492 Abs. 1 BGB folgen, sofern diese Vorschrift anwendbar ist, worauf oben gesondert eingegangen wurde[200]. Auch im Geltungsbereich des § 492 Abs. 1 BGB gilt aber, dass die **gesetzliche Schriftform** des § 126 BGB mittels Telekommunikation nicht eingehalten werden kann[201]. Die Ersetzung der gesetzlichen Schriftform durch die elektronische Form (§ 126a BGB) ist **nicht** ausdrücklich ausgeschlossen. Zu berücksichtigen ist aber, dass der Formmangel bei Teilzahlungsgeschäften gem. § 507 Abs. 2 S. 2 BGB geheilt werden kann, wenn dem Verbraucher die Sache

---

[194] Vgl. *Wolf/Lindacher/Pfeiffer* § 305 Rdn. 85.
[195] Vgl. zu dieser Definition der ratio des § 305 Abs. 2 BGB *BGH*, 9.11.1989, VII ZR 16/89, NJW 1990, 715, 716; ähnlich *Wolf/Lindacher/Pfeiffer* § 305 Rdn. 97.
[196] Vgl. *BGH*, 14.6.2006, I ZR 75/03, NJW 2006, 2976, 2977; *Horn* MMR 2002, 209, 210.
[197] Für die Möglichkeit des Verzichts *Ulmer/Brandner/Hensen* § 305 Rdn. 149a.
[198] Vgl. *Wolf/Lindacher/Pfeiffer* § 305 Rdn. 110.
[199] Vgl. *Wolf/Lindacher/Pfeiffer* § 305 Rdn. 110.
[200] Vgl. oben Rdn. 748.
[201] Vgl. *Palandt/Ellenberger* § 126 Rdn. 8.

übergeben oder die Leistung erbracht wird. Dies ist mit der Übergabe der Software auf Datenträger oder dem Download auf den Rechner des Anwenders der Fall.

7. Die Sonderregelungen über besondere Vertriebsformen gem. §§ 312 ff. BGB

Es wurde bereits zu Beginn dieses Abschnitts über die Softwareüberlassung mittels Telekommunikation darauf hingewiesen, dass die Regelungen über Fernabsatzverträge (§ 312c BGB) sowie die Pflichten im elektronischen Geschäftsverkehr (§ 312i und j BGB) berücksichtigt werden müssen[202]. Unabhängig davon, ob die Software nur elektronisch bestellt und dann auf Datenträger geliefert wird, oder ob auch die Überlassung im Wege der Telekommunikation erfolgt, liegt ein Fernabsatzvertrag im Sinne der §§ 312c Abs. 1, 312i Abs. 1 BGB vor. Während § 312c BGB jedoch nur auf Verträge zwischen einem **Unternehmer** und einem **Verbraucher** Anwendung findet, ist der persönliche Anwendungsbereich des § 312i BGB weiter. Letztgenannte Vorschrift setzt lediglich voraus, dass der Vertrag zwischen einem **Unternehmer** und einem **Kunden** geschlossen wird[203]. Dementsprechend kann der Softwareanwender als Kunde hier auch Unternehmer sein. Ist der Softwareanwender Verbraucher, greifen im elektronischen Geschäftsverkehr über § 312i BGB hinaus noch die weiteren Pflichten des § 312j BGB. In sachlicher Hinsicht ist demgegenüber der Anwendungsbereich des § 312c BGB weiter[204]. Diese Vorschrift erfasst grundsätzlich jede Form des Vertragsabschlusses zwischen physisch abwesenden Personen (z. B. auch mittels Brief, Katalog, Telefax und Telefonanruf), soweit nicht die Rückausnahme des § 312c letzter Halbs. BGB eingreift. Dagegen setzt ein Vertrag im elektronischen Geschäftsverkehr nach der Definition des § 312i Abs. 1 BGB einen Vertragsabschluss mittels Telemedien voraus. § 312c BGB und die §§ 312i und j BGB sind folglich teils nebeneinander anwendbar, teils sind sie allein einschlägig[205]. Für Verträge im elektronischen Geschäftsverkehr ist ebenfalls ausdrücklich angeordnet, dass weitergehende Informationspflichten auf Grund anderer Vorschriften unberührt bleiben. Zu diesen Vorschriften zählt insbesondere § 312d BGB. Mangels zahlreicher softwarespezifischer Besonderheiten muss für Fernabsatzverträge sowie solche im elektronischen Geschäftsverkehr im Rahmen dieser Abhandlung aber nur eine Darstellung im Abriss erfolgen. Im Übrigen ist auf das allgemeine Schrifttum zu verweisen.

828

Anbieter	Kunde	Anwendbarkeit der §§ 312b ff. BGB a. F. Fernabsatzverträge (bis 12.6.2014)	Anwendbarkeit der §§ 312c ff. BGB Fernabsatzverträge (ab 13.6.2014)	Anwendbarkeit des § 312g BGB a. F. Pflichten im elektronischen Geschäftsverkehr (bis 12.6.2014)	Anwendbarkeit des § 312i BGB Allgemeine Pflichten im elektronischen Geschäftsverkehr (ab 13.6.2014)	Anwendbarkeit des § 312j BGB elektronischer Geschäftsverkehr gegenüber Verbrauchern (ab 13.6.2014)
Unternehmer	Verbraucher	ja	ja	ja	ja	ja
Unternehmer	Unternehmer	nein	nein	ja	ja	nein
Verbraucher	Verbraucher	nein	nein	nein	nein	nein
Verbraucher	Unternehmer	nein	nein	nein	nein	nein

Abb. 5: Tabelle zu den Verbraucherverträgen und den besonderen Vertriebsformen, §§ 312 ff. BGB

---

[202] Vgl. hierzu oben Rdn. 803.
[203] Vgl. *Palandt/Grüneberg* § 312i Rdn. 3.
[204] Vgl. *Palandt/Grüneberg* § 312i Rdn. 2.
[205] Vgl. *Palandt/Grüneberg* § 312i Rdn. 4.

829   Der Gesetzgeber hat in den Regelungen über Fernabsatzverträge zwei klassische Instrumente des deutschen und europäischen Verbraucherschutzrechts[206] verankert. Zur Sicherung der Entscheidungsfreiheit des Verbrauchers muss dieser über bestimmte entscheidungsrelevante Dinge **informiert** werden (§ 312d BGB, Unterrichtung des Verbrauchers). Darüber hinaus wird dem Verbraucher ein **Widerrufs-** und **Rückgaberecht** eingeräumt (§ 312g BGB).

830   Ob der Besteller von Computersoftware als **Verbraucher** oder als **Unternehmer** handelt, kann im Einzelfall problematisch sein. Hieran hat auch die Einführung des Tatbestandsmerkmals „überwiegend" im Jahre 2014 nichts geändert. Nach Auffassung des *BGH*[207] lässt der Wortlaut des § 13 BGB nicht erkennen, ob für die Abgrenzung von Verbraucher- und Unternehmerhandeln allein objektiv auf den von der handelnden Person verfolgten Zweck abzustellen ist, oder ob es für die Zurechnung des Handelns auf die dem Vertragspartner erkennbaren Umstände ankommt. Diese Frage ist im Schrifttum umstritten[208] und wurde vom *BGH* ausdrücklich offen gelassen. Er vertritt die Auffassung, dass aus der vom Gesetzgeber gewählten negativen Formulierung des zweiten Halbsatzes von § 13 BGB deutlich wird, dass ein rechtsgeschäftliches Handeln einer **natürlichen Person grundsätzlich als Verbraucherhandeln** anzusehen ist. Bei möglicherweise verbleibenden Zweifeln, zu welcher Sphäre ein konkretes Handeln zuzuordnen ist, soll nach Auffassung des *BGH* zugunsten der Verbrauchereigenschaft zu entscheiden sein. Eine Zurechnung entgegen dem mit dem rechtsgeschäftlichen Handeln objektiv verfolgten Zweck kommt dieser Auffassung zufolge also nur dann in Betracht, wenn die dem Vertragspartner erkennbaren Umstände eindeutig und zweifelsfrei darauf hinweisen, dass die handelnde natürliche Person gewerbliche oder der selbstständigen beruflichen Tätigkeit dienende Zwecke verfolgt. Dass dem Verbraucher die Darlegungs- und Beweislast für ein dem privaten Rechtskreis zuzuordnendes Rechtsgeschäft obliegt[209], soll dieser Sichtweise nicht entgegenstehen[210]. Die ab dem 13.6.2014 geltende Neufassung des § 13 BGB n. F. bringt insoweit keine Änderungen.

a) Die Informationspflichten

Schrifttum: *Bodenstedt*, „Alles für einen Euro"?. Abgrenzung von Zugangsbestätigungen und Annahmeerklärungen im Internet, MMR 2004, 719 ff.; *Brönneke*, Abwicklungsprobleme beim Widerruf von Fernabsatzgeschäften, MMR 2004, 127 ff.; *Buchmann*, Die Widerrufsbelehrung im Spannungsfeld zwischen Gesetzgebung und Rechtsprechung, MMR 2007, 347 ff.; *Fröhlich*, Ist die Musterwiderrufsbelehrung für den Internethandel noch zu retten?, MMR 2007, 139 ff.; *Klinke*, Korrekturhilfen beim Online-Vertragsschluss. Die Verpflichtung des Unternehmers zur Bereitstellung von Eingabekorrekturhilfen im elektronischen Geschäftsverkehr, CR 2005, 582 ff.; *Mankowski*, Zum Nachweis des Zugangs bei elektronischen Erklärungen, NJW 2004, 1904 ff.

831   Nach § 312d Abs. 1 BGB i. V. m. Art. 246a § 1 EGBGB muss der unternehmerische Softwareanbieter den Verbraucher rechtzeitig **vor Vertragsabschluss klar und verständlich** über die in Art. 246 § 1 Abs. 1 EGBGB aufgezählten Punkte informieren[211]. So muss etwa eine Widerrufsbelehrung, die nicht genau dem gesetzlichen Muster gem. Anlagen 1 und 2 zu Art. 246a § 1 Abs. 2 S. 2 und § 2 Abs. 2 Nr. 2

---

[206] Vgl. die Begründung der Bundesregierung zum Entwurf des Fernabsatzgesetzes, BT-Drucks. 14/2658 vom 9.2.2000, S. 16 und 17.
[207] Vgl. *BGH*, 30.9.2009, VIII ZR 7/09, NJW 2009, 3780 Tz. 8.
[208] Vgl. zum Streit MünchKomm/*Micklitz/Purnhagen* § 13 Rdn. 42 ff. m. w. N.
[209] Vgl. *BGH*, 11.7.2007, VIII ZR 110/06, NJW 2007, 2619, 2621 Tz. 13.
[210] Vgl. *BGH*, 30.9.2009, VIII ZR 7/09, NJW 2009, 3780, 3781 Tz. 11; kritisch hierzu *Buckmann* K&R 2010, 39, 40.
[211] Vgl. *BGH*, 14.6.2017, I ZR 54/16, BeckRS 2017, 116531 Tz. 11.

EGBGB entspricht, den Anforderungen genügen, die an verschiedenen Stellen des Gesetzes formuliert sind. Eine Widerrufsbelehrung, die demgegenüber lediglich über die Pflichten des Verbrauchers im Falle des Widerrufs, nicht jedoch über dessen wesentlichen Rechte informiert, entspricht nicht den Anforderungen des Gesetzes[212]. Softwarespezifische Besonderheiten bestehen im Hinblick auf die Informationspflichten nicht. Ein **deutlicher Hinweis** auf die erforderlichen Informationen verbunden mit einem **Link** reicht aus[213], denn die Informationen müssen in einer dem eingesetzten Fernkommunikationsmittel entsprechenden Weise erfolgen und Links im Internet genügen diesem Merkmal. Für die Angabe von Firma und ladungsfähiger Anschrift ist es ausreichend, diese Daten unter der Überschrift „Impressum"[214] über einen Link „Kontakt" auf einer besonderen Seite darzustellen, weil der durchschnittliche Kunde unter „Kontakt" und „Impressum" entsprechende Angaben erwartet und sich diese Handhabung weitgehend durchgesetzt hat[215]. Für die Angabe der ladungsfähigen Anschrift ist die Nennung einer Postfachanschrift nicht ausreichend[216].

832

Art der Information	Rechtsgrundlage BGB-InfoV (bis 10.6.2010)	Rechtsgrundlage Art. 246 EGBGB (ab 11.6.2010 bis 12.6.2014)	Rechtsgrundlage Art. 246a EGBGB (ab 13.6.2014)
Identität und ladungsfähige Anschrift	§ 1 Abs. 1 Nr. 1, 2 und 3	§ 1 Abs. 1 Nr. 1, 2 und 3	§ 1 Abs. 1 S. 1 Nr. 2 und 3
Wesentliche Eigenschaften der Ware oder Dienstleistung	§ 1 Abs. 1 Nr. 4	§ 1 Abs. 1 Nr. 4	§ 1 Abs. 1 S. 1 Nr. 1
Zustandekommen des Vertrags	§ 1 Abs. 1 Nr. 4	§ 1 Abs. 1 Nr. 4	–
Mindestlaufzeit des Vertrags	§ 1 Abs. 1 Nr. 5	§ 1 Abs. 1 Nr. 5	§ 1 Abs. 1 S. 1 Nr. 11 und 12
Qualitäts-, Preis- und Verfügbarkeitsvorbehalt	§ 1 Abs. 1 Nr. 6	§ 1 Abs. 1 Nr. 6	–
Preis mitsamt Steuern	§ 1 Abs. 1 Nr. 7	§ 1 Abs. 1 Nr. 7	§ 1 Abs. 1 S. 1 Nr. 4 und 5
Liefer- und Versandkosten	§ 1 Abs. 1 Nr. 8	§ 1 Abs. 1 Nr. 8	§ 1 Abs. 1 S. 1 Nr. 4
Zahlungs- und Lieferungsmodalitäten	§ 1 Abs. 1 Nr. 9	§ 1 Abs. 1 Nr. 9	§ 1 Abs. 1 S. 1 Nr. 7
Bestehen eines Widerrufs- oder Rückgaberechts	§ 1 Abs. 1 Nr. 10	§ 1 Abs. 1 Nr. 10	§ 1 Abs. 2 und 3
Unübliche Kosten der Fernkommunikation	§ 1 Abs. 1 Nr. 11	§ 1 Abs. 1 Nr. 11	§ 1 Abs. 1 S. 1 Nr. 6
Gültigkeitsbefristungen	§ 1 Abs. 1 Nr. 12	§ 1 Abs. 1 Nr. 12	–
Bestehen eines gesetzl. Mängelhaftungsrechts	–	–	§ 1 Abs. 1 S. 1 Nr. 8
Bestehen und Bedingungen von Garantien u. ä.	–	–	§ 1 Abs. 1 S. 1 Nr. 9
Bestehen einschlägiger Verhaltenskodizes	§ 3 Nr. 5	§ 3 Nr. 5	§ 1 Abs. 1 S. 1 Nr. 10
Stellung und Bedingung von Kautionen u. ä.	–	–	§ 1 Abs. 1 S. 1 Nr. 13

---

[212] Vgl. *BGH*, 12.4.2007, VII ZR 122/06, NJW 2007, 1946.
[213] Vgl. *BGH*, 20.7.2006, I ZR 228/03, NJW 2006, 3633, 3636 Tz. 33 f.; *OLG Köln*, 24.8.2007, 6 U 60/07, MMR 2007, 713, 715; *Horn* MMR 2002, 209, 212; *Vehslage* CR 2001, 783.
[214] Vgl. zu den Anforderungen, die an die Angabe der Pflichtinformationen nach § 5 TMG gestellt werden müssen *OLG München*, 12.2.2004, 29 U 4564/03, MMR 2004, 321; *Ott* MMR 2007, 354 ff.
[215] Vgl. *BGH*, 20.7.2006, I ZR 228/03, NJW 2006, 3633, 3636 Tz. 33.
[216] Vgl. *BGH*, 25.1.2012, VIII ZR 95/11, NJW 2012, 1065, 1066 Tz. 14.

Art der Information	Rechtsgrundlage BGB-InfoV (bis 10.6.2010)	Rechtsgrundlage Art. 246 EGBGB (ab 11.6.2010 bis 12.6.2014)	Rechtsgrundlage Art. 246a EGBGB (ab 13.6.2014)
Funktionsweise digitaler Inhalte einschl. anwendbarer Schutzmaßnahmen	–	–	§ 1 Abs. 1 S. 1 Nr. 14
Wesentliche Beschränkungen der Interoperabilität und Kompatibilität digitaler Inhalte mit Hard- und Software	–	–	§ 1 Abs. 1 S. 1 Nr. 15
Bestehen eines außergerichtl. Beschwerde- und Rechtsbehelfsverfahrens	–	–	§ 1 Abs. 1 S. 1 Nr. 16

Abb. 6: Informationspflichten bei Fernabsatzverträgen

833 Gem. § 312f Abs. 2 S. 2 BGB sind die nach Art. 246a EGBGB erforderlichen Angaben auf einem **dauerhaften Datenträger** zur Verfügung zu stellen, sofern dies nicht bereits vorvertraglich gem. § 312d Abs. 1 BGB i. V. m. Art. 246a EGBGB erfolgte. Der dauerhafte Datenträger muss es dem Kunden erlauben, die an ihn gerichtete Erklärung so aufzubewahren, dass sie ihm für einen angemessenen Zeitraum zugänglich ist und unverändert wiedergegeben werden kann. Der *EuGH* versteht dies dahingehend, dass ein solcher Datenträger dem Verbraucher entsprechend der Papierform den Besitz der erforderlichen Informationen garantieren muss, damit er gegebenenfalls seine Rechte geltend machen kann. Maßgebend sind insoweit die Möglichkeit für den Verbraucher, an ihn persönlich gerichtete Informationen zu speichern, sowie die Gewähr dafür, dass ihr Inhalt und ihre Zugänglichkeit während einer angemessenen Dauer nicht verändert werden und die Möglichkeit ihrer unveränderten Wiedergabe[217]. Dies kann ein Zur-Verfügung-Stellen auf Papier oder per E-Mail, unter Umständen aber auch eine Webseite sein[218], jedoch reicht ein bloßer Link auf eine allein dem Zugriff des Unternehmers unterliegenden Webseite nicht aus[219].

834

Art der Information	Rechtsgrundlage BGB-InfoV (bis 10.6.2010)	Rechtsgrundlage Art. 246 EGBGB (ab 11.6.2010 bis 12.6.2014)	Rechtsgrundlage Art. 246a EGBGB (ab 13.6.2014)
Katalog der vorvertraglichen Informationen (§ 1 Abs. 1 Nr. 1–12)	§ 1 Abs. 4 S. 1 Nr. 1	§ 2 Abs. 3 für die Informationen nach § 2 Abs. 2 Nr. 1–8; § 2 Abs. 3 S. 2 Nr. 1 und 2	Die Unterscheidung zwischen vor- und nachvertraglichen Informationspflichten wurde aufgegeben. Gem. § 312f Abs. 2 S. 2 BGB sind die nach Art. 246a EGBGB erforderlichen Angaben auf einem dauerhaften Datenträger zur Verfügung zu stellen, sofern dies nicht bereits vorvertraglich gem. § 312d Abs. 1 BGB i. V. m. Art. 246a EGBGB erfolgte.
Kundendienst-, Gewährleistungs- und Garantiebedingungen	§ 1 Abs. 4 Nr. 3b)	§ 2 Abs. 1 S. 2 Nr. 4b)	
Kündigungsbedingungen bei Verträgen mit Laufzeit über einem Jahr	§ 1 Abs. 4 Nr. 3a), Abs. 2 Nr. 3	§ 2 Abs. 1 S. 2 Nr. 4a) i. V. m. § 1 Abs. 2 Nr. 3	

Abb. 7: (Nach)vertragliche Informationspflichten bei Fernabsatzverträgen

---
[217] Vgl. *EuGH*, 25.1.2017, C-375/15, NJW 2017, 871, 872 Tz. 42.
[218] Zu den Voraussetzungen *EuGH*, 25.1.2017, C-375/15, NJW 2017, 871, 873 Tz. 53.
[219] Vgl. *EuGH*, 5.7.2012, C-49/11, NJW NJW 2012, 2637, 2638 Tz. 42 ff.; *BGH*, 15.5.2014, III ZR 368/13, NJW 2014, 2857, 2858 Tz. 22.

Bei einem Vertrag im elektronischen Geschäftsverkehr muss der Unternehmer 835
dem Kunden gem. § 312i BGB
- angemessene, wirksame und zugängliche technische Mittel zur Verfügung stellen, mit deren Hilfe der Kunde Eingabefehler vor Abgabe seiner Bestellung erkennen und berichtigen kann (§ 312i Abs. 1 S. 1 Nr. 1 BGB)[220]. Der Pflicht, den Verbraucher über die Möglichkeit zum Erkennen der Daten zu informieren, genügt der Unternehmer grundsätzlich schon mit einem Hinweis darauf, dass die Eingabe nach Anklicken des Bestell-Buttons noch einmal überprüft werden kann[221],
- die in Art. 246c EGBGB aufgezählten Informationen rechtzeitig vor Abgabe der Bestellung des Kunden diesem klar und verständlich mitteilen (§ 312i Abs. 1 S. 1 Nr. 2 BGB),
- den Zugang der Kundenbestellung unverzüglich auf elektronischem Wege bestätigen (§ 312i Abs. 1 S. 1 Nr. 3 BGB) und
- die Möglichkeit verschaffen, die Vertragsbestimmungen einschließlich der Allgemeinen Geschäftsbedingungen bei Vertragsschluss abzurufen und in wiedergabefähiger Form zu speichern (§ 312i Abs. 1 S. 1 Nr. 4 BGB)[222].

Eine Verletzung der Pflichten nach § 312i Abs. 1 S. 1 Nr. 1 BGB führt **nicht** zur 836
Unwirksamkeit des betreffenden **Vertrags**[223]. Dieses Ergebnis wird auch für eine Verletzung der übrigen in § 312i Abs. 1 S. 1 BGB genannten Pflichten zu gelten haben[224]. Gegebenenfalls steht dem Kunden aber wegen dieser Pflichtverletzung ein Schadensersatzanspruch wegen culpa in contrahendo gem. §§ 311 Abs. 2, 280 Abs. 1 BGB zu[225]. Es ist jedoch § 312j Abs. 4 BGB zu beachten, demzufolge ein Verbrauchervertrag im elektronischen Geschäftsverkehr nur zustande kommt, wenn der Unternehmer seine Informationspflicht aus Abs. 3 („Button-Pflicht") dieser Vorschrift erfüllt. Darüberhinaus ist das am 1.4.2016 in Kraft getretene Gesetz über die alternative Streitbeilegung in Verbrauchersachen (VSBG) zu beachten, das in § 36 VSBG einem Unternehmer, der eine Webseite unterhält oder Allgemeine Geschäftsbedingungen verwendet, Hinweispflichten zu Steitbeilegungsverfahren auferlegt. Nach § 37 VSBG besteht auch eine Informationspflicht nach Entstehung von Streitigkeiten. Die §§ 36 und 37 VSBG sind am 1.2.2017 in Kraft getreten. Gem. Art 14 der unmittelbar geltenden Verordnung (EU) Nr. 524/2013 über die Online-Streitbeilegung in Verbraucherangelegenheiten[226] besteht bereits seit dem 9.1.2016 eine Verpflichtung für Online-Händler und Online-Marktplätze, auf ihren Webseiten zumindest einen Link[227] zur Europäischen OS-Plattform einzustellen.

---

[220] Vgl. *OLG Hamburg*, 14.5.2010, 3 W 44/10, GRUR-RR 2010, 480, 481; zu den Korrekturhilfen ausführlich *Klimke* CR 2005, 582 ff.

[221] Vgl. *OLG Hamburg*, 14.5.2010, 3 W 44/10, GRUR-RR 2010, 480, 481.

[222] Eine wiedergabefähige Form wird bei allen HTML- und PDF-Dokumenten zu bejahen sein; vgl. *Hoenike/Hülsdunk* MMR 2002, 516, 517. Bei langen HTML-Dokumenten können aber Schwierigkeiten hinsichtlich des Formats beim Ausdrucken auftreten; vgl. hierzu oben Rdn. 823.

[223] Vgl. *BGH*, 3.4.2008, III ZR 190/07, NJW 2008, 2026, 2028 Tz. 25 noch zu § 312e BGB.

[224] Vgl. *Palandt/Grüneberg* § 312i Rdn. 11.

[225] Vgl. *Palandt/Grüneberg* § 312i Rdn. 11.

[226] Vgl. Verordnung (EU) Nr. 524/2013 des Europäischen Parlaments und des Rates vom 21. Mai 2013 über die Online-Beilegung verbraucherrechtlicher Streitigkeiten und zur Änderung der Verordnung (EG) Nr. 2006/2004 und der Richtlinie 2009/22/EG (Verordnung über Online-Streitbeilegung in Verbraucherangelegenheiten), ABl.EU v. 18.6.2013 Nr. 165/1 ff.

[227] https://ec.europa.eu/consumers/odr.

Art der Information	Rechtgrundlage Art. 246 EGBGB (ab 11.6.2010 bis 12.6.2014)	Überschneidungen mit Informationspflichten für Fernabsatzverträge	Rechtgrundlage Art. 246a ff. EGBGB und §§ 312c ff. BGB (ab 13.6.2014)
Zustandekommen des Vertrags	§ 3 Nr. 1	ja, Art. 246 § 1 Abs. 1 Nr. 4 letzter Halbs. EGBGB	keine Überschneidung, da in Art. 246c Nr. 1 EGBGB, § 312i Abs. 1 Nr. 2 BGB und der „Button-Lösung" in § 312j BGB geregelt
Vertragsspeicherung und spätere Zugänglichkeit	§ 3 Nr. 2	bedingt, da die Informationen nach Art. 246 § 1 Abs. 1 Nr. 1–12 EGBGB dem Verbraucher in Textform mitzuteilen sind	ja, in § 312f Abs. 2 BGB und Art. 246c Nr. 2 EGBGB geregelt
Erläuterung der Korrekturmöglichkeiten bei Eingabefehlern	§ 3 Nr. 3	nein	nein, in Art. 246c Nr. 3 EGBGB geregelt
Vertragssprache	§ 3 Nr. 4	keine ausdrückliche Regelung für Fernabsatzverträge, aber Gebot der Klarheit und Verständlichkeit	nach Art. 246c Nr. 4 EGBGB muss der Unternehmer den Kunden über die für den Vertragsschluss zur Verfügung stehenden Sprachen unterrichten
Anwendbare Verhaltenskodizes	§ 3 Nr. 5	nein	ja, in Art. 246a Abs. 1 S. 1 Nr. 10 und Art. 246c Nr. 5 EGBGB geregelt

Abb. 8: (Vor)vertragliche Informationspflichten bei Verträgen im elektronischen Geschäftsverkehr

b) Das Widerrufs- und Rückgaberecht und sein Ausschluss

838 Dem Verbraucher steht bei Fernabsatzverträgen ein **Widerrufsrecht von zwei Wochen** gem. §§ 312g Abs. 1 S. 1, 355 BGB zu. Abweichend von § 355 Abs. 2 S. 1 BGB beginnt die Widerrufsfrist gem. § 356 Abs. 3 BGB nicht vor Erfüllung der Informationspflichten des Art. 246a § 1 Abs. 1 S. 1 Nr. 1 EGBGB. Bei der Ausübung des Widerrufsrechts ist die Verwendung des Worts „Widerruf" nicht erforderlich. § 355 Abs. 1 S. 3 BGB bestimmt aber, dass der Entschluss des Verbrauchers zum Widerruf des Vertrags seiner entsprechenden Erklärung eindeutig zu entnehmen sein muss. Notwendig ist daher, dass dem Erklärungsgegner erkennbar ist, dass ein bestimmtes Vertragsverhältnis beendet werden soll. Die Mitteilung des Käufers an den Verkäufer, er habe eine „Rücksendung" reicht hierfür nicht aus[228]. Gem. § 357 Abs. 1 BGB sind die empfangenen Leistungen im Falle des Widerrufs spätestens nach 14 Tagen zurückzugewähren. Besonders hingewiesen werden muss an dieser Stelle aber auf den Ausschluss des Widerrufsrechts nach § 312g Abs. 2 Nr. 1 BGB. Nach dieser Vorschrift besteht, soweit nicht ein anderes bestimmt ist, kein Widerrufsrecht, wenn die zu liefernde Ware nach Kundenspezifikation angefertigt wird oder eindeutig auf die persönlichen Bedürfnisse zugeschnitten ist. Dies kann bei **Individualsoftware** der Fall sein[229], jedoch wird diese wohl kaum von einem Verbraucher bestellt. Individuell hergestellte Ware liegt bei einem aus Standardbauteilen nach den Wünschen des Käufers zusammengebauten PC wohl ebenfalls nicht vor[230].

---

[228] Vgl. *AG Schopfheim*, 19.3.2008, 2 C 14/08, MMR 2008, 427.
[229] Vgl. *Peintinger* MMR 2016, 3.
[230] Vgl. *AG Köpenick*, 25.8.2010, 6 C 369/09, MMR 2010, 753; *AG Schönebeck*, 24.10.2007, 4 C 328/07, MMR 2008, 860 (Ls.) = BeckRS 2008, 21161; offengelassen *LG Düsseldorf*, 12.2.2014, 23 S 111/13, CR 2014, 397, 398.

Daneben besteht nach § 312g Abs. 2 Nr. 6 BGB kein Widerrufsrecht, wenn bei der Lieferung von Software die gelieferten Datenträger in einer **versiegelten Verpackung** enthalten waren, deren Versiegelung der Verbraucher entfernte. Der Ausschlusstatbestand greift unabhängig davon, ob es sich um Individual- oder Standardsoftware handelt, nach seinem insoweit eindeutigen Wortlaut nur ein, wenn die Software auf einem versiegelten Datenträger geliefert wurde[231]. Gleichgültig ist hierbei, wie das Siegel ausgestaltet ist. Möglich ist etwa, dass der Datenträger in einer verschweißten **Klarsichthülle** liegt, ein sonstiger **verschlossener Umschlag** geöffnet werden muss, oder auch eine **elektronische Sperre** geöffnet werden muss, etwa durch die Eingabe eines speziellen Passworts[232]. Bei einer Klarsichtfolie oder einfachen Klebestreifen wird eine Eignung als Siegel verschiedentlich mit dem Argument verneint, derartige Verpackungen seien nicht eindeutig als Siegel erkennbar[233]. Hiergegen ist indes anzuführen, dass das breite Publikum dem Auspacken von Waren durchaus eine gewisse Bedeutung beimisst und andernfalls die Kontrollmöglichkeiten der Verkäufer zu sehr eingeschränkt würden. Ein eindeutiger Hinweis mittels Aufkleber etc. wäre natürlich dennoch wünschenswert[234]. Ein Widerrufsrecht ist trotz Aufreißen der Klarsichthülle aber dann zu bejahen, wenn die Software gemeinsam mit Hardware geliefert wurde und die Hardware ohne das betreffende Programm gar nicht auf ihre Funktionstüchtigkeit geprüft werden konnte[235]. 839

Sofern sowohl **Hard- als auch Software zusammen** gekauft werden, entsteht die Frage, inwieweit ein Widerruf hinsichtlich der Hardware auch die Software erfasst. Diesen Konflikt wird man so lösen müssen, dass der Kunde das gesamte Geschäft auch bei entsiegelter Software widerrufen kann, soweit die Software lediglich ein untergeordnetes für die Nutzung der Hardware notwendiges Hilfsprodukt darstellt, etwa bei spezieller Treibersoftware bei einem Drucker[236]. Sofern die Software indes eigenständig einsetzbar ist und einen eigenständigen Nutzungswert besitzt, kann der Kunde bei Entsiegelung nur den Hardwarekauf widerrufen. Beim entsprechenden Teilwiderruf ist hinsichtlich der Rückzahlung des Kaufpreises der volle Betrag der Hardwarekosten anzusetzen und ein gegebenenfalls geringerer Kombinationspreis nicht zu berücksichtigen. Andernfalls bliebe dem Kunden ein Vorzugspreis für einen Kombinationskauf erhalten, obwohl nunmehr gar kein Kombinationsgeschäft mehr vorliegt[237]. 840

Probleme bereitet das Widerrufsrecht ferner, wenn die Software nicht nur elektronisch bestellt, sondern unter Verzicht auf die Lieferung eines Datenträgers auch im **Wege der Telekommunikation** überlassen wird. Der Gesetzgeber hat dieses Problem bereits während der Ausarbeitung des § 3 Abs. 2 Nr. 2 FernAbsG a. F. diskutiert und ausgeführt[238], bei der Online-Überlassung von Software bestehe keine vergleichbare 841

---

[231] Vgl. die Begründung der Bundesregierung zum Entwurf des Fernabsatzgesetzes, BT-Drucks. 14/2658 vom 9.2.2000, S. 44; *LG Frankfurt*, 18.12.2002, 2/1 S 20/02, CR 2003, 412 f.; *Mankowski* CR 2013, 508, 510; *Peintinger* MMR 2016, 3, 4.
[232] Vgl. *LG Frankfurt*, 18.12.2002, 2/1 S 20/02, CR 2003, 412, 413; a. A. *Brönneke* MMR 2004, 127, 128; zurückhaltend auch *Mankowski* CR 2013, 508, 510.
[233] Vgl. *OLG Hamm*, 30.3.2010, 4 U 212/09, MMR 2010, 684, 685; *Palandt/Grüneberg* § 312g Rdn. 9; *Mankowski* CR 2013, 508, 510; *Peintinger* MMR 2016, 3, 4; kritisch hierzu *Föhlisch/Dyakova* MMR 2013, 71, 72.
[234] Strenger *Peintinger* MMR 2016, 3, 4 „muss".
[235] Vgl. *OLG Hamm*, 30.3.2010, 4 U 212/09, MMR 2010, 684, 685.
[236] Vgl. *Brönneke* MMR 2004, 127, 128.
[237] Vgl. *Brönneke* MMR 2004, 127, 128.
[238] Vgl. die Begründung der Bundesregierung zum Entwurf des Fernabsatzgesetzes, BT-Drucks. 14/2658 vom 9.2.2000, S. 44; *Mankowski* CR 2013, 508, 511.

Möglichkeit, dem Verbraucher eine Rückgabemöglichkeit bis zur Entsiegelung gesetzlich einzuräumen, ohne das berechtigte Interesse des Unternehmers zu verletzen, eine unberechtigte Nutzung der Software zu verhindern. Deshalb bestehe bei diesen Werken ein **Widerrufsrecht grundsätzlich nicht**.

842 Für Verträge, die ab dem 13.6.2014 abgeschlossen wurden, sind demgegenüber aber **wesentliche Änderungen** zu berücksichtigen. § 312f Abs. 3 BGB enthält in Umsetzung von Art. 2 Nr. 11 der Verbraucherrechterichtlinie eine **Legaldefinition der digitalen Inhalte**. Hierunter fallen Daten, die in digitaler Form hergestellt und bereitgestellt werden, wie insbesondere auch **Computerprogramme** und **Apps für Smartphones**[239]. Daneben sind aber etwa auch sonstige virtuelle Gegenstände wie Spielgeld eines Online-Spiels erfasst[240]. Auch beim Erwerb digitaler Inhalte, die nicht auf einem körperlichen Datenträger geliefert werden, hat der Verbraucher entgegen der früher vom Gesetzgeber ausdrücklich für notwendig gehaltenen Ausnahme **zunächst das reguläre Widerrufsrecht** von 14 Tagen[241]. Dieses Widerrufsrecht besteht unabhängig davon, ob der Softwareüberlassungsvertrag als Kauf- oder Mietvertrag zu qualifizieren ist[242]. Das Widerrufsrecht erlischt gem. § 356 Abs. 5 Nr. 1 und 2 BGB nur dann vorzeitig, wenn der Unternehmer nach einer **ausdrücklichen Zustimmung** des Verbrauchers vor Ablauf der Widerrufsfrist mit der Ausführung des Vertrags beginnt, z. B. der Download gestartet wird[243], **und** der Verbraucher **zuvor** seine **Kenntnis** davon **bestätigt** hat, dass er durch seine Zustimmung mit Beginn der Vertragsausführung sein Widerrufsrecht verliert (sog. Double-Opt-in-Verfahren)[244]. Bei allen Verträgen über digitale Inhalte, die nicht auf einem körperlichen Datenträger geliefert werden, muss die Abschrift des Vertragsdokuments bzw. die Vertragsbestätigung daher gem. § 312f Abs. 3 BGB gegebenenfalls auch die vorherige Zustimmung des Verbrauchers zur Ausführung des Vertrags vor Ablauf der Widerrufsfrist sowie die Bestätigung der Kenntnis des Verbrauchers davon, dass er sein Widerrufsrecht hierdurch verliert, festhalten. Ist eine solche Bestätigung auf der Abschrift oder in der Vertragsbestätigung nicht festgehalten, wird der Unternehmer die vorherige Zustimmung des Verbrauchers zur vorzeitigen Ausführung in Kenntnis der Folge (Erlöschen des Widerrufsrechts) nur schwer beweisen können, worauf der Gesetzgeber ausdrücklich hingewiesen hat[245]. In einem solchen Fall **verbleibt** es daher entgegen der alten Rechtslage **bei der regulären Widerrufsfrist**. Die Interessen des Softwareherstellers, eine unberechtigte Weiterbenutzung des Programms zu verhindern, sind somit massiv gefährdet.

843 Gem. § 312k Abs. 1 S. 1 BGB kann von den Vorschriften der §§ 312 ff. BGB nicht zum Nachteil des Verbrauchers oder Kunden abgewichen werden. Dies gilt sowohl für Allgemeine Geschäftsbedingungen als auch für Individualvereinbarungen. Auch ein Verzicht des Verbrauchers/Kunden auf seine Rechte ist unwirksam[246]. Die

---

[239] Vgl. *LG Karlsruhe*, 25.5.2016, 18 O 7/16, CR 2016, 603, 604 Tz. 42; ferner die Begründung der Bundesregierung zum Entwurf des Verbraucherrichtliniengesetzes, BT-Drucks. 1712637 vom 6.3.2013, S. 55; *Palandt/Grüneberg* § 312f Rdn. 4; *Peintinger* MMR 2016, 3.
[240] Vgl. *LG Karlsruhe*, 25.5.2016, 18 O 7/16, CR 2016, 603, 604 Tz. 42.
[241] Vgl. *LG Karlsruhe*, 25.5.2016, 18 O 7/16, CR 2016, 603, 604 Tz. 44; *Palandt/Grüneberg* § 312f Rdn. 4.
[242] Vgl. *Peintinger* MMR 2016, 3, 4.
[243] Vgl. *LG Karlsruhe*, 25.5.2016, 18 O 7/16, CR 2016, 603, 604 Tz. 45; *Palandt/Grüneberg* § 356 Rdn. 11; *Peintinger* MMR 2016, 3, 4.
[244] Vgl. *Peintinger*, MMR 2016, 3, 4.
[245] Vgl. die Begründung der Bundesregierung zum Entwurf des Verbraucherrichtliniengesetzes, BT-Drucks. 1712637 vom 6.3.2013, S. 56.
[246] Vgl. *Palandt/Grüneberg* § 312k Rdn. 2.

§§ 312 ff. BGB sind gem. § 312k Abs. 1 S. 2 BGB auf Umgehungsgeschäfte entsprechend anwendbar. Die Kosten der Lieferung (sog. Hinsendekosten) im Falle des Widerrufs sind im Gegensatz zu den Kosten der Rücksendung (§ 357 Abs. 6 BGB) gem. § 357 Abs. 2 S. 1 BGB grundsätzlich vom Unternehmer zurückzugewähren.

III. Gekoppelte Hard- und Softwareverträge

Inhaltsübersicht

	Rdn.		Rdn.
1. Die Unterscheidung zwischen Koppelungen zur Absatzförderung und mängelhaftungsrechtlichen Koppelungen	844	aa) Einheitlichkeit des Vertragsgegenstandes nach § 93 BGB	857
		bb) Als zusammengehörend gelieferte Hard- und Software	861
2. Kartellrechtliche und wettbewerbsrechtliche Beurteilung der Koppelung zur Absatzförderung	846	cc) Das Sonderproblem der abweichenden Verjährungen	866
a) Das Koppelungsverbot nach Art. 101 AEUV	847	b) Getrennte Verträge über Hard- und Software bei identischem Lieferanten	867
b) Koppelungsverbote nach deutschem Recht	849	aa) Einheitliches Rechtsgeschäft trotz getrennter Vertragsurkunden	867
3. Hard- und Software als einheitlicher Vertragsgegenstand	851	bb) Selbstständige Rechtsgeschäfte	868
a) Ein einheitlicher Vertrag über Hard- und Software	852	c) Verträge mit unterschiedlichen Vertragspartnern	870

Schrifttum: *Grapentin/Ströbl*, Third Party Maintenance: Abschlusszwang und Kopplungsverlangen, CR 2009, 137 ff.; *Köhler*, Kopplungsangebote (einschließlich Zugaben) im geltenden und künftigen Wettbewerbsrecht, GRUR 2003, 729 ff.; *Kremer/Hoppe/Kamm*, Apps und Kartellrecht, CR 2015, 18 ff.; *Moritz*, Microsoft in Not? Der europäische Rechtsrahmen für Koppelungen und Zwangslizenzen an Interface-Informationen im Lichte der Microsoft-Entscheidung der EU-Kommission, CR 2004, 321 ff.; *Namyslowska*, Die wettbewerbsrechtliche Beurteilung von Koppelungsangeboten, NJW 2016, 3409 ff.; *Stögmüller*, Teilbarkeit, Teilerfüllung und Teilrücktritt bei IT-Projekten, CR 2015, 424 ff.

1. Die Unterscheidung zwischen Koppelungen zur Absatzförderung und mängelhaftungsrechtlichen Koppelungen

Unter das Stichwort der Koppelung von Hardware und Software werden zwei grundsätzlich wesensverschiedene Probleme untergeordnet, die einer terminologisch übereinstimmenden Behandlung eigentlich nicht zugänglich sind. Zum einen werden mit diesem Stichwort die Fälle umschrieben, in denen ein Hersteller sein Produkt zum Zwecke der **Absatzförderung** dergestalt an eine andere Ware koppelt, dass die Möglichkeit zum Erwerb des koppelnden Erzeugnisses von der Abnahme des gekoppelten Produkts abhängig gemacht wird[247]. Hierbei ist es grundsätzlich gleichgültig, ob die Hardware oder die Software als das koppelnde oder gekoppelte Produkt benutzt wird, denn dies hängt vom jeweiligen Hersteller und der wirtschaftlichen Dominanz des einen oder anderen Produkts ab. Möglich ist daher, dass ein Hardwarehersteller sein Produkt nur zusammen mit einer bestimmten Software vertreibt, gleichwie ein Softwarehersteller seine Software nur zusammen mit einer bestimmten Hardware vertreiben kann, um den Hardwarehersteller und über Provi- 844

---

[247] Vgl. *BGH*, 27.2.2003, I ZR 253/00, NJW 2003, 1671 „Koppelung einer Pauschalreise mit Skiausrüstung"; *Köhler* GRUR 2003, 729, 731 Tz. 12.

sionen oder Handelsspannen gegebenenfalls auch sich selbst zu fördern[248]. Möglich ist schließlich auch, dass eine Koppelung von Software und einem **Softwarepflegevertrag** vorliegt. Die hierbei zu verzeichnenden kartellrechtlichen Probleme werden an anderer Stelle erörtert[249]. Neben der Koppelung zur Absatzförderung werden mit dem Koppelungsbegriff aber auch die Fälle belegt, in denen die Vertragsparteien verschiedene Vertragsgegenstände zu einem **einheitlichen Gesamtgeschäft** verbinden, ohne dass ein Bedingungszusammenhang besteht. Diese Koppelung kann sich auch auf **unterschiedliche Computerprogramme** oder **Programmmodule** beziehen. Juristische Unterschiede bestehen nicht, weshalb nachfolgend vereinfachend immer nur von der Koppelung von Hard- und Software gesprochen wird. Die verschiedenen Fälle der Koppelung werfen insbesondere Probleme der Mängelhaftung auf, wie die zahlreichen zu diesem Fragenkreis ergangenen Gerichtsentscheidungen zeigen. Demgegenüber sind solche Einheitlichkeitsvereinbarungen kartellrechtlich unproblematisch[250].

845 Eine Koppelung von Hard- und Software setzt grundsätzlich voraus, dass es sich nicht um ein aus diesen beiden Komponenten zusammengesetztes **einheitliches Produkt** handelt, sondern dass **zwei eigenständige Erzeugnisse** vorliegen[251]. Sofern die Computersoftware fest in die Hardware integriert ist, wie z.B. bei reinen Schachcomputern, Taschenrechnern, elektronischen Kassen und ähnlichem, liegt ein einheitliches Produkt vor, bei dem sich die Frage nach der Zulässigkeit einer Koppelung nicht stellt[252]. Neben dieser eher technisch bedingten Einheitlichkeit liegt eine solche aber auch dann vor, wenn die Einzelkomponenten nach der Verkehrsanschauung **keine selbstständige Bedeutung** in sich tragen, sondern als einheitliches Produkt angesehen werden[253].

2. Kartellrechtliche und wettbewerbsrechtliche Beurteilung der Koppelung zur Absatzförderung

846 Die Koppelung von Hardware und Software zum Zwecke der Absatzförderung wirft insbesondere kartell- und wettbewerbsrechtliche[254] Probleme auf, die hier nur angerissen werden können. Als nicht softwarespezifischer Ausgangspunkt gilt es dabei zu beachten, dass die Möglichkeit, Güter und Dienstleistungen zu Gesamtangeboten (insbesondere Komplettangeboten) zusammenzustellen und dementsprechend zu bewerben, zur Freiheit des Wettbewerbs zählt. Aus diesem Grund darf etwa eine entsprechende Werbung grundsätzlich nur zur Verhinderung unlauteren Wettbewerbs und des Missbrauchs von Marktmacht beschränkt werden[255]. Unter softwarespezifischem Blickwinkel ist zu beachten, dass sich die hier behandelten absatzbezogenen Koppelungen historisch als Folge einer zunehmenden **Austauschbar-**

---

[248] Vgl. *Zahrnt* CR 1989, 965, 967.
[249] Vgl. hierzu unten Rdn. 1048 f.
[250] Vgl. *Moritz* CR 2004, 321.
[251] Auch im wettbewerbsrechtlichen Sinn liegt ein Koppelungsangebot nicht vor, wenn sich eine Leistungskomponente als unselbständiger Teil der Hauptsache darstellt, oder wenn der Verkehr die zusammen angebotenen Waren als „wirtschaftliche" oder „funktionelle Einheit" oder als „Gesamtleistung" betrachtet; vgl. *Köhler* GRUR 2003, 729, 730 Tz. 8 f.
[252] Vgl. *Auer-Reinsdorff/Conrad*, 2. Aufl. 2016, § 39 Rd. 393; *Kindermann* GRUR 1983, 150, 153 und 160, spricht von „Software im Gehäuse", bei der die Software integraler Bestandteil des Computers ist. Für das Kartellrecht *Moritz* CR 2004, 321; für das Wettbewerbsrecht *Köhler* GRUR 2003, 729, 730 Tz. 8.
[253] Vgl. *Moritz* CR 2004, 321.
[254] Vgl. *EuGH*, 7.9.2016, C-310/14, NJW 2016, 3423 ff.
[255] Vgl. *BGH*, 27.2.2003, I ZR 253/00, NJW 2003, 1671.

keit von Hardware und Software verschiedener Hersteller entwickelten. Während die Anwender früher meist auf die Belieferung mit Software durch den Hersteller ihres jeweiligen Computers angewiesen waren, ist dies heute für weite Bereiche des Computermarkts nicht mehr der Fall. Hier hat der Anwender die Möglichkeit, auf die Erzeugnisse anderer Hersteller zurückzugreifen, weshalb sich zahlreiche Hersteller der Versuchung ausgesetzt sehen, ihre Hard- und Softwareprodukte aneinander zu koppeln.

a) Das Koppelungsverbot nach Art. 101 AEUV

Vom Verbot wettbewerbsbehindernder Vereinbarungen oder Beschlüsse nach Art. 101 AEUV erfasst, weil mit dem Gemeinsamen Markt unvereinbar, sind alle Vereinbarungen zwischen Unternehmen[256], Beschlüsse von Unternehmensvereinigungen und aufeinander abgestimmte Verhaltensweisen, welche den Handel zwischen Mitgliedstaaten zu beeinträchtigen geeignet sind und eine Verhinderung, Einschränkung oder Verfälschung des Wettbewerbs innerhalb des Gemeinsamen Marktes bezwecken oder bewirken. Damit erfasst Art. 101 AEUV nur – aber auch alle – Wettbewerbsbeschränkungen, die den Handel zwischen den Mitgliedstaaten oder im Verhältnis zu Drittstaaten zu beeinträchtigen geeignet sind[257]. Koppelungsvereinbarungen, die sich allein auf **innerdeutschem Gebiet** auswirken, unterfallen daher allein der **deutschen Rechtsordnung,** da sie den Handel zwischen den Mitgliedstaaten nicht zu beeinträchtigen geeignet sind. Sofern jedoch die Auswirkungen nicht allein auf das bundesdeutsche Gebiet beschränkt bleiben, was angesichts der ausgeprägten Internationalität sowohl der Hardware als auch der Software häufig der Fall sein wird, findet Art. 101 AEUV Anwendung. Nach nicht unbestrittener Auffassung unterfallen Softwareüberlassungsverträge keiner Gruppenfreistellungsverordnung[258]. Wenn ein Verstoß gegen Art. 101 Abs. 1 AEUV vorliegt, sind die verbotenen Vereinbarungen nach Art. 101 Abs. 2 AEUV nichtig. Ein solcher Verstoß ist etwa dann anzunehmen, wenn die überlassene Software nur auf einem Computersystem des Herstellers oder auf einer zumindest von ihm gelieferten Anlage eingesetzt werden soll.

847

Nach Art. 101 Abs. 1 lit. e) AEUV sind solche Vereinbarungen unzulässig, die eine an den Abschluss des Vertrags geknüpfte Bedingung enthalten, dass die Vertragspartner zusätzliche Leistungen annehmen, die weder sachlich[259] noch nach Handelsbrauch in Beziehung zum Vertragsgegenstand stehen. Koppelungsgeschäfte sind daher nicht per se verboten[260]. Angesichts der schon seit Ende der sechziger Jahre angetroffenen Entwicklung, Hardware- und Softwareprodukte getrennt voneinander anzubieten und zu berechnen – Übergang vom sog. Bundling zum Unbundling[261] – scheidet eine Rechtfertigung der Koppelung von Hardware und Software

848

---

[256] Zum gesetzlich nicht definierten Begriff des Unternehmens *Immenga/Mestmäcker*, Wettbewerbsrecht, Bd. 1 EU, 5. Aufl. 2012, Art. 101 AEUV Rdn. 6 ff. Eine Überprüfung von Koppelungsvereinbarungen mit privaten Endverbrauchern scheidet aus, vgl. *Polley* CR 2004, 641, 642; *Moritz* CR 2004, 321 f.
[257] Berücksichtigt werden muss diesbezüglich auch, dass eine Eignung zur Beschränkung des Handels zwischen den Mitgliedstaaten nach der Rechtsprechung des *EuGH*, 12.12.1967, Rs. 23/67, EuGHE 1967, 543, 556 bereits dann vorliegen kann, wenn es sich zwar um eine nationale, aber „weitverbreitete" Vereinbarung handelt. *Polley* CR 2004, 641, 643.
[258] Vgl. *Metzger/Hoppen* CR 2017, 625, 631.
[259] Vgl. Ausführlich zu den Kriterien für die sachliche Rechtfertigung von Koppelungen *Moritz* CR 2004, 321, 322 ff.
[260] Vgl. *Namyslowska* NJW 2016, 3409, 3411.
[261] *Lehmann* CR 1987, 422 datiert den Beginn dieser Entwicklung auf die frühen siebziger Jahre.

durch einen entsprechenden **Handelsbrauch** grundsätzlich aus. Daneben besteht jedoch auch eine sachlich bedingte Rechtfertigung von Koppelungsvereinbarungen nur in wenigen Fällen, da angesichts der zunehmenden Austauschbarkeit von Hard- und Softwareprodukten immer häufiger gleichwertige Alternativerzeugnisse auf dem Markt sind. Eine gegenläufige Tendenz besteht allenfalls in Teilen des Marktes für Tablet-PCs und Smartphones. Ein sachliches Erfordernis für eine Koppelung ist aber nicht ersichtlich. Anders muss aber unter Umständen dann entschieden werden, wenn der gekoppelte Vertragsgegenstand eine kundenspezifische Lösung darstellt[262]. Anerkannt ist schließlich, dass ein **Mißbrauch einer marktbeherrschenden Stellung** nach Art. 102 Abs. 1 lit. d) AEUV nicht eine zwingende Koppelung voraussetzt, sondern etwa auch in einer starken Anreizwirkung ohne sachliche Rechtfertigung liegen kann[263]. Dies wird man dann in Erwägung ziehen müssen, wenn dem Anwender der Einsatz von Drittanbieterprogrammen zwar nicht verboten wird, für diesen Fall aber zusätzliche Lizenzgebühren anfallen sollen[264].

b) Koppelungsverbote nach deutschem Recht

849   Sofern Art. 101 AEUV nicht unmittelbar einschlägig ist, sind Koppelungsregelungen auf ihre Zulässigkeit nach der deutschen Rechtsordnung hin zu überprüfen. Es ist jedoch zu bedenken, dass § 22 Abs. 1 S. 2 und Abs. 3 S. 2 GWB in Übereinstimmung mit Art. 3 Abs. 1 VO 1/2003[265] bestimmt, dass die Wettbewerbsbehörden und Gerichte der Mitgliedsstaaten immer auch Art. 101 AEUV oder Art. 102 AEUV anwenden, „wenn sie ihr einzelstaatliches Recht auf die genannten Tatbestände anwenden"[266]. Bei Anwendung des deutschen GWB ist gegebenenfalls auch das Vorliegen eines **Missbrauchs einer marktbeherrschenden Stellung** gem. § 19 GWB in Erwägung zu ziehen[267].

Anders als § 22 GWB a. F. ist die missbräuchliche Ausnutzung einer marktbeherrschenden Stellung nunmehr unmittelbar verboten und unterfällt damit dem Anwendungsbereich des § 134 BGB[268]. Insoweit bedarf es keiner Verfügung der Kartellbehörde mehr. Gleiches gilt, soweit eine **Behinderung** oder **Diskriminierung** nach § 20 GWB vorliegt.

850   Neben dem GWB sind bei Koppelungen von Hard- und Softwareprodukten auch die Vorschriften des UWG zu berücksichtigen. Wenngleich Koppelungen auch nach deutschem Kartellrecht **nicht per se wettbewerbswidrig** sind, sondern zur Freiheit des Wettbewerbs zu zählen sind, liegt ein Verstoß gegen §§ 4 Nr. 4, 4a Abs. 1 Nr. 3, § 3 Abs. 1 UWG jedoch grundsätzlich dann vor, wenn der Leistungswettbewerb ausgeschlossen werden soll[269]. Dies ist grundsätzlich dann der Fall, wenn dem Anwender die Möglichkeit genommen werden soll, auf ein Alternativprodukt eines anderen Herstellers auszuweichen. Auch unter wettbewerbsrechtlichen Gesichts-

---

[262] Vgl. *Moritz* CR 2004, 321, 323.
[263] Vgl. BeckOK, Informations- und Medienrecht/*Gersdorf/Paal*, 17. Edition 2017, Art. 102 AEUV Rdn. 44.
[264] Vgl. *Metzger/Hoppen* CR 2017, 625, 630.
[265] Verordnung (EG) Nr. 1/2003 des Rates vom 16.12.2002 zur Durchführung der in den Artikeln 81 und 82 des Vertrages niedergelegten Wettbewerbsregeln, ABl.EG Nr. L 1 vom 4.1.2003, S. 1 ff.
[266] Vgl. *Immenga/Mestmäcker*, Wettbewerbsrecht Bd. 2 GWB, Einl. Rdn. 39.
[267] Vgl. *Metzger/Hoppen* CR 2017, 625, 631.
[268] Vgl. *Immenga/Mestmäcker*, Wettbewerbsrecht Bd. 2, GWB, § 19 Rdn. 226.
[269] Vgl. *BGH*, 26.10.2006, I ZR 33/04, NJW 2007, 919, 920 Tz. 21; *BGH*, 22.9.2005, I ZR 28/03, NJW-RR 2006, 409, 410 Tz. 14f.; *BGH*, 27.2.2003, I ZR 253/00, NJW 2003, 1671. Vgl. auch *Köhler/Bornkamm*, UWG, 35. Aufl. 2017, § 3 Rdn. 8.21.

punkten ist jedoch eine Koppelung von Hardware und Software nicht zu beanstanden, wenn es sich um eine **sachlich zweckmäßige** Koppelung handelt. Auch der EuGH[270] stuft eine Geschäftspraxis, die im Verkauf eines Computers mit vorinstallierter Software besteht, ohne dass der Verbraucher die Möglichkeit hat, dasselbe Computermodell ohne vorinstallierte Software zu beziehen, grundsätzlich nicht als unlautere Geschäftspraxis im Sinne von Art. 2 Abs. 2 der RL 2005/29/EG des Europäischen Parlaments und des Rates vom 11.5.2005 über unlautere Geschäftspraktiken von Unternehmen gegenüber Verbrauchern im Binnenmarkt[271] ein.

3. Hard- und Software als einheitlicher Vertragsgegenstand

Die bereits bei der Koppelung zum Zwecke der Absatzförderung erwähnte **Austauschbarkeit von Hardware und Software** verschiedener Hersteller ermöglicht es dem Anwender, Hard- und Software verschiedener Hersteller einzusetzen und auch von unterschiedlichen Lieferanten zu beziehen. Dabei erstreckt sich die Austauschbarkeit der einzelnen Produkte nicht nur auf das Verhältnis der Hardware zu den problembezogenen Anwenderprogrammen, sondern auch zu Betriebssystemen. Die in diesen Fällen mit **verschiedenen Lieferanten** geschlossenen Verträge sind grundsätzlich voneinander unabhängig, worauf unten ausführlicher eingegangen wird. Vertragsrechtlich schwieriger stellt sich die Situation in den Fällen dar, in denen der Anwender die einzelnen Hardware- und Softwarekomponenten über einen **Gesamtlieferanten** bezieht. Hier stellt sich die Frage, welche Auswirkungen eine fehlerhafte Komponente auf das Rechtsverhältnis im Hinblick auf die fehlerfreie Komponente hat, sei es, dass die gelieferte Software mangelhaft ist[272] und die Hardware ordnungsgemäß funktioniert, sei es, dass allein die Hardware mangelhaft ist. Übertragen werden können die Überlegungen zur Koppelung von Hard- und Software auch auf andere Fälle von Vertragskoppelungen, etwa eines Softwareüberlassungsvertrags mit einer **Schulungsvereinbarung** oder einem **Pflegevertrag**[273]. In diesen Fällen ist indes allein auf § 139 BGB abzustellen.

a) Ein einheitlicher Vertrag über Hard- und Software

Ausgangspunkt der vertragsrechtlichen Beurteilung ist die Untersuchung, ob Lieferant und Anwender einen **einheitlichen Vertrag** geschlossen haben, der die jeweiligen Einzelkomponenten umfasst, oder ob die Vertragsparteien über die jeweiligen Komponenten auch jeweils **getrennte Verträge** abschlossen. Ob ein Vertrag oder mehrere Verträge geschlossen wurden, bestimmt sich allein nach dem **Parteiwillen**[274], der anhand der Umstände des Einzelfalls erforscht werden muss und vom *BGH* in ständiger Rechtsprechung dahingehend umschrieben wird, entscheidend sei, ob nach dem Willen der Parteien die Vereinbarungen für sich allein gelten oder „miteinander stehen und fallen" sollen[275]. Generalisierungen sind insoweit nicht möglich.

---

[270] Vgl. *EuGH*, 7.9.2016, C-310/15, NJW 2016, 3423 ff.
[271] Vgl. ABl.EG vom 11.6.2015 Nr. L 149/22 ff.
[272] Vgl. zum Problem der Softwaremängel ausführlich unten Rdn. 1437 ff. sowie Rdn. 1473 ff.
[273] Vgl. hierzu etwa *OLG Hamm*, 3.2.1997, 13 U 153/96, CR 1998, 202, 203.
[274] Vgl. *BGH*, 22.9.2016, III ZR 427/15, NJW 2016, 3525, 3526 Tz. 16; *OLG Köln*, 14.2.2013, 19 U 166/12, CR 2014, 367, 368; *OLG Köln*, 11.1.2013, 19 U 81/07, CR 2014, 427, 433; ferner etwa den Prozessvortrag der Beklagten im Fall des *OLG Koblenz*, 19.9.2007, 1 U 1614/05, CR 2008, 148.
[275] Vgl. *BGH*, 22.9.2016, III ZR 427/15, NJW 2016, 3525, 3526 Tz. 16; *BGH*, 30.3.2011, VIII ZR 99/10, BeckRS 2011, 9200 Tz. 26; *BGH*, 24.10.2006, XI ZR 216/05, NJW-RR 2007, 395,

853 Ein in der Regel leicht nachprüfbares Indiz für den jeweiligen Parteiwillen ist die Anzahl der verwendeten **Vertragsurkunden**. So entspricht es ständiger Rechtsprechung[276] und allgemeiner Meinung in der Literatur[277], dass der ausschlaggebende Einheitlichkeitswille der Parteien zu vermuten ist, wenn die verschiedenen Geschäfte in einer **einheitlichen Urkunde** niedergelegt sind. Demgegenüber sprechen **getrennte Vertragsurkunden** prima facie für die Selbstständigkeit der Rechtsgeschäfte[278], jedoch kann dies im Einzelfall anders zu beurteilen sein[279] gleichwie auch eine Einheitlichkeit nicht durch die willkürliche Verwendung getrennter Urkunden aufgelöst werden kann[280]. Auch die Vermutung der Einheitlichkeit des Rechtsgeschäfts bei äußerlicher Verbindung in einer einzigen Vertragsurkunde greift jedoch nur dann durch, wenn die Vermutung nicht durch objektive Umstände widerlegt wird. Derartige objektive Umstände können sich etwa daraus ergeben, dass es sich einerseits um einen handelsüblichen Desktop-Computer handelt, der weder für spezielle Bedürfnisse konstruiert oder eingerichtet ist, und es sich andererseits auch bei der Software nicht um besonders angepasste Spezialsoftware, sondern um Standardsoftware handelt[281]. In einem solchen Fall kann die Austauschbarkeit der Einzelkomponenten die Vermutung der Einheitlichkeit widerlegen, jedoch sind weitere **Umstände des Einzelfalls,** wie etwa die Werbung des Lieferanten, die Vertragsverhandlungen der Parteien[282], die mangelnde Sachkunde des Anwenders[283], zusätzliche Verpflichtungen des Lieferanten wie Installation, Vernetzung, Beratung und Mitarbeiterschulung[284], und gegebenenfalls auch die Art der Preisberechnung[285] ebenfalls zu berücksichtigen. Gegen einen Einheitlichkeitswillen spricht etwa die Vereinbarung eines vertraglichen Rückgaberechts nur für die Software, denn dies lässt darauf schließen, dass Hard- und Software ein eigenständiges Schicksal als getrennte Kaufgegenstände haben können sollen[286]. Demgegenüber spricht eine Vereinbarung in einem Hardwarevertrag, dass „das Gesamtvertragswerk in enger Abhängigkeit von der Lauffähigkeit der zu liefernden Software" steht, selbst dann für einen Einheitlichkeitswillen, wenn Hard- und Softwarelieferant personenverschieden sind[287].

854 Unbeachtlich für die Beurteilung der Einheitlichkeit des Rechtsgeschäfts ist, ob über die jeweiligen Einzelkomponenten Vereinbarungen getroffen wurden, die ei-

---

396 Tz. 17; *OLG Köln,* 14.2.2013, 19 U 166/12, CR 2014, 367, 368; *OLG Köln,* 11.1.2013, 19 U 81/07, CR 2014, 427, 433.

[276] Vgl. *BGH,* 22.9.2016, III ZR 427/15, NJW 2016, 3525, 3526 Tz. 16; *BGH,* 24.10.2006, XI ZR 216/05, NJW-RR 2007, 395, 396 Tz. 17; *OLG Köln,* 14.2.2013, 19 U 166/12, CR 2014, 367, 368; *OLG Köln,* 11.1.2013, 19 U 81/07, CR 2014, 427, 433; *OLG Koblenz,* 19.9.2007, 1 U 1614/05, CR 2008, 148.

[277] Vgl. *Palandt/Ellenberger* § 139 Rdn. 5; MünchKomm/*Busche,* § 139 Rdn. 19; *Stögmüller* CR 2015, 424, 427.

[278] Vgl. *BGH,* 22.9.2016, III ZR 427/15, NJW 2016, 3525, 3526 Tz. 18; *BGH,* 30.3.2011, VIII ZR 99/10, BeckRS 2011, 9200 Tz. 26.

[279] Vgl. *BGH,* 22.9.2016, III ZR 427/15, NJW 2016, 3525, 3526 Tz. 18; *BGH,* 30.3.2011, VIII ZR 99/10, BeckRS 2011, 9200 Tz. 26.

[280] Vgl. *LG Bonn,* 19.12.2003, 10 O 387/01, CR 2004, 414, 415.

[281] Vgl. *BGH,* 25.3.1987, VIII ZR 43/86, NJW 1987, 2004, 2007.

[282] Vgl. *OLG Hamm,* 12.11.1990, 31 U 53/90, MarlyRC 1990 Nr. 45.

[283] Vgl. *LG Aachen,* 20.1.1994, 6 S 28/92, NJW-RR 1995, 49.

[284] Vgl. *OLG Köln,* 14.2.2013, 19 U 166/12, CR 2014, 367, 368; *OLG Koblenz,* 19.9.2007, 1 U 1614/05, CR 2008, 148.

[285] Vgl. *BGH,* 7.3.1990, VIII ZR 56/89, NJW 1990, 3011, 3012 f.

[286] Vgl. *LG Stuttgart,* 14.8.1992, 20 665/91, CR 1993, 500, 501.

[287] Vgl. *LG Frankfurt,* 1.4.1992, 3/3 O 116/91, CR 1993, 285, 286; grundsätzlich auch *LG Bonn,* 19.12.2003, 10 O 387/01, CR 2004, 414, 415.

nem identischen Vertragstypus unterfallen oder unterschiedlichen Vertragstypen zuzurechnen sind[288]. Es handelt sich in den letztgenannten Fällen um ein gemischtes Vertragsverhältnis[289]. Ein einheitliches Rechtsgeschäft kann daher auch vorliegen, wenn bei getrennter Vereinbarung hinsichtlich der Hardware ein Kaufvertrag nach §§ 433 ff. BGB, hinsichtlich der erst zu erstellenden Software ein Werkvertrag gemäß §§ 631 ff. BGB gegeben wäre[290]. Möglich sind darüber hinaus Kombinationen insbesondere von kauf-, werk-, miet- und leasingvertraglichen Elementen.

Unwirksam und daher unbeachtlich sind Allgemeine Geschäftsbedingungen des Lieferanten, die dahin gehen, die Einheitlichkeit des Rechtsgeschäfts durch entgegenstehende Klauseln, sog. **Trennungsklauseln** oder auch **Entkoppelungsklauseln,** zu beseitigen. Hierbei ist es gleichgültig, ob die Beurteilung als einheitlich unmittelbar verhindert werden soll, oder ob sich die Klausel lediglich auf die Rechtsfolgen einer einheitlichen Beurteilung bezieht und lediglich eine mittelbare Auswirkung auf die Einstufung als einheitlich zu erreichen gesucht wird. Klauseln wie „Eine Zusammengehörigkeit der unter diesem Vertrag zu erbringenden Leistungen mit anderen Leistungen besteht nicht"[291] oder „Macht der Anwender Gewährleistungsrechte geltend, hat dies keinen Einfluss auf weitere zwischen ihm und dem Hersteller geschlossene Verträge"[292] sind daher im Ergebnis gleich zu bewerten. In beiden Fällen liegt ein Widerspruch zwischen den Individualabreden und den Allgemeinen Geschäftsbedingungen vor, sodass nach dem **Vorrangprinzip des § 305b BGB** sowohl im Unternehmensverkehr als auch im Geschäftsverkehr mit Verbrauchern die Einbeziehung der der Individualabrede widersprechenden Klausel in den Vertrag scheitert. Dies gilt auch dann, wenn die Einheitlichkeit des Rechtsgeschäfts durch **konkludente** Individualvereinbarungen begründet ist, wie dies häufig der Fall sein wird, denn auch konkludenten Individualvereinbarungen kommt der Vorrang vor widersprechenden Allgemeinen Geschäftsbedingungen gem. § 305b BGB zu[293]. Gleiches gilt selbst dann, wenn die Individualabrede erst nachträglich und mündlich getroffen wurde[294].

855

Nicht zu beanstanden ist es jedoch, die Trennungsklausel bei der Prüfung des Einheitlichkeitswillens als Indiz heranzuziehen. Insoweit kann den Allgemeinen Geschäftsbedingungen eine – wenngleich begrenzte – Funktion der Individualvertragskonkretisierung zukommen[295]. Neben dem über § 305b BGB eintretenden grundsätzlichen Nichteinbezug der Trennungsklauseln in den Vertrag verstoßen diese bei Vorliegen eines Einheitlichkeitswillens aber auch gegen § 307 Abs. 2 Nr. 1 BGB, weil eine in Allgemeinen Geschäftsbedingungen enthaltene Trennung eines einheitlichen Rechtsgeschäfts mit den wesentlichen Grundgedanken der gesetzlichen Regelung unvereinbar ist. Sofern eine vom Klauselverwender akzeptierte wirtschaftliche

856

---

[288] Vgl. *BGH*, 22.9.2016, III ZR 427/15, NJW 2016, 3525, 3526 Tz. 18; *BGH*, 30.3.2011, VIII ZR 99/10, BeckRS 2011, 9200 Tz. 26; *LG Bonn*, 19.12.2003, 10 O 387/01, CR 2004, 414, 415; Palandt/*Ellenberger* § 139 Rdn. 5; MünchKomm/*Busche* § 139 Rdn. 18; für Österreich ÖOGH, 3.8.2005 – 9 Ob 81/04h, MMR 2006, 152.
[289] Vgl. LG Nürnberg-Fürth, 30.11.1984, 2 HK O 1497/82, BB 1986, 277, 278.
[290] Vgl. *OLG Koblenz*, 4.10.1991, 2 U 403/88, NJW-RR 1992, 688, 689; *OLG Karlsruhe*, 4.10.1990, 12 U 30/90, CR 1991, 280, 281; *LG Berlin*, 16.6.1986, 99 O 130/84, CR 1987, 295, 296; *LG Nürnberg-Fürth*, 30.11.1984, 2 HK O 1497/82, BB 1986, 277, 278.
[291] Vgl. *Mehrings* CR 1986, 269, 270.
[292] Vgl. *Zahrnt* BB 1988, 1687, 1690.
[293] Vgl. *BGH*, 21.9.2005, XII ZR 312/02, NJW 2006, 138, 139; *Wolf/Lindacher/Pfeiffer* § 305b Rdn. 5; Palandt/*Grüneberg* § 305b BGB Rdn. 2.
[294] Vgl. *BGH*, 21.9.2005, XII ZR 312/02, NJW 2006, 138, 139.
[295] Grundsätzlich *Wolf/Lindacher/Pfeiffer* § 305b Rdn. 10.

Einheit eines Gesamtgeschäfts aus zwei Verträgen mit unterschiedlichen Vertragspartnern vorliegt, betrachtet der *BGH* eine Trennungsklausel auch als vom Leitbild des Vertrags sowie dem vertraglich verfolgten Zweck abweichend, weshalb sie sowohl ungewöhnlich als auch überraschend im Sinne des § 305c Abs. 1 BGB sei[296]. Der *BGH* sieht ferner einen Verstoß gegen § 307 Abs. 2 Nr. 2 BGB, da die Klausel durch einseitige Vertragsgestaltung missbräuchlich die eigenen Interessen des Klauselverwenders auf Kosten des Kunden durchsetzen wolle, ohne dessen Interessen angemessen zu berücksichtigen[297].

aa) Einheitlichkeit des Vertragsgegenstandes nach § 93 BGB

857   Sofern nach dem Willen der Vertragsparteien ein einheitlicher Vertrag über die Hard- und Software vorliegt, ist zunächst zu prüfen, ob es sich hier um eine rechtlich **einheitliche Sache** im Sinne des § 93 BGB handelt[298], oder ob sich das Vertragsverhältnis auf **mehrere Sachen** bezieht, die lediglich als nach dem Parteiwillen zusammenhängend behandelt werden. Das Bedürfnis nach einer strikten Unterscheidung rührte daher, dass ein Gesamtrücktrittsrecht nur bei einheitlichen Sachen immer besteht. Liegt keine einheitliche Sache vor, kann der Gläubiger nur unter den Voraussetzungen des § 323 Abs. 5 BGB vom ganzen Vertrag zurücktreten.

858   Die Frage, wann Computerhardware und Software eine einheitliche Sache bilden, lässt sich anhand abstrakter Kriterien nur schwer umschreiben. Ausgangspunkt einer Überprüfung muss die Legaldefinition des § 93 BGB sein, demzufolge wesentliche Bestandteile einer Sache, die nicht voneinander getrennt werden können, ohne dass der eine oder der andere Bestandteil zerstört oder in seinem Wesen verändert wird, nicht Gegenstand besonderer Rechte sein können. Entscheidend ist daher, ob die Hard- und Software im jeweiligen Fall ein Gesamtsystem darstellen, das durch eine Trennung in seinem Wesen verändert oder zerstört würde[299]. Dies ist entsprechend der herrschenden **Verkehrsauffassung** zu beurteilen, wohingegen der **Parteiwille** diesbezüglich **unbeachtlich** ist[300]. Sollte sich die Verkehrsanschauung hinsichtlich der Beurteilung der Einheitlichkeit ändern, was im Hinblick auf die Verselbstständigung des Hard- und Softwaremarkts nicht ausgeschlossen ist, so ist auf den **Zeitpunkt des Vertragsschlusses** abzustellen, denn nur so wird gewährleistet, dass die Vertragsparteien zum Zeitpunkt des Vertragsschlusses die rechtlichen Konsequenzen ihres Geschäfts in hinreichendem Maße überschauen können, da sie auf die Entwicklung der Verkehrsauffassung keinen Einfluss haben.

859   Eine einheitliche Sache liegt nach der Verkehrsauffassung dann vor, wenn die Software **fest** in die Hardware **integriert** ist wie z.B. bei reinen Schachcomputern, Taschenrechnern, elektronischen Kassen und ähnlichem[301]. Auch eine gegebenenfalls bestehende technische Möglichkeit einer Trennung ändert in diesen Fällen grund-

---

[296] Vgl. *BGH*, 8.7.2009, VIII ZR 327/08, NJW 2009, 3295, 3296 Tz. 18.
[297] Vgl. *BGH*, 8.7.2009, VIII ZR 327/08, NJW 2009, 3295, 3296 Tz. 18.
[298] Zur Unterscheidung von natürlicher und rechtlicher Einheit *Soergel/Marly*, 13. Aufl. 2000, Vor § 90 Rdn. 4.
[299] Vgl. *BGH*, 4.11.1987, VIII ZR 314/86, NJW 1988, 406, 409; *LG Aachen*, 20.1.1994, 6 S 28/92, NJW-RR 1995, 49.
[300] Vgl. *BGH*, 11.11.2011, V ZR 231/10, NJW 2012, 778 Tz. 11; *BGH*, 23.1.1996, X ZR 105/93, NJW 1996, 1745, 1747; *BGH*, 4.11.1987, VIII ZR 314/86, NJW 1988, 406, 409; *OLG Düsseldorf*, 21.1.2000, 22 U 122/99, NJW-RR 2000, 1223 f.; *Soergel/Marly*, 13. Aufl. 2000, § 93 Rdn. 3; *Palandt/Ellenberger* Überbl. v. § 90 Rdn. 5.
[301] Hier wird man von einer natürlichen und rechtlichen Einheit der Sache auszugehen haben; vgl. hierzu grundsätzlich *Soergel/Marly*, 13. Aufl. 2000, Vor § 90 Rdn. 4.

sätzlich nichts an der Einstufung als einheitliche Sache[302]. Gleiches gilt für den Fall eines **herstellerspezifischen Betriebssystems** und der entsprechenden Hardware, denn beide Komponenten können unter technisch-wirtschaftlichem Gesichtspunkt nicht sinnvoll voneinander getrennt werden, weil sie ansonsten mangels alternativer Einsatzmöglichkeiten erheblich entwertet würden. Dies ist etwa bei einigen **Smartphone-Betriebssystemen** der Fall, die sich nicht ersetzen lassen und sich nur für die Mobiltelefone eines bestimmten Herstellers eignen[303]. Gleiches gilt für bestimmte **Tablet-PCs.** Eine einheitliche Sache kann aber auch dann anzunehmen sein, wenn eine sog. **Branchenkomplettlösung** vorliegt, die für ein wenig verbreitetes Betriebssystem entwickelt wurde und die darüber hinaus an die speziellen Bedürfnisse eines einzelnen Anwenders angepasst war. Auch hier liegt nach der Verkehrsauffassung eine einheitliche Kaufsache im Sinne des § 93 BGB vor[304].

Dass ein Computer nebst Software **als** eine **Gesamtheit betrieben** wird, weil Software ohne Hardware nicht nutzbar ist und umgekehrt, reicht für die Annahme eines einheitlichen Kaufgegenstands ebenso wenig aus wie die von der Erfahrung geleitete Vorstellung, es sei am besten, **Hard- und Software aus einer Hand** zu beziehen[305]. Letztgenannter Gedanke trifft auch auf andere als zusammengehörend verkaufte Gegenstände zu, ohne dass sie allein deshalb als einheitlicher Kaufgegenstand zu qualifizieren wären[306]. 860

bb) Als zusammengehörend gelieferte Hard- und Software

Liegt nach allgemeiner Verkehrsauffassung keine einheitliche Sache vor, sondern handelt es sich **objektiv um mehrere Sachen,** so kann sich ein Recht zum Rücktritt vom ganzen Vertrag aus § 323 Abs. 5 BGB ergeben[307]. Im Falle einer mietweisen Überlassung kann ein Gesamtkündigungsrecht nach §§ 543 Abs. 2 S. 1 Nr. 1, 323 Abs. 5 (analog) BGB[308] bestehen. Es ist im **ersten Schritt** zu prüfen, ob ein **einheitlicher Vertragsgegenstand** vorliegt. Ist dies der Fall, handelt es sich um „zusammengehörende Sachen". Diese Frage wurde oben[309] bereits umfassend erörtert. Handelt es sich um Sachen, die „nicht zusammengehören", muss im **zweiten Schritt** untersucht werden, ob sie „**als zusammengehörend verkauft**" bzw. als zusammengehörend vermietet werden. Ist diese Frage zu bejahen, dann ist in einem **dritten Schritt** zu untersuchen, ob die **Erheblichkeitsgrenze** überschritten wird. Diesbezüglich muss unterschieden werden: Der Mangel der Einzelsache darf nicht unerheblich sein. Andernfalls besteht kein Rücktrittsrecht, auch kein Teilrücktrittsrecht. Ist der Mangel der Einzelsache nicht nur unerheblich, besteht ein über das Teilrücktrittsrecht hinausgehendes Recht zum Rücktritt vom ganzen Vertrag nur dann, wenn der Mangel für den ganzen Vertrag und nicht nur die einzelne Sache erheblich ist. 861

---

[302] Vom Erfordernis technischer Unteilbarkeit, das nach objektiven Kriterien zu beurteilen sei, spricht demgegenüber *BGH,* 7.3.1990, VIII ZR 56/89, NJW 1990, 3011, 3012; ähnlich *Stögmüller* CR 2015, 424, 425.
[303] Die Möglichkeit des sog. „Jailbreak", mit dem die Nutzungsbeschränkungen entfernt werden können, bleibt nach der Verkehrsauffassung mangels Verbreitung außer Betracht.
[304] Vgl. *OLG München,* 15.2.1989, 27 U 386/88, CR 1990, 646, 650.
[305] Vgl. *OLG Düsseldorf,* 21.1.2000, 22 U 122/99, NJW-RR 2000, 1223, 1224.
[306] Vgl. *BGH,* 4.11.1987, VIII ZR 314/86, NJW 1988, 406, 409; *OLG Düsseldorf,* 21.1.2000, 22 U 122/99, NJW-RR 2000, 1223, 1224.
[307] Vgl. *OLG Köln,* 14.2.2013, 19 U 166/12, CR 2014, 367, 368 f.
[308] Für eine analoge Anwendung dieser Vorschrift im Rahmen von § 543 Abs. 2 S. 1 Nr. 1 BGB *Palandt/Weidenkaff* § 543 Rdn. 43.
[309] Vgl. hierzu oben Rdn. 857 ff.

862 Die Prüfung des zweiten Schritts, ob also die Hard- und Software als zusammengehörend verkauft wurde, ist eine Frage des Einzelfalls und richtet sich nach den **Absichten** und **Interessen** der Vertragsparteien sowie dem **Vertragszweck**[310]. Eine ausdrückliche Regelung dieser Frage im Vertrag ist nicht erforderlich, vielmehr kann die Unteilbarkeit der Leistung auch stillschweigend durch konkludente Absprachen erfolgen[311]. In der Regel ist von einem Verkauf der Sachen als zusammengehörend auszugehen, wenn die Parteien den Vertrag über die einzelnen Sachen nur im Hinblick auf die durch einen bestimmten gemeinschaftlichen Zweck hergestellte Verbindung abschließen und die Verbindung dazu bestimmt erscheint, zusammenzubleiben[312]. Dies ist etwa dann der Fall, wenn sich der Anwender vom Lieferanten ein Komplettsystem[313] zusammenstellen lässt, das auf die Bedürfnisse des Anwenders abgestimmt ist[314]. Erforderlich ist jedoch, dass die Zweckverbindung in irgendeiner Weise **bekundet** wurde, dass dem Lieferanten die vom Anwender intendierte Zweckverbindung zumindest **erkennbar**[315] war und von ihm **hingenommen** wurde[316]. Eine derartige bekundete Zweckverbindung liegt sicher dann vor, wenn der Lieferant von sich aus ein Komplettsystem (Gesamtlösung) anbietet und in seinem Angebotsschreiben ausführt, „all diese Leistungen in einem Paket vereint" böten alle Voraussetzungen für eine erfolgreiche Zusammenarbeit. Nimmt der Anwender ein solches Angebot an, ergibt sich, dass die Parteien beabsichtigen, den Vertrag in der durch den gemeinschaftlichen Zweck, den Einsatz von Hard- und Software im Betrieb des Anwenders, hergestellten Verbindung abzuschließen[317]. Gegen eine Teilbarkeit der Leistungen kann auch ein den Umständen zu entnehmendes ernsthaftes Interesse des Anwenders sprechen, bei späteren Betriebsstörungen nicht dem Streit verschiedener Lieferanten über die Ursache ausgesetzt zu sein[318]. Eine Zusammengehörigkeit liegt ferner dann vor, wenn ein aus Hard- und Software bestehendes Computersystem ausdrücklich als einheitliches System verkauft wird (Gesamtlösung)[319] und dem Erwerber in den Allgemeinen Geschäftsbedingungen des Verkäufers zudem die Verpflichtung auferlegt wird, die gelieferte Software nur auf der **vom Verkäufer bezogenen Hardware** einzusetzen[320]. Auch bei Hardware, die zusammen mit sog. OEM-Software[321] verkauft wird, ist regelmäßig von einer Zusammengehörigkeit auszugehen. Gleiches gilt für den Fall, dass bei vorinstallierter Software ein für die Programmnutzung erforderlicher **Lizenzschlüssel** in der **Firmware des Mainboards** gespeichert ist und mangels Einsehbarkeit des Schlüssels für den Anwender auf diese Weise die Software untrennbar mit der Hardware verknüpft wird[322].

---

[310] Vgl. *BGH*, 23.1.1996, X ZR 105/93, NJW 1996, 1745, 1747; *OLG Köln*, 4.11.2002, 19 U 27/02, CR 2003, 246, 248.
[311] Vgl. *BGH*, 7.3.1990, VIII ZR 56/89, NJW 1990, 3011, 3012; *OLG Köln*, 14.2.2013, 19 U 166/12, CR 2014, 367, 368.
[312] Vgl. *BGH*, 21.1.1987, VIII ZR 26/86, NJW 1987, 2435, 2437.
[313] Der *BGH*, 7.3.1990, VIII ZR 56/89, NJW 1990, 3011, 3012 spricht von „Gesamtlösung"; ebenso *OLG Köln*, 4.11.2002, 19 U 27/02, CR 2003, 246, 248.
[314] Vgl. *OLG Köln*, 4.11.2002, 19 U 27/02, CR 2003, 246, 248.
[315] So *BGH*, 7.3.1990, VIII ZR 56/89, NJW 1990, 3011, 3012.
[316] Vgl. *BGH*, 25.3.1987, VIII ZR 43/86, NJW 1987, 2004, 2007.
[317] Vgl. *OLG Köln*, 4.11.2002, 19 U 27/02, CR 2003, 246, 248.
[318] Vgl. *BGH*, 7.3.1990, VIII ZR 56/89, NJW 1990, 3011, 3012.
[319] Vgl. *Stögmüller* CR 2015, 424, 427.
[320] Vgl. *BGH*, 14.7.1993, VIII ZR 147/92, NJW 1993, 2436, 2438; *BGH*, 4.11.1992, VIII ZR 165/91, CR 1993, 203, 205; zuvor bereits *BGH*, 7.3.1990, VIII ZR 56/89, NJW 1990, 3011, 3012.
[321] Vgl. zum Begriff unten Rdn. 1075.
[322] Vgl. *Meyer-Spasche/Störing/Schneider* CR 2013, 131 f.

Nicht ausreichend ist demgegenüber, wenn nicht ein Wille zur rechtlichen Einheit 863 des Geschäfts vorliegt, sondern lediglich eine wirtschaftliche Verknüpfung erfolgen soll[323]. Eine solche lediglich wirtschaftliche Motivation, die für sich allein zur Begründung der rechtlichen Einheit nicht ausreicht, liegt etwa dann vor, wenn der Anwender die Hardware deshalb bei diesem Verkäufer erwarb, weil er auch die Software von ihm bezog, ohne dass weitere Gründe für diese Entscheidung bestanden[324]. Wird jedoch infolge des gleichzeitigen Erwerbs von Hard- und Software eine besondere Preisvereinbarung getroffen, kommt es beiden Parteien erkennbar auf einen Zusammenschluss beider Geschäfte an, weshalb in diesen Fällen mehr als eine lediglich wirtschaftliche Verknüpfung besteht, sondern von einer auch rechtlichen Einheit auszugehen ist[325]. Ohne besondere Vereinbarungen oder außergewöhnliche Umstände des Einzelfalls ist es für die Annahme einer Geschäftseinheit ebenfalls nicht ausreichend, wenn lediglich **handelsübliche Hardware** sowie **handelsübliche Software** verkauft wird, da sich der Verwendungszweck in diesen Fällen auch durch nacheinander geschlossene Verträge oder durch Vereinbarungen mit mehreren selbstständigen Lieferanten erfüllen lässt[326]. Der Beurteilung als einheitliches Rechtsgeschäft steht demgegenüber nicht grundsätzlich entgegen, wenn die äußerlich selbstständigen Vertragsabschlüsse zeitlich auseinanderfallen, wenn also Hard- und Software nicht gleichzeitig ausgesucht und gekauft werden[327]. Entscheidend ist auch hier allein, ob die Sachen „als zusammengehörend" verkauft wurden. Bei einem erheblichen zeitlichen Abstand wird dies indes nur selten der Fall sein. Sollen die einzelnen Gegenstände aber zu einem einheitlichen Zeitpunkt ausgeliefert werden und nach dem Parteiwillen ein Komplettsystem darstellen, so kann eine Veräußerung als zusammengehörend auch dann anzunehmen sein, wenn die vervollständigende Komponente nachträglich in das Vertragsverhältnis aufgenommen wurde[328].

Im **dritten** und letzten **Schritt** ist eine **Erheblichkeitsprüfung** vorzunehmen. Ein 864 Recht zum Rücktritt vom ganzen Vertrag besteht nur, wenn der Mangel der Einzelsache für den ganzen Vertrag erheblich ist. Bei dieser Erheblichkeitsprüfung ist, wie bei der insoweit übereinstimmenden Vorschrift des § 281 Abs. 1 S. 3 BGB eine **umfassende Interessenabwägung** durchzuführen[329]. Gegen ein Recht zum Rücktritt vom ganzen Vertrag spricht aber etwa, dass die Hard- und Software jederzeit unabhängig voneinander nutzbar sind und das fehlerhafte Computerprogramm, dessen Wert weniger als 5 % der Gesamtkosten ausmacht, durch ein anderes ersetzt werden könnte[330]. Gleiches gilt natürlich, wenn der Anwender den anderweitigen Einsatz der Software sogar beabsichtigt[331]. Ein Rücktritt vom ganzen Vertrag kann in der Regel auch nicht mit der Berufung auf einen mangelhaften Monitor begründet werden, denn dieser könnte vom restlichen IT-System ohne weiteres getrennt und ersetzt werden[332].

---

[323] Vgl. *BGH*, 30.3.2011, VIII ZR 99/10, BeckRS 2011, 9200 Tz. 26.
[324] Vgl. *BGH*, 25.3.1987, VIII ZR 43/86, NJW 1987, 2004, 2007.
[325] Vgl. *BGH*, 7.3.1990, VIII ZR 56/89, NJW 1990, 3011, 3012 f.
[326] Vgl. *BGH*, 25.3.1987, VIII ZR 43/86, NJW 1987, 2004, 2007; *OLG Köln*, 29.10.1999, 19 U 94/99, CR 2000, 354, 355.
[327] Vgl. *OLG Hamm*, 12.11.1990, 31 U 53/90, CR 1991, 289, 290.
[328] Vgl. *OLG Hamm*, 14.2.2000, 13 U 196/99, NJW-RR 2000, 1224.
[329] Vgl. *BGH*, 7.3.2013, VII ZR 162/12, NJW 2013, 1431, 1433 Tz. 41; *Palandt/Grüneberg* § 281 Rdn. 47.
[330] Vgl. *OLG Köln*, 14.2.2013, 19 U 166/12, CR 2014, 367, 368, Ersatzsoftware als Open Source kostenlos verfügbar.
[331] Vgl. *OLG Köln*, 24.4.1998, 19 U 234/97, CR 1998, 728 (Ls.).
[332] Vgl. *OLG Düsseldorf*, 25.9.1998, 22 U 62/98, NJW-RR 1999, 563, 564; anders wegen besonderer Umstände des Einzelfalls *OLG Düsseldorf*, 21.1.2000, 22 U 122/99, NJW-RR 2000, 1223, 1224.

865 Neben diesen eher **technisch bedingten Nachteilen** wird der Anwender jedoch häufig auch einen sog. **merkantilen Nachteil** erleiden. Denn selbst wenn der Anwender die fehlerhafte Software durch ein Produkt eines anderen Herstellers ersetzen kann oder bei fehlerhafter Hardware Ersatz zu beschaffen wäre, müsste der Anwender hierfür häufig erheblich mehr bezahlen. Dies begründet sich durch die weit verbreitete Preispolitik der Lieferanten, Software und Hardware erheblich billiger zu vertreiben, wenn sie beim selben Lieferanten bezogen werden. Möchte der Anwender daher eine Einzelkomponente erwerben, wird er unter Umständen deutlich mehr bezahlen müssen, worin ein Nachteil liegt, der die erforderliche Erheblichkeit begründet. Die rein abstrakte Möglichkeit eines solchen merkantilen Nachteils reicht aber grundsätzlich für sich allein nicht aus[333]. Der konkrete Nachweis eines solchen Schadens wird dem Anwender bei der augenblicklichen Preispolitik der Lieferanten, die häufig auf „Bündelpreise" ausgerichtet ist, indes nicht schwer fallen. Gegen ein Gesamtrücktrittsrecht spricht demgegenüber, wenn separate Preise für die einzelnen Module eines Systems ausgewiesen werden und die Preisberechnung ohne Berücksichtigung des Erwerbs weiterer Module erfolgt[334].

cc) Das Sonderproblem der abweichenden Verjährungen

866 Eine besondere Schwierigkeit gekoppelter Hard- und Softwareverträge taucht dann auf, wenn die einzelnen Komponenten nicht zeitgleich ausgeliefert werden. Dies ist besonders häufig dann der Fall, wenn die Software zunächst noch hergestellt werden muss und die Hardware sofort bereitgestellt wird. Denkbar ist aber auch, dass die Software sofort zur Verfügung steht und die Hardware oder Teile davon infolge von Lieferengpässen erst später ausgeliefert werden kann. In diesen Fällen fragt sich, wann die **Verjährungsfrist für Mängelansprüche** zu laufen beginnt. In einer Entscheidung aus dem Jahre 1981 ging das *KG Berlin* von einer grundsätzlich getrennten Behandlung der jeweiligen Verjährungsfrist aus[335], was im konkreten Fall dazu führte, dass die Verjährungsfrist hinsichtlich der Hardware bereits abgelaufen war, bevor die Software ausgeliefert wurde. Ein unterschiedlicher Beginn der Verjährungsfrist erscheint jedoch bei als zusammengehörend verkaufter Hard- und Software, unabhängig davon, ob es sich um Standard- oder Individualsoftware handelt, nicht gerechtfertigt, sofern der Kunde infolge der Einzellieferung keine Möglichkeit hat, die Funktionsfähigkeit des zuerst gelieferten Gegenstands zu überprüfen. Vielmehr konnte trotz der Entscheidung des *KG Berlin* von jeher grundsätzlich davon ausgegangen werden, dass sich der auf die Einheitlichkeit des Rechtsgeschäfts beziehende Parteiwille zugleich auch auf die **Einheitlichkeit des Verjährungsbeginns** erstreckt, sodass im Rahmen eines Kaufvertrags der Beginn der Verjährungsfrist des § 438 BGB als bis zur vollständigen Lieferung hinausgeschoben gilt. Soweit bei zunächst zu erstellender Software Werkvertragsrecht Anwendung findet, muss die Leistung erst dann als Ganzes abgenommen werden, wenn sie als Einheit fehlerfrei funktioniert.

---

[333] Vgl. *OLG Koblenz*, 29.10.1993, 2 U 152/92, NJW-RR 1994, 1206, 1207.
[334] Vgl. *OLG Köln*, 14.2.2013, 19 U 166/12, CR 2014, 367, 369.
[335] Vgl. *KG Berlin*, 17.12.1981, 19 U 4221/78, DV-Rechtsprechung Bd. 2, S. 91, 92.

b) Getrennte Verträge über Hard- und Software bei identischem Lieferanten

aa) Einheitliches Rechtsgeschäft trotz getrennter Vertragsurkunden

Wenngleich getrennte Vertragsurkunden prima facie für die Selbstständigkeit der Rechtsgeschäfte sprechen[336], sind auch hier die weiteren Umstände des Einzelfalls zu berücksichtigen. Die oben dargelegten Beurteilungskriterien, die für die Begründung des Vorliegens eines einheitlichen Rechtsgeschäfts herangezogen wurden, können, da es sich insoweit um eine Entweder-oder-Entscheidung handelt, bei ihrem **Nichtvorliegen** zur Begründung der Selbstständigkeit der Rechtsgeschäfte dienen. Insoweit kann auf die Ausführungen zur Einheitlichkeit des Rechtsgeschäfts verwiesen werden. 867

bb) Selbstständige Rechtsgeschäfte

Liegen nach den obigen Kriterien gesonderte Verträge über Hard- und Software vor, stellt sich die Frage, ob eine Verbindung nicht doch noch über die Grundsätze des **einheitlichen Rechtsgeschäfts** im Sinne des § 139 BGB oder den Grundsätzen über den Wegfall der **Geschäftsgrundlage** gem. § 313 BGB erreicht werden kann. Es kann aber festgehalten werden, dass hierfür kein Bedürfnis besteht, soweit es sich um den Wegfall der Geschäftsgrundlage handelt. § 323 Abs. 5 S. 2 BGB findet sowohl bei Kauf- als auch bei Miet- als auch bei Werkverträgen Anwendung[337], sodass bereits im Rahmen der Prüfung, ob mehrere Sachen „als zusammengehörend" betrachtet wurden, eine Untersuchung des Einheitlichkeitswillens erfolgt. Liegt ein Einheitlichkeitswille vor, besteht ein Recht zum Rücktritt vom ganzen Vertrag bzw. ein Gesamtkündigungsrecht. Fehlt ein Einheitlichkeitswille, ist nicht ersichtlich, weshalb die demnach selbstständigen Verträge erneut auf ihre Selbstständigkeit hin untersucht werden sollen. 868

Sofern getrennte Verträge vorliegen, bestehen **keinerlei Wechselwirkungen** zwischen den einzelnen Vertragsverhältnissen. Der Verjährungsbeginn richtet sich nach dem jeweiligen Einzelvertrag, gleichwie keine Möglichkeit eines Gesamtrücktritts bzw. einer Gesamtkündigung wegen einer Mangelhaftigkeit einer Einzelkomponente besteht. 869

c) Verträge mit unterschiedlichen Vertragspartnern

Sofern der Anwender seine Hard- und Software von **unterschiedlichen Lieferanten** bezieht, liegen getrennte Verträge über die jeweiligen Einzelkomponenten vor, sodass eine Wechselwirkung zwischen den einzelnen Vertragsverhältnissen grundsätzlich ausscheidet[338]. Auch ist § 323 Abs. 5 S. 2 BGB bei Verträgen mit verschiedenen Vertragspartnern nicht (zumindest nicht unmittelbar) anwendbar. Problematisch ist das Fehlen jeglicher Wechselwirkungen jedoch in den Fällen, in denen nicht der Anwender auf eigene Initiative hin gezielt bei verschiedenen Lieferanten Verträge abschließt, sondern er ein Komplettsystem sucht, das ihm durch ein gewisses Zusammenwirken der verschiedenen Lieferanten geliefert werden soll. 870

Hinsichtlich der Prüfung einer rechtlichen Einheit bei mehreren Lieferanten wird im Schrifttum darauf abgestellt, ob die Lieferanten wirtschaftlich gesehen eine Ein- 871

---

[336] Vgl. *BGH*, 30.3.2011, VIII ZR 94/10, NJW 2011, 2874, 2876 Tz. 24; *BGH*, 24.10.2006, XI ZR 216/05, NJW-RR 2007, 395, 396 Tz. 17; *BGH*, 20.5.1966, V ZR 214/64, MDR 1966, 749 sowie oben Rdn. 853.
[337] Vgl. hierzu oben Rdn. 861.
[338] Vgl. *OLG Hamm*, 12.4.1989, 31 U 177/88, CR 1990, 200, 201.

heit bilden, etwa **konzernmäßig verbunden** sind[339], ob die beiden Lieferanten beim Anwender den Eindruck erwecken, sie stünden ihm als einheitliche Vertragspartner gegenüber[340], ob das gemeinsame Auftreten der Lieferanten den Willen zur Kopplung demonstriert[341] oder ein enger zeitlicher und sachlicher Zusammenhang der Einzelleistungen besteht[342]. Die Einführung dieser dem Gesetz nicht unmittelbar zu entnehmenden Kriterien durch das Schrifttum erscheint jedoch nicht erforderlich. Vielmehr lassen sich interessengerechte Ergebnisse auch durch eine analoge Anwendung des § 323 Abs. 5 S. 2 BGB erzielen. Entscheidend ist daher auch hier, ob ein Verkauf „als zusammengehörend" vorliegt, wobei der Parteiwille in Gestalt des **Einheitlichkeitswillens** den Prüfstein bildet. Wie bei einem Vertragsschluss zwischen zwei Parteien stellen die an sich selbstständigen Vereinbarungen nur dann ein einheitliches Rechtsgeschäft dar, wenn nach den Vorstellungen der Vertragschließenden die Vereinbarungen nicht für sich allein gelten, sondern gemeinsam miteinander „stehen und fallen" sollen. Dies wirft dann keine Probleme auf, wenn sowohl der Anwender als auch die verschiedenen Lieferanten diesen Einheitlichkeitswillen besitzen, was etwa dann der Fall sein wird, wenn sich die Angebote des Hardware- und des Softwarelieferanten in einer **einheitlichen Broschüre** oder einer **einheitlichen Webseite** befinden, wenn beide Lieferanten an der Beratung und Planung eines Komplettsystems **gemeinsam beteiligt** sind oder wenn die Lieferanten sonst wie zu erkennen geben, dass sie einen **gemeinschaftlichen Vertrieb** ihrer Produkte betreiben.

872 Fehlt **einem der Beteiligten** der Einheitlichkeitswille, so liegt insoweit auch kein einheitliches Rechtsgeschäft vor. Der betreffende Lieferant ist einer Wechselbeziehung seines Vertrags mit dem des anderen Lieferanten nicht ausgesetzt. Besitzt etwa der Hardwarelieferant infolge Unkenntnis von der Zweckverbindung keinen Einheitlichkeitswillen, kann der Anwender bei einem Mangel der Software nicht auch vom Hardwarevertrag zurücktreten. Umgekehrt kann sich der Softwarelieferant, dem die Zweckverbindung bekannt war, bei einem Mangel der Hardware nicht auf den fehlenden Einheitlichkeitswillen des Hardwarelieferanten berufen, denn die Ablehnung des Rücktritts vom ganzen Vertrag durch den Softwarelieferanten wäre rechtsmissbräuchlich. Im Falle eines **personal unvollständigen Einheitlichkeitswillens** ist daher auf das jeweilige Vertragsverhältnis abzustellen.

IV. Verträge über Freeware und Shareware

Inhaltsübersicht

	Rdn.		Rdn.
1. Terminologie dieser Sonderformen der Softwareüberlassung	873	d) Der Bezug von Freeware via Internet	895
2. Freeware	875	e) Die Weitergabe der Freeware durch Private	896
a) Gründe des Freeware-Herstellers (Public Domain-Softwareherstellers) für den Verzicht auf ein Nutzungsentgelt	877	3. Shareware	897
		a) Zielsetzung des Shareware-Konzepts	898
		b) Vertragstypologische Einordnung	900
b) Freeware und Urheberrecht	883	c) Shareware und Urheberrecht	903
c) Die unterschiedlichen Formen des Freeware-Vertriebs	891	d) Allgemeine Geschäftsbedingungen der Sharewareautoren	907

---

[339] Vgl. *Köhler/Fritzsche* in: Lehmann, Rechtsschutz und Verwertung von Computerprogrammen, S. 626 Rdn. 245.
[340] Vgl. *Pander* IuR 1987, 408 ff.
[341] Vgl. *Zahrnt* BB 1988, 1687, 1692.
[342] Vgl. *Zahrnt* BB 1988, 1687, 1692.

Schrifttum: *v. Busse,* Verträge über Freeware und Shareware, 2002 (www.jurawelt.com/download/dissertationen/tenea_juraweltbd3.pdf); *Hoeren,* Der Public-Domain-Vertrag, CR 1989, 887 ff.; *Müller-Broich,* Autodistributive Computersoftware, 1998; *Plaß,* Open Contents im deutschen Urheberrecht, GRUR 2002, 670 ff.

1. Terminologie dieser Sonderformen der Softwareüberlassung

Eine Sonderstellung gegenüber den gewerbsmäßig und vornehmlich mit Gewinnerzielungsabsicht vertriebenen Computerprogrammen nehmen die sog. Freeware und die sog. Shareware ein. Beide **Vertriebsformen**[343] stammen aus den USA, wo sie sich sehr schnell am Markt durchsetzen konnten. Computerprogramme, die als Freeware oder Shareware vertrieben werden, stießen in der Bundesrepublik zunächst auf große Zurückhaltung, konnten sich aber mittlerweile am Markt etablieren. Insbesondere im Bereich der **Smartphones** und **Tablet-PCs** ist Freeware außerordentlich weit verbreitet, weshalb diesen Sonderformen der Softwareüberlassung neben dem wachsenden wirtschaftlichen Gewicht auch unter rechtlichen Gesichtspunkten eine besondere Aktualität und weiter zunehmende Bedeutung zukommt. Auf die Problematik der Apps für Smartphones und Tablet-PCs wird indes in einem eigenständigen Abschnitt eingegangen[344]. Gleiches gilt für die unter gewissem Blickwinkel verwandte Erscheinung der **Open Source Software,** die ebenfalls zur im Wesentlichen unentgeltlichen Nutzung überlassen wird. Wegen der Besonderheiten der Open Source Software auch in rechtlicher Hinsicht wird aber auch diese in einem eigenen Abschnitt abgehandelt[345]. 873

Noch vor einigen Jahren wurde von den Softwareherstellern und -händlern meist zwischen **Public Domain-Software** auf der einen und **Shareware** auf der anderen Seite unterschieden, während in den wenigen seinerzeit veröffentlichten juristischen Stellungnahmen zu diesen Formen der Softwareüberlassung der Begriff der Public Domain-Software vereinzelt als Oberbegriff verwendet wurde, der die sog. **Freeware** und als Gegenstück hierzu die Shareware umfassen sollte[346]. Zwischenzeitlich hat sich die Gegenüberstellung von Free- und Shareware durchgesetzt[347]. 874

2. Freeware

Freeware lässt sich weder durch eine aufgabenbezogene Begriffsbestimmung umschreiben, wie dies bei bestimmten funktionsbezogenen Softwarebezeichnungen der Fall ist, etwa den Textverarbeitungsprogrammen, der Kommunikationssoftware und ähnlichen Bezeichnungen, noch kann aus der Tatsache, dass es sich um ein Freeware-Programm handelt, auf eine bestimmte **Güte** oder aber **Unprofessionalität** geschlossen werden. Freeware gibt es zu nahezu **sämtlichen Einsatzbereichen** eines Computers und von der einfachsten Primitivsoftware bis zum ausgefuchsten Profi-Programm. In Bezug auf die letztgenannte große Bandbreite der Softwarequalität soll indes nicht verkannt werden, dass die meisten Freeware-Programme allenfalls als semiprofessionell bezeichnet werden können. 875

---

[343] Da die Vertriebsform das typenprägende Unterscheidungskriterium zu anderen Softwareüberlassungen darstellt, verwendet *Müller-Broich* S. 11 den Begriff „autodistributive Computersoftware". Dieser zutreffende Begriff hat sich aber nicht durchgesetzt.
[344] Vgl. hierzu unten Rdn. 1137 ff.
[345] Vgl. hierzu unten Rdn. 908 ff.
[346] So etwa *Hoeren* CR 1989, 887 ff.
[347] So *Müller-Broich* S. 6. Auch zu weiteren Begriffen und Erscheinungsformen wie Bookware, Bannerware, Timeware, Registerware, Aidware, Demoware und Crippleware S. 10 f.

876 Kennzeichen der Freeware ist, dass sie grundsätzlich von jedermann **unentgeltlich** genutzt werden darf und deshalb quasi in öffentlichem Eigentum (public domain) steht. Der Softwarehersteller verzichtet auf jegliche Vergütung und gestattet grundsätzlich jedem Benutzer, das Programm zu kopieren und/oder weiterzugeben[348]. Vermutlich wegen der Kostenfreiheit des Programms hat sich der Begriff Freeware gegenüber Public Domain-Software durchgesetzt. Nach heutigem Begriffsverständnis wird Software aber nur dann als Public Domain-Software bezeichnet, wenn die Software nicht nur unentgeltlich benutzt werden darf. Vielmehr darf der Rechtsinhaber gar keine Urheberrechte mehr geltend machen, das Programm also nicht nur „frei" geben im Sinne der Unentgeltlichkeit, sondern auch etwa im Sinne der **Veränderung** und **Weiterentwicklung**[349].

a) Gründe des Freeware-Herstellers (Public Domain-Softwareherstellers) für den Verzicht auf ein Nutzungsentgelt

877 Als Beweggründe für den Verzicht des Softwareherstellers auf ein Entgelt werden in der Literatur insgesamt fünf Erklärungen abgegeben, von denen jedoch nur die vier ersten der nachfolgend aufgelisteten Gründe zu überzeugen vermögen.

878 – Sofern die Entwicklung von Computersoftware mit US-amerikanischen **Steuergeldern** finanziert wurde, erfolgte die Finanzierung meist unter der Bedingung, dass die fertigen Programme „public domain" seien und deshalb jedermann frei zugänglich sein müssten. Dies führte und führt dazu, dass nicht nur zahlreiche kleine Hilfsprogramme (sog. utilities) und sonstige Mini-Programme zur Public Domain-Software zählen, sondern darüber hinaus auch teils anspruchsvolle Kompilierer zu den verschiedensten Programmiersprachen und sogar bei Forschungsprojekten entwickelte Expertensysteme als Public Domain-Software freigegeben werden.

879 – Ein wesentlicher Teil des Aufschwungs bei der Freeware wurde vom Idealismus uneigennützig handelnder Hobby-Programmierer beigesteuert, die ihre in der Freizeit entwickelten Programme anderen zugänglich machen wollten, ohne hiervon finanziell zu profitieren.

880 – Mitarbeiter großer amerikanischer Softwarehäuser gaben Hilfsprogramme als Freeware frei, die sie bei der Entwicklung großer professioneller Computerprogramme als **Zwischenprodukte** erstellt hatten. Antriebsgedanke für die Freigabe dieser teilweise sehr leistungsstarken Hilfsprogramme war, dass man sich viel Arbeit ersparen könne, wenn viele professionelle Programmierer ebenso handelten und dadurch letztendlich **unnötige Parallelentwicklungen** vermieden würden.

881 – Eine andere Entwicklung auf dem Freeware-Markt geht dahin, mit Gewinnerzielungsabsicht entwickelte Computersoftware zunächst als Freeware in den Umlauf zu bringen, um Anwender an das Produkt heranzuführen und nach Möglichkeit an dieses zu binden, sodass bei späteren Versionen oder solchen mit einem größeren Leistungsumfang der Anwender erneut zum Produkt des ihm mittlerweile bekannten Softwareherstellers greift und nunmehr **entgeltlich** erwirbt.

882 – Insbesondere im Bereich der Apps für Smartphones, aber auch im Bereich der PC-Software anzutreffen ist schließlich solche Software, die zwar grundsätzlich die Voraussetzungen von Freeware erfüllt, deren Freigabe aber rein kommerzielle Beweggründe hat. Möglich ist etwa, dass sich die Software über **Werbeeinblendungen** finanziert (Addware) oder dann z. B. für die Werbewirtschaft interessante Informationen über den Softwareanwender (Daten als Entgelt) ermittelt werden,

---

[348] Vgl. *Kreutzer* CR 2012, 146, 147 Fußn. 2.
[349] Vgl. *Müller-Broich* S. 6 f.

wie die Bewegungsprofile oder Kontaktadressen zu anderen Personen, die anschließend vermarktet werden können.

b) Freeware und Urheberrecht

Da seit dem Inkrafttreten der Urheberrechtsnovelle von 1993 und der damit verbundenen Herabsetzung der Anforderungen an das Eingreifen des Urheberrechtsschutzes[350] auch Freeware überwiegend urheberrechtlich geschützt ist[351], bestehen einige zu beachtende Besonderheiten. Entgegen einem weit verbreiteten Irrglauben ist der Verzicht des Softwareherstellers auf eine Nutzungsvergütung durch den Anwender nicht mit dem Verzicht auf das Urheberrecht und den damit einhergehenden Schutz verbunden[352]. Dies widerspräche der in § 29 S. 2 UrhG festgeschriebenen **Unübertragbarkeit des Urheberrechts,** aus der nach einhelliger Auffassung auch seine **Unverzichtbarkeit** im Ganzen folgt[353], sodass allenfalls auf einzelne Verwertungsrechte verzichtet werden kann[354]. Der Verzicht auf eine Vergütung der Softwarenutzung ist vielmehr dahingehend zu werten, dass der Urheber durch eine an die Allgemeinheit gerichtete Erklärung jedem Anwender ein einfaches Nutzungsrecht im Sinne des § 31 Abs. 2 UrhG einräumt[355], das diesen berechtigt, die Computersoftware auf die ihm erlaubte Art zu nutzen. Darüber hinaus wird, ebenfalls durch die an die Allgemeinheit gerichtete Erklärung, jedem Besitzer einer Programmkopie das Recht zur Verbreitung im Sinne der §§ 69c Nr. 3, 15 Abs. 1 Nr. 2 und 17 UrhG eingeräumt. Sinngemäß lauten dementsprechend sämtliche der in den Programmdokumentationen der Freeware vorzufindenden Regelungen: „Die XY-Software kann kostenlos benutzt, kopiert und an andere weitergegeben werden."

883

Die Zulässigkeit einer derartigen unentgeltlichen Einräumung eines einfachen Nutzungsrechts für jedermann ist auch vom Gesetzgeber anerkannt. Im Rahmen der Urheberrechtsnovelle 2002 durch das Gesetz zur Stärkung der vertraglichen Stellung von Urhebern und ausübenden Künstlern vom 22.3.2003[356] wurde eine im Gesetzgebungsverfahren als „**Linux-Klausel**" bezeichnete Regelung[357] in § 32 Abs. 3 S. 3 UrhG eingeführt, die dem ausdrücklich Rechnung trägt[358].

884

Sowohl die Einräumung des Nutzungs- als auch die des Verbreitungsrechts werden in der Regel in der jeweiligen Programmdokumentation umschrieben und an verschiedene **Bedingungen** geknüpft bzw. inhaltlich beschränkt. So ist es im Hinblick auf die Nutzung der Software durch den Anwender weithin üblich, eine **Änderung des Gesamtprogramms** oder **einzelner Dateien** zu untersagen[359]. Hierin liegt eine nach § 31 Abs. 1 S. 2 3. Alt. UrhG zulässige inhaltliche Beschränkung des Nutzungsrechts, die es bei der völlig freien „Public Domain-Software" nicht gibt. **Freeware** und **Public Domain-Software** gleichen sich daher nur im Hinblick auf die Un-

885

---

[350] Vgl. hierzu ausführlich oben Rdn. 105 ff.
[351] So ohne eingehende Begründung auch *LG Stuttgart*, 19.8.1993, 17 O 382/93, CR 1994, 162, 163 das *LG München I*, 3.6.1992, 21 O 8607/92, NJW-RR 1993, 1323, 1324 hatte den Urheberrechtsschutz für Shareware vor Inkrafttreten der Urheberrechtsnovelle noch verneint.
[352] So aber wohl *OLG Frankfurt*, 20.4.1989, 6 U 213/88, NJW 1989, 2631.
[353] Vgl. *Schricker/Loewenheim/Ohly* § 29 Rdn. 15 ff.; *Fromm/Nordemann/J. B. Nordemann* § 29 Rdn. 12.
[354] Vgl. *BGH*, 23.2.1995, I ZR 68/93, NJW 1995, 1556, 1557.
[355] Vgl. *Plaß* GRUR 2002, 670, 673; *Schricker/Loewenheim/Spindler* § 69c Rdn. 3.
[356] Vgl. BGBl. I vom 28.3.2002, S. 1155 ff.
[357] Vgl. die Beschlussempfehlung und den Bericht des Rechtsausschusses zum Gesetzesentwurf der Bundesregierung, BT-Drucks. 14/8058 vom 23.1.2002, S. 19.
[358] Vgl. *LG München I*, 19.5.2004, 21 O 6123/04, MMR 2004, 693, 695.
[359] Beispiel: „No user may modify XY in any way".

entgeltlichkeit, während sie sich hinsichtlich des **Nutzungsumfangs** unterscheiden. Diesbezüglich unterliegt Freeware verschiedenen Einschränkungen, wohingegen Public Domain-Software völlig frei nutzbar ist, also etwa auch verändert und sodann in veränderter Form weitergegeben werden darf, ohne dass hierin ein Verstoß gegen §§ 69c Nr. 2, 23 S. 1, 39 Abs. 1 UrhG läge. Auch ein Freeware-Programmmodul darf daher nicht **in das eigene Programm integriert** werden, sofern dies die entsprechenden Nutzungsbedingungen nicht erlauben[360].

886 Problematisch ist, ob die bei Freeware ebenfalls vorzufindende Regelung urheberrechtliche Wirkung entfaltet, die dahin geht, das betreffende Programm nur zum **privaten Gebrauch** benutzen zu dürfen. Dies wird man wohl verneinen müssen[361], weil eine derartige Beschränkung des Nutzungsrechts auf eine bestimmte Ausübungsart üblicherweise nicht zum Inhalt des Urheberrechts gezählt wird. Dies rechtfertigt sich aus der Überlegung, dass der mit dem Urheberrecht bezweckte Schutzgedanke dahin geht, dem Urheber die Erfassung aller Verbraucher zu ermöglichen[362] und seine Entgeltforderung durchzusetzen. Das Nutzungsrecht darf daher nur so weit beschränkt werden, dass es noch einen Ausschnitt der urheberrechtlichen Verwertungsbefugnis zum Inhalt hat, wozu jedoch einzelne bestimmte Ausübungsarten des Nutzungsrechts nicht gezählt werden können. Der *BGH* hat hierzu ausgeführt, eine eigenständige Nutzungsart könne im Hinblick auf den Gebrauchszweck vorliegen gleichwie die Vervielfältigung zum privaten Gebrauch eine eigenständige Nutzungsart darstellen könne, was z. B. § 53 Abs. 1 UrhG belege. Vor dem Hintergrund, dass Computerspiele üblicherweise der Unterhaltung und Zerstreuung der Spieler dienen und nicht dazu bestimmt sind, Dritten die Erzielung wirtschaftlicher Vorteile zu ermöglichen, hält er eine Nutzung eines Computerspiels zum privaten Gebrauch für eine eigenständige Nutzungsart[363]. Diesen speziellen Fall wird man allerdings schwerlich verallgemeinern können.

887 Auf Grund der urheberrechtlichen Unbeachtlichkeit könnten derartige Einschränkungen allenfalls **schuldrechtliche Verpflichtungen** zwischen dem Softwarehersteller und dem Anwender entfalten[364], jedoch müsste dann eine Überprüfung anhand § 307 BGB erfolgen. Dieser Überprüfung hält eine derartige Regelung aber stand, weil die Trennung zwischen privater und Erwerbszwecken dienender Nutzung mit den wesentlichen Rechten oder Pflichten eines als Schenkung zu wertenden Freeware-Vertrags zwischen Hersteller und Anwender insoweit vereinbar erscheint, als sie als grundsätzlich zulässige Auflage im Sinne des § 525 Abs. 1 BGB verstanden werden kann.

888 Soweit die **Weiterverbreitung** der Freeware vom jeweiligen Programmierer einer einschränkenden Regelung unterworfen wird, was häufig der Fall ist, richten sich die dann vom Hersteller intendierten Einschränkungen in der Regel nicht gegen den ohne **Gewinnerzielungsabsicht** handelnden Privatanwender, sondern gegen solche Anwender, die die in der Software enthaltene geistige Leistung des Herstellers auf eigene Rechnung ausbeuten wollen. Üblicherweise finden sich Regelungen wie: „No fee, charge or other compensation may be accepted or requested by any user". Gelegentlich findet sich sogar der Hinweis darauf, die Software dürfe nicht in Verbindung mit einem anderen Produkt weitergegeben werden (sog. Verbot des „bund-

---

[360] Für den insofern gleichlautenden Fall bei Open Source Software *LG Bochum*, 20.1.2011, I-8 O 293/09, MMR 2011, 474 f.
[361] Zustimmend *Plaß* GRUR 2002, 670, 675; *Wandtke/Bullinger/Grützmacher* § 69c Rdn. 72.
[362] In dieser Richtung grundsätzlich schon die Begründung zum Regierungsentwurf des Urhebergesetzes von 1965 BT-Drucks. IV/270, 56.
[363] Vgl. *BGH*, 6.10.2016, I ZR 25/15, GRUR 2017, 266, 270 Tz. 45 f.
[364] Vgl. *Plaß* GRUR 2002, 670, 675.

ling"), was gegen solche Anwender gerichtet ist, die zur Verkaufsförderung eines eigenen Produkts die entsprechende Freeware als kostenlose Zugabe verwenden wollen[365] oder die Programme aus unterschiedlichen Quellen sammeln und diese dann zusammengefasst als Sammel-CD auf den Markt bringen. Derartige Sammel-CDs oder DVDs werden oftmals auch den einschlägigen Computerzeitschriften beigelegt. Diese Programmauslieferung auf Sammel-Datenträgern kann untersagt werden[366].

Ebenso häufig wie das Verbot einer nennenswerten Gewinnerzielung findet sich eine Regelung der Weitergabe dahingehend, dass stets nur die **gesamte Software** bzw. sämtliche zu einem Programmpaket zugehörigen und meist einzeln aufgezählten Dateien kopiert und weitergegeben werden dürfen[367]. Auch die **urheberrechtliche Wirksamkeit** derartiger Einschränkungen des Verbreitungsrechts ist nicht völlig unproblematisch. Grundsätzlich kann das Verbreitungsrecht nach §§ 69c Nr. 3, 17 Abs. 1 UrhG auch beschränkt eingeräumt werden, wozu gem. § 31 Abs. 1 S. 2 3. Alt. UrhG insbesondere auch Beschränkungen inhaltlicher Art zählen. Insoweit erscheint eine Beschränkung der Weiterverbreitung der Computersoftware nur in vollständiger und unveränderter Form unproblematisch. Die Beschränkung eines Verbreitungsrechts wirkt jedoch infolge des in §§ 69c Nr. 3 S. 2, 17 Abs. 2 UrhG verankerten Erschöpfungsgrundsatzes[368] dann nicht, wenn das Werk, sei es im Original oder in Form eines Vervielfältigungsstücks, mit Zustimmung des Urhebers im Wege der Veräußerung im Gebiet der Europäischen Gemeinschaften oder eines anderen Vertragsstaats des Abkommens über den Europäischen Wirtschaftsraum in den Verkehr gebracht wurde. Übertragen auf die Weiterverbreitung von Freeware bedeutet dies, dass das Verbreitungsrecht des Urhebers an dem von ihm in Umlauf gebrachten Werkstück in der Regel erschöpft ist, weil die von ihm vorgenommene Erstverbreitungshandlung eine Schenkung im Sinne des § 516 BGB darstellt und Schenkungen nach einhelliger Auffassung zu den von §§ 69c Nr. 3 S. 2, 17 Abs. 2 UrhG erfassten Veräußerungsgeschäften zählen[369]. Vermeiden kann der Programmhersteller diese für ihn unerfreuliche Rechtsfolge nur, wenn er dem Erstbeschenkten eine entsprechende schuldrechtliche Beschränkung auferlegt, da dies unabhängig von der für §§ 69c Nr. 3 S. 2, 17 Abs. 2 UrhG ausschlaggebenden Verbreitungshandlung geschieht[370]. Dieser Weg versagt jedoch, sobald die Kette der Beschränkungsauferlegungen abreißt, weil der schuldrechtlichen Vereinbarung **keine absolute Wirkung** zukommt. Die Weiterverbreitung kann dann wegen § 17 Abs. 2 UrhG das ausschließliche Verbreitungsrecht des Softwareherstellers aus § 17 UrhG nicht mehr verletzen.

Dennoch scheidet ein Rückgriff auf §§ 69c Nr. 3 S. 2, 17 Abs. 2 UrhG in der Regel schon deshalb aus, weil sich die Erschöpfung des Verbreitungsrechts immer nur auf das Original oder ein bestimmtes Vervielfältigungsstück auswirkt, das der Berechtigte in den Verkehr gebracht hat. Die durch Vervielfältigungen geschaffenen neuen Vervielfältigungsstücke werden indes nicht erfasst, weshalb auch die vom Anwender angefertigten neuen Programmkopien nicht dem Erschöpfungsgrundsatz unterfallen[371].

---

[365] Gegen eine dingliche Wirkung derartiger Verbote zu Recht *Müller-Broich* S. 112.
[366] Vgl. *Wandtke/Bullinger/Grützmacher* § 69c Rdn. 72.
[367] Beispiel aus den Programmdokumentationen: „You are encouraged to copy and distribute this program to others, with the stipulation that this notice not be removed."
[368] Vgl. hierzu ausführlich oben Rdn. 181 ff. sowie unten Rdn. 1596 ff.
[369] Vgl. hierzu oben Rdn. 184.
[370] Vgl. hierzu unten Rdn. 1605.
[371] Vgl. *Plaß* GRUR 2002, 670, 678; zum gleichen Ergebnis gelangt *Müller-Broich* S. 114 f., der aber auf die urheberpersönlichkeitsrechtliche Regelung des § 39 UrhG abstellen möchte.

c) Die unterschiedlichen Formen des Freeware-Vertriebs

891 Freeware steht in dem Ruf, besonders häufig virenverseucht[372] zu sein. Ob dies wirklich der Fall ist, vermag der Autor nicht zu beurteilen, jedoch ist dies angesichts des viele Einzelstationen durchlaufenden Verbreitungswegs der Programme nicht nur denkbar, sondern sogar ziemlich wahrscheinlich. Da die von Computerviren verursachten Schäden sehr groß sein können und darüber hinaus eine sehr große Anzahl von Anwendern betroffen sein kann, erscheint eine Klärung des zwischen Freeware-Lieferant und Anwender bestehenden Rechtsverhältnisses dringend vonnöten. Dabei muss zwischen zwei **Hauptvertriebswegen** unterschieden werden, der Bereitstellung der Software zum **Download**[373] und dem Vertrieb auf sog. **Sammel-CDs** oder auch **DVDs**, bei denen zahlreiche Programme auf einer CD gespeichert und sodann gemeinsam vertrieben, etwa einer PC-Zeitschrift beigefügt werden. In dieser letztgenannten Variante liegt ein Kaufvertrag vor, sodass diesbezüglich keine gesonderten Erörterungen notwendig sind.

892 Ein besonderes Problem besteht bei der Beurteilung der Frage, ob und inwieweit ein Freeware-Lieferant zur Haftung herangezogen werden kann, wenn die von ihm vertriebene Software virenverseucht ist. Trotz der enormen Aufmerksamkeit, die den Computerviren allgemein zuteil wird, bestehen nach wie vor große Informationsdefizite, weshalb an anderer Stelle ausführlich auf diese Erscheinung eingegangen wird[374]. Ausreichend ist an dieser Stelle die Feststellung, dass es zwar zur Zeit keine Möglichkeit gibt, sämtliche Computerviren etwa durch allgemeinfunktionsfähige Suchprogramme aufzuspüren, jedoch ist es möglich, zumindest einige der bereits bekannten und besonders weit verbreiteten Viren mit Hilfe verschiedener Virenschutzprogramme zu erkennen. Den Einsatz eines derartigen **Virencheckers** muss zu der den Lieferanten treffenden **Prüfungspflicht** gezählt werden. Wenngleich zu dieser Frage immer noch keine unmittelbar einschlägigen Urteile vorliegen, kann insoweit auf einen alten Parallelfall verwiesen werden, in dem das *LG Kleve*[375] einen Fachverlag für IT-Zeitschriften für verpflichtet hielt, ein Virensuchprogramm einzusetzen, um seiner Untersuchungspflicht gem. § 377 HGB gegenüber einem Unternehmen zu genügen, das für den Verlag Datenträger duplizierte.

893 Der Prüfungspflicht kann sich der Freeware-Lieferant auch nicht durch eine in seinen **Geschäftsbedingungen** aufgenommene Klausel vollständig entziehen, die ihn von jedweder Haftung freistellen soll. Wenngleich zahlreiche Freeware-Lieferanten verschiedene Klauseln in ihre Geschäftsbedingungen aufgenommen haben, die dies zu erreichen suchen, liegt hierin ein Verstoß nicht nur gegen § 309 Nr. 7b) BGB, sondern auch gegen § 307 Abs. 2 Nr. 1 BGB.

894 Gleiches muss auch dann gelten, wenn der Freeware-Lieferant zwar nicht expressis verbis die eigene Haftung ausschließt, sondern etwa durch die Formulierung „Der Anwender muss für alle Schäden, die durch die Benutzung der Programme entstehen, selbst aufkommen" die **alleinige Haftung des Kunden** zu erreichen sucht. Dies folgt daraus, dass über den Umweg der vollständigen Kundenhaftung im Ergebnis eine gänzliche Haftungsfreistellung des Lieferanten erfolgen soll, die § 309 Nr. 7b) BGB gerade verhindern will[376].

---

[372] Vgl. zur Beschreibung der Computerviren unten Rdn. 1512 ff.
[373] Vgl. hierzu auch oben Rdn. 720 und ausführlich oben Rdn. 801 ff.
[374] Vgl. hierzu unten Rdn. 1512 ff.
[375] Vgl. *LG Kleve*, 29.6.1995, 7 O 17/95, CR 1996, 292, 293.
[376] *Wolf/Lindacher/Pfeiffer* § 309 Nr. 7 Rdn. 49.

d) Der Bezug von Freeware via Internet

Soweit die Freeware zum Download von einem Internet-Server angeboten wird, bestehen grundsätzlich die gleichen Probleme wie allgemein bei der Softwareüberlassung mittels Telekommunikation, sodass insoweit auf die allgemeine Darstellung dieses Problems verwiesen werden kann[377]. Drängendste der verschiedenen Fragestellungen ist auch hier die **Haftung** des Server-Betreibers für **mangelhafte Computersoftware,** insbesondere für solche, die infolge von Fehlfunktionen oder Virenverseuchung Schäden beim Anwender verursacht. Dies wurde jedoch im vorigen Gliederungspunkt bereits erörtert. Es ist auf die Einhaltung der Prüfungspflicht abzustellen und das Vorliegen einer schuldhaften Pflichtverletzung zu prüfen.

895

e) Die Weitergabe der Freeware durch Private

Neben den verschiedenen Möglichkeiten des Verbreitens mittels Telekommunikation stellt die Weitergabe von einem privaten Anwender an einen anderen einen weiteren großen Verbreitungsweg der Freeware dar. Auch hier stellt sich die Frage, ob jeden weitergebenden Anwender eine aus einem Dienstvertrag oder einem Auftragsverhältnis herzuleitende Pflicht zur Prüfung der betreffenden Software vor oder bei der Vervielfältigung trifft. Dies wird man indes für den Regelfall verneinen müssen, denn bei dieser Form der Softwareweitergabe fehlt es an einem zur Annahme eines verpflichtenden Rechtsgeschäfts notwendigen **Rechtsbindungswillen**[378]. Vielmehr bleibt die Weitergabe von Freeware unter rechtlichen Gesichtspunkten eine bloße Handschenkung im Sinne des § 516 BGB, bei der allein die vom Gesetz geforderte Einigung über die Unentgeltlichkeit der Zuwendung als Vertrag zu qualifizieren ist, sodass eine Haftung wegen eines Sachmangels nach der Regelung des § 524 Abs. 1 BGB nur eintritt, sofern der Schenker den Fehler **arglistig** verschweigt. Nach herrschender Meinung umfasst die Haftung aus § 524 Abs. 1 BGB aber auch die **Folgeschäden**[379]. Verschweigt der Schenker daher etwa arglistig eine Virenverseuchung des weitergegebenen Programms, trifft ihn eine Haftung für **sämtliche** durch die Verseuchung verursachten Schäden.

896

3. Shareware

Wie bei der Freeware lässt sich auch bei der Shareware keine Umschreibung nach typischen Einsatzgebieten, einem bestimmten Gütegrad oder einem typischen Benutzerkreis geben. Kennzeichen der Shareware ist vielmehr ein in den USA entwickeltes **Vermarktungskonzept**[380].

897

a) Zielsetzung des Shareware-Konzepts

Das Konzept beruht unter anderem auf den Überlegungen, ein Softwareanwender könne erst nach einer **gewissen Anwendungszeit** des Programms wirklich entscheiden, ob das Programm seinen Anforderungen genügt. Ferner wird davon ausgegangen, ein nach dem Test vom jeweiligen Produkt überzeugter Anwender werde den Programmautoren eine **angemessene Vergütung** nicht verweigern, insbesondere

898

---

[377] Vgl. hierzu oben Rdn. 801 ff.
[378] Zur Abgrenzung der bloßen Gefälligkeit von der rechtlich verbindlichen Vereinbarung *BGH*, 10.7.2015, V ZR 206/14, GRUR 2016, 109, 111 Tz. 28 m. w. N.
[379] Vgl. *Palandt/Weidenkaff* § 524 Rdn. 6.
[380] Von einem Shareware-Vertriebskonzept spricht der *BGH*, 24.6.1999, I ZR 51/97, NJW-RR 2000, 184.

wenn die Software sehr preiswert angeboten wird (Qualitätssoftware zu günstigen Preisen). Aus diesem Grund erhält der Anwender die Software zunächst **kostenlos zur Erprobung.** Ebenso weit verbreitet wie der Bezug von Shareware über beigefügte Datenträger in PC-Zeitschriften ist der Bezug über das Internet. Insofern bestehen keine Unterschiede zur Freeware.

899 Nicht mit dem ursprünglichen Shareware-Konzept in Einklang steht die Entwicklung auf dem Softwaremarkt, derzufolge dieses Konzept zum **Standardvertriebsweg** für jegliche Software umgestaltet wird. So wird mittlerweile auch kommerzielle Software in großem Umfang auf CDs, DVDs oder Internetservern kostenlos angeboten. Bei diesen Produkten handelt es sich um sog. **30-Tage-Versionen** oder **90-Tage-Versionen,** bei denen der Anwender die Software entsprechend lange unentgeltlich benutzen darf. Nach Ablauf der Testperiode muss der Anwender sodann das übliche Entgelt zahlen, um einen „Lizenzschlüssel" für den Dauerbetrieb zu erhalten.

b) Vertragstypologische Einordnung

900 Das oben dargelegte Vertriebskonzept der Shareware wirft zahlreiche rechtliche Probleme auf, die von der vertragstypologischen Einordnung der abgeschlossenen Verträge bis zur Frage nach der urheberrechtlichen Wirksamkeit der einzelnen von den Programmautoren erklärten Regelungen reichen und die allesamt als juristisch immer noch nicht umfassend aufgearbeitet bezeichnet werden müssen. Soweit ersichtlich liegen gerichtliche Entscheidungen zur vertragsrechtlichen Problematik immer noch nicht vor, sodass auf Rechtsprechung insoweit nicht oder nur in **Analogieschlüssen** zurückgegriffen werden kann. Die vor Jahren veröffentlichten Stellungnahmen in der Literatur[381] zur Frage der Rechtsnatur der Shareware-Verträge vermögen im Ergebnis nicht zu überzeugen. Sie sind vielfach überholt, da sie vor dem Hintergrund „klassischer" Freeware- und Shareware-Händler verfasst wurden, die die betreffenden Programme auf Bestellung hin auf Datenträger kopierten und sodann dem Anwender zuschickten. Dieser gezielte Versand einzelner Programme wird seit Jahren nicht mehr praktiziert. Auch hier kann insoweit für gegebenenfalls doch noch aufkommende Fragen auf die Vorauflage verwiesen werden.

901 In neuerer Zeit erhält ein Anwender Shareware entweder auf Sammel-CDs, die den einschlägigen PC-Zeitschriften beiliegen, per Download oder mittels Weitergabe durch Private. Wie bereits bei den Ausführungen zur Freeware erläutert[382], besteht im Falle des Softwaredownloads zwischen Anwender und Server-Betreiber entweder ein **dienstvertraglich geprägtes Schuldverhältnis** oder ein **Auftragsverhältnis,** je nachdem ob es sich um einen entgeltpflichtigen oder einen nicht entgeltpflichtigen Server handelt. Diese Beurteilung ist davon unabhängig, ob Freeware oder Shareware zum Download bereitgestellt wird. Gleiches gilt für die Übertragung eines bestimmten Programms, denn sowohl bei Freeware als auch bei Shareware liegt eine **Schenkung** im Sinne des § 516 BGB vor. Um eine Schenkung handelt es sich darüber hinaus auch bei der Weitergabe von Shareware zwischen privaten Anwendern[383]. Auch insoweit besteht kein Unterschied zur Freeware. Schließlich liegt im Falle der in den PC-Zeitschriften enthaltenen Sammel-CDs oder Sammel-DVDs ein Kaufvertrag über die Zeitschrift unter Einschluss der beigefügten CD bzw. DVD vor.

902 Entscheidender Gesichtspunkt für die vertragstypologische Einordnung des zwischen **Programmautor und Anwender** bestehenden Rechtsverhältnisses ist entspre-

---

[381] Vgl. *Hoeren* CR 1989, 887 ff.; *Heymann* CR 1990, 6 ff.
[382] Vgl. hierzu oben Rdn. 894 sowie 801 ff.
[383] Vgl. *Müller-Broich* S. 216.

chend den voranstehenden Überlegungen nicht die Übergabe und Übereignung der Software an den Anwender, weil dieser bereits Besitzer und Eigentümer des Programmexemplars ist. Ausschlaggebend ist vielmehr, dass der Anwender zur rechtmäßigen Benutzung über die Testphase hinaus noch der Einräumung eines Nutzungsrechts in Form eines Vervielfältigungsrechts gem. §§ 69c Nr. 1, 16 Abs. 1 UrhG bedarf, weil jedes Laden des Programms in den Arbeitsspeicher nach der Rechtsprechung des *EuGH* sowie *BGH*[384] eine urheberrechtsrelevante Vervielfältigung darstellt. Indem der Anwender sich beim Programmautoren registrieren lässt, nimmt er das zuvor vom Programmautoren an die Allgemeinheit gerichtete Angebot an, ein über reine Testläufe hinausgehendes Nutzungsrecht einzuräumen. Der Inhalt eines derartigen Vertrags besteht somit in der Verpflichtung des Programmautors zur Einräumung eines Nutzungsrechts und in der Verpflichtung des Anwenders zur Zahlung einer Vergütung. Damit entsprechen die Typen prägenden Charakteristika den Voraussetzungen eines **Lizenzvertrags**[385].

c) Shareware und Urheberrecht

Wie bei der Freeware erteilt auch der Sharewareautor durch eine an die Allgemeinheit gerichtete Erklärung jedem Besitzer einer Programmkopie das **Recht zur Weiterverbreitung** im Sinne der §§ 69c Nr. 3, 15 Abs. 1 Nr. 2 und 17 UrhG[386]. Die entsprechenden Einschränkungen wie etwa die der Weitergabe nur in vollständiger Form sind grundsätzlich wirksam, während ein Recht des Programminhabers, die Shareware-Eigenschaft ohne Einhaltung zumindest einer gewissen Übergangsfrist aufzuheben und nur noch den Vertrieb einer neuen Programmversion zuzulassen, nicht besteht[387]. 903

Gegenüber den Darlegungen zur Freeware muss lediglich im Hinblick auf die an die Allgemeinheit gerichtete **Einräumung eines Vervielfältigungsrechts** eine abweichende rechtliche Würdigung erfolgen. Zunächst unterscheidet sich die auch bei Shareware vorzufindende Einräumung eines Vervielfältigungsrechts gegenüber der bei der Freeware dadurch, dass die Vervielfältigungen, die beim gewöhnlichen Programmlauf anfallen, grundsätzlich nur während der Testphase erlaubt werden. Wenngleich es im Wesentlichen dem jeweiligen Anwender überlassen bleiben muss, wie intensiv und insbesondere wie lange er die betreffende Software testet, bestehen doch gewisse Grenzen, die sich zwar nicht abstrakt benennen lassen, etwa durch Angabe einer bestimmten Frist, jedoch spätestens bei einer **missbräuchlich langen** „Testphase" überschritten sind. Hier wird eine Abwägung im Einzelfall unumgänglich sein. Als Anhaltspunkt kann etwa die in zahlreichen Nutzungsbedingungen zu Shareware zu findende Zeitspanne von **30 Tagen** dienen[388]. 904

Soweit sich der Sharewareautor diesbezüglich nicht der reinen Willkür eines jeden Anwenders aussetzen möchte, bleibt ihm allein die Möglichkeit, gewisse **softwaretechnische Einschränkungen** vorzunehmen. Als sinnvolle Einschränkungen können sog. Zeitschleifen dienen, die beim Programmstart Wartezeiten von wenigen Minuten bewirken, während deren Ablauf auf dem Bildschirm eine Bitte um Zahlung der Registrierungsgebühr ausgegeben wird. Als vertretbar erscheinen daneben solche Einschränkungen, die nur eine begrenzte Zahl von Programmaufrufen zulassen, so- 905

---

[384] Vgl. hierzu oben Rdn. 158 ff.
[385] Vgl. zur Umschreibung der Lizenzverträge oben Rdn. 697 f.
[386] Vgl. *Wandtke/Bullinger/Grützmacher* § 69c Rdn. 71.
[387] Vgl. *Wandtke/Bullinger/Grützmacher* § 69c Rdn. 71.
[388] Im Fall des *OLG Köln*, 12.7.1996, 6 U 136/95, CR 1996, 723 ff. lag die Testzeit bei 45 Tagen.

dass beispielsweise nach dem fünfzigsten Programmstart nur noch Registrierungshinweise auf dem Bildschirm erscheinen und das Programm selbst nicht mehr abläuft. Derartige Einschränkungen sind weder urheberrechtlich noch vertragsrechtlich zu beanstanden, denn es obliegt dem Programmautor, die Reichweite seiner gegenüber der Allgemeinheit erklärten Einräumung eines Nutzungsrechts zu bestimmen, und vor der Registrierung schuldet der Programmautor diese Nutzungsrechtseinräumung mangels Vertrags auch noch nicht schuldrechtlich.

906   Programme, mit denen die genannten softwaretechnischen Einschränkungen unterlaufen werden können, sind daher urheberrechtlich problematisch. Wird in den Programmcode der Shareware eingegriffen, liegt ein Verstoß gegen das Bearbeitungsrecht des § 69c Nr. 2 UrhG vor, denn der Programmautor hat solche Eingriffe nicht gestattet. Auf die entsprechenden Hilfsprogramme ist § 69f UrhG anzuwenden, da sie die unerlaubte **Umgehung** oder **Beseitigung technischer Programmschutzmechanismen** im Sinne dieser Vorschrift erleichtern.

d) Allgemeine Geschäftsbedingungen der Sharewareautoren

907   Üblicherweise liegen dem Anwender die in der Programmdokumentation enthaltenen Allgemeinen Geschäftsbedingungen des Programmautors vor, wenn er sich registrieren lässt und einen Lizenzvertrag abschließt[389]. Insoweit ist das Erfordernis der **zumutbaren Kenntnisnahme** zur Einbeziehung in den Vertrag gem. § 305 Abs. 2 Nr. 2 BGB unproblematisch. Weitere Voraussetzung für die Einbeziehung der Allgemeinen Geschäftsbedingungen in den Vertrag ist jedoch gem. § 305 Abs. 2 Nr. 1 BGB, dass der Verwender auf seine Geschäftsbedingungen **hinweist**. Diese Voraussetzung ist in der Regel nicht erfüllt, denn häufig fügen die Sharewareautoren ihren Programmdokumentationen vorgefertigte Vertragsformulare bei, auf denen jedoch ein Hinweis auf die ebenfalls in der Dokumentation enthaltenen Geschäftsbedingungen fehlt. Eine derartige Beilage der Allgemeinen Geschäftsbedingungen ohne Hinweis auf sie im Vertragsformular reicht für einen Einbezug in den Vertrag nicht aus[390]. Sofern ein wirksamer Einbezug der Allgemeinen Geschäftsbedingungen vorliegt, findet eine Überprüfung der jeweiligen Regelungen anhand der allgemeinen Vorschriften nach dem BGB statt.

V. Verträge über Open Source Software

Inhaltsübersicht

	Rdn.		Rdn.
1. Terminologie und tatsächlicher Hintergrund	908	bb) Die Miturheberschaft gem. § 8 UrhG	924
2. Open Source Software und Urheberrecht	916	cc) Die Werkverbindungen gem. § 9 UrhG	925
a) Die Anwendbarkeit des deutschen UrhG	916	c) Die Einräumung von Nutzungsrechten und deren Beschränkungen	926
b) Die Urheberschaft/Rechtsinhaberschaft an der Open Source Software	917	3. Der Vertrag zwischen Überlassendem und Anwender	932
aa) Das Bearbeiterurheberrecht gem. § 3 UrhG	921	4. Der Vertrag zwischen Programmautor und Anwender	934

---

[389] So auch im Fall des *OLG Köln*, 12.7.1996, 6 U 136/95, CR 1996, 723, 725.
[390] Vgl. *Wolf/Lindacher/Pfeiffer* § 305 Rdn. 73.

	Rdn.		Rdn.
5. Einige Einzelheiten zur GPL	943	b) Haftungs- und Mängelhaftungsklauseln	963
a) Die Frage nach der jeweils einschlägigen GPL-Version	944	7. Einzelne Vorschriften der GPL Vers. 3	966
b) Folgen des fehlenden Einbezugs der GPL in den Vertrag mit dem Rechtsinhaber	947	a) Urheberrechtsrelevante Vorschriften	967
6. Einzelne Vorschriften der GPL Vers. 2	951	b) Das Verhältnis zum Patentrecht	981
a) Urheberrechtsrelevante Vorschriften	951	c) Die Kompatibilität zu anderen Open Source-Lizenzverträgen	982
aa) Das Vervielfältigungsrecht	951		
bb) Das Recht zur Umarbeitung	953	d) Die Haftungs- und Mängelklauseln	983
cc) Das Recht zur Verbreitung	954		

Schrifttum: *Auer-Reinsdorff*, Escrow-Lizenzen und Open Source Software. Regelungsbedarf in Escrow-Vereinbarungen, ITRB 2009, 69 ff.; *Beardwood/Alleyne*, Open Source Hybrids and the Final GPLv3, CRi 2008, 14 ff.; *dies.*, The Price of Binary Freedom: The Challenge of Open Hybrid Software, CRi 2006, 97 ff.; *Böcker*, Die GPL v3 – ein Schutzschild gegen das Damoklesschwert der Softwarepatente?, in Open Source Jahrbuch 2007, S. 511 ff.; *Buchner/Brand-Dohrn/Wiebe*, European Public License (EUPL): Comments and Change Proposals, CR Beil. 12/2005; *Deike*, Open Source Software: IPR-Fragen und Einordnung ins deutsche Rechtssystem, CR 2003, 9 ff.; *Determann*, Softwarekombinationen unter der GPL, GRUR Int. 2006, 645 ff.; *Ebinger*, Tragen die Juristen Open-Source-Software zu Grabe? – Die GNU GPL vor Gericht, in: Open Source Jahrbuch 2005, S. 249 ff.; *Erenli*, Open Source. Geschichte, Philosophie, Recht, 2010; *Funk/Zeifang*, Die GNU General Public License, Version 3. Eine Analyse ausgewählter Neuregelungen aus dem Blickwinkel des deutschen Rechts, CR 2007, 617 ff.; *Galetzka*, Der strenge Copyleft-Effekt der GNU General Public License bei Interaktion von proprietärer Software mit Standard-CMS wie Joomla, Typo 3 oder Wordpress, in: Taeger, Internet der Dinge, 2015, S. 647 ff.; *Gehring/Lutterbeck*, Software-Patente im Spiegel von Softwareentwicklung und Open Source Software, in: Festschrift für Kilian, 2004, S. 301 ff.; *Gerlach*, Vergaberechtsprobleme bei der Verwendung von Open-Source-Fremdkomponenten, CR 2012, 691 ff.; *ders.*, Praxisprobleme der Open Source-Lizenzierung, CR 2006, 649 ff.; *Grassmuck*, Freie Software. Zwischen Privat- und Gemeineigentum, 2002; *Grützmacher*, Open Source Software und Embedded Systems. Eine Analyse vor dem Hintergrund der GNU GPL und LGPL, ITRB 2009, 184 ff.; *Grzeszick*, Freie Software – Eine Widerlegung der Urheberrechtstheorie, MMR 2000, 412 ff.; *Heckmann*, IT-Vergabe, Open Source Software und Vergaberecht, CR 2004, 401 ff.; *Heinzke*, Softwarelizenzierung mir Creative-Commons-Lizenzen?, CR 2017, 148 ff.; *Hengstler/Pfitzer*, Das wettbewerbsrechtliche Dilemma bei hybriden Softwareprojekten, K&R 2012, 169 ff.; *Heussen*, „Danaergeschenke, Dereliktion oder Haftung im Verein?". Offene Rechtsfragen um Free-Software, in: Festschrift für Kilian, 2004, S. 323 ff.; *ders.*, Rechtliche Verantwortungsebenen und dingliche Verfügungen bei der Überlassung von Open Source Software, MMR 2004, 445 ff.; *Hilber/Reintzsch*, Cloud Computing and Open Source – Wie groß ist die Gefahr des Copyleft bei SaaS?, CR 2014, 697 ff.; *Hirschfelder*, Open Access-Grundlagen, internationale Vorgaben, rechtliche Umsetzbarkeit, JurPC Web-Dok. 46/2009; Institut für Rechtsfragen der Freien und Open Source Software (ifrOSS), Die GPL kommentiert und erklärt, 2005; *Hoppen/Thalhofer*, Der Einbezug von Open Source-Komponenten bei der Erstellung kommerzieller Software, CR 2010, 275 ff.; *Huppertz*, Open Source Hardware – Ein erster Überblick, CR 2012, 697 ff.; *Jaeger/Metzger*, Open Source Software, 4. Aufl. 2016; *dies.*, Die neue Version 3 der GNU General Public License, GRUR 2008, 130 ff.; *dies.*, Open Content-Lizenzen nach deutschem Recht, MMR 2003, 431 ff.; *Jaeger/Schulz*, Gutachten zu ausgewählten rechtlichen Aspekten der Open Source Software, 2005 (www.ifross.de/ifross_html/art47.pdf); *Keppeler*, Wann erstreckt sich die GPL v2 auf eine komplexe Software „as a whole"?, CR 2015, 7 ff.; *Koglin*, Die Nutzung von Open Source Software unter neuen GPL-Versionen nach der „any later version"-Klausel, CR 2008, 137 ff.; *ders.*, Opensourcerecht, 2007; *ders.*, Copyleft und Urheberrecht. Rechtsfragen von Open-Source-Software am Beispiel der General Public Licence (GPL), 2002; *Koglin/Metzger*, Urheber- und Lizenzrecht im Bereich der Open-Source-Software, in: Open Source Jahrbuch 2004, 293 ff.; *Koch*, Urheber- und kartellrechtliche Aspekte der Nutzung von Open-Source-Software Teil I, CR 2000, 273 ff.; Teil II, CR 2000, 333 ff.; *Kreutzer*, Firmware, Urheberrecht und GPL. Zu den Folgen einer Verwendung von GPL-lizenzierten Open-Source-Software-Komponenten auf die Durchsetzung von Urheberrechten an Firmware, CR 2012, 146 ff.; *Kumar/Koglin*, GPL Version 3's DRM and Patent Clauses under

German and U.S. Law, CRi 2008, 33 ff.; *Laux/Widmer*, Produkthaftung für Open-Source-Software?, in: Open Source Jahrbuch 2007, S. 495 ff.; *Lenhard*, Vertragstypologie von Softwareüberlassungsverträgen. Neues Urhebervertragsrecht und neues Schuldrecht unter Berücksichtigung der Open Source-Softwareüberlassung, 2006; *Lutterbeck*, Sicherheit in der Informationstechnologie und Patentschutz für Software-Produkte – ein Widerspruch?, Kurzgutachten im Auftrag des Bundesministeriums für Wirtschaft und Technologie, 2000; *Mantz*, Open Content-Lizenzen und Verlagsverträge. Die Reichweite des § 33 UrhG, MMR 2006, 784 ff.; *Marly*, Das Verhältnis von Urheber- und Markenrecht bei Open Source Software, GRUR-RR 2010, 457 ff.; *Meents*, Rechtliche Aspekte des Einsatzes von Open Source Software im Internet der Dinge in; Taeger, Internet der Dinge, 2015, S. 665 ff.; *Metzger/Barudi*, Open Source in der Insolvenz, CR 2009, 557 ff.; *Metzger/Jaeger*, Open Source Software und deutsches Urheberrecht, GRUR Int. 1999, 839 ff.; *Meyer*, Miturheberschaft und Aktivlegitimation bei freier Software, CR 2011, 560 ff.; *ders.*, Miturheberschaft bei freier Software, 2011; *Müller/Gerlach*, Open-Source-Software und Vergaberecht, CR 2005, 87 ff.; *Nguyen*, Firmware als Sammelwerk und Auswirkungen des Viralen Effekts bei Nutzung einzelner Bestandteile, in: Taeger (Hrsg.), IT und Internet – mit Recht gestalten, 2012, S. 193 ff.; *Nimmer*, Coexisting with Free and Open Source Software, CRi 2006, 129 ff.; *Omsels*, Open Source und das deutsche Vertrags- und Urheberrecht, in: Festschrift für Paul W. Hertin, 2000, S. 141 ff.; *Picot*, Umgang mit Open Source Lizenzen in Outsourcing-Transaktionen, in: Taeger/Wiebe, Inside the Cloud – Neue Herausforderungen für das Informationsrecht, 2009, 153 ff.; *ders.*, Die deutsche Rechtsprechung zur GNU General Public License, in: Open Source Jahrbuch 2008, S. 185 ff.; *Plaß*, Open Contents im deutschen Urheberrecht, GRUR Int. 2002, 670 ff.; *Prokop*, Open Source Projektmanagement, 2010; Rautenstrauch, Open-Source-Computersoftware zwischen Urheber- und Kartellrecht, 2013; *Rosen*, OSL 3.0: A Better License for Open Source Software, CRi 2007, 166 ff.; *Sandl*, „Open Source"-Software: Politische, ökonomische und rechtliche Aspekte, CR 2001, 346 ff.; *Schaaf*, Open-Source-Lizenzen, 2013; *Schäfer*, Zum viralen Effekt der General Public License v. 2 (GPL). Kommentar zu LG Berlin, 8.11.2011, 16 O 255/10, K&R 2012, 127 ff.; *ders.*, Der virale Effekt. Entwicklungsrisiken im Umfeld von Open Source Software, 2007; *Schiffner*, Open Source Software – freie Software im deutschen Urheber- und Vertragsrecht, 2003; *Schötte*, Der Patentleft-Effekt der GPL v3. Risiken für das Patentportfolio beim kommerziellen Einsatz von Open-Source-Software, CR 2013, 1 ff.; *Schulz*, Open Source Software vor Gericht, MMR 2004, 573 f.; *ders.*, Dezentrale Softwareentwicklungs- und Softwarevermarktungskonzepte. Vertragsstrukturen in Open Source Modellen, 2005; *Sester*, Open-Source-Software: Vertragsrecht, Haftungsrisiken und IPR-Fragen, CR 2000, 797 ff.; *Siepmann*, Lizenz- und haftungsrechtliche Fragen bei der kommerziellen Nutzung freier Software, JurPC Web-Dok. 163/199; *Sobola*, Haftungs- und Gewährleistungsregelungen in Open Source Software-Lizenzbedingungen, ITRB 2011, 168 ff.; *Spindler*, Rechtsfragen bei Open Source, 2004; *ders.*, Open Source Software: Offene Rechtsfragen, in: Festschrift für Kilian, 2004, S. 355 ff.; *ders.*, Rechtsfragen der Open Source Software, Gutachten im Auftrag des Verbandes der Softwareindustrie Deutschlands (VSI); *Spindler/Wiebe*, Open-Source-Vertrieb, CR 2003, 873 ff.; *Stallmann*, The GNU Operating System and the Free Software Movement, in: DiBona/Ockmann/Stone, Open Sources. Voices from the Open Sources Revolution, 1999, S. 53 ff.; *Suchomski*, Der Copyleft-Effekt bei Cloud-Computing – Affero Public License Version 3 (AGPLv3), ITRB 2016, 90 ff.; *Teupen*, „Copyleft" im deutschen Urheberrecht 2007; *Thalhofer*, Commercial Usability of Open Source Software Licenses, CRi 2008, 129 ff.; *Wagner*, Aktuelle Möglichkeiten und rechtliche Probleme der Creative Commons-Lizenzmodelle, MMR 2017, 216 ff.; *Widmer/Bähler*, Open-Source-Lizenzen – Wesentliche Punkte für Nutzer, Entwickler und Vertreiber, in: Open Source Jahrbuch 2006, S. 165 ff.; *Wiebe*, Softwarepatente und Open Source, CR 2004, 881 ff.; *Wiebe/Heidinger*, European Union Public Licence – EUPL V1.1, Kommentar, 2009; *Witzel*, Vertragsbeziehungen bei der Beschaffung von Open Source Software, ITRB 2016, 235 ff.; *dies.*, Beschaffung von Open Source Software – Vertragliche Gestaltungsmöglichkeiten, ITRP 2016, 160 ff.; *Wuermeling/Deike*, Open Source Software: Eine juristische Risikoanalyse, CR 2003, 87 ff.; *Zirkel/Aleksic*, Open-Source-Software und Sanktionslisten-Screening, CR 2016, 141 ff.

1. Terminologie und tatsächlicher Hintergrund

908 Open Source Software hat in den vergangenen Jahren für erhebliche Schlagzeilen sowohl in der Allgemein- als auch in der Fachpresse gesorgt. Damit einher ging eine

V. Verträge über Open Source Software

geradezu explosionsartige Verbreitung entsprechender Programme[391], das Erreichen einer beachtlichen und wirtschaftlichen Bedeutung[392] und eine Ausweitung der Open Source Philosophie auf „**Wissen**" oder auch „**Werke**"[393] in seinen verschiedenen Erscheinungsformen, also neben Software etwa Forschungsergebnisse[394], Texte, Bilder[395], Formeln, Algorithmen, Musik[396] und sogar Open Source Hardware[397]. Verschiedentlich wird daher „**Open Source**" als **Oberbegriff** verwendet, zu dem Open Source Software nur den wohl bekanntesten Unterfall darstellt[398], andererseits wird aber auch auf den Begriff „**Open Content**"[399] oder auch „Open Access"[400] als Oberbegriff abgestellt. Obwohl sie eigentlich nicht für Software konzipiert sind, werden verschiedentlich auch **Creative-Commons-Lizenzen** im Softwarebereich eingesetzt[401]. Deren Grundkonzeption ist ähnlich zu den Open Source Modellen. Unterschiede bestehen vornehmlich beim Bearbeitungsrecht und der Zulässigkeit kommerzieller Nutzung[402].

Während der Terminus der Open Source Software verhältnismäßig neu ist[403], trifft dies auf die dahinter stehende Idee von „freier Software" nicht zu. Schon zu Beginn der achtziger Jahre des letzten Jahrhunderts[404] bestand bei vielen Programmierern das Bedürfnis, vorhandene Software entsprechend den eigenen Anforderungen weiterentwickeln zu dürfen. Hierfür müssen aber zwei zentrale Voraussetzungen erfüllt sein: Zunächst muss der **Quellcode** vorliegen, da eine Programmänderung ohne diesen in der Regel nicht möglich und eine Rückübersetzung des Objektcodes mittels Dekompilierung regelmäßig wenig Erfolg versprechend ist[405]. Darüber hinaus muss als weitere Voraussetzung noch die **Zustimmung des Rechtsinhabers** zur Programmänderung vorliegen[406]. Vor diesem Hintergrund gründete Richard Stallmann 1984 in den USA die „Free Software Foundation" (FSF) zur Entwicklung freier UNIX-kompatibler Software als Gegenstück zu den **proprietären Programmen** kommerzieller Entwickler. Als proprietäre Software werden Programme bezeichnet, deren Weiterverbreitung oder Veränderung verboten ist oder bei denen vom Anwender verlangt wird, dass er eine Erlaubnis dafür benötigt[407]. Gleichzeitig

909

---

[391] Ein von der Free Software Foundation (FSF) und der Organisation der Vereinten Nationen für Bildung, Wirtschaft, Kultur und Kommunikation (UNESCO) seit 1999 geführter Katalog zu Open Source Software findet sich unter http://directory.fsf.org/.
[392] Vgl. hierzu *Schäfer* S. 14 ff.
[393] Vgl. freedomdefined.org.
[394] Vgl. *Hirschfelder* JurPC Web-Dok. 46/2009 Abs. 4.
[395] Die Wirksamkeit von Bedingungen der Creative Commons-Lizenz bejaht ohne Prüfung *LG Berlin*, 8.10.2010, 16 O 458/10, CR 2012, 134. Ausführlich *Wagner* MMR 2017, 216 ff.
[396] Vgl. *Metzger/Jaeger* GRUR Int. 1999, 839, 840 Fußn. 20.
[397] Vgl. *Huppertz* CR 2012, 697 ff.; *Lutterbeck* S. 69 f.; zur Definition Open Source Hardware vgl. freedomdefined.org/OSHW_FAQ.
[398] So *Lutterbeck* S. 70 und 73.
[399] *Plaß* GRUR 2002, 670; zum Begriff „Open Content" *Mantz* MMR 2006, 784 f.; *Jaeger/Metzger* MMR 2003, 431 f.
[400] Von der „Open Access Bewegung" sprechen *Aschenfeld/Honekamp* ZRP 2004, 247.
[401] Vgl. *Heinzke* CR 2017, 148, 149.
[402] Vgl. *Heinzke* CR 2017, 148, 150.
[403] Vgl. *Lutterbeck* S. 77.
[404] *Sandl* CR 2001, 346, 347 Fußn. 6 führt die Bewegung unter Berufung auf *Grassmuck*, Linux Magazin 9/2000, S. 54 ff. sogar auf die sechziger Jahre zurück.
[405] Vgl. hierzu ausführlich oben Rdn. 255 ff.
[406] Vgl. hierzu ausführlich oben Rdn. 166 ff.
[407] Vgl. www.gnu.org/philosophy/categories.de. Auch wenn die Weiterverbreitung oder Veränderung eines an sich freien Programms stark eingeschränkt ist, sodass sie effektiv gar nicht möglich sind, wird von proprietärer Software gesprochen.

zur Gründung der FSF formulierte Stallmann in seinem GNU[408]-Manifest die **Idee der freien Programme**. Die rechtliche Implementierung dieser Freiheiten sowie der korrespondierenden Pflichten der Programmierer erfolgte über den Entwurf einer 1991 veröffentlichten „**General Public License**" (**GPL**)[409]. Die FSF legt Wert auf die Feststellung, dass die Begriffe Open Source Software und Free Software nicht deckungsgleich sind[410].

910 Etwas überraschend ist, dass die GPL trotz ihrer großen Verbreitung immer noch nicht sehr häufig[411] einer gerichtlichen Kontrolle unterzogen wurde, obwohl sich dies langsam ändert[412]. Diese Feststellung trifft auch auf die USA zu. Dort erging aber eine grundlegende Entscheidung des *United States Court of Appeals for the Federal Circuit*[413] zu Open Source Software. Der Kern der Entscheidung kann dahingehend umrissen werden, dass die nutzungsrechtlichen Teile einer Open Source Lizenz als **Bedingungen** für die Gewährung der Nutzungslizenz zu qualifizieren sind. Werden die Bedingungen nicht eingehalten, begeht der Verletzer nicht lediglich eine Vertragsverletzung, sondern er kann wegen einer Urheberrechtsverletzung („copyright infringement") in Anspruch genommen werden. Die GPL wurde am 29.6.2007 in einer überarbeiteten Fassung als GPL Vers. 3 neu veröffentlicht. Auf die unterschiedlichen Fassungen wird unten[414] ausführlich eingegangen.

911 Die Freiheiten des Anwenders von „**Free Software**" sind wie folgt definiert[415]:
– die Freiheit, das Programm – egal zu welchem Zweck – einsetzen zu dürfen,
– die Freiheit, das Programm den eigenen Bedürfnissen anzupassen, wozu der Quellcode vorliegen muss,
– die Freiheit, Kopien – gratis oder gegen Gebühr – weiterzugeben und schließlich
– die Freiheit, bearbeitete Versionen zu verbreiten, sodass Dritte von den Weiterentwicklungen profitieren können.

912 Vor dem dargelegten tatsächlichen Hintergrund lassen sich verschiedene weit verbreitete Fehlvorstellungen ausräumen. Zunächst kann darauf hingewiesen werden, dass **Open Source Software** und **Linux** nicht deckungsgleich sind. Das von Linus Torvalds 1991 entwickelte Betriebssystem Linux[416] stellt zwar ein besonders er-

---

[408] Die Abkürzung GNU ist ein rekursives Initialwort für „Gnu's not Unix".
[409] Der Text der GPL ist bei den Musterverträgen dieses Handbuchs gespeichert sowie abrufbar unter www.gnu.de/documents.
[410] Vgl. *Stallmann*, Why „Open Source" misses the point of Free Software, www.gnu.org/philosophy/open-source-misses-the-point.
[411] *Jaeger/Metzger* GRUR 2008, 130 heben demgegenüber hervor, die GPL sei bereits „mehrfach" Gegenstand gerichtlicher Auseinandersetzungen gewesen.
[412] Von den wenigen deutschen Entscheidungen sind zu nennen *LG Hamburg*, 8.7.2016, 310 O 89/15, CR 2017, 364 ff.; *LG Bochum*, 3.3.2016, I-8 O 294/15, MMR 2016, 553; *LG Halle*, 27.7.2015, 4 O 133/15, CR 2016, 27; *LG Hannover*, 21.7.2015, 18 O 159/15, BeckRS 2016, 07419; *LG Leipzig*, 2.6.2015, 05 O 1531/15, MMR 2016, 417; *LG Hamburg*, 14.6.2013, 308 O 10/13, CR 2013, 498; *LG Berlin*, 8.11.2011, 16 O 255/10, GRUR-RR 2012, 107; *LG Bochum*, 20.1.2011, I-8 O 293/09, MMR 2011, 474; *LG München I*, 12.7.2007, 7 O 5245/07, CR 2008, 57; *LG Berlin*, 21.2.2006, 16 O 134/06, CR 2006, 735; *LG Frankfurt*, 6.9.2006, 2. 6 O 224/06, CR 2006, 729; *LG München I*, 19.5.2004, 21 O 6123/04, CR 2004, 774.
[413] Die Entscheidung *Jacobsen v. Katzer/Kamind* des United States Court of Appeals for the Federal Circuit, 13.8.2008, GRUR Int. 2008, 1056 erging nicht zur GPL, sondern zur sog. Artistic Licensee.
[414] Vgl. unten Rdn. 944 ff.
[415] Vgl. *Greve*, Präambel der Free Software Foundation Europe, fsfe.org/about/history/preamble.de.html.
[416] Zu den Motiven und Tätigkeiten Torvalds *Jaeger/Metzger* Rdn. 16; *Metzger/Jaeger* GRUR Int. 1999, 839, 840; *Grzeszick* MMR 2000, 412, 413 f.

folgreiches Beispiel von Open Source Software dar, jedoch gibt es zahllose andere Programme, die der Idee der freien Programme unterstellt wurden. Darüber hinaus folgt aus der grundsätzlichen Philosophie der freien Programme **nicht** der zwingende **Verzicht auf ein Entgelt**[417]. Stallmann hat immer wieder betont, es gehe nicht darum, kostenlose Software zu entwickeln[418]. Ein unmittelbarer Gewinn kann etwa mit Wartung, Pflege, Unterstützung und Dokumentation der Programme erzielt werden[419], was zu erheblichen Meinungsverschiedenheiten unter den Programmierern, Missverständnissen beim breiten Publikum und verschiedentlich (ab 1998) auch zur terminologischen Aufteilung in Open Source Software und Free Software geführt hat[420]. Die Einführung des Begriffs der Open Source Software erfolgte aber auch aus Marketing-Erwägungen der Softwareindustrie[421]. Unbestreitbar ist jedoch, dass die große Verbreitung von Linux zu einem erheblichen Teil auf sog. **Distributoren** zurückgeht. Bei diesen handelt es sich um kommerziell arbeitende Unternehmen, die Linux auf Datenträgern vertreiben und etwa leicht zu bedienende Installationshilfen, Benutzeroberflächen, Handbücher und einen Kundenservice anbieten, auf den viele Anwender geradezu zwingend angewiesen sind[422].

Schließlich muss Open Source Software noch von Freeware und Shareware abgegrenzt werden, die im vorangehenden Abschnitt[423] ausführlich erörtert wurden. Schon terminologisch besteht zwischen **Freeware** und Free Software eine gewisse Nähe. Kein Unterschied besteht zunächst hinsichtlich der Tatsache, dass weder Freeware noch Free Software in irgendeiner Form inhaltlich oder funktional eingrenzbar sind. Auch hinsichtlich der Tatsache, dass Freeware grundsätzlich von jedermann unentgeltlich genutzt werden darf und nur geringe Gebühren für die Vervielfältigung, einen Datenträger oder sonstige Zusatzleistungen verlangt werden sollen, liegt ein weitgehender Gleichlauf zur Open Source Software vor[424]. Gleiches gilt hinsichtlich der Feststellung, dass der Programmautor weder bei Freeware noch bei Open Source Software auf sein Urheberrecht verzichtet[425]. Freeware darf jedoch grundsätzlich **nicht verändert** oder **weiterentwickelt** werden[426]. Auch werden die **Quellcodes** in der Regel **nicht überlassen**. Vor diesem Hintergrund kann auch Freeware durchaus als proprietäre Software bezeichnet werden[427]. Hierin liegt der erste charakteristische Unterschied zwischen Freeware und Open Source Software. Ein Gleichlauf derselben besteht insofern nur noch zu Public Domain Software, die

---

[417] Vgl. Präambel zur GPL Vers. 3 Abs. 3; Präambel zur GPL Vers. 2 Abs. 2 S. 1; *Sandl* CR 2001, 346, 347 Fußn. 5; *Jaeger/Metzger* Rdn. 3; *Metzger/Jaeger* GRUR Int. 1999, 839, 840 Fußn. 17.
[418] Vgl. *Stallmann* in: DiBona/Ockmann/Stone, S. 53, 56: „Since „free" refers to freedom, not to price, there is no contradiction between selling copies and free software. In fact, the freedom to sell copies is crucial: collections of free software sold on CD-ROMs are important for the community, and selling them is an important way to raise funds for free software development."
[419] Vgl. *Wagner* MMR 2017, 216, 218; *Sandl* CR 2001, 346, 347; *Grzeszick* MMR 2000, 412, 416.
[420] Zur Abgrenzung der Begriffe *Jaeger/Metzger* Rdn. 4; *Raymond* in: DiBona/Ockmann/Stone, S. 2 ff.
[421] Vgl. *Jaeger/Metzger* Rdn. 4.
[422] Vgl. *Jaeger/Metzger* Rdn. 19; *Metzger/Jaeger* GRUR Int. 1999, 839, 840; *Deike* CR 2003, 9, 10.
[423] Vgl. hierzu oben Rdn. 873 ff.
[424] Vgl. *Kreutzer* CR 2012, 146, 147 Fußn. 2.
[425] Vgl. *LG Berlin*, 21.2.2006, 16 O 134/06, CR 2006, 735; *LG München I*, 19.5.2004, 21 O 6123/04, MMR 2004, 693, 694; *Dreier/Schulze* § 69c Rdn. 38; hierzu auch oben Rdn. 883.
[426] Vgl. *Koglin* S. 19; *Kreutzer* CR 2012, 146, 147 Fußn. 2; *Deike* CR 2003, 9, 10.
[427] Vgl. *Jaeger/Metzger* Rdn. 9; *Koglin* S. 18.

ebenfalls vom Anwender abgeändert werden darf[428]. Sowohl von Freeware als auch von Public Domain Software unterscheidet sich die Open Source Software aber dadurch, dass nur die Letztgenannte den Bearbeiter **verpflichtet,** seine Bearbeitung ebenfalls zur **vergütungsfreien Nutzung und Weiterentwicklung** durch Dritte **freizugeben.** Dies führt dazu, die Idee der Open Source Software als eigenständige Gestaltungsform der Softwareüberlassung zu qualifizieren[429]. Nicht verkannt werden kann aber, dass einige Parallelen bestehen und daher zur Bewältigung der juristischen Probleme der Open Source Software verschiedentlich auf die Ausführungen insbesondere zur Freeware zurückgegriffen werden kann.

914 Leichter als die Abgrenzung zu Freeware und Public Domain Software fällt die Unterscheidung von Open Source Software und **Shareware.** Letztgenannte wurde oben[430] als Software umschrieben, die mittels eines bestimmten Vermarktungskonzepts verbreitet wird. Sharewareautoren erwarten jedoch nicht nur eine **angemessene Vergütung,** sondern die Autoren legen auch ihre **Quellcodes** grundsätzlich **nicht offen** und erteilen keine Zustimmung zur Programmbearbeitung[431]. Damit unterscheidet sich Shareware fundamental von Open Source Software. Infolge der fehlenden Erlaubnis zur Programmbearbeitung kann Shareware als proprietäre Software bezeichnet werden.

915

	Freeware	Public Domain Software	Shareware	Open Source Software (GPL)
Unentgeltlichkeit	ja	ja	nur in der Testphase	nicht zwingend
proprietäre Software	ja	nein	ja	nein
Quellcode verfügbar	nein	nicht zwingend	nein	ja
Weiterverbreitung des unveränderten Programms	ja	ja	ja	ja
Programmänderungen erlaubt	grundsätzlich nicht	ja	nein	ja
Weiterverbreitung des geänderten Programms	nein	ja	nein	ja
Einschränkungen der Programmnutzung	ja, teilweise	nein	ja	nein
Verbindung mit proprietärer Software	nein	ja	nein	nein

Abb. 9: Tabelle zu Sonderformen der Softwareüberlassung

---

[428] Vgl. hierzu oben Rdn. 876.
[429] Wie hier *Metzger/Jaeger* GRUR Int. 1999, 839 Fußn. 4.
[430] Vgl. oben Rdn. 897 ff.
[431] Vgl. *Koglin* S. 19; *Deike* CR 2003, 9, 10.

2. Open Source Software und Urheberrecht

a) Die Anwendbarkeit des deutschen UrhG

Nicht nur die Tatsache, dass Open Source Software vielfach aus den USA stammt, sondern daneben die besondere Bedeutung der GPL, lassen zunächst die Frage auftauchen, nach welchen urheberrechtlichen Vorschriften bei Open Source Software eine mögliche Verletzung von Urheberrechten überhaupt zu beurteilen ist. Auch wenn es sich bei dieser Frage nicht um ein spezifisches Problem der Open Source Software handelt, bietet es sich doch an, sie hier erneut kurz zu untersuchen. Den Ausgangspunkt der Darstellung bildet dabei der Hinweis auf das im Internationalen Urheberrecht nach ganz h. M. geltende **Territorialitätsprinzip**. Diesem Prinzip zufolge steht einem Urheber länderübergreifend nicht ein einheitliches, weltweit gültiges Urheberrecht zu, sondern ein Bündel nationaler Urheberrechte[432]. Anwendbar sind daher immer die Vorschriften desjenigen Landes, für das Schutz beansprucht wird (sog. **Schutzlandprinzip**). In Erinnerung zu rufen ist, dass sich grundsätzlich alle mit dem Urheberrecht selbst zusammenhängenden Fragen nach dem Recht des Schutzlandes richten, für dessen Territorium es Wirkung entfalten soll. Zu diesen Fragen gehören insbesondere die Entstehung des Urheberrechts, die Urheberschaft, die Aktivlegitimation zur Verfolgung von Rechtsverletzungen, die Übertragbarkeit, die Schutzwirkung, die Rechtsfolgen einer Rechtsverletzung, die Schutzdauer sowie ein mögliches Erlöschen des Urheberrechts. Eine **Rechtswahl** des Verletzten oder auch eine Vereinbarung über das anwendbare Recht sind demgegenüber – anders als im Internationalen Deliktsrecht – **nicht zulässig**, da die Bestimmung der Rechtsordnung, welche die Schutzwirkung des Immaterialgüterrechts regelt, der Disposition der Parteien entzogen ist[433]. Die richtige Anwendung des deutschen Internationalen Privatrechts ist – auch in der Revisionsinstanz – von Amts wegen zu prüfen[434]. Aus alledem folgt, dass auch bei einer Urheberrechtsverletzung von Open Source Software das **deutsche Urheberrecht** anwendbar ist, wenn für Deutschland Schutz beansprucht wird[435].

916

b) Die Urheberschaft/Rechtsinhaberschaft an der Open Source Software

Seit Inkrafttreten der Urheberrechtsnovelle von 1993 und der damit verbundenen Herabsetzung der Anforderungen an das Eingreifen des Urheberrechtsschutzes für Computersoftware[436] ist auch Open Source Software grundsätzlich urheberrechtlich geschützt[437], soweit es sich nicht um ein Banalprogramm oder ein bloß kopiertes Programm handelt. Auch bei Open Source Software, die nicht banal ist, ist es daher Sache desjenigen, der den Urheberrechtsschutz in Abrede stellt, darzutun, dass das betreffende Programm gänzlich banal ist oder lediglich die Programmierleistung eines anderen Programmierers übernommen wurde[438]. Da Computerprogramme nach

917

---

[432] Vgl. oben Rdn. 381.
[433] Vgl. hierzu oben Rdn. 384.
[434] Vgl. hierzu oben Rdn. 377.
[435] Im Ergebnis wie hier *LG Leipzig*, 2.6.2015, 05 O 1531/15, MMR 2016, 417, 418; *LG Köln*, 17.7.2014, 14 O 463/13, CR 2014, 704; *LG München I*, 19.5.2004, 21 O 6123/04, MMR 2004, 693, 694; *Jaeger/Metzger* Rdn. 356 ff.; *Spindler*, Open Source, S. 134 ff. Rdn. 135 ff.; *Deike* CR 2003, 9, 11; *Metzger/Jaeger* GRUR Int. 1999, 839, 842.
[436] Vgl. hierzu ausführlich oben Rdn. 105 ff.
[437] Vgl. *LG Leipzig*, 2.6.2015, 05 O 1531/15, MMR 2016, 417, 418; *LG Frankfurt*, 6.9.2006, 2. 6 O 224/06, CR 2006, 729, 730; *Deike* CR 2003, 9, 15.
[438] Vgl. *LG Frankfurt*, 6.9.2006, 2. 6 O 224/06, CR 2006, 729, 730.

§ 69a Abs. 1 UrhG unabhängig von ihrer jeweiligen Gestalt geschützt werden, unterfällt sowohl der **Objektcode** als auch der **Quellcode** dem Urheberrechtsschutz[439], was bei Open Source Software besondere Bedeutung erlangt. Damit stellt sich jedoch unweigerlich die Frage nach der Urheberschaft, die nicht so einfach zu beantworten ist wie bei „herkömmlicher", proprietärer Software.

918 Selbstverständlich ist es möglich, dass Open Source Software wie proprietäre Software entwickelt wird[440]. In diesem Fall kann auf die allgemeinen urheberrechtlichen Ausführungen zu Programmschöpfungen in Arbeits- und Dienstverhältnissen, durch freie Mitarbeiter oder im Team zurückgegriffen werden[441]. Charakteristisch für die Entwicklung von Open Source Software ist aber die Zusammenarbeit vieler unabhängiger Programmierer, die mitunter über die ganze Welt verstreut sind und über das Internet miteinander kommunizieren. Seit einer Veröffentlichung von Raymond aus dem Jahre 1997 mit dem Titel „The Cathedral and the Bazaar" wird das Software-Entwicklungsmodell der Open Source Software vielfach als **Basar-Modell** bezeichnet und dem **Kathedralen-Modell** proprietärer Software gegenübergestellt. Das Basar-Modell beruht auf der Grundlage, die Anwender eines Computerprogramms zu **Mitentwicklern** zu machen (= „the Bazaar"), indem die von ihnen vorgeschlagenen Programmänderungen und Korrekturen in dieses integriert werden. Neu hieran ist, dass die Anwender die Änderungen und Korrekturen vor der allgemeinen Integration zunächst selbst durchführen und testen können, bevor sie es an den Entwickler im Sinne einer Projektgruppe zurücksenden. Bei der althergebrachten Kathedralen-Methode werden Fehlermeldungen und Änderungswünsche der Anwender allein vom Hersteller nachvollzogen, der Fehler gesucht und korrigiert, bevor das Programm erneut dem Anwender überlassen und von diesem getestet wird. Die beiden Entwicklungsmethoden lassen sich wie folgt gegenüberstellen:

919

Basar-Methode	Kathedralen-Methode
1. Der Quellcode wird freigegeben.	1. Konzept
2. Jeder Interessierte wird um seine Meinung gebeten.	2. Prototyp
3. Hierdurch werden Fehler frühzeitig entdeckt.	3. Realisierung
	4. Programmverbreitung
	5. Nachträgliche Fehlerkorrektur

Abb. 10: Die verschiedenen Entwicklungsmethoden

920 Die Vorteile der Basar-Methode werden in der **großen Zahl von Entwicklern und Testern,** der Schnelligkeit des Findens und der Korrektur von Fehlern, der verbesserten Rückkoppelung zwischen Entwicklern und Anwendern, dem rechtzeitigen Bemerken von Fehlentwicklungen sowie der Einsparung unnötiger Parallelentwicklungen gesehen.

---

[439] Vgl. *EuGH*, 22.10.2010, C-393/09, GRUR 2011, 220, 222 Tz. 24 – BSA/Kulturministerium; *OLG Hamburg*, 29.2.2012, 5 U 10/10, MMR 2012, 832, 833; *OLG Karlsruhe*, 14.4.2010, 6 U 46/09, GRUR-RR 2010, 234, 235.

[440] Als prominente Beispiele nennen *Jaeger/Metzger* Rdn. 17 die Programme Netscape Communicator und Open Office.

[441] Vgl. hierzu oben Rdn. 123 ff.

aa) Das Bearbeiterurheberrecht gem. § 3 UrhG

Die gelegentlich als „klassische Arbeitsmethode bei Open Source Entwicklungen"[442] bezeichnete Programmentwicklung besteht darin, dass ein Programmierer an einem **vorbestehenden Programm** Änderungen vornimmt und die **geänderte Version** sodann an andere Entwickler **weitergibt**. Hierdurch können regelrechte „Bearbeitungsketten" entstehen gleichwie natürlich nicht ausgeschlossen ist, dass insbesondere bei komplexen Programmen auf einer Entwicklungsstufe mehrere Programmierer zusammenarbeiten und deshalb eine Kombination mit der unten[443] dargestellten Miturheberschaft zu verzeichnen ist. 921

Die Frage nach den Rechten desjenigen, der eine Umarbeitung, Übersetzung oder Bearbeitung eines Computerprogramms[444] vornimmt, ist weder in der softwarespezifischen Vorschrift des § 69c Nr. 2 S. 1 UrhG noch in der allgemeinen Vorschrift des § 23 UrhG geregelt. Diese Vorschriften betreffen allein die Frage, wem das Recht zusteht, ein Computerprogramm umzuarbeiten[445]. Hinsichtlich des Schutzes einer solchen Person, die ein Computerprogramm umarbeitet, verweist § 69c Nr. 2 S. 2 UrhG auf die allgemeinen urheberrechtlichen Regelungen und damit auf **§ 3 UrhG**[446]. Umarbeitungen eines Computerprogramms, die eine persönliche geistige Schöpfung darstellen, werden daher gegen eine unberechtigte Verwertung durch Dritte wie selbstständige Werke geschützt[447]. Zur Vermeidung eines Wertungswiderspruchs mit § 69a Abs. 3 UrhG ist jedoch auch bei Bearbeitungen keine persönlich geistige Schöpfung erforderlich, sondern eine **eigene geistige Schöpfung** ausreichend[448], weil andernfalls die Schutzvoraussetzungen bei Bearbeitungen höher liegen würden als bei der Schaffung des Ausgangsprogramms. 922

Soweit eine schutzbegründende Bearbeitung vorliegt, ist sowohl das vorbestehende Programm als auch die Weiterentwicklung urheberrechtlich **selbstständig geschützt**. Schutzgegenstand des Bearbeiterurheberrechts ist jedoch nur die Bearbeitung, während der Bearbeiter am Ursprungswerk keinerlei Rechte erwirbt. Da nun die Verwertung des umgearbeiteten Programms die Benutzung des Ursprungsprogramms zwingend voraussetzt, ist für sie sowohl die Zustimmung des Bearbeiters als auch die Zustimmung des Rechtsinhabers des Ursprungsprogramms erforderlich. Das Bearbeiterurheberrecht stellt ein sog. **abhängiges Urheberrecht** dar, der Bearbeiter ist auf die Zustimmung des Ursprungsurhebers angewiesen[449]. Infolge der Selbstständigkeit des Schutzes von Bearbeitung und Ursprungswerk ist auch hinsichtlich der Fragen des Internationalen Urheberrechts jeweils für jedes Werk eine getrennte Prüfung vorzunehmen[450]. 923

bb) Die Miturheberschaft gem. § 8 UrhG

Die Voraussetzungen einer Miturheberschaft, bei der die einzelnen Miturheber gem. § 8 Abs. 2 S. 1 UrhG eine Gesamthandsgemeinschaft bilden, wurden oben bereits bei der Darstellung der allgemeinen urheberrechtlichen Fragen dargelegt[451], so- 924

---
[442] So *Jaeger/Metzger*, 1. Aufl., S. 28.
[443] Vgl. unten Rdn. 924.
[444] Vgl. zu den einzelnen Begriffen oben Rdn. 168.
[445] Vgl. *Schricker/Loewenheim* § 23 Rdn. 1 sowie § 3 Rdn. 2.
[446] Vgl. LG Hamburg, 8.7.2016, 310 O 89/15, CR 2017, 364, 365 Tz. 80.
[447] Im Ergebnis wie hier *LG Hamburg*, 8.7.2016, 310 O 89/15, CR 2017, 364, 365 Tz. 80; *Deike* CR 2003, 9, 15.
[448] Vgl. zur Unterscheidung oben Rdn. 105.
[449] Allgemein zum Bearbeiterurheberrecht *Schricker/Loewenheim* § 3 Rdn. 35 ff.
[450] Vgl. *Schricker/Loewenheim/Katzenberger/Metzger* § 120 Rdn. 12.
[451] Vgl. hierzu oben Rdn. 135 f.

dass sich an dieser Stelle eine erneute Darstellung erübrigt. Schwierigkeiten ergeben sich bei Open Source Software zunächst hinsichtlich der Frage, ob eine **gesonderte Verwertungsmöglichkeit einzelner Programmteile** besteht, die einer Einheitlichkeit der Schöpfung und damit einem einheitlichen Werk entgegensteht. Hierbei handelt es sich indes um eine Frage des Einzelfalls, die im Rahmen der vorliegenden Untersuchung nicht allgemein beantwortet werden kann. Vielfach werden nur eigenständig lauffähige Programme sowie Programmbibliotheken gesondert verwertbar sein, weil für nicht eigenständig ablauffähige Module kein Markt zu finden sein wird[452]. Problematisch ist daneben aber auch, wer eine gegebenenfalls zu verzeichnende Rechtsverletzung verfolgen kann. Grundsätzlich ist **jeder Miturheber** gem. § 8 Abs. 2 S. 3 UrhG berechtigt, Ansprüche aus Verletzungen des gemeinsamen Urheberrechts geltend zu machen. Dementsprechend kann auch der Programmierer eines im Rahmen eines großen Open Source-Projekts entwickelten Teilprogramms urheberrechtliche Unterlassungsansprüche geltend machen[453]. Leistung kann er nach dem letzten Halbs. der genannten Vorschrift jedoch nur an alle Miturheber verlangen[454]. Insbesondere für Unterlassungs- und Beseitigungsklagen wird im Schrifttum überwiegend die Auffassung vertreten, die Alleinbefugnis des § 8 Abs. 3 S. 2 UrhG befreie den klagenden Miturheber von der Pflicht zur **namentlichen Nennung** der anderen Miturheber[455]. Für Leistungsklagen, insbesondere Schadensersatzklagen, gilt dies jedoch unstreitig nicht, sodass eine namentliche Aufzählung aller Urheber erforderlich ist[456]. Dies führt bei allen größeren Open Source Projekten mit unüberschaubaren Entwicklergemeinschaften dazu, dass hinsichtlich des gemeinsamen Werks faktisch keine Klagen geführt werden können[457]. Für die Praxis versucht die Free Software Foundation mittels eines von den beteiligten Entwicklern abzuschließenden **Treuhandvertrags** („Fiduciary Licence Agreement" – FLA), eine einheitliche Vertretung und Geltendmachung der Urheberrechte zu ermöglichen[458]. Dies soll durch eine Übertragung des Urheberrechts auf einen Treuhänder geschehen bzw. durch die Einräumung eines ausschließlichen Nutzungsrechts[459] in den Ländern wie Deutschland, in denen eine Übertragung des Urheberrechts insgesamt nicht möglich ist. Dies hat auch bei internationalen Sachverhalten einen vereinfachenden Effekt hinsichtlich der Frage nach dem anwendbaren Recht[460]. Bei Fragen des Internationalen Urheberrechts ist die speziell für die Miturheberschaft geltende Regelung des § 120 Abs. 1 S. 2 UrhG zu berücksichtigen. Infolge der Gleichstellung von Staatsangehörigen eines anderen Mitgliedstaats der EU mit deutschen Staatsangehörigen gem. § 120 Abs. 2 Nr. 2 UrhG ist es ausreichend für die Anwendbarkeit deutschen

---

[452] Vgl. *Meyer* CR 2011, 560, 561.
[453] Vgl. *LG Hamburg*, 8.7.2016, 310 O 89/15, CR 2017, 364, 365 Tz. 80 ff.; *LG München I*, 19.5.2004, 21 O 6123/04, MMR 2004, 693, 694 m. zustimmender Anm. *Kreutzer* MMR 2004, 695, 696; *Meyer* CR 2011, 560.
[454] Vgl. *OLG Düsseldorf*, 25.11.2008, I-20 U 72/06, CR 2009, 214; *Meyer* CR 2011, 560, 562.
[455] Vgl. *Jaeger/Metzger* Rdn. 166; *dies.* MMR 2003, 431, 435; *Spindler*, Open Source, S. 37 Rdn. 20; *Omsels* in: FS für Hertin, S. 141, 168; a. A. *Koch* CR 2000, 273, 279.
[456] Vgl. *OLG Düsseldorf*, 25.11.2008, I-20 U 72/06, CR 2009, 214.
[457] Vgl. *Meyer* CR 2011, 560, 561 f.; *Kreutzer* MMR 2004, 695, 696; *Wandtke/Bullinger/Grützmacher* § 69c Rdn. 79; *Plaß* GRUR 2002, 670, 672; *Jaeger/Metzger* Rdn. 166; *dies.* MMR 2003, 431, 435; *Koch* CR 2000, 273, 279; *Spindler*, Open Source, S. 36 Rdn. 19.
[458] Vgl. *Jaeger/Metzger* Rdn. 150; *Brexl* ITRB 2003, 69; siehe auch fsfe.org/activities/f+f/fla.de.html.
[459] So im Fall des *LG Hamburg*, 14.6.2013, 308 O 10/13, CR 2013, 498.
[460] Vgl. *Jaeger/Schulz* S. 97.

Urheberrechts, wenn einige Mitprogrammierer diese Voraussetzung erfüllen[461]. Auch bei Open Source Software spricht eine Nennung mehrerer Personen im Quellcode oder einer sonstigen Begleitdatei gem. § 10 Abs. 1 UrhG für eine Miturheberschaft dieser Personen[462].

cc) Die Werkverbindungen gem. § 9 UrhG

Sofern einzelne Programme oder Programmteile unabhängig voneinander geschaffen werden und unabhängig voneinander verwertbar sind, liegt keine Miturheberschaft nach § 8 UrhG vor. Möglich ist aber, dass die verschiedenen Entwickler von Open Source Software ihre Programme bzw. Programmteile zu einer gemeinsamen Verwertung im Sinne von § 9 UrhG miteinander verbinden[463]. Dann entsteht keine Gesamthandsgemeinschaft wie bei der Miturheberschaft, sondern mit der Werkverbindung wird zwischen den einzelnen Entwicklern eine **BGB-Gesellschaft** nach §§ 705 ff. BGB begründet, deren Gesellschaftsziel die gemeinsame Verwertung der Programme als Open Source Software darstellt[464]. Nach §§ 709, 714 BGB steht den beteiligten Entwicklern die Geschäftsführung und Vertretung **gemeinschaftlich** zu, weshalb insbesondere auch die **Verfolgung von Rechtsverletzungen** grundsätzlich gemeinschaftlich erfolgen muss[465]. Eine dem § 8 Abs. 2 S. 3 UrhG vergleichbare Regelung besteht bei der Werkverbindung nicht. Die Verbindung ändert an der **Selbstständigkeit** der einzelnen Werke auch hinsichtlich der Fragen des Internationalen Urheberrechts **nichts**. Jeder Beteiligte kann daher grundsätzlich sein Werk auch außerhalb der Verbindung verwerten.

c) Die Einräumung von Nutzungsrechten und deren Beschränkungen

Es wurde bereits an anderer Stelle betont, dass das Prinzip der Open Source Software **nicht mit dem Verzicht** des Programmierers auf das Urheberrecht **einhergeht**. Abgesehen davon, dass das Urheberrecht nach kontinental-europäischem Urheberrechtsverständnis ohnehin unverzichtbar ist[466], wird in den gängigen Lizenzbedingungen ausdrücklich klargestellt, dass die betreffenden Programme urheberrechtlich geschützt sind[467]. Vor diesem Hintergrund ist es nicht überraschend, dass fast alle Open Source Lizenzbedingungen trotz ihrer Unterschiede im Detail eine charakteristische inhaltliche Zweiteilung aufweisen. Den **Schwerpunkt der Regelungen** bilden im Wesentlichen zunächst die **Einräumung von Nutzungsrechten und deren Beschränkungen** insbesondere im Hinblick auf den Vertrieb und die Weitergabe der Software und sodann die **Mängelhaftungs- und Haftungsausschlüsse**. Da es aber den Rahmen dieser Abhandlung sprengen würde, sämtliche der verschiedenen Open Source Lizenzmodelle umfassend darzustellen, wird nachfolgend auf die bekannteste und auch am weitesten verbreitete Fassung[468] abgestellt, die GNU General Public License (GPL), die gelegentlich auch als Grundtypus der Open

---

[461] So für österreichische Staatsbürger *LG Frankfurt*, 6.9.2006, 2. 6 O 224/06, CR 2006, 729, 730. Vgl. auch *Meyer* CR 2011, 560 f.
[462] Vgl. *LG Frankfurt*, 6.9.2006, 2. 6 O 224/06, CR 2006, 729, 730.
[463] Vgl. *LG Hamburg*, 8.7.2016, 310 O 89/15, MMR 2017, 740, 741 Tz. 95 unvollständig bei CR 2017, 364, 365; *LG Frankfurt*, 6.9.2006, 2. 6 O 224/06, CR 2006, 729, 730; *Meyer* CR 2011, 560, 561; *Deike* CR 2003, 9, 15.
[464] Vgl. *Spindler*, Open Source, S. 32 Rdn. 13; in dieser Richtung auch *Jaeger/Metzger* Rdn. 199.
[465] Vgl. *Schricker/Loewenheim/Peifer* § 9 Rdn. 11.
[466] Vgl. hierzu oben Rdn. 883.
[467] Vgl. exemplarisch Abs. 5 der Präambel der GPL Vers. 2 sowie Abs. 6 der Präambel der GPL Vers. 3.
[468] Laut *Meyer* CR 2011, 560, 564 Fußn. 47 findet die GPL in mehr als 50 % der Open Source Projekte Anwendung.

Source Lizenzen bezeichnet wird[469]. Auf die übrigen Modelle wird nur an einzelnen Punkten zur Erläuterung charakteristischer Unterschiede abgestellt[470].

927 Charakteristisch für die Nutzungsrechtseinräumung bei Open Source Software ist deren **Verknüpfung** mit bestimmten **Voraussetzungen, Einschränkungen** und **Pflichten**. So wird dem Anwender etwa in Ziff. 1 S. 1 GPL Vers. 2 ein umfassendes Vervielfältigungs- und Verbreitungsrecht am Quellprogramm eingeräumt, in Ziff. 1 S. 2 GPL Vers. 2 werden „Voraussetzungen" hierfür genannt und in Ziff. 4 S. 2 GPL Vers. 2 wird jeder anderweitige Versuch der Vervielfältigung, Modifizierung, Weiterlizenzierung und Verbreitung als „nichtig" („void") bezeichnet und die automatische Beendigung der Rechte des Anwenders angeordnet[471]. Diese sog. „automatic termination"-Klausel sollte wegen praktischer Handhabungsprobleme in den USA im Rahmen der Überarbeitung der GPL in der Vers. 3 durch eine reine Kündigungsmöglichkeit des Rechtsinhabers ersetzt werden[472]. Letztendlich wurde jedoch in Ziff. 8 GPL Vers. 3 wieder eine „automatic termination"-Klausel aufgenommen. Eine besonders kuriose „automatic termination"-Klausel findet sich bei Facebook. Dort verliert der Anwender automatisch und ohne Benachrichtigung das eigentlich auf Dauer eingeräumte Nutzungsrecht an der Software, wenn er eine Patentverletzung gegenüber Facebook geltend macht.[473] Eine solche Verknüpfung unterschiedlicher Rechtsverhältnisse im Sinne einer „**strafenden Nichtangriffsklausel**" ist unangemessen im Sinne von § 307 Abs. 1 BGB.

928 Eine andere, für das sog. „**Copyleft**"-**Modell**[474] wesensprägende Einschränkung geht dahin, dem Anwender zwar die Umarbeitung und Weiterverbreitung des Programms zu erlauben, den Anwender aber zu verpflichten, das veränderte Programm ebenfalls wieder kostenfrei verfügbar zu machen und anderen Anwendern die Weiterentwicklung zu erlauben (sog. „**viraler**" oder „**immunisierender**" Effekt)[475]. Da-

---

[469] Vgl. *Jaeger/Metzger* Rdn. 26.

[470] Vgl. für einen Überblick über die zahlreichen unterschiedlichen Open Source-Lizenzen das Lizenz-Center des Instituts für Rechtsfragen der Freien und Open Source Software (ifrOSS) unter www.ifross.de.

[471] Von einem automatischen Lizenzverlust spricht *LG Leipzig*, 2.6.2015, 05 O 1531/15, MMR 2016, 417, 418; von einem automatischen Verlust sämtlicher Nutzungsrechte spricht *LG Hamburg*, 14.6.2013, 308 O 10/13, CR 2013, 498, 499; von einem automatischen Erlöschen der Lizenzrechte spricht *LG Bochum*, 3.3.2016, I-8 O 294/15, MMR 2016, 553, 554.

[472] Vgl. *Jaeger/Metzger* GRUR 2008, 130 136.

[473] Vgl. Facebook, Additional Grant of Patent Rights Version 2 (2017) Abs. 1 S. 1: „Facebook, Inc. („Facebook") hereby grants to each recipient of the Software („you") a perpetual, worldwide, royalty-free, non-exclusive, irrevocable (subject to the termination provision below) license under any Necessary Claims, to make, have made, use, sell, offer to sell, import, and otherwise transfer the Software."
Abs. 2: „The license granted hereunder will terminate, automatically and without notice, if you (or any of your subsidiaries, corporate affiliates or agents) initiate directly or indirectly, or take a direct financial interest in, any Patent Assertion: (i) against Facebook or any of its subsidiaries or corporate affiliates, (ii) against any party if such Patent Assertion arises in whole or in part from any software, technology, product or service of Facebook or any of its subsidiaries or corporate affiliates, or (iii) against any party relating to the Software."

[474] Siehe hierzu die Free Software Foundation, Was ist Copyleft?, www.gnu.org/copyleft/copyleft.de.html; ferner *LG Köln*, 17.7.2014, 14 O 463/13, CR 2014, 704, 705; *Kreutzer* CR 2012, 146, 150; *Meyer* CR 2011, 560, 563; *Deike* CR 2003, 9, 10; *Jaeger/Metzger* MMR 2003, 431, 434.

[475] Vgl. *LG Hamburg*, 14.6.2013, 308 O 10/13, CR 2013, 498, 499. Von einem viralen Effekt wird gesprochen, weil jeder Programmcode, der mit unter der GPL stehendem Programmcode kombiniert wird, dergestalt „infiziert" wird, dass auch er nur noch unter den Bedingungen der GPL weitergegeben werden darf. Von einem immunisierenden Effekt wird gesprochen, weil das Copyleft-Prinzip einen GPL-Code gegenüber der Vereinnahmung durch Ausschließlichkeitsrechte Dritter so-

bei muss der **vollständige** neue Quellcode zum korrespondierenden neuen Objektcode offengelegt werden[476]. Soweit die Einräumung von Patentlizenzen betroffen ist, wird von **Patentleft** gesprochen[477]. Das Gegenstück zu den Copyleft-Klauseln sind die sog. **„Permissive"-Lizenzen,** die eine Verbreitung bearbeiteter und weiterentwickelter Open Source Programme auch dann gestatten, wenn die neue Software unter geänderten Nutzungsbedingungen verbreitet werden soll[478]. Im Extremfall kommt hier eine Weiterverbreitung nicht nur unter einer anderen Open Source Lizenz, sondern sogar als proprietäre Software in Betracht[479]. Die bekannteste Erscheinungsform einer Permissive-Lizenz ist die BSD-Lizenz („Berkeley Software Distribution") der Open Source Initiative (OSI)[480].

Dies wirft die Frage auf, wie die Verknüpfung von Nutzungsrechtseinräumungen und Verpflichtungen dogmatisch zu beurteilen ist. Denkbar erscheint zunächst, von der Einräumung **dinglich beschränkter Nutzungsrechte** im Sinne des § 31 Abs. 1 S. 2 UrhG auszugehen[481]. Hierbei wäre der Anwender etwa nur insoweit zur Weiterentwicklung des Programms berechtigt, als er das veränderte Programm wieder mit dem einfachen Nutzungsrecht für jedermann versieht. Problematisch wäre aber, dass die Möglichkeit inhaltlicher Beschränkung auch nach der Zielsetzung des § 31 Abs. 1 S. 2 UrhG nicht unbegrenzt eröffnet ist, sondern dort an ihre Grenzen stößt, wo das eingeräumte Nutzungsrecht nicht mehr als Ausschnitt des die Interessen des Schaffenden sichernden Urheberrechts bezeichnet werden kann[482]. Ob dies bei den einzelnen Bestimmungen der GPL bzw. der übrigen Lizenzbestimmungen von Open Source Software der Fall ist, ist nicht unproblematisch[483]. 929

Zur Vermeidung dieser Probleme sowie unter Berufung auf den Wortlaut des § 4 GPL Vers. 2, der von einer „automatischen Beendigung der Rechte" („automatically terminate your rights") spricht, wird vielfach auch vertreten, die Einräumung eines Nutzungsrechts an Open Source Software stehe unter einer **auflösenden Bedingung im Sinne des § 158 Abs. 2 BGB**[484]. Nicht der Inhalt der Nutzungsrechte solle beschränkt werden, sondern die Wirksamkeit des Lizenzvertrags als Ganzes solle von der Erfüllung der Pflichten abhängig gemacht werden. Gegen die Gewährung quasidinglicher Nutzungsrechte unter einer Bedingung bestünden auch keine dogmatischen Bedenken, da auch Verfügungen bedingungsfreundlich seien[485]. 930

---

wie gegenüber der Geheimhaltung des Quellcodes schützt; vgl. *Determann* GRUR 2006, 645, 649; *Wandtke/Bullinger/Grützmacher* § 69c Rdn. 81; *Schäfer* S. 96.

[476] Vgl. *LG Hamburg,* 14.6.2013, 308 O 10/13, CR 2013, 498, 499.
[477] Vgl. *Schötte,* CR 2013, 1, 2 ff.
[478] Vgl. *Gerlach* CR 2006, 649, 650.
[479] Vgl. *Gerlach* CR 2006, 649, 650; ifross S. 3.
[480] Vgl. *Gerlach* CR 2006, 649, 650; die BSD-Lizenz ist abrufbar unter www.opensource.org/.
[481] So *Koch* CR 2000, 333; wohl auch *Kreutzer* CR 2012, 146, 151, der allein auf § 31 Abs. 2 UrhG abstellt.
[482] Vgl. hierzu unten Rdn. 1671 m. w. N.
[483] Ablehnend *LG München I,* 19.5.2004, 21 O 6123/04, MMR 2004, 693, 695.
[484] Vgl. *LG Frankfurt,* 6.9.2006, 2. 6 O 224/06, CR 2006, 729, 732; *LG München I,* 19.5.2004, 21 O 6123/04, MMR 2004, 693, 695; *Meyer* CR 2011, 560, 565; *Jaeger/Metzger* Rdn. 152 und 154; *Spindler* K&R 2008, 565, 570; *ders.*, Rechtsfragen, Teil C Rdn. 35; *Jaeger/Metzger* GRUR 2008, 130, 136; *Wandtke/Bullinger/Grützmacher* § 69c Rdn. 79; *Spindler/Wiebe* CR 2003, 873, 876; *Deike* CR 2003, 9, 16; *Metzger/Jaeger* GRUR Int. 1999, 839, 843 f.; *Sester* CR 2000, 797; *Grzeszick* MMR 2000, 412, 415. Bedenken gegenüber beiden Lösungsansätzen äußern *Wimmers/Klett* CR 2008, 59, 60 sowie *Spindler* CR 2014, 557, 565. Zu Creative-Commons-Lizenzen *Heinzke* CR 2017, 148, 151.
[485] Vgl. *Metzger/Jaeger* GRUR Int. 1999, 839, 844; *Metzger/Jaeger* ausdrücklich folgend *LG München I,* 19.5.2004, 21 O 6123/04, MMR 2004, 693, 695.

931 In der Tat sind Verfügungen nicht generell bedingungsfeindlich, sondern im Rahmen der rechtlichen Gestaltungsmöglichkeiten, die das Gesetz zur Verfügung stellt, **grundsätzlich bedingungsfreundlich.** Zu den bedingungsfeindlichen Rechtsgeschäften zählen aber diejenigen, die wegen ihrer Wirkung gegenüber einer Vielzahl von Personen keine Unsicherheiten durch die Abhängigkeit von künftigen Ereignissen vertragen[486]. Hierzu können durchaus auch Verfügungen zählen, wie sich etwa bei § 137 S. 1 BGB zeigt, demzufolge die Befugnis zur Verfügung über ein veräußerliches Recht durch Rechtsgeschäfte nicht ausgeschlossen oder beschränkt werden kann. Da sich der gleiche Erfolg auch durch eine auflösende Bedingung für den Fall verbotswidriger Weiterveräußerung erreichen lässt, ist die Zulässigkeit einer solchen Vereinbarung seit langem streitig. Während die Rechtsprechung[487] sowie ein Großteil des Schrifttums[488] solche Vereinbarungen für zulässig halten, vertreten andere Autoren[489] die gegenteilige Auffassung. Wenn man berücksichtigt, dass § 137 S. 1 BGB **nicht** auf den **Schutz der persönlichen Freiheit** abzielt[490], sondern dem Interesse der **Sicherheit des Rechtsverkehrs** im Sinne einer Orientierungssicherheit[491] dient, dann wird deutlich, dass die Möglichkeit der Vereinbarung auflösend bedingter Verfügungen dort an ihre Grenzen stößt, wo Interessen Dritter dem entgegenstehen[492]. Bei Open Source Software sind derartige Interessen aber nicht erkennbar, denn selbst wenn ein Anwender die Bedingungen nicht einhält und deshalb nicht mehr zur Benutzung oder Weitergabe der Software berechtigt ist, ist der Rechtsverkehr schon dadurch wirksam geschützt, dass jeder andere Anwender die Nutzungsrechte stets unmittelbar vom Rechtsinhaber erwerben kann[493]. Der dogmatischen Konstruktion über eine auflösende Bedingung steht folglich nichts entgegen[494].

3. Der Vertrag zwischen Überlassendem und Anwender

932 Die Überlassung von Open Source Software ist in weiten Teilen derjenigen von Freeware ähnlich[495], sodass an dieser Stelle zumindest teilweise auf die diesbezüglichen ausführlichen Darlegungen verwiesen werden kann[496]. Ein erheblicher Teil der Open Source Software wird teilweise durch die bereits erwähnten[497] sog. **Distributoren** verbreitet. Bei diesen handelt es sich um kommerziell arbeitende Unternehmen, die vornehmlich Linux auf Datenträgern vertreiben und zusätzlich etwa leicht zu bedienende Installationshilfen, Benutzeroberflächen, Handbücher oder einen Kundenservice anbieten. Damit gleicht diese Erscheinung aber einer Kombination der kaufvertraglich zu qualifizierenden Überlassung von Sammel-CD-ROMs bei Freewa-

---

[486] Vgl. MünchKomm/*Westermann* § 158 Rdn. 27.
[487] Vgl. *BGH,* 5.12.1996, V ZB 27/96, NJW 1997, 861, 862.
[488] Vgl. statt vieler *Palandt/Ellenberger* § 137 Rdn. 4.
[489] Vgl. MünchKomm/*Mayer-Maly,* 3. Aufl., § 137 Rdn. 15 m.w.N.; seit der 4. Aufl., folgt auch MünchKomm/*Armbrüster* § 137 Rdn. 15 der h.M.
[490] Vgl. *BGH,* 5.12.1996, V ZB 27/96, NJW 1997, 861, 862.
[491] Vgl. MünchKomm/*Mayer-Maly,* 3. Aufl., § 137 Rdn. 7; zurückhaltender jetzt MünchKomm/*Armbrüster,* § 137 Rdn. 7.
[492] Ähnlich *LG München I,* 19.5.2004, 21 O 6123/04, MMR 2004, 693, 695.
[493] Vgl. *LG München I,* 19.5.2004, 21 O 6123/04, MMR 2004, 693, 695; *Kreutzer* MMR 2004, 695, 698.
[494] Kritisch wegen einer befürchteten Kollision mit dem Erschöpfungsgrundsatz *Spindler,* CR 2014, 557, 565.
[495] So auch *Metzger/Jaeger* GRUR Int. 1999, 839, 847.
[496] Vgl. hierzu oben Rdn. 873 ff.
[497] Vgl. oben Rdn. 912.

re[498] und Shareware auf der einen Seite sowie der üblichen Überlassung proprietärer Software auf der anderen Seite[499]. Dies führt grundsätzlich zur Anwendung **kaufvertraglicher Vorschriften**[500]. Hieran vermögen auch die gegebenenfalls enthaltenen Serviceleistungen nichts zu ändern. Die entsprechenden Regelungen stellen für sich genommen einen eigenständigen Komplex innerhalb des Gesamtvertrags dar, ohne jedoch allein typenprägend zu wirken. Bei einem solchen sog. zusammengesetzten oder auch typenkumulierten Vertrag ist jeder Vertragsteil nach den auf ihn zutreffenden Vorschriften zu beurteilen[501], weshalb sich insoweit kein Unterschied zu einem selbstständigen Pflegevertrag ergibt, der an anderer Stelle ausführlich erörtert wird[502].

Wird die Open Source Software nicht von einem Distributor überlassen, sondern von einem sonstigen Dritten unentgeltlich entweder auf einem **Server zum Download** bereitgestellt oder auf **Datenträger** weitergegeben, greifen ebenfalls die zur Freeware angestellten Überlegungen ein. Im erstgenannten Fall liegt ein Auftrag im Sinne des § 662 BGB mit einem auf das konkrete überlassene Programm bezogenen **Element der Schenkung** gem. § 516 BGB vor[503], im zweiten Fall eine reine Handschenkung[504]. Hinsichtlich der Fragen nach dem anwendbaren Recht bei **grenzüberschreitenden Fallgestaltungen** kann auf die allgemeinen Ausführungen an anderer Stelle verwiesen werden[505]. 933

4. Der Vertrag zwischen Programmautor und Anwender

Hinsichtlich des Vertrags zwischen Programmautor und Anwender sind insoweit keine besonderen Probleme zu verzeichnen, als der Programmautor die Software auf einem Server zum Download bereitstellt oder auf Datenträger weitergibt, und allein die Frage nach der schuldrechtlichen Typisierung der Überlassung zu beantworten ist. Diesbezüglich bestehen keine Unterschiede zur Überlassung von einem sonstigen Dritten, sodass nach oben verwiesen werden kann[506]. Es sind im Kern die Regelungen des **Schenkungsrechts** anwendbar[507]. Dies gilt auch dann, wenn der Nutzungsvertrag unter einer Copyleft-Bedingung steht, denn entgegen einzelnen Stimmen im Schrifttum ändert die Verpflichtung aus dem Copyleft-Gedanken nichts an der Unentgeltlichkeit des Vertragsverhältnisses. Die Verpflichtungen, die für die Weitergabe geänderter Programmversionen eingreifen sollen, stehen nicht in einem Gegenseitigkeitsverhältnis zur Zuwendung[508]. Hinsichtlich der Probleme bei grenzüberschrei- 934

---

[498] Vgl. oben Rdn. 891.
[499] Diesen Gleichlauf mit der Überlassung proprietärer Software betonen auch *Jaeger/Metzger* Rdn. 256.
[500] Vgl. *Schäfer* S. 49 f.; *Jaeger/Schulz* S. 54.
[501] Vgl. *BGH*, 10.7.2015, V ZR 206/14, NJW 2016, 317, 320 Tz. 31; *BGH*, 8.10.2009, III ZR 93/09, NJW 2010, 150, 151 Tz. 16; *BGH*, 12.3.2009, III ZR 142/08, NJW 2009, 1738, 1739 Tz. 17.
[502] Vgl. hierzu unten Rdn. 1033 ff.
[503] A. A. *Jaeger/Metzger* Rdn. 251 sowie Rdn. 205 ff., die nur auf die Schenkung abstellen und allein das für die Zuwendung zu verlangende Element der Entreicherung problematisieren; so auch *Jaeger/Schulz* S. 55 und wohl auch *Metzger/Barudi* CR 2009, 557, 560.
[504] Vgl. *Sobola* ITRB 2011, 168, 170; *Schäfer* S. 51; *Jaeger/Schulz* S. 55; *Metzger/Jaeger* GRUR Int. 1999, 839, 847; *Jaeger/Metzger* Rdn. 251; ohne die hier vorgenommene Differenzierung *Auer-Reinsdorff* ITRB 2009, 69; *Deike* CR 2003, 9, 15.
[505] Vgl. hierzu unten Rdn. 1012 ff. sowie *Deike* CR 2003, 9, 11 ff.
[506] Vgl. oben Rdn. 932 f.
[507] Vgl. *Brandi-Dohrn* CR 2014, 417, 426; *Gerlach* CR 2006, 649, 654; *Spindler*, Rechtsfragen, Teil D Rdn. 4 ff. sowie 21 ff.
[508] Vgl. *Metzger/Jaeger* GRUR Int. 1999, 839, 847; *Spindler*, Rechtsfragen (VSI), S. 73; im Ergebnis auch *Schäfer* S. 52 sowie 60 ff.; a. A. *Jaeger/Schulz* S. 57 f.

tenden Fallgestaltungen kann nach unten verwiesen werden[509]. Beleuchtet werden muss aber die **Einräumung der Nutzungsrechte** an den Anwender. Auch der Anwender von Open Source Software benötigt zur rechtmäßigen Programmbenutzung zumindest ein Nutzungsrecht in Form eines Vervielfältigungsrechts gem. §§ 69c Nr. 1, 16 Abs. 1 UrhG, weil jedes Laden des Programms in den Arbeitsspeicher nach der Rechtsprechung des *EuGH* sowie des *BGH*[510] eine urheberrechtsrelevante Vervielfältigung darstellt. Oben wurde bereits darauf hingewiesen[511], dass der Verzicht des Programmautors auf eine Vergütung der Softwarenutzung keinen Verzicht auf das Urheberrecht bedeutet. Vielmehr ist davon auszugehen, dass der Urheber durch eine **an die Allgemeinheit gerichtete Erklärung** (ad incertas personas) jedem Anwender ein einfaches Nutzungsrecht im Sinne des § 31 Abs. 2 UrhG anbietet, das diesen berechtigt, die Open Source Software auf die ihm erlaubte Art zu nutzen[512]. Bestätigt wird dieses Verständnis des Open Source Modells durch Ziff. 6 S. 1 GPL Vers. 2 sowie Ziff. 10 Abs. 1 GPL Vers. 3, demzufolge jeder Nutzer beim Empfang des Programms automatisch **vom ursprünglichen Lizenzgeber** das Recht erhält, das Programm entsprechend den in der GPL festgelegten Bestimmungen zu vervielfältigen, zu verbreiten und zu verändern[513]. Alle Nutzer sollen daher einen jeweils eigenständigen Lizenzvertrag mit dem Urheber abschließen, während die dogmatisch ebenfalls mögliche Variante der Rechtseinräumung durch „Nutzerketten" nicht beabsichtigt ist[514]. Die Annahmeerklärung des Anwenders, auf deren Zugang der Urheber gem. § 151 S. 1 BGB verzichtet[515], ist sodann in der **Ingebrauchnahme der Software** als konkludente Willenserklärung zu sehen[516].

935   Probleme bereitet hinsichtlich des Lizenzvertrags zwischen Urheber und Nutzer jedoch noch die Bestimmung des genauen **Vertragsinhalts**. Dieser ergibt sich aus den der Open Source Software beigefügten Lizenzbestimmungen, deren Qualifizierung als **vorformulierte Vertragsbestimmungen** im Sinne des § 305 Abs. 1 S. 1 BGB unstreitig ist[517]. Diese werden auch vom Urheber als Vertragspartner gestellt, wenn-

---

[509] Vgl. hierzu unten Rdn. 1033 ff. sowie *Deike* CR 2003, 9, 11 ff.
[510] Vgl. hierzu oben Rdn. 158 ff.
[511] Vgl. oben Rdn. 883.
[512] Vgl. *LG Frankfurt*, 6.9.2006, 2. 6 O 224/06, CR 2006, 729, 731; *Meyer* CR 2011, 560, 564; *Kreutzer* MMR 2004, 695, 696; *Jaeger/Metzger* MMR 2003, 431 f.; a. A. *Deike* CR 2003, 9, 13 sowie 16, der den jeweiligen Überlassenden als Stellvertreter des Programmautors qualifiziert und mit dieser Einordnung zu identischen Ergebnissen gelangt. Ähnlich auch *Spindler/Wiebe* CR 2003, 873, 874.
[513] Ziff. 6 S. 1 GPL Vers. 2 lautet: „Each time you redistribute the Program (or any work based on the Program), the recipient automatically receives a license from the original licensor to copy, distribute or modify the Program subject to these terms and conditions."
[514] Vgl. *Heinzke* CR 2017, 148, 149 auch zur Parallelsituation bei Creative-Commons-Lizenzen; *Meyer* CR 2011, 560, 564; *Jaeger/Metzger* MMR 2003, 431 f.; *Deike* CR 2003, 9, 11 sowie 16; *Wuermeling/Deike* CR 2003, 87, 88; *Plaß* GRUR 2002, 670, 676; *Omsels* in: Festschrift für Hertin, S. 141, 159.
[515] Vgl. *LG Frankfurt*, 6.9.2006, 2. 6 O 224/06, CR 2006, 729, 731; *Meyer* CR 2011, 560, 563; *Koglin* CR 2008, 137, 138; *Jaeger/Metzger* Rdn. 177; *Sester* CR 2000, 797, 804; *Spindler/Wiebe* CR 2003, 873, 874.
[516] Vgl. *LG Frankfurt*, 6.9.2006, 2. 6 O 224/06, CR 2006, 729, 731; *Meyer* CR 2011, 560, 563; *Kreutzer* MMR 2004, 695, 696; *Plaß* GRUR 2002, 670, 677.
[517] Vgl. *LG Frankfurt*, 6.9.2006, 2. 6 O 224/06, CR 2006, 729, 731; *LG München I*, 19.5.2004, 21 O 6123/04, MMR 2004, 693, 694; *Brandi-Dohrn* CR 2014, 417, 426; *Schöttler/Diekmann* ITRB 2012, 84, 87; *Sobola* ITRB 2011, 168, 170; *Wimmers/Klett* CR 2008, 59, 60; *Kreutzer* MMR 2004, 695, 697; *Koglin* CR 2008, 137, 138; *Spindler/Wiebe* CR 2003, 873, 879; *Deike* CR 2003, 9, 13; *Plaß* GRUR 2002, 670, 676; *Metzger/Jaeger* GRUR Int. 1999, 839, 846; *Jaeger/Metzger* Rdn. 179; *Spindler*, Open Source, S. 28 Rdn. 45; *ders.*, Rechtsfragen (VSI), S. 34; *Koglin* S. 161 ff.;

gleich die tatsächliche Weitergabe gegebenenfalls von einem Dritten vorgenommen wird[518]. Problematisch ist jedoch, ob die Einbeziehungsvoraussetzungen des bei Verbraucherverträgen zu berücksichtigenden § 305 Abs. 2 BGB eingehalten werden, insbesondere also der nach § 305 Abs. 2 Nr. 1 BGB erforderliche ausdrückliche Hinweis auf die Vertragsbedingungen erfolgt und dem Anwender eine zumutbare Kenntnisnahmemöglichkeit nach § 305 Abs. 2 Nr. 2 BGB verschafft wird. Hieran mag man zweifeln, weil die Vertragsbedingungen bei der Übergabe der Open Source Software nicht zwingend zur Kenntnis genommen werden können, etwa weil sie lediglich auf dem übergebenen Datenträger enthalten sind und § 305 Abs. 2 BGB entscheidend auf den **Zeitpunkt des Vertragsschlusses** abstellt. Stellt man jedoch wie hier auf die Ingebrauchnahme der Software für den Abschluss des Nutzungsvertrags ab[519], dann sind die Voraussetzungen des § 305 Abs. 2 BGB jedenfalls dann erfüllt, wenn die Bestimmungen der GPL eingehalten wurden. Dort ist in Abs. 4 S. 3 der Präambel sowie in Ziff. 1 S. 1 letzter Halbs. GPL Vers. 2 sowie in Ziff. 4 Abs. 1 sowie Ziff. 5 Abs. 1 Buchst. b) GPL Vers. 3 ausdrücklich festgehalten, dass die Bedingungen dem Empfänger gezeigt und mit dem Programm übergeben werden müssen, damit er seine Rechte kennt. Auch die Tatsache, dass die meisten Bedingungen in **englischer Sprache** verfasst sind, steht einer zumutbaren Kenntnisnahmemöglichkeit gem. § 305 Abs. 2 Nr. 2 BGB nicht generell entgegen[520].

Bei Open Source Software und ihren gängigen Lizenzbedingungen bestehen aber verschiedene Besonderheiten, die in der Regel zur Unwirksamkeit führen. Zunächst ist darauf hinzuweisen, dass die verschiedentlich vorzufindenden **Übersetzungen** der **englischsprachigen Geschäftsbedingungen** durchweg unverbindlich sein und keinen Einfluss auf die Auslegung des jeweiligen Nutzungsvertrags haben sollen[521]. Eine wichtige Ausnahme stellt insoweit lediglich die Open-Source-Lizenz für die Europäische Union (EUPL) Vers. 1.2[522] dar, die von der Europäischen Kommission ausgearbeitet, in die 22 offiziellen Sprachen der Europäischen Union übersetzt und als verbindlich freigegeben wurde[523]. Der Einbezug englischsprachiger Vertragsbedingungen im Verbraucherverkehr scheitert aber schon allgemein am Erfordernis einer **zumutbaren Kenntnisnahmemöglichkeit** gem. § 305 Abs. 2 Nr. 2 BGB, sofern nicht die Vertragsverhandlungen in englischer Sprache geführt werden und die Verhandlungs- und Vertragssprache Englisch ist[524]. Die Kenntnis der englischen Sprache kann auch im Bereich der Informationstechnologie nicht allgemein erwartet werden[525]. Zu Recht hat das *KG Berlin*[526] darauf hingewiesen, dass zwar Alltagseng-

936

Koch CR 2000, 333, 339. Für die Creative Commons-Lizenzen *OLG Köln*, 31.10.2014, 6 U 60/14, CR 2015, 44, 46.

[518] Vgl. *Deike* CR 2003, 9, 13; *Sester* CR 2000, 797, 804.
[519] Im Ergebnis wie hier wohl *Jaeger/Metzger* MMR 2003, 431, 434.
[520] Vgl. *LG München I*, 19.5.2004, 21 O 6123/04, CR 2004, 774, 775 sowie hierzu ausführlich unten Rdn. 1926 f.
[521] Vgl. etwa *Keppeler* CR 2015, 9, 10.
[522] Vgl. ABl.EG vom 19.5.2017, Nr. L 128 S. 59 ff.
[523] Die 22 Fassungen der EUPL sind abrufbar unter joinup.ec.europa.eu/community/eupl/og_page/eupl-text-11–12.
[524] Vgl. *OLG Frankfurt*, 11.12.2002, 23 U 185/01, NJW-RR 2003, 704, 706; vgl. zum Sprachproblem von Allgemeinen Geschäftsbedingungen ausführlich unten Rdn. 1926 f.
[525] Vgl. *Bamberger/Roth* § 305 Rdn. 61 am Beispiel des Flugreise- und sonstigen Transportverkehrs; nicht überzeugend etwa *Wagner* MMR 2017, 216, 219, die aus der Tatsache der weiten Verbreitung der englischen Sprache auf eine zumutbare Kenntnisnahmemöglichkeit schließt.
[526] Vgl. *KG Berlin*, 8.4.2016, 5 U 156/14, CR 2016, 602, 603.

lisch verbreitet sein mag, dies aber nicht für juristisches, vertragssprachliches und überhaupt für kommerzielles Englisch gilt.

937 Nicht zulässig ist es, den von der GPL angesprochenen Personenkreis künstlich auf den Personenkreis der Entwickler und Distributoren zu begrenzen und zu behaupten, der „Nur-Nutzer" schließe gar keinen GPL-Vertrag[527]. Dem steht entgegen, dass auch „Nur-Nutzer" ein Vervielfältigungsrecht benötigen und auch sie das Recht haben sollen, die Software (unverändert) weiterzugeben. „Einseitige Urheberrechtsverträge", die eine solche Rechtseinräumung vorsehen könnten, kennt die deutsche Rechtsordnung nicht. Darüber hinaus ist bei Open Source Lizenzbedingungen zu berücksichtigen, dass sie vielfach sehr unübersichtlich gestaltet und unnötig kompliziert gefasst sind[528]. Dies gilt insbesondere für die GPL Vers. 3. Auch dies ist mit § 305 Abs. 2 Nr. 2 BGB unvereinbar, denn eine zumutbare Kenntnisnahmemöglichkeit setzt voraus, dass die Geschäftsbedingungen für einen Durchschnittskunden mühelos lesbar sind[529], ein **Mindestmaß an Übersichtlichkeit** aufweisen[530], **inhaltlich hinreichend verständlich** sind[531] und einen im Verhältnis zur Bedeutung des Geschäfts **vertretbaren Umfang** nicht übersteigen[532]. Nur aus Gründen der Vollständigkeit sei erwähnt, dass regelmäßig auch ein Verstoß gegen das Gebot der Klarheit und Verständlichkeit gem. § 307 Abs. 1 S. 2 BGB vorliegt. Zwar führt die Verwendung auslegungsbedürftiger Begriffe nach der Rsp. des *BGH*[533] nicht für sich genommen zur Intransparenz der Vertragsklausel, aber der Kunde muss sich die erforderlichen Informationen zur Inhaltsbestimmung des Begriffs unschwer ohne fremde Hilfe selbst verschaffen können. Hat der Kunde diese Möglichkeit nicht, liegt Intransparenz vor.

938 Für den **Unternehmensverkehr** wird vielfach ausgeführt, dass Allgemeine Geschäftsbedingungen in englischer Sprache regelmäßig nicht zu beanstanden sind[534]. Gem. § 310 Abs. 1 BGB findet § 305 Abs. 2 BGB keine Anwendung auf Allgemeine Geschäftsbedingungen, die gegenüber einem Unternehmer verwendet werden. Auch für die Einbeziehung im Unternehmensverkehr ist es aber unstreitig erforderlich, dass der Kunde die Allgemeinen Geschäftsbedingungen in zumutbarer Weise zur Kenntnis nehmen kann[535], was auch hier zum Erfordernis der **Verständlichkeit für den (unternehmerischen) Durchschnittskunden** führt[536]. Vor dem Hintergrund des somit anzulegenden Prüfungsmaßstabs des unternehmerischen Durchschnittskunden liegt es nahe, dass die Lizenzbedingungen bei Open Source Software **vielfach zumutbar** zur Kenntnis genommen werden.

939 Anders wird man indes ausgerechnet bei der Neufassung der **GPL in der Vers. 3** entscheiden müssen. Nicht nur dass der Textumfang gegenüber der Vers. 2 verdop-

---

[527] So etwa *Koglin* S. 168 f.
[528] Vgl. auch *Schneider/v. Westphalen/Fechtner*, 1. Kap. A. Rdn. 359: „Gerade aber die Bestimmungen der GPL sind in allen Versionen selbst mit Hilfe von Erläuterungen und der deutschen Übersetzung sehr schwer verständlich." A. A. wohl nur *Hilber/Reintzsch* CR 2014, 697, 698, die wegen der Vielzahl technischer Gestaltungsmöglichkeiten ein „gewisses Maß an Abstrahierung" zulassen wollen. Abstrahierung und Transparenz schließen sich aber nicht aus.
[529] Vgl. *BGH*, 3.2.1986, II ZR 201/85, NJW-RR 1986, 1311.
[530] Vgl. MünchKomm/*Basedow* § 305 Rdn. 71; *Palandt/Grüneberg* § 305 Rdn. 37.
[531] Vgl. *BGH*, 2.12.1982, VII ZR 63/82, NJW 1983, 816, 817; *Bamberger/Roth* § 305 Rdn. 59.
[532] Vgl. MünchKomm/*Basedow* § 305 Rdn. 71; *Palandt/Grüneberg* § 305 Rdn. 37.
[533] Vgl. *BGH*, 9.12.2015, VIII ZR 349/14, NJW 2016, 2101, 2103 Tz. 33.
[534] Vgl. *Spindler*, Rechtsfragen (VSI), S. 38; hierzu allgemein unten Rdn. 1922 ff.
[535] Vgl. *BGH*, 3.12.1987, VII ZR 374/86, NJW 1988, 1210, 1212; *Palandt/Grüneberg* § 305 Rdn. 53.
[536] Vgl. *Palandt/Grüneberg* § 305 Rdn. 53, 37.

pelt wurde, sodass erhebliche Zweifel daran bestehen, ob dieser Umfang der Bedeutung des Rechtsgeschäfts Rechnung trägt und nicht den vertretbaren Umfang übersteigt, denn nicht selten handelt es sich bei Open Source Software um einfache Hilfsprogramme[537].

Gewichtiger noch als das Argument nicht vertretbaren Umfangs wiegt aber die Erkenntnis, dass die GPL Vers. 3 auch **inhaltlich nicht ausreichend verständlich** ist. Während im Schrifttum vereinzelt darauf hingewiesen wird, die GPL bestehe aus „langen und vielfach auch verschachtelten Bedingungen", lohne aber „die Mühe der sperrigen Lektüre"[538], so wird übersehen, dass nicht die Erkenntnismöglichkeiten der auf Open Source Software spezialisierten Juristen den Prüfungsmaßstab bilden, sondern der unternehmerische Durchschnittskunde in der jeweiligen Branche[539]. Auch im Unternehmensverkehr ist die Zumutbarkeitsgrenze aber überschritten, wenn die Geschäftsbedingungen unnötig kompliziert und unklar sind und etwa vom **Sprachgebrauch des Internationalen Urheberrechts abweichen,** indem eine **eigene Terminologie** im Sinne einer von den Begriffen der Rechtsordnung abweichenden Kunstsprache aufgestellt wird, deren Definitionen aber unpräzise, unverständlich und unklar sind[540]. 940

Dies mag anhand eines Beispiels verdeutlicht werden: Im deutschen Schrifttum wurde darauf hingewiesen, der Begriff „distribute" aus Ziff. 0 der GPL Vers. 2 sei durch den in Ziff. 0 Abs. 6 der GPL Vers. 3 definierten Begriff „propagate" ersetzt worden, um klarzustellen, dass dem Lizenznehmer mit Abschluss der GPL sämtliche Nutzungsrechte eingeräumt werden, unabhängig davon, welche abweichende Begrifflichkeit das nationale Recht hierfür im Einzelfall vorsehe. Hierdurch erübrige sich etwa eine Diskussion darüber, ob der Begriff „distribute" auch die öffentliche Zugänglichmachung erfasse[541]. Liest man aber die Definition bis zum Ende, so muss man feststellen, dass nicht nur die Begriffe „copying" (also Vervielfältigung gem. § 69c Nr. 1 UrhG), „distribution" (also Verbreitung gem. § 69c Nr. 3 UrhG) und „making available to the public" (also öffentliche Zugänglichmachung gem. § 69c Nr. 4 UrhG) zur Umschreibung des neuen Kunstworts verwendet werden, sondern darüber hinaus **„in some countries other activities as well"** erfasst sein sollen[542]. Ein neuer, international ungeläufiger Begriff wird daher durch urheberrechtlich übliche Termini definiert, angereichert um eine inhaltlich unbestimmte Erweiterung aus „manchen Ländern" und „anderen Aktivitäten"[543]. 941

Die Kenntnisnahme derart unbestimmter Geschäftsbedingungen ist mangels hinreichender Verständlichkeit auch im unternehmerischen Geschäftsverkehr **nicht zumutbar,** was sich durch zahlreiche weitere Beispiele leicht weiter ausführen ließe[544]. 942

---

[537] Dass es auch kürzer geht hat die gewiss nicht für unzulässig verkürzende Ausführungen bekannte EU-Kommission in ihren oben bereits erwähnten Open Source Lizenzen (EUPL) demonstriert, deren Umfang rund ein Drittel der GPL Vers. 3 betragen. Die EUPL umfasst etwa 12 725 Zeichen, während die GPL Vers. 3 über 34 000 Zeichen lang ist.
[538] Vgl. *Jaeger/Metzger* GRUR 2008, 130, 137.
[539] Vgl. *BGH*, 6.10.1982, VIII ZR 201/81, NJW 1983, 159, 162 (branchenkundiger Gastwirt).
[540] A. A. offenbar *Hilbert/Reintzsch* CR 2014, 697, 701; *Koglin* CR 2008, 137, 138.
[541] Vgl. *Schäfer* S. 175.
[542] *Jaeger/Metzger* GRUR 2008, 130, 134 meinen, laut Definition in Ziff. 0 solle „propagate" sämtliche Nutzungen der Software umfassen, für die eine urheberrechtliche Gestattung erforderlich sei. In der Tat ist dieses Verständnis der Definition überzeugend einfach, findet sich so aber nicht im Text.
[543] *Fromm/Nordemann/Czychowski* Nach § 69c Rdn. 16 nennt diese Art der Nutzungsrechtsbeschreibung zu Recht „hilflos".
[544] Es ist daher entgegen *Koglin* CR 2008, 137, 138 kein Vorteil, dass sich die GPL Vers. 3 sprachlich von der urheberrechtlichen Terminologie gelöst hat, sondern eine höchst bedauerliche Fehlent-

So soll etwa dem Begriff „**propagate**" eine eigenständige Bedeutung in zweierlei Hinsicht zukommen. Zum einen werde mit ihm die inhaltlich umfassende Rechtseinräumung an den Lizenznehmer beschrieben, zum anderen knüpften an diesen Begriff die **patentrechtlichen Pflichten** an[545]. Der Begriff „propagate" wird aber in Ziff. 0 Abs. 6 GPL Vers. 3 urheberrechtlich definiert („infringement under applicable copyright law"). Wenn aber ein urheberrechtlich definiertes Kunstwort seine wesentliche Bedeutung bei den an ganz anderer Stellen des Vertrags (Ziff. 11) umschriebenen patentrechtlichen Regelungen entfaltet, ist dies selbst im Unternehmensverkehr inhaltlich unverständlich. Sicher ist jedenfalls, dass ein derartiges Fehlen von Präzision und Erschließbarkeit des beabsichtigten Inhalts mit dem auch im unternehmerischen Geschäftsverkehr zu beachtenden Gebot der **Klarheit und Verständlichkeit** gem. § 307 Abs. 1 S. 2 BGB unvereinbar ist[546]. Dass es auch anders geht, belegt die bereits an anderer Stelle zitierte Open Source-Lizenz für die Europäische Union (EUPL)[547].

5. Einige Einzelheiten zur GPL

943   Es wurde bereits dargelegt, dass die **GPL** die bedeutendste Rolle bei Open Source Software spielt. Etwa **zwei Drittel** der verfügbaren Programme sollen unter diesen Lizenzbedingungen stehen[548]. Dies sowie die Tatsache, dass verschiedene deutsche Gerichte entgegen den oben geäußerten Zweifeln von einem wirksamen Einbezug der GPL in den Vertrag zwischen Rechtsinhaber und Anwender ausgehen[549], rechtfertigt eine eingehendere Beschäftigung mit diesen Bedingungen.

a) Die Frage nach der jeweils einschlägigen GPL-Version

944   Die GPL Vers. 2 wurde im Februar 1991 von der Free Software Foundation (FSF) veröffentlicht[550]. Keine Probleme scheinen daher dann zu bestehen, wenn ein Programm ausdrücklich der GPL Vers. 2 unterstellt wird. Dieser Schein ändert sich jedoch, wenn die GPL Vers. 2 komplett übernommen wurde, da sie in Ziff. 9 eine Sonderregelung zur **Geltung unterschiedlicher Vertragsversionen** enthält. Zunächst wird in Ziff. 9 Abs. 1 GPL Vers. 2 (= Ziff. 14 Abs. 1 GPL Vers. 3) das Recht der Free Software Foundation benannt, von Zeit zu Zeit neue Lizenzbedingungen zu veröffentlichen, die im Geiste der bisherigen Versionen stehen. Ziff. 9 Abs. 2 GPL Vers. 2 (= Ziff. 14 Abs. 2 GPL Vers. 3) sieht sodann vor, dass dem Anwender entweder eine spezielle Versionsnummer oder eine spätere Version der GPL („any later version") angeboten werden können. Der Anwender kann sich dann **aussuchen**,

---

wicklung. *Fromm/Nordemann/Czychowski* Nach § 69c Rdn. 11 sieht etwa einen Unwirksamkeitsgrund der gesamten GPL wegen Verstoßes gegen § 307 Abs. 2 Nr. 1 BGB, weil der zentrale Begriff „modify" weit über die urheberrechtlichen Abgrenzungen einer Bearbeitung in §§ 23, 24, 69c UrhG hinausgeht.

[545] Vgl. *Jaeger/Metzger* GRUR 2008, 130, 134 f.
[546] So etwa für Ziff. 5 GPL Vers. 3 wegen mehrerer Unklarheiten auch *Funk/Zeifang* CR 2007, 620 und 622.
[547] Vgl. joinup.ec.europa.eu/community/eupl/og_page/eupl-text-11–12.
[548] Vgl. *Jaeger/Metzger* GRUR 2008, 130. Laut *Meyer* CR 2011, 560, 564 Fußn. 47 sind es mehr als 50 %.
[549] Ausdrücklich etwa *LG Halle*, 27.7.2015, 4 O 133/15, CR 2016, 27; *LG Frankfurt*, 6.9.2006, 2. 6 O 224/06, CR 2006, 729, 731; ohne Diskussion *LG Bochum*, 3.3.2016, I-8 O 294/15, MMR 2016, 553; *LG Hannover*, 21.7.2015, 18 O 159/15, MMR 2016, 554; *LG Hamburg*, 14.6.2013, 308 O 10/13, CR 2013, 498, 499.
[550] Vgl. *Jaeger/Metzger* GRUR 2008, 130.

welche Version für ihn gelten soll. Wird **keine spezielle GPL-Version** vom Rechtsinhaber **benannt**, so kann sich der Anwender gem. Ziff. 9 Abs. 2 S. 3 GPL Vers. 2 (= Ziff. 14 Abs. 2 S. 3 GPL Vers. 3) eine **beliebige Version** aussuchen („any version ever published")[551]. Ein „Rosinenpicken" einzelner Klauseln aus unterschiedlichen GPL-Versionen ist aber nicht zulässig[552].

Unverständlicherweise nicht geregelt ist, ob der Rechtsinhaber eine bestimmte Version unter Ausschluss späterer Versionen bestimmen darf. Man wird dies im Interesse besserer Vorhersehbarkeit zulassen müssen[553], denn andernfalls wäre der Rechtsinhaber den kaum steuerbaren Entscheidungen eines Dritten ausgeliefert, der Free Software Foundation. In den übrigen Fällen besteht ein Wahlrecht des Anwenders, der ja nicht Klauselverwender, sondern Kunde ist[554]. Eine AGB-rechtliche Überprüfung nach § 308 Nr. 4 BGB scheidet daher aus[555], gleichwie auch kein Fall der Leistungsbestimmung durch einen Dritten gem. § 317 BGB vorliegt[556].

In Ziff. 14 Abs. 3 GPL Vers. 3[557] wurde die „any later version"-Klausel dahingehend erweitert, dass ein im Programm bezeichneter Bevollmächtigter („a proxy") entscheiden kann, welche zukünftigen GPL-Versionen angewendet werden können und dass die öffentliche Erklärung des Bevollmächtigten dem Anwender auf Dauer erlaubt, diese Version zu wählen. Hierin dürfte im Hinblick auf die Wahlmöglichkeit des Anwenders eine Bestimmung der Leistung durch einen Dritten gem. § 317 BGB zu sehen sein[558]. Problematisch ist aber, dass die Wahl des Anwenders gem. Ziff. 14 Abs. 4 S. 2 GPL Vers. 3 im Ergebnis nicht dazu führen darf, dass dem Urheber oder Rechtsinhaber zusätzliche Pflichten auferlegt werden. Dies führt dazu, dass das Wahlrecht inhaltlich **unbestimmt** und **unklar** ist, denn der Anwender müsste die unterschiedlichen Pflichten der verschiedenen GPL-Versionen vergleichen. Darüber hinaus besteht gegebenenfalls gar kein Wahlrecht, weil er ja nur wählen darf, was der Gegenseite keine zusätzlichen Pflichten auferlegt, wodurch der Anwender über die Existenz eines wirklichen Wahlrechts **irregeführt** sein kann.

b) Folgen des fehlenden Einbezugs der GPL in den Vertrag mit dem Rechtsinhaber

Sofern die GPL nicht wirksam in den Vertrag einbezogen wurde, was vor dem Hintergrund der oben ausführlich dargestellten AGB-rechtlichen Probleme wahrscheinlich ist[559], muss beantwortet werden, ob dem Anwender dann auch **keinerlei Nutzungsrechte** etwa im Hinblick auf Vervielfältigung und Verbreitung entstehen. Hiergegen ist eingewendet worden, dass sich die dem Schutz des Kunden dienenden Regelungen etwa des § 305 Abs. 2 BGB dann gegen den Kunden auswirken würden, da er ja weniger Rechte hätte als bei einem wirksamen Einbezug[560]. Man wird dieses Problem aber durch eine Bezugnahme auf **§ 69d Abs. 1 UrhG** interessengerecht

---

[551] Im Fall *LG Halle*, 27.7.2015, 4 O 133/15, BeckRS 2016, 20839 Tz. 7 (insoweit nicht abgedruckt CR 2016, 27) wählte die Anwenderin Vers. 3.
[552] Vgl. *Jaeger/Metzger* GRUR 2008, 130, 137.
[553] Vgl. *Koglin* CR 2008, 137, 139; *Funk/Zeifang* CR 2007, 617 Fußn. 6.
[554] Vgl. *Funk/Zeifang* CR 2007, 617, 618.
[555] Vgl. *Koglin* CR 2008, 137, 142.
[556] Vgl. *Koglin* CR 2008, 137, 142.
[557] In der deutschen Übersetzung der GPL Vers. 3 durch *Gerwinski*, www.gnu.de/documents/gpl-3.0.de.html wurden die Abs. 3 und 4 von Ziff. 14 vergessen.
[558] Vgl. *Koglin* CR 2008, 137, 143.
[559] A. A. *LG Hamburg*, 14.6.2013, 308 O 10/13, CR 2013, 498; *LG Bochum*, 20.1.2011, I-8 O 293/09, MMR 2011, 474; *LG Frankfurt*, 6.9.2006, 2. 6 O 224/06, CR 2006, 729, 731.
[560] Vgl. *Kreutzer* MMR 2004, 695, 697, der deshalb eine großzügige Auslegung der AGB-rechtlichen Einbeziehungsregelungen fordert.

lösen können⁵⁶¹, denn damit wird einerseits verhindert, dass die Unwirksamkeit der GPL den Rechtsinhaber völlig rechtlos stellt⁵⁶² und andererseits wird der Anwender auch nicht zum Urheberrechtsverletzer, nur weil die Nutzungseinräumung auf der Grundlage der unwirksamen Geschäftsbedingungen des Rechtsinhabers scheiterte. Entscheidend für die Festlegung der einem Anwender bei unwirksamer GPL zustehenden Rechte ist daher die **bestimmungsgemäße Benutzung** im Sinne des § 69d Abs. 1 UrhG. Wie bei allen Computerprogrammen ist daher der **Zweck der Softwareüberlassung** unter Berücksichtigung auch der **Verkehrssitte**⁵⁶³ heranzuziehen. Der Anwender eines Open Source Programms darf die Software dementsprechend benutzen, soweit sich diese Benutzung im Rahmen des Üblichen hält. Diesbezüglich ist auch zu berücksichtigen, ob die Software dem **Copyleft-Gedanken** unterstellt wurde oder nicht. Hält sich ein Softwarehersteller nicht an den Copyleft-Gedanken und stellt seine Programme trotz der Verwendung von Programmmodulen, die der GPL unterstehen, nicht ebenfalls unter die GPL, ist er zwar formal als Rechtsinhaber anzuerkennen. Sofern er aber Dritte unter Berufung auf seine Rechtsinhaberschaft urheberrechtlich in Anspruch nehmen möchte, ist dies gegebenenfalls als rechtsmissbräuchliches Verhalten gem. § 242 BGB zu qualifizieren⁵⁶⁴.

948 Zum gleichen Ergebnis, aber mit völlig anderer Begründung, gelangen diejenigen Stellungnahmen im Schrifttum, die für die bloße Benutzung eines unveränderten Open Source Programms den **Abschluss eines GPL-Lizenzvertrags** ohnehin für **überflüssig** halten. Diese Stimmen folgern aus Ziff. 5 GPL Vers. 2 dem Anwender stünde die freie Wahl zu, ob er auf einen Lizenzvertrag verzichte und die Software dann lediglich im Rahmen des ihm nach § 69d UrhG ohnehin Erlaubten nutze oder ob er weitergehende Nutzungsrechte erwerben möchte und dafür die Open Source Lizenz akzeptiere⁵⁶⁵. Aus dogmatischer Sicht ist diese Begründung aber nicht überzeugend, denn sie überinterpretiert Ziff. 5 GPL Vers. 2. Wenn in S. 1 dieser Regelung ausgeführt wird, der Anwender sei nicht verpflichtet, den GPL-Lizenzvertrag zu akzeptieren, da er ihn **nicht unterschrieben** habe („You are not required to accept this License, since you have not signed it"), unterstellt dies eine nicht existierende Formpflicht gleichwie niemand zu einer Vertragsannahme verpflichtet ist, wenn er einen Vertrag unterschrieben hat, denn dann liegt seine Willenserklärung bereits vor und der Vertrag ist wegen des oben bereits erwähnten Vertragsangebots des Rechtsinhabers ad incertas personas damit geschlossen. Ziff. 5 S. 1 GPL Vers. 2 ist daher irreführend und inhaltlich unklar.

949 Gleiches gilt für die in diesem Zusammenhang ebenfalls angeführte Regelung der Ziff. 0 Abs. 2 S. 2 GPL Vers. 2, derzufolge die Handlung des Ablaufenlassens des Programms nicht beschränkt ist („The act of running the Program is not restricted."). Es ist nicht überzeugend, hieraus zu folgern, der Anwender benötige für die Programmnutzung kein mit der GPL-Lizenz eingeräumtes urheberrechtliches Nutzungsrecht⁵⁶⁶. Näher scheint zu liegen, dem Anwender ein über die GPL eingeräumtes Vervielfältigungsrecht zuzusprechen, das im Hinblick auf das Ablaufenlassen des Programms eben **unbeschränkt** („**not restricted**") ist, während dies für andere Vervielfältigungshandlungen nicht der Fall ist. Dieses Verständnis wird auch der Syste-

---

⁵⁶¹ Vgl. *Meyer* CR 2011, 560, 563; *Fromm/Nordemann/Czychowski* Nach § 69c Rdn. 9.
⁵⁶² Das *LG München I*, 12.7.2007, 7 O 5245/07, CR 2008, 57, 58 befürwortet einen urheberrechtlichen Unterlassungsanspruch bei unterstellter Unwirksamkeit der GPL nach § 242 BGB.
⁵⁶³ Vgl. allgemein zum Vertragszweck oben Rdn. 669.
⁵⁶⁴ Vgl. *Kreutzer* CR 2012, 146, 151 f.
⁵⁶⁵ So etwa *Jaeger/Metzger* Rdn. 177; wohl auch *Koglin* S. 77 sowie 169.
⁵⁶⁶ So aber wohl *Koglin* S. 77 f.

matik der GPL Vers. 2 gerecht, wenn in Ziff. 0 Abs. 2 S. 1 GPL Vers. 2 die Vervielfältigungshandlungen ausdrücklich als von der GPL erfasst bezeichnet werden und im sich anschließenden S. 2 von bestimmten unbeschränkten Handlungen die Rede ist. Dann wird aber in der GPL mit dem Vervielfältigungsrecht auch das Recht zum Ausführen des Programms eingeräumt[567], sodass die GPL auch für den reinen Anwender relevant wäre.

Zum gleichen Ergebnis gelangen letztlich auch diejenigen Autoren, die über die AGB-rechtlichen Probleme hinaus auch **kartellrechtliche Bedenken** gegen den Copyleft-Effekt der GPL äußern[568]. Art. 101 AEUV und § 1 GWB verbieten Vereinbarungen zwischen Unternehmen, die geeignet sind, den Handel zwischen Mitgliedstaaten zu beeinträchtigen und eine Wettbewerbsbeschränkung innerhalb des gemeinsamen Marktes bezwecken oder bewirken. In den einschlägigen Bestimmungen zum Copyleft-Prinzip könnte eine solche Wettbewerbsbeschränkung im Sinne des Art. 101 AEUV bzw. § 1 GWB liegen, da die Kunden gezwungen werden, mit ihren eigenen Programmen in bestimmter Weise zu verfahren[569]. Auch die Kartellrechtswidrigkeit soll aber keine Gesamtnichtigkeit nach § 139 BGB zur Folge haben[570]. Dann muss auch dieser Auffassung zufolge die allgemeine Vorschrift des § 69d UrhG zur Bestimmung der Rechte des Anwenders zum Tragen kommen. 950

6. Einzelne Vorschriften der GPL Vers. 2

a) Urheberrechtsrelevante Vorschriften

aa) Das Vervielfältigungsrecht

Jedem Nutzer von Open Source Software wird ein **umfassendes Vervielfältigungsrecht** eingeräumt. Hierbei wird in der GPL zwischen der Vervielfältigung des ausführbaren **Objektcodes** und des **Quellprogramms** unterschieden. Die einfache Benutzung des Programms im Sinne des Ladens des Programms in den Arbeitsspeicher und des Ablaufenlassens des Programmcodes wird nach Ziff. 0 Abs. 2 S. 2 GPL Vers. 2 ausdrücklich keinen Beschränkungen unterworfen[571]. Dass hierbei sprachlich zwischen „running the Program" und „copying" (z.B. in Ziff. 0 Abs. 2 S. 1 GPL Vers. 2) unterschieden wird, ist zwar gesetzessystematisch korrekt[572], ändert aber nichts daran, dass zwischen der Nutzung der Computersoftware und der Vervielfältigung in den Arbeitsspeicher nicht praktikabel unterschieden werden kann[573]. Außer zum Ablaufenlassen des Programms dürfen nach Ziff. 3 S. 1 GPL Vers. 2 auch Vervielfältigungen des Objektcodes zum Zwecke der Verbreitung angefertigt werden. 951

Auch das Quellprogramm darf vom Nutzer gem. Ziff. 1 S. 1 GPL Vers. 2 vervielfältigt werden, wobei in der genannten Vorschrift ausdrücklich klargestellt ist, dass 952

---

[567] So wieder *Koglin* S. 78.
[568] Vgl. hierzu *Fromm/Nordemann/Czychowski* Nach § 69c Rdn. 21 ff.
[569] Offengelassen *LG Frankfurt*, 6.9.2006, 2. 6 O 224/06, CR 2006, 729, 732; eine Kartellwidrigkeit bejahend *Fromm/Nordemann/Czychowski* Nach § 69c Rdn. 21 ff.; a.A. unter Berufung auf die Gruppenfreistellungsordnung für Technologietransfervereinbarungen (TT-GVO) *Jaeger/Metzger* Rdn. 330 ff.
[570] Vgl. *Fromm/Nordemann/Czychowski* Nach § 69c Rdn. 32.
[571] Ziff. 0 Abs. 2 S. 2 GPL Vers. 2: „The act of running the Program is not restricted."; vgl. auch *Deike* CR 2003, 9, 10.
[572] Vgl. hierzu unten Rdn. 1561.
[573] A. A. wohl *Koch* CR 2000, 333, 337.

die Vervielfältigung auf beliebigen Medien („in any medium") erfolgen darf[574]. Eine Einschränkung besteht lediglich insoweit, als sich das Vervielfältigungsrecht der Ziff. 1 GPL Vers. 2 ausdrücklich auf den **unveränderten Quellcode** des Programms bezieht. Sofern der Nutzer das Programm oder zumindest Teile davon verändert hat, greift Ziff. 2 GPL Vers. 2 ein. Auch das veränderte Programm darf der Nutzer grundsätzlich vervielfältigen und verbreiten. Es müssen dann aber **zusätzlich** die in Ziff. 2 Buchst. a) bis c) GPL Vers. 2 benannten **Bedingungen** erfüllt werden.

bb) Das Recht zur Umarbeitung

953   Es wurde bereits im Zusammenhang mit dem Vervielfältigungsrecht erwähnt, dass jeder Nutzer gem. Ziff. 2 GPL Vers. 2 die Open Source Software verändern darf. Eine **Einschränkung** auf einen **bestimmten Zweck** der Veränderung besteht **nicht,** sodass nicht nur Fehler beseitigt werden dürfen oder eine Weiterentwicklung betrieben werden kann, sondern alle nur denkbaren Veränderungen vorgenommen werden können[575]. Hierdurch kann ein gewisser Konflikt mit den **Urheberpersönlichkeitsrechten** auftreten, etwa mit dem Recht des Urhebers gem. § 14 UrhG, eine Entstellung oder eine andere seine berechtigten geistigen oder persönlichen Interessen gefährdende Beeinträchtigung zu verbieten[576]. Im Schrifttum wird diesbezüglich auf eine mögliche Beeinträchtigung des guten Rufs eines Programmierers durch eine schlechte Weiterbearbeitung oder auch auf eine entstellende Veränderung der Benutzeroberfläche des Programms verwiesen[577]. Relativiert wird diese Gefahr aber durch die in Ziff. 2 Buchst. a) GPL Vers. 2 enthaltene Pflicht, veränderte Dateien mit einem auffälligen Vermerk zu versehen, der auf die Dateiänderung sowie das Datum der Änderung hinweist (sog. „History"). Da jedoch § 14 UrhG wie jedes Urheberpersönlichkeitsrecht unveräußerlich und nach ganz h. M. auch unverzichtbar ist[578], kann Ziff. 2 GPL Vers. 2 nicht dahingehend verstanden werden, der Lizenzgeber wolle sich seiner Rechte völlig begeben. Vielmehr müssen **zumindest schwere Beeinträchtigungen** seiner berechtigten Interessen von ihm unterbunden werden können[579].

cc) Das Recht zur Verbreitung

954   Sowohl das unveränderte als auch das veränderte Programm darf vom Anwender weiterverbreitet werden. Anders als bei der Vervielfältigung bestehen jedoch bei der Verbreitung der Software durch den Anwender mannigfaltige Bedingungen mit einschränkender Wirkung. Deren Reichweite richtet sich danach, ob das Programm in **unveränderter** oder **veränderter Form** verbreitet werden soll. Möchte der Anwender das Programm unverändert verbreiten, ist zunächst Ziff. 1 GPL Vers. 2 zu berücksichtigen, demzufolge das **unveränderte Quellprogramm** auf beliebige Medien vervielfältigt und sodann verbreitet werden darf. Dieses Recht steht allerdings unter

---

[574] Aus dieser Vorschrift folgern *Jaeger/Metzger* Rdn. 32 auch die Zulässigkeit der Nutzung von Open Source Software in sog. Embedded Systems, also „fest eingebetteter" Software.

[575] Anders als bei Open Source Software finden sich in Open Content-Lizenzen häufig auch Bearbeitungsverbote; vgl. *Jaeger/Metzger* MMR 2003, 431, 433.

[576] Zu Recht weisen *Jaeger/Metzger* MMR 2003, 431, 435 aber darauf hin, dass die Beeinträchtigung des Programmierers von Computersoftware weniger wahrscheinlich ist als bei Urhebern anderer Werke.

[577] Vgl. *Jaeger/Metzger* Rdn. 129.

[578] Vgl. *BGH,* 28.11.1985, I ZR 104/83, NJW 1987, 1404, 1405; *Wandtke/Bullinger* Vor §§ 12 ff. Rdn. 5; *Dreier/Schulze* Vor § 12 Rdn. 12; BeckOK Urheberrecht/*Kroitzsch/Götting* § 14 Rdn. 28; Schricker/Loewenheim/*Dietz/Peukert* Vor §§ 12 ff. Rdn. 11.

[579] Im Ergebnis wie hier *Jaeger/Metzger* Rdn. 129; *Metzger/Jaeger* GRUR Int. 1999, 839, 844 f.

der Bedingung, dass der verbreitende Anwender unübersehbar und angemessen auf jeder Kopie einen geeigneten Urheberrechtshinweis sowie einen Garantieausschluss publik macht. Darüber hinaus müssen alle auf die GPL sowie das Fehlen jeglicher Garantie enthaltenen Hinweise unverändert bleiben gleichwie jedem Empfänger des Programms mit diesem eine **Kopie der GPL** übergeben werden muss[580]. Diese Bedingung wird nicht dadurch erfüllt, dass dem Programmempfänger lediglich eine Internet-Adresse mitgeteilt wird, wo er die GPL herunterladen kann[581]. Nach Ziff. 1 Abs. 2 GPL Vers. 2 darf für den physikalischen Akt der Anfertigung der Kopie („the physical act of transfering a copy") oder die Gewährung einer Garantie eine **Gebühr** verlangt werden. Sofern das Programm in ausführbarem Objektcode weitergegeben wird, muss nach Ziff. 3 GPL Vers. 2 auch der Quellcode zugänglich gemacht werden[582].

Veränderte Programme dürfen ebenfalls verbreitet werden, jedoch müssen gem. Ziff. 2 GPL Vers. 2 über die Bedingungen von Ziff. 1 GPL Vers. 2 hinaus **weitere Bedingungen** eingehalten werden. Diese sind in Ziff. 2 Buchst. a) bis c) GPL Vers. 2 niedergelegt und enthalten zunächst die bereits erwähnte Verpflichtung, auf die Dateiveränderung hinzuweisen[583]. Nach Ziff. 2 Buchst. c) GPL Vers. 2 muss bei interaktiver, über Kommandos gesteuerter Software nach dem Programmstart ein Urheberrechtshinweis, ein Hinweis auf den Garantieausschluss, ein solcher auf das Recht zur Weiterverbreitung sowie auf eine Möglichkeit zur Kenntnisnahme der GPL gegeben werden[584]. Charakteristisch für die GPL ist jedoch die in Ziff. 2 Buchst. b) GPL Vers. 2 enthaltene Verpflichtung, die veränderte Software als Ganzes Dritten gegenüber[585] sowohl **unentgeltlich** als auch **nach den Bedingungen der GPL** zur Verfügung zu stellen. Bearbeitungen von GPL-Software müssen also wiederum der GPL unterstellt werden[586]. Eine Verwendung als proprietäre Software ist unzulässig, worin sich der „**Copyleft**"-**Gedanke** äußert und sich diese Gruppe der Open Source Lizenzen von der Berkeley Software Distribution License und deren Abwandlungen[587] unterscheidet[588]. Eine der GPL unterstellte Open Source Software darf auch nicht der GNU Lesser General Public Licence (LGPL) unterstellt werden, weil es sich um einen gänzlich anderen Lizenztyp handelt[589]. Insgesamt bestehen hinsichtlich der Wirksamkeit von Ziff. 2 GPL Vers. 2 keine grundlegenden Bedenken[590].

955

---

[580] Vgl. *LG Bochum*, 3.3.2016, I-8 O 294/15, MMR 2016, 553, 554; *LG Leipzig*, 2.6.2015, 05 O 1531/15, MMR 2016, 417, 418.
[581] Vgl. *LG München I*, 12.7.2007, 7 O 5245/07, CR 2008, 57, 59.
[582] Vgl. *LG Bochum*, 3.3.2016, I-8 O 294/15, MMR 2016, 553, 554; *LG Leipzig*, 2.6.2015, 05 O 1531/15, MMR 2016, 417, 418.
[583] Vgl. hierzu oben Rdn. 953.
[584] Vgl. *Wandtke/Bullinger/Grützmacher* § 69c Rdn. 77.
[585] Durch die Bezugnahme auf „Dritte" („third parties") beantwortet sich die von *Jaeger/Metzger* Rdn. 46 aufgeworfene Frage, ob Programmänderungen für den firmen- bzw. behördeninternen Gebrauch erfaßt sind. Interne sind keine Dritte.
[586] Vgl. *LG Köln*, 17.7.2014, 14 O 463/13, CR 2014, 704, 705; *LG Hamburg*, 14.6.2013, 308 O 10/13, CR 2013, 498, 499; *Keppeler* CR 2015, 9, 10; *Deike* CR 2003, 9, 10 spricht davon, die GPL habe die Eigenschaft, ihren Geltungsbereich auszudehnen. Vgl. auch *Wuermeling/Deike* CR 2003, 87, 88 f.
[587] Vgl. die Aufzählung der vom Institut für Rechtsfragen der Freien und Open Source Software gepflegten Liste www.ifross.org/lizenz-center.
[588] Vgl. *Jaeger/Metzger* Rdn. 98.
[589] Vgl. *LG Köln*, 17.7.2014, 14 O 463/13, CR 2014, 704, 705.
[590] Vgl. *LG Hamburg*, 14.6.2013, 308 O 10/13, CR 2013, 498, 499; *LG München I*, 19.5.2004, 21 O 6123/04, CR 2004, 774, 775.

956 Die vorstehenden Pflichten greifen aber nur ein, wenn das veränderte Programm auf dem Ursprungsprogramm beruht. Dementsprechend stellt Ziff. 2 Abs. 3 GPL Vers. 2 ausdrücklich klar, es sei nicht bezweckt, Rechte für Werke zu beanspruchen oder Rechte zu beschneiden, wenn das neue Werk ausschließlich vom Anwender geschaffen sei[591]. Vielmehr bezweckten diese Regelungen, das Recht zur Kontrolle der Verbreitung von Werken auszuüben, die aus dem Ursprungswerk abgeleitet oder aus solchen Werken zusammengestellt seien. Damit entsteht die schwierig zu beantwortete Frage, wann ein selbstständiges und wann ein abgeleitetes Werk („**derivative works**") vorliegt[592], weil sich die Begriffe der „modification" und „derivative works" nur teilweise mit den im deutschen UrhG verwendeten Begriffen Bearbeitung, Umarbeitung oder Umgestaltung decken[593]. Auch muss bei zusammengesetzten Werken untersucht werden, ob einzelne Programmteile im Ganzen aufgehen, oder ob sie ihre Selbstständigkeit behalten. Nur im erstgenannten Fall muss die GPL auf das Ganze erstreckt werden[594]. Als Faustregel wird im Schrifttum folgende Einordnung genannt: Komplexere Software wie **Betriebssysteme** oder **Office-Pakete** sind als eine Vielzahl von Einzel- bzw. Unterprogrammen, nicht aber als ein Programm einzuschätzen[595]. Gleiches kann bei Firmware gelten, die ebenfalls aus einzelnen Komponenten bestehen kann, die isoliert nutzbar und identifizierbar sind[596]. Dem wird man für Office-Pakete hinsichtlich der Bestandteile Textverarbeitung, Tabellenkalkulation etc. zustimmen müssen. Ob jedoch Einzel- bzw. Unterprogramme eines Betriebssystems selbstständig sind, ist fraglich.

957 Zusammenfassend lässt sich folgendes **Stufensystem des Copyleft-Gedankens**[597] veranschaulichend darstellen:
1. Von vornherein nicht der GPL zu unterstellen sind alle Programme, die **vollständige Eigenentwicklungen** darstellen (Ziff. 2 Abs. 3 1. Halbs. GPL Vers. 2)[598]. Dies gilt gem. Ziff. 2 Abs. 4 GPL Vers. 2 auch dann, wenn das eigene Programm mit einem der GPL unterstellten Programm auf einem gemeinsamen Speicher oder Verbreitungsmedium bloß zusammengestellt ist („mere aggregation")[599].
2. Bei bearbeiteten Open Source Programmen werden **identifizierbare Teile** des Werks gem. Ziff. 2 Abs. 2 S. 2 GPL Vers. 2 dann nicht der GPL unterstellt, wenn sie **nicht** vom der GPL unterstehenden Programm **abgeleitet** sind und bei vernünftiger Betrachtung als **unabhängige** und **selbstständige Werke** einzustufen sind, sofern diese Teile als eigenständige Werke weiterverbreitet werden.
3. Identifizierbare Teile des Werks im Sinne der oben Nr. 2 werden gem. Ziff. 2 Abs. 2 S. 3 GPL Vers. 2 dann der GPL unterstellt, wenn sie als Teil eines Ganzen verbreitet werden, das auf einem der GPL unterstellten Programms beruht.
4. Programme oder identifizierbare Teile, die Bearbeitungen eines der GPL unterstellten Programms darstellen, werden gem. Ziff. 2 Abs. 2 S. 1 GPL Vers. 2 stets dem Copyleft-Gedanken unterstellt.

---

[591] Vgl. *Jaeger/Metzger* Rdn. 51.
[592] Ausführlich ifross S. 67 ff. Rdn. 22 ff.; *Keppeler* CR 2015, 9 ff.; *Wuermeling/Deike* CR 2003, 87, 88 ff.
[593] Vgl. *Kreutzer* CR 2012, 146, 150.
[594] Vgl. *Kreutzer* CR 2012, 146, 150.
[595] So *Jaeger/Metzger* Rdn. 52.; kritisch hierzu *Keppeler* CR 2015, 9, 15.
[596] Vgl. *Kreutzer* CR 2012, 146, 150.
[597] In Anlehnung an *Jaeger/Metzger* Rdn. 51; kritisch hierzu *Keppeler* CR 2015, 9, 14.
[598] Vgl. *Kreutzer* CR 2012, 146, 150.
[599] Vgl. *Kreutzer* CR 2012, 146, 150.

Für **Programmbibliotheken** hat die Free Software Foundation eine spezielle GNU 958
Lesser GPL (LGPL) herausgegeben. Diese ist weniger restriktiv als die GPL. Insgesamt führen die genannten Abgrenzungsprobleme aber zu einer erheblichen Unsicherheit hinsichtlich der Reichweite der Geltung der GPL. Die Entwicklung proprietärer Software mittels unmittelbarer Integration von fremdem Programmcode, der unter die Geltung der GPL fällt, ist für Softwarehersteller daher risikobehaftet. Dies gilt selbst dann, wenn die Open Source Software nur zu Testzwecken implementiert wurde und in der finalen Programmversion keine Funktion ausübt. Entscheidend ist allein, dass der fremde Programmcode noch im eigenen Programmcode enthalten ist[600]. Gleiches gilt für die Anbindung über Software-Schnittstellen, selbst wenn der fremde GPL-Code nicht verändert wird. Auch hierin könnte ein abgeleitetes Werk gesehen werden[601].

Besondere Erwähnung muss im Zusammenhang mit dem Verbreitungsrecht noch 959
die Tatsache finden, dass in der GPL die Begriffe „distribution" bzw. „distribute" verwendet werden, was üblicherweise mit Verbreitung bzw. verbreiten übersetzt wird. Diese Terminologie ist jedoch nicht deckungsgleich mit derjenigen des deutschen UrhG, denn dort umfasst das Verbreitungsrecht gem. § 15 Abs. 1 UrhG ausschließlich das Recht der Werkverwertung in **körperlicher Form.** Dann dürfte der Anwender Open Source Software aber nicht über Datennetze, etwa das Internet, weitergeben, was der Geschichte sowie der typischen Form der Weitergabe von Open Source Software entgegenstünde. Nach internationalem Sprachgebrauch wird unter dem Begriff „Distribution of a work" aber allgemein das Anbieten von Kopien eines Werks an die Allgemeinheit oder eines Teils derselben hauptsächlich durch geeignete kommerzielle Kanäle verstanden[602], wozu auch die Verbreitung über Datennetze gezählt werden kann, was jedoch auch auf internationaler Ebene nicht unumstritten ist[603]. Vor diesem Hintergrund ist die GPL dahingehend auszulegen, dass das Verbreitungsrecht des Anwenders auch das Recht der öffentlichen Zugänglichmachung („making available right") umfasst[604], wie es auch in Art. 3 der EG-Richtlinie zum Urheberrecht in der Informationsgesellschaft[605] sowie im mit dem Gesetz zur Regelung des Urheberrechts in der Informationsgesellschaft vom 10.9.2003[606] eingeführten § 19a UrhG enthalten ist[607] und schon in Art. 8 des WIPO-Urheberrechtsvertrags sowie Art. 10 des WIPO-Vertrags über Darbietungen und Tonträger festgeschrieben wurde.

Damit bleibt im Hinblick auf das Verbreitungsrecht des Anwenders nur noch zu 960
untersuchen, ob der Anwender die Software auch **vermieten** darf. Hierüber herrscht im Schrifttum Streit. Einige Autoren bejahen ein Vermietrecht des Anwenders mit dem Argument, Zweck der GPL sei es, Open Source Software **möglichst einfach und weitgehend zu verbreiten,** weshalb das Vermietrecht als Teil des Verbreitungsrechts

---

[600] Vgl. *LG Bochum,* 20.1.2011, I-8 O 293/09, MMR 2011, 474.
[601] Vgl. *Wuermeling/Deike* CR 2003, 87, 89 f.
[602] Vgl. *WIPO,* Glossary of Terms of the Law of Copyright and Neighboring Rights, Stichwort „Distribution of a work".
[603] Vgl. die Denkschrift zum WIPO-Urheberrechtsvertrag vom 20.12.1996, Bemerkung zu Art. 6.
[604] In dieser Richtung auch *Wandtke/Bullinger/Grützmacher* § 69c Rdn. 74.
[605] Vgl. die Richtlinie 2001/29/EG des Europäischen Parlaments und des Rates vom 22.5.2001 zur Harmonisierung bestimmter Aspekte des Urheberrechts und der verwandten Schutzrechte in der Informationsgesellschaft, ABl.EU L 167 vom 22.6.2000, S. 10 ff.
[606] Vgl. BGBl. I S. 1774 ff.
[607] Wie hier wohl *LG Hamburg,* 14.6.2013, 308 O 10/13, CR 2013, 498; *Jaeger/Metzger* Rdn. 29; a. A. *Koch* CR 2000, 333, 338.

von diesem mitumfasst sei[608]. Demgegenüber verneint die Gegenauffassung die Einräumung eines Vermietrechts unter Berufung auf zwei Argumente. Zunächst wird ausgeführt, nach allgemeinen urheberrechtlichen Grundsätzen stelle das Vermietrecht ein **eigenständiges** ausschließliches **Verwertungsrecht** dar, weshalb allein mit der Einräumung eines Verbreitungsrechts nicht auch bereits ein Vermietrecht eingeräumt werde. Darüber hinaus ließen sich auch der GPL keine Anhaltspunkte für einen solchen Einräumungszweck entnehmen. Jede Vermietung diene zumindest mittelbar auch Erwerbszwecken, die **Entgeltpflicht einer Programmüberlassung** schließe die GPL jedoch aus[609].

961 Die Behauptung, das Vermietrecht sei ein selbstständiges Verwertungsrecht, das vom Verbreitungsrecht nicht mitumfasst werde, muss jedoch als dogmatisch schlichtweg falsch bezeichnet werden. Nach § 17 Abs. 1 UrhG ist das Verbreitungsrecht das Recht, das Original oder Vervielfältigungsstücke des Werkes der Öffentlichkeit anzubieten oder in Verkehr zu bringen. Dabei entsprach es allgemeiner Auffassung, dass für das Inverkehrbringen **jede Besitzüberlassung** ausreicht[610], gleichwie der Gesetzgeber ausdrücklich klarstellte, dass jede Art der Weitergabe, sei es eine **Vermietung** oder ein Verleihen oder ein sonstiges Zur-Verfügung-Stellen eine Verbreitung ist[611]. Dem war die Rechtsprechung ohne Ausnahme gefolgt[612] und dies war auch international unstreitig. Ein Inverkehrbringen ist daher jede Handlung, die ein Original oder ein Vervielfältigungsstück aus der internen Sphäre der allgemeinen Öffentlichkeit des Handelsverkehrs zuführt, unabhängig davon, ob eine auf Dauer angelegte oder nur vorübergehende Besitzüberlassung erfolgt[613]. Dementsprechend ist die Vermietung ein Unterfall der Verbreitung[614]. Wenn dem Anwender daher ein Recht zur Verbreitung eingeräumt wird, umfasst dieses grundsätzlich auch das Recht zur Vermietung. Wenn der *EuGH* indes im Rahmen von Art. 4 Abs. 1 der Richtlinie zur Harmonisierung des Urheberrechts argumentiert, dass eine Verbreitung des Originals eines Werkes oder eines Vervielfältigungsstücks davon nur bei einer Übertragung des Eigentums an diesem Gegenstand vorliegt[615], kann dem nicht zugestimmt werden, weil diese Sichtweise auf einer Überbewertung des Wortlauts von Art. 6 WCT beruht[616].

962 Problematisch hinsichtlich eines Vermietrechts des Anwenders ist lediglich, dass dieser für die Einräumung eines Nutzungsrechts kein Entgelt verlangen darf. Dies ist in der GPL zwar nicht ausdrücklich niedergelegt, folgt aber sowohl aus Ziff. 1 Abs. 2 GPL Vers. 2, demzufolge nur für den Kopiervorgang oder die Gewährung einer Garantie eine Gebühr verlangt werden darf, als auch aus Ziff. 11 S. 1 GPL Vers. 2, der den Mängelhaftungsausschluss mit der Unentgeltlichkeit der Lizenzierung begründet. Man muss jedoch berücksichtigen, dass jeder Anwender nach den

---

[608] Vgl. *Jaeger/Metzger* Rdn. 30.
[609] Vgl. *Koch* CR 2000, 333, 336; zustimmend *Wuermeling/Deike* CR 2003, 87, 90; grundsätzlich auch *Wandtke/Bullinger/Grützmacher* § 69c Rdn. 74, der aber den ASP Einsatz dennoch für zulässig hält.
[610] Vgl. *Dreier/Schulze* § 17 Rdn. 15; *Möhring/Kroitzsch* § 17 Rdn. 21.
[611] Vgl. den Entwurf eines Gesetzes über Urheberrecht und verwandte Schutzrechte, BT-Drucks. IV/270 vom 23.3.1962, S. 48.
[612] Vgl. *BGH*, 22.1.2009, I ZR 19/07, GRUR 2009, 942, 944 Tz. 28.
[613] Vgl. *Dreier/Schulze* § 17 Rdn. 15; *Fromm/Nordemann/Dustmann* § 17 Rdn. 19.
[614] Vgl. *Wandtke/Bullinger/Heerma* § 17 Rdn. 37.
[615] Vgl. *EuGH*, 17.4.2008, C-456/06, GRUR 2008, 604, 605 Tz. 41; dem *EuGH* folgend *BGH*, 22.1.2009, I ZR 247/03, NJW 2009, 2960, 2961 Tz. 21; anders aber am gleichen Tag *BGH*, 22.1.2009, I ZR 19/07, GRUR 2009, 942, 944 Tz. 28.
[616] Wie hier *Dreier/Schulze* § 17 Rdn. 4a m.w.N.

Vorgaben der GPL die Software **kostenlos** nutzen darf und daher grundsätzlich auch nicht gewillt sein wird, für die Einräumung eines Rechts, das ihm ohnehin schon zusteht, ein Entgelt zu entrichten. Wenn daher im Schrifttum ausgeführt wird, es sei denkbar, wie bei einem Video-Verleih CD-ROMs mit Open Source Software gegen ein Entgelt zu vermieten, es könne dann aber nicht ausgeschlossen werden, dass der Mieter sich das Programm kostenfrei kopiert oder weiterverbreitet, dann folgt hieraus, dass der Anwender **nicht für die Nutzungsrechtseinräumung bezahlen möchte,** sondern für **andere Leistungen,** etwa die Überlassung eines Datenträgers als Kopiervorlage oder sonstige Leistungen. Vor diesem Hintergrund lässt sich auch die Frage nach der Zulässigkeit des **Application Service Providing** (ASP)[617], des **Software as a Service** (SaaS) oder des **Leasings** beantworten. Weder der Anbieter von ASP noch der Leasinggeber verlangen für die Nutzungsrechtseinräumung ein Entgelt. Dieses bezieht sich vielmehr auf sonstige Leistungen, weshalb kein Konflikt mit den Vorgaben der GPL besteht[618].

b) Haftungs- und Mängelhaftungsklauseln

Alle gängigen Open Source Verträge enthalten einen vollständigen Mängelhaftungs- und Haftungsausschluss. Da im Rahmen dieser Abhandlung sowohl Mängelhaftungsklauseln[619] als auch Haftungsklauseln[620] ausführlich dargestellt und erörtert werden, muss an dieser Stelle lediglich auf die bei Open Source Software zu verzeichnenden Besonderheiten eingegangen werden. Insoweit muss zunächst die Frage beantwortet werden, ob die Tatsache, dass Open Source Software grundsätzlich **unentgeltlich** verbreitet wird, zu gegenüber sonstigen Softwareüberlassungen besonderen Rechtsfolgen führt. In der Tat sind einige Abweichungen zu verzeichnen. Unproblematisch ist zunächst nur, dass die der Open Source Software beigefügten Lizenzbestimmungen vorformulierte Vertragsbestimmungen im Sinne des § 305 Abs. 1 S. 1 BGB darstellen, worauf oben bereits hingewiesen wurde[621]. Im Rahmen der somit nach den Vorschriften über Allgemeine Geschäftsbedingungen gem. §§ 305 ff. BGB vorzunehmenden Inhaltskontrolle ist zunächst zu berücksichtigen, dass § 309 Nr. 8b) BGB nur bei **Verträgen über Lieferungen** neu hergestellter Sachen und über Werkleistungen gilt, **Schenkungen** aber **nicht** zum Kreis der erfassten **Lieferverträge** zählen. Insoweit kann auch die im Schrifttum diskutierte Frage dahinstehen, ob Open Source Software als „neu hergestellte Sache" zu qualifizieren ist[622]. Soweit daher § 309 Nr. 8b) BGB nicht eingreift, ist allein auf § 307 Abs. 1 und 2 BGB abzustellen. 963

Die Haftung des Schenkers ist gem. § 521 BGB infolge der Uneigennützigkeit[623] auf **Vorsatz** und **grobe Fahrlässigkeit** beschränkt, die Haftung für Rechtsmängel ist in § 523 BGB, die Haftung für Sachmängel in § 524 BGB geregelt. Diese Vorschriften sind auf die Überlassung von Open Source Software anwendbar[624]. Ein Ausschluss der Haftung für Vorsatz kann sowohl in Individualverträgen als auch in All- 964

---

[617] Vgl. hierzu ausführlich unten Rdn. 1087 ff.
[618] A. A. *Koch* CR 2000, 333, 336 f.; differenzierend *Jaeger/Metzger* Rdn. 31.
[619] Vgl. hierzu ausführlich unten Rdn. 1792 ff.
[620] Vgl. hierzu ausführlich unten Rdn. 1817 ff.
[621] Vgl. hierzu oben Rdn. 935.
[622] Abwägend *Koch* CR 2000, 333, 340; dafür *Deike* CR 2003, 9, 14; offengelassen *Jaeger/Metzger* Rdn. 220.
[623] Vgl. statt aller *Palandt/Weidenkaff* § 521 Rdn. 1.
[624] Vgl. *Jaeger/Metzger* GRUR 2008, 130, 136; *Spindler,* Rechtsfragen (VSI), S. 79 f.; *ders.,* Open Source, S. 170 Rdn. 21; *Deike* CR 2003, 9, 15.

gemeinen Geschäftsbedingungen gem. § 276 Abs. 3 BGB nicht vereinbart werden. Dies betrifft auch die in §§ 523, 524 BGB enthaltene **Arglist,** da sie eine Variante des Vorsatzes ist[625]. Des Weiteren verstößt der Haftungsausschluss im Verbraucherverkehr gegen § 309 Nr. 7 BGB[626]. Ein Haftungsausschluss für grobe Fahrlässigkeit scheitert auch im Unternehmensverkehr an § 307 Abs. 2 Nr. 1 BGB[627].

965 Die üblichen Mängelhaftungs- und Haftungsklauseln können auch nicht durch relativierende Zusätze wie „soweit gesetzlich zulässig" (Ziff. 11 S. 1 GPL Vers. 2) oder eine Verweisung auf nicht abdingbare Vorschriften des nationalen Rechts (Ziff. 12 S. 1 GPL Vers. 2) gerettet werden[628]. Hierauf wird an anderer Stelle ausführlich eingegangen[629].

7. Einzelne Vorschriften der GPL Vers. 3

966 Es entsprach erklärtermaßen nicht der Zielsetzung der Überarbeitung der GPL, vom grundlegenden Modell der Lizenzierung abzuweichen wie es in der GPL Vers. 2 enthalten war. Vielmehr bezweckte der Revisionsprozess eine **Anpassung des Vertrags** an gewisse Neuerungen[630], neue Verwendungsmöglichkeiten wie Application Service Providing (ASP) sowie Software as a Service (SaaS)[631], den vielfältigen Einsatz in sog. Embedded Systemen, sowie die Behandlung des Digital Rights Managements. Daneben sollte aber auch das Verhältnis zum Patentrecht sowie zu anderen Open Source-Lizenzen geregelt werden, eine **größere Rechtssicherheit** durch Klärung offener Fragen erreicht und insbesondere die in der GPL Vers. 2 enthaltene ausgeprägte Ausrichtung an US-amerikanischem Recht zugunsten einer **Internationalisierung** beseitigt werden[632]. Dementsprechend überrascht es nicht, wenn die GPL Vers. 3 hinsichtlich derjenigen Regelungspunkte, die schon in der GPL Vers. 2 enthalten waren, **trotz** umfassender **sprachlicher Überarbeitung** inhaltlich weitgehend **identisch** ist.

a) Urheberrechtsrelevante Vorschriften

967 Wie schon in der GPL Vers. 2 wird auch in der GPL Vers. 3 die einfache Benutzung des Programms im Sinne des Ladens des Programms in den Arbeitsspeicher und das Ablaufenlassen des Programmcodes jedem Anwender erlaubt, Ziff. 2 Abs. 1 S. 2 GPL Vers. 3 („unlimited permission to run the unmodified Program"). Auch die **Bearbeitung** und Benutzung bearbeiteter Programmversionen im privaten oder unternehmensinternen Bereich zählt nach Ziff. 2 Abs. 2 GPL Vers. 3 zu den uneinge-

---

[625] Vgl. MünchKomm/*Grundmann*, § 276 Rdn. 163.
[626] Vgl. *Dreier/Vogel* S. 216 f.
[627] A. A. wohl nur *Brandi-Dohrn* CR 2014, 417, 426 mit dem wenig überzeugenden Argument, solche Haftungsausschlüsse seien praktisch immer enthalten und deshalb als „etablierter Handelsbrauch" zulässig.
[628] Vgl. *Schöttler/Diekmann* ITRB 2012, 84, 88; *Spindler,* Rechtsfragen (VSI), S. 79; *ders.,* Open Source, S. 171 Rdn. 22; *Deike* CR 2003, 9, 14; *Jaeger/Metzger* Rdn. 221; *Omsels* in: Festschrift für Hertin, S. 141, 150; a. A. *Koch* CR 2000, 333, 340; diesem ausdrücklich folgend *Sester* CR 2000, 797, 805.
[629] Vgl. hierzu unten Rdn. 2036 ff.
[630] *Jaeger/Metzger* GRUR 2008, 130 nennen diesbezüglich Frameworks sowie Skriptsprachen.
[631] Vgl. hierzu ausführlich unten Rdn. 1087 ff.
[632] Vgl. *Hilber/Reintzsch* CR 2014, 697, 701; *Jaeger/Metzger* GRUR 2008, 130 f.; *Funk/Zeifang* CR 2007, 617.

schränkten Rechten („without conditions"), auf sie wird im weiteren Verlauf der GPL nicht mehr eingegangen[633].

Hinsichtlich der verschiedenen Pflichten beim Vertrieb von Open Source Software wird wie schon in der GPL Vers. 2 zwischen dem Vertrieb von Quellcode-Versionen und Objektcode-Versionen unterschieden. Die **Weitergabe unveränderter Quellcode-Versionen** wird in Ziff. 4 GPL Vers. 3 weitestgehend identisch zur GPL Vers. 2 geregelt, lediglich der Hinweis auf zusätzliche Lizenzpflichten im Sinne der Ziff. 7 GPL Vers. 3 ist neu[634]. 968

Die **Weitergabe veränderter Quellcode-Versionen** („Conveying Modified Source Versions") ist nunmehr in Ziff. 5 GPL Vers. 3 geregelt. Die Regelung ist in mehrfacher Hinsicht missglückt. Die deutsche (inoffizielle) Übersetzung mit „Übertragung" modifizierter Quelltextversionen ist schon wegen des anders gelagerten juristischen Inhalts des Begriffs (Rechts-)Übertragung so nicht haltbar[635]. Am für die GPL charakteristischen „viralen Effekt" sollte mit der Regelung der Ziff. 5 GPL Vers. 3 nichts geändert werden[636]. Nach Ziff. 5 Abs. 1 GPL Vers. 3 darf ein verändertes Programm („a work based on the Program") als Quellcode-Version weitergegeben werden, wenn die Bedingungen der Ziff. 4 GPL Vers. 3 sowie die in Ziff. 5 Buchst. a bis d GPL Vers. 3 aufgestellten Bedingungen eingehalten werden. Insoweit liegt keine nennenswerte inhaltliche Änderung gegenüber der GPL Vers. 2 vor[637]. Eine Abweichung von Vers. 2 besteht aber zunächst darin, dass nunmehr neben dem geänderten Werk auch „the modifications to produce it from the Program" erfasst sein sollen. Was indes unter diesen Begriffen zu verstehen sein soll, kann dem Text der GPL nicht entnommen werden. Dass in einer nicht zum Vertrag zählenden Erläuterung der FSF ein Hinweis auf Patches enthalten ist[638], vermag am **Verstoß gegen das Gebot der Klarheit und Verständlichkeit** nach § 307 Abs. 1 S. 2 BGB nichts zu ändern[639]. 969

Noch weitaus größere Probleme hinsichtlich der erforderlichen Klarheit und Verständlichkeit ergeben sich im Hinblick auf die Festlegung der **Reichweite des viralen Effekts** in der sog. „aggregate"-Klausel. Die Bestimmung der Reichweite des viralen Effekts war schon unter Geltung von Ziff. 2 Abs. 2 und 3 GPL Vers. 2 heftig umstritten und wurde in Ziff. 5 Abs. 2 GPL Vers. 3 ohne Absicht inhaltlicher Abänderung[640] sprachlich völlig neu gefasst. Nun soll eine Zusammenstellung („**compilation**") eines bereits unter der GPL stehenden Werks mit anderen gesonderten und unabhängigen Werken in oder auf einem Speicher- oder Verbreitungsmedium unter bestimmten Bedingungen als Aggregat („**aggregate**") bezeichnet werden. Die Aufnahme eines unter der GPL stehenden Werks in ein solches Aggregat soll gem. Ziff. 5 Abs. 2 S. 2 GPL Vers. 3 nicht dazu führen, dass die GPL auch auf die anderen Teile des Aggregats anzuwenden ist. 970

Problematisch an dieser Neuregelung ist die Verwendung zahlreicher unbestimmter und auslegungsbedürftiger Begriffe[641], mit denen umschrieben wird, wann ein 971

---

[633] Vgl. *Jaeger/Metzger* GRUR 2008, 130, 134.
[634] Vgl. *Jaeger/Metzger* GRUR 2008, 130, 135.
[635] Wie hier *Funk/Zeifang* CR 2007, 617, 620 Fußn. 27.
[636] Vgl. *Funk/Zeifang* CR 2007, 617, 622.
[637] Vgl. *Funk/Zeifang* CR 2007, 617, 620.
[638] So *Funk/Zeifang* CR 2007, 617, 620 unter Verweis auf die Veröffentlichung der FSF, GPLv3 Second Discussion Draft Rationale, S. 12 Fußn. 43, http://gplv3.fsf.org/gpl3-dd1to2-markup-rationale.pdf.
[639] Im Ergebnis auch *Funk/Zeifang* CR 2007, 617, 620.
[640] Vgl. *Funk/Zeifang* CR 2007, 617, 621.
[641] So auch *Funk/Zeifang* CR 2007, 617, 621.

solches „Aggregat" vorliegen soll. Schon bei der GPL Vers. 2 ist unklar und umstritten, wann identifizierbare Programmteile unabhängige und eigenständige Werke (**„independent and separate works"**) sind. Wenn nun die neue sprachliche Abfassung lediglich die Reihenfolge der Nennung umkehrt („separate and independent works") kann dies hinsichtlich der angestrebten inhaltlichen Klarstellung schwerlich als großer Wurf bezeichnet werden[642]. Auch die Umschreibung, dass die eigenständigen und unabhängigen Werke ihrer Natur nach keine Erweiterungen (**„extensions"**) des der GPL unterstehenden Werks sein dürfen, ist wenig präzise. Möglicherweise sind derartige Erweiterungen als **Umarbeitungen** im Sinne des § 69c Nr. 2 UrhG zu verstehen[643].

972 Möglich ist auch, den Begriff „compilation" als urheberrechtlichen Terminus zu verstehen[644]. Dann müsste in der deutschen Fassung anstatt von Zusammenstellung von **Sammelwerk** gesprochen und auf § 4 Abs. 1 UrhG abgestellt werden[645]. Für dieses Verständnis spricht, dass auch die GPL davon ausgeht, dass für die Zusammenstellung ein Urheberrecht existiert („the compilation and its resulting copyright"), auch wenn dieses Urheberrecht nicht dazu verwendet werden darf, den Zugriff oder die gesetzlichen Rechte der Benutzung der Zusammenstellung weiter zu beschränken als durch die einzelnen Werke erlaubt, da andernfalls die Einordnung als Aggregat ausscheidet. Nur aus Gründen der Vollständigkeit sei an dieser Stelle erwähnt, dass die Unklarheit des Textes der GPL an diesem Punkt auch für die englischsprachige Originalfassung von US-amerikanischer Seite bemängelt wird[646].

973 Völlig unklar ist, wie der Begriff des größeren Programms (**„larger program"**) zu verstehen ist. Die unabhängigen und eigenständigen Werke dürfen mit dem der GPL unterstehenden Werk nicht dergestalt kombiniert worden sein, dass sie ein größeres Programm bilden, denn dann liegt kein Aggregat vor, sondern diese Kombination unterfällt in ihrer Gesamtheit der GPL. Die Definitionen in Ziff. 0 GPL Vers. 3 enthalten keine Aussage zum Begriff des größeren Programms. Eine Einordnung als Werkverbindung im Sinne des § 9 UrhG scheidet aus. Zwar ist der Begriff der Verwertung in § 9 UrhG nicht auf kommerzielle Nutzungen beschränkt, sondern kann auch bei Open Source-Projekten bejaht werden[647]. Anders als Ziff. 5 Abs. 2 GPL Vers. 3 setzt § 9 UrhG aber ein Zusammenwirken mehrerer Urheber voraus[648] und bei Werken verschiedener Urheber wird häufig der für § 9 UrhG erforderliche beidseitige rechtsgeschäftliche Bindungswille fehlen[649].

974 Selbst die Free Software Foundation (FSF), die die GPL Vers. 3 entworfen und herausgegeben hat, sieht sich **nicht in der Lage**, eine Abgrenzung des „größeren Programms" von zwei selbstständigen Programmen zu liefern, obwohl dies einen zentralen Punkt der mehrere Monate lang beratenen GPL Vers. 3 darstellt. Die FSF verweist diesbezüglich in einer Stellungnahme, die geradezu als juristischer Offenbarungseid für die gesamte GPL zu bezeichnen ist, auf eine **Entscheidung durch die**

---

[642] Vgl. *Funk/Zeifang* CR 2007, 617, 621 „bleibt unklar".
[643] Offengelassen von *Funk/Zeifang* CR 2007, 617, 621.
[644] So für das US-amerikanische Recht *Nimmer* CRi 2006, 129, 132 Fußn. 23.
[645] Vgl. *Funk/Zeifang* CR 2007, 617, 621.
[646] Vgl. *Nimmer* CRi 2006, 129, 133 „While there is confusing language in GPL about coverage of collective works …".
[647] Vgl. *Wandtke/Bullinger/Thum* § 9 Rdn. 4.
[648] Vgl. *Funk/Zeifang* CR 2007, 617, 621; allgemein *Wandtke/Bullinger/Thum* § 9 Rdn. 1.
[649] Vgl. *Funk/Zeifang* CR 2007, 617, 621; zum Erfordernis des Bindungswillens *Wandtke/Bullinger/Thum* § 9 Rdn. 4.

Gerichte mit der reichlich eigenwilligen Begründung, es handele sich diesbezüglich um eine rechtliche Fragestellung[650]. Derartiges steht nicht nur einer zumutbaren Kenntnisnahme des Regelungsinhalts gem. § 305 Abs. 2 Nr. 2 BGB entgegen, sondern ist daneben auch unklar und unverständlich im Sinne des § 307 Abs. 1 S. 2 BGB. Nach Auffassung der FSF, die sie allerdings nach obiger Einschätzung selbst als gegenüber einer gerichtlichen Entscheidung nachrangig qualifiziert, ist ein interessengerechtes Abgrenzungskriterium sowohl im **Mechanismus der Kommunikation** als auch in der **Semantik der Kommunikation** zwischen den Programmen zu sehen. Die Beispiele der FSF[651] lassen sich wie folgt veranschaulichen:

Für ein aus zwei Teilen bestehendes **Ganzes** und damit für das Eingreifen des **Copyleft-Prinzips** spricht   975
– Die Module sind in der gleichen ausführbaren Programmdatei enthalten.
– Die Module sind konzipiert, um gemeinsam in einem geteilten Adressraum ausgeführt zu werden.
– Die Semantik der Kommunikation ist ähnlich genug, um komplexe interne Datenstrukturen auszutauschen.

Für zwei selbstständige Programme und damit **gegen** das Eingreifen des **Copyleft-** 976 **Prinzips** spricht:
– Es werden **pipes**[652], **sockets**[653] oder **Kommandozeilenparameter** als Mechanismen der Kommunikation zwischen den Programmen verwendet.

Nach alledem ist festzustellen, dass auch die Neuregelung des viralen Effekts in   977 Ziff. 5 Abs. 2 GPL Vers. 3 **keine Rechtssicherheit** gebracht hat. Vielmehr ist wie schon bei der GPL Vers. 2 davon auszugehen, dass die betreffenden Regelungen AGB-rechtlich unwirksam sind. Die **Folgen der Nichteinbeziehung** bzw. **Unwirksamkeit** dieser Regelungen entsprechen denen der GPL Vers. 2, sodass insoweit nach oben[654] verwiesen werden kann.

Die sog. „**automatic termination**"-**Klausel** zur automatischen Beendigung der   978 Nutzungsrechte des Anwenders findet sich nunmehr in Ziff. 8 GPL Vers. 3. Anders als bei der GPL Vers. 2 wird die Lizenz aber wieder hergestellt („reinstated"), wenn der Anwender alle Verletzungen der GPL beendet und die Kündigungsmöglichkeiten des Rechtsinhabers nach Ziff. 8 Abs. 2 Buchst. a) und b) GPL Vers. 3 nicht ausgeübt werden. Möglich ist aber trotz Ziff. 8 Abs. 3 GPL Vers. 3, dass der Rechtsinhaber auf der Abgabe einer strafbewehrten Unterlassungserklärung besteht[655]. Die Nutzungsrechte Dritter, die vom Verletzer Kopien oder Rechte unter Geltung der GPL erhalten haben, sind gem. Ziff. 8 Abs. 4 GPL Vers. 3 von der Rechtsverletzung nicht betroffen. Ohnehin erhält jeder Anwender gem. Ziff. 10 Abs. 1 GPL Vers. 3 bei jeder Übertragung eines unter der GPL stehenden Programms automatisch ein Recht,

---

[650] Vgl. die FAQ-Seite der FSF www.gnu.org/licenses/gpl-faq.html Gliederungspunkt „What is the difference between an „aggregate" and other kinds of „modified version"?": „Where's the line between two separate programs, and one program with two parts? This is a legal question, which ultimately judges will decide".

[651] Vgl. FSF, www.fsf.org/licensing/licences/gpl-faq.html/Gliederungspunkt „What is the difference between an „aggregate" and other kinds of „modified version"?".

[652] Mithilfe einer sog. Pipe, die nichts anderes als ein Puffer zur logischen Entkoppelung von Prozessen ist, kann die Ausgabe eines Programms mit der Eingabe des nächsten Programms verknüpft werden.

[653] Für die Programmierung einer Datenverbindung gibt es in vielen Programmiersprachen eine Datenstruktur „socket" (engl. Steckdose). Auf beiden Seiten wird ein Socket eröffnet, dann werden diese Sockets miteinander verbunden.

[654] Vgl. hierzu oben Rdn. 947 ff.

[655] Vgl. *LG Halle*, 27.7.2015, 4 O 133/15, MMR 2016, 417.

das betreffende Programm ablaufen zu lassen, zu ändern und zu propagieren **direkt vom ursprünglichen Lizenzgeber.**

979 Die in der GPL Vers. 2 noch nicht enthaltenen Regelungen zu technischen Schutzmechanismen im Sinne von Art. 11 WIPO-Urheberrechtsvertrag finden sich vornehmlich in **Ziff. 3 GPL Vers. 3.** Es ist jedoch auch Ziff. 6 Abs. 4 bis 7 GPL Vers. 3 betroffen, weil dem Anwender „Installationsinformationen" bereitgestellt werden müssen, um bearbeitete Programmversionen auf Geräte wieder aufspielen zu können und zu diesen Installationsinformationen nach Ziff. 6 Abs. 4 GPL Vers. 3 ausdrücklich auch **Authentifizierungsschlüssel** gezählt werden[656].

980 Ziff. 3 Abs. 1 GPL Vers. 3 ordnet an, dass kein unter der GPL stehendes Programm als Teil eines **wirksamen technischen Schutzmechanismus** im Sinne des Art. 11 WIPO-Urheberrechtsvertrags angesehen werden soll, gleichgültig welches Recht anwendbar ist. Die Frage, ob ein wirksamer technischer Schutzmechanismus vorliegt, unterliegt aber gar nicht der vertraglichen Disposition[657]. Ziff. 3 Abs. 1 GPL Vers. 3 ist folglich unwirksam. Nach Ziff. 3 Abs. 2 GPL Vers. 3 verzichtet derjenige, der ein unter der GPL stehendes Programm verbreitet, auf sein Recht, die Umgehung technischer Schutzmechanismen zu verbieten. Die Umgehung oder Beseitigung technischer Schutzmechanismen soll daher erlaubt und der Anspruch nach § 69f Abs. 2 UrhG ausgeschlossen sein[658].

b) Das Verhältnis zum Patentrecht

981 Die Regelungen zum **Patentrecht** finden sich in Ziff. 11 GPL Vers. 3. Auch sie haben keinen Vorläufer in der GPL Vers. 2. Ein Urheberrechtsinhaber, der Nutzungsrechte an einem der GPL unterstehenden Programm einräumt, wird in Ziff. 11 Abs. 1 GPL Vers. 3 als „Kontributor" („contributor") bezeichnet, das auf diese Weise lizenzierte Werk in sprachlich höchst unbeholfener Art als „die Kontributor-Version des Kontributors („the contributor's contributor version"). Jeder Kontributor räumt dem Anwender gem. Ziff. 11 Abs. 3 GPL Vers. 3 ein **nicht ausschließliches, weltweites** und **unentgeltliches patentrechtliches Nutzungsrecht** an den **wesentlichen Patentansprüchen** des Kontributors ein. In Anlehnung an den Terminus des Copyleft[659] wird hier von **Patentleft** gesprochen[660]. Unklar bleibt aber trotz des Versuchs einer Definition in Ziff. 11 Abs. 2 GPL Vers. 3, was wesentliche Patentansprüche („essential patent claims") sind, denn sie werden durch **alle** Patentansprüche („all patent claims") umschrieben, die in irgendeiner Weise („by some manner") der Benutzung der Kontributor-Version entgegenstehen und nicht nur zukünftige Modifikationen betreffen. Wenn aber „wesentlich" „alle" meint, dann ist dies irreführend. In sich widersprüchlich ist darüber hinaus, dass Ziff. 11 Abs. 2 GPL Vers. 3 die Patentansprüche gegenüber der Verwendung einer zukünftigen geänderten Programmversion ausdrücklich als nicht von den wesentlichen Patentansprüchen erfasst definiert. Dann müsste der Kontributor diese Patentansprüche ja geltend machen dürfen. Dem steht aber Ziff. 11 Abs. 3 GPL Vers. 3 entgegen, demzufolge dem Anwender eine Patentlizenz auch hinsichtlich der Programmänderung einzuräumen ist[661]. Der Anwender dürfte daher das Programm ändern, würde

---

[656] Vgl. *Spindler* K&R 2008, 565, 569.
[657] Vgl. *Jaeger/Metzger* GRUR 2008, 130, 132; *Funk/Zeifang* CR 2007, 617, 624.
[658] Vgl. *Jaeger/Metzger* GRUR 2008, 130, 132.
[659] Vgl. hierzu oben Rdn. 928.
[660] Vgl. *Schötte* CR 2013, 1, 2 ff.
[661] Vgl. *Funk/Zeifang* CR 2007, 617, 624.

sich aber gegebenenfalls Patentansprüchen gegenüber der Benutzung des geänderten Programms ausgesetzt sehen. Das **Zusammenspiel** von Ziff. 11 Abs. 2 und 3 GPL Vers. 3 ist dementsprechend **unklar**[662]. Im Schrifttum wird versucht, diese Unklarheit dadurch aufzulösen, dass diejenigen Modifikationen als vor der Geltendmachung von den Patentansprüchen geschützt angesehen werden, welche die ursprüngliche, unveränderte (Ausgangs-)Software erfassen. Kein Schutz bestehe vor solchen Patentansprüchen, die erst durch die Modifikation der Software verletzt würden. Die GPL Vers. 3 solle eine Weiterentwicklung der Software „in bislang nicht betroffene Patente hinein" nicht schützen[663].

c) Die Kompatibilität zu anderen Open Source-Lizenzverträgen

Das **Verhältnis** der GPL **zu anderen Open Source-Lizenzen** ist in Ziff. 7 GPL Vers. 3 geregelt. Es wird zwischen zusätzlichen Genehmigungen („additional permissions") gem. Ziff. 7 Abs. 1 GPL Vers. 3 und weiteren Beschränkungen („further restrictions") gem. Ziff. 7 Abs. 3 und Ziff. 10 Abs. 3 GPL Vers. 3 unterschieden. Während zusätzliche Genehmigungen in Abweichung von der GPL Vers. 3 aufgenommen werden dürfen, solange sie vom Katalog der zulässigen Bedingungen gem. Ziff. 7 Abs. 2 Buchst. a) bis f) GPL Vers. 3 erfasst sind, werden alle anderen zusätzlichen Beschränkungen als weitere Beschränkungen zusammengefasst und wird dem Anwender in Ziff. 10 Abs. 3 S. 1 GPL Vers. 3 verboten, solche Beschränkungen aufzunehmen. Zu bemängeln ist, dass Ziff. 7 Abs. 1 S. 2 GPL Vers. 3 anordnet, zusätzliche Genehmigungen, die auf das gesamte Programm anwendbar seien, sollten als in der GPL Vers. 3 enthalten behandelt werden, **soweit sie nach dem jeweils anwendbaren Recht gültig seien.** Solche Formulierungen sind, wie alle relativierenden Klauselsätze AGB-rechtlich nicht haltbar, was an anderer Stelle ausführlich dargestellt wird[664]. Nur nebenbei sei an dieser Stelle erwähnt, dass Ziff. 7 Abs. 2 Buchst. f) GPL Vers. 3 die Zulässigkeit einer zusätzlichen Genehmigung im Hinblick auf die Freistellung des Lizenzgebers und Autors betrifft. Die deutsche Übersetzung der auch im englischen Originaltext recht umständlichen Regelung ist fehlerhaft[665].

d) Die Haftungs- und Mängelklauseln

Die Haftungs- und Mängelhaftungsklauseln nach Ziff. 15 und 16 GPL Vers. 3 enthalten wie schon Ziff. 11 und 12 GPL Vers. 2 einen vollständigen Mängelhaftungs- und Haftungsausschluss. Auch der Klauseltext bleibt **nahezu unverändert,** obwohl diese Regelungen in Deutschland, in der ganzen europäischen Union wegen Verstoßes gegen verschiedene EG-Richtlinien und auch in anderen Ländern unwirksam sind[666]. Es mag zwar unmöglich sein, eine weltweit wirksame Haftungs- und Gewährleistungsklausel zu formulieren[667], jedoch rechtfertigt dieser Gedanke weder einen derartigen Ausschluss jeglicher Verantwortung noch die einschränkende Formulierung, dies gelte nur, soweit dies nach dem anwendbaren Recht zulässig sei, denn es kann dem Anwender nicht die Last aufgebürdet werden, seine Rechte durch

---
[662] Vgl. *Schötte* CR 2013, 1, 3; *Funk/Zeifang* CR 2007, 617, 624.
[663] Vgl. *Jaeger/Metzger* Rdn. 71; *Schötte* CR 2013, 1, 4.
[664] Vgl. unten Rdn. 2051 ff.
[665] „Contractual assumptions of liability" bedeutet jedenfalls nicht „vertragliche Prämissen der Verantwortung".
[666] Vgl. *Jaeger/Metzger* GRUR 2008, 130, 136.
[667] Vgl. *Jaeger/Metzger* GRUR 2008, 130, 136.

Vergleich der Nutzungsbedingungen mit dem Gesetz selbst ermitteln zu müssen[668]. Wenn daher viele Entwickler von Open Source Software keine Klauseln akzeptieren, die nicht dem Wortlaut nach einen vollständigen Haftungs- und Gewährleistungsausschluss enthalten[669], müssen sie den Vorteil, dass dies in einigen Ländern zulässig ist, mit dem Nachteil erkaufen, dass die Klauseln in vielen anderen Ländern unwirksam sind. Auch die Entwickler von Open Source Software müssen hinnehmen, dass sie sich nicht außerhalb der Rechtsordnung bewegen. Im Übrigen kann hinsichtlich der Begründung der Unwirksamkeit auf die Ausführungen zur GPL Vers. 2 verwiesen werden.

984 Einer besonderen Betrachtung bedarf hier zunächst noch Ziff. 7 Abs. 2 Buchst. a) GPL Vers. 3. Diese Regelung erlaubt ausdrücklich die Aufnahme von solchen Haftungs- und Gewährleistungsklauseln, die von Ziff. 15 und 16 GPL Vers. 3 abweichen. Es besteht daher die **Möglichkeit der Vereinbarung wirksamer Klauseln.**

985 Daneben muss aber auch die neue Regelung der Ziff. 17 GPL Vers. 3 besondere Erwähnung finden. Nach dieser Regelung sollen die zuständigen Gerichte[670] für den Fall, dass die Haftungs- und Gewährleistungsklauseln nach dem anwendbaren lokalen Recht unwirksam sind, dasjenige lokale Recht anwenden, das einem **absoluten Ausschluss jeglicher zivilrechtlicher Haftung** im Zusammenhang mit dem Programm **möglichst nahe kommt,** es sei denn eine Gewährleistung oder Haftungsübernahme begleite eine Programmkopie als Gegenleistung für ein Entgelt[671]. Ob es sich bei dieser Regelung wirklich um eine „Aufforderung an die Gerichte" handelt[672], wie der Text nahezulegen scheint, kann nicht sicher beantwortet werden. Dann wäre diese Verpflichtung der Richter wohl als unzulässiger Vertrag zu Lasten Dritter zu qualifizieren, weil eine unmittelbare Rechtspflicht eines nicht am Vertrag beteiligten Dritten begründet werden sollte. Möglich ist auch, diese Regelung als rechtlich unbeachtlichen Appell an die Richter zu verstehen, einseitig Partei für die Entwickler von Open Source Software zu ergreifen und nach der günstigsten gesetzlich möglichen Lösung zu suchen. Wahrscheinlich ist Ziff. 17 GPL Vers. 3 aber lediglich als intellektuellen Schmerz auslösender und darüber hinaus auch sprachlich missglückter Versuch zu verstehen, eine weitere Variante einer **salvatorischen Klausel mit Ersatzregelung** zu schaffen. Die AGB-rechtliche Unwirksamkeit derartiger Regelungen wird an anderer Stelle ausführlich dargestellt[673], sodass hier auf eine Darlegung verzichtet wird. Sicher ist jedenfalls, dass Ziff. 17 GPL Vers. 3 die Unwirksamkeit des Gewährleistungs- und Haftungsausschlusses nach Ziff. 15 und 16 GPL Vers. 3 nicht beseitigt[674].

---

[668] Vgl. *Spindler,* Open Source, S. 168 Rdn. 18; ausführlich zu solchen „soweit zulässig"-Klauseln unten Rdn. 2051 ff.

[669] Hierauf weisen *Jaeger/Metzger* GRUR 2008, 130, 136 hin.

[670] Die deutsche Übersetzung von „reviewing courts" spricht mit beeindruckender juristischer Fachkompetenz von „Bewertungsgerichten".

[671] Ob sich das Entgelt auf die Übernahme der Gewährleistung oder Haftung bezieht, wie in der deutschen Übersetzung der GPL, oder die Programmkopie entgeltlich überlassen sein muss, lässt sich nicht sicher sagen, da sich „in return for a fee"auf beide Merkmale beziehen kann.

[672] So *Jaeger/Metzger* GRUR 2008, 130, 136.

[673] Vgl. hierzu unten Rdn. 2071 f.

[674] Vgl. *Funk/Zeifang* CR 2007, 617, 624.

VI. Schutzhüllenverträge und sonstige Sonderformen des Vertragsschlusses

Inhaltsübersicht

	Rdn.		Rdn.
1. Die verschiedenen Erscheinungsformen	987	a) Vertragsschluss durch schlüssiges Verhalten bei Schutzhüllen- und Gebrauchsverträgen	999
2. Sonderfall: Überlassungsvertrag zwischen Softwarehersteller und Anwender	991	b) Rechtsfolgen beim Scheitern direkter Vertragsbeziehungen	1008
3. Vertragsverhältnisse bei Zwischenschaltung eines Softwarehändlers	995		

Typische Klauseln:

„Durch Öffnen des Pakets oder der Versiegelung, Klicken auf die Schaltfläche „Ich akzeptiere die Lizenzvereinbarung" oder „Ja", Laden der Software oder indem Sie auf irgendeine andere elektronische Art Ihr Einverständnis geben, erklären Sie sich mit den Bestimmungen und Bedingungen dieser Lizenzvereinbarung einverstanden. Wenn Sie nicht mit den Bestimmungen und Bedingungen einverstanden sind, klicken Sie auf die Schaltfläche „Abbrechen" oder „Nein" oder erklären Sie auf andere Art und Weise, dass Sie nicht mit den Bestimmungen und Bedingungen einverstanden sind. Verwenden Sie in diesem Fall die Software nicht mehr.[675]"

„Bitte lies diesen Softwarelizenzvertrag („Lizenz") sorgfältig durch, bevor du dein iOS Gerät in Betrieb nimmst oder die zu dieser Lizenz gehörige Softwareaktualisierung lädst. Indem du dein iOS Gerät verwendest oder eine Softwareaktualisierung lädst, sofern zutreffend, erklärst du dein Einverständnis mit diesen Bestimmungen. Wenn du mit den Bestimmungen dieses Lizenzvertrags nicht einverstanden bist, verwende das iOS Gerät nicht bzw. lade die Softwareaktualisierung nicht.[676]"

„These Terms of Service constitute a legal agreement between you and Apple Inc. („Apple") stating the terms that govern your use oft the iTunes Connect Site and the products and services offered through ist („iTunes Connect"). To agree to these terms of service, click „agree". If you do not agree to these terms of service, do not click „agree", and do not use iTunes Connect. You must accept and abide by these terms of service as presented to you."[677]

„Durch die Verwendung der Software erkennen Sie diese Bestimmungen an. Falls Sie die Bestimmungen nicht akzeptieren, sind Sie nicht berechtigt, die Software zu verwenden."[678]

„Durch Annahme dieses Vertrages oder Verwendung der Software erklären Sie sich mit all diesen Bestimmungen einverstanden. Wenn Sie diese Bestimmungen nicht annehmen oder einhalten, dürfen Sie die Software oder deren Features nicht verwenden. Sie können sich an den Gerätehersteller bzw. das Installationsunternehmen oder im Falle des Direkterwerbs der Software an den Einzelhändler wenden, um dessen Rückgaberichtlinien in Erfahrung zu bringen und die Software bzw. das Gerät gegen Erstattung oder Gutschrift des Kaufpreises gemäß jenen Richtlinien zurückzugeben. Sie sind verpflichtet, jene Richtlinien einzuhalten. Diese verlangen möglicherweise von Ihnen, die Software mit dem gesamten Gerät, auf dem Sie installiert ist, gegebenenfalls gegen Erstattung oder Gutschrift des Kaufpreises zurückzugeben." [679]

„Sie können diesen Vertrag prüfen, sobald Ihre Software ausgeführt wird, indem Sie microsoft.com/about/legal/en/us/intellectualproperty/useterms/default.aspx aufrufen oder die Anweisungen in Wartungscenter-Windows-Aktivierung innerhalb der Software befolgen. Außerdem können Sie die Bestimmungen über jeden der Links in diesem Vertrag prüfen, sobald Ihre Software ausge-

---

[675] Vgl. die Symantec Software-Lizenzvereinbarung, Norton Security Scan sowie den hierzu geführten Rechtsstreit *LG Frankfurt*, 31.3.2011, 2–03 O 331/10, MMR 2011, 683; *OLG Frankfurt*, 12.11.2013, 11 U 32/12, BeckRS 2015, 16185; *BGH*, 19.3.2015, I ZR 4/14, NJW 2015, 3576 – GreenIT.
[676] Vgl. Apple Inc. iOS 11 Lizenzvertrag (EA 1491 vom 12.7.2017).
[677] Vgl. Apple Inc. iTunes Connect Lizenzvertrag (14.7.2017).
[678] Vgl. Microsoft-Software-Lizenzbestimmungen (20.7.2016).
[679] Vgl. Microsoft Windows 10 Software-Lizenzbestimmunegen (Dezember 2016).

führt wird, indem Sie die URL-Adresse in die Adressleiste des Browsers eingeben, und Sie erklären sich damit einverstanden, dies zu tun."[680]

„Indem Sie die Software installieren, kopieren, downloaden, darauf zugreifen oder sie anderweitig verwenden, erklären Sie sich damit einverstanden, durch die Bestimmungen dieses EULAs gebunden zu sein. Falls Sie sich mit den Bestimmungen dieses EULAs nicht einverstanden erklären, sind Sie nicht berechtigt, die Software zu verwenden oder zu kopieren. Sie sollten sich in diesem Fall unverzüglich mit dem Hersteller in Verbindung setzen, um von diesem zu erfahren, wie Sie das/die unbenutzte(n) Produkt(e) gemäß den Rückgaberichtlinien des Herstellers zurückgeben können."[681]

„Durch die Verwendung der Software erkennen Sie diese Bedingungen an. Falls Sie die Bedingungen nicht akzeptieren, sind Sie nicht berechtigt, die Software zu verwenden. Geben Sie diese stattdessen dem Einzelhändler gegen Rückerstattung oder Gutschrift des Kaufpreises zurück. Wenn Sie dort keine Rückerstattung des Kaufpreises erhalten können, wenden Sie sich an Microsoft oder an das verbundene Unternehmen von Microsoft in Ihrem Land, siehe unter www.microsoft.com/worldwide. oder für Deutschland unter www.microsoft.com/germany.

Wie weiter unten beschrieben, gilt die Verwendung der Software auch als Ihre Zustimmung zur Übertragung bestimmter Computerinformationen während der Aktivierung, der Überprüfung und für internetbasierte Dienste."[682]

„Wenn Sie die Adobe Software vollständig oder in Teilen verwenden, kopieren oder vertreiben, akzeptieren Sie alle Bestimmungen dieses Vertrages, einschließlich und insbesondere die folgenden Einschränkungen."[683]

„Wenn Sie die Software HP My Display öffnen, erklären Sie sich mit diesem Lizenzvertrag einverstanden."[684]

„Mit der Installation oder Benutzung der lizenzierten Anwendung akzeptieren Sie die Bedingungen dieses Vertrags. Wenn Sie die Bedingungen dieses Vertags nicht akzeptieren, dürfen Sie die lizenzierte Anwendung weder installieren noch benutzen." [685]

„Klicken Sie auf „Ja" am Ende dieses Vertrages, wenn Sie die Bedingungen des Vertrages akzeptieren. Es erfolgt dann das Laden der Software. Wenn Sie auf „Nein" klicken, erfolgt kein Laden der Software und Sie sind nicht berechtigt, diese zu nutzen."[686]

„Dieses Dokument stellt eine Lizenzvereinbarung („Vereinbarung") zwischen Ihnen und Canon Inc.

(„Canon") dar, und regelt Ihre Verwendung der oben genannten Software. Wenn Sie sich mit den folgenden Bestimmungen nicht einverstanden erklären, dürfen Sie die Software nicht verwenden. Sie sind verpflichtet, sie gegebenenfalls zusammen mit dem Kaufbeleg dort zurückzugeben, wo Sie sie erworben haben.

Diese Vereinbarung tritt ab Ihrer Zustimmung in Kraft, die Sie durch Klicken auf die Schaltfläche zur Bekundung Ihrer Zustimmung (wie unten angegeben) geben, und bleibt wirksam, sofern sie nicht wie hier angegeben beendet wird."[687]

„Opening this package indicates your acceptance of the following terms and conditions. If you do not agree with them, you should promptly return the package to your place of purchase for a full refund."[688]

Schrifttum: *Contreras/Slade,* Click-Wrap Agreements: Background and Guidelines for Enforceability, CR Int. 2000, 104 ff.; *Jobke,* Produktaktivierung und Registrierung bei Software für den Massenmarkt, 2010; *Kochinke/Günther,* Shrinkwrap-Lizenzen und Datenbankschutz in den USA, CR 1997, 129 ff.; *D. Schneider,* Probleme des Vertragsschlusses bei Schutzhüllenverträgen, CR 1996, 657 ff.; *Schubert,* Schutzhüllen-, Gebrauchs- und Enter/Return-Verträge, 2006; *Schuhmacher,*

---

[680] Vgl. Microsoft Windows 8 Software-Lizenzvertrag (2013).

[681] Vgl. den Endnutzer-Lizenzvertrag der Microsoft Windows XP Home Edition.

[682] Vgl. die Microsoft-Software-Lizenzbedingungen für Windows Vista Home sowie für Microsoft Office System-Desktop-Anwendunngssoftware (2007).

[683] Vgl. den Software-Lizenzvertrag der Adobe Systems Incorporated (Reader 2013).

[684] Vgl. den Softwarelizenzvertrag für Endbenutzer von Hewlett Packard, Portrait Displays Incorporated (2008).

[685] Vgl. Endnutzer Lizenzvertrag von Canon Europa (2017).

[686] Vgl. Endnutzer Softwarevertrag von Canon Europa (2008).

[687] Vgl. Endnutzer Softwarevertrag zu iW Document Server Data Converter Version 2.0 von Canon Europa (2013).

[688] Vgl. das Software License Agreement der Microcom Software Division.

VI. Schutzhüllenverträge und sonstige Sonderformen des Vertragsschlusses

Wirksamkeit von typischen Klauseln in Softwareüberlassungsverträgen, CR 2000, 641 ff.; *Söder*, Schutzhüllenvertrag und Shrink-Wrap License, 2006; *Weyers*, Die Wirksamkeit von Schutzhüllenverträgen bei Standardsoftware in Deutschland und den USA, 2000.

Im Rahmen einer Abhandlung über Softwareüberlassungsverträge müssen die sog. **Schutzhüllenverträge** eine besondere Berücksichtigung finden. Diese Verträge, die zunächst in den USA Einzug hielten[689] und für die deshalb häufig auch entsprechende englischsprachige Bezeichnungen verwendet werden (etwa „undercover"-, „box top"-, „tear open"- oder „shrink wrap"-Verträge) finden im Geschäftsverkehr mit Standardsoftware auch in Deutschland verbreitet Anwendung, soweit die Software auf Datenträger in einer Verkaufspackung vertrieben wird. Zahlreiche Softwarehersteller versuchen durch einen Schutzhüllenvertrag oder eine intentionsidentische Spielart dieser besonderen Form des Vertragsschlusses Einfluss auf das Vertragsverhältnis mit dem Softwareanwender zu nehmen. Bei der Beurteilung der Wirksamkeit dieser Verträge sind die **verschiedenen** zwischen den beteiligten Personen bestehenden **Rechtsverhältnisse** auseinanderzuhalten. Nur so lassen sich voreilige Schlüsse auf die grundsätzliche Zulässigkeit und pauschale Beurteilungen vermeiden und eine differenzierte Aussage treffen. Zunächst sollen jedoch die verschiedenen Erscheinungsformen der hier abgehandelten Verträge dargestellt werden, weil auch insoweit erhebliche Unterschiede bestehen, die es zu beachten gilt.

986

1. Die verschiedenen Erscheinungsformen

Weite Verbreitung haben die sog. **Schutzhüllenverträge** gefunden, mit denen sich auch das juristische Schrifttum fast ausschließlich beschäftigt, gleichwie zu diesem Vertragstyp auch die beiden einzigen bisher in Deutschland ergangenen gerichtlichen Stellungnahmen[690] im Rahmen der Gesamtproblematik vorliegen. Kennzeichen der Schutzhüllenverträge ist, dass der Vertragsgegenstand oder wesentliche Teile davon in einer meist **durchsichtigen Kunststofffolie eingeschweißt** ist (shrink wrapped) und ohne Öffnen der Verpackung (tear open) nicht benutzt werden kann. Häufig ist das aus der Software und der dazugehörigen Dokumentation bestehende Gesamtpaket in der Folie eingeschweißt, jedoch ist die Versiegelung der beiliegenden Datenträger ebenso weit verbreitet, da dem potenziellen Anwender so ermöglicht wird, die Dokumentation zu betrachten, ohne unmittelbaren Zugriff auf die beiliegenden Datenträger zu haben. Gelegentlich sind sowohl das Gesamtpaket als auch zusätzlich die beiliegenden Datenträger versiegelt. Dem Gesamtpaket beigelegt oder auf der Rückseite des Pakets abgedruckt finden sich sodann die **Allgemeinen Geschäftsbedingungen** des Softwareherstellers, auf die häufig auch mit einem auf der Verpackungsfolie angebrachten Aufkleber oder auf andere Weise hingewiesen wird. Zugleich wird der Kunde darauf hingewiesen, dass das Öffnen der Verpackung des Gesamtpakets bzw. der Datenträgerversiegelung die vertragliche Zustimmung zur Geltung der Vertragsbedingung bedeute. In der Regel wird der Kunde ferner darauf hingewiesen, dass er das ungeöffnete Paket gegen volle Rückerstattung des Kaufpreises zurückgeben kann, sollte er mit den Allgemeinen Geschäftsbedingungen nicht einverstanden sein. Ob diese Rückabwicklung in der Praxis funktioniert, ist unklar. Darüber hinaus betrachtet die Rechtsprechung die Notwendigkeit, dass sich

987

---

[689] Zum Streit über die Durchsetzbarkeit solcher Verträge nach US-amerikanischem Recht *Schubert* S. 51 ff.

[690] Vgl. *OLG Stuttgart*, 10.2.1989, 2 U 290/88, CR 1989, 685, 687, wo Schutzhüllenverträge ohne Begründung für wirksam gehalten werden; anders noch die Vorinstanz *LG Stuttgart*, 22.9.1988 (in seinem vollen Wortlaut leider unveröffentlicht).

der Anwender in einem solchen Fall mit dem Händler oder mit dem Hersteller in Verbindung setzen muss, um die Rückabwicklung einzuleiten, als erhebliche Mühe und Unannehmlichkeit[691].

988 Gegenüber den Schutzhüllenverträgen weisen die **Gebrauchsverträge**, für die es bislang immer noch keinen anerkannten Terminus gibt[692], obwohl sich zwischenzeitlich der Begriff der „ENTER-Vereinbarung" durchzusetzen schien, eine charakteristische Parallele dahingehend auf, dass auch hier der Anwender durch eine bestimmte Handlung die Zustimmung zur Geltung der Allgemeinen Geschäftsbedingungen des Softwareherstellers erklären soll. Anknüpfungspunkt für die Zustimmung des Anwenders ist jedoch nicht das Öffnen einer Verpackung, sondern entweder das **Betätigen der Enter/Return-Taste** des benutzten Computers, das Anklicken eines bestimmten („Weiter-") Buttons mit der Maus oder das Berühren eines Touchscreens an der entsprechenden Stelle. Der Anwender bekommt nach dem Programmstart auf dem Bildschirm seines Computers einen Hinweis des Softwareherstellers ausgegeben, dass das Drücken der Enter/Return-, einer sonstigen Taste oder das **Anklicken eines bestimmten Buttons** mit der Maus die Zustimmung zu den Allgemeinen Geschäftsbedingungen bedeute. Der *EuGH* spricht diesbezüglich von einer „Anklick"-Lizenz, bei der der Erwerber die Lizenzbedingungen annimmt, bevor er Zugang zur Software erhält. Er verzichtet jedoch auf jegliche juristische Würdigung dieser Erscheinungsform[693]. In der Regel kann das Computerprogramm in diesen Fällen auch nur nach Drücken der entsprechenden Taste bzw. Anklicken des betreffenden Buttons benutzt werden, jedoch sind auch Programme auf dem Markt, die den entsprechenden Hinweis nur für eine bestimmte Zeit auf dem Bildschirm ausgeben und sodann ohne weitere Einwirkung des Anwenders im Programmablauf fortfahren. Eine andere Erscheinungsform dieser Gebrauchsverträge geht dahin, von vornherein auf das Drücken einer bestimmten Taste als Zeichen der Zustimmung durch den Anwender zu verzichten und allein auf den **Gebrauch** des Programms abzustellen. In diesen Fällen soll sich der Anwender durch den bloßen Gebrauch der Software mit den Vertragsbedingungen des Softwareherstellers einverstanden erklären.

989 Die früher vorzufindenden Registrierkartenverträge knüpften im Gegensatz zu Schutzhüllen- und Gebrauchsverträgen nicht an eine bestimmte Handlung an, mit der der Anwender seine Zustimmung zu den verwendeten Allgemeinen Geschäftsbedingungen erklären sollte, sondern dem Softwarepaket wurde eine Registrierkarte beigelegt, auf der häufig die Allgemeinen Geschäftsbedingungen zumindest auszugsweise abgedruckt waren oder die einen Hinweis auf die an anderer Stelle abgedruckten Geschäftsbedingungen enthielt. Die Registrierkarte sollte der Anwender an den Softwarehersteller **unterschrieben zurückschicken**. Seit einigen Jahren wird die klassische Postkarte durch eine Online-Registrierung ersetzt. Auch für die alten Registrierkartenverträge sowie die aktuellen Online-Registrierungen hat sich noch kein Terminus durchgesetzt[694], jedoch scheint angesichts gewisser Parallelen zum aus an-

---

[691] Vgl. *LG München I*, 4.4.2000, 7 O 115/00, CR 2000, 506, 508.
[692] Von Enter-Vereinbarungen sprechen *Dreier/Vogel* S. 151; *Menz/Neubauer* CR 2010, 567 sowie *Schuhmacher* CR 2000, 641. Mittlerweile muss aber bei fast allen Programmen nur noch ein „Maus-Klick" erfolgen, sodass eher von „Maus-Klick-Verträgen" zu sprechen wäre. Bei Touchscreens erfolgt das „Anklicken" durch die Berührung des Displays an der entsprechenden Stelle.
[693] Vgl. *EuGH*, 2.5.2012, C-406/10, GRUR 2012, 814, 815 Tz. 48 – SAS Institute. In der Entscheidung vom 21.5.2015, C-322/14, NJW 2015, 2171 ff. beschäftigt sich der *EuGH* allein mit der Farge, ob durch Anklicken von AGB („click wrapping") das Schriftformerfordernis von Art. 23 Abs. 2 EugV-VO a. F. eingehalten werden kann.
[694] *Schubert* S. 2 f.

deren Bereichen bekannten Garantiekartensystem[695] ein begrifflicher Rückgriff auf bereits Bekanntes gerechtfertigt.

Anders als bei den **Garantiekarten**, die eine Rücksendung an den Hersteller nicht notwendigerweise vorsehen und dem Kunden außerhalb des Kaufvertrags eine selbständige, für ihn rein vorteilhafte Herstellergarantie[696] gewähren, muss die Online-Registrierung bei Softwareüberlassungsverträgen wesensbedingt gegenüber dem Hersteller erklärt werden, denn nur so kann der Hersteller den betreffenden Anwender auch registrieren. Ein weiterer Unterschied besteht darin, dass dem Kunden bei der Online-Registrierung nicht allein zusätzliche Rechte eingeräumt werden sollen wie bei den Garantiekarten[697], sondern der Umfang der dem Anwender erlaubten Softwarenutzung in den Allgemeinen Geschäftsbedingungen geregelt wird und die Nutzungsrechte des Anwenders dort in der Regel **erheblichen Einschränkungen** unterworfen werden[698]. Durch die Online-Registrierung soll sich der Kunde daher Vertragsbedingungen unterwerfen, die ihn häufig in seinen Nutzungsmöglichkeiten weiter einschränken, als dies etwa nach den urheberrechtlichen Regelungen der Fall wäre.

2. Sonderfall: Überlassungsvertrag zwischen Softwarehersteller und Anwender

Einfach stellt sich die Rechtslage allenfalls in den Fällen dar, in denen der Softwarehersteller einen Überlassungsvertrag direkt mit dem Anwender schließt und dementsprechend lediglich ein **Zweipersonenverhältnis** vorliegt[699]. Dies ist im gewerblichen Umfeld weit verbreitet, wo regelmäßig umfassende Lizenz- oder auch Rahmenverträge abgeschlossen werden[700]. Hier kann der Hersteller den Vertrag mit dem Anwender unmittelbar aushandeln oder aber seine Allgemeinen Geschäftsbedingungen in das Vertragsverhältnis einbringen. Insoweit sind die allgemeinen Voraussetzungen der §§ 305 ff. BGB zu beachten, worauf an dieser Stelle jedoch nicht weiter eingegangen werden soll.

Diese Fallkonstellation stellt jedoch außerhalb des **Direktvertriebs** von Software **mittels Telekommunikation** weder den Regelfall der Softwareüberlassung dar noch bleibt im Rahmen dieses Zweipersonenverhältnisses ein sinnvoller Anwendungsbereich für Schutzhüllen-, Gebrauchs- oder Registrierkartenverträge, denn der Softwarehersteller ist infolge des **unmittelbaren Kontakts** auf keine Hilfsmittel angewiesen, seine Allgemeinen Geschäftsbedingungen in das Vertragsverhältnis einzubeziehen. Vielmehr kann der Softwarehersteller in diesen Fällen den Kunden auf die Allgemeinen Geschäftsbedingungen ausdrücklich hinweisen. Dem Erfordernis des **Hinweises** auf die Geltung der Allgemeinen Geschäftsbedingungen nach § 305 Abs. 2 Nr. 1 BGB ist auch dann genügt, wenn etwa die Softwareverpackung mit einem entsprechenden Aufkleber versehen ist oder wenn ein deutlich sichtbarer Hinweis im Verpackungsaufdruck untergebracht ist.

---

[695] Vgl. hierzu *BGH*, 23.3.1988, VIII ZR 58/87, NJW 1988, 1726 ff.
[696] Der *BGH* definiert eine Herstellergarantie als freiwillige Erweiterung der gesetzlichen Haftung nur zu Lasten des sich verpflichtenden Herstellers; vgl. *BGH*, 5.12.2012, I ZR 146/11, GRUR 2013, 851, 852 Tz. 11.
[697] Vgl. *Brehm* in: FS für Baumann, 589, 598.
[698] Die Behauptung des Verbands der Softwareindustrie Deutschlands e. V. (VSI) in einer Pressemitteilung vom 25.5.2000, dem Kunden würden zum Teil umfangreichere Nutzungsrechte eingeräumt, ist schlichtweg unzutreffend. Wie hier *Redeker* Rdn. 579 („in der Regel nachteilig").
[699] Ebenfalls keine Probleme sieht *Schuhmacher* CR 2000, 641.
[700] Hierauf weist *Grützmacher* CR 2011, 485, 486 Fußn. 2 zu Recht hin.

993 Beachtet werden muss jedoch, dass der Hinweis auf die Allgemeinen Geschäftsbedingungen gem. § 305 Abs. 2 Nr. 1 BGB **bei Vertragsabschluss** abgegeben sein muss. Dies ist bei Hinweisen auf der Verpackung nur dann der Fall, wenn der Anwender diese vor Vertragsabschluss in Händen hält[701]. Wird das Softwarepaket dem Kunden erst nach Vertragsabschluss ausgehändigt und vorher auch kein anderweitiger Hinweis auf die Allgemeinen Geschäftsbedingungen gegeben, so werden diese nicht Vertragsbestandteil, falls nicht ausnahmsweise eine nachträgliche Vertragsänderung vereinbart wird[702]. Dafür muss der Verwender den Kunden ausdrücklich auf die Vertragsänderung hinweisen und der Kunde muss sich hiermit in eindeutiger Weise einverstanden erklären. Die fortgesetzte Entgegennahme der Leistung und deren Bezahlung durch den Kunden reicht hierfür nicht[703]. Ein Hinweis auf Rechnungen, Lieferscheinen, Versandanzeigen und ähnlichen nach Vertragsabschluss übergebenen Urkunden ist generell unbeachtlich[704].

994 Ebenso reicht ein deutlich sichtbarer **Aushang am Ort des Vertragsschlusses,** mit dem auf die Allgemeinen Vertragsbedingungen hingewiesen wird, im Regelfall nicht aus[705]. Wenngleich ein derartiger Aushang nach § 305 Abs. 2 Nr. 1 BGB dem Hinweiserfordernis genügen kann, ist dies nur dann der Fall, wenn der Hinweis dem Verwender unverhältnismäßige Schwierigkeiten bereiten würde und es sich darüber hinaus in der Regel um ein Massengeschäft des täglichen Lebens ohne besonderen wirtschaftlichen Wert im Einzelfall handelt[706]. Beide Kriterien sind aber allenfalls beim Erwerb von sog. **Low-Cost-Software** in Kaufhäusern und Selbstbedienungsläden erfüllt, jedoch ist selbst dort angesichts ausgeprägter Diebstahlsgefahr eine Tendenz erkennbar, Software in verschlossenen Glasvitrinen aufzubewahren. Ist es jedoch für den Kunden notwendig, sich die Software zunächst aus der Vitrine herausgeben zu lassen, so entfällt die sonst gegebene geschäftliche Anonymität. In diesen Fällen ist es deshalb nicht ersichtlich, weshalb ein Aufschließen der Vitrine möglich, ein entsprechender Hinweis auf die Allgemeinen Geschäftsbedingungen jedoch unverhältnismäßig schwierig ist, weshalb hier ein Aushang nicht ausreicht. Gleiches gilt für den Fall, dass der Anwender vom Verkäufer beraten wird[707]. Auch wenn der Anwender die AGB nicht vor Vertragsabschluss zur Kenntnis nehmen kann, etwa weil er für das Lesen des Vertragstextes die Schutzhülle aufreißen muss, sind die AGB wegen Verstoßes gegen § 305 Abs. 2 Nr. 2 BGB nicht wirksam in den Vertrag einbezogen[708]. Gleiches gilt für den Fall, dass dem Kunden auf der Verpackung lediglich eine Internetadresse mitgeteilt wird, unter der die AGB abrufbar sind[709].

3. Vertragsverhältnisse bei Zwischenschaltung eines Softwarehändlers

995 Außerhalb des Bereichs der Softwareüberlassung mittels Telekommunikation weiter verbreitet als der oben dargestellte Direktvertrieb des Softwareherstellers an den Endverbraucher ist der Vertrieb der Computerprogramme über einen oder gar meh-

---

[701] Vgl. *Schuhmacher* CR 2000, 641, 644.
[702] Vgl. *BGH*, 22.2.2012, VIII ZR 34/11, NJW-RR 2012, 690, 691 Tz. 23; *BGH*, 11.11.2009, VIII ZR 12/08, NJW 2010, 864, 867, Tz. 39; MünchKomm/*Basedow* § 305 Rdn. 79.
[703] Vgl. *BGH*, 22.2.2012, VIII ZR 34/11, NJW-RR 2012, 690, 691 Tz. 23.
[704] Vgl. *BGH*, 22.2.2012, VIII ZR 34/11, NJW-RR 2012, 690, 691 Tz. 23; *BGH*, 18.6.1986, VIII ZR 137/85, NJW-RR 1987, 112, 114; Palandt/*Grüneberg* § 305 Rdn. 28.
[705] Vgl. *Schuhmacher* CR 2000, 641, 644.
[706] So bereits der Regierungsentwurf zum AGBG, BT-Drucks. 7/3919, S. 18; ferner MünchKomm/*Basedow* § 305 Rdn. 64; Palandt/*Grüneberg* § 305 Rdn. 29; *Schubert* S. 136.
[707] Vgl. *Schubert* S. 136; MünchKomm/*Basedow* § 305 Rdn. 65.
[708] Vgl. *Dreier/Vogel* S. 151.
[709] Vgl. *Menz/Neubauer* CR 2010, 567.

rere **Zwischenhändler**[710]. Damit stellt das **Dreipersonenverhältnis** Hersteller-Händler-Anwender den **Regelfall** der klassischen Softwareüberlassung auf Datenträger dar, auf den die Schutzhüllen-, Gebrauchs- und Online-Registrierungsverträge auch zugeschnitten sind. Vertragsverhältnisse bestehen in der Lieferkette Hersteller-Händler-Anwender nur zwischen Hersteller und Händler in Form eines Vertriebsvertrags auf der einen und zwischen Händler und Anwender in Form des hier allein interessierenden Softwareüberlassungsvertrags auf der anderen Seite, wohingegen im Regelfall **kein zusätzliches Vertragsverhältnis** zwischen Hersteller und Anwender besteht[711]. Insoweit entspricht die vertragsrechtliche Situation der bei allen anderen Gütern, die vom Endverbraucher bei einem Händler erworben werden, der nicht zugleich Hersteller ist. Möchte der Softwarehersteller den Anwender daher an seine Allgemeinen Geschäftsbedingungen binden, stehen ihm grundsätzlich drei Möglichkeiten zur Auswahl, die jedoch allesamt rechtliche Probleme aufwerfen.

Eine Möglichkeit der Bindung des Anwenders geht dahin, den Händler den Überlassungsvertrag mit dem Anwender **im Namen des Herstellers** abschließen zu lassen und auf diese Weise einen unmittelbar zwischen Hersteller und Anwender geschlossenen Überlassungsvertrag zustande zu bringen, der den Allgemeinen Geschäftsbedingungen des Herstellers unterstellt werden könnte[712]. Diese **vertretungsrechtliche Problemlösung** wurde vor vielen Jahren unter Geltung des französischen Vertragsrechts entwickelt[713] und sollte dort sowohl die Interessen des Softwareherstellers als auch die des Händlers zu verwirklichen helfen. Übertragen auf die deutsche Rechtsordnung verstieße eine derartige **Vermittlerklausel** des Softwarehändlers aber sowohl gegen § 305c Abs. 1 BGB, weil sie überraschend wäre[714], als auch gegen § 307 Abs. 2 Nr. 2 BGB, weil sie den für den Anwender erkennbaren Umständen einer Eigenleistung des Händlers entgegenliefe und deshalb unangemessen wäre. Bislang sind entsprechende vertragliche Regelungen in der Bundesrepublik Deutschland auch noch nicht aufgetaucht. Wie zu entscheiden wäre, wenn der Softwarehändler nach einem ausdrücklichen Hinweis eine Fremd- und keine Eigenleistung erbringen möchte, kann daher dahingestellt bleiben. Ein derartiges Vorgehen wäre wohl kritisch zu beurteilen. Als Beurteilungskriterien könnten die zu Vermittlerklauseln im Reisevertragsrecht entwickelten Zulässigkeitsvoraussetzungen[715] dienen. 996

Die zweite Möglichkeit der Bindung des Anwenders an die Geschäftsbedingungen des Herstellers besteht darin, dass der Softwarehändler den Überlassungsvertrag nicht zu seinen eigenen Geschäftsbedingungen abschließt, sondern zu denen des Softwareherstellers. Dann müsste der Händler auf die **Geltung der Herstellerbedingungen** hinweisen, um die Voraussetzungen wirksamer Einbeziehung nach § 305 Abs. 2 Nr. 1 BGB zu erfüllen, worauf nur vereinzelt hingewiesen wird[716]. Der Vertragsabschluss des Softwarehändlers unter Geltung für ihn **fremder** Geschäftsbedin- 997

---

[710] Vgl. etwa das Microsoft Vertriebssystem für OEM-Versionen: Hersteller – „authorized replicator" – Zwischenhändler – Hardwarehersteller – Endkundenhändler – Endkunde im Fall *BGH*, 6.7.2000, I ZR 244/97, NJW 2000, 3571 ff. Ferner *OLG Frankfurt*, 12.11.2013, 11 U 32/12, BeckRS 2015, 16185; *Raue* NJW 2017, 1841, 1843; *Heydn* CR 2010, 765, 776 (Hersteller – Distributor – Reseller – Endkunde); *Sahin/Haines* CR 2005, 241 ff.
[711] Vgl. *Raue* NJW 2017, 1841, 1843; *Jobke* S. 89 ff.; *Koch* ITRB 2002, 43, 44.
[712] Vgl. *Runte* CR 2001, 657, 660.
[713] Vgl. *Berlioz/Groos* RIW 1985, 852, 856.
[714] Vgl. *Lapp* in: Gounalakis, Rechtshandbuch Electronic Business, § 43 Rdn. 34.
[715] Vgl. hierzu etwa *Wolf/Lindacher/Pfeiffer* Klauseln Rdn. R 44; sowie *Ulmer/Brandner/Hensen* Teil 2, Bes. Vertragstypen, Reiseverträge Rdn. 18.
[716] Vgl. *OLG Frankfurt*, 12.11.2013, 11 U 32/12, BeckRS 2015, 16185; *Redeker* Rdn. 579; *Koch* ITRB 2002, 43, 44; *Runte* CR 2001, 657, 660; *Schuhmacher* CR 2000, 641, 642.

gungen widerspricht jedoch seinem Bedürfnis, die von ihm vertriebenen Produkte einer einheitlichen Vertragsabwicklung zu unterwerfen, weil er je nach Anzahl der von ihm vertriebenen Produkte seine Verträge zu einer Vielzahl unterschiedlichster Geschäftsbedingungen abschließen würde[717]. Darüber hinaus sind Softwarehändler in der Regel weder geneigt noch hinreichend gerüstet, Prozesse gegen Programmbenutzer bei Verstoß gegen die Nutzungsbedingungen zu führen, sodass diese Möglichkeit auch den Interessen der Softwarehersteller nicht in hinreichendem Ausmaß entspricht. In der vertragsrechtlichen Praxis wird die Geltung der herstellerseitigen Allgemeinen Geschäftsbedingungen oder Lizenzbedingungen verschiedentlich ausdrücklich ausgeschlossen[718]. Umgekehrt sind aber auch Distributorenverträge[719] zu finden, in denen der Softwarehändler ausdrücklich verpflichtet wird, bei Verkäufen an Endkunden die Geltung der Lizenzbedingungen des Herstellers zu vereinbaren.

998 Die dritte und von den Softwareherstellern präferierte Möglichkeit besteht darin, einen **selbstständigen Vertrag** mit dem Anwender abzuschließen, der neben den Vertrag zwischen Händler und Anwender tritt und bei dem die Allgemeinen Geschäftsbedingungen des Herstellers gelten sollen. Mangels direkten Kontakts mit dem Anwender besteht das Problem für den Softwarehersteller darin, einen solchen Vertrag mit dem Anwender zustande zu bringen. Die Hersteller möchten ihr Ziel so erreichen, dass sie ein in ihren Geschäftsbedingungen enthaltenes Vertragsangebot an einen unbestimmten Personenkreis abgeben[720], das der Anwender durch das **Aufreißen der Schutzhülle**, die **Ingebrauchnahme der Software** oder die **Durchführung einer Online-Registrierung** annehmen soll. In den beiden erstgenannten Fällen verzichtet der Softwarehersteller dabei gem. § 151 S. 1 BGB auf einen Zugang der Annahmeerklärung. Auch in den Fällen des § 151 S. 1 BGB ist aber die Annahme als solche erforderlich, d.h. in den Worten des *BGH* ein als Willenserklärung zu wertendes, nach außen hervortretendes Verhalten des Angebotsempfängers, aus dem sich dessen Annahmewille unzweideutig ergibt[721]. Dabei ist mangels Erklärungsbedürftigkeit der Annahme nach Auffassung des *BGH* nicht auf den Empfängerhorizont (§ 157 BGB) abzustellen. Vielmehr komme es darauf an, ob vom Standpunkt eines unbeteiligten objektiven Dritten aus das Verhalten des Angebotsempfängers aufgrund aller äußeren Indizien auf einen wirklichen Annahmewillen (§ 133 BGB) schließen lasse[722].

a) Vertragsschluss durch schlüssiges Verhalten bei Schutzhüllen- und Gebrauchsverträgen

999 Die von den Softwareherstellern angestrebten unmittelbaren Vertragsverhältnisse zum Anwender sollen sowohl bei Schutzhüllen- als auch bei Gebrauchsverträgen nicht durch eine ausdrückliche Annahmeerklärung des Anwenders zustande kommen, sondern durch einen **Realakt** in Form des Aufreißens der Verpackung, der In-

---

[717] Zustimmend *Schuhmacher* CR 2000, 641, 642.
[718] Vgl. die Allgemeinen Geschäftsbedingungen „Softwareload" der Deutschen Telekom AG (Version vom 1.11.2008): „2.2. Etwaige weitere AGB oder Lizenzbedingungen, die vom Hersteller der Software eingebunden werden, haben keine Gültigkeit und werden durch die vorliegenden AGB Softwareload ersetzt."
[719] Zum Begriff unten Rdn. 1070.
[720] Vgl. *Schubert* S. 309; *Schuhmacher* CR 2000, 641, 642.
[721] Vgl. *BGH*, 24.2.2016, XII ZR 5/15, NJW 2016, 1441, 1443 Tz. 38; *BGH*, 14.10.2003, XI ZR 101/02, NJW 2004, 287, 288; Palandt/Ellenberger § 151 Rdn. 2.
[722] Vgl. *BGH*, 14.10.2003, XI ZR 101/02, NJW 2004, 287, 288; *BGH*, 12.10.1999, XI ZR 24/99, NJW 2000, 276, 277.

stallation der Software per Mausklick[723] bzw. der Ingebrauchnahme der Software. Wenngleich es nicht ausgeschlossen ist, in einem solchen Realakt eine **konkludent erklärte Vertragsannahme** zu sehen, ist bei der Auslegung eines schlüssigen Verhaltens als Annahmeerklärung größte Vorsicht geboten, um nicht mit unhaltbaren Unterstellungen zu arbeiten. Der die Annahme Erklärende muss daher nicht nur die Umstände kennen, die seine Handlung als Ausdruck eines Rechtsfolgewillens erscheinen lassen, sondern die Rechtsprechung fordert darüber hinaus zu Recht, dass er außerdem wissen oder zumindest damit rechnen muss, dass eine von ihm abzugebende Willenserklärung erforderlich sein könnte[724]. Fehlt einem Handelnden folglich das Bewusstsein, es könne von seinem Verhalten auf einen Rechtsfolgewillen geschlossen werden, dann ist die Deutung dieses Verhaltens als Willenserklärung nur möglich, wenn ihm die Bedeutung **zurechenbar** ist[725].

Wenn der Software-Anwender daher durch entsprechende Hinweise des Herstellers auf die Bedeutung des betreffenden Realakts hingewiesen wird, kennt jener zwar die Umstände, die seine Handlung nach dem Willen des Softwareherstellers als Ausdruck eines Rechtsfolgewillens erscheinen lassen, jedoch steht damit noch nicht fest, dass er mit der Erforderlichkeit der Abgabe einer Willenserklärung rechnete oder rechnen musste. Dem steht entgegen, dass die Frage der **Zurechenbarkeit** der Verhaltensbedeutung nicht einseitig vom Softwarehersteller beantwortet werden darf, sondern nach der auch bei Willenserklärungen anwendbaren Auslegungsvorschrift des § 157 BGB[726] insbesondere die Verkehrssitte und der Grundsatz von Treu und Glauben heranzuziehen sind[727].

1000

Übertragen auf Schutzhüllen- und Gebrauchsverträge folgt hieraus, dass das Öffnen der Schutzhülle bzw. die Ingebrauchnahme der Software nur dann als Vertragsannahme gedeutet werden kann, wenn eine entsprechende **Verkehrssitte** besteht oder andere Gründe für die Zurechenbarkeit sprechen. Eine Verkehrssitte im Sinne einer im Verkehr der beteiligten Kreise herrschenden tatsächlichen Übung[728], die hier behandelten tatsächlichen Handlungen als Vertragsannahme auszulegen, besteht jedoch zumindest augenblicklich nicht[729], zumal die tatsächliche Übung nach Auffassung des *BGH*[730] nicht nur bei den beteiligten Verkehrskreisen Zustimmung gefunden, sondern auch während eines längeren Zeitraums bestanden haben muss[731]. Insbesondere Letzteres ist jedoch nicht der Fall. Vielmehr wird im juristischen Schrifttum vereinzelt sogar darauf hingewiesen, dass die Verpflichtung zum Abschluss eines zweiten Vertrags für den Kunden **überraschend** ist[732], weshalb die

1001

---

[723] Vgl. *Heydn* CR 2010, 765, 776.
[724] Vgl. *BGH*, 29.11.1994, XI ZR 175/93, NJW 1995, 953; *Palandt/Ellenberger* § 133 Rdn. 11.
[725] In diesem Sinne, jedoch ohne den Begriff der Zurechenbarkeit zu verwenden, *BGH* NJW 1997, 516, 518; *BGH*, 2.11.1989, IX ZR 197/88, NJW 1990, 454, 456.
[726] Ständige Rechtsprechung vgl. nur *BGH*, 15.2.2017, VIII ZR 59/16, NJW 2017, 1660, 1661 Tz. 12; *BGH*, 2.11.1989, IX ZR 197/88, NJW 1990, 454, 456 m. w. N.
[727] Vgl. *BGH*, 15.2.2017, VIII ZR 59/16, NJW 2017, 1660, 1662 Tz. 23.
[728] So die in der Rechtsprechung eingebürgerte Definition; vgl. *BGH*, 30.9.2009, VIII ZR 238/08, NJW 2010, 1135, 1136 Tz. 11; ferner *Palandt/Ellenberger* § 133 Rdn. 21.
[729] Vgl. *Auer-Reinsdorff/Conrad/Wiesemann/Kast*, 2. Aufl. 2016, § 24 Rdn. 135; *Jobke* S. 112; *Dreier/Vogel* S. 151; *Schubert* S. 311 ff.
[730] Vgl. *BGH*, 30.9.2009, VIII ZR 238/08, NJW 2010, 1135, 1136 Tz. 11.
[731] Vgl. *Loewenheim* in: FS für Kitagawa, S. 949, 954 mit dem zutreffenden Hinweis, auch ein entsprechendes Wunschdenken des Softwareherstellers begründe keine entsprechende Verkehrssitte. Kritisch auch *Jobke* S. 112; *Redeker* Rdn. 580; *Schuhmacher* CR 2000, 641, 643.
[732] Vgl. *Schubert* S. 313; *Schuhmacher* CR 2000, 641, 643 „vollkommen unüblich"; Formularhandbuch IT-Recht, 4. Aufl. 2017, B. 1 Nr. 7; noch weiter gehend *Weitnauer/Imhof*, Formularbuch

an anderer Stelle schon vor vielen Jahren gemachte Äußerung, Schutzhüllenverträge könnten wohl als verkehrsübliche neue Angebotsform betrachtet werden[733], voreilig oder aber interessengeleitet[734] erscheint[735]. Eine tatsächliche Gepflogenheit, das Aufreißen der Schutzhülle bzw. die Ingebrauchnahme von Computersoftware als Annahme eines zweiten Vertrags zu deuten, kann zur Zeit nicht festgestellt werden, sodass eine durch die Verkehrssitte begründete Zurechenbarkeit nicht besteht. Als weiteres Argument gegen die Annahme einer Verkehrssitte muss noch berücksichtigt werden, dass auch im Handelsrecht die Entstehung von Handelsbräuchen von der **Freiwilligkeit der Zustimmung beider Seiten** abhängt, sodass einseitig oktroyierte Gepflogenheiten nie Handelsbrauch werden können[736]. Da diese Überlegung jedoch nicht an spezifische Vorgaben des Handelsrechts anknüpft, lässt sie sich auf die vorliegende Fragestellung übertragen. Wie im Handelsrecht reicht zur Ablehnung der Freiwilligkeit zwar nicht aus, dass eine bestimmte Übung überwiegend den Interessen einer Partei dient. Es muss jedoch berücksichtigt werden, dass ihre Gestaltung und Steuerung durch die Softwareindustrie hier offensichtlich ist und der Versuch einer einseitigen Oktroyierung vorliegt. Dieses „**Diktat einer mächtigen Partei**" kann nicht zur Entstehung einer Verkehrssitte führen[737].

1002 Die somit allein verbleibende anders begründete Zurechenbarkeit vermag der Softwarehersteller nur herbeizuführen, indem er den Anwender in einem die **Außergewöhnlichkeit der Verhaltensauslegung** angemessenem Maße auf diese Besonderheit hinweist[738] und dadurch den **Vertrauensschutz** des Anwenders zerstört, eine übliche Verhaltensweise stelle keine Willenserklärung dar. Nur wenn das Vertrauen des Anwenders zerstört ist, sich in einer bestimmten, üblicherweise vertragsrechtlich irrelevanten Weise verhalten zu dürfen, ohne dadurch vertragliche Rechtsfolgen auszulösen, erscheint es angemessen, dem Anwender die vorgenommene Handlung als Äußerung eines Rechtsfolgewillens zuzurechnen[739].

1003 Die Anforderungen, die an das Zerstören des Vertrauens zu stellen sind, richten sich nach dem **Ausmaß der Außergewöhnlichkeit**[740], weshalb bei Softwareüberlassungsverträgen hohe Anforderungen zu stellen sind[741]. Dies folgt daraus, dass der Softwareanwender mit dem Softwarehändler einen entgeltlichen Vertrag schließt, der ihm üblicherweise zugleich auch die Nutzungsmöglichkeit der Software eröffnen soll. Der Anwender kann daher darauf vertrauen, dass der Softwarehersteller, der sich des Vertriebssystems über den Softwarehändler bedient, diesem auch die

---

IT-Recht, 4. Aufl. 2017, B. 1 Nr. 7 „nicht erforderlich"; *Jobke* S. 112 „kein zwingender Grund" für diesen Vertragsschluss; *Redeker* Rdn. 579 „nicht im Interesse des Kunden".

[733] Vgl. Computerrechts-Handbuch/*Heussen* (Stand: 1.9.1993) GlNr. 25 Rdn. 20.

[734] So etwa die Pressemitteilung des Verbands der Softwareindustrie Deutschlands E.V (VSI) vom 25.5.2000.

[735] Zu Recht wirft *Brehm* in: FS für Baumann, S. 589, 599 die Frage auf, ob Verkehrssitten überhaupt anzuerkennen sind, wenn sie gezielt von Interessenverbänden und Rechtsabteilungen weniger Großunternehmen geschaffen wurden.

[736] Vgl. *Lapp* in: Gounalakis, Rechtshandbuch Electronic Business, § 43 Rdn. 36; *Schneider* CR 1996, 657, 660; *Grützmacher* CR 2011, 485, 486 Fußn. 2 spricht von einer „erzwungenen Zustimmung", bei der kein Rechtsbindungswille bestehe.

[737] Vgl. *Schneider* CR 1996, 657, 660 f.

[738] Ohne Konkretisierung dieses Hinweiserfordernisses *Salje* in: FS für Lukes, S. 183, 187.

[739] Im Ergebnis wie hier *Brehm* in: FS für Baumann, S. 589, 597.

[740] Eine solche flexible Anpassung der Anforderungen an das Ausmaß der Abweichung von der Kundenerwartung fordert der *BGH* etwa auch bei sog. gespaltenen Krankenhausaufnahmeverträgen; vgl. *BGH*, 22.12.1992, VI ZR 341/91, NJW 1993, 779, 780.

[741] Großzügiger *Schneider* CR 1996, 657, 662.

Einräumung gegebenenfalls erforderlicher Nutzungsrechte gestattet und die Entgeltzahlung an den Händler auch eine Entlohnung dieser Nutzungsrechtseinräumung umfasst[742]. Keinesfalls überzeugend ist es jedenfalls, dem Anwender trotz bereits erfolgter Entgeltzahlung nur einen gegen den Händler gerichteten „Anspruch auf Verschaffung des Nutzungsrechts" zuzusprechen, der dadurch erfüllt werden soll, dass der Händler den Hersteller zum Abschluss eines Lizenzvertrags veranlassen soll[743]. Sofern der Softwarehersteller daher den von ihm durch die **Auswahl des Vertriebssystems geschaffenen Vertrauenstatbestand** beseitigen möchte, ist es erforderlich, dass der Anwender **vor Abschluss des Vertrags mit dem Softwarehändler**[744] auf die Außergewöhnlichkeit der Notwendigkeit eines zweiten Vertrags und dessen besondere Form des Vertragsschlusses in angemessener Form hingewiesen wird. Von vornherein unzureichend und deshalb unbeachtlich sind daher alle Hinweise, die erst nach Vertragsschluss mit dem Softwarehändler wahrnehmbar sind, wie etwa **Bildschirmmeldungen bei der Installation,** Hinweise in der uneinsehbar verpackten Dokumentation oder Aufkleber auf den uneinsehbar verpackten Datenträgern.

Die Bestimmung der angemessenen Form des Hinweises vor Abschluss des Vertrags zwischen Softwarehändler und -anwender ist indes nicht unproblematisch. Angesichts der Außergewöhnlichkeit der vom Softwarehersteller gewünschten Vertragsgestaltung kann aber davon ausgegangen werden, dass ein bloßer **Aushang** im Ladengeschäft des Händlers, mit dem auf die Allgemeinen Geschäftsbedingungen des Softwareherstellers verwiesen wird, auf keinen Fall ausreicht. Dies gilt auch dann, wenn der Aushang nicht zu übersehen ist und es sich um verhältnismäßig billige Software handelt. Dem steht entgegen, dass auch nach den Wertungsvorgaben des § 305 Abs. 2 BGB auf einen ausdrücklichen Hinweis nur verzichtet werden kann, soweit es sich um gewisse gleichmäßige und häufige Verträge des täglichen Lebens handelt[745], was jedoch angesichts der besonderen Vertragsgestaltung hier gerade nicht der Fall ist.

Darüber hinausgehend kann jedoch auch ein auf dem Programmpaket **aufgedruckter Hinweis** oder ein auf der Schutzhülle angebrachter **Aufkleber** das oben erläuterte schützenswerte Vertrauen des Anwenders in der Regel nicht in hinreichendem Maße erschüttern[746]. Hiervon ist in Anlehnung an den Einbezug überraschender Klauseln in einen Vertrag erst dann auszugehen, wenn der Anwender von der außergewöhnlichen Vertragsgestaltung in **Sinn erfassender Weise** Kenntnis genommen hat[747] oder wenn ein eindeutiger Hinweis die Kenntnisnahme durch den Kunden erwarten lässt. Dies ist bei den meist bunten Verpackungen[748] und der Mischung aus einer Beschreibung der Softwarefunktionen, der Hardwarevoraussetzungen sowie dem Abdruck der Allgemeinen Geschäftsbedingungen regelmäßig nicht der Fall.

---

[742] Ähnlich *Schubert* S. 136; *Brehm* in: FS für Baumann S. 589, 597; *Loewenheim* in: FS für Kitagawa S. 949, 954; *Pres*, Gestaltungsformen urheberrechtlicher Softwarelizenzverträge, S. 181; *Schuhmacher* CR 2000, 641, 643 stellt entscheidend darauf ab, der Anwender besitze bereits ein Nutzungsrecht über § 69d UrhG und rechne deshalb nicht mit der Notwendigkeit eines zweiten Vertrags; a. A. wohl *Heydn* CR 2010, 765, 776.
[743] So in der Tat *Heydn* CR 2010, 765, 776.
[744] Vgl. *Auer-Reinsdorff/Conrad/Wiesemann/Kast*, 2. Aufl. 2016, § 24 Rdn. 140.
[745] Vgl. BT-Drucks. 7/3919 S. 18; *Wolf/Lindacher/Pfeiffer* § 305 Rdn. 80.
[746] A. A. *Schneider* CR 1996, 657, 662.
[747] Vgl. zum Entfall des Überraschungscharakters bei § 305c Abs. 1 BGB (= § 3 AGBG a. F.); BGH, 21.6.2001, IX ZR 69/00, NJW-RR 2002, 485, 486 f.; *Wolf/Lindacher/Pfeiffer* § 305c Rdn. 40.
[748] Hierauf weisen *Koch* ITRB 2002, 43, 44 und *Schneider* CR 1996, 657, 662 zu Recht hin.

1006 Erforderlich ist daher, dass der Softwarehändler[749] den Anwender entweder **mündlich** auf die Besonderheiten der Vertragsgestaltung hinweist – erforderlichenfalls unter entsprechender Erläuterung – oder aber dies durch einen entsprechend **deutlichen** und **inhaltlich ohne weiteres verständlichen Hinweis** innerhalb seiner eigenen Vertragsbedingungen erledigt[750]. Hierfür wird jedoch in der Regel selbst eine besondere **drucktechnische Hervorhebung** in unmittelbarer Nähe der Unterschrift des Kunden auch nach den Wertungen des *BGH* in vergleichbaren Problemfällen[751] nur dann ausreichen, wenn nicht noch mehrere Klauseln drucktechnisch herausgehoben werden. Eine nicht drucktechnisch hervorgehobene einfache Erwähnung im Zusammenhang mit einer Regelung zur Geltung der eigenen AGB ist nicht ausreichend[752]. Ratsam ist daher eine **gesonderte,** nur auf diesen Hinweis bezogene **Unterschriftsleistung** des Anwenders. Die hiermit verbundene Mühewaltung des Softwarehändlers erscheint angesichts der Außergewöhnlichkeit der vom Softwarehersteller beabsichtigten zweigeteilten Vertragsgestaltung und der aus den genannten Vorschriften zu entnehmenden gesetzgeberischen Interessenbewertung durchaus zumutbar.

1007 Insgesamt muss daher festgehalten werden, dass die mit Einführung der Schutzhüllen- und Gebrauchsverträge verfolgte Intention, ein den Anwender besonders bindendes Vertragsverhältnis durch bloße Realakte zu begründen, nicht oder nicht vollständig erreicht werden kann[753]. Aus diesem Grunde bleibt den Softwareherstellern wohl nur der verwaltungstechnisch aufwendigere Weg der **Online-Registrierung**. Auch bei der Online-Registrierung muss der Anwender zwar auf die Besonderheit des Erfordernisses eines zweiten Vertrags ausdrücklich hingewiesen werden, weil eine die Erforderlichkeit der Online-Registrierung festlegende Klausel andernfalls überraschend im Sinne des § 305c Abs. 1 BGB wäre, jedoch entstehen hier nicht die oben dargelegten Probleme der Vertragsannahme durch einen bloßen Realakt des Anwenders. Vielmehr erklärt der Anwender die Annahme des Zweitvertrags durch die von ihm vorgenommene Online-Registrierung.

b) Rechtsfolgen beim Scheitern direkter Vertragsbeziehungen

1008 Schwierigkeiten könnte die Beantwortung der Frage bereiten, welche Rechtsfolgen eintreten, wenn der Softwarehändler den potenziellen Anwender nicht auf das Erfordernis des Zweitvertrags hinweist oder der Anwender aus sonstigen Gründen die Online-Registrierung nicht durchführt. In diesen Fällen fehlt es an einem wirksamen Vertragsverhältnis zwischen Softwarehersteller und Anwender, sodass der Anwender möglicherweise die Software nicht benutzen darf, weil die **Nutzungsberechtigung** nach den Vorstellungen des Softwareherstellers erst durch den **Zweitver-**

---

[749] Vgl. *Auer-Reinsdorff/Conrad/Wiesemann/Kast*, 2. Aufl. 2016, § 24 Rdn. 140.

[750] Völlig parallel hierzu der *BGH*, 22.12.1992, VI ZR 341/91, NJW 1993, 779, 780 bei den für den Kunden ebenfalls unerwarteten „gespaltenen" Krankenhausaufnahmeverträgen.

[751] Vgl. etwa *BGH*, 4.10.1995, XI ZR 215/94, NJW 1996, 191, 192, wo für eine formularmäßige Ausdehnung des Haftungsumfangs einer Grundschuld über den Anlass des Sicherungsvertrags hinaus wegen des Überraschungscharakters einer solchen Regelung und der besonderen Bedeutung für den Vertragspartner ein „individueller Hinweis" verlangt wird. Eine Unterschrift unter einen elfzeiligen Text ohne besondere drucktechnische Hervorhebungen und ohne mündlichen Hinweis wurde für nicht ausreichend erachtet.

[752] Ähnlich wohl *Baus*, Verwendungsbeschränkungen in Software-Überlassungsverträgen, S. 58 („ins Auge springen"). Wie hier auch *Auer-Reinsdorff/Conrad/Wiesemann/Kast*, 2. Aufl. 2016, § 24 Rdn. 136.

[753] *Grützmacher* CR 2011, 485, 486 Fußn. 2 meint, dies sei in Deutschland weitgehend anerkannt. Im Ergebnis wie hier auch *Redeker* Rdn. 579 f.; *Jobke* S. 112.

trag eingeräumt werden sollte und der Anwender für die Benutzung des Programms nach der Rechtsprechung des *EuGH* sowie des *BGH* zumindest ein Vervielfältigungsrecht zum Laden des Programms in den Arbeitsspeicher benötigt[754].

Ausgeschlossen ist, dem Anwender ein kraft **guten Glaubens** erworbenes Nutzungsrecht zuzusprechen, denn nach allgemeiner Auffassung ist im Urheberrecht ein gutgläubiger Erwerb eines Nutzungsrechts nicht möglich[755]. Nicht ausgeschlossen ist jedoch die Anwendung bürgerlich rechtlicher Rechtsscheinsvorschriften wie insbesondere der Gutglaubensvorschriften des Vertretungsrechts und der Grundsätze über die Rechtsscheinsvollmacht[756], weil der Gedanke des Verkehrsschutzes auch im Urheberrecht nicht völlig ausgeklammert werden kann.

Aus diesem Grunde ist schon in der 1. Auflage dieses Handbuchs, also vor Inkrafttreten der Urheberrechtsnovelle von 1993, folgende Auffassung vertreten worden: In den oben genannten Fällen des Fehlens eines wirksamen Zweitvertrags sei von einem infolge **Anscheinsvollmacht** des Softwarehändlers begründeten Nutzungsrecht des Anwenders auszugehen. Da sich der Softwarehersteller des Vertriebssystems über Softwarehändler bediene, könne der Kunde grundsätzlich davon ausgehen, der von ihm mit dem Händler abgeschlossene Vertrag beinhalte auch die Einräumung eines Nutzungsrechts, soweit dies für die bestimmungsgemäße Verwendung des Programms erforderlich sei. Hierauf könne der Anwender vertrauen, solange er nicht auf eine gegenteilige Handhabung ausdrücklich hingewiesen wurde. Halte sich somit der Softwarehändler nicht an die ihm im Interesse des Softwareherstellers auferlegte Verpflichtung zum ausdrücklichen Hinweis auf eine abweichend gestaltete Vertragslage, so könne dies nichts an der Tatsache ändern, dass für den Anwender der Schein entstehe, der Hersteller habe den Softwarehändler bevollmächtigt, und dieser schließe Softwareüberlassungsverträge, die die Einräumung eines entsprechenden Nutzungsrechts umfassten. Da der Softwarehersteller bei pflichtgemäßer Sorgfalt, die auch die zumindest gelegentliche **Überwachung** der Einhaltung des mit dem Softwarehändler geschlossenen Vertriebsvertrags umfasse, erkennen könne, dass entsprechende Hinweise unterblieben, und er die Möglichkeit habe, das vertragswidrige Verhalten des Händlers zu unterbinden, lägen sämtliche Voraussetzungen einer Anscheinsvollmacht vor. Der Softwarehersteller müsse sich daher so behandeln lassen, als habe er dem Händler eine entsprechende Vollmacht zur Nutzungsrechtseinräumung erteilt. Der Anwender könne die Software in diesen Fällen daher **ohne Verletzung der Rechte** des Softwareherstellers, insbesondere des Urheberrechts, **benutzen,** soweit sich diese Benutzung im Rahmen der bestimmungsgemäßen Verwendung eines mit einem Softwarehändler geschlossenen üblichen Softwareüberlassungsvertrags halte.

Zum gleichen Ergebnis mit anderer dogmatischer Begründung gelangt man seit Inkrafttreten der Urheberrechtsnovelle von 1993, mit der die hier allein interessierende Vorschrift des § 69d Abs. 1 UrhG eingeführt wurde[757]. Dieser Vorschrift zufolge bedarf jeder zur Verwendung eines Vervielfältigungsstücks eines Computer-

---

[754] Vgl. zur Vervielfältigungsproblematik oben Rdn. 154 ff.
[755] Vgl. *BGH*, 3.2.2011, I ZR 129/08, MMR 2011, 305, 307 Tz. 15; *BGH*, 26.3.2009, I ZR 153/06, MMR 2009, 838, 839 Tz. 19 und ständige Rechtsprechung; aus dem Schrifttum *Sahin/Haines* CR 2005, 241, 242; *Schricker/Loewenheim/Ohly* Vor §§ 31 Rdn. 25, § 31 Rdn. 25, § 34 Rdn. 34.
[756] Vgl. *Schricker/Loewenheim/Ohly* § 31 Rdn. 26.
[757] Hierauf stellen *Weitnauer/Imhof*, Formularbuch IT-Recht, 4. Aufl. 2017, B. 1 Nr. 7; *Jobke* S. 110; *Redeker* Rdn. 579; *Hoeren*, IT-Vertragsrecht S. 298; *Schubert* S. 220 ff. und *Schuhmacher* CR 2000, 641, 643 allein ab. Ähnlich *Koch* ITRB 2002, 43, 44, der sich pauschal auf die §§ 69c bis e UrhG bezieht.

programms Berechtigte für die in § 69c Nr. 1 und 2 UrhG genannten Handlungen der Vervielfältigung und Bearbeitung nicht der Zustimmung des Rechtsinhabers am Computerprogramm, soweit keine besonderen vertraglichen Bestimmungen vorliegen und die betreffenden Handlungen für die bestimmungsgemäße Programmbenutzung einschließlich der Fehlerberichtigung notwendig sind. Hinsichtlich der Auslegung von § 69d Abs. 1 UrhG kann jedoch auf die allgemeinen Ausführungen zum Urheberrecht verwiesen werden[760]. Der Anwender darf die Software benutzen, soweit sich diese Benutzung im Rahmen des Üblichen hält[761].

VII. Grenzüberschreitende Softwareüberlassungen

Inhaltsübersicht

	Rdn.		Rdn.
1. Grenzüberschreitende Softwareüberlassung und UN-Kaufrecht	1014	d) Primärpflichten der Vertragsparteien	1022
a) Anwendungsbereich und allgemeine Bestimmungen	1015	e) Rechte der Vertragsparteien	1025
b) Vertragsschluss	1020	f) Der Schadensersatzanspruch	1028
c) Die Einbeziehung Allgemeiner Geschäftsbedingungen	1021	2. Grenzüberschreitende Softwareüberlassung ohne Anwendung des UN-Kaufrechts	1030

Schrifttum: *Bischof/Witzel*, Grundzüge des IT-Vertragsrechts für die Gestaltung von IT-Verträgen, ITRB 2010, 168 ff.; *dies.*, Besonderheiten des US-Urheberrechts für die Gestaltung von IT-Verträgen, ITRB 2010, 260 ff.; *Dujardin/Lejeune*, Einführung in das französische Softwarevertragsrecht: Urheberrecht, ITRB 2011, 136 ff.; *dies.*, Einführung in das französische Softwarevertragsrecht: Schuldrecht, ITRB 2011, 209 ff.; *Fröhlich-Bleuler/Roth*, IT-Verträge im deutsch-schweizerischen Rechtsvergleich, ITRB 2009, 108 ff.; *Funk/Wenn*, Der Ausschluss der Haftung für mittelbare Schäden in internationalen Softwareverträgen, CR 2004, 481 ff.; *Lejeune*, Anwendungsbereich des UN-Kaufrechts bei internationalen IT-Verträgen, ITRB 2011, 20 ff.; *Piltz*, Neue Entwicklungen im UN-Kaufrecht, NJW 2017, 2449 ff.; *ders.*, Internationales Kaufrecht, 2. Aufl. 2008; *Roth*, IT-Verträge im deutsch-österreichischen Rechtsvergleich, ITRB 2008, 109 ff.; *Schlechtriem/Schwenzer*, Kommentar zum Einheitlichen UN-Kaufrecht, 6. Aufl. 2013; *Schmitt*, „Intangible Goods" in Online-Kaufverträgen und der Anwendungsbereich des CISG, CR 2001, 145 ff.; *ders.*, Online-Kaufverträge über „Intangible Goods" und der Anwendungsbereich von Verbrauchergesetzen, CR 2001, 838 ff.; *Söbbing*, Besonderheiten des chinesischen Softwarerechts für die Gestaltung von IT-Verträgen, ITRB 2011, 45 ff.

1012 Grenzüberschreitende Softwareüberlassungen finden seit jeher statt, jedoch ist diesbezüglich in den vergangenen Jahren eine deutliche Zunahme zu verzeichnen. Immer mehr Unternehmen aus dem mittelständischen Bereich und auch immer mehr semiprofessionelle und private Anwender informieren sich über internationale Angebote auf dem Softwaremarkt und schließen daraufhin im grenzüberschreitenden Rechtsverkehr Softwareüberlassungsverträge ab. Wie kaum eine andere Branche ist die Softwareindustrie durch eine sehr starke Internationalisierung gekennzeichnet. Als Schwerpunkte der Vertragsabschlüsse können dabei **drei Hauptgruppen** genannt werden: 1. Die Überlassung von im Ausland hergestellter Individualsoftware der großen und mittleren Datentechnik an deutsche Anwender. 2. Die Bestellung und Lieferung von Standardsoftware aus dem Ausland auf der Grundlage von Werbeanzeigen in inländischen Fachzeitschriften. 3. Die Bestellung und Übermittlung von

---

[760] Vgl. oben Rdn. 243 ff.
[761] Vgl. *Schubert* S. 222; *Weitnauer/Imhof*, Formularbuch IT-Recht, 4. Aufl. 2017, B. 1 Nr. 7.

Standardsoftware über internationale Datennetze, vornehmlich dem Internet[762]. Insbesondere bei den beiden letztgenannten Gruppen ist der Schritt zum Massengeschäft längst vollzogen.

Den Ausgangspunkt der Beurteilung grenzüberschreitender Softwareüberlassungsverträge sollte die Überprüfung der Frage darstellen, ob eine **Rechtswahl** getroffen wurde. Sofern dies der Fall ist, was in der erstgenannten Fallgruppe fast ausnahmslos der Fall sein dürfte, und der betreffenden Vereinbarung auch Wirksamkeit zukommt, richtet sich die Beurteilung des Softwareüberlassungsvertrags nach den Regeln der gewählten Rechtsordnung. Da die Problematik der **Rechtswahlklauseln** aber sowohl hinsichtlich der Vereinbarung deutschen Rechts als auch hinsichtlich der Vereinbarung ausländischen Rechts an anderer Stelle ausführlich dargestellt wird, kann insoweit nach unten verwiesen werden[763]. 1013

1. Grenzüberschreitende Softwareüberlassung und UN-Kaufrecht

Bei grenzüberschreitenden Softwareüberlassungsverträgen ist zunächst das **Übereinkommen der Vereinten Nationen über Verträge über den internationalen Warenkauf** (CISG)[764] zu berücksichtigen, das am 1.1.1991 für die Bundesrepublik Deutschland in Kraft getreten ist[765] und zu dessen weiteren Vertragsstaaten die wichtigsten Außenhandelspartner auch des Softwarebereichs zählen, wie insbesondere etwa die USA, Frankreich, Österreich, die Schweiz sowie die skandinavischen Länder[766]. 1014

a) Anwendungsbereich und allgemeine Bestimmungen

Das UN-Kaufrecht findet gem. Art. 1 Abs. 1 lit. a) CISG Anwendung, wenn die Vertragsparteien, soweit sie juristische Personen sind, ihre **Niederlassung,** soweit sie natürliche Personen sind, gem. Art. 10 lit. b) CISG ihren **gewöhnlichen Aufenthaltsort** in verschiedenen Vertragsstaaten haben[767] und gem. Art. 1 Abs. 1 lit. b) CISG darüber hinaus dann, wenn die Regeln des **internationalen Privatrechts** zur Anwendung des Rechts eines Vertragsstaats führen (sog. „Vorschaltlösung"). Dies kann bei einer allgemeinen Rechtswahlklausel, mit der das Vertragsverhältnis dem Recht eines Vertragsstaats unterstellt wird (auch bei Vereinbarung deutschen Rechts!), dazu führen, dass das UN-Kaufrecht über Art. 3 Abs. 1 Rom I-VO i.V.m. Art. 1 Abs. 1 lit. b) CISG dennoch anwendbar ist, denn es ist Bestandteil des nationalen Rechts und geht den unvereinheitlichten Regelungen, etwa dem deutschen BGB, vor[768]. Der **Ort des Vertragsabschlusses** oder der Ort, an dem die **Lieferungen zu erbringen** sind, ist demgegenüber für die Anwendbarkeit des UN-Kaufrechts ohne Bedeutung[769]. Keine Anwendung findet das UN-Kaufrecht indes dann, wenn die Parteien 1015

---

[762] Neben der Schnelligkeit dieser Form der Softwareüberlassung heben die international agierenden Netz-Provider werbewirksam hervor, der Anwender könne so die deutsche USt einsparen.
[763] Vgl. hierzu unten Rdn. 2006 ff.
[764] Convention on Contracts for the International Sale of Goods, vom 11.4.1980, auch als Wiener Kaufrecht oder wie hier UN-Kaufrecht bezeichnet.
[765] Vgl. BGBl. 1990, II, S. 1477.
[766] Eine Zusammenstellung der Vertragsstaaten ist abrufbar unter www.uncitral.org/uncitral/en/uncitral_texts/sale_goods/1980CISG_status.html.
[767] Vgl. *BGH*, 30.6.2004, VIII ZR 321/03, NJW 2004, 3181; *BGH*, 30.4.2003, III ZR 237/02, MDR 2003, 1007, 1008; *Lejeune* ITRB 2011, 20, 22.
[768] Vgl. *BGH*, 28.5.2014, VIII ZR 410/12, NJW-RR 2014, 1202, 1203 Tz. 11; *BGH*, 25.11.1998, VIII ZR 259/97, NJW 1999, 1259, 1260; *Schmitt* CR 2001, 838; *Piltz* NJW 2017, 2449, 2450 f.
[769] Vgl. *Piltz* NJW 2007, 2159, 2160.

seine **Geltung ausgeschlossen** haben, was nach Art. 6 CISG zulässig ist[770] und sowohl ausdrücklich als auch stillschweigend geschehen kann. Möglich ist etwa, dass die Parteien erklären, auf ihren Rechtsstreit nicht das CISG, sondern das Werkvertragsrecht des BGB anwenden zu wollen. Dann ist das Gericht an diese Rechtswahl gebunden[771]. Auch vertragliche Vereinbarungen zu einzelnen Vertragsbestandteilen gehen den Regelungen des UN-Kaufrechts vor. In einem solchen Fall bleibt das UN-Kaufrecht aber anwendbar, soweit die vertraglichen Vereinbarungen nicht eingreifen[772].

1016 Hinsichtlich des **persönlichen Anwendungsbereichs** unterscheidet das UN-Kaufrecht nicht grundsätzlich zwischen Privaten und Kaufleuten[773]. Nach Art. 2 lit. a) CISG sind jedoch solche Verträge von der Anwendung des CISG ausgeschlossen, mit denen Waren gekauft werden, die in objektiv erkennbarer Weise dem **persönlichen Gebrauch** oder dem Gebrauch in der Familie oder im Haushalt dienen sollen[774]. Hierunter fallen etwa Lernprogramme für Kinder, Computerspiele und ausdrücklich auf die Verwaltung der Haushaltskasse zugeschnittene Computersoftware.

1017 Hinsichtlich des **sachlichen Anwendungsbereichs** ist zu beachten, dass lediglich **Kaufverträge über Waren** erfasst werden, während andere Vertragstypen sowie Kaufverträge über Gegenstände, die nicht dem **Begriff der Ware** unterfallen, nicht dem UN-Kaufrecht unterfallen. Beide Voraussetzungen, sowohl die vertragsrechtliche Typisierung der Softwareüberlassungsverträge als auch die Unterordnung der Computersoftware unter den Warenbegriff, sind umstritten. Sicher ist allein, dass weder die **mietvertraglich** zu qualifizierenden Softwareüberlassungsverträge auf Zeit[775] noch Verträge über den **Vertrieb** von Computerprogrammen dem UN-Kaufrecht unterfallen[776]. Nach der in dieser Abhandlung vertretenen und an anderer Stelle ausführlich erörterten Auffassung stellen Computerprogramme bewegliche Sachen gem. § 90 BGB dar[777], die als Ware im Sinne des CISG zu qualifizieren sind[778], gleichwie bei der Überlassung von Standardsoftware auf Dauer Kaufverträge abgeschlossen werden[779], sodass auch in Bezug auf diese Voraussetzung keine Probleme auftreten. Berücksichtigt werden muss aber, dass dies nicht unstreitig ist und insbesondere, dass das UN-Kaufrecht autonom, international einheitlich ausgelegt werden muss, worauf in Art. 7 Abs. 1 CISG ausdrücklich hingewiesen wird, sodass das deutsche begriffliche Verständnis nicht ausschlaggebend für die Beurteilung ist. Auch auf internationaler Ebene scheint sich aber die Auffassung endgültig durchzusetzen, dass zumindest **Standardprogramme** unabhängig von der Überlassungsform, also auch bei der sog. unkörperlichen Überlassung mittels Telekommunikation, als Waren zu qualifizieren sind[780], die im Rahmen eines Kaufvertrags überlassen werden, wenn die Überlassung auf Dauer ausgerichtet ist. Dem entspricht auch die Rechtsprechung des *EuGH*[781], wenngleich das betreffende Urteil zum ur-

---

[770] Vgl. *BGH*, 30.4.2003, III ZR 237/02, MDR 2003, 1007, 1008; *Lejeune* ITRB 2011, 20, 22 f.
[771] Vgl. *OLG Hamm*, 6.5.1998, 11 U 180/97, NJW-RR 1999, 364; *Piltz* NJW 2017, 2449, 2451.
[772] Vgl. *BGH*, 4.12.1996, VIII ZR 306/95, NJW-RR 1997, 690, 691.
[773] Vgl. *BGH*, 31.10.2001, VIII ZR 60/01, NJW 2002, 370, 372.
[774] Vgl. *BGH*, 7.3.2013, VII ZR 162/12, BeckRS 2013, 04396 Tz. 17.
[775] Vgl. *Lejeune* ITRB 2011, 20.
[776] Vgl. *Lejeune* ITRB 2011, 20; allgemein für Vertriebsverträge *Piltz* NJW 2017, 2449, 2450.
[777] Vgl. hierzu oben Rdn. 712 ff.
[778] Vgl. *Lejeune* ITRB 2011, 20, 21.
[779] Vgl. hierzu oben Rdn. 736 ff.
[780] Vgl. *Dreier/Vogel* S. 337; *Lejeune* ITRB 2011, 20.
[781] Vgl. *EuGH*, 3.7.2012, C-128/11, NJW 2012, 2565, 2566 Tz. 40 ff. – UsedSoft.

heberrechtlichen Problem des Gebrauchtsoftwarehandels und nicht zum CISG ergangen ist. Mittlerweile liegen auch drei deutsche Gerichtsentscheidungen, eine österreichische sowie eine niederländische Entscheidung vor, in denen Standardsoftware als Ware im Sinne des UN-Kaufrechts qualifiziert wird[782].

Größere Schwierigkeiten bereitet demgegenüber die Beantwortung der Frage, ob auch Verträge über die Überlassung von **Individualsoftware** in den Anwendungsbereich des UN-Kaufrechts fallen[783]. Dem könnte zunächst schon entgegenstehen, dass entsprechend der oben ausführlich dargestellten vertragstypologischen Einordnung in diesen Fällen nicht immer ein Kaufvertrag, sondern gegebenenfalls auch ein Werkvertrag vorliegt[784]. Berücksichtigt werden muss aber, dass das UN-Kaufrecht nach Art. 3 Abs. 1 CISG auch dann anzuwenden ist, wenn ein Vertrag über die Lieferung herzustellender oder zu erzeugender Ware abgeschlossen wird, es sei denn, dass der Besteller einen wesentlichen Teil der für die Herstellung oder Erzeugung notwendigen Stoffe selbst zur Verfügung zu stellen hat. Letzteres ist bei der Herstellung von Computersoftware grundsätzlich nicht der Fall, weil die allenfalls geschuldete Mitwirkung zwecks Informationsbeschaffung über die zu erfüllenden Anforderungen keine Stofflieferung im Sinne dieser Vorschrift darstellt[785]. Dementsprechend sind die Voraussetzungen des Art. 3 Abs. 1 CISG inhaltsidentisch zu denen des oben[786] ausführlich diskutierten § 650 BGB (= § 651 BGB a. F.), weshalb an dieser Stelle auf die dortigen Ausführungen verwiesen werden kann.

1018

Fragen des **Eigentumsübergangs** sind im CISG nicht und solche der **Gültigkeit des Vertrags** nicht umfassend geregelt. Soweit eine Regelung fehlt wie etwa zu Fragen der Geschäftsfähigkeit, der Stellvertretung[787], der Höhe von Zinsen[788] oder der Aufrechnung[789], ist über die Regeln des internationalen Privatrechts das anwendbare Recht zu ermitteln und dieses heranzuziehen. Verjährungsregelungen sind im CISG ebenfalls nicht enthalten, sodass insoweit das gleiche Ergebnis gilt[790]. Wegen der fehlenden Entgeltlichkeit unterfällt die Überlassung von **Freeware** nicht dem Regelungsbereich des CISG[791]. UN-Kaufverträge unterliegen grundsätzlich **keinen gesetzlichen Formvorschriften**, Art. 11 CISG. Einige Vertragsstaaten haben aber von der Vorbehaltsmöglichkeit des Art. 96 CISG Gebrauch gemacht, sodass der Grundsatz der Formfreiheit gem. Art. 12 CISG nicht gilt, wenn eine Vertragspartei ihren Sitz in einem dieser Vorbehaltsstaaten hat.

1019

---

[782] Vgl. *OLG Köln*, 26.8.1994, 19 U 282/93, RIW 1994, 970, 971; *OLG Koblenz*, 17.9.1993, 2 U 1230/91, RIW 1993, 934, 936; ferner *Piltz* NJW 2003, 2056, 2058 unter Verweis auf *LG Trier*, 17.2.2000, 7 HKO 155/00; *ders.* NJW 2007, 2159, 2160 unter Verweis auf *ÖstOGH* IHR 2005, 195; *Bezirksgericht Mittel-Niederlande*, 25.3.2015, CRi 2016, 60.
[783] Vgl. *Lejeune* ITRB 2011, 20, 21 f. Für eine generelle Anwendung des CISG auch auf die Herstellung von Computerprogrammen *Dreier/Vogel* S. 337.
[784] Vgl. hierzu oben Rdn. 677 ff.
[785] Vgl. *Schmitt* CR 2001, 145, 153.
[786] Vgl. hierzu oben Rdn. 677 ff.
[787] Vgl. *AG Alsfeld*, 12.5.1995, 31 C 534/94, NJW-RR 1996, 120, 121 zur Duldungs- und Anscheinsvollmacht.
[788] Vgl. *OLG München*, 2.3.1994, 7 U 4419/93, NJW-RR 1994, 1075, 1076; *OLG Frankfurt*, 18.1.1994, 5 U 15/93, NJW 1994, 1013.
[789] Vgl. *OLG Hamm*, 9.6.1995, 11 U 191/94, NJW-RR 1996, 179, 188; *Piltz* NJW 2007, 2159, 2161.
[790] Vgl. *OLG Hamm*, 9.6.1995, 11 U 191/94, NJW-RR 1996, 179, 188; *Piltz* NJW 2007, 2159, 2161.
[791] Vgl. *Schmitt* CR 2001, 145, 154.

b) Vertragsschluss

1020   Das äußere Zustandekommen des Kaufvertrags wird in Art. 14 ff. CISG geregelt. Die Vertragsschlusserklärungen der Parteien (Offerte und Annahme) müssen dem Vertragspartner zugehen. Hervorzuheben ist insoweit zunächst, dass nach Art. 14 Abs. 1 CISG eine Mitteilung als **Offerte** zu werten ist, wenn sie den Bindungswillen des Erklärenden erkennen lässt und hinreichend bestimmt ist. Letzteres ist nach Satz 2 der genannten Vorschrift nur dann der Fall, wenn der Kaufgegenstand bezeichnet sowie **Menge und Preis** bestimmt oder zumindest bestimmbar sind. Dieses sog. Prinzip des pretium certum weicht vom deutschen Recht ab. Eine Abweichung findet sich auch hinsichtlich der Vertragsannahme. Zwar kann eine Offerte sowohl ausdrücklich als auch konkludent angenommen werden (Art. 18 I CISG), etwa durch die Entgegennahme der Ware[792], gleichwie Schweigen oder Untätigkeit allein keine Annahme darstellen (Art. 18 II CISG). Anders als § 150 Abs. 1 BGB sieht das UN-Kaufrecht aber nicht vor, dass eine **verspätete Annahme** als neue Offerte gilt. Vielmehr ist der Vertragsschluss gescheitert, sofern die Gegenseite keine unverzügliche Erklärung nach Maßgabe des Art. 21 Abs. 1 CISG abgibt.

c) Die Einbeziehung Allgemeiner Geschäftsbedingungen

1021   Nach allgemeiner Ansicht[793] richtet sich die Einbeziehung von Allgemeinen Geschäftsbedingungen in einem dem CISG unterfallenden Vertrag nach den einschlägigen **Vertragsabschlussvorschriften** der **Art. 14 und 18 CISG**. Demgegenüber wird ein Rückgriff auf das nach dem internationalen Privatrecht berufene nationale Recht ganz überwiegend abgelehnt[794]. Allerdings enthält das CISG keine besonderen Regeln für die Einbeziehung vorformulierter Geschäftsbedingungen in den Vertrag, weil hierfür kein Erfordernis gesehen wurde. Es ist deshalb durch Auslegung gem. Art. 8 CISG zu ermitteln, ob die Allgemeinen Geschäftsbedingungen Bestandteil des Vertragsangebots sind. Dies kann sich nach Art. 8 Abs. 3 CISG etwa schon aus den Vertragsverhandlungen der Parteien, den zwischen ihnen bestehenden Gepflogenheiten oder den internationalen Gebräuchen ergeben. Im Übrigen ist gem. Art. 8 Abs. 2 CISG darauf abzustellen, wie eine vernünftige Person der gleichen Art wie die andere Partei das Angebot aufgefasst hätte. Übereinstimmend wird aber gefordert, dass der Empfänger des Angebots die Möglichkeit haben muss, die einzubeziehenden Geschäftsbedingungen **in zumutbarer Weise zur Kenntnis** zu nehmen[795]. Eine wirksame Einbeziehung setzt deshalb zunächst voraus, dass für den Angebotsempfänger der Wille des Anbietenden erkennbar ist, seine Allgemeinen Geschäftsbedingungen in den Vertrag einzubeziehen. Hierfür ist grundsätzlich ein ausdrücklicher vorderseitiger Hinweis auf die rückseitigen oder sonst wie beigefügten Geschäftsbedingungen erforderlich[796]. Der Text der Allgemeinen Geschäftsbedingungen ist daher zu übersenden oder anderweitig zugänglich zu machen[797]. Nach

---

[792] Vgl. *Piltz* NJW 2007, 2159, 2161; *Schlechtriem/Schwenzer* Art. 18 Rdn. 7a.
[793] Vgl. zu den nachfolgenden Darlegungen *BGH*, 31.10.2001, VIII ZR 60/01, NJW 2002, 370, 371 f.
[794] Vgl. *BGH*, 31.10.2001, VIII ZR 60/01, NJW 2002, 370, 371; *Piltz* NJW 2003, 2056, 2059; *ders.* NJW 2000, 553, 557 jeweils m.w.N.
[795] Vgl. *BGH*, 31.10.2001, VIII ZR 60/01, NJW 2002, 370, 371 m.w.N.
[796] Vgl. *Piltz* NJW 2007, 2159, 2161; *ders.*, NJW 2003, 2056, 2059; *ders.* NJW 2000, 553, 557.
[797] Vgl. *BGH*, 31.10.2001, VIII ZR 60/01, NJW 2002, 370, 371 m.w.N.; *OLG Köln*, 21.12.2005, 16 U 47/05, BeckRS 2006, 02135.

Auffassung des *BGH*[798] widerspricht es dem gem. Art. 7 Abs. 1 CISG auch im internationalen Handel geltenden Grundsatz des guten Glaubens sowie der allgemeinen Kooperations- und Informationspflicht der Parteien, dem Vertragspartner eine Erkundigungsobliegenheit hinsichtlich nicht übersandter Klauselwerke aufzuerlegen und ihm die Risiken und Nachteile nicht bekannter gegnerischer Geschäftsbedingungen aufzubürden.

d) Primärpflichten der Vertragsparteien

Die Pflichten des Verkäufers sind in Art. 30 ff. CISG geregelt, sie bestehen in der Lieferung, Übergabe der Dokumente und Eigentumsverschaffung. Vorbehaltlich besonderer Umstände ist als **Lieferort** gem. Art. 31 CISG das Land des Verkäufers zu bestimmen. Oftmals wird aber ein Versendungskauf im Sinne von Art. 31 lit. a) CISG vorliegen[799]. Dies ist allerdings nicht der Fall, wenn Lieferung „frei Haus" vereinbart wurde und die Parteien dies auch als Gefahrtragungsregelung ansahen[800]. 1022

Die Kaufsache muss bei Lieferung vertragsgemäß (Art. 35 ff. CISG) und auch nicht mit Ansprüchen oder Rechten Dritter belastet sein (Art. 41 f. CISG). **Mangelhaft** ist die gelieferte Sache gem. Art. 35 Abs. 1 CISG, wenn sie in Menge, Qualität oder Art nicht den Anforderungen des Vertrags entspricht. Fehlt eine entsprechende vertragliche Vereinbarung, muss die Sache gem. Art. 35 Abs. 2 lit. a) und b) CISG für den gewöhnlichen oder für den dem Verkäufer bei Vertragsabschluss bekannten Gebrauchszweck geeignet sein. Hinsichtlich der **Rechtsmängel** ist die Haftung des Verkäufers für die bei Computersoftware vornehmlich in Frage kommenden auf dem Immaterialgüterrecht beruhenden Rechte Dritter erheblich eingeschränkt. Er muss nach Art. 42 CISG nur insoweit einstehen, als das betreffende Recht im Bestimmungsland der Ware, hilfsweise im Niederlassungsstaat des Käufers, besteht und er dies bei Vertragsschluss kannte oder kennen musste. 1023

Als Gegenstück zu den in Art. 30 CISG geregelten Pflichten des Verkäufers legt Art. 53 CISG die **Pflichten des Käufers** fest, die in der Pflicht zur Kaufpreiszahlung sowie der Abnahme der Ware bestehen. Einzelheiten hinsichtlich des Ortes und der Zeit der Kaufpreiszahlung sowie der Abnahme finden sich in Art. 56 ff. CISG. Vorbehaltlich abweichender Vereinbarungen oder Gebräuche sowie vorbehaltlich einer vom Verkäufer nach Art. 58 Abs. 1 S. 2 oder Abs. 2 CISG verfügten Zug-um-Zug-Zahlung ist der Kaufpreis gem. Art. 57 Abs. 1 lit. a) CISG an der Niederlassung des Verkäufers zu leisten (Bringschuld)[801] und nicht wie nach § 270 BGB zu übersenden. 1024

e) Rechte der Vertragsparteien

Soweit der Verkäufer den ihn treffenden Pflichten nicht nachkommt, kann der Käufer nach Art. 46 CISG zunächst **Erfüllung,** bei vertragswidriger Ware in Form der **Nachbesserung** und bei einer wesentlichen Vertragsverletzung in Form einer **Ersatzlieferung** verlangen. Aus Art. 48 Abs. 1 CISG ist diesbezüglich herzuleiten, dass die Kosten einer Ersatzlieferung oder Nachbesserung vom Verkäufer getragen werden müssen[802]. Darüber hinaus kann der Käufer gem. Art. 49 Abs. 1 CISG die **Aufhebung des Vertrags** erklären, wenn die Pflichtverletzung des Verkäufers eine we- 1025

---

[798] Vgl. *BGH*, 31.10.2001, VIII ZR 60/01, NJW 2002, 370, 372.
[799] Vgl. *Piltz* NJW 2003, 2056, 2059; *ders.* NJW 2000, 553, 557.
[800] Vgl. *OLG Karlsruhe*, 20.11.1992, 15 U 29/92, NJW-RR 1993, 1316, 1317.
[801] Vgl. *BGH*, 30.4.2003, III ZR 237/02, MDR 2003, 1007, 1008.
[802] Vgl. *OLG Hamm*, 9.6.1995, 11 U 191/94, NJW-RR 1996, 179, 180; *Schlechtriem/Schwenzer* Art. 48 Rdn. 8.

sentliche Vertragsverletzung darstellt oder der Verkäufer im Falle der Nichtlieferung eine vom Käufer nach Art. 47 CISG gesetzte Nachfrist verstreichen lässt oder dies ankündigt. Das Recht zur Vertragsaufhebung muss aber innerhalb angemessener Frist nach der Vertragsverletzung ausgeübt werden[803]. Bei jeder Vertragsverletzung steht dem Käufer darüber hinaus gem. Art. 45 Abs. 1 lit. b), Abs. 2 CISG ein neben die bereits genannten Rechte tretender **Schadensersatzanspruch** zu[804]. Ist die Ware nicht vertragsgemäß, kann der Käufer gem. Art. 50 CISG auch den Kaufpreis **mindern**. Abweichend vom nationalen deutschen Kaufvertragsrecht wird nach Auffassung des *OLG Frankfurt* nach den Vorschriften des UN-Kaufrechts vom Käufer in weitergehendem Umfang erwartet, auch vertragswidrige Ware hinzunehmen und sich wegen des Leistungsdefizits nicht des Rechts zur Vertragsaufhebung, sondern anderer Rechtsbehelfe zu bedienen, namentlich der Minderung bzw. des Schadensersatzes[805]. Die Lieferung muss praktisch „wertlos" und für den Käufer „faktisch nicht brauchbar" sein[806]. Zur Erhaltung seiner Ansprüche wegen der Lieferung vertragswidriger Ware muss der Käufer diese aber gem. Art. 38 CISG innerhalb kurzer Frist untersuchen und Vertragswidrigkeiten gem. Art. 39 CISG innerhalb angemessener Frist dem Verkäufer anzeigen. Der genaue Umfang der Untersuchungspflicht ist im UN-Kaufrecht aber ebenso wenig geregelt wie die genaue Festlegung einer angemessenen Frist[807]. Auch bei Geltung des UN-Kaufrechts muss der Käufer aber Mängel wie etwa nach § 377 HGB[808] so **konkret wie möglich** rügen[809]. Der *BGH*[810] stellt insoweit recht hohe Anforderungen und verlangte bei einem aus einem Thermotransferdrucker, einem Farbmonitor, einem Rechner und einem Softwarepaket bestehenden Drucksystem, dass der Kunde bei fehlender Dokumentation zum gesamten System nicht nur die Nichtlieferung der „Dokumentation des Druckers" rügt. Dies soll zu unpräzise sein, da für den Verkäufer nicht erkennbar sei, ob der Drucker als Einzelkomponente oder als Gesamtsystem gemeint war. Mehrdeutigkeiten der Wortwahl gehen nach Auffassung des *BGH* zu Lasten des Käufers. Bei Maschinen und technischen Geräten genügt aber die Darlegung der Symptome, nicht aber kann die Angabe der diesen zu Grunde liegenden Ursachen gefordert werden[811]. Dies hat auch für Software zu gelten.

1026 Eine Vereinbarung, derzufolge Reklamationen innerhalb von acht Tagen nach Ankunft der Ware geltend gemacht werden müssen, soll im Anwendungsbereich des UN-Kaufrechts zulässig sein[812]. Ob diese für einen Kleidungskauf ergangene Entscheidung allerdings auf Softwareverträge übertragbar ist, erscheint angesichts der oftmals viel schwerer festzustellenden Mängel zweifelhaft. Anders als bei § 377

---

[803] Vgl. *BGH*, 15.2.1995, VIII ZR 18/94, NJW 1995, 2101, 2102; *OLG München*, 2.3.1994, 7 U 4419/93, NJW-RR 1994, 1075, 1076; *LG Oldenburg*, 9.11.1994, 12 O 674/93, NJW-RR 1995, 438.
[804] Vgl. *LG Oldenburg*, 9.11.1994, 12 O 674/93, NJW-RR 1995, 438.
[805] Vgl. *OLG Frankfurt*, 18.1.1994, 5 U 15/93, NJW 1994, 1013 f.
[806] Vgl. *Piltz* NJW 2007, 2159, 2162.
[807] Vgl. *BGH*, 30.6.2004, VIII ZR 321/03, NJW 2004, 3181 (Rüge nach über zwei Monaten nicht mehr angemessen); vgl. auch *OLG München*, 13.11.2002, 27 U 346/02, NJW-RR 2003, 849, 850, wo bei „Bio-Ware" ein Zeitraum von zwei Wochen oder auch einem Monat in Erwägung gezogen wird.
[808] Vgl. zu Mängelrügepflichten ausführlicher unten Rdn. 1880 ff.
[809] *LG Marburg*, 12.12.1995, 2 O 246/95, NJW-RR 1996, 760. Zur Untersuchungspflicht im sog. Streckengeschäft auch *OLG Köln*, 6.5.1994, 19 U 241/93, NJW-RR 1995, 28 f.
[810] Vgl. *BGH*, 4.12.1996, VIII ZR 306/95, NJW-RR 1997, 690, 691.
[811] Vgl. *BGH*, 3.11.1999, VIII ZR 287/98, NJW-RR 2000, 1361, 1362.
[812] Vgl. *LG Gießen*, 5.7.1994, 6 O 85/93, NJW-RR 1995, 438, 439.

HGB ist für den Fristbeginn aber nicht auf den Zeitpunkt der Ablieferung abzustellen, sondern nach Art. 39 Abs. 1 CISG auf den Zeitpunkt, in dem der Käufer die Vertragswidrigkeit der Ware feststellte oder hätte feststellen können[813]. Der Rückgriff auf die Rechtsprechung zu § 377 HGB scheidet daher nach Auffassung des *BGH* insoweit aus[814]. Nur bei sofort erkennbaren Mängeln ist folglich der Zeitpunkt der Lieferung entscheidend[815]. Ein Verzicht des Verkäufers auf den Einwand der nicht rechtzeitigen Rügeerhebung ist aber auch nach dem UN-Kaufrecht möglich[816]. Eine **telefonische Mängelrüge** oder eine solche per Fax oder E-Mail genügt den Anforderungen des UN-Kaufrechts[817].

Soweit der Käufer seine Pflichten verletzt, steht dem Verkäufer gem. Art. 62 CISG das Recht auf **Erfüllung,** gem. Art. 64 CISG bei einer wesentlichen Vertragsverletzung das Recht zur **Vertragsaufhebung** sowie gem. Art. 61 Abs. 1 lit. b) CISG ein **Schadensersatzanspruch** zu.

f) Der Schadensersatzanspruch

Ein Schadensersatzanspruch des Käufers kann aus Art. 45 Abs. 1 lit. b) CISG, ein Schadensersatzanspruch des Verkäufers aus Art. 61 Abs. 1 lit. b) CISG folgen. Inhalt und Umfang des Schadensersatzes werden in Art. 74 ff. CISG geregelt. Aus deutscher Sicht bemerkenswert ist insoweit, dass das UN-Kaufrecht ein **Verschulden nicht voraussetzt,** sondern den Schuldner eine garantieartige Einstandspflicht für die Einhaltung seiner Vertragspflichten entsprechend angloamerikanischem Recht trifft[818]. Der Schuldner haftet aber nicht, soweit er nach Art. 79 CISG entlastet ist. Diese Entlastung betrifft allerdings nur die Haftung auf Schadensersatz.

Ersatzfähig sind grundsätzlich **alle Schäden** (Grundsatz der Totalreparation) mit Ausnahme der nach Art. 5 CISG ausgeschlossenen Personenschäden. Ersetzt werden daher sowohl **Mangelfolgeschäden**[819] sowie gem. Art. 74 S. 1 letzter Halbs. CISG auch der **entgangene Gewinn.** Der Schadensersatz darf jedoch gem. Art. 74 S. 2 CISG nicht den Verlust übersteigen, den die vertragsbrüchige Partei bei Vertragsabschluss als mögliche Folge der Vertragsverletzung vorausgesehen hat oder hätte voraussehen müssen (**sog. Vorhersehbarkeitsregel**).

2. Grenzüberschreitende Softwareüberlassung ohne Anwendung des UN-Kaufrechts

Soweit die Parteien nicht die Anwendung unvereinheitlichten nationalen Rechts vereinbart haben und auch das UN-Kaufrecht keine Anwendung findet, etwa weil dieses wirksam abbedungen wurde (Art. 6 CISG), weil das Computerprogramm von

---

[813] Vgl. *Piltz* NJW 2017, 2449, 2453.
[814] Vgl. *BGH*, 4.12.1996, VIII ZR 306/95, NJW-RR 1997, 690, 691; die Frage, ob auf die tatsächliche Mangelfeststellung oder die objektive Erkennbarkeit eines versteckten Mangels für die Bestimmung des Fristbeginns abzustellen ist, hat der *BGH*, 3.11.1999, VIII ZR 287/98, NJW-RR 2000, 1361 ausdrücklich offen gelassen.
[815] Vgl. *OLG München*, 13.11.2002, 27 U 346/02, NJW-RR 2003, 849, 850.
[816] Vgl. *BGH*, 25.11.1998, VIII ZR 259/97, NJW 1999, 1259, 1260; *BGH*, 25.6.1997, VIII ZR 300/96, NJW 1997, 3311, 3312.
[817] Vgl. *Schlechtriem/Schwenzer* Art. 39 Rdn. 11; a. A. für die telefonische Rüge *LG Frankfurt*, 13.7.1994, 3/13 O 3/94, NJW-RR 1994, 1264, 1265.
[818] Vgl. *BGH*, 24.3.1999, VIII ZR 121/98, NJW 1999, 2440, 2441; *Schlechtriem/Schwenzer* Art. 45 Rdn. 23.
[819] Vgl. *BGH*, 25.11.1998, VIII ZR 259/97, NJW 1999, 1259, 1260; *Piltz* NJW 2017, 2449, 2454 „alle Verluste".

einem Verkäufer bezogen wird, der in einem Nicht-Vertragsstaat ansässig ist[820] und weder ausdrücklich noch stillschweigend das Recht eines Vertragsstaats des UN-Kaufrechts gewählt wurde oder weil ein mietvertraglich einzuordnender Softwareüberlassungsvertrag auf Zeit vorliegt, ist zur Bestimmung des anzuwendenden Rechts auf die Regelungen des **allgemeinen internationalen Privatrechts** (IPR) zurückzugreifen. Für Verträge, die ab dem 17.12.2009 geschlossen wurden, ist gem. Art. 28 Rom I-VO im Wesentlichen auf Art. 4 Rom I-VO abzustellen.

1031 Überträgt man die Regelung des Art. 4 Rom I-VO auf Softwareüberlassungsverträge, ist sowohl bei den kaufvertraglich zu qualifizierenden Verträgen über die Überlassung von Standardsoftware gem. Art 4 Abs. 1 lit. a) Rom I-VO als auch bei den als Werkvertrag einzuordnenden Verträgen über die Überlassung von Individualsoftware als auch bei den mietvertraglich zu behandelnden Verträgen über die Überlassung von Software auf Zeit jeweils gem. Art 4 Abs. 2 Rom I-VO der **gewöhnliche Aufenthalt** bzw. der **Sitz des Softwaregebers** ausschlaggebend[821]. In allen Fällen wird die charakteristische Leistung, die dem Vertrag seine Eigenart verleiht und seine Unterscheidung von anderen Vertragstypen ermöglicht, vom Softwaregeber erbracht.

1032 Zu den gleichen Ergebnissen gelangt man in der Regel auch, wenn man entgegen der hier vertretenen Auffassung Softwareüberlassungsverträge nicht in die Vertragstypologie des BGB einordnet, sondern von urheberrechtlich geprägten Lizenzverträgen ausgeht. Auch bei diesen besteht die engste Verbindung im Sinne des Art. 4 Abs. 2 Rom I-VO zum Staat des Softwaregebers[822]. Anders muss entsprechend überwiegender Auffassung im Urhebervertragsrecht nur dann entschieden werden, wenn den Anwender als Werkverwerter eine **Ausübungspflicht** trifft oder ihm ein **ausschließliches Nutzungsrecht** eingeräumt wird[823]. Dies wird jedoch im Rahmen der Softwareüberlassung allenfalls bei Vertriebsverträgen oder der Überlassung von Individualsoftware vorkommen.

VIII. Verträge über die Pflege von Computersoftware

Inhaltsübersicht

	Rdn.		Rdn.
1. Leistungsgegenstand und terminologische Abgrenzung	1033	4. Kollision eines Pflegevertrags mit Mängelhaftungsvorschriften	1050
2. Vertragsrechtliche Einordnung	1041	5. Vertragsbeendigung und Vertragsübernahme	1053
3. Die Verpflichtung zum Abschluss eines Pflegevertrags	1044	a) Die Vertragslaufzeit	1054
a) Vertraglicher Abschlusszwang	1045	b) Die Kündigung	1057
b) Außervertraglicher Abschlusszwang	1048	c) Die Vertragsübernahme durch Dritte	1061
		6. Weitere Einzelfragen	1066

Schrifttum: *Bartsch*, Softwarerechte bei Projekt- und Pflegeverträgen, CR 2012, 141 ff.; *v. Baum*, Gestaltung von Software-Maintenance-Verträgen in der internationalen Praxis, CR 2002, 705 ff.;

---

[820] In Betracht kommt etwa Softwarebezug aus Indien, das in den letzten Jahren verstärkt auf dem Softwaremarkt auftritt und nach derzeitigem Stand (1.7.2017) kein Vertragsstaat des UN-Kaufrechts ist.
[821] So wohl *Dreier/Vogel* S. 340.
[822] Vgl. noch zu Art. 28 EGBGB a.F. *LG Mannheim*, 23.10.2009, 7 O 125/09, BeckRS 2010, 14376.
[823] Vgl. *Dreier/Vogel* S. 340.

Feil/Leitzen, EVB-IT Pflege S. Der neue IT-Beschaffungsvertrag für die Pflege von Standardsoftware, CR 2003, 161 ff.; *Fritzemeyer/Splittgerber*, Verpflichtung zum Abschluss von Softwarepflege- und Hardwarewartungsverträgen, CR 2007, 209 ff.; *Grapentin/Ströbl*, Third Party Maintenance: Abschlusszwang und Kopplungsverlangen, CR 2009, 137 ff.; *Grützmacher*, Teilkündigungen bei Softwarepflege- und Softwarelizenzverträgen, ITRB 2011, 133 ff.; *Hörl/Braun*, Gestaltung von Pflegeverträgen für Individualsoftware – vertragliche Unterschiede zur Standardsoftwarepflege aus Anbieter- und Anwendersicht, ITRB 2016, 256 ff.; *Intveen*, Verträge über die Vermietung und Pflege von Software, ITRB 2012, 93 ff.; *Kaufmann*, Kündigung langfristiger Softwarepflegeverträge oder Abschlusszwang?, CR 2005, 841 ff.; *Koch*, Kundenrechte in der Insolvenz des Softwareanbieters, ITRB 2012, 250 ff.; *Leitzen*, EVB-IT Pflege. Neue Einkaufsbedingungen der öffentlichen Hand für die Beschaffung von Pflegeleistungen an Standardsoftware, ITRB 2003, 78 ff.; *Müglich*, Vertragstypologie der Leistungen in den neuen EVB-IT Pflege S – Kritische Anmerkungen zu den Festlegungen des jeweiligen Vertragstyps, CR 2003, 633 ff.; *Schneider*, Pflege im Einsatz gegen Erschöpfung, CR 2011, 626 ff.; *ders.*, Risikobereiche des Pflege-Vertrags. Wie beeinflusst das neue Schuldrecht den Markt der Softwarepflege?, CR 2004, 241 ff.; *ders.*, Softwareerstellung und Softwareanpassung – Wo bleibt der Dienstvertrag?, CR 2003, 317 ff.; *Schreibauer/Taraschka*, Service Level Agreements für Softwarepflegeverträge, CR 2003, 557 ff.; *Welker/Schmidt*, Kündigung von Softwarepflegeverträgen durch sogenannte End-of-Life-Schreiben, CR 2002, 873 ff.; *Zahrnt*, Vollpflege von Standardsoftware, CR 2004, 408 ff.; *ders.*, Abschlusszwang und Laufzeit beim Softwarepflegevertrag, CR 2000, 205 ff.

1. Leistungsgegenstand und terminologische Abgrenzung

Nicht selten wird neben dem eigentlichen Softwareüberlassungsvertrag ein weiterer Vertrag über die Pflege der überlassenen Software seitens des Herstellers oder eines sonstwie entsprechend kompetenten Dritten[824] abgeschlossen[825]. Teilweise wird hierbei sogar ein gewisser „Nachdruck" seitens des Herstellers ausgeübt, indem er seinen Kunden den Abschluss eines Vertrags über die Lieferung von fehlerbeseitigenden Standard-Patches verweigert, falls der Kunde Pflege- und Supportleistungen von einem Dritten bezieht[826]. Unabhängig von diesem „Nachdruck" sind die Verträge in diesen Fällen in der Regel als von einem Einheitlichkeitswillen getragen zu qualifizieren[827] und finden die Ausführungen zu gekoppelten Hard- und Softwareverträgen entsprechende Anwendung[828]. Die Rückabwicklung eines Softwarepflegevertrags kann daher im Einzelfall auch den zugrunde liegenden Softwarevertrag erfassen[829].

Möglich ist auch, dass die entsprechenden Pflegevereinbarungen bereits in den Softwareüberlassungsvertrag aufgenommen werden. Dann liegt zwar kein selbstständiger Zweitvertrag vor, weshalb die andernfalls zu diskutierende Problematik der Abhängigkeit des einen vom anderen Vertrag nicht auftritt. Die entsprechenden Regelungen stellen aber für sich genommen einen eigenständigen Regelungskomplex innerhalb des Gesamtvertrags dar. Bei einem solchen sog. **zusammengesetzten** oder auch **typenkumulierten Vertrag** ist jeder Vertragsteil nach den auf ihn zutreffenden Vorschriften zu beurteilen (Schwerpunktbetrachtung)[830], weshalb sich inso-

---

[824] So im Fall *LG Berlin*, 22.5.2001, 10 O 483/00, CR 2001, 743; *Grapentin/Ströbl* CR 2009, 137 sprechen von „Third Party Maintenance".
[825] Vgl. *Kaufmann* CR 2005, 841. Zu Recht weist *v. Baum* CR 2002, 705 darauf hin, dass hierin für den Hersteller vielfach eine wichtige Einnahmequelle liegt.
[826] Vgl. *Grapentin/Ströbl* CR 2009, 137.
[827] Vgl. *LG Bonn*, 19.12.2003, 10 O 387/01, CR 2004, 414, 415 f.; aus dem Schrifttum *Schneider* CR 2004, 241, 242 f.; anders im Fall *LG Berlin*, 22.5.2001, 10 O 483/00, CR 2001, 743.
[828] Vgl. hierzu ausführlich oben Rdn. 844 ff. sowie insbesondere Rdn. 867 ff.
[829] Vgl. *LG Bonn*, 19.12.2003, 10 O 387/01, CR 2004, 414, 415 f.
[830] Vgl. *BGH*, 4.3.2010, III ZR 79/09, NJW 2010, 1449, 1450 Tz. 17; *BGH*, 8.10.2009, III ZR 93/09, NJW 2010, 150, 151 Tz. 16; *BGH*, 12.3.2009, III ZR 142/08, NJW 2009, 1738, 1739 Tz. 17.

weit kein Unterschied zu einem selbstständigen Pflegevertrag ergibt. Der *BGH* hat dies bezogen auf einen ASP-Vertrag ausdrücklich klargestellt. Er hat ausgeführt, der Anwendung von Mietvertragsrecht auf die Softwareüberlassung stehe nicht entgegen, dass in einem ASP-Vertrag weitere Leistungen wie Programmpflege, Programmupdates, Datensicherung, Hotlineservice und Einweisung in die Software vereinbart seien, die anderen Vertragstypen (Dienst- oder Werkvertrag) zugeordnet werden können. Insoweit handele es sich bei einem ASP-Vertrag um einen zusammengesetzten Vertrag, bei dem **jeder Vertragsteil** nach dem Recht **des auf ihn zutreffenden Vertragstypus** zu beurteilen ist[831], soweit dies nicht im Widerspruch zum Gesamtvertrag steht[832]. Diese Ausführungen des *BGH* zum ASP-Vertrag können auf das Verhältnis aller Softwareüberlassungsverträge zu Pflegeverträgen verallgemeinert werden.

1035 Versucht man nun den Leistungsgegenstand unter Berücksichtigung der in der Vertragspraxis vorkommenden Ausgestaltungen zu umschreiben, muss zunächst auf einige softwarespezifische Besonderheiten gegenüber gewöhnlichen Wartungsverträgen hingewiesen werden. Sowohl bei Softwarepflegeverträgen als auch bei sonstigen Wartungsverträgen geht das Interesse des Kunden dahin, den zu pflegenden Gegenstand **einsatzbereit** zu halten und **drohenden Ausfällen** vorzubeugen[833]. Computersoftware unterliegt jedoch – anders als andere Produkte – grundsätzlich **keiner Abnutzung,** weshalb insoweit auch keine Maßnahmen erforderlich sind, sie instand zu halten, um den fortdauernden vertragsgemäßen Gebrauch zu ermöglichen[834]. Dies unterscheidet Computersoftware auch wesentlich von Computerhardware.

1036 Um dem aufgezeigten charakteristischen Unterschied auch terminologisch gerecht zu werden, wird im Schrifttum in Anlehnung an die Terminologie der Besonderen Vertragsbedingungen der öffentlichen Hand (BVB)[835], die durch die Ergänzenden Vertragsbedingungen für die Pflege von Standardsoftware (EVB-IT Pflege S)[836] ersetzt wurden, zwischen **Softwarepflege**[837] und Hardware-Instandhaltung[838] unterschieden[839]. Die Anwendung des EVB-IT und der BVB ist für Bundesbehörden gem. Verwaltungsvorschrift zu § 55 BHO verbindlich. Auch die Länder sehen zum großen Teil identische oder ähnliche Anwendungsverpflichtungen vor. Obwohl eine terminologische Unterscheidung zwischen Hardwarewartung und Softwarepflege unter dem Gesichtspunkt sprachlich präziser Bezeichnung einiges für sich hat, ist sie begrifflich keineswegs zwingend oder auch nur zweifelsfrei herleitbar[840]. In der Ver-

---

[831] Vgl. *BGH*, 10.7.2015, V ZR 206/14, NJW 2016, 317, 320 Tz. 31; *BGH*, 15.11.2006, XII ZR 120/04, NJW 2007, 2394, 2395 Tz. 21.
[832] Vgl. *BGH*, 15.11.2006, XII ZR 120/04, NJW 2007, 2394, 2395 Tz. 21 unter Verweis auf *BGH*, 12.9.2001, VIII ZR 109/00, NJW 2002, 1336, 1337.
[833] Vgl. *Moritz* CR 1999, 541.
[834] Vgl. *Schneider* CR 2004, 241, 243; *Bartsch* NJW 2002, 1526, 1527
[835] Zur Entstehungsgeschichte *Müglich* CR 2003, 633.
[836] EVB-IT Pflege S vom 16.7.2015, abrufbar unter der Informationsseite des Beauftragten der Bundesregierung für Informationstechnik http://www.cio.bund.de/Web/DE/IT-Beschaffung/EVB-IT-und-BVB/evb-it_bvb_node.html Menüpunkt „IT-Angebot" Unterpunkt „IT-Beschaffung".
[837] Vgl. BVB-Pflege. Besondere Vertragsbedingungen für die Pflege von DV-Programmen, Beilage Nr. 41/79 zum Bundesanzeiger Nr. 239 vom 21.12.1979.
[838] Vgl. EVB-IT-Instandhaltung.
[839] Vgl. *Kaufmann* CR 2005, 841; *Schneider* CR 2004, 241, 243; *Zahrnt* CR 2004, 408.
[840] Ähnlich *Auer-Reinsdorff/Conrad/Schneider,* 2. Aufl. 2016, § 14 Rdn. 4; *v. Baum* CR 2002, 705 spricht unter Bezugnahme auf den internationalen Sprachgebrauch von „Maintenance und Support". Das *OLG Koblenz,* 12.1.2005, 1 U 1009/04, MMR 2005, 472, das *OLG Nürnberg,* 5.12.2003, 5 U 2546/02, ITRB 2004, 77 sowie das *OLG Köln,* 15.11.2002, 19 U 115/02, CR 2003, 329 verwenden die Begriffe „Pflege" und „Wartung" nach wie vor synonym. Von einem „Software-

tragspraxis finden sich noch weitere Begriffe wie Wartungs- und Pflegevertrag, Softwarepflege- und Betreuungsvertrag, Unterstützung, Maintenance und Support sowie schlussendlich Service Level Agreement[841]. Im Rahmen der vorliegenden Abhandlung soll jedoch ebenfalls auf die Terminologie der EVB-IT Pflege S rekuriert werden.

Zieht man nun die vorzufindenden Vorschriften heran, so war der Instandhaltungsunternehmer nach Ziff. 1.1 EVB-IT-Instandhaltung (2002) verpflichtet, die Betriebsbereitschaft der Hardware aufrechtzuerhalten und wiederherzustellen. Hierzu muss er im vereinbarten Umfang Instandsetzungs-[842], Inspektions-[843] und Wartungsarbeiten[844] durchführen. Hierzu können etwa eine Service-Bereitschaft, vorbeugende Inspektionen und Funktionsprüfungen, Fehlerdiagnosen und -beseitigungen, Beratung des Anwenders, Lieferung von Ersatzteilen und Verbrauchsmaterial sowie das Justieren und Reinigen der Geräte zählen. 1037

Demgegenüber war der Pflegeunternehmer nach § 4 Abs. 1 S. 1 BVB-Pflege zunächst zur **Beseitigung von Mängeln** der Programme und der Programmdokumentation verpflichtet. Daneben musste der Pflegeunternehmer gem. § 4 Abs. 1 S. 2 BVB-Pflege ihm bekannte allgemein wichtige Änderungen von Programmen, die der Kunde benutzt, und sonstige Informationen über die Programme im Rahmen des Marktüblichen diesem unverzüglich mitteilen (**Informationspflicht**), gleichwie der Kunde nach § 4 Abs. 1 S. 3 BVB-Pflege verlangen konnte, **neue Programmversionen** einschließlich Programmdokumentationen zur Verfügung gestellt zu bekommen, soweit der Pflegeunternehmer verfügungsberechtigt war. In diesem Fall musste der Pflegeunternehmer gegebenenfalls auch das Personal des Kunden **schulen.** Schließlich traf den Pflegeunternehmer nach § 4 Abs. 1 S. 6 BVB-Pflege die Pflicht, auf Verlangen des Kunden im Rahmen der betrieblichen Möglichkeiten und soweit zumutbar die Programme an geänderte oder neue Anlagen, Geräte oder Betriebssysteme oder an **geänderte Nutzungserfordernisse** anzupassen. In diesem Fall musste der Pflegeunternehmer nach § 4 Abs. 1 S. 7 BVB-Pflege auch die Programmdokumentation entsprechend anpassen und ergänzen. In den aktuellen EVB-IT Pflege S (Langfassung vom 16.7.2015) werden demgegenüber in Nr. 2 des Vertragsformulars unterschiedliche Arten der Pflegeleistung aufgeführt und zur Auswahl vorgegeben. Es wird zwischen verschiedenen Gruppen von Pflegeleistungen unterschieden: die „Dauerhafte Überlassung neuer Programmstände", die „Störungsbeseitigung", eine „Hotline" sowie „Sonstige Pflegeleistungen" genannt. Unter der Ziffer 7.1 bis 7.4 werden sodann die einzelnen Leistungen näher umschrieben und in unterschiedlicher Ausgestaltung zur Wahl gestellt. 1038

Obige Umschreibung des Leistungsgegenstands bei einem den BVB-Pflege oder auch den sehr detaillierten EVB-IT Pflege S unterworfenen Vertrag darf nicht darüber hinwegtäuschen, dass die Ausgestaltung eines Softwarepflegevertrags hier- 1039

Wartungsvertrag" sprechen auch das *LG Köln*, 16.11.2005, 28 O 349/05, BeckRS 2007, 15111, *LG Köln*, 16.11.2005, 28 O 295/05, GRUR-RR 2006, 357 sowie das *LG Cottbus*, 28.8.2003, 4 O 361/02, CR 2004, 260.

[841] Vgl. die Aufzählung von *Müglich* CR 2003, 633, 635. Zum Service Level Agreement unten Rdn. 1108.

[842] Nach der Begriffsbestimmung der EVB-IT-Instandhaltung (2002): „Maßnahmen zur Wiederherstellung des Soll-Zustandes."

[843] Nach der Begriffsbestimmung der EVB-IT-Instandhaltung (2002): „Maßnahmen zur Feststellung und Beurteilung des Ist-Zustandes."

[844] Nach der Begriffsbestimmung der EVB-IT-Instandhaltung (2002): „Maßnahmen zur Bewahrung des Soll-Zustandes."

durch **nicht inhaltlich vorgegeben** ist[845]. Vielmehr wird der Pflegeunternehmer oftmals nicht gewillt und auch nicht in der Lage sein, einen derart umfassenden Pflegedienst anzubieten. Insbesondere die in den alten BVB enthaltene Programmanpassung an nicht näher eingegrenzte geänderte Nutzungserfordernisse des Anwenders oder einen Wechsel des Betriebssystems lassen die vom Pflegeunternehmer zu erbringenden Leistungen und damit den von ihm zu kalkulierenden Aufwand letztlich **kaum kalkulierbar** erscheinen.

1040   Die **exakte Festlegung des Leistungsumfangs** durch die Verwendung inhaltlich klar definierter Begriffe ist daher für beide Vertragsparteien besonders wichtig[846] und differiert im Einzelfall stark[847]. Ein fest gefügtes Erscheinungsbild lässt sich bei Softwarepflegeverträgen nicht ausmachen[848]. Häufig werden dem eigentlichen Pflegevertrag im Anhang sog. **Service Level Agreements** hinzugefügt, in denen detaillierte Leistungsbeschreibungen erfolgen[849]. Bei Standardsoftware umfasst die Pflege oftmals nur die Verpflichtung zur (in der Regel telefonischen) Beratung, den sog. „Hotline-Service"[850], dessen Umfang ebenfalls sehr unterschiedlich ist[851], sowie zur Lieferung neuer Programmversionen (updates)[852]. Verpflichtet sich der Softwarelieferant aber, beim Vertragspartner vorhandene alte Programmversionen durch die kostenlose Lieferung von updates auf den neusten Stand zu bringen, die neue Software zu pflegen und die Mitarbeiter des Vertragspartners zu schulen, kann er weder für die Pflege noch für die Schulung das vereinbarte Entgelt verlangen, wenn er die neue Software nicht kostenlos liefert, sondern die Lieferung von der Bezahlung der neuen Software abhängig macht[853]. Trotz aller Vorsicht gegenüber verallgemeinernden Aussagen über den grundsätzlichen Leistungsinhalt von Pflegeverträgen ist es aber zu den Verhaltenspflichten des Auftragnehmers eines Hard- und Softwarewartungsvertrags zu zählen, bei Abschluss seiner Wartungstätigkeit zu prüfen, ob die zum System gehörigen Sicherungsmedien den aktuellen Datenbestand enthalten. Ist dies nicht der Fall, muss der Wartungsunternehmer die **Datensicherung** vervollständigen[854]. Der Wartungsunternehmer begeht aber keine Pflichtverletzung, wenn er eine Datensicherung nur deshalb unterlässt, weil seine vor Beginn der Wartungsarbeiten ausdrücklich gestellte Frage nach einer ordnungsgemäßen Datensicherung fälschlicherweise bejaht wurde. Zusätzliche Überprüfungspflichten bestehen allenfalls dann, wenn ernsthafte Zweifel daran bestehen, dass die Datensicherung ordnungsgemäß ist[855]. Möglich und empfehlenswert ist es, die Frage der Zuständigkeit für die Datensicherung vertraglich zu regeln[856]. Sofern der Pflegeunternehmer neue

---

[845] Vgl. *v. Baum* CR 2002, 705, 706.
[846] So auch *Schreibauer/Taraschka* CR 2003, 557, 558; *Müglich* CR 2003, 633, 636.
[847] Vgl. *v. Baum* CR 2002, 705, 706.
[848] So auch *v. Baum* CR 2002, 705, 706. Von unklaren Konturen der Hauptleistungspflicht spricht *Schneider* CR 2004, 241, 243.
[849] Vgl. *Schreibauer/Taraschka* CR 2003, 557, 558.
[850] Vgl. *Schneider* CR 2011, 626, 628; *Goldmann/Redecke* MMR 2002, 3, 6.
[851] Zu den entsprechenden Differenzierungen *Schreibauer/Taraschka* CR 2003, 557, 558 f.
[852] Vgl. *Schneider* CR 2011, 626, 628; *Goldmann/Redecke* MMR 2002, 3, 6; zur Abgrenzung von „updates" und „upgrades" *v. Baum* CR 2002, 705, 707; *Auer-Reinsdorff/Conrad/Schneider*, 2. Aufl. 2016, § 14 Rdn. 21 ff.; *Redeker* Rdn. 635.
[853] Vgl. *OLG Köln*, 2.12.1994, 19 U 85/94, CR 1995, 148.
[854] Vgl. *OLG Köln*, 2.2.1996, 19 U 223/95, NJW-RR 1997, 558; *Auer-Reinsdorff/Conrad/Schneider*, 2. Aufl. 2016, § 14 Rdn. 146 ff. sehen die Pflicht zur Datensicherung grundsätzlich beim Auftraggeber.
[855] Vgl. *OLG Hamm*, 1.12.2003, 13 U 133/03, MMR 2004, 487, 488.
[856] So im Fall *LG Stuttgart*, 30.1.2002, 38 O 149/00 KfH, CR 2002, 487.

Programmversionen installiert, muss regelmäßig auch die Programmdokumentation entsprechend aktualisiert werden[857]. Die neue Programmversion muss, sofern nichts anderes vereinbart wurde, regelmäßig auch auf der Systemumgebung einsetzbar sein, wie sie im Zeitpunkt des Vertragsschlusses bestand. Eine Pflicht des Anwenders etwa zum Erwerb leistungsfähigerer Hardware besteht grundsätzlich nicht[858].

2. Vertragsrechtliche Einordnung

Angesichts der oben aufgezeigten breiten Palette verschiedenster Leistungspflichten des Pflegeunternehmers überrascht es nicht, dass die vertragstypologische Einordnung der Softwarepflegeverträge genauso schwer fällt wie diejenige der Wartungsverträge auch außerhalb der IT-Branche, denn bei Wartungsverträgen liegt die Problematik insoweit gleich. Sicher ist zunächst lediglich, dass es sich um einen **gegenseitigen Vertrag** im Sinne der §§ 320 ff. BGB handelt[859], weil sich jede Vertragspartei um der Gegenleistung willen verpflichtet. Dementsprechend ist das allgemeine vertragsrechtliche Leistungsstörungsrecht anwendbar, soweit nicht die besonderen Vorschriften über Leistungsstörungen bei den einzelnen Schuldverhältnissen vorgehen. Beispielhaft für einen Fall der Leistungsstörung in Gestalt der Unmöglichkeit der Leistungserbringung kann bei Computerhardware auf deren Zerstörung hingewiesen werden[860], jedoch wird derartiges bei Computersoftware trotz der Gefahr versehentlichen Löschens wohl kaum einmal vorkommen, da in der Regel Sicherungskopien existieren. Eine vom Pflegeberechtigten als Gläubiger der Leistung zu vertretende Unmöglichkeit der Leistungserbringung, die gem. § 326 Abs. 2 S. 1 BGB den Entgeltanspruch des Pflegepflichtigen nicht entfallen lässt, liegt aber etwa dann vor, wenn das Computersystem, auf dem die Software eingesetzt wird, aus eigenem Entschluss des Pflegeberechtigten stillgelegt wird[861] oder wenn die Software nicht weiterbenutzt wird. Möglich ist aber auch, dass der Pflegeunternehmer die dauernde Einsatzbereitschaft garantierte (sog. **Funktions- oder Verfügbarkeitsgarantie**), sodass bei einem Überschreiten der gegebenenfalls für zulässig erklärten Ausfallzeit ein Fall der Unmöglichkeit vorliegt, da die Einsatzbereitschaft nicht nachgeholt werden kann[862]. Soweit die Pflegeleistung aber nachgeholt werden kann, etwa die noch nicht gelieferte neue Programmversion überlassen werden kann, liegt kein Fall der Unmöglichkeit vor, sondern des Schuldnerverzugs[863].

Schwieriger als die Qualifizierung der Pflegeverträge als gegenseitige Verträge stellt sich die Einordnung unter einen der im BGB geregelten gesetzlichen Schuldvertragstypen dar, etwa zum Zwecke der Bestimmung des einschlägigen Mängelhaftungsrechts oder der Natur des Vertrags im Rahmen der Inhaltskontrolle Allgemeiner Geschäftsbedingungen gem. § 307 Abs. 2 Nr. 2 BGB. Die weit überwiegende Meinung stuft Wartungsverträge als gemischte Verträge ein, bei denen wegen der Pflicht, das Gerät funktionsfähig zu halten, eine **Erfolgsbezogenheit** und damit ein **werkvertragliches Element** überwiegt[864]. Unerheblich ist, ob der Wartungsvertrag

---
[857] Vgl. *LG Bonn*, 19.12.2003, 10 O 387/01, CR 2004, 414, 417; *Schneider* CR 2004, 241, 247.
[858] Ähnlich *Schneider* CR 2004, 241, 246.
[859] Vgl. *OLG Oldenburg*, 29.5.1992, 6 U 22/92, CR 1992, 722, 723.
[860] So im Fall des *OLG Oldenburg*, 29.5.1992, 6 U 22/92, CR 1992, 722 f.
[861] So für einen Hardware-Wartungsvertrag *OLG Oldenburg*, 29.5.1992, 6 U 22/92, CR 1992, 722, 723.
[862] Vgl. *Bartsch* NJW 2002, 1526, 1528 Fußn. 51.
[863] Vgl. *Bartsch* NJW 2002, 1526, 1527.
[864] Vgl. *BGH*, 4.3.2010, III ZR 79/09, NJW 2010, 1449, 1451 Tz. 23; *BGH*, 5.6.1984, X ZR 75/83, NJW 1984, 2160 f.; *OLG München*, 8.11.1990, 29 U 3410/90, CR 1992, 401, 402; *OLG*

nur für eine einmalige Wartungsleistung geschlossen oder als Dauer-Wartungsvertrag im Sinne eines Dauerschuldverhältnisses ausgestaltet wird. Auch wenn Werkverträge grundsätzlich keine Dauerschuldverhältnisse darstellen, sind derartige „**Dauerwerkverträge**"[865], „**Dauerwerkschuldverhältnisse**" [866] oder auch „**Werkverträge mit Dauerwirkung**" seit langem anerkannt[867]. Zu Recht betont der *BGH*[868] in diesem Zusammenhang, dass eine Werkleistung nicht schon dadurch ihren erfolgsbezogenen Charakter verliert, dass sie wiederholt zu erbringen ist. Je nach Ausgestaltung des Vertrags im Einzelfall ist es aber durchaus möglich, dass keine Erfolgsbezogenheit das Vertragsverhältnis prägt[869], sondern die dienstvertraglichen Elemente überwiegen, etwa wenn die Beratung des Anwenders im Vordergrund steht[870] oder der Wartungsunternehmer nur Unterstützung bei einer Mängelbeseitigung leisten will, die Beseitigung selbst aber nicht zur Vertragspflicht zählt[871]. Für die Abgrenzung zwischen Dienst- und Werkvertrag ist mangels softwarespezifischer Besonderheiten wie auch sonst der im Vertrag zum Ausdruck kommende Wille der Parteien maßgebend. Es kommt daher darauf an, ob auf dieser Grundlage eine Dienstleistung als solche oder als Arbeitsergebnis deren Erfolg geschuldet wird, was im Vordergrund steht[872]. Ein Werkvertrag liegt vor, wenn etwa die Aufrechterhaltung der Funktionsfähigkeit und die Beseitigung von Störungen und damit ein Tätigkeitserfolg geschuldet wird, während eine Einordnung als Dienstvertrag naheliegt, wenn es an einer solchen Erfolgsausrichtung fehlt und die laufende Serviceleistung (= Tätigkeit) als solche erbracht werden muss[873]. Fehlt eine ausdrückliche Regelung, sind bei der tatrichterlichen Feststellung des Vertragsgegenstands die gesamten Umstände des Einzelfalls zu berücksichtigen[874]. Ausgangspunkt der Untersuchung muss immer der von den Parteien vereinbarte Vertragszweck sein, wie er in der **vertraglichen Leistungsbeschreibung** und dem hieran anknüpfenden **Parteiwillen,** insbesondere auch in der **verobjektivierten Kundenerwartung,** zum Ausdruck kommt[875]. Für das Vorliegen eines Werkvertrags kann sprechen, wenn die Parteien die zu erledigenden Aufgaben und den Umfang der Arbeiten konkret festlegen oder eine erfolgs-

---

Düsseldorf, 14.1.1987, 19 U 48/86, NJW-RR 1988, 441; *OLG München*, 22.5.1985, 7 U 5343/84, CR 1985, 138; *LG Bonn*, 15.1.2008, 10 O 383/06, CR 2008, 767, 768; *Wolf/Lindacher/Pfeiffer* Klauseln Rdn. W 11 f.; *Palandt/Sprau* Einf. v. § 631 Rdn. 22; *Fritzemeyer* NJW 2011, 2918, 2920; *Redeker* Rdn. 648; *Röhrborn/Sinhart* CR 2001, 69, 76; a. A. *Wohlgemuth* MMR 1999, 59, 60. Ohne Festlegung auf ein überwiegendes Element *LG Bonn*, 19.12.2003, 10 O 387/01, CR 2004, 414, 417; *Müglich* CR 2003, 633, 637. Kritisch hinsichtlich der Ergiebigkeit des Streits ferner *Bartsch* NJW 2002, 1526.

[865] Vgl. *Welker/Schmidt* CR 2002, 873; *Bartsch* CR 2012, 141, 144; *Grützmacher* ITRB 2011, 133, 134.

[866] Vgl. *OLG Koblenz*, 12.11.2015, 1 U 1331/13, BeckRS 2015, 19871 Tz. 55.

[867] Vgl. etwa *BGH*, 7.3.2002, III ZR 12/01, NJW 2002, 1571, 1573; *OLG Brandenburg*, 22.11.2011, Kart U 4/09, MMR 2012, 89, 90.

[868] Vgl. *BGH*, 6.6.2013, VII ZR 355/12, NJW 2013, 3022, 3023 Tz. 12; *BGH*, 4.3.2010, III ZR 79/09, NJW 2010, 1449, 1452 Tz. 27; *BGH*, 7.3.2002, III ZR 12/01, NJW 2002, 1571, 1573.

[869] Vgl. *BGH*, 4.3.2010, III ZR 79/09, NJW 2010, 1449, 1451 Tz. 23; *LG Berlin*, 22.5.2001, 10 O 483/00, CR 2001, 743; *v. Baum* CR 2002, 705, 707. Für eine Zurückdrängung der werkvertraglichen Einordnung zugunsten des Dienstvertrags *Schneider* CR 2003, 317 ff.

[870] Vgl. *Hering* CR 1991, 398; ähnlich auch *Heymann* CR 1991, 525, 527.

[871] Vgl. *Feil/Leitzen* CR 2003, 161, 162; zudem *Röhrborn/Sinhart* CR 2001, 69, 76.

[872] Vgl. *LG Bonn*, 15.1.2008, 10 O 383/06, CR 2008, 767, 768.

[873] Vgl. *BGH*, 4.3.2010, III ZR 79/09, NJW 2010, 1449, 1451 Tz. 23.

[874] Vgl. *BGH*, 16.7.2002, X ZR 27/01, NJW 2002, 3323, 3324 m. w. N.; *LG Wiesbaden*, 30.11.2016, 11 O 10/15, CR 2017, 298.

[875] Vgl. *BGH*, 4.3.2010, III ZR 79/09, NJW 2010, 1449, 1450 Tz. 16.

abhängige Vergütung vereinbaren⁸⁷⁶. Auch wenn der Eintritt des Erfolgs ungewiss ist, ist es nicht ausgeschlossen, dass der Werkunternehmer das Risiko übernimmt⁸⁷⁷.

Ein besonderes Problem bei Wartungs- und Pflegeverträge besteht seit Inkrafttreten der Schuldrechtsreform auch darin, eine **Abgrenzung zu § 650 BGB (= § 651 BGB a. F.)** zu liefern. Dieser Vorschrift zufolge finden auf einen Vertrag, der die Lieferung herzustellender oder zu erzeugender beweglicher Sachen zum Gegenstand hat, die Vorschriften über den **Kauf** Anwendung. Hierauf wurde an anderer Stelle bereits ausführlich eingegangen⁸⁷⁸. § 651 Abs. 2 BGB (a. F. bis 2002) ist entfallen, demzufolge Werkvertragsrecht anzuwenden war, wenn sich der Unternehmer nur zur Beschaffung von Zutaten oder sonstigen Nebensachen verpflichtete. Diese Gesetzesänderung hat bei Pflegeverträgen zur Folge, dass etwa die bloße Verpflichtung zur Lieferung eines fehlerbereinigten Software-Updates nach Kaufrecht zu beurteilen ist. Vom Werkvertragsrecht werden daher ausweislich der Gesetzesbegründung im Wesentlichen nur noch reine Reparaturarbeiten erfasst sowie die Herstellung nicht-körperlicher Werke⁸⁷⁹. Hierzu zählen solche Pflegeverträge, die nur einen Hotline-Service oder Schulungspflichten umfassen. Gleiches gilt für die Verpflichtung zur Durchführung von Diagnose- oder Änderungstätigkeiten, wobei hinsichtlich letztgenannter Tätigkeit darauf hinzuweisen ist, dass bei Computerprogrammen in der Regel eine neue Programmversion geliefert wird und keine bloße Veränderung am Programmexemplar des Kunden erfolgt⁸⁸⁰.

1043

3. Die Verpflichtung zum Abschluss eines Pflegevertrags

Die Interessen insbesondere der gewerblichen Anwender von Computersoftware an einer Sicherstellung der jederzeitigen Einsatzbereitschaft und Funktionsfähigkeit der Software sind offenbar und bedürfen keiner näheren Umschreibung. Untersucht werden muss aber die gelegentlich auftretende Frage, ob der Anbieter von Computerprogrammen verpflichtet ist, diese nicht nur zu überlassen, sondern auf Wunsch des Anwenders auch zu pflegen, ob also ein sog. **Abschlusszwang** oder auch **Kontrahierungszwang** besteht. Eine solche Verpflichtung zum Abschluss eines Pflegevertrags könnte sich entweder aus dem Softwareüberlassungsvertrag, dem Deliktsrecht oder dem Kartellrecht ergeben.

1044

a) Vertraglicher Abschlusszwang

Hinsichtlich der vertragsrechtlichen Herleitung eines Abschlusszwangs konnte früher unter softwarespezifischem Blickwinkel zunächst auf § 21 BVB-Überlassung⁸⁸¹ sowie § 18 BVB-Erstellung⁸⁸² verwiesen werden. Diesen Vorschriften zufolge war der Softwarehersteller auf Verlangen des Anwenders verpflichtet, nach Ablauf der Gewährleistung die Programmpflege zu übernehmen. Gleiches galt gem. § 18 Abs. 1 S. 1 BVB-Kauf⁸⁸³ für den Kauf von Computerhardware. In den aktuellen

1045

---
⁸⁷⁶ Vgl. *BGH*, 16.7.2002, X ZR 27/01, NJW 2002, 3323, 3324 m. w. N.
⁸⁷⁷ Vgl. *BGH*, 16.7.2002, X ZR 27/01, NJW 2002, 3323, 3324.
⁸⁷⁸ Vgl. hierzu oben Rdn. 677 ff.
⁸⁷⁹ Vgl. BT-Drucks. 14/6040 vom 14.5.2001, S. 268; *Canaris* S. 914.
⁸⁸⁰ Kritisch zu diesen Abgrenzungen *Koch* CR 2001, 569, 574.
⁸⁸¹ Vgl. BVB-Überlassung. Besondere Vertragsbedingungen für die Überlassung von DV-Programmen, Beilage 27/77 zum Bundesanzeiger Nr. 216 vom 19.11.1977.
⁸⁸² Vgl. BVB-Erstellung. Besondere Vertragsbedingungen für die Erstellung von DV-Programmen, Beilage 1/86 zum Bundesanzeiger Nr. 13a vom 21.1.1986.
⁸⁸³ Vgl. BVB-Kauf. Besondere Vertragsbedingungen für den Kauf von EDV-Anlagen und -Geräten, Beilage 15/74 zum Bundesanzeiger Nr. 135 vom 25.7.1974.

EVB-IT findet sich eine solche Pflicht nicht mehr. Gegen eine solche **vertragliche Vereinbarung** ist auch sonst in Allgemeinen Geschäftsbedingungen nichts einzuwenden, solange der Pflegevertrag zu **angemessenen Bedingungen** abgeschlossen werden soll. In der Praxis sind entsprechende Klauseln jedoch kaum anzutreffen.

1046 Ohne ausdrückliche **Vereinbarung** lässt sich dem Softwareüberlassungsvertrag eine entsprechende Abschlusspflicht grundsätzlich nicht entnehmen. Es müssen daher besondere Umstände vorliegen, um im Ausnahmefall einen Kontrahierungszwang zu bejahen[884]. Nicht überzeugend ist es daher, wenn das *LG München I*[885] sowie das *OLG Saarbrücken*[886] den Hersteller eines Individualprogramms zur Herausgabe des Quellcodes verpflichtet halten, wenn dieser mit dem Anwender keinen Wartungsvertrag abschließt, denn das begründete Interesse des Herstellers, den Quellcode nicht herauszugeben, würde ihn faktisch zum Abschluss eines Pflegevertrags zwingen. Derartiges entspricht weder bei Computersoftware noch bei anderen Produkten den nach §§ 133, 157 BGB anzulegenden Kriterien des Parteiwillens, des Grundsatzes von Treu und Glauben nach § 242 BGB[887] sowie der Verkehrssitte. Dies gilt grundsätzlich auch für komplexe Software mit langjähriger potenzieller Einsatzzeit. Bietet der Softwarehersteller aber einem Teil der Kunden Pflegeverträge an, wird die Verweigerung gegenüber anderen Kunden vielfach rechtsmissbräuchlich sein[888].

1047 Die bloße Erwartungshaltung des Anwenders, entweder den Quellcode zu erhalten oder einen Wartungsvertrag angedient zu bekommen, führt entgegen einzelnen Stimmen im Schrifttum[889] nicht zu einer solchen Pflicht des Softwarelieferanten. Notwendig ist, dass diese Erwartung irgendwie Ausdruck gefunden hat. Dies wird zwar in vielen dieser Fälle gegeben sein, jedoch folgt hieraus keine allgemeine Regel. Hat die Erwartung Ausdruck gefunden, lässt sich hieraus auch auf eine gewisse Mindestdauer schließen, während der die Software in jedem Fall weitergepflegt werden soll. Hat die Erwartung demgegenüber keinen Ausdruck im Vertrag gefunden, muten Spekulationen über den **typischen Lebenszyklus von Computerprogrammen**[890] reichlich gekünstelt an. Mit derartigen Scheinbegründungen soll allenfalls darüber hinweggetäuscht werden, dass sich in den hier problematisierten Fällen eben keine Pflegeverpflichtung dogmatisch überzeugend begründen lässt, sondern rein ergebnisorientierte „Vertragsauslegung" erfolgt. Festzuhalten bleibt daher, dass ein vertraglicher Abschlusszwang zu einem Softwarepflegevertrag grundsätzlich nicht besteht[891]. Soweit in einem Softwarepflegevertrag keine bestimmte **Mindest-**

---

[884] Vgl. *OLG Koblenz*, 12.1.2005, 1 U 1009/04, MMR 2005, 472, 473; *Grapentin/Ströbl* CR 2009, 137, 138; *Fritzemeyer/Splittgerber* CR 2007, 209, 212 f.; *Bartsch* NJW 2002, 1526, 1530; *Moritz* CR 1999, 541, 542; wohl auch *v. Baum* CR 2002, 705, 709.
[885] Vgl. *LG München I*, 18.11.1988, 21 O 11130/88, NJW 1989, 2625.
[886] Vgl. *OLG Saarbrücken* BB 1995 Beil. 16, S. 12; zustimmend *OLG Karlsruhe*, 22.4.1999, 11 U 39/96, CR 1999, 11, 12.
[887] Vgl. *OLG Koblenz*, 12.1.2005, 1 U 1009/04, MMR 2005, 472, 473; *Grapentin/Ströbl* CR 2009, 137, 138; *Fritzemeyer/Splittgerber* CR 2007, 209, 212 f.
[888] Vgl. *Schuster/Hunzinger* CR 2015, 279, 285.
[889] So etwa *Jaeger* CR 1999, 209, 210, unter nicht überzeugender Berufung auf *OLG München*, 16.7.1991, 25 U 2586/91, CR 1992, 208 und *BGH*, 30.1.1986, I ZR 242/83, NJW 1987, 1259; wie hier *Moritz* CR 1999, 541, 545.
[890] Vgl. etwa *LG Köln*, 16.10.1997, 83 O 26/97, NJW-RR 1999, 1285, sowie *Jaeger* CR 1999, 209, 211 f. m.w.N. auch zum Streit über die Berechnung des Lebenszyklus. Zur Zurückhaltung mahnen auch *Schuster/Hunzinger* CR 2015, 277, 285 f. sowie *Welker/Schmidt* CR 2002, 873, 875. Kritisch auch *OLG Koblenz*, 12.1.2005, 1 U 1009/04, CR 2005, 482, 483 sowie *Kaufmann* CR 2005, 841, 843 f.
[891] Vgl. *Bartsch* NJW 2002, 1526, 1530; wohl auch *v. Baum* CR 2002, 705, 709.

laufzeit vereinbart wurde, folgt aus den gleichen Erwägungen, dass ein Kündigungsrecht des Pflegeunternehmens auch nicht generell eingeschränkt oder ausgeschlossen ist[892].

b) Außervertraglicher Abschlusszwang

Ein Abschlusszwang kann sich auch aus §§ 19, 20 GWB ergeben, der die aus § 826 BGB herzuleitenden Grundsätze zum Abschlusszwang fast völlig verdrängt, soweit es um die Rechtsbeziehungen zwischen Unternehmen geht[893]. §§ 19 Abs. 1 Nr. 1, 20 Abs. 1 GWB zufolge darf ein marktbeherrschendes Unternehmen oder ein Unternehmen, von dessen Ware oder gewerblichen Leistungen kleine oder mittlere Unternehmen abhängig sind, diese anderen Unternehmen weder unmittelbar noch mittelbar unbillig behindern noch gegenüber gleichartigen Unternehmen ohne sachlich gerechtfertigten Grund unmittelbar oder mittelbar unterschiedlich behandeln. In der Rechtsprechung ist die Möglichkeit eines solchen **kartellrechtlichen Kontrahierungszwangs** im Bereich der Computerwartung noch nicht entschieden worden. In der Tat erscheint dies nicht ausgeschlossen, sofern der Softwarehersteller eine marktbeherrschende Stellung inne hat oder zumindest eine entsprechende relative Marktmacht nach § 20 Abs. 1 GWB ausübt[894]. 1048

Für den Rechtsverkehr mit Privaten fehlt eine den §§ 19, 20 GWB entsprechende allgemeine Schutzvorschrift, was rechtspolitisch zweifelhaft ist[895]. Es erscheint daher gerechtfertigt, den Regelungsbereich des § 826 BGB dahingehend auszuweiten, dass zumindest solche Unternehmen, die **lebenswichtige Güter** öffentlich anbieten, einen Vertragsabschluss nur aus sachlichen Gründen ablehnen dürfen, sofern der Kunde keine Ausweichmöglichkeit hat. Trotz der zunehmenden Bedeutung der IT auch im privaten Bereich wird man aber bei Computersoftware außerhalb bestimmter Gebiete, etwa der Medizintechnik, nicht von einem lebenswichtigen Gut sprechen können, sodass kein Abschlusszwang besteht. 1049

4. Kollision eines Pflegevertrags mit Mängelhaftungsvorschriften

Probleme entstehen in den Fällen, in denen ein Pflegevertrag bereits während des Laufs der Mängelhaftungsfrist nach dem Softwareüberlassungsvertrag auf Dauer oder parallel zu einem Softwareüberlassungsvertrag auf Zeit abgeschlossen wird und vom das Programm überlassenden personenidentischen Pflegeunternehmer eine **Vergütung** der von ihm durchgeführten Fehlerbeseitigungsarbeiten **trotz** gegebenenfalls bestehender **Mängelhaftungsansprüche** gefordert wird. Eine ausdrückliche gerichtliche Entscheidung liegt zu diesem Problem nicht vor. Die einzigen Entscheidungen, die das Problem wenigstens am Rande ansprechen, stammen vom *OLG Hamm*[896] sowie vom *LG Stuttgart*[897]. Dort wird wohl ein doppelt begründetes Wartungsrecht sowohl aus dem Wartungsvertrag als auch aus Mängelhaftungsansprüchen hergeleitet[898]. Klar dürfte jedenfalls sein, dass die Genehmigungsfiktion des 1050

---

[892] Vgl. *OLG Koblenz*, 12.1.2005, 1 U 1009/04, MMR 2005, 472, 473.
[893] Vgl. Palandt/Ellenberger Einf. v. § 145 Rdn. 9.
[894] Vgl. hierzu *Schuster/Hunzinger* CR 2015, 277, 284 f.; *Grapentin/Ströbl* CR 2009, 137, 138 f.; *Fritzemeyer/Splittgerber* CR 2007, 209, 213 f. Offengelassen von *Bartsch* NJW 2002, 1526, 1530; *v. Baum* CR 2002, 705, 709 sowie von *Welker/Schmidt* CR 2002, 873, 875.
[895] Vgl. Palandt/Ellenberger Einf. v. § 145 Rdn. 10.
[896] Vgl. *OLG Hamm*, 22.5.1986, 4 U 190/84, NJW 1988, 439, 440.
[897] Vgl. *LG Stuttgart*, 26.11.1993, 8 O 568/92, MarlyRC 1995 Nr. 160 = CR 1995, 223 (Ls.).
[898] A.A. *LG Bonn*, 19.12.2003, 10 O 387/01, CR 2004, 414, 417, das den Rückgriff auf das Sachmängelrecht für ausgeschlossen hält und allein auf den Pflegevertrag abstellt.

§ 377 Abs. 2 HGB die Pflicht zur Beseitigung von Softwaremängeln auf Grund eines Pflegevertrags nicht ausschließt[899].

1051 Man wird das Problem so lösen können, dass der die Software Überlassende und Pflegeunternehmer die Fehlerbeseitigung auf jeden Fall schuldet. Hierbei ist zunächst gleichgültig, ob dies auf Grund von Mängelhaftungsansprüchen oder des Pflegevertrags geschieht. Der Kunde kann später das vom Pflegeunternehmer geltend gemachte **Entgelt kürzen** bzw. dessen **Zahlung** ganz **verweigern,** soweit nur solche Arbeiten durchgeführt wurden, die unter die Mängelhaftung fallen[900]. Ein vollständiger Ausschluss der Mängelhaftung würde bei gemieteter Software gegen § 307 Abs. 2 i. V. m. § 536 BGB[901], bei gekaufter Standardsoftware sowie auf Dauer überlassener Individualsoftware im Verbraucherverkehr gegen § 309 Nr. 8b) aa) BGB und im Unternehmensverkehr gegen § 307 Abs. 2 BGB verstoßen[902]. Soweit man darauf abstellt, dass mit dem Abschluss des Pflegevertrags ein Entgeltanspruch für die Nacherfüllung begründet werden soll, kollidiert dies mit § 439 Abs. 2 sowie § 635 Abs. 2 BGB, denen zufolge der Verkäufer bzw. Werkunternehmer die Kosten der Nacherfüllung zu tragen haben[903]. Bei Allgemeinen Geschäftsbedingungen liegt hierin im Verbraucherverkehr ein Verstoß gegen § 309 Nr. 8b) cc) BGB. Im Unternehmensverkehr ist die genannte Vorschrift über § 307 Abs. 2 BGB grundsätzlich ebenfalls anwendbar[904]. Hat der Anwender den Pflegevertrag mit einem Dritten abgeschlossen, der nicht Vertragspartner des Softwareüberlassungsvertrags ist, kann das angefallene Pflegeentgelt grundsätzlich nicht gegenüber dem Überlassenden eingefordert werden[905]. Dies ist nur dann möglich, wenn der Anwender einen Mangel des Programms beseitigen lässt, der Mängelhaftungsansprüche auslöste und der Anwender darüber hinaus zur **Ersatzvornahme der Mangelbeseitigung** berechtigt war.

1052 Soweit diesbezüglich keine besonderen vertraglichen Vereinbarungen getroffen wurden, kann der Anwender bei der werkvertraglich zu qualifizierenden Überlassung von Individualsoftware diesen Mangel gem. §§ 634 Nr. 2, 637 BGB **selbst beseitigen** bzw. von einem Dritten **beseitigen lassen** und **Ersatz der Aufwendungen** verlangen, wenn der Hersteller eine vom Besteller gesetzte angemessene Frist zur Nacherfüllung hat verstreichen lassen und er die Nacherfüllung nicht zu Recht verweigert. Ein (verschuldensabhängiger) Verzug des Unternehmers mit der Mangelbeseitigung ist anders als noch nach § 633 Abs. 3 BGB a. F. nicht erforderlich. Bei der **Softwareüberlassung auf Zeit** besteht ein **Selbstbeseitigungsrecht** mitsamt Aufwendungsersatzanspruch gem. § 536a Abs. 2 BGB. Nur bei der **kaufvertraglich** einzuordnenden **Softwareüberlassung** auf Dauer besteht ein solcher Anspruch grundsätzlich **nicht,** auch nicht wegen Geschäftsführung ohne Auftrag oder ungerechtfertigter Bereicherung. Zu beachten ist daneben, dass § 637 BGB in § 650 S. 3 BGB (= § 651 S. 3 BGB a. F.) nicht erwähnt ist, und ein Selbstvornahmerecht folglich auch nicht

---

[899] Vgl. *LG Bonn,* 19.12.2003, 10 O 387/01, CR 2004, 414, 417.
[900] Hierzu tendierend *LG Stuttgart,* 26.11.1993, 8 O 568/92, MarlyRC 1995 Nr. 160 = CR 1995, 223 (Ls.); *Müglich* CR 2003, 633, 637; *Goldmann/Redecke* MMR 2002, 3, 6; *Schneider* CR 2003, 317; ähnlich *v. Baum* CR 2002, 705, 710, der aber auf die Abgrenzungsprobleme in der Praxis verweist.
[901] Vgl. *Intveen* ITRB 2012, 93, 94.
[902] Die AGB-rechtliche Problematik verkennen *Schreibauer/Tarschka* CR 2003, 557, 561 Fußn. 24.
[903] Dies verkennt *Zahrnt* CR 2004, 408, 410, wenn er behauptet, trotz § 439 Abs. 2 BGB müsse „selbstverständlich" die Kundenseite die Kosten für die Beseitigung von Mängeln tragen.
[904] Vgl. *Palandt/Grüneberg* § 309 Rdn. 73.
[905] Vgl. *Bartsch* NJW 2002, 1526, 1530.

bei Werklieferungsverträgen besteht. Nach Kaufrecht können entsprechende Kosten allenfalls im Wege des Schadensersatzes gem. § 281 BGB geltend gemacht werden[906]. Beim kleinen Schadensersatz kann der Minderwert auch nach den erforderlichen Reparaturkosten berechnet werden[907].

5. Vertragsbeendigung und Vertragsübernahme

Sofern der Pflegevertrag nicht lediglich ein einmaliges Tätigwerden des Pflegeunternehmers umfasst, sondern als Dauerwerkvertrag ausgestaltet ist[908], endet der Pflegevertrag wie jedes Dauerschuldverhältnis entweder **mit Ablauf der vereinbarten Laufzeit** oder durch **Kündigung**[909]. Beide Formen der Vertragsbeendigung können Probleme aufwerfen und werden nachfolgend einzeln dargestellt. Ein Pflegevertrag kann aber, sofern es sich um einen etwa an einen Softwareüberlassungsvertrag gekoppelten Vertrag handelt[910] und ein entsprechender Einheitlichkeitswille vorliegt, auch durch die Beendigung des anderen Vertragsverhältnisses beendet werden. Eine „Automatikwirkung" dergestalt, dass etwa bei Beendigung des Leasingvertrags über Hardware zugleich auch der Wartungsvertrag mit einem Dritten hinfällig wird, etwa wegen Wegfalls der Geschäftsgrundlage, hat das *LG München I*[911] aber zu Recht abgelehnt.

1053

a) Die Vertragslaufzeit

Gem. § 309 Nr. 9a) BGB ist im **Verbraucherverkehr** eine Klausel in Allgemeinen Geschäftsbedingungen unwirksam, mit der eine den Kunden länger als **zwei Jahre** bindende Vertragslaufzeit vereinbart werden soll. Streitig war lange Zeit allein die Frage, ob der zu § 309 Nr. 9a) BGB wortgleiche § 11 Nr. 12a AGBG a. F. auch dann eingreift, wenn ein Wartungsvertrag mit zweijähriger Bindung bereits im Zeitpunkt der Überlassung des zu wartenden Produkts abgeschlossen wird, die Laufzeit des Wartungsvertrags aber erst nach Ablauf der gesetzlichen Mängelhaftungsfrist beginnen soll. In einer Entscheidung aus dem Jahre 1993[912] hat der *BGH* diesen Streit dahingehend entschieden, dass der **Zeitpunkt des Vertragsabschlusses** ausschlaggebend ist und nicht erst der vereinbarte spätere Beginn der Leistungserbringung. Auch wenn dieses Ergebnis kritisch gewürdigt werden kann[913], ist der Streit damit für die Praxis entschieden. Klauseln, die dem nicht Rechnung tragen, sind wegen Verstoßes gegen § 309 Nr. 9a) BGB unwirksam.

1054

Für den **Unternehmensverkehr** hat § 309 Nr. 9a) BGB keine Indizwirkung[914]. Es ist in diesen Fällen allein auf § 307 Abs. 1 BGB abzustellen. Ob eine die Laufzeit eines Vertrags betreffende Klausel den Vertragspartner des Verwenders in diesem Sin-

1055

---

[906] Im Ergebnis wie hier aber mit anderer Begründung *Bartsch* NJW 2002, 1526, 1529.
[907] Vgl. *BGH*, 16.11.2007, V ZR 45/07, NJW 2008, 436, 437 noch zu § 463 BGB a. F.; *Palandt/Grüneberg* § 281 Rdn. 45.
[908] Vgl. zu diesem Begriff oben Rdn. 1042.
[909] Zur Qualifizierung eines sog. „End-of-Life-Schreibens" des Herstellers, mit dem das Ende der Produktweiterentwicklung angekündigt wird, als Kündigung *Welker/Schmidt* CR 2002, 873.
[910] Vgl. hierzu oben Rdn. 1033 sowie grundsätzlich oben Rdn. 844 ff. und 867 ff.
[911] Vgl. *LG München I*, 12.7.1990, 7 O 965/90, MarlyRC 1995 Nr. 159.
[912] Vgl. *BGH*, 17.3.1993, VIII ZR 180/92, NJW 1993, 1651, 1652.
[913] Vgl. etwa die Kritik von *Pfeiffer* LM H. 8/1993 § 11 Ziff. 12a AGBG.
[914] Vgl. *BGH*, 17.12.2002, X ZR 220/01, NJW 2003, 886, 887; *LG Berlin*, 23.2.1999, 50 S 104/98, NJW-RR 1999, 1436; zweifelnd auch *OLG Koblenz*, 12.1.2005, 1 U 1009/04, MMR 2005, 472; *LG Mannheim*, 18.10.2016, 1 O 31/16, MMR 2017, 274, 275 Tz. 28; *Wolf/Lindacher/Pfeiffer* § 309 Nr. 9 Rdn. 170.

ne entgegen den Geboten von Treu und Glauben unangemessen benachteiligt, ist mit Hilfe einer umfassenden Abwägung der schützenswerten Interessen beider Parteien im Einzelfall festzustellen. Bei dieser Abwägung sind nicht nur die auf Seiten des Verwenders getätigten Investitionen, sondern der gesamte Vertragsinhalt zu berücksichtigen; notwendig ist eine Gegenüberstellung der insgesamt begründeten gegenseitigen Rechte und Pflichten[915]. Dabei kann von einem Kaufmann nach Auffassung des *BGH* etwa bei Abschluss eines Wartungsvertrags über eine technische Anlage erwartet werden, dass er abschätzen kann, ob die Anlage während der gesamten Laufzeit des Vertrags seinen Bedürfnissen genügt. Bei der Vereinbarung von Laufzeiten von **zehn Jahren** und mehr ist andererseits zu berücksichtigen, dass es auf Seiten des Klauselverwenders in der Regel besonderer Umstände bedarf, die eine Laufzeit dieser Länge rechtfertigen können. Die Unangemessenheit einer derart langfristigen Bindung kann deshalb dann zu bejahen sein, wenn durch sie allein oder ihre Ausgestaltung die persönliche Selbstständigkeit und Freiheit sowie ein Mindestmaß an wirtschaftlichem Bewegungsspielraum eines Vertragspartners so beschränkt werden, dass er dem Gegenüber auf Gedeih und Verderb ausgeliefert ist[916].

1056 Gem. § 309 Nr. 9b) BGB ist im Verbraucherverkehr eine Klausel in Allgemeinen Geschäftsbedingungen unwirksam, mit der eine den Kunden bindende **stillschweigende Vertragsverlängerung** um jeweils mehr als ein Jahr vereinbart werden soll. Soweit die Verlängerung für den Fall nicht vorheriger Kündigung bereits bei Vertragsschluss vereinbart ist, ist die auf Vertragsverlängerung gerichtete Willenserklärung des Kunden nicht fingiert, weshalb § 308 Nr. 5 BGB in diesen Fällen nicht anwendbar ist[917]. Wurde die Vertragsverlängerungsklausel dergestalt gefasst, dass die Verlängerungserklärung beim Unterlassen vorheriger Kündigung als abgegeben gilt, ist neben § 309 Nr. 9b) BGB noch § 308 Nr. 5 BGB zu beachten. Das *OLG Oldenburg*[918] vertritt demgegenüber die im Rahmen der Überprüfung eines Wartungsvertrags über ein IT-System unter fehlerhafter Berufung auf die Rechtsprechung des *BGH* geäußerte Auffassung, § 308 Nr. 5 BGB finde keine Anwendung auf Klauseln, die § 309 Nr. 9 BGB entsprechen. Eine höchstrichterliche Entscheidung zu diesem Problem liegt nicht vor. Sicher ist jedoch, dass auch § 309 Nr. 9b) BGB keine Indizwirkung für den Unternehmensverkehr entfaltet[919].

b) Die Kündigung

1057 Das Recht zur **außerordentlichen Kündigung** aus wichtigem Grund ist für alle Dauerschuldverhältnisse in § 314 Abs. 1 BGB verankert. Es kann selbst in Individualverträgen nicht völlig ausgeschlossen, sondern allenfalls beschränkt werden, etwa durch den Ausschluss einzeln benannter Gründe. In Allgemeinen Geschäftsbedingungen kann die Kündigungsmöglichkeit nicht ausgeschlossen oder beschränkt werden, weil die Klausel sonst gegen § 307 Abs. 1 BGB verstößt[920]. Zulässig ist allein eine Klarstellung und Konkretisierung in Grenzfällen[921]. Ein **wichtiger Grund**

---

[915] Vgl. *BGH*, 17.12.2002, X ZR 220/01, NJW 2003, 886, 887; *LG Mannheim*, 18.10.2016, 1 O 31/16, MMR 2017, 274, 275 Tz. 28.
[916] Vgl. *BGH*, 17.12.2002, X ZR 220/01, NJW 2003, 886, 887.
[917] Vgl. *BGH*, 29.4.1987, VIII ZR 251/86, NJW 1987, 2012, 2014.
[918] Vgl. *OLG Oldenburg*, 29.5.1992, 6 U 22/92, CR 1992, 722, 723.
[919] Zu dieser Auffassung tendierend *OLG Koblenz*, 12.1.2005, 1 U 1009/04, MMR 2005, 472; wie hier *Palandt/Grüneberg* § 309 Rdn. 96 generell zu allen Fällen des § 307 Nr. 9 BGB.
[920] Vgl. *BGH*, 8.2.2012, XII ZR 42/10, NJW 2012, 1431, 1432 Tz. 27; *Palandt/Grüneberg* § 314 Rdn. 3.
[921] Für eine Konkretisierung im Vertrag auch *Schreibauer/Taraschka* CR 2003, 557, 562.

kann **für den Kunden** etwa in einer häufigen und wesentlichen Überschreitung der vereinbarten Reaktionszeit durch den Unternehmer liegen. Auch wenn der Pflegeunternehmer die Berechtigung verliert, die vereinbarten Mangelbehebungsleistungen durch Änderung des Programms zu erbringen, liegt ein wichtiger Grund vor, denn diese Berechtigung ist Basis für eine ordnungsgemäße Leistungserbringung[922]. Für den **Unternehmer** kann ein **wichtiger Grund** darin liegen, dass der Kunde trotz Störanfälligkeit des Computersystems sowie hoher Schäden im Falle des Systemausfalls kein Ausweichsystem anschafft. Erforderlich ist hier aber, dass die entsprechende Anschaffung zumutbar und geboten ist[923]. Sofern der Pflegeunternehmer auch der Hersteller der Software ist, mit dem ein Softwareüberlassungsvertrag geschlossen wurde, kann auch eine schwerwiegende Verletzung dieses Vertrags einen wichtigen Grund für eine außerordentliche Kündigung des Pflegevertrags darstellen. Dies liegt insbesondere dann nahe, wenn der Anwender eine ihm angelastete Vertragsverletzung insgesamt als unbegründet zurückweist, denn hierin kann eine ernsthafte und endgültige Weigerung zu vertragsgemäßem Verhalten im Sinne der §§ 314 Abs. 2 S. 2, 323 Abs. 2 Nr. 1 BGB zu sehen sein[924]. Grundsätzlich keinen Grund für eine außerordentliche Kündigung stellt demgegenüber das Auswechseln der Hardware infolge technischer Weiterentwicklung dar, denn in diesen Fällen obliegt es dem Anwender, hinreichend vorausschauend zu planen und den Pflegevertrag unter Beachtung vereinbarter Kündigungsfristen zu kündigen[925].

Hinsichtlich des Rechts zur **ordentlichen Kündigung** ist zunächst zu beachten, dass die werkvertragliche Kündigungsvorschrift des § 648 BGB (= § 649 BGB a. F.) für Dauerwerkverträge nicht passt und meist als stillschweigend abbedungen gelten muss. In diesen Fällen wird die Auslegung des Vertrags in der Regel zur Anwendbarkeit der dienstvertraglichen Kündigungsvorschriften führen, soweit nichts Abweichendes vereinbart wurde[926]. 1058

Sofern die Kündigungsfrage vertraglich geregelt wird, was meist der Fall ist, muss im Verbraucherverkehr § 309 Nr. 9c) BGB beachtet werden, demzufolge in Allgemeinen Geschäftsbedingungen nicht bestimmt werden darf, dass der Kunde eine längere Kündigungsfrist als **drei Monate** vor Ablauf der zunächst vorgesehenen oder stillschweigend verlängerten Vertragsdauer einhalten muss. Ein Verstoß gegen § 309 Nr. 9c) BGB liegt auch vor, wenn zwar eine Kündigungsfrist von sechs Wochen bestimmt ist, die Kündigung aber immer nur zum 31.3. oder 30.9. eines Jahres erfolgen kann[927]. 1059

Auch eine an sich statthafte ordentliche Kündigung kann aber **rechtsmissbräuchlich** und aus diesem Grund nach § 242 BGB unwirksam sein[928], etwa wenn der Pflegeunternehmer den Vertrag ziel- und zweckgerichtet kündigt, um den Kunden zur Entrichtung einer Upgradegebühr zu bewegen, die dem Pflegeunternehmer nicht zusteht[929]. Eine derartige unzulässige „taktische" Kündigung konnte beispielsweise 1060

---

[922] Vgl. *Feil/Leitzen* CR 2003, 161, 164.
[923] Vgl. *OLG Hamm*, 17.6.1997, 13 U 30/96, NJW-RR 1998, 380, 381.
[924] Vgl. *LG Köln*, 14.9.2011, 28 O 482/05, CR 2012, 77, 79.
[925] In dieser Richtung auch *LG München I*, 12.7.1990, 7 O 965/90, MarlyRC 1990 Nr. 41 = CR 1991, 613 (Ls.); für den Pflegeunternehmer *Welker/Schmidt* CR 2002, 873, 874.
[926] Vgl. *KG Berlin*, 6.6.1984, Kart U 2495/83, MarlyRC 1984 Nr. 11 = CR 1986, 772 (Ls.); *OLG Hamburg*, 22.6.1972, 6 U 40/72, MDR 1972, 866; wie hier *Welker/Schmidt* CR 2002, 873, 874.
[927] Vgl. *LG Saarbrücken*, 30.4.2015, 13 S 181/14, BeckRS 2015, 09686.
[928] Vgl. *OLG Koblenz*, 12.1.2005, 1 U 1009/04, MMR 2005, 472, 473; *LG Köln*, 16.10.1997, 83 O 26/97, NJW-RR 1999, 1285; *Jaeger* CR 1999, 209, 212.
[929] Vgl. *OLG Koblenz*, 27.5.1993, 5 U 1938/92, NJW 1993, 3144; zustimmend *Welker/Schmidt* CR 2002, 873, 874.

auch dann vorliegen, wenn sich der Pflegeunternehmer hinsichtlich der **Jahr-2000-Problematik** oder der **Umstellung auf den Euro** zu Beginn des Jahres 2002 aus der Verantwortung stehlen wollte[930].

c) Die Vertragsübernahme durch Dritte

1061 Hinsichtlich des **Wechsels des Vertragspartners** muss sowohl im Verbraucher- als auch im Unternehmensverkehr berücksichtigt werden, dass entsprechende Regelungen nach den Umständen des Pflegevertrags so **ungewöhnlich** erscheinen können, dass der Kunde mit ihnen nicht zu rechnen braucht. In diesen Fällen wird die betreffende Klausel nach § 305c Abs. 1 BGB nicht Vertragsbestandteil. Berücksichtigt man, dass die Person des Pflegeunternehmers wegen der für eine Programmpflege notwendigen besonderen Sachkunde von erheblicher Bedeutung ist, und die ordnungsgemäße Vertragsabwicklung für den Kunden darüber hinaus oftmals außerordentlich wichtig erscheint[931], wird deutlich, dass die begründete Kundenerwartung bei Pflegeverträgen in der Regel dahin geht, den ausgewählten Vertragspartner nicht zu verlieren, sofern nicht besondere Umstände des Einzelfalls dem entgegenstehen. Aus diesem Grund wird die Einbeziehung einer entsprechenden Klausel in den Vertrag vielfach schon an § 305c Abs. 1 BGB scheitern.

1062 Ist die betreffende Klausel wirksam in den Vertrag einbezogen, muss im Verbraucherverkehr zunächst § 309 Nr. 10 BGB berücksichtigt werden. Dieser Vorschrift zufolge ist eine Bestimmung in Allgemeinen Geschäftsbedingungen unwirksam, wonach ein Dritter an Stelle des Verwenders in die sich aus dem Vertrag ergebenden Rechte und Pflichten eintritt oder eintreten kann, es sei denn, in der Bestimmung wird der Dritte **namentlich bezeichnet** oder dem Kunden das Recht eingeräumt, sich **vom Vertrag zu lösen**. Eine noch strengere Regelung der Problematik der Vertragsübernahme findet sich aber in Nr. 1p des Anhangs zur EG-Richtlinie über missbräuchliche Klauseln in Verbraucherverträgen[932], derzufolge Klauseln missbräuchlich sind, die darauf abzielen oder zur Folge haben, dass die Möglichkeit vorgesehen wird, dass der Vertrag **ohne Zustimmung** des Verbrauchers vom Gewerbetreibenden abgetreten wird, wenn dies möglicherweise eine Verringerung der Sicherheiten für den Verbraucher bewirkt.

1063 Auch wenn Nr. 1p des Richtlinienanhangs im Rahmen des Gesetzes zur Änderung des AGB-Gesetzes und der Insolvenzordnung vom 19.7.1996 nicht ausdrücklich in innerdeutsches Recht umgesetzt wurde, ist diese Vorschrift für eine **richtlinienkonforme Auslegung** von § 309 Nr. 10 BGB heranzuziehen[933]. Da nun Nr. 1p des Richtlinienanhangs infolge des Zustimmungserfordernisses verhindert, dass der Softwareanwender letztlich keinen Vertragspartner mehr hat, was ihm bei Ausübung des nach § 309 Nr. 10 BGB zuzusprechenden Rücktrittsrechts durchaus passieren kann, verbleibt für § 309 Nr. 10 BGB als der Vorschrift mit den weiteren Voraussetzungen praktisch kein Anwendungsbereich mehr[934]. Klauseln, die gegen Nr. 1p des Richtlinienanhangs verstoßen, sind unter Bezugnahme auf die Generalklausel des § 307 BGB für unwirksam zu erklären. Dies gilt gem. § 310 Abs. 3 Nr. 2 BGB nicht

---

[930] Vgl. *Jaeger* CR 1999, 209, 212. Wegen des Ausnahmecharakters dieser Probleme hielt das *OLG Nürnberg*, 5.12.2003, 5 U 2546/02, CR 2005, 260 eine Kündigung durch den Pflegeunternehmer für zulässig.

[931] Dies betont zu Recht *Redeker* Rdn. 670.

[932] Richtlinie des Rates 93/13/EWG vom 5.4.1993, ABl.EG Nr. L 95 vom 21.4.1993, S. 29.

[933] Vgl. *Wolf/Lindacher/Pfeiffer* § 309 Nr. 10 Rdn. 42, 43.

[934] Zum verbleibenden Anwendungsbereich *Wolf/Lindacher/Pfeiffer* § 309 Nr. 10 Rdn. 3 sowie 42, 43.

nur für Allgemeine Geschäftsbedingungen, sondern auch für vorformulierte Individualvereinbarungen.

Im Unternehmensverkehr ist weder § 309 Nr. 10 BGB noch Nr. 1p des Richtlinienanhangs anwendbar. Dennoch ist das oben bereits dargelegte Interesse des Pflegeberechtigten hinsichtlich der Person seines Vertragspartners auch hier zu berücksichtigen. Das Verbot des Auswechselns des Vertragspartners greift daher über § 307 Abs. 2 Nr. 1 BGB grundsätzlich auch im Unternehmensverkehr durch[935]. Eine Klausel, die **kein Zustimmungserfordernis** des Kunden vorsieht, ist daher grundsätzlich unwirksam.

Grundsätzlich besteht **keine Verpflichtung** des Kunden, der Vertragsübernahme zuzustimmen[936]. Die Verweigerung der Zustimmung kann aber im Einzelfall treuwidrig sein und gegen § 242 BGB verstoßen. Dies ist etwa dann der Fall, wenn die oben dargelegten Interessen des Kunden, seinen ursprünglichen Vertragspartner zu behalten, ausnahmsweise nicht durchgreifen und die Zustimmungsverweigerung willkürlich erfolgt[937]. Liegt ausnahmsweise eine solche treuwidrige Zustimmungsverweigerung vor, steht dem Wartungsunternehmer ein außerordentliches Kündigungsrecht zu[938].

6. Weitere Einzelfragen

Obwohl Pflegeverträge infolge der regelmäßig vorliegenden Erfolgsbezogenheit grundsätzlich als Werkverträge zu qualifizieren sind, ist eine **Vergütungsregelung nach Stunden** nicht zu beanstanden[939]. Wird in einem Pflegevertrag mit langer Laufzeit eine **Preisänderungsklausel** aufgenommen, muss dem Kunden für den Fall einer erheblichen Preisänderung ein Kündigungsrecht eingeräumt werden, das nicht erst zum Ablauf eines Vertragsjahres eingreifen darf[940]. Die Regelung des § 309 Nr. 1 BGB zu kurzfristigen Preiserhöhungen findet demgegenüber bei Dauerwerkverträgen keine Anwendung, weil insoweit der Charakter als Dauerschuldverhältnis überwiegt. Eine Klausel „**Angefangene Stunden** werden als volle Stunden berechnet" verstößt gegen § 307 Abs. 1 BGB, weil heutzutage kleinere Arbeitszeiteinheiten üblich sind[941]. Die Klausel „Fahrzeiten gelten als Arbeitszeiten" ist vom *BGH* im Jahre 1984 für einen Wartungsvertrag über Datenverarbeitungsgeräte wegen Verstoßes gegen § 307 BGB für unwirksam erklärt worden, weil für die Fahrzeiten kein im eigentlichen Wartungsentgelt enthaltener Unternehmergewinn und kein Risikozuschlag für etwaige Mängelhaftungsansprüche berechnet werden dürfen[942]. In einer späteren Entscheidung hat der *BGH* aber die Klausel „Kfz-Kostenanteil pro Anfahrt pauschal ... DM" als eine nicht der richterlichen Inhaltskontrolle unterliegende Preisabrede qualifiziert und an der Entscheidung aus dem Jahre 1984 nicht festgehalten[943]. Sofern im Pflegevertrag vereinbart wird, dass die Pflegearbeiten grund-

1064

1065

1066

---

[935] Vgl. *OLG Bamberg*, 1.10.1985, 5 U 57/85, CR 1987, 234; zustimmend *OLG Köln*, 17.7. 1998, 19 U 9/98, CR 1998, 720, 721; *Wolf/Lindacher/Pfeiffer* § 309 Nr. 10 Rdn. 60; *Jaeger* CR 1999, 209, 213.
[936] Vgl. *LG Köln*, 16.10.1997, 83 O 26/97, NJW-RR 1999, 1285.
[937] Vgl. *OLG Köln*, 17.7.1998, 19 U 9/98, CR 1998, 720 f.
[938] Vgl. *OLG Köln*, 17.7.1998, 19 U 9/98, CR 1998, 720, 721.
[939] Vgl. *OLG Stuttgart*, 2.11.1990, 2 U 271/89, NJW-RR 1991, 252.
[940] Vgl. *BGH*, 16.3.1988, IVa ZR 247/84, NJW-RR 1988, 819, 821.
[941] Vgl. *Palandt/Grüneberg* § 307 Rdn. 149.
[942] Vgl. *BGH*, 5.6.1984, X ZR 75/83, NJW 1984, 2160; kritisch *Ulmer/Brandner/Hensen* Teil 2, Nr. 61 (Wartungsverträge) Rdn. 3.
[943] Vgl. *BGH*, 19.11.1991, X ZR 63/90, NJW 1992, 688, 689.

sätzlich über Telefon, Online oder sonstige Telekommunikationswege erbracht werden, kann der Pflegeunternehmer für auf ausdrücklichen Wunsch des Kunden vor Ort ausgeführte Arbeiten gesondert in Rechnung stellen, wenn diese Arbeiten auch durch eine **Fernwartung** hätten erledigt werden können[944].

1067 Da sich Pflegeverträge im Wesentlichen als durch **werkvertragliche Elemente** geprägt kennzeichnen, kann hinsichtlich der Schadensersatz- und Mängelhaftungsklauseln auf die betreffenden Ausführungen zur **Überlassung von Individualsoftware** verwiesen werden, die ebenfalls nach Werkvertragsrecht beurteilt wird.

1068 Sofern im Rahmen der Programmpflege neue Programmversionen und Updates geliefert werden, ist auch ohne ausdrückliche Vereinbarung im Pflegevertrag davon auszugehen, dass dem Kunden die erforderlichen urheberrechtlichen Nutzungsrechte eingeräumt werden. Diese **Rechtseinräumung** ist grundsätzlich **zeitlich nicht begrenzt**. Der Kunde kann daher auch nach Kündigung des Pflegevertrags die neueste ihm überlassene Programmversion weiter benutzen und muss nicht auf seine Altversion zurückgreifen, die er zu Beginn des Pflegezeitraums nutzte[945]. Auf der anderen Seite ist zu berücksichtigen, dass der Anwender ein Nutzungsrecht immer nur hinsichtlich der aktuellen Programmversion haben soll. Er kann daher nach der Lieferung einer neuen Version die alte Version nicht an Dritte veräußern, da seine Berechtigung zur Nutzung insoweit beendet ist[946].

1069 Problematisch ist auch der Fall, dass der **Pflegeunternehmer insolvent** wird. Da es sich beim Softwarepflegevertrag um ein Dauerschuldverhältnis handelt, ist § 103 InsO zu beachten. Die hierbei zu verzeichnenden Schwierigkeiten werden an anderer Stelle ausführlich dargestellt[947].

IX. Vertriebsverträge (Distributorverträge)

Inhaltsübersicht

	Rdn.		Rdn.
1. Erscheinungsformen und Rechtsnatur eines Vertriebsvertrags (Distributorvertrags)	1070	c) Urheberrechtliche Aspekte insbesondere bei OEM-Verträgen und vergleichbaren Verträgen	1074
2. Besondere zu berücksichtigende Vorschriften	1071	3. Probleme der Vereinbarung einer Mindestabnahmepflicht	1081
a) Anwendbarkeit der Vorschriften über Allgemeine Geschäftsbedingungen	1071	a) Die Begründung einer Mindestabnahmepflicht	1081
b) Die Anwendbarkeit des GWB sowie der Art. 101, 102 AEUV	1072	b) Die Nichterfüllung der Mindestabnahmepflicht	1082
		4. Die Beendigung des Vertragsverhältnisses	1085

Schrifttum: *Berger*, Zur Anwendbarkeit der neuen Technologietransfer-Gruppenfreistellungsverordnung auf Softwareverträge, K&R 2005, 15 ff.; *Besen/Slobodenjak*, Die neue TT-GVO – Überblick über wesentliche praxisrelevante Änderungen, GRUR 2014, 740 ff.; *Frank*, Die neue Gruppenfreistellungsverordnung für Technologietransfer-Vereinbarungen und ihre Relevanz für Informationstechnologie, CR 2014, 349 ff.; *Grützmacher*, Das Recht des Softwarevertriebs – Eine Gegenüberstellung verschiedener Vertriebsformen, ITRB 2003, 199 ff.; *Martinek/Semler/Flohr*, Handbuch des Vertriebsrechts, 4. Aufl. 2016; *Polley*, Softwareverträge und ihre kartellrechtliche

---

[944] Vgl. *LG Cottbus*, 28.8.2003, 4 O 361/02, CR 2004, 260, 261.
[945] Vgl. *LG Köln*, 16.11.2005, 28 O 349/05, BeckRS 2007, 15111.
[946] Vgl. *Bartsch* CR 2012, 141, 145.
[947] Vgl. hierzu unten Rdn. 1789 ff.

Wirksamkeit, CR 2004, 641 ff.; *Schumacher/Schmid*, Die neue Gruppenfreistellungsverordnung für Technologietransfer-Vereinbarungen, GRUR 2006, 1 ff.

1. Erscheinungsformen und Rechtsnatur eines Vertriebsvertrags (Distributorvertrags)

Vertriebsverträge über Computersoftware, die vielfach auch als Distributorverträge bezeichnet werden, werden sowohl im Verhältnis zwischen Hersteller und Händler als auch im Verhältnis zwischen Händlern verschiedener Handelsstufen abgeschlossen. Charakteristische Unterschiede hinsichtlich der vertragstypenprägenden Kernbestandteile des jeweiligen Vertrags lassen sich insoweit nicht feststellen[948], sodass nachfolgend verkürzend nur noch vom Verhältnis zwischen Hersteller und Händler gesprochen wird. Bedeutsamer ist demgegenüber die Frage, ob der Händler die Software als verkaufsfertiges Werkexemplar geliefert bekommt, sodass sie wie jede andere Massenware im eigenen Namen, auf eigene Rechnung[949] und auf eigenes wirtschaftliches Risiko weitervertrieben werden kann, oder ob der Händler die Vertriebsexemplare etwa mittels Vervielfältigung selbst herstellen oder gar abändern oder anpassen muss[950]. Gegebenenfalls wird dem Händler auch nur ein Werkexemplar überlassen, das dieser sodann im Wege des Softwaredownloads an Endanwender vertreiben darf[951]. Im erstgenannten Fall der verkaufsfertigen Programmexemplare lassen sich die Vertriebsverträge vertragstypologisch teilweise als **Kaufverträge** (Sukzessivlieferungsverträge) qualifizieren[952], gegebenenfalls aber auch als gesetzlich nicht gesondert geregelte **Rahmenverträge** (Dauerschuldverhältnisse) über eine längere Zusammenarbeit[953], wobei sich der Händler nicht nur zur Abnahme und Bezahlung von Programmen verpflichtet, sondern darüber hinaus auch, die Programme im eigenen Namen und auf eigene Rechnung an Kunden weiterzuveräußern. Ob ein Kaufvertrag oder ein Rahmenvertrag vorliegt, ist anhand der Ausgestaltung des jeweiligen Vertrags im Einzelfall zu entscheiden. Im zweitgenannten Fall der nicht verkaufsfertig gelieferten Software bzw. der Lieferung eines Werkexemplars zum Zwecke des Vertriebs mittels Softwaredownload müssen dem Händler weitergehende Rechte eingeräumt werden, etwa Vervielfältigungsrechte und Bearbeitungsrechte oder das Recht der öffentlichen Zugänglichmachung[954]. Daneben können dem Händler aber auch Pflichten auferlegt werden, etwa die Pflicht, Urheberrechtsvermerke zugunsten des Herstellers anzubringen[955], diesen in der Werbung zu nennen[956], bestimmte Geschäftsgeheimnisse zu schützen oder etwa die Endkunden an die Lizenzbedingungen des Herstellers zu binden[957]. Unabhängig davon, ob die Software verkaufsfertig überlassen wird oder nicht, finden sich im Ver-

1070

---

[948] Vgl. *Dreier/Vogel* S. 236.
[949] So im Fall *BGH*, 1.10.2008, VIII ZR 13/05, CR 2009, 83 nach Ziff. 1.7 des Distributorvertrags.
[950] So im Fall *OLG Düsseldorf*, 29.6.2009, I-20 U 247/08, CR 2009, 566; Vorinstanz *LG Düsseldorf*, 10.11.2008, 14c O 223/08, CR 2009, 221.
[951] Vgl. *Polley* CR 2004, 641, 642.
[952] In dieser Richtung *Dreier/Vogel* S. 236; *Redeker* Rdn. 819.
[953] Vgl. *BGH*, 1.10.2008, VIII ZR 13/05, CR 2009, 83 (jahresweise Vertragsverlängerungen); aus dem Schrifttum *Palandt/Grüneberg* Überbl. v. § 311 Rdn. 29.
[954] So ausdrücklich im Distributionsvertrag der Entscheidung *OLG Düsseldorf*, 29.6.2009, I-20 U 247/08, CR 2009, 566; Vorinstanz *LG Düsseldorf*, 10.11.2008, 14c O 223/08, CR 2009, 221.
[955] So im Fall des *LG München I*, 10.5.1994, 7 O 10346/93, BB 1995 Beil. 2 zu Heft 8, S. 9.
[956] Abermals im Fall des *LG München I*, 10.5.1994, 7 O 10346/93, BB 1995 Beil. 2 zu Heft 8, S. 9.
[957] So § 4 Abs. 4 des Distributionsvertrags in der Entscheidung *LG Düsseldorf*, 10.11.2008, 14c O 223/08, CR 2009, 221.

trag vielfach noch Regelungen über eine **gestaffelte Leistungsvergütung,** insbesondere in Form der Gewährung von Rabatten je nach Höhe der Absatzzahlen. Möglich ist auch, dass sich der Softwarehersteller im Vertriebsvertrag zur ständigen Verbesserung und Aktualisierung verpflichtet. Diese Verpflichtung umfasst dann auch eine gegebenenfalls notwendige Anpassung an eine neue Version des benötigten Betriebssystems[958]. Auf die Besonderheiten des Vertriebs von **Apps für Smartphones** und **Tablet-Computer** wird an anderer Stelle dieses Handbuchs ausführlich eingegangen[959].

2. Besondere zu berücksichtigende Vorschriften

a) Anwendbarkeit der Vorschriften über Allgemeine Geschäftsbedingungen

1071   Vertriebsverträge werden oftmals in Form eines Formularvertrags abgeschlossen, der vom Hersteller mehrfach verwendet wird und deshalb in den Anwendungsbereich der §§ 305 ff. BGB fällt. Die Vertragspartner sind grundsätzlich Unternehmer im Sinne des § 14 BGB, sodass die §§ 305 Abs. 2 und 3, 308 und 309 BGB gem. § 310 Abs. 1 BGB nicht eingreifen. Der Vertriebsvertrag ist aber einer **Inhaltskontrolle nach § 307 BGB** zu unterziehen. Wegen eines Verstoßes gegen § 307 Abs. 1 BGB unwirksam ist etwa eine Klausel zur gestaffelten Leistungsvergütung, derzufolge ein Wegfall oder eine wesentliche **Minderung von Rabatten** bei Unterschreiten der vorgesehenen Absatzzahlen vorgesehen ist und diese Rechtsfolge ohne Rücksicht auf ein Verschulden, eine Abmahnung, des Zeitraums der Absatzunterschreitung oder dessen Größenordnung eintreten soll[960]. Wie bei Vertragsstrafen und Schadensersatzpauschalen darf die Sanktion nicht außer Verhältnis zur **Schwere des Vertragsverstoßes** und seinen Folgen für den Vertragspartner stehen[961]. Aus diesem Grund ist auch eine Klausel unwirksam, derzufolge dem Hersteller ein sofortiges Recht zur außerordentlichen Kündigung bei Nichterfüllung der vorgegebenen Abnahmezahlen eingeräumt werden soll[962].

b) Die Anwendbarkeit des GWB sowie der Art. 101, 102 AEUV

1072   Keine besonderen softwarespezifischen Probleme kartellrechtlicher Art entstehen dann, wenn die **Software verkaufsfertig** vom Hersteller an den Händler geliefert wird. Diese Fallkonstellation ist im Hinblick auf die Softwarelieferung kaufvertraglich geprägt, sodass nach wohl unstreitiger Auffassung die allgemeinen kartellrechtlichen Grundsätze über den Vertrieb von Waren eingreifen[963]. Sofern die wettbewerbsbeschränkenden Vereinbarungen den europäischen zwischenstaatlichen Handel und Warenverkehr beeinträchtigen können, was bei Computersoftware infolge der ausgeprägten Internationalität zunehmend der Fall ist, müssen sie sich an Art. 101, 102 AEUV messen lassen. Auch insoweit ist aber zu berücksichtigen, dass auch Vertragshändlersysteme **nicht generell wettbewerbsstörend** sind. Ausschließliche Vertriebsbindungen können im Rahmen von Art. 101 Abs. 3 AEUV sowie den entsprechenden Gruppenfreistellungsverordnungen zulässig sein[964].

1073   Schwieriger stellt sich die Situation dann dar, wenn die Software nicht gleich einer beliebigen Massenware vertrieben werden soll, sondern der Händler die Vervielfäl-

---

[958] Vgl. *OLG Brandenburg*, 30.6.1998, 6 U 90/98, NJW-RR 2000, 931, 932.
[959] Vgl. hierzu unten Rdn. 1137 ff.
[960] Vgl. *BGH* NJW 1994, 1060, 1064.
[961] Vgl. *BGH* NJW 1994, 1060, 1064.
[962] Vgl. *Wolf/Lindacher/Pfeiffer* Klauseln Rdn. V 368.
[963] Vgl. *Schneider* Gl. Nr. L. Rdn. 97.
[964] Ausführlich zur kartellrechtlichen Problematik *Polley* CR 2004, 641 ff.

tigung, die Weiterbearbeitung oder -anpassung und ähnliche Tätigkeiten übernimmt. Zunächst ist festzuhalten, dass es keine spezielle Gruppenfreistellungsverordnung für das Gebiet der Softwareverträge gibt, sondern auf die Gruppenfreistellungsverordnung Nr. 316/2014 für Technologietransfer-Vereinbarungen (**TT-GVO**)[965] abzustellen ist, die gem. Art. 11 TT-GVO am 1.5.2014 in Kraft getreten ist und bis zum 30.4.2026 gilt. Die TT-GVO hat in den Rdn. 62 und 63 der Leitlinien zur Anwendung[966] eine erfreuliche Klarstellung[967] gebracht, die nachfolgend im Originaltext wiedergegeben werden soll:

> *„62. Die Lizenzierung von Software-Urheberrechten für die reine Vervielfältigung und den reinen Vertrieb eines geschützten Werks, das heißt die Erstellung von Kopien für den Weiterverkauf, wird nicht als Produktion im Sinne der TT-GVO angesehen und fällt daher weder unter die TT-GVO noch unter diese Leitlinien. Die Vervielfältigung zum Vertrieb fällt hingegen analog unter die Verordnung (EU) Nr. 330/2010 der Kommission (Vertikal-GVO) und die Leitlinien für vertikale Beschränkungen. Vervielfältigung zum Vertrieb liegt vor, wenn unabhängig vom technischen Vertriebsverfahren eine Lizenz zur Vervielfältigung der Software auf einem Datenträger erteilt wird. So fällt beispielsweise die Lizenzierung von Software-Urheberrechten, bei der der Lizenznehmer eine Stammkopie der Software erhält, damit er die Software vervielfältigen und an Endkunden weiterverkaufen kann, weder unter die TT-GVO noch unter diese Leitlinien. Die TT-GVO und diese Leitlinien gelten auch weder für die Lizenzierung von Software-Urheberrechten und den Vertrieb von Software über sogenannte „Schutzhüllenlizenzen", bei denen davon ausgegangen wird, dass der Endkunde mit dem Öffnen der Verpackung eine Reihe von Bedingungen, die in der Verpackung eines physischen Datenträgers enthalten sind, automatisch akzeptiert, noch für die Lizenzierung von Software-Urheberrechten und den Vertrieb von Software durch Herunterladen aus dem Internet.*
>
> *63. Wenn der Lizenznehmer hingegen die lizenzierte Software in das Vertragsprodukt integriert, handelt es [sich, Anmerkung des Autors] nicht um reine Vervielfältigung, sondern um Produktion. So gelten die TT-GVO und diese Leitlinien beispielsweise für die Lizenzierung von Software-Urheberrechten, bei der der Lizenznehmer das Recht hat, die Software durch Integration in ein Gerät zu vervielfältigen, mit dem die Software interagiert."*

c) Urheberrechtliche Aspekte insbesondere bei OEM-Verträgen und vergleichbaren Verträgen

Bei Massensoftware erscheint es vielen Herstellern vertriebspolitisch sinnvoll, die Verbreitung ihrer Software durch eine Aufspaltung des Verbreitungsrechts in Teilrechte zu steuern und verschiedene Absatzwege sowie Absatzformen zu bilden. Hintergrund dieses Anliegens ist die Absicht, unterschiedliche Anwenderkreise mittels angepassten Vertriebs zu erschließen[968]. In der Wirtschaftsinformatik wird diese

1074

---

[965] Vgl. Verordnung (EU) Nr. 316/2014 der Kommission vom 21.3.2014 über die Anwendung von Art. 101 Absatz 3 des Vertrages über die Arbeitsweise der Europäischen Union auf Gruppen von Technologietransfer-Vereinbarungen, ABl.EU Nr. L 93 vom 28.3.2014, S. 17.
[966] Leitlinien zur Anwendung von Artikel 101 des Vertrags über die Arbeitsweise der Europäischen Union auf Technologietransfer-Vereinbarungen, ABl.EU Nr. C 89 vom 28.3.2014, S. 3.
[967] Positiv auch die Stellungnahmen von *Frank* CR 2014, 349, 350 sowie *Besen/Slobodenjak* GRUR 2014, 740, 744.
[968] Ähnlich *Witte* CR 1999, 65.

Form der Preisgestaltung durch Marktsegmentierung als „**personengebundene Preisdifferenzierung**" bezeichnet, für die es wichtig ist, die Identität des Anwenders zu überprüfen[969]. Unproblematisch an dieser Vorgehensweise ist die schuldrechtliche Bindung des Händlers an die Beschränkungen des Herstellers. Da die entsprechenden Vereinbarungen im Vertriebsvertrag aber **nur zwischen den Vertragsparteien**, also nur zwischen Hersteller und vertragschließendem Händler bzw. Händlern unterschiedlicher Handelsstufe wirken[970], versuchen die Hersteller auch eine dingliche Wirkung gegenüber Dritten, namentlich weiteren Händlern sowie den Anwendern zu begründen. Damit würden die beabsichtigten Einschränkungen auch dann greifen, wenn der erste Händler seine Vertragspflichten verletzt. Diesbezüglich sind verschiedene Erscheinungsformen zu unterscheiden, jedoch wohnt sämtlichen Varianten als Gemeinsamkeit das Bemühen inne, die dingliche Wirkung zu erreichen.

1075 Eine der gebräuchlichsten Erscheinungsformen stellt die sog. OEM[971]-**Software** dar. Bei dieser handelt es sich um Software, die vollständig und lauffähig ist, bei der die zulässige Benutzung aber auf solche Kundenkreise beschränkt werden soll, die gleichzeitig ein bestimmtes anderes Produkt erwerben, in der Regel einen neuen PC[972]. Eine andere Variante geht dahin, den Softwareerwerb nur zuzulassen, wenn der Erwerber bereits Anwender einer **älteren Programmversion** des gleichen Herstellers ist oder auch **Konkurrenzprodukte** eines anderen Herstellers[973] verwendet. Schließlich sieht eine weitere Variante vor, dass die Software nur an bestimmte Personenkreise veräußert werden darf, insbesondere Schüler, Studenten oder Lehrer (sog. **Schullizenzen**). In allen Fällen wird die betreffende Software stark verbilligt, vereinzelt sogar kostenfrei abgegeben, um eine optimale Marktdurchdringung zu erreichen oder Personengruppen an das Produkt zu binden, von denen erwartet wird, dass sie nach Wegfall der Vergünstigungsvoraussetzungen das Produkt zum regulären Preis erwerben und auch Folgeversionen der Software des gleichen Herstellers einsetzen. Übersehen werden darf auch nicht, dass ein Anwender vielfach dem bereits „vorinstallierten" Programm treu bleiben und nicht gegen Entgelt zum Produkt eines anderen Herstellers wechseln wird, wenn er das „vorinstallierte" Programm beim Hardwarekauf zwar stark verbilligt, aber eben doch entgeltlich miterworben hat. Vielfach sind die verbilligten Programmexemplare einschließlich der Handbücher inhaltsidentisch mit den sog. „Vollversionen" und lediglich durch einen Aufkleber[974] oder Aufdruck auf der Verpackung als verbilligte Versionen erkennbar.

1076 Im Rahmen der urheberrechtlichen Diskussion wurde zunächst allein die Frage diskutiert, ob das **Verbreitungsrecht** des Rechtsinhabers auf die gewünschte Art **aufgespalten** werden kann. Die Meinungen hierüber waren in Rechtsprechung und Schrifttum gespalten. Das *KG Berlin*[975] vertrat die Auffassung, § 69c Nr. 3 S. 2 UrhG schließe eine dingliche urheberrechtliche Beschränkung unter dem Gesichtspunkt der Erschöpfung des Urheberrechts nicht zwingend aus. Es folgerte hieraus,

---

[969] Vgl. *Lehmann/Buxmann*, Wirtschaftsinformatik Heft 6/2009, 1, 5 f.
[970] Hierauf hat auch das *OLG München*, 12.2.1998, 29 U 5911/97, NJW 1998, 1649 nochmals hingewiesen. Ebenso *OLG Frankfurt*, 18.8.1998, 5 U 145/97, CR 1999, 7, 8; *Witte* CR 1999, 65, 67.
[971] OEM = Original Equipment Manufacturer.
[972] Vgl. *KG Berlin*, 27.2.1996, 5 U 8281/95, NJW 1997, 330 ff., sowie später *BGH*, 6.7.2000, I ZR 244/97, NJW 2000, 3571 ff.; siehe auch *LG Düsseldorf*, 10.11.2008, 14c O 223/08, MMR 2009, 216 (Ls.) = BeckRS 2008, 25162.
[973] *Witte* CR 1999, 65, 66 bezeichnet dies als „Cross Competitive Upgrade".
[974] So im Fall des *OLG München*, 12.2.1998, 29 U 5911/97, NJW 1998, 1649.
[975] Vgl. *KG Berlin*, 17.6.1997, 5 U 7145/96, CR 1998, 137 ff.; *KG Berlin*, 27.2.1996, 5 U 8281/95, NJW 1997, 330 ff.; *LG Berlin*, 27.8.1996, 16 O 581/95, NJW-RR 1997, 1065 ff.; zustimmend *Erben/Zahrnt* CR 1996, 535 f. sowie *dies.* CR 1998, 265, 269.

dass entsprechende Vertriebsbeschränkungen eines Softwareherstellers auch Dritten gegenüber wirken. Das Vertriebssystem eines weltweit operierenden Softwareherstellers, demzufolge dessen Software im Zusammenhang mit dem Kauf von Hardware billiger abgegeben wird, verstoße auch nicht gegen das GWB oder gegen Art. 34 ff., 101 f. AEUV. Die Vertriebsgestaltung diskriminiere reine Softwarehändler nicht in unzulässiger Weise. Demgegenüber hatten das *LG München I*[976] sowie das *OLG München*[977] für den Fall des gegen die Herstellerbedingungen verstoßenden Verkaufs eines sog. „Updates" als sog. „Vollversion" angenommen, eine Aufspaltung des Verbreitungsrechts sei wegen § 69c Nr. 3 S. 2 UrhG in jedem Fall unzulässig. Die genannte Vorschrift ordne im Falle der Veräußerung von Vervielfältigungsstücken eines Computerprogramms eine umfassende Erschöpfung des Verbreitungsrechts an. Andere Ausnahmen von der Erschöpfung als der ausdrücklich angeordnete Ausschluss des Vermietrechts sehe § 69c Nr. 3 S. 2 UrhG nicht vor. Eine weitergehende Einschränkung der Erschöpfungswirkung wie sie vom betreffenden Hersteller angestrebt werde, erscheine mit dem Wortlaut der Bestimmung nicht vereinbar[978]. Dieser Auffassung hat sich später der 11. Zivilsenat des *OLG Frankfurt*[979] ausdrücklich angeschlossen, während der 6. Zivilsenat des *OLG Frankfurt*[980] dem ausdrücklich nicht zustimmte, sondern im Ergebnis dem *KG Berlin* folgte.

In der Tat bestehen gegen die **dingliche Wirkung** entsprechender Einschränkungen der Weiterverbreitung durchschlagende Bedenken. Dabei muss die Frage, ob der unterschiedliche Wortlaut des § 17 Abs. 2 UrhG auf der einen und des § 69c Nr. 3 UrhG auf der anderen Seite unterschiedliche Rechtsfolgen begründet[981], zugunsten einer Inhaltsidentität beantwortet werden, da die inhaltliche Rechtfertigung der in beiden Regelungen enthaltenen Erschöpfung identisch ist. Da nun aber § 69c Nr. 3 UrhG lex specialis für Computerprogramme ist, sollte auch nicht über die Verweisungsvorschrift des § 69a Abs. 4 UrhG auf § 17 Abs. 2 UrhG abgestellt werden[982]. Letztendlich ergeben sich entsprechend der hier vertretenen Inhaltsidentität durch die unterschiedliche Bezugnahme aber keine Abweichungen. Als Zwischenergebnis kann festgehalten werden, dass damit räumliche, zeitliche oder inhaltliche Beschränkungen gem. § 31 Abs. 1 S. 2 UrhG noch nicht von vornherein ausgeschlossen sind[983], jedoch muss berücksichtigt werden, dass die Aufspaltung eines Nutzungsrechts mit gegenständlicher Wirkung nur zulässig ist, wenn es sich um eine Verwertungsform handelt, die nach der Verkehrsauffassung klar abgrenzbar ist und eine wirtschaftlich und technisch einheitliche und selbständige Nutzungsart darstellt[984]. Dies ist aber weder bei der Koppelung der Software mit einem Computer

1077

---

[976] Vgl. *LG München I*, 1.10.1997, 21 O 15510/97, CR 1998, 141 f.
[977] Vgl. *OLG München*, 12.2.1998, 29 U 5911/97, NJW 1998, 1649 f.
[978] Vgl. *OLG München*, 12.2.1998, 29 U 5911/97, NJW 1998, 1649.
[979] Vgl. *OLG Frankfurt*, 18.8.1998, 5 U 145/97, CR 1999, 7, 8.
[980] Vgl. *OLG Frankfurt*, 18.5.2000, 6 U 63/99, CR 2000, 581, 582.
[981] So wohl *Witte* CR 2000, 654; *ders.* CR 1999, 65, 66; von einer Inhaltsidentität gehen demgegenüber *KG Berlin*, 17.6.1997, 5 U 7145/96, CR 1998, 137, 138; *KG Berlin*, 27.2.1996, 5 U 8281/95, NJW 1997, 330, 331; *LG Berlin*, 27.8.1996, 16 O 581/95, NJW-RR 1997, 1065, 1066; *Schricker/Loewenheim/Spindler* § 69c Rdn. 29; *Wandtke/Bullinger/Grützmacher* § 69c Rdn. 83; *Dreier/Schulze* § 69c Rdn. 20 aus.
[982] A. A. *BGH*, 6.7.2000, I ZR 244/97, NJW 2000, 3571, 3572.
[983] Vgl. *OLG Frankfurt*, 18.8.1998, 5 U 145/97, CR 1999, 7, 9; *Schricker/Loewenheim/Spindler* § 69c Rdn. 29; a. A. *Witte* CR 1999, 65, 66 f.
[984] Allgemeine Meinung vgl. statt vieler *BGH*, 13.10.2004, I ZR 49/03, NJW-RR 2005, 191, 192; *BGH*, 24.10.2002, I ZR 3/00, NJW 2003, 2014, 2015; *BGH*, 6.7.2000, I ZR 244/97, NJW 2000,

noch bei Upgrades oder Schulversionen der Fall[985], was der *BGH* lange Zeit ausdrücklich offen gelassen hat.

1078 Dennoch ist der Streit um die dingliche Wirkung der **OEM-Klauseln** und vergleichbaren Fällen **für die Praxis entschieden**. Der *BGH*[986] hat in diesem Zusammenhang darauf hingewiesen, dass dem Rechtsinhaber nur für die Erstverbreitung seines Werkstücks die Chance gesichert werden soll, ein angemessenes Entgelt zu erzielen. Andernfalls stünde eine übermäßige Belastung des Rechtsverkehrs zu befürchten[987]. Daher kann durch die beschränkte Einräumung eines Verbreitungsrechts nur der Erstverbreitende gebunden werden, während Händler weiterer Vertriebsstufen oder Anwender keine Erlaubnis zur Weiterverbreitung benötigen. Dem steht entgegen, dass das Verbreitungsrecht nach dem ersten Inverkehrbringen mit Zustimmung des Berechtigten erschöpft ist und entsprechend der ausdrücklichen Klarstellung des *BGH* das betreffende Programmexemplar „**für jede Weiterverbreitung frei**" wird[988]. Die Versuche, eine dingliche Beschränkung zu begründen, laufen daher in ihren klassischen Formen allesamt ins Leere[989]. Wird die Software auf der Grundlage des Vertriebsvertrags mit dem Hersteller und deshalb mit seiner Zustimmung an die Endkunden veräußert, so können auch solche Beschränkungen, die einen Weiterverkauf der OEM-Software betreffen, die Zustimmung des Herstellers zur Erstveräußerung selbst dann nicht rückwirkend entfallen lassen, wenn die nachfolgenden Verbreitungsakte gegen die ursprünglichen Begrenzungen des Nutzungsrechts verstoßen[990]. Dies rechtfertigt sich durch den Gedanken, dass die Erschöpfung des Verbreitungsrechts **allein** davon abhängt, ob der Rechtsinhaber dem ersten Inverkehrbringen durch Veräußerung zugestimmt hat[991]. In den Worten des *BGH* ist dies so zu umschreiben, dass „eine (schuldrechtlich) wirksame Beschränkung des Nutzungsrechts sich nicht in der Weise (dinglich) auswirkt, dass der Berechtigte nach dem mit seiner Zustimmung erfolgten Inverkehrbringen weitere Verbreitungsakte daraufhin überprüfen könnte, ob sie mit der ursprünglichen Begrenzung des Nutzungsrechts im Einklang stehen. Vertragliche Bestimmungen, die das Recht zur Weiterveräußerung der überlassenen Software ausschließen oder beschränken, haben allenfalls schuldrechtliche, aber keine dingliche Wirkung"[992].

3571, 3572; *LG München I*, 25.6.2009, 7 O 4139/08, CR 2010, 58; *Schricker/Loewenheim/Spindler* § 69c Rdn. 30 m. w. N. auch zur Rechtsprechung.

[985] Vgl. *Wandtke/Bullinger/Grützmacher* § 69c Rdn. 88; *Witte* CR 1999, 65, 68ff; anders aber *OLG Frankfurt*, 18.5.2000, 6 U 63/99, CR 2000, 581, 582, das bei OEM-Software im Irrtum über die technischen Gegebenheiten von einer „vom Abnehmer in jedem Fall herzustellenden technischen Einheit von Hard- und Software in einer insbesondere technisch aufeinander hinreichend abgestimmten Form" spricht.

[986] Vgl. *BGH*, 6.7.2000, I ZR 244/97, NJW 2000, 3571 ff.; zustimmend *OLG Düsseldorf*, 15.2.2005, 20 U 126/04, CR 2006, 17, 18; *LG Düsseldorf*, 10.11.2008, 14c O 223/08, MMR 2009, 216 (Ls.) = BeckRS 2008, 25162.

[987] Vgl. *BGH*, 6.7.2000, I ZR 244/97, NJW 2000, 3571, 3572; im Zusammenhang mit dem Gebrauchtsoftwarehandel auch *EuGH*, 3.7.2012, C-128/11, NJW 2012, 2565, 2568 Tz. 63 – UsedSoft sowie *BGH*, 11.12.2014, I ZR 8/13, NJW-RR 2015, 1138, 1140 Tz. 36 – UsedSoft III, wo auf die Freiheit des Warenverkehrs abgestellt wird.

[988] Ähnlich auch *BGH*, 19.3.2015, I ZR 4/14, NJW 2015, 3576, 3579 f. Tz. 38 – Green-IT.

[989] Wie hier *BGH*, 19.3.2015, I ZR 4/14, NJW 2015, 3576, 3579 f. Tz. 38; *OLG Düsseldorf*, 15.2.2005, 20 U 126/04, CR 2006, 17, 18; *Hoeren* LMK 2003, 155; *Schuhmacher* CR 2000, 641, 648.

[990] Vgl. *LG Düsseldorf*, 10.11.2008, 14c O 223/08, MMR 2009, 216 (Ls.) = BeckRS 2008, 25162.

[991] Vgl. *LG Düsseldorf*, 10.11.2008, 14c O 223/08, MMR 2009, 216 (Ls.) = BeckRS 2008, 25162 unter ausdrücklicher Berufung auf *BGH*, 6.7.2000, I ZR 244/97, NJW 2000, 3571, 3573.

[992] Vgl. *BGH*, 19.3.2015, I ZR 4/14, NJW 2015, 3576, 3579 f. Tz. 38 – Green-IT.

Anders könnte sich das allenfalls bei einem **Direktvertrieb** des Herstellers an den Endkunden – etwa **über das Internet** – darstellen, worauf der *BGH* mit den Worten hingewiesen hat, einem Hersteller verblieben „unbestreitbar" dann „weiterreichende Gestaltungsspielräume", wenn er dem Anwender die Nutzungsrechte unmittelbar einräume[993]. 1079

Ein besonderes urheberrechtliches Problem kann auch dann festzustellen sein, wenn der Vertriebsvertrag vom Hersteller gekündigt wird, etwa seitens des Insolvenzverwalters im Rahmen einer Insolvenz des Softwareherstellers. Vor dem Hintergrund eines im gesamten Immaterialgüterrecht geführten Streits über den **Bestand von Unterlizenzen** für den Fall des **Wegfalls der Hauptlizenz**[994] könnte hier problematisch sein, ob der Wegfall der Hauptlizenz dazu führt, dass auch der Softwareanwender das Programm nicht mehr benutzen darf, weil sein vom Distributor abgeleitetes Nutzungsrecht ebenfalls entfallen ist. Der *BGH* hat dies indes für den Fall verneint, dass der Anwender das Programm auf Dauer gegen Zahlung eines Einmalentgelts überlassen bekam[995]. Der Anwender darf das bezahlte Programm daher weiter benutzen. Der *BGH* hat diese Rechtsprechung später bestätigt und weiterentwickelt[996], worauf an anderer Stelle nochmals eingegangen wird[997]. 1080

3. Probleme der Vereinbarung einer Mindestabnahmepflicht

a) Die Begründung einer Mindestabnahmepflicht

Bei der Vereinbarung eines ausschließlichen Vertriebsrechts werden in der Regel **Mindestabnahmevereinbarungen**[998] getroffen, deren Abnahmepflicht den Händler auch dann bindet, wenn er die vereinbarte Menge nicht absetzen kann. Derartige Mindestabnahmevereinbarungen, die letztlich nichts anderes darstellen als eine Mindestvergütung zugunsten des Herstellers bzw. Händlers höherer Handelsstufe, sichern letzteren davor, dass der Vertragspartner den Vertrieb nicht oder nicht intensiv genug betreibt und infolge der vereinbarten Exklusivität keine Möglichkeit besteht, die Software anderweitig am Markt zu platzieren. Die Übernahme einer solchen Mindestbezugsverpflichtung stellt daher in der Regel die Gegenleistung des Händlers für das ihm vom Hersteller übertragene Alleinvertriebsrecht dar[999]. Mindestabnahmen werden in der Regel individualvertraglich festgelegt, jedoch finden sie sich vereinzelt auch in Allgemeinen Geschäftsbedingungen[1000]. Ist letzteres der Fall, findet eine Inhaltskontrolle nach § 307 BGB statt[1001]. Die genannte Vorschrift steht einer formularvertraglichen Abnahmepflicht nicht grundsätzlich entgegen[1002]. Wird einem Händler jedoch keine Exklusivität des Vertriebsrechts eingeräumt und steigt die Zahl der diese Software anbietenden Händler bei zahlenmäßig gleichblei- 1081

---

[993] Vgl. *BGH*, 6.7.2000, I ZR 244/97, NJW 2000, 3571, 3573.
[994] Vgl. etwa *Berger* GRUR 2013, 321 ff.; *McGuire* GRUR 2012, 657 ff.
[995] Vgl. *BGH*, 26.3.2009, I ZR 153/06, NJW-RR 2010, 186, 188 Tz. 17 ff.
[996] Vgl. *BGH*, 19.7.2012, I ZR 70/10, NJW 2012, 3301, 3303 Tz. 23 ff.; *BGH*, 19.7.2012, I ZR 24/11, NJW-RR 2012, 1127 Tz. 14 ff.
[997] Vgl. zu diesem Problem bei Hinterlegungsvereinbarungen auch unten Rdn. 1790.
[998] Vgl. etwa den Fall des *OLG Frankfurt*, 19.11.1992, 6 U 71/91, CR 1994, 156 zu einem Distributionsvertrag über PC-Software.
[999] Vgl. *BGH*, 12.7.1995, VIII ZR 219/94, NJW-RR 1995, 1327, 1329; *BGH*, 6.2.1985, VIII ZR 15/84, NJW 1986, 124, 126.
[1000] Vgl. den vom *OLG Frankfurt*, 19.11.1992, 6 U 71/91, CR 1994, 156 ff. entschiedenen Fall.
[1001] Vgl. *OLG Frankfurt*, 19.11.1992, 6 U 71/91, CR 1994, 156, 157.
[1002] Vgl. *Wolf/Lindacher/Pfeiffer* Klauseln Rdn. V 338.

bender Abnahmepflicht des ersten Händlers, spricht dies für eine Unangemessenheit und damit Unwirksamkeit nach § 307 BGB[1003].

b) Die Nichterfüllung der Mindestabnahmepflicht

1082 Typischerweise soll mit der Festlegung einer Mindestabnahmeverpflichtung in einem Vertriebsvertrag noch kein Kaufvertrag über die vereinbarte Mindestmenge abzunehmender Softwareexemplare geschlossen, sondern nur die Verpflichtung des Händlers begründet werden, in dem festgelegten Zeitraum Kaufverträge über die vereinbarte Zahl von Programmexemplaren abzuschließen[1004]. Führt die Vertragsauslegung zu dem Ergebnis, dass noch keine Kaufverträge in entsprechender Zahl oder kein Kaufvertrag über die Gesamtmenge abgeschlossen wurden, so kann der Softwarehersteller bei Unterschreitung der Abnahmemenge **nicht Zahlung des Kaufpreises** Zug um Zug gegen Lieferung der Programmexemplare fordern. Besteht er auf Erfüllung der Mindestabnahmepflicht, muss er nach Auffassung des *BGH*[1005] ähnlich wie bei einem Vorvertrag zunächst die geschuldete Leistung, nämlich den **Abschluss von Kaufverträgen** über die vereinbarte Mindestmenge **einklagen**. Solange es am Abschluss des Hauptvertrags fehlt, kann eine Klage auf Erfüllung der aus dem Hauptvertrag geschuldeten Leistung allenfalls mit der vorrangigen Klage auf Abschluss des Hauptvertrags verbunden[1006], nicht aber isoliert erhoben werden[1007].

1083 Erfüllt der Händler seine Abnahmepflicht nicht, kann der Hersteller das Vertragsverhältnis wegen dieses **pflichtwidrigen Verhaltens** vorzeitig **kündigen**. Aus § 314 Abs. 2 S. 1 BGB folgt eine Verpflichtung zur Nachfristsetzung. Möglich ist aber auch, dass der Hersteller trotz unterschrittener Abnahmezahlen ein Interesse daran hat, die Vertragsbeziehung fortzusetzen. Er muss dann, möchte er wegen der teilweisen Nichterfüllung der Abnahmepflicht **Schadensersatz** verlangen, nicht den gesamten noch nicht erfüllten Vertrag kündigen. Vielmehr steht es ihm frei, seine Ersatzansprüche nach §§ 281 Abs. 1, 323 Abs. 1 BGB nur für die **nicht abgenommenen Teilmengen** geltend zu machen[1008]. Voraussetzung eines Schadensersatzanspruchs des Herstellers ist dementsprechend gem. § 281 Abs. 1 BGB grundsätzlich eine Nachfristsetzung. Eine Fristsetzung ist indes nach § 281 Abs. 2 BGB entbehrlich, wenn der Händler ernstlich und endgültig die Erfüllung seiner Abnahmepflicht verweigert oder wenn besondere Umstände vorliegen, die unter Abwägung der beiderseitigen Interessen die sofortige Geltendmachung des Schadensersatzanspruchs rechtfertigen.

1084 Hinsichtlich des **Schadensersatzanspruchs** des Herstellers ist zu beachten, dass dieser so zu stellen ist, wie er bei ordnungsgemäßer Abnahme der vollen Programmzahl stehen würde. Vom vereinbarten Entgelt ist die **Umsatzsteuer** abzuziehen, da der Schadensersatz nicht mehr im Austauschverhältnis mit einer Leistung steht und daher keinen steuerpflichtigen Umsatz begründet[1009]. Abzuziehen sind darüber hinaus die **ersparten Herstellungskosten**, jedoch ist zu berücksichtigen, dass die Herstellung weiterer Vervielfältigungsstücke bei Computerprogrammen nur einen ge-

---

[1003] Einen Verstoß gegen § 9 Abs. 2 Nr. 1 AGBG a. F. (= § 307 Abs. 2 Nr. 1 BGB) sieht das *OLG Frankfurt*, 19.11.1992, 6 U 71/91, CR 1994, 156, 157.
[1004] Vgl. *BGH*, 12.7.1995, VIII ZR 219/94, NJW-RR 1995, 1327, 1329.
[1005] Vgl. *BGH*, 12.7.1995, VIII ZR 219/94, NJW-RR 1995, 1327, 1329.
[1006] Vgl. *BGH*, 12.7.1995, VIII ZR 219/94, NJW-RR 1995, 1327, 1329.
[1007] Vgl. *BGH*, 12.7.1995, VIII ZR 219/94, NJW-RR 1995, 1327, 1329.
[1008] Vgl. *BGH*, 6.2.1985, VIII ZR 15/84, NJW 1986, 124, 125 f.
[1009] Vgl. *OLG Frankfurt*, 10.6.1992, 19 U 103/91, CR 1993, 284, 285 unter Berufung auf *BGH*, 21.11.1991, VII ZR 4/90, NJW-RR 1992, 411.

ringen Aufwand erfordert, der Abzug im Vergleich zu anderen Waren daher verhältnismäßig gering ausfällt. Das *OLG Frankfurt* hat einen Kostenanteil von 10 % des um die Umsatzsteuer reduzierten Verkaufspreises angesetzt[1010]. Neben dem durch Verzug begründeten Schadensersatzanspruch kann ein solcher auch aus §§ 280 Abs. 1, 241 Abs. 2 BGB in Betracht kommen. Der Erfolg eines auf längere Zeit angelegten Alleinvertriebsverhältnisses hängt wesentlich davon ab, dass beide Vertragspartner ihre wechselseitig voneinander abhängigen Leistungen in bestmöglicher Weise erbringen und dabei die Interessen des anderen Teils berücksichtigen und wahren. Hieraus folgt eine **besondere Treuepflicht,** die verletzt sein kann, wenn der Händler schuldhaft seine Abnahmezahlen nicht einhält und dadurch beim Hersteller Kosten sowie Einnahmeausfälle verursacht[1011].

4. Die Beendigung des Vertragsverhältnisses

Ein **zeitlich befristeter Vertriebsvertrag** endet wie andere befristete Dauerschuldverhältnisse mit Ablauf der vereinbarten Vertragslaufzeit[1012]. Für einen **zeitlich unbefristeten Vertriebsvertrag** kann eine **ordentliche Kündigung** formularvertraglich vereinbart werden. Für eine ordentliche Kündigung ist ein Kündigungsgrund regelmäßig nicht erforderlich. Auch muss die Kündigung nach dem allgemeinen Zivilrecht weder begründet noch gerechtfertigt werden[1013]. Die Grenzen der Zulässigkeit einer Kündigung werden allein durch das Verbot sittenwidrigen Handelns, das Schikaneverbot sowie die Grundsätze von Treu und Glauben bestimmt. Innerhalb der so bestimmten Grenzen ist eine Kündigung daher auch bei einer über längere Zeit ungestört verlaufenden Geschäftsbeziehung üblich und zulässig[1014]. Die Ausübung einer vertraglich vereinbarten ordentlichen Kündigung unterfällt, sofern die Kündigungsfrist angemessen ist und keine besonderen Umstände hinzutreten, auch nicht dem Verbotstatbestand des § 19 GWB[1015]. Sowohl zeitlich befristete als auch zeitlich unbefristete Vertriebsverträge können aus wichtigem Grund **außerordentlich gekündigt** werden. Dies gilt selbst dann, wenn die Softwareüberlassung zum Vertrieb „unwiderruflich" sein sollte[1016]. **Maßgeblicher Zeitpunkt** für das Vorliegen eines wichtigen Grundes ist der Zeitpunkt der Kündigung[1017]. Besteht der Kündigungsgrund in einer **Vertragsverletzung,** ist gem. § 314 Abs. 2 BGB grundsätzlich eine Fristsetzung zur Abhilfe oder eine erfolglose Abmahnung Kündigungsvoraussetzung[1018]. Die Befugnis zur außerordentlichen Kündigung kann weder **individualvertraglich** noch in **Allgemeinen Geschäftsbedingungen** vollständig ausgeschlossen werden[1019]. Sofern eine Klarstellung und Konkretisierung der Voraussetzungen einer außerordentlichen Kündigung in Allgemeinen Geschäftsbedingungen erfolgt, ist dies nur dann zulässig, wenn das Kündigungsrecht beiden Vertragspartnern gleichermaßen zusteht. Andernfalls verstößt die Klausel gegen das Prinzip der Gleichheit und ist nach § 307 Abs. 1 BGB unwirksam.

1085

[1010] Vgl. *OLG Frankfurt,* 10.6.1992, 19 U 103/91, CR 1993, 284, 285.
[1011] Vgl. *BGH,* 6.2.1985, VIII ZR 15/84, NJW 1986, 124, 126.
[1012] Allgemein *Palandt/Grüneberg* § 314 Rdn. 13.
[1013] Vgl. *BGH,* 21.2.1995, KZR 33/93, NJW-RR 1995, 1260, 1262 f. m. w. N.
[1014] Vgl. *BGH,* 21.2.1995, KZR 33/93, NJW-RR 1995, 1260, 1262 f.
[1015] Vgl. noch zu § 26 Abs. 2 GWB a. F. *BGH,* 21.2.1995, KZR 33/93, NJW-RR 1995, 1260, 1262 f.
[1016] Vgl. *OLG Brandenburg,* 30.6.1998, 6 U 90/98, NJW-RR 2000, 931.
[1017] Vgl. *BGH,* 26.3.2008, X ZR 70/06, NJW-RR 2008, 1155, 1156 Tz. 15.
[1018] Vgl. *BGH,* 26.3.2008, X ZR 70/06, NJW-RR 2008, 1155, 1156 Tz. 15.
[1019] Vgl. *BGH,* 8.2.2012, XII ZR 42/10, NJW 2012, 1431, 1432 Tz. 27; *Palandt/Grüneberg* § 314 Rdn. 3.

1086 Für die Zeit nach Beendigung des Vertriebsvertrags muss geregelt werden, wer den **Kundenstamm** und/oder den **Goodwill** übernimmt und welches Entgelt hierfür zu entrichten ist. Nach der Rechtsprechung des *BGH* kommt bei den sog. Vertragshändlern eine **analoge Anwendung des § 89b HGB** in Betracht, wenn der Vertragshändler in die Absatzorganisation des Herstellers oder Lieferanten eingebunden ist und der Vertragshändler ferner verpflichtet ist, dem Hersteller oder Lieferanten seinen Kundenstamm zu übertragen, d.h. seine Kundendaten zu übermitteln, sodass dieser sich bei Vertragsende die Vorteile des Kundenstamms sofort und ohne weiteres nutzbar machen kann[1020]. Der *BGH* hat die analoge Anwendung des § 89b HGB auf softwarespezifische Distributorverträge bestätigt[1021]. Der Ausgleichsanspruch des § 89b HGB kann nach Abs. 4 S. 1 dieser Vorschrift im voraus **nicht ausgeschlossen** werden. Dies gilt unabhängig davon, ob der Händler im konkreten Fall schutzbedürftig ist oder nicht[1022]. Eine vertragliche Abrede über die Frage nach der Weiterverwertung des Kundenstamms und/oder des Goodwill ist insbesondere dann von großer Bedeutung, wenn nicht nur der Hersteller, sondern auch der Händler in der Lage ist, Folgegeschäfte mit den Anwendern abzuschließen, etwa durch Pflegeverträge oder die Lieferung von Programmerweiterungen, Tools oder Alternativprodukten gegebenenfalls auch anderer Hersteller. Der Händler trägt die Beweislast für das Vorliegen der Voraussetzungen des Ausgleichsanspruchs nach § 89b Abs. 1 Nr. 1 und 2 HGB auch bei einem Distributorvertrag[1023].

X. Application Service Providing (ASP) und Software as a Service (SaaS)

Inhaltsübersicht

	Rdn.		Rdn.
1. Erscheinungsformen und tatsächlicher Hintergrund	1087	cc) Die öffentliche Zugänglichmachung	1101
2. ASP/SaaS und Urheberrecht	1096	3. Der Vertrag zwischen Anbieter und Anwender	1105
a) Die Programmnutzung durch den Anwender	1098	4. Die Beteiligung Dritter	1110
b) Die Programmverwertung durch den Anbieter	1099	5. Datenschutzrechtliche Probleme	1111
aa) Die Vervielfältigung	1099	6. Besondere Formen der Streitschlichtung	1114
bb) Die Vermietung	1100		

Schrifttum: *Albert*, Kommerzielle Nutzung von Computerprogrammen, CR 2000, 345 ff.; *Behnes/Nink/Rohde*, Nutzung internetbasierter Datenbankanwendungen – Haftung des Lizenznehmers für Quellensteuern des ausländischen Anbieters. Was bei Ausgestaltung der Rechteeinräumung und Steuerfolgen für Software aus der Cloud zu beachten ist, CR 2016, 281 ff.; *Bettinger/Scheffelt*, Application Service Providing: Vertragsgestaltung und Konflikt-Management, CR 2001, 729 ff.; *Blöse/Pechardscheck*, Die rechtliche Absicherung von IT-Outsourcing-Projekten, CR 2002, 785 ff.; *Borges/Meents*, Cloud Computing, 2016; *Bräutigam*, SLA: In der Praxis alles klar? CR 2004, 248 ff.; *Czychowski/Bröcker*, ASP – Ein Auslaufmodell für das Urheberrecht?, MMR 2002, 81 ff.; *Dietrich*, ASP – Öffentliche Zugänglichmachung oder unbekannte Nutzungsart, ZUM 2010, 567 ff.; *Eichler*, Schuldrecht und IT – Softwareverträge, ASP und neues Recht, Anwalt Heft 5/2002, 21 ff.; *Fallenböck*, Application Service Providing (ASP) – rechtlich betrachtet, medien und recht 2002, 3 ff.; *Grohmann* (Hrsg.), ASP – Application Service Providing – Software auf Mietbasis: Kos-

---

[1020] Vgl. *BGH*, 17.4.1996, VIII ZR 5/95, NJW 1996, 2159, 2160.
[1021] Vgl. *BGH*, 1.10.2008, VIII ZR 13/05, CR 2009, 83, 84 Tz. 18.
[1022] Vgl. *BGH*, 6.2.1985, I ZR 175/82, NJW 1985, 3076.
[1023] Vgl. *BGH*, 1.10.2008, VIII ZR 13/05, CR 2009, 83, 84 Tz. 20; nicht softwarespezifisch *BGH*, 12.9.2007, VIII ZR 194/06, BB 2007, 2475 Tz. 24 = BeckRS 2007, 16956.

ten sparen. Vorteile nutzen, 2002; *Grützmacher*, „Software aus der Datendose" – Outsourcing, Cloud, SaaS & Co. Zur Einordnung von „Fernnutzungsrechten" in das System der urheberrechtlichen Nutzungs- und Verwertungsrechte, CR 2015, 779 ff.; *ders.*, Application Service Providing – Urhebervertragsrechtliche Aspekte, ITRB 2001, 59 ff.; *Helwig/Koglin*, Service Level Agreements für Software as a Service-Dienste, in: Taeger/Wiebe, Inside the Cloud – Neue Herausforderungen für das Informationsrecht, 2009, S. 175 ff.; *Heymann*, Outsourcing als Form der Kooperation, CR 2000, 23 ff.; *Intveen/Lohmann*, Die Haftung des Providers bei ASP-Verträgen, ITRB 2002, 210 ff.; *Koch*, Client Access License – Abschied von der Softwarelizenz? ITRB 2011, 42 ff.; *ders.*, Application Service Providing als neue IT-Leistung. Eine erste Orientierung im Hinblick auf Leistungsbild und anwendbares Vertragsrecht, ITRB 2001, 39 ff.; *Köhler-Schute*, Software as a Service, 2009; *Liesegang*, Technische Aspekte der Fernnutzung von Software im Kontext urheberrechtlicher Fragen, CR 2015, 776 ff.; *Müller-Hengstenberg/Kirn*, Vertragscharakter des Application Service Providing-Vertrags, NJW 2007, 2370 ff.; *Niedermeier/Damm*, Application Service Providing und Datenschutz, RDV 2002, 213 ff.; *Niemann/Paul*, Praxishandbuch Rechtsfragen des Cloud Computing, 2014; *Nordmeier*, Cloud Computing und Internationales Privatrecht. Anwendbares Recht bei der Schädigung von in Datenwolken gespeicherten Daten, MMR 2010, 151 ff.; *Peter*, Verfügbarkeitsvereinbarungen beim ASP-Vertrag, CR 2005, 404 ff.; *Pohle/Ammann*, Software as a Service – auch rechtlich eine Evolution? K&R 2009, 625 ff.; *Röhrborn/Sinhart*, Application Service Providing – juristische Einordnung und Vertragsgestaltung, CR 2001, 69 ff.; *Roth-Neuschild*, Vertragliche Absicherung der Verfügbarkeit bei Software as a Service, ITRB 2012, 67 ff.; *Schmitz*, Vertraulichkeitsklauseln und Outsourcing, CR 2012, 557 ff.; *Schoengarth*, Application Service Providing. Vertragsgestaltung und Risiken, insbesondere Betriebsausfallschäden, 2005; *Schumacher*, Service Level Agreements: Schwerpunkt bei IT- und Telekommunikationsverträgen, MMR 2006, 12 ff.; *Schuster*, Rechtsnatur der Service Level bei IT-Verträgen. Wie die Gestaltung von Service Levels die Leistung, die Gewährleistung und den Vertragstyp konkretisiert, CR 2009, 205 ff.; *Schuster/Reichl*, Cloud Computing & SaaS: Was sind die wirklich neuen Fragen? CR 2010, 38 ff.; *Sedlmeier/Kolk*, ASP – Eine vertragstypologische Einordnung, MMR 2002, 75 ff.; *Selk*, Das Schicksal von ASP- und SaaS-Services in der Insolvenz des Anbieters, ITRB 2012, 201 ff.; *Söbbing*, Die Zulässigkeit von sog. „Hostingklauseln" in Lizenzbedingungen, MMR 2007, 479 ff.; *Sun Microsystems*, Die Elemente des ASP-Marktes, 2001; v. *Westerholt/Berger*, Der Application Service Provider und das neue Schuldrecht – Vertragsrechtliche Fragen zu seiner Stellung zwischen Lieferanten und Kunden, CR 2002, 81 ff.; *Wulf*, Serververträge und Haftung für Serverausfälle. Eine Analyse der vertragstypologischen Einordnung und des Haftungsumfangs, CR 2004, 43 ff.

1. Erscheinungsformen und tatsächlicher Hintergrund

Im Rahmen der Auslagerung und Übertragung IT-bezogener Tätigkeiten auf Dritte (Outsourcing[1024]) wurde vor einigen Jahren das Geschäftsmodell des Application Service Providing (ASP) entwickelt. Dieses basiert in seinem gedanklichen Ansatz auf der gar nicht so neuen Idee, Computersoftware nicht auf jedem Arbeitsplatzrechner zu installieren, sondern auf einem Internet-Server zum Abruf bereitzuhalten. Während hierfür jedoch in der Vergangenheit die Geringhaltung der Hardwarekosten einen zentralen Motivationsgrund darstellte, spielt dieser Aspekt bei ASP eine geringere Rolle. Durch die Bereitstellung von Softwareanwendungen (Applications) mittels Telekommunikation, sei es das Internet, ein spezielles geschlossenes Netz oder eine Standleitung, wird dem Anwender die **Möglichkeit zur Programmnutzung** eröffnet[1025]. Verschiedentlich wird daher auch von der „Fernnutzung von Software" gesprochen[1026].

1087

[1024] Im Rahmen der vorliegenden Abhandlung wird unter dem IT-Outsourcing allgemein die Abgabe von IT-bezogenen Unternehmensaufgaben und -strukturen durch Verlagerung auf Dritte verstanden, vgl. unten Rdn. 1120. Zu diesen Dritten zählen auch Application Service Provider. Eine andere Abgrenzung findet sich bei v. *Westerholt/Berger* CR 2002, 81, 82; ähnlich wie hier aber *Blöse/Pechardscheck* CR 2002, 785.
[1025] *Kloos/Wagner* CR 2002, 865 ff. erkennen hierin ein weiteres Beispiel eines sog. „Verfügbarkeitsvertrags". Sie sehen einen Trend vom Eigentum zur Verfügbarkeit als entscheidendes wirt-

1088 Gleichzeitig entfällt für den Anwender die Notwendigkeit, die mitunter **hohen Anschaffungskosten** für die Software einschließlich der hohen **Gehälter für** die entsprechenden **Fachleute** zu tragen (**Finanzierungsfunktion**) und sich um die Installation und Anpassung des Programms, die Sicherung der Ablauffähigkeit oder den Erwerb neuer Programmversionen entsprechend dem jeweils aktuellen Stand der Technik kümmern zu müssen (**Tätigkeitsverlagerung**). Auch kann die Anwendung mitunter sofort genutzt werden und nicht erst nach einer gegebenenfalls erforderlichen Umstellung der eigenen IT (**Geschwindigkeitsaspekt**). Insgesamt kann sich der Anwender daher auf sein Kerngeschäft konzentrieren und die Kompetenzen des ASP-Anbieters nutzen. Auf Änderungen der Nutzungsintensität kann im Rahmen der vertraglichen Bindungen kurzfristig reagiert werden (**Skalierbarkeit der Leistungen**). Auch ist es hier einfach zu realisieren, dass Mitarbeiter über beliebige Geräte auf den Server zugreifen können, da dies bei webbasierten Lösungen einfacher umzusetzen ist als bei nicht webbasierten. Dieser Vorteil wirkt sich insbesondere bei dezentralen Unternehmensstrukturen oder dem Erfordernis sonstiger **Ortsunabhängigkeit** (mobile Mitarbeiter, home office) aus. Dem steht eine Vergütung des Anbieters gegenüber, die sich häufig als Monatspauschale etwa auf der Basis der Zahl der angeschlossenen Nutzer darstellt. Gegebenenfalls kann das Entgelt auch von der Häufigkeit oder Intensität der Programmnutzung abhängig sein (pay per use) oder auch von bestimmten Erfolgskriterien wie der Reduzierung eines Lagerbestands.

1089 Einfluss auf die Höhe des Entgelts können auch Faktoren wie die Verfügbarkeit, die Antwortzeit oder der Zugriff auf zusätzliche Leistungen haben. In jedem Fall ist das **Entgelt kalkulierbarer** als die mitunter unvorhersehbar steigenden Kosten eines Eigenbetriebs (Planbarkeit und Transparenz der Kosten)[1027]. Auf der anderen Seite ist zu berücksichtigen, dass die ASP-Kosten anders als bei gekaufter Software jeden Monat unerbittlich weiter laufen. Der Kostenvorteil kann daher nach einigen Jahren aufgezehrt sein. Eine genaue Kostenberechnung ist aber schwierig, da auch die Pflege gekaufter Software häufig versteckte unternehmensinterne Kosten verursacht und der Anwender bei gekaufter Software zudem für jedes Programmupdate zahlen muss.

1090 Über die bloße Bereitstellung der Nutzungsmöglichkeit der Software hinaus eröffnet der Gedanke der Tätigkeitsverlagerung aber noch weitere **Leistungsfelder** des Anbieters. So kann etwa der ganze Betrieb eines Rechenzentrums angeboten werden, zu dessen Bestandteilen die Zurverfügungstellung von Speicherplatz einschließlich der Sicherung und Pflege der Anwenderdaten (**Datahousing**), die Erstellung und Pflege von Datenbanken (**Datawarehousing**[1028]) sowie die Anwenderunterstützung (**Anwender-Support**)[1029] zählen können[1030]. Derartige Zusatzleistungen sind jedoch

---

schaftliches Kriterium und propagieren einen „Verfügbarkeitsvertrag" als eigenen Vertragstyp, auf den je nach Leistungsteil Kauf-, Werklieferungs-, Werk- oder Mietvertragsrecht Anwendung finden soll. Auch *Hilty* MMR 2003, 3 ff. sieht in der „datenträgerfreien Softwarenutzung" eine neue Form der Softwarenutzung und möchte vor diesem Hintergrund vertagstypologische Konsequenzen ziehen.

[1026] Vgl. *Liesegang* CR 2015, 776; *Grützmacher* CR 2015, 779; *Auer-Reinsdorff/Conrad/Roth-Neuschild*, 2. Aufl. 2016, § 13 Rdn. 49 („Nutzung von IT-Ressourcen im Fernzugriff").

[1027] Dies betonen auch *Röhrborn/Sinhart* CR 2001, 69, 70.

[1028] Unter dem Begriff „Datawarehouse" wird eine Datenbank mit zahlreichen Informationen verstanden, die der Entscheidungsfindung innerhalb eines Unternehmens dienen. Diese Datenbanken sind auf schnelle Online-Abfragen und die Lieferung prägnanter, zusammenfassender Informationen ausgelegt.

[1029] So im Fall des *LG Essen*, 16.12.2016, 16 O 174/16, CR 2017, 427.

[1030] Vgl. *LG Essen*, 16.12.2016, 16 O 174/16, CR 2017, 427; *v. Westerholt/Berger* CR 2002, 81, 84; *Röhrborn/Sinhart* CR 2001, 69, 70.

nicht notwendiger Bestandteil des ASP, weshalb auf sie an dieser Stelle nicht im Detail eingegangen werden muss. Angesichts der Bandbreite dieser Zusatzleistungen wird jedoch deutlich, dass der Anbieter häufig nicht das gesamte Leistungspaket allein erfüllt, sondern **arbeitsteilig mit Kooperationspartnern**[1031]. Dies wirft rechtliche Probleme auf, auf die unten zurückzukommen sein wird[1032].

Vor dem oben dargelegten Hintergrund kann das ASP-Geschäftsmodell wie folgt charakterisiert werden, wobei nachdrücklich darauf hingewiesen werden muss, dass der betreffende Markt einem **ständigen Wandel** unterfällt und der Begriff ASP selbst mit der Entwicklung des Marktes immer neuen Inhalt anzunehmen scheint[1033]:

– Der Anbieter ist **Inhaber der urheberrechtlichen Nutzungsrechte** der Software und verwaltet die Lizenzen[1034];
– die **Infrastruktur** befindet sich im Datenzentrum des Anbieters, ihm gehört die entsprechende Hardware[1035];
– der Service wird über **Pauschalen** oder nutzungsabhängig abgerechnet;
– **Standardimplementierungen** sind durch die Gebühren abgedeckt, darüber hinausgehende Leistungen kosten extra;
– der Anbieter ist für das **System-Management** und den Betrieb verantwortlich[1036];
– die Applikationsfunktionen werden via **IP-Techniken** (Internet oder Virtual Private Networks[1037]) zur Verfügung gestellt[1038];
– die Applikationen werden an **mehrere Anwender** vermietet (one-to-many[1039]) und müssen daher mandantenfähig sein.

1091

Die ursprünglich für ASP **vorhergesagten Wachstumsraten** für den ASP-Markt, die von einer geradezu explosionsartigen Ausbreitung dieses Geschäftsmodells ausgingen[1040], haben sich **nicht eingestellt**. Ein Hauptgrund für dieses Scheitern dürfte darin zu sehen sein, dass ausreichende **Bandbreiten** der Telekommunikation fehlten, die ein akzeptabel schnelles Laden der jeweiligen Anwendungen ermöglicht hätten. Dieses Problem ist mittlerweile gelöst. Möglicherweise war auch die Tatsache, dass ASP oft auf **komplexe Programme** abzielte, die bevorzugt im eigenen Haus betreut wurden, ein weiterer Grund für das Scheitern. Vielleicht lag es aber auch daran, dass es an **begleitenden Dienstleistungen** mangelte, die aus der Idee des ASP ein erfolgreiches Geschäftsmodell hätten machen können. In jedem Fall sind indes auch diese Gründe behebbar.

1092

Da dem Akronym ASP aber seit etwa dem Jahr 2001/2002 das Image des Gescheitertseins anhaftet, wurde die alte Idee vor einiger Zeit unter dem neuen Namen

1093

[1031] Vgl. *Peter* CR 2005, 404, 405 Fußn. 3; *Bettinger/Scheffelt* CR 2001, 729, 730.
[1032] Vgl. hierzu unten Rdn. 1110.
[1033] Vgl. *Müller-Hengstenberg/Kirn* NJW 2007, 2370; *Sun* S. 4, bemerkenswert S. 9: „Versuchen Sie nicht, die Funktion eines ASPs eindeutig festzulegen."
[1034] Vgl. *Peter* CR 2005, 404, 405.
[1035] Vgl. *BGH*, 15.11.2006, XII ZR 120/04, NW 2007, 2394 Tz. 12.
[1036] Vgl. *Peter* CR 2005, 404, 405.
[1037] Mit dem Begriff Virtual Private Network wird eine sichere, verschlüsselte private Verbindung über öffentliche Netze wie z. B. das Internet belegt.
[1038] Vgl. *BGH*, 15.11.2006, XII ZR 120/04, NW 2007, 2394 Tz. 12; *Borges/Meents*, 2016, § 4 Rdn. 37; *Peter* CR 2005, 404, 405.
[1039] Das sog. one-to-many-Modell stellt den Regelfall des ASP dar. Bei ihm wird die Anwendung einem breiten Kundenkreis zur Nutzung angeboten. Demgegenüber ist bei einer auf spezielle Bedürfnisse zugeschnittenen Anwendung von einem one-to-one-Modell die Rede.
[1040] Das Marktpotenzial sollte von 986 Millionen US-Dollar im Jahre 2000 auf zwischen 5 und 25 Milliarden US-Dollar im Jahre 2005 steigen; vgl. etwa die Prognose von Sun Microsystems aus dem Jahre 2001, Die Elemente des ASP-Marktes, S. 6.

Software as a Service (SaaS) wiederbelebt. Während ASP und SaaS vielfach als **inhaltsidentisch** verstanden werden[1041], betonen andere gewisse **Unterschiede**, etwa im Hinblick auf die Softwarearchitektur, das Unternehmensprofil, die Anpassungsfähigkeit beim Kunden sowie die Systemarchitektur beim Anwender[1042].

1094 Sowohl ASP als auch SaaS sind Geschäftsmodelle der **zeitlich befristeten Softwarenutzung.** Die Anwender nutzen **definierte Services** für einen **vertraglich vereinbarten Zeitraum** gegen Entgelt. Der Zugriff erfolgt regelmäßig via Internet. ASP-Angebote sind jedoch zu 90 bis 100 Prozent standardisiert. Ein Service-Angebot mit einem bestimmten Funktionsumfang wird grundsätzlich von vielen Kunden genutzt. Die Applikationen bedürfen regelmäßig keiner oder einer nur geringen Anpassung an die Kundenbedürfnisse (Customizing). Vielfach bietet der ASP-Anbieter nur einen vorgegebenen ServiceLevel an. Bei SaaS sind demgegenüber etwa 30 bis 40 Prozent des Services an die konkreten Bedürfnisse eines Kunden angepasst, es müssen keine Funktionen vergütet werden, die nicht wirklich benötigt werden. Da SaaS besser auch bei komplexen Systemlösungen eingesetzt werden kann, ist der Anteil an Beratungsleistungen hier tendenziell höher als bei ASP-Software. Mit ASP-Verträgen binden sich die Kunden oft nur für einen Zeitraum von zwölf bis 24 Monaten, während die Vertragslaufzeit bei SaaS vielfach drei bis fünf Jahre beträgt.

1095 Unter juristischem Gesichtspunkt sind die aufgezählten Unterschiede aber nicht so gravierend, wie es möglicherweise die unterschiedlichen Namen erscheinen lassen könnten[1043]. Die **urheberrechtlichen** Probleme sind **weitestgehend deckungsgleich** mit einer gewissen Akzentverschiebung dahingehend, dass SaaS häufiger direkt vom Softwarehersteller angeboten wird als ASP. **Vertragsrechtlich** sind beim SaaS meist **mehr Teilleistungen** zu berücksichtigen als beim ASP. Vor dem Hintergrund dieser geringen Unterschiede können beide Erscheinungen gemeinsam behandelt werden, weshalb nachfolgend regelmäßig von ASP/SaaS gesprochen wird.

2. ASP/SaaS und Urheberrecht

1096 Sofern der Anbieter fremde, d.h. **von Dritten geschaffene Software** zur Nutzung zur Verfügung stellt, was beim gängigen ASP den Regelfall bildet[1044], stellt sich angesichts der Tatsache, dass die überlassene Software grundsätzlich urheberrechtlich geschützt ist[1045], die Frage, welche urheberrechtlichen Nutzungsrechte der Anbieter inne haben muss, um seine Verpflichtungen gegenüber dem Anwender erfüllen zu können. Zu berücksichtigen ist in diesem Zusammenhang, dass die Einräumung eines umfassenden Nutzungsrechts seitens des Softwareherstellers an den ASP/SaaS-Anbieter bis zur Änderung des UrhG durch das Zweite Gesetz zur Regelung des Urheberrechts in der Informationsgesellschaft[1046] immer nur die zur Zeit des Vertragsschlusses bekannten Nutzungsarten umfasste, denn gem. § 31 Abs. 4 UrhG a.F. war die Einräumung von Nutzungsrechten für noch **nicht bekannte Nutzungsarten** sowie Verpflichtungen hierzu unwirksam. Nach der ständigen Rechtsprechung des

---

[1041] So etwa *Peter* CR 2005, 404.
[1042] Vgl. etwa *Sander*, SaaS versus ASP, www.it-daily.net/studien/studien-der-woche/1312-saas-versus-asp. Unterschiede sehen auch *Borges/Meents*, 2016, § 4 Rdn. 31.
[1043] So grundsätzlich auch *Pohle/Ammann* K&R 2009, 625, 626 f.
[1044] Vgl. v. *Westerholt/Berger* CR 2002, 81, 84. Zur Abgrenzung der Softwarehersteller (Independent Software Vendors – ISVs) und den Anbietern von ASP sowie zum Trend einiger Hersteller zum ASP-Modell Sun S. 10 sowie 17 ff.
[1045] Vgl. hierzu oben Rdn. 105 ff.
[1046] BGBl. I S. 2513, Inkrafttreten: 1.1.2008 „zweiter Korb".

BGH[1047] setzte der besondere Schutz des Urhebers nach § 31 Abs. 4 UrhG a. F. voraus, dass es um eine neu geschaffene Nutzungsart ging, die sich von den bisherigen so sehr unterschied, dass eine Werkverwertung in dieser Form nur auf Grund einer neuen Entscheidung des Urhebers in Kenntnis der neuen Nutzungsart zugelassen werden konnte, wenn dem Grundgedanken des Urheberrechts Rechnung getragen werden sollte, dass der Urheber tunlichst angemessen an dem wirtschaftlichen Nutzen seines Werks zu beteiligen ist. Dies ist nicht schon dann der Fall, wenn eine schon bisher übliche Nutzungsmöglichkeit durch den technischen Fortschritt erweitert und verstärkt wird, ohne sich aber dadurch aus der Sicht der Endverbraucher, deren Werknutzung durch das System der Verwertungsrechte letztendlich erfasst werden soll, in ihrem Wesen entscheidend zu verändern. Liegt aber eine solche entscheidende Änderung vor, handelte es sich um eine neue Nutzungsart.

Auch nach der Aufhebung des § 31 Abs. 4 UrhG a. F. ist die dargelegte Rechtsprechung noch von Bedeutung. Auch heute ist anhand der bisherigen Rechtsprechung das Vorliegen einer unbekannten Nutzungsart zu prüfen, denn die in der Neuregelung des § 31a Abs. 1 S. 1 UrhG angeordnete **Schriftform** muss nur bei unbekannten, nicht aber bei bekannten Nutzungsarten eingehalten werden[1048]. 1097

a) Die Programmnutzung durch den Anwender

Es wurde bereits erwähnt, dass die Software beim ASP/SaaS nicht auf dem Computer des Anwenders **installiert** wird, sondern auf dem System des Anbieters. Diesbezüglich nimmt der Anwender daher keine Vervielfältigungshandlung vor. Nach Auffassung[1049] des *EuGH* sowie des *BGH* stellt jedoch das **Laden des Programms in den Arbeitsspeicher,** nicht aber der eigentliche Programmlauf eine urheberrechtliche Vervielfältigungshandlung dar. Insoweit ist aber zu berücksichtigen, dass beim ASP/SaaS das Programm auf dem System des Anbieters abläuft und lediglich die Bildschirmausgabe auf dem Computer des Anwenders erfolgt[1050]. Daher löst der Anwender zwar gegebenenfalls den Vervielfältigungsvorgang aus, soweit das Programm nicht ohnehin schon in den Arbeitsspeicher des Anbieters geladen wurde[1051], jedoch benötigt der Anwender grundsätzlich kein Vervielfältigungsrecht für das Laden der Software[1052] in den **eigenen Arbeitsspeicher**[1053], soweit nicht etwa clientseitig ablaufende Programmteile zum Anwender übertragen werden. Es kann daher an dieser Stelle nach unten verwiesen werden, wo das Vervielfältigungsrecht des Anbieters problematisiert wird[1054]. Die beim Anwender zu sehende Bildschirmausgabe 1098

[1047] Vgl. *BGH,* 28.10.2010, I ZR 18/09, GRUR 2012, 714, 715 Tz. 19; *BGH,* 4.7.1996, I ZR 101/94, NJW 1997, 320, 322; *OLG München,* 10.10.2002, 6 U 5487/01, NJW 2003, 675, 678.
[1048] Vgl. *Dreier/Schulze* § 31a Rdn. 2.
[1049] Vgl. hierzu oben Rdn. 158 ff.
[1050] Vgl. *Niemann/Paul,* S. 111 Rdn. 34; *Dreier/Vogel* S. 218; *Bettinger/Scheffelt* CR 2001, 729; *Czychowski/Bröcker* MMR 2002, 81, 82 bezeichnen dies als reinste Form des ASP, als sog. „Emulation-ASP".
[1051] Dass dies den Regelfall darstellt heben *Bettinger/Scheffelt* CR 2001, 729, 734 zu Recht hervor.
[1052] Selbstverständlich benötigt der Anwender aber ein Vervielfältigungsrecht für die eingesetzte Browser-Software sowie jede andere Client-Software; vgl. *Strittmann,* in: Handbuch IT-und Datenschutzrecht, 2. Aufl. 2016, S. 926 Rdn. 59; *Bräutigam* S. 1250 Rdn. 113; *Dreier/Vogel* S. 219; *v. Westerholt/Berger* CR 2002, 81, 82; *Grützmacher* ITRB 2001, 59, 60.
[1053] Vgl. *Hilber/Reintzsch* CR 2014, 697, 701; *Dreier/Vogel* S. 218; *Czychowski/Bröcker* MMR 2002, 81, 83; ähnlich auch *Niemann/Paul,* S. 112 Rdn. 38. *Grützmacher* CR 2015, 779, 785 möchte anders entscheiden, wenn Programmcode auf den Rechner des Anwenders übertragen wird.
[1054] Vgl. hierzu unten Rdn. 1099.

ohne Übertragung von Programmcode stellt jedenfalls keine zustimmungspflichtige Vervielfältigungshandlung dar[1055]. Weitere urheberrechtsrelevante Handlungen des redlichen Anwenders sind nicht ersichtlich[1056]. Insbesondere muss er auch keine Sicherungskopien der Software anfertigen.

b) Die Programmverwertung durch den Anbieter

aa) Die Vervielfältigung

1099 Sowohl die vom Anbieter vorzunehmende Installation der Software auf dessen Computersystem[1057] als auch das Laden in den Arbeitsspeicher[1058] stellen Vervielfältigungshandlungen im Sinne des § 69c Nr. 1 UrhG dar, für die der Anbieter die **Zustimmung des Rechtsinhabers** benötigt, sofern er nicht selbst der Softwarehersteller ist. Insoweit sowie hinsichtlich der Anfertigung von Sicherungskopien unterscheidet sich ein Anbieter von ASP/SaaS nicht von anderen Softwareanwendern, sodass auf die allgemeinen Ausführungen verwiesen werden kann. Gegebenenfalls folgt die Berechtigung des Anbieters auch aus § 69d Abs. 1 UrhG, wenn der Anwender über ein Nutzungsrecht verfügt, das er nun durch den Provider als Dritten ausüben lässt[1059]. Dass die Ausübung eines urheberrechtlichen Nutzungsrechts durch einen Dritten vorgenommen werden darf, hat der *BGH* im Zusammenhang mit der Beseitigung eines Programmfehlers durch einen vom Anwender beauftragten Dritten klargestellt[1060]. Dem Softwarehersteller steht hier kein dem entgegenstehendes wirtschaftliches Partizipationsinteresse zu. Ein entgegenstehendes Ergebnis erscheint nur dann gerechtfertigt, wenn der Provider eine Programmnutzung nicht nur für den das Nutzungsrecht übertragenden Anwender ermöglicht, sondern die Software zusätzlich und darüberhinaus auch anderen Anwendern zur Nutzung bereitstellt[1061].

bb) Die Vermietung

1100 Die zeitlich befristete Eröffnung einer Möglichkeit zur Softwarenutzung lässt es naheliegen, ASP/SaaS als Mietvertrag zu qualifizieren, worauf unten näher eingegangen wird[1062]. Unter urheberrechtlichem Blickwinkel muss hier aber die Frage beantwortet werden, ob die Tätigkeit des Anbieters eine zustimmungspflichtige Softwarevermietung im Sinne des § 69c Nr. 3 UrhG beinhaltet. Diesbezüglich ist darauf hinzuweisen, dass **kein Gleichlauf** zwischen dem **bürgerlichrechtlichen** und dem **urheberrechtlichen** Begriff des Vermietens besteht. Während das BGB eine Besitzverschaffung nicht zwingend voraussetzt, sondern lediglich eine Gebrauchsgewährung erfordert[1063], folgt aus der Zuordnung des Vermietrechts als Unterfall des Verbreitungsrechts zur Gruppe der **körperlichen Werkverwertungen** im Sinne des § 15

[1055] Vgl. *Grützmacher* CR 2015, 779, 783; vgl. grundlegend auch oben Rdn. 154 ff.
[1056] *Czychowski/Bröcker* MMR 2002, 81, 83 bezeichnen die Verträge als „urheberrechtsneutral".
[1057] Vgl. *BGH*, 20.1.1994, I ZR 267/91, NJW 1994, 1216, 1217 „Einspeicherung des Programms auf die Computeranlage"; sowie oben Rdn. 156. Für das ASP ausdrücklich *Grützmacher* CR 2015, 779, 785; *Borges/Meents/Lehmann*, 2016, § 14 Rdn. 11; *Auer-Reinsdorff/Conrad/Roth-Neuschild*, 2. Aufl. 2016, § 13 Rdn. 132.
[1058] Vgl. hierzu oben Rdn. 158 ff.
[1059] Vgl. *Grützmacher* CR 2015, 779, 782.
[1060] Vgl. *BGH*, 24.2.2000, I ZR 141/97, 3212, 3213; *OLG Düsseldorf*, 29.5.2001, 20 U 166/00, NJW-RR 2002, 1049, 1050; zustimmend *Grützmacher* CR 2015, 779, 782.
[1061] Vgl. *Grützmacher* CR 2015, 779, 783.
[1062] Vgl. zur vertragstypologischen Einordnung des ASP unten Rdn. 1105 f.
[1063] Vgl. *BGH*, 15.11.2006, XII ZR 120/04, NJW 2007, 2394, 2395 Tz. 19; ferner unten Rdn. 1639.

Abs. 1 UrhG, dass eine Vermietung im Sinne des Urheberrechts die körperliche Überlassung eines Werkstücks an den Nutzer erfordert[1064]. Der *EuGH*[1065] folgert dieses Ergebnis aus der Überlegung, dass der in Art. 1 Abs. 1 lit a) der Vermiet- und Verleihrichtlinie[1066] definierte Begriff der Vermietung diesbezüglich zwar keine ausdrückliche Regelung enthält. Die Richtlinie dürfe jedoch nicht in Widerspruch zu internationalen Übereinkommen stehen und müsse dementsprechend im Licht des WCT ausgelegt werden. Nach der vereinbarten Erklärung im Anhang des WCT zu dessen Art. 6 und 7 beziehe sich das Vermietrecht ausschließlich auf Vervielfältigungsstücke, die als körperliche Gegenstände in Verkehr gebracht werden können. Aus diesem Grund sei der Begriff der Vermietung so zu verstehen, dass unter ihn nur körperliche Gegenstände fallen. Eine urheberrechtsrelevante Vermietung nimmt der Anbieter von ASP/SaaS folglich nicht vor[1067]. Dies ist auch im Rahmen der Würdigung des Einsatzes von Open Source Software zu berücksichtigen, wo diskutiert wird, ob die Nutzungsbereitstellung eine zustimmungspflichtige „distribution" darstellt[1068].

cc) Die öffentliche Zugänglichmachung

Nach früher geltendem Recht war die urheberrechtliche Qualifizierung der Werkverwertung im Rahmen von On-demand-Diensten, zu denen sich auch die Online-Dienste des ASP/SaaS zählen lassen, nicht eindeutig geklärt. Überwiegend wurde eine Zuordnung der Online-Werknutzung zu den Rechten der **unkörperlichen Werkverwertung** im Sinne des § 15 Abs. 2 UrhG befürwortet[1069], wobei entweder das **Senderecht** gem. § 20 UrhG für direkt oder zumindest analog anwendbar gehalten wurde[1070] oder mangels Vergleichbarkeit mit einer Funksendung auf ein **unbenanntes Recht der öffentlichen Wiedergabe** gem. § 15 Abs. 2 UrhG abgestellt wurde[1071].

1101

Unabhängig von der Frage nach der dogmatisch korrekten Einordnung der Online-Dienste bestand jedoch auch auf internationaler Ebene seit Jahren Einigkeit darüber, dass das Vorhalten urheberrechtlich geschützter Werke zum Abruf durch potenzielle Nutzer im Ergebnis einem Ausschließlichkeitsrecht des Urhebers unterfallen soll. Dementsprechend wurde in Art. 8 des WIPO-Urheberrechtsvertrags das Recht des Urhebers festgeschrieben, die drahtgebundene oder drahtlose öffentliche Wiedergabe seines Werks zu erlauben, einschließlich der **öffentlichen Zugänglichmachung** in einer Weise, die Angehörigen der Öffentlichkeit den Zugang zu diesem

1102

[1064] Vgl. *Schricker/Loewenheim* § 17 Rdn. 6; *Möhring/Kroitzsch* § 17 Rdn. 9 und 25; *Fromm/Nordemann/Dustmann* § 17 Rdn. 8; *Dreier/Schulze* § 17 Rdn. 5; *Wandtke/Bullinger/Heerma* § 17 Rdn. 12; a. A. wohl nur *Bräutigam* S. 1254 f. Rdn. 121.
[1065] Vgl. *EuGH*, 10.11.2016, C-174/15, NJW 2017, 461, 462 Tz. 31 ff.
[1066] Vgl. ABl.EG Nr. L 376 vom 27.12.2006, S. 28 ff.
[1067] Vgl. *Wandtke/Bullinger/Grützmacher* § 69c Rdn. 45; *Strittmann*, in: Handbuch IT-und Datenschutzrecht, 2. Aufl. 2016, S. 925 Rdn. 53 f.; *Grützmacher* CR 2015, 779, 781; *Niemann/Paul*, S. 110 Rdn. 1255 Rdn. 28; *Bettinger/Scheffelt* CR 2001, 729, 734; grundsätzlich zur Online-Nutzung von Software *Alpert* CR 2000, 345, 347; a. A. *Borges/Meents/Lehmann*, 2016, § 14 Rdn. 11; *Auer-Reinsdorff/Conrad/Roth-Neuschild*, 2. Aufl. 2016, § 13 Rdn. 133; *Bräutigam* S. 1254 f. Rdn. 121 f.; möglicherweise auch *Dreier/Vogel* S. 219, da sie davon ausgehen, der ASP-Anbieter benötige eine Erlaubnis zur Verbreitung gem. § 69c UrhG durch Vereinbarung mit dem Rechtsinhaber.
[1068] Vgl. *Grützmacher* CR 2015, 779, 786; *Hilber/Reintzsch* CR 2014, 697, 700.
[1069] Vgl. *Schricker/Loewenheim*, 2. Aufl., § 17 Rdn. 5 m. zahlreichen N.
[1070] Vgl. *Nordemann/Goddar/Tönhardt/Czychowski* CR 1996, 645, 648 f.
[1071] So *Schricker/Loewenheim*, 2. Aufl., § 17 Rdn. 5; *Schricker/v. Ungern-Sternberg*, 2. Aufl., § 20 Rdn. 9; *Möhring/Kroitzsch* § 20 Rdn. 34; *Fromm/Nordemann*, 9. Aufl., § 15 Rdn. 2 sowie § 20 Rdn. 2.

Werk an einem Ort und zu einer Zeit ermöglicht, die sie individuell wählen. In Anlehnung hieran wurde in Art. 3 Abs. 1 und 2 der EG-Richtlinie zur Harmonisierung des Urheberrechts in der Informationsgesellschaft[1072] ein ebensolches Ausschließlichkeitsrecht normiert, das der deutsche Gesetzgeber mit dem Gesetz zur Regelung des Urheberrechts in der Informationsgesellschaft vom 10.9.2003[1073] durch eine Änderung des § 15 UrhG sowie die Einführung eines neuen § 19a UrhG für alle Werke und eines neuen § 69c Nr. 4 UrhG speziell für Computerprogramme umsetzte[1074]. Eng an der Systematik und am Wortlaut der Richtlinie orientiert, wonach das Recht der öffentlichen Wiedergabe das Recht der öffentlichen Zugänglichmachung einschließt, wird das Recht der öffentlichen Zugänglichmachung in § 15 Abs. 2 UrhG der öffentlichen Wiedergabe zugeordnet. Wiederum in enger Anlehnung an den Wortlaut des Art. 3 Abs. 1 und 2 der EG-Richtlinie wird dieses Recht sodann in den §§ 19a, 69c Nr. 4 UrhG definiert als das Recht, das Werk drahtgebunden oder drahtlos der Öffentlichkeit in einer Weise zugänglich zu machen, dass es Mitgliedern der Öffentlichkeit von Orten und zu Zeiten ihrer Wahl zugänglich ist. Der deutsche Gesetzgeber beabsichtigte daher lediglich eine Anpassung des deutschen Rechts an den Stand der internationalen Rechtsvereinheitlichung[1075].

1103 Umstritten ist, ob das Zugänglichmachen im Sinne des § 69c Nr. 4 UrhG auch eine sich **anschließende Übertragung** von Programmdaten erfordert. Dies ist mit dem Hinweis auf die rechtliche Selbstständigkeit des Zugänglichmachens zu verneinen[1076]. Darüber hinaus ist zu berücksichtigen, dass es dem Willen des Gesetzgebers entsprach, einen möglichst frühzeitigen Schutz des Rechtsinhabers am Computerprogramm gegenüber Beeinträchtigungen Dritter zu gewährleisten. Diesem Anliegen wird man nur gerecht, wenn bereits auf das Bereithalten des Computerprogramms abgestellt wird[1077].

1104 Die **Änderung der Definition der Öffentlichkeit** einer Wiedergabe im 2003 neu gefassten § 15 Abs. 3 UrhG entspricht zwar inhaltlich im Wesentlichen dem zuvor geltenden Recht. Die Beschränkung der Nicht-Öffentlichkeit durch das Merkmal der Verbundenheit durch persönliche Beziehungen stellt jedoch gegenüber dem alten Gesetzeswortlaut („durch gegenseitige Beziehungen persönlich verbunden") eine klarere Formulierung dar, die auch im Rahmen von ASP/SaaS Streit vermeidet. Beziehungen, die im Wesentlichen **nur** in einer **technischen Verbindung** zu einer Werknutzung liegen, etwa im Rahmen sog. File-Sharing-Systeme, werden nach der ausdrücklichen Klarstellung des Gesetzgebers in der Regel für sich allein **keine persönliche Verbundenheit** begründen können. Vielmehr muss die persönliche Verbundenheit unabhängig von dieser rein technischen Verbindung bestehen, um eine Öffentlichkeit auszuschließen[1078]. Da das Bereitstellen der Software durch den

---

[1072] Vgl. ABl.EG Nr. L 167 vom 22.6.2001, S. 10 ff. = GRUR Int. 2001, 74.
[1073] Vgl. BGBl. I S. 1774 ff.
[1074] Vgl. den Entwurf eines Gesetzes zur Regelung des Urheberrechts in der Informationsgesellschaft, BR-Drucks. 684/02 vom 16.8.2002 sowie BT-Drucks. 15/38 vom 6.11.2002.
[1075] Vgl. BR-Drucks. 684/02 vom 16.8.2002, S. 36 sowie BT-Drucks. 15/38 vom 6.11.2002, S. 16; *Lehmann* CR 2003, 553, 554; *Czychowski* NJW 2003, 2409 f.
[1076] Vgl. *OLG München*, 7.2.2008, 29 U 3520/07, CR 2009, 500, 502; *Niemann/Paul*, S. 108 f. Rdn. 22 f.; a. A. *Grützmacher* CR 2015, 779, 784 f.
[1077] Vgl. *OLG München*, 7.2.2008, 29 U 3520/07, CR 2009, 500, 502 unter Hinweis auf die Begründung der Bundesregierung BR-Drucks. 684/02 vom 16.8.2002, S. 36 Nummern 2, 5 und 6 (§§ 15, 19a, 22).
[1078] Vgl. BR-Drucks. 684/02 vom 16.8.2002, S. 37 sowie BT-Drucks. 15/38 vom 6.11.2002, S. 17; *Wandtke/Bullinger/Heerma* § 15 Rdn. 26; *Dreier/Schulze* § 15 Rdn. 43; *Fromm/Nordemann/Dust-*

ASP/SaaS-Anbieter auf dem Server eine Form der Zugänglichmachung der Software darstellt und grundsätzlich weder zwischen dem Anbieter und dem Anwender noch zwischen einzelnen Anwendern eine **Verbundenheit** in Gestalt einer **persönlichen Beziehung** vorliegt, die über eine technische Verbindung zur Werknutzung hinausgeht, unterfällt die Tätigkeit des Anbieters dem Ausschließlichkeitsrecht der öffentlichen Zugänglichmachung gem. §§ 19a, 69c Nr. 4 UrhG[1079]. Gleiches hat im Ergebnis zu gelten, wenn ein ASP-Betrieb innerhalb eines Betriebs via Intranet oder auch für externe Zulieferer via Internet betrieben wird. Schon bei den Beschäftigten eines Betriebs fehlt es grundsätzlich an der persönlichen Verbundenheit[1080]. Dies gilt erst recht, wenn externe Teileanbieter auf das Programm zugreifen können[1081]. Dementsprechend bedarf der Anbieter der Zustimmung durch den Rechtsinhaber der Software. Anders kann allenfalls in den Fällen zu entscheiden sein, in denen spezielle Programme nur einem einzigen Anwender im Sinne einer individuellen Kommunikation[1082] zur Verfügung gestellt werden (one-to-one-ASP). Hier ist keine Öffentlichkeit gegeben[1083].

3. Der Vertrag zwischen Anbieter und Anwender

Im Rahmen der Darlegung der Erscheinungsformen von ASP/SaaS[1084] wurde ausgeführt, dass die Verschaffung einer Möglichkeit zur Programmnutzung durch den Anwender eines der zentralen Elemente dieses Geschäftsmodells darstellt, das gegebenenfalls um weitere Teilleistungen erweitert wird[1085]. Da diese Nutzungsmöglichkeit nicht auf Dauer, sondern auf Zeit eingeräumt wird, liegt es nahe, das ASP/SaaS in Einklang mit der Rechtsprechung des *BGH*[1086] sowie mit der fast einhelligen Auffassung im Schrifttum **mietvertraglich** zu typologisieren[1087]. Hiergegen spricht auch nicht die oben bereits angesprochene Tatsache, dass in der Regel keine Besitzübertragung am Programm erfolgt, da diese mietvertraglich nicht erforderlich ist[1088]. Ebensowenig ist von einzelnen Vertragsschlüssen bei jeder Programmnutzung aus- 1105

---

mann § 15 Rdn. 34; *Schricker/Loewenheim/v. Ungern-Sternberg*, § 15 Rdn. 375; *Lehmann* CR 2003, 553, 556.

[1079] Vgl. *OLG München*, 7.2.2008, 29 U 3520/07, CR 2009, 500, 502; *Borges/Meents/Lehmann*, 2016, § 14 Rdn. 13; *Auer-Reinsdorff/Conrad/Roth-Neuschild*, 2. Aufl. 2016, § 13 Rdn. 136; *Niemann/Paul*, S. 108 Rdn. 21; *Redeker* Rdn. 60c; a. A. *Grützmacher* CR 2011, 697, 702; *Alpert* CR 2000, 345, 347 f.

[1080] Vgl. *OLG München*, 7.2.2008, 29 U 3520/07, CR 2009, 500, 502; offengelassen aber für eine innerbetriebliche Arbeitsgruppe.

[1081] Vgl. *OLG München*, 7.2.2008, 29 U 3520/07, CR 2009, 500, 502.

[1082] Vgl. generell *Lehmann* CR 2003, 553, 555.

[1083] Vgl. *Czychowski/Bröcker* MMR 2002, 81, 83; offengelassen *Auer-Reinsdorff/Conrad/Roth-Neuschild*, 2. Aufl. 2016, § 13 Rdn. 136.

[1084] Vgl. oben Rdn. 1087 ff.

[1085] So im Fall des *LG Essen*, 16.12.2016, 16 O 174/16, CR 2017, 427 f.

[1086] Vgl. *BGH*, 15.11.2006, XII ZR 120/04, NJW 2007, 2394 m. Anm. *Marly/Jobke* LMK 2007, 209583; bestätigt durch *BGH*, 4.3.2010, III ZR 79/09, NJW 2010, 1449, 1451 Tz. 19; *OLG Hamburg*, 15.12.2011, 4 U 85/11, MMR 2012, 740.

[1087] Vgl. *Borges/Meents*, 2016, § 4 Rdn. 45 ff.; *Auer-Reinsdorff/Conrad/Roth-Neuschild*, 2. Aufl. 2016, § 13 Rdn. 42; *Niemann/Paul* S. 168 Rdn. 34; *Selk* ITRB 2012, 201; *Pohle/Ammann* K&R 2009, 625; *Dreier/Vogel* S. 219; *Junker*, NJW 2003, 2792, 2797; *v. Westerholt* CR 2002, 81, 84; *Sedlmeier/Kolk* MMR 2002, 75, 78 f.; *Bettinger/Scheffelt* CR 2001, 729, 731; *Röhrborn/Sinhart* CR 2001, 69, 70; *Hoeren* in: *Westphalen*, IT-Verträge, Rdn. 7; a. A. *Alpert* CR 2000, 345, 347 (Rechtspacht); *Redeker* Rdn. 1129 ff. (Dienstvertrag).

[1088] Vgl. *BGH*, 15.11.2006, XII ZR 120/04, NJW 2007, 2394, 2395 Tz. 19; hierzu bereits oben Rdn. 1100 m. w. N.

zugehen, da dies dem Willen der Parteien zum Abschluss nur eines einzigen Vertrags entgegenliefe. Dieser Vertrag ist auch bei nutzungsabhängiger Entgeltregelung als einheitliches **Dauerschuldverhältnis** im Sinne des § 314 BGB zu qualifizieren[1089]. Sofern die Software unentgeltlich überlassen wird und der Anbieter lediglich für Zusatzleistungen ein Entgelt erhält, etwa bei Open Source Software, kommt eine Qualifizierung als Leihe gem. § 598 BGB in Betracht[1090], jedoch dürfte diese dann nicht mehr vertragstypenprägend sein. Mit der grundsätzlich mietvertraglichen Einordnung steht auch das Zur-Verfügung-Stellen von Hardware-Kapazitäten in Einklang, denn dieses wird spätestens seit einer Entscheidung des *BGH* zum Rechenzentrumsvertrag unstreitig ebenfalls mietvertraglich qualifiziert[1091].

1106   Zu erörtern bleibt nach alledem nur noch, ob die Tatsache, dass im Rahmen des ASP/SaaS über die bloße Bereitstellung der Nutzungsmöglichkeit der Software hinaus häufig **noch weitere Leistungen** des Anbieters vereinbart werden[1092], zu einer vom Mietvertrag abweichenden vertragsrechtlichen Einordnung führt. Isoliert betrachtet können diese Leistungen verschiedenen Vertragstypen zugeordnet werden, etwa die Verpflichtung zur Programmpflege[1093] oder die Gewährleistung des Zugriffs auf einen Server[1094] als Werkvertrag. Berücksichtigt werden muss jedoch, dass die einzelnen Teilleistungen für beide Vertragsparteien nur in ihrer Gesamtheit ein sinnvolles Ganzes ergeben[1095]. Es handelt sich daher um einen **zusammengesetzten** oder auch **typenkumulierten Vertrag**, bei dem jeder Vertragsteil nach den auf ihn zutreffenden Vorschriften zu beurteilen ist[1096], soweit dies nicht im Widerspruch zum Gesamtvertrag steht[1097]. Dies gilt insbesondere für Fragen der Mängelhaftung sowie der Kontrolle Allgemeiner Geschäftsbedingungen. Der *BGH* nimmt hinsichtlich der Typologisierung des Gesamtvertrags eine sogenannte „Schwerpunktbetrachtung"[1098] vor und stellt auf den vereinbarten Zweck des Vertrags ab, wie er etwa in der Leistungsbeschreibung sowie dem daran anknüpfenden Willen der Vertragsparteien zum Ausdruck kommt. Entscheidend ist die „verobjektivierte Kundenerwartung"[1099]. Dies kann dazu führen, dass ein Vertrag im Einzelfall auch als Werkvertrag zu qualifizieren ist[1100].

[1089] Vgl. *v. Westerholt/Berger* CR 2002, 81; *Röhrborn/Sinhart* CR 2001, 69, 71; *Bettinger/Scheffelt* CR 2001, 729, 731.
[1090] Vgl. *Borges/Meents*, 2016, § 4 Rdn. 64 f.; *Pohle/Ammann* K&R 2009, 625, 628; *Röhrborn/Sinhart* CR 2001, 69, 71.
[1091] Vgl. *BGH*, 23.6.1992, X ZR 92/90, NJW-RR 1993, 178; bestätigt in *BGH*, 15.11.2006, XII ZR 120/04, NJW 2007, 2394, 2395 Tz. 19; *Dreier/Vogel* S. 219; *v. Westerholt/Berger* CR 2002, 81, 84; *Heymann* CR 2000, 23, 24.
[1092] Vgl. hierzu oben Rdn. 1090.
[1093] Vgl. hierzu oben Rdn. 1042.
[1094] Vgl. *LG Essen*, 16.12.2016, 16 O 174/16, CR 2017, 427 Tz. 27.
[1095] Vgl. *Sedlmeier/Kolk* MMR 2002, 75, 80; *Bettinger/Scheffelt* CR 2001, 729, 730; *v. Westerholt/Berger* CR 2002, 81, 84.
[1096] Vgl. *BGH*, 10.7.2015, V ZR 206/14, NJW 2016, 317, 320 Tz. 31; *BGH*, 8.10.2009, III ZR 93/09, NJW 2010, 150, 151 Tz. 16; *BGH*, 12.3.2009, III ZR 142/08, NJW 2009, 1738, 1739 Tz. 17; *BGH*, 15.11.2006, XII ZR 120/04, NJW 2007, 2394, 2395 Tz. 21; *Niemann/Paul* S. 168 Rdn. 31 f.; *Pohle/Ammann* K&R 2009, 625; *Dreier/Vogel* S. 219; nur auf Cloud Computing Verträge bezogen *Bräutigam* S. 1259 Rdn. 127.
[1097] Vgl. *BGH*, 15.11.2006, XII ZR 120/04, NJW 2007, 2394, 2395 Tz. 21; *BGH*, 12.9.2001, VIII ZR 109/00, NJW 2002, 1336, 1337.
[1098] Vgl. *BGH*, 4.3.2010, III ZR 79/09, NJW 2010, 1449, 1450 Tz. 17; im Ergebnis zustimmend *Auer-Reinsdorff/Conrad/Roth-Neuschild*, 2. Aufl. 2016, § 13 Rdn. 44 ff.
[1099] Vgl. *BGH*, 4.3.2010, III ZR 79/09, NJW 2010, 1449, 1451 Tz. 25.
[1100] Vgl. *LG Essen*, 16.12.2016, 16 O 174/16, CR 2017, 427 Tz. 27.

Nach den allgemeinen **Beweislastgrundsätzen** zum Mietvertragsrecht muss daher der ASP/SaaS-Anbieter beweisen, dass er seine vertragliche Pflicht erfüllt hat, dem Anwender die Software in vertragsgemäßem Zustand zu überlassen[1101]. Nach **Überlassung**, die dann vorliegt, wenn der Anwender in die Lage versetzt wird, die Software vertragsgemäß zu nutzen[1102], obliegt demgegenüber dem Anwender die Beweislast dafür, dass die Software zum Zeitpunkt der Überlassung mangelhaft war, wenn er die Software als Erfüllung angenommen hat[1103]. Dies kann etwa dann der Fall sein, wenn der Anwender die Software über mehrere Monate **ohne Mängelrüge** genutzt hat, denn damit bringt er zum Ausdruck, dass er die Software als im Wesentlichen vertragsgemäße Leistung ansieht[1104]. Eine vertragsgemäße Überlassung der Software scheidet allerdings aus, wenn der ASP/SaaS-Anbieter durch die bloße Nutzungsüberlassung der Software die vertraglich geschuldete Leistung noch nicht vollständig erbracht hat, etwa weil eine vertraglich **geschuldete Einweisung** nicht erfolgte[1105]. 1107

Einen wesentlichen Teil eines ASP/SaaS-Vertrags stellen häufig die sog. **Service Level Agreements** (SLA) dar[1106]. Dies folgt aus der Tatsache, dass die Auslagerung der IT auf einen Externen für den Anwender das Risiko birgt, möglicherweise nicht jederzeit auf die Software und/oder die ausgelagerten Daten zugreifen zu können (Problem der Verfügbarkeit). Das damit einhergehende **Schadenspotential** ist unter Umständen existenzgefährdend. Gleiches gilt für Fragen der Speicher- und Übertragungskapazitäten, der Datensicherheit (Problem der Vertraulichkeit sowie Datenkonsistenz), der Ausfallsicherheit etc. Nachfolgend soll vereinfachend nur von der **Sicherstellung der Verfügbarkeit** gesprochen werden[1107]. In der Regel werden im SLA detaillierte Regelungen über die Verfügbarkeit, deren Überwachung sowie die Rechtsfolgen einer Nichteinhaltung getroffen[1108]. Sie sind als **Leistungsbeschreibungen** und nicht als mängelhaftungsbeschränkende Nebenabrede zu qualifizieren[1109]. Dies hat zur Folge, dass die Regelungen grundsätzlich gem. § 307 Abs. 3 S. 1 BGB einer Inhaltskontrolle nach den Vorschriften über Allgemeine Geschäftsbedingungen entzogen sind[1110]. 1108

[1101] Vgl. *BGH*, 15.11.2006, XII ZR 120/04, NJW 2007, 2394, 2395 Tz. 23.
[1102] Vgl. *BGH*, 15.11.2006, XII ZR 120/04, NJW 2007, 2394, 2395 Tz. 25.
[1103] Vgl. *BGH*, 15.11.2006, XII ZR 120/04, NJW 2007, 2394, 2395 Tz. 24.
[1104] Vgl. *BGH*, 15.11.2006, XII ZR 120/04, NJW 2007, 2394, 2395 Tz. 26.
[1105] Vgl. *BGH*, 15.11.2006, XII ZR 120/04, NJW 2007, 2394, 2395 Tz. 27.
[1106] Die Terminologie ist nicht einheitlich; der Begriff wird mit unterschiedlichen Inhalten belegt. Grundsätzlich wird unter einem SLA eine fest definierte Service- und Leistungsvereinbarung zwischen einem Servicegeber und einem Servicenehmer verstanden. Teilweise wird der Begriff für die komplette Beschreibung des Umfangs und des Inhalts der vereinbarten Leistungen, die Definition der Qualitätsstandards und die dazugehörigen Sanktionen bei Nichterfüllung verwendet. Teilweise wird er aber auch nur für die Definition der Qualitätsstandards und Sanktionsmechanismen verwendet, während der Umfang und Inhalt der eigentlichen Leistungen an anderer Stelle festgeschrieben wird; vgl. den Leitfaden Service Level Agreement der Aktionslinie Hessen-Software (Hessisches Ministerium für Wirtschaft, Verkehr und Landesentwicklung) vom Juni 2002 siehe www.mr-intranet.de/m-result/n/publikationen/hessen-software-news-2002-2.pdf. Weitere Einzelheiten auch bei *Mann* MMR 2012, 499, 500 f.; *Schumacher* MMR 2006, 12 ff.; *Bräutigam* CR 2004, 248 ff.
[1107] Ausführlich zum gesetzlich nicht geregelten Begriff der Verfügbarkeit bzw. Verfügbarkeitsquote *Roth-Neuschild* ITRB 2012, 67 ff.; *Peter* CR 2005, 404, 406 f.
[1108] Vgl. *Mann* MMR 2012, 499, 501.
[1109] Vgl. *Borges/Meents*, 2016, § 4 Rdn. 261; *Wicker*, MMR 2014, 787, 788; *Niemann/Paul* S. 184 Rdn. 89; *Roth-Neuschild* ITRB 2012, 67, 68; *Pohle/Ammann* K&R 2009, 625, 627; *Peter* CR 2005, 404, 410. *v. Westerholt/Berger* CR 2002, 81, 87; *Bräutigam* CR 2004, 248, 250; differenzierend nach der jeweiligen Ausgestaltung *Schuster* CR 2009, 205, 206.
[1110] Vgl. *Borges/Meents*, 2016, § 4 Rdn. 260 f.; *Wicker*, MMR 2014, 787, 788.

1109 Diese Auffassung entspricht einer zur vergleichbaren Problematik der Zugangsmöglichkeit beim Online-Banking ergangenen Entscheidung des *BGH*[1111]. Dort hat der *BGH* klargestellt, dass von der Inhaltskontrolle nicht erfasste Leistungsbeschreibungen dann vorliegen, wenn in der betreffenden Klausel die **Art, der Umfang oder die Güte der geschuldeten Leistung festgelegt** wird. Demgegenüber unterfallen solche Klauseln der Inhaltskontrolle und sind insbesondere an § 309 Nr. 7b) BGB zu messen, die das Hauptleistungsversprechen einschränken, ausgestalten oder modifizieren[1112]. Auch Leistungsbeschreibungen sind jedoch gem. § 307 Abs. 3 S. 2 BGB nicht dem Anwendungsbereich der §§ 305 Abs. 2, 305b und 305c BGB sowie insbesondere dem **Transparenzgebot** des § 307 Abs. 1 S. 2 BGB entzogen[1113]. Eine Intransparenz von Verfügbarkeitsklauseln folgt aber nicht schon aus der Tatsache, dass die exakte Ausfallzeit nicht genau bestimmt ist, denn sie deckt auch ungeplante Wartungsarbeiten ab und ist daher immer von Ungewissheiten geprägt[1114].

4. Die Beteiligung Dritter

1110 Das bereits mehrfach angesprochene breite Leistungsspektrum des ASP/SaaS führt dazu, dass der Anbieter häufig nicht in der Lage ist, sämtliche Teilleistungen selbst zu erbringen. Vielmehr erfüllt der Anbieter seine Pflichten **arbeitsteilig mit Kooperationspartnern,** was gelegentlich als **ASP/SaaS-Supply-Chain** bezeichnet wird[1115]. Auch wenn es zwar möglich wäre, dass der Anwender mit jedem Beteiligten einen gesonderten Vertrag abschließt, entspricht dies nicht seinem Interesse an einer „Leistung aus einer Hand", da einer der Vorteile des ASP/SaaS ja gerade im Angebot eines Leistungspakets durch den Anbieter liegt. Der Anbieter übernimmt daher grundsätzlich die Rolle eines Generalunternehmers, der gegenüber dem Anwender trotz der Einschaltung von Subunternehmern für die Erbringung der Gesamtleistung einsteht (Problem der Verantwortlichkeit)[1116]. Die Subunternehmen sind daher als **Erfüllungsgehilfen** gem. § 278 BGB zu qualifizieren[1117]. Bei Leistungsstörungen können Ansprüche immer nur gegenüber dem eigenen Vertragspartner geltend gemacht werden, also grundsätzlich nur zwischen Anwender und Anbieter auf der einen bzw. Anbieter und Subunternehmer auf der anderen Seite. Im Verhältnis zu seinen Kooperationspartnern muss der Anbieter von ASP/SaaS darauf achten, nicht in eine „Gewährleistungsfalle"[1118] zu geraten, die dadurch entstehen kann, dass der Anwender den Anbieter wegen einer Verletzung einer Leistungspflicht in Anspruch nimmt, während der Anbieter diese Leistung von einem Subunternehmer erbringen lässt und dort keine gleichlaufenden Ansprüche geltend machen kann[1119]. Hierauf ist insbesondere dann zu achten, wenn der Anbieter über keine eigenen Telekom-

---

[1111] Vgl. *BGH,* 12.12.2000, XI ZR 138/00, NJW 2001, 751 ff.
[1112] Im konkreten Fall war der Online-Zugriff grundsätzlich unbeschränkt vereinbart und eine zeitweilige Beschränkung und Unterbrechung lediglich in einer Klausel erwähnt. Diese klauselmäßige Zugangsbeschränkung hielt der *BGH* als nach §§ 307 ff. BGB kontrollfähig.
[1113] Vgl. *Wicker,* MMR 2014, 787, 788; *Roth-Neuschild* ITRB 2012, 67, 69; *Peter* CR 2005, 404, 411.
[1114] Vgl. *Peter* CR 2005, 404, 411.
[1115] Vgl. *Bettinger/Scheffelt* CR 2001, 729, 730.
[1116] Vgl. *Bettinger/Scheffelt* CR 2001, 729, 730.
[1117] Vgl. *Bettinger/Scheffelt* CR 2001, 729, 737; für den von einem Anbieter eines Online-Spiels eingesetzten Telekommunikationsprovider *LG Berlin,* 28.1.2014, 15 O 300/12, BeckRS 2014, 05045.
[1118] *Bettinger/Scheffelt* CR 2001, 729, 737 sprechen von „Risikoakkumulation".
[1119] Vgl. *v. Westerholt/Berger* CR 2002, 81, 83; *Bettinger/Scheffelt* CR 2001, 729, 737 f.

5. Datenschutzrechtliche Probleme

Den Ausgangspunkt der weiteren Betrachtung liefert die Erkenntnis, dass verschiedene datenschutzrechtliche Aspekte des ASP/SaaS getrennt werden müssen. Bei jedem ASP/SaaS werden vom Anbieter **Bestandsdaten** des Anwenders im Sinne des § 14 TMG erhoben und verwendet, die für die inhaltliche Ausgestaltung oder Änderung des Vertragsverhältnisses mit ihm über die Nutzung des Dienstes erforderlich sind[1121]. Darüber hinaus werden **Nutzungsdaten** im Sinne des § 15 TMG erhoben[1122]. Die Anwendbarkeit des TMG führt zunächst gem. § 13 Abs. 1 TMG dazu, dass der Anbieter den Anwender vor der Erhebung über Art, Umfang, Ort und Zweck der Erhebung, Verarbeitung und Nutzung der personenbezogenen Daten zu unterrichten hat. Darüber hinaus folgen aus § 13 TMG **verschiedene weitere datenschutzrechtliche Pflichten,** zu denen im Wesentlichen die Sicherstellung der in Abs. 4 aufgezählten Möglichkeiten des Nutzers und Pflichten des Anbieters durch technische und organisatorische Vorkehrungen, die Anzeige der Weitervermittlung zu einem anderen Diensteanbieter gem. Abs. 5 sowie die eingeschränkte Zulässigkeit der Erstellung von Nutzungsprofilen zählen. Nach § 13 Abs. 7 TMG ist jeder Nutzer berechtigt, die zu seiner Person oder zu seinem Pseudonym gespeicherten Daten unentgeltlich beim Diensteanbieter einzusehen, wobei die Auskunft auf Verlangen des Nutzers auch elektronisch zu erteilen ist. Im Übrigen sind auch die Vorschriften über die Meldepflichten sowie die Datenschutzkontrolle durch Datenschutzbeauftragte sowie die zuständigen Behörden nach §§ 4d, 4f, 4g und 38 BDSG zu beachten.

1111

Schließlich ist noch auf den weiteren Fall hinzuweisen, dass der ASP/SaaS-Anbieter personenbezogene Daten für den Anwender verwaltet und verarbeitet. Soweit hierin eine **Auftragsdatenverarbeitung** im Sinne des § 11 BDSG liegt, weil der ASP/SaaS-Anbieter die Daten nur im Rahmen der Weisungen des Anwenders verarbeiten und nutzen darf, die eigentliche Datennutzung also beim Anwender verbleibt und der Anbieter lediglich die technische Ausführung des Auftrags verrichtet[1123], ist der **Anwender** für die Einhaltung der Vorschriften des Datenschutzes **verantwortlich.** Dies ist beim Datahousing regelmäßig der Fall[1124] und kann beim Datawarehousing problematisch sein[1125].

1112

Berücksichtigt werden muss schließlich die ab dem 25.5.2018 unmittelbar geltende EU-Datenschutz-Grundverordnung[1126], mit der umfassende Neuregelungen auch

1113

[1120] Vgl. *Pohle/Ammann* K&R 2009, 625, 627f.
[1121] Vgl. *Borges/Meents/Nolte*, 2016, § 11 Rdn. 64 sowie 69.
[1122] Vgl. *Borges/Meents*, 2016, § 11 Rdn. 65 sowie 70. Da diese Daten dazu geeignet sind, das Verhalten oder die Leistung von Arbeitnehmern zu überwachen, hat der Betriebsrat gem. § 87 Abs. 1 Nr. 6 BetrVG ein Mitbestimmungsrecht bei der Einführung und Anwendung von ASP/SaaS.
[1123] Vgl. *Borges/Meents*, 2016, § 7 Rdn. 2; *Pohle/Ammann* K&R 2009, 625, 630; zur Umschreibung der Auftragsdatenverarbeitung *Röhrborn/Sinhart* CR 2001, 69, 75.
[1124] Vgl. *Röhrborn/Sinhart* CR 2001, 69, 75.
[1125] *Röhrborn/Sinhart* CR 2001, 69, 75 bejahen auch hier grundsätzlich eine Auftragsdatenverarbeitung, weil dem Anbieter ein Bestimmungsrecht über die Daten fehlt.
[1126] Verordnung (EU) 2016/679 des Europäischen Parlaments und des Ratesvom 27. April 2016 zum Schutz natürlicher Personen bei der Verarbeitung personenbezogener Daten, zum freien Datenverkehr und zur Aufhebung der Richtlinie 95/46/EG (Datenschutz-Grundverordnung), ABl.EG vom 4.5.2016, Nr. L 119 S. 1ff.

zur Auftragsdatenverarbeitung eintreten werden. Es ist umstritten, ob die bisherige Privilegierung der Auftragsdatenverarbeitung auch für die dann **Auftragsverarbeitung** (Art. 28 DSGVO) genannten Tätigkeiten gelten[1127]. Hinsichtlich des räumlichen Anwendungsbereichs ist Art. 3 DSGVO zu beachten.

6. Besondere Formen der Streitschlichtung

1114　Die Gründe für den Abschluss einer Schieds- oder Schiedsgutachtervereinbarung für den Bereich der softwarebezogenen Streitigkeiten sind zwar vielgestaltig, jedoch wird meist auf die **lange Verfahrensdauer** staatlicher Gerichtsverfahren sowie die **spezielle Sachkunde** der Schiedsrichter verwiesen. Insofern kann auf den allgemeinen Abschnitt über Schiedsgericht- und Schiedsgutachterklauseln verwiesen werden[1128], da diese Aspekte auch für Streitigkeiten zwischen ASP/SaaS-Beteiligten zutreffen[1129]. Darüber hinaus wird jedoch geltend gemacht, dass ASP/SaaS auf eine **langfristige Kooperation** ausgerichtet ist, die Beziehungen zwischen den Parteien in einem staatlichen Gerichtsverfahren aber oft derart strapaziert würden, dass eine weitere Zusammenarbeit unmöglich sei. Auch würden sich wegen des engen Funktionszusammenhangs innerhalb der ASP/SaaS-Supply-Chain[1130] **Störungen innerhalb eines Vertragsverhältnisses** auf diejenigen **anderer Beteiligter** auswirken[1131]. Vor diesem Hintergrund wird bei ASP/SaaS ein besonderes Bedürfnis für die vertragliche Vereinbarung spezieller Konfliktlösungsmechanismen gesehen[1132].

1115　Im Auftrag des zwischenzeitlich aufgelösten ASPIndustry Consortium (ASPIC)[1133] veröffentlichte die Weltorganisation für geistiges Eigentum (WIPO) unter dem Titel „Dispute Avoidance and Resolution Best Practices for the Application Service Provider Industry"[1134] im Jahr 2001 Vorschläge zur vertraglichen Vereinbarung eines speziellen ASP-Konfliktlösungsmodells. Das Modell beinhaltet zwei Besonderheiten, die den oben dargelegten speziellen Anforderungen beim ASP Rechnung tragen sollen[1135]: Zunächst soll auf der Ebene von projektbeteiligten Mitarbeitern („Relationship Managers") eine Konfliktlösung versucht werden. Gelingt dies nicht, soll eine Lösung auf Management-Ebene („Senior Executives") versucht werden. Erst wenn auch dieser Versuch scheitert, wird ein Mediationsversuch nach den WIPO Mediation Rules (Stand 1.1.2016)[1136] und schließlich ein Schiedsgerichtsverfahren nach den WIPO Arbitration Rules (Stand 1.6.2014)[1137] durchgeführt. Insgesamt soll mit diesem **gestuften Konfliktlösungsmodell** erreicht werden, dass die Geschäfts-

---

[1127] Vgl. *v. Holleben/Knaut* CR 2017, 299 ff., die sich für eine Weitergeltung aussprechen. Zum Problem auch *Wolff/Brink/Spoerr*, BeckOK Datenschutzrecht, Art. 28 DS-GVO Rdn. 29 ff.; Zu den wichtigsten Neuerungen insgesamt etwa *Albrecht* CR 2016, 88 ff.; *Schantz* NJW 2016, 1841 ff.
[1128] Vgl. hierzu unten Rdn. 2028 ff.
[1129] Vgl. etwa *Bettinger/Scheffelt* CR 2001, 729, 738.
[1130] Vgl. hierzu oben Rdn. 1110.
[1131] Vgl. *Bettinger/Scheffelt* CR 2001, 729, 738.
[1132] *Bettinger/Scheffelt* CR 2001, 729, 738 verweisen darüber hinaus noch auf eine bessere Durchsetzbarkeit von Schiedssprüchen sowie die Vermeidung von Öffentlichkeit.
[1133] Das ASP Industry Consortium wurde im Mai 1999 von führenden Technologieunternehmen zur Förderung des ASP-Geschäftsmodells gegründet. Als deutsches Pendant wurde im März 2000 das ASP-Konsortium gegründet. Es verschmolz 2003 mit dem Verband der deutschen Internetwirtschaft e. V. Eco.
[1134] Vgl. www.wipo.int/export/sites/www/freepublications/en/arbitration/837/wipo_pub_837_1.pdf.
[1135] Vgl. zu den Vorschlägen des WIPO-ASPIC Report *Bettinger/Scheffelt* CR 2001, 729, 739 ff.
[1136] Vgl. http://www.wipo.int/amc/en/mediation/rules/.
[1137] Vgl. http://www.wipo.int/amc/en/arbitration/rules/.

beziehungen nicht so stark gestört werden, dass sie nicht weiter fortgesetzt werden können.

Die zweite Besonderheit des Modells besteht darin, die verschiedenen Beteiligten alle in ein einziges Verfahren einzubeziehen und nicht mehrere gegebenenfalls widersprüchlich endende Zweiparteienverfahren durchzuführen. Gelöst wird die **Mehrparteienproblematik** des ASP/SaaS dadurch, dass der ASP/SaaS-Anbieter sowohl mit dem Anwender als auch mit jedem seiner Subunternehmer[1138] eine Mehrparteienklausel vereinbart. Deren Inhalt besteht im Wesentlichen darin, der **Beteiligung Dritter bei Schlichtungs- und Schiedsgerichtsverfahren** nicht zu widersprechen bzw. als Dritter beizutreten, das bis dahin durchgeführte Verfahren zu konsolidieren und den ergehenden Schiedsspruch schlussendlich auch gegen sich selbst gelten zu lassen.

1116

XI. Outsourcing und Cloud Computing

Inhaltsübersicht

	Rdn.		Rdn.
1. Erscheinungsformen und tatsächlicher Hintergrund	1117	3. Spezielle rechtliche Fragen	1125
2. Abgrenzung gegenüber anderen Formen der Softwarenutzung	1121		

Schrifttum: *Bedner*, Cloud Computing: Technik, Sicherheit und rechtliche Gestaltung, 2013; *Behnes/Nink/Rohde*, Nutzung internetbasierter Datenbankanwendungen – Haftung des Lizenznehmers für Quellensteuern des ausländischen Anbieters. Was bei Ausgestaltung der Rechteeinräumung und Steuerfolgen für Software aus der Cloud zu beachten ist, CR 2016, 281 ff.; *Bierekoven*, Datenspeicherungs- und Haltungsverträge bei Nutzung von Cloud-Services, in: Conrad/Grützmacher (Hrsg.), Recht der Daten und Datenbanken im Unternehmen, 2014, S. 616 ff.; *dies*. Lizenzierung in der Cloud, ITRB 2010, 42 ff.; *Bisges*, Beeinträchtigung des Systems der Urhebervergütung für Privatkopien durch Cloud-Dienste, GRUR 2013, 146, ff.; *ders.*, Urheberrechtliche Aspekte des Cloud Computing, MMR 2012, 574 ff.; *BITKOM*, Checkliste mit Erläuterungen für Cloud Computing-Verträge 2014; *Boehm*, Herausforderung von Cloud Computing-Verträgen: Vertragstypologische Einordnung, Haftung und Eigentum an Daten, ZEuP 2016, 358 ff.; *Borges/Adler*, Datenschutz und Cloud Computing aus Verbrauchersicht, in: Bala/Müller, Beiträge zur Verbraucherforschung, 2014, S. 57 ff.; *Borges/Meents*, Cloud Computing, 2016; *Bräutigam*, IT-Outsourcing und Cloud-Computing, 3. Aufl. 2013; *Conrad/Strittmatter*, Cloud Computing in: Handbuch IT- und Datenschutzrecht, 2. Aufl. 2016; *Determann/Weigl*, Auswirkungen russischer Datenvorhaltungspflichten auf Cloud- und Internetdienste, CR 2015, 510 ff.; *Duisberg*, Standardbedingungen von Cloud-Anbietern, insbesondere Daten und Exit-Klauseln, in: Conrad/Grützmacher (Hrsg.), Recht der Daten und Datenbanken im Unternehmen, 2014, S. 633 ff.; *Engels*, Datenschutz in der Cloud – Ist hierbei immer eine Auftragsdatenverarbeitung anzunehmen? K&R 2011, 548 ff.; *Federrath*, Technik der Cloud, ZUM 2014, 1 ff.; *Giedke*, Cloud Computing: Eine wirtschaftsrechtliche Analyse mit besonderer Berücksichtigung des Urheberrechts, 2013; *Grünwald/Döpkens*, Cloud Control. Regulierung von Cloud Computing-Angeboten, MMR 2011, 287 ff.; *Grützmacher*, „Software aus der Datendose" – Outsourcing, Cloud, SaaS & Co. Zur Einordnung von „Fernnutzungsrechten" in das System der urheberrechtlichen Nutzungs- und Verwertungsrechte, CR 2015, 779 ff.; *ders.*, Lizenzgestaltung für neue Nutzungsformen im Lichte von § 69d UrhG (Teil 2). Die urheber- und die vertragliche Ebene bei Core, Cluster, Cloud & Co., CR 2011, 697 ff.; *Heidrich/Wegener*, Sichere Datenwolken. Cloud Computing und Datenschutz, MMR 2010, 803 ff.; *Heymann*, Der Schutz von Daten bei der Cloud Verarbeitung, CR 2015, 807 ff.; *ders.*, Kundendaten und die Transition bei Outsourcing-Verträgen, in: Conrad/Grützmacher (Hrsg.), Recht der Daten und Datenbanken im Unternehmen, 2014,

---

[1138] Eine entsprechende Vereinbarung in einem einzigen Vertrag ist zwar denkbar, erscheint aber weniger praktikabel.

S. 845 ff.; *Hilber*, Handbuch Cloud Computing, 2014; *Hilber/Litzke*, Wer ist urheberrechtlicher Nutzer von Software bei Outsourcing-Vorhaben?, ZUM 2009, 730 ff.; *Hilber/Reintzsch*, Cloud Computing und Open Source – Wie groß ist die Gefahr des Copyleft bei SaaS?, CR 2014, 697 ff.; *Hoppen*, Sicherung von Eigentumsrechten an Daten, CR 2015, 802 ff.; *Kahler*, Outsourcing im öffentlichen Sektor und § 203 Abs. 2 StGB. Zur Doppelnatur des § 11 BDSG, CR 2015, 153 ff.; *Kirn/Müller-Hengstenberg*, Überfordert die digitale Welt der Industrie 4.0 die Vertragstypen des BGB?, NJW 2017, 433 ff.; *Koch*, Client Access License – Abschied von der Softwarelizenz?, ITRB 2011, 42 ff.; *Kroschwald/Wicker*, Kanzleien und Praxen in der Cloud – Strafbarkeit nach § 203 StGB, CR 2012, 758 ff.; *Lehmann/Giedke*, Cloud Computing – technische Hintergründe für die territorial gebundene rechtliche Analyse, CR 2013, 608 ff.; *Lenzer*, Cloud Computing: Prinzipien und Anwendungen, in: Conrad/Grützmacher (Hrsg.), Recht der Daten und Datenbanken im Unternehmen, 2014, S. 116 ff.; *Liesegang*, Technische Aspekte der Fernnutzung von Software im Kontext urheberrechtlicher Fragen, CR 2015, 776 ff.; *Lutz*, Vertragsrechtliche Fragen des Cloud Computing, 2010, in: Taeger/Wiebe (Hrsg.), Inside the Cloud – Neue Herausforderungen für das Informationsrecht, 2009; *Lutz/Weigl*, Second Generation IT-Outsourcing, CR 2014, 629 ff.; *Mann*, Vertragsgestaltung beim IT-Outsourcing, MMR 2012, 499 ff.; *Nägele/Jacobs*, Rechtsfragen des Cloud Computing, ZUM 2010, 281 ff.; *Niemann/Paul*, Praxishandbuch Rechtsfragen des Cloud Computing, 2014; *dies.*, Bewölkt oder wolkenlos – rechtliche Herausforderungen des Cloud Computings, K&R 2009, 444 ff.; *Nordmeier*, Cloud Computing und Internationales Privatrecht. Anwendbares Recht bei der Schädigung von in Datenwolken gespeicherten Daten, MMR 2010, 151 ff.; *Peintinger*, Widerrufsrechte beim Erwerb digitaler Inhalte – Praxisvorschläge am Beispiel des Softwarekaufs unter Berücksichtigung von SaaS-Verträgen, MMR 2016, 3 ff.; *Pohle*, IT-Outsourcing in der Insolvenz: Optionen für Anbieter und Anwender, K&R 2013, 297 ff.; *Pohle/Ammann*, Über den Wolken ... – Chancen und Risiken des Cloud Computing, CR 2009, 273 ff.; *Rath/Kuß/Maiworm*, Die neue Microsoft Cloud in Deutschland mit Datentreuhand als Schutzschild gegen NSA & Co.?, CR 2016, 98 ff.; *Rath/Rothe*, Cloud Computing: Ein datenschutzrechtliches Update, K&R 2013, 623 ff.; *Schmitz*, Vertraulichkeitsklauseln und Outsourcing, CR 2012, 557 ff.; *Schrotz/Zdanowiecki*, Cloud Computing für die öffentliche Hand. Rechtliche Schlüsselthemen und Lösungsansätze, CR 2015, 485 ff.; *Schulz/Rosenkranz*, Cloud Computing – Bedarfsorientierte Nutzung von IT-Ressourcen, ITRB 2009, 232 ff.; *Seffer*, Cloud Computing als Outsourcing 2.0, in: Conrad/Grützmacher (Hrsg.), Recht der Daten und Datenbanken im Unternehmen, 2014, S. 128 ff.; *Söbbing*, Handbuch IT-Outsourcing, 4. Aufl. 2015; *ders.*, Benchmarking im IT-Outsourcingprojekt, ITRB 2016, 164 ff.; *ders.*, Platform as a Service, ITRB 2016, 14 ff.; *ders.*, Möglichkeiten der Haftungsbeschränkung für die kostenlose Bereitstellung von IT-Outsourcing-Leistungen, K&R 2011, 98 ff.; *Spindler*, Der internationale Schutz von Datenbanken im Urheberrecht, insbesondere in der Cloud, Conrad/Grützmacher (Hrsg.), Recht der Daten und Datenbanken im Unternehmen, 2014, S. 282 ff.; *Suchomski*, Der Copyleft-Effekt bei Cloud-Computing – Affero Public License Version 3 (AGPLv3), ITRB 2016, 90 ff.; *Strittmatter*, Cloud Computing, in: Auer-Reinsdorff/Conrad, Handbuch IT- und Datenschutzrecht, 2. Aufl. 2016, S. 910 ff.; *Sujecki*, Internationales Privatrecht und Cloud Computing aus europäischer Perspektive, K&R 2012, 312 ff.; *Wicker*, Haftet der Cloud-Anbieter für Schäden beim Cloud-Nutzer?, MMR 2014, 715 ff.; *dies.*, Haftungsbegrenzung des Cloud-Anbieters trotz AGB-Recht?, MMR 2014, 787 ff.; *dies.*, Vertragstypologische Einordnung von Cloud Computing Verträgen, MMR 2012, 783 ff.

1. Erscheinungsformen und tatsächlicher Hintergrund

1117   IT-Outsourcing[1139] und Cloud Computing[1140] sind seit einigen Jahren einer zunehmenden Beliebtheit ausgesetzt. Verschiedentlich wird sogar vorhergesagt, dass Cloud-Dienste die **herkömmliche Softwareüberlassung** auf Datenträgern oder in

---

[1139] Der Begriff IT-Outsourcing umfasst allgemein die Abgabe von IT-bezogenen Unternehmensaufgaben und -strukturen durch Verlagerung auf Dritte. Ähnlich *Lutz/Weigl* CR 2014, 629.

[1140] The National Institute of Standards and Technology, Definition of Cloud Computing, Special Publication 800-145, 2011, abrufbar unter http://csrc.nist.gov/publications/nistpubs/800-145/SP800-145.pdf definiert Cloud Computing wie folgt: Cloud computing is a model for enabling ubiquitous, convenient, on-demand network access to a shared pool of configurable computing resources (e. g., networks, servers, storage, applications, and services) that can be rapidly provisioned and released with minimal management effort or service provider interaction.

Gestalt des Downloads **verdrängen** werden[1141]. Die vom Anwender in Anspruch genommenen Leistungen sind vielgestaltig. Die **Europäische Kommission** umschreibt die Gesamterscheinung mit der etwas vergröbernden Definition, Cloud Computing bezeichne den Zugang zu Speicherkapazitäten und die Ausführung von Programmen im Internet[1142]. Soweit demgegenüber für eine etwas präzisere Beschreibung auf das jeweilige **Service-Angebot** abgestellt wird, werden beim Cloud Computing **grundsätzlich drei,** manchmal vier verschiedene **Servicemodelle** unterschieden[1143], jedoch sei an dieser Stelle nachdrücklich darauf hingewiesen, dass keine allgemein anerkannte und erst Recht keine gesetzliche Definition existiert[1144]:

Software as a Service (SaaS)	Dort offerieren SaaS-Diensteanbieter spezielle Auswahlen von Software, die auf der Infrastruktur des Diensteanbieters läuft.
Platform as a Service (PaaS)	Dort bieten Rechnerwolken einen Nutzungszugang von Programmierungs- oder Laufzeitumgebungen mit flexiblen, dynamisch anpassbaren Rechen- und Datenkapazitäten. Mit PaaS entwickeln Nutzer ihre eigenen Software-Anwendungen oder lassen diese innerhalb einer Softwareumgebung ausführen, die vom Dienst-

1118

[1141] Vgl. *Bisges* GRUR 2013, 146, 147. Einen jährlichen Marktbericht veröffentlicht *BITKOM*, Bundesverband Informationswirtschaft, Telekommunikation und neue Medien e. V., als Cloud Monitor z. B. für das Jahr 2017: https://www.bitkom.org/Presse/Anhaenge-an-PIs/2017/03-Maerz/Bitkom-KPMG-Charts-PK-Cloud-Monitor-14032017.pdf.

[1142] Vgl. die Informationen der Europäischen Kommission unter http://ec.europa.eu/justice/contract/cloud-computing/index_en.htm.

[1143] *The National Institute of Standards and Technology*, Definition of Cloud Computing, Special Publication 800-145, 2011, abrufbar unter http://csrc.nist.gov/publications/nistpubs/800-145/SP800-145.pdf definiert die Servicemodelle wie folgt:
Software as a Service (SaaS). The capability provided to the consumer is to use the provider's applications running on a cloud infrastructure. The applications are accessible from various client devices through either a thin client interface, such as a web browser (e. g., web-based email), or a program interface. The consumer does not manage or control the underlying cloud infrastructure including network, servers, operating systems, storage, or even individual application capabilities, with the possible exception of limited user-specific application configuration settings.
Platform as a Service (PaaS).The capability provided to the consumer is to deploy onto the cloud infrastructure consumer-created or acquired applications created using programming languages, libraries, services, and tools supported by the provider. The consumer does not manage or control the underlying cloud infrastructre including network, servers, operating systems, or storage, but has control over the deployed applications and possibly configuration settings for the application-hosting environment.
Infrastructure as a Service (IaaS). The capability provided to the consumer is to provision processing, storage, networks, and other fundamental computing resources where the consumer is able to deploy and run arbitrary software, which can include operating systems and applications. The consumer does not manage or control the underlying cloud infrastructure but has control over operating systems, storage, and deployed applications; and possibly limited control of select networking components (e. g., host firewalls).

[1144] Eine Zusammenstellung weiterer Definitionen findet sich bei *Giedke* S. 36 ff. mit einem eigenen Definitionsversuch auf S. 47: „Cloud Computing beschreibt den Verbund mehrerer Server („die Cloud" i. e. S.), aus dem die Nutzung von Software und Hardware angeboten und auf den über ein Netzwerk zugegriffen wird. In der Cloud gespeicherte Dateien, die sich aus mehreren Daten zusammensetzen, können nicht notwendigerweise einem bestimmten geografischen Ort zugeordnet werden, da ihre Einzelbestandteile auf mehreren oder sogar allen Servern der Cloud verteilt sein können. Die Durchführung der Cloud-Dienste wird zumindest teilweise vom Nutzer entfernt durchgeführt."

	anbieter (Service Provider) bereitgestellt und unterhalten wird.
Infrastructure as a Service (IaaS)	Dort bieten Rechnerwolken einen Nutzungszugang von virtualisierten Computerhardware-Ressourcen. Mit IaaS gestalten sich die Nutzer ihre eigenen virtuellen Computer-Cluster frei und sind daher für die Auswahl, die Installation, den Betrieb und das Funktionieren ihrer Software selbst verantwortlich.
Business Process as a Service (BPaaS)	Dort wird die gesamte Geschäftsanwendung in der Wolke bereitgestellt, die die Nutzer dann on demand abrufen können[1145].

1119   Soweit für eine Beschreibung auf den jeweiligen **Benutzerkreis** der Cloud abgestellt wird, werden beim Cloud Computing grundsätzlich die Formen der **Private Cloud,** der **Public Cloud** sowie als Mischform dieser beiden Grundvarianten der Hybrid Cloud unterschieden. Während es eine Private Cloud dem Betreiber ermöglicht, die unternehmensinterne Nutzung eigener Rechenzentren auf Basis einer Cloud-Architektur zu nutzen, kann eine Public Cloud von beliebigen Personen und Unternehmen genutzt werden[1146].

1120   Sowohl dem Outsourcing als auch dem Cloud Computing eigen ist, dass die Programmnutzung nicht allein auf einem Einzelplatzcomputer des Anwenders erfolgt, sondern dieser die **Ressourcen eines Dritten** nutzt, der ihm die Programmnutzung über ein Netzwerk zur Verfügung stellt[1147]. Möglich ist zunächst, dass der Anwender lediglich Hardware-Ressourcen eines Dritten, z. B. eines **Rechenzentrums,** anmietet, im Übrigen aber alle Nutzungshandlungen selbst veranlasst. In diesem Fall ist der Anwender weiterhin die Person, die die betreffenden Vervielfältigungshandlungen vornimmt, selbst wenn die Software physisch im Rechenzentrum des Anbieters abläuft[1148] gleichwie dem Softwarehersteller keine Kunden verloren gehen. In der Regel werden zwar beim Drittbetrieb der Software noch weitere Tätigkeiten seitens des Providers übernommen, wie etwa die Programminstallation[1149] oder -pflege, jedoch ändert sich hierdurch an der juristischen Betrachtung im Ergebnis nichts. Selbst wenn der Provider in diesem Fall die für die Programmnutzung erforderlichen Vervielfältigungshandlungen vornimmt, wird er vom Anwender quasi wie ein „notwendiges Werkzeug" und „an Stelle eines Vervielfältigungsgeräts"[1150] eingesetzt. Aus diesem Grund sind die Vervielfältigungen allein dem Anwender zuzurech-

---

[1145] Vgl. *Sujecki* K&R 2012, 312, 313.

[1146] Vgl. *Auer-Reinsdorff/Conrad/Strittmatter*, 2. Aufl. 2016, § 22 Rdn. 7; *Borges/Meents/Krcmar*, 2016, § 2 Rdn. 15; *Hilber* S. 6 f. Rdn. 14 ff.; *Niemann/Paul/Weiss* S. 20 f. Rdn. 12 ff.; *Bierekoven*, in: Conrad/Grützmacher, 2014, § 40 Rdn. 2; *Nägele/Jacobs* ZUM 2010, 281, 282. *Lehmann/Meents*, Informationstechnologierecht, 2. Aufl. 2011, Kap. 7 Rdn. 248 definieren private Cloud als „Vernetzung von Servern, welche durch eine unternehmensspezifische Firewall umgrenzt ist" und bei der „die darin enthaltenen Daten die Sphäre des Unternehmens nicht verlassen".

[1147] Vgl. *Heymann* CR 2015, 807; *Mann* MMR 2012, 499; *Grützmacher* CR 2015, 779; ders. CR 2011, 697, 703; *Lehmann/Meents*, Informationstechnologierecht, 2. Aufl. 2011, Kap. 7 Rdn. 246.

[1148] Vgl. *Grützmacher* CR 2015, 779, 780; *Niemann/Paul* S. 115 Rdn. 47; *Giedke* S. 384 Fußn. 2159.

[1149] Zweifelnd für diesen Fall *Grützmacher* CR 2015, 779, 781.

[1150] Diese Umschreibung verwendet *BGH*, 22.4.2009, I ZR 216/06, NJW 2009, 3511, 3513 Tz. 17.

nen[1151]. Aber selbst für den Fall, dass der Provider die entsprechenden Vervielfältigungshandlungen selbstständig und nicht wie ein technisches Hilfsmittel vornimmt und deshalb eine zustimmungspflichtige Handlung des Providers vorzuliegen scheint, wird man dies als von § 69d Abs. 1 UrhG gedeckt qualifizieren müssen, da der Anwender sein Recht auch durch Dritte ausüben lassen kann[1152]. Auch sind die urheberrechtlichen Partizipationsinteressen des Herstellers nicht betroffen, da er auch bei dieser Fallgestaltung keine Kunden verliert. Anders ist daher erst dann zu entscheiden, wenn die Programmnutzung vom Provider auch noch weiteren Kunden ermöglicht wird[1153].

2. Abgrenzung gegenüber anderen Formen der Softwarenutzung

Wie bei ASP/SaaS erfolgt auch beim **Cloud Computing** eine Ressourcenbereitstellung über ein Netzwerk, weshalb auch hier von einer „Fernnutzung von Software" gesprochen werden kann[1154]. Vertragstypologisch ist die entgeltliche Bereitstellung der Hard- und Softwareressourcen als Mietvertrag im Sinne der §§ 535 ff. BGB zu qualifizieren[1155], wie dies an anderer Stelle für ASP/SaaS ausführlich dargelegt wurde[1156]. Soweit über die bloße Bereitstellung der Nutzungsmöglichkeit der Software hinaus häufig **noch weitere Leistungen** des Anbieters vereinbart werden, kann dies zu einer vom Mietvertrag abweichenden vertragsrechtlichen Einordnung führen. Der *BGH* nimmt hinsichtlich der Typologisierung des Gesamtvertrags eine sogenannte „Schwerpunktbetrachtung"[1157] vor und stellt auf den vereinbarten Zweck des Vertrags ab, wie er etwa in der **Leistungsbeschreibung** sowie dem daran anknüpfenden Willen der Vertragsparteien zum Ausdruck kommt. Entscheidend ist nach der Rechtsprechung des *BGH* die „verobjektivierte Kundenerwartung"[1158]. Der Abfassung der Leistungsbeschreibung kommt daher eine besondere Bedeutung zu. Unbestritten dürfte sein, dass Cloud Computing-Verträge grundsätzlich als **Dauerschuldverhältnisse** zu qualifizieren sind[1159]. 1121

Vom SaaS unterscheidet sich Cloud Computing vornehmlich dadurch, dass eine vollständige Ausgliederung auch der Hardwareleistungen erfolgt[1160]. Gegenüber dem sog. **Grid Computing**[1161], bei dem gleichfalls Ressourcen zusammengefasst werden, unterscheidet sich Cloud Computing durch das hinzutretende Dienstleis- 1122

[1151] Vgl. *BGH*, 22.4.2009, I ZR 216/06, NJW 2009, 3511, 3513 Tz. 17; zustimmend *Grützmacher* CR 2015, 779, 780 f.; *Giedke* S. 384 Fußn. 2159.
[1152] Auf einzelne Softwarelösungen abstellend *Grützmacher* CR 2015, 779, 781; *ders.* CR 2011, 697, 704 jeweils unter Berufung auf *BGH*, 24.2.2000, I ZR 141/97, NJW 2000, 3212, 3213 für die Programmfehlerbeseitigung durch einen vom Anwender beauftragten Dritten; zurückhaltender *Niemann/Paul* S. 115 Rdn. 48 ff.
[1153] Vgl. *Grützmacher* CR 2011, 697, 704.
[1154] Vgl. *Liesegang* CR 2015, 776; *Grützmacher* CR 2015, 779.
[1155] Vgl. *Auer-Reinsdorff/Conrad/Strittmatter*, 2. Aufl. 2016, § 22 Rdn. 29; *Borges/Meents*, 2016, § 4 Rdn. 45 ff.; *Hilber* S. 177 Rdn. 168; *Wicker* MMR 2012, 783, 785; *Sujecki* K&R 2012, 312, 316; *Pohle/Ammann* CR 2009, 273, 274 f.; *Nordmeier* MMR 2010, 151, 152; kritisch *Kirn/Müller-Hengstenberg* NJW 2017, 433, 438, die wegen der Vielgestaltigkeit der Leistungen auf das Dienstvertragsrecht abstellen wollen.
[1156] Vgl. hierzu oben Rdn. 1105.
[1157] Vgl. *BGH*, 4.3.2010, III ZR 79/09, NJW 2010, 1449, 1450 Tz. 17.
[1158] Vgl. *BGH*, 4.3.2010, III ZR 79/09, NJW 2010, 1449, 1451 Tz. 25.
[1159] Vgl. *Borges/Meents*, 2016, § 4 Rdn. 39.
[1160] Vgl. *Schulz* in: Inside the Cloud, S. 403. Weitere Unterschiede bei *Borges/Meents*, 2016, § 4 Rdn. 37.
[1161] Nach Wikipedia ist Grid Computing eine Form des verteilten Rechnens, bei der ein virtueller Supercomputer aus einem Cluster lose gekoppelter Computer erzeugt wird.

tungselement[1162]. Bei **kostenlosen Cloud-Angeboten,** die überwiegend im Verbraucherverkehr zu finden sind, liegt ein **Leihvertrag** vor, sodass auch die Einordnung als gegenseitiger Vertrag zu verneinen ist[1163].

1123 Sofern der Cloud-Anwender bei einem mietvertraglich einzuordnenden Vertrag **nicht auf seinen Cloud-Service zugreifen** kann oder die Tauglichkeit zum vertragsgemäßen Gebrauch anderweitig gestört oder aufgehoben ist, ist der Anwender gem. § 536 Abs. 1 BGB von der Entrichtung der Miete befreit bzw. ist diese angemessen herabgesetzt[1164]. Bereits gezahlte Miete kann gem. § 812 Abs. 1 BGB zurückgefordert werden. Bei einem vom Cloud-Anbieter zu vertretenden Mangel ist darüber hinaus § 536a Abs. 1 BGB zu beachten[1165]. Gleiches gilt bei einem bereits bei Vertragsabschluss bestehenden Mangel, etwa weil die Sicherheit des Systems von vornherein unzureichend war. Gegebenenfalls sind auch Ansprüche aus unerlaubter Handlung gem. § 823 Abs. 1 BGB gegeben. Soweit jedoch etwa Daten verloren gegangen sind, die auf dem Server des Cloud-Anbieters lagen, scheidet ein Eigentumsschutz des Datenbestands aus, da es sich nicht um den Datenträger des Anwenders handelte. Es ist aber in Erwägung zu ziehen, diesen **Datenbestand auf einem fremden Datenträger** als **sonstiges Recht** i. S. d. § 823 Abs. 1 BGB zu qualifizieren[1166] und auf diese Weise einen vom Datenträger unabhängigen Integritätsschutz der Daten zu schaffen[1167]. Verschiedentlich wird im Schrifttum auch die Eigenschaft von Cloud-Angeboten als **Produkt** i. S. d. § 2 PodHG bejaht[1168]. Bei einem länger andauernden Systemausfall kann dem Anwender ein außerordentliches Kündigungsrecht nach § 543 Abs. 1 S. 1 BGB zustehen[1169].

1124 Im Schrifttum wird vereinzelt die Auffassung vertreten, dass sowohl die Verfügbarkeit des Systems als auch der sorgfältige Umgang des Cloud-Anbieters mit den Daten des Anwenders zu den vertragswesentlichen Pflichten (Kardinalpflichten) zählt[1170]. Dies hat zur Folge, dass ein entsprechender Haftungsausschluss auch für leichte Fahrlässigkeit in Allgemeinen Geschäftsbedingungen nicht wirksam vereinbart werden kann[1171]. Die Gestaltung einer entsprechenden Klausel mit einer Haftungsbegrenzung ist schwierig, weil die Begrenzung angemessen sein muss und die typischerweise zu erwartenden Schäden sowohl der Art als auch der Höhe nach nicht ausschließen darf[1172]. Typischerweise vorhersehbare Schäden beim Cloud Computing sind jedoch ein möglicher Gewinnausfall infolge Nichtnutzbarkeit des Systems sowie die Kosten einer gegebenenfalls erforderlichen Datenrekonstruktion[1173]. Beides lässt sich im Vorfeld nur schwer abschätzen.

[1162] Vgl. *Lehmann/Giedke* CR 2013, 608 Fußn. 2. Ähnlich *Borges/Meents*, 2016, § 4 Rdn. 36, die die alleinige Ressourcenbereitstellung des Cloud-Anbieters hervorheben.
[1163] Vgl. *Wicker* MMR 2014, 715, 716.
[1164] Vgl. *Borges/Meents*, 2016, § 4 Rdn. 91; *Wicker* MMR 2014, 715, 716.
[1165] Vgl. *Borges/Meents*, 2016, § 4 Rdn. 93 f.
[1166] Dafür etwa *Wicker* MMR 2014, 715, 716; *Bartsch* in: Conrad/Grützmacher, 2014, S. 297 ff. Rdn. 20 ff.; *Hoeren* MMR 2013, 486, 491. Zur Diskussion *Zech* CR 2015, 137 ff., der de lege ferenda ein „Recht des Datenerzeugers" fordert.
[1167] Vgl. *Zech* GRUR 2015, 1151, 1158.
[1168] Vgl. *Wicker* MMR 2014, 715, 717.
[1169] Vgl. *Borges/Meents*, 2016, § 4 Rdn. 98.
[1170] Vgl. *Wicker* MMR 2014, 787, 788.
[1171] Vgl. *Wicker* MMR 2014, 787, 788.
[1172] Vgl. unten Rdn. 1855.
[1173] Vgl. *Wicker* MMR 2014, 787, 788.

3. Spezielle rechtliche Fragen

Gerichtliche Entscheidungen zu den vom Cloud Computing aufgeworfenen **urheberrechtlichen Fragen** fehlen bislang fast völlig[1174]. Problematisch, aber zu bejahen ist, dass der Cloud-Anbieter regelmäßig sowohl zustimmungspflichtige **Vervielfältigungshandlungen** gem. § 69c Nr. 1 UrhG[1175] als auch eine **öffentliche Zugänglichmachung** gem. § 69c Nr. 4 UrhG vornimmt[1176]. Streitig ist, ob auch der das Programm nutzende Anwender selbst eine Vervielfältigungshandlung vornimmt, da er die beim Provider anfallenden Vervielfältigungen zumindest mit diesem gemeinsam veranlasst[1177]. Als gesichert kann jedenfalls die Feststellung bezeichnet werden, dass der Einsatz von Computerprogrammen beim Cloud Computing ohne ausdrückliche Zustimmung des Rechtsinhabers **nicht** zur **bestimmungsgemäßen Benutzung** des Programms im Sinne des § 69d Abs. 1 UrhG zählt, soweit es sich nicht um eine rein private Cloud handelt, auf die allein der berechtigte Programmnutzer zugreifen kann[1178].

1125

Auch zu vielen vertragsrechtlichen Fragen fehlen bislang gerichtliche Entscheidungen in nennenswertem Umfang. Die EU-Kommission arbeitet an Vorlagen für Cloud-Computing-Verträge mit sicheren und fairen Bedingungen für alle Beteiligten[1179]. Am 18.6.2013 hat die Kommission eine Expertengruppe ins Leben gerufen, die sich mit der Definition sicherer und fairer Vertragsbedingungen beschäftigen und bewährte Verfahren für Cloud-Computing-Verträge ermitteln soll. Ergänzend zur Arbeit der Expertengruppe hat die Kommission eine vergleichende Studie über Cloud-Computing-Verträge in Auftrag gegeben. Schließlich hat die EU-Kommission einen **Vorschlag für eine Richtlinie** über bestimmte vertragsrechtliche Aspekte der Bereitstellung **digitaler Inhalte**[1180] vorgelegt. Zu den digitalen Inhalten zählt nach Art. 2 Nr. 1 des Richtlinienvorschlags auch Software. Der Anwendungsbereich der Richtlinie soll sich nach Art. 3 des Richtlinienvorschlags auf alle Verträge erstrecken, auf deren Grundlage ein Anbieter einem Verbraucher digitale Inhalte bereitstellt oder sich hierzu verpflichtet und der Verbraucher als Gegenleistung einen **Preis** zahlt oder aktiv **eine andere Gegenleistung als Geld** in Form personenbezogener oder anderer Daten erbringt. Damit wären auch Cloud Computing-Verträge erfasst. Die weitere Entwicklung bleibt daher abzuwarten.

1126

Wie bei allen Dauerschuldverhältnissen ist auch beim Cloud Computing rechtzeitig an das Ende des Vertragsverhältnisses zu denken, sei es dass der zunächst zeitlich befristete Vertrag ausläuft, sei es, dass von einem Vertragspartner eine Kündigung ausgesprochen wird. Insbesondere die **Rückführung der Daten oder Software** des

1127

[1174] *Grützmacher* CR 2015, 779 bemängelt eine „dürftige" Entscheidungspraxis.
[1175] Vgl. *Hilber* S. 285 Rdn. 89; *Giedke* S. 379 ff.; *Bisges* MMR 2012, 574, 575; *Pohle/Ammann* CR 2009, 273, 276; differenzierend *Grützmacher* CR 2015, 789, 780 f.; *ders.* 2011, 697, 704.
[1176] Vgl. *Auer-Reinsdorff/Conrad/Strittmatter*, 2. Aufl. 2016, § 22 Rdn. 55 f.; *Bisges* MMR 2012, 574, 576 f.; *Pohle/Ammann* CR 2009, 273, 276; *Giedke* S. 397 ff.; a. A. *Grützmacher* CR 2015, 789, 781; *ders.* CR 2011, 697, 704; differenzierend *Hilber* S. 289 f. Rdn. 105 ff.
[1177] Bejahend *Bisges* MMR 2012, 574, 577 f.; *Grützmacher* CR 2011, 697, 704; ablehnend *Hilber* S. 286 f. Rdn. 93 f.; allein auf den Anwender als Hersteller der Vervielfältigung abstellend *Niemann* CR 2009, 661, 662 f.
[1178] Vgl. *Hilber* S. 298 ff. Rdn. 141 ff.; *Grützmacher* CR 2011, 697, 704 f.; *Pohle/Ammann* CR 2009, 273, 276; *Redeker* Rdn. 70.
[1179] Vgl. die Informationen der Europäischen Kommission unter http://ec.europa.eu/justice/contract/cloud-computing/index_de.htm.
[1180] Vgl. Vorschlag für eine Richtlinie des Europäischen Parlaments und des Rates über bestimmte vertragsrechtliche Aspekte der Bereitstellung digitaler Inhalte, COM(2015) 634 final vom 9.12.2015.

Cloud-Anwenders ins eigene Unternehmen (sog. „Retransition" [1181]) oder die Übertragung zu einem anderen Anbieter (sog. Second Generation Outsourcing[1182]) wirft mitunter erhebliche Probleme auf[1183]. Nicht selten besteht eine gewisse Abhängigkeit des Anwenders gegenüber dem Anbieter („Lock-in-Effekt"), weil ein Wechsel ohne Mitwirkung des Anbieters (Unterstützungsleistungen) nicht oder nur schwer möglich ist[1184]. Es empfiehlt sich daher, die typischerweise auftretenden Probleme derartiger Exit-Szenarien vertraglich zu regeln. Hierbei sollten etwa angesprochen werden:

1128 – die **Herausgabe bzw. Übertragung sämtlicher** vom Anwender auf dem System des Anbieters gespeicherter **Daten** in einem vom Anwender problemlos verwertbaren Datenformat. Gegebenenfalls ist ein gewisser Übergabezeitraum zu vereinbaren, z.B. „der Anwender hat die Möglichkeit, seine Daten bis maximal 30 Tage nach Inkrafttreten der Vertragskündigung im Dateiformat XY zu exportieren und abzurufen. Nach Ablauf dieser Frist ist der Anbieter nicht mehr verpflichtet, Daten des Anwenders bereitzustellen oder zu pflegen." [1185]
– die gegebenenfalls für einen Datenexport zum Anwender erforderliche **Unterstützung** des Anbieters[1186] einschließlich der Kostentragung[1187]
– die gegebenenfalls erforderliche **Mitwirkung seitens des Anwenders**[1188] einschließlich der Kostentragung
– eine Verpflichtung des Anbieters zur **vorübergehenden Vertragsfortsetzung** im Falle einer zeitlichen Verzögerung der Datenübergabe
– eine Verpflichtung des Cloud-Anbieters, sämtliche **Daten des Anwenders** nach dessen Anweisung unwiderruflich zu entfernen, **zu löschen** oder zu überschreiben einschließlich gegebenenfalls vorhandener Archivkopien[1189]
– sofern der Cloud-Anbieter für den Anwender **Individualsoftware** entwickelt und bereitgestellt hat oder Standardsoftware an die speziellen Bedürfnisse des Anwenders anpasste, sollte geregelt werden, ob der Anwender diese Programme (entgeltlich/unentgeltlich) weiter benutzen darf und ob er zu diesem Zweck gegebenenfalls erforderliche Bearbeitungen am Programmcode vornehmen darf. In der Regel muss hierfür der **Quellcode** nebst nachvollziehbarer Dokumentation übergeben werden.

1129 Sofern im Vertrag keine Regelungen über die oben dargelegten Punkte getroffen wurden, kann eine Verpflichtung des Anbieters zur Migrationsunterstützung aus § 241 Abs. 2 BGB hergeleitet werden[1190]. Dies gilt gegebenenfalls sogar nachvertraglich. Der Umfang dieser Nebenpflicht ist stark einzelfallabhängig, jedoch unabhängig davon, ob der Anwender eine Remigration zu sich selbst oder zu einem neuen

---

[1181] Diesen Begriff verwenden *Lutz/Weigl* CR 2014, 629, 630.
[1182] *Lutz/Weigl* CR 2014, 629 m.w.N. sprechen von First Generation Outsourcing, wenn die IT-Aufgaben erstmals vom Kunden auf einen Provider ausgelagert werden. Ein Second Generation Outsourcing wird demgegenüber als komplette oder teilweise Übertragung von einem ersten zu einem zweiten Provider definiert.
[1183] Vgl. *Schuster/Hunzinger* CR 2015, 277.
[1184] Vgl. *Hilber* S. 239 f. Rdn. 345.
[1185] Ähnlich Art. 7.4 Allgemeine Geschäftsbedingungen für *SAP* Cloud Services 2013; Nr. 9.2 *Oracle* Cloud Services Agreement; Nr. 9.6 *Hewlett Packard* Customer Agreement.
[1186] Ähnlich Nr. 7.3 (b) *Amazon* Web Services; *Hilber* S. 254 f. Rdn. 394.
[1187] Vgl. *Hilber* S. 255 Rdn. 395.
[1188] Vgl. *Lutz/Weigl* CR 2014, 629, 632.
[1189] Ähnlich Art. 7.4 Allgemeine Geschäftsbedingungen für *SAP* Cloud Services 2013; Nr. 9.2 *Oracle* Cloud Services Agreement.
[1190] Vgl. *Schuster/Hunzinger* CR 2015, 277, 278.

Anbieter wünscht[1191]. Ein Anspruch auf **Datenherausgabe** kann entweder über Rückgriff auf das mietvertragliche Wegnahmerecht analog § 539 Abs. 2 BGB begründet werden, soweit der Anwender dies eigenständig erledigen kann. Soweit der Anbieter die Daten aktiv herausgeben muss, ist auf § 241 Abs. 2 BGB abzustellen[1192]. Die Geltendmachung eines **Zurückbehaltungsrechts** gem. § 273 Abs. 1 BGB wegen noch ausstehender Zahlungen kann ausgeschlossen sein, wenn die Daten für den Anwender von existentieller Bedeutung sind[1193].

Da Cloud Computing-Verträge häufig grenzüberschreitend abgeschlossen werden, stellen sich **internationalprivatrechtliche Fragen** einschließlich der Frage nach **Rechtswahlklauseln** sehr oft. Im Schrifttum wird die Vereinbarung einer Rechtswahl unbedingt empfohlen[1194]. Mangels spezifischer Probleme kann diesbezüglich jedoch auf die allgemeinen Ausführungen zu Rechtswahlklauseln weiter unten verwiesen werden[1195]. 1130

Im Übrigen müssen viele Rechtsfragen als bislang ungeklärt oder nicht befriedigend geklärt bezeichnet werden. So wird etwa hinsichtlich der Frage, wo der für die Anwendung von Art. 4 Abs. 1 Rom II-VO ausschlaggebende Schadensort einer unerlaubten Handlung zu sehen ist, auf die **gesamte Cloud-Infrastruktur** verwiesen. Beispielsweise könnte ein Dritter sich unautorisiert Zugang zu den Daten verschafft und diese verändert oder gelöscht haben[1196]. Die länder-, manchmal auch kontinentübergreifende Struktur des Cloud Computing führt dann dazu, dass im Sinne einer sog. „Mosaikbetrachtung"[1197] mannigfaltige anwendbare Rechtsordnungen und auch Gerichtszuständigkeiten eröffnet sind. Vielfach wird aber auch gar nicht zu ermitteln sein, wo genau der Schaden eingetreten ist[1198]. 1131

Daneben stößt hier etwa auch das im Urheberrecht geltende Territorialitätsprinzip[1199] an seine Grenzen[1200], da urheberrechtsverletzende Handlungen für jedes Territorium getrennt zu untersuchen sind und gem. Art. 8 Abs. 1 Rom II-VO das Schutzlandprinzip gilt, nach dem sich Urheberrechtsverletzungen nach dem Recht des Landes beurteilen, für dessen Gebiet Schutz gesucht wird[1201]. Eine Rechtswahl vermag in diesem Zusammenhang nicht weiterzuhelfen, denn von dem nach Art. 8 Abs. 1 und 2 Rom II-VO anzuwendenden Recht kann **nicht** durch eine Rechtswahlvereinbarung nach Art. 14 Rom II-VO **abgewichen werden**. Dem steht die ausdrückliche Regelung des Art. 8 Abs. 3 Rom II-VO entgegen. Art. 8 Rom II-VO ist daher **zwingendes Recht** und der Disposition der Parteien entzogen. 1132

Auch die Frage, ob wirklich Mietvertragsrecht Anwendung findet, lässt sich ohne Kenntnis der einschlägigen Rechtsordnung nicht verlässlich beantworten[1202]. Hin- 1133

[1191] Vgl. *Schuster/Hunzinger* CR 2015, 277, 278 f.
[1192] Vgl. *Schuster/Hunzinger* CR 2015, 277, 282.
[1193] Vgl. *Schuster/Hunzinger* CR 2015, 277, 284.
[1194] Vgl. *Auer-Reinsdorff/Conrad/Strittmatter*, 2. Aufl. 2016, § 22 Rdn. 40; *Bräutigam* S. 1265 Rdn. 137; *Lehmann/Meents*, Informationstechnologierecht, 2. Aufl. 2011, Kap. 7 Rdn. 262; *Giedke* S. 113.
[1195] Vgl. ausführlich *Sujecki* K&R 2012, 313 ff. sowie unten Rdn. 2006 ff.
[1196] Vgl. *Nordmeier* MMR 2010, 151, 153.
[1197] Vgl. *Palandt/Thorn*, Rom II (IPR) Art. 4 Rdn. 29; *Giedke* S. 118; *Lehmann/Meents*, Informationstechnologierecht, 2. Aufl. 2011, Kap. 7 Rdn. 264.
[1198] Vgl. *Hilber* S. 186 Rdn. 191; *Bräutigam* S. 1267f. Rdn. 143; *Nordmeier* MMR 2010, 151, 153; *Lehmann/Meents*, Informationstechnologierecht, 2. Aufl. 2011, Kap. 7 Rdn. 264.
[1199] Vgl. aus neuerer Zeit etwa *EuGH*, 22.1.2015, C-441/13, MMR 2015, 187, 188 Tz. 22; zum Territorialitätsprinzip ausführlich oben Rdn. 381.
[1200] Vgl. *Lehmann/Giedke* CR 2013, 608, 616; ähnlich *Niemann/Paul* S. 117 Rdn. 57 f.
[1201] Vgl. *BGH*, 24.9.2014, I ZR 35/11, MMR 2015, 324, 326 Tz. 24; *BGH*, 22.1.2009, I ZR 247/03, NJW 2009, 2960, 2961 Tz. 17; hierzu auch oben Rdn. 381.
[1202] Vgl. *Lehmann/Giedke* CR 2013, 608, 616.

sichtlich der nach Art. 4 Rom I-VO für die Bestimmung des anzuwendenden Rechts vorzunehmenden vertragstypologischen Einordnung ist international keine Klarheit festzustellen[1203]. Es kann aber davon ausgegangen werden, dass der Cloud Computing-Anbieter die vertragscharakteristische Leistung im Sinne des Art. 4 Abs. 1 und 2 Rom I-VO erbringt[1204]. In der Regel wird daher das Recht desjenigen Staates zur Anwendung kommen, in dem der Cloud-Anbieter seinen Sitz hat[1205]. Bei Verbraucherverträgen ist darüber hinaus Art. 6 Abs. 1 Rom I-VO zu beachten[1206].

1134 Besondere Schwierigkeiten können sich bei IT-Outsourcing und Cloud Computing auch ergeben, wenn ein Vertragspartner **insolvent** wird. Für die Miete als Dauerschuldverhältnis gilt im Insolvenzfall § 103 InsO[1207]. Danach hat der Insolvenzverwalter ein Wahlrecht, ob er in den Mietvertrag eintritt und diesen fortführt oder die Erfüllung verweigert. Dem betreffenden Risiko kann gegebenenfalls mit einer **insolvenzabhängigen Lösungsklausel** begegnet werden, mit der einer Vertragspartei für den Fall der Zahlungseinstellung, des Insolvenzantrags oder der Insolvenzeröffnung vertraglich das Recht eingeräumt wird, sich vom Vertrag zu lösen. Gegebenenfalls wird auch eine auflösende Bedingung für den Fall der genannten Umstände vereinbart. Der *BGH* hat festgestellt, dass insolvenzabhängige Lösungsklauseln bei Verträgen über die fortlaufende Lieferung von Waren oder Energie nach § 119 InsO **unwirksam** sind, wenn sie im Voraus § 103 InsO ausschließen[1208]. Ob diese Rechtsprechung verallgemeinerungsfähig ist und auf andere Dauerschuldverhältnisse übertragen werden muss, ist umstritten[1209]. Die Vereinbarung entsprechender Lösungsrechte bedarf daher sorgfältiger Planung.

1135 Besondere Schwierigkeiten beim Cloud Computing können dadurch entstehen, dass zu den verarbeiteten Daten auch personenbezogene Daten insbesondere von Mitarbeitern und Kunden zählen. Verkompliziert wird das **datenschutzrechtliche Problem** durch die oftmals globalen und unternehmensübergreifenden Serververknüpfungen und Datenspeicherungen, weshalb schon die Bestimmung des anwendbaren Datenschutzrechts Probleme bereitet. Diesbezüglich ist auf das Territorialprinzip des europäischen Datenschutzrechts hinzuweisen, demzufolge sich die Verantwortlichkeit im Grundsatz nach dem Recht des Staates richtet, in dem die Daten erhoben oder verarbeitet werden. Es ist daher der **Ort der Speicherung** von entscheidender Bedeutung. Für Clouds durch EU-Anbieter, die nur Server innerhalb der EU verwenden, schafft die Modifizierung des Territorialprinzips durch das **Sitzlandprinzip** in § 1 Abs. 5 BDSG eine gewisse Vereinfachung, indem in diesen Fällen lediglich das Recht des Staates des Anbieters gilt[1210]. Ab dem 25.5.2018 ist die DSGVO zu beachten. Deren räumlicher Anwendungsbereich folgt aus Art. 3 DSGVO.

1136 Komplizierte Rechtsfragen können bei grenzüberschreitender Cloud-Nutzung auch im Bereich des **Steuerrechts** auftreten[1211].

[1203] Vgl. *Bräutigam* S. 1260 f. Rdn. 129; *Lehmann/Meents*, Informationstechnologierecht, 2. Aufl. 2011, Kap. 7 Rdn. 263.
[1204] Vgl. *Auer-Reinsdorff/Conrad/Strittmatter*, 2. Aufl. 2016, § 22 Rdn. 45; *Nordmeier* MMR 2010, 151, 152.
[1205] Vgl. *Auer-Reinsdorff/Conrad/Strittmatter*, 2. Aufl. 2016, § 22 Rdn. 45; *Hilber* S. 267 Rdn. 33 f. sowie S. 184 Rdn. 185; *Bräutigam* S. 1260 f. Rdn. 129.
[1206] Vgl. *Auer-Reinsdorff/Conrad/Strittmatter*, 2. Aufl. 2016, § 22 Rdn. 46.
[1207] Vgl. *Selk* ITRB 2012, 201.
[1208] Vgl. *BGH*, 15.11.2012, IX ZR 169/11, NJW 2013, 1159, 1160 Tz. 13 ff.
[1209] Vgl. *Pohle* K&R 2013, 297, 299 m.w.N.
[1210] Vgl. zu den Problemen des Datenschutzes *Niemann/Paul* K&R 2009, 444, 448.
[1211] Vgl. hierzu *Behnes/Nink/Rohde* CR 2016, 281 ff.

XII. Apps für Smartphones und Tablet-Computer

Inhaltsübersicht

	Rdn.		Rdn.
1. Terminologie und tatsächlicher Hintergrund	1137	d) Der Vertrag zwischen Anbieter und Entwickler	1178
2. Das Urheberrecht der Apps	1156	e) Der Vertrag zwischen Anbieter und Content-Lieferant	1179
3. Die Vertragsbeziehungen	1160	f) Der Vertrag zwischen Anwender und dem Anbieter von realen oder virtuellen Zusätzen	1180
a) Der Vertrag zwischen Plattformbetreiber und Anbieter	1160		
b) Der Vertrag zwischen Plattformbetreiber und Anwender	1168	4. Datenschutzrechtliche Probleme	1186
c) Der Vertrag zwischen Anbieter und Anwender	1176	5. Sonstige rechtliche Probleme	1188

Schrifttum: *Ahrens/Schmidt-Murra,* Entwicklung und Vertrieb von Wearables und Apps im Gesundheitsbereich – Zuordnung rechtlicher Verantwortlichkeiten, in: Taeger, Internet der Dinge, 2015, S. 53 ff.; *Alich,* Dr. App? – Rechtliche Aspekte von Gesundheits- und Medizin-Apps, in: Taeger (Hrsg.), IT und Internet – mit Recht gestalten, 2012, S. 561 ff.; *Baumgartner/Ewald,* Apps und Recht, 2. Aufl. 2016; *Bisges,* Schlumpfbeeren für 3000 Euro – Rechtliche Aspekte von In-App-Verkäufen an Kinder, NJW 2014, 183 ff.; *Brandenburg/Kociok,* Mobile Wallet & Co. – Die Digitalisierung des Alltäglichen durch Apps, in: Taeger, Internet der Dinge, 2015, S. 331 ff.; *Bräutigam/Rücker,* E-Commerce, 2017; *Degmair,* Apps – Die schwierige Suche nach dem Vertragspartner, K&R 2013, 213 ff.; *Feldmann,* Mobile Apps: Zivilrecht – Telemedienrecht – Datenschutz, in: Taeger (Hrsg.), IT und Internet – mit Recht gestalten, 2012, 47 ff.; *Janal,* Die AGB-Einbeziehung im „M-Commerce", NJW 2016, 3201 ff.; *Jandt/Hohmann,* Life-Style-, Fitness- und Gesundheits-Apps – Laufen Datenschutz und Vertraulichkeit hinterher?, in: Taeger, Internet der Dinge, 2015, S. 17 ff.; *Koenig,* Zugang von Inhalteanbietern zu Smartphone-Oberflächen, MMR 2013, 137 f.; *Kremer,* Apps und Social Media in: Handbuch IT- und Datenschutzrecht, 2. Aufl. 2016, § 28; *ders.,* Datenschutz bei Entwicklung und Nutzung von Apps für Smart Devices, CR 2012, 438 ff.; *ders.,* Vertragsgestaltung bei Entwicklung und Vertrieb von Apps für mobile Endgeräte, CR 2011, 769 ff.; *Kremer/Hoppe/Kamm,* Apps und Kartellrecht, CR 2016, 18 ff.; *Lober/Patzak,* Datenschutz bei mobilen Endgeräten im Nutzungskontext – Freifahrt für App-Anbieter?, in: Taeger (Hrsg.), IT und Internet – mit Recht gestalten, 2012, 545 ff.; *Loos,* Standard terms for the use of the Apple App Store and the Google Play Store, Journal of European Consumer and Market Law 2016, 10 ff.; *Maier/Ossoinig,* Rechtsfragen und praktische Tipps bei der Ortung durch Smartphone-Apps, Verbraucher und Recht 2015, 330 ff.; *Mankowski,* Apps und fernabsatzrechtliches Widerrufsrecht, CR 2013, 508 ff.; *Melan/Wecke,* Einzelfragen der Umsatzsteuerpflicht „kostenloser" Internetdienste und Smartphone-Apps, DStR 2015, 2811 ff.; *Meyer,* Gratisspiele im Internet und ihre minderjährigen Nutzer, NJW 2015, 3686 ff.; *Reinholz/Golz,* „Lizenzen? Was für Lizenzen" – Marken, Namen und Bilder in Sport-Apps, CR 2016, 382 ff.; *Schumacher,* Apps als Kreditsicherheit, BKR 2016, 53 ff.; *Schwiddessen,* IARC und USK – Alterskennzeichen für Apps und Online-Games. Rechtliche und praktische Analyse des ersten globalen Jugendschutzsystems, CR 2015, 515 ff.; *Solmecke/Taeger/Feldmann,* Mobile Apps. Rechtsfragen und rechtliche Rahmenbedingungen, 2013; *Spengler,* Die lauterkeitsrechtlichen Schranken von In-App-Angeboten, WRP 2015, 1187 ff.; *Taeger/Kremer,* Recht im E-Commerce und Internet, 2017; *Wierny,* App-Streit Runde Zwei. Was das Oberlandesgericht Köln konsequenter, aber nicht richtiger gemacht hat, ZUM 2014, 196 ff.; *Wilmer,* Wearables und Datenschutz – Gesetze von gestern für die Technik von morgen?, in: Taeger, Internet der Dinge, 2015, S. 1 ff.; *Wimmer/Weiß,* Taxi-Apps zwischen Vermittlertätigkeit und Personenbeförderung, MMR 2015, 80 ff.; *Zöllner/Lehmann,* Kennzeichen- und lauterkeitsrechtlicher Schutz für Apps, GRUR 2014, 431 ff.

Teil 4: Sondererscheinungen und Sonderprobleme der Softwareverträge

1. Terminologie und tatsächlicher Hintergrund

1137 Mit dem Begriff der (mobilen) App[1212] werden (meist kleine) Computerprogramme für Mobilgeräte wie Smartphones und Tablet-Computer bzw. deren mobile Betriebssysteme bezeichnet. Der Begriff leitet sich als deutsche Kurzform von „Applikation" bzw. als englischsprachige Kurzform von „application" ab[1213]. Damit bezieht er sich eigentlich auf jegliche Art von Anwendungsprogramm[1214], jedoch wird er im deutschen Sprachraum regelmäßig mit Anwendungsprogramm für Mobilgeräte (Mobile Apps) gleichgesetzt[1215]. Zwingend ist diese begriffliche Einschränkung allerdings nicht. So bezeichnet etwa Microsoft bei den Betriebssystemen Windows 8 und 10 kleine Unterprogramme als App („Windows-App") unabhängig davon, ob sie auf Desktop PCs oder Mobilgeräten eingesetzt werden und unabhängig davon, ob sie bereits als sog. „integrierte Apps" mit dem Betriebssystem ausgeliefert werden oder erst über den Windows Store hinzugefügt werden müssen.

1138 Die bedeutsamsten Betriebssysteme für Mobilgeräte sind Apple **iOS** (früher iPhone OS oder iPhone Software) sowie **Android**. iOS ist ein von Apple entwickeltes mobiles Betriebssystem für das iPhone, das iPad, das iPad mini, das iPad Pro und den iPod touch. Auf iOS basieren die Apple-TV-Software, das ab der vierten Generation des Apple TV eingesetzte tvOS sowie das Betriebssystem watchOS für die Apple Watch. iOS wird nur auf eigener Hardware von Apple eingesetzt und nicht an andere Hersteller lizenziert. **Android** ist sowohl ein Betriebssystem als auch eine Software-Plattform für mobile Geräte wie Smartphones, Mobiltelefone, Mediaplayer, Netbooks, und Tabletcomputer, die von der **Open Handset Alliance** OHA (gegründet von Google und 33 Partnern im Jahr 2007) entwickelt wird. Die OHA ist ein Konsortium von mittlerweile 86 Unternehmen (Stand August 2017), dessen Ziel die Schaffung offener Standards für Mobilgeräte ist.

Betriebssystem	Marktanteil
Android	85,2 %
iOS	14,6 %
Windows	0,1 %
Andere	0,1 %

Marktaufteilung der Betriebssysteme, Schätzungen für 2017[1216]

1139 Die wirtschaftliche Bedeutung der Apps steigt rasant. Im Jahre 2015 wurden in Deutschland Umsätze von etwa **1,3 Milliarden Euro** mit mobilen Anwendungen für Smartphones oder Tablet-Computer erzielt – gegenüber den 910 Millionen Euro des Jahres 2014 ist das ein Umsatzplus von 41 Prozent. 2013 lag das Marktvolumen

---

[1212] Nach Duden ist der Genus dieses Substantivs nicht eindeutig. Es finden sowohl die Formen „die" als auch „das" App Verwendung, www.duden.de/rechtschreibung/App.
[1213] So auch *OLG Köln*, 5.9.2014, 6 U 205/13, MMR 2014, 830; *Auer-Reinsdorff/Conrad/Kremer*, 2. Aufl. 2016, § 28 Rdn. 3.
[1214] Vgl. *Taeger/Kremer*, 2017, Kap. 2 Rdn. 39; *Bräutigam/Rücker/Zdanowiecki*, 2017, 11. Teil A Rdn. 1; *Auer-Reinsdorff/Conrad/Kremer*, 2. Aufl. 2016, § 28 Rdn. 3; *Solmecke/Taeger/Feldmann*, 2013, Kap. 1 Rdn. 14; zum Begriff des Anwendungsprogramms oben Rdn. 6 f.
[1215] Vgl. *LG Hamburg*, 8.10.2013, 327 O 104/13, GRUR-RR 2014, 206, 207; *Auer-Reinsdorff/Conrad/Kremer*, 2. Aufl. 2016, § 28 Rdn. 3.
[1216] Vgl. Prognose zu den Marktanteilen der Betriebssysteme am Absatz vom Smartphones weltweit in den Jahren 2017 und 2021 von IDC über Statista GmbH, https://de.statista.com/statistik/daten/studie/182363/umfrage/prognostizierte-marktanteile-bei-smartphone-betriebssystemen/.

noch bei 547 Millionen Euro[1217]. Die erwartete Jahres-Wachstumsrate bis 2021 beträgt für Deutschland mehr als 6 Prozent[1218]; weltweit soll die Wachstumsrate sogar bei 18 Prozent liegen. Bei weltweiten Bruttoverbrauchsausgaben von knapp 62 Milliarden US-Dollar würde dies einen Anstieg auf mehr als 139 Milliarden US-Dollar bedeuten[1219].

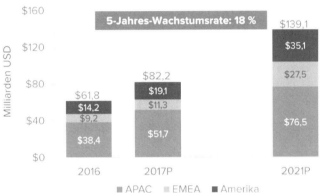

Jährlicher Umsatz; Quelle App Anni: https://www.appannie.com/de/insights/market-data/app-annie-forecast-2017-mobile-app-store-revenue-exceed-139-billion-2021/
Ersetzen APAC = Asien/Pazifik
EMEA Europa/NaherOsten/Afrika

Auch die **Anzahl der verfügbaren Apps** ist in den vergangenen Jahren stark gestiegen und beläuft sich in den fünf größten App-Stores auf über 5 Millionen. Dabei entfallen (Stand März 2017) 2,8 Millionen auf den Google Play Store, 2,2 Millionen auf den Apple AppStore und 600.000 auf den Amazon App Store.

Die meisten Apps können **kostenlos** heruntergeladen werden. Der Großteil des App-Umsatzes wird mit 952 Millionen Euro (74 Prozent) über kostenpflichtige Angebote innerhalb der App erzielt, etwa für die Erweiterung von Spielen. 193 Millionen Euro werden unmittelbar durch den Kaufpreis umgesetzt (15 Prozent), 150 Millionen Euro über Werbung (12 Prozent).

Der Apple AppStore unterscheidet zwischen folgenden **Monetarisierungsmodellen:**	
Freemium	Kostenloser Download mit möglichen In-App-Käufen
Paid	Kostenpflichtiger Download ohne mögliche In-App-Käufe
Paidmium:	Kostenpflichtiger Download mit In-App-Käufen
In-App-Werbung	App enthält Werbeflächen (Banner Ads, Video Ads, etc.)

Terminologie der Erlöserzielung

[1217] Vgl. bitkom, Deutscher App-Markt knackt Milliarden-Marke, http://www.pressebox.de/pressemitteilung/bitkom-bundesverband-informationswirtschaft-telekommunikation-und-neue-medien-ev/Deutscher-App-Markt-knackt-Milliarden-Marke/boxid/753590.
[1218] Vgl. https://www.heise.de/newsticker/meldung/Marktprognose-Android-Apps-erzielen-erstmals-mehr-Umsaetze-als-iOS-Apps-3670921.html.
[1219] Vgl. https://www.heise.de/newsticker/meldung/Marktprognose-Android-Apps-erzielen-erstmals-mehr-Umsaetze-als-iOS-Apps-3670921.html.

1144

	2013	**Prognose 2017**
Heruntergeladene Apps	102 Milliarden	268 Milliarden
Umsatz mit Bezahl-Apps	20 Mrd. Dollar	29 Mrd. Dollar
Ausgaben in Apps	4,6 Mrd. Dollar	37 Mrd. Dollar
Umsatz mit Werbung	1,9 Mrd. Dollar	11 Mrd. Dollar

Wirtschaftliche Bedeutung der Apps[1220]

1145 Rückblickend auf die Entwicklung der vergangenen 20 Jahre kann festgehalten werden, dass bereits frühe Mobiltelefone kleine Zusatzfunktionen wie Kalender, Taschenrechner oder einfache Spiele enthielten. Diese waren aber fest installiert und nicht löschbar. Später wurde dem Benutzer die Möglichkeit eröffnet, Klingeltöne und Logos individuell zu installieren. Der große Durchbruch der Apps im heutigen Sinne kam aber erst mit dem Erscheinen des Apple iPhones sowie der Eröffnung des AppStores am 6.3.2008. Etwas später kamen die Mobiltelefone anderer Hersteller mit anderen Betriebssystemen auf den Markt, insbesondere die Telefone mit dem Android-Betriebssystem. Bei all diesen Geräten wurde die **individuelle Installation von Anwendungsprogrammen** breiten Bevölkerungskreisen zugänglich gemacht und die Möglichkeit eröffnet, Geräte mit eingeschränkten Basisfunktionen zu regelrechten Alleskönnern aufzuwerten. Mittlerweile existieren Millionen ganz unterschiedlicher Apps. Die Bandbreite der Angebote und Funktionen ist schier grenzenlos, jeder Versuch einer Aufzählung zum Scheitern verurteilt. Die Kategorien umfassen Office-Anwendungen, Spiele, Ratgeber, Shopping, Sport-Apps, soziale Netzwerke und vieles mehr. Mit sogenannten Wearables wie etwa der Smartwatch und Fitnessarmbändern wird das Ökosystem rund um Apps derzeit geradezu explosionsartig ausgebaut. Den Fitness-und Gesundheits-Apps, die zum Beispiel die zurückgelegte Strecke und die verbrauchten Kalorien beim Joggen aufzeichnen und so helfen, das Training zu optimieren und die Motivation unterstützen, wird großes Marktpotential zugesprochen. Die dabei anfallenden „Gesundheitsdaten haben großen wirtschaftlichen Wert und bergen sozialpolitischen Sprengstoff[1221].

1146 Als sog. **native mobile Apps** werden speziell für ein Betriebssystem, z.B. iOS der Firma Apple programmierte Apps bezeichnet[1222]. Sie laufen dann ausschließlich auf iOS Geräten, also iPhone, iPod und iPad. Dadurch ist sichergestellt, dass alle Schnittstellen zur Hardware einheitlich funktionieren und die Ressourcen des Geräts optimal genutzt werden. Infolge der verschiedenen Betriebssysteme ist es allerdings nicht möglich, etwa eine Android-App auf einem iPhone zu installieren oder umgekehrt. Somit muss ein Anbieter die App für jedes mobile Betriebssystem getrennt entwickeln bzw. anpassen. Demgegenüber ist eine **Web App** grundsätzlich nichts anderes, als eine speziell programmierte HTML5 Webseite, die nicht selbstständig lauffähig ist, sondern deren Inhalt vom Browser des Mobilgeräts dargestellt wird. Das hat den großen Vorteil, dass jedes Endgerät, das über einen Browser verfügt, die App nutzen kann. Nachteilig war bei diesen Apps in der Vergangenheit, dass mit ihnen nicht auf alle Möglichkeiten der Hardware zugegriffen werden konnte, jedoch vermögen moderne Varianten diesen Nachteil mittlerweile zu vermeiden.

[1220] Gartner http://www.gartner.com/newsroom/id/2648515#.
[1221] Individualisierte Versicherungstarife, verweigerte Arbeitsverhältnisse.
[1222] Vgl. *Bräutigam/Rücker/Zdanowiecki*, 2017, 11. Teil A Rdn. 10.

1147 Fast alle Hersteller mobiler Betriebssysteme haben eigene Online-Vermarktungssysteme (Shops) entwickelt, um die Apps für ihre Geräte zu vertreiben. Es handelt sich um **zentrale Vertriebsplattformen,** auf denen die Anwender nach speziellen Apps suchen können, das Angebot vorgestellt bekommen, Bewertungen und Rezensionen anderer Anwender lesen können und von denen die Anwender die Apps sodann auch kostenlos oder kostenpflichtig herunterladen.

1148

Produktseite einer App mit Icon im AppStore

1149 Die Einnahmen gehen zum Teil an die Developer (Entwickler) der Apps, zum Teil aber auch an die Betreiber der Vertriebsportale, die auch die Abrechnung und die Zahlungsvorgänge mit den Anwendern abwickeln. Apple, Google, Microsoft aber etwa auch Amazon stellen 30 Prozent des Kaufpreises einer App als Umsatzprovision in Rechnung[1223].

1150 Im Regelfall werden Apps vor einer Bereitstellung im Shop durch die Portalbetreiber **technisch geprüft.** Teilweise (Apple, Microsoft) findet auch eine **inhaltliche Überprüfung** statt, die meist mehrere Tage bis maximal drei Wochen in Anspruch nimmt[1224] und häufig mit den Argumenten kritisiert wird, die Kriterien seien nicht eindeutig genug und dieses Verhalten käme einer Privatzensur gleich[1225]. Insbesondere wird kritisiert, dass selbst bei Einhaltung aller inhaltlichen Anforderungen gem. Ziff 6.2 der Apple iOS Developer Program Licence Agreement (iOS DPLA)[1226] **kein**

[1223] Vgl. etwa die Vereinbarung für App-Entwickler (Microsoft): 6) b. Store-Gebühren. Die Store-Gebühr, die Sie Microsoft für die Bereitstellung Ihrer Apps und In-App-Produkte im Store schulden, wird zur Berechnung der an Sie auszuzahlenden App-Erlöse (siehe Abschnitt 6) von den Nettoeinnahmen abgezogen. Die Store-Gebühr für Apps und In-App-Produkt, die im Store verfügbar gemacht werden, beträgt 30 Prozent der Nettoeinnahmen.

[1224] Die jeweils aktuellen Prüfdauern für den sogenannten Review-Prozess können verfolgt werden unter http://appreviewtimes.com/ios/distribution-chart.

[1225] Zu diesem Problem auch *Baumgartner/Ewald* Rdn. 10.

[1226] Vgl. Das Apple Developer Program License Agreement: „6.8 Selection by Apple for Distribution.You understand and agree that if You submit Your Application to Apple for distribution via

Anspruch auf Einstellung der App in den AppStore besteht und ein Anspruch auf Ersatz des dann vergeblichen Aufwands ausgeschlossen wird. Hierin wird, auch weil keinerlei Zumutbarkeits- oder Billigkeitskontrolle im Sinne des § 315 BGB erfolgen soll, ein Verstoß gegen § 307 Abs. 1 S. 2, Abs. 2 Nr. 1 BGB gesehen[1227]. Auch in der Vereinbarung für den Entwicklervertrieb von Google (Google VEV)[1228] findet sich unter Ziff. 7.2 S. 2 eine vergleichbare Regelung. Soweit zwischen Plattform-Betreiber und Anbieter bereits ein Developer-Vertrag abgeschlossen ist, was zum Zeitpunkt der Ablehnung einer App grundsätzlich der Fall sein wird, wird man die willkürliche Verweigerung der Aufnahme einer App in den jeweiligen Store als Pflichtverletzung i. S. d. § 280 Abs. 1 BGB einzuordnen haben. Der Ausschluss des betreffenden Schadensersatzanspruchs ist mit den wesentlichen Grundgedanken des Gesetzes unvereinbar und verstößt gegen § 307 Abs. 2 Nr. 1 BGB. Es erscheint schwerlich angemessen, dem Anbieter das wirtschaftliche Risiko einer Programmentwicklung aufzuerlegen, die sich als vergeblich erweisen kann, selbst wenn alle Vorgaben des Plattform-Betreibers eingehalten wurden. Schützenswerte Interessen des Plattform-Betreibers, die einen solchen unkontrollierten Ausschluss eines Marktteilnehmers rechtfertigen könnten, sind nicht ersichtlich. Darüberhinaus ist in Erwägung zu ziehen, die Nichtzulassung als missbräuchliche Ausnutzung einer marktbeherrschenden Stellung (§§ 18, 19 GWB) oder gezielte Behinderung (§ 4 Nr. 4 UWG) zu qualifizieren[1229].

1151 Erwähnenswert in diesem Zusammenhang ist auch, dass der ganze Status als Anbieter **im alleinigen Ermessen der Plattform-Betreiber** steht und jederzeit außer Kraft gesetzt oder beendet werden kann[1230]. Für die Anbieter von Android-Apps ist dies weit weniger einschneidend als für die Apple iOS-Anbieter. Android-Apps können auch außerhalb des Google Play Store angeboten werden, beispielsweise über Amazons App-Store oder als Download über die eigene Webseite. Bei Apple besteht diese Möglichkeit nicht. Deshalb ist im Hinblick auf die für den Markt bedeutsame Apple-Welt ein **Abschlusszwang** in Erwägung zu ziehen. Infolge der möglicherweise fehlenden marktbeherrschenden Stellung könnte sich ein solcher Abschlusszwang zwar nicht aus kartellrechtlichen Vorschriften ergeben. Sofern die Weigerung zum Vertragsschluss nach den besonderen Umständen des Einzelfalles eine vorsätzliche, sittenwidrige Schädigung darstellt, weil sie rechtsmissbräuchlich erscheint oder den Anbieter unzumutbar hart trifft, folgt aus § 826 BGB aber eine Pflicht zum Vertragsschluss. Die Wertungen des § 20 Abs. 5 GWB sind zu berücksichtigen.

1152 Die im Rahmen der Behandlung von Apps anzutreffenden Beteiligten lassen sich wie folgt kategorisieren:

---

the App Store, B2B Program, or TestFlight, Apple may, in its sole discretion: (a) determine that Your Application does not meet all or any part of the Documentation or Program Requirements then in effect; (b) reject Your Application for distribution for any reason, even if Your Application meets the Documentation and Program Requirements."

[1227] Vgl. *Kremer* CR 2011, 769, 771.

[1228] Die Regelung lautet: „Google behält sich vor, Entwickler nach eigenem Ermessen vorübergehend oder dauerhaft von Android Market auszuschließen."

[1229] Offengelassen *LG Hamburg*, 5.7.2016, 408 HKO 54/16, MMR 2016, 744. Bemerkenswert *Bräutigam/Rücker/Zdanowiecki*, 2017, 11. Teil C Rdn. 7: „kartellrechtlich bedenklich ... jedoch die Realität".

[1230] Apple Developer Agreement: „10. Term and Termination. Apple may terminate or suspend you as a registered Apple Developer at any time in Apple's sole discretion. If Apple terminates you as a registered Apple Developer, Apple reserves the right to deny your reapplication at any time in Apple's sole discretion."

- **Plattform-Betreiber.** Die großen zentralen Vertriebsplattformen werden meist von den Herstellern der Betriebssysteme betrieben. In den betreffenden Verträgen wird **kein spezieller Begriff für den Betreiber** verwendet, sondern der jeweilige Unternehmensname. Gleiches gilt aber auch für den Amazon App-Shop.
- **Developer (Entwickler) = Anbieter.** Sowohl Apple als auch Google, Microsoft sowie Amazon sprechen in ihren Verträgen von Developer bzw. in den deutschsprachigen Fassungen der Verträge von Entwickler. In allen Fällen ist hiermit aber nicht der technische Hersteller der App in dem Sinne gemeint, dass der Developer die App auch programmiert haben muss. Vielmehr wird der Begriff im Sinne von **Anbieter** oder **Herausgeber** verstanden, der die App über eine Plattform vermarktet[1231]. Nachfolgend wird von Anbieter gesprochen.
- **Entwickler (Hersteller).** Entwickler und Anbieter einer App sind nicht notwendigerweise personenidentisch, worauf oben hingewiesen wurde. Entwickler ist vielmehr derjenige, der die technische Herstellung, etwa die Programmierung betrieben hat[1232].
- **Content-Lieferant.** Soweit Texte, Bilder, Musik oder ähnliche Bestandteile einer App nicht vom Developer selbst beigetragen werden, wird dies meist durch einen weiteren Beteiligten, den Content- oder auch Inhalte-Lieferanten erledigt[1233].
- **Anwender (Nutzer).** Als (End-)Anwender oder Nutzer wird die Person bezeichnet, die entweder die Vertriebsplattform oder die App oder beides benutzt[1234].

1153

Unterschiedlicher Developer und Entwickler

[1231] Siehe etwa die Definition von Google: „Entwickler oder Sie: jede Person oder jedes Unternehmen, welche(s) registriert und von Android Market zugelassen wurde, um Produkte in Übereinstimmung mit den Bedingungen dieser Vereinbarung zu vertreiben." Die Nutzungsbedingungen des Amazon App-Shop für Android sprechen von „Publisher". Vgl. auch *Baumgartner/Ewald* Rdn. 5.
[1232] Vgl. *Degmair* K&R 2013, 213, 214; *Baumgartner/Ewald* Rdn. 12.
[1233] Vgl. *Degmair* K&R 2013, 213, 214.
[1234] Vgl. *Degmair* K&R 2013, 213, 214.

1154

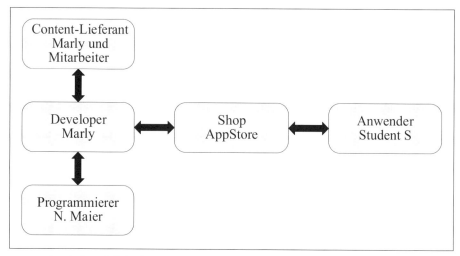

Geschäftsmodell der herstellerbetriebenen Vermarktung am Beispiel der MarlyApp

1155 Sofern die Hersteller ihr mobiles Betriebssystem auch für **externe Quellen** zur Installation von Apps zugänglich halten (nicht Apple und Microsoft), existieren auch weitere, oft **plattformübergreifende Angebote** durch Shops verschiedener Anbieter im Internet, sowie die Möglichkeit des direkten Bezugs von den Webseiten der App-Entwickler. Dabei gibt es grundsätzlich zwei verschiedene Wege, wie die App auf das Mobilgerät gelangt: Entweder wird die App mit einem PC über das Internet heruntergeladen und dann über entsprechende Software bei Anbindung des Mobilgeräts automatisch oder manuell darauf installiert. Alternativ kann die App auch auf direktem Weg, das heißt über die mobile Internetverbindung oder ein WLAN, mit dem Mobilgerät geladen und installiert werden.

2. Das Urheberrecht der Apps

1156 Unter urheberrechtlichem Blickwinkel sind Apps **gewöhnliche Computerprogramme**, sodass weitestgehend auf die allgemeinen Ausführungen zum Urheberrechtsschutz in Teil 2 dieses Handbuchs[1235] verwiesen werden kann. Weder hinsichtlich des Schutzgegenstands noch der Schutzvoraussetzungen sind besondere Bedingungen für die Behandlung von Apps zu stellen. Grundsätzlich sind die Apps als Standardsoftware zu qualifizieren[1236]. Für die mannigfaltigen **Spiele-Apps** gelten die Ausführungen zu Computerspielen[1237] gleichwie für die zahlreichen **informationsbeschaffenden Apps** wie etwa eine Wetter-App die allgemeine Abgrenzung zum **Rechtsschutz für Datenbanken** eingreift[1238]. Das zur Kennzeichnung der Apps sowohl in den Vertriebsplattformen als auch auf dem Display des mobilen Geräts angezeigte **Icon**[1239] wird als Teil der Benutzeroberfläche nicht vom Begriff des Computerprogramms erfasst, kann aber gegebenenfalls als Werk der bildenden Kunst gem. § 2 Abs. 1 Nr. 4 UrhG geschützt sein, soweit die Voraussetzungen des § 2 Abs. 2 UrhG erfüllt sind[1240]. Dies dürfte aber nur selten der Fall sein.

[1235] Vgl. hierzu oben Rdn. 33 ff.
[1236] Vgl. *Auer-Reinsdorff/Conrad/Kremer*, 2. Aufl. 2016, § 28 Rdn. 15.
[1237] Vgl. hierzu oben Rdn. 82 f.
[1238] Vgl. hierzu oben Rdn. 102.
[1239] Vgl. hierzu oben Rdn. 1148.
[1240] Vgl. *Baumgartner/Ewald* Rdn. 390.

Die Bezeichnung einer App mit einem Namen ist grundsätzlich dem **Werktitel-** 1157
schutz i.S.d. § 5 Abs. 3 MarkenG zugänglich[1241]. Die Wortkombination „Stadt Land Fluss" als Name einer App stellt aber keine markenmäßige Nutzung dar, sondern beschreibt vielmehr eine überlieferte Spielidee. Spielenamen einschließlich der Namen für Spiele, die in Form von Apps angeboten werden, dienen grundsätzlich der Bezeichnung und Unterscheidung des Spiels von anderen Spielen. Deshalb ist in dem Namen regelmäßig keine Herkunftsbezeichnung zu sehen, sodass ein Verstoß gegen das MarkenG ausscheidet[1242]. Eine glatt beschreibende und daher nicht schutzfähige Bezeichnung sieht der *BGH* auch bei der App „Wetter.de"[1243].

Im Hinblick auf die betroffenen **Verwertungsrechte** sind ebenfalls keine App- 1158
spezifischen Besonderheiten zu verzeichnen. Das Übertragen der App vom Developer zur Vertriebsplattform stellt eine zustimmungspflichtige Vervielfältigung im Sinne des § 69c Nr. 1 UrhG dar. Gleiches gilt für den **Download** der App durch den Anwender[1244], die **Installation** der App sowie das **Laden in den Arbeitsspeicher** des Mobilgeräts[1245]. Auch beim Plattformbetreiber werden Vervielfältigungshandlungen vorgenommen. Darüberhinaus unterfällt das **Bereitstellen der App im AppStore** dem Recht der öffentlichen Wiedergabe gem. § 69c Nr. 4 UrhG[1246]. Soweit **fremder Inhalt** über einen Content-Lieferanten in der App enthalten ist, sind die Verwertungsrechte auch hinsichtlich dieses Inhalts betroffen.

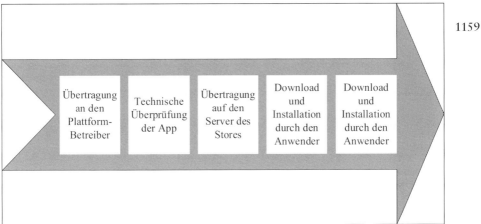

1159

Zeitstrahl der einzelnen Vervielfältigungshandlungen

3. Die Vertragsbeziehungen

a) Der Vertrag zwischen Plattformbetreiber und Anbieter

Das Vertragsverhältnis zwischen Plattform-Betreiber und Anbieter wird im We- 1160
sentlichen durch die jeweiligen vom Betreiber verwendeten Allgemeinen Geschäftsbedingungen geregelt. Der Anbieter muss eine vom Plattformbetreiber festgelegte

---

[1241] Vgl. *BGH*, 28.1.2016, I ZR 202/14, MMR 2016, 684 – wetter.de; *OLG Köln*, 5.9.2014, 6 U 205/13, MMR 2014, 830.
[1242] Vgl. *KG Berlin*, 1.11.2013, 5 U 68/13, GRUR-RR 2014, 197, 198.
[1243] Vgl. *BGH*, 28.1.2016, I ZR 202/14, MMR 2016, 684 – wetter.de.
[1244] Vgl. hierzu oben Rdn. 156.
[1245] Vgl. hierzu oben Rdn. 158 ff.
[1246] Vgl. *Baumgartner/Ewald* Rdn. 402.

Gebühr entrichten[1247]. Der grundsätzlichen Zielsetzung nach handelt es sich um **Vertriebsverträge,** jedoch bestehen gegenüber den an anderer Stelle ausführlich dargestellten allgemeinen Vertriebsverträgen[1248] erhebliche Unterschiede. Allen Verträgen zwischen Plattform-Betreibern und Anbietern gemein ist, dass es sich um **vorformulierte Vertragsbedingungen** handelt[1249], die als Allgemeine Geschäftsbedingungen zu qualifizieren sind und daher grundsätzlich den Regelungen der §§ 305 ff. BGB unterfallen[1250]. Damit enden aber schon fast die Gemeinsamkeiten.

1161 Nicht unproblematisch ist, dass die Vertragsbedingungen sämtlicher Betreiber eine Rechtswahlklausel nebst Gerichtsstandsklausel enthalten, in denen die **Anwendung US-amerikanischen Rechts** sowie die **Zuständigkeit US-amerikanischer Gerichte** enthalten sind[1251]. Die im deutschen Schrifttum vorzufindende These, dies sei nicht zu beanstanden, weil App-Anbieter im unternehmerischen Verkehr auftreten würden[1252], vermag in dieser Pauschalität nicht zu überzeugen. Vor dem Hintergrund der zahlreichen kostenlosen und sogar werbefreien Apps sowie der Tatsache, dass es durchaus Anbieter gibt, die mit ihrer App kein Geld verdienen, wie der Autor des vorliegenden Handbuchs, muss differenziert werden. Bei einem verbraucherischen Anbieter sind solche Allgemeinen Geschäftsbedingungen nicht wirksam. Für die Gerichtsstandsklauseln wird dies auch für den Unternehmensverkehr vertreten, weil ein Verstoß gegen § 307 Abs. 2 Nr. 1 BGB i. V. m. §§ 38 ff. ZPO erwogen wird[1253].

1162 Soweit deutsches Recht Anwendung findet, halten die derzeit im Geschäftsverkehr vorzufindenden Verträge einer Inhaltskontrolle nach den Vorschriften der §§ 305 ff. BGB nicht stand[1254]. Insbesondere sind die **umfassenden Haftungsausschlüsse und Haftungsbegrenzungen,** die den Kunden praktisch rechtlos stellen, weder gegenüber einem Verbraucher noch gegenüber einem unternehmerischen Anbieter wirksam.

1163 Auch ist zu bezweifeln, dass der doppelte Registrierungszugang mit verschachtelten Geschäftsbedingungen in englischer Sprache und zunächst dreiseitigem und im zweiten Registrierungsdurchgang nebst Anhängen fünfzigseitigem Umfang zumutbar zur Kenntnis zu nehmen ist[1255].

[1247] Stand August 2017: Apple jährlich 99 $ = 99 Euro für Europäische Developer; Google 25 $ einmalig.
[1248] Vgl. hierzu oben Rdn. 1070 ff.
[1249] Vgl. *Kremer* CR 2011, 769, 772.
[1250] Vgl. *Auer-Reinsdorff/Conrad/Kremer*, 2. Aufl. 2016, § 28 Rdn. 14.
[1251] Vgl. Ziff. 15.11 iDPLA von Apple; Ziff. 15.7 Google VEV; Sonstiges Ziff. 4 Microsoft Vertrag für Anwendungsentwickler; Ziff. 14 Amazon Mobile App Distribution Agreement.
[1252] Vgl. *Kremer* CR 2011, 769, 772; vgl. zur Inhaltskontrolle auch im unternehmerischen Verkehr unten Rdn. 2027.
[1253] Vgl. *Kremer* CR 2011, 769, 772; zurückhaltender „regelmäßig" *Baumgartner/Ewald* Rdn. 99.
[1254] Vgl. *Auer-Reinsdorff/Conrad/Kremer*, 2. Aufl. 2016, § 28 Rdn. 14; *Taeger/Kremer*, 2017, Kap. 2 Rdn. 45.
[1255] Kritisch auch *Baumgartner/Ewald* Rdn. 97, der allerdings von „nur" 59 Seiten Geschäftsbedingungen spricht.

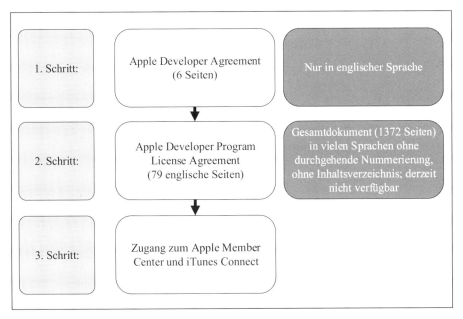

Registrierungsvorgang für Apple Developer 1164

Darüber hinaus ist diesbezüglich aber auch ein Verstoß gegen das **Transparenzgebot** nach § 307 Abs. 1 S. 2 BGB festzustellen. Dieses Gebot verlangt vom Verwender Allgemeiner Geschäftsbedingungen, dass die Rechte und Pflichten des Vertragspartners möglichst klar und durchschaubar dargestellt sind und die Klauseln darüber hinaus die wirtschaftlichen Nachteile und Belastungen so weit erkennen lassen, wie dies nach den Umständen gefordert werden kann[1256]. Eine Regelung hält deshalb einer Transparenzkontrolle auch dann nicht stand, wenn sie **an verschiedenen Stellen** in den Bedingungen niedergelegt ist, die nur schwer miteinander in Zusammenhang zu bringen sind, oder wenn **der Regelungsgehalt** auf andere Weise durch die Verteilung auf mehrere Stellen **verdunkelt** wird [1257]. Bei einer „erst über eine Kette von komplizierten Verweisungen" erschließbaren Regelung liegt daher nach der Rsp. des *BGH* ein Verstoß gegen den Transparenzgrundsatz vor [1258]. Dies wird man auf die derzeit vorzufindenden Registrierungsvorgänge zu übertragen haben. Ohnehin ist dem *KG Berlin* uneingeschränkt zuzustimmen, wenn es bezüglich der Geschäftsbedingungen eines marktführenden IT-Anbieters von „verquasten Formulierungen" spricht, die jeder Klarheit entgegenstehen[1259]. 1165

[1256] Vgl. *BGH*, 13.1.2016, IV ZR 38/14, NJW 2016, 1646, 1647 Tz. 24; *BGH*, 11.7.2012, IV ZR 164/11, NJW 2012, 3647, 3650 Tz. 40.
[1257] Vgl. *BGH*, 13.1.2016, IV ZR 38/14, NJW 2016, 1646, 1647 Tz. 24; *BGH*, 11.7.2012, IV ZR 164/11, NJW 2012, 3647, 3650 Tz. 40.
[1258] Vgl. *BGH*, 13.1.2016, IV ZR 38/14, NJW 2016, 1646, 1647 Tz. 24; *BGH*, 11.7.2012, IV ZR 164/11, NJW 2012, 3647, 3650 Tz. 40.
[1259] Vgl. *KG Berlin*, 3.8.2015, 23 U 15/15, BeckRS 2015, 20523 Tz. 7: „... wird jegliches Bemühen um eine ausreichende Klarheit durch die verquasten Formulierungen am Anfang der Hardwaregarantie-Bestimmungen zunichte gemacht.".

1166

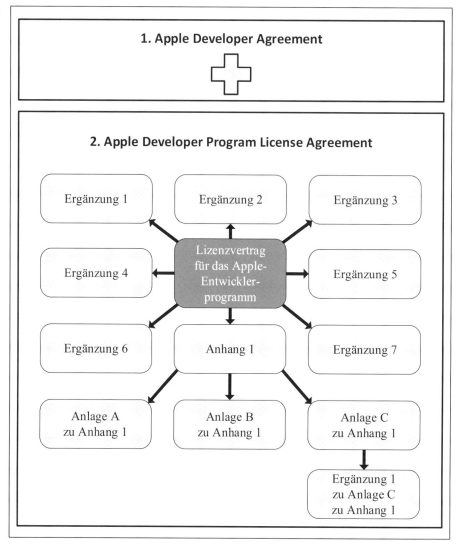

Die verschachtelten Vertragsbestandteile des Apple Developervertrags

1167 Insgesamt kann ernüchtert festgehalten werden, dass diese Verträge **sehr einseitig zugunsten der Plattform-Betreiber** ausgestaltet sind[1260] und dem potentiellen App-Anbieter gestützt auf die ausgeprägte wirtschaftliche Macht als „take-it-or-leave-it"-Angebote präsentiert werden[1261]. Kartellrechtliche Prüfungsverfahren scheinen geboten[1262].

[1260] Vgl. *Degmair* K&R 2013, 213, 214; *Kremer* CR 2011, 769, 776; *Baumgartner/Ewald* Rdn. 74.
[1261] Vgl. *Degmair* K&R 2013, 213, 214.
[1262] Vgl. *Kremer* CR 2011, 769, 776.

b) Der Vertrag zwischen Plattformbetreiber und Anwender

Nach dem äußeren Erscheinungsbild gleichen die Vertriebsplattformen für Apps in ihrer derzeitigen Ausgestaltung einem **gewöhnlichen Online-Shop**, sodass weitgehend auf die ausführliche Darstellung der Softwareüberlassung mittels Telekommunikation an anderer Stelle dieses Handbuchs[1263] verwiesen werden könnte. Es sind aber einige Besonderheiten zu berücksichtigen. 1168

Wie bei vielen anderen Varianten des Softwaredownloads muss sich der Anwender zunächst **registrieren**[1264]. Im Rahmen dieser Registrierung werden dem Anwender die für den jeweiligen Shop geltenden **Verkaufs- und Nutzungsbedingungen** unterbreitet. Es gelten insoweit die allgemeinen Voraussetzungen für die Einbeziehung Allgemeiner Geschäftsbedingungen im elektronischen Geschäftsverkehr[1265]. Vor dem Hintergrund der teils sehr umfangreichen, schlecht strukturierten, verschachtelten und sprachlich wenig präzisen Geschäftsbedingungen, in denen oft sogar auch noch auf weitere Nutzungsregelungen verwiesen wird[1266], bestehen **AGB-rechtlich erhebliche Bedenken** hinsichtlich der Möglichkeit zumutbarer Kenntnisnahme, dem Gebot der Transparenz sowie den Anforderungen einer Inhaltskontrolle nach den §§ 307 ff. BGB[1267]. Im – soweit ersichtlich – bislang einzigen veröffentlichten Urteil zu den Nutzungsbedingungen eines Plattform-Betreibers wurden alle vom Bundesverband der Verbraucherzentrale beanstandeten Klauseln für unzulässig erklärt[1268]. Etwa die weit verbreitete Einwilligung zur Schaltung von Werbung verstößt nach diesem Urteil gegen § 4a BDSG, §§ 12 f. TMG und § 7 Abs. 2 UWG[1269]. 1169

Im Hinblick auf die Möglichkeit zumutbarer Kenntnisnahme gem. § 305 Abs. 2 Nr. 2 BGB bereiten die oft **kleinen Displays** der Smartphones und Tablet-Computer mitunter kaum lösbare Probleme. Es müssten sehr kurze Geschäftsbedingungen verwendet werden, will man auf die betreffenden Endgeräte Rücksicht nehmen[1270]. Zu erwägen ist, ob sich der Rechtsgedanke des Art. 246a § 3 EGBG über eine Analogiebildung auch für die Einbeziehung von AGB fruchtbar machen lässt[1271]. 1170

Ein weiteres Problem besteht darin, dass ausweislich fast sämtlicher Nutzungsbedingungen für die Vertriebsplattformen[1272] der Shop-Betreiber lediglich eine **vermittelnde Position** zwischen Anbieter und Anwender einnehmen möchte, sofern es sich nicht um selbstentwickelte Apps handelt. Der Vertrag über die **Nutzung der App** soll daher allein zwischen Anbieter und Anwender zustande kommen. Dem widerspricht aber, dass nach dem für die Auslegung empfangsbedürftiger Willenserklärungen allein **ausschlaggebenden objektivierten Empfängerhorizont** zumindest die derzeitige Gestaltung der Shops dazu führt, dass der Shop-Betreiber der Vertragspartner des Anwenders ist[1273] und die betreffenden Nutzungsbedingungen des 1171

[1263] Vgl. hierzu oben Rdn. 801 ff.
[1264] Vgl. hierzu oben Rdn. 805.
[1265] Vgl. hierzu oben Rdn. 819 ff.
[1266] Vgl. *Baumgartner/Ewald* Rdn. 60 zur fehlenden zumutbaren Kenntnisnahmemöglichkeit der Apple Nutzungsbedingungen.
[1267] Vgl. *Kremer* CR 2011, 769, 772.
[1268] Vgl. *LG Frankfurt*, 6.6.2013, 2–24 O 246/12, MMR 2013, 645.
[1269] Vgl. *LG Frankfurt*, 6.6.2013, 2–24 O 246/12, MMR 2013, 645, 646.
[1270] Vgl. *Ulmer/Brandner/Hensen* § 305 Rdn. 149a.
[1271] Vgl. *Janal* NJW 2016, 3201, 3205.
[1272] Eine Ausnahme bilden etwa die Samsung Apps Nutzungsbedingungen für Käufer: „6.3 Im STORE bieten wir Applikationen Dritter sowie von Samsung entwickelte Applikationen an. In beiden Fällen werden die Applikationen von Samsung an Sie lizenziert."
[1273] So mit unterschiedlicher Begründung die wohl einhellige Auffassung im Schrifttum; vgl. *Taeger/Kremer*, 2017, Kap. 2 Rdn. 47; *Kremer* CR 2011, 769, 771; *Baumgartner/Ewald* Rdn. 62 unter

Shop-Betreibers insoweit ins Leere laufen[1274]. Der *BGH*[1275] hat aus der Tatsache, dass der Betreiber einer Verkaufsplattform **im eigenen Namen** und **auf eigene Rechnung** handelt, geschlossen, dass für die Kunden der Eindruck entstehe, der Plattformbetreiber übernehme auch die (urheberrechtliche) inhaltliche Verantwortung für von Dritten eingestellte Waren. Diese Würdigung wird man auf die vertragsrechtliche Bewertung der App-Stores übertragen müssen.

1172 Der Vertrag zwischen Plattform-Betreiber und Anwender ist hinsichtlich des **kostenpflichtigen Erwerbs** einer App als **Kaufvertrag** zu qualifizieren[1276], während bei **kostenlosen** Apps eine **Schenkung** vorliegt[1277]. Anders wird man die Frage der Vertragspartner für sog. „**In-App-Sales**" zu entscheiden haben[1278], bei denen innerhalb der App etwa virtuelle Güter gekauft werden. Hier wird das Rechtsgeschäft zwischen Anbieter und Anwender abgeschlossen. Auch wenn über die App weitere Rechtsgeschäfte getätigt werden (sog. „**App-Sales**"), etwa Warenbestellungen über die App eines Online-Händlers, kommt der Vertrag zwischen Anwender und Online-Händler als App-Anbieter zustande[1279].

1173 Zu beachten ist, dass der Erwerb einer App über eine Plattform als Fernabsatzvertrag im Sinne von § 312c Abs. 1 BGB zu qualifizieren ist, sofern es sich beim Anwender um einen Verbraucher handelt[1280]. Dementsprechend sind die allgemeinen Vorschriften zu Fernabsatzverträgen zu berücksichtigen. Deshalb ist auch die zusätzliche Pflicht des § 312f Abs. 3 BGB zu bedenken, der eine **Legaldefinition der digitalen Inhalte beinhaltet.** Hierunter fallen Daten, die in digitaler Form hergestellt und bereitgestellt werden, wie insbesondere auch **Computerprogramme allgemein** und **Apps für Smartphones und Tabletcomputer** im Besonderen[1281].

1174 Auch beim Erwerb digitaler Inhalte, die nicht auf einem körperlichen Datenträger geliefert werden, hat der Verbraucher, **zunächst das reguläre Widerrufsrecht** von 14 Tagen wie grundsätzlich bei allen Fernabsatzgeschäften. Dieses erlischt gem. § 356 Abs. 5 Nr. 1 und 2 BGB nur dann vorzeitig, wenn der Unternehmer nach einer **ausdrücklichen Zustimmung** des Verbrauchers vor Ablauf der Widerrufsfrist mit der Ausführung des Vertrags beginnt, z.B. der Download gestartet wird[1282], und der Verbraucher zuvor seine **Kenntnis** davon **bestätigt** hat, dass er durch seine Zustimmung mit Beginn der Vertragsausführung sein Widerrufsrecht verliert. Nach Auffassung des *LG Karlsruhe*[1283] muss die Erklärung des Verbrauchers über die Bestäti-

---

Hinweis darauf, dass Google seine Google Play Nutzungsbedingungen unter Punkt 2. Nr. c) und f) klarer gefasst hat; *Degmair* K&R 2013, 213, 216.

[1274] *Taeger/Kremer*, 2017, Kap. 2 Rdn. 47 sehen sowohl eine Überraschung im Sinne des § 305c Abs. 1 BGB als auch einen Verstoß gegen § 307 Abs. 1 S. 2 BGB. Zustimmend *Bräutigam/Rücker/Zdanowiecki*, 2017, 11. Teil C Rdn. 16.

[1275] Vgl. *BGH*, 5.11.2015, I ZR 88/13, NJW 2016, 2341, 2342 Tz. 17.

[1276] Vgl. *LG Frankfurt*, 6.6.2013, 2–24 O 246/12, MMR 2013, 645, 646; *Taeger/Kremer*, 2017, Kap. 2 Rdn. 46; *Bräutigam/Rücker/Zdanowiecki*, 2017, 11. Teil C Rdn. 12; *Baumgartner/Ewald* Rdn. 30.

[1277] Vgl. *Taeger/Kremer*, 2017, Kap. 2 Rdn. 46; *Bräutigam/Rücker/Zdanowiecki*, 2017, 11. Teil C Rdn. 12; *Baumgartner/Ewald* Rdn. 34.

[1278] Vgl. *Degmair* K&R 2013, 213, 216.

[1279] Vgl. *Degmair* K&R 2013, 213, 217.

[1280] Vgl. *Bräutigam/Rücker/Zdanowiecki*, 2017, 11. Teil C Rdn. 31; *Auer-Reinsdorff/Conrad/Kremer*, 2. Aufl. 2016, § 28 Rdn. 24.

[1281] Vgl. die Begründung der Bundesregierung zum Entwurf des Verbraucherrichtliniengesetzes, BT-Drucks. 1712637 vom 6.3.2013, S. 55; *Palandt/Grüneberg*, § 312f Rdn. 4; *Bräutigam/Rücker/Zdanowiecki*, 2017, 11. Teil C Rdn. 35.

[1282] Vgl. *Palandt/Grüneberg* § 356 Rdn. 11.

[1283] Vgl. *LG Karlsruhe*, 25.5.2016, 18 O 7/16, CR 2016, 603, 604 Tz. 45 ff.

gung der Kenntnis vom Verlust des Widerrufsrechts sowie die Zustimmung zur Vertragsausführung **zeitlich nach dem Vertragsabschluss** liegen. Dies soll daraus folgen, dass das Widerrufsrecht nach § 355 Abs. 2 BGB mit der Willenserklärung des Verbrauchers zum Vertragsabschluss entstehe, dann aber nicht gleichzeitig mit ebendieser Willenserklärung erlöschen könne. Folgt man dem, ist ein Vorgehen in **zwei Stufen** erforderlich: zunächst der Vertragsabschluss und dann die Zustimmung nach § 356 Abs. 5 BGB[1284]. Neben dem oben dargelegten gesetzlichen Widerrufsrecht, das auch Google in seinen Nutzungsbedingungen regelt, räumt Google ein **darüberhinausgehendes Recht zur Stornierung** ein[1285].

Neben den Vorschriften über den Fernabsatz sind auch die Regelungen der §§ 312i und j BGB zu beachten, denn die zwischen den Plattformbetreibern und Anwendern geschlossenen Verträge sind solche des **elektronischen Geschäftsverkehrs**[1286].

c) Der Vertrag zwischen Anbieter und Anwender

Ein Vertrag zwischen Anbieter und Anwender kommt nach der hier vertretenen Auffassung **nicht unmittelbar zustande,** da der Überlassungsvertrag zwischen Plattform-Betreiber und Anwender geschlossen wird. Die Rechtslage ist damit deckungsgleich mit der oben[1287] ausführlich dargelegten Situation bei Schutzhüllenverträgen[1288]. Der Anwender erhält ein Nutzungsrecht zumindest über § 69d Abs. 1 UrhG und ist auf den Abschluss eines Zweitvertrags mit dem Anbieter nicht angewiesen. Einem Einbezug möglicherweise verwendeter Nutzungsbedingungen des Anbieters in den Vertrag mit dem Anwender steht darüberhinaus entgegen, dass beim Bezug der App über eine Vertriebsplattform vor dem Erwerb der App keine Möglichkeit besteht, die Geschäftsbedingungen des Anbieters zur Kenntnis zu nehmen und auf diese auch nicht hingewiesen wird (§ 305 Abs. 2 BGB)[1289]. Anders wird man insoweit für sog. „**In-App-Sales**" zu entscheiden haben[1290], bei denen innerhalb der App etwa virtuelle Güter gekauft werden[1291]. Hier wird das Rechtsgeschäft zwischen Anbieter und Anwender abgeschlossen und auch der Einbezug von Allgemeinen Geschäftsbedingungen des Anbieters ist grundsätzlich möglich. Die Vorschriften der §§ 312 ff. BGB sind auch hier zu beachten[1292]. Die **Übertragbarkeit von In-App-**

[1284] Vgl. *LG Karlsruhe,* 25.5.2016, 18 O 7/16, CR 2016, 603, 604 Tz. 49.
[1285] Vgl. die Google Play – Geschäfts- und Programmrichtlinien: „2. Stornierung: Sie können alle auf Google Play erworbenen Apps innerhalb von 15 Minuten nach dem Zeitpunkt des Downloads zurückgeben. Die entsprechenden Gebühren werden in diesem Fall in vollem Umfang erstattet. Sie dürfen eine App nur einmal zurückgeben. Wenn Sie die gleiche App später erneut kaufen, können Sie sie nicht ein zweites Mal zurückgeben. Wenn die Rückgabe einer App möglich ist, können Sie diese über die Benutzeroberfläche von Google Play vornehmen. Sie können ausschließlich Apps zurückgeben."
[1286] Vgl. *Bräutigam/Rücker/Zdanowiecki,* 2017, 11. Teil C Rdn. 31; *Auer-Reinsdorff/Conrad/Kremer,* 2. Aufl. 2016, § 28 Rdn. 24.
[1287] Vgl. ausführlich oben Rdn. 987 ff.
[1288] So auch *Auer-Reinsdorff/Conrad/Kremer,* 2. Aufl. 2016, § 28 Rdn. 18; *Kremer* CR 2011, 769, 775.
[1289] Vgl. *Taeger/Kremer,* 2017, Kap. 2 Rdn. 49; *Auer-Reinsdorff/Conrad/Kremer,* 2. Aufl. 2016, § 28 Rdn. 18; *Kremer* CR 2011, 769, 775.
[1290] Vgl. *Bräutigam/Rücker/Zdanowiecki,* 2017, 11. Teil D Rdn. 7; *Taeger/Kremer,* 2017, Kap. 2 Rdn. 51; *Auer-Reinsdorff/Conrad/Kremer,* 2. Aufl. 2016, § 28 Rdn. 19; *Degmair* K&R 2013, 213, 216.
[1291] Die Möglichkeit des Zukaufs virtueller Zubehörartikel gibt es natürlich auch bei Computersoftware auf PC-Ebene, siehe etwa *BGH,* 17.7.2013, I ZR 34/12, MMR 2014, 169 ff.
[1292] Vgl. *Taeger/Kremer,* 2017, Kap. 2 Rdn. 51; *Bräutigam/Rücker/Zdanowiecki,* 2017, 11. Teil D Rdn. 10.

Produkten auf andere Geräte, andere Apps oder andere Anwender ist bei den verschiedenen Plattformen sehr unterschiedlich geregelt[1293]. Auch wenn über die App weitere Rechtsgeschäfte getätigt werden (sog. **„App-Sales"**), etwa Warenbestellungen über die App eines Online-Händlers, kommt der Vertrag zwischen Anwender und Online-Händler als App-Anbieter zustande[1294]. Auch hier gelten für den wirksamen Einbezug der Allgemeinen Geschäftsbedingungen des Anbieters die allgemeinen AGB-rechtlichen Regelungen.

1177 Die bei Apps vielfach vorgesehene Einwilligung des Anwenders zu einer **automatischen Installation von updates** verstößt nach Auffassung des *LG Frankfurt* gegen § 308 Nr. 4 BGB, soweit dieser Änderungsvorbehalt ohne Rücksicht darauf vereinbart wurde, ob er für einen Verbraucher zumutbar ist[1295]. Da in diesen Fällen keinerlei Einschränkung, des Umfangs einer Änderung erfolge, etwa auf Modifikationen der Software, könne die mit einer App angebotene Leistung über technische Anpassungen hinaus inhaltlich völlig geändert werden. Damit werde auch in die Gewährleistungsrechte des Verbrauchers zu seinem Nachteil eingegriffen. Denn es werde sein Wahlrecht gem. § 437 BGB beschnitten, das gem. § 476 BGB (= § 475 BGB a.F.) vertraglich nicht eingeschränkt werden könne.

d) Der Vertrag zwischen Anbieter und Entwickler

1178 Im Verhältnis zwischen Anbieter und Entwickler sind **keine App-spezifischen Besonderheiten** festzustellen[1296]. Es liegt ein Software-Erstellungsvertrag vor, der wie alle Verträge über die Herstellung von Individualsoftware etwa bei einer vollständigen Neuentwicklung wegen der umfangreichen Planungsleistungen, die die spätere Codelieferung völlig überlagern, als **Werkvertrag** zu qualifizieren ist. § 650 BGB (= § 651 BGB a.F.) ist zu berücksichtigen[1297]. Bei der Abfassung des Pflichtenhefts sind auch die Anforderungen der Plattform-Betreiber für einen Vertrieb über die jeweilige Plattform besonders zu beachten[1298]. Auch empfiehlt sich eine Regelung für den Fall, dass die App (mit oder ohne Grund) vom Plattformbetreiber zurückgewiesen wird[1299].

e) Der Vertrag zwischen Anbieter und Content-Lieferant

1179 Auch im Verhältnis zwischen Anbieter und Content-Lieferant sind **keine App-spezifischen Besonderheiten** festzustellen[1300]. Der Content-Lieferant verpflichtet sich zur Lieferung von Texten, Bildern, Musik oder ähnlichen Bestandteilen. Soweit die betreffenden Inhalte immaterialgüterrechtlich geschützt sind, muss der Content-Lieferant die notwendigen Nutzungsrechte einräumen[1301].

[1293] Vgl. *Bräutigam/Rücker/Zdanowiecki*, 2017, 11. Teil D Rdn. 11 ff.
[1294] Vgl. *Auer-Reinsdorff/Conrad/Kremer*, 2. Aufl. 2016, § 28 Rdn. 19; *Degmair* K&R 2013, 213, 217.
[1295] Vgl. *LG Frankfurt*, 6.6.2013, 2–24 O 246/12, MMR 2013, 645, 646.
[1296] Vgl. *Degmair* K&R 2013, 213, 214; ähnlich („im Grunde") *Bräutigam/Rücker/Zdanowiecki*, 2017, 11. Teil B Rdn. 1.
[1297] Vgl. zur Einordnung der Verträge über die Herstellung von Individualsoftware ausführlich oben Rdn. 677 ff.
[1298] Vgl. *Bräutigam/Rücker/Zdanowiecki*, 2017, 11. Teil B Rdn. 31 f.; *Auer-Reinsdorff/Conrad/Kremer*, 2. Aufl. 2016, § 28 Rdn. 69; *Degmair* K&R 2013, 213, 214.
[1299] Ähnlich *Bräutigam/Rücker/Zdanowiecki*, 2017, 11. Teil B Rdn. 32.
[1300] Vgl. *Degmair* K&R 2013, 213, 214.
[1301] Vgl. *Bräutigam/Rücker/Zdanowiecki*, 2017, 11. Teil B Rdn. 23.

f) Der Vertrag zwischen Anwender und dem Anbieter von realen oder virtuellen Zusätzen

Es wurde bereits darauf hingewiesen, dass bei sog. **„In-App-Sales"**, bei denen innerhalb der App etwa virtuelle Güter gekauft werden, das Rechtsgeschäft zwischen Anbieter und Anwender abgeschlossen wird. Dem steht nicht entgegen, dass die Bezahlung über das System des Plattform-Betreibers abgewickelt wird[1302]. Auch der Einbezug von Allgemeinen Geschäftsbedingungen des Anbieters ist bei diesen Rechtsgeschäften grundsätzlich möglich. Sofern über die App weitere, aber außerhalb der App stehende Rechtsgeschäfte getätigt werden (sog. **„App-Sales"**), etwa Warenbestellungen über die App eines Online-Händlers, kommt der Vertrag zwischen Anwender und Online-Händler (meist als App-Anbieter) zustande[1303]. Auch hier gelten für den wirksamen Einbezug der Allgemeinen Geschäftsbedingungen des Anbieters die allgemeinen AGB-rechtlichen Regelungen.

In-App-Sales werden außerordentlich oft von **Kindern und Jugendlichen** getätigt, da die virtuellen Güter wie zusätzliche Spielefiguren, Waffen, weitere Spiele-Levels sehr häufig in Spiele-Apps vorzufinden sind. Die Wirksamkeit der Rechtsgeschäfte ist nach dem allgemeinen Minderjährigenrecht des BGB zu beurteilen. Ist der handelnde Minderjährige jünger als sieben Jahre, ist der Vertrag unwirksam gem. §§ 104 Abs. 1, 105 Abs. 1 BGB. Bei den älteren Kindern und Jugendlichen wird vielfach eine Wirksamkeit des Vertrags über § 110 BGB eintreten, auch wenn nach den Maßstäben von Erwachsenen der Erwerb teurer „Schlumpfbeeren" in einem Computerspiel eher in den Bereich der „Nonsens-Geschäfte" fällt[1304].

[1302] Vgl. *Degmair* K&R 2013, 213, 216.
[1303] Vgl. *Degmair* K&R 2013, 213, 217.
[1304] Vgl. *Bisges* NJW 2014, 183, 185.

1182

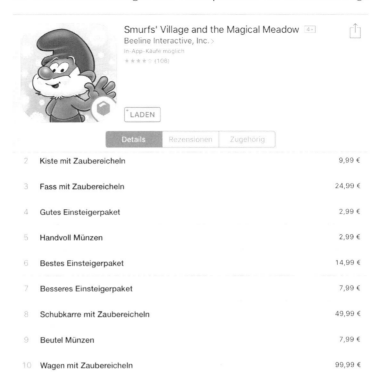

Zaubereicheln für 99,99 Euro

1183 Soweit die In-App-Sales Minderjähriger über einen Account eines Erwachsenen abgewickelt werden, was häufig der Fall sein wird, weil bei der Account-Einrichtung vielfach eine Kreditkartenverbindung angegeben wird, kann auf die Rechtsprechung des *BGH* zum **Handeln unter fremden Namen** bei Nutzung eines **fremden eBay-Mitgliedskontos** zurückgegriffen werden[1305]. Die Interessenlage ist ohne Einschränkung vergleichbar, denn der Minderjährige handelt unter dem Namen des Account-Inhabers. Der *BGH* wendet in diesen Fällen die Regeln über die Stellvertretung gem. §§ 164 ff. BGB und die hierzu entwickelten Grundsätze entsprechend an, obwohl dem Handelnden ein Vertretungswille fehlte. Eine rechtsgeschäftliche Erklärung, die unter solchen Voraussetzungen unter dem Namen eines anderen abgegeben worden ist, verpflichtet den Namensträger daher regelmäßig nur dann, wenn sie in Ausübung einer bestehenden Vertretungsmacht erfolgt (§ 164 Abs. 1 BGB analog) oder vom Namensinhaber nachträglich genehmigt worden ist (§ 177 Abs. 1 BGB analog) oder wenn die Grundsätze über die Anscheins- oder die Duldungsvollmacht eingreifen[1306].

1184 Eine **Zurechnung der Willenserklärung** wegen einer möglicherweise unzureichenden Sicherung des Passworts vor unberechtigtem Zugriff möchte der *BGH* nicht vornehmen. Zwar hat der *BGH* im Bereich des gewerblichen Rechtsschutzes und Urheberrechts eine unsorgfältige Verwahrung der Kontaktdaten eines eBay-Mitgliedskontos als eigenständigen Zurechnungsgrund für von einem Ehegatten unter Verwendung dieses Kontos begangene **Urheberrechts- und/oder Markenrechtsver-**

[1305] Vgl. *BGH*, 11.5.2011, VIII ZR 289/09, NJW 2011, 2421 ff.
[1306] Vgl. *BGH*, 11.5.2011, VIII ZR 289/09, NJW 2011, 2421, 2422 Tz. 12.

letzungen und Wettbewerbsverstöße genügen lassen. Diese für den Bereich der deliktischen Haftung entwickelten Grundsätze lassen sich nach Auffassung des *BGH* jedoch **nicht** auf die Zurechnung einer unter unbefugter Nutzung eines Mitgliedskontos von einem Dritten abgegebenen **rechtsgeschäftlichen Erklärung** übertragen. Denn während im Deliktsrecht der Schutz absoluter Rechte Vorrang vor den Interessen des Schädigers genießt, ist bei der Abgabe von auf den Abschluss eines Vertrags gerichteten Erklärungen eine Einstandspflicht desjenigen, der eine unberechtigte Nutzung seines passwortgeschützten Mitgliedskontos ermöglicht hat, nur dann gerechtfertigt, wenn die berechtigten Interessen des Geschäftspartners schutzwürdiger sind als seine eigenen Belange. Dies ist nicht schon allein deswegen der Fall, weil der Kontoinhaber ein passwortgeschütztes Mitgliedskonto eingerichtet und sich den Betreibern dieser Plattform zur Geheimhaltung der Zugangsdaten verpflichtet hat.

Die Einstandspflicht des Account-Inhabers mittels **Haftungsklausel** in den Store Nutzungsbedingungen ist nach der Rechtsprechung des *BGH* jedenfalls dann wegen Verstoßes gegen § 307 Abs. 1 S. 1 BGB unwirksam, wenn der Kontoinhaber selbst dann haften soll, wenn er die unbefugte Nutzung des Kontos **weder kannte noch diese hätte verhindern können**[1307].

4. Datenschutzrechtliche Probleme

Aus datenschutzrechtlicher Sicht dürfte die **Bestimmung des anwendbaren Rechts** zu den größten Problemen der Apps zählen. Das deutsche BDSG ist gem. § 1 Abs. 2 Nr. 3 BDSG anwendbar, wenn sowohl der Anwender als auch der Anbieter in Deutschland sitzen und die personenbezogenen Daten in Deutschland erhoben und verarbeitet werden, etwa bei Standortdaten[1308]. Eine Modifizierung des Territorialprinzips des Datenschutzrechts erfolgt bei den EU-Mitgliedstaaten und EWR-Staaten durch das **Sitzlandprinzip**. Gem. § 1 Abs. 5 BDSG gilt das Recht des Staates des Anbieters als verantwortliche Stelle, wenn der Anbieter seinen Sitz in einem EU-Mitgliedstaat oder einem EWR-Staat hat[1309]. Bei einem nicht in einem EU- oder EWR-Staat ansässigen Anbieter, der seine App in Deutschland anbietet, gilt wiederum deutsches Datenschutzrecht, wenn beim deutschen Nutzer personenbezogene Daten erhoben werden[1310]. Soweit deutsches Datenschutzrecht Anwendung findet, verstößt die „Apple Datenschutzrichtlinie" als Allgemeine Geschäftsbedingung weitgehend gegen deutsches Recht, namentlich § 307 Abs. 1 und 2 BGB, §§ 4, 4a BDSG, §§ 12, 13, 14 TMG sowie § 7 Abs. 2 UWG[1311]. Ab dem 25.5.2018 ist die DSGVO zu beachten. Deren räumlicher Anwendungsbereich folgt aus Art. 3 DSGVO.

Die Pflichten des § 13 Abs. 1 TMG zur Information des Nutzers über Art, Umfang und Zweck der Datenerhebung und -verwendung gelten auch für den Anbieter einer App[1312]. Die Einwilligung muss gem. § 13 Abs. 2 Nr. 1 TMG bewusst und eindeutig erteilt werden.

5. Sonstige rechtliche Probleme

Vor dem Hintergrund, dass Smartphones und Tablet-Computer sehr häufig auch von Kindern und Jugendlichen genutzt werden, ist an dieser Stelle zunächst auf

---

[1307] Vgl. *BGH*, 11.5.2011, VIII ZR 289/09, NJW 2011, 2421, 2423 Tz. 20.
[1308] Vgl. *Kremer* CR 2012, 438, 439.
[1309] Vgl. *Kremer* CR 2012, 438, 439.
[1310] Vgl. *Kremer* CR 2012, 438, 439.
[1311] Vgl. *LG Berlin*, 30.4.2013, 15 O 92/12, NJW 2013, 2605, 2606 f.
[1312] Vgl. *Bräutigam/Rücker/Zdanowiecki*, 2017, 11. Teil F Rdn. 18.

Nr. 28 des Anhangs zu § 3 Abs. 3 UWG hinzuweisen, derzufolge solche geschäftlichen Handlungen unzulässig sind, die in eine Werbung einbezogene **unmittelbare Aufforderung an Kinder** enthält, selbst die beworbene Ware zu erwerben oder die beworbene Dienstleistung in Anspruch zu nehmen oder ihre Eltern oder andere Erwachsene dazu zu veranlassen.

1189 Weiter ist auf die Anforderungen des allgemeinen Jugendschutzes hinzuweisen[1313]. Die **Verantwortlichkeit** für die Einhaltung der jugendschutzrechtlichen Vorgaben trifft in erster Linie den **Anbieter einer App**[1314]. Daneben ist aber gegebenenfalls auch der **Plattform-Betreiber** heranzuziehen[1315]. Die Kommission für Jugendmedienschutz der Landesmedienanstalten (KJM) ist die zentrale Aufsichtsstelle für den Jugendmedienschutz im Internet, Teletext und anderen Telemedien. Spezielle Regeln für Apps wurden nicht aufgestellt, sodass etwa auf die Vorgaben für Computerspiele und Online-Spiele abzustellen ist[1316]. Apps unterliegen **derzeit keiner Pflicht zur Alterskennzeichnung oder -prüfung** durch eine Selbstkontrolleinrichtung oder Landesbehörde[1317].

1190 Neben dem Kennzeichnungsverfahren nach dem Jugendschutzgesetz vergibt die Unterhaltungssoftware Selbstkontrolle (USK) auch Alterskennzeichen für Online-Spiele und Apps. Dies geschieht innerhalb des internationalen **IARC-Systems** (International Age Rating Coalition). In allen an dieses System angeschlossenen Vertriebsplattformen sind damit Alterskennzeichen der USK verfügbar. Zu den angeschlossenen Systemen zählen bislang der Google Play Store und der Firefox Marketplace.

1191 Die IARC ist ein Zusammenschluss der verschiedenen verantwortlichen Organisationen zur weltweiten Altersbewertung von Online-Spielen und Apps. Seit der Gründung im Jahr 2013 stellt IARC ein System zur Verfügung, das von technischen Plattformen wie mobilen App-Stores zum Zwecke des Jugendschutzes in ihr Angebot integriert wird. Über dieses System wird ermöglicht, dass die **Anbieter** der einzelnen Produkte ihre Inhalte **über einen Fragebogen** einstufen. Aus dieser (**Selbst-) Einstufung** ergibt sich nach Vorgaben der jeweiligen nationalen Selbstkontrolle (für Deutschland die USK) ein **Alterskennzeichen**.

1192 Das Telemediengesetz (TMG) gilt gem. dessen § 1 Abs. 1 S. 1 TMG für alle elektronischen Informations- und Kommunikationsdienste, soweit sie nicht Telekommunikationsdienste nach § 3 Nr. 24 des Telekommunikationsgesetzes, die ganz in der Übertragung von Signalen über Telekommunikationsnetze bestehen, telekommunikationsgestützte Dienste nach § 3 Nr. 25 des Telekommunikationsgesetzes oder Rundfunk nach § 2 des Rundfunkstaatsvertrages sind (Telemedien). Nach der Definition des § 2 Nr. 1 TMG ist Diensteanbieter jede natürliche oder juristische Person, die eigene oder fremde Telemedien zur Nutzung bereithält oder den Zugang zur Nutzung vermittelt. Hierzu zählen sowohl die **Betreiber der App Stores**[1318] als grundsätzlich auch die **Anbieter der Apps**[1319]. Dementsprechend ist die **Impressumspflicht des § 5 TMG** zu beachten, soweit eine geschäftsmäßige Tätigkeit vor-

---

[1313] Vgl. *Schwiddessen* CR 2015, 515 ff.
[1314] Vgl. *Bräutigam/Rücker/Zdanowiecki*, 2017, 11. Teil F Rdn. 30; *Baumgartner/Ewald* Rdn. 455.
[1315] Vgl. *Baumgartner/Ewald* Rdn. 471 ff.
[1316] Vgl. für nähere Informationen www.kjm-online.de.
[1317] Vgl. *Schwiddessen* CR 2015, 515, 518.
[1318] Vgl. *Auer-Reinsdorff/Conrad/Kremer*, 2. Aufl. 2016, § 28 Rdn. 22; *Baumgartner/Ewald* Rdn. 154.
[1319] Vgl. *Bräutigam/Rücker/Zdanowiecki*, 2017, 11. Teil F Rdn. 26; *Auer-Reinsdorff/Conrad/Kremer*, 2. Aufl. 2016, § 28 Rdn. 22; *Baumgartner/Ewald* Rdn. 148.

liegt, was nur bei einigen rein aus Liebhaberei entwickelten Apps nicht der Fall sein dürfte, denn bereits das Schalten von Werbung reicht für eine Geschäftsmäßigkeit aus[1320]. Soweit journalistisch-redaktionell gestaltete Inhalte vorhanden sind, ist darüberhinaus § 55 Abs. 2 Rundfunkstaatsvertrag zu beachten und ein Verantwortlicher mit Name und Anschrift zu benennen[1321].

XIII. Lizenzmetriken

Inhaltsübersicht

	Rdn.		Rdn.
1. Terminologie und tatsächlicher Hintergrund	1193	3. Das Transparenzgebot	1200
2. Die Kontrollfähigkeit von Preisabreden und Preisnebenabreden	1195		

Schrifttum: *Appl*, Systembindungsklauseln im Softwarevertrag, medien und recht 2016, 73 ff.; *Groll*, 1×1 des Lizenzmanagements: Praxisleitfaden für Lizenzmanager, 2009; *Grützmacher*, Lizenzmetriken und Copyright – ein Widerspruch?, ITRB 2017, 141 ff.; *ders.*, Software-Urheberrecht und Virtualisierung, ITRB 2011, 193 ff.; *ders.*, Lizenzgestaltung für neue Nutzungsformen im Lichte von § 69d UrhG (Teil 2). Die urheber- und die vertragliche Ebene bei Core, Cluster, Cloud & Co., CR 2011, 697 ff.; *Hartung/Busche*, Datenschutz- und arbeitsrechtliche Grenzen des Lizenzmanagements, CR 2011, 705 ff.; *Hoppen*, Die technische Seite der Softwarelizenzierung, CR 2007, 129 ff.; *Intveen*, Softwarelizenzaudits aus Anwendersicht, ITRB 2012, 208; *Metzger/Hoppen*, Zur Zulässigkeit von Nutzungsbeschränkungen in Lizenzverträgen bei Verwendung von Drittanbietersoftware, CR 2017, 625 ff.

1. Terminologie und tatsächlicher Hintergrund

Lizenzmetriken dienen dem Zweck, die Nutzung eines Computerprogramms durch den Anwender zu bemessen, um das mit der Nutzung verknüpfte Entgelt im Sinne einer Lizenzgebühr festzulegen[1322]. Inhaltlich handelt es sich also um eine **Methode zur Berechnung des Entgelts.** Verschiedentlich wird auch zwischen **Lizenztyp** und **Lizenzmetrik** unterschieden, wobei sich der Begriff Lizenztyp auf die Art der zugrunde liegenden Messgröße beziehen soll (z.B. Gerät, Anwender, Zeit) und die Lizenzmetrik dann die genaue Form der Messung festlegt. Diese begriffliche Trennung wird aber nicht konsequent durchgehalten. Es werden auch die Begriffe „Lizenzart" sowie „Lizenzklasse" verwendet. Waren Lizenzmetriken früher durch einfach zu beurteilende Kriterien bestimmt, wie etwa die Anzahl der Anwender oder den Typ des eingesetzten Computers, versuchen zahlreiche Softwarehersteller infolge eines sinkenden Neukundengeschäfts, aber auch infolge des technischen Fortschritts, ihren Umsatz durch eine Anpassung der Metriken zu steigern. So hat die Einführung der Mehrkern-Prozessoren etwa dazu geführt, dass nunmehr auf die Zahl der Prozessorkerne (Cores) anstatt auf die Zahl der Prozessoren abgestellt wird. Bei Mehrprozessorsystemen, die mehr als einen Prozessorsockel auf der Multi-Prozessor-Hauptplatine besitzten, wird vielfach auf die bloße Zahl der Steckplätze (Prozessorsockel, socket) oder die Frage abgestellt, ob der jeweilige Sockel auch be-

1193

[1320] Vgl. *Auer-Reinsdorff/Conrad/Kremer*, 2. Aufl. 2016, § 28 Rdn. 23; *Baumgartner/Ewald* Rdn. 162.
[1321] Vgl. *Baumgartner/Ewald* Rdn. 150.
[1322] Vgl. *Groll* S. 46; *Appl* medien und recht 2016, 73, 74 f.

stückt ist. Verschiedentlich wird zur Berechnung der Entgelthöhe auch darauf abgestellt, ob Drittanbietersoftware eingesetzt wird[1323].

1194

Anknüpfung	Beschreibung
Concurrent User (Floating Licence)	Berücksichtigt wird die Zahl der Anwender, die die Software gleichzeitig nutzen können. Die Software kann auf beliebig vielen Rechnern installiert sein. Ein zentraler Server verwaltet die Lizenzen.
Named User	Hier wird die maximale Anzahl der Nutzer festgelegt, die mit einem registrierten, namentlich eingetragenen Zugang auf das Programm zugreifen dürfen. Andere Anwender können die Software auch dann nicht benutzen, wenn die eingetragenen Anwender gerade nicht aktiv sind.
CPU	Berechnungsgrundlage ist die Anzahl und der Typ der CPU, mit der die Software abgearbeitet wird. Gegebenenfalls wird einer CPU ein bestimmter Faktor zugewiesen, mit dem die Zahl der CPUs gewichtet wird.
Device (Gerät)	Gezählt wird jede Installation der Software auf einem System, einem Gerät oder einem PC.
MIPS/MSU	Hier wird auf die Leistungsfähigkeit der CPU nach Angabe der Million Instructions per Second (MIPS) bzw. Million of Service Units (MSU) abgestellt.
Processor Value Unit (PVU)	Hier wird auf die Leistungsfähigkeit der CPU nach Angabe der Prozessorfamilie, des Prozessortyps sowie der Prozessorkerne abgestellt.
Session	Berechnungsgrundlage ist die Anzahl aufgebauter Verbindungen in einer Abrechnungsperiode.
Transaktion	Berechnungsgrundlage ist die Anzahl der angefallenen Transaktionen in einer Abrechnungsperiode.
Volumen	Berechnungsgrundlage ist die Größe eines bestimmten Datenvolumens in einer Abrechnungsperiode.

Abb. 1: Übersicht über die wichtigsten Anknüpfungen bei Lizenzmetriken

2. Die Kontrollfähigkeit von Preisabreden und Preisnebenabreden

1195 Nach ständiger Rechtsprechung des *BGH* sind **formularmäßige** Abreden, die die für die vertragliche Hauptleistung zu erbringende Vergütung unmittelbar bestimmen, von der gesetzlichen Inhaltskontrolle nach §§ 307 ff. BGB ausgenommen, da die Vertragsparteien nach dem im bürgerlichen Recht geltenden Grundsatz der Vertragsfreiheit Leistung und Gegenleistung grundsätzlich **frei regeln** können[1324]. Die

---
[1323] Vgl. *Metzger/Hoppen* CR 2017, 625 ff.
[1324] Vgl. *BGH*, 16.2.2016, XI ZR 454/14, NJW 2016, 1875, 1876 Tz. 23; *BGH*, 14.5.2014, VIII ZR 114/13, NJW 2014, 2708, 2709 Tz. 15; *BGH*, 31.5.2012, I ZR 73/10, GRUR 2012, 1031, 1036 Tz. 28; *BGH*, 24.3.2010, VIII ZR 178/08, NJW 2010, 2789, 2790 Tz. 19.

Festlegung des Entgelts ist grundsätzlich **Sache der Vertragsparteien,** denn es gibt vielfach keine gesetzliche Preisregelung, die bei Unwirksamkeit der vertraglichen Abrede gem. § 306 Abs. 2 BGB an deren Stelle treten könnte[1325]. Zu den einer richterlichen Inhaltskontrolle nach §§ 307 ff. BGB entzogenen **Preisbestimmung**en zählen auch solche Klauseln, die den Preis bei Vertragsschluss zwar nicht unmittelbar beziffern, jedoch die für die Ermittlung des Preises maßgeblichen **Bewertungsfaktoren** und das hierbei **einzuhaltende Verfahren** festlegen. Denn auch die vertragliche Festlegung preisbildender Faktoren gehört zum Kernbereich privatautonomer Vertragsgestaltung[1326]. Insbesondere kann die Frage, ob die Leistungen des Urhebers angemessen vergütet werden, nicht abstrakt, sondern nur konkret auf Grund der jeweils getroffenen Honorarvereinbarung und in Kenntnis der in der Branche üblichen Honorarpraxis beantwortet werden.

Hiervon zu unterscheiden sind die **kontrollfähigen (Preis-)Nebenabreden,** also Abreden, die zwar mittelbare Auswirkungen auf Preis und Leistung haben, an deren Stelle aber, wenn eine wirksame vertragliche Regelung fehlt, dispositives Gesetzesrecht treten kann. Anders als die unmittelbaren Preisabreden bestimmen sie nicht das Ob und den Umfang von Entgelten, sondern treten als ergänzende Regelungen, die lediglich die Art und Weise der zu erbringenden Vergütung und/oder etwaige Preismodifikationen zum Inhalt haben, „neben" eine bereits bestehende Preishauptabrede[1327]. § 307 Abs. 3 S. 1 BGB beschränkt die Inhaltskontrolle auf solche Bestimmungen in Allgemeinen Geschäftsbedingungen, durch die von Rechtsvorschriften abweichende oder diese ergänzende Regelungen vereinbart werden. Darunter fallen nach ständiger Rechtsprechung des *BGH* weder bloß deklaratorische Klauseln noch solche, die unmittelbar den **Preis der vertraglichen Hauptleistung** oder das Entgelt für eine rechtlich nicht geregelte, zusätzlich angebotene Sonderleistung bestimmen[1328]. 1196

Hat die Regelung hingegen kein Entgelt für eine Leistung zum Gegenstand, die dem Kunden auf rechtsgeschäftlicher Grundlage erbracht wird, sondern wälzt der Verwender durch die Bestimmung allgemeine Betriebskosten, Aufwand zur Erfüllung eigener Pflichten oder für Tätigkeiten, die im eigenen Interesse liegen, auf den Kunden ab, so ist sie **kontrollfähig.** Solche (Preis-)Nebenabreden werden durch § 307 Abs. 3 S. 1 BGB nicht der AGB-Kontrolle entzogen[1329]. Ob eine Klausel eine kontrollfähige Preisnebenabrede oder eine kontrollfreie Preisabrede enthält, ist durch **Auslegung** zu ermitteln. Diese hat sich, ausgehend von den Verständnismöglichkeiten eines rechtlich nicht vorgebildeten Durchschnittskunden, nach dem objektiven Inhalt und typischen Sinn der in Rede stehenden Klausel einheitlich danach zu richten, wie ihr Wortlaut von verständigen und redlichen Vertragspartnern unter Abwägung der Interessen der regelmäßig beteiligten Verkehrskreise verstanden wird. **Zweifel bei der Auslegung** gehen nach § 305c Abs. 2 BGB zu Lasten des Verwenders. Außer Betracht bleiben dabei nur solche Auslegungsmöglichkeiten, die 1197

[1325] Vgl. *BGH,* 24.3.2010, VIII ZR 178/08, NJW 2010, 2789, 2790 Tz. 19.
[1326] Vgl. *BGH,* 24.3.2010, VIII ZR 178/08, NJW 2010, 2789, 2790 Tz. 19.
[1327] Vgl. *BGH,* 16.2.2016, XI ZR 454/14, NJW 2016, 1875, 1876 Tz. 23; *BGH,* 14.5.2014, VIII ZR 114/13, NJW 2014, 2708, 2709 Tz. 15; *BGH,* 13.5.2014, XI ZR 405/12, NJW 2014, 2420, 2422 Tz. 24; *BGH,* 24.3.2010, VIII ZR 178/08, NJW 2010, 2789, 2790 f. Tz. 20.; *LG Berlin,* 28.11.2014, 15 O 601/12, CR 2015, 74, 76.
[1328] Vgl. *BGH,* 16.2.2016, XI ZR 454/14, NJW 2016, 1875, 1877 Tz. 36; *KG Berlin,* 3.8.2015, 23 U 15/15, BeckRS 20523 Tz. 4.
[1329] Vgl. *BGH,* 16.2.2016, XI ZR 454/14, NJW 2016, 1875, 1876 Tz. 23; *BGH,* 14.5.2014, VIII ZR 114/13, NJW 2014, 2708, 2709 Tz. 15; *BGH,* 13.5.2014, XI ZR 405/12, NJW 2014, 2420, 2422 Tz. 24; *BGH,* 13.11.2012, XI ZR 500/11, NJW 2013, 995 Tz. 13.

1198 Klauseln, in denen kontrollfähige Nebenabreden mit kontrollfreien Hauptabreden **zusammengefasst** sind, **unterliegen** ebenfalls der **Inhaltskontrolle**[1331]. Zum einen steht der Begriff der kontrollfreien Hauptleistung nicht zur Disposition des Verwenders Allgemeiner Geschäftsbedingungen. Zum anderen hinge es ansonsten vom Zufall oder von der einseitigen Gestaltungsmacht des Verwenders in Bezug auf die klauselmäßige Behandlung von Haupt- und Nebenabreden ab, ob eine Entgeltregelung der Inhaltskontrolle unterliegt oder nicht[1332]. Auf die **sprachliche Teilbarkeit** der Klausel kommt es dabei für die Kontrollfähigkeit der darin enthaltenen Preisnebenabrede nicht entscheidend an[1333]. Entsprechend dem Rechtsgedanken des § 306 Abs. 1 BGB, der zur Gesamtunwirksamkeit unteilbarer Klauseln führt, sind Preishaupt- sowie Preisnebenabreden enthaltende, sprachlich nicht teilbare Klauseln daher zum Zwecke der Kontrolle der Preisnebenabrede **insgesamt** der Inhaltskontrolle unterworfen[1334].

1199 Vor diesem Hintergrund scheidet eine Inhaltskontrolle der Preisregelungen bei Metrikklauseln nach §§ 307 ff. BGB im Hinblick auf die Frage aus, ob die darin vereinbarte **Vergütungsstruktur angemessen** ist. Denn bei diesen Klauseln handelt es sich nicht um Preisnebenabreden, sondern um **unmittelbare Preisabreden,** die bestimmen, welche Leistung mit welchem zu zahlenden Entgelt vergütet wird. Demgegenüber ist von einer kontrollfähigen Preisnebenabrede auszugehen, wenn die Höhe des Entgelts davon abhängig gemacht wird, ob der Anwender auch **Software eines Drittanbieters** einsetzt, denn eine solche Verknüpfung steht nicht in Verbindung mit einer Leistung des Klauselverwenders und ist mit den wesentlichen Grundgedanken der §§ 69c Nr. 1, 69d Abs. 1 UrhG nicht zu vereinbaren. Aus diesem Grund wird auch regelmäßig ein Verstoß gegen § 307 Abs. 2 Nr. 1 BGB zu bejahen sein[1335].

3. Das Transparenzgebot

1200 Die Bestimmungen der Metrikklauseln können jedoch wegen ihrer konkreten Fassung gem. **§ 307 Abs. 1 S. 2 BGB unwirksam** sein. Nach dieser Vorschrift kann sich eine unangemessene Benachteiligung einer Bestimmung in Allgemeinen Geschäftsbedingungen daraus ergeben, dass die Regelung **nicht klar und verständlich** ist. Der Verwender ist gehalten, Rechte und Pflichten seines Vertragspartners in Allgemeinen Geschäftsbedingungen klar, einfach und präzise darzustellen. Dieses Transparenzgebot schließt das Bestimmtheitsgebot ein und verlangt, dass die tatbestandlichen Voraussetzungen und Rechtsfolgen so genau beschrieben werden, dass für den Verwender keine ungerechtfertigten Beurteilungsspielräume entstehen. Dies gilt auch für Preisklauseln[1336].

[1330] Vgl. *BGH,* 16.2.2016, XI ZR 454/14, NJW 2016, 1875, 1876 Tz. 24; *BGH,* 13.5.2014, XI ZR 405/12, NJW 2014, 2420, 2422 Tz. 25; *BGH,* 14.5.2014, VIII ZR 114/13, NJW 2014, 2708, 2710 Tz. 16.
[1331] Vgl. *BGH,* 13.11.2012, XI ZR 500/11, NJW 2013, 995, 999 Tz. 39.
[1332] Vgl. *BGH,* 13.11.2012, XI ZR 500/11, NJW 2013, 995, 999 Tz. 39.
[1333] Vgl. *BGH,* 13.11.2012, XI ZR 500/11, NJW 2013, 995, 999 Tz. 40.
[1334] Vgl. *BGH,* 13.11.2012, XI ZR 500/11, NJW 2013, 995, 999 Tz. 40.
[1335] Ohne Problematisierung der Kontrollfähigkeit *Metzger/Hoppen* CR 2017, 625, 633.
[1336] Vgl. *BGH,* 31.5.2012, I ZR 73/10, GRUR 2012, 1031, 1037 Tz. 34 sowie 1039 Tz. 58.; *KG Berlin,* 3.8.2015, 23 U 15/15, BeckRS 2015, 20523 Tz. 4; *LG Berlin,* 28.11.2014, 15 O 601/12, CR 2015, 74, 76.

Insoweit ist zu berücksichtigen, dass die Softwarehersteller teilweise **sehr komplexe Abrechnungsmodelle** entwickelt haben, deren Begriffsdefinitionen oder Merkmale weder logisch vorgegeben sind, noch lange Verwendung finden. Selbst bei identischen Computerprogrammen werden die Abrechnungsmodelle gelegentlich geändert und können unterschiedlich sein[1337], weshalb im Schifttum die Vermutung geäußert wurde, es solle ein ordnungsgemäßes Lizenzmanagement beim Anwender ausgehebelt und dieser zu Neulizenzierungen bewegt werden[1338]. Vor dem Hintergrund der Auditklauseln[1339] und der damit vom Anwender zu befürchtenden Kontrollen des Softwareherstellers nebst gegebenenfalls hohen Forderungen nach einer „Nachlizenzierung" scheint diese Vermutung nicht fernliegend. Zusammenfassend kann daher festgehalten werden, dass auch Lizenzmetriken dem in § 307 Abs. 1 S. 3 BGB verankerten **Gebot der Transparenz** genügen müssen und die vertragsrechtliche Realität diesem Gebot nicht immer genügt.

1201

[1337] Vgl. *Groll* S. 47; *Intveen* ITRB 2012, 208, 210.

[1338] Vgl. *Intveen* ITRB 2012, 208, 210.

[1339] Vgl. hierzu unten Rdn. 1762 ff.

Teil 5: Das Recht der Leistungsstörungen

Schrifttum: *Bartsch*, Das neue Schuldrecht – Auswirkungen auf das EDV-Vertragsrecht, CR 2001; *Goldmann/Redecke*, Gewährleistung bei Softwarelizenzverträgen nach dem Schuldrechtsmodernisierungsgesetz, MMR 2002, 3 ff.; *Koch*, Schlechtleistung bei softwarebezogener Nacherfüllung, ITRB 2008, 131 ff.; *ders.*, Schuldrechtsmodernisierung – Auswirkungen auf das Gewährleistungsrecht bei IT-Verträgen, CR 2001, 569 ff.; *Redeker*, Von Dauerbrennern und neuen Entwicklungen im Recht der Leistungsstörungen, CR 2005, 700 ff.;

I. Allgemeines zu Leistungsstörungen bei Computersoftware

Inhaltsübersicht

	Rdn.		Rdn.
1. Die Frage nach dem anwendbaren Mängelhaftungsrecht	1203	a) Die Forderung nach einer Anpassung des kaufvertraglichen Mängelrechts	1205
2. Anpassung des Mängelrechts an die Besonderheiten der Computersoftware?	1205	b) Die Forderung nach einer Anpassung des mietvertraglichen Mängelrechts	1207
		c) Stellungnahme	1208

Neben dem Problemkreis des Rechtsschutzes für Computersoftware und dem Streit über die Rechtsnatur der Softwareüberlassungsverträge zählte die rechtliche Bewältigung von Softwaremängeln zu den am heftigsten diskutierten Rechtsfragen rund um die Computersoftware. Da jedoch die vertragstypologische Einordnung eines Vertrags unter die im siebenten Abschnitt des zweiten Buchs des BGB (§§ 433–853) geregelten einzelnen Schuldverhältnisse zugleich über das Eingreifen der besonderen Leistungsstörungsvorschriften entscheidet[1], weist der zweitgenannte Problempunkt eine entscheidende Ausstrahlung auf den drittgenannten Fragenkomplex auf. Dies mag ein Grund für die Heftigkeit und Ausdauer sein, mit der der Streit über die eher rein akademisch wirkende und in Teil 3 dieser Abhandlung ausführlich dargestellte Frage nach der Rechtsnatur der Softwareüberlassungsverträge geführt wurde. Nachdem diese Weiche aber endgültig gestellt zu sein scheint, beruhigt sich die Diskussion über die Sach- und Rechtsmängelhaftung für Computersoftware seit einigen Jahren. 1202

1. Die Frage nach dem anwendbaren Mängelhaftungsrecht

Nach der im Rahmen dieser Abhandlung vertretenen Qualifizierung der Computersoftware als Sache im Sinne des § 90 BGB[2], der Rechtsprechung des *EuGH* zur kaufvertraglichen Behandlung einer Softwareüberlassung auf Dauer[3] und der daraus folgenden Einordnung der Softwareüberlassungsverträge in die Vertragstypologie des BGB ergeben sich hinsichtlich der Frage nach dem anwendbaren spezifischen Leistungsstörungsrecht keine Probleme. Wird die Computersoftware für einen spe- 1203

---

[1] Vgl. *Kotthoff* K&R 2002, 105; *Spindler/Klöhn* CR 2003, 81 f.
[2] Vgl. hierzu oben Rdn. 712 ff.
[3] Vgl. *EuGH*, 3.7.2012, C-128/11, NJW 2012, 2565, 2566 Tz. 43 ff. – UsedSoft sowie ausführlich oben Rdn. 707 f.

ziellen Verwendungs- und Aufgabenzweck eines konkreten Anwenders erstellt (**Individualsoftware**) oder wird Standardsoftware an individuelle Bedürfnisse eines Anwenders angepasst und diesem sodann auf Dauer überlassen, liegt kein kaufrechtlich zu behandelnder Werklieferungsvertrag im Sinne des § 650 BGB (= § 651 BGB a.F.) vor, wenn die vertragstypenprägende Leistungspflicht substantiell über die Lieferung einer Ware hinausgeht[4]. In diesen Fällen ist allein Werkvertragsrecht einschlägig, sodass **werkvertragliches Mängelrecht** eingreift, wenn die Leistung des Werkunternehmers mangelhaft ist. Liegt dagegen eine Überlassung von **Standardsoftware** auf Dauer vor, greifen infolge des kaufvertraglichen Charakters dieses Vertrags[5] auch die **kaufvertraglichen Vorschriften zur Sachmängelhaftung** nach §§ 434, 437 ff. BGB ein. Schließlich finden auf eine dem Mietvertragsrecht unterworfene **Softwareüberlassung auf Zeit**[6] im Falle eines Mangels die **mietrechtlichen Regelungen** nach §§ 536 ff. BGB Anwendung.

1204 Auch der *BGH* hat sich nach anfänglichem Schwanken in seiner 1987 ergangenen grundlegenden Entscheidung zum Problemkreis der Mängelhaftung für eine **zumindest analoge Anwendung der §§ 459 ff. BGB a.F.** ausgesprochen[7]. Zunächst hatte er die Auffassung vertreten, es unterliege keinem Zweifel, dass Software ebenso Gegenstand eines Miet-/Leasing- wie eines Kaufvertrags sein könne, weshalb er ohne weiteres vom grundsätzlichen Eingreifen des Sachmängelgewährleistungsrechts ausgegangen war[8] und später die Frage nach den einschlägigen Vorschriften für die Beurteilung von Mängelfolgen ausdrücklich unentschieden gelassen hatte[9]. Die übrigen Gerichte haben sich nach diesem Grundsatzurteil der Auffassung des *BGH* praktisch ohne Ausnahme angeschlossen und diskutieren das Problem in der Regel gar nicht mehr. Auch der *BGH* hat seine Rechtsprechung in mehreren nachfolgenden Urteilen bestätigt[10], die Oberlandesgerichte sehen keinen Grund hiervon abzuweichen[11]. Insoweit konnte schon vor Jahren von einer gefestigten Rechtsprechung ausgegangen werden.

2. Anpassung des Mängelrechts an die Besonderheiten der Computersoftware?

a) Die Forderung nach einer Anpassung des kaufvertraglichen Mängelrechts

1205 Trotz der oben bereits erwähnten, aus der Systematik des BGB folgenden **präjudiziellen Wirkung der vertragstypologischen Einordnung** der Softwareüberlassungsverträge auf das jeweils einschlägige spezielle Leistungsstörungsrecht wurde vor Inkrafttreten der Schuldrechtsreform im Schrifttum verschiedentlich gefordert, das kaufvertragliche Gewährleistungsrecht auch bei einer kaufvertraglich ausgestalteten Softwareüberlassung auf Dauer nicht formelhaft anzuwenden. Die verschiedenen für eine Anpassung der kaufrechtlichen Vorschriften zur Sachmängelhaftung vorge-

---

[4] Vgl. hierzu *Spindler/Klöhn* CR 2003, 81, 83 f. sowie oben Rdn. 677 ff.
[5] Vgl. hierzu oben Rdn. 690 ff. und Rdn. 707 f.
[6] Vgl. hierzu oben Rdn. 743 ff.
[7] Vgl. *BGH*, 4.11.1987, VIII ZR 314/86, NJW 1988, 406, 407 f. auch zu w. N. zu verschiedenen zuvor ergangenen Stellungnahmen des *BGH*.
[8] Vgl. *BGH*, 6.6.1984, VIII ZR 83/83, NJW 1984, 2938, 2939.
[9] Vgl. *BGH*, 25.3.1987, VIII ZR 43/86, NJW 1987, 2004, 2005.
[10] Vgl. *BGH*, 15.11.2006, XII ZR 120/04, NJW 2007, 2394 Tz. 15; *BGH*, 14.7.1993, VIII ZR 147/92, NJW 1993, 2436, 2437 f.; *BGH*, 24.1.1990, VIII ZR 22/89, NJW 1990, 1290, 1291; *BGH*, 18.10.1989, VIII ZR 325/88, NJW 1990, 320, 321.
[11] So expressis verbis *OLG Hamburg*, 15.12.2011, 4 U 85/11, MMR 2012, 740.

tragenen Argumente sind jedoch seit Inkrafttreten der Schuldrechtsreform ganz überwiegend überholt. Auch nach reformiertem Schuldrecht zu diskutieren ist allein das Argument, das Werkvertragsrecht enthalte gegenüber dem Kaufrecht die vorzugswürdigere Vorschrift zur Verjährung der Mängelansprüche, weil der Verjährungsbeginn an die Abnahme des Werks und nicht an die bloße Ablieferung der Sache angeknüpft werde, was zumindest in den Fällen interessengerecht sei, in denen bei der Ablieferung der Software noch nicht alle Komponenten des IT-Systems vorhanden seien oder eine Anpassung der Software vorgenommen werden müsse[12]. Schon nach altem Recht war diese Argumentation indes nicht überzeugend. Bei einem als Einheit zu beurteilenden Kauf von Hard- und Software beginnt die Sachmängelhaftungsfrist trotz Lieferung der Hardware noch nicht zu laufen, wenn noch wesentliche Teile der Software fehlen. Dies entspricht längst gefestigter Rechtsprechung des *BGH*[13], die unverändert auch auf die Regelung des Verjährungsbeginns in § 438 Abs. 2 BGB übertragen werden kann. Auch im Mietvertragsrecht liegt eine **vertragsgemäße Überlassung der Mietsache** erst vor, wenn die geschuldete Leistung vollständig erbracht wurde, etwa eine vereinbarte Einweisung in die Programmnutzung erfolgte. Insoweit liegt ein Gleichlauf zwischen Softwarekauf und Softwaremiete vor[14].

Auch soweit bei zunächst zu erstellender **Individualsoftware** Werkvertragsrecht Anwendung findet, muss die Leistung erst dann als Ganzes abgenommen werden, wenn sie als Einheit fehlerfrei funktioniert. Damit zeigt sich, dass im Hinblick auf den Verjährungsbeginn grundsätzlich darauf abgestellt wird, ob die Sache derart in den Machtbereich des Käufers gelangt ist, dass dieser sie untersuchen kann. Diesbezüglich besteht daher **kein Unterschied** zwischen den Begriffen der **Abnahme** im Sinne des § 640 BGB und der **Ablieferung** im Sinne des § 438 Abs. 2 BGB[15]. Damit erweist sich aber auch das auf den vermeintlich wenig interessengerechten Verjährungsbeginn des Kaufvertragsrechts gestützte Argument als nicht tragfähig.

b) Die Forderung nach einer Anpassung des mietvertraglichen Mängelrechts

Auch bei der nach Mietvertragsrecht zu beurteilenden Softwareüberlassung auf Zeit wird im Schrifttum eine **Unangemessenheit des gesetzlich normierten Mängelhaftungsrechts** gesehen. Anknüpfungspunkt für die Kritik ist hierbei § 536a Abs. 1 BGB, demzufolge ein Mieter Ersatz des Schadens verlangen kann, den er infolge eines im Zeitpunkt des Vertragsabschlusses vorhandenen Mangels erleidet, ohne dass für die den Vermieter treffende Schadensersatzpflicht ein Verschulden des Vermieters erforderlich ist. Da Softwarefehler nicht erst im Laufe der Zeit entstehen, sondern – wenngleich verborgen – von Beginn an vorhanden sind[16], müsse der Vermieter von Computersoftware auf Grund der gesetzlichen Garantiehaftung ein außerordentlich großes Haftungsrisiko tragen[17]. Dieses würde noch dadurch verstärkt,

1206

1207

---

[12] *Spindler/Klöhn* CR 2003, 81 sehen in der Abnahme ganz generell ein Privileg des Werkbestellers.
[13] Vgl. *BGH*, 22.12.1999, VIII ZR 299/98, NJW 2000, 1415, 1416; *BGH*, 27.4.1994, VIII ZR 154/93, NJW 1994, 1720, 1721; sowie ausführlich oben Rdn. 866.
[14] Vgl. *BGH*, 15.11.2006, XII ZR 120/04, NJW 2007, 2394, 2395 Tz. 27.
[15] Noch zum alten Recht im Ergebnis wie hier *OLG Hamm*, 3.2.1997, 13 U 153/96, CR 1998, 202; *OLG Düsseldorf*, 7.12.1988, 17 U 27/87, CR 1989, 689, 690; kritisch zu dieser Tendenz *Schneider* CR 1994, 385, 389; vgl. zum Begriff der Ablieferung unten Rdn. 1330 ff.
[16] So auch *Stadler* CR 2006, 77, 80.
[17] *Stadler* CR 2006, 77, 80 hält deshalb einen diesbezüglichen formularvertraglichen Haftungsausschluss für dringend geboten.

dass zu den nach § 536a BGB zu ersetzenden Schäden nicht nur die Mängelschäden selbst zählten, sondern darüber hinaus auch noch die Mängelfolgeschäden erfasst würden[18]. Hierin werden im Schrifttum nicht gerechtfertigte Wertungswidersprüche gegenüber der weniger weit greifenden Haftung des Verkäufers bei der Überlassung von Standardsoftware auf Dauer gesehen[19].

c) Stellungnahme

1208   Die dem Vermieter durch § 536a BGB auferlegte **Garantiehaftung** für die einwandfreie Beschaffenheit der Mietsache sowie deren Umfang steht seit Jahrzehnten[20] im Mittelpunkt einer ausgiebigen mietrechtlichen Diskussion, in der die Notwendigkeit einer einschränkenden Auslegung der gesetzlichen Garantie immer wieder betont wird, weil das weitgreifende Haftungsrisiko für sachlich nicht gerechtfertigt angesehen wird[21]. Dieser Streit, der im Rahmen dieser Abhandlung nicht erneut ausgebreitet werden kann und soll, greift natürlich auch dann ein, wenn Computersoftware vermietet wird.

1209   Nicht ersichtlich ist jedoch, weshalb das Haftungsrisiko eines Softwarevermieters größer sein soll als das anderer Vermieter, deren Mietgegenstände ebenfalls mitunter nur unter großen Schwierigkeiten auf absolute Fehlerfreiheit hin untersucht werden können, was insbesondere bei technisch hochwertigen und gleichzeitig komplexen Geräten der Fall ist. Auch hier lassen sich gegebenenfalls vorhandene Konstruktions- oder auch Fabrikationsfehler mitunter kaum oder gar nicht vermeiden. Ob daher eine Haftung eingreift oder nicht ist dementsprechend **mangels** nur bei Computersoftware zu verzeichnender **Besonderheiten** wie bei allen anderen Sachen zu entscheiden.

II. Leistungsstörungen bei der Softwareüberlassung auf Dauer

Inhaltsübersicht

	Rdn.		Rdn.
1. Vorvertragliche Pflichtverletzungen	1210	herzuleitenden Beratungspflichten	1227
a) Das Verhältnis zwischen culpa in contrahendo und Mängelhaftungsansprüchen	1211	cc) Einzelfälle aus der Rechtsprechung	1231
b) Der Umfang der Aufklärungs- und Beratungspflichten des Softwarelieferanten	1214	c) Rechtsfolgen einer Verletzung der Aufklärungs- und Beratungspflicht	1242
aa) Die Pflicht des Verkäufers zu eigeninitiativer Aufklärung	1216	aa) Haftungsumfang	1242
bb) Die Pflicht zur erbetenen Beratung	1223	bb) Verjährung	1245
(1) Der Abschluss eines selbstständigen Beratungsvertrags	1224	cc) Fragen zur Beweislast	1246
		2. Nichterfüllung wegen Unmöglichkeit	1247
		a) Die Formen der Unmöglichkeit	1248
(2) Die aus dem vertragsähnlichen Vertrauensverhältnis		b) Die Rechtsfolgen einer Unmöglichkeit	1255
		aa) Die primäre Leistungspflicht	1255

---

[18] Dies entspricht herrschender Meinung; vgl. *BGH*, 27.3.1972, VIII ZR 177/70, NJW 1972, 944, 945; *Palandt/Weidenkaff* § 536a Rdn. 14; *Stadler* CR 2006, 77, 80.
[19] Vgl. *Mehrings* NJW 1986, 1904, 1908.
[20] Vgl. etwa *Plancks*' Kommentar zum Bürgerlichen Gesetzbuch, Bd. 2, 4. Aufl., 1928, § 538 Anm. 1a) sowie *RGZ* 81, 200, 203.
[21] So etwa MünchKomm/*Häublein*, Vorbemerkung § 536 Rdn. 10.

Inhaltsübersicht

	Rdn.		Rdn.
bb) Die Sekundärrechte des Gläubigers	1257	e) Das Recht auf Schadensersatz gem. §§ 440, 280, 281, 283, 311a, 437 Nr. 3 1. Alt. BGB	1320
3. Verzug	1263		
a) Der Verzug des Softwarelieferanten	1264	f) Das Recht auf Ersatz vergeblicher Aufwendungen gem. §§ 284, 437 Nr. 3 2. Alt. BGB	1326
b) Der Verzug des Anwenders	1273		
4. Sonstige Pflichtverletzungen	1276	g) Der Ausschluss der Mängelhaftung gem. § 442 BGB	1327
a) Allgemeines	1276		
b) Die Pflichtverletzung durch Schlechtleistung	1277	h) Die Verjährung der Mängelansprüche gem. § 438 BGB	1328
c) Die Verletzung von Nebenpflichten	1283	i) Der Regress des Verkäufers gem. §§ 445a, 445b BGB (§§ 478, 479 BGB a. F.)	1333
aa) Leistungstreuepflichten	1284		
bb) Schutzpflichten	1287		
cc) Mitwirkungspflichten	1289	j) Die Besonderheiten des Verbrauchsgüterkaufs gem. §§ 474 ff. BGB	1337
dd) Auskunfts- und Beratungs- sowie Schulungspflichten	1290		
ee) Weitere Nebenpflichten	1294	aa) Allgemeines	1337
d) Rechtsfolgen einer sonstigen Pflichtverletzung	1296	bb) Die Gefahrtragung	1340
		cc) Die Einschränkung der vertraglichen Gestaltungsfreiheit gem. § 478 BGB (= § 475 BGB a. F.)	1341
e) Verjährung der Ansprüche wegen einer sonstigen Pflichtverletzung	1298		
5. Kaufvertragliche Mängelhaftung	1299		
a) Die Mängelrechte des Käufers im Überblick	1301	dd) Die Beweislastumkehr gem. § 477 BGB (= § 476 BGB a. F.)	1342
b) Der Nacherfüllungsanspruch gem. §§ 439, 437 Nr. 1 BGB	1304	ee) Die Sonderbestimmungen für Garantien in § 479 BGB (= § 477 BGB a. F.)	1343
c) Das Recht zum Rücktritt gem. §§ 440, 437 Nr. 2 1. Alt. BGB	1312		
d) Das Recht zur Minderung gem. §§ 441, 437 Nr. 2 2. Alt. BGB	1318		

Schrifttum: *Gaul*, Mangelhafte Standardsoftware – Untersuchungs- und Rügepflichten bei Lieferung, MDR 2000, 549 ff.; *Schneider*, „Ablieferung" bei Softwareüberlassungsverträgen, CR 1994, 385 ff.; *Warnke*, Rechtsmangelhafte Software und Nacherfüllungsanspruch aus § 439, 2005.

1. Vorvertragliche Pflichtverletzungen

Schrifttum: *Hörl*, Aufklärung und Beratung beim Computer-Kauf", 1999; *Schuster/Hunzinger*, Vor- und nachvertragliche Pflichten beim IT-Vertrag. Teil I: vorvertragliche Beratungspflichten, CR 2015. 209 ff.; *dies.*, Teil II Nachvertragliche Pflichten, CR 2015, 277 ff.; *Zahrnt*, Aufklärungspflichten und Beratungsverhältnisse vor Computer-Beschaffungen, NJW 2000, 3746 ff.

Vorvertragliche Pflichtverletzungen, bei denen ein Schadensersatzanspruch des Anwenders nach §§ 280 Abs. 1, 311 Abs. 2, 241 Abs. 2 BGB in Gestalt einer culpa in contrahendo (c. i. c.) in Betracht kommt, bestehen im Rahmen von Softwareüberlassungen in der Regel infolge unterlassener oder unrichtiger **Aufklärung** und **Beratung** des Anwenders durch den Softwarelieferanten[22]. Der Anwender von Computersoftware hat, wie auch der Erwerber komplizierter technischer Geräte, etwa von Computerhardware[23], in der Regel nicht die Möglichkeit, die Eignung des für den Vertragsabschluss ins Auge gefassten Gegenstands für den angestrebten Verwen- 1210

---
[22] Beispielhaft etwa *OLG Schleswig*, 3.6.2016, 17 U 49/15, CR 2017, 83 ff.; *OLG Frankfurt*, 15.5.2012, 11 U 86/11, CR 2012, 799 ff.
[23] Zur Aufklärungspflicht beim Kauf eines Smartphones *AG Lichtenberg*, 24.11.2011, 110 C 239/11, MMR 2012, 232 f.

dungszweck zu überprüfen, da ihm hierfür die erforderliche **Sachkunde** sowie die für eine ausgiebige Erprobung erforderliche **Testzeit** fehlen, weshalb auch der *BGH* von spezifischen Sorgfaltspflichten des Herstellers/Lieferanten von Hard- und Software gegenüber seinen Kunden ausgeht[24]. Die Erkenntnis, ein Softwareanwender könne erst nach einer gewissen Anwendungszeit des Programms wirklich entscheiden, ob das Programm seinen Anforderungen genügt, hat zu dem an anderer Stelle[25] ausführlich dargestellten Shareware-Konzept zur Vermarktung von Computersoftware geführt. Da dieses Konzept jedoch nur eine relativ geringe Bedeutung im gesamten Softwaremarkt erlangt hat, muss hierauf an dieser Stelle nicht im Einzelnen eingegangen werden. Damit bleibt es bei der oben angeführten Feststellung, dass der Softwareanwender vor und bei Abschluss des Überlassungsvertrags die Eignung des Programms für den geplanten Anwendungszweck nicht oder nur unzulänglich überschauen kann, gleichwie es ihm in der Regel nicht möglich ist, die Vor- und Nachteile des von ihm ausgewählten Produkts mit denen eines gegebenenfalls vorhandenen Alternativprodukts zu vergleichen. Die fehlende oder begrenzte Sachkunde und das Fehlen einer hinreichenden Testmöglichkeit führen daher gleichzeitig zu einem **Mangel an Markttransparenz** für den Softwareanwender.

a) Das Verhältnis zwischen culpa in contrahendo und Mängelhaftungsansprüchen

1211   Den rechtlichen Ansatzpunkt, dem Softwareanwender eine Unterstützung bei der Möglichkeit zur Überprüfung der Eignung des jeweiligen Programms für den intendierten Nutzungszweck zu geben und dem Mangel an Markttransparenz zu begegnen, bildet der Schadensersatzanspruch nach §§ 280 Abs. 1, 311 Abs. 2, 241 Abs. 2 BGB wegen einer Pflichtverletzung in Gestalt der culpa in contrahendo[26]. Mit der Schuldrechtsreform hat die culpa in contrahendo in § 311 Abs. 2 und 3 BGB eine normative Grundlage erhalten, ohne dass jedoch sachliche Änderungen gegenüber den zuvor ohne ausdrückliche gesetzliche Regelung gewohnheitsrechtlich anerkannten Grundsätzen vorgenommen werden sollten[27]. Damit erscheint das Institut der culpa in contrahendo prädestiniert zur Lösung der hier abgehandelten Probleme unterlassener Aufklärung und Beratung.

1212   Schwierigkeiten bereitet jedoch die Abgrenzung der von der culpa in contrahendo erfassten Fälle von denen, die nach den Regelungen des Mängelhaftungsrechts zu behandeln sind. Nach herrschender[28], wenngleich nicht unbestrittener Auffassung **zum alten Schuldrecht** waren die Ansprüche aus culpa in contrahendo durch die als abschließend eingestuften **Sonderregelungen der §§ 459 ff. BGB a. F.** ausgeschlossen, sofern sich das Verschulden des Verkäufers auf Angaben oder Nichtangaben über die Eigenschaften des Kaufgegenstands erstreckte.

1213   Auch **nach der Schuldrechtsreform** ist davon auszugehen, dass das Kaufvertragsrecht eine **abschließende Regelung des Mängelhaftungsrechts** enthält und dementsprechend ein pflichtwidriges Verhalten des Verkäufers, etwa bezüglich einer unrichtigen Information über die Beschaffenheit des Kaufgegenstands, keinen Anspruch

---

[24] Vgl. etwa *BGH*, 6.6.1984, VIII ZR 83/83, NJW 1984, 2938; ausführlich *Hörl* S. 2 ff. sowie S. 187 ff.; *Schuster/Hunzinger* CR 2015, 209, 210 f.
[25] Vgl. hierzu oben Rdn. 898.
[26] Vgl. *OLG Schleswig*, 3.6.2016, 17 U 49/15, CR 2017, 83, 84; *OLG Frankfurt*, 15.5.2012, 11 U 86/11, CR 2012, 739.
[27] Vgl. *OLG Schleswig*, 3.6.2016, 17 U 49/15, CR 2017, 83, 84; *Palandt/Grüneberg* § 311 Rdn. 11.
[28] Vgl. *BGH*, 16.6.2004, VIII ZR 303/03, NJW 2004, 2301, 2302; *LG Cottbus*, 28.8.2003, 4 O 361/02, CR 2004, 260, 261; *Palandt/Putzo*, 61. Aufl., Vorbem. vor § 459 Rdn. 7.

nach §§ 280 Abs. 1, 311 Abs. 2, 241 Abs. 2 BGB nach sich zieht[29], weil der Gesetzgeber diese Frage nicht abweichend entscheiden wollte[30]. Entscheidend ist daher, ob sich die unrichtige Information auf ein Merkmal des Kaufgegenstands bezieht, das zum Gegenstand einer Beschaffenheitsvereinbarung im Sinne des § 434 Abs. 1 BGB hätte gemacht werden können[31]. Ist dies zu bejahen, greift ab dem Gefahrübergang allein das kaufvertragliche Mängelrecht ein. Dies gilt nur dann nicht, wenn der Verkäufer **Beratungspflichten** übernommen hat. Dann tritt die Haftung wegen culpa in contrahendo abermals neben die kaufvertraglichen Mängelansprüche[32]. Wegen der unterschiedlichen Verjährungsvorschriften (§§ 195 und 199 BGB gegenüber § 438 BGB) sowie des grundsätzlichen Vorrangs der Nacherfüllung bei der kaufvertraglichen Mängelhaftung (§§ 437, 439 BGB) ist die **Zuordnung von Bedeutung.** Nicht ausreichend für die Begründung der Übernahme von Beratungspflichten durch den Verkäufer sind aber „Aufklärung und Beratung" in dem Sinne, dass sie zu den üblichen Bemühungen des Herstellers/Lieferanten zu zählen sind, die Ware an den Mann zu bringen[33].

b) Der Umfang der Aufklärungs- und Beratungspflichten des Softwarelieferanten

Offen bleibt nach obiger Darstellung aber noch, **wann** den Verkäufer die vom *BGH* erwähnte zusätzliche Aufklärungs- und Beratungspflicht trifft, welche **Formen** sie annehmen kann und in welchem **Umfang** sie besteht. Diesbezüglich liegen bislang keine Gerichtsentscheidungen vor, die generell geltende Grundregeln enthalten[34].

Zur Beantwortung der aufgeworfenen Frage nach dem Entstehen, der Form und dem Umfang von Aufklärungs- und Beratungspflichten ist zunächst auf den wohl allgemein anerkannten Grundsatz hinzuweisen, demzufolge für den Verkäufer weder vor noch während der Vertragsverhandlungen eine **allgemeine Aufklärungspflicht** gegenüber dem Käufer besteht[35]. Vielmehr existiert eine solche Verpflichtung nur dann, wenn der Vertragspartner redlicherweise eine Aufklärung erwarten kann, was nach der herrschenden Verkehrsanschauung zu beurteilen ist. Dabei wird unter dem Begriff der Aufklärungspflicht die Pflicht des einen Vertragspartners verstanden, die Gegenseite über solche Umstände **unaufgefordert** zu informieren, denen für den Vertragsabschluss entscheidungserhebliche Bedeutung zukommt[36]. Es handelt sich insoweit um eine Verpflichtung zu **eigeninitiativem Handeln,** die in der Form einer Anzeige-, Hinweis-, Offenbarungs-, Belehrungs- oder Mitteilungspflicht auftre-

---

[29] Vgl. *BGH*, 29.6.2016, VIII ZR 191/15, NJW 2016, 3015, 3021 Tz. 63; *BGH*, 12.1.2011, VIII ZR 346/09, NJW-RR 2011, 462, 463 Tz. 16; *Palandt/Grüneberg* § 311 Rdn. 14; *Kluth/Böckmann/Grün* MDR 2003, 241, 246 f.; a. A. MünchKomm/*Emmerich*, § 311 Rdn. 79 ff.

[30] Vgl. die Begründung des Regierungsentwurfs zu § 311, BT-Drucks. 14/6040, *Canaris* S. 720 ff.

[31] Vgl. *Palandt/Grüneberg* § 311 Rdn. 14 sowie 41.

[32] Vgl. *Palandt/Grüneberg* § 311 Rdn. 16.

[33] Vgl. *BGH*, 6.6.1984, VIII ZR 83/83, CR 1986, 79, 81; insoweit nicht abgedruckt in NJW 1984, 2938; allgemein *BGH*, 23.6.1999, VIII ZR 84/98, BB 1999, 1999, 2000.

[34] Dies trifft auch auf die vom *OLG Frankfurt*, 15.5.2012, 11 U 86/11, CR 2012, 739 f.; *KG Berlin*, 4.11.2010, 2 U 116/05, MMR 2010, 168, getroffenen Entscheidungen zu. Eine systematische Aufbereitung unternimmt *Hörl* S. 27 ff. Vgl. auch *Kluth/Böckmann/Grün* MDR 2003, 241 ff.

[35] Vgl. *OLG Naumburg*, 24.4.2014, 2 U 28/13, MMR 2014, 809; *AG Lichtenberg*, 24.11.2011, 110 C 239/11, MMR 2012, 232; *Palandt/Ellenberger* § 123 Rdn. 5; so auch für IT-Geschäfte *KG Berlin*, 4.11.2010, 2 U 116/05, MMR 2010, 168, 169; *Schuster/Hunzinger* CR 2015, 209, 210 f.

[36] Vgl. *BGH*, 14.3.2003, V ZR 308/02, NJW 2003, 1811, 1812; *OLG Naumburg*, 24.4.2014, 2 U 28/13, MMR 2014, 809; *Palandt/Grüneberg* § 242 Rdn. 37; für den Fall eines Mietvertrags *BGH*, 28.6.2006, XII ZR 50/04, NJW 2006, 2618, 2619 Tz. 15.

ten kann, wobei sich die einzelnen Begriffe und Formen jedoch weitgehend überschneiden. Den eigeninitiativen Aufklärungspflichten sind die Beratungspflichten des Verkäufers gegenüberzustellen, die diesen auf Grund eines vom Kunden ausdrücklich oder konkludent geäußerten Wunschs nach Beratung treffen. Insoweit kann auch von **fremdinitiierten Aufklärungspflichten** gesprochen werden, bei denen der Verkäufer erst auf eine entsprechende Anfrage des Käufers tätig werden muss[37].

aa) Die Pflicht des Verkäufers zu eigeninitiativer Aufklärung

1216   Eine Pflicht des Verkäufers zu eigeninitiativer Aufklärung des Kunden besteht nach einer grundsätzlichen Definition des *BGH*[38] dann, wenn für letztgenannten unbekannte Umstände vorliegen, die für seinen Kaufentschluss von wesentlicher Bedeutung sind, weil sie seinen mit dem Kaufvertrag verfolgten Zweck vereiteln könnten und der Verkäufer dies erkennen konnte. Ob diese Voraussetzungen vorliegen, möchte der *BGH* aus den jeweiligen konkreten, zwischen den Parteien bestehenden Vertragsbeziehungen abgeleitet wissen. Damit propagiert der *BGH* eine **einzelfallbezogene Problemlösung**[39], die es nur in begrenztem Maße erlaubt, abstrakte Wertungsvorgaben herauszuarbeiten, weshalb den nachfolgend dargestellten Wertungsvorgaben eine umfassende Rechtsprechungsübersicht zu diesem Problemkreis hinten angefügt wird.

1217   Grundsätzlich müssen in die anzustellenden Überlegungen die Kriterien der **IT-Erfahrung des Kunden**, die **Fachkenntnis des Softwarelieferanten** und das hieraus folgende **Kenntnisgefälle im Fachwissen** sowie das **Vertrauen des Kunden** in die Kenntnisse des Lieferanten einbezogen werden[40], wobei die Relevanz des letztgenannten Kriteriums bereits aus der Überlegung folgt, dass es sich beim Rechtsinstitut der culpa in contrahendo um eine Haftung für „enttäuschtes" Vertrauen handelt. Das *OLG Frankfurt*[41] möchte auch berücksichtigen, ob es sich um einen Vertrag im Fernabsatz mit einem Verbraucher handelt, weil dieser dann nach § 321c Abs. 1 BGB, Art. 246 § 1 Abs. 1 Nr. 4 EGBGB über die wesentlichen Merkmale der Ware oder Dienstleistung unterrichtet werden müsse. Ob dies allerdings eine verschärfte Aufklärungspflicht beim Softwaredownload begründet, erscheint zweifelhaft.

1218   Anders als bei der Beurteilung der Zulässigkeit Allgemeiner Geschäftsbedingungen ist es daher im Rahmen der hier anzustellenden Überlegungen grundsätzlich gleichgültig, ob es sich beim Softwareanwender um einen **Unternehmer** oder einen **Verbraucher** handelt[42], weil auch Unternehmer Laien-Anwender sein können, wäh-

---

[37] *Hörl* S. 50 propagiert eine Einteilung in vier Fallgruppen, die unterlassene Aufklärung („Nichtaufklärung"), die fehlerhafte Aufklärung („Falschaufklärung"), die unterlassene Beratung („Nichtberatung") und die fehlerhafte Beratung („Falschberatung"). Wie hier aber wohl *Schuster/Hunzinger* CR 2015, 209, 210.

[38] Vgl. für einen Softwarekauf *OLG Frankfurt*, 15.5.2012, 11 U 86/11, CR 2012, 739, 740 unter Berufung auf die nicht softwarespezifische Entscheidung des *BGH,* 14.3.2003, V ZR 308/02, NJW 2003, 1811, 1812.

[39] Vgl. allgemein *BGH*, 16.6.2004, VIII ZR 303/03, NJW 2004, 2301, 2302 „Umstände des Einzelfalls".

[40] Vgl. *Schuster/Hunzinger* CR 2015, 209, 211; ferner auch *Kluth/Böckmann/Grün* MDR 2003, 241, 243 f., die auf den Beratungsbedarf, die Möglichkeit zur Information sowie den sog. Funktionskreis im Sinne einer Funktionsbestimmung der Beratung innerhalb einer Vertragsbeziehung abstellen wollen.

[41] Vgl. *OLG Frankfurt*, 15.5.2012, 11 U 86/11, CR 2012, 739, 740.

[42] A. A. wohl *OLG Frankfurt*, 15.5.2012, 11 U 86/11, CR 2012, 739, 740.

rend ein Privatanwender durchaus IT-Spezialist sein und im Einzelfall[43] sogar einen Wissensvorsprung gegenüber dem Softwarelieferanten haben kann[44]. Letzteres kann insbesondere dann der Fall sein, wenn der Anwender die Software nicht direkt beim Hersteller erwirbt, sondern ein Händler zwischengeschaltet ist, der nicht alle Details sämtlicher der von ihm vertriebenen Softwareprodukte kennen kann[45]. Eine besondere Sachkunde des Käufers liegt aber grundsätzlich auch dann vor, wenn dieser über eine eigene IT-Abteilung verfügt[46]. Diese Überlegungen zur Sachkunde führen darüber hinaus zu der Einsicht, dass auch zwischen den verschiedenen Formen des Softwarehandels zu unterscheiden ist, denn nicht nur wird ein spezialisierter **Fachhändler** einen höheren Kenntnisstand vorzuweisen haben als ein **Kaufhausbetreiber** und seine Angestellten, sondern auch das schützenswerte Vertrauen des Kunden ist unterschiedlich hoch zu bewerten, je nachdem ob er seine Software im Fachhandel oder im nichtspezialisierten Kaufhaus erwirbt[47]. Zu Recht geht daher das *OLG* Hamm[48] davon aus, dass ein Kunde von einem PC-Discountgeschäft keine umfangreiche Beratung erwarten darf, sodass Ansprüche aus c.i.c. wegen schuldhafter Falschberatung regelmäßig nicht in Betracht kommen.

Einfluss auf das berechtigte Vertrauen des Kunden in die Fachkenntnisse des Softwarelieferanten kann insbesondere auch dessen **Auftreten im Geschäftsverkehr** haben, sei es in der Werbung oder im konkreten Verkaufsgespräch. Ein Softwarehändler, der sich selbst als IT-Spezialist bezeichnet und dadurch hohe Kundenerwartungen an seine Fachkenntnisse hervorruft, muss sich daher an seinen eigenen ausdrücklichen oder unausgesprochenen Versprechungen festhalten lassen. Fehlen einem Softwarelieferanten die erforderlichen Kenntnisse und sei es auch nur im Hinblick auf den vom Anwender angestrebten Verwendungszweck, muss er unter Umständen auf seinen eigenen Kenntnismangel hinweisen und den Kunden an einen anderen Berater verweisen. Dies wird etwa in dem Fall erforderlich sein, in dem ein offensichtlich IT-unerfahrener Kunde gezielt einen Fachhändler aufsucht und dieser aber den vom Kunden angestrebten Verwendungszweck nicht in hinreichendem Maße überschauen und beurteilen kann. Gegebenenfalls hat der Softwarelieferant die Bedürfnisse des Laien-Anwenders sogar von sich aus zu erforschen[49], jedoch wird dies nur in Ausnahmefällen verlangt werden können, etwa wenn der Laien-Anwender ein besonderes Fachunternehmen aufsucht und in dessen Kenntnisse in begründeter Weise besonders großes Vertrauen hat. In der Regel ist es aber dem Softwarelieferanten nicht zuzumuten, sich eingehend über die Bedürfnisse des Anwenders zu informieren[50]. Einen Kunden, der sich bereits anderweitig beraten lassen hat und mit einem fertigen Konzept und festen Vorstellungen zum Verkäufer

1219

---

[43] Zu Recht unterstellt aber das *OLG Hamm*, 14.2.2000, 13 U 196/99, NJW-RR 2000, 1224 für den Regelfall, dass ein IT-Anbieter über ein größeres Know-how und eine umfangreichere Erfahrung im IT-Bereich verfügt als der Anwender.
[44] Vgl. *Hörl* S. 205. *Schuster/Hunzinger* CR 2015, 209, 211. Lediglich im Hinblick auf die Beurteilung der Rentabilität eines IT-Einsatzes können unter Umständen an einen Kaufmann erhöhte Anforderungen gestellt werden.
[45] Nicht softwarespezifisch *BGH*, 16.6.2004, VIII ZR 303/03, NJW 2004, 2301, 2302.
[46] Vgl. *OLG Köln*, 29.7.2005, 19 U 4/05, BeckRS 2005, 10355.
[47] Vgl. *OLG Schleswig*, 3.6.2016, 17 U 49/15, CR 2017, 83, 85; nicht softwarespezifisch *BGH*, 16.6.2004, VIII ZR 303/03, NJW 2004, 2301, 2302.
[48] Vgl. *OLG Hamm*, 13.1.1997, 13 U 104/96, CR 1997, 691 (Ls.).
[49] Vgl. *LG Saarbrücken*, 28.6.1984, 7 O 18/80 IV, DV-Rechtsprechung Bd. 3 S. 285, 286.
[50] Vgl. *KG Berlin*, 4.11.2010, 2 U 116/05, MMR 2010, 168, 169; *Bächler* S. 60; *Schuster/Hunzinger* CR 2015, 209, 214.

kommt, muss dieser aber nicht darauf hinweisen, dass möglicherweise preiswertere Lösungen existieren[51].

1220 Verlässt sich demgegenüber der Softwarelieferant bei seiner Auskunftserteilung auf Angaben, die er selbst von einem Dritten erhalten hat, und gibt er diese lediglich weiter, ohne sie zu überprüfen, verletzt er unter Umständen seine Verpflichtung zur gewissenhaften und sorgfältigen Auskunftserteilung. Es kann im Einzelfall geboten sein, die **Angaben eines Dritten** nicht ungeprüft weiterzugeben[52]. Bei der Beurteilung der Notwendigkeit einer solchen Überprüfung ist darauf abzustellen, wieweit das schutzwürdige Vertrauen des Anwenders auf die Richtigkeit der Information reicht und welche Nachforschungen er daher redlicherweise von dem Auskunft gebenden Softwarelieferanten verlangen kann[53].

1221 Sofern die Vertragsverhandlungen von einem **Vertreter** geführt werden, richtet sich der Schadensersatzanspruch gem. §§ 280 Abs. 1, 311 Abs. 2, 241 Abs. 2 BGB wegen culpa in contrahendo gem. § 278 BGB **grundsätzlich gegen den Vertretenen** und nicht gegen den Vertreter[54]. Eine Inanspruchnahme besonderen persönlichen Vertrauens, die gem. § 311 Abs. 3 S. 2 BGB eine hiervon abweichende persönliche **Haftung des Vertreters** zu begründen vermag, liegt nicht schon dann vor, wenn der Vertreter über die im Rahmen seiner Tätigkeit notwendige Sachkunde verfügt und auf diese Sachkunde ausdrücklich hinweist[55]. Dem steht entgegen, dass der Vertreter dadurch kein weiteres Vertrauen erweckt als das, sein Geschäftsherr habe einen sachkundigen Vertreter eingesetzt, was der Vertragspartner aber ohnehin erwarten kann. Die Annahme einer persönlichen Haftung des Vertreters ist daher erst dann gerechtfertigt, wenn der Vertreter nicht nur auf seine **besondere Sachkunde** verweist, sondern bei dem Kunden in zurechenbarer Weise den Eindruck erweckt, er werde persönlich mit seiner Sachkunde die ordnungsgemäße Abwicklung des Rechtsgeschäfts selbst für den Fall gewährleisten, dass der Kunde dem Geschäftsherrn nicht oder nur wenig vertraut oder sich sein Verhandlungsvertrauen als nicht gerechtfertigt erweisen sollte[56].

1222 Gegebenenfalls ist der Anwender auch auf gewisse für ihn problematische Eigenschaften des erworbenen Programms hinzuweisen. So hat etwa das *OLG Frankfurt*[57] den Anbieter eines Filesharing-Programms für verpflichtet gehalten, darauf hinzuweisen, dass das Programm heruntergeladene Daten in einem Ordner ablegt, der automatisch und ohne weiteres Zutun des Anwenders als Upload-Ordner für ein Peer-to-Peer Netzwerk dient. Auf das Problem, dass hierin in aller Regel rechtswidriges öffentliches Zugänglichmachen im Sinne der §§ 69c Nr. 4 19a UrhG liegt, müsse der Anbieter hinweisen. Dies gilt nach Auffassung des *OLG Frankfurt* auch bei Berücksichtigung des Gedankens, dass ein Verkäufer nicht auf jedwede Möglichkeit rechtswidriger Verwendung des Vertragsgegenstands hinweisen müsse.

---

[51] Vgl. *OLG Köln*, 8.1.1993, 19 U 187/92, CR 1993, 563, 564.
[52] Vgl. *BGH*, 28.3.1990, VIII ZR 169/89, NJW 1990, 1659, 1660; *BGH*, 22.3.1979, VII ZR 259/77, NJW 1979, 1449, 1451; *BGH*, 8.2.1978, VIII ZR 20/77, NJW 1978, 997, 998.
[53] Vgl. *BGH*, 28.3.1990, VIII ZR 169/89, NJW 1990, 1659, 1660; *BGH*, 6.11.1974, VIII ZR 207/72, WM 1974, 1224, 1226.
[54] Vgl. *BGH*, 3.4.1990, XI ZR 206/88, NJW 1990, 1907, 1908; *LG München I*, 22.2.1977, 10 O 12140/76, DV-Rechtsprechung Bd. 1 S. 43, 45; *Palandt/Grüneberg* § 311 Rdn. 60.
[55] Vgl. *BGH*, 3.4.1990, XI ZR 206/88, NJW 1990, 1907, 1908.
[56] Vgl. *BGH*, 24.5.2005, IX ZR 114/01, NJW-RR 2005, 1137, 1138.
[57] Vgl. *OLG Frankfurt*, 15.5.2012, 11 U 86/11, CR 2012, 739, 740.

bb) Die Pflicht zur erbetenen Beratung

Anders als bei der eigeninitiativen Aufklärungspflicht des Verkäufers, die ohne ein besonderes Zutun des Kunden eingreift, trifft den Softwarelieferanten die hier angesprochene fremdinitiierte Aufklärungspflicht nur dann, wenn der Anwender den Softwarelieferanten nach einer Auskunft fragt oder eine Beratung erbittet. Hier ist danach zu unterscheiden, ob die Parteien einen **selbstständigen Beratungsvertrag** schließen, bei dem die Beratung und Auskunftserteilung die Hauptleistungspflicht des Verkäufers darstellen und gegebenenfalls eine Haftung gem. § 280 Abs. 1 BGB wegen einer Schlechterfüllung der Leistungspflicht eingreift, oder ob die erbetene Beratung lediglich im Rahmen des durch die Vertragsanbahnung entstandenen geschäftlichen Kontakts und dem daraus entstandenen **vertragsähnlichen Vertrauensverhältnis** geleistet werden muss.

(1) Der Abschluss eines selbstständigen Beratungsvertrags

Schrifttum: *Intveen*, Rahmenberatungsverträge mit Softwareunternehmen. Rechtsnatur, Vertragsgegenstand, Ausgestaltung, ITRB 2009, 67 ff.

Keine Schwierigkeiten entstehen dann, wenn die Parteien einen Beratungsvertrag (§§ 311 Abs. 1, 675 Abs. 2 BGB) ausdrücklich vereinbaren, was aber innerhalb kaufrechtlicher Beziehungen nur selten geschieht[58]. Möglich und in der Praxis weit häufiger ist auch ein **konkludenter Vertragsabschluss,** jedoch ist bei der Annahme eines konkludent geschlossenen Beratungsvertrags Zurückhaltung geboten[59]. Allein aus der Tatsache der Beratung oder Auskunftserteilung kann ein rechtsgeschäftlicher Erklärungswille nicht gefolgert werden[60], was in § 675 Abs. 2 BGB deutlich zum Ausdruck gebracht wird, demzufolge bei einem Rat oder einer Empfehlung vorbehaltlich besonderer vertragsrechtlicher oder deliktsrechtlicher Verantwortlichkeit grundsätzlich keine Haftung des Raterteilenden eingreift. Darüber hinaus ist zu berücksichtigen, dass eine beratende Tätigkeit des Verkäufers in der Regel lediglich als Teil seiner Absatzbemühungen zu qualifizieren ist, dem keine selbstständige Qualität zukommt[61].

Nach ständiger Rechtsprechung des *BGH*[62], der auch das Schrifttum im Wesentlichen zustimmt[63], ist der stillschweigende Abschluss eines Auskunftsvertrags dann anzunehmen, wenn die Auskunft für den Beratenen erkennbar von **erheblicher Bedeutung** ist und dieser sie zur **Grundlage wesentlicher Entschlüsse** machen möchte. Dabei ist insbesondere eine besondere Sachkunde des Auskunftgebers oder ein gegebenenfalls vorhandenes wirtschaftliches Interesse zu berücksichtigen, jedoch stellen die genannten Beurteilungskriterien lediglich Indizien dar, denen zwar bei der Würdigung der gesamten Gegebenheiten des konkreten Einzelfalls eine erhebliche, aber keine allein ausschlaggebende Bedeutung zukommt. Für die Annahme eines konkludent geschlossenen Beratungsvertrags ist vielmehr entscheidend darauf abzustellen, ob von den Gesamtumständen des geschäftlichen Kontakts unter Berücksichtigung der Verkehrsauffassung und des Verkehrsbedürfnisses darauf geschlossen werden kann, dass beide Vertragsparteien nach dem objektiven Inhalt ihrer Erklärungen die Auskunft zum Gegenstand vertraglicher Rechte und Pflichten erhoben

---

[58] Vgl. *BGH*, 27.6.2001, VIII ZR 227/00, NJW 2001, 2630, 2632; *Schuster/Hunzinger* CR 2015, 209, 212 f.
[59] Vgl. *BGH*, 16.6.2004, VIII ZR 303/03, NJW 2004, 2301, 2302 „enge Voraussetzungen".
[60] Vgl. *Palandt/Sprau* § 675 Rdn. 33.
[61] Vgl. *BGH*, 23.7.1997, VIII ZR 238/96, NJW 1997, 3227, 3229 m.w.N.
[62] Vgl. *BGH*, 18.12.2008, IX ZR 12/05, NJW 2009, 1141, 1142 Tz. 10.
[63] Vgl. nur *Palandt/Sprau* § 675 Rdn. 32 ff.; *Schuster/Hunzinger* CR 2015, 209, 212 f.

haben⁶⁴. Im Verhältnis zwischen Verkäufer und Käufer fordert der *BGH*, dass sich die beratende Tätigkeit des Verkäufers nach **Inhalt, Umfang, Intensität und Bedeutung** für den Käufer so verselbstständigt hat, dass sie gewissermaßen als andersartige, auf eigener rechtlicher und tatsächlicher Grundlage beruhende Aufgabe des Verkäufers erscheint und daher als vertragliche Verpflichtung eigener Art neben dem Kaufvertrag steht⁶⁵.

1226 Sofern die Parteien einen selbstständigen Beratungsvertrag geschlossen haben, ist dieser im Falle der **Entgeltlichkeit** grundsätzlich als Dienst- oder Werkvertrag zu qualifizieren und im Falle der **Unentgeltlichkeit** als Auftrag gem. § 662 BGB⁶⁶. Bei einem als Auftrag einzuordnenden Beratungsvertrag unterliegen die gegebenenfalls entstehenden Ansprüche des Beratenen wegen einer Pflichtverletzung gem. §§ 280 Abs. 1, 241 Abs. 2 BGB der Regelverjährung des § 195 BGB⁶⁷.

(2) Die aus dem vertragsähnlichen Vertrauensverhältnis herzuleitenden Beratungspflichten

1227 Eine **unselbstständige Aufklärungspflicht** kann dann entstehen, wenn der Anwender den Softwarelieferanten in den Verkaufsverhandlungen nach einer Auskunft fragt oder eine Beratung erbittet, wobei beides nicht notwendigerweise ausdrücklich geschehen muss, sondern auch durch konkludentes Verhalten erfolgen kann. Indem der Anwender den Lieferanten um Beratung bittet, gibt er zugleich zu erkennen, dass er vom Lieferanten einen Wissensvorsprung erwartet und auf die von ihm beim Händler vermutete Fachkenntnis in zumindest gewissem Umfang vertraut. Damit liegt bei der erbetenen Beratung ein Indiz für ein besonderes Vertrauen des Kunden in die Fachkenntnis des Lieferanten vor, das dazu benutzt werden kann, weiterreichende Anforderungen an den Umfang, den Inhalt und die Sorgfalt der Auskunftserteilung zu stellen als bei der oben behandelten eigeninitiativen Aufklärungspflicht.

1228 Wenngleich der *BGH* bei der vom Käufer gewünschten Kaufberatung von einer vom Verkäufer übernommenen Nebenpflicht des Kaufvertrags spricht⁶⁸, ist dies insoweit unzutreffend, als diese Beratung bereits vor Vertragsabschluss erfolgt. Eine bereits vor Vertragsabschluss bestehende vertragliche Nebenpflicht existiert jedoch nicht. Vielmehr handelt es sich hier um eine dem durch den geschäftlichen Kontakt begründeten **vertragsähnlichen Vertrauensverhältnis** zu entnehmende Verpflichtung des potentiellen Softwarelieferanten. Ob es letztendlich zu einem Vertragsabschluss kommt, ist unerheblich. Im Ergebnis ist jedoch dem *BGH* uneingeschränkt zuzustimmen, wenn er in den Fällen, in denen der Verkäufer im Rahmen eingehender Vertragsverhandlungen und auf Befragen des Käufers jeweils einen ausdrücklichen Rat erteilt, bei fahrlässig falscher Auskunfts- oder Ratserteilung eine Schadensersatzpflicht nach §§ 280 Abs. 1, 311 Abs. 2, 241 Abs. 2 BGB in Gestalt einer culpa in contrahendo annimmt⁶⁹. Bei einer vom Kunden gewünschten Beratung obliegt es dem Softwarelieferanten, eine Auskunftserteilung ausdrücklich abzulehnen, wenn er keine Auskunft erteilen will oder kann.

---

⁶⁴ Vgl. *BGH*, 18.12.2008, IX ZR 12/05, NJW 2009, 1141, 1142 Tz. 11; *Palandt/Sprau* § 675 Rdn. 36.
⁶⁵ Vgl. *BGH*, 8.10.2004, V ZR 18/04, NJW 2005, 820, 821; *BGH*, 16.6.2004, VIII ZR 258/03, MDR 2004, 1174.
⁶⁶ Vgl. *BGH*, 11.3.1999, III ZR 292/97, NJW 1999, 1540, 1541; *Palandt/Sprau* § 675 Rdn. 35.
⁶⁷ Vgl. *Palandt/Sprau* § 675 Rdn. 43.
⁶⁸ Vgl. *BGH*, 16.6.2004, VIII ZR 303/03, NJW 2004, 2301, 2302; so auch *Palandt/Sprau* § 675 Rdn. 45; *Kluth/Böckmann/Grün* MDR 2003, 241, 246.
⁶⁹ Vgl. *BGH*, 16.6.2004, VIII ZR 303/03, NJW 2004, 2301, 2302; so auch *Schuster/Hunzinger* CR 2015, 209.

Der Rat oder die Auskunft sind **gewissenhaft** und **vollständig** zu erteilen, sodass den Softwarelieferanten eine Erkundigungspflicht über den geplanten Verwendungszweck und sonstige Einzelheiten trifft, sofern deren Kenntnis für eine gewissenhafte und vollständige Beratung notwendig ist. Diese Erkundigungspflicht geht jedoch grundsätzlich nicht so weit, die diesbezüglichen Angaben des Kunden auf ihre Richtigkeit hin zu überprüfen. Eine Ausnahme von diesem Grundsatz wird man nur für die Fälle machen müssen, in denen die Unrichtigkeit der Kundenangaben oder Kundenvorstellungen offensichtlich ist, was etwa dann der Fall ist, wenn der Kunde EDV-Begriffe verwendet und ihnen hierbei eine offensichtlich unzutreffende Bedeutung beimisst. 1229

Ein **Verschulden des Vertreters**, etwa eines Angestellten, muss sich der Vertretene nach § 278 BGB zurechnen lassen[70]. Gegebenenfalls kommt auch hier über § 311 Abs. 3 BGB eine **Eigenhaftung des Vertreters** in Betracht. Diesbezüglich gelten gleichfalls die bei der eigeninitiativen Auskunftspflicht gemachten Darlegungen. 1230

cc) Einzelfälle aus der Rechtsprechung

Bei der Beurteilung des Bestehens oder Nichtbestehens einer Aufklärungspflicht sind die jeweiligen **Besonderheiten des Einzelfalls** zu würdigen, worauf bereits hingewiesen wurde. Aus diesem Grunde werden nachfolgend die bislang ergangenen Gerichtsentscheidungen zu diesem Problemkreis wiedergegeben, um durch die Angabe von Parallelfällen Anknüpfungspunkte für neue Sachverhalte zu liefern. Hierbei wird nicht nur auf das Fallmaterial zur Softwareüberlassung, sondern auch auf entsprechende Entscheidungen zum Hardwarekauf zurückgegriffen, weil die Interessenlagen im Hinblick auf die Notwendigkeit einer Beratung des Kunden deckungsgleich sind. Soweit auch ältere Urteile aufgeführt werden, sind deren Grundgedanken trotz der technologischen Weiterentwicklung auf aktuelle Fälle übertragbar. 1231

In seiner für die Verletzung von Beratungspflichten bei IT-Anschaffungen allgemein als grundlegend angesehenen Entscheidung hat der *BGH*[71] ausgeführt: 1232

„Nach der Darstellung der Kl. hat die fehlerhafte Beratung durch die Bekl. dazu geführt, dass sie sich zur Anschaffung einer EDV-Anlage entschlossen hat, die für die Bewältigung der innerbetrieblichen Aufgaben in der Finanzbuchhaltung und Lagerhaltung **unterdimensioniert** und damit für den Vertragszweck nicht hinreichend geeignet ist. Dass die Beratung des Kunden vor der Anschaffung einer EDV-Anlage, mit deren Hilfe Betriebsabteilungen und Arbeitsabläufe umorganisiert und rationalisiert werden sollen, ein erhebliches Maß an Umsicht und Gewissenhaftigkeit erfordert, liegt, wie der vorliegende Fall zeigt, an der Aufgabenstellung. Das unterstreicht aber gerade, dass es Sinn und Zweck der Beratung ist, dem Kunden eine für den Anschaffungszweck geeignete Anlage anzudienen."

Bereits zuvor hatte der *BGH*[72] zur Frage wie folgt Stellung genommen, ob der Verkäufer eines Computersystems, der bei den Vertragsverhandlungen auf der Grundlage seines **Listenpreises** einen Nachlass von 30 Prozent gewährte, verpflichtet ist, dem Käufer eine nach Abschluss der Vertragsverhandlungen, aber vor Unterzeichnung des Vertrags erfolgte erhebliche Senkung des Herstellerlistenpreises mitzuteilen: 1233

„Eine entsprechende Aufklärungspflicht der Bekl. hätte jedoch nur bestanden, wenn diese Erwartung für den Kaufentschluss des Kl. nicht nur mitentscheidend, sondern ihre motivierende Kraft für die Bekl. erkennbar gewesen wäre. Angesichts des Umstandes, dass der vereinbarte Preis jedenfalls

---

[70] Vgl. *BGH,* 16.6.2004, VIII ZR 303/03, NJW 2004, 2301, 2302.
[71] Vgl. *BGH,* 6.6.1984, VIII ZR 83/83, NJW 1984, 2938, 2939.
[72] Vgl. *BGH,* 13.7.1983, VIII ZR 142/82, NJW 1983, 2493, 2494.

dem **Marktwert des Computers** entsprach und der **Herstellerlistenpreis** nach den nicht angegriffenen Feststellungen des BerGer. nicht Gegenstand der Vertragsverhandlungen war, bestand für die Bekl. daher keine aus dem Grundsatz von Treu und Glauben ableitbare Verpflichtung, dem Kl. ihre Kalkulation zu offenbaren und ihn über die Marktverhältnisse, insbesondere darüber aufzuklären, dass der Hersteller seine Listenpreise gesenkt hatte und es ihr so wirtschaftlich leichter fiel, den ihrerseits angebotenen Preis zu halten."

1234 Das *KG Berlin*[73] führte zur Ausklärungspflicht bei einem Vertrag zur Installation von Software aus:

„Die Bekl. war nicht verpflichtet, die Kl. darauf hinzuweisen, dass die von ihr installierte Zeiterfassungssoftware nicht mit dem Betriebssystem D. 2001 harmoniert. Denn die Bekl. hatte nur Gewähr dafür zu leisten, dass ihre Zeiterfassungssoftware D. 3.5 harmonierte, nicht aber mit irgendwelchen anderen Versionen von D. Die Bekl. war grundsätzlich nicht verpflichtet, die Kl. darauf hinzuweisen, dass sie nach Gesetz und Vertrag keine Gewähr für bestimmte Umstände zu leisten hat. Denn im Ausgangspunkt ist jede Vertragspartei selbst dafür verantwortlich, sich Kenntnis vom Inhalt gesetzlicher Vorschriften und vertraglicher Vereinbarung zu verschaffen. Zudem würden andernfalls die gesetzlich und ggf. vertraglich geregelten Grenzen von Gewährleistungspflichten auf dem Umwege der Aufklärungspflichtverletzung unterlaufen und die Gewährleistungspflichten im Ergebnis uferlos ausgeweitet. Zwar mögen ausnahmsweise Aufklärungspflichten über den Umfang der Gewährleistungspflichten in Betracht kommen, wenn die Gesetzes- und Vertragslage für die eine Vertragsgegenseite erkennbar unklar ist und die andere Vertragsseite über ein besseres Wissen verfügt. Eine derartige Situation war jedoch vorliegend nicht gegeben.

Die Bekl. war auch nicht verpflichtet, die Schnittstelle der klägerischen EDV daraufhin zu untersuchen, ob sie dem Standard des D 3.5 entsprach, und die Kl. – nach erfolgter Untersuchung – darauf hinzuweisen, dass tatsächlich D. 2001 installiert war und diese D.-Version mit der zu installierenden Zeiterfassungssoftware ggf. nicht harmonieren würde. Denn es gehörte zu den Voraussetzungen auf der Klägerseite, dass die Schnittstelle dem Standard des D. 3.5 entspricht."

1235 Das *OLG Frankfurt*[74] berücksichtigte bei der Bestimmung der Aufklärungspflicht des Softwarelieferanten ebenfalls die **besondere Sachkunde des Bestellers.** Hierzu führte es aus:

„Beide Kläger sind Diplomingenieure. Sie bewegten sich mit dem Projekt auf ihrem Fachgebiet der Schwingungstechnik und Materialprüfung in der Metallurgie und brachten somit einen **hohen Sachverstand** ein. Wie die Spezifikationen augenscheinlich zeigen und der Sachverständige bestätigt hat, machten sie für die Arbeit des Beklagten enge technische Vorgaben und gaben an, wann, wo und wie gemessen werden sollte. Alle Vorgaben, insbesondere auch die im maschinellen Bereich, waren, so der Sachverständige, in sich sinnvoll. Auf ihrer Suche nach einem Programmierer wandten sich die Kläger nicht etwa an in Programmentwicklungen **erfahrene Firmen**, sondern an die studentische Zeitarbeitsvermittlung mit der Bitte um Vermittlung eines Aushilfsprogrammierers. Vor diesem Hintergrund musste sich dem Beklagten nicht die Vermutung aufdrängen, die Kläger würden sich ihm über den eigentlichen Auftrag hinaus anvertrauen und erwarten, er werde ihre technischen Vorgaben daraufhin überprüfen, ob sie sachgerecht seien."

1236 Das *OLG Frankfurt*[75] führte zur Aufklärungspflicht beim Erwerb eines Filesharing-Programms aus:

„Der Anbieter muss den Käufer darauf hinweisen, dass mit dem Programm nicht nur Dateien aus dem Peer-to-Peer Netzwerk heruntergeladen werden können, sondern dass alle in dem Ordner „My Downloads" enthaltenen Dateien (in welchem die heruntergeladenen Dateien gespeichert werden) automatisch ohne weiteres Zutun des Nutzers auch zum Upload in das Peer-to-Peer Netzwerk zur Verfügung stehen. Dem Begriff des „Filesharing" lässt sich zwar entnehmen, dass damit die Möglichkeit einer Zurverfügungstellung gegeben ist, er besagt aber per se noch nicht, dass das „Sharing" ohne weiteres eigenes Zutun erfolgt. Dies war schon deshalb für den beklagten Anwender von Bedeutung, weil im Falle von urheberrechtlich geschützten Dateien beim Download für den privaten

---

[73] Vgl. *KG Berlin*, 4.11.2010, 2 U 116/05, MMR 2011, 168, 169.
[74] Vgl. *OLG Frankfurt*, 15.6.1988, 13 U 151/87, CR 1990, 127, 130.
[75] Vgl. *OLG Frankfurt*, 15.5.2012, 11 U 86/11, CR 2012, 739, 740.

Gebrauch (den die Bekl. willentlich durchführte) eine Privilegierung nach § 53 Abs. 1 UrhG in Betracht kommt, während die Zurverfügungstellung an Dritte (die ohne Wissen und Willen der Bekl. stattfand) ein in aller Regel rechtswidriges öffentliches Zugänglichmachen i. S. d. § 19a UrhG darstellt."

In einem Urteil aus dem Jahre 2007 führte das *OLG Hamm*[76] aus: 1237

„Als **Fachfirma** für Datenaustausch-Software oblag es der Klägerin, bereits bei Abschluss des Werkvertrags festzustellen, ob sämtliche Voraussetzungen für die erfolgreiche Umsetzung der ins Auge gefassten EDI-Lösung vorhanden waren. Hierzu gehörte insbesondere die Überprüfung der **Kompatibilität** der zu verbindenden Warenwirtschaftssysteme."

In einem Urteil aus dem Jahre 2005 führte das *OLG Köln*[77] im Rahmen der Würdigung eines Projekts zur Entwicklung von Individualsoftware aus: 1238

„Insoweit ist zu berücksichtigen, dass die Intensität der Beratungspflicht der Bekl. hier auch dadurch von vornherein begrenzt war, dass die Kl. unstreitig über eine eigene IT-Abteilung verfügte sowie auf Grund ihrer Erfahrung mit der EDV eines anderen Anbieters und der beabsichtigten Modernisierung ihres EDV-Systems genaue Vorstellungen über die von ihr benötigte Software hatte. Die Kl. war damit zumindest ein in der Anwendung der EDV erfahrener Laie, von dem die Bekl. hinreichend präzise Angabe darüber, welche Leistungen die Anlage in bestimmten Punkten erbringen sollte, erwarten konnte."

Das *AG Lichtenberg*[78] ist im Hinblick auf den Kauf eines Smartphones folgender Auffassung: 1239

„Die Beklagte hatte keine Pflicht, die Klägern ungefragt darüber aufzuklären, dass das erworbene Smartphone sich selbstständig bei Benutzung einer internetfähigen SIM-Karte ins Internet einwählen kann und dadurch **zusätzliche Kosten** verursacht werden können. Die Klägerin hätte sich – sofern ihr selbst die entsprechenden Kenntnisse fehlten – sachkundig machen müssen, dass ein internetfähiges Handy sich bei Benutzung mit einer internetfähigen SIM-Karte eigenständig mit dem Internet verbinden kann. Insoweit war sie im Rahmen der Privatautonomie selbst dafür verantwortlich, ihre Interessen wahrzunehmen und sich die für sie relevanten Informationen zu beschaffen. Die Beklagte hat der Klägerin nur das Mobiltelefon als solches ohne einen Mobilfunkvertrag verkauft. Sie hatte keinerlei Kenntnis davon, welchen Mobilfunkvertrag die Klägerin hat und ist hierüber auch nicht von der Klägerin informiert worden. Eine Aufklärung darüber, welche Kosten der von der Klägerin bereits vor dem Kauf des Telefons abgeschlossene Mobilfunkvertrag verursachen könnte, wäre der Beklagten auch nicht möglich gewesen, da die Klägerin den Mobilfunkvertrag mit einer Konkurrentin der Beklagten abgeschlossen hatte. Lediglich in den Fällen, in denen mit dem Kauf eines Mobiltelefons **gleichzeitig ein Mobilfunkvertrag** abgeschlossen wird, also Personenidentität zwischen Verkäufer und Mobilfunkanbieter besteht, muss der Verkäufer auf die möglichen Kostenfolgen für die mögliche Herstellung von Internetverbindungen hinweisen. Der den Kaufvertrag abwickelnde Mitarbeiter der Beklagten musste auch nicht aufgrund besonderer Umstände ausnahmsweise von einer **besonderen Schutzwürdigkeit** der Klägerin ausgehen. Die Klägerin ist 28 Jahre alt und kann mit Handys und dem Internet umgehen. Insoweit bestand für den Verkäufer kein sichtbarer Anlass, die Klägerin über einen bestehenden Mobilfunkvertrag zu befragen."

Das *OLG Naumburg*[79] führt zur Auskunftspflicht beim Abschluss eines sogenannten Internet-System-Vertrags, in dem sich der Kunde u. a. eine individuelle Internetpräsenz gestalten ließ, aus: 1240

„Sowohl die Laufzeit als auch die Höhe des Werklohns sind für den Kunden von ausschlaggebender Bedeutung. Doch kann der Kunde eine Aufklärung redlicher Weise nur verlangen, wenn er im Rahmen seiner **Eigenverantwortung** nicht gehalten ist, sich selbst über diese Umstände zu informieren. Es kann erwartet werden, dass der Kunde sich vor der Unterzeichnung den Vertragstext

---

[76] Vgl. *OLG Hamm*, 8.8.2007, 12 U 26/07, CR 2008, 77, 78.
[77] Vgl. *OLG Köln*, 29.7.2005, 19 U 4/05, BeckRS 2005, 10355.
[78] Vgl. *AG Lichtenberg*, 24.11.2011, 110 C 239/11, MMR 2012, 232.
[79] Vgl. *OLG Naumburg*, 24.4.2014, 2 U 28/13, MMR 2014, 809.

nebst AGB durchliest, insbesondere, wenn sich dieses Schriftstück auf einen Umfang von zwei Seiten beschränkt."

1241 In einer weiteren Entscheidung führte das *OLG Schleswig*[80] aus:

„Es ist Sache des Fachunternehmers, den – zumeist weniger fachkundigen – Kunden auf die sich bei Nutzung erworbener Software für den Betrieb des Auftraggebers ergebenden Konsequenzen und damit die konkrete Tauglichkeit des Produkts hinzuweisen und sich hierzu entweder selbst ein Bild über die zu bewältigenden innerbetrieblichen Aufgaben zu machen oder den Auftraggeber auf die Notwendigkeit anderweitiger Beratung hinzuweisen. Umso mehr muss dies gelten, wenn der Fachunternehmer tatsächlich Beratungsleistungen erbringt."

c) Rechtsfolgen einer Verletzung der Aufklärungs- und Beratungspflicht

aa) Haftungsumfang

1242 Sofern der Softwarelieferant die ihn treffende eigeninitiative oder fremdinitiierte Auskunftspflicht schuldhaft verletzt, steht dem Anwender ein **Schadensersatzanspruch** zu. Dieser geht nach dem allgemein gültigen Grundsatz des § 249 S. 1 BGB dahin, dass der Softwareanwender verlangen kann, so gestellt zu werden, wie er ohne die Verletzung der Aufklärungspflicht durch den Softwarelieferanten stehen würde[81]. Der Anspruch geht daher in aller Regel auf Ersatz des sog. **negativen Interesses**, das jedoch betragsmäßig nicht durch das Erfüllungsinteresse begrenzt ist, sondern dieses im Einzelfall durchaus übersteigen kann[82]. Der in seinem Vertrauen enttäuschte Anwender ist so zu stellen, als hätte er den Vertrag nicht abgeschlossen[83]. Er kann daher zunächst **Rückgängigmachung des Vertrags** verlangen[84], wozu insbesondere die Verpflichtung des Softwarelieferanten zur Rückzahlung des Kaufpreises zählt[85]. Darüber hinaus umfasst der zu ersetzende Schaden aber auch die **Aufwendungen,** die infolge des schädigenden Ereignisses nutzlos geworden sind, weshalb der Anwender auch den Ersatz von Kredit- und Versicherungskosten, der gegebenenfalls angefallenen notwendigen Rechtsanwaltskosten[86], der entstandenen Fahrtkosten[87], sowie etwa auch der Kosten vergeblicher Dateneingaben[88] verlangen kann. Wird der Anwender von einem Dritten wegen einer illegalen Programmverwendung in Anspruch genommen, auf die er vom Softwarelieferanten hätte hingewiesen werden müssen, kann der Anwender die an den Dritten gezahlte **Schadensersatzleistung nebst Abmahnkosten** vom Lieferanten ersetzt verlangen[89].

1243 Da es sich bei dem aus §§ 280 Abs. 1, 311 Abs. 2, 241 Abs. 2 BGB folgenden Schadensersatzanspruch um einen regelmäßig auf den Ersatz des negativen Interesses gerichteten Anspruch handelt, ist **§ 284 BGB** nicht anwendbar[90]. In § 284 BGB ist zwar ebenfalls der Ersatz fehlgeschlagener Aufwendungen geregelt, aber nur

---

[80] Vgl. *OLG Schleswig*, 3.6.2016, 17 U 49/15, CR 2017, 83, 85.
[81] Vgl. *BGH*, 19.5.2006, V ZR 264/05, NJW 2006, 3139, 3141 Tz. 21; *OLG Schleswig*, 3.6.2016, 17 U 49/15, CR 2017, 83, 86; *Hörl* S. 455 f.
[82] Vgl. *BGH*, 6.4.2001, V ZR 394/99, NJW 2001, 2875, 2876; *BGH*, 24.6.1998, XII ZR 126/96, NJW 1998, 2900, 2901; *Palandt/Grüneberg* Vorbem. vor § 249 Rdn. 17.
[83] Vgl. *BGH*, 19.5.2006, V ZR 264/05, NJW 2006, 3139, 3141 Tz. 21; *OLG Schleswig*, 3.6.2016, 17 U 49/15, CR 2017, 83, 86.
[84] Vgl. *OLG Schleswig*, 3.6.2016, 17 U 49/15, CR 2017, 83, 86; *OLG Hamm*, 14.2.2000, 13 U 196/99, NJW-RR 2000, 1224.
[85] Vgl. *BGH*, 24.5.1993, II ZR 136/92, NJW 1993, 2107.
[86] Vgl. *Palandt/Grüneberg* § 311 Rdn. 55.
[87] Vgl. *LG Münster*, 13.2.1991, 1 S 383/90, CR 1991, 665, 666.
[88] Vgl. *LG Münster*, 13.2.1991, 1 S 383/90, CR 1991, 665, 666.
[89] Vgl. *OLG Frankfurt*, 15.5.2012, 11 U 86/11, CR 2012, 739, 740.
[90] Vgl. *Palandt/Grüneberg* § 284 Rdn. 2.

wenn der Gläubiger einen Schadensersatzanspruch statt der Leistung verlangen kann, also einen Anspruch hat, der auf den Ersatz des positiven Interesses gerichtet ist.

Neben den genannten Rechtsfolgen einer Pflichtverletzung gem. §§ 280 Abs. 1, 311 Abs. 2, 241 Abs. 2 BGB in Gestalt einer culpa in contrahendo ist auf eine neuere Entwicklung der Rechtsprechung hinzuweisen, die den Fall betrifft, dass der Käufer trotz der verletzten Aufklärungspflicht **am Vertrag festhalten** möchte und lediglich einen daneben bestehenden Schadensersatzanspruch geltend macht. Will der Käufer am Vertrag festhalten, so muss er nach Ansicht des *BGH* so behandelt werden, als wäre es ihm bei Kenntnis der wahren Sachlage gelungen, den Vertrag zu einem **günstigeren Preis** abzuschließen. Dabei soll es nicht auf den – hypothetischen und ohnehin kaum führbaren – Nachweis ankommen, ob sich auch der Vertragspartner damals mit einem Vertragsabschluss unter diesen geänderten Bedingungen einverstanden erklärt hätte. Entscheidend ist demnach allein, wie sich der geschädigte Softwareanwender bei Kenntnis der ihm verschwiegenen Umstände verhalten hätte. Bei Abschluss des Kaufvertrags durch einen nicht hinreichend aufgeklärten Käufer stellt deshalb nach mittlerweile wohl ständiger Rechtsprechung des *BGH* der Betrag einen ersatzfähigen Schaden dar, um den der Käufer im Vertrauen auf die Richtigkeit der Angaben des Verkäufers den Kaufgegenstand zu teuer erworben hat[91]. Wenngleich ein derart weiterentwickelter Schadensersatzanspruch mit den Grundgedanken des § 249 BGB wohl kaum noch zu vereinbaren ist, kann ihm in der Praxis eine durch richterliche Rechtsfortbildung begründete Geltung nicht abgesprochen werden.

1244

bb) Verjährung

Schadensersatzansprüche nach §§ 280 Abs. 1, 311 Abs. 2, 241 Abs. 2 BGB wegen c.i.c. verjähren gem. § 195 BGB grundsätzlich nach **drei Jahren**[92], wobei sich der Verjährungsbeginn nach § 199 BGB richtet[93]. Soweit sich aber das Verschulden auf unrichtige Angaben über die Beschaffenheit der Kaufsache bezieht, verjähren die Ansprüche des Käufers gem. §§ 437 Nr. 3, 438 BGB[94]. Betrifft das Verschulden indes Umstände, die nicht zur Beschaffenheit der Sache zählen, für den Kaufentschluss aber dennoch von Bedeutung waren, mangelt es an einem Zusammenhang zur vertraglichen Sachmängelhaftung, weshalb in einem derartigen Fall für die Anwendung der §§ 437 Nr. 3, 438 BGB kein Raum bleibt[95].

1245

cc) Fragen zur Beweislast

Grundsätzlich richtet sich auch die Beweislastverteilung bei einem Anspruch nach §§ 280 Abs. 1, 311 Abs. 2, 241 Abs. 2 BGB wegen culpa in contrahendo nach den allgemeinen Regelungen. Im Bereich der Haftung wegen einer Pflichtverletzung im Sinne des § 280 Abs. 1 S. 1 BGB, sind die Pflichtverletzung, die Entstehung eines Schadens sowie der Ursachenzusammenhang zwischen Pflichtverletzung und Scha-

1246

---

[91] Vgl. *BGH*, 19.5.2006, V ZR 264/05, NJW 2006, 3139, 3141 Tz. 22; *BGH*, 6.4.2001, V ZR 394/99, NJW 2001, 2875, 2876 f.
[92] Vgl. *BGH*, 27.3.2009, V ZR 30/08, NJW 2009, 2120, 2122 Tz. 22 *OLG Frankfurt*, 15.5.2012, 11 U 86/11, CR 2012, 739, 741; aus dem Schrifttum *Palandt/Grüneberg* § 311 Rdn. 59 sowie *Palandt/Ellenberger* § 195 Rdn. 4.
[93] Vgl. *Palandt/Grüneberg* § 311 Rdn. 59.
[94] Vgl. *BGH*, 27.3.2009, V ZR 30/08, NJW 2009, 2120, 2122 Tz. 22; *Palandt/Weidenkaff* § 438 Rdn. 3; *Kluth/Böckmann/Grün* MDR 2003, 241, 246 f.
[95] Vgl. *Kluth/Böckmann/Grün* MDR 2003, 241, 247; *Mansel* NJW 2002, 89, 95; *Palandt/Weidenkaff* § 438 Rdn. 3.

den vom Gläubiger zu beweisen. Nach der Fassung des § 280 Abs. 1 S. 2 BGB ist jedoch das Nichtvertretenmüssen des Schuldners als Einwendungstatbestand gefasst, für den dieser beweispflichtig ist. Bei der Verletzung von Aufklärungspflichten kann jedoch die Darlegungs- und Beweislast nach Organisations- oder Gefahrenbereichen verteilt werden[96]. Der Softwareanwender als Gläubiger der Aufklärungspflicht trägt daher die Beweislast dafür, dass der Softwarelieferant **objektiv** eine ihm obliegende Pflicht verletzt hat[97]. Hat der Softwarelieferant seine Aufklärungspflicht verletzt, dann besteht eine tatsächliche Vermutung dafür, dass sich der Anwender beratungsgemäß verhalten hätte, wenn er pflichtgemäß beraten worden wäre[98]. Trägt der Softwarelieferant demgegenüber vor, dass sich der Anwender auch bei **pflichtgemäßer Belehrung** nicht anders verhalten hätte, als er sich ohne die Belehrung tatsächlich verhalten hat, so trifft den Softwarelieferanten hierfür die Beweislast[99].

2. Nichterfüllung wegen Unmöglichkeit

1247 Leistungsstörungen wegen Unmöglichkeit als eine mögliche Ursache für eine Nichterfüllung weisen in der Regel bei Softwareüberlassungsverträgen **keine spezifischen Besonderheiten** auf, weshalb die diesbezügliche Darstellung auf einen knappen Abriss über die Rechtsfolgen des Falles, dass dem Verkäufer die Erfüllung seiner Hauptleistungspflicht nicht möglich ist, beschränkt und im Übrigen auf die allgemeinen Darstellungen des Leistungsstörungsrechts verwiesen werden kann.

a) Die Formen der Unmöglichkeit

1248 § 275 Abs. 1 BGB beinhaltet eine **Gleichstellung** von **objektiver** und **subjektiver** Unmöglichkeit, **anfänglicher** und **nachträglicher** Unmöglichkeit sowie **zu vertretender** und **nicht zu vertretender** Unmöglichkeit[100]. Trotz dieser Gleichstellung sind die einzelnen Unmöglichkeitsformen aber zu unterscheiden, weil die weiteren Rechtsfolgen nicht identisch sind.

1249 Eine **objektive Unmöglichkeit** liegt vor, wenn die Leistung von niemandem erbracht werden kann, also weder vom Schuldner noch von einem Dritten, sodass auch von einer generellen Unerfüllbarkeit der Leistungspflicht gesprochen werden könnte[101]. Das Gesetz spricht in § 275 Abs. 1 BGB davon, die Leistung sei „für jedermann" unmöglich. Dies ist etwa dann der Fall, wenn das verkaufte Programm gar nicht existiert oder wenn öffentlich-rechtliche Vorschriften einer Leistungserbringung entgegenstehen[102] und etwa das Programm infolge eines inländischen oder ausländischen **Lieferverbots ohne Dispensmöglichkeit**[103] nicht ausgeliefert werden darf. Eine objektive Unmöglichkeit im Sinne einer rechtlichen Unmöglichkeit liegt ferner dann vor, wenn bei einem Internet-Glücksspiel die erforderliche behörd-

---

[96] Vgl. *Palandt/Grüneberg* § 280 Rdn. 37.
[97] Grundsätzlich zur Beweislastverteilung bei der Verletzung von Aufklärungspflichten *BGH*, 11.10.2007, IX ZR 105/06, NJW 2008, 371, 372 Tz. 12 m.w.N; *BGH*, 5.2.1987, IX ZR 65/86, NJW 1987, 1322, 1323.
[98] Vgl. *BGH*, 8.5.2012, XI ZR 262/10, NJW 2012, 2427, 2429 Tz. 28; *Palandt/Grüneberg* § 280 Rdn. 39.
[99] Vgl. hierzu generell *BGH*, 8.5.2012, XI ZR 262/10, NJW 2012, 2427, 2429 Tz. 28 m.w.N.
[100] Vgl. *Palandt/Grüneberg* § 275 Rdn. 4 ff.
[101] Vgl. *OLG München*, 26.5.2004, 7 U 3802/02, NJW-RR 2005, 616; *Palandt/Grüneberg* § 275 Rdn. 13.
[102] Vgl. *BGH*, 11.12.2012, KVR 7/12, NJW 2013, 1095, 1096 Tz. 22.
[103] Vgl. *Palandt/Grüneberg* § 275 Rdn. 16.

liche Erlaubnis nicht erteilt oder widerrufen wird und die Software mangels Erlaubnis nicht legal eingesetzt werden kann[104].

Ein Fall des § 275 Abs. 1 BGB liegt ferner dann vor, wenn die **vertraglich vereinbarte** Ermöglichung eines **Datenaustauschs** zwischen verschiedenen Warenwirtschaftssystemen über vorgegebene Datenschnittstellen **gar nicht möglich** ist[105]. 1250

Eine objektive Unmöglichkeit liegt aber **nicht** vor, wenn der scheinbar objektiv unmögliche Leistungserfolg auf einem anderen zumutbaren Weg herbeigeführt werden kann[106]. Dies kann etwa bei einem Vertrag über die Herstellung von Individualsoftware der Fall sein, wenn sich die betreffende Aufgabenstellung auf dem gewählten Computersystem nicht realisieren lässt, ein Ausweichen auf ein anderes System aber problemlos ist. Auch ein urheberrechtlicher Nutzungsvertrag, der ein wegen fehlender schöpferischer Eigentümlichkeit nicht bestehendes – von den Vertragspartnern aber vorausgesetztes – Urheberrecht zum Gegenstand hat, ist nicht ohne weiteres als Fall objektiver Unmöglichkeit zu qualifizieren, wenn der Lizenznehmer trotz dieser sog. **Leerübertragung** eine wirtschaftliche Vorzugsstellung erlangt hat[107]. Wenngleich seit der Urheberrechtsnovelle von 1993 nahezu alle Computerprogramme urheberrechtlich geschützt sind und dementsprechend eine Leerübertragung von Nutzungsrechten insoweit praktisch ausscheidet, sind jedoch auch Nutzungsverträge über urheberrechtlich ungeschützte Banalprogramme nicht von vornherein nichtig. Gleiches gilt für gegebenenfalls über die Nutzung einer bestimmten Bildschirmoberfläche geschlossene Verträge, wenn eine solche Bildschirmgestaltung gar nicht dem Urheberrechtsschutz unterfällt[108]. 1251

Ein Fall der **subjektiven Unmöglichkeit** liegt vor, wenn zwar der Schuldner zur Leistung außerstande ist, sie aber von einem Dritten oder unter Mitwirkung eines Dritten erbracht werden könnte[109]. Das Gesetz spricht in § 275 Abs. 1 BGB davon, die Leistung sei „für den Schuldner" unmöglich. Auch wenn das Gesetz diesen Begriff in § 275 Abs. 1 BGB nicht verwendet, wird die subjektive Unmöglichkeit aus historischen Gründen auch als „Unvermögen" bezeichnet. Ein Fall des Unvermögens liegt grundsätzlich auch vor, wenn der Verkäufer zum Verkauf des Programms nicht berechtigt ist[110], insbesondere wenn es sich um den Fall des Verkaufs einer Raubkopie handelt. Hier greift aber, da es sich um einen **Rechtsmangel** im Sinne des § 435 BGB handelt[111], § 437 BGB ein, der dem Käufer die speziellen Mängelansprüche einräumt. 1252

Neben die Fälle der objektiven und subjektiven Unmöglichkeit tritt nach § 275 Abs. 2 BGB der Fall, dass die Leistung für den Schuldner einen Aufwand erfordert, der unter Beachtung des Inhalts des Schuldverhältnisses und der Gebote von Treu und Glauben in einem groben Missverhältnis zum Leistungsinteresse des Gläubigers steht (**grob unverhältnismäßiger Aufwand**). Hierzu zählen vor allem die bereits frü- 1253

---

[104] Vgl. *OLG Brandenburg,* 22.11.2011, Kart U 4/09, MMR 2012, 89, 91.
[105] Vgl. *OLG Hamm,* 8.8.2007, 12 U 26/07, CR 2008, 77, 78.
[106] Vgl. *OLG München,* 26.5.2004, 7 U 3802/02, NJW-RR 2005, 616; *Palandt/Grüneberg* § 275 Rdn. 13.
[107] Vgl. *BGH,* 23.5.1991, I ZR 286/89, NJW 1992, 232.
[108] Vgl. zum Schutz von Bildschirmgestaltungen oben Rdn. 90 ff.
[109] Vgl. *BGH,* 25.10.2012, VII ZR 146/11, MMR 2013, 30, 32 Tz. 31; *Palandt/Grüneberg* § 275 Rdn. 23.
[110] Generell zum Fehlen einer Einwilligung eines Dritten *BGH,* 4.12.2012, II ZR 159/10, NJW-RR 2013, 363, 367 Tz. 41.
[111] Vgl. *OLG Nürnberg,* 26.3.1992, 2 U 2566/91, CR 1992, 723, 724; *OLG Hamm,* 12.9.1990, 31 U 110/89, NJW-RR 1991, 953.

her diskutierten Fälle der sog. „faktischen Unmöglichkeit"[112]. Irrelevant ist, ob das Leistungshindernis des grob unverhältnismäßigen Aufwands als anfängliches oder nachträgliches Hindernis einzuordnen ist. Auch ein Vertretenmüssen steht nicht entgegen, jedoch ist dieses bei der Bestimmung der zumutbaren Anstrengungen nach § 275 Abs. 2 S. 2 BGB zu berücksichtigen. Ein Verschulden des Softwarelieferanten kann den ihm zumutbaren Aufwand daher erhöhen[113]. § 275 Abs. 2 BGB ist jedoch eine **eng auszulegende,** nur in Extremfällen anwendbare **Sondernorm**[114], deren praktische Bedeutung bei kaufvertraglich zu qualifizierenden Softwareverträgen gering ist. Gleiches gilt für die sog. **persönliche Unmöglichkeit** gem. § 275 Abs. 3 BGB.

1254 Für die Frage, ob eine **anfängliche** oder **nachträgliche** Unmöglichkeit vorliegt, ist unter Berücksichtigung der Formulierung in § 311a Abs. 1 BGB („bei Vertragsabschluss") auf den Zeitpunkt des Vertragsschlusses abzustellen und zu prüfen, ob das Leistungshindernis gem. § 275 Abs. 1 bis 3 BGB zu diesem Zeitpunkt bereits vorlag. Ob eine zu vertretende oder nicht zu vertretende Unmöglichkeit vorliegt, ist nach §§ 276 bis 278 BGB zu entscheiden.

b) Die Rechtsfolgen einer Unmöglichkeit

aa) Die primäre Leistungspflicht

1255 Unabhängig davon, ob es sich um einen Fall der anfänglichen oder nachträglichen Unmöglichkeit handelt, ist der primäre Leistungsanspruch des Gläubigers sowohl bei einer objektiven als auch bei einer subjektiven Unmöglichkeit nach § 275 Abs. 1 BGB ausgeschlossen[115]. Der Schuldner wird daher **kraft Gesetzes** von seiner **Leistungspflicht befreit,** ohne dass er sich auf die Leistungsbefreiung berufen müsste[116]. Im Rechtsstreit ist § 275 Abs. 1 BGB schon dann zu berücksichtigen, wenn sich das Vorliegen der Voraussetzungen aus dem Parteivortrag ergibt. Der Anspruch auf die Leistung ist auch dann ausgeschlossen, wenn der Schuldner die Unmöglichkeit **zu vertreten** hat[117]. Das Zusammenspiel von § 311a Abs. 1 BGB auf der einen Seite und § 275 BGB auf der anderen Seite führt dazu, dass ein **Vertrag ohne eine wirksame primäre Leistungspflicht** entsteht. Er dient nur noch als Grundlage für Sekundärrechte des Gläubigers insbesondere nach § 311a Abs. 2 BGB[118].

1256 Anders als nach § 275 Abs. 1 BGB tritt bei einer übermäßigen Leistungserschwerung im Sinne des **§ 275 Abs. 2 BGB** sowie bei einer persönlichen Unmöglichkeit im Sinne des **§ 275 Abs. 3 BGB** keine Leistungsbefreiung kraft Gesetzes ein, sondern dem Schuldner wird ein **Leistungsverweigerungsrecht** zugesprochen („kann verweigern"). Damit muss die Leistungsverweigerung als Einrede geltend gemacht werden[119], sodass es dem Schuldner freisteht, sich auch für eine überobligationsmäßige Leistung zu entscheiden. Sofern der Schuldner eine Einrede nach § 275 Abs. 2 oder 3 BGB erheben kann, ist der Eintritt des Schuldnerverzugs schon durch das bloße

---

[112] Vgl. *Palandt/Grüneberg* § 275 Rdn. 22.
[113] Vgl. *BGH,* 21.5.2010, V ZR 244/09, NJW 2010, 2341, 2342 Tz. 14; *BGH,* 30.5.2008, V ZR 184/07, NJW 2008, 3122, 3123 Tz. 19; *Palandt/Grüneberg* § 275 Rdn. 28.
[114] Vgl. *BGH,* 14.1.2009, VIII ZR 70/08, NJW 2009, 1660, 1662 Tz. 18; *Palandt/Grüneberg* § 275 Rdn. 27.
[115] Vgl. *OLG Brandenburg,* 22.11.2011, Kart U 4/09, MMR 2012, 89, 91.
[116] Vgl. *OLG Koblenz,* 11.1.2008, 10 U 385/07, NJW-RR 2008, 1232, 1233.
[117] Vgl. *OLG Brandenburg,* 22.11.2011, Kart U 4/09, MMR 2012, 89, 91.
[118] Vgl. *BAG,* 8.5.2007, 9 AZR 1112/06, NJW 2007, 3661, 3662 Tz. 16; *Palandt/Grüneberg* § 311a Rdn. 5.
[119] Vgl. *Palandt/Grüneberg* § 275 Rdn. 32. Die Geltendmachung der Einrede muss sich zumindest aus dem Vorbringen des Schuldners ergeben.

Bestehen der Einrede ausgeschlossen[120], sofern diese Einrede später auch geltend gemacht wird[121].

bb) Die Sekundärrechte des Gläubigers

Die Rechte des Gläubigers bestimmen sich für den Fall, dass der Schuldner nach § 275 Abs. 1 bis 3 BGB von seiner Leistungspflicht befreit ist, gem. § 275 Abs. 4 BGB nach den §§ 280, 283 bis 285, 311a und 326 BGB. Die grundlegende Anspruchsnorm für einen Anspruch auf **Schadensersatz statt der Leistung** bildet dabei für die Fälle **nachträglicher Unmöglichkeit** § 280 Abs. 1 BGB. Nach S. 2 dieser Vorschrift ist Voraussetzung jedes Schadensersatzanspruchs, dass der Schuldner die Pflichtverletzung zu **vertreten** hat, wobei jedoch zu beachten ist, dass die doppelte Negation dieses Satzes die Beweislast für das Vertretenmüssen umkehrt. Der Schuldner muss daher beweisen, dass er die Unmöglichkeit nicht zu vertreten hat[122]. Für den Schadensersatz statt der Leistung verweist § 280 Abs. 3 BGB unter anderem auf § 283 BGB, dessen S. 1 für die hier diskutierten Fälle der Befreiung der Leistungspflicht nach § 275 Abs. 1 bis 3 BGB auf § 280 Abs. 1 BGB zurückverweist. Dieses wenig geglückte „gesetzliche Verweisungskarussell"[123] bewirkt, dass der Gläubiger die ansonsten nach § 281 Abs. 1 S. 1 BGB grundsätzlich erforderliche erfolglose Fristsetzung nicht vornehmen muss[124]. Anstelle des Schadensersatzes statt der Leistung kann der Gläubiger gem. § 284 BGB auch Aufwendungsersatz verlangen. Schließlich steht dem Gläubiger nach § 285 Abs. 1 BGB ein verschuldensunabhängiger Anspruch auf den vom Schuldner gegebenenfalls erlangten Ersatz oder Ersatzanspruch (stellvertretendes commodum) zu. Bei Geltendmachung dieses Anspruchs mindert sich aber gem. § 285 Abs. 2 BGB der Schadensersatzanspruch statt der Leistung.

Die grundlegende Anspruchsnorm auf Schadensersatz statt der Leistung oder nach Wahl des Gläubigers auch auf Anwendungsersatz nach § 284 BGB bildet für die Fälle **anfänglicher Unmöglichkeit** § 311a Abs. 2 BGB[125]. Sowohl die Pflicht zum Schadensersatz als auch zum Aufwendungsersatz besteht nur, wenn der Schuldner das Leistungshindernis bei Vertragsabschluss kannte oder seine Unkenntnis zu vertreten hat. Für dieses Vertretenmüssen des Schuldners gelten die §§ 276 ff. BGB, jedoch führt die doppelte Negation wie bei § 280 Abs. 1 S. 2 BGB zu einer Umkehr der Beweislast, sodass der Schuldner beweisen muss, dass er das Leistungshindernis nicht kannte und auch nicht kennen konnte. Ein Herausgabeanspruch nach § 285 BGB besteht auch hier.

Bei **gegenseitigen Verträgen** wie den hier diskutierten Softwareverträgen ist schließlich im Hinblick auf die vom Gläubiger geschuldete Gegenleistung noch **§ 326 BGB** zu beachten, auf den § 275 Abs. 4 BGB ausdrücklich verweist. Gem. § 326 Abs. 1 S. 1 BGB **entfällt** der Anspruch auf die **Gegenleistung** automatisch, wenn der Schuldner gem. § 275 Abs. 1 bis 3 BGB nicht zu leisten braucht[126]. Dies gilt nach § 326 Abs. 2 S. 1 BGB nicht, wenn der Gläubiger für die Unmöglichkeit

---

[120] Vgl. *Palandt/Grüneberg* § 275 Rdn. 32 sowie § 286 Rdn. 12.
[121] Vgl. *Palandt/Grüneberg* § 275 Rdn. 32.
[122] Vgl. *Palandt/Grüneberg* § 280 Rdn. 34.
[123] Vgl. zur Kritik *Kupisch* NJW 2002, 1401.
[124] Vgl. *Palandt/Grüneberg* § 283 Rdn. 1.
[125] § 311a Abs. 2 BGB ist gegenüber § 280 Abs. 1 BGB eine selbstständige Anspruchsgrundlage, da § 280 Abs. 1 BGB anders als § 311a BGB ein bereits bestehendes Schuldverhältnis voraussetzt; vgl. *BGH*, 8.5.2014, VII ZR 203/11, NJW 2014, 3365, 3367 Tz. 27; *Palandt/Grüneberg* § 311a Rdn. 6.
[126] Vgl. *OLG Brandenburg*, 22.11.2011, Kart U 4/09, MMR 2012, 89, 91.

allein oder weit **überwiegend verantwortlich** ist[127] oder die Unmöglichkeit zu einem Zeitpunkt eintrat, zu dem sich der Gläubiger in **Annahmeverzug** befand. Hat der Gläubiger das Leistungshindernis überwiegend, aber nicht „weit überwiegend" zu vertreten, steht dem Schuldner zwar die Gegenleistung nicht zu, er kann aber nach dem Maß des Verschuldens Schadensersatz gem. § 275 Abs. 1 i.V.m. §§ 280, 281, 283, 254 BGB verlangen[128]. Die Voraussetzungen für einen Annahmeverzug sind den Vorschriften über den Verzug des Gläubigers nach §§ 293 ff. BGB zu entnehmen. § 326 Abs. 5 BGB gewährt darüber hinaus für die Fälle des § 275 Abs. 1 bis 3 BGB ein **Rücktrittsrecht**. Der Besteller einer speziell anzufertigenden Datenaustausch-Software zur Verbindung unterschiedlicher Warenwirtschaftssysteme kann daher etwa gem. §§ 275 Abs. 1, 323, 326 Abs. 5 BGB vom Vertrag zurücktreten, wenn der Softwareunternehmer das Programm nicht liefern kann, weil die Datenschnittstellen der Warenwirtschaftssysteme inkompatibel sind[129].

1260 Mit dem Eintritt des **Annahmeverzugs** geht die Vergütungsgefahr auf den Käufer über, sodass der Verkäufer seinen Kaufpreisanspruch behält, wenn der Kaufvertrag infolge einer von keiner Vertragspartei zu vertretenden Unmöglichkeit nicht mehr erfüllt werden kann. Gleiches gilt für den Fall, dass die Vergütungsgefahr nach den §§ 446, 447 BGB bereits auf den Käufer übergegangen war, etwa weil ein Versendungskauf vorliegt, bei dem der Verkäufer die Nebenpflicht übernahm, für die Versendung des Kaufgegenstands an den vom Käufer gewünschten Ort zu sorgen. Für den Verbrauchsgüterkauf (§ 474 Abs. 1 BGB) ist § 475 Abs. 2 BGB (§ 474 Abs. 2 BGB a. F.) zu beachten.

1261 Hat der Gläubiger **bereits geleistet**, obwohl er gem. § 326 Abs. 1 BGB seine Leistung nicht erbringen musste, kann er gem. § 326 Abs. 4 BGB das Geleistete nach den §§ 346 bis 348 BGB zurückfordern. Darüber hinaus gewährt § 326 Abs. 5 BGB dem Gläubiger ein **Rücktrittsrecht,** das keine vorherige erfolglose Fristsetzung voraussetzt[130]. Sofern jedoch die Gegenleistung schon gem. § 326 Abs. 1 BGB nicht erbracht werden muss, ist dieses Rücktrittsrecht funktionslos.

1262 Sofern ein Fall der **Teilunmöglichkeit** vorliegt, etwa weil nur Teile eines großen Programm-Pakets geliefert werden können, wird der Vertrag grundsätzlich durchgeführt, soweit dies möglich ist, denn der Anspruch auf die Leistung ist gem. § 275 Abs. 1 BGB nur ausgeschlossen, „soweit" die Leistung unmöglich ist[131]. Auch die Rechte des Gläubigers beschränken sich auf die unmöglich gewordene Teilleistung. Nur insoweit kann der Gläubiger entweder Schadensersatz statt der Leistung verlangen oder zurücktreten. Die Verpflichtung zur Gegenleistung wird gem. §§ 326 Abs. 1 S. 1 2. Halbs., 441 Abs. 3 BGB entsprechend gemindert. Hat der Gläubiger an der noch möglichen Teilleistung des Schuldners **kein Interesse** mehr, kann er auch Schadensersatz statt der ganzen Leistung verlangen oder vom ganzen Vertrag zurücktreten, was für den Schadensersatz aus den §§ 283 S. 2, 281 Abs. 1 S. 2 BGB und für den Rücktritt aus den §§ 326 Abs. 5, 323 Abs. 5 S. 1 BGB folgt. Das **Wahlrecht** steht dem Gläubiger zu. Solange er sich nicht auf seinen Interessenwegfall beruft und Schadensersatz statt der ganzen Leistung verlangt oder vom ganzen Vertrag zurücktritt, bleibt der Schuldner zur Teilleistung verpflichtet.

---

[127] Vgl. *OLG Brandenburg*, 22.11.2011, Kart U 4/09, MMR 2012, 89, 91.
[128] Vgl. *OLG Brandenburg*, 22.11.2011, Kart U 4/09, MMR 2012, 89, 91.
[129] Vgl. *OLG Hamm*, 8.8.2007, 12 U 26/07, CR 2008, 77, 78.
[130] Vgl. *BGH*, 10.10.2007, VIII ZR 330/06, NJW 2008, 53, 55 Tz. 23.
[131] Vgl. *Palandt/Grüneberg* § 275 Rdn. 7.

3. Verzug

Wie bei der oben behandelten Leistungsstörung wegen Unmöglichkeit weist auch die nun angesprochene Verletzung der Leistungspflicht wegen Verzugs keine außergewöhnlichen und softwarespezifischen Besonderheiten auf, weshalb abermals lediglich ein kurzer Abriss über die Regelungen des Schuldner- und des Gläubigerverzugs gegeben wird. Den Ausgangspunkt der Darstellung zu den Verzugsregelungen bildet dabei die Feststellung, dass die Vorschriften über den Verzug nur dann und solange eingreifen, wie die Leistungserbringung nicht dauernd und endgültig unmöglich ist, denn dann greifen die Regelungen der Unmöglichkeit ein, was auch in § 275 Abs. 4 BGB deutlich zum Ausdruck kommt. Soweit die Leistungspflicht nach § 275 Abs. 1 bis 3 BGB ausgeschlossen ist, greifen allein die im § 275 Abs. 4 BGB aufgezählten Vorschriften ein, zu denen aber die §§ 286 ff. BGB über den Schuldnerverzug nicht zählen. Die Verzugsvorschriften, sowohl die des Schuldner- als auch die des Gläubigerverzugs, setzen daher die **Nachholbarkeit der Leistungserbringung** voraus[132]. Trotz der raschen Weiterentwicklung im Bereich der Informationstechnologie und der Tatsache, dass handelsübliche Computerprogramme innerhalb von ein bis zwei Jahren veralten, ist die Leistung des Softwareverkäufers auch nach Ablauf dieser Zeit noch nachholbar, weshalb in einem solchen Fall grundsätzlich die Regelungen über den Schuldnerverzug und nicht diejenigen des Unmöglichkeitsrechts Anwendung finden[133]. Eine vorübergehende Unmöglichkeit (bzw. ein vorübergehendes Unvermögen) steht der dauernden Unmöglichkeit nur gleich, wenn sie die Erreichung des Geschäftszwecks in Frage stellt und dem anderen Teil die Einhaltung des Vertrags bis zum Wegfall des Leistungshindernisses nicht zuzumuten ist[134]. Ob dies der Fall ist, muss unter Berücksichtigung aller Umstände und der Belange sowie dem Verhalten beider Parteien entschieden werden[135], wobei entscheidend auf den Zeitpunkt des Eintritts des Leistungshindernisses abzustellen ist[136].

1263

a) Der Verzug des Softwarelieferanten

Schrifttum: *Schimmel/Buhlmann*, Schuldnerverzug nach der Schuldrechtsmodernisierung – Tatbestandsvoraussetzungen und Rechtsfolgen, MDR 2002, 609 ff.

Der Softwarelieferant kommt mit seiner Leistungspflicht unter den allgemeinen Voraussetzungen des § 286 BGB in Verzug. Erforderlich ist dementsprechend eine **Nichtleistung der Softwareüberlassung** in der geschuldeten Form trotz deren Fälligkeit, eine darauf erfolgte **Mahnung** des Anwenders, soweit eine solche nicht nach § 286 Abs. 2 BGB entbehrlich ist, sowie ein **Vertretenmüssen** der Verzögerung gem. § 286 Abs. 4 BGB.

1264

Grundsätzlich wird bei der Softwareüberlassung die **Übergabe des Programms auf einem Datenträger** geschuldet, auch wenn der Softwarelieferant das Programm auf der Festplatte des Anwenders installiert, weil das Vorhandensein der Originaldatenträger zur Legitimation der Nutzungsberechtigung dient, gleichwie die Originaldatenträger als Sicherungskopien benutzt werden können[137]. Selbst wenn der Soft-

1265

---

[132] Vgl. *BGH*, 9.6.1982, IVa ZR 9/81, NJW 1982, 2238, 2239; *Palandt/Grüneberg* § 286 Rdn. 2 und 12.
[133] A. A. *OLG Frankfurt*, 4.7.1997, 24 U 215/95, NJW 1998, 84.
[134] Vgl. *BGH*, 19.10.2007, V ZR 211/06, NJW 2007, 3777, 3779 Tz. 24; *Palandt/Grüneberg* § 275 Rdn. 11.
[135] Vgl. *OLG Köln*, 24.4.1998, 19 U 212/97, CR 1999, 150 (Ls.) = OLGR Köln 1998, 209.
[136] Vgl. *BGH*, 19.10.2007, V ZR 211/06, NJW 2007, 3777, 3779 Tz. 24.
[137] Vgl. *LG München I*, 1.7.1987, 8 HKO 5844/86, CR 1988, 831, 832.

warehersteller daher das Programm selbst ausliefert und installiert und die Notwendigkeit zur Legitimation der Nutzungsberechtigung nicht besteht, kann der Anwender die Lieferung eines gesonderten Datenträgers verlangen, sofern dies nicht ausdrücklich vertraglich ausgeschlossen wurde. Eine Verkehrssitte, derzufolge die Lieferung eines Anwenderprogramms bereits dann erfüllt ist, wenn der Anwender das geschuldete Programm auf seinem Rechner nutzen kann, besteht nicht[138]. Möglich ist jedoch, dass die Parteien eine Überlassung im Wege des **Downloads** vereinbaren. Dann besteht grundsätzlich kein Anspruch auf zusätzliche Lieferung von Datenträgern. Kein ordnungsgemäßes Leistungsangebot liegt aber dann vor, wenn der Softwarelieferant die Übergabe davon abhängig macht, dass der Käufer eine vom Hersteller geforderte Erklärung unterzeichnet, die Software nur zu bestimmten Zwecken einzusetzen, etwa zu „Forschungs- und Auswertungsvorschlägen". Dies gilt auch dann, wenn der Verkäufer mündlich versichert, die Erklärung diene nur statistischen Zwecken[139].

1266 Die **Mahnung** ist eine nicht formgebundene, einseitig empfangsbedürftige Erklärung ohne rechtsgeschäftlichen Charakter, mit der der andere Teil unzweideutig zur Leistung aufgefordert wird[140]. Die Aufforderung zur Leistung muss bestimmt und eindeutig sein, eine Fristsetzung ist aber ebenso wenig erforderlich wie die Androhung bestimmter Folgen[141]. Die Mahnung wird zu Recht als lediglich **geschäftsähnliche Handlung**[142] eingeordnet, weil ihre Rechtsfolge nicht durch den Willen des Mahnenden, sondern kraft Gesetzes eintritt[143]. Die Mahnung muss nach Fälligkeit erfolgen. Eine vor Fälligkeit ausgesprochene Mahnung ist wirkungslos[144]. Gem. § 286 Abs. 1 S. 2 1. Alt. BGB steht der Mahnung die Erhebung zur Klage auf Leistung gleich. Nach § 286 Abs. 2 Nr. 1 BGB kommt der Softwarelieferant auch ohne Mahnung in Verzug, wenn für die Leistung eine Zeit nach dem Kalender bestimmt ist und er nicht zu der bestimmten Zeit leistet. Für die Bestimmung ist eine vertragliche Vereinbarung erforderlich. Eine einseitige Bestimmung durch den Gläubiger genügt nicht, solange dieser nicht nach § 315 BGB zur Bestimmung der Leistung berechtigt ist[145]. Einer Mahnung bedarf es gem. § 286 Abs. 2 Nr. 3 BGB auch dann nicht, wenn der Schuldner die Leistung ernsthaft und endgültig verweigert. Gleiches gilt gem. § 286 Abs. 2 Nr. 4 BGB, wenn der sofortige Verzugseintritt aus besonderen Gründen unter Abwägung der beiderseitigen Interessen gerechtfertigt ist. Dies kann etwa der Fall sein, wenn der Softwareverkäufer in einem dringenden Fall schnellstmögliche Lieferung zusagt und dann erhebliche Zeit verstreichen lässt[146]. Eine bestimmte Zeit im Sinne des **§ 286 Abs. 2 Nr. 1 BGB** liegt nur vor, wenn ein Kalendertag unmittelbar oder mittelbar bezeichnet ist, der Softwarekäufer etwa „14 Tage ab

---

[138] Im Ergebnis wie hier *OLG Frankfurt*, 4.7.1997, 24 U 215/95, NJW 1998, 84; *LG München I*, 1.7.1987, 8 HKO 5844/86, CR 1988, 831, 832; a.A. *LG Freiburg*, 2.3.1988, 6 O 582/87, CR 1988, 829, 830.

[139] Vgl. *OLG Köln*, 2.2.1996, 19 U 146/95, NJW 1997, 1016.

[140] Vgl. *BGH*, 17.10.2008, V ZR 31/08, NJW 2009, 1813, 1816 Tz. 30; *OLG Brandenburg*, 3.11.2004, 9 UF 177/04, NJW 2005, 1585, 1586; *OLG Celle*, 26.5.1994, 13 U 4/94, CR 1995, 23, 24; *Palandt/Grüneberg* § 286 Rdn. 16.

[141] *BGH*, 25.10.2007, III ZR 91/07, NJW 2008, 50, 51 Tz. 11.

[142] Vgl. *BGH*, 22.11.2005, VI ZR 126/04, NJW 2006, 687, 688 Tz. 12.

[143] Vgl. *BGH*, 17.4.1967, II ZR 228/64, NJW 1967, 1800, 1802.

[144] Vgl. *BGH*, 13.7.2010, XI ZR 27/10, NJW 2010, 2940 Tz. 14; *Palandt/Grüneberg* § 286 Rdn. 16.

[145] Vgl. *BGH*, 25.10.2007, III ZR 91/07, NJW 2008, 50, 51, Tz. 7; *Palandt/Grüneberg* § 286 Rdn. 22.

[146] Ähnlich *Schimmel/Buhlmann* MDR 2002, 609, 611.

II. Leistungsstörungen bei der Softwareüberlassung auf Dauer   547

Bestellung" wünscht. Bloße Berechenbarkeit reicht für § 286 Abs. 2 Nr. 1 BGB demgegenüber nicht. Nach **§ 286 Abs. 2 Nr. 2 BGB** ist eine Mahnung auch dann nicht erforderlich, wenn der Leistung ein **Ereignis** vorauszugehen hat und eine angemessene Zeit für die Leistung in der Weise bestimmt ist, dass sie sich von dem Ereignis an nach dem Kalender berechnen lässt. Die Leistungszeit kann daher auch vom Abruf der Ware oder deren Lieferung abhängig gemacht werden[147]. Eine Regelung, derzufolge „**sofort**" nach Lieferung gezahlt werden soll, erfüllt aber nicht die Voraussetzungen des § 286 Abs. 2 Nr. 2 BGB, da sich der Leistungszeitpunkt nicht nach dem Kalender berechnen lässt[148].

Das **Vertretenmüssen der Verzögerung** im Sinne des § 286 Abs. 4 BGB regelt sich nach den §§ 276 ff. BGB. Der Verkäufer muss eine Leistungsverzögerung nicht vertreten, wenn der Käufer eine erforderliche **Mitwirkungshandlung** nicht vornimmt. Der Softwarelieferant, der auch die Installation des Programms auf dem Computer des Käufers schuldet, kommt daher mit seiner Leistung nicht in Verzug, wenn der Käufer das System nicht bereitstellt[149] oder sonstige notwendige Mitwirkungshandlungen nicht vornimmt[150]. 1267

Infolge des Verzugs des Softwarelieferanten entsteht für diesen gem. §§ 280 Abs. 1 und 2, 286 BGB die Verpflichtung, dem Käufer den durch den Verzug entstehenden Schaden zu ersetzen, es muss also zwischen der Leistungsverzögerung bei der Softwarelieferung und dem Schaden ein adäquater ursächlicher Zusammenhang bestehen[151]. Der Anspruch des Käufers auf Ersatz des **Verzögerungsschadens** tritt **neben** den bestehenbleibenden **Erfüllungsanspruch.** Er bleibt auch dann bestehen, wenn die weiteren Voraussetzungen des § 281 BGB erfüllt sind und der Käufer zum **Schadensersatzanspruch statt der Leistung** übergeht[152]. 1268

Inhalt und Umfang des Schadensersatzanspruchs richten sich nach den allgemeinen Vorschriften der §§ 249 ff. BGB. Zu ersetzen sind demnach auch ein gegebenenfalls entgangener Gewinn im Sinne des § 252 BGB sowie die Kosten einer nach Lage der Dinge für erforderlich zu erachtenden Rechtsverfolgung, insbesondere gegebenenfalls angefallene Rechtsanwaltskosten[153]. Die Kosten der den Verzug erst begründenden **Erstmahnung** kann der Käufer jedoch nicht ersetzt verlangen, weil diese nicht durch den Verzug verursacht sind[154]. 1269

Neben dem Ersatz des Verzögerungsschadens nach den Vorschriften über den Schuldnerverzug kann der Käufer auch nach den §§ 281 sowie 323 BGB vorgehen und dem Verkäufer zur Bewirkung der Leistung eine angemessene Frist zur Leistung bestimmen. Auf das Erfordernis der **Ablehnungsandrohung** hat der Gesetzgeber bewusst **verzichtet**[155]. Genau geprüft werden muss aber, worauf sich die Fristsetzung bezieht. Fordert der Anwender den Lieferanten eines Komplettsystems lediglich auf, verschiedene (einzeln aufgelistete) Mängel zu beseitigen, liegt keine Fristsetzung hinsichtlich der Lieferung eines noch fehlenden Programmpakets vor. Auf das Fehlen 1270

---

[147] Vgl. *Palandt/Grüneberg* § 286 Rdn. 23.
[148] Vgl. *Palandt/Grüneberg* § 286 Rdn. 23.
[149] Vgl. *Köhler/Fritzsche* in: Lehmann, Rechtsschutz und Verwertung von Computerprogrammen, S. 554 Rdn. 79.
[150] Vgl. *BGH,* 10.3.1998, X ZR 70/96, NJW 1998, 2132, 2133.
[151] Vgl. *OLG Köln,* 21.3.1997, 19 U 215/96, CR 1997, 736, 738.
[152] Vgl. *Palandt/Grüneberg* § 286 Rdn. 41.
[153] Vgl. *BGH,* 25.11.2015, IV ZR 169/14, NJW-RR 2016, 511 Tz. 12.
[154] Vgl. *Palandt/Grüneberg* § 286 Rdn. 44.
[155] Vgl. Begründung des Regierungsentwurfs zu § 281 Abs. 1 S. 2 BGB, *Canaris* S. 678; *Schimmel/Buhlmann* MDR 2002, 609, 613.

des betreffenden Programmpakets kann sich der Käufer daher zur Begründung eines Schadensersatzanspruchs statt der Leistung gem. den §§ 280 Abs. 1, 281 Abs. 1 BGB bzw. des Rücktritts vom Vertrag nach § 323 Abs. 1 BGB nicht berufen[156]. Nicht notwendig ist aber, dass der Käufer die korrekten juristischen Fachtermini verwendet. Rügt er daher etwa das Fehlen einer Benutzerdokumentation für die erworbene Software als „Mangel", obwohl es sich nach mittlerweile herrschender Auffassung um einen Fall der teilweisen Nichterfüllung einer Hauptleistungspflicht des Softwaregebers handelt[157], steht dies einer wirksamen Fristsetzung zur Leistung nicht entgegen[158]. Verzichtbar ist auch eine detaillierte Aufzählung von Leistungsdefiziten der gelieferten Software. Es reicht vielmehr, wenn die fehlende Funktionalität beanstandet wird[159]. Unverzichtbar ist demgegenüber die Angabe eines **bestimmten Zeitpunkts,** zu dem die eingeforderte Leistungshandlung erbracht sein soll. Beginn und Ende der Frist müssen folglich für den Schuldner zumindest erkennbar sein. Das Verlangen des Käufers eines IT-Systems, der Verkäufer solle die Anwendersoftware umgehend installieren, genügt dem nicht. Ein solches Verlangen ist lediglich als Aufforderung zur Leistungserbringung und damit als Mahnung im Sinne des § 286 Abs. 1 S. 1 BGB zu qualifizieren[160]. Bestimmt der Käufer eine zu kurze Frist, wird die angemessene Frist in Lauf gesetzt[161].

1271   Mit **fruchtlosem Ablauf der Frist** zur Erfüllung erlischt der Leistungsanspruch des Käufers nicht. Vielmehr stehen der Schadensersatz- sowie der Erfüllungsanspruch zunächst im Verhältnis elektiver Konkurrenz nebeneinander[162]. Der Anspruch auf die Leistung ist gem. § 281 Abs. 4 erst ausgeschlossen, wenn der Käufer statt der Leistung Schadenersatz **verlangt** hat. Gleiches gilt, wenn der Käufer gem. § 323 Abs. 1 BGB vom Vertrag zurücktritt[163]. Der Rücktritt ist gem. § 325 BGB auch kumulativ zum Schadensersatz möglich.

1272   Die Fristsetzung ist gem. §§ 281 Abs. 2 sowie 323 Abs. 2 Nr. 1 und 3 BGB entbehrlich, wenn der Schuldner die Erfüllung **endgültig verweigert** oder wenn besondere Umstände vorliegen, die unter Abwägung der beiderseitigen Interessen die sofortige Geltendmachung des Schadensersatzanspruchs bzw. den sofortigen Rücktritt rechtfertigen. Eine solche endgültige Erfüllungsverweigerung ist dabei aber nur dann zu bejahen, wenn die entsprechende Erklärung ersichtlich als letztes Wort des Schuldners aufgefasst werden muss[164], wobei strenge Anforderungen zu stellen sind[165].

---

[156] Vgl. *BGH*, 27.4.1994, VIII ZR 154/93, NJW 1994, 1720, 1721.
[157] Vgl. hierzu unten Rdn. 1534.
[158] Vgl. *LG München I*, 10.3.1994, 7 O 5854/93, CR 1995, 223.
[159] Vgl. *BGH*, 25.3.2010, VII ZR 224/08, MMR 2010, 533, 534 Tz. 16.
[160] Vgl. *OLG Celle*, 26.5.1994, 13 U 4/94, CR 1995, 23, 24.
[161] Vgl. *OLG Koblenz*, 4.4.2012, 5 U 1229/11, NJW-RR 2013, 107, 109; *Palandt/Grüneberg* § 281 Rdn. 10.
[162] Vgl. *BGH*, 20.1.2006, V ZR 124/05, NJW 2006, 1198 Tz. 16; *Palandt/Grüneberg* § 281 Rdn. 49; *Schimmel/Buhlmann* MDR 2002, 609, 615.
[163] Vgl. *Palandt/Grüneberg* § 323 Rdn. 33.
[164] Vgl. *OLG Köln*, 3.9.1999, 19 U 54/99, CR 2000, 585, 586; nicht softwarespezifisch *BGH*, 12.2.2014, XII ZR 76/13, NJW 2014, 1521, 1524 Tz. 27; *BGH*, 21.12.2005, VIII ZR 49/05, NJW 2006, 1195, 1197 Tz. 25; *Palandt/Grüneberg* § 281 Rdn. 14.
[165] Vgl. *BGH*, 12.2.2014, XII ZR 76/13, NJW 2014, 1521, 1524 Tz. 27; *BGH*, 21.12.2005, VIII ZR 49/05, NJW 2006, 1195, 1197 Tz. 25.

b) Der Verzug des Anwenders

Der Käufer kommt in Gläubigerverzug, wenn er die ihm vom Verkäufer ordnungsgemäß angebotene Software nicht annimmt, §§ 293, 294 BGB. Fehlen dem Programm abredewidrig wesentliche Funktionen, gerät der Anwender bei Nichtannahme nicht in Gläubigerverzug[166]. Ein **Annahmeverzug** des Käufers liegt aber dann vor, wenn er die für eine Leistung des Verkäufers erforderliche **Mitwirkung** unterlässt[167], etwa indem er im Fall einer Installationsverpflichtung des Softwarelieferanten das notwendige IT-System nicht bereitstellt. Ausreichend ist insoweit das bloße Unterlassen der Mitwirkungshandlung. Eine darüber hinausgehende ausdrückliche Ablehnung der vom Verkäufer angebotenen Leistung ist nicht erforderlich. Gleichgültig ist auch, aus welchem Grund der Käufer die angebotene Leistung nicht annimmt. Abgesehen vom Fall der vorübergehenden Annahmeverhinderung des Käufers im Sinne des § 299 BGB kommt dieser daher auch dann in Annahmeverzug, wenn die Nichtannahme oder Nichtmitwirkung von ihm nicht zu vertreten ist. Ein **Verschulden** des Annahmeverzugs ist nicht erforderlich[168]. 1273

Zahlt der Käufer den vereinbarten Kaufpreis nicht, kann er ebenfalls in **Schuldnerverzug** geraten. Insoweit kann zunächst auf obige Ausführungen zum Schuldnerverzug des Softwarelieferanten verwiesen werden. Ein Schuldnerverzug des Anwenders wegen Nichtzahlung ist aber nach ständiger Rechtsprechung insoweit ausgeschlossen, als ihm wegen Mängeln ein Leistungsverweigerungsrecht zusteht[169]. Für **Entgeltforderungen** wie die Kaufpreisforderung des Verkäufers ist darüber hinaus § 286 Abs. 3 BGB zu berücksichtigen, der einen weiteren den Schuldnerverzug begründenden Tatbestand enthält und **neben** die Mahnung des § 286 Abs. 1 BGB sowie die im § 286 Abs. 2 BGB geregelten Mahnungssurrogate tritt. Das Nebeneinander geht aus der Verwendung des Wortes „spätestens" in § 286 Abs. 3 BGB deutlich hervor[170]. 1274

Voraussetzung für einen Verzugseintritt nach § 286 Abs. 3 BGB ist aber zunächst, dass der Schuldner nicht innerhalb von 30 Tagen nach Fälligkeit **und** Zugang einer Rechnung oder gleichwertigen Zahlungsaufstellung geleistet hat. Geht die Rechnung oder Zahlungsaufforderung bei oder nach Eintritt der Fälligkeit zu, setzt sie die Frist von 30 Tagen in Lauf. Geht sie indes vor Fälligkeit zu, beginnt die Frist mit dem Eintritt der Fälligkeit[171]. Sofern der Schuldner Verbraucher im Sinne des § 13 BGB ist, tritt der Verzug nach § 286 Abs. 3 BGB darüber hinaus gem. dessen S. 1 letzter Halbs. nur dann ein, wenn „auf diese Folgen" in der Rechnung oder Zahlungsaufstellung **besonders hingewiesen** wurde[172]. Der genaue Inhalt des erforderlichen Hinweises ist unklar. Vor dem Hintergrund des verbraucherschützenden Ansatzes dieser Regelung wird man verlangen müssen, den Verbraucher nicht nur auf die Rechtsfolge des Verzugseintritts, sondern auch auf die Voraussetzungen eines gegen ihn gerichteten Verzugsschadensersatzanspruchs hinzuweisen[173]. Ob auch auf die wesentlichen Verzugsfolgen hingewiesen werden muss, erscheint fraglich. Sofern der **Zeitpunkt des Zugangs** der Rechnung oder Rechnungsaufstellung **unsicher** ist, 1275

---

[166] Vgl. *BGH*, 3.4.2007, X ZR 104/04, NJW 2007, 2761, 2762 Tz. 6.
[167] Vgl. *Palandt/Grüneberg* § 293 Rdn. 10.
[168] Vgl. *BGH*, 22.7.2010, VII ZR 117/08, NJW-RR 2011, 21, 22 Tz. 10; *Palandt/Grüneberg* § 293 Rdn. 10.
[169] Vgl. *BGH*, 23.3.1999, VI ZR 101/98, NJW 1999, 2110 m.w.N.
[170] Vgl. *Schimmel/Buhlmann* MDR 2002, 609, 611.
[171] Vgl. *Palandt/Grüneberg* § 286 Rdn. 30.
[172] Vgl. *BGH*, 25.10.2007, III ZR 91/07, NJW 2008, 50, 52 Tz. 11.
[173] Vgl. *Schimmel/Buhlmann* MDR 2002, 609, 612.

kommt der Schuldner, der nicht Verbraucher ist, gem. § 286 Abs. 3 S. 2 BGB spätestens 30 Tage nach Fälligkeit und Empfang der Gegenleistung in Verzug. Gegenüber einem Verbraucher gilt diese Regelung somit von vornherein nicht. Für den Rechtsverkehr mit Nicht-Verbrauchern wird bestritten, dass die Vorschrift praktische Relevanz hat, da sie bei wörtlicher Auslegung zu abwegigen Ergebnissen führt[174].

4. Sonstige Pflichtverletzungen

Schrifttum: *Mayerhöfer,* Die Integration der positiven Forderungsverletzung in das BGB, MDR 2002, 549 ff.; *Müglich/Lapp,* Mitwirkungspflichten des Auftraggebers beim IT-Systemvertrag, CR 2004, 801 ff.

a) Allgemeines

1276   Der in § 280 Abs. 1 BGB verwendete Begriff der Verletzung einer „Pflicht aus dem Schuldverhältnis" ist weit zu verstehen. Mit ihm wird jedes objektiv nicht dem Schuldverhältnis entsprechende Verhalten belegt[175], sodass sämtliche Leistungspflichten, Nebenleistungspflichten sowie Verhaltenspflichten erfasst werden[176], weshalb die Unmöglichkeit der Leistung[177], die Verzögerung der Leistung (Verzug)[178], die mangelhafte Leistung (Schlechterfüllung oder Schlechtleistung) sowie die Verletzung leistungsbezogener oder leistungsbegleitender Nebenpflichten allesamt dem einheitlichen Grundtatbestand des § 280 BGB unterfallen[179]. Terminologisch lassen sich die nachfolgend dargelegten Fälle unter dem Begriff der „sonstigen Pflichtverletzungen" zusammenfassen. Mit diesem Terminus wird zum Ausdruck gebracht, dass nur solche Fälle angesprochen sind, die nicht den verschiedenen Sonderregelungen der Unmöglichkeit, des Verzugs oder auch der Schlechterfüllung etwa in Gestalt der kaufvertraglichen Mängelhaftung unterworfen sind. Damit verbleibt für die Haftung nach § 280 BGB wegen einer sonstigen Pflichtverletzung eine erhebliche Bandbreite verschiedenster Pflichtverletzungen.

b) Die Pflichtverletzung durch Schlechtleistung

1277   Als Schlechtleistung oder auch Schlechterfüllung wird jede mangelhafte Erfüllung einer Leistungspflicht bezeichnet, die weder den Regelungen der Unmöglichkeit noch denjenigen des Verzugs unterfällt. Das Gesetz verwendet für die Schlechtleistung die Formulierung, die Leistung werde „nicht wie geschuldet" erbracht[180]. Bei Verträgen mit gesetzlichen Sondervorschriften zur Haftung wegen mangelhafter Leistung, zu denen auch das bei auf Dauer angelegten Softwareüberlassungsverträgen anwendbare Kaufrecht zählt, greifen Ansprüche unmittelbar nach den §§ 280 ff. BGB nur ein, soweit das gesetzlich normierte Mängelhaftungsrecht nicht einschlägig ist. Dementsprechend sind **bis zum Übergang der Gefahr** (§§ 446, 447 BGB) sowohl § 280 BGB als auch die weiteren Regelungen des allgemeinen Leistungsstörungsrechts anzuwenden. **Nach Gefahrübergang** gelten sie über die Verweisung des § 437 Nr. 3 BGB[181].

---

[174] Vgl. *Palandt/Grüneberg* § 286 Rdn. 30 mit Beispiel.
[175] Vgl. Begründung des Regierungsentwurfs zu § 280 Abs. 1 S. 1, *Canaris* S. 672; *Mayerhöfer* MDR 2002, 549, 551.
[176] Vgl. *Palandt/Grüneberg* § 280 Rdn. 12.
[177] Vgl. *Palandt/Grüneberg* § 280 Rdn. 5.
[178] Vgl. *Palandt/Grüneberg* § 280 Rdn. 5.
[179] Vgl. *Palandt/Grüneberg* § 280 Rdn. 12.
[180] Vgl. die Begründung des Regierungsentwurfs zu § 280 Abs. 1 S. 1, *Canaris* S. 676.
[181] Vgl. *Palandt/Grüneberg* § 280 Rdn. 17.

Für den Schadensersatz statt der Leistung ist gem. § 281 Abs. 1 BGB regelmäßig 1278
der **ergebnislose Ablauf einer zuvor gesetzten Frist zur Nacherfüllung** erforderlich.
Dies macht nur bei solchen Schäden Sinn, die durch eine Nachholung der ordnungsgemäßen Leistung vermieden werden können (**Mangelschaden**)[182].

Demgegenüber sind nach § 280 Abs. 1 BGB die über das Erfüllungsinteresse des 1279
Käufers hinausgehenden Vermögensnachteile (**Mangelfolgeschäden**) des Käufers
auszugleichen. Es geht um den Ersatz solcher Schäden, die auch im Falle der Nachholung der ordnungsgemäßen Leistung bestehen bleiben[183]. Bei der Ersatzpflicht
nach § 280 Abs. 1 BGB wegen eines Mangelfolgeschadens ist folgerichtig **keine
Fristsetzung** erforderlich[184].

Grundsätzlich bezieht sich der nach § 281 Abs. 1 BGB zu ersetzende **Mangel-** 1280
schaden auf den Minderwert der gelieferten Sache sowie die Kosten einer Ersatzbeschaffung oder Reparatur[185]. Demgegenüber zählen solche Schäden zu den nach
§ 280 Abs. 1 BGB zu ersetzenden **Mangelfolgeschäden,** die der Käufer an sonstigen
Rechtsgütern oder seinem Vermögen infolge seines Vertrauens auf die mangelfreie
Beschaffenheit der Sache in adäquat-kausaler Weise erlitten hat. Als Beispiel eines
Mangelfolgeschadens können solche Schäden angeführt werden, die durch überschriebene oder sonstwie zerstörte Daten des Käufers entstehen[186], wenn der Softwarelieferant ein virenverseuchtes Softwareprodukt ausliefert. Ferner fallen unter
den Begriff des Mangelfolgeschadens Miet- und Wartungskosten, Mehrkosten für
den Weiterbetrieb eines alten IT-Systems[187], nutzlos gewordene Aufwendungen für
Mitarbeiterschulungen und Zusatzdienstleistungen anderer Softwarefirmen, Gutachterkosten[188], entgangener Gewinn[189], nutzlos gewordene Aufwendungen für bauliche Maßnahmen zur Installation des IT-Systems, zusätzliche Nebenleistungen sowie zusätzlicher Personalaufwand[190]. Bei diesen Mangelfolgeschäden ist eine
Fristsetzung nach §§ 280 Abs. 3, 281 Abs. 1 BGB entbehrlich[191].

Bei einem Softwarelieferanten, der nicht selbst der Hersteller der Computersoft- 1281
ware ist, sondern lediglich Händler, wird es in der Regel jedoch am für das Eingreifen eines Schadensersatzanspruchs wegen einer Pflichtverletzung nach § 280 Abs. 1
S. 2 BGB erforderlichen **Verschulden** fehlen. Dem Händler obliegt nach ständiger
Rechtsprechung des *BGH* keine besondere Untersuchungspflicht für die von ihm
verkaufte Ware[192]. Er muss sich auch nicht das Verschulden seiner Lieferanten nach
§ 278 BGB zurechnen lassen[193].

Sofern jedoch den Anwender die Verpflichtung zur unverzüglichen **Mängelrüge** 1282
nach § 377 Abs. 1 HGB trifft[194], weil die Softwareüberlassung im Rahmen eines

---

[182] Vgl. *Palandt/Grüneberg* § 280 Rdn. 18.
[183] Vgl. *Palandt/Grüneberg* § 280 Rdn. 18.
[184] Vgl. *BGH*, 23.1.2013, VIII ZR 140/12, NJW 2013, 1523 Tz. 21.
[185] Vgl. *Palandt/Grüneberg* § 280 Rdn. 18.
[186] Vgl. *BGH*, 2.7.1996, X ZR 64/94, NJW 1996, 2924, 2926; *Palandt/Grüneberg* § 280 Rdn. 20.
[187] Offengelassen für durch den Neuabschluss eines Wartungsvertrags über das alte IT-System entstandene Kosten *OLG Koblenz*, 16.5.1997, 2 U 1788/95, CR 1997, 606, 607.
[188] Vgl. *BGH*, 23.1.2013, VIII ZR 140/12, NJW 2013, 1523 Tz. 21.
[189] Vgl. *Palandt/Grüneberg* § 280 Rdn. 18.
[190] Vgl. zu diesen Einzelbeispielen *LG Essen*, 16.1.1986, 43 O 129/84, CR 1987, 428, 431.
[191] Vgl. *BGH*, 23.1.2013, VIII ZR 140/12, NJW 2013, 1523 Tz. 21.
[192] Vgl. *BGH*, 19.6.2009, V ZR 93/08, NJW 2009, 2674, 2676 Tz. 19; *Palandt/Grüneberg* § 280 Rdn. 19.
[193] Vgl. *BGH*, 19.6.2009, V ZR 93/08, NJW 2009, 2674, 2676 Tz. 19.
[194] Vgl. zu Mängelrügepflichten unten Rdn. 1880 ff.

Handelsgeschäfts erfolgt, verliert der Käufer bei nicht rechtzeitiger Fehlerrüge auch die Ansprüche wegen einer sonstigen Pflichtverletzung.

c) Die Verletzung von Nebenpflichten

1283   Die für das jeweilige Schuldverhältnis kennzeichnenden Hauptleistungspflichten werden durch **Nebenpflichten** vervollständigt und ergänzt, wobei zur Herleitung der Nebenpflichten auf die Parteivereinbarungen, gesetzliche Vorschriften, insbesondere aber auf den Grundsatz von Treu und Glauben nach § 242 BGB zurückzugreifen ist. Eine allgemein anerkannte Darstellung oder auch nur terminologische Abgrenzung hat sich bislang nicht durchsetzen können[195]. Vor dem Hintergrund des § 241 Abs. 2 BGB, demzufolge ein Schuldverhältnis seinem Inhalt nach jeden Teil zur Rücksicht auf die Rechte, Rechtsgüter und Interessen des anderen Teil verpflichten kann, ist es jedoch sinnvoll, zwischen solchen Pflichten, die zum Leistungsprogramm des Schuldners zählen (**leistungsbezogene Nebenpflichten, Nebenleistungspflichten**) und den von § 241 Abs. 2 BGB erfassten sonstigen Nebenpflichten (**nicht leistungsbezogene Nebenpflichten, Verhaltenspflichten, Schutzpflichten**) zu unterscheiden. Bei Verstößen greift zwar in beiden Fällen § 280 Abs. 1 BGB ein[196], jedoch sind für die leistungsbezogenen Nebenpflichten darüber hinaus die §§ 281 und 323 BGB einschlägig, während für die nicht leistungsbezogenen Nebenpflichten die §§ 282 und 324 BGB hinzutreten. Leistungsbezogene Nebenpflichten dienen der Vorbereitung, Durchführung und Sicherung der Hauptleistung und sind folglich auf die Herbeiführung des Leistungserfolgs bezogen[197]. Demgegenüber wirkt sich die Verletzung einer nicht leistungsbezogenen Nebenpflicht nicht auf die Hauptleistung aus[198].

aa) Leistungstreuepflichten

1284   Die sog. Leistungstreuepflicht dient der **Sicherung der Hauptleistungspflicht** und ist daher als leistungsbezogene Pflicht zu qualifizieren[199]. Dieser Pflicht zufolge haben die Parteien alles zu unterlassen, was den Vertragszweck oder den Leistungserfolg beeinträchtigen oder gefährden könnte und müssen auf die Erreichung des Leistungserfolgs hinwirken[200]. Wann eine schuldhafte Beeinträchtigung oder Gefährdung des Vertragszwecks bzw. der Herbeiführung des Leistungserfolgs vorliegt, ist nach den jeweiligen Umständen des Einzelfalls zu entscheiden. Hierbei sind jedoch bei einem Warenumsatzgeschäft wie der kaufvertraglichen Softwareüberlassung strengere Anforderungen zu stellen als bei einem Dauerschuldverhältnis[201]. Die Pflicht zur Unterlassung der Vertragszweckgefährdung besteht im Rahmen des Zumutbaren auch nach Erfüllung des Vertrags fort[202].

1285   Eine schuldhafte Zerstörung des für den Vertragserfolg erforderlichen **Vertrauensverhältnisses** haben das *OLG Stuttgart*[203] und auch der *BGH*[204] in der Revisi-

---

[195] Vgl. *Palandt/Grüneberg* § 280 Rdn. 24.
[196] Vgl. *Palandt/Grüneberg* § 280 Rdn. 24.
[197] Vgl. *Palandt/Grüneberg* § 241 Rdn. 5.
[198] Vgl. die Begründung des Regierungsentwurfs zu § 282 BGB, *Canaris* S. 682.
[199] Vgl. *Palandt/Grüneberg* § 242 Rdn. 24.
[200] Vgl. *BGH*, 13.10.2015, X ZR 126/14, NJW 2016, 491, 492 Tz. 23.
[201] Vgl. grundsätzlich auf die Rechtsnatur des jeweiligen Vertrags abstellend *Palandt/Grüneberg* § 242 Rdn. 27.
[202] Vgl. *Palandt/Grüneberg* § 242 Rdn. 26 sowie § 280 Rdn. 7.
[203] Vgl. *OLG Stuttgart*, 3.1.1986, 2 U 70/85, CR 1986, 639, 640.
[204] Vgl. *BGH*, 25.3.1987, VIII ZR 43/86, NJW 1987, 2004, 2006.

onsentscheidung dieses Rechtsstreits für den Fall angenommen, dass ein Softwarelieferant seinem Kunden zunächst den Einbau einer **Programmsperre** in den Programmcode verschwieg, um diesen sodann unter Hinweis auf die nach einer gewissen Zeit aktive Benutzungssperre zum Abschluss eines für den Kunden nur schwer akzeptablen Programmwartungsvertrags zu zwingen. Der Einbau einer Programmsperre stellt nach Auffassung des *OLG Düsseldorf*[205] bei einem Programm zur Verwaltung ärztlicher Patientendaten selbst dann eine schwerwiegende Vertragsverletzung dar, wenn sie wieder entfernt wird, bevor der Arzt hiervon Kenntnis erlangt. Das Vertrauensverhältnis sei zerstört, wenn der Arzt nicht die Sicherheit habe, Patientendaten jederzeit abrufen zu können.

Eine schwerwiegende Verletzung der Treuepflicht kann auch darin zu sehen sein, dass der Anwender die Software **unberechtigt vervielfältigt** und die Kopien an Dritte weiterverbreitet oder etwa unbefugt in einem **Netzwerk** betreibt und hierdurch die zeitgleiche Benutzung durch zahlreiche Anwender ermöglicht. 1286

bb) Schutzpflichten

Unter dem **Begriff der Schutz- und Rücknahmepflichten** wird die Verpflichtung beider Vertragsparteien verstanden, sich bei der Abwicklung des Schuldverhältnisses so zu verhalten, dass die Person, das Eigentum sowie sonstige Rechtsgüter des Vertragspartners nicht verletzt werden[206]. In **§ 241 Abs. 2 BGB** wird die Bedeutung von Schutzpflichten klargestellt und dahingehend umschrieben, das Schuldverhältnis könne nach seinem Inhalt jeden Teil zur Rücksicht auf die Rechte, Rechtsgüter und Interessen des anderen Teils verpflichten. Der konkrete Inhalt der Schutz- und Rücksichtnahmepflichten ist bei Fehlen entsprechender Absprachen jeweils nach der konkreten Situation unter Bewertung und Abwägung der beiderseitigen Interessen zu bestimmen[207]. So trifft etwa den die Installation des Computerprogramms vornehmenden Softwarelieferanten die Pflicht, die bereitgestellte Hardware nicht zu beschädigen sowie gespeicherte Daten und Programme nicht zu löschen. Auch eine ohne Rückfrage vorgenommene Neuformatierung eines Massenspeichers stellt gegebenenfalls eine Schutzpflichtverletzung dar. Bringt der Anwender die Hardware zum Zwecke der Softwareinstallation zum Softwarelieferanten, hat dieser die Pflicht, durch geeignete organisatorische Maßnahmen dafür zu sorgen, dass die Hardware nicht entwendet wird oder unberechtigte Dritte Einblick in gespeicherte Daten nehmen können. 1287

Wird ein IT-Fachunternehmen von einem Anwender mit der **Rettung von Daten** beauftragt, die sich auf einer defekten Festplatte befinden, dann stellt es nach Auffassung des *BGH*[208] eine Verletzung der vertraglichen Schutzpflichten dar, wenn dieses Unternehmen unrichtig die objektive Unmöglichkeit der Datenrekonstruktion behauptet, ohne auf eine wenn auch fernliegende anderweitige Rettungsmöglichkeit hinzuweisen. Umgekehrt trifft aber den Softwareanwender im Rahmen des Zumutbaren die Schutzpflicht, dafür zu sorgen, dass Dritte, gegebenenfalls aber auch eigene Mitarbeiter, die gelieferte Software nicht unberechtigt vervielfältigen und in Umlauf bringen. Dies entspricht der in § 99 UrhG enthaltenen gesetzgeberischen Wertung, derzufolge der Inhaber eines Unternehmens auch ohne schuldhaftes Han- 1288

---

[205] Vgl. *OLG Düsseldorf*, 30.1.1992, 5 U 193/90, NJW-RR 1993, 59.
[206] Vgl. *BGH*, 13.1.2004, XI ZR 479/02, NJW-RR 2004, 481, 483; *Palandt/Grüneberg* § 242 Rdn. 35 sowie § 280 Rdn. 28.
[207] Vgl. *BGH*, 30.9.2009, VIII ZR 238/08, NJW 2010, 1135, 1137 Tz. 15; *OLG Hamm*, 28.11.2012, I-12 U 105/12, NJW-RR 2013, 1002, 1003 f.
[208] Vgl. *BGH*, 11.4.2000, X ZR 19/98, NJW 2000, 2812.

deln²⁰⁹ den Ansprüchen aus den §§ 97 bis 99 UrhG mit Ausnahme des verschuldensabhängigen Schadensersatzanspruchs ausgesetzt ist, wenn Mitarbeiter Urheberrechte widerrechtlich verletzen. Sofern im Überlassungsvertrag die Pflicht zum aktiven Schutz des Programms vor Dritten und Mitarbeitern vereinbart wurde, schließt dies die Pflicht zur Duldung von geeigneten Schutzmaßnahmen des Programmherstellers (z. B. eine periodische Sperre) ein, soweit nicht berechtigte Nutzungsinteressen des Anwenders unzumutbar beeinträchtigt werden²¹⁰.

cc) Mitwirkungspflichten

1289   **Mitwirkungspflichten** gehen dahin, die Voraussetzungen für die Durchführung des Vertrags zu schaffen und Erfüllungshindernisse tatsächlicher oder rechtlicher Art zu beseitigen. Hierzu sind grundsätzlich beide Vertragspartner verpflichtet. Mitwirkungspflichten stellen **leistungsbezogene Nebenpflichten** dar²¹¹ und sind selbstständig einklagbar. Im Rahmen eines Softwareüberlassungsvertrags kann den Softwareanwender etwa die Verpflichtung zur Bereitstellung seiner Hardware treffen, wenn der Lieferant neben der Lieferung auch die Installation des Programms schuldet. Auch die Bereitstellung ausreichend kompetenter Mitarbeiter kann zu den Mitwirkungspflichten des Anwenders zählen²¹². Eine Mitwirkungspflicht kann den Anwender im Rahmen des Zumutbaren aber etwa auch bei der **Fehlersuche** und **Fehlerbeseitigung** treffen.

dd) Auskunfts- und Beratungs- sowie Schulungspflichten

1290   Auskunfts- und Beratungspflichten wurden bereits im Rahmen vorvertraglicher Pflichtverletzungen behandelt. Auch **nach Vertragsabschluss** kann der Softwarelieferant jedoch durch eine entsprechende vertragliche Nebenleistungspflicht²¹³ zur Auskunftserteilung und Beratung verpflichtet sein, wobei hinsichtlich des Inhalts und des Umfangs der Verpflichtung erneut auf die **Fachkenntnisse der Beteiligten,** insbesondere ein mögliches Informationsgefälle, abzustellen ist²¹⁴. Kannte der Anwender die Umstände, hinsichtlich deren der Verkäufer aufklärungspflichtig war, besteht kein Anspruch wegen einer Pflichtverletzung. Nach Auffassung des *OLG Köln* folgt dies daraus, dass es dann an der erforderlichen Kausalität zwischen Verletzung der Aufklärungspflicht und eingetretenem Schaden fehlt²¹⁵. Zum gleichen Ergebnis gelangt man aber auch, wenn man bereits das Vorhandensein einer Aufklärungspflicht verneint.

1291   Zu den Auskunfts- und Beratungspflichten können auch die Pflichten des Softwarelieferanten zur **Schulung** und **Instruktion** des Anwenders gerechnet werden. Inwieweit eine derartige Schulungs- und Instruktionspflicht auch **ohne ausdrückliche** vertragliche **Vereinbarung** besteht, lässt sich abstrakt kaum ausführen, sondern muss unter Berücksichtigung der Umstände des Einzelfalls entschieden werden. Bei **Massensoftware** entspricht eine Schulung und Instruktion weder der Verkehrsüblichkeit noch wird man eine entsprechende Verpflichtung des Softwarelieferanten für interessengerecht halten können²¹⁶.

---

[209] Zur Verfassungsmäßigkeit dieser Vorschrift *BVerfG*, 28.5.1996, 1 BvR 927/91, NJW 1996, 2567.
[210] Vgl. *BGH*, 3.6.1981, VIII ZR 153/80, NJW 1981, 2684.
[211] Vgl. *Palandt/Grüneberg* § 242 Rdn. 24; *Müglich/Lapp* CR 2004, 801.
[212] Vgl. *BGH*, 20.2.2001, X ZR 9/99, NJW 2001, 1718, 1720.
[213] Vgl. *OLG Hamm*, 28.11.2012, I-12 U 105/12, NJW-RR 2013, 1002, 1003 f.
[214] Vgl. *OLG Hamm*, 28.11.2012, I-12 U 105/12, NJW-RR 2013, 1002, 1003 f.; ferner oben Rdn. 1217 ff.
[215] Vgl. grundsätzlich *OLG Köln*, 17.9.1982, 3 U 9/82, VersR 1983, 862, 863.
[216] Vgl. *Gaul* MDR 2000, 549, 556.

Sofern eine umfassende Schulung und Einweisung erforderlich ist, wird diese vom Softwarelieferanten ohne besondere Vereinbarung in der Regel nur gegen **Zahlung eines entsprechenden Entgelts** erbracht werden müssen. Von der Komplexität oder Außergewöhnlichkeit der Software allein kann jedoch nicht darauf geschlossen werden, der Softwarelieferant müsse dann davon ausgehen, dass der Anwender diese Leistung als im Preis inbegriffen ansehe. 1292

Auch wenn die Schulungspflicht des Softwarelieferanten **ausdrücklich vereinbart** wurde, kommt ihr in der Regel eine nur untergeordnete Bedeutung zu. Sie ist dann als eine andersartige Nebenleistung zu qualifizieren, der kein vertragstypenprägender Charakter innewohnt. Denkbar sind aber noch zwei weitere Erscheinungen. Zunächst ist möglich, dass die Schulungspflicht von den Parteien für derart bedeutsam gehalten wird, dass sie gegenüber der eigentlichen Softwareüberlassung als gleichgewichtige Kumulation typenverschiedener Leistungen erscheint. Dann finden für jede Leistung die für diesen Vertragstyp geltenden Vorschriften Anwendung, für den schulungsbezogenen Teil in Übereinstimmung mit anderen Unterrichtsverträgen das **Dienstvertragsrecht** gem. §§ 611 ff. BGB[217]. Schließlich ist es auch möglich, dass hinsichtlich der Softwareüberlassung und der Schulung kein einheitliches Vertragsgefüge vorliegt, sondern dass es **sich um äußerlich selbständige Verträge** mit jeweils eigener Gegenleistung handelt. Dann liegt aber meist eine vom Parteiwillen getragene Verbindung zu einer Einheit vor, die infolge dieses Einheitlichkeitswillens zur Anwendung des § 139 BGB führt[218]. 1293

ee) Weitere Nebenpflichten

Als weitere Nebenpflichten des Softwareüberlassungsvertrags kann zunächst auf eine gegebenenfalls vereinbarte **Installation** der Software im System des Anwenders hingewiesen werden. Ob eine derartige Installationspflicht vorliegt, ist durch Auslegung des Vertrags zu ermitteln. In der Regel ist sie im Bereich der nicht vernetzten PCs nicht Vertragsbestandteil, während die Installation der Software bei mittleren und großen Systemen oftmals vom Lieferanten vorgenommen werden muss, weil der Anwender die hierfür erforderlichen technischen Kenntnisse nicht besitzt. Hinsichtlich der Frage nach dem Bestehen einer Installationspflicht des Lieferanten ist der Kunde **beweispflichtig**[219]. 1294

Zu den Nebenpflichten eines Softwareüberlassungsvertrags kann es auch zählen, das überlassene Programm auf **Virenfreiheit**[220] hin zu untersuchen. Hinsichtlich der von einem Händler bezogenen Massensoftware ist dies grundsätzlich nicht der Fall, weil den Händler nach ständiger Rechtsprechung des *BGH* keine besondere Untersuchungspflicht für die von ihm verkaufte Ware trifft[221]. Bei den in der Regel versiegelten CD-Verpackungen der Massensoftware ist dem Händler eine solche Untersuchung auch gar nicht möglich. Anderes kann aber gelten, wenn die Software direkt vom Hersteller bezogen wird oder der Händler ausnahmsweise doch Zugriff auf das Programm hatte. Letzteres ist etwa bei den im PC-Bereich häufig auf der Festplatte „vorinstallierten" Programmen der Fall. Hier zählt es zu den Nebenpflichten des Lieferanten, eine Kontrolle mittels eines der gängigen Virenscanner vorzunehmen. 1295

---

[217] Vgl. *Wolf/Lindacher/Pfeiffer* Klauseln Rdn. U 1; ohne ausdrückliche Erörterung auch *BGH*, 13.11.1997, III ZR 165/96, NJW 1998, 748 f.
[218] Vgl. hierzu ausführlich oben Rdn. 851 ff.
[219] Vgl. *OLG Köln*, 14.1.2000, 19 U 116/98, CR 2000, 503, 504.
[220] Vgl. zu Computerviren unten Rdn. 1512 ff.
[221] Vgl. ohne ausdrückliche Hervorhebung *BGH*, 15.7.2008, VIII ZR 211/07, NJW 2008, 2837, 2840 Tz. 29; ferner *Palandt/Grüneberg* § 280 Rdn. 19.

Angesichts der beständig wachsenden Zahl der Computerviren muss es sich um die neueste Programmversion handeln. Angesichts der andernfalls drohenden, kaum zu überschauenden Schäden scheinen diese Kontrollmaßnahmen auch zumutbar. Nur aus Gründen der Vollständigkeit sei aber erwähnt, dass eine 100%ige Virensicherheit nicht zu erreichen ist.

d) Rechtsfolgen einer sonstigen Pflichtverletzung

1296   Die Rechtsfolgen einer sonstigen Pflichtverletzung gehen grundsätzlich dahin, dem Geschädigten einen alle unmittelbaren und mittelbaren Nachteile abdeckenden Schadensersatzanspruch einschließlich der Prozesskosten nach §§ 280 Abs. 1, 249 ff. BGB zu gewähren[222]. Darüber hinaus greifen bei der Verletzung leistungsbezogener Nebenpflichten die §§ 281 und 323 BGB ein, denen zufolge ein **Schadensersatzanspruch statt der Leistung** sowie ein **Rücktrittsrecht** gegeben sein kann. Bei der Verletzung nicht leistungsbezogener Nebenpflichten sind neben § 280 Abs. 1 BGB die §§ 282 sowie 324 BGB zu beachten. Nach § 282 BGB kann der Käufer im Falle einer vom Verkäufer zu vertretenden Pflichtverletzung ebenfalls Schadensersatz statt der Leistung verlangen, wenn ihm die Leistung durch den Schuldner nicht mehr zuzumuten ist. Gleiches gilt für das in § 324 BGB normierte Rücktrittsrecht, jedoch ist hier kein Verschulden des Verkäufers erforderlich. In jedem Fall können Schadensersatzanspruch und Rücktritt nach § 325 BGB nebeneinander geltend gemacht werden.

1297   Ein **Verschulden** des Vertreters muss sich der Vertretene auch im Rahmen einer sonstigen Pflichtverletzung nach § 278 BGB zurechnen lassen. Gegebenenfalls kommt auch hier eine **Eigenhaftung des Vertreters** entsprechend den Grundsätzen des § 311 Abs. 3 BGB in Betracht, jedoch kann diesbezüglich auf die Ausführungen zur culpa in contrahendo verwiesen werden[223]. Gegebenenfalls ist ein Mitverschulden des Käufers gem. § 254 Abs. 1 BGB zu berücksichtigen[224].

e) Verjährung der Ansprüche wegen einer sonstigen Pflichtverletzung

1298   Schadensersatzansprüche wegen einer sonstigen Pflichtverletzung gem. § 280 Abs. 1 BGB unterfallen grundsätzlich der **dreijährigen Verjährungsfrist** der §§ 195, 199 BGB[225]. Sofern die Schäden einschließlich der Folgeschäden aus einem Mangel der Kaufsache hergeleitet werden und § 280 Abs. 1 BGB aufgrund der Verweisung in § 437 Nr. 3 1. Alt. BGB Anwendung findet, greift demgegenüber die besondere Regelung über die Verjährung der Mängelansprüche gem. § 438 BGB ein[226]. Hinsichtlich der **Beweislastfragen** kann auf die entsprechenden Ausführungen bei der culpa in contrahendo verwiesen werden[227].

5. Kaufvertragliche Mängelhaftung

1299   Das kaufvertragliche Mängelhaftungsrecht unterscheidet zwischen **Rechts-** und **Sachmängeln**. Während sich die Frage, wann ein Sachmangel vorliegt, nach § 434

---

[222] Vgl. *Palandt/Grüneberg* § 280 Rdn. 32.
[223] Vgl. hierzu oben Rdn. 1221.
[224] Vgl. *OLG Hamm*, 28.11.2012, I-12 U 105/12, NJW-RR 2013, 1002, 1004.
[225] Vgl. *OLG Hamm*, 28.11.2012, I-12 U 105/12, NJW-RR 2013, 1002, 1005; *Palandt/Grüneberg* § 280 Rdn. 33.
[226] Vgl. *Palandt/Grüneberg* § 280 Rdn. 33.
[227] Vgl. hierzu oben Rdn. 1246.

BGB richtet, gilt für Rechtsmängel § 435 BGB. Trotz der grundsätzlichen Unterscheidung von Sach- und Rechtsmängeln sind die **Rechtsfolgen gleich**, weshalb insoweit im Einzelfall dahingestellt bleiben kann, um welchen Typus eines Mangels es sich handelt[228].

Die Frage, wann die gelieferte Computersoftware einen Mangel aufweist, wird im Schrifttum kontrovers diskutiert und bedarf einer eingehenden Darstellung. Hierauf soll jedoch an dieser Stelle verzichtet werden, weil das **softwarespezifische Mängelproblem** in einem **getrennten Abschnitt** ausführlich dargestellt und dort in einem umfassenderen, auch die Mängel mietvertraglich oder werkvertraglich überlassener Computersoftware berücksichtigenden Zusammenhang erläutert wird[229]. Die nachfolgenden Ausführungen gehen daher vom Vorliegen eines Mangels aus. Auf die Frage einer Kostenerstattung für die unberechtigte Inanspruchnahme des Softwarelieferanten auf Mängelbeseitigung wird ebenfalls an anderer Stelle eingegangen[230].

1300

a) Die Mängelrechte des Käufers im Überblick

Die speziellen Regelungen der kaufvertraglichen Mängelhaftung greifen erst für den **Zeitpunkt ab Gefahrübergang** ein. Für die Zeit **vor Gefahrübergang** kommen sowohl § 280 BGB als auch die sonstigen allgemeinen Regeln des Leistungsstörungsrechts zur Anwendung. Gem. § 433 Abs. 1 S. 2 BGB kann der Käufer also zunächst eine mangelfreie Leistung verlangen. Kommt der Verkäufer dem nicht nach, gerät er regelmäßig in Verzug. Der Käufer kann dann den Verzögerungsschaden gem. §§ 280 Abs. 1 und 2, 286 BGB verlangen, nach §§ 280 Abs. 1, 281 BGB oder § 323 BGB (Rücktritt) vorgehen. Für den Fall, dass die Lieferung einer mangelfreien Sache nicht möglich ist, kann auf die Ausführungen zum Unmöglichkeitsrecht verwiesen werden[231].

1301

Wann die Gefahr übergeht, regelt sich dabei insbesondere nach den §§ 446, 447 BGB, sodass die **Vergütungsgefahr** in der Regel bei der Übergabe der Kaufsache im Sinne der Verschaffung des unmittelbaren Besitzes gem. § 446 S. 1 BGB, also etwa bei der Anlieferung und Installation eines Computersystems[232] bzw. beim Versendungskauf nach § 447 Abs. 1 BGB mit der Auslieferung der Kaufsache an den Transporteur übergeht. Beim üblichen Versandhandel liegt jedoch nach allerdings nicht unbestrittener Auffassung kein Versendungskauf im Sinne des § 447 BGB vor, sodass die Gefahr beim Softwareversand erst übergeht, wenn diese beim Käufer eingeht[233]. Für den Verbrauchsgüterkauf zwischen einem Unternehmer und einem Verbraucher ist § 475 Abs. 2 BGB (§ 474 Abs. 2 BGB a. F.) zu berücksichtigen.

1302

Nach Gefahrübergang werden die allgemeinen Regelungen bei einer mangelhaften Leistung des Verkäufers durch die Sonderregelungen der §§ 437 ff. BGB insoweit verdrängt, als sie einander widersprechen. Dabei zählt § 437 BGB die Rechte und Ansprüche auf, die dem Käufer bei der Lieferung einer mit einem Sach- oder Rechtsmangel behafteten Sache durch den Verkäufer zustehen. Im Einzelnen sieht § 437 die Möglichkeiten des Käufers vor, Nacherfüllung zu verlangen (§ 437 Nr. 1 BGB), vom Vertrag zurückzutreten (§ 437 Nr. 2 1. Alt. BGB), den Kaufpreis zu min-

1303

---
[228] Vgl. *Palandt/Weidenkaff* § 437 Rdn. 1; a. A. wohl nur *Bartsch* CR 2005, 1, 2 allerdings ohne Begründung, weshalb die Rechtsfolgen unterschiedlich sein sollen.
[229] Vgl. hierzu unten Rdn. 1435 ff.
[230] Vgl. unten Rdn. 1814 ff. auch zu Kostenklauseln.
[231] Vgl. oben Rdn. 1247 ff.
[232] Vgl. *BGH*, 28.2.1996, VIII ZR 241/94, NJW 1996, 1962, 1963.
[233] Vgl. *Palandt/Grüneberg* § 269 Rdn. 12; a. A. *BGH*, 16.7.2003, VIII ZR 302/02, NJW 2003, 3341, 3342; *Palandt/Weidenkaff* § 447 Rdn. 5.

dern (§ 437 Nr. 2 2. Alt. BGB), Schadensersatz zu verlangen (§ 437 Nr. 3 1. Alt. BGB) oder Ersatz der vergeblichen Aufwendungen zu fordern (§ 437 Nr. 3 2. Alt. BGB). Auf diese Möglichkeiten soll nachfolgend näher eingegangen werden.

b) Der Nacherfüllungsanspruch gem. §§ 439, 437 Nr. 1 BGB

Schrifttum: *Lorenz*, Die Reichweite der kaufrechtlichen Nacherfüllungspflicht durch Neulieferung, NJW 2009, 1633 ff.; *Reinking*, Leistungsort der Nacherfüllung im Kauf- und Werkvertragsrecht, NJW 2008, 3608 ff.

1304   Es wurde bereits erwähnt, dass der Verkäufer gem. § 433 Abs. 1 S. 2 BGB grundsätzlich verpflichtet ist, dem Käufer den Kaufgegenstand frei von Sach- und Rechtsmängeln zu verschaffen. Dieser Anspruch besteht unverändert nur bis zum Gefahrübergang. Nach diesem Zeitpunkt bezeichnet das Gesetz den Erfüllungsanspruch des Käufers auf eine mangelfreie Sache als **Anspruch auf Nacherfüllung**. Mit dem Institut der Nacherfüllung soll dem Verkäufer eine „letzte" Chance eingeräumt werden, seine Pflicht aus § 433 Abs. 1 S. 2 BGB durch Beseitigung des Mangels oder Lieferung einer mangelfreien Sache noch zu erfüllen, um den mit einer Rückabwicklung des Vertrags verbundenen wirtschaftlichen Nachteil abzuwenden[234]. Dogmatisch lässt sich dies dahingehend erläutern, dass der ursprüngliche Erfüllungsanspruch nicht erlischt, sondern in modifizierter Form fortbesteht[235]. Die Pflicht zur Nacherfüllung trifft den Verkäufer unabhängig davon, ob der Mangel **erheblich oder unerheblich** ist und ob der Verkäufer, den Mangel zu **vertreten** hat oder nicht. Sie setzt einen **behebbaren Mangel** voraus, andernfalls kann der Käufer dem über § 326 Abs. 1 S. 2 BGB fortbestehenden Zahlungsanspruch des Verkäufers nur mit den Rechten gem. § 437 Nr. 2 und 3 BGB begegnen[236], insbesondere etwa vom Vertrag zurücktreten[237]. Der Nacherfüllungsanspruch ist als **Wahlrecht des Käufers** ausgestaltet und umfasst zwei Varianten: Die **Lieferung einer mangelfreien Sache** (Nachlieferung, Ersatzlieferung, Umtausch) ist die vom Verkäufer vorgenommene unentgeltliche Lieferung einer anderen, mangelfreien Sache, was beim Online-Kauf von Software dazu führt, dass der Verkäufer dem Anwender den Download einer mangelfreien Programmversion ermöglichen muss. Die zweite Variante der Nacherfüllung besteht in der **Beseitigung des Mangels** (Nachbesserung), die dann vorliegt, wenn der Mangel der gelieferten Sache durch den Verkäufer unentgeltlich beseitigt wird, etwa durch Reparatur oder (Neu-)Montage. Bei einem Rechtsmangel kann die Nachbesserung bei Software darin bestehen, dass der Verkäufer die fehlenden Rechte beim Rechtsinhaber erwirbt und dem Käufer überträgt[238]. Ist eine Nacherfüllung nicht möglich, weil die mangelhafte Programmversion durch eine neue Version abgelöst wurde, wird der Verkäufer auch die **Neuversion** liefern dürfen, soweit dies für den Käufer keine erheblichen Nachteile mit sich bringt[239]. Sofern die neue Programmversion leistungsfähiger ist, muss der Käufer gegebenenfalls eine Aufzahlung leisten[240]. Dies ist ihm aber unzumutbar, wenn die größere Leistungsfähigkeit für den Käufer ohne Interesse ist. Insoweit ist zu berücksichtigen, dass es nach der ge-

---

[234] Vgl. *BGH*, 15.7.2008, VIII ZR 211/07, NJW 2008, 2837, 2838 Tz. 21.
[235] Vgl. *BGH*, 17.10.2012, VIII ZR 226/11, CR 2013, 16, 18 Tz. 24; *Palandt/Weidenkaff* § 439 Rdn. 1 sowie § 437 Rdn. 14.
[236] Vgl. *Palandt/Weidenkaff* § 437 Rdn. 5.
[237] Vgl. *BGH*, 28.11.2007, VIII ZR 16/07, NJW 2008, 911, 912 Tz. 6.
[238] Vgl. *Goldmann/Redecke* MMR 2002, 3, 4.
[239] Vgl. *LG München I*, 14.8.2003, 12 O 2393/03, CR 2004, 221, 224; *Goldmann/Redecke* MMR 2002, 3, 5; *Bartsch* CR 2001, 649, 654.
[240] Vgl. *Bartsch* CR 2001, 649, 654.

II. Leistungsstörungen bei der Softwareüberlassung auf Dauer

setzlichen Regelung dem Verkäufer obliegt, eine ordnungsgemäße Nacherfüllung auch bei Lieferung einer von der Bestellung abweichenden Software darzulegen und gegebenenfalls zu beweisen[241]. Insgesamt wird die Nacherfüllung bei Standardsoftware aber ohnehin eine nur untergeordnete Rolle spielen, da der Verkäufer in der Regel nicht nachbessern kann und auch eine Nachlieferung ausscheidet, weil es **bei Programmierfehlern keine mangelfreien Softwareexemplare** gibt. Dann bleiben dem Käufer nur die Rechtsbehelfe des § 437 Nr. 2 und 3 BGB.

Obwohl dies dem Wortlaut des § 437 BGB nicht unmittelbar zu entnehmen ist, stehen die einzelnen Rechte **nicht gleichrangig nebeneinander,** sondern ist der Nacherfüllungsanspruch vorrangig[242]. Dies folgt aus der Tatsache, dass Rücktritt und Minderung (§ 437 Nr. 2 BGB) infolge der Verweisung auf § 323 Abs. 1 BGB eine erfolglose Fristsetzung zur Nacherfüllung voraussetzen. Gleiches gilt für den Schadensersatzanspruch statt der Leistung sowie den Aufwendungsersatzanspruch (§ 437 Nr. 3 BGB), für die das Fristsetzungserfordernis aus § 281 Abs. 1 S. 1 BGB folgt[243]. Lediglich Schadensersatzansprüche wegen der Verletzung nicht leistungsbezogener Nebenpflichten des Verkäufers (Schutzpflichten) unterfallen allein § 280 Abs. 1 BGB und unterliegen daher dem Fristsetzungserfordernis des § 281 Abs. 1 S. 1 BGB nicht[244]. 1305

Der Käufer muss die Nacherfüllung **verlangen,** also eine formfreie empfangsbedürftige Willenserklärung abgeben. Dies kann auch konkludent erfolgen gleichwie der gesetzliche Terminus nicht benannt werden muss, jedoch darf die Ernsthaftigkeit des Nacherfüllungsverlangens auch nicht durch Relativierungen wie die Äußerung eines bloßen Wunschs oder einer höflichen Bitte in Zweifel gezogen werden[245]. Der Käufer kann Nachbesserung oder Nachlieferung wählen, er kann die Wahl aber auch dem Verkäufer überlassen. Eine Fristsetzung ist nicht erforderlich[246]. Soweit bereits infolge der nicht rechtzeitigen Leistung einer mangelfreien Sache ein Schaden eingetreten ist, kann der Käufer den Ersatz dieses Verzögerungsschadens gem. §§ 280 Abs. 1 und 2, 286 BGB verlangen. Es ist daher Schuldnerverzug erforderlich. Dieser Schadensersatzanspruch umfasst auch den infolge einer schuldhaft verzögerten Nacherfüllung entstehenden Schaden. 1306

Ein Recht des Käufers zur **Selbstvornahme der Mangelbeseitigung** ist im Kaufvertragsrecht anders als im Werkvertragsrecht (§§ 634 Nr. 2, 637 BGB) **nicht vorgesehen.** Sofern jedoch zum Zeitpunkt der Selbstvornahme die Voraussetzungen von Rücktritt, Minderung bzw. Schadensersatz satt der Leistung vorliegen, etwa weil eine Fristsetzung zur Nacherfüllung entbehrlich oder die Nachfrist schon abgelaufen war, unterfallen die entsprechenden Kosten dem (verschuldensabhängigen) Anspruch auf Schadensersatz statt der Leistung gem. §§ 437 Nr. 3, 280 Abs. 1, 281 BGB[247]. Liegen die Voraussetzungen zum Zeitpunkt der Selbstvornahme nicht vor, ist allenfalls eine Anrechnung der Aufwendungen des Käufers auf den Kaufpreisanspruch des Verkäufers analog § 326 Abs. 2 S. 2 BGB in Betracht zu ziehen[248]. Abzu- 1307

---

[241] Vgl. *LG München I*, 14.8.2003, 12 O 2393/03, CR 2004, 221, 224.
[242] Vgl. *BGH*, 23.2.2005, VIII ZR 100/04, NJW 2005, 1348; *Palandt/Weidenkaff* § 437 Rdn. 4.
[243] Vgl. *Lorenz* NJW 2003, 1417, 1418.
[244] Vgl. *BGH*, 23.1.2013, VIII ZR 140/12, NJW 2013, 1523 Tz. 21; *Palandt/Weidenkaff* § 437 Rdn. 52.
[245] Vgl. *BGH*, 13.7.2016, VIII ZR 49/15, NJW 2016, 3654, 3655 Tz. 28.
[246] Vgl. die Begründung des Regierungsentwurfs zu § 439 Abs. 1 BGB, *Canaris* S. 844; *Westermann* NJW 2002, 241, 248.
[247] Vgl. *Lorenz* NJW 2003, 1417, 1418.
[248] Vgl. *Lorenz* NJW 2003, 1417, 1418; a. A. *Palandt/Weidenkaff* § 437 Rdn. 4a.

stellen ist dann aber auf den vom Verkäufer ersparten Aufwand der Mangelbeseitigung, sodass kein zwingender Gleichlauf mit den beim Käufer angefallenen Kosten besteht[249]. Der *BGH* hat eine solche Vorgehensweise allerdings ausdrücklich abgelehnt[250].

1308 Die Vornahme der Nacherfüllung muss für den Käufer unentgeltlich erfolgen. Der Verkäufer hat gem. § 439 Abs. 2 BGB die zum Zwecke der Nacherfüllung erforderlichen **Aufwendungen,** insbesondere Transport-, Wege-, Arbeits- und Materialkosten zu tragen. Die gesetzliche Aufzählung („insbesondere") ist nicht abschließend. Die **Kosten eines Downloads** einer fehlerbereinigten Programmversion muss der Anwender nicht tragen[251]. Dieses früher durchaus nicht zu unterschätzende Problem hat sich aber im Zeitalter drastisch gefallener Telekommunikationskosten und Flatrates für die Masse der Fälle erledigt. Auch die Kosten zum Auffinden der Ursache sowie Gutachter-[252] und Rechtsanwaltskosten muss der Käufer nicht tragen[253].

1309 Für alle ab dem 1.1.2018 geschlossenen Verträge ist § 439 Abs. 3 BGB zu beachten. Dieser Vorschrift zufolge hat der Käufer einen Aufwendungsersatzanspruch für das Entfernen der mangelhaften und den **Einbau oder das Anbringen** der nachgebesserten oder gelieferten mangelfreien Sache, soweit die mangelhafte Sache gemäß ihrer Art und ihrem Verwendungszweck in eine andere Sache eingebaut oder an eine andere Sache angebracht ist. Dies wird man hinsichtlich der Installation von Computersoftware zu bejahen haben, auch wenn der Gesetzgeber bei Schaffung dieser Regelung vornehmlich an Bauverträge gedacht hat. Soweit der Vertragsschluss vor dem 1.1.2018 liegt, sieht der *BGH* die Kosten des Ausbaus der mangelhaften Kaufsache sowie des Einbaus der als Ersatz gelieferten Sache nur für den Fall des **Verbrauchsgüterkaufs** als von § 439 Abs. 2 BGB erfasst an, während dies bei einem Kaufvertrag zwischen Unternehmen nicht gelten soll[254]. Man wird diese zu einem nicht softwarebezogenen Streit ergangene Entscheidung auf die Kosten der Deinstallation und anschließenden Neuinstallation einer mangelfreien Software übertragen müssen. Ein Schadensersatzanspruch auf Erstattung entsprechender Kosten besteht im geschäftlichen Verkehr zwischen Unternehmern gem. §§ 437 Nr. 3, 280 i.V.m. 433 Abs. 1 S. 2, 434 BGB nur dann, wenn der Verkäufer seine Vertragspflicht zur Lieferung einer mangelfreien Sache verletzt und dies zu vertreten hat[255]. Der **Ort der Nacherfüllung** ist im Kaufvertragsrecht nicht gesondert geregelt, weshalb auf § 269 BGB zurückzugreifen ist[256]. Soweit sich aus dem jeweiligen Vertragsverhältnis keine abschließenden Erkenntnisse gewinnen lassen, ist der Erfüllungsort letztlich an dem Ort anzusiedeln, an welchem der Schuldner zur Zeit der Entstehung des Schuldverhältnisses seinen Wohnsitz § 269 Abs. 2 BGB hatte.

1310 Sofern die Nacherfüllung unmöglich ist, greifen die allgemeinen Regelungen des Leistungsstörungsrechts (§§ 275 ff., 311a BGB) ein. Ist nur eine Variante der Nacherfüllung unmöglich, ist der Verkäufer gem. § 275 Abs. 1 BGB („soweit")

---

[249] Vgl. *Lorenz* NJW 2003, 1417, 1419.
[250] Vgl. *BGH*, 7.12.2005, VIII ZR 126/05, NJW 2006, 988, 989 Tz. 14; *BGH*, 22.6.2005, VIII ZR 1/05, NJW 2005, 3211, 3212; *BGH*, 23.2.2005, VIII ZR 100/04, NJW 2005, 1348, 1349.
[251] Vgl. *Spindler* NJW 2004, 3145.
[252] Vgl. *BGH*, 30.4.2014, VIII ZR 275/13, NJW 2014, 2351, 2352 Tz. 14 ff.
[253] Vgl. *BGH*, 2.4.2014, VIII ZR 46/13, NJW 2014, 2183, 2184 Tz. 27; *Palandt/Weidenkaff* § 439 Rdn. 11.
[254] Vgl. *BGH*, 17.10.2012, VIII ZR 226/11, CR 2013, 16, 17.
[255] Vgl. *BGH*, 2.4.2014, VIII ZR 46/13, NJW 2014, 2183, 2184 Tz. 29.
[256] Vgl. *BGH*, 19.12.2012, VIII ZR 96/12, NJW 2013, 1074, 1076 Tz. 24; *OLG Düsseldorf*, 8.9.2016, I-5 U 99/15, NJW-RR 2017, 821, 823 Tz. 21.

II. Leistungsstörungen bei der Softwareüberlassung auf Dauer

nur hiervon befreit und bleibt zur Nacherfüllung in der anderen Variante verpflichtet[257]. Gem. § 439 Abs. 4 BGB (= § 439 Abs. 3 BGB a. F.) kann der Verkäufer die vom Käufer gewählte Art der Nacherfüllung unbeschadet des § 275 Abs. 2 und 3 BGB verweigern, wenn sie nur mit **unverhältnismäßigen Kosten** möglich ist[258].

Liefert der Verkäufer zum Zwecke der Nacherfüllung eine mangelfreie Sache, so kann er vom Käufer gem. § 439 Abs. 5 BGB (= § 439 Abs. 4 BGB a. F.) **Rückgewähr der mangelhaften Sache** nach Maßgabe der §§ 346 bis 348 BGB verlangen. Mit der Rückgewähr des mangelhaften Computerprogramms erlischt die Nutzungsmöglichkeit des Anwenders bezogen auf diese mangelhafte Version aus rein tatsächlicher Sicht nicht in jedem Fall, da er gegebenenfalls noch über weitere Programmexemplare verfügt, etwa Sicherungskopien oder ein Arbeitsexemplar auf der Festplatte. Berücksichtigt man jedoch, dass jedem Softwareüberlassungsvertrag das (nicht typenprägende) **Element der Nutzungsrechtseinräumung** innewohnt[259], dann wird deutlich, dass grundsätzlich auch dieses Nutzungsrecht betroffen ist. Dogmatisch wirft sich an dieser Stelle die im Urheberrecht umstrittene Frage auf, ob das Abstraktionsprinzip auch im Urhebervertragsrecht gilt, wie der *BGH*[260] früher annahm, oder ob die Wirksamkeit der Rechtseinräumung als Verfügungsgeschäft an den Bestand des (kausalen) Verpflichtungsgeschäfts gebunden ist, wie es die wohl h. M. im Schrifttum seit jeher befürwortet[261] und der *BGH* seit einer grundlegenden Entscheidung aus dem Jahre 2012 nunmehr auch vertritt[262]. Der den Rücktritt erklärende Anwender muss sein Nutzungsrecht daher nicht zurückübertragen, sondern es fällt infolge des Rücktritts automatisch an den Vertragspartner zurück. Für eine solche Durchbrechung des im gesamten Bürgerlichen Recht geltenden Abstraktionsprinzips spricht die vom *BGH* als exemplarische Regelung bezeichnete Vorschrift des § 9 Abs. 1 VerlG, die für den Verlagsvertrag ausdrücklich bestimmt, dass das Verlagsrecht mit der Beendigung des Vertragsverhältnisses erlischt. Für die Praxis ist dieser Streit somit entschieden, weshalb auch die in diesem Handbuch bis zur 5. Aufl. vertretene Gegenauffassung aufgegeben wird. Mit der Rückgewähr der mangelhaften Sache nach Maßgabe der §§ 346 bis 348 BGB entfällt folglich auch das diesbezügliche Nutzungsrecht des Anwenders, sodass der Anwender sämtliche von ihm zurückgehaltenen Vervielfältigungsstücke nicht mehr benutzen darf. Faktisch läuft dies im Ergebnis auf eine **Löschungsverpflichtung** hinaus, weil eine etwa noch vorhandene Sicherungskopie für den Anwender wertlos ist. § 439 Abs. 5 BGB (= § 439 Abs. 4 BGB a. F.) ist im Falle des Verbrauchsgüterkaufs einschränkend dahingehend auszulegen, dass dem Verkäufer, der zum Zwecke der Nacherfüllung eine mangelfreie Sache liefert, **kein Anspruch auf Wertersatz für Nutzungen** gegen den Käufer zusteht. Da auch eine andere Anspruchsgrundlage für ein derartiges Begehren des Verkäufers nicht ersichtlich ist, hat die Ersatzlieferung nach § 439 Abs. 5 BGB (= § 439 Abs. 4 BGB a. F.) im Falle des Verbrauchsgüterkaufs in der Weise zu erfolgen, dass der Verkäufer eine mangelfreie Sache liefert und vom Käufer lediglich Rückgewähr der mangelhaften Sache fordern kann[263]. Hingegen bleibt es in Fällen, in denen **kein Verbrauchsgüterkauf** im Sinne des § 474 Abs. 1 S. 1 BGB vorliegt, bei

1311

---

[257] Vgl. *Palandt/Weidenkaff* § 439 Rdn. 20.
[258] Vgl. *BGH*, 14.1.2009, VIII ZR 70/08, NJW 2009, 1660, 1661 Tz. 14.
[259] Vgl. hierzu oben Rdn. 734 sowie 736.
[260] Vgl. *BGH*, 15.4.1958, I ZR 31/57, NJW 1958, 504, 506.
[261] Vgl. *Schricker/Loewenheim/Ohly* § 31 Rdn. 15 ff. m. w. N.
[262] Vgl. *BGH*, 19.7.2012, I ZR 70/10, NJW 2012, 3301, 3302 Tz. 19.
[263] Vgl. *BGH*, 26.11.2008, VIII ZR 200/05, NJW 2009, 427, 431 Tz. 42.

der uneingeschränkten Anwendung des § 439 Abs. 5 BGB (= § 439 Abs. 4 BGB a. F.)[264].

c) Das Recht zum Rücktritt gem. §§ 440, 437 Nr. 2 1. Alt. BGB

1312 Der Käufer kann gem. §§ 440, 323, 326 Abs. 5, 437 Nr. 2 1. Alt. BGB vom Vertrag zurücktreten[265]. Das Rücktrittsrecht setzt **kein Vertretenmüssen** des Verkäufers voraus, ist aber nach § 323 Abs. 1 BGB an eine **vorherige erfolglose Fristsetzung zur Nacherfüllung** geknüpft. Der Rücktritt steht dem Käufer daher anders als die Wandelung nicht sofort zu.

1313 Rücktritt ist die **empfangsbedürftige Willenserklärung** des Käufers (§ 349 BGB), den Vertrag rückgängig zu machen und in ein Abwicklungsschuldverhältnis umzuwandeln. Nach der Rücktrittserklärung ist der Anspruch des Käufers auf die Leistung der Kaufsache ausgeschlossen. Auch der Verkäufer kann dann nicht mehr wirksam nacherfüllen[266].

1314 Voraussetzung des Rücktritts ist zunächst, dass der Käufer dem Verkäufer gem. § 323 Abs. 1 BGB eine angemessene Frist zur Nacherfüllung gesetzt hat. Eine solche **Fristsetzung** ist nur **entbehrlich,** wenn entweder eine Ausnahme nach § 323 Abs. 2 BGB vorliegt, oder die Voraussetzungen der speziellen kaufrechtlichen Ausnahme des § 440 S. 1 BGB erfüllt sind. Nach dieser Vorschrift bedarf es der Fristsetzung auch dann nicht, wenn der Verkäufer beide Arten der Nacherfüllung wegen Unverhältnismäßigkeit der Kosten gem. § 439 Abs. 4 BGB (= § 439 Abs. 3 BGB a. F.) verweigert oder die dem Käufer zustehende Art der Nacherfüllung fehlgeschlagen oder ihm unzumutbar ist. Eine Nachbesserung gilt gem. § 440 S. 2 BGB nach dem erfolglosen zweiten Nachbesserungsversuch als fehlgeschlagen, wenn sich nicht insbesondere aus der Art der Sache oder des Mangels oder den sonstigen Umständen etwas anderes ergibt. Diesbezüglich wurde im Schrifttum unter Hinweis auf das „**bekanntermaßen nachbesserungsanfällige Kaufobjekt Software**"[267] die Auffassung vertreten, bei Computersoftware könnten mehr als zwei Nachbesserungsversuche hinzunehmen sein. Dem wird man jedoch als allgemeinem Grundsatz nicht zustimmen können, weil nicht erkennbar ist, weshalb der Verkäufer der häufig als Massenprodukt vertriebenen Ware Software besser gestellt werden soll als die Verkäufer anderer Massenprodukte.

1315 Weitere Voraussetzung des Rücktritts ist gem. § 323 Abs. 5 S. 2 BGB, dass es sich **nicht** lediglich um einen **unerheblichen Mangel** handelt. Diesbezüglich kann auf die Ausführungen an anderer Stelle verwiesen werden[268]. Zu beachten ist ferner, dass auch für den mangelbedingten Rücktritt ausweislich der in § 437 Nr. 2 1. Alt. BGB enthaltenen Verweisung die Ausschlussvorschrift des § 323 Abs. 6 BGB gilt. Der Käufer kann daher nicht vom Vertrag zurücktreten, wenn er für den Mangel **allein** oder **weit überwiegend verantwortlich** ist oder wenn der vom Verkäufer nicht zu vertretende Mangel zu einer Zeit eintritt, zu welcher sich der Käufer in Annahmeverzug befindet. Demgegenüber wird dem wirksam erklärten Rücktritt des Käufers nicht dadurch der Boden entzogen, dass der Mangel ohne seine Zustimmung vom gerichtlich bestellten Sachverständigen beseitigt wird. Das Festhalten am bereits er-

---

[264] Vgl. *BGH*, 26.11.2008, VIII ZR 200/05, NJW 2009, 427, 429 Tz. 28.
[265] Vgl. *BGH*, 28.11.2007, VIII ZR 16/07, NJW 2008, 911, 912 Tz. 6.
[266] Vgl. *Palandt/Weidenkaff* § 440 Rdn. 10.
[267] Vgl. *Grunewald*, Bürgerliches Recht, 5. Aufl., S. 82, Rdn. 8.
[268] Vgl. hierzu unten Rdn. 1466 ff.

klärten Rücktritt ist dem Käufer auch unter dem Gesichtspunkt des Verbots treuwidrigen Verhaltens gem. § 242 BGB nicht verwehrt[269].

Die **Rechtsfolgen des Rücktritts** richten sich nach den §§ 346 ff. BGB. Der Rücktritt beseitigt den Vertrag nicht, sondern gestaltet ihn lediglich in ein Rückgewährschuldverhältnis um, wodurch die primären Leistungspflichten erlöschen[270]. Die vorzunehmende Rückabwicklung des Vertrags wird gem. § 346 Abs. 1 BGB durch die Rückgewähr der empfangenen Leistungen sowie Herausgabe der gezogenen Nutzungen vollzogen[271], wodurch ein Zustand hergestellt werden soll, der im Wesentlichen am negativen Interesse der Vertragsparteien ausgerichtet ist. Hierin liegt der Grund dafür, dass die vor dem Rücktritt tatsächlich gezogenen oder möglich gewesenen Nutzungen der Kaufsache nach Erlöschen der Primäransprüche nicht mehr dem Käufer, sondern dem Verkäufer gebühren. Deshalb ist der Käufer zur Herausgabe oder zum Wertersatz nach §§ 346, 347 BGB verpflichtet[272]. Bei einem nach dem 1.1.2018 abgeschlossenen Verbrauchsgüterkauf zwischen einem Unternehmer und einem Verbraucher sind gem. § 475 Abs. 3 BGB die Nutzungen nicht herauszugeben oder durch ihren Wert zu ersetzen[273]. 1316

Die Software ist vom Anwender in dem Zustand zurückzugeben, in den sie infolge der bestimmungsgemäßen Inanspruchnahme versetzt wurde. Dazu gehören auch Veränderungen infolge von Nachbesserungs-, Service- oder Kulanzleistungen des Herstellers[274]. Hinsichtlich der softwarespezifischen Probleme der tatsächlichen Weiternutzungsmöglichkeit sowie der Rückübertragung der Nutzungsrechte kann auf die Ausführungen an anderer Stelle verwiesen werden[275]. Der Anspruch auf Schadensersatz gem. § 437 Nr. 3 1. Alt. BGB wird durch die Erklärung des Rücktritts gem. § 325 BGB nicht ausgeschlossen. Dies gilt auch für den Ersatz eines sog. **Nutzungsausfallschadens,** der dadurch entsteht, dass dem Käufer infolge eines Mangels die Nutzung der Kaufsache entgeht[276]. Demgegenüber kann der Käufer nach dem Rücktritt keine Minderung gem. § 437 Nr. 2 2. Alt. BGB mehr verlangen[277]. Minderung kann gem. § 441 Abs. 1 S. 1 BGB nur „statt" des Rücktritts verlangt werden. 1317

d) Das Recht zur Minderung gem. §§ 441, 437 Nr. 2 2. Alt. BGB

Der Käufer kann gem. §§ 441, 437 Nr. 2 2. Alt. BGB den Kaufpreis mindern. Die Minderung erfolgt gem. § 441 Abs. 1 S. 1 BGB durch einseitige Erklärung gegenüber dem Verkäufer. Die Minderung ist als **Gestaltungsrecht** ausgestaltet[278]. Die Voraussetzungen der Minderung sind identisch zu denen des Rücktritts, sodass diesbezüglich auf die Ausführungen zum Rücktrittsrecht verwiesen werden kann[279]. Ein wesentlicher Unterschied besteht jedoch darin, dass die Minderung anders als der Rücktritt nicht wegen einer Unerheblichkeit oder Geringfügigkeit des Mangels 1318

---

[269] Vgl. *BGH*, 5.11.2008, VIII ZR 166/07, NJW 2009, 508, 509 Tz. 23.
[270] Vgl. *BGH*, 28.11.2007, VIII ZR 16/07, NJW 2008, 911 Tz. 10; *OLG Düsseldorf*, 14.3.2014, I-22 U 134/13, CR 2015, 158, 161.
[271] Vgl. *OLG Karlsruhe*, 25.11.2008, 8 U 34/08, NJW 2009, 1150.
[272] Vgl. *BGH*, 28.11.2007, VIII ZR 16/07, NJW 2008, 911 f. Tz. 10.
[273] Anders für Altverträge noch *BGH*, 16.9.2009, VIII ZR 243/08, NJW 2010, 148, 149 Tz. 14 ff.
[274] Vgl. *LG Bonn*, 31.10.2006, 11 O 170/05, CR 2007, 767, 768.
[275] Vgl. hierzu oben Rdn. 1311.
[276] Vgl. *BGH*, 28.11.2007, VIII ZR 16/07, NJW 2008, 911 Tz. 6 ff.
[277] Vgl. *Palandt/Weidenkaff* § 437 Rdn. 27.
[278] Vgl. *BGH*, 5.11.2010, V ZR 228/09, NJW 2011, 1217, 1219 Tz. 34; *Palandt/Weidenkaff* § 437 Rdn. 29.
[279] Vgl. hierzu oben Rdn. 1312 ff.

ausgeschlossen ist. Gem. § 441 Abs. 1 S. 2 BGB findet der diesbezügliche Ausschlussgrund des Rücktrittsrechts gem. § 323 Abs. 5 S. 2 BGB keine Anwendung. Auch durch die Minderung wird ein **Schadensersatzanspruch** nicht generell ausgeschlossen[280]. Der Schadensersatz umfasst dann aber nicht den Mangelschaden, der durch die Herabsetzung des Kaufpreises ausgeglichen wird[281]. Ein **Schadensersatzanspruch statt der ganzen Leistung** kann mit der Minderung aber **nicht kombiniert** werden[282]. Bei Rechtsmängeln dürfte die praktische Bedeutung des Minderungsrechts gering sein, da eine schutzrechtsverletzende Software für den Käufer in der Regel unbenutzbar bleibt[283].

1319 Die **Herabsetzung des Kaufpreises** erfolgt gem. § 441 Abs. 3 BGB in dem Verhältnis, in welchem zur Zeit des Verkaufs der Wert der Sache in mangelfreiem Zustand zu dem wirklichen Werte gestanden haben würde[284]. Es ergibt sich daher die Gleichung: *Herabgesetzter Preis = Wert mit Mangel × vereinbarter Kaufpreis ÷ Wert ohne Mangel*. Häufig kann der vereinbarte Preis mit dem Verkehrswert und dem Wert ohne Mangel gleichgesetzt werden[285]. Die Minderung ist, soweit erforderlich, gem. § 441 Abs. 3 S. 1 BGB durch Schätzung zu ermitteln. In der Regel wird ein fehlerhaftes Computerprogramm für den Anwender aber völlig wertlos sein[286]. Die weitergehende Behauptung, dies sei immer der Fall[287], ist demgegenüber unbegründet. Möglich ist etwa, dass der Anwender bestimmte fehlerhafte Programmfunktionen nicht benutzt und durch andere Programme ersetzt. Möglich ist auch, dass der Anwender ein unzumutbar langsames Programm auf einem leistungsfähigeren Computersystem einsetzt. Das Minderungsrecht des Anwenders ist daher in der Praxis von geringer Bedeutung, aber auch nicht völlig überflüssig.

e) **Das Recht auf Schadensersatz gem. §§ 440, 280, 281, 283, 311a, 437 Nr. 3 1. Alt. BGB**

1320 Der Käufer kann gem. §§ 440, 280, 281, 283, 311a, 437 Nr. 3 1. Alt. BGB gegenüber dem Verkäufer einen Schadensersatzanspruch geltend machen. Sämtliche Schadensersatzansprüche sind daher im allgemeinen Leistungsstörungsrecht geregelt. Allen Schadensersatzansprüchen gemein ist, dass sie vom **Vertretenmüssen des Verkäufers** abhängig sind, § 280 Abs. 1 S. 2 BGB. Da zum Vertretenmüssen nach § 276 Abs. 1 S. 1 BGB auch **die Übernahme einer Garantie** zählt, sind auch die nach altem Recht von § 463 BGB a. F. geregelten Fälle des **Fehlens einer zugesicherten Eigenschaft** erfasst[288]. Das Verschulden eines Dritten ist unter den Voraussetzungen des § 278 BGB zuzurechnen[289].

1321 Der Käufer kann **Schadensersatz neben der Leistung** gem. § 280 BGB oder sofern die zusätzlichen Voraussetzungen der §§ 281, 283, 311a BGB vorliegen, auch **Schadensersatz statt der Leistung** verlangen. Dem Schadensersatzanspruch des § 280 Abs. 1 BGB unterfallen dabei alle Begleit- und Folgeschäden, die auch im Falle der

---
[280] Vgl. *BGH*, 5.11.2010, V ZR 228/09, NJW 2011, 1217, 1219 Tz. 30 ff.
[281] Vgl. *Palandt/Weidenkaff* § 441 Rdn. 19.
[282] Vgl. *Palandt/Weidenkaff* § 441 Rdn. 19.
[283] Vgl. *Goldmann/Redecke* MMR 2002, 3, 4.
[284] Vgl. *BGH*, 5.11.2010, V ZR 228/09, NJW 2011, 1217, 1219 Tz. 27.
[285] Vgl. *Palandt/Weidenkaff* § 441 Rdn. 14.
[286] Vgl. *Köhler/Fritzsche* in: Lehmann, Rechtsschutz und Verwertung von Computerprogrammen, S. 569 Rdn. 105.
[287] Vgl. *Lesshaft/Ulmer* CR 1988, 813, 816.
[288] Vgl. *BGH*, 5.11.2010, V ZR 228/09, NJW 2011, 1217 Tz. 11.
[289] Vgl. *BGH*, 7.3.2013, VII ZR 162/12, NJW 2013, 1431, 1434 Tz. 48.

Nachholung der mangelfreien Leistung bestehen bleiben würden und die an anderen Rechten und Rechtsgütern des Käufers eingetreten sind[290].

Sofern der Käufer **Schadensersatz statt der Leistung** geltend machen möchte, ist danach zu unterscheiden, ob der Mangel **behebbar** oder **unbehebbar** ist. Bei einem unbehebbaren Mangel, der bereits bei Vertragsabschluss vorliegt, ist der Verkäufer nach § 275 Abs. 1 BGB von seiner Pflicht zur mangelfreien Leistung befreit[291]. Der Schadensersatzanspruch des Käufers richtet sich dann nach § 311a Abs. 2 BGB[292]. Eine Fristsetzung zur (ohnehin sinnlosen) Nacherfüllung ist nicht erforderlich[293]. Entsteht ein unbehebbarer Mangel zwischen Vertragsabschluss und Gefahrübergang, richtet sich der Schadensersatzanspruch nach §§ 280 Abs. 1 und 3, 283 BGB. Eine Fristsetzung ist hier ebenfalls nicht erforderlich. 1322

Ist der Mangel im Wege der Nacherfüllung **behebbar**, richtet sich der Schadensersatzanspruch statt der Leistung nach §§ 280 Abs. 1 und 3, 281 BGB. Nach § 281 Abs. 1 S. 1 BGB ist in diesen Fällen eine **Fristsetzung zur Nacherfüllung** erforderlich[294]. Die Fristsetzung kann hier aber nach § 281 Abs. 2 BGB entbehrlich sein, wenn der Verkäufer die Nacherfüllung ernsthaft und endgültig verweigert oder wenn besondere Umstände vorliegen, die unter Abwägung der beiderseitigen Interessen die sofortige Geltendmachung des Schadensersatzanspruchs rechtfertigen. Darüber hinaus kann eine Fristsetzung unter den gleichen Voraussetzungen wie beim Rücktrittsrecht nach § 440 BGB (berechtigte Verweigerung, Fehlschlagen oder Unzumutbarkeit der Nacherfüllung) entbehrlich sein. Insoweit kann auf die Ausführungen zum Rücktrittsrecht verwiesen werden[295]. Für die Fristsetzung nach § 281 Abs. 1 BGB ist nach Auffassung des *BGH* nicht zwingend erforderlich, dass die betreffende Frist nach dem Kalender bestimmt sein muss oder in konkreten Zeiteinheiten anzugeben ist, wie dies etwa beim Schuldnerverzug gem. § 286 Abs. 2 Nr. 1 und 2 BGB für die Entbehrlichkeit der Mahnung der Fall ist. Den entsprechenden Auffassungen im Schrifttum hat der *BGH* ausdrücklich eine Absage erteilt[296]. Er lässt es zu, die Dauer der Frist durch einen unbestimmten Rechtsbegriff zu bezeichnen. Mit der Aufforderung die Leistung oder die Nacherfüllung „**in angemessener Zeit**", „**umgehend**" oder etwa „**so schnell wie möglich**" zu bewirken, wird den Anforderungen des § 281 Abs. 1 BGB nach Auffassung des *BGH* genügt, weil eine zeitliche Grenze gesetzt wird, die auf Grund der jeweiligen Umstände des Einzelfalls bestimmbar ist. Vergleichbare Formulierungen lässt der *BGH* ebenfalls ausdrücklich zu[297]. 1323

Als Schadensersatz statt der Leistung kann der Käufer zunächst den Schaden ersetzt verlangen, der in der Wertdifferenz zwischen der mangelhaften und einer mangelfreien Sache liegt, also den in der Sache selbst liegenden Minderwert (**kleiner Schadensersatz**)[298]. Darüber hinaus kann der Käufer auch **Schadensersatz statt der ganzen Leistung** (großer Schadensersatz) verlangen, sofern die in § 281 Abs. 1 S. 3 BGB aufgestellte zusätzliche Voraussetzung erfüllt ist, derzufolge die Pflichtverletzung in Gestalt der Lieferung einer mangelhaften Kaufsache nicht unerheblich sein 1324

---

[290] Vgl. *Palandt/Weidenkaff* § 437 Rdn. 35.
[291] Vgl. *BGH*, 28.11.2007, VIII ZR 16/07, NJW 2008, 911, 912 Tz. 12.
[292] Vgl. *BGH*, 28.11.2007, VIII ZR 16/07, NJW 2008, 911, 912 Tz. 12.
[293] Vgl. *BGH*, 28.11.2007, VIII ZR 16/07, NJW 2008, 911, 912 Tz. 12.
[294] Inzident *BGH*, 29.4.2015, VIII ZR 104/14, NJW 2015, 2244 Tz. 10.
[295] Vgl. hierzu oben Rdn. 1314.
[296] Vgl. *BGH*, 12.8.2009, VIII ZR 254/08, NJW 2009, 3153, 3154 Tz. 10.
[297] Vgl. *BGH*, 12.8.2009, VIII ZR 254/08, NJW 2009, 3153, 3154 Tz. 11.
[298] Vgl. *Westermann* NJW 2002, 241, 249; *Bamberger/Roth/Faust* § 437 Rdn. 131.

darf[299]. Insoweit besteht ein Gleichlauf mit dem Rücktrittsrecht (§ 323 Abs. 5 S. 2 BGB). Hinsichtlich der Prüfung der **Erheblichkeit** kann auf die Ausführungen an anderer Stelle verwiesen werden[300]. Verlangt der Käufer den großen Schadensersatz, muss er so gestellt werden, als habe der Verkäufer eine mangelfreie Sache geliefert[301]. Die mangelhafte Kaufsache ist daher auf Verlangen des Verkäufers gem. §§ 281 Abs. 5, 346 bis 348 BGB zurückzugewähren und der Käufer kann zusätzlich (§ 325 BGB) zur Rückabwicklung des Vertrags die Erstattung möglicher (Folge-) Kosten verlangen, die mit dem Erwerb einer Ersatzsache zusammenhängen[302].

1325 Das Verlangen von Schadensersatz ist gem. § 325 BGB durch den **Rücktritt** nicht ausgeschlossen[303]. Gleiches gilt für die Minderung, jedoch kann ein Schadensersatzanspruch statt der Leistung mit der **Minderung** nicht kombiniert werden[304]. Der Kaufpreiszahlungsanspruch des Verkäufers entfällt gem. § 281 Abs. 4 BGB, wenn der Käufer Schadensersatz statt der Leistung verlangt.

f) Das Recht auf Ersatz vergeblicher Aufwendungen gem. §§ 284, 437 Nr. 3 2. Alt. BGB

1326 Der Käufer kann gem. §§ 284, 437 Nr. 3 2. Alt. BGB den Ersatz vergeblicher Aufwendungen verlangen. Aufwendungen sind vom Käufer im Hinblick auf den Vertrag erbrachte Vermögensopfer[305]. Der Zweck der Aufwendungen muss durch die Nichterbringung der Leistung nicht erreicht oder vereitelt worden sein[306]. § 437 Nr. 3 BGB gewährt den Aufwendungsersatzanspruch, der keinen Schadensersatzanspruch, sondern einen eigenständigen Anspruch darstellt, als **Alternative** („oder") zum Schadensersatzanspruch[307]. Hieraus folgt, dass alle Voraussetzungen eines Schadensersatzanspruchs nach § 280 Abs. 1 BGB oder §§ 280 Abs. 1 und 3, 281 BGB einschließlich des **Vertretenmüssens des Verkäufers**[308] erfüllt sein müssen. Wegen dieses Gleichlaufs der Voraussetzungen kann auf die Ausführungen zum Schadensersatzanspruch verwiesen werden[309].

g) Der Ausschluss der Mängelhaftung gem. § 442 BGB

1327 Ein **Ausschluss der Mängelansprüche** liegt dann vor, wenn der Käufer den Mangel der Kaufsache beim Abschluss des Kaufvertrags kennt, § 442 Abs. 1 S. 1 BGB. Auch grobfahrlässige Unkenntnis des Käufers vom Mangel schließt Mängelhaftungsansprüche nach § 442 Abs. 1 S. 2 BGB regelmäßig aus, es sei denn, der Verkäufer hat den Mangel arglistig verschwiegen oder eine Garantie für die Beschaffenheit der Sache übernommen. Allein aus der Tatsache, dass ein Fehler eines bestimmten Produkts in der Fachpresse publik gemacht wurde, kann nicht auf eine positive Kenntnis und auch nicht auf grobfahrlässige Unkenntnis des Käufers ge-

---

[299] Vgl. *BGH*, 7.3.2013, VII ZR 162/12, NJW 2013, 1431, 1434 Tz. 50.
[300] Vgl. hierzu unten Rdn. 1466 ff.
[301] Vgl. *BGH*, 5.11.2010, V ZR 228/09, NJW 2011, 1217, 1219 Tz. 32.
[302] Vgl. *BGH*, 7.3.2013, VII ZR 162/12, NJW 2013, 1431, 1434 Tz. 50.
[303] Vgl. *BGH*, 28.11.2007, VIII ZR 16/07, NJW 2008, 911, Tz. 6.
[304] Vgl. *Palandt/Weidenkaff* § 441 Rdn. 19 str.
[305] Vgl. *BGH*, 15.7.2008, VIII ZR 211/07, NJW 2008, 2837, 2840 Tz. 31; *Palandt/Grüneberg* § 284 Rdn. 5.
[306] Vgl. *BGH*, 13.10.2015, X ZR 126/14, NJW 2016, 491, 493 Tz. 31.
[307] Vgl. *BGH*, 15.7.2008, VIII ZR 211/07, NJW 2008, 2837, 2840 Tz. 32; *Palandt/Weidenkaff* § 437 Rdn. 41.
[308] Vgl. *BGH*, 15.7.2008, VIII ZR 211/07, NJW 2008, 2837, 2839 Tz. 26.
[309] Vgl. hierzu oben Rdn. 1320 ff.

schlossen werden. Möchte sich der Verkäufer hierauf berufen, trifft ihn die Beweislast[310]. Gleiches gilt im Ergebnis für den Fall, dass der Softwarelieferant vor dem Kauf ein Demoprogramm auf dem Computer des Kunden installiert. Eine Kenntnis des Kunden von gegebenenfalls vorhandenen Programmängeln liegt nur dann vor, wenn das Demoprogramm eine genaue Überprüfung des später zu installierenden Vollprogramms ermöglicht. Dies ist in der Regel nicht der Fall, weil etwa die Speicherung variabler Daten oder vergleichbare Funktionen oftmals blockiert sind.

h) Die Verjährung der Mängelansprüche gem. § 438 BGB

Die Verjährung der Mängelansprüche des Käufers richtet sich nach § 438 BGB, wobei nicht zwischen **Sach- und Rechtsmängeln** zu unterscheiden ist[311]. Die etwas ungewöhnliche Bezugnahme von § 438 Abs. 1 BGB allein auf die in § 437 Nr. 1 und 3 BGB bezeichneten Ansprüche auf Nacherfüllung, Schadensersatz sowie Ersatz vergeblicher Aufwendungen begründet sich dadurch, dass die in § 437 Nr. 2 BGB geregelten Rechte zum Rücktritt und Minderung als Gestaltungsrechte ausgestaltet sind, und Gestaltungsrechte nach allgemeiner Auffassung nicht verjähren[312]. Dieses Problem wird über die in § 438 Abs. 4 und 5 BGB enthaltene Bezugnahme auf § 218 BGB gelöst, demzufolge der Rücktritt bzw. die Minderung ausgeschlossen ist, wenn der Anspruch auf die Leistung oder der Nacherfüllungsanspruch verjährt ist und der Schuldner sich hierauf beruft[313]. 1328

§ 438 BGB erfasst alle Ansprüche und Rechte anlässlich einer mangelhaften Leistung des Verkäufers. Dies gilt insbesondere auch für die Schadensersatzansprüche wegen **Mangelfolgeschäden**[314]. Nur wenn der Verkäufer einen **Mangel arglistig verschwiegen** hat, greift nach § 438 Abs. 3 BGB die regelmäßige Verjährungsfrist des § 195 BGB von drei Jahren. Der Verjährungsbeginn ist dann gem. § 199 BGB zu bestimmen, also von der Kenntnis des Käufers vom Grund des Anspruchs und der Person des Schuldners abhängig. Im Übrigen bleibt es bei Softwareüberlassungsverträgen bei der Verjährung der Mängelansprüche in **zwei Jahren** gem. **§ 438 Abs. 1 Nr. 3 BGB**. Die anderen in § 438 Abs. 1 Nr. 1 und 2 BGB geregelten Sonderfälle liegen bei Softwareverträgen grundsätzlich nicht vor. Zu beachten ist, dass für den Fall von Verhandlungen zwischen Verkäufer und Käufer über den Anspruch oder die den Anspruch begründenden Umstände gem. § 203 BGB die Verjährung gehemmt ist. Dies gilt etwa auch für die Zeit, in der der Verkäufer im Einverständnis mit dem Käufer das Vorhandensein eines Mangels prüft[315]. 1329

Die Verjährungsfrist beginnt gem. § 438 Abs. 2 2. Alt. BGB mit der **Ablieferung der Sache**. Dabei entspricht es außerhalb des Bereichs der IT wohl allgemeiner Auffassung, dass eine Sache dann abgeliefert ist, wenn der Verkäufer diese in Erfüllung seiner kaufvertraglichen Pflicht aus seiner Verfügungsgewalt entlassen und dergestalt in den Machtbereich des Käufers gebracht hat, dass dieser sie untersuchen kann[316]. Die sachenrechtliche Übergabe muss nicht notwendigerweise bereits voll- 1330

---

[310] Vgl. *Palandt/Weidenkaff* § 442 Rdn. 6.
[311] Vgl. *Westermann* NJW 2002, 241, 250.
[312] Vgl. *Palandt/Ellenberger* § 194 Rdn. 3.
[313] Vgl. *Westermann* NJW 2002, 241, 250.
[314] Vgl. *OLG München*, 9.7.2015, 14 U 91/15, NJW 2015, 3314, 3315 Tz. 62.
[315] Vgl. *BGH*, 26.10.2006, VII ZR 194/05, NJW 2007 587 Tz. 12; *Palandt/Ellenberger* § 203 Rdn. 2.
[316] Vgl. *BGH*, 22.12.1999, VIII ZR 299/98, NJW 2000, 1415, 1416; *OLG München*, 22.3.2000, 7 U 5021/99, CR 2000, 731; *Palandt/Weidenkaff* § 438 Rdn. 15; *Plath* ITRB 2002, 98, 99; *Thewalt* CR 2002, 1, 6.

zogen sein, damit die Voraussetzungen der rein real zu bestimmenden Ablieferung vorliegen. Überträgt man dies auf Computerprogramme, sind diese mit ihrer Übergabe an den Anwender abgeliefert, sei es im Wege der Übergabe eines Datenträgers[317], sei es im Wege der Telekommunikation. Fehlt die **Benutzerdokumentation**, ist die Software noch nicht abgeliefert. Demgegenüber soll nach Auffassung des *BGH* Software ohne die geschuldete Online-Hilfe zwar abgeliefert, aber mangelhaft sein[318].

1331 Beim **Softwaredownload** genügt die Bereitstellung der Software zum Abruf noch nicht für eine Ablieferung, weil der Verkäufer den Ladevorgang immer noch verhindern kann und das Programm noch nicht dergestalt im Machtbereich des Käufers ist, dass dieser die Software untersuchen kann. Die Mitteilung an den Kunden, die Software stehe zum Download bereit, bereitet die Ablieferung vor, vollzieht sie aber nicht[319]. Gleiches gilt für die Übersendung eines Download-Links.

1332 Bei einem **einheitlichen Rechtsgeschäft über Hard- und Software** ist in der Tat davon auszugehen, dass sich der Parteiwille auch auf die Einheitlichkeit des Verjährungsbeginns erstreckt, worauf oben[320] bereits ausführlich eingegangen wurde. Aus diesem Grunde gilt der Beginn der Verjährungsfrist des § 438 Abs. 2 BGB als bis zur vollständigen Lieferung der Hard- und Software hinausgeschoben, sofern erst dann eine in Erfüllung des Gesamtrechtsgeschäfts geschaffene Testmöglichkeit besteht. In diesen Fällen ist daher nicht auf den Zeitpunkt der bloßen Auslieferung abzustellen, sondern darauf, dass die Software derart in den Machtbereich des Käufers gelangt, dass dieser sie untersuchen kann[321].

i) Der Regress des Verkäufers gem. §§ 445a, 445b BGB (§§ 478, 479 BGB a. F.)

1333 Die **Zielsetzung** der §§ 445a und 445b BGB (= §§ 478, 479 BGB a.F) geht dahin, einem Unternehmer den Regress gegen seinen Lieferanten zu erleichtern, wenn der Unternehmer als Weiterverkäufer vom Käufer wegen Mängeln in Anspruch genommen wird. Wegen der Ausweitung der Mängelhaftung durch die Neuregelung des § 439 Abs. 3 S. 1 BGB hielt es der Gesetzgeber für gerechtfertigt, die ursprünglich nur beim Verbrauchsgüterkauf vorgesehenen Regelungen bei neu hergestellten Sachen für alle ab dem 1.1.2018 geschlossenen Verträge ins allgemeine Kaufrecht zu übertragen. Daneben soll auch wegen der Gefahr der Verjährung der Rückgriffsansprüche des Letztverkäufers eine sog. „Regressfalle" vermieden werden. Darüber hinaus stellt die Rückgriffsmöglichkeit sicher, dass die wirtschaftlichen Folgen einer mangelhaften Lieferung vom Verursacher des Mangels getragen werden, worin ein Beitrag zur **Vertragsgerechtigkeit** zu sehen ist[322]. **Lieferant** ist gem. § 445a Abs. 1 BGB (= § 478 Abs. 1 BGB a. F.) der Verkäufer, der dem späteren (weiter-) Verkäufer die Sache verkaufte.

1334 § 445a Abs. 2 BGB (= § 478 Abs. 1 BGB a. F.) enthält für die Fälle, in denen der Verkäufer die verkaufte neu hergestellte Sache als Folge ihrer Mangelhaftigkeit zurücknehmen musste oder der Käufer den Kaufpreis minderte, **keine eigenständige Anspruchsgrundlage** (unselbständiger Regress), sondern modifiziert die eigenen verkäuferischen Rechte des § 437 BGB. Über § 445a Abs. 3 BGB (= § 478 Abs. 5 BGB

---

[317] Vgl. *Plath* ITRB 2002, 98, 99.
[318] Vgl. hierzu *BGH*, 22.12.1999, VIII ZR 299/98, NJW 2000, 1415, 1416.
[319] Nicht softwarespezifisch *BGH*, 11.10.1995, VIII ZR 151/94, NJW 1995, 3381, 3382.
[320] Vgl. oben Rdn. 866.
[321] Vgl. *OLG Düsseldorf*, 7.12.1988, 17 U 27/87, CR 1989, 689, 690.
[322] Vgl. Begründung des Regierungsentwurfs Vorbem. zu § 478 BGB, *Canaris* S. 875.

a. F.) greifen die Modifikationen bei jedem Verkäufer einer Lieferkette ein, wenn der Schuldner Unternehmer ist. Eine **freiwillige Rücknahme,** etwa aus Kulanzgründen, reicht ausweislich des Wortlauts („zurücknehmen musste") nicht aus[323]. Liegen die Voraussetzungen des § 445a Abs. 2 BGB (= § 478 Abs. 1 BGB a. F.) vor, entfällt zunächst die sonst erforderliche **Fristsetzung.** Darüber hinaus kommt dem Unternehmer gem. 478 Abs. 1 BGB die **Vermutungsregelung** des § 477 BGB zugute, sofern der letzte Vertrag in der Lieferkette ein Verbrauchsgüterkauf war. Es wird dann vermutet wird, dass die Sache im Zeitpunkt des Gefahrübergangs auf den Unternehmer mangelhaft war, sofern sich innerhalb von sechs Monaten nach Gefahrübergang auf den Verbraucher ein Mangel zeigt[324]. Schließlich ordnet § 445b Abs. 2 BGB eine **Ablaufhemmung der Verjährung** an. Die Verjährung der Ansprüche des Verkäufers gegen seinen Lieferanten nach §§ 437 sowie 445a Abs. 1 BGB wegen des Mangels einer verkauften neu hergestellten Sache tritt frühestens zwei Monate nach dem Zeitpunkt ein, in dem der Verkäufer die Ansprüche des Käufers erfüllt hat. Diese Ablaufhemmung endet aber spätestens fünf Jahre nach Ablieferung der Sache vom Lieferanten an den Verkäufer, § 445b Abs. 2 S. 2 BGB.

§ 445a Abs. 1 BGB (= § 478 Abs. 2 BGB) stellt im Gegensatz zu § 445a Abs. 2 BGB (= § 478 Abs. 1 BGB a. F.) eine **eigenständige Anspruchsgrundlage** dar (selbständiger Regress)[325]. Nach dieser Vorschrift kann der Verkäufer beim Verkauf einer neu hergestellten Sache von seinem Lieferanten **Ersatz der Aufwendungen** verlangen, die er im Verhältnis zum Käufer nach §§ 439 Abs. 2 und 3 sowie 475 BGB zu tragen hatte. Im Gegensatz zum Aufwendungsersatzanspruch nach den §§ 437 Nr. 3 2. Alt, 284 BGB ist derjenige nach § 445a Abs. 1 BGB (= § 478 Abs. 2 BGB a. F.) **verschuldensunabhängig**[326]. Voraussetzung ist, dass der vom Käufer geltend gemachte Mangel bereits beim Übergang der Gefahr auf den Verkäufer vorhanden war. Auch hier kommt dem Verkäufer bei einem Verbrauchsgüterkauf aber über § 478 Abs. 1 BGB die Vermutungsregelung des § 477 BGB mit der Maßgabe zugute, dass die Frist, innerhalb derer sich der Mangel gezeigt haben muss, mit dem Übergang der Gefahr auf den Verbraucher beginnt. Darüber hinaus wird auch der selbständige Regressanspruch gem. § 445a Abs. 3 BGB **in der Lieferkette weitergereicht,** sofern es sich beim jeweiligen Schuldner um Unternehmer im Sinne des § 14 BGB handelt. Ein direkter Anspruch außerhalb der Lieferkette, etwa des Letztverkäufers gegenüber dem Hersteller, wird durch § 445a BGB nicht begründet[327].

In Anlehnung an die Regelung des § 476 Abs. 1 BGB (= § 475 Abs. 1 BGB a. F.) wird bei Verbrauchsgüterkäufen die Vertragsgestaltungsfreiheit sowohl für den selbstständigen als auch für unselbstständigen Regressanspruch eingeschränkt. Auch hier, also im Vertragsverhältnis zwischen Unternehmern ist sowohl in **Allgemeinen Geschäftsbedingungen** als auch in **Individualvereinbarungen** eine vor Mitteilung des Mangels an den Lieferanten getroffene Vereinbarung, die zum Nachteil des Unternehmers von den §§ 433 bis 435, 437, 439 bis 443, 445a Abs. 1 und 2 sowie 445b BGB abweicht, unwirksam[328]. Allerdings gilt dies im Gegensatz zu § 476 BGB (= § 475 BGB a. F.) nur, wenn dem Rückgriffsgläubiger **kein gleichwertiger Ausgleich** eingeräumt wird, weshalb von einer eingeschränkten Dispositivität gesprochen werden kann. Ein solcher gleichwertiger Ersatz kann etwa in einem Rabattsystem zum

1335

1336

---

[323] Vgl. Anwaltkommentar/*Büdenbender* § 478 Rdn. 32; *Lorenz/Riehm* Rdn. 589.
[324] Vgl. *Palandt/Weidenkaff* § 478 Rdn. 16 f.
[325] Vgl. *Palandt/Weidenkaff* § 478 Rdn. 12 und 14; *Westermann* NJW 2002, 241, 252.
[326] Vgl. *Palandt/Weidenkaff* § 478 Rdn. 14.
[327] Vgl. *Palandt/Weidenkaff* § 478 Rdn. 1.
[328] Vgl. zur Erläuterung der Formulierung „kann sich nicht berufen" oben Rdn. 1341.

Ausgleich ausgeschlossener Mängelhaftungsansprüche liegen oder in der Einräumung großzügiger Zahlungsziele[329]. Wie bei § 476 Abs. 3 BGB (= § 475 Abs. 3 BGB a.F.) gilt die Einschränkung der vertraglichen Gestaltungsfreiheit gem. § 478 Abs. 2 S. 1 BGB (= § 478 Abs. 4 S. 2 BGB) nicht für jeden Ausschluss oder die Beschränkung des **Anspruchs auf Schadensersatz**. Dieser darf daher grundsätzlich ausgeschlossen oder beschränkt werden. Im Rahmen von Allgemeinen Geschäftsbedingungen ist jedoch § 307 BGB zu beachten, aus dem eine Unwirksamkeit folgen kann[330].

j) Die Besonderheiten des Verbrauchsgüterkaufs gem. §§ 474 ff. BGB

aa) Allgemeines

1337 Die Sonderregelungen über den Verbrauchsgüterkauf gehen auf die sog. **EG-Richtlinie zum Verbrauchsgüterkauf**[331] zurück, die bis zum 1.1.2002 in mitgliedstaatliches Recht umzusetzen war. Da das mit der Schuldrechtsreform geschaffene Kaufrecht den Anforderungen der EG-Richtlinie weitgehend entsprach, musste der Gesetzgeber in den §§ 474 ff. BGB nur einzelne Sonderregelungen gegenüber dem allgemeinen Kaufrecht nach §§ 433 bis 453 BGB schaffen. Die Terminologie der §§ 474 ff. BGB ergibt sich weitgehend aus der EG-Richtlinie. Für ab dem 1.1.2018 geschlossene Verträge erfolgte eine Anpassung an die Rsp. des *EuGH*.

1338 § 474 Abs. 1 BGB liefert eine **Legaldefinition** dahingehend, dass ein Verbrauchsgüterkauf dann vorliegt, wenn ein Verbraucher von einem Unternehmer eine bewegliche Sache kauft. Der in § 474 Abs. 2 S. 2 BGB vorgesehene Ausschluss für gebrauchte Sachen, die in einer öffentlichen Versteigerung verkauft werden, an der der Verbraucher persönlich teilnehmen kann, dürfte im Rahmen von Softwareüberlassungen kaum einmal eine Rolle spielen. Demgegenüber ist an dieser Stelle abermals darauf hinzuweisen, dass nach hier vertretener Auffassung Computersoftware als **bewegliche Sache** zu qualifizieren ist[332], weshalb folgerichtig auch ein Verbrauchsgüterkauf vorliegt, sofern die anderen Voraussetzungen erfüllt sind[333]. Der Begriff des Verbrauchers richtet sich nach § 13 BGB, der des Unternehmers nach § 14 BGB.

1339 Im Vordergrund der Sonderregelungen steht die **Gefahrtragung beim Versendungskauf** (§ 475 Abs. 2 BGB = § 474 Abs. 2 BGB a.F.), die starke **Einschränkung** der vertraglichen **Gestaltungsfreiheit** (§ 476 BGB = § 475 BGB a.F.), die **Beweislastumkehr** hinsichtlich des Zeitpunkts der Mangelhaftigkeit (§ 477 BGB = § 476 BGB a.F.) sowie die Sonderbestimmungen für **Garantien** (§ 479 BGB = § 477 BGB a.F.). Die speziellen Regelungen über den **Regress** des **Verkäufers** gegenüber seinem Lieferanten (§§ 478 f. BGB a.F.) gelten für alle ab dem 1.1.2018 geschlossene Verträge nicht mehr nur für Verbrauchsgüterkaufverträge, sondern gem. § 445a BGB für alle Kaufverträge über neu hergestellte Sachen. § 439 Abs. 5 BGB (= § 439 Abs. 4 BGB a.F.) ist im Falle des Verbrauchsgüterkaufs mit der Maßgabe anzuwenden, dass **Nutzungen nicht herauszugeben** oder durch ihren **Wert zu ersetzen** sind. Hingegen

---
[329] Vgl. *Palandt/Weidenkaff* § 478 Rdn. 22.
[330] Vgl. zu Schadensersatzklauseln unten Rdn. 1817 ff.
[331] Vgl. die Richtlinie 1999/44/EG des Europäischen Parlaments und des Rates zu bestimmten Aspekten des Verbrauchergüterkaufs und der Garantien für Verbrauchsgüter vom 25.5.1999, ABl.EG Nr. L 171 vom 7.7.1999, S. 12 ff.
[332] Vgl. hierzu oben Rdn. 712 ff.
[333] Der *BGH*, 31.3.2010, I ZR 34/08, NJW 2011, 76 ff. hält die Vorschriften über den Verbrauchsgüterkauf ohne ausdrückliche Diskussion bei einem Verkauf von gebrauchter Software und medizinischen Geräten für anwendbar.

bleibt es in Fällen, in denen kein Verbrauchsgüterkauf vorliegt, bei der uneingeschränkten Anwendung des § 439 Abs. 5 BGB (= § 439 Abs. 4 BGB a. F.)[334].

bb) Die Gefahrtragung

Gem. § 475 Abs. 2 BGB (= § 474 Abs. 4 BGB a. F.) findet die Regelung des § 447 Abs. 1 BGB bei Verbrauchsgüterkäufen mit der Maßgabe Anwendung, dass die Gefahr des **zufälligen Untergangs** und der **zufälligen Verschlechterung** nur dann auf den Käufer übergeht, wenn der Käufer den Spediteur, den Frachtführer oder die sonst zur Ausführung der Versendung bestimmte Person oder Anstalt mit der Ausführung beauftragt hat und der Unternehmer dem Käufer diese Person oder Anstalt nicht zuvor benannt hat.   1340

cc) Die Einschränkung der vertraglichen Gestaltungsfreiheit gem. § 478 BGB (= § 475 BGB a. F.)

Gem. § 476 Abs. 1 S. 1 BGB (= § 475 Abs. 1 S. 1 BGB a. F.) kann sich ein Unternehmer nicht auf eine **vor** Mitteilung des Mangels getroffene Vereinbarung berufen, die zum Nachteil des Verbrauchers von den §§ 433 bis 435, 437, 439 bis 443 sowie 445a und 445b BGB abweicht. **Nachträgliche Vereinbarungen**, etwa im Rahmen eines Vergleichs, bleiben zulässig. Auch wenn der Wortlaut des § 476 Abs. 1 S. 1 BGB (= § 475 Abs. 1 S. 1 BGB a. F.) die Nichtigkeit entsprechender Vereinbarungen nicht ausdrücklich anordnet, sondern dem Verkäufer lediglich die Möglichkeit nimmt, sich hierauf zu berufen, ist die Vereinbarung unwirksam. Mit der gewählten Formulierung wollte der Gesetzgeber lediglich klarstellen, dass der Kaufvertrag wirksam ist und § 139 BGB nicht eingreift[335]. Das Verbot gilt sowohl für **Allgemeine Geschäftsbedingungen** als auch für **Individualvereinbarungen**[336]. Unzulässig und daher nichtig ist etwa eine Klausel, derzufolge sich der Verkäufer das Recht zur Lösung vom Vertrag für den Fall vorbehält, dass der bestellte Artikel nicht lieferbar ist, weil dies eine für den Verbraucher ungünstige Abweichung von § 433 Abs. 1 BGB wäre[337]. Die § 476 Abs. 1 und 2 BGB (= § 475 Abs. 1 und 2 BGB a. F.) gelten jedoch gem. § 476 Abs. 3 BGB (= § 475 Abs. 3 BGB) nicht für den Ausschluss oder die Beschränkung des Anspruchs auf **Schadensersatz**. Dieser darf daher grundsätzlich ausgeschlossen oder beschränkt werden. Im Rahmen von Allgemeinen Geschäftsbedingungen sind jedoch die §§ 307 bis 309 BGB zu beachten, aus denen eine Unwirksamkeit folgen kann[338]. Gem. § 476 Abs. 2 BGB (= § 475 Abs. 2 BGB a. F.) kann die **Verjährung** der in § 437 BGB bezeichneten Ansprüche vor Mitteilung eines Mangels an den Unternehmer nicht durch Rechtsgeschäft erleichtert werden, wenn die Vereinbarung zu einer Verjährungsfrist ab dem gesetzlichen Verjährungsbeginn von weniger als zwei Jahren, bei gebrauchten Sachen von weniger als einem Jahr führt. Auch dies gilt sowohl für Allgemeine Geschäftsbedingungen als auch für Individualvereinbarungen.   1341

dd) Die Beweislastumkehr gem. § 477 BGB (= § 476 BGB a. F.)

Gem. § 477 BGB (= § 476 BGB a. F.) wird **gesetzlich vermutet**, dass die Sache bereits **bei Gefahrübergang mangelhaft war**, wenn sich innerhalb von sechs Monaten seit Gefahrübergang ein Sachmangel zeigt. Dies soll nur dann nicht gelten, wenn die   1342

---

[334] Vgl. *BGH*, 26.11.2008, VIII ZR 200/05, NJW 2009, 427, 429 Tz. 28.
[335] Vgl. *Palandt/Weidenkaff* § 475 Rdn. 5.
[336] Vgl. *LG Hamburg*, 5.9.2003, 324 O 224/03, CR 2004, 136, 138.
[337] Vgl. *LG Hamburg*, 5.9.2003, 324 O 224/03, CR 2004, 136, 140.
[338] Vgl. zu Schadensersatzklauseln unten Rdn. 1817 ff.

Vermutung mit der Art der Sache oder des Mangels unvereinbar ist. Da Computersoftware aber verschleißfrei ist und Mängel daher grundsätzlich nicht durch Abnutzung oder unsachgemäßen Gebrauch auftreten können wie bei anderen Sachen, ist die Bedeutung von § 477 BGB (= § 476 BGB a. F.) im Rahmen von Softwareüberlassungsverträgen gering. Mängel des Programms liegen ohnehin in der Regel zum Zeitpunkt des Gefahrübergangs vor oder gar nicht. Soweit § 477 BGB (= § 476 BGB a. F.) die Beweislast zu Gunsten des Käufers umkehrt, betrifft das nicht die Frage, ob ein Sachmangel vorliegt. Die Vorschrift setzt vielmehr einen binnen sechs Monaten seit Gefahrübergang aufgetretenen Sachmangel voraus und enthält **eine lediglich in zeitlicher Hinsicht wirkende Vermutung,** dass dieser Mangel bereits im Zeitpunkt des Gefahrübergangs vorlag. Macht der Käufer daher unter Berufung auf das Vorliegen eines Sachmangels Rechte gem. § 437 BGB geltend, nachdem er die Sache entgegengenommen hat, trifft ihn die Darlegungs- und Beweislast für die einen Sachmangel begründenden Tatsachen[339].

ee) Die Sonderbestimmungen für Garantien in § 479 BGB (= § 477 BGB a. F.)

1343   Die Bedeutung der Sonderbestimmungen für Garantien in § 479 BGB (= § 477 BGB a. F.) wird schon grundsätzlich für nicht besonders groß eingeschätzt[340], da es sich in erster Linie um Anforderungen an die **äußere Gestalt** einer Garantieerklärung im Sinne des § 443 BGB handelt. Auch der Regelung des § 479 Abs. 2 BGB (= § 477 Abs. 2 BGB a. F.) über das Recht des Verbrauchers, die Garantieerklärung in **Textform** zu erhalten, wird nur eine begrenzte Relevanz beigemessen[341]. Beides gilt umso mehr für Softwareüberlassungsverträge, wo derartige Garantien nur begrenzte Verbreitung gefunden haben. Die **Wirksamkeit** einer Garantieverpflichtung wird jedenfalls gem. § 479 Abs. 3 BGB (= § 477 Abs. 3 BGB a. F.) nicht dadurch berührt, dass eine der Anforderungen des § 479 Abs. 1 und 2 BGB (= § 477 Abs. 1 und 2 BGB a. F.) nicht erfüllt wird. Soweit sich der Gesetzgeber aber das Recht zur jederzeitigen und nicht weiter konkretisierten **Änderung des Garantieversprechens** vorbehält, verstößt die betreffende Klausel gegen § 308 Nr. 4 BGB und ist daher unwirksam[342].

III. Leistungsstörungen bei der Softwareüberlassung auf Zeit

Inhaltsübersicht

	Rdn.		Rdn.
1. Die Pflichten aus dem Mietverhältnis	1345	a) Die Vorenthaltung oder der Entzug des Gebrauchs	1357
a) Die Pflichten des Softwarevermieters	1345	b) Mängel der Mietsache	1360
b) Die Pflichten des Softwaremieters	1348	c) Die Verletzung von Nebenpflichten	1365
2. Inhalt und Grenzen des mieterlichen Gebrauchsrechts	1356	4. Die Rechte des Vermieters bei Nicht- oder Schlechterfüllung der Mieterpflichten	1367
3. Die Rechte des Mieters bei Nicht- oder Schlechterfüllung der Vermieterpflichten	1357	a) Die Zahlungspflichtverletzung	1367

---

[339] Vgl. *EuGH*, 4.6.2015, C-497/13, NJW 2015, 2237, 2240f. Tz. 70; *BGH*, 18.7.2007, VIII ZR 259/06, NJW 2007, 2621, 2622 Tz. 15; *BGH*, 2.6.2004, VIII ZR 329/03, NJW 2004, 2299, 2300.
[340] Vgl. *Westermann* NJW 2002, 241, 251.
[341] Vgl. *Westermann* NJW 2002, 241, 251.
[342] Vgl. *LG Berlin*, 28.11.2014, CR 2015, 74, 77.

	Rdn.		Rdn.
b) Überschreitungen des vertragsgemäßen Gebrauchs	1369	d) Die Verletzung sonstiger Nebenpflichten, insbesondere der Obhutspflicht	1375
c) Die Verletzung der Rückgabe- oder Löschungspflicht	1372		

Schrifttum: *Feil/Leitzen*, EVB-IT Überlassung Typ B. Der Neue IT-Beschaffungsvertrag für die befristete Überlassung von Standardsoftware, CR 2002, 480 ff.

Wie bereits bei der Darstellung des Leistungsstörungsrechts bei Softwareüberlassung auf Dauer wird auch bei der nachfolgenden Darstellung des Leistungsstörungsrechts bei Softwareüberlassung auf Zeit der Begriff des Softwaremangels nicht näher problematisiert. Vielmehr wird diesbezüglich das Vorhandensein eines Mangels vorausgesetzt und hinsichtlich der Frage, nach welchen Kriterien das Vorliegen eines Mangels zu beurteilen ist, auf die weiter unten vorgenommene gesonderte Darstellung verwiesen[343]. 1344

1. Die Pflichten aus dem Mietverhältnis

a) Die Pflichten des Softwarevermieters

Die Hauptleistungspflicht des Vermieters sowie die des nach Mietvertragsrecht zu qualifizierende Hauptleistungspflicht des Leasinggebers im Falle des Finanzierungsleasings wird gem. § 535 Abs. 1 S. 1 BGB dahingehend beschrieben, durch den Mietvertrag werde der Vermieter verpflichtet, dem Mieter den Gebrauch der vermieteten Sache während der Mietzeit zu gewähren[344]. Zu dieser **Gebrauchsgewährungspflicht** zählt nach der die Vorschrift des § 535 Abs. 1 S. 1 BGB ergänzenden Regelung des § 535 Abs. 1 S. 2 BGB die Verpflichtung des Vermieters, dem Mieter die vermietete Sache in einem zu dem vertragsmäßigen Gebrauch geeigneten Zustand zu überlassen (**Überlassungspflicht**), sowie die Pflicht, die Mietsache während der Mietzeit in diesem Zustand zu erhalten (**Erhaltungspflicht**). Dementsprechend muss der Softwarevermieter die Computersoftware in der Regel zunächst auf einem Datenträger übergeben oder, sofern dies vereinbart ist, sie im Wege der Telekommunikation in das System des Anwenders einspielen. Die Überlassung der Software ist insoweit deckungsgleich mit der Besitzverschaffung im Sinne des § 854 BGB. Nach der Besitzverschaffung ist der Softwarevermieter verpflichtet, die Software beim Anwender während der vereinbarten Mietzeit zu belassen und die Fortdauer der Gebrauchsmöglichkeit nicht zu stören[345]. Möglich ist aber auch, dass dem Anwender die Software nur mittels Telekommunikation zur Nutzung zur Verfügung gestellt wird und folglich keine Besitzverschaffung erfolgt. Bei der **Online-Nutzung** von Software genügt es für die Gebrauchsgewährung, wenn dem Mieter der **Zugang zur Mietsache** verschafft wird[346]. Unabhängig davon, ob eine Besitzverschaffung erfolgte oder nicht, verletzt der Vermieter seine Vertragspflicht zur Gebrauchsüberlassung und Gebrauchsbelassung, wenn er ohne vertragliches oder gesetzliches Recht die Software vorzeitig wieder an sich nimmt oder die Benutzung sonst wie verhin- 1345

---

[343] Vgl. hierzu unten Rdn. 1435 ff.
[344] Vgl. *BGH*, 15.12.2010, XII ZR 132/09, NJW 2011, 514, 515 Tz. 12; *OLG Brandenburg*, 4.6.2008, 4 U 167/07, CR 2008, 763, 766.
[345] Vgl. *OLG Brandenburg*, 4.6.2008, 4 U 167/07, CR 2008, 763, 766.
[346] Vgl. *BGH*, 15.11.2006, XII ZR 120/04, NJW 2007, 2394, 2395 Tz. 19.

dert. Er verliert für diese Zeit der Gebrauchsentziehung den Anspruch auf das vereinbarte Entgelt[347].

1346 Im Hinblick auf die den Vermieter treffende **Erhaltungspflicht** sind insoweit softwarespezifische Besonderheiten zu verzeichnen, als Computersoftware grundsätzlich **keiner Abnutzung** unterliegt und dementsprechend auch keine Maßnahmen erforderlich sind, sie instandzuhalten, um den fortdauernden vertragsgemäßen Gebrauch zu ermöglichen[348]. Da Computersoftware jedoch naturgemäß datenträgergebunden ist und Datenträger verschleißen können, ist es möglich, dass die Computersoftware von einem auf einen anderen Datenträger übertragen werden muss. Für den Fall, dass die Software mit einem Kopierschutz versehen ist, der eine Übertragung verhindert oder der Softwareanbieter dies ausdrücklich untersagt, verbleibt es jedoch bei der den Vermieter treffenden Erhaltungspflicht. Zur Erhaltungspflicht des Softwarevermieters zählen auch gegebenenfalls vorzunehmende Anpassungsmaßnahmen an geänderte äußere Umstände wie etwa **Änderungen beim Umsatzsteuersatz** oder **Währungsumstellungen** („Euro-Fähigkeit")[349]. Eine entgeltpflichtige Verbesserung oder Weiterentwicklung stellen derartige Anpassungen nicht dar. Kommt der Vermieter seiner Verpflichtung nicht nach, kann der Mieter gegebenenfalls gem. § 536a Abs. 2 BGB den Mangel selbst beseitigen. Da hierfür grundsätzlich ein Rückgriff auf den **Quellcode** nebst Dokumentation erforderlich ist, umfasst das Selbstbeseitigungsrecht des Mieters nach Auffassung des *LG Wuppertal*[350] auch einen entsprechenden **Herausgabeanspruch**.

1347 Neben den genannten Pflichten des Softwarevermieters bestehen weitere vertragliche Nebenpflichten, insbesondere **allgemeine Sorgfalts- und Schutzpflichten,** wie sie bereits im Rahmen der Darstellung der Leistungsstörungen bei der Softwareüberlassung auf Dauer umschrieben wurden[351]. Beispielhaft sei hier die Verpflichtung des Softwarevermieters genannt, den Anwender vor Gefahren zu warnen. Stellt der Softwarevermieter etwa fest, dass seine Programme virenverseucht sind, und besteht die Gefahr, dass hiervon auch das vermietete Programm betroffen ist, muss er dies dem Anwender umgehend mitteilen.

b) Die Pflichten des Softwaremieters

1348 Die Hauptleistungspflicht des Mieters, die Entrichtung der **Miete** gem. § 535 Abs. 2 BGB[352], wirft allenfalls Probleme hinsichtlich der Zahlungsfähigkeit des Softwaremieters auf, beinhaltet aber keine softwarespezifischen Besonderheiten. Sofern die Parteien keine anderslautende Vereinbarung getroffen haben, ist die Miete gem. § 579 Abs. 1 S. 1 BGB am Ende der Mietzeit, bei einer nach Zeitabschnitten bemessenen Miete gem. § 579 Abs. 1 S. 2 BGB nach dem Ablauf der einzelnen Zeitabschnitte zu entrichten.

1349 Im Rahmen der Softwareüberlassungsverträge sind die den Mieter treffenden vertraglichen Nebenpflichten von besonderer Bedeutung. Diese gehen einmal dahin, dass der Mieter den **vertragsmäßigen Gebrauch** der Mietsache nicht überschreiten darf. Hierzu zählt insbesondere die Pflicht, die Mietsache nicht einem anderen als

---

[347] Vgl. *OLG Brandenburg*, 4.6.2008, 4 U 167/07, CR 2008, 763, 766.
[348] Hieraus folgert *Hoeren* CR 1992, 257, 258, dass eigentlich auch keine „gebrauchte" Software existiert. Zum Streit über die Zulässigkeit des Handels mit sog. Gebrauchtsoftware oben Rdn. 209 ff.
[349] Vgl. *LG Wuppertal*, 28.9.2001, 11 O 94/01, CR 2002, 7, 8.
[350] Vgl. *LG Wuppertal*, 28.9.2001, 11 O 94/01, CR 2002, 7, 8.
[351] Vgl. hierzu oben Rdn. 1283 ff.
[352] Vgl. *BGH*, 15.12.2010, XII ZR 132/09, NJW 2011, 514, 515 Tz. 12.

dem vertraglich festgelegten Gebrauch zuzuführen. Dementsprechend verletzt der Anwender eine vertragliche Nebenpflicht, wenn er die Software entgegen dem vertraglich festgelegten Gebrauch nicht als Einzelplatzprogramm, sondern im Rahmen eines **Netzwerks** betreibt, das eine zeitgleiche Mehrfachnutzung durch mehrere Anwender erlaubt, oder wenn er das Programm auf **mehreren** nicht vernetzten **Computern** installiert und eine zeitgleiche Mehrfachnutzung auf diese Weise ermöglicht. Eine Überschreitung des vertragsmäßigen Gebrauchs liegt auch dann vor, wenn eine auf eine **bestimmte Nutzerzahl** beschränkte Erlaubnis der Netzwerknutzung **überschritten** wird.

Zur Einhaltung des vertragsgemäßen Gebrauchs zählt es gem. § 540 Abs. 1 S. 1 BGB ferner, dass der Mieter nicht ohne Erlaubnis des Vermieters den Gebrauch der gemieteten Software Dritten überlässt, insbesondere nicht **untervermietet.** Berücksichtigt werden muss jedoch, dass das Tatbestandsmerkmal des Gebrauchs im Sinne des § 540 Abs. 1 S. 1 BGB einer gewissen Auslegung bedarf. Auch einem Mieter muss es nämlich möglich sein, die Mietsache anderen Personen innerhalb einer bestimmten Begrenzung zugänglich zu machen. Dieser üblicherweise unter dem Stichwort der zulässigen Einräumung eines unselbständigen Gebrauchs diskutierte Gedanke trifft auch auf die Überlassung von Computersoftware zu. Aus diesem Grunde ist eine Benutzung durch solche Personen nicht zu beanstanden, denen **kein selbständiges Gebrauchsrecht** eingeräumt wird, sondern die sich hinsichtlich der Art und Weise ihrer Nutzung dem Willen des Anwenders beugen müssen. Dies ist bei Familienmitgliedern und Gästen[353], insbesondere aber auch bei Mitarbeitern der Fall.

Eine weitere Nebenpflicht des Mieters geht dahin, alles zu unterlassen, was Schaden an der oder in bezug auf die Computersoftware verursachen kann. Diese Nebenpflicht kann als **Obhuts- und Sorgfaltspflicht** bezeichnet werden und wird von den gesetzlichen Regelungen des Mietvertragsrechts zwar vorausgesetzt[354], aber nicht ausdrücklich benannt. Ausfluss dieser Obhutspflicht ist jedoch die den Mieter nach § 536c Abs. 1 BGB treffende Pflicht, dem Vermieter unverzüglich Anzeige zu machen, wenn sich im Laufe der Miete ein Mangel der gemieteten Sache zeigt oder eine Vorkehrung zum Schutz der Sache gegen eine nicht vorhergesehene Gefahr erforderlich ist. Letztgenannter Alternative kommt jedoch bei der Softwareüberlassung in der Regel keine Bedeutung zu.

Da die Computersoftware keiner Abnutzung unterliegt und der allenfalls beim Datenträger anfallende Verschleiß infolge des meist geringen Preises des Datenträgers in der Regel auch ohne Belang ist, treffen die allgemeinen Umschreibungen der mietvertraglichen Obhutspflicht im Sinne einer pfleglichen Behandlung auf Computersoftware nicht oder nur bedingt zu. Anders ist dies jedoch im Hinblick auf einen Schutz vor **Zugriffen Dritter,** insbesondere dem Diebstahl und der unerlaubten Vervielfältigung. Diesbezüglich trifft den Softwaremieter auch ohne ausdrückliche Regelung im Mietvertrag die Pflicht, im Rahmen des Zumutbaren dafür zu sorgen, dass Dritte, gegebenenfalls aber auch Mitarbeiter des Softwaremieters, die Software nicht entwenden oder unberechtigt vervielfältigen und sodann in Umlauf bringen. Sofern diese Pflicht, die zwar keine nicht vorhergesehene Gefahr im Sinne des § 536c Abs. 1 S. 1 2. Alt. BGB betrifft, aber dennoch aus dem Zweck dieser Vorschrift hergeleitet werden kann, in den Allgemeinen Geschäftsbedingungen des Softwarevermieters lediglich wiederholt oder konkretisiert wird, ist eine dies vorse-

---

[353] Vgl. *Palandt/Weidenkaff* § 540 Rdn. 5.
[354] Vgl. *Palandt/Weidenkaff* § 536c Rdn. 1.

hende „**Schutzklausel**" nicht zu beanstanden[355]. Dies kann auch mit der in § 99 UrhG enthaltenen gesetzgeberischen Wertung begründet werden, derzufolge der Inhaber eines Unternehmens auch ohne schuldhaftes Handeln[356] den Ansprüchen aus den §§ 97Abs. 1 und 98 UrhG mit Ausnahme des verschuldensabhängigen Schadensersatzanspruchs ausgesetzt ist, wenn Mitarbeiter Urheberrechte widerrechtlich verletzen. Erst die Auferlegung einer darüber hinausgehenden Obhutspflicht, etwa durch die Anordnung nicht zumutbarer Organisationspflichten zum Softwareschutz, verstößt gegen die wesentlichen Grundgedanken des § 536c Abs. 1 BGB und ist deshalb sowohl im Unternehmens- als auch im Verbraucherverkehr wegen eines Verstoßes gegen § 307 Abs. 2 Nr. 1 BGB[357] in Allgemeinen Geschäftsbedingungen unzulässig[358].

1353   Eine weitere Nebenpflicht des Mieters, die sog. mieterliche **Duldungspflicht**, geht dahin, gewisse Maßnahmen des Vermieters dulden zu müssen. Mangels Notwendigkeit der bei abnutzbaren Gegenständen erforderlichen Durchführung von Instandhaltungsarbeiten geht die Duldungspflicht bei mietvertraglich ausgestalteten Softwareüberlassungsverträgen in der Regel lediglich dahin, dem Vermieter nach vorheriger Ankündigung die Besichtigung der Mietsache zu gestatten. Auch ohne ausdrückliche vertragliche Vereinbarung ist der Softwaremieter verpflichtet, dem Softwarevermieter die **Besichtigung der Mietsache** und der betreffenden Datenverarbeitungsanlage des Mieters zu gestatten, sofern der begründete Verdacht des vertragswidrigen Gebrauchs oder der Vernachlässigung der Obhutspflicht besteht. Eine derartige Besichtigung darf jedoch niemals zur Unzeit verlangt werden[359].

1354   Trotz des somit grundsätzlich bestehenden Besichtigungsrechts wird sich dieses im Bereich der Softwareüberlassung jedoch anders als etwa im Wohnraummietrecht in der Regel als **wenig erfolgreich** zur Verhinderung eines vertragswidrigen Gebrauchs erweisen, weil Spuren vertragswidrigen Gebrauchs der Computersoftware mitunter schnell zu beseitigen sind. Erfolgversprechend wäre ein Besichtigungsrecht daher nur dann, wenn der Softwarelieferant seinen Besuch nicht ankündigen müsste und sodann sämtliche Räume und die gesamten Computersysteme durchsuchen dürfte. Ein derart umfassendes und uneingeschränktes Besichtigungsrecht kann jedoch der Duldungspflicht des Mieters nicht entnommen werden, gleichwie eine entsprechende Klausel in den Allgemeinen Geschäftsbedingungen des Vermieters sowohl im Unternehmens- als auch Verbraucherverkehr wegen Verstoßes gegen § 307 BGB unwirksam wäre[360].

1355   Mit der Beendigung des Mietverhältnisses gleichgültig aus welchem Grund, etwa infolge Ablaufs der Mietzeit oder Kündigung, entstehen **Abwicklungspflichten**, deren wichtigste die Pflicht des Mieters zur **Rückgabe der Mietsache** gem. § 546 Abs. 1 BGB ist. Die Rückgabepflicht des Mieters richtet sich grundsätzlich auf die Verschaffung des unmittelbaren Besitzes des Vermieters[361], jedoch findet sich in zahlreichen Softwareüberlassungsverträgen eine Abwandlung der Rückgabepflicht dahingehend, dass Rückgabe oder **Löschung** der Software geschuldet wird. Da der

---

[355] Vgl. *BGH*, 3.6.1981, VIII ZR 153/80, NJW 1981, 2684, 2685.
[356] Zur Verfassungsmäßigkeit dieser Vorschrift *BVerfG*, 28.5.1996, 1 BvR 927/91, NJW 1996, 2567.
[357] Ohne Beschränkung auf den Bereich der Softwareüberlassungsverträge auch *Palandt/Weidenkaff* § 536c Rdn. 3 f.
[358] Vgl. *BGH*, 3.6.1981, VIII ZR 153/80, NJW 1981, 2684, 2685.
[359] Vgl. *Palandt/Weidenkaff* § 535 Rdn. 82.
[360] Vgl. hierzu ausführlich unten Rdn. 1762 ff.
[361] Vgl. *Palandt/Weidenkaff* § 546 Rdn. 4.

Softwarelieferant, sofern er nicht nur bloßer Zwischenhändler ist, das Computerprogramm nahezu kostenfrei kopieren kann und in der Regel ein eigenes Exemplar einbehält, wird seine Nutzungsmöglichkeit durch die Vermietung nicht beeinträchtigt. Darüber hinaus ist sein Interesse an einer Rückgabe mitunter gering, solange nur sichergestellt ist, dass der Anwender das Computerprogramm nicht nach Beendigung des Mietverhältnisses noch weiterbenutzt. Letzteres kann indes nicht nur durch die Rückgabeverpflichtung, sondern auch durch eine Verpflichtung zur Löschung des auf dem Datenträger gespeicherten Programms und sämtlicher gegebenenfalls vorhandener Programmkopien oder durch eine sog. Programmsperre erreicht werden, die die Benutzung der Software nach Beendigung des Mietverhältnisses blockiert. Die Rückgabeverpflichtung des § 546 Abs. 1 BGB ist demnach bei Softwareüberlassungsverträgen dahingehend zu umschreiben, dass sie auch ohne ausdrückliche vertragliche Abänderung in eine Löschungsverpflichtung grundsätzlich nicht nur die Besitzverschaffung des Vermieters, sondern darüber hinaus auch die Löschung sämtlicher gegebenenfalls vorhandener Programmkopien umfasst. Mit der Rückgabe bzw. Löschung der Software geht auch das Nutzungsrecht wieder auf den Vermieter über[362]. Anders als bei der Softwareüberlassung auf Dauer ist bei derjenigen auf Zeit wegen der von vornherein beabsichtigten Vertragsbeendigung aber davon auszugehen, dass das Nutzungsrecht unter der auflösenden oder aufschiebenden Bedingung der Beendigung bzw. des Fortbestands des Mietverhältnisses steht. Mit der Beendigung des Mietvertrags **verliert** der Anwender daher automatisch **sein Nutzungsrecht** am Computerprogramm. Gegebenenfalls besteht dann ein rechtliches Interesse des Rechtsinhabers im Sinne des § 485 Abs. 2 ZPO an der Feststellung, ob das Programm vom Anwender weiterhin genutzt wird. Hierzu kann in einem selbstständigen Beweisverfahren angeordnet werden, dass ein Sachverständiger das Computersystem des Anwenders daraufhin untersucht, ob das Programm dort noch gespeichert ist. Soweit für eine derartige Untersuchung kein Zugriff des Sachverständigen auf Betriebs- oder Geschäftsgeheimnisse des Anwenders erforderlich ist, besteht kein dem rechtlichen Interesse des Rechtsinhabers entgegenstehendes Geheimhaltungsinteresse des Anwenders[363].

2. Inhalt und Grenzen des mieterlichen Gebrauchsrechts

Der Mieter ist befugt, von der Mietsache den vertraglich vereinbarten Gebrauch zu machen, § 535 S. 1 BGB. Hierbei richten sich der Inhalt und die Grenzen des Gebrauchsrechts nach dem Vertragsinhalt sowie dem Vertragszweck, die gegebenenfalls durch Auslegung nach §§ 157, 133 BGB zu ermitteln sind. Zum vertraglich vereinbarten Gebrauchszweck zählt das Recht des Anwenders zur Herstellung der für den Programmlauf **erforderlichen Kopien**. Fehlt eine ausdrückliche Regelung des Vervielfältigungsrechts im Mietvertrag, ist der Anwender grundsätzlich auch zur Anfertigung einer Sicherungskopie berechtigt. Dies entspricht sowohl der Verkehrssitte im Umgang mit Computerprogrammen als auch der § 69d Abs. 2 UrhG zu entnehmenden Wertung. Wenngleich sich die genannte Vorschrift unmittelbar nur auf den Fall eines vertraglichen Verbots der Anfertigung von Sicherungskopien bezieht, kann ihr doch entnommen werden, dass auch der Gesetzgeber von der grundsätzlichen Zulässigkeit derartiger Sicherungsmaßnahmen ausgeht[364]. Im Übrigen er-

1356

---

[362] Vgl. zum urheberrechtsdogmatischen Streit, ob eine Rückübertragung notwendig ist, oben Rdn. 1311.
[363] Vgl. *OLG Koblenz*, 7.9.2012, 1 W 429/12, CR 2014, 510 (Ls.).
[364] Vgl. hierzu ausführlich unten Rdn. 1573.

geben sich hinsichtlich weiterer Gebrauchsmöglichkeiten keine charakteristisch mietvertraglichen Besonderheiten, sodass insoweit insbesondere in bezug auf die Nutzung des Programms auf verschiedenen Computern, der Nutzung im Netzwerk und der Abänderung des Programms durch den Anwender auf die speziellen Darlegungen softwarespezifischer Vertragsbestandteile in Teil 6 dieser Abhandlung verwiesen werden kann.

3. Die Rechte des Mieters bei Nicht- oder Schlechterfüllung der Vermieterpflichten

a) Die Vorenthaltung oder der Entzug des Gebrauchs

1357   Für den Fall, dass dem Mieter der vertragsmäßige Gebrauch nicht oder nicht in gehörigem Umfang eingeräumt oder wieder entzogen wird, steht ihm ein **Anspruch auf Erfüllung** des Mietvertrags zu. Sowohl im Fall der Nichteinräumung als auch im Fall der Nichtbelassung des Gebrauchs der Mietsache verliert der Vermieter für den betreffenden Zeitraum seinen Anspruch auf Zahlung der vereinbarten Miete. Dies ist etwa dann der Fall, wenn der Vermieter die Software ohne vertragliches oder gesetzliches Recht vorzeitig wieder an sich nimmt[365] oder bei der Online-Nutzung den Zugang verhindert. Darüber hinaus kann der Mieter gem. § 543 Abs. 2 S. 1 Nr. 1, Abs. 3 S. 1 BGB das Mietverhältnis ohne Einhaltung einer Kündigungsfrist **kündigen,** wenn der Vermieter eine ihm vom Mieter gesetzte angemessene Frist verstreichen ließ, ohne Abhilfe zu schaffen[366]. Neben der Fristsetzung ist die Androhung der Kündigung grundsätzlich nicht erforderlich[367]. Wird jedoch mit der Fristsetzung eine andere Maßnahme als die Kündigung angedroht, etwa eine Ersatzvornahme oder eine Mängelbeseitigungsklage, so kann die Kündigung erst nach Ablauf einer neuen Frist erklärt werden, weil andernfalls ein widersprüchliches Verhalten vorliegen würde[368]. Eine Fristsetzung ist gem. § 543 Abs. 3 S. 2 BGB nicht erforderlich, wenn die Fristsetzung oder Abmahnung offensichtlich keinen Erfolg verspricht oder wenn die Kündigung aus besonderen Gründen unter Abwägung der beiderseitigen Interessen gerechtfertigt ist. Dies kann etwa dann der Fall sein, wenn trotz sachkundiger Reparaturversuche immer wieder Systemabstürze auftreten, denn in einem solchen Fall braucht der Mieter auf wirksame und dauerhafte Abhilfe nicht mehr zu vertrauen[369]. Ein besonderer Grund im Sinne des § 543 Abs. 3 S. 2 Nr. 2 BGB kann auch dann anzunehmen sein, wenn die geschuldete Hard- und Software nach einem Jahr immer noch nicht vollständig geliefert wurde, denn sonst müsste der Anwender den vollen Preis für eine möglicherweise bereits technisch veraltete Ware zahlen[370]. Darüber hinaus ist eine Fristsetzung aber auch dann nicht erforderlich, wenn der Vermieter die Abhilfe ernsthaft und endgültig verweigert[371].

1358   Für das **allgemeine Kündigungsrecht** aus wichtigem Grund nach § 242 BGB bleibt unter Geltung des § 543 Abs. 1 BGB kein Raum mehr. Gegenüber § 314 BGB ist § 543 Abs. 1 BGB ebenfalls lex specialis[372]. Das Kündigungsrecht des Mieters ist nicht zwangsläufig von einem **Vertretenmüssen** des Kündigungsgrundes durch den

---

[365] Vgl. *OLG Brandenburg*, 4.6.2008, 4 U 167/07, CR 2008, 763, 766 für das Softwareleasing.
[366] Vgl. *BGH*, 13.6.2007, VIII ZR 281/06, NJW 2007, 2474 Tz. 10.
[367] Vgl. *BGH*, 13.6.2007, VIII ZR 281/06, NJW 2007, 2474 Tz. 11.
[368] Vgl. *BGH*, 13.6.2007, VIII ZR 281/06, NJW 2007, 2474 Tz. 11.
[369] Vgl. *OLG Hamm*, 30.11.1988, 30 U 201/86, NJW 1989, 2629.
[370] Vgl. *BGH*, 7.10.1992, VIII ZR 182/91, NJW 1993, 122, 123.
[371] Vgl. *BGH*, 13.6.2007, VIII ZR 281/06, NJW 2007, 2474 Tz. 12.
[372] Vgl. *Palandt/Weidenkaff* § 543 Rdn. 1.

Vermieter abhängig. In der Regel ist ein wichtiger Grund jedoch nur anzunehmen, wenn er verschuldet ist[373].

Sofern der Gebrauch nicht gewährt oder wieder entzogen wird und dies auf einem Sach- oder Rechtsmangel beruht, stehen dem Mieter ausschließlich die Rechte nach §§ 536 ff. BGB zu, denn diese gehen den Regelungen des **allgemeinen Leistungsstörungsrechts** vor. Auch im Falle der Unmöglichkeit vertragsgemäßer Gebrauchsgewährung werden die allgemeinen Vorschriften durch die §§ 536 ff. BGB verdrängt, wenn die Mietsache dem Mieter übergeben wurde[374]. Für die Zeit vor der Übergabe gilt dies nicht[375]. Soweit die §§ 536 ff. BGB nicht eingreifen, kann der Mieter, dem der Gebrauch der Sache nicht ermöglicht wird, nach den allgemeinen Vorschriften des Leistungsstörungsrechts vorgehen. Es greift daher die Haftung des Vermieters aufgrund vermuteten Schuldens gem. § 280 BGB[376].

1359

b) Mängel der Mietsache

Die Frage, wann die gemietete Software einen Sachmangel aufweist, wird an anderer Stelle ausführlich dargestellt[377], sodass dies hier nicht im Einzelnen ausgebreitet werden muss. Auch auf eine Beschreibung gegebenenfalls vorhandener Rechtsmängel kann hier verzichtet werden, weil diese Problematik ebenfalls an anderer Stelle ausführlich erörtert wird[378]. Festzuhalten ist an dieser Stelle allein, dass die Vorschriften über Sachmängel gem. § 536 Abs. 1 und 2 BGB nach Abs. 3 der genannten Vorschrift auch für Rechtsmängel gelten.

1360

Liegt ein Sach- oder Rechtsmangel der Computersoftware vor, kann der Mieter zunächst auf die **Beseitigung des Mangels** oder, sofern eine Nichtgewährung oder Entziehung der Gebrauchsmöglichkeit wegen eines Rechtsmangels vorliegt, auf **Beseitigung des** dem Gebrauch **entgegenstehenden Rechts** des Dritten klagen. Darüber hinaus ist der Mieter gem. § 536 Abs. 1 S. 1 BGB für die Zeit, während der die Tauglichkeit zum vertragsmäßigen Gebrauch aufgehoben ist, also insbesondere während der Zeit, in der der Vermieter die Sache in Besitz nimmt, um den Mangel zu beseitigen[379], von der Entrichtung der Miete befreit bzw. für die Zeit, während deren die Gebrauchstauglichkeit gemindert ist, nur zur Entrichtung eines nach § 441 Abs. 3 BGB zu bemessenden Teils der Miete verpflichtet. Haben die Parteien eines Mietvertrags über ein Komplettsystem für den Fall nicht rechtzeitiger Fertigstellung der Software vereinbart, dass der Vermieter bis zur Fertigstellung die Kosten der Miete eines Ersatzsystems zu tragen hat, liegt hierin zugleich eine Bewertung des Mietminderwerts im Sinne des § 536 Abs. 1 S. 1 BGB[380]. Anders als nach den kaufvertraglichen Sachmängelvorschriften treten die Befreiung von der Mietzinszahlungspflicht bzw. die Minderung der Miete ein, ohne dass sich der Mieter zunächst hierauf berufen müsste, denn § 536 BGB gewährt seiner rechtlichen Natur nach kein einseitiges Gestaltungsrecht (wie beim Kauf), sondern ordnet eine kraft Gesetzes eintretende Änderung der Vertragspflichten an[381]. Der Anspruch des Mieters auf **Erfüllung** gem. § 535 Abs. 1 S. 2 BGB besteht **neben der Minderung** und kann dem

1361

---

[373] Vgl. *Palandt/Weidenkaff* § 543 Rdn. 35.
[374] Vgl. *BGH*, 5.11.1998, III ZR 95/97, NJW 1999, 635.
[375] Vgl. *BGH*, 5.11.1998, III ZR 95/97, NJW 1999, 635.
[376] Vgl. *Palandt/Weidenkaff* § 536 Rdn. 7.
[377] Vgl. hierzu unten Rdn. 1435 ff.
[378] Vgl. hierzu unten Rdn. 1464 f.
[379] Vgl. *BGH*, 29.10.1986, VIII ZR 144/85, NJW 1987, 432.
[380] Vgl. *BGH*, 21.2.1990, VIII ZR 116/89, NJW-RR 1990, 884, 885.
[381] Vgl. *BGH*, 15.12.2010, XII ZR 132/09, NJW 2011, 514, 515 Tz. 12.

Vermieter nach § 320 BGB entgegengehalten werden[382]. Dies gilt selbst dann, wenn die Minderung nach § 536b BGB wegen Kenntnis des Mieters vom Mangel ausgeschlossen ist[383].

1362 Die Minderung ist nicht wie im Kaufvertragsrecht zu berechnen (§ 441 Abs. 3 BGB), sondern der Mieter muss nur „eine **angemessen** herabgesetzte Miete" entrichten. Damit soll der Praxis der Gerichte Rechnung getragen werden, die als zu schwierig eingestufte Minderungsberechnung durch die Angabe geschätzter Prozentsätze zu ersetzen[384]. Soweit der Mieter Zahlungen leistet, die über den geminderten Mietzins hinausgehen, kann er diese nach § 812 Abs. 1 BGB kondizieren[385]. Die Rechte aus § 536 BGB bestehen unabhängig von einem **Verschulden** des Vermieters. Außerhalb des Bereichs der IT werden dem Mieter die Rechte aus § 536 BGB verwehrt, wenn durch eine vom Mieter gewünschte Veränderung der Mietsache ohne Verschulden des Vermieters ein Mangel an der Mietsache oder ein Schaden des Mieters entsteht, weil der Mieter regelmäßig die aus der Veränderung resultierenden Risiken übernimmt[386]. Dies wird man mit der Maßgabe auf die Softwaremieter übertragen können, dass die vom Anwender gewünschten Änderungen nur geringfügig sein dürfen, da andernfalls die Anpassung der Standardsoftware an die individuellen Bedürfnisse eine neue Individualsoftware entstehen lässt, deren Herstellung werkvertraglichem Sachmängelrecht unterfällt[387].

1363 Bestand der Sach- oder Rechtsmangel bereits beim Abschluss des Mietvertrags, entsteht ein Mangel nach Vertragsabschluss infolge eines Umstands, den der Vermieter zu vertreten hat, oder kommt der Vermieter mit der Beseitigung eines Mangels in Verzug, so kann der Mieter **neben** den Rechten aus § 536 BGB **Schadensersatz** nach § 536a Abs. 1 BGB verlangen. Dabei ist der Fall des anfänglichen Mangels für den Softwarevermieter besonders gefährlich, denn es handelt sich nach ständiger Rsp. des *BGH* um eine **verschuldensabhängige Garantiehaftung** für alle anfänglichen Mängel, auch wenn sie für den Vermieter gar nicht erkennbar waren[388]. Ausschlaggebend ist allein, dass sich die Schadensursache in die Zeit vor Vertragsabschluss zurückverfolgen lässt, auch wenn der Mietgebrauch erst später beeinträchtigt oder für einen Schaden beim Mieter ursächlich wird. Das Vorhandensein der Gefahrenquelle oder der Schadensursache bei Vertragsabschluss ist folglich haftungsbegründend[389]. Da nun Software grundsätzlich nicht verschleißt, liegt immer ein dem § 536a Abs. 1 BGB unterfallender **Konstruktionsmangel**[390] vor. Im Falle des Verzugs des Vermieters mit der Mängelbeseitigung kann der Mieter gem. § 536a Abs. 2 BGB auch den Mangel selbst beseitigen und **Kostenersatz** für die erforderlichen Aufwendungen verlangen, gegebenenfalls auch im Wege einer aus § 242 BGB zu entnehmenden Vorschusszahlungspflicht des Vermieters[391]. Berücksichtigt werden muss in diesem Zusammenhang, dass der Schadensersatzanspruch nach § 536a Abs. 1 BGB

---

[382] Vgl. *BGH,* 18.4.2007, XII ZR 139/05, NJW-RR 2007, 1021, 1022 Tz. 24.
[383] Vgl. *BGH,* 18.4.2007, XII ZR 139/05, NJW-RR 2007, 1021, 1022 Tz. 28.
[384] Vgl. den Gesetzesentwurf der Bundesregierung zum Mietrechtsreformgesetz BT-Drucks. 14/4553 vom 8.11.2000, S. 40.
[385] Vgl. *BGH,* 27.1.1993, XII ZR 141/91, NJW-RR 1993, 519, 520.
[386] Vgl. *Palandt/Weidenkaff* § 536 Rdn. 31.
[387] Vgl. hierzu oben Rdn. 685 ff.
[388] St. Rsp. seit *BGH,* 22.1.1968, VIII ZR 195/65, NJW 1968, 885, 886 unter Verweis auf *RG,* 14.1.1913, Rep. III. 268/12, RGZ 81, 200, 202.
[389] Vgl. *BGH,* 21.7.2010, XII ZR 189/08, NJW 2010, 3152 Tz. 15.
[390] Vgl. *BGH,* 21.7.2010, XII ZR 189/08, NJW 2010, 3152, 3153 Tz. 16.
[391] Vgl. hierzu grundsätzlich *BGH,* 21.4.2010, VIII ZR 131/09, NJW 2010, 2050, 2051 Tz. 15; *BGH,* 28.5.2008, VIII ZR 271/07, NJW 2008, 2432 Tz. 8; *Palandt/Weidenkaff* § 536a Rdn. 18.

der regelmäßigen Verjährungsfrist von drei Jahren (§§ 195, 199 BGB) unterfällt, während der Aufwendungsersatzanspruch gem. § 548 Abs. 1 BGB in sechs Monaten verjährt, beginnend mit der Rückgabe der Mietsache. Nach Auffassung des *BGH* ist bei einer Mängelbeseitigung durch den Mieter, soweit die Voraussetzungen des § 536a Abs. 2 BGB nicht vorliegen, ein Rückgriff auf den Aufwendungsersatzanspruch des § 539 Abs. 1 BGB nicht zulässig[392].

Der **Schadensersatzanspruch** des Mieters umfasst zunächst die Schäden, die unmittelbare Folge des Mangels sind, insbesondere den Minderwert der Gebrauchsmöglichkeit, die Mängelbeseitigungskosten und die Vertragskosten, zu denen die Kosten für erforderliche Mängelanzeigen, Fracht, Zölle, aber auch die Einbau-, Installations-, Untersuchungs- und Transportkosten des Mieters zählen. Auch der entgangene Gewinn (§ 252 BGB) ist zu ersetzen[393]. Der Beweis von Systemausfallzeiten sowie damit korrespondierende Umsatzverluste begründen den Beweis des ersten Anscheins dafür, dass ein Rückgang des Jahresumsatzes wesentlich auf die Geschäftsbeeinträchtigung durch die Mängel eines gemieteten Computersystems zurückzuführen ist[394]. Darüber hinaus werden von § 536a BGB aber auch die sog. **Mangelfolgeschäden** und **Begleitschäden** erfasst, die der Mieter infolge der mangelhaften Beschaffenheit der Mietsache an seinen sonstigen Rechtsgütern, insbesondere an seinem Vermögen erleidet[395]. Hierzu zählen die Kosten wegen eines Verlusts des Datenbestands[396] und nach der allerdings nicht unwidersprochen gebliebenen Rechtsprechung des *BGH* auch Folgeschäden solcher Mängel, die selbst bei der Anwendung äußerster (überdurchschnittlicher) Sorgfalt nicht erkennbar waren[397]. Der Schadensersatzanspruch des § 536a Abs. 1 BGB umfasst keinen Anspruch auf Ersatz der vom Mieter zum Zwecke der Mängelbeseitigung gemachten Aufwendungen, sofern die Voraussetzungen des § 536a Abs. 2 BGB nicht vorliegen[398]. 1364

c) Die Verletzung von Nebenpflichten

Ansprüche des Mieters wegen einer **Pflichtverletzung** des Vermieters sind durch § 536a BGB ausgeschlossen, sofern sie in Zusammenhang mit der Beschaffenheit der Mietsache stehen[399]. Sofern der Vermieter jedoch sonstige vertragliche Nebenpflichten, etwa eine von ihm übernommene Installationspflicht oder eine ihn treffende allgemeine Schutz- und Fürsorgepflicht verletzt, können Ansprüche des Mieters nach § 280 BGB bestehen. So verstößt es etwa gegen die allgemeine Leistungstreuepflicht, wenn der Softwarelieferant heimlich eine Programmsperre einbaut, um mittels ultimativen, auf die kurzfristig angekündigte Programmzerstörung gestützten Drucks, den Anwender zum Abschluss eines Programmwartungsvertrags zu zwingen[400]. Bezüglich der entsprechenden Pflichten des Vermieters gelten die all- 1365

---

[392] Vgl. *BGH*, 16.1.2008, VIII ZR 222/06, NJW 2008, 1216, 1217 Tz. 18 ff. m. N. auch zur Gegenmeinung.
[393] Vgl. *Wicker* MMR 2014, 715, 716.
[394] Vgl. *LG Freiburg*, 29.1.1987, 12 O 46/85, CR 1988, 382, 384.
[395] Vgl. *BGH*, 5.12.1990, VIII ZR 331/89, NJW-RR 1991, 970; *Palandt/Weidenkaff* § 536a Rdn. 14.
[396] Vgl. *Wicker*, MMR 2014, 715, 716.
[397] Vgl. *BGH*, 9.12.1970, VIII ZR 149/69, NJW 1971, 424; *Palandt/Weidenkaff* § 536a Rdn. 14.
[398] Vgl. *BGH*, 16.1.2008, VIII ZR 222/06, NJW 2008, 1216, 1218 Tz. 25; *Palandt/Weidenkaff* § 536a Rdn. 14.
[399] Vgl. *BGH*, 22.10.2008, XII ZR 148/06, NJW 2009, 142 Tz. 12; *Palandt/Weidenkaff* § 536a Rdn. 3.
[400] Vgl. *BGH*, 25.3.1987, VIII ZR 43/86, NJW 1987, 2004, 2006.

gemeinen Voraussetzungen einer Haftung nach § 280 BGB, die an anderer Stelle bereits ausführlich dargestellt wurden[401].

1366 Eine Haftung des Vermieters wegen **culpa in contrahendo** (§§ 280, 241 Abs. 2 und 311 Abs. 2 BGB) ist durch die Sonderregelung des § 536a BGB ausgeschlossen[402]. Dies gilt aber dann nicht, wenn der Vermieter fahrlässig handelt[403].

4. Die Rechte des Vermieters bei Nicht- oder Schlechterfüllung der Mieterpflichten

a) Die Zahlungspflichtverletzung

1367 Gem. § 543 Abs. 2 S. 1 Nr. 3a) und b) BGB steht dem Vermieter ein Recht zur **fristlosen Kündigung** des Mietverhältnisses zu, wenn der Mieter entweder für zwei aufeinanderfolgende Termine mit der Entrichtung des Mietzinses oder eines nicht unerheblichen Teils desselben in Verzug ist oder der Mieter in einem Zeitraum, der sich über mehr als zwei Termine erstreckt, mit der Entrichtung der Miete in Höhe eines Betrags in Verzug gekommen ist, der zwei Monatsmieten erreicht. Der Mieter kann die **Verzugsfolgen** im Hinblick auf das Kündigungsrecht jedoch nach § 543 Abs. 2 S. 2 und 3 BGB heilen, wenn er den Vermieter vor Zugang der Kündigung befriedigt oder wenn sich der Mieter zur Zeit der Kündigung von der Zahlungspflicht durch Aufrechnung befreien konnte und die Aufrechnung unverzüglich nach Zugang der Kündigung erklärt.

1368 Abweichend von der allgemeinen Vorschrift des § 326 Abs. 1 und 2 BGB ist es nach § 537 Abs. 1 S. 1 BGB für die Zahlungspflicht eines Mieters unerheblich, ob er am Gebrauch der Mietsache durch einen in seiner Person liegenden Grund gehindert wird. Dementsprechend trägt der Mieter, wenn ihm der Gebrauch der Software gewährt wird, nach § 537 Abs. 1 S. 1 BGB im Grundsatz uneingeschränkt das Verwendungsrisiko[404]. Bei einer nicht gekoppelten Anschaffung von Hard- und Software ist der Anwender daher auch dann zur Mietzahlung verpflichtet, wenn die Software nicht benutzt werden kann, weil die Hardware noch nicht geliefert wurde. Auch **unverschuldete persönliche Verhinderung** des Gebrauchs befreit den Mieter nicht von seiner Zahlungspflicht, solange die Gebrauchsverhinderung in seinen Risikobereich fällt[405]. Ersetzt der Anwender daher sein Computersystem durch ein neues, auf dem die gemietete Software nicht eingesetzt werden kann, stellt dies weder einen wichtigen Grund zur fristlosen Kündigung dar, noch entfällt hierdurch die Pflicht zur Mietzahlung.

b) Überschreitungen des vertragsgemäßen Gebrauchs

1369 Überschreitet der Mieter schuldhaft die Grenzen des vertragsgemäßen Gebrauchs, ist er dem Vermieter wegen einer **Pflichtverletzung** zum Schadensersatz verpflichtet. Überlässt der Mieter den Gebrauch der Software einem Dritten, so hat er gem. § 540 Abs. 2 BGB ein dem Dritten zur Last fallendes Verschulden selbst dann zu

---

[401] Vgl. hierzu oben Rdn. 1276 ff.
[402] Vgl. *BGH*, 28.11.1979, VIII ZR 302/78, NJW 1980, 777, 780; a. A. *Evans von Krek* NJW 1980, 2792.
[403] Vgl. *BGH*, 18.6.1997, XII ZR 192/95, NJW 1997, 2813, 2814.
[404] Vgl. *BGH*, 23.10.1996, XII ZR 55/95, NJW 1997, 193, 194; *Palandt/Weidenkaff* § 537 Rdn. 4.
[405] Vgl. *BGH*, 14.11.1990, VIII ZR 13/90, NJW-RR 1991, 267; *Palandt/Weidenkaff* § 537 Rdn. 4.

vertreten, wenn ihn selbst kein Verschulden trifft[406]. Obwohl sich § 540 BGB grundsätzlich nur auf den selbständigen Gebrauch eines Dritten bezieht[407], gilt die Regelung des § 540 Abs. 2 BGB auch beim unselbständigen Mitgebrauch Dritter.

Sofern der Anwender die Software unbefugt Dritten überlässt, ist er für **jeden Schaden** haftbar, der durch den Gebrauch des Dritten entsteht. Dies gilt auch für durch Zufall entstandene Schäden, sofern nicht der Schaden auch ohne die unbefugte Gebrauchsüberlassung an den Dritten eingetreten wäre[408]. 1370

Gem. § 541 BGB steht dem Vermieter ein **verschuldensunabhängiger Unterlassungsanspruch** zu, wenn der Mieter von der Mietsache einen vertragswidrigen Gebrauch macht und diesen trotz Abmahnung seitens des Vermieters fortsetzt. Bei der in den §§ 541, 543 Abs. 3 BGB angesprochenen **Abmahnung** handelt es sich um eine rechtsgeschäftsähnliche Erklärung, die darauf abzielt, dem Vertragspartner ein bestimmtes, als Vertragsverletzung beanstandetes Fehlverhalten vor Augen zu führen, verbunden mit der Aufforderung, dieses Verhalten zur Vermeidung weiterer vertragsrechtlicher Konsequenzen aufzugeben oder zu ändern[409]. Sofern im vertragswidrigen Gebrauch eine erhebliche Verletzung der Rechte des Vermieters liegt, steht dem Vermieter darüber hinaus gem. § 543 Abs. 2 S. 1 Nr. 2 BGB ein Recht zur fristlosen Kündigung des Mietverhältnisses zu. Eine erhebliche Rechtsverletzung liegt dabei dann vor, wenn der Mieter die Sache einem Dritten unbefugt überlässt oder diese durch Vernachlässigung der dem Mieter obliegenden Sorgfalt erheblich gefährdet. Letzteres wird etwa dann der Fall sein, wenn der Anwender die gemietete Software in einem von Dritten stark frequentierten Verkaufsraum oder einem Messestand ungesichert aufbewahrt und daher unerlaubte Vervielfältigungshandlungen zu befürchten sind. 1371

c) Die Verletzung der Rückgabe- oder Löschungspflicht

Gibt der Mieter die gemietete Sache nach Beendigung des Mietverhältnisses entgegen § 546 Abs. 1 BGB nicht zurück, so kann der Vermieter für die Dauer der Vorenthaltung gem. § 546a Abs. 1 BGB als Entschädigung die **vereinbarte Miete** verlangen. Der Anspruch aus § 546a BGB stellt eine Mindestentschädigung für den Vermieter dar, die in ihrer Höhe davon unabhängig ist, ob und inwieweit dem Vermieter aus der Vorenthaltung der Mietsache ein Schaden entstanden ist oder der Mieter einen entsprechenden Nutzen ziehen konnte[410]. Unberücksichtigt bleibt auch, ob die Miete noch angemessen ist, etwa weil der Mietgegenstand mittlerweile als veraltet zu qualifizieren ist[411]. Sofern die Miete im Augenblick der Beendigung des Mietverhältnisses jedoch gemindert war, etwa weil bei der Miete eines IT-Komplettsystems ein mitvermietetes Kalkulationsprogramm fehlt, richtet sich die dem Vermieter zustehende Entschädigung nach der geminderten Miete, weil dies die im Augenblick der Vertragsbeendigung vereinbarte Miete war[412]. Ein Verschulden 1372

---
[406] Vgl. *Palandt/Weidenkaff* § 540 Rdn. 15.
[407] Vgl. oben Rdn. 1350.
[408] Vgl. *Palandt/Weidenkaff* § 540 Rdn. 14.
[409] Vgl. *BGH*, 20.2.2008, VIII ZR 139/07, NJW 2009, 1303 Tz. 7; *BGH*, 11.1.2006, VIII ZR 364/04, NJW 2006, 1585, 1586 Tz. 14.
[410] Vgl. *OLG Hamm*, 11.1.1999, 13 U 132/98, MDR 1999, 732, 733 unter Verweis auf *BGH*, 7.12.1960, VIII ZR 16/60, WM 1961, 455, 456.
[411] Vgl. *OLG Hamm*, 11.1.1999, 13 U 132/98, MDR 1999, 732, 733. Allgemein zu einer Verschlechterung der Mietsache *BGH*, 27.5.2015, XII ZR 66/13, NJW 2015, 2795 Tz. 13.
[412] Vgl. *BGH*, 27.5.2015, XII ZR 66/13, NJW 2015, 2795 Tz. 13 ff. m. w. N.

des Mieters für die Vorenthaltung der Rückgabe ist nicht erforderlich[413]. Ein **weitergehender** verschuldensabhängiger **Schadensersatzanspruch** des Vermieters wegen Verzugs nach § 286 BGB oder wegen einer Pflichtverletzung nach § 280 Abs. 1 BGB wird nach § 546a Abs. 2 BGB ausdrücklich **nicht ausgeschlossen.**

1373 Wenngleich mit der Regelung des § 546a Abs. 1 BGB dem Vermieter eine Mindestentschädigung dafür eingeräumt werden sollte, dass er die Sache noch nicht nutzen kann, ist § 546a Abs. 1 BGB auch auf die Fälle entsprechend anzuwenden, in denen der Softwaremieter nicht zur Rückgabe verpflichtet ist, sondern die Software lediglich **löschen** soll. Dies kann mit dem ebenfalls der Vorschrift des § 546a BGB zu entnehmenden Gedanken begründet werden, dass ein Mieter, der die Sache weiter in Gewahrsam behält, nicht besser stehen darf, als er stünde, wenn das Mietverhältnis fortdauern würde. Da zur ordnungsgemäßen Rückgabe der Software im Sinne des § 546 Abs. 1 BGB entsprechend obiger Darlegung grundsätzlich auch die Löschung sämtlicher gegebenenfalls vorhandener Programmkopien zählt[414], greift § 546a Abs. 1 BGB selbst dann ein, wenn der Anwender das Computerprogramm auf dem Originaldatenträger zurückgibt, zugleich aber **noch andere Programmkopien** behält. Die Rückgabe der Originaldatenträger enthält die stillschweigende Erklärung, gegebenenfalls noch vorhandene Sicherheitskopien nicht mehr zu benutzen[415] und alsbald zu löschen.

1374 Ist der Anwender zur Rückgabe des Datenträgers unter Androhung einer Vertragsstrafe für den Fall der Zuwiderhandlung verpflichtet, stellt es eine objektive Verletzung der Rückgabepflicht dar, wenn die Datenträger nur in einem einfachen Brief aufgegeben werden und dann auf dem Postweg verlorengehen[416]. Wegen des Beweiswerts der Datenträger im Hinblick auf den Vertragsstrafenanspruch muss der Anwender seiner Rückgabeverpflichtung auf gesichertem Postweg nachkommen, also mindestens per Einschreiben. Dies gilt auch dann, wenn eine derartige gesicherte Rückgabe nicht ausdrücklich in die Allgemeinen Geschäftsbedingungen des Softwaregebers aufgenommen wurde. Eine Klausel „Schicken Sie uns die Software nach Vertragsbeendigung frachtfrei zu, per UPS oder Postwertpaket mit 1000,– Euro versichert" ist daher nicht zu beanstanden. Dies gilt grundsätzlich für die Auferlegung einer **Transportversicherungspflicht** bei der Rückgabe durch Dritte.

d) Die Verletzung sonstiger Nebenpflichten, insbesondere der Obhutspflicht

1375 Verletzt der Mieter die ihm nach § 536c Abs. 1 S. 1 BGB obliegende Pflicht zur unverzüglichen Anzeige eines im Laufe der Mietzeit aufgetretenen Mangels der Mietsache, muss er dem Vermieter gem. § 536c Abs. 2 S. 1 BGB den daraus entstehenden Schaden ersetzen. Eine Schadensersatzpflicht kann den Mieter auch bei der Verletzung sonstiger vertraglicher Nebenpflichten nach §§ 280 Abs. 1, 241 Abs. 2 BGB treffen. Diesbezüglich kommt insbesondere eine Verletzung der Obhutspflicht in Betracht, wenn der Softwaremieter nicht der ihn im Rahmen des Zumutbaren treffenden Pflicht nachkommt, die Software vor dem **unberechtigten Zugriff Dritter** zu schützen. Dies ist etwa in dem bereits angeführten Beispiel der Fall, in dem der Softwaremieter die gemietete Software in einem von Dritten stark frequentierten Verkaufsraum oder einem Messestand ungesichert aufbewahrt. Eine Verletzung der Obhutspflicht kann aber auch dann vorliegen, wenn der Softwaremieter seine **Mit-**

---

[413] Vgl. *Palandt/Weidenkaff* § 546a Rdn. 9.
[414] Vgl. hierzu oben Rdn. 1355.
[415] Vgl. *LG Kleve*, 30.10.1986, III 82/86, CR 1987, 598, 599.
[416] Vgl. *LG Lüneburg*, 3.6.1988, 4 S 25/88, NJW 1988, 2476.

arbeiter nicht nachdrücklich darauf hinweist, **keine Raubkopien** anzufertigen und auch den Verbleib der Originaldatenträger nicht kontrolliert.

IV. Leistungsstörungen bei der Herstellung und Überlassung von Individualsoftware

Inhaltsübersicht

	Rdn.		Rdn.
1. Vertragsrechtliche Einordnung und grundsätzliche Probleme	1376	(2) Der Inhalt des Schadensersatzanspruchs	1403
a) Allgemeines	1376	4. Die Verjährung der Mängelansprüche	1408
b) Probleme infolge unzulänglicher Softwarespezifikation	1377	5. Die verspätete Herstellung des Werks	1413
2. Vorvertragliche Pflichtverletzungen	1384	6. Ansprüche wegen sonstiger Pflichtverletzungen des Softwareherstellers	1418
3. Die Nicht- oder Schlechterfüllung durch den Softwarehersteller	1388	7. Pflichtverletzungen des Anwenders	1420
a) Rechtsmängel	1388	a) Die Nichterfüllung der Abnahmepflicht	1420
b) Sachmängel	1389	b) Die Verletzung vertraglicher Nebenpflichten	1427
aa) Die Pflicht zur mangelfreien Herstellung	1390	8. Vorzeitige Beendigung des Vertragsverhältnisses	1429
(1) Der Erfüllungsanspruch bis zur Abnahme	1391	a) Die Kündigung des Bestellers	1429
(2) Der Nacherfüllungsanspruch nach der Abnahme	1392	b) Die Kündigung des Softwareherstellers	1431
bb) Rücktritt und Minderung	1397	9. Änderungen der vereinbarten Leistungen	1432
cc) Schadensersatz	1401		
(1) Voraussetzungen des Schadensersatzanspruchs	1401		

Schrifttum: *Bartsch*, Themenfelder einer umfassenden Regelung der Abnahme, CR 2006, 7 ff.; *Hoeren*, Die Kündigung von Softwareerstellungsverträgen und deren urheberrechtliche Auswirkungen, CR 2005, 773 ff.; *Hörl*, Abnahmeregelungen in IT-Verträgen. Anforderungen, typische Probleme und Lösungen im Überblick, ITRB 2001, 93 ff.; *Intveen/Lohmann*, Das IT-Pflichtenheft, CR 2003, 640 ff.; *Meierhöfer*, Mitwirkungshandlungen des Auftraggebers und Rechtsfolgen der Verletzung bei Individualsoftwareerstellungsverträgen, 2013; *Müglich/Lapp*, Mitwirkungspflichten des Auftraggebers beim IT-Systemvertrag, CR 2004, 801 ff.; *Plath*, Abnahme bei Individualsoftwareverträgen, ITRB 2002, 98 ff.; *Redeker*, Softwareerstellung im neuen Schuldrecht, ITRB 2002, 119 ff.; *Schneider*, Zwischenbilanz zum Lebensraum der werkvertraglichen „Abnahme" in IT-Projekten, CR 2016, 634 ff.; *ders.*, Mitwirkungspflichten des Auftraggebers bei Softwareanpassung, ITRB 2008, 261 ff.; *ders.*, Das neue Recht für Softwareerstellung/-Anpassung, ITRB 2002, 273 ff.; *Schuster*, Mitwirkungspflichten bei IT-Verträgen, CR 2016, 627 ff.; *Witzel*, Abnahme, Projektbeendigung und Schadensersatz. Gestaltungsmöglichkeiten für die „worst case"-Szenarien in IT-Projekten, CR 2017, 213 ff.; *Zoglmann*, Das Lastenheft. Die Leistungsbeschreibung in Softwareerstellungsprojekten, 2013.

1. Vertragsrechtliche Einordnung und grundsätzliche Probleme

a) Allgemeines

Wird die Computersoftware für einen speziellen Verwendungs- und Aufgabenzweck eines konkreten Anwenders erstellt, spricht man von **Individualsoftware**. Hierauf sowie auf die Frage, wann durch die **Abänderung von Standardsoftware** ein Programm entsteht, das rechtlich wie Individualsoftware zu behandeln ist, wurde 1376 oben[417] bereits ausführlich eingegangen. Gleiches gilt für das Problem, ob auf diese Verträge Werkvertragsrecht oder über § 650 BGB (= § 651 BGB a. F.) Kaufvertragsrecht Anwendung findet[418].

b) Probleme infolge unzulänglicher Softwarespezifikation

Schrifttum: *Hoppen,* Software-Anforderungsdokumentation. Leistungsbeschreibungen bei Software, CR 2015, 747 ff.; *Intveen,* Einzelheiten über die Erstellung von IT-Pflichtheften, ITRB 2010, 238 ff.; *Koch,* Requirements Management. Anforderungsmanagement und die Fortschreibung von Lasten- und Pflichtenheften, ITRB 2009, 160 ff.; *Redeker,* Mangelnde Mitwirkung des Kunden bei Softwarelieferung, ITRB 2011, 65 ff.; *Welkenbach,* Scrum auf dem Prüfstand der Rechtsprechung – Lehren für die Vertragsgestaltung, CR 2017, 639 ff.; *Zoglmann,* Das Lastenheft. Die Leistungsbeschreibung in Softwareerstellungsprojekten, 2013.

1377   Im bereits erwähnten sog. **Pflichten- oder auch Lastenheft**[419] werden die Anforderungen in konkretisierter Form zusammengefasst, die der Anwender an das zu erstellende Computerprogramm stellt[420], sodass dem Pflichtenheft im Hinblick auf die Frage ordnungsgemäßer Vertragserfüllung durch den Softwarehersteller eine nicht zu unterschätzende Bedeutung zukommt. Völlig zu Recht hebt daher das *OLG Düsseldorf*[421] die zentrale Funktion des Pflichtenhefts hervor, mit dem der **Leistungsinhalt konkretisiert** werde, mit dem also festgelegt werde, welche bestimmten Einzelleistungen das Programm mit welchen Mitteln und unter welchen Voraussetzungen und mit welchen Vorgaben erbringen soll. Dennoch ergeben sich in der Praxis infolge einer ungenauen, unvollständigen oder gar fehlerhaften Softwarespezifikation häufig Ansatzpunkte zu Streit zwischen Anwender und Hersteller, weil das Pflichtenheft nicht mit der gehörigen Sorgfalt ausgearbeitet[422] oder eine schriftliche Fixierung sogar völlig unterlassen wurde.

1378   Dies kann insbesondere im Rahmen der sog. **agilen Softwareentwicklung** der Fall sein, denn im „Manifest für Agile Softwareentwicklung"[423] wurde ausdrücklich hervorgehoben, funktionierende Software sei wichtiger als umfassende Dokumentation und die Zusammenarbeit mit dem Kunden sei wichtiger als die vertraglichen Vereinbarungen. Auch soll das Eingehen auf Veränderungen wichtiger sein als das Festhalten an einem Plan (Vorteil der Flexibilität). Es ist unnötig zu betonen, dass sich derartige Grundthesen im juristischen Alltag häufig als problematisch erweisen[424]. Trotz der bereits an zahlreichen Stellen ausgesprochenen und häufig missachteten Appelle sei den Anwendern und Herstellern daher abermals empfohlen, die Anfor-

---

[417] Vgl. hierzu oben Rdn. 686 ff.
[418] Vgl. hierzu oben Rdn. 677 ff.
[419] Sehr häufig werden die Begriffe Pflichtenheft und Lastenheft synonym gebraucht. Demgegenüber wird in der VDI/VDE-Richtlinie 3694 unter „Lastenheft" die Zusammenstellung aller Anforderungen des Auftraggebers hinsichtlich des Liefer- und Leistungsumfangs und unter „Pflichtenheft" die Beschreibung der Realisierung aller Anforderungen des Lastenheftes definiert; so auch *Hoppen* CR 2015, 747, 749 f.: *Intveen/Lohmann* CR 2003, 646 halten den Begriff „Leistungsverzeichnis" für synonym mit Pflichtenheft. Zur Terminologie auch *Zoglmann* S. 55 f.; von „Anforderungsprofil" spricht etwa *OLG Köln,* 29.7.2005, 19 U 4/05, BeckRS 2005, 10355.
[420] Vgl. *OLG Schleswig,* 3.6.2016, 17 U 49/15, CR 2017, 83, 85; *OLG Hamburg,* 16.8.2013, 9 U 41/11, CR 2013, 697, 698; von einer Festlegung der Sollbeschaffenheit sprechen *Intveen/Lohmann* CR 2003, 640.
[421] Vgl. *OLG Düsseldorf,* 14.3.2014, I-22 U 134/13, CR 2015, 158, 159. In dieser Richtung wohl auch *OLG Hamburg,* 16.8.2013, 9 U 41/11, CR 2013, 697, 698.
[422] So im Fall des *OLG Düsseldorf,* 10.6.1992, 19 U 23/91, CR 1993, 361; zur oftmals unterschätzen Bedeutung *Witzel* CR 2017, 213, 214.
[423] Vgl. www.agilemanifesto.org/iso/de.
[424] Ähnlich *Ernst* CR 2017, 285, 289; weniger kritisch *Welkenbach* CR 29017, 639, 643.

derungen an die Software möglichst exakt zu umschreiben, denen sie genügen soll. Auslegungsbedürftige Pflichtenhefte bieten insbesondere dem unredlichen Vertragspartner unnötigerweise Angriffspunkte, sei es, dass der Anwender weitere Programmfunktionen in das Pflichtenheft hineininterpretiert, von denen zuvor nicht die Rede war und etwa die Abnahme nebst Zahlung verweigert[425], sei es, dass der Hersteller die Vereinbarung bestimmter Programmfunktionen bestreitet. Wird ein Pflichtenheft nicht ausgearbeitet, muss das Programm keinen besonderen Anforderungen genügen, sondern lediglich dem **Stand der Technik** bei einem **mittleren Ausführungsstandard**. Dies gilt auch bei der agilen Softwareentwicklung im sog. Scrum-Verfahren[426], bei der aus einer werkvertraglichen Einordnung[427] eine Leistungspflicht zu mittlerer Art und Güte folgt[428]. Sofern die Parteien keine werkvertragliche Ausgestaltung des Vertragsverhältnisses wünschen, ist ihnen eine klare Ausgestaltung des Vertrags mit dienstvertraglichen Elementen anzuraten, damit nicht die im Schrifttum geäußerte Vermutung eingreift, die Gerichte würden dazu neigen, eine werkvertragliche Erfolgsorientierung anzunehmen, weil dem Kunden unterstellt würde, eine Gesamtlösung anzustreben[429].

Grundsätzlich muss das Pflichtenheft auf der Grundlage von Informationen des Bestellers über die Anforderungen des Programms ausgearbeitet werden. Dementsprechend obliegt es auch dem **Besteller**, ein solches Pflichtenheft zu erstellen[430]. Diese Verpflichtung darf aber nicht dahingehend missverstanden werden, der Besteller schulde ein bis ins Detail ausgearbeitetes Pflichtenheft unter Einschluss der Festlegung technischer Spezifika. Oftmals wird der Besteller mangels IT-Kenntnissen gar nicht in der Lage sein, ein derart präzises Pflichtenheft auszuarbeiten. Aus diesem Grund ist es wohl unstreitig, dass der **Programmhersteller** an der Ausarbeitung des Pflichtenhefts **mitwirken** muss. Sind die Vorstellungen und Wünsche des Bestellers unpräzise, laienhaft oder sonst wie ungeeignet, den exakten Leistungsinhalt festzulegen, muss der Hersteller daher auf eine Präzisierung hinwirken[431]. Gegebenenfalls muss er daher von sich aus den Besteller zur weiteren Aufklärung anhalten oder sogar eigenständig dessen innerbetriebliche Bedürfnisse ermitteln[432]. Sofern die Angaben des Bestellers erkennbare Unklarheiten, Widersprüche oder gar Fehler enthalten, muss der Hersteller diese aufklären[433]. Ein IT-erfahrener Besteller muss demgegenüber die Leistungserwartungen so eindeutig wie möglich mitteilen und hierbei objektive Kriterien benennen. Unklarheiten, die durch die Verwendung subjektiver Begriffe entstehen, gehen zu seinen Lasten. Das bestellte Programm muss dann nur dem jeweiligen Stand der Technik bei einem mittleren Ausführungsstandard entsprechen.

1379

---

[425] Auf diese Gefahr weist *Ernst* CR 2017, 285, 289 hin.
[426] Vgl. zur Definition von Scrum (engl. Gedrände) den (deutschsprachigen) Scrum Guide unter https://www.scrumguides.org/docs/scrumguide/v1/Scrum-Guide-DE.pdf.
[427] Ob eine Dienst- oder werkvertragliche Gestaltung vorliegt oder sogar eine Gesellschaft bürgerlichen Rechts gebildet wird, muss im Einzelfall beurteilt werden; vgl. *Ernst* CR 2017, 285, 288. Für eine werkvertragliche Einordnung im konkreten Fall *LG Wiesbaden*, 30.11.2016, 11 O 10/15, CR 2017, 298; offengelassen in der Berufungsinstanz *OLG Frankfurt*, 17.8.2017, 5 U 152/16, CR 2017, 646; ausführlich *Welkenbach* CR 2017, 639 ff.
[428] Vgl. *LG Wiesbaden*, 30.11.2016, 11 O 10/15, CR 2017, 298.
[429] Diese Vermutung äußert *Welkenbach* CR 2017, 639, 643.
[430] Vgl. *OLG Schleswig*, 3.6.2016, 17 U 49/15, CR 2017, 83, 85; *OLG Köln*, 29.7.2005, 19 U 4/05, BeckRS 2005, 10355; *Schuster/Hunzinger* CR 2015, 209, 214.
[431] Vgl. *OLG Schleswig*, 3.6.2016, 17 U 49/15, CR 2017, 83, 85.
[432] Vgl. *OLG Schleswig*, 3.6.2016, 17 U 49/15, CR 2017, 83, 85.
[433] Vgl. *Intveen/Lohmann* CR 2003, 640, 642; *Schmidt* CR 1992, 709, 710.

1380 Möglich ist auch, die **Ausarbeitung des Pflichtenhefts** – gegebenenfalls gegen ein entsprechendes Entgelt – durch vertragliche Vereinbarung dem **Softwarehersteller** aufzuerlegen[434]. Dies wird sich insbesondere immer dann anbieten, wenn der Besteller IT-Laie ist. Schuldet daher der Softwarehersteller die Ausarbeitung des Pflichtenhefts, muss er auf der Grundlage des festzustellenden Ist-Zustands über die betrieblichen Abläufe beim Anwender die sich hieraus ergebenden Konsequenzen für die Software so weit konkretisieren, dass die später gelieferte Software hieran gemessen werden kann.

1381 Treten nach Begründung des Schuldverhältnisses **Leistungserschwerungen** hinsichtlich der Programmerstellung auf, so geht dies nach der vertraglichen Risikoverteilung grundsätzlich zu Lasten des Softwarelieferanten. Dies gilt insbesondere im Hinblick auf eine als Festpreis vereinbarte Vergütung. Nur wenn durch Umstände außerhalb des Risiko und Einflussbereichs des Softwarelieferanten ein so krasses Missverhältnis zwischen Leistung und Gegenleistung entsteht, dass ein Festhalten am Vertrag nicht mehr zumutbar ist, kommt eine Anpassung des Vertragsinhalts an die geänderten Umstände entsprechend den Vorgaben des § 313 BGB in Betracht.

1382 In Anlehnung an die Gliederung des durch die EVB-IT Erstellung (Version 1.0 vom 8.7.2013)[435] abgelösten, aber immer noch brauchbaren Erstellungsscheins der BVB-Erstellung[436] können die **Anforderungen an ein Pflichtenheft** wie folgt umschrieben werden, wobei jedoch hierin kein starres Pflichtkonzept zu sehen ist, sondern Erweiterungen oder Kürzungen im Einzelfall notwendig und angemessen sein können.

1383 **Fachliche Spezifikationen:**
– funktionale Spezifikationen
– Informationsbedarf (z. B. Umfang, Zeitpunkt, Ort, Prioritäten)
– Informationsbasis (z. B. logische Struktur, Mengengerüst, Verknüpfungen)
– Informationsfluss (z. B. Quellen, Ziele, Verzweigungen)
– Verarbeitungsregeln (z. B. für Buchungen, Steuerung, technisch-wissenschaftliche Berechnungen; Darstellung nach Möglichkeit formal z. B. durch Formeln, Algorithmen, Entscheidungstabellen)
– Schnittstellen Bearbeiter/Programme (z. B. Strukturen und Inhalte von Bildschirm- und Listendarstellungen, Funktionstastenverwendung)
– sonstige funktionale Spezifikationen
– Qualitätsmerkmale
– Zuverlässigkeit (z. B. Robustheit, Datensicherheit)
– Benutzungsfreundlichkeit (z. B. Benutzerführung, Unterstützungsfunktionen, Ergonomie)
– Zeitverhalten (z. B. Antwort-, Reaktionszeiten, Durchsätze; diese Angaben erfordern die präzise Beschreibung der auszuführenden Funktionen und der jeweiligen vorausgesetzten Randbedingungen wie Hardware-Konfiguration, Systemsoftware, sonstige Programmumgebung, Auslastungen von Zentraleinheit und Kanälen, Datenvolumen)
– Pflegefreundlichkeit (z. B. Angaben zum zu erwartenden Pflegebedarf wie Änderungsart, -umfang, -häufigkeit, Zeitrahmen für Einarbeitung und Durchführung)

---

[434] Vgl. *Intveen* ITRB 2010, 238, 240; *Intveen/Lohmann* CR 2003, 640, 642 f.
[435] Abrufbar unter http://www.cio.bund.de/Web/DE/IT-Beschaffung/EVB-IT-und-BVB/Aktuelle_EVB-IT/aktuelle_evb_it_node.html.
[436] Vgl. www.cio.bund.de/DE/Home/home_node.html unter Menüpunkt IT-Beschaffung Unterpunkt Archiv.

- Portabilität (Angabe der DV-Anlagen und Grundsoftware, mit denen die Programme zusammenwirken können
- sonstige Qualitätsmerkmale

Technische Spezifikationen:
- programmtechnische Vorgaben (z. B. Programmiersprachen, -techniken, -richtlinien, Fachnormen)
- Vorgaben aufgrund der Hardware- und Software-Umgebung (z. B. verfügbare Hardware-Konfiguration, Ablauf- und Datenschnittstellen zu anderen Programmen)
- Anforderungen an die Dokumentation

2. Vorvertragliche Pflichtverletzungen

Wie bei der Überlassung von Standardsoftware auf Dauer treten vorvertragliche Pflichtverletzungen, bei denen eine Haftung wegen culpa in contrahendo gem. § 280 Abs. 1 i. V. m. § 311 Abs. 2 BGB in Betracht kommt, in der Regel in Gestalt unterlassener oder unrichtiger **Aufklärung** und **Beratung** des Anwenders durch den Softwarelieferanten auf. Insoweit kann mangels Abweichung von der im Abschnitt über die Leistungsstörungen bei Softwareüberlassung auf Dauer dargelegten Interessenlage auf die dort gemachten Ausführungen zur Pflicht des Softwarelieferanten zu eigeninitiativer Aufklärung und zur erbetenen Beratung verwiesen werden[437]. Ein Unterschied hinsichtlich der Voraussetzungen oder der Rechtsfolgen einer vorvertraglichen Pflichtverletzung besteht zwischen kauf- und werkvertraglichen Rechtsgeschäften nicht. Dies betrifft auch das Verhältnis zwischen der Haftung wegen **culpa in contrahendo** und den Regelungen des **Sachmängelrechts,** sodass der Anwendungsbereich der culpa in contrahendo auf die Fälle beschränkt ist, in denen sich das Verschulden nicht auf einen Mangel des herzustellenden Werks bezieht. Verletzt der Werkunternehmer indes die ihn treffende Aufklärungs- und Beratungspflicht, besteht ein Anspruch des Anwenders wegen culpa in contrahendo auch dann, wenn das Verschulden des Unternehmers einer Beschaffenheitsvereinbarung zugängliche Merkmale des Werks umfasst[438]. 1384

Eine Haftung wegen culpa in contrahendo gem. § 280 Abs. 1 i. V. m. § 311 Abs. 2 BGB kann in Betracht kommen, wenn der Softwareüberlassungsvertrag nicht zustande kommt, obwohl eine Vertragspartei in Erwartung des Vertragsabschlusses bereits **Aufwendungen** tätigte[439]. Dies ist zwar keine Besonderheit der hier diskutierten Verträge über Individualsoftware, sondern gilt grundsätzlich für alle Vertragstypen. Derartige Aufwendungen werden jedoch besonders häufig von Softwareherstellern getätigt, wenn speziell an die Bedürfnisse eines potentiellen Kunden angepasste Software angeboten wird, weshalb die Erörterung dieser Problematik an dieser Stelle geboten erscheint. Als Ausgangspunkt der Betrachtung muss zunächst festgehalten werden, dass es grundsätzlich an einer wie auch immer gearteten Bindung fehlt, solange die Parteien noch verhandeln. Aus diesem Grund handelt jede Vertragspartei auf eigenes Kostenrisiko, wenn sie im Vertrauen auf einen lediglich **erhofften Vertragsabschluss** Aufwendungen tätigt[440]. Ausnahmen von diesem Grundsatz bedürfen stets einer besonderen Begründung. Eine solche liegt etwa dann vor, wenn 1385

---
[437] Vgl. hierzu oben Rdn. 1214 ff.
[438] Vgl. *Palandt/Sprau* Vorb § 633 Rdn. 13.
[439] Vgl. *LG Stuttgart*, 22.3.2002, 8 O 420/99, CR 2002, 644, 645.
[440] Vgl. *BGH*, 16.11.2007, V ZR 208/06, NJW-RR 2008, 683, 685 Tz. 20; *LG Stuttgart*, 22.3.2002, 8 O 420/99, CR 2002, 644, 645.

der Softwarebesteller beim Hersteller in zurechenbarer, aber nicht notwendig schuldhafter[441] Weise ein Vertrauen auf das Zustandekommen des Vertrags weckte, etwa indem er den Vertragsschluss als sicher hinstellte, und sodann die Vertragsverhandlungen ohne triftigen Grund abbricht[442]. Weil jedoch eine vertragliche Bindung noch fehlt, sind an das Vorliegen eines triftigen Grundes keine allzu hohen Anforderungen zu stellen. Auch ein günstigeres Angebot eines Mitbewerbers kann einen triftigen Grund darstellen[443]. Beide Voraussetzungen, das Wecken von Vertrauen auf das Zustandekommen des Vertrags sowie der Verhandlungsabbruch ohne triftigen Grund, müssen kumulativ vorliegen.

1386 Im Einzelfall kann der Softwarehersteller auch einen Vergütungsanspruch aus §§ 631 Abs. 1, 632 Abs. 1 BGB herleiten[444]. Grundsätzlich besteht der Werklohnanspruch des Softwareherstellers zwar nur im Rahmen eines abgeschlossenen Vertrags, gleichwie auch hier die Regel gilt, dass Vorarbeiten ohne selbstständige Vereinbarung der Entgeltlichkeit im Sinne einer vergütungspflichtigen Einzelleistung nicht zu vergüten sind, wenn die Gesamtausführung des Auftrags unterbleibt[445]. Möglich ist aber auch, dass die Vergütungspflicht nach §§ 133, 157, 242 BGB dem gegebenenfalls **konkludent geäußerten Parteiwillen** entspricht. Diesbezüglich ist etwa darauf abzustellen, in wessen Interesse der Werkhersteller die Vorarbeiten überwiegend erbringt[446].

1387 Ein auf eine Vergütung gerichteter **Parteiwille** kann auch daraus zu entnehmen sein, dass der Hersteller im Einvernehmen mit dem Besteller derart umfangreiche Vorarbeiten zu leisten hat, dass der Besteller bei Würdigung der ihm entstehenden Vorteile nicht erwarten kann, der Hersteller werde derartige Arbeiten allein der vagen Hoffnung auf die Auftragserteilung wegen unentgeltlich leisten[447]. Um dem Besteller nicht die Möglichkeit zu nehmen, Angebote von mehreren Anbietern einzuholen, ist insoweit aber ein strenger Maßstab anzulegen[448]. Im Übrigen ist hinsichtlich der Höhe des Vergütungsanspruchs wie bei einer Haftung nach § 280 Abs. 1 i.V.m. § 311 Abs. 2 BGB darauf abzustellen, dass lediglich solche Aufwendungen ersetzt werden, die nach Lage des Falls vertretbar waren[449].

3. Die Nicht- oder Schlechterfüllung durch den Softwarehersteller

a) Rechtsmängel

1388 **Rechtsmängel** sind den **Sachmängeln** gem. § 633 Abs. 1 BGB **gleichgestellt** und in § 633 Abs. 3 BGB geregelt. Inhaltlich entsprechen die werkvertraglichen den kaufvertraglichen Rechtsmängeln im Sinne des § 435 S. 1 BGB, weshalb auf die allgemeinen Darlegungen zur **Rechtsmängelhaftung** verwiesen werden kann[450]. Nimmt

---

[441] Dies ist nicht unumstritten; vgl. MünchKomm/*Emmerich*, § 311 Rdn. 167.
[442] Vgl. *LG Stuttgart*, 22.3.2002, 8 O 420/99, CR 2002, 644, 645.
[443] Vgl. *LG Stuttgart*, 22.3.2002, 8 O 420/99, CR 2002, 644, 645; *Palandt/Grüneberg* § 311 Rdn. 32.
[444] Vgl. zu Angebotskosten bei einem Software-Entwicklungsvertrag *OLG Nürnberg*, 18.2.1993, 12 U 1663/92, NJW-RR 1993, 760.
[445] Vgl. *OLG Nürnberg*, 18.2.1993, 12 U 1663/92, NJW-RR 1993, 760; *Palandt/Sprau* § 632 Rdn. 10.
[446] Vgl. *OLG Nürnberg*, 18.2.1993, 12 U 1663/92, NJW-RR 1993, 760, 761; *Palandt/Sprau* § 632 Rdn. 10 m.w.N.
[447] Vgl. *OLG Koblenz*, 31.7.1997, 5 U 90/97, MDR 1998, 343.
[448] Vgl. *OLG Nürnberg*, 18.2.1993, 12 U 1663/92, NJW-RR 1993, 760, 761.
[449] Vgl. *LG Stuttgart*, 22.3.2002, 8 O 420/99, CR 2002, 644, 646.
[450] Vgl. hierzu unten Rdn. 1464.

der Anwender ein rechtsmängelbehaftetes Werk in Kenntnis des Mangels ab, so hat er gem. § 640 Abs. 3 BGB (= § 640 Abs. 2 BGB a. F.) wegen dieses Mangels nicht die Rechte des § 634 Nr. 1 bis 3 BGB, wenn er sich deren Geltendmachung nicht vorbehalten hat. Die Vorschrift räumt dem Werkunternehmer eine Einrede ein[451]. Eine Kenntnis allein der entsprechenden Tatsachen ist nicht ausreichend. Der Anwender muss die zutreffenden Folgerungen im Hinblick auf den Rechtsmangel gezogen haben. Für die Kenntnis des Anwenders gelten die gleichen Anforderungen wie bei § 442 Abs. 1 BGB[452].

b) Sachmängel

Ein Sachmangel im Sinne des Werkvertragsrechts besteht nach der Regelung des § 633 Abs. 2 BGB, wenn das Werk entweder nicht die vereinbarte Beschaffenheit hat oder einer der übrigen in der genannten Vorschrift aufgezählten Fälle vorliegt. Wann dies im einzelnen der Fall ist, soll an dieser Stelle nicht vertieft werden, sondern wird in den beiden nachfolgenden Abschnitten ausführlich dargestellt. Die nunmehr folgenden Darlegungen setzen das Vorhandensein eines Mangels voraus. In zeitlicher Hinsicht ist für die Beurteilung, ob ein Werk mangelhaft ist, auf den Zustand des Werks zum Zeitpunkt der Abnahme abzustellen[453]. 1389

aa) Die Pflicht zur mangelfreien Herstellung

Die mangelhafte Herstellung des Werks durch den Unternehmer stellt einen Fall der (teilweisen) **Nichterfüllung** der Pflichten des Unternehmers dar, der grundsätzlich entsprechend den Regelungen des allgemeinen Leistungsstörungsrecht zu behandeln ist. Diese sind aber entsprechend den Besonderheiten des Werkvertrags ergänzt und modifiziert. Genügt das vom Softwarelieferanten hergestellte Programm den Maßgaben der Pflicht zur mangelfreien Werkherstellung nicht, ist es also mangelhaft, so hat der Softwarelieferant seine Leistungspflicht nicht ordnungsgemäß erfüllt, sodass dem Anwender in erster Linie der weiterbestehende und auf Herstellung des versprochenen Werks gerichtete **Erfüllungsanspruch** zusteht[454]. Der Inhalt dieses Erfüllungsanspruchs wird jedoch durch die Abnahme des Werks durch den Besteller gem. § 640 Abs. 1 BGB modifiziert, sodass die Rechte des Bestellers bis zur Abnahme und nach der Abnahme im Grundsatz unterschieden werden müssen, wenngleich im Ergebnis häufig keine Abweichungen zu verzeichnen sind. 1390

(1) Der Erfüllungsanspruch bis zur Abnahme

Bis zur Abnahme des Computerprogramms kann der Anwender wegen eines Mangels des Werks die **Abnahme verweigern**. Der Vergütungsanspruch des Softwareherstellers wird, sofern keine abweichende vertragliche Vereinbarung getroffen wurde[455], gem. § 641 Abs. 1 S. 1 BGB erst mit der Abnahme fällig[456], sodass der Anwender bei einer berechtigten Verweigerung der Abnahme auch nicht zur Zahlung verpflichtet ist[457]. Dies gilt nach Auffassung des *BGH* sogar für den Fall, dass der Besteller das mangelhafte Werk bereits lange nutzt[458]. Die Rechte des Software- 1391

---

[451] Vgl. *OLG Schleswig*, 18.12.2015, 1 U 125/14, NJW 2016, 1744 Tz. 38.
[452] Vgl. *Palandt/Sprau* § 640 Rdn. 13.
[453] Vgl. *BGH*, 25.2.2016, VII ZR 210/13, NJW 2016, 2183 Tz. 15.
[454] Vgl. *OLG Hamm*, 19.12.1990, 31 U 129/90, CR 1991, 411, 412.
[455] Vgl. *BGH*, 29.1.2002, X ZR 231/00, MMR 2002, 700 (Ls.).
[456] Vgl. *OLG Frankfurt*, 17.8.2017, 5 U 152/16, CR 2017, 646, 647.
[457] Vgl. *Palandt/Sprau* § 641 Rdn. 4.
[458] Vgl. *BGH*, 8.1.2004, VII ZR 198/02, NJW-RR 2004, 591 für ein mangelhaftes Bauwerk.

herstellers richten sich nach den allgemeinen Vorschriften des Leistungsstörungsrechts. Entspricht das hergestellte Werk mehr als nur unwesentlich nicht der vereinbarten Leistung, muss sich der Besteller auch nicht auf eine Nacherfüllung gem. §§ 634 Nr. 1, 635 BGB einlassen. Vielmehr kann er Erfüllung des Vertrags durch Lieferung eines vertragsgemäßen, gegebenenfalls neu hergestellten und/oder mangelfreien Werks verlangen[459]. Sofern jedoch der Mangel durch Nachbesserung zu beseitigen ist und dem Interesse des Anwenders durch eine Nachbesserung Genüge getan wird, ist das Verlangen nach Neuherstellung unbillig, sodass sich der Unternehmer diesbezüglich auf ein Leistungsverweigerungsrecht gem. §§ 275 Abs. 2, 635 Abs. 3 (analog) BGB berufen und Mängelbeseitigung anbieten kann[460].

(2) Der Nacherfüllungsanspruch nach der Abnahme

1392   Auch nach der Abnahme eines mangelhaften Werks bleibt dem Besteller der Erfüllungsanspruch auf mangelfreie Herstellung des Werks grundsätzlich erhalten. Als Folge der in der Abnahme enthaltenen Erklärung des Bestellers, dass er das Werk als der Hauptsache nach vertragsgemäße Leistung anerkennt[461], wird der Erfüllungsanspruch des Bestellers dahingehend modifiziert[462], dass er grundsätzlich gem. §§ 634 Nr. 1, 635 BGB nur noch **Nacherfüllung,** nicht aber mehr Neuherstellung verlangen kann, denn dem Unternehmer steht gem. § 635 Abs. 1 BGB das Wahlrecht zu[463], die Nacherfüllung durch Nachbesserung, also durch Beseitigung der vorhandenen Mängel, oder durch Neuerstellung, also durch Herstellung eines neuen vertragsgemäßen Werkes, vorzunehmen. Trotz dieser Modifizierung des Erfüllungsanspruchs kann der Besteller aber im Einzelfall auch nach der Abnahme noch Neuherstellung des Werks verlangen, wenn der Mangel nur auf diese Weise beseitigt werden und der Unternehmer die Mangelbeseitigung auch nicht verweigern kann (§ 635 Abs. 3 BGB)[464].

1393   Der Softwarehersteller ist gem. § 635 Abs. 3 BGB berechtigt, die Nacherfüllung **unbeschadet** der Leistungsverweigerungsrechte des **§ 275 Abs. 2 und 3 BGB** zu verweigern, wenn sie nur mit **unverhältnismäßigen Kosten** möglich ist. Ein unverhältnismäßiger Aufwand im Sinne des § 275 Abs. 2 BGB liegt etwa dann vor, wenn der Aufwand für die Mängelbeseitigung bei Abwägung aller Umstände in einem groben Missverhältnis zu dem mit der Beseitigung der Mängel erzielbaren Erfolg stehen würde. Dabei kommt es nicht nur auf die Höhe der anfallenden Kosten an, sondern es muss berücksichtigt werden, in welchem Verhältnis diese Aufwendungen zu dem Vorteil stehen, den der Auftraggeber durch die Mängelbeseitigung erlangt. Neben dem finanziellen Aufwand ist bei der Prüfung der Verhältnismäßigkeit gem. § 275 Abs. 2 S. 2 BGB auch auf den Grad des Verschuldens abzustellen[465]. Aus diesem Grunde kann eine aufwendige Nachbesserung durchaus zumutbar sein, wenn der Mangel auf grober Fahrlässigkeit des Herstellers beruht. Dies gilt natürlich erst recht, wenn sogar eine vorsätzliche Vertragsverletzung vorliegt[466], während ein ge-

---

[459] Vgl. *BGH,* 7.7.1987, X ZR 23/86, NJW-RR 1988, 310, 311; *Palandt/Sprau* Vorb § 633 Rdn. 7.
[460] Im Ergebnis wie hier *BGH,* 7.3.2013, VII ZR 119/10, NJW 2013, 1528, 1529 Tz. 15.
[461] Vgl. *BGH,* 5.6.2014, VII ZR 276/13, MMR 2014, 591, 592 Tz. 21; *BGH,* 25.2.2010, VII ZR 64/09, NJW-RR 2010, 748, 749 Tz. 21.
[462] Vgl. *BGH,* 19.11.2015, X ZR 198/14, NJW 2016, 711, 712 Tz. 17.
[463] Vgl. *BGH,* 7.3.2013, VII ZR 119/10, NJW 2013, 1528, 1529 Tz. 15.
[464] Vgl. *Palandt/Sprau* § 634 Rdn. 3.
[465] Vgl. *BGH,* 16.4.2009, VII ZR 177/07, NJW 2009, 2123 Tz. 3.
[466] Vgl. *BGH,* 16.4.2009, VII ZR 177/07, NJW 2009, 2123 Tz. 4 f.

IV. Leistungsstörungen bei Individualsoftware

ringes Verschulden keinen strengen Maßstab rechtfertigt[467]. Bei der Prüfung der unverhältnismäßigen Kosten ist ebenfalls eine Gesamtabwägung notwendig[468].

Der Anwender kann gem. §§ 634 Nr. 2, 637 Abs. 1 BGB wegen eines Mangels **1394** nach erfolglosem Ablauf einer von ihm zur Nacherfüllung bestimmten angemessenen Frist den **Mangel selbst beseitigen** und **Ersatz der erforderlichen Aufwendungen** verlangen[469]. Dabei ist nach der Rechtsprechung des *BGH* für die Frage der Bewertung der Erforderlichkeit auf den Aufwand und die damit verbundenen Kosten abzustellen, welche der Besteller im Zeitpunkt der Mängelbeseitigung als vernünftiger, wirtschaftlich denkender Mensch aufgrund sachkundiger Beratung oder Feststellung aufwenden konnte und musste, wobei es sich um eine vertretbare Maßnahme der Schadensbeseitigung handeln muss[470]. Eine Verletzung gegebenenfalls bestehender Urheberrechte des Softwareherstellers stellt die Mängelbehebung grundsätzlich nicht dar, denn die Fehlerberichtigung zählt zur bestimmungsgemäßen Benutzung eines Computerprogramms, zu der ein Anwender nach § 69d Abs. 1 UrhG berechtigt ist, soweit keine besonderen vertraglichen Bestimmungen vorliegen[471]. Der Anwender kann den Mangel auch durch Dritte beheben lassen. Zu den nach § 637 Abs. 1 BGB zu ersetzenden Aufwendungen zählen auch diejenigen Kosten, die zum Auffinden der Schadensursache notwendig sind[472].

Hinsichtlich der bei der Selbstvornahme anfallenden Kosten steht dem Besteller **1395** ein in § 637 Abs. 3 BGB gesetzlich verankerter **Vorschussanspruch** zu[473], der mit der Pflicht zur späteren Abrechnung verbunden ist. Im Rahmen der Abrechnung obliegt es dem Besteller, die Aufwendungen für die Mängelbeseitigung nachzuweisen[474] und einen nicht in Anspruch genommenen Betrag zurückzuerstatten[475]. Auch wenn der Besteller einen Kostenvorschuss erhalten hat, steht es ihm frei, vor dessen bestimmungsgemäßer Verwendung Schadensersatz nach §§ 634 Nr. 4 1. Alt., 636, 280, 281 BGB zu verlangen und mit diesem Schadensersatzanspruch gegen den Rückerstattungsanspruch des Werkunternehmers aufzurechnen[476].

Sofern der Besteller zunächst einen Kostenvorschuss zur Mängelbeseitigung gem. **1396** § 637 Abs. 3 BGB einklagt und seinen Klageantrag später auf einen Aufwendungsersatzanspruch nach § 637 Abs. 1 BGB umstellt, liegt hierin keine einwilligungspflichtige **Klageänderung** gem. § 263 ZPO. Der vom Besteller zu beanspruchende Kostenvorschuss stellt sich lediglich als vorweggenommener und abzurechnender Aufwendungsersatz für die zur Mängelbeseitigung erforderlichen Kosten dar[477]. Daher liegt ein Fall des § 264 Nr. 3 ZPO vor, demzufolge keine Klageänderung vorliegt, wenn statt des ursprünglich geforderten Gegenstands wegen einer später eingetretenen Veränderung ein anderer Gegenstand gefordert wird[478]. Die Umstellung kann auch noch in der Berufungsinstanz erfolgen[479]. Passt der erstinzstanzlich er-

---

[467] Vgl. *OLG Köln*, 25.11.1992, 11 U 33/92, NJW-RR 1993, 593.
[468] Vgl. *BGH*, 16.4.2009, VII ZR 177/07, NJW 2009, 2123 Tz. 4.
[469] Vgl. *OLG Rostock*, 11.6.2009, 3 U 213/08, NJW-RR 2009, 1674, 1675.
[470] Vgl. *BGH*, 7.3.2013, VII ZR 119/10, NJW 2013, 1528 Tz. 9.
[471] Vgl. hierzu unten Rdn. 1711.
[472] Vgl. *OLG Koblenz*, 4.3.2015, 3 U 1042/14, NJW 2015, 1967, 1968 Tz. 13.
[473] Vgl. *BGH*, 14.1.2010, VII ZR 108/08, NJW 2010, 1192, 1193 Tz. 12.
[474] Vgl. *BGH*, 14.1.2010, VII ZR 108/08, NJW 2010, 1192, 1193 Tz. 13.
[475] Vgl. *BGH*, 14.1.2010, VII ZR 108/08, NJW 2010, 1192, 1193 Tz. 13.
[476] Vgl. *BGH*, 14.1.2010, VII ZR 108/08, NJW 2010, 1192, 1194 Tz. 17; *OLG Düsseldorf*, 10.10.2014, I-22 U 72/14, NJW-RR 2015, 341, 342 Tz. 8.
[477] Vgl. *BGH*, 12.1.2006, VII ZR 73/04, NJW-RR 2006, 669, 670 Tz. 11.
[478] Vgl. *OLG Rostock*, 11.6.2009, 3 U 213/08, NJW-RR 2009, 1674, 1675.
[479] Vgl. *OLG Rostock*, 11.6.2009, 3 U 213/08, NJW-RR 2009, 1674, 1675.

folgreiche Kläger seinen Antrag in der Berufungsinstanz dahingehend an, dass er statt des zunächst geforderten Kostenvorschusses nun Kostenerstattung verlangt, so ist dies jedenfalls dann ohne Anschlussberufung zulässig, wenn der Kostenerstattungsanspruch den erstinstanzlich zugesprochenen Betrag nicht übersteigt[480].

bb) Rücktritt und Minderung

1397 Weist die hergestellte Software einen Mangel auf, kann der Besteller dem Softwarehersteller eine angemessene Frist zur Nacherfüllung bestimmen. Da bei der Herstellung von Individualprogrammen immer gewisse **Anlaufschwierigkeiten** auftreten und es nicht selten einer Zusammenarbeit zwischen Besteller und Hersteller bedarf, um die Fehler zu beheben, muss der Besteller hinreichende Gelegenheit geben, auftretende Anlaufschwierigkeiten zu beheben[481]. Eine zu kurz bemessene Frist zur Nacherfüllung (§ 323 Abs. 1 BGB) setzt grundsätzlich eine angemessene Frist in Lauf[482]. Bei Bestellung von Individualsoftware ist im Hinblick auf die Bestimmung einer angemessenen Frist auch zu berücksichtigen, ob sich der Besteller in Annahmeverzug befand, denn auch einem Softwarehersteller ist es nicht zuzumuten, sich dauernd zur Erbringung der noch ausstehenden restlichen Werkleistungen bereitzuhalten[483].

1398 Erst nach **fruchtlosem Fristablauf** kann der Besteller **den Rücktritt erklären** oder **Minderung verlangen**[484], sofern nicht ein Fall der **Entbehrlichkeit der Fristsetzung** nach den §§ 636, 281 Abs. 2, 323 Abs. 2, 326 Abs. 5 BGB vorliegt[485]. Gem. § 636 BGB bedarf es der Fristsetzung auch dann nicht, wenn der Softwarehersteller die Nacherfüllung gem. § 635 Abs. 3 BGB verweigert oder wenn die Nacherfüllung fehlgeschlagen oder dem Besteller unzumutbar ist. Eine solche Unzumutbarkeit liegt etwa vor, wenn sein Vertrauen auf die ordnungsgemäße Mängelbeseitigung durch den Softwarehersteller infolge berechtigter Zweifel an der Leistungsfähigkeit und Zuverlässigkeit desselben erschüttert ist[486], insbesondere eine Mängelbeseitigung nicht mehr zu erwarten ist[487], oder weil der Besteller das Werk sofort und ohne weitere Verzögerung benötigt.

1399 Rücktritt und Minderung erfolgen durch Ausübung eines entsprechenden **Gestaltungsrechts. Tritt** der Anwender gem. § 349 BGB **zurück,** wandelt sich das Schuldverhältnis in ein Abrechnungs- und Abwicklungsschuldverhältnis um. Der Nacherfüllungsanspruch, das Selbstvornahmerecht sowie das Minderungsrecht erlöschen, während Schadensersatz gem. § 325 BGB weiterhin geltend gemacht werden kann. Auch Aufwendungsersatz kann verlangt werden. Der Rücktritt ist gem. § 323 Abs. 5 S. 2 BGB ausgeschlossen, wenn der Mangel nicht erheblich ist, wobei der Softwarehersteller die Unerheblichkeit beweisen muss[488]. Bei einer Teilleistung etwa nur einzelner Programmteile ist der Rücktritt gem. § 323 Abs. 5 S. 1 BGB nicht ausgeschlossen, wenn der Anwender nur ein Interesse an einer vollständigen Leistung hat und etwa bei einer komplexen Aufgabenstellung sogar von einer unteilbaren

---

[480] Vgl. *BGH*, 12.1.2006, VII ZR 73/04, NJW-RR 2006, 669 f. Tz. 9 ff.
[481] Vgl. *LG Duisburg*, 26.9.1986, 4 S 150/86, CR 1988, 922; *Witzel* CR 2017, 213, 214.
[482] Vgl. zum alten Recht *OLG Hamm*, 6.9.1999, 13 U 3/99, CR 2000, 741, das bei Hard- und Softwarefehlern eine Frist von einem Monat für angemessen hält.
[483] Vgl. *BGH*, 3.4.2007, X ZR 104/04, NJW 2007, 2761, 2762 Tz. 9.
[484] Vgl. *OLG Frankfurt*, 17.8.2017, 5 U 152/16, CR 2017, 646, 647.
[485] Vgl. *OLG Frankfurt*, 17.8.2017, 5 U 152/16, CR 2017, 646, 647.
[486] Vgl. *BGH*, 3.3.1998, X ZR 14/95, NJW-RR 1998, 1268, 1269; *OLG Koblenz*, 3.5.2010, 5 U 290/10, NJW-RR 2010, 1536, 1537.
[487] Vgl. *OLG Koblenz*, 19.7.2001, 5 U 443/01, NJW-RR 2002, 669.
[488] Vgl. *OLG Hamburg*, 16.8.2013, 9 U 41/11, CR 2013, 697, 698.

Leistung auszugehen ist⁴⁸⁹. Der Rücktritt ist gem. § 323 Abs. 6 BGB ferner ausgeschlossen, wenn der Anwender für den Mangel weit überwiegend verantwortlich ist oder wenn der Mangel während des Annahmeverzugs des Anwenders eintritt und vom Softwarehersteller nicht zu vertreten ist. Auch bei vorbehaltloser Abnahme in Kenntnis des Mangels ist der Rücktritt über § 640 Abs. 3 BGB (= § 640 Abs. 2 BGB a. F.) ausgeschlossen.

Übt der Anwender sein **Minderungsrecht** aus, wandelt sich das Schuldverhältnis 1400 ebenfalls. Der Nacherfüllungsanspruch, das Selbstvornahmerecht sowie das Rücktrittsrecht erlöschen. Schadensersatz statt der Leistung sowie Aufwendungsersatz kann der Anwender hier ebenfalls nicht mehr verlangen, da eine dem § 325 BGB entsprechende Regelung fehlt. Anders als das Rücktrittsrecht kann das Minderungsrecht auch bei unerheblichen Mängeln ausgeübt werden, da § 323 Abs. 5 S. 2 BGB nach § 638 Abs. 1 S. 2 BGB nicht anwendbar ist.

cc) Schadensersatz

(1) Voraussetzungen des Schadensersatzanspruchs

Gem. § 634 Nr. 4 BGB kann der Besteller bei einem mangelhaften Werk nach den 1401 §§ 636, 280, 281, 283 und 311a BGB Schadensersatz oder nach § 284 BGB Ersatz vergeblicher Aufwendungen verlangen. Da der Aufwendungsanspruch gem. § 284 BGB an die Stelle des Schadensersatzanspruchs tritt und dieser den Werkunternehmer nur dann nicht zum Schadensersatz verpflichtet, wenn er die Pflichtverletzung nicht zu vertreten hat (§ 280 Abs. 1 S. 2 BGB), ist somit ein **Verschulden des Werkunternehmers** im Hinblick auf den Mangel erforderlich⁴⁹⁰.

Trotz der üblichen Anlaufschwierigkeiten bei neu entwickelten Computerpro- 1402 grammen kann sich der Hersteller unter Berufung auf diese Tatsache nicht generell von einem Verschulden lossagen. Auch bei einem neu entwickelten Programm darf der Besteller eine „fehlerfreie Lieferung" in dem Sinne erwarten, dass die grundsätzliche Funktionsfähigkeit nicht in Frage steht und allenfalls **Kleinigkeiten** noch erledigt werden müssen. Verallgemeinernd kann daher festgehalten werden, dass der Softwarehersteller grundsätzlich dafür einzustehen hat, über die zur Softwareherstellung erforderlichen Fähigkeiten zu verfügen⁴⁹¹. Gleichzeitig ist es seine Sache, darzulegen und zu beweisen, dass ihn hinsichtlich bestimmter Mängel kein Verschulden trifft⁴⁹². Dies gilt auch im Rahmen eines „Pilotprojekts", sofern nicht die Parteien einen Haftungsausschluss vereinbart haben⁴⁹³. Das Verschulden eines Erfüllungsgehilfen wird dem Werkunternehmer über § 278 BGB zugerechnet⁴⁹⁴. Anders als der Rücktritt ist der Schadensersatzanspruch auch bei unerheblichen Mängeln nicht von vornherein ausgeschlossen. Schadensersatz statt der ganzen Leistung (sog. großer Schadensersatz) kann der Anwender gem. § 281 Abs. 1 S. 3 BGB aber nicht verlangen, wenn die Pflichtverletzung unerheblich ist. Die Erheblichkeitsprüfung erfordert eine umfassende Interessenabwägung unter Einschluss der Schwere des Verschuldens. Die Nichtdurchführung einer geschuldeten Softwareinstallation oder die Nichtlieferung eines Benutzerhandbuchs sind in der Regel erheblich⁴⁹⁵. Der Scha-

---

⁴⁸⁹ Vgl. *OLG Düsseldorf*, 14.3.2014, I-22 U 134/13, CR 2015, 158, 161.
⁴⁹⁰ Vgl. *Witzel* CR 2017, 213, 219; *Palandt/Sprau* § 634 Rdn. 6.
⁴⁹¹ Vgl. *OLG Karlsruhe*, 22.4.1999, 11 U 39/96, CR 1999, 11, 13.
⁴⁹² Vgl. *OLG Karlsruhe*, 22.4.1999, 11 U 39/96, CR 1999, 11, 13.
⁴⁹³ Vgl. *OLG Düsseldorf*, 9.12.1994, 17 U 106/94, CR 1995, 269.
⁴⁹⁴ Vgl. *BGH*, 2.4.2014, VIII ZR 46/13, NJW 2014, 2183, 2185 Tz. 37; *Palandt/Sprau* § 636 Rdn. 12.
⁴⁹⁵ Vgl. *Palandt/Grüneberg* § 323 Rdn. 32.

densersatzanspruch ist durch die Ausübung des Rücktrittsrechts gem. § 325 BGB nicht ausgeschlossen.

(2) Der Inhalt des Schadensersatzanspruchs

1403   Der Schadensersatzanspruch des Bestellers gem. §§ 634 Nr. 4, 636, 280, 281, 283 und 311a BGB setzt voraus, dass das Werk **mangelhaft** im Sinne des § 633 BGB ist. Da die Herstellung eines mangelhaften Werks eine Pflichtverletzung im Sinne des § 280 Abs. 1 BGB darstellt, können sich daher alle Schadensersatzansprüche, die ihre Ursache in dem Mangel haben, einheitlich nach den genannten Vorschriften richten. Auch im Hinblick auf die Verjährung des § 634a BGB ist die Unterscheidung von Mangelschäden und Mangelfolgeschäden irrelevant. Dennoch kann auf sie nicht verzichtet werden, da sie den Ausgangspunkt für die Abgrenzung zwischen § 280 Abs. 1 BGB und §§ 281, 283 BGB darstellt[496].

1404   Liegt ein **Mangelschaden** vor, also ein im Werk selbst liegender Schaden, der dadurch entstanden ist, dass das Werk nicht von der geschuldeten Beschaffenheit ist, und der durch Nacherfüllung beseitigt werden könnte[497], geht es um einen Schadensersatzanspruch statt der Leistung, der gem. § 280 Abs. 3 BGB nur unter den zusätzlichen Voraussetzungen des § 281 BGB, des § 282 BGB oder des § 283 BGB verlangt werden kann. Dieser Schadensersatzanspruch verdrängt den Primärleistungsanspruch. Liegt ein **Mangelfolgeschaden** vor, also ein Schaden an anderen Rechtsgütern des Bestellers oder Nutzungsausfall infolge Mängeln der Sache, entgangener Gewinn oder Gutachterkosten, und kann dieser Schaden nicht durch Nacherfüllung beseitigt werden[498], greift § 280 Abs. 1 BGB ein, der kein Erfordernis einer Fristsetzung enthält. Schäden, die nicht auf einem Mangel beruhen, etwa die nicht auf einem Mangel beruhende Herstellungsverzögerung und sonstige Pflichtverletzungen unterfallen zwar ebenfalls dem § 280 Abs. 1 BGB, werden jedoch an anderer Stelle gesondert dargestellt[499].

1405   Der **Schadensersatzanspruch statt der Leistung** erfordert gem. § 281 Abs. 1 BGB grundsätzlich eine erfolglose Fristsetzung zur Nacherfüllung. Ausnahmen hiervon greifen ähnlich wie beim Rücktrittsrecht nach den §§ 636, 281 Abs. 2, 323 Abs. 2 BGB ein. Gem. § 636 BGB bedarf es der Fristsetzung auch dann nicht, wenn der Softwarehersteller die Nacherfüllung gem. § 635 Abs. 3 BGB verweigert oder wenn die Nacherfüllung fehlgeschlagen oder dem Besteller unzumutbar ist. Auch wenn der Softwarehersteller wegen § 275 Abs. 1 bis 3 BGB von seiner Leistungspflicht zur Beseitigung des Mangels befreit ist, ist keine Fristsetzung erforderlich[500].

1406   Im Rahmen des Schadensersatzanspruchs statt der Leistung kann der Softwarehersteller entweder das Werk zurückweisen und Ersatz des durch die Nichterfüllung des gesamten Vertrags entstandenen Schadens verlangen (sog. **großer Schadensersatz**) oder das mangelhafte Werk behalten und nur den Wertunterschied zwischen mangelfreier und mangelhafter Software (sog. **kleiner Schadensersatz**) verlangen. Bei unerheblichen Mängeln ist die Geltendmachung des großen Schadensersatzes gem. § 281 Abs. 1 S. 3 BGB ausgeschlossen[501].

1407   Mit der Geltendmachung des Schadensersatzanspruchs statt der Leistung erlischt nach § 281 Abs. 4 BGB der **Anspruch auf Herstellung des mangelfreien Werks.**

---

[496] Vgl. Regierungsentwurf BT-Drucks. 14/6040 vom 14.5.2001, S. 224 f.
[497] Vgl. *Palandt/Grüneberg* § 280 Rdn. 18.
[498] Vgl. *Palandt/Grüneberg* § 280 Rdn. 18 sowie *Palandt/Sprau* § 634 Rn. 8.
[499] Vgl. unten Rdn. 1413 ff. sowie Rdn. 1416 f.
[500] Vgl. MünchKomm/*Busche*, 6. Aufl., § 636 Rdn. 17 f. allgemein zur Unmöglichkeit.
[501] Vgl. *Palandt/Sprau* § 636 Rdn. 13.

Gleiches gilt für das Minderungsrecht sowie das Recht auf Selbstvornahme. Das Rücktrittsrecht bleibt jedoch unberührt. Soweit der Ersatz von **Mangelfolgeschäden** über § 280 Abs. 1 BGB geltend gemacht wird, ist keine vorherige Fristsetzung erforderlich. Zu diesen Schäden zählen der Nutzungsausfallschaden, der entgangene Gewinn, Gutachterkosten oder etwa die Kosten einer **Datenneueingabe** bei Datenverlusten. Auch der durch die Dauer einer Nacherfüllung entstandene **Verzögerungsschaden** ist allein nach § 280 Abs. 1 BGB zu ersetzen, ohne dass die Verzugsvoraussetzungen vorliegen müssen, weil die verzögerte Herstellung eines Werks allein schon eine Pflichtverletzung im Sinne des § 280 Abs. 1 BGB darstellt[502]. Die Verzugsvoraussetzungen müssen nur bei Verzögerungsschäden vorliegen, die nicht auf der mangelhaften Werkleistung beruhen.

4. Die Verjährung der Mängelansprüche

Die Verjährung aller, aber auch nur der **Rechte des Bestellers bei Mängeln** nach § 634 BGB richtet sich ausschließlich nach der abschließenden Verjährungsvorschrift des **§ 634a BGB**. Auch Ersatzansprüche wegen Mangelfolgeschäden unterfallen der speziellen werkvertraglichen Verjährung und nicht den allgemeinen Verjährungsvorschriften gem. §§ 194 ff. BGB[503]. Letztgenannte Vorschriften greifen allein hinsichtlich der Wirkungen einer Verjährung, nicht aber hinsichtlich deren Voraussetzungen ein. Andere als die Rechte des § 634 BGB sind nicht erfasst. Die Verjährung eines Anspruchs wegen Verletzung einer sonstigen Pflicht oder Verzögerungsansprüche, die nicht durch einen Mangel des Werks hervorgerufen werden, verjähren daher nach den allgemeinen Verjährungsvorschriften. 1408

Da Gestaltungsrechte nicht verjähren, enthält § 634a Abs. 4 BGB eine besondere Regelung für das Rücktrittsrecht nach § 634 Nr. 3 1. Alt. BGB und § 634a Abs. 5 BGB eine besondere Regelung für das Minderungsrecht nach § 634 Nr. 3 2. Alt. BGB. Der Rücktritt des Bestellers bzw. die Minderung durch den Besteller wegen eines Mangels sind daher auch nach Eintritt der Verjährung des Nacherfüllungsanspruchs möglich. Rücktritt bzw. Minderung sind aber infolge der Verweisung auf § 218 Abs. 1 S. 1 BGB unwirksam, wenn sich der Werkunternehmer auf die Verjährung des Nacherfüllungsanspruch **beruft**. Diese Herbeiführung der Unwirksamkeit vom Rücktritt oder Minderung ist dem Werkunternehmer gem. § 218 Abs. 1 S. 2 BGB selbst dann möglich, wenn er nach §§ 275 Abs. 1 bis 3, 635 Abs. 3 BGB nicht zu leisten braucht. 1409

Schwierigkeiten bereitet bei Verträgen über die Herstellung von Individualsoftware die Zuordnung der Mängelansprüche zu **§ 634a Abs. 1 Nr. 1 BGB oder** zu **§ 634a Abs. 1 Nr. 3 BGB**. Nach erstgenannter Vorschrift beträgt die Verjährungsfrist bei einem Werk, dessen Erfolg in der Herstellung, Wartung oder Veränderung einer Sache oder in der Erbringung von Planungs- oder Überwachungsleistungen hierfür besteht, zwei Jahre. Dabei beginnt diese Zweijahresfrist gem. § 634a Abs. 2 BGB mit der Abnahme. Demgegenüber verweist § 634a Abs. 1 Nr. 3 BGB auf die regelmäßige Verjährungsfrist, sodass die Verjährung nach drei Jahren ab dem Ende des Jahres der Anspruchsentstehung und Kenntnis oder grob fahrlässige Unkenntnis des Mangels (§ 199 Abs. 1 BGB), spätestens aber nach zehn Jahren ab Anspruchsentstehung eintreten würde (§ 199 Abs. 4 BGB)[504]. Bei Schadensersatzansprüchen müsste auf § 199 Abs. 2 und 3 BGB zurückgegriffen werden. Die Zuordnung zu 1410

---
[502] Vgl. *Palandt/Sprau* § 634 Rdn. 8.
[503] Vgl. *OLG Koblenz*, 20.12.2007, 5 U 906/07, NJW-RR 2008, 501, 502.
[504] Vgl. *Redeker* ITRB 2002, 119, 120; *Plath* ITRB 2002, 98, 99.

§ 634a Abs. 1 Nr. 1 BGB oder zu § 634a Abs. 1 Nr. 3 BGB ist daher nicht nur von akademischem Interesse.

1411 Den Grund für das Abstellen auf die allgemeine Verjährungsfrist in § 634a Abs. 1 Nr. 3 BGB sah der Gesetzgeber in der **schwierigen Abgrenzung zwischen Werk- und Dienstvertrag**, soweit die Werkleistung nicht in der Herstellung einer Sache besteht. Da für den Dienstvertrag die allgemeinen Verjährungsfristen eingreifen, wollte der Gesetzgeber für diese Fälle einen Gleichlauf sicherstellen[505]. Die inhaltliche Rechtfertigung dieser gegenüber § 634a Abs. 1 Nr. 1 BGB längeren Frist wird darin gesehen, dass Mängel in diesen Fällen **oft schwer erkennbar** sind[506].

1412 Da nach der hier vertretenen und an anderer Stelle ausführlich begründeten Auffassung Computersoftware als Sache im Sinne des § 90 BGB zu qualifizieren ist[507], scheint das Ergebnis der Zuordnung zu § 634a Abs. 1 Nr. 1 BGB geradezu zwingend vorgegeben. Zu bedenken ist aber, dass Werkvertragsrecht auf die Herstellung von Individualsoftware nur Anwendung findet, soweit nicht über § 650 BGB (= § 651 BGB a. F.) Kaufrecht anzuwenden ist, was ebenfalls an anderer Stelle ausführlich erörtert wurde[508]. Die Frage nach der Anwendbarkeit von § 634a Abs. 1 Nr. 1 BGB stellt sich daher nur, wenn der Vertrag überwiegend durch andere Pflichten als die Warenlieferung geprägt ist. Dieser Gedanke könnte für eine Anwendbarkeit von § 634a Abs. 1 Nr. 3 BGB sprechen. Entscheidend scheint aber die Überlegung, dass das **Argument der schweren Erkennbarkeit von Mängeln** bei solchen Werkleistungen, die keine Sache darstellen, hier nicht sticht. Auch wenn der Vertrag überwiegend durch andere Pflichten als die Warenlieferung geprägt ist, muss doch das Endprodukt dem Anwender zur Nutzung bereitgestellt werden. Damit hat der Anwender aber eine Überprüfungsmöglichkeit wie bei allen anderen sachbezogenen Werkverträgen auch. Aus diesem Grund ist auf **§ 634a Abs. 1 Nr. 1 BGB** abzustellen und die zweijährige Verjährungsfrist einschlägig[509].

5. Die verspätete Herstellung des Werks

1413 Neben der mangelfreien Herstellung des Werks zählt auch die **rechtzeitige Herstellung** desselben zu den Hauptpflichten des Werkunternehmers[510]. Der Softwarebesteller kann daher gem. § 323 Abs. 1 BGB vom Vertrag zurücktreten, wenn der Hersteller die fällige Leistung nicht erbringt und der Besteller dem Hersteller eine angemessene Frist zur Leistung oder Nacherfüllung bestimmt hat. Die Länge der Frist kann dann, wenn sich der Softwarebesteller zuvor im Annahmeverzug befunden hatte, nicht wie regelmäßig allein von der für die Mängelbeseitigung erforderlichen Zeit abhängen, sondern geräumiger zu bemessen sein. Dies rechtfertigt sich aus der Erwägung, dass es dem Hersteller nicht zuzumuten ist, sich dauernd zur Erbringung der noch ausstehenden restlichen Werkleistungen bereit zu halten[511].

---

[505] Vgl. *OLG Hamm*, 26.2.2014, I-12 U 112/13, NJW-RR 2014, 878, 879; *Palandt/Sprau* § 634a Rdn. 12.

[506] Vgl. *OLG Hamm*, 26.2.2014, I-12 U 112/13, NJW-RR 2014, 878, 879; *Palandt/Sprau* § 634a Rdn. 12; *v. Wilmowsky* NJW Beilage zu Heft 1/2002, 31.

[507] Vgl. hierzu oben Rdn. 712 ff.

[508] Vgl. hierzu oben Rdn. 677 ff.

[509] Wie hier *OLG Hamm*, 26.2.2014, I-12 U 112/13, NJW-RR 2014, 878, 879; *LG Oldenburg*, 13.1.2016, 5 S 224/15, MMR 2016, 479, 480; *LG Saarbrücken*, 23.12.2013, 5 S 36/12, BeckRS 2014, 00500; *Raue* NJW 2017, 1841, 1842; *Schmidl* MMR 2004, 590, 593; *Palandt/Sprau* § 634a Rdn. 12.

[510] Vgl. *Palandt/Sprau* § 631 Rdn. 12.

[511] Vgl. *BGH*, 3.4.2007, X ZR 104/04, NJW 2007, 2761, 2762 Tz. 9.

Unter den Voraussetzungen des § 323 Abs. 2 BGB ist die Fristsetzung entbehrlich gleichwie der Rücktritt gem. § 323 Abs. 6 BGB ausgeschlossen ist, wenn der Anwender für die Verzögerung allein oder weit überwiegend verantwortlich ist oder er sich im Annahmeverzug befindet.

Eine **Verspätung der Werkherstellung** liegt vor, wenn vertraglich vereinbarte Termine oder Fristen nicht eingehalten werden. Ein Fixgeschäft im Sinne des § 323 Abs. 2 Nr. 2 BGB, bei dem ein Rücktrittsrecht für den Fall nicht termingerechter Lieferung anzunehmen ist, liegt aber nur vor, wenn nicht nur die Leistungszeit genau bestimmt ist, sondern deren Einhaltung darüber hinaus nach dem Parteiwillen derart wesentlich ist, dass mit der zeitgerechten Leistung der Fortbestand des Leistungsinteresses des Anwenders verbunden ist. Noch weiter als beim sog. einfachen Fixgeschäft des § 323 Abs. 2 Nr. 2 BGB reichen die Folgen einer Nichteinhaltung der Leistungszeit beim sog. **absoluten Fixgeschäft.** Beim absoluten Fixgeschäft begründet die Nichteinhaltung der Leistungszeit eine Unmöglichkeit der Leistung[512], sodass sich die Rechtsfolgen nach §§ 275, 283, 326 BGB und nicht nach § 323 BGB richten. Voraussetzung für das Vorliegen eines absoluten Fixgeschäfts ist aber, dass der Leistungszeitpunkt nach Sinn und Zweck des Vertrags und nach der Interessenlage der Parteien so wesentlich ist, dass eine verspätete Leistung keine Erfüllung mehr darstellt[513].

1414

Diese Voraussetzung wird bei Softwareverträgen regelmäßig nicht vorliegen. Ohnehin wirkt sich generell bei Fixgeschäften jeder Zweifel gegen die Annahme eines Fixgeschäfts aus[514]. Sofern im Vertrag ausnahmsweise keine Termine oder Fristen vereinbart wurden, ist das Werk innerhalb einer angemessenen Frist herzustellen. Hat indes der Besteller die Verzögerung zu vertreten, etwa weil er erforderliche Mitwirkungshandlungen nicht vornimmt[515], verliert die vertraglich vereinbarte oder infolge des Ablaufs der üblicherweise angemessenen Herstellungszeit eingetretene Fälligkeit der Leistung ihre Verbindlichkeit. Aus diesem Grund kommt ein Softwarehersteller auch dann nicht mit der Programmherstellung in Verzug, wenn der Besteller die zur Programmierung erforderlichen Programmvorgaben nicht ordnungsgemäß spezifiziert und anstatt den Softwarehersteller um Unterstützung zu bitten, diesem eine Frist mit Ablehnungsandrohung setzt[516]. Wird die Verzögerung durch Umstände hervorgerufen, die im Risikobereich des Werkunternehmers liegen oder von niemandem zu vertreten ist, vermag dies am grundsätzlich bestehenden Rücktrittsrecht nichts zu ändern. Das Rücktrittsrecht des Bestellers ist unabhängig von einem Verschulden des Softwareherstellers.

1415

Sofern der Softwarehersteller die Verzögerung zu vertreten hat, also ein Fall der **schuldhaften Verletzung** einer Pflicht aus dem Schuldverhältnis im Sinne des § 280 Abs. 1 BGB vorliegt, kann der Anwender zunächst den **Ersatz des reinen Verzögerungsschadens** verlangen, soweit nach § 280 Abs. 2 BGB die zusätzlichen Voraussetzungen des § 286 BGB, also die Voraussetzungen des Schuldnerverzugs, vorliegen. **Schadensersatz statt der Leistung** kann der Anwender nach § 280 Abs. 3 BGB nur verlangen, wenn die zusätzlichen Voraussetzungen des § 281 BGB vorliegen, also grundsätzlich erst nach einer angemessenen Fristsetzung. Für eine Leistungsaufforderung mit Fristsetzung gem. § 281 Abs. 1 S. 1 BGB ist es nicht erforderlich, dass die Anforderungen erfüllt sein müssen, die an ein Mängelbeseitigungsverlangen zu

1416

---

[512] Vgl. *BGH*, 28.5.2009, Xa ZR 113/08, NJW 2009, 2743, 2744 Tz. 12.
[513] Vgl. *BGH*, 28.5.2009, Xa ZR 113/08, NJW 2009, 2743, 2744 Tz. 12.
[514] Vgl. *BGH*, 28.1.2003, X ZR 151/00, NJW 2003, 1600.
[515] Vgl. *BGH*, 23.1.1996, X ZR 105/93, NJW 1996, 1745, 1746.
[516] Vgl. *BGH*, 13.7.1988, VIII ZR 292/87, NJW-RR 1988, 1396.

stellen sind. Vielmehr ist es etwa bei einer komplexen Softwarelösung ausreichend, wenn der Besteller die Installation einer die vertraglich vereinbarten Funktionalitäten erfüllenden abnahmefähige Software verlangt. Eine **detaillierte Mängelliste** ist ihm **nicht abzuverlangen**[517]. Ein für beide Schadensersatzansprüche erforderliches Verschulden des Softwarelieferanten (§ 280 Abs. 1 S. 2 BGB) liegt aber nicht vor, wenn der Besteller eine für die Vollendung der Arbeiten notwendige Mitwirkungshandlung nicht erbringt[518].

1417 Bei jeder Werkleistung, die nicht zu dem geschuldeten Zeitpunkt erbracht wird, verletzt der Werkunternehmer seine vertragliche Leistungspflicht. Der Verzug des Werkunternehmers begründet aber nicht ohne Weiteres einen Mangel des schließlich hergestellten Werks, sondern ist vom Gesetz eigenständig geregelt. Für eine verspätete Leistungserbringung hat der Schuldner nach den oben dargestellten Regeln der §§ 286, 280 BGB einzustehen. Diese eigenständige Regelung schließt zwar nicht aus, dass für die Eignung des Werks zum üblichen oder vereinbarten Gebrauch auch der Leistungszeitpunkt eine Rolle spielen kann. Ein Mangel setzt jedoch voraus, dass das Werk selbst infolge der Zeitverzögerung **nicht die geschuldete Beschaffenheit** aufweist[519].

6. Ansprüche wegen sonstiger Pflichtverletzungen des Softwareherstellers

1418 Ansprüche des Bestellers wegen sonstigen Pflichtverletzungen des Softwareherstellers gem. §§ 280 Abs. 1, 241 Abs. 2 BGB kommen entsprechend den Ausführungen zum Inhalt des Schadensersatzanspruchs nach § 634 Nr. 4 BGB zunächst dann in Betracht, wenn beim Besteller ein **Mangelfolgeschaden**[520] eintritt. Hat es ein IT-Anbieter übernommen, auf dem Computersystem eines Kunden ein Programm zu implementieren, das eine Sicherungsroutine enthält, ist es Teil seiner Leistungspflicht, die ordnungsgemäße Übertragung der Sicherungsroutine zu überprüfen. Hierfür muss er alle technisch möglichen und wirtschaftlich zumutbaren Kontrollen durchführen, die ein Fachmann durchgeführt hätte. Unterlässt der Anbieter die Kontrolle, tritt eine Beweislastumkehr zu seinem Nachteil hinsichtlich der Frage ein, ob ein Datenverlust seine Ursache in der fehlerhaften Implementierung der Sicherungsroutine oder einem anderen Ereignis hat[521]. Daneben kommt bei einem Schadensersatzanspruch wegen einer während der Softwareherstellung begangenen positiven Forderungsverletzung auch die Verletzung einer vertraglichen **Nebenpflicht** in Betracht, insbesondere einer **Geheimhaltungspflicht** des Softwareherstellers hinsichtlich geschäftlicher oder sonstiger Geheimnisse des Bestellers, die dem Softwarehersteller im Zusammenhang mit der Softwareherstellung zugänglich gemacht oder sonstwie offenbar werden. So kann der Besteller etwa sein Know-how über die Konstruktion und Fertigung eines Produkts durch eine ausdrückliche Vereinbarung mit dem Softwarehersteller schützen, derzufolge dieser die aus der Zusammenarbeit gewonnenen Erfahrungen und Kenntnisse auf diesem Gebiet nicht für andere Firmen verwenden darf.

1419 Die Verletzung einer vertraglichen Nebenpflicht kann auch darin zu sehen sein, dass sich die nach Stundenaufwand zu vergütenden Entwicklungs- und Anpas-

---

[517] Vgl. *BGH*, 25.3.2010, VII ZR 224/08, NJW 2010, 2200, 2201 Tz. 16 ff.
[518] Vgl. *BGH*, 10.3.1998, X ZR 70/96, NJW 1998, 2132, 2133.
[519] Vgl. *BGH*, 28.5.2009, Xa ZR 113/08, NJW 2009, 2743, 2744 Tz. 16.
[520] Zur Qualifizierung von Datenverlusten sowie kostenintensiven Datenneueingaben als Mangelfolgeschaden *BGH*, 26.10.1999, XI ZR 263/98, NJW 2000, 424, 426.
[521] Vgl. *BGH*, 2.7.1996, X ZR 64/94, NJW 1996, 2924 ff.; vgl. auch *LG Detmold*, 25.9.1998, 1 O 158/95, CR 1999, 689 (Ls.).

sungsarbeiten als weit schwieriger und zeitaufwendiger darstellen als zunächst angenommen und der Hersteller den Besteller auf das damit verbundene **Anwachsen der Kosten** nicht **hinweist**[522]. Sofern beide Vertragsparteien im Zeitpunkt des Vertragsabschlusses davon ausgehen, ein bestimmter nach Zeitaufwand berechneter Gesamtbetrag werde nicht überschritten, kann diese gemeinsame Vorstellung Geschäftsgrundlage des Vertrags sein. Gegebenenfalls besteht dann gem. § 313 BGB nach den Grundsätzen des **Wegfalls der Geschäftsgrundlage** ein Anspruch auf Anpassung des Vertragsinhalts an die veränderten Verhältnisse bis hin zu dessen Aufhebung. Die Anpassung ist nach den Grundsätzen von Treu und Glauben unter umfassender Abwägung der beiderseitigen Interessen vorzunehmen[523].

7. Pflichtverletzungen des Anwenders

a) Die Nichterfüllung der Abnahmepflicht

Gem. § 640 Abs. 1 BGB ist der Besteller verpflichtet, das vertragsmäßig hergestellte Werk abzunehmen, wobei unter dem **Begriff der Abnahme** nach herrschender und zutreffender Ansicht die körperliche Hinnahme im Wege der Besitzübertragung verbunden mit der ausdrücklichen oder stillschweigenden[524] Erklärung des Bestellers zu verstehen ist, dass er das Werk als in der Hauptsache vertragsgemäß anerkennt[525]. Eine **konkludente Abnahme** setzt voraus, dass nach den Umständen des Einzelfalls das Verhalten des Bestellers den Schluss rechtfertigt, er billige das Werk als im Wesentlichen vertragsgemäß[526]. Diese Billigung kann regelmäßig erst dann angenommen werden, wenn der Werkunternehmer sein Werk abnahmefähig („Abnahmereife") hergestellt hat. Erst dann kann der Werkunternehmer ein bestimmtes Verhalten des Bestellers als Billigung verstehen[527], etwa die Benutzung des Werks[528]. Zur abnahmefähigen Herstellung gehört die **Vollendung aller vertraglich geschuldeten Leistungen**[529]. Der Besteller soll grundsätzlich erst zur Zahlung verpflichtet sein, wenn das Werk vollständig hergestellt ist. Der betreffenden Regelung in § 641 Abs. 1 S. 1 BGB spricht der *BGH* sogar Leitbildfunktion zu, und bezeichnet diese Regelung als Ausdruck eines formularmäßig nicht abänderbaren Gerechtigkeitsgebots[530]. Die Freigabe der Software für weitere Tests kann einer Billigung des Werkes in der Hauptsache aber nicht ohne weiteres gleichgesetzt werden[531]. Demgegenüber steht einer Abnahme eines Individualprogramms nicht entgegen, dass noch kleinere und für seine Gebrauchsfähigkeit unbedeutende **Restarbeiten** ausgeführt werden

1420

---

[522] Vgl. *OLG Köln*, 16.1.1998, 19 U 98/97, CR 1998, 600 f.
[523] Vgl. *BGH*, 26.10.1999, X ZR 54/97, NJW-RR 2000, 1219, 1220.
[524] Vgl. *BGH*, 5.11.2015, VII ZR 43/15, NJW 2016, 634, 635 Tz. 30; Vgl. *BGH*, 5.6.2014, VII ZR 276/13, MMR 2014, 591, 592 Tz. 22; *BGH*, 25.2.2010, VII ZR 64/09, NJW-RR 2010, 748, 749 Tz. 21; *OLG Frankfurt*, 17.8.2017, 5 U 152/16, CR 2017, 646.
[525] Von Billigung spricht *BGH*, 25.2.2010, VII ZR 64/09, NJW-RR 2010, 748, 749 Tz. 21; *BGH*, 20.10.2005, VII ZR 155/04, NJW-RR 2006, 303, 304 Tz. 12; *OLG Düsseldorf*, 28.9.2001, 5 U 39/99, CR 2002, 324; *Palandt/Sprau* § 640 Rdn. 3; *MünchKomm/Busche*, 6. Aufl., § 640 Rdn. 2; *Hörl* ITRB 2001, 93.
[526] Vgl. *BGH*, 25.2.2010, VII ZR 64/09, NJW-RR 2010, 748, 749 Tz. 21; *BGH*, 20.10.2005, VII ZR 155/04, NJW-RR 2006, 303, 304 Tz. 12.
[527] Vgl. *BGH*, 5.6.2014, VII ZR 276/13, MMR 2014, 591, 592 Tz. 22.
[528] Vgl. *BGH*, 5.11.2015, VII ZR 43/15, NJW 2016, 634, 635 Tz. 30.
[529] Vgl. *BGH*, 20.10.2005, VII ZR 155/04, NJW-RR 2006, 303, 304 Tz. 12; *Witzel* CR 2017, 213.
[530] Vgl. *BGH*, 7.3.2013, VII ZR 162/12, NJW 2013, 1431, 1432 Tz. 24.
[531] Vgl. *BGH*, 16.12.2003, X ZR 129/01, NJW-RR 2004, 782, 783.

müssen. Die noch ausstehenden Restarbeiten müssen aber von derart untergeordneter Bedeutung sein, dass das Programm bei natürlicher Betrachtung als Erfüllung der vertraglich geschuldeten Leistung angesehen werden kann. Nur unter dieser Voraussetzung kann angenommen werden, dass der Besteller das Programm als im Wesentlichen vertragsgerecht billigt. Diese Billigung ist aber Kernstück der Abnahme auch im Fall einer stillschweigenden Werkabnahme[532]. Aus diesem Grund ist auch bei einer vorbehaltlosen Zahlung der Rechnung in Verbindung mit der Abgabe einer Übernahmeerklärung nicht von einer Abnahme auszugehen, wenn noch wesentliche Teile der vollständigen Funktionstätigkeit der Software fehlen, weil in einem solchen Fall nicht von einer Billigung ausgegangen werden kann[533].

1421 Mit der Abnahme erlischt grundsätzlich der allgemeine Erfüllungsanspruch, der sich auf das hergestellte und durch die Abnahme als Erfüllung angenommene konkrete Werk und dessen gegebenenfalls vorhandene Mängel beschränkt[534]. Auch soweit man der Auffassung folgt, Computersoftware sei eine geistige Leistung, steht dies der Abnahmefähigkeit nicht entgegen, denn es entspricht allgemeiner Meinung, dass eine in einem körperlichen Gegenstand fixierte geistige Leistung abnahmefähig ist[535]. Dies trifft unabhängig vom Streit über die Sachqualität der Computersoftware auch auf diese zu, sodass ein Rückgriff auf § 646 BGB auf jeden Fall ausscheidet. Mit der Abnahme wird grundsätzlich gem. § 641 BGB die Vergütung fällig, gleichwie gem. § 634a Abs. 2 BGB der Lauf der Verjährungsfrist für die Mängelhaftung beginnt. Darüber hinaus verliert der Besteller gem. § 640 Abs. 3 BGB (= § 640 Abs. 2 BGB a. F.) mit der vorbehaltlosen Abnahme des Werks trotz Kenntnis seiner Mangelhaftigkeit seine Mängelrechte nach § 634 Nr. 1 bis 3 BGB, auch tritt ein Gefahrübergang gem. §§ 644, 645 BGB ein. Angesichts dieser **weitreichenden Rechtsfolgen** darf die Bedeutung der Abnahme von den Parteien nicht unterschätzt werden. Detaillierte Abnahmeregelungen einschließlich eines genauen Test- und Ablaufplans sind unbedingt zu empfehlen[536].

1422 Soweit komplexe Individualsoftware hergestellt werden soll, die aus **mehreren selbstständigen Programmteilen** besteht, muss der Anwender die Leistung erst dann als Ganzes abnehmen, wenn sie als Einheit im Wesentlichen fehlerfrei funktioniert[537]. Soweit ein Standardprogramm modifiziert werden soll und der Vertrag deshalb dem Werkvertragsrecht unterfällt, muss die Abnahme nicht schon bei Lieferung des Standardprogramms, sondern erst nach Erbringung der geschuldeten Modifizierungen abgenommen werden[538]. Unter Umständen ist die Abnahme sogar erst nach einer geschuldeten **Einweisung** des Anwenders oder seines Personals und einer **gewissen Zeit der Programmnutzung** zu erklären[539]. Ist die Einweisung vom Softwarehersteller vorzunehmen und wird diese nicht in ausreichendem Umfang er-

---
[532] Vgl. *BGH*, 16.12.2003, X ZR 129/01, NJW-RR 2004, 782, 783.
[533] Vgl. *BGH*, 5.6.2014, VII ZR 276/13, MMR 2014, 591, 592 Tz. 20 ff.
[534] Vgl. *BGH*, 25.2.2010, VII ZR 64/09, NJW-RR 2010, 748, 749 Tz. 28; *Palandt/Sprau* Vorb § 633 Rdn. 8 sowie § 640 Rdn. 11.
[535] Vgl. nur MünchKomm/*Busche*, 6. Aufl., § 640 Rdn. 8.
[536] Vgl. etwa die Empfehlungen von *Witzel* CR 2017, 213, 214 ff.; *Hörl* ITRB 2001, 93, 94 f. Ausführlich auch *Bartsch* CR 2006, 7 ff., der eine Dreigliederung des Abnahmevorgangs in (A) die Bereitstellung des Projekts durch den Werkunternehmer, (B) den Test durch den Besteller und (C) die eigentliche Erklärung der Abnahme empfiehlt. Dem sollte in den vertraglichen Regelungen Rechnung getragen werden.
[537] Vgl. *OLG Düsseldorf*, 28.9.2001, 5 U 39/99, CR 2002, 324.
[538] Vgl. *OLG Koblenz*, 1.2.1985, 2 U 212/83, DV-Rechtsprechung Bd. 2 S. 162, 165 f.
[539] Vgl. *OLG Hamm*, 6.9.1999, 13 U 3/99, CR 2000, 741.

bracht, muss der Kunde nicht abnehmen[540]. Dies gilt auch bei **Mängeln der Softwaredokumentation**[541].

Bei einem wesentlichen Leistungsdefizit, wie etwa dem Fehlen einer Bedienungsanleitung, darf der Werkunternehmer Tatbestände wie Zahlung und Benutzung, die unter anderen Umständen die Billigung des Werks insgesamt bedeuten können, nur dann als Abnahme des Werks verstehen, wenn dies der Besteller eindeutig zum Ausdruck bringt[542]. Die **bloße Installation** des Programms und **erste Arbeitsversuche** des Anwenders stellen keine Abnahme der Leistung als des auf Grund des geschlossenen Vertrags geschuldeten Arbeitsergebnisses dar[543]. Aus diesem Grund ist auch eine Bestätigung „Anlage in Ordnung übergeben" als lediglich auf die mangelfreie Lieferung einer Computeranlage bezogen zu qualifizieren, wenn noch keine Inbetriebnahme der Anwendersoftware erfolgte[544]. 1423

Bei **gekoppelten Hard- und Softwareverträgen,** bei denen die Lieferung der Hard- und Software wegen ihrer gegenseitigen Abhängigkeit als rechtlich einheitliche Leistung zu betrachten ist, ist die bestellte Computeranlage als Ganzes nur dann abzunehmen und zu bezahlen, wenn sie als Einheit fehlerfrei funktioniert. 1424

Die Abnahme durch den Besteller gem. § 640 Abs. 1 BGB stellt eine **Hauptleistungspflicht** dar. Zur Schlüssigkeit der Werklohnklage muss der Unternehmer entweder die Abnahme oder die Abnahmefähigkeit des Werks sowie den Ablauf der Abnahmefrist vortragen[545]. Wegen **unwesentlicher Mängel** kann die Abnahme gem. § 640 Abs. 1 S. 2 BGB nicht verweigert werden[546]. Kommt der Besteller seiner Abnahmepflicht nicht nach, gerät er auch ohne Verschulden in Annahmeverzug, der gem. § 644 Abs. 1 BGB die Vergütungsgefahr auf den Besteller übergehen lässt. Darüber hinaus kommt der Besteller in Schuldnerverzug, wenn er trotz Mahnung des Softwareherstellers schuldhaft seiner Abnahmepflicht nicht nachkommt. Der Softwarehersteller kann dann Ersatz des Verzugsschadens gem. §§ 280 Abs. 1 und 2, 286 BGB verlangen. Auch bei einer **berechtigten Abnahmeverweigerung** wird der Werklohnanspruch aber fällig, wenn der Besteller nicht mehr Erfüllung des Werkvertrags, sondern wegen der mangelhaften Leistung nur noch Schadensersatz oder Minderung verlangt. Es findet dann eine Abrechnung der beiderseitigen Ansprüche statt[547]. 1425

Bei nach dem 1.1.2018 abgeschlossenen Verträgen ist die Regelung des § 640 Abs. 2 S. 1 BGB zu beachten. Dieser Vorschrift zufolge **gilt** ein Werk auch dann **als abgenommen,** wenn der Unternehmer dem Besteller nach Fertigstellung des Werks eine angemessene Frist zur Abnahme gesetzt hat und der Besteller die Abnahme nicht innerhalb dieser Frist unter Angabe mindestens eines Mangels verweigert hat. Ist der Besteller ein Verbraucher, so treten diese Rechtsfolgen nach § 640 Abs. 2 S. 2 BGB nur dann ein, wenn der Unternehmer den Besteller zusammen mit der Aufforderung zur Abnahme auf die Folgen einer nicht erklärten oder ohne Angabe von Mängeln verweigerten Abnahme hingewiesen hat. Der Hinweis muss in Textform erfolgen. 1426

---

[540] Vgl. *LG Berlin*, 16.6.1986, 99 O 130/84, CR 1987, 295, 296.
[541] Vgl. *OLG Karlsruhe*, 16.8.2002, 1 U 250/01, CR 2003, 95, 96; *OLG Düsseldorf*, 28.9.2001, 5 U 39/99, CR 2002, 324, 325.
[542] Vgl. im Ergebnis *BGH*, 16.12.2003, X ZR 129/01, NJW-RR 2004, 782, 783.
[543] Vgl. *OLG Karlsruhe*, 16.8.2002, 1 U 250/01, CR 2003, 95, 96.
[544] Vgl. *OLG Düsseldorf*, 28.9.2001, 5 U 39/99, CR 2002, 324.
[545] Vgl. *Henkel* MDR 2003, 913, 914.
[546] Vgl. *Witzel* CR 2017, 213; *Hörl* ITRB 2001, 93, 95.
[547] Vgl. *BGH*, 8.10.2002, VI ZR 182/01, NJW 2003, 288.

b) Die Verletzung vertraglicher Nebenpflichten

1427 Wie den Werkunternehmer so trifft auch den Besteller eine Haftung nach §§ 280 Abs. 1, 241 Abs. 2 BGB, wenn er **vertragliche Nebenpflichten** verletzt. Hierzu können auch beim Besteller gewisse **Geheimhaltungspflichten** gehören, wenn der Hersteller ihm im Rahmen der Softwareherstellung geschäftliche oder sonstige Geheimnisse offenbart. Dies gilt insbesondere dann, wenn der Besteller allein den Objektcode geliefert bekommt und der Hersteller den eingeschlagenen Lösungsweg nicht mehr als notwendig preisgeben möchte.

1428 Auch die Nichtvornahme einer erforderlichen **Mitwirkungshandlung** kann einen Anspruch wegen einer Pflichtverletzung begründen, der durch die §§ 642 ff. BGB nicht ausgeschlossen wird[548]. Hierfür ist erforderlich, dass es sich um eine echte Mitwirkungsverpflichtung handelt, deren Nichtvornahme die Erreichung des Vertragszwecks gefährdet, und nicht nur um eine Obliegenheit zur Mitwirkung. Verletzt der Besteller eine solche Obliegenheit, gerät er in Annahmeverzug (§ 293 BGB)[549], sodass der Hersteller gem. § 642 Abs. 1 BGB eine angemessene Entschädigung verlangen kann[550]. Die Höhe der Entschädigung bestimmt sich gem. § 642 Abs. 2 BGB unter anderem nach der Höhe der vereinbarten Vergütung, der entgangene Gewinn ist aber grundsätzlich nicht erfasst[551]. Hieraus folgert der *BGH* einen **Entgeltcharakter** dieses Anspruchs[552], weshalb er die Vorschriften über die Berechnung von Schadensersatz nach den §§ 249 ff. BGB für auf den Anspruch aus § 642 Abs. 1 BGB unanwendbar erklärt[553]. Auch kann der Hersteller nach einer Fristsetzung mit Kündigungsandrohung gem. § 643 BGB das Vertragsverhältnis vorzeitig beenden[554]. Der Entschädigungsanspruch gem. § 642 Abs. 1 BGB besteht gegebenenfalls neben den Ansprüchen aus §§ 648, 645 Abs. 1 S. 2 BGB (= §§ 649, 645 Abs. 1 S. 2 BGB a.F.), wenn das Werk infolge einer Kündigung durch den Besteller gem. § 643 BGB unvollendet bleibt[555]. Ob eine echte Mitwirkungspflicht vorliegt, ist, sofern diese nicht ausdrücklich im Vertrag vereinbart wurde, durch Auslegung gem. §§ 133, 157 BGB zu ermitteln. Für die Annahme einer echten Mitwirkungspflicht ist eine von den gesetzgeberischen Vorstellungen abweichende **besondere Bedeutung der Mitwirkung** erforderlich[556]. Dies kann etwa bei der Verpflichtung zur Überlassung eines Pflichtenhefts der Fall sein[557] oder bei der Bereitstellung des IT-Systems, auf dem die bestellte Software installiert werden soll[558].

---

[548] Vgl. *Palandt/Sprau* § 642 Rdn. 3.
[549] Vgl. *BGH*, 21.10.1999, VII ZR 185/98, NJW 2000, 1336, 1338; *Redeker* ITRB 2011, 65, 66.
[550] Vgl. *Redeker* ITRB 2011, 65, 66.
[551] Vgl. *BGH*, 21.10.1999, VII ZR 185/98, NJW 2000, 1336, 1338; *Schuster* CR 2016, 627, 629.
[552] Vgl. *BGH*, 24.1.2008, VII ZR 280/05, NJW 2008, 1523, 1524 Tz. 11.
[553] Vgl. *BGH*, 24.1.2008, VII ZR 280/05, NJW 2008, 1523, 1524 Tz. 11.
[554] Vgl. *Redeker* ITRB 2011, 65, 66; *Müglich/Lapp* CR 2004, 801, 802.
[555] Vgl. *BGH*, 21.10.1999, VII ZR 185/98, NJW 2000, 1336, 1338.
[556] Vgl. *Redeker* ITRB 2011, 65, 67; *Müglich/Lapp* CR 2004, 801, 802, die eine eindeutige Vertragsgestaltung fordern. Für eine großzügige Bejahung dieser Voraussetzungen bei IT-Projekten *Schuster* CR 2016, 627, 630 f.
[557] Vgl. In dieser Richtung auch *BGH*, 20.2.2001, X ZR 9/99, NJW 2001, 1718, 1720 f.; *Ihde* CR 1999, 409, 413.
[558] Weitere Beispiele bei *Schuster* CR 2016, 627.

8. Vorzeitige Beendigung des Vertragsverhältnisses

a) Die Kündigung des Bestellers

Gem. § 648 S. 1 BGB (= § 649 S. 1 BGB a. F.) kann der Besteller den Werkvertrag bis zur Vollendung des Werks **jederzeit** und **ohne Angabe von Gründen** kündigen. Erklärt der Programmbesteller vor Vollendung des Programms endgültig die Verweigerung der Leistungsannahme, stellt sich dies rechtlich als eine Kündigung des Werkvertrags im Sinne dieser Vorschrift dar[559]. Gleiches hat im Ergebnis für den Fall zu gelten, dass der Besteller unberechtigt die Unterzeichnung eines für die Vertragserfüllung notwendigen Lizenzvertrags eines anderen Softwareherstellers verweigert[560]. Der Werkunternehmer kann in diesem Fall nach § 648 S. 2 BGB (= § 649 S. 2 BGB a. F.) jedoch den vereinbarten Werklohn verlangen abzüglich der ersparten Aufwendungen oder der durch anderweitigen Einsatz der Arbeitskraft erzielten oder böswillig nicht erzielten Erlöse[561]. Für alle nach dem 1.1.2009 abgeschlossenen Verträge sieht § 648 S. 3 BGB (= § 649 S. 3 BGB a. F.) hinsichtlich der verbleibenden Restvergütung eine widerlegliche Vermutung in Höhe von 5 Prozent der vereinbarten Vergütung vor. Der Gesetzgeber unterstellt daher, dass die ersparten Aufwendungen 95 Prozent der Vergütung betragen. Diese für die Softwarebranche vielfach unbefriedigende Pauschale muss gegebenenfalls abweichend geregelt werden, was grundsätzlich auch in Allgemeinen Geschäftsbedingungen erfolgen kann[562]. Wurde dem Werkvertrag ein **Kostenanschlag** zugrunde gelegt, muss § 649 BGB (= § 650 BGB a. F.) beachtet werden. Zu beachten ist ferner, dass das Kündigungsrecht des § 648 S. 1 BGB (= § 649 S. 1 BGB a. F.) bei längerfristigen Verträgen in Allgemeinen Geschäftsbedingungen nicht ausgeschlossen und auf eine Kündigungsmöglichkeit nur bei wichtigem Grund beschränkt werden kann. Der *BGH* sieht in einer entsprechenden Klausel zu Recht eine von § 307 Abs. 2 Nr. 1 BGB erfasste unangemessene Abweichung von den wesentlichen Grundgedanken des § 648 S. 1 BGB (= § 649 S. 1 BGB a. F.), weil die Interessen des Werkunternehmers nach der Wertung des Gesetzes durch die Regelung des § 648 S. 2 BGB (= § 649 S. 2 BGB a. F.) ausreichend geschützt sind[563]. Aus diesem Grund hat es der *BGH* auch bei Werkverträgen, die auf unbestimmte Dauer die fortgesetzte Erbringung von Werkleistungen zum Gegenstand haben, abgelehnt, das grundsätzlich „freie" Kündigungsrecht des § 648 BGB (= § 649 BGB a. F.) durch eine ordentliche, an die Einhaltung einer angemessenen Frist gebundene Kündigung zu ersetzen[564]. Der Kostenanschlag ist gem. § 632 Abs. 3 BGB **im Zweifel nicht zu vergüten**[565]. Die in Allgemeinen Geschäftsbedingungen bestimmte Vergütungspflicht von Kostenanschlägen ist mit dem wesentlichen Grundgedanken des § 632 Abs. 3 BGB nicht zu vereinbaren und benachteiligt

1429

---

[559] Vgl. *BGH*, 23.6.1992, X ZR 92/90, NJW-RR 1993, 178, 180.
[560] Vgl. *OLG Hamm*, 10.3.2006, 12 U 58/05, MMR 2006, 626, 627.
[561] Vgl. *BGH*, 8.1.2015, VII ZR 6/14, CR 2015, 187, 188 Tz. 18; *BGH*, 27.1.2011, VII ZR 133/10, NJW 2011, 915, 916 Tz. 11 sowie 917 Tz. 17; *OLG Naumburg*, 24.4.2014, 2 U 28/13, MMR 2014, 809, 810; *OLG Düsseldorf*, 5.12.2013, I-5 U 135/12, MMR 2014, 521, 522; *OLG Hamm*, 10.3.2006, 12 U 58/05, MMR 2006, 626, 627.
[562] Vgl. *Redeker* ITRB 2012, 42, 44.
[563] Vgl. noch zu § 9 Abs. 2 Nr. 1 AGBG *BGH*, 8.7.1999, VII ZR 237/98, NJW 1999, 3261, 3262; aus neuerer Zeit *LG Essen*, 16.12.2016, 10 O 174/16, CR 2017, 427 Tz. 31 ff.; a. A. *Hoeren* CR 2005, 773.
[564] Vgl. *BGH*, 27.1.2011, VII ZR 133/10, NJW 2011, 915, 916 Tz. 12 f.
[565] Eine anderslautende Branchenüblichkeit sieht auch *Alpert* CR 2001, 213, 215 nicht.

den Kunden unangemessen. Die Klausel verstößt daher gegen § 307 Abs. 2 Nr. 1 BGB und ist unwirksam[566].

1430 Lange Zeit nicht abschließend geklärt war demgegenüber die Frage, welche Auswirkungen eine fristlose Kündigung aus wichtigem Grund auf den Vergütungsanspruch des Werkunternehmers hat. Einigkeit besteht in Rechtsprechung und Schrifttum darüber, dass § 648 S. 2 BGB (= § 649 S. 2 BGB a. F.) keine Anwendung findet, wenn der Werkunternehmer den wichtigen Grund für die außerordentliche Kündigung zu vertreten hat, etwa weil sein Verhalten das Erreichen des Vertragszwecks gefährdet, als endgültige und ernsthafte Erfüllungsverweigerung zu qualifizieren ist oder zu einem erheblichen Vertrauensverlust (z. B. wegen grober Mängel bisher erbrachter Teilleistungen) führt. Hier kann der Unternehmer eine Vergütung für **noch nicht erbrachte Leistungen** nicht verlangen[567]. Schwieriger gestaltet sich die Antwort im Hinblick auf die bereits **vor Kündigungsausspruch erbrachten Leistungen**. Insoweit hält der *BGH* für ausschlaggebend, dass sich die Wirkungen einer Kündigung grundsätzlich allein auf die Zukunft beschränken, woraus er folgert, der Werklohnanspruch des Unternehmers bleibe für die Zeit bis zur Kündigung unberührt[568].

b) Die Kündigung des Softwareherstellers

1431 Der Werkunternehmer kann sich vom Vertrag unter den Voraussetzungen des § 643 BGB lösen, wenn der Besteller eine erforderliche **Mitwirkungshandlung nicht vornimmt**[569]. Notwendig ist, dass der Softwarehersteller dem Besteller eine Frist zur Nachholung der Handlung verbunden mit einer Kündigungsandrohung setzt. Die Fristsetzung mit Kündigungsandrohung ist eine Willenserklärung, der nach fruchtlosem Fristablauf Gestaltungswirkung zukommt, weil danach die beiderseitigen Erfüllungsansprüche erlöschen. Sie kann deshalb nur durch den Vertragspartner selbst oder einen Stellvertreter gem. §§ 164 ff. BGB wirksam abgegeben werden[570]. Die Kündigungsandrohung muss mit einer Eindeutigkeit ausgesprochen werden, die beim Besteller keinen Zweifel daran lässt, dass das Vertragsverhältnis nur fortgesetzt wird, wenn der Besteller fristgerecht handelt. Die Erklärung, sich die Kündigung des Vertrags vorbehalten zu wollen, reicht daher nicht[571]. Mit fruchtlosem Fristablauf gilt der Vertrag gem. § 643 S. 2 BGB als aufgehoben, ohne dass die Kündigung durch den Werkunternehmer ausgesprochen werden müsste. Die Kündigung des Werkvertrags durch den Unternehmer gem. § 643 BGB lässt aber einen Schadensersatzanspruch des Bestellers wegen einer bis zur Kündigung erbrachten mangelhaften Teilleistung grundsätzlich unberührt[572].

9. Änderungen der vereinbarten Leistungen

1432 Häufig tritt noch während der Herstellung der Computersoftware die Notwendigkeit oder der **Wunsch nach einer Abänderung** des zunächst vereinbarten Programms auf („Change Request"). Dies kann durch **äußere Umstände** hervorgerufen

---

[566] Vgl. *OLG Karlsruhe*, 29.12.2005, 19 U 57/05, NJW-RR 2006, 419.
[567] Ständige Rechtsprechung seit *BGH*, 26.11.1959, VII ZR 120/58, *BGHZ* 31, 224, 229; aus dem Schrifttum *Palandt/Sprau* § 649 Rdn. 15.
[568] Vgl. *BGH,* 5.5.2011, VII ZR 28/10, NJW 2011, 1872, 1873 Tz. 20; *OLG Koblenz,* 12.11.2015, 1 U 1331/13, BeckRS 2015, 19871 Tz. 55.
[569] Vgl. *Hoeren* CR 2005, 773.
[570] Vgl. *BGH*, 28.11.2002, VII ZR 270/01, NJW-RR 2003, 303, 304.
[571] Vgl. *OLG Frankfurt*, 15.12.2000, 24 U 240/98, CR 2001, 503, 504.
[572] Vgl. *BGH*, 13.6.2006, X ZR 167/04, NJW-RR 2006, 1309.

werden, etwa, wenn bei einem Lohnbuchhaltungsprogramm eine steuerrechtliche Änderung berücksichtigt werden muss, oder durch den **Wunsch des Bestellers** nach einem erweiterten oder eingeschränkten Funktionsumfang oder durch das **Scheitern des Herstellers,** bestimmte Funktionen zu verwirklichen. Im letztgenannten Fall erfüllt der Werkunternehmer seine Leistungspflicht zur Herstellung eines vertragsgemäßen Werks nicht, sodass insoweit auf die Darlegungen zur Nicht- oder Schlechterfüllung verwiesen werden kann[573]. Verschiedentlich wird im Softwarevertrag ein spezielles Change-Request-Verfahren vereinbart. So etwa auch in den EVB-IT Erstellung[574] Häufig wird hierauf allerdings verzichtet. Sofern dann die Notwendigkeit der Änderung durch äußere, nicht vorhergesehene Umstände hervorgerufen wird, kann der Werkunternehmer unter den weiteren Voraussetzungen des § 313 Abs. 1 und 2 BGB die **Anpassung des Vertrags** verlangen. Gegebenenfalls besteht auch ein Rücktrittsrecht nach § 313 Abs. 3 S. 1 BGB. Ein Ausgleich von Schäden, Aufwendungen und Lasten kommt sowohl bei Anpassung als auch bei Rücktritt vom Vertrag in Betracht[575]. Die Rückabwicklung erfolgt nach den §§ 346 ff. BGB. Es ist aber zu beachten, dass Datenanalysen und Darstellungen, inwiefern einzelne Anforderungen umgesetzt werden können oder nicht sowie sonstige Planungsleistungen vielfach nicht rückgewährt oder herausgegeben werden können, weil dies nach der Natur des Erlangten ausgeschlossen ist (§ 346 Abs. 2 Nr. 1 BGB). Es ist dann Wertersatz zu leisten[576].

Im Übrigen muss sich der Softwarehersteller auf geänderte Wünsche des Bestellers grundsätzlich nicht einlassen, sondern kann das Werk wie vereinbart herstellen. Mit gewissen Änderungen und Ergänzungen eines Programms im Lauf der Programmierarbeiten hat der Softwarehersteller jedoch zu rechnen und sie von vornherein zu berücksichtigen, wenn eine Betriebsanalyse nicht erstellt und auch ein Pflichtenheft nicht erarbeitet wurde. Halten sich die in einem derartigen Fall gewünschten Änderungen und Erweiterungen des Programms im Rahmen dessen, was für einen erfahrenen Softwarehersteller bei einer nur ungenau umschriebenen Aufgabenstellung voraussehbar ist, so stellen die gewünschten Änderungen oder Erweiterungen **keine Abweichung vom ursprünglichen Vertragsinhalt** dar[577]. Der Softwarehersteller muss daher derartige Änderungen vornehmen, ohne dass ihm hierfür ein zusätzlicher Werklohnanspruch zustünde. Dies verdeutlicht abermals die besondere Bedeutung eines möglichst präzise ausgearbeiteten Pflichtenhefts.

Eine in den Allgemeinen Geschäftsbedingungen des Herstellers enthaltene Klausel, derzufolge bei auf nachträglichen Wunsch des Kunden vorgenommenen **Änderungs- oder Ergänzungsarbeiten** am Programm die vereinbarten Fristen zur Fertigstellung nicht gelten und auch eine **Angemessenheit der Fristverlängerung** nicht gewährleistet werden kann, ist nicht zu beanstanden, weil sich die Planungen des Herstellers immer nur auf die zunächst vereinbarten Leistungen beziehen können[578].

1433

1434

---

[573] Vgl. hierzu oben Rdn. 1388 ff.
[574] Vgl. Muster 3 zum EVB-IT Erstellungsvertrag, Änderungsverfahren, abrufbar unter www.cio.bund.de.
[575] Vgl. MünchKomm/*Finkenauer*, 6. Aufl. § 313 Rdn. 91 zur Schwierigkeit einer dogmatischen Abgrenzung.
[576] Vgl. *OLG Koblenz*, 24.9.2015, 1 U 1331/13, BeckRS 2015, 19871 Tz. 55.
[577] Vgl. *KG Berlin*, 1.6.1990, 14 U 4238/86, CR 1990, 768, 770.
[578] Im Ergebnis wie hier *BGH*, 23.6.1992, X ZR 92/90, NJW-RR 1993, 178, 179.

V. Mängel der Computersoftware

Inhaltsübersicht

	Rdn.		Rdn.
1. Die Diskussion über den Einfluss des Fehlerbegriffs der Informatik auf das Sachmängelrecht	1437	§§ 434 Abs. 3, 633 Abs. 2 S. 3 BGB	1455
2. Die Bedeutung der nicht zu verhindernden Fehlerhaftigkeit von Computersoftware	1438	4. Der mietvertragliche Sachmangel	1456
		a) Die Abweichung der Tauglichkeit zum vertragsgemäßen Gebrauch gem. § 536 Abs. 1 S. 1 BGB	1457
3. Der kauf- und werkvertragliche Softwaremangel	1441	b) Das Fehlen einer zugesicherten Eigenschaft gem. § 536 Abs. 2 BGB	1458
a) Die Abweichung von der vereinbarten Beschaffenheit	1444	aa) Die Zusicherungserklärung	1459
b) Die Eignung für die nach dem Vertrag vorausgesetzte Verwendung	1448	bb) Die Abgrenzung von der bloßen Beschaffenheitsangabe	1461
c) Die Eignung zur gewöhnlichen Verwendung und die übliche Beschaffenheit	1449	(1) Werbung und Zusicherung von Eigenschaften	1462
d) Aussagen in der Werbung	1452	(2) Die Verwendung von güte- und sonstigen qualitätsbezogenen Kennzeichen	1463
e) Die unsachgemäße Montage gem. § 434 Abs. 2 S. 1 BGB	1453	5. Rechtsmängel	1464
f) Die mangelhafte Montageanleitung nach § 434 Abs. 2 S. 2 BGB	1454	6. Unerhebliche Mängel	1466
g) Die Falschlieferung und die Lieferung einer Mindermenge gem.		7. Fragen der Beweislast	1469

Schrifttum: *Bock,* Gütezeichen als Qualitätsaussage im digitalen Informationsmarkt, 2000; *Deutsch/Eggendorfer,* Softwaremängel 4.0 – Zu Risiken und Nebenwirkungen fragen Sie Ihren Softwarehersteller oder Sachverständigen, in: *Taeger,* Internet der Dinge, 2015, S. 833; *Heussen,* Unvermeidbare Softwarefehler, CR 2004, 1 ff.; *Laub/Laub,* Die Verletzung technischer Schutzrechte als Rechtsmangel beim Sachkauf, GRUR 2003, 654 ff.; *Raue,* Haftung für unsichere Software, NJW 2017, 1841 ff.; *Schedel,* Beweisführung in EDV-Sachen im Rahmen einer mangel- und störungsbedingten Anspruchsverfolgung, 2009; *Stadler,* Garantien in IT-Verträgen nach der Schuldrechtsmodernisierung, CR 2006, 77 ff.; *Zahrnt,* Die Rechtsprechung zur Beweislast bei Fehlern in Standardsoftware, NJW 2002, 1531 ff.

1435 Im Rahmen der vorangehenden Darlegungen zum Recht der Leistungsstörungen wurde im Hinblick auf das Mängelrecht das Vorhandensein eines Mangels stets unterstellt und nicht ausgeführt, wann ein solcher Mangel vorliegt. Diesem Defizit soll nachfolgend abgeholfen werden. Bedauerlicherweise hat der Gesetzgeber ohne ersichtlichen Grund darauf verzichtet, die für das Kauf- und Werkvertragsrecht geltenden Bestimmungen des Sachmangels gem. §§ 434, 633 Abs. 2 BGB auf das Mietrecht zu übertragen. Dies macht es erforderlich, gewisse Differenzierungen zwischen Mietrecht auf der einen sowie Kauf- und Werkvertragsrecht auf der anderen Seite zu treffen, weshalb auch in dieser Abhandlung eine getrennte Darstellung notwendig erscheint.

1436 Den gemeinsamen gedanklichen Ansatzpunkt zur Bestimmung eines Sachmangels stellt der Kernsatz dar, dass eine dem Verkäufer, Werkunternehmer oder Vermieter zuzurechnende **negative Abweichung der Istbeschaffenheit von der Sollbeschaffenheit** der Software einen Sachmangel begründet[579]. Vor diesem Hintergrund ist es

---
[579] Vgl. statt vieler *BGH,* 12.10.2016, VIII ZR 103/15, NJW 2017, 1093, 1096 Tz. 29. *Dreier/Vogel* S. 189.

plausibel, dass die Unterschiede bei der Bestimmung eines Sachmangels trotz der abweichenden Fassungen der einschlägigen Vorschriften im Ergebnis letztendlich doch nicht so groß sind wie dies bei einem ersten flüchtigen Blick zu befürchten steht. Bevor jedoch die Darstellung der einzelnen Mängeltypen erfolgt, sollen zwei Themenkreise vorweg behandelt werden, die vertragstypenübergreifend zu problematisieren sind: Der Einfluss des Fehlerbegriffs der Informatik auf das Mängelrecht sowie die Bedeutung der nicht zu verhindernden Fehlerhaftigkeit von Computersoftware.

1. Die Diskussion über den Einfluss des Fehlerbegriffs der Informatik auf das Sachmängelrecht

Im juristischen Schrifttum wird der in der Informatik vorherrschende Fehlerbegriff gelegentlich dem juristischen Mangelbegriff gegenübergestellt und untersucht, welche Auswirkungen jener auf diesen entfaltet[580]. Dabei wird der in der Informatik verwendete Fehlerbegriff dahingehend definiert, ein Fehler beinhalte **jegliche Abweichung** in Inhalt, Aufbau und Verhalten eines Objekts zwischen ermittelten, beobachteten oder gemessenen Daten einerseits und den entsprechenden, in den Zielvorgaben spezifizierten oder theoretisch gültigen Daten andererseits. Abgesehen von der methodologischen Fragwürdigkeit dieses Vergleichs der Begriffe unterschiedlicher Fachdisziplinen führt der Vergleich zu keinem Zugewinn an Erkenntnissen. Allein aus der Tatsache, dass nach dem Fehlerbegriff der Informatik jegliche Abweichung zwischen gemessenen Daten einerseits und den entsprechenden spezifizierten oder theoretisch gültigen Daten andererseits einen Fehler begründet, während bei einem Fehler im juristischen Sinne zusätzlich noch als Folge dieser Abweichung der Wert oder der vertraglich vorausgesetzte oder gewöhnliche Gebrauch der Software herabgesetzt oder aufgehoben sein kann, kann nichts juristisch Relevantes entnommen werden. Nicht zu bestreiten ist indes angesichts des festgestellten begrifflichen Unterschieds, dass es aus Gründen der **Vermeidung von Missverständnissen** geboten ist, jeweils deutlich zu machen, ob der Fehlerbegriff im juristischen Sinne oder in dem der Informatik gebraucht wird.

1437

2. Die Bedeutung der nicht zu verhindernden Fehlerhaftigkeit von Computersoftware

Schrifttum: *Heussen*, Unvermeidbare Softwarefehler, CR 2004, 1 ff.

Von größerer Relevanz als der oben dargelegte Vergleich zwischen dem juristischen Mangelbegriff und dem Fehlerbegriff der Informatik ist die in der Informatik weitgehend anerkannte und von den Vertretern der Softwareindustrie stereotyp wiederholte Erkenntnis, dass Computersoftware ab einer gewissen Komplexität **nicht fehlerfrei** entwickelt werden kann. Dies wird im Wesentlichen damit begründet, dass die menschliche Auffassungsgabe und Einsicht nicht ausreicht, um komplexe Systeme im notwendigen Ausmaß überschauen zu können[581]. Die Rechtsprechung[582], das Bundesamt für Sicherheit in der Informationstechnik[583] sowie auch

1438

---
[580] Vgl. *Redeker* Rdn. 320
[581] Vgl. *Heussen* CR 2004, 1 ff.
[582] Vgl. *BGH*, 4.11.1987, VIII ZR 314/86, NJW 1988, 406, 408; *OLG Düsseldorf*, 18.10.1990, 6 U 71/87, CR 1992, 724.
[583] Vgl. *Bundesamt für Sicherheit in der Informationstechnik*, Die Lage der IT-Sicherheit in Deutschland 2015, S. 10.

das juristische Schrifttum[584] erkennen die **Unvermeidbarkeit von Softwarefehlern** grundsätzlich an. Nicht beantwortet und heftig umstritten ist damit indes, welche rechtlichen Konsequenzen aus dieser Unvermeidbarkeit von Fehlern zu ziehen sind. Ein derartiger Streit ist im Rahmen der Sachmängelvorschriften des BGB nichts grundsätzlich Neues, sondern hat insbesondere bei der Schadensersatzpflicht des Vermieters nach § 536a Abs. 1 BGB die Rechtsprechung und das Schrifttum häufig beschäftigt, weil auch die den Vermieter treffende Garantiehaftung für alle versteckten Mängel, selbst wenn sie für diesen bei Vertragsabschluss gar nicht erkennbar waren[585], häufig für nicht interessengerecht gehalten wird[586].

1439 Berücksichtigt werden muss jedoch, dass das Sachmängelrecht des BGB **verschuldensunabhängig** ist, soweit kein Schadensersatzanspruch geltend gemacht wird. Auf ein Vertretenmüssen kommt es bei der Prüfung des Vorliegens eines Sachmangels nicht an. Dies gilt für alle Sachen, also auch für Computersoftware, für die insoweit keine Sonderregelung geschaffen werden muss, denn identische Probleme tauchen bei allen komplizierten Entwicklungen der Technik und Wissenschaft, ja sogar bei landwirtschaftlichen Erzeugnissen auf. Eine Änderung dieser Rechtslage könnte daher nur im Rahmen einer grundlegenden Neuordnung des Sachmängelrechts für derartige Güter erfolgen. Die von Vertretern der Softwareindustrie vorgeschlagene Sonderbehandlung der Computerprogramme ist angesichts der geforderten untragbaren Rechtsfolgen nach alledem zu Recht als von einer einseitigen Sichtweise geprägt zurückzuweisen. Zu Recht hat dementsprechend das *OLG Düsseldorf*[587] schon vor vielen Jahren darauf hingewiesen, dass auch bei einem neuentwickelten Computerprogramm der Anwender eine mangelfreie Lieferung erwarten kann.

1440 Der Hinweis des Herstellers auf die Unvermeidbarkeit von Fehlern hat entsprechend den obigen Darlegungen **keine Abänderung des allgemeinen Sachmängelrechts** zur Folge[588]. Bei der Abfassung von Softwareüberlassungsverträgen ist von der Aufnahme entsprechender Klauseln in jedem Falle abzusehen, da im Einzelfall unerwünschte Konsequenzen eintreten können[589]. Dies kann am Beispiel einer älteren Entscheidung des *LG München I*[590] verdeutlicht werden. In diesem Rechtsstreit hatte die widerbeklagte Softwareherstellerin darauf hingewiesen, nach dem Stand der Technik und den branchenüblichen Lieferbedingungen garantiere kein Hersteller die Fehlerfreiheit seiner Programme. Das *LG München I* folgerte hieraus, dass die Softwareherstellerin mit dem Auftreten von Fehlern in der Zukunft und mit der Notwendigkeit rechnen muss. Da die Fehlerbeseitigung – wie auch Änderungen aus anderem Anlass – bei Individualsoftware aber ohne Beziehung des Quellenprogramms nicht möglich sei, könne der Vertrag über die Erstellung der Individualsoftware in diesem Fall nach Treu und Glauben nur so ausgelegt werden, dass die Softwareherstellerin die **Herausgabe des Quellenprogramms** nebst Herstellerdokumentation für den Fall schulde, dass die Fehlerbeseitigung durch Dritte erforderlich würde. Dies läuft indes den berechtigten Interessen der Softwarehersteller am Schutz ihres Know-hows diametral entgegen.

---

[584] Vgl. *Raue*, NJW 2017, 1841; *Auer-Reinsdorff/Conrad/Kast*, 2. Aufl. 2016, § 12 Rdn. 223; *Stadler* CR 2006, 77.
[585] Vgl. *BGH*, 22.1.1968, VIII ZR 195/65, *BGHZ* 49, 350.
[586] Vgl. statt vieler MünchKomm/*Häublein*, 6. Aufl., § 536a Rdn. 6 m.w.N.
[587] Vgl. *OLG Düsseldorf*, 9.12.1994, 17 U 106/94, CR 1995, 269.
[588] So auch *Redeker* CR 2005, 700, 701 f.
[589] Vgl. *Auer-Reinsdorff/Conrad/Kast*, 2. Aufl. 2016, § 12 Rdn. 223;
[590] Vgl. *LG München I*, 18.11.1988, 21 O 11130/88, NJW 1989, 2625.

3. Der kauf- und werkvertragliche Softwaremangel

Für das Kaufrecht wird der Sachmangel in § 434 BGB definiert, während für das Werkvertragsrecht § 633 Abs. 2 BGB einschlägig ist. Der unterschiedliche Regelungsumfang sowie eine marginale sprachliche Abweichung in § 633 Abs. 2 S. 2 Nr. 2 BGB von § 434 Abs. 1 S. 2 Nr. 2 BGB dürfen nicht darüber hinwegtäuschen, dass sich **die Mängelbegriffe im Grundsatz decken.** Der Gesetzgeber wollte trotz der sprachlichen Abweichung eine inhaltliche Übereinstimmung auch in diesem Punkt[591]. Die Regelung des § 434 Abs. 1 S. 3 BGB, derzufolge etwa die öffentlichen Äußerungen des Verkäufers bei der Bestimmung der Sollbeschaffenheit zu berücksichtigen sind, wurde nicht ins Werkvertragsrecht übernommen, weil der Gesetzgeber hier von einer größeren Individualbezogenheit ausging. Hinsichtlich der Regelung des § 434 Abs. 2 BGB (Montagepflicht und mangelhafte Montageanleitung) wurde kein Regelungsbedarf für das Werkvertragsrecht gesehen.

1441

Auszugehen ist sowohl nach Kauf- als auch Werkvertragsrecht von der **vereinbarten Beschaffenheit** (§§ 434 Abs. 1 S. 1, 633 Abs. 2 S. 1 BGB), also einer subjektiven Begriffsbestimmung als primäre Anknüpfung. Nur soweit die Beschaffenheit nicht vereinbart ist, kommen gem. §§ 434 Abs. 1 S. 2, 633 Abs. 2 S. 2 BGB die jeweils nachfolgend genannten ergänzenden Kriterien zur Bestimmung der Mangelhaftigkeit als sekundäre Anknüpfungen zur Anwendung. Dabei ist zunächst gem. §§ 434 Abs. 1 S. 2 Nr. 1, 633 Abs. 2 S. 2 Nr. 1 BGB auf die Eignung für die **nach dem Vertrag vorausgesetzte Verwendung** abzustellen, worin ein weiteres subjektives Kriterium des Mangelbegriffs zu sehen ist[592], und das als Auffangtatbestand zur vereinbarten Beschaffenheit für die Fälle qualifiziert werden kann, in denen die vorrangige vertragliche Vereinbarung nicht nachweisbar ist[593]. Führt auch dieses zweite Kriterium nicht weiter („sonst", §§ 434 Abs. 1 S. 2 Nr. 1 a.E., 633 Abs. 2 S. 2 Nr. 1 a.E. BGB), ist auf objektive Kriterien zurückzugreifen.

1442

Zu den objektiven Kriterien zählt zunächst die **Eignung zur gewöhnlichen Verwendung** und die **übliche Beschaffenheit** von Vertragsgegenständen gleicher Art, die der Käufer/Besteller erwarten kann (§§ 434 Abs. 1 S. 2 Nr. 2, 633 Abs. 2 S. 2 Nr. 2 BGB). Nur im Kauf-, nicht aber im Werkvertragsrecht zählen zur Beschaffenheit des § 434 Abs. 1 S. 2 Nr. 2 BGB auch solche Eigenschaften der Kaufsache, die der Käufer nach den **öffentlichen Äußerungen** des Verkäufers, des Herstellers oder seines Gehilfen erwarten kann, soweit nicht die drei in § 434 Abs. 1 S. 3 BGB genannten Ausnahmen vorliegen. Ebenfalls nur im Kauf-, nicht aber im Werkvertragsrecht gelten die **unsachgemäße Montage** gem. § 434 Abs. 2 S. 1 BGB sowie eine **mangelhafte Montageanleitung** gem. § 434 Abs. 2 S. 2 BGB als Sachmangel. Demgegenüber gilt die Gleichstellung der Lieferung einer anderen Sache/eines anderen Werks („aliud") sowie die Lieferung einer zu geringen Menge (§§ 434 Abs. 3, 633 Abs. 2 S. 3 BGB) mit einem Sachmangel sowohl im Kauf- als auch im Werkvertragsrecht.

1443

a) Die Abweichung von der vereinbarten Beschaffenheit

Entsprechend dem Grundsatz der Privatautonomie ist für die Bestimmung der Mangelfreiheit allein auf die Einhaltung der vereinbarten Beschaffenheit abzustellen, sofern diese **im Vertrag festgelegt** wurde. Allgemeine Qualitätsstandards, Industrienormen oder ähnliche Kriterien, die bei §§ 434 Abs. 1 S. 2 Nr. 2, 633 Abs. 2

1444

---
[591] Vgl. BT-Drucks. 14/7052 vom 9.10.2001, S. 204.
[592] Vgl. MünchKomm/*Westermann*, § 434 Rdn. 18; a. A. wohl *Palandt/Weidenkaff* § 434 Rdn. 1.
[593] Vgl. MünchKomm/*Westermann* § 434 Rdn. 22.

S. 2 Nr. 2 BGB zu berücksichtigen sind, bleiben bei einer abweichenden Beschaffenheitsvereinbarung unberücksichtigt, unabhängig davon, ob sie übertroffen werden oder unerfüllt bleiben[594].

1445 Die Beschaffenheitsvereinbarung muss nicht ausdrücklich getroffen sein, sie kann auch **konkludent** und **stillschweigend** zustande kommen[595]: Ob eine Beschaffenheitsvereinbarung vorliegt und welchen Inhalt sie hat, ist durch Auslegung zu ermitteln[596]. Revisionsrechtlich ist die Auslegung entsprechender Individualerklärungen grundsätzlich nur beschränkt darauf überprüfbar, ob gesetzliche Auslegungsregeln, anerkannte Auslegungsgrundsätze, Denkgesetze oder Verfahrensvorschriften verletzt worden sind[597]. Bei der Annahme einer stillschweigend getroffenen Beschaffenheitsvereinbarung ist der Übergang zum Mangel wegen fehlender Eignung zur vorausgesetzten Verwendung gem. §§ 434 Abs. 1 S. 2 Nr. 1, 633 Abs. 2 S. 2 Nr. 1 BGB fließend. Die Abgrenzung ist danach zu treffen, ob eine **verbindliche Beschreibung des Zustands der Software** erfolgte, die Bestandteil des Vertragsinhalts wurde[598]. Liegt daher eine Willenseinigung beider Vertragspartner über eine oder verschiedene mehrere bestimmte Eigenschaften des Programms vor, handelt es sich um eine Beschaffenheitsvereinbarung im Sinne der §§ 434 Abs. 1 S. 1, 633 Abs. 2 S. 1 BGB. Wird keine Vereinbarung über eine bestimmte Eigenschaft getroffen, sondern lediglich darauf abgestellt, ob die Software für die auch dem Lieferanten erkennbare Verwendung geeignet ist, ist auf §§ 434 Abs. 1 S. 2 Nr. 1, 633 Abs. 2 S. 2 Nr. 1 BGB abzustellen. Dabei kommt die Annahme der Vereinbarung einer Beschaffenheit nicht „im Zweifel", sondern nur in einem **eindeutigen Fall** in Betracht[599].

1446 Den Ansatzpunkt der Bestimmung im konkreten Einzelfall wird bei **Individualsoftware** insbesondere das **Pflichtenheft** liefern[600], in dem die jeweiligen Programmspezifikationen zusammengefasst sind, die das Computerprogramm erfüllen soll. Insoweit liegt meist ein wichtiges und vor allem beweisgeeignetes Schriftstück vor. Möglich ist jedoch auch, dass keine schriftliche Fixierung erfolgte. In der fehlenden schriftlichen Fixierung besteht zwar kein grundsätzlicher rechtlicher Unterschied, jedoch tauchen in einem derartigen Fall meist erhebliche Beweisprobleme auf, weil der Inhalt der jeweiligen Erörterungen häufig streitig sein wird. Auch kann problematisch sein, ob die Spezifikationen Vertragsinhalt wurden.

1447 Den Ansatzpunkt für die Bestimmung der vereinbarten Beschaffenheit bei **Standardsoftware** bilden zunächst die **Produkt- und Leistungsbeschreibungen** des Softwarelieferanten in Werbeprospekten oder sonstigen dem Anwender zugänglich gemachten Informationsquellen, etwa eine Betriebsanleitung, eine Programmdokumentation oder eine Demoversion[601], da davon auszugehen ist, dass derartige Informationen dem Vertrag zugrundegelegt werden, wenn sie vom Vertragspartner

---

[594] Vgl. *Palandt/Weidenkaff* § 434 Rdn. 13.
[595] Vgl. *BGH*, 26.4.2017, VIII ZR 80/16, BeckRS 2017, 111034 Tz. 13; *Palandt/Weidenkaff* § 434 Rdn. 17.
[596] Vgl. *BGH*, 26.4.2017, VIII ZR 80/16, BeckRS 2017, 111034 Tz. 13; *BGH*, 13.3.2013, VIII ZR 186/12, NJW 2013, 2107, 2108 Tz. 21.
[597] Vgl. *BGH*, 26.4.2017, VIII ZR 80/16, BeckRS 2017, 111034 Tz. 13; *BGH*, 13.3.2013, VIII ZR 186/12, NJW 2013, 2107, 2108 Tz. 21; *BGH*, 11.11.2008, VIII ZR 265/07, NJW 2009, 580, 581 Tz. 10.
[598] Vgl. *Palandt/Weidenkaff* § 434 Rdn. 16.
[599] Vgl. *BGH*, 26.4.2017, VIII ZR 80/16, BeckRS 2017, 111034 Tz. 13; *BGH*, 15.6.2016, VIII ZR 134/15, NJW 2016, 2874, 2875 Tz. 16; *BGH*, 13.3.2013, VIII ZR 186/12, NJW 2013, 2107, 2108 Tz. 22; *BGH*, 2.11.2010, VIII ZR 287/09, BeckRS 2010, 30815 Tz. 4.
[600] Vgl. *Redeker* Rdn. 321.
[601] Vgl. *Redeker* Rdn. 550.

stammen. Für **öffentliche Äußerungen des Verkäufers,** des **Herstellers** oder seines **Gehilfen,** insbesondere in der Werbung oder bei der Kennzeichnung der Software ist auf § 434 Abs. 1 S. 3 BGB abzustellen.

b) Die Eignung für die nach dem Vertrag vorausgesetzte Verwendung

Sofern keine Beschaffenheitsvereinbarung vorliegt, ist auf die Eignung für die nach dem Vertrag vorausgesetzte Verwendung gem. §§ 434 Abs. 1 S. 1 Nr. 1, 633 Abs. 2 S. 2 Nr. 1 BGB abzustellen, weshalb diese Vorschriften vielfach als **Auffangtatbestände** zu §§ 434 Abs. 1 S. 1 bzw. 633 Abs. 2 S. 1 BGB bezeichnet werden[602]. Die große praktische Relevanz dieser Auffangtatbestände folgt dabei aus der Erkenntnis, dass vor allem bei alltäglichen und üblichen Kaufverträgen eine bestimmte Beschaffenheit vielfach nicht vereinbart, sondern von den Parteien bei Vertragsabschluss vorausgesetzt wird. Dieser Gedanke trifft auch bei vielen Werkverträgen zu. Darüber hinaus kommen die Auffangtatbestände in den Fällen zur Anwendung, in denen die vertragliche Vereinbarung **nicht nachweisbar** ist. Vielfach wird daher die Frage nach der vertraglichen Vereinbarung dahingestellt bleiben können, solange nur die Anforderungen des Anwenders an die Software für den Verkäufer bzw. Werkunternehmer, etwa während der Vertragsverhandlungen, erkennbar waren und wenigstens dies belegbar ist. Allein einseitige Erwartungen des Anwenders, die für den Vertragspartner nicht erkennbar sind, bestimmen aber keine nach dem Vertrag vorausgesetzte Verwendung[603].

1448

c) Die Eignung zur gewöhnlichen Verwendung und die übliche Beschaffenheit

Schrifttum: *Schneider,* Bestimmung und Berücksichtigung der „gewöhnlichen Verwendung" bei IT-Verträgen, ITRB 2010, 241 ff.

Fehlt es an einer Beschaffenheitsvereinbarung und liegt auch keine vertraglich vorausgesetzte Verwendung vor, greifen als weitere Auffangtatbestände („sonst") die §§ 434 Abs. 1 S. 2 Nr. 2, 633 Abs. 2 S. 2 Nr. 2 BGB ein, die auf die objektiven Kriterien der Eignung zur gewöhnlichen Verwendung sowie der üblichen Beschaffenheit abstellen[604]. Die **Feststellung der gewöhnlichen Verwendung sowie der üblichen Beschaffenheit** von Computersoftware wirft erhebliche Probleme auf, sobald ein gewisser Kernbereich der allgemein üblichen Verwendung verlassen wird.

1449

Entgegen der Auffassung des *OLG Stuttgart* ist **ein allgemeiner Qualitäts- und Leistungsstandard** innerhalb der jeweiligen Klassen vergleichbarer Programme durchaus feststellbar[605], der jedoch infolge der raschen technischen Weiterentwicklung einem ständigen Wandel unterworfen ist[606]. Ohne Bezugnahme auf die vertraglich vereinbarte Leistungsklasse erscheint es demgegenüber in der Tat nicht möglich, etwa allein mit der Rüge eines Programms als konzeptionell veraltet einen Fehler zu

1450

---

[602] Vgl. *BGH,* 16.3.2012, V ZR 18/11, NJW-RR 2012, 1078 Tz. 16 „von beiden Parteien übereinstimmend unterstellte Verwendung"; statt vieler *Palandt/Weidenkaff* § 434 Rdn. 20.

[603] Vgl. *Palandt/Weidenkaff* § 434 Rdn. 21.

[604] Vgl. *BGH,* 29.6.2011, VIII ZR 202/10, NJW 2011, 2872, 2873 Tz. 12.

[605] Wie hier *LG Köln,* 2.7.1997, 20 O 276/95, ECR LG 253. Vom „Stand der Technik" bei Software spricht *BGH,* 16.12.2003, X ZR 129/01, CR 2004, 490, 491 sowie *LG Landshut,* 20.8.2003, 1 HK O 2392/02, CR 2004, 19, 20.

[606] Das *OLG Düsseldorf,* 18.7.1997, 22 U 3/97, NJW-RR 1998, 345, 346 spricht von einem „Stand der Technik mittleren Ausführungsstandard", das *KG Berlin,* 22.11.1994, 18 U 7070/93, CR 1995, 151 von dem „normalen Standard", das *OLG Brandenburg,* 1.12.1998, 6 U 301/97, CR 1999, 748, 749 vom „aktuellen Stand der Technik".

begründen, denn auch ältere Programme können durchaus als Handelsware noch geeignet sein[607]. Anknüpfungspunkte für die Vergleichsbasis ist daher immer die im Softwarevertrag enthaltene Einordnung. In der Regel wird jedoch zur Beantwortung der Frage nach dem bei Vertragsschluss geltenden allgemeinen Standard die Einholung eines Sachverständigengutachtens unumgänglich sein. Dass ein Finanzbuchhaltungsprogramm aber an den **gesetzlichen Vorgaben** zu messen ist, deren Einhaltung als **Mindeststandard** vom Anwender erwartet werden kann[608], sollte selbstverständlich sein. Ebenso selbstverständlich sollte aber auch sein, dass allein die Tatsache des Vorhandenseins eines leistungsfähigeren Programms auf dem Markt noch keinen Fehler begründet, denn dass Programme verschiedener Anbieter divergieren, ist Ausfluss der freien Marktwirtschaft und der sich daraus ergebenden Konkurrenzsituation[609].

1451 Meist befinden sich die jeweiligen Qualitäts- und Leistungsmerkmale in einer umfassenden **Programmbeschreibung des Softwareherstellers** aufgelistet. Aus diesem Grunde wird im Schrifttum zu Recht darauf hingewiesen, dass der Anwender grundsätzlich nicht mehr von einem Programm erwarten darf als in der Leistungsbeschreibung niedergelegt[610]. Ausnahmen können somit allenfalls für die erwähnten „Selbstverständlichkeiten" anerkannt werden. Diese Überlegungen treffen auch auf Individualsoftware zu, bei der die Einhaltung bestimmter **Minimalanforderungen** selbst dann erwartet werden kann, wenn diese nicht ausdrücklich ins Pflichtenheft aufgenommen wurden. Ein Computerprogramm zum Auslesen von Geldkarten musste auch schon vor dem 1.1.2002 Euro-fähig sein, weil die Umstellung der Zahlungsmittel schon zuvor hinreichend bekannt war[611]. Diesen Gedanken wird man auf vergleichbare Fälle der Änderung äußerer Umstände zu übertragen haben.

d) Aussagen in der Werbung

1452 Über die gewöhnliche Verwendung und die übliche Beschaffenheit im oben dargelegten Sinn hinaus zählen im Kauf-, nicht aber im Werkvertragsrecht zur Beschaffenheit nach § 434 Abs. 1 S. 2 Nr. 2 BGB auch solche Eigenschaften der Kaufsache, die der Käufer nach den **öffentlichen Äußerungen** des Verkäufers, des Herstellers im Sinne des § 4 Abs. 1 und 2 ProdHG oder seines Gehilfen erwarten kann. Dabei kann die Äußerung in jeder Form erfolgt sein, also mündlich, schriftlich, durch gedruckte Werbeprospekte oder auch in elektronischen Medien wie einer Webseite[612]. Nicht erforderlich ist, dass diese Äußerungen in die Vertragsverhandlungen eingeflossen sind. Soweit jedoch die öffentlichen Äußerungen Dritter berücksichtigt werden, etwa solche des Herstellers oder Importeurs im Sinne des § 4 Abs. 1 und 2 ProdHG, erfolgt ein Haftungsausschluss, wenn der Verkäufer diese Äußerungen weder **kannte** noch **kennen musste**. Im Ergebnis ist der Verkäufer daher verpflichtet, einschlägige und ohne weiteres zugängliche Werbemaßnahmen Dritter – etwa in den relevanten Fachzeitschriften – zu verfolgen. Unterlässt er dies, kann ihn dies wegen des Vorwurfs fahrlässiger Unkenntnis nicht entlasten. Eine grobe Fahrlässigkeit ist mangels Einschränkung in § 434 Abs. 1 S. 3 BGB nicht erforderlich. Entlastet wird der Verkäufer aber schlussendlich noch in den Fällen, in denen die Äußerung des

---

[607] Vgl. *LG Oldenburg*, 24.4.1991, 12 O 204/90, NJW 1992, 1771.
[608] Vgl. *OLG Hamm*, 14.11.1994, 31 U 105/94, NJW-RR 1995, 941, 942.
[609] Vgl. *LG Köln*, 22.10.1992, 86 O 103/92, NJW-RR 1993, 1141.
[610] Vgl. *Gaul* MDR 2000, 549, 551.
[611] Vgl. *LG Coburg*, 1.2.2002, 32 S 193/01, CR 2002, 325.
[612] Vgl. *BGH*, 17.3.2010, VIII ZR 253/08, NJW-RR 2010, 1329, 1331 Tz. 17.

Dritten in einer der Äußerung gleichwertigen Weise berichtigt war oder dass sie die Kaufentscheidung nicht beeinflussen konnte.

e) Die unsachgemäße Montage gem. § 434 Abs. 2 S. 1 BGB

Ein Sachmangel liegt nach § 434 Abs. 2 S. 1 BGB auch dann vor, wenn die vereinbarte Montage durch den Verkäufer oder dessen Erfüllungsgehilfen unsachgemäß durchgeführt worden ist. Dabei kann die **Installation von Computersoftware** ohne weiteres als Unterfall der Montage qualifiziert werden[613], denn hier wie dort geht es um die Vornahme der für den Gebrauch der Sache notwendigen Handlungen[614]. Auch ist in der Programminstallation ein Einbauen oder Anbringen im Sinne des § 439 Abs. 3 BGB zu sehen[615]. Voraussetzung für einen Sachmangel ist aber, dass sich der Softwarelieferant vertraglich zur Installation verpflichtete. **Mündliche Zusagen** reichen aber selbst dann aus, wenn der restliche Softwareüberlassungsvertrag schriftlich abgeschlossen wurde.

1453

f) Die mangelhafte Montageanleitung nach § 434 Abs. 2 S. 2 BGB

Ein Sachmangel liegt bei einer zur Montage bestimmten Sache, wozu entsprechend dem obigen Verständnis von Montage und Installation grundsätzlich auch ein Computerprogramm zählt, ferner vor, wenn die Montageanleitung mangelhaft ist, es sei denn, die Sache wurde fehlerfrei montiert. Wann eine Montageanleitung mangelhaft ist, ist im Gesetz nicht näher bestimmt, jedoch wird man die gleichen Anforderungen an den **Umfang** und die **Verständlichkeit** zu stellen haben wie bei den an anderer Stelle ausführlich diskutierten Bedienungshandbüchern[616]. In der Regel ist die Installationsanleitung als Drucksache zu gestalten[617], jedoch ist gegebenenfalls auch eine mitgelieferte elektronische Dokumentation ausreichend, solange sichergestellt ist, dass der Anwender schon vor der Programminstallation auf die elektronische Dokumentation zugreifen kann. Wird die Installation trotz mangelhafter Anleitung – gleichgültig durch wen[618] – fehlerfrei durchgeführt, liegt nach der in § 434 Abs. 2 S. 2 letzter Halbs. BGB festgeschriebenen Einschätzung des Gesetzgebers grundsätzlich eine vertragsgemäße Erfüllung vor, weil die meisten zu montierenden Kaufsachen nur einmal zusammengebaut werden müssen. Bei Computersoftware ist aber zu berücksichtigen, dass sie gegebenenfalls später **neu installiert** werden muss, etwa nach einem Austausch des Massenspeichers, weshalb hier trotz erfolgreicher Erstinstallation gegebenenfalls vom Fortbestehen eines Mangels auszugehen ist.

1454

g) Die Falschlieferung und die Lieferung einer Mindermenge gem. §§ 434 Abs. 3, 633 Abs. 2 S. 3 BGB

Begrifflich nicht als Sachmangel zu qualifizieren, aber gem. §§ 434 Abs. 3, 633 Abs. 2 S. 3 BGB einem Sachmangel gleichgestellt und daher rechtlich ebenso zu behandeln sind die Lieferung einer anderen Sache (**Falschlieferung, „aliud"**) sowie die Lieferung einer zu geringen Menge (**Mindermenge**). Beide Fallgestaltungen weisen aber keine softwarespezifischen Besonderheiten auf, gleichwie die Praxisrelevanz bei Computerprogrammen gering sein wird.

1455

---

[613] Vgl. *Junker* NJW 2003, 2792, 2799; *Koch* CR 2001, 569, 570.
[614] Zu diesem Verständnis der Montage *Palandt/Weidenkaff* § 434 Rdn. 42.
[615] Vgl. hierzu oben Rdn. 1309.
[616] Vgl. hierzu unten Rdn. 1533 ff.
[617] Vgl. *Palandt/Weidenkaff* § 434 Rdn. 48.
[618] Vgl. *Palandt/Weidenkaff* § 434 Rdn. 51.

4. Der mietvertragliche Sachmangel

1456 Kauf- und werkvertraglicher Mangelbegriff sind nicht vollständig, aber doch weitestgehend deckungsgleich[619]. Im Mietvertragsrecht muss zwischen einem (**Sach-**)**Mangel gem. § 536 Abs. 1 S. 1 BGB**, bei dem die Tauglichkeit der Mietsache zum vertragsgemäßen Gebrauch aufgehoben oder gemindert ist, und dem einem Mangel gleichgestellten **Fehlen einer zugesicherten Eigenschaft gem. § 536 Abs. 2 BGB** unterschieden werden. Hervorzuheben ist auch, dass unerhebliche Sachmängel nach § 536 Abs. 1 S. 3 BGB folgenlos bleiben, während eine solche Einschränkung bei §§ 434, 633 BGB nicht existiert.

a) Die Abweichung der Tauglichkeit zum vertragsgemäßen Gebrauch gem. § 536 Abs. 1 S. 1 BGB

1457 Unter einem Mangel im Sinne von § 536 Abs. 1 S. 1 BGB ist die für den Mieter nachteilige Abweichung des tatsächlichen Zustands der Mietsache von dem **vertraglich geschuldeten Zustand** zu verstehen[620]. Dabei bestimmt sich der vertraglich geschuldete Zustand zunächst durch die Vereinbarungen zur Beschaffenheit der Mietsache[621], sodass insoweit ein Gleichlauf zum Kauf- und Werkvertragsrecht besteht und nach oben verwiesen werden kann[622]. Wird jedoch im Mietvertrag der vertragsgemäße Gebrauch nicht näher umschrieben, so scheint es geboten, im zweiten Schritt auf die **nach dem Vertrag vorausgesetzte Verwendung** und wenn auch dies nicht weiterführt subsidiär auf den **üblichen** (= „gewöhnlichen") **Gebrauch** abzustellen[623]. Damit ergibt sich auch diesbezüglich ein Gleichlauf mit dem Kauf- und Werkvertragsrecht[624], sodass auch insoweit nach oben verwiesen werden kann[625].

b) Das Fehlen einer zugesicherten Eigenschaft gem. § 536 Abs. 2 BGB

1458 Gem. § 536 Abs. 2 BGB wird auch nach Inkrafttreten des Mietrechtsreformgesetzes sowie des Schuldrechtsreformgesetzes im Mietvertragsrecht an der **herkömmlichen Haftung** wegen Eigenschaftszusicherungen festgehalten, wie sie auch im früheren Kauf- und Werkvertragsrecht gem. §§ 459 Abs. 2, 633 Abs. 1 BGB a.F. enthalten war[626]. Auf die alte Rechtsprechung auch zu § 459 Abs. 2 BGB a.F. kann daher uneingeschränkt zurückgegriffen werden. Eine Mietminderung greift infolge der in § 536 Abs. 2 BGB normierten Gleichstellung auch ein, wenn eine zugesicherte Eigenschaft fehlt oder später wegfällt. Mangels Verweises auf § 536 Abs. 1 S. 3 BGB gilt dies auch im Falle einer **geringfügigen Abweichung** von der Zusicherung.

aa) Die Zusicherungserklärung

1459 Unter einer zusicherungsfähigen Eigenschaft ist jedes der Sache auf gewisse Dauer anhaftende Merkmal zu verstehen, das für ihren Wert, ihren vertraglich vorausgesetzten Gebrauch oder aus sonstigen Gründen für den Anwender erheblich ist. Der

---

[619] Vgl. hierzu oben Rdn. 1441.
[620] Allgemein *BGH*, 15.12.2010, XII ZR 132/09, NJW 2011, 514, 515 Tz. 12; *BGH*, 21.9.2005, XII ZR 66/03, NJW 2006, 899, 900 Tz. 19; *BGH*, 16.2.2000, XII ZR 279/97, NJW 2000, 1714, 1715 m.w.N.
[621] Vgl. *BGH*, 13.4.2016, VIII ZR 198/15, NJW-RR 2016, 1032, 1033 Tz. 14.
[622] Vgl. hierzu oben Rdn. 1444 ff.
[623] Vgl. MünchKomm/*Häublein*, § 536 Rdn. 4.
[624] Vgl. MünchKomm/*Häublein*, § 536 Rdn. 4.
[625] Vgl. hierzu oben Rdn. 1448 sowie Rdn. 1449 ff.
[626] Vgl. *Stadtler* CR 2006, 77, 80.

Eigenschaftsbegriff umfasst daher alles, was einen Mangel ausmacht und darüber hinaus solche Merkmale, die zwar den Wert oder die Tauglichkeit nicht betreffen, aber für den Anwender von Interesse sein können[627]. Hierzu zählen auch alle Merkmale, die die wirtschaftliche oder rechtliche Beziehung der Mietsache zur Umwelt betreffen und deshalb die Wertbestimmung für das Vertragsrecht beeinflussen[628]. Zugesichert ist eine Eigenschaft, wenn ein zum Vertragsinhalt gewordener Wille des Softwarevermieters erkennbar ist, die Gewähr für das Vorhandensein einer bestimmten Eigenschaft übernehmen und für die Folgen eines Fehlens dieser Eigenschaft einstehen zu wollen[629]. Die dementsprechend für eine vertragliche Vereinbarung einer Eigenschaftszusicherung erforderliche **Willensübereinstimmung** der Parteien muss nicht notwendigerweise eine ausdrückliche Bestätigung[630] erfahren haben. Vielmehr ist entscheidend darauf abzustellen, wie der Mieter das Verhalten des Vermieters unter Berücksichtigung der Umstände des Vertragsabschlusses nach Treu und Glauben verstehen durfte[631], sodass auch Kriterien wie die Verkehrssitte, der Handelsbrauch, ein gegebenenfalls vorhandenes besonderes Vertrauen des Mieters in die Sachkunde des Vermieters oder die besondere Bedeutung der betreffenden Eigenschaft der Sache oder deren Eignung für den konkreten vertraglichen Verwendungszweck zu berücksichtigen sind. An die Annahme einer stillschweigenden Eigenschaftszusicherung sind **strenge Anforderungen** zu stellen[632].

Unerheblich ist, ob die Zusicherung **schriftlich** oder **mündlich** vereinbart wurde. Aus diesem Grunde kann etwa die ergonomische Gestaltung der Bildschirmmasken eine zugesicherte Eigenschaft darstellen, auch wenn sie im schriftlich fixierten Pflichtenheft nicht aufgenommen wurde. Ausreichend ist, dass der Benutzer die entsprechende Anforderung mündlich stellte und diese Vertragsinhalt wurde, was durch Zeugenbeweis bewiesen werden kann[633]. Eine Vereinbarung, derzufolge ein Programm in deutscher Sprache zu liefern ist, stellt eine Zusicherung einer Eigenschaft dar[634]. Eine Zusicherung der Eignung eines Computers für den Kunden liegt aber dann nicht vor, wenn der Lieferant **keinerlei Kenntnisse über die Arbeitsabläufe beim Kunden** hat und dies dem Kunden ersichtlich ist[635]. Auch in der Erklärung, mit einer Computeranlage und einem CAD-Programm könne „ohne besondere Anleitung und Schulung" gearbeitet werden, kann keine Eigenschaftszusicherung gesehen werden[636].

bb) Die Abgrenzung von der bloßen Beschaffenheitsangabe

Mit dem Einbezug des Willenselements in die Definition der Zusicherung scheiden **reine Wissensmitteilungen** wie etwa Leistungs- und Warenbeschreibungen oder

---
[627] Allg. Auffassung vgl. grundsätzlich *BGH*, 21.9.2005, XII ZR 66/03, NJW 2006, 899, 901 Tz. 27; *BGH*, 16.2.2000, XII ZR 279/97, NJW 2000, 1714, 1715; *Palandt/Weidenkaff* § 536 Rdn. 26.
[628] Vgl. *BGH*, 21.9.2005, XII ZR 66/03, NJW 2006, 899, 901 Tz. 27.
[629] Vgl. grundsätzlich *BGH*, 16.2.2000, XII ZR 279/97, NJW 2000, 1714, 1716.
[630] Vgl. *BGH*, 28.2.1996, VIII ZR 241/94, NJW 1996, 1962, 1963; *BGH*, 14.2.1996, VIII ZR 89/95, NJW 1996, 1465, 1466.
[631] Vgl. *OLG Düsseldorf*, 25.9.1998, 22 U 62/98, NJW-RR 1999, 563, 564 f.; *OLG Köln*, 27.3.1998, 19 U 237/96, CR 1998, 657 (Ls.); *OLG Frankfurt*, 26.1.1996, 24 U 110/94, NJW-RR 1997, 555, 556.
[632] Vgl. *Palandt/Weidenkaff* § 536 Rdn. 25.
[633] Vgl. *OLG Nürnberg*, 30.1.1990, 11 U 893/88, BB 1991 Beilage 7, S. 10, 11.
[634] Vgl. *OLG Hamm*, 8.3.1988, 21 U 41/87, CR 1989, 995.
[635] Vgl. *OLG Hamm*, 13.1.1997, 13 U 104/96, NJW-RR 1998, 199.
[636] Vgl. *OLG Düsseldorf*, 25.9.1998, 22 U 62/98, NJW-RR 1999, 563, 564 f.

auch allgemeine Anpreisungen unabhängig von ihrer Ernsthaftigkeit für eine Zusicherung aus[637]. Wenngleich die Abgrenzung zwischen einer Zusicherung und einer derartigen Beschaffenheitsangabe schwierig ist, weil der Wille des Vermieters häufig nicht aktuell feststellbar ist und deshalb die Gefahr besteht, in einer Vielzahl der Fälle mit Willensfiktionen zu argumentieren, erscheint diese Unterscheidung doch nicht unmöglich. Berücksichtigt man, dass die Beschaffenheitsangabe über die Tauglichkeit einer Sache für einen bestimmten Vertragszweck keine Erklärung hinsichtlich einer Rechtsfolgenvereinbarung enthält, wohingegen die Zusicherung im Bewusstsein der mit ihr verknüpften weiterreichenden Rechtsfolgen abgegeben sein muss[638], lassen sich brauchbare Ergebnisse erzielen. Erforderlich für eine Zusicherung ist dementsprechend ein im Vergleich zur bloßen Beschaffenheitsangabe **gesteigerter Grad des Bewusstseins für eine Einstandspflicht** oder der besonderen Bedeutung der Zusage für den Vertragspartner. Diese Voraussetzung ist etwa dann erfüllt, wenn der Softwarevermieter erkennt, dass der Mieter seine betrieblichen Dispositionen auf die mit den ihm vorgelegten technischen Programmbeschreibungen abgegebenen Leistungsversprechen abstellt[639].

(1) Werbung und Zusicherung von Eigenschaften

1462   Besondere Schwierigkeiten bereitet die Einordnung von **Werbeaussagen,** sei es auf Webseiten, in Prospekten, Gebrauchsanweisungen, Produktankündigungen oder ähnlichem oder auch im Rahmen mündlicher Verkaufsgespräche. Eine dem § 434 Abs. 1 S. 3 BGB vergleichbare Regelung fehlt im Mietvertragsrecht. Sofern daher bei den Werbeaussagen nur die in der Werbung meist verwendeten allgemeinen Anpreisungen sowie schlagwortartigen Umschreibungen benutzt werden, wird es sich in der Regel um eine bloß unverbindliche Anpreisung handeln, selbst wenn diese durchaus ernsthaft ist[640]. Zusicherungen können nur in seltenen Ausnahmefällen allein aus Werbeaussagen entnommen werden.

(2) Die Verwendung von güte- und sonstigen qualitätsbezogenen Kennzeichen

1463   Die Verwendung von Prüf- und Gütezeichen sowie der Hinweis auf **Zertifizierungen** wird von der **Rechtsprechung** ganz allgemein **grundsätzlich nicht** für **ausreichend** gehalten, um das Vorliegen einer Zusicherung zu bejahen[641]. Berücksichtigt man jedoch, dass die in einem Hinweis auf das entsprechende Gütezeichen liegende Berufung auf die Einhaltung bestimmter Prüfbedingungen durch einen Hersteller vom Geschäftsverkehr zu Recht dahingehend verstanden werden darf und auch verstanden wird, dass der Hersteller für die Einhaltung der Gütebedingungen Gewähr leisten möchte, so wird deutlich, dass im Regelfall eine Zusicherung entsprechender Eigenschaften anzunehmen sein wird. Die hiermit verbundene Einstandspflicht des Lieferanten wird dabei durch die Erwägung gerechtfertigt, dass er durch die Verwendung des Gütezeichens sein Produkt als von besonders hohem Qualitätsniveau anpreist und den werbewirksamen Vorteil einer solchen Anpreisung nicht ohne den Nachteil soll in Anspruch nehmen dürfen, für die Einhaltung dieser Anpreisung einstehen zu müssen.

---

[637] Vgl. *BGH*, 16.2.2000, XII ZR 279/97, NJW 2000, 1714, 1716.
[638] Vgl. *BGH*, 16.2.2000, XII ZR 279/97, NJW 2000, 1714, 1716.
[639] Vgl. *OLG Frankfurt*, 26.1.1996, 24 U 110/94, NJW-RR 1997, 555, 556.
[640] Vgl. *BGH*, 16.2.2000, XII ZR 279/97, NJW 2000, 1714, 1716.
[641] Vgl. *OLG Naumburg*, 17.4.2003, 7 U 75/02, BeckRS 2003, 30316224; *Gaul* MDR 2000, 549, 553.

5. Rechtsmängel

Der Verkäufer ist gem. § 433 Abs. 1 S. 2 BGB verpflichtet, dem Käufer die Sache frei von Sach- und **Rechtsmängeln** zu verschaffen, der Werkunternehmer ist gem. § 633 Abs. 1 BGB verpflichtet, dem Besteller das Werk frei von Sach- und Rechtsmängeln zu verschaffen, und die Vorschriften über die mietrechtliche Sachmängelhaftung gem. § 536 Abs. 1 und 2 BGB gelten gem. § 536 Abs. 3 BGB entsprechend, wenn dem Mieter der vertragsgemäße Gebrauch der Mietsache durch das Recht eines Dritten ganz oder zum Teil entzogen wird. Die Kaufsache ist gem. § 435 S. 1 BGB frei von Rechtsmängeln, wenn Dritte in Bezug auf die Sache keine oder nur die im Kaufvertrag übernommenen Rechte gegen den Käufer geltend machen können. Eine nahezu wortgleiche Regelung enthält § 633 Abs. 3 BGB für Werkverträge. Aus der Formulierung „geltend machen können" folgt, dass das Recht des Dritten bestehen muss, die bloße Geltendmachung eines bloß behaupteten Rechts aber nicht ausreicht[642]. Nicht erforderlich ist demgegenüber, dass das bestehende Recht tatsächlich geltend gemacht wird[643]. 1464

Zu den sowohl nach Kauf-, als auch nach Werk- als auch nach Mietvertragsrecht zu berücksichtigenden **Rechten Dritter** zählen insbesondere gegebenenfalls bestehende Urheberrechte[644], Patente[645] sowie Marken- und Titelschutzrechte[646]. Ausreichend ist, dass ein Teil der Software das Immaterialgüterrecht eines Dritten verletzt, etwa weil ein von diesem geschaffenes Programmmodul ohne Zustimmung integriert wurde, denn auch hier können Rechte gegenüber dem Anwender geltend gemacht werden. Ein Rechtsmangel liegt daher etwa auch dann vor, wenn der Verkäufer zum Verkauf des Programms nicht berechtigt ist oder aus sonstigen Gründen dem Anwender nicht das erforderliche Nutzungsrecht einräumen kann[647], insbesondere wenn es sich um den Fall des **Verkaufs einer Raubkopie** handelt[648]. Die fehlende Verschaffung des Eigentums bei einem Kaufvertrag stellt grundsätzlich einen Fall der Nichterfüllung dar und keinen Rechtsmangel nach § 435 BGB[649]. 1465

6. Unerhebliche Mängel

Während bei der mietvertraglichen Sachmängelhaftung eine **unerhebliche Minderung der Tauglichkeit** zum vertragsgemäßen Gebrauch gem. § 536 Abs. 1 S. 3 BGB dazu führt, dass keine Mietminderung eintritt, ist eine solche Einschränkung bei den §§ 434, 633 BGB im Kauf- und Werkvertragsrecht **nicht vorgesehen**. Unerhebliche Abweichungen berechtigen daher den Käufer bzw. Werkbesteller grundsätzlich in gleicher Weise wie erhebliche Mängel[650]. Dennoch ist die Unterscheidung nicht obsolet, denn der Rücktritt vom Kaufvertrag ist über §§ 437 Nr. 2, 323 Abs. 5 S. 2 BGB bei **unerheblichen Pflichtverletzungen** ausgeschlossen, was hier mit **unerhebli-** 1466

---

[642] Vgl. *OLG Hamm*, 28.11.2013, 12 U 115/12, CR 2013, 214, 217; *Palandt/Weidenkaff* § 435 Rdn. 18.
[643] Vgl. *Laub/Laub* GRUR 2003, 654.
[644] Vgl. *Goldmann/Redecke* MMR 2002, 3, 4; *Palandt/Weidenkaff* § 435 Rdn. 9. Zustimmend auch *Bartsch* CR 2005, 1, 2 mit dem zutreffenden Hinweis, dass es sich eigentlich bei Urheberrechten nicht um Rechte „in Bezug auf die Sache" gem. § 435 S. 1 BGB handelt, sondern um Rechte in Bezug auf das in der Sache verkörperte Werk.
[645] Vgl. *BGH*, 24.10.2000, X ZR 15/98, NJW-RR 2001, 268, 269; *Laub/Laub* GRUR 2003, 654.
[646] Vgl. *Palandt/Weidenkaff* § 435 Rdn. 9.
[647] Vgl. *BGH*, 7.3.1990, VIII ZR 56/89, NJW 1990, 3011, 3014.
[648] Vgl. *OLG Nürnberg*, 26.3.1992, 2 U 2566/91, CR 1992, 723.
[649] Vgl. *BGH*, 19.10.2007, V ZR 211/06, NJW 2007, 3777, 3779 Tz. 27.
[650] Vgl. *Palandt/Weidenkaff*, § 434 Rdn. 56.

chen **Mängeln** gleichzusetzen ist[651]. Gleiches gilt über §§ 634 Nr. 3, 323 Abs. 5 S. 2 BGB für Werkverträge. Darüber hinaus ist der Schadensersatzanspruch statt der ganzen Leistung bei Kaufverträgen gem. §§ 437 Nr. 3, 281 Abs. 1 S. 3 BGB und bei Werkverträgen gem. §§ 634 Nr. 4, 281 Abs. 1 S. 3 BGB ausgeschlossen, wenn die Pflichtverletzung unerheblich ist, also ein unerheblicher Mangel vorliegt.

1467 Für die Beurteilung der **Erheblichkeit** des Mangels ist eine umfassende Interessenabwägung[652] nach Lage des Einzelfalls unter Berücksichtigung auch der Verkehrsauffassung anzustellen. Bei **mehreren Fehlern** ist nicht deren Anzahl, sondern die Auswirkung auf den Gesamtwert bzw. die verbleibende Gesamttauglichkeit entscheidend[653]. Wenngleich es in erster Linie auf die sachliche Bedeutung des Fehlers ankommt, kann auch die Geringfügigkeit der Wertminderung als solche in Betracht gezogen werden, wenn der Fehler mit ganz unerheblichem Aufwand und in kurzer Zeit behoben werden kann[654]. Der *BGH* geht von einer Unerheblichkeit aus, wenn für die Mangelbeseitigung Aufwendungen von einem Prozent des Kaufpreises notwendig sind[655]. Bei einem behebbaren Mangel sieht der *BGH* die Grenze zur Erheblichkeit jedenfalls in der Regel dann für überschritten an, wenn der Mangelbeseitigungsaufwand einen Betrag von 5 % des Kaufpreises übersteigt[656]. Von einer Unerheblichkeit des Mangels kann etwa auch dann auszugehen sein, wenn eine Fehlfunktion beim Datenausdruck durch die Verwendung eines fehlerbereinigten Druckertreibers beseitigt werden kann[657]. Beachtet werden muss lediglich, dass ein solcher Treiberwechsel nicht bei jedem Programm problemlos möglich ist. Grundsätzlich ist jedoch die Schwere eines Mangels auch nach den Auswirkungen für den Kunden und nicht allein nach dem **Behebungsaufwand** für einen Fachmann oder den Lieferanten zu beurteilen[658].

1468 Unzutreffend ist eine Virenverseuchung des gelieferten Computersystems mit dem Argument als unerheblichen Mangel zu qualifizieren, der betreffende Computervirus könne durch einen Fachmann unter Verwendung eines guten Viren-Scanners mit absoluter Sicherheit und mit einem Arbeitsaufwand von maximal einer Stunde entfernt werden[659]. Die Schadensbehebungsmöglichkeit durch einen Fachmann ist ebenso unerheblich wie die Tatsache, dass dieser nur einen Aufwand von etwa 50,- bis 200,- Euro berechne. Eine **Fehlerkompensation** durch einen vertraglich nicht vereinbarten Vorzug oder eine in anderen Leistungsteilen übererwartungsmäßige Gebrauchstauglichkeit erfolgt nicht.

---

[651] Vgl. *BGH*, 26.10.2016, VIII ZR 240/15, NJW 2017, 153, 155 Tz. 27; *BGH*, 28.5.2014, VIII ZR 94/13, NJW 2014, 3229 Tz. 16; *BGH*, 6.2.2013, VIII ZR 374/11, NJW 2013, 1365, 1366 Tz. 16; *BGH*, 8.5.2007, VIII ZR 19/05, NJW 2007, 2111, 2112 Tz. 3.

[652] Vgl. *BGH*, 26.10.2016, VIII ZR 240/15, NJW 2017, 153, 155 Tz. 27; *BGH*, 28.5.2014, VIII ZR 94/13, NJW 2014, 3229 Tz. 16; *BGH*, 6.2.2013, VIII ZR 374/11, NJW 2013, 1365, 1366 Tz. 16; *Palandt/Weidenkaff* § 434 Rdn. 56.

[653] Vgl. *LG Heidelberg*, 19.8.1987, O 139/85 KfH II, CR 1989, 197.

[654] Vgl. *BGH*, 30.6.2004, XII ZR 251/02, NJW-RR 2004, 1450, 1451.

[655] Vgl. *BGH*, 29.6.2011, VIII ZR 202/10, NJW 2011, 2872, 2874 Tz. 19,

[656] Vgl. *BGH*, 26.10.2016, VIII ZR 240/15, NJW 2017, 153, 155 Tz. 28; *BGH*, 28.5.2014, VIII ZR 94/13, NJW 2014, 3229, 3230 f. Tz. 18 ff.

[657] Vgl. *LG Nürnberg/Fürth* CR 1992, 336, 339.

[658] Vgl. *OLG Köln*, 6.3.1998, 19 U 228/97, CR 1998, 459, 461; *Peters* NJW 2014, 3234.

[659] A. A. *LG Regensburg*, 17.6.1997, 2 S 168/96, NJW-RR 1998, 1353, 1354.

7. Fragen der Beweislast

Die Beweislast für Softwaremängel richtet sich nach den **allgemein** für Mängelhaftungsansprüche **geltenden Regeln**[660]. Jede Partei, die den Eintritt einer Rechtsfolge geltend macht, muss also die Voraussetzungen des ihr günstigen Rechtssatzes vortragen und beweisen. Auch im Rahmen eines Softwareprozesses ist ein Sachvortrag schlüssig und damit erheblich, wenn der Darlegungspflichtige Tatsachen vorträgt, die in Verbindung mit einem Rechtssatz geeignet sind, das geltend gemachte Recht als in seiner Person entstanden erscheinen zu lassen[661]. Dabei richtet sich der Umfang der erforderlichen Darlegung zum einen nach der Einlassung des Gegners und zum anderen nach dem, was der Partei an näheren Angaben zumutbar und möglich ist[662]. Zu berücksichtigen sind dementsprechend insbesondere die häufig geringen technischen Kenntnisse des Anwenders sowie ein Auftreten des Lieferanten auf dem Markt als besonders fachkundig[663].

Nach Ablieferung der Software an den Käufer, Überlassung an den Mieter bzw. Abnahme durch den Besteller muss dieser daher die Mangelhaftigkeit der Software zum betreffenden Zeitpunkt beweisen[664]. Dem liegt die Erwägung zugrunde, dass in Anwendung von § 363 BGB die Beweislast den Anwender trifft, sobald er eine Lieferung des Verkäufers als Erfüllung angenommen hat[665]. **Zuvor** trifft den Softwarelieferanten die Beweislast, wenn der Anwender die Software als mangelhaft zurückweist[666]. Für die besondere **subjektive Beschaffenheitsanforderung** nach § 434 Abs. 1 S. 1 und S. 2 Nr. 1 BGB trägt der Käufer hinsichtlich des Vorliegens und des Inhalts einer entsprechenden Vereinbarung die Beweislast[667]. Dies gilt für die werkvertragliche Parallelvorschrift des § 633 Abs. 2 S. 1 und S. 2 Nr. 1 BGB ebenso für den Besteller. Demgegenüber ist der Verkäufer für die Fehlerfreiheit einer Installation trotz fehlerhafter Montage-(= Installations-)anleitung gem. § 434 Abs. 2 S. 2 letzter Halbs. BGB beweispflichtig[668]. Beim **Verbrauchsgüterkauf** ist darüber hinaus die in § 477 BGB (§ 476 BGB a. F.) niedergelegte Beweislastumkehr innerhalb von sechs Monaten seit Gefahrübergang zu beachten. Infolge der Verschleißfreiheit von Computersoftware ist dies aber von untergeordneter Bedeutung, denn Software ist grundsätzlich ohnehin von Beginn an oder gar nicht mängelbehaftet.

Vor der Abnahme des Programms ist es auch Sache des Werkunternehmers, den Nachweis zu führen, dass sich der Besteller treuwidrig verhält, wenn er sich auf einen Mangel oder eine Unvollständigkeit der erbrachten gegenüber der geschuldeten Werkleistung mit der Begründung beruft, der Mangel oder die Unvollständigkeit des Werks seien unerheblich[669]. Die somit entscheidende Annahme der Leistung als Er-

---

[660] Vgl. *BGH*, 15.11.2006, XII ZR 120/04, NJW 2007, 2394, 2395 Tz. 22 f. für die Softwaremiete.
[661] Vgl. *BGH*, 11.4.2000, X ZR 19/98, CR 2000, 424, 425 m. w. N.
[662] Vgl. *BGH*, 11.4.2000, X ZR 19/98, CR 2000, 424, 425 m. w. N.
[663] Vgl. *BGH*, 11.4.2000, X ZR 19/98, CR 2000, 424, 426.
[664] Vgl. *BGH*, 9.3.2011, VIII ZR 266/09, NJW 2011, 1664 Tz. 11; *BGH*, 15.11.2006, XII ZR 120/04, NJW 2007, 2394, 2395 Tz. 24; *BGH*, 2.6.2004, VIII ZR 329/03, NJW 2004, 2299, 2300; *OLG München*, 14.9.2006, 19 U 5248/03, CR 2008, 149, 150.
[665] Vgl. *BGH*, 15.11.2006, XII ZR 120/04, NJW 2007, 2394, 2395 Tz. 24; generell *Palandt/Weidenkaff* § 434 Rdn. 59.
[666] Vgl. *BGH*, 15.11.2006, XII ZR 120/04, NJW 2007, 2394, 2395 Tz. 24 für die Softwaremiete; *BGH*, 24.11.1998, X ZR 21/96, NJW-RR 1999, 347, 349; für den Hardwarekauf *KG Berlin*, 21.5.1987, U 1744/84, CR 1989, 397, 399; grundsätzlich *Palandt/Weidenkaff* § 434 Rdn. 59.
[667] Vgl. MünchKomm/*Westermann*, 6. Aufl., § 434 Rdn. 54.
[668] Vgl. MünchKomm/*Westermann*, 6. Aufl., § 434 Rdn. 54.
[669] Vgl. *BGH*, 24.11.1998, X ZR 21/96, NJW-RR 1999, 347, 349.

füllung muss ebenfalls der Lieferant beweisen[670], weshalb an dieser Stelle insbesondere hinsichtlich der im Rahmen der Überlassung von Individualsoftware häufig zu Streit führenden Bestimmung des Abnahmetermins auf die an anderer Stelle bereits dargestellte Problematik verwiesen werden kann[671]. Der Werkunternehmer muss auch die **Rechtzeitigkeit der Herstellung** beweisen[672]. Gewährt der Verkäufer eines IT-Systems aber eine sog. unselbstständige Garantie, führt die Regelung der Garantien in § 443 BGB dazu, dass der Verkäufer die gesetzliche Vermutung widerlegen muss, der nach Übergabe aufgetretene Mangel beruhe auf dem Zustand der Sache zum Zeitpunkt der Übergabe[673]. Liegt ein Mangel vor, trifft den Softwarelieferanten die Beweislast für dessen Unerheblichkeit.

1472 Streiten sich die Parteien bei Standardsoftware darüber, ob ein Programmfehler vorliegt oder der Anwender schlichtweg **Bedienungsfehler** begeht, ist ein Indiz für einen Programmfehler darin zu sehen, dass identische Fehler auch bei anderen Anwendern auftreten. In diesen Fällen wird in der überwiegenden Zahl der Fälle zumindest ein Fehler wegen des Fehlens der sog. Robustheit eines Computerprogramms[674] gegenüber Fehlbedienungen vorliegen. Kann nicht zweifelsfrei geklärt werden, weshalb ein Programm häufig abstürzt, kann von einem Programmfehler ausgegangen werden, wenn die Hardware mehrfach ausgewechselt wurde, ohne dass das Abstürzen des Programms aufhörte[675]. Bei **sporadisch und unregelmäßig auftretenden Systemabstürzen** muss der Anwender nicht beweisen, weshalb die Systemabstürze auftreten. Der Mangel, dessen Schwere auch gerade in seiner Nichtreproduzierbarkeit und damit seiner Unberechenbarkeit liegt, ist vielmehr bereits dann bewiesen, wenn der gerichtlich bestellte Sachverständige entsprechende Systemabstürze feststellt und andere Fehlerquellen ausschließt[676].

VI. Typische Softwaremängel

Inhaltsübersicht

	Rdn.		Rdn.
1. Funktionsmängel	1474	b) Einzelbeispiele aus der Rechtsprechung	1500
a) Umschreibung des Mangeltyps	1474	5. Kapazitätsmängel	1505
b) Einzelbeispiele aus der Rechtsprechung	1475	a) Umschreibung des Mangeltyps	1505
2. Funktionsdefizite	1487	b) Einzelbeispiele aus der Rechtsprechung	1506
a) Umschreibung des Mangeltyps	1487	6. Geringe Arbeitsgeschwindigkeit	1508
b) Einzelbeispiele aus der Rechtsprechung	1488	a) Umschreibung des Mangeltyps	1508
3. Fehlende Zukunftsfähigkeit	1495	b) Einzelbeispiele aus der Rechtsprechung	1510
a) Umschreibung des Mangeltyps	1495	7. Virenverseuchte Software	1512
b) Einzelbeispiel aus der Rechtsprechung	1498	a) Beschreibung der Computerviren und ähnlicher Sabotageprogramme	1513
4. Inkompatibilität	1499		
a) Umschreibung des Mangeltyps	1499		

---

[670] Vgl. *OLG Nürnberg*, 14.7.1994, 8 U 2851/93, CR 1995, 343.
[671] Vgl. zum Begriff der Abnahme oben Rdn. 1420, ferner zu Übernahmebestätigungen oben Rdn. 771 ff. sowie unten Rdn. 1918 f.
[672] Vgl. *BGH*, 24.11.1998, X ZR 21/96, NJW-RR 1999, 347, 349.
[673] Vgl. *Palandt/Weidenkaff* § 443 Rdn. 16.
[674] Vgl. hierzu unten Rdn. 1546 ff.
[675] Vgl. *OLG Köln*, 22.6.1988, 13 U 113/87, NJW 1988, 2477, 2478.
[676] Vgl. *LG Bonn*, 15.1.2008, 10 O 383/06, CR 2008, 767, 768.

	Rdn.		Rdn.
b) Sabotageprogramme und Sachmängelhaftung	1517	a) Umschreibung des Mangeltyps	1533
c) Einzelbeispiel aus der Rechtsprechung	1519	b) Einzelbeispiele aus der Rechtsprechung	1540
8. Vorkehrungen zur Verhinderung unberechtigter Programmnutzung	1520	12. Fehlende Robustheit gegenüber Bedienungsfehlern	1546
a) Umschreibung des Mangeltyps	1520	a) Umschreibung des Mangeltyps	1546
b) Einzelbeispiele aus der Rechtsprechung	1525	b) Einzelbeispiele aus der Rechtsprechung	1547
9. Sicherheitslücken	1528	13. Fehlende Pflege- und Migrationsfreundlichkeit	1548
10. Fehlende Bedienerfreundlichkeit	1529	14. Fehler beim Entwurf der Software	1549
a) Umschreibung des Mangeltyps	1529	a) Umschreibung des Mangeltyps	1549
b) Einzelbeispiele aus der Rechtsprechung	1531	b) Einzelbeispiel aus der Rechtsprechung	1550
11. Unzureichende Dokumentation	1533	15. Sonstige Mängel	1551

Softwaremängel lassen sich nach zahlreichen unterschiedlichen Perspektiven klassifizieren[677], ohne dass einem der zahlreichen Systematisierungsversuche das Prädikat „zwingend" oder auch nur „geboten" verliehen werden könnte. Die nachfolgende, gegliederte Darstellung typischer Softwaremängel verfolgt daher auch nicht das hochgesteckte Ziel, eine umfassende Systematik vorzugeben und die einzelnen Mängel nur noch in die verschiedenen, nach Möglichkeit sogar zugleich eine rechtliche Qualifizierung beschreibenden Typklassen einzuordnen. Vielmehr soll die nachfolgende Auflistung dem viel bescheideneren Anspruch genügen, dem Leser einen schnellen Überblick zu verschaffen und einen leicht zu erlangenden und dennoch möglichst umfassenden Einblick in die bereits vorliegenden Entscheidungen der Rechtsprechung zu Softwaremängeln oder verwandten und deshalb vergleichbaren Mängeln zu geben, insbesondere der Computerhardware. Gewisse Überschneidungen der verschiedenen Mangeltypen sowie eine möglicherweise kritisierbare Einordnung einzelner Entscheidungen wurden dabei bewusst in Kauf genommen. Ältere Urteile, die technisch überholt erscheinen, werden mit einem Kernsatz erwähnt, soweit die Grundaussage noch von Interesse sein könnte.

1473

1. Funktionsmängel

a) Umschreibung des Mangeltyps

In die Gruppe der Funktionsmängel werden nachfolgend solche Leistungsdefizite eines Computerprogramms eingestuft, die in der **Diskrepanz zwischen dem erwarteten und dem tatsächlichen Ergebnis** einer Programmabarbeitung liegen[678]. Kennzeichnend für diese Gruppe ist daher, dass das Computerprogramm ein bestimmtes Ergebnis erzielen soll und auch entsprechende Programmroutinen enthält, diese jedoch nicht den gewünschten Erfolg bringen. Beispielhaft sei hier ein Programm zur Ermittlung der monatlichen Steuerschuld genannt, das diese jedoch infolge einer fehlerhaften programmtechnischen Aufbereitung der Steuerformel falsch berechnet. Insoweit lässt sich auch der Begriff der Fehlfunktion verwenden. Nicht zur Gruppe der Funktionsmängel gezählt werden sollen jedoch solche Mängel, die im völligen Fehlen einer bestimmten Funktion begründet sind. Wenngleich die Abgrenzung zwi-

1474

---
[677] Vgl. etwa *Hoeren*, IT-Vertragsrecht S. 103 ff.; *Heussen* CR 2004, 1, 8.
[678] *Hoeren*, IT Vertragsrecht S. 104 spricht von technischem Versagen einzelner Programmfunktionen.

schen einer fehlerhaft ausgeführten und einer völlig fehlenden Programmfunktion im Einzelfall Schwierigkeiten bereiten kann, stellt sich beim völligen Fehlen einer Programmfunktion in verstärktem Maße die Frage nach der Notwendigkeit des Vorhandenseins dieser Funktion, sodass es geboten erscheint, zwischen diesen beiden Formen funktionaler Mängel zu unterscheiden. Eine **Antiviren-Software**, deren Zweck darin besteht, möglichst alle Schadprogramme zu erkennen und zu beseitigen, und die zum Zeitpunkt der Übergabe bereits bekannte Computerviren nicht erkennt, ist mangelhaft[679] und zur Gruppe der Funktionsmängel zu zählen. Es werden zwar bestimmte Viren nicht erkannt, die Erkennungsfunktion fehlt aber nicht völlig, sodass kein Funktionsdefizit vorliegt.

b) Einzelbeispiele aus der Rechtsprechung

1475   Ein Sachmangel liegt nach Auffassung des *OLG Koblenz*[680] dann vor, wenn das betreffende Computerprogramm während einer Datensicherung eine **Fehlermeldung** ausgibt mit dem Wortlaut „Während des Prüflesens der Systemsicherung wurde ein Fehler festgestellt. Die Systemsicherung ist unbrauchbar! Ein zusätzliches Prüflesen kann aus dem Prüfprogramm ausgeführt werden." Das *OLG* sieht einen Sachmangel unabhängig davon, ob die Datensicherung wirklich fehlerhaft sei, denn auch wenn die Datensicherung entgegen der Fehlermeldung ordnungsgemäß vorgenommen werde, müsse der Anwender „händisch" die Protokolle überprüfen, was zwar möglich, aber dem Anwender bei einem zeitlichen Aufwand von 10–15 Minuten nicht zumutbar sei.

1476   Ein Sachmangel liegt bei einem Drucker nach Auffassung des *LG Freiburg*[681] nicht vor, wenn der für den Betrieb erforderliche **Druckertreiber** zum Zeitpunkt der Auslieferung den Anforderungen des Betriebssystems genügt. Ändern sich später die Spezifikationen des Betriebssystems, genügt der Druckerhersteller seiner Pflicht zur mangelfreien Auslieferung, wenn er in geeigneten Zeitabständen **Updates** der Druckertreiber zur Verfügung stellt, die vom Kunden einzuspielen sind.

1477   Nach Auffassung des *LG Bonn*[682] gehört es zu den Standardaufgaben eines Programms zur **Abwicklung von Zulieferätigkeiten,** dass die Lieferabrufe den tatsächlichen Gegebenheiten entsprechend verarbeitet werden. Ein Mangel liege daher dann vor, wenn sich vorgegebene Kennzeichen für Lieferabrufe nicht ordnungsgemäß auf den Bestand an Lieferabrufen auswirken.

1478   Nach Auffassung des *LG Bonn*[683] kann ein Mangel auch darin zu sehen sein, dass das Programm **instabil** ist und **ständig abstürzt.**

1479   Ein Sachmangel liegt nach Ansicht des *OLG Köln*[684] dann vor, wenn bei einem **Grafikprogramm** Schraffierungen auch dann vorgenommen werden, wenn diese unsinnig sind, etwa bei einer nicht geschlossenen Fläche.

1480   Bei einem Computerprogramm, das die Abrechnung aller **zahnärztlichen Leistungen** eines Zahnarztes ermöglichen soll und das zu diesem Zwecke **Krankenschein-Aufkleber** ausdruckt, liegt nach Ansicht des *BGH*[685] ein Mangel des Programms vor, wenn diese Aufkleber nicht verwendet werden können, weil die Arbeitsgemeinschaft

---

[679] Vgl. *Koch* CR 2009, 485, 486.
[680] Vgl. *OLG Koblenz*, 19.9.2007, 1 U 1614/05, CR 2008, 148 f.
[681] Vgl. *LG Freiburg*, 14.6.2007, 3 S 324/06, CR 2008, 556.
[682] Vgl. *LG Bonn*, 31.10.2006, 11 O 170/05, CR 2007, 767.
[683] Vgl. *LG Bonn*, 15.1.2008, 10 O 383/06, CR 2008, 767.
[684] Vgl. *OLG Köln*, 22.6.1988, 13 U 113/87, NJW 1988, 2477, 2478.
[685] Vgl. *BGH*, 5.10.1981, VIII ZR 259/80, NJW 1982, 696 f.

Bei einem **Computersystem für Ärzte** stellt es nach Auffassung des *KG Berlin*[686] 1481 einen Mangel dar, wenn auf **Überweisungsformularen** das maschinelle Ankreuzen bzw. Ausfüllen wesentlicher Teile des unteren Formularabschnitts nicht möglich ist, **Arbeitsunfähigkeitsbescheinigungen** nur teilweise und **vertrauensärztliche Berichte** gar nicht ausgedruckt werden können.

Ein Mangel liegt nach Auffassung des *OLG Stuttgart*[687] bei einem Programm, mit 1482 dem **Kundenrechnungen in der Kfz-Branche** erstellt werden, dann vor, wenn der größte speicherbare Arbeitswert 99,90 beträgt, obwohl im Betrieb des Anwenders Arbeitswerte von über 1000 vorkommen.

Bei einem Programm zur **Kundenverwaltung** eines Gewerbebetriebs stellt es nach 1483 Ansicht des *LG Kempten*[688] einen Mangel dar, wenn **unzutreffende Mahnungen** ausgedruckt werden und beim Ausdruck von **Preisetiketten** kein gerundeter Barzahlungspreis angegeben wird.

Nach Auffassung des *OLG Frankfurt*[689] liegt kein Mangel eines auf der Grund- 1484 lage einer spezifizierten Programmieraufgabe hergestellten Programms vor, wenn dieses nur deshalb nicht ordnungsgemäß ablauffähig ist, weil der vom Besteller gestellten Hardware eine **geeignete Treibersoftware** fehlt und der Softwarelieferant keine Verantwortung für das Gelingen des Gesamtprojekts übernahm. Demgegenüber muss bei einem Verkauf einer EDV-Anlage nach Auffassung des *LG Tübingen*[690] auch die **passende Treibersoftware** mitgeliefert werden.

Bei einem **Finanzbuchhaltungsprogramm** liegt nach der Auffassung des *OLG* 1485 *Hamm*[691] ein Mangel dann vor, wenn die Kontenrahmen nicht den Vorschriften über das Bilanzrichtliniengesetz entsprechen, die Bilanztexte nicht die vollständigen Positionen enthalten und der Jahresüberschuss nicht als Unterpunkt des Eigenkapitals und die Erträge negativ ausgewiesen werden.

Bei einem **Warenwirtschafts-Kalkulationsprogramm** das innerhalb eines Pro- 1486 grammteils **fehlerhafte Resultate** berechnet, begründet die Fehlerhaftigkeit dieser einzelnen Programmfunktionen nach Auffassung des *OLG Köln*[692] einen Mangel des Gesamtprogramms.

2. Funktionsdefizite

a) Umschreibung des Mangeltyps

Ein Funktionsdefizit eines Computerprogramms liegt dann vor, wenn dieses eine 1487 zur gewöhnlichen oder nach dem Vertrag vorausgesetzten Verwendung **notwendige oder gar vereinbarte Funktion nicht beinhaltet**, etwa weil bestimmte Funktionen vom Hersteller eines Individualprogramms abredewidrig im Programm gar nicht realisiert wurden[693]. Durch das völlige Fehlen der Funktion unterscheidet sich diese Gruppe der Softwaremängel von der oben dargestellten Gruppe der Funktionsmängel, bei denen eine bestimmte Funktion zwar grundsätzlich vorhanden ist, aber feh-

---

[686] Vgl. *KG Berlin*, 24.1.1985, 22 U 5919/83, CR 1986, 643, 645.
[687] Vgl. *OLG Stuttgart*, 3.9.1986, 13 U 214/85, CR 1987, 230.
[688] Vgl. *LG Kempten*, 6.7.1987, 2 O 1004/86, CR 1988, 738, 740.
[689] Vgl. *OLG Frankfurt*, 15.6.1988, 13 U 151/87, CR 1990, 127, 130.
[690] Vgl. *LG Tübingen*, 22.9.1994, 1 S 121/94, CR 1995, 222 (Ls.).
[691] Vgl. *OLG Hamm*, 14.11.1994, 31 U 105/94, NJW-RR 1995, 941, 942.
[692] Vgl. *OLG Köln*, 2.4.1993, 19 U 202/92, NJW-RR 1993, 1140, 1141.
[693] Vgl. *BGH*, 3.4.2007, X ZR 104/04, NJW 2007, 2761 Tz. 3.

lerhaft ausgeführt wird. Welche Funktionen ein Computerprogramm umfassen muss, ist in erster Linie der Leistungsbeschreibung, dem Pflichtenheft sowie natürlich dem Softwareüberlassungsvertrag zu entnehmen.

b) Einzelbeispiele aus der Rechtsprechung

1488 Nach Auffassung des *BGH*[694] liegt ein Mangel eines Individualprogramms für die Finanzbuchhaltung und Auftragsbearbeitung einer Buchdruckerei vor, wenn abredewidrig die geschuldeten Funktionen „Drucken von Proformarechnungen" und „Drucken von Rechnungen" nicht vorhanden sind.

1489 Die Nichteinarbeitung von **Besonderheiten in der Lohnbuchhaltung** des Anwenders stellt nach Ansicht des *OLG Schleswig*[695] einen Mangel gegenüber der vertraglich vereinbarten Leistung dar, wenn die Anpassung des Programms an die Bedürfnisse des Anwenders ohne Begrenzung zugesagt wurde. Dies soll selbst für solche Änderungserfordernisse gelten, die die Vertragsparteien bei Vertragsschluss nicht gesehen haben.

1490 Will der Erwerber einer Computeranlage mit mehreren Bildschirmarbeitsplätzen bestimmte Gegebenheiten und Eigenschaften der Programme sichergestellt wissen, muss er diese nach Auffassung des *OLG Köln*[696] in einem **Anforderungsprofil** genau festlegen. Unterlässt er die Konkretisierung seiner Wünsche, soll keine Sachmängelhaftung bestehen.

1491 Vereinbaren die Parteien, dass der Softwarelieferant dem Anwender eine **Dateibeschreibung** mitliefern soll, die dieser für eine Anpassung anderer Programme an das gelieferte Programm benötigt, kann sich der Lieferant nach Ansicht des *OLG Hamm*[697] dieser Verpflichtung weder mit dem Einwand entziehen, die Komplexität des Programms verhindere eine Lieferung der Dateibeschreibung, noch mit dem Einwand, die Lieferung sei wegen der Gefahr der Kopierbarkeit des Programms branchenunüblich.

1492 Trotz des Auftrags, beim Anwender bereits vorhandene Programme in ein Netzwerk zu integrieren, stellt die **fehlende Netzwerkintegration** nach Auffassung des *OLG Düsseldorf*[698] keinen Mangel dar, wenn diese darauf beruht, dass der Auftragnehmer aus lizenzrechtlichen Gründen gar keine Programmänderungen vornehmen darf.

1493 Werden nach dem Start eines Textverarbeitungsprogramms alle Dateien im aktuellen Verzeichnis zur Auswahl angeboten und lässt sich diese **Funktion** auch **nicht ändern oder abstellen,** liegt hierin nach Ansicht des *OLG Köln*[699] kein Mangel.

1494 Nach Auffassung des *OLG Köln*[700] muss bei einem System, dessen Aufgabe es ist, Grafiken in Farbdias umzuwandeln, die Möglichkeit vorhanden sein, zumindest solche Grafiken zu verarbeiten, die unter den **aktuellen und gängigen Betriebssystemen** erstellt wurden.

3. Fehlende Zukunftsfähigkeit

Schrifttum: *Orthwein/Bernhard*, Mangelhaftigkeit von Software aufgrund Gesetzesänderung?, CR 2009, 354 ff.

---

[694] Vgl. *BGH*, 3.4.2007, X ZR 104/04, NJW 2007, 2761 Tz. 3.
[695] Vgl. *OLG Schleswig*, 6.11.1981 11 U 117/80, DV-Rechtsprechung Bd. 2 S. 245, 247.
[696] Vgl. *OLG Köln*, 26.8.1994, 19 U 278/93, NJW-RR 1995, 1460.
[697] Vgl. *OLG Hamm*, 5.10.1984, 25 U 177/83, CR 1986, 268.
[698] Vgl. *OLG Düsseldorf*, 19.5.1995, 22 U 118/94, CR 1995, 600, 601.
[699] Vgl. *OLG Köln*, 26.8.1994, 19 U 278/93, NJW-RR 1995, 1460, 1461.
[700] Vgl. *OLG Köln*, 14.7.1995, 19 U 293/94, NJW 1996, 1683.

a) Umschreibung des Mangeltyps

Obwohl es sich bei Computersoftware vielfach um verhältnismäßig schnelllebige Produkte handelt, die innerhalb kurzer Zeit durch Folgeversionen oder gar völlig neue Programme ausgetauscht werden, ist nicht zu verkennen, dass jedem Anwender daran gelegen ist, das Programm zumindest für einen gewissen Mindestzeitraum einzusetzen. Dieser **Lebenszyklus** eines Computerprogramms ist von außerordentlich vielen Faktoren abhängig, wie etwa dem Einsatzbereich, dem Preis, dem Lernaufwand für die Bedienung oder auch der Weiterentwicklung von Betriebssystemen und Hardware. Eine allgemeine Aussage über den typischen Lebenszyklus von Computerprogrammen ist daher nicht möglich[701]. Auch soweit im Softwareüberlassungsvertrag keine Vereinbarung über den Nutzungszeitraum getroffen wird, kann das Programm für die gewöhnliche Verwendung ungeeignet sein, wenn es bereits nach kurzer Zeit infolge äußerer Umstände nicht mehr sinnvoll eingesetzt werden kann und daher tatsächlich oder wirtschaftlich wertlos ist. Beispielhaft sei etwa ein Lohnbuchhaltungsprogramm genannt, das nicht an kurze Zeit nach der Programmüberlassung geänderte Steuersätze angepasst werden kann. Es liegt dann gegebenenfalls ein Sachmangel gem. §§ 434 Abs. 1 S. 2 Nr. 2, 633 Abs. 2 S. 2 Nr. 2, 536 Abs. 1 S. 1 BGB vor.

1495

Die dogmatische Begründung und detaillierte Abgrenzung des oben genannten Mangels bedarf indes weiterer Ausführungen. Grundsätzlich ist zu berücksichtigen, dass für die Beurteilung der Frage nach dem Vorliegen eines Sachmangels auf den **Zeitpunkt des Gefahrübergangs**[702] abzustellen ist, was für Kaufverträge unmittelbar aus § 434 Abs. 1 S. 1 BGB folgt und für Werkverträge ebenfalls gilt[703]. Für Mietverträge ist auf die Mietzeit abzustellen[704]. Aus diesem Grund muss ein Computerprogramm grundsätzlich nur den zu diesem Zeitpunkt zu stellenden Anforderungen genügen und sind nachträglich eintretende Änderungen nicht mangelrelevant. Dennoch kann eine Sache, die zum betreffenden Zeitpunkt den äußeren Umständen noch genügt, wegen eines **im Keim bereits vorhandenen Missstands** unter Umständen mangelhaft sein, weil bei objektiver Betrachtung die Verwendungsuntauglichkeit schon angelegt ist[705]. Dies wird man dann zu bejahen haben, wenn die Änderung der äußeren Umstände nicht nur zumindest in den einschlägigen Fachkreisen **allgemein bekannt** ist, sondern innerhalb eines Zeitraums zu erwarten steht, der **deutlich kleiner** ist als der zu **erwartende durchschnittliche Nutzungszeitraum des Programms**. Um das oben eingeführte Beispiel des Lohnbuchhaltungsprogramms erneut aufzugreifen ist von einem Mangel etwa dann auszugehen, wenn das Programm einen Monat vor der bereits verkündeten Steueränderung überlassen wird[706]. Hier ist die Verwendungsuntauglichkeit bereits im Zeitpunkt der Überlassung angelegt. Aus diesem Grund ist es unerheblich, ob sich der Mangel gegebenenfalls erst **nach Ablauf der Verjährungsfrist** der Mängelansprüche **auswirkt**[707].

1496

---

[701] Vgl. hierzu bei Pflegeverträgen bereits oben Rdn. 1047. Die Vereinbarung einer bestimmten Gewährleistungsfrist kann allenfalls einen Mindestnutzungszeitraum vorgeben.
[702] Vgl. *LG Freiburg*, 14.6.2007, 3 S 324/06, CR 2008, 556; *Orthwein/Bernhard* CR 2009, 354, 355.
[703] Vgl. *BGH*, 25.2.2016, VII ZR 210/13, NJW 2016, 2183 Tz. 15; *Palandt/Sprau* § 633 Rdn. 3.
[704] Vgl. *Orthwein/Bernhard* CR 2009, 354, 355.
[705] Vgl. *Orthwein/Bernhard* CR 2009, 354, 355.
[706] Ähnlich *Orthwein/Bernhard* CR 2009, 354, 355, die von „sicher feststehenden Neuerungen" sprechen.
[707] Vgl. *LG Leipzig*, 23.7.1999, 3 O 2479/99, CR 1999, 620, 621.

1497 Die fehlende Zukunftsfähigkeit stellt gegebenenfalls auch unter dem Gesichtspunkt **fehlender Flexibilität** des Programms einen Mangel dar. Zumindest bei Programmen der gehobenen Preisklasse, langer zu erwartender Nutzungsdauer und häufig wechselnden äußeren Umständen wie etwa neuen Steuersätzen zählt es zum Stand der Technik, dass ein Programm an vorhersehbare Änderungen angepasst werden kann. Soweit dies nicht möglich ist, eignet sich das Programm nicht für die gewöhnliche Verwendung und weist keine Beschaffenheit auf, die üblich ist und die der Anwender erwarten kann.

b) Einzelbeispiele aus der Rechtsprechung

1498 Das *LG Freiburg*[708] führte aus, ein Computer-Peripheriegerät (Drucker) sei nicht mit einem Sachmangel behaftet, wenn eine Fehlfunktion erst durch eine nach Auslieferung des Geräts eingetretene **Veränderung der Umfeldspezifikationen** hervorgerufen würde. Technologische Weiterentwicklungen etwa auf dem Gebiet des Betriebssystems des Computers seien nicht vorherzusehen. Der Hersteller komme daher seiner Pflicht zur mangelfreien Auslieferung nach, indem er in geeigneten Zeitabständen **Updates für die Betriebssoftware** zur Verfügung stelle.

4. Inkompatibilität

Typische Klauseln:
„Nexway haftet nicht für Schäden durch Inkompatibilität der Software mit bereits beim Kunden vorhandener Software oder Hardware."[709]

a) Umschreibung des Mangeltyps

1499 Der Begriff der Kompatibilität als Antonym zu dem der Inkompatibilität bezeichnet eine **Vereinbarkeit eines Produkts zu einem anderen** und bedarf daher grundsätzlich eines Bezugsobjekts, was häufig missachtet wird. Kompatibilität im Bereich der IT bedeutet dementsprechend die Eigenschaft von Datenverarbeitungssystemen oder deren Bestandteilen, untereinander ohne Anpassungs- oder Änderungsarbeiten kombinierbar zu sein. Diese Kombinationsmöglichkeit kann sich sowohl auf Hardware- als auch auf Softwareprodukte beziehen. Einen Mangel der Computersoftware stellt Inkompatibilität zu einem anderen Produkt grundsätzlich nur dann dar, wenn Kompatibilität zu einem konkreten anderen Produkt, sei es Hard- oder Software, vertraglich vorausgesetzt oder gar vereinbart wurde. Hier kommt der Leistungsbeschreibung der Software, die oft auch eine Kompatibilität bestimmter Hardwareprodukte umfasst, sowie der Beratung durch den Softwarelieferanten eine erhebliche Bedeutung zu[710]. Eine allumfassende Verträglichkeit zu anderen Produkten kann der Anwender infolge der kaum zu überschauenden Vielfalt unterschiedlichster Hard- und Software nicht erwarten.

b) Einzelbeispiele aus der Rechtsprechung

1500 Ein Mangel eines Programms kann nach Auffassung des *LG Bonn*[711] sein, wenn bei der geschuldeten Übertragung von Daten aus einer **Access-Datenbank** in eine **SQL-Datenbank** Datenverluste auftreten. Eine solche softwaregestützte Konvertie-

---

[708] Vgl. *LG Freiburg*, 14.6.2007, 3 S 324/06, CR 2008, 556.
[709] Vgl. die Nutzungsbedingungen Softwaredownload (Nexway) (2012).
[710] Zustimmend *Gaul* MDR 2000, 549, 551.
[711] Vgl. *LG Bonn*, 15.1.2008, 10 O 383/06, CR 2008, 767, 769.

rung sei grundsätzlich möglich. Ein Mangel des Programms sei aber nicht bewiesen, wenn die Daten bei einem Ortstermin des gerichtlich bestellten Sachverständigen fehlerfrei in eine neue Datenbank überführt worden seien.

Erklärt der Lieferant, die Software sei kompatibel zu einer von einem Dritten noch zu liefernden Individualsoftware (**Kompatibilität zu Fremdsoftware**), handelt es sich nach Ansicht des *OLG Saarbrücken*[712] um die Eignung zu einem bestimmten, über den Bereich des vertragsgemäßen Gebrauchs hinausgehenden Verwendungszweck. 1501

Nach Auffassung des *LG Karlsruhe*[713] ist eine **Erweiterungskarte für einen Laserdrucker** mangelhaft, wenn sie mit dem Drucker, in dem sie eingesetzt werden soll, nicht kompatibel ist, und der Verkäufer weiß, um welches Druckermodell es sich handelt. 1502

Nach Auffassung des *AG Stuttgart*[714] erwartet der Erwerber eines Betriebssystems, dass dieses **aufwärtskompatibel gegenüber Vorgängerversionen** ist, ohne dass es hierfür einer besonderen Bezeichnung dieser Eigenschaft bedürfe. 1503

Soll ein zu lieferndes Computersystem eine bestimmte Druckersprache beherrschen, unterfällt es nach Auffassung des *LG Heilbronn*[715] dem Risikobereich des Käufers, wenn sein bereits vorhandener Drucker die **vereinbarte Druckersprache** gar nicht uneingeschränkt beherrscht und die Geräte deshalb nicht zusammenarbeiten. 1504

5. Kapazitätsmängel

a) Umschreibung des Mangeltyps

Ein Kapazitätsmangel liegt dann vor, wenn der vom Computerprogramm für ein ordnungsgemäßes Funktionieren **benötigte Speicher größer ist als der vorgesehene** oder wenn der neben dem Programm **verbleibende Restspeicher zu klein** ist, um ihn sinnvoll zu nutzen, obwohl dies nach der Konzeption des Programms notwendig wäre. Unbeachtlich ist dabei, ob es sich um Kapazitätsprobleme des Massenspeichers oder des Hauptspeichers handelt. Dennoch ist nicht zu verkennen, dass über alle Rechnerklassen hinweg die Bedeutung der Kapazitätsprobleme in den vergangenen Jahren eher geringer als größer geworden ist. Vielfach stellen Kapazitätsprobleme lediglich noch ein wirtschaftliches Problem dar, das sich technisch leicht lösen ließe. Dennoch ist die Frage nach dem benötigten Speicherplatz auch heute noch nicht völlig belanglos, etwa im Bereich der Apps für Smartphones, deren Speicherplatz manchmal knapp bemessen ist. 1505

b) Einzelbeispiele aus der Rechtsprechung

Nach Ansicht des *OLG Karlsruhe*[716] stellt es keinen Mangel eines Computersystems dar, wenn ein schon bei Lieferung der Hardware zugesagtes, aber noch nicht erstelltes Programm nach seiner Entwicklung **nicht ohne Speichererweiterung** ablauffähig ist. 1506

Das *OLG Hamm*[717] vertritt die Auffassung, dass der Besteller eines für den Weitervertrieb umprogrammierten Standardprogramms die Abnahme des Werks ableh- 1507

---

[712] Vgl. *OLG Saarbrücken*, 30.5.1990, 1 U 21/90, CR 1990, 713.
[713] Vgl. *LG Karlsruhe*, 1.10.1991, 8 O 517/89, CR 1993, 287 (Ls.).
[714] Vgl. *AG Mainz*, 29.11.1996, 3 TaBV 23/96, CR 1997, 482 (Ls.).
[715] Vgl. *LG Heilbronn*, 30.4.1999, 1b O 2791/97, CR 2000, 140 (Ls.).
[716] Vgl. *OLG Karlsruhe*, 10.4.1987, 10 U 248/86, CR 1988, 921.
[717] Vgl. *OLG Hamm*, 9.7.1997, 13 U 203/96, CR 1999, 13 (Ls.).

nen darf, wenn der Speicherbedarf der Software die Speicherkapazität des **größten Teils der später zu beliefernden Rechner** übersteigt.

6. Geringe Arbeitsgeschwindigkeit

Schrifttum: *Stiemerling/Schneider*, Vertragliche Regelungen zum Antwortzeitverhalten interaktiver Computersysteme. Stand der Technik und typische Vertragsklauseln, CR 2011, 345 ff.

a) Umschreibung des Mangeltyps

1508 Wenngleich die Arbeitsgeschwindigkeit meist im Zusammenhang mit der Leistungsfähigkeit von Hardwareprodukten erörtert wird und infolge der rapide steigenden Hardwareleistung tendenziell an Gewicht verliert, kommt ihr auch bei der Beurteilung von Computerprogrammen eine nicht unerhebliche Bedeutung zu. Ineffiziente Programmierung kann zu unnötig langen Laufzeiten eines Computerprogramms und im Einzelfall zur **unzumutbar langsamen Arbeitsweise** des Gesamtsystems führen. Betroffen können dabei entweder nur einzelne Funktionen eines Programms sein, etwa wenn lediglich die Datensicherung übermäßige Zeit in Anspruch nimmt, während die anderen Funktionen effizient arbeiten, oder das gesamte Programm kann ein unzureichendes Laufzeitverhalten aufweisen.

1509 Bei der Bestimmung der Grenze zwischen noch hinreichender Geschwindigkeit und inakzeptablem Laufzeitverhalten, als der Grenze zwischen mangelfreiem und mangelhaftem Computerprogramm kann noch nicht auf Rechtsprechung des *BGH* zurückgegriffen werden. Lediglich in einem Nebensatz eines Urteils aus dem Jahre 1992 findet sich die Bezugnahme auf die Qualifizierung einer „exorbitant" langsamen Druckgeschwindigkeit als Mangel durch das Berufungsgericht[718]. Besondere Schwierigkeiten bereitet aber häufig auch die Feststellung der Ursache der langen Laufzeit, denn diese ist oft hardwarebedingt und dem Softwarehersteller nicht zurechenbar. Die Einholung eines Sachverständigengutachtens wird hier meist unerlässlich sein.

b) Einzelbeispiele aus der Rechtsprechung

1510 Das *LG Ravensburg*[719] unterscheidet bei einem Mehrplatzsystem, bei dem sich erhebliche **Verzögerungen der Antwortzeiten** ergaben, sobald zwei oder noch mehr Benutzer zeitgleich mit dem System arbeiteten, zwischen dem Vorgang des Einbuchens in das System oder des Aufrufs eines Programms auf der einen und den Reaktionszeiten während der Arbeit mit einem einzelnen Programm auf der anderen Seite. **Einbuchungs-** bzw. **Programmaufrufzeiten** von einer bis zwei Minuten dürfen nach Auffassung des *LG* im normalen Betrieb nicht auftreten. Derart lange Reaktionszeiten bereits bei relativ einfachen Programmen seien für den Benutzer unzumutbar.

1511 **Angaben im Herstellerprospekt** über die Zugriffsgeschwindigkeit einer Festplatte stellen nach Ansicht des *LG Tübingen*[720] nicht nur eine allgemeine Produktanpreisung dar, sondern bestimmen die nach dem Vertrag vorausgesetzte Verwendung. Dies lässt sich ohne weiteres auf Computersoftware übertragen, da auch für diese oftmals Angaben über die Verarbeitungsgeschwindigkeit im Herstellerprospekt gemacht werden.

---

[718] Vgl. *BGH*, 23.6.1992, X ZR 92/90, NJW-RR 1993, 178, 179.
[719] Vgl. *LG Ravensburg*, 31.5.1990, 5 O 1537/89, BB 1991 Beil. 7 S. 12 f.
[720] Vgl. *LG Tübingen*, 19.10.1992, 1 S 413/91, CR 1993, 772 (Ls.).

7. Virenverseuchte Software

Schrifttum: *Bartsch,* Computerviren und Produkthaftung, CR 2000, 721 ff.; *Eichelberger,* Sasser, Blaster, Phatbot & Co. – alles halb so schlimm? Ein Überblick über die strafrechtliche Bewertung von Computerschädlingen, MMR 2004, 594 ff.

a) Beschreibung der Computerviren und ähnlicher Sabotageprogramme

Computerviren haben dank einer ausführlichen Berichterstattung der Medien über spektakuläre Fälle einen beachtlichen Bekanntheitsgrad erreicht, der jedoch nicht in gleichem Maße von einem Zugewinn an Kenntnissen über diese besondere Form von Computerprogrammen begleitet wurde. Allzu häufig wurde die sachliche Auseinandersetzung mit dieser Problematik vernachlässigt, was wohl auch damit zusammenhängt, dass zum Verständnis des Virenproblems gewisse Minimalkenntnisse der Informationstechnologie notwendig sind und entsprechende Abhandlungen schlechter zu vermarkten sind als reißerische Katastrophenmeldungen. Dies lässt es notwendig erscheinen, nachfolgend zumindest die verschiedenen Fachbegriffe zu erläutern. 1512

Computerviren sind Computerprogramme mit spezifischen Eigenschaften, die das Programm als Virenprogramm qualifizieren. Diese Eigenschaften gehen zunächst dahin, ablauffähige Vervielfältigungen des eigenen Programmcodes oder zumindest einen das Virenprogramm aufrufenden Programmteil in den Programmcode anderer Programme hineinzukopieren (sog. **Fähigkeit zur Selbstreproduktion**)[721]. Folge dieses häufig als Infektion bezeichneten Vorgangs ist dabei, dass die in den fremden Programmcode eingesetzte Kopie nunmehr ebenfalls und eigenständig den Infektionsvorgang ausführen kann. In der Regel umfasst das Virenprogramm neben dem infizierenden Programmteil noch ein Kennbyte, das dem Virus ein bereits infiziertes Programm als solches kenntlich macht sowie einen prüfenden und suchenden Programmteil, der potentiell zu infizierende Programme auf eine bereits vorhandene Infektion hin untersucht und eine Mehrfachinfizierung verhindert. Schließlich enthält ein Virenprogramm in der Regel noch einen manipulierenden Programmteil, der eine beliebig geartete Manipulationsaufgabe enthält, die von der harmlosen Anzeige verschiedener Zeichen auf dem Bildschirm bis hin zur Zerstörung der Hardware reichen kann. Die Ausführung der Manipulation kann an bestimmte Bedingungen, etwa ein bestimmtes Datum, geknüpft werden (sog. „schlafende" Viren). 1513

Anders als Computerviren benötigen **Wurmprogramme** oder auch **Bakterienprogramme** kein Fremdprogramm, in das sie sich selbst hineinkopieren, sondern die Selbstreproduktion findet ohne unmittelbare Beeinträchtigung von Fremdprogrammen statt. Dennoch tritt auch hier eine den Anwender schädigende Wirkung ein, da das Computersystem verlangsamt und Speicherkapazität belegt wird. Unter Umständen tritt auch ein Systemstillstand infolge völliger Belegung des Hauptspeichers ein. 1514

Von **Trojanischen Pferden** spricht man bei Computerprogrammen, die dem Anwender vortäuschen, unterhaltsam oder nützlich zu sein, und diesen etwa durch die 1515

---

[721] Vgl. etwa auch die Definitionen vom 30.1.2009 in Section 2 of Senate Bill No. 123. An Act Providing for the protection of consumers from having spyware deceptively installed on their computers and for criminal and civil enforcement: „Computer virus." A computer program or other set of instructions that is designed to degrade the performance of or disable a computer, computer network or computer software and is designed to have the ability to replicate itself on other computers or computer networks without the authorization of the owners of those computers or computer networks. Das Gesetz ist abrufbar unter http://www.legis.state.pa.us/

Ausgabe ansprechender Grafiken auf dem Bildschirm oder unterhaltsame Spielereien ablenken, während sie im Hintergrund Sabotagehandlungen ausführen, etwa den Massenspeicher neu formatieren und Daten löschen.

1516   Von sog. **Trap-Doors** (Falltür, hier jedoch besser mit Hintertür übersetzt) spricht man von im Programmcode versteckten geheimen Funktionen, etwa einem bestimmten Passwort, die es dem diese Funktion aufrufenden Anwender ermöglichen, die Kontrolle über das Programm zu erlangen, ohne die gegebenenfalls vorhandenen Sicherheitsvorkehrungen einhalten zu müssen. Ein Außenstehender hat damit bei Kenntnis des Funktionsaufrufs eine mitunter unbeschränkte Zugriffsmöglichkeit auf sämtliche Daten und Programme.

b) Sabotageprogramme und Sachmängelhaftung

1517   Sofern die gelieferte Computersoftware eines der oben beschriebenen Sabotageprogramme, insbesondere einen Computervirus enthält, ist sie **mangelhaft**[722] und begründet Sachmängelansprüche des Anwenders. Darüber hinaus kommen Ansprüche **wegen** einer **sonstigen Pflichtverletzung** nach §§ 280, 241 Abs. 2 BGB sowie **deliktische Ansprüche** nach §§ 823 Abs. 1 und 2 sowie 826 BGB in Betracht, wenngleich nicht zu verkennen ist, dass der **Beweis** einer gezielt vorgenommenen Virenverseuchung nahezu unmöglich ist. Unerheblich ist aber, aus welchem Beweggrund der Softwarelieferant das Sabotageprogramm mitlieferte. Auch unter dem Gesichtspunkt des berechtigten Interesses an einem Schutz gegenüber Raubkopierern ist es nicht nur strafbar nach §§ 303a und 303b StGB[723], sondern auch sittenwidrig, den Schutz des eigenen Programms durch eine eigenmächtige „Bestrafung" eines Raubkopierers dadurch zu erreichen, dass Computerviren als Kopierschutz eingesetzt werden[724]. Auch **Trap-Doors** stellen grundsätzlich einen Mangel des Programms dar, weil hierdurch Gefahren für die Datensicherheit beim Anwender begründet werden.

1518   Kennt der Softwarelieferant die Virenverseuchung seines Programms oder rechnet er mit dieser, etwa weil er weiß, dass er virenverseuchte Hilfsprogramme bei der Softwareherstellung eingesetzt hat, liegt ein arglistiges Verschweigen eines Fehlers vor. Ein Schadensersatzanspruch kommt natürlich auch dann in Betracht, wenn der Lieferant eine **Beschaffenheitsgarantie** im Sinne des § 443 BGB hinsichtlich der **Virenfreiheit** gegeben hat. Eine verschuldensunabhängige Schadenshaftung ohne Risikobegrenzung wird der Lieferant indes in der Regel nicht abgeben. Sollte er dies trotz des großen Risikos tun und unterlässt der Anwender daraufhin eigene Schutzvorkehrungen, liegt hierin kein Mitverschulden bei der Schadensentstehung gem. § 254 BGB.

c) Einzelbeispiele aus der Rechtsprechung

1519   Die Infektion eines Computers mit einem **Computervirus** stellt nach Auffassung des *LG Regensburg*[725] einen Sachmangel dar. Zu Unrecht gelangt das Gericht aber zu dem Ergebnis, dieser Mangel sei unerheblich im Sinne der §§ 437 Nr. 2, 323 Abs. 5 S. 2 BGB, da der betreffende „Kampana-Virus" durch einen Fachmann unter Verwendung eines guten Viren-Scanners mit absoluter Sicherheit und mit einem Ar-

---

[722] Vgl. *LG Kleve*, 29.6.1995, 7 O 17/95, CR 1996, 292, 293; MünchKomm/*Busche*, 6. Aufl., § 633 Rdn. 38.
[723] Vgl. etwa den Fall *LG Ulm*, 1.12.1988, 1 Ns 229/88. 1, CR 1989, 825 f.
[724] A. A. *Rombach* CR 1990, 101, 105, der eine zeitweilige Lahmlegung einer Computeranlage für nicht sittenwidrig hält.
[725] Vgl. *LG Regensburg*, 17.6.1997, 2 S 168/96, NJW-RR 1998, 1353.

beitsaufwand von maximal einer Stunde zu entfernen sei. Hierbei übersieht das *LG Regensburg*, dass es zur Beurteilung der Erheblichkeit auf die Auswirkungen des Mangels beim Käufer ankommt und nicht auf den Behebungsaufwand für einen Fachmann. Für den durchschnittlichen PC-Benutzer ist jedoch eine Virenverseuchung weder leicht erkennbar geschweige denn der Mangel mit geringer Mühe und unbedeutendem Kostenaufwand zu beseitigen.

8. Vorkehrungen zur Verhinderung unberechtigter Programmnutzung

Schrifttum: *Jobke*, Produktaktivierung und Registrierung bei Software für den Massenmarkt, 2010; *Marly*, Rechtsschutz für technische Schutzmechanismen geistiger Leistungen, K&R 1999, 106 ff.; *Runte*, Produktaktivierung. Zivilrechtliche Fragen der „Aktivierung" von Software, CR 2001, 657 ff.

a) Umschreibung des Mangeltyps

Das Bedürfnis nach Verhinderung einer unberechtigten Programmnutzung besteht grundsätzlich in einer zweigeteilten Stoßrichtung. Zum einen möchte der Softwarelieferant die unberechtigte Programmnutzung durch solche Anwender verhindern, die kein Entgelt für die Programmnutzung bezahlt haben. Zum anderen besteht jedoch häufig auch ein Bedürfnis des Anwenders, die **unberechtigte Programmnutzung durch Dritte** zu verhindern, etwa um diesen keinen Einblick in geheime Datenbestände zu geben oder unberechtigte Datenänderungen zu unterbinden. Dem letztgenannten Sicherungsbedürfnis des Anwenders wird in der Regel durch verschiedene Programmfunktionen zur **Überprüfung der Zugriffsberechtigung** genügt. Sofern diesbezüglich Probleme auftreten, lassen sie sich unter dem Gesichtspunkt des Funktionsmangels oder des Funktionsdefizits beurteilen, weshalb insoweit auf die entsprechenden Ausführungen zu diesen Mängeltypen verwiesen wird. Unter den hier dargestellten Mangeltyp werden daher nur **programmtechnische Schutzmechanismen** zur Verhinderung unberechtigter Programmnutzung durch **nichtzahlende Anwender** eingeordnet. 1520

Unberechtigte Programmnutzungen lassen sich durch verschiedene programmtechnische Maßnahmen erschweren. Die Erfahrungen der Praxis haben aber gezeigt, dass sie sich nicht völlig verhindern lassen, weil jeder Schutzmechanismus überwindbar ist. Möglich ist allenfalls, die Schutzmechanismen so zu verfeinern, dass deren Überwindung mit wirtschaftlich sinnvollem Aufwand unmöglich ist. Möglich ist etwa, dass der Programmlauf erst nach der Eingabe eines vom Hersteller mitgeteilten Codewortes freigegeben wird[726], etwa durch die an anderer Stelle ausführlich dargestellte sog. „**Produktaktivierung**"[727]. Grundsätzlich stellen derartige Schutzmechanismen keinen Mangel der Computersoftware dar. Es ist anerkannt, dass der Hersteller eines Computerprogramms dieses vor unbefugter Benutzung schützen und hierzu technische, dem System elektronischer Datenverarbeitung innewohnende Mittel verwenden darf[728]. 1521

Diese Einschätzung hat schon in der Urheberrechtsnovelle von 1993 in § 69f Abs. 2 UrhG einen gesetzlichen Niederschlag erfahren, denn gemäß der genannten Vorschrift kann der Rechtsinhaber eines Computerprogramms von dem Eigentümer oder Besitzer solcher Mittel, die allein dazu bestimmt sind, die unerlaubte Beseiti- 1522

---

[726] So im Fall *BGH*, 15.9.1999, I ZR 98/97, CR 2000, 94 ff.; *LG München I*, 4.4.2000, 7 O 115/00, CR 2000, 506 ff.
[727] Vgl. hierzu unten Rdn. 1731 ff.
[728] Vgl. *EuGH*, 3.7.2012, C-128/11, NJW 2012, 2565, 2569 Tz. 87 – UsedSoft.

gung oder Umgehung technischer Schutzmechanismen zu erleichtern, verlangen, dass diese Mittel vernichtet werden. Technische Mechanismen zur **Verhinderung unberechtigter Programmnutzung** sind daher ausweislich der gesetzgeberischen Wertung grundsätzlich zulässig und auch vom *EuGH* ausdrücklich anerkannt[729]. Darüber hinaus ist zu berücksichtigen, dass die EG-Richtlinie zur Harmonisierung bestimmter Aspekte des Urheberrechts und der verwandten Schutzrechte in der Informationsgesellschaft[730] in Art. 6 einen angemessenen Rechtsschutz für technische Maßnahmen zum Schutz der Urheberrechte sowie der verwandten Schutzrechte fordert. Auch Art. 11 des sog. WIPO-Urheberrechtsvertrags vom 20.12.1996 sowie der mit dem Gesetz zur Regelung des Urheberrechts in der Informationsgesellschaft vom 10.9.2003[731] eingeführte § 95a UrhG sehen einen entsprechenden Schutz vor. Auch wenn nicht übersehen werden darf, dass die Neuregelung über technische Schutzmechanismen nach § 69a Abs. 5 UrhG auf Computerprogramme keine Anwendung finden[732], ist doch die gesetzgeberische Wertung unverkennbar.

1523   Damit ist jedoch keine Aussage über die Fehlerhaftigkeit des Programms getroffen, denn die **Gebrauchstauglichkeit** kann auch durch eine berechtigterweise eingebaute Schutzroutine erheblich gemindert oder gar aufgehoben sein[733]. So ist es etwa durchaus nicht ungewöhnlich, dass Computerprogramme infolge des Vorhandenseins mehrerer Dongles verschiedener Hersteller nicht mehr ordnungsgemäß funktionieren und Systemabstürze auftreten. Ist dies jedoch der Fall, liegt ein Mangel des Computerprogramms vor[734]. Gleiches gilt entgegen der Ansicht des *OLG München* auch dann, wenn die entsprechende Programmroutine fehlerfrei ist und nur der Dongle nicht ordnungsgemäß funktioniert. Programm und Dongle sind nur gemeinsam einsetzbar und gleichen daher einem aus zwei Teilen bestehenden Gesamtprodukt, das bei Ausfall eines Teils insgesamt nicht nutzbar und daher mangelhaft ist[735]. Schließlich können auch durch einen einzelnen **Dongle-Schutzmechanismus** Fehlfunktionen des betreffenden Programms ausgelöst werden, die Schäden an anderen Sachen hervorrufen, etwa an anderen Bauteilen des benutzten Computers.

1524   Es muss dem Softwarehersteller abverlangt werden, auf die **Nichtverträglichkeit** mit anderen Produkten hinzuweisen, denn solche Schutzmechanismen dienen allein seinem Interesse am Schutz vor Raubkopierern. Demgegenüber erschiene es unangemessen, dem Anwender etwa das Recht zum Rücktritt zu nehmen, obwohl die Software auf seinem Computersystem nicht ordnungsgemäß funktioniert.

b) Einzelbeispiele aus der Rechtsprechung

1525   Nach Auffassung des *BGH*[736] stellt das Vorhandensein einer vom Hersteller eingebauten periodischen Sperre eines Computerprogramms (sog. **Programmsperre**), welche dem Schutz vor unbefugter Nutzung dient, keinen Mangel des Programms dar, wenn der berechtigte Programmnutzer vom Hersteller in die Lage versetzt wird,

---

[729] Vgl. *EuGH*, 3.7.2012, C-128/11, NJW 2012, 2565, 2569 Tz. 79 – UsedSoft.
[730] Vgl. ABl.EG Nr. L 167 vom 22.6.2001, S. 10 ff., abgedruckt in GRUR Int. 2001, 745 ff.
[731] Vgl. BGBl. I S. 1774 ff.
[732] Zur Kritik an dieser Regelung die Stellungnahme des Bundesrats BR-Drucks. 684/02 (Beschluss), S. 7 f. sowie die Gegenäußerung der Bundesregierung BT-Drucks. 15/38 vom 6.11.2002, S. 52.
[733] Vgl. *Jobke* S. 68.
[734] Hiervon geht auch das *LG Mannheim*, 20.1.1995, 7 O 187/94, NJW 1995, 3322 f.
[735] A. A. *OLG München*, 22.6.1995, 6 U 1717/95, CR 1996, 11, 17.
[736] Vgl. *BGH*, 3.6.1981, VIII ZR 153/80, NJW 1981, 2684, 2685; bestätigt in *BGH*, 25.3.1987, VIII ZR 43/86, NJW 1987, 2004, 2005.

die Sperrwirkung aufzuheben und den ungestörten Programmablauf herbeizuführen. Der Anwender muss geeignete Schutzmaßnahmen des Programmherstellers dulden, soweit dadurch nicht berechtigte Nutzungsinteressen des Anwenders unzumutbar beeinträchtigt werden.

Die oben zitierte Entscheidung hat der *BGH* später bestätigt und die Beurteilungskriterien für die Einordnung einer Programmsperre als Sachmangel dahingehend präzisiert, es komme auf die Umstände des Einzelfalls an, insbesondere auf die **Schutzbedürftigkeit des Programms** sowie die Möglichkeit des Benutzers zur **ungehinderten vertraglichen Verwendung**[737]. In der Tat ist insbesondere das vom *BGH* letztgenannte Kriterium der ungehinderten Verwendungsmöglichkeit entscheidend. Ohne dies ausdrücklich zu benennen, qualifiziert auch das *OLG Bremen*[738] ein mit einer Programmsperre versehenes Computerprogramm als mangelhaft, weil das aus § 69c Nr. 3 S. 2 UrhG folgende Recht des Anwenders zur Weiterveräußerung faktisch außer Kraft gesetzt werde, wenn dem Zweiterwerber das zur Aufhebung der Programmsperre notwendige Passwort nicht mitgeteilt wird.

Die vertragswidrige Mitlieferung eines **Codeschlüssels,** der die Softwarenutzung nicht auf unbestimmte Zeit ermöglicht, stellt nach Auffassung des *OLG Karlsruhe*[739] einen Mangel dar. Diesen Mangel hält das *OLG Karlsruhe* aber für ohne weiteres erkennbar, wenn beim Hochfahren des Computers der nicht zu übersehende und unmissverständliche Hinweis auf dem Bildschirm erscheint, dass sich der Anwender innerhalb von 30 Tagen registrieren lassen muss.

9. Sicherheitslücken

Schrifttum: *Raue*, Haftung für unsichere Software, NJW 2017, 1841 ff.; *Spindler*, IT-Sicherheit und Produkthaftung – Sicherheitslücken, Pflichten der Hersteller und der Softwarenutzer, NJW 2004, 3145 ff.

Als „unsichere Software" kann ein Computerprogramm bezeichnet werden, dass nicht die gebotene **Informationssicherheit** gegenüber nicht-autorisierten Manipulationen bietet. Möglich ist etwa, dass Daten manipuliert oder Informationen preisgegeben werden können. Das Schadenspotenzial ist groß, jedoch bezieht sich die juristische Diskussion meist auf die außervertragliche Haftung und nicht auf das Sachmängelrecht. Als Gründe hierfür werden meist angeführt, dass die Sicherheitsprobleme oft nach Ablauf der vertraglichen Sachmängelhaftung auftreten[740] gleichwie es für Schadensersatzansprüche meistens am Verschulden des Softwarehändlers fehlen dürfte[741]. Beide Argumente sind zwar richtig, ändern aber nichts an der Tatsache, dass Software mit Sicherheitslücken **mängelbehaftet** ist[742]. Rechtsprechung hierzu liegt indes (noch) nicht vor. Voraussetzung für die Bejahung eines Sachmangels ist allerdings, dass die Sicherheitslücke bereits **bei Gefahrübergang** vorlag, was dann nicht der Fall ist, wenn sie erst durch die Weiterentwicklung neuer Angriffstechniken nach Programmübergabe entstand[743]. Zweifelhaft ist auch, ob die im Schrifttum vereinzelt geforderte Pflicht des Herstellers anzuerkennen ist, auch nach

---

[737] Vgl. *BGH*, 25.3.1987, VIII ZR 43/86, NJW 1987, 2004, 2007; dem *BGH* folgend *Jobke* S. 73.
[738] Vgl. *OLG Bremen*, 13.2.1997, 2 U 76/96, CR 1997, 609, 611.
[739] Vgl. *OLG Karlsruhe*, 15.7.2003, 14 U 140/01, CR 2004, 493 (Ls.).
[740] Vgl. *Raue*, NJW 2017, 1841, 1843; *Spindler* NJW 2004, 3145.
[741] Vgl. *Spindler* NJW 2004, 3145.
[742] Vgl. *Raue*, NJW 2017, 1841, 1843; *Spindler* NJW 2004, 3145.
[743] Vgl. *Raue*, NJW 2017, 1841, 1843.

Ablauf der Sachmängelhaftung noch für einen gewissen Zeitraum **Updates** anbieten zu müssen[744].

10. Fehlende Bedienerfreundlichkeit

Schrifttum: *Stiemerling*, Software Usability. Veränderte Ansprüche an Programm und Dokumentation: Berücksichtigung im IT-Vertrag und Bewertung im Rechtsstreit, ITRB 2009, 154 ff.

a) Umschreibung des Mangeltyps

1529   Diverse im Programm enthaltene Benutzerhilfen wie etwa eine **Menüsteuerung, Hilfe-Funktionen** und die Ausgabe **kommentierter Fehlerhinweise** auf dem Bildschirm im Falle einer Fehlbedienung erleichtern nicht nur die Einarbeitung in die Programmnutzung, sondern gewährleisten auch für solche Anwender, die nicht sämtliche Funktionen tagtäglich verwenden, dass sie diese im Bedarfsfall schnell aufrufen und ordnungsgemäß durchführen können. Auf diese Weise wird es dem Anwender ermöglicht, nicht einen umfangreichen Befehlsvorrat auf Verdacht erlernen und permanent präsent halten zu müssen. Die diesbezüglich vom Anwender berechtigterweise zu erwartenden Unterstützungen befinden sich seit vielen Jahren in einem starken Aufwärtstrend. Immer häufiger wird die leichtere Erlern- und Bedienbarkeit zu einem zentralen Werbeaspekt und einem ausschlaggebenden Kriterium für die Auswahlentscheidung des Anwenders. Allgemeingültige Vorgaben lassen sich jedoch kaum treffen. In der Regel kann aber von einem in Deutschland vertriebenen Computerprogramm erwartet werden, dass dieses **deutschsprachige Eingabe- und Fehlermeldungen** umfasst sowie eine **deutschsprachige Tastaturbelegung** und **Druckeransteuerung** unterstützt. Ist dies nicht der Fall, muss der Anwender vor Vertragsabschluss hierauf mit hinreichender Deutlichkeit hingewiesen werden.

1530   Problematisch gestaltet sich auch die Beantwortung der Frage, ob der Bedienerfreundlichkeit nur dann Genüge getan ist, wenn sie einem gegebenenfalls **weitverbreiteten Standard** folgt. Rechtsprechung hierzu liegt bislang noch nicht vor, gleichwie an dieser Stelle allgemeine Vorgaben erneut nicht gegeben werden können. Als Richtschnur kann aber festgehalten werden, dass der Zuschnitt eines Programms auf ein bestimmtes Betriebssystem begründete Erwartungen beim Anwender weckt und die nach dem Vertrag vorausgesetzte Verwendung mitbestimmt. Dementsprechend muss das Programm zumindest gewissen Mindestanforderungen hinsichtlich einer gegebenenfalls bei diesem Betriebssystem festzustellenden Standardisierung genügen und darf hiervon nicht einfach abweichen.

b) Einzelbeispiele aus der Rechtsprechung

1531   Nach Auffassung des *LG Heilbronn*[745] kann das Fehlen einer hinreichenden Benutzerfreundlichkeit einen Mangel des Programms begründen, wobei dem Kriterium der benutzerfreundlichen Ausgestaltung eines Programms dann ein besonderes Gewicht zukomme, wenn mehrere verschiedene Personen mit diesem Programm arbeiten sollen und der Softwarelieferant von sich behaupte, **Programme für IT-Laien** zu verkaufen.

1532   Eine einen Mangel begründende fehlende Bedienerfreundlichkeit sieht das *OLG Hamm*[746] darin, dass das Programm bei **Fehlbedienungen hängenbleibt**, ohne **selbst-**

---

[744] So *Raue*, NJW 2017, 1841, 1843 unter Berufung auf LG Köln, NJW-RR 1999, 1285, 1286. Zu Recht kritisch auch *Redeker* Rdn. 675 f.
[745] Vgl. *LG Heilbronn*, 11.10.1988, 2 O 17/85 I, CR 1989, 603, 604.
[746] Vgl. *OLG Hamm*, 11.12.1989, 31 U 37/89, CR 1990, 715, 716.

erklärende **Fehlertexte** auszugeben⁷⁴⁷, und darüber hinaus keine ausreichenden **Hinweise zur Fehlerbeseitigung** in der Dokumentation vorhanden seien. Es sei von jedem Programm zu erwarten, dass es bei einer Fehlbedienung eine erklärende Fehlermeldung ausgebe.

11. Unzureichende Dokumentation

Schrifttum: *Bergmann/Pötter/Streitz*, Handbücher für Softwareanwender, CR 2000, 555 f.; *Stiemerling*, Dokumentation von Software, ITRB 2011, 286 ff.

a) Umschreibung des Mangeltyps

Eine besondere Bedeutung kommt der Gruppe der durch eine **unzureichende Programmdokumentation** begründeten Softwaremängel zu. Trotz der häufig anzutreffenden vollmundigen Werbeaussage, ein bestimmtes Computerprogramm sei infolge seiner besonderen Benutzerfreundlichkeit auch für Einsteiger leicht, ja „intuitiv" zu bedienen, darf die Bedeutung einer guten Programmdokumentation nicht unterschätzt werden. Grundsätzlich ist eine Benutzung eines Computerprogramms ohne Programmdokumentation kaum sinnvoll, weil eine Einarbeitung in die Benutzungsmöglichkeiten ohne entsprechende Unterlagen mit wirtschaftlich vertretbarem Aufwand in der Regel nicht möglich ist. Die herausragende Bedeutung einer guten Programmdokumentation wird daher zu Recht allgemein anerkannt⁷⁴⁸, wenngleich zahlreiche Softwarelieferanten wegen der relativ hohen Kosten der Erstellung einer umfassenden Programmdokumentation hier häufig etwas nachlässig sind und ihr Leistungsangebot erheblich steigern müssten. 1533

Nach § 434 Abs. 2 S. 2 BGB liegt ein Sachmangel bei einer zur Montage bestimmten Sache vor, wenn die **Montageanleitung** fehlerhaft ist. Bedienungsanleitungen sind nicht erfasst⁷⁴⁹, was im Ergebnis nicht überzeugt. 1534

Die **Rüge** der Nichtlieferung eines Handbuchs kann aber **verwirkt** sein, wenn der Softwarelieferant eine Einweisung und Schulung vornimmt, der Anwender zunächst auf die Beendigung der Schulungsmaßnahmen verzichtet und erst nach annähernd zwei Jahren Nutzungszeit das Fehlen eines Handbuchs beanstandet⁷⁵⁰. Eine Verwirkung liegt aber auch dann vor, wenn der Anwender zunächst ein englischsprachiges „Manual" entgegennimmt, hiermit anfangs einverstanden ist und erst nach geraumer Zeit das Fehlen eines deutschen Handbuchs geltend macht⁷⁵¹. Eine in einzelnen Punkten **unvollständige Dokumentation** kann jedoch ebenso wie eine **qualitativ schlechte Dokumentation** einen **Mangel** der Software begründen⁷⁵², weil sich die Software dann nicht für die nach dem Vertrag vorausgesetzte Verwendung im Sinne des § 434 Abs. 1 S. 2 Nr. 1 BGB eignet. Die Beweislast für die vollständige und fehlerfreie Übergabe der Dokumentation trägt grundsätzlich der Lieferant, der aus einer unterlassenen oder verspäteten Rüge Rechte herleiten will⁷⁵³. 1535

---

⁷⁴⁷ Das Vorhandensein der Erläuterung von Fehlermeldungen verlangt auch *OLG Stuttgart*, 24.2.1998, 6 U 123/97, CR 1999, 74, 75.
⁷⁴⁸ Vgl. *BGH*, 16.12.2003, X ZR 129/01, NJW-RR 2004, 782, 784.
⁷⁴⁹ Vgl. *Palandt/Weidenkaff* § 434 Rdn. 48.
⁷⁵⁰ Vgl. *OLG Köln*, 26.8.1994, 19 U 278/93, NJW-RR 1995, 1460.
⁷⁵¹ Vgl. *OLG Köln*, 20.1.1995, 19 U 115/93, NJW-RR 1996, 44.
⁷⁵² Vgl. *LG Stuttgart*, 26.2.2004, 40 O 168/00 KfH, CR 2005, 97, 98; *Gaul* MDR 2000, 549, 551. Schwierigkeiten bei der Abgrenzung zur Nichterfüllung sieht *LG Stuttgart*, 24.1.2001, 8 O 274/99, CR 2001, 585.
⁷⁵³ Vgl. *LG Stuttgart*, 24.1.2001, 8 O 274/99, CR 2001, 585.

1536 Sofern zwischen dem Besteller und dem Hersteller von Individualsoftware keine gegenteiligen Absprachen getroffen wurden oder sich solche auch nicht aus den besonderen Umständen ergeben, kann vom Hersteller nicht verlangt werden, dass er vor der abschließenden Fertigstellung der Software eine dem jeweils erreichten Herstellungsstand entsprechende **„Zwischen"-Dokumentation** liefert. Vielmehr kann und darf der Hersteller die Anfertigung der Dokumentation grundsätzlich bis zum Abschluss der Arbeiten zurückstellen, weil erst dann endgültig feststeht, welche Programmfunktionen implementiert sind und wie sich die Benutzeroberfläche darstellt[754].

1537 Die an den notwendigen **Umfang** sowie den **Inhalt** einer Programmdokumentation zu stellenden Anforderungen sind insbesondere unter Berücksichtigung des angesprochenen Benutzerkreises zu bestimmen[755]. Dieser bestimmt auch die Anforderungen an die Verständlichkeit der IT-spezifischen Fachsprache sowie das Voraussetzen von IT-Kenntnissen. Das Handbuch eines für breite Anwenderkreise konzipierten Textverarbeitungssystems muss leichter verständlich sein und darf weit weniger Kenntnisse voraussetzen als ein Handbuch zu einem Programmiersystem für IT-Profis[756].

1538 Eine **schriftliche Programmdokumentation** kann auch nicht in jedem Fall dadurch ersetzt werden, dass dem Anwender die erforderlichen Anweisungen auf dem Bildschirm ausgegeben werden, eine **Benutzerschulung** durchgeführt wird[757] oder gar lediglich eine sog. **Hotline** für telefonische Anfragen zur Verfügung gestellt wird[758]. Letzteres gilt uneingeschränkt, da bei einer Benutzerschulung in der Regel nicht alle Details eines Computerprogramms durchgesprochen werden können, sondern lediglich eine Einführung in die grundsätzliche Funktionsweise erfolgt, die ein Nachschlagen weiterer Funktionsweisen im Handbuch nicht ersetzt und sei es nur, weil der geschulte Anwender Einzelheiten wieder vergessen hat. Im Hinblick auf die Ausgabe von **Hilfsmeldungen auf dem Bildschirm** muss jedoch darauf hingewiesen werden, dass hier der Fortschritt bei der Ausgestaltung der Bedienerfreundlichkeit von Computerprogrammen beachtet werden muss. So erscheint es nicht mehr grundsätzlich ausgeschlossen, dass ein in das Computerprogramm integriertes umfangreiches Hilfesystem die Notwendigkeit einer gedruckten Programmdokumentation verringert oder im Einzelfall sogar beseitigt[759]. Wird die Software im Wege des Downloads überlassen, muss ebenfalls kein gedrucktes Handbuch nachgeliefert werden[760]. Schließlich muss auch für den Fall, dass ein vollständiges und qualitativ hinreichendes Handbuch auf einer **gesonderten CD-ROM** oder **DVD** übergeben wird, als ausreichend qualifiziert werden[761]. Auch hier ist die Dokumentation auf dem Bildschirm jederzeit aufrufbar und ausdruckbar, sodass dem Anwender die Möglichkeit eröffnet wird, ohne Probleme auf eine Anleitung zurückzugreifen. Ein **Zwang zum gedruckten Handbuch** besteht insoweit **nicht**.

---

[754] Vgl. *BGH*, 20.2.2001, X ZR 9/99, NJW 2001, 1718, 1719.
[755] Vgl. *LG Stuttgart*, 26.2.2004, 40 O 168/00 KfH, CR 2005, 97, 98.
[756] Vgl. *LG Stuttgart*, 26.2.2004, 40 O 168/00 KfH, CR 2005, 97, 98 „sachkundige Anwender".
[757] Vgl. *OLG Stuttgart*, 24.2.1998, 6 U 123/97, CR 1999, 74, 75.
[758] Vgl. *Gaul* MDR 2000, 549, 558.
[759] Für ein weit verbreitetes und bekanntes Standardprogramm in Erwägung ziehend *LG Stuttgart*, 24.1.2001, 8 O 274/99, CR 2001, 585, 586. Für ein Programm, das sich an berufsmäßige Softwareentwickler wendet *OLG Karlsruhe*, 15.7.2003, 14 U 140/01, CR 2004, 493 (Ls.).
[760] Wie hier *Beckmann* CR 1998, 519, 521.
[761] Vgl. *LG Landshut*, 20.8.2003, 2HK O 2392/02, CR 2004, 19, 20.

Auch die Lieferung eines in **deutscher Sprache** abgefassten Handbuchs kann nur für den Regelfall eines in Deutschland ausgelieferten Computerprogramms verlangt werden[762]. Dieses Erfordernis einer deutschsprachigen Anleitung kann aber etwa dann nicht eingreifen, wenn es sich bei der überlassenen Software vereinbarungsgemäß um eine englischsprachige oder anderweitig fremdsprachige Version handelt. Die Berufung auf das Fehlen einer deutschsprachigen Dokumentation kann auch über § 442 Abs. 1 S. 2 BGB ausgeschlossen sein, wenn in IT-Fachkreisen bekannt ist, dass ein bestimmter Softwarehersteller seine Produkte ausschließlich unter Verwendung fremdsprachiger Dokumentationen vertreibt. Nach Auffassung des *LG Koblenz*[763] darf eine an **fortgeschrittene Computerbenutzer** gerichtete Dokumentation in **englischer Sprache** abgefasst sein. Dies rechtfertige sich aus der Überlegung, dass sich die im Computerbereich vorherrschende Fachsprache ohnehin zu einem großen Teil aus Fachbegriffen zusammensetze, die fast ausschließlich der englischen Sprache entlehnt seien. Schon aus diesem Grunde werde der fortgeschrittene Anwender in aller Regel die erforderlichen englischen Sprachkenntnisse für das Verständnis einer solchen Dokumentation mitbringen. Die Verwendung der Werbeaussage „Made in Germany" beinhalte des Weiteren ebenfalls keine Zusicherung, dass die Dokumentation (vollständig) in deutscher Sprache vorliege.

1539

b) Einzelbeispiele aus der Rechtsprechung

Nach Ansicht des *OLG München*[764] darf eine mit den Branchenusancen nicht vertraute Partei, die einen Computer kauft, davon ausgehen, dass ihr zur vollen Funktionsausnutzung des Geräts eine **in ihrer Sprache verständliche Anleitung** geliefert wird. Will der Lieferant dies nicht, sondern möchte er die Bedienungsanleitung in einer anderen – im Streitfall englischen – Sprache zur Verfügung stellen, muss er dies durch Erklärung gegenüber dem Vertragspartner zum Vertragsinhalt machen. Andernfalls liegt ein Sachmangel vor[765]. Zum gleichen Ergebnis gelangt auch das *OLG Karlsruhe*[766].

1540

Nach Ansicht des *OLG Düsseldorf*[767] ist ein Computersystem nicht deshalb mangelhaft, weil die zu ihm gehörenden **Handbücher in englischer Sprache** abgefasst sind, wenn der Käufer IT-Fachmann ist.

1541

Nach Auffassung des *AG Pforzheim*[768] ist der übergebene **Quellcode** mangelhaft, wenn er auch für einen Fachmann nicht ohne weiteres verwendbar ist, weil jegliche **Kommentierung und Dokumentation** fehlt, insbesondere die zunächst im Programm enthaltenen Kommentarzeilen entfernt wurden. Ein Programm bedürfe, um für einen Fachmann verständlich und verwertbar zu sein, der Dokumentation.

1542

Nach Ansicht des *BGH*[769] kann und darf von einer Programmdokumentation erwartet werden, dass dem Anwender die **Bildschirmmasken** erläutert werden.

1543

---

[762] Vgl. *OLG Karlsruhe*, 21.2.1991, 12 U 147/90, CR 1991, 410.
[763] Vgl. *LG Koblenz*, 27.4.1995, 12 S 163/94, NJW-RR 1995, 942, 943.
[764] Vgl. *OLG München*, 10.7.1985, 7 U 1501/85, DV-Rechtsprechung Bd. 3 S. 105, 106 f.
[765] In dieser Richtung wohl auch das *OLG Stuttgart*, 23.6.1986, 2 U 252/85, CR 1987, 172, 173, das englischsprachige Bedienungs- und Benutzerhandbücher im Rahmen von vertraglichen Pflichtverletzungen anspricht.
[766] Vgl. *OLG Karlsruhe*, 21.2.1991, 12 U 147/90, CR 1991, 410.
[767] Vgl. *OLG Düsseldorf*, 17.10.1985, 6 U 49/85; unvollständig abgedruckt in CR 1987, 173, 174.
[768] Vgl. *AG Pforzheim*, 7.7.1987, 3 C 540/86, CR 1989, 497.
[769] Vgl. *BGH*, 20.2.2001, X ZR 9/99, NJW 2001, 1718, 1719.

1544 Bei **komplexen** und **speziellen** Programmen erfüllt der Verkäufer seine Pflicht zur Ablieferung eines Handbuchs nach Ansicht des *LG Stuttgart*[770] durch ein im Programm integriertes **Online-Handbuch** grundsätzlich nicht. Dies könne anders zu entscheiden sein bei bekannten und weit verbreiteten Standard-Programmen wie MS-Windows, MS-Word oder MS-Excel, woran das *LG Stuttgart* aber ebenfalls zweifelte. Bei speziellen Warenwirtschafts- und Finanzbuchhaltungsprogrammen, die vom Anwender vollständig mit allen Funktionen beherrscht werden müssen, sei ein Handbuch zur systematischen Erlernung des Programms und als gezieltes Nachschlagewerk unerlässlich. Hierfür müsse das Handbuch in **gedruckter** Form vorliegen.

1545 Ein vollständiges und qualitativ gutes **Handbuch auf CD-ROM** genügt zur Erfüllung der Hauptleistungspflicht des Softwareverkäufers nach Auffassung des *LG Landshut*[771]. Eine gedruckte Anleitung sei nicht erforderlich.

12. Fehlende Robustheit gegenüber Bedienungsfehlern

a) Umschreibung des Mangeltyps

1546 Unter dem Begriff der Robustheit[772] wird in der Regel eine in gewissem Umfang zu Recht für notwendig gehaltene **Fehlertoleranz** eines Computerprogramms gegenüber außergewöhnlichen Bedingungen sowie die daran anknüpfende Forderung nach **Unterstützung des Anwenders** im Falle des Auftretens eines Fehlers verstanden. Robuste Programme führen auch bei fehlerhafter Bedienung nicht zu sog. Abstürzen, die im harmlosesten Fall lediglich den Abbruch des Programmlaufs bedeuten, häufig jedoch das gesamte Computersystem blockieren und zum Verlust von Daten führen. Die Anforderungen an die Robustheit eines Computerprogramms können daher dahingehend umschrieben werden, dass fehlerhafte Befehls- oder Dateneingaben vom Computerprogramm zumindest insoweit als solche erkannt werden, als sie weit verbreitet sind und mit ihrem Auftreten gerechnet werden muss[773]. Beispielsweise sollte die Eingabe des Buchstabens „O" anstatt einer „0" (= Null) bei einem numerischen Datenfeld als Fehler erkannt und durch Ausgabe einer entsprechenden Fehlermeldung verhindert werden. Auch ist von einem robusten Programm zu erwarten, dass unterschiedliche, aber gängige Schreibweisen etwa des Datums (2.1.18) = (2.1.2018) als solche erkannt werden oder durch eine erläuternde Fehlermeldung die Eingabe des Datums in einem bestimmten Format gefordert wird. Keinesfalls darf aber die unterschiedliche Datumseingabe zur Dateninkonsistenz führen. In einem gewissen, abstrakt allerdings kaum präzise umschreibbaren Umfang ist auch eine **Plausibilitätsprüfung** der eingegebenen Daten erforderlich. Die Eingabe von 35 Arbeitstagen pro Monat bei einem Lohnbuchhaltungsprogramm, die Eingabe des Geburtsjahres 2999 bei einem Personalverwaltungsprogramm und ähnliche Unsinnigkeiten sollten daher zur Ausgabe entsprechender Fehlermeldungen führen. Insgesamt kann als abstrakte Leitlinie festgehalten werden, dass die Anforderungen an die notwendige Robustheit gegenüber Bedienungsfehlern in dem Maße steigen, wie sich die Gefahren hinsichtlich der zu befürchtenden Schäden erhöhen, etwa infolge Dateninkonsistenz oder gar Datenverlust.

---

[770] Vgl. *LG Stuttgart*, 24.1.2001, 8 O 274/99, CR 2001, 585, 586.
[771] Vgl. *LG Landshut*, 20.8.2003, 2HK O 2392/02, CR 2004, 19, 20.
[772] Von Zuverlässigkeit im Sinne von Sicherheit (safety) sprechen *Dreier/Vogel* S. 190.
[773] Für „nahe liegende Bedienfehler" *OLG Oldenburg*, 3.6.2003, 9 U 10/03, CR 2004, 175, 176.

b) Einzelbeispiel aus der Rechtsprechung

Nach Auffassung des *LG München I*[774] ist bei einem so wesentlichen Vorgang wie der Datensicherung auch von einem nicht IT-erfahrenen Anwender zu verlangen, dass er wenigstens den Text, den das Programm am Bildschirm ausgibt, so aufmerksam liest, dass er die wesentlichen Befehle und Warnungen etwa bei anstehenden Datenlöschungen zur Kenntnis nimmt.

13. Fehlende Pflege- und Migrationsfreundlichkeit

Softwarepflege und Migrationsmöglichkeit zu einem anderen Betriebssystem interessieren häufig allein den Softwarehersteller, der seine eigenen Produkte verbessern oder auch für **andere Hardwaretypen** mit **anderen Betriebssystemen** vertreiben möchte. Im Einzelfall kann jedoch auch der Anwender ein Interesse an der Änderung oder Verbesserung der ihm gelieferten Software haben oder diese auf einem anderen Betriebssystem einsetzen wollen. Besonders häufig sind diese Wünsche bei teurer Individualsoftware, bei der dem Anwender auch der Quellcode mitgeliefert wurde. Für den Regelfall der Überlassung des bloßen Objektcodes stellt sich demnach die Frage nach einer einfachen Möglichkeit der Programmpflege oder Migration nicht. Fehlende Pflege- oder Migrationsfreundlichkeit vermögen daher insoweit einen Mangel des Programms nicht zu begründen. Eine Ausnahme hiervon wird allenfalls für die Fälle zu machen sein, in denen ausdrücklich eine diesbezügliche vertragliche Vereinbarung getroffen wurde, was jedoch wohl nur bei Verträgen über die Herstellung von Individualsoftware vorkommen wird.

14. Fehler beim Entwurf der Software

a) Umschreibung des Mangeltyps

Fehler beim Entwurf der Software, etwa infolge **Missachtung technischer Gegebenheiten** oder **programmiertechnischer Notwendigkeiten,** rufen in der Regel bestimmte Auswirkungen hinsichtlich der Gebrauchstauglichkeit des Programms hervor, sodass die Beurteilung der Mangelhaftigkeit anhand der konkreten Auswirkungen erfolgen und die Frage dahingestellt bleiben kann, ob dem ein Fehler beim Programmentwurf zugrunde liegt. Der Mangelnachweis anhand konkreter Auswirkungen dürfte in nahezu allen Fällen einfacher sein als der Nachweis eines Entwurfsfehlers. Dies schließt jedoch die Berufung des Anwenders auf einen Fehler beim Entwurf der Software nicht aus, sofern dieser irgendwelche negativen Auswirkungen zeigt.

b) Einzelbeispiel aus der Rechtsprechung

Bei einem IT-Projektvertrag zur Einrichtung und Programmierung eines Terminalsystems muss der Projektunternehmer nach Auffassung des *BGH*[775] für eine der vertragsgemäßen Software **angepasste Auslegung der Hardware** einstehen und dabei auch in gewissem Umfang möglichen nachträglichen Änderungen und Ausweitungen der Programme Rechnung tragen.

---

[774] Vgl. *LG München I*, 22.12.1994, 7 O 5966/92, CR 1995, 476, 477.
[775] Vgl. *BGH*, 6.6.1984, VIII ZR 83/83, CR 1986, 799, 801.

15. Sonstige Mängel

1551 Berücksichtigt ein Programm zum Bauplanungswesen lediglich eine zwar **noch geltende DIN-Norm**, die aber in absehbarer Zeit nach Auslieferung des Programms durch eine **neue DIN-Norm** ersetzt wird, ist hierin nach Ansicht des *OLG Frankfurt*[776] kein Mangel zu sehen. Möchte der Anwender zusätzlich zur alten Norm die neue DIN-Norm berücksichtigt haben, muss er dies bei den Vertragsverhandlungen vortragen.

1552 Nach Auffassung des *LG Freiburg*[777] stellt es keinen Mangel eines Computersystems dar, wenn das mitzuliefernde Programm bereits auf der Festplatte des Systems installiert wird und aus diesem Grunde **kein gesonderter Datenträger** überlassen wird.

1553 Nach Auffassung des *OLG Hamm*[778] stellt die vertragliche Vereinbarung, dass ein **Programm in deutscher Sprache** zu liefern ist, eine Zusicherung einer Eigenschaft dar.

1554 Die Rüge eines Computerprogramms als „**konzeptionell veraltet**" oder „**nicht dem Standard entsprechend**" vermag nach Ansicht des *LG Oldenburg*[779] einen Mangel nicht zu bezeichnen, da ein älteres, aber funktionsfähiges Standardprogramm als Handelsware durchaus mangelfrei sein kann.

1555 Schuldet der Hersteller eines Individualprogramms die **Übernahme** von beim Anwender **bereits vorhandener Adressdaten** in das zu liefernde Programm, so bedeutet dies nach Auffassung des *OLG Köln*[780] nicht, dass die Adressfelder des alten mit denen des neuen Programms identisch sein müssen. Mangels besonderer Vereinbarung exakter Übereinstimmung sei es ausreichend, wenn auf die Daten zugegriffen werden könne, auch wenn dies durch unterschiedliche Zugriffsmöglichkeiten realisiert sei.

1556 Nach Auffassung des *OLG Köln*[781] ist es selbstverständlich und bedarf keiner weiteren Erläuterung, dass ein Programm zur Mitgliederverwaltung einer Vereinigung die im Geschäftsverkehr üblichen **Briefanreden** mit **Adelstiteln, sonstigen Titeln** und **Adelsprädikaten** verarbeiten können muss. Darüber, dass die Briefanrede „Herr von Dr. M" anstatt „Herr Dr. von M" im Geschäftsverkehr nicht üblich, sondern im Gegenteil absolut ungebräuchlich sei, könne nicht ernsthaft gestritten werden.

---

[776] Vgl. *OLG Frankfurt*, 22.3.1980, 7 U 118/75, DV-Rechtsprechung Bd. 1 S. 207, 210 f.
[777] Vgl. *LG Freiburg*, 2.3.1988, 6 O 582/87, CR 1988, 829, 830.
[778] Vgl. *OLG Hamm* CR 1989, 995.
[779] Vgl. *LG Oldenburg*, 24.4.1991, 12 O 204/90, NJW 1992, 1771.
[780] Vgl. *OLG Köln*, 21.1.1994, 19 U 100/93, NJW-RR 1994, 1207.
[781] Vgl. *OLG Köln*, 6.3.1998, 19 U 228/97, CR 1998, 459, 469.

Teil 6: Softwarespezifische Vertragsbestandteile

I. Die Vervielfältigungsverbote

Inhaltsübersicht

	Rdn.		Rdn.
1. Der Begriff der Vervielfältigung und das Erfordernis der Zustimmung gem. §§ 69c Nr. 1, 69d Abs. 1 UrhG	1558	aa) Das Vorhandensein einer ausdrücklichen vertraglichen Kopiererlaubnis	1569
2. Das Zustimmungserfordernis als Problemlösungsansatz	1559	bb) Das Fehlen einer ausdrücklichen vertraglichen Regelung	1570
3. Die Herstellung der verschiedenartigen Vervielfältigungen von Computersoftware und die jeweilige Zustimmung des Urheberrechtsinhabers	1560	cc) Vertragliches Kopierverbot und Kopierschutz	1575
		4. Die Anfertigung überzähliger Vervielfältigungsstücke	1585
a) Notwendige Vervielfältigungen in den Arbeitsspeicher und auf Massenspeicher	1560	5. Kopierverbote bei urheberrechtlich nicht geschützter Computersoftware	1587
		6. Kopierverbote für Benutzerhandbücher	1590
		a) Urheberrechtliche Aspekte	1590
b) Nicht notwendige, sondern lediglich gebotene Vervielfältigungen	1567	b) Vertragsrechtliche Aspekte	1592

Schrifttum: *Koch*, Urheberrechtliche Zulässigkeit technischer Beschränkungen und Kontrolle der Software-Nutzung, CR 2002, 629 ff.; *Kreutzer*, Computerspiele im System des deutschen Urheberrechts. Eine Untersuchung des geltenden Rechts für Sicherungskopien und Schutz technischer Maßnahmen bei Computerspielen, CR 2007, 1 ff.; *ders.*, Schutz technischer Maßnahmen und Durchsetzung von Schrankenbestimmungen bei Computerprogrammen, CR 2006, 804 ff.; *Moritz*, Vervielfältigungsstück eines Programms und seine berechtigte Verwendung, MMR 2001, 94 ff.; *Schuhmacher*, Wirksamkeit von typischen Klauseln in Softwareüberlassungsverträgen, CR 2000, 641 ff.; *Werner*, Sind Sicherheitskopien von CDs notwendig?, CR 2000, 807 ff.

Typische Klauseln:
„Sie sind berechtigt: B. eine Kopie der Software zu Backup- oder Archivierungszwecken anzufertigen oder die Software auf die Festplatte Ihres Computers zu kopieren und den/die Originaldatenträger zu Backup- oder Archivzwecken aufzubewahren."[1]

„§ 3. Der Lizenznehmer darf lediglich eine einzige Kopie zu Sicherungszwecken anfertigen."[2]

„Artikel 6: Lieferung. Sie können eine Sicherungskopie Ihres Download- oder DVD-Produkts bestellen.

Im Rahmen eines solchen Kaufs wird die Lieferung durch Metropolitan France ausgeführt. Ihre Bestellung wird Ihnen an die Adresse geliefert, die Sie bei der Aufgabe der Bestellung angegeben haben.

Sicherungskopien werden per Post verschickt. Alle Kosten, die durch diese Option entstehen, hängen von dem ausgewählten Artikel ab.

Artikel 13: Nutzungsrechte. Es ist jedoch allgemein akzeptiert, dass der Hauptnutzer zusätzliche Lizenzen ausschließlich für die private Nutzung installiert, vorbehaltlich anwendbarer kommerzieller Angebote, oder eine Zweitkopie zur Sicherung oder Archivierung anfertigt."[3]

„§ 4 Rechte des Kunden an der Software
(1) Nexway räumt dem Kunden mit vollständiger Bezahlung des Kaufpreises die in den Lizenzbestimmungen der Software enthaltenen Rechte ein, mindestens jedoch das einfache, unwiderruf-

---

[1] Vgl. die Symantec Software-Lizenzvereinbarung, Norton Security Scan sowie den hierzu geführten Rechtsstreit *LG Frankfurt*, 31.3.2011, 2–03 O 331/10, MMR 2011, 683; *OLG Frankfurt*, 12.11.2013, 11 U 32/12, BeckRS 2015, 16185; *BGH*, 19.3.2015, I ZR 4/14, NJW 2015, 3576 – GreenIT.

[2] Vgl. den Lizenzvertrag für Starmoney 9.0 der Star Finanz GmbH (2013).

[3] Vgl. die Nutzungsbedingungen Softwaredownload (Nexway) (2017).

liche und nicht unterlizenzierbare Recht, die Software auf einem Speichermedium zu speichern und durch Laden in den Arbeitsspeicher auszuführen.

(3) Der Kunde erhält eine Sicherungskopie der gekauften Software auf CD, indem er im Warenkorb das Feld „Sicherheitskopie" auswählt, soweit dies angeboten wird. Für diese Kopie gelten ebenso die Lizenzbestimmungen der Software."[4]

„2.3 Sicherungskopie. Sie sind zur Erstellung einer Sicherungskopie der Software unter der Voraussetzung berechtigt, dass diese Sicherungskopie auf keinem Computer installiert und verwendet wird. Eine Übertragung der Rechte zur Erstellung einer Sicherungskopie ist nicht zulässig, es sei denn, es werden sämtliche Rechte an der Software gemäß Ziffer 4 übertragen."[5]

„2. Nutzung und Beschränkungen.
(a) Gemäß den Bestimmungen dieses Lizenzvertrags erteilt dir Apple hiermit eine eingeschränkte, einfache Lizenz zur Nutzung der iOS-Software auf einem einzigen Apple-iOS-Gerät. Ausgenommen wie in Absatz 2(b) unten gestattet und vorbehaltlich separater Lizenzvereinbarungen zwischen dir und Apple ist im Rahmen dieses Lizenzvertrags die Existenz der iOS-Software auf mehr als einem Apple-iOS-Gerät gleichzeitig nicht gestattet.
(b) Mit diesem Lizenzvertrag erhältst du eine eingeschränkte, einfache Lizenz zum Laden von iOS-Softwareaktualisierungen, die möglicherweise von Apple für dein iOS-Gerät zur Verfügung gestellt werden, um die Software auf jedem iOS-Gerät, dessen Eigentümer du bist oder das deiner Kontrolle unterliegt, zu aktualisieren oder wiederherzustellen. Im Rahmen dieses Lizenzvertrags ist es nicht gestattet, iOS-Geräte zu aktualisieren oder wiederherzustellen, deren Eigentümer oder Besitzer du nicht bist. Ferner ist es untersagt, die iOS-Softwareaktualisierungen zu verteilen oder über ein Netzwerk bereitzustellen, in dem sie von mehr als einem Gerät oder mehr als einem Computer gleichzeitig verwendet werden können. Wenn du eine iOS-Softwareaktualisierung auf deinen Computer lädst, bist du berechtigt, eine maschinenlesbare Kopie der auf deinem Computer gespeicherten iOS-Softwareaktualisierungen für Sicherungszwecke zu erstellen. Du bist verpflichtet, auf jeder Kopie der iOS-Softwareaktualisierungen die Urheber- und sonstigen Schutzrechtshinweise aufzunehmen, die auf dem Original enthalten waren.
(c) Sofern Apple auf deinem iOS-Gerät zum Zeitpunkt des Kaufs Apple-Apps aus dem App Store vorinstalliert hat („vorinstallierte Apps"), musst du dich beim App Store anmelden und diese vorinstallierten Apps deinem App Store-Account zuordnen, um sie auf deinem iOS-Gerät verwenden zu können. Wenn du deinem App Store-Account eine vorinstallierte App zuordnest, ordnest du gleichzeitig automatisch alle anderen vorinstallierten Apps auf deinem iOS-Gerät zu. Indem du dich für die Zuordnung der vorinstallierten Apps zu deinem App Store-Account entscheidest, erklärst du dein Einverständnis damit, dass Apple sowohl die Apple-ID, die von deinem App Store-Account verwendet wird, als auch eine eindeutige Hardwarekennung, die von deinem iOS-Gerät gesammelt wird, als eindeutige Account-IDs zwecks Prüfung der Berechtigung deiner Anfrage und Bereitstellung des Zugriffs auf die vorinstallierten Apps via App Store für dich übertragen, sammeln, verwalten, verarbeiten und nutzen darf. Wenn du eine vorinstallierte App nicht verwenden möchtest, kannst du sie jederzeit von deinem iOS-Gerät löschen.
(d) Es ist dir nicht gestattet und du verpflichtest dich, es zu unterlassen und Dritten nicht zu gestatten, die iOS-Software oder jegliche Dienste, die von der iOS-Software bereitgestellt werden, oder Teile davon zu kopieren (sofern dies nicht ausdrücklich im Rahmen dieses Lizenzvertrags gestattet ist), zu dekompilieren, zurückzuentwickeln, zu disassemblieren, zu modifizieren, zu entschlüsseln, Versuche zur Ableitung des Quellcodes zu unternehmen oder abgeleitete Werke der iOS-Software oder jeglicher in der iOS-Software enthaltener Dienste oder Teilen davon zu erstellen (sofern dies nicht und nur in dem Ausmaß, in dem jegliche vorgenannte Beschränkung durch gesetzliche Vorschriften untersagt ist oder durch die Lizenzbestimmungen, die die Nutzung von möglicherweise in der iOS-Software enthaltenen Open-Source-Komponenten regeln, gestattet ist)."[6]

„Sie sind berechtigt, eine maschinenlesbare Kopie der Apple Software für Sicherungszwecke zu erstellen. Sie sind verpflichtet, auf jeder Kopie der Apple Software die Urheber- und sonstigen Schutzrechtshinweise aufzunehmen, die auf dem Original enthalten waren."[7]

---

[4] Vgl. die Nutzungsbedingungen Softwaredownload (Nexway) (2012).
[5] Vgl. den Software-Lizenzvertrag von Adobe Systems Incorporated (Reader 2013).
[6] Vgl. Softwarelizenzvertrag für iOS 11 der Apple Inc. (EA1491 vom 12.7.2017).
[7] Vgl. Softwarelizenzvertrag für iTunes für Windows der Apple Inc. (2010).

I. Die Vervielfältigungsverbote

„2. c. Beschränkungen. Der Hersteller bzw. das Installationsunternehmen und Microsoft behalten sich alle Rechte vor (beispielsweise Rechte im Rahmen von Gesetzen über geistiges Eigentum), die in diesem Vertrag nicht ausdrücklich gewährt werden. Beispielsweise erhalten Sie mit dieser Lizenz keine Rechte für folgende Handlungen und müssen daher Folgendes unterlassen: (ii) die Software zu veröffentlichen, zu kopieren (mit Ausnahme der zulässigen Sicherungskopie), zu vermieten, zu verleasen oder zu verleihen."[8]

„3. SICHERUNGSKOPIE. Sie sind berechtigt, eine Sicherungskopie der Software anzufertigen. Sie dürfen diese nur zur erneuten Installation der Software verwenden."[9]

„Unter unserer Lizenz gewähren wir Ihnen das Recht, diese eine Kopie auf einem Computer (dem lizenzierten Computer) zur Verwendung durch jeweils eine Person zu installieren und auszuführen, jedoch nur, wenn Sie alle Bestimmungen dieses Vertrages einhalten. In der Regel bedeutet dies, dass Sie eine Kopie der Software auf einem Personal Computer installieren können, und dann können Sie die Software auf dem Computer verwenden.
Sie sind berechtigt, eine Kopie der Software für Sicherungszwecke anzufertigen und diese Sicherungskopie wie nachstehend erläutert zu verwenden."[10]

„Sie sind nicht dazu berechtigt: eine größere Anzahl von Kopien der Software als in diesem Vertrag angegeben oder vom anwendbaren Recht ungeachtet dieser Einschränkung ausdrücklich gestattet anzufertigen."

„AVM räumt dem Lizenznehmer das nicht ausschließliche Recht ein, die Software zu nutzen. Das Nutzungsrecht ist auf den vereinbarten Zeitraum begrenzt, in Ermangelung einer solchen Vereinbarung ist das Nutzungsrecht zeitlich unbefristet.
Der Lizenznehmer darf von der Software nur eine Vervielfältigung erstellen, die ausschließlich für Sicherungszwecke verwendet werden darf (Sicherungskopie)."[11]

„1. Lizenz. Der Anbieter gewährt Ihnen eine nicht exklusive Lizenz zur Verwendung der Lösung und der Dokumentation während des vereinbarten Zeitraums, der in den geltenden Bedingungen angegeben ist, einschließlich aller Verlängerungen oder Erneuerungen (die „Abonnementlaufzeit"), unter der Voraussetzung, dass Sie den Bedingungen dieser Vereinbarung zustimmen."[12]

„a. Lizenzgewährung. AVG Technologies gewährt Ihnen hiermit gemäß den Bedingungen dieser Vereinbarung eine nicht ausschließliche und nicht übertragbare Lizenz, die Software und/oder Dienste während der gültigen Laufzeit nur in ausführbarer Form oder Objektcodeform und nur für die zulässigen Zwecke gemäß den gültigen Bedingungen zu nutzen.
b. Beschränkungen. Sie sind zu Folgendem nicht berechtigt und dürfen auch Dritten Folgendes nicht gestatten: (i) die Software für andere Zwecke kopieren als für die Verwendung laut dieser Vereinbarung und für die Offline-Archivierung und Datenwiederherstellung bei einer Funktionsstörung in angemessener Weise erforderlich ist."[13]

„6 Nutzungsrechte
6.1 Die Deutsche Telekom räumt dem Kunden ein nicht ausschließliches, nicht unterlizenzierbares, räumlich und zeitlich uneingeschränktes Nutzungsrecht an der Software ein.
6.2 Der Kunde darf die Software zur Installation von der Internetseite der Deutschen Telekom auf die Festplatte (oder auf einen sonstigen Massenspeicher) des eingesetzten Rechners sowie zum Laden des Programms in den Arbeitsspeicher vervielfältigen."[14]

„Der Verlag räumt für die Vertragsdauer ein einfaches, nicht ausschließliches Recht ein, die Software auf einem einzelnen Computer zu betreiben. Die gleichzeitige Nutzung auf mehreren Geräten, die Erstellung von Kopien (außer zu Sicherungszwecken), die Weitergabe der Software über ein Netz oder im Wege der Datenfernübertragung sind unzulässig, stellen ohne Zustimmung des Verlages eine Urheberrechtsverletzung dar und lösen zivil- und strafrechtliche Folgen aus."[15]

---

[8] Vgl. Microsoft-Software Lizenzbestimmungen. Windows-Betriebssystem (Dezember 2016) Nr. 2c.
[9] Vgl. Microsoft DirectX Lizenzbestimmungen (2011).
[10] Vgl. Microsoft-Software-Lizenzvertrag für Windows 8, (2013).
[11] Vgl. den Lizenzvertrag zur Fritz!Box der AVM GmbH (2011).
[12] Vgl. die Endnutzer-Lizenzvereinbarung der AVG Technologies (7.7.2017).
[13] Vgl. die Software-Lizenzvereinbarung für Endbenutzer der AVG Technologies (2013).
[14] Vgl. die Allgemeinen Geschäftsbedingungen von Softwareload der Deutsche Telekom AG (Version 1.11.2008).
[15] Vgl. die Anwendungsbestimmungen des Otto-Schmidt-Verlags für die Nutzung der Datenbanksoftware der Computer und Recht, 2009.

1557 Gem. § 69c Nr. 1 S. 1 UrhG wird das Recht zur Anfertigung einer dauerhaften oder vorübergehenden **Vervielfältigung** eines Computerprogramms (ganz oder teilweise) mit jedem Mittel und in jeder Form dem Rechtsinhaber vorbehalten. Jede andere Person bedarf daher für die Vornahme einer entsprechenden Handlung der Zustimmung des Rechtsinhabers. § 69c Nr. 1 S. 2 UrhG beinhaltet keine darüber hinausgehende Regelung[16], sondern stellt lediglich klar, dass dies auch dann gilt, soweit das Laden, Anzeigen, Übertragen oder Speichern des Computerprogramms eine Vervielfältigung erfordern. Die allgemeine Vorschrift des § 53 UrhG über Vervielfältigungen zum privaten Gebrauch, aus der ein Recht zur Anfertigung von Sicherheitskopien abgeleitet werden könnte, ist wegen der Sonderregelungen für Computerprogramme in §§ 69c und 69d Abs. 2 UrhG bei Software nicht anwendbar[17]. Dennoch wurde das hier zur Diskussion stehende Problem der Vervielfältigungsverbote auch durch die softwarespezifischen Regelungen nicht wirklich gelöst. Vielmehr hat der Gesetzgeber die Diskussion mit den Regelungen der §§ 69c Nr. 1, 69d Abs. 1 UrhG lediglich etwas verlagert. Die Systematik des Gesetzes geht im Einklang mit der EU-Richtlinie zum Softwareschutz dahin, zunächst mittels der weitreichenden Grundsatzregelung des § 69c UrhG die Ausschließlichkeitsrechte des Rechtsinhabers zu umschreiben. Erst die Vorschrift des § 69d UrhG enthält sodann die notwendigen Beschränkungen dieser Grundsatzregelung. §§ 69c und 69d UrhG müssen daher immer im Zusammenhang gelesen werden.

1. Der Begriff der Vervielfältigung und das Erfordernis der Zustimmung gem. §§ 69c Nr. 1, 69d Abs. 1 UrhG

1558 Vom Vervielfältigungsbegriff werden etwa folgende Handlungen erfasst: das Kopieren des Computerprogramms auf einen **selbstständigen verkehrsfähigen Datenträger,** das **Ausdrucken des Programmcodes** auf einem Drucker sowie das Laden des Programms in den Arbeitsspeicher. Nicht unter den Vervielfältigungsbegriff fällt jedoch der eigentliche **Programmlauf,** sofern keine der voranstehend aufgeführten Vervielfältigungen vorgenommen wird, sowie das Anzeigen des Programmcodes auf dem **Bildschirm.** Für weitere Einzelheiten sei hier aber nach oben[18] verwiesen. Festgehalten werden kann an dieser Stelle aber, dass jeder Anwender ein Vervielfältigungsrecht erwerben muss, um das Programm benutzen zu können.

2. Das Zustimmungserfordernis als Problemlösungsansatz

1559 Berücksichtigt man das oben gefundene Ergebnis, dass das Laden von Computersoftware in den Arbeitsspeicher eine Vervielfältigung im Sinne der §§ 69c Nr. 1, 16 UrhG darstellt, so wird deutlich, dass das Kriterium des Zustimmungserfordernisses den einzigen Ansatzpunkt für eine sinnvolle Handhabung des Kopierverbots gem. § 69c Nr. 1 UrhG bietet. Dementsprechend muss nachfolgend die Zustimmung des Rechtsinhabers näher untersucht werden.

---

[16] *Dreier/Schulze* § 69c Rdn. 5 bezeichnen die Regelung tautologisch; so auch *Schricker/Loewenheim/Spindler* § 69c Rdn. 7.
[17] Vgl. für Computerspiele *OLG Düsseldorf*, 21.12.2010, I-20 U 59/10, MMR 2011, 250; allgemein *Dreier/Schulze* § 53 Rdn. 6; *Bisges* MMR 2012, 574, 578.
[18] Vgl. hierzu ausführlich oben Rdn. 155 ff.

3. Die Herstellung der verschiedenartigen Vervielfältigungen von Computersoftware und die jeweilige Zustimmung des Urheberrechtsinhabers

a) Notwendige Vervielfältigungen in den Arbeitsspeicher und auf Massenspeicher

Trotz des intensiven Streits über die korrekte vertragstypologische Einordnung der Softwareüberlassungsverträge besteht doch weitgehende Übereinstimmung darüber, dass dem Anwender durch einen solchen Vertrag die Nutzung der entsprechenden Software erlaubt werden soll, dass also in den seltenen Fällen urheberrechtlich nicht geschützter Software die schlichte Überlassung des Programms zur Nutzung vereinbart wird und bei urheberrechtlich geschützter Software dem Anwender zumindest „nebenbei"[19] noch die urheberrechtsrelevanten Nutzungsrechte eingeräumt werden müssen, die für die Benutzung des Programms notwendig sind[20]. Der *BGH* umschreibt dies dahingehend, für ein urheberrechtlich geschütztes Programm bedürfe es **zusätzlich** („stillschweigend") zur Nutzungsermöglichung noch der urheberrechtlich erforderlichen **vertraglichen Vereinbarungen,** wie der Erlaubnis zur Vervielfältigung, Übersetzung und Verbreitung gem. § 69c UrhG[21]. Aus diesem Grund kann im Rahmen der hier angestellten Untersuchung allein auf den **nutzungsrechtlichen Vertragsteil** abgestellt werden und die bei der Beurteilung anderer Fragen möglicherweise notwendigen Unterscheidungen zwischen Individual- und Standardsoftware einerseits und der zeitlich begrenzten oder unbegrenzten Überlassung unterbleiben. Irrelevant ist an dieser Stelle, ob die Nutzungsrechtseinräumungen im Softwareüberlassungsvertrag ausdrücklich oder konkludent enthalten sind[22].

1560

Zur Verdeutlichung dieses gedanklichen Ausgangspunkts muss nun zunächst klar herausgestellt werden, weshalb nach Auffassung der oben genannten Stimmen in der Literatur in der Regel eine konkludent erteilte Vervielfältigungsmöglichkeit vorliegen soll. Entscheidender Gesichtspunkt ist hierbei, dass die Vervielfältigung in den Arbeitsspeicher einen notwendigen Bestandteil der Benutzung von Computersoftware darstellt[23] und deshalb die Einräumung eines Anwendernutzungsrechts seitens des Berechtigten nicht nur regelmäßig, sondern **notwendigerweise** die diesbezügliche Zustimmung zur Vervielfältigung umfasst[24]. Dem trägt auch die Begründung der EU-Kommission zu dem Vorschlag für die spätere Softwarerichtlinie Rechnung, in der ausdrücklich ausgeführt wird, dass zusammen mit der körperlichen Kopie des Programms bestimmte Rechte zur Anwendung desselben auf den Benutzer übergehen[25]. Der *BGH* formuliert das dahingehend, der Erwerb einer Software wäre sinnlos, wenn sie von ihrem Besitzer nicht genutzt werden dürfte[26]. Nur wenn man zwar gesetzessystematisch korrekt, aber unter dem Gesichtspunkt der Softwareanwendung nicht praktikabel zwischen Nutzung der Computersoftware und Vervielfälti-

1561

---

[19] Ähnlich *OLG Stuttgart*, 3.11.2011, 2 U 49/11, CR 2012, 299, 300.
[20] Vgl. *BGH*, 6.10.2016, I ZR 25/15, GRUR 2017, 266, 270 Tz. 42; *BGH*, 15.11.2006, XII ZR 120/04, NJW 2007, 2394, 2395 Tz. 17; *Fromm/Nordemann/Czychowski* § 69c Rdn. 46.
[21] Vgl. *BGH*, 6.10.2016, I ZR 25/15, GRUR 2017, 266, 270 Tz. 42; *BGH*, 15.11.2006, XII ZR 120/04, NJW 2007, 2394, 2395 Tz. 17. Dem *BGH* ausdrücklich zustimmend *OLG Stuttgart*, 3.11.2011, 2 U 49/11, CR 2012, 299, 300; auch *Wolf/Lindacher/Pfeiffer* Klauseln Rdn. S 215.
[22] Vgl. *Fromm/Nordemann/Czychowski* § 69c Rdn. 46, der auch noch eine Rechtseinräumung über § 69d UrhG in Erwägung zieht; eine konkludente Rechtseinräumung sieht *Wolf/Lindacher/Pfeiffer* Klauseln Rdn. S 215.
[23] Vgl. hierzu oben Rdn. 669.
[24] Vgl. *OLG Stuttgart*, 3.11.2011, 2 U 49/11, CR 2012, 299, 300.
[25] Vgl. ABl.EG Nr. C 91/7 vom 12.4.1989; die dort gemachte Einschränkung auf den Verkauf von Computerprogrammen ist nicht überzeugend.
[26] Vgl. *BGH*, 6.10.2016, I ZR 25/15, GRUR 2017, 266, 270 Tz. 42.

gung in den Arbeitsspeicher eine künstliche Trennlinie zu ziehen versucht[27], können die im Rahmen eines Softwareüberlassungsvertrags angestrebte Einräumung eines Nutzungsrechts und die Zustimmung zur Vervielfältigung auseinanderklaffen. Da letzteres jedoch bereits im Rahmen der Einräumung eines Nutzungsrechts Probleme aufwirft, weil eine Nutzung ohne die hier diskutierte Vervielfältigung nicht möglich erscheint, verlagert sich die dann zu beantwortende Frage dahin, ob in einem solchen Fall überhaupt ein Nutzungsrecht eingeräumt werden, ob also überhaupt ein Softwareüberlassungsvertrag geschlossen werden sollte. Gleichgültig ist hierbei, ob der Softwareüberlassungsvertrag **individualvertraglich** abgeschlossen wurde oder den besonderen Bestimmungen für Allgemeine Geschäftsbedingungen gem. §§ 305ff. BGB unterfällt, denn die dargelegten Überlegungen treffen nicht nur auf vorformulierte Verträge zu. Der *EuGH* hat die hier angestellten Erwägungen bestätigt, indem er das Überlassen einer Programmkopie als „sinnlos" bezeichnete, wenn diese Kopie von ihrem Besitzer nicht genutzt werden dürfe, weshalb Programmüberlassung und Nutzungserlaubnis im Hinblick auf ihre rechtliche Einordnung „in ihrer Gesamtheit" zu prüfen ist[28].

1562 Damit wird deutlich, dass zumindest die hier angesprochene Art der Vervielfältigung ein **notwendiger Teil** des dem Softwareanwender eingeräumten **Nutzungsrechts** ist und deshalb die gesetzessystematisch vorgegebene differenzierende Behandlung von Nutzung und Vervielfältigung eines urheberrechtlich geschützten Werks bei Computerprogrammen insoweit nicht durchgehalten werden kann. Vielmehr ist der Inhaber eines Softwarenutzungsrechts berechtigt, das ihm überlassene Computerprogramm auf die ihm erlaubte Art im Sinne der Einspeicherung in den Arbeitsspeicher zu nutzen, ohne dass es auf eine besondere Zustimmung noch ankommen kann. Die vom *BGH* geforderten **„zusätzlichen vertraglichen Vereinbarungen"**[29] können daher auch konkludent getroffen sein[30]. Problematisch könnte nach alledem nur noch die Beantwortung der Frage sein, wie die hier vertretene Auffassung mit der Vorschrift des § 69d Abs. 1 UrhG in Einklang zu bringen ist. Dieser Vorschrift zufolge bedürfen u.a. die von § 69c Nr. 1 UrhG erfassten Vervielfältigungshandlungen im Falle des Fehlens besonderer vertraglicher Bestimmungen nicht der Zustimmung des Rechtsinhabers, wenn sie für eine bestimmungsgemäße Benutzung des Computerprogramms durch jeden zur Verwendung eines Vervielfältigungsstücks des Programms Berechtigten notwendig sind.

1563 Ausgangspunkt für die dem Anwender erlaubten Vervielfältigungshandlungen ist dementsprechend auch nach § 69d Abs. 1 UrhG die mit dem Softwareüberlassungsvertrag notwendigerweise verbundene Zustimmung zur Anfertigung der im Rahmen einer bestimmungsgemäßen Programmbenutzung **notwendigen** Vervielfältigungsstücke. Im 13. Erwägungsgrund zur Softwarerichtlinie wird ausdrücklich ausgeführt, dass sowohl das Laden als auch das Ablaufenlassen eines Computerprogramms nicht vertraglich untersagt werden dürfen, soweit diese Handlungen für die Benutzung einer Programmkopie eines rechtmäßig erworbenen Computerprogramms notwendig sind. Im britischen Schrifttum ist dementsprechend zu Recht darauf hingewiesen worden, den Erwägungsgründen zur Softwarerichtlinie liege der Gedanke

---

[27] Hiervon schien sich auch der *BGH*, 4.10.1990, I ZR 139/89, NJW 1991, 1231, 1234 lange Zeit nicht lossagen zu können. Er möchte zwischen Vervielfältigung der Computersoftware und der „reinen Benutzung" sowie der „Benutzung eines Werkes als solche" unterscheiden.
[28] Vgl. *EuGH*, 2.7.2012, C 128/11, NJW 2012, 2565, 2566 Tz. 44 – UsedSoft.
[29] Vgl. *BGH*, 15.11.2006, XII ZR 120/04, NJW 2007, 2394, 2395 Tz. 17.
[30] Vgl. *BGH*, 6.10.2016, I ZR 25/15, GRUR 2017, 266, 270 Tz. 42; *Fromm/Nordemann/ Czychowski* § 69c Rdn. 46.

der „implied ‚use rights'" zugrunde³¹. Diese Einschätzung deckt sich mit der hier vertretenen These, dass jeder Softwareüberlassungsvertrag die Zustimmung zur Vornahme der notwendigen Vervielfältigungshandlungen umfasst.

Aus dogmatischer Sicht in höchstem Maße bedauerlich ist die Regelung des § 69d Abs. 1 UrhG aber zunächst insofern, als der Text dieser Vorschrift davon spricht, in den genannten Fällen bedürfe es keiner Zustimmung. Diese vermeintliche Ausnahme von der generellen Zustimmungsbedürftigkeit urheberrechtsrelevanter Vervielfältigungshandlungen war gesetzgeberisch nicht erforderlich, weil das gleiche Ergebnis auch ohne sprachliches Abgehen vom Erfordernis grundsätzlicher Zustimmung hätte erreicht werden können, indem eine solche Zustimmung als im Softwareüberlassungsvertrag notwendigerweise enthalten normiert worden wäre. Letztendlich ist die Abweichung des insoweit unverändert auf der Softwarerichtlinie beruhenden § 69d Abs. 1 UrhG von der hier vertretenen Auffassung aber unerheblich. Beide Lösungswege gelangen zu dem Ergebnis, dass die Anfertigung notwendiger Vervielfältigungsstücke auch ohne ausdrückliche vertragliche Regelung dem Anwender erlaubt ist³². 1564

Einer Antwort harren daher nur noch die beiden sich anschließenden Fragen, wer denn der **Berechtigte** im Sinne des § 69d Abs. 1 UrhG ist und ob besondere vertragliche Bestimmungen das Recht zur Vornahme notwendiger Vervielfältigungshandlungen zwar nicht abbedingen dürfen, die Vornahme aber an **Bedingungen oder Einschränkungen** geknüpft werden kann. Hierbei kann hinsichtlich der erstgenannten Frage nach oben³³ verwiesen werden, wo ausgeführt wurde, Berechtigter sei in der Regel der Eigentümer bzw. rechtmäßige Besitzer des betreffenden Programmexemplars, es sei aber besser, darauf abzustellen, ob der Anwender im Rahmen des von ihm abgeschlossenen Softwareüberlassungsvertrags von seinem Vertragspartner die notwendigen Nutzungsrechte übertragen bekam. Hinsichtlich der Frage nach Bedingungen und Einschränkungen der Vervielfältigungshandlungen kann an dieser Stelle darauf hingewiesen werden, dass solche Ausgestaltungen wie etwa die Anknüpfung an ein bestimmtes Computersystem, einen Einzelplatzrechner und vergleichbare Kriterien im Rahmen dieses Handbuchs gesondert problematisiert werden. Insoweit kann auf die jeweiligen Detailerörterungen verwiesen werden. 1565

Über das somit erlangte Ergebnis hinaus folgt aus den oben dargelegten Ausführungen aber auch, dass nicht nur eine Vervielfältigung in den Arbeitsspeicher zulässig ist, sondern auch für den Lauf eines Computerprogramms **erforderliche Kopien auf Massenspeicher** – wie etwa eine Installation des Programms auf einer Festplatte – vom rechtmäßigen Softwareanwender angefertigt werden dürfen, weil es sich auch insofern um **notwendige Vervielfältigungen** handelt. Auch solche Kopien sind mit dem bestimmungsgemäßen Gebrauch untrennbar verbunden und zählen deshalb zwangsläufig zu der durch den Softwareüberlassungsvertrag erlaubten Nutzung³⁴. 1566

b) Nicht notwendige, sondern lediglich gebotene Vervielfältigungen

Größere Schwierigkeiten als die Beurteilung der Zulässigkeit notwendiger Vervielfältigungsstücke von Computerprogrammen bereitet die Bewertung des Vervielfältigungsrechts im Hinblick auf die nicht notwendigen, sondern lediglich **gebotenen** 1567

---

³¹ Vgl. *Czarnota/Hart*, Legal Protection of Computer Programs in Europe – A Guide to the EC Directive, London, 1991, S. 65. Zu diesem Kriterium auch oben Rdn. 243.
³² Im Ergebnis wie hier *Schuhmacher* CR 2000, 641, 645.
³³ Vgl. hierzu oben Rdn. 245.
³⁴ Vgl. *Schuhmacher* CR 2000, 641, 645.

Kopien. Dabei wird unter einer gebotenen Vervielfältigung im nachfolgenden eine Kopie des Computerprogramms verstanden, die für den Programmlauf zwar nicht unbedingt erforderlich ist, deren Anfertigung sich jedoch aus anderen Gründen rechtfertigt. Hauptanwendungsfall dieser Gruppe sind die sog. **Sicherheitskopien** oder Backups, die nicht nur etwa zum Schutz gegen den gefürchteten Headcrash einer Festplatte dienen, sondern auch eine zusätzliche Sicherheit für den Fall bieten, dass ein Datenträger außerhalb des Computers zerstört oder Daten versehentlich gelöscht oder überschrieben werden. Zu Recht wird deshalb in vielen Computer- und Softwarehandbüchern darauf hingewiesen, dass die Anfertigung von Sicherheitskopien von größter Wichtigkeit ist.

1568 Im Hinblick auf die Beurteilung der Zulässigkeit derartiger gebotener Kopien bzw. entsprechender Verbote stellt sich nun die Frage, ob solche Vervielfältigungen zum bestimmungsgemäßen Gebrauch zählen, der dem Inhaber des Nutzungsrechts erlaubt ist, oder ob es sich hier um ein **selbstständiges Bedürfnis** der Computerpraxis handelt, das diesem Bereich nicht mehr zugerechnet werden kann.

aa) Das Vorhandensein einer ausdrücklichen vertraglichen Kopiererlaubnis

1569 Zur Beantwortung dieser Frage, ob ein bestimmungsgemäßer und damit erlaubter Gebrauch vorliegt, muss zunächst die entsprechende vertragliche Vereinbarung im Softwareüberlassungsvertrag herangezogen werden. Zahlreiche Softwarehersteller empfahlen früher ihren Kunden, das überlassene Programm auf sog. Arbeitsdisketten zu kopieren und die Originaldisketten an einem sicheren Ort gesondert aufzubewahren. Arbeitsdisketten werden heute zwar nicht mehr eingesetzt, jedoch empfehlen nach wie vor viele Hersteller die Anfertigung einer Sicherungskopie. In diesen Fällen zählt die Anfertigung einer entsprechenden Kopie nach dem Verständnis des Softwareherstellers **ausdrücklich** zum bestimmungsgemäßen Gebrauch. Auch wenn dies gegebenenfalls nicht expressis verbis im Softwareüberlassungsvertrag geregelt sein sollte, liegt in diesen Fällen eine Zustimmung zu einer Vervielfältigung im Sinne des § 69c Nr. 1 UrhG vor, sodass sich diesbezüglich keinerlei Schwierigkeiten ergeben und der Anwender ein rechtmäßiges Vervielfältigungsstück anfertigen darf.

bb) Das Fehlen einer ausdrücklichen vertraglichen Regelung

1570 Anders stellt sich die Sachlage indes dann dar, wenn **keine ausdrückliche** vertragliche Vereinbarung getroffen wurde und auch sonst kein Hinweis auf eine Zustimmung des Rechtsinhabers vorliegt. In diesen Fällen stellt sich die Frage, ob die Anfertigung gebotener Vervielfältigungsstücke zu der dem Anwender erlaubten Nutzung zählt oder ob derartige Vervielfältigungen dem Kopierverbot unterfallen.

1571 Zur Beantwortung dieser Frage ist nicht unmittelbar auf § 69d Abs. 2 UrhG abzustellen, denn dort wird lediglich angeordnet, dass die Erstellung einer für die künftige Benutzung erforderliche Sicherungskopie nicht vertraglich untersagt werden darf, gleichwie eine von § 69d Abs. 2 UrhG abweichende vertragliche Bestimmung gem. § 69g Abs. 2 UrhG nicht nur in vorformulierten Verträgen, sondern auch in Individualverträgen nichtig ist[35]. An dieser Stelle ist aber darauf hinzuweisen, dass dieses in § 69d Abs. 2 UrhG enthaltene „**Verbot des Verbots**" einer Kopieerstellung nicht automatisch auch die Zustimmung des Rechtsinhabers ersetzt. Vielmehr muss, möchte man dogmatisch sauber arbeiten, auch hier der mit der Ein-

---

[35] Unter Bezugnahme auf Art. 9 Abs. 1 S. 2 der Softwarerichtlinie 91/250/EWG (= Art. 8 Abs. 2 RL 2009/24/EG) *EuGH*, 12.10.2016, C-166/15, EuZW 2016, 866, 869 Tz. 40 – Weiterverkauf von Sicherungskopien m. Anm. *Marly/Prinz*.

I. Die Vervielfältigungsverbote

räumung des Nutzungsrechts verfolgte Zweck herangezogen werden[36]. Dieser wurde oben[37] in seinem Mindestinhalt bereits dahingehend umschrieben, dass der Anwender durch die Überlassung des Computerprogramms in die Lage versetzt werden soll, eine Maschine mit informationsverarbeitenden Fähigkeiten eine bestimmte Funktion oder Aufgabe oder ein bestimmtes Ergebnis anzeigen, ausführen oder erzielen zu lassen. Dementsprechend lassen sich die entsprechenden **Mindestpflichten** in der Eröffnung einer tatsächlichen Nutzungsmöglichkeit und in der Verschaffung der für die Vervielfältigung in den Arbeitsspeicher oder der Anfertigung sonstiger notwendiger Vervielfältigungen erforderlichen Nutzungsrechte umschreiben[38].

Unbeantwortet bleibt bei dieser auf den reinen Programmlauf abstellenden Zweckbestimmung indes, ob zu einer **sachgemäßen Nutzung** nicht auch die Vornahme derjenigen Handlungen zählt, die der Aufrechterhaltung eines störungsfreien Weiterfunktionierens dienen, wozu die Anfertigung von gebotenen Vervielfältigungen, insbesondere die Herstellung von Sicherheitskopien, zu zählen sein könnte[39]. Aus diesen Gründen erscheint ein Rückgriff auf die Auslegungsvorschriften der §§ 133, 157 BGB notwendig, sodass die entsprechende Verkehrssitte als die den Verkehr tatsächlich beherrschende Übung herangezogen werden muss. **Verkehrssitte** im Umgang mit Computerprogrammen, die auf dem System des Anwenders installiert sind, ist jedoch die allgemein für außerordentlich wichtig gehaltene Anfertigung von Sicherheitskopien zum Schutz vor den oben bereits erwähnten Gefahren der Zerstörung oder des versehentlichen Löschens der betreffenden Software. Entsprechend dieser Verkehrssitte kann beim Fehlen einer ausdrücklichen vertraglichen Vereinbarung davon ausgegangen werden, dass für die hier diskutierte Anfertigung von gebotenen Vervielfältigungsstücken eine derartige Zustimmung des Berechtigten vorliegt[40]. Unter Umständen lässt sich eine solche Zustimmung des Urheberrechtsinhabers zur Anfertigung von Sicherheitskopien auch aus den Gesamtumständen des Überlassungsvertrags herleiten. Anders wird man allerdings in den Fällen zu entscheiden haben, in denen die Software auf dem System des Anbieters installiert und betrieben wird (z. B. bei ASP/SaaS). Dann obliegt die Sicherung dem Anbieter und eine solche des Anwenders ist nicht notwendig[41].

Aus den dargelegten Überlegungen ergibt sich, dass es zwar begrüßenswert gewesen wäre, hätte der Gesetzgeber für die Herstellung von Sicherheitskopien eine posi-

1572

1573

---

[36] So wohl auch *Fromm/Nordemann/Czychowski* § 69d Rdn. 12.
[37] Vgl. hierzu oben Rdn. 669.
[38] Im Ergebnis zutreffend, aber dogmatisch nicht überzeugend FG Köln, 29.9.2000, 7 K 1119/99, MMR 2001, 262, das ausführt, die in § 69d UrhG genannten Rechte seien Gebrauchs- und Nutzungsrechte, die der Schutzrichtung des UrhG gar nicht unterlägen.
[39] In dieser Richtung wohl *Fromm/Nordemann/Czychowski* § 69d Rdn. 24. Vgl. auch die Begriffsbestimmungen der EVB-IT Überlassung Typ A, wo die ordnungsgemäße Datensicherung wie folgt definiert wird: „Datensicherung umfasst alle technischen und/oder organisatorischen Maßnahmen zur Sicherstellung der Verfügbarkeit, Integrität und Konsistenz der IT-Systeme einschließlich der auf diesen IT-Systemen gespeicherten und für Verarbeitungszwecke genutzten Daten, Programme und Prozeduren. Ordnungsgemäße Datensicherung bedeutet, dass die getroffenen Maßnahmen in Abhängigkeit von der Datensensitivität eine sofortige oder kurzfristige Wiederherstellung des Zustandes von Systemen, Daten, Programmen oder Prozeduren nach erkannter Beeinträchtigung der Verfügbarkeit, Integrität oder Konsistenz aufgrund eines schadenswirkenden Ereignisses ermöglichen; die Maßnahmen umfassen dabei mindestens die Herstellung und Erprobung der Rekonstruktionsfähigkeit von Kopien der Software, Daten und Prozeduren in definierten Zyklen und Generationen."
[40] In dieser Richtung *Schneider*, Kap. G Rdn. 355; *Auer-Reinsdorff/Conrad/Kast*, 2. Aufl. 2016, § 12 Rdn. 176.
[41] Vgl. *Auer-Reinsdorff/Conrad/Roth-Neuschild*, 2. Aufl. 2016, § 13 Rdn. 108.

tiv formulierte Regelung geschaffen, etwa dergestalt, dass die Anfertigung von Sicherungskopien ausdrücklich für erlaubt erklärt worden wäre. Entsprechende Regelungen lassen sich in ausländischen Rechtsordnungen durchaus vorfinden[42]. Notwendig war eine derartige Regelung indes nicht, da nach dem hier vertretenen Verständnis der §§ 69c Nr. 1, 69d Abs. 2 UrhG in Verbindung mit der oben angeführten Verkehrssitte Sicherheitskopien vom Anwender zumindest dann angefertigt werden dürfen, wenn eine **ausdrückliche** vertragliche **Regelung fehlt**. In diesen Fällen zählt die Anfertigung von Sicherheitskopien zur bestimmungsgemäßen Benutzung im Sinne des § 69d Abs. 1 UrhG[43].

1574 Betont werden muss jedoch an dieser Stelle, dass die angeführte Verkehrssitte im Umgang mit Computersoftware in Übereinstimmung mit § 69d Abs. 2 UrhG und Art. 5 Abs. 2 der Softwarerichtlinie lediglich für die Herstellung einer **einzelnen**[44] körperlich fixierten dauerhaften Vervielfältigung herangezogen werden kann, weil weitere Vervielfältigungen zum Schutz vor den genannten Gefahren nicht notwendig sind und die Herstellung derartiger Kopien auch nicht der Verkehrssitte entspricht. Dieser Gedanke führt indes zugleich zur Frage nach der Zulässigkeit der Herstellung überzähliger Vervielfältigungsstücke, auf die jedoch erst unten[45] eingegangen werden soll.

cc) Vertragliches Kopierverbot und Kopierschutz

1575 Eine wiederum veränderte Sachlage im Rahmen der hier untersuchten Fallgruppe der gebotenen Vervielfältigungsstücke besteht dann, wenn die Anfertigung von lediglich gebotenen Vervielfältigungsstücken der Computersoftware **vertraglich expressis verbis** verboten wurde oder wenn zwar kein ausdrückliches Verbot vorliegt, die Vervielfältigung aber durch einen sog. **Kopierschutz** verhindert werden soll. Dabei wird im nachfolgenden unter dem Begriff des Kopierschutzes eine Routine im Computerprogramm verstanden, die verhindert, dass mit dem normalen Copy-Befehl eine Vervielfältigung vorgenommen werden kann. Dabei ist gleichgültig, auf welchem technischen Weg die Nichtkopierbarkeit erreicht wird, sodass auch verschlüsselte Lieferexemplare oder auf einem Computer „**vorinstallierte Software**" erfasst werden, sofern keine Sicherungskopien angefertigt werden können[46]. Diesem begrifflichen Verständnis entspricht auch der mit dem Gesetz zur Regelung des Urheberrechts in der Informationsgesellschaft vom 10.9.2003 eingeführte § 95a Abs. 2 S. 2 UrhG, in dem von einem „Mechanismus zur Kontrolle der Vervielfältigung" gesprochen wird[47], wenngleich nicht verkannt werden darf, dass die „Ergänzenden Schutzbestimmungen" der §§ 95a bis 95d UrhG nach § 69a Abs. 5 UrhG auf Computerprogramme keine Anwendung finden[48]. Auch wenn die Vor-

---

[42] Vgl. etwa den australischen Copyright Amendment (Computer Programs) Act 1999: Division 4A, 47C (2) (b), demzufolge keine Urheberrechtsverletzung vorliegt, wenn die Vervielfältigung zur normalen Datensicherung zählt: „the making of the reproduction is part of the normal back-up copying of data for security purposes". Ähnlich in Art. 16 (2) chinesische Regulations on Computer Software Protection „to make backup copies against damage, provided that such owners do not offer others in any way the backup copies for their use und that they destroy such copies once they lose the ownership thereof".

[43] Ohne diese Einschränkung *Kreutzer* CR 2006, 804; *Wandkte/Bullinger/Grützmacher* § 69d Rdn. 16.

[44] So im Grundsatz *Schricker/Loewenheim/Spindler* § 69d Rdn. 17.

[45] Vgl. hierzu unten Rdn. 1585 f.

[46] Vgl. *Koch* CR 2002, 629, 634.

[47] Vgl. BGBl. I S. 1774 ff.

[48] Vgl. *BGH*, 6.2.2013, I ZR 124/11, GRUR 2013, 1035, 1036 Tz. 17. Dies übersieht *Koch* CR 2002, 629, 635.

schriften der §§ 95a bis d UrhG auf Computerprogramme keine Anwendung finden, bedeutet dies nicht, dass urheberrechtlich geschützte Werke und Leistungen nicht durch Computersoftware geschützt werden können. Technische Maßnahmen im Sinne des § 95a UrhG können sowohl Hard- als auch Software-Lösungen sein[49].

Indem nun der Softwarehersteller sein Computerprogramm mit einem Kopierschutz versieht, um weitere Vervielfältigungen zu verhindern, gibt er gleichzeitig **konkludent** zu erkennen, dass er eine Vervielfältigung verbieten möchte und dass sie dementsprechend keinesfalls zum bestimmungsgemäßen Gebrauch der Computersoftware zählen soll. Dies rechtfertigt es, den Kopierschutz einem expressis verbis erklärten Vervielfältigungsverbot gleichzustellen[50]. 1576

Erst an dieser Stelle ist unmittelbar auf § 69d Abs. 2 UrhG zurückzugreifen, demzufolge die **Herstellung einer Sicherungskopie** durch eine zur Benutzung des Programms berechtigte Person nicht vertraglich untersagt werden darf, soweit dies für die Sicherung künftiger Benutzung erforderlich ist. Ein entsprechendes vertragliches Verbot ist daher gem. § 69g Abs. 2 UrhG unwirksam[51]. Dieser Vorschrift zufolge sind vertragliche Bestimmungen nichtig, wenn sie in Widerspruch zu § 69d Abs. 2 UrhG stehen. § 69g Abs. 2 UrhG gilt sowohl für Vereinbarungen in Allgemeinen Geschäftsbedingungen als auch für Individualverträge. 1577

Der durch § 69d Abs. 2 UrhG geschaffenen Rechtslage kann, jedenfalls soweit man allein auf die in der Gesetzesbegründung angestellten Erwägungen abstellt und allein urheberrechtlich argumentiert, seitens des Softwareherstellers allerdings auch so nachgekommen werden, dass er dem Anwender die Möglichkeit einräumt, eine gegebenenfalls benötigte **Zweitkopie** von ihm zu beziehen[52]. Hierin liegt zwar für den Anwender eine gewisse zusätzliche Last, die darin besteht, dass er im Bedarfsfall zunächst mit dem Softwarehersteller Kontakt aufnehmen muss, um ein Ersatzstück zur Verfügung gestellt zu bekommen. Diese zusätzliche Last wird jedoch auch unter Berücksichtigung des mitunter bestehenden erheblichen Zeitdrucks, dem sich der Anwender ausgesetzt sieht, durch die besonderen Interessen des Rechtsinhabers am Schutz seiner Computersoftware vor der Anfertigung von Raubkopien gerechtfertigt. Aus diesem Grund stellt die zusätzliche Last eine zumutbare Belastung dar, die im Hinblick auf die Sicherung zukünftiger Benutzung des entsprechenden Computerprogramms nicht als unangemessen bezeichnet werden kann[53]. Zur Milderung des Zeitdrucks ist unter Berücksichtigung der Tatsache, dass die Möglichkeiten moderner Telekommunikation eine schnelle sowie in der Regel auch sehr kostengünstige Programmlieferung bieten, gegebenenfalls ein Download des Programms durchzuführen[54]. Im Ergebnis geht auch der *EuGH* von einem Recht des rechtmäßigen Programmnutzers aus, das Programm von der Webseite des Urheberrechtsinhabers 1578

---

[49] Vgl. *LG München I*, 14.10.2009, 21 O 22196/08, K&R 2010, 66, 67.
[50] Offengelassen von *BGH*, 12.7.2012, I ZR 18/11, NJW 2013, 784, 787 Tz. 45 mit Anm. *Marly* LMK 2013, 344517. Wie hier *Koch* CR 2002, 629, 634; *Fromm/Nordemann/Czychowski* § 69d Rdn. 26.
[51] Unter Bezugnahme auf Art. 9 Abs. 1 S. 2 der Softwarerichtlinie 91/250/EWG (= Art. 8 Abs. 2 RL 2009/24/EG) *EuGH*, 12.10.2016, C-166/15, EuZW 2016, 866, 869 Tz. 40 – Weiterverkauf von Sicherungskopien m. Anm. *Marly/Prinz*. Ohne Bezugnahme auf eine konkrete Norm *OLG Stuttgart*, 3.11.2011, 2 U 49/11, CR 2012, 299, 302.
[52] Vgl. die Begründung zum Regierungsentwurf der Urheberrechtsnovelle 1993, BT-Drucks. 12/4022 vom 18.12.1992, S. 12; *Hoeren* MMR 2010, 447, 449; *Kreutzer* CR 2006, 804, 809.
[53] Vgl. *Kreutzer* CR 2006, 804, 810; *Dreier/Schulze* § 69d Rdn. 16; a. A. *Wandtke/Bullinger/Grützmacher* § 69d Rdn. 54; *Hoeren/Schumacher* CR 2000, 137, 140.
[54] Vgl. *Dreier/Schulze* § 69d Rdn. 16.

herunterladen zu können, wenn der ursprünglich gelieferte Originaldatenträger zerstört wurde oder sonstwie abhanden kam[55].

1579 Daneben kann jedoch auch von einer Gefährdung des Vertragszwecks im Sinne der Einräumung einer ordnungsgemäßen Nutzungsmöglichkeit nicht gesprochen werden, denn der Anwender kann im Bedarfsfall auf ein vom Softwarehersteller angefertigtes Ersatzstück zurückgreifen. Das Argument, dass der Anwender in einem solchen Fall von der **Solvenz des Softwareherstellers** abhängig ist und unter Umständen keine Ersatzstücke mehr erhalten kann[56], ist zwar durchaus nicht unberechtigt, führt aber ebenfalls zu keiner abweichenden Beurteilung. Die Lieferanteninsolvenz zählt typischerweise zu den Risiken, die der Kunde tragen muss. Hierdurch wird die ordnungsgemäße Nutzungsmöglichkeit nicht gefährdet.

1580 Im Gleichklang zur oben dargestellten Interessenlage findet sich in den Fällen, in denen der Softwareüberlassungsvertrag ein ausdrückliches Kopierverbot enthält oder in dem die Software mit einem Kopierschutz versehen ist, innerhalb der Vertragsbedingungen häufig eine Regelung, die es dem Anwender gegen **Einsendung des beschädigten Originaldatenträgers** und eines gewissen Betrags zur Kostendeckung erlaubt, einen neuen Programmträger zu erhalten oder das Programm neu vom Server des Herstellers zu laden. Solange die vom Anwender zu zahlende Kostenpauschale betragsmäßig nicht auf einen abermals zu entrichtenden Überlassungspreis hinausläuft, sondern durch den beim Rechtsinhaber entstehenden Arbeitsaufwand gedeckt wird, kann hierin eine Vereinbarung gesehen werden, die sowohl den schützenswerten Interessen des Softwareherstellers als auch des Anwenders genügt, soweit diese Interessen vom Gesetzgeber berücksichtigt wurden[57].

1581 Von einem Fehlen der Erforderlichkeit ist ferner in den Fällen auszugehen, in denen das Computerprogramm nicht auf solchen Datenträgern ausgeliefert wird, die gegenüber mechanischen, magnetischen oder elektrischen Störungen empfindlich sind, sondern in denen das Programm in **ROM-Bausteinen** oder vergleichbaren **Festwertspeichern** (wie etwa PROMs, EPROMs oder EEPROMs) gespeichert ist[58]. Gleiches hat regelmäßig dann zu gelten, wenn die Software auf einer **CD-ROM** oder **DVD** ausgeliefert wird[59], auch wenn die Haltbarkeit der CDs mittlerweile nicht mehr ganz so überschwänglich beurteilt wird wie vor einigen Jahren[60]. In all diesen Fällen kann das Computerprogramm weder leicht gelöscht werden, noch ist während der gewöhnlichen Benutzung des Computersystems ein versehentliches Ändern oder Löschen des Programmcodes zu befürchten, sodass mangels softwarespezifischer Gefahren auch kein Bedürfnis für die Anerkennung eines schützenswerten Interesses zur Anfertigung einer Sicherheitskopie besteht. Obwohl die Regelung des § 69d Abs. 2 UrhG ein Recht des Anwenders zur Anfertigung von Sicherungskopien zu beinhalten scheint, das für alle Computerprogramme gleichermaßen ein-

---

[55] Vgl. *EuGH*, 12.10.2016, C-166/15, EuZW 2016, 866, 870 Tz. 54 – Weiterverkauf von Sicherungskopien m. Anm. *Marly/Prinz*.

[56] Diese Gefahr betont *Wolf/Lindacher/Pfeiffer*, Klauseln (S) Rdbn. S 227.

[57] Von einem Recht auf Erhalt einer kostenfreien Sicherungskopie geht demgegenüber *Koch* CR 2002, 629, 637 aus, allerdings ohne Benennung einer Anspruchsgrundlage. In dieser Richtung wohl auch *BGH*, 12.7.2012, I ZR 18/11, NJW 2013, 784, 787 Tz. 45 mit Anm. *Marly* LMK 2013, 344517.

[58] Vgl. *Kreutzer* CR 2006, 804, 809; *Dreier/Schulze* § 69d Rdn. 16; *Wandtke/Bullinger/Grützmacher* § 69d Rdn. 55.

[59] Vgl. *LG Bochum*, 12.3.1998, 8 O 3/98, CR 1998, 381; a.A. *Kreutzer* CR 2006, 804, 809; *Dreier/Schulze* § 69d Rdn. 16; *Wandtke/Bullinger/Grützmacher* § 69d Rdn. 55.

[60] Vgl. *Werner* CR 2000, 807 m.w.N., der von einer Mindesthaltbarkeit von zehn Jahren ausgeht.

greift und der Begriff des Computerprogramms ausweislich des 7. Erwägungsgrundes zur Softwarerichtlinie ausdrücklich auch die in die Hardware integrierten Programme umfasst, wozu grundsätzlich alle Formen der ROM-Speicherelemente zählen, ist für diese Programme daher eine Sonderbehandlung geboten. Die Anfertigung von Sicherheitskopien ist bei derartigen Programmen grundsätzlich nicht erforderlich[61].

Trotz der oben dargelegten urheberrechtlichen Zulässigkeit des Verbots der Anfertigung von Sicherheitskopien bei gleichzeitiger Einräumung eines Nachbezugsrechts, bestehen gegen die **AGB-rechtliche Zulässigkeit** entsprechender Klauseln **nicht unerhebliche Bedenken**. Dem liegt die Erwägung zugrunde, dass § 69d Abs. 2 UrhG allein auf die Sicherung künftiger Benutzung abstellt und hiermit allein die Benutzung des entsprechenden Computerprogramms gemeint ist. Das einseitige Abstellen auf die Benutzung dieses einen Computerprogramms wird jedoch den Anforderungen, die an eine Inhaltskontrolle von Allgemeinen Geschäftsbedingungen zu stellen sind, insofern nicht gerecht, als **weitere Interessen des Anwenders** betroffen sein können.

1582

Im gesamten Bereich der gewerblichen Nutzung von Computerprogrammen, insbesondere im Bereich der sog. mittleren Datentechnik sowie bei Großrechnern, ist es üblich, in regelmäßigen Abständen **Sicherungskopien vom gesamten Datenbestand** anzufertigen. Diese Sicherungskopien werden nicht sofort beim nächsten Sicherungsturnus wiederverwertet, sondern werden einem Kreislauf mit unterschiedlich großer Zahl von Sicherungskopien verschiedenen Alters zugeführt. Ein solches Vorgehen ist aus Gründen der Datensicherheit häufig unerlässlich, führt jedoch dazu, dass mehrere Sicherungskopien eines jeden Programms angefertigt werden[62]. Grundsätzlich wäre es zwar technisch möglich, nur den jeweiligen Datenbestand unter Aussparung ausführbarer Programmdateien zu sichern, jedoch genügt dies insofern den begründeten Interessen dieser Anwender nicht, als eine schnelle Reaktivierung des Computersystems nach einem Totalausfall nur auf dem Wege der vollständigen Sicherung des Massenspeichers gewährleistet werden kann, weil die Neuinstallation von Programmen mitunter erhebliche Zeit in Anspruch nimmt[63]. Vor diesem Hintergrund erfolgt häufig auch eine doppelte Datenhaltung etwa im Rahmen eines RAID-Systems (Redundant Array of Independent Disks = Redundante Anordnung unabhängiger Festplatten), das zwar auch andere Ziele verfolgt wie etwa eine Erhöhung des Datendurchsatzes, aber trotzdem als Sicherungsmaßnahme bezeichnet werden kann[64]. Gleiches gilt für gespiegelte Datenabsicherungen in Backup-Rechenzentren[65] oder absichernden Clustern[66]. Bei all diesen technischen Varianten der Datensicherung geht es folglich nicht um eine zusätzliche Programmnutzung[67], weshalb ein entsprechendes Verbot unangemessen und deshalb unwirksam ist. AGB-rechtlich ist daher zu verlangen, dass dem Anwender die Anfertigung

1583

---

[61] So für Software auf CD-ROM ausdrücklich *LG Bochum*, 12.3.1998, 8 O 3/98, CR 1998, 381; a. A. *Kreutzer* CR 2006, 804, 809; *Werner* CR 2000, 807, 809.

[62] Obwohl der Wortlaut nicht zwingend ist, wird § 69d Abs. 2 UrhG überwiegend wohl dahingehend verstanden, dass nur eine einzige Sicherungskopie erfasst wird; vgl. etwa *Schricker/Loewenheim/Spindler* § 69d Rdn. 17; zum Ganzen *Marly*, Urheberrechtsschutz, S. 187 ff. sowie *Diedrich* CR 2012, 69 ff. jeweils mit abweichendem Ergebnis. Auch *Bartsch* CR 2005, 1, 7 hält mehr als nur eine einzige Sicherungskopie für nach dem Stand der Technik erforderlich.

[63] Vgl. *Diedrich* CR 2012, 69 sowie 72.

[64] Vgl. *Grützmacher* CR 2011, 697, 701.

[65] Vgl. *Grützmacher* CR 2011, 697, 702.

[66] Vgl. *Diedrich* CR 2012, 69, 73.

[67] Vgl. *Grützmacher* CR 2011, 697, 701.

1584 Fraglich bleibt somit nur noch, welche Rechtsfolgen eintreten, wenn die entsprechende Klausel im Softwareüberlassungsvertrag den dargelegten Anforderungen nicht entspricht[69]. Denkbar wäre zunächst, den Anwender auch **ohne entsprechende Zustimmung** für berechtigt zu halten, die erforderlichen Sicherungskopien anzufertigen[70]. Damit würde aber übersehen, dass § 69d Abs. 2 UrhG keine Zustimmung gesetzlich fingiert[71]. Möglich wäre auch, dem Anwender im Falle kopiergeschützter Software einen **Anspruch auf Beseitigung** des Kopierschutzes einzuräumen[72] oder sogar darüber hinausgehend ein Selbsthilferecht zur Beseitigung oder Umgehung desselben zuzusprechen[73]. Hierdurch entstünde aber ein Wertungswiderspruch zu § 69f Abs. 2 UrhG, dem nicht nur zu entnehmen ist, dass der Gesetzgeber Kopierschutzmechanismen für zulässig hält[74], sondern sie sogar einem besonderen Schutz unterstellt, indem dem Rechtsinhaber ein Vernichtungsanspruch gegenüber allen Mitteln zugesprochen wird, die dazu bestimmt sind, die unerlaubte Beseitigung oder Umgehung technischer Programmschutzmechanismen zu erleichtern. Die gleiche gesetzgeberische Wertung findet sich auch in §§ 95a und 95b UrhG, wenngleich nicht übersehen werden darf, dass diese Vorschriften nach § 69a Abs. 5 UrhG auf Computerprogramme keine Anwendung finden[75]. Möglich wäre ferner, dem Anwender ein Recht auf Erhalt einer Zweitkopie zuzusprechen[76], jedoch scheint für ein solches Recht kein dogmatisch überzeugender Ansatz im Gesetz zu sein[77]. Trotz dieser dogmatischen Bedenken muss für die Praxis aber von einem solchen Recht ausgegangen werden. Dies beruht auf der Tatsache, dass der *EuGH* im Falle der Zerstörung oder des Verlusts des dem Anwender gelieferten Originaldatenträgers davon ausgeht, dass dieser ein Recht darauf hat, das Programm von der Webseite des Urheberrechtsinhabers herunterladen zu dürfen[78].

---

[68] Noch weitergehend *Bartsch* CR 2005, 1, 7, der entgegenstehende AGB nicht über § 307 BGB für unwirksam erklärt, sondern unmittelbar aus § 69d Abs. 2 UrhG. Dann müsste dies auch für Individualvereinbarungen gelten. *Grützmacher* CR 2011, 697, 701 hält alle Sicherungsmaßnahmen für durch § 69d Abs. 1 UrhG gedeckt; ähnlich *Diedrich* CR 2012, 69 ff.

[69] BGH, 12.7.2012, I ZR 18/11, NJW 2013, 784, 787 Tz. 45 m. Anm. *Marly* LMK 2013, 344517 spricht bei einem Computerspiel von einem „Anspruch der Käufer auf eine Sicherungskopie gem. § 69d Abs. 2 UrhG", begründet diesen Anspruch aber nicht näher.

[70] Vgl. *Koch* CR 2002, 629, 635; *Fromm/Nordemann/Czychowski* § 69d Rdn. 24; *Hoeren/Schuhmacher* CR 2000, 137, 140.

[71] Vgl. *Kreutzer* CR 2006, 804, 808.

[72] Vgl. *Auer-Reinsdorff/Conrad/Roth-Neuschild,* 2. Aufl. 2016, § 13 Rdn. 108; *Dreier/Schulze* § 69d Rdn. 19; *Fromm/Nordemann/Czychowski* § 69d Rdn. 26; *Schricker/Loewenheim/Spindler* § 69d Rdn. 20.

[73] Ablehnend *Hoeren* MMR 2010, 447, 449.

[74] Vgl. hierzu ausdrücklich die Begründung des Regierungsentwurfs, BT-Drucks. 12/4022 vom 18.12.1992, S. 14 f.

[75] Vgl. zur Begründung dieses Ausschlusses den Gesetzentwurf der Bundesregierung für ein Gesetz zur Regelung des Urheberrechts in der Informationsgesellschaft, BR-Drucks. 684/02 vom 16.8. 2002, S. 50, sowie die Gegenäußerung der Bundesregierung auf die kritische Stellungnahme des Bundesrats BT-Drucks. 15/38 vom 6.11.2002, S. 42; dies übersieht *Koch* CR 2002, 629, 635.

[76] Vgl. *Schricker/Loewenheim/Spindler* § 69d Rdn. 20; *Koch* CR 2002, 629, 637.

[77] Nicht überzeugend daher auch *Koch* CR 2002, 629, 637, der dem Anbieter sogar eine kostenfreie Sicherungskopie abverlangen möchte, hierfür aber keine Anspruchsgrundlage benennt.

[78] Vgl. *EuGH,* 12.10.2016, C-166/15, EuZW 2016, 866, 870 Tz. 54 – Weiterverkauf von Sicherungskopien m. Anm. *Marly/Prinz.*

4. Die Anfertigung überzähliger Vervielfältigungsstücke

Wenngleich die Herstellung zumindest sämtlicher über die Anzahl der gebotenen Vervielfältigungen hinausgehenden Kopien – **überzählige Vervielfältigungsstücke** – in der wohl überwiegenden Zahl der Softwareüberlassungsverträge ausdrücklich als verboten bezeichnet wird und deshalb in diesen Fällen die Regelung des § 69c Nr. 1 UrhG ohne Einschränkungen durchgreift, ist ein derartiger Verbotsausspruch nicht notwendigerweise immer Bestandteil eines Softwareüberlassungsvertrags. Bemerkenswert ist vielmehr, dass gelegentlich auch außerhalb des Bereichs der Open Source Software ausdrücklich auf das Verbot der Herstellung weiterer Vervielfältigungsstücke verzichtet wird, jedoch handelt es sich hier wohl um einen Ausnahmefall. Hinter diesem Verzicht steht die Überlegung, dass sich die möglichen wirtschaftlichen Einbußen des Softwareherstellers nicht unmittelbar aus der Vervielfältigung des Computerprogramms, sondern erst aus der daran gegebenenfalls anschließenden Benutzung dieser Vervielfältigungsstücke durch Unberechtigte oder in unberechtigter Weise ergeben. Könnte der Softwarehersteller diesen letztgenannten Nutzungen begegnen, wäre seinen schützenswerten Interessen genügt. Allein die große Gefahr, die durch die Existenz von Kopien ausgeht, rechtfertigt es jedoch, bereits im Vorfeld der zu befürchtenden Beeinträchtigung einzugreifen und den gesetzlich bereitgestellten urheberrechtlichen Schutz der Softwarehersteller auszunutzen. Liegt deshalb ein ausdrückliches Verbot oder ein durch einen Kopierschutz zum Ausdruck gebrachtes konkludentes Verbot nicht notwendiger Vervielfältigungshandlungen vor, so kann in einem solchen Verbot entsprechend obigen Ausführungen weder ein Rechtsmissbrauch noch ein Verstoß gegen § 307 BGB gesehen werden. Dem Anwender steht deshalb in diesen Fällen kein Recht zur Herstellung **überzähliger** Vervielfältigungsstücke zu.

Wurde dem Anwender eine Vervielfältigung vom Softwarehersteller weder ausdrücklich verboten noch ausdrücklich erlaubt, so muss für die hier untersuchte Gruppe der überzähligen Vervielfältigungsstücke wie bei der Gruppe der gebotenen Vervielfältigungsstücke die Verkehrssitte herangezogen werden. Oben wurde jedoch bereits dargelegt, dass die Verkehrssitte eine Anfertigung überzähliger Vervielfältigungsstücke nicht vorsieht. Dementsprechend liegt in diesen Fällen auch **keine Zustimmung** des Softwareherstellers zur Herstellung dieser Vervielfältigungsstücke vor, sodass hier erneut das Kopierverbot des § 69c Nr. 1 UrhG eingreift.

5. Kopierverbote bei urheberrechtlich nicht geschützter Computersoftware

Auch wenn das Eingreifen eines Urheberrechtsschutzes für Computerprogramme die Regel ist[79], soll aus Gründen der Vollständigkeit abschließend noch auf die urheberrechtlich nicht geschützten Programme eingegangen werden. Hier ist es dem Softwarehersteller nicht möglich, dem Anwender die Anfertigung von Kopien unter Hinweis auf § 69c Nr. 1 UrhG zu verbieten. Da jedoch die oben erwähnte erhöhte Verletzlichkeit der Computerprogramme gegenüber Piraterieakten nicht nur bei urheberrechtlich geschützter, sondern auch bei urheberrechtlich **nicht geschützter** Software besteht, liegt es im Interesse des Softwareherstellers, diesen Gefahren durch vertragliche Regelungen zu begegnen. Insoweit kann bei urheberrechtlich nicht geschützter Computersoftware von einem gesteigerten Interesse des Softwareherstellers an der Vereinbarung von Vervielfältigungsverboten gesprochen werden, denn ohne die ausdrückliche Aufnahme derartiger Regelungen im Softwareüberlassungs-

---

[79] Vgl. hierzu oben Rdn. 65 ff.

vertrag erhielte der Anwender mit dem Eigentum unbegrenzte Nutzungsmöglichkeiten und damit die Gelegenheit nicht beschränkten Vervielfältigens eingeräumt.

1588   Völlig parallel zu den oben dargelegten Ausführungen über die Anfertigung von notwendigen Vervielfältigungen kann jedoch auch bei urheberrechtlich nicht geschützter Computersoftware ein **umfassendes Vervielfältigungsverbot** im Softwareüberlassungsvertrag nicht vereinbart werden. Dem steht auch hier entgegen, dass dem Anwender mit dem uneingeschränkten Vervielfältigungsverbot jegliche Nutzungsmöglichkeit genommen würde, denn auch urheberrechtlich nicht geschützte Computerprogramme müssen zunächst in den Arbeitsspeicher kopiert und damit vervielfältigt werden. Darüber hinaus ist es mitunter auch bei diesen Computerprogrammen erforderlich, zunächst eine Kopie auf einem Massenspeicher anzulegen, worin ebenfalls eine Vervielfältigung zu sehen ist. Dementsprechend kann auch hier festgehalten werden, dass die Anfertigung notwendiger Vervielfältigungen zum bestimmungsgemäßen Gebrauch der Computersoftware zählt und ein diese Vervielfältigungen erfassendes Verbot mit dem Zweck eines Softwareüberlassungsvertrags unvereinbar wäre.

1589   Anders als bei einem Verbot notwendiger Vervielfältigungen stellt sich die Situation bei dem Verbot lediglich **gebotener** oder **überzähliger Vervielfältigungen** dar, jedoch kann auch insoweit auf die bei den Vervielfältigungsverboten urheberrechtlich geschützter Computersoftware angestellten Überlegungen zurückgegriffen werden. Auch hier verstößt ein vertraglich vereinbartes Verbot der Anfertigung gebotener oder überzähliger Vervielfältigungen oder ein Kopierschutz nicht generell gegen § 307 BGB und kann auch nicht als rechtsmissbräuchlich oder widersprüchlich bezeichnet werden, denn weder wird durch eine solche Vereinbarung der Vertragszweck gefährdet noch liegt darin eine unangemessene Benachteiligung des Anwenders. Erforderlich ist lediglich, dass dem Anwender gegen Erstattung der entstehenden Kosten oder Begleichung einer entsprechenden Kostenpauschale ein Ersatzstück der Computersoftware zur Verfügung gestellt wird, wenn etwa der Originaldatenträger infolge Beschädigung unbrauchbar wird.

6. Kopierverbote für Benutzerhandbücher

Typische Klauseln:
„4. DOKUMENTATION. Jede Person, die über einen gültigen Zugriff auf Ihren Computer oder Ihr internes Netzwerk verfügt, ist berechtigt, die Dokumentation zu Ihren internen Referenzzwecken zu kopieren und zu verwenden."[80]

„Sofern in diesem EULA oder durch das örtliche Recht nicht ausdrücklich etwas anderes vorgesehen ist, sind Sie nicht berechtigt, anderweitig Kopien der Software, einschließlich der der Software beiliegenden gedruckten Materialien, anzufertigen."[81]

„Weitere Vervielfältigungen, zu denen auch die Ausgabe des Programmcodes auf einen Drucker sowie das Fotokopieren des Handbuchs zählen, darf der Anwender nicht anfertigen. Gegebenenfalls für Mitarbeiter benötigte zusätzliche Handbücher sind über ahead oder den Verkäufer zu beziehen."[82]

a) Urheberrechtliche Aspekte

1590   Den Ausgangspunkt für eine urheberrechtliche Bewertung der Kopierverbote für Handbücher muss die Feststellung bilden, dass das einem Anwender überlassene **Begleitmaterial** wie Handbücher, Bedienungsanleitungen und sonstige Unterlagen in

---

[80] Vgl. Microsoft DirectX Lizenzbestimmungen (2011).
[81] Vgl. den Endnutzer-Lizenzvertrag für Microsoft Windows XP Home Edition.
[82] Vgl. den Vertrag zur Überlassung der Nero Burning ROM Software von Ahead Software.

der Regel aus Schriftwerken im Sinne des § 2 Abs. 1 Nr. 1 UrhG besteht, ohne dass ein Unterschied zu herkömmlichen wissenschaftlichen Werken im Sinne dieser Vorschrift festgestellt werden könnte. Bei Beschreibungen, die aus grafischen Symbolen bestehen, kommt allenfalls auch eine Zuordnung zu § 2 Abs. 1 Nr. 7 UrhG (Darstellungen wissenschaftlicher oder technischer Art) in Betracht[83]. Üblicherweise erhält der Anwender aber kein **Entwurfsmaterial** zur Verfügung gestellt. Allein dieses Entwurfsmaterial zählt aber gem. § 69a Abs. 1 UrhG zum Computerprogramm, sodass auch nur für das Entwurfsmaterial die softwarespezifischen Regelungen des 8. Abschnitts des UrhG Anwendung finden. Für das Begleitmaterial gelten demgegenüber die **allgemeinen Vorschriften für Sprachwerke**.

Konsequenz der obigen Feststellung ist, dass für das Begleitmaterial auch die **allgemeinen Schrankenregelungen** der §§ 45 ff. UrhG gelten, insbesondere **§ 53 UrhG** bezüglich der Vervielfältigung zum **privaten** und **sonstigen eigenen Gebrauch**. Bei in elektronischer Form überlassenem Begleitmaterial sind daneben gegebenenfalls die mit dem Gesetz zur Regelung des Urheberrechts in der Informationsgesellschaft vom 10.9.2003[84] eingeführten §§ 95a und 95b UrhG über den Schutz technischer Maßnahmen zu berücksichtigen, die nach dem ebenfalls mit dieser Gesetzesnovelle eingeführten § 69a Abs. 5 UrhG nur auf Computerprogramme nicht anwendbar sind[85]. Die Vervielfältigung **ganzer Bücher** ist daher gem. § 53 Abs. 4 Buchst. b) UrhG in der Regel zustimmungsbedürftig. Soweit nicht das ganze Benutzerhandbuch vervielfältigt wird, ist für den privaten Gebrauch als Unterfall des eigenen Gebrauchs auf § 53 Abs. 1 UrhG abzustellen. Im Übrigen ist § 53 Abs. 2 UrhG zu berücksichtigen. Mangels Sonderproblemen kann auf das allgemeine Schrifttum zum Urheberrecht verwiesen werden.

1591

b) Vertragsrechtliche Aspekte

Gegenüber der **individualvertraglichen** Vereinbarung eines Kopierverbots für die Benutzerdokumentation bestehen keine Bedenken. Sofern ein solches Verbot jedoch in Allgemeinen Geschäftsbedingungen enthalten ist, muss sowohl für den Verbraucher- als auch für den Unternehmensverkehr auf § 307 Abs. 1 und 2 BGB zurückgegriffen werden. Ein **umfassendes Kopierverbot,** das etwa auch die Vervielfältigung einzelner Seiten eines Benutzerhandbuchs untersagt, ist nicht nur mit den wesentlichen Grundgedanken des § 53 UrhG unvereinbar und verstößt daher gegen § 307 Abs. 2 Nr. 1 BGB, sondern ist auch mangels erkennbarer schützenswerter Interessen des Softwareherstellers unangemessen und daher unwirksam gem. § 307 Abs. 1 BGB. Sofern lediglich die Vervielfältigung des ganzen Benutzerhandbuchs im Sinne einer **im Wesentlichen vollständigen Vervielfältigung** verboten werden soll, steht dies mit § 53 Abs. 4 Buchst. b) UrhG im Einklang. Der Anwender kann (klarstellend) darauf verwiesen werden, zusätzliche Handbücher **entgeltpflichtig** zu beziehen.

1592

---

[83] Vgl. hierzu oben Rdn. 12 f.
[84] Vgl. BGBl. I S. 1774 ff.
[85] Vgl. zur Begründung des Ausschlusses den Entwurf eines Gesetzes zur Regelung des Urheberrechts in der Informationsgesellschaft, BR-Drucks. 684/02 vom 16.8.2002, S. 50, sowie die Gegenäußerung der Bundesregierung auf die kritische Stellungnahme des Bundesrats BT-Drucks. 15/38 vom 6.11.2002, S. 42.

II. Die Weitergabeverbote

Inhaltsübersicht

	Rdn.		Rdn.
1. Weiterveräußerungsverbote	1594	2. Weitervermietungsverbote	1638
a) Verfügungsunterlassungsregelungen und das UrhG	1596	a) Weitervermietungsregelungen und das UrhG	1641
b) Vertraglich vereinbarte Weiterveräußerungsverbote	1604	b) Vertraglich vereinbarte Weitervermietungsverbote	1646
aa) Weiterveräußerungsverbote und § 305c Abs. 1 BGB	1607	aa) Das Verbot der Erwerbszwecken dienenden Vermietung	1646
bb) Die Kontrollfähigkeit nach § 307 Abs. 3 BGB	1609	bb) Das Verbot der keinen Erwerbszwecken dienenden Vermietung	1647
cc) Die Inhaltskontrolle nach § 307 Abs. 2 Nr. 1 BGB	1612	cc) Inhaltskontrolle nach § 307 Abs. 2 Nr. 1 und 2 BGB	1650
dd) Die Inhaltskontrolle nach § 307 Abs. 2 Nr. 2 BGB	1618	c) Weitervermietungsverbote in zeitlich befristeten Softwareüberlassungsverträgen	1657
ee) Die Rechtfertigung der grundsätzlich unwirksamen Weiterveräußerungsverbote durch besondere Interessen des Softwareherstellers	1622	3. Verleihverbote	1660
ff) Bedingte Weiterveräußerungsverbote	1631	4. Sonstige Gebrauchsüberlassungsverbote	1664

Schrifttum: *Adler*, Rechtsfragen der Softwareüberlassung. Eine Untersuchung insbesondere der vielschichtigen Aspekte von sogenannten Weitergabeverboten, 2014; *Appl*, Systembindungsklauseln im Softwarevertrag, medien und recht 2016, 73 ff.; *Baus*, Umgehung der Erschöpfungswirkung durch Zurückhaltung von Nutzungsrechten?, MMR 2002, 14 ff.; *Heydn/Schmidl*, Der Handel mit gebrauchter Software und der Erschöpfungsgrundsatz, K&R 2006, 74 ff.; *Jaeger*, Die Erschöpfung des Verbreitungsrechts bei OEM-Software, ZUM 2000, 1070 ff.; *Koch*, Urheberrechtliche Zulässigkeit technischer Beschränkungen und Kontrolle der Software-Nutzung, CR 2002, 629 ff.; *Koehler*, Der Erschöpfungsgrundsatz des Urhebers im Online-Bereich, 2000; *Koppe*, Die urheberrechtliche Erschöpfung, 2004; *Meyer-Spasche/Störing/Schneider*, Strafrechtlicher Schutz für Lizenzschlüssel, CR 2013, 131 ff.; *Metzger*, Erschöpfung des urheberrechtlichen Verbreitungsrechts bei vertikalen Vertriebsbedingungen, GRUR 2001, 210 ff.; *Moritz*, Vervielfältigungsstück eines Programms und seine berechtigte Verwendung, MMR 2001, 94 ff.; *Redeker*, Nutzungsrechtsregelungen in Softwarekaufverträgen, ITRB 2013, 68 ff.; *Sack*, Der Erschöpfungsgrundsatz im deutschen Immaterialgüterrecht, GRUR Int. 2000, 610 ff.; *Schuhmacher*, Wirksamkeit von typischen Klauseln in Softwareüberlassungsverträgen, CR 2000, 641 ff.; *Schuppert/Greissinger*, Gebrauchthandel mit Softwarelizenzen. Wirksamkeit vertraglicher Weitergabebeschränkungen, CR 2005, 81 ff.; *Söbbing*, Die Zulässigkeit von sog. „Hostingklauseln" in Lizenzbedingungen, MMR 2007, 479 ff.; *Völtz*, Softwaregestützte Veräußerungsverbote, in: Taeger (Hrsg.), Die Welt im Netz – Folgen für Wirtschaft und Gesellschaft, 2011, S. 337 ff.; *Weisser/Färber*, Weiterverkauf gebrauchter Software – UsedSoft-Rechtsprechung und ihre Folgen, MMR 2014, 364 ff.; *Zech*, Vom Buch zur Cloud. Die Verkehrsfähigkeit digitaler Güter, Zeitschrift für Geistiges Eigentum 2013, 368 ff.; *Zecher*, Zur Umgehung des Erschöpfungsgrundsatzes bei Computerprogrammen, 2004.

1593 Weite Verbreitung haben in Softwareüberlassungsverträgen auch Regelungen über die Weitergabe der Software an Dritte gefunden. Solche Weitergabeverbote lassen sich trotz ihres gelegentlich anzutreffenden, jede Weitergabe erfassenden Wortlauts grundsätzlich in zwei Gruppen unterteilen, je nachdem, ob die Weitergabe auf Dauer, etwa durch Weiterveräußerung, ausgeschlossen werden soll oder ob lediglich eine Weitergabe auf Zeit, etwa im Rahmen eines Miet- oder Leasingverhältnisses, zu erfassen gesucht wird. Beide Formen eines Weitergabeverbots sollen nachfolgend unabhängig voneinander dargestellt werden. Bei der Weitergabe der Software von einem Anwender an einen weiteren Anwender kann auch von „**Gebrauchtsoftware**" gesprochen werden, obwohl sich Software durch ihren Gebrauch nicht abnutzt und daher eigentlich immer als „neu" zu qualifizieren ist. Dennoch hat sich der Begriff der Gebrauchtsoftware für die Weiterveräußerung von einem Anwender (in der Regel **Ersterwerber**) sehr häufig über einen **Händler** an einen anderen Anwender (**Zweiterwerber**) auch international weitestgehend durchgesetzt. Hierauf wurde bereits im urheberrechtlichen Teil dieser Abhandlung ausführlich eingegangen[86]. Die dort diskutierten Fälle stellen daher einen Unterfall der hier diskutierten generellen Weitergabe der Software von einem Anwender an einen anderen Anwender dar. Darüber hinaus kann die Weitergabe aber auch im Rahmen einer Weitervermietung, einem Verleih oder einer sonstigen Gebrauchsüberlassung erfolgen. Diesen einzelnen Varianten wird nachfolgend getrennt nachgegangen.

1. Weiterveräußerungsverbote

Typische Klauseln:
„Sie sind berechtigt: D. sämtliche Rechte an der Software, die Ihnen unter dieser Lizenzvereinbarung gewährt werden, unwiderruflich einem Dritten zu überlassen, vorausgesetzt, dass Sie alle Kopien der Software und der Begleitdokumentation übergeben und der Empfänger der Software sich mit den Bestimmungen dieser Lizenzvereinbarung einverstanden erklärt. Eine teilweise Übertragung der Ihnen unter dieser Lizenzvereinbarung gewährten Rechte ist nicht statthaft. Falls Ihnen die entsprechende Dokumentation z.B. ein Nutzungsrecht für mehrere Kopien der Software einräumt, ist nur eine Übertragung der Rechte zur Nutzung aller dieser Kopien der Software zulässig[87]."

„Der Kunde ist nicht berechtigt, die hierin genannten Rechte auf Dritte zu übertragen oder diesen entsprechende Nutzungsrechte einzuräumen[88]."

„Der Kunde darf die Software Dritten nicht überlassen."

„16.5 Übertragung. Sie sind nicht berechtigt, diese Bestimmungen oder Ihre Rechte und Pflichten gemäß diesen Bestimmungen ohne unsere schriftliche Zustimmung ganz oder teilweise abzutreten oder anderweitig zu übertragen. Jeglicher derartiger Versuch ist ungültig. Wir können unsere Rechte gemäß diesen Bestimmungen an einen Dritten abtreten."[89]

„§ 2.1 Dem Kunden (nachfolgend „Lizenznehmer") wird von STAR FINANZ weder eine ausschließliche noch eine übertragbare Lizenz zur Nutzung dieser Software zu den Bedingungen dieses Endkunden-Lizenzvertrages gewährt."[90]

„§ 2.4.2: Die Weitergabe der S… Software bedarf in jedem Fall der schriftlichen Zustimmung von S…. S… wird die Zustimmung erteilen, wenn der Auftraggeber eine schriftliche Erklärung des neuen Nutzers vorlegt, in der sich dieser gegenüber S… zur Einhaltung der für die S… Software vereinbarten Regeln zur Einräumung des Nutzungsrechts verpflichtet, und wenn der Auftraggeber gegenüber S… schriftlich versichert, dass er alle S… Software Originalkopien dem Dritten weitergegeben hat und alle selbst erstellten Kopien gelöscht hat. S… kann die Zustimmung verweigern, wenn die Nutzung der S… Software durch den neuen Nutzer ihren berechtigten Interessen widerspricht."[91]

„§ 4 Rechte des Kunden an der Software. (2) Die Weitergabe von Software an Dritte, beispielsweise über ein Peer-to-Peer Netzwerk, das Zugänglichmachen, Hochladen oder anderweitige Vertreiben der Software und/oder die Unterstützung solcher Handlungen sind untersagt. Der Kunde

---

[86] Vgl. oben Rdn. 209 ff.
[87] Vgl. die Symantec Software-Lizenzvereinbarung, Norton Security Scan sowie den hierzu geführten Rechtsstreit *LG Frankfurt*, 31.3.2011, 2–03 O 331/10, MMR 2011, 683; *OLG Frankfurt*, 12.11.2013, 11 U 32/12, BeckRS 2015, 16185; *BGH*, 19.3.2015, I ZR 4/14, NJW 2015, 3576 – GreenIT.
[88] Vgl. *BGH*, 5.3.2015, I ZR 128/14, MMR 2015, 673.
[89] Vgl. die Allgemeinen Nutzungsbedingungen von Adobe (1.4.2017).
[90] Vgl. den Lizenzvertrag für Starmoney 9.0 der Star Finanz GmbH (2013).
[91] Vgl. die SAP Vertragsbedingungen für Standardsoftware sowie die hierzu ergangene Entscheidung des *LG Hamburg*, 25.10.2013, 315 O 449/12, MMR 2014, 102 ff.

darf die Software inkl. der Lizenzschlüssel nur dann an Dritte weitergeben, wenn dies in den Lizenzbedingungen der Software ausschließlich gestattet ist, und nur unter den in den Lizenzbedingungen enthaltenen Voraussetzungen."[92]

„4. Übertragung. Sie dürfen die Rechte an der Software nicht vermieten, verleihen, verkaufen, unterlizenzieren, abtreten oder übertragen, oder das Kopieren der Software weder in Teilen noch als Ganzes auf den Computer eines anderen Benutzers genehmigen, ausgenommen in den hier ausdrücklich erlaubten Fällen. Sie dürfen jedoch alle Ihre Rechte zur Verwendung der Software auf eine andere natürliche oder juristische Person unter der Voraussetzung übertragen, dass: (a) Sie den (i) vorliegenden Vertrag und die (ii) Software und sonstige Software oder Hardware, die mit der Software geliefert, verpackt oder auf dieser vorinstalliert ist, einschließlich aller Kopien, Updates und früherer Versionen an diese natürliche oder juristische Person übertragen, (b) Sie keine Kopien, einschließlich Sicherungskopien und sonstiger Kopien, die auf einem Computer gespeichert sind, zurückbehalten und (c) der Empfänger die Bestimmungen dieses Vertrags sowie sonstige Bestimmungen akzeptiert, nach denen Sie die Softwarelizenz legal erworben haben. Ungeachtet der vorstehenden Ausführungen, dürfen Sie keine Schulungs-, Vorab- oder Musterkopien der Software übertragen."[93]

„3. Übertragung. Es ist dir nicht gestattet, die iOS-Software zu vermieten, zu verleasen, zu verleihen, zu verkaufen, neu zu verteilen oder Unterlizenzen für die iOS-Software zu vergeben. Du bist jedoch berechtigt, eine einmalige, permanente Übertragung aller deiner Lizenzrechte an der iOS-Software an einen Dritten in Verbindung mit der Übertragung des Eigentums an deinem iOS-Gerät vorzunehmen, vorausgesetzt: (a) die Übertragung umfasst dein iOS-Gerät und die komplette iOS-Software, einschließlich aller Komponenten und dieses Lizenzvertrags; (b) du behältst keine Kopie der iOSSoftware oder von Teilen der iOS-Software, einschließlich der Kopien, die sich auf einem Computer oder einem anderen Massenspeichergerät befinden; und (c) die Partei, die die iOS-Software erhält, liest und akzeptiert die Bestimmungen dieses Lizenzvertrags."[94]

„Sie sind nicht dazu berechtigt: die Rechte an der Software oder diesen Vertrag auf Dritte zu übertragen."[95]

„4. Übertragung. Die Bestimmungen dieser Ziffer gelten nicht, wenn Sie die Software als Verbraucher in Deutschland oder in einem unter (aka.ms/transfer) aufgeführten Land erworben haben. In diesem Fall muss die Übertragung der Software an einen Dritten und des Nutzungsrechts dem anwendbaren Recht entsprechen."[96]

„Sie sind berechtigt, die Software auf einen anderen Computer zu übertragen, der Ihnen gehört. Außerdem sind Sie berechtigt, die Software (zusammen mit der Lizenz) auf einen Computer zu übertragen, der jemand anderem gehört, wenn a) Sie der erste lizenzierte Nutzer der Software sind und b) der neue Nutzer den Bestimmungen dieses Vertrages zustimmt. Um diese Übertragung durchzuführen, müssen Sie die Originalmedien, das Echtheitszertifikat (Certificate of Authenticity), den Product Key und den Kaufnachweis direkt an diese andere Person übertragen, ohne Kopien der Software zurückzubehalten. Sie sind berechtigt, die Sicherungskopie, deren Anfertigung wir Ihnen gestatten, oder die Medien, mit denen die Software bereitgestellt wurde, zum Übertragen der Software zu verwenden. Jedes Mal, wenn Sie die Software auf einen neuen Computer übertragen, müssen Sie die Software vom vorherigen Computer entfernen. Sie sind nicht berechtigt, die Software zu übertragen, um Lizenzen auf mehreren Computern gemeinsam zu verwenden. Sie dürfen Get Genuine Windows-Software, Pro Pack- oder Media Center Pack-Software nur zusammen mit dem lizenzierten Computer übertragen."[97]

„Der Lizenznehmer, dem die Software nicht zu Zwecken der gewerblichen Weiterveräußerung überlassen wird (Endkunde), darf das Nutzungsrecht nur zusammen mit dem Produkt, das er zusammen mit der Software von AVM erworben hat, an Dritte weiter geben. Im Falle einer Übertragung des Nutzungsrechts an Dritte hat der Lizenznehmer sicherzustellen, dass dem Dritten keine weitergehenden Rechte eingeräumt werden, als AVM nach den vorliegenden Bestimmungen zustehen, und dem Driiten mindestens die bezüglich der Software bestehenden Verpflichtungen aus den vorliegenden Bestimmungen auferlegt werden. Hierbei darf der Lizenznehmer keine Kopien der

---

[92] Vgl. die Nutzungsbedingungen Softwaredownload (Nexway) (2012).
[93] Vgl. den Software-Lizenzvertrag von Adobe Systems Incorporated (Reader 2013).
[94] Vgl. Softwarelizenzvertrag für iOS 11 der Apple Inc. (EA 1491 vom 12.7.2017).
[95] Vgl. Microsoft DirectX Lizenzbestimmungen (2011).
[96] Vgl. Microsoft-Software Lizenzbestimmungen. Windows-Betriebssystem (Dezember 2016).
[97] Vgl. Microsoft-Software-Lizenzvertrag für Windows 8, (2013) sowie die hierzu ergangene Entscheidung *OLG Hamburg*, 30.4.2013, 5 W 35/13, CR 2013, 700 f.

Software zurückbehalten. Der Lizenznehmer ist zur Einräumung von Unterlizenzen nicht berechtigt. Überlässt der Lizenznehmer die Software einem Dritten, so ist der Lizenznehmer für die Beachtung etwaiger Ausfuhrerfordernisse verantwortlich und hat AVM insoweit von Verpflichtungen freizustellen."[98]

„Jede anderweitige Verwendung der Software oder der Dienste als durch diesen Abschnitt ausdrücklich zugelassen und jeder Weiterverkauf oder -vertrieb der Software bzw. Dienste stellt einen schwerwiegenden Bruch dieser Vereinbarung dar und kann gegen geltende Urheberrechtsgesetze verstoßen."[99]

„Der Lizenznehmer ist daher insbesondere nicht berechtigt, die Betriebssoftware oder Teile davon ohne ausdrückliche Zustimmung zur Nutzung zu überlassen ..."[100]

„5 Weitergabe an Dritte
5.1 Der Kunde darf die Software und alle zur Nutzung der Software erforderlichen Lizenzschlüssel mit Ausnahme von entsprechend gekennzeichneter Software für mobile Endgeräte an Dritte weitergeben, wenn
a) der Kunde die Software (einschließlich aller etwaigen Sicherungskopien) sowie die zur Nutzung der Software erforderlichen Lizenzschlüssel bei sich löscht,
b) der Kunde gegenüber der Deutschen Telekom eine schriftliche, mit seinem Namen versehene und von ihm unterschriebene Deinstallationserklärung – wie im Anhang zu diesen AGB abgedruckt – abgibt,
c) und der Erwerber sich vor der Weitergabe zur Einhaltung dieser AGB gegenüber der Deutschen Telekom verpflichtet. Der Kunde wird den Erwerber hierzu vor Weitergabe der Software auf diese AGB ausdrücklich hinweisen.
5.2 Infolge der Weitergabe an einen Dritten erlischt das Recht des Kunden zur Programmnutzung."[101]

„Mit der Zahlung für Services haben Sie ausschließlich für Ihre internen Geschäftszwecke ein unbefristetes, nicht ausschließliches, nicht abtretbares und gebührenfreies Nutzungsrecht für alles, was Oracle entwickelt und Ihnen auf der Grundlage dieses Vertrags überlässt[102]."

1594 Das Problem des Verbots der Programmweitergabe ist nicht neu. Ein auf dem Computer-Markt führendes Unternehmen soll bereits im Juni 1965 einen Brief an seine Kunden geschrieben haben, in dem darauf hingewiesen wurde, dass die Kunden zwar ein Nutzungsrecht erwerben würden, dass jedoch das Eigentum und Urheberrecht beim Lieferanten bliebe und die Weitergabe der Programme an Dritte nicht gestattet sei[103]. Um so überraschender ist, dass die Zulässigkeit entsprechender vertraglicher Klauseln lange Jahre gerichtlich ungeklärt blieb[104]. Ausgangspunkt der nachfolgenden Darstellung der Weiterveräußerungsverbote ist zunächst der Hinweis auf § 137 S. 1 BGB, der im Interesse der Sicherheit des Rechtsverkehrs[105] die Verfügungsfreiheit eines Rechtsinhabers schützt und eine rechtsgeschäftliche Vereinbarung für unwirksam erklärt, mit der ein **dinglich wirkendes Veräußerungsverbot** begründet werden soll. Parteivereinbarungen über Veräußerungsverbote entfalten

---

[98] Vgl. den Lizenzvertrag zur Fritz!Box der AVM GmbH (2011).
[99] Vgl. die Endbenutzer-Lizenzvereinbarung der AVG Technologies (7.7.2017).
[100] Vgl. die der Entscheidung des *OLG Nürnberg*, 20.6.1989, 3 U 1342/88, CR 1990, 118 ff. zugrunde liegenden Vertragsbedingungen.
[101] Vgl. die Allgemeinen Geschäftsbedingungen von Softwareload der Deutsche Telekom AG (Version: 1.11.2008).
[102] Vgl. den Lizenzvertrag von Oracle im Fall *EuGH*, 3.7.2012, C-128/11, NJW 2012, 2565 Tz. 23 – UsedSoft.
[103] Vgl. *Öhlschlegel* GRUR 1968, 679, 680 f.
[104] So auch *Redeker* CR 2011, 634, 637 („Diskussion seit einem Vierteljahrhundert"); *Heydn* CR 2010, 765, 767.
[105] Vgl. *BGH*, 5.12.1996, V ZB 27/96, NJW 1997, 861, 862 (Sicherung des numerus clausus der Sachenrechte und der Zwangsvollstreckung); *Palandt/Ellenberger* § 137 Rdn. 1; MünchKomm/ *Armbrüster* § 137 Rdn. 4, wo § 137 BGB als eine multifunktionale Norm bezeichnet wird und noch weitere Normzwecke – Gläubigerschutz, Wahrung der Funktionsfähigkeit der Zwangsvollstreckung – genannt werden. Ähnlich auch *Zech*, Zeitschrift für Geistiges Eigentum 2013, 368, 373.

dementsprechend gegenüber Dritten keine Wirkung. Dies gilt auch für geistige und gewerbliche Schutzrechte wie etwa das hier in Betracht kommende Urheberrecht, soweit dieses nicht über § 29 S. 2 UrhG von vornherein der rechtsgeschäftlichen Verfügung entzogen ist, sondern die Einräumung von Nutzungsrechten gem. §§ 31 ff. UrhG betroffen ist. Gleichgültig ist dabei, ob die entsprechende Parteiabrede durch eine **Individualvereinbarung** oder durch eine **vorformulierte Vertragsbedingung** im Sinne des § 305 Abs. 1 S. 1 BGB getroffen wird, denn § 137 S. 1 BGB erfasst sämtliche Rechtsgeschäfte, soweit sein Anwendungsbereich nicht durch Sondervorschriften wie etwa § 399 BGB im Hinblick auf Forderungsabtretungen ausdrücklich eingeschränkt wird[106]. Auch bei Computersoftware, die auf CD-ROM vertrieben wird, begründet der Aufdruck „not for resale" keine dingliche Wirkung[107].

1595 Von der Unwirksamkeit eines Weiterveräußerungsverbots gegenüber Dritten streng zu unterscheiden ist jedoch die in § 137 S. 2 BGB ausdrücklich für zulässig erklärte **schuldrechtliche Verpflichtung,** Verfügungen über ein Recht zu unterlassen. Während somit eine gegen ein vertragliches Veräußerungsverbot verstoßende Verfügung vollwirksam ist und der Verfügungsempfänger unabhängig von seinem guten oder bösen Glauben das volle Recht erwirbt[108], kann sie im Verhältnis zum Vertragspartner schuldrechtliche Wirkungen auslösen[109]. Etwa kann der vertragswidrig Verfügende zum Schadensersatz herangezogen werden[110] oder soweit dies vertraglich vereinbart wurde, zur Zahlung einer Vertragsstrafe verpflichtet sein[111]. Dies zeigt, dass die Aufnahme einer derartigen Regelung in einen Softwareüberlassungsvertrag von erheblicher Bedeutung sein kann. Die Zulässigkeit solcher Vereinbarungen muss jedoch anhand zweier Kriterien überprüft werden, hinsichtlich deren die Meinungen im Schrifttum auseinandergehen.

a) Verfügungsunterlassungsregelungen und das UrhG

1596 Ein Hauptproblem der Beurteilung der Zulässigkeit von Weiterveräußerungsvereinbarungen in Softwareüberlassungsverträgen folgt aus der Urheberrechtsfähigkeit der Computerprogramme und dem in §§ 69c Nr. 3 S. 2, 17 Abs. 2 UrhG festgeschriebenen **Erschöpfungsgrundsatz.**

1597 Ausgehend von der in § 69c UrhG festgeschriebenen Regel, dass der Urheber das ausschließliche Recht hat, sein Werk in den verschiedenen Formen zu verwerten, wozu insbesondere auch das Verbreitungsrecht zählt, wird dem Urheber im Normalfall aber lediglich die **Erstverbreitung** vorbehalten, da andernfalls eine übermäßige Belastung des Rechtsverkehrs befürchtet wird[112]. Den Interessen des Urhebers soll damit hinreichend Rechnung getragen werden, dass er seine für die Erstverbreitung erforderliche Zustimmung von der Entrichtung eines Entgelts abhängig machen kann[113]. Ist jedoch das Werk, sei es im Original oder in Form eines Vervielfäl-

---

[106] Vgl. MünchKomm/*Armbrüster* § 137 Rdn. 11.
[107] Vgl. *OLG Düsseldorf*, 3.3.1998, 20 U 76/97, MMR 1998, 417.
[108] Vgl. Palandt/*Ellenberger* § 137 Rdn. 3 f.
[109] Vgl. *BGH*, 19.3.2015, I ZR 4/14, NJW 2015, 3576, 3579 Tz. 38 f. – Green-IT; *OLG Frankfurt*, 5.11.2013, 6 U 92/12, BeckRS 2014, 09012, Tz. 24; *OLG Frankfurt*, 25.6.1996, 11 U 4/96, NJW-RR 1997, 494; *LG München I*, 1.10.1997, 21 O 15510/97, CR 1998, 141, 142; Palandt/*Ellenberger* § 137 Rdn. 6.
[110] Vgl. Palandt/*Ellenberger* § 137 Rdn. 6; MünchKomm/*Armbrüster* § 137 Rdn. 32.
[111] Vgl. Palandt/*Ellenberger* § 137 Rdn. 6; MünchKomm/*Armbrüster* § 137 Rdn. 33.
[112] Vgl. hierzu oben Rdn. 181 m.w.N.
[113] Vgl. *BGH*, 19.3.2015, I ZR 4/14, NJW 2015, 3576, 3579 Tz. 34 – Green-IT.

tigungsstücks, mit Zustimmung des Berechtigten im Gebiet der Europäischen Union oder eines anderen Vertragsstaats des EWR im Wege der Veräußerung in den Verkehr gebracht worden, so ist gem. § 69c Nr. 3 S. 2 UrhG seine **Weiterverbreitung** zulässig. Sind also die Voraussetzungen der Regelung des § 69c Nr. 3 S. 2 UrhG erfüllt, so ist das Verbreitungsrecht an den entsprechenden Werkstücken EWR-weit erschöpft. Demgegenüber scheidet eine Erschöpfung von vornherein aus, wenn die Erstverbreitung außerhalb der EU oder eines EWR-Vertragsstaates erfolgte, etwa in China[114]. Eine globale Erschöpfung gibt es unstreitig nicht, weshalb der *EuGH* auch von Gemeinschaftserschöpfung spricht[115].

Übertragen auf den Verkauf eines Computerprogramms bedeutet dies, dass der Anwender dasselbe grundsätzlich weiterverbreiten, also auch weiterveräußern darf, weil das entsprechende Verbreitungsrecht des Softwareherstellers nach § 69c Nr. 3 S. 2 UrhG erschöpft und ein dennoch vertraglich vereinbartes Weiterveräußerungsverbot urheberrechtlich ohne Belang ist[116]. Dieses Ergebnis kann auch nicht durch eine Bezugnahme auf § 34 Abs. 1 S. 1 UrhG und einer dort hergeleiteten Zustimmungspflicht des Urhebers unterlaufen werden[117]. Dies gilt auch für Verbote, die von einer Zustimmung des Herstellers oder einer sonstigen Bedingung abhängig gemacht werden sollen, denn der Eintritt der Erschöpfungswirkung am in den Verkehr gebrachten Werkexemplar ist bedingungsfeindlich, entfaltet seine Wirkung gegenüber jedermann[118] und führt dazu, dass eine als dinglich wirkend vorgesehene Regelung mit § 69c Nr. 3 S. 2 UrhG unvereinbar[119] ist. Der *BGH*[120] formuliert dies dahingehend, dass das Recht zur Weiterverbreitung **weder ausgeschlossen noch beschränkt** werden kann. Deshalb kann das Recht eines Programmerwerbers zur Weiterveräußerung auch nicht mit gegenständlicher Wirkung auf das Recht beschränkt werden, die Kopie nur an Erwerber einer früheren Version des gleichen Programms – als sog. Update[121] – oder nur gemeinsam mit neuer Computerhardware[122] zu veräußern. Gleiches gilt für den Fall, dass der Weiterverkauf von der Zustimmung des Rechtsinhabers abhängig gemacht werden soll[123] oder davon, dass der Zweiterwer-

1598

---

[114] Vgl. *OLG München*, 1.6.2017, 29 U 2554/16, CR 2017, 495, 498.
[115] Vgl. *EuGH*, 12.9.2006, C-479/04, GRUR Int. 2009, 237, 238 Tz. 26.
[116] Vgl. *EuGH*, 3.7.2012, C-128/11, NJW 2012, 2565, 2569 Tz. 84 – UsedSoft; *BGH*, 19.3.2015, I ZR 4/14, NJW 2015, 3576, 3579 f. Tz. 38 – Green-IT; *BGH*, 11.12.2014, I ZR 8/13, NJW-RR 2015, 1138, 1141 f. Tz. 51 – UsedSoft III, *OLG Frankfurt*, 18.12.2012, 11 U 68/11, GRUR 2013, 279, 282 m. Anm. *Marly*; *OLG Hamburg*, 30.4.2013, 5 W 35/13, CR 2013, 700, 701; *LG Hamburg*, 25.10.2013, 315 O 449/12, MMR 2014, 102, 103; vgl. ausführlich oben Rdn. 209 ff.
[117] Das *LG Hamburg*, 25.10.2013, 315 O 449/12, MMR 2014, 102, 103 hält § 34 UrhG nach Eintritt der Erschöpfung nicht mehr für einschlägig; a. A. noch vor der *EuGH*-Entscheidung zum Gebrauchtsoftware-Handel *OLG München*, 3.7.2008, 6 U 2759/07, MMR 2008, 601, 602.
[118] Vgl. *BGH*, 19.3.2015, I ZR 4/14, NJW 2015, 3576, 3580 Tz. 38 – Green-IT; *BGH*, 11.12.2014, I ZR 8/13, NJW-RR 2015, 1138, 1141 f. Tz. 51 – UsedSoft III.
[119] Vgl. *BGH*, 19.3.2015, I ZR 4/14, NJW 2015, 3676, 3580 Tz. 38 – Green-IT; *LG Hamburg*, 25.10.2013, 315 O 449/12, MMR 2014, 102, 103; *OLG Frankfurt*, 12.11.2013, 11 U 32/12; BeckRS 2015, 16185; *LG Hamburg*, 29.6.2006, 315 O 343/06, CR 2006, 812, 815; *Wandtke/Bullinger/Grützmacher* § 69c Rdn. 38; *Schricker/Loewenheim/Spindler* § 69c Rdn. 33; *Huppertz* CR 2006, 145, 147; *Koch* CR 2002, 629, 632.
[120] Vgl. *BGH*, 19.3.2015, I ZR 4/14, NJW 2015, 3676, 3580 Tz. 38 – Green-IT.
[121] Vgl. *OLG Frankfurt*, 18.8.1998, 5 U 145/97, CR 1999, 7 ff.; *OLG München*, 12.2.1998, 29 U 5911/97, NJW 1998, 1649 f.; a. A. *Fromm/Nordemann/Czychowski* § 69c Rdn. 48.
[122] Vgl. *BGH*, 6.7.2000, I ZR 244/97, NJW 2000, 3571, 3572 unter Berufung auf § 17 Abs. 2 UrhG; *Schricker/Loewenheim/Spindler* § 69c Rdn. 30.
[123] Vgl. *OLG Frankfurt*, 5.11.2013, 6 U 92/12, BeckRS 2014, 09012 Tz. 24; *LG Hamburg*, 25.10.2013, 315 O 449/12, MMR 2014, 102, 103.

ber mit der Geltung der Nutzungsbedingungen des Rechtsinhabers einverstanden ist[124].

1599 Der Erschöpfungsgrundsatz greift aber nur bei einer **Veräußerung** („Verkauf" gem. Art. 4 Abs. 2 der Softwarerichtlinie) des Werkstücks ein, die nach überwiegendem Verständnis und der Rechtsprechung des *EuGH*[125] nur dann vorliegt, wenn das **Eigentum an dem Werkstück** in Erfüllung eines Kaufvertrags oder eines sonstigen auf die endgültige Entäußerung des Eigentums gerichteten Rechtsgeschäfts wie z. B. einem Tausch oder einer Schenkung übertragen wird. Gleiches muss aber auch für den Fall gelten, dass ein Individualprogramm im Rahmen eines Werkvertrags endgültig überlassen wird[126].

1600 Die gegen die Definition des *EuGH* vorgebrachte Kritik, ihm stünde diesbezüglich gar keine Entscheidungskompetenz zu, weil er entgegen Art. 345 AEUV in die den Mitgliedstaaten vorbehaltene Regelungsmaterie der Eigentumsordnung eingreife, hat der *BGH* zu Recht zurückgewiesen[127]. Er hat klargestellt, dass der *EuGH* nicht bestimmt hat, was unter „Eigentum" oder „Übertragung des Eigentums" im Sinne des deutschen Rechts zu verstehen sein soll. Vielmehr sei der *EuGH* davon ausgegangen, der Wortlaut von Art. 4 Abs. 2 der Softwarerichtlinie verweise in Bezug auf die Bedeutung des Begriffs „Erstverkauf" nicht auf die nationalen Rechtsvorschriften und sei daher für die Anwendung dieser Richtlinie als autonomer Begriff des Unionsrechts anzusehen. Der *EuGH* habe daher ersichtlich auch den zur Definition des Begriffs „Erstverkauf" verwendeten Begriff der „Übertragung des Eigentums" als autonomen Begriff des Unionsrechts angesehen, der als **Einräumung eines unbefristeten Nutzungsrechts** an einer körperlichen oder nichtkörperlichen Programmkopie zu verstehen sei. Dennoch ist dem *BGH* bei der Anwendung dieser Definition im Ergebnis nicht zuzustimmen. Er kommt für den Fall, dass ein Computerprogramm für die Dauer einer „Servicelaufzeit" von einem Jahr überlassen wird, zu dem Schluss, es liege ein Fall des dauerhaften und endgültigen Abtretens eines Nutzungsrechts und damit ein Verkauf im Sinne des § 69c Nr. 3 S. 2 UrhG vor, wenn die Nutzungsmöglichkeit nach Ablauf des Vertragszeitraums durch technische Mittel unterbunden wird[128]. Dies ist aber vor dem Hintergrund der Tatsache nicht überzeugend, dass diese technischen Deaktivierungen und Funktionsbeschränkungen lediglich der (technischen) Sicherstellung der Nutzungsbeendigung dienen[129].

1601 Demgegenüber greift § 69c Nr. 3 S. 2 UrhG bei zeitlich **befristeten** Überlassungsverträgen nicht ein[130]. Aus diesem Grunde kann der Softwarehersteller unter urheberrechtlichem Gesichtspunkt einer Weiterverbreitung seines Produkts dann entgegentreten, wenn der Anwender die Computersoftware im Wege der **Miete** oder auch nur der **Leihe** überlassen bekam[131]. Gleiches gilt für den Regelfall des **Softwareleasings,** weil sich auch hier der Softwarehersteller der Verfügungsmöglichkeit über das Werkstück noch nicht endgültig begeben hat. Eine abweichende Beurteilung kommt

---

[124] Vgl. *OLG Hamburg,* 30.4.2013, 5 W 35/13, MMR 2014, 115, 116.
[125] Vgl. *EuGH,* 3.7.2012, C-128/11, NJW 2012, 2565, 2566 Tz. 42.
[126] Vgl. *OLG Bremen,* 13.2.1997, 2 U 76/96, CR 1997, 609, 610; *Wandtke/Bullinger/Grützmacher* § 69c Rdn. 38.
[127] Vgl. *BGH,* 17.7.2013, I ZR 129/08, NJW-RR 2014, 360, 363 Tz. 35 f. – UsedSoft II.
[128] Vgl. *BGH,* 19.3.2015, I ZR 4/14, NJW 2015, 3576, 3579 Tz. 37.
[129] Vgl. hierzu oben Rdn. 188.
[130] Vgl. *Schuppert/Greissinger* CR 2005, 81, 82; *Dreier/Schulze* § 69c Rdn. 22; *Wandtke/Bullinger/Grützmacher* § 69c Rdn. 30; *Schricker/Loewenheim/Spindler* § 69c Rdn. 35.
[131] Vgl. *OLG Hamburg,* 6.7.1995, 3 U 271/94, MarlyRC 1995 Nr. 84; *Weisser/Färber* MMR 2014, 364, 365; *Schuppert/Greissinger* CR 2005, 81, 82; *Schuhmacher* CR 2000, 641, 648; *Wandtke/Bullinger/Grützmacher* § 69c Rdn. 30.

beim Softwareleasing allenfalls dann in Betracht, wenn der spätere Eigentumserwerb bereits bei Vertragsschluss dinglich vereinbart wird oder dem Leasingnehmer ein Erwerbsrecht eingeräumt wird, das er wegen bereits geleisteter oder noch zu erbringender hoher Gesamtzahlungen oder aus sonstigen Gründen sinnvollerweise ausüben wird. In diesen Fällen ist eine Entscheidung nach den jeweiligen Umständen des konkreten Einzelfalls notwendig.

Besondere Berücksichtigung müssen in diesem Zusammenhang noch die **Lizenzverträge** finden, denn bei diesen ist zweifelhaft, ob der Erschöpfungsgrundsatz eingreift. Das Abstellen auf einen Lizenzvertrag ist aber schon insofern nicht überzeugend, als oben[132] ausführlich dargelegt wurde, dass Softwareüberlassungsverträge in der Regel in die klassische Vertragstypologie des BGB eingeordnet werden können und keine Lizenzverträge darstellen. Auch im Rahmen des Erschöpfungsgrundsatzes ist es unerheblich, welche (gegebenenfalls irreführende) Bezeichnung die Vertragsparteien für das Vertragsverhältnis auswählten[133]. 1602

Als zu eng erweist sich in diesem Zusammenhang aber auch die oben wiedergegebene Definition der Veräußerung als auf die endgültige Entäußerung des Eigentums gerichtetes Rechtsgeschäft. Nicht die formale Eigentumszuordnung stellt das entscheidende Kriterium dar, sondern die Frage, ob „der Urheber zu erkennen gegeben hat, dass er die **Kontrolle über den Verbleib der Werkstücke** behalten will"[134]. Schwierigkeiten bei der Abgrenzung können dann auftreten, wenn zwar ein unbefristetes Nutzungsrecht am Programm eingeräumt wird, gleichzeitig für die Programmnutzung aber fortlaufend weitere Dienstleistungen des Herstellers erforderlich sind[135]. 1603

b) Vertraglich vereinbarte Weiterveräußerungsverbote

Infolge der urheberrechtlichen Unbeachtlichkeit eines Weiterveräußerungsverbots bedarf es für die weitere Untersuchung derartiger vertraglicher Regelungen keiner Unterscheidung zwischen **urheberrechtlich geschützter** und **nicht geschützter** Computersoftware. 1604

Offen ist bislang aber noch die Frage, ob ein Weiterveräußerungsverbot **schuldrechtlich** vereinbart werden kann, wodurch der Softwarehersteller zwar keine absolute, auch gegenüber Dritten geltende Wirkung herbeiführen könnte, aber eine Bindung seines Vertragspartners erzielen würde[136]. Auf die grundsätzliche Möglichkeit, schuldrechtliche Verfügungsbeschränkungen herbeizuführen, zu denen auch die Weiterveräußerungsverbote zählen, wurde oben[137] bereits hingewiesen. Gegen die Zulässigkeit eines derartigen schuldrechtlichen Weiterveräußerungsverbots bestehen trotz der insoweit zu weit gefassten und auf alle „vertraglichen" Verbote abstellenden Formulierung des *EuGH*[138] auch keine Bedenken, solange die entsprechende Vereinbarung in einem **Individualvertrag** getroffen wurde[139]. Grenzen für die indivi- 1605

---

[132] Vgl. oben Rdn. 661 ff., insbesondere auch Rdn. 736 ff.
[133] So im Ergebnis *EuGH*, 3.7.2012, C-128/11, NJW 2012, 2565, 2567 Tz. 49; *Senftleben* NJW 2012, 2924, 2927; *Möring/Hoeren* § 69c Rdn. 14.
[134] Vgl. hierzu ausführlich oben Rdn. 186.
[135] Vgl. *LG Berlin*, 21.1.2014, 15 O 56/13, CR 2014, 400, 403, das wegen dieser fortlaufenden Dienstleistungen eine Erschöpfung verneint.
[136] Vgl. *BGH*, 19.3.2015, I ZR 4/14, NJW 2015, 3576, 3579 Tz. 38 – GreenIT.
[137] Vgl. hierzu oben Rdn. 1595.
[138] Vgl. *EuGH*, 3.7.2012, C-128/11, NJW 2012, 2565, 2569 Tz. 76 – UsedSoft.
[139] Vgl. *OLG Bremen*, 13.2.1997, 2 U 76/96, CR 1997, 609, 610; *OLG Hamburg*, 6.7.1995, 3 U 271/94, MarlyRC 1995 Nr. 84; *Haberstumpf* CR 2009, 345, 349; *Sosnitza* K&R 2006, 206, 210; *Schuppert/Greissinger* CR 2005, 81, 83.

dualvertragliche Vereinbarung von Weiterveräußerungsverboten könnten allenfalls aus allgemeinen zivilrechtlichen Vorschriften wie etwa §§ 138 und 242 BGB oder zwingenden Vorschriften des Miet- oder Pachtrechts folgen, jedoch sind entsprechende Fallkonstellationen nicht ohne weiteres vorstellbar.

1606 Problematisch ist aber, ob Weiterveräußerungsverbote auch **formularvertraglich** vereinbart werden können oder ob einer solchen Klausel die dann eingreifenden Vorschriften über Allgemeine Geschäftsbedingungen gem. **§§ 305 ff. BGB** entgegenstehen.

aa) Weiterveräußerungsverbote und § 305c Abs. 1 BGB

1607 Die erste Hürde, die ein formularmäßig vereinbartes Weiterveräußerungsverbot nach den §§ 305 ff. BGB zu überwinden hat, findet sich in dem gem. § 310 Abs. 1 BGB auch im unternehmerischen Geschäftsverkehr anzuwendenden[140] § 305c Abs. 1 BGB, demzufolge überraschende Klauseln nicht Bestandteil des Vertrags werden, der Vertrag im Übrigen gem. § 306 Abs. 1 BGB aber wirksam bleibt. Zur Begründung der Zulässigkeit der Weiterveräußerungsklauseln reicht der bloße Hinweis auf die **Üblichkeit** derartiger Klauseln nicht aus[141], denn die weite Verbreitung einer Klausel steht der Einstufung als überraschend nicht von vornherein entgegen[142]. Entscheidend ist vielmehr, ob zwischen der begründeten **Kundenerwartung** auf eine bestimmte rechtliche Gestaltung und dem bei unterstellter Geltung der betreffenden Klausel bestehenden Vertragsinhalt eine deutliche Diskrepanz besteht und der Vertragspartner damit vernünftigerweise nicht zu rechnen braucht[143]. Dabei kommt es nicht auf den Kenntnisstand des einzelnen Vertragspartners an, sondern auf die Erkenntnismöglichkeiten des für den jeweiligen Vertragstyp in Betracht kommenden Personenkreis[144]. Prüfungsmaßstab sind also die Kenntnisse und Erfahrungen des typischerweise an Rechtsgeschäften dieser Art beteiligten Personenkreises[145]. Im Rahmen dieser Prüfung kann die Erwartung des Kunden insbesondere auch durch Individualumstände wie etwa dem äußeren Zuschnitt des Vertrags durch die Überschrift und Aufmachung der Vertragsurkunde oder dem Ablauf der Vertragsverhandlungen geprägt werden und infolge der daraus resultierenden Kundenerwartung selbst die „gängige" Weiterveräußerungsverbotsklausel überraschend sein. So kann eine Klausel über ein Weiterveräußerungsverbot im Rahmen eines Softwareüberlassungsvertrags, der mit der Überschrift „Kaufvertrag" versehen ist, als überraschend im Sinne des § 305c Abs. 1 BGB bezeichnet werden. Gleiches hat aber auch für den Fall zu gelten, dass zwar von einem Lizenzvertrag bzw. von „Lizenzen" gesprochen wird, dieser Vertrag aber dennoch wegen verschiedener anderer Klauseln, in denen von „verkaufen" oder einem **Eigentumsvorbehalt** die Rede ist, als kaufvertragsähnlich qualifiziert werden muss[146]. Auch hier ist ein in Allgemei-

---

[140] Vgl. *BGH*, 1.10.2014, VII ZR 344/13, NJW 2015, 49, 50 Tz. 14.
[141] So aber *Polley* CR 1999, 345, 353.
[142] Vgl. *BGH*, 11.12.2003, III ZR 118/03, NJW-RR 2004, 780, 781; *Wolf/Lindacher/Pfeiffer* § 305c Rdn. 25.
[143] Vgl. *BGH*, 21.6.2016, VI ZR 475/15, NJW-RR 2017, 501, 502 Tz. 10; *BGH*, 26.7.2012, VII ZR 262/11, NJW-RR 2012, 1261 Tz. 10; *BGH*, 11.12.2003, III ZR 118/03, NJW-RR 2004, 780, 781; *Wolf/Lindacher/Pfeiffer* § 305c Rdn. 18.
[144] Vgl. *BGH*, 21.6.2016, VI ZR 475/15, NJW-RR 2017, 501, 502 f. Tz. 10; *BGH*, 1.10.2014, VII ZR 344/13, NJW 2015, 49, 50 Tz. 14.
[145] Vgl. *BGH*, 21.6.2016, VI ZR 475/15, NJW-RR 2017, 501, 502 f. Tz. 10.
[146] Vgl. *OLG Hamm*, 28.11.2012, 12 U 115/12, CR 2013, 214, 217; für die Microsoft-Verträge „Select" und „Business" ausdrücklich *LG Hamburg*, 29.6.2006, 315 O 343/06, CR 2006, 812, 813. Für den Microsoft Vertrag zu Windows 8 *Meyer/Spasche/Störing/Schneider* CR 2013, 131, 132.

nen Geschäftsbedingungen enthaltenes schuldrechtliches Weiterveräußerungsverbot überraschend im Sinne des § 305c Abs. 1 BGB.

Soweit jedoch individuelle Begleitumstände fehlen, ist auf die gebräuchliche Rechtsgestaltung abzustellen. Hierbei ist in der Tat zu berücksichtigen, dass Weiterveräußerungsverbote Bestandteil vieler Softwareüberlassungsverträge sind. Wenngleich auch insoweit nicht zwangsläufig von der **Branchenüblichkeit** auf die Eigenschaft als nicht überraschend im Sinne des § 305c Abs. 1 BGB geschlossen werden kann[147], so muss dies doch in den hier untersuchten Fällen gelten, da es sich bei der Aufnahme derartiger Klauseln um eine Besonderheit der Softwareüberlassungsverträge handelt, die auf die Bestimmung der Kundenerwartung durchschlägt[148]. Für eine nicht unerhebliche Zahl der Weiterveräußerungsverbotsklauseln kann daher festgehalten werden, dass infolge des regelmäßig gegebenen Fehlens besonderer Individualumstände die weite Verbreitung derartiger Klauseln eine Einstufung als überraschend im Sinne des § 305c Abs. 1 BGB verbietet und diese Vorschrift deshalb der Aufnahme entsprechender Klauseln in den Softwareüberlassungsvertrag nicht entgegensteht[149].

1608

bb) Die Kontrollfähigkeit nach § 307 Abs. 3 BGB

Schwierigkeiten bereiten Weiterveräußerungsverbotsklauseln hinsichtlich der Frage, ob sie der Inhaltskontrolle nach §§ 307 Abs. 1 und 2, 308 und 309 BGB unterliegen, oder ob sie durch § 307 Abs. 3 S. 1 BGB dieser Überprüfung entzogen sind. Gem. § 307 Abs. 3 S. 1 BGB gelten in Einklang mit Art. 4 Abs. 2 der EG-Richtlinie über missbräuchliche Klauseln in Verbraucherverträgen[150] die §§ 307 Abs. 1 und 2, 308 und 309 BGB nur für solche Klauseln, durch die von Rechtsvorschriften abweichende oder diese ergänzende Regelungen vereinbart werden. Dementsprechend sind solche Klauseln von der Kontrolle nach §§ 307 Abs. 1 und 2, 308 und 309 BGB ausgenommen, die ihrer Art nach nicht der Regelung durch Rechtsvorschriften unterliegen, wozu insbesondere die sog. **Leistungsbeschreibungen** zu zählen sind, durch die Gegenstand, Art, Umstand und Güte der geschuldeten Leistungen umschrieben werden[151]. Hierzu könnten die Weiterveräußerungsverbotsklauseln zu zählen sein, da sie den Umfang der eingeräumten Nutzungsmöglichkeit festlegen.

1609

Gegen die Anwendung des § 307 Abs. 3 S. 1 BGB auf Weiterveräußerungsklauseln lässt sich für urheberrechtlich geschützte Computersoftware jedoch anführen, dass bei einer Softwareveräußerung der oben bereits erwähnte Erschöpfungsgrundsatz gem. § 69c Nr. 3 S. 2 UrhG eingreift und mit der Weiterveräußerungsverbotsklausel von dieser gesetzlichen Regelung abgewichen werden soll. Damit liegt insoweit ein Fall vor, den § 307 Abs. 3 S. 1 BGB gerade der **Inhaltskontrolle** nach §§ 307 Abs. 1 und 2, 308 und 309 BGB unterwirft[152]. Zum gleichen Ergebnis gelangt man in den Fällen, in denen keine Veräußerung, sondern etwa eine Vermietung der urheberrechtlich geschützten Computersoftware erfolgt. Wenngleich hier der Erschöpfungsgrundsatz des § 69c Nr. 3 S. 2 UrhG nicht zugunsten des Softwaremie-

1610

---

[147] Vgl. *Wolf/Lindacher/Pfeiffer* § 305c Rdn. 27.
[148] Vgl. hierzu generell *Wolf/Lindacher/Pfeiffer* § 305c Rdn. 27.
[149] Zurückhaltend *Koch* CR 2002, 629, 632.
[150] Vgl. hierzu *Wolf/Horn/Lindacher* Art. 4 RiLi Rdn. 16.
[151] Vgl. *BGH*, 28.10.2014, X ZR 79/13, NJW 2015, 687, 688 f. Tz. 23; *BGH*, 20.7.2011, IV ZR 75/09, NJW 2011, 3648, 3649 Tz. 23; *BGH*, 29.4.2010, Xa ZR 5/09, NJW 2010, 1958, 1959 Tz. 20; *Wolf/Lindacher/Pfeiffer* § 307 Rdn. 292; *Palandt/Grüneberg* § 307 Rdn. 44.
[152] Im Ergebnis wie hier *OLG Frankfurt*, 5.11.2013. 6 U 92/12, BeckRS 2014, 09012 Tz. 24; *LG Hamburg*, 29.6.2006, 315 O 343/06, CR 2006, 812, 813; vgl. ferner auch *Schricker/Loewenheim/Spindler* § 69c Rdn. 33; *Grützmacher* CR 2006, 815, 816.

ters eingreift, ist die Weiterverbreitung des Werkstücks urheberrechtlich nicht generell ausgeschlossen, sondern bedarf gem. § 34 Abs. 1 UrhG lediglich der **Zustimmung des Softwareherstellers**, die wiederum nicht entgegen Treu und Glauben verweigert werden darf. Indem nun eine Weiterveräußerungsverbotsklausel eine Weiterübertragung ganz ausschließt oder bestimmten vom Anwender zu erfüllenden Erfordernissen unterwirft, wird von der gesetzlichen Regelung des § 34 Abs. 1 S. 2 UrhG abgewichen, sodass erneut eine Inhaltskontrolle nach §§ 307 Abs. 1 und 2, 308 und 309 BGB erfolgt.

1611 Neben den oben dargelegten Überlegungen zur urheberrechtlich geschützten Computersoftware führt jedoch eine weitere, auch für urheberrechtlich nicht geschützte Computersoftware geltende Überlegung dazu, Weiterveräußerungsverbotsklauseln der Inhaltskontrolle nach §§ 307 Abs. 1 und 2, 308 und 309 BGB zu unterwerfen. Berücksichtigt werden muss nämlich, dass solche Klauseln, die den Vertragszweck gefährden, indem sie etwa das **Hauptleistungsversprechen** einschränken, verändern oder aushöhlen, einer Inhaltskontrolle unterworfen sind[153], was unmittelbar aus der Regelung des § 307 Abs. 2 Nr. 2 BGB entnommen werden kann[154]. Dementsprechend kann bei auf Dauer angelegten Softwareüberlassungsverträgen von einer eine Inhaltskontrolle ermöglichenden Gefährdung des Vertragszwecks gesprochen werden, soweit die Nutzungsbefugnis des Anwenders beschränkt werden soll. Ob indes der Vertragszweck wirklich gefährdet ist, bleibt den Darlegungen zu § 307 Abs. 2 Nr. 2 BGB vorbehalten[155].

cc) Die Inhaltskontrolle nach § 307 Abs. 2 Nr. 1 BGB

1612 Allgemeine Geschäftsbedingungen, die gem. § 307 Abs. 2 Nr. 1 BGB mit wesentlichen Grundgedanken der gesetzlichen Regelung unvereinbar sind, benachteiligen den Vertragspartner im Zweifel unangemessen und sind daher nach § 307 Abs. 1 BGB unwirksam. Im Hinblick auf die hier untersuchten Weiterveräußerungsverbotsklauseln ist somit zunächst entscheidend, ob derartige Vereinbarungen gegen wesentliche Grundgedanken der gesetzlichen Regelung verstoßen. Dabei können als heranzuziehende gesetzliche Regelungen sowohl diejenigen über das **Eigentum** im allgemeinen als auch die Vorschrift des § 69c Nr. 3 S. 2 UrhG benannt werden, in der der sog. **Erschöpfungsgrundsatz** festgeschrieben ist. Diese Zweigleisigkeit der Beurteilung soll nachfolgend beibehalten werden, wenngleich diese beiden Beurteilungskriterien nicht völlig unabhängig nebeneinanderstehen, sondern § 69c Nr. 3 S. 2 UrhG als Sonderregelung der Eigentumsbefugnisse verstanden werden kann. Dennoch sollen zuerst die wesentlichen Grundgedanken der allgemeinen Eigentumsregelungen herausgestellt werden, weil das dabei erlangte Ergebnis unabhängig von der Urheberrechtsschutzfähigkeit der Computersoftware Geltung beansprucht.

1613 Zu den wesentlichen Grundgedanken des Eigentums zählt die **grundsätzliche Verfügungsfreiheit** des Eigentümers, von der das Gesetz zur Sicherheit des Rechtsverkehrs ausgeht und die es etwa durch die bereits erwähnte Vorschrift des § 137 BGB schützen will[156]. Obwohl eine nur schuldrechtlich wirkende Weiterveräußerungsverbotsklausel die Verfügungsfreiheit des Eigentümers nicht beseitigt, weil entgegen

---

[153] Vgl. *BGH*, 28.10.2014, X ZR 79/13, NJW 2015, 687, 688 Tz. 23; *LG Berlin*, 28.11.2014, 15 O 601/12, CR 2015, 74, 76.
[154] Vgl. *BGH*, 20.7.2011, IV ZR 75/09, NJW 2011, 3648, 3649 Tz. 23; *BGH*, 29.4.2010, Xa ZR 5/09, NJW 2010, 1958, 1959 Tz. 20; *BGH*, 24.10.2002, I ZR 3/00, NJW 2003, 2014, 2015; *Palandt/Grüneberg* § 307 Rdn. 44; *Wolf/Lindacher/Pfeiffer* § 307 Rdn. 298.
[155] Vgl. hierzu unten Rdn. 1618 ff.
[156] Vgl. *Palandt/Ellenberger* § 137 Rdn. 1.

dieser Vereinbarung vorgenommene Verfügungen vollwirksam sind, führen die an eine Vertragsverletzung geknüpften Rechtsfolgen, wie etwa Schadensersatzpflichten, zu einem gewissen Zwang, Veräußerungen zu unterlassen. Aus diesem Grund kann in derartigen Klauseln eine mittelbar wirkende Beeinträchtigung der Verfügungsfreiheit des Eigentümers gesehen werden, die mit den wesentlichen Grundgedanken des Eigentumsrechts unvereinbar ist[157] und deshalb gegen § 307 Abs. 2 Nr. 1 BGB verstößt.

Zum gleichen Ergebnis gelangt man bei der Heranziehung der Grundgedanken des § 69c Nr. 3 S. 2 UrhG. Wenngleich ein Verstoß der Weiterveräußerungsverbote gegen § 307 Abs. 2 Nr. 1 BGB nicht allein mit dem Hinweis auf den Charakter dieser Vorschriften als zwingendes Recht[158] begründet werden kann, weil beide Normen nur die Zulässigkeit der Weiterveräußerung regeln und verhindern, dass der Urheber Dritten gegenüber vertraglich begründete Rechte geltend macht, wohingegen der unmittelbare Regelungsbereich dieser Vorschriften kein Verbot entsprechender schuldrechtlicher Vereinbarungen umfasst[159], so ist die Bedeutung der §§ 69c Nr. 3 S. 2, 17 Abs. 2 UrhG doch ein mit zu berücksichtigender Gedanke. Es entspricht der diesen Vorschriften zu entnehmenden gesetzgeberischen Wertung, dass der Inhaber eines Urheberrechts sein berechtigtes Interesse an einer angemessenen Vergütung nur für die **erste Veräußerung** im Sinne dieser Vorschrift unter dem Schutz des Urheberrechts durchsetzen können soll. Demgegenüber muss dieses Interesse bei jeder weiteren Verbreitungshandlung im Interesse des Rechtsverkehrs zurücktreten[160]. Versucht nun der Urheber die weitere Verbreitung durch schuldrechtliche Regelungen zu behindern, so läuft dies infolge der oben erwähnten mittelbaren Beeinträchtigungen der Verfügungsfreiheit der gesetzlich angestrebten **Freiheit weiterer Verbreitung** entgegen. Häufig wird auch die Formulierung verwendet, ein entsprechendes Verbot verstoße gegen § 307 Abs. 2 Nr. 1 BGB, weil es mit dem entsprechenden urheberrechtlichem Leitbild unvereinbar sei[161]. Aus diesem Grund verstoßen Weiterveräußerungsverbotsklauseln auch insoweit gegen § 307 Abs. 2 Nr. 1 BGB[162].

1614

---

[157] Vgl. *Redeker* ITRB 2013, 68, 69; *Koch* CR 2002, 629, 631; *Schuhmacher* CR 2000, 641, 648.

[158] So aber *LG Berlin*, 21.1.2014, 15 O 56/13, CR 2014, 400, 401; *LG Stuttgart*, 14.4.2011, 17 O 513/10, BeckRS 2011, 19820; in dieser Richtung wohl auch *Witte* CR 2000, 654, 655. Von einem zwingenden Charakter in „dinglicher" Hinsicht spricht *OLG Frankfurt*, 5.11.2013, 6 U 92/12, BeckRS 2014, 09012 Tz. 24.

[159] So wohl auch *OLG Frankfurt*, 5.11.2013, 6 U 92/12, BeckRS 2014, 09012, Tz. 24. Zurückhaltend auch *Loewenheim* in: FS für Kitagawa S. 964, der ausführt, die im Erschöpfungsgrundsatz enthaltene gesetzgeberische Interessenbewertung solle nicht im Rahmen von § 9 AGBG a. F. abgeändert werden.

[160] Vgl. *BGH*, 19.3.2015, I ZR 4/14, NJW 2015, 3576, 3579 Tz. 36 – Green-IT; *BGH*, 6.7.2000, I ZR 244/97, NJW 2000, 3571, 3572; *OLG Frankfurt*, 18.12.2012, 11 U 68/11, GRUR 2013, 279, 281 m. Anm. *Marly*; *OLG Hamm*, 28.11.2012, 12 U 115/12, CR 2013, 214, 217.

[161] Vgl. *OLG Frankfurt*, 5.11.2013, 6 U 92/12, BeckRS 2014, 09012 Tz. 24; *LG Hamburg*, 25.10.2013, 315 O 449/12, MMR 2014, 364, 365; *LG Hamburg*, 29.6.2006, 315 O 343/06, CR 2006, 812, 815; *Redeker* ITRB 2013, 68, 69; *Wandtke/Bullinger/Grützmacher* § 69c Rdn. 38; *Fromm/Nordemann/Czychowski* § 69c Rdn. 63.

[162] Vgl. *OLG Frankfurt*, 12.11.2013, 11 U 32/12, BeckRS 2015, 16185; *OLG Frankfurt*, 5.11.2013, 6 U 92/12, BeckRS 2014, 09012, Tz. 24; *OLG Hamburg*, 30.4.2013, 5 W 35/13, CR 2013, 700, 701; *OLG Hamm*, 28.11.2012, 12 U 115/12, CR 2013, 214, 217; *LG Hamburg*, 25.10. 2013, 315 O 449/12, MMR 2014, 102, 103. Aus dem Schrifttum *Weisser/Färber* MMR 2014, 364, 366; *Meyer-Spasche/Störing/Schneider* CR 2013, 131, 133; *Huppertz* CR 2006, 145, 150; *Koch* CR 2002, 629, 630; *Witte* CR 2000, 654, 655; *Schuhmacher* CR 2000, 641, 648; *Metzger* GRUR 2001, 210, 213; *Schricker/Loewenheim/Spindler* § 69c Rdn. 33.

1615 Schließlich kann ein Verstoß gegen § 307 Abs. 2 Nr. 1 BGB auch mit § 34 Abs. 1 S. 2 UrhG begründet werden[163]. Letztgenannter Regelung zufolge darf einer Weiterübertragung des Nutzungsrechts die gegebenenfalls erforderliche Zustimmung nicht wider Treu und Glauben verweigert werden. Dieser Vorschrift, die nach allgemeiner Auffassung einen **wesentlichen Grundgedanken des Urheberrechts** enthält[164], widerspricht ein grundsätzliches Weiterveräußerungsverbot, weshalb wesentliche Grundgedanken der gesetzlichen Regelung im Sinne des § 307 Abs. 2 Nr. 1 BGB auch unter diesem Aspekt verletzt werden. Dabei ist irrelevant, ob der **Zustimmungsvorbehalt** des § 34 Abs. 1 UrhG bei Computersoftware überhaupt unmittelbar anwendbar ist[165], denn es geht hier um die Frage, ob wesentliche Grundgedanken des Urheberrechts verletzt werden und diese umfassen auch die Wertungen des § 34 Abs. 1 S. 2 UrhG. Demgegenüber ist auf die Regelung des § 34 Abs. 5 S. 2 UrhG, die eine entsprechende Verbotsvereinbarung zulassen würde, nicht abzustellen, da ihr keine Leitbildfunktion zukommt[166].

1616 Anders als bei der eben dargestellten, auf das Eigentumsrecht und den Erschöpfungsgrundsatz abstellenden Inhaltskontrolle fällt die Beurteilung indes in den Fällen aus, in denen die Computersoftware nicht auf Dauer überlassen werden soll, sondern etwa im Rahmen eines **miet- oder pachtvertraglichen** Rechtsverhältnisses überlassen wird, wie dies etwa bei **ASP, SaaS** oder **Cloud Computing** der Fall sein kann. Hier scheidet ein Rückgriff auf die gesetzgeberischen Wertungen des § 69c Nr. 3 S. 2 UrhG schon deshalb aus, weil **keine Veräußerung** vorliegt und diese Vorschrift deshalb nicht anwendbar ist[167].

1617 Darüber hinaus ist jedoch auch eine Überprüfung anhand des Eigentumsrechts nicht möglich, da der Anwender in diesen Fällen kein Eigentum an der Computersoftware übertragen bekommt. Mangels Eigentümerstellung ist es deshalb **nicht zu beanstanden,** sondern entspricht der regelmäßig vorliegenden Eigentümerstellung des Softwareherstellers, in miet- oder pachtvertraglich ausgestalteten Softwareüberlassungsverträgen eine Weiterveräußerungsklausel aufzunehmen[168], denn es geht hier um die Frage, ob wesentliche Grundgedanken des Urheberrechts verletzt werden und diese umfassen auch die Wertungen des § 34 Abs. 1 S. 2 UrhG.

dd) Die Inhaltskontrolle nach § 307 Abs. 2 Nr. 2 BGB

1618 Eine zur Unwirksamkeit der betreffenden Klausel führende unangemessene Benachteiligung liegt nach § 307 Abs. 2 Nr. 2 BGB dann vor, wenn wesentliche Rechte und Pflichten, die sich aus der Natur des Vertrags ergeben, so eingeschränkt werden, dass die Erreichung des Vertragszwecks gefährdet ist. Entscheidend ist somit, inwieweit sog. **Kardinalrechte** und **-pflichten** beeinträchtigt werden, die als aus der Natur des Vertrags zu entnehmende wesentliche Rechte und Pflichten bezeichnet werden[169]. Unbeachtlich ist demgegenüber, ob es sich bei dem betreffenden Vertrag um einen gesetzlich geregelten Vertragstypus handelt, der daneben einer Inhaltskon-

---

[163] So das *OLG Nürnberg,* 20.6.1989, 3 U 1342/88, CR 1990, 118, 121.
[164] Vgl. *BGH,* 18.2.1982, I ZR 81/80, GRUR 1984, 45, 52.
[165] Verneinend nach Eintritt der Erschöpfung *LG Hamburg,* 25.10.2013, 315 O 449/12, MMR 2014, 102, 103; zweifelnd *Grützmacher* CR 2007, 549, 533; für eine Anwendung *Haberstumpf* CR 2009, 345, 348.
[166] Vgl. *Haberstumpf* CR 2009, 345, 349.
[167] Vgl. hierzu oben Rdn. 184.
[168] Vgl. *Zech* Zeitschrift für Geistiges Eigentum 2013, 368, 388f.; *Schuhmacher* CR 2000, 641, 648.
[169] Vgl. *BGH,* 20.7.2005, VIII ZR 121/04, NJW-RR 2005, 1496, 1505; *Wolf/Lindacher/Pfeiffer* § 307 Rdn. 132 sowie 134.

trolle nach § 307 Abs. 2 Nr. 1 BGB unterzogen werden kann, oder ob eine entsprechende ausdrückliche gesetzliche Regelung fehlt, sodass eine Inhaltskontrolle nach § 307 Abs. 2 Nr. 1 BGB ausscheidet. Ein gesetzlicher Vorrang zwischen den beiden Ziffern des § 307 Abs. 2 BGB besteht nicht, weshalb eine Inhaltskontrolle sowohl nach § 307 Abs. 2 Nr. 1 BGB als auch nach § 307 Abs. 2 Nr. 2 BGB erfolgen kann[170].

Die Bestimmung der Rechtsnatur von Softwareüberlassungsverträgen ist höchst streitig, worauf oben[171] ausführlich eingegangen wurde. Entsprechend den oben dargelegten Ausführungen kann sie jedoch bei auf Dauer angelegter Überlassung im Einklang mit der Rechtsprechung des *EuGH*[172] als kaufvertraglicher Typus bezeichnet werden, wohingegen bei zeitlich begrenzter Überlassung miet-, pacht- oder leasingvertragliche Einstufungen in Betracht kommen, sodass auch hier unterschiedliche Bewertungen angestellt werden müssen. 1619

Hinsichtlich der **kaufvertraglichen Überlassung** von Computersoftware kann im Wesentlichen auf die Ausführungen zur Inhaltskontrolle nach § 307 Abs. 2 Nr. 1 BGB verwiesen werden, denn die Kardinalpflicht eines Kaufvertrags besteht für den Verkäufer gem. § 433 Abs. 1 S. 1 BGB darin, dem Käufer die Sache zu übergeben und das Eigentum an der Sache zu verschaffen. Dies gilt nach der hier vertretenen Auffassung auch für die Softwareüberlassung im Wege der Telekommunikation[173]. Da jedoch ein formularmäßig vereinbartes Weiterveräußerungsverbot entsprechend obigen Ausführungen mit den gesetzlichen Regelungen des Eigentumsrechts unvereinbar ist, wird offenbar, dass eine derartige Klausel mit der **Kardinalpflicht zur Eigentumsverschaffung** ebenfalls nicht vereinbar ist[174]. Dementsprechend verstoßen Weiterveräußerungsverbotsklauseln in kaufvertraglichen Softwareüberlassungsverträgen auch gegen § 307 Abs. 2 Nr. 2 BGB[175], ohne dass zwischen datenträgergebundenem oder datenträgerlosem Softwarekauf differenziert werden muss. 1620

Anders stellt sich die Situation indes erneut bei den auf Zeit angelegten Softwareüberlassungsverträgen dar, bei denen der Anwender keine Eigentümerstellung erlangen soll. Hier zählt die **Rückgabe der überlassenen Sache** zu den wesentlichen Pflichten des Anwenders, sodass die ausdrückliche Vereinbarung eines Weiterveräußerungsverbots mit dem Vertragszweck in Einklang steht und ein Verstoß gegen § 307 Abs. 2 Nr. 2 BGB nicht festgestellt werden kann. Dies gilt auch für die Fälle, in denen der Softwarehersteller auf die Rückgabe der Computersoftware zugunsten einer **Löschungsverpflichtung**[176] des Anwenders verzichtet, denn auch hier soll die Nutzung seitens des Anwenders beendet werden und entspricht es dem Vertragszweck, dass nicht Dritte die Software veräußert bekommen. Die Form der Nutzungsbeendigung – sei es nun Rückgabe oder Vernichtung – ist für diese Beurteilung unbeachtlich. Aus den gleichen Erwägungen sind auch bei den **mietvertraglich** ausgestalteten Modellen des **Cloud Computing** Weiterveräußerungsverbote nicht zu beanstanden[177]. 1621

---

[170] Vgl. *Wolf/Lindacher/Pfeiffer* § 307 Rdn. 97 sowie 133.
[171] Vgl. oben Rdn. 661 ff.
[172] Vgl. *EuGH*, 3.7.2012, C-128/11, NJW 2012, 2565, 2566 Tz. 42 ff.
[173] Vgl. hierzu oben Rdn. 720 ff.
[174] Vgl. *OLG Hamm*, 28.11.2012, 12 U 115/12, CR 2013, 214, 217; *LG Hamburg*, 29.6.2006, 315 O 343/06, CR 2006, 812, 815 „Abweichung von den wesentlichen Rechten und Pflichten eines kaufvertraglich ausgestalteten Softwareüberlassungsvertrags"; *Weisser/Färber* MMR 2014, 364, 366; *Huppertz* CR 2006, 145, 150; *Schuhmacher* CR 2000, 641, 648.
[175] Vgl. *OLG Hamm*, 28.11.2012, 12 U 115/12, CR 2013, 214, 217; *Huppertz* CR 2006, 145, 150; *Koch* CR 2002, 629, 631.
[176] Vgl. zu derartigen Löschungspflichten auch oben Rdn. 746.
[177] Vgl. *Zech* Zeitschrift für Geistiges Eigentum 2013, 368, 388 f.

ee) Die Rechtfertigung der grundsätzlich unwirksamen Weiterveräußerungsverbote durch besondere Interessen des Softwareherstellers

1622 Infolge der besonderen Ausgestaltung des § 307 Abs. 2 BGB als bloße Unwirksamkeitsvermutung, die lediglich im Zweifel eintritt, führen die oben festgestellten Verstöße der Weiterveräußerungsverbotsklauseln gegen die Vorschriften der Ziffern 1 und 2 des § 307 Abs. 2 BGB bei kaufvertraglichen Softwareüberlassungsverträgen nicht zwangsläufig zur Unwirksamkeit dieser Klauseln. Eine unangemessene Benachteiligung des Vertragspartners wird zwar indiziert, wenn eine klauselmäßige Abweichung nach § 307 Abs. 2 BGB gegeben ist. Diese Vermutung ist aber widerlegt, wenn die Klausel auf der Grundlage einer umfassenden Interessenabwägung den Kunden gleichwohl nicht unangemessen benachteiligt. Hiervon ist insbesondere auszugehen, wenn die Abweichung vom gesetzlichen Leitbild sachlich gerechtfertigt und der gesetzliche Schutzzweck auf andere Weise sichergestellt ist[178].

1623 Für eine derartige Widerlegung kommt bei den hier untersuchten Weiterveräußerungsverbotsklauseln insbesondere[179] der Nachweis eines **überwiegenden Interesses** des Softwareherstellers an einer solchen Vereinbarung in Betracht[180]. Überwiegende Interessen des Softwareherstellers, die die Einschränkung der Verfügungsfreiheit zur Weiterveräußerung rechtfertigen könnten, lassen sich allenfalls in der bereits mehrfach erwähnten **besonderen Verletzlichkeit** der Computersoftware gegenüber Piraterieakten entdecken. Um dies jedoch überprüfen zu können, muss die besondere Verletzlichkeit der Computersoftware im Hinblick auf die von einer Weitergabe ausgehenden Gefahren präzisiert werden. Oben[181] wurde bereits dargelegt, dass Computersoftware infolge der Einfachheit des Kopiervorgangs einem besonderen Vervielfältigungsrisiko ausgesetzt ist. Unmittelbar an diese Gefahr der Vervielfältigung schließt sich jedoch die Gefahr der Verbreitung der zuvor angefertigten Vervielfältigungsstücke durch den Anwender an.

1624 Da es sich bei der Weitergabe dieser Vervielfältigungsstücke nicht um die Weiterverbreitung des zunächst vom Urheber in den Verkehr gebrachten Werkstücks handelt, greift hier der in § 69c Nr. 3 S. 2 UrhG niedergelegte Erschöpfungsgrundsatz nicht unmittelbar ein. Vielmehr wird dem Urheber durch eine solche Verbreitung die Möglichkeit genommen, seine Zustimmung zur Verbreitung von der Zahlung eines Entgelts abhängig zu machen. Ursprung dieser den Schöpfer der Computersoftware treffenden Gefahren ist dementsprechend nicht die Weiterverbreitung des von ihm in den Verkehr gebrachten „rechtmäßigen" Werkstücks, sondern die Leichtigkeit der Vervielfältigung in Verbindung mit der sich hieran anschließenden **Verbreitung neuer Vervielfältigungsstücke**. Ansatzpunkt für eine Eindämmung dieses Risikos müsste somit zunächst die Vereinbarung von Vervielfältigungsverboten sein, wie sie im voranstehenden Abschnitt ausführlich dargestellt wurden. Darüber hinaus scheinen die Interessen des Softwareherstellers lediglich noch ein Verbot der Verbreitung unberechtigt hergestellter Vervielfältigungsstücke zu rechtfertigen, nicht aber ein Verbot auch der Weiterveräußerung des von ihm in den Verkehr gebrachten „rechtmäßigen" Werkstücks, sodass die in der Regel umfassend formulierten Weiterveräußerungsverbotsklauseln insoweit auch nicht unter Hinweis auf überwiegende Interessen des Softwareherstellers für zulässig erklärt werden können. Veräuße-

---

[178] Vgl. *BGH*, 16.2.2016, XI ZR 454/14, NJW 2016, 1875, 1878 Tz. 43.
[179] Vgl. auch zu den anderen Bezugspunkten der Vermutungswiderlegung *Wolf/Lindacher/Pfeiffer* § 307 Rdn. 103.
[180] Vgl. *LG Hamburg*, 25.10.2013, 315 O 449/12, BeckRS 2013, 18592 Tz. 38.
[181] Vgl. oben Rdn. 43, 665.

rungsverbote verhindern weder die Herstellung rechtswidriger Vervielfältigungsstücke noch eine rechtswidrige Mehrfachnutzung, sondern sie verhindern die rechtmäßige Einfachnutzung.

Erwogen wird jedoch im Schrifttum, ob nicht doch noch weitergehende Interessen des Softwareherstellers bestehen. So wurde betont, ein effektives Vorgehen gegen Softwarepiraterie setze voraus, dass der Softwarelieferant wisse, wo von ihm veräußerte, „legale" Programmkopien gerade eingesetzt würden. Der Weiterverkauf von Software stelle ihn aber vor immense **Kontroll- und Beweisprobleme,** da er nicht kontrollieren könne, welche Programmkopien durch Weiterverkauf und welche über den Pirateriemarkt erworben wurden und ob der Anwender nicht bei der Herstellung von Vervielfältigungsstücken die ihm erlaubte Anzahl überschreitet[182]. 1625

Gegen ein Abstellen auf diese Kontroll- und Beweisprobleme sprachen indes bereits früher zwei gewichtige Argumente. Zunächst ist nicht ersichtlich, weshalb derartige Probleme eine besondere Interessenlage im Bereich der Computersoftware kennzeichnen sollen, die die Interessen des Softwareherstellers von solchem Gewicht erscheinen lassen, dass sie die Einschränkung der Verfügungsfreiheit zur Weiterveräußerung rechtfertigen könnten. Verschiedene Softwarehersteller, darunter Microsoft, verwenden seit Jahre sog. **„Echtheitszertifikate".** Ein solches Echtheitszertifikat ist ein Aufkleber zum leichteren Erkennen von original Microsoft Software, der hoch entwickelte Echtheitsmerkmale aufweist[183]. Beim Software-Download können individuelle Merkmale mittels Digital Rights Management (DRM) oder Digitale Wasserzeichen verwendet werden[184]. Auch der *BGH* hat in anderem Zusammenhang bereits betont, der Berechtigte habe es bei digitalen Werken – anders als bei Druckwerken – in der Hand, diese Werke mit technischen Maßnahmen zu schützen und damit deren unberechtigte Vervielfältigung wenn nicht zu verhindern, so doch zu erschweren[185]. Für Computersoftware hat der *EuGH* ausdrücklich darauf hingewiesen, dem Vertreiber stehe es frei, technische Schutzmaßnahmen, etwa Produktschlüssel, anzuwenden[186]. Im Schrifttum wird von der Nichtverwendung dieser Schutzmöglichkeiten auf ein Nichtbestehen eines besonderen Schutzinteresses bzw. -bedürfnisses geschlossen[187]. 1626

Schließlich ist zu berücksichtigen, dass die dargelegten Kontroll- und Beweisinteressen allenfalls Vereinbarungen besonderer **Informationspflichten,** nicht aber ein generelles Weiterveräußerungsverbot rechtfertigen könnten[188], weil im Rahmen der nach § 307 BGB vorzunehmenden Inhaltskontrolle eine **umfassende Interessenabwägung** unter Berücksichtigung aller Gesichtspunkte erfolgen muss[189] und die berechtigten Interessen des Anwenders an der Weiterveräußerung, wenn er keinen Bedarf für die entsprechende Software mehr hat, völlig unberücksichtigt bleiben würden. Aus diesem Grund können auch besondere Interessen des Softwareherstel- 1627

---

[182] Vgl. *Schricker/Loewenheim,* 4. Aufl. 2010, § 69c Rdn. 34.
[183] *Leistner* CR 2011, 209, 213 bezeichnet die Verwendung von „Authentizitätsurkunden" und „Echtheitsurkunden" als „heute bereits gängige Praxis". Zum markenrechtlichen Problem der Veräußerung von Echtheitszertifikaten und selbst erstellten Sicherungs-CDs *BGH,* 6.10.2011, I ZR 6/10, NJW-RR 2012, 616 f.; zum strafrechtlichen Aspekt *Bomba* GRUR 2013, 1004 ff.
[184] Vgl. *Hoppen* CR 2013, 9, 13.
[185] Vgl. *BGH,* 2.10.2008, I ZR 18/06, GRUR 2009, 53, 55 Tz. 20.
[186] Vgl. *EuGH,* 3.7.2012, C-128/11, NJW 2012, 2565, 2569 Tz. 79 – UsedSoft; zustimmend *LG Hamburg,* 25.10.2013, 315 O 449/12 BeckRS 2013, 18592 Tz. 38.
[187] Vgl. *Ulmer/Hoppen* CR 2008, 681, 684.
[188] Im Ergebnis ebenso *Grützmacher* CR 2007, 549, 554.
[189] Vgl. *BGH,* 8.12.2011, VII ZR 111/11, NJW-RR 2012, 626, 627 Tz. 14 f.; *Wolf/Horn/Lindacher* § 307 Rdn. 174.

lers nicht zur Begründung dafür herangezogen werden, ein Verstoß gegen § 307 BGB liege nicht vor[190].

1628 Dies muss auch für das im Rahmen der Diskussion über die Zulässigkeit des sog. „Gebrauchtsoftwarehandels" angeführte Argument gelten, das berechtigte Interesse des Softwareherstellers an einer **optimalen Preisgestaltung** rechtfertige ein Weitergabeverbot. Dies gelte insbesondere für den Fall, dass nicht körperliche Werkexemplare der Software vertrieben würden, sondern lediglich „unkörperliche Nutzungslizenzen". In der Tat lassen sich die Interessen der Softwarehersteller dahingehend umschreiben, dass sie bei einem umfassenden Verbot jeglicher Weiterveräußerung mehr Produkte absetzen könnten, da sie einen Markt für gebrauchte Software verhindern könnten und dementsprechend auch nicht mit ihren eigenen gebrauchten Produkten konkurrieren müssten. Darüber hinaus lässt sich so eine **optimale Preisdifferenzierung** verwirklichen, die den größtmöglichen Gewinn verspricht, denn die auf unterschiedliche Marktteilnehmer zugeschnittenen Preise (etwa günstige Programmversionen für **Schüler und Studenten, Bildungseinrichtungen**[191] sowie **Volumenrabatte**) könnten nicht dadurch unterlaufen werden, dass diese vergünstigten Produkte an andere Marktteilnehmer weitergegeben werden, die die Bedingungen der Vergünstigung nicht erfüllen. Die Arbitrage im Sinne des Ausnutzens von Preisunterschieden für gleiche Waren auf verschiedenen Märkten kann so verhindert werden.

1629 Die so umschriebenen Vergütungsinteressen der Hersteller rechtfertigen es aber nicht, vom Grundgedanken der Erschöpfungswirkung abzuweichen, denn das **Vergütungsinteresse** ist hinsichtlich des Eintritts einer urheberrechtlichen Erschöpfung des Verbreitungsrechts in Bezug auf Vervielfältigungsstücke von Software **irrelevant**[192], gleichwie es nicht Sache der Gerichte ist, die Wirtschaftlichkeit der Preispolitik der Softwarehersteller oder die Angemessenheit des Verhältnisses zwischen Leistung und Gegenleistung zu überprüfen[193]. Auch der *BGH* hat ausdrücklich ausgeführt, das Interesse eines Softwareherstellers gegenüber zwei unterschiedlichen Käufergruppen unterschiedliche Preise für dieselbe Ware zu fordern und dies mit Hilfe des Urheberrechts durchzusetzen, erscheine nicht ohne weiteres schützenswert[194]. Obwohl sich letztgenannte Argumentation des *BGH* nur auf die urheberrechtliche Beurteilung des Problems bezieht, kann ihr doch die Wertung entnommen werden, dass die Interessen an einer optimalen Preisdifferenzierung **nicht von übergeordneter Bedeutung** sind. Sie sind gegenüber dem Interesse des Anwenders, eine entgeltlich erworbene Ware weiterveräußern zu können, wenn sie nicht mehr benötigt wird, keinesfalls vorrangig. Ein solcher Vorrang widerspräche auch dem Verständnis des *EuGH* vom Zweck des Erschöpfungsgrundsatzes, denn der *EuGH* möchte das Verbreitungsrecht des Softwareherstellers auf das zum Schutz des spezifischen Gegenstands des geistigen Eigentums Erforderliche begrenzen, um so eine Abschottung der Märkte zu vermeiden[195].

1630 Anders kann allenfalls bei vom Hersteller **kostenlos** verbreiteten **Demo-** und **Testversionen** eines Programms zu entscheiden sein[196], denn hier hat der Anwender

---

[190] Wie hier *Polley* CR 1999, 345, 354.
[191] So im Fall des *OLG Frankfurt*, 18.12.2012, 11 U 68/11, GRUR 2013, 279 ff. m. Anm. *Marly*.
[192] Vgl. *LG Hamburg*, 29.6.2006, 315 O 343/06, CR 2006, 812, 814.
[193] Vgl. *OLG Frankfurt*, 18.12.2012, 11 U 68/11, GRUR 2013, 279, 281 m. Anm. *Marly*.
[194] Vgl. *BGH*, 6.7.2000, I ZR 244/97, NJW 2000, 3571, 3572.
[195] Vgl. *EuGH*, 3.7.2012, C-128/11, NJW 2012, 2565, 2568 Tz. 62 f. – UsedSoft.
[196] Vgl. *Wandtke/Bullinger/Grützmacher* § 69c Rdn. 39; *Fromm/Nordemann/Czychowski* § 69c Rdn. 63.

kein berechtigtes Weiterveräußerungsinteresse. Demgegenüber wäre bei **entgeltpflichtigen Testversionen** ein vertragliches Weitergabeverbot notwendig, denn etwa der bloße Vermerk auf einem Datenträger „not for resale" hat keine dingliche Wirkung und hindert einen vertraglich nicht gebundenen Testkunden nicht, eine auf einer CD erworbene sog. Betaversion an Dritte weiterzuveräußern[197]. Bei Testversionen vermögen die Interessen des Herstellers gegebenenfalls ein Weitergabeverbot in Allgemeinen Geschäftsbedingungen zu rechtfertigen. Diese Fallgestaltungen sind jedoch seltene Ausnahmen und vermögen für den Regelfall keine abweichende Beurteilung zu begründen.

ff) Bedingte Weiterveräußerungsverbote

Neben den oben dargelegten generellen Weiterveräußerungsverboten haben auch solche Weiterveräußerungsverbote eine weite Verbreitung gefunden, die eine Weiterveräußerung nicht grundsätzlich ausschließen, sondern von der Einhaltung bestimmter **Bedingungen** abhängig machen wollen. Im Wesentlichen finden sich drei verschiedene Typen von Bedingungen, die nachfolgend einzeln auf ihre Zulässigkeit hin beurteilt werden sollen. 1631

Häufig wird die Zulässigkeit einer Weiterveräußerung von der **vorherigen schriftlichen Zustimmung** des Softwarelieferanten abhängig gemacht[198]. Ob eine entsprechende formularvertragliche Regelung mit der begründeten Kundenerwartung eines auf Dauer abgeschlossenen Softwareüberlassungsvertrags in Einklang zu bringen ist, oder ob eine solche Klausel nicht als überraschend im Sinne des § 305c Abs. 1 BGB qualifiziert werden muss und daher nicht Vertragsbestandteil wird, lässt sich nur schwer pauschal beurteilen. Bei **billiger Massensoftware**, der sog. Low-Cost-Software, wird in der Regel von einem überraschenden Charakter einer derartigen Klausel auszugehen sein, weil es sich hier um ein Geschäft des täglichen Lebens handelt, bei dem ein Kunde nach Bezahlung des von ihm verlangten Entgelts nicht erwartet, weitere vertragliche Pflichten erfüllen zu müssen, die bei anderen Massenprodukten völlig unbekannt sind. Angesichts des oben[199] ausführlich begründeten Rechts des Anwenders, die von ihm erworbene Computersoftware weiterzuveräußern, liegt jedoch unabhängig vom Eingreifen des § 305c Abs. 1 BGB und unabhängig vom Preis der Software in jedem Fall ein Verstoß gegen § 307 Abs. 2 Nr. 1 und 2 BGB vor, denn dem Softwarelieferanten steht eine von seiner Zustimmung abhängige Einflussnahme auf die Veräußerungshandlung nicht zu[200]. Eine dem entgegenstehende Klausel ist weder mit den Grundgedanken der gesetzlichen Regelung des § 69c Nr. 3 S. 2 UrhG[201] noch mit den wesentlichen Rechten oder Pflichten eines kaufvertraglich ausgestalteten Softwareüberlassungsvertrags vereinbar. Auch die Frage, ob das Programm im Wege des Downloads bezogen wurde oder auf Datenträger, ist vor dem Hintergrund der Rechtsprechung des *EuGH* zum Erschöpfungsgrundsatz irrelevant[202]. Nicht überzeugend ist es auch, zwischen (unzulässigen) pauschalen Zustimmungsvorbehalten und (zulässigen) Zustimmungsvorbehalten mit Zustimmungspflicht des Rechtsinhabers in besonders umschriebenen Fällen unter- 1632

---

[197] Vgl. *OLG Düsseldorf*, 3.3.1998, 20 U 76/97, MMR 1998, 417.
[198] So etwa im Fall des *OLG Karlsruhe*, 27.7.2011, 6 U 18/10, MMR 2011, 727; ferner *LG Hamburg*, 25.10.2013, 315 O 449/12, BeckRS 2013, 18592.
[199] Vgl. hierzu oben Rdn. 1604 ff., insbesondere 1612 ff.
[200] A. A. *OLG Karlsruhe*, 27.7.2011, 6 U 18/10, MMR 2011, 727, 728.
[201] Hierauf stellen das *LG Hamburg*, 25.10.2013, 315 O 449/12, BeckRS 2013, 18592 Tz. 37 sowie *Huppertz* CR 2006, 145, 150 entscheidend ab.
[202] Vgl. hierzu oben Rdn. 204 ff.

scheiden zu wollen. Auch letztgenannte Variante ist mit den wesentlichen Rechten und Pflichten eines Kaufvertrags nicht vereinbar[203].

1633 Neben der vorherigen schriftlichen Zustimmung des Softwarelieferanten wird die Zulässigkeit einer Weiterveräußerung häufig auch davon abhängig gemacht, dass der Anwender dem Softwarelieferanten den **Namen und die Anschrift des neuen Anwenders** mitteilt. Es handelt sich insoweit um eine durch eine Bedingung verknüpfte vertragliche Informationspflicht[204] mit einem Weiterveräußerungsverbot. Angesichts des nicht zu übersehenden Interesses des Softwarelieferanten, den Verbleib seiner Software überprüfen zu können, um beim Auftauchen von Raubkopien anhand der häufig im Programmcode versteckten Seriennummer den Verbreitungsweg seines Produkts nachvollziehen und gegebenenfalls zumindest einen der Raubkopierer entlarven zu können, bestehen gegen eine solche Bedingung innerhalb gewisser Grenzen keine Bedenken. Erforderlich ist jedoch zunächst, dass es sich nicht um Computersoftware der **Low-Cost-Preisklasse** handelt, bei der ein Anwender mit solch einer Bedingung nicht rechnen muss, weil seine begründete Kundenerwartung dahin geht, die nur wenige Euro teure Software nach Belieben weiterveräußern zu dürfen, sobald der Anwender an ihrer Weiterverwendung kein Interesse mehr hat. In diesen Fällen scheitert ein Einbezug einer entsprechenden Klausel in den Vertrag an § 305c Abs. 1 BGB gleichwie es unangemessen wäre, einem Kunden den **zeitlichen und finanziellen Aufwand** einer derartigen Mitteilung aufzuerlegen, sodass auch ein Verstoß gegen § 307 BGB vorläge.

1634 Sofern die Software jedoch einen gewissen Preis übersteigt, muss das ausgeprägte Interesse des Softwarelieferanten an einer wirksamen Bekämpfung der Softwarepiraterie nicht nur auf die Kundenerwartung im Sinne des § 305c BGB durchschlagen, sondern auch bei der Prüfung der Angemessenheit nach § 307 BGB berücksichtigt werden. Ab einem Verkaufspreis von etwa **100,– Euro** erscheint die Auferlegung des mit einer Mitteilung verbundenen zeitlichen und finanziellen Aufwands daher nicht mehr unangemessen, weshalb in diesen Fällen eine Klausel nicht zu beanstanden ist, derzufolge die Zulässigkeit der Weiterveräußerung an die Bedingung geknüpft ist, dass der Anwender den Namen und die Anschrift des neuen Anwenders (Käufers) mitteilen muss[205].

1635 Als letzte der im Rahmen der Weiterveräußerungsverbote zu nennenden Bedingungen sind diejenigen zu nennen, die die Zulässigkeit der Weiterveräußerung davon abhängig machen wollen, dass der Anwender die Computersoftware nur an eine Person weiterveräußert, die sich mit den **Vertragsbedingungen des Softwarelieferanten einverstanden erklärt.** Im Schrifttum wird dies vereinzelt als Verpflichtung zur „Weitergabe von vertraglichen Beschränkungen" bezeichnet und dort sowie von einzelnen Gerichten als generell zulässig betrachtet[206]. Dem kann für die meisten Fälle, nicht aber generell zugestimmt werden. Soweit etwa verlangt wird, dass der neue Anwender die Bestimmungen des Lizenzvertrags „liest und akzeptiert"[207], ist die Verpflichtung zum Lesen wegen Verstoßes gegen § 307 Abs. 1 S. 1 BGB nicht wirksam. Darüber hinaus ist sie wohl auch nicht ernsthaft gewollt, weil sonst Anal-

---

[203] *Redeker* ITRB 2013, 68, 69.
[204] Vgl. zur Vereinbarung von Informationspflichten auch unten Rdn. 1768 ff.
[205] Ohne Einschränkung auf eine bestimmte Preisklasse *Huppertz* CR 2006, 145, 150.
[206] Vgl. *OLG Karlsruhe,* 27.7.2011, 6 U 18/10, MMR 2011, 727, 728; *Grützmacher* CR 2011, 485, 491; *ders.* CR 2007, 549, 554. Gegen die Zulässigkeit aber *OLG Frankfurt,* 12.11.2013, 11 U 32/12, BeckRS 2015, 16185; *OLG Hamburg,* 30.4.2013, 5 W 35/13, CR 2013, 700, 701.
[207] Vgl. So in der Tat der Apple iOS 11 Softwarelizenzvertrag (EA 1491 vom 12.7.2017) Ziff. 3 lit c).

phabeten keine Apple-Software einsetzen dürften. Auch für sprachlich treffendere Klauseln sollte aber analog zu der bereits bei den mit einer Mitteilungspflicht verbundenen Weiterveräußerungsverboten eingeführten Unterscheidung verschiedener Preisklassen von Computersoftware die dort angestellten Überlegungen auch hier berücksichtigt werden. Bedacht werden muss, dass die Weitergabe der Vertragsbedingungen des Softwarelieferanten dem Anwender nur möglich ist, wenn er diese überhaupt aufbewahrt hat. Eine Aufbewahrung von Vertragsbedingungen ist jedoch bei **Low-Cost-Produkten** in der Regel weder erforderlich noch üblich, sodass der Anwender im Ergebnis das Recht zur Weiterveräußerung verlöre, sofern er die meist auf der Verpackung abgedruckten Bedingungen wegwirft. Eine derartige Vereinbarung widerspricht jedoch der begründeten Kundenerwartung beim Erwerb billiger Massenware, nach der Bezahlung keine weiteren Verpflichtungen mehr erfüllen zu müssen, sodass die Einbeziehung solcher Klauseln in den Vertrag an § 305c Abs. 1 BGB scheitert. Darüber hinaus liegt jedoch auch eine Unwirksamkeit nach § 307 BGB vor, denn die mittelbar entstehende Aufbewahrungspflicht der Vertragsbedingungen erscheint bei Billigprodukten, die der Anwender möglicherweise zu Dutzenden erwirbt, der Bedeutung des Rechtsgeschäfts nicht angemessen. Meist wird es sich um Computerspiele handeln, von denen ein Spielefan häufig größere Mengen besitzt.

Anders stellt sich die Situation indes wiederum bei **teureren Produkten** dar, wobei die Grenze abermals bei etwa 100,– Euro zu ziehen ist. Hier muss der Anwender mit besonderen Regelungen zum Schutze des Softwarelieferanten vor Raubkopierern rechnen, sodass die Einbeziehung in den Vertrag nicht an § 305c Abs. 1 BGB scheitert, gleichwie die dem Anwender auferlegte Aufbewahrungspflicht der Vertragsbedingungen durch das Interesse des Softwarelieferanten gerechtfertigt wird, auch den neuen Anwender an seine Vertragsbedingungen zu binden. Letzteres ist hier insbesondere im Hinblick auf die vereinbarte Mitteilungspflicht einsichtig, denn die Zurückverfolgung des Verbreitungswegs beim Auftauchen von Raubkopien ist natürlich nur erfolgversprechend, wenn dem Softwarelieferanten sämtliche Anwendernamen im Rahmen einer möglicherweise vorliegenden Veräußerungskette bekannt sind.

Nicht zu den bedingten Weiterveräußerungsklauseln im engeren Sinne, sondern eher zu den vertraglich klargestellten Selbstverständlichkeiten zählen solche „Bedingungen", die den Anwender darauf hinweisen, dass er nach einer Weiterveräußerung des Programms sämtliche in seinem System oder auf externen Datenträgern vorhandenen Vervielfältigungsstücke **löschen** muss und **nicht mehr benutzen** darf. Derartige Klauseln sind unzweifelhaft zulässig[208].

2. Weitervermietungsverbote

Typische Klauseln:
„Sie sind nicht berechtigt und haben auch nicht das Recht, einer anderen Person zu gestatten: A. einen beliebigen Teil der Software zu verleihen, zu vermieten oder Unterlizenzen zu vergeben[209]."
„4. Übertragung. Sie dürfen die Software nicht wiederverwenden oder an Dritte vermieten bzw. diesen im Rahmen eines Leasing-Vertrags zur Verfügung stellen."[210]

---

[208] Vgl. *OLG Karlsruhe*, 27.7.2011, 6 U 18/10. MMR 2011, 727, 728; *Wolf/Lindacher/Pfeiffer* Klauseln Rdn. 226; a. A. wohl nur *Redeker* ITRB 2013, 68, 70.
[209] Vgl. die Symantec Software-Lizenzvereinbarung, Norton Security Scan sowie den hierzu geführten Rechtsstreit *LG Frankfurt*, 31.3.2011, 2–03 O 331/10, MMR 2011, 683; *OLG Frankfurt*, 12.11.2013, 11 U 32/12, BeckRS 2015, 16185; *BGH*, 19.3.2015, I ZR 4/14, NJW 2015, 3576 – Green-IT.
[210] Vgl. Endbenutzer-Lizenzvereinbarung für Samsung Kies (2013).

„4. Übertragung. Sie dürfen die Rechte an der Software nicht vermieten, verleihen, verkaufen, unterlizenzieren, abtreten oder übertragen, oder das Kopieren der Software weder in Teilen noch als Ganzes auf den Computer eines anderen Benutzers genehmigen, ausgenommen in den hier ausdrücklich erlaubten Fällen."[211]

„3. Übertragung. Es ist dir nicht gestattet, die iOS-Software zu vermieten, zu verleasen, zu verleihen, zu verkaufen, neu zu verteilen oder Unterlizenzen für die iOS-Software zu vergeben."[212]

„2. c. Beschränkungen. Der Hersteller bzw. das Installationsunternehmen und Microsoft behalten sich alle Rechte vor (beispielsweise Rechte im Rahmen von Gesetzen über geistiges Eigentum), die in diesem Vertrag nicht ausdrücklich gewährt werden. Beispielsweise erhalten Sie mit dieser Lizenz keine Rechte für folgende Handlungen und müssen daher Folgendes unterlassen: (ii) die Software zu veröffentlichen, zu kopieren (mit Ausnahme der zulässigen Sicherungskopie), zu vermieten, zu verleasen oder zu verleihen."[213]

„Sie sind nicht dazu berechtigt: die Software zu vermieten, zu verleasen oder zu verleihen."[214]

„Sie sind nicht berechtigt …., iv) eine Lösung zu veröffentlichen, weiterzuverkaufen, zu verteilen, in Funk oder Fernsehen zu veröffentlichen, zu übertragen, zu kommunizieren, zu transferieren, zu verpfänden, zu vermieten, zu teilen oder zu unterlizenzieren"[215]

„b. Beschränkungen. Sie sind zu Folgendem nicht berechtigt und dürfen auch Dritten Folgendes nicht gestatten: (viii) die Software anders als im Zusammenhang mit dem Verkauf, Leasing, der Miete oder einer anderen Übertragungsform des Computers, auf dem sie im Einklang mit den gültigen Bedingungen installiert ist, übertragen, verpfänden, vermieten, weitergeben oder unterlizenzieren."[216]

„Der Kunde darf die Software Dritten nicht überlassen."

1638 Neben den oben dargestellten Weiterveräußerungsverboten weisen eine zweite Form der Weitergabeverbote, die sog. **Weitervermietungsverbote,** eine besondere Brisanz auf. Dabei wird im nachfolgenden im Einklang mit den bürgerlichrechtlichen Vorgaben unter dem Begriff des Vermietens eine entgeltliche Gebrauchsüberlassung einer Sache verstanden, der durch das Kriterium der Entgeltlichkeit vom Begriff der Leihe als unentgeltliche Gebrauchsüberlassung abgegrenzt ist. Diese vermeintliche Selbstverständlichkeit muss deshalb besonders hervorgehoben werden, weil sich diese bürgerlichrechtlichen Begriffe des Vermietens und Verleihens mit den betreffenden Begriffen im Sinne des UrhG **nicht decken**[217]. Während früher im Rahmen von § 27 Abs. 1 UrhG umstritten war, ob die bürgerlichrechtlichen und urheberrechtlichen Begriffe des Vermietens[218] und des Verleihens[219] gleichbedeutend sind, ist nach dem 12. Erwägungsgrund zur Softwarerichtlinie als Vermieten die Überlassung eines Computerprogramms oder eines Vervielfältigungsstücks zur zeitweiligen Verwendung und zu Erwerbszwecken anzusehen[220]. Diesem Verständnis hat sich der deutsche Gesetzgeber nicht verschlossen[221], gleichwie auch die Richtlinie des Rates vom 19.11.1992 zum Vermietrecht und Verleihrecht sowie zu bestimmten dem Urheberrecht verwandten Schutzrechten im Bereich des geistigen Eigentums[222] in Art. 1 Abs. 2 Vermieten als zeitlich begrenzte Gebrauchsüberlassung zu unmittelbarem oder mittelbarem wirtschaftlichen oder kommerziellen Nutzen

---

[211] Vgl. den Software-Lizenzvertrag von Adobe Systems Incorporated (Reader 2013).
[212] Vgl. Softwarelizenzvertrag für iOS 11 der Apple Inc. (EA 1491 vom 12.7.2017).
[213] Vgl. Microsoft-Software Lizenzbestimmungen. Windows-Betriebssystem (Dezember 2016) Nr. 2c.
[214] Vgl. Microsoft DirectX Lizenzbestimmungen (2011).
[215] Vgl. die Endnutzer-Lizenzvereinbarung der AVG Technologies (7.7.2017).
[216] Vgl. die Software-Lizenzvereinbarung für Endbenutzer der AVG Technologies (2013).
[217] Vgl. *Schuhmacher* CR 2000, 641, 649.
[218] Vgl. hierzu *Schricker/Loewenheim*, 1. Aufl., 1987, § 27 Rdn. 5 m.w.N.
[219] Vgl. hierzu *Schricker/Loewenheim*, 1. Aufl., 1987, § 27 Rdn. 6 m.w.N.
[220] Vgl. ABl.EU Nr. L 116, 16ff. vom 5.5.2009.
[221] Vgl. die Begründung des Regierungsentwurfs BT-Drucks. 12/4022 vom 18.12.1992, S. 11.
[222] Vgl. ABl.EG Nr. L 346, 61ff. vom 27.11.1992.

definiert. Urheberrechtlich erfolgt die Abgrenzung nach verbreiteter Auffassung nicht danach, ob die Gebrauchsüberlassung entgeltlich oder unentgeltlich geschieht, sondern danach, ob sie **Erwerbszwecken** dient oder nicht[223].

Ein weiterer Unterschied zwischen dem bürgerlichrechtlichen und dem urheberrechtlichen Begriff des Vermietens besteht darin, dass das BGB eine **Besitzverschaffung nicht zwingend** voraussetzt, sondern lediglich eine Gebrauchsgewährung fordert. Ist daher eine Besitzübertragung für den vertragsgemäßen Gebrauch nicht erforderlich, was etwa bei der Online-Nutzung von Software im Rahmen des ASP/SaaS oder des Cloud Computing der Fall sein kann, so kann die bürgerlichrechtliche Gebrauchsgewährung auch darin liegen, dass dem Mieter der sonstige Zugang zur Mietsache verschafft wird[224]. Demgegenüber folgt aus der urheberrechtlichen Zuordnung des Vermietrechts als Unterfall des Verbreitungsrechts zur Gruppe der **körperlichen Werkverwertungen** im Sinne des § 15 Abs. 1 UrhG, dass eine Vermietung im Sinne des Urheberrechts die körperliche Überlassung eines Werkstücks an den Nutzer erfordert[225]. Aus diesem Grund wird in diesem Handbuch das Verbot einer Online-Nutzung von Computersoftware nicht bei den Weitervermietungsverboten erörtert, sondern im Zusammenhang mit den Verboten der Nutzung im Netzwerk[226], was auch aus technischem Blickwinkel nahe liegt.

Wenngleich bei der Beurteilung der Weitervermietungsverbote erhebliche Parallelen zur Situation bei den Weiterveräußerungsverboten festzustellen sind und die jeweiligen Ausgangspunkte der Betrachtung sogar übereinstimmen, müssen doch auch unterschiedliche Überlegungen eingeführt werden, um gewissen Abweichungen gerecht zu werden. Ausgangspunkt der nun folgenden Darstellung der Weitervermietungsverbote ist die Untersuchung der urheberrechtlichen Zulässigkeit derartiger Verbote, wie dies bereits bei den Weiterveräußerungsverboten der Fall war. Erst im Anschluss an diese Darstellung lässt sich die Zulässigkeit entsprechender schuldrechtlicher Vereinbarungen einer sachgerechten Prüfung unterziehen.

a) Weitervermietungsregelungen und das UrhG

Ähnlich wie bei den Weiterveräußerungsverboten stellt auch bei den Weitervermietungsverboten der **Erschöpfungsgrundsatz** des § 69c Nr. 3 UrhG das zentrale Problem urheberrechtlicher Beurteilung dar. Da jedoch der Erschöpfungsgrundsatz, wie bereits erwähnt[227], nur bei einer Veräußerung des Werkstücks eingreift, und diese nach allgemeinem Verständnis nur dann vorliegt, wenn das Eigentum an dem Werkstück in Erfüllung eines Kaufvertrags oder eines sonstigen auf die endgültige Entäußerung des Eigentums gerichteten Rechtsgeschäfts übertragen wird, unterfallen **zeitlich befristete** Softwareüberlassungsverträge nicht dem Regelungsbereich des § 69c Nr. 3 UrhG. Aus diesem Grunde kann der Softwarehersteller einer Weitervermietung seines Produkts dann entgegentreten, wenn dem Anwender die Computersoftware im Wege der **Miete**, der **Pacht**, des **Leasings** oder auch nur der **Leihe** überlassen wurde[228]. Liegt jedoch eine auf Dauer ausgestaltete Softwareüberlassung vor,

---

[223] Vgl. *Schuhmacher* CR 2000, 641, 649.
[224] Vgl. *BGH*, 15.11.2006, XII ZR 120/04, NJW 2007, 2394, 2395 Tz. 19; *BGH*, 17.7.2002, XII ZR 86/01, NJW 2002, 3322, 3323; *Palandt/Weidenkaff* § 535 Rdn. 35.
[225] Vgl. *Schricker/Loewenheim* § 17 Rdn. 6; *Möhring/Kroitzsch* § 17 Rdn. 9 und 25; *Dreier/Schulze* § 17 Rdn. 46; *Wandtke/Bullinger/Heerma* § 17 Rdn. 39; BeckOK Urheberrecht/*Götting* § 17 Rdn. 9; a. A. *Fromm/Nordemann/Czychowski* § 69c Rdn. 28 ff.
[226] Vgl. hierzu ausführlich unten Rdn. ff.
[227] Vgl. hierzu auch oben Rdn. 184 sowie 1601.
[228] Vgl. *Wandtke/Bullinger/Grützmacher* § 69c Rdn. 30.

ist auch entsprechend den oben[229] gemachten Darlegungen eine Veräußerung im Sinne des § 69c Nr. 3 UrhG gegeben, sodass die Voraussetzungen dieser Vorschrift insoweit erfüllt sind.

1642 Heftig umstritten war früher die Frage nach der Reichweite des in § 17 Abs. 2 UrhG a. F. niedergelegten Erschöpfungsgrundsatzes.

1643 Seit Erlass der Softwarerichtlinie und der Umsetzung der darin enthaltenen Vorgaben in deutsches Recht ist der Streit über das Verbot der Weitervermietung indes entschieden. Gem. Art. 4 Abs. 1 lit. c) der Richtlinie erschöpft sich zwar mit dem Erstverkauf einer Programmkopie in der Gemeinschaft durch den Rechtsinhaber oder mit seiner Zustimmung das Recht auf die Verbreitung dieser Kopie. Hiervon ausgenommen wurde jedoch im letzten Halbs. dieser Vorschrift das **Recht auf Kontrolle der Weitervermietung** des Programms oder einer Kopie davon. Trotz der unglücklichen Wortwahl des Rates wird dem Rechtsinhaber mit dieser Regelung nicht nur eine rein kontrollierende Funktion im Sinne einer bloßen Beobachtung eingeräumt, sondern ausweislich der ausführlichen Begründung der EG-Kommission zu dem der Richtlinie zugrundeliegenden Entwurf[230] ein umfassendes **Verbietungsrecht** der Weitervermietung zugestanden, weshalb verbreitet von der Einführung eines ausschließlichen „**Vermietrechts**" gesprochen wurde.

1644 Abschließend zur urheberrechtlichen Betrachtung von Weitervermietungsverboten kann daher festgehalten werden, dass das mit § 69c Nr. 3 S. 2 UrhG eingeführte Vermietrecht für Computerprogramme dazu führt, dass der Anwender eines Computerprogramms für jede Erwerbszwecken dienende **zeitweilige Überlassung** dieses Computerprogramms die Zustimmung des Rechtsinhabers benötigt. Eine zeitlich begrenzte Gebrauchsüberlassung im Sinne des § 17 Abs. 3 S. 1 UrhG ist nach Auffassung des *BGH* jedenfalls dann anzunehmen, wenn der Mietgegenstand dem Vertragspartner für eine bestimmte Zeit in der Weise zur freien Verfügung übergeben wird, dass ihm eine uneingeschränkte und wiederholbare Werknutzung ermöglicht wird. Dabei soll von einer zeitlichen Begrenzung der Gebrauchsüberlassung bei wirtschaftlicher Betrachtung nicht nur dann auszugehen sein, wenn die Mietsache innerhalb einer bestimmten Zeit zurückgegeben werden muss, sondern auch dann, wenn sie innerhalb einer bestimmten Zeit lediglich zurückgegeben werden kann, wie bei einem Kauf auf Probe gem. § 454 BGB[231] oder bei einer sonstigen Rückgabemöglichkeit wie einem Umtauschvorbehalt. Gibt der Rechtsinhaber keine Zustimmungserklärung ab oder erklärt er die Erwerbszwecken dienende Vermietung sogar ausdrücklich als verboten oder unzulässig, kann sich der Anwender nicht auf den urheberrechtlichen Erschöpfungsgrundsatz berufen.

1645 Erörterungsbedürftig ist insoweit allein noch die Frage, wann eine **Vermietung zu Erwerbszwecken** vorliegt. Diesbezüglich fehlt eine Definition innerhalb der softwarespezifischen Regelungen gleichwie sich auch keine abschließende Definition in der bereits erwähnten EG-Richtlinie zum Vermietrecht und Verleihrecht findet. Es kann diesbezüglich aber auf die Vorgaben des allgemeinen Urheberrechts zurückgegriffen werden, denn der Begriff des Erwerbszwecks ist auch in den §§ 27 Abs. 2 S. 2, 52 Abs. 1 S. 4 sowie 17 Abs. 3 S. 1 UrhG enthalten. Nach dortigem Verständnis[232] wird mit einer Handlung ein Erwerbszweck verfolgt, wenn die Handlung den

---

[229] Vgl. hierzu oben Rdn. 736 ff.
[230] Vgl. Vorschlag der EG-Kommission für eine Richtlinie des Rates über den Rechtsschutz von Computerprogrammen, ABl.EG Nr. C 91/4 ff. vom 2.4.1989.
[231] Vgl. *BGH*, 7.6.2001, I ZR 21/99, NJW 2001, 3789, 3791.
[232] Zu den Auslegungsschwierigkeiten, die dieser Begriff bereitet, *BVerfG*, 11.10.1988, 1 BvR 743/86, NJW 1992, 1307.

wirtschaftlichen Interessen der betreffenden Person dient[233]. Dies ist indes insoweit missverständlich, als jedes Entgelt den wirtschaftlichen Interessen einer Person dient. Bezieht man jedoch das allgemein anerkannte Gegenbeispiel in die Betrachtung mit ein, die infolge (geringer) Gebühren entgeltliche, aber keinen Erwerbszwecken dienende Gebrauchsüberlassung durch öffentliche Bibliotheken, dann wird deutlich, dass der Begriff des Erwerbszwecks durch den des geschäftsmäßigen Handelns mit Gewinnerzielungsabsicht[234] umschrieben werden kann. Diesem Verständnis entspricht auch die in Art. 1 Abs. 2 der EU-Richtlinie zum Vermietrecht und Verleihrecht vorzufindende Umschreibung, derzufolge die zeitlich begrenzte Gebrauchsüberlassung zu unmittelbarem oder mittelbarem wirtschaftlichen oder kommerziellen Nutzen zu erfolgen hat[235]. Dies wird man auf die softwarespezifischen Regelungen übertragen müssen. Von § 69c Nr. 3 S. 2 UrhG erfasst und daher zustimmungspflichtig ist also nur die mit Gewinnerzielungsabsicht geschäftsmäßig betriebene Softwarevermietung. Dies hat Konsequenzen für die vertragsrechtliche Ausgestaltung von Weitervermietungsverboten. Unerheblich ist jedenfalls, ob der wirtschaftliche Nutzen nur mittelbar erzielt wird, etwa indem mit der Überlassung für das sonstige Warenangebot geworben und dadurch der Gewinn gesteigert werden soll[236].

b) Vertraglich vereinbarte Weitervermietungsverbote

aa) Das Verbot der Erwerbszwecken dienenden Vermietung

Entsprechend obigen Ausführungen zum Vermietrecht des Rechtsinhabers ist es auch vertragsrechtlich nicht zu beanstanden, wenn sich der Rechtsinhaber das Recht zur Weitervermietung vorbehält und keine entsprechende Zustimmung erklärt. Diesbezüglich besteht auch kein Unterschied zwischen Individualvereinbarungen und vorformulierten Verträgen. Auch vertragsrechtlich ist aber zu berücksichtigen, dass sich das in den §§ 69c Nr. 3 S. 2, 17 Abs. 2 und 3 UrhG eingeräumte Vermietrecht nur auf die **Erwerbszwecken dienende Vermietung** bezieht. Dementsprechend greift hinsichtlich der keinen Erwerbszwecken dienenden Vermietung der Erschöpfungsgrundsatz ein. Diesbezüglich muss nachfolgend erst noch untersucht werden, ob auch insoweit vertragliche Verbote vereinbart werden können. Nur wenn dies der Fall ist, könnte in den Softwareüberlassungsvertrag ein umfassendes Weitervermietungsverbot aufgenommen werden.

1646

bb) Das Verbot der keinen Erwerbszwecken dienenden Vermietung

Auch die keinen Erwerbszwecken dienende Vermietung kann durch eine schuldrechtliche Vereinbarung ausgeschlossen werden, sofern dies **individualvertraglich** vereinbart wurde. Eine eingehende Untersuchung ist jedoch im Hinblick auf die Frage erforderlich, ob Weitervermietungsverbote, die sich auf die keinen Erwerbszwecken dienende Vermietung beziehen, auch **formularmäßig** geregelt werden dürfen.

1647

---

[233] Vgl. *BGH*, 10.3.1972, I ZR 140/71, NJW 1972, 1270, 1271; *Schricker/Loewenheim* § 27 Rdn. 16.
[234] Auf die Kriterien gewerblich/nicht gewerblich wird entgegen *Schuhmacher* CR 2000, 641, 649 nicht abgestellt, um Implikationen des deutschen Gewerbebegriffs auszuschließen; Art. 11 S. 1 des Übereinkommens über handelsbezogene Aspekte der Rechte des geistigen Eigentums (TRIPS) verwendet demgegenüber den Begriff der gewerblichen Vermietung von Computerprogrammen.
[235] So auch *BGH*, 7.6.2001, I ZR 21/99, NJW 2001, 3789, 3790.
[236] Vgl. *BGH*, 7.6.2001, I ZR 21/99, NJW 2001, 3789, 3791.

1648 Insoweit ist zunächst wiederum festzustellen, dass eine Inhaltskontrolle entsprechender Klauseln nicht nach § 307 Abs. 3 S. 1 BGB[237] ausgeschlossen ist, weil auch bei Weitervermietungsverbotsklauseln der oben ausführlich diskutierte Erschöpfungsgrundsatz gem. § 69c Nr. 3 S. 2 UrhG eingreift und mit den in Frage stehenden Klauseln somit von einer gesetzlichen Regelung abgewichen werden soll.

1649 Auch im Hinblick auf den Ausschluss überraschender Klauseln aus dem Vertrag gem. § 305c Abs. 1 BGB kann davon ausgegangen werden, dass in der weit überwiegenden Zahl der Abschlüsse von Softwareüberlassungsverträgen keine besonderen Individualumstände vorliegen, die eine Weitervermietungsverbotsklausel als überraschend erscheinen lassen. Vielmehr ist auch diesbezüglich von einer gewissen **Branchenüblichkeit** auszugehen, die auf die Bestimmung der Kundenerwartung durchschlägt[238].

cc) Inhaltskontrolle nach § 307 Abs. 2 Nr. 1 und 2 BGB

1650 Eine unangemessene Benachteiligung im Sinne des § 307 Abs. 2 Nr. 1 BGB liegt dann vor, wenn die Weitervermietungsverbotsklauseln mit wesentlichen Grundgedanken der gesetzlichen Regelung, von der abgewichen wird, nicht zu vereinbaren sind. Da der Erschöpfungsgrundsatz der §§ 69c Nr. 3 S. 2, 17 Abs. 2 UrhG entsprechend obigen Darlegungen auch die Weitervermietung eines mit Zustimmung des Urhebers in den Verkehr gebrachten Werkstücks erfasst, sofern sie keinen Erwerbszwecken dient, soll sowohl mit den allein hierauf abstellenden als auch mit den **umfassenden Weitervermietungsverboten** nicht nur von einer gesetzlichen Regelung abgewichen werden, sondern es soll darüber hinaus vom Zweck des Erschöpfungsgrundsatzes, die **Verkehrsfähigkeit des Werkstücks** im Interesse des Rechtsverkehrs sicherzustellen[239], und den in dieser Regelung getroffenen Wertentscheidungen abgewichen werden. Damit sind derartige Klauseln jedoch mit wesentlichen Grundgedanken dieser gesetzlichen Regelung unvereinbar.

1651 Neben dieser Unvereinbarkeit mit §§ 69c Nr. 3 S. 2, 17 Abs. 2 UrhG bedeutet ein formularmäßig vereinbartes Weitervermietungsverbot jedoch zugleich eine mit wesentlichen Grundgedanken der gesetzlichen Regelung im Hinblick auf die **Eigentümerstellung** des Softwareanwenders unvereinbare Vertragsbedingung, denn dem Eigentümer steht es grundsätzlich frei, den Besitz der Sache im Rahmen eines Dauerschuldverhältnisses an Dritte weiterzugeben, soweit dem nicht gesetzliche Regelungen oder Rechte Dritter (§ 903 S. 1 BGB) entgegenstehen. Das Vermietrecht des Rechtsinhabers bezieht sich indes nur auf die Erwerbszwecken dienende Weitervermietung. Auch aus dem Blickwinkel der Eigentümerstellung des Anwenders liegt folglich eine Unvereinbarkeit im Sinne des § 307 Abs. 2 Nr. 1 BGB vor.

1652 Neben dem Verstoß gegen § 307 Abs. 2 Nr. 1 BGB ist darüber hinaus ein solcher nach § 307 Abs. 2 Nr. 2 BGB festzustellen, weil die hier diskutierten Weitervermietungsverbote wesentliche Rechte oder Pflichten, die sich aus der Natur des Softwareüberlassungsvertrags ergeben, so einschränken, dass die Erreichung des **Vertragszwecks** gefährdet ist. Zum Vertragszweck eines auf Dauer angelegten Softwareüberlassungsvertrags zählt die Einräumung der Eigentümerposition[240]. Da jedoch diese Eigentümerstellung eine grundsätzlich freie Verfügungs- und Nutzungsbefugnis umfasst und diese dem Softwareanwender durch das Verbot der keinenErwerbszwecken dienenden Weitervermietung gerade vorenthalten werden soll,

---

[237] Vgl. zu den Voraussetzungen des § 307 Abs. 3 S. 1 BGB oben Rdn. 1609 ff.
[238] Vgl. zu den Kriterien der Einstufung einer Klausel als überraschend oben Rdn. 1607 f.
[239] Vgl. zum Zweck der §§ 69c Nr. 3 S. 2 und 17 Abs. 2 UrhG oben Rdn. 1614.
[240] Vgl. hierzu oben Rdn. 736 f.

gefährdet eine Weitervermietungsklausel die Erreichung des Vertragszwecks. Dementsprechend liegt auch ein Verstoß gegen § 307 Abs. 2 Nr. 2 BGB vor.

Infolge der Ausgestaltung des § 307 Abs. 2 BGB als bloße Unwirksamkeitsvermutung führen die soeben festgestellten Verstöße der Weitervermietungsverbotsklauseln gegen § 307 Abs. 2 Nr. 1 und 2 BGB nicht notwendigerweise zur Unwirksamkeit dieser Vertragsbedingungen. Vielmehr steht es dem Softwarehersteller frei, die Vermutung des § 307 Abs. 2 BGB zu widerlegen. Dabei kommt für eine derartige Widerlegung der **Nachweis eines überwiegenden Interesses** an einer solchen Vereinbarung in Betracht. So wird im Schrifttum auf ein besonderes Interesse des Herstellers an der Verhinderung der Weitervermietung verwiesen, da die Vermietung von Computersoftware besondere Risiken in sich berge[241]. 1653

In der Tat wurde dieser Gefahr in Art. 4 lit. c) der EG-Richtlinie zum Softwareschutz (1991) und später auch im deutschen Umsetzungsgesetz Rechnung getragen. Ein schützenswertes Interesse wurde hierbei aber nur gegenüber der Erwerbszwecken dienenden Vermietung anerkannt, da die keinen Erwerbszwecken dienende Vermietung vom neu eingeführten Vermietrecht nicht erfasst wird. Dementsprechend kann auch aus dieser gesetzgeberischen Wertung entnommen werden, dass hier **kein überwiegendes Interesse** der Rechtsinhaber anzuerkennen ist, die keinen Erwerbszwecken dienende Vermietung verbieten zu können. Entsprechende Klauseln sind daher unwirksam. 1654

Von der Unwirksamkeit betroffen sind nicht nur die Klauseln, die eine keinen Erwerbszwecken dienende Weitervermietung verbieten, sondern vielmehr auch die in der Praxis gebräuchlichen und auch in zahlreichen Musterverträgen empfohlenen **generellen Weitervermietungsverbote,** da sie nicht zwischen dem zulässigen Verbot Erwerbszwecken dienender Weitervermietung und dem unzulässigen Verbot der keinen Erwerbszwecken dienenden Weitervermietung differenzieren und somit über den zulässigen Vertragsinhalt hinausgehen. Da nun bei Allgemeinen Geschäftsbedingungen, soweit sie gegen die §§ 307 Abs. 1 und 2, 308 und 309 BGB verstoßen, nach feststehender Rechtsprechung und überwiegender Auffassung im Schrifttum **keine geltungserhaltende Reduktion** auf den (noch) zulässigen Inhalt stattfindet[242], sind auch die generellen Weitervermietungsverbote **im ganzen unwirksam**[243]. 1655

Nicht beantwortet ist mit obiger Feststellung indes, ob der Anwender die Software nun uneingeschränkt weitervermieten darf. Dies lässt sich nur im Hinblick auf die keinen Erwerbszwecken dienende Weitervermietung bejahen. Demgegenüber muss hinsichtlich der Erwerbszwecken dienenden Weitervermietung berücksichtigt werden, dass diese vom Erschöpfungsgrundsatz ausgeklammert ist und dementsprechend für sie das **Zustimmungserfordernis** trotz Veräußerung der Software bestehen bleibt. Eine solche Zustimmung liegt aber trotz der Unwirksamkeit des generellen Weitervermietungsverbots nicht vor, denn ein infolge zu weiter Fassung unwirksamer Verbotsausspruch beinhaltet keine Zustimmung, weshalb der Anwender das Computerprogramm auch nicht mit Gewinnerzielungsabsicht geschäftsmäßig vermieten darf. 1656

---

[241] Vgl. *Wandtke/Bullinger/Grützmacher* § 69c Rdn. 42.
[242] Vgl. für Verbraucherverträge *EuGH*, 14.6.2012, C-618/10, NJW 2012, 2257, 2259 f. Tz. 61 ff. – Banco Espanol; für das deutsche Recht grundlegend *BGH*, 20.1.1983, VII ZR 105/81, NJW 1983, 1322, 1325; zuletzt bestätigt *BGH*, 31.8.2017, VII ZR 308/16, BeckRS 2017, 124701 Tz. 23; *BGH*, 22.9.2015, II ZR 340/14, BeckRS 2015, 19757 Tz. 20; *BGH*, 23.1.2013, VIII ZR 80/12, NJW 2013, 991, 992 Tz. 25; *BGH*, 11.10.2011, VI ZR 46/10, NJW 2012, 222, 224 Tz. 20; aus dem Schrifttum *Palandt/Grüneberg* § 306 Rdn. 6; *Wolf/Lindacher/Pfeiffer* § 306 Rdn. 26 ff.
[243] Vgl. *Schuhmacher* CR 2000, 641, 649.

c) Weitervermietungsverbote in zeitlich befristeten Softwareüberlassungsverträgen

1657 Anders als die Weitervermietungsverbote in auf Dauer angelegten Softwareüberlassungsverträgen bereiten derartige Verbote bei zeitlich befristeten Softwareüberlassungsverträgen keine nennenswerten rechtlichen Schwierigkeiten. Für die Beurteilung der urheberrechtlichen Wirkungen solcher Regelungen folgt dies schon daraus, dass der Erschöpfungsgrundsatz gem. § 69c Nr. 3 S. 2 UrhG nur bei einer Veräußerung des Werkstücks eingreift und eine solche bei befristeten Softwareüberlassungsverträgen nicht vorliegt, worauf bereits im Rahmen der Darlegungen zu den Weiterveräußerungsverboten hingewiesen wurde[244]. Dementsprechend kann der Softwarehersteller einer Weitervermietung seines Produkts dann entgegentreten, wenn der Anwender die Computersoftware etwa im Wege der **Miete** (z.B. beim Cloud Computing) oder auch nur der **Leihe** überlassen bekam. Dabei muss hier auch nicht zwischen einfacher und **Erwerbszwecken** dienender Weitervermietung unterschieden werden.

1658 Auch im Hinblick auf die **schuldrechtliche Zulässigkeit** von Weitervermietungsverboten treten bei **zeitlich befristeten** Überlassungsverträgen keine Probleme auf. Hier genügt ein Hinweis auf § 540 Abs. 1 S. 1 BGB, demzufolge ein Mieter ohne die Erlaubnis des Vermieters nicht berechtigt ist, den Gebrauch der gemieteten Sache einem Dritten zu überlassen. Wenngleich dem Mieter bei einer Verweigerung der Erlaubniserteilung durch den Vermieter ein Kündigungsrecht gem. § 540 Abs. 1 S. 2 BGB zusteht, so kommt ihm, da es sich hier nicht um Wohnraum handelt und deshalb § 553 Abs. 1 S. 1 BGB nicht eingreift, kein Anspruch auf Erlaubniserteilung zu. Hieraus und aus der im Hinblick auf die Unzulässigkeit der Gebrauchsüberlassung an Dritte deckungsgleichen Vorschrift des § 603 S. 2 BGB im Rahmen eines **Leihverhältnisses** folgt, dass die Aufnahme eines Weitervermietungsverbots in einen zeitlich befristeten Softwareüberlassungsvertrag mit den wesentlichen Grundgedanken der gesetzlichen Regelung und der Natur des jeweiligen Vertrags im Einklang steht, sodass sich auch im Hinblick auf eine Überprüfung nach den Vorschriften über Allgemeine Geschäftsbedingungen gem. §§ 305 ff. BGB keine Gründe für eine Unwirksamkeit erkennen lassen[245].

1659 Auch in einem Finanzierungsleasingvertrag ist das formularmäßige Verbot einer Untervermietung des Leasingobjekts und darüber hinaus sogar der Ausschluss der Kündigungsmöglichkeit nach § 540 Abs. 1 S. 2 BGB nicht zu beanstanden, insbesondere liegt kein Verstoß gegen § 307 Abs. 2 BGB vor[246]. Ein solcher Ausschluss ist durch die für Finanzierungsleasingverträge typische Interessenlage gerechtfertigt, dem Leasinggeber den Finanzierungsaufwand einschließlich des kalkulierten anteiligen Gewinns wieder zufließen zu lassen, was bei einer vorzeitigen Kündigung bei verweigerter Zustimmung des Leasinggebers zur Untervermietung aber unterlaufen würde. Darüber hinaus hat der Leasinggeber ein berechtigtes Interesse daran, dass der Leasingnehmer nicht ebenfalls als Leasinggeber auf dem Markt auftritt, indem er das Leasinggut untervermietet[247].

---

[244] Vgl. oben Rdn. 1616.
[245] Vgl. *Schuhmacher* CR 2000, 641, 648.
[246] Vgl. *BGH*, 4.7.1990, VIII ZR 288/89, NJW 1990, 3016 ff.
[247] Vgl. *BGH*, 4.7.1990, VIII ZR 288/89, NJW 1990, 3016, 3018.

3. Verleihverbote

Typische Klauseln:
„Sie sind nicht berechtigt und haben auch nicht das Recht, einer anderen Person zu gestatten: A. einen beliebigen Teil der Software zu verleihen, zu vermieten oder Unterlizenzen zu vergeben[248]."
„3. Übertragung. Es ist dir nicht gestattet, die iOS-Software zu vermieten, zu verleasen, zu verleihen, zu verkaufen, neu zu verteilen oder Unterlizenzen für die iOS-Software zu vergeben."[249]
„Sie sind nicht dazu berechtigt: die Software zu vermieten, zu verleasen oder zu verleihen."[250]

Der Weiterverleih eines Computerprogramms sollte ausweislich der Begründung der EU-Kommission zu ihrem Richtlinienvorschlag nach dem Verkauf des entsprechenden Vervielfältigungsstücks nicht der Kontrolle durch den Rechtsinhaber unterworfen werden. Insbesondere sollte der **Verleih durch öffentliche Bibliotheken** aus Gründen des Allgemeininteresses nicht behindert werden, weil die Verwendung von Computerprogrammen sowie das Erlernen der Programmverwendung durch die breite Öffentlichkeit sichergestellt werden sollte[251]. 1660

Berücksichtigt man indes, mit welch großem Engagement die Softwarehersteller gerade ein Verbot des Verleihs von Computerprogrammen durch öffentliche Bibliotheken forderten[252], so wird deutlich, dass eine erhebliche Beeinträchtigung wirtschaftlicher Interessen befürchtet wurde, weil sich die Softwarehersteller einer erheblichen **Gefahr des Raubkopierens** ihrer Produkte ausgesetzt fühlten. Wenngleich die EU-Kommission diesbezüglich die Auffassung vertrat, die Bibliotheken könnten die Verwendung der Programme durch Schutzmaßnahmen kontrollieren und auf diesem Wege die unerlaubte Vervielfältigung oder das unerlaubte Entfernen aus dem betreffenden Gebäude verhindern[253], so erscheint diese Einschätzung wenig realistisch. Einzelne Anwenderkreise, zu denen insbesondere computerbegeisterte Jugendliche, aber auch nicht wenige Erwachsene zählen, haben in den vergangenen Jahren häufig ihre Fähigkeiten unter Beweis gestellt, sämtliche Schutzmechanismen zu überwinden. Dennoch ist zu berücksichtigen, dass die in Art. 4 lit. c) der Softwarerichtlinie enthaltene Beschränkung der Rechte des Softwareherstellers auf die Kontrolle der Erwerbszwecken dienenden Weitervermietung einen **Kompromiss** zwischen den Interessen der Rechtsinhaber sowie der Allgemeinheit beinhaltete. Bei der Ausarbeitung dieses Kompromisses wurde insbesondere auch die Schutzbedürftigkeit der Softwarehersteller berücksichtigt. 1661

Die Nichteinführung eines Verleihrechts für Computerprogramme wurde auch nicht im Zusammenhang mit der bereits erwähnten EU-Richtlinie zum Vermietrecht und zum Verleihrecht geändert. Wenngleich in Art. 3 dieser Richtlinie ausdrücklich festgeschrieben wurde, dass Art. 4 lit. c) der Softwarerichtlinie (1991) unberührt bleibt, muss auf die Sonderregelungen in Art. 5 Abs. 1 und 2 der Vermiet- und Verleihrichtlinie hingewiesen werden. Dort ist unter der Überschrift „Ausnahme vom ausschließlichen öffentlichen Verleihrecht" folgendes geregelt: „(1) Die Mitglied- 1662

---

[248] Vgl. die Symantec Software-Lizenzvereinbarung, Norton Security Scan sowie den hierzu geführten Rechtsstreit *LG Frankfurt*, 31.3.2011, 2–03 O 331/10, MMR 2011, 683; *OLG Frankfurt*, 12.11.2013, 11 U 32/12, BeckRS 2015, 16185; *BGH*, 19.3.2015, I ZR 4/14, NJW 2015, 3576 – Green-IT.
[249] Vgl. Softwarelizenzvertrag für iOS 11 der Apple Inc. (EA 1491 vom 12.7.2017).
[250] Vgl. Microsoft DirectX Lizenzbestimmungen (2011).
[251] Vgl. ABl.EG Nr. C 91 vom 12.4.1989 S. 12.
[252] Vgl. etwa die Pressemeldung des VSI vom 3.8.1992: „Bibliotheken werden zu ‚staatlich lizenzierten Anlaufstellen' für Raubkopierer." Vehement für die Einführung eines Verleihrechts auch *v. Lewinski* GRUR Int. 1991, 104, 106.
[253] Vgl. ABl.EG Nr. C 91 vom 12.4.1989 S. 12.

staaten können hinsichtlich des öffentlichen Verleihwesens Ausnahmen von dem ausschließlichen Recht nach Artikel 1 vorsehen, sofern zumindest die Urheber eine Vergütung für dieses Verleihen erhalten. Es steht den Mitgliedstaaten frei, diese Vergütung entsprechend ihren kulturpolitischen Zielsetzungen festzusetzen. (2) Bringen die Mitgliedstaaten das ausschließliche Verleihrecht im Sinne von Artikel 1 in Bezug auf Tonträger, Filme und Computerprogramme nicht zur Anwendung, so führen sie eine Vergütung zumindest für die Urheber ein." Art. 5 Abs. 1 und 2 der Vermiet- und Verleihrichtlinie stellt dementsprechend eine **Schrankenregelung** zu dem in Art. 1 Abs. 1 der Vermiet- und Verleihrichtlinie festgelegten ausschließlichen Vermiet- und Verleihrecht dar, wobei nach Art. 1 Abs. 3 der Richtlinie unter dem Begriff des Verleihens die zeitlich begrenzte Gebrauchsüberlassung verstanden wird, die nicht einem unmittelbaren oder mittelbaren wirtschaftlichen oder kommerziellen Nutzen dient und durch der Öffentlichkeit zugängliche Einrichtungen vorgenommen wird. Im Rahmen der Umsetzung dieser EU-Richtlinie in innerstaatliches Recht hat der deutsche Gesetzgeber aber abermals auf die Schaffung eines ausschließlichen Verleihrechts verzichtet und in § 27 Abs. 2 UrhG lediglich einen Vergütungsanspruch zugunsten des Rechtsinhabers geschaffen. § 27 Abs. 2 UrhG erfasst auch den öffentlichen Verleih von Computerprogrammen[254]. Damit steht fest, dass der Rechtsinhaber eines Computerprogramms nach einer Programmveräußerung den Weiterverleih nicht unter Berufung auf das Urheberrecht verbieten darf. Dies gilt unabhängig von der Frage, ob der Verleih durch eine der Öffentlichkeit zugängliche Einrichtung (**Bibliothek**) oder durch **Private** vorgenommen wird.

1663 Hinsichtlich der **vertraglichen** Vereinbarung eines **Verleihverbots** kann demgegenüber auf die im Rahmen der keinem Erwerbszweck dienenden Vermietungsverbote verwiesen werden. Während die **individualvertragliche** Vereinbarung eines solchen Verbots nicht zu beanstanden ist, verstößt ein Verleihverbot in **Allgemeinen Geschäftsbedingungen** gegen § 307 Abs. 2 Nr. 1 und 2 BGB, sofern ein Fall der Softwareüberlassung auf Dauer vorliegt[255]. Hinsichtlich der Softwareüberlassung auf Zeit sei auf die nachfolgenden Ausführungen zu sonstigen Gebrauchsüberlassungsverboten verwiesen.

4. Sonstige Gebrauchsüberlassungsverbote

Typische Klauseln:
„Die Software darf nicht für Zwecke Dritter benutzt oder Dritten zugänglich gemacht werden."[256]
„Der Anwender darf Dritten die Software nicht überlassen."
„Dritten darf die Software nicht zum Zwecke der Benutzung zugänglich gemacht werden."
„Sie sind berechtigt, eine Kopie auf einem tragbaren Gerät zur Verwendung durch den einzigen Hauptnutzer des lizenzierten Geräts zu installieren."

1664 Den Ausführungen zu Weiterveräußerungs- und Weitervermietungsverboten bei der Softwareüberlassung auf Dauer kann ohne weiteres entnommen werden, dass der Anwender die Computersoftware Dritten veräußern, ohne Erwerbszwecke vermieten und auch verleihen darf. Mit § 307 Abs. 2 Nr. 1 und 2 BGB unvereinbar sind bei der Softwareüberlassung auf Dauer etwa alle Klauseln, die ein Weitergabeverbot gegenüber jedweden Personen umfassen, namentlich Mitarbeitern im Rahmen eines Arbeits- oder Dienstverhältnisses. Diesen Personen muss eine Gebrauchsmöglichkeit

---
[254] Vgl. *Schricker/Loewenheim* § 27 Rdn. 14; *Wandtke/Bullinger/Heerma* § 27 Rdn. 9.
[255] Vgl. *Schuhmacher* CR 2000, 641, 649.
[256] Vgl. *BGH*, 24.2.2000, I ZR 141/97, NJW 2000, 3212.

eröffnet werden können. Demgegenüber ist eine schnelle und uneingeschränkte Antwort im Rahmen eines zeitlich befristeten Softwareüberlassungsvertrags nicht ohne weiteres möglich, weil dem Anwender entsprechend den obigen Darlegungen eine Weitervermietung untersagt werden kann, was mit § 540 Abs. 1 BGB begründet wurde. Berücksichtigt werden muss jedoch für sonstige Formen der Gebrauchsüberlassung, dass das Tatbestandsmerkmal des Gebrauchs im Sinne dieser Vorschrift einer gewissen Auslegung bedarf. Ausgangspunkt der hierbei anzustellenden Überlegungen ist die Erkenntnis, dass es auch einem Mieter möglich sein muss, die Mietsache anderen Personen innerhalb einer bestimmten Begrenzung zugänglich zu machen. Dieser üblicherweise unter dem Stichwort der zulässigen Einräumung eines **unselbstständigen Gebrauchs** diskutierte Gedanke trifft auch auf die Softwareüberlassung zu. Eine Berufung auf § 540 Abs. 1 BGB zur Rechtfertigung eines vollständigen Weiterüberlassungsverbots scheidet daher aus, sofern kein selbstständiger (Mit-)Gebrauch eingeräumt wird. Mit den wesentlichen gesetzlichen Grundgedanken einer mietweisen Softwareüberlassung im Sinne des § 307 Abs. 2 Nr. 1 BGB wäre es daher nicht zu vereinbaren, wenn etwa auch eine Benutzung durch **Angestellte**[257] des Anwenders verboten werden sollte. Gleiches muss jedoch für sämtliche Personen gelten, denen üblicherweise kein selbstständiges Gebrauchsrecht eingeräumt wird, sondern die sich hinsichtlich Art und Weise ihrer Nutzung dem Willen des Anwenders beugen müssen. Sofern jedoch die betreffende Klausel dahingehend auszulegen ist, dass nur der selbstständige Gebrauch durch Dritte verboten werden soll, ist eine solche Regelung bei zeitlich befristeten Softwareüberlassungsverträgen, insbesondere auch bei Leasingverträgen, nicht zu beanstanden.

III. Das Verbot der Nutzung auf verschiedenen Computern

Inhaltsübersicht

	Rdn.		Rdn.
1. Systemvereinbarungen und das UrhG	1668	a) Die Inhaltskontrolle nach § 307 Abs. 2 Nr. 1 und 2 BGB	1677
a) Die bisher vertretenen Auffassungen	1668	b) Die Rechtfertigung der grundsätzlich unwirksamen Systemvereinbarungen durch besondere Interessen des Softwareherstellers	1678
b) Kritik	1670		
c) Typenbezogene Systemvereinbarungen	1672	c) Systemvereinbarungen bei zeitlich befristeten Softwareüberlassungsverträgen	1684
2. Die schuldrechtliche Wirkung der Systemvereinbarungen	1675		

Schrifttum: Appl, Systembindungsklauseln im Softwarevertrag, medien und recht 2016, 73 ff.; *Metzger*, Zur Zulässigkeit von CPU-Klauseln in Softwarelizenzverträgen, NJW 2003, 1994 ff.; *Osterloh*, Inhaltliche Beschränkungen des Nutzungsrechts an Software, GRUR 2009, 311 ff.; *Scholz/Haines*, Hardwarebezogene Verwendungsbeschränkungen in Standardverträgen zur Überlassung von Software. Eine Betrachtung von CPU- und Upgradeklauseln, CR 2003, 393 ff.; *Schuhmacher*, Wirksamkeit von typischen Klauseln in Softwareüberlassungsverträgen, CR 2000, 641 ff.

Typische Klauseln:
„Der Kunde darf die Software nur auf der im Vertrag bestimmten Computeranlage einsetzen."
„Die Software darf nur auf der im Systemschein bezeichneten Zentraleinheit genutzt werden."
„Die Software darf nur auf einer Anlage der Firma XY genutzt werden."

---

[257] § 17 Abs. 3 Nr. 2 UrhG hilft hier nicht weiter, da dort die Überlassung im Rahmen eines Arbeits- oder Dienstverhältnisses nur vom Begriff der Vermietung im Sinne des UrhG ausgenommen wird.

„Sie sind berechtigt, die Software auf einen anderen Computer zu übertragen, der Ihnen gehört."[258]

„Sie dürfen Get Genuine Windows-Software, Pro Pack- oder Media Center Pack-Software nur zusammen mit dem lizenzierten Computer übertragen."[259]

„2.3. Wenn die Lösung für die Verwendung in einem Netzwerk konfiguriert ist, dürfen Sie die Lösung auf einem oder mehreren Fileservern zur Verwendung in einem einzigen LAN (Local Area Network) für einen (aber nicht beide) der folgenden Zwecke installieren und verwenden:
2.3.1. Entweder für eine permanente Installation der Lösung auf einer Festplatte oder einem anderen Speichergerät im Rahmen der zulässigen Anzahl von Geräten oder
2.3.2. Für die Verwendung der Lösung über ein solches einzelnes LAN unter der Voraussetzung, dass die Anzahl der verschiedenen Geräte, auf denen die Lösung verwendet wird, die zulässige Anzahl von Geräten nicht überschreitet."[260]

„a. Lizenzgewährung. AVG Technologies gewährt Ihnen hiermit gemäß den Bedingungen dieser Vereinbarung eine nicht ausschließliche und nicht übertragbare Lizenz, die Software und/oder Dienste während der gültigen Laufzeit nur in ausführbarer Form oder Objektcodeform und nur für die zulässigen Zwecke gemäß den gültigen Bedingungen zu nutzen. Ohne Einschränkung von Vorstehendem berechtigt Sie Ihre Lizenz (i) für den Fall, dass Sie die Software zusammen mit einem PC, einem Netzwerk-Gerät oder einem anderen Hardware-Produkt erhalten haben, die Software nur zusammen mit der entsprechenden Hardware zu nutzen."[261]

„Der Erwerb der Software berechtigt zur Installation und zum Betrieb an nur einem Arbeitsplatz zur gleichen Zeit."

„Der Kunde darf die Software nur auf der Hardware X nutzen."

„Bei Nutzung der Software auf einer leistungsfähigeren Hardware als der Hardware Y fällt eine zusätzliche Vergütung in Höhe von 10 % des Kaufpreises an."

„1.2 Umfang der Lizenz
Der Kunde ist ausschließlich berechtigt, die Systeme am Installationsort auf der vereinbarten Hardware gemäß Systemverzeichnis zu benutzen. Die zusätzliche Nutzung auf weiteren Rechnern erfordert jeweils den Abschluss eines separaten Systemverzeichnisses. Dasselbe gilt bei Verwendung anderer Rechner mit größerer Kapazität (Upgrades). In beiden Fällen finden sodann die jeweils aktuellen Listenpreise von C. Anwendung. Bereits gezahlte anfängliche Lizenzgebühren werden in voller Höhe zugunsten des Kunden angerechnet."[262]

„C. räumt den Kunden ein nicht ausschließliches und nicht übertragbares Recht zur Nutzung der Programme auf dem System/36 der Fa. IBM ein."[263]

1665 Neben den oben dargestellten Weiterveräußerungs- und Weitervermietungsverboten finden sich in Softwareüberlassungsverträgen häufig[264] auch Vereinbarungen, mit denen die Nutzung der Software auf eine bestimmte Hardware oder einen bestimmten Hardwaretyp beschränkt wird, wobei es sich um gleichzeitig mit der Software erworbene Hardware oder um bereits vorhandene Hardware handeln kann. Terminologisch präzise, aber etwas langatmig und auch sprachlich überholt müssten die nun behandelten Vereinbarungen Zentraleinheitwechselverbote oder verkürzt Hardwarewechselverbote genannt werden, jedoch soll im nachfolgenden vereinfachend der Begriff der **Systemvereinbarungen** Verwendung finden. Eine anerkannte Terminologie für solche Vereinbarungen besteht nicht, wie auch den eingangs aufgeführten Beispielsklauseln entnommen werden kann, die auf den Wechsel

---

[258] Vgl. Microsoft-Software-Lizenzvertrag für Windows 8, (2013).
[259] Vgl. Microsoft-Software-Lizenzvertrag für Windows 8, (2013).
[260] Vgl. die Endnutzer-Lizenzvereinbarung der AVG Technologies (7.7.2017).
[261] Vgl. die Software-Lizenzvereinbarung für Endbenutzer der AVG Technologies (2013).
[262] Vgl. den der Entscheidung *BGH*, 24.10.2002, I ZR 3/00, NJW 2003, 2014 (Vorinstanzen *OLG Frankfurt*, 14.12.1999, 11 U 7/99, CR 2000, 146; *LG Frankfurt*, 17.12.1998, 2/3 O 266/97, CR 1999, 147) zugrundeliegenden Vertrag.
[263] Vgl. den vom *LG Arnsberg*, 2.12.1993, 8 O 30/92, CR 1994, 283 entschiedenen Fall.
[264] Auf die weite Verbreitung der hier diskutierten Regelungen weist auch *Grützmacher* CR 2011, 697, 698 hin („regelmäßig zu finden").

des Systems, der Computeranlage²⁶⁵, der Zentraleinheit, der Anlage, der Zentralkonfiguration, Konfiguration oder des Geräts²⁶⁶ (physisches Hardwaresystem) abstellen. In der Literatur²⁶⁷ und auch seitens vieler Gerichte²⁶⁸ wird zwar vielfach von „CPU-Klauseln" gesprochen, jedoch ist diese Bezeichnung insofern unglücklich als gar keine Bindung lediglich an eine CPU (Central Processing Unit) erfolgen soll. Dem steht bei **Mehrprozessorsystemen** schon entgegen, dass es dort mehrere CPUs gibt, bei **Mehrkern-CPUs**, dass es dort mehr als nur einen vollständigen Hauptprozessor gibt, gleichwie auf der anderen Seite unter Umständen ein **virtuelles** oder anderweitig **emuliertes Hardwaresystem** ohne eigene physische CPU vorliegt, das aber ebenfalls von den einschlägigen Klauseln erfasst sein soll²⁶⁹. Dennoch ist der Begriff der CPU-Klausel so weit verbreitet, dass er auch in dieser Abhandlung nicht übergangen werden soll.

Trotz der weiten Verbreitung derartiger Regelungen fehlt es jedoch bis auf wenige Ausnahmen an gerichtlichen Entscheidungen über die Zulässigkeit oder Reichweite solcher Vereinbarungen. Dies überrascht, denn eine solche Regelung kann, soweit man ihre Zulässigkeit einmal unterstellt, zu einer **erheblichen Interesseneinschränkung** auf Seiten des Anwenders führen²⁷⁰. So ist es ihm nach einigen der eingangs dieses Abschnitts genannten Klauseln nicht möglich, seinen Computer durch einen anderen zu ersetzen, sei es dass dieser veraltet ist und gegen ein neues Modell ausgetauscht werden soll, sei es dass der Computer defekt ist und für die Dauer der Reparatur durch ein Ersatzsystem ersetzt werden soll. Mitunter möchte der Anwender die Computersoftware auch endgültig oder vorübergehend an einem anderen Arbeitsplatz, in einer anderen Abteilung oder Filiale einsetzen und deshalb auf eine andere Hardware zurückgreifen. Schließlich sei zur Abrundung der hier aufgezählten Beispiele auch noch der Fall des (nicht unbedingt jugendlichen) Anwenders genannt, der sein Computerspiel zu einem Bekannten mitnehmen möchte, um mit diesem auf dessen Hardware zu spielen. 1666

Sämtliche Beispiele zeigen, dass der Anwender ein **berechtigtes Interesse** daran haben kann, **nicht** unumstößlich an eine bestimmte Hardware **gebunden zu sein.** Bevor jedoch diese Interessen den noch zu bestimmenden Interessen des Softwareherstellers im Rahmen einer Überprüfung nach den Vorschriften über Allgemeine Geschäftsbedingungen gem. §§ 305 ff. BGB gegenübergestellt werden, soll zunächst noch nach der bereits von der Untersuchung der Weiterveräußerungs- und Weiter- 1667

---

²⁶⁵ Vgl. Adobe, Personal Computer Software License Agreement (2017), „PC-Device".
²⁶⁶ Vgl. Microsoft-Software Lizenzbestimmungen. Windows-Betriebssystem (Dezember 2016) Nr. 2b „Gerät".
²⁶⁷ Vgl. *Appl* medien und recht 2016, 73, 76; *Grützmacher* CR 2011, 697, 698; *Metzger* NJW 2003, 1994; *Scholz/Wagener* CR 2003, 880; *Scholz/Haines* CR 2003, 393; *Koch* CR 2002, 629, 630; *Schuhmacher* CR 2000, 641, 646; *Fromm/Nordemann/Czychowski* § 69c Rdn. 46; *Schricker/Loewenheim/Spindler* § 69d Rdn. 15; *Wandtke/Bullinger/Grützmacher* § 69d Rdn. 37f. sowie 42; *Dreier/Schulze* § 69c Rdn. 33; *Wolf/Lindacher/Pfeiffer* Klauseln Rdn. S 228.
²⁶⁸ Vgl. *BGH*, 24.10.2002, I ZR 3/00, NJW 2003, 2014 ff.
²⁶⁹ Vgl. etwa die Microsoft-Software Lizenzbestimmungen. Windows-Betriebssystem (Dezember 2016) Nr. 2 b. „Gerät. In diesem Vertrag ist „Gerät" ein Hardwaresystem (sowohl physisch als auch virtuell) mit einer internen Speichervorrichtung, das fähig ist, die Software auszuführen. Eine Hardwarepartition oder ein Blade wird als Gerät betrachtet." Ferner auch die Microsoft Licensing-Produktbenutzungsrechte, 2009, wo durchgehend die virtuellen Hardwaresysteme und virtuellen Betriebssystemumgebung als lizenzpflichtig betrachtet werden. Vgl. etwa S. 11: „Bei Software, die in physischen Betriebssystemumgebungen ausgeführt wird, müssen Sie jeden physischen Prozessor lizenzieren. Bei Software, die in virtuellen Betriebssystemumgebungen ausgeführt wird, benötigen Sie nur eine Lizenz für die virtuellen Prozessoren, welche die Software nutzt."
²⁷⁰ Überraschend findet dies auch *Appl* medien und recht 2016, 73, 76.

vermietungsverbote bekannten Reihenfolge auf die urheberrechtliche Bedeutung derartiger Regelungen eingegangen werden.

1. Systemvereinbarungen und das UrhG

a) Die bisher vertretenen Auffassungen

1668   Wie so vieles im Bereich der urheberrechtlichen Beurteilung der Computersoftware so ist auch die Frage nach der Zulässigkeit der hier untersuchten Systemvereinbarungen höchst streitig.

1669   Eine im Rahmen einer Untersuchung der schuldrechtlichen Wirkung der Systemvereinbarungen bereits vor vielen Jahren gemachte Stellungnahme[271] geht dahin, in diesen einen **Verstoß gegen den Erschöpfungsgrundsatz** des § 17 Abs. 2 UrhG zu sehen und sie infolgedessen nicht nur schuld-, sondern auch urheberrechtlich[272] für unbeachtlich zu erklären. Zur Begründung dieses Verstoßes wird auf Ausführungen des *BGH* zum Grundsatz der Erschöpfung verwiesen, denenzufolge nicht nur die Vereinbarung von Weitervergabeverboten ausgeschlossen sei, sondern jede Möglichkeit, die Nutzung des Werks einzuschränken. In einer weiteren Stellungnahme zu CPU-Klauseln[273] wird ausgeführt, die meisten Computerprogramme würden nicht verkauft, sondern im Rahmen eines Lizenzvertrags überlassen, weshalb von vornherein kein Konflikt mit dem Erschöpfungsgrundsatz auftrete. Darüber hinaus entsprächen CPU-Klauseln nicht nur dem Leitbild der §§ 31 ff. UrhG, sondern auch der **allgemeinen Vertragspraxis,** wie sie seit rund einem Jahrhundert in den traditionellen Bereichen der Verwertung urheberrechtlich geschützter Werke vorherrsche. Schließlich wird von einem weiteren Autor noch das berechtigte Interesse des Softwarelieferanten hervorgehoben, Missbrauchsgefahren vorzubeugen und dem Hersteller für alle zusätzlichen Nutzungen auch zusätzliche Vergütungen zu sichern[274].

b) Kritik

1670   Sämtliche der dargelegten Auffassungen sind in ihrer Begründung und/oder ihrem Ergebnis nicht haltbar. Zur Begründung dieser Aussage muss zunächst darauf verwiesen werden, dass nach heute wohl unbestrittener Auffassung zu den grundlegenden rechtspolitischen Zielsetzungen des Urheberrechts die praktische Verwirklichung des Postulats einer möglichst angemessenen Beteiligung des Urhebers an dem wirtschaftlichen Nutzen zählt, den die Verwertung seines Werks bringt[275]. Folgerichtig räumt § 31 Abs. 1 UrhG daher jedem Urheber das Recht ein, die von ihm vergebenen Nutzungsrechte zu beschränken. Auf die Regelung des § 31 Abs. 1 UrhG ist dabei trotz der speziellen Vorschriften der §§ 69a ff. UrhG im 8. Abschnitt des UrhG auch für Computersoftware zurückzugreifen, weil dieser Abschnitt hinsichtlich des hier angesprochenen Problemkreises **keine Spezialvorschrift** enthält und gem. § 69a

---

[271] Vgl. *Bartsch* CR 1987, 8, 13 unter Berufung auf *BGH*, 6.3.1986, I ZR 208/83, GRUR 1986, 736 ff.

[272] Wenngleich *Bartsch* CR 1987, 8, 13 dies nicht ausdrücklich ausführt, kann seine Argumentation nur so verstanden werden. Von einem Verstoß gegen wesentliche Grundgedanken der Regelung des § 69c Nr. 3 S. 2 UrhG spricht *Koch* CR 2002, 629, 630.

[273] Vgl. *Nordemann* CR 1996, 5 ff.

[274] Vgl. *Metzger* NJW 2003, 1994, 1995 unter Berufung auf *BGH*, 24.10.2002, I ZR 3/00, NJW 2003, 2014, 2016.

[275] Ständige Rechtsprechung *EuGH*, 7.3.2013, C-607/11, GRUR Int. 2013, 380, 392 Tz. 20; *EuGH*, 4.10.2011, C-403, 429/08, GRUR 2012, 156, 165 Tz. 186; *BGH*, 24.10.2002, I ZR 3/00, NJW 2003, 2014, 2016.

Abs. 4 UrhG auf Computerprogramme die allgemeinen für Sprachwerke geltenden Bestimmungen Anwendung finden, soweit in diesem Abschnitt nichts anderes bestimmt ist[276].

Im Interesse des Urhebers an einer sachgerechten, insbesondere wirtschaftlichen Verwertung seines Werks räumt § 31 Abs. 1 S. 2 UrhG dem Urheber das Recht ein, die von ihm vergebenen Nutzungsrechte zu beschränken, um so den jeweiligen Verkehrsbedürfnissen gerecht werden zu können[277]. Damit wird es dem Urheber zugleich ermöglicht, nicht mehr von seinen Rechten zu vergeben, als für den von ihm verfolgten Zweck im Einzelfall erforderlich ist. Die Möglichkeit inhaltlicher Beschränkung kann jedoch auch nach dieser Zielsetzung des § 31 Abs. 1 S. 2 UrhG nicht unbegrenzt eröffnet sein, denn das Urheberrecht in seiner Gesamtheit bezweckt nur, dem Schöpfer eines Werks ein **angemessenes Entgelt** für die von ihm erbrachte Leistung zu sichern. Diesem Interesse des Urhebers wird das Interesse des Rechtsverkehrs an einer freien Zugänglichkeit gegenübergestellt[278], wie dies im Zusammenhang mit dem Erschöpfungsgrundsatz der §§ 69c Nr. 3 S. 2, 17 Abs. 2 UrhG bereits erwähnt wurde[279]. Aus diesem Grunde stößt die Möglichkeit inhaltlicher Beschränkung dort an ihre Grenzen, wo das eingeräumte Nutzungsrecht nicht mehr als Ausschnitt des die Interessen des Schöpfers sichernden Urheberrechts bezeichnet werden kann, sondern der Urheber die urheberrechtliche Verwertungsbefugnis zu erweitern trachtet. Hieraus folgt, dass das Nutzungsrecht des Anwenders nicht auf eine **bestimmte Ausübungsart** begrenzt werden darf, wenn dies durch den Gedanken von der Heranziehung sämtlicher in Frage kommenden Verbraucherkreise zur Entgeltzahlung nicht gedeckt ist und infolgedessen auch nicht zum Inhalt des Urheberrechts zählt[280]. Da jedoch der Einsatz eines Computerprogramms auf unterschiedlichen Systemen des Anwenders mit der Erfassung bestimmter **Verbraucherkreise** nichts zu tun hat, solange das Programm **nicht zeitgleich im Sinne einer Mehrfachbenutzung** verwendet wird[281], ist eine Systemvereinbarung mit § 31 Abs. 1 S. 2 UrhG unvereinbar und urheberrechtlich ohne Bedeutung[282]. Derartige Vereinbarungen können dementsprechend allenfalls schuldrechtliche Verpflichtungen begründen, worauf nachfolgend eingegangen wird. Wirkungen gegenüber Dritten entfalten die hier dargestellten Systemvereinbarungen aber nicht[283].

1671

---

[276] So für § 69c Nr. 3 S. 2 UrhG ausdrücklich *BGH*, 6.7.2000, I ZR 244/97, NJW 2000, 3571, 3572.

[277] Vgl. *LG Frankfurt*, 6.9.2006, 2. 6 O 224/06, CR 2006, 729, 732; *Wandtke/Bullinger/Wandtke/Grunert* § 31 Rdn. 14.

[278] Unter besonderer Bezugnahme auf diese Interessen der Allgemeinheit auf Rechts- und Verkehrssicherheit *LG Frankfurt*, 6.9.2006, 2. 6 O 224/06, CR 2006, 729, 732; ähnlich *Dreier/Schulze* § 31 Rdn. 9; *Schricker/Loewenheim/Ohly* § 31 Rdn. 28.

[279] Vgl. hierzu oben Rdn. 1612.

[280] Vgl. *Schricker/Loewenheim/Ohly* § 31 ff. Rdn. 27 ff. sowie *OLG Frankfurt*, 18.5.2000, 6 U 63/99, CR 2000, 581, 582.

[281] Wie hier *Appl* medien und recht 2016, 73, 76.

[282] Vgl. *BGH*, 24.10.2002, I ZR 3/00, NJW 2003, 2014, 2015 unter ausdrücklicher Berufung auf *Marly*, 3. Aufl., Rdn. 1006; *Grützmacher* CR 2011, 697, 698 f.; *Schuhmacher* CR 2000, 641, 646; *Fromm/Nordemann/Czychowski* § 69c Rdn. 50; *Wandtke/Bullinger/Grützmacher* § 69d Rdn. 37. Abweichend für Mietverträge wohl nur *Scholz/Haines* CR 2003, 393, 399.

[283] Im Ergebnis wie hier *BGH*, 24.10.2002, I ZR 3/00, NJW 2003, 2014, 2015; *Grützmacher* CR 2011, 697, 698 f.; *Osterloh* GRUR 2009, 311, 312; *Schuhmacher* CR 2000, 641, 646; *Hoeren*, IT-Vertragsrecht S. 91; *Dreier/Vogel* S. 127.

c) Typenbezogene Systemvereinbarungen

1672 Obwohl es sich eigentlich nicht um einen grundlegend verschiedenen Klauseltyp handelt, sondern lediglich um eine besondere Erscheinungsform von Systemvereinbarungen, soll an dieser Stelle noch auf die heftig diskutierten Klauseln eingegangen werden, in denen dem Anwender aufgegeben wird, die ihm überlassene Software nur auf einem bestimmten Hardwaretyp bzw. einer bestimmten Systemklasse einzusetzen[284]. Im Schrifttum wird dieser Klauseltyp verschiedentlich als „Upgrade-Klausel" bezeichnet[285]. In der Regel möchten die Softwarelieferanten den Einsatz auf einem **leistungsfähigeren System** von der Entrichtung einer höheren Vergütung abhängig machen[286]. Wenngleich in diesem Zusammenhang häufig auf eine durch den Hardwarewechsel ermöglichte intensivere Programmnutzung hingewiesen wird, um eine Begründung für die Entgelterhöhung zu liefern, vermag dieser Hinweis nicht zu überzeugen. Dem steht entgegen, dass die Beschränkung des Nutzungsrechts auf die entsprechende Nutzungsart mit der Heranziehung sämtlicher in Frage kommender Verbraucherkreise zur Entgeltzahlung in keinem Zusammenhang steht und folglich auch nicht zum Inhalt des Urheberrechts zählt[287].

1673 Dies soll zunächst anhand eines **Beispiels** außerhalb des Urheberrechts verdeutlicht werden: Gelingt es dem Käufer eines Pkws, die Höchstgeschwindigkeit des Wagens durch die Beimischung eines bestimmten Treibstoffzusatzes zu erhöhen, so kann er mit dem Wagen schneller fahren und damit gegebenenfalls seine Nutzungsmöglichkeiten steigern. Niemand käme jedoch auf den Gedanken, die Zulässigkeit einer solchen Leistungssteigerung von der Entrichtung eines zusätzlichen Entgelts an den Pkw-Hersteller abhängig zu machen.

1674 Völlig parallel muss aber die Bewertung ausfallen, wenn die Benutzung von urheberrechtlich geschützter Computersoftware auf einem leistungsfähigeren Computersystem beurteilt wird[288]. Selbst wenn beim einzelnen Anwender größere Datenmengen verarbeitet werden können, betrifft dies die Erfassung sämtlicher Verbraucherkreise nicht. Es ist daher unter urheberrechtlichem Blickwinkel irrelevant, ob etwa ein Programmbenutzer sein Textverarbeitungssystem auf einem altertümlichen PC oder einem aktuellen Gerät einsetzt (soweit das Programm überhaupt ablauffähig ist), obwohl er mit dem neuen System möglicherweise weit mehr Texte erfassen und

---

[284] Sog. Rechnerleistungsklauseln; *Appl* medien und recht 2016, 73, 76 spricht von „unechten CPU-Klauseln; vgl. etwa auch die Klausel 1.2 Satz 3 im Fall *LG Frankfurt*, 17.12.1998, 2/3 O 266/97, CR 1999, 147; vgl. auch *OLG Frankfurt*, 14.12.1999, 11 U 7/99, CR 2000, 146 ff. als Berufungsinstanz sowie *BGH*, 24.10.2002, I ZR 3/00, NJW 2003, 2014 in der Revisionsinstanz.

[285] Vgl. *Scholz/Wagener* CR 2003, 880; *Scholz/Haines* CR 2003, 393; *Dreier/Vogel* S. 127.

[286] Vgl. etwa *BGH*, 24.10.2002, I ZR 3/00, NJW 2003, 2014; Erstinstanz *LG Frankfurt*, 17.12.1998, 2/3 O 266/97, CR 1999, 147; *Grützmacher* CR 2011, 697, 698 f.; *Appl* medien und recht 2016, 73, 76.

[287] Dies übersehen das *OLG Frankfurt*, 14.12.1999, 11 U 7/99, CR 2000, 146, 150 sowie *Nordemann* CR 1996, 5, 8 f. bei den von ihm angeführten Beispielen zur Verwertung von Werken der Musik, von Bühnenstücken oder Filmen. Dort werden immer bestimmte Hörer- bzw. Zuschauerzahlen und damit unterschiedlich große Verbraucherkreise erschlossen. Bei einem Hardwarewechsel bleibt der „Verbraucherkreis" aber identisch. Wie hier *Appl* medien und recht 2016, 73, 76; *Wiebe/Neubauer* CR 2003, 327, 328; *Schuhmacher* CR 2000, 641, 647.

[288] Technisch unhaltbar die Behauptung von *Scholz/Haines* CR 2003, 393, 395 sowie 397, es sei Computersoftware immanent, die Nutzungsvorteile durch leistungsfähigere Hardware „beliebig" steigern zu können. Die behauptete 1000fach schnellere Hardware ist innerhalb eines realistischen Softwarelebenszyklus ein Fantasieprodukt der genannten Autoren. Selbst wenn es eine solche Leistungsexplosion gäbe, wäre der Unterschied zum Pkw-Beispiel aber ebenfalls nur ein gradueller und kein wesensprägender.

gleichzeitig ausdrucken könnte. Diese Überlegung trifft auf Computer sämtlicher Leistungsstufen zu und ist nicht auf PCs beschränkt. Das Beispiel ist daher unter der bereits oben erwähnten Prämisse **uneingeschränkt verallgemeinerungsfähig**, dass keine Nutzungsintensivierung durch **zeitgleiche Mehrfachnutzung** mehrerer Personen oder mehr als der vertraglich vereinbarten Personenzahl erfolgt. Dies gilt auch für solche Regelungen, in denen nicht auf einen bestimmten Typ der CPU abgestellt wird, sondern auf die Zahl der in einem **Mehrkernprozessor** enthaltenen **Cores**[289]. Schließlich kann auch für den Einsatz vor **Virtualisierungstechnologie** darauf hingewiesen werden, dass hierbei die Software zwar unter Umständen auf erheblich leistungsfähigerer Hardware eingesetzt wird als im Lizenzvertrag vorgesehen. So ist es etwa möglich, dass der virtuelle Server den Lizenzvorgaben entspricht, die darunter liegende physikalische Hardware aber leistungsfähiger ist[290]. Dies stellt aber **keine gesondert zustimmungspflichtige Handlung** dar, weil aus wirtschaftlich-funktionaler Sicht physikalische und virtuelle Server äquivalent sind, wenn dem virtuellen Server spezifische Leistungsmerkmale zugewiesen sind[291].

2. Die schuldrechtliche Wirkung der Systemvereinbarungen

Die festgestellte urheberrechtliche Bedeutungslosigkeit der Systemvereinbarungen besagt noch nichts über die schuldrechtlichen Wirkungen derartiger Regelungen. Vielmehr muss zwischen der gegenständlichen Beschränkung des Nutzungsrechts durch Aufspaltung desselben und einer schuldrechtlich vereinbarten Beschränkung in der Ausübung des Nutzungsrechts streng unterschieden werden. Die schuldrechtlichen Beschränkungen können grundsätzlich über die gegenständlichen Beschränkungen hinausgehen[292], sodass einem Anwender gegebenenfalls vertraglich verboten werden kann, wozu er urheberrechtlich berechtigt wäre[293]. Es kann jedoch auch hier wie bereits bei den Weitergabeverboten davon ausgegangen werden, dass Systemvereinbarungen **individualvertraglich** getroffen werden und dementsprechend Wirkung zwischen den Vertragsparteien entfalten können[294]. Normen, die der schuldrechtlichen Zulässigkeit von Systemvereinbarungen entgegenstehen, sind insoweit nicht ersichtlich. Eine eingehende Untersuchung ist jedoch wiederum im Hinblick auf die Frage erforderlich, ob Systemvereinbarungen auch formularmäßig geregelt werden dürfen. 1675

Für die Überprüfung der Systemvereinbarungen nach den Vorschriften über Allgemeine Geschäftsbedingungen ist zunächst entsprechend den bei den Weitergabeverboten angestellten Überlegungen auch für diese Klauseln festzustellen, dass sie in der Regel **nicht überraschend** im Sinne des § 305c Abs. 1 BGB[295] sind und einer Inhaltskontrolle nach § 307 Abs. 1 und 2 BGB auch nicht durch den Ausschluss der sog. Leistungsbeschreibungen gem. § 307 Abs. 3 S. 1 BGB entzogen sind[296]. Letzteres folgt für die Systemvereinbarungen insbesondere aus der Überlegung, dass es sich hier um eine Beschränkung der Nutzungsbefugnis handelt, die unter Umstän- 1676

---

[289] Vgl. *Grützmacher* CR 2011, 697, 700.
[290] Vgl. *Appl* medien und recht 2016, 73, 81.
[291] Vgl. *Appl* medien und recht 2016, 73, 81.
[292] Vgl. *Schricker/Loewenheim/Ohly* § 31 Rdn. 31.
[293] Dem scheint der *BGH*, 4.11.1992, VIII ZR 165/91, CR 1993, 203, 205, für Systemvereinbarungen zuzuneigen. Ausdrücklich *BGH*, 24.10.2002, I ZR 3/00, NJW 2003, 2014, 2015.
[294] Vgl. *Appl* medien und recht 2016, 73, 79.
[295] Vgl. hierzu bei Weitergabeverboten oben Rdn. 1607 f.
[296] Vgl. *BGH*, 24.10.2002, I ZR 3/00, NJW 2003, 2014, 2015; *Scholz/Haines* CR 2003, 393 f.

den die Erreichung des Vertragszwecks gefährdet[297] und über die der Inhaltskontrolle entzogene Beschreibung des Leistungsgegenstands hinausgeht[298].

a) Die Inhaltskontrolle nach § 307 Abs. 2 Nr. 1 und 2 BGB

1677   Auch im Hinblick auf die Inhaltskontrolle nach § 307 Abs. 2 Nr. 1 und 2 BGB bestehen zwischen den Systemvereinbarungen und den Weitervergabeverboten weitgehende Parallelen. So ist es auch hier mit den **wesentlichen Grundgedanken des Eigentums** nicht vereinbar, dass dem Anwender die mit seinem Eigentum an der Computersoftware[299] einhergehende grundsätzliche Freiheit beliebiger Nutzung durch eine solche formularmäßig getroffene Regelung beschnitten werden soll. Aus diesem Grunde liegt auch hier ein Verstoß gegen § 307 Abs. 2 Nr. 1 BGB vor[300]. Darüber hinaus verstößt eine Systemvereinbarungsklausel aber auch gegen § 307 Abs. 2 Nr. 2 BGB, denn der Softwarelieferant ist gem. § 433 Abs. 1 S. 1 BGB verpflichtet, dem Anwender das Eigentum an der Computersoftware zu verschaffen. Da jedoch eine Systemvereinbarung mit der Eigentümerstellung unvereinbar ist, verstößt eine solche Regelung auch gegen die **Kardinalpflicht zur Eigentumsverschaffung** und damit gegen § 307 Abs. 2 Nr. 2 BGB[301].

b) Die Rechtfertigung der grundsätzlich unwirksamen Systemvereinbarungen durch besondere Interessen des Softwareherstellers

1678   Wie bereits an anderer Stelle erwähnt[302] stellt § 307 Abs. 2 BGB eine bloße Unwirksamkeitsvermutung dar, die lediglich im Zweifel eintritt, sodass die festgestellten Verstöße der Systemvereinbarungen nicht zwangsläufig zur Unwirksamkeit derartiger Klauseln führen. Vielmehr steht es dem Klauselverwender frei, die Vermutung des § 307 Abs. 2 BGB zu widerlegen, indem er etwa überwiegende Interessen an einer solchen Vereinbarung nachweist. In der Tat werden in Rechtsprechung und Literatur zur Rechtfertigung der Systemvereinbarungen verschiedene Interessen des Softwareherstellers in Erwägung gezogen, insbesondere das **Vergütungsinteresse**[303], das Interesse am **Schutz des Rufes** des Softwareherstellers[304] und das Interesse zur Begrenzung des **Piraterierisikos**[305].

1679   Gegen das Abstellen auf das Vergütungsinteresse des Softwareherstellers spricht jedoch, dass er vom Anwender im Rahmen des Überlassungsvertrags bereits ein Entgelt für die Computersoftware erhalten hat und das Laden des Programms in den Arbeitsspeicher eines Computers zur bestimmungsgemäßen Nutzung der Com-

---

[297] Vgl. zu diesem Argument oben Rdn. 1611.
[298] Vgl. *BGH,* 24.10.2002, I ZR 3/00, NJW 2003, 2014, 2015.
[299] Vgl. zur Eigentümerstellung des Softwareanwenders bei auf Dauer angelegter Softwareüberlassung oben Rdn. 737 f.
[300] Vgl. *OLG Frankfurt,* 10.3.1994, 6 U 18/93, NJW-RR 1995, 182, 183; wie hier *Appl* medien und recht 2016, 73, 76; *Grützmacher* CR 2011, 697, 700 f.; ferner *Wolf/Lindacher/Pfeiffer* Klauseln Rdn. S 226 sowie 228.
[301] Vgl. *OLG Frankfurt,* 10.3.1994, 6 U 18/93, NJW-RR 1995, 182, 183; *Appl* medien und recht 2016, 73, 76; *Dreier/Vogel* S. 128; Schuhmacher CR 2000, 641, 647; *Wolf/Lindacher/Pfeiffer* Klauseln Rdn. S 228; differenzierend *Scholz/Haines* CR 2003, 393, 398.
[302] Vgl. oben Rdn. 1622.
[303] Vgl. *BGH,* 24.10.2002, I ZR 3/00, NJW 2003, 2014, 2015; *Appl* medien und recht 2016, 73, 79; *Scholz/Haines* CR 2003, 393, 395.
[304] *Scholz/Haines* CR 2003, 393, 398 fürchten auch die Inanspruchnahme von Mängelansprüchen durch den Anwender. Zu Recht dagegen *Appl* medien und recht 2016, 73, 79.
[305] Vgl. *BGH,* 24.10.2002, I ZR 3/00, NJW 2003, 2014, 2015; *Appl* medien und recht 2016, 73, 79; *Scholz/Haines* CR 2003, 393, 395; *Metzger* NJW 2003, 1994, 1995.

putersoftware zählt. Es ist deshalb **kein** besonderes **Vergütungsinteresse** des Softwareherstellers zu erkennen, solange der Anwender das Computerprogramm nicht zeitgleich auf mehreren Computern benutzt[306]. Zu Recht ist deshalb in der Literatur schon vor vielen Jahren darauf hingewiesen worden, dass auch niemand auf die Idee käme, vom Käufer einer Schallplatte eine neuerliche Vergütung zu erlangen, wenn er die Schallplatte auf einem fremden Schallplattenspieler abspielt[307]. Das Interesse des Softwareherstellers, die Benutzung seines Programms auf ein Computersystem zu beschränken, um den Anwender zu veranlassen, für weitere Systeme weitere Programmexemplare zu erwerben, obwohl keine zeitgleiche Mehrfachnutzung erfolgt, stellt jedenfalls kein berücksichtigungswertes Interesse im Rahmen der Interessenabwägung dar[308].

Auch die Erwägung, der **Ruf** des Softwareherstellers könne beeinträchtigt werden, wenn die Software auf einer anderen Hardwareanlage eingesetzt wird, bei der die Ablauffähigkeit des Programms nicht getestet worden sei, vermag formularvertragliche Systemvereinbarungen nicht zu rechtfertigen[309]. Der Ruf des Softwareherstellers lässt sich auch dadurch schützen, dass für das betreffende Programm angegeben wird, auf welchen Hardwaresystemen es erfolgreich getestet wurde, und dass im Übrigen keine Ablauffähigkeit garantiert werden könne[310]. Einer Koppelung zwischen der Software und den vom Hersteller oder Verkäufer vertriebenen Systemen bedarf es daher nicht[311]. Aus diesem Grund ist auch eine Bindung der Nutzungsberechtigung an kompatible Geräte[312] nicht gerechtfertigt.

1680

Gewichtiger als die beiden oben angeführten Überlegungen wiegt das Argument, der Softwarehersteller könne ohne eine Systemvereinbarung nicht überprüfen, ob sein Computerprogramm nicht nach einer illegalen Vervielfältigung gleichzeitig auf mehreren Systemen des Anwenders benutzt wird, was infolge der Leichtigkeit der Anfertigung von Vervielfältigungsstücken problemlos möglich sei[313]. Wenngleich das Interesse des Softwareherstellers an einer Begegnung des Pirateriesirisikos nicht geleugnet werden kann und im Rahmen dieser Darstellung auch schon mehrfach erwähnt wurde, stehen der Rechtfertigung der Systemvereinbarungen die ebenfalls nicht unerheblichen Interessen des Anwenders an der **Freiheit zum Hardwarewechsel** entgegen[314]. Dies kann an dem eingangs dieses Kapitels geschilderten Fall verdeutlicht werden, dass der Anwender das verwendete Computersystem infolge eines Defekts wechseln muss. Wollte man hier den Interessen des Softwareherstellers an

1681

---

[306] Vgl. *LG Frankfurt*, 17.12.1998, 2/3 O 266/97, CR 1999, 147, 148 f.; *Appl* medien und recht 2016, 73, 76; a. A. *Scholz/Haines* CR 2003, 393, 395 sowie 397.
[307] Vgl. *Loewenheim* in: FS für Kitagawa, 1992, S. 949, 962.
[308] Vgl. *Loewenheim* in: FS für Gaedertz, 1992, S. 359, 364.
[309] Vgl. *Wandtke/Bullinger/Grützmacher*, § 69d Rdn. 42; *Schuhmacher* CR 2000, 641, 647; *Polley* CR 1999, 345, 353; a. A. *OLG Frankfurt*, 10.3.1994, 6 U 18/93, NJW-RR 1995, 182; abwägend auch *OLG Frankfurt*, 17.1.1991, 6 U 18/90, NJW 1991, 2160, 2161.
[310] Vgl. *Polley* CR 1999, 345, 353; *Junker* NJW 1993, 824, 829 bezeichnet es als „erstaunlich", dass sich das *OLG Frankfurt* überhaupt mit diesem „seltsamen Argument" auseinandergesetzt hat.
[311] Vgl. *OLG Frankfurt*, 17.1.1991, 6 U 18/90, NJW 1991, 2160, 2161; *Schuhmacher* CR 2000, 641, 647.
[312] Vgl. Adobe, Personal Computer Software License Agreement (2017), Nr. 3.1: "General Use. You may install and Use one copy of the Software on your Compatible Computer."
[313] *BGH*, 24.10.2002, I ZR 3/00, NJW 2003, 2014, 2016 hebt die Missbrauchsgefahr ausdrücklich hervor. Zustimmend *Metzger* NJW 2003, 1994 f.
[314] Im Ergebnis wie hier *Appl* medien und recht 2016, 73, 76; *Baus* MMR 2002, 14, 17; *Schuhmacher* CR 2000, 641, 646; *Dreier/Vogel* S. 127 f.; sinngemäß auch *BGH*, 24.10.2002, I ZR 3/00, NJW 2003, 2014, 2016; abwägend *Scholz/Haines* CR 2003, 393, 395.

einer Systemvereinbarung den Vorrang einräumen, so führte dies zu einem für den Anwender nicht kalkulierbaren Risiko des Hardwaredefekts, das als schlechthin inakzeptabel bezeichnet werden muss.

1682 Im Ergebnis gleich zu behandeln sind jedoch auch solche Systemvereinbarungen, die im Falle eines **Defekts** oder eines **sonstigen zwingenden Grundes** eine vorübergehende Nutzung auf einem anderen Computersystem zulassen. Wenngleich mit einer solchen beschränkten Systemvereinbarung das Problem plötzlich auftretender behebbarer Defekte gelöst wird, ist dies für nicht behebbare Defekte, die einen Totalaustausch der Computeranlage erfordern, nicht der Fall. Darüber hinaus können jedoch auch andere Notwendigkeiten als Defekte, insbesondere erforderliche Neuinvestitionen, ein besonderes Interesse des Anwenders an einem Hardwarewechsel begründen[315]. Auch dieses Interesse würde durch die beschränkten Systemvereinbarungen völlig übergangen. Schlussendlich dürfen aber auch nicht die Interessen des Anwenders an einem nicht technisch, sondern organisatorisch bedingten Hardwarewechsel übergangen werden. So ist es nicht nur möglich, sondern durchaus auch häufig praktiziert, dass ein Anwender den Arbeitsplatz wechselt und das mitgenommene Computerprogramm an einem anderen Ort und auf einem anderen System benutzen möchte. Auch diesem Interesse an einer **örtlichen Ungebundenheit** tragen Systemvereinbarungen keine Rechnung, sodass auch dies gegen eine Widerlegung der Unwirksamkeitsvermutung spricht. Gleiches muss auch für die Formulierungen gelten, die auf das Vorliegen eines zwingenden Grundes zum Systemwechsel abstellen. Gegen die Zulässigkeit dieser Einschränkung spricht abermals das Interesse des Anwenders an der Freiheit zum Hardwarewechsel, das nicht notwendigerweise von einem zwingenden Grund getragen wird, sondern gegebenenfalls lediglich auf einen **organisatorisch opportunen Grund** zurückgeht. Dem Anwender jedoch auch organisatorisch opportune Systemwechsel zu verbieten, erschiene im Rahmen einer Interessenbewertung erneut nicht haltbar.

1683 Trotz der oben dargelegten Interessen der Softwareanwender, insbesondere zum jederzeitigen Hardwarewechsel, sind Systemvereinbarungen jedoch **nicht ausnahmslos unzulässig**[316]. Berücksichtigt werden muss vielmehr die bereits erwähnte Tatsache, dass das Vergütungsinteresse des Softwareherstellers dann durchschlägt, wenn der Anwender das Programm zeitgleich auf mehreren Computern benutzt. Aus diesem Grunde sind Systemvereinbarungen in Allgemeinen Geschäftsbedingungen nur solange unwirksam, als sie die Freiheit zum Hardwarewechsel über die berechtigte Verhinderung zeitgleicher Mehrfachnutzung hinaus einschränken. Demgegenüber sind solche Klauseln nicht zu beanstanden, die einen Hardwarewechsel nur dann verbieten, wenn das Programm noch auf dem ersten Computer benutzt werden kann. Ist der erste Computer daher nicht defekt, sondern soll ein Hardwarewechsel aus anderen Gründen stattfinden, kann dem Anwender die Mühe abverlangt werden, das Programm auf dem ersten System zu löschen oder die Benutzung während der Zeit des Hardwarewechsels durch andere technische Vorkehrungen wie etwa einen Passwortschutz zu verhindern. Der bloße Wille des Anwenders, eine zeitgleiche Mehrfachnutzung zu unterlassen, reicht demgegenüber angesichts der betroffenen Interessen des Softwarelieferanten nicht aus[317]. Erfordert die Übertragung der Daten vom alten auf das neue Hardware-System eine kurzfristige doppelte Nutzung der Soft-

---

[315] Vgl. *Schuhmacher* CR 2000, 641, 646.
[316] Im Ergebnis wie hier *BGH*, 24.10.2002, I ZR 3/00, NJW 2003, 2014, 2015; *Wiebe/Neubauer* CR 2003, 327, 328.
[317] A. A. *Baus* MMR 2002, 14, 17.

ware, die jedoch sodann sofort wieder eingestellt wird, muss auch dies für zulässig erklärt werden, weil andernfalls gar keine Möglichkeit zum Systemwechsel bestünde[318].

c) **Systemvereinbarungen bei zeitlich befristeten Softwareüberlassungsverträgen**

Auch im Rahmen zeitlich befristeter Softwareüberlassungsverträge entfalten Systemvereinbarungen **urheberrechtlich keinerlei Wirkungen**[319]. Insoweit kann mangels inhaltlicher Abweichungen auf die oben[320] angestellten Überlegungen verwiesen werden. Im Hinblick auf die schuldrechtlichen Wirkungen der Systemvereinbarungen besteht ebenfalls zwischen zeitlich befristeten und unbefristeten Überlassungsverträgen im Ergebnis kein Unterschied[321]. Auch bei zeitlich befristeten Überlassungsverträgen ist eine **individualvertraglich** vereinbarte Nutzungsbeschränkung auf eine bestimmte Hardware nicht zu beanstanden, gleichwie bei **Formularverträgen** ein Verstoß gegen § 307 Abs. 2 BGB festzustellen ist[322].

1684

Anders als bei auf Dauer angelegten Softwareüberlassungsverträgen kann hier jedoch nicht auf die Eigentümerstellung des Anwenders abgestellt werden, da dieser kein Eigentum an der Software erwirbt[323]. Ein Verstoß gegen § 307 Abs. 2 Nr. 2 BGB folgt jedoch daraus, dass durch eine derartige Klausel die Kardinalpflicht der **Gebrauchsgewährung**[324] derart eingeschränkt würde, dass die Erreichung des Vertragszwecks gefährdet wäre[325]. Auch im Rahmen eines zeitlich befristeten Softwareüberlassungsvertrags muss es dem Anwender möglich sein, das Computerprogramm im Falle des Defekts auf einem anderen System einsetzen zu dürfen[326], gleichwie auch hier dem Interesse an einer örtlichen Ungebundenheit Rechnung getragen werden muss[327]. Zur Widerlegung der Unwirksamkeitsver kann deshalb erneut auf die Ausführungen im Rahmen der auf Dauer angelegten Softwareüberlassungsverträge verwiesen werden[328]. Der *BGH*[329] hält jedoch entgegen der hier vertretenen Auffassung eine Klausel für zulässig, die eine Erhöhung des Entgelts für den Fall vorsieht, dass das neue Hardwaresystem leistungsfähiger ist[330]. Es entstehen dann jedoch erhebliche Probleme hinsichtlich der Festlegung des neuen Entgelts[331].

1685

---

[318] Ähnlich *LG Düsseldorf*, 28.11.2001, 2a O 316/01, CR 2002, 326, 328.

[319] Vgl. *BGH*, 24.10.2002, I ZR 3/00, NJW 2003, 2014, 2015; *Appl* medien und recht 2016, 73, 76; *Grützmacher* CR 2011, 697, 700.

[320] Vgl. oben Rdn. 1659 ff.

[321] Vgl. *Schuhmacher* CR 2000, 641, 648 f.; a.A. *Grützmacher* CR 2011, 697, 701; *Scholz/Haines* CR 2003, 393, 397.

[322] Differenzierend *BGH*, 24.10.2002, I ZR 3/00, NJW 2003, 2014, 2016; a.A. *Hoeren* LMK 2003, 155.

[323] Vgl. *Scholz/Haines* CR 2003, 393, 397.

[324] Vgl. *Palandt/Weidenkaff* § 535 Rdn. 14.

[325] Im Ergebnis wie hier *Wandtke/Bullinger/Grützmacher* § 69d Rdn. 43; a.A. *Appl* medien und recht 2016, 73, 76.

[326] Dies erkennen auch *Scholz/Haines* CR 2003, 393, 398 sowie *Appl* medien und recht 2016, 73, 76 an. Anders wohl *Osterloh* GRUR 2009, 311, 312.

[327] Dies erkennt auch der *BGH*, 24.10.2002, I ZR 3/00, NJW 2003, 2014, 2016 grundsätzlich an. Ebenso wohl *Metzger* NJW 2003, 1994, 1995; *Wiebe/Neubauer* CR 2003, 327, 328; a.A. *Scholz/Haines* CR 2003, 393, 397.

[328] Vgl. hierzu oben Rdn. 1678 ff.

[329] Vgl. *BGH*, 24.10.2002, I ZR 3/00, NJW 2003, 2014 ff. *Appl* medien und recht 2016, 73, 76 möchte das Entgelt im Einzelfall ermitteln.

[330] Zustimmend *Metzger* NJW 2003, 1994 f.; *Hoeren* LMK 2003, 154, 155; *Scholz/Haines* CR 2003, 393, 396; *Wiebe/Neubauer* CR 2003, 327, 328; ablehnend wie hier *Wandtke/Bullinger/Grützmacher* § 69d Rdn. 43.

[331] Vgl. *BGH*, 24.10.2002, I ZR 3/00, NJW 2003, 2014, 2017.

IV. Das Verbot der Nutzung im Netzwerk und der Mehrfachnutzung

Inhaltsübersicht

	Rdn.		Rdn.
1. Technischer Hintergrund dieses Klauseltyps	1686	aa) Das Vorhandensein einer ausdrücklichen Netzwerkerlaubnis	1692
2. Die Interessen der Softwarehersteller	1688	bb) Das Fehlen einer ausdrücklichen vertraglichen Regelung ...	1693
3. Der Einsatz von Software im Netzwerk und das UrhG	1690	cc) Vertragliche Netzwerkverbote und technische Schutzmechanismen	1699
a) Die beim Netzwerkeinsatz anfallenden Vervielfältigungen	1690	4. Netzwerkverbote bei urheberrechtlich nicht geschützter Software	1704
b) Der urheberrechtliche Vervielfältigungsbegriff und das Erfordernis der Zustimmung gem. § 69c Nr. 1 UrhG..	1691	5. Preisgebundene Netzwerkklauseln	1706

Typische Klauseln:
„Sie sind berechtigt: C. die Software in einem Netzwerk einzusetzen, vorausgesetzt, dass Sie über eine lizenzierte Kopie der Software für jeden Computer verfügen, der über das Netzwerk auf die Software zugreifen kann[332]."

„2.1 Allgemeine Verwendung. Sie dürfen Kopien der Software bis zur zulässigen Anzahl an Computern auf Ihrem Computer installieren und verwenden. Die Software darf nicht zur gleichen Zeit auf verschiedenen Computern gemeinsam genutzt werden, installiert sein oder verwendet werden.

2.2.1 Sie dürfen eine Kopie des Adobe Reader auf dem Dateiserver eines Computers innerhalb Ihres Netzwerks lediglich und ausdrücklich zum Zweck der (a) Verwendung dieser Software durch eine unbegrenzten Anzahl anderer Client-Computer in Ihrem internen Netzwerk über (i) das Netzwerkdateisystem (NFS) für Unix-Versionen von Software bzw. (ii) für Windows Terminal Services und (b) zum Drucken innerhalb Ihres internen Netzwerks installieren. Falls nicht ausdrücklich hierin gestattet, ist jede andere Verwendung der Software auf einem Server oder in einem Netzwerk unzulässig, einschließlich (i) der direkten Verwendung oder der Verwendung über Befehle, Daten oder Anweisungen von oder an einen anderen Computer bzw. (ii) der Verwendung für ein internes Netzwerk, Internet- oder Web-Host-Dienste."[333]

„2. Nutzung und Beschränkungen. (a) Gemäß den Bestimmungen dieses Lizenzvertrags erteilt dir Apple hiermit eine eingeschränkte, einfache Lizenz zur Nutzung der iOS-Software auf einem einzigen Apple-iOS-Gerät. Ausgenommen wie in Absatz 2(b) unten gestattet und vorbehaltlich separater Lizenzvereinbarungen zwischen dir und Apple ist im Rahmen dieses Lizenzvertrags die Existenz der iOS-Software auf mehr als einem Apple-iOS-Gerät gleichzeitig nicht gestattet. Ferner ist es untersagt, die iOS-Software zu verteilen oder über ein Netzwerk bereitzustellen, in dem sie von mehr als einem Gerät gleichzeitig verwendet werden kann."[334]

„2. Nutzung und Beschränkungen. (b) Ferner ist es untersagt, die iOS-Softwareaktualisierungen zu verteilen oder über ein Netzwerk bereitzustellen, in dem sie von mehr als einem Gerät oder mehr als einem Computer gleichzeitig verwendet werden können."[335]

„2. Nutzung und Beschränkungen. Es ist Ihnen untersagt, die Apple Software über ein Netzwerk bereitzustellen, in dem sie von mehr als einem Computer gleichzeitig verwendet werden kann."[336]

„Sie sind nicht berechtigt, die Software zu übertragen, um Lizenzen auf mehreren Computern gemeinsam zu verwenden."[337]

---

[332] Vgl. die Symantec Software-Lizenzvereinbarung, Norton Security Scan sowie den hierzu geführten Rechtsstreit *LG Frankfurt*, 31.3.2011, 2–03 O 331/10, MMR 2011, 683; *OLG Frankfurt*, 12.11.2013, 11 U 32/12, BeckRS 2015, 16185; *BGH*, 19.3.2015, I ZR 4/14, NJW 2015, 3576 – Green-IT.

[333] Vgl. den Software-Lizenzvertrag von Adobe Systems Incorporated (Reader 2013).

[334] Vgl. Softwarelizenzvertrag für iOS 11 der Apple Inc. (EA1491 vom 12.7.2017).

[335] Vgl. Softwarelizenzvertrag für iOS 11 der Apple Inc. (EA1491 vom 12.7.2017).

[336] Vgl. Softwarelizenzvertrag für iTunes für Windows der Apple Inc. (2010).

[337] Vgl. Microsoft-Software-Lizenzvertrag für Windows 8, (2013).

„ Die Software ist nicht zur Verwendung als Serversoftware oder für kommerzielles Hosting lizenziert. Das heißt, Sie dürfen die Software nicht zur gleichzeitigen Verwendung durch mehrere Nutzer über ein Netzwerk zur Verfügung stellen. Weitere Informationen zu Szenarien mit mehreren Nutzern und Virtualisierung finden Sie in den Zusätzlichen Bestimmungen."[338]

„2.3. Wenn die Lösung für die Verwendung in einem Netzwerk konfiguriert ist, dürfen Sie die Lösung auf einem oder mehreren Fileservern zur Verwendung in einem einzigen LAN (Local Area Network) für einen (aber nicht beide) der folgenden Zwecke installieren und verwenden:
2.3.1. Entweder für eine permanente Installation der Lösung auf einer Festplatte oder einem anderen Speichergerät im Rahmen der zulässigen Anzahl von Geräten oder
2.3.2. Für die Verwendung der Lösung über ein solches einzelnes LAN unter der Voraussetzung, dass die Anzahl der verschiedenen Geräte, auf denen die Lösung verwendet wird, die zulässige Anzahl von Geräten nicht überschreitet."[339]

„Die Werke dürfen auf oder im Zusammenhang mit nur jeweils einer Maschine benutzt werden."

„Der Einsatz der Dateien in Mehrplatz-Computeranlagen ist unzulässig."

„Die Software darf nicht von mehr als einem (1) Prozessor gleichzeitig auf dem Computer verwendet werden, es sei denn, auf dem Certificate of Authenticity (Echtheitszertifikat) ist eine höhere Anzahl angegeben. Sie dürfen maximal fünf (5) („Verbindungsmaximum") Computern oder anderen elektronischen Geräten (jedes ein „Gerät") die Verbindung mit dem Computer erlauben, um die Dienste der Software nur für Datei- und Druckdienste, Internetinformationsdienste und RAS (einschließlich der Gemeinsamen Verbindungsnutzung und Telefoniedienste) zu verwenden. In dem Maximum von fünf (5) Verbindungen sind auch indirekte Verbindungen durch „Multiplexing"-Software oder -Hardware oder durch andere Software oder Hardware enthalten, die Verbindungen in einem Pool verwaltet oder zusammenfasst. Außer wie weiter unten erlaubt dürfen Sie das Gerät nicht nutzen, um die Software, die Benutzeroberfläche der Software oder andere auf Ihrem Computer gespeicherte ausführbare Software zu verwenden, darauf zuzugreifen, anzuzeigen oder auszuführen. Diese Lizenz darf nicht geteilt oder auf mehreren Computer gleichzeitig verwendet werden."

„Der Kunde darf die Software nicht auf mehreren Endgeräten gleichzeitig nutzen. Möchte er die Software, mit Ausnahme von entsprechend gekennzeichneter Software für mobile Endgeräte, wie z. B. Handy, Smartphone oder PDA, auf einem anderen Endgerät nutzen, hat er die Software vor Installation auf diesem Endgerät zunächst vom alten Endgerät zu löschen.

Software für mobile Endgeräte ist an die beim Download der Software eingegebene Gerätenummer des jeweiligen Endgerätes gebunden, für das die Software gekauft wurde. Eine erneute Installation der Software auf einem anderen Endgerät ist nicht möglich."[340]

Schrifttum: *Hoeren/Schuhmacher*, Verwendungsbeschränkungen im Softwarevertrag, CR 2000, 137 ff.; *Schuhmacher*, Wirksamkeit von typischen Klauseln in Softwareüberlassungsverträgen, CR 2000, 641 ff.

1. Technischer Hintergrund dieses Klauseltyps

Grundlegend für das Verständnis des Problems der Netzwerkklauseln ist der Begriff des **Mehrplatzsystems** oder **Mehrstations-Rechensystems.** Hierunter wird ein IT-System verstanden, das aus mehreren angeschlossenen Benutzerstationen besteht und daher den gleichzeitigen Betrieb auf mehreren Arbeitsplätzen erlaubt. Insbesondere die hohen Kosten der Speichermedien und des Prozessors führten zu der ursprünglichen Grundidee von Mehrplatzsystemen, die Leistungsfähigkeit eines Computers mit zentralem Speicher gleichzeitig mehreren Anwendern verfügbar zu machen und am jeweiligen Arbeitsplatz lediglich ein sog. „dummes" Terminal bestehend aus Tastatur und Bildschirm zur Datenein- und -ausgabe, aber ohne eigenständige Rechenleistung zu installieren und über ein Kabelsystem an das zentrale System anzuschließen. Diese klassische Computer-Terminal-Verbindung kann als

1686

---

[338] Vgl. Microsoft-Software-Lizenzvertrag für Windows 8, (2013).
[339] Vgl. die Endnutzer-Lizenzvereinbarung der AVG Technologies (7.7.2017).
[340] Vgl. die Allgemeinen Geschäftsbedingungen von Softwareload der Deutsche Telekom AG (Version 1.11.2008).

Einprozessor-Mehrplatzsystem bezeichnet werden. Terminal Server und die bei diesen angeschlossenen Thin Clients beruhen ebenfalls auf dieser Systemarchitektur[341].

1687 Im Gegensatz zu den oben beschriebenen Einprozessor-Mehrplatzsystemen verfügen die **Multirechnersysteme,** die auch **Multiprozessor-Systeme** oder **Mehrprozessor-Mehrplatzsysteme** genannt werden, nicht nur über einen einzigen zentralen Prozessor, sondern die einzelnen Arbeitsstationen verfügen über eigenständige Prozessorkapazitäten.

2. Die Interessen der Softwarehersteller

1688 Durch die beständig wachsende Bedeutung der Multirechnersysteme hat sich auch das Schutzbedürfnis der Softwarehersteller gegenüber einem unberechtigten Einsatz ihrer Produkte innerhalb eines Netzwerks erhöht. Während bei einem **Einprozessor-Mehrplatzsystem** die verwendete Software grundsätzlich von vornherein darauf ausgelegt war, mehreren Anwendern zur Verfügung zu stehen, und der Softwarehersteller dies bei seiner Kalkulation berücksichtigen konnte, ist dies bei **Multirechnersystemen** nicht ohne weiteres gewährleistet. Auch ist die Zahl der Terminals bei einem Einprozessor-Mehrplatzsystem von vornherein einer gewissen faktischen Obergrenze unterworfen, weil sonst der Zentralprozessor überlastet wird.

1689 Dies trifft auf ein Multirechnersystem in diesem Maße nicht zu. Zwar kann es auch hier vorkommen, dass die Datenübertragung von einem System zum anderen erheblichen Verzögerungen unterfällt, jedoch bleibt die einzelne Arbeitsplatzstation dank ihrer eigenen Rechenleistung zumindest für nicht auf Kommunikation mit anderen Stationen angewiesene Aufgaben voll einsatzfähig. Hieraus ergeben sich für die Softwarehersteller **schwerwiegende Gefahren,** denn es besteht die Möglichkeit, dass das Programm auf einem Netzwerk-Server gespeichert wird und zahlreiche Anwender sich das Programm sodann für ihre Arbeit in den Arbeitsspeicher ihres Arbeitsplatzrechners laden. Damit wäre es jedoch einem Serverbetreiber ermöglicht, durch den Erwerb einer einzigen Programmkopie zahlreiche Anwender mit dem Programm arbeiten zu lassen, obwohl dies vom Softwarehersteller bei der Programmherstellung nicht vorgesehen und beim Vertrieb des Produkts nicht in die Kalkulation aufgenommen wurde[342]. Die finanziellen Einbußen der Softwarehersteller wären daher gewaltig. Ein derart unkontrollierter Einsatz ihres Produkts in Netzwerken steht mithin zu den Interessen der Softwarehersteller in Widerspruch.

3. Der Einsatz von Software im Netzwerk und das UrhG

a) Die beim Netzwerkeinsatz anfallenden Vervielfältigungen

1690 Daten und Programme können in einem Netzwerk entweder zentral auf einem Netzwerk-Server gespeichert werden oder aber dezentral auf verschiedenen Arbeitsstationen. Ausschlaggebend sind für die verschiedenen Möglichkeiten nicht grundsätzliche Besonderheiten der IT, sondern allein organisatorische Überlegungen des Netzwerkbetreibers sowie die jeweiligen Spezifikationen des einzelnen Netzwerks. Unter dem hier allein interessierenden Blickwinkel der Softwarebenutzung ist unabhängig vom Typus des jeweiligen Netzwerks allein ausschlaggebend, dass ein Anwender von seiner Arbeitsstation aus die von ihm zu benutzen gewünschte Software

---

[341] *Grützmacher* CR 2011, 697, 702 f. spricht von Remote-Nutzung.

[342] Als Extrembeispiel kann ein Anwender angeführt werden, der die einzige vom Hersteller verkaufte Programmkopie zum Abruf auf einem Internet-Server bereitstellt und damit eine weltweite Programmbenutzung ermöglicht.

grundsätzlich auf seinem Arbeitsplatzrechner einsetzen kann unabhängig davon, auf welchem an das Netz angeschlossenen Rechner die Software permanent gespeichert wird. Durch den Aufruf des betreffenden Programms wird dieses in den **Arbeitsspeicher der jeweiligen Arbeitsstation** geladen und steht sodann zur Benutzung bereit. Hinsichtlich dieses Ladevorgangs in den Arbeitsspeicher bestehen keine grundsätzlichen, sondern allein die zu überbrückende räumliche Distanz zwischen Massenspeicher und Arbeitsspeicher betreffenden, Unterschiede zum Laden eines Computerprogramms in den Arbeitsspeicher eines nicht in ein Netzwerk integrierten Computers, sodass auf die Erläuterungen in Teil 2 der Darstellung verwiesen werden kann[343]. Damit stellt sich für diese Fälle wie schon bei den oben[344] diskutierten Vervielfältigungsklauseln die Frage nach der urheberrechtlichen Relevanz der Installation des Programms auf einen Massenspeicher sowie des angesprochenen Ladevorgangs und des daran anschließenden Programmlaufs. Anders ist dies lediglich dann, wenn die Software im Arbeitsspeicher eines Servers zur Abarbeitung bereitgehalten wird und auf dem Computer des Anwenders lediglich die Bildschirmausgabe erfolgt. Dies kann beim **Client-Server-Prinzip** der Fall sein. Da nun der eigentliche Programmlauf nach der hier vertretenen und an anderer Stelle ausführlich begründeten Auffassung[345] keine zustimmungspflichtige Vervielfältigung darstellt, muss in diesen Fällen auf das **Recht der öffentlichen Zugänglichmachung** gem. § 19a UrhG abgestellt werden. Hierauf wurde im Zusammenhang mit Application Service Providing ausführlich eingegangen[346].

b) Der urheberrechtliche Vervielfältigungsbegriff und das Erfordernis der Zustimmung gem. § 69c Nr. 1 UrhG

Den Ausgangspunkt der weiteren Darstellung der Netzwerkproblematik bildet abermals die Erkenntnis, dass der Gesetzgeber die ohne Zustimmung des Berechtigten vorgenommene Vervielfältigung ohne Ausnahme für unzulässig erklärte und somit ein grundsätzlich geltendes **generelles Kopierverbot** normierte. Es ist daher entscheidend auf den bestimmungsgemäßen Gebrauch der Computersoftware abzustellen, um zu beurteilen, ob die für die jeweilige Vervielfältigung erforderliche Zustimmung des Urheberrechtsinhabers vorliegt. Während jedoch die Installation der Software auf einen Massenspeicher und das Laden des Programms in den Arbeitsspeicher bei einem Einzelplatzsystem zum bestimmungsgemäßen Gebrauch zählt, weil insoweit lediglich notwendige Vervielfältigungen geschaffen werden, kann dies im Rahmen eines Netzwerks nicht ohne weiteres gelten. Dem steht entgegen, dass Computersoftware häufig **nicht netzwerkfähig hergestellt** wird und dementsprechend nach den Intentionen des Softwareherstellers auch nicht im Netzwerk unter der Möglichkeit **mehrfachen zeitgleichen Zugriffs** eingesetzt werden soll. Ob daher die Installation des Programms auf einem Massenspeicher eines Netzwerkrechners oder das Laden in den Arbeitsspeicher eines solchen Rechners zum bestimmungsgemäßen Gebrauch zählt, kann nicht pauschal entschieden werden.

aa) Das Vorhandensein einer ausdrücklichen Netzwerkerlaubnis

Einfach gestaltet sich die Rechtslage in den Fällen, in denen der Einsatz des Computerprogramms innerhalb eines Netzwerks vertraglich ausdrücklich geregelt wur-

1691

1692

---
[343] Vgl. hierzu oben Rdn. 154 ff.
[344] Vgl. hierzu oben Rdn. 1560 ff.
[345] Vgl. hierzu oben Rdn. 163 ff.
[346] Vgl. hierzu oben Rdn. 1102 f.

de, wie dies bei sog. **Netzwerkversionen** zahlreicher Computerprogramme der Fall ist[347]. Hier liegt die Zustimmung des Berechtigten im Sinne von § 69c Nr. 1 UrhG zur Installation des Programms auf dem Massenspeicher eines Netzwerkrechners vor, gleichwie auch das Laden des Programms in den Arbeitsspeicher eines Arbeitsplatzrechners zum mit entsprechender Zustimmung vorgenommenen bestimmungsgemäßen Gebrauch zählt. Nicht von der Zustimmung umfasst ist der Netzwerkeinsatz jedoch in den Fällen, in denen eine bestimmte **zahlenmäßige Obergrenze** der an das Netzwerk angeschlossenen Benutzer vereinbart wurde und diese Grenze überschritten wird[348]. Berücksichtigt werden muss auch, ob es sich bei der betreffenden Zustimmung um eine sog. „**floating licence**" oder „**concurrent licence**" handelt, die den Anwender dazu berechtigt in der entsprechenden Anzahl ständig wechselnde Personen gleichzeitig auf die Software zugreifen zu lassen[349], oder ob eine sog. „**named user licence**" vorliegt. Bei dieser Art der Zustimmung müssen die verschiedenen Nutzer namentlich benannt werden[350].

bb) Das Fehlen einer ausdrücklichen vertraglichen Regelung

1693   Anders stellt sich die Sachlage indes dann dar, wenn **keine ausdrückliche** vertragliche Vereinbarung getroffen wurde. In diesen Fällen stellt sich die Frage, ob der Netzwerkeinsatz mitsamt den hierbei anfallenden Vervielfältigungsstücken zu der dem Anwender erlaubten Nutzung zählt oder ob derartige Vervielfältigungen dem grundsätzlichen urheberrechtlichen Kopierverbot unterfallen.

1694   Zur Beantwortung dieser Frage ist für die Bestimmung des Nutzungsumfangs gem. der allgemeinen Vorschrift des § 31 Abs. 5 UrhG zunächst der mit der Einräumung des Nutzungsrechts verfolgte Zweck heranzuziehen. Dieser wurde oben[351] unter alleiniger Berücksichtigung der bei einem Einzelplatzrechner gegebenen Situation in seinem Mindestinhalt bereits dahingehend umschrieben, dass der Anwender durch die Überlassung des Computerprogramms in die Lage versetzt werden soll, eine Maschine mit informationsverarbeitenden Fähigkeiten eine bestimmte Funktion oder Aufgabe oder ein bestimmtes Ergebnis anzeigen, ausführen oder erzielen zu lassen. Dementsprechend lassen sich die entsprechenden **Mindestpflichten** in der Eröffnung einer **tatsächlichen Nutzungsmöglichkeit** und in der Verschaffung der für die Vervielfältigung in den Arbeitsspeicher oder der Anfertigung sonstiger **notwendiger Vervielfältigungen** erforderlichen Nutzungsrechte umschreiben.

1695   Unbeantwortet bleibt bei dieser auf den reinen Programmlauf abstellenden Zweckbestimmung indes, ob eine **sachgemäße Nutzung** nur auf einem Einzelplatzsystem ermöglicht werden muss, oder ob eine Nutzungsmöglichkeit auf jedwedem Rechnersystem, also auch innerhalb eines Netzwerks zu eröffnen ist. Diesbezüglich muss der jeweilige **Typus einer Computersoftware** Berücksichtigung finden. Handelt es sich um Computersoftware, die für ein **Einprozessor-Mehrplatzsystem** geschrieben wurde und deshalb von vornherein auf eine zeitgleiche Benutzung durch mehrere Anwender ausgerichtet ist, so kann einem entsprechenden Überlassungsvertrag unter Rückgriff auf die §§ 133, 157 BGB entnommen werden, dass die jeweilige Software auch in einem **Einprozessor-Mehrplatzsystem** eingesetzt werden darf und der Softwarelieferant ein entsprechendes Nutzungsrecht einräumt. Es liegt dann

---

[347] Ähnlich *Schuhmacher* CR 2000, 641, 649.
[348] Vgl. *Grützmacher* CR 2011, 697, 698.
[349] Vgl. *Grützmacher* CR 2011, 697 f.; *Hartung/Busche* CR 2011, 705, 706.
[350] Vgl. den Fall *OLG München*, 18.11.2004, 6 U 2913/04, BeckRS 2004, 30346596; *Grützmacher* CR 2011, 697, 698; *Hartung/Busche* CR 2011, 705, 706.
[351] Vgl. hierzu oben Rdn. 669 sowie Rdn. 1560.

die für die Vornahme der Vervielfältigungshandlungen nach § 69c Nr. 1 UrhG erforderliche Zustimmung vor. In der Regel wird in diesen Fällen jedoch die Netzwerkfähigkeit in der **Leistungsbeschreibung** der Computersoftware enthalten sein, sodass sich die Einräumung des entsprechenden Nutzungsrechts unmittelbar aus dieser Beschreibung entnehmen lässt.

Sofern eine Computersoftware jedoch erkennbar lediglich für einen **Einzelplatzrechner** entwickelt wurde, geht auch die Verpflichtung zur Verschaffung der tatsächlichen Nutzungsmöglichkeit im Rahmen des bestimmungsgemäßen Gebrauchs ohne ausdrückliche anderslautende Vereinbarung nur dahin, die Nutzungsmöglichkeit auf einem Einzelplatzrechner zu eröffnen. Die Einräumung eines weiterreichenden Nutzungsrechts kann dem entsprechenden Softwareüberlassungsvertrag nicht entnommen werden. Sofern ein Anwender die betreffende Software auf dem Massenspeicher eines Netzwerk-Servers oder eines Arbeitsplatzrechners installiert, auf den andere Anwender zeitgleich Zugriff haben, ist diese Vervielfältigungshandlung vom eingeräumten Nutzungsrecht nicht mehr gedeckt. Vielmehr ist diesbezüglich vom Vorliegen der Einräumung eines **inhaltlich beschränkten Nutzungsrechts** im Sinne des § 31 Abs. 1 S. 2 UrhG auszugehen. 1696

Wenngleich die Möglichkeit inhaltlicher Beschränkungen von Nutzungsrechten auch nach der Zielsetzung des § 31 Abs. 1 S. 2 UrhG nicht unbegrenzt eröffnet ist, ist die Grenze hier nicht überschritten. Durch das Urheberrecht soll dem Schöpfer eines Werks ein **angemessenes Entgelt** für die von ihm erbrachte Leistung gesichert werden[352]. Diesem Interesse des Urhebers wird das Interesse des Rechtsverkehrs an einer freien Zugänglichkeit gegenübergestellt, wie dies im Zusammenhang mit dem Erschöpfungsgrundsatz des § 69c Nr. 3 S. 2 UrhG bereits erwähnt wurde[353]. Die Möglichkeit inhaltlicher Beschränkung stößt daher erst dort an ihre Grenzen, wo das eingeräumte Nutzungsrecht nicht mehr als Ausschnitt des die Interessen des Schöpfers sichernden Urheberrechts bezeichnet werden kann, sondern der Rechtsinhaber die urheberrechtliche Verwertungsbefugnis zu erweitern trachtet. 1697

Das Nutzungsrecht des Anwenders darf daher solange auf eine **bestimmte Ausübungsart** begrenzt werden, solange dies durch den grundlegenden Gedanken von der Heranziehung sämtlicher in Frage kommender Verbraucherkreise zur Entgeltzahlung gedeckt ist und gesetzlich anerkannte Interessen des Rechtsverkehrs dem nicht entgegenstehen. Erst wo dies nicht mehr der Fall ist, ist die Grenze der Beschränkungsmöglichkeiten überschritten. Da jedoch der Einsatz eines Computerprogramms innerhalb eines Netzwerksystems grundsätzlich die Möglichkeit einer **zeitgleichen Mehrfachbenutzung** eröffnet, werden dem Softwarehersteller potenzielle Kunden entzogen, die ohne die Möglichkeit zeitgleichen Zugriffs mehrere Programmexemplare erstehen würden, weil sie zu einer zeitversetzten Benutzung nicht in der Lage oder nicht gewillt sind. Mit dem Programmeinsatz innerhalb eines Netzwerks wird die Heranziehung sämtlicher in Frage kommenden Verbraucherkreise beeinträchtigt[354], solange nicht durch technische Mittel ein zeitgleicher Mehrfachzugriff auf das Programm innerhalb des Netzwerks verhindert wird. Die Einräumung eines auf die bestimmte Ausübungsart des Einzelplatzeinsatzes inhaltlich beschränkten Nutzungsrechts steht folglich mit § 31 Abs. 1 UrhG in Einklang[355]. 1698

---

[352] Vgl. *EuGH*, 22.10.2010, C-393/09, GRUR 2011, 220, 223 Tz. 54 – BSA/Kulturministerium.
[353] Vgl. hierzu oben Rdn. 1597.
[354] Vgl. *Dreier/Schulze* § 69c Rdn. 33; *Dreier/Vogel* S. 128; *Wandtke/Bullinger/Grützmacher* § 69d Rdn. 44.
[355] Vgl. *Grützmacher* CR 2011, 697.

cc) Vertragliche Netzwerkverbote und technische Schutzmechanismen

1699 Die oben dargelegte urheberrechtliche Zulässigkeit der Einräumung eines inhaltlich beschränkten Nutzungsrechts dergestalt, dass nur die Nutzung in einem Einzelplatzsystem erlaubt wird, bedeutet nicht zwangsläufig, dass dem Anwender derartige Beschränkungen auch durch Formularvereinbarungen auferlegt werden können. Dem könnte zunächst das **Verbot überraschender Klauseln** nach § 305c Abs. 1 BGB entgegenstehen. Da jedoch ein Softwareanwender bei Abschluss eines Softwareüberlassungsvertrags je nach Typus der Computersoftware nicht erwarten kann, dass er auch grundsätzlich für Einzelplatzsysteme hergestellte Software gleichzeitig durch mehrere Anwender nutzen lassen kann, ermangelt es in der Regel bereits an der für eine Überraschung erforderlichen Diskrepanz zwischen dem entsprechenden Klauselinhalt und der berechtigten Kundenerwartung.

1700 Eine Unzulässigkeit der Netzwerkklauseln kann auch nicht aus der Vorschrift des **§ 307 Abs. 2 Nr. 1 BGB** hergeleitet werden, weil entsprechend obiger Darstellung die Einräumung eines derartigen inhaltlich beschränkten Nutzungsrechts mit § 31 Abs. 1 S. 2 UrhG in Einklang steht und daher auch **kein Verstoß** gegen wesentliche Grundgedanken der gesetzlichen Regelung im Sinne des § 307 Abs. 2 Nr. 1 BGB vorliegt.

1701 Entgegen einer im Schrifttum vorzufindenden Meinung[356] verstoßen Netzwerkklauseln auch nicht grundsätzlich wegen einer vertragszweckgefährdenden Einschränkung wesentlicher Rechte und Pflichten gegen **§ 307 Abs. 2 Nr. 2 BGB**. Richtig an dieser Auffassung ist zwar, dass die Überlassung von Standardsoftware auf Dauer dem Typus des Kaufvertrags einzuordnen ist, jedoch folgt hieraus nicht die Verpflichtung des Softwarelieferanten, dem Anwender eine völlig schrankenlose Eigentümerstellung zu verschaffen. Vielmehr sind auch hier die Rechte des Programmurhebers zu beachten, die es diesem erlauben, inhaltlich beschränkte Nutzungsrechte einzuräumen. Die aus § 307 Abs. 2 Nr. 2 BGB folgende Grenze ist daher erst dann überschritten, wenn bei Wirksamkeit der Vereinbarung die Nutzungsmöglichkeit des Anwenders in nicht mehr zu rechtfertigender Weise eingeschränkt würde. Hierbei sind abermals entgegen der genannten Literaturmeinung die schutzwürdigen Interessen der Softwarehersteller hinsichtlich der Erschließung sämtlicher potenzieller Verbraucherkreise zu berücksichtigen.

1702 Die Berücksichtigung der schutzwürdigen Interessen der Softwarehersteller führt dazu, lediglich solche Netzwerkklauseln für unangemessen und daher unzulässig zu halten, die einen Einsatz der Computersoftware in einem Netzwerk **ausnahmslos** verbieten[357]. Der Zulässigkeit eines derartigen uneingeschränkten Netzwerkverbots steht entgegen, dass damit auch solchen Anwendern die Benutzung der Software verboten würde, deren Arbeitsplatzrechner zwar an ein Netzwerk angeschlossen ist, andere Netzwerkbenutzer von anderen Arbeitsplatzrechnern aber auf die Programme dieses Rechners nicht zugreifen können. Dies ist durch entsprechende **Zugriffsschutzmechanismen** leicht zu verhindern. Wenngleich den Softwareherstellern damit die Tragung eines gewissen Risikos abverlangt wird, weil die angesprochenen Schutzmechanismen in der Regel auch leicht und schnell wieder entfernt werden können, erscheint ein generelles Netzwerkverbot durch die einem Anwender mittelbar auferlegte Pflicht zur Abkoppelung aus dem Netzwerk nicht gerechtfertigt. Die **Vergütungsinteressen** der Softwarehersteller vermögen daher lediglich eine **zeitgleiche Mehrfachnutzung,** nicht aber eine generelle Nichtbenutzung ihres Programms

---

[356] Vgl. *Hoeren*, IT-Vertragsrecht S. 98.
[357] Vgl. *Schuhmacher* CR 2000, 641, 650.

auf einem an ein Netzwerk angeschlossenen Computer zu rechtfertigen. Der Vereinbarung eines Netzwerkverbots dergestalt, dass eine Benutzung des Programms innerhalb eines Netzwerks verboten sein soll, soweit hierdurch eine zeitgleiche Mehrfachnutzung ermöglicht wird, steht demgegenüber nichts entgegen[358].

Zur Unterstützung oder als Ersatz für ein eingeschränktes Netzwerkverbot wird Computersoftware gelegentlich auch durch **softwaretechnische Maßnahmen** gegen einen Einsatz innerhalb eines Netzwerks abgesichert, das eine zeitgleiche Mehrfachnutzung erlaubt. So ist es etwa möglich, dass sich das Programm nur dann starten lässt, wenn es auf dem Massenspeicher des das Programm aufrufenden Rechners installiert wurde oder wenn ein Produktschlüssel in der Datenbank des Rechtsinhabers abgefragt wird, der blockiert ist, wenn er bereits anderweitig aktiv registriert ist. Derartige softwaretechnische Schutzmaßnahmen verhindern gleichfalls eine gegen das Vergütungsinteresse des Softwareherstellers verstoßende Mehrfachnutzung. Indem nun der Softwarehersteller sein Computerprogramm mit entsprechenden Schutzmechanismen versieht, um eine Mehrfachnutzung innerhalb eines Netzwerks zu verhindern, gibt er gleichzeitig **konkludent** zu erkennen, dass er einen entsprechenden Netzwerkeinsatz verbieten möchte und dass dieser keinesfalls zum bestimmungsgemäßen Gebrauch der Computersoftware zählen soll. Dies rechtfertigt es, die entsprechenden softwaretechnischen Schutzmechanismen einem expressis verbis erklärten eingeschränkten Netzwerkverbot gleichzustellen. Zum gleichen Ergebnis gelangt man, wenn in diesen Fällen vom Fehlen einer besonderen vertraglichen Bestimmung ausgegangen wird, denn angesichts der Schutzmechanismen zählt die Mehrfachnutzung nicht zur bestimmungsgemäßen Benutzung im Sinne des § 69d Abs. 1 UrhG, sodass auch keine Ausnahme vom Zustimmungserfordernis des § 69c Nr. 1 UrhG eingreift. Unabhängig von der Frage nach der Zulässigkeit der Änderung von Softwareprodukten durch den Anwender[359] liegt dementsprechend ein Verstoß gegen ein Netzwerkverbot auch in den Fällen vor, in denen ein Anwender die entsprechenden Schutzmechanismen überwindet und die Software innerhalb eines die zeitgleiche Mehrfachnutzung ermöglichenden Netzwerks einsetzt.

4. Netzwerkverbote bei urheberrechtlich nicht geschützter Software

Soweit für das zu überlassende Computerprogramm kein Urheberrechtsschutz besteht, was nur selten der Fall ist[360], ist es dem Softwarehersteller nicht möglich, dem Anwender die Anfertigung der bei einem Netzwerkbetrieb anfallenden Kopien unter Hinweis auf § 69c Nr. 1 UrhG zu verbieten. Da jedoch das oben bereits erwähnte **Vergütungsinteresse**, das aus dem berechtigten Interesse an der Erschließung sämtlicher potenzieller Verbraucherkreise hergeleitet werden kann, nicht nur bei urheberrechtlich geschützter, sondern auch bei urheberrechtlich nicht geschützter Software besteht, liegt es im Interesse eines jeden kommerziell arbeitenden Softwareherstellers, den durch den Einsatz in einem Netzwerk hervorgerufenen Gefahren zeitgleicher Mehrfachnutzung **durch vertragliche Regelungen** zu begegnen. Insoweit kann bei urheberrechtlich nicht geschützter Computersoftware sogar von einem **gesteigerten Interesse** des Softwareherstellers an der Vereinbarung von Netzwerkverboten gesprochen werden, denn ohne die ausdrückliche Aufnahme derartiger Regelungen im Softwareüberlassungsvertrag erhielte der Anwender mit dem

---

[358] Vgl. *Wolf/Lindacher/Pfeiffer* Klauseln Rdn. S 228; *Wandtke/Bullinger/Grützmacher* § 69d Rdn. 44; *Dreier/Vogel* S. 128.
[359] Vgl. hierzu oben Rdn. 166 ff.
[360] Vgl. ausführlich oben Rdn. 105 ff.

Eigentum unbegrenzte Nutzungsmöglichkeiten und damit die Gelegenheit zu zeitgleicher Mehrfachnutzung eingeräumt. Aus diesem Grunde vermag es zumindest in der Weite der Formulierung nicht zu überzeugen, wenn im Schrifttum vereinzelt ausgeführt wird, dem Anwender könne die Art und Weise der Benutzung nicht vorgeschrieben werden, soweit keine Urheberrechte verletzt werden[361].

1705 Völlig parallel zu den Ausführungen über Netzwerkklauseln bei urheberrechtlich geschützter Software kann jedoch auch bei urheberrechtlich nicht geschützter Computersoftware ein **umfassendes** und **generelles Netzwerkverbot** im Softwareüberlassungsvertrag nicht vereinbart werden. Dem steht auch hier entgegen, dass eine Programmnutzung auf einem in ein Netzwerk integrierten Arbeitsplatzrechner selbst dann ausgeschlossen wäre, wenn entsprechende Zugriffsschutzmechanismen eine zeitgleiche Mehrfachnutzung verhinderten. Durch das Vergütungsinteresse des Softwareherstellers gerechtfertigt und deshalb nicht zu beanstanden sind jedoch **eingeschränkte Netzwerkverbote,** die einen Netzwerkeinsatz nur dann verbieten, wenn eine zeitgleiche Mehrfachnutzung möglich ist. Solche Klauseln sind nicht unangemessen und verstoßen daher nicht gegen § 307 Abs. 1 und 2 BGB.

5. Preisgebundene Netzwerkklauseln

1706 Weite Verbreitung haben neben den einfachen Netzwerkverboten auch sog. preisgebundene Netzwerkklauseln gefunden, bei denen die Benutzung des jeweiligen Computerprogramms innerhalb eines Netzwerksystems nur solange als verboten gilt, solange der Anwender keine besondere **Netzwerkgebühr** entrichtet hat. Die Einräumung eines sich auch auf einen Einsatz im Netzwerk erstreckenden Nutzungsrechts wird in diesen Fällen unter die **Bedingung vorheriger Zahlung** einer Sondervergütung gestellt, wobei sich die Höhe der Vergütung in der Regel nach der Anzahl der an das Netzwerk angeschlossenen Benutzer richtet und betragsmäßig etwas hinter der schlichten Addition einer entsprechenden Anzahl von Einzelpreisen zurückbleibt. Gelegentlich findet sich in derartigen Klauseln auch eine betragliche Obergrenze auf ein bestimmtes Vielfaches des Einzelpreises ab einer gewissen Anzahl angeschlossener Benutzer.

1707 Die Aufnahme preisgebundener Netzwerkvereinbarungen in einen Softwareüberlassungsvertrag ist weder bei einem Individualvertrag noch im Rahmen eines Formularvertrags zu beanstanden. Zwar sind derartige Preisbestimmungen bei Formularverträgen trotz § 307 Abs. 3 S. 1 BGB, der Preisvereinbarungen in Einklang mit Art. 4 Abs. 2 der EG-Richtlinie über missbräuchliche Klauseln in Verbraucherverträgen[362] von der Inhaltskontrolle nach den §§ 307 Abs. 1 und 2, 308 und 309 BGB grundsätzlich ausnimmt[363], einer vertraglichen **Inhaltskontrolle** zu unterwerfen, weil es sich nicht um eine kontrollfreie Preisvereinbarung für Hauptleistungen[364] handelt, sondern lediglich um eine **Preisnebenabrede** handelt, die das Entstehen des Vergütungsanspruchs im Sinne eines Mehrpreises regelt[365]. Preisgebundene Netzwerkklauseln

---

[361] So *Wolf/Lindacher/Pfeiffer* Klauseln Rdn. S 228.
[362] Vgl. hierzu *Wolf/Lindacher/Pfeiffer* Art. 4 RiLi Rdn. 23.
[363] Vgl. *BGH*, 16.2.2016, XI ZR 454/14, NJW 2016, 1875, 1876 Tz. 23; *BGH*, 8.10.2009, III ZR 93/09, NJW 2010, 150, 152 Tz. 22; *Palandt/Grüneberg* § 307 Rdn. 46.
[364] Zur Kontrollfreiheit von Preisvereinbarungen für Hauptleistungen *BGH*, 7.11.2014, V ZR 305/13, NJW-RR 2015, 181, 182 Tz. 6; *BGH*, 8.10.2009, III ZR 93/09, NJW 2010, 150, 152 Tz. 22.
[365] Dass derartige Regelungen der Inhaltskontrolle unterliegen, entspricht ganz h.M.; vgl. *BGH*, 16.2.2016, XI ZR 454/14, NJW 2016, 1875, 1876 Tz. 23; *BGH*, 14.5.2014, VIII ZR 114/13, NJW 2014, 2708, 2709 Tz. 14 f.; *BGH*, 13.5.2014, XI ZR 405/12, NJW 2014, 2420, 2422 Tz. 25;

halten aber grundsätzlich auch einer Inhaltskontrolle nach § 307 Abs. 1 und 2 BGB stand, sofern sie nicht ein generelles Netzwerkverbot enthalten, sondern ein eingeschränktes Netzwerkverbot mit einer Preisvereinbarung verknüpfen, wenn also eine zusätzliche Vergütung nur dann zu entrichten sein soll, wenn das Netzwerk eine zeitgleiche Mehrfachnutzung ermöglicht[366].

Derartige Klauseln tragen lediglich der Zulässigkeit eingeschränkter Netzwerkverbote und dem Vergütungsinteresse der Softwarehersteller Rechnung. Ein Verstoß gegen das **Äquivalenzprinzip,** demzufolge jeder Leistung der einen Vertragspartei eine entsprechende Gegenleistung der anderen Vertragspartei gegenüberstehen muss, liegt nicht vor, da Netzwerkbenutzern eine umfassendere Nutzungsberechtigung eingeräumt wird, die ihnen sonst nicht zustehen würde[367].   1708

V. Die verschiedenen Programmänderungsverbote

Inhaltsübersicht

	Rdn.		Rdn.
1. Grundlegendes	1709	cc) Änderungen des Werks gem. § 39 UrhG	1718
2. Programmänderungen ohne Dekompilierung	1710	b) Die vertragliche Festlegung der bestimmungsgemäßen Programmnutzung gem. § 69d Abs. 1 UrhG	1719
a) Die Regelung des § 69d Abs. 1 UrhG im Hinblick auf Programmänderungen	1711		
aa) Das Fehlen besonderer vertraglicher Bestimmungen	1712	3. Die Wirksamkeit vertraglicher Programmänderungsverbote	1722
bb) Bearbeitungen und Umgestaltungen gem. § 23 UrhG	1716	4. Die Entfernung von Urhebervermerken	1730

Typische Klauseln:

„3. Lizenzbeschränkungen. Es ist Ihnen nicht gestattet, Teile der Software oder die gesamte Software willkürlich zu ändern, zu übersetzen, zu zerlegen, zu dekompilieren oder umzuarbeiten."[368]

„2. c. Beschränkungen. Der Hersteller bzw. das Installationsunternehmen und Microsoft behalten sich alle Rechte vor (beispielsweise Rechte im Rahmen von Gesetzen über geistiges Eigentum), die in diesem Vertrag nicht ausdrücklich gewährt werden. Beispielsweise erhalten Sie mit dieser Lizenz keine Rechte für folgende Handlungen und müssen daher Folgendes unterlassen: (vi) die Software zurückzuentwickeln (Reverse Engineering), zu dekompilieren oder zu disassemblieren oder den Versuch dazu zu unternehmen, es sei denn, die vorgenannte Einschränkung ist nach dem anwendbaren Recht oder nach Lizenzbestimmungen zur Nutzung von Open-Source-Komponenten, die möglicherweise in der Software enthalten sind, zulässig."[369]

„2.5 Keine Änderungen. 2.5.1 Das Ändern, Anpassen, Übersetzen oder Erstellen von Bearbeitungen der Software ist Ihnen nicht gestattet. Sie dürfen die Software nicht zurückentwickeln, dekompilieren, disassemblieren oder auf andere Weise versuchen, den Quellcode der Software zu ermitteln, ausgenommen in dem Maße, in dem Sie ggf. gemäß geltendem Recht eine Dekompilierung vornehmen dürfen, weil Sie die Software dekompilieren müssen, um ihre volle Funktionsfähigkeit oder Interoperabilität mit anderen Computerprogrammen herzustellen, und Sie zuerst bei Adobe die dazu

---

BGH, 13.11.2012, XI ZR 500/11, NJW 2013, 995 Tz. 13 ff.; *BGH*, 22.5.2012, XI ZR 290/11, NJW 2012, 2571 Tz. 10; *BGH*, 8.5.2012, XI ZR 61/11, NJW 2012, 2337, 2340 Tz. 36; *Wolf/Lindacher/Pfeiffer* § 307 Rdn. 314.

[366] Vgl. *Appl* medien und recht 2016, 73, 75; ähnlich auch *Schuhmacher* CR 2000, 641, 650.
[367] Wie hier wohl *Dreier/Vogel* S. 128 unter Hinweis auf das Prinzip der angemessenen Vergütung gem. § 11 S. 2 UrhG.
[368] Vgl. Endbenutzer-Lizenzvereinbarung für Samsung Kies (2013).
[369] Vgl. Microsoft-Software Lizenzbestimmungen. Windows-Betriebssystem (Dezember 2016) Nr. 2c.

notwendigen Informationen angefordert haben und Adobe Ihnen entsprechende Informationen nicht bereitgestellt hat. Adobe ist berechtigt, für die Bereitstellung dieser Informationen angemessene Bedingungen aufzustellen und eine angemessene Gebühr zu verlangen. Die von Adobe ggf. bereitgestellten Informationen und alle anderen Informationen, die Sie im Rahmen der zulässigen Dekompilierung erhalten, dürfen nur zu den hierin aufgeführten Zwecken verwendet und nicht an Dritte weitergegeben, bzw. dazu genutzt werden, eine Software zu entwickeln, die dieser Software im Wesentlichen ähnlich ist. Informationen sollten beim Adobe-Kundendienst angefordert werden."[370]

„(d) Es ist dir nicht gestattet und du verpflichtest dich, es zu unterlassen und Dritten nicht zu gestatten, die iOS-Software oder jegliche Dienste, die von der iOS-Software bereitgestellt werden, oder Teile davon zu kopieren (sofern dies nicht ausdrücklich im Rahmen dieses Lizenzvertrags gestattet ist), zu dekompilieren, zurückzuentwickeln, zu disassemblieren, zu modifizieren, zu entschlüsseln, Versuche zur Ableitung des Quellcodes zu unternehmen oder abgeleitete Werke der iOS-Software oder jeglicher in der iOS-Software enthaltener Dienste oder Teilen davon zu erstellen (sofern dies nicht und nur in dem Ausmaß, in dem jegliche vorgenannte Beschränkung durch gesetzliche Vorschriften untersagt ist oder durch die Lizenzbestimmungen, die die Nutzung von möglicherweise in der iOS-Software enthaltenen Open-Source-Komponenten regeln, gestattet ist)."[371]

„Der Lizenznehmer darf alphanumerische und sonstige Kennungen von den Datenträgern nicht entfernen und hat sie auf jede Sicherungskopie unverändert zu übertragen."[372]

„b. Beschränkungen. Sie sind zu Folgendem nicht berechtigt und dürfen auch Dritten Folgendes nicht gestatten: (vi) sofern nicht rechtlich zulässig, die Software zurückentwickeln, disassemblieren, dekompilieren, übersetzen, rekonstruieren, verändern oder die Software oder einen Teil davon (hierin ohne Einschränkungen eingeschlossen alle Malware-Signaturen und Malware-Erkennungsroutinen) extrahieren, (vii) sofern nicht rechtlich zulässig, die Software (hierin ohne Einschränkungen eingeschlossen alle Malware-Signaturen und Malware-Erkennungsroutinen) ändern, modifizieren oder anderweitig verändern."[373]

„Jede Kopie der Software, die Sie gemäß dieser Vereinbarung herstellen dürfen, muss die Urheberrechts- und sonstigen Hinweise der Originalkopie der Software enthalten."[374]

„Der Kunde darf Kennzeichnungen, Copyright-Vermerke und Eigentumsangaben des Anbieters in keiner Form verändern."

„Die Rückübersetzung des überlassenen Programmcodes in andere Codeformen (Rekompilierung) sowie sonstige Arten der Rückschließung der verschiedenen Herstellungsstufen der Software (Reverse-Engineering) einschließlich einer Programmänderung sind für den eigenen Gebrauch nur mit schriftlicher Genehmigung von ahead zulässig."

„Kopierschutz, Urhebervermerke, Seriennummern sowie sonstige der Programmidentifikation dienende Merkmale dürfen auf keinen Fall entfernt oder verändert werden."

„4 Programmänderungen. 4.1 Die Rückübersetzung des überlassenen Programmcodes in andere Codeformen (Dekompilierung) sowie sonstige Arten der Rückschließung der verschiedenen Herstellungsstufen der Software (Reverse-Engineering) sind nur erlaubt, soweit sie vorgenommen werden, um die zur Herstellung der Interoperabilität eines unabhängig geschaffenen Programms notwendigen Informationen zu erlangen und diese Informationen nicht anderweitig zu beschaffen sind.

4.2 Programmänderungen zum Zwecke der Fehlerbeseitigung oder der Erweiterung des Funktionsumfangs sind unzulässig.

4.3 Urhebervermerke, Kennzeichnungen sonstiger gewerblicher Schutzrechte oder Seriennummern und andere Merkmale, die einer Identifikation der Software dienen, dürfen auf keinen Fall entfernt oder verändert werden."[375]

Schrifttum: *Ernst,* Die Verfügbarkeit des Source Codes, MMR 2001, 208 ff.; *Geiger,* Das Umarbeitungsrecht des Softwareanwenders, 2007; *Gottschalk,* Das Ende von „fair use"? – Technische Schutzmaßnahmen im Urheberrecht der USA, MMR 2003, 148 ff.; *Rigamonti,* Schutz gegen Umge-

---

[370] Vgl. den Software-Lizenzvertrag von Adobe Systems Incorporated (Reader 2013).
[371] Vgl. Softwarelizenzvertrag für iOS 11 der Apple Inc. (EA 1491 vom 12.7.2017).
[372] Vgl. den Lizenzvertrag zur Fritz!Box der AVM GmbH (2011).
[373] Vgl. die Software-Lizenzvereinbarung für Endbenutzer der AVG Technologies (2013).
[374] Vgl. die Software-Lizenzvereinbarung für Endbenutzer der AVG Technologies (2013).
[375] Vgl. die Allgemeinen Geschäftsbedingungen von Softwareload der Deutsche Telekom AG (Version 1.11.2008).

hung technischer Maßnahmen im Urheberrecht aus internationaler und rechtsvergleichender Perspektive, GRUR Int. 2005, 1 ff.

1. Grundlegendes

Ausgangspunkt für eine später vorzunehmende vertragliche Inhaltskontrolle der Programmänderungsverbote muss zunächst eine Darstellung der **Reichweite des urheberrechtlichen Rechtsschutzes** von Computersoftware sein, denn nur so lassen sich die wesentlichen Grundgedanken der gesetzlichen Regelung klar bestimmen, die im Rahmen der Inhaltskontrolle nach § 307 Abs. 2 Nr. 1 BGB zu berücksichtigen sind. Den Ausgangspunkt für die urheberrechtliche Beurteilung von Programmänderungsverboten muss die urheberrechtliche Zweiteilung der Umarbeitung von Computerprogrammen sein. § 69c Nr. 2 UrhG räumt dem Rechtsinhaber das ausschließliche Recht ein, die Übersetzung, die Bearbeitung, das Arrangement und andere Umarbeitungen eines Computerprogramms sowie die Vervielfältigung der erzielten Ergebnisse zu gestatten. Demgegenüber ist die Zustimmung des Rechtsinhabers unter bestimmten weiteren Voraussetzungen nach § 69e UrhG nicht erforderlich, wenn die Vervielfältigung des Codes oder die Übersetzung der Codeform im Sinne des § 69c Nr. 1 und 2 UrhG unerlässlich ist, um die erforderlichen Informationen zur Herstellung der Interoperabilität eines unabhängig geschaffenen Computerprogramms mit anderen Programmen zu erhalten. Unter Berücksichtigung der oben im Abriss dargestellten technischen Zusammenhänge hinsichtlich des Reverse-Engineering[376] wird damit deutlich, dass der Gesetzgeber den besonderen Fall der Programmumarbeitung in Gestalt der **Dekompilierung** einer speziellen Regelung unterworfen hat[377]. Soweit die Dekompilierung im Sinne der Rückübersetzung von maschinenlesbarem Programmcode in einen strukturreicheren Code betroffen ist, richtet sich die urheberrechtliche Beurteilung allein nach der Spezialregelung des § 69e UrhG. Demgegenüber sind **alle übrigen Programmänderungen** nach der allgemeineren Regelung des § 69c Nr. 2 UrhG zu beurteilen. Dieser Zweiteilung muss auch nachfolgend Rechnung getragen werden.

1709

2. Programmänderungen ohne Dekompilierung

Sofern eine Programmänderung zur Diskussion steht, die ohne Dekompilierung vorgenommen werden soll, greift nicht die Spezialregelung des § 69e UrhG ein, sondern die bereits erwähnte Regelung des § 69c Nr. 2 UrhG. Neben dieser softwarespezifischen Regelung des Bearbeitungsrechts sollen aber nach verbreiteter Auffassung[378] auch die **allgemeinen Vorschriften** zur Umgestaltung und Änderung urheberrechtlich geschützter Werke (§§ 14, 23 und 39 UrhG) zur Anwendung kommen.

1710

a) Die Regelung des § 69d Abs. 1 UrhG im Hinblick auf Programmänderungen

Wie schon das Vervielfältigungsrecht nach § 69c Nr. 1 UrhG wird auch das umfassende Bearbeitungsrecht nach § 69c Nr. 2 UrhG durch § 69d Abs. 1 UrhG einer Einschränkung unterworfen. Dieser Vorschrift zufolge bedürfen im Falle des Fehlens

1711

---

[376] Vgl. hierzu oben Rdn. 257 ff.
[377] Bereits vor Inkrafttreten von § 69e UrhG entsprach es h. M., in der Umsetzung eines Computerprogramms von einer Programmiersprache in eine andere eine Übersetzung zu sehen, die nunmehr in § 69c Nr. 2 UrhG erwähnt ist.
[378] Vgl. *LG Köln*, 16.11.2005, 28 O 295/05, GRUR-RR 2006, 357, 358; *Haberstumpf* GRUR Int. 1992, 715, 723; differenzierend *Dreier/Schulze* § 69a Rdn. 33 f.; *Wandtke/Bullinger/Grützmacher* § 69a Rdn. 43 ff. insbesondere Rdn. 48, 52 f. sowie 71.

besonderer vertraglicher Bestimmungen auch die Umarbeitungen im Sinne von § 69c Nr. 2 UrhG nicht der Zustimmung des Rechtsinhabers, wenn sie für eine bestimmungsgemäße Benutzung des Computerprogramms einschließlich der Fehlerberichtigung durch jeden zur Verwendung eines Vervielfältigungsstücks des betreffenden Programms Berechtigten notwendig sind. Es müssen daher grundsätzlich zwei Fälle unterschieden werden. Soweit spezifische vertragliche Bestimmungen fehlen, muss entscheidend auf den **Begriff der bestimmungsgemäßen Benutzung** eines Computerprogramms abgestellt werden. Andernfalls ist die entsprechende vertragliche Bestimmung zu berücksichtigen[379]. Beide Fälle sollen nachfolgend getrennt voneinander dargestellt werden.

aa) Das Fehlen besonderer vertraglicher Bestimmungen

1712   Im Falle des **Fehlens spezifischer vertraglicher Bestimmungen** ist der Begriff der Notwendigkeit für eine bestimmungsgemäße Nutzung einer Definition zu unterwerfen, wobei die Bedürfnisse der Anwender zu berücksichtigen sind. Im Anschluss an die Rechtsprechung des *BGH* ist, wenn eine ausdrückliche vertragliche Regelung des Umfangs der vom Urheber eingeräumten Nutzungsrechte fehlt, von dem nach dem gesamten Vertragsinhalt von den Parteien übereinstimmend erfolgten **Vertragszweck** und den danach vorausgesetzten **Bedürfnissen der Vertragspartner** auszugehen. Hieran anschließend ist zu fragen, ob und gegebenenfalls in welchem Umfang die Einräumung von Nutzungsrechten zur Erreichung des Vertragszwecks gewollt ist[380]. Dabei ist der generelle Zweck eines jeden Softwareüberlassungsvertrags in die Überlegung einzubeziehen. Dieser kann dahingehend definiert werden, dass dem Anwender die Nutzung eines Computerprogramms ermöglicht werden soll[381] und diese Nutzung in einem ganzen oder teilweisen Kopieren von maschinenlesbarem Programmcode in den Computer des Anwenders zum Zwecke der Abarbeitung der im Programmcode enthaltenen Befehle oder Verarbeitung der enthaltenen Daten besteht[382]. Etwas verkürzt kann die bestimmungsgemäße Benutzung eines Computerprogramms daher so umschrieben werden, sie beinhalte die Verwendung eines Computerprogramms als Hilfsmittel zur Lösung einer Aufgabe des Anwenders[383].

1713   Dementsprechend kann dem Begriff der bestimmungsgemäßen Programmnutzung nicht entnommen werden, wie und unter welchen Bedingungen der Anwender das Programm als Hilfsmittel einsetzt, solange dieser Einsatz nur in irgendeiner Art und Weise zur Bewältigung der anstehenden Aufgabe beiträgt. Notwendig ist eine Umarbeitung eines Computerprogramms daher immer dann, wenn sie im **begründeten Interesse des Anwenders** an einer funktionalen Anpassung des Programms an seinen Eigengebrauch zur Lösung seiner Aufgabe vorgenommen wird und nicht etwa dem Zwecke der kommerziellen Veröffentlichung oder Verwertung einer erweiterten oder veränderten Programmversion dienen soll[384]. Die aufgestellte Voraussetzung ist daher etwa dann erfüllt, wenn das Programm an die Arbeitsabläufe beim Anwender angepasst wird oder wenn es auf einem neuen Hardwaresystem ablaufen soll und hierfür Änderungen vorgenommen werden müssen[385].

---

[379] Vgl. *OLG Düsseldorf*, 29.5.2001, 20 U 166/00, NJW-RR 2002, 1049.
[380] Vgl. *BGH*, 22.11.2007, I ZR 12/05, NJW GRUR 2008, 357, 359 Tz. 32.
[381] Vgl. *BGH*, 15.11.2006, XII ZR 120/04, NJW 2007, 2394, 2395 Tz. 17.
[382] Vgl. hierzu oben Rdn. 669.
[383] Ähnlich *BGH*, 24.2.2000, I ZR 141/97, NJW 2000, 3212, 3213.
[384] Ähnlich wohl auch *Wandtke/Bullinger/Grützmacher* § 69d Rdn. 26.
[385] Im Ergebnis wie hier *BGH*, 24.2.2000, I ZR 141/97, NJW 2000, 3212, 3213.

Eine Notwendigkeit zur Programmumarbeitung ist aber auch dann anzuerkennen, wenn einzelne Programmfunktionen für den **Eigengebrauch** erweitert, abgeändert oder neu aufgenommen werden sollen. Gleiches muss darüber hinaus gelten, wenn die Effizienz des Programmeinsatzes gesteigert werden soll. Hier ist zu berücksichtigen, dass ein Verbot entsprechender effizienzsteigernder Programmänderung negative Auswirkungen auf den im Allgemeininteresse liegenden technischen Fortschritt hätte, da die Verwendung effizienzsteigender Techniken verhindert würde, ohne dass dies etwa durch andernfalls übergangene wirtschaftliche Partizipationsinteressen des Programmherstellers gerechtfertigt wäre. Schließlich liegt natürlich auch der in § 69d Abs. 1 UrhG ausdrücklich genannte Fall der Programmänderung zur Fehlerbeseitigung im berechtigten Interesse des Anwenders und begründet eine Notwendigkeit zur Umarbeitung des entsprechenden Computerprogramms[386]. 1714

Die oben genannten Ergebnisse können auch durch einen Rückgriff auf die allgemeinen urheberrechtlichen Regelungen gem. **§§ 23 bzw. 39 und 14 UrhG** abgesichert werden. Diese Vorschriften sind neben § 69c Nr. 2 UrhG weiterhin anwendbar, worauf bereits hingewiesen wurde[387]. 1715

bb) Bearbeitungen und Umgestaltungen gem. § 23 UrhG

Gem. § 23 S. 1 UrhG dürfen Bearbeitungen und andere Umgestaltungen des Werks nur mit **Einwilligung des Urhebers** des bearbeiteten oder umgestalteten Werks veröffentlicht oder verwertet werden. Was dabei unter den Begriffen der Bearbeitung und der anderen Umgestaltung zu verstehen ist, ist streitig. Die wohl überwiegende Auffassung stuft solche Änderungen des Werks als Bearbeitung ein, bei denen der Grad einer persönlich geistigen Schöpfung erreicht wird, während solche Änderungen, die diese Voraussetzung nicht erfüllen, dem Begriff der anderen Umgestaltungen zugeordnet werden[388]. Die Gegenmeinung geht dahin, eine Bearbeitung dann anzunehmen, wenn die Änderung dem Werk dient und es einem veränderten Zweck anpassen will, während andere Umgestaltungen keine dem Werk dienende Funktion haben sollen. Die Frage nach der schöpferischen Natur der Änderung ist nach dieser Auffassung für die Abgrenzung der Bearbeitungen von den anderen Umgestaltungen irrelevant[389]. Im Ergebnis ergibt sich für die hier diskutierte Frage nach der urheberrechtlichen Zulässigkeit von Programmänderungen indes kein Unterschied, da sowohl Bearbeitungen als auch andere Umgestaltungen nach § 23 S. 1 UrhG nur mit Einwilligung des Urhebers veröffentlicht oder verwertet werden dürfen. Diese allgemeine urheberrechtliche Wertung ist selbst dann in die Gesamtwürdigung der Problematik einzubeziehen, wenn man mit einigen Teilen des Schrifttums[390] § 23 UrhG für auf Computerprogramme nicht anwendbar hält. 1716

Einen Erkenntniszugewinn verspricht indes der Rückgriff auf den **Zweck des § 23 UrhG**, der dahingehend bestimmt werden kann, dass die **Herstellung** einer umgestalteten Fassung eines Werks im privaten Bereich grundsätzlich von der Einwilligung des Urhebers unabhängig sein soll[391]. Aus diesem Grunde ist die im **privaten Bereich** vorgenommene Änderung eines Computerprogramms urheberrechtlich nicht zu beanstanden, unabhängig davon, ob die Änderung zum Zwecke der **Fehler-** 1717

---

[386] Vgl. *BGH*, 24.2.2000, I ZR 141/97, NJW 2000, 3212, 3213 f.
[387] Vgl. hierzu oben Rdn. 1710.
[388] Vgl. *Wandtke/Bullinger/Bullinger* § 23 Rdn. 4 m.w.N.
[389] Vgl. *Schricker/Loewenheim* § 23 Rdn. 4 m.w.N.
[390] So etwa *Dreier/Schulze* § 69a Rdn. 33; *Wandtke/Bullinger/Grützmacher* § 69a Rdn. 53; wie hier *Schricker/Loewenheim* § 23 Rdn. 19 „§ 23 S. 2 wird durch § 69c Nr. 2 ergänzt".
[391] Vgl. *Schricker/Loewenheim* § 23 Rdn. 18.

beseitigung³⁹², einer **Erweiterung des Funktionsumfangs,** der Entfernung eines Kopierschutzes, einer **Aktivierungsroutine**³⁹³ oder einer **Dongle-Programmroutine**³⁹⁴ oder der **Erfüllung sonstiger Interessen** des Anwenders dient, etwa dem Interesse am Einsatz aktueller Hardware nebst neuem Betriebssystem³⁹⁵. Die Anpassung eines Computerprogramms an die betrieblichen Belange eines gewerblichen Anwenders, der jedoch nicht in der IT-Branche tätig ist und deshalb diesbezüglich einem privaten Anwender gleichsteht, stellt gleichfalls keine Urheberrechtsverletzung des Softwareherstellers dar. Unerheblich für die urheberrechtliche Beurteilung ist es darüber hinaus auch, ob der Anwender die Änderung selbst vornimmt oder von einem **Dritten** ausführen lässt³⁹⁶. Sofern der Softwarehersteller im Softwareüberlassungsvertrag mängelrechtliche Folgen daran anknüpft, dass der Kunde oder Dritte keine selbstständigen Eingriffe in das gelieferte Softwarepaket vornehmen, kann die urheberrechtliche Zulässigkeit der Programmänderung ferner unmittelbar aus dieser vertraglichen Vereinbarung hergeleitet werden, wenn das Erfordernis einer Anpassung dem Hersteller bekannt ist. Die entsprechende Vereinbarung spricht für die Einräumung eines Anpassungsrechts im Sinne des § 39 Abs. 1 2. Halbs. UrhG.

cc) Änderungen des Werks gem. § 39 UrhG

1718   Als letzte der für die urheberrechtliche Beurteilung von Programmänderungen relevanten Vorschriften soll auch § 39 UrhG nicht unerwähnt bleiben, dem eine in Bezug auf § 14 UrhG klarstellende und keine eigenständige Funktion zukommt³⁹⁷. Gem. § 39 Abs. 1 UrhG darf der Inhaber eines Nutzungsrechts das Werk, dessen Titel oder Urheberbezeichnung nicht ändern, wenn nichts anderes vereinbart ist. Dieses **umfassende Änderungsverbot** wird jedoch durch § 39 Abs. 2 UrhG dahingehend eingeschränkt, dass solche Änderungen zulässig sind, zu denen der Urheber seine Einwilligung nach Treu und Glauben nicht versagen kann, was jedoch ebenfalls lediglich als klarstellende Wiederholung des bereits in § 14 UrhG enthaltenen Gedankens der Interessenabwägung zu verstehen ist³⁹⁸. Damit scheint sich ein gewisser Widerspruch zwischen dem hier festgelegten grundsätzlich umfassenden Änderungsverbot und der Regelung des § 23 UrhG über die Zulässigkeit von Bearbeitungen und anderen Umgestaltungen ohne anschließende Veröffentlichung oder Verwertung zu ergeben. Insoweit kann jedoch festgehalten werden, dass § 39 UrhG im Hinblick auf den verwertungsrechtlichen Charakter der Regelung des § 23 UrhG auszulegen ist und die mit dem Sinn und Zweck einer Bearbeitung oder Umgestaltung notwendigerweise verbundenen Änderungen eine besondere Berücksichtigung erfahren müssen³⁹⁹. Dies führt indes zu dem Schluss, dass § 39 UrhG solche Änderungen nicht verbieten soll, die im Lichte des § 23 UrhG nicht zu beanstanden sind und die auch nicht die in § 39 UrhG überwiegend zu berücksichtigende urheberpersönlichkeitsrechtliche Komponente⁴⁰⁰ berühren. Ein urheberpersönlichkeitsrechtlicher Bezug fehlt bei Software aber regelmäßig. § 39 UrhG bringt hier daher gegen-

---

³⁹² Vgl. *BGH,* 24.2.2000, I ZR 141/97, NJW 2000, 3212, 3213.
³⁹³ Vgl. zu den Aktivierungspflichten ausführlich unten Rdn. ff.
³⁹⁴ Vgl. zum Dongle-Programmschutz oben Rdn. 1520 sowie 1523.
³⁹⁵ Vgl. *BGH,* 24.2.2000, I ZR 141/97, NJW 2000, 3212 ff.
³⁹⁶ Vgl. *BGH,* 24.2.2000, I ZR 141/97, NJW 2000, 3212, 3213 f.; *OLG Düsseldorf,* 29.5.2001, 20 U 166/00, NJW-RR 2002, 1049, 1050.
³⁹⁷ Vgl. *Schricker/Loewenheim/Dietz/Peukert* § 39 Rdn. 1.
³⁹⁸ Vgl. *Schricker/Loewenheim/Dietz/Peukert* § 39 Rdn. 1 und § 14 Rdn. 4.
³⁹⁹ Vgl. *Schricker/Loewenheim/Dietz/Peukert, 4. Aufl. 2010,* § 39 Rdn. 7.
⁴⁰⁰ Vgl. *Schricker/Loewenheim/Dietz/Peukert* § 39 Rdn. 1.

über der sich aus § 23 UrhG ergebenden Beurteilung der Zulässigkeit von Programmänderungen keine neuen Erkenntnisse.

b) Die vertragliche Festlegung der bestimmungsgemäßen Programmnutzung gem. § 69d Abs. 1 UrhG

Größere Schwierigkeiten als die Umschreibung der bestimmungsgemäßen Benutzung eines Computerprogramms beim Fehlen spezifischer vertraglicher Vereinbarungen bereitet die Fallgruppe der vorhandenen vertraglichen Vereinbarungen. Unproblematisch sind lediglich die Fälle, in denen der Rechtsinhaber seine **Zustimmung zu Programmänderungen** entweder ausdrücklich erteilt oder eine solche Zustimmung aus den äußeren Umständen der Programmüberlassung geschlossen werden kann, wie etwa die Überlassung des Quellcodes mitsamt Entwicklungs- oder Wartungsdokumentation. Im entgegengesetzten Fall, in dem der Rechtsinhaber indes versucht, Programmänderungen durch vertragliche Bestimmungen zu verbieten, treten Probleme bei der Beantwortung der Frage auf, wie weit die entsprechende vertragliche Bestimmung reichen darf. Insoweit ist zu berücksichtigen, dass § 69d Abs. 1 UrhG keine Grenzen einer durch vertragliche Vereinbarung herbeigeführten Nutzungsbeschränkung vorzugeben scheint und dementsprechend die bestimmungsgemäße Programmnutzung so stark eingegrenzt werden könnte, dass sowohl das Laden und Ablaufenlassen des betreffenden Computerprogramms als auch die Fehlerbeseitigung von der Zustimmung des Rechtsinhabers abhängig gemacht werden könnten. Es ist jedoch unbestritten, dass § 69d Abs. 1 UrhG einen zwingenden Kerngehalt aufweist, der einer Disposition der Vertragsparteien entzogen ist[401]. Eine inhaltliche Bestimmung dieses **zwingenden Kerns** nahm der deutsche Gesetzgeber aber nicht vor.

1719

Ausgangspunkt der Bestimmung des **nicht vertragsdispositiven Kerngehalts** des § 69d Abs. 1 UrhG muss zunächst der Gedanke von der lediglich begrenzten Aufspaltbarkeit urheberrechtlicher Nutzungsrechte sein. Aus diesem Grundsatz folgt, dass eine Aufspaltung urheberrechtlicher Verwertungsbefugnisse in gegenständliche Nutzungsrechte über den Umweg einer vertraglichen Festlegung der bestimmungsgemäßen Programmnutzung nicht weiter reichen kann als eine unmittelbare Beschränkung der Nutzungsrechte. Sofern die vertragliche Festlegung des bestimmungsgemäßen Gebrauchs hierüber hinausgeht, vermag sie allein schuldrechtliche Wirkungen zu entfalten[402], während ihr eine Wirkung gegenüber Dritten versagt bleibt. Dementsprechend darf die vertragliche Festlegung des bestimmungsgemäßen Gebrauchs, möchte sie absolute Wirkung erzielen, nur solche Gebrauchsmöglichkeiten enthalten, die nach der Verkehrsauffassung als solche hinreichend klar abgrenzbar sind und sich wirtschaftlich-technisch als einheitlich und selbstständig abzeichnen[403]. Derartige nach der Verkehrsauffassung zu unterscheidende Nutzungsarten lassen sich indes bei der Verwendung eines Computerprogramms zum eigenen Gebrauch nicht feststellen. Vielmehr kann entsprechend den Ausführungen zur bestimmungsgemäßen Programmnutzung ohne spezifische vertragliche Regelung einer Programmüberlassung nicht entnommen werden, unter welchen Bedingungen der Anwender das Programm einsetzen soll und welche Anpassungsarbeiten an die jeweiligen Bedürfnisse erforderlich sind.

1720

---

[401] Vgl. hierzu oben Rdn. 248 m. zahlreichen N.
[402] Vgl. *Grützmacher* CR 2011, 485, 490.
[403] Vgl. *BGH*, 24.10.2002, I ZR 3/00, NJW 2003, 2014, 2015; *BGH*, 6.7.2000, I ZR 244/97, NJW 2000, 3571, 3572; *Grützmacher* CR 2011, 485, 490; *Schricker/Loewenheim/Ohly* § 31 Rdn. 28 m.w.N.

1721 Darüber hinaus hat die Bundesregierung bereits in der Begründung ihres Entwurfs des Urheberrechtsgesetzes von 1965 darauf hingewiesen, es sei nicht frei von Bedenken, die urheberrechtliche Zulässigkeit einer Bearbeitung von **subjektiven Voraussetzungen des Handelnden** abhängig zu machen, etwa darauf abzustellen, ob dieser die Bearbeitung nur zum persönlichen Gebrauch oder in der Absicht herstelle, die zur Verwertung der Bearbeitung erforderliche Einwilligung einzuholen. Hiergegen spreche entscheidend, dass die jeweilige Absicht vielfach schwer feststellbar sei[404]. Wenngleich gegen diese Argumentation vorgebracht wurde, die angestellten Praktikabilitätsüberlegungen überzeugten nicht[405], belegen sie doch, dass die Bedürfnisse des Rechtsverkehrs nicht unberücksichtigt bleiben dürfen, nicht mit beliebig zugeschnittenen Rechten konfrontiert zu werden, sondern nur mit den herkömmlichen Rechtsfiguren oder mit solchen Rechten, die zumindest klar abgrenzbar sind und durch vernünftige wirtschaftliche Bedürfnisse des Rechtsinhabers gerechtfertigt sind[406]. Dementsprechend kann zur Bestimmung des zwingenden Kernbereichs des § 69d Abs. 1 UrhG auf die Ausführungen zur bestimmungsgemäßen Programmnutzung beim Fehlen vertraglicher Vereinbarungen zurückgegriffen werden, da dort eine umfassende Interessenabwägung unter Berücksichtigung insbesondere auch der berechtigten wirtschaftlichen Partizipationsinteressen des Softwareherstellers vorgenommen wurde.

3. Die Wirksamkeit vertraglicher Programmänderungsverbote

1722 Unproblematisch und daher vorweg zu behandeln sind vertragliche **Dekompilierungsverbote**. Gem. § 69g Abs. 2 UrhG sind sowohl **individualvertragliche** als auch **formularvertragliche** Vereinbarungen nichtig, die in Widerspruch zu § 69e UrhG stehen[407]. Damit bleibt wegen des minutiösen Charakters dieser Vorschrift für vertragliche Vereinbarungen praktisch kein Raum mehr, weshalb nachfolgend nur noch von den verbleibenden Programmänderungsverboten ohne Dekompilierung gesprochen werden muss.

1723 Sofern eine Änderung des Computerprogramms urheberrechtlich zulässig ist, stellt sich die Frage, ob die von vielen Softwareherstellern für notwendig gehaltenen, über das Urhebergesetz hinausgehenden Beschränkungen einer Programmänderung seitens eines Anwenders durch vertragliche Vereinbarungen herbeigeführt werden können. Auf **individualvertraglicher** Grundlage steht derartigen zusätzlichen Beschränkungen des Anwenders grundsätzlich nichts entgegen. Problematisch erscheinen solche Verbote jedoch dann, wenn sie in **Formularverträgen** enthalten sind. Hier muss eine vertragliche Inhaltskontrolle nach den Vorschriften über Allgemeine Geschäftsbedingungen gem. §§ 305 ff. BGB erfolgen, bei der eine über die Vorgaben des UrhG hinausgehende umfassende Interessenbewertung vorgenommen werden muss. Aus diesem Grund ist es durchaus möglich, dass in Formularverträgen enthaltene Änderungsverbote unwirksam sind, obwohl sie mit dem Urheberrecht in Einklang zu stehen scheinen. Bei der Inhaltskontrolle nach den §§ 305 ff. BGB ist mangels spezieller Regelungen auf die Generalklausel des § 307 Abs. 1 und 2 BGB abzustellen. Dabei kann zunächst § 307 Abs. 2 Nr. 1 BGB herangezogen werden, demzufolge eine unangemessene und deshalb unwirksame Regelung dann vorliegt, wenn die entsprechende Vertragsklausel mit wesentlichen Grundgedanken der ge-

---
[404] Vgl. BT-Drucks. IV/270 vom 23.3.1962, S. 51.
[405] Vgl. *Schricker/Loewenheim* § 23 Rdn. 22.
[406] Vgl. *Schricker/Loewenheim/Ohly* § 31 Rn. 29.
[407] Vgl. *Wandtke/Bullinger/Grützmacher* § 69d Rdn. 40.

setzlichen Regelung, von der abgewichen wird, nicht zu vereinbaren ist. Dies könnte hier durch die Abweichung von der oben dargelegten grundsätzlichen Änderungsbefugnis nach § 69c Nr. 2 i. V. m. § 69d Abs. 1 UrhG der Fall sein. Neben § 307 Abs. 2 Nr. 1 BGB kann jedoch auch die Nr. 2 dieser Vorschrift herangezogen werden, sofern ein Softwareüberlassungsvertrag auf Dauer vorliegt, denn zu den im Rahmen von § 307 Abs. 2 Nr. 2 BGB zu beachtenden wesentlichen Rechten und Pflichten dieses Vertrags zählt nach § 433 Abs. 1 S. 1 BGB die Übertragung des Eigentums. Dieser Pflicht genügt der Softwarelieferant jedoch möglicherweise durch die Übergabe eines hinsichtlich der zulässigen Benutzbarkeit durch ein Programmänderungsverbot eingeschränkten Computerprogramms nur in einer den Vertragszweck gefährdenden Weise.

Trotz der zunächst nur angedeuteten Verstöße von Programmänderungsverboten gegen § 307 Abs. 2 Nr. 1 und 2 BGB scheidet eine Unwirksamkeit entsprechender Klauseln jedoch dann aus, wenn besondere Interessen der Softwarehersteller derartige Regelungen rechtfertigen und sie deshalb auch nicht unangemessen sind. Diese Interessen sind bereits eingangs dieses Abschnitts ausführlich dargestellt worden und können nunmehr mit den etwas verkürzenden Begriffen des **Piraterierisikos** und des **Know-how-Schutzes**[408] umschrieben werden. Wenngleich diese Interessen grundsätzlich schützenswert sind und beachtet werden müssen, vermögen sie jedoch angesichts der ebenfalls oben dargelegten entgegenstehenden Interessen der Softwareanwender eine einseitige Interessendurchsetzung auf Seiten der Softwarelieferanten nicht zu rechtfertigen, sodass **generelle Programmänderungsverbote** grundsätzlich unwirksam sind[409]. Auch soweit eine Programmänderung nur für den Fall der Insolvenz des Softwarelieferanten zulässig sein soll, sofern keine vom Lieferanten zur Softwarepflege ermächtigten Drittfirmen vorhanden sind, liegt ein Verstoß gegen § 307 Abs. 2 Nr. 1 und 2 BGB vor, denn dies ließe die berechtigten Interessen des Anwenders unberücksichtigt, gegebenenfalls vorhandene Programmfehler in Eigenarbeit zu beheben oder durch einen von ihm ausgewählten Dritten beheben zu lassen. Dieses Anwenderinteresse ist auch in § 69d Abs. 1 UrhG ausdrücklich berücksichtigt und kann, da die Fehlerberichtigung dort sogar zur bestimmungsgemäßen Verwendung eines Computerprogramms gezählt wird, nicht unberücksichtigt bleiben. Entgegen der während der Ausarbeitung der EG-Richtlinie zum Softwareschutz geäußerten Ansicht der EG-Kommission und des Rates der Europäischen Gemeinschaften kann ein Anwender jedoch nicht nur berechtigte Interessen an einer eigenständigen Fehlerbeseitigung haben, sondern auch an einer in Eigenarbeit durchgeführten Erweiterung und Aktualisierung des Programms. Solange diese Arbeiten nicht mit der Absicht ausgeführt werden, mit dem Softwarelieferanten durch die eigenen Weiterentwicklungen in Konkurrenz zu treten, sondern nur beim betreffenden Anwender eingesetzt werden sollen, sind daher auch solche Programmänderungsverbote unangemessen, die eine Wartung, Erweiterung oder Aktualisierung verbieten sollen. Andernfalls würde der Urheberrechtsschutz dazu missbraucht, den Anwender zum Abschluss meist kostenintensiver Programmwartungsverträge zu zwingen. Eine solcher „Kontrahierungszwang"[410] ist dem Urheberrecht fremd.

Nicht zu beanstanden sind jedoch gewisse Einschränkungen der Änderungsbefugnis, sofern die Änderung nicht vom Anwender selbst, sondern durch **kommerziell**

1724

1725

---

[408] Von „umfassenden Geheimhaltungsinteressen" spricht *BGH*, 24.2.2000, I ZR 141/97, NJW 2000, 3212, 3213; in dieser Richtung auch *Ernst* MMR 2001, 208, 210.
[409] Vgl. *BGH*, 24.2.2000, I ZR 141/97, NJW 2000, 3212, 3214; *Wandtke/Bullinger/Grützmacher* § 69d Rdn. 40.
[410] Grundsätzlich in dieser Richtung auch *Grapentin/Ströbl* CR 2009, 137 ff.

arbeitende Dritte ausgeführt werden soll. Hier besteht eine erhöhte Gefahr für den Softwarelieferanten, weil dieser kommerziell arbeitende Dritte als potenzieller Konkurrent am Markt Kenntnisse über das Programm erlangt, ohne dass der Lieferant Einfluss auf die Person dieses Dritten nehmen könnte. Eine Klausel im Softwareüberlassungsvertrag, wonach die vom Anwender gewünschten, aber nicht in Eigenarbeit ausgeführten Änderungen grundsätzlich vom Softwarelieferanten gegen ein angemessenes Entgelt ausgeführt werden müssen, ist daher nicht unangemessen, sofern der Anwender einen Dritten beauftragen darf, wenn der Lieferant den Auftrag nicht ausführen kann oder will[411]. Zur Prüfung der Auftragsübernahme kann sich der Softwarelieferant eine Frist einräumen lassen, die jedoch im Verbraucherverkehr einer Kontrolle nach § 308 Nr. 1 BGB und im Unternehmensverkehr einer solchen nach § 307 Abs. 2 Nr. 1 BGB zu unterziehen ist. In der Regel kann davon ausgegangen werden, dass eine Fristlänge von drei bis vier Wochen nicht überschritten werden darf, weil diese Frist dem Softwarelieferanten unter normalen Umständen genügend Zeit zur Prüfung des angetragenen Auftrags lässt[412].

1726 Ebenfalls nicht zu beanstanden sind solche Programmänderungsverbote, die sich auf eine Änderung oder Entfernung von **Seriennummern** oder sonstiger der **Programmidentifikation dienenden Merkmale** beschränken[413]. Derartige vom Softwarehersteller häufig im Programmcode versteckte Kennungen dienen beim Auftauchen von Raubkopien der Rückverfolgung des Verbreitungswegs bis zum Ersterwerber und haben keinerlei Einfluss auf die Benutzbarkeit des Programms, weshalb sie vom gewöhnlichen Anwender gar nicht wahrgenommen werden. Die Entfernung derartiger Programmidentifikationen wird daher regelmäßig nur zum Zwecke der Verschleierung unerlaubter Vervielfältigungen und Weiterverbreitungen vorgenommen, weshalb der redliche Anwender hieran kein berechtigtes Interesse hat. Dieser Einschätzung wird auch § 95c UrhG gerecht, dessen Abs. 1 zufolge zur Rechtewahrnehmung erforderliche Informationen, die an einem Vervielfältigungsstück angebracht sind, ohne die Erlaubnis des Rechtsinhabers nicht entfernt oder verändert werden dürfen. Auch wenn § 95c UrhG nach § 69a Abs. 5 UrhG auf Computerprogramme nicht anwendbar ist, muss diese gesetzgeberische Grundwertung auch hier gelten.

1727 Anders fällt die Würdigung jedoch im Hinblick auf die Interessen der Anwender an der Entfernung eines **Dongle-Programmschutzes** aus, weshalb ein diesbezügliches generelles Programmänderungsverbot unzulässig ist, weil durch den Dongle-Schutz die Benutzbarkeit des Programms mitunter erheblich eingeschränkt wird. Gleiches gilt für die an anderer Stelle ausführlich erörterte **Zwangsaktivierung** von Computersoftware[414]. Ob ein Anwender etwa eine **Dongle-Abfrageroutine** im Falle eines **Fehlers entfernen** darf oder nicht, ist umstritten. Teile der älteren Rechtsprechung haben ein solches Recht des Anwenders verneint[415], das Schrifttum beantwortet die Frage ebenfalls uneinheitlich[416]. Berücksichtigt werden muss aber, dass das *OLG*

---

[411] Im Ergebnis wie hier *BGH*, 24.2.2000, I ZR 141/97, NJW 2000, 3212, 3214; wohl auch *Grapentin/Ströbl* CR 2009, 137, 140.
[412] Vgl. zu vergleichbaren Einzelbeispielen konkreter Fristbestimmungen *Wolf/Horn/Lindacher* § 308 Nr. 1 Rdn. 14f.
[413] Vgl. *Wolf/Horn/Lindacher* Klauseln Rdn. S 228.
[414] Vgl. hierzu unten Rdn. 1731ff.
[415] Vgl. *OLG Düsseldorf*, 27.3.1997, 20 U 51/96, CR 1997, 337, 338; *OLG Karlsruhe*, 10.1.1996, 6 U 40/95, NJW 1996, 2583; *OLG München*, 22.6.1995, 6 U 1717/95, CR 1996, 11, 16 f.; a. A. *LG Mannheim*, 20.1.1995, 7 O 187/94, NJW 1995, 3322.
[416] Differenzierend *Schricker/Loewenheim/Spindler* § 69d Rdn. 11; *Wandtke/Bullinger/Grützmacher* § 69d Rdn. 20; ohne eindeutige Antwort Schneider CR 2015, 413, 421.

München eine Entfernung der Abfrage durch den Anwender für notwendig hält, wenn der Lieferant einen fehlerhaften Dongle nicht austauscht[417], und das *OLG Düsseldorf* betonte, der Lieferant habe sich zum Austausch fehlerhafter Dongles vertraglich verpflichtet[418]. Die im Schrifttum gelegentlich anzutreffende Behauptung, die Gerichte hätten das Entfernen der Abfrageroutinen generell verboten, ist daher nicht haltbar. Überzeugender ist vielmehr der gedankliche Ansatz des *OLG München* sowie des *OLG Düsseldorf*, ein Entfernungsrecht des Anwenders dann zu verneinen, wenn der Fehler anderweitig behoben werden kann[419]. Auch dies geht aber nicht weit genug, denn es wurde bereits ausgeführt, dass ein Anwender ein berechtigtes Interesse an einer Fehlerbeseitigung in Eigenarbeit haben kann. Nicht zu beanstanden ist folglich ein entsprechendes Programmänderungsverbot, das nur eingreift, soweit keinerlei Störungen eingetreten sind und dem Anwender die Programmänderung im Störungsfalle erlaubt. Gleiches muss hier für eine Klausel gelten, mit der die Umgehung des Schutzmechanismusses verboten werden soll.

Mindestens ebenso lebhaft diskutiert wie die Frage nach einem Recht des Anwenders zur Entfernung der Abfrageroutine eines Dongles im Falle der Fehlerhaftigkeit ist die Frage nach einem entsprechenden Entfernungs- oder Umgehungsrecht im Falle des **Diebstahls**, der **Zerstörung**, etwa infolge eines Brandes, oder des **sonstigen Verlusts** des Dongles. Das *LG Frankfurt*[420] hat in der bislang einzigen Entscheidung zu diesem Problem ein Umgehungs- und Entfernungsrecht sowohl für präventive Maßnahmen zur Vorbeugung des Verlusts als auch für den bereits eingetretenen Verlust verneint, weil die Gefahr des Verlusts in der Risikosphäre des Anwenders liege. In der Tat hat der Softwarelieferant seine Leistungspflicht mit der Programmübergabe und der Nutzungsrechtseinräumung erfüllt, sodass gem. § 446 Abs. 1 S. 1 BGB die Gefahr des zufälligen Untergangs und einer zufälligen Verschlechterung auf den Softwarekäufer übergeht. Bei Individualsoftware geht die Gefahr gem. § 644 Abs. 1 S. 1 BGB mit der Abnahme über. 1728

Eine erste Einschränkung muss jedoch für mietvertraglich zu qualifizierende Softwareüberlassungsverträge gemacht werden. Bei diesen kann der Anwender gem. § 543 Abs. 1 und 2 Nr. 1 BGB **fristlos kündigen,** sofern er die Unmöglichkeit des Softwaregebrauchs nicht verschuldet oder mitverschuldet hat. Grundsätzlich ist die Kündigung gem. § 543 Abs. 3 BGB aber erst nach erfolglosem Ablauf einer zur Abhilfe bestimmten angemessenen Frist oder nach erfolgloser Abmahnung zulässig. Die Kündigung ist aber ausgeschlossen, wenn der Anwender die Störung des vertragsmäßigen Gebrauchs zu vertreten hat, etwa weil der Diebstahl von ihm fahrlässig herbeigeführt wurde. Aber auch bei kauf- und werkvertraglich zu qualifizierenden Softwareüberlassungsverträgen ist zu berücksichtigen, dass der Softwarehersteller dem Anwender die Möglichkeit nimmt, sich gegenüber dem faktischen Verlust der Möglichkeit zur Softwarenutzung zu schützen. So kann etwa von Schlüsseln eines Pkw oder einer Wohnung ein Ersatzschlüssel für den Fall des Verlusts angefertigt werden. Einen Dongle kann der Anwender indes nicht vervielfältigen. Diese **Risikoerhöhung zu Lasten des Anwenders** ist auch nicht dadurch gerechtfertigt, dass der Softwarelieferant die Richtigkeit einer Verlustanzeige gegebenenfalls 1729

---

[417] Vgl. *OLG München*, 22.6.1995, 6 U 1717/95, CR 1996, 11, 16 f.
[418] Vgl. *OLG Düsseldorf*, 27.3.1997, 20 U 51/96, CR 1997, 337, 338.
[419] Vgl. *Schricker/Loewenheim/Spindler* § 69d Rdn. 11; *Wandtke/Bullinger/Grützmacher* § 69d Rdn. 19.
[420] Vgl. *LG Frankfurt*, 4.4.1995, 3–11 O 26/95, CR 1997, 25 (Ls.); zustimmend *OLG Düsseldorf*, 27.3.1997, 20 U 51/96, CR 1997, 337, 338.

sogar verbunden mit einer Strafanzeige wegen Diebstahls nicht überprüfen kann, denn die Möglichkeit kriminellen Missbrauchs kann nicht dazu angeführt werden, die berechtigten Interessen aller (redlichen) Anwender zu ignorieren. Dem Anwender ist daher zwar kein Recht auf Umgehung oder Entfernung der Abfrageroutine einzuräumen, aber ein **Recht auf Erhalt eines Ersatzdongles** gegen Erstattung der anfallenden Kosten[421]. Dies trägt den Interessen beider Vertragspartner hinreichend Rechnung.

4. Die Entfernung von Urhebervermerken

Typische Klauseln:
„Jede Kopie der Software, die Sie gemäß dieser Vereinbarung herstellen dürfen, muss die Urheberrechts- und sonstigen Hinweise der Originalkopie der Software enthalten."[422]
„Der Kunde darf Kennzeichnungen, Copyright-Vermerke und Eigentumsangaben des Anbieters in keiner Form verändern."
„Kopierschutz, Urhebervermerke, Seriennummern sowie sonstige der Programmidentifikation dienende Merkmale dürfen auf keinen Fall entfernt oder verändert werden."
„4.3 Urhebervermerke, Kennzeichnungen sonstiger gewerblicher Schutzrechte oder Seriennummern und andere Merkmale, die einer Identifikation der Software dienen, dürfen auf keinen Fall entfernt oder verändert werden."[423]
„Alle Copyright- und Produkthinweise sowie Bilder, die vom PDF24 Creator verwendet, erstellt und/oder gezeigt werden, dürfen nicht entfernt werden."[424]

1730 Anders als die in der Regel rein funktionsbezogenen Programmänderungen weisen die Verbote, Urhebervermerke zu entfernen, einen nicht zu vernachlässigenden **urheberpersönlichkeitsrechtlichen Bezug** auf, sodass hier eine Ausnahme hinsichtlich der bei Computerprogrammen festzustellenden prinzipiellen Reduktion des Urheberpersönlichkeitsrechts[425] zu machen ist. Gem. § 13 UrhG, der über die Verweisung des § 69a Abs. 4 UrhG unstreitig auch bei Computerprogrammen anwendbar ist, hat der Urheber das Recht auf Anerkennung seiner Urheberschaft am Werk sowie das Bestimmungsrecht, ob das Werk mit einer Urheberbezeichnung zu versehen und welche Bezeichnung zu verwenden ist. Dem tragen solche Vereinbarungen Rechnung, mit denen die Entfernung des Urhebervermerks oder sonstiger auf den Urheber hinweisenden Urheberbezeichnungen, etwa einem bestimmten Eröffnungsbildschirm nach dem Programmstart, ausdrücklich verboten wird. Aus diesem Grunde sind derartige Verbotsklauseln auch in Formularverträgen nicht zu beanstanden[426].

---

[421] So wohl auch *Schricker/Loewenheim/Spindler* § 69d Rdn. 11.
[422] Vgl. die Software-Lizenzvereinbarung für Endbenutzer der AVG Technologies (2013).
[423] Vgl. die Allgemeinen Geschäftsbedingungen von Softwareload der Deutsche Telekom AG (Version 1.11.2008).
[424] Vgl. Lizenzbedingungen für den PDF24 Creator von www.pdf24.org (Version 2.0 – Juni 2015).
[425] Vgl. *Wandtke/Bullinger/Grützmacher* § 69a Rdn. 48.
[426] Vgl. *Wolf/Lindacher/Pfeiffer* Klauseln Rdn. S 228.

VI. Aktivierungs- und Registrierungspflichten

Inhaltsübersicht

	Rdn.		Rdn.
1. Tatsächlicher Hintergrund	1731	b) Rechtsfolgen des Aktivierungserfordernisses	1752
a) Die Interessen der Softwarehersteller	1731	aa) Die Zwangsaktivierung als Mangel	1752
b) Die Technik der Softwareaktivierung	1732	bb) Die Selbstvornahme der Sperrenbeseitigung	1755
2. Urheberrechtliche Probleme der Softwareaktivierung	1738	4. Deliktische Verantwortlichkeit des Herstellers	1756
3. Vertragsrechtliche Probleme der Softwareaktivierung	1745	5. Weitere rechtliche Probleme	1757
a) AGB-rechtliche Probleme	1745		

Typische Klausel:

„Wenn Sie bei Verwendung der Software zum ersten Mal eine Verbindung mit dem Internet herstellen, kontaktiert die Software automatisch Microsoft oder ihr verbundenes Unternehmen, um zu bestätigen, dass es sich um Originalsoftware handelt und die Lizenz mit dem lizenzierten Computer verknüpft ist. Dieses Verfahren wird „Aktivierung" genannt. Da durch die Aktivierung nicht autorisierte Änderungen an den Lizenzierungs- oder Aktivierungsfunktionen der Software festgestellt werden sollen und ansonsten die unlizenzierte Verwendung der Software verhindert werden soll, sind Sie nicht berechtigt, die Aktivierung zu umgehen."[427]

„5. Autorisierte Software und Aktivierung. Sie sind nur dann zur Nutzung dieser Software befugt, wenn Sie über eine ordnungsgemäße Lizenz verfügen und die Software ordnungsgemäß mit einem originalen Product Key oder einer anderen autorisierten Methode aktiviert wurde. Wenn Sie bei der Nutzung der Software eine Verbindung mit dem Internet herstellen, kontaktiert die Software automatisch Microsoft oder das mit Microsoft verbundene Unternehmen, um zu bestätigen, dass es sich um Originalsoftware handelt und die Lizenz mit dem lizenzierten Gerät verknüpft ist. Sie können die Software auch manuell über Internet oder Telefon aktivieren. In beiden Fällen findet eine Übertragung bestimmter Informationen statt, und es fallen möglicherweise Internet-, Telefon- und SMS-Gebühren an. Bei der Aktivierung (oder erneuten Aktivierung infolge von Änderungen an den Komponenten Ihres Gerätes) kann die Software feststellen, dass die installierte Instanz der Software gefälscht ist, nicht ordnungsgemäß lizenziert ist oder nicht autorisierte Änderungen enthält. Wenn die Aktivierung fehlschlägt, wird die Software versuchen, sich selbst zu reparieren, indem sie manipulierte Microsoft-Software durch originale Microsoft-Software ersetzt. Möglicherweise erhalten Sie auch Erinnerungen, eine ordnungsgemäße Lizenz für die Software zu erwerben. Sie sind nicht berechtigt, die Aktivierung zu umgehen."[428]

„**Aktivierung.** Sie müssen Ihr Microsoft-Produkt aktivieren, um zu bestätigen, dass es nur auf der im Endbenutzer-Lizenzvertrag (EULA) angegebenen zulässigen Anzahl von Computern installiert wurde. Der Aktivierungsprozess kann mithilfe des Telefons, eines Modems oder über das Internet erfolgen. Die während der Aktivierung erfassten Informationen werden nicht zur persönlichen Identifizierung verwendet. Wenden Sie sich an das Activation Center, um das Produkt per Telefon zu aktivieren. ...

Als internationaler Kunde haben Sie auch die Möglichkeit, die folgende Website von Microsoft zu besuchen.

Registrierung. Sie müssen Ihr Microsoft-Produkt nicht registrieren. Wenn Sie Ihr Produkt jedoch registrieren, können Sie Unterstützung, Informationen zu Produktupdates und weitere Vorteile erhalten. Wenn Sie Ihr Produkt registrieren, müssen Sie einige persönliche Daten angeben. Besuchen Sie die folgende Website von Microsoft, um Ihr Produkt registrieren zu lassen oder Hilfestellung zur Produktregistrierung zu erhalten."[429]

---

[427] Vgl. Microsoft-Software-Lizenzvertrag für Windows 8, (2013).
[428] Vgl. Microsoft-Software-Lizenzbestimmungen. Windows-Betriebssystem, (Dezember 2016).
[429] Vgl. die Erläuterungen der Aktivierung und Registrierung unter https://support.microsoft.com/de-de/help/326851/activation-and-registration-information-of-a-microsoft-product. (Artikelnummer: 326851 Letzte Überarbeitung: 4.5.2017 – Revision: 4).

Schrifttum: *Adler*, Rechtsfragen der Softwareüberlassung, 2014; *Baus*, Umgehung der Erschöpfungswirkung durch Zurückhaltung von Nutzungsrechten?, MMR 2002, 14 ff.; *Faust*, Softwareschutz durch Produktaktivierung, K&R 2002, 583 ff.; *Hoppen*, Technische Schutzmaßnahmen bei Software. Verfahren zur Kontrolle der unberechtigten Nutzung, CR 2013, 9 ff.; *ders.*, Die technische Seite der Softwarelizenzierung, CR 2007, 129 ff.; *Jobke*, Produktaktivierung und Registrierung bei Software, 2010; *Koch*, Urheberrechtliche Zulässigkeit technischer Beschränkungen und Kontrolle der Software-Nutzung, CR 2002, 629 ff.; *ders.*, Wirksame Vereinbarung von Kundenpflichten zur Software-„Aktivierung". Die maßgeblichen vertrags- und urheberrechtlichen Anforderungen an die Zulässigkeit einer Nutzungsbeschränkung durch Aktivierungspflicht, ITRB 2002, 43 ff.; *Meyer-Spasche/Störing/Schneider*, Strafrechtlicher Schutz für Lizenzschlüssel, CR 2013, 131 ff.; *Runte*, Produktaktivierung. Zivilrechtliche Fragen der „Aktivierung" von Software, CR 2001, 657 ff.

1. Tatsächlicher Hintergrund

a) Die Interessen der Softwarehersteller

1731   Die besondere Verletzlichkeit von Computersoftware gegenüber Pirateriekaten wurde bereits an anderer Stelle hinreichend hervorgehoben[430]. Auch ist das Wehklagen der Hersteller kommerzieller Software über das Raubkopierertum trotz der interessengeleiteten und hinsichtlich der angegebenen Höhe zu bezweifelnden Schadensschätzungen nicht von vornherein unberechtigt. Vor diesem Hintergrund ist es verständlich, dass die Softwarehersteller schon seit Jahren nach **Wegen zur Verhinderung unberechtigter Programmnutzung** suchen. Nach Einschätzung eines führenden Softwareherstellers wird die Hälfte des wirtschaftlichen Schadens durch die Weitergabe und den anschließenden Einsatz unberechtigt angefertigter Programmkopien im Freundes- und Bekanntenkreis sowie in kleinen und mittleren Unternehmen verursacht[431]. Diese Form der Rechtsverletzung lässt sich indes kaum überprüfen und unterbinden[432], sodass sich zur Überwindung dieser Schwierigkeiten der Rechtsdurchsetzung der **Einsatz technischer Mittel** geradezu aufdrängt. Verwendung fanden zunächst einfache **Kopierschutzmechanismen** sowie verschiedene **Programmsperren.** Eine spezielle Erscheinungsform der Programmsperren stellt das unten erläuterte **Product-Key-Verfahren** dar, das jedoch nur einen begrenzten Schutz bietet. Den mit den Product-Key-Verfahren verbundenen Schwächen soll daher mit der **Softwareaktivierung** begegnet werden, die als Weiterentwicklung des Product-Key-Verfahrens bezeichnet werden kann. Die Speicherung eines Lizenzschlüssels in der Firmware des Mainboards bei der Veräußerung eines Computers mit vorinstallierter Software stellt eine weitere Variante des technischen Programmschutzes auf PC-Ebene, insbesondere bei Massensoftware, dar. Bei der **digitalen Lizenz** (bzw. digitale Berechtigung unter Windows 10, Version 1511) handelt es sich um eine neue Aktivierungsmethode von Windows 10, bei der die Eingabe eines Product Keys nicht erforderlich ist. Je nach Vertriebsweg wird von Microsoft entweder das Product-Key-Verfahren oder die digitale Lizenz als Aktivierungsmethode eingesetzt[433].

---

[430] Vgl. hierzu oben Rdn. 43.
[431] Vgl. Microsoft, Beschreibung der Microsoft-Produktaktivierung, https://support.microsoft.com/de-ch/help/326851/activation-and-registration-information-of-a-microsoft-product (Artikelnummer: 326851 – Letzte Überarbeitung: 4.5.2017 – Revision: 4). Der dort angegebene Link zur weiteren Beschreibung der Aktivierungstechnik funktioniert aber nicht: https://support.microsoft.com/de/help/302806.
[432] Dieses Problem ist nicht softwarespezifisch und wurde schon während der Ausarbeitung des UrhG vor über 55 Jahren diskutiert, vgl. die Begründung des Entwurfs zum UrhG BT-Drucks. IV/270 vom 23.3.1962, dokumentiert in UFITA H 45 (1965), 240, 287.
[433] Vgl. Microsoft https://support.microsoft.com/de-de/help/12440/windows-10-activation (Artikelnummer: 12440 – Letzte Überarbeitung: 1.8.2017 – Revision: 10).

b) Die Technik der Softwareaktivierung

Beim Product-Key-Verfahren wird der Anwender während des Installationsvorgangs aufgefordert, den sog. Product-Key einzugeben, der auf der Verpackung, dem Datenträger oder auch im Benutzerhandbuch angegeben ist. Die Terminologie für den Product-Key ist nicht einheitlich, verwendet werden etwa auch die Begriffe **Product-ID, Programm-Nummer, CD-Key, Lizenzschlüssel** oder **Seriennummer**. In jedem Fall ist diese alphanumerische Kennung unterschiedlicher Länge für die ordnungsgemäße Programminstallation zwingend notwendig. Sie ist für jedes Programmexemplar einzigartig und wird von der Installations-Routine auf Authentizität überprüft. Die Schwäche dieses Verfahrens besteht darin, dass das Programm selbst beliebig oft vervielfältigt und weitergegeben werden kann und jede Programminstallation lediglich die Eingabe irgendeines gültigen Product-Keys erfordert, während ungeprüft bleibt, ob diese Kennung bereits anderweitig verwendet wurde. Eine Verbindung des Product-Key mit dem rechtmäßigen Programmbenutzer erfolgt nicht. Sie soll durch eine in der Regel **freiwillige Registrierung** des Anwenders beim Hersteller erfolgen. Die Registrierungsquoten sind jedoch gering. Auch wird mit der Registrierung nicht erreicht, dass ein Anwender die Software nicht gleichzeitig auf mehreren Computern nutzt.

1732

Den oben dargelegten Schwächen des Product-Key-Verfahrens soll mit dem insbesondere von Microsoft betriebenen technischen Erfordernis der **Softwareaktivierung** (Produktaktivierung) begegnet werden[434]. Für die Installation eines Programms ist nach wie vor die Eingabe einer Product-ID erforderlich. Um nun jedem Programmexemplar einen individuellen Schlüssel zuzuweisen, was nur zentral und individuell durch den Hersteller oder eine von diesem eingesetzte Organisation vorgenommen werden kann, wird die Product-ID mit einer aus bestimmten Hardware-Kennungen bestehenden Hardware-ID zur sog. Installations-ID (Installationscode, Installations-Key) verbunden. Bei der Hardware-ID handelt es sich um einen Hash[435]-Wert, der mittels eines kryptographischen Mechanismus aus verschiedenen die Hardwarekomponenten eines Computers betreffenden Werten gebildet ist und zum einen auf einer **Einwegfunktion**[436] beruht und zum anderen **kollisionsresistent**[437] ist. Demnach ist das über die verschiedenen Hardwarekomponenten umschriebene Computersystem eindeutig identifiziert.

1733

Die aus der Product-ID und der Hardware-ID bestehende Installations-ID muss sodann via **Internet** oder **Telefon**[438] an den Hersteller übermittelt werden. Die Installations-ID wird dem Anwender vor der telefonischen Übermittlung angezeigt

1734

---

[434] Die nachfolgende Erläuterung bezieht sich auf die von Microsoft praktizierte Produktaktivierung. Vgl. zu weiteren technischen Einzelheiten Microsoft, Beschreibung der Microsoft-Produktaktivierung, https://support.microsoft.com/de-de/help/302806/description-of-microsoft-product-activation. Leider funktionieren auch die dortigen Links teilweise nicht. Die Erläuterungen sind überdies veraltet und beziehen sich auf Windows XP (Artikelnummer: 302806 – Letzte Überarbeitung: 22.5.2013 – Revision: 1).
[435] „Hash": engl. für Haschee, Zerhacktes.
[436] Einwegfunktion: Aus dem Hash-Wert darf der ursprüngliche Wert nicht zurückberechnet werden können.
[437] Kollisionsresistenz: Jede Ausgangsinformation darf nur zu einem eindeutigen Hash-Wert führen, gleichwie zu jedem Hash-Wert nur eine eindeutige Ausgangsinformation passen darf; sog. eineindeutige Beziehung von Ausgangsinformation und Hash-Wert.
[438] Vgl. Microsoft-Software-Lizenzvertrag für Windows 8, (2013): „Wenn der lizenzierte Computer mit dem Internet verbunden ist, stellt die Software für die Aktivierung automatisch eine Verbindung mit Microsoft her. Sie können die Software auch manuell über Internet oder Telefon aktivieren. In beiden Fällen fallen möglicherweise Internet- und Telefongebühren an."

und besteht aus einer **50-stelligen Dezimalzahl,** die der Anwender fehlerfrei durchgeben muss. Die Installations-ID wird vom Hersteller zur Bestätigungs-ID weiterverarbeitet. Bei einer Internet-Aktivierung wird die Bestätigung als digitales Zertifikat direkt zurück an den Computer des Anwenders gesendet. Es ist digital signiert und kann nicht geändert oder gefälscht werden. Bei einer telefonischen Aktivierung wird dem Anwender eine **42-stellige ganze Zahl** mitgeteilt, die den **Aktivierungsschlüssel** und Prüfziffern enthält, die bei einer Fehlerbehandlung helfen sollen. Der Anwender muss diese Zahl sodann eingeben. Sowohl die Installations-ID als auch die Bestätigungs-ID werden dem Anwender in einfach zu verstehenden Segmenten auf dem Bildschirm angezeigt. Bei jedem Programmstart überprüft die Software, ob sie auf derselben oder ähnlichen Hardware ablaufen soll, für die sie aktiviert wurde. Wenn sich die Hardware „wesentlich unterscheidet", etwa die Festplatte ausgetauscht wurde, ist eine Neuaktivierung erforderlich[439].

1735 Die dargelegte Produktaktivierung muss **nicht sofort** durchgeführt werden. Je nach Software hat der Anwender einen sog. „Kulanzzeitraum" für die ersten 50 Programmstarts bzw. für die ersten 30 Tage ab dem ersten Programmstart. Auch die bereits oben erwähnte vollständige Anonymität muss der Anwender nicht aufgeben. Sowohl bei der Internet-Aktivierung als auch bei derjenigen über Telefon werden zwar sog. „Kontaktdaten" abgefragt, die Beantwortung erfolgt indes freiwillig[440]. Aus diesem Grund besteht insoweit eine **Registrierungsmöglichkeit,** aber **keine Registrierungspflicht.** Die Handhabung dieser Frage durch die verschiedenen Hersteller ist jedoch unterschiedlich.

1736 Eine weitere Abwandlung der Softwareaktivierung besteht darin, dem Anwender die eigenständige Eingabe eines Aktivierungsschlüssels abzunehmen. Bei **vorinstallierter Software** befindet sich der **Lizenzschlüssel** abgelegt in der **Firmware des Mainboards** eines mitverkauften Computers[441]. Der Lizenzschlüssel ist für den Anwender nicht einsehbar und wird bei der Softwareinstallation via Internet dahingehend überprüft, ob er zur jeweiligen Hardware passt. Faktisch wird auf diese Weise die Software an den jeweiligen Computer gekoppelt, weil der Anwender den nicht einsehbaren Schlüssel auch nicht getrennt vom Computer weitergeben kann[442]. Eine Neuinstallation auf einem anderen Computer ist somit technisch unterbunden. Vertraglich wird dies mit einem entsprechenden Weitergabeverbot untermauert.

1737 Die **weitere Entwicklung** wird, dies wird etwa im Bereich der Computerspiele, aber auch bei anderen Programmen bereits teilweise praktiziert, dahin gehen, vom Anwender nicht nur eine einmalige Softwareaktivierung zu verlangen, sondern eine ständige oder auch nur sporadische Verbindung des Anwender-Systems mit einem Hersteller-Server via Internet[443]. Möglich ist, dass hierbei nur Kontrolldaten zwecks

---

[439] Vgl. Microsoft-Software-Lizenzvertrag für Windows 8, (2013): „b. Erneute Aktivierung. Wenn Sie an den Komponenten Ihres Computers oder der Software Änderungen vorgenommen haben, müssen Sie die Software möglicherweise erneut aktivieren."
[440] Anders im Fall *LG München I,* 4.4.2000, 7 O 115/00, CR 2000, 506 ff. Aus dem zwangsweisen Abfragen persönlicher Daten folgt nach Absicht des LG ein Verstoß gegen §§ 1 und 3 UWG a. f. Das *OLG München,* 12.10.2000, 29 U 3680/00, CR 2001, 11 f. hat diese Würdigung bestätigt.
[441] Vgl. *Meyer-Spasche/Störing/Schneider* CR 2013, 131 f.
[442] Vgl. *Meyer-Spasche/Störing/Schneider* CR 2013, 131, 132.
[443] Vgl. etwa den Lizenzvertrag für Starmoney 10.0 der Star Finanz GmbH (2016): „§ 1. Einwilligung zur Übertragung personenbezogener Daten (gemäß § 4 BDSG). Das Lizenz-Programm (nachfolgend Software genannt) überträgt in regelmäßigen Abständen den Lizenzschlüssel zur Überprüfung der Rechtmäßigkeit der Nutzung der Software an eine Datenverarbeitungsanlage der Star Finanz-Software Entwicklung und Vertriebs GmbH (nachfolgend „STAR FINANZ") und wird dort automatisiert verarbeitet. Mit Annahme dieser Lizenzbedingungen erteilt der Nutzer die Einwilli-

Legitimation überprüft werden, aber auch die Auslagerung von Programmteilen auf den Hersteller-Server, die automatisierte Überprüfung des Anwender-Computers und Bereitstellung neuer Programmversionen durch den Hersteller[444], das Überprüfungen der Nutzungshäufigkeit des Programms verbunden mit einer nutzungsabhängigen Entgeltregelung werden diskutiert und teilweise sogar schon praktiziert[445]. Möglich ist auch, dass eine bei einem Überprüfungsvorgang als ungültig erkannte Lizenz via Internetverbindung deaktiviert wird[446]. Insgesamt zeichnet sich daher ein Weg vom bloßen Kopierschutz hin zur **vollständigen Nutzungskontrolle** des Anwenders durch den Hersteller ab[447]. Soweit der Anwender die Software nicht auf seinem System installiert, sondern das Programm als SaaS-Version benutzt, wie etwa Microsoft Office 365, ist die vollständige Nutzerkontrolle ohnehin gegeben.

2. Urheberrechtliche Probleme der Softwareaktivierung

Unter urheberrechtlichem Blickwinkel stellen Aktivierungs- und Registrierungspflichten hinsichtlich ihrer nutzungsbeschränkenden Wirkung für den Anwender eine Querschnittsmaterie dar. Betroffen ist zunächst das **Vervielfältigungsrecht** gem. § 69c Nr. 1 UrhG, denn der Anwender kann das Programm nur solange in den Arbeitsspeicher laden[448] und gegebenenfalls notwendige Neuinstallationen auf dem Massenspeicher vornehmen, als ein gegebenenfalls eingeräumter „Kulanzzeitraum"[449] noch nicht überschritten wurde. Ist dies aber der Fall, ist die Vervielfältigungshandlung nur nach Eingabe der vom Hersteller ausgegebenen Bestätigungs-ID möglich. Das Vervielfältigungsrecht des Anwenders steht damit faktisch unter einem **Zustimmungsvorbehalt**[450] des Herstellers, ohne dass den vorzufindenden Geschäftsbedingungen zu entnehmen wäre, nach welchen Kriterien sich die Zustimmung richtet.

1738

Neben dem Vervielfältigungsrecht ist auch das **Weiterverbreitungsrecht** gem. § 69c Nr. 3 UrhG durch die Aktivierungs- und Registrierungspflichten betroffen. Grundsätzlich wird den Interessen des Urhebers an einer angemessenen Verwertung seines Werks dadurch hinreichend Rechnung getragen, dass er seine für die Erstverbreitung erforderliche Zustimmung von der Entrichtung eines Entgelts abhängig machen kann. Ist jedoch das Werk, sei es im Original oder in Form eines Vervielfältigungsstücks, mit Zustimmung des Berechtigten im Gebiet der Europäischen Union

1739

---

gung zur Übertragung der vorstehend genannten Daten." Die unterschiedlichen Möglichkeiten des Softwareschutzes beschreibt *Hoppen* CR 2013, 9 ff.

[444] Vgl. Microsoft-Software-Lizenzvertrag für Windows 8, (2013): „Während der Aktivierung sendet die Software Informationen zur Software und zu Ihrem Computer an Microsoft. Zu diesen Informationen gehören die Version, die Sprache und der Product Key der Software, die Internetprotokolladresse des Computers sowie Informationen, die aus der Hardwarekonfiguration des Computers abgeleitet werden. Weitere Informationen zu Aktivierung finden Sie unter go.microsoft.com/fwlink/?linkid=190175. Wenn die lizenzierte Computer mit dem Internet verbunden ist, stellt die Software für die Aktivierung automatisch eine Verbindung mit Microsoft her. Die Software informiert Sie, wenn die installierte Kopie der Software nicht ordnungsgemäß lizenziert ist oder nicht autorisierte Änderungen enthält. Darüber hinaus erhalten Sie möglicherweise Erinnerungen, eine ordnungsgemäß lizenzierte Kopie der Software zu erwerben. Sie sind möglicherweise nicht in der Lage, bestimmte Updates oder Upgrades von Microsoft zu erhalten, wenn festgestellt wird, dass Ihre Kopie der Software nicht ordnungsgemäß lizenziert ist." In den aktuellen Microsoft Lizenzbedingungen (Dezember 2016) wird nicht mehr erläutert, welche Informationen an Microsoft übertragen werden.

[445] Vgl. *Koch* CR 2002, 629, 630.
[446] Vgl. *Meyer-Spasche/Störing/Schneider* CR 2013, 131, 132.
[447] Ähnlich *Hoppen* CR 2013, 9, 13; *Koch* CR 2002, 629, 630.
[448] Zur Qualifizierung des Ladevorganges als Vervielfältigung oben Rdn. 158 ff.
[449] Vgl. hierzu oben Rdn. 1735.
[450] Für die Weiterverbreitung *Koch* CR 2002, 629, 631.

oder eines anderen Vertragsstaats des EWR im Wege der Veräußerung in den Verkehr gebracht worden, so ist gem. § 69c Nr. 3 S. 2 UrhG seine Weiterverbreitung zulässig (sog. **Erschöpfungsgrundsatz**). Hierauf wurde im Zusammenhang mit den Weiterverbreitungsverboten ausführlich eingegangen, weshalb insoweit nach oben verwiesen werden kann[451].

1740 Übertragen auf den Verkauf eines Computerprogramms bedeuten obige Ausführungen, dass der Anwender dasselbe grundsätzlich weiterverbreiten also auch weiterveräußern darf, weil das entsprechende Verbreitungsrecht des Softwareherstellers erschöpft und ein dennoch vertraglich vereinbartes Verbot urheberrechtlich ohne Belang ist[452]. Dies gilt auch für technische Nutzungsbeschränkungen wie Aktivierungspflichten, denn diese wirken sich faktisch wie ein Verbot der Weiterveräußerung aus, weil der neue Anwender für die Installation der Software auf seinem Computer der Aktivierungspflicht genügen müsste, also von der Zustimmung des Herstellers abhängig wäre. Da aber von einer Zustimmung des Herstellers oder einer sonstigen Bedingung abhängig gemachte Verbote mit § 69c Nr. 3 S. 2 UrhG ebenso unvereinbar sind wie unbedingte Verbote[453], können entsprechende Aktivierungsregelungen **nicht** zu einer **Einschränkung der Erschöpfungswirkung** führen[454].

1741 Der Erschöpfungsgrundsatz greift aber nur bei einer Veräußerung des Werkstücks ein, die nach überwiegendem Verständnis nur dann vorliegt, wenn das Eigentum an dem Werkstück in Erfüllung eines Kaufvertrags oder eines sonstigen auf die endgültige Entäußerung des Eigentums gerichteten Rechtsgeschäfts wie z. B. einem Tausch oder einer Schenkung übertragen wird. Gleiches muss aber auch für den Fall gelten, dass ein Individualprogramm im Rahmen eines Werkvertrags endgültig überlassen wird[455]. Demgegenüber greift § 69c Nr. 3 S. 2 UrhG bei zeitlich befristeten Überlassungsverträgen (z. B. ASP/SaaS) nicht ein[456]. Auch bei der Programmüberlassung im Wege der **Telekommunikation** greift der Erschöpfungsgrundsatz nach Auffassung des *EuGH* ein, weil diese Art der Programmüberlassung als funktionales Äquivalent zur „körperlichen" Vermarktung zu qualifizieren ist[457].

1742 Auch wenn der Anwender das Programm nicht weiterveräußern möchte und daher kein Konflikt mit § 69c Nr. 3 S. 2 UrhG auftritt, liegt ein urheberrechtliches Problem darin begründet, dass der Anwender ohne neue Aktivierung keine Änderungen an seiner Hardware vornehmen kann, etwa bei einem Wechsel des Computers infolge eines Defektes oder einer Neuanschaffung oder etwa nach dem Einbau einer neuen Festplatte. Hier könnte **§ 69d Abs. 1 UrhG** eingreifen, demzufolge die in § 69c Nr. 1 (Vervielfältigung) und 2 (Bearbeitung) UrhG genannten Handlungen

---

[451] Vgl. hierzu oben Rdn. 1596 ff.
[452] So ausdrücklich *BGH*, 19.3.2015, I ZR 4/14, NJW 2015, 3576, 3579 Tz. 38 – Green-IT; *BGH*, 6.7.2000, I ZR 244/97, NJW 2000, 3571, 3572; *Meyer-Spasche/Störing/Schneider* CR 2013, 131, 133; *Schuppert/Greisinger* CR 2005, 81, 82; *Baus* MMR 2002, 14, 17; *Koch* CR 2002, 629, 630; *Schuhmacher* CR 2000, 641, 648; *Schricker/Loewenheim/Spindler* § 69c Rdn. 33; *Fromm/Nordemann/Czychowski* § 69c Rdn. 55; *Wandtke/Bullinger/Grützmacher* § 69c Rdn. 38.
[453] Vgl. *BGH*, 6.7.2000, I ZR 244/97, NJW 2000, 3571, 3572 für § 17 Abs. 2 UrhG; *Koch* CR 2002, 629, 632.
[454] Vgl. *Schneider* CR 2015, 413, 421; *Meyer-Spasche/Störing/Schneider* CR 2013, 131, 133; *Jobke* S. 109 f.
[455] Vgl. *OLG Bremen*, 13.2.1997, 2 U 76/96, CR 1997, 609, 610.
[456] Vgl. *Schuppert/Greisinger* CR 2005, 81, 82; *Dreier/Schulze* § 69c Rdn. 24; *Wandtke/Bullinger/Grützmacher* § 69c Rdn. 30; *Schricker/Loewenheim/Spindler* § 69c Rdn. 35.
[457] Vgl. *EuGH*, 3.7.2012, C-128/11, NJW 2012, 2565, 2566 Tz. 47; *BGH*, 19.3.2015, I ZR 4/14, NJW 2015, 3576, 3579 Tz. 34 – Green-IT; *OLG Frankfurt*, 18.12.2012, 11 U 68/11, GRUR 2013, 279, 280 m. Anm. *Marly*.

beim Fehlen besonderer vertraglicher Bestimmungen nicht der Zustimmung des Rechtsinhabers bedürfen, wenn diese Handlungen für eine bestimmungsgemäße Benutzung des Computerprogramms notwendig sind. Es wurde bereits an anderer Stelle darauf hingewiesen, dass Rechtsprechung und Schrifttum im Einklang mit der Begründung des Gesetzgebers dieser Vorschrift einen **zwingenden Kerngehalt** von Verwendungshandlungen entnehmen, von dem nicht zu Ungunsten des Anwenders abgewichen werden kann[458]. Ob allerdings der jederzeitige Einsatz der Software ohne neuerliche Aktivierung (= Zustimmung) auch bei veränderter Hardware zum zwingenden Kernbereich der Nutzungsrechte zählt, wird unterschiedlich beurteilt[459].

Der *BGH* hat im durchaus vergleichbaren Fall einer Bindung der Software an eine bestimmte Hardware mittels einer sog. CPU-Klausel[460] ausgeführt, solange der Softwarevertrag eine Programmnutzung auf einem etwa als Ersatz angeschafften Computer nicht ausschließe, folge aus § 69d Abs. 1 UrhG keine Unwirksamkeit der betreffenden Klausel[461]. Bei Aktivierungspflichten ist aber zu berücksichtigen, dass die **Änderung der Hardwarekonfiguration,** etwa durch den Austausch der Festplatte oder den Einbau einer Steckkarte für den Anwender **jederzeit möglich** sein muss und in diesen Fällen aus einer Zustimmungsverweigerung des Softwareherstellers immer eine unzulässige Computerbindung folgen würde[462]. Aus diesem Grund sind Aktivierungspflichten mit § 69d Abs. 1 UrhG unvereinbar[463].   1743

Damit kann abschließend noch der grundsätzlichen Frage nachgegangen werden, ob urheberrechtliche Nutzungsrechte überhaupt mit **dinglicher Wirkung** derartigen **Verwendungsbeschränkungen** unterworfen werden können. Dieser Gedanke erfasst auch die Frage nach der urheberrechtlichen Zulässigkeit der oben[464] bereits erwähnten Nutzungskontrolle des Anwenders. Auch wenn Nutzungsrechte gem. § 31 Abs. 1 S. 2 UrhG räumlich, zeitlich oder inhaltlich beschränkt eingeräumt werden können, ist unstreitig, dass urheberrechtlich doch nur eine Beschränkung auf **übliche, technisch** und **wirtschaftlich eigenständige** und damit **klar abgrenzbare Nutzungsformen** möglich ist[465]. Daher kann das urheberrechtliche Nutzungsrecht nach Auffassung des *BGH* nicht in der Weise beschränkt eingeräumt werden, dass nur der Einsatz des Programms auf einem bestimmten Computer gestattet ist[466]. Dies muss erst Recht gelten, wenn die Bindung nicht nur an ein bestimmtes System, sondern sogar an jede maßgebliche Komponente desselben erfolgt[467]. Hiervon unabhängig ist aber die Frage nach der schuldrechtlichen Wirksamkeit entsprechender Vereinbarungen[468], der nachfolgend nachgegangen werden soll.   1744

---

[458] Vgl. die Hinweise oben Rdn. 248.
[459] Dafür etwa *Jobke* S. 109; dagegen *Baus* MMR 2002, 14, 17, der die Belastung des Anwenders für zumutbar hält.
[460] Vgl. hierzu ausführlich oben Rdn. 1665 ff.
[461] Vgl. *BGH*, 24.10.2002, I ZR 3/00, NJW 2003, 2014, 2016 f.
[462] So zu Recht *Koch* CR 2002, 629, 634.
[463] Vgl. *Fromm/Nordemann/Czychowski* § 69c Rdn. 65; *Meyer-Spasche/Störing/Schneider* CR 2013, 131, 132; *Jobke* S. 109; offengelassen von *Dreier/Vogel* S. 173.
[464] Vgl. hierzu oben Rdn. 1671.
[465] Vgl. *BGH*, 6.10.2016, I ZR 25/15, GRUR 2017, 266, 270 Tz. 46; *BGH*, 24.10.2002, I ZR 3/00, NJW 2003, 2014, 2015; *BGH*, 6.7.2000, I ZR 244/97, NJW 2000, 3571, 3572 sowie die w. N. oben Rdn. 1671.
[466] Vgl. *BGH*, 24.10.2002, I ZR 3/00, NJW 2003, 2014, 2015 unter Verweis etwa auf die 3. Aufl. dieses Handbuchs Rdn. 1006 (jetzt Rdn. 1670).
[467] Im Ergebnis wie hier *Koch* CR 2002, 629, 632; a. A. *Baus* MMR 2002, 14, 17.
[468] Vgl. *BGH*, 24.10.2002, I ZR 3/00, NJW 2003, 2014, 2015; vgl. *BGH*, 6.7.2000, I ZR 244/97, NJW 2000, 3571, 3573.

3. Vertragsrechtliche Probleme der Softwareaktivierung

a) AGB-rechtliche Probleme

1745 Obige Feststellungen, denen zufolge das urheberrechtliche Nutzungsrecht des Anwenders nicht in der seitens einiger Hersteller gewünschten Weise mit dinglicher Wirkung beschränkt eingeräumt werden kann, enthalten keine Aussagen über die schuldrechtliche Wirksamkeit entsprechender Vereinbarungen[469]. Auf **individualvertraglicher** Grundlage steht den entsprechenden Beschränkungen des Anwenders grundsätzlich nichts entgegen[470]. Problematisch erscheinen Aktivierungs- und Registrierungspflichten jedoch dann, wenn sie in Formularklauseln des Softwareherstellers enthalten sind. Hier entsteht zunächst das Problem, ob diese Bedingungen überhaupt wirksam in den Softwareüberlassungsvertrag einbezogen werden, denn der Vertrag wird zumindest bei Standardsoftware meist zwischen Händler und Anwender und nicht zwischen Hersteller und Anwender geschlossen[471]. Auf dieses grundlegende Problem wurde jedoch an anderer Stelle ausführlich eingegangen, sodass insoweit nach oben verwiesen werden kann[472].

1746 Auch wenn die Geschäftsbedingungen des Herstellers in den Vertrag einbezogen wurden, bestehen gegenüber deren Wirksamkeit aber erhebliche AGB-rechtliche Bedenken. Problematisiert wird im Schrifttum zunächst, ob entsprechende Klauseln **überraschend** im Sinne des § 305c Abs. 1 BGB sind, und daher nicht Vertragsbestandteil werden[473]. Obwohl diesen Stellungnahmen zuzugeben ist, dass die betreffenden Regelungen inhaltlich unklar sind, weil sie keinerlei Entscheidungskriterien dafür angeben, unter welchen Voraussetzungen die Zustimmung des Herstellers zur (Weiter-)Benutzung erfolgen wird, wird auf die Aktivierungs- und Registrierungspflicht meist auf den Verpackungen der Programmpakete oder an vergleichbaren Stellen deutlich hingewiesen[474]. Dieser Hinweis erscheint jedoch nicht geeignet, sicherzustellen, dass der Anwender von der außergewöhnlichen Vorgehensweise in **sinnhafter Weise** Kenntnis nimmt, denn mit einer solchen Pflicht nach Entgeltzahlung und vermeintlich vollständiger Abwicklung des Vertrags muss der Anwender nicht rechnen. Es entspricht allgemeiner Auffassung auch außerhalb des Sonderfalls der Softwareverträge, dass in solchen Fällen des starken Überraschungsmoments die überraschende Wirkung einer Klausel nur dann entfällt, wenn der Kunde einen **individuellen Hinweis** erhält[475]. Diesem Erfordernis ist indes nur selten Genüge getan.

1747 AGB-rechtlich problematisch ist ferner, ob entsprechende Vereinbarungen einer Inhaltskontrolle nach § 307 BGB Stand halten. Gesichert ist allein, dass entsprechende Verwendungsbeschränkungen **keine Leistungsbeschreibungen** im Sinne des § 307 Abs. 3 BGB darstellen und daher auch nicht der richterlichen Inhaltskontrolle entzogen sind. Leistungsbeschreibungen legen Art, Umfang und Güte der geschuldeten Leistung fest, lassen aber die für die Leistung geltenden gesetzlichen Vorschriften

---

[469] Für CPU-Klauseln ausdrücklich *BGH*, 24.10.2002, I ZR 3/00, NJW 2003, 2014, 2015.
[470] Vgl. *Jobke* S. 139; *Dreier/Vogel* S. 173.
[471] Vgl. *Koch* CR 2002, 629, 632.
[472] Vgl. hierzu oben Rdn. 995 ff.
[473] Vgl. *Jobke* S. 128 ff.; *Koch* CR 2002, 629, 632; offengelassen von *Fromm/Nordemann/Czychowski* § 69c Rdn. 65.
[474] Anders im Fall des *OLG München*, 12.10.2000, 29 U 3680/00, CR 2001, 11 ff., sowie im Fall des *LG München I*, 4.4.2000, 7 O 115/00, CR 2000, 506 ff., wo vor Erwerb der Software gar kein Hinweis erfolgte.
[475] Vgl. *BGH*, 21.6.2001, IX ZR 69/00, NJW-RR 2002, 485, 487; *Palandt/Grüneberg* § 305c Rdn. 4.

VI. Aktivierungs- und Registrierungspflichten

unberührt. Dem stehen Klauseln gegenüber, die das Hauptleistungsversprechen einschränken oder verändern[476]. Bei den hier diskutierten Verwendungsbeschränkungen handelt es sich aber um eine derartige, das Leistungsversprechen einschränkende Ausgestaltung der Nutzungsmöglichkeiten, weil sie über eine Beschreibung des Leistungsgegenstands hinausgehen. Sie sind daher der AGB-rechtlichen Inhaltskontrolle unterworfen[477].

Im Rahmen der Inhaltskontrolle gem. § 307 Abs. 1 und 2 BGB muss zunächst berücksichtigt werden, dass die Auferlegung einer Aktivierungspflicht mitsamt der damit verbundenen Nutzungsberechtigung bei einer kaufvertraglich zu qualifizierenden Softwareüberlassung auf Dauer mit dem Erschöpfungsgrundsatz des § 69c Nr. 3 S. 2 UrhG unvereinbar ist, was oben ausführlich begründet wurde[478]. Dementsprechend liegt grundsätzlich auch eine AGB-rechtliche Unangemessenheit nach **§ 307 Abs. 2 Nr. 1 BGB** vor, weil von wesentlichen Grundlagen der gesetzlichen Regelungen abgewichen wird, und dies mit der Regelung unvereinbar ist[479]. Darüber hinaus sind solche Beschränkungen sowohl mit der grundsätzlichen Verfügungsfreiheit des Eigentümers als auch mit den wesentlichen Rechten und Pflichten unvereinbar, die sich aus der Natur des Kaufvertrags ergeben. Nach diesen Erwägungen liegt nicht nur ein Verstoß gegen § 307 Abs. 2 Nr. 1 BGB, sondern auch gegen **§ 307 Abs. 2 Nr. 2 BGB** vor[480]. Gleiches gilt bei der Überlassung von Individualsoftware, wenn diese auf Dauer überlassen wird. Schließlich ist für alle Vertragstypen festzuhalten, dass die inhaltliche Unbestimmtheit der Vereinbarungen hinsichtlich der Kriterien der Herstellerzustimmung mit dem Transparenzgebot des § 307 Abs. 1 S. 2 BGB unvereinbar ist[481].

1748

Infolge der besonderen Ausgestaltung des § 307 Abs. 2 BGB als bloße Unwirksamkeitsvermutung, die lediglich im Zweifel eintritt, steht es dem Verwender entsprechender Klauseln frei, die Vermutung des § 307 Abs. 2 BGB zu widerlegen. Für eine solche Widerlegung kommt insbesondere ein **überwiegendes Interesse des Softwareherstellers** an einer solchen Vereinbarung in Betracht, das auch hinsichtlich der Beurteilung der Unangemessenheit nach § 307 Abs. 1 BGB zu berücksichtigen ist. So wird im Schrifttum die besondere Verletzlichkeit digitalen Urheberguts und den hierdurch drohenden wirtschaftlichen Schaden hervorgehoben, die eine entsprechende Belastung des Nutzers durchaus zumutbar erscheinen lasse[482]. Auch der *BGH* hat die Missbrauchsgefahren als ein im Rahmen der Unangemessenheitsprüfung zu berücksichtigendes Kriterium anerkannt[483]. Gleichzeitig hat er aber hervorgehoben, dass die Angemessenheit von formularmäßig vereinbarten Vertragsklauseln, die den Anwender im Umgang mit der gelieferten oder überlassenen Software beschränken, unterschiedlich zu beurteilen ist, je nachdem ob es sich um Programme handelt, die gegen eine Einmalzahlung verkauft werden, oder um Programme,

1749

---

[476] Vgl. *BGH*, 9.4.2014, VIII ZR 404/12, NJW 2014, 2269, 2273 Tz. 44; *BGH*, 20.7.2011, IV ZR 75/09, NJW 2011, 3648, 3649 Tz. 23; *BGH*, 29.4.2010, Xa ZR 5/09, NJW 2010, 1958, 1959 Tz. 20 m.w.N.; *Palandt/Grüneberg* § 307 Rdn. 44.
[477] So für CPU-Klauseln ausdrücklich *BGH*, 24.10.2002, I ZR 3/00, NJW 2003, 2014, 2015.
[478] Vgl. hierzu oben Rdn. 1739 ff.
[479] Vgl. *Dreier/Vogel* S. 173; *Koch* CR 2002, 629, 632; ohne Bezugnahme auf § 307 Abs. 2 BGB *Meyer-Spasche/Störing/Schneider* CR 2013, 131, 133 sowie 135; zurückhaltend *Baus* MMR 2002, 14, 17.
[480] Vgl. *Dreier/Vogel* S. 173.
[481] Vgl. *Jobke* S. 136 ff.
[482] Vgl. *Baus* MMR 2002, 14, 17.
[483] Vgl. *BGH*, 24.10.2002, I ZR 3/00, NJW 2003, 2014, 2016.

die für eine beschränkte Zeit im Rahmen eines Dauerschuldverhältnisses vermarktet werden[484].

1750 Vor diesem Hintergrund führen die neben den Herstellerinteressen zu berücksichtigenden Interessen des Anwenders, nicht bei jeder Hardwareänderung auf ein nicht präzisiertes Zustimmungserfordernis des Herstellers angewiesen zu sein, dazu, ein **überwiegendes Interesse** des Softwareherstellers an einer Aktivierungspflicht **nicht anzuerkennen**[485].

1751 In Übereinstimmung mit der Vorgabe des *BGH* muss für **zeitlich befristete Softwareüberlassungen** eine eigenständige Bewertung vorgenommen werden. In der Tat erscheint es bei mietvertraglich zu qualifizierenden Softwareverträgen eher zulässig, Aktivierungspflichten zu vereinbaren, um dem Vermieter Kontrollmöglichkeiten zu verschaffen. Aktivierungspflichten sind hier daher erst dann unangemessen, wenn gar kein Hardwarewechsel ermöglicht wird[486], während ein Mitwirkungserfordernis des Vermieters zulässig ist, solange der Anwender ein Recht auf Neuaktivierung bei Hardwareänderungen hat und die Freischaltung innerhalb eines angemessenen Zeitraums erfolgt.

b) Rechtsfolgen des Aktivierungserfordernisses

aa) Die Zwangsaktivierung als Mangel

1752 Im Zusammenhang mit den AGB-rechtlichen Problemen der Softwareaktivierung wurde erneut hervorgehoben, dass der Softwareüberlassungsvertrag zumindest bei Standardsoftware meist zwischen Händler und Anwender und nicht zwischen Hersteller und Anwender geschlossen wird. Damit stellt sich für das Vertragsverhältnis zwischen Händler und Anwender die Frage, ob das vom Hersteller begründete Erfordernis der Zwangsaktivierung einen Mangel im Sinne des Mängelhaftungsrechts darstellt[487]. Diesbezüglich muss berücksichtigt werden, dass der Hersteller versucht, das Erfordernis der Aktivierung nach Ablauf des sog. Kulanzzeitraums durch eine **Programmsperre** durchzusetzen, und diese Sperre eine weitere Nutzung des Programms ausschließt. Die Einordnung von Programmsperren als Mangel wurde an anderer Stelle ausführlich erörtert, sodass hier nach oben verwiesen werden kann[488].

1753 Entscheidend ist, ob die Gebrauchstauglichkeit des Programms geändert oder sogar aufgehoben ist. Dann liegt ein Mangel im Sinne der §§ 434 Abs. 1 S. 2 Nr. 1 oder Nr. 2, 536 Abs. 1 S. 1, 633 Abs. 2 S. 2 Nr. 1 oder Nr. 2 BGB vor. Eine die Zwangsaktivierung einschließende Beschaffenheitsvereinbarung zwischen Händler und Anwender fehlt in aller Regel[489]. Auch führt § 434 Abs. 1 S. 3 BGB nicht zu einem Einbezug der möglicherweise vom Hersteller gemachten öffentlichen Äußerungen über das Erfordernis der Zwangsaktivierung, denn die gesamte Vorschrift sieht für Kaufverträge lediglich vor, dass der Verkäufer an die **zusätzlichen Eigenschaften** gebunden wird, die er, sein Lieferant oder ein Gehilfe öffentlich der verkauften Sache zugeordnet hat[490]. Der Fehlerbegriff soll daher durch diese Regelung erweitert

---

[484] Vgl. *BGH*, 24.10.2002, I ZR 3/00, NJW 2003, 2014, 2016.
[485] Wie hier *Koch* CR 2002, 629, 632; *ders.* ITRB 2002, 43, 45; wohl auch *Fromm/Nordemann/Czychowski* § 69c Rdn. 65; a. A. *Baus* MMR 2002, 14, 17, der den Hersteller lediglich für verpflichtet hält, der Aktivierung zuzustimmen.
[486] So für CPU-Klauseln *BGH*, 24.10.2002, I ZR 3/00, NJW 2003, 2014, 2016.
[487] Vgl. *Runte* CR 2001, 657, 660; *Koch* ITRB 2002, 43, 45 f.; *ders.* CR 2002, 629, 633; *Wandtke/Bullinger/Grützmacher* § 69c Rdn. 41.
[488] Vgl. hierzu oben Rdn. 1520.
[489] Vgl. *Runte* CR 2001, 657, 661.
[490] Vgl. *Palandt/Weidenkaff* § 434 Rdn. 32.

werden und nicht dazu führen, dem Verkäufer weniger abzuverlangen[491]. Schließlich verliert der Anwender seine Mängelansprüche grundsätzlich auch nicht über §§ 442 Abs. 1, 536b, 640 Abs. 3 BGB (= § 640 Abs. 2 BGB a. F.) wegen Kenntnis des Mangels. Dem steht entgegen, dass auch bei einem möglichen Hinweis auf die Aktivierungspflicht es in der Regel an der für eine Kenntnis oder auch nur grob fahrlässige Unkenntnis notwendigen Präzison des Hinweises fehlt, denn dem Hinweis müsste zu entnehmen sein, unter welchen Bedingungen die Sperre zu welchem Zeitpunkt aktiviert wird[492] und wie sie aufgehoben werden kann.

Entsprechend den obigen Ausführungen führt das Erfordernis der Zwangsaktivierung meist zur Mangelhaftigkeit der Software[493]. Auch hier wird es sich angesichts der Unmöglichkeit weiterer Programmnutzung im Falle der Sperraktivierung, der erforderlichen Mühe für den Anwender, der anfallenden Kosten und Gebühren für die Internetverbindung oder den Telefonanruf[494] sowie der Problematik jederzeitiger Verfügbarkeit der Programmnutzung, **nicht** um einen nur **unerheblichen Mangel** handeln[495]. Dementsprechend stehen dem Anwender die in Teil 5 ausführlich dargestellten Mängelansprüche einschließlich eines Schadensersatzanspruchs zu. Ersatzfähiger Schaden kann der durch die Sperre verursachte zusätzliche Personalaufwand, Telekommunikationskosten oder ein infolge der Nichtbenutzbarkeit des Programms entgangener Gewinn sein[496].

1754

bb) Die Selbstvornahme der Sperrenbeseitigung

Problematisch erscheint allein, dass der Softwarelieferant – soweit er nicht zugleich Hersteller ist – in der Regel nicht in der Lage ist, den Mangel zu beseitigen, da er hierzu technisch nicht in der Lage ist[497]. Möglich ist aber auch, dass sich etwa bei einem Softwareüberlassungsvertrag zwischen Anwender und Hersteller letzterer weigert, den Aktivierungscode zu übermitteln, etwa weil er eine Raubkopie vermutet[498]. Dann stellt sich die Frage, ob der Anwender im Wege der **Selbstvornahme** die **Aktivierungsroutine entfernen** oder **umgehen** darf. Entsprechende Hilfen sind für Massensoftware im Internet zu finden[499]. Die aufgeworfene Frage ist nicht grundsätzlich neu, sondern wurde für die vergleichbaren Fälle der Dongle-Abfragerountinen bereits vor Jahren lebhaft diskutiert und an anderer Stelle ausführlich erörtert[500]. Dementsprechend ist es nicht überraschend, dass das Schrifttum die Frage uneinheitlich beantwortet. Überwiegend wird in Übereinstimmung mit der hier vertretenen Auffassung ein generelles Recht zu Selbstvornahme abgelehnt[501]. Mit der wohl herrschenden Auffassung ist ein solches Recht aber zu bejahen, wenn die Umgehung oder Entfernung der Aktivierungsroutine **für eine bestimmungsgemäße Be-**

1755

---

[491] Dies übersieht *Koch* ITRB 2002, 43, 46.
[492] Vgl. *Jobke* S. 81; *Koch* CR 2002, 629, 633.
[493] Wie hier *Jobke* S. 58 ff.; *Dreier/Vogel* S. 173; *Runte* CR 2001, 657, 661; *Koch* CR 2002, 629, 633; unentschlossen *Wandtke/Bullinger/Grützmacher* § 69c Rdn. 41 „mitunter".
[494] Vgl. Microsoft-Software-Lizenzvertrag für Windows Betriebssysteme (Dezember 2016): „Sie können die Software auch manuell über Internet oder Telefon aktivieren. In beiden Fällen findet eine Übertragung bestimmter Informationen statt und es fallen möglicherweise Internet-, Telefon- und SMS-Gebühren an."
[495] Wie hier wohl *Koch* CR 2002, 629, 632; differenzierend *Runte* CR 2001, 657, 661 f.
[496] Vgl. *Koch* ITRB 2002, 43, 45; *ders.* CR 2002, 629, 634.
[497] Vgl. *Koch* CR 2002, 629, 633; *Runte* CR 2001, 657, 662.
[498] Hierauf weist *Baus* MMR 2002, 14, 17 hin.
[499] Vgl. etwa *Meyer-Spasche/Störing/Schneider* CR 2013, 131, 132.
[500] Vgl. hierzu oben Rdn. 1727.
[501] Vgl. *Koch* CR 2002, 629, 634 f.; *Baus* MMR 2002, 14, 17; *Jobke* S. 188 ff. sowie S. 193 bejaht einen Anspruch auf Selbsthilfe nach § 69d Abs. 1 UrhG und § 859 Abs. 1 BGB wegen Besitzstörung.

nutzung des Programms notwendig gem. § 69d Abs. 1 UrhG ist[502]. Eine Notwendigkeit liegt dabei etwa dann vor, wenn der Hersteller den Aktivierungscode nicht übermitteln will oder kann, wobei letzteres auch im Falle der Herstellerinsolvenz denkbar ist. Strafrechtlich ist das Auslesen eines zur Softwarelizenz gehörenden Schlüssels aus der Firmware des Systems jedenfalls nicht erfasst[503].

4. Deliktische Verantwortlichkeit des Herstellers

1756 Da eine vertragliche Verbindung zwischen Hersteller und Anwender in der Regel nicht vorliegt, worauf bereits mehrfach hingewiesen wurde, wird im Schrifttum vereinzelt diskutiert, ob dem Hersteller eine deliktische Verantwortlichkeit trifft[504]. Ein Anspruch des Anwenders gem. § 823 Abs. 1 BGB scheitert in der Regel aber daran, dass das mit einer Aktivierungsroutine versehene Programm bei Nichtaktivierung schlichtweg seinen Dienst einstellt. Eine Eigentumsverletzung ist hier nicht ersichtlich. Nur für den Fall, dass das **gesamte Computersystem blockiert** wird, kommt nach nicht unbestrittener, aber überzeugender Auffassung eine Eigentumsverletzung ohne Eingriff in die Sachsubstanz in Betracht[505]. Auch die berechtigten Interessen des Softwareherstellers an einem funktionsfähigen Schutz gegenüber Raubkopierern vermögen keinen Rechtfertigungsgrund zu liefern. Wegen des in der Regel rechtzeitigen und eindringlichen Hinweises auf den Ablauf des sog. Kulanzzeitraums muss jedoch an dieser Stelle auf die Schadensminderungspflicht des Anwenders gem. § 254 Abs. 2 BGB hingewiesen werden, die einem Schadensersatzanspruch meist entgegenstehen wird[506]. Ein Softwarehersteller, der in sein Produkt eine periodisch wirkende Zugangssperre (expiration date) einbaut, die ohne Codewort den Programmablauf blockiert, kann von einem Zweiterwerber, der das Programm in Unkenntnis der Sperre gebraucht erwirbt, jedenfalls nicht wegen einer vorsätzlichen sittenwidrigen Schädigung gem. § 826 BGB in Anspruch genommen werden[507].

5. Weitere rechtliche Probleme

1757 Im Rahmen der Aktivierungs- und Registrierungspflichten werden in Rechtsprechung und Schrifttum auch Probleme des **Datenschutzes** diskutiert. Bei der Softwareaktivierung werden jedoch nicht notwendigerweise personenbezogene Daten erhoben. Vielmehr wird bei der oben beschriebenen Technik der Softwareaktivierung lediglich eine Installations-ID übermittelt, die zwar auf eindeutigen Maschinendaten des Anwenders beruht, aber keine Rückwärtsberechnung zulässt, weshalb die Person des Anwenders bzw. der konkret verwendete Computer auch nicht in diesem Sinne bestimmbar ist[508].

1758 Einzelne Hersteller sehen aber darüber hinaus nicht nur die freiwillige Angabe sog. „Kontaktdaten" vor, sondern verlangen zwingend die **Angabe personenbezogener Daten** im Rahmen der Zwangsregistrierung. Verweigert der Anwender die Angabe der abgefragten Daten, wird ihm der für die Programmnutzung erforderliche Zugangscode nicht mitgeteilt. Sofern der Anwender auf dieses Erfordernis der

---
[502] Vgl. *Jobke* S. 188 ff.; ferner die Hinweise zur Dongle-Problematik oben Rdn. 1727.
[503] Ausführlich *Meyer-Spasche/Störing/Schneider* CR 2013, 131, 133 ff.
[504] Vgl. *Runte* CR 2001, 657, 662 f.
[505] Vgl. *Runte* CR 2001, 657, 662. Zur Eigentumsverletzung ohne Eingriff in die Sachsubstanz unten Rdn. 1827.
[506] Vgl. *Runte* CR 2001, 657, 663.
[507] Vgl. *BGH*, 15.9.1999, I ZR 98/97, NJW-RR 2000, 393, 394.
[508] Vgl. *Runte* CR 2001, 657, 663 f.

Preisgabe personenbezogener Daten nicht vor Vertragsabschluss hingewiesen wird, sind entsprechend Klauseln nicht nur überraschend im Sinne des § 305c Abs. 1 BGB, sondern sie verstoßen sowohl im Verbraucher- als auch im Unternehmensverkehr gegen § 307 Abs. 1 BGB. Darüber hinaus liegt eine Irreführung gem. § 5 UWG vor, wenn der Anwender nicht vor Vertragsabschluss auf das Registrierungserfordernis hingewiesen wird[509]. Schließlich handelt ein solcher Hersteller zugleich unlauter im Sinne des § 3 UWG, da er die von der Programmsperre ausgehende Zwangslage auf Seiten der Erwerber ausnutzt, um diese zur Übermittlung ihrer persönlichen Daten zu veranlassen[510]. Gegebenenfalls trotz Rechtswidrigkeit erlangte Daten dürfen **nicht verwendet** werden, da der Softwarehersteller nicht die Früchte seines rechtswidrigen Verhaltens ziehen darf[511].

VII. Schutzrechtsklauseln

Typische Klauseln:
„5. Geistiges Eigentum, Urheberschutz. Die Software und sämtliche autorisierten Kopien dieser Software, die Sie anfertigen, sind geistiges Eigentum von und gehören Adobe Systems Incorporated und ihren Lieferanten. Struktur, Organisation und Code der Software stellen wertvolle Betriebsgeheimnisse und vertrauliche Informationen von Adobe Systems Incorporated und ihren Lieferanten dar. Die Software ist gesetzlich geschützt, einschließlich des Urheberrechts der Vereinigten Staaten und anderer Staaten sowie durch internationale Verträge. Sofern nicht ausdrücklich in diesem Vertrag festgelegt, werden Ihnen keine geistigen Eigentumsrechte an der Software gewährt und sämtliche Rechte, die nicht ausdrücklich durch diesen Vertrag gewährt werden, sind Adobe und ihren Lieferanten vorbehalten."[512]

„Die Parteien sind sich darüber einig, dass dieses CAD-Programm Urheberrechtsschutz genießt."[513]

„Die Parteien sind sich darüber einig, dass die lizenzierte Software Urheberrechtsschutz genießt, was sich u. a. aus der Aufstellung der besonderen Merkmale des CAD-Programms in der Anlage 4 ergibt."[514]

„Sofern nicht schon per Gesetz ein Urheberrecht besteht, wird dies bei Vertragsschluss als vereinbart angesehen."

„§ 2 Die Software ist urheberrechtlich geschützt."[515]

„Das Softwareprodukt ist sowohl durch Urheberrechtsgesetze und internationale Urheberrechtsverträge als auch durch andere Gesetze und Vereinbarungen über geistiges Eigentum geschützt."[516]

„3. Restrictions. Software is copyrighted."[517]

Der vor Inkrafttreten der Urheberrechtsnovelle von 1993 weit verbreitete Wunsch der Softwarehersteller zur Aufnahme einer sog. Schutzrechtsklausel in den Vertrag

---

[509] Vgl. noch zu § 3 UWG a.F. *OLG München*, 12.10.2000, 29 U 3680/00, CR 2001, 11, 12; *LG München I*, 4.4.2000, 7 O 115/00, CR 2000, 506, 508.
[510] Vgl. noch zu § 1 UWG a.F. *OLG München*, 12.10.2000, 29 U 3680/00, CR 2001, 11, 13; *LG München I*, 4.4.2000, 7 O 115/00, CR 2000, 506, 507 f.
[511] Vgl. *OLG München*, 12.10.2000, 29 U 3680/00, CR 2001, 11, 13.
[512] Vgl. den Software-Lizenzvertrag von Adobe Systems Incorporated (Reader 2013).
[513] Vgl. *Geissler/Pagenberg* in: Lehmann, Rechtsschutz und Verwertung von Computerprogrammen, S. 642 Rdn. 36.
[514] Vgl. *Geissler/Pagenberg* in: Lehmann, Rechtsschutz und Verwertung von Computerprogrammen, S. 659 Rdn. 51.
[515] Vgl. die Anwendungsbestimmungen des Otto Schmidt Verlags für die Nutzung der Datenbanksoftware der Computer und Recht, 2009.
[516] Vgl. den Endnutzer-Lizenzvertrag für Microsoft-Software, 2002.
[517] Vgl. Oracle Binary Code License Agreement for the Java SE Platform Products and JavaFX (2013).

war auf die zu Recht heftig kritisierte restriktive Rechtsprechung des *BGH* zum Urheberrechtsschutz der Computerprogramme zurückzuführen. So fanden sich in Softwareverträgen anderer Rechtsordnungen, etwa den US-amerikanischen Verträgen, derartige Klauseln nicht. Vielmehr wird dort seit jeher lediglich auf das Bestehen des Urheberrechtsschutzes hingewiesen, wohlwissend dass Urheberrechtsschutz nicht versagt bleibt. Um nun den Schutz des Urheberrechts nicht erst mit der Umsetzung der EG-Richtlinie im innerstaatlichen Recht, sondern schon vorher zu erreichen, schien sich für die Softwarehersteller in der Tat ein **vertraglich vereinbarter Urheberrechtsschutz** anzubieten. Auch in heutiger Zeit verzichten einige Softwarehersteller nicht auf entsprechende Klauseln.

1760 Gegen die Wirksamkeit einer derartigen Vereinbarung sprechen jedoch grundlegende Rechtsprinzipien. Der Erwerb eines Urheberrechts ist nach bundesdeutschem Recht allein von der Schaffung eines urheberrechtsfähigen Werks abhängig. Dabei ist die Frage, welche Gegenstände schutzfähig sind und welche nicht, vom Gesetzgeber vorgegeben. Gegenstand des Urheberrechtsschutzes sind nur Werke, deren gesetzliche Begriffsbestimmung in § 2 Abs. 2 UrhG festgeschrieben wurde[518]. Wenngleich die gesetzliche Definition nicht sehr aussagekräftig ist[519] und breiten Raum zur Auslegung lässt, steht die Einordnung eines geschaffenen Gebildes unter den Werkbegriff **nicht zur Disposition des Einzelnen**[520]. Das Vorliegen der Voraussetzungen eines absoluten Rechts wie des Urheberrechts kann nicht durch privatautonome Vereinbarungen herbeigeführt werden. Aus diesem Grund hat die Rechtsprechung zu Recht betont, dass es sich hier um eine Frage der Rechtsanwendung handelt und auch die übereinstimmende Überzeugung der Parteien eines Rechtsstreits von der Urheberrechtsschutzfähigkeit des streitgegenständlichen Computerprogramms das Gericht nicht von seiner Pflicht befreien kann, den Werkcharakter selbstständig zu prüfen[521]. Völlig ohne Belang ist hierbei, ob eine solche Übereinstimmung der Parteien im Prozess geäußert wird, individualvertraglich vereinbart wird oder sich in den Allgemeinen Geschäftsbedingungen des Softwareherstellers findet.

1761 Wenngleich entsprechend obigen Ausführungen kein Urheberrechtsschutz privatautonom vereinbart werden kann, muss an dieser Stelle noch die sich aufwerfende Frage beantwortet werden, ob sich der Kunde nicht doch an einer Anerkennung des Urheberrechtsschutzes festhalten lassen muss. In der Tat wird man eine in einem Individualvertrag getroffene Vereinbarung darüber, dass die betreffende Software als urheberrechtlich geschützt zu betrachten sei, als für den Anwender dahingehend bindend bezeichnen müssen, dass er sich später nicht auf das Fehlen der schutzbegründenden Voraussetzungen der eigenen geistigen Schöpfung im Sinne des § 69a Abs. 3 UrhG berufen kann. Hier ist das Vertrauen des Softwareherstellers schutzwürdig, über die Frage der Urheberrechtsschutzfähigkeit seines Computerprogramms nicht streiten zu müssen. Ist die betreffende Regelung indes in Allgemeinen Geschäftsbedingungen enthalten, kann von einem solchen schutzwürdigen Vertrauen nicht ohne weiteres ausgegangen werden. Wenngleich der Vertragspartner mit der Geltung der Allgemeinen Geschäftsbedingungen gem. § 305 Abs. 2 BGB einverstanden sein muss, andernfalls sie nicht Vertragsbestandteil werden, kann nicht verkannt werden, dass sich dieses Einverständnis in der Regel nur global auf die All-

---

[518] Vgl. *Schricker/Loewenheim* § 2 Rdn. 30.
[519] Vgl. *Schricker/Loewenheim* § 2 Rdn. 30.
[520] Vgl. *BGH*, 24.1.1991, I ZR 72/89, NJW-RR 1991, 812; *BGH*, 3.2.1988, I ZR 142/86, GRUR 1988, 812, 814; *Chrocziel* CR 1988, 381; *Dreier/Schulze* § 2 Rdn. 250.
[521] Vgl. *BGH*, 24.1.1991, I ZR 72/89, NJW-RR 1991, 812.

gemeinen Geschäftsbedingungen insgesamt richtet[522]. Sofern keine besonderen Umstände hinzutreten, kann dies nicht ausreichen, um ein hinreichend schutzwürdiges Vertrauen des Softwareherstellers zu begründen. Trotz der betreffenden Klausel kann sich der Anwender daher in diesen Fällen auf das Nichtbestehen des Urheberrechtsschutzes berufen. Für das Vorliegen der Schutzvoraussetzungen des § 69a Abs. 3 UrhG trägt der Softwarehersteller die Beweislast. Sofern die Klausel diese Frage beweislos stellen möchte, ist dieser **Ausschluss jeglichen Beweises** nach § 309 Nr. 12 BGB nichtig[523].

VIII. Kontroll- und Besichtigungsrechte, Softwareauditierung

Typische Klauseln:
„12. Überprüfung. Indem Sie diese Vereinbarung akzeptieren, verstehen Sie und stimmen zu, dass AVG Technologies Prüfungen durchführen kann, um festzustellen, ob Ihre Nutzung der Software den Bedingungen dieser Vereinbarung entspricht. Solche Überprüfungen können einmal alle 12 Monate durchgeführt werden, entweder über das Internet oder vor Ort, so wie AVG dies für notwendig hält. Sollte die Überprüfung ergeben, dass Sie diese Vereinbarung verletzen, dann ist AVG Technologies dazu berechtigt, seine Rechte gemäß den Punkten 3 und 8 dieser Vereinbarung auszuüben, und zwar zusätzlich zu den Rechten, die AVG Technologies per Gesetz oder billigkeitsrechtlich zustehen mögen."[524]
„Der Käufer hat dem Verkäufer und den von ihm beauftragten Schutzgemeinschaften innerhalb der ordentlichen Geschäftszeit Zutritt zu seinen Geschäftsräumen zu gewähren."[525]
„Der Software-Hersteller darf Ihre Nutzung der Programme prüfen („Audit"), vorausgesetzt, er kündigt die Prüfung 45 Tage im Voraus schriftlich an. Zudem verpflichten Sie sich, für Ihre nicht von Ihren Lizenzrechten gedeckte Nutzung der Programme anfallende Gebühren innerhalb von 30 Tagen nach schriftlicher Aufforderung nachzuentrichten. Wenn diese Zahlung nicht erfolgt, ist der Softwarehersteller berechtigt, Ihre Technische Unterstützung, Ihre Lizenzen und/oder diesen Vertrag außerordentlich zu kündigen. Sie erklären sich damit einverstanden, dass der Softwarehersteller nicht für Kosten einzustehen hat, die Ihnen durch Ihre Mithilfe bei seinem Audit entstehen."[526]
„Oracle darf Ihre Nutzung der Programme prüfen („Audit"), vorausgesetzt, Oracle kündigt die Prüfung 45 Tage im Voraus schriftlich an. Sie verpflichten sich, bei Oracles Audit zu kooperieren, Oracle in vernünftigem Umfang zu unterstützen und Zugang zu Informationen zu gewähren. Ihr normaler Geschäftsbetrieb wird durch ein derartiges Audit nicht unverhältnismäßig gestört. Zudem verpflichten Sie sich, für Ihre nicht von Ihren Lizenzrechten gedeckte Nutzung der Programme anfallende Gebühren innerhalb von 30 Tagen nach schriftlicher Aufforderung nachzuentrichten. Wenn diese Zahlung nicht erfolgt, ist Oracle berechtigt, Ihre Technische Unterstützung, Ihre Lizenzen und/oder diesen Vertrag außerordentlich zu kündigen. Sie erklären sich damit einverstanden, dass Oracle nicht für Kosten einzustehen hat, die Ihnen durch Ihre Mithilfe bei Oracles Audit entstehen."[527]
„[...] während der Laufzeit dieses Vertrages und während eines Zeitraumes von zwei Jahren nach Vertragsende hat der Softwarehersteller das Recht, die Einhaltung der Bedingungen dieses Vertrages durch den Kunden am Standort des Kunden während der üblichen Geschäftszeiten des Kunden zu überprüfen. Der Softwarehersteller wird sich bemühen, den Geschäftsbetrieb des Kunden so wenig wie möglich zu stören. Der Softwarehersteller kann vorheriger Zustimmung des Kunden auch einen unabhängigen Prüfer beauftragen. Eine solche Zustimmung kann nur aus wichtigem Grund verweigert werden."[528]

---

[522] Ein globales Einverständnis genügt den Voraussetzungen des § 305 Abs. 2 BGB; vgl. *Wolf/Lindacher/Pfeiffer* § 305 Rdn. 104.
[523] Nicht softwarespezifisch *OLG Koblenz*, 3.1.2006, 5 U 1242/05, NJW-RR 2006, 419, 420; a. A. und auf § 307 Abs. 1 BGB abstellend *BGH*, 8.10.1987, VII ZR 185/86, NJW 1988, 258, 259.
[524] Vgl. die Software-Lizenzvereinbarung für Endbenutzer der AVG Technologies (2013).
[525] Vgl. *Hoeren*, Softwareüberlassung Rdn. 479.
[526] Vgl. *Moos* CR 2006, 797, 800.
[527] Vgl. Oracle Lizenz- und Service-Vertrag (OLSA) V063011 (2013).
[528] Vgl. *Moos* CR 2006, 797, 800.

„Zur Kontrolle der Einhaltung des Kopierverbots und des Mehrfachnutzungsverbots steht dem Hersteller einmal im Jahr ein Inspektionsrecht zu."

„§ 6 Sicherungsmaßnahmen, Audit-Recht. (2) Der Kunde wird es dem Verkäufer auf dessen Verlangen zu ermöglichen, den ordnungsgemäßen Einsatz der Vertragssoftware zu überprüfen, insbesondere daraufhin, ob der Kunde das Programm qualitativ und quantitativ im Rahmen der von ihm erworbenen Lizenzen nutzt. Hierzu wird der Kunde dem Verkäufer Auskunft erteilen, Einsicht in relevante Dokumente und Unterlagen gewähren sowie eine Überprüfung der eingesetzten Hardware- und Softwareumgebung ermöglichen. Der Verkäufer darf die Prüfung in den Räumen des Kunden zu dessen regelmäßigen Geschäftszeiten durchführen oder durch zur Verschwiegenheit verpflichtete Dritte durchführen lassen. Der Verkäufer wird darauf achten, dass der Geschäftsbetrieb des Kunden durch seine Tätigkeit vor Ort so wenig wie möglich gestört wird."[529]

Schrifttum: *Frank/Wiegand*, Der Besichtigungsanspruch im Urheberrecht de lege ferenda, CR 2007, 481 ff.; *Hoeren*, Softwareauditierung. Zur Zulässigkeit von Audit-Klauseln in IT-Verträgen, CR 2008, 409 ff.; *Intveen*, Softwarelizenzaudits aus Anwendersicht, ITRB 2012, 208 ff.; *Intveen/Karger*, Erfolgreiche Durchführung von Software-Audits, ITRB 2014, 39 ff.; *Junker*, Der Anspruch auf „Besichtigung" des Quellcodes nach § 809 BGB, in: FS für Kilian, S. 399 ff.; *Kotthoff/Wieczorek*, Rechtsrahmen von Softwarelizenzaudits. Zulässigkeit und Grenzen, MMR 2014, 3 ff.; *Moos*, Softwarelizenz-Audits. Wirksamkeit und Umfang gesetzlicher und vertraglicher Pflichten zur Lizenzüberprüfung, CR 2006, 797 ff.; *Rauschhofer*, Quellcodebesichtigung im Eilverfahren – Softwarebesichtigung nach § 809 BGB, GRUR-RR 2006, 249 f.; *Strittmatter/Harnos*, Softwareaudits. Zulässigkeit, Durchführung und Verteidigung, CR 2013, 621 ff.

1762 Eine besondere Bedeutung wird von einzelnen Vertretern des Schrifttums sog. Kontroll- und Besichtigungsvereinbarungen oder **Softwareauditierungen** oder auch Softwarelizenz-Audits beigemessen[530]. Verschiedentlich werden sie als im Unternehmensbereich üblich bezeichnet[531]. Unter Berufung auf das besondere Piraterierisiko bei Computersoftware wurde schon von vor Jahren ausgeführt, dass sich der konkrete Nachweis einer Urheberrechtsverletzung schwierig gestalte. Mit dem Anspruch auf Vorlage und Besichtigung gem. § 101a UrhG wurde im Rahmen der Urheberrechtsnovelle 2008 ein spezieller materiell-rechtlicher Anspruch auf Vorlage einer Urkunde oder Besichtigung einer Sache geschaffen, der oben ausführlich dargestellt wurde[532]. Die Vorlage oder Besichtigung muss nach der erklärten Zielsetzung des Gesetzgebers zur Begründung eines Anspruchs gegen den Verletzer aufgrund der Rechtsverletzung erforderlich sein. Durch diese Voraussetzung möchte der Gesetzgeber gewährleisten, dass der Anspruch nicht zur allgemeinen Ausforschung der Gegenseite missbraucht werden kann. Vielmehr soll er nur dann eingreifen, wenn der Verletzte die hierdurch gewonnene Kenntnis zur **Durchsetzung seiner Ansprüche** benötigt. § 101a UrhG erfordert aber eine **hinreichende Wahrscheinlichkeit** einer widerrechtlichen Rechtsverletzung. Vor diesem Hintergrund versuchen viele Softwarehersteller, zusätzliche Kontroll- und Besichtigungsrechte durch eine vertragliche Vereinbarung zu begründen, deren Voraussetzungen unterhalb der Anforderungen der §§ 101a UrhG, 809 BGB liegen[533]. Zielsetzung dieser sog. Auditierungsklauseln ist die Vereinbarung von Maßnahmen, die dazu dienen, die Einhaltung von urheberrechtlichen Nutzungsbefugnissen zu überprüfen[534] und zwar ohne (konkrete) Anhaltspunkte, verdachtsunabhängig, für eine lizenzwidrige Nutzung der

---

[529] Vgl. den Software-Lizenzvertrag (Kauf), Beck'sche Online-Formulare (2013).
[530] Vgl. zum Nachfolgenden *Hoeren* CR 2008, 409 f.
[531] Vgl. *Appl* medien und recht 2016, 73, 82.
[532] Vgl. oben Rdn. 330 ff.
[533] Vgl. etwa den Fall des *LG Köln*, 14.9.2011, 28 O 482/05, BeckRS 2011, 24695.
[534] Vgl. *Intveen* ITRB 2012, 208, 211; *Hoeren* CR 2008, 409.

Software[535]. Bislang liegt lediglich eine einzige veröffentlichte Gerichtsentscheidung vor, in der ein Softwareaudit Erwähnung findet. Allerdings beinhaltet das Urteil keinerlei Ausführungen zur Zulässigkeit dieser Klauseln[536].

Die Kontroll- und Besichtigungspflichten sollen derart ausgestaltet werden, dass der Anwender verpflichtet wird, dem Softwarelieferanten oder einem von diesem durch schriftliche Vollmacht ausgewiesenen Beauftragten[537] während der ordentlichen Geschäftszeit **Zutritt zu allen Räumen** und **Einsicht** vor Ort zu gewähren. Eine Einschränkung dieses umfassenden Kontroll- und Besichtigungsrechts soll nur für den Fall gelten, in dem der Anwender besondere **betriebliche Geheimhaltungsinteressen** glaubhaft macht. In diesen Fällen sei der Softwarelieferant nach Treu und Glauben gem. § 242 BGB daran gehindert, sich Zutritt zu den Geschäftsräumen zu verschaffen. 1763

Wenngleich sich derartige Kontroll- und Besichtigungsvereinbarungen auch im Rahmen anderer Vertragsbeziehungen finden lassen, wie etwa im Bereich der Versorgungsverträge oder des Wohnraummietrechts, so ist einer solchen Regelung im Rahmen eines Softwareüberlassungsvertrags mit Skepsis zu begegnen[538]. Anders als im Bereich des Wohnraummietrechts, wo ein Betretungsrecht in den gängigen Standardverträgen ausdrücklich für den Regelfall an eine Voranmeldung des Besuchs geknüpft ist und ein vorangemeldeter Besuch auch den Interessen des Vermieters genügt, müsste eine solche Regelung bei Softwareüberlassungsverträgen ohne jegliche Einschränkung vereinbart werden. Dies folgt aus der Überlegung, dass ein Kontroll- und Besichtigungsrecht im Bereich der Softwareüberlassung nur dann Wirkung entfalten könnte, wenn der Softwarelieferant seinen Besuch nicht ankündigen müsste und sodann sämtliche Räume und Computersysteme durchsuchen dürfte. Andernfalls könnte der unredliche Anwender rechtzeitig alle gegebenenfalls existierenden Kopien vernichten oder verbergen, die er unter Verstoß gegen das UrhG oder entgegen den Regelungen des Softwareüberlassungsvertrags angefertigt hat. Ein derart **umfassendes** und **uneingeschränktes** Kontrollrecht ist jedoch auch nach Auffassung eines der Befürworter einer Kontroll- und Besichtigungsregelung wegen Verstoßes gegen den Grundsatz von Treu und Glauben gem. § 242 BGB bzw. in vorformulierten Vertragsbedingungen gem. § 307 Abs. 1 S. 1 sowie Abs. 2 Nr. 1 BGB ausgeschlossen[539]. 1764

Diese für einen privaten Anwender von Massensoftware wohl nicht ernsthaft bestreitbare Beurteilung muss jedoch auch für **gewerbliche Anwender** gelten. Auch einem Gewerbetreibenden ist es nicht zumutbar, jedem Softwarelieferanten jederzeit Zutritt zu den Geschäftsräumen und seinen Computersystemen zwecks „Vermessung" gestatten zu müssen und diesem Einsicht zu gewähren[540]. Erfolg versprechend 1765

---

[535] Vgl. *Intveen* ITRB 2012, 208, 211; *Moos* CR 2006, 797, 798; Bedenken sieht insoweit auch *Schneider* CR 2015, 413, 420.
[536] Vgl. *LG Köln*, 14.9.2011, 28 O 482/05, BeckRS 2011, 24695.
[537] Angeführt werden etwa größere Wirtschaftsprüfungsgesellschaften, vgl. *Intveen* ITRB 2012, 208, 211; *Hoeren* CR 2008, 409.
[538] Vgl. bereits die Kritik von *Marly* jur-pc 1990, 419, 421. Bei *BGH*, 24.10.2002, I ZR 3/00, NJW 2003, 2014, 2016 wird beiläufig erwähnt, dass im Softwarevertrag Auskunftspflichten und Kontrollbefugnisse ausbedungen werden können. Zum Inhalt solcher Vereinbarungen enthält die Entscheidung aber keine Ausführungen.
[539] Vgl. *Kubach/Hunzinger* CR 2016, 14, 15; *Intveen* ITRB 2012, 208, 211; *Hoeren* CR 2008, 409, 410; *Moos* CR 2006, 797, 801.
[540] Vgl. *Intveen* ITRB 2012, 208, 211 auch mit Hinweis auf datenschutzrechtliche Probleme. Ähnlich auch *Schneider* CR 2015, 413, 420. Wie hier für § 809 BGB *OLG Frankfurt*, 17.1.2006, 11 W 21/05, CR 2007, 145, 146; ferner *Moos* CR 2006, 797, 800.

wäre eine Einsicht seitens des Softwarelieferanten nämlich nur dann, wenn er ein zeitlich nicht zu knapp bemessenes und volles Zugriffsrecht auf sämtliche Datenbestände des Anwenders eingeräumt bekäme. Andernfalls wäre es für den unredlichen Benutzer leicht, illegal benutzte Computerprogramme durch Umbenennung der Dateinamen, Veränderung der Dateigröße und des Erstellungsdatums zu tarnen und gegebenenfalls gänzlich zu verbergen. Auch der Einsatz von Audit-Tools, mit denen bei der Softwarebenutzung angelegte Protokoll-Dateien[541] ausgelesen werden können, führt nicht dazu, dass eine eingehende Untersuchung der IT-Anlage des Anwenders überflüssig wäre. Diese Überlegungen verdeutlichen jedoch, dass der Geschäftsbetrieb eines gewerblichen Anwenders durch derartige Besuche mitunter **erheblich gestört** würde. Nur aus Gründen der Vollständigkeit sei ferner erwähnt, dass etwa bei Softwareanwendern aus dem medizinischen oder anwaltlichen Bereich auch Probleme wegen einer möglichen Verletzung von Privatgeheimnissen gem. § 203 StGB oder auch datenschutzrechtliche Probleme auftreten können, denn das auditierende Softwareunternehmen erhält gegebenenfalls entsprechende Kenntnisse[542].

1766 Darüber hinaus ist auch die von den Befürwortern der hier untersuchten Regelungen gewählte Formulierung der Einsichtgewährung viel zu unpräzise[543], um unter Umständen zulässige Kontrollmaßnahmen von unzulässigen und unzumutbaren Schnüffeleien zu unterscheiden. Eine Eingrenzung der Einsichtnahme würde jedoch den Nutzen der Kontroll- und Besichtigungsrechte beseitigen, sodass auch dies kein gangbarer Weg zu sein scheint, die Zulässigkeit derartiger Regelungen bei gleichzeitiger tatsächlicher Wirksamkeit herbeizuführen. Darüber hinaus ist die Ausweitung auf eine Überprüfung nicht nur von widerrechtlichen Urheberrechtsverletzungen wie in § 101a Abs. 1 S. 1 UrhG, sondern auf alle „**lizenzwidrigen Nutzungen**" der Software **ohne konkreten Anlass einer Rechtsverletzung** mit den wesentlichen Grundgedanken des Gesetzes nicht vereinbar[544]. Gleiches gilt für die vielfach dem Anwender auferlegte Pflicht, die ihm entstehenden Kosten der Untersuchung selbst tragen zu müssen, denn dies ist mit dem Grundgedanken des § 811 Abs. 2 S. 1 BGB unvereinbar, der über § 101a Abs. 4 UrhG auch im Urheberrecht anwendbar ist und eine Kostentragung desjenigen vorsieht, der die Vorlegung einer Sache verlangt. Insgesamt kann damit festgehalten werden, dass die Vereinbarung von Kontroll- und Besichtigungsrechten in Softwareüberlassungsverträgen infolge mangelnder Erfolgsaussicht entweder **unzweckmäßig** oder aber **unzulässig** ist[545]. Ohnehin zeugt es doch von einem sehr sonderbaren Verhältnis zu seinen Kunden, wenn ein Vertragspartner alle Kunden **anlassunabhängig** unter **Generalverdacht** stellt und die Einhaltung vertraglicher Abreden auf sämtlichen Computersystemen all seiner Kunden überprüfen möchte.

1767 Vor dem Hintergrund der weiten Verbreitung, juristischen Unzulässigkeit und der nicht vorhandenen gerichtlichen Auseinandersetzungen über Auditierungen stellt sich dem unbefangenen Betrachter die Frage, wie dies zusammenpasst. Diesbezüglich ist darauf hinzuweisen, dass die meist unternehmerischen Anwender regelmäßig auf die Belieferung mit weiteren Programmversionen und/oder den Abschluss von

---

[541] Vgl. *Intveen* ITRB 2012, 208, 211; *Hoeren* CR 2008, 409, 444; *ders.*, IT-Vertragsrecht S. 247 ff.
[542] So etwa im Fall des *LG Köln*, 14.9.2011, 28 O 482/05, BeckRS 2011, 24695; wie hier *Schneider* CR 2015, 413, 420.
[543] Einen Verstoß gegen das Transparenzgebot sieht auch *Intveen* ITRB 2012, 208, 211.
[544] Vgl. *Hoeren* CR 2008, 409, 410; *ders.*, IT-Vertragsrecht S. 248.
[545] Im Ergebnis wie hier *Hoeren* CR 2008, 409, 410, *ders.*, IT-Vertragsrecht S. 249.

Pflegeverträgen angewiesen sind. Ein Softwarehersteller, wird jedoch einen Anwender, der sich nach seiner Vorstellung „unkooperativ" zeigt, nicht weiter als Kunden haben wollen. Unbefristete Pflegeverträge können gekündigt, befristete Pflegeverträge nicht verlängert werden. Beides steht fast immer in engem Zusammenhang mit der Forderung nach Zahlung eines Zusatzentgelts für vermeintlich lizenzwidrige Softwarenutzung („Nachlizenzierung"). Der wirtschaftliche Druck für den Anwender ist mitunter immens, die gegebenenfalls auch **nur in Aussicht gestellten** Kündigungen/Nichtverlängerungen **rechtsmißbräuchlich und kartellrechtlich bedenklich**[546]. Auf der anderen Seite scheuen mitunter auch die Softwarehersteller eine gerichtliche Auseinandersetzung, weil sie sich der rechtlichen Problematik ihrer Vertragsklauseln bewusst sind und kein Grundsatzurteil riskieren möchten.

IX. Die Vereinbarung von Informationspflichten

Typische Klauseln:
„Bei einer Weiterveräußerung des Programms an einen Dritten muss der Anwender dem Hersteller den Namen und die vollständige Adresse des neuen Anwenders mitteilen."

„Der Anwender darf das Programmpaket auf allen CPUs einsetzen. Er hat dem Hersteller aber bei jedem CPU-Wechsel die Typennummer der neuen CPU mitzuteilen."

„Im Falle einer beabsichtigten Benutzung des Programm-Paketes in einem Netzwerk von Computern …, in dem die Programme des Programm-Pakets auf einzelne Stationen des Netzes kopiert werden, wird sich der Anwender vorab an den Hersteller zur Festsetzung einer Benutzungsgebühr wenden."

„Deinstallationserklärung. Ich möchte die über Softwareload herunter geladene Software: Name der Software: (im Folgenden Software genannt) an eine dritte Person weitergeben. Gemäß Ziffer II 5 der AGB Softwareload bin ich hierzu nur berechtigt, wenn ich die Software von meinem Endgerät sowie alle Sicherungskopien und Lizenzschlüssel hiervon lösche, eine entsprechende Deinstallationserklärung gegenüber der Deutschen Telekom abgebe und ich den Erwerber vor der Weitergabe ausdrücklich auf die Geltung dieser AGB hingewiesen habe. Hiermit versichere ich gegenüber der Deutschen Telekom, dass ich die Software von meinem Endgerät vollständig deinstalliert und alle Sicherungskopien gelöscht oder an den Erwerber übergeben habe. Name des Weitergebenden: Benutzername, T-Online Nummer oder Transaktionsnummer: (Ort), den (Datum) (Unterschrift des Weitergeben). Bevor Sie die Software weitergeben, bitte: 1. Obige Deinstallationserklärung ausdrucken 2. Deinstallationserklärung vollständig ausfüllen und unterschreiben 3. Vollständig ausgefüllte und unterschriebene Deinstallationserklärung faxen an 0180 5 – 33 … (0,14 €/Min aus dem dt. Festnetz; abweichende Preise für die Anrufe aus dem Mobilfunknetz möglich)[547]."

Informationspflichten werden den Softwareanwendern in unterschiedlichster Form und bei Eintritt verschiedenster Voraussetzungen auferlegt. Der *BGH* spricht in diesem Zusammenhang auch von „Auskunftspflichten"[548]. Grundlegende Gemeinsamkeit sämtlicher Informationspflichten ist jedoch das Bestreben des Softwarelieferanten, die **Einhaltung urheberrechtlicher oder wettbewerbsrechtlicher Vorschriften** oder **vertraglicher Vereinbarungen** kontrollieren zu können[549]. Hierzu ist es erforderlich, dass der Anwender dem Softwarelieferanten bestimmte für die Geltendmachung von Rechten erforderliche Informationen mitteilt, da dem Softwarelieferanten in der Regel ein Einblick in die Sphäre des Anwenders nicht möglich ist. Nur sofern es sich um eine auf Dauer angelegte Überlassung von **Low-Cost-**

1768

---

[546] Vgl. *Appl* medien und recht 2016, 73, 83.
[547] Vgl. den Anhang zu den Allgemeinen Geschäftsbedingungen der Deutschen Telekom AG „Softwareload" (Version vom 1.11.2008).
[548] Vgl. *BGH*, 24.10.2002, I ZR 3/00, NJW 2003, 2014, 2016.
[549] Der *BGH*, 24.10.2002, I ZR 3/00, NJW 2003, 2014, 2016 spricht allgemein von der Überwachung gegenüber Missbrauch.

Produkten handelt, bei denen ein Anwender nach der Bezahlung mit solchen Informationspflichten nicht rechnen muss, sind entsprechende Klauseln gem. § 305c Abs. 1 BGB nicht in den Vertrag einbezogen und darüber hinaus nach § 307 Abs. 1 und 2 BGB unwirksam, weil sie als unangemessen im Sinne dieser Vorschrift bezeichnet werden müssen. Im Übrigen sind Informationsklauseln **nicht generell zu beanstanden**[550].

1769 Die Überbürdung einer Informationspflicht ist jedoch nur solange durch die Interessen des Softwarelieferanten gerechtfertigt, als die Informationspflicht lediglich die Durchsetzung **real existenter Rechte** des Softwarelieferanten ermöglichen soll. Erforderlich ist daher, dass die betreffende Informationspflicht etwa der Verwirklichung eines aus dem Urheberrechtsgesetz herzuleitenden Rechts oder einer wirksamen vertraglichen Vereinbarung dient. Sofern sich der Softwarelieferant jedoch eines Rechts berühmt, das ihm in Wirklichkeit nicht zusteht, folgt hieraus, dass eine dieses nicht existente Recht absichernde Informationsklausel wegen Unangemessenheit im Sinne des § 307 Abs. 1 BGB unwirksam ist. Unerheblich ist dabei, ob der Softwarelieferant vom Nichtbestehen des von ihm beanspruchten Rechts wusste, denn selbst wenn er irrtümlich von der Berechtigung eines vermeintlichen Anspruchs ausging, kann die Tragung dieses **Irrtumsrisikos** nicht dem Anwender auferlegt werden, indem dieser in jedem Fall eine entsprechende Informationspflicht beachten müsste. Die Überbürdung einer Informationspflicht ist darüber hinaus auch nur dann gerechtfertigt, wenn der mit dieser Pflicht verbundene **Aufwand** für den Anwender **zumutbar** ist.

1770 Sofern der Softwarelieferant daher einen **Hardwarewechsel** auf Seiten des Anwenders durch eine vertragliche Vereinbarung verbieten möchte und dieses Verbot mit einer Mitteilungspflicht für den Fall des Hardwarewechsels verbindet, sind nicht nur die betreffende Systemvereinbarung[551], sondern auch die diesbezügliche Mitteilungsklausel unwirksam. Darüber hinaus ist bei solchen Computerprogrammen, die auf einem weit verbreiteten Computertyp lauffähig sind und bei denen ein Hardwarewechsel nicht nur unproblematisch ist, sondern auch häufiger vorkommen kann, sowohl mit § 307 Abs. 2 Nr. 1 BGB als auch mit § 307 Abs. 2 Nr. 2 BGB nicht zu vereinbaren. Denn es liefe der sowohl aus den wesentlichen Grundgedanken des Eigentums als auch aus der Kardinalpflicht des Softwarelieferanten zur Eigentumsverschaffung zu entnehmenden **Freiheit zum Hardwarewechsel** entgegen, wollte man einen in diesen Fällen leicht zu realisierenden Hardwarewechsel durch die Auferlegung von Mitteilungspflichten mittelbar stark beschränken. Eine Ausnahme hiervon wird man allenfalls für teure Spezialsoftware machen können, die nicht überall lauffähig ist und vom Anwender daher in der Regel auch nur auf einem bestimmten Computersystem eingesetzt werden kann. Da in diesen Fällen ein Hardwarewechsel nicht zu häufig vorgenommen wird, erscheint es hier vertretbar, den Anwender mit der Auferlegung einer entsprechenden Mitteilungspflicht zu belasten. Hier wird auch der Softwarelieferant den verwaltungstechnischen Aufwand einer Registrierung und Auswertung der eingegangenen Mitteilungen nicht scheuen.

1771 Die letztgenannte Überlegung greift auch bei anderen Vorkommnissen beim Anwender ein, die die Interessen des Softwareherstellers besonders betreffen können, wie etwa der Aufbau eines **Netzwerks.** Auch hier erscheint es nicht unangemessen, wenn der Softwarelieferant dem Anwender teurer Spezialsoftware eine Mitteilungspflicht für den Fall auferlegt, dass die Software nun im Rahmen eines Netzwerks

---

[550] Ohne nähere Begründung *BGH*, 24.10.2002, I ZR 3/00, NJW 2003, 2014, 2016.
[551] Vgl. zu den Systemvereinbarungen ausführlich oben Rdn. 1665 ff.

genutzt werden soll. Damit wird dem Softwarelieferanten die Möglichkeit gegeben, einen infolge der gegebenenfalls eröffneten zeitgleichen Mehrfachnutzung entstandenen zusätzlichen Zahlungsanspruch zu verwirklichen.

Schließlich sind auch nach einem Weiterverkauf der Software durch den Anwender entstehende Mitteilungspflichten hinsichtlich des **Namens und der vollständigen Anschrift** des neuen Anwenders nicht generell zu beanstanden. Angesichts des nicht zu übersehenden Interesses des Softwarelieferanten, den Verbleib seiner Software überprüfen zu können, um beim Auftauchen von Raubkopien anhand der häufig im Programmcode versteckten Seriennummer den Verbreitungsweg seines Produkts nachvollziehen und gegebenenfalls zumindest einen der Raubkopierer entlarven zu können, bestehen gegen eine solche vertragliche Vereinbarung innerhalb gewisser Grenzen keine Bedenken[552]. Erforderlich ist jedoch zunächst, dass es sich nicht um Computersoftware der **Low-Cost-Klasse** handelt, bei denen ein Anwender mit solch einer Regelung nicht rechnen muss, weil seine begründete Kundenerwartung dahin geht, die nur wenige Euro teure Software nach Belieben weiterveräußern zu dürfen, sobald der Anwender an ihrer Weiterverwendung kein Interesse mehr hat. In diesen Fällen scheitert ein Einbezug einer entsprechenden Klausel in den Vertrag an § 305c Abs. 2 BGB gleichwie es unangemessen wäre, einem Kunden den **zeitlichen und finanziellen Aufwand** einer derartigen Mitteilung aufzuerlegen, sodass auch ein Verstoß gegen § 307 Abs. 1 BGB vorläge. 1772

Sofern die Software jedoch einen gewissen Preis übersteigt und nicht mehr zu den Low-Cost-Produkten gezählt werden kann, muss das ausgeprägte Interesse des Softwarelieferanten an einer wirksamen Bekämpfung der Softwarepiraterie nicht nur auf die Kundenerwartung im Sinne des § 305c Abs. 1 BGB durchschlagen, sondern auch bei der Prüfung der Angemessenheit nach § 307 Abs. 1 BGB berücksichtigt werden. Ab einem Verkaufspreis von etwa **100,– Euro** erscheint die Auferlegung des mit einer Mitteilung verbundenen zeitlichen und finanziellen Aufwands daher nicht mehr unangemessen, weshalb in diesen Fällen eine entsprechende Klausel nicht zu beanstanden ist[553]. 1773

X. Konkurrenzverbote

Inhaltsübersicht

	Rdn.		Rdn.
1. Erscheinung und wirtschaftliche Relevanz	1774	2. Vertragsrechtliche Zulässigkeit	1777

Typische Klausel:

„Wettbewerbs- und Abwerbeverbot
G wird keine mit den Vertragsprodukten konkurrierenden Datenverarbeitungsprogramme entwickeln und vertreiben. Konkurrierend sind Datenverarbeitungsprogramme mit einer den Vertragsprodukten ähnlichen Funktionalität oder einem ähnlichen Einsatzzweck."

Schrifttum: *Bernhard*, Grenzen vertraglicher Wettbewerbsverbote zwischen Unternehmen, NJW 2013, 2785 ff.; *Erben*, Wettbewerbsverbote mit Freiberuflern, CR 1999, 600 ff.; *Mummenthey/Rehder*, Wettbewerbsverbotsklauseln in den USA, CR Int. 2000, 80 ff.

---

[552] Nicht zu verschweigen ist allerdings, dass einige Softwarehersteller ihr Adressmaterial dafür missbrauchen, die Anwender werbewirksam mit „Produktinformationen" zu neuen Produkten oder weiteren Bestandteilen der Produktpalette zu überschütten.
[553] Für eine generelle Zulässigkeit ohne Einschränkung bei Low-Cost-Software *Ulmer/Brandner/Hensen*, Teil 2, Bes. Vertragstypen, Softwareverträge, Rdn. 17.

1. Erscheinung und wirtschaftliche Relevanz

1774 Konkurrenz- oder auch Wettbewerbsverbote sind vornehmlich bei Softwareüberlassungsverträgen über **Individualprogramme** anzutreffen, bei denen ein Computerprogramm seitens des Herstellers für einen ganz bestimmten Kunden entwickelt wird. Der Besteller und zukünftige Anwender ist in diesen Fällen oftmals daran interessiert, am betreffenden Programm ein ausschließliches Nutzungsrecht eingeräumt zu bekommen und Dritten die Möglichkeit zu nehmen, mit dem gleichen oder einem ähnlichen Programm zu arbeiten[554]. Motiviert wird dieser Wunsch dadurch, dass der Anwender gegebenenfalls bestimmte Dienstleistungen exklusiv anbieten können möchte und dies nur mit dem betreffenden Programm zu realisieren ist. Daneben werden Konkurrenzverbote häufig aber auch dann vereinbart, wenn der Besteller zugleich den weiteren Vertrieb der Software übernimmt und sich im Rahmen der Vertriebsvereinbarung[555] ein **ausschließliches Vertriebsrecht** findet. Auch hier möchte der Besteller verhindern, dass seine Absatzchancen dadurch herabgesetzt werden, dass die betreffende Software oder ein ähnliches Programm am Markt konkurriert.

1775 Bereits die obige Einführung lässt erkennen, dass ein Konkurrenzverbot, das sich lediglich auf eine **identische** Programmversion erstreckt, zu kurz greift. Dies begründet sich dadurch, dass sich der Einsatzzweck eines Computerprogramms in der Regel auch durch ein anderes Programm bedienen lässt, wobei dieses Zweitprogramm weder hinsichtlich des jeweiligen Programmcodes noch der Befehlsstruktur, der Bildschirmoberfläche oder sonstiger Charakteristika mit dem Erstprogramm notwendigerweise identisch oder auch nur sehr ähnlich zu sein braucht. So nimmt es nicht wunder, dass bereits in der ersten und berühmten Entscheidung des *BGH*[556] zum Urheberrechtsschutz für Computerprogramme – Inkassoprogramm – nicht die Verwertung einer identischen Programmversion durch den Softwarehersteller im Streit stand, sondern die Verwertung **verschiedener im wesentlichen ähnlicher Versionen**.

1776 Damit wird indes ein Spannungsverhältnis zwischen den Interessen der Vertragsparteien sichtbar, das nur schwer auflösbar erscheint. Während die **Interessen des Bestellers** in der Tendenz dahin gehen, dem Softwarehersteller nicht nur die Herstellung identischer, sondern auch sämtlicher vergleichbarer Software zu verbieten, liegt es im **Interesse des Herstellers,** weiterhin Software entwickeln zu können. Hierbei wird er infolge seiner in der Regel fachspezifischen Vorkenntnisse, Erfahrungen und gegebenenfalls auch seines guten Rufs für bestimmte Problemlösungen innerhalb der gleichen Branche tätig sein wollen, bei hoher Spezialisierung sogar sein müssen. Ein hochspezialisierter Hersteller von Steuerungssoftware für Druckmaschinen wird beispielsweise schwerlich in der Lage sein, seine Tätigkeit übergangslos auf die Erstellung von Bildbearbeitungsprogrammen umzustellen. Bleibt der Hersteller aber seiner bisherigen fachlichen Ausrichtung treu, liegt es auf der Hand, dass es hierbei zur abermaligen Verwendung einzelner Programmteile, bestimmter Funktionen, bestimmter Bedienerstrukturen oder auch nur grundlegender Ideen kommen kann, gegebenenfalls sogar kommen muss. Dabei kann es an dieser Stelle des Aufzeigens des Interessenkonflikts noch dahinstehen, ob die Weiterverwertungen des Herstellers eine urheberrechtlich relevante Bearbeitung bereits überlassener Programmierleis-

---

[554] So etwa im Fall *BGH*, 9.5.1985, I ZR 52/83, NJW 1986, 192 ff.
[555] Vgl. zu Vertriebsverträgen ausführlich oben Rdn. 1070 ff.
[556] Vgl. *BGH*, 9.5.1985, I ZR 52/83, NJW 1986, 192 ff.; ausführlich hierzu oben Rdn. 66; ferner etwa *OLG Stuttgart*, 18.9.1998, 2 U 88/98, CR 1999, 618 f.

tungen darstellen oder nicht. Hingewiesen werden muss aber noch auf die Tatsache, dass die bei einer Programmentwicklung eingesetzten oder erarbeiteten **Algorithmen** oftmals nicht nur für die Aufgabe eingesetzt werden können, für die sie zunächst gedacht waren, sondern nach einer mehr oder weniger einschneidenden Änderung **auch andere Aufgaben** erfüllen können.

2. Vertragsrechtliche Zulässigkeit

Oftmals werden Konkurrenzverbote ausdrücklich im Softwareüberlassungsvertrag geregelt, jedoch ist dies nicht immer der Fall. Fehlt eine ausdrückliche Regelung, kann ein Konkurrenzverbot aber auch auf Grund eines **stillschweigend-schlüssigen Verhaltens** vereinbart worden sein[557]. Dies kann etwa dann angenommen werden, wenn der Besteller nicht nur die Quellcodes überlassen bekommt, sondern das Programm vor dem Hintergrund eines ausschließlichen Nutzungsrechts an Dritte soll weitervertreiben dürfen. Hier entspricht es einer vertraglichen Nebenpflicht des Softwareherstellers, die Verwertungschancen des Bestellers nicht zu unterlaufen, was sowohl durch **identische** als auch durch **im wesentlichen identische** Programme der Fall sein kann. Auch bei der Annahme eines durch stillschweigend-schlüssiges Verhalten vereinbarten Konkurrenzverbots muss aber dessen Grenze bestimmt werden. Insoweit besteht kein charakteristischer Unterschied zu ausdrücklichen Konkurrenzverboten, sodass insoweit auf die nachfolgenden Ausführungen verwiesen werden kann.

1777

Für die Beurteilung von ausdrücklich vereinbarten Konkurrenzverboten muss zunächst darauf hingewiesen werden, dass ein zu weit gefasstes Verbot den Softwarehersteller nicht nur wirtschaftlich schwer treffen würde, da er sein fachspezifisches Wissen nicht oder nur eingeschränkt weiterverwerten dürfte, sondern daneben zu einer wesentlichen Beeinträchtigung der durch Art. 12 GG garantierten **Berufsausübungsfreiheit** führt[558]. Auch die wechselseitige Beschränkung Privater durch Vertragsschluss unterliegt der Kontrolle am Maßstab des Art. 12 Abs. 1 GG[559]. Jeder Mitarbeiter hat das durch Art. 12 Abs. 1 GG geschützte Recht der freien Wahl des Arbeitsplatzes[560]. Eine entsprechende Vereinbarung ist daher, sofern sie in Allgemeinen Geschäftsbedingungen enthalten ist, an § 307 Abs. 1 BGB zu messen, und daneben[561] auch bei **individualvertraglicher Vereinbarung** anhand von § 138 BGB zu überprüfen[562]. Insoweit kann auf Entscheidungen aus mannigfaltigen Bereichen der Rechtsordnung zurückgegriffen werden, denn es handelt sich nicht um ein softwarespezifisches Problem. Die Rechtsprechung hat die Grenze der **Sittenwidrigkeit** bei Konkurrenzklauseln, die zu einer Beschränkung der Berufsausübungsfreiheit und wirtschaftlichen Betätigungsfreiheit führen, dort gesehen, wo die persönliche und wirtschaftliche Betätigungsfreiheit unvertretbar eingeengt wird[563]. Auf der anderen

1778

---

[557] Vgl. *BGH*, 9.5.1985, I ZR 52/83, NJW 1986, 192, 193.
[558] Vgl. *OLG Stuttgart*, 18.9.1998, 2 U 88/98, CR 1999, 618, 619; nicht softwarespezifisch *BGH*, 10.12.2008, KZR 54/08, NJW 2009, 1751, 1753, Tz. 24; für ein Wettbewerbsverbot in einem Anwaltssozietätsvertrag *BGH*, 18.9.2006, II ZR 137/04, NJW 2007, 295, 296 Tz. 16 ff.; *OLG Stuttgart*, 1.8.2001, 20 U 55/01, MDR 2002, 483.
[559] Vgl. *BVerfG*, 3.7.2003, 1 BvR 238/01, NJW 2003, 2520, 2522; *BGH*, 18.9.2006, II ZR 137/04, NJW 2007, 295, 296 Tz. 15.
[560] Vgl. *BGH*, 11.1.2007, I ZR 96/04, NJW 2007, 2999, 3000 Tz. 16.
[561] Vgl. *Bernhard* NJW 2013, 2785, 2786. Zum Nebeneinander von §§ 307 ff. BGB und § 138 BGB *Wolf/Lindacher/Pfeiffer* § 307 Rdn. 24.
[562] Vgl. *BGH*, 10.12.2008, KZR 54/08, NJW 2009, 1751, 1753 Tz. 24; *Bernhard* NJW 2013, 2785, 2786.
[563] Vgl. *BGH*, 18.9.2006, II ZR 137/04, NJW 2007, 295 f. Tz. 10.

Seite hat auch der *BGH* anerkannt, dass besondere Umstände vorliegen können, die ein anerkennenswertes Bedürfnis begründen, vor einer illoyalen Verwertung des Vertragsgegenstands sowie damit verbundener Kenntnisse geschützt zu sein[564]. Ein Konkurrenzverbot ist daher nur wirksam, wenn es erforderlich ist, um den Hauptzweck des Vertrags abzusichern[565].

1779 Ein zulässiges Konkurrenzverbot kann durch die Vereinbarung einer Vertragsstrafe abgesichert werden[566]. Verstößt ein Mitarbeiter gegen ein vertragliches oder nachvertragliches Wettbewerbsverbot, so ist er dem Vertragspartner zum **Schadensersatz** nach § 280 Abs. 1 BGB verpflichtet[567]. Das **Abwerben fremder Mitarbeiter** durch Konkurrenten ist als Teil des freien Wettbewerbs aber grundsätzlich erlaubt. Unlauter ist es lediglich, den Mitarbeiter eines Konkurrenten zum Vertragsbruch zu verleiten, das heißt gezielt und bewusst auf dessen Vertragsbruch hinzuwirken[568]. Demgegenüber ist das bloße Ausnutzen eines fremden Vertragsbruchs, ohne den vertraglich Gebundenen zu dem Vertragsbruch zu verleiten, nicht unlauter, wenn nicht besondere, die Unlauterkeit begründende Umstände hinzutreten[569]. Der Verstoß gegen das Wettbewerbsverbot entfaltet Wirkungen lediglich im betreffenden Vertragsverhältnis, nicht dagegen gegenüber dem Konkurrenten. Ihm gegenüber bestehen grundsätzlich keine Unterlassungs- oder Schadensersatzansprüche[570].

1780 Zur Entscheidung, wo nun eine nicht mehr akzeptable Beschränkung beginnt, müssen die **Umstände des Einzelfalls umfassend** gewürdigt werden, denn nach Auffassung des *BGH*[571] lässt sich etwa auch die Frage nach der Grenze zulässiger Zeitbestimmungen nicht generell-abstrakt, sondern nur anhand des Einzelfalls unter Abwägung aller Umstände beantworten[572]. Zu berücksichtigen sind etwa die wirtschaftliche Größe des Softwareherstellers, die Möglichkeit, nicht konkurrierende Programme für andere Branchen oder auch nicht konkurrierende Programme für die gleiche Branche zu entwickeln, und auch die Länge des Konkurrenzverbots. Hinsichtlich des letztgenannten Kriteriums kann auf die Wertungen der §§ 74 ff. HGB insbesondere des § 74a Abs. 1 S. 3 HGB zurückgegriffen werden[573], soweit eine arbeitnehmerähnliche Position des Softwareherstellers besteht, was insbesondere bei Einzelprogrammierern und deren (vorübergehende) Integration in das Unternehmen des Bestellers der Fall sein kann[574]. Konkurrenzverbote sind in diesen Fällen sittenwidrig im Sinne des § 138 BGB, wenn dem Programmierer für einen längeren Zeitraum als zwei Jahre verboten ist, Software mit gleicher oder ähnlicher Funktion zu entwickeln[575]. Eine Sittenwidrigkeit dürfte ferner immer dann anzunehmen sein, wenn auch die **Entwicklung nicht konkurrierender Software** verboten werden

---

[564] Vgl. *BGH*, 28.4.1986, II ZR 254/85, NJW 1986, 2944, 2945.
[565] Vgl. *Bernhard* NJW 2013, 2785, 2786.
[566] Vgl. *LG Wuppertal*, 15.6.1999, 5 O 274/98, CR 2000, 358, 359. Zu Vertragsstrafen vgl. unten Rdn. 1989 ff.
[567] So für den Handelsvertreter *BGH*, 11.1.2007, I ZR 96/04, NJW 2007, 2999, 3001 Tz. 16.
[568] Vgl. *BGH*, 11.1.2007, I ZR 96/04, NJW 2007, 2999, 3000 Tz. 14.
[569] Vgl. *BGH*, 11.1.2007, I ZR 96/04, NJW 2007, 2999, 3000 Tz. 14.
[570] Vgl. *BGH*, 11.1.2007, I ZR 96/04, NJW 2007, 2999, 3001 Tz. 16.
[571] Vgl. *BGH*, 18.9.2006, II ZR 137/04, NJW 2007, 295, 296 Tz. 13.
[572] Vgl. *BGH*, 18.9.2006, II ZR 137/04, NJW 2007, 295, 296 Tz. 13.
[573] Vgl. *OLG Stuttgart*, 18.9.1998, 2 U 88/98, CR 1999, 618, 619.
[574] Zur Anwendung der §§ 74 ff. HGB auch auf wirtschaftlich abhängige freie Mitarbeiter *BGH*, 10.4.2003, III ZR 196/02, MDR 2003, 1000 f. Zur Qualifizierung eines Software-Entwicklers als arbeitnehmerähnliche Person, wenn er „bei Bedarf mindestens 40 Stunden/Woche" für einen bestimmten Auftraggeber tätig ist, *OLG Düsseldorf*, 22.3.2000, 15 U 127/99, CR 2000, 428.
[575] Wohl auch *LG Wuppertal*, 15.6.1999, 5 O 274/98, CR 2000, 358, 359.

soll[576]. Daher muss dem Programmierer die Verwendung einzelner Programmmodule in Programmen mit unterschiedlicher Funktionalität erlaubt bleiben. Auch die Entwicklung von Programmen, die als freie Bearbeitungen im Sinne des § 24 UrhG zu qualifizieren sind, darf dem Programmierer zumindest in Allgemeinen Geschäftsbedingungen nicht verboten werden, denn diese Tätigkeit stellt keine größere Konkurrenz dar als sie auch durch einen neu auf den Markt kommenden Programmierer entstehen könnte[577]. Eine dem entgegenstehende Klausel ist nach § 307 Abs. 1 BGB unwirksam.

XI. Hinterlegungsvereinbarungen

Typische Klausel:
„Die jeweils letzte Fassung der lizenzierten Programme sowie zugehörigen systemtechnischen Dokumentationen wird bei einem vom Auftragnehmer zu benennenden Notar dem Auftraggeber als Sicherheitskopie im Quellcode hinterlegt. Hierzu wird eine Hinterlegungsvereinbarung abgeschlossen. Diese wird Bestandteil des Vertrags. In der Hinterlegungsvereinbarung wird der zu benennende Notar verpflichtet, in dem Fall der Erfüllung der Voraussetzungen für die Herausgabe der hinterlegten Gegenstände gem. Ziffer … dieses Vertrags, diese an den Auftraggeber herauszugeben. Der Auftraggeber erhält eine Kopie der Hinterlegungsvereinbarung. Die Notarkosten für die Hinterlegung trägt der Auftraggeber. Der Auftragnehmer verpflichtet sich, die entsprechenden Unterlagen bei Einführung einer neuen Produktionsversion auf dem aktuellen Stand zu halten."

„**§ 2 Hinterlegung.** (1) Das Softwarehaus übergibt dem Besteller das Quellprogramm und die Herstell- und Wartungsdokumentation der Software („Gegenstände") in einem versiegelten Umschlag, der mit der genauen Bezeichnung der Software und dem Datum der Übergabe versehen wird. (2) Die Gegenstände müssen in einem Zustand sein, der einem Fachmann die Pflege und Weiterentwicklung ermöglicht. 5 Programm und Dokumentation werden auf CDs hinterlegt. Über eine Änderung des Datenformats gegenüber dem heutigen Stand müssen die Vertragspartner sich verständigen. (3) Der Besteller kann die Hinterlegung in Bezug auf jeden Softwarestand verlangen. Bei jeder Hinterlegung unterrichtet das Softwarehaus den Besteller schriftlich über eventuelle Änderungen der technischen Voraussetzungen, unter denen das Quellprogramm geöffnet, gelesen und bearbeitet werden kann.

§ 3 Validierung. (1) Der Besteller kann bei jeder Hinterlegung verlangen, dass das Softwarehaus daran mitwirkt, aus dem zu hinterlegenden Quellprogramm auf Rechnern und mit Compilern des Bestellers das Maschinenprogramm zu erstellen. Der Besteller darf dieses Maschinenprogramm sodann nutzen. (2) Der Besteller kann jederzeit einen öffentlich bestellten und vereidigten Sachverständigen beauftragen, die hinterlegten Gegenstände auf Identität mit den geschuldeten Gegenständen und auf die Eignung nach § 2 Abs. 2 zu überprüfen. Mangels Einvernehmens der Vertragspartner wird der Sachverständige durch die Schlichtungsstelle der Deutschen Gesellschaft für Recht und Informatik e.V. (www.dgri.de/) benannt; hierbei sind nachvollziehbare Einwendungen des Softwarehauses gegen einzelne Personen zu berücksichtigen. Der Sachverständige legt gemeinsam mit dem Softwarehaus fest, in welchen Bereichen er Untersuchungen durchführt. Die Untersuchung darf nicht ermöglichen, dass der Sachverständige einen umfassenden Einblick in das in der Software verkörperte Know-how erhält. Der Sachverständige berichtet dem Besteller nur über das Ergebnis; im Übrigen ist er unmittelbar zugunsten des Softwarehauses gegenüber jedermann zur Verschwiegenheit über seine Wahrnehmungen verpflichtet. Auftraggeber und Kostenschuldner ist der Besteller. (3) Der Besteller kann die Validierung auch durch ein auf dem deutschen Markt tätiges Hinterlegungsunternehmen durchführen lassen. Abs. 2 ist hierbei zugunsten des Softwarehauses einzuhalten. Im Übrigen gilt in Bezug auf Leistungsbeschreibungen und rechtliche Konditionen der mit dem Hinterlegungsunternehmen zu schließende Vertrag. (4) Bei der Validierung zutage tretende Probleme und Mängel hat das Softwarehaus unverzüglich zu beseitigen.

---

[576] Generell zu urheberrechtlichen Konkurrenzverboten *Fromm/Nordemann/Nordemann* Vor § 31 Rdn. 247 ff.
[577] Zu diesem Kriterium *BGH*, 13.3.1979, KZR 23/77, NJW 1979, 1605, 1606.

§ 4 Rechte. (1) Der Besteller wird Eigentümer der hinterlegten Sachen. Das Softwarehaus hat in keinem Fall einen Rückforderungsanspruch. (2) Der Besteller erhält hiermit in Bezug auf jeden ihm zu überlassenden Stand der Software (gleich ob Maschinen- oder Quellprogramm)

a) das Recht zur Umarbeitung, insbesondere Fehlerbeseitigung, Änderung, Erweiterung und Herstellung von Schnittstellen, und

b) alle die Rechte am Arbeitsergebnis, die er an der unveränderten Standardsoftware hat."[578]

„**3. Quellcode**
3.1 Hinterlegungsverpflichtung
Der AN wird dafür Sorge tragen, dass die jeweils aktuelle Version des Quellcodes zugunsten des AG an zuverlässiger Stelle rechtsverbindlich so hinterlegt wird, dass in einem der folgenden Fälle der Quellcode an den AG herausgegeben wird, wenn nicht ohnehin der Quellcode direkt dem AG in seiner jeweiligen Fassung übergeben wurde. Hinterlegt wird auch die Softwareumgebung und die Wartungs- und Entwicklungsdokumentation sowie die Entwicklungs-Tools.
3.2 Herausgabefälle
– Insolvenz des AN
– Verletzung wesentlicher Vertragspflichten durch den AN,
– Nichterfüllung durch den AN,
– Notwendige Änderungen der Funktionalität, die der AN nicht, auch nicht gegen angemessene zusätzliche Vergütung, übernimmt.
Die Einzelheiten regeln die Vertragspartner in einer gesonderten Hinterlegungsvereinbarung, die als Anlage 7 beigefügt ist.
3.3 Die Kosten der Hinterlegung und Verifizierungen tragen die Vertragspartner zu gleichen Teilen, sofern die Vertragspartner nichts Abweichendes bestimmen."[579]

„**17.2 Hinterlegung des Quellcodes**
Es wird gemäß Ziffer 17.2 der EVB-IT-System die Hinterlegung des Quellcodes folgender Standardsoftware oder Individualsoftware (abweichend von Ziffer 17.1 EVB-IT System) vereinbart
..."[580]

„18.2 Ist die Hinterlegung des Quellcodes bestimmter Software vereinbart, erfolgt diese aufgrund der im EVB-IT Systemvertrag aufgeführten Hinterlegungsvereinbarung bei der vereinbarten Hinterlegungsstelle. Die Hinterlegungsverpflichtung bezieht sich auf die vom Auftragnehmer auf der Grundlage des EVB-IT Systemvertrages jeweils letzte geänderte Fassung des Quellcodes eines überlassenen Programmstandes einschließlich von Fehlerbeseitigungen. An sämtlichen Fassungen des Quellcodes von Individualsoftware stehen dem Auftraggeber die Rechte gemäß Ziffer 2.3.2.1 zu. An sämtlichen zu hinterlegenden Fassungen des Quellcodes von Standardsoftware steht dem Auftraggeber das für den Fall der Herausgabe aufschiebend bedingte Recht zu, diesen zum Zwecke der Fehlerbeseitigung und zur Aufrechterhaltung der Nutzungsmöglichkeit, insbesondere im Gesamtsystem zu bearbeiten und daraus ausführbare neue Programmstände zu erzeugen, an denen dem Auftraggeber wiederum dieselben Rechte wie an dem ursprünglich überlassenen Stand der Standardsoftware zustehen. Die vorgenannten Rechteeinräumungen erfolgen bei Quellcodes von Individualsoftware mit der jeweiligen Entstehung derselben und bei Quellcodes von Standardsoftware mit Überlassung der ausführbaren Programmstände.
18.3 Ist für die hinterlegte Standardsoftware die Lieferung neuer Programmstände in Nummer 5.1.2 des EVB-IT Systemvertrages vereinbart, bezieht sich die Hinterlegungsverpflichtung ebenfalls auf den jeweiligen Quellcode der überlassenen Programmstände.
18.4 Die Kosten der Hinterlegung trägt der Auftraggeber."[581]

Schrifttum: *Auer-Reinsdorff,* Escrow-Lizenzen und Open Source Software. Regelungsbedarf in Escrow-Vereinbarungen, ITRB 2009, 69 ff.; *Berger,* Softwarelizenzen in der Insolvenz des Softwarehauses, CR 2006, 505 ff.; *Brandt,* Softwarelizenzen in der Insolvenz – unter besonderer Berücksichtigung der Insolvenz des Lizenzgebers, Neue Zeitschrift für das Recht der Insolvenz und Sanierung (NZI) 2001, 337 ff.; *Dieselhorst,* Zur Dinglichkeit und Insolvenzfestigkeit einfacher Lizenzen, CR 2010, 69 ff.; *Graef,* Insolvenz des Lizenzgebers und Wahlrecht des Insolvenzverwalters – Lösungs-

---

[578] Vgl. *Bartsch,* Softwarehinterlegung, Beck'sches Formularbuch Bürgerliches, Handels- und Wirtschaftsrecht, 12. Aufl. 2016.
[579] Vgl. den Systemvertrag bei *Schneider,* 5. Aufl. 2017, Anh. 1 M9 Systemvertrag D. 3.
[580] Vgl. EVB-IT Systemvertrag Vers. 2.01 (9.1.2013).
[581] Vgl. die Ergänzenden Vertragsbedingungen für die Erstellung eines IT-Systems – EVB-IT System Ver. 2.0 (19.9.2012).

ansätze aus der Praxis, ZUM 2006, 104 ff.; *Grützmacher,* Insolvenzfeste Softwarelizenz- und Softwarehinterlegungsverträge – Land in Sicht?, CR 2006, 289 ff.; *Haines,* Tagungsbericht DGRI-Fachausschusssitzung „Software in der Insolvenz", CR 2002, 779; *Hoeren,* Die Pflicht zur Überlassung des Quellcodes, CR 2004, 721; *Kast/Meyer/Peters,* Software Escrow: The Saga Continues, CR 2004, 147 ff.; *Kast/Meyer/Wray,* Software Escrow, CR 2002, 379 ff.; *Klause,* Urheberrechtliche Nutzungsrechte in der Insolvenz, 2006; *Lensdorf,* Aspekte der Software-Hinterlegung, CR 2000, 80 ff.; *McGuire,* Nutzungsrechte an Computerprogrammen in der Insolvenz. Zugleich eine Stellungnahme zum Gesetzesentwurf zur Regelung der Insolvenzfestigkeit von Lizenzen, GRUR 2009, 13 ff.; *Metzger/Barudi,* Open Source in der Insolvenz, CR 2009, 557 ff.; *Oberscheidt,* Die Insolvenzfestigkeit der Softwarehinterlegung, 2002; *Paulus,* Insolvenzverfahren, Sanierungsplan: Risiken und Vermeidungsstrategien – dargestellt unter besonderer Berücksichtigung des Escrow-Agent, CR 2003, 237 ff.; *Plath,* Pfandrechte an Software. Ein Konzept zur Lösung des Insolvenzproblems?, CR 2006, 217 ff.; *ders.,* Nießbrauch an Software. Ein Konzept zur Lösung des Insolvenzproblems?, CR 2006, 613 ff.; *Rath,* Risiken und Nebenwirkungen beim Software Escrow. Vorschläge für eine insolvenzfeste Gestaltung der Softwarehinterlegung, CR 2013, 78 ff.; *Sheffield/Leeven,* Software-Quellcodehinterlegung, CR 1995, 306 ff.; *Siegel,* Software Escrow. Die konkreten Anforderungen an eine Quellcodehinterlegung in der Praxis, CR 2003, 941 ff.; *Stiemerling,* Sachgerechte Verifikation bei Software-Escrow, ITRB 2013, 87 ff.; *Verweyen,* Update: Lizenzen in der Insolvenz des Lizenzgebers, K&R 2012, 563 ff.; *Verweyen/Tacke,* Insolvenzfeste Ausgestaltung von Software- und anderen Lizenzverträgen, K&R 2009, 87 ff.

Es wurde bereits ausgeführt, dass der Anwender grundsätzlich keinen Anspruch auf Herausgabe des Quellcodes nebst Entwicklerdokumentation gegenüber dem Softwarehersteller hat[582]. Dies begründet für den Anwender die missliche Situation, im Hinblick auf gegebenenfalls notwendige Programmerweiterungen und -aktualisierungen, Fehlerbeseitigungen und alle anderen Eingriffe in den Programmcode auf die Tätigkeit des Softwareherstellers angewiesen zu sein. Der Anwender trägt somit das Risiko, dass der Hersteller die betreffenden Änderungen nicht durchführen kann oder will oder ein aus der Sicht des Anwenders unangemessen hohes Entgelt verlangt. Als besondere Gefahren für den Anwender werden im Schrifttum insbesondere die **Insolvenz des Herstellers,** die **Auflösung des betreffenden Geschäftsbereichs** sowie auch die **Überforderung des Herstellers** genannt[583]. Um diesen Gefahren als Ausformung einer besonderen Abhängigkeit vom Softwarehersteller zu begegnen, hat sich die Vereinbarung einer sog. Softwarehinterlegung entwickelt. Im Wesentlichen zeigen sich vier Problembereiche, die getrennt voneinander dargestellt werden sollen: 1781

1. Die Umschreibung des genauen Hinterlegungsgegenstands.
2. Die Frage nach der richtigen Hinterlegungsstelle.
3. Die genaue Umschreibung des Verfahrens im Herausgabefall.
4. Die Insolvenzfestigkeit der Hinterlegungsvereinbarung.

Zu 1.): Der genauen Umschreibung des Hinterlegungsgegenstands wird oftmals nicht genügend Aufmerksamkeit geschenkt. Sofern vereinbart wird, es sei **der Quellcode nebst Entwicklerdokumentation** zu hinterlegen, ist dies höchst ungenau und für den Anwender riskant. Auch mit dem Quellcode eines Programms, liegt dieser nun maschinenlesbar vor oder auf Papier, kann der Anwender wenig anfangen, wenn der Quellcode nicht hinreichend dokumentiert ist[584]. Die Anfertigung einer auch für Dritte verständlichen Dokumentation ist aber ein umfangreiches, zeitaufwendiges und mühsames Geschäft, bei dem zahllose Softwareentwickler nicht die gebotene Gründlichkeit walten lassen. Dies kann dazu führen, dass der Anwender 1782

---
[582] Vgl. hierzu oben Rdn. 688 ff.
[583] Vgl. *Rath* CR 2013, 78.
[584] Zutreffend die Hinweise von *Rath* CR 2013, 78, 80; *Siegel* CR 2003, 941, 946; *Lensdorf* CR 2000, 80, 84.

im Herausgabefall lediglich Material erhält, das er unter wirtschaftlichem Gesichtspunkt nicht sinnvoll verwenden kann[585]. Unter Umständen ist die Weiterentwicklung wegen der Unverständlichkeit oder Lückenhaftigkeit der Dokumentation sogar unmöglich, die Softwarehinterlegung damit erfolglos[586]. Dies gilt insbesondere bei fehlender methodisch-übersichtlicher Programmiertechnik[587]. Mit dieser Feststellung wird jedoch deutlich, dass eine erfolgversprechende Softwarehinterlegung **nicht unerhebliche Kosten** verursacht, deren Höhe oftmals unterschätzt wird. Gesteigert wird der wirtschaftliche Aufwand darüber hinaus durch zwei weitere Erfordernisse.

1783 Zum einen muss überprüft werden können, ob das hinterlegte Material den an eine Programmweiterentwicklung durch Dritte zu stellenden Anforderungen genügt[588]. **Diese Prüfung hinreichender Genauigkeit, Verständlichkeit und Vollständigkeit** vermag der Anwender in der Regel nicht selbst vorzunehmen. Auch die verschiedentlich als Hinterlegungsstelle bezeichneten Notare sind zu dieser Überprüfung nicht in der Lage[589], sodass fachkompetente Programmierer oder Systemanalytiker beauftragt werden müssen. Deren Prüfung darf aber nicht oberflächlich ausfallen, um das Risiko unzureichender Dokumentation gering zu halten. Die Überprüfung, ob aus dem Quellcode überhaupt ein ablauffähiger Objektcode erstellt werden kann, sollte selbstverständlich sein[590], jedoch lassen nur die wenigsten Anwender eine Verifizierung durchführen. Es bedarf an dieser Stelle keiner näheren Ausführungen, dass derartige Prüfungen erneut nicht unerhebliche Kosten verursachen. Eine ohne diese Prüfung vorgenommene Softwarehinterlegung ist für den Anwender außerordentlich riskant, denn im Herausgabefall, insbesondere der Insolvenz, ist der Anspruch des Anwenders auf Vollständigkeit des zu hinterlegenden Materials nicht mehr zu verwirklichen. Nicht zu empfehlen ist auch, dem Anwender oder der Hinterlegungsstelle nur unter bestimmten Voraussetzungen ein Überprüfungsrecht einzuräumen[591].

1784 Zum anderen muss bedacht werden, dass eine Softwarehinterlegung nur dann die gewünschte Sicherheit bieten kann, wenn die **jeweils aktuelle Programmversion** hinterlegt wird, denn eine überholte Altversion nutzt dem Anwender in der Regel nichts[592]. Der oben beschriebene Aufwand wiederholt sich daher in gewissem Umfang bei jeder neuen Programmversion, wodurch beständige Folgekosten entstehen. Auch sollte der Anwender nach einer nicht zu beanstandenden Überprüfung nicht

---

[585] Vgl. *Dreier/Vogel* S. 164.
[586] Vgl. *Rath* CR 2013, 78, 80. *Siegel* CR 2003, 941, 944 weist zutreffend darauf hin, dass die Hinterlegung all diejenigen Objekte und Dokumente enthalten muss, die es ermöglichen, dass ein Dritter nach Ausfall des bisher Support leistenden Unternehmens Veränderungen am Quellcode vornehmen kann. Hierzu zählen nach seiner Auffassung zunächst die Einzelheiten der Hinterlegungsobjekte: volle Bezeichnung und Versionsangabe, Anzahl der Datenträger, Datenträgertyp und –dichte, Datei- oder Archivformat, Liste der Retrieval-Befehle, Archivhardware und Details des Betriebssystems; daneben der Name und die Funktionalität jedes Moduls/jeder Anwendung des Materials; der Namen und die Versionen der Entwicklungswerkzeuge; die Dokumentationen, die die Verfahren zum Herstellen/Kompilieren/Ausführen/Gebrauch der Software beschreiben (Technische Hinweise, User-Guides); der Ausdruck der vollständigen Directories aller Datenträger; und schließlich der Name und die Telekommunikationsangaben von Mitarbeitern mit Kenntnissen über Wartung und Support des Materials.
[587] Vgl. *Hoeren* CR 2004, 721, 722.
[588] Vgl. *Stiemerling* ITRB 2013, 87, 88; *Hoeren* CR 2004, 721; *Siegel* CR 2003, 941, 944 f.
[589] Vgl. *Rath* CR 2013, 78, 81; *Hoeren* CR 2004, 721.
[590] Vgl. *Rath* CR 2013, 78, 80.
[591] So aber *Nordmann/Schumacher* K&R 1999, 363, 364.
[592] Vgl. *Rath* CR 2013, 78, 80; *Siegel* CR 2003, 941, 944; *Lensdorf* CR 2000, 80, 84.

auf weitere Überprüfungen bei neuen Programmversionen verzichten, denn auch ein zunächst sorgsamer Vertragspartner könnte bei eingetretener wirtschaftlicher Schieflage versucht sein, die bereits erwähnten hohen Kosten einzusparen.

Zu 2.): Aus der Sicht des Anwenders ist die **Hinterlegung beim Anwender selbst** (sog. zweiseitige Hinterlegung) die sicherste Form der Softwarehinterlegung, denn dann kann er im Herausgabefall sofort zugreifen. Trotz der Möglichkeit der Hinterlegung in einem versiegelten Behälter[593] sowie der Vereinbarung einer hohen Vertragsstrafe für den Fall unberechtigter Nutzung des Quellcodes bleibt für den Softwarehersteller indes ein gewisses Restrisiko, weshalb er in der Regel dieser Variante nicht zustimmen wird[594]. Weitere Möglichkeiten gehen dahin, dass der Softwarehersteller allein oder aber Hersteller und Anwender gemeinsam[595] eine neutrale Hinterlegungsstelle auswählen (sog. „dreiseitige" Hinterlegung). Als Hinterlegungsstellen kommen etwa **Notare**[596], **Rechtsanwälte, EDV-Sachverständige** oder sog. „**escrow agents**", also **spezialisierte professionelle Hinterlegungsstellen** in Betracht[597]. Besondere Erwähnung kann an dieser Stelle auch der TÜV Süd finden, der ebenfalls ein Software Escrow anbietet[598]. Anders als Rechtsanwälte oder Notare verfügen derartige professionellen Hinterlegungsstellen sowohl über die erforderlichen Voraussetzungen sicherer Softwarelagerung[599] als auch über den technischen Sachverstand zur Identifikation der zu hinterlegenden Materialien sowie zu deren Überprüfung auf Vollständigkeit und Eignung. 1785

Zu 3.): Besonders sorgfältig müssen die **Voraussetzungen** und **Folgen** eines Herausgabefalls festgelegt werden[600]. Als **Voraussetzungen** für eine Herausgabe kommen in Betracht: die Insolvenz des Herstellers[601] oder auch nur die Eröffnung eines Insolvenzverfahrens, die Liquidation und Löschung des Herstellers aus dem Handelsregister, die Einstellung der weiteren Programmpflege oder des gesamten Geschäftsbereichs, die Verweigerung einer Fehlerbeseitigung oder auch das Anerkennen, zu einer Fehlerbeseitigung oder Weiterentwicklung nicht in der Lage zu sein[602]. Neben der exakten Benennung der einzelnen Herausgabevoraussetzungen muss darüber hinaus festgelegt werden, wie der Anwender den Eintritt einer Voraussetzung gegenüber der Hinterlegungsstelle **nachweisen** muss[603], etwa durch eine eidesstattliche Erklärung, durch einfache Glaubhaftmachung oder gar durch ein Feststellungsurteil, dass der Herausgabefall eingetreten ist. Möglich ist auch, dass der Anwender im Falle des Streits über das Vorliegen der Herausgabevoraussetzungen eine Sicherheit leisten muss, bevor er den Hinterlegungsgegenstand erhält. 1786

---

[593] Vgl. *Grützmacher* CR 2006, 289, 294.
[594] Vgl. *Lensdorf* CR 2000, 80, 82 f.
[595] Diese Variante scheint sich am Markt durchgesetzt zu haben; vgl. *Rath* CR 2013, 78, 79.
[596] *Rath* CR 2013, 78.
[597] Die Unternehmen und Personen, die Dienstleistungen und Beratungsleistungen im Bereich der Software-Hinterlegung anbieten, haben sich in der Organisation pro Software Escrow e.V. (OSE) zusammengeschlossen. Aktive Verbandsmitglieder sind in der Regel Dienstleister für die Hinterlegung von Software Quellcode (professionelle Escrow Agenturen). Die Mitglieder sowie deren Kontaktdaten können abgerufen werden unter www.ose-internatinal.org.
[598] Vgl. www.tuev.sued.de.
[599] Berücksichtigt werden müssen etwa Gesichtspunkte des Brandschutzes, der Lagerungstemperatur von Datenträgern, der Feuchtigkeit und ähnliche Aspekte; vgl. *Siegel* CR 2003, 941, 945; *Lensdorf* CR 2000, 80, 83.
[600] So auch *Rath* CR 2013, 78, 81.
[601] Vgl. *Grützmacher* CR 2006, 289, 294.
[602] Ähnlich hinsichtlich möglicher Herausgabefälle *Lensdorf* CR 2000, 80, 84 f.
[603] Vgl. *Rath* CR 2013, 78, 81.

1787 Schließlich muss geregelt werden, welche **Folgen** im Herausgabefall eintreten, welche Rechte dem Anwender an der Software zustehen sollen. Insoweit ist zu berücksichtigen, dass der Anwender für jeden Eingriff in das Programm ein Recht zur Übersetzung, Bearbeitung oder anderen Umarbeitung im Sinne des § 69c Nr. 2 UrhG sowie zur Vervielfältigung der angefertigten neuen Programmversionen gem. § 69c Nr. 1 UrhG benötigt. Dies kann dahingehend spezifiziert werden, dass der Anwender zur Fehlerbeseitigung, Anpassung der Software an veränderte Anforderungen, Weiterentwicklung und sonstigen Pflegearbeiten berechtigt sein soll[604] und die neuen Programmversionen für den eigenen Gebrauch vervielfältigen darf. Darüber hinaus müssen dem Anwender aber keine Nutzungsrechte eingeräumt werden. Entsprechend der eingangs dargelegten Interessenlage bezweckt die Softwarehinterlegung, dem Anwender die Weiterbenutzung der Software auch dann zu ermöglichen, wenn der Hersteller eine gegebenenfalls erforderliche Programmänderung nicht durchführen kann oder will. Hierfür benötigt der Anwender aber kein Recht zur Weiterverbreitung oder sonstigen kommerziellen Nutzung über den genannten Rahmen hinaus.

1788 Zu 4.): Die Frage der **Insolvenzfestigkeit** von Hinterlegungsvereinbarungen wurde bereits unter Geltung der alten KO diskutiert und häufig verneint[605]. Damit wurde den Hinterlegungsvereinbarungen ein wesentlicher Teil ihrer Daseinsberechtigung abgesprochen, denn die Gefahr des Herstellerkonkurses stellt ja einen maßgeblichen Beweggrund für diese Vereinbarungen dar. Als problematisch wurde insbesondere die Gefahr der Anfechtung der Hinterlegungsvereinbarung durch den Konkursverwalter gem. § 31 Nr. 1 KO angesehen[606]. Dies sollte nur durch eine mietvertragliche Ausgestaltung des Softwareüberlassungsvertrags vermieden werden können, jedoch wurde im Schrifttum zu Recht darauf hingewiesen, dass dann auch das für den Hersteller ungünstigere mietvertragliche Mängelhaftungsrecht eingreift[607].

1789 Das Problem der zu befürchtenden **Anfechtung** der Hinterlegungsvereinbarung **wegen Gläubigerbenachteiligung** ist auch nach Inkrafttreten der InsO nicht beseitigt, denn dieses Recht steht nunmehr dem Insolvenzverwalter zu[608]. Eine Verschärfung der Situation ist sogar noch dadurch zu verzeichnen, dass dem Wahlrecht des Insolvenzverwalters gem. § 103 Abs. 1 InsO nunmehr alle entgeltlichen Nutzungsverträge unterliegen, also auch Lizenz-[609] und nach wenngleich nicht unbestrittener Auffassung auch Softwareverträge[610], sodass selbst die nach altem Konkursrecht getroffenen Hinterlegungsvereinbarungen bei mietvertraglich ausgestalteten Softwareüberlassungsverträgen nicht mehr insolvenzfest wären[611].

1790 Gem. § 103 Abs. 1 InsO kann der Insolvenzverwalter bei einem zur Zeit der Eröffnung des Insolvenzverfahrens vom Schuldner und vom anderen Teil **nicht oder nicht vollständig erfüllten gegenseitigen Vertrag** anstelle des Schuldners den Vertrag

---

[604] Ähnlich *Rath* CR 2013, 78, 81; *Lensdorf* CR 2000, 80, 85 f.
[605] Ausführlich insbesondere *Paulus* CR 1994, 83 ff.
[606] Vgl. *Paulus* CR 1994, 83, 85.
[607] Vgl. *Schneider* CR 1995, 705, 708.
[608] Vgl. *Paulus* CR 2003, 237, 243.
[609] Vgl. *BGH*, 21.10.2015, I ZR 173/14, GRUR 2016, 201, 204 Tz. 43; *BGH*, 17.11.2005, IX ZR 162/04, NJW 2006, 915, 916.
[610] Vgl. *BGH*, 21.10.2015, I ZR 173/14, GRUR 2016, 201, 204 Tz. 43; *BGH*, 17.11.2005, IX ZR 162/04, NJW 2006, 915, 916; *Berger* CR 2006, 505, 506; *Paulus* CR 2003, 237, 240; *Haines* CR 2002, 779; *Lensdorf* CR 2000, 80, 87.
[611] Vgl. *Lensdorf* CR 2000, 80, 87.

erfüllen und die Erfüllung vom anderen Teil verlangen[612]. Lehnt der Verwalter die Erfüllung ab, so kann der andere Teil gem. § 103 Abs. 2 S. 1 InsO eine Forderung wegen der Nichterfüllung nur als Insolvenzgläubiger geltend machen. Der Insolvenzverwalter trifft seine Entscheidung allein im Interesse der Mehrung der Masse, während die Interessen des anderen Vertragspartners unberücksichtigt bleiben[613]. Dass es sich bei Softwareverträgen um **gegenseitige Verträge** handelt, ist jedenfalls für die sog. proprietäre Software[614] unstreitig und allenfalls im Bereich der Open Source Software zu verneinen, wo gegebenenfalls eine Schenkung vorliegt, die kein Synallagma aufweist und dementsprechend auch keinen gegenseitigen Vertrag im Sinne des § 103 Abs. 1 InsO darstellt[615]. Entscheidend ist daher, ob es sich wirklich um Lizenzverträge handelt, die entsprechend der Rechtspacht als **Dauernutzungsvertrag** im Sinne der §§ 108, 112 InsO eingeordnet werden müssen[616] und bei denen die gegenseitigen Dauerleistungen für die Zukunft noch ausstehen. Der *BGH* hatte dies vor Jahren für einen Vertrag bejaht, in dem die Nutzung, die Weiterentwicklung und der Vertrieb von Softwareprodukten übertragen wurden[617]. Seine Ausführungen bezogen sich aber nur auf diesen konkreten Vertrag und können nicht auf alle Softwareverträge übertragen werden. Dem steht entgegen, dass allein aus der Tatsache, dass Computersoftware den Gegenstand eines Vertrags bildet, kein **Rückschluss auf den Vertragstyp** zulässt[618]. In späteren Entscheidungen hat der *BGH* für den Fall der Einräumung eines einfachen Nutzungsrechts gegen Zahlung einer einmaligen Lizenzgebühr den dinglichen Charakter der Rechtseinräumung bejaht[619]. Damit wurden nach überwiegender Auffassung[620] einfache Lizenzen insolvenzfest und § 103 InsO ist nicht mehr anwendbar.

Es ist daher zu differenzieren. Bei der Überlassung von **Standardsoftware auf Dauer** gegen Einmalzahlung liegt ein Kaufvertrag vor[621], dem die spezifisch urheberrechtliche Qualität fehlt, weil die Nutzungsrechtseinräumung eine nicht typenprägende Vertragserweiterung darstellt[622]. Gleiches gilt für die werkvertraglich einzuordnende Herstellung und Überlassung von Individualsoftware auf Dauer. Da in beiden Fällen hinsichtlich der Ermöglichung der Programmnutzung ein **Austauschcharakter** des Vertrags zu bejahen ist, fallen diese Verträge nicht in den Anwendungsbereich des § 103 InsO[623]. Sofern jedoch **vertragliche Dauerleistungen** zu erbringen sind, wie bei der mietvertraglichen Softwareüberlassung auf Zeit oder bei

1791

---

[612] Vgl. *BGH*, 21.10.2015, I ZR 173/14, GRUR 2016, 201, 204 Tz. 43; *OLG München*, 25.7.2013, 6 U 541/12, GRUR 2013, 1125, 1131; *LG München I*, 21.8.2014, 7 O 11811/12 (2), CR 2014, 774, 775; *LG Mannheim*, 27.6.2003, 7 O 127/03, CR 2004, 811, 813.

[613] Vgl. *Berger* CR 2006, 505, 506.

[614] Vgl. zum Begriff oben Rdn. 909.

[615] Vgl. *Metzger/Barudi* CR 2009, 557, 560; zur Vertragstypologie bei Open Source Software oben Rdn. 932 f.

[616] Vgl. *BGH*, 21.10.2015, I ZR 173/14, GRUR 2016, 201, 204 Tz. 43.

[617] Vgl. *BGH*, 17.11.2005, IX ZR 162/04, NJW 2006, 915, 916; zuvor bereits *LG Mannheim*, 27.6.2003, 7 O 127/03, CR 2004, 811, 813.

[618] Vgl. *McGuire* GRUR 2009, 13, 19.

[619] Grundlegend *BGH*, 26.3.2009, I ZR 153/06, NJW-RR 2010, 186 ff.; bestätigt *BGH*, 19.7.2012, I ZR 70/10, NJW 2012, 3301, 3303 Tz. 23 ff.; *BGH*, 19.7.2012, I ZR 24/11, NJW-RR 2012, 1127 Tz. 14 ff.

[620] Vgl. zum Meinungsstand *McGuire* GRUR 2012, 657, 659 f.; *Verweyen* K&R 2012, 563, 564.

[621] Vgl. oben Rdn. 736 ff.

[622] Vgl. oben Rdn. 742.

[623] Vgl. *Dieselhorst* CR 2010, 69, 75; *McGuire* GRUR 2009, 13, 20 f.; *Berger* CR 2006, 505, 507; *Grützmacher* CR 2006, 289, 290; für Open Source Verträge *Metzger/Barudi* CR 2009, 557, 560.

dauerhaften Schulungen, Betreuungen, der Softwarepflege etc. fällt der Vertrag im Falle der Insolvenz während der Vertragslaufzeit in den Anwendungsbereich des § 103 InsO, weil der Vertrag noch nicht vollständig erfüllt ist[624].

---

[624] Vgl. *McGuire* GRUR 2009, 13, 21; *Berger* CR 2006, 505, 507; allgemein bei einer Ausgestaltung als Dauerschuldverhältnis *LG München I*, 21.8.2014, 7 O 11811/12 (2), CR 2014, 774, 777 f.

Teil 7: Nicht softwarespezifische, aber häufig auftretende Probleme und vielfach verwendete vertragliche Regelungen

I. Mängelhaftungsklauseln

Inhaltsübersicht

	Rdn.		Rdn.
1. Die Inhaltskontrolle bei der Softwareüberlassung auf Dauer	1795	2. Die Inhaltskontrolle bei der Softwareüberlassung auf Zeit	1808
a) Der Verbraucherverkehr	1795	a) Der Verbraucherverkehr	1808
b) Der Unternehmensverkehr	1804	b) Der Unternehmensverkehr	1813
		3. Kostenklauseln	1814

Typische Klauseln:
„1. Microsoft macht darauf aufmerksam, dass es nach dem Stand der Technik nicht möglich ist, Computer-Software so zu erstellen, dass sie in allen Anwendungen und Kombinationen fehlerfrei arbeitet.
Gegenstand des Vertrages ist daher nur eine Software, die im Sinne der Programmbeschreibung und der Benutzungsanleitung grundsätzlich brauchbar ist."[1]

„10. Ausschluss von Garantien. Die Software wird „wie besehen" lizenziert. Sie tragen das mit der Nutzung verbundene Risiko. Microsoft gewährt keine ausdrücklichen Gewährleistungen oder Garantien. Möglicherweise haben Sie unter den örtlich anwendbaren Gesetzen zusätzliche Verbraucherrechte, die durch diesen Vertrag nicht abgeändert werden können. Im durch das örtlich anwendbare Recht gestatteten Umfang schließt Microsoft implizierte Garantien für die Gebrauchstauglichkeit, Eignung für einen bestimmten Zweck und Nichtverletzung von Rechten Dritter aus."[2]

„Microsoft garantiert, dass ordnungsgemäß lizenzierte Software im Wesentlichen wie in den Microsoft-Materialien, die der Software beiliegen, beschrieben arbeitet. Diese beschränkte Garantie deckt keine Probleme ab, die Sie verursachen oder die entstehen, wenn Sie es versäumen, unsere Anweisungen zu befolgen, oder die durch Ereignisse außerhalb der zumutbaren Einflussnahme von Microsoft verursacht werden. Die beschränkte Garantie beginnt, wenn der erste Nutzer Ihrer Kopie der Software diese Kopie erwirbt, und ist ein Jahr lang gültig. Ergänzungen, Updates oder Ersatzsoftware, die Sie möglicherweise während dieses Jahres von Microsoft erhalten, fallen ebenfalls unter die Garantie, jedoch nur für den Rest dieses Ein-Jahres-Zeitraums oder 30 Tage lang, wobei der längere Zeitraum maßgeblich ist. Durch Übertragung der Software wird die Laufzeit der beschränkten Garantie nicht verlängert. Microsoft gewährt keine anderen ausdrücklichen Gewährleistungen oder Garantien. Microsoft schließt alle Implied Warranties (konkludente Gewährleistungen) aus, einschließlich der Handelsüblichkeit, Eignung für einen bestimmten Zweck und der Nichtverletzung von Rechten Dritter. Wenn der Ausschluss von Implied Warranties durch Microsoft nach Ihren örtlich anwendbaren Gesetzen nicht zulässig ist, dann gelten Implied Warranties oder Implied Guarantees (konkludente Gewährleistungen oder Garantien) nur während der Laufzeit der beschränkten Garantie und sind so weit beschränkt, wie es Ihre örtlich anwendbaren Gesetze zulassen. Wenn Ihre örtlich anwendbaren Gesetze eine längere Laufzeit der beschränkten Garantie vorsehen, dann gilt diese längere Laufzeit ungeachtet dieses Vertrages; Sie können jedoch nur die Ansprüche geltend machen, die in diesem Vertrag beschrieben werden. In einer Ziffer am Ende dieses Vertrages wird erläutert, wie Sie einen Anspruch unter der beschränkten Garantie geltend machen können.
Wie ist vorzugehen, wenn Microsoft ihre Garantie verletzt? Wenn Microsoft ihre beschränkte Garantie verletzt, besteht Ihr einziger Anspruch in der Nachbesserung oder der Nachlieferung der Software. Außerdem haben wir die Möglichkeit, Ihnen den für die Software bezahlten Preis zu erstatten, anstatt sie zu nachzubessern oder nachzuliefern. Vor der Erstattung sind Sie verpflichtet, die Software zu deinstallieren und mit einem Kaufnachweis an Microsoft zurückzugeben."[3]

---
[1] Vgl. den früheren Microsoft Lizenzvertrag der Microsoft Corporation (1990).
[2] Vgl. Microsoft DirectX Lizenzbestimmungen (2011).
[3] Vgl. Microsoft-Software-Lizenzvertrag für Windows 8 (2013).

„12. Verbraucherrechte, regionale Variationen. d. Deutschland und Österreich. (i) Gewährleistung. Die ordnungsgemäß lizenzierte Software wird im Wesentlichen wie in den Microsoft-Materialien, die der Software beiliegen, beschrieben arbeiten. Der Hersteller bzw. das Installationsunternehmen und Microsoft übernehmen jedoch keine vertragliche Gewährleistung in Bezug auf die lizenzierte Software."[4]

„6. Gewährleistungsausschluss und Haftungsbeschränkung. Die Systemsoftware wird „im Istzustand" ohne ausdrückliche Zusicherung und stillschweigende Gewährleistung zur Verfügung gestellt. SIE Inc, ihre angeschlossenen Unternehmen und Lizenzgeber lehnen jede stillschweigende Gewährleistung für die allgemeine Gebrauchstauglichkeit, für die Eignung für einen bestimmten Zweck sowie Haftung für Nichtverletzung ausdrücklich ab."[5]

„8. Gewährleistungsverzicht. Sie bestätigen und erklären sich ausdrücklich damit einverstanden, dass die Verwendung der Apple Software (wie oben definiert) und Dienste (wie oben definiert) auf Ihr eigenes Risiko erfolgt und dass Sie das gesamte Risiko im Hinblick auf zufriedenstellende Qualität, Leistung, Genauigkeit und Aufwand tragen. Vorbehaltlich der oben festgelegten eingeschränkten Gewährleistung für Datenträger und des durch das anwendbare Recht maximal zulässigen Umfangs werden die Apple Software und Dienste ohne Mängelgewähr mit allen Fehlern und ohne Gewährleistung jeglicher Art ausgeliefert. Apple und die Apple Lizenzgeber (zum Zwecke der Absätze 8 und 9 gemeinsam als Apple bezeichnet) lehnen hiermit alle Gewährleistungen und Bedingungen hinsichtlich der Apple Software und Dienste ab, und zwar sowohl ausdrückliche, implizite als auch gesetzlich festgelegte Gewährleistungen, einschließlich insbesondere der implizierten Gewährleistungen und/oder Bedingungen der Markenfähigkeit, zufriedenstellenden Qualität, Eignung für einen bestimmten Zweck, Genauigkeit, ungestörten Besitz und Nichtverletzung der Rechte Dritter. Apple übernimmt keine Gewährleistung dafür, dass der ungestörte Besitz der Apple Software oder Dienste nicht beeinträchtigt wird, dass die Funktionen in der Apple Software oder in den Diensten ihre Anforderungen erfüllen, dass der Betrieb der Apple Software oder Dienste störungs- oder fehlerfrei erfolgt oder dass Fehler in der Apple Software oder in den Diensten korrigiert werden. Sie bestätigen ferner, dass die Apple Software nicht für die Nutzung in Situationen oder Umgebungen vorgesehen oder geeignet ist, in denen Fehler oder Ungenauigkeiten in den durch Apple Software bereitgestellten Inhalten, Daten oder Informationen zu Todesfällen, Körperverletzungen oder schwerwiegenden Sach- oder Umweltschäden führen könnten, einschließlich ohne Einschränkung beim Betrieb von Kernkraftwerken, Flugzeugen, Kommunikationssystemen, bei der Flugüberwachung, mit lebenserhaltenden Geräten oder Waffensystemen. Die mündlichen oder schriftlichen Informationen oder Aussagen seitens Apple oder eines autorisierten Apple Vertreters begründen keine Gewährleistung. Sollten sich die Apple Software oder Dienste als defekt erweisen, übernehmen Sie die gesamten Kosten für alle notwendigen Serviceleistungen, Reparaturarbeiten oder Korrekturen. Einige Rechtsordnungen lassen den Ausschluss impliziter Gewährleistungen oder Einschränkungen der anwendbaren, gesetzmäßigen Rechte eines Kunden nicht zu, so dass die oben genannten Ausschlüsse und Einschränkungen für Sie möglicherweise nicht zutreffen."[6]

„7. Gewährleistungsverzicht. 7.1. Wenn du ein Privatkunde bist (d. h. iOS Software außerhalb Ihres Gewerbes, Geschäftsbereichs oder Berufs verwendest) gelten für dich in deinem Wohnsitzland möglicherweise Gesetze, durch die eine Anwendung der folgenden Einschränkungen auf dich untersagt ist. Wo dies der Fall ist, treffen diese Einschränkungen für dich nicht zu. Wenn du mehr über deine Rechte erfahren möchtest, wende dich bitte an eine lokale Beratungsstelle für Verbraucher.

7.2. Du bestätigst und erklärst dich ausdrücklich damit einverstanden, dass bis zu dem durch geltende Gesetze zulässigen Ausmaß die Verwendung der iOS Software und jeglicher von der iOS Software ausgeführten Dienste oder jeglicher Dienste, auf die mit der iOS Software zugegriffen wird, auf dein eigenes Risiko erfolgt und dass du das gesamte Risiko im Hinblick auf zufriedenstellende Qualität, Leistung, Genauigkeit und Aufwand trägst.

7.3. Vorbehaltlich des durch das anwendbare Recht maximal zulässigen Umfangs werden die iOS Software und Dienste ohne Mängelgewähr und nach Verfügbarkeit mit allen Fehlern und ohne Gewährleistung jeglicher Art ausgeliefert. Apple und die Apple Lizenzgeber (zum Zwecke der Absätze 7 und 8 als „Apple" bezeichnet) lehnen hiermit alle Gewährleistungen und Bedingungen hinsichtlich der iOS Software und Dienste ab, und zwar sowohl ausdrückliche, implizite als auch gesetzlich festgelegte Gewährleistungen, einschließlich insbesondere der implizierten Gewährleistun-

---

[4] Vgl. Microsoft-Software Lizenzbestimmungen. Windows-Betriebssystem (Dezember 2016).
[5] Vgl. Systemsoftware-Lizenzvertrag für das Sony Playstation 4-System (2016).
[6] Vgl. Softwarelizenzvertrag für iTunes für Windows der Apple Inc. (2010).

I. Mängelhaftungsklauseln

gen und/oder Bedingungen der Marktfähigkeit, zufriedenstellenden Qualität, Eignung für einen bestimmten Zweck, Genauigkeit, des ungestörten Besitzes und der Nichtverletzung der Rechte Dritter.

7.4. Apple übernimmt keine Gewährleistung dafür, dass der ungestörte Besitz der iOS Software und Dienste nicht beeinträchtigt wird, dass die Funktionen in der iOS Software oder durch die iOS Software ausgeführten oder bereitgestellten Dienste ihre Anforderungen erfüllen, dass der Betrieb der iOS Software und Dienste störungs- oder fehlerfrei erfolgt, dass sämtliche Dienste auch weiterhin angeben werden, dass die Fehler in der iOS Software oder in den Diensten korrigiert werden oder dass die iOS Software mit Software, Programmen oder Diensten von Drittanbietern kompatibel sein wird oder mit diesen funktioniert. Die Installation dieser Software kann unter Umständen die Verwendbarkeit von Software, Programmen oder Diensten von Drittanbietern beeinträchtigen.

7.5. Du bestätigst ferner, dass die iOS Software und Dienste nicht für die Nutzung in Situationen oder Umgebungen vorgesehen oder geeignet sind, in denen der Ausfall, Fehler, Zeitverzögerungen oder Ungenauigkeiten in den durch die iOS Software oder Dienste bereitgestellten Inhalten, Daten oder Informationen zu Todesfällen, Körperverletzung oder schwerwiegenden Sach- oder Umweltschäden führen könnten, einschließlich ohne Einschränkung beim Betrieb von Kernkraftanlagen, Flugzeugen, Kommunikationssystemen, bei der Flugüberwachung, mit lebenserhaltenden Geräten oder Waffensystemen.

7.6. Die mündlichen oder schriftlichen Informationen oder Aussagen seitens Apple oder eines autorisierten Apple Vertreters begründen keine Gewährleistung. Sollten sich die iOS Software oder Dienste als defekt erweisen, übernimmst du die gesamten Kosten für alle notwendigen Serviceleistungen, Reparaturarbeiten oder Korrekturen. Einige Rechtsordnungen lassen den Ausschluss impliziter Gewährleistungen oder Einschränkungen der anwendbaren, gesetzmäßigen Rechte eines Kunden nicht zu, sodass die oben genannten Ausschlüsse und Einschränkungen für dich möglicherweise nicht zutreffen."[7]

„8. Gewährleistungsausschluss. Soweit dies nach geltendem Gesetz zulässig ist, übernimmt Samsung keinerlei Garantie für die Richtigkeit, Zuverlässigkeit und Stabilität der Samsung-Software oder der Dienste. Des Weiteren übernimmt Samsung keine Haftung für etwaige Verluste, die durch die Verwendung der Software bzw. damit verbundene Störungen oder Sicherheitsverletzungen auftreten. Dieser Ausschluss findet jedoch keine Anwendung, wenn derartige Verluste vorsätzlich oder durch grob fahrlässiges Tun oder Unterlassen von Samsung entstehen.

Sie erklären hiermit ausdrücklich und verpflichten sich, dass Sie die Samsung-Software und den oben beschriebenen Dienst in eigener Verantwortung verwenden und die Verantwortung für die Zufriedenheit mit der Leistung, Richtigkeit und den Qualitätsbemühungen alleine tragen.

Mit Ausnahme der beschränkten Garantien und soweit dies nach anzuwendendem Recht zulässig ist, werden die Samsung-Software und der Dienst ohne Mängelgewähr oder sonstige Garantien bereitgestellt. Darüber hinaus schließen Samsung und der Samsung-Lizenznehmer hiermit jegliche vertragliche, stillschweigende oder gesetzliche Gewährleistung und alle Bedingungen für die Samsung-Software und die Dienste sowie deren Tauglichkeit, Qualität, Eignung für einen bestimmten Zweck, Korrektheit und Freiheit von Verstößen gegen die Rechte Dritter aus.

Möglicherweise erfüllen die Funktionen der Samsung-Software und der Dienst nicht alle Ihre Anforderungen. Während des Betriebs der Software oder des Dienstes können Fehler auftreten, aber Samsung stellt entsprechend den jeweiligen Programmänderungsplänen Upgrades zur Verfügung. Dies bedeutet jedoch nicht, dass sämtliche Fehler der Software oder des Dienstes behoben werden. Die Bereitstellung von Informationen oder Auskünften in mündlicher oder schriftlicher Form durch Samsung oder deren Lizenznehmer stellt weder direkt noch indirekt eine Gewährleistung für die Samsung-Software oder die Dienste dar."[8]

„6. Gewährleistung. a. Allgemeines. AVG Technologies gewährleistet, dass bei Lieferung der Software und für einen Zeitraum von dreißig (30) Tagen danach (i) der Datenträger, auf dem sich die Software ggf. befindet, frei von Sachmängeln ist und (ii) dass die Software gemäß Abschnitt 6(c) im Wesentlichen entsprechend den maßgeblichen Spezifikationen funktioniert. Die vorgenannte Gewährleistung gilt nur für die ursprünglich gelieferte Software, jedoch nicht für Aktualisierungen. Ihr einziger und ausschließlicher Gewährleistungsanspruch ist der Ersatz des schadhaften Datenträgers oder der Software oder nach Ermessen von AVG Technologies die Rückgabe der Software bei Erstattung des vollen Kaufpreises. Um Ihre Rechte gemäß diesem Abschnitt 6 geltend zu machen, müssen Sie alle evtl. hergestellten Kopien der Software (einschließlich aller Archivierungskopien)

---

[7] Vgl. Softwarelizenzvertrag für iOS 11 der Apple Inc. (EA 1491 vom 12.7.2017).
[8] Vgl. Endbenutzer-Lizenzvereinbarung für Samsung Kies (2013).

deinstallieren und zerstören und (i) bei Kauf der Software über Download die Anweisungen unter www.avg.com/support-existing befolgen und sich mit Ihrem Wunsch auf Erstattung an uns wenden oder (ii) bei allen anderen Käufen die Software in der Originalverpackung mit dem Kaufbeleg an der Verkaufsstelle zurückgeben.

b. Freie Software und Dienste. Die Bestimmungen dieses Abschnitts 6b gelten anstelle von Abschnitt 6a bei freier Software und Diensten von AVG. Jede freie Software und alle freien AVG-Dienste werden in der vorliegenden und verfügbaren Form ohne Gewährleistung und ohne Support oder andere Dienstleistungen von AVG Technologies zur Verfügung gestellt. Die obenstehenden Bedingungen gelten auch für AVG Anti-Virus Free Edition for Linux.

c. Haftungsausschluss. Sofern nicht ausdrücklich in Abschnitt 6a dieser Vereinbarung festgelegt, schließt AVG Technologies alle anderen ausdrücklichen oder stillschweigenden Gewährleistungen im Hinblick auf Software bzw. Dienste, Datenträger oder sonstige Gegenstände dieser Vereinbarung aus, darin eingeschlossen, jedoch nicht beschränkt auf, die Gewährleistung der Gebrauchstauglichkeit für einen bestimmten Zweck und die stillschweigende Gewährleistung der Nichtverletzung von Rechten Dritter. AVG Technologies übernimmt keine Gewährleistung für den unterbrechungsfreien oder störungsfreien Betrieb der Software bzw. der Dienste, für den hundertprozentigen Schutz oder die Integrität der ausgewählten Daten, Informationen oder Inhalte, die gespeichert oder über das Internet übertragen werden. Einige Rechtssysteme gestatten keine Beschränkungen von bestimmten gesetzlichen Gewährleistungen, so dass obige Beschränkungen möglicherweise für Sie nicht gelten. Möglicherweise gelten für Sie auch andere Rechte, da die Rechte von Rechtssystem zu Rechtssystem unterschiedlich sind.

d. Gefährliche Umgebungen. Sie bestätigen, dass die Software nicht für die Verwendung in gefährlichen Umgebungen ausgelegt ist oder dafür lizenziert wird; darin ohne Einschränkung eingeschlossen Nuklearanlagen, Flugzeug-Navigationssysteme, Flugzeug-Kommunikationssysteme, die Flugverkehrskontrolle, Life-Support- oder Waffensysteme und alle anderen Umgebungen, in denen Ausfall oder Funktionsunfähigkeit der Software zu Körperverletzung oder Tod führen könnte. Ohne Einschränkung der Bestimmungen der Abschnitte 6b und 6c dieser Vereinbarung schließen AVG Technologies und seine Lizenzgeber hiermit jede ausdrückliche oder stillschweigende Gewährleistung für die Tauglichkeit bei derartiger Verwendung aus."[9]

„§ 9 Sachmängel

(1) Die Software hat die vereinbarte Beschaffenheit, eignet sich für die vertraglich vorausgesetzte, sonst die gewöhnliche Verwendung und hat die bei Software dieser Art übliche Qualität; sie ist jedoch nicht fehlerfrei. Eine Funktionsbeeinträchtigung der Software, die aus Hardwaremängeln, Umgebungsbedingungen, Fehlbedienung o.ä. resultiert, ist kein Mangel. Eine unerhebliche Minderung der Qualität bleibt unberücksichtigt.

(2) Bei Sachmängeln kann die X-AG zunächst nacherfüllen. Die Nacherfüllung erfolgt nach Wahl von der X-AG durch Beseitigung des Mangels, durch Lieferung eines Programms, das den Mangel nicht hat, oder dadurch, dass die X-AG Möglichkeiten aufzeigt, die Auswirkungen des Mangels zu vermeiden. Ein gleichwertiger neuer Programmstand oder der gleichwertige vorhergehende Programmstand, der den Fehler nicht enthalten hat, ist vom Besteller zu übernehmen, wenn dies für ihn zumutbar ist."[10]

„Für die Qualität, Leistungsfähigkeit sowie Marktgängigkeit der Software für einen bestimmten Zweck, der von dem durch die Softwarebeschreibung abgedeckten Leistungsumfang abweicht, übernimmt der Lizenzgeber weder ausdrücklich noch implizit die Gewähr oder Verantwortung."[11]

„Trotz aller Sorgfalt der Bearbeiter und des Verlages ist es nach dem Stand der Technik nicht möglich, Software so zu erstellen, dass sie unter allen denkbaren Bedingungen fehlerfrei arbeitet. Vertragsgegenstand ist somit nur die gemäß Beschreibung und Anleitung grundsätzlich brauchbare Software. Die Beschreibung der Software stellt keine Zusicherung von Eigenschaften im Rechtssinne dar."[12]

---

[9] Vgl. Software-Lizenzvereinbarung für Endbenutzer der AVG Technologies (2013).
[10] Vgl. Beck'sches Formularbuch Bürgerliches, Handels- und Wirtschaftsrecht/*Bartsch*, 11. Aufl. 2013, Muster G 2, Allgemeine Vertragsbedingungen für den Verkauf von Standardsoftware, § 9 Abs. 1 und 2.
[11] Vgl. den Lizenzvertrag zur Fritz!Box der AVM GmbH (2013).
[12] Vgl. die Anwendungsbestimmungen des Otto Schmidt Verlags für die Nutzung der Datenbanksoftware der Computer und Recht, 2009.

I. Mängelhaftungsklauseln

„§ 6 Gewährleistung
1. Dem Nutzer ist bekannt, dass Software nie frei von Fehlern ist.
2. Mit der Angabe von Leistungsdaten oder sonstige Beschreibungen der Software, auch wenn sie auf DIN und/oder sonstige Normen Bezug nehmen, übernimmt die Deutsche Telekom keine Garantie für die Beschaffenheit der Software."[13]

„14. Besondere Bestimmungen und Ausnahmen.
14.1 Beschränkte Gewährleistung für Benutzer in Deutschland und Österreich. Wenn Sie die Software in Deutschland oder Österreich erworben und Sie Ihren gewöhnlichen Aufenthalt in einem dieser Länder haben, trifft Ziffer 7 nicht zu. Adobe gewährleistet stattdessen für den Zeitraum der Gewährleistungsfrist nach Erhalt der Software, dass die Software die in der Dokumentation beschriebenen Funktionen („die vereinbarten Funktionen") bereitstellt, vorausgesetzt, sie wird entsprechend der empfohlenen Hardwarekonfiguration verwendet. Die in dieser Ziffer genannte „Gewährleistungsfrist" beträgt ein (1) Jahr für Geschäftskunden und zwei (2) Jahre für Privatkunden. Geringfügige Abweichungen von den vereinbarten Funktionen begründen keine Gewährleistungsansprüche. Diese beschränkte Gewährleistung gilt nicht für Software, die Ihnen kostenlos zur Verfügung gestellt wurde, beispielsweise Updates, Vorab- oder Testversionen, Produkt-Sampler oder unverkäufliche Musterkopien („NFR") der Software oder für Software, die von Ihnen auf eine Weise geändert wurde, die Mängel verursacht hat. Um einen Gewährleistungsanspruch geltend zu machen, müssen Sie die Software auf unsere Kosten während der beschränkten Gewährleistungsfrist unter Vorlage des Kaufbelegs an den Händler, bei dem Sie die Software erworben haben, zurückgeben. Wenn die Funktionen der Software wesentlich von den in der Dokumentation aufgeführten Funktionen abweichen, ist Adobe dazu berechtigt, die Software – im Wege der Nacherfüllung und nach eigenem Ermessen – zu reparieren oder auszutauschen. Sollte dies fehlschlagen, sind Sie zu einer Minderung des Kaufpreises (Minderung) oder zum Rücktritt von dem Kaufvertrag (Rücktritt) berechtigt. Für weitere Informationen zur Gewährleistung setzen Sie sich bitte mit dem Adobe-Kundendienst in Verbindung."[14]

Schrifttum: *Gaul*, Standardsoftware: Veränderungen von Gewährleistungsansprüchen durch AGB, CR 2000, 570 ff.

Die Abänderung der gesetzlichen Mängelhaftungsvorschriften durch entsprechende Klauseln in vorformulierten Geschäftsbedingungen ist nur innerhalb der durch die AGB-rechtlichen Vorschriften der §§ 305 ff. BGB vorgesehenen Grenzen zulässig. Diesbezüglich ist insbesondere § 309 Nr. 8b) BGB zu beachten, der für Verträge über **Lieferungen neu hergestellter Sachen und über Werkleistungen** durch seine detaillierten Regelungen sicherstellen soll, dass das Äquivalenzverhältnis zwischen Leistung und Gegenleistung nicht durch eine mangelhafte Leistung des Klauselverwenders ausgehöhlt werden kann. Wenngleich § 309 Nr. 8b) BGB wegen § 310 Abs. 1 BGB im Unternehmensverkehr keine unmittelbare Anwendung findet, ist dieser Vorschrift doch eine gewisse **gesetzliche Wertungsvorgabe**[15] auch für Klauseln im Unternehmensverkehr zu entnehmen. 1792

Trotz des oben dargelegten vermeintlich großen Anwendungsbereichs des § 309 Nr. 8b) BGB ist die Bedeutung dieser Vorschrift nicht zu groß. Für den für die Praxis äußerst wichtigen Bereich der **Verbrauchsgüterkaufverträge** sind die Rechte des Käufers auf Nacherfüllung, Rücktritt sowie Minderung gem. § 476 Abs. 1 BGB (= § 475 Abs. 1 BGB a.F.) zwingend und können weder **in Allgemeinen Geschäftsbe-** 1793

---

[13] Vgl. die Lizenzbedingungen von Softwareload der Deutsche Telekom AG (Version 1.11. 2008).
[14] Vgl. den Software-Lizenzvertrag von Adobe Systems Incorporated (Reader 2013).
[15] Ob eine generelle Indizwirkung der Klauselverbote des Inhalts anzuerkennen ist, dass ihre Nichtbeachtung auch im Unternehmensverkehr zur Unwirksamkeit führt, sofern nicht berechtigte Gründe eine Ausnahme erlauben, ist umstritten. Für eine indizielle Wirkung *BGH*, 19.9.2007, VIII ZR 141/06, NJW 2007, 3774, 3775, Tz. 21; *Palandt/Grüneberg* § 307 Rdn. 40; dagegen *Wolf/Lindacher/Pfeiffer* Vor §§ 308, 309 Rdn. 21.

dingungen noch in **Individualverträgen** abbedungen werden[16]. Berücksichtigt man dann noch, dass § 476 BGB (= § 475 BGB a. F.) über die Verweisungsvorschrift des § 650 S. 1 BGB (= § 651 S. 1 BGB a. F.) auch auf solche Verträge anwendbar ist, die eine Lieferung herzustellender oder zu erzeugender beweglicher Sachen zum Gegenstand haben (**Werklieferungsverträge**)[17], dann wird deutlich, dass für § 309 Nr. 8b) BGB abgesehen von der **Wertungsvorgabe im Unternehmensverkehr** nur noch ein Anwendungsbereich bei der Softwareüberlassung auf Dauer zwischen Verbrauchern auf der Grundlage Allgemeiner Geschäftsbedingungen verbleibt. Letztgenannte Fallkonstellation dürfte in der Praxis aber wohl niemals vorkommen und von rein akademischem Interesse sein. Wegen der Bedeutung des § 309 Nr. 8b) BGB als Wertungsvorgabe für den Unternehmensverkehr kann auf eine Darstellung aber auch nicht verzichtet werden.

1794 Zu den von § 309 Nr. 8b) BGB erfassten Verträgen über Lieferungen neu hergestellter Sachen zählen zunächst die Verträge über die **dauerhafte Überlassung von Standardsoftware,** da diese nach der hier vertretenen Auffassung dem Kaufvertragsrecht unterzuordnen sind und die Computersoftware Sachqualität besitzt[18]. Auch soweit die Sachqualität der Computersoftware nicht anerkannt wird, soll § 309 Nr. 8b) BGB jedoch Anwendung finden, was mit einer weiten Auslegung des Begriffs der Sache bei § 309 Nr. 8b) BGB begründet wird, die durch den Schutzzweck dieser Vorschrift gerechtfertigt werde[19]. Daneben werden von § 309 Nr. 8b) BGB jedoch auch die dem **Werkvertragsrecht** unterfallenden Verträge über die **Herstellung und auf Dauer angelegte Überlassung von Individualsoftware** erfasst. Nicht in den Regelungsbereich des § 309 Nr. 8b) BGB fallen jedoch zunächst Mietverträge[20] sowie Finanzierungsleasingverträge[21]. Sofern **Individualsoftware hergestellt** und anschließend nur **auf Zeit** überlassen werden soll, liegt ein Fall einer gleichgewichtigen Typenkumulation (Typenkombination) von Werk- und Mietvertrag vor[22]. Bei einem solchen Vertrag sind für jede Leistung grundsätzlich die für diesen Typ einschlägigen Vorschriften anzuwenden. Vor diesem Hintergrund können die Mängelhaftungsklauseln bei Überlassung von Individualsoftware auf Zeit erst weiter unten behandelt werden. Unabhängig vom jeweiligen Vertragstyp gilt jedoch für alle Vereinbarungen über den Ausschluss der Mängelhaftung der **Grundsatz einer engen Auslegung**[23].

1. Die Inhaltskontrolle bei der Softwareüberlassung auf Dauer

a) Der Verbraucherverkehr

1795 Bei einem Softwareüberlassungsvertrag auf Dauer zwischen einem Unternehmer als Verkäufer und einem Verbraucher als Käufer handelt es sich in der Regel um einen **Verbrauchsgüterkauf** im Sinne des § 474 Abs. 1 BGB, worauf bereits an anderer Stelle ausführlich eingegangen wurde[24]. Dementsprechend greifen die auf die sog.

---

[16] Vgl. hierzu auch oben Rdn. 1341.
[17] Vgl. hierzu ausführlich oben Rdn. 677 ff.
[18] Vgl. hierzu oben Rdn. 712 ff.
[19] Vgl. *Ulmer/Brandner/Hensen* § 309 Nr. 8 Rdn. 21.
[20] Vgl. *Ulmer/Brandner/Hensen* § 309 Nr. 8 Rdn. 22; *Wolf/Lindacher/Pfeiffer* Vorb § 309 Nr. 8b Rdn. 21.
[21] Vgl. *Wolf/Lindacher/Pfeiffer* Vorb § 309 Nr. 8b Rdn. 21.
[22] Vgl. *Karger* CR 2001, 357, 359.
[23] Vgl. *BGH*, 24.1.2003, V ZR 248/02, NJW 2003, 1316, 1317 m. w. N.
[24] Vgl. oben Rdn. 1338.

I. Mängelhaftungsklauseln

EU-Richtlinie zum Verbrauchsgüterkauf[25] zurückgehenden Sonderregelungen über den Verbrauchsgüterkauf ein, nach deren § 476 BGB (= § 475 BGB a. F.) die **vertragliche Gestaltungsfreiheit** zugunsten des Verbrauchers **erheblich eingeschränkt** ist.

Gem. § 476 Abs. 1 S. 1 BGB (= § 475 Abs. 1 S. 1 BGB a. F.) kann sich ein Unternehmer (§ 14 BGB) nicht auf eine vor Mitteilung des Mangels getroffene Vereinbarung berufen, die zum Nachteil des Verbrauchers von den §§ 433 bis 435, 437, 439 bis 443 BGB sowie von den Vorschriften §§ 445a und 445b BGB (= §§ 474 bis 479 BGB a. F.) abweicht. **Nachträgliche Vereinbarungen** bleiben zulässig, etwa im Rahmen eines Vergleichs[26]. Es sind dann die allgemeinen Grenzen der §§ 134, 138 BGB sowie die AGB-rechtlichen Regelungen in §§ 305 ff. BGB zu beachten[27]. § 476 Abs. 1 S. 1 BGB (= § 475 Abs. 1 S. 1 BGB a. F.) erwähnt § 436 BGB nicht, der sich allein auf Grundstücke bezieht. Auf § 438 BGB wird nicht Bezug genommen, weil die Verjährung in § 476 Abs. 2 BGB (= § 475 Abs. 2 BGB a. F.) besonders geregelt wird, und § 444 BGB wird nicht einbezogen, weil dieser eine allgemein auch außerhalb des Verbrauchsgüterkaufs geltende Beschränkung der Abdingbarkeit kaufrechtlicher Vorschriften regelt[28]. § 476 Abs. 1 S. 1 BGB (= § 475 Abs. 1 S. 1 BGB a. F.) verbietet lediglich Vereinbarungen **zum Nachteil** des Verbrauchers. Vereinbarungen, die den Verbraucher **besser stellen** als es das insoweit dispositive Recht vorsieht, sind **zulässig**[29].

Auch wenn der Wortlaut des § 476 Abs. 1 S. 1 BGB (= § 475 Abs. 1 S. 1 BGB a. F.) die Nichtigkeit entsprechender Vereinbarungen nicht ausdrücklich anordnet, sondern dem Verkäufer lediglich die Möglichkeit nimmt, sich hierauf zu berufen, ist die Vereinbarung **unwirksam**. Mit der gewählten Formulierung wollte der Gesetzgeber lediglich klarstellen, dass der Kaufvertrag wirksam ist und § 139 BGB nicht eingreift[30]. Das Verbot gilt für alle Formen von Vereinbarungen[31], also nicht nur für **Allgemeine Geschäftsbedingungen,** sondern auch für einzeln und frei ausgehandelte Klauseln, also auch für **Individualvereinbarungen**[32].

Probleme entstehen dadurch, dass § 476 BGB (= § 475 BGB a. F.) nur das Rechtsbehelfssystem der Disposition der Parteien entzieht, während die **Bestimmung der geschuldeten Beschaffenheit** des Kaufgegenstands den Parteien überlassen bleibt. Hierdurch könnte für den Verkäufer der Weg eröffnet sein, mit einer negativen Beschaffenheitsvereinbarung eine Beschränkung oder gar einen Ausschluss der Mängelhaftung zu erreichen[33]. Der *BGH* hat die Frage nach einer Unvereinbarkeit negativer Beschaffenheitsvereinbarungen mit § 476 Abs. 1 BGB (= § 475 Abs. 1 BGB a. F.) bislang ausdrücklich offen gelassen[34]. Im Rahmen von Softwareüberlassungs-

1796

1797

1798

---

[25] Vgl. die Richtlinie 1999/44/EG des Europäischen Parlaments und des Rats zu bestimmten Aspekten des Verbrauchsgüterkaufs und die Garantien für Verbrauchsgüter vom 25.5.1999, ABl.EG Nr. L 171 vom 7.7.1999, S. 12 ff.
[26] Vgl. die Begründung des Regierungsentwurfs zu § 475 Abs. 1 S. 1 BGB, *Canaris* S. 870; *Palandt/Weidenkaff* § 475 Rdn. 3a.
[27] Vgl. *Bamberger/Roth/Faust* § 475 Rdn. 1.
[28] Vgl. Bericht des Rechtsausschusses zu § 475 Abs. 1 BGB, *Canaris* S. 1105; *Bamberger/Roth/Faust* § 475 Rdn. 3.
[29] Vgl. *Bamberger/Roth/Faust* § 475 Rdn. 14.
[30] Vgl. Bericht des Rechtsausschusses zu § 475 Abs. 1 BGB, *Canaris* S. 1105; *Palandt/Weidenkaff* § 475 Rdn. 3.
[31] Art. 7 Abs. 1 S. 1 der EG-Richtlinie zum Verbrauchsgüterkauf spricht von „Vertragsklauseln".
[32] Vgl. *MünchKomm/Lorenz* § 475 Rdn. 7.
[33] Vgl. *Palandt/Weidenkaff* § 475 Rdn. 3a; *Bamberger/Roth/Faust* § 475 Rdn. 8.
[34] Vgl. *BGH,* 12.3.2008, VIII ZR 253/05, NJW 2008, 1517, 1518 Tz. 15.

verträgen könnten daher solche Klauseln eine Renaissance erleben, mit denen auf die nicht zu verhindernde Fehlerhaftigkeit von Computersoftware hingewiesen wird[35]. Die somit entscheidende Frage nach der Abgrenzung einer zulässigen Beschaffenheitsvereinbarung von einer zulässigen Beschränkung der Mängelhaftung ist daher nicht immer leicht zu ziehen, jedoch kann sie anhand der Überlegung beantwortet werden, ob die Vereinbarung **beschreibenden Charakter** hat (dann Beschaffenheitsvereinbarung) oder darauf gerichtet ist, **Rechte** wegen einer nicht vertragsgemäßen Beschaffenheit **auszuschließen** (dann unzulässige Vereinbarung im Sinne des § 476 Abs. 1 BGB (= § 475 Abs. 1 BGB a. F.)[36].

1799 Unzulässig sind jedenfalls solche Klauseln, denen zufolge Mängelansprüche ausgeschlossen sind, wenn die **Sache beschädigt** oder in diese ein **Eingriff durch** einen **nicht autorisierten Dritten** vorgenommen oder sie sonst wie verändert wurde. Gleichgültig ist hierbei, aus welchem Grund der Eingriff erfolgte, sodass auch ein Mängelhaftungsausschluss wegen eines fehlgeschlagenen Reparaturversuchs oder einer erfolgreichen Beseitigung eines anderen Fehlers unzulässig ist. Auch kann das **Rücktrittsrecht** des Anwenders nicht dadurch ausgeschlossen werden, dass er allein auf ein Recht auf Erhalt einer **verbesserten Programmversion** (Update) verwiesen wird.

1800 Die § 476 Abs. 1 und 2 BGB (= § 475 Abs. 1 und 2 BGB a. F.) gelten gem. § 476 Abs. 3 BGB (= § 475 Abs. 3 BGB a. F.) nicht für den Ausschluss oder die Beschränkung des Anspruchs auf **Schadensersatz**. Hintergrund dieser auf den ersten Blick überraschenden Regelung ist, dass die EU-Richtlinie zum Verbrauchsgüterkauf keine Regelung für Schadensersatzansprüche enthält, sondern als Rechtsfolgensystem die vier Kaufrechte der Nachbesserung, Ersatzlieferung, Vertragsauflösung und Preisminderung vorsieht. Dementsprechend wollte der deutsche Gesetzgeber im Rahmen von § 475 BGB, mit dem Art. 7 Abs. 1 der EU-Richtlinie zum Verbrauchsgüterkauf in deutsches Recht umgesetzt werden sollte, auch keine Neuregelung schaffen. Vielmehr soll wie schon nach altem Recht eine **Kontrolle von Schadensersatzvereinbarungen** über die **AGB-rechtlichen Vorschriften** der §§ 307 bis 309 BGB ausreichen[37]. § 476 Abs. 3 BGB (= § 475 Abs. 3 BGB a. F.) beinhaltet daher keine Aussage über die Zulässigkeit von Schadensersatzklauseln, sondern lediglich eine Verweisung auf die Kontrolle nach §§ 307 bis 309 BGB. Schadensersatzklauseln werden aber unten gesondert abgehandelt, sodass insoweit nach unten verwiesen werden kann[38].

1801 Gem. § 476 Abs. 2 BGB (= § 475 Abs. 2 BGB a. F.) kann die **Verjährung** der in § 437 BGB bezeichneten Rechte des Käufers bei Mängeln vor Mitteilung eines Mangels an den Unternehmer nicht durch Rechtsgeschäft erleichtert werden, wenn die Vereinbarung zu einer Verjährungsfrist ab dem gesetzlichen Verjährungsbeginn von weniger als zwei Jahren, bei gebrauchten Sachen von weniger als einem Jahr führt. Unproblematisch ist, dass die Formulierung der Erleichterung „durch Rechtsgeschäft" sowohl **Allgemeine Geschäftsbedingungen** als auch **Individualvereinbarungen** erfasst. Unter softwarespezifischem Blickwinkel problematisch ist aber, ob Computersoftware beim Weiterverkauf nach vorheriger Benutzung als „gebrauchte

---

[35] Vgl. etwa Beck'sches Formularbuch Bürgerliches, Handels- und Wirtschaftsrecht/*Bartsch*, 12. Aufl. 2016, G 2, Allgemeine Geschäftsbedingungen für den Verkauf von Standardsoftware, § 9 Abs. 1 S. 2; ausführlich hierzu oben Rdn. 1438 ff.
[36] Vgl. *Bamberger/Roth/Faust* § 475 Rdn. 9.
[37] Vgl. die Begründung des Regierungsentwurfs zu § 475 Abs. 1 S. 2 BGB, *Canaris* S. 870; *Bamberger/Roth/Faust* § 475 Rdn. 21; *Palandt/Weidenkaff* § 475 Rdn. 14.
[38] Vgl. unten Rdn. 1817 ff.

Sache" zu qualifizieren ist. Dagegen spricht, dass Software anders als etwa der speichernde Datenträger grundsätzlich verschleißfrei ist, worauf bereits im Zusammenhang mit der Beweislastumkehr gem. § 477 BGB (= § 476 BGB a. F.) hingewiesen wurde[39]. Unter welchen Voraussetzungen Güter als gebraucht anzusehen sind, wurde in der EU-Richtlinie zum Verbrauchsgüterkauf nicht ausdrücklich geregelt. Der 16. Erwägungsgrund zur genannten Richtlinie enthält aber eine gewisse Umschreibung dahingehend, dass gebrauchte Güter aufgrund ihrer Eigenart nicht ersetzt werden können. Die Bezugnahme auf lediglich den Regelfall („im allgemeinen") lässt es aber zu, Computersoftware trotz ihrer Ersetzbarkeit auch nach einer Benutzung als gebraucht zu qualifizieren. Auch der *BGH* hat in anderem Zusammenhang unter Berufung auf den Wortsinn von „gebraucht" ausgeführt, eine Sache sei gebraucht, wenn sie bereits benutzt wurde[40]. Dann ist die Verschleißfreiheit aber irrelevant. Beim Weiterverkauf von Software kann daher die Verjährungsfrist auf ein Jahr begrenzt werden.

Sowohl bei neuen als auch gebrauchten Programmen darf die jeweilige Untergrenze der Verjährungsfrist aber nicht dadurch verkürzt werden, dass etwa der **Verjährungsbeginn vorverlegt** wird, indem etwa für den Fristbeginn auf den Vertragsabschluss oder ein sonstiges Datum und nicht auf die Ablieferung der Sache gem. § 438 Abs. 2 BGB abgestellt wird[41]. 1802

Berücksichtigt werden muss schließlich noch **§ 444 BGB**, demzufolge sich der Verkäufer nicht auf eine Vereinbarung berufen kann, durch welche die Rechte des Käufers wegen eines Mangels ausgeschlossen oder beschränkt werden, wenn er den **Mangel arglistig verschwiegen** oder eine **Garantie für die Beschaffenheit** der Sache übernommen hat. Für das Werkvertragsrecht ist auf die in Formulierung und Konzeption identische Regelung des **§ 639 BGB** abzustellen[42]. Der mit § 444 BGB eingeführte Begriff der Garantie für die Beschaffenheit einer Sache deckt sich mit dem Begriff der zugesicherten Eigenschaft[43]. § 444 BGB kommt aber nur insoweit eigenständige Bedeutung zu, als ein Ausschluss oder eine Beschränkung der Rechte des Käufers überhaupt zulässig ist und nicht schon andere Vorschriften einer entsprechenden Vereinbarung entgegenstehen, etwa AGB-rechtliche Vorschriften[44]. Ein Mängelhaftungsausschluss entgegen der Garantie ist zwingend unwirksam, auch in Individualvereinbarungen[45]. Im Übrigen bleibt der Vertrag einschließlich der Rechte des Käufers aus § 437 Nr. 1 bis 3 BGB bestehen[46]. **Arglistig** handelt der Verkäufer nach § 444 BGB bzw. der Werkunternehmer nach § 639 BGB dann, wenn er einen Sachmangel mindestens für möglich hält und gleichzeitig weiß oder damit rechnet und billigend in Kauf nimmt, dass der Vertragsgegner den Sachmangel nicht kennt und bei Offenbarung den Vertrag nicht oder nicht mit dem vereinbarten Inhalt geschlossen hätte[47]. Dieses Bewusstsein fehlt, wenn ein Mangel nicht als solcher wahr- 1803

---

[39] Vgl. oben Rdn. 1342.
[40] Vgl. *BGH*, 15.11.2006, VIII ZR 3/06, NJW 2007, 674, 676 Tz. 27 für „gebrauchte Tiere".
[41] Vgl. die Begründung des Regierungsentwurfs zu § 475 Abs. 2 BGB, *Canaris* S. 870; *Palandt/Weidenkaff* § 475 Rdn. 12; *Bamberger/Roth/Faust* § 475 Rdn. 17.
[42] Vgl. *Palandt/Sprau* § 639 Rdn. 1.
[43] Vgl. die Begründung des Regierungsentwurfs zu § 444 BGB, *Canaris* S. 861.
[44] Vgl. die Begründung des Regierungsentwurfs zu § 444 BGB, *Canaris* S. 861; *Palandt/Weidenkaff* § 444 Rdn. 2.
[45] Vgl. *Palandt/Weidenkaff* § 444 Rdn. 3.
[46] Vgl. die Begründung des Regierungsentwurfs zu § 444 BGB, *Canaris* S. 861; *Palandt/Weidenkaff* § 444 Rdn. 14.
[47] Vgl. *BGH*, 8.7.2016, V ZR 35/15, NJW-RR 2017, 468, 470 Tz. 19; *BGH*, 11.10.2007, VII ZR 99/06, NJW 2008, 145 Tz. 14; *BGH*, 30.11.2004, X ZR 43/03, NJW 2005, 893.

genommen wird[48]. Gegebenenfalls erfolgt eine Zurechnung der Kenntnis von Erfüllungsgehilfen gem. **§ 278 BGB**[49].

b) Der Unternehmensverkehr

1804　Die Ausführungen zur Einschränkung der vertraglichen Gestaltungsfreiheit bei Verbrauchsgüterkäufen gem. § 475 BGB sind auf den Unternehmensverkehr **nicht übertragbar.** Die Regelung ist weder unmittelbar einschlägig noch kommt ihr die Funktion der gesetzlichen Wertungsvorgabe auch für den Unternehmensverkehr zu. Auch § 309 BGB ist nach § 310 Abs. 1 BGB auf Allgemeine Geschäftsbedingungen nicht anwendbar, die gegenüber Personen verwendet werden, die bei Abschluss des Vertrags in Ausübung ihrer gewerblichen oder selbstständigen beruflichen Tätigkeit handeln und damit dem Unternehmerbegriff des § 14 BGB unterfallen. Die Vorgaben des § 309 Nr. 8b) BGB zu Mängelhaftungsklauseln in Allgemeinen Geschäftsbedingungen können dementsprechend nicht ohne weiteres auf den nunmehr angesprochenen Unternehmensverkehr übertragen werden, jedoch kommt § 309 BGB nach herrschender, aber nicht unbestrittener Auffassung eine **indizielle Bedeutung** für die Annahme einer unangemessenen Benachteiligung auch des unternehmerischen Kunden zu[50]. Gem. § 310 Abs. 1 S. 2 letzter Halbs. BGB ist jedoch auf die im Handelsverkehr geltenden Gewohnheiten und Gebräuche angemessen Rücksicht zu nehmen, sodass eine im Verbraucherverkehr unzulässige Klausel im Unternehmensverkehr angemessen sein kann.

1805　Auch im Unternehmensverkehr ist ein **völliger Ausschluss der Mängelhaftung** im Sinne des § 309 Nr. 8b) aa) BGB unzulässig, jedoch ist es hier nicht zu beanstanden, wenn der Kunde auf einen bestimmten Mängelanspruch, etwa Rücktritt, beschränkt wird[51]. Unzulässig ist es jedoch auch im Unternehmensverkehr, die Mängelansprüche des Kunden nur bei vom Klauselverwender verschuldeten Mängeln eingreifen zu lassen, etwa nur bei grob fahrlässig herbeigeführten Mängeln[52]. Auch der vollständige Ausschluss der eigenen Mängelhaftung durch Abtretung von Ansprüchen gegen Dritte ist unzulässig[53]. Derartige **Drittehaftungsklauseln** sind jedoch nicht zu beanstanden, wenn sie eine subsidiäre Einstandspflicht des Klauselverwenders vorsehen[54].

1806　Sofern die Mängelhaftungsklausel eine Beschränkung auf Nacherfüllung vorsieht, muss auch dem unternehmerischen Kunden das **Recht zum Rücktritt oder zur Minderung** zustehen, wenn die Nacherfüllung fehlgeschlagen ist. Insoweit gilt die in § 309 Nr. 8b) bb) BGB enthaltene gesetzgeberische Wertung auch im Unternehmensverkehr[55]. Nach dem Fehlschlagen der Nacherfüllung müssen die dem Kunden verbleibenden Rechte des Rücktritts oder der Minderung auch im Unternehmensverkehr diesem sofort zustehen und dürfen nicht von weiteren Voraussetzungen abhängig gemacht werden[56].

---

[48] Vgl. *BGH*, 11.10.2007, VII ZR 99/06, NJW 2008, 145 Tz. 14; *BGH*, 12.10.2006, VII ZR 272/05, NJW 2007, 366, 367 Tz. 11.
[49] Vgl. *BGH*, 11.10.2007, VII ZR 99/06, NJW 2008, 145, 146 Tz. 18; *BGH*, 30.11.2004, X ZR 43/03, NJW 2005, 893.
[50] Vgl. hierzu oben Rdn. 1792.
[51] Vgl. *Wolf/Lindacher/Pfeiffer* § 309 Nr 8b aa Rdn. 76–78 i. V. m. Rdn. 19.
[52] Vgl. *BGH*, 26.1.1993, X ZR 90/91, NJW-RR 1993, 560, 561.
[53] Vgl. *BGH*, 12.7.1984, VII ZR 268/83, NJW 1984, 2573, 2574.
[54] Vgl. *Palandt/Grüneberg* § 309 Rdn. 67.
[55] Vgl. *BGH*, 29.10.1997, VIII ZR 347/96, NJW 1998, 677, 678.
[56] Vgl. *Ulmer/Brandner/Hensen* § 309 Nr. 8 Rdn. 70.

Die von § 309 Nr. 8b) cc) BGB für unzulässig erklärte **Abwälzung der Nacherfüllungskosten** gilt über § 307 BGB im Grundsatz auch im Unternehmensverkehr[57]. Nicht zu beanstanden ist jedoch, wenn der Kunde einen unwesentlichen Kostenanteil tragen muss, etwa für einen erforderlichen Versand. Auch § 309 Nr. 8b) dd) BGB ist über § 307 BGB dem Grundsatz nach im Unternehmensverkehr anzuwenden. Gleiches gilt für § 309 Nr. 8b) ff) BGB hinsichtlich der Erleichterung der Verjährung[58]. **§ 444 BGB** muss auch im Geschäftsverkehr zwischen Unternehmen berücksichtigt werden. 1807

2. Die Inhaltskontrolle bei der Softwareüberlassung auf Zeit

a) Der Verbraucherverkehr

Der Regelungsbereich der oben ausführlich dargestellten Regelung zum Verbrauchsgüterkauf gem. § 475 BGB sowie der Regelung zu Mängelhaftungsklauseln gem. § 309 Nr. 8b) BGB umfasst weder **Miet- noch Leasingverträge**[59], sodass Mängelhaftungsklauseln bei Softwareüberlassungsverträgen auf Zeit, die diesen Vertragstypen zuzuordnen sind, **allein anhand § 307 Abs. 2 Nr. 1 BGB** überprüft werden müssen. Hierbei ist insbesondere auf § 307 Abs. 2 Nr. 1 BGB abzustellen, demzufolge eine Klausel wegen unangemessener Benachteiligung unzulässig ist, wenn die Klausel mit wesentlichen Grundgedanken der gesetzlichen Regelung nicht zu vereinbaren ist, von der abgewichen werden soll. 1808

In jedem Falle unzulässig ist eine Klausel, derzufolge **jegliche Mängelhaftung ausgeschlossen** werden soll[60]. Mit dem Grundgedanken des mietvertraglichen Mängelhaftungsrechts ebenfalls unvereinbar ist ferner, die Mängelhaftung auf **bestimmte Mängel** zu begrenzen. Ein Ausschluss oder eine wesentliche Einschränkung des Minderungsrechts nach § 536 Abs. 1 S. 1 BGB ist ebenfalls unzulässig[61]. Dies gilt auch für eine Klausel, derzufolge die Minderung erst ausgeübt werden darf, wenn Mängel nicht innerhalb einer bestimmten Frist beseitigt werden oder eine Minderung nur zulässig sein soll, wenn der Mangel vom Vermieter infolge grober Fahrlässigkeit oder Vorsatz zu vertreten sein soll[62]. 1809

Auch der **Schadensersatzanspruch nach § 536a Abs. 1 BGB** kann nicht völlig ausgeschlossen werden. Diesbezüglich wird jedoch auf die Ausführungen zu Schadensersatzklauseln verwiesen[63]. 1810

Schließlich ist ein **Ausschluss des Kündigungsrechts** nach § 543 Abs. 2 Nr. 1 BGB nur dann nicht zu beanstanden, wenn dem Mieter ein Recht auf Nachbesserung oder Ersatzlieferung eingeräumt wird. Auch in diesen Fällen muss das Kündigungsrecht aber wenigstens für den Fall des **Fehlschlagens der Nachbesserung oder der Ersatzlieferung** erhalten bleiben. Hierauf muss in den Allgemeinen Geschäftsbedingungen ausdrücklich hingewiesen werden[64]. Auch dürfen die Kosten der Nachbesserung oder Ersatzlieferung grundsätzlich nicht dem Mieter auferlegt werden. 1811

---

[57] Vgl. *BGH*, 9.4.1981, VII ZR 194/80, NJW 1981, 1510; *Palandt/Grüneberg* § 309 Rdn. 73.
[58] Vgl. *BGH*, 10.10.2013, VII ZR 19/12, NJW 2014, 206, 207 f. Tz. 21; *Palandt/Grüneberg* § 309 Rdn. 84.
[59] Vgl. hierzu oben Rdn. 1794.
[60] Vgl. *Ulmer/Brandner/Hensen*, Teil 2, Bes. Vertragstypen, Softwareverträge Rdn. 45.
[61] Vgl. *BGH*, 12.3.2008, XII ZR 147/05, NJW 2008, 2254, 2255 Tz. 20.
[62] Vgl. *BGH*, 12.3.2008, XII ZR 147/05, NJW 2008, 2254, 2255 Tz. 20.
[63] Vgl. hierzu unten Rdn. 1863 ff.
[64] Vgl. *Wolf/Lindacher/Pfeiffer* Klauseln Rdn. M 40.

1812 Sowohl im Hinblick auf das Minderungs- als auch das Kündigungsrecht des Mieters gelten die vorstehend angestellten Überlegungen entsprechend, wenn nicht ein Sach-, sondern ein **Rechtsmangel** vorliegt, etwa dem Anwender das erforderliche urheberrechtliche Nutzungsrecht nicht eingeräumt wurde.

b) Der Unternehmensverkehr

1813 Auch für den Unternehmensverkehr ist eine Inhaltskontrolle von Mängelhaftungsklauseln bei der Softwareüberlassung auf Zeit anhand von § 307 Abs. 1 und 2 BGB vorzunehmen. Mangels abweichender Interessenlage kann diesbezüglich auf die oben angestellten Überlegungen zum Verbraucherverkehr zurückgegriffen werden. Dementsprechend ist auch hier der **völlige Ausschluss jeglicher Mängelhaftungsansprüche** unzulässig. Angesichts der gegenüber Verbrauchern gesteigerten Geschäftsgewandtheit ist im Unternehmensverkehr jedoch nicht erforderlich, dass der Kunde, dem ein Kündigungsrecht erst nach Fehlschlagen einer Nachbesserung oder Ersatzlieferung zustehen soll, hierauf in den Allgemeinen Geschäftsbedingungen ausdrücklich hingewiesen wird.

3. Kostenklauseln

Typische Klauseln:
„Hat der Besteller uns wegen Gewährleistungsansprüchen in Anspruch genommen, und stellt sich heraus, dass entweder kein Mangel vorhanden ist oder der geltend gemachte Mangel auf einem Umstand beruht, der uns nicht zur Gewährleistung verpflichtet, so hat der Besteller, sofern er unsere Inanspruchnahme zu vertreten hat, uns alle hierdurch entstandenen Kosten zu ersetzen."[65]
„Die X-AG kann Mehrkosten daraus verlangen, dass die Software verändert, außerhalb der vorgegebenen Umgebung eingesetzt oder falsch bedient wurde. Sie kann Aufwendungsersatz verlangen, wenn kein Mangel gefunden wird und der Besteller die Mängelrüge nicht ohne Fahrlässigkeit erhoben hatte."[66]
„Der Kunde übernimmt die Aufwendungen von T-Systems, welche nach Überprüfung ihrer technischen Einrichtungen entstanden sind, wenn der Kunde eine Störungsmeldung abgegeben hatte und keine Störung an den technischen Einrichtungen von T-Systems vorlag und dies der Kunde bei zumutbarer Fehlersuche hätte erkennen können."[67]

Schrifttum: *Hecht/Becker,* Unberechtigte Mängelrügen bei IT-Projekten. Rechte und Pflichten der Vertragspartner und Hinweise zur Vertragsgestaltung, ITRB 2009, 59 ff.; *Kaiser,* Pflichtwidriges Mangelbeseitigungsverlangen, NJW 2008, 1709 ff.; *Schwarze,* Die Kostentragung für die Untersuchung eines unbegründeten Störungsverdachts, NJW 2015, 3601 ff.

1814 Unabhängig davon, ob es sich um einen Fall der Überlassung von Standard- oder Individualsoftware, auf Dauer oder auf Zeit handelt, verursacht die **Überprüfung** vom Anwender beanstandeter Mängel beim Softwarelieferanten **Kosten**. Diese können, da die Fehlersuche oftmals zeitaufwendig ist, eine schwindelerregende Höhe annehmen. Für den Lieferanten liegt es daher nahe, vom Anwender die **Erstattung der angefallenen Kosten** zu verlangen, sofern die Überprüfung ergibt, dass gar kein Mangel vorliegt oder aus sonstigen Gründen dem Anwender die geltend gemachten Mängelansprüche nicht zustehen. Als mögliche Anspruchsgrundlagen kommen insbesondere § 280 Abs. 1 BGB[68], gegebenenfalls auch § 826 BGB in Betracht. Darüber

---

[65] Vgl. *OLG Düsseldorf,* 21.10.1999, 6 U 161/98, CR 2000, 153 ff.
[66] Vgl. den Mustervertrag Beck'sches Formularbuch Bürgerliches, Handels- und Wirtschaftsrecht/ *Bartsch,* 12. Aufl. 2016, G 2, Allgemeine Geschäftsbedingungen für den Verkauf von Standardsoftware, § 9 Abs. 6.
[67] Vgl. § 4.1 Abs. 4 der T-Systems Geschäftsbedingungen Application Online.
[68] Vgl. *BGH,* 23.1.2008, VIII ZR 246/06, NJW 2008, 1147 Tz. 6; allgemein zu Ersatzansprüchen bei der Geltendmachung unberechtigter Ansprüche und nicht bestehender Rechte insbesondere

hinaus kann ein entsprechender Erstattungsanspruch im Rahmen einer sog. Kostenklausel vorgesehen werden[69].

Soweit die Kostenklausel eine Allgemeine Geschäftsbedingung darstellt und der Kontrolle nach den §§ 305 ff. BGB zu unterziehen ist, muss als Ausgangspunkt der Betrachtung festgehalten werden, dass die Geltendmachung vermeintlicher Rechte nach ständiger Rechtsprechung des *BGH* **regelmäßig keinen Schadensersatzanspruch** begründet, wobei unerheblich ist, ob es sich um gerichtliche oder außergerichtliche Geltendmachung handelt[70]. Auch muss berücksichtigt werden, dass ein Anwender von der Geltendmachung berechtigter Mängelansprüche abgehalten werden könnte, wenn er insbesondere bei komplexer Software die Fehlerursache nicht zuordnen kann und den Ersatzanspruch des Lieferanten fürchtet. Zu Recht hat daher das *OLG Düsseldorf* schon vor vielen Jahren einen Verstoß derartiger Kostenklauseln gegen die Grundgedanken der gesetzlichen Regelung und folglich eine Unwirksamkeit der Klauseln nach § 9 Abs. 2 Nr. 2 AGBG a. F. (jetzt § 307 Abs. 2 Nr. 2 BGB) angenommen[71]. Nicht zu beanstanden sind allenfalls solche Kostenklauseln, die eine Erstattungspflicht bei **grob fahrlässiger** oder gar **vorsätzlicher Geltendmachung unberechtigter Ansprüche** vorsehen[72]. Insoweit kann davon gesprochen werden, dass dem Anwender eine „Evidenzkontrolle" auferlegt werden kann, um naheliegende Mangelursachen auszuschließen[73]. 1815

Der *BGH*[74] bejaht eine über § 280 Abs. 1 BGB zum Schadensersatz verpflichtende schuldhafte Vertragsverletzung bei einem unberechtigten Mangelbeseitigungsverlangen sogar dann, wenn der Käufer mit nur **einfacher Fahrlässigkeit** gehandelt hat und die Ursache für die von ihm beanstandete Erscheinung in seinem eigenen Verantwortungsbereich liegt. Um die oben angesprochene Entwertung der Mängelansprüche infolge eines zu befürchtenden Abhaltens von deren Geltendmachung zu verhindern, möchte der *BGH* Ungewissheiten des Käufers nicht als Verletzung der Sorgfaltspflicht bewerten. Nach dieser Auffassung reicht es daher aus, dass der Standpunkt des Käufers plausibel ist[75]. Mit dieser Einschränkung kann dem *BGH* zugestimmt werden. Als prägnantes Beispiel kann der viel zitierte Anwender angeführt werden, der einen Defekt des IT-Systems rügt und dessen Netzstecker sich nicht in der Steckdose befindet. Den Anwender hier mit den entstehenden Kosten zu belasten erscheint nicht unangemessen. Auch für seine Mitarbeiter muss der Anwender über § 278 BGB gegebenenfalls einstehen[76]. Soweit der Anwender jedoch die Kosten tragen soll, die durch **jede Falschbedienung** des Programms verursacht werden[77], ist eine solche Kostenklausel zu weitreichend und deshalb unwirksam. Es wird nicht berücksichtigt, dass die Falschbedienung auch vom Lieferanten zu vertre- 1816

---

nach § 280 Abs. 1 S. 1 BGB *BGH*, 16.1.2009, V ZR 133/08, NJW 2009, 1262 Tz. 8 ff.; *Schwarze* NJW 2015, 3601, 3602 f.
[69] Vgl. die Entscheidung *OLG Düsseldorf*, 21.10.1999, 6 U 161/98, CR 2000, 153 ff.
[70] Vgl. *BGH*, 23.1.2008, VIII ZR 246/06, NJW 2008, 1147.
[71] Vgl. *OLG Düsseldorf*, 21.10.1999, 6 U 161/98, CR 2000, 153 f.; *Schwarze* NJW 2015, 3601, 3606; eine Unwirksamkeit nach § 307 Abs. 2 Nr. 1 BGB sieht *Kremer* CR 2011, 92, 94.
[72] Im Ergebnis ähnlich *Schwarze* NJW 2015, 3601, 3606.
[73] Im Ergebnis ähnlich *Schwarze* NJW 2015, 3601, 3606.
[74] Vgl. *BGH*, 23.1.2008, VIII ZR 246/06, NJW 2008, 1147, 1148 Tz. 12 ff.
[75] Nicht softwarespezifisch *Kaiser* NJW 2015, 1709, 1712.
[76] Vgl. *BGH*, 23.1.2008, VIII ZR 246/06, NJW 2008, 1147, 1148 Tz. 14.
[77] So die Klausel § 9 Abs. 6 S. 2 beim Beck'schen Formularbuch Bürgerliches, Handels- und Wirtschaftsrecht/*Bartsch*, 12. Aufl. 2016, G 2, Allgemeine Geschäftsbedingungen für den Verkauf von Standardsoftware.

ten sein kann, etwa bei mangelhafter Softwaredokumentation, unzureichender Einweisung oder fehlender Bedienerfreundlichkeit.

II. Schadensersatzklauseln

Inhaltsübersicht

	Rdn.		Rdn.
1. Einführung	1817	aa) Der Verbraucherverkehr	1846
2. Exkurs: Abriss über die außervertragliche Haftung für fehlerhafte Computerprogramme	1818	(1) Das Klauselverbot gem. § 309 Nr. 7a) BGB	1846
a) Die Haftung nach dem ProdHG	1821	(2) Das Klauselverbot gem. § 309 Nr. 7b) BGB	1850
aa) Computerprogramme als Produkt gem. § 2 ProdHG	1822	(3) Haftungsklauseln für leichte Fahrlässigkeit	1852
bb) Fehler eines Produkts gem. § 3 ProdHG	1823	bb) Der Unternehmensverkehr	1860
cc) Die Rechtsfolgen nach dem ProdHG	1825	5. Schadensersatzklauseln bei der Softwareüberlassung auf Zeit	1863
b) Die Haftung nach den Grundsätzen der Produzentenhaftung	1828	a) Klauseln zur verschuldensunabhängigen Haftung	1863
c) Die wichtigsten Abweichungen zwischen Produkt- und Produzentenhaftung im Überblick	1833	aa) Der Verbraucherverkehr	1863
		bb) Der Unternehmensverkehr	1866
3. Besondere Anforderungen an die transparente Vertragsgestaltung	1834	b) Klauseln zur verschuldensabhängigen Haftung	1867
4. Schadensersatzklauseln bei der Softwareüberlassung auf Dauer	1839	6. Sonderprobleme bei pauschalierten Schadensersatzansprüchen des Softwarelieferanten	1868
a) Klauseln zur verschuldensunabhängigen Haftung	1839	a) Allgemeines	1868
aa) Schadensersatzklauseln und das Fehlen der garantierten Beschaffenheit	1840	b) Das Verbot überhöhter Pauschalen gem. § 309 Nr. 5a) BGB	1872
(1) Der Verbraucherverkehr	1840	c) Das Verbot des Abschneidens des Gegenbeweises gem. § 309 Nr. 5b) BGB	1874
(2) Der Unternehmensverkehr	1841	d) Besonderheiten im Unternehmensverkehr	1875
bb) Schadensersatzklauseln zur Produkthaftung	1842	7. Die Folgen der Unwirksamkeit von Haftungsklauseln	1878
b) Klauseln zur verschuldensabhängigen Haftung	1843		

Typische Klauseln:
„6. Haftungsablehnungserklärung und Haftungsausschluss. 6.4. Der Anbieter übernimmt für die Lösung keine Haftung, was jegliche Schäden oder Haftung wegen durch die Lösung hervorgerufener Datenverluste oder –veränderungen einschließt. 6.5. Im vollen gesetzlich zulässigen Umfang überschreitet die Haftung des Anbieters, eines Mitglieds der Anbietergruppe oder des dazugehörigen Vertriebspartner oder Vertreter keinesfalls den höheren der folgenden Beträge: fünf US-Dollar ($ 5,00) oder die Lizenzgebühr für die Lösung, die Sie für die entsprechende Abonnementlaufzeit gezahlt haben."[78]

„6. Gewährleistungsausschluss und Haftungsbeschränkung. SIE Inc., ihre angeschlossenen Unternehmen und Lizenzgeber schließen jede Haftung für Datenverlust, entgangenen Gewinn oder sonstige unmittelbare, mittelbare, beiläufig entstandene, konkrete Folgeverluste oder Schäden unabhängig von deren Entstehung ab[79], die Sie infolge des Zugriffs oder der Nutzung der Systemsoftware erleiden. Solange diese Bestimmung in Ihrer Rechtsordnung durchsetzbar ist, gelten die vor-

---

[78] Vgl. die Endnutzer-Lizenzvereinbarung der AVG Technologies (7.7.2017).
[79] Der Originaltext lautet wirklich „ab". Vermutlich meint Sony aber „aus". Vgl. den Systemsoftware-Lizenzvertrag für das Sony Playstation 4-System (2016).

stehenden Beschränkungen, Ausschlüsse und Haftungsausschlüsse in vollem Umfang, soweit dies laut geltenden Recht möglich ist, auch wenn Rechtsmittel ihren grundlegenden Zweck verfehlen."[80]

„7. Haftungsbeschränkung. Soweit gesetzlich zulässig, schließen AVG Technologies, seine Lieferanten oder Händler Ihnen oder Dritten gegenüber unter allen Umständen jede Haftung für folgendes aus: Indirekte, Folge-, Neben-, Strafe einschließende oder konkrete Schäden ohne Rücksicht auf die Haftungsursache oder -theorie (insbesondere Schäden aus entgangenen Gewinnen oder Erlösen, aus Verlust der Privatsphäre, aus Verlust der Verwendbarkeit von Computern oder Software einschl. dieser Software, Geschäftsunterbrechungen, Verlust von Geschäftsdaten oder andere finanzielle Verluste), die aufgrund dieser Vereinbarung oder der hiermit zur Verfügung gestellten Software entstehen, auch wenn AVG Technologies auf die Möglichkeit dieser Schäden hingewiesen worden ist. AVG Technologies haftet nicht für nicht autorisierten Zugriff auf, Beschädigung, Löschung, Diebstahl, Zerstörung, Änderung oder versehentliche Preisgabe von Daten, Informationen oder Inhalten, die auf diesem System gespeichert, von diesem übertragen oder empfangen werden, wenn dies durch Umstände verursacht wurde, die außerhalb der Kontrolle von AVG Technologies liegen. Unter keinen Umständen übersteigt die Haftung von AVG Technologies im Zusammenhang mit der Software bzw. den Diensten den niedrigeren Betrag von den Gebühren, die Sie tatsächlich für die Software bzw. Dienste bezahlt haben, und dem von AVG Technologies empfohlenen Verkaufspreis am Tag des Erhalts der Software bzw. Dienste gültig war (oder bei Gratis-Softwarediensten den Betrag von 5,00 US$). Die vorgenannte Beschränkung gilt unbeschadet dessen, dass der wesentliche Zweck einer Haftungsbeschränkung verfehlt wird."[81]

„9. Haftungsbeschränkung. In dem nicht durch Gesetze untersagten Ausmaß ist Apple in keinem Fall haftbar für Personenschäden oder beiläufig entstandene, spezielle indirekte Schäden oder Folgeschäden jeglicher Art, einschließlich insbesondere entgangenen Gewinns, des Verlusts von Daten, der Geschäftsunterbrechung oder anderer kommerzieller Schäden oder Verluste, die durch die Verwendung der Apple Software oder Dienste oder der Unmöglichkeit der Verwendung der Apple Software oder Dienste entstehen oder damit zusammenhängen und zwar unabhängig von der Rechtsgrundlage der Haftung (Vertrag, unerlaubte Handlung oder sonstige) und zwar auch dann, wenn Apple auf die Möglichkeit solcher Schäden hingewiesen wurde. Einige Rechtsordnungen lassen die Beschränkung der Haftung für Personenschäden, beiläufig entstandene Schäden oder Folgeschäden nicht zu, so dass diese Beschränkung für Sie möglicherweise nicht zutrifft. In keinem Fall übersteigt die gesamte Haftung von Apple für alle Schaden (ausgenommen die zwingende gesetzliche Haftung im Falle von Personenschäden) Ihnen gegenüber die Summe von fünfzig US-Dollar ($ 50). Die vorgenannten Beschränkungen gelten auch dann, wenn das obengenannte Rechtsmittel seinen eigentlichen Zweck nicht erfüllt."[82]

„8. Haftungsbeschränkung. In dem nicht durch anwendbare Gesetze untersagten Ausmaß sind Apple, seine Partner, Vertreter oder leitenden Angestellten in keinen Fall haftbar für Personenschäden oder beiläufig entstandene, spezielle, indirekte Schäden oder Folgeschäden jeglicher Art, einschließlich insbesondere entgangenen Gewinns, der Beschädigung oder des Verlusts von Daten, der Nichtübertragung oder des Nichtempfangs von Daten, der Geschäftsunterbrechung oder anderer kommerzieller Schäden oder Verluste (einschließlich ohne Einschränkung Kursanleitungen, Aufgaben und Materialien), die durch die Verwendung der iOS Software und -Dienste oder die Unmöglichkeit der Verwendung der iOS Software und -Dienste oder jeglicher Software oder Programme von Drittanbietern in Verbindung mit der iOS Software oder den -Diensten entstehen oder damit zusammenhängen, und zwar unabhängig von der Rechtsgrundlage der Haftung (Vertrag, unerlaubte Handlung oder sonstige) und auch dann, wenn Apple auf die Möglichkeit solcher Schäden hingewiesen wurde. Einige Rechtsordnungen lassen die Beschränkung der Haftung für Personenschäden, beiläufig entstandene Schäden oder Folgeschäden nicht zu, sodass diese Beschränkung für dich möglicherweise nicht zutrifft. In keinem Fall übersteigt die gesamte Haftung von Apple für alle Schäden (ausgenommen die zwingende gesetzliche Haftung im Falle von Personenschäden) dir gegenüber die Summe von zweihundertfünfzig US Dollar ($ 250,00). Die vorgenannten Beschränkungen gelten auch dann, wenn das oben genannte Rechtsmittel seinen eigentlichen Zweck nicht erfüllt."[83]

---

[80] Vgl. Systemsoftware-Lizenzvertrag für das Sony Playstation 4-System (2016).
[81] Vgl. die Software-Lizenzvereinbarung für Endbenutzer der AVG Technologies (2013).
[82] Vgl. den Softwarelizenzvertrag für iTunes für Windows der Apple. Inc. (2010).
[83] Vgl. den Softwarelizenzvertrag für iOS 11 der Apple. Inc. (EA 1491 vom 12.7.2017).

„Bei Vorsatz und grober Fahrlässigkeit, auch der gesetzlichen Vertreter und Erfüllungsgehilfen, haften Sie und Google nach den gesetzlichen Bestimmungen. Das gleiche gilt bei schuldhaft verursachten Schäden aus der Verletzung des Lebens, des Körpers oder der Gesundheit, bei Schäden, die durch das Fehlen einer garantierten Beschaffenheit verursacht wurden, sowie im Falle arglistig verschwiegener Mängel. Bei durch Sie oder Google, deren gesetzlichen Vertreter oder Erfüllungsgehilfen leicht fahrlässig verursachten Sach- und Vermögensschäden ist die Haftung beschränkt auf Fälle der Verletzung einer wesentlichen Vertragspflicht, jedoch der Höhe nach begrenzt auf den bei Vertragsschluss vorhersehbaren und vertragstypischen Schaden. Wesentliche Vertragspflichten sind solche, deren Erfüllung die ordnungsgemäße Durchführung eines Vertrages überhaupt erst ermöglicht und auf deren Einhaltung die Vertragsparteien regelmäßig vertrauen dürfen. Die Haftung nach dem Produkthaftungsgesetz bleibt unberührt. Im Übrigen ist die Haftung von Ihnen und Google ausgeschlossen."[84]

„1.10. Haftungsbeschränkung. Soweit in dieser Garantie nichts Gegenteiliges geregelt ist und soweit gesetzlich zulässig, übernimmt Apple keine Haftung für unmittelbare, besondere, mittelbare oder Folgeschäden, die auf einer Verletzung dieser Garantie oder einer Bedingung beruhen, und haftet Apple auch nicht aufgrund eines sonstigen Rechtsgrundes, insbesondere nicht für entgangene Nutzungsmöglichkeiten, entgangenen Umsatz, entgangenen tatsächlichen oder vermeintlichen Gewinn (einschließlich Gewinnverlusten aus Verträgen), entgangene Nutzungsmöglichkeiten von Geld, entgangene erwartete Einsparmöglichkeiten, entgangene Geschäfte, entgangene Geschäftsmöglichkeiten, entgangenen Goodwill, Reputationsverlust, Verlust, Beschädigung, Beeinträchtigung oder Verfälschung von Daten oder sonstige mittelbare und Folgeschäden, wie auch immer verursacht, einschließlich des Ersatzes von Ausrüstung und Vermögenswerten, jeglicher Kosten für die Wiederherstellung, die Programmierung oder die Reproduktion von Programmen oder Daten, die auf dem Apple-Produkt gespeichert sind oder mit dem Apple-Produkt genutzt werden, oder der Nicht-Einhaltung der Vertraulichkeit von Informationen, die auf dem Apple-Produkt gespeichert sind. Die vorgenannte Beschränkung gilt nicht für Ansprüche, die auf einem Todesfall oder einer Körperverletzung beruhen oder im Falle einer gesetzlichen Haftung für vorsätzliche oder grob fahrlässige Handlungen oder Unterlassungen.

„9. Haftungsbeschränkung. Soweit dies nach anzuwendendem Recht zulässig ist, haftet Samsung nicht für Personenschäden oder indirekte, spezielle, Folge- oder beiläufig entstandene Schäden oder Verluste jeglicher Art, einschließlich unter anderem solche durch entgangene Gewinne, Datenverluste, Geschäftsunterbrechungen oder andere wirtschaftliche Schäden, ob sie durch den Gebrauch der Samsung-Software oder des Dienstes oder durch Fehler während der Verwendung entstanden sind, und unabhängig von der Grundursache, die zu solchen Problemen geführt hat. Dies gilt unabhängig von gesetzlichen Haftungsbestimmungen (Verträge, rechtswidrige Handlungen u. a.) und auch wenn Samsung vorab über die Möglichkeit derartiger Schäden informiert wurde. Einige Rechtsgebiete gestatten keine Haftungsbeschränkung für Personenschäden oder Folge- oder beiläufig entstandene Schäden. In diesen Fällen gilt diese Haftungsbeschränkung möglicherweise für Sie nicht."[85]

„11. Beschränkung und Ausschluss des Schadenersatzes. Sie können von Microsoft und deren Lieferanten nur einen Ersatz für direkte Schäden bis zu einem Betrag von 5 US-Dollar erhalten. Sie können keinen Ersatz für andere Schäden erhalten, einschließlich Folgeschäden, Schäden aus entgangenem Gewinn, spezielle, indirekte oder beiläufig entstandene Schänden.

Wenn Sie die Software in Deutschland oder in Österreich erworben haben, findet die Beschränkung im vorstehenden Absatz „Beschränkung und Ausschluss des Schadenersatzes" auf Sie keine Anwendung. Stattdessen gelten für Schadenersatz oder Ersatz vergeblicher Aufwendungen, gleich aus welchem Rechtsgrund einschließlich unerlaubter Handlung, die folgenden Regelungen:

Microsoft haftet bei Vorsatz, grober Fahrlässigkeit, bei Ansprüchen nach dem Produkthaftungsgesetz sowie bei Verletzung von Leben, Körper oder der Gesundheit nach den gesetzlichen Vorschriften.

Microsoft haftet nicht für leichte Fahrlässigkeit. Wenn Sie die Software jedoch in Deutschland erworben haben, haftet Microsoft auch für leichte Fahrlässigkeit, wenn Microsoft eine wesentliche Vertragspflicht verletzt. In diesen Fällen ist die Haftung von Microsoft auf typische und vorhersehbare Schäden beschränkt. In allen anderen Fällen haftet Microsoft auch in Deutschland nicht für leichte Fahrlässigkeit."[86]

---

[84] Vgl. die Google Nutzungsbedingungen (11.11.2013).
[85] Vgl. die Endnutzer-Lizenzvereinbarung für Samsung Kies (2013).
[86] Vgl. den Microsoft DirectX Endnutzer-Lizenzvertrag (2011).

II. Schadensersatzklauseln

„12. Verbraucherrechte, regionale Variationen. d. Deutschland und Österreich. (ii) Haftungsbeschränkung. Bei Vorsatz, grober Fahrlässigkeit, bei Ansprüchen nach dem Produkthaftungsgesetz sowie bei Verletzung von Leben, Körper oder Gesundheit haftet der Hersteller bzw. das Installationsunternehmen oder Microsoft nach den gesetzlichen Vorschriften.

Vorbehaltlich des vorangegangenen Satzes haftet der Hersteller bzw. das Installationsunternehmen oder Microsoft nur dann für leichte Fahrlässigkeit, wenn der Hersteller bzw. das Installationsunternehmen oder Microsoft diejenigen wesentlichen Vertragspflichten verletzt, deren Erfüllung die ordnungsgemäße Durchführung dieses Vertrages überhaupt erst ermöglicht, deren Verletzung den Zweck dieses Vertrages gefährden würde und auf deren Einhaltung eine Partei regelmäßig vertrauen darf (sogenannte „Kardinalpflichten"). In anderen Fällen von leichter Fahrlässigkeit haftet der Hersteller bzw. das Installationsunternehmen oder Microsoft nicht."[87]

„Beschränkte Garantie. Wenn Ihr örtlich anwendbares Recht es Ihnen gestattet, von Microsoft Schadensersatz zu erhalten, obwohl selbiges durch diesen Vertrag ausgeschlossen ist, können Sie nicht mehr als den für die Software bezahlten Preis als Ersatz erhalten (oder maximal 50 US-Dollar, wenn Sie die Software kostenlos erhalten haben)."[88]

„Wenn Sie über eine Grundlage für den Ersatz von Schäden durch Microsoft verfügen, können Sie nur einen Ersatz für direkte Schäden bis zu dem Betrag erhalten, den Sie für die Software bezahlt haben. Sie können keinen Ersatz für andere Schäden erhalten, einschließlich Folgeschäden, Schäden aus entgangenem Gewinn, spezielle, indirekte oder zufällige Schäden. Die Schadensersatzausschlüsse und Beschränkungen in diesem Vertrag gelten auch, wenn Nachbesserung, Nachlieferung oder Erstattung des Kaufpreises für die Software Sie nicht vollständig für Verluste entschädigt oder wenn der Hersteller oder das Installationsunternehmen oder Microsoft von der Möglichkeit der Schäden gewusst hat oder hätte wissen müssen. Einige Staaten und Länder gestatten den Ausschluss oder die Beschränkung von zufälligen, Folge- oder sonstigen Schäden nicht. Daher gelten die obigen Beschränkungen und Ausschlüsse möglicherweise nicht für Sie. Wenn Ihre örtlich anwendbaren Gesetze Ihnen gestatten, von Microsoft Ersatz für andere Schäden zu erhalten, obwohl wir dies nicht erlauben, können Sie maximal den für die Software bezahlten Preis als Ersatz erhalten."[89]

„22. Beschränkung und Ausschluss des Schadensersatzes. Sie können von Microsoft und deren Lieferanten nur einen Ersatz für direkte Schäden bis zu dem Betrag erhalten, den Sie für die Software bezahlt haben. Sie können keinen Ersatz für andere Schäden erhalten, einschließlich Folgeschäden, Schäden aus entgangenem Gewinn, spezielle, indirekte oder beiläufig entstandene Schäden.

Diese Beschränkung gilt für:

jeden Gegenstand im Zusammenhang mit der Software, Diensten, Inhalten (einschließlich Code) auf Internetseiten von Drittanbietern oder Programmen von Drittanbietern

Ansprüche aus Vertragsverletzungen, Verletzungen der Garantie oder der Gewährleistung, verschuldensunabhängiger Haftung, Fahrlässigkeit oder anderen unerlaubten Handlungen im durch das anwendbare Recht gestatteten Umfang.

Sie gilt auch:

wenn Nachbesserung, Nachlieferung oder Erstattung des Kaufpreises für die Software Sie nicht vollständig für Verluste entschädigt

wenn Microsoft von der Möglichkeit der Schäden gewusst hat oder hätte wissen müssen.

Einige Staaten gestatten den Ausschluss oder die Beschränkung von Folge- oder beiläufig entstandenen Schäden nicht. Daher gilt die obige Beschränkung oder der obige Ausschluss möglicherweise nicht für Sie. Obige Beschränkung und obiger Ausschluss gelten möglicherweise auch deshalb nicht für Sie, weil Ihr Land den Ausschluss oder die Beschränkung von beiläufig entstandenen Schäden, Folgeschäden oder sonstigen Schäden nicht gestattet.

Wenn Sie die Software in DEUTSCHLAND oder in ÖSTERREICH erworben haben, findet die Beschränkung im vorstehenden Absatz „Beschränkung und Ausschluss des Schadensersatzes" auf Sie keine Anwendung. Stattdessen gelten für Schadensersatz oder Ersatz vergeblicher Aufwendungen, gleich aus welchem Rechtsgrund einschließlich unerlaubter Handlung, die folgenden Regelungen:

Microsoft haftet bei Vorsatz, grober Fahrlässigkeit, bei Ansprüchen nach dem Produkthaftungsgesetz sowie bei Verletzung von Leben, Körper oder der Gesundheit nach den gesetzlichen Vorschriften.

---

[87] Vgl. Microsoft-Software Lizenzbestimmungen. Windows-Betriebssystem (Dezember 2016).
[88] Vgl. Microsoft-Software Lizenzbestimmungen. Windows-Betriebssystem (Dezember 2016).
[89] Vgl. den Microsoft Windows 8 Software-Lizenzvertrag (2013).

Microsoft haftet nicht für leichte Fahrlässigkeit. Wenn Sie die Software jedoch in Deutschland erworben haben, haftet Microsoft auch für leichte Fahrlässigkeit, wenn Microsoft eine wesentliche Vertragspflicht verletzt. In diesen Fällen ist die Haftung von Microsoft auf typische und vorhersehbare Schäden beschränkt. In allen anderen Fällen haftet Microsoft auch in Deutschland nicht für leichte Fahrlässigkeit."[90]

„Diese Software wurde mit größter Sorgfalt erstellt und nach dem Stand der Technik auf Korrektheit überprüft. Für die Qualität, Leistungsfähigkeit sowie Marktgängigkeit der Software für einen bestimmten Zweck, der von dem durch die Softwarebeschreibung abgedeckten Leistungsumfang abweicht, übernimmt AVM weder ausdrücklich noch implizit die Gewähr oder Verantwortung. Für Schäden, die sich direkt oder indirekt aus dem Gebrauch der Dokumentation oder der übrigen Programme ergeben, sowie für beiläufige Schäden oder Folgeschäden haftet AVM nur im Falle des Vorsatzes oder der groben Fahrlässigkeit. Für den Verlust oder die Beschädigung von Hardware oder Software oder Daten infolge direkter oder indirekter Fehler oder Zerstörungen, sowie für Kosten, einschließlich der Kosten für ISDN-, GSM- und ADSL-Verbindungen, die im Zusammenhang mit den gelieferten Programmen und der Dokumentation stehen und auf fehlerhafte Installationen, die von AVM nicht vorgenommen wurden, zurückzuführen sind, sind alle Haftungsansprüche ausdrücklich ausgeschlossen."[91]

„§ 7 Haftung. (1) Nexway haftet nicht für Schäden durch Inkompatibilität der Software mit bereits beim Kunden vorhandener Software oder Hardware.
(2) Nexway vertritt nur Vorsatz und grobe Fahrlässigkeit, ausgenommen bei Verletzung des Lebens, des Körpers oder der Gesundheit einer Person sowie bei Verletzung von wesentlichen Vertragspflichten. Wesentliche Vertragspflichten sind solche, deren Erfüllung zur Erreichung des Ziels des Vertrags notwendig ist und auf deren Einhaltung der Vertragspartner regelmäßig vertrauen darf.
(3) Bei der Verletzung wesentlicher Vertragspflichten durch einfache Fahrlässigkeit haftet Nexway nur auf den vertragstypischen, vorhersehbaren Schaden, es sei denn, es handelt sich um Schadensersatzansprüche aus einer Verletzung des Lebens, des Körpers oder der Gesundheit."[92]

„14. Besondere Bestimmungen und Ausnahmen.
14.2 Haftungsbeschränkung für Benutzer in Deutschland und Österreich.
14.2.1 Wenn Sie die Software in Deutschland oder Österreich erworben haben und Sie Ihren gewöhnlichen Aufenthalt in einem dieser Länder haben, trifft Ziffer 8 nicht zu. Vorbehaltlich der Bestimmungen in Ziffer ist die gesetzliche Haftung von Adobe stattdessen auf folgende Punkte beschränkt: (i) Adobe übernimmt die Haftung nur bis zur Höhe des zur Zeit des Abschlusses des Lizenzvertrags typischerweise vorhersehbaren Schadens hinsichtlich derjenigen Schäden, die aus einer leicht fahrlässigen Verletzung einer wesentlichen Vertragspflicht herrühren und (ii) Adobe haftet nicht für Schäden, die auf einer leicht fahrlässigen Verletzung nicht wesentlicher Vertragspflichten beruhen.
14.2.2 Die vorstehenden Haftungsbeschränkungen gelten jedoch nicht für Fälle der gesetzlich zwingenden Haftung, insbesondere nicht für die Haftung nach dem deutschen Produkthaftungsgesetz, die Haftung aufgrund einer Beschaffenheitsgarantie oder für die Haftung für schuldhaft verursachte Personenschäden.
14.2.3 Sie sind vorbehaltlich der Bestimmungen dieses Vertrags dazu verpflichtet, alle zur Vermeidung oder Minderung von Schäden angemessenen Maßnahmen zu ergreifen, insbesondere das Erstellen von Sicherungskopien der Software und Ihrer Computerdaten."[93]

„11 Haftung der Deutschen Telekom
11.1 Bei Vorsatz oder grober Fahrlässigkeit sowie bei Fehlen einer garantierten Eigenschaft haftet die Deutsche Telekom für alle darauf zurückzuführenden Schäden unbeschränkt.
11.2 Bei leichter Fahrlässigkeit haftet die Deutsche Telekom im Fall der Verletzung des Lebens, des Körpers oder der Gesundheit unbeschränkt. Wenn die Deutsche Telekom durch leichte Fahrlässigkeit mit ihrer Leistung in Verzug geraten ist, wenn ihre Leistung unmöglich geworden ist oder die Deutsche Telekom eine wesentliche Pflicht verletzt hat, ist die Haftung für darauf zurückzuführende Sach- und Vermögensschäden, auf den vertragstypischen vorhersehbaren Schaden begrenzt. Eine wesentliche Pflicht ist eine solche, deren Erfüllung die ordnungsgemäße Durchführung des Vertrags

---

[90] Vgl. die Microsoft-Software Lizenzbestimmungen für Office System-Desktop-Anwendungssoftware (2007).
[91] Vgl. den Lizenzvertrag zur Fritz!Box der AVM GmbH (2013).
[92] Vgl. die Nutzungsbedingungen Softwaredownload (Nexway) (2012).
[93] Vgl. den Software-Lizenzvertrag von Adobe Systems Incorporated (Reader 2013).

überhaupt erst ermöglicht, deren Verletzung die Erreichung des Vertragszwecks gefährdet und auf deren Einhaltung der Kunde regelmäßig vertrauen darf.

11.3 Die verschuldensunabhängige Haftung der Deutschen Telekom auf Schadensersatz (§ 536a BGB) für bei Vertragsschluss vorhandene Mängel ist ausgeschlossen. Ziffer 11.1 und 11.2 bleiben unberührt.

11.4 Für den Verlust von Daten haftet die Deutsche Telekom bei leichter Fahrlässigkeit unter den Voraussetzungen und im Umfang von Ziffer 11.2 nur, soweit der Kunde seine Daten in anwendungsadäquaten Intervallen in geeigneter Form gesichert hat, damit diese mit vertretbarem Aufwand wiederhergestellt werden können.

11.5 Die Haftung für alle übrigen Schäden ist ausgeschlossen, insbesondere für Datenverluste oder Hardwarestörungen, die durch Inkompatibilität der auf dem PC-System des Kunden vorhandenen Komponenten mit der neuen bzw. zu ändernden Hard- und Software verursacht werden und für Systemstörungen, die durch vorhandene Fehlkonfigurationen oder ältere, störende, nicht vollständig entfernte Treiber entstehen können. Die Haftung nach den Vorschriften des Produkthaftungsgesetzes bleibt unberührt."[94]

„Schadensersatzansprüche des Kunden jeglicher Art gegen uns sind ausgeschlossen, insbesondere Ansprüche auf Ersatz von Folgeschäden, wie z.B. bei Verlust von Daten oder entgangenem Gewinn, Ansprüchen aus Unmöglichkeit, positiver Forderungsverletzung und wegen Nichterfüllung. Dies gilt nicht, soweit in den Fällen des Vorsatzes, der groben Fahrlässigkeit oder des Fehlens zugesicherter Eigenschaften gesetzlich zwingend gehaftet wird."[95]

„Vorbehaltlich der Absätze 6.1 und 6.2 ist die Gesamthaftung des Lizenzgebers unter dieser Lizenz auf den Preis, den Sie für die Applikationsnutzung zahlen, oder auf 50 Euro beschränkt, wobei der höhere Wert maßgeblich ist."[96]

„Für alle Ansprüche der Parteien gegeneinander, die nicht Erfüllungsansprüche sind oder der Erfüllung der vertraglichen Pflichten dienen, insbesondere für Ansprüche auf Schadens- oder Aufwendungsersatz, aus Selbstvornahme, Kündigung oder Rückabwicklung nach Rücktritt, unabhängig von der Frage einer Pflichtverletzung, vom Maß des Verschuldens oder der Anspruchsgrundlage (alle denkbaren Anspruchssachverhalte nachfolgend zusammen „Haftung" genannt) gelten folgende Beschränkungen: Die gesamte Haftung ist beschränkt auf [Zeitraum] [Betrag]. Ansprüche auf entgangenen Gewinn (gemäß § 252 BGB), nicht erzielte Ersparnisse oder Kostenreduzierungen, Nutzungsausfall und andere Vermögenseinbußen, die nicht in der Verletzung eines absoluten Rechtsgutes gem. § 823 BGB selbst liegen oder diesen Ersatz bzw. Wiederherstellung dienen, sind auf [Betrag] beschränkt"[97].

Schrifttum: *Brandi-Dohrn*, Die Besonderheiten von Haftungsklauseln in IT-Verträgen, CR 2014, 417 ff.; *Funk/Wenn*, Der Ausschluss der Haftung für mittelbare Schäden in internationalen Softwareverträgen, CR 2004, 481 ff.; *Hörl*, Beweislastverteilung in IT-Haftungsklauseln, ITRB 2007, 237 ff.; *Koch*, Updating von Sicherheitssoftware – Haftung und Beweislast. Eine Problemskizze zur Verkehrssicherungspflicht zum Einsatz von Antivirenprogrammen, CR 2009, 485 ff.; *Laux/Widmer*, Produkthaftung für Open-Source-Software?, in: Open Source Jahrbuch 2007, S. 495 ff.; *Lejeune*, Force Majeure Klauseln in IT-Verträgen, ITRB 2009, 189 ff.; *Raue*, Haftung für unsichere Software, NJW 2017, 1841 ff.; *Schöttler/Diekmann*, Typische Haftungsklauseln in IT-AGB, ITRB 2012, 84 ff.; *Schuster*, Haftung, Aufwendungsersatz und Rückabwicklung bei IT-Verträgen, CR 2011, 215 ff.; *Söbbing*, Möglichkeiten der Haftungsbeschränkung für die kostenlose Bereitstellung von IT-Outsourcing-Leistungen, K&R 2011, 98 ff.; *Staffelbach/Hengstler*, Haftungsbegrenzungsklauseln nach schweizer Recht, ITRB 2013, 21 ff.

---

[94] Vgl. die Allgemeinen Geschäftsbedingungen von Softwareload der Deutsche Telekom AG (Version: 1.11.2008).
[95] Vgl. die Haftungsklausel in der Entscheidung *OLG Koblenz*, 16.5.1997, 2 U 1788/95, ECR OLG 257.
[96] Vgl. die Haftungsklausel in der Entscheidung *LG Frankfurt*, 6.6.2013, 2–24 O 246/12, BeckRS 2013, 10146.
[97] Vgl. die Musterklausel für Individualverträge von *Schuster* CR 2011, 215, 220.

1. Einführung

1817 Schadensersatz-, Haftungs- oder auch Freizeichnungsklauseln sind in Softwareüberlassungsverträgen außerordentlich weit verbreitet[98] und so vielgestaltig, dass der obige Katalog typischer Klauseln einen nur groben Überblick über die augenblickliche Vertragspraxis zu geben vermag. Neben der im Rahmen dieser Abhandlung grundsätzlich vorgenommenen Unterteilung der Softwareüberlassungsverträge in solche der Überlassung auf Dauer und solche der Überlassung auf Zeit lässt sich im Rahmen der Schadensersatzklauseln eine weitergehende Strukturierung danach vornehmen, ob **verschuldensabhängige oder verschuldensunabhängige** Schadensersatzansprüche in Allgemeinen Geschäftsbedingungen geregelt werden sollen. Darüber hinaus muss unterschieden werden, ob der Klauselverwender seine eigene Haftung zu beschränken sucht, wie dies bei der Masse der Schadensersatzklauseln der Fall ist, oder ob der Verwender eigene Schadensersatzansprüche gegenüber dem Kunden regelt. Letzteres geschieht meist durch **Schadenspauschalierungen,** auf die unten gesondert eingegangen wird[99]. Da bei den durch die aufgezeigte Grobeinteilung gewonnenen verschiedenen Typen der Schadensersatzklauseln mitunter erhebliche Unterschiede hinsichtlich der vorzunehmenden Interessenbewertung festzustellen sind, soll die nachfolgende Darstellung dieser Möglichkeit der Typisierung folgen. Unabhängig von der vorzunehmenden Typisierung gilt aber für alle Haftungsausschlussklauseln der **Grundsatz einer engen Auslegung,** den der *BGH* seit vielen Jahren anerkannt hat[100] und der im Rahmen von Allgemeinen Geschäftsbedingungen auch mit der Unklarheitsregel des § 305c Abs. 2 BGB begründet werden kann[101]. Bevor jedoch Schadensersatzklauseln im Detail dargestellt werden, sollen zwei Problemkreise vorab behandelt werden. Zunächst soll die außervertragliche Haftung für fehlerhafte Computerprogramme im Rahmen der Produkt- und Produzentenhaftung im Abriss erläutert werden, um dem Leser einen Überblick zu verschaffen[102]. Im Anschluss hieran sollen die besonderen Anforderungen an die transparente Vertragsgestaltung bei Schadensersatzklauseln dargestellt werden.

2. Exkurs: Abriss über die außervertragliche Haftung für fehlerhafte Computerprogramme

Schrifttum: *Bartsch,* Computerviren und Produkthaftung, CR 2000, 721 ff.; *Meyer/Harland,* Haftung für softwarebezogene Fehlfunktionen technischer Geräte am Beispiel von Fahrerassistenzsystemen, CR 2007, 689 ff.; *Runte/Potinecke,* Software und GPSG. Anwendbarkeit und Auswirkungen des Geräte- und Produktsicherheitsgesetzes auf Hersteller und Händler von Computerprogrammen, CR 2004, 725 ff.; *Sodtalbers,* Softwarehaftung im Internet. Die außervertragliche Produkthaftung für online in Verkehr gegebene Computerprogramme, 2006; *Spindler,* IT-Sicherheit und Produkthaftung – Sicherheitslücken, Pflichten der Hersteller und der Softwarenutzer, NJW 2004, 3145 ff.; *Straub,* Produktehaftung für Informationstechnologiefehler. EU-Produkthaftungsrichtlinie und

---

[98] Die weite Verbreitung steht im Gegensatz zum im Schrifttum gelegentlich bezweifelten Nutzen. Vgl. etwa *v. Westphalen* BB 2002, 209, 215, der sie als „im Ergebnis nutzlos" bezeichnet, weil die Grenzen für Haftungsfreizeichnung- und Haftungsbegrenzungsklauseln sehr eng sind. *Brandi-Dohrn* CR 2014, 417 bezeichnet sie demgegenüber als „wirtschaftlichen Kern" von AGB-Klauselwerken.
[99] Vgl. unten Rdn. 1868 ff.
[100] Vgl. *BGH,* 24.1.2003, V ZR 248/02, NJW 2003, 1316, 1317 m. w. N.; *Palandt/Grüneberg* § 276 Rdn. 36.
[101] Vgl. *Palandt/Grüneberg* § 276 Rdn. 36.
[102] Eine ausführliche Darstellung muss an dieser Stelle dem einschlägigen Spezialschrifttum vorbehalten bleiben.

schweizerisches Produkthaftungsgesetz, 2002; *Taeger*, Außervertragliche Haftung für fehlerhafte Computerprogramme, 1995.

Die Schäden, die durch fehlerhafte Computersoftware entstehen können, sind beachtlich und der Allgemeinheit hinreichend bekannt[103]. Insbesondere die Tagespresse und die Nachrichtenmagazine widmen spektakulären Fällen immer wieder ihre Aufmerksamkeit, etwa bei den gravierenden Folgen von Schadsoftware wie „WannaCry" im Mai 2017, bei dem unkontrollierten Aktieneinkauf eines außer Kontrolle geratenen Handelsprogramms an der New Yorker Börse im August 2012 oder dem durch ein Software-Update ausgelösten Stillstand des Flugverkehrs der Lufthansa am 30.9.2009. Einige Softwarehersteller sind dazu übergegangen, den Einsatz ihrer Programme in schadensträchtigen Umgebungen zu verbieten, etwa in Atomanlagen oder bei Medizinprodukten[104]. Auch im juristischen Fachschrifttum wird häufig auf das **große Gefahrenpotenzial,** insbesondere bei computergesteuerten medizinisch-technischen Geräten, Verkehrsleitsystemen (etwa Flugsicherungssystemen), Militärtechniksystemen und ähnlich gefahrträchtigen Gebieten hingewiesen[105]. Umso bemerkenswerter ist, dass bislang keine softwarebezogene gerichtliche Entscheidung zur außervertraglichen Haftung bekannt geworden ist[106]. Dennoch sollte insbesondere angesichts der möglichen großen Schäden die Relevanz dieses Problemkreises nicht unterschätzt werden. Im nachfolgenden Abriss über die verschiedenen Erscheinungsformen der außervertraglichen Haftung wird die gesetzlich vorgegebene **Zweigleisigkeit der Produkt- und Produzentenhaftung** beibehalten. Im Rahmen der Verwendung von Computersoftware können sich außervertragliche Schadensersatzansprüche aus dem auf der sog. EG-Produkthaftungsrichtlinie[107] beruhenden ProdHG oder nach den allgemeinen Grundsätzen der Produzentenhaftung gem. § 823 Abs. 1 BGB ergeben[108].

1818

Im Einzelfall problematisch werden kann aber zunächst schon die Beantwortung der Frage, ob ein Schaden überhaupt zu den durch die Produkt- oder Produzentenhaftung zu ersetzenden Schäden zählt. Ausgangspunkt für die insoweit anzustellenden Überlegungen ist die Feststellung, dass ein **Sachschaden am fehlerhaften Produkt selbst** nach dem ProdHG nicht ersetzbar ist, da gem. § 1 Abs. 1 S. 2 ProdHG eine andere Sache als das fehlerhafte Produkt beschädigt sein muss. Auch nach den Grundsätzen der Produzentenhaftung erstreckt sich die Verkehrssicherungspflicht des Herstellers unter dem Gesichtspunkt der Eigentumsverletzung grundsätzlich

1819

---

[103] Aus dem juristischen Schrifttum *Raue* NJW 2017, 1841.
[104] Vgl. etwa die Endnutzer-Lizenzvereinbarung für Samsung Kies: „Des Weiteren dürfen Sie die Samsung-Software nicht für Kernenergie-Anlagen, zur Flugsteuerung, zur Bedienung eines Kommunikationssystems oder zur Steuerung des öffentlichen Transports, für lebenserhaltende Geräte oder im Zusammenhang mit anderen Geräten verwenden, bei denen ein Ausfall der Samsung-Software zu Todesfällen, Personenschäden oder schweren physikalischen oder Umweltschäden führen kann."
[105] Vgl. *Sodtalbers* S. 78 Rdn. 106 f.; *Taeger* S. 34 ff.; *ders.* CR 1996, 257; *Lehmann* in: Lehmann, Rechtsschutz und Verwertung von Computerprogrammen, S. 1008 Rdn. 8; *ders.* NJW 1992, 1720, 1724.
[106] Vgl. *Raue* NJW 2017, 1841, 1845; *Sodtalbers* S. 109 Rdn. 152 mit Hinweis auf *AG Düren*, 14.4.2004, 45 C 332/00, CR 2004, 734, 735, wo die Frage nach der Anwendbarkeit des ProdHG ausdrücklich offen gelassen wird.
[107] Richtlinie des Rates 85/374/EWG vom 25.7.1985 über die Angleichung der Rechts- und Verwaltungsvorschriften der Mitgliedstaaten über die Haftung für fehlerhafte Produkte, ABl.EG Nr. L 210/29.
[108] Vgl. *Raue* NJW 2017, 1841, 1843; *Sodtalbers* S. 285 ff. Rdn. 465 ff.; *Bamberger/Roth/Spindler* § 823 Rdn. 564; *ders.* NJW 2004, 3145.

nicht auf die Sache selbst. Diesbezüglich greifen vertragliche Mängelhaftungsansprüche ein[109].

1820 Schwierigkeiten bereitet die Trennung zwischen deliktsrechtlichen und vertragsrechtlichen Ansprüchen bei den sog. **„weiterfressenden Fehlern"**[110], bei denen ein Fehler an einem funktionell abgegrenzten Teil geeignet ist, das Gesamtprodukt zu zerstören oder zu beschädigen. Sofern das Integritätsinteresse auf der einen und das Nutzungs- und Äquivalenzinteresse auf der anderen Seite völlig „stoffgleich" sind, greift die Produzentenhaftung nicht ein[111]. Als „stoffgleich" mit dem anfänglich bestehenden Mangelunwert bezeichnet der *BGH* den wirtschaftlichen Niederschlag des schon beim Erwerb enttäuschten Käuferinteresses[112]. Deshalb liegt **„Stoffgleichheit"** vor, wenn bei wirtschaftlicher Betrachtungsweise der Fehler von Anfang an die Gesamtsache, für deren Beeinträchtigung Schadensersatz begehrt wird, ergreift, etwa weil die Sache als Ganzes wegen des Mangels von vornherein nicht oder nur in sehr eingeschränktem Maße zum vorgesehenen Zweck verwendbar war[113]. Ist hingegen der Mangel zunächst nur auf einen Teil des Produkts beschränkt und auch behebbar und führt er später zu einer Zerstörung des Produkts oder zur Beschädigung anderer Teile desselben, dann hat der von dem Mangel zunächst nicht erfasste Teil der Sache einen eigenen Wert[114]. Der Mangelunwert deckt sich dann nicht mit dem Schaden[115]. Führt daher etwa das fest integrierte BIOS infolge eines Fehlers nach einer gewissen Zeit zu Datenverlusten[116] oder geht ein Defekt oder gar die Zerstörung eines technischen Geräts auf das integrierte fehlerhafte Computerprogramm zurück[117], liegt in Anwendung der dargelegten Grundsätze des *BGH* keine Stoffgleichheit vor, sodass eine Haftung des Herstellers nach den Grundsätzen der Produzentenhaftung in Betracht zu ziehen ist. Keine Eigentumsverletzung im Sinne des § 823 Abs. 1 BGB liegt aber dann vor, wenn sich ein fehlerhaftes oder gar virenverseuchtes Programm selbst zerstört, indem es sich selbst löscht. Hier dürfte es nicht nur an der funktionellen Begrenztheit des fehlerhaften Programmteils fehlen, sondern der bereits im Programm angelegte Fehler ist stoffgleich mit der später eingetretenen Programmzerstörung[118]. Eine Stoffgleichheit scheidet in solchen Fällen hinsichtlich einer dauerhaften Gebrauchsuntauglichkeit eines gesamten IT-Systems aus[119]. Hinsichtlich weiterer Einzelheiten der höchst streitigen Abgrenzung muss aber an dieser Stelle auf das Spezialschrifttum zur Produzentenhaftung verwiesen werden.

a) Die Haftung nach dem ProdHG

1821 Nach § 1 Abs. 1 ProdHG besteht ein Schadensersatzanspruch, wenn durch den **Fehler eines Produkts** ein Mensch getötet, sein Körper oder seine Gesundheit ver-

---

[109] Vgl. *Palandt/Sprau* § 823 Rdn. 178.
[110] Der *BGH*, 14.5.1996, VI ZR 158/95, NJW 1996, 2224, 2225 spricht auch von „Weiterfresserschäden".
[111] Vgl. statt vieler *BGH*, 28.10.2010, VII ZR 172/09, NJW 2011, 594, 596, Tz. 26; *BGH*, 12.12.2000, VI ZR 242/99, NJW 2001, 1346, 1347; *Palandt/Sprau* § 823 Rdn. 178.
[112] Vgl. auch *Sodtalbers* S. 319 Rdn. 515.
[113] Vgl. *BGH*, 24.3.1992, VI ZR 210/91, NJW 1992, 1678.
[114] *Sodtalbers* S. 320 Rdn. 516.
[115] Vgl. *BGH*, 2.2.1999, VI ZR 392/97, NJW 1999, 1028, 1029; *BGH*, 31.3.1998, VI ZR 109/97, NJW 1998, 1942 f.
[116] Zur Problematik der Eigentumsverletzung bei Datenverlusten unten Rdn. 1826.
[117] Vgl. *Sodtalbers* S. 322 Rdn. 518; *Taeger* S. 198.
[118] Vgl. *Sodtalbers* S. 322 Rdn. 518.
[119] Vgl. *Spindler* NJW 2004, 3145, 3146.

letzt oder eine Sache beschädigt wird. Im Falle der Sachbeschädigung muss aber eine andere Sache als das fehlerhafte Produkt beschädigt worden sein und diese Sache darüber hinaus ihrer Art nach gewöhnlich für den privaten Ge- oder Verbrauch bestimmt und vom Geschädigten hierfür auch hauptsächlich verwendet worden sein[120]. Auch wenn diese Voraussetzungen vorliegen, haftet der in Anspruch Genommene nicht, wenn er einen der in § 1 Abs. 2 Ziff. 1 bis 5 ProdHG umschriebenen Tatbestände beweist. Hierauf soll indes mangels softwarespezifischer Besonderheiten nicht im Detail eingegangen werden. Problematisch hinsichtlich eines Schadensersatzanspruchs nach dem ProdHG ist im Zusammenhang mit Computersoftware, ob diese überhaupt dem Begriff des Produkts im Sinne des § 2 ProdHG unterfällt und bei Bejahung dieser Frage, wann das Produkt einen Fehler im Sinne des § 3 ProdHG aufweist.

aa) Computerprogramme als Produkt gem. § 2 ProdHG

Die Frage, ob Computerprogramme unter den Begriff des Produkts nach § 2 ProdHG fallen, ist seit Jahren im Schrifttum heftig umstritten. Rechtsprechung zu diesem Problem liegt nicht vor[121]. Ausgehend von der in § 2 ProdHG festgeschriebenen Definition ist jede bewegliche Sache ein Produkt im Sinne des ProdHG, auch wenn sie einen Teil einer anderen beweglichen Sache oder einer unbeweglichen Sache bildet oder dem Begriff der Elektrizität zuzurechnen ist. Damit scheint sich der oben bereits ausführlich dargestellte Streit über die **Sachqualität** der Computerprogramme[122] innerhalb des ProdHG zu wiederholen[123]. In der Tat ist der Schluss, Computerprogramme unterfallen dem Produktbegriff des § 2 ProdHG, für die Befürworter der Sachqualität, also auch für den Autor dieser Abhandlung, zwingend, weshalb insoweit nach oben verwiesen werden kann. Daneben qualifizieren aber auch zahlreiche Autoren Computerprogramme als Produkte, die eine Einordnung unter § 90 BGB ablehnen. Begründet wird dies damit, der Begriff der beweglichen Sache im Sinne des § 2 ProdHG sei **nicht identisch** mit dem nach § 90 BGB[124], gleichwie auch die Entstehungsgeschichte der EG-Produkthaftungsrichtlinie sowie der Schutzweck der Produkthaftung für eine Anwendung des ProdHG auf Computerprogramme[125] sprächen. Im Ergebnis entspricht es daher ganz h. M., Computerprogramme als Produkt im Sinne des § 2 ProdHG zu qualifizieren[126]. Dies muss sowohl für Individual- als auch für Standardsoftware gelten[127].

bb) Fehler eines Produkts gem. § 3 ProdHG

Der Begriff des Fehlers gem. § 3 ProdHG ist nicht deckungsgleich mit dem an anderer Stelle[128] ausführlich erörterten vertragsrechtlichen Mangelbegriff. Die vertraglichen Mängelhaftungsvorschriften betreffen die Gebrauchs- und Funktionsfähigkeit

---

[120] In dieser Beschränkung sieht *Raue* NJW 2017, 1841, 1843 einen Bedeutungsverlust des ProdHG bei Fällen unsicherer Software.
[121] Das *AG Düren*, 14.4.2004, 45 C 332/00, CR 2004, 734, 735 hat die Frage ausdrücklich offen gelassen.
[122] Vgl. hierzu oben Rdn. 712 ff.
[123] Vgl. *Sodtalbers* S. 110 Rdn. 156; *Taeger* S. 120 ff.
[124] Vgl. *v. Westphalen* NJW-CoR 6/1993, 24; *Meier/Wehlau* CR 1990, 95, 98.
[125] Vgl. *Taeger* S. 108 ff.; MünchKomm/*Wagner* § 2 ProdHG Rdn. 17 ff.
[126] Vgl. *Meyer/Harland* CR 2007, 689, 693; *Spindler* NJW 2004, 3145, 3149; *Sodtalbers* S. 109 ff. Rdn. 152 ff.; *Deike* CR 2003, 9, 15; *Schmitt* CR 2001, 838, 840 f.; *Palandt/Sprau* ProdHaftG § 2 Rdn. 1; a. A. *Hilty* MMR 2003, 3, 14.
[127] Vgl. *Sodtalbers* S. 121 Rdn. 177 f.; *Taeger* S. 168; a. A. MünchKomm/*Wagner* § 2 ProdHG Rdn. 19, wo nur auf industriell hergestellte Standardsoftware abgestellt wird.
[128] Vgl. hierzu oben Rdn. 1441 ff.

sowie den Wert einer Sache, wie sie vom Vertragspartner aufgrund des jeweiligen Vertrags erwartet werden darf. Das vertragliche Mängelhaftungsrecht schützt dementsprechend das **wirtschaftliche Nutzungs- und Äquivalenzinteresse** des Vertragspartners an einem mangelfreien Vertragsgegenstand[129]. Demgegenüber schützen das ProdHG, wie sich § 3 ProdHG unmittelbar entnehmen lässt, aber auch die Produzentenhaftung nach § 823 Abs. 1 BGB das **Integritätsinteresse**[130] jedes Benutzers und jedes Dritten daran, dass die Sache die Sicherheit bietet, die von der Allgemeinheit berechtigterweise erwartet werden darf[131]. Trotz der seitens der Softwareindustrie stereotyp wiederholten Einschätzung, Computersoftware könne niemals fehlerfrei hergestellt werden[132], geht die begründete Erwartung der Anwender von Computerprogrammen da hin, dass diese die Integritätsinteressen nicht verletzen und keine Rechtsgüter durch den bestimmungsgemäßen Programmgebrauch beeinträchtigt werden[133]. Vor dem Hintergrund dieser Erkenntnis ist es daher auch erwägenswert, die berechtigten **Sicherheitserwartungen des Anwenders** sowie gegebenenfalls auch **sonstiger Dritter** hinsichtlich der Einhaltung eines bestimmten Sicherheitsniveaus etwa gegenüber drohenden Virenangriffen in die Betrachtung einzubeziehen[134]. Definiert man diese Sicherheitserwartungen sodann dahingehend, dass Software vor Systemabstürzen und Datenverlusten schützen muss, erweisen sich zahlreiche Programme namhafter Hersteller als fehlerhaft sowohl im Sinne des ProdHG als auch der Produzentenhaftung, denn die manchmal eklatanten Sicherheitsmängel sind nicht nur in Fachkreisen unstreitig, sondern auch von den Herstellern längst als Problem erkannt[135]. Das nicht selten anzutreffende deutliche Unterschreiten berechtigter und nach dem Stand der Technik erfüllbarer Sicherheitsbelange stellt daher einen Konstruktionsfehler der Software dar[136].

1824 Rechtsprechung und Schrifttum unterscheiden grundsätzlich drei Fehlerkategorien, wenngleich nicht übersehen werden darf, dass diese Einteilung für die Haftung des Herstellers unerheblich ist[137]. In jedem Fall muss das Produkt dem aktuellen Stand von Wissenschaft und Technik im Zeitpunkt des Inverkehrbringens entsprechen.
– **Konstruktionsfehler:** Diese führen infolge einer fehlerhaften Konzeption oder Planung dazu, dass das Produkt unter dem gebotenen Sicherheitsstandard bleibt[138], für eine gefahrlose Benutzung ungeeignet ist und haften dementsprechend der ganzen Serie an[139]. Übertragen auf den Bereich der Computersoftware bedeutet dies, dass alle Fehler, die etwa bei der Programmkonzeption, der Programmierung oder der Kompilierung entstanden sind, der Gruppe der Konstruktionsfehler unterfallen[140]. Unerheblich ist demgegenüber, ob der betreffende Fehler bereits im

---

[129] Vgl. *BGH*, 28.10.2010, VII ZR 172/09, NJW 2011, 594, 596 Tz. 26; *BGH*, 14.5.1985, VI ZR 168/83, NJW 1985, 2420 f.; *Palandt/Sprau* § 3 ProdHaftG Rdn. 1; *Sodtalbers* S. 139 f. Rdn. 214.

[130] Vgl. *BGH*, 27.1.2005, VII ZR 158/03, BeckRS 2005, 02824.

[131] Vgl. *Palandt/Sprau* § 3 ProdHaftG Rdn. 1; *Meyer/Harland* CR 2007, 689, 693.

[132] Vgl. hierzu unter mängelhaftungsrechtlichem Blickwinkel bereits oben Rdn. 1438 ff.

[133] Vgl. *Taeger* S. 187 ff.

[134] So *Raue* NJW 2017, 1841; *Sodtalbers* S. 142 ff. Rdn. 219 ff.; *Bartsch* CR 2000, 721, 723; wohl auch *Herberger* NJW-CoR 2000, 314.

[135] Vgl. die Hinweise bei *Raue* NJW 2017, 1841 auf die Sicherheitsberichte des Bundesamts für Sicherheit in der Informationstechnik (BSI).

[136] Wie hier *Spindler* NJW 2004, 3145, 3146; *Bartsch* CR 2000, 721, 723.

[137] Vgl. *Palandt/Sprau* § 3 ProdHaftG Rdn. 2.

[138] Vgl. *BGH*, 5.2.2013, VI ZR 1/12, NJW 2013, 1302, 1303 Tz. 13.

[139] Vgl. *Palandt/Sprau* § 3 ProdHaftG Rdn. 8.

[140] Nicht zutreffend aber die Behauptung von *Hohmann* NJW 1999, 521, 525, Softwarefehler seien immer Konstruktionsfehler. Wie hier *Sodtalbers* S. 153 Rdn. 236.

Quellcode oder erst im Maschinencode vorhanden ist. Zu den Konstruktionsfehlern zählt auch das Unterschreiten berechtigter und nach dem Stand der Technik erfüllbarer **Sicherheitsbelange**[141], wenn also im Rahmen der Entwicklung Sicherheitsvorkehrungen unterblieben sind, die zur Gefahrenvermeidung objektiv erforderlich und nach objektiven Maßstäben zumutbar sind[142].

- **Fabrikationsfehler:** Sie entstehen während der Herstellung des jeweiligen Einzelprodukts und haften daher auch nur einzelnen Exemplaren an. Zu dieser Gruppe zählen auch die sog. Ausreißer, die trotz aller zumutbarer Vorkehrungen nicht zu vermeiden sind. Für den Softwarebereich können beispielhaft Kopierfehler, sonstige Übertragungsfehler und ungenügende Virenkontrolle während der Duplizierung angeführt werden[143].
- **Instruktionsfehler:** Diese fallen unter den Begriff der Darbietung nach § 3 lit. a) ProdHG und bestehen in einer mangelhaften Gebrauchsanweisung und/oder nicht ausreichenden Warnung vor gefahrbringenden Eigenschaften, die der als solcher fehlerfreien Sache anhaften[144]. Die **Instruktions- und Warnpflicht** kann deutlich herabgesetzt sein, wenn das Produkt an Fachpersonen in den Verkehr gebracht wird[145]. Sie sind aber keineswegs schon allgemein deshalb ausgeschlossen, weil das Produkt von Fachpersonal verwendet wird[146]. Ist das Produkt für unterschiedliche Benutzergruppen bestimmt, muss auf das Wissen und Gefahrensteuerungspotenzial der am wenigsten informierten und zur Gefahrsteuerung kompetenten Gruppe Rücksicht genommen werden[147]. Zu den Instruktionsfehlern im Bereich der Computersoftware zählen etwa Fehler in den Benutzerhandbüchern oder einer gegebenenfalls vorhandenen Online-Hilfe. Daneben ist zu berücksichtigen, dass wie bei allen Instruktions- und Warnpflichten neben allgemeinen Verhaltenshinweisen, der sog. **Anwendungswarnung,** noch die bei Nichteinhaltung zu erwartenden Schäden geschildert werden müssen, der sog. **Folgenwarnung** Rechnung getragen werden muss[148]. Daher muss mit hinreichender Deutlichkeit auf bestimmte Gefahren, etwa des Datenverlusts, der nicht gewährleisteten Datenintegrität oder eines zu befürchtenden Systemstillstands, hingewiesen werden. Bei kritischen Aktionen muss ferner gegebenenfalls auf eine vorher durchzuführende Datensicherung verwiesen werden. Hinsichtlich der bei den Instruktions- und Warnpflichten zu wählenden **sprachlichen Anforderungen** und solchen an die **Ausführlichkeit** ist auf den jeweiligen Kenntnisstand eines durchschnittlichen Anwenders dieses Programms abzustellen[149]. Bei einem Betriebssystem für Großrechner, mit dem nur Fachpersonal arbeitet, sind geringere Anforderungen zu stellen als bei Programmen, die überwiegend von Personen mit niedrigem fachspezifischen Kenntnisstand eingesetzt werden.

---

[141] Vgl. *Sodtalbers* S. 151 Rdn. 232; *Bartsch* CR 2000, 721, 723.
[142] Vgl. *BGH,* 5.2.2013, VI ZR 1/12, NJW 2013, 1302, 1303 Tz. 13.
[143] Vgl. etwa den Fall des *LG Kleve,* 29.6.1995, 7 O 17/95, CR 1996, 292; ferner *Sodtalbers* S. 153 Rdn. 236 f.
[144] Vgl. *Sodtalbers* S. 154 Rdn. 238.
[145] Vgl. *BGH,* 14.5.1996, VI ZR 158/95, NJW 1996, 2224, 2226; *BGH,* 5.5.1992, VI ZR 188/91, NJW 1992, 2016, 2018.
[146] Vgl. *BGH,* 14.5.1996, VI ZR 158/95, NJW 1996, 2224, 2226.
[147] Vgl. *BGH,* 5.2.2013, VI ZR 1/12, NJW 2013, 1302, 1303 Tz. 12.
[148] Generell zu diesen Anforderungen *BGH,* 11.1.1994, VI ZR 41/93, NJW 1994, 932, 933 = LM H. 5/1994 § 823 (Dc) BGB Nr. 191 m. Anm. *Marly.*
[149] Vgl. auch *Taeger* CR 1996, 257, 269.

cc) Die Rechtsfolgen nach dem ProdHG

1825 Die Haftung des Herstellers nach dem ProdHG ist als reine Gefährdungshaftung ausgestattet, sodass es auf ein Verschulden grundsätzlich nicht ankommt. Aus dem Ausnahmetatbestand des § 1 Abs. 2 Nr. 5 ProdHG, demzufolge der Hersteller dann nicht haftet, wenn er im Sinne des § 1 Abs. 4 S. 2 ProdHG nachweist, dass der Fehler im Zeitpunkt des Inverkehrbringens des Produkts zwar vorhanden war, dieser aber nach dem seinerzeitigen Stand der Wissenschaft und Technik nicht erkannt werden konnte, ergibt sich indes letztlich doch eine gewisse Parallelität zur unten erörterten verschuldensabhängigen Produzentenhaftung[150]. Erforderlich ist aber, dass die Erkenntnismöglichkeiten für die potenzielle Gefährlichkeit des Produkts nach dem **objektiv** zugänglichen Gefahrenwissen (noch) nicht weit genug fortgeschritten waren, während es auf die **subjektiven** Erkenntnismöglichkeiten des Herstellers oder eines von ihm mit der Untersuchung des Produkts eingesetzten Beauftragten nicht ankommt[151]. Der Haftungsausschluss betrifft aber nur Konstruktions-, nicht auch Fabrikationsfehler, denn der sog. „**Ausreißer-Einwand**" sollte nach dem Willen des Gesetzgebers bei der verschuldensunabhängigen Haftung nicht mehr zulässig sein[152]. Eine Haftung des Herstellers ist gem. § 1 Abs. 2 Nr. 3 ProdHG ausgeschlossen, wenn er das Produkt weder für den Verkauf oder eine andere Form des Vertriebs mit wirtschaftlichem Zweck noch im Rahmen seiner beruflichen Tätigkeit hergestellt hat. Dies kann bei **Freeware** oder insbesondere auch bei **Open Source Software** der Fall sein[153]. Für den Hersteller einer Sammel-CD-ROM gilt dies aber in der Regel nicht. Auch bei **Shareware** kann nicht mehr von einem Vertrieb zu nichtkommerziellen Zwecken gesprochen werden, wenn nach der Testphase ein Entgelt zu entrichten ist[154].

1826 Der zu ersetzende Schaden richtet sich nach den allgemeinen Vorschriften der §§ 249 ff. BGB, wobei weder ein bloßer Vermögensschaden ersetzt noch ein Schmerzensgeld gezahlt wird. Es muss ein ursächlicher Zusammenhang zwischen dem Fehler und der eingetretenen Rechtsgutsverletzung vorliegen, für den der Geschädigte gem. § 1 Abs. 4 ProdHG die Beweislast trägt[155]. Darüber hinaus muss der Geschädigte gem. § 11 ProdHG bei Sachschäden einen Selbstbehalt von 500,– Euro tragen, gleichwie nach § 10 Abs. 1 ProdHG bei Personenschäden ein Haftungshöchstbetrag von 85 Millionen Euro eingreift. Hinsichtlich des Sachschadens ist besonders hervorzuheben, dass nach Auffassung einiger Gerichte[156] die unberechtigte **Löschung von Daten** eine Eigentumsverletzung darstellt, weil die Einwirkung auf den Datenträger dessen Eigentümer daran hindert, seinem Wunsch entsprechend mit ihm zu verfahren. Folgt man dieser Auffassung, die mit der Rechtsprechung des *BGH* zur Eigentumsverletzung ohne Eingriff in die Sachsubstanz[157] durchaus in Einklang steht[158], so liegt in den entsprechenden Fällen ein nach dem ProdHG ersatzfähiger

---

[150] Vgl. *v. Westphalen* NJW-CoR 6/1993, 23.
[151] Vgl. *BGH*, 5.2.2013, VI ZR 1/12, NJW 2013, 1302 Tz. 9.
[152] Vgl. *BGH*, 16.6.2009, VI ZR 107/08, NJW 2009, 2952, 2955 Tz. 27.
[153] Vgl. *Sodtalbers* S. 260 ff. Rdn. 430 ff.
[154] Vgl. *Sodtalbers* S. 262 Rdn. 433.
[155] Vgl. *BGH*, 5.2.2013, VI ZR 1/12, NJW 2013, 1302, 1304 Tz. 19.
[156] Vgl. *OLG Oldenburg*, 24.11.2011, 2 U 98/11, BeckRS 2011, 28832; *OLG Karlsruhe*, 7.11.1995, 3 U 15/95, NJW 1996, 200, 201; dem *OLG Karlsruhe* im Ergebnis zustimmend, aber mehr auf die physikalische Änderung des Datenträgers abstellend *Spindler* NJW 2004, 3145, 3146; *Bamberger/Roth/Spindler* § 823 Rdn. 55.
[157] Vgl. hierzu *BGH*, 6.12.1994, VI ZR 229/93, NJW-RR 1995, 342; *BGH*, 7.12.1993, VI ZR 74/93, NJW 1994, 517 jeweils m. w. N.
[158] So im Ergebnis auch auch *Hoeren* MMR 2013, 486, 491.

Schaden vor[159]. Zum Schadensersatz gesamtschuldnerisch verpflichtet sind gem. §§ 4, 5 ProdHG sowohl der Hersteller des End- als auch eines Teilprodukts, etwa eines integrierten Programmmoduls[160], als auch der EG-Importeur.

Gem. § 14 ProdHG ist die Ersatzpflicht des Herstellers **nicht ausschließbar** oder auch nur **beschränkbar**. Dies gilt sowohl für Individual- als auch für vorformulierte Verträge. Die unten ausführlich erörterten Schadensersatzklauseln vermögen daher die Haftung nach dem ProdHG in keiner Weise zu beeinträchtigen.

1827

b) Die Haftung nach den Grundsätzen der Produzentenhaftung

Gem. § 15 Abs. 2 ProdHG werden Schadensersatzansprüche aufgrund anderer, außerhalb dieses Gesetzes liegender Vorschriften nicht ausgeschlossen. Dies hat zur Folge, dass die von Rechtsprechung[161] und Schrifttum aus § 823 Abs. 1 BGB unter dem Gesichtspunkt der Verletzung der Verkehrssicherungspflicht entwickelten Grundsätze über die Produzentenhaftung anwendbar bleiben. Es ist zwischenzeitlich wohl auch unstritig, dass die Produzentenhaftung auch in softwarebezogenen Fällen Anwendung findet und der für das ProdHG relevante Streit über die Sachqualität von Computersoftware[162] hier dahingestellt bleiben kann[163]. Nach den Grundsätzen der Produzentenhaftung stellt das Inverkehrbringen eines fehlerhaften Produkts eine haftungsbegründende Handlung des Herstellers dar, gleichwie der Verstoß gegen die dem Hersteller obliegende Verkehrssicherungspflicht die erforderliche Rechtswidrigkeit begründet. Im Gegensatz zur Haftung nach dem ProdHG ist die Produzentenhaftung **verschuldensabhängig**, allerdings mit einer **Beweislastumkehr** zu Lasten des Herstellers, der beweisen muss, dass ihn an dem Fehler kein Verschulden trifft[164]. Zwecks Systematisierung der vom Hersteller zu beachtenden Sorgfaltsanforderungen wird üblicherweise eine Typisierung in **Konstruktionsfehler, Fabrikationsfehler, Instruktionsfehler** sowie einer Verletzung der sog. **Produktbeobachtungspflicht** vorgenommen, wobei hinsichtlich der drei erstgenannten Fehlertypen nicht nur ein terminologischer, sondern auch ein inhaltlicher Gleichklang zum ProdHG zu verzeichnen ist[165], weshalb insoweit auf die oben dargelegten Erläuterungen[166] verwiesen werden kann.

1828

In Bezug auf die den Hersteller treffenden Produktbeobachtungspflichten ist zu beachten, dass nach dem ProdHG eine Änderung des Standes von Wissenschaft und Technik zwischen dem Zeitpunkt des Inverkehrbringens und dem Schadenseintritt unerheblich ist und keine Haftung nach § 1 Abs. 1 ProdHG auslöst[167]. Demgegen-

1829

---

[159] Vgl. *Sodtalbers* S. 190 ff. Rdn. 312 ff.; *Taeger* S. 191 Fußn. 495 m. w. N. unter Berufung auf einen weit zu verstehenden Begriff der Sachbeschädigung; ferner *Bartsch* CR 2000, 721, 723; MünchKomm/*Wagner* § 1 ProdHG Rdn. 6; grundsätzlich zum „Dateneigentum" *ders.* § 823 Rdn. 294. Ablehnend OLG Dresden, 5.9.2012, 4 W 961/12, NJW-RR 2013, 27, 28; OLG Stuttgart, 5.4.2001, 1 U 2/01, CR 2001, 501, 502 bei § 2 HaftPflG.
[160] Vgl. *Meyer/Harland* CR 2007, 689, 694.
[161] Grundlegend BGH, 26.11.1968, VI ZR 212/66, BGHZ 51, 91 ff. = NJW 1969, 269 ff. – Hühnerpest.
[162] Vgl. hierzu oben Rdn. 1822.
[163] Vgl. *Raue* NJW 2017, 1841, 1843; *Sodtalbers* S. 290 Rdn. 474; *Spindler* NJW 2004, 3145 m. w. N.
[164] Ständige Rechtsprechung vgl. nur BGH, 2.2.1999, VI ZR 392/97, NJW 1999, 1028, 1029 m. w. N.
[165] Vgl. BGH, 16.9.2009, VI ZR 107/08, NJW 2009, 2952, 2953 Tz. 12; Palandt/*Sprau* § 823 Rdn. 172; von einer weitgehenden Inhaltsidentität spricht *Taeger* S. 181.
[166] Vgl. hierzu oben Rdn. 1824.
[167] Aus diesem Grund hält *Raue* NJW 2017, 1841, 1843 die Haftung nach dem ProdHG bei unsicherer Software für weniger bedeutsam.

über muss der Hersteller nach den Grundsätzen der Produzentenhaftung ab dem Zeitpunkt des Inverkehrbringens nicht nur die eigenen Produkte beobachten, sondern **auch** solche **Fremdprodukte**, die als Zubehör für die eigenen Erzeugnisse in Betracht kommen. Hierbei sind etwa auch Fachzeitschriften und sonstigen Veröffentlichungen zu berücksichtigen[168]. Die Hersteller von Software sind vor dem Hintergrund immer wieder neuer Sicherheitslücken in besonderem Maße zur Marktbeobachtung verpflichtet[169]. Sofern zuvor unbekannte schädliche Eigenschaften oder sonstige eine Gefahr begründende Verwendungsfolgen bekannt werden, trifft den Hersteller die Pflicht, Produktbenutzer entsprechend zu warnen[170]. Aus der Produktbeobachtungspflicht kann daher eine zeitlich nach dem Inverkehrbringen entstehende **zusätzliche Instruktions- oder Warnpflicht** folgen, in besonderen Fällen, in denen eine Warnung als nicht ausreichend für die Beseitigung der Gefährdung erscheint[171], kann auch eine **Rückrufpflicht**[172] oder eine Pflicht zur kostenlosen **Beseitigung** der Gefährdung bestehen, etwa in Gestalt eines kostenlosen Austauschs. Im Rahmen des Zumutbaren kann den Softwarehersteller daher eine **Pflicht zur Bereitstellung von Programmupdates** treffen, jedoch steht einem Anwender grundsätzlich **kein individueller Anspruch** auf Beseitigung einer Sicherheitslücke durch ein Update zu[173].

1830 Softwarebezogene Beispiele für das Eingreifen der Produktbeobachtungspflicht sind bislang allenfalls vereinzelt bekannt geworden[174]. Der bereits an anderer Stelle erwähnte Fall der Weiterverbreitung virenverseuchter Computersoftware durch den Fachverlag einer EDV-Zeitschrift[175] kann als Beispiel dienen, wenn man unterstellt, es habe sich um einen zuvor unbekannten Virus gehandelt, der nach dem Stand der Prüftechnik im Zeitpunkt des Inverkehrbringens nicht zu erkennen war. In jedem Fall bewirkt die Produktbeobachtungspflicht des Herstellers, dass dieser die Anwender über die drohenden Gefahren unverzüglich warnen muss. Insoweit ist bei weitverbreiteten Produkten eine Information aller wichtigen **Computerzeitschriften** zu verlangen. Darüber hinaus muss der Hersteller aber auch die bei ihm registrierten Anwender direkt informieren, gegebenenfalls eine **telefonische Kunden-Hotline** einrichten[176], ein entsprechendes **Viren-Suchprogramm** verbreiten[177] oder ein **fehlerbereinigtes Update** kostenlos zur Verfügung stellen und entsprechende Informationen und Programme in den einschlägigen **Foren der Datennetze** anbieten[178].

1831 Diese Beispiele verdeutlichen, dass die verschuldensabhängige Produzentenhaftung nach § 823 Abs. 1 BGB im Einzelfall gegenüber dem ProdHG das schärfere Haftungsinstrument darstellt[179]. Erwähnt werden muss an dieser Stelle aber noch,

---

[168] Vgl. *Spindler* NJW 2004, 3145, 3147.
[169] So zu Recht *Raue* NJW 2017, 1841, 1844.
[170] Vgl. *Raue* NJW 2017, 1841, 1844.
[171] Dass eine öffentliche Warnung mitunter sogar kontraproduktiv ist beschreibt *Raue* NJW 2017, 1841, 1844.
[172] Grundsätzlich zur Durchführung eines Rückrufs *Spindler* NJW 2004, 3145, 3148.
[173] Vgl. *Raue* NJW 2017, 1841, 1844 f.
[174] *Raue* NJW 2017, 1841, 1844 stellt fest, dass es bislang noch keinen Schadensersatzprozess auf der Grundlage deliktischer Verkehrspflichten für fehlerhafte IT-Systeme gegeben hat.
[175] Vgl. hierzu bereits oben Rdn. 1517 im Fall des *LG Kleve*, 29.6.1995, 7 O 17/95, CR 1996, 292 ff.
[176] So der EDV-Verlag im Fall *LG Kleve*, 29.6.1995, 7 O 17/95, CR 1996, 292 ff.
[177] So der EDV-Verlag im Fall *LG Kleve*, 29.6.1995, 7 O 17/95, CR 1996, 292 ff.
[178] Zustimmend zu den hier genannten verschiedenen Formen der Warnung *Spindler* NJW 2004, 3145, 3147.
[179] Vgl. *v. Westphalen* NJW-CoR 6/1993, 23 f.

dass die Produktbeobachtungspflicht nach der Rechtsprechung des *BGH* **nicht** mit einer **Beweislastumkehr** verbunden ist, weil diese nur bei Konstruktions-, Fabrikations- und (ursprünglichen) Instruktionsfehlern eingreift[180]. Dementsprechend muss der Geschädigte die schuldhafte Verletzung der Produktbeobachtungspflicht seitens des Herstellers beweisen[181].

Sind **mehrere Hersteller** zum Rückruf verpflichtet, etwa der Hersteller eines Programmmoduls sowie der Hersteller des darauf aufsetzenden Gesamtpakets, ist zwischen diesen ein **Gesamtschuldnerausgleich** nach § 426 BGB durchzuführen, wobei als Verteilungsmaßstab analog § 254 BGB die jeweiligen Verschuldens- und Verursachungsbeträge heranzuziehen sind[182]. 1832

c) Die wichtigsten Abweichungen zwischen Produkt- und Produzentenhaftung im Überblick

Produzentenhaftung (§ 823 BGB)	Produkthaftung (ProdHG)
Keine Haftungshöchstbeträge bei Personenschäden	§ 10 ProdHG: höchstens 85 Mio. Euro bei Personenschäden
Jeder Sachschaden	§ 1 Abs. 1 ProdHG: nur bei Sachen, die gewöhnlich für den privaten Ge- oder Verbrauch bestimmt sind, „Verbraucherschäden"
Keine Bagatellgrenze	§ 11 ProdHG: Selbstbeteiligung bei Sachschäden 500,– Euro
Schmerzensgeld, § 253 BGB	kein Schmerzensgeld
Regelmäßige Verjährungsfrist drei Jahre, §§ 195, 199 BGB mit Ultimoregelung (Jahresschlussverjährung)	§ 12 ProdHG: drei Jahre ab Kenntnis oder Kennenmüssen (Verjährung ohne Ultimoregelung (Jahresschlussverjährung))
	§ 13 ProdHG: zehn Jahre ab Inverkehrbringen des Produkts (Erlöschen der Ansprüche)
Wegen Verschuldenserfordernis keine Haftung für „Ausreißer"	Haftung auch für „Ausreißer"
Keine Haftung des Importeurs	§ 4 Abs. 2 ProdHG: Haftung jedes EG-Importeurs

1833

3. Besondere Anforderungen an die transparente Vertragsgestaltung

Vor der Darstellung von Einzelheiten zu Schadensersatzklauseln muss nachdrücklich auf die strengen Anforderungen an die Abfassung und systematisch korrekte Einordnung hingewiesen werden, die der *BGH* an Haftungsfreizeichnungs- oder Haftungsbegrenzungsklauseln stellt[183]. Unter Berücksichtigung des in § 307 Abs. 1 S. 2 BGB verankerten Gebots einer **klaren** und **verständlichen Vertragsgestaltung** („**Transparenzgebot**") sind Haftungsfreizeichnungs- oder Haftungsbegrenzungs- 1834

---

[180] Vgl. *BGH*, 19.11.1991, VI ZR 171/91, NJW 1992, 1039, 1040; *Spindler* NJW 2004, 3145, 3148.
[181] Vgl. *Palandt/Sprau* § 823 Rdn. 185.
[182] Vgl. *Palandt/Sprau* § 823 Rdn. 182.
[183] Vgl. speziell zu Haftungsklauseln im IT-Recht *Intveen*, CR 2015, 497 ff.

klauseln nur wirksam, wenn sie im Aufbau der AGB an **systematisch maßgeblicher Stelle** und in **eindeutiger Weise**, etwa durch eine entsprechende Überschrift gekennzeichnet, dem Kunden klar vor Augen führen, dass eine vom dispositiven Recht abweichende Risikoverlagerung vorgenommen wird. Dies ist nach Auffassung des *BGH* deshalb erforderlich, weil dem Kunden vor Augen geführt werden muss, die Versicherbarkeit dieses Risikos zu prüfen[184]. Daneben darf er auch nicht von der Durchsetzung seiner Ansprüche abgehalten werden[185]. Findet sich daher eine Freizeichnungsklausel unter der Überschrift „Mängelrüge und Gewährleistung", so deutet die Überschrift darauf hin, dass sich der gesamte Abschnitt nur mit vertraglichen Ansprüchen befasst und Ansprüche aus unerlaubter Handlung nicht ausgeschlossen werden.

1835 Nach der sog. „**Unklarheitenregel**" des § 305c Abs. 2 BGB müssen verbleibende Zweifel an der Reichweite der in Allgemeinen Geschäftsbedingungen enthaltenen Bestimmungen zu Lasten desjenigen gehen, der sie aufgestellt hat und sich ihrer bedient. Bei mehrdeutigen Klauseln ist daher von den möglichen Auslegungen diejenige zu Grunde zu legen, die zur Unwirksamkeit der Klausel führt[186]. Nicht erforderlich ist aber, dass die auszuschließenden Ansprüche aus unerlaubter Haftung ausdrücklich als solche bezeichnet werden. Vielmehr reicht es, wenn deutlich gemacht wird, dass Schadensersatz auch aus außervertraglicher Haftung nicht geleistet wird. Wegen der in § 14 ProdHG angeordneten Unabdingbarkeit der Ansprüche nach dem ProdHG müssen diese Ansprüche aber wieder ausgenommen werden.

1836 Diese strengen Anforderungen an die Eindeutigkeit und Transparenz entsprechender Klauseln bringt für solche Haftungsklauseln, die aus dem **Mängelhaftungsrecht** folgende Ansprüche betreffen, das Problem mit sich, dass eine Bestimmung der systematisch maßgeblichen Stelle schwierig erscheint. Grundsätzlich müssten die entsprechenden Klauseln bei den gegebenenfalls vorhandenen Mängelhaftungsklauseln platziert werden. Andererseits handelt es sich um Schadensersatzansprüche, die auch nach den Vorstellungen der Kunden eher unter der Überschrift „Haftung" geregelt zu werden pflegen[187]. In Anlehnung an die Dogmatik des BGB wird jedoch eine Ausgliederung der systematisch eigentlich zu den Mängelhaftungsklauseln zählenden Haftungsklauseln auch unter dem Gesichtspunkt der Eindeutigkeit und Transparenz von Allgemeinen Geschäftsbedingungen nicht zu beanstanden sein. Ratsam ist jedoch, die entsprechenden Haftungsklauseln der Klausel zu den „normalen" Mängelhaftungsansprüchen unmittelbar nachzustellen.

1837 Offengelassen hat der *BGH* in den oben dargestellten Entscheidungen zu den Anforderungen an die systematische Stellung von Haftungsklauseln, ob die ausschließlich für den Unternehmensverkehr getroffenen Anforderungen noch verschärft werden müssen, wenn eine Haftungsklausel im **Verbraucherverkehr** Bestand haben soll[188]. Dies wird man mangels eines weitergehenden Schutzinteresses verneinen müssen. Hinsichtlich der sprachlich transparenten Klauselgestaltung kann aber im Unternehmensverkehr von einer umfassenderen Kenntnis rechtlicher Termini wie „deliktsrechtliche Ansprüche" und ähnlichen Vokabeln ausgegangen werden als im Verbraucherverkehr.

---

[184] Vgl. *BGH*, 5.5.1992, VI ZR 188/91, NJW 1992, 2016, 2017.
[185] Vgl. *BGH*, 29.4.2015, VIII ZR 104/14, NJW 2015, 2244, 2245 Tz. 17.
[186] Vgl. *BGH*, 25.11.2015, VIII ZR 360/14, NJW 2016, 936, 937 Tz. 13.
[187] Vgl. *Schuster* CR 2011, 215, 216.
[188] Vgl. *BGH*, 5.5.1992, VI ZR 188/91, NJW 1992, 2016, 2017 sowie *BGH*, 7.2.1979, VIII ZR 305/77, NJW 1979, 2148.

II. Schadensersatzklauseln

Schwierigkeiten hinsichtlich einer klaren und verständlichen Vertragsgestaltung 1838
gem. § 307 Abs. 1 S. 2 BGB bestehen auch bei der Freizeichnung von der unten dargestellten Verletzung von **Kardinalpflichten**[189]. Das Gesetz verwendet weder den Begriff der Kardinalpflicht[190] noch die zur Umschreibung der Kardinalpflichten häufig synonym verwendeten Begriffe der „**vertragswesentlichen Regelung**" bzw. der „**wesentlichen Vertragspflicht**"[191]. In einer Haftungsklausel darf daher nicht der Begriff Kardinalpflicht verwendet und entweder gar nicht oder durch „wesentliche Vertragspflicht" definiert werden. In beiden Fällen liegt ein Verstoß gegen das Gebot der Verständlichkeit vor[192]. Der *BGH* hebt diesbezüglich ausdrücklich hervor, dass auch von einem durchschnittlichen Händler als juristischem Laien nicht erwartet werden könne, dass er den Inhalt der Rechtsprechung zu diesem Begriff kennt[193]. Dies gilt erst Recht für einen durchschnittlichen Verbraucher[194]. Der Verwender von Haftungsklauseln muss daher eine **Konkretisierung derjenigen Pflichten** vornehmen, die im konkreten Vertragsverhältnis als wesentliche Vertragspflichten zu qualifizieren sind. Der *BGH* hält die hierbei auftretenden Schwierigkeiten für nicht so gravierend, dass eine Klauselgestaltung unmöglich ist und verweist den Verwender bei der konkreten Aufzählung vertragsrechtlicher Pflichten etwa auf die Verwendung von **Regelbeispielen**[195].

4. Schadensersatzklauseln bei der Softwareüberlassung auf Dauer

a) Klauseln zur verschuldensunabhängigen Haftung

Verschuldensunabhängige Schadensersatzansprüche des Anwenders gegen den 1839
Softwarelieferanten können bei kaufvertraglich einzuordnenden Softwareüberlassungsverträgen insbesondere wegen Fehlens einer **garantierten Beschaffenheit** (§ 443 Abs. 1 BGB) oder ein vom Verkäufer übernommenes Beschaffungsrisiko gem. § 276 Abs. 1 S. 1 Halbs. 2 BGB bestehen[196]. In diesen Fällen kann aus der grundsätzlich schuldabhängigen Haftung des § 437 Nr. 3 i.V.m. §§ 280, 281, 311a BGB eine schuldunabhängige Haftung folgen, denn das nach § 280 Abs. 1 S. 2 BGB erforderliche Vertretenmüssen des Verkäufers liegt nach § 276 Abs. 1 S. 1 BGB auch dann vor, wenn der Schuldner eine Garantie übernommen hat[197]. Daneben kommen jedoch auch Ansprüche nach § 1 Abs. 1 ProdHG in Betracht. Auf die verschuldensunabhängigen Schadensersatzansprüche nach dem ProdHG wurde oben[198] bereits ausführlich eingegangen, weshalb insoweit nach oben verwiesen werden kann.

---

[189] Vgl. hierzu unten Rdn. 1852 f.
[190] Vgl. *BGH*, 18.7.2012, VIII ZR 337/11, NJW 2013, 291, 296 Tz. 46; *BGH*, 20.7.2005, VIII ZR 121/04, NJW-RR 2005, 1496, 1505.
[191] Vgl. *BGH*, 9.12.2015, VIII ZR 349/14, NJW 2016, 2101, 2103 Tz. 34; *OLG Celle*, 30.10.2008, 11 U 78/08, BeckRS 2008, 23609.
[192] Vgl. *BGH*, 9.12.2015, VIII ZR 349/14, NJW 2016, 2101, 2103 Tz. 34; *BGH*, 20.7.2005, VIII ZR 121/04, NJW-RR 2005, 1496, 1505; *OLG Celle*, 30.10.2008, 11 U 78/08, BeckRS 2008, 23609; *Wolf/Lindacher/Pfeiffer* § 309 Nr. 7 Rdn. 98.
[193] Vgl. *BGH*, 20.7.2005, VIII ZR 121/04, NJW-RR 2005, 1496, 1505.
[194] Vgl. *BGH*, 9.12.2015, VIII ZR 349/14, NJW 2016, 2101, 2103 Tz. 34; *BGH*, 18.7.2012, VIII ZR 337/11, NJW 2013, 291, 296 Tz. 46.
[195] So ausdrücklich *BGH*, 9.12.2015, VIII ZR 349/14, NJW 2016, 2101, 2103 Tz. 35; *BGH*, 20.7.2005, VIII ZR 121/04, NJW-RR 2005, 1496, 1505. Demgegenüber soll eine Aufzählung „typischer Schäden", für die gehaftet wird, nicht notwendig sein, vgl. *BGH*, 18.7.2012, VIII ZR 337/11, NJW 2013, 291, 296 Tz. 45.
[196] Vgl. *BGH*, 5.10.2005, VIII ZR 16/05, NJW 2006, 47, 50 Tz. 30.
[197] Vgl. hierzu oben Rdn. 1320.
[198] Vgl. oben Rdn. 1821 ff.

aa) Schadensersatzklauseln und das Fehlen der garantierten Beschaffenheit

(1) Der Verbraucherverkehr

1840   Ein Haftungsausschluss entgegen einer Garantie für die Beschaffenheit einer Sache gem. § 444 BGB ist zwingend unwirksam, auch in **Individualvereinbarungen**[199]. Im Übrigen bleibt der Vertrag einschließlich der Rechte des Käufers aus § 437 Nr. 1 bis 3 BGB bestehen[200]. Ein nach § 444 BGB unwirksamer Ausschluss des Schadensersatzanspruchs wegen Fehlens einer garantierten Beschaffenheit liegt nicht nur dann vor, wenn für **gar keine Schäden** gehaftet werden soll, sondern auch dann, wenn lediglich **bestimmte Arten von Schäden** ausgeschlossen werden, etwa ein gegebenenfalls entgangener Gewinn[201]. Demgegenüber liegt eine unzulässige Einschränkung des Schadensersatzanspruchs vor, wenn eine Begrenzung auf eine **bestimmte Schadenshöhe** erfolgt, wenn das anhand der allgemeinen Kriterien festzustellende **Vorliegen einer** Übernahme einer Garantie[202] für unverbindlich erklärt wird, an besondere Bedingungen, etwa eine schriftliche Zusicherungsbestätigung, geknüpft werden soll oder wenn ein **Verschuldenserfordernis** aufgestellt wird. Insgesamt führt § 444 BGB bei der Übernahme einer Beschaffenheitsgarantie daher dazu, dass der Verkäufer zwingend das gesamte Schadensersatzrisiko gem. §§ 249 ff. BGB einschließlich aller Folgeschäden trägt, was als kaum kalkulierbare Bürde bezeichnet werden muss[203]. Wegen der geradezu **existenziellen Gefahren** für den Verkäufer muss daher von der Übernahme einer Beschaffenheitsgarantie dringend abgeraten werden. Gleiches gilt für die werkvertraglich zu qualifizierende Herstellung von **Individualsoftware**, weil das Werkvertragsrecht in **§ 639 BGB** eine mit § 444 BGB inhaltsidentische Regelung[204] enthält. Eine **Erweiterung der Verkäuferhaftung** in Einkaufsbedingungen dergestalt, dass der Verkäufer automatisch für die vereinbarte Beschaffenheit der Kaufsache auch eine Garantie übernimmt, benachteiligt den Verkäufer unangemessen und ist deshalb nach § 307 Abs. 1 S. 1 BGB unwirksam, weil sie ihn dem Risiko einer unübersehbaren Schadensersatzhaftung aussetzt[205].

(2) Der Unternehmensverkehr

1841   § 444 BGB muss auch im Geschäftsverkehr zwischen Unternehmen berücksichtigt werden. Auch dort gilt, dass ein Ausschluss der Schadensersatzpflicht die Bedeutung einer Garantieübernahme leerlaufen lassen würde. Hinsichtlich einer **konkludent übernommenen Garantie** ist im Unternehmensverkehr jedoch wegen der vielfach vorhandenen Sachkunde auf beiden Seiten **Zurückhaltung** geboten.

bb) Schadensersatzklauseln zur Produkthaftung

1842   Gem. § 14 ProdHG ist die Ersatzpflicht des Herstellers **nicht ausschließbar** oder auch nur **beschränkbar.** Dies gilt sowohl für Individual- als auch für vorformulierte Verträge. Ein Verstoß führt zur Nichtigkeit der betreffenden Klausel oder Vereinbarung[206].

---

[199] Vgl. *Palandt/Weidenkaff* § 444 Rdn. 3; *Brandi-Dohrn* CR 2014, 417, 419.
[200] Vgl. die Begründung des Regierungsentwurfs zu § 444 BGB, *Canaris* S. 861; *Palandt/Weidenkaff* § 444 Rdn. 14.
[201] Vgl. *v. Westphalen* BB 2002, 209, 210.
[202] Vgl. *Palandt/Weidenkaff* § 443 Rdn. 4 ff.
[203] Vgl. *v. Westphalen* BB 2002, 209, 210.
[204] Vgl. *Palandt/Sprau* § 639 Rdn. 1.
[205] Vgl. *BGH*, 5.10.2005, VIII ZR 16/05, NJW 2006, 47, 50 Tz. 31.
[206] Vgl. *Palandt/Sprau* § 14 ProdHaftG Rdn. 2.

b) Klauseln zur verschuldensabhängigen Haftung

Eine verschuldensabhängige Haftung des Softwarelieferanten kommt grundsätzlich bei jedweder Pflichtverletzung im Sinne des § 280 Abs. 1 BGB in Betracht, also etwa die völlige oder teilweise Nichterfüllung, die verspätete Erfüllung, die Schlechterfüllung einer Haupt- oder Nebenleistungspflicht sowie die Verletzung vertraglicher oder vorvertraglicher Schutzpflichten im Sinne des § 241 Abs. 2 BGB[207]. Darüber hinaus sind auch die außervertraglichen Schadensersatzansprüche wegen einer **unerlaubten Handlung** zu berücksichtigen. 1843

Sofern die Haftungsfreizeichnung oder Haftungsbegrenzung mittels Allgemeiner Geschäftsbedingungen vorgenommen werden soll, sind die speziellen AGB-rechtlichen Vorschriften insbesondere der **§§ 309 Nr. 7a) und b), 307 Abs. 2 Nr. 1 und 2, 307 Abs. 1 BGB** zu berücksichtigen, sodass wie auch sonst bei der Inhaltskontrolle von Allgemeinen Geschäftsbedingungen zwischen dem Verbraucherverkehr und dem Unternehmensverkehr unterschieden werden muss. Dem wird auch nachfolgend Rechnung getragen. 1844

Auch außerhalb der AGB-rechtlichen Besonderheiten ist jedoch zunächst auf § 276 Abs. 3 BGB zu verweisen, demzufolge dem Schuldner die **Haftung wegen Vorsatzes** nicht im Voraus erlassen werden kann. Dabei spielt es nach dieser Regelung keine Rolle, ob eine entsprechende Haftungsfreizeichnung im Rahmen einer **Individualvereinbarung** oder in **Allgemeinen Geschäftsbedingungen**[208], im **Unternehmens-** oder im **Verbraucherverkehr** erfolgen soll. Unwirksam sind darüber hinaus aber auch Haftungsbeschränkungen der Höhe nach oder Erschwerungen der Rechtsdurchsetzung wie eine Beweislastumkehr oder die Verkürzung von Verjährungsfristen[209]. 1845

aa) Der Verbraucherverkehr

(1) Das Klauselverbot gem. § 309 Nr. 7a) BGB

Gem. § 309 Nr. 7a) BGB sind im Verbraucherverkehr solche Allgemeinen Geschäftsbedingungen unwirksam, mit denen ein Ausschluss oder eine Begrenzung der Haftung für Schäden aus der **Verletzung des Lebens, des Körpers oder der Gesundheit** erfolgen soll, die auf einer fahrlässigen Pflichtverletzung des Klauselverwenders oder einer vorsätzlichen oder fahrlässigen Pflichtverletzung eines gesetzlichen Vertreters oder Erfüllungsgehilfen des Verwenders beruhen. § 309 Nr. 7a) BGB gilt für **Verträge aller Art**[210] und erfasst auch **Schadensersatzansprüche aus Mängeln**[211]. 1846

Mit § 309 Nr. 7a) BGB wollte der Gesetzgeber klarstellen, dass bei Verbraucherverträgen **jedwede Haftungsfreizeichnung oder Haftungsbegrenzung** in Allgemeinen Geschäftsbedingungen für den Fall verschuldeter Körperschäden **unwirksam** ist[212]. Dies gilt auch für auf leichte Fahrlässigkeit begrenzte Ausschlussklauseln. Die Begriffe des Lebens, des Körpers oder der Gesundheit entsprechen denen des § 823 Abs. 1 BGB[213], sodass diesbezüglich auf die entsprechenden Kommentierungen ver- 1847

---

[207] Vgl. *Palandt/Grüneberg* § 280 Rdn. 2 ff. sowie 12 ff.
[208] Vgl. *Funk/Wenn* CR 2004, 481, 488.
[209] Vgl. *BGH*, 29.5.2013, VIII ZR 174/12, NJW 2013, 2584, 2585 Tz. 15; *Palandt/Grüneberg* § 276 Rdn. 35.
[210] Vgl. *Palandt/Grüneberg* § 309 Rdn. 40.
[211] Vgl. *Palandt/Grüneberg* § 309 Rdn. 40.
[212] Vgl. die Begründung des Regierungsentwurfs zu § 309 Nr. 7 BGB, *Canaris* S. 709.
[213] Vgl. *Palandt/Grüneberg* § 309 Rdn. 43.

wiesen werden kann. Eine Haftungsbegrenzung im Sinne des § 309 Nr. 7a) und b) BGB liegt auch bei einer zeitlichen Begrenzung der Durchsetzbarkeit entsprechender Schadensersatzansprüche durch Abkürzung der gesetzlichen Verjährungsfristen vor[214].

1848 Nicht unmittelbar einsichtig ist, ob sich bei Softwareüberlassungsverträgen überhaupt ein Anwendungsbereich für § 309 Nr. 7a) BGB findet. In der Regel werden die genannten Rechtsgüter durch den Einsatz von Software nicht verletzt. Anders kann dies etwa bei Software im Bereich der **medizinisch-technischen Geräte, Verkehrsleitsysteme** und ähnlich **gefahrenträchtigen Gebieten** sein. Hier darf eine Haftungsklausel die betreffenden Schadensersatzansprüche nicht ausschließen und wegen des Gebots der transparenten Vertragsgestaltung[215] auch nicht den Eindruck erwecken als sei dies der Fall.

1849 Für den Regelfall der nicht einschlägig gefährlichen Software stellt sich aber die Frage, ob die jeweilige Haftungsklausel **ausdrücklich eine Klarstellung** enthalten muss, dass die Schadensersatzhaftung wegen Verletzungen des Leibs, des Körpers oder der Gesundheit nicht ausgeschlossen oder beschränkt werden soll. Dies ist indes mit der Erwägung zu verneinen, dass einer Allgemeinen Geschäftsbedingung immer nur die „normalen" Fallkonstellationen zugrunde zu legen sind und eine Klausel nicht für alle nur denkbaren, rein theoretisch eintretenden Fälle zu verfassen ist. Zu Recht hat der *BGH* schon vor Jahren vor Übertreibungen bei der Suche nach „Zweifeln" als Voraussetzung der kundenfreundlichsten Auslegung im Rahmen von § 305c Abs. 2 BGB gewarnt und darauf hingewiesen, dass solche Verständnismöglichkeiten außer Betracht bleiben, die zwar theoretisch denkbar, praktisch aber fernliegend und nicht ersichtlich in Betracht zu ziehen sind[216]. Soweit daher eine Verletzung des Lebens, des Körpers oder der Gesundheit bei der Verwendung der jeweiligen Software nicht oder praktisch nicht zu erwarten ist, etwa bei Textverarbeitungen, Buchhaltungsprogrammen, Grafikprogrammen etc., muss eine Haftungsklausel im jeweiligen Überlassungsvertrag **nicht ausdrücklich klarstellen,** dass eine Haftungsfreizeichnung oder Haftungsbegrenzung nach § 309 Nr. 7a) BGB nicht in Betracht kommt.

(2) Das Klauselverbot gem. § 309 Nr. 7b) BGB

1850 Gem. § 309 Nr. 7b) BGB sind im Verbraucherverkehr solche Allgemeinen Geschäftsbedingungen unwirksam, mit denen ein Ausschluss oder eine Begrenzung der Haftung für einen sonstigen Schaden, also einen Schaden, der nicht das Leben, den Körper oder die Gesundheit betrifft, unzulässig ist, der auf einer grob fahrlässigen Pflichtverletzung des Klauselverwenders oder auf einer vorsätzlichen oder grob fahrlässigen Pflichtverletzung eines **gesetzlichen Vertreters** oder Erfüllungsgehilfen des Klauselverwenders beruht. § 309 Nr. 7b) BGB erfasst nach ganz herrschender Auffassung auch Schadensersatzansprüche wegen **unerlaubter Handlungen,** die bei der Abwicklung eines Vertragsverhältnisses begangen werden[217]. Nicht erfasst sein sollen nur solche unerlaubten Handlungen, die völlig außerhalb und beziehungslos neben dem Vertragsverhältnis begangen werden[218]. Dies steht zwar mit der Entste-

---
[214] Vgl. *BGH*, 29.5.2013, VIII ZR 174/12, NJW 2013, 2584, 2585 Tz. 15; *BGH*, 26.2.2009, Xa ZR 141/07, NJW 2009, 1486, 1487 Tz. 17.
[215] Vgl. hierzu oben Rdn. 1834 ff.
[216] Vgl. *BGH*, 8.2.2011, XI ZR 168/08, NJW-RR 2011, 1188, 1190 Tz. 22.
[217] Vgl. *BGH*, 15.2.1995, VIII ZR 93/94, NJW 1995, 1488, 1489; *Palandt/Grüneberg* § 309 Rdn. 40.
[218] Vgl. *BGH*, 15.2.1995, VIII ZR 93/94, NJW 1995, 1488, 1489 f.

hungsgeschichte des § 309 Nr. 7b) BGB im Einklang[219], vermag aber im Ergebnis nicht zu überzeugen, denn eine Haftungsbegrenzung auch für solche Pflichtverletzungen, die mit dem Vertrag nichts zu tun haben, muss der Kunde noch weniger erwarten als eine solche für die Verletzung vertraglicher oder mit dem Vertrag zusammenhängender Pflichten[220]. § 309 Nr. 7 BGB ist auch auf Ansprüche wegen **culpa in contrahendo** gem. §§ 280 Abs. 1, 311 Abs. 2 BGB anzuwenden, jedoch ist dies wenig praxisrelevant, weil diese Ansprüche bereits entstanden sind, wenn der Vertrag unter Einbeziehung der Haftungsklausel abgeschlossen wird[221]. Ein derartiger rückwirkender Haftungsausschluss bzw. -begrenzung ist als Verzicht zu werten und an §§ 309 Nr. 7, 307 Abs. 1 BGB zu messen.

Unwirksam nach § 309 Nr. 7b) BGB sind demnach Klauseln, die **jegliche Haftung**[222] oder **jede verschuldensabhängige Haftung**[223] ausschließen. Auch ein mittelbarer Haftungsausschluss, der dadurch herbeigeführt wird, dass die alleinige Haftung des Kunden vorgesehen wird, verstößt gegen § 309 Nr. 7b) BGB[224]. Gleiches gilt für den Ausschluss nur **bestimmter Schadensersatzansprüche** oder **bestimmter Schadensarten**, insbesondere auch der sog. **mittelbaren Schäden**[225]. Neben dem Ausschluss ist auch eine Begrenzung der Haftung etwa auf eine **bestimmte Schadenshöhe** nach § 309 Nr. 7b) BGB unzulässig[226]. Gleiches gilt für eine Abkürzung der gesetzlichen Verjährungsfristen[227].

1851

(3) Haftungsklauseln für leichte Fahrlässigkeit

Neben § 309 Nr. 7b) BGB ist bei Haftungsklauseln auch § 307 Abs. 2 Nr. 2 BGB zu berücksichtigen, dem ein Verbot des Haftungsausschlusses auch für **leichte Fahrlässigkeit** entnommen werden kann, soweit hierdurch wesentliche Rechte oder Pflichten, die sich aus der Natur des Vertrags ergeben, so eingeschränkt werden, dass der Vertragszweck gefährdet wird[228]. Im Wesentlichen unbestritten ist insoweit, dass nicht im Wege eines Umkehrschlusses aus § 309 Nr. 7a) und b) BGB auf eine Zulässigkeit von Haftungsausschlüssen für leichte Fahrlässigkeit geschlossen werden kann[229]. Ob im konkreten Fall eine solche freizeichnungsfeste sog. **Kardinalpflicht**[230] vorliegt, beurteilt sich danach, ob die Erfüllung der in Frage stehenden

1852

---

[219] Vgl. *Wolf/Lindacher/Pfeiffer* § 309 Nr. 7 Rdn. 16–19.
[220] So auch *Wolf/Lindacher/Pfeiffer* § 309 Nr. 7 Rdn. 16–19.
[221] Vgl. *Palandt/Grüneberg* § 309 Rdn. 40; *Wolf/Lindacher/Pfeiffer* § 309 Nr. 7 Rdn. 13; *Ulmer/Brandner/Hensen* § 309 Nr. 7 Rdn. 13.
[222] Vgl. *LG Berlin*, 28.11.2014, 15 O 601/12, CR 2015, 74, 78.
[223] Vgl. *BGH*, 24.9.1985, VI ZR 4/84, NJW 1986, 1610, 1612.
[224] Vgl. *BGH*, 20.6.1984, VIII ZR 137/83, NJW 1985, 914, 915.
[225] Vgl. *BGH*, 6.2.1991, VIII ZR 26/90, NJW-RR 1991, 660, 661; *Palandt/Grüneberg* § 309 Rdn. 45.
[226] Vgl. *Palandt/Grüneberg* § 309 Rdn. 45.
[227] Vgl. *BGH*, 22.9.2015, II ZR 340/14, BeckRS 2015, 19757 Tz. 16; *BGH*, 29.5.2013, VIII ZR 174/12, NJW 2013, 2584, 2585 Tz. 15; *BGH*, 23.4.2012, II ZR 75/10, NJW-RR 2012, 1312, 1315 Tz. 30; *BGH*, 26.2.2009, Xa ZR 141/07, NJW 2009, 1486, 1487 Tz. 17; *BGH*, 18.12.2008, III ZR 56/08, NJW 2009, 1416, 1418 Tz. 20.
[228] Vgl. *BGH*, 4.7.2013, VII ZR 249/12, NJW 2013, 2502, 2503 Tz. 22; *BGH*, 20.7.2005, VIII ZR 121/04, NJW-RR 2005, 1496, 1505; *BGH*, 24.10.2001, VIII ARZ 1/01, NJW 2002, 673, 674; *BGH*, 27.9.2000, VIII ZR 155/99, NJW 2001, 292, 302; *LG Berlin*, 28.11.2014, 15 O 601/12, CR 2015, 74, 78; *AG Oldenburg*, 17.4.2015, 8 C 8028/15 MMR 2015, 541, 543; *Palandt/Grüneberg* § 307 Rdn. 35 und § 309 Rn. 48.
[229] Vgl. *BGH*, 4.7.2013, VII ZR 249/12, NJW 2013, 2502, 2503 Tz. 22; *BGH*, 24.10.2001, VIII ARZ 1/01, NJW 2002, 673, 674; *BGH*, 27.9.2000, VIII ZR 155/99, NJW 2001, 292, 302.
[230] Zum Begriff *BGH*, 20.7.2005, VIII ZR 121/04, NJW-RR 2005, 1496, 1505; *Palandt/Grüneberg* § 307 Rdn. 35 und § 309 Rn. 48.

Pflicht die ordnungsgemäße Durchführung des Vertrags überhaupt erst ermöglicht und der Vertragspartner daher auf diese Erfüllung vertraut und auch vertrauen darf[231]. Diese Voraussetzungen sind nicht nur im Hinblick auf die vertraglichen Hauptrechte und Hauptpflichten erfüllt, die zueinander im Gegenseitigkeitsverhältnis stehen[232], sondern darüber hinaus auch bei solchen Nebenpflichten, die für die Erreichung des Vertragszwecks von besonderer Bedeutung sind[233], insbesondere für den Schutz des Kunden gegenüber einer Beeinträchtigung seiner Rechtsgüter und Interessen, sofern bei diesen die Freizeichnung die angemessene Risikoverteilung empfindlich stören würde[234]. Die Freizeichnung eines Klauselverwenders von der Haftung für einfache Fahrlässigkeit, die den Vertragszweck zu beeinträchtigen geeignet ist, kann aber zulässig sein, wenn sich der Kunde üblicherweise dagegen versichern kann[235]. Das Argument der Versicherbarkeit führt aber dann nicht zur Wirksamkeit der Freizeichnungsklausel, wenn entsprechende Versicherungen etwa zur Haftpflicht bzw. Produkthaftpflicht seitens vergleichbarer Personen wie des Klauselverwenders üblich sind[236]. Ohnehin ist in diesem Zusammenhang zu berücksichtigen, dass es bei der Prüfung der Angemessenheit einer Haftungsklausel im Regelfall auf die Versicherbarkeit des Schadensrisikos nicht ankommt[237].

1853 Zu den Kardinalpflichten eines Vertrags über die Lieferung von Hard- und Software zählt nach Auffassung des *OLG Köln*[238] auch die Pflicht des Lieferanten, seine Leistung innerhalb des vertraglich vereinbarten Zeitraums bzw. zu der vertraglich vereinbarten Zeit zu erbringen, jedoch ist dem nicht generell zuzustimmen. Hiervon kann erst ausgegangen werden, wenn die **Einhaltung der Leistungszeit** nach dem Parteiwillen derart wesentlich ist, dass mit der zeitgerechten Leistung das Geschäft stehen und fallen soll, wenn also ein sog. **Fixgeschäft** vorliegt[239]. Auf einen solchen Willen können Klauseln wie „fix", „genau", „präzis", „prompt" oder „spätestens" in Verbindung mit einer bestimmten Leistungszeit hindeuten, jedoch ist auch bei Verwendung eines der aufgezählten Worte eine abweichende Auslegung im Einzelfall möglich[240]. Demgegenüber steht die rechtzeitige Lieferung ohne entsprechende Sondersituation zwar ebenfalls im Gegenseitigkeitsverhältnis gem. § 320 BGB, was für einen Einbezug in die freizeichnungsfesten Kardinalpflichten spricht[241], jedoch kommt ihr nicht generell die erforderliche Gefährdung des Vertragszwecks gem. § 307 Abs. 2 Nr. 2 BGB zu.

1854 Es ist ferner zu diskutieren, ob sich der Klauselverwender von der Haftung auf **Schadensersatz statt der Leistung** gem. §§ 281 ff. BGB wirksam freizeichnen kann, oder ob in diesen Fällen immer auch die Voraussetzungen von § 307 Abs. 2 Nr. 1 oder 2 BGB erfüllt sind und dementsprechend eine Freizeichnung grundsätzlich aus-

---

[231] Vgl. *BGH*, 20.7.2005, VIII ZR 121/04, NJW-RR 2005, 1496, 1505; *BGH*, 24.10.2001, VIII ARZ 1/01, NJW 2002, 673, 674; *BGH*, 27.9.2000, VIII ZR 155/99, NJW 2001, 292, 302.
[232] Vgl. *BGH*, 24.10.2001, VIII ARZ 1/01, NJW 2002, 673, 675; *Palandt/Grüneberg* § 307 Rdn. 35.
[233] Vgl. *BGH*, 20.7.2005, VIII ZR 121/04, NJW-RR 2005, 1496, 1505.
[234] Vgl. *BGH*, 14.11.2000, X ZR 211/98, NJW-RR 2001, 342, 343; *Palandt/Grüneberg* § 307 Rdn. 35.
[235] Vgl. *BGH*, 24.10.2001, VIII ARZ 1/01, NJW 2002, 673, 675 m.w.N.
[236] Vgl. *BGH*, 24.10.2001, VIII ARZ 1/01, NJW 2002, 673, 675.
[237] Vgl. *BGH*, 18.7.2012, VIII ZR 337/11, NJW 2013, 291, 297 Tz. 52.
[238] Vgl. *OLG Köln*, 21.3.1997, 19 U 215/96, NJW-RR 1998, 1274, 1275.
[239] Vgl. *v. Westphalen* BB 2002, 209, 214; zum Fixgeschäft oben Rdn. 1414.
[240] Vgl. für „fix" *OLG Hamm*, 12.12.2002, 21 U 68/02, MDR 2003, 882, 883.
[241] Dafür etwa *v. Westphalen* BB 2002, 209, 214 unter Bezugnahme auf § 307 Abs. 2 Nr. 1 BGB.

II. Schadensersatzklauseln

scheidet[242]. Für ein Verbot der Haftungsfreizeichnung spricht, dass das Äquivalenzverhältnis von Leistung und Gegenleistung auf der Ebene der Vertragserfüllung nicht mehr gewahrt ist, wenn der Gläubiger den Schadensersatz statt der Leistung verlangt hat. Denn dann ist gem. § 281 Abs. 1 BGB der Anspruch auf die Leistung ausgeschlossen. Dem Gläubiger in diesen Fällen aber trotzdem den Anspruch auf Schadensersatz zu nehmen, erscheint mit dem wesentlichen Grundgedanken der gesetzlichen Regelung im Sinne des § 307 Abs. 2 Nr. 1 BGB unvereinbar[243]. Wenn man dem folgt, erscheint es aber nur konsequent, auch eine **Ersetzung** des Schadensersatzanspruchs **durch ein abschließendes Rücktrittsrecht** im Sinne einer Kompensation abbedungener Rechte für unwirksam zu halten[244].

Unzulässig ist in den durch § 307 Abs. 2 Nr. 2 BGB erfassten Fällen jedoch nur der **Ausschluss der Haftung** für leichte Fahrlässigkeit. Nicht zu beanstanden sind demgegenüber Klauseln, die lediglich eine **Haftungsbegrenzung** vorsehen, jedoch muss diese angemessen sein und darf die typischerweise zu erwartenden Schäden sowohl der Art als auch der Höhe nach nicht ausschließen[245]. Auch eine Haftungsbegrenzung darf nicht dazu führen, dass der Klauselverwender von Verpflichtungen befreit wird, deren Erfüllung die ordnungsgemäße Durchführung des Vertrags überhaupt erst ermöglicht und auf deren Einhaltung der Vertragspartner vertraut und auch vertrauen darf[246]. Die Bestimmung des vorhersehbaren Schadens bei IT-Projekten ist problematisch[247]. Eine abstrakt formulierte Haftungsbegrenzung „auf die bei Vertragsschluss vorhersehbaren und vertragstypischen Schäden" ist nach Auffassung des *BGH* wirksam, insbesondere nicht intransparent[248]. Demgegenüber ist zumindest im Verbraucherverkehr eine Klausel unwirksam, die allein auf das 15fache des Vertragsentgelts als Haftungssumme abstellt und die Höhe des möglichen Schadens unberücksichtigt lässt[249]. Unzulässig ist auch eine Klausel, die eine Haftungshöchstsumme von $ 250,00 für alle Schadensfälle vorsieht[250].

1855

Wenngleich softwarespezifische Rechtsprechung zur Verletzung von Kardinalpflichten immer noch nicht in nennenswertem Umfang vorliegt, kann durch Parallelwertungen zu vergleichbaren Fällen davon ausgegangen werden, dass es zu den wesentlichen Pflichten eines werkvertraglich einzuordnenden Softwareüberlassungsvertrags zählt, die dem Lieferanten zwecks Programminstallation bereitgestellte Hardware nicht zu beschädigen und auf dem Massenspeicher befindliche **Daten und Programme nicht zu löschen**[251]. Ein diesbezüglicher Haftungsausschluss ist

1856

---

[242] Vgl. *v. Westphalen* BB 2002, 209, 212 ff.
[243] So *v. Westphalen* BB 2002, 209, 213.
[244] Vgl. *v. Westphalen* BB 2002, 209, 213.
[245] Vgl. *BGH*, 18.7.2012, VIII ZR 337/11, NJW 2013, 291, 295 Tz. 40; *BGH*, 27.9.2000, VIII ZR 155/99, NJW 2001, 292, 302; *OLG Köln*, 15.11.2012, 19 U 124/12, CR 2013, 153, 155; *Wolf/Lindacher/Pfeiffer* § 309 Nr. 7 Rdn. 109.
[246] Vgl. *BGH*, 19.9.2007, VIII ZR 141/06, NJW 2007, 3774, 3775 Tz. 15; *BGH*, 15.9.2005, I ZR 58/03, NJW-RR 2006, 267, 269 Tz. 38; *OLG Köln*, 15.11.2012, 19 U 124/12, CR 2013, 153, 155.
[247] *Witzel* CR 2017, 213, 219 hält dies sogar für unmöglich.
[248] Vgl. *BGH*, 18.7.2012, VIII ZR 337/11, NJW 2013, 291, 295 Tz. 39 ff. *Brandi-Dohrn* CR 2014, 417, 422 hält entsprechende Klauseln mangels Klarheit für wenig befriedigend.
[249] Vgl. *BGH*, 4.7.2013, VII ZR 249/12, NJW 2013, 2502, 2503 Tz. 24.
[250] So etwa der Apple iOS 11 Softwarelizenzvertrag (EA1491 v. 12.7.2017) Nr. 8 Haftungsbeschränkung
S. 3: „In keinem Fall übersteigt die gesamte Haftung von Apple für alle Schäden (ausgenommen die zwingende gesetzliche Haftung im Falle von Personenschäden) dir gegenüber die Summe von zweihundertfünfzig US-Dollar ($ 250,00)".
[251] Das *LG Berlin*, 28.11.2014, 15 O 601/12, CR 2015, 74, 78 sieht eine als Kardinalpflicht einzustufende Obhutspflicht bei eines zur Reparatur eingeschickten Computers.

auch hinsichtlich leichter Fahrlässigkeit unzulässig. Baut ein Lieferant in das IT-System des Anwenders eine Datensicherungseinheit ein, ist ein Haftungsausschluss für mittelbare Schäden, Mangelfolgeschäden oder entgangenen Gewinn nach Auffassung des *OLG Hamm* wegen Verstoßes gegen § 307 Abs. 1 und Abs. 2 Nr. 2 BGB unwirksam[252]. Es liege auf der Hand und sei **vertragstypisch vorhersehbar,** dass bei einer fehlenden Datensicherung im Störfall Kosten aufzuwenden seien, um die Daten auf andere Weise zu retten.

1857 Gegen den Einbezug auch der **Haftung für Datenverlust** in den freizeichnungsfesten Bereich der Kardinalpflicht ist eingewandt worden, es sei dem Anwender zumutbar, sich durch Anfertigung von Sicherheitskopien selbst vor einem Datenverlust und den damit verbundenen Folgeschäden zu schützen, gleichwie die Berücksichtigung einer **Möglichkeit zum Selbstschutz** der Rechtsprechung des *BGH* entspreche[253]. Diesem zutreffenden Hinweis auf die Möglichkeit zur Anfertigung von Sicherheitskopien widerspricht die hier vertretene Auffassung insoweit nicht, als zwischen Haftungsfreizeichnung und Haftungsbegrenzung unterschieden werden muss und vorliegend lediglich die Freizeichnung von der Haftung für Datenverlust als unwirksam bezeichnet wird. Demgegenüber wurde bereits darauf hingewiesen, dass eine Haftungsbegrenzung nicht zu beanstanden ist, solange diese angemessen ist und die typischerweise zu erwartenden Schäden sowohl der Art als auch der Höhe nach nicht ausschließt. Gegen den Ausschluss der Haftung für Datenverlust spricht, dass auch die sorgfältige Anfertigung von Sicherheitskopien nicht geeignet ist, jedwedem Schadenseintritt zu begegnen. Es ist daher nicht angemessen, einen uneingeschränkten Haftungsausschluss für Datenverlust zuzulassen. Vielmehr kann es dem AGB-Verwender nur gestattet werden, seine Haftung auf den vorhersehbaren Schaden zu begrenzen. Er ist aber berechtigt, die nicht vorhersehbaren Exzessrisiken formularmäßig abzubedingen.

1858 Im Rahmen der Bestimmung der nicht **vorhersehbaren Exzessrisiken** muss berücksichtigt werden, dass die regelmäßige und gewissenhafte Anfertigung von Sicherheitskopien nicht nur der allgemeinen Übung im Umgang mit Datenverarbeitungsanlagen entspricht, sondern für die Gewährleistung der Sicherheit des Datenbestands unerlässlich ist, worauf der *BGH*[254] schon vor Jahren ausdrücklich hingewiesen hat. Dementsprechend muss es als formularmäßig abdingbares Exzessrisiko bezeichnet werden, wenn ein Anwender entgegen jeglicher Übung und Notwendigkeit keine Sicherheitskopien angefertigt hat und deshalb der durch Datenverlust entstandene Schaden höher ist als der **Wiederherstellungsaufwand bei Vorhandensein** entsprechender **Sicherheitskopien**[255]. Dabei ist die Beschränkung auf solche Schäden, die auch bei ordnungsgemäßer Datensicherung angefallen wären, zumindest im Bereich der gewerblich verwendeten Computersoftware auch ohne ausdrücklichen Hinweis auf die Notwendigkeit der regelmäßigen Datensicherung wirksam, weil die Kenntnis dieser Notwendigkeit dort vorausgesetzt werden kann[256].

---

[252] Vgl. *OLG Hamm*, 10.5.1999, 13 U 95/98, CR 2000, 289, 290 noch zu § 9 Abs. 1 und 2 Nr. 2 AGBG a. F.
[253] Vgl. *Ulmer/Brandner/Hensen*, 11. Aufl.; Teil 2, Bes. Vertragstypen, Softwareverträge Rdn 13.
[254] Vgl. *BGH*, 2.7.1996, X ZR 64/94, NJW 1996, 2924, 2926; in dieser Richtung auch *Spindler* NJW 2004, 3145, 3150.
[255] Geradezu schockierend der Fall *BGH*, 9.12.2008, VI ZR 173/07, NJW 2009, 1066 ff., wo mangels Datensicherung Wiederherstellungskosten für beschädigte Dateien in Höhe von 968 538,12 DM entstanden.
[256] So zu Recht *OLG Karlsruhe*, 20.12.1995, 10 U 123/95, CR 1996, 348, wo ausgeführt wird, zumindest bei gewerblicher EDV-Nutzung sei Datensicherung eine allgemein bekannte Selbstverständlichkeit.

Zu den freizeichnungsfesten Kardinalpflichten eines Softwareherstellers gehört es 1859
auch, die von ihm hergestellte und Dritten überlassene Software mit einem gängigen
Virenscanner in jeweils aktueller Version auf einen Virenbefall zu überprüfen. Derartige Überprüfungen vor der Auslieferung eines Computerprogramms sind branchenüblich. Angesichts der unüberschaubaren Schäden, die bei einem Anwender
durch die Benutzung virenverseuchter Computersoftware entstehen können sowie
des vergleichsweise geringen Personal- und Kostenaufwands für Virenscanner und
deren Einsatz, muss eine solche Verpflichtung des Programmherstellers im Hinblick
auf den Ausschluss der Haftung freizeichnungsfest bleiben. Die Kardinalpflicht zum
Virentest umfasst dabei auch das Überprüfen der bei der Softwareherstellung verwendeten Programmiertools auf Virenfreiheit. Dies kann mit einer Analogie zur
Produzentenhaftung begründet werden. Einen Produzenten, der Teile von Zulieferern in sein Produkt einbaut, trifft grundsätzlich eine Prüfungspflicht[257]. Er darf
keine Teile verwenden, von deren mangelfreier Beschaffenheit er nicht überzeugt ist.
Deshalb muss er entweder die **Verlässlichkeit des Zulieferers** oder die **Güte des Materials** prüfen, soweit dies nach guter Verkehrsübung erforderlich und wirtschaftlich
zumutbar ist. Angesichts des bereits erwähnten vergleichsweise geringen Personal-
und Kostenaufwands für den Erwerb und den Einsatz von Virenscannern ist es daher nach guter Verkehrsübung erforderlich und wirtschaftlich zumutbar, die Überprüfung von Programmiertools auf **Virenfreiheit** zu verlangen und dies als freizeichnungsfeste Kardinalpflicht zu qualifizieren. Dieses Ergebnis ist unabhängig von
der Frage, ob **Standard- oder Individualsoftware** überlassen wird und damit unabhängig vom Typus des Softwareüberlassungsvertrags.

bb) Der Unternehmensverkehr

Auch im Unternehmensverkehr kann der Klauselverwender eine Haftung nach 1860
§ 276 Abs. 3 BGB für eigenes vorsätzliches und nach § 307 Abs. 2 Nr. 1 BGB für eigenes grob fahrlässiges Handeln nicht ausschließen. Insoweit ist § 309 Nr. 7b) BGB
über § 307 BGB auch im Unternehmensverkehr zu berücksichtigen[258]. Gleiches gilt
für das Verbot von § 309 Nr. 7a) BGB[259]. Sofern nicht die Haftung für eigenes Handeln ausgeschlossen werden soll, sondern die für das Handeln anderer Personen,
herrscht Streit über die Zulässigkeit entsprechender Klauseln. Eine Haftung für vorsätzliche und grob fahrlässige Handlungen von **gesetzlichen Vertretern** und **leitenden Angestellten** kann nach wohl einhelliger Auffassung nicht ausgeschlossen werden[260]. Auch die Haftung für vorsätzliches oder grob fahrlässiges Handeln **einfacher
Erfüllungsgehilfen** kann nach einhelliger Auffassung insoweit nicht ausgeschlossen
werden, als es sich um die Verletzung einer Kardinalpflicht handelt[261]. Die Frage, ob
jedoch auch eine Haftung für vorsätzlich oder grob fahrlässig vorgenommene sonstige Pflichtverletzungen des einfachen Erfüllungsgehilfen nicht ausgeschlossen werden kann, hat der *BGH* verneint und eine entsprechende Haftungsklausel für

---

[257] Vgl. *OLG Nürnberg*, 3.8.2011, 12 U 1143/06, BeckRS 2013, 06837.
[258] Vgl. *BGH*, 4.2.2015, VIII ZR 26/14, NJW-RR 2015, 738, 739 Tz. 16; *BGH*, 19.6.2013, VIII ZR 183/12, NJW 2014, 211, 213 Tz. 30; *BGH*, 15.9.2005, I ZR 58/03, NJW-RR 2006, 267, 269 Tz. 37; *Palandt/Grüneberg* § 309 Rdn. 55 m. w. N.; *Brandi-Dohrn* CR 2014, 417, 421.
[259] Vgl. *BGH*, 4.2.2015, VIII ZR 26/14, NJW-RR 2015, 738, 739 Tz. 16; *BGH*, 19.9.2007, VIII ZR 141/06, NJW 2007, 3774, 3775 Tz. 13; *Palandt/Grüneberg* § 309 Rdn. 55; *Brandi-Dohrn* CR 2014, 417, 421.
[260] Vgl. *BGH*, 15.9.2005, I ZR 58/03, NJW-RR 2006, 267, 269 Tz. 37 noch zu § 11 Nr. 7 AGBG a. F.; *Palandt/Grüneberg* § 309 Rdn. 55.
[261] Vgl. *BGH*, 26.6.1991, VIII ZR 231/90, NJW 1991, 2630, 2632; *Wolf/Lindacher/Pfeiffer* § 309 Nr. 7 Rdn. 163.

unwirksam erklärt²⁶². Die Zulässigkeit ist im Übrigen umstritten²⁶³. Insgesamt erscheint es aber angemessen mit dem *BGH,* einen solchen Haftungsausschluss auch bei einfachen Erfüllungsgehilfen für unzulässig zu halten.

1861 Haftungsklauseln, die eine Haftung für **leichte Fahrlässigkeit** des Klauselverwenders oder seiner Erfüllungsgehilfen ausschließen, sind nur dann unwirksam, wenn Pflichten angesprochen werden, deren Erfüllung die ordnungsgemäße Durchführung des Vertrags überhaupt erst ermöglicht und auf deren Einhaltung der Vertragspartner vertraut und vertrauen darf (Kardinalpflichten)²⁶⁴. Insoweit gelten die gleichen Erwägungen wie im Verbraucherverkehr, weshalb im Schrifttum zu Recht ausgeführt wird, die Entwicklung der Rechtsprechung des *BGH* zeige, dass es im Bereich der Haftung für einfache Fahrlässigkeit keine Trennung mehr zwischen Unternehmens- und Verbraucherverkehr gibt, die Rechtsprechung zum Bereich des Unternehmensverkehrs den Bereich des Verbraucherverkehrs vielmehr überlagert²⁶⁵. Im Übrigen ist eine Freizeichnung von der Haftung für leichte Fahrlässigkeit grundsätzlich zulässig²⁶⁶.

1862 Anders als bei § 309 Nr. 7a) und b) BGB ist eine **Haftungsbegrenzung** auch bei Vorsatz und grober Fahrlässigkeit nicht von vornherein ausgeschlossen, sofern nicht die Haftung des Klauselverwenders für eigenen Vorsatz beschränkt werden soll, was nach § 276 Abs. 3 BGB unzulässig ist. Eine Haftungsbegrenzung für grobe Fahrlässigkeit des Klauselverwenders selbst sowie für Vorsatz und grobe Fahrlässigkeit seiner leitenden Angestellten erscheint aber unangemessen und deshalb nach § 307 Abs. 1 BGB unwirksam²⁶⁷. Bei leichter Fahrlässigkeit sowie Vorsatz und grober Fahrlässigkeit einfacher Erfüllungsgehilfen ist eine Haftungsbegrenzung demgegenüber nicht zu beanstanden, sofern sie nicht betragsmäßig unangemessen niedrig ist oder typische Schäden ausschließt.

5. Schadensersatzklauseln bei der Softwareüberlassung auf Zeit

a) Klauseln zur verschuldensunabhängigen Haftung

1863 Verschuldensunabhängige Schadensersatzansprüche des Anwenders gegen den Softwarelieferanten kommen bei mietvertraglich einzuordnenden Softwareüberlassungsverträgen insbesondere hinsichtlich der Garantiehaftung des Vermieters nach §§ 536a Abs. 1, 536 Abs. 1 und 2 BGB für Sachmängel der Mietsache einschließlich des Fehlens zugesicherter Eigenschaften in Betracht, jedoch bestehen solche Ansprüche gem. § 536 Abs. 3 BGB auch bei Rechtsmängeln.

aa) Der Verbraucherverkehr

1864 Obwohl eine ausdrückliche gesetzliche Regelung fehlt, ist davon auszugehen, dass ein **Haftungsausschluss** bei zugesicherten Eigenschaften im Mietvertragsrecht **unwirksam** ist. Dies folgt aus **§ 307 Abs. 2 Nr. 1 BGB**. Gleiches gilt für **Haftungsbeschränkungen**.

---

²⁶² Vgl. *BGH,* 15.9.2005, I ZR 58/03, NJW-RR 2006, 267, 269 Tz. 37 noch zu § 11 Nr. 7 AGBG a. F.
²⁶³ Für ein Verbot des Haftungsausschlusses *Palandt/Grüneberg* § 309 Rdn. 55; *Wolf/Lindacher/Pfeiffer* § 309 Nr. 7 Rdn. 163.
²⁶⁴ Vgl. *BGH,* 20.7.2005, VIII ZR 121/04, NJW-RR 2005, 1496, 1505; *BGH,* 14.11.2000, X ZR 211/98, NJW-RR 2001, 342, 343; *Wolf/Lindacher/Pfeiffer* § 309 Nr. 7 Rdn. 96 f.
²⁶⁵ Vgl. *Ulmer/Brandner/Hensen* § 309 Nr. 7 Rdn. 43.
²⁶⁶ Vgl. *Wolf/Lindacher/Pfeiffer* § 309 Nr. 7 Rdn. 150–154.
²⁶⁷ Vgl. *BGH,* 15.9.2005, I ZR 58/03, NJW-RR 2006, 267, 269 Tz. 37; a. A. wohl nur *Brandi-Dohrn* CR 2014, 417, 426, der für eine Haftungsbegrenzung auf die Höhe des Auftragswertes eintritt.

Anders als der Schadensersatzanspruch wegen Fehlens einer zugesicherten Eigenschaft kann der verschuldensunabhängige Schadensersatzanspruch nach § 536a Abs. 1 BGB ausgeschlossen werden, soweit er sich auf einen **Mangel der Mietsache** bezieht. Mangels einer speziellen Regelung derartiger Haftungsausschlüsse in den AGB-rechtlichen Vorschriften ist eine Überprüfung entsprechender Klauseln anhand § 307 Abs. 1 und 2 BGB vorzunehmen. Da jedoch die Garantiehaftung des Vermieters verbreitet als verfehlt und systemwidrig empfunden wird[268], wird sie auch nicht zu den wesentlichen Grundgedanken der gesetzlichen Regelung im Sinne von § 307 Abs. 2 Nr. 1 BGB gezählt. Vielmehr wird sie vom *BGH* als für das gesetzliche Haftungssystem untypische Regelung bezeichnet[269]. Auch andere Gründe für eine unangemessene Benachteiligung des Kunden sind nicht ersichtlich, sodass entsprechende Klauseln auch nicht nach § 307 Abs. 1 BGB unwirksam sind[270].

1865

bb) Der Unternehmensverkehr

Auch im Unternehmensverkehr darf die Haftung wegen **Fehlens zugesicherter Eigenschaften** nicht ausgeschlossen oder eingeschränkt werden, weil sich auch Unternehmer auf Zusicherungen verlassen können müssen. Demgegenüber ist ein Haftungsausschluss für den verschuldensunabhängigen Schadensersatzanspruch wegen **sonstiger Mängel der Mietsache** nicht zu beanstanden, soweit er sich auf die verschuldensunabhängige Garantieübernahme des Vermieters bezieht.

1866

b) Klauseln zur verschuldensabhängigen Haftung

Verschuldensabhängige Schadensersatzansprüche des Anwenders gegen den Softwarelieferanten kommen bei mietvertraglich einzuordnenden Softwareüberlassungsverträgen insbesondere wegen Pflichtverletzungen in Gestalt einer positiven Forderungsverletzung, Verzug, Unmöglichkeit, einer unerlaubten Handlung oder nach § 536a Abs. 1 2. Alt. BGB in Betracht. Soweit sich Haftungsklauseln jedoch auf einen Ausschluss oder eine Beschränkung eines verschuldensabhängigen Schadensersatzanspruchs beziehen, bestehen keine charakteristischen Wesensunterschiede zu entsprechenden Klauseln bei Softwareüberlassungsverträgen auf Dauer. Insbesondere sind auch bei mietvertraglichen Softwareüberlassungsverträgen die Vorschriften des § 309 Nr. 7a) und b) BGB zu berücksichtigen, die auch im Rahmen von Mietverträgen Anwendung finden[271]. Aus diesem Grund kann die Haftung für Schäden aus der fahrlässigen Verletzung des Lebens, des Körpers oder der Gesundheit gem. § 309 Nr. 7a) BGB sowie gem. § 309 Nr. 7b) BGB bei sonstigen Schäden für **Vorsatz** und **grobe Fahrlässigkeit** nicht wirksam ausgeschlossen werden. Soweit eine Verletzung einer Kardinalpflicht betroffen ist, ist darüber hinaus nach § 307 Abs. 2 Nr. 2 BGB auch ein Haftungsausschluss für **leichte Fahrlässigkeit** unwirksam. Zu weiteren Einzelheiten wird auf die Darlegungen hinsichtlich der Softwareüberlassung auf Dauer verwiesen[272].

1867

---

[268] Vgl. etwa MünchKomm/*Häublein* § 536a Rdn. 6 sowie 21.
[269] Vgl. *BGH*, 27.1.1993, XII ZR 141/91, NJW-RR 1993, 519, 520; *Brandi-Dohrn* CR 2014, 417, 421.
[270] Vgl. *Wolf/Lindacher/Pfeiffer* Klauseln Rdn. M 38; *Brandi-Dohrn* CR 2014, 417, 421.
[271] Vgl. *Palandt/Grüneberg* § 309 Rdn. 40.
[272] Vgl. hierzu oben Rdn. 1852 ff.

6. Sonderprobleme bei pauschalierten Schadensersatzansprüchen des Softwarelieferanten

Schrifttum: *Schmitt*, Schadenspauschalierungen und Vertragsstrafen in AGB der öffentlichen Hand, insbesondere in BVB und EVB-IT, CR 2010, 693 ff.

a) Allgemeines

1868 Eigene Schadensersatzansprüche des Softwarelieferanten gegenüber dem Anwender werden vielfach durch Schadenspauschalierungen geregelt. Derartige Vereinbarungen dienen überwiegend dem Zweck, dem Lieferanten eine **Beweiserleichterung** zu gewähren. Diese Beweiserleichterung geht dahin, der in der Pauschalierungsabrede bezeichnete Schaden sei wirklich entstanden. Gleichzeitig beinhaltet die Vereinbarung einen Verzicht auf die Berücksichtigung der konkreten Berechnungsfaktoren im Einzelfall und ohne Einzelnachweis[273]. Schadenspauschalierungen regeln dementsprechend **allein** die Frage nach der **Schadenshöhe** und nicht die Frage des Anspruchsgrunds, dessen Bestehen sie, unabhängig davon, ob es sich um einen gesetzlichen oder vertraglich begründeten Schadensersatzanspruch handelt, dem Grunde nach voraussetzen[274]. Damit unterscheiden sich Schadenspauschalierungen auch von Vertragsstrafen, denen in der Regel **auch ein Anspruchsgrund innewohnt**[275].

1869 Soll daher eine Vereinbarung über eine Geldzahlung allein den Schadensnachweis für einen als bestehend vorausgesetzten Anspruch ersparen, dann handelt es sich um die Vereinbarung einer Schadenspauschale und nicht um ein Vertragsstrafenversprechen[276]. Ob eine Vertragsstrafe oder aber pauschalierter Schadensersatz vereinbart werden sollte, ist grundsätzlich nach dem **Sinn und Zweck** der betreffenden Klausel zu bestimmen, wobei der Wortlaut durchaus gewisse Hinweise geben kann, aber kein zwingendes Ergebnis vorgibt[277]. Vereinbaren die Parteien die Zahlung der zwölffachen monatlichen Lizenzgebühr für den Fall, dass der Anwender die Software nach Ablauf des Lizenzvertrags nicht unverzüglich zurückgibt und sich jeder weiteren Nutzung enthält, ist dies als Vertragsstrafenvereinbarung und nicht als Schadenspauschale zu qualifizieren. Diese Bewertung rechtfertigt sich durch die Überlegung, dass die betreffende Klausel den Missbrauch des Programms verhindern soll und nicht darauf abzielt, einen konkreten Schaden auszugleichen[278].

1870 Für die Praxis ist die Unterscheidung von Schadenspauschalierungen und Vertragsstrafen deshalb von besonderer Relevanz, weil sich deren Zulässigkeitsvoraussetzungen und Beurteilungsmaßstäbe unterscheiden. Generell ist zu beachten, dass Vertragsstrafen gem. § 343 Abs. 1 BGB durch Urteil auf einen **angemessenen Betrag** herabgesetzt werden können, wenn sie unverhältnismäßig hoch sind. Auch ist bei einer in Allgemeinen Geschäftsbedingungen vereinbarten Vertragsstrafe nicht auf § 309 Nr. 5 BGB zurückzugreifen, da diese Vorschrift allein Schadenspauschalierungen erfasst. Für Vertragsstrafenklauseln gilt demgegenüber § 309 Nr. 6 BGB[279].

---

[273] Vgl. *Wolf/Lindacher/Pfeiffer* § 309 Nr. 5 Rdn. 1.
[274] Vgl. *BGH*, 17.9.2009, Xa ZR 40/08, NJW 2009, 3570, 3571 Tz. 10; *BGH*, 8.3.2005, XI ZR 154/04, NJW 2005, 1645, 1647.
[275] Vgl. *Wolf/Lindacher/Pfeiffer* § 309 Nr. 5 Rdn. 35.
[276] Vgl. *BGH*, 24.4.1992, V ZR 13/91, NJW 1992, 2625; MünchKomm/*Gottwald* Vor § 339, Rdn. 34.
[277] Vgl. MünchKomm/*Gottwald* Vor § 339, Rdn. 35.
[278] Vgl. *LG Lüneburg*, 3.6.1988, 4 S 25/88, NJW 1988, 2476.
[279] Vgl. hierzu unten Rdn. 1996 ff.

Schadenspauschalen sind auch in Allgemeinen Geschäftsbedingungen **nicht per se** 1871
unwirksam. Vielmehr entspricht es dem Zweck des § 309 Nr. 5 BGB, Schadenspauschalierungen zuzulassen, soweit dafür ein berechtigtes Interesse des Verwenders besteht[280]. Insofern ist zu berücksichtigen, dass durch die Vermeidung der möglicherweise schwierigen Bestimmung der Schadenshöhe unnötige Kosten vermieden werden können, was letztendlich auch dem Kunden zugute kommt. Geschützt werden muss der Kunde aber vor **ungerechtfertigt hohen Schadenspauschalen**. Diese Aufgabe übernehmen die beiden Unterfälle des § 309 Nr. 5 BGB.

b) Das Verbot überhöhter Pauschalen gem. § 309 Nr. 5a) BGB

Gem. § 309 Nr. 5a) BGB sind im Verbraucherverkehr Schadensersatzpauschalen 1872
und Wertersatzpauschalen unwirksam, wenn die Pauschale den gewöhnlich zu erwartenden Schaden oder die gewöhnlich eintretende Wertminderung übersteigt. Dabei führt das gesetzliche Abstellen auf den gewöhnlichen Lauf der Dinge dazu, dass sich die Pauschale am **branchentypischen Durchschnittsschaden**[281] orientieren muss und besondere Spezifika des Verwenders wie etwa eine überdurchschnittliche hohe Gewinnspanne nicht berücksichtigen darf. Anders als bei § 309 Nr. 5b) BGB muss die Pauschale **nicht wesentlich überhöht** sein, um die Unwirksamkeit zu begründen. Ein gewisser Beurteilungsspielraum des Verwenders bei der Festsetzung der typischen Schadenshöhe ist unvermeidbar.

Überschreitet die Pauschale den zulässigen Höchstbetrag, ist die betreffende 1873
Klausel unwirksam und der Schaden nach den allgemeinen gesetzlichen Vorschriften konkret zu berechnen[282]. Eine Reduktion auf einen angemessenen Betrag ist unzulässig, da ein solches Vorgehen gegen das **Verbot der geltungserhaltenden Reduktion**[283] verstieße. Die Beweislast für einen den pauschalierten Betrag nach dem gewöhnlichen Lauf der Dinge zu erwartenden Schaden trägt der Verwender[284].

c) Das Verbot des Abschneidens des Gegenbeweises gem. § 309 Nr. 5b) BGB

Gem. § 309 Nr. 5b) BGB sind Schadenspauschalierungen und Wertminderungs- 1874
pauschalen unwirksam, wenn dem Kunden nicht ausdrücklich der Nachweis gestattet wird, dass ein Schaden oder eine Wertminderung überhaupt nicht entstanden ist oder wesentlich niedriger als die Pauschale ist. Es ist daher ein **unzweideutiger,** für den rechtsunkundigen Kunden **problemlos verständlicher Hinweis** erforderlich, dass die Möglichkeit des Nachweises besteht, ein Schaden oder eine Wertminderung sei überhaupt nicht entstanden oder wesentlich niedriger als die Pauschale[285].

d) Besonderheiten im Unternehmensverkehr

Gem. § 310 Abs. 1 S. 1 BGB findet die Vorschrift des § 309 Nr. 5 BGB keine An- 1875
wendung, soweit es sich um Allgemeine Geschäftsbedingungen handelt, die gegenüber einem Unternehmer oder gegenüber einer juristischen Person des öffentlichen

---

[280] Vgl. *Wolf/Lindacher/Pfeiffer* § 309 Nr. 5 Rdn. 1.
[281] Vgl. *BGH*, 21.12.1995, VII ZR 286/94, NJW 1996, 1209, 1210; *Schmitt* CR 2010, 693, 697; *Ulmer/Brandner/Hensen* § 309 Nr. 5 Rdn. 21.
[282] Vgl. *Wolf/Lindacher/Pfeiffer* § 309 Nr. 5 Rdn. 110–119.
[283] Vgl. hierzu oben Rdn. 1655 m. w. N.
[284] Vgl. *BGH*, 18.2.2015, XII ZR 199/13, NJW-RR 2015, 690, 691 Tz. 22.
[285] Vgl. *BGH*, 18.7.2012, VIII ZR 337/11, NJW 2013, 291, 295 Tz. 37; *BGH*, 23.11.2005, VIII ZR 154/04, NJW 2006, 1056, 1059 Tz. 24; *Palandt/Grüneberg* § 309 Rdn. 30.

Rechts oder einem öffentlich-rechtlichen Sondervermögen verwendet werden. Auch im Unternehmensverkehr ist aber der in § 309 Nr. 5 BGB zum Ausdruck kommende **Grundgedanke** über § 307 BGB zu berücksichtigen[286]. Dies ist sachlich gerechtfertigt, weil sowohl § 309 Nr. 5a) als auch Nr. 5b) BGB verhindern wollen, dass der Klauselverwender sich einen seinen tatsächlichen Schaden oder die wirklich an seinen Sachen eingetretene Wertminderung übersteigenden Betrag ausbedingt. Eine derartige **Bereicherung** des Verwenders ist auch im Unternehmensverkehr unangemessen.

1876   Hiervon zu trennen ist aber die Frage, ob hinsichtlich des ausdrücklichen Hinweises auf die Möglichkeit des Gegenbeweises im Unternehmensverkehr wegen der oft größeren Erfahrung und Geschäftsgewandtheit der Beteiligten **höhere Anforderungen für eine Unwirksamkeit** der Klausel zu stellen sind. Dies wird man bejahen müssen[287].

1877   Ein **ausdrücklicher Hinweis** ist **nicht notwendig**[288], jedoch darf auch nicht der Eindruck erweckt werden, ein entsprechender Gegenbeweis sei ausgeschlossen[289]. Die Anknüpfung fest bestimmter Staffelpauschalen an starre Kriterien führt daher zur Unwirksamkeit der Klausel auch im Unternehmensverkehr, weil der Gegenbeweis als ausgeschlossen erscheint[290].

7. Die Folgen der Unwirksamkeit von Haftungsklauseln

1878   Bei Allgemeinen Geschäftsbedingungen findet nach feststehender Rechtsprechung **keine geltungserhaltende Reduktion** auf den (noch) zulässigen Inhalt statt, wenn sie gegen die Vorschriften zur Gestaltung rechtsgeschäftlicher Schuldverhältnisse durch Allgemeine Geschäftsbedingungen gem. §§ 305 ff. BGB verstoßen[291]. Dementsprechend ist ein zu weitreichender Haftungsausschluss unwirksam und wird die entsprechende Klausel nicht auf einen wirksamen Inhalt zurückgeführt, etwa indem ein völliger Haftungsausschluss in einen solchen nur für leichte Fahrlässigkeit umgedeutet wird. Vielmehr greifen in einem solchen Fall über § 306 Abs. 2 BGB die gesetzlichen Vorschriften der §§ 276, 278 BGB ein, sodass der Klauselverwender nunmehr grundsätzlich auch für leichte Fahrlässigkeit haftet[292]. Dies gilt unabhängig davon, ob ein Verstoß gegen § 309 Nr. 7 BGB oder gegen § 307 BGB vorliegt. Auch Haftungsbegrenzungsklauseln werden nicht auf das noch zulässige Maß zurückgeführt, wenn sie die Grenze des Zulässigen überschreiten[293]. Das Verbot der geltungserhaltenden Reduktion verlangt daher bei der Abfassung von Haftungsklauseln besondere Beachtung.

---

[286] Vgl. *BGH*, 22.10.2015, VII ZR 58/14, BeckRS 2015, 18772 Tz. 28; *BGH*, 19.9.2001, I ZR 343/98, NJW-RR 2002, 1027, 1029; *Schmitt* CR 2010, 693, 697.

[287] *BGH*, 22.10.2015, VII ZR 58/14, BeckRS 2015, 18772 Tz. 29.

[288] Vgl. *BGH*, 22.10.2015, VII ZR 58/14, BeckRS 2015, 18772 Tz. 29; *BGH*, 20.3.2003, I ZR 225/00, NJW-RR 2003, 1056, 1059.

[289] Vgl. *BGH*, 19.9.2001, I ZR 343/98, NJW-RR 2002, 1027, 1029.

[290] Vgl. *BGH*, 20.3.2003, I ZR 225/00, NJW-RR 2003, 1056, 1059.

[291] Vgl. *EuGH*, 14.6.2012, C-618/10, NJW 2012, 2257, 2259 f. Tz. 61 ff. – Banco Español; *BGH*, 31.8.2017, VII ZR 308/16, BeckRS 2017, 124701 Tz. 23; *BGH*, 22.9.2015, II ZR 340/14, BeckRS 2015, 19757 Tz. 20; *BGH*, 11.10.2011, VI ZR 46/10, NJW 2012, 222, 224 Tz. 20; *BGH*, 26.2.2009, Xa ZR 141/07, NJW 2009, 1486, 1487 Tz. 19; *BGH*, 8.10.2008, XII ZR 84/06, NJW 2008, 3772, 3774 Tz. 32; *BGH*, 6.4.2005, XII ZR 158/01, NJW-RR 2006, 84, 86; vgl. aus dem Schrifttum *Ulmer/Brandner/Hensen* § 306 Rdn. 14 ff.; *Palandt/Grüneberg* § 306 Rdn. 6; *Wolf/Lindacher/Pfeiffer* § 307 Rdn. 344.

[292] Vgl. *BGH*, 14.11.2000, X ZR 211/98, NJW-RR 2001, 342, 343.

[293] Vgl. *BGH*, 21.1.1999, III ZR 289/97, NJW 1999, 1031, 1032.

Für den Fall, dass nur **einzelne Teile einer Klausel unwirksam** sind, bestimmt sich 1879 die Wirksamkeit des restlichen Teils bzw. die Unwirksamkeit der Gesamtklausel danach, ob der unwirksame Teil gestrichen werden kann und der verbleibende Rest eine aus sich heraus verständliche, sinnvolle und angemessene Regelung darstellt[294]. Diese sog. „**Teilbarkeitsrechtsprechung** des *BGH*" lässt es geboten erscheinen, Haftungsklauseln sprachlich und inhaltlich aufzuteilen und etwa unbedenkliche und zweifelhafte Klauselteile einzeln aufzuführen[295]. Soweit in einer Haftungsklausel die Haftung für leichte und grobe Fahrlässigkeit jeweils gesondert behandelt wird, ist es grundsätzlich möglich, dass der Haftungsausschluss für grobe Fahrlässigkeit gestrichen werden kann und der verbleibende Rest eine sinnvolle und wirksame Haftungsklausel zur leichten Fahrlässigkeit darstellt[296]. Weder im Verbraucher- noch im Unternehmensverkehr ist es möglich, eine Wirksamkeit des beabsichtigten Haftungsausschlusses durch salvatorische Klauselzusätze wie „soweit gesetzlich zulässig" herbeizuführen[297].

III. Mängelrügepflichten und Ausschlussfristen für Mängelanzeigen

Inhaltsübersicht

	Rdn.		Rdn.
1. Vertraglicher Anwendungsbereich und Zweck derartiger Regelungen	1880	a) Die Abtretung der Mängelhaftungsansprüche im Dreiecksverhältnis zwischen Leasinggeber, Leasingnehmer und Lieferanten	1905
2. Mängelrügepflichten bei beidseitigem Handelsgeschäft	1884		
3. Vertragliche Mängelanzeigepflichten unter Kaufleuten	1892	b) Das Problem der Einbeziehung in den Vertrag	1908
a) Verschärfungen gegenüber § 377 HGB	1892	aa) Die Einbeziehung im Unternehmensverkehr	1909
b) Erleichterungen gegenüber § 377 HGB bei Einkaufsbedingungen	1896	bb) Die Einbeziehung im Verbraucherverkehr	1910
4. Ausschlussfristen für Mängelanzeigen im Verbraucherverkehr	1898	c) Die Rügeobliegenheiten des Leasingnehmers	1912
5. Sonderproblem: Rügepflichten beim Softwareleasing	1905		

Typische Klauseln:

„Sollten gelieferte Artikel offensichtliche Material- oder Herstellungsfehler aufweisen, wozu auch Transportschäden zählen, so reklamieren Sie bitte solche Fehler sofort gegenüber uns oder dem Mitarbeiter von …, der die Artikel anliefert."[298]

„Mängel sowie Materialfehler an der Ware müssen uns innerhalb einer Woche nach Empfang der Sendung gemeldet werden."[299]

„Mängel oder Schäden an der über Softwareload erworbenen Software sind der Deutschen Telekom unverzüglich anzuzeigen."[300]

---

[294] Vgl. *BGH*, 10.10.2013, III ZR 325/12, NJW 2014, 141, 142 Tz. 14; *BGH*, 20.5.2010, Xa ZR 68/09, NJW 2010, 2719, 2721 Tz. 37; *BGH*, 8.10.2008, XII ZR 84/06, NJW 2008, 3772, 3774 Tz. 32; *BGH*, 6.4.2005, XII ZR 158/01, NJW-RR 2006, 84, 86; *BGH*, 25.6.2003, VIII ZR 344/02, NJW 2003, 2899; *Wolf/Lindacher/Pfeiffer* § 307 Rdn. 347; *Palandt/Grüneberg* § 306 Rdn. 7.

[295] So auch *Paulusch* DWiR 1992, 182, 191.

[296] Vgl. *Wolf/Lindacher/Pfeiffer* § 307 Rdn. 348.

[297] Vgl. ausdrücklich *BGH*, 4.2.2015, VIII ZR 26/14, NJW-RR 2015, 738, 739 Tz. 17; zu salvatorischen Klauseln ausführlich unten Rdn. 2036 ff.

[298] Vgl. *LG Hamburg*, 5.9.2003, 324 O 224/03, CR 2004, 136 ff.

[299] Vgl. *KG Berlin*, 4.2.2005, 5 W 13/05, CR 2005, 255 f.

Schrifttum: *Andreewitch/Arbesser-Rastburg*, Rügeobliegenheiten nach deutschem und österreichischem Recht, CR 2014, 478 ff.; *Gaul*, Mangelhafte Standardsoftware – Untersuchungs- und Rügepflichten bei Lieferung, MDR 2000, 549 ff.; *Mankowski*, Das Zusammenspiel der Nacherfüllung mit den kaufmännischen Untersuchungs- und Rügeobliegenheiten, NJW 2006, 865 ff.; *Marly*, Die Aufnahme einer Ausschlussfrist für Mängelanzeigen in Allgemeinen Geschäftsbedingungen, NJW 1988, 1184 ff.; *Wäßle/Gatzweiler*, Die Mängelrüge bei Software. Voraussetzungen und Grenzen der kaufmännischen Untersuchungs- und Rügeobliegenheit bei der Überlassung von Standardsoftware, K&R 2010, 18 ff.

1. Vertraglicher Anwendungsbereich und Zweck derartiger Regelungen

1880   Gesetzlich geregelte Anzeigepflichten kennt das BGB in nur wenigen Sonderfällen. Im Rahmen einer Softwareüberlassung kann eine den Regelungen des BGB unmittelbar zu entnehmende Anzeigepflicht eines Mangels nur aus § 536c Abs. 1 S. 1 BGB folgen. Diese Verpflichtung des Mieters, dem Vermieter unverzüglich Anzeige zu machen, wenn sich im Laufe der Mietzeit ein Mangel an der Mietsache zeigt, ist konkrete Ausgestaltung der Obhutspflicht des Mieters, deren Nichtbefolgung Rechtsnachteile mit sich bringt[301]. Sofern Computersoftware daher nicht auf Dauer, sondern auf Zeit überlassen wird und mietvertragliche Regelungen Anwendung finden[302], verliert der Anwender das Recht zur Minderung gem. § 536 BGB, den Anspruch auf Schadensersatz gem. § 536a Abs. 1 BGB und das Recht zur fristlosen Kündigung ohne Bestimmung einer angemessenen Frist zur Abhilfe nach § 543 Abs. 3 S. 1 BGB, wenn er seiner Obhutspflicht zur Mängelanzeige nicht nachkommt und der Vermieter infolge der Unterlassung keine Abhilfe schaffen konnte. Erfolgt die Anzeige verspätet, steht dies dem Unterlassen der Anzeige gleich[303]. Besondere Vereinbarungen über diese bereits nach dem Gesetz bestehende Anzeigepflicht sind bei mietvertraglich ausgestalteten Softwareüberlassungsverträgen bislang jedoch nicht festzustellen, weshalb nachfolgend auch nur noch auf entsprechende Vereinbarungen im Rahmen der auf Dauer angelegten Softwareüberlassungen eingegangen wird.

1881   Anders als für die mietvertraglich ausgestalteten Softwareüberlassungen auf Zeit besteht für die auf Dauer angelegten, kauf- oder werkvertraglich einzuordnenden Softwareverträge keine grundsätzliche gesetzliche Anzeigepflicht für Mängel. Nach den gesetzlichen Mängelhaftungsregelungen des BGB besteht eine Obliegenheit zu einer Mängelrüge innerhalb einer besonderen Ausschlussfrist weder für den Käufer noch für den Besteller[304]. Nur wenn der Kauf für beide Parteien ein **Handelsgeschäft** im Sinne des § 343 HGB darstellt, muss der Käufer gem. § 377 HGB die Kaufsache unverzüglich nach der Ablieferung durch den Verkäufer **untersuchen** und gegebenenfalls vorliegende Mängel dem Verkäufer **anzeigen**. Beim Kauf liegt die Ablieferung grundsätzlich nur dann vor, wenn die Ware in Erfüllung des Kaufvertrags vollständig in den Machtbereich des Käufers verbracht wurde[305]. Bei einer **Nachlieferung** gilt das Gleiche für die nachgelieferte Ware, denn den Käufer treffen insoweit die gleichen Obliegenheiten unter den gleichen Voraussetzungen[306]. Ausreichend ist,

---

[300] Vgl. die Allgemeinen Geschäftsbedingungen „Softwareload" der Deutschen Telekom AG (Version: 1.11.2008) Nr. I 6 c.
[301] Vgl. *BGH*, 5.12.2012, VIII ZR 74/12, NJW 2013, 1299, 1301 Tz. 33.
[302] Vgl. zur Softwareüberlassung auf Zeit oben Rdn. 743 ff.
[303] Vgl. *Palandt/Weidenkaff* § 536c Rdn. 7.
[304] Vgl. *LG Hamburg*, 5.9.2003, 324 O 224/03, CR 2004, 136, 138.
[305] Vgl. *BGH*, 8.4.2014, VIII ZR 81/13, CR 2015, 434, 435 Tz. 7; *Wäßle/Gatzweiler* K&R 2010, 18, 19.
[306] Vgl. *Mankowski* NJW 2006, 865.

dass sich der Käufer von Datenträgern durch einseitigen Akt sofort den Gewahrsam an diesen verschaffen, sie untersuchen und darüber tatsächlich verfügen kann[307]. Beim Werkvertrag erfordert die Ablieferung die Übergabe des vollendeten Werks an den Besteller. Vor den jeweiligen Zeitpunkten läuft selbst dann keine Rügefrist, wenn der Empfänger der Ware den Mangel schon früher erkannt hat. Er darf, muss ihn aber in einem solchen Fall noch nicht vor der Ablieferung anzeigen[308].

Das Kriterium der **Unverzüglichkeit** fordert ein zügiges Vorgehen des Käufers, weil § 377 Abs. 1 HGB im Interesse der im Handelsverkehr unerlässlichen schnellen Abwicklung der Geschäfte streng auszulegen ist[309]. Eine Überprüfung und Rüge zehn Tage nach Lieferung ist grundsätzlich bereits verspätet[310]. Eine Rüge der unzureichenden Qualität des Bedienerhandbuchs nach fast drei Monaten ist jedoch nach Ansicht des *LG Essen*[311] noch rechtzeitig, weil die Qualität eines Handbuchs für die Arbeit mit Anwendersoftware erst im Laufe des Betriebs der Computeranlage festgestellt werden kann. Demgegenüber hält das *LG Heilbronn* eine Prüfungszeit von maximal vier Wochen für interessengerecht, jedenfalls sofern der Käufer über gute einschlägige Fachkenntnisse auf dem Gebiet der IT verfügt[312]. Das *OLG Köln* qualifiziert eine Mängelrüge nach sechs Wochen als verspätet[313], während das *OLG München*[314] bei einem Rechner fünf Wochen Prüfungszeit für angemessen hält. Die Regelung des § 377 HGB greift über § 381 Abs. 2 HGB auch ein, soweit nicht ein Kauf, sondern ein Vertrag vorliegt, der die Lieferung herzustellender oder zu erzeugender beweglicher Sachen zum Gegenstand hat, wozu nach ausdrücklicher Feststellung des *BGH*[315] zur alten Fassung des **§ 381 Abs. 2 HGB** auch **Verträge** über die **Lieferung von Individualsoftware** zählen.

1882

Entsprechend allgemeiner Auffassung wird mit den in § 377 HGB festgeschriebenen Untersuchungs- und Rügepflichten ein mehrfach gegliederter Zweck verfolgt[316], der jedoch im Wesentlichen den Interessen des Verkäufers und Werkunternehmers dient[317]. Beide sollen umgehend davon in Kenntnis gesetzt werden, ob sie mit Mängelhaftungsansprüchen rechnen müssen[318]. Damit sollen sie in die Lage versetzt werden, den Beanstandungen des Käufers möglichst bald nachgehen zu können, um nicht einer mit zunehmendem Zeitablauf drohenden Beweisnot ausgesetzt zu sein. Dementsprechend soll der Verkäufer bzw. Werkunternehmer die Chance haben, Beweise sicherzustellen und zu prüfen, ob er den als sicher oder möglicherweise berechtigt erkannten Beanstandungen nachkommen und einen gegebenenfalls sich abzeichnenden Rechtsstreit vermeiden will. Schließlich sollen die Obliegenheiten des

1883

---

[307] Vgl. *OLG Köln*, 6.3.1998, 19 U 185/97, NJW-RR 1999, 565, 566.
[308] Vgl. *BGH*, 14.7.1993, VIII ZR 147/92, NJW 1993, 2436, 2438; *BGH*, 4.11.1992, VIII ZR 165/91, NJW 1993, 461, 462.
[309] Vgl. *BGH*, 30.1.1985, VIII ZR 238/83, NJW 1985, 1333, 1335.
[310] Vgl. *BGH*, 22.12.1999, VIII ZR 299/98, NJW 2000, 1415, 1417 (sicher bei 20 Tagen).
[311] Vgl. *LG Essen*, 30.9.1987, 44 O 197/86, IuR 1988, 389.
[312] Vgl. *LG Heilbronn*, 7.12.1993, 1 KfH O 126/92, MarlyRC 1995 Nr. 182 = CR 1994, 290 (Ls.).
[313] Vgl. *OLG Köln*, 6.3.1998, 19 U 185/97, NJW-RR 1999, 565, 566.
[314] Vgl. *OLG München*, 11.3.1998, 7 U 2964/97, MDR 1998, 978.
[315] Vgl. *BGH*, 14.7.1993, VIII ZR 147/92, NJW 1993, 2436, 2438.
[316] Vgl. zum Zweck der Mängelrüge des § 377 HGB *BGH*, 5.12.2012, VIII ZR 74/12, NJW 2013, 1299, 1301 Tz. 33; *BGH*, 24.1.1990, VIII ZR 22/89, NJW 1990, 1290, 1292; *OLG Köln*, 12.2.1993, 19 U 161/92, NJW 1993, 2627.
[317] Vgl. *BGH*, 5.12.2012, VIII ZR 74/12, NJW 2013, 1299, 1301 Tz. 33; *Wolf/Lindacher/Pfeiffer* § 309 Nr. 8b ee Rdn. 1.
[318] Vgl. *BGH*, 24.1.1990, VIII ZR 22/89, NJW 1990, 1290, 1292.

§ 377 HGB den Verkäufer und Werkunternehmer auch gegenüber einem Nachschieben anderer Beanstandungen durch den Vertragspartner schützen. Werden Nachbesserungsarbeiten seitens des Softwarelieferanten durchgeführt, ist der Anwender zur Erhaltung seiner Mängelansprüche gem. § 377 Abs. 1 HGB gehalten, die Software **unverzüglich erneut** zu **untersuchen** und etwa verbliebene oder auch neue Mängel ebenfalls unverzüglich zu **rügen**[319]. Gleiches gilt für den Fall der Nachlieferung bei Gattungssachen[320] und generell bei allen Formen der Nacherfüllung im Sinne des § 439 BGB[321]. Der Abschluss von Nachbesserungsarbeiten bzw. die Nachlieferung eines neuen Softwareexemplars stellt sich aus der Sicht des Anwenders daher wie die erste Ablieferung dar. Zur Erhaltung seiner Ansprüche muss er die nachgebesserte bzw. nachgelieferte Software genauso untersuchen und müssen festgestellte Mängel genauso gerügt werden wie bei der Erstablieferung. Grundsätzlich reicht es daher nicht, wenn der Käufer rügt, es sei „derselbe Mist wieder geliefert worden"[322], weil der Lieferant daraus nicht entnehmen kann, was als nicht vertragsgemäß beanstandet wird. Da dem Lieferanten der Fehler aber bereits in der ersten Rüge mitgeteilt wurde, muss man den Inhalt der zweiten Rüge vor dem der ersten Rüge bestimmen[323].

2. Mängelrügepflichten bei beidseitigem Handelsgeschäft

1884 Vertraglich vereinbarte Mängelrügepflichten werden häufig in Anlehnung an die Regelung des § 377 HGB begründet, sodass es notwendig erscheint, die Reichweite dieser Vorschrift kurz zu umreißen. Der Ausgangspunkt dieser Darstellung muss dabei der Hinweis auf § 343 HGB bilden, weil die nach dem HGB vorgesehenen Obliegenheiten nur bei einem **beidseitigen Handelsgeschäft** eingreifen. Ein solches liegt dann vor, wenn zwei Kaufleute ein Rechtsgeschäft abschließen, das zum Betrieb ihres Handelsgewerbes gehört. Maßgeblich für das Vorliegen der Kaufmannseigenschaft ist der Zeitpunkt des Vertragsabschlusses, ein späterer Verlust der Eigenschaft ist unerheblich[324]. Unter die beidseitigen Handelsgeschäfte fallen daher insbesondere Verträge zwischen Softwareherstellern und Händlern, zwischen verschiedenen IT-Händlern[325] sowie zwischen Händlern und Leasinggebern[326], aber auch Rechtsgeschäfte zwischen Händlern oder Softwareherstellern und anderen Kaufleuten, die die Software für den Betrieb ihres Handelsgewerbes benötigen[327].

1885 Die Rügeobliegenheit des § 377 Abs. 1 HGB erfasst zunächst solche Mängel als sog. offen zutage tretende und sofort zu rügende Mängel, die sich auf den **ersten Blick** durch schlichte sinnliche Wahrnehmung und ohne besondere Erprobung und Untersuchung feststellen lassen[328], wie dies etwa bei stark beschädigten Verpackungen der Fall ist. Auch zerbrochene oder offenkundig stark verkratzte CD-ROMs fallen in diese Gruppe.

---
[319] Vgl. *BGH*, 22.12.1999, VIII ZR 299/98, NJW 2000, 1415, 1417.
[320] Vgl. *BGH*, 22.12.1999, VIII ZR 299/98, NJW 2000, 1415, 1417.
[321] Vgl. *Mankowski* NJW 2006, 865, 867.
[322] Vgl. *OLG Düsseldorf*, 19.1.2001, 22 U 99/00, NJW-RR 2001, 821; *Mankowski* NJW 2006, 865, 867.
[323] Vgl. *Mankowski* NJW 2006, 865, 868.
[324] Vgl. MünchKomm/*Grunewald*, HGB, § 377 Rdn. 13.
[325] Vgl. *BGH*, 8.4.2014, VIII ZR 81/13, CR 2015, 434.
[326] Vgl. *BGH*, 24.1.1990, VIII ZR 22/89, NJW 1990, 1290, 1292.
[327] So im Fall des *BGH*, 14.7.1993, VIII ZR 147/92, NJW 1993, 2436 ff.
[328] Vgl. MünchKomm/*Grunewald*, HGB, § 377 Rdn. 59.

Daneben liegt ein unverzüglich rügepflichtiger Mangel dann vor, wenn er bei einer mit gehöriger Sorgfalt vorgenommenen **Untersuchung** im Rahmen des **ordnungsgemäßen Geschäftsgangs** hätte zutage gefördert werden können (offene, nicht sofort zutage tretende Mängel)[329]. Ob ein derartiger Mangel vorliegt oder nicht, richtet sich nach dem ordnungsgemäßen Geschäftsgang des Käufers sowie der Zumutbarkeit. Einem Endanwender abverlangt werden muss daher die Untersuchung des Datenträgers auf äußere Beschädigungen, die Installation des Programms sowie die Eingabe von Testdaten in einem für einen Test erforderlichen Umfang[330]. Sollen die mit der Computersoftware erzielten Arbeitsergebnisse nach der vertraglich vorgesehenen Nutzung ausgedruckt werden, ist auch ein Probelauf des Druckers erforderlich[331]. Auch von einem kaufmännischen Anwender kann aber nicht erwartet werden, dass er einen Sachverständigen mit der sofortigen Untersuchung des Computersystems sowie aller Programme beauftragt[332]. 1886

Sofern die Software einen Mangel aufweist, der trotz gehöriger Untersuchung nicht sofort entdeckt werden kann, muss dieser gem. § 377 Abs. 3 HGB unverzüglich nach der **Entdeckung** gerügt werden. Andernfalls gilt die Software auch in Ansehung dieses Mangels als genehmigt, wie dies gem. § 377 Abs. 2 HGB für die Mängel gilt, die bei gehöriger Untersuchung hätten festgestellt und gerügt werden müssen. Eine Rüge drei Monate nach Bekanntwerden des Mangels ist unter keinen Umständen ausreichend[333]. Auch nach mehreren Wochen kann aber eine Mängelrüge noch als rechtzeitig zu qualifizieren sein, wenn der Mangel vorher nicht festgestellt werden konnte und der Lieferant in dieser Zeit eine kostenlose Mängelbeseitigung anbietet[334]. 1887

Die vom Käufer bzw. Besteller abzugebende Mängelrüge ist keine Willenserklärung, sondern reine Tatsachenmitteilung im Sinne einer geschäftsähnlichen Handlung, sodass hierfür Geschäftsfähigkeit nicht erforderlich ist. Sie ist an den Verkäufer bzw. Werkunternehmer zu richten und kann grundsätzlich **formfrei**, also insbesondere auch mündlich, fernmündlich[335], per Telefax oder E-Mail erfolgen. Bei einer telefonischen Rüge ist jedoch zu beachten, dass nach Auffassung des *LG Köln* der Rügende im Prozess vortragen muss, wem gegenüber gerügt worden sein soll[336], sodass zum Inhalt einer telefonischen Rüge auch die Frage nach dem Namen des Gesprächspartners zu zählen ist. Analog § 130 BGB muss die Rüge dem Verkäufer zugehen, da § 377 Abs. 4 HGB nach Auffassung des *BGH* die Absendung der Mängelanzeige nur im Hinblick auf die Rechtzeitigkeit der Rüge genügen lässt und keinen Übergang des Zugangsrisikos bewirkt[337]. 1888

Besondere Probleme bestehen hinsichtlich der **inhaltlichen Bestimmtheit** der Mängelbezeichnung. Diesbezüglich lassen sich abstrakte Vorgaben kaum aufstellen, vielmehr muss letztlich immer unter Berücksichtigung der besonderen Umstände des Einzelfalls entschieden werden[338]. Zu Recht betont der *BGH* in ständiger Recht- 1889

---

[329] Vgl. MünchKomm/*Grunewald*, HGB, § 377 Rdn. 59.
[330] Vgl. *Heussen* BB 1988, 1835, 1836 f.; *Wäßle/Gatzweiler* K&R 2010, 18, 20 f. „produktive Nutzung über einen bestimmten Zeitraum".
[331] Vgl. *BGH*, 24.1.1990, VIII ZR 22/89, NJW 1990, 1290, 1292.
[332] Vgl. *OLG Köln*, 19.9.1994, 16 U 35/88, CR 1995, 218, 220.
[333] Vgl. *OLG Düsseldorf*, 22.12.1995, 22 U 180/95, CR 1996, 350, 352.
[334] Vgl. *OLG Köln*, 6.3.1998, 19 U 185/97, CR 1998, 335, 336.
[335] Vgl. *OLG Düsseldorf*, 19.1.2001, 22 U 99/00, NJW-RR 2001, 821, 822.
[336] Vgl. *LG Köln*, 4.2.1983, 90 O 241/82, IuR 1986, 315.
[337] *BGH* NJW 1987, 2235, 2236; MünchKomm/*Grunewald*, HGB, § 377 Rdn. 71 ff.
[338] Vgl. *OLG Köln*, 12.2.1993, 19 U 161/92, NJW 1993, 2627.

sprechung, dass eine in alle Einzelheiten gehende, genaue und fachlich richtige Bezeichnung des Mangels nicht verlangt werden kann[339]. Ausreichend ist vielmehr, dass der Verkäufer aus seiner Sicht und nicht etwa nach der Verständnismöglichkeit eines außenstehenden Dritten der Rüge entnehmen kann, in welchem Punkt der Käufer mit der gelieferten Ware nicht einverstanden ist[340]. Dabei ist die Nennung der festgestellten **Symptome** ausreichend, während die Bezeichnung der betreffenden **Ursache** nicht erforderlich ist[341]. Dies gilt auch für den Vortrag in einem später gegebenenfalls geführten gerichtlichen Verfahren[342]. Unerheblich ist demgegenüber, dass der Softwareanwender möglicherweise Fehler bemängelt, die sich später als gar nicht vorhanden herausstellen oder weitere Mängel an anderen Stellen auftauchen[343], denn es obliegt dem Verkäufer, das Programm insgesamt auf seine Funktionsfähigkeit hin zu prüfen und aus der möglicherweise großen Zahl von Beanstandungen die echten Mängel selbst abzusondern und zu beseitigen.

1890 Auf eine Fehlerbeschreibung des Kunden darf sich der Verkäufer nicht bedingungslos verlassen, sondern er muss sich gegebenenfalls durch Rückfragen über Einzelheiten informieren[344]. Vom Kunden kann aber verlangt werden, dass er sich bei der Fehlermeldung eine gewisse Mühe zur möglichst exakten Beschreibung gibt[345]. **Pauschale Hinweise ohne weitere Erläuterungen** wie etwa: „Der Drucker läuft nicht.", „Der Computer läuft nicht ordnungsgemäß.", „Das System ist defekt."[346] oder es sei „derselbe Mist wieder geliefert"[347] sind daher grundsätzlich **nicht ausreichend**. Der Besteller von Hard- und Software, der nicht über IT-Fachkenntnisse verfügt, spezifiziert seine Mängelrügen aber hinreichend, wenn er dem Lieferanten das aufgetretene „Fehlerbild" mitteilt, sodass es prüfbar ist[348]. Angaben wie „Im Netz. Fährt nicht hoch. Kontinuierliche Pieptöne.", „Im Netz. Fehlerprotokoll: Memory size mismatch." sowie „Netz. Interne Maus klickt nicht an. (Externe funktioniert.)" reichen folglich aus, denn anhand solcher Angaben könnte ein Sachverständiger eine Überprüfung vornehmen[349]. Demgegenüber muss ein Kunde, der kein IT-Laie, sondern Fachmann ist, im Rahmen des Zumutbaren konkrete Mängellisten aufstellen[350].

1891 Dem Käufer bzw. Besteller obliegt in vollem Umfang die **Darlegungs- und Beweislast** für die ordnungsgemäße Erfüllung der Untersuchungs- und Rügepflicht[351], bei

---

[339] Vgl. nur *BGH*, 5.6.2014, VII ZR 276/13, MMR 2014, 591, 592, Tz. 16; *BGH*, 30.10.2007, X ZR 101/06, NJW 2008, 576, 577 Tz. 10; *OLG Hamm*, 14.2.2000, 13 U 196/99, NJW-RR 2000, 1224, 1225.
[340] Vgl. *BGH*, 14.5.1996, X ZR 75/94, NJW 1996, 2228; *OLG Düsseldorf*, 19.1.2001, 22 U 99/00, NJW-RR 2001, 821, 822.
[341] Vgl. *BGH*, 30.10.2007, X ZR 101/06, NJW 2008, 576, 577 Tz. 10; *OLG Düsseldorf*, 28.9.2001, 5 U 39/99, CR 2002, 324, 325; *Wäßle/Gatzweiler* K&R 2010, 18, 22.
[342] Vgl. *BGH*, 5.6.2014, VII ZR 276/13, MMR 2014, 591, 592 Tz. 16.
[343] Vgl. *BGH*, 30.10.2007, X ZR 101/06, NJW 2008, 576, 577 Tz. 10 sowie 16 ff.
[344] Vgl. *BGH*, 18.6.1986, VIII ZR 195/85, NJW 1986, 3136, 3137.
[345] Vgl. *OLG Köln*, 12.2.1993, 19 U 161/92, NJW 1993, 2627; ähnlich *OLG Düsseldorf*, 25.9.1998, 22 U 62/98, NJW-RR 1999, 563, 564.
[346] Vgl. *OLG Düsseldorf*, 25.9.1998, 22 U 62/98, MDR 1999, 286, insoweit nicht abgedruckt in NJW-RR 1999, 563.
[347] Vgl. *OLG Düsseldorf*, 19.1.2001, 22 U 99/00, NJW-RR 2001, 821, 822.
[348] Vgl. *OLG Köln*, 29.10.1999, 19 W 36/99, MDR 2000, 226, 227; *OLG Hamm*, 14.2.2000, 13 U 196/99, NJW-RR 2000, 1224; *Gaul* CR 2000, 570, 572.
[349] Vgl. *OLG Köln*, 21.3.1997, 19 U 215/96, NJW-RR 1998, 1274; ähnlich *OLG Hamm*, 14.2.2000, 13 U 196/99, NJW-RR 2000, 1224.
[350] Vgl. *Gaul* MDR 2000, 549, 553.
[351] Vgl. *BGH*, 22.12.1999, VIII ZR 299/98, NJW 2000, 1415, 1417.

Teilleistungen für jede einzelne Leistung[352]. Er muss daher im Einzelnen dartun, wann und wie er nach Ablieferung die Untersuchung vorgenommen hat, welche Zeitdauer sie beanspruchte, welche Ergebnisse die Untersuchung zutage gefördert hat und schließlich wann und wie und mit welchem Inhalt daraufhin die Mängelanzeige erfolgt ist[353]. Die **Kosten der Untersuchung** müssen grundsätzlich vom Käufer bzw. Besteller getragen werden[354]. Anderes gilt aber für den Fall einer Nacherfüllung oder Nachbesserung. Hier kann der Käufer bzw. Besteller über den Schadensersatzanspruch aus §§ 437 Nr. 1, 280 Abs. 1 S. 1 BGB die Kosten der zweiten Untersuchung ersetzt verlangen, denn diese wären nicht angefallen, wenn die ursprüngliche Ware keinen Mangel aufgewiesen hätte[355].

3. Vertragliche Mängelanzeigepflichten unter Kaufleuten

a) Verschärfungen gegenüber § 377 HGB

Verschärfungen der aus § 377 HGB folgenden Rügepflichten sind zumindest im Hinblick auf die Vereinbarung einer besonderen Form, meist der **Schriftform,** weit verbreitet. Hiergegen bestehen im kaufmännischen Rechtsverkehr keine Bedenken, selbst dann nicht, wenn eine strengere Form als einfache Schriftform vorgesehen wird, wie z.B. die Verwendung bestimmter **Formulare** des Softwarelieferanten[356], oder besondere **Zugangserfordernisse** aufgestellt werden wie z.B. der Zugang der Mängelrüge bei einer bestimmten innerbetrieblichen Stelle, die zur Abwicklung von Reklamationen zuständig ist. Da § 309 Nr. 13 BGB gem. § 310 Abs. 1 S. 1 BGB im Unternehmensverkehr keine Anwendung findet und auch keine Indizwirkung entfaltet[357], ist die Grenze des Zulässigen erst erreicht, wenn die verlangte Form weder den Gewohnheiten und Gebräuchen des Handelsverkehrs entspricht noch durch ein anerkennenswertes Interesse des Verwenders oder eines betroffenen Dritten gerechtfertigt wird, sondern dem Kunden lediglich unnötige Nachteile in Gestalt zusätzlichen Aufwands oder Kosten bringt[358]. In diesen Fällen liegt ein Verstoß gegen § 307 Abs. 1 BGB vor[359].

1892

Soweit die Regelung bestimmte **Anforderungen inhaltlicher Art** an die Mängelanzeige festlegt, richtet sich die Frage nach der Zulässigkeit einer derartigen Klausel ebenfalls nach § 307 Abs. 1 BGB, sodass eine Unwirksamkeit wegen unangemessener Benachteiligung des Kunden dann vorliegt, wenn sich die Erfordernisse nicht auf das sachlich Notwendige beschränken, sondern abermals eine unnötige Erschwerung vorliegt. Darüber hinausgehend vermag selbst eine grundsätzliche sachliche Begründetheit des aufgestellten Erfordernisses nicht immer eine Beurteilung der Regelung als angemessen und deshalb wirksam zu erreichen, denn auch bei einem Kaufmann dürfen die Anforderungen an die Beschreibung des Mangels nicht zu hoch angesetzt werden. Die Benennung der **Mängelursache** wird – anders als etwa eine detaillierte Beschreibung der **Symptome** – auch Kaufleute häufig überfordern und kann deshalb nicht verlangt werden.

1893

---
[352] Vgl. *OLG Düsseldorf*, 10.1.1990, 19 U 23/89, NJW 1990, 1306.
[353] Vgl. *OLG Düsseldorf*, 10.1.1990, 19 U 23/89, NJW 1990, 1306.
[354] Vgl. *Mankowski* NJW 2006, 865, 869.
[355] Vgl. *Mankowski* NJW 2006, 865, 869.
[356] Vgl. *Gaul* CR 2000, 570, 573.
[357] Vgl. *Ulmer/Brandner/Hensen* § 309 Nr. 13 Rdn. 12.
[358] Vgl. *Wolf/Lindacher/Pfeiffer* § 309 Nr. 13 Rdn. 71.
[359] Vgl. *Gaul* CR 2000, 570, 573; *Ulmer/Brandner/Hensen* § 309 Nr. 13 Rdn. 12.

1894 Soweit die Klausel eine **Fristenregelung** für die Untersuchung der Software und die Rüge im Falle eines Mangels enthält, sind geringfügige Abweichungen von den durch die Gerichte vorgenommenen Konkretisierungen des Merkmals der Unverzüglichkeit des § 377 HGB grundsätzlich zulässig[360]. Unzulässig ist jedoch eine Klausel, mit der eine **Ausschlussfrist** gesetzt wird, die bei Ablieferung der Ware zu laufen beginnt und nicht nur für die durch gehörige Untersuchung erkennbaren Mängel gilt, sondern darüber hinaus auch verdeckte Mängel erfasst, weil hierdurch ein Ausschluss der Mängelhaftung erreicht würde, da verdeckte Mängel im Regelfall innerhalb der meist kurzen Ausschlussfrist nicht entdeckt werden können[361]. Zu Recht haben daher das *OLG Köln*[362] sowie das *OLG Frankfurt*[363] eine entsprechende Klausel wegen eines Verstoßes gegen § 307 Abs. 1 und Abs. 2 Nr. 1 BGB für unwirksam erklärt. Auch der *BGH*[364] vertritt die Auffassung, dass eine Klausel, die eine Rüge offener und verborgener Mängel ausnahmslos nur innerhalb von drei Tagen gestattet, auch im Unternehmensverkehr so weit von dem die gesetzliche Regelung beherrschenden Grundsatz der Verantwortlichkeit des Verkäufers abweicht, dass sie nicht mehr hingenommen werden kann. Ein Verlust des Mängelrügerechts mit der Folge des Anspruchsverlusts sei grundsätzlich nur dann zu rechtfertigen, wenn der Besteller oder Käufer zumutbaren, zur redlichen Abwicklung des Vertrags gebotenen Obliegenheiten nicht nachkommt[365]. Diese Erwägung greift auch in dem Fall, dass sowohl erkennbare als auch verdeckte Mängel nur bei Ablieferung geprüft werden können, denn auch hier würde für die verdeckten Mängel ein völliger Mängelhaftungsausschluss erreicht, der mit dem wesentlichen Grundgedanken des § 377 HGB nicht vereinbar wäre und deshalb zur Unwirksamkeit der Klausel nach § 307 Abs. 2 Nr. 1 BGB führt[366].

1895 Die Setzung einer **einheitlichen Ausschlussfrist** sowohl für erkennbare als auch für verdeckte Mängel ist jedoch mit § 307 Abs. 1 und 2 BGB vereinbar, sofern die Frist so lange bemessen ist, dass auch die versteckten Mängel noch während ihres Laufs in der Regel erkennbar sind[367]. In Anlehnung an die Zulässigkeitsfrage der Verkürzung von Mängelhaftungsfristen zwischen Unternehmern ist regelmäßig eine Ausschlussfrist für Mängelrügen von drei Monaten ab Übergabe bzw. Abnahme unzulässig, da hierdurch eine unangemessene Verkürzung der Verjährungsfristen nach den §§ 438 Abs. 1, 634a Abs. 1 BGB eintritt, die insbesondere bei komplizierten Programmen und großen Programmpaketen nicht überzeugt, weil dort Mängel häufig nicht früher aufgedeckt werden können. Auch die **Vorverlegung des Beginns** der Ausschlussfrist vor den Zeitpunkt der Übergabe bzw. der Abnahme ist unzulässig, sofern hierdurch eine wesentliche Verkürzung der Mängelhaftungsfristen erreicht wird. Zulässig wäre eine auf drei Monate begrenzte Ausschlussfrist aber etwa im Fall eines leicht zu überschauenden **Kleinprogramms** mit nur wenigen Funktionen, weil hier der Kunde regelmäßig schnell überschauen kann, ob Mängel vorliegen.

---

[360] Vgl. *Gaul* CR 2000, 570, 572.
[361] Vgl. *Wolf/Lindacher/Pfeiffer* § 309 Nr. 8b ee Rdn. 76–79.
[362] Vgl. *OLG Köln*, 19.9.1994, 16 U 35/88, CR 1995, 218, 219 f.
[363] Vgl. *OLG Frankfurt*, 18.8.1998, 5 U 145/97, CR 1999, 73.
[364] Vgl. *BGH*, 10.10.1991, III ZR 141/90, NJW 1992, 575, 576.
[365] Vgl. *BGH*, 28.10.2004, VII ZR 385/02, NJW 2005, 247, 248.
[366] Vgl. *BGH*, 3.7.1985, VIII ZR 152/84, NJW-RR 1986, 52, 53; *Palandt/Grüneberg* § 309 Rdn. 80.
[367] Vgl. *Wolf/Lindacher/Pfeiffer* § 309 Nr. 8b ee Rdn. 76–79; *Ulmer/Brandner/Hensen* § 309 Nr. 8 Rdn. 97.

b) Erleichterungen gegenüber § 377 HGB bei Einkaufsbedingungen

Sofern die Allgemeinen Geschäftsbedingungen nicht vom Verkäufer oder Werkunternehmer verwendet werden, sondern die andere Partei etwa die von ihr erstellten **Einkaufsbedingungen** benutzt, wird häufig versucht, die aus § 377 HGB folgenden Untersuchungs- und Rügepflichten abzumildern. Vereinzelt sollen sie sogar völlig abbedungen werden. Letzteres ist nach allgemeiner Auffassung unzulässig[368], weil dies insbesondere im Hinblick auf offenkundige Mängel mit dem wesentlichen Grundgedanken des § 377 HGB nicht zu vereinbaren ist und deshalb ein Verstoß gegen § 307 Abs. 2 Nr. 1 BGB vorliegt. Zulässig ist demgegenüber in der Regel die formularmäßige Ausweitung der grundsätzlich unverzüglich abzugebenden Rüge auf einen Zeitraum von **zwei Wochen** und auch die grundsätzlich unverzüglich vorzunehmende Untersuchung der gelieferten Software kann auf einen Zeitraum dieser Länge hinausgeschoben werden. Bei besonders komplexen und komplizierten Programmen kann im Einzelfall sogar die Vereinbarung einer Zeitspanne für die Funktionsprüfung von 30 Tagen noch angemessen sein[369], jedoch wird dies nur in Ausnahmefällen zugelassen werden können und stellt wohl die absolute Obergrenze dar.

1896

Häufig findet sich in Einkaufsbedingungen neben einer Entschärfung des § 377 HGB auch noch eine Regelung, mit der die gesetzlichen **Verjährungsfristen des Mängelrechts** zu Gunsten des Verwenders verlängert werden sollen. Auch derartige Verlängerungen der Verjährungsfristen sind einer Inhaltskontrolle nach § 307 Abs. 1 BGB zu unterziehen, wobei zu beachten ist, dass auch Verjährungsfristen ein erheblicher Gerechtigkeitsgehalt zukommt[370]. Aus diesem Grund ist auch die zweijährige Verjährungsfrist kaufrechtlicher Mängelansprüche nach § 438 Abs. 1 Nr. 3 BGB nicht unbegrenzt verlängerbar, sondern besteht auch unter Berücksichtigung produktspezifischer Besonderheiten wie etwa die besondere Kompliziertheit eines Computerprogramms eine **Höchstgrenze** von in der Regel drei Jahren. Darüber hinausgehende Verjährungsfristen sind mit den wesentlichen Grundgedanken des § 438 BGB unvereinbar, weil gem. § 438 Abs. 3 BGB selbst im Falle der Arglist eine nur dreijährige Verjährung eingreift, und verstoßen daher gegen § 307 Abs. 2 Nr. 1 BGB. Sie können nur **individualvertraglich** vereinbart werden.

1897

4. Ausschlussfristen für Mängelanzeigen im Verbraucherverkehr

In Anlehnung an die lediglich bei beidseitigen Handelsgeschäften zwischen Kaufleuten geltende Regelung des § 377 HGB versuchen die Verwender Allgemeiner Geschäftsbedingungen häufig, eine entsprechende Untersuchungs- und Rügeobliegenheit des Kunden auch bei Geschäften im **Verbraucherverkehr** zu begründen. Diese Gefahr eines vorzeitigen Verlusts der Mängelansprüche infolge der formularvertraglichen Vereinbarung einer Untersuchungs- und Rügeobliegenheit führte bereits während der Ausarbeitung der Entwurfsfassungen zum alten AGBG zu der Erwägung, derartige Klauseln in Allgemeinen Geschäftsbedingungen zum Schutze des Verbraucherverkehrs grundsätzlich für unzulässig zu erklären[371]. Eine entsprechende Sondervorschrift für Ausschlussfristen bei Mängelanzeigen findet sich in § 309 Nr. 8b) ee) BGB normiert. Dieser Vorschrift zufolge darf der Verwender dem ande-

1898

---

[368] Vgl. *BGH*, 19.6.1991, VIII ZR 149/90, NJW 1991, 2633, 2634; *Bartsch* CR 2015, 345, 349.
[369] Vgl. *Gaul* CR 2000, 570, 577.
[370] Vgl. *BGH*, 17.1.1990, VIII ZR 292/88, NJW 1990, 2065, 2066.
[371] Vgl. zur Interesseneinschätzung durch den Gesetzgeber *Marly* NJW 1988, 1184, 1185 f.

ren Vertragsteil für die Anzeige **nicht offensichtlicher Mängel** keine Ausschlussfrist setzen, die kürzer ist als die nach § 309 Nr. 8b) ff) BGB zulässige Frist. Im Rahmen eines **Verbrauchsgüterkaufs,** also einer Softwareüberlassung auf Dauer von einem Unternehmer an einen Verbraucher[372], ist aber zu berücksichtigen, dass für § 309 Nr. 8b) BGB wegen § 476 Abs. 1 BGB (= § 475 Abs. 1 BGB a. F.) praktisch kein Anwendungsbereich verbleibt. Nach § 476 Abs. 1 S. 2 BGB (= § 475 Abs. 1 S. 2 BGB a. F.) ist es sowohl in Allgemeinen Geschäftsbedingungen als auch in Individualverträgen unzulässig („anderweitige Gestaltungen"), dem Verbraucher Obliegenheiten oder Pflichten aufzuerlegen, die das deutsche Recht nicht vorsieht. Aus diesem Grund ist bei einem Verbrauchsgüterkauf die Vereinbarung einer Frist unzulässig, innerhalb deren etwaige Mängel dem Unternehmer angezeigt werden müssen[373]. Nur für die von § 476 BGB (= § 475 BGB a. F.) nicht erfassten Fälle ist daher noch auf § 309 Nr. 8b) BGB abzustellen. Für beide der genannten Vorschriften ist es aber gleichgültig, ob eine betreffende Klausel lediglich als „Bitte" formuliert ist, solange beim Vertragspartner der Eindruck hervorgerufen wird, es solle eine verbindliche vertragliche Anordnung getroffen werden[374].

1899 Nicht durch § 309 Nr. 8b) ee) BGB geregelt sind die Fragen, wie lange die Rügefrist bei **offensichtlichen Mängeln** mindestens sein muss, welche Anforderungen an die Bestimmtheit der Mängelanzeige gestellt werden dürfen und welche Formvorschriften vorgesehen werden können. Dies muss anhand von § 307 Abs. 1 und 2 BGB[375] bzw. für die Form- und Zugangserfordernisse anhand von § 309 Nr. 13 BGB beantwortet werden, wobei in der Tendenz auch bei § 307 Abs. 1 und 2 BGB ein strengerer Maßstab angelegt werden muss als dies bei den Ausführungen zum Unternehmensverkehr geschah. Dementsprechend sind die Anforderungen an die Beschreibung des Mangels durch den Kunden noch geringer als oben für Unternehmer dargelegt. Von einem Verbraucher wird daher allenfalls verlangt werden können, dass er sich bei der Fehlermeldung eine gewisse Mühe gibt. Eine exakte Mängelbezeichnung kann demgegenüber nicht wirksam vereinbart werden, weil der Laie angesichts der Komplexität der IT damit häufig überfordert wäre. Die bloße Schilderung der aufgetretenen **Symptome** darf indes auch in formularvertraglich vereinbarten Anzeigepflichten vorgesehen werden.

1900 Im Hinblick auf die bei der Mängelanzeige einzuhaltenden Form verbietet § 309 Nr. 13 Buchst. b) und c) BGB eine strengere Form als Textform oder andere Zugangserfordernisse[376]. Die Vorschrift soll den Kunden vor Klauseln schützen, die ihm die Durchsetzung seiner Rechte durch Bindung von Anzeigen oder Erklärungen an übersteigerte Form- oder Zugangserfordernisse erschweren, wobei zu letzteren solche zählen, die über die allgemeinen Zugangsvoraussetzungen für empfangsbedürftige Willenserklärungen nach §§ 130, 131 BGB hinausgehen[377]. Hieraus folgt, dass Klauseln nach § 309 Nr. 13c) BGB unwirksam sind, die etwa Mängelrügen nur durch eingeschriebenen Brief, nur durch Telefax oder nur durch eine andere telekommunikative Weise wie etwa nur per E-Mail vorsehen. Unzulässig ist nach dieser Vorschrift auch das Verlangen, ein bestimmtes **Formular** zur Mängelbezeichnung zu

---

[372] Vgl. hierzu ausführlich oben Rdn. 1337 ff.
[373] Vgl. *LG Hamburg*, 5.9.2003, 324 O 224/03, CR 2004, 136, 138; *Mankowski* NJW 2006, 865; *Bamberger/Roth/Faust* § 475 Rdn. 7.
[374] Vgl. *LG Hamburg*, 5.9.2003, 324 O 224/03, CR 2004, 136, 138.
[375] Vgl. *KG Berlin*, 4.2.2005, 5 W 13/05, CR 2005, 255, 256.
[376] Die auf gesetzlich angeordnete notarielle Formpflichten abstellende Vorschrift des § 309 Nr. 13a) BGB dürfte bei Softwareverträgen wohl nie einschlägig sein.
[377] Vgl. *BGH*, 10.2.1999, IV ZR 324/97, NJW 1999, 1633, 1635.

benutzen³⁷⁸. Nicht zu beanstanden wäre demgegenüber eine in Allgemeinen Geschäftsbedingungen ausgesprochene Empfehlung oder Bitte, bestimmte Formulare zu benutzen, weil hierin auch das Angebot einer für den Kunden erleichterten Mängelrüge liegt und die Nichtinanspruchnahme dieser Erleichterung keine negativen Folgen für den Kunden hätte³⁷⁹. Gleiches muss für den Fall gelten, dass der Kunde nach einer Mängelrüge gebeten wird, diese auf übersandten Formularen nach Kräften zu konkretisieren.

Soweit die Dauer einer **Ausschlussfrist** einer Regelung unterworfen werden soll, ist zu unterscheiden. Bei offensichtlichen Mängeln, bei denen eine Mängelrügefrist nicht gem. § 309 Nr. 8b) ee) BGB unzulässig ist, ist eine Rügefrist von weniger als einer Woche im Verbraucherverkehr zu kurz³⁸⁰. Erforderlich ist grundsätzlich in Anlehnung an die Widerrufsfrist des § 355 BGB eine Frist von zwei Wochen bezogen auf die Absendung der Anzeige³⁸¹. Die Festschreibung einer kürzeren Frist ist daher unzulässig. Unzulässig ist auch bei offensichtlichen Mängeln das Erfordernis „unverzüglicher" Rüge³⁸². Zulässig ist die Setzung einer entsprechenden Frist ferner nur dann, wenn der Fristbeginn klar bestimmt ist und an einen eindeutigen Tatbestand wie insbesondere die Übergabe³⁸³ oder den Erhalt³⁸⁴ anknüpft. 1901

Bei nicht offensichtlichen Mängeln ist die Vereinbarung einer Ausschlussfrist für Mängelanzeigen zwar nicht generell verboten, sie darf jedoch nicht kürzer sein als die nach **§ 309 Nr. 8b) ff) BGB** zulässige Erleichterung der Verjährung³⁸⁵. Darüber hinaus ist für die Fälle, dass der Softwareüberlassungsvertrag als Verbrauchsgüterkauf (§§ 474, 475 BGB) zu qualifizieren ist oder unter § 650 BGB (= § 651 BGB a. F.) fällt, zu beachten, dass die Verjährungsregelungen der §§ 438, 634a BGB zwingendes Recht darstellen und die Verjährungsfristen schon aus diesem Grund nicht unterschritten werden dürfen. Räumt der Verwender aber vertragliche Verjährungsfristen ein, die länger sind als die gesetzlichen, kann die Dauer der Ausschlussfrist im Bereich zwischen gesetzlicher und vertraglicher Verjährungsfrist liegen. In diesen Fällen ist auch die Vereinbarung einer unverzüglichen Rüge zulässig, sofern das Erfordernis der Unverzüglichkeit nach Ablauf der gesetzlichen Verjährungsfrist eingreifen soll. 1902

Entscheidendes Kriterium für die Zulässigkeit von Ausschlussfristen für Mängelanzeigen nach § 309 Nr. 8b) ee) BGB ist nach alledem die Unterscheidung zwischen **offensichtlichen Mängeln** im Sinne dieser Vorschrift und **sonstigen Mängeln**. Zur Beschreibung dieser Abgrenzung kann nicht auf die im Rahmen des § 377 HGB erfolgende Unterscheidung zwischen erkennbaren und nicht erkennbaren Mängeln zurückgegriffen werden, denn dort ist der Käufer zu einer Untersuchung des Kaufgegenstands verpflichtet, soweit dies nach ordnungsgemäßem Geschäftsgang tunlich ist. Eine derartige **Untersuchungspflicht** besteht jedoch nach einhelliger Auffassung im nichtkaufmännischen Verkehr nicht und darf auch formularvertraglich nicht 1903

---

[378] Vgl. OLG Frankfurt, 13.1.2015, 9 W 1/15, BeckRS 2015, 03434 Tz. 3; für Kündigungen LG München I, 30.1.2014, 12 O 18571/13, BeckRS 2014, 05707; Wolf/Lindacher/Pfeiffer § 309 Nr. 13 Rdn. 25; Palandt/Grüneberg § 309 Rdn. 112.
[379] Vgl. Ulmer/Brandner/Hensen § 309 Nr. 13 Rdn. 5.
[380] Vgl. KG Berlin, 4.2.2005, 5 W 13/05, CR 2005, 255, 256.
[381] Vgl. Palandt/Grüneberg § 309 Rdn. 78. Von einer Woche ausgehend KG Berlin, 4.2.2005, 5 W 13/05, CR 2005, 255, 256.
[382] Vgl. KG Berlin, 14.11.1990, 5029/89, NJW-RR 1991, 698.
[383] Vgl. OLG Zweibrücken, 25.7.1997, 2 U 6/97, NJW-RR 1998, 348, 349.
[384] Vgl. BGH, 8.7.1998, VIII ZR 1/98, NJW 1998, 3119, 3120 f.
[385] Vgl. KG Berlin, 4.2.2005, 5 W 13/05, CR 2005, 255, 256.

vereinbart werden, weil ein Verbraucher durch eine ausgeprägte Untersuchungspflicht überfordert würde[386]. Dementsprechend liegt ein offensichtlicher Mangel im Sinne des § 309 Nr. 8b) ee) BGB nur vor, wenn er auch dem durchschnittlichen nichtunternehmerischen, mit dem Vertragsgegenstand nicht besonders vertrauten Kunden ohne besonderen Prüfungsaufwand auffällt[387]. Diese Definition der Offensichtlichkeit verdeutlicht eine Anknüpfung allein an objektive Merkmale. Nach ihr kommt es nicht darauf an, ob der Kunde den Mangel wirklich erkannt hat, oder ob er ihn, aus welchen Gründen auch immer, trotz Offensichtlichkeit nicht bemerkte. Ein offensichtlicher Mangel liegt deshalb etwa dann vor, wenn die Computersoftware auf mehreren durchnummerierten Datenträgern geliefert wird, ein Datenträger aber fehlt. Offensichtlichkeit des Mangels ist ferner dann gegeben, wenn das Programm wegen eines Defekts des Datenträgers überhaupt nicht in das System übertragen werden kann, oder wenn die Installation des Programms wegen eines Defekts der Installationsroutine nicht durchführbar ist.

1904   Umstritten ist, ob die Vereinbarung einer Rügeobliegenheit bei nicht offensichtlichen Mängeln selbst dann nicht zulässig ist, wenn die Rüge erst nach dem **Erkennen des Mangels** durch den Kunden abgegeben werden soll. Die Rechtsprechung[388] und der überwiegende Teil des Schrifttums[389] verneinen in konsequenter Fortsetzung der rein auf objektive Merkmale abstellenden Definition eine Gleichsetzung der erkannten Mängel mit den offensichtlichen Mängeln. Dieses Ergebnis ist jedoch weder durch die Gesetzesmaterialien noch durch die Interessenlage noch durch die in den gesetzlichen Regelungen des BGB angelegten Wertungen zu rechtfertigen, was an anderer Stelle ausführlich begründet wurde[390]. Vielmehr ist der Kunde bei tatsächlich von ihm erkannten Mängeln keinesfalls schutzbedürftiger als bei offensichtlichen Mängeln, weshalb solche formularvertraglichen Klauseln nicht zu beanstanden sind, die dem Kunden eine Rügepflicht innerhalb einer angemessenen Frist nach Feststellung des Mangels auferlegen. Nicht zulässig ist aber eine Anknüpfung an die bloße **Feststellbarkeit** oder Sichtbarkeit[391], denn solche Mängel sind nicht offensichtlich und auch offensichtliche Mängel sind nicht notwendigerweise vom Kunden erkannt, etwa bei grob fahrlässigem Nichterkennen[392].

5. Sonderproblem: Rügepflichten beim Softwareleasing

Typische Klauseln:
„Der Leasinggeber ermächtigt und bevollmächtigt den Leasingnehmer, alle ihm aus den Verträgen mit dem Lieferanten zustehenden Ansprüche, auch solche wegen Gewährleistung, gegenüber dem Lieferanten geltend zu machen."

Im Vertrag Leasinggeber-Lieferant findet sich dann folgende Regelung:

„Reklamationen können nur dann Berücksichtigung finden, wenn diese innerhalb von 14 Tagen nach Empfang der Ware schriftlich vorgebracht werden."[393]

„Der Mieter verpflichtet sich, den Mietgegenstand bei Anlieferung für den Vermieter abzunehmen, ihn unverzüglich mit aller Sorgfalt auf Mängelfreiheit und Funktionsfähigkeit zu untersuchen,

---

[386] Vgl. *Marly* NJW 1988, 1184, 1185; zustimmend *Gaul* CR 2000, 570, 574.
[387] Vgl. *Wolf/Lindacher/Pfeiffer* § 309 Nr. 8b ee Rdn. 13–19; *Palandt/Grüneberg* § 309 Rdn. 78.
[388] Vgl. OLG Köln, 14.2.1986, 6 U 150/85, NJW 1986, 2579.
[389] Vgl. *Palandt/Grüneberg* § 309 Rdn. 78; *Wolf/Lindacher/Pfeiffer* § 309 Nr. 8b ee Rdn. 13–19; a. A. *Marly* NJW 1988, 1184 ff.
[390] Vgl. *Marly* NJW 1988, 1184 ff.
[391] Vgl. BGH, 6.12.1984, VII ZR 227/83, NJW 1985, 855, 858; *Ulmer/Brandner/Hensen* § 309 Nr. 8 Rdn. 92.
[392] Vgl. LG Hamburg, 5.9.2003, 324 O 224/03, CR 2004, 136, 138.
[393] Vgl. BGH, 24.1.1990, VIII ZR 22/89, NJW 1990, 1290 ff.

dem Vermieter die Übernahme schriftlich zu bestätigen und gegebenenfalls Mängel gegenüber dem Lieferanten fristgemäß zu rügen."[394]

a) Die Abtretung der Mängelhaftungsansprüche im Dreiecksverhältnis zwischen Leasinggeber, Leasingnehmer und Lieferanten

Die Beschreibung der typischen Erscheinungsformen und Besonderheiten des Softwareleasing erfolgte bereits oben[395] in einem eigenen Abschnitt. Im Rahmen der hier dargestellten Mängelrügepflichten folgt jedoch aus dem **leasingtypischen Dreiecksverhältnis** der beteiligten Personen ein dieser Vertragsgestaltung eigenes Problem, das eine eigenständige Behandlung erfordert.

Beim Softwareleasing besteht zwischen Leasinggeber und Softwarehaus ein in der Regel kauf- oder werkvertraglich geprägter Softwareüberlassungsvertrag, sodass dem Leasinggeber gegenüber dem Softwarehaus kauf- oder werkvertragliche Mängelansprüche zustehen, sofern die Software mangelhaft ist. Demgegenüber ist das Vertragsverhältnis zwischen Leasinggeber und Leasingnehmer meist durch mietvertragliche Elemente geprägt, die den Leasinggeber gegenüber dem Leasingnehmer zu einer Gebrauchs- und Nutzungsüberlassung verpflichten und gegebenenfalls mietvertragliche Mängelansprüche nach §§ 536 BGB nach sich ziehen. Üblicherweise findet sich im Leasingvertrag indes eine Regelung, derzufolge der Leasinggeber seine **eigene** mietvertragliche **Mängelhaftung abbedingt** und dem Leasingnehmer gleichzeitig die eigenen kauf- bzw. werkvertraglichen Mängelansprüche gegen das **Softwarehaus abtritt**. Derartige Regelungen sind nicht überraschend im Sinne des § 305c Abs. 1 BGB, weil sie zu den typischen Bestandteilen eines Finanzierungsleasingvertrags zählen und deshalb ihr Einbezug in den Vertrag auch bei Formularverträgen nicht an dieser Norm scheitert[396]. Auch an § 307 Abs. 1 und 2 BGB scheitern derartige die eigene Mängelhaftung durch Anspruchsabtretung ausschließende Regelungen weder im **Unternehmensverkehr** noch im **Verbraucherverkehr**[397], solange die abgetretenen Ansprüche die Interessen des Leasingnehmers in angemessener Weise wahren[398] und er nicht rechtlos gestellt wird[399]. Eine Überprüfung anhand § 309 Nr. 8b) aa) BGB entfällt, da diese Vorschrift bei mietvertraglich ausgestalteten Finanzierungsleasingverträgen keine Anwendung findet[400].

Trotz der grundsätzlichen Zulässigkeit des Mängelhaftungsausschlusses des Leasinggebers bei gleichzeitiger Abtretung der ihm zustehenden Mängelansprüche tauchen im Hinblick auf die mit einer solchen Regelung eng verwandte Vereinbarung von **Mängelrügepflichten** gegenüber dem liefernden Softwarehaus besondere Probleme auf. Ansatzpunkte für die zu verzeichnenden Schwierigkeiten sind zum einen die Einbeziehung der meist in den Geschäftsbedingungen des Lieferanten enthaltenen Mängelrügefristen in dem Vertrag zwischen Leasinggeber und Leasingnehmer und zum anderen die Übertragung der zunächst den Leasinggeber treffenden Rügepflichten auf den Leasingnehmer.

---

[394] Vgl. *BGH*, 17.12.1986, VIII ZR 279/85, NJW 1987, 1072 ff.
[395] Vgl. hierzu oben Rdn. 749 ff.
[396] Vgl. *BGH*, 24.4.1985, VIII ZR 65/84, NJW 1985, 1547, 1549; *Wolf/Lindacher/Pfeiffer* Klauseln Rdn. L 107.
[397] Vgl. *BGH*, 21.12.2005, VIII ZR 85/05, NJW 2006, 1066, 1067 Tz. 11 „leasingtypisch".
[398] Vgl. *BGH*, 19.2.1986, VIII ZR 91/85, NJW 1986, 1744.
[399] Vgl. *BGH*, 25.1.1989, VIII ZR 302/87, NJW 1989, 1279, 1280; *Wolf/Lindacher/Pfeiffer* Klauseln Rdn. L 110.
[400] Vgl. *BGH*, 24.4.1985, VIII ZR 65/84, NJW 1985, 1547, 1549 f.

b) Das Problem der Einbeziehung in den Vertrag

1908 Ausdrücklich vereinbarte Rügeobliegenheiten finden sich in Leasingverträgen in der Regel nicht. Vielmehr folgen vertraglich vereinbarte Rügeobliegenheiten für den Leasingnehmer allenfalls aus einer **verketteten Vertragsgestaltung,** die auf das bereits erwähnte Dreiecksverhältnis im Leasinggeschäft zurückzuführen ist. Die zwischen Leasinggeber und Lieferanten geltenden Untersuchungs- und Rügeobliegenheiten, die entweder aus §§ 377, 378 HGB oder aus einer entsprechenden vertraglichen Vereinbarung in diesem Rechtsverhältnis folgen können, sollen durch Regelungen im Leasingvertrag auf den Leasingnehmer übertragen werden, die sinngemäß dahingehend lauten, der Leasinggeber ermächtige den Leasingnehmer, alle aus den Verträgen zwischen Leasinggeber und dem Lieferanten folgenden Ansprüche, auch solche wegen Mängeln, gegenüber dem Lieferanten geltend zu machen[401].

aa) Die Einbeziehung im Unternehmensverkehr

1909 Sofern der Leasingnehmer Unternehmer im Sinne der §§ 310 Abs. 1, 14 BGB ist und deshalb die Regelung des § 305 Abs. 2 BGB über die Einbeziehung von Geschäftsbedingungen in den Vertrag nicht eingreift, wirft die Einbeziehung der Geschäftsbedingungen des Lieferanten in den Vertrag zwischen Leasinggeber und Leasingnehmer in der Regel keine Probleme auf. Wenngleich anstelle von § 305 Abs. 2 BGB die allgemeinen rechtsgeschäftlichen Einbeziehungsvoraussetzungen, insbesondere die §§ 145 ff. BGB gelten und deshalb eine entsprechende ausdrückliche oder stillschweigende Vereinbarung erforderlich ist[402], genügt ein in den Allgemeinen Geschäftsbedingungen enthaltener Verweis auf die Geltung anderer Allgemeiner Geschäftsbedingungen, um diesen Anforderungen gerecht zu werden. Die auch im Unternehmensverkehr erforderliche **Möglichkeit der Kenntnisnahme** vom Inhalt der Allgemeinen Geschäftsbedingungen[403] verlangt nicht die Aushändigung der einbezogenen Allgemeinen Geschäftsbedingungen. Vielmehr ist es einem Unternehmer grundsätzlich zumutbar, sich durch eigene Initiative Kenntnis vom Inhalt der Geschäftsbedingungen zu verschaffen. Erforderlich ist lediglich, dass Unternehmer mit einem derartigen Verweis rechnen müssen, was bei Leasingverträgen wegen des Dreiecksverhältnisses regelmäßig der Fall ist, und dass der Verweis hinreichend deutlich zum Ausdruck kommt.

bb) Die Einbeziehung im Verbraucherverkehr

1910 Handelt es sich beim Leasingnehmer um einen Verbraucher im Sinne des § 13 BGB, müssen die Voraussetzungen des § 305 Abs. 2 BGB erfüllt sein, um Allgemeine Geschäftsbedingungen in den Vertrag einzubeziehen. Dementsprechend muss gem. § 305 Abs. 2 Nr. 1 BGB ein ausdrücklicher Hinweis auf die Allgemeinen Geschäftsbedingungen erfolgen, wozu auch ein **ausdrücklicher Hinweis** auf die Geschäftsbedingungen des Lieferanten zählt, sollen diese in den Leasingvertrag miteinbezogen werden. Fehlt ein ausdrücklicher Hinweis auf die Geschäftsbedingungen des Lieferanten und liegt ein ausdrücklicher Hinweis nur auf die eigenen Geschäftsbedingungen des Leasinggebers vor, werden lediglich diese Vertragsbestandteil, weil der grundsätzlich ausreichende Hinweis auf die Allgemeinen Geschäftsbedingungen als

---

[401] Vgl. den der Entscheidung des *BGH*, 24.1.1990, VIII ZR 22/89, NJW 1990, 1290 ff. zugrunde liegenden Sachverhalt.
[402] Vgl. *BGH*, 12.2.1992, VIII ZR 84/91, NJW 1992, 1232.
[403] Vgl. *BGH*, 11.5.1989, VII ZR 150/88, NJW-RR 1989, 1104; *Wolf/Lindacher/Pfeiffer* § 305 Rdn. 131; *Palandt/Grüneberg* § 305 Rdn. 53.

Gesamtheit[404] bei Verweisungen auf andere AGB-Werke nicht ausreicht. Ein ausdrücklicher Hinweis, aus dem sich **zweifelsfrei** und für den Kunden **deutlich erkennbar** der Wille zur Einbeziehung der Allgemeinen Geschäftsbedingungen in den Vertrag ergibt[405], liegt jedenfalls dann vor, wenn die Geltung der Geschäftsbedingungen des Lieferanten durch einen auf der Vorderseite des Vertragsformulars unmittelbar vor der Unterschriftszeile angebrachten eindeutigen Verweis geregelt ist.

Über den ausdrücklichen Hinweis hinaus muss dem Leasingnehmer im Verbraucherverkehr gem. § 305 Abs. 2 Nr. 2 BGB die **Möglichkeit zumutbarer Kenntnisnahme** verschafft werden. Diese Voraussetzung erfordert nicht nur eine zumutbare Kenntnisnahme im Hinblick auf die Geschäftsbedingungen des Leasinggebers, sondern auch auf die des Lieferanten[406], sodass auch diese dem Kunden verschafft, d. h. zugesendet, ausgehändigt, vorgelegt oder sonst wie verfügbar gemacht werden müssen[407]. 1911

c) Die Rügeobliegenheiten des Leasingnehmers

Sofern der Leasingnehmer **Kaufmann** ist, treffen ihn bei einem mietvertraglich ausgestalteten Leasingvertrag zwar grundsätzlich nicht die Untersuchungs- und Rügepflichten des § 377 HGB, weil diese Vorschrift bei Mietverträgen nicht eingreift[408], jedoch ist es zulässig, die den Leasinggeber treffenden gesetzlichen oder vertraglichen Rügeobliegenheiten auf den Leasingnehmer zu übertragen. Erforderlich ist bei **vertraglich vereinbarten Rügeobliegenheiten** lediglich, dass diese bei einem vorformulierten und den Regelungen über Allgemeine Geschäftsbedingungen nach §§ 305 ff. BGB unterfallenden Leasingvertrag den oben[409] dargelegten Anforderungen an die Veränderungen der gesetzlichen Rügeobliegenheiten unter Kaufleuten genügen. 1912

Schwieriger stellt sich die Situation dann dar, wenn der Leasingnehmer **kein Unternehmer** im Sinne der §§ 310 Abs. 1, 14 BGB ist und ihm deshalb gem. § 309 Nr. 8b) ee) BGB Rügeobliegenheiten grundsätzlich nur bei **offensichtlichen Mängeln** auferlegt werden dürfen. Beachtet werden muss jedoch, dass § 309 Nr. 8b) ee) BGB nicht unmittelbar zur Anwendung kommt, weil § 309 Nr. 8b) nur bei Verträgen über Lieferungen neu hergestellter Sachen und über Werkleistungen, nicht aber bei Mietverträgen eingreift, weshalb auch eine Anwendung auf mietvertraglich ausgestaltete Leasingverträge ausscheidet[410]. Überprüft man jedoch die Übertragung von Rügeobliegenheiten auf einen Verbraucher anhand § 307 Abs. 2 Nr. 1 BGB, so führt dies zum gleichen Ergebnis, als ob § 309 Nr. 8b) ee) BGB unmittelbar gelten würde. Dies folgt daraus, dass der Leasingnehmer nach § 536c Abs. 1 BGB verpflichtet ist, am Leasingobjekt während der Vertragsdauer auftretende Schäden dem Leasinggeber unverzüglich anzuzeigen[411]. Der gesetzlichen Regelung entspricht es somit, dass den Leasingnehmer eine **Rügeobliegenheit** trifft, sofern er die dem Mangel zugrundeliegenden Tatsachen kennt oder kennen muss, d. h. infolge grober Fahr- 1913

---

[404] Vgl. *Wolf/Lindacher/Pfeiffer* § 305 Rdn. 70.
[405] Vgl. zu diesen Voraussetzungen *Palandt/Grüneberg* § 305 Rdn. 27.
[406] Vgl. *v. Westphalen* BB 1990, 1, 2.
[407] Vgl. zum Kriterium des Verschaffens *Wolf/Lindacher/Pfeiffer* § 305 Rdn. 93.
[408] Vgl. *BGH*, 24.1.1990, VIII ZR 22/89, NJW 1990, 1290, 1293.
[409] Vgl. hierzu oben Rdn. 1892 ff.
[410] Vgl. *BGH*, 24.4.1985, VIII ZR 65/84, NJW 1985, 1547, 1549 f.; *Wolf/Lindacher/Pfeiffer* Vorb § 309 Nr. 8b Rdn. 21.
[411] Vgl. *BGH*, 24.1.1990, VIII ZR 22/89, NJW 1990, 1290, 1293.

lässigkeit nicht kennt[412]. Damit dürften jedoch in der Regel nur die offensichtlichen Mängel im Sinne des § 309 Nr. 8b) ee) BGB erfasst sein, sofern die erkannten Mängel mit der hier vertretenen Auffassung[413] den offensichtlichen Mängeln gleichgestellt werden. Eine Abweichung von dieser Regelung ginge über die einem Verbraucher zumutbare Rügeobliegenheit hinaus und wäre mit § 307 Abs. 2 Nr. 1 BGB nicht zu vereinbaren.

1914 Wenngleich dem Leasingnehmer im Verbraucherverkehr entsprechend obigen Ausführungen keine über § 536c Abs. 1 BGB hinausgehende Rügeobliegenheit auferlegt werden kann, darf hieraus nicht der Schluss gezogen werden, auch den **Leasinggeber** treffe dann keine derartige Obliegenheit gegenüber dem Lieferanten mehr. Dem steht entgegen, dass die entsprechende gesetzliche oder vertraglich begründete Rügepflicht dem Rechtsverhältnis zwischen Leasinggeber und dem Lieferanten entspringt und die oben dargelegte Unwirksamkeit entsprechender Klauseln im Rechtsverhältnis zwischen Leasinggeber und Leasingnehmer nicht auf das erstgenannte Rechtsverhältnis durchschlägt. Der Leasinggeber muss deshalb im eigenen Interesse versuchen, den Leasingnehmer zur **unverzüglichen Untersuchung** des Leasingobjekts und zur **Mängelanzeige** anzuhalten, wozu ihm jedoch nur der **individualvertragliche** Weg bleibt, oder er muss eine Vereinbarung mit dem Lieferanten treffen, die Untersuchungs- und Rügepflichten auf ein auch gegenüber Verbrauchern zulässiges Maß zu beschränken. Sind ihm beide Wege nicht gangbar, so ist er gleich jedem anderen Käufer bzw. Werkbesteller bei einem Werklieferungsvertrag zur Vermeidung des aus § 377 Abs. 2 HGB folgenden Rechtsnachteils gehalten, den Vertragsgegenstand zu untersuchen und gegebenenfalls festgestellte Mängel unverzüglich zu rügen[414].

IV. Abnahme- und Mängelfreiheitsbestätigungen sowie andere Tatsachenbestätigungen

Inhaltsübersicht

	Rdn.		Rdn.
1. Tatsachenbestätigungen im Verbraucherverkehr	1916	2. Tatsachenbestätigungen im Unternehmensverkehr	1920

Typische Klauseln:
„Ausführlich ausgehandelt wurden folgende Punkte: ..."[415]
„Der Kunde bestätigt die Abnahme der Software."
„Die Software gilt als abgenommen, wenn der Anwender nicht innerhalb von 4 Wochen schwerwiegende Mängel mitteilt."[416]
„Dieser Vertrag stellt die gesamten Vereinbarungen der Parteien für den darin geregelten Gegenstand dar. Es bestehen keinerlei mündliche Nebenabreden oder schriftliche Zusatzverträge im Zeitpunkt des Vertragsabschlusses."

Schrifttum: *Gaul*, Standardsoftware: Veränderung von Gewährleistungsansprüchen durch AGB, CR 2000, 570 ff.

---

[412] Vgl. *BGH*, 7.6.2006, XII ZR 34/04, NJW-RR 2006, 1157, 1158 Tz. 17 zum Mietrecht; *Palandt/Weidenkaff* § 536c Rdn. 7.
[413] Vgl. hierzu oben Rdn. 1904.
[414] Vgl. *BGH*, 24.1.1990, VIII ZR 22/89, NJW 1990, 1290, 1293.
[415] Vgl. *BGH*, 28.1.1987, IVa ZR 173/85, NJW 1987, 1634 ff.
[416] Vgl. *Schneider*, 1. Aufl., S. 932.

IV. Abnahme- und Mängelfreiheitsbestätigungen

Die Beweislastverteilung unterliegt grundsätzlich der **Gestaltungsfreiheit der Parteien** und kann dementsprechend durch vertragliche Vereinbarungen geregelt werden[417]. Dies kann zunächst durch ausdrückliche Beweislastvereinbarungen geschehen. Ein weiteres Mittel der Beweislaständerungen ist jedoch eine **Tatsachenbestätigung**, deren Wirkung dahin geht, einer Partei im Hinblick auf eine von ihr zu beweisende Tatsache die Berufung auf eine von der anderen Partei abgegebene Bestätigung zu ermöglichen, wobei sich die Bestätigung auf das Vorliegen der zu beweisenden Tatsache bezieht. Der bestätigenden Partei obliegt es sodann im Prozess, die Unrichtigkeit der von ihr abgegebenen Bestätigung zu beweisen[418]. Im **individualvertraglichen Bereich** bestehen gegen Tatsachenbestätigungen ebenso wenig grundsätzliche Bedenken wie gegen ausdrückliche und unmittelbar wirkende Beweislastregelungen. Da den gesetzlichen und durch richterliche Rechtsfortbildung gewonnenen Beweislastregelungen aber nach allgemeiner Auffassung nicht nur Zweckmäßigkeitserwägungen, sondern auch ein wesentlicher materieller Gerechtigkeitsgehalt zukommt[419], darf eine **formularvertragliche Beweislaständerung** gleich welcher Art allenfalls in engen Grenzen zugelassen werden.

1915

1. Tatsachenbestätigungen im Verbraucherverkehr

Für den Verbraucherverkehr ist dementsprechend in § 309 Nr. 12 BGB ein **generelles Verbot beweislaständernder Klauseln** vorgesehen. Gem. § 309 Nr. 12b) BGB sind daher Klauseln unwirksam, mit denen sich der Verwender bestimmte Tatsachen bestätigen lässt, sofern damit eine Beweislaständerung verbunden ist. Dies ist nicht nur bei einer vollständigen Überbürdung der Beweislast der Fall, wie dies aus dem Tatbestandsmerkmal des „Auferlegens" bei § 309 Nr. 12a) BGB gefolgert werden könnte, sondern bei jeder aus der Sicht des Kunden nachteiligen Abweichung von der sonst geltenden Beweislastregelung[420]. Eine unzulässige Beweislaständerung liegt etwa dann vor, wenn durch formularmäßige Erklärung bestimmt wird, der Käufer erkenne die **Ware als mangelfrei** an[421] oder er bestätige den **einwandfreien Empfang der Ware**[422], denn obwohl ein Kunde auch ohne diese Klauseln beweisen müsste, dass die Ware bei Übergabe mangelhaft war, könnte er von der Geltendmachung etwaiger Mängelhaftungsansprüche vollständig abgehalten werden. Gleiches gilt hinsichtlich der Bestätigung der Mangelfreiheit einer Mietsache[423] sowie bei Werkleistungen. Auch Erklärungen, der Vertrag sei **ausgehandelt** worden, bewirken eine Beweislaständerung und unterfallen daher dem Verbot des § 309 Nr. 12b) BGB[424]. Der *BGH* nimmt dies ohne Bezugnahme auf eine Norm auch für den Unternehmensverkehr an[425]. Im Ergebnis gleich zu behandeln sind solche Klauseln, mit denen die Aushändigung zusätzlicher Allgemeiner Geschäftsbedingungen bestätigt werden

1916

---

[417] Vgl. *Zöller/Greger*, ZPO, 31. Aufl. 2016, Vor § 284 Rdn. 23; *Gaul* CR 2000, 570, 575.
[418] Vgl. *Ulmer/Brandner/Hensen* § 309 Nr. 12 Rdn. 18.
[419] Vgl. *BGH*, 5.10.2005, VIII ZR 16/05, NJW 2006, 47, 49 Tz. 22; *Ulmer/Brandner/Hensen* § 309 Nr. 12 Rdn. 3; *Wolf/Lindacher/Pfeiffer* § 309 Nr. 12 Rdn. 1.
[420] Vgl. *BGH*, 20.7.2005, VIII ZR 121/04, NJW-RR 2005, 1496, 1498; *Wolf/Lindacher/Pfeiffer* § 309 Nr. 12 Rdn. 10; *Ulmer/Brandner/Hensen* § 309 Nr. 12 Rdn. 8.
[421] Vgl. *Gaul* CR 2000, 570, 575.
[422] Vgl. *BGH*, 27.1.1983, I ZR 76/81, NJW 1983, 2026; *Gaul* CR 2000, 570, 575.
[423] Vgl. *Wolf/Lindacher/Pfeiffer* § 309 Nr. 12 Rdn. 58, 59.
[424] Vgl. *Wolf/Lindacher/Pfeiffer* § 309 Nr. 12 Rdn. 53 sowie 61; *Ulmer/Brandner/Hensen* § 309 Nr. 12 Rdn. 19; *Palandt/Grüneberg* § 309 Rdn. 108.
[425] Vgl. *BGH*, 20.3.2014, VII ZR 248/13, NJW 2014, 1725, 1727 Tz. 27.

soll⁴²⁶, andere Vertragsbedingungen als „anliegend" bezeichnet werden⁴²⁷ oder die dahin gehen, der Kunde habe eine Durchschrift der Vertragsurkunde erhalten⁴²⁸. Bei einem Online-Vertragsschluss ist ein vom Kunden zwingend zu setzendes Häkchen, eine ordnungsgemäße Widerrufsbelehrung aufgerufen, ausgedruckt oder gespeichert zu haben, nicht als individuelle Erklärung zu bewerten⁴²⁹. Eine entsprechende Klausel verstößt gegen § 309 Nr. 12b) BGB⁴³⁰.

1917 Nicht von § 309 Nr. 12b) BGB erfasst und auch nicht wegen einer unangemessenen Benachteiligung im Sinne des § 307 Abs. 1 und 2 BGB unwirksam sind demgegenüber solche Klauseln, die das **Fehlen mündlicher Nebenabreden** bestätigen, weil sie lediglich die ohnehin eingreifende Vermutung der Vollständigkeit der Vertragsurkunde wiedergeben und zudem dem Kunden die Möglichkeit des Gegenbeweises offenlassen⁴³¹. Die hiergegen vorgebrachte Kritik, der Kunde werde davon abgehalten, sich auf die mündlichen Abmachungen überhaupt zu berufen, ist zwar nicht völlig unberechtigt, vermag jedoch ein abweichendes Ergebnis nicht zu rechtfertigen. Gleiches muss für Bestätigungsklauseln gelten, die nicht auf das Fehlen von mündlichen Nebenabreden, sondern auf das **Nichtvorhandensein schriftlicher Zusatzvereinbarungen** außerhalb der Vertragsurkunde abstellen.

1918 Auch die sog. **Übernahme- oder Abnahmebestätigungen** unterfallen nicht dem Verbot des § 309 Nr. 12b) BGB, sofern das im Satz 2 dieser Vorschrift aufgestellte Erfordernis der **gesonderten Unterschrift** bzw. der gesonderten qualifizierten elektronischen Signatur Beachtung findet. Dabei ist unter dem Begriff der Übernahmebestätigung eine bloße Bestätigung des Empfangs der Ware zu verstehen, wohingegen einer Abnahmebestätigung noch der darüber hinausgehende Erklärungsinhalt zukommt, die empfangene Leistung als der Hauptsache nach vertragsgemäß anzuerkennen⁴³². Dieses über die reine Tatsachenbestätigung hinausgehende Willenselement steht einer Unterordnung unter § 309 Nr. 12 BGB nicht entgegen⁴³³. Entsprechend diesem begrifflichen Verständnis kommt den Übernahmebestätigungen⁴³⁴ damit eine Funktion zu, die der einer Quittung im Sinne des § 368 BGB entspricht⁴³⁵, da diese dort als schriftliches Empfangsbekenntnis des Leistungsempfangs definiert wird. Empfangsbekenntnisse in Allgemeinen Geschäftsbedingungen sind jedoch nach § 309 Nr. 12 letzter Halbs. BGB nicht unwirksam, wenn sie gesondert unterschrieben bzw. gesondert elektronisch signiert sind. Dies ist dann der Fall, wenn sich die Unterschrift oder die qualifizierte elektronische Signatur nur auf das Empfangsbekenntnis bezieht und sich nicht auch auf andere Teile des Vertragstextes erstreckt⁴³⁶. Eine gesonderte Vertragsurkunde ist zwar nicht erforderlich, aber

---

⁴²⁶ Vgl. *BGH*, 24.3.1988, III ZR 21/87, NJW 1988, 2106, 2108; *Wolf/Lindacher/Pfeiffer* § 309 Nr. 12 Rdn. 53; *Ulmer/Brandner/Hensen* § 309 Nr. 12 Rdn. 19.
⁴²⁷ Vgl. *BGH*, 15.5.1991, VIII ZR 38/90, NJW 1991, 1750, 1753.
⁴²⁸ Vgl. *BGH*, 29.4.1987, VIII ZR 251/86, NJW 1987, 2012, 2014.
⁴²⁹ Vgl. *BGH*, 15.5.2014, III ZR 368/13, NJW 2014, 2857, 2859 Tz. 31.
⁴³⁰ Vgl. *BGH*, 15.5.2014, III ZR 368/13, NJW 2014, 2857, 2859 Tz. 28 ff.
⁴³¹ Vgl. *BGH*, 14.10.1999, III ZR 203/98, NJW 2000, 207 f.; *Palandt/Grüneberg* § 309 Rdn. 108 und § 305b Rdn. 5; *Wolf/Lindacher/Pfeiffer* § 309 Nr. 12 Rdn. 53.
⁴³² Vgl. *Wolf/Lindacher/Pfeiffer* § 309 Nr. 12 Rdn. 61.
⁴³³ Vgl. *Wolf/Lindacher/Pfeiffer* § 309 Nr. 12 Rdn. 61; a. A. *OLG Koblenz*, 22.9.1995, 2 U 620/94, NJW 1995, 3392.
⁴³⁴ Vgl. *v. Westphalen* DB 1989 Beilage 3 S. 11.
⁴³⁵ Vgl. *OLG Koblenz*, 22.9.1995, 2 U 620/94, NJW 1995, 3392.
⁴³⁶ Vgl. *OLG Stuttgart*, 15.12.2005, 13 U 10/05, BeckRS 2006 01444; *Wolf/Lindacher/Pfeiffer* § 309 Nr. 12 Rdn. 62; *Palandt/Grüneberg* § 309 Rdn. 109.

zweckmäßig⁴³⁷. Das Setzen eines **Häkchens** durch Anklicken eines **Kontrollkastens** im Rahmen eines Online-Vertrags ist mit der Unterzeichnung durch Unterschrift oder der Anbringung einer qualifizierten Signatur nicht vergleichbar und erfüllt die Voraussetzungen des § 309 Nr. 12 letzter Halbs. BGB nicht⁴³⁸.

Wenngleich den häufig bei Verträgen über die Lieferung von **Individualsoftware** vorzufindenden **Abnahmebestätigungen** nach der oben gegebenen Beschreibung ein über die Empfangsbekenntnisse hinausgehender Inhalt zukommt und derartige Bestätigungen deshalb auch bei gesonderter Unterschrift nicht unmittelbar unter § 309 Nr. 12 letzter Halbs. BGB subsumiert werden können, erscheint dennoch eine Gleichbehandlung beider Bestätigungstypen geboten⁴³⁹. Gem. § 640 Abs. 1 BGB ist der Besteller verpflichtet, das vertragsmäßig hergestellte Werk abzunehmen. Diese Pflicht ist Hauptpflicht des Bestellers⁴⁴⁰, weil der Werkunternehmer an der Abnahme, von der sein Vergütungsanspruch abhängt, ein ausgeprägtes Interesse hat und auch das Gesetz dem Vorgang der Abnahme wesentliche Bedeutung zuschreibt, indem weitere Rechtsfolgen wie etwa der Gefahrübergang gem. § 644 Abs. 1 BGB und der mängelhaftungsrechtliche Verjährungsbeginn gem. § 634a Abs. 2 BGB mit ihm verknüpft werden. Angesichts dieser besonderen Bedeutung der Abnahme und der entsprechenden Abnahmeverpflichtung des Bestellers erscheint es interessengerecht, auch **formularvertragliche Abnahmebestätigungen** zuzulassen. Wegen der mit einer solchen Abnahmebestätigung verbundenen Beweislaständerung ist es jedoch notwendig, in Anlehnung an das Erfordernis gesonderter Unterschrift gem. § 309 Nr. 12 letzter Halbs. BGB eine solche gesonderte Unterschrift bzw. eine gesonderte qualifizierte elektronische Signatur auch hier zu verlangen, um den Kunden auf die Bedeutung der Abnahmebestätigung nachdrücklich hinzuweisen.

2. Tatsachenbestätigungen im Unternehmensverkehr

Die Vorschrift des § 309 Nr. 12b) BGB findet nach § 310 Abs. 1 BGB keine Anwendung im Unternehmensverkehr, jedoch sind entsprechende Klauseln einer **Inhaltskontrolle nach § 307 Abs. 1 und 2 BGB** zu unterziehen. Dies führt infolge des bereits erwähnten Gerechtigkeitsgehalts der Beweislastregelungen in der Regel zur Unwirksamkeit derartiger Klauseln⁴⁴¹.

Einigkeit herrscht hingegen darüber, dass Tatsachenbestätigungen dergestalt, der Vertrag sei im Einzelnen **ausgehandelt** worden, auch im Unternehmensverkehr unwirksam sind⁴⁴². Selbst einer **individualvertraglichen Bestätigung** des Aushandelns sowie des Vorliegens eines Individualvertrags steht der *BGH* ablehnend gegenüber. Er möchte die Voraussetzungen des § 305 Abs. 1 S. 3 BGB geprüft wissen, weil eine solche Vereinbarung auf der wirtschaftlichen Überlegenheit einer der Vertragsparteien beruhen könnte, die unter Umgehung der gesetzlichen Bestimmungen zur Inhaltskontrolle Allgemeiner Geschäftsbedingungen ihre Gestaltungsmacht einseitig

1919

1920

1921

---

⁴³⁷ Vgl. *Palandt/Grüneberg* § 309 Rdn. 109; *Wolf/Lindacher/Pfeiffer* § 309 Nr. 12 Rdn. 62 sowie § 309 Nr. 11 Rdn. 23.
⁴³⁸ Vgl. *BGH*, 15.5.2014, III ZR 368/13, NJW 2014, 2857, 2860 Tz. 34.
⁴³⁹ Generell für Werkverträge *Wolf/Lindacher/Pfeiffer* § 309 Nr. 12 Rdn. 61.
⁴⁴⁰ Vgl. *Palandt/Sprau* § 640 Rdn. 8.
⁴⁴¹ Vgl. *BGH*, 6.2.2014, VII ZR 160/12, NJW-RR 2014, 456, 457 Tz. 19; *BGH*, 5.10.2005, VIII ZR 16/05, NJW 2006, 47, 49 Tz. 21 f.
⁴⁴² Vgl. *BGH*, 20.3.2014, VII ZR 248/13, NJW 2014, 1725, 1727 Tz. 26 ff. *Wolf/Lindacher/Pfeiffer* § 309 Nr. 12 Rdn. 92; *Ulmer/Brandner/Hensen* § 309 Nr. 12 Rdn. 27.

verwirklicht⁴⁴³. Demgegenüber ist die Frage, ob **Übernahme- und Abnahmeklauseln** auch im Unternehmensverkehr einer **gesonderten Unterschrift** bedürfen, soweit ersichtlich, bislang gerichtlich noch nicht überprüft und auch im Schrifttum nicht angesprochen. Zwischen Unternehmern erscheint eine gesonderte Unterschrift aber grundsätzlich nicht notwendig, weil hier der bei Verbrauchern besonders zu berücksichtigende Verheimlichungseffekt nicht in gleichem Maße berücksichtigt werden muss.

V. Das Sprachenproblem und die Verwendung von Fachtermini bei Softwareüberlassungsverträgen

Inhaltsübersicht

	Rdn.		Rdn.
1. Der Hinweis nach § 305 Abs. 2 Nr. 1 BGB	1925	3. Besonderheiten im Unternehmensverkehr	1928
2. Die zumutbare Kenntnisnahme gem. § 305 Abs. 2 Nr. 2 BGB	1926		

Typische Klauseln:

„Jegliche Übersetzung dieses Lizenzvertrags wird für lokale Zwecke angefertigt. Im Falle von Unstimmigkeiten zwischen der englischen und der nicht englischen Version hat die englische Version dieses Lizenzvertrags bis zu dem nicht durch Ihre lokale Gesetzsprechung untersagten Ausmaß Gültigkeit."⁴⁴⁴

„Sämtliche Übersetzungen dieser Vereinbarung werden für lokale Anforderungen erstellt und im Falle eines Konflikts zwischen der englischen und nicht-englischen Version hat die englische Version dieser Vereinbarung Vorrang."⁴⁴⁵

„13.11. Sprache. Diese Vereinbarung wurde ursprünglich in englischer Sprache erstellt. Auch wenn der Anbieter eine oder mehrere Übersetzungen dieser Vereinbarung zu Ihren Gunsten zur Verfügung stellt, gilt bei Kollisionen oder Abweichungen die englische Version als vorrangige Version dieser Vereinbarung."⁴⁴⁶

1922 Wenngleich der deutsche Bauingenieur Dr. Konrad Zuse die erste programmgesteuerte Rechenanlage mit dual verschlüsselten Zahlen und Befehlen entwickelte, spielte sich die wesentliche Weiterentwicklung der elektronischen Datenverarbeitung in den USA ab. Auch heute noch nehmen die USA eine dominierende Marktstellung ein. So überrascht es nicht, dass der englischen Sprache im Bereich der IT eine besondere Bedeutung zukommt, die nicht nur im internationalen Geschäftsverkehr, sondern auch bei vermeintlich rein inländischen Rechtsgeschäften Auswirkungen entfaltet, sei es, dass die mitgelieferte **Dokumentation** in englischer Sprache verfasst ist⁴⁴⁷, die Computersoftware nur mit an die englische Sprache angelehnten **Befehlen** bedient werden kann⁴⁴⁸, oder aber die **vertraglichen Vereinbarungen** zwi-

---

⁴⁴³ Vgl. *BGH*, 20.3.2014, VII ZR 248/13, NJW 2014, 1725, 1728 Tz. 30. Die individualvertragliche Vereinbarung lautete: „Der AN bestätigt ausdrücklich, dass im Rahmen der vergangenen Verhandlungen zum GU-Vertrag über jede Vertragsklausel ausgiebig und ernsthaft mit dem AG diskutiert und verhandelt wurde. Der AN ist sich daher mit dem AG darüber einig, dass es sich bei dem geschlossenen Generalunternehmervertrag um einen Individualvertrag handelt."
⁴⁴⁴ Vgl. Softwarelizenzvertrag für iOS 11 der Apple Inc. (EA 1491 vom 12.7.2017).
⁴⁴⁵ Vgl. Endbenutzer-Lizenzvereinbarung für Samsung Kies (2013).
⁴⁴⁶ Vgl. Endnutzer-Lizenzvereinbarung der AVG Technologies (7.7.2017).
⁴⁴⁷ Vgl. zur Einstufung einer fremdsprachigen Dokumentation als Mangel nach § 434 BGB ausführlich oben Rdn. 1539 sowie 1540 f.
⁴⁴⁸ Vgl. zur Einstufung fremdsprachiger Befehle als Mangel oben Rdn. 1529.

schen Softwarehersteller und Anwender in dieser Sprache getroffen werden. Allein der letztgenannte Fall soll nachfolgend vertieft werden.

Keine Probleme ergeben sich dann, wenn die fremdsprachigen Vereinbarungen nicht der Kontrolle nach den Regelungen über Allgemeine Geschäftsbedingungen gem. §§ 305 ff. BGB unterfallen, weil sie etwa nicht vorformuliert waren, sondern erst bei Vertragsschluss **einvernehmlich** getroffen wurden oder weil es sich um sog. **Aushandlungsvereinbarungen** im Sinne des § 305 Abs. 1 S. 3 BGB[449] handelt, die zwischen den Vertragsparteien im einzelnen ausgehandelt wurden. In diesen Fällen liegt eine Kommunikation zwischen den Parteien vor, die es jedem Vertragspartner ermöglicht, die Vereinbarungen in Selbstverantwortung zunächst zu prüfen und abzuwägen, da die Kenntnis vom Inhalt und der Bedeutung der betreffenden Vereinbarung notwendiger Bestandteil des Kommunikationsvorgangs ist. Soweit jedoch eine Vertragspartei in der Lage ist, an dieser einen nicht unter die §§ 305 ff. BGB fallenden Vertrag vorbereitenden Kommunikation in einer beliebigen Sprache zu partizipieren, ist kein Grund ersichtlich, Bedenken gegen einen in dieser Verhandlungssprache abgefassten Vertrag zu formulieren. 1923

Anders stellt sich die Situation indes dann dar, wenn einem Vertragspartner bei Vertragsschluss vorformulierte Vertragsbedingungen im Sinne des § 305 Abs. 1 BGB gestellt werden. Diese werden nach der im Unternehmensverkehr nicht anwendbaren Vorschrift des § 305 Abs. 2 BGB nur dann Vertragsbestandteil, wenn der Verwender gem. § 305 Abs. 2 Nr. 1 BGB auf die AGB **hinweist** und darüber hinaus dem Verwender gem. § 305 Abs. 2 Nr. 2 BGB die Möglichkeit **zumutbarer Kenntnisnahme** geschaffen wird. Sowohl im Hinblick auf den Hinweis als auch auf die Möglichkeit zumutbarer Kenntnisnahme können bei der Verwendung einer Fremdsprache Probleme auftreten. 1924

1. Der Hinweis nach § 305 Abs. 2 Nr. 1 BGB

Ein ausdrücklicher Hinweis des Verwenders im Sinne des § 305 Abs. 2 Nr. 1 BGB setzt nach wohl einhelliger Ansicht voraus, dass er dem Kunden den **Einbeziehungswillen** deutlich erkennbar werden lässt[450], was bei der Verwendung einer Fremdsprache nur dann der Fall ist, wenn die Vertragsverhandlungen in dieser Sprache geführt wurden[451] oder der Kunde bzw. dessen Vertreter diese Sprache mühelos verstehen kann[452]. Sofern der Kunde Ausländer ist, muss der Hinweis ebenfalls in der Verhandlungssprache abgegeben werden[453]. 1925

2. Die zumutbare Kenntnisnahme gem. § 305 Abs. 2 Nr. 2 BGB

Zu den Anforderungen, die im Verbraucherverkehr an die Zumutbarkeit der Kenntnisnahme seitens des Kunden zu stellen sind, zählt die **Verständlichkeit des Inhalts** der jeweiligen Vereinbarungen[454], wie sie auch in dem in § 307 Abs. 1 S. 2 BGB niedergelegten **Gebot der Klarheit und Verständlichkeit** postuliert ist. Diese Verständlichkeit liegt im Hinblick auf das hier dargestellte Sprachproblem regelmä- 1926

---

[449] Vgl. zu den einzelnen Voraussetzungen der Aushandlungsvereinbarungen *Wolf/Lindacher/Pfeiffer* § 305 Rdn. 35 ff.; *Palandt/Grüneberg* § 305 Rdn. 18 ff.
[450] Vgl. *Wolf/Lindacher/Pfeiffer* § 305 Rdn. 69.
[451] Vgl. *Ulmer/Brandner/Hensen* § 305 Rdn. 124; *Wolf/Lindacher/Pfeiffer* § 305 Rdn. 71.
[452] Vgl. *Wolf/Lindacher/Pfeiffer* § 305 Rdn. 71.
[453] Vgl. OLG Frankfurt, 11.12.2002, 23 U 185/01, NJW-RR 2003, 704, 706.
[454] Vgl. *Wolf/Lindacher/Pfeiffer* § 305 Rdn. 88; *Ulmer/Brandner/Hensen* § 305 Rdn. 150 ff.; *Palandt/Grüneberg* § 305 Rdn. 39.

ßig dann vor, wenn die Allgemeinen Geschäftsbedingungen in der verwendeten **Verhandlungssprache** verfasst sind[455]. Soweit die Geschäftsbedingungen nicht in der Verhandlungssprache abgefasst sind, ist es für die Einbeziehung der Allgemeinen Geschäftsbedingungen in den Vertrag erforderlich, die Geschäftsbedingungen dem Kunden in einer ihm **mühelos verständlichen Sprache** zugänglich zu machen[456]. Ist daher eine andere Sprache als Deutsch die Verhandlungssprache, müssen die Geschäftsbedingungen in dieser Sprache vorliegen[457]. Bei einem an deutsche Verbraucher in deutscher Sprache ausgerichteten Angebot müssen die Geschäftsbedingungen daher auch in deutscher Sprache vorliegen. Es kann auch im Bereich der Informationstechnologie nicht erwartet werden, dass deutsche Verbraucher die englische (Rechts-) Sprache ohne weiteres verstehen[458]. Werden die Vertragsverhandlungen mit einem Ausländer aber in deutscher Sprache geführt, folgt auch aus den Regelungen der §§ 305 ff. BGB keine Verpflichtung des Verwenders, eine Übersetzung der Allgemeinen Geschäftsbedingungen in die betreffende Fremdsprache bereitzuhalten[459]. Das Erfordernis, dem Kunden die Allgemeinen Geschäftsbedingungen in einer für ihn mühelos verständlichen Sprache zugänglich zu machen, gilt jedoch beim **Fehlen einer gemeinsamen Verhandlungssprache**[460]. Unterzeichnet ein Verbraucher eine nicht in der Verhandlungssprache abgefasste, ihm unverständliche Vertragsurkunde, so liegt hierin regelmäßig kein Verzicht auf die Möglichkeit zumutbarer Kenntnisnahme, weshalb eine wirksame Einbeziehung hierdurch nicht erfolgt[461].

1927 Auch soweit die Geschäftsbedingungen in der verwendeten Verhandlungssprache verfasst sind, kann die zur zumutbaren Kenntnisnahme gem. § 305 Abs. 2 Nr. 2 BGB zählende Verständlichkeit fehlen, etwa weil einzelne **fremdsprachige Fachtermini** oder auch **Fachtermini der Verhandlungssprache** verwendet werden. Bei der Beurteilung der Verständlichkeit des Inhalts ist auf das Verständnis eines durchschnittlichen Kunden und nicht auf die persönlichen Kenntnisse des einzelnen Vertragspartners abzustellen[462]. Aus diesem Grund ist es nicht zu beanstanden, wenn gängige englischsprachige Begriffe wie etwa „back-up" für Sicherungskopie in deutschsprachigen Geschäftsbedingungen Verwendung finden. Auch die Bezeichnung einer Zentraleinheit als „CPU" dürfte mittlerweile im Kreise der Anwender so weit verbreitet sein, dass sie zu dem vom durchschnittlichen Kunden zu erwartenden Wortschatz zählt. Insgesamt ist zu beachten, dass sich im Bereich der IT viele englischsprachige Fachbegriffe auch unter deutschsprachigen Anwendern, die keine englischen Sprachkenntnisse aufweisen, so stark durchgesetzt haben, dass eine Einstufung als dem Durchschnittskunden unverständlich nur mit großer Zurückhaltung ausgesprochen werden sollte[463].

---

[455] Vgl. *BGH*, 10.3.1983, VII ZR 302/82, NJW 1983, 1489; *AG Köln*, 24.9.2012, 114 C 22/12, BeckRS 2013, 05448; *Wolf/Lindacher/Pfeiffer* § 305 Rdn. 89.
[456] Vgl. *LG Berlin*, 9.5.2014, 15 O 44/13, CR 2014, 676; *Ulmer/Brandner/Hensen* Anh. § 305 Rdn. 15.
[457] Vgl. *OLG Frankfurt*, 11.12.2002, 23 U 185/01, NJW-RR 2003, 704, 706.
[458] Vgl. *KG Berlin*, 8.4.2016, 5 U 156/14, CR 2016, 602, 603; *LG Berlin*, 9.5.2014, 15 O 44/13, CR 2014, 676; für Webseite zur Flugbuchung *AG Köln*, 24.9.2012, 114 C 22/12, BeckRS 2013, 05448.
[459] Vgl. *Palandt/Grüneberg* § 305 Rdn. 40.
[460] Vgl. *Wolf/Lindacher/Pfeiffer* § 305 Rdn. 89.
[461] Vgl. *Wolf/Lindacher/Pfeiffer* § 305 Rdn. 89; *Ulmer/Brandner/Hensen* Anh. § 305 Rdn. 15.
[462] Vgl. *BGH*, 23.5.1984, VIII ZR 27/83, NJW 1985, 850, 851; *Wolf/Lindacher/Pfeiffer* § 305 Rdn. 88.
[463] In dieser Richtung auch *AG Schöneberg*, 31.3.2005, 9 C 516/04, MMR 2005, 637, das ausführt, es sei völlig unwahrscheinlich, dass im Jahr 2005 ein Arzt, der die englische Sprache zu seiner

3. Besonderheiten im Unternehmensverkehr

Gem. § 310 Abs. 1 S. 1 BGB findet die Vorschrift des § 305 Abs. 2 BGB keine Anwendung, soweit es sich um Allgemeine Geschäftsbedingungen handelt, die gegenüber einem Unternehmer oder gegenüber einer juristischen Person des öffentlichen Rechts oder einem öffentlich-rechtlichen Sondervermögen verwendet werden. Auch im **Unternehmensverkehr** werden die jeweiligen Geschäftsbedingungen aber nach einhelliger Auffassung nur dann Vertragsbestandteil, soweit eine rechtsgeschäftliche Einbeziehung vorliegt[464]. Diese kann ausdrücklich oder stillschweigend getroffen werden[465]. Darüber hinaus ist indes neben anderen Voraussetzungen auch hier die Möglichkeit zumutbarer Kenntnisnahme zu fordern[466], sodass erneut der Grundsatz festgehalten werden kann, dass ein Hinweis auf die Allgemeinen Geschäftsbedingungen in der **gemeinsamen Verhandlungssprache** erfolgen muss. 1928

Abweichend von der Rechtslage im Verbraucherverkehr ist es jedoch im Unternehmensverkehr sowohl für den Hinweis als auch für den Text der Allgemeinen Geschäftsbedingungen ausreichend, eine im internationalen Geschäftsverkehr **übliche Sprache** zu verwenden[467], wozu im Bereich der IT zur Zeit wohl nur die englische Sprache zu zählen ist. Darüber hinaus ist eine Abweichung von der Verhandlungs- oder Weltsprache dann zulässig, wenn der Kunde diese abweichende Sprache beherrscht. Schließlich ist noch für den Unternehmensverkehr anzumerken, dass der Kunde auf die Möglichkeit der Kenntnisnahme verzichten kann. Unterzeichnet er deshalb eine Vertragsurkunde mitsamt Einbeziehungshinweis in einer von der Verhandlungssprache abweichenden Sprache, kommt hierin anders als im Verbraucherverkehr eine Akzeptanz dieser Sprache zum Ausdruck, sodass ihn eine Obliegenheit zu **eigenverantwortlicher Kenntnisverschaffung** mittels Übersetzung trifft[468]. Liegen **zweisprachige**, inhaltlich voneinander **abweichende Fassungen** der Allgemeinen Geschäftsbedingungen vor, ist von einer stillschweigenden Vereinbarung der Parteien darüber auszugehen, die in der Verhandlungssprache vorliegenden Bedingungen als maßgeblich zu qualifizieren[469]. Ob hiervon durch eine Klausel abgewichen werden kann, die den Vorrang einer bestimmten Sprachfassung anordnet, ist auch im Unternehmensverkehr zweifelhaft[470]. In der konkreten Fassung der Apple Geschäftsbedingungen liegt nicht nur ein Verstoß gegen das Transparenzprinzip, weil das „Ausmaß" unbestimmt bleibt[471], vielmehr ist es im höchsten Maße bemerkenswert, dass das betreffende Weltunternehmen die eigenen Geschäftsbedingungen offen- 1929

Fortbildung benötige und die Computertechnik aus der Zeit seiner Krankenhaustätigkeit beherrschen müsse, die in Auftragsbestätigungen zu Internetdiensten genannten englischsprachigen Fachausdrücke nicht kenne.

[464] Vgl. *BGH*, 15.1.2014, VIII ZR 111/13, NJW 2014, 1296 Tz. 17.

[465] Vgl. *BGH*, 24.10.2002, I ZR 104/00, NJW-RR 2003, 754, 755; *Wolf/Lindacher/Pfeiffer* § 305 Rdn. 125; *Ulmer/Brandner/Hensen* § 305 Rdn. 170; *Palandt/Grüneberg* § 305 Rdn. 50 f.

[466] Vgl. *BGH*, 11.5.1989, VII ZR 150/88, NJW-RR 1989, 1104; *Wolf/Lindacher/Pfeiffer* § 305 Rdn. 131; *Palandt/Grüneberg* § 305 Rdn. 53.

[467] Vgl. *OLG Hamburg*, 1.6.1979, 11 U 32/79, NJW 1980, 1232; *Palandt/Grüneberg* § 305 Rdn. 58; *Ulmer/Brandner/Hensen* Anh. § 305 Rdn. 16; *Wolf/Lindacher/Pfeiffer* § 305 Rdn. 89.

[468] Vgl. *OLG Hamm*, 28.6.1994, 19 U 179/93, NJW-RR 1995, 188, 189.

[469] Vgl. *BGH*, 28.3.1996, III ZR 95/95, NJW 1996, 1819.

[470] Vgl. den Apple iOS 11 Softwarelizenzvertrag (EA1491 vom 12.7.2017) Ziff. 13 S. 3: „Jegliche Übersetzung dieses Lizenzvertrags wird für lokale Zwecke angefertigt. Im Falle von Unstimmigkeiten zwischen der englischen und der nicht englischen Version hat die englische Version dieses Lizenzvertrags bis zu dem nicht durch Ihre lokale Gesetzsprechung untersagten Ausmaß Gültigkeit."

[471] Vgl. zu entsprechenden salvatorischen Formulierungen unten Rdn 2036 ff.

sichtlich nur maschinell übersetzen lässt (aus „local law in your jurisdiction" wird „lokale Gesetzsprechung") und hierdurch Worte kreiert, die keinen Sinn ergeben.

VI. Hinweis-, Kenntnisnahme- und Einverständnisklauseln

Inhaltsübersicht

	Rdn.		Rdn.
1. Zielsetzung dieses Klauseltyps	1930	3. Die Verwendung im Unternehmensverkehr	1957
2. Die Verwendung im Verbraucherverkehr	1934	a) Die Nichtanwendbarkeit des § 305 Abs. 2 BGB	1957
a) Hinweisklauseln	1935	b) Die Voraussetzungen für eine rechtsgeschäftliche Einbeziehung	1958
aa) Das Hinweiserfordernis nach § 305 Abs. 2 Nr. 1 BGB	1935	4. Kollidierende Allgemeine Geschäftsbedingungen	1961
bb) Hinweisbestätigungen und § 309 Nr. 12b) BGB	1939	a) Das Zustandekommen des Vertrags	1962
b) Kenntnisnahmeklauseln	1942	b) Der jeweilige Vertragsinhalt	1964
aa) Die Möglichkeit zumutbarer Kenntnisnahme nach § 305 Abs. 2 Nr. 2 BGB	1942	aa) Übereinstimmende Klauseln	1967
		bb) Sich widersprechende Klauseln	1968
bb) Bestätigungen zumutbarer Kenntnisnahme	1949	cc) Einseitige Regelungen	1969
c) Das Einverständnis des Kunden	1952	dd) Der Sonderfall der Eigentumsvorbehaltsklauseln	1970

Typische Klauseln:

„Durch seine Unterschrift bestätigt der Kunde, die Allgemeinen Geschäftsbedingungen gelesen und verstanden zu haben."

„Der Kunde hat die Allgemeinen Geschäftsbedingungen gelesen und erklärt sich mit ihnen einverstanden."

„Durch die Verwendung der Samsung Kies-Software stimmen Sie der Vereinbarung zu. Anderenfalls dürfen Sie diese Software nicht verwenden. Wenn Sie auf „Ich akzeptiere die Bedingungen der Lizenzvereinbarung" klicken, um die Software zu installieren, stimmen Sie dieser Vereinbarung zu. Wenn Sie der Vereinbarung nicht zustimmen möchten, klicken Sie auf die Schaltfläche „Abbrechen", sodass die Software nicht installiert wird."[472]

„Durch Annahme dieses Vertrages oder durch Verwendung der Software erklären Sie sich mit all diesen Bestimmungen einverstanden und stimmen der Übertragung bestimmter Informationen während der Aktivierung und für internetbasierte Features der Software zu. Wenn Sie diese Bestimmungen nicht annehmen oder einhalten, dürfen Sie die Software oder Features nicht verwenden. Stattdessen sollten Sie sie an den Einzelhändler oder an dem sonstigen Ort zurückgeben, wo Sie die Softwarelizenz erworben haben, um eine Erstattung oder Gutschrift zu erhalten."[473]

„Indem du die Apple Software verwendest oder eine Softwareaktualisierung lädst, sofern zutreffend, erklärst du dein Einverständnis mit den Bestimmungen dieses Lizenzvertrags. Wenn du mit den Bestimmungen dieses Lizenzvertrags nicht einverstanden bist, verwende das iOS-Gerät nicht bzw. lade die Softwareaktualisierung nicht. Wenn du kürzlich ein iOS-Gerät gekauft hast und mit den Bestimmungen dieses Lizenzvertrags nicht einverstanden bist, kannst du das iOS-Gerät gemäß den Apple-Rückgaberichtlinien unter http://www.apple.com/legal/sales_policies/ innerhalb des Rückgabezeitraums gegen Rückerstattung des Kaufpreises an den Apple Store oder den autorisierten Händler zurückgeben, bei dem du es erworben hast."[474]

„Sie bestätigen ausdrücklich, folgende Bestimmungen zur Kenntnis genommen zu haben ...."[475]

„Der Käufer erklärt sich mit nachfolgenden Vertragsbedingungen einverstanden."

„Mit meiner Unterschrift erkenne ich zugleich die umseitigen Geschäftsbedingungen an."

---

[472] Vgl. Endbenutzer-Lizenzvereinbarung für Samsung Kies (2013).
[473] Vgl. Microsoft-Software-Lizenzvertrag für Windows 8 (2013).
[474] Vgl. Softwarelizenzvertrag für iOS 11 der Apple Inc. (EA 1491 vom 12.7.2017).
[475] Vgl. die Lizenzbedingungen für die Google Earth Software (2008).

"Lieferungs- und Zahlungsbedingungen anerkannt: ... (Unterschrift)."

„Ich bin damit einverstanden, dass die Allgemeinen Geschäftsbedingungen der Firma ... gelten, die mir ausgehändigt worden sind."[476]

Schrifttum: *Schmidt*, Einbeziehung von AGB im unternehmerischen Geschäftsverkehr, NJW 2011, 3329 ff.

1. Zielsetzung dieses Klauseltyps

Schon vor Inkrafttreten des alten AGBG im Jahre 1977 bejahte die Rechtsprechung eine wirksame Einbeziehung Allgemeiner Geschäftsbedingungen in einen Vertrag, wenn der Kunde vom Vorhandensein der Vertragsbedingungen wusste oder bei Anwendung der gehörigen Sorgfalt hiervon hätte Kenntnis haben müssen und wenn für den Kunden darüber hinaus erkennbar war, dass der Verwender den Vertrag zu den in seinen Allgemeinen Geschäftsbedingungen festgelegten Konditionen abzuschließen beabsichtigte[477]. Durch § 2 AGBG a. F., der nahezu wörtlich dem heutigen § 305 Abs. 2 BGB entsprach, wollte der Gesetzgeber für den **Verbraucherverkehr** das Vorliegen einer **rechtsgeschäftlichen Geltungsgrundlage** der jeweiligen Allgemeinen Geschäftsbedingungen sicherstellen[478] und stellte in § 2 Abs. 1 AGBG a. F. verschiedene Voraussetzungen auf, die für eine wirksame Einbeziehung erfüllt sein müssen. An diesen Voraussetzungen hat sich bis heute nichts geändert. 1930

Zunächst erfordert die Einbeziehung nach § 305 Abs. 2 Nr. 1 BGB grundsätzlich einen **ausdrücklichen Hinweis** des Verwenders auf seine Allgemeinen Geschäftsbedingungen. Daneben ist dem Kunden gem. § 305 Abs. 2 Nr. 2 BGB die **Möglichkeit zumutbarer Kenntnisnahme** vom Inhalt der jeweiligen Allgemeinen Geschäftsbedingungen einzuräumen. Schließlich ist als dritte Voraussetzung wirksamer Einbeziehung gem. § 305 Abs. 2 letzter Halbs. BGB das **Einverständnis** des Kunden mit der Geltung der Vertragsbedingungen erforderlich. Sinn und Zweck von § 305 Abs. 2 BGB ist es, dass der Kunde die Gelegenheit erhalten soll, sich bei Vertragsabschluss mit den Allgemeinen Geschäftsbedingungen seines potenziellen Vertragspartners vertraut zu machen, damit er die Rechtsfolgen und Risiken des Vertragsabschlusses abschätzen kann[479]. Der ausdrückliche Hinweis sowie die Möglichkeit zumutbarer Kenntnisnahme müssen deshalb vorliegen, **bevor** sich der Kunde durch seine auf die Einbeziehung der Allgemeinen Geschäftsbedingungen gerichtete Erklärung bindet[480]. 1931

§ 305 Abs. 2 BGB ist **zwingendes Recht**[481] und modifiziert die rechtsgeschäftlichen Vorschriften des BGB, insbesondere die §§ 133, 157 BGB, indem die wirksame Einbeziehung Allgemeiner Geschäftsbedingungen in den Vertrag an besondere Erfordernisse geknüpft wird, die über die in §§ 133, 157 BGB enthaltenen Voraussetzungen hinausgehen[482]. Die Vorschrift des § 310 Abs. 3 BGB über die Besonderheiten von Allgemeinen Geschäftsbedingungen in Verbraucherverträgen verweist für solche vorformulierten Vertragsbedingungen, die nur zur einmaligen Verwendung 1932

---

[476] Vgl. die ähnliche Klausel im Fall des *BGH*, 24.3.1988, III ZR 21/87, NJW 1988, 2106 ff.
[477] Vgl. *BGH*, 8.7.1955, I ZR 201/53, *BGHZ* 18, 98, 99.
[478] Vgl. bereits den 1. Teilbericht der Arbeitsgruppe beim Bundesminister der Justiz, 1974, S. 41; ferner den Regierungsentwurf zum AGBG, BT-Drucks. 7/3919, S. 13.
[479] Vgl. *BGH*, 11.11.2009, VIII ZR 12/08, CR 2010, 87, 90 Tz. 38.
[480] Vgl. *BGH*, 11.11.2009, VIII ZR 12/08, CR 2010, 87, 90 Tz. 38.
[481] Vgl. *Palandt/Grüneberg* § 305 Rdn. 25; *Wolf/Lindacher/Pfeiffer* § 305 Rdn. 62.
[482] Vgl. *BGH*, 18.6.1986, VIII ZR 137/85, NJW-RR 1987, 112, 113; *Palandt/Grüneberg* § 305 Rdn. 25; *Wolf/Lindacher/Pfeiffer* § 305 Rdn. 66.

bestimmt sind und daher keine Allgemeinen Geschäftsbedingungen im Sinne des § 305 Abs. 1 S. 1 BGB darstellen, nicht auf § 305 Abs. 2 BGB, weil letztgenannte Vorschrift nach Auffassung des Gesetzgebers auf zur einmaligen Verwendung bestimmte Vertragsbedingungen nicht passt[483]. Diesbezüglich müssen also die gegenüber dem allgemeinen Vertragsrecht formalisierten Einbeziehungsvoraussetzungen des § 305 Abs. 2 BGB nicht erfüllt werden.

1933 Infolge des vom Gesetzgeber erkannten geringeren Schutzbedürfnisses und abweichender Erfordernisse des **Unternehmensverkehrs** findet § 305 Abs. 2 BGB nach § 310 Abs. 1 BGB keine Anwendung auf Allgemeine Geschäftsbedingungen, die gegenüber einem Unternehmer, einer juristischen Person des öffentlichen Rechts oder einem öffentlich-rechtlichen Sondervermögen verwendet werden[484]. Im Unternehmensverkehr können die Vertragspartner die Anwendung Allgemeiner Geschäftsbedingungen ausdrücklich oder stillschweigend vereinbaren[485]. Dazu ist erforderlich, dass der eine Teil zum Ausdruck bringt, neben dem individualvertraglich Vereinbarten sollten auch bestimmte Allgemeine Geschäftsbedingungen Vertragsinhalt werden, und der andere Teil damit einverstanden ist[486]. Die bloße Branchenüblichkeit bestimmter Allgemeiner Geschäftsbedingungen reicht daher für eine Einbeziehung nicht aus[487].

2. Die Verwendung im Verbraucherverkehr

1934 Sämtliche der drei oben genannten Einbeziehungsvoraussetzungen des § 305 Abs. 2 BGB bereiten den Verwendern Allgemeiner Geschäftsbedingungen mitunter Schwierigkeiten unterschiedlichen Ausmaßes. Zahlreiche Verwender versuchen daher, die einzelnen Voraussetzungen durch Regelungen innerhalb der eigenen Allgemeinen Geschäftsbedingungen zu erfüllen.

a) Hinweisklauseln

aa) Das Hinweiserfordernis nach § 305 Abs. 2 Nr. 1 BGB

1935 Grundsätzlich muss ein Verwender Allgemeiner Geschäftsbedingungen seine Kunden gem. § 305 Abs. 2 Nr. 1 BGB **ausdrücklich** auf seine Geschäftsbedingungen **hinweisen**[488]. Allein in dem Fall, dass ein ausdrücklicher Hinweis wegen der Art des Vertragsschlusses nur unter unverhältnismäßigen Schwierigkeiten möglich ist, genügt nach § 305 Abs. 2 Nr. 1 2. Alt. BGB ein **deutlich sichtbarer Aushang** am Ort des Vertragsschlusses. Dieser Ausnahmefall wird jedoch bei Softwareüberlassungsverträgen allenfalls beim Erwerb von Low-Cost-Software in Kaufhäusern und Selbstbedienungsläden der Fall sein, wo der Softwareerwerb durchaus die Form eines Massengeschäfts des täglichen Lebens ohne besonderen wirtschaftlichen Wert annehmen kann. Die das Eingreifen der Ausnahmeregelung rechtfertigende geschäftliche Anonymität der beteiligten Personen und die damit verbundene Besonderheit des Massengeschäfts entfällt jedoch, sobald etwa die Software zunächst von einem Verkäufer aus einer aus Gründen des Diebstahlschutzes verschlossenen Vitrine herausgeholt werden muss. In diesem Fall ist es nicht ersichtlich, weshalb ein

---

[483] Vgl. Begründung zum Regierungsentwurf BT-Drucks. 13/2713 vom 20.10.1995, S. 7.
[484] Vgl. *BGH*, 15.1.2014, VIII ZR 111/13, NJW 2014, 1296 Tz. 17.
[485] Vgl. *BGH*, 24.10.2002, I ZR 104/00, NJW-RR 2003, 754, 755; *Palandt/Grüneberg* § 305 Rdn. 50 f.; *Wolf/Lindacher/Pfeiffer* § 305 Rdn. 125.
[486] Vgl. *BGH*, 12.2.1992, VIII ZR 84/91, NJW 1992, 1232.
[487] Vgl. *BGH*, 15.1.2014, VIII ZR 111/13, NJW 2014, 1296 Tz. 17.
[488] Vgl. *BGH*, 11.11.2009, VIII ZR 12/08, CR 2010, 87, 90 Tz. 38.

Aufschließen der Vitrine möglich, ein entsprechender Hinweis auf die Allgemeinen Geschäftsbedingungen jedoch unverhältnismäßig schwierig sein soll, weshalb der bloße Aushang hier dem Hinweiserfordernis nicht genügt.

Der Hinweis auf die Allgemeinen Geschäftsbedingungen ist grundsätzlich **formfrei**, kann also auch mündlich erfolgen[489]. Bei einem schriftlichen Angebot wird jedoch mangels anderweitigen Kontakts in der Regel ein schriftlicher Hinweis im Angebotstext erforderlich sein[490]. Handelt es sich bei der Vertragsurkunde um einen vorgedruckten Formularvertrag, ergibt sich der für die Einbeziehung erforderliche Hinweis gegebenenfalls daraus, dass die Allgemeinen Geschäftsbedingungen in dem dem Kunden zur Durchsicht und Unterschrift vorgelegten Vertragstext enthalten sind. 1936

Sofern die Allgemeinen Geschäftsbedingungen nicht im unmittelbaren Vertragstext untergebracht sind, sondern etwa auf der **Rückseite des Vertragsformulars** oder auf einem gesonderten Blatt abgedruckt wurden, muss der Kunde auf die dergestalt einsehbaren Geschäftsbedingungen besonders hingewiesen werden. Der bloße Abdruck genügt dem Hinweiserfordernis des § 305 Abs. 2 Nr. 1 BGB nicht[491]. Ein an verdeckter Stelle der Vertragsurkunde in kleiner Schrift angebrachter Hinweis reicht ebenfalls nicht[492]. Erforderlich ist vielmehr ein deutlich sichtbarer Hinweis, der auch von einem Durchschnittskunden bei flüchtiger Betrachtung nicht übersehen werden kann[493]. Der Hinweis vermag auch nur solche Allgemeine Geschäftsbedingungen in den Vertrag einzubeziehen, auf die er sich ausdrücklich erstreckt. Wird daher auf umseitig abgedruckte Allgemeine Geschäftsbedingungen verwiesen, wird nur der Teil des umseitig abgedruckten Textes einbezogen, der die Überschrift „AGB" trägt. Andere Textpassagen, etwa darüber abgedruckte Vorbemerkungen oder ähnliches werden nicht Vertragsbestandteil[494]. Wird auf gesondert abgedruckte Allgemeine Geschäftsbedingungen hingewiesen und dem Kunden von dem mehrseitigen Abdruck aber nur eine Seite ausgehändigt, werden die nicht ausgehändigten Teile der Geschäftsbedingungen ebenfalls nicht wirksam in den Vertrag einbezogen[495]. 1937

Der Hinweis auf die Allgemeinen Geschäftsbedingungen muss nach dem ausdrücklichen Gesetzeswortlaut **bei Vertragsschluss** gegeben werden, wobei dieses „bei" als „spätestens bei" zu verstehen ist, denn auch die Möglichkeit zumutbarer Kenntnisnahme muss bestehen, bevor sich der Kunde durch seine auf die Einbeziehung der Allgemeinen Geschäftsbedingungen gerichtete Erklärung bindet[496]. Andernfalls könnte der Zweck des § 305 Abs. 2 BGB nicht erreicht werden, demzufolge der Kunde die Gelegenheit erhalten soll, sich bei Vertragsabschluss mit den Allgemeinen Geschäftsbedingungen vertraut zu machen, damit er die Rechtsfolgen und Risiken des Vertragsabschlusses abschätzen kann[497]. Sämtliche Hinweise, die der Verwender erst nach Vertragsschluss abgibt, wie etwa auf einer Auftragsbestätigung, einer Rechnung, einem Lieferschein[498] oder einer Versandanzeige, genügen 1938

---

[489] Vgl. *BGH*, 2.12.1982, VII ZR 63/82, NJW 1983, 816, 817.
[490] Vgl. *Wolf/Lindacher/Pfeiffer* § 305 Rdn. 73.
[491] Vgl. *Palandt/Grüneberg* § 305 Rdn. 27; *Ulmer/Brandner/Hensen* § 305 Rdn. 129; *Wolf/Lindacher/Pfeiffer* § 305 Rdn. 73.
[492] Vgl. *OLG Nürnberg*, 21.3.1990, 4 U 3979/89, BB 1990, 1998.
[493] Vgl. *BGH*, 18.6.1986, VIII ZR 137/85, NJW-RR 1987, 112, 113 f.; *Wolf/Lindacher/Pfeiffer* § 305 Rdn. 69; *Palandt/Grüneberg* § 305 Rdn. 27.
[494] Vgl. *BGH*, 14.1.1987, IVa ZR 130/85, NJW 1987, 2431, 2432.
[495] Vgl. *OLG Frankfurt*, 2.11.1988, 17 U 148/87, NJW 1989, 1095.
[496] Vgl. *BGH*, 11.11.2009, VIII ZR 12/08, CR 2010, 87, 90 Tz. 38.
[497] Vgl. *BGH*, 11.11.2009, VIII ZR 12/08, CR 2010, 87, 90 Tz. 38.
[498] Vgl. *BGH*, 18.6.1986, VIII ZR 137/85, NJW-RR 1987, 112, 114.

dieser Voraussetzung nicht[499]. Berücksichtigt werden muss jedoch, dass bei einem Kauf im Ladenlokal die für den Vertragsschluss notwendigen Willenserklärungen regelmäßig erst an der Kasse abgegeben werden. Dies möchte das *OLG Hamm* dahingehend werten, dass die Aushändigung von Lieferbedingungen und der Hinweis auf diese an der Ladenkasse noch bei Vertragsschluss im Sinne des § 305 Abs. 2 BGB und damit rechtzeitig für die Einbeziehung in den Vertrag ist[500].

bb) Hinweisbestätigungen und § 309 Nr. 12b) BGB

1939   Die Erfüllung des oben dargelegten Hinweiserfordernisses obliegt dem Verwender, der seine Allgemeinen Geschäftsbedingungen in den Vertrag einbeziehen will. Möchte sich der Verwender im Prozess auf seine Allgemeinen Geschäftsbedingungen berufen, trifft ihn für sämtliche Einbeziehungsvoraussetzungen des § 305 Abs. 2 BGB die **Beweislast**. Diese kann der Verwender nicht durch eine in den Geschäftsbedingungen enthaltene Hinweisklausel auf den Kunden abwälzen, indem durch diese Klausel bestätigt werden soll, dass ein entsprechender Hinweis auf die Allgemeinen Geschäftsbedingungen erfolgte. Eine solche Klausel verstößt gegen das in § 309 Nr. 12b) BGB festgeschriebene Verbot, durch eine Tatsachenbestätigung eine Umkehr der Beweislast zum Nachteil des Kunden herbeizuführen[501] und ist deshalb grundsätzlich unwirksam.

1940   Das Verbot des § 309 Nr. 12b) BGB greift jedoch nach dem letzten Halbs. dieser Vorschrift dann nicht Platz, wenn die Tatsachenbestätigung durch ein **gesondert unterschriebenes** oder mit einer gesonderten qualifizierten elektronischen Signatur versehenes **Empfangsbekenntnis** erfolgt. Wenngleich sich Empfangsbekenntnisse üblicherweise nicht auf Hinweise beziehen, sondern grundsätzlich den Empfang einer Geldzahlung, Ware oder anderen Leistung bestätigen[502] und daher bedeutungsgleich mit der in § 368 BGB einer Legaldefinition unterzogenen Quittung sind, steht dem nicht entgegen, auch Bestätigungen eines Hinweises hier unterzuordnen, denn lediglich rechtliche Bewertungen können nicht nach § 309 Nr. 12b) BGB bestätigt werden[503]. Ein Verstoß gegen § 309 Nr. 12b) BGB liegt daher nicht vor, wenn der Kunde durch ein gesondert unterschriebenes oder mit einer gesonderten qualifizierten elektronischen Signatur versehenes Empfangsbekenntnis bestätigt, vom Verwender auf seine Allgemeinen Geschäftsbedingungen hingewiesen worden zu sein.

1941   Für das gesonderte Empfangsbekenntnis ist zwar **keine besondere Vertragsurkunde** erforderlich[504], jedoch muss das Empfangsbekenntnis vom übrigen Vertragstext **deutlich abgesetzt** sein[505]. Darüber hinaus darf sich die Unterschrift des Kunden nur auf das Empfangsbekenntnis beziehen und nicht auch auf weitere Erklärungen[506]. Soll der Vertrag daher ebenfalls unterschrieben werden, sind zwei Unterschriften zu leisten, die sich einmal auf den Vertrag und das andere Mal auf das Empfangsbekenntnis beziehen[507]. Unterzeichnet der Kunde indes eine derartige gesonderte Hinweisklausel, so ist er zugleich ausdrücklich auf die betreffenden Allge-

---

[499] Vgl. *BGH*, 22.2.2012, VIII ZR 34/11, NJW-RR 2012, 690, 691 Tz. 23; *Ulmer/Brandner/Hensen* § 305 Rdn. 127; *Wolf/Lindacher/Pfeiffer* § 305 Rdn. 98; *Palandt/Grüneberg* § 305 Rdn. 31.
[500] Vgl. *OLG Hamm*, 13.1.1997, 13 U 104/96, NJW-RR 1998, 199, 200.
[501] Vgl. hierzu oben Rdn. 1916.
[502] Vgl. *Wolf/Lindacher/Pfeiffer* § 309 Nr. 12 Rdn. 61.
[503] Vgl. *BGH*, 9.11.1989, IX ZR 269/87, NJW 1990, 761, 765.
[504] Vgl. *Palandt/Grüneberg* § 309 Rdn. 109; *Wolf/Lindacher/Pfeiffer* § 309 Nr. 12 Rdn. 62 i. V. m. § 309 Nr. 11 Rdn. 23.
[505] Vgl. *OLG Hamburg*, 2.7.1986, 5 U 27/86, ZIP 1986, 1258.
[506] Vgl. *OLG Stuttgart*, 15.12.2005, 13 U 10/05, ReckRS 2006, 01444.
[507] Vgl. *Palandt/Grüneberg* § 309 Rdn. 109; *Wolf/Lindacher/Pfeiffer* § 309 Nr. 12 Rdn. 62.

meinen Geschäftsbedingungen hingewiesen, weshalb der Klausel dann auch nur noch rein deklaratorische Wirkung zukommt.

b) Kenntnisnahmeklauseln

aa) Die Möglichkeit zumutbarer Kenntnisnahme nach § 305 Abs. 2 Nr. 2 BGB

Neben der oben beschriebenen Hinweisobliegenheit wird dem Verwender Allgemeiner Geschäftsbedingungen durch § 305 Abs. 2 Nr. 2 BGB als weitere Einbeziehungsvoraussetzung eine zweite Obliegenheit auferlegt. Der Verwender muss dem Kunden die Möglichkeit verschaffen, in **zumutbarer Weise** vom Inhalt der Allgemeinen Geschäftsbedingungen Kenntnis zu nehmen[508]. Ob der Kunde die ihm verschaffte Möglichkeit zur Kenntnisnahme auch wirklich wahrnimmt, ist demgegenüber unerheblich[509]. Die Anforderungen, die an die Möglichkeit zumutbarer Kenntnisnahme zu stellen sind, lassen sich im Wesentlichen durch die Kriterien der Einsehbarkeit, der Lesbarkeit und der Verständlichkeit beschreiben, jedoch ist eine gewisse inhaltliche Überlappung dieser Kriterien zu konstatieren.

Eine zumutbare Kenntnisnahmemöglichkeit des Kunden erfordert zunächst eine **Einsehbarkeit**[510] der Allgemeinen Geschäftsbedingungen. Diese ist etwa dann gewährleistet, wenn die Geschäftsbedingungen dem Kunden ausgehändigt werden, sei es auf einem gesonderten Ausdruck, sei es in einem Katalog[511], einem Prospekt oder auf einer Preisliste. Im Rahmen eines Vertragsschlusses mittels Telekommunikation wird dem Erfordernis der Einsehbarkeit auch durch eine Ausgabe der Allgemeinen Geschäftsbedingungen auf dem Bildschirm des Kunden genügt[512]. Die weiteren Einzelheiten der im elektronischen Geschäftsverkehr geschlossenen Verträge wurden an anderer Stelle[513] ausführlich dargestellt.

Sofern der Vertrag im Geschäftslokal des Verwenders geschlossen wird, ist die Einsehbarkeit auch durch einen **Aushang** der Allgemeinen Geschäftsbedingungen gewährleistet. Nicht erforderlich ist es in diesen Fällen, dass der Verwender den Kunden über den Hinweis auf die Einbeziehung der Allgemeinen Geschäftsbedingungen in den Vertrag hinaus auch noch ausdrücklich auf die Einsehbarkeit hinweist oder gar dem Kunden ein Exemplar der Geschäftsbedingungen unaufgefordert aushändigt[514]. Sofern die Geschäftsbedingungen jedoch im Umfang über wenige Zeilen hinausgehen und der Kunde nach einem Exemplar der Geschäftsbedingungen ausdrücklich verlangt, muss der Verwender dem Kunden ein solches zur **freien Verfügung** überlassen. Dem Kunden ist es nicht zumutbar, umfangreiche Texte nicht in Ruhe zu Hause lesen zu dürfen[515], gleichwie es für ihn unzumutbar ist, beim Entstehen von Streitigkeiten jeweils das Geschäftslokal des Verwenders aufsuchen zu müssen, um die Behandlung des Problems in den Allgemeinen Geschäftsbedingungen des Verwenders nachlesen zu können[516]. Unzulässig ist es auch, vom Kunden

---

[508] Vgl. *BGH*, 11.11.2009, VIII ZR 12/08, CR 2010, 87, 90 Tz. 38.
[509] Vgl. *Wolf/Lindacher/Pfeiffer* § 305 Rdn. 84.
[510] Vgl. auch *Wolf/Lindacher/Pfeiffer* § 305 Rdn. 86, wo der Begriff der Verfügbarkeit verwendet wird.
[511] Vgl. *BGH*, 26.2.2009, Xa ZR 141/07, NJW 2009, 1486 Tz. 13.
[512] Kritisch *Wolf/Lindacher/Pfeiffer* § 305 Rdn. 85; vgl. ferner oben Rdn. 821 ff.
[513] Vgl. hierzu oben Rdn. 801 ff.
[514] Vgl. *Ulmer/Brandner/Hensen* § 305 Rdn. 148.
[515] Vgl. *BGH*, 26.2.2009, Xa ZR 141/07, NJW 2009, 1486 Tz. 13.
[516] Vgl. *Wolf/Lindacher/Pfeiffer* § 305 Rdn. 86; a.A. *BGH*, 29.6.2006, I ZR 176/03, NJW-RR 2007, 32, 33 Tz. 19 wo ein Bereithalten der Geschäftsbedingungen der Deutschen Post AG in den Postfilialen für ausreichend gehalten wird; zustimmend *Palandt/Grüneberg* § 305 Rdn. 32.

die **Zahlung eines Entgelts** für die Überlassung der Geschäftsbedingungen zu verlangen.

1945 Dem Erfordernis der **Lesbarkeit** wird nur dann genügt, wenn die Allgemeinen Geschäftsbedingungen für einen Durchschnittskunden mühelos lesbar sind[517]. Dem liegt die Erkenntnis zugrunde, dass Klauselwerke, die wegen der Kleinheit der verwendeten **Druckbuchstaben** oder aus sonstigen drucktechnischen Gründen mit bloßem Auge kaum lesbar sind, eine Zumutung für den Kunden darstellen. Eine bestimmte Mindestgröße für Druckbuchstaben oder ein bestimmtes Erscheinungsbild wurden vom Gesetzgeber für Allgemeine Geschäftsbedingungen jedoch nicht festgelegt, weil hierfür keine praktikablen Möglichkeiten gesehen wurden[518]. Die in Rechtsprechung[519] und Schrifttum vereinzelt vorzufindenden Größenangaben für Druckbuchstaben können daher allenfalls als grobe Richtungsvorgabe dienen. Entscheidend ist das Erscheinungsbild im Einzelfall. Gleiches gilt für die verschiedenen **Druckgestaltungen** sowie die Druck- und Papierfarben[520], für die ebenfalls keine generellen Aussagen getroffen werden können. Festgehalten werden kann jedoch, dass das Kriterium der Lesbarkeit ein gewisses Mindestmaß an Übersichtlichkeit erfordert, das auch etwa durch Fettdruck von Überschriften und verschiedenen Zeilenabständen erreicht werden kann[521], gleichwie der Umfang des Gesamttextes nicht in einem unangemessenen Verhältnis zur Bedeutung des Geschäfts stehen darf[522]. Beide Gesichtspunkte lassen sich jedoch auch dem nachfolgend dargestellten Kriterium der Verständlichkeit entnehmen[523].

1946 Als letztes Kriterium zumutbarer Kenntnisnahme ist die **Verständlichkeit des Inhalts** Allgemeiner Geschäftsbedingungen zu beachten, die auch dem Transparenzgebot zugeordnet werden kann[524], dessen Geltung auch in § 307 Abs. 1 S. 2 BGB ausdrücklich normiert ist. Bei der Beurteilung der Verständlichkeit des Inhalts ist auf das Verständnis eines **rechtsunkundigen Durchschnittskunden** und nicht auf die persönlichen Kenntnisse des einzelnen Vertragspartners abzustellen[525]. An der Verständlichkeit Allgemeiner Geschäftsbedingungen kann es fehlen, wenn in vermeidbarer Weise juristische oder IT-spezifische Fachtermini verwendet werden oder Verweisungen auf Gesetzesbestimmungen[526] oder sonstige gesetzliche oder vertragliche

---

[517] Vgl. *BGH*, 3.2.1986, II ZR 201/85, NJW-RR 1986, 1311; *OLG Saarbrücken*, 12.6.2008, 8 U 380/07, NJW-RR 2009, 989; *Wolf/Lindacher/Pfeiffer* § 308 Rdn. 88; *Palandt/Grüneberg* § 305 Rdn. 37.

[518] Vgl. den 1. Teilbericht der Arbeitsgruppe beim Bundesminister der Justiz, 1974, S. 47.

[519] Bislang hat die Rechtsprechung folgende Druckgrößen als nicht mühelos lesbar bezeichnet: 71 Zeilen auf nur 12,6 cm Höhe, Buchstabengröße kaum 1mm (*OLG Hamm*, 20.11.1987, 26 U 243/86, NJW-RR 1988, 944); Zeilenhöhe von allenfalls 1mm und noch kleinerer Zeilenabstand (*OLG Saarbrücken*, 22.9.1987, 2 U 135/85, NJW-RR 1988, 858, 859); 150 Zeilen auf einem DIN A 4 Blatt, Zeilenhöhe etwa 1mm, Zeilenabstand etwa 0,5mm (*OLG Hamburg*, 14.4.1987, 12 U 89/85, BB 1987, 1703, 1704); mehr als 150 Zeilen pro Spalte auf nicht ganz einem DIN A 4 Blatt, allenfalls 1mm Zeilenhöhe und kleinerer Zeilenabstand (*BGH*, 30.5.1983, II ZR 135/82, NJW 1983, 2772, 2773); 116 Zeilen pro Spalte auf einem DIN A 4 Blatt (*BGH*, 7.6.1978, VIII ZR 146/77, NJW 1978, 2243, 2244); Buchstabengröße 1mm (*LG Bielefeld*, 25.3.1988, 11 O 114/87, CR 1988, 922).

[520] Vgl. etwa *OLG Saarbrücken*, 12.6.2008, 8 U 380/07, NJW-RR 2009, 989.

[521] Vgl. *OLG Saarbrücken*, 12.6.2008, 8 U 380/07, NJW-RR 2009, 989.

[522] Vgl. *Palandt/Grüneberg* § 305 Rdn. 37.

[523] So *Ulmer/Brandner/Hensen* § 305 Rdn. 152.

[524] Vgl. *OLG Schleswig*, 27.3.1995, 4 Re-Miet 1/93, NJW 1995, 2858; *Palandt/Grüneberg* § 305 Rdn. 37.

[525] Vgl. *BGH*, 9.6.2011, III ZR 157/10, NJW-RR 2011, 1618, 1623 Tz. 44; *Wolf/Lindacher/Pfeiffer* § 305 Rdn. 88; *Ulmer/Brandner/Hensen* § 305 Rdn. 152.

[526] Vgl. *Ulmer/Brandner/Hensen* § 305 Rdn. 152.

Ansprüche für den Nichtjuristen unverständlich sind. Nach der Rsp. des *BGH*[527] führt zwar die Verwendung auslegungsbedürftiger Begriffe in Allgemeinen Geschäftsbedingungen nicht für sich genommen zur Intransparenz der betreffenden Klausel, allerdings muss sich der Kunde die erforderlichen Informationen zur Inhaltsbestimmung des Begriffs **unschwer ohne fremde Hilfe** selbst verschaffen können. Die Unverständlichkeit kann bei Geschäften mit Ausländern auch aus einem Sprachenproblem folgen[528].

Selbst wenn die Geschäftsbedingungen in der verwendeten Verhandlungssprache verfasst sind, kann die Verständlichkeit fehlen, etwa weil einzelne fremdsprachige Fachtermini oder auch Fachtermini der Verhandlungssprache verwendet werden. Auch unter Berücksichtigung der Verständnismöglichkeiten eines Durchschnittskunden ist es aber nicht zu beanstanden, wenn gängige **englischsprachige Begriffe** wie etwa „backup" für Sicherungskopie, oder „Updates" für neue Programmversionen in deutschsprachigen Geschäftsbedingungen verwendet werden. Auch die Bezeichnung einer Zentraleinheit als „CPU" ist so weit verbreitet, dass sie zu dem vom durchschnittlichen Kunden zu erwartenden Wortschatz zählt. Insgesamt ist zu berücksichtigen, dass sich im gesamten Bereich der IT zahlreiche englischsprachige Fachbegriffe auch unter deutschsprachigen Anwendern, die die englische Sprache nicht beherrschen, so stark durchgesetzt haben, dass eine Einstufung als dem Durchschnittskunden unverständlich nur mit Vorsicht ausgesprochen werden sollte. Zur Vermeidung überraschender Gerichtsurteile ist dem Softwarelieferanten aber zu empfehlen, Fachausdrücke und Abkürzungen möglichst zu vermeiden oder im Klauseltext zu erläutern. 1947

Auch die Möglichkeit zumutbarer Kenntnisnahme muss **beim Vertragsschluss** bestehen, sodass diesbezüglich auf die bereits bei den Darlegungen zur Hinweisobliegenheit des Verwenders gemachten Ausführungen verwiesen werden kann. Handlungen des Verwenders nach Vertragsschluss, die die Möglichkeit zumutbarer Kenntnisnahme eröffnen, vermögen eine Einbeziehung der Allgemeinen Geschäftsbedingungen nicht mehr zu bewirken. Hat der Verwender die Eröffnung der zumutbaren Kenntnisnahmemöglichkeit versäumt, bleibt allein die Möglichkeit einer nachträglichen Einbeziehung im Wege der Vertragsänderung[529]. Dazu muss der Verwender seinen Vertragspartner ausdrücklich darauf hinweisen, dass er eine Vertragsänderung anstrebt, und der Kunde muss sich mit dieser Vertragsänderung in eindeutiger Weise einverstanden erklären. Ein bloßer Hinweis des Verwenders auf bestimmte Allgemeine Geschäftsbedingungen in einer nach Vertragsabschluss übersandten Erklärung genügt dem ebenso wenig wie die fortdauernde Entgegennahme der Leistung und deren Bezahlung durch den Kunden[530]. 1948

bb) Bestätigungen zumutbarer Kenntnisnahme

Wie die Erfüllung des Hinweiserfordernisses obliegt auch die Verschaffung einer zumutbaren Kenntnisnahmemöglichkeit dem Verwender der Allgemeinen Geschäftsbedingungen. Möchte sich der Verwender daher im Prozess auf seine Allgemeinen Geschäftsbedingungen berufen, trifft ihn auch insoweit die **Beweislast**. Diese kann der Verwender abermals nicht durch eine in den Geschäftsbedingungen enthaltene Klausel auf den Kunden abwälzen, mit der die Möglichkeit zumutbarer Kenntnis- 1949

---

[527] Vgl. *BGH*, 9.12.2015, VIII ZR 349/14, NJW 2016, 2101, 2103 Tz. 33.
[528] Vgl. hierzu oben Rdn. 1926.
[529] Vgl. *BGH*, 22.2.2012, VIII ZR 34/11, NJW-RR 2012, 690, 691 Tz. 23; *Wolf/Lindacher/Pfeiffer* § 305 Rdn. 98.
[530] Vgl. *BGH*, 22.2.2012, VIII ZR 34/11, NJW-RR 2012, 690, 691 Tz. 23.

nahme bestätigt werden soll. Gleichgültig ist hierbei, an welches Kriterium zumutbarer Kenntnisnahme angeknüpft wird, sodass Klauseln, die die Aushändigung der Vertragsbedingungen bestätigen sollen, solchen Klauseln gleichzustellen sind, die beinhalten, der Kunde habe den Inhalt der Allgemeinen Geschäftsbedingungen gelesen und verstanden.

1950 Soweit mit derartigen Klauseln die Möglichkeit zumutbarer Kenntnisnahme durch die Bestätigung einer Tatsache bewiesen werden soll, liegt ein Verstoß gegen § 309 Nr. 12b) BGB vor, weil bei Wirksamkeit der betreffenden Klausel die **Umkehr der Beweislast** zum Nachteil des Kunden erreicht würde[531]. Bezieht sich die in der Klausel ausgesprochene Bestätigung allein auf die Lesbarkeit oder die grundsätzliche Verständlichkeit der Allgemeinen Geschäftsbedingungen, also allein auf das Kriterium der Zumutbarkeit, so kann dahingestellt bleiben, ob eine derartige Klausel irrelevant ist[532] oder eine Unwirksamkeit nach § 307 Abs. 1 BGB vorliegt[533]. Das Ergebnis bleibt sich nach beiden Auffassungen gleich.

1951 Kenntnisnahmeklauseln sind als Tatsachenbestätigungen im Sinne des § 309 Nr. 12b) BGB nach dessen letztem Halbs. dieser Regelung dann nicht unwirksam, wenn die Kenntnisnahme durch ein **gesondert unterschriebenes** oder mit einer gesonderten qualifizierten elektronischen Signatur versehenes **Empfangsbekenntnis** bestätigt wird[534]. Hierfür ist eine Unterschrift des Kunden erforderlich, die sich nur auf die Bestätigung der Kenntnisnahme und nicht auch auf andere Vertragserklärungen beziehen darf. Bezüglich der Anforderungen, die an ein gesondert unterschriebenes Empfangsbekenntnis zu stellen sind, kann jedoch auf die Ausführungen zur Hinweisobliegenheit des Verwenders nach § 305 Abs. 2 Nr. 1 BGB verwiesen werden[535].

c) Das Einverständnis des Kunden

1952 Die letzte der in § 305 Abs. 2 BGB festgelegten Einbeziehungsvoraussetzungen für Allgemeine Geschäftsbedingungen ist das Einverständnis des Kunden mit deren Geltung, womit das gesetzgeberische Verständnis von einer rechtsgeschäftlichen Geltungsgrundlage der jeweiligen Geschäftsbedingungen deutlich zutage tritt. Die so erforderliche Einverständniserklärung des Kunden ist eine gewöhnliche **Willenserklärung,** für die die allgemeinen Regelungen des BGB gelten. § 305 Abs. 2 BGB enthält diesbezüglich keinen speziellen Regelungsgehalt[536].

1953 Sofern für den Softwareüberlassungsvertrag keine **Formvorschriften** zu beachten sind, kann der Kunde die Einverständniserklärung auch durch **konkludentes Verhalten** erklären[537], andernfalls erstreckt sich das Formerfordernis auch auf die Einverständniserklärung.

1954 Hat der Verwender seine Obliegenheiten nach § 305 Abs. 2 Nr. 1 und 2 BGB erfüllt und kommt es im Anschluss daran zum Vertragsschluss, so ist die Einverständniserklärung in der Regel **stillschweigend** geäußerter **Bestandteil der entsprechenden Angebots- oder Annahmeerklärung** seitens des Kunden[538]. Unter diesen Bedingun-

---

[531] Vgl. *Wolf/Lindacher/Pfeiffer* § 305 Rdn. 92.
[532] So *Ulmer/Brandner/Hensen* § 305 Rdn. 166.
[533] In dieser Richtung wohl *Wolf/Lindacher/Pfeiffer* § 305 Rdn. 92.
[534] Vgl. *BGH*, 24.3.1988, III ZR 21/87, NJW 1988, 2106, 2108.
[535] Vgl. hierzu oben Rdn. 1935 ff.
[536] Vgl. *Wolf/Lindacher/Pfeiffer* § 305 Rdn. 104; *Ulmer/Brandner/Hensen* § 305 Rdn. 161.
[537] Vgl. *BGH*, 1.3.1982, VIII ZR 63/81, NJW 1982, 1388, 1389; *Wolf/Lindacher/Pfeiffer* § 305 Rdn. 105; *Palandt/Grüneberg* § 305 Rdn. 41.
[538] Vgl. *Palandt/Grüneberg* § 305 Rdn. 41; *Wolf/Lindacher/Pfeiffer* § 305 Rdn. 105.

gen muss der Kunde sein nicht vorhandenes Einverständnis ausdrücklich äußern[539]. Diese Fallkonstellation darf indes nicht dazu benutzt werden, eine dahingehende Regelvermutung aufzustellen, dass die nicht ausdrückliche Ablehnung der Allgemeinen Geschäftsbedingungen mit einer konkludent geäußerten Zustimmung gleichzusetzen ist. Zumindest im Verbraucherverkehr bedeutet Schweigen nicht generell das Einverständnis mit der Geltung der Allgemeinen Geschäftsbedingungen. Auch die **stillschweigende Entgegennahme der Leistung** ist nicht als Einverständniserklärung des Kunden auszulegen, wenn der Verwender auf seine Geschäftsbedingungen erst in der Auftragsbestätigung oder sogar noch später hingewiesen hat[540]. Lehnt der Kunde die Einbeziehung der Allgemeinen Geschäftsbedingungen ab, scheitert der Vertragsschluss, sofern nicht der Verwender den Vertrag auch ohne Einbezug seiner Geschäftsbedingungen durchführen möchte. Sein diesbezügliches Einverständnis kann auch er durch konkludentes Verhalten erklären, etwa durch die trotz Widerspruch des Kunden vorgenommene Leistungshandlung.

Die Einverständniserklärung mit der Geltung der Allgemeinen Geschäftsbedingungen kann nach den allgemeinen Regelungen über die **Irrtumsanfechtung** angefochten werden. 1955

Das Einverständnis des Kunden kann nicht durch eine in den Allgemeinen Geschäftsbedingungen des Verwenders enthaltene **vorformulierte Einverständniserklärung** ersetzt werden[541]. Dabei kann dahinstehen, ob es sich hierbei um eine nach § 307 Abs. 1 BGB unwirksame Erklärungsfiktion oder um eine die Beweislast umkehrende und deshalb nach § 309 Nr. 12b) BGB unwirksame Tatsachenbestätigung handelt[542]. Die spezielle Regelung des § 308 Nr. 5 BGB für fingierte Erklärungen greift demgegenüber nicht ein, weil § 308 Nr. 5 BGB nur Erklärungsfiktionen bei der Vertragsdurchführung erfasst und den Einbezug entsprechender Klauseln in den Vertrag bei Vertragsschluss voraussetzt[543]. Ein Verstoß gegen § 308 Nr. 5 BGB liegt aber dann vor, wenn ein Vertrag bereits ohne Einbeziehung der Allgemeinen Geschäftsbedingungen wirksam abgeschlossen wurde und eine nachträgliche Einbeziehung im Wege einer Vertragsänderung vorliegen soll, wenn der Kunde den Vertragsgegenstand erstmals verwendet. Die Fiktion des Einverständnisses des Kunden durch die Verwendungshandlung verstößt gegen § 308 Nr. 5 BGB[544]. 1956

3. Die Verwendung im Unternehmensverkehr

a) Die Nichtanwendbarkeit des § 305 Abs. 2 BGB

Gem. § 310 Abs. 1 BGB findet § 305 Abs. 2 BGB keine Anwendung auf Allgemeine Geschäftsbedingungen, die gegenüber einem Unternehmer verwendet werden, wenn der Vertrag in Ausübung seiner gewerblichen oder selbstständigen beruflichen Tätigkeit geschlossen wird, oder die Bedingungen gegenüber einer juristischen Per- 1957

---

[539] Vgl. *Ulmer/Brandner/Hensen* § 305 Rdn. 161.
[540] Vgl. *BGH*, 22.2.2012, VIII ZR 34/11, NJW-RR 2012, 690, 691 Tz. 23; *Palandt/Grüneberg* § 305 Rdn. 41.
[541] Vgl. *Ulmer/Brandner/Hensen* § 305 Rdn. 163; *Wolf/Lindacher/Pfeiffer* § 305 Rdn. 106.
[542] Auf § 309 Nr. 12b) BGB abstellend *BGH*, 28.3.1996, III ZR 95/95, NJW 1996, 1819; *Wolf/Lindacher/Pfeiffer* § 305 Rdn. 106 möchte die Einordnung je nach Auslegung der entsprechenden Klausel treffen. Das *OLG Köln*, 11.1.2002, 6 U 125/01, MMR 2002, 635 stellt sowohl auf § 307 BGB als auch auf § 309 Nr. 12 BGB ab.
[543] Vgl. *BGH*, 31.5.1990, IX ZR 257/89, NJW 1990, 2313, 2314; *Wolf/Lindacher/Pfeiffer* § 308 Nr. 5 Rdn. 15; *Palandt/Grüneberg* § 308 Rdn. 28.
[544] Vgl. *BGH*, 11.11.2009, VIII ZR 12/08, CR 2010, 87, 90 Tz. 40.

son des öffentlichen Rechts oder einem öffentlich-rechtlichen Sondervermögen verwendet werden. Infolgedessen sind sämtliche der in § 305 Abs. 2 BGB genannten Einbeziehungsvoraussetzungen zwar nicht völlig belanglos, jedoch sind sie nur in abgeschwächter Form aus der Erkenntnis herzuleiten, dass sich auch die Einigung im Unternehmensverkehr auf die Geltung der Allgemeinen Geschäftsbedingungen des verwendenden Vertragspartners erstrecken muss[545], dass also auch im Unternehmensverkehr eine rechtsgeschäftliche Einbeziehung erforderlich ist[546].

b) Die Voraussetzungen für eine rechtsgeschäftliche Einbeziehung

1958   Eine rechtsgeschäftliche Einbeziehung der Allgemeinen Geschäftsbedingungen kann sowohl **ausdrücklich** als auch **konkludent** vereinbart werden[547]. Anders als im Verbraucherverkehr trifft den Verwender hier aber keine Obliegenheit zu einem ausdrücklichen Hinweis im Sinne des § 305 Abs. 2 Nr. 1 BGB. Vielmehr ist es insoweit ausreichend, wenn der Kunde vom Vorhandensein der Allgemeinen Geschäftsbedingungen wusste oder bei Beachtung der im Geschäftsverkehr erforderlichen Sorgfalt von deren Existenz hätte wissen müssen und für ihn darüber hinaus erkennbar war, dass der Verwender zum Vertragsschluss nur unter Einbeziehung seiner Allgemeinen Geschäftsbedingungen bereit war[548]. Hier muss der Kunde der Geltung der Geschäftsbedingungen des Verwenders widersprechen[549]. Dem unternehmerischen Kunden obliegt daher eine **größere Sorgfalt** als dem Verbraucher und mitunter auch eine **Erkundigungslast** über die Verwendung Allgemeiner Geschäftsbedingungen[550].

1959   Ist die Verwendung Allgemeiner Geschäftsbedingungen seitens des Vertragspartners dem Kunden **erkennbar,** etwa infolge eines Abdrucks auf Preislisten, in Katalogen oder ähnlichem, und kann das Verhalten des letzteren bei Würdigung aller Umstände des Einzelfalls als Einverständnis mit der Geltung der Allgemeinen Geschäftsbedingungen gewertet werden, etwa wenn er ohne Einschränkungen die Vertragsannahme erklärt, so liegt eine wirksame Einbeziehung in den Vertrag vor. Diese Auslegung des Kundenverhaltens scheidet indes dann aus, wenn der Kunde eine sog. Abwehrklausel[551] in seine eigenen Geschäftsbedingungen aufgenommen hat und hierdurch seinen Widerspruch zu erkennen gibt[552]. Ist die Verwendung Allgemeiner Geschäftsbedingungen dem Kunden **nicht erkennbar,** genügt es für eine wirksame Einbeziehung nicht, wenn der Verwender die Allgemeinen Geschäftsbedingungen auf der Rückseite seiner Rechnung abgedruckt. Auch im Unternehmensverkehr muss ein wegen fehlender Erkennbarkeit der Verwendung Allgemeiner Geschäftsbedingungen erforderlicher Hinweis auf dieselben **vor Vertragsschluss** erfolgen[553].

1960   Auch für die rechtsgeschäftliche Einbeziehung im Unternehmensverkehr ist es erforderlich, dass der Kunde die Allgemeinen Geschäftsbedingungen in **zumutbarer**

---

[545] Im Ergebnis ähnlich *Palandt/Grüneberg* § 305 Rdn. 49.
[546] Vgl. *BGH,* 15.1.2014, VIII ZR 111/13, NJW 2014, 1296 Tz. 17; *BGH,* 24.10.2002, I ZR 104/00, NJW-RR 2003, 754, 755; *OLG Hamburg,* 13.6.2002, 3 U 168/00, MMR 2002, 677, 678.
[547] Vgl. die Angaben in der voranstehenden Fußnote.
[548] Vgl. *BGH,* 24.10.2002, I ZR 104/00, NJW-RR 2003, 754, 755; *LG Köln,* 15.4.2003, 85 O 15/03, CR 2003, 484.
[549] Vgl. *BGH,* 24.10.2002, I ZR 104/00, NJW-RR 2003, 754, 755.
[550] Vgl. *Wolf/Lindacher/Pfeiffer* § 305 Rdn. 125.
[551] Vgl. hierzu unten Rdn. 1964.
[552] Vgl. *BGH,* 24.10.2000, X ZR 42/99, NJW-RR 2001, 484, 485; *Wolf/Lindacher/Pfeiffer* § 305 Rdn. 125.
[553] Vgl. *OLG Köln,* 21.3.1997, 19 U 174/96, CR 1998, 80, 81.

Weise zur Kenntnis nehmen kann[554]. Anders als im Verbraucherverkehr kann hier indes gefordert werden, dass der Kunde bei Bedarf die Allgemeinen Geschäftsbedingungen des Verwenders ausdrücklich anfordert, wenn sie ihm nicht unaufgefordert überlassen oder zur Einsichtnahme vorgelegt werden[555]. Unterlässt der unternehmerische Kunde dies, kann er sich später nicht darauf berufen, die Allgemeinen Geschäftsbedingungen seines Vertragspartners nicht zu kennen[556]. Kommt der Verwender einer Aufforderung zur Überlassung oder Einsichtnahme der Allgemeinen Geschäftsbedingungen seitens des Kunden nicht nach, kann er sich anschließend nicht auf seine Allgemeinen Geschäftsbedingungen berufen[557]. Entgegen einzelnen Stimmen im Schrifttum sind jedoch hinsichtlich der **Lesbarkeit** der Allgemeinen Geschäftsbedingungen nicht grundsätzlich andere Maßstäbe anzulegen als im Verbraucherverkehr, denn auch Unternehmer können Texte mit kleinen Druckbuchstaben und ungünstiger Farbgestaltungen nicht besser lesen als Verbraucher[558]. **Verweise auf gesetzliche Regelungen** sowie juristische und EDV-technische Fachtermini sind indes in größerem Umfang zulässig als bei der Verwendung der Geschäftsbedingungen im Verbraucherverkehr.

4. Kollidierende Allgemeine Geschäftsbedingungen

Typische Klauseln:
„14. Abwehrklausel
 Es gelten die Bestimmungen dieses Vertrages. Etwaige Geschäftsbedingungen des Anwenders werden nicht Vertragsbestandteil."[559]

Ein gesetzlich nicht ausdrücklich geregeltes Problem, das jedoch im kaufmännischen Geschäftsverkehr von außerordentlicher Relevanz ist, stellt die **beidseitige Verwendung** Allgemeiner Geschäftsbedingungen dar. Häufig versuchen beide Seiten, ihre eigenen Allgemeinen Geschäftsbedingungen in den jeweiligen Vertrag einzuführen, etwa indem der Anwender die Software zu seinen Einkaufsbedingungen bestellt und der Softwarelieferant daraufhin zu seinen Verkaufsbedingungen liefert. Grundsätzlich lassen sich die auftretenden Schwierigkeiten in zwei Problemkreise aufteilen, die nachfolgend unabhängig voneinander dargestellt werden sollen: zunächst die Frage, ob in derartigen Fällen überhaupt ein Vertrag zustande kommt, und sodann die Frage nach dem jeweiligen Vertragsinhalt.

1961

---

[554] Vgl. *BGH*, 3.12.1987, VII ZR 374/86, NJW 1988, 1210, 1212; *Wolf/Lindacher/Pfeiffer* § 305 Rdn. 131; *Palandt/Grüneberg* § 305 Rdn. 53; *Ulmer/Brandner/Hensen* § 305 Rdn. 169. Bei Kaufverträgen, auf die das UN-Kaufrecht anwendbar ist, setzt die Einbeziehung nach *BGH*, 31.10.2001, VIII ZR 60/01, NJW 2002, 370, 371 voraus, dass der Verwender dem anderen Teil die Allgemeinen Geschäftsbedingungen übersendet oder anderweitig zugänglich macht.
[555] Vgl. *BGH*, 3.2.1982, VIII ZR 316/80, NJW 1982, 1749, 1750; *LG Köln*, 15.4.2003, 85 O 15/03, CR 2003, 484; *Wolf/Lindacher/Pfeiffer* § 305 Rdn. 131.
[556] Vgl. *OLG Köln*, 14.1.2000, 19 U 116/98, CR 2000, 503 unter Verweis auf *BGH*, 12.2.1992, VIII ZR 84/91, NJW 1992, 1232.
[557] Vgl. *Palandt/Grüneberg* § 305 Rdn. 53, wo eine Verwirkung dieser Möglichkeit durch pflichtwidriges Verhalten gem. § 242 BGB angenommen wird.
[558] A. A. *Ulmer/Brandner/Hensen* § 305 Rdn. 169; wie hier aber *Wolf/Lindacher/Pfeiffer* § 305 Rdn. 131; zu Recht daher mit strengem Maßstab die Rechtsprechung; vgl. *BGH*, 3.2.1986, II ZR 201/85, NJW-RR 1986, 1311; aber auch *OLG Saarbrücken*, 12.6.2008, 8 U 380/07, NJW-RR 2009, 989.
[559] Vgl. den Vertrag der Nero Burning ROM Software von Ahead Software.

a) Das Zustandekommen des Vertrags

1962 Sofern sich beide Vertragsparteien auf ihre eigenen Allgemeinen Geschäftsbedingungen berufen, liegen sich **teilweise widersprechende Willenserklärungen** vor, die es fraglich erscheinen lassen, ob ein Vertragsschluss nicht infolge **Dissens** nach § 154 Abs. 1 BGB ausscheidet. Auch bei einem versteckten Dissens nach § 155 BGB über die Einbeziehung der Allgemeinen Geschäftsbedingungen könnte der Vertrag als nicht zustande gekommen zu betrachten sein[560]. In der Regel führen die Parteien den Vertrag indes trotz der Uneinigkeit über die Geltung der Allgemeinen Geschäftsbedingungen durch und geben damit zu erkennen, dass sie den Streit über die unterschiedlichen Geschäftsbedingungen nicht austragen und lieber am Vertrag festhalten wollen. Der Lösungsweg über die Bejahung von Dissens wird daher allgemein für unbefriedigend gehalten.

1963 Zu Recht gehen die Rechtsprechung[561] und das Schrifttum[562] davon aus, dass der **Vertragsschluss** unabhängig von der fehlenden Einigung über den Einbezug der jeweiligen Allgemeinen Geschäftsbedingungen grundsätzlich nicht in Frage gestellt werden soll. Damit wird der weiten Verbreitung Allgemeiner Geschäftsbedingungen und der damit einhergehenden Häufigkeit von Kollisionen Rechnung getragen, ohne die Parteien einem nicht endenden Protestzwang zu unterwerfen. Die Frage des Vertragsinhalts wird damit von der Frage des Vertragsschlusses getrennt.

b) Der jeweilige Vertragsinhalt

1964 Die Feststellung, der Vertrag sei trotz kollidierender Allgemeiner Geschäftsbedingungen grundsätzlich als geschlossen zu betrachten, lässt die Bestimmung des **Vertragsinhalts** offen. Über die Klärung dieser Frage herrscht in Rechtsprechung und Schrifttum Streit, der sich auch auf die Behandlung sog. Abwehr- und Ausschließlichkeitsklauseln erstreckt. Dabei wird unter dem Begriff der **Abwehrklausel** eine Regelung verstanden, deren Zweckbestimmung dahin geht, dem Vertragspartner deutlich zu machen, dass seine Allgemeinen Geschäftsbedingungen unter keinen Umständen Vertragsinhalt werden sollen[563], während eine **Ausschließlichkeitsklausel** dann vorliegt, wenn der Vertrag nur unter Einbeziehung der eigenen Allgemeinen Geschäftsbedingungen des Verwenders dieses Klauseltyps zustande kommen soll[564].

1965 Bei der Bestimmung des Vertragsinhalts muss zunächst davon ausgegangen werden, dass eine Anwendung des § 150 Abs. 2 BGB trotz kollidierender Allgemeiner Geschäftsbedingungen nur dann anzunehmen ist, wenn sich eine Vertragspartei nachträglich dem Verlangen der anderen Partei nach Geltung der von dieser verwendeten Allgemeinen Geschäftsbedingungen unterworfen hat. Eine solche **nachträgliche Unterwerfung** wird jedoch nur selten anzunehmen sein, sodass für § 150 Abs. 2 BGB nur ein kleiner Anwendungsbereich bleibt. Dies ergibt sich aus der Überlegung, dass in der Regel von einem konkludenten Widerspruch gegen die Geltung der Allgemeinen Geschäftsbedingungen des Vertragspartners auch in den Fäl-

---

[560] Vgl. *Palandt/Grüneberg* § 305 Rdn. 54.
[561] Vgl. *BGH*, 9.1.2002, VIII ZR 304/00, NJW 2002, 1651, 1651; *BGH*, 24.10.2000, X ZR 42/99, NJW-RR 2001, 484, 485.
[562] Vgl. *Palandt/Grüneberg* § 305 Rdn. 54; *Wolf/Lindacher/Pfeiffer* § 305 Rdn. 137; *Ulmer/Brandner/Hensen* § 305 Rdn. 188.
[563] Vgl. *BGH*, 24.10.2000, X ZR 42/99, NJW-RR 2001, 484, 485; *Wolf/Lindacher/Pfeiffer* § 305 Rdn. 140.
[564] Vgl. *Wolf/Lindacher/Pfeiffer* § 305 Rdn. 141.

len auszugehen sein wird, in denen die Geschäftsbedingungen des ersten Verwenders keine ausdrückliche Abwehr- oder Ausschließlichkeitsklausel enthalten.

Fehlt es an einer **Einigung** über den Einbezug kollidierender Allgemeiner Geschäftsbedingungen, so ist zwischen übereinstimmenden Klauseln, sich widersprechenden Klauseln und solchen Klauseln zu unterscheiden, die nur in den Allgemeinen Geschäftsbedingungen einer Vertragspartei aufgenommen wurden. 1966

aa) Übereinstimmende Klauseln

Inhaltlich übereinstimmende Klauseln werden in vollem Umfang in den Vertrag einbezogen (**Prinzip der Kongruenzgeltung**)[565]. Dem beidseitigen Parteiwillen kann entnommen werden, dass die übereinstimmenden Elemente der jeweiligen Allgemeinen Geschäftsbedingungen den Regelungen des dispositiven Rechts vorgehen sollen. Inwieweit die jeweiligen Klauseln der Vertragsparteien übereinstimmen, ist im Wege der Auslegung zu ermitteln. Hierbei ist nicht formal auf den Wortlaut der jeweiligen Klauseln abzustellen, sondern eine umfassende Auslegung vorzunehmen, die den Sinn und Zweck der jeweiligen Regelung sowie die gemeinschaftlichen Interessen der Vertragsparteien berücksichtigt[566]. 1967

bb) Sich widersprechende Klauseln

Sofern eine Übereinstimmung nicht festgestellt werden kann, sondern sich die verwendeten Klauseln widersprechen, werden sie nicht in den Vertrag einbezogen. Nach wohl einheiliger Auffassung treten die **gesetzlichen Regelungen des dispositiven Rechts** an die Stelle der sich widersprechenden Allgemeinen Geschäftsbedingungen[567]. Das Eingreifen des dispositiven Rechts begründet sich durch einen Rückgriff auf den Grundgedanken des § 306 Abs. 2 BGB[568]. 1968

cc) Einseitige Regelungen

Sofern eine Klausel einen Regelungsbereich anspricht, der in den Allgemeinen Geschäftsbedingungen des Vertragspartners keine Berücksichtigung gefunden hat, die Geschäftsbedingungen des Vertragspartners also im Hinblick auf den von der Klausel angesprochenen Regelungsbereich schweigen, kann nicht ohne weiteres davon ausgegangen werden, dass auch hier das dispositive Recht gelten muss. Ob in einem derartigen Fall ein stillschweigendes Einverständnis des einen Vertragspartners mit den einseitig geregelten zusätzlichen Bedingungen des anderen Vertragspartners angenommen werden kann, hängt vom **Parteiwillen des Klauselgegners** ab. Dieser ist anhand der sonstigen Ausgestaltungen und weiteren Umstände des jeweiligen Vertrags zu ermitteln[569]. Kann den Vertragsbedingungen des Klauselgegners der Wille entnommen werden, eine umfassende und abschließende Regelung in seinem Klauselwerk zu treffen und ansonsten das dispositive Recht eingreifen zu lassen, scheidet eine Einbeziehung der einseitigen Klausel aus. Die Einbeziehung einer einseitigen Klausel in den Vertrag scheidet ferner in der Regel dann aus, wenn die andere Partei in ihren Allgemeinen Geschäftsbedingungen eine Abwehrklausel aufgenommen hat, da dies darauf schließen lässt, dass auch solche Klauseln ausgeschlossen werden sol- 1969

---

[565] Vgl. *BGH*, 23.1.1991, VIII ZR 122/90, NJW 1991, 1604, 1606; *Palandt/Grüneberg* § 305 Rdn. 54; *Wolf/Lindacher/Pfeiffer* § 305 Rdn. 142.
[566] Vgl. *Wolf/Lindacher/Pfeiffer* § 305 Rdn. 142; *Ulmer/Brandner/Hensen* § 305 Rdn. 192.
[567] Vgl. *LG Aachen*, 29.9.1992, 41 O 69/92, CR 1993, 767, 768.
[568] Vgl. *OLG Köln*, 19.3.1980, 2 U 95/79, BB 1980, 1237; *Wolf/Lindacher/Pfeiffer* § 305 Rdn. 143; *Ulmer/Brandner/Hensen* § 305 Rdn. 193.
[569] Vgl. *BGH*, 28.6.1990, IX ZR 107/89, NJW-RR 1991, 357; *Ulmer/Brandner/Hensen* § 305 Rdn. 194; *Wolf/Lindacher/Pfeiffer* § 305 Rdn. 144.

len, zu deren Regelungsbereich die eigenen Allgemeinen Geschäftsbedingungen keine Regelung enthalten[570].

dd) Der Sonderfall der Eigentumsvorbehaltsklauseln

1970   Ein in den Allgemeinen Geschäftsbedingungen des Softwarelieferanten enthaltener einfacher Eigentumsvorbehalt ist häufig auch dann faktisch wirksam, wenn jene wegen Kollision mit den Allgemeinen Geschäftsbedingungen des Anwenders nicht in den Vertrag miteinbezogen werden[571]. Hier muss berücksichtigt werden, dass nur die Eigentumsvorbehaltsklausel unbeachtlich ist, dass dem Softwarelieferanten aber die Möglichkeit verbleibt, seinen Eigentumsvorbehalt bei der **Vollziehung des Erfüllungsgeschäfts** einseitig zur Geltung zu bringen. Zwar liegt in der Übergabe der Ware an den Käufer in der Regel ein stillschweigendes Angebot des Verkäufers zur unbedingten Übereignung. Dies ist jedoch nach der Rechtsprechung des *BGH* dann nicht der Fall, wenn dem Käufer bekannt ist, dass die Geschäftsbedingungen des Verkäufers einen Eigentumsvorbehalt beinhalten. Dabei ist auch die Unwirksamkeit einer Klausel kein Hindernis, ihren Inhalt bei der Auslegung der sachenrechtlichen Willenserklärung des Klauselverwenders zu berücksichtigen[572]. Deshalb kann einer Vorbehaltsklausel bei der Auslegung der Übereignungserklärung selbst dann entscheidende Bedeutung zukommen, wenn diese Klausel nicht in den Vertrag einbezogen wurde, denn hier muss der Käufer mit einer lediglich aufschiebend bedingten Übereignungserklärung rechnen[573].

VII. Schriftformklauseln

Inhaltsübersicht

	Rdn.		Rdn.
1. Der Inhalt der einzelnen Klauseltypen	1972	3. Schriftformklauseln in Formularverträgen	1977
2. Die Wirksamkeit der individualvertraglich vereinbarten Schriftform	1976		

Typische Klauseln:
„Bei dieser Vereinbarung handelt es sich um die vollständige Vereinbarung zwischen Samsung und deren Lizenznehmern und sie hat Vorrang vor allen zuvor oder gleichzeitig getroffenen Vereinbarungen. Etwaige Ergänzungen oder Änderungen dieser Vereinbarung sind ohne die schriftliche Zustimmung und Unterschrift durch Samsung rechtlich nicht bindend."[574]
„Diese Vereinbarung darf nur ganz oder teilweise durch einen schriftlichen, ordnungsgemäß von beiden Parteien unterzeichneten Vertrag oder durch eine weitere, in elektronischer Form von AVG Technologies an Sie übermittelte und von Ihnen akzeptierte Vereinbarung abgeändert werden."[575]
„Dieser Lizenzvertrag enthält die gesamte Vereinbarung zwischen dir und Apple in Bezug auf die iOS Software und tritt an die Stelle aller diesbezüglichen früheren Vereinbarungen. Änderungen und Ergänzungen dieses Vertrags sind schriftlich niederzulegen und von Apple zu unterzeichnen."[576]

---

[570] Vgl. *BGH*, 24.10.2000, X ZR 42/99, NJW-RR 2001, 484, 485; *Wolf/Lindacher/Pfeiffer* § 305 Rdn. 144; a. A. *Ulmer/Brandner/Hensen* § 305 Rdn. 194.
[571] Vgl. *BGH*, 30.3.1988, VIII ZR 340/86, NJW 1988, 1774, 1776; *Palandt/Grüneberg* § 305 Rdn. 55.
[572] Vgl. *BGH*, 30.3.1988, VIII ZR 340/86, NJW 1988, 1774, 1776.
[573] Vgl. *BGH*, 30.3.1988, VIII ZR 340/86, NJW 1988, 1774, 1776; *Ulmer/Brandner/Hensen* § 305 Rdn. 197; *Palandt/Grüneberg* § 305 Rdn. 55.
[574] Vgl. Endbenutzer-Lizenzvereinbarung für Samsung Kies 2013.
[575] Vgl. Software-Lizenzvereinbarung für Endbenutzer AVG Technologies 2013.
[576] Vgl. Softwarelizenzvertrag für iOS 11 der Apple Inc. (EA 1491 vom 12.7.2017).

VII. Schriftformklauseln

„Eine Änderung des vorliegenden Vertrags ist nur in schriftlicher Form zulässig, die von einem bevollmächtigten Vertreter von Adobe unterzeichnet werden muss."[577]

„In diesem Vertrag sind sämtliche Rechte und Pflichten der Vertragsparteien geregelt."

„Jegliche Änderungen, Ergänzungen oder die teilweise oder gesamte Aufhebung des Vertrags bedürfen der Schriftform, auch die Abänderung oder Aufhebung des Schriftformerfordernisses."[578]

„Nachträgliche Änderungen und Ergänzungen dieses Vertrags gelten nur bei schriftlicher Vereinbarung."[579]

„Änderungen und Ergänzungen dieses Vertrags sind, auch wenn sie bereits mündlich getroffen wurden, nur wirksam, wenn sie schriftlich festgelegt und von beiden Parteien unterzeichnet worden sind. Dies gilt auch für den Verzicht auf das Schriftformerfordernis."[580]

„Abänderungen dieses Vertrages sind unwirksam, es sei denn, sie erfolgen in schriftlicher und von einem dazu autorisierten Vertreter von Canon unterzeichneter Form."[581]

Schrifttum: *Lingemann,* Doppelte Schriftformklausel – gar nicht einfach!, NJW 2009, 268 ff.

Die in mannigfaltigen Formen auftretenden Schriftformklauseln lassen sich in insgesamt vier Hauptkategorien einteilen: die **allgemeinen**[582] oder auch **einfachen**[583] **Schriftformklauseln,** die **qualifizierten Schriftformklauseln,** die **Bestätigungsklauseln** und die **Vollständigkeitsklauseln.** Wenngleich bei strenger Betrachtungsweise nur die ersten drei Kategorien zu den eigentlichen Schriftformklauseln im engeren Sinne gezählt werden können, weil bei Vollständigkeitsklauseln lediglich die Vermutung der Vollständigkeit und Richtigkeit der Vertragsurkunde angesprochen wird[584], weisen doch sämtliche dieser Regelungen eine gewisse inhaltliche Verwandtschaft auf, die es rechtfertigt, sie gemeinsam darzustellen. Nicht zu den Schriftformklauseln im hier dargestellten Sinne zählen demgegenüber solche Klauseln, durch die **Anzeigen** oder **Erklärungen,** die dem Klauselverwender oder einem Dritten gegenüber abzugeben sind, an eine bestimmte Form gebunden werden. Derartige Klauseln sind der Sonderregelung des § 309 Nr. 13 BGB unterworfen. Sie sind im Verbraucherverkehr unzulässig, sofern sie eine strengere Form als Textform verlangen oder besondere Zugangserfordernisse aufstellen[585]. Unwirksam ist daher etwa eine Klausel, derzufolge eine Kündigung in elektronischer Form gem. § 126a BGB erklärt werden muss, weil dann eine qualifizierte elektronische Signatur nach dem SigG erforderlich wäre und dies im Vergleich zur einfachen Schriftform eine strengere Form darstellt[586].

1971

---

[577] Vgl. den Software-Lizenzvertrag von Adobe Systems Incorporated (Reader 2013).
[578] Vgl. *LG München I,* 14.8.2003, 12 O 2393/03, MMR 2004, 265, 266.
[579] Vgl. *BGH,* 21.9.2005, XII ZR 312/02, NJW 2006, 138.
[580] Vgl. *BAG,* 20.5.2008, 9 AZR 382/07, NJW 2009, 316.
[581] Vgl. Endnutzer Softwarevertrag von Canon Europa (2008).
[582] Von „allgemeinen" Schriftformklauseln spricht *Wolf/Lindacher/Pfeiffer,* AGB-Gesetz, 1. Aufl., § 9 Rdn. 32 ff.
[583] Von „einfachen" Schriftformklauseln sprechen etwa *BAG,* 20.5.2008, 9 AZR 382/07, NJW 2009, 316, 317 Tz. 17; *Ulmer/Brandner/Hensen,* Teil 2. Bes. Klauseln, Schriftformklauseln Rdn. 1; *Wolf/Lindacher/Pfeiffer* Klauseln Rdn. S 76; ferner *KG Berlin,* 28.5.1997, Kart U 5068/96, NJW 1998, 829, 831.
[584] Vgl. *Ulmer/Brandner/Hensen,* Teil 2. Bes. Klauseln, Schriftformklauseln Rdn. 16.
[585] Vgl. *OLG München,* 9.10.2014, 29 U 857/14, MMR 2015, 186; *LG München I,* 30.1.2014, 12 O 18571/13, BeckRS 2014, 05707.
[586] Vgl. *LG München I,* 12.5.2016, 12 O 17874/15, MMR 2016, 675, 676.

1. Der Inhalt der einzelnen Klauseltypen

1972   Eine **einfache Schriftformklausel** liegt dann vor, wenn **vertragliche Vereinbarungen**[587] in **Schriftform** getroffen werden sollen. Wenngleich diese Einhaltung der Schriftform nicht notwendigerweise Wirksamkeitsvoraussetzung des Rechtsgeschäfts sein muss (konstitutive Wirkung), ist eine derartige Regelung gem. § 125 S. 2 BGB regelmäßig nicht nur als zum Zwecke der bloßen Beweissicherung und Klarstellung dienend anzusehen (deklaratorische Wirkung), sondern führt bei Nichteinhaltung zur Nichtigkeit des Rechtsgeschäfts[588].

1973   Über diese einfache Vereinbarung des Formzwangs gehen die **qualifizierten Schriftformklauseln** dadurch hinaus, dass sie die Wirksamkeit einer Absprache von weiteren einzuhaltenden Erfordernissen abhängig machen. Derartige Zusatzerfordernisse können insbesondere in besonderen Beurkundungs-, Unterschrifts- oder Zugangserfordernissen bestehen[589]. Schriftformklauseln, die nicht für Vertragsänderungen die Schriftform vorschreiben, sondern auch Änderungen der Schriftformklausel ihrerseits der Schriftform unterstellen, werden vielfach auch als **doppelte Schriftformklauseln** bezeichnet[590].

1974   Eine **Bestätigungsklausel** liegt dann vor, wenn neben der Vereinbarung des Schriftformerfordernisses festgelegt wird, dass Zusatz- und Nebenabreden einer Bestätigung seitens des Verwenders bedürfen unabhängig davon, ob die Zusatz- und Nebenabreden bereits in Schriftform getroffen wurden[591]. Bestätigungsklauseln können daher als die Vertretungsmacht der beim Vertragsschluss für den Verwender auftretenden Personen beschränkende Vereinbarungen bezeichnet werden.

1975   Schließlich liegt eine **Vollständigkeitsklausel** vor, wenn lediglich eine ohnehin bereits grundsätzlich bestehende Vermutung der Vollständigkeit und Richtigkeit der Vertragsurkunde[592] wiederholt wird[593].

2. Die Wirksamkeit der individualvertraglich vereinbarten Schriftform

1976   Die Parteien können bei **formfreien Rechtsgeschäften** die Einhaltung einer bestimmten Form vereinbaren, was durch § 125 S. 2 BGB ausdrücklich klargestellt wird. Im Interesse einer klaren Umschreibung des Geschäftsinhalts und zur Schaffung einer klaren Beweislage empfiehlt sich auch bei Softwareüberlassungsverträgen die Einhaltung der Schriftform, wenngleich ein durch Gesetz vorgeschriebener Formzwang grundsätzlich nicht besteht. Die Parteien können den vereinbarten Formzwang aber jederzeit und auch sogar formlos wieder aufheben[594]. Hierbei

---

[587] Vertragliche Vereinbarungen sind keine Tatsachenbestätigungen, so dass § 309 Nr. 12b) BGB nicht eingreift; zur Bestätigung des Fehlens mündlicher Nebenabreden *Wolf/Lindacher/Pfeiffer* Klauseln Rdn. S 80.

[588] Vgl. *BAG*, 20.5.2008, 9 AZR 382/07, NJW 2009, 316, 317 Tz. 19; *Palandt/Ellenberger* § 125 Rdn. 17; *Wolf/Lindacher/Pfeiffer* Klauseln Rdn. S 84.

[589] Vgl. zu den einzelnen Erfordernissen und zur unterschiedlichen Verwendung des Begriffs *Wolf/Lindacher/Pfeiffer* Klauseln Rdn. S 77 f.

[590] Vgl. *BGH*, 25.1.2017, XII ZR 69/16, NJW 2017, 1017 Tz. 12; *OLG München*, 23.10.2013, 7 U 321/13, MMR 2014, 109, 110; *OLG Rostock*, 19.5.2009, 3 U 16/09, NJW 2009, 3376.

[591] Vgl. *Ulmer/Brandner/Hensen*, Teil 2. Bes. Klauseln, Schriftformklauseln Rdn. 1.

[592] Vgl. *BGH*, 14.10.1999, III ZR 203/98, NJW 2000, 207 f.; *KG Berlin*, 27.5.2002, 8 U 2074/00, MDR 2003, 79.

[593] Vgl. *Palandt/Grüneberg* § 305b Rdn. 5; *Wolf/Lindacher/Pfeiffer* Klauseln Rdn. S 112 ff.

[594] Vgl. *BGH*, 21.9.2005, XII ZR 312/02, NJW 2006, 138, 139; *BGH*, 16.12.2003, X ZR 129/01, CR 2004, 490; *OLG Frankfurt*, 29.10.2013, 11 U 47/13, CR 2014, 506, 508; *LG Köln*, 14.9.2011, 28 O 482/05, CR 2012, 77, 78; *Palandt/Ellenberger* § 125 Rdn. 19.

müssen die Vertragsschließenden die Außerkraftsetzung der Schriftformklausel aber deutlich zum Ausdruck bringen. Es muss daher zweifelsfrei zum Ausdruck kommen oder dem Sachverhalt jedenfalls zweifelsfrei zu entnehmen sein, dass die mündlich getroffene Abrede ungeachtet der Schriftformklausel gelten soll[595]. Hierfür ist es aber nicht notwendig, dass die Parteien überhaupt an die Klausel gedacht haben[596]. Haben die Parteien aber individualvertraglich vereinbart, dass auch für den Verzicht auf das Schriftformerfordernis eine schriftliche Erklärung zu fordern ist (sog. „**doppelte Schriftformklausel**"), so ist dies im Unternehmensverkehr nicht zu beanstanden[597].

3. Schriftformklauseln in Formularverträgen

Für sämtliche der verschiedenen Kategorien der Schriftformklauseln gilt es zunächst im Grundsatz festzuhalten, dass sie **nicht überraschend** im Sinne des § 305c Abs. 1 BGB sind. Wenngleich natürlich im Einzelfall die begründeten Erwartungen des Kunden mit Rücksicht auf die konkreten Umstände des Vertragsschlusses[598] zu einem anderen Ergebnis führen können, spricht doch die weite Verbreitung derartiger Klauseln regelmäßig gegen die Ungewöhnlichkeit in objektiver Hinsicht und gegen die Überraschung des Kunden in subjektiver Betrachtungsweise[599].

1977

Auch bei im Rahmen eines Formularvertrags vereinbarten Schriftformerfordernissen können die Parteien diese Regelung durch **formlose Vereinbarung wieder aufheben**. Dies folgt nicht nur aus einem Rückgriff auf den bereits bei der individualvertraglichen Schriftformvereinbarung angewandten und aus § 125 S. 2 BGB hergeleiteten Grundsatz jederzeitiger Aufhebungsmöglichkeit, sondern insbesondere auch aus § 305b BGB[600]. Da es sich bei formlosen Zusatz- und Nebenabreden meist um eine Individualvereinbarung handeln wird und § 305b BGB den **Vorrang der Individualvereinbarungen** vor den Allgemeinen Geschäftsbedingungen festlegt, haben die genannten Abreden auch Vorrang gegenüber Schriftformklauseln[601]. Dies gilt selbst dann, wenn die Klausel so ausgestaltet wurde, dass auf das Schriftformerfordernis nur schriftlich verzichtet werden kann[602]. Es ist daher im Hinblick auf allgemeine Schriftformklauseln festzuhalten, dass sie nicht schlechthin[603], sondern nur dann nach § 307 BGB unwirksam sind, wenn sie dazu dienen sollen, getroffene Individualvereinbarungen zu unterlaufen[604], das Vorrangprinzip des § 305b BGB zu

1978

---

[595] Vgl. *BGH*, 11.10.1967, VIII ZR 76/65, NJW 1968, 32, 33.
[596] Vgl. *BAG*, 20.5.2008, 9 AZR 382/07, NJW 2009, 316, 318 Tz. 29; *LG Köln*, 14.9.2011, 28 O 482/05, CR 2012, 77, 78; a. A. MünchKomm/*Einsele* § 125 Rdn. 70.
[597] Vgl. *BGH*, 17.9.2009, I ZR 43/07, MMR 2010, 336, 337 Tz. 21.
[598] Vgl. zu den Kriterien der Beurteilung einer Klausel als überraschend im Sinne des § 305c Abs. 1 BGB oben Rdn. 1607 f.
[599] Vgl. *Wolf/Lindacher/Pfeiffer* Klauseln Rdn. S 92; *Ulmer/Brandner/Hensen* § 305b Rdn. 31.
[600] Vgl. *BGH*, 25.1.2017, XII ZR 69/16, NJW 2017, 1017, 1018 Tz. 17; *BAG*, 20.5.2008, 9 AZR 382/07, NJW 2009, 316, 318 Tz. 28.
[601] Vgl. *BGH*, 25.1.2017, XII ZR 69/16, NJW 2017, 1017, 1018 Tz. 17; *BAG*, 20.5.2008, 9 AZR 382/07, NJW 2009, 316, 318 Tz. 28; *BGH*, 21.9.2005, XII ZR 312/02, NJW 2006, 138 f.
[602] Vgl. *BGH*, 25.1.2017, XII ZR 69/16, NJW 2017, 1017, 1018 Tz. 17; *BAG*, 20.5.2008, 9 AZR 382/07, NJW 2009, 316, 318 Tz. 28; *OLG Frankfurt*, 29.10.2013, 11 U 47/13, CR 2014, 506, 508.
[603] Vgl. *BAG*, 20.5.2008, 9 AZR 382/07, NJW 2009, 316, 318 Tz. 34.
[604] Vgl. *BAG*, 20.5.2008, 9 AZR 382/07, NJW 2009, 316, 319 Tz. 39; *BGH*, 27.9.2000, VIII ZR 155/99, NJW 2001, 292, 293; *LG München I*, 14.8.2003, 12 O 2393/03, CR 2004, 221, 224; *Wolf/Lindacher/Pfeiffer* Klauseln Rdn. S 98.

beseitigen⁶⁰⁵ oder beim anderen Vertragsteil den Eindruck zu erwecken, eine mündliche Abrede sei unwirksam⁶⁰⁶. Vereinbaren die Parteien nach dem Abschluss eines Formularvertrags eine Änderung mittels Individualvereinbarung, so hat diese Änderung Vorrang vor kollidierenden Allgemeinen Geschäftsbedingungen⁶⁰⁷. Hierbei kommt es nicht darauf an, ob die Parteien eine Änderung der Geschäftsbedingungen beabsichtigt haben oder sich der Kollision überhaupt bewusst geworden sind⁶⁰⁸. Ebenso wenig ist von Bedeutung, ob die Individualvereinbarung ausdrücklich oder stillschweigend getroffen wurde. Den Vorrang gegenüber Allgemeinen Geschäftsbedingungen haben individuelle Abreden ohne Rücksicht auf die Form, in der sie getroffen wurden, also auch dann, wenn sie auf **mündlichen Erklärungen** beruhen⁶⁰⁹.

1979 Bei qualifizierten Schriftformklauseln und Bestätigungsklauseln ist festzustellen, dass eine **Beschränkung der gesetzlichen Vertretungsmacht** wegen einer unangemessenen Benachteiligung gem. § 307 Abs. 1 BGB unwirksam ist⁶¹⁰. Darüber hinaus kann durch eine derartige Klausel eine nach den Regelungen der **§§ 167 ff. BGB** wirksame Vollmacht nicht grundsätzlich beschränkt werden⁶¹¹ gleichwie die Grundsätze über die **Anscheins- und Duldungsvollmacht** durch solche Regelungen nicht abbedungen werden können⁶¹², weil dies mit den wesentlichen Grundgedanken der gesetzlichen Regelungen gem. § 307 Abs. 2 Nr. 1 BGB unvereinbar wäre.

1980 Schließlich bleibt für die **Vollständigkeitsklauseln** anzumerken, dass sie in der Regel nicht zu beanstanden sind, weil diese Klauseln lediglich einen ohnehin geltenden Grundsatz wiederholen. Nur in dem Fall, in dem über diesen Grundsatz der **Vermutung der Vollständigkeit und Richtigkeit der Vertragsurkunde** hinaus eine Unwiderlegbarkeit der Vermutung vereinbart werden soll, liegt ein Verstoß gegen § 307 Abs. 2 Nr. 1 BGB vor. Ein Verstoß gegen § 309 Nr. 12 BGB liegt indes auch im letztgenannten Fall nicht vor, weil eine derartige Klausel keine nach dieser Norm verbotene Beweislaständerung bewirkt⁶¹³.

VIII. Geheimhaltungsklauseln

Inhaltsübersicht

	Rdn.		Rdn.
1. Die Interessen der Vertragsparteien	1982	3. Probleme	1988
2. Die zu regelnden Fragen	1985		

Typische Klauseln:
„Der Auftragnehmer wird alle Informationen, Unterlagen und sonstigen Hilfsmittel, die er im Zusammenhang mit dem Vertrag erhält, nur zur Durchführung des Vertrages verwenden. Der Auf-

---

⁶⁰⁵ Vgl. *BGH*, 25.1.2017, XII ZR 69/16, NJW 2017, 1017, 1018 Tz. 17; *OLG Rostock*, 19.5.2009, 3 U 16/09, NJW 2009, 3376; *Wolf/Lindacher/Pfeiffer*, Klauseln Rdn. S 98.
⁶⁰⁶ Vgl. *BAG*, 20.5.2008, 9 AZR 382/07, NJW 2009, 316, 319 Tz. 39; *BGH*, 27.9.2000, VIII ZR 155/99, NJW 2001, 292, 293; *OLG Rostock*, 19.5.2009, 3 U 16/09, NJW 2009, 3376; *LG München I*, 14.8.2003, 12 O 2393/03, CR 2004, 221, 224. *Wolf/Lindacher/Pfeiffer* Klauseln Rdn. S 98.
⁶⁰⁷ Vgl. *OLG Rostock*, 19.5.2009, 3 U 16/09, NJW 2009, 3376, 3377.
⁶⁰⁸ Vgl. *BGH*, 25.1.2017, XII ZR 69/16, NJW 2017, 1017, 1018 Tz. 19; *BGH*, 21.9.2005, XII ZR 312/02, NJW 2006, 138, 139; *LG Köln*, 14.9.2011 28 O 482/05, CR 2012, 77, 78.
⁶⁰⁹ Vgl. *BGH*, 25.1.2017, XII ZR 69/16, NJW 2017, 1017, 1018 Tz. 18; *BGH*, 21.9.2005, XII ZR 312/02, NJW 2006, 138, 139.
⁶¹⁰ Vgl. *BGH*, 26.11.1984, VIII ZR 214/83, NJW 1985, 623, 630.
⁶¹¹ Vgl. *Wolf/Lindacher/Pfeiffer* Klauseln Rdn. S 102 ff.
⁶¹² Vgl. *Palandt/Grüneberg* § 305b Rdn. 5.
⁶¹³ Vgl. *BGH*, 14.10.1999, III ZR 203/98, NJW 2000, 207; *Palandt/Grüneberg* § 309 Rdn. 108.

tragnehmer ist zur Verschwiegenheit über die im Rahmen der Durchführung dieses Vertrages zur Kenntnis gelangten Tatsachen und Angaben verpflichtet.
Unterlagen, Vordrucke, Belege und Schriftstücke sind vertraulich zu behandeln und dem Auftraggeber zurückzugeben, sobald sie durch Durchführung dieses Vertrages nicht mehr erforderlich sind. Sollte es notwendig sein, dass der Auftragnehmer Unterlagen jeglicher Art außerhalb des Hauses des Auftraggebers nutzen muss, so wird er dieses dem Ansprechpartner des Auftraggebers mitteilen und diesem nach entsprechender Nutzung die Unterlagen wieder zurückgeben."
„Informationen, die dem Auftraggeber aufgrund der Geschäftsbeziehungen zugänglich gemacht werden, sind vertraulich zu behandeln. Sie werden als solche ausgewiesen („vertrauliche Informationen"). Vertrauliche Informationen dürfen nicht an Dritte weitergegeben und nur für ausdrücklich vorgesehene Zwecke verwendet werden."
„Der Auftraggeber wird sicherstellen, dass die Software und die Dokumentation vertraulich behandelt und keinem Dritten zugänglich gemacht werden. Der Auftraggeber ist jedoch berechtigt, die Software und die Dokumentation denjenigen ihrer Angestellten bekanntzugeben, die diese Informationen benötigen, vorausgesetzt, dass diese Bekanntgabe auf vertraulicher Basis erfolgt."
„Die Software stellt eine vertrauliche und proprietäre Information von Motorola (oder seinen Lieferanten) dar."[614]

Schrifttum: *Hörl*, Persönliche Geheimhaltungsverpflichtung der Projektmitarbeiter, ITRB 2007, 47 ff.; *Intveen*, Geheimhaltungsvereinbarungen bei IT-Projekten, ITRB 2007, 239 ff.; *Kurz*, Vertraulichkeitsvereinbarungen, 3. Aufl. 2013; *Lampenius*, Geheimhaltungsvereinbarungen mit Softwareentwicklern im Spannungsfeld zwischen Arbeits-, AGB-, Wettbewerbs- und Urheberrecht, in: Taeger (Hrsg.), Die Welt im Netz – Folgen für Wirtschaft und Gesellschaft, 2011, S. 319 ff.; wortidentisch auch veröffentlicht in K&R 2012, 12 ff.; *Roth*, Geheimhaltungsklauseln in IT-Verträgen, ITRB 2011, 115 ff.

Geheimhaltungsklauseln, im Schrifttum auch Vertraulichkeitsvereinbarungen genannt[615], finden sich bei einer Vielzahl **sehr unterschiedlicher Vertragstypen**[616], sie stellen daher **keine allein softwarespezifische Problematik** dar. Auch Softwareüberlassungsverträge enthalten gelegentlich Geheimhaltungsklauseln, deren Inhalt und Umfang recht unterschiedlich ist. 1981

1. Die Interessen der Vertragsparteien

Den Ausgangspunkt der Betrachtung soll zunächst eine Klarstellung der Interessen der Vertragspartner an einer entsprechenden Vereinbarung bilden. Insoweit ist erneut darauf hinzuweisen, dass Softwareüberlassungsverträge über Standardsoftware in der Regel mit **keiner Zugänglichmachung** des bei der Programmentwicklung aufgewendeten **Wissens** einhergehen und auch sonst kein nennenswerter Wissenstransfer erfolgt. Aus diesem Grund sind hier regelmäßig auch keine Geheimhaltungsinteressen erkennbar, die mit einer Geheimhaltungsklausel abgesichert werden müssten[617]. 1982

Anders stellt sich die Situation mitunter bei der Herstellung und Überlassung von **Individualsoftware** dar, gleichwie dies in Ausnahmefällen auch bei **Standardsoftware außerhalb des Massenmarktes** der Fall sein kann. Hier sind unterschiedliche Konstellationen denkbar. Etwa kann der Besteller von Individualsoftware vertrauliche Informationen über seinen Geschäftsverlauf, Fertigungstechniken, Kundenumgebung, Vertriebswege, Qualitätssicherungsverfahren, Kundenverbindungen oder auch Preisstrukturen seiner Dienste oder Produkte preisgeben müssen, damit der Softwareher- 1983

---
[614] Vgl. die Bestimmungen und Bedingungen der Softwarelizenz von Motorola (2007).
[615] Diesen Begriff verwendet *Mummenthey* CR 1999, 651 ff.
[616] Vgl. *Roth* ITRB 2011, 115.
[617] Vgl. hierzu ausführlich oben Rdn. 700 ff.

steller die passende Individualsoftware entwickeln oder Standardsoftware anpassen kann.

1984 Umgekehrt ist aber auch denkbar, dass der Softwarehersteller seinerseits Informationen über programmtechnische Realisationsmöglichkeiten preisgeben muss, damit der Anwender die Eignung der Software für seine Einsatzzwecke prüfen oder das Programm nutzbringend einsetzen kann. Interesse an einem Vertraulichkeitsschutz können daher **beide Vertragspartner** haben, gleichwie derjenige Vertragspartner, dem die vertrauliche Information offenbart werden soll, grundsätzlich ein Interesse daran hat, in seiner geschäftlichen Freiheit möglichst wenig eingeschränkt zu werden[618], etwa um später mit einem anderen Vertragspartner zusammenarbeiten zu können. Insgesamt kann festgehalten werden, dass die Interessenlage der Vertragsparteien sehr unterschiedlich ist, weshalb allgemeine Vorgaben jeweils im Einzelfall auf ihre Sinnfälligkeit geprüft werden müssen. Hinsichtlich des **praktischen Nutzens** von Geheimhaltungsklauseln gehen die Meinungen im Schrifttum weit auseinander. Positiven Stellungnahmen[619] stehen wegen möglicher Schwierigkeiten des Verletzungsnachweises im Streitfall skeptische Äußerungen gegenüber.

2. Die zu regelnden Fragen

1985 Wegen der bereits erwähnten Vielgestaltigkeit der Interessenlage kann im Rahmen dieses Handbuchs nur versucht werden, einen Überblick über die wichtigsten der regelungsbedürftigen Fragen zu geben. Vollständigkeit kann demgegenüber nicht erreicht werden. Zu den wichtigsten Regelungspunkten zählt zunächst eine **eindeutige Identifizierung** der geheim zu haltenden Informationen[620]. Andernfalls kann der Informationsempfänger nicht abschätzen, was er geheim halten muss, gleichwie der Informationsgeber eine Verletzung nur schwer beweisen kann. „Unbegrenzte Blanko-Verpflichtungen" sind daher ebenso zu vermeiden wie rein mündliche Informationsweitergaben[621].

1986 Daneben sollte geregelt werden, ob der Informationsempfänger diese nur innerhalb eines **bestimmten Vertragszwecks** oder auch bei **anderen Projekten** verwenden darf und ob gegebenenfalls eine **Weitergabe an Dritte,** etwa andere Unternehmen im Konzern oder Subunternehmen zulässig ist[622]. Auch ist gegebenenfalls eine Regelung hinsichtlich des Zugangs von Mitarbeitern zu den Informationen vorzunehmen, denn mit jeder eingeweihten Person steigt das Risiko der Weitergabe oder anderweitigen Weiterverwendung etwa durch ausgeschiedene Mitarbeiter.

1987 Aus der Sicht des Informationsempfängers ist zu berücksichtigen, dass das zugänglich gemachte Wissen zwangsläufig in der Erinnerung verbleibt und die Nutzung des Zugelernten, ganz abgesehen von der Schwierigkeit bei der Abgrenzung zwischen eigenem und fremdem Wissen, mitunter möglich sein muss, weil sonst eine Beeinträchtigung der Berufsausübungsfreiheit vorliegt. Insoweit kann auf die an anderer Stelle dargestellten Konkurrenzverbote verwiesen werden, bei denen eine vergleichbare Situation besteht[623]. Es bietet sich daher nicht nur eine zeitliche Begrenzung der Geheimhaltungspflicht an, sondern auch eine Regelung über dieses sog. „verbleibende Wissen"[624]. Schließlich ist gegebenenfalls noch die Frage der Rückga-

---

[618] Vgl. *Mummenthey* CR 1999, 651, 653.
[619] Vgl. *Roth* ITRB 2011, 115; *Mummenthey* CR 1999, 651, 659.
[620] Ähnlich *Roth* ITRB 2011, 115, 116.
[621] Vgl. *Roth* ITRB 2011, 115, 116; *Mummenthey* CR 1999, 651, 655.
[622] Vgl. *Roth* ITRB 2011, 115, 118.
[623] Vgl. hierzu oben Rdn. 1774.
[624] Den Begriff verwenden *Roth* ITRB 2011, 115, 118; *Mummenthey* CR 1999, 651, 657.

be überlassener Unterlagen zu regeln, gleichwie die Absicherung der Geheimhaltungsvereinbarung durch Vertragsstrafen oder pauschalierten Schadensersatz zu erwägen ist[625].

3. Probleme

Geheimhaltungsklauseln sind unter **kartellrechtlichem Gesichtspunkt** grundsätzlich zulässig, soweit der Schutz fremden Know-hows betroffen ist. Dies gilt sowohl nach europäischem als auch nach deutschem Recht[626]. **Individualvertragliche Vereinbarungen,** deren Abschluss sich wegen der Vielgestaltigkeit der Fallkonstellation ohnehin anbietet, sind innerhalb der allgemeinen Grenzen insbesondere von § 138 BGB auch vertragsrechtlich nicht zu beanstanden. **Vorformulierte Geheimhaltungsklauseln,** die den AGB-rechtlichen Vorschriften unterfallen, sind einer **Inhaltskontrolle nach § 307 Abs. 1 und 2 BGB** zu unterziehen[627]. Dabei ist insbesondere zu berücksichtigen, ob der Informationsempfänger unangemessen in seiner geschäftlichen Freiheit eingeschränkt wird.

1988

IX. Die Vereinbarung einer Vertragsstrafe

Inhaltsübersicht

	Rdn.		Rdn.
1. Allgemeines	1989	a) Fallgruppen unzulässiger Vertragsstrafen	1997
a) Der Zweck von Vertragsstrafen	1991	b) Vertragsstrafen des Klauselverwenders	2000
b) Abgrenzung zu ähnlichen Erscheinungen	1994	3. Vertragsstrafen im Unternehmensverkehr	2001
2. Vertragsstrafen im Verbraucherverkehr	1996		

Typische Klauseln:
„Für den Fall eines Verstoßes gegen den Software-Nutzungsvertrag verpflichtet sich der Anwender zur Zahlung einer Vertragsstrafe in Höhe der zehnfachen Nutzungsgebühr."[628]
„Für den Fall des Vertragsbruchs haftet der Unternehmer mit einer Vertragsstrafe in Höhe von 10 % auf die vereinbarte Garantiesumme für die Restlaufzeit des Vertrages."[629]
„Der Lizenznehmer hat bei einem Verstoß gegen vorstehende Verpflichtungen unter Ausschluss des Fortsetzungszusammenhanges eine Vertragsstrafe in Höhe von EUR 5.000,- an STAR FINANZ zu zahlen. Die Geltendmachung von Schadensersatz ist dadurch nicht ausgeschlossen. Unbeschadet der Vertragsstrafe und der Geltendmachung von Schadensersatz wird STAR FINANZ bei Verstößen gegen die vorstehenden Bestimmungen das erteilte Nutzungsrecht widerrufen, ohne dass ein Anspruch auf Rückzahlung der geleisteten Lizenzgebühr besteht."[630]

Schrifttum: *Bernreuther,* Zur Auslegung und Inhaltskontrolle von Vertragsstrafenvereinbarungen, GRUR 2003, 114 ff.; *Schmitt,* Schadenspauschalierungen und Vertragsstrafen in AGB der öffentlichen Hand, insbesondere in BVB und EVB-IT, CR 2010, 693 ff.

---

[625] Vgl. *Mummenthey* CR 1999, 651, 658.
[626] Vgl. ausführlich *Mummenthey* CR 1999, 651, 653 f.
[627] Ohne ausführliche Begründung *Roth* ITRB 2011, 115, 116.
[628] So sinngemäß in der Entscheidung *BGH,* 24.2.2000, I ZR 141/97, NJW 2000, 3212.
[629] Vgl. *BGH,* 30.6.1987, KZR 7/86, NJW-RR 1988, 39.
[630] Vgl. Starmoney 10 (2016) Lizenzvertrag § 3 Abs. 3.

1. Allgemeines

1989 Unter einer Vertragsstrafe, auch Konventionalstrafe oder Pönale bezeichnet, wird üblicherweise die Zahlung einer Geldsumme oder Erbringung einer anderen Leistung für den Fall verstanden, dass eine Verbindlichkeit nicht oder nicht gehörig erfüllt wird. Der **Begriff** ist aber nicht eindeutig und abschließend definiert, sodass mitunter Abgrenzungsprobleme auftreten. Dogmengeschichtlich haben die Auffassungen über das Wesen der Vertragsstrafe mehrfach gewechselt[631]. Das BGB kennt neben der reinen Vertragsstrafe das selbstständige Strafgedinge, das Reuegeld, die Verfallklausel sowie das Garantieversprechen. Da dem Gläubiger mit der Vereinbarung einer Vertragsstrafe ein Zwangsmittel gegenüber dem Schuldner eingeräumt wird, das über die gesetzlich vorgesehenen Rechtsbehelfe hinausgeht, ist aus Gründen des **Schuldnerschutzes** gegebenenfalls eine Zurückführung der Strafe geboten. Das BGB sieht dementsprechend eine Herabsetzung einer unverhältnismäßig hohen Strafe gem. § 343 Abs. 1 BGB vor. Wird die Vertragsstrafe in **Allgemeinen Geschäftsbedingungen** vereinbart, wogegen keine grundsätzlichen Bedenken bestehen[632], sind insbesondere die Regelungen über Allgemeine Geschäftsbedingungen nach den §§ 305 ff. BGB zu beachten. Der Gesetzgeber hat die Herabsetzung der Vertragsstrafe gem. § 343 Abs. 1 BGB bei Allgemeinen Geschäftsbedingungen als nicht ausreichenden Schutz des Kunden bewertet, da dieser zur Prozessführung genötigt wäre und dementsprechend das Prozesskostenrisiko zu tragen hätte[633]. In **Individualvereinbarungen** kann eine höhere Vertragsstrafe vereinbart werden als in Allgemeinen Geschäftsbedingungen, denn in einer solchen individuellen Vereinbarung wird dem Vertragspartner die Gefahr einer Vertragsstrafe deutlicher vor Augen geführt[634].

1990 Die Verpflichtung zur Zahlung einer Vertragsstrafe wird nicht schon durch die einseitige Erklärung des Schuldners begründet, sondern setzt den **Abschluss eines Vertrags** zwischen dem Gläubiger und dem Schuldner voraus. Für das Zustandekommen eines solchen Vertrags gelten die allgemeinen Vorschriften über Vertragsabschlüsse[635]. Auch hinsichtlich der **Vertragsauslegung** sind die allgemeinen Grundsätze anzuwenden. Maßgebend ist demnach gem. **§§ 133, 157 BGB** der wirkliche Wille der Vertragsparteien, bei dessen Ermittlung neben dem Erklärungswortlaut die beiderseits bekannten Umstände wie insbesondere die Art und Weise des Zustandekommens der Vereinbarung, deren Zweck, die Wettbewerbsbeziehung zwischen den Vertragsparteien sowie deren Interessenlage heranzuziehen sind[636]. Dies gilt etwa auch für die Auslegung, welchen Inhalt das Versprechen einer Vertragsstrafe „für **jeden Fall** der **Zuwiderhandlung**" hat[637]. Auch die Frage, ob mehrere Ver-

---

[631] Vgl. *Soergel/Lindacher*, 12. Aufl., Vor § 339 Rdn. 1.
[632] Vgl. *BGH*, 13.11.2013, I ZR 77/12, NJW 2014, 2180 Tz. 10; *OLG Hamm*, 10.2.2000, 21 U 85/98, MDR 2000, 881.
[633] Vgl. *OLG Hamburg*, 29.7.1999, 3 U 171/98, MDR 2000, 513; *Wolf/Lindacher/Pfeiffer* § 309 Nr. 6 Rdn. 1–9.
[634] Vgl. *BGH*, 23.1.2003, VII ZR 210/01, MDR 2003, 804, 805; *Schneider* CR 2003, 651, 654.
[635] Vgl. *BGH*, 17.9.2009, I ZR 217/07, NJW-RR 2010, 1127, 1128 Tz. 17; *OLG Düsseldorf*, 3.9.2015, I-15 U 119/14, MMR 2016, 114, 115 Tz. 44.
[636] Vgl. *BGH*, 13.11.2013, I ZR 77/12, NJW 2014, 2180, 2182 Tz. 28; *BGH*, 10.6.2009, I ZR 37/07, MMR 2010, 98 Tz. 19; *BGH*, 17.7.2008, I ZR 168/05, NJW 2009, 1882, 1884 Tz. 32; *BGH*, 18.5.2006, I ZR 32/03, NJW-RR 2006, 1477, 1478 Tz. 18; *OLG Düsseldorf*, 3.9.2015, I-15 U 119/14, MMR 2016, 114, 115 Tz. 61.
[637] Vgl. *BGH*, 25.1.2001, I ZR 323/98, NJW 2001, 2622, 2623.

stöße als eine einzige Zuwiderhandlung zu behandeln sind oder jeder einzelne Verstoß die Vertragsstrafe auslöst und deshalb eine Aufsummierung der Vertragsstrafen vorzunehmen ist, ist durch Auslegung der Vertragsstrafenvereinbarung nach §§ 133, 157 BGB zu beantworten[638]. Dabei ist auf die Besonderheiten des Einzelfalls Rücksicht zu nehmen und nicht nach festen Regeln für alle einschlägigen Fälle zu entscheiden, wie sie aus einem Rechtsbegriff abgeleitet werden könnten[639]. Es muss **eine nach beiden Seiten interessengerechte Auslegung** der Vereinbarung vorgenommen werden[640]. Das Rechtsinstitut des Fortsetzungszusammenhangs findet bei Vertragsstrafen keine Anwendung[641]. Wird eine Vertragsstrafe für eine Unterlassung vereinbart, muss der die Vertragsstrafe einklagende Gläubiger das Vorliegen einer Zuwiderhandlung gem. § 345 BGB beweisen[642].

a) Der Zweck von Vertragsstrafen

Der Gesetzgeber des BGB ging von einer auch heute noch allgemein anerkannten **Doppelfunktion der Vertragsstrafe**[643] aus. Zum einen sollte sie als Zwangsmittel ("Druckmittel"[644]) gegenüber dem Schuldner dienen[645]. Auf der anderen Seite erleichtert und sichert sie dem Gläubiger die Durchsetzung seiner Schadensersatzforderung bei Leistungsstörungen[646]. Auf diese Doppelfunktion einer Vertragsstrafe ist bei der Beurteilung der Zulässigkeit von Vertragsstrafenklauseln in Allgemeinen Geschäftsbedingungen zurückzukommen, denn sie beinhaltet eine Verklammerung von Strafe und Schaden, weshalb die Strafhöhe nicht losgelöst vom möglichen Schaden beurteilt werden kann. Entsprechend dem Schutzzweck des Strafversprechens für Nichterfüllung gem. § 340 BGB ist eine Vertragsstrafe nur insoweit auf den Schadensersatzanspruch des Gläubigers anzurechnen, als **Interessenidentität** besteht. Nur soweit die betroffenen Interessen sich im Einzelfall decken, ist es gerechtfertigt, die Ansprüche des Gläubigers einzuschränken, damit dieser keine doppelte Entschädigung erhält. Zwischen dem Anspruch auf Zahlung einer Vertragsstrafe und dem

1991

---

[638] Vgl. *BGH*, 17.7.2008, I ZR 168/05, NJW 2009, 1882, 1884 Tz. 32.

[639] Vgl. *BGH*, 25.1.2001, I ZR 323/98, NJW 2001, 2622, 2624.

[640] Vgl. *BGH*, 17.7.2008, I ZR 168/05, NJW 2009, 1882, 1884 Tz. 32; *BGH,* 18.5.2006, I ZR 32/03, NJW-RR 2006, 1477, 1478 Tz. 19.

[641] Vgl. *BGH*, 18.12.2008, I ZB 32/06, NJW 2009, 921, 922 Tz. 14; *BGH*, 25.1.2001, I ZR 323/98, NJW 2001, 2622, 2623; ob eine Vertragsstrafenklausel, die einen Ausschluss der Berücksichtigung des Fortsetzungszusammenhangs enthält, gegen § 307 Abs. 1 S. 1 BGB verstößt, hat *BGH*, 31.8.2017, VII ZR 308/16, BeckRS 2017, 124701 Tz. 22 offengelassen.

[642] Vgl. *OLG Düsseldorf*, 7.7.2008, I-20 U 160/07, MMR 2009, 200.

[643] Vgl. *BGH*, 31.8.2017, VII ZR 308/16, BeckRS 2017, 124701 Tz. 15.; *BGH*, 30.5.2012, IV ZR 87/11, NJW 2012, 2577 Tz. 16; *BGH*, 23.1.2003, VII ZR 210/01, NJW 2003, 1805, 1808; *OLG Saarbrücken*, 11.8.2016, 1 W 28/16, CR 2017, 272, 273.

[644] Vgl. *BGH*, 20.1.2016, VIII ZR 26/15, NJW 2016, 1230, 1233 Tz. 36; *BGH*, 6.12.2012, VII ZR 133/11, NJW 2013, 1362, 1363 Tz. 17; *Schmitt* CR 2010, 693, 698.

[645] Vom typischen Sinn eines Vertragsstrafenversprechens spricht *BGH*, 26.5.1999, VIII ZR 102/98, NJW 1999, 2662, 2663; unter Berufung auf die Intentionen des Gesetzgebers auch *BGH*, 31.8.2017, VII ZR 308/16, BeckRS 2017, 124701 Tz. 15; *OLG Saarbrücken*, 11.8.2016, 1 W 28/16, CR 2017, 272, 273; hinsichtlich der Vertragsstrafe nach § 9 Nr. 3 BVB-Kauf *LG Bonn*, 27.10.2000, 10 O 362/99, CR 2001, 587, 588.

[646] Vgl. *BGH*, 31.8.2017, VII ZR 308/16, BeckRS 2017, 124701 Tz. 15; *BGH*, 17.7.2008, I ZR 168/05, NJW-RR 2009, 1053, 1056 Tz. 26; *BGH*, 25.1.2001, I ZR 323/98, NJW 2001, 2622, 2623 sowie 2624; *OLG Saarbrücken*, 11.8.2016, 1 W 28/16, CR 2017, 272, 273; *OLG Hamm*, 25.8.2003, 35 W 15/03, NJW-RR 2004, 58, 59; *OLG Saarbrücken*, 5.4.2001, 8 U 642/00-127, NJW-RR 2001, 1030, 1031.

Anspruch auf Ersatz der Anwaltskosten, die durch die Geltendmachung der Vertragsstrafe entstanden sind, besteht keine solche Identität[647].

1992 Zweck einer Vertragsstrafe ist es jedenfalls nicht, dem Gläubiger eine **unabhängige Geldquelle** zu erschließen[648]. Auch ist die Vertragsstrafe nicht mit einem Ordnungsgeld im Sinne des § 890 ZPO vergleichbar, denn das Ordnungsgeld stellt eine strafähnliche Sanktion für die Übertretung eines gerichtlichen Verbots dar. Bei der Auslegung eines Vertragsstrafenversprechens kann daher nicht auf die Grundsätze zurückgegriffen werden, die für die Verhängung von Ordnungsmitteln bei der Unterlassungsvollstreckung nach § 890 ZPO maßgebend sind[649]. Bei Vertragsstrafenklauseln in Allgemeinen Geschäftsbedingungen findet wie auch sonst **keine geltungserhaltende Reduktion** auf den noch zulässigen Inhalt satt[650]. Macht der Gläubiger die Verwirkung **mehrerer Vertragsstrafen** geltend und zieht er zu ihrer Begründung unterschiedliche Lebenssachverhalte heran, handelt es sich im Regelfall um unterschiedliche Streitgegenstände[651]. Mehrere gleichartige Einzelhandlungen können aber dann als eine Verletzung anzusehen sein, wenn sie als **natürliche Handlungseinheit** zu qualifizieren sind. Diese zeichnet sich durch einen engen Zusammenhang der Einzelakte und durch eine auch für Dritte äußerlich erkennbare Zugehörigkeit zu einer Einheit aus[652].

1993 Nimmt der Gläubiger die Erfüllung der im Vertragsstrafenversprechen gesicherten Verbindlichkeit an, so kann er die Strafe nach § 341 Abs. 1 BGB nur verlangen, wenn er sich dieses Recht bei der **Annahme** der Leistung **vorbehält**. Der Anspruch des Softwarebestellers auf eine zur Sicherung der fristgerechten Programmlieferung vereinbarte Vertragsstrafe erlischt daher, wenn er das Programm vorbehaltlos annimmt[653]. Der Vorbehalt muss grundsätzlich ausdrücklich bei Annahme der Leistung erklärt werden. Stillschweigender Vorbehalt genügt nur in Ausnahmefällen[654], während frühere oder spätere Vorbehalte nicht ausreichen[655]. Ob der Gläubiger diese Rechtsfolge kennt oder nicht, ist unerheblich[656].

b) Abgrenzung zu ähnlichen Erscheinungen

1994 Vielfach wird zwischen **selbstständigen** und **unselbstständigen Vertragsstrafenversprechen** unterschieden. Während das unselbstständige Vertragsstrafenversprechen typischerweise die ordnungsgemäße Erfüllung klagbarer und schadensersatzbewehrter Verbindlichkeiten sichert[657], ist dies beim selbstständigen Vertragsstrafenversprechen nicht der Fall. Hier wird eine Strafe für den Fall vereinbart, dass der Schuldner ein bestimmtes Verhalten nicht beachtet, das nicht Gegenstand einer klagbaren, schadensersatzbewehrten Verpflichtung ist. Die Strafe dient daher dazu, den Schuld-

---

[647] Vgl. *BGH*, 8.5.2008, I ZR 88/06, MMR 2008, 738.
[648] Vgl. *BGH*, 23.1.2003, VII ZR 210/01, NJW 2003, 1805, 1808; *Schneider* CR 2003, 651, 653.
[649] Vgl. *BGH*, 25.1.2001, I ZR 323/98, NJW 2001, 2622, 2623.
[650] Vgl. *BGH*, 31.8.2017, VII ZR 308/16, BeckRS 2017, 124701 Tz. 23; *BGH*, 20.1.2016, VIII ZR 26/15, NJW 2016, 1230, 1233 Tz. 38; *BGH*, 6.12.2012, VII ZR 133/11, NJW 2013, 1362, 1363 Tz. 15; *BGH*, 23.1.2003, VII ZR 210/01, NJW 2003, 1805, 1808 sowie oben Rdn. 1655.
[651] Vgl. *BGH*, 10.6.2009, I ZR 37/07, MMR 2010, 98, 99 Tz. 30.
[652] Vgl. *OLG München*, 23.10.2014, 29 U 2626/14, MMR 2015, 111, 112.
[653] Vgl. *OLG Düsseldorf*, 26.3.1993, 22 U 199/92, CR 1993, 761, 762.
[654] Vgl. *BGH*, 26.1.1979, V ZR 98/77, NJW 1979, 1163.
[655] Vgl. *BGH*, 18.11.1982, VII ZR 305/81, NJW 1983, 385, 386.
[656] Vgl. *OLG Düsseldorf*, 26.3.1993, 22 U 199/92, CR 1993, 761, 762; *Palandt/Grüneberg* § 341 Rdn. 4.
[657] So etwa *OLG Düsseldorf*, 26.3.1993, 22 U 199/92, CR 1993, 761.

ner zu einem Verhalten zu bewegen, zu dem er nicht verpflichtet ist. Das Schutzbedürfnis des Schuldners ist somit noch größer als beim unselbstständigen Vertragsstrafenversprechen[658].

Die Vereinbarung von **Schadenspauschalen** dient überwiegend dem Zweck, dem Gläubiger eine Beweiserleichterung zu gewähren. Diese bezieht sich darauf, der in der Pauschalierungsabrede bezeichnete Schaden sei wirklich entstanden, und beinhaltet einen Verzicht auf die Berücksichtigung der konkreten Berechnungsfaktoren im Einzelfall und ohne Einzelnachweis[659]. Soll daher eine Vereinbarung über eine Geldzahlung in erster Linie den Schadensnachweis für einen als bestehend vorausgesetzten Anspruch ersparen, dann handelt es sich um die Vereinbarung einer Schadenspauschale und nicht um ein Vertragsstrafenversprechen[660]. Ob eine Vertragsstrafe oder aber pauschalierter Schadensersatz vereinbart werden sollte, ist grundsätzlich nach dem Sinn und Zweck der betreffenden Klausel zu bestimmen, wobei der Wortlaut durchaus gewisse Hinweise geben kann, aber kein zwingendes Ergebnis vorgibt[661]. Vereinbaren die Parteien die Zahlung der zwölffachen monatlichen Lizenzgebühr für den Fall, dass der Anwender die Software nach Ablauf des Lizenzvertrags nicht unverzüglich zurückgibt und sich jeder weiteren Nutzung enthält, ist dies als Vertragsstrafenvereinbarung und nicht als Schadenspauschale zu qualifizieren. Diese Bewertung rechtfertigt sich durch die Überlegung, dass die betreffende Klausel den Missbrauch des Programms verhindern soll und nicht darauf abzielt, einen konkreten Schaden auszugleichen[662].

1995

2. Vertragsstrafen im Verbraucherverkehr

Sofern das Vertragsstrafenversprechen in Allgemeinen Geschäftsbedingungen enthalten ist, die im Verbraucherverkehr verwendet werden, muss die betreffende Klausel zunächst anhand von **§ 309 Nr. 6 BGB** überprüft werden. Daneben muss für die von § 309 Nr. 6 BGB nicht erfassten Fallgruppen auf **§ 307 Abs. 1 und 2 BGB** zurückgegriffen werden.

1996

a) Fallgruppen unzulässiger Vertragsstrafen

§ 309 Nr. 6 BGB erklärt Vertragsstrafenklauseln nicht für generell unzulässig, sondern enthält vier Verbotstatbestände. Unzulässig sind Vertragsstrafenklauseln, wenn sie für den Fall der **Nichtabnahme** oder **verspäteten Abnahme der Leistung**, des **Zahlungsverzugs** oder für den Fall, dass sich der **andere Teil vom Vertrag löst**, eine Strafe vorsehen. Hinsichtlich des letztgenannten Kriteriums der Vertragslösung ist zu beachten, dass der Grund der Vertragslösung irrelevant ist, also sämtliche gesetzlichen oder durch vertragliche Vereinbarung begründeten Rechte erfasst sind, vom Vertrag Abstand zu nehmen.

1997

Auch soweit die Voraussetzungen des § 309 Nr. 6 BGB nicht vorliegen, besteht ein Bedürfnis, die betreffende Klausel einer Inhaltskontrolle nach § 307 Abs. 1 und 2 BGB zu unterziehen, denn auch in den verbleibenden Fällen kann der Kunde mit erheblichen Risiken belastet werden, für die § 343 Abs. 1 BGB keinen hinreichenden Schutz bietet. Unwirksam sind insbesondere solche Klauseln, die eine **Kumulierung**

1998

---

[658] Ähnlich *Wolf/Lindacher/Pfeiffer* § 309 Nr. 6 Rdn. 15.
[659] Vgl. *Wolf/Lindacher/Pfeiffer* § 309 Nr. 5 Rdn. 1; *Schumacher* MMR 2006, 12, 16.
[660] Allgemein zur Abgrenzung von Schadenspauschalen und Vertragsstrafe *Wolf/Lindacher/Pfeiffer* § 305 Nr. 5 Rdn. 33 ff.
[661] Vgl. *LG Lüneburg*, 3.6.1988, 4 S 25/88, NJW 1988, 2476.
[662] Vgl. *LG Lüneburg*, 3.6.1988, 4 S 25/88, NJW 1988, 2476.

von **Vertragsstrafe und Schadensersatz** eröffnen. Die in §§ 340 Abs. 2, 341 Abs. 2 BGB vorgesehene Anrechenbarkeit der Vertragsstrafe auf den Schadensersatz ist nicht abdingbar. Dies rechtfertigt sich durch die Überlegung, dass der Vertragsstrafe entsprechend ihrer Doppelfunktion ein Element des Schadensersatzes innewohnt und dieser grundsätzlich nicht zu einer über den Schadensersatz hinausgehenden Bereicherung des Gläubigers führen soll[663].

1999 Unwirksam sind grundsätzlich ferner solche Vertragsstrafen, die auch **ohne schuldhafte Pflichtverletzung** verwirkt sein sollen. Es liegt ein Verstoß gegen § 307 Abs. 2 Nr. 1 BGB vor, denn eine verschuldensunabhängige Vertragsstrafe widerspricht dem gesetzlichen Leitbild des § 339 BGB[664]. Eine Ausnahme kann allenfalls dann eingreifen, wenn gewichtige Umstände vorliegen, die eine Vertragsstrafenregelung mit Recht und Billigkeit noch vereinbar erscheinen lassen, die verschuldensunabhängige Haftung des Vertragspartners also durch sachliche, die Unwirksamkeitsvermutung des § 307 Abs. 2 Nr. 1 BGB auszuräumende Gründe gerechtfertigt ist[665]. Wegen eines Verstoßes gegen § 307 Abs. 1 BGB unwirksam sind schließlich solche Vertragsstrafenklauseln, die eine **unangemessen hohe Strafe** vorsehen[666]. Dies ist insbesondere dann der Fall, wenn die Sanktion außer Verhältnis zum Gewicht des Vertragsverstoßes und zu dessen Folgen für den Vertragspartner steht[667]. Auch hier ist also die Doppelfunktion einer Vertragsstrafe zu berücksichtigen. Vereinbaren die Parteien die Zahlung der zwölffachen monatlichen Lizenzgebühr für den Fall, dass der Anwender die Software nach Ablauf des Lizenzvertrags nicht unverzüglich zurückgibt und sich jeder weiteren Nutzung enthält, ist diese Strafe nicht unverhältnismäßig hoch, denn zum einen ist das **Missbrauchsrisiko** bei Computersoftware hoch und zum anderen erfordert es für den Anwender keinen großen Aufwand, die Software zurückzugeben[668].

b) Vertragsstrafen des Klauselverwenders

2000 § 309 Nr. 6 BGB regelt nur Vertragsstrafen, die dem **Kunden** des Klauselverwenders auferlegt werden. Auch § 307 Abs. 1 und 2 BGB schützt den Verwender nicht vor seinen eigenen Klauseln. Sofern die Klausel eine Vertragsstrafe begründen soll, die sowohl für den Verwender als auch für den Kunden gelten soll, und liegt hinsichtlich der Kundenbetroffenheit ein Verstoß gegen §§ 309 Nr. 6 oder 307 Abs. 1

---

[663] Vgl. *BGH*, 24.6.2009, VIII ZR 332/07, NJW-RR 2009, 1404, 1405 Tz. 12; offengelassen *BGH*, 20.1.2016, VIII ZR 26/15, NJW 2016, 1230, 1233 Tz. 39.

[664] Vgl. *OLG Koblenz*, 30.9.2010, 2 U 1388/09, CR 2011, 471, 472 f.; *OLG Hamm*, 25.8.2003, 35 W 15/03, NJW-RR 2004, 58, 59; *Spindler* CR 2004, 203, 212; *Wolf/Lindacher/Pfeiffer* § 309 Nr. 6 Rdn. 69; ohne gesetzliche Verankerung *Schneider* CR 2003, 651, 653; offengelassen *LG München I*, 14.8.2003, 12 O 2393/03, CR 2004, 221, 222.

[665] Vgl. *BGH*, 26.5.1999, VIII ZR 102/98, NJW 1999, 2662, 2664 m. w. N.; a. A. wohl *OLG Koblenz*, 30.9.2010, 2 U 1388/09, CR 2011, 471, 473.

[666] Vgl. *BGH*, 20.1.2016, VIII ZR 26/15, NJW 2016, 1230, 1232 Tz. 34; *BGH*, 13.11.2013, I ZR 77/12, NJW 2014, 2180 Tz. 11 f.; *BGH*, 12.3.2003, XII ZR 18/00, NJW 2003, 2158, 2161; *BGH*, 20.1.2000, VII ZR 46/98, NJW 2000, 2106, 2107; *OLG Hamm*, 25.8.2003, 35 W 15/03, NJW-RR 2004, 58, 59; *OLG Saarbrücken*, 5.4.2001, 8 U 642/00–127, NJW-RR 2001, 1030, 1031; *OLG Hamburg*, 29.7.1999, 3 U 171/98, MDR 2000, 513; *Spindler* CR 2004, 203, 212 f.; *Schneider* CR 2003, 651, 653.

[667] Vgl. *BGH*, 20.1.2016, VIII ZR 26/15, NJW 2016, 1230, 1232 Tz. 34; *BGH*, 13.11.2013, I ZR 77/12, NJW 2014, 2180, 2181 Tz. 17; *BGH*, 12.3.2003, XII ZR 18/00, NJW 2003, 2158, 2161; *OLG Hamm*, 25.8.2003, 35 W 15/03, NJW-RR 2004, 58, 59; *OLG Saarbrücken*, 5.4.2001, 8 U 642/00–127, NJW-RR 2001, 1030, 1031.

[668] Vgl. *LG Lüneburg*, 3.6.1988, 4 S 25/88, NJW 1988, 2476.

3. Vertragsstrafen im Unternehmensverkehr

Hinsichtlich des Vorkommens sowie des Zwecks von Vertragsstrafen gibt es keinen charakteristischen Unterschied zwischen dem Verbraucher- und dem Unternehmensverkehr. Die oben genannten Gesichtspunkte gelten daher in ihren Grundzügen auch im Unternehmensverkehr. Grundsätzlich können Vertragsstrafen zwischen Unternehmern auch in einem Formularvertrag wirksam vereinbart werden[670]. Zu berücksichtigen ist aber zunächst, dass § 309 Nr. 6 BGB nach § 310 Abs. 1 BGB im Unternehmensverkehr nicht eingreift[671]. Darüber hinaus ist anzuerkennen, dass zwischen Unternehmen ein **größeres Bedürfnis** für Vertragsstrafen besteht, weil etwa der Gläubiger eigene Verbindlichkeiten gegenüber Kunden einhalten muss, der gute Ruf seines Unternehmens gefährdet ist oder nicht bezifferbarer Aufwand für Ersatzlösungen betrieben werden muss, wenn die gesicherte Pflicht des Schuldners nicht erfüllt wird.

2001

Auch im Unternehmensverkehr ist aber eine Inhaltskontrolle nach § 307 Abs. 1 und 2 BGB vorzunehmen[672]. Eine Unwirksamkeit einer Vertragsstrafenklausel liegt daher dann vor, wenn sie den Schuldner unangemessen benachteiligt. Eine solche unangemessene Benachteiligung ist etwa dann gegeben, wenn sich der Berechtigte eine Strafe in der Größenordnung von 1500,– bis 2500,– Euro auch dann versprechen lässt, wenn die Vertragsverletzung ihn nur geringfügig beeinträchtigt[673]. Dies folgt daraus, dass auch im Unternehmensverkehr **das Verbot unangemessen hoher und unverhältnismäßiger Vertragsstrafen** gilt[674]. Soll die Vertragsstrafe „in jedem Fall der Zuwiderhandlung" verwirkt sein, differenziert die Klausel also in keiner Weise, ist die betreffende Klausel unangemessen und damit unwirksam[675], selbst wenn die fehlende Differenzierung nur vorsätzliche Pflichtverletzungen betrifft[676]. Gleiches gilt für den Fall, dass ein vereinbarter Tagessatz (0,5 Prozent der Auftragssumme) schon innerhalb weniger Tage in unangemessener Höhe einen erheblichen Teil des typischerweise zu erwartenden Gewinns abschöpft[677]. Wegen des hohen

2002

---

[669] Vgl. *Wolf/Lindacher/Pfeiffer* § 309 Nr. 6 Rdn. 51.

[670] Vgl. *BGH*, 31.8.2017, VII ZR 308/16, BeckRS 2017, 124701 Tz. 15; *BGH*, 6.12.2012, VII ZR 133/11, NJW 2013, 1362, 1363 Tz. 14 f.

[671] Vgl. BGH, 13.11.2013, I ZR 77/12, NJW 2014, 2180 Tz. 12.

[672] Vgl. *BGH*, 31.8.2017, VII ZR 308/16, BeckRS 2017, 124701 Tz. 14 ff.; *BGH*, 13.11.2013, I ZR 77/12, NJW 2014, 2180 Tz. 12; *BGH*, 24.6.2009, VIII ZR 332/07, NJW-RR 2009, 1404, 1405 Tz. 12; *BGH*, 12.3.2003, XII ZR 18/00, NJW 2003, 2158, 2161; *BGH*, 7.3.2002, VII ZR 41/01, NJW 2002, 2322, 2323; *OLG Hamm*, 25.8.2003, 35 W 15/03, NJW-RR 2004, 58, 59; *OLG Nürnberg*, 5.2.2002, 1 U 2314/01, MDR 2002, 629; *OLG Hamm*, 10.2.2000, 21 U 85/98, MDR 2000, 881; *OLG Koblenz*, 23.3.2000, 2 U 792/99, NJW-RR 2000, 1042. A. A. *Niebling* GRUR 2014, 598.

[673] Vgl. *BGH*, 21.3.1990, VIII ZR 196/89, NJW-RR 1990, 1076.

[674] Vgl. *BGH*, 31.8.2017, VII ZR 308/16, BeckRS 2017, 124701 Tz. 15; *BGH*, 20.1.2016, VIII ZR 26/15, NJW 2016, 1230, 1232 Tz. 34; *BGH*, 13.11.2013, I ZR 77/12, NJW 2014, 2180 Tz. 12; *BGH*, 6.12.2012, VII ZR 133/11, NJW 2013, 1362, 1363 Tz. 15; *BGH*, 30.5.2012, IV ZR 87/11, NJW 2012, 2577 Tz. 16; *BGH*, 12.3.2003, XII ZR 18/00, NJW 2003, 2158, 2161.

[675] Vgl. *BGH*, 31.8.2017, VII ZR 308/16, BeckRS 2017, 124701 Tz. 15 und 17; *BGH*, 20.1.2016, VIII ZR 26/15, NJW 2016, 1230, 1233 Tz. 35 sowie 37.

[676] Vgl. *BGH*, 31.8.2017, VII ZR 308/16, BeckRS 2017, 124701 Tz. 21.

[677] Vgl. *BGH*, 7.3.2002, VII ZR 41/01, NJW 2002, 2322, 2323; *BGH*, 17.1.2002, VII ZR 198/00, NJW-RR 2002, 806, 807.

Missbrauchsrisikos ist auch in einem **Softwarevertriebsvertrag** eine empfindliche Vertragsstrafe gegenüber einem Softwarehändler (15 000,– Euro) nicht zu hoch, weil nur durch eine genügende Abschreckung der nicht zu bestreitende Anreiz zur Herstellung und zum Vertrieb von Raubkopien genommen werden kann[678].

2003 Auch im Unternehmensverkehr sind **verschuldensunabhängige Vertragsstrafenklauseln** mit den wesentlichen Grundgedanken des § 339 BGB nicht zu vereinbaren und verstoßen daher grundsätzlich gegen § 307 Abs. 2 Nr. 1 BGB[679]. Es müssen gewichtige Gründe vorliegen, die eine solche Regelung trotz ihrer Abweichung vom dispositiven Recht als mit Recht und Billigkeit noch vereinbar erscheinen lassen[680]. Wird die Verpflichtung zur Zahlung einer Vertragsstrafe aber etwa bei einem „Notebook-Nutzungsvertrag" an die Voraussetzung geknüpft, dass die Rückgabe des überlassenen Notebooks nicht unverzüglich und auch auf Nachfristsetzung hin nicht erfolgt, liegt hierin keine verschuldensunabhängige Vertragsstrafenabrede. Dem steht entgegen, dass mit einer solchen Klausel auf die für das gesamte Privatrecht geltende Legaldefinition des § 121 Abs. 1 S. 1 BGB Bezug genommen wird, derzufolge „unverzüglich" ein Handeln ohne schuldhaftes Zögern bedeutet[681]. Dieser Gedanke gilt uneingeschränkt auch für Softwareverträge.

2004 Soweit der gleiche Schadensposten betroffen ist, gilt auch das Verbot der **Kumulierung von Vertragsstrafe und Schadensersatz**. Dem widersprechende Klauseln verstoßen ebenfalls gegen § 307 Abs. 2 Nr. 1 BGB[682]. Gleiches gilt für solche Klauseln, denen zufolge die schuldhafte Überschreitung vereinbarter Zwischenfristen, etwa der Fertigstellung bestimmter Programmmodule oder Zwischenversionen, eine Vertragsstrafe in derselben Höhe auslöst wie das Überschreiten des Endtermins. Dies rechtfertigt sich durch die Überlegung, dass eine solche Klausel dazu führen könnte, dass bei auch nur geringfügiger Überschreitung mehrerer Zwischentermine durch eine Kumulierung der einzelnen Vertragsstrafen innerhalb kurzer Zeit die höchstmögliche Vertragsstrafe verwirkt sein kann, und zwar unabhängig davon, ob der Endtermin eingehalten wird oder nicht[683]. Der Anwender ist für die Unangemessenheit gem. § 307 Abs. 1 BGB **darlegungspflichtig**[684].

2005 Auch eine **individualvertraglich vereinbarte Vertragsstrafe** kann unter Umständen wegen **Unverhältnismäßigkeit** herabgesetzt werden. Eine Herabsetzung einer Vertragsstrafe wegen unverhältnismäßiger Höhe gem. § 343 BGB ist zwar gem. § 348 HGB ausgeschlossen, wenn die Vertragsstrafe von einem Kaufmann im Betriebe seines Handelsgewerbes versprochen ist. Dies schließt in besonders gelagerten Fällen aber nicht aus, dass auch bei einer von einem Kaufmann übernommenen Vertragsstrafe eine Herabsetzung nach § 242 BGB in Betracht kommt[685]. Dies ist etwa bei einem außerordentlichen Missverhältnis der Strafhöhe zur Bedeutung der Zuwiderhandlung der Fall. Die verwirkte Vertragsstrafe ist dann **auf ein Maß** zu **reduzieren**, das ein Eingreifen des Gerichts nach § 242 BGB **noch nicht rechtfertigen** würde. Eine noch weitergehende Verringerung der Vertragsstrafe auf einen angemessenen

---

[678] Vgl. *OLG Saarbrücken*, 25.1.1989, 1 U 92/87, CR 1989, 595, 597.
[679] Vgl. *OLG Hamm*, 25.8.2003, 35 W 15/03, NJW-RR 2004, 58, 59.
[680] Vgl. *BGH*, 26.5.1999, VIII ZR 102/98, MDR 1999, 1052, 1053; *OLG Nürnberg*, 5.2.2002, 1 U 2314/01, MDR 2002, 629.
[681] Vgl. *OLG Hamm*, 25.8.2003, 35 W 15/03, NJW-RR 2004, 58, 59.
[682] Vgl. *BGH*, 24.6.2009, VIII ZR 332/07, NJW-RR 2009, 1404, 1405 Tz. 12.
[683] Vgl. *OLG Hamm*, 10.2.2000, 21 U 85/98, MDR 2000, 881.
[684] Vgl. *BGH*, 12.3.2003, XII ZR 18/00, NJW 2003, 2158, 2161.
[685] Vgl. *BGH*, 13.11.2013, I ZR 77/12, NJW 2014, 2180, 2181 Tz. 19; *BGH*, 17.7.2008, I ZR 168/05, NJW 2009, 1882, 1885 Tz. 41; *Niebling* GRUR 2014, 598.

Betrag wie bei § 343 BGB kommt dagegen nach § 242 BGB nicht in Betracht. Dem steht entgegen, dass die Regelung des § 348 HGB, der die Anwendung von § 343 BGB gerade ausschließt, nicht durch die Anwendung des Grundsatzes von Treu und Glauben umgangen werden darf. Deshalb ist die Vertragsstrafe nur soweit zu reduzieren, als der Betrag unter Würdigung aller Umstände im Einzelfall nach dem Grundsatz von Treu und Glauben noch hingenommen werden kann. Ein Anhaltspunkt für die Bestimmung des Betrags kann insoweit das Doppelte der nach § 343 BGB angemessenen Vertragsstrafe sein[686]. Möglich ist, den gesetzlichen Ausschluss einer nachträglichen Herabsetzung der Vertragsstrafe gem. § 348 HGB, durch vertragliche Vereinbarung auszubedingen[687].

X. Rechtswahlklauseln

Inhaltsübersicht

	Rdn.		Rdn.
1. Die Vereinbarung deutschen Rechts ...	2007	3. Die Anwendung der Regelungen über Allgemeine Geschäftsbedingungen nach §§ 305 ff. BGB trotz der Vereinbarung ausländischen Rechts ...	2009
2. Die Vereinbarung ausländischen Rechts..................................	2008		

Typische Klauseln:
„Es gilt luxemburgisches Recht unter Ausschluss des UN-Kaufrechts"[688].
„10. Anwendbares Recht und Gerichtsstand. Wenn Sie in Europa, Afrika, Australien und Ozeanien, dem Nahen Osten, Indien oder der Russischen Föderation wohnen, ist dieser Vertrag in Übereinstimmung mit dem englischen Gesetz geregelt, ausgelegt und interpretiert, mit Ausnahme seiner Kollisionsnormen."[689]
„10. Geltendes Recht. Diese Vereinbarung unterliegt den gesetzlichen Bestimmungen der Republik Korea ohne Bezugnahme auf die Prinzipien zu Rechtskonflikten. Die Anwendung der United Nations Convention on Contracts for International Sale of Goods wird ausdrücklich ausgeschlossen."[690]
„Geltendes Recht. Für diese Vereinbarung gilt das Recht des Staates Delaware. Das UN-Kaufrecht (Übereinkommen der Vereinten Nationen über Verträge über den internationalen Warenverkauf) gilt für diese Vereinbarung nicht."[691]
„3. Rechtswahl. Alle Ansprüche und Rechtsstreitigkeiten unter diesem Vertrag werden durch die Gesetze des Staates oder Landes geregelt, in dem Sie Ihren Wohnsitz haben, einschließlich Ansprüche wegen Vertragsverletzung und Ansprüche aus Verbraucherschutzgesetzen des Staates, aus Gesetzen gegen unlauteren Wettbewerb, Gesetzen zu konkludenter Gewährleistung, ungerechtfertigter Bereicherung und aus Deliktsrecht. Wenn Sie die Software in einem anderen Land erworben haben, gelten die Gesetze dieses Landes."[692]
„8. Anwendbares Recht. a. Vereinigte Staaten. Wenn Sie die Software in den Vereinigten Staaten erworben haben, regelt das Gesetz des Staates Washington die Auslegung dieses Vertrags und gilt für Ansprüche, die aus einer Vertragsverletzung entstehen, ungeachtet von Prinzipien über Gesetzeskonflikte. Die Gesetze des Staates Ihres Wohnortes regeln alle anderen Ansprüche, einschließlich Ansprüche aus den Verbraucherschutzgesetzen des Staates, aus Gesetzen gegen unlauteren Wettbewerb und aus Schadenersatzverfahren.

---

[686] Vgl. *BGH*, 17.7.2008, I ZR 168/05, NJW 2009, 1882, 1885 Tz. 41.
[687] Vgl. *BGH*, 13.11.2013, I ZR 77/12, NJW 2014, 2180, 2181 Tz. 18.
[688] Vgl. *EuGH*, 28.7.2016, C-191/15, NJW 2016, 2727 ff.
[689] Vgl. Systemsoftware-Lizenzvertrag für das Sony Playstation 4-System (2016).
[690] Vgl. Endbenutzer-Lizenzvereinbarung für Samsung Kies (2013).
[691] Vgl. Software-Lizenzvereinbarung für Endbenutzer AVG Technologies (2013).
[692] Vgl. Microsoft-Software-Lizenzvertrag für Windows 8 (2013).

b. Außerhalb der Vereinigten Staaten. Wenn Sie die Software in einem anderen Land erworben haben, gelten die Gesetze dieses Landes."[693]

„11. Anwendbares Recht. Alle Ansprüche und Rechtsstreitigkeiten in Bezug auf die Software, ihren Preis oder diesen Vertrag, einschließlich Ansprüchen wegen Vertragsverletzung und Ansprüchen aus bundesstaatlichen Verbraucherschutzgesetzen, Gesetzen gegen unlauteren Wettbewerb, Gesetzen zu konkludenter Gewährleistung, ungerechtfertigter Bereicherung und aus Deliktsrecht unterliegen den Gesetzen des Bundesstaates oder Landes, in dem Sie Ihren Wohnsitz (bzw. im Falle eines Unternehmens Ihren Hauptgeschäftssitz) haben, ungeachtet der Regeln des internationalen Privatrechts."[694]

„12. Anwendbares Recht. Dieser Lizenzvertrag unterliegt den Gesetzen des Staates Kalifornien, ausgenommen den Bestimmungen zur Gesetzeskollision, und ist gemäß diesen auszulegen. Dieser Lizenzvertrag unterliegt nicht der United Nations Convention on Contracts for the International Sale of Goods, deren Anwendung hiermit ausdrücklich ausgeschlossen wird. Wenn du Verbraucher mit Wohnsitz in Großbritannien bist, unterliegt dieser Lizenzvertrag den Gesetzen deines Wohnorts."[695]

„10. Geltendes Recht. Dieser Vertrag unterliegt dem geltenden materiellen Recht (a) des US-Bundesstaates Kalifornien, wenn Sie die Softwarelizenz in den Vereinigten Staaten, Kanada oder Mexiko beziehen, oder (b) Japans, wenn Sie die Softwarelizenz in Japan, China, Korea oder anderen südostasiatischen Staaten beziehen, in denen die Amtssprache entweder in Bilderschrift (z. B. Hanzi, Kanji oder Hanja) bzw. einer Schrift mit einer ähnlichen Struktur wie eine Bilderschrift wie z. B. Hangul oder Kana geschrieben wird, oder (c) Englands, wenn Sie die Softwarelizenz in einer anderen als den oben genannten Rechtsordnungen beziehen. Dieser Vertrag unterliegt nicht den Kollisionsnormen irgendeiner Rechtsordnung oder dem UN-Abkommen über den Internationalen Warenkauf, deren Anwendung hiermit ausdrücklich ausgeschlossen wird."[696]

„Artikel 10 Haftung. Dieser Vertrag unterliegt den französischen Gesetzen."[697]

„Artikel 11 Anwendbares Recht – Rechtsstreit. Dieser Vertrag unterliegt den französischen Gesetzen."[698]

„Es findet das Recht der Bundesrepublik Deutschland unter Ausschluss des UN-Kaufrechts sowie der Kollisionsnormen des Internationalen Privatrechts (IPR) Anwendung."[699]

„Es gilt das Recht der Bundesrepublik Deutschland unter Ausschluss des Übereinkommens der Vereinten Nationen über Verträge über den internationalen Warenkauf (CISG)."[700]

„Choice of Law. This license is governed by the Laws of Norway."[701]

„This License shall be governed by California law provisions (except to the extent applicable law, if any, provides otherwise), excluding its conflict-of-laws provisions."[702]

„The application of the United Nations Convention on Contracts for the International Sale of Goods is expressly excluded."[703]

„This Agreement shall be governed by the laws of the State of New Mexico, without giving effect to principles of conflicts of law."[704]

Schrifttum: *Lejeune*, Auswirkungen der Rom I-Verordnung auf internationale IT-Verträge, ITRB 2010, 66 ff.; *Mallmann*, Rechtswahlklauseln unter Ausschluss des IPR, NJW 2008, 2953 ff.; *Mankowski*, Verbandsklagen, AGB-Recht und Rechtswahlklauseln in Verbraucherverträgen, NJW 2016, 2705 ff.

2006 Für **nach dem 17.12.2009** geschlossene Verträge gilt die Verordnung (EG) Nr. 593/2008 des Europäischen Parlaments und des Rates vom 17.6.2008 über das

---

[693] Vgl. Microsoft DirectX Lizenzbestimmungen (2011).
[694] Vgl. Microsoft-Software Lizenzbestimmungen. Windows-Betriebssystem (Dezember 2016).
[695] Vgl. Softwarelizenzvertrag für iOS 11 der Apple Inc. (EA 1491 vom 12.7.2017).
[696] Vgl. den Software-Lizenzvertrag von Adobe Systems Incorporated (Reader 2013).
[697] Vgl. die Nutzungsbedingungen Softwaredownload (Nexway) (2017).
[698] Vgl. die Nutzungsbedingungen Softwaredownload (Nexway) (2017).
[699] Vgl. die Lizenzbedingungen von Softwareload der Deutsche Telekom AG (Version 1.11.2008).
[700] Vgl. Ziff. 13 der EVB-IT Überlassung Typ A.
[701] Vgl. The Q Public License, Version 1.0.
[702] Vgl. Ziff. 11 S. 2, Mozilla Public License, Version 1.1.
[703] Vgl. Ziff. 11 S. 5, Mozilla Public License, Version 1.1.
[704] Vgl. Ziff. 7 S. 1, Open RTLinux Patent License, Version 2.0.

auf vertragliche Schuldverhältnisse anzuwendende Recht (Rom I-VO)[705], was in Art. 28 Rom I-VO festgelegt ist. In Art. 3 Rom I-VO ist der sog. **Grundsatz der freien Rechtswahl** verankert[706]. Dieser Grundsatz war für Verträge, die **nach dem 1.9.1986 und vor dem 17.12.2009** geschlossen wurden, bereits in Art. 27 Abs. 1 EGBGB a. F. enthalten.[707] Insoweit besteht kein Unterschied zur früher nach Art. 27 Abs. 4, 31 Abs. 1 EGBGB a. F. geltenden Rechtslage[708]. Gem. Art. 3 Abs. 5 i. V. m. Art. 10 Abs. 1 Rom I-VO unterliegen sowohl das Zustandekommen und die Wirksamkeit der Rechtswahlvereinbarung dem von den Parteien gewählten Recht[709]. Die Rechtswahl kann auch in Allgemeinen Geschäftsbedingungen erfolgen[710].

1. Die Vereinbarung deutschen Rechts

Sowohl das Zustandekommen als auch die Wirksamkeit von Rechtswahlklauseln, mit denen die Anwendung deutschen Rechts vereinbart werden soll, richten sich gem. Art. 3 Abs. 5, 10 Abs. 1 Rom I-VO nach deutschem Recht, weil nach diesen Vorschriften dasjenige Recht anzuwenden ist, das anzuwenden wäre, wenn die Bestimmung des gewählten Rechts wirksam wäre[711]. Die nach § 307 Abs. 1 und 2 BGB vorzunehmende Inhaltskontrolle ergibt für den Verbraucher- und den Unternehmensverkehr, dass die Wahl deutschen Rechts grundsätzlich nicht zu beanstanden ist[712], sofern Anknüpfungspunkte zur deutschen Rechtsordnung bestehen, insbesondere der Klauselverwender seinen Sitz innerhalb Deutschlands hat[713]. In der Wahl deutschen materiellen Rechts im Rahmen eines Softwarevertriebsvertrags zwischen einem deutschen Softwarehersteller und einem niederländischen Vertriebsbeauftragten ist auch dann kein Rechtsmissbrauch zu sehen, wenn dem Vertriebsbeauftragten hierdurch Schutzvorschriften des niederländischen Rechts entzogen werden[714]. Die Rechtswahl muss nicht ausdrücklich, etwa durch eine Rechtswahlklausel in den Allgemeinen Geschäftsbedingungen erfolgen, was in Art. 3 Abs. 1 S. 2 Rom I-VO festgelegt ist[715]. So kann etwa aus der Vereinbarung der Geltung verschiedener DIN-Normen sowie sonstiger Vertragsumstände eine **stillschweigende Wahl deutschen Rechts** zu entnehmen sein[716]. Eine stillschweigende Rechtswahl ist

---

[705] Vgl. ABl.EU Nr. L 177 vom 4.7.2008, S. 6 ff.; *LG Berlin*, 28.11.2014, 15 O 601/12, CR 2015, 74, 76.
[706] Vgl. *BGH*, 19.7.2012, I ZR 40/11, MMR 2013, 501, 503 Tz. 33; *LG Hamburg*, 6.1.2011, 327 O 779/10, MMR 2012, 96, 98; *Mankowski* NJW 2016, 2705, 2706; *Palandt/Thorn* Art. 3 Rom I (IPR) Rdn. 4.
[707] Vgl. *Palandt/Thorn* Art. 3 Rom I (IPR) Rdn. 1.
[708] Vgl. *Palandt/Thorn* Art. 3 Rom I (IPR) Rdn. 1.
[709] Vgl. *LG Hamburg*, 6.1.2011, 327 O 779/10, MMR 2012, 96, 98; *Palandt/Thorn* Art. 3 Rom I (IPR) Rdn. 9. Noch zu Art. 27 Abs. 1 EGBGB *BGH*, 25.1.2005, XI ZR 78/04, NJW-RR 2005, 1071, 1072.
[710] Vgl. *EuGH*, 28.7.2016, C-191/15, NJW 2016, 2727, 2730 Tz. 66; *Gläser* MMR 2015, 699, 702.
[711] Vgl. noch zu Art. 27 Abs. 1 EGBGB *KG Berlin*, 5.6.2014, 22 U 90/13, BeckRS 2014, 12402; *LG Hamburg*, 6.1.2011, 327 O 779/10, MMR 2012, 96, 98; *Palandt/Thorn* Art. 3 Rom I (IPR) Rdn. 9.
[712] Vgl. *LG Hamburg*, 6.1.2011, 327 O 779/10, MMR 2012, 96, 98.
[713] Vgl. *Ulmer/Brandner/Hensen*, Teil 2. Bes. Klauseln, Rechtswahlklauseln Rdn. 9 und 4; gegen eine Inhaltskontrolle nach § 307 Abs. 1 BGB *Wolf/Lindacher/Pfeiffer* IntGV Rdn. 22.
[714] Vgl. *OLG Köln*, 21.3.1997, 19 U 180/96, VersR 1998, 735, 736.
[715] Vgl. *LG Hamburg*, 6.1.2011, 327 O 779/10, MMR 2012, 96, 98.
[716] Vgl. *BGH*, 8.10.2002, VI ZR 182/01, NJW 2003, 288.

nach dem Wortlaut des Art. 3 Abs. 1 S. 2 Rom I-VO nur anzunehmen, wenn sich ein entsprechender Parteiwille eindeutig aus den Bestimmungen des Vertrags oder den Umständen des Falls ergibt. Hierbei sind alle Indizien zu würdigen, die für oder gegen die Anwendung einer bestimmten Rechtsordnung sprechen[717]. Dennoch lässt der *BGH* die bloße Ermittlung eines **hypothetischen Parteiwillens** gerade nicht genügen[718]. Im Übrigen sind auch individualvertraglich getroffene Vereinbarungen über das anwendbare Recht nach den allgemeinen Vorschriften der §§ 133, 157 BGB auszulegen. Dabei ist wie sonst auch vom Wortlaut der Erklärungen auszugehen. In einem zweiten Auslegungsschritt sind sodann die außerhalb des Erklärungsakts liegenden Begleitumstände in die Auslegung einzubeziehen, soweit sie einen Schluss auf den Sinngehalt der Erklärung zulassen[719].

2. Die Vereinbarung ausländischen Rechts

2008 Auch soweit die Rechtswahlklausel auf ausländisches Recht verweist, richten sich die Einbeziehung sowie Wirksamkeit der Klausel gem. Art. 3 Abs. 5, 10 Abs. 1 Rom I-VO nach dem **ausgewählten Recht**[720], sodass insbesondere auch eine Inhaltskontrolle nach § 307 Abs. 1 und 2 BGB grundsätzlich ausscheidet. Dies gilt auch für sog. **reine Inlandsverträge** im Sinne des Art. 3 Abs. 3 Rom I-VO, die außer der Bezugnahme auf das ausländische Recht und gegebenenfalls eine diese ergänzende Gerichtsstandsvereinbarung keine Auslandsberührung aufweisen, sondern einen reinen Inlandsbezug zu Deutschland aufweisen. Unter Umständen ist in einem solchen Fall über Art. 3 Abs. 3 Rom I-VO jedoch auf den überraschenden Charakter im Sinne des § 305c Abs. 1 BGB einer entsprechenden Rechtswahl abzustellen und der Rechtswahlklausel die Wirksamkeit zu versagen[721]. Dies wird man etwa dann annehmen können, wenn ein US-amerikanischer Softwarehersteller eine rechtlich selbstständige Tochtergesellschaft mit eigener Rechtsabteilung in der Bundesrepublik Deutschland gegründet hat und der Softwareüberlassungsvertrag dennoch dem Recht eines bestimmten US-amerikanischen Bundesstaates unterstellt werden soll. Selbst wenn das ausländische Recht jedoch als vereinbart gilt, ist dann bei reinen Inlandsverträgen gem. Art. 3 Abs. 3 Rom I-VO eine Abweichung vom zwingenden deutschen Recht nicht möglich, zu dem auch die Vorschriften über Allgemeine Geschäftsbedingungen nach den §§ 305ff. BGB zählen[722]. Der Inhalt ausländischen Rechts ist gem. § 293 ZPO von Amts wegen zu ermitteln[723].

3. Die Anwendung der Regelungen über Allgemeine Geschäftsbedingungen nach §§ 305ff. BGB trotz der Vereinbarung ausländischen Rechts

2009 Trotz der oben dargelegten grundsätzlichen Unanwendbarkeit der deutschen Vorschriften über Allgemeine Geschäftsbedingungen bei auf ausländisches Recht verweisenden Rechtswahlklauseln verbleibt der Inhaltskontrolle nach den §§ 305 ff.

---

[717] Vgl. *KG Berlin*, 21.2.2008, 19 U 60/07, NJW-RR 2009, 195.
[718] Vgl. noch zu Art. 27 EGBGB a.F. *BGH*, 26.7.2004, VIII ZR 273/03, NJW-RR 2005, 206, 208.
[719] Vgl. *BGH*, 19.1.2000, VIII ZR 275/98, NJW-RR 2000, 1002, 1003.
[720] Vgl. *Palandt/Thorn* Art. 3 Rom I (IPR) Rdn. 9.
[721] Vgl. *Ulmer/Brandner/Hensen*, Teil 2. Bes. Klauseln, Rechtswahlklauseln Rdn. 12.
[722] Vgl. *Ulmer/Brandner/Hensen*, Teil 2. Bes. Klauseln, Rechtswahlklauseln Rdn. 12.
[723] Vgl. *OLG Köln*, 26.2.2016, 6 U 90/15, MMR 2016, 387, 388.

BGB ein erheblicher Anwendungsbereich. Zunächst muss die bereits erwähnte **Einschränkung für reine Inlandsverträge** beachtet werden. Zudem ist die in Art. 6 Abs. 2 Rom I-VO vorgesehene Einschränkung des Grundsatzes der freien Rechtswahl bei **Verbraucherverträgen** zu berücksichtigen, etwa bei einem Online-Spiel[724], weil beim Betrieb von Computerspielen grundsätzlich davon auszugehen ist, dass der Kunde Verbraucher ist[725].

Nach Art. 6 Abs. 2 S. 2 Rom I-VO darf eine Rechtswahl nicht dazu führen, dass dem Verbraucher der durch die **zwingenden Bestimmungen** des Rechts des Staates gewährte Schutz entzogen wird, in dem er seinen **gewöhnlichen Aufenthalt** hat[726]. Zu diesen zwingenden Vorschriften zählen auch die §§ 305 ff. BGB[727]. Nach Auffassung des *BGH* geht der Gesetzgeber im Rahmen von Art. 3 und 6 Rom I-VO davon aus, dass es dem Verbraucher grundsätzlich zuzumuten ist, sich bei einem Verbrauchervertrag auf die Wahl des Rechts eines anderen Staates als dem einzulassen, in dem er seinen gewöhnlichen Aufenthalt hat. Dem liegt die Vorstellung zu Grunde, dass das Nebeneinander von zwingendem Verbraucherschutzrecht dieses Staates und dem ansonsten geltenden gewählten Recht (noch) nicht zur Folge hat, dass die Rechtslage auf Grund der getroffenen Rechtswahl so wenig klar und verständlich ist, dass sich hieraus für den Verbraucher eine Intransparenz und folglich eine gem. § 307 Abs. 1 Satz 2 BGB unangemessene Benachteiligung ergibt[728]. Eine Unwirksamkeit der Rechtswahlklausel kann nach Auffassung des *EuGH*[729] aber daraus folgen, dass der Verbraucher nicht darauf hingewiesen wird, dass ihm die zwingenden verbraucherschützenden Rechte nicht entzogen werden dürfen. Der *EuGH* argumentiert insoweit mit dem geringeren Informationsstand des Verbrauchers gegenüber dem Gewerbetreibenden, weshalb Letzterer den Verbraucher entsprechend informieren müsse, weil andernfalls dem Gebot der Klarheit und Verständlichkeit nicht genügt werde[730].

Unerheblich für die Einstufung des Berechtigten als Verbraucher im Sinne des Art. 6 Abs. 1 Rom I-VO ist dessen Qualifizierung als **Kaufmann** oder **Nichtkaufmann**, wie sie früher für AGB-rechtliche Fragen notwendig war. Entscheidend ist allein, ob der Softwareüberlassungsvertrag der **gewerblichen oder beruflichen Tätigkeit** des Berechtigten zugeordnet werden kann, sodass etwa der ein Kanzleiverwaltungsprogramm kaufende Rechtsanwalt nicht dem Schutz des Art. 6 Rom I-VO unterfällt.

---

[724] Vgl. *BGH*, 11.2.2010, I ZR 178/08, NJW 2010, 2661, 2662 Tz 14; *Rauda* Rdn. 674.
[725] Vgl. *Rauda* Rdn. 675.
[726] Vgl. *EuGH*, 28.7.2016, C-191/15, NJW 2016, 2727, 2730 Tz. 66 ff.; *BGH*, 19.7.2012, I ZR 40/11, MMR 2013, 501, 503 Tz. 33; *LG Hamburg*, 6.1.2011, 327 O 779/10, MMR 2012, 96, 98.
[727] Vgl. *BGH*, 19.7.2012, I ZR 40/11, MMR 2013, 501, 503 Tz. 33; *OLG Köln*, 26.2.2016, 6 U 90/15, MMR 2016, 387, 389.
[728] Vgl. *BGH*, 19.7.2012, I ZR 40/11, MMR 2013, 501, 503 Tz. 34; *Mankowski* NJW 2016, 2705, 2708.
[729] Vgl. *EuGH*, 28.7.2016, C-191/15, NJW 2016, 2727, 2730 Tz. 66 ff.
[730] Vgl. *EuGH*, 28.7.2016, C-191/15, NJW 2016, 2727, 2730 Tz. 69; kritisch *Mankowski* NJW 2016, 2705 ff.

XI. Gerichtsstandsklauseln

Inhaltsübersicht

	Rdn.		Rdn.
1. Zivilprozessuale Prorogationsverbote	2013	schäftsbedingungen nach §§ 305 ff. BGB	2024
a) Gerichtsstandsvereinbarungen vor Klageerhebung	2015	a) Der Vorrang der EuGV–VO vor §§ 305 ff. BGB	2024
b) Gerichtsstandsvereinbarungen nach Klageerhebung	2023	b) Die Kontrolle nach §§ 305 ff. BGB	2025
2. Gerichtsstandsvereinbarungen und die Regelungen über Allgemeine Ge-			

Typische Klauseln:

„Gerichtsstand für Kaufleute ist nach Wahl der X Stuttgart, Mannheim, Berlin oder Sitz oder Wohnsitz des Kunden."[731]

„Bei allen Streitigkeiten gilt die ausschließliche Rechtsprechung der staatlichen oder bundesstaatlichen Gerichte mit Sitz im Staat Delaware."[732]

„Nichtausschließlicher Gerichtsstand für sämtliche Streitigkeiten, die sich aus diesem Vertrag ergeben, sind die jeweils zuständigen Gerichte von Santa Clara County, Kalifornien (bei Anwendbarkeit kalifornischen Rechts); der Tokyo District Court, Japan (bei Anwendbarkeit japanischen Rechts); und die Gerichte in London (England) (bei Anwendbarkeit englischen Rechts)."[733]

„Artikel 11 Anwendbares Recht – Rechtsstreit. Dieser Vertrag unterliegt den französischen Gesetzen. Die ursprüngliche Sprache dieses Vertrages ist Französisch. Im Falle eines Rechtsstreits mit Fachleuten und/oder Händlern liegt der Gerichtsstand bei den Gerichten in Nanterre (Frankreich). In anderen Fällen wird die entsprechende Gerichtsbarkeit in Übereinstimmung mit den anwendbaren Verfahrensregeln ernannt."[734]

„§ 8 Sonstiges. Ist der Kunde Unternehmer im Sinne des § 14 BGB, ist Darmstadt Erfüllungsort und Gerichtsstand für alle Streitigkeiten aus und im Zusammenhang mit diesem Vertrag."[735]

„With respect to disputes in which at least one party is a citizen of, or an entity chartered or registered to business in the United States of America, any litigation relating to this License shall be subject to the jurisdiction of the Federal Courts of the Northern District of California, with venue lying in Santa Klara County, California, with the losing party responsible for costs, including without limitation, court costs and reasonable attorneys' fees and expenses."[736]

„Dispute Resolution. Any litigation or other dispute resolution between You and Apple relating to this License shall take place in the Northern District of California, and You and Apple hereby consent to the personal jurisdiction of, and venue in, the state and federal courts within that District with respect to this License."[737]

„Disputes shall be settled by Oslo City Court."[738]

Schrifttum: *Alio,* Die Neufassung der Brüssel I-Verordnung, NJW 2014, 2395 ff.; *Eichel,* AGB-Gerichtsstandsklauseln im deutsch-amerikanischen Handelsverkehr, 2007; *Fischer,* Gerichtsstandsvereinbarungen in AGB – Gerichtliche Zuständigkeit und Verweisungen, MDR 2000, 682 ff.; *Gottschalk/Breßler,* Missbrauchskontrolle von Gerichtsstandvereinbarungen im europäischen Zivilprozessrecht, ZEuP 2007, 56 ff.; *Horn,* Einwand des Rechtsmissbrauchs gegen eine Gerichtsstandsvereinbarung i. S. d. Art. 23 EuGVO, IPrax 2006, 2 ff.; *Leible,* Gerichtsstandsklauseln und EG-Klauselrichtlinie, RIW 2001, 422 ff.; *Mankowski,* Internationale Zuständigkeit am Erfüllungsort bei Softwareentwicklungsverträgen, CR 2010, 137 ff.; *Paulus/Pfeiffer/Pfeiffer,* Europäische Ge-

---

[731] Vgl. *OLG Karlsruhe,* 10.3.2015, 8 U 208/13, BeckRS 2015, 06795.
[732] Vgl. Software-Lizenzvereinbarung für Endbenutzer AVG Technologies (2013).
[733] Vgl. den Software-Lizenzvertrag von Adobe Systems Incorporated (Reader 2013).
[734] Vgl. die Nutzungsbedingungen Softwaredownload (Nexway) (2017).
[735] Vgl. die Nutzungsbedingungen Softwaredownload (Nexway) (2012).
[736] Vgl. Ziff. 11 S. 3 Mozilla Public License, Version 1.1.
[737] Vgl. Ziff. 13.6, Apple Public Source License Version 1.2 – 4.1.2001.
[738] Vgl. The Q Public License, Version 1.0.

richtsstands- und Vollstreckungsverordnung (Brüssel Ia), 2017; *Pfeiffer,* Die Unwirksamkeit von Gerichtsstandsklauseln nach der Klauselrichtlinie, ZEuP 2003, 141 ff.; *Piltz,* Vom EuGVÜ zur Brüssel-I-Verordnung, NJW 2002, 789 ff.; *Schilken,* Zur Zulässigkeit von Zuständigkeitsvereinbarungen bei Beteiligung von Nichtkaufleuten, (§§ 38 Abs. 3, 40 ZPO), in: FS für Musielak 2004, S. 435 ff.; *Weigel/Blankenheim,* Europäische Gerichtsstandsklauseln – Missbrauchskontrolle und Vermeidung von Unklarheiten bei der Auslegung widersprechender Vereinbarungen, WM 2006, 664 ff.; *Wernicke/Hoppe,* Die neue EuGVVO – Auswirkungen auf die internationale Zuständigkeit bei Internetverträgen, MMR 2002, 643 ff.; *Witte,* Leistungsorte bei der internationalen IT-Beschaffung. Ermittlung des örtlichen Gerichtsstands bei fehlender vertraglicher Vereinbarung, ITRB 2009, 230 ff.

Gerichtsstandsvereinbarungen (Prorogationen) sind nach den Vorgaben entsprechend den nunmehr geltenden Fassungen der §§ 38–40 ZPO nur **eingeschränkt zulässig.** Ausgangspunkt jeder Darstellung des Problemkreises der Gerichtsstandsvereinbarungen müssen dementsprechend die Regelungen der ZPO sein, zumal diese sowohl für Individual- als auch für Formularverträge gelten und der Anwendungsbereich der §§ 305 ff. BGB nur unter Berücksichtigung der zivilprozessualen Bestimmungen klar herausgearbeitet werden kann. 2012

1. Zivilprozessuale Prorogationsverbote

Der privatautonomen Regelung entzogen und deshalb in allen Fällen unzulässig sind solche Vereinbarungen, die die **Zulässigkeit des Rechtswegs,** die **funktionale Zuständigkeit**[739], die Zuständigkeit bei **nichtvermögensrechtlichen Ansprüchen** sowie die Fälle betreffen, in denen ein **ausschließlicher Gerichtsstand** besteht. Für die beiden letztgenannten Fälle folgt dies unmittelbar aus § 40 Abs. 2 ZPO. 2013

Soweit sich die vertragliche Vereinbarung auf keine der oben angeführten Regelungsbereiche bezieht, muss zwischen solchen Gerichtsstandsvereinbarungen, die **vor Klageerhebung** und solchen, die **nach Klageerhebung** getroffen werden, deutlich unterschieden werden. 2014

a) Gerichtsstandsvereinbarungen vor Klageerhebung

Wird die Zuständigkeitsvereinbarung vor Klageerhebung getroffen, so ist für deren Zulässigkeit gem. § 38 Abs. 1 ZPO zunächst erforderlich, dass es sich bei **beiden Vertragsparteien** um **Kaufleute** im Sinne der §§ 1 ff. HGB, juristische Personen des öffentlichen Rechts[740] oder öffentlich-rechtliche Sondervermögen handelt. Soweit diese Voraussetzungen an die Personen der Vereinbarenden erfüllt sind, kann die Gerichtsstandsvereinbarung **formlos,** also auch stillschweigend getroffen werden[741]. Praxisrelevant sind an dieser Stelle auch die Rechtsfolgen, die sich aus der widerspruchslosen Entgegennahme der gelieferten Software durch den Anwender ergeben können. Übersendet etwa der Lieferant eine Auftragsbestätigung, in der sich außer einer mit abgedruckten Gerichtsstandsklausel in den AGB zusätzlich neben der Adresse ein besonderer Hinweis auf den vereinbarten Gerichtsstand befindet, so kann dies eine Modifizierung des Angebots auf den Abschluss eines Softwareüberlassungsvertrags darstellen. Dieses modifizierte Angebot kann der Anwender nach Auf- 2015

---

[739] Vgl. MünchKomm/*Patzina,* ZPO, 5. Aufl. 2016, § 38 Rdn. 10.
[740] Hierzu zählen insbesondere Körperschaften wie z. B. Hochschulen, Berufskammern etc., Gebietskörperschaften wie Gemeinden und Kreise, Anstalten und Stiftungen des öffentlichen Rechts; vgl. MünchKomm/*Patzina,* ZPO, 5. Aufl. 2016, § 38 Rdn. 16.
[741] Vgl. *OLG Karlsruhe,* 9.10.1992, 15 U 67/92, NJW-RR 1993, 567, 568; MünchKomm/*Patzina,* ZPO, 5. Aufl. 2016, § 38 Rdn. 21.

fassung des *LG Rottweil*⁷⁴² durch die vorbehaltlose Entgegennahme der Software annehmen.

2016 Ebenfalls unzulässig sind solche Regelungen, die zwar keine unmittelbare Gerichtsstandsvereinbarung beinhalten, eine solche aber über eine **Vereinbarung des Erfüllungsorts** und den daran gem. § 29 Abs. 1 ZPO anknüpfenden Gerichtsstand mittelbar zu erreichen suchen. Auch derartige Erfüllungsortvereinbarungen sind gem. § 29 Abs. 1 ZPO nur zulässig, soweit sie von Personen getroffen werden, die eine Gerichtsstandsvereinbarung gem. § 38 Abs. 1 ZPO schließen könnten⁷⁴³. Ziel dieser Gleichsetzung ist die Verhinderung einer Umgehung des § 38 Abs. 1 ZPO⁷⁴⁴. Die Einhaltung einer besonderen Form ist auch hier grundsätzlich nicht erforderlich.

2017 Neben den nach § 38 Abs. 1 ZPO zulässigen Gerichtsstandsvereinbarungen sind vor Klageerhebung Zuständigkeitsvereinbarungen gem. § 38 Abs. 2 ZPO zulässig, falls mindestens eine der Vertragsparteien **keinen inländischen allgemeinen Gerichtsstand** besitzt. Besitzen bei einer derartigen Zuständigkeitsvereinbarung im sog. grenzüberschreitenden Verkehr beide Parteien keinen inländischen allgemeinen Gerichtsstand, so besteht eine freie Wahlmöglichkeit⁷⁴⁵.

2018 Soweit mindestens eine Partei ihren Wohnsitz im Hoheitsgebiet eines Mitgliedstaats der EU außer Dänemark hat, war seit dem 1.3.2002 die Verordnung (EG) Nr. 44/2001 über die gerichtliche Zuständigkeit und die Anerkennung und Vollstreckung von Entscheidungen in Zivil- und Handelssachen vom 22.12.2000⁷⁴⁶ (sog. EuGV-VO) zu beachten. Die EuGV-VO, für die als Kurzbezeichnung auch **EuGV** oder **Brüssel-I-VO**⁷⁴⁷ verwendet werden, wurde durch die **Verordnung Nr. 1215/ 2012** des Europäischen Parlaments und des Rates vom 12. Dezember 2012 über die gerichtliche Zuständigkeit und die Anerkennung und Vollstreckung von Entscheidungen in Zivil- und Handelssachen vom 12. Dezember 2012⁷⁴⁸ neu gefasst. Die Neufassung ist am 10.1.2015 in Kraft getreten. Die EuGV-VO hat das Übereinkommen der Europäischen Gemeinschaft über die gerichtliche Zuständigkeit und die Vollstreckung gerichtlicher Entscheidungen in Zivil- und Handelssachen (EuGVÜ)⁷⁴⁹ abgelöst, wobei jedoch die Systematik und weitgehend auch die Inhalte des EuGVÜ beibehalten wurden, sodass überwiegend auf die alten Anwendungsgrundsätze und Auslegungsregeln des EuGVÜ zurückgegriffen werden kann⁷⁵⁰.

2019 Auch **Art. 25 EuGV-VO** verdrängt wie schon **Art. 17 EuGVÜ in weitem Umfang das nationale Recht**⁷⁵¹, sodass jeder Gerichtsstand innerhalb der Mitgliedstaaten der

---

⁷⁴² Vgl. *LG Rottweil*, 4.3.1992, 4 O 78/92, NJW-RR 1992, 688.
⁷⁴³ Vgl. *OLG München*, 15.7.2009, 31 AR 341/09, NJW-RR 2010, 139.
⁷⁴⁴ Vgl. *OLG München*, 15.7.2009, 31 AR 341/09, NJW-RR 2010, 139.
⁷⁴⁵ Vgl. *Zöller/Vollkommer*, ZPO, 31. Aufl. 2016, § 38 Rdn. 29.
⁷⁴⁶ Vgl. ABl.EG Nr. L 12 vom 16.1.2001, S. 1 ff.
⁷⁴⁷ Vgl. etwa *BGH*, 12.3.2015, I ZR 188/13, MMR 2015, 446, 447 Tz. 11; *BGH*, 5.3.2015, I ZR 161/13, GRUR 2015, 1004, 1005 Tz. 9 ff.; *BGH*, 24.9.2014, I ZR 35/11, MMR 2015, 324, 325 Tz. 13.
⁷⁴⁸ Vgl. ABl.EG Nr. L 351 vom 20.12 2012, S. 1 ff.
⁷⁴⁹ Vgl. BGBl. 1972 II S. 773 ff. Neben den ursprünglichen Vertragsstaaten Bundesrepublik Deutschland, Belgien, Frankreich, Italien, Luxemburg und den Niederlanden waren auch Dänemark, Griechenland, Irland, Portugal, Spanien und das Vereinigte Königreich Großbritannien dem Übereinkommen beigetreten.
⁷⁵⁰ Vgl. *EuGH*, 16.7.2009, C-189/08, NJW 2009, 3501 Tz. 19; *EuGH*, 23.4.2009, C-533/07, GRUR 2009, 753, 756 Tz. 51; *BGH*, 16.10.2015, V ZR 120/14, NJW 2016, 409 f. Tz. 7; *Paulus/ Pfeiffer/Pfeiffer*, Einl. Rdn. 4.
⁷⁵¹ Vgl. *BGH*, 30.10.2003, I ZR 59/00, CR 2004, 809; *OLG Frankfurt*, 30.3.2015, 23 U 11/14, BeckRS 2015, 09133 Tz. 45; *OLG Celle*, 24.7.2009, 13 W 48/09, NJW-RR 2010, 137; *Paulus/ Pfeiffer/Pfeiffer*, Art. 25 EuGVVO Rdn. 63.

EU vereinbart werden kann[752]. Dies gilt nach der Neuregelung des Art. 25 EuGV-VO anders als zuvor auch dann, wenn keine der Parteien ihren Wohnsitz in einem Mitgliedstaat der EU hat[753]. Soweit Art. 25 EuGV-VO indes keine Anwendung findet, richtet sich die Zulässigkeitsfrage nach deutschem Internationalem Zivilprozeßrecht[754]. Die Gerichtsstandsvereinbarung ist gem. Art. 25 Abs. 5 EuGV-VO als eine vom Hauptvertrag unabhängige Vereinbarung zu behandeln, die nicht allein mit der Begründung in Frage gestellt werden kann, dass der Vertrag nicht gültig ist. Aus der Formulierung des Art. 25 Abs. 1 EuGV-VO ist sogar zu entnehmen, dass eine Vermutung für die materielle Wirksamkeit der Vereinbarung besteht[755].

Auch nach der Neufassung der EuGV-VO gilt gem. Art. 31 Abs. 1 EuGV-VO der Grundsatz, dass in Fällen, in denen bei einem Rechtsstreit mehrere ausschließlich zuständige Gerichte angerufen werden, das zuerst angerufene Gericht zuständig ist. Das zuletzt angerufene Gericht muss sich für unzuständig erklären. Dieser **Grundsatz** wird bei ausschließlichen Gerichtsstandsvereinbarungen aber **durchbrochen.** Nach Art. 31 Abs. 2 EuGV-VO setzt das zuerst angerufene Gericht den Rechtsstreit aus, wenn die Parteien eine ausschließliche Gerichtsstandsvereinbarung getroffen haben und das in der Vereinbarung genannte Gericht angerufen wird. Erklärt sich das nach der Gerichtsstandsvereinbarung zuständige Gericht für zuständig, erklärt sich das zuerst angerufene Gericht zugunsten dieses Gerichts gem. Art. 31 Abs. 3 EuGV-VO für unzuständig. 2020

Zulässigkeit und Wirkung einer vorprozessual getroffenen internationalen Gerichtsstandsvereinbarung sind **nach deutschem Prozessrecht** zu beurteilen, wenn ein deutsches Gericht angerufen wird[756]. Wird in einem Leasingvertrag eine Gerichtsstandsvereinbarung nach Art. 25 Abs. 1 EuGV-VO getroffen, so bindet diese auch den Lieferanten, wenn dieser den Vertrag mit unterzeichnet und sich zudem ausdrücklich als dritte Partei in einem Anhang zum Leasingvertrag verpflichtet, den Vertrag nach Treu und Glauben auszuführen[757]. Der Abschluss einer Gerichtsstandsvereinbarung setzt gem. Art. 25 Abs. 1 S. 3 Buchst. a) EuGV-VO voraus, dass die die Zuständigkeit begründende Vereinbarung tatsächlich Gegenstand einer Willenserklärung zwischen den Parteien gewesen sein muss, die klar und deutlich zum Ausdruck gekommen ist, wobei das in der genannten Regelung enthaltene Schriftformerfordernis streng zu handhaben ist[758]. Gemessen an diesem strengen Formerfordernis kann die Bezugnahme auf Allgemeine Geschäftsbedingungen, die eine Gerichtsstandsvereinbarung enthalten, nur ausreichen, wenn die Zustimmung der anderen Partei zu dieser von den allgemeinen Grundsätzen abweichenden Zuständigkeitsregelung tatsächlich feststeht. Hierfür reicht allein ein Hinweis auf die Geltung der eigenen Geschäftsbedingungen und auf die Möglichkeit zu deren Kenntnisnahme im Internet nicht aus[759]. Ist die Gerichtsstandsklausel nebst anderen Geschäftsbedingungen auf der Rückseite der Vertragsurkunde abgedruckt, wird dem Gebot eindeutiger Willenseinigung nur genügt, wenn der Vertrag ausdrücklich 2021

---

[752] Vgl. *Piltz* NJW 2002, 789, 792.
[753] Vgl. *Alio* NJW 2014, 2395, 2398.
[754] Vgl. *Alio* NJW 2014, 2395, 2398.
[755] Vgl. *Paulus/Pfeiffer/Pfeiffer*, Art. 25 EuGVVO Rdn. 113.
[756] Vgl. *BGH*, 30.10.2003, I ZR 59/00, CR 2004, 809.
[757] Vgl. *OLG Köln*, 13.3.1998, 19 U 231/97, NJW-RR 1998, 1350.
[758] Vgl. *EuGH*, 20.4.2016, C-366/13, EuZW 2016, 419, 420 Tz. 26; *EuGH*, 21.5.2015, C-322/14, NJW 2015, 2171, 2172 Tz. 25; *OLG Celle*, 24.7.2009, 13 W 48/09, NJW-RR 2010, 137.
[759] Vgl. *OLG Celle*, 24.7.2009, 13 W 48/09, NJW-RR 2010, 137, 138.

auf diese Geschäftsbedingungen Bezug nimmt[760]. Ausreichend ist auch nicht, wenn lediglich eine Wahl des materiellen Rechts getroffen wurde[761]. Das Schriftformerfordernis kann gem. Art. 25 Abs. 2 EuGV-VO auch durch eine **elektronische Übermittlung** eingehalten werden, die eine dauerhafte Aufzeichnung der Vereinbarung ermöglicht[762]. Dies erfordert weder eine Verschlüsselung noch eine Signatur, sodass etwa auch eine einfache E-Mail ausreichen kann[763].

2022 Bei **Verbraucherverträgen** sind die Art. 17, 18 EuGV-VO zu beachten[764]. Auch wenn sich eine Gerichtsstandsvereinbarung nach ihrem unmittelbaren Wortlaut nur auf vertragliche Ansprüche bezieht, kann sie im Einzelfall dahingehend auszulegen sein, dass die Parteien die Prozessführung der aus dem Vertragsabschluss und der Vertragsabwicklung herrührenden Streitigkeiten insgesamt gebündelt an einem Gerichtsstandort führen und eine doppelte Prozessführung vermeiden wollen. Dann umfassen entsprechende Zuständigkeitsvereinbarungen im Zweifel auch in **Anspruchskonkurrenz** stehende **deliktische Anspruchsgrundlagen** nach dem UrhG oder dem UWG[765].

b) Gerichtsstandsvereinbarungen nach Klageerhebung

2023 Für die nach Klageerhebung getroffenen Gerichtsstandsvereinbarungen gilt § 38 Abs. 3 ZPO, jedoch ist auch hier der Vorrang des Art. 25 EuGV-VO zu beachten. Soweit letztgenannte Vorschrift nicht eingreift, sind Gerichtsstandsvereinbarungen nach § 38 Abs. 3 Nr. 1 ZPO zulässig, sofern sie **ausdrücklich** und **schriftlich** getroffen werden. Eine derartige ausdrückliche und schriftliche Vereinbarung ist nach § 38 Abs. 3 Nr. 2 ZPO auch für solche Fälle zulässig, in denen die gerichtlich in Anspruch zu nehmende Partei ihren Wohnsitz oder gewöhnlichen Aufenthaltsort nach Vertragsschluss aus dem Geltungsbereich der ZPO hinausverlegt oder ihr Wohnsitz oder gewöhnlicher Aufenthalt im Zeitpunkt der Klageerhebung unbekannt ist.

2. Gerichtsstandsvereinbarungen und die Regelungen über Allgemeine Geschäftsbedingungen nach §§ 305 ff. BGB

a) Der Vorrang der EuGV-VO vor §§ 305 ff. BGB

2024 Trotz der auch für Formularverträge geltenden Sonderregelungen der §§ 29, 38 ZPO und Art. 25 EuGV-VO sind die Regelungen der §§ 305 ff. BGB auf Gerichtsstandsvereinbarungen nach §§ 29, 38 ZPO anzuwenden, während dies für solche nach Art. 25 EuGV-VO streitig ist[766]. Gegen eine Überprüfung der Gerichtsstandsvereinbarungen im Anwendungsbereich des Art. 25 EuGV-VO nach den Vorschriften über Allgemeine Geschäftsbedingungen gem. §§ 305 ff. BGB spricht jedoch, dass hierdurch das mit diesem Abkommen angestrebte Ziel der **Rechtsvereinheitlichung** unterlaufen würde[767]. Aus diesem Grunde kann das von der Gegenmeinung angeführte spezielle Schutzbedürfnis gegenüber solchen Regelungen allenfalls im Rah-

---

[760] Vgl. *EuGH*, 20.4.2016, C-366/13, EuZW 2016, 419, 420 Tz. 26.
[761] Vgl. *OLG München*, 23.12.2009, 20 U 3515/09, MMR 2010, 649, 650.
[762] Vgl. *EuGH*, 21.5.2015, C-322/14, NJW 2015, 2171, 2172 Tz. 30 ff.
[763] Vgl. *BGH*, 7.1.2014, VIII ZR 137/13, BeckRS 2014, 03668 Tz. 4.
[764] Vgl. *BGH*, 15.1.2015, I ZR 88/14, NJW 2015, 2339 f. Tz. 12.
[765] Vgl. *OLG Frankfurt*, 30.6.2015, 11 U 31/14, BeckRS 2015, 14693 Tz. 34.
[766] Gegen eine Inhaltskontrolle *OLG Hamburg*, 14.4.2004, 13 U 76/03, NJW 2004, 3126, 3128; *Mankowski* CR 2010, 137, 140 f.; zum Streit *Ulmer/Brandner/Hensen* Anh. § 305 Rdn. 23; *Wolf/Lindacher/Pfeiffer* Klauseln Rdn. G 178 f.
[767] So zutreffend *Ulmer/Brandner/Hensen* Anh. § 305 Rdn. 23; *Paulus/Pfeiffer/Pfeiffer*, Art. 25 EuGVVO Rdn. 105.

men einer einheitlichen Weiterentwicklung der EuGV-VO unter besonderer Berücksichtigung des Grundgedankens des Einheitsrechts Berücksichtigung finden. Folglich bleibt festzuhalten, dass Art. 25 EuGV-VO nicht nur gegenüber § 38 ZPO Vorrang hat, sondern auch gegenüber den §§ 305 Abs. 2 und 305c Abs. 1 BGB[768] und § 307 Abs. 1 und 2 BGB.

b) Die Kontrolle nach §§ 305 ff. BGB

Soweit Art. 25 EuGV-VO nicht einschlägig ist, sind zunächst die Regelungen über die Einbeziehung in den Vertrag gem. § 305 Abs. 2 BGB und das Verbot überraschender Klauseln gem. § 305c Abs. 1 BGB zu berücksichtigen[769]. Ein **überraschender Charakter** einer Gerichtsstandsklausel liegt etwa dann vor, wenn sich der in der Klausel enthaltene Gerichtsstand in Abweichung von den üblicherweise vereinbarten Gerichtsständen auf einen Ort bezieht, der in keinem konkreten Zusammenhang mit dem Vertragsverhältnis steht[770] und etwa auch nicht den Ort des Hauptsitzes oder einer Niederlassung des Verwenders benennt, von der das betreffende Geschäft geschlossen wurde[771]. Nicht überraschend ist demgegenüber eine Gerichtsstandsklausel zugunsten des Verwender-Amtsgerichts ohne Rücksicht auf den Streitwert oder den Streitgegenstand[772].

2025

Im Hinblick auf eine Inhaltskontrolle nach § 307 Abs. 1 und 2 BGB muss beachtet werden, dass die gesetzlichen Vorschriften über die gerichtlichen Zuständigkeiten den berechtigten Interessen der Parteien dienen und dementsprechend **allgemeine Gerechtigkeitsgedanken** enthalten[773], sodass bei einer Abweichung ein Verstoß gegen wesentliche Grundgedanken der gesetzlichen Regelungen im Sinne des § 307 Abs. 2 Nr. 1 BGB vorliegt, der zur Unwirksamkeit der entsprechenden Klausel führt, soweit die Abweichung nicht durch **besondere Interessen des Verwenders** oder einen Handelsbrauch gerechtfertigt ist[774]. Da § 307 Abs. 1 und 2 BGB auch bei Rechtsgeschäften zwischen Unternehmern Anwendung findet, ist auch im Unternehmensverkehr das Vorhandensein eines berechtigten Interesses für die gewählte Gestaltung zu fordern[775], das nicht allein in der Erleichterung der eigenen Rechtsverfolgung oder -verteidigung liegen darf[776]. Dies ändert aber nichts an der grundsätzlichen Feststellung, dass Gerichtsstandsklauseln im Unternehmensverkehr regelmäßig wirksam sind[777]. Eine im Unternehmensverkehr verwendete Gerichtsstandsklausel ist daher

2026

---

[768] Vgl. *OLG Zweibrücken*, 7.2.2013, 4 U 78/12, BeckRS 2013, 05130; *OLG Hamm*, 20.9.2005, 19 U 40/04, BeckRS 2005, 11962; *Wolf/Lindacher/Pfeiffer* Klauseln Rdn. G 178 f.; *Ulmer/Brandner/Hensen* Anh. § 305 Rdn. 23.
[769] Vgl. *OLG Karlsruhe*, 10.3.2015, 8 U 208/13, BeckRS 2015, 06795 Tz. 4.
[770] Vgl. *OLG Köln*, 20.6.1989, 24 U 44/89, ZIP 1989, 1068; *OLG Düsseldorf*, 6.1.1989, 16 U 7/88, NJW-RR 1989, 1330, 1332; *Ulmer/Brandner/Hensen* § 305c Rdn. 16.
[771] Vgl. *Ulmer/Brandner/Hensen* § 305c Rdn. 52.
[772] Vgl. *LG Frankenthal*, 2.4.1996, 1 HK O 45/96, NJW 1997, 203.
[773] *OLG Hamburg*, 26.3.1999, 1 U 162/98, NJW-RR 1999, 1506.
[774] Vgl. *OLG Hamburg*, 26.3.1999, 1 U 162/98, NJW-RR 1999, 1506, 1507; *Wolf/Lindacher/Pfeiffer* Klauseln Rdn. G 149; *Ulmer/Brandner/Hensen*, Teil 2, Bes. Klauseln, Gerichtsstandsklauseln Rdn. 4.
[775] Vgl. *OLG Frankfurt*, 3.2.1998, 5 U 267/96, MDR 1998, 664; *Wolf/Lindacher/Pfeiffer* Klauseln Rdn. G 149; *Ulmer/Brandner/Hensen*, Teil 2. Bes. Klauseln, Gerichtsstandsklauseln Rdn. 4; *Palandt/Grüneberg* § 307 Rdn. 93.
[776] Vgl. *OLG Hamburg*, 26.3.1999, 1 U 162/98, NJW-RR 1999, 1506, 1507; *Ulmer/Brandner/Hensen*, Teil 2. Bes. Klauseln, Gerichtsstandsklauseln Rdn. 4.
[777] Vgl. *OLG Schleswig*, 21.6.2006, 2 W 88/06, NJW 2006, 3361; *Palandt/Grüneberg* § 307 Rdn. 93.

nicht allein deshalb unwirksam, weil sie keine Klarstellung über ihre Nichtanwendbarkeit gegenüber Verbrauchern enthält[778].

2027 Ein **berechtigtes Interesse** an einer Abweichung vom gesetzlich vorgesehenen Gerichtsstand nach §§ 12 ff. ZPO kann sich etwa aus der Tatsache ergeben, dass am Ort des Vertragsschlusses die mit dem Abschluss **beauftragten Rechtsberater ihren Sitz** haben. Ein berechtigtes Interesse an der Wahl eines Gerichtsstands in einer nahegelegenen Großstadt kann auch daraus gefolgert werden, dass dort die bessere Infrastruktur auf dem Dienstleistungssektor besteht, einschließlich der Auswahl eines spezialisierten Korrespondenzanwalts, und die Durchführung einer Berufung am selben Ort ermöglicht wird[779]. Darüber hinaus kann ein berechtigtes Interesse bei Gerichtsstandsvereinbarungen zwischen Kaufleuten auch einem Handelsbrauch entnommen werden, etwa dem, eine gerichtliche Auseinandersetzung am Sitz oder einer Niederlassung einer der Parteien, also auch des Klägers[780], auszutragen oder aber grundsätzlich den **Ort der Vertragsverhandlungen** auszuwählen[781]. Soweit jedoch kaufmännische Gebräuche und Gewohnheiten zur Begründung berechtigter Interessen herangezogen werden, ist zu berücksichtigen, dass diese über § 310 Abs. 1 S. 2 letzter Halbs. BGB bereits bei der Subsumtion unter § 307 Abs. 2 Nr. 1 BGB in die Betrachtung einbezogen werden müssen, sodass in der Regel schon von einem Abweichen von wesentlichen Grundgedanken der gesetzlichen Regelungen nicht gesprochen werden kann[782]. **Kein berechtigtes Interesse** an der Änderung des gesetzlichen Gerichtsstands zugunsten des Sitzes des Klauselverwenders besteht aber dann, wenn dieser über verschiedene Niederlassungen verfügt und sich eine davon am Ort des gesetzlichen Gerichtsstands befindet. Dies muss insbesondere dann gelten, wenn die Niederlassungen rechtlich selbstständig sind und über eigene Rechtsabteilungen verfügen, die sogar Fragen über den Softwarevertrag beantworten. Ein berechtigtes Interesse fehlt ferner dann, wenn der Vertrag mit der rechtlich selbstständigen Tochtergesellschaft geschlossen wird und als Gerichtsstand der auswärtige Sitz der Muttergesellschaft vereinbart werden soll.

XII. Schiedsgerichts- und Schiedsgutachterklauseln

Inhaltsübersicht

	Rdn.		Rdn.
1. Terminologie und praktische Notwendigkeit	2028	schäftsbedingungen gem. §§ 305 ff. BGB	2034
2. Zivilprozessuale Wirksamkeitsvoraussetzungen einer Schiedsvereinbarung	2031	a) Schiedsgerichtsvereinbarungen	2034
3. Wirksamkeitsvoraussetzungen nach den Vorschriften über Allgemeine Ge-		b) Schiedsgutachterklauseln	2035

---

[778] Vgl. *OLG Frankfurt*, 3.2.1998, 5 U 267/96, MDR 1998, 664.
[779] Vgl. *OLG Hamburg*, 26.3.1999, 1 U 162/98, NJW-RR 1999, 1506, 1507.
[780] Von einer amtsbekanntermaßen weiten Üblichkeit solcher Vereinbarungen spricht das *OLG Karlsruhe*, 22.3.1996, 10 U 249/95, NJW 1996, 2041. A. A. *LG Karlsruhe*, 31.10.1995, 12 O 492/95, NJW 1996, 1417, 1420. Die Auffassung des *LG Karlsruhe* aber ausdrücklich zurückweisend *OLG Schleswig*, 21.6.2006, 2 W 88/06, NJW 2006, 3361 f.
[781] Vgl. zu den entsprechenden Handelsbräuchen *Wolf/Lindacher/Pfeiffer* Klauseln Rdn. G 149.
[782] Vgl. zur unterschiedlichen Reichweite der wesentlichen Grundgedanken der gesetzlichen Regelungen bei Unternehmern und Verbrauchern *Wolf/Lindacher/Pfeiffer* § 307 Rdn. 118 sowie § 310 Abs. 1 Rdn. 23.

XII. Schiedsgerichts- und Schiedsgutachterklauseln

Typische Klauseln:
„Schiedsgerichtsklausel
(a) Bevor gerichtliche Schritte eingeleitet werden, haben die Parteien sich zu bemühen, eine gütliche Einigung außergerichtlich zu erzielen.
(b) Kann keine Einigung erzielt werden, vereinbaren die Parteien die ausschließliche Zuständigkeit eines Schiedsgerichtes gemäß den Verfahrensregeln der Internationalen Handelskammer (Rules of Procedure of the International Chamber of Commerce) in der jeweils letzten Fassung.
c) Gerichtsstand für das Schiedsgericht ist Frankfurt am Main. Die Verfahrenssprache ist deutsch."
„Schiedsgericht
Etwaige Streitigkeiten oder Unstimmigkeiten aus diesem Vertrag werden von den Vertragspartnern nach Möglichkeit in gütlichem Einvernehmen beigelegt.
Sollte dies wider Erwarten nicht möglich sein, so sollen die Streitigkeiten in beiderseitigem Einvernehmen durch ein Schiedsgericht entschieden werden. Sollte kein Einvernehmen erzielt werden, ist der ordentliche Rechtsweg zu beschreiten.
Das Schiedsgericht besteht aus zwei Schiedsrichtern und einem Obmann. Jede Partei ernennt einen Schiedsrichter. Die Benennung hat spätestens innerhalb von 2 Wochen zu erfolgen, nachdem die klagende Partei unter Darlegung ihrer Ansprüche die Gegenpartei schriftlich dazu aufgefordert hat.
Beide Schiedsrichter haben innerhalb von 3 Wochen nach Ernennung des letzten von ihnen einen Obmann zu wählen, der die Befähigung zum Richteramt hat und genügend Kenntnisse auf dem Gebiet der elektronischen Datenverarbeitung besitzen muss.
Können die Schiedsrichter sich innerhalb dieser Fristen nicht auf die Person eines Obmannes einigen, so ist dieser vom Präsidenten des Landgerichts Frankfurt zu bestimmen. Im Übrigen gilt für das Schiedsverfahren die ZPO (§§ 1025 ff.)."
„ ... Streitschlichtung.
(1) Die Parteien vereinbaren, bei allen Meinungsverschiedenheiten aus oder im Zusammenhang mit diesem Vertrag, Vertragserweiterungen oder –ergänzungen, die sie nicht untereinander bereinigen können, die Schlichtungsstelle der Deutschen Gesellschaft für Recht und Informatik e.V. („DGRI e.V.") derzeit
Prof. Dr. Axel Metzger
Humboldt-Universität zu Berlin
Unter den Linden 6
D 10099 Berlin
Deutschland
Tel.: 0049-30-2093-3382
Fax: 0049-30-2093-3599
e-Mail: schlichtung@dgri.de
Homepage: http://www.dgri.de/
oder die jeweilige auf der Webseite der DGRI e.V. unter http://www.dgri.de/ angegebene Adresse der Schlichtungsstelle
anzurufen, um den Streit nach deren Schlichtungsordnung in der zum Zeitpunkt der Einleitung des Schlichtungsverfahrens gültigen Fassung ganz oder teilweise, vorläufig oder endgültig zu bereinigen.
(2) Die Verjährung für alle Ansprüche aus dem schlichtungsgegenständlichen Lebenssachverhalt ist ab dem Schlichtungsantrag bis zum Ende des Schlichtungsverfahrens gehemmt. § 203 BGB gilt entsprechend."[783]
(3) Die Parteien stellen klar, dass das vorherige Einleiten eines Schlichtungsverfahrens keine Prozessvoraussetzung ist, gleich ob es sich um ein Verfahren in der Hauptsache oder des einstweiligen Rechtsschutzes handelt.
„Alle Streitigkeiten, die sich im Zusammenhang mit diesem Vertrag oder über seine Gültigkeit ergeben, werden nach der Schiedsgerichtsordnung der Deutschen Institution für Schiedsgerichtsbarkeit e.V. (DIS) unter Ausschluss des ordentlichen Rechtsweges endgültig entschieden[784]."

---

[783] Vgl. den Klauselvorschlag der Deutschen Gesellschaft für Recht und Informatik e.V. (DGRI) abrufbar unter www.dgri.de.
[784] Vgl. die DIS-Schiedsvereinbarung der Deutschen Institution für Schiedsgerichtsbarkeit e.V. (DIS), abrufbar unter http://www.disarb.org. Die DIS hält folgende Ergänzungen der Klausel für empfehlenswert:

„Alle aus oder in Zusammenhang mit dem gegenwärtigen Vertrag sich ergebenden Streitigkeiten werden nach der Schiedsgerichtsordnung der Internationalen Handelskammer (ICC) von einem oder mehreren gemäß dieser Ordnung ernannten Schiedsrichter endgültig entschieden[785]."

„10. Rechtsverbindliches Schiedsverfahren und Verzicht auf Sammelklagen bei Wohnsitz (bzw. im Falle eines Unternehmens Hauptgeschäftsitz) in den Vereinigten Staaten von Amerika.

Wir hoffen, dass es nie zu einer Rechtsstreitigkeit zwischen uns kommen wird. Sollte dies dennoch einmal der Fall sein, sagen Sie und wir zu, uns 60 Tage lang um eine informelle Beilegung zu bemühen. Gelingt uns dies nicht, sagen Sie und wir zu, uns einem rechtsverbindlichen individuellen Schiedsverfahren vor der American Arbitration Association („AAA") gemäß dem Federal Arbitration Act („FAA") zu unterwerfen und die Sache nicht vor ein ordentliches Gericht mit einem Richter oder mit Geschworenen zu bringen. Stattdessen wird ein neutraler Schiedsrichter entscheiden, und die Entscheidung des Schiedsrichters ist mit Ausnahme eines beschränkten Berufungsrechts gemäß dem FAA endgültig."[786]

„11.4. Falls es Ihnen und dem Anbieter nicht gelingt, die Streitigkeit durch informelle Verhandlung zu lösen, werden alle anderen Versuche, die Streitigkeit beizulegen, ausschließlich durch ein verbindliches Schiedsverfahren nach dem Federal Arbitration Act der Vereinigten Staaten („FAA"), 9 U.S.C. § 1 ff. unternommen. Sie verzichten, außer in den unten aufgeführten Fällen, auf das Recht, die Streitigkeiten vor Gericht zu bringen (oder als Partei oder Mitglied einer Sammelklägergruppe an einem Prozess teilzunehmen). Stattdessen werden alle Streitigkeiten vor einem neutralen Richter am Schiedsgericht verhandelt, dessen Entscheidung verbindlich ist, mit Ausnahme des eingeschränkten Rechts auf richterliche Überprüfung gemäß FAA. Jedes für die Parteien zuständige Gericht kann einen Schiedsspruch durchsetzen."[787]

Schrifttum: *Lapp*, Außergerichtliche Konfliktbeilegung im IT-Rechsstreit, ITRB 2013, 43 ff.; *Lejeune*, Schiedsgerichtsklauseln in nationalen und internationalen Verträgen, ITRB 2008, 116 ff.; *Metzger/Klein*, Zur Effizienz der Schlichtung im IT-Bereich, CR 2017, 73 ff.; *Pfeiffer*, Die Abwahl des deutschen AGB-rechts in Inlandsfällen bei Vereinbarung eines Schiedsverfahrens, NJW 2012, 1169 ff.; *Schäfer/Verbist/Imhoos*, Die ICC-Schiedsgerichtsordnung in der Praxis, 2000.

1. Terminologie und praktische Notwendigkeit

2028   Voraussetzung für die Durchführung eines Schiedsverfahrens ist das Vorliegen einer wirksamen **Schiedsvereinbarung**. Diese ist nach der Legaldefinition des § 1029 Abs. 1 ZPO als eine Vereinbarung der Parteien umschrieben, alle oder einzelne Streitigkeiten, die zwischen ihnen in Bezug auf ein bestimmtes Rechtsverhältnis vertraglicher oder nichtvertraglicher Art entstanden sind oder künftig entstehen, der Entscheidung durch ein Schiedsgericht zu unterwerfen. Es handelt sich daher um die Ausübung **privater Gerichtsbarkeit** neben bzw. anstelle[788] der staatlichen Gerichtsbarkeit[789]. Die der schiedsrichterlichen Tätigkeit zugrunde liegende Schiedsvereinbarung kann gem. § 1029 Abs. 2 ZPO in Form einer selbstständigen Vereinbarung (**Schiedsabrede**) oder in Form einer Klausel in einem Vertrag (**Schiedsklausel**) geschlossen werden.

– Der Ort des schiedsrichterlichen Verfahren ist …
– Die Anzahl der Schiedsrichter beträgt …
– Die Sprache des Schiedsverfahrens ist …
– Das anwendbare materielle Recht ist …

[785] Vgl. die Musterklausel der Internationalen Handelskammer (ICC), abrufbar bei der Schiedsgerichtsordnung und den ADR-Regeln unter http://www.iccgermany.de.
[786] Vgl. Microsoft-Software Lizenzbestimmungen. Windows-Betriebssystem (Dezember 2016).
[787] Vgl. die Endnutzer-Lizenzvereinbarung der AVG Technologies (7.7.2017).
[788] Vgl. *OLG München*, 16.9.2016, 34 SchH 11/16, BeckRS 2016, 16480 Tz. 15.
[789] Der *BGH*, 6.12.2007, IX ZR 113/06, NJW 2008, 659, 660 Tz. 14; *BGH*, 13.1.2005, III ZR 265/03, NJW 2005, 1125, 1126 qualifiziert die Schiedsgerichtsbarkeit in ständiger Rechtsprechung als ihrer Funktion und Wirkung nach materielle Rechtsprechung.

XII. Schiedsgerichts- und Schiedsgutachterklauseln

Das Schiedsgericht entscheidet bei einer Schiedsvereinbarung den Rechtsstreit an Stelle des staatlichen Gerichts, seine Schiedssprüche wirken wie gerichtliche Urteile (§ 1055 ZPO) und sind nur nach Maßgabe der §§ 1059 ff. ZPO angreifbar[790], weshalb die Tätigkeit Rechtsprechung im weiteren Sinn darstellt[791]. Demgegenüber hat der **Schiedsgutachter** Tatumstände festzustellen oder Tatfragen zu entscheiden, um nach Möglichkeit einen Rechtsstreit zu vermeiden[792]. Demgegenüber ist er nicht befugt, darüber bindend zu entscheiden, welche Verpflichtungen sich aus den Tatsachenfeststellungen für die Parteien ergeben, denn die Feststellung des Leistungsinhalts bleibt im Rahmen des § 319 BGB bei den staatlichen Gerichten[793]. Möglich ist aber, dass die Tätigkeit des Schiedsgutachters neben der Ermittlung von Tatsachen auch deren rechtliche Einordnung mit umfasst, und zwar auch in der Weise, dass die von ihm zu treffende Tatsachenfeststellung ohne Beantwortung einer vorgreiflichen Rechtsfrage nicht möglich ist[794]. Die Abgrenzung zwischen einer Schiedsvereinbarung und einer Schiedsgutachtervereinbarung kann im Einzelfall Schwierigkeiten bereiten[795]. Sie ist aber schon deshalb von Bedeutung, weil nach h.M. die **§§ 1025 ff. ZPO** auf die Schiedsgutachtenvereinbarung **nicht anwendbar** sind[796]. Entscheidend für die Einordnung ist, welche Wirkung dem Spruch des Schiedsrichters/Schiedsgutachters nach dem Parteiwillen zukommen soll. Sofern eine Überprüfung auf offenbare Unbilligkeit (§ 319 Abs. 1 S. 1 BGB) durch die staatlichen Gerichte möglich sein soll, handelt es sich um eine Schiedsgutachterabrede. Soll keine entsprechende Überprüfung möglich sein, liegt eine Schiedsgerichtsvereinbarung vor. Die im Vertrag verwendeten Bezeichnungen wie Schiedsrichter, Schiedsmänner, Gutachter, Sachverständige etc. erlauben vielfach keine zuverlässigen Schlüsse[797]. Die Bezeichnungen durch die Vertragsparteien sind jedoch für die Auslegung, was gewollt ist, nicht allein entscheidend[798]. Im Zweifel ist eine Schiedsgutachtervereinbarung anzunehmen, da sie als weniger weitreichende Vereinbarung zu qualifizieren ist[799].

2029

Die Gründe, derentwegen Schiedsvereinbarungen oder Schiedsgutachtervereinbarungen abgeschlossen werden, sind vielgestaltig. Die Vorzüge einer schiedsrichterlichen Entscheidung werden allgemein in der speziellen **Sachkunde der Schiedsrichter, kürzeren Verfahrensdauern**[800], einer möglichen Kostengünstigkeit[801], der Flexibilität

2030

---

[790] Vgl. *OLG München*, 16.9.2016, 34 SchH 11/16, BeckRS 2016, 16480 Tz. 15.
[791] Vgl. *BGH*, 23.4.2013, II ZR 74/12, NJW-RR 2013, 873, 874 Tz. 17; *BGH*, 6.12.2007, IX ZR 113/06, NJW 2008, 659, 660 Tz. 14; *OLG Frankfurt*, 2.2.2017, 26 SchH 6/16, BeckRS 2017, 102812 Tz. 27; *OLG München*, 23.12.2015, 34 SchH 10/15, NJW 2016, 1964, 1965 Tz. 12.
[792] Vgl. *BGH*, 24.11.2005, VII ZB 76/05, NJW-RR 2006, 212 Tz. 9 sowie 213 Tz. 13.
[793] Vgl. *OLG München*, 23.12.2015, 34 SchH 10/15, NJW 2016, 1964, 1965 Tz. 13. Ohne ausdrückliche Klarstellung *OLG Köln*, 11.1.2013, 19 U 81/07, CR 2014, 427, 428.
[794] Vgl. *BGH*, 21.5.1975, VIII ZR 161/73, NJW 1975, 1556.
[795] Vgl. *Palandt/Grüneberg* § 317 Rdn. 8.
[796] Vgl. *OLG München*, 23.12.2015, 34 SchH 10/15, NJW 2016, 1964, 1965 Tz. 8. Zum Streitstand *Zöller/Geimer*, 31. Auflage 2016, § 1029 Rdn. 5.
[797] Vgl. *Palandt/Grüneberg* § 317 Rdn. 8.
[798] Vgl. *OLG München*, 23.12.2015, 34 SchH 10/15, NJW 2016, 1964, 1965 Tz. 10; *OLG München*, 7.8.2006, 34 SchH 9/05, BeckRS 2006, 09447; *OLG München*, 1.6.2005, 34 Sch 005/05, BeckRS 2005, 06627.
[799] Vgl. *OLG München*, 23.12.2015, 34 SchH 10/15, NJW 2016, 1964, 1965 Tz. 15; *OLG Köln*, 11.1.2013, 19 U 81/07, CR 2014, 427, 428; *OLG München*, 7.8.2006, 34 SchH 9/05, BeckRS 2006, 09447; *Palandt/Grüneberg* § 317 Rdn. 8.
[800] Vgl. *Lejeune* ITRB 2008, 116, 119.
[801] Vgl. *OLG Köln*, 11.1.2013, 19 U 81/07, CR 2014, 427, 428. Demgegenüber hebt *Lejeune* ITRB 2008, 116, 119 die mitunter hohen Gebühren für Schiedsverfahren hervor.

der Verfahrensgestaltung, der **Vertraulichkeit**[802] sowie der sog. internationalen Freizügigkeit von Schiedssprüchen gesehen[803]. Für den Bereich der softwarebezogenen Streitigkeiten dürfte dies ebenfalls gelten, jedoch führt die Schnelllebigkeit der IT-Branche dazu, der Frage der langen Verfahrensdauern staatlicher Gerichtsverfahren eine besondere Bedeutung zukommen zu lassen. Nicht selten ist ein IT-System nicht nur wertlos, sondern nur noch als Sondermüll entgeltpflichtig zu entsorgen, wenn ein gerichtliches Urteil nach acht Jahren oder sogar noch später ergeht[804]. Vorausplanende Vertragsparteien und deren Rechtsberater müssen dies bei der Vertragsgestaltung berücksichtigen. Die Deutsche Gesellschaft für Recht und Informatik e. V. (DGRI) mit Sitz in Berlin unterhält eine Schlichtungsstelle, um Streitigkeiten mit Bezügen zur Informations- und Kommunikationstechnik im Wege der Mediation, Schlichtung und gegebenenfalls eines Schiedsverfahrens beizulegen[805]. Genannt werden kann auch die Hamburger IT-Schlichtungsstelle der Handelskammer Hamburg[806].

2. Zivilprozessuale Wirksamkeitsvoraussetzungen einer Schiedsvereinbarung

2031   Es wurde bereits ausgeführt, dass die §§ 1025 ff. ZPO nur auf Schiedsgerichts-, nicht aber auf Schiedsgutachtervereinbarungen anwendbar sind. Eine bedeutsame Wirksamkeitsvoraussetzung für Schiedsvereinbarungen folgt zunächst aus § 1029 Abs. 1 ZPO, demzufolge sich die Vereinbarung auf eines **bestimmtes Rechtsverhältnis** beziehen muss. Dies ist grundsätzlich unproblematisch, wenn Softwareüberlassungsvertrag und Schiedsvereinbarung gleichzeitig geschlossen werden. Im Übrigen genügt eine hinreichende Konkretisierung der Rechtsstreitigkeit. Zum **notwendigen Inhalt einer Schiedsvereinbarung** zählt dann nur noch, dass die Entscheidung des Rechtsstreits statt vor den staatlichen Gerichten vor einem Schiedsgericht erfolgen soll. Fehlen weitere Vereinbarungen, dann greifen die gesetzlichen Regelungen ein. Zum **fakultativen Inhalt einer Schiedsvereinbarung** zählen etwa die Entscheidungsmittel der Schiedsrichter, die Modalitäten deren Bestellung etwa hinsichtlich der Zahl, Qualifikation und Auswahl, sowie die Verfahrensart und -sprache[807]. Da § 1051 Abs. 1 S. 1 ZPO vorgibt, dass das Schiedsgericht in Übereinstimmung mit den **Rechtsvorschriften** entscheidet, „die von den Parteien als auf den Inhalt des Rechtsstreits anwendbar bezeichnet worden sind", können im Unternehmensverkehr unter Umständen sogar in reinen Inlandsfällen bestimmte Vorschriften **ausgeschlossen** werden, etwa die AGB-rechtlichen Regelungen gem. **§ 305 bis 310 BGB**[808].

2032   Eine weitere Wirksamkeitsvoraussetzung folgt aus § 1031 Abs. 1 ZPO, demzufolge die Schiedsvereinbarung entweder in einem von den Parteien unterzeichneten **Schriftstück** oder in zwischen ihnen gewechselten Schreiben, Fernkopien, Telegrammen oder **anderen Formen der Nachrichtenübermittlung** enthalten sein muss, die einen Nachweis der Vereinbarung sicherstellen. Zu diesen anderen Formen der Nachrichtenübermittlung zählt insbesondere auch der **elektronische Datenverkehr**,

---

[802] Vgl. *Lejeune* ITRB 2008, 116, 119.
[803] Vgl. *Zöller/Geimer*, 31. Auflage 2016, Vor § 1025 Rdn. 6 m. w. N.
[804] Vgl. die insoweit niederschmetternde Entscheidung *BGH*, 20.2.2001, X ZR 9/99, NJW 2001, 1718.
[805] Die Kontaktadressen sowie die Schlichtungsordnung sind abrufbar unter www.dgri.de.
[806] Die Kontaktadresse ist abrufbar unter www.hk24.de.
[807] Vgl. zu weiteren Einzelheiten *Zöller/Geimer*, 31. Auflage 2016, § 1029 Rdn. 32 ff.
[808] Vgl. *Pfeiffer* NJW 2012, 1169 ff.

sofern der Nachweis der Vereinbarung durch Speicherung sichergestellt wird[809]. Eine elektronische Signatur im Sinne von § 126a Abs. 1 BGB ist daher nicht erforderlich. Schiedsvereinbarungen, an denen ein Verbraucher beteiligt ist, müssen gem. § 1031 Abs. 5 ZPO in einer von den Parteien eigenhändig unterzeichneten Urkunde enthalten sein. Andere Vereinbarungen als solche, die sich auf das schiedsrichterliche Verfahren beziehen, darf die Urkunde nicht enthalten. Die somit erforderliche Schriftform gem. § 126 BGB kann nach dessen Abs. 3 durch die **elektronische Form** im Sinne von § 126a BGB ersetzt werden, was § 1031 Abs. 5 S. 2 ZPO ausdrücklich anordnet. Gem. § 1031 Abs. 6 ZPO wird ein Formmangel durch rügelose Einlassung auf die schiedsgerichtliche Verhandlung zur Hauptsache geheilt.

Wird vor einem staatlichen Gericht Klage in einer Angelegenheit erhoben, die Gegenstand einer Schiedsvereinbarung ist, so hat das Gericht gem. § 1032 Abs. 1 ZPO die Klage als **unzulässig abzuweisen,** sofern der Beklagte dies vor Beginn der mündlichen Verhandlung zur Hauptsache **rügt,** es sei denn, das Gericht stellt fest, dass die Schiedsvereinbarung nichtig, unwirksam oder undurchführbar ist. Wenn eine Partei in dem Verfahren vor dem staatlichen Gericht geltend gemacht hat, nicht das staatliche Gericht, sondern das Schiedsgericht sei zuständig, so ist es dieser Partei in der Regel verwehrt, sich später im schiedsrichterlichen Verfahren darauf zu berufen, es sei doch das staatliche Gericht zuständig. Ein solches gegensätzliches Verhalten einer Partei läuft auf den Versuch hinaus, dem Gegner in jeder der beiden Verfahrensarten den Rechtsschutz abzuschneiden und ihn damit praktisch rechtlos zu stellen (sog. „Pingpong-Einrede"). Dem Gegner ist es nicht zumutbar, sich durch ein solches widersprüchliches Verfahren abwechselnd von einem Rechtsweg in den anderen verweisen zu lassen. Vielmehr muss sich die Partei, die im Verfahren vor dem staatlichen Gericht den Standpunkt eingenommen hat, dieses sei nicht zuständig, der Streit gehöre vor ein Schiedsgericht, an dieser Auffassung auch später im Verfahren vor dem Schiedsgericht festhalten lassen. Sie ist deshalb nach Treu und Glauben grundsätzlich gehindert, die Einrede, das staatliche Gericht sei nun doch zuständig, anschließend in dem daraufhin von dem Gegner eingeleiteten Schiedsverfahren gem. § 1040 ZPO oder mit einem hiergegen gerichteten Feststellungsantrag zum staatlichen Gericht gem. § 1032 Abs. 2 ZPO geltend zu machen[810].

3. Wirksamkeitsvoraussetzungen nach den Vorschriften über Allgemeine Geschäftsbedingungen gem. §§ 305 ff. BGB

a) Schiedsgerichtsvereinbarungen

Nach nahezu unbestrittener Auffassung unterfallen Schiedsgerichtsvereinbarungen der Kontrolle nach den Vorschriften über Allgemeine Geschäftsbedingungen gem. §§ 305 ff. BGB, wenn sie infolge ihrer Vorformulierung als Allgemeine Geschäftsbedingungen zu qualifizieren sind. Für den Bereich der Softwareverträge sind sie grundsätzlich auch **nicht** als **überraschend** im Sinne von § 305c Abs. 1 BGB zu bezeichnen. Im **Verbraucherverkehr** verstoßen Schiedsgerichtsklauseln grundsätzlich gegen § 307 Abs. 2 Nr. 1 BGB, weil es hier mit den Grundgedanken der gesetzlichen Regelungen unvereinbar ist, den freien Zugang zu den Gerichten einzuschränken[811]. Ob dies auch für den **Unternehmensverkehr** gilt, wird im Schrifttum zu Recht be-

---

[809] Vgl. *Zöller/Geimer,* 31. Auflage 2016, § 1031 Rdn. 7.
[810] Vgl. *BGH,* 30.4.2009, III ZB 91/07, NJW-RR 2009, 1582, 1583 Tz. 9.
[811] Im Ergebnis wie hier *Ulmer/Brandner/Hensen,* Teil 2. Bes. Klauseln, Schiedsgutachten-/Schiedsklauseln Rdn. 4; a. A. *BGH,* 13.1.2005, III ZR 265/03, NJW 2005, 1125, 1126 f.

zweifelt[812], denn die oben dargelegten Gründe für den Abschluss von Schiedsvereinbarungen[813] stehen einer Beurteilung als unangemessen grundsätzlich entgegen. Angesichts der Auffassung des *BGH*, Schiedsgerichtsvereinbarungen auch im Verbraucherverkehr zuzulassen[814], dürfte für die Praxis von einer Zulässigkeit im Unternehmensverkehr sicher auszugehen sein. Notwendig ist aber, dass dem Vertragspartner ein vollwertiger Rechtsschutz erhalten bleibt und nicht etwa ein abhängiger und parteiischer Dritter Schiedsrichter sein soll oder ähnliche Regelungen enthalten sind, die dem üblichen Richtigkeitsstandard entgegenstehen. Das zum Wesen jeder richterlichen Tätigkeit gehörende Prinzip der Streitentscheidung durch einen unparteilichen und unabhängigen Dritten, das für die staatliche Gerichtsbarkeit als selbstverständlich anerkannt ist, gilt auch für Schiedsgerichte. Unverzichtbarer Bestandteil jeder rechtsstaatlichen Gerichtsbarkeit ist damit auch im Schiedsverfahren der Grundsatz, dass niemand in eigener Sache richten darf[815]. Das Verbot des Richtens in eigener Sache führt dazu, dass eine Partei selbst oder deren gesetzlicher Vertreter nicht Schiedsrichter sein kann und bei juristischen Personen Mitglieder ihrer Vertretungsorgane vom Schiedsrichteramt ausgeschlossen sind[816].

b) Schiedsgutachterklauseln

2035   Auch Schiedsgutachterklauseln unterfallen der Kontrolle nach den §§ 305 ff. BGB soweit die allgemeinen Voraussetzungen vorliegen. Eine Unwirksamkeit nach § 305c Abs. 1 BGB kann dann zu bejahen sein, wenn das nach dieser Vorschrift erforderliche Überraschungsmoment vorliegt. Darüber hinaus ist eine Wirksamkeitskontrolle nach § 307 Abs. 1 und 2 BGB vorzunehmen. Unangemessen ist eine Schiedsgutachterklausel immer dann, wenn ein rechtskundiger Durchschnittskunde der Person des Schiedsgutachters oder dem vorgesehenen Verfahren mitsamt Rechtsfolgen aus **freien Stücken** und **uneingeschränkt nicht zugestimmt** hätte[817]. Insoweit muss auch berücksichtigt werden, dass eine Unterwerfung des Kunden unter das Bestimmungsrecht des Schiedsgutachters bis zur Grenze der offenbaren Unbilligkeit vielfach nicht zumutbar erscheinen wird, weil die offenbare Unbilligkeit im Sinne des § 319 Abs. 1 S. 1 BGB erst dann vorliegt, wenn die Bestimmung des Schiedsgutachters offenbar unrichtig ist, wenn sich also die Unrichtigkeit dem sachkundigen und unbefangenen Beobachter aufdrängt[818]. Dabei werden von der Rechtsprechung an den Nachweis der offenbaren Unrichtigkeit hohe Anforderungen gestellt, um den Zweck der Vereinbarung eines Schiedsgutachtens nicht zu vereiteln, Streitigkeiten schnell und kostengünstig beizulegen[819]. Eine unangemessene Benachteiligung des Kunden liegt jedenfalls dann vor, wenn der Schiedsgutachter dem Klauselverwender **wirtschaftlich nahesteht** oder von diesem **sogar abhängig** ist[820]. Gleiches gilt, wenn die Ausführungen des Sachverständigen so lückenhaft sind, dass selbst der Fachmann das Ergebnis aus dem Zusammenhang des Gutachtens nicht überprüfen kann[821].

---

[812] *Ulmer/Brandner/Hensen*, Teil 2. Bes. Klauseln, Schiedsgutachten-/Schiedsklauseln Rdn. 3.
[813] Vgl. hierzu oben Rdn. 2030.
[814] Vgl. *BGH*, 13.1.2005, III ZR 265/03, NJW 2005, 1125, 1126 f.
[815] Vgl. *BGH*, 28.3.2012, III ZB 63/10, NJW 2012, 1811 Tz. 6.
[816] Vgl. *OLG Frankfurt*, 2.2.2017, 26 SchH 6/16, BeckRS 2017, 102812 Tz. 27.
[817] Ähnlich *Ulmer/Brandner/Hensen*, Teil 2. Bes. Klauseln, Schiedsgutachten-/Schiedsklauseln Rdn. 1.
[818] Vgl. *BGH*, 21.1.2004, VIII ZR 74/03, NJW-RR 2004, 760, 761; *BGH*, 27.6.2001, VIII ZR 235/00, NJW 2001, 3775, 3777.
[819] Vgl. *OLG Köln*, 11.1.2013, 19 U 81/07, CR 2014, 427. 428.
[820] Vgl. *Ulmer/Brandner/Hensen*, Teil 2. Bes. Klauseln, Schiedsgutachten-/Schiedsklauseln Rdn. 1.
[821] Vgl. *OLG Köln*, 11.1.2013, 19 U 81/07, CR 2014, 427, 428.

XIII. Salvatorische und vergleichbare Klauseln

Inhaltsübersicht

	Rdn.		Rdn.
1. Vertragswirksamkeitsklauseln	2038	5. Salvatorische Klauseln mit konkreten Ersatzregelungen	2066
2. Teilwirksamkeitsklauseln	2041		
3. Relativierende Klauselzusätze	2051	6. Salvatorische Klauseln mit Verpflichtung zur Vereinbarung einer Ersatzregelung oder Ersatzregelungsfiktion	2071
4. Salvatorische Klauseln mit Ersetzungsbefugnis des Verwenders	2061		

Schrifttum: *Michalski/Boxberger*, Gestaltungsformen und Zulässigkeitsschranken bei Ersetzungsklauseln, in: Festschrift für Westermann, 2008, S. 459 ff.; *Michalski/Römermann*, Die Wirksamkeit der salvatorischen Klausel, NJW 1994, 886 ff.

Salvatorische Klauseln, deren Zielsetzung dahingehend umschrieben werden kann, dass sie an die Stelle einer unwirksamen Geschäftsbedingung eine Regelung treten lassen sollen, deren Inhalt der ursprünglichen Regelung möglichst nahe kommt[822], finden sich in fast allen Formularverträgen und Vertragsempfehlungen. Hiervon ist auch der Bereich der Softwareverträge nicht verschont geblieben. 2036

Gleiches gilt für die **relativierenden Klauseln,** deren Zielsetzung es ist, unwirksame Bestimmungen durch die Formel „soweit gesetzlich zulässig" oder einer ähnlichen Formulierung auf eine elegante Art und Weise bestandsfest zu machen. Gelegentlich werden auch die zuletzt genannten relativierenden Klauseln dem Begriff der salvatorischen Klausel untergeordnet[823], weshalb sie auch hier in einem einheitlichen Abschnitt behandelt werden, wenngleich eine zumindest begriffliche Trennung aus Gründen der Klarheit wünschenswert wäre. 2037

1. Vertragswirksamkeitsklauseln

Typische Klauseln:
„Die Unwirksamkeit einer Bestimmung dieser Vertragsbestimmungen berührt den übrigen Vertragsinhalt nicht."

„10. Trennbarkeit. Wenn eine Bestimmung dieser Vereinbarung ganz oder teilweise nicht anwendbar ist, so behalten die übrigen Bestimmungen der vorliegenden Vereinbarung weiterhin ihre vollständige Gültigkeit."[824]

„Sollten einzelne Bestimmungen dieser Lizenzbedingungen unwirksam oder nichtig sein oder werden, so berührt dies die Gültigkeit der übrigen Bestimmungen dieser Lizenzbedingungen nicht."[825]

„Sollten einzelne Bestimmungen dieses Vertrages nicht rechtswirksam sein oder ihre Rechtswirksamkeit durch einen späteren Umstand verlieren oder sollte sich in diesem Vertrag eine Lücke herausstellen, so wird hierdurch die Rechtswirksamkeit der übrigen Bestimmungen nicht berührt."

„11. Allgemeine Bestimmungen. Für den Fall, dass eine Bestimmung dieses Vertrages für nichtig und undurchführbar erachtet wird, so ist die Gültigkeit der übrigen Bestimmungen dieses Vertrages hiervon nicht betroffen, der ansonsten gemäß seinen Bestimmungen gültig und durchführbar bleibt."[826]

„Sollten einzelne Bestimmungen des Vertrages unwirksam sein, wird hierdurch die Wirksamkeit der übrigen Bestimmungen nicht berührt."[827]

---

[822] Vgl. zu dieser Definition *Ulmer/Brandner/Hensen* § 306 Rdn. 39.
[823] Vgl. etwa *BGH*, 5.3.2009, VIII ZR 137/12, NJW 2013, 1668 Tz. 2.
[824] Vgl. Endbenutzer-Lizenzvereinbarung für Samsung Kies (2013).
[825] Vgl. die Lizenzbedingungen von Softwareload der Deutsche Telekom AG (Version 1.11.2008).
[826] Vgl. den Software-Lizenzvertrag von Adobe Systems Incorporated (Reader 2013).
[827] Vgl. Ziff. 14 S. 1 der EVB-IT Überlassung Typ A.

„Die Unwirksamkeit einzelner Bestimmungen dieses Lizenzvertrags berührt die Wirksamkeit des Vertrages im übrigen nicht."[828]

2038 Nicht zu den salvatorischen oder relativierenden Klauseln im oben umschriebenen Sinn zählen die ebenfalls häufig anzutreffenden und auf dem Vertragsformular meist in unmittelbarer räumlicher Nähe zu den salvatorischen Klauseln angeordneten Regelungen, denenzufolge die Unwirksamkeit einer Vertragsbedingung den **übrigen Vertragsinhalt** nicht berührt (sog. **Erhaltungsklauseln**). Obwohl auch der Zweck derartiger Regelungen eine Salvierung umfasst und sie deshalb ebenfalls zu den salvatorischen Klauseln gezählt werden könnten[829], unterscheiden sich jene dadurch von diesen, dass einmal die Gleichwohl-Geltung des gesamten Vertrags und im anderen Fall lediglich einer einzelnen Klausel angestrebt wird.

2039 Unabhängig von der Terminologie kommt derartigen Klauseln eine Wirkung nur bei **Individualvereinbarungen** zu. In diesen Fällen wird die Regelung des § 139 BGB abbedungen, derzufolge ein teilnichtiges Rechtsgeschäft in der Regel im Ganzen nichtig ist und das Rechtsgeschäft nur ausnahmsweise wirksam bleibt, wenn anzunehmen ist, dass es auch ohne den nichtigen Teil vorgenommen worden wäre. Die Klausel verkehrt damit die Vermutung des § 139 BGB in ihr Gegenteil[830]. Solche Klauseln enthalten eine Bestimmung über die Verteilung der Darlegungs- und Beweislast im Rahmen der bei § 139 BGB stets vorzunehmenden Prüfung, ob die Parteien das teilnichtige Geschäft als Ganzes verworfen hätten oder aber den Rest hätten gelten lassen. Während bei Fehlen einer salvatorischen Erhaltensklausel die Vertragspartei, welche das teilnichtige Rechtsgeschäft aufrechterhalten will, darlegungs- und beweispflichtig ist, trifft die entsprechende Pflicht bei Vorhandensein einer solchen Vereinbarung denjenigen, der den ganzen Vertrag verwerfen will[831]. Eine solche individualvertragliche Regelung ist grundsätzlich nicht zu beanstanden, da es sich bei § 139 BGB nach allgemeiner Meinung um dispositives Recht handelt[832]. Die Nichtigkeit des ganzen Vertrags tritt nur dann ein, wenn die Aufrechterhaltung des Rechtsgeschäfts trotz der salvatorischen Klausel im Einzelfall durch den durch Vertragsauslegung zu ermittelnden Parteiwillen nicht mehr getragen wird. Dies kommt insbesondere dann in Betracht, wenn nicht nur eine Nebenabrede, sondern eine wesentliche Vertragsbestimmung unwirksam ist und durch die Teilnichtigkeit der **Gesamtcharakter des Vertrags verändert** würde[833].

2040 Sofern jedoch die hier behandelten Regelungen im Rahmen eines **vorformulierten Vertrags** Verwendung finden, kommt ihnen keinerlei Rechtswirkung zu, weshalb sie auch als überflüssig bezeichnet werden. Die Folgen fehlgeschlagener Einbeziehung oder Unwirksamkeit einzelner Geschäftsbedingungen im Hinblick auf den Fortbestand des jeweiligen Vertrags werden bereits durch § 306 Abs. 1 BGB in dem Sinne geregelt, dass der Vertrag grundsätzlich wirksam ist. Insoweit wiederholen entsprechende Geschäftsbedingungen lediglich die gesetzliche Rechtsfolge.

---

[828] Vgl. Softwarelizenzvertrag (2010) für iTunes für Windows der Apple Inc.
[829] Vgl. *BGH*, 15.3.2010, II ZR 84/09, NJW 2010, 1660, wo von „salvatorischer Erhaltungsklausel" gesproch wird; siehe auch *Ulmer/Brandner/Hensen* § 306 Rdn. 39.
[830] Vgl. *BGH*, 15.3.2010, II ZR 84/09, NJW 2010, 1660, 1661 Tz. 8.
[831] Vgl. *BGH*, 17.12.2008, XII ZR 57/07, BeckRS 2009, 04233 Tz. 20; *BGH*, 25.7.2007, XII ZR 143/05, NJW 2007, 3202, 3203 Tz. 26; *BGH*, 6.4.2005, XII ZR 132/03, NJW 2005, 2225, 2226; *BGH*, 24.9.2002, KZR 10/01, NJW 2003, 347.
[832] Vgl. *BGH*, 11.10.1995, VIII ZR 25/94, NJW 1996, 773, 774; *BGH*, 8.2.1994, KZR 2/93, NJW 1994, 1651, 1653; *BGH*, 29.6.1992, II ZR 284/91, NJW 1992, 2696, 2697; *Palandt/Ellenberger* § 139 Rdn. 17.
[833] Vgl. *BGH*, 15.3.2010, II ZR 84/09, NJW 2010, 1660, 1661 Tz. 8.

2. Teilwirksamkeitsklauseln

Von den soeben behandelten Wirksamkeitsklauseln muss ein weiterer Klauseltyp unterschieden werden, der ebenfalls nicht zu den salvatorischen Klauseln gezählt werden kann, dem aber eine gewisse Verwandtschaft zu den Erhaltungsklauseln eigen ist. Von sog. **Entkoppelungsklauseln** spricht man, wenn die Regelung bestimmt, dass bei Unwirksamkeit eines oder mehrerer Teile eines einheitlichen Rechtsgeschäfts der Restvertrag wirksam bleiben soll. Während solche Klauseln in anderen Gebieten des Vertragsrechts verhältnismäßig selten anzutreffen sind, ist die Aufnahme einer solchen Regelung im Bereich des Computer-Vertragsrechts nicht ungewöhnlich, was darauf zurückzuführen ist, dass hier die Koppelung mehrerer Rechtsgeschäfte, insbesondere die der Beschaffung von Computerhardware, und Computersoftware weit verbreitet ist. Hierauf wurde oben[834] bereits in einem selbstständigen Abschnitt eingegangen. 2041

Für die Beurteilung der Wirksamkeit derartiger Teilunwirksamkeitsklauseln ist zunächst ein Blick auf § 139 BGB zu werfen, demzufolge das ganze Rechtsgeschäft nichtig ist, wenn ein Teil des Rechtsgeschäfts nichtig ist und nicht angenommen werden kann, dass es auch ohne den nichtigen Teil vorgenommen sein würde. Soweit die Teilunwirksamkeitsklausel **deckungsgleich mit** der Regelung des **§ 139 BGB** ist, bestehen hinsichtlich ihrer Wirksamkeit keinerlei Zweifel. 2042

Anders ist dies jedoch, wenn das „ganze Rechtsgeschäft", das hier im Sinne des einheitlichen, d.h. gekoppelten Rechtsgeschäfts zu verstehen ist, entgegen der objektiven Beurteilung als einheitlich durch die Klausel einer Trennung zugeführt werden soll, um den **Restvertrag zu verselbstständigen** und seine Wirksamkeit sicherzustellen. Gleiches muss natürlich auch für den Fall gelten, in dem ohne den Umweg über die Entkoppelung der Rechtsgeschäfte die Wirksamkeit des jeweiligen Restvertrags vorgesehen wird, ohne zu berücksichtigen, ob das Rechtsgeschäft auch ohne den nichtigen Teil vorgenommen sein würde, was namentlich dann unangemessen ist, wenn der Kunde die verbleibende Restleistung des Verwenders gar nicht sinnvoll verwerten kann. 2043

In beiden Varianten kommt ein Verstoß gegen die §§ 305b, 305c Abs. 1, 307 Abs. 1 und 2 BGB in Betracht. Ob dies der Fall ist, beurteilt sich zunächst danach, ob ein einheitliches Rechtsgeschäft vorliegt. Ausgangspunkt der Beurteilung nach den Vorschriften über Allgemeine Geschäftsbedingungen gem. §§ 305 ff. BGB ist dementsprechend die Untersuchung, ob Lieferant und Anwender einen **einheitlichen Vertrag** geschlossen haben, der die jeweiligen Einzelkomponenten umfasst, oder ob die Vertragsparteien über die jeweiligen Komponenten auch jeweils **getrennte Verträge** abschlossen. Trotz der in der Literatur gelegentlich hervorgehobenen Praxis vieler Lieferanten, getrennte Verträge abschließen zu wollen, kann weder das Vorliegen nur eines Vertrags noch das getrennter Verträge als Regelfall unterstellt werden. Dem steht entgegen, dass es zwar den Interessen des Lieferanten eher entspricht, mehrere selbstständige Verträge abzuschließen, um nach Möglichkeit ein Durchschlagen einer fehlerhaften Komponente auf das Vertragsverhältnis über die andere Komponente zu verhindern, jedoch können sich viele Lieferanten den Wünschen der Anwender nach einer umfassenden und einheitlichen IT-Komplettlösung im Rahmen eines einzigen Vertragsverhältnisses nicht entziehen. Ob daher ein Vertrag oder mehrere Verträge geschlossen wurden, bestimmt sich allein nach dem Parteiwillen als dem sog. **Einheitlichkeitswillen,** der anhand der Umstände des Einzelfalls erforscht werden muss. Generalisierungen sind insoweit nicht möglich. 2044

---

[834] Vgl. oben Rdn. 844 ff.

2045 Ein in der Regel leicht nachprüfbares Indiz für den jeweiligen Parteiwillen ist die Anzahl der verwendeten **Vertragsurkunden.** So entspricht es ständiger Rechtsprechung[835] und allgemeiner Meinung in der Literatur[836], dass der ausschlaggebende Einheitlichkeitswille der Parteien zu vermuten ist, wenn die verschiedenen Geschäfte in einer **einheitlichen Urkunde** niedergelegt sind. Demgegenüber sprechen **getrennte Vertragsurkunden** prima facie für die Selbstständigkeit der Rechtsgeschäfte[837]. Diesbezüglich ist jedoch eine gewisse Vorsicht geboten, da die Klauselverwender leicht dazu verleitet sein könnten, gezielt mit getrennten Vertragsurkunden zu arbeiten.

2046 Die Vermutung der Einheitlichkeit des Rechtsgeschäfts bei äußerlicher Verbindung in einer einzigen Vertragsurkunde greift darüber hinaus nur dann durch, wenn die Vermutung nicht durch **objektive Umstände** widerlegt wird. Derartige objektive Umstände können sich etwa daraus ergeben, dass es sich einerseits um einen handelsüblichen Tischcomputer handelt, der weder für spezielle Bedürfnisse konstruiert oder eingerichtet ist, und es sich andererseits auch bei der Software nicht um besonders angepasste Spezialsoftware, sondern um Standardsoftware handelt[838]. In einem solchen Fall kann die Austauschbarkeit der Einzelkomponenten die Vermutung der Einheitlichkeit widerlegen, jedoch sind weitere **Umstände des Einzelfalls,** wie etwa die Werbung des Lieferanten, die Vertragsverhandlungen der Parteien und gegebenenfalls die Art der Preisberechnung[839] ebenfalls zu berücksichtigen.

2047 Unbeachtlich für die Beurteilung der Einheitlichkeit des Rechtsgeschäfts ist, ob über die jeweiligen Einzelkomponenten Vereinbarungen getroffen wurden, die einem **identischen Vertragstypus** unterfallen oder **unterschiedlichen Vertragstypen** zuzurechnen sind[840]. Es handelt sich in den letztgenannten Fällen um ein gemischtes Vertragsverhältnis. Ein einheitliches Rechtsgeschäft kann daher auch vorliegen, wenn bei getrennter Vereinbarung hinsichtlich der Hardware ein Kaufvertrag nach §§ 433 ff. BGB, hinsichtlich der erst zu erstellenden Software ein Werkvertrag gemäß §§ 631 ff. BGB gegeben wäre[841]. Möglich sind darüber hinaus Kombinationen insbesondere von kauf-, werk-, miet- und leasingvertraglichen Elementen.

2048 Soweit ein Einheitlichkeitswille der Parteien besteht, beruht die Einheitlichkeit des Rechtsgeschäfts auf einer **Individualvereinbarung,** sodass der Teilunwirksamkeitsklausel gem. § 305b BGB sowohl im Verbraucher- als auch im Unternehmensverkehr keine Wirkung zukommt[842], weil nach dieser Vorschrift Individualvereinbarungen Vorrang vor Allgemeinen Geschäftsbedingungen haben. Auch sofern die Einheitlichkeit des Rechtsgeschäfts nur auf Grund des **Einheitlichkeitswillens des Kunden** bejaht wird, scheitert nach Ansicht des *BGH*[843] der Einbezug einer die Einheitlichkeit verneinenden Klausel grundsätzlich an § 305b BGB, weil derartige Formularhinweise den gegenteiligen Eindruck des Kunden nicht beseitigen können.

---

[835] Vgl. *BGH,* 24.10.2006, XI ZR 216/05, NJW-RR 2007, 395, 396 Tz. 17.
[836] Vgl. *Palandt/Ellenberger* § 139 Rdn. 5.
[837] Vgl. *BGH,* 30.3.2011, VIII ZR 99/10, BeckRS 2011, 09200 Tz. 26; *BGH,* 30.3.2011, VIII ZR 94/10, NJW 2011, 2874, 2876 Tz. 24.
[838] Vgl. *BGH,* 25.3.1987, VIII ZR 43/86, NJW 1987, 2004, 2007.
[839] Vgl. *OLG Köln,* 19.9.1994, 16 U 35/88, CR 1995, 218, 220; in der Entscheidung des *BGH,* 25.3.1987, VIII ZR 43/86, NJW 1987, 2004, 2007 wurde ein einheitlicher Vergütungsanspruch für nicht ausschlaggebend eingestuft.
[840] Vgl. *BGH,* 30.3.2011, VIII ZR 99/10, BeckRS 2011, 09200 Tz. 26; *BGH,* 30.3.2011, VIII ZR 94/10, NJW 2011, 2874, 2876 Tz. 24.
[841] Vgl. *OLG Koblenz,* 4.10.1991, 2 U 403/88, NJW-RR 1992, 688, 689; *OLG Karlsruhe,* 4.10.1990, 12 U 30/90, CR 1991, 280, 281.
[842] Vgl. *Wolf/Lindacher/Pfeiffer* Klauseln Rdn. T 17.
[843] Vgl. *BGH,* 19.9.1985, III ZR 214/83, NJW 1986, 43, 44.

Schließlich entfalten die Teilunwirksamkeitsklauseln auch dann keine Wirkung, wenn die Einheitlichkeit des Rechtsgeschäfts durch **konkludente** Individualvereinbarungen begründet ist, wie dies häufig der Fall sein wird, denn auch konkludenten Individualvereinbarungen kommt der Vorrang vor widersprechenden Allgemeinen Geschäftsbedingungen gem. § 305b BGB zu[844]. Nicht zu beanstanden ist es jedoch, die Trennungsklausel bei der Prüfung des Einheitlichkeitswillens als Indiz heranzuziehen. Insoweit kann den Allgemeinen Geschäftsbedingungen eine wenngleich begrenzte Funktion der Individualvertragskonkretisierung zukommen[845].

Sofern der Einbezug ausnahmsweise nicht an § 305b BGB scheitert, was indes nur schwer vorstellbar erscheint, ist die entsprechende Klausel nach § 307 Abs. 1 und 2 BGB unwirksam, weil sie den Kunden unangemessen benachteiligt[846]. Es liegt ein Verstoß gegen § 307 Abs. 2 Nr. 1 BGB vor, weil eine in Allgemeinen Geschäftsbedingungen enthaltene Trennung eines einheitlichen Rechtsgeschäfts mit den wesentlichen Grundgedanken der gesetzlichen Regelung unvereinbar ist. 2049

Ob darüber hinaus derartige Klauseln auch gem. § 305c Abs. 1 BGB nicht Vertragsbestandteil werden, weil sie **überraschend** sind, erscheint zweifelhaft. Wenngleich zur Begründung der Zulässigkeit nach § 305c Abs. 1 BGB der bloße Hinweis auf die Üblichkeit derartiger Klauseln nicht ausreicht, weil die weite Verbreitung einer Klausel der Einstufung als überraschend nicht von vornherein entgegensteht[847], ist doch nicht ausgeschlossen, dass die **Branchenüblichkeit** auf die Bestimmung der insoweit entscheidenden Kundenerwartung durchschlägt. Für den hier diskutierten Klauseltyp mag dies in Erwägung gezogen, aber an dieser Stelle nicht entschieden werden, weil die Unwirksamkeit bereits aus anderen Gründen feststeht. 2050

3. Relativierende Klauselzusätze

Typische Klauseln:
„Soweit rechtlich zulässig ..."[848]
„Soweit keine zwingenden Vorschriften entgegenstehen..."[849]
„In dem nicht durch anwendbare Gesetze untersagten Ausmaß..."[850]
„Soweit rechtlich zulässig ..."[851]
„Keine Bestimmung in diesen Bedingungen schließt unsere (etwaige) Haftung Ihnen gegenüber aus für: – Sonstige Fälle zwingender Haftung, die gesetzlich nicht ausgeschlossen werden können."[852]
„Die Gesetze einiger Staaten oder Länder erlauben nicht den Ausschluss oder die Beschränkung von mittelbaren oder Folgeschäden, so dass die oben beschriebenen Beschränkungen und Ausschlüsse möglicherweise auf Sie keine Anwendung finden."[853]

Mit relativierenden Klauselzusätzen wie „soweit gesetzlich zulässig" oder ähnlichen Formulierungen, unternimmt der Verwender den Versuch, eine nach ihrem 2051

---

[844] Vgl. *BGH*, 21.9.2005, XII ZR 312/02, NJW 2006, 138, 139; *Wolf/Lindacher/Pfeiffer* § 305b Rdn. 5; *Ulmer/Brandner/Hensen* § 305b Rdn. 12.
[845] Ähnlich für den Fall des Vertragsschlusses bei Internetauktionen *OLG Hamm*, 14.12.2000, 2 U 58/00, NJW 2001, 1142, 1143; grundsätzlich *Wolf/Lindacher/Pfeiffer* § 305b Rdn. 10.
[846] Vgl. *BGH*, 19.9.1985, III ZR 214/83, NJW 1986, 43, 44; *Wolf/Lindacher/Pfeiffer* Klauseln Rdn. T 19 f.
[847] Vgl. *Wolf/Lindacher/Pfeiffer* § 305c Rdn. 25.
[848] Vgl. den Fall *BGH*, 22.9.2015, II ZR 340/14, BeckRS 2015, 19757.
[849] Vgl. *BGH*, 5.5.2015, XI ZR 214/14, NJW 2015, 2412.
[850] Vgl. Softwarelizenzvertrag für iOS 11 der Apple Inc. (EA 1491 vom 12.7.2017)
[851] Vgl. Nr. 1.1 der Apple Herstellergarantie, *LG Berlin*, 28.11.2014, 15 O 601/12, CR 2015, 74.
[852] Vgl. den Fall *LG Frankfurt*, 6.6.2013, 2–24 O 246/12, MMR 2013, 645 ff.
[853] Vgl. Nr. 1.11 der Apple Herstellergarantie, *LG Berlin*, 28.11.2014, 15 O 601/12, CR 2015, 74, 76.

Wortlaut möglicherweise zu weitreichende und deshalb unwirksame Klausel auf den gesetzlich **zulässigen Umfang zu begrenzen** und so die Unwirksamkeit von vornherein zu vermeiden. Eine derartige Formulierung stellt sich aus der Sicht des Verwenders als perfekter Weg dar, an die Grenzen des Zulässigen zu gehen, ohne das Risiko der Unwirksamkeit tragen zu müssen. Vereinzelt wird in der Literatur[854] auch die Vermutung geäußert, die Verwendung relativierender Klauselzusätze sei auch darauf zurückzuführen, dass der Verwender einerseits die Hoffnung hege, der Kunde werde gegebenenfalls auch die zu weit reichende Formulierung hinnehmen, andererseits in der Gewissheit handele, dem Kunden im Falle eines Rechtsstreits den gerade noch zulässigen Klauselinhalt entgegenhalten zu können.

2052 Im **individualvertraglichen Bereich** sind relativierende Klauselzusätze bislang noch nicht in Erscheinung getreten. Ob ihnen insoweit überhaupt eine praktische Relevanz zuerkannt werden kann, erscheint fraglich, jedoch dürften derartige Klauselzusätze grundsätzlich von der Vertragsfreiheit gedeckt sein. Weit verbreitet sind relativierende Klauselzusätze indes im Bereich **Allgemeiner Geschäftsbedingungen**, auf den auch die oben dargelegte Beschreibung der Zielsetzung derartiger Klauseln abstellte. Überwiegend werden relativierende Klauselzusätze für mit den Vorschriften über Allgemeine Geschäftsbedingungen gem. §§ 305 ff. BGB unvereinbar gehalten[855], jedoch unterscheiden sich die Begründungen und die exakten Eingrenzungen teilweise erheblich. Zulässig sind entsprechende Formulierungen allenfalls dann, wenn eine Klausel konkrete Regelungen bezüglich der wesentlichen Punkte enthält und nur die Bezeichnung aller Einzelfälle sowie etwaiger Ausnahmen nicht zumutbar ist[856].

2053 Die Unwirksamkeit relativierender Klauselzusätze folgt für den Verbraucherverkehr zunächst aus § 305 Abs. 2 Nr. 2 BGB, demzufolge Allgemeine Geschäftsbedingungen nur dann Bestandteil eines Vertrags werden, wenn dem Kunden bei Vertragsschluss die Möglichkeit verschafft wird, in zumutbarer Weise Kenntnis von ihrem Inhalt zu nehmen. Eine solche **zumutbare Kenntnisnahme** ist jedoch bei einem Verweis auf die gesetzlich zulässige Einschränkungsmöglichkeit nicht gewährleistet, denn der Kunde müsste erst ermitteln, wo die Grenze zwischen noch Zulässigem und Unzulässigem verläuft, was jedoch mit dem in § 307 Abs. 1 S. 2 BGB ausdrücklich normierten Gebot der **Verständlichkeit** Allgemeiner Geschäftsbedingungen nicht zu vereinbaren wäre[857]. Dies gilt auch für die Fälle, in denen zwar keine ausdrückliche „soweit"-Formulierung gewählt wird, jedoch nur pauschal darauf verwiesen wird, dass eine bestimmte Vereinbarung wegen einzelstaatlicher Regelungen nicht zulässig sei und deshalb gegebenenfalls keine Anwendung finden solle. Auch hier wird dem Kunden keine zumutbare Kenntnisnahme ermöglicht, denn er müsste abermals zunächst eigenständig ermitteln, ob die Gesetze seines Staates ent-

---

[854] Vgl. *Schmidt*, Vertragsfolgen der Nichteinbeziehung von Allgemeinen Geschäftsbedingungen, S. 98 f.

[855] Vgl. *BGH*, 22.9.2015, II ZR 340/14, BeckRS 2015, 19757 Tz. 19; *BGH*, 4.2.2015, VIII ZR 26/14, NJW-RR 2015, 738, 739 Tz. 17; *BGH*, 5.3.2013, VIII ZR 137/12, NJW 2013, 1668 Tz. 2; *BGH*, 9.7.2002, X ZR 70/00, NJW-RR 2003, 51, 53; *LG Berlin*, 28.11.2014, 15 O 601/12, CR 2015, 74, 76; *LG Köln*, 29.1.2003, 26 O 33/02, CR 2003, 697, 698; *Wolf/Lindacher/Pfeiffer* § 306 Rdn. 45; *Ulmer/Brandner/Hensen* § 306 Rdn. 39; *Palandt/Grüneberg* § 306 Rdn. 11.

[856] Großzügig *BGH*, 20.10.1992, X ZR 74/91, NJW 1993, 657, 658.

[857] Vgl. *BGH*, 22.9.2015, II ZR 340/14, BeckRS 2015, 19757 Tz. 19; *BGH*, 5.3.2013, VIII ZR 137/12, NJW 2013, 1668 Tz. 2; *BGH*, 20.11.2012, VIII ZR 137/12, BeckRS 2013, 05597 Tz. 3; *OLG Frankfurt*, 9.2.2012, 23 U 192/08, GRUR-RR 2012, 362, 364; *LG Berlin*, 28.11. 2014, 15 O 601/12, CR 2015, 74, 76; *LG Frankfurt*, 6.6.2013, 2–24 O 246/12, MMR 2013, 645, 646.

sprechende Verbote vorsehen. Dies kann jedoch von einem rechtsunkundigen Durchschnittskunden nicht erwartet werden.

Neben dem Verweis auf § 305 Abs. 2 Nr. 2 BGB, demzufolge die relativierenden Klauselzusätze dazu führen, dass die jeweilige Klausel nicht in den Vertrag einbezogen wird, kann ein Verstoß gegen die Vorschriften über Allgemeine Geschäftsbedingungen auch durch einen **Rückgriff auf § 307 Abs. 1 BGB** begründet werden. Dies hat zur Folge, da § 305 Abs. 2 BGB gem. § 310 Abs. 1 BGB im Unternehmensverkehr keine Anwendung findet, dass relativierende Klauseln nicht nur im Verbraucher-, sondern auch im **Unternehmensverkehr** unwirksam sind[858]. Die im Schrifttum verschiedentlich vorgetragene Behauptung, eines Rückgriffs auf § 307 Abs. 1 BGB bedürfe es nicht[859], ist daher nicht haltbar.

2054

Die für eine Unwirksamkeit nach § 307 Abs. 1 BGB erforderliche, gegen die Gebote von Treu und Glauben dem Kunden auferlegte unangemessene Benachteiligung besteht dabei darin, dass gegen das in § 307 Abs. 1 S. 2 BGB ausdrücklich festgeschriebene **Gebot der Klarheit** im Sinne von **Transparenz und Bestimmtheit** der Allgemeinen Geschäftsbedingungen verstoßen wird[860]. Dieses Gebot geht dahin, dem Verwender die möglichst genaue Umschreibung der tatbestandlichen Voraussetzungen und Rechtsfolgen dergestalt aufzuerlegen, dass die Allgemeinen Geschäftsbedingungen aus der Sicht eines **durchschnittlichen Kunden ohne rechtliche Vorkenntnisse** nachprüfbar sein müssen. Dem tragen relativierende Klauselzusätze aber keine Rechnung, da sie den Kunden im Hinblick auf den genauen Inhalt der jeweiligen Regelung fast völlig im Unklaren lassen und ihm die Ermittlung des Regelungsinhalts auferlegen. Im Verbraucherverkehr müssen die Rechte des Verbrauchers bestimmt und so präzise wie möglich beschrieben werden[861]. Dem wird man, wenngleich in etwas abgeschwächter Form, auch für den unternehmerischen Kunden zustimmen müssen. Die Feststellung, der Verbraucher sei mit relativierenden Klauselzusätzen völlig überfordert, da ihm die für die anzustellenden rechtlichen Erwägungen notwendigen dezidierten Rechtskenntnisse in der Regel fehlen, insbesondere dazu, welche gesetzlichen Vorschriften aus dem deutschen Kaufrecht abdingbar sind und wo die AGB-rechtlichen Grenzen liegen[862], trifft auf zahlreiche unternehmerische Durchschnittskunden ebenfalls zu[863].

2055

Über den Verstoß gegen das Gebot der Transparenz und Bestimmtheit Allgemeiner Geschäftsbedingungen hinaus wird ein Verstoß gegen § 307 Abs. 1 BGB vereinzelt auch in einer **unangemessenen Risikoverlagerung** hinsichtlich der Ermittlung des angemessenen Klauselinhalts gesehen[864], weil der Kunde Gefahr laufe, einen unangemessenen Klauselinhalt hinzunehmen oder die Gerichte seine Auffassung über die Gesetzwidrigkeit des Klauselinhalts nicht teilten. Schließlich wird daneben darauf hingewiesen, dass das Verfahren nach § 1 UKlaG sinnentleert wäre, könnte der Klauselverwender mit einem relativierenden Klauselzusatz alle unzulässigen Klau-

2056

---

[858] Vgl. *OLG Frankfurt*, 9.2.2012, 23 U 192/08, GRUR-RR 2012, 362, 364.
[859] So etwa *Neumann* S. 110.
[860] Vgl. *BGH*, 22.9.2015, II ZR 340/14, BeckRS 2015, 19757 Tz. 19; *BGH*, 4.2.2015, VIII ZR 26/14, NJW-RR 2015, 738, 739 Tz. 17.
[861] Vgl. *LG Frankfurt*, 6.6.2013, 2–24 O 246/12, MMR 2013, 645, 646.
[862] Vgl. *LG Berlin*, 28.11.2014, 15 O 601/12, CR 2015, 74, 76.
[863] Ohne ausführliche Begründung auch *BGH*, 4.2.2015, VIII ZR 26/14, NJW-RR 2015, 738, 739 Tz. 17.
[864] Vgl. *Schmidt*, Vertragsfolgen der Nichteinbeziehung von Allgemeinen Geschäftsbedingungen, S. 99.

seln vor dem Unterlassungsgebot bewahren[865], gleichwie die AGB-rechtlich vorgesehenen Folgen unwirksamer Klauseln umgangen würden[866].

2057 Während über die grundsätzliche Unzulässigkeit relativierender Klauselzusätze dementsprechend weitgehende Einigkeit besteht, herrscht Streit über die Frage, inwieweit **Ausnahmen von diesem Grundsatz** gemacht werden müssen. Von ganz besonderer Bedeutung ist hierbei für Softwareüberlassungsverträge, dass relativierende Klauselzusätze von einer in der Literatur weit verbreiteten Meinung[867] und einer bislang allerdings noch vereinzelt gebliebenen gerichtlichen Stellungnahme[868] dann für zulässig gehalten werden, wenn zum Zeitpunkt des Vertragsschlusses nach dem **Stand der Rechtsprechung** und des Schrifttums **objektiv ungewiss** ist, ob eine bestimmte Regelung noch zulässig ist oder aber die Grenze des Zulässigen überschreitet und deshalb für unwirksam erklärt werden muss. Begründet wird dieses Ergebnis mit der Überlegung, verantwortlich für die entstehende Unklarheit sei in diesem Fall nicht der Verwender, sondern die Vorschriften über Allgemeine Geschäftsbedingungen gem. §§ 305 ff. BGB, was dem Verwender aber nicht angelastet werden könne.

2058 Angesichts der Tatsache, dass zum augenblicklichen Zeitpunkt und wohl auch noch in absehbarer Zukunft im Hinblick auf Softwareüberlassungsverträge immer noch **mehr im Streit steht als rechtlich ausdiskutiert** ist, kommt dieser Einschränkung des grundsätzlichen Verbots relativierender Klauselzusätze hier eine besondere Brisanz zu. Folgte man der genannten Auffassung, so würde dies wohl dazu führen, relativierende Klauselzusätze bei Softwareüberlassungsverträgen weit häufiger für zulässig zu erklären, als dies bei anderen Verträgen der Fall ist.

2059 Wenngleich dem gedanklichen Ansatzpunkt der dargelegten Auffassung zugestanden werden muss, die Unklarheit der vom Verwender benutzten Geschäftsbedingungen sei nicht von ihm zu vertreten, weil er sie wegen der Ungewissheit der Rechtslage gar nicht präziser fassen könne, kann dem hieraus gezogenen Schluss nicht zugestimmt werden, es sei unbillig, ihm den Verzicht auf die Vertragsgestaltung anzusinnen, möchte er das Risiko der Totalnichtigkeit vermeiden. Dagegen spricht die Überlegung, dass der Verwender das dispositive Recht in **seinem Interesse** einseitig abbedingen und durch eine von ihm ausgewählte rechtliche Gestaltung ersetzen möchte. Damit ist der Verwender indes derjenige, der die gesetzliche Regelung verlassen möchte und sich auf unsicheren Boden begibt[869]. Gleich einem Kläger, der sich eines rechtlich umstrittenen Anspruchs berühmt, muss der Verwender dann aber auch das Risiko tragen, dass sich die Gerichte seiner Auffassung nicht anschließen. Andernfalls fände sich der Verwender in der etwa aus Gründen des finanziellen Risikos eines jeden Prozesses nicht zu rechtfertigenden günstigen Situation, die gerichtliche Klärung einer Streitfrage niemals bezahlen zu müssen. Schlösse sich das Gericht seiner Auffassung an und bestätigte es die Klausel als zulässig, würde er im Prozess obsiegen und müsste keine Kosten tragen. Käme das Gericht zu der Auffassung, die Klausel sei an für sich unzulässig, würde der Verwender aber gleichfalls obsiegen, denn dann müsste die Klausel vom Gericht auf den gesetzlich noch zulässigen Gehalt zurückgeführt werden. Dies hätte zur Folge, dass der Kunde

---

[865] Vgl. *BGH*, 9.7.2002, X ZR 70/00, NJW-RR 2003, 51, 53.
[866] Vgl. *BGH*, 22.9.2015, II ZR 340/14, BeckRS 2015, 19757 Tz. 19.
[867] Vgl. *Wolf/Lindacher/Pfeiffer* § 306 Rdn. 46; *Ulmer/Brandner/Hensen* § 305 Rdn. 153.
[868] Vgl. *OLG Stuttgart*, 19.12.1980, 2 U 122/80, NJW 1981, 1105; offengelassen in *BGH*, 5.5.2015, XI ZR 214/14, NJW 2015, 2412, 2413 Tz. 17; *BGH*, 5.3.2013, VIII ZR 137/12, NJW 2013, 1668 Tz. 3.
[869] Dies übersehen *Michalski/Römermann* NJW 1994, 886, 889.

erneut die Prozesskosten tragen müsste, denn er wäre abermals im Prozess unterlegen.

Neben der dargestellten Überlegung ist darauf hinzuweisen, dass es mit der **Funktion des Richters** nicht vereinbar ist, im Interesse des Verwenders die Rechte des Kunden soweit wie möglich einzuschränken. Auch wenn die Rechtslage ungewiss ist, liegt ein Charakteristikum rechtsprechender Tätigkeit darin, dass der Richter als unbeteiligter Dritter einen Streit zwischen zwei Parteien über eine Rechtsfrage nach den Regeln des Rechts entscheidet. Hiergegen würde verstoßen, bedeutete die richterliche Entscheidung nicht nur eine Streitentscheidung, sondern zugleich eine **Hilfe bei der einseitigen Interessenwahrnehmung** durch eine verbindliche Vorgabe des gerade noch Zulässigen.

4. Salvatorische Klauseln mit Ersetzungsbefugnis des Verwenders

Typische Klausel:
„Im Falle der Unwirksamkeit einer Bestimmung dieses Vertrags ist der Verwender befugt, die unwirksame Bestimmung durch eine wirksame zu ersetzen, deren wirtschaftlicher Erfolg dem der unwirksamen Bestimmung so weit wie möglich entspricht."

Eine salvatorische Klausel mit **Ersetzungsbefugnis des Verwenders** liegt dann vor, wenn dem Verwender das Recht eingeräumt wird, eine unwirksame Regelung durch eine andere zu ersetzen. Meist soll die Ersatzregelung dabei dem von der unwirksamen Primärregelung angestrebten wirtschaftlichen Erfolg möglichst nahe kommen. Notwendig ist dies indes nicht.

Individualvertraglich ist die Vereinbarung einer derartigen Ersetzungsbefugnis nicht zu beanstanden, die als einseitiges Leistungsbestimmungsrecht im Sinne des § 315 BGB einzuordnen ist. Auch § 306 Abs. 2 BGB steht einer derartigen individualvertraglichen Vereinbarung nach weit überwiegender Auffassung nicht entgegen[870]. Anders ist nur dann zu entscheiden, wenn sich die Ersetzungsbefugnis nicht auf eine bestimmte Klausel bezieht, sondern alle Vertragsbedingungen umfassen soll, denn dann besteht die Gefahr, dass sich der Kunde der Bedeutung dieser Regelung nicht bewusst ist und den Schutz des § 306 Abs. 2 BGB oder der richterlichen Vertragsergänzung unbedacht aufgibt[871].

Anders als bei Individualvereinbarungen ist die Zulässigkeit der Aufnahme salvatorischer Klauseln mit Ersetzungsbefugnis bei **Allgemeinen Geschäftsbedingungen** umstritten. Das Meinungsspektrum reicht diesbezüglich von der Einordnung als grundsätzlich unzulässig[872], über eine Einordnung als unzulässig, wenn der Verwender eine bis an die Grenze des gem. §§ 307 bis 309 BGB gerade noch Zulässigen gehende Klausel bestimmen darf, als zulässig, wenn der Verwender zur Bestimmung einer auf angemessenen Interessenausgleich abzielenden Ersatzklausel verpflichtet ist, bis hin zur Qualifizierung als grundsätzlich zulässig[873].

Gegen die Zulässigkeit salvatorischer Klauseln mit Ersatzbefugnis in Allgemeinen Geschäftsbedingungen spricht aber zunächst, dass der ratio des § 306 Abs. 2 BGB

---
[870] Vgl. *Ulmer/Brandner/Hensen* § 306 Rdn. 41; a. A. *Wolf/Lindacher/Pfeiffer* § 306 Rdn. 48; demzufolge soll die individualvertragliche Vereinbarung eines Leistungsbestimmungsrechts unwirksam sein, wenn der Verwender um die Unvereinbarkeit der ursprünglichen Klausel mit den Vorschriften über Allgemeine Geschäftsbedingungen weiß oder sich dieser Kenntnis bewusst verschließt.
[871] Vgl. *Ulmer/Brandner/Hensen* § 306 Rdn. 41.
[872] Vgl. *Ulmer/Brandner/Hensen* § 306 Rdn. 39.
[873] Vgl. *Michalski/Römermann* NJW 1994, 886, 890.

auch bei Anerkennung dessen dispositiven Charakters entnommen werden kann, unwirksame Klauseln durch eine Regelung zu ersetzen, bei der den Interessen der Parteien gleichwertig Rechnung getragen wird. Dieser Zielsetzung des § 306 Abs. 2 BGB wird eine Ersetzungsbefugnis jedenfalls dann nicht gerecht, wenn sie dahin geht, dem Verwender die Herbeiführung des bereits mit der ursprünglichen Regelung angestrebten wirtschaftlichen Erfolgs zu ermöglichen. Nicht ausgeschlossen wäre dementsprechend eine auf einen angemessenen Interessenausgleich abzielende Ersetzungsbefugnis, wie dies von der dritten der oben dargelegten Auffassungen vertreten wird.

2065 Wenn salvatorische Klauseln mit Ersetzungsbefugnis dennoch zu Recht von der überwiegenden Auffassung für unzulässig gehalten werden, so folgt dies daraus, dass hier eine **Unbestimmtheit** der vom Verwender festzulegenden Ersatzregelung festzustellen ist, die im Verbraucherverkehr einer Einbeziehung der Ersetzungsklausel in den Vertrag gem. § 305 Abs. 2 Nr. 2 BGB entgegensteht und darüber hinaus sowohl im Verbraucher- als auch im Unternehmensverkehr nach § 307 Abs. 1 S. 2 BGB unwirksam ist, weil sie gegen das **Gebot der Klarheit und Bestimmtheit** verstößt[874]. Dem kann nicht entgegengehalten werden, dass man den Verwender zur Begründung dieser Auffassung für verpflichtet halten müsste, von vornherein gleich für alle möglicherweise unwirksamen Geschäftsbedingungen konkrete Ersatzregelungen zu benennen, womit dem Verwender aber die Möglichkeit genommen würde, bei der Bestimmung der Ersatzregelung fallspezifische Gesichtspunkte zu berücksichtigen[875]. Denn der Kunde muss in zumutbarer Weise vom Inhalt der Allgemeinen Geschäftsbedingungen Kenntnis nehmen können, wozu auch zählt, dass er den Inhalt der Vereinbarungen aus den Allgemeinen Geschäftsbedingungen selbst und ohne Inanspruchnahme fremder Hilfe entnehmen können muss[876]. Aus diesem Grund muss anerkannt werden, dass Ersatzklauseln im Regelfall nicht wirksam einbezogen werden. Festgehalten werden kann daher, dass salvatorische Klauseln mit Ersetzungsbefugnis des Verwenders gegen die Vorschriften über Allgemeine Geschäftsbedingungen verstoßen.

5. Salvatorische Klauseln mit konkreten Ersatzregelungen

Typische Klauseln:
„Sofern vorstehende Regelung unzulässig ist, gilt folgendes als vereinbart: …"
„h. Salvatorische Klausel. Wenn der Verzicht auf Sammelklagen in Ziffer 2e für unrechtmäßig oder nicht durchsetzbar im Hinblick auf alle oder einige Teile einer Rechtsstreitigkeit erklärt wird, dann gilt Ziffer 2 (Schiedsgerichtsverfahren) nicht für diese Teile. Stattdessen werden diese Teile abgetrennt und vor Gericht verfolgt, wobei die übrigen Teile bei einem Schiedsgerichtsverfahren verfolgt werden. Wenn eine andere Bestimmung von Ziffer 2 für unrechtmäßig oder nicht durchsetzbar erklärt wird, wird diese Bestimmung abgetrennt, wobei die übrigen Bestimmungen von Ziffer 2 hiervon unberührt bleiben."[877]
„Ist die zwischen den Parteien vereinbarte Regelung aus irgendwelchen Gründen unwirksam, so sind sich die Parteien darüber einig, dass … gelten soll."[878]
„An die Stelle einer unwirksamen Klausel sollen die gesetzlichen Bestimmungen treten."[879]

---

[874] A. A. *Garrn* JA 1981, 151, 154.
[875] So aber *Garrn* JA 1981, 151, 154.
[876] Vgl. *BGH*, 9.12.2015, VIII ZR 349/14, NJW 2016, 2101, 2103 Tz. 33.
[877] Vgl. Microsoft-Software-Lizenzvertrag für Windows 8 (2013).
[878] Vgl. die ähnliche Klausel aus dem Bankgeschäft bei *BGH*, 29.11.1989, VIII ZR 228/88, NJW 1990, 716, 718.
[879] Vgl. den Vertrag zur Überlassung der Nero Burning ROM Software von Ahead Software.

XIII. Salvatorische und vergleichbare Klauseln

Salvatorische Klauseln mit konkreten Ersatzregelungen verfolgen den Zweck, für den Fall der Nichteinbeziehung oder Unwirksamkeit der primär geltenden Regelung eine nachrangig geltende Regelung festzulegen. Vertragstechnisch bieten sich hierfür zwei Variationen an. Zunächst die unmittelbare Ankoppelung der Ersatzregelung an die Primärvereinbarung. Sodann die Verweisung auf **subsidiär geltende Klauselwerke,** die etwa in einem „Nachtrag zu den Vorschriften des Grundvertrags" niedergelegt sind. Die letztgenannte Variante kann sich inhaltlich deckungsgleich auch in einer weiteren Spielart wiederfinden, bei der die primär geltende Regelung im „Nachtrag" enthalten ist und die Ersatzregelung im „Grundvertrag" aufgenommen wurde. 2066

Sämtliche der dargestellten Varianten erscheinen bereits im Hinblick auf § 305 Abs. 2 Nr. 2 BGB als problematisch, denn die nach dieser Vorschrift für den Einbezug der Regelung in den Vertrag erforderliche zumutbare Kenntnisnahmemöglichkeit im Sinne einer **Verständlichkeit des Inhalts** wird wegen der unklaren Geltung der konkurrierenden Klauseln zum selben Sachproblem in der Regel zur Unverständlichkeit führen, sodass sie nicht wirksam einbezogen werden. 2067

Sofern die betreffende Regelung ausnahmsweise als mit dem Gebot der Verständlichkeit vereinbar angesehen wird, und deshalb in den Vertrag einbezogen wurde, ergibt sich ihre Unwirksamkeit zunächst aus §§ 306 Abs. 2 i. V. m. 307 Abs. 2 Nr. 1 BGB, weil hier von § 306 Abs. 2 BGB abgewichen werden soll, und die einseitige Bestimmung einer Ersatzregelung dergestalt, dass hier quasi eine **zweite Chance einseitiger Interessenwahrnehmung** durch Abweichung vom dispositiven Recht geschaffen wird, mit dem wesentlichen Grundgedanken dieser Regelung im Sinne des § 307 Abs. 2 Nr. 1 BGB nicht zu vereinbaren ist[880]. Darüber hinaus liegt indes auch ein Verstoß gegen das in § 307 Abs. 1 S. 2 BGB niedergelegte **Gebot der Klarheit und Bestimmtheit** vor, weil derartige Regelungen für den Kunden eine unzumutbare Unklarheit über den gültigen Vertragsinhalt verursachen[881]. 2068

Wenngleich den salvatorischen Klauseln mit konkreter Ersatzregelung eine gewisse Ähnlichkeit mit den durch sog. **Verweisungsklauseln** gestaffelten oder hintereinandergeschalteten Allgemeinen Geschäftsbedingungen zukommt, dürfen diese Klauseltypen nicht miteinander verwechselt werden. Von gestaffelten oder hintereinandergeschalteten Klauselwerken wird dann gesprochen, wenn eine Verweisungsklausel die Inkorporierung mehrerer, in ein bestimmtes Rangverhältnis gestellter Klauselwerke anstrebt[882] und durch diese Verweisung eine ergänzende Regelung vereinbart werden soll, wenn die primär geltenden Geschäftsbedingungen **von Anfang an lückenhaft** sind. Damit besteht jedoch ein grundsätzlicher Unterschied zu den salvatorischen Klauseln mit konkreter Ersatzregelung, denn diese sollen keine von Anfang an bestehende Regelungslücke schließen, sondern eine erst durch die Nichteinbeziehung oder Unwirksamkeit der Primärklausel entstandene Lücke füllen. 2069

Gegen die so definierten Verweisungsklauseln und die durch sie entstandenen gestaffelten Klauselwerke bestehen anders als gegen die salvatorischen Klauseln mit konkreter Ersatzregelung keine grundsätzlichen Bedenken[883]. Erforderlich ist jedoch, dass auch bei gestaffelten Klauselwerken die Voraussetzung einer zumutbaren 2070

---

[880] Vgl. *OLG München,* 15.4.1988, 23 U 6557/88, NJW-RR 1988, 786; *Ulmer/Brandner/Hensen* § 306 Rdn. 40.
[881] A. A. *Wolf/Lindacher/Pfeiffer* Klauseln Rdn. T 37.
[882] Vgl. *Wolf/Lindacher/Pfeiffer* § 306 Rdn. 23; *Ulmer/Brandner/Hensen* § 306 Rdn. 40.
[883] Vgl. *BGH,* 9.1.2005, XII ZR 107/01, NJW 2005, 1183, 1184; *Palandt/Grüneberg* § 305 Rdn. 34; *Wolf/Lindacher/Pfeiffer* § 306 Rdn. 23.

Kenntnisnahme nach § 305 Abs. 2 Nr. 2 BGB erfüllt wird[884], zu der nach allgemeiner Meinung das Kriterium der **Verständlichkeit** für einen durchschnittlichen Kunden zählt[885]. Dementsprechend werden die hintereinandergeschalteten Klauselwerke nicht wirksam in den Vertrag einbezogen, wenn die Verwendung mehrerer Klauselwerke infolge eines unklaren Verhältnisses konkurrierender Regelungen für einen durchschnittlichen Kunden zur Unverständlichkeit führt. Das durch eine oder mehrere Verweisungen geschaffene Gesamtklauselwerk darf nicht so komplex werden, dass es für den Kunden nicht mehr zu durchschauen ist[886]. Dem entspricht die Rechtsprechung des *BGH* zur Verwendung mehrerer Klauselwerke durch einen Verwender. Der *BGH* hebt hervor, dass die Einbeziehung mehrerer Klauselwerke in einen einzigen Vertrag grundsätzlich zulässig ist. Die Einbeziehung wird jedoch dann unzulässig, wenn die Verwendung mehrerer Klauseln dazu führt, dass unklar ist, welche der darin enthaltenen konkurrierenden Regelungen gelten soll[887]. Bei konkreten Ersatzregelungen wird vielfach unklar sein, ob sie oder die ersetzte Regelung gelten soll.

6. Salvatorische Klauseln mit Verpflichtung zur Vereinbarung einer Ersatzregelung oder Ersatzregelungsfiktion

Typische Klauseln:
„Die Vertragsparteien verpflichten sich, eine unwirksame Bestimmung durch eine wirksame Regelung zu ersetzen, die ihr im wirtschaftlichen Ergebnis am nächsten kommt und dem Vertragszweck am besten entspricht."

„Die Parteien verpflichten sich für den Fall der Unwirksamkeit einer Bestimmung dieses Vertrags, eine einverständliche Regelung zu treffen, deren wirtschaftlichen Erfolg dem der unwirksamen Bestimmung so weit wie möglich entspricht."

„Anstelle einer unwirksamen Bestimmung dieses Vertrags gilt eine wirksame Bestimmung als vereinbart, die dem von den Parteien Gewollten am nächsten kommt."

„Anstelle der unwirksamen Bestimmung gilt diejenige als vereinbart, die dem Zweck der unwirksamen Bestimmung am nächsten kommt."

„„(3) Sollten einzelne Bestimmungen dieses Vertrags ganz oder teilweise nichtig oder unwirksam sein, so bleibt die Wirksamkeit der übrigen Bestimmungen sowie des Vertrags insgesamt davon im Zweifel unberührt. Die Parteien verpflichten sich jedoch, die nichtige oder unwirksame Bestimmung durch eine ihr im wirtschaftlichen Ergebnis gleichkommende wirksame zu ersetzen. Das gleiche gilt, wenn dieser Vertrag eine Lücke haben sollte."[888]

„Sollten einzelne Bestimmungen dieses Vertrages unwirksam sein oder werden, so wird dadurch die Wirksamkeit der übrigen Vertragsbestimmungen nicht berührt. Die nichtigen bzw. unwirksamen Bestimmungen werden durch solche wirksamen Bestimmungen ersetzt, die dem wirtschaftlichen Zweck am nächsten kommen."[889]

„Die Vertragspartner werden zusammenwirken, um unwirksame Regelungen durch solche Regelungen zu ersetzen, die den unwirksamen Bestimmungen soweit wie möglich entsprechen."[890]

„If any portion of this section is held to be invalid or unenforceable under any particular circumstance, the balance of the section is intended to apply and the section as a whole is intended to apply in other circumstances."[891]

---

[884] Vgl. *BGH*, 9.1.2005, XII ZR 107/01, NJW 2005, 1183, 1184 f.
[885] Vgl. *Palandt/Grüneberg* § 305 Rdn. 34 und 39; *Wolf/Lindacher/Pfeiffer* § 305 Rdn. 88; *Ulmer/Brandner/Hensen* § 305 Rdn. 151a.
[886] Vgl. *BGH*, 21.6.1990, VII ZR 308/89, NJW 1990, 3197, 3198.
[887] Vgl. *BGH*, 16.3.2006, I ZR 65/03, NJW-RR 2006, 1350 Tz. 25.
[888] Vgl. *BGH*, 26.3.2015, VII ZR 92/14, NJW 2015, 1952.
[889] Vgl. den Lizenzvertrag für Starmoney 9.0 der Star Finanz GmbH (2013).
[890] Vgl. Ziff. 14 S. 2 EVB-IT Überlassung Typ A.
[891] Vgl. Ziff. 7 Abs. 2 der GNU General Public License Vers. 2; deutsche nicht offizielle Übersetzung: „Sollte sich ein Teil dieses Paragrafen als ungültig oder unter bestimmten Umständen nicht

XIII. Salvatorische und vergleichbare Klauseln

„If the disclaimer of warranty and limitation of liability provided above cannot be given local legal effect according to their terms, reviewing courts shall apply local law that most closely approximates an absolute waiver of all civil liability in connection with the Program, unless a warranty or assumption of liability accompanies a copy of the Program in return for a fee."[892]

„If any provision of this License is held to be unenforceable, such provision shall be reformed only to the extent necessary to make it enforceable."[893]

Wie schon die salvatorischen Klauseln mit konkreten Ersatzregelungen, so sind auch solche Klauseln, denen zufolge sich die Vertragsparteien verpflichten, eine unwirksame Bestimmung durch eine wirksame zu ersetzen, die jener im **wirtschaftlichen Ergebnis** am nächsten kommt und dem Vertragszweck am besten entspricht, mit dem wesentlichen Grundgedanken des § 306 Abs. 2 BGB nicht zu vereinbaren. Aus diesem Grunde sind derartige Klauseln gem. § 307 Abs. 2 Nr. 1 BGB unwirksam[894]. Das *BAG*[895] sieht hier darüber hinaus einen Verstoß gegen das Transparenzgebot. 2071

Sofern der Kunde nicht zur Vereinbarung einer Ersatzregelung verpflichtet wird, sondern eine dem wirtschaftlichen Erfolg der Primärregelung möglichst nahekommende Regelung **als bereits vereinbart gilt,** liegt ebenfalls ein Verstoß gegen § 307 Abs. 2 Nr. 1 BGB in Verbindung mit § 306 Abs. 2 BGB vor. Auch die Fiktion einer bereits bei Vertragsschluss getroffenen Ersatzregelung ist mit dem wesentlichen Grundgedanken des § 306 Abs. 2 BGB nicht vereinbar. Darüber hinaus lässt eine solche Klausel nicht erkennen, welche konkrete Regelung als vereinbart gilt, weshalb sie auch dem in § 307 Abs. 1 S. 2 BGB normierten **Gebot der Klarheit und Verständlichkeit** widerspricht[896]. 2072

---

durchsetzbar erweisen, so soll dieser Paragraf seinem Sinne nach angewandt werden; im übrigen soll dieser Paragraf als Ganzes gelten."

[892] Vgl. Ziff. 17 der GNU General Public License Vers. 3; deutsche nicht offizielle Übersetzung: „Sollten der o.a. Gewährleistungsausschluß und die o.a. Haftungsbegrenzung aufgrund ihrer Bedingungen gemäß lokalem Recht unwirksam sein, sollen Bewertungsgerichte dasjenige lokale Recht anwenden, das einer absoluten Aufhebung jeglicher zivilen Haftung in Zusammenhang mit dem Programm am nächsten kommt, es sei denn, dem Programm lag eine entgeltliche Garantieerklärung oder Haftungsübernahme bei."

[893] Vgl. Ziff. 11 S. 2 Mozilla Public License, Version 1.1.

[894] Der *BGH*, 31.8.2017, VII ZR 308/16, BeckRS 2017, 124701 Tz. 24; *BGH*, 3.12.2015, VII ZR 100/15, NJW 2016, 401, 402 Tz. 26 stellt auf § 307 Abs. 1 S. 1 BGB ab. Noch zu § 9 AGBG *BGH*, 26.3.2015, VII ZR 92/14, NJW 2015, 1952, 1954 Tz. 45; ferner *BAG*, 25.5.2005, 5 AZR 572/04, NJW 2005, 3305, 3308; *Wolf/Lindacher/Pfeiffer* § 306 Rdn. 51; *Ulmer/Brandner/Hensen* § 306 Rdn. 39; a.A. *Michalski/Römermann* NJW 1994, 886, 888 f.

[895] Vgl. *BAG*, 25.5.2005, 5 AZR 572/04, NJW 2005, 3305, 3308.

[896] Vgl. *Wolf/Lindacher/Pfeiffer* § 307 Rdn. 264.

Stichwortverzeichnis

(Die Zahlen beziehen sich auf die Randziffern.)

Abänderungswünsche
- des Softwarebestellers 1435 ff.

Abgegrenztheit 712
- abhängiges Urheberrecht 923

abgeleitetes Werk 956
abhängiges Urheberrecht 923
Ablaufdiagramm 11
Ablieferung 681, 1205 f., 1330, 1331
Abmahnung 338 ff.
- Gegenabmahnung 344
- Kostentragung 338, 344 ff.
- Missbrauch 349
- Originalvollmacht 342
- Urheberrechtsverletzung 338 ff.

Abnahme 681, 1391 f., 1420 ff.
- Einzelprobleme 1422 ff.
- fingierte 1425
- Verzug des Bestellers 1425

Abnahmebestätigungen 1918 f.
Abnahmeverweigerung 1391, 1425
Abnutzung 1035, 1346, 1801
Abrechnungsmodelle siehe Lizenzmetrik
Abrufbarkeit Allgemeiner Geschäftsbedingungen 821, 835
Absatzchancen 43
Absatzförderung 844, 846
Abschlagszahlung 681
Abschlusszahlung
- beim Leasing 792 ff.

Abschlusszwang
- Pflegevertrag 1044 ff.

Abwehrklausel 1964, 1969
Account siehe Benutzerkonto
Adressatenkreis 671, 709
Adressbus 164
agile Programmierung 1378
Akkumulator 164
Aktivierungspflicht 1731 ff.
- Nutzungskontrolle 1737

Aktivierungsroutine 1717, 1732 ff., 1755
Algorithmus
- Rechenregel 28 ff., 89

Aliud 1443, 1455
Alleinprogrammierer 120 ff.
Alleinvertriebsrecht 1081, 1774
Allgemeine Geschäftsbedingungen
- Abrufbarkeit über Bildschirm 821, 835
- Abwehrklausel 1959, 1964, 1969
- ausdrucken 823
- Aushang 819, 994, 1004, 1935, 1944
- bei internationalen Verträgen 1021
- Branchenüblichkeit 1607 f., 1649, 1933, 2050
- Einbeziehung bei Telekommunikation 804, 819 ff.
- Einbeziehungswille 1925, 1954, 1958 ff.
- Einsehbarkeit 1943
- elektronischer Geschäftsverkehr 819 ff., 835
- Erkundigungslast 1021, 1958
- Fremdsprache 935 f., 1923, 1925 ff., 1947
- geltungserhaltende Reduktion 1655, 1873, 1878 f., 1992
- Herstellerbedingungen 997
- Hinweis 819 f., 907, 935, 987, 992 ff., 1005 f., 1924, 1931, 1935 ff.
- Homepage 820
- Hyperlink 820
- Kenntnisnahmemöglichkeit 819, 821 ff., 935, 1021, 1924, 1926 f., 1931, 1942 ff.
- Klarheit siehe Transparenzgebot
- kollidierende 1961 ff.
- Kundenerwartung 1608, 1632, 1649, 2050
- Leistungsbeschreibungen 1609
- Lesbarkeit 821 ff., 1942, 1945, 1960
- Link 820
- nachträgliche Verfügbarkeit 825
- relativierende Klauseln siehe salvatorische Klauseln
- speichern 823, 825
- Teilbarkeit 1198
- Transparenzgebot 793, 835, 1109, 1200 f., 1834 ff., 1848, 1926, 1946, 2053, 2055, 2065, 2068, 2072
- Üblichkeit 1607 f., 1649, 1933, 2050
- umfangreiche Texte 821 ff.
- UN-Kaufrecht 1014 ff.
- Verbot der geltungserhaltenden Reduktion 1655, 1873, 1878 f., 1992
- Verfügbarkeit 1944
- Verhandlungssprache 1923 ff.
- Verständlichkeit siehe Transparenzgebot
- Verzicht auf Kenntnisnahmemöglichkeit 826
- Vorrang der Individualabrede 855, 1978, 2048
- Website 820

Allgemeininteresse 46 ff.
Alternativprodukte
- bei gekoppelten Verträgen 848

Altprogramme 70
Amortisation
– beim Leasing 792
Änderung des Programmcodes 255 ff.
Änderungswünsche
– bei der Herstellung von Individualsoftware 1432 ff.
Anfechtung
– in der Insolvenz 1788 f.
Angestellte
– Gebrauch durch 1664
Ankaufsrecht
– beim Leasing 756
Anlaufschwierigkeiten
– bei Individualsoftware 1397
Anlieferung siehe Ablieferung
Annahmeverzug
– des Bestellers 1425, 1428
– des Käufers 1260, 1273
– Vergütungsgefahr 1260
Anpassung von Standardsoftware 686 f.
Anreiztheorie 42, 48 f.
Anscheinsvollmacht
– bei Schutzhüllenverträgen 1010
– und Schriftformklauseln 1979
Antiblockiersystem-Urteil 465
Anwaltskosten 1242, 1308
Anwenderdokumentation siehe Handbuch
Anwenderkreis 671 f.
Anwenderprogramme
– Definition 6 f.
Anwendungswarnung 1824
„any later version"-Klausel 946
Anzeigepflicht siehe Mängelrügepflichten
App 1137 ff.
– automatische updates 1177
– Datenschutz 1186
– native App 1146
– Registrierung 1169
– Web App 1146
App-Sales 1172, 1176, 1180
App Store 1141, 1147, 1158, 1168
Application Programming Interfaces 101
Application Service Providing 1087 ff.
– Altverträge 1096 f.
– Anwender-Support 1090
– Auftragsdatenverwaltung 1112
– Begriff 1088 ff.
– Bestandsdaten 1111
– Beweislastfragen 1107
– Customizing 1094
– Datahousing 1090
– Datawarehousing 1090
– Datenkonsistenz 1108
– Datenschutz 1111 ff.
– Dauerschuldverhältnis 1105
– Erfüllungsgehilfen 1110
– Finanzierungsfunktion 1088

– Gebühren 1091
– Installation 1098 f.
– Konfliktlösung 1114 ff.
– Kooperationspartner 1090, 1110
– Kosten 1088 f.
– Laden in den Arbeitsspeicher 1098 f.
– Leistungsbeschreibung 1108
– Mängelrüge 1107
– Nutzungsdaten 1111
– Nutzungsintensität 1088
– Nutzungsrechte 1091
– öffentliche Wiedergabe 1101
– öffentliche Zugänglichmachung 1102
– one-to-one-ASP 1104
– Open Source Software 962
– Rechtsnatur 1105
– Risiko 1108
– Schadenspotenzial 1108
– Senderecht 1101
– Service Level Agreement (SLA) 1108
– Sicherungskopien 1098 f.
– Skalierbarkeit 1088
– Speicherplatz 1090
– Streitschlichtung 1114 ff.
– Supply-Chain 1110
– unbekannte Nutzungsart 1096 f.
– und Pflegeverträge 1034
– Verfügbarkeit 1108
– Vermietung 1100
– Vertragslaufzeit 1094
– Vertraulichkeit 1108
– Vervielfältigungshandlungen 1098 f.
Äquivalenzinteresse 1820, 1823
Äquivalenzverhältnis
– von Leistung und Gegenleistung 1708, 1854
Arbeitgeber 123 ff., 436
Arbeitnehmer 123 ff., 434 ff.
– Definition 127
Arbeitnehmererfindung 434 ff.
Arbeitsdiskette 1569
Arbeitskopie 156, 1569
Arbeitsspeicher 157 ff., 668 f., 1560 ff.
Arbeitsverhältnis 70, 123 ff., 434 ff.
Arbeitszeit 124, 435
arglistiges Verschweigen eines Fehlers 896
Assemblersprachen 19 f., 259
Assemblierer 20
ästhetischer Gehalt 65
audiovisuelle Darstellung 82
Aufhebung des Vertrags 1025
Aufklärungs- und Beratungspflicht 761, 1210 ff.
– Beweislast 1246
– Einzelfälle aus der Rechtsprechung 1231 ff.
– Haftungsumfang 1242 ff.
– Rechtsfolgen bei Verletzung 1242 ff.

- Umfang 1214 ff.
- Voraussetzungen 1215 ff.

Aufspaltung von Nutzungsrechten 216, 231

Aufwand von Können und/oder Mühe 108, 115

Aufwärtskompatibilität siehe auch Inkompatibilität

Aufwendungsersatzanspruch 1257
- bei der Herstellung von Individualsoftware 1394 ff.
- bei Nachbesserung 1052
- bei Verletzung der Aufklärungs- und Beratungspflicht 1242
- beim Leasing 789 f.
- Erforderlichkeit der Aufwendungen 1394
- im Mietverhältnis 1363
- Vorschusszahlung 1395

Ausbildungsversionen siehe Schullizenzen

Ausdrucksmittel 74

Ausfuhrverbot 1249

Ausgabegerät 3

Ausgleichsanspruch
- beim Vertriebsvertrag 1086

Aushändigungsbestätigungen 1916

Aushandlungsbestätigungen 1916, 1921

Aushandlungsvereinbarungen 1923

Aushang
- Allgemeiner Geschäftsbedingungen 819, 994, 1004, 1935, 1944

Auskunfts- und Beratungspflicht
- Abgrenzung zu Beratungsvertrag 1223
- bei der Herstellung von Individualsoftware 1384
- bei Werkverträgen 1384
- Eigenhaftung des Vertreters 1221, 1230
- erbetene Beratung 1223
- Haftung für Vertreter 1221, 1230
- Nachforschungspflicht des Lieferanten 1220
- Rechtsfragen einer Verletzung 1242 ff.
- sonstige Pflichtverletzung 1290 ff.
- Umfang 1214 ff.

Auskunftsanspruch
- Gegenstandswert 328
- urheberrechtlicher 324 ff.

ausländisches Recht 1013

Auslieferung siehe Ablieferung

Ausschließlichkeitsklausel 1964

Ausschließlichkeitsvereinbarung 1081, 1774

Austauschbarkeit von verschiedenen Produkten 846

autodistributive Software 873 ff.

„automatic termination"-Klausel 927

back-up siehe Sicherungskopien oder auch Arbeitskopie

Bagatellgrenze 1833

Bakterienprogramme 1514

Banalprogramme 917
- Urheberrechtsschutz 105 ff.

Basar-Modell 918 f.

Beamte 128, 434, 441

Bearbeiterurheberrecht 177, 921 ff.

Bearbeitung und Umgestaltung 166 ff., 922 f., 1716 f.

Bedienerfreundlichkeit siehe Sachmängel

Befehl 11, 16, 669
- Adressteil 18
- Operationsteil 18

Befehlsfunktion 81

Befehlsprogramm 27

Befehlssätze 86

Begleitmaterial 8, 12, 14, 75, 1590 ff.

Begleitschäden siehe Mangelfolgeschäden

Behebungsaufwand 1467

Beherrschbarkeit 712

Behinderungswettbewerb 548

beidseitige Verwendung Allgemeiner Geschäftsbedingungen siehe kollidierende Geschäftsbedingungen

Belehrungspflicht siehe Aufklärungs- und Beratungspflicht

Belohnungstheorie 42, 181, 228

Bemessungsgrundlage für Umsatzsteuer 735

Benutzeranleitung siehe Handbuch

Benutzerdokumentation siehe Handbuch

Benutzerkonto 227

Benutzeroberfläche 86, 90 ff.

Benutzung bestimmungsgemäße 243, 947, 1011, 1711 ff.

Benutzungssperre siehe Programmsperre

Beratungsvertrag 1223 ff.
- Verjährungsfrist 1226

Bereicherungsanspruch
- bei Urheberrechtsverletzungen 284

Bereitstellung zum Abruf 240

Beschaffenheit
- übliche 1443, 1449 ff.
- vereinbarte 1442, 1444 ff.
- garantierte 1518, 1803, 1839 ff.

Beschaffenheitsangabe
- Abgrenzung zur zugesicherten Eigenschaft 1461

Beschlagnahme 117 f., 569

Beschlagnahmeantrag 569

Beseitigungsanspruch
- bei Softwaremiete 1361
- des Urhebers 302 f.
- Vollstreckung 303

Besichtigungsrecht 1762 ff.
- des Urhebers 330 ff.
- des Vermieters 1353

Besitzmittler 245

Besitzübertragung 722

besondere Vertriebsformen 828 ff.
Bestätigungs-ID 1734, 1738
Bestätigungsklauseln 1915 ff., 1971, 1974
– Abnahmebestätigung 1918 f.
– Aushändigungsbestätigung 1916
– Aushandlungsbestätigung 1916, 1921
– Empfangsbestätigung 1916
– Fehlen mündlicher Nebenabreden 1917
– Fehlen schriftlicher Zusatzvereinbarungen 1917
– im Unternehmensverkehr 1920 f.
– Übernahmebestätigung 1918
– Unterschriftserfordernis 1918, 1921
Bestimmtheitsgebot siehe Transparenzgebot
bestimmungsgemäße Benutzung 243, 247 f., 947, 1011, 1711 ff.
Betriebsgeheimnis siehe Geschäftsgeheimnis von Computersoftware
Betriebssystem-Urteil 106 ff.
Beweislast
– bei culpa in contrahendo 1246
– bei der Produzentenhaftung 1828, 1831
– bei Softwaremängeln 1469 ff.
– Gestaltungsfreiheit 1915
– Umkehr bei Übernahmebestätigung 1918
– Urheberrechtsschutz 117
Beweislastregeln
– Gerechtigkeitsgehalt 1915, 1920
Beweislastvereinbarungen
– im Individualvertrag 1915
– in Allgemeinen Geschäftsbedingungen 1916 ff.
Bezeichnung des Vertragstyps 740 f.
Bibliotheken öffentliche 1660 ff.
Bildschirm 1170
– Programmwiedergabe auf dem Bildschirm 713
Bildschirmoberfläche 90 ff.
Bildschirmtext
– Allgemeine Geschäftsbedingungen 820 ff.
Billigsoftware siehe Low-Cost-Software
Binärcode 16, 23, 110, 701
Binärform 16, 20, 23, 25, 94, 110, 701
box top-Verträge siehe Schutzhüllenverträge
Briefanrede 1556
Bringschuld
– beim Softwareversand 1260
– bei Versandhandel 1260
Bücher
– Parallelität zu Software 714 f., 718
Buchstabenprogramm 27
Bundling 848
Business Process as a Service 1118
BVB-Erstellung 1045
BVB-Kauf 1045
BVB-Pflege 1038 f.
BVB-Überlassung 1045

Cache-Speicher 165
CD-Key 1732
CD-ROM 715, 717, 891, 932, 962, 1581
Chinesische Schriftzeichen-Urteil 469
CISG siehe UN-Kaufrecht
„clean room"-Beschränkungen siehe Programmänderungsverbote
Client-Server-Software
– Weiterveräußerung 232
Cloud-Computing 236, 1117 ff.
– Datenschutz 1135
– Schadensort 1131
Computerhardware siehe Hardware
computerimplementierte Erfindungen 424, 427
Computerprogramm 6 ff.; siehe auch Computersoftware
– Ausdruck 84 ff.
– Definition 10 ff.
– Form 85
– geschützte Elemente 84
– Idee 85
– Kommentarzeilen 31
– literarische Werke 68 f.
– sklavische Nachschaffung 86
– Steuerungsfunktion 74, 81
– ungeschützte Elemente 84
Computersoftware
– Abnahmefähigkeit 1420 f.
– Anwenderprogramm 6 ff.
– Begleitmaterial 12, 1590 ff.
– Definition 1, 6, 8 ff.
– Entwicklungsphasen 257
– Gefahrenpotenzial 1818, 1848
– gewöhnliche Verwendung 1443, 1449 ff., 1487
– Individualität 66, 105 ff.
– Individualsoftware siehe dort
– Mustervorschriften 8
– Netzwerkversion 1792
– Programmbeschreibungen 13 f.
– Rückgabepflicht 746, 797, 1355, 1372 ff.
– Sachqualität 690 ff., 704, 710 ff.
– Spezialsoftware 671
– Standardsoftware 671 f., 690 ff.; siehe auch dort
– Steuerungsfunktion 16, 26
– Systemprogramm 6 f.
– Urheberrechtsfähigkeit 105 ff.
– Urheberrechtsschutz 731 ff.
– Verkörperung 717 ff.
– Verletzlichkeit gegenüber Piraterieakten 665, 1623
– Zweckgebundenheit 112
Computerspiele 26, 82, 1016
Computerviren 891 f., 1295, 1512 ff., 1859
– als Kopierschutz 1517
– Bakterienprogramme 1514

Stichwortverzeichnis 885

- Definition 1513
- Selbstreproduktion 1513
- Trap-Doors 1516 f.
- Trojanisches Pferd 1515
- Wurmprogramme 1514

Concurrent User 1194
Content-Lieferant 1152, 1186
Copyleft-Modell 928, 947, 950, 955, 957, 975 f.
Copyright-Vermerk 146 f., 411, 1070
CPU-Klauseln siehe Systemvereinbarungen
culpa in contrahendo
- Aufklärungs- und Beratungspflicht 1210 f., 1217, 1227 ff., 1244, 1384 ff.
- bei der Herstellung von Individualsoftware 1384 ff.
- bei Mietverträgen 1366
- bei Werkverträgen 1384 ff.
- Beweislast 1246
- Eigenhaftung des Vertreters 1209, 1221
- erbetene Beratung 1223 ff.
- Fachkenntnis des Anwenders 1217 ff., 1235
- Fachkenntnis des Lieferanten 1217 ff., 1237
- Haftung für Vertreter 1221, 1230
- Kenntnisgefälle zwischen den Parteien 1217 ff.
- normative Grundlage 1210 f.
- Rechtsfolgen 1242 ff.
- Schadensersatzklauseln 1843
- Verhältnis zu Mängelhaftungsansprüchen 1211 ff.
- Verjährung 1213, 1226, 1245
- Vertrauensverhältnis 1228

Customizing
- bei ASP 1094

Darlegungslast
- bei Softwaremängeln 1469 ff.
- Urheberrechtsschutz 117 f.

Darstellungen wissenschaftlicher oder technischer Art 75, 92, 98
Datahousing 1090
Datawarehousing 1090
Dateiformat
- Urheberrechtsschutz 97

Daten 81
- Definition 25 ff.

Datenbank 102
Datenbus 164
Datenfernübertragung siehe auch Telekommunikation
- Übertragungsstörung 817

Datenflussplan 686
Datenprogramm 27
Datensammlungen 81
Datensicherung 1040

Datenträger siehe Transportfunktion des Datenträgers
- Umbildung 724

datenträgerlose Übergabe 720 ff., 802
Datenverarbeitungsanlage siehe Hardware
Datenverarbeitungsprogramm siehe Computersoftware
Datenverluste 1407, 1823 f., 1826
Dauerschuldverhältnis 184, 698, 751, 1042, 1069, 1105
Dauerwerkverträge 1042
Decknamen 144
Decodierung siehe Reverse-Engineering
Dekompilierung siehe Reverse-Engineering
Demoprogramm 1447
Deutsches Patent- und Markenamt (DPMA) 412, 580, 652
Developer
- bei Apps 1152

Device 1194
Diebstahl bei Softwaremiete 1375
Diebstahlgefahr 994
Dienstverhältnis 70, 123 ff.
Digital Rights Management (DRM) 205
DIN-Normen
- Nichteinhaltung als Mangel 1551

Disassemblierung siehe Reverse-Engineering
Diskette 741
Display siehe Bildschirm
Dispositionsprogramm-Urteil 461
Dissens
- bei kollidierenden Geschäftsbedingungen 1962

Distributor 912, 932
Distributorverträge 1070 ff.
Dokumentation siehe Handbuch
Dongle 1523, 1717, 1727 ff.; siehe auch Sachmängel
doppelte Lizenzgebühr 313
Download 143, 803, 815 ff., 891, 895, 933, 1012
Dreiecksverhältnis
- beim Leasing 753, 760

Dritthaftungsklauseln siehe Mängelhaftungsklauseln
Drucker 3
Druckgestaltung
- Allgemeiner Geschäftsbedingungen 821, 1945, 1960

Duldungspflichten
- Besichtigung der Mietsache 1353

DVD 715 ff., 1581

Echtheitszertifikat 218 f.
EEPROM 1581
EG-Richtlinie über missbräuchliche Klauseln im Verbraucherverkehr 1062 ff., 1609
EG-Richtlinie zum Patentschutz 427 ff.

EG-Richtlinie zum Softwareschutz 61, 67, 86, 105 ff., 1557
EG-Richtlinie zum Urheberrecht in der Informationsgesellschaft 1102
EG-Richtlinie zum Verbrauchsgüterkauf 678, 682, 1337, 1795, 1801
Eigengebrauch 1714
eigenhändige Unterschrift siehe Unterschriftserfordernis
Eigenheit 418
Eigentum
– am Computerprogramm 130, 245, 731, 737 ff., 1612
– Ausschließungsbefugnis 737
– Nutzungs- und Verfügungsbeschränkungen 1612 ff.
– Sachsubstanz 1756, 1826
– Verfügungsfreiheit 1613
– Verletzung bei Datenverlust 1826
Eigentumserwerb 666, 731, 737 ff.
– bei internationalen Verträgen 1019
– beim Mietkauf 757
– Kardinalpflicht 1620, 1677, 1770
Eigentumsvorbehaltsklauseln 1970
Einbeziehung Allgemeiner Geschäftsbedingungen
– Einbeziehungswille 1925, 1954, 1958
– Erkundigungslast der Unternehmer 1021, 1958
– im elektronischen Geschäftsverkehr 819 ff.
– im Unternehmensverkehr 1928, 1958 ff.
– im Verbraucherverkehr 1925 ff., 1930 ff.
– Lieferantenbedingungen beim Leasing 1908 ff.
Eingabegerät 3
einheitliche Sache
– herstellerspezifisches Betriebssystem 859
– Parteiwille 852, 857 f., 868, 871 f.
– Verkehrsauffassung 858
Einheitlichkeit
– des Verjährungsbeginns 866
Einheitlichkeit des Rechtsgeschäfts
– bei gekoppelter Hard- und Software 844, 852 ff.
– bei getrennten Vertragsurkunden 853
– bei unterschiedlichen Hard- und Softwarelieferanten 8701 ff.
– bei verschiedenen Vertragstypen 854
– Entkoppelungsklauseln 855 f.
– objektive Umstände 861
– Teilrücktritt 861
– Trennungsklauseln 855 f.
– Verjährungsbeginn 866 f.
Einheitlichkeitswille 799, 852, 857 f., 868, 871 f., 1033, 1293
– einseitiger 863, 871
Einkaufsbedingungen
– Mängelrügepflicht 1896 f.

Einprozessor-Mehrplatzsystem 1686, 1688, 1695
Einverständnis
– mit Geltung der Allgemeinen Geschäftsbedingungen 1930 ff., 1952 ff.
Einverständnisklausel 1956
Einwegfunktion 1733
Einweisungs- und Einarbeitungspflicht siehe Schulungspflicht des Lieferanten
Einwilligungserfordernis
– bei Bearbeitung und Umgestaltung 169, 172
Einzelfreistellung 1072 ff.
Einzelplatzrechner 1696
elektronische Post siehe E-Mail
elektronischer Geschäftsverkehr 803 ff.
– Einbeziehung Allgemeiner Geschäftsbedingungen 819 ff.
– Link 831
– Informationspflichten 829, 831 ff.
– Widerrufsrecht 838 ff.
embedded Software 77, 448
Empfangsbekenntnis
– Allgemeiner Geschäftsbedingungen 1940 f.
– in Allgemeinen Geschäftsbedingungen 1916
– Unterschriftserfordernis 1940 f., 1951
E-Mail 179, 241, 341, 343, 816, 833, 1026
– Abmahnung 341, 343
Empfangsbestätigung
– in Allgemeinen Geschäftsbedingungen 1916
en bloc-Transformation 68
Enter-Vereinbarungen 988 ff.; siehe auch Schutzhüllenverträge
entgangener Gewinn 304 ff.
Entgeltabrechnung siehe Lizenzmetrik
Entkoppelungsklauseln 855 f.
Entsiegelung 839, 987
Entwicklerdokumentation siehe Handbuch
Entwicklungsanstrengungen 35
Entwurfsmaterial 76, 103, 175, 365, 404
Entwurfsphase 261
EPROM 1581
erfinderische Tätigkeit 414
Erfindungen 414
Erfüllungsanspruch
– bei Verzug des Lieferanten 1268
Erfüllungsort 1260
Erfüllungsverweigerung 1430
ergänzender Leistungsschutz 536 ff.
Erhaltungspflicht
– bei Softwaremiete 1345
Erheblichkeit von Mängeln 861 ff., 1466 ff.
Erheblichkeitsschwelle
– bei Gesamtrücktritt 861, 864 f.
Ersatzkopie siehe Ersatzstück

Ersatzlieferung 1025
Ersatzstück 1578, 1580
Ersatzteile 1037
Ersatzvornahme
– der Mängelbeseitigung 1051
– Kostenvorschuss 1395
Erschöpfungsgrundsatz 889, 1076, 1596, 1598 ff., 1612, 1739 ff.
– befristete Überlassung 1601, 1616
– Belohnung 228
– gewerbliche Weitervermietung 1645
– Interesse des Rechtsverkehrs 1078 f., 1614
– OEM-Software 1074 ff.
– Online-Übertragung 196 ff., 240
– Rechtsmissbrauch 235
– Reichweite 1596 ff., 1642 f.
– Schutz des Rechtsverkehrs 1079 f., 1614
– Softwareaktivierung 1739 ff.
– und Weitervermietung 1641 ff.
– Veräußerungsvoraussetzung 1603
– Vergütungsinteresse des Urhebers 1080 f., 1597
– Verkehrsfähigkeit 1614
– Verkehrssicherung 228
– Zustimmungserfordernis 1598
– Zweck 1081 f., 1597
Erstbegehungsgefahr 294, 300 f.
Erstverbreitung 1597, 1739
Ertragssicherung 47
Erwerbsrecht
– beim Leasing 756
– beim Mietkauf 756 f.
Erwerbszwecke 1638, 1644 f., 1657
Erzeugnispatent 447 ff.
escrow agent 1785
EuGV–VO 2018 ff.
EUPL 936, 942
Europäische Patentorganisation (EPO) 425
Europäisches Patentamt (EPA) 412, 424, 459, 526
Europäisches Patentübereinkommen (EPÜ) 424, 459
EVB-IT Pflege 1036, 1038 f.
Experimentierklausel 253
expiration date 1756
Exportverbot 1249
Exzessrisiken 1858

Fabrikationsfehler 1209, 1824, 1828, 1830 f.
Fachhändler
– Aufklärungspflicht 1218, 1237
fachspezifisches Können 35
Fachtermini
– fremdsprachige 1927, 1947
– in Allgemeinen Geschäftsbedingungen 1927, 1946 f.
– Verständlichkeit 1927, 1942, 1946

– zumutbare Kenntnisnahme von Allgemeinen Geschäftsbedingungen 1927, 1942 ff.
Fahrtkosten
– bei Pflegeverträgen 1066
Falschlieferung siehe aliud
fast identische Leistungsübernahme 537, 539
fehlende Bedienerfreundlichkeit siehe Sachmängel
Fehler siehe Sachmängel
Fehlerbeseitigung 617 f., 1717, 1727
– am Programmcode 617 f., 1717
– urheberrechtliche Zulässigkeit 1011, 1724, 1727
Fehlerdiagnosen 1037
Fehlerkompensation 1468
Fehlerortung-Urteil 464
Fehlertoleranz 1546
Fenstertechnik 88
Fernabsatz 828 ff.; siehe auch Telekommunikation
Fernabsatzvertrag 828 ff.
– Informationspflichten 828, 831 ff.
– Widerrufsrecht 838 ff.
Festwertspeicher 1581
File-Sharing-Systeme 1104
Filmwerk 82
Finanzierungshilfen 747 f.
Finanzierungsleasing 752 ff.
Firmware 77
Fixgeschäft 1414 f., 1853
fliegender Gerichtsstand 376
Floating Licence 1194
flüchtige Speicherung 159, 161
Flugkostenminimierung-Urteil 467
Flugsicherungssysteme 1818
Folge von Befehlen 74
Folgenwarnung 1824
Formfreiheit
– bei internationalen Verträgen 1019
– Mangel bei Programmierung 110, 112
Form-Idee-Abgrenzung 85 ff.
Fortschritt
– technologischer 36, 38, 41, 46
Forumshopping 376
Forward-Engineering 259
Free Software Foundation (FSF) 909, 944 f., 974
Freeware
– Begriff 874 ff., 913
– Computerviren 891, 892, 896
– Download aus dem Internet 891, 895
– Gewinnerzielungsabsicht 888
– Güte 875
– Haftungsfreizeichnung 893 f.
– kostenlose Zugabe 888
– Mängel 895
– Nutzungsbeschränkungen 885 ff.

- Produkthaftung 1825
- Programmänderungen 876, 885
- Programmbeschreibung 883
- Prüfungspflicht des Händlers 807 ff., 892
- schuldrechtliche Beschränkungen 888
- Telekommunikation 804, 888, 891
- Unentgeltlichkeit 876, 885
- UN-Kaufrecht 1019
- Urheberrechtsschutz 876, 883 ff.
- Verbreitungsbeschränkungen 885, 888
- Vertragstypen 887, 896
- Virenverseuchung 891, 892, 896
- Weiterentwicklung 876, 885
- Weitergabe durch Private 888
- Weiterverbreitung 885, 888 ff.
- Werbegesichtspunkte 881 f.

freie Mitarbeiter 123, 129 ff.
freie Rechtswahl 2006
freie Software 909
Freihaltebedürfnis 46, 50, 95
Freiheit zum Hardwarewechsel 1770
Freizeichnung
- beim Leasing 776 ff.

Freizeichnungsklauseln siehe Schadensersatzklauseln
Freizeit 124 f.
Fremdsprache
- bei Allgemeinen Geschäftsbedingungen 935 f., 1924, 1926
- Hinweis auf Allgemeine Geschäftsbedingungen 1924 f.
- im Unternehmensverkehr 1928 f.
- Verhandlungssprache 1923, 1926
- zumutbare Kenntnisnahme von Allgemeinen Geschäftsbedingungen 1926

Fristsetzung
- Ablehnungsandrohung 1270
- bei Lieferantenverzug 1270
- Entbehrlichkeit 1272, 1398, 1413
- erfolglose 1257, 1278, 1398, 1413
- Förmlichkeiten 1270

Funktionalität
- Urheberrechtsschutz 93 ff.

Funktionsdefizite 1487 ff.
Funktionsmängel 1435 ff.
Funktionsnachschaffung 86
Funktionsprüfungen 1037

Garantien 1339, 1343, 1518, 1803, 1839
Garantiehaftung
- des Vermieters 1208, 1438

Garantiekarten 990,; siehe auch Registrierkartenverträge
GATT 62
Gebrauch
- bestimmungsgemäßer 245, 247, 1011
- unselbstständiger 1350

Gebrauchsanweisungen 1462

Gebrauchsgewährungspflicht
- bei Softwareüberlassung auf Zeit 1345

Gebrauchsüberlassungsverbote 1664
Gebrauchsverträge 988 ff.; siehe auch Schutzhüllenverträge
Gebrauchtsoftware 209 ff.
Gefahrenpotenzial 1818, 1848
Gefahrtragungsregelung 1022
Gefahrübergang 1301 ff., 1340
Gegenabmahnung 344
Gegenleistungsgefahr siehe Vergütungsgefahr
Gegenstandswert
- Auskunftsanspruch 324 ff.

Geheimhaltung 38
Geheimhaltungsinteressen 700, 1982 ff.
- des Anwenders 1765, 1983
- gewerblicher Anwender 1763, 1765, 1983

Geheimhaltungsklauseln 1981 ff.
Geheimhaltungspflicht
- des Softwarebestellers 1427
- des Softwareherstellers 1418

Geheimhaltungswille 700
geistig-ästhetischer Gehalt 65 f.
geistige Leistung 679
geistiges Gut 690, 697, 718
gekoppelte Hardware- und Softwareverträge siehe Koppelung von Hard- und Software
geltungserhaltende Reduktion 1655, 1992
- bei Schadensersatzklauseln 1873, 1878 f.

General Public License siehe Open Source Software
GPL siehe Open Source Software
Gerätereinigung 1037
Gerichtsstand
- bei grenzüberschreitenden Verträgen 2017 ff.
- fliegender 376
- internationaler 370 ff.

Gerichtsstandsvereinbarungen 2012 ff.
- Anwendbarkeit des AGB-Rechts 2024 ff.
- ausschließlicher Gerichtsstand 2013
- Bedeutung der EuGV-VO 2018 ff.
- berechtigtes Interesse des Klauselverwenders 2027
- Erfüllungsort 2016
- Fehlen inländischen Gerichtsstands 2017
- Formfreiheit 2015
- funktionale Zuständigkeit 2013
- in Allgemeinen Geschäftsbedingungen 2024 ff.
- in Individualverträgen 2023
- nach Klageerhebung 2023
- nichtvermögensrechtliche Ansprüche 2013
- Ort der Vertragsverhandlungen 2027
- Rechtsweg 2013
- Sitz der Rechtsberater 2027

– überraschende Klausel 2025
– Vereinbarung des Erfüllungsortes 2016
– vor Klageerhebung 2015 ff.
Gesamtgeschäft siehe Koppelung von Hard- und Software
Gesamthandsgemeinschaft 139
Gesamtlieferant 851
Gesamtrücktritt
– bei Hard- und Softwareleasing 799 f.
Gesamtrücktrittsrecht
– bei gekoppelter Hard- und Software 861 ff.
– bei verschiedenen Vertragstypen 851 ff.
– Erheblichkeitsschwelle 861, 864 f.
Geschäftsgeheimnis des Softwareherstellers 63, 552, 700
Geschäftsgeheimnis von Computersoftware 700
– technischer Schutz 701 f.
Geschäftsgeheimnisse des Softwarebestellers 1418
Geschäftsgrundlage
– beim Softwareleasing 780 f.
gesetzliches Schutzrecht 732
gestaffelte Allgemeine Geschäftsbedingungen 2069
Gestaltungshöhe siehe Schöpfungshöhe
Gewährleistung siehe Mängelhaftung
gewerbliche Anwendbarkeit 414
Gewinnerzielungsabsicht 195, 1638, 1644, 1656
gewöhnliche Verwendung 1443, 1449 ff.
gewöhnlicher Aufenthaltsort 1015, 1031
Gläubigerbenachteiligung 1789
Gläubigerverzug siehe Annahmeverzug
GNU-Manifest 909
Goodwill 1086
Grenzbeschlagnahme 111 f., 569
grenzüberschreitende Verträge 1012
Grid Computing 1122
Grünbuch zum Urheberrecht 162
Grundmietzeit
– beim Leasing 754 f.
Grundsatz der freien Rechtswahl 2006
– Einschränkung bei Verbraucherverträgen 2009 f.
Gruppenfreistellung 1073
Gütezeichen Software siehe zugesicherte Eigenschaft
gutgläubiger Erwerb 205, 245, 1009

Hacker 818
Haftungsausschluss
– für Drittverschulden beim Leasing 761
– für Lieferantenverzug beim Leasing 765
Haftungshöchstbetrag 1840, 1855, 1857
Haftungsklauseln siehe Schadensersatzklauseln
– Freizeichnung bei Freeware 893 f.

Halbleiterschutz 63, 652 ff.
– Deutsches Patent- und Markenamt (DPMA) 652, 654
– Eigenart 652, 655
– Formalprüfung 654
– Layout 659
– maskworks 653
– Nachbildung 657 f.
– Reverse-Engineering 658
– Unterlassungsanspruch 660
Halbleiterspeicher 721
Handbuch 8, 12 f., 144, 666, 1330; siehe auch Begleitmaterial
– als Hauptpflicht 666
– als Sachmangel 1534 ff.
– Anpassung bei Softwarepflege 1038
– auf Festplatte 1454
– bei Freeware 883
– bei Shareware 907
– Benutzerschulung 1538
– Entwicklerdokumentation 688, 1440, 1719
– Fremdsprachigkeit 1539, 1540 f., 1922
– Hauptleistungspflicht 666
– Herstellerdokumentation 688, 1440
– Hilfsmeldungen auf dem Bildschirm 1538
– Inhalt 1535, 1537 ff.
– Kopierverbote 1590 ff.
– Rügepflicht 1535
– Umfang 1454, 1537 ff.
– Verständlichkeit 1454, 1540
Handel mit Gebrauchtsoftware 209 ff.
Handelsbrauch
– Koppelungsregelungen 848 f.
Handelsgeschäft
– Mängelrügepflicht 1881
Handlungsfreiheit 51
Hardware
– Definition 2 ff.
Hardware-ID 1733 f.
Hardwarewartung
– Begriff 1036
Hardwarewechsel
– Interesse des Anwenders 1770
Harmonisierungsamt für den Binnenmarkt (HABM) 605
Hash-Wert 1733
Herausgabe
– des Quellcodes 334 f., 688, 1440, 1782
Herkunftstäuschung 543 f.
Herstelleraufkleber siehe Originaldatenträger
Herstellerleasing 752
Herstellerprospekt 1447, 1452, 1462
herstellerspezifisches Betriebssystem
– einheitliche Sache mit Hardware 845
hintereinandergeschaltete Allgemeine Geschäftsbedingungen 2069

Hinterlegung
- Gegenstand 1782 ff.
- Hinterlegungsstelle 1785
- Insolvenzfestigkeit 1788 ff.
- Nachweis der Herausgabevoraussetzungen 1786

Hinweis
- auf Allgemeine Geschäftsbedingungen 819 f., 907, 935, 987, 992 ff., 1005 f., 1924, 1930 ff., 1935 ff.
- auf Lieferantenbedingungen beim Leasing 1910
- auf rückseitig abgedruckte Allgemeine Geschäftsbedingungen 820, 1937

Hinweisbestätigungen 1939 ff.
Hinweisklauseln 1935 ff.
Hinweispflicht siehe Aufklärungs- und Beratungspflicht
Hochschullizenzen siehe Schullizenz
Hologramm 570
Homepage 820
Hotline-Service 1034, 1040, 1043, 1538, 1830
hybride Werke 281
Hyperlink 291
- auf Allgemeine Geschäftsbedingungen 820
- auf Informationen 831

Icon 1156
Idee
- Rechtsschutz 85

Ideen und Grundsätze 31, 85 f., 87, 689
Ideenfreiheit 85
Imageschädigung 545
Immaterialgut 690, 697
immaterieller Charakter der Software siehe Sachqualität
implied „use rights" 1563
Importfunktion 1555; siehe auch Inkompatibilität
Impressum im Internet 831
In-App-Sales 1172, 1176, 1180
Individualität 105 f.
Individualitätsprüfung 67, 110 f.
Individualsoftware 78, 663, 671 f., 676 f., 687 ff., 709, 838, 1032, 1203, 1206, 1774
- ausschließliches Nutzungsrecht 1032
- Definition 671 f.
- internationale Überlassung 1018, 1032
- Leistungsschwerpunkt 679 f.
- nachträgliche Änderungswünsche 1432 ff.
- verspätete Herstellung 1413 ff.
- Vertragstyp 676 ff., 677 ff.

Information
- freier Zugang 50

Informationspflichten
- bei Fernabsatzverträgen 828
- bei Hardwarewechsel 1770
- bei Low-Cost-Software 1768, 1772
- bei Netzwerkeinsatz 1771
- bei Weiterveräußerung 1772
- des Anwenders 1768 ff.
- im elektronischen Geschäftsverkehr 828

Informationsträger siehe Datenträger
Infrastructure as a Service 1118
Inkassoprogramm-Urteil 66, 106
Inkompatibilität 1234, 1237, 1499 ff.
Innovation 35, 38, 41, 46
Innovationsvorsprung 38
Innovationswettbewerb 34
Innovator 36, 38
Insolvenz des Herstellers
- Gläubigerbenachteiligung 1789
- Hinterlegungsvereinbarung 1781 ff.
- Quellcodeherausgabe 1781 f.
- Weiterentwicklungen 1787

Insolvenz des Lieferanten 1579, 1781
Insolvenzanfechtung 1789
Insolvenzrisiko 1579, 1781
Inspektion 1037
Installations-ID 1733 f.
Installationspflicht 666 f., 1294
Instandhaltung 1036
Instandsetzung 1037
Instruktionsfehler 1824, 1828
Instruktionspflicht 1824, 1829
Integritätsinteresse 1820, 1823
internationale Zuständigkeit 370 ff.
Internationales Privatrecht 1030
Internet 801, 1012; siehe auch Telekommunikation
- Freeware 891, 895
- Link 820, 831
- Impressum 831
- Informationspflichten 831 ff.
- Übertragungsstörung 817
- Widerrufsrecht 838 f.

Interoperabilität 266
Interpretierer 23
Investitionsschutz 34, 42, 46 ff., 68
invitatio ad offerendum siehe Vertragsangebot
Istbeschaffenheit 1436

Jahresschlussverjährung 1833

Kapazitätsmängel 1505 ff.
Kardinalpflichten 1618, 1620, 1677, 1685, 1770, 1852 f., 1859, 1867
Kartellrecht 846 ff., 1044
Kataloge 1462
Kathedralen-Modell 918 f.
Kauf
- sonstiger Gegenstände 695, 726 ff.

Kaufoption
- beim Mietkauf 756

Kennbyte 1513
Kenntnis
– des Mangels 1327
Kenntnisnahmeklauseln 1942 ff.; siehe auch zumutbare Kenntnisnahme Allgemeiner Geschäftsbedingungen
Kenntnisnahmemöglichkeit Allgemeiner Geschäftsbedingungen
– bei Bildschirmwiedergabe 821 ff.
Kern, zwingender 1719, 1742
Klageantrag
– in Urheberrechtsstreitsachen 356 ff.
– in Wettbewerbssachen 531
Klarheitsgebot 770, 1834 f.
Klarsichthülle 839
kleine Münze 105 ff., 116
Know-how 35, 553
– Lizenzvertrag 700 ff.
Können
– fachspezifisches 35
– programmierungstechnisches 35
Können und/oder Mühe 108
Know-how-Schutz 266, 1724
körperlicher Gegenstand siehe Sachqualität
kollidierende Geschäftsbedingungen 1961 ff.
– Abwehrklausel 1964, 1969
– Ausschließlichkeitsklausel 1964
– Eigentumsvorbehalt 1970
– einseitige Regelungen 1969
– Geltung dispositiven Rechts 1968
– sich widersprechende Einzelklauseln 1968
– übereinstimmende Einzelklauseln 1967
– Vertragsinhalt 1964
– Vertragsschluss 1963
Kollisionsresistenz 1733
Kommentarzeilen 31, 113, 259
Kompatibilität siehe Inkompatibilität
Kompatibilitätshinweis 594 f.
Kompatibilitätsinteresse 544
Kompilierer 23
Komplettsystem siehe Koppelung von Hard- und Software
Konfektionsbekleidung 672
Konkurrenzverbote 1774 ff.
– Berufsausübungsfreiheit 1778
– Sittenwidrigkeit 1778
– Weiterentwicklungen 1780
Konkurs siehe Insolvenz des Herstellers
Konstruktionsfehler 1209, 1824, 1828, 1831
Konsum
– Nichtausschließbarkeit 44
– Nichttrivialität 44, 48
Kontaktdaten 1735, 1758
Kontrahierungszwang
– Pflegeverträge 173, 1044 ff., 1724
Kontrolle der Weitervermietung 1643

Kontrollmaßnahmen 1764
Kontrollprobleme 1762 ff.
Kontroll- und Besichtigungsrechte 1762 ff.
Konventionalstrafe siehe Vertragsstrafe
Kopiergebühr
– bei Open Source Software 911
Kopierkosten
– geringe 43
Kopierschutz 171, 1570 ff., 1717, 1731
– Anspruch auf Beseitigung 1584
– bei Softwaremiete 1346
– durch Computerviren 1517
Kopierschutzroutinen 171
Kopierverbot siehe Vervielfältigungsverbote
Kopiervorgang siehe Vervielfältigung
– bei Sicherungskopien 155 f., 1098, 1557, 1567 ff., 1577
– beim Programmlauf 157, 163 ff., 1098, 1558
Koppelung von Hard- und Software
– Abnahme 866
– Absatzförderung 844, 846
– Alternativprodukte 848
– Austauschbarkeit verschiedener Produkte 846, 848, 850
– beim Leasing 799 f.
– Bundling 848
– einheitliche Sache 857 ff.
– einheitlicher Vertrag 852 ff.
– Einheitlichkeit der Verjährung 866 ff., 1332
– Entkoppelungsklauseln 856 f.
– Erheblichkeitsschwelle 861, 864 f.
– Gesamtkündigungsrecht 861 ff.
– getrennte Verträge 852, 867
– Handelsbrauch 848
– Komplettsystem 799, 862
– merkantiler Trennungsnachteil 865
– missbräuchliches Verhalten 849
– OEM-Software und Weiterveräußerung 862, 1030 ff.
– Parteiwille 799, 852, 857 f., 863, 868, 871 f.
– Preisvereinbarung 863
– rein wirtschaftliche Verknüpfung 863
– Rücktritt vom Gesamtgeschäft 861 ff.
– Teilrücktritt 861
– Trennungsklauseln 857 f.
– Unbundling 848
– unerkannter Nachteil bei Trennung 865
– unterschiedliche Lieferanten 851, 870 f.
– Verkehrsauffassung 858
– Vertragszweck 862
– Wegfall der Geschäftsgrundlage 868
– Wettbewerbsrecht 846 ff.
– zweckmäßige Koppelungen 850
– zwecks Absatzförderung 844, 846
Koppelungsverbote 847 ff.

Kostenanschlag
– bei der Herstellung von Individualsoftware 1429
Kostenklauseln 1814 ff.
Kostenvorschuss 1395
Kulanzzeitraum 1735, 1738, 1752
Kundenerwartung 1608, 1632, 1649, 2050
Kundenstamm 1086
Kündigung
– Abmahnung 1357
– bei Pflegeverträgen 1053, 1057 ff.
– bei Zahlungsverzug des Leasingnehmers 785
– beim Leasing 765, 783 ff.
– des Mieters 1357
– des Softwareherstellers 1431
– des Vermieters 1367, 1371
– des Vertriebsvertrags 1083, 1085 f.
– Fristsetzung 1357
Kündigungsandrohung
– bei der Herstellung von Individualsoftware 1431
Kündigungsausschluss
– beim Leasing 765
Kündigungsrecht
– bei Fehlschlagen der Nachbesserung 1811
– bei Herstellung von Individualsoftware 1429 f., 1432
– bei Softwaremiete 1357 f.
– des Softwarebestellers 1429 f., 1433
– Zahlungsverzug des Mieters 1367 f.

Laden in den Arbeitsspeicher 157 ff., 451, 668, 967, 1098 f., 1558, 1560, 1562, 1571
– im Netzwerk 1690
LAN siehe Netzwerk
Lastenheft 76; siehe auch Pflichtenheft
lead time 36
Leasing
– Abgrenzung zum Mietkauf 756 ff.
– Abschlusszahlung 792 ff.
– Abtretung der Ersatzansprüche 770, 778 ff.
– Abtretungs- und Ermächtigungskonstruktion 779, 1906
– Abzinsung beim Ausgleichsanspruch 794
– Abzinsung bei vorzeitiger Vertragsbeendigung 789, 790
– Amortisation 792
– Andienungsrecht 756 f.
– Ausgleichsanspruch 794
– Bestätigungsformular 772
– Datenverlust 769
– Dauerschuldverhältnis 751
– Dreiecksverhältnis 753, 760
– Einbeziehung der Lieferantenbedingungen 1908 ff.
– Einheitlichkeitswille 799

– Finanzierungsleasing 752 ff., 777 ff.
– Gefährdung des Zahlungsanspruchs 787
– Gesamtrücktritt bei Hard- und Softwareleasing 799
– Geschäftsgrundlage 762, 780 f.
– Grundmietzeit 754, 783
– Haftung für Dritte 761
– Haftungsausschluss für Drittverschulden 761
– Haftungsausschluss für Lieferantenverzug 765
– Herstellerleasing 752
– Hinweis auf Lieferantenbedingungen 1910 f.
– indirektes 753
– Kaufoption 756 f.
– Komplettsysteme 799
– Koppelung von Hard- und Software 799 f.
– Kosten der Rückgabe 798
– Kostenerstattung bei Rücktritt 762 f.
– Kündigung 762, 783 ff.
– Leistungsunfähigkeit des Lieferanten 762 f.
– Leistungsunwilligkeit des Lieferanten 762 f.
– Leistungsverweigerungsrecht 766
– Lieferantenverzug 765
– Löschung der Datenträger 797
– Löschungspflicht 797
– Lösungsrecht des Leasingnehmers 765
– Mängelhaftungsrisiko 751, 754
– Mängelrüge 779
– Mängelrügepflichten 1892 ff., 1905 ff.
– Mängelrügepflichten des Leasinggebers 1914
– Minderung 781
– Mindestmietzeit 783, 783
– Nichterfüllungsschaden 790
– Nutzungsausgleich bei Rücktritt 780
– Operating-Leasing 755, 782
– Pfändungen beim Leasingnehmer 787
– Preisgefahr 758, 768 ff.
– Programmsperre 746, 797
– Ratenzahlung 752
– Rückgabepflicht 746, 797
– Rücktritt 778, 780
– Rücktritt vom Kaufvertrag 762 f., 778, 780
– Sachgefahr 758, 768 ff.
– Sicherheitsleistung des Leasingnehmers 788
– Teilamortisation 792
– Teilleistung 800
– Übernahmebestätigung 771 ff.
– Unbenutzbarkeit des Leasinggegenstands 768 f.
– Veräußerungserlös bei vorzeitiger Vertragsbeendigung 790
– Verfallklauseln 789 ff.

- verkettete Vertragsgestaltung 1908
- Vermögensverschlechterung beim Leasingnehmer 787 f.
- Verschulden des Lieferanten 760 ff.
- Vertragsannahme durch Leasinggeber 761
- vertragswidriger Gebrauch 785
- Verwertung des Leasinggegenstands 794 f.
- Verzug des Lieferanten 765
- volle Amortisation 792
- Wegfall der Geschäftsgrundlage 762, 780
- Zahlungsverzug 785
- zumutbare Kenntnisnahme der Lieferantenbedingungen 1909 ff.
- Zurechnung des Lieferantenverhaltens 760 ff.

Leasingraten
- Herabsetzung bei Minderung des Kaufpreises 781

Lebenszeit
- von Software 1047

Leiharbeitnehmer 127
Leinwand 713
Leistung geistige 679
Leistungsbeschreibung 1447; siehe auch Pflichtenheft
Leistungserschwerung bei der Programmherstellung 1381
Leistungsstandard 1450
Leistungsstörungen 1202 ff.
- Auskunftspflichten 1290 ff.
- bei Herstellung und Überlassung von Individualsoftware 1377 ff.
- bei Softwareüberlassung auf Dauer 1210 ff.
- bei Softwareüberlassung auf Zeit 1344 ff.
- Leistungstreuepflichten 1284 ff., 1365
- Mitwirkungspflichten 1289
- Nebenpflichten 1283 ff., 1418
- Nichterfüllung wegen Unmöglichkeit 1247 ff.
- Schlechtleistung 1277 ff.
- Schutzpflichten 1287 f.
- sonstige Pflichtverletzungen 1276 ff.
- vorvertragliche Pflichtverletzungen 1210 ff.

Leistungstreuepflicht 1284 ff., 1365
- unberechtigte Vervielfältigung 1286

Leistungsübernahme
- fast identische 539
- nachschaffende 540
- unmittelbare 538

Leistungsverweigerung 1272
Leistungsverweigerungsrecht 1256, 1393
Lernprogramm 1016
Lesbarkeit Allgemeiner Geschäftsbedingungen 821 ff., 1942, 1945, 1960
Lieferanteninsolvenz 1781, 1788

Lieferantenverzug
- beim Leasing 765

Lieferort 1015
Lieferung siehe Ablieferung
Lieferung von Waren 803, 838
Lieferverbot 1249
Linux siehe Open Source Software
Listenpreis 1233
literarische Werke 46, 61, 68, 69, 396
Lizenzanalogie 1284 ff., 1365
Lizenzgebühr
- doppelte 313

Lizenzmanagement siehe Lizenzmetrik
Lizenzmetrik 1193 ff.
- Kontrollfähigkeit 1195 ff.
- Transparenzgebot 1200 f.

Lizenzvertrag 696 ff.
- bei Shareware 902
- Rechtsnatur und Inhalt 697 f.

Logikverifikations-Urteil 418, 471
Löschungspflicht 1311, 1637
- bei Softwaremiete 1355, 1372 ff., 1621

Low-Cost-Software 994, 1004
- und Informationspflichten 1768

Magnetband 715
Magnetplatte 155, 715
Mahnung 1264, 1266, 1269
Makrosprachen
- Schutzfähigkeit 86

Mangel siehe Mängelhaftung
- Erheblichkeit 861, 864

Mängelbeseitigung
- Fristsetzung 1307, 1394
- Selbstvornahme 681, 1307, 1363, 1394

Mängelbeseitigungsanspruch siehe Nacherfüllung
- bei der Herstellung von Individualsoftware 1390 ff.
- bei Softwaremiete 1361
- nach Abnahme 1392 ff.
- Verhältnismäßigkeit des Aufwands 1310

Mangelfolgeschäden
- Abgrenzung zu Mangelschäden 1280
- bei der Herstellung von Individualsoftware 1404, 1407, 1418
- bei internationalen Verträgen 1029
- bei Kaufverträgen 1279 f., 1329
- bei Mietverträgen 1207, 1464
- bei Werkverträgen 1404, 1407, 1418
- Definition 1279 f.
- Einzelbeispiele 1280
- Verjährung beim Kauf 1329

Mängelfreiheitsbestätigung 771, 1916
Mängelhaftung
- Abnahme 1420 ff.
- Aufwendungsersatz 1308, 1394 f.
- Aufwendungsersatzanspruch 1326, 1394 f.

- Ausschluss 1327
- beim Kauf 1299 ff.
- beim Mietvertrag 1360 ff.
- beim Verbrauchsgüterkauf 1337 ff.
- beim Werkvertrag 1388 ff.
- Ersatzlieferung 1304
- Fristsetzung zur Nacherfüllung 1305 ff., 1323, 1394, 1397 f.
- Garantien 1343
- Gefahrübergang 1301 ff.
- Individualsoftware 1360 ff.
- Kenntnis des Mangels 1327, 1421
- Löschungspflicht 1311
- Mangelfolgeschäden 1329, 1364, 1407
- Minderung 1305, 1318 f., 1397 ff.
- Nachbesserung 1304, 1391
- Nacherfüllung 1304 ff., 1392
- Nachlieferung 1304
- Neuversion 1304, 1392
- Rechtsmängel 1299, 1328, 1388
- Rückgewähr 1311
- Rücktritt 1305, 1312 ff., 1397 ff.
- Sachmängel 1299, 1328, 1388
- Schadensersatzanspruch 1320 ff., 1363 f., 1401 ff.
- Selbstvornahme der Mangelbeseitigung 1307, 1363, 1394
- Softwareüberlassung auf Dauer 1299 ff.
- Softwareüberlassung auf Zeit 1360 ff.
- typische Softwaremängel 1473 ff.
- Umtausch 1304
- unverhältnismäßige Kosten 1310, 1393
- Verjährung 1328 ff., 1341, 1408 ff.
- Verjährungsfrist 681

Mängelhaftungsklauseln 1792 ff.
- Ausschluss des Kündigungsrechts 1811
- Ausschluss des Rücktrittsrechts 1799, 1806
- Begrenzung auf bestimmte Mängel 1809
- bei Individualsoftware 1792, 1794
- bei Programmänderungen 1799
- bei Softwareüberlassung auf Dauer 1794 ff.
- bei Softwareüberlassung auf Zeit 1808 ff.
- bei Verbrauchsgüterkäufen 1793, 1795 f.
- bei Werklieferungsverträgen 1793
- Beschaffenheitsbestimmung 1798
- Beschaffenheitsgarantie 1803
- Dritthaftungsklauseln 1805
- Eingriffe in den Programmcode 1799
- Ersatzlieferung 1800, 1811
- Fehlbedienung 1816
- im Unternehmensverkehr 1793, 1804 ff.
- im Verbraucherverkehr 1795 ff.
- in Allgemeinen Geschäftsbedingungen 1793, 1795 f., 1798
- in Individualverträgen 1793, 1797, 1801, 1803
- Kostenklauseln 1814 ff.
- Leasingverträge 1808
- Mangelkenntnis 1803
- Mietverträge 1808 ff.
- Minderungsrecht 1806
- Nachbesserung 1800, 1811
- Nacherfüllung 1806
- Nacherfüllungskosten 1807, 1811
- nachträgliche Vereinbarungen 1796
- Preisminderung 1800, 1806
- Rechtsmängelhaftung 1812
- Rücktrittsrecht 1799, 1806
- Schadensersatz 1800, 1810
- Verjährung 1801 f., 1807
- Versandkosten 1807
- Verschweigen eines Mangels 1803
- Vertragsauflösung 1800

Mangelkenntnis 681

Mängelrüge
- des Leasingnehmers beim Lieferanten 779, 1905 ff.
- und positive Forderungsverletzung 1282

Mängelrügepflichten 681, 1282, 1880 ff.
- Anforderungen an die Rüge 1025, 1892 ff., 1899
- Ausschlussfrist 1026, 1894 f., 1901 ff.
- bei grenzüberschreitenden Verträgen 1025 ff.
- beim Handelskauf 1881 ff., 1884 ff., 1892 ff.
- beim Softwareleasing 779, 1905 ff.
- des Händlers 1281
- des Leasinggebers 1907, 1914
- erkannte Mängel 1026, 1885, 1887, 1903 f.
- Fehlerbeschreibung 1889 f.
- feststellbare Mängel 1026, 1885, 1887, 1903 f.
- Formfreiheit 1888, 1900
- Formularzwang 1892, 1900
- Formvereinbarungen 1892, 1900
- Fristenregelung 1894 f.
- Fristenregelung in Einkaufsbedingungen 1896 f.
- gesetzliche Regelungen 1882, 1884 ff.
- im Verbraucherverkehr 1898 ff., 1913
- inhaltliche Bestimmtheit 1025, 1889, 1893
- nicht offensichtliche Mängel 1887, 1898, 1903
- offene Mängel 1026
- offensichtliche Mängel 1885, 1899, 1903, 1913
- per E-Mail 1888
- Rügeanforderungen 1025 ff., 1889 f., 1893, 1899 f.
- sichtbare Mängel 1026, 1885
- telefonische Rüge 1026, 1888
- Untersuchungspflicht 1025, 1881, 1886

- Unverzüglichkeit 1025, 1882
- Vereinbarung in Einkaufsbedingungen 1896 f.
- vertragliche Vereinbarung beim Leasing 1907, 1912 ff.
- Zugangserfordernisse 1892, 1900
- Zweck 1883

Mangelschäden
- Abgrenzung zu Mangelfolgeschäden 1280
- Definition 1278, 1280

Markenschutz 568 ff.
- absolutes Schutzhindernis 572
- Allbekanntheit 582
- Beschlagnahmeverfahren 569
- Deutsches Patent- und Markenamt (DPMA) 580
- Eintragung 580
- Gemeinschaftsmarke 605
- geschäftliche Bezeichnungen 568, 575 ff., 583 ff.
- Kennzeichen 568
- Klassen 580
- Kompatibilitätshinweise 593 ff.
- Marken 571
- Markenregister 580
- Notorietät 582
- Produktfälschungen 569
- Rechtsentstehung 579 ff.
- Rechtsinhaberschaft 578
- relatives Schutzhindernis 572
- Schutzdauer 598
- Territorialität 604
- Titelschutzanzeige 587
- Unternehmenskennzeichen 576, 583
- Unterscheidungskraft 573
- Verkehrsdurchsetzung 574
- Verkehrsgeltung 581
- Verpackungsfälschungen 569
- Verwechslungsfähigkeit 588, 608 ff.
- Werktitel 577, 585 ff.

marktbeherrschende Stellung 849, 1048

Maschinenbefehl 18

Maschinenprogramm 15, 23; siehe auch Objektprogramm

Maßanzug 672

Massensoftware 671, 1291; siehe auch Low-Cost-Software

Masterkopie 217, 224

Mausklick 816, 988

Mediation
- bei Application Service Providing 1115

Mehrfachnutzung
- Fehlen einer Vereinbarung 1703
- Vergütungsinteresse des Herstellers 1702, 1704
- vertragliche Vereinbarung 1699 ff., 1704
- vertragsmäßiger Gebrauch 1703

- zahlenmäßige Obergrenze 1706
- zeitgleiche 216

Mehrplatzsysteme
- „dumme" Terminals 1686
- Einprozessor-Mehrplatzsystem 1686
- Mehrprozessorsysteme 1687

Mehrprozessor-Mehrplatzsysteme 1687

Mehrstations-Rechensysteme 1687

Menüsteuerung 1529

Menütechnik 88

merkantiler Nachteil 865

Metrik, Metrikklauseln siehe Lizenzmetrik

Mietkauf
- Eigentumserwerb 756 f.
- Gefahrtragung 758

Mietminderung 1361 f.

Migration 176

Migrationsfreundlichkeit 1548

Mikro-Chips siehe Halbleiterschutz

Million Instructions per Second 1194

Million of Service Units 1194

Minderjährige
- Urheberrechtsverletzungen 292

Minderung
- beim Kauf 1305, 1318 f.
- beim Leasing 781
- beim Mietvertrag 1361 f.
- beim Werkvertrag 1397 ff.
- Berechnung 1319
- Berechnung bei Softwaremiete 1361 f.
- Betragsbestimmung 1319
- Gestaltungsrecht 1318 f.
- Vollzug 1319

Mindestabnahmepflicht
- Vereinbarung 1081
- Verletzung 1071, 1081 ff.

Mindeststandard 1450

MIPS 1194

Missbrauch einer marktbeherrschenden Stellung 849

Missbrauch eines Passworts 818

Mitarbeiter
- Gebrauch durch 1664

Mitteilungspflicht siehe Aufklärungs- und Beratungspflicht; siehe auch Informationspflichten

Miturheberschaft 135 ff.

Mitwirkungspflichten 1289, 1379, 1415, 1428
- Bereitstellung der Hardware 1273
- Fehlersuche und -beseitigung 1289
- Montageanleitung 1441, 1534
- Montagepflicht 1441

Mobilgeräte 1137 ff.

Montage 666, 1443, 1453

MSU 1194

Multiprozessor-Systeme 1687

Multirechnersysteme 1687, 1688

mündliche Nebenabreden 1917
Mustervorschriften der WIPO 8, 59

Nachahmungsfreiheit 532
Nachbesserung 1025, 1304
– Fristsetzung 1305
– Kostentragung 1308 ff.
– Selbstvornahme 1307
Nachbesserungsanspruch 1304
– Aufwendungsersatzanspruch 1308
– bei der Herstellung von Individualsoftware 1392
– Mängelrügepflichten 1883
Nacherfüllung 681, 1304 ff., 1392 ff.
Nachfrist 1305 f.
Nachfristsetzung 1305 f.
Nachlieferungsanspruch 1304, 1883
Nachlizenzierung 1201
nachschaffende Leistungsübernahme 540
Nachschaffungsfeindlichkeit 39
Named User 1194
Namensnennungsrecht 924
Namensunterschrift 1006
Naturrechtstheorie 42
Nebenabreden mündliche 1917
Nebenleistungspflichten 667, 1283 ff.
negatives Interesse 1242
Netzwerk
– bestimmungsgemäßer Softwaregebrauch 1691
– Client-Server-Prinzip 1690
– Entzug potentieller Kunden 1698
– Laden in den Arbeitsspeicher 1690
– Schutzmechanismen gegen Netzwerkeinsatz 1703
– unberechtigter Betrieb 1703
– vertragsmäßiger Softwaregebrauch 1706
– Zugriffsschutzmechanismen 1702
Netzwerkgebühr 1706
Netzwerkklauseln
– bei urheberrechtlich ungeschützter Software 1704 f.
– preisgebundene Klauseln 1706 ff.
– überraschende Klausel 1699
– und Eigentümerstellung des Anwenders 1701
Netzwerk-Server 1686 ff., 1689
neue Programmversion 1038
Neuherstellungsanspruch
– bei der Herstellung von Individualsoftware 1391 f.
Nichtangriffsabrede 926
Nichterfüllung
– bei Individualsoftware 1390
– Unmöglichkeit 1247 ff.
Nichterfüllungsschaden
– beim Leasing 790
Niederlassung 1015

Notation 110
Nutzung
– bestimmungsgemäße 51, 206
Nutzungsart
– unbekannte 1096 f.
Nutzungsinteresse 1820, 1823
Nutzungskontrolle 1737
Nutzungsrecht
– Aufspaltbarkeit 931, 1075, 1077
– ausschließliches 1032
– Bedingungen 930 f.
– Beschränkung auf bestimmte Ausübungsarten 885, 1698
– Erlöschen 1355
– Erwerb infolge Anscheinsvollmacht 1010
– Erwerb kraft Gesetzes 246
– Erwerb kraft guten Glaubens 205, 245, 1009
– inhaltliche Beschränkungen 885 ff., 926 ff., 1075, 1077, 1698, 1744
– privater Gebrauch 886
– Rückübertragung 1311
– schuldrechtliche Beschränkungen 887
– Übertragung 140

Obhutspflicht
– des Softwaremieters 1351 f., 1374
Objektcode 20, 23, 39, 78, 84, 90, 257, 553, 917, 951
Objektprogramm 20, 23, 713; siehe auch Maschinenprogramm
– Geheimhaltungswille 257, 700
– Informationsgehalt 257, 700
– Verständlichkeit 257, 700
OEM-Software 311, 862, 1102 ff.; siehe auch Koppelung von Hard- und Software
OEM-Urteil 1078 f.
Offenbarungspflicht siehe Aufklärungs- und Beratungspflicht
Offenlegung
– Schnittstellen 50
öffentliche Bibliotheken 1690 ff.
öffentliche Wiedergabe 238 ff., 407, 1101.
öffentliche Zugänglichmachung 196 ff., 238 ff., 407, 1101 ff.
Öffentlichkeit
– Begriff 1104
Online-Anmeldung 236
Online-Registrierung 989, 1007
Open Access 908
Open Content 908
Open Source Software 873, 908 ff.
– abgeleitetes Werk 956
– Ablaufenlassen des Programms 949, 967
– aggregate 970
– Allgemeine Geschäftsbedingungen 935, 963

Stichwortverzeichnis

- „any later version"-Klausel 946
- Application Service Providing 962, 966
- automatic termination 927, 978
- Basar-Modell 918
- Bearbeitung 953, 967
- Bedingungen 930 f.
- Begriff 908 ff.
- Compilation 970, 972
- Copyleft-Modell 927 ff., 955, 957
- derivative works 956
- Digital Rights Management 966
- Distribution 959
- Distributoren 912, 932
- englischsprachige Geschäftsbedingungen 935 f.
- Einbeziehung Allgemeiner Geschäftsbedingungen 935
- Entgeltverzicht 912, 955, 963
- EUPL 936, 942
- extensions 971
- Fiduciary Licence Agreement 924
- Free Software Foundation (FSF) 909, 944 f., 974
- General Public License (GPL) 909 f., 926 ff., 951 ff.
- GNU-Manifest 909 f.
- Haftungsklauseln 963 ff.
- independent works 971
- Ingebrauchnahme der Software 934
- Kathedralen-Modell 918
- Kopiergebühr 911 f.
- larger program 973
- Leasing 962
- Lesser General Public Licence (Lesser GPL) 958
- Linux 912
- Lizenzvertrag 934
- Mängelhaftungsklauseln 963 ff., 983 ff.
- Miturheberschaft 135 ff., 924
- Namensnennungsrecht 924
- Nutzerketten 934
- Nutzungsrechtseinräumung 926 ff., 934, 951 ff., 953, 954 ff.
- Open Source Initiative (OSI) 928
- Patentrecht 981
- permissive Lizenzen 928
- Produkthaftung 1825
- propagate 942
- Quellcode 702, 909 f., 911, 917, 927 ff., 951 f., 954, 968
- Rechtsmängel 963
- Rechtswahl 916
- Sachmängel 963
- salvatorische Klauseln 965
- Schutzlandprinzip 916
- separate works 971
- Software as a Service 966
- technische Schutzmechanismen 979 f.
- Territorialitätsprinzip 916
- Treuhandvertrag 924
- Umarbeitung 953
- unterschiedliche Vertragsversionen 944, 982
- Unübersichtlichkeit der GPL 936
- Urheberpersönlichkeitsrecht 953
- Urheberrechtsverzicht 913, 926
- Verbreitungsrecht 954, 959
- Vermietung 960 f.
- Vertragstyp 934
- Vervielfältigungsrecht 951
- viraler Effekt 928, 970 ff., 977
- Weiterentwicklung 911, 913, 953
- Werkverbindung 925, 973
- Zugänglichmachung 959
- zumutbare Kenntnisnahme der GPL 936
- Zusammenstellungen 970

Operating-Leasing
- Abtretungs- und Ermächtigungskonstruktion 782
- Mängelhaftung 782

Originaldatenträger 889, 1569, 1580
- Ersatzlieferung 1580
- farbliche Gestaltung 1626
- Herstelleraufkleber 1626
- Rückgabe bei Beschädigung 1580

Originalität siehe Individualität

Originalvollmacht
- bei der Abmahnung 342

Outsourcing 1117 ff.

Paradoxon des Softwareschutzes 46
Parteiinteresse 742
Parteiwille
- Einheitlichkeit des Vertragsgegenstandes 799, 852, 858

Partizipationsinteressen 172
Passwort 818, 838
Passwortmissbrauch 818
Patchen 1033
Patentierbarkeit 64
Patentrecht 59, 64, 412 ff.
- absoluter Neuheitsbegriff 415
- Arbeitnehmererfindung 434 ff.
- computerimplementierte Erfindungen 424 ff., 427 f.
- Deutsches Patent- und Markenamt (DPMA) 412, 525
- Diensterfindung 435
- erfinderische Tätigkeit 414, 434
- Erfindungen 414
- Erzeugnispatent 447
- Europäische Patentorganisation (EPO) 424
- Europäisches Patentamt (EPA) 412, 429, 459, 526

– Europäisches Patentübereinkommen (EPÜ) 424, 432, 459
– formeller Neuheitsbegriff 415
– Gesamtbetrachtung 419
– gewerbliche Anwendbarkeit 414, 416
– Handlungen zu Versuchszwecken 452
– Mitteilungspflicht 436
– Neuheitserfordernis 414
– Patentanspruch 444
– private Handlungen 452
– Prüfungsrichtlinien 525 f.
– Rechtsinhaberschaft 431 ff.
– Schutzdauer 442 f.
– Schutzlandprinzip 460
– Stand der Technik 412
– Störer 456
– Technikbegriff 417
– Technizität 419 ff.
– Territorialitätsprinzip 458 f.
– Verfahrenspatent 447
pauschalierter Schadensersatz 1817, 1868 ff.
Peripheriegeräte 3
permissive Lizenzen 928
persönlich geistige Schöpfung 66, 105 ff., 656, 922
Pflegeverpflichtung 1047
Pflegeverträge 851, 1033 ff., siehe auch Softwarepflege
– Abschlusszwang 1044 ff.
– BVB-Pflege 1036
– Dauerschuldverhältnis 1032
– EVB-IT Pflege 1036, 1039
– Hotline-Service 1040
– Kollision mit Mängelhaftungsansprüchen 1050 ff.
– Kontrahierungszwang 173, 1044 ff., 1724
– Kündigungsverbot 1060
– Rechtsnatur 1041 ff.
– Service Level Agreement 1040
– Terminologie 1033
– Vergütungsregelung 1066
– Vertragsbeendigung 1053 ff.
– Vertragslaufzeit 1054 ff.
– Vertragsübernahme 1061 ff.
– Vertragsverlängerung 1056
Pflichtenheft 76, 686, 1377 ff., 1446, 1460
Pflichtverletzungen siehe Leistungsstörungen
Piraterie 37, 39, 43, 55, 231, 665, 1524, 1623, 1634, 1724
– Beweisschwierigkeit 1625, 1726, 1772
Planungszeit 35
Platform as a Service 1118
Plattformbetreiber
– bei Apps 1152
– Verantwortlichkeit 1189
Pönale siehe Vertragsstrafe
Portierung 176

positive Forderungsverletzung siehe auch Leistungsstörungen
– Auskunfts- und Beratungspflicht 1290 ff.
– bei selbstständigem Beratungsvertrag 1226
– bei unterlassener Mängelrüge 1282
– des Softwareherstellers 1418 ff.
– Eigenhaftung des Vertreters 1297
– Leistungstreuepflichten 1284 ff.
– Mangelfolgeschäden 1279 f.
– Mitwirkungspflichten 1289
– Rechtsfolgen 1296 f.
– Schulungspflicht 1291
– Schutzpflichten 1287 f.
– unterlassene Mitwirkungshandlungen 1289
– Verjährung 1298
– Verjährung bei Beratungsvertrag 1226
– Verschulden des Vertreters 1297
– verspätete Rückgabe bei Softwaremiete 1372 ff.
– Zerstörung des Vertrauensverhältnisses 1285
positive Vertragsverletzung siehe positive Forderungsverletzung
positives Interesse 1242
Preisänderungsklausel
– bei Pflegeverträgen 1066
Preisdifferenzierung
– optimale 223
Preisgefahr siehe Vergütungsgefahr
– beim Leasing 768
Preisklauseln 1193 ff., 1706 ff.
Preisnebenabrede 1195 ff., 1707
Preisvereinbarung 863
Processor Value Unit 1194
Product-ID 1732 ff.
Produkt
– Begriff 1822
Produkt- und Leistungsbeschreibungen 1447; siehe auch Pflichtenheft sowie zugesicherte Eigenschaft
Produktaktivierung 1521, 1731 ff.
– als Sachmangel 1752 ff.
– Datenschutz 1757 f.
– Entfernung 1755
– Umgehung 1755
– urheberrechtliche Probleme 1738 ff.
– vertragsrechtliche Probleme 1745 ff.
Produktbeobachtungspflicht 1828, 1830 f.
Produktbeschreibungen 1447; siehe auch Pflichtenheft sowie zugesicherte Eigenschaft
Produktfälschungen 569
Produkthaftung 1818, 1821 ff., 1835, 1842
Produktkoppelung siehe Koppelung von Hard- und Software
Produzentenhaftung 1818, 1828 ff.
Programmabarbeitung siehe Programmlauf

Programmänderung
– Interessen der Anwender 1713, 1717
Programmänderungsverbote 257 ff.
– Entfernung von Identifizierungsmerkmalen 1726
– Entfernung von Seriennummern 1726
– in Allgemeinen Geschäftsbedingungen 1723
– in Individualverträgen 1723
– Insolvenz des Lieferanten 1724
– schuldrechtliche Wirksamkeit 1722 ff.
– Softwarepflege 1724
– und Urheberrecht 1710 ff., 1717
– Urhebervermerke 1730
– Zwangsaktivierung 1727
Programmbeschreibung 8, 13, 38, 74 f.; siehe auch Handbuch
Programmcode
– Änderung 1799
– Ausgabe auf dem Bildschirm 155 f., 713 f.
– Ausgabe auf dem Drucker 155 f., 713 f.
– Urheberrechtsschutz 86, 274
Programmentwicklungsdokumentation 1382
Programmidentifikation
– Entfernung 1726
Programmiersprache 18 ff., 73, 78, 86, 89, 702
– Assemblersprache 19
– bei Programmlistings 713
– höhere 22, 260
– Maschinensprache 18
– problemorientierte 22
– Schutzfähigkeit 86
– Symbolsprache 19
– Umsetzung als Übersetzung 174
Programmierzeit 34
Programmlauf 157 f., 164 f., 1098, 1558
Programmlisting
– als Vervielfältigungsstück 155 f.
– Definition 713 ff.
Programm-Nummer siehe Seriennummer
Programmschutzmechanismen 278, 280, siehe auch Kopierschutz und Dongle
Programmsperre 746, 797, 839 ff., 1357, 1365, 1525, 1731, 1752, 1755
– als Sachmangel 1520
– bei Shareware 905 f.
Programmspezifikation 1383, 1446
Programmupdates siehe updates
PROM 1581
proprietäre Software 34, 914, 917, 932
Prorogation siehe Gerichtsstandsvereinbarungen
Prospekt 1462
Prozessor 164
Prozessortyp 22, 23, 1672, 1674
Prüfverfahren-Urteil 463
Pseudonyme 144

Public Domain-Software siehe Freeware
Publizitätsfunktion des Besitzes 722
PVU 1194

Qualitätsstandard 1450
Quellcode siehe Quellprogramm
Quellprogramm 20, 78, 90, 113, 130, 144, 257 f., 333, 909, 913 f., 917, 919, 951, 954, 1046
– Geheimhaltung 700
– Herausgabe 688 ff., 700, 1440, 1781
– ungeschützte Zugänglichkeit 702, 918
Quittung 772, 1918, 1940; siehe auch Empfangsbekenntnis

Raubkopien 1465, 1624, 1724
– als Rechtsmangel 1252, 1465
– bei Softwaremiete 1375, 1465
– durch Mitarbeiter 1375, 1465
– Entlarvung 1633, 1772
– Kontroll- und Beweisprobleme 1625 f., 1726, 1772
– Seriennummern 1726, 1772
Realakt
– Willenserklärung 999
RBÜ siehe Revidierende Berner Übereinkunft
Re-Assembling siehe Reverse-Engineering
Rechenregel 29
Rechtsanwaltskosten
– Erstattung bei Verletzung der Aufklärungs- und Beratungspflicht 1308
Rechtsbindungswille
– bei nicht kommerziell betriebenen Systemen 808
– bei Freewareweitergabe 808, 896 f.
Rechtsinhaber
– Arbeitgeber 123, 151
– Arbeitnehmer 123 ff.
– juristische Person 120
– Markenrecht 578 ff.
– Miturheberschaft 135 ff.
– natürliche Person 120
– Patentrecht 431 ff.
– Urheberrechtsschutz 120 ff.
– Vermutung 142 ff.
– Werkverbindungen 141
Rechtskauf 703 ff.
Rechtsmängel 1023, 1252, 1464 f.
– bei der Herstellung von Individualsoftware 1388
– bei grenzüberschreitenden Verträgen 1023
– bei Kaufverträgen 1252, 1465
– bei Softwaremiete 1388, 1465
– bei Werkverträgen 1252, 1465
– Raubkopie 1252, 1465
– Urheberrechte Dritter 1465

Rechtsnatur der Überlassungsverträge 670 ff., 734 f.
Rechtssicherheit 53 ff.
Rechtswahlklauseln 916, 1012, 2006 ff.
– bei Verbraucherverträgen 2009 ff.
– Grundsatz der freien Rechtswahl 2006
– Vereinbarung ausländischen Rechts 2008
– Vereinbarung deutschen Rechts 2007
Rechtsweg 351 ff., 970 ff., 2012 ff.
Registrierkartenverträge 989; siehe auch Schutzhüllenverträge
Registrierung 1163 f.
Registrierungspflicht 1731 ff.
Regress des Verkäufers 1339 ff.
Rekompilierer 260
relativierende Klauseln siehe salvatorische Klauseln
Return-Vereinbarungen 988; siehe auch Schutzhüllenverträge
Reverse-Engineering 39, 257, 553
– Interessen der Anwender 263 f.
– Interessen der Hersteller 261
– Interoperabilität 265 f.
– Kommentarzeilen 259
– Möglichkeiten 259 f.
– Programmstrukturen 259
– Rekompilierung 259
– Zugang zu den Schnittstellen 262
– zwecks Fehlerbeseitigung 263
Reverse Translation siehe Reverse-Engineering
Revidierte Berner Übereinkunft (RBÜ) 61, 69, 391, 393, 395 f., 397 ff.
Richter 128
Richtervorbehalte 327
Richtlinie zum Verbrauchsgüterkauf 678, 682
Robustheit 1546 ff.
ROM I-VO 379, 1030 ff.
ROM II-VO 378 ff., 460
ROM-Speicher 163, 1581
Rückabwicklung bei Schutzhüllenverträgen 987
Rückgabepflicht
– bei Softwareleasing 746, 797
– bei Softwaremiete 1355, 1372 ff.
– Versicherungspflicht 1374
Rückgewährschuldverhältnis
– nach Nachlieferung einer mangelfreien Sache 1311
– nach Rücktritt vom Kaufvertrag 1316
– nach Rücktritt wegen Unmöglichkeit 1261
Rückrufpflicht 1829
Rücksendung 838, 852 ff.
Rücktritt
– des Bestellers 1413
– des Käufers 1312 ff.

– Fristsetzung 1314
– Gestaltungsrecht 1312, 1399
– Rückabwicklung 1216, 1316, 1399
– wegen sonstiger Pflichtverletzung 1296
Rückübersetzung siehe Reverse-Engineering
Rückwirkung
– des Softwareschutzes 70
Rügepflicht siehe Mängelrügepflichten
Rufschädigung 545, 1678, 1680

Sabotageprogramme 1517 ff.
Sachgefahr
– beim Leasing 768 ff.
Sachmängel
– Abfangen von Bedienungsfehlern 1532
– Aktivierungspflicht 1521, 1751 ff.
– aliud 1443, 1455
– allgemeiner Leistungsstandard 1450
– Angaben im Herstellerprospekt 1447, 1511
– angepasste Hardware 1550
– Antwortzeiten 1510
– Bakterienprogramme 1514
– Bedienungsfehler 1472, 1546 ff.
– Begriff 1436
– Behebungsaufwand 1467
– Beschaffenheitsvereinbarung 1444 ff., 1798
– Beweisfragen 1469 ff.
– Computerviren 1517 ff.
– Dateibeschreibung 1491
– Datenausdruck 1467
– Datensicherung 1508
– Demoprogramm 1447
– DIN-Norm 1551
– Dongle 1523
– Druckertreiber 1467
– englisches Handbuch 1539, 1541, 1922
– Entwurfsfehler 1549 f.
– Erheblichkeit 1455
– Euro-Fähigkeit 1451
– fehlende Anpassungsmöglichkeit 1493
– fehlende Bedienerfreundlichkeit 1529 ff.
– fehlender Programmdatenträger 1552
– fehlende Robustheit 1546 ff.
– Fehlerbegriff der Informatik 1436
– Fehlererläuterung 1532
– fehlerhafte Resultate 1474
– Fehlerkompensation 1467 f.
– Fehlertoleranz 1546
– fremdsprachige Druckeransteuerung 1529
– fremdsprachige Fehlermeldungen 1529
– fremdsprachiges Programm 1529, 1553, 1922
– fremdsprachige Tastaturbelegung 1529
– Funktionsdefizite 1487 ff.
– Funktionsmängel 1474 ff.
– geringe Rechengeschwindigkeit 1508 ff.

- gesetzliche Vorgaben 1450
- gewöhnliche Verwendung 1443, 1449 ff., 1490
- Handbuch 1454, 1533 ff., 1544
- Hilfe-Funktionen 1529, 1538
- Individualsoftware 1446
- Industriestandard 1499 ff.
- ineffiziente Programmierung 1508
- Inkompatibilität 1499 ff.
- Kapazitätsmängel 1505 ff.
- Kenntnis des Käufers 1327
- kommentierte Fehlerhinweise 1529
- kommentierter Quellcode 1542
- Kopierschutz 1520 ff.
- Laufzeitverhalten 1509
- Leistungsbeschreibung 1447, 1451
- Leistungsstandard 1450
- Lohnbuchhaltung 1489
- mangelhafte Montageanleitung 1443
- mehrere Fehler 1467
- Menüsteuerung 1529
- Migrationsfreundlichkeit 1548
- Mindermenge 1455
- Mindeststandard 1450
- Minimalanforderungen 1451
- öffentliche Äußerung 1441, 1443, 1447, 1452
- Online-Handbuch 1544
- Pflichtenheft 1446
- Plausibilitätsprüfung 1546,
- Produktaktivierung 1521, 1751 ff.
- Programmabstürze 1472
- Programmaufrufzeit 1510
- Programmerweiterung 1550
- Programmfehler 1472
- Programmsperre 1521
- programmtechnische Schutzmechanismen 1520 ff.
- Prüfung der Zugriffsberechtigung 1520
- Qualitätsstandard 1450
- Reaktionszeit 1508 ff.
- Sabotageprogramme 1517 ff.
- Speichererweiterung 1506
- Systemabstürze 1472
- Trap-Doors 1516 f.
- Trojanisches Pferd 1515
- übliche Beschaffenheit 1443, 1449 ff., 1457
- unerhebliche Beeinträchtigung 1466 ff.
- unsachgemäße Montage 1443
- Unterstützung des Anwenders 1546
- Unvermeidbarkeit von Fehlern 1209, 1438 ff.
- unverständlicher Text 1454
- unwesentliche Mängel 1425, 1466 ff.
- vereinbarte Beschaffenheit 1442
- Verschuldensunabhängigkeit 1439
- verständliches Handbuch 1454, 1533 ff., 1535 ff.
- vertraglich vorausgesetzte Verwendung 1442, 1448, 1457
- Verzögerung der Antwortzeiten 1510
- Virenverseuchung 1517 ff.
- Wartungsfreundlichkeit 1548
- Werbung 1452
- Wurmprogramme 1514
- Zwangsaktivierung 1751 ff.

Sachqualität 689 ff., 712 ff., 736 ff., 743
- bei Programmspeicherung in Halbleiterspeicher 717
- bei Speicherung auf Datenträger 692, 708, 715 ff.
- bei „unkörperlicher" Programmüberlassung 720 ff.
- einer Bildschirmausgabe 713
- eines Buches 718
- eines gedruckten Programmlistings 713 f.
- sonstiger Gegenstand 726 ff.
- und Telekommunikation 720 ff.
- Verkörperung 703, 717 ff., 721, 730

Sachsubstanz
- Eigentumsverletzung 1826

Sachübergabe
- Begriff bei Telekommunikation 721 f.
- Publizitätsfunktion des Besitzes 722

salvatorische Klauseln 2036 ff.
- bei unsicherer Rechtslage 2057 ff.
- Bestimmtheitsgebot 2065
- einseitige Interessendurchsetzung 2059, 2068
- einseitiges Leistungsbestimmungsrecht 2062
- Entkoppelungsklauseln 2041 ff.
- Ersatzregelungsfiktion 2071 ff.
- Ersetzungsbefugnis des Verwenders 2061 ff.
- Funktion des Richters 2060
- gestaffelte Klauseln 2069 f.
- hintereinander geschaltete Klauseln 2069 f.
- im Unternehmensverkehr 2054
- Klarheitsgebot 2053, 2055, 2065, 2068, 2072
- konkrete Ersatzregelung 2066 ff.
- relativierende Klauseln 965, 1879, 2037, 2051 ff.
- Schadensersatzklauseln 966, 1879
- subsidiär geltende Klauselwerke 2066
- Teilwirksamkeitsklauseln 2041 ff.
- Transparenzgebot 2053, 2055, 2065, 2068, 2072
- unangemessene Risikoverlagerung 2056
- Verpflichtung zur Vereinbarung einer Ersatzregelung 2071 f.
- Verständlichkeit 2053, 2055, 2067, 2070
- Vertragswirksamkeitsklauseln 2038 f.
- Verweisungsklauseln 2069
- zumutbare Kenntnisnahme 2053 f., 2067

Sammelwerk 77, 972
SAS Institute-Urteil 97
Schadensersatz
- bei grenzüberschreitenden Verträgen 1839 ff.
- bei Softwareüberlassung auf Dauer 1320 ff.
- bei Softwareüberlassung auf Zeit 1363 ff.
- bei Verletzung einer Aufklärungs- und Beratungspflicht 1242 ff.
- bei Unmöglichkeit 1257 ff.
- Berechnung bei Individualsoftware 1401 ff.
- entgangener Gewinn 1029
- großer Schadensersatz: siehe Schadensersatz statt der ganzen Leistung
- kleiner Schadensersatz: siehe Schadensersatz statt der Leistung
- Kumulierung mit Vertragsstrafe 2004
- Mangelfolgeschaden 1029, 1279 f., 1364, 1404
- Schadensersatz neben der Leistung 1320
- Schadensersatz statt der ganzen Leistung 1262, 1324, 1406
- Schadensersatz statt der Leistung 1262, 1268, 1278, 1322 f., 1401 ff., 1854

Schadensersatzklauseln
- bei Softwareüberlassung auf Dauer 1839 ff.
- bei Softwareüberlassung auf Zeit 1863 ff.
- beim Verbrauchsgüterkauf 1840
- entgangener Gewinn 1840
- Erfüllungsgehilfen 1846, 1850, 1860
- Exzessrisiken 1858
- Fehlen zugesicherter Eigenschaften 1840, 1863 f., 1866
- Garantiehaftung des Vermieters 1863
- garantierte Beschaffenheit 1839 ff.
- geltungserhaltende Reduktion 1873, 1878 f.
- gesetzlicher Vertreter 1846, 1850
- Gesundheitsschäden 1846 f., 1867
- grobe Fahrlässigkeit 1867, 1879
- Grundsatz der engen Auslegung 1817
- Haftungsbeschränkung auf bestimmte Schadensarten 1840, 1851, 1857
- Haftungshöchstbetrag 1840, 1855, 1862
- im Unternehmensverkehr 1834 ff., 1841, 1860 ff.
- im Verbraucherverkehr 1837 f., 1840, 1846 ff.
- Kardinalpflichten 1852 ff., 1861
- Körperschäden 1846 f., 1867
- leichte Fahrlässigkeit 1852 ff., 1861, 1867, 1879
- leitende Angestellte 1860
- Mangel der Mietsache 1863 ff.
- mittelbare Schäden 1851
- Nichterfüllung 1843
- Open Source Software 963 ff.
- pauschalierter Schadensersatz 1817, 1868 ff.
- Produkthaftung 1818, 1821 ff., 1835, 1842
- salvatorische Klauselzusätze 1879
- Schadenshöhenbeschränkung 1840, 1855, 1862
- Schadenspauschalierungen 1817, 1868 ff.
- Schlechterfüllung 1843
- Teilunwirksamkeit 1879
- Transparenzangebot 1834 ff., 1849
- unerlaubte Handlungen 1843, 1850
- Unklarheitsregel 1817, 1835
- Unwirksamkeitsfolgen 1873 f.
- verschuldensabhängige Haftung 1817, 1843 ff.
- verschuldensunabhängige Haftung 1817, 1839 ff., 1863 f.
- Verständlichkeit 1834 ff.
- Verzögerungsschaden 1843
- Verzug 1843
- völliger Haftungsausschluss 1851
- völliger Ausschluss verschuldensabhängiger Haftung 1867, 1851
- Vorsatz 1845 f., 1867
- Wiederherstellungsaufwand 1858

Schadensschätzung 313
Scheinselbstständige 127
Schiedsgerichtsklauseln 2028 ff.
Schiedsgutachterklauseln 2028 ff.
Schmerzensgeld 1833
Schnittstellen
- freier Zugang 50, 262, 265
- Rechtsschutz 86
schöpferischer Beitrag 135
Schöpferprinzip 120
Schöpfung
- eigene geistige 105 ff., 149, 922
- persönlich geistige 66, 105 ff., 656, 922
Schöpfungshöhe 66, 105 ff.
Schriftformerfordernis 748, 827
Schriftformklauseln 1971 ff.
- allgemeine Schriftformklauseln 1971 ff.
- Anscheins- und Duldungsvollmacht 1979
- Aufhebung 1976, 1978
- Beschränkung der Vertretungsmacht 1979
- Bestätigungsklauseln 1971, 1974
- einfache Schriftformklauseln 1971
- formlose Aufhebung 1978
- Formvereinbarung 1976
- Klauseltypen 1971
- qualifizierte Schriftformklauseln 1971, 1973
- überraschende Klausel 1977
- Vollständigkeitsklauseln 1971, 1975, 1980
- Vorrang der Individualvereinbarungen 1978

Schriftwerke 75, 396, 399
Schuldnerschutz
– bei Vertragsstrafen 1989
Schuldnerverzug siehe Verzug
Schullizenzen 1075 f.
Schulungspakete 702
Schulungspflicht des Lieferanten 666 f., 851, 853, 1290 ff.
Schulungspflicht des Pflegeunternehmers 1040
Schulversionen siehe Schullizenzen
Schutz des Programminhalts 105, 265
Schutzbedürfnis 33, 105, 665, 1624
Schutzdauer
– Markenrecht 598
– Patentrecht 442 f.
– Urheberrecht 363
– Wettbewerbsrecht 549 f.
Schutzhüllenverträge 986 ff.
– Abschluss eines selbstständigen Vertrags 998
– Anscheinsvollmacht 1010
– Antwortkarte 989
– Erfordernis gesonderter Unterschriftsleistung 1006
– Erscheinungsformen 987 ff.
– Garantiekarten 990
– Herstellerbedingungen 997
– im Dreipersonenverhältnis 995 ff.
– im Zweipersonenverhältnis 991 ff.
– Realakt 999
– Rechtsfolgen bei Scheitern des Zweitvertrags 1008 ff.
– Rückabwicklung 987
– Verkehrssitte 1001
– Vermittlerklausel 1024
– Vertragsschluss durch schlüssiges Verhalten 999 ff.
– Vertrauensschutz 1002
– Zurechenbarkeit des Verhaltens 1002
– Zweitvertrag 246, 998
Schutzlandprinzip 380, 460, 916
Schutzpflichten 1287 f., 1347
Schutzrechtsbehauptung
– extensive 58
Schutzrechtsklauseln 104, 1759 ff.
SCRUM 1378 oder „siehe agile Programmierung"
Second Hand Software 209 ff.; siehe auch Gebrauchtsoftware
Seitenpuffer-Urteil 468
Selbstbeteiligung 1833
Selbstreproduktion 1513
Selbstschutz 38
Selbstvornahme der Mangelbeseitigung 681, 1051 f., 1307, 1363, 1394
Semantik 110 f.
Sendeprotokoll 818

Senderecht 1101
Seriennummern 233, 1732
– Entfernung 1726
Server siehe Telekommunikation
Service Level Agreement 1040, 1108
Session 1194
Shareware 873 f., 897 ff
– Allgemeine Geschäftsbedingungen 907
– Begriff 973 f., 897 ff., 914
– Einräumung eines Nutzungsrechts 902
– Handbuch 907
– Lizenzvertrag 902
– Probefrist 898
– Registrierung 907
– Verbreitungsbeschränkungen 903
– Vermarktungskonzept 987
– Vertragstyp 900 ff.
– Vervielfältigungsrecht 904
– Weiterverbreitung 903
– Zielsetzung 898 f.
shrink wrap-Verträge siehe Schutzhüllenverträge
Sicherheit in der Informationstechnologie 48, 51
Sicherheitserwartung 1523
Sicherheitsleistung
– des Leasingnehmers bei Vermögensverschlechterung 788
Sicherungskopie siehe Arbeitskopie
Sicherungskopien 156, 251 f., 1098, 1567 ff., 1577, siehe auch Arbeitskopie
– Anzahl 1574, 1583
– bei Softwaremiete 1356
– Herstelleraufkleber 1626
– Rückgabepflicht 746
– Verkehrssitte der Anfertigung 1567 f., 1572
Siegelbruch 839 ff.
Sitzlandprinzip
– im Datenschutzrecht 1135, 1186
sklavische Nachschaffung 86
Smartphone 1137 ff.
Software as a Service (SAAS) siehe Application Service Providing
Softwareaktivierung siehe Produktaktivierung
Softwarefehler siehe Sachmängel
Softwarehinterlegung siehe Hinterlegung
Softwarepflege
– Abschlusszwang 173, 1044 ff., 1724
– Altverträge 1043
– Begriff 1033 ff.
– Datensicherung 1040
– Dauerschuldverhältnis 1032
– Erfolgsbezogenheit 1042
– Fernwartung 1066
– Funktionsgarantie 1041
– Hotline-Service 1034, 1040, 1043

– Kollision mit Mängelhaftung 1050 ff.
– Kontrahierungszwang 173, 1044 ff., 1724
– Kosten 1051
– Kündigung 1053, 1057 ff.
– Mindestvertragslaufzeit 1046
– neue Programmversionen 1038
– Preisänderungsklausel 1066
– Schulung 1038, 1040
– Service Level Agreement 1040
– und ASP 1034
– Updates 1034, 1040
– Verfügbarkeitsgarantie 1041
– Vergütungsregelung 1066
– Vertragslaufzeit 1054 ff.
– Vertragsübernahme durch Dritte 1061 ff.
Softwarepiraterie siehe Piraterie
Softwareschutz
– Rückwirkung 70
Softwareversand siehe auch Fernabsatzverträge sowie elektronischer Geschäftsverkehr
– bei Freeware 891
– Bringschuld 1302
– Rechtswahl 1012
– Vergütungsgefahr 1260, 1302
Soldaten 128, 434, 411
Sollbeschaffenheit 1436, 1442
Solvenz des Softwareherstellers 1579
Sonderrechtsschutz 59
sonstiger Gegenstand 695, 726 ff.
Sorgfaltspflichten
– des Lieferanten beim Softwareleasing 760 ff.
– des Softwaremieters 1351
Sourcecode siehe Quellprogramm
Speicher 3
Speicherchip 730
Spezifikation siehe Pflichtenheft
Spielstände
– abgespeicherte 26
Sprachanalyseeinrichtung-Urteil 472
Sprache siehe Fremdsprache
Stand der Technik 415
Standardsoftware 663, 671, 687, 695, 709 f., 1203
– Anpassung 687
– Definition 671
– internationale Überlassung 1017
statistische Einmaligkeit 116
Steuerfunktion 16, 26, 716 f.
Steuersatz 735
Steuerungsprogramm 27
Steuerwerk 164
Störer
– Patentverletzungen 456
– unlauterer Wettbewerb 536
– Urheberrechtsverletzungen 287 ff.
Stoffgleichheit 1820

strafrechtlicher Schutz 364 ff., 457, 565, 603, 660
Straken-Urteil 462
Streitschlichtung
– bei Application Service Providing 1114 ff.
Stromabhängigkeit 717
Studentenversionen siehe Schullizenzen
Substantiierungspflicht siehe Darlegungslast
Suche fehlerhafter Zeichenkette – Urteil 418, 474
Symbolsprachen 19
Syntax 110 f.
Systemabstürze 1472
Systemprogramme
– Austauschbarkeit 851
– Definition 6 f.
Systemvereinbarungen 1665 ff.
– bei zeitlich befristeter Softwareüberlassung 1684 f.
– Gebrauchsgewährungspflicht 1685
– in Allgemeinen Geschäftsbedingungen 1667, 1675 ff.
– in Individualverträgen 1675
– schuldrechtliche Wirkungen 1675 ff.
– typenbezogene 1672 ff.
– überraschende Klausel 1676
– und Eigentümerrechte 1677
– urheberrechtliche Beurteilung 1668 ff., 1684

Tablet-Computer 1137 ff.
Tastenbelegungen 86
Tatsachenbestätigungen 1915 ff.; siehe auch Bestätigungsklauseln
– Wirkung 1915
Tauchcomputer-Urteil 470
tear open-Verträge siehe Schutzhüllenverträge
Technikbegriff 414, 417
Technische Entwicklung siehe technischer Fortschritt
technischer Fortschritt 36, 38, 41, 46, 712
Technizität 414 ff.
Teilamortisation
– beim Leasing 792 ff.
Teilwirksamkeitsklauseln 2041 ff.
– überraschende Klausel 2050
Teilzahlungsabrede 747 f.
Telekommunikation 196, 204, 720 ff., 801 ff., 933, 992, 1087 ff., 1265
– Application Service Providing 1087 ff.
– Einbeziehung von AGB 804, 819 ff.
– Formvorschriften 804, 827, 833
– invitatio ad offerendum 816
– Passwortmissbrauch 818
– Rücksendung 841 ff.
– Schriftform 827
– Softwareaktivierung 1738 ff.

- Übertragungsstörung 817 ff.
- Vertragsangebot 816, 828
- Vertragsannahme 828
- Web-Seiten 817, 820
- Widerrufs- und Rückgaberecht 804, 838 ff.

Territorialitätsprinzip 381, 458 f., 604, 916
Titel (Adelstitel) 1555
Titelschutzanzeige 587
Topographie
- Rechtsschutz 63, 652; siehe auch Halbleiterschutz

Transaktion 1194
Transparenzgebot 793, 835, 1109, 1834 ff., 1849, 1926, 1946, 2053, 2055, 2065, 2068, 2072
Transportfunktion des Datenträgers 717
Transportkosten 1308
Transportversicherung
- bei Rückgabe der Mietsoftware 1374
- bei Rückgabe des Leasinggegenstands 798

Trap-Doors 1516 f.
Trennungsklauseln 855
TRIPS-Abkommen 62, 391 ff.
Trojanisches Pferd 1515
typenkumulierte Verträge 676, 706, 1034, 1106

Übergabe 720 ff.
- datenträgerlos 720 ff., 802

Überlassung 661 ff.
- an Angestellte 1664
- auf Dauer 673 f., 676 ff.
- auf Zeit 673 f., 743 ff.
- auf unbestimmte Zeit 673
- Definition 663
- Mindestpflichten 1571

Überlassungspflicht
- bei Softwaremiete 1345

Überlassungsverbote 1664
Übernahmebestätigungen 771 f., 1918
- Beweislastumkehr 773 f., 1919

Übersetzung 174 f., 936
Übertragungsstörung
- bei datenträgerloser Übergabe 817

Ultimoregelung 1833
Umarbeitung 149, 168, 177, 265, 922, 953
Umsatzsteuer 735
UN-Kaufrecht 678, 683 ff., 1014 ff.
- Allgemeine Geschäftsbedingungen 1021
- Formfreiheit 1019
- Freeware 1019
- Gerichtsstand 1015
- Lieferort 1022
- Minderung 1025
- Offerte 1020
- persönlicher Anwendungsbereich 1016
- sachlicher Anwendungsbereich 1017
- Schadensersatz 1025, 1028 f.

unbekannte Nutzungsart 1096 f.
Unbundling 848
undercover-Verträge siehe Schutzhüllenverträge
unkörperliche Programmüberlassung siehe Sachqualität
Universitätsversionen siehe Schullizenzen
unlauterer Wettbewerb 63; siehe auch Wettbewerbsrecht
unmittelbare Leistungsübernahme 537 f.
Unmöglichkeit 1247 ff.
- anfängliche bei Kaufverträgen 1248, 1254, 1258
- Annahmeverzug 1259 f.
- Aufwendungsersatz 1258
- faktische 1253
- Gegenleistung 1259
- nachträgliche bei Kaufverträgen 1254, 1257
- objektive bei Kaufverträgen 1249 ff.
- persönliche 1253
- praktische 1253
- primäre Leistungspflicht 1255 f.
- Sekundärrechte 1257 ff.
- subjektive bei Kaufverträgen 1248, 1252
- vorübergehende bei Kaufverträgen 1263

unselbstständiger Gebrauch 1664
Unterdimensionierung 1232
Unterlassungsanspruch
- des Vermieters 1371
- Erstbegehungsgefahr 294, 300 f.
- Halbleiterschutz 660
- Markenrecht 603
- Patentrecht 457
- Urheberrecht 283 ff.
- Wettbewerbsrecht 557, 565
- Wiederholungsgefahr 294 ff.

Unternehmensinhaber
- Haftung 321 ff.

Unternehmenskennzeichen 583
Unternehmenslizenz 235
Unterrichtsverträge
- Einheitlichkeitswille 851

Unterschriftserfordernis
- bei Schutzhüllenverträgen 1006

Untersuchungspflicht siehe Mängelrügepflicht
Unverträglichkeit siehe Inkompatibilität
updates 221, 224, 1076
- automatische Installation 1177
- bei Softwarepflege 1034, 1040

Urheberpersönlichkeitsrechte
- des Arbeitnehmers 126

Urheberrecht
- abhängiges 150

Urheberrechtsnovelle 68 ff., 105 f., 158, 883, 1011, 1102 f.
Urheberrechtsschutz 65 ff.

- Abmahnung 338 ff.
- Änderungsverbot 885
- Arbeitsverhältnis 123 ff.
- Auskunftsanspruch 324 ff.
- Auswahl, Sammlung, Anordnung 66
- Banalprogramme 106 ff.
- Benutzerhandbücher 98 f.
- Beseitigungsanspruch 282 ff., 302 f.
- Besichtigungsanspruch 330 ff.
- Beurteilungskriterien 66, 108 ff.
- Beweislast 117
- Bildschirmoberfläche 90 ff.
- Bündeltheorie 381
- Darlegungslast 117
- Dateiformat 97
- Dienstverhältnis 123 ff., 123 ff.
- doppelte Lizenzgebühr 313
- Durchschnittsprogrammierer 66
- eigene geistige Schöpfung 105 ff., 149, 922
- Entstehungsgeschichte 59 ff., 65 ff.
- Erfassung aller potenziellen Verbraucher 886, 1672, 1674, 1698
- Erschöpfungsgrundsatz 181 ff., 190 ff., 196 ff., 209 ff., 1076, 1596 ff., 1610 ff., 1739 ff.
- Erstverbreitung 889, 1078 f.
- freie Mitarbeiter 129 f.
- Fremdenrecht 369, 385 ff.
- Funktionalität 93 ff.
- Geheimhaltungsinteressen 332
- Handlungs- und Erfolgsort 374
- Harmonisierungsrichtlinie 206
- Herausgabe des Quellcodes 334
- Ideen und Grundsätze 31, 85 ff.
- immaterieller Schaden 316 ff.
- Individualität 66, 105 ff.
- Inhaltsschutz 105 ff.
- Inländergrundsatz 394, 398, 410
- internationale Zuständigkeit 370 ff.
- internationaler Bezug 368 ff.
- IPR 369, 377 ff.
- Klageantrag 356 ff.
- kleine Münze 106 ff.
- Komplexität 115
- Lizenzanalogie 310
- Makrosprachen 86, 97
- Minderjährige 291 f.
- Miturheberschaft 135 ff.
- Mühe 108, 115
- Neuheit 116
- Nutzungsrechtseinräumung 883
- Persönlichkeitsrechte 126, 953
- Präventionscharakter 308
- privatautonome Begründung 104, 1801 ff.
- Rechnungslegungsanspruch 324 ff.
- Rechtsirrtum 315
- Rechtswahl 384
- Rechtsweg 351

- Richtervorbehalt 327
- Schadensersatzanspruch 304 ff.
- Schadensschätzung 313
- Schöpfungshöhe 105 ff.
- schuldrechtliche Beschränkungen 886 f.
- Schutzdauer 363
- Schutzlandprinzip 380, 916
- Störer 287
- strafrechtlicher Schutz 364 ff.
- Tastenbelegungen 86
- Territorialitätsprinzip 381, 916
- Umarbeitung 149, 168, 177, 265, 922, 953, 971
- Unbeachtlichkeit für Vertragstypologie 731 ff.
- Universalitätsprinzip 382
- Unterlassungsanspruch 283 ff.
- Unübertragbarkeit 883, 953
- Unverzichtbarkeit 883, 926, 953
- Unzulässigkeit vertraglicher Vereinbarung 104, 1801 ff.
- Urheberpersönlichkeitsrecht 126, 285, 953
- Urhebervermerke 104, 143 ff., 924, 1070
- Variablennamen 113
- Verbot der Förmlichkeiten 404, 411
- Verbreitungsbeschränkungen 209 ff., 887 ff., 1075 ff.
- Verjährung von Rechtsverletzungen 361 f.
- Verletzergewinn 308
- Vermutung der Urheberschaft 142 ff.
- Vernichtungsanspruch 277 ff., 309 f., 1584
- Voraussetzungen 105 ff.
- Vorlageanspruch 330 ff.
- Wahlmöglichkeiten 110 ff.
- Werkverbindung 140 f., 388, 925, 973
- Zuständigkeit 351 ff.
- Zweckmäßigkeitsüberlegungen 114

Urheberrechtsstreitsachen 351 f.
Urhebervermerke 104, 143 ff., 924, 1070
Urhebervermutung 142 ff.
Urkunde siehe Vertragsurkunde
UsedSoft-Entscheidung
- des BGH 227
- des EuGH 226 ff., 707 f., 721

User Supported-Software siehe Shareware
Variablennamen 113
VDI/VDE-Richtlinie 1377
Veräußerungsverbot 1594 ff.
Verbot der geltungserhaltenden Reduktion 1655, 1873, 1978 f., 1992
Verbrauchervertrag 2009
Verbrauchsgüterkauf 736, 1260, 1337 ff., 1470, 1793, 1795 ff., 1840, 1998 ff.
Verbrauchsgüterkaufrichtlinie 678, 1337
Verbrauchsmaterial 1037
Verbreitungsrecht 1076
- Aufspaltung 1076 ff.

Verfahrenspatent 447
vereinbarte Beschaffenheit 1442
Verfallklauseln 789 ff.
Verfügungsfreiheit 1613
Vergütungsanspruch
– bei Vorarbeiten 1385 f.
– Fälligkeit bei Werkvertrag 1391
Vergütungsgefahr 681, 1260, 1302
– bei Annahmeverzug des Käufers 1260
– bei Kaufverträgen 1260, 1302
– bei Versendungskauf 1260, 1302
Vergütungsinteresse des Urhebers 1597, 1614, 1670 f, 1678 f.
– bei Netzwerkeinsatz 1688 f., 1698, 1704 f.
– bei zeitgleicher Mehrfachnutzung 1698, 1702, 1704 f.
– Erfassung sämtlicher Verbraucherkreise 906886 1672, 1674, 1698, 1701
Vergütungsregelung siehe auch Preisvereinbarung
– bei Pflegeverträgen 1066
Verhandlungssprache 1923, 1925, 1926 ff.
Verhältnismäßigkeitsgebot
– Besichtigungsanspruch 335
– Vernichtungsanspruch 279, 320
Verjährung
– Ablieferung 681, 1330, 1332
– Beginn bei gekoppelter Hard- und Software 866 ff.
– bei culpa in contrahendo 1213, 1245
– bei Kaufverträgen 1328 ff.
– bei selbstständigem Beratungsvertrag 1226
– Fristbeginn bei Lieferung von Einzelkomponenten 866 ff.
– Fristbeginn beim Kauf 1330
– Produkt- und Produzentenhaftung 1833
Verkäuferregress 1333 ff.
Verkehrsauffassung
– Einheitlichkeit des Vertragsgegenstands 858
Verkehrsfähigkeit 155, 181, 1650
Verkehrsgeltung von Marken 581
Verkehrssicherungstheorie 181, 228
Verkehrssitte
– Anfertigung von Sicherungskopien 1567, 1572
– Schutzhüllenverträge 1001
Verkörperung 723 f., 728; siehe auch Sachqualität
– beim eigentlichen Programmlauf 156 ff.
– beim Laden des Programms 159
Verletzlichkeit der Software 665, 1623
Vermietrecht 70, 190 ff., 1643
Vermietung zu Erwerbszwecken 1638, 1644 f., 1656
Vermittlerklausel
– bei Schutzhüllenverträgen 996
Vermittlungsgebühr siehe Kopiergebühr

vermögensrechtliche Befugnisse 123, 130
Vermögensverschlechterung beim Leasingnehmer 787 f.
Vermutung der Einheitlichkeit
– bei einheitlicher Vertragsurkunde 853
– objektive Umstände 861
– Vermutung der Selbstständigkeit bei getrennten Urkunden 853
– unterschiedliche Vertragstypen 852, 854
Vermutung der Urheberschaft 142 ff.
Vernichtungsanspruch 277 ff., 319 ff., 558, 603, 660, 1584
Verpackungsfälschungen 569
Verrat von Geheimnissen 551 ff.
Versandhandel siehe Softwareversand
Verschleißfreiheit 449, 1035, 1346, 1801
Versendungskauf 1022, 1260, 1339
verspätete Herstellung 1414 ff.
Verständlichkeit Allgemeiner Geschäftsbedingungen siehe auch Transparenzgebot
– bei gestaffelten oder hintereinandergeschalteten Klauseln 2070
– bei relativierenden Klauseln 2053
– bei salvatorischen Klauseln mit konkreten Ersatzregelungen 2066 f.
Versuchszwecke
– Untersuchung des Programms 253 f., 266, 452
vertraglich vorausgesetzte Verwendung 1442, 1448, 1457
Verträglichkeit siehe Inkompatibilität
Vertragsabschluss
– im elektronischen Geschäftsverkehr 803 f.
Vertragsangebot
– im elektronischen Geschäftsverkehr 816 ff.
– bei internationalen Verträgen 1020
Vertragsanpassung 1432 f.
Vertragsaufhebung 1025
Vertragsbezeichnung 740
Vertragskosten
– Erstattung bei Mietverträgen 1364
– Erstattung nach Nacherfüllung 1308
Vertragslaufzeit
– von Pflegeverträgen 1054 ff.
vertragsmäßiger Gebrauch
– bei Softwaremiete 1349, 1356, 1361 f., 1369
– bei Untervermietung 1350
– Nichtgewährung durch Vermieter 1357
– Überlassung an Dritte 1369 ff.
– Überschreitung des Mieters 1369
– Unterlassungsanspruch bei Überschreitung 1371
Vertragsstrafe
– Abgrenzung vom Schadensersatz 1995
– Definition 2089
– Funktion 1991 ff.
– Höhe 1989, 2099, 2002

- Kumulierung mit Schadensersatz 1998
- Schuldnerschutz 1989
- selbstständige 1994
- unselbstständige 1994
- Verschuldensunabhängigkeit 1999, 2003

Vertragstheorie 42

Vertragstypologie
- Bedeutung für die Praxis 670 ff., 681 f.

Vertragsübernahme durch Dritte
- bei Pflegeverträgen 1061 ff.

Vertragsurkunde
- einheitliche und getrennte 8
- Vermutung der Vollständigkeit und Richtigkeit 1980

Vertragsverlängerung
- bei Pflegeverträgen 1056

Vertragswirksamkeitsklauseln 2038 ff.

Vertragszweck 669, 1560
- bei gekoppelten Verträgen 862

Vertrauensbruch 546

Vertrauensschutz 52

Vertretungsmacht
- Beschränkung durch Schriftformklauseln 1979

Vertriebsformen besondere 828 ff.

Vertriebsverträge 1017, 1032, 1070 ff.
- Alleinvertriebsrecht 1081
- Ausgleichsanspruch 1086
- ausschließliches Nutzungsrecht 1032
- Ausschließlichkeitsvereinbarung 1072
- Beendigung 1085 f.
- Dauerschuldverhältnis 1070
- Kündigung 1083, 1085
- Leistungsvergütung 1070 f.
- Mindestabnahme 1081 ff.
- OEM-Verträge 1075 ff.
- Rechtsnatur 1070
- Schadensersatz 1083 f.
- Vertragsstrafen 1071

Vervielfältigung
- auf Massenspeicher 156
- Begriff 155 ff., 1557 f.
- bei Ausgabe auf dem Bildschirm 156, 1098, 1558
- bei Ausgabe auf dem Drucker 156, 1558
- beim Programmlauf 157 ff., 1098, 1589
- beim Reverse-Engineering 264
- bestimmungsgemäße Nutzung 1562
- bestimmungsgemäßer Gebrauch 1562 ff.
- Dauerhaftigkeit 159 ff.
- Definition 155
- Einwilligungserfordernis 1559 ff.
- flüchtige Speicherung 159 ff.
- gebotene Vervielfältigungen 1567 ff.
- konkludente Einwilligung 1563
- Kopierschutz 1575 ff.
- Laden in den Arbeitsspeicher 157 ff., 668, 1098, 1558 f., 1561, 1571

- notwendige Vervielfältigungen 1560 ff.
- Nutzungsrecht 1558
- Sicherungskopien 156, 1098 ff., 1567 ff., 1577
- urheberrechtlich ungeschützte Software 1587 ff.
- verlustfreie 43
- vertragliches Verbot 1557 ff.
- vorinstallierte Software 1575
- vorübergehende 159 ff.
- Zustimmungserfordernis 1559 ff.

Vervielfältigungsgebühr siehe Kopiergebühr

Vervielfältigungsrecht
- Unbeachtlichkeit für Vertragstypologie 734

Vervielfältigungsstück
- bei flüchtiger Speicherungsform 159 ff.
- bei stromabhängigem Speicher 157 ff., 1558
- Dauerhaftigkeit der Festlegung 155
- Verkehrsfähigkeit 155, 1650

Vervielfältigungsverbote 1557 ff.

Verweisungsklauseln 2069

Verwendungsbeschränkungen
- bei Dekompilierung 268 ff.

Verzögerungsschaden 1402
- Schadensersatzklauseln 1843

Verzug
- Abgrenzung zu Unmöglichkeit 1263
- Annahmeverzug 1259 f., 1273 ff.
- bei der Herstellung von Individualsoftware 1414 ff.
- bei Kaufverträgen 1263
- bei unterlassener Mitwirkung 1267, 1273, 1415
- bei verspäteter Rückgabe 1372
- Beitreibungskosten 1269
- des Lieferanten beim Leasing 762
- Fixgeschäft 1414 f.
- Mahnung 1264, 1266, 1269
- und Erfüllungsanspruch 1263, 1268, 1271
- Voraussetzungen 1264 ff., 1273 ff.
- Zahlungsverzug des Mieters 1367 f.

Viren siehe Computerviren

Virenscanner 892

Vollständigkeitsklauseln 1971, 1975, 1980

Vollversion 1075 f.

Volumen 1194

Volumenlizenzen 217, 231 ff.

Vorarbeiten
- Vergütung 1385 f.

Vorhersehbarkeitsregel 1029

vorinstallierte Programme 1075 f, 1295, 1575

Vorlegungsanspruch 1762

Vorrang der Individualabrede 855, 1978, 2048

Vorschaltlösung 1015

**Vorschriften über Finanzierungsleasing-
verträge** 752 ff.
Vorschuss für Aufwendungsersatz 1395
vorvertragliche Pflichtverletzung siehe culpa
in contrahendo

Walzstababteilung-Urteil 466
Ware
– Begriff 1017
Warenautomaten 817
Warenlieferung 803, 838
Warenumsatz 683, 686
Warnpflicht
– des Serverbetreibers 812
– des Softwareherstellers 1824, 1829
– des Vermieters 1347
Wartungsfreundlichkeit 1548
Wartungsverträge siehe Softwarepflege
Web-Seiten siehe Internet
Wegfall der Geschäftsgrundlage 1419
– beim Softwareleasing 762 f., 772
Weiterfresserschäden 1820
Weitergabeverbote 1594 ff., 1739 f.
Weiterveräußerungsverbote 1594 ff.
– Bedingungen 1598, 1631 ff.
– Branchenüblichkeit 1608
– dingliche Wirkung 1594
– faktische Verbote 1740
– in Allgemeinen Geschäftsbedingungen
1594, 1606 ff.
– in Individualverträgen 1594, 1605
– Kontrollfähigkeit nach dem AGB-Recht
1609 ff.
– Kontroll- und Beweisprobleme 1625
– Kundenerwartung 1607 f., 1633
– Löschungspflicht 1621, 1637
– Low-Cost-Software 1632 ff.
– Massensoftware 1632
– Mitteilungspflicht 1627, 1633
– OEM-Software 1075 ff.
– Rückgabepflicht 1621
– Schadensersatzanspruch 1595
– schriftliche Zustimmung 1632
– schuldrechtliche Wirkung 1595
– schutzwürdige Interessen des Software-
herstellers 1622 ff.
– überraschende Klausel 1607
– Üblichkeit 1607
– vertragliche Vereinbarung 1604 ff.
– Vertragsstrafe 1595
– Weitergabe vertraglicher Beschränkungen
1635
Weiterverbreitung
– Zustimmungserfordernis 1597 f.
Weitervermietung zu Erwerbszwecken 1638,
1644 f.
Weitervermietungsverbote
– bei Softwareleasing 1641, 1659

– bei Softwareleihe 1641, 1657 f.
– bei Softwaremiete 1641, 1657
– Branchenüblichkeit 1649
– dingliche Wirkung 1643 f.
– Eigentümerstellung 1651
– Erschöpfungsgrundsatz 1641 ff., 1648,
1650, 1657
– gewerbliche Weitervermietung 1645
– im Individualvertrag 1647
– in Allgemeinen Geschäftsbedingungen
1647 ff.
– schuldrechtliche Wirksamkeit 1648 ff.,
1658
– schutzwürdige Interessen des Softwareherstellers 1653 ff.
– überraschende Klausel 1649
– vertragliche Vereinbarung 1645 ff.
– zeitlich befristete Überlassung 1657 ff.
– Zustimmungserfordernis 1656
Welthandelsorganisation 62
Welturheberrechtsabkommen (WUA) 129,
408 ff.
Werbeaussagen 1452
Werk der bildenden Künste 82
Werkgenuss 162
Werkherstellung
– verspätete 1414 ff.
Werklieferungsvertrag 677 ff.
Werkqualität
– Anforderungen 66, 103 ff.
Werksammlung 77, 972
Werktitelschutz 584 f.
Werkverbindungen 141 f., 388, 925, 973
Werkverträge mit Dauerwirkung 1042
Wettbewerb
– unlauterer 63; siehe auch Wettbewerbs-
recht
Wettbewerbsrecht 527 ff.
– Bagatellklausel 536
– Behinderung 548
– Beseitigungsanspruch 534
– ergänzender Leistungsschutz 536 ff.
– fast identische Leistungsübernahme 539
– Geheimnisschutz 551 ff.
– gekoppelte Hard- und Softwareverträge
846 ff.
– Herkunftstäuschung 543 f.
– Klageantrag 531
– Kompatibilitätsinteresse 544
– Mitbewerber 534
– Mittäter 535
– Nachahmungsfreiheit 532
– nachschaffende Leistungsübernahme 540
– Nebeneinander von Schutzrechten 531
– private Handlungen 529 f.
– Rufschädigung 545
– Schadensersatzanspruch 534
– Schutzdauer 549 f.

- Schutzvoraussetzungen 528
- Störer 535 f.
- Teilnehmer 535
- unmittelbare Leistungsübernahme 538
- Unterlassungsanspruch 534, 557
- Verbraucher 530
- Vernichtungsanspruch 558
- Vertrauensbruch 546 f.
- wettbewerbliche Eigenart 541

Wettbewerbssituation 34
Wettbewerbsverbote siehe Konkurrenzverbote
Wettbewerbsverzerrung 56
Wettbewerbsvorsprung 36
Widerrufsrecht 548, 752, 883 ff.
Wiedergabe
- öffentliche 238 ff., 407, 1101

Wiederholungsgefahr 294 ff.
Willenserklärung 817 f., 934, 1020, 1224 f., 1386 f.
- ad incertas personas 818, 902, 934, 998
- Realakt 999, 1007
- Rechtsbindungswille 808, 896

WIPO 8, 59, 162, 398, 959, 1115
WIPO-Mustervorschriften 74
WIPO-Urheberrechtsvertrag 63, 391, 433 ff.
Wirksamkeitsklauseln 2038 ff.
wirtschaftliche Partizipationsinteressen 172
Wirtschaftskraft
- marktstarke Hersteller 56

WUA siehe Welturheberrechtsabkommen
Wurmprogramme 1514
Zahlungsverzug des Leasingnehmers 787 f., 789 f.
Zahlungsverzug des Mieters 1367 f.
Zeitbestimmung
- kalendarische 1266

zeitgleiche Mehrfachnutzung 216, 1698, 1706 f.
- Beweisschwierigkeiten 1681
- Fehlen einer Vereinbarung 1693 ff., 1703
- Vergütungsinteresse des Urhebers 1698, 1702, 1704 f.
- vertragliche Vereinbarung 1699 ff., 1704 f.
- zahlenmäßige Obergrenze 1706

Zentraleinheit
- Begriff 3
- Verbot des Wechsels 1665

Zielprogramm siehe Maschinenprogramm
Zollbehörde
- Beschlagnahme 569

Zugänglichmachung
- öffentliche 196 ff., 238 ff., 407, 1101 ff.

Zugangserfordernisse
- bei Mängelrügen 1892

zugesicherte Eigenschaft
- Abgrenzung zur Beschaffenheitsangabe 1444, 1461
- Anpreisungen 1462
- Bedeutung von Werbeaussagen 1462
- Beschaffenheitsangabe 1444
- deutschsprachiges Programm 1460
- Formfreiheit der Zusicherung 1445, 1460
- Gebrauchsanweisungen 1462
- Kataloge 1462
- Produkt- und Leistungsbeschreibungen 1460
- Werbeaussagen 1462

zumutbare Kenntnisnahme Allgemeiner Geschäftsbedingungen 819, 821 ff., 936, 1021, 1924 ff., 1931 f., 1942 ff.
- Aushändigung 1911
- Aushang 1005, 1935, 1944
  bei gestaffelten oder hintereinandergeschalteten Klauseln 2070
- bei Telekommunikation 804, 819 ff.
- bei relativierenden Klauseln 2053
- beim Leasing 1911
- Beweislast 1949 f.
- Druckgestaltung 821, 1945, 1960
- Eigenverantwortlichkeit des Kaufmanns 1929
- Einsehbarkeit 1943
- freie Verfügbarkeit 1944
- Fremdsprache 936, 1924 ff.
- Kenntnisnahmeklauseln 1942 ff.
- Lesbarkeit 821 ff., 1942, 1945, 1960
- Verständlichkeit siehe Transparenzgebot

zusammengesetzte Verträge 676, 706, 1034, 1106
Zusicherung siehe zugesicherte Eigenschaft
Zustimmungserfordernis
- bei Vertragsübernahme 1061 ff.

Zweckgebundenheit 112
Zweckübertragungslehre 133
Zweitkopie siehe Ersatzstück
Zweitvertrag bei Schutzhüllenverträgen 246, 998
zwingender Kern 1719 ff., 1742
Zwischenhändler 655